ÉDITION 2024

FABRIQUÉ EN FRANCE

CODE DE PROCÉDURE PÉNALE

Gatien MEUNIER

Sous la direction de
Patrice BARREAU

Ouvrage labellisé Praticiens du Droit

Editions La Baule

COLLECTION
DROIT PÉNAL / PROCÉDURE PÉNALE

Cet ouvrage est conforme aux alinéas des articles A8 et A19 du Code de procédure pénale et labellisé par les praticiens du droit suivants :

- **HARTMANN Cécile – Magistrate honoraire** – Ex-Présidente de la Chambre des Libertés individuelles à la Cour d'Appel de Douai *(59)*.
- **TRIPETTE Hélène – Conférencière et formatrice** – Docteur en droit pénal de l'environnement et titulaire d'une maîtrise mention « Carrières judiciaires » ;
- **BIRON Clotilde – Avocate au Barreau de PARIS** *(75)* - Droit de la propriété intellectuelle, des médias, du numérique et de la protection des données ;
- **MIHMAN Alexis – Président du tribunal judiciaire de BLOIS** *(41)* **– Docteur en droit –** Chargé d'enseignement *(Universités Paris 1 et Paris sud)*

CODE ANNOTÉ ET NON COMMENTÉ

En hommage à Monsieur Jean PRADEL : Magistrat – Chargé d'enseignement puis professeur émérite à la Faculté de droit de Poitiers (86) ; membre du Comité de labélisation des Codes Pénal et Procédure Pénale Éditions La Baule (de 2015 à juillet 2021).
Avec le souvenir d'une personnalité humaine et attachante dotée d'un professionnalisme certain et reconnu.

CODES ROUSSEAU
Editions La Baule

www.editionslabaule.fr
Éditeur : Codes Rousseau

CS 80093
85109 Les Sables d'Olonne Cedex
Tél. 02.51.21.90.20

Suivez-nous sur :

DANS CE

CODE DE PROCÉDURE PÉNALE

Abréviations.	4
Table analytique.	5
Table alphabétique.	43
1re PARTIE – *Législative.*	107
2e PARTIE – *Règlements d'administration publique.*	915
3e PARTIE – *Décrets.*	1137
4e PARTIE – *Arrêtés.*	1323
ANNEXES.	1391
Annexe I. – *Crimes de guerre et contre l'humanité*	1393
Annexe II. – *Code de déontologie des agents de police municipale*	1395
Annexe III. – *Code de déontologie des agents de police nationale et gendarmerie nationale*	1397
Annexe IV. – *Charte du gendarme*	1401
Annexe V. – *Charte Accueil du public – Assistance aux victimes*	1404
Annexe VI. – *Arrêté du 7 juillet 2017 portant autorisation d'un traitement automatisé de données à caractère dénommé « Fichier des objets et des véhicules signalés »* (FOVeS)	1405
Annexe VII. – *Décret n° 2015-496 du 29 avril 2015 autorisant les agents de police municipale à utiliser à titre expérimental des revolvers chambrés pour le calibre 357 magnum*	1408
Annexe VIII. – *Loi n° 55-385 du 3 avril 1955 relative à l'état d'urgence*	1409
Annexe IX. – *Arrêté du 28 septembre 2018 relatif aux armes – Activités privées de sécurité*	1414
Annexe X. – *Office anti-stupéfiants*	1417
Annexe XI. – *Charte du réserviste opérationnel et du réserviste citoyen de la gendarmerie nationale*	1419
Annexe XII. – *Application prise de note (GendNotes)*	1420
Annexe XIII. – *Code pénitentiaire (Extraits)*	1423

ABRÉVIATIONS

D	Doctrine
J	Jurisprudence
PC	Peines complémentaires
S	Sanctions, répression personnes physiques
SPM	Sanctions personnes morales
TP	Tentative punissable *(uniquement signalée pour les délits, la tentative de crime étant toujours punissable)*
V	Voir, se reporter, consulter
QPC	Question prioritaire de constitutionnalité
al.	alinéa
Arr.	Arrêté
Art.	Article
B.C.C.	Bulletin criminel de la Cour de cassation
Cass. CRIM.	Cassation criminelle
Circ.	Circulaire
C.J.P.M.	Code de la justice pénale des mineurs
C.P.	Code pénal
C.P.P.	Code de procédure pénale
C.S.P.	Code de la santé publique
D.-L.	Décret-Loi
D.	Décret
et s.	et suivants
INFRA	ci-dessous
J.O.	*Journal officiel*
Ord.	Ordonnance
SUPRA	ci-dessus
T.J.	Tribunal Judiciaire

TABLE ANALYTIQUE

PARTIE LÉGISLATIVE

.... Article préliminaire

Articles

TITRE PRÉLIMINAIRE – Dispositions générales

SOUS-TITRE Ier – De l'action publique et de l'action civile .... 1 à 10

SOUS-TITRE II – De la justice restaurative 10-1

SOUS-TITRE III – Des droits des victimes .... 10-2 à 10-6

LIVRE PREMIER

DE LA CONDUITE DE LA POLITIQUE PÉNALE, DE L'EXERCICE DE L'ACTION PUBLIQUE ET DE L'INSTRUCTION

TITRE Ier – Des autorités chargées de la conduite de la politique pénale, de l'exercice de l'action publique et de l'instruction .... **11 à 11-2**

CHAPITRE Ier – De la police judiciaire

Section I – Dispositions générales .... 12 à 15-5

Section II – Des officiers de police judiciaire .... 16 à 19-1

Section III – Des agents de police judiciaire .... 20 à 21-2

Section IV – Des assistants d'enquête 21-3

Section V – Des fonctionnaires et agents chargés de certaines fonctions de police judiciaire

§ 1er – Des fonctionnaires et agents habilités à rechercher les infractions forestières .... *22 à 27*

§ 2.– Des fonctionnaires et agents des administrations et services publics .... *28 à 28-3*

§ 3. – Des gardes particuliers assermentés .... *29 à 29-1*

CHAPITRE Ier *bis* – Des attributions du garde des sceaux, ministre de la justice ... 30

CHAPITRE II – Du ministère public

Section I – Dispositions générales .... 31 à 33

Section II – Des attributions du procureur général près la cour d'appel .... 34 à 38

Section III – Des attributions du procureur de la République .... 39 à 44-1

Section IV – Du ministère public près le tribunal de police .... 45 à 48

Section V – Du bureau d'ordre national automatisé des procédures judiciaires 48-1

CHAPITRE III – Du juge d'instruction .... 49 à 52-1

TITRE II – Des enquêtes et des contrôles d'identité

CHAPITRE Ier – Des crimes et des délits flagrants .... 53 à 74-2

CHAPITRE II – De l'enquête préliminaire .... 75 à 78

CHAPITRE III – Des contrôles, des vérifications et des relevés d'identité .... 78-1 à 78-7

TITRE III – Des juridictions d'instruction

CHAPITRE Ier – Du juge d'instruction : juridiction d'instruction du premier degré

Section I – Dispositions générales .... 79 à 84-1

Section II – De la constitution de la partie civile et de ses effets .... 85 à 91-1

Section III – Des transports, des perquisitions, des saisies et des interceptions de correspondances émises par la voie des télécommunications

Sous-section 1 – Des transports, des perquisitions et des saisies .... 92 à 99-5

Sous-section 2 – Des interceptions de correspondances émises par la voie

des télécommunications électroniques ... 100 à 100-8
Section IV – Des auditions de témoins
Sous-section 1 – Dispositions générales ... 101 à 113
Sous-section 2 – Du témoin assisté ... 113-1 à 113-8
Section V – Des interrogatoires et confrontations ... 114 à 121
Section VI – Des mandats et de leur exécution ... 122 à 136
Section VII – Du contrôle judiciaire, de l'assignation à résidence et de la détention provisoire ... 137 à 137-4
Sous-section 1 – Du contrôle judiciaire ... 138 à 142-4
Sous-section 2 – De l'assignation à résidence avec surveillance électronique 142-5 à 142-13
Sous-section 3 – De la détention provisoire ... 143-1 à 148-8
Sous-section 4 – De la réparation à raison d'une détention ... 149 à 150
Section VIII – Des commissions rogatoires ... 151 à 154-2
Section IX – De l'expertise ... 156 à 169-1
Section X – Des nullités de l'information ... 170 à 174-1
Section XI – Des ordonnances de règlement ... 175 à 184
Section XII – De l'appel des ordonnances du juge d'instruction ou du juge des libertés et de la détention ... 185 à 187-3
Section XIII – De la reprise de l'information sur charges nouvelles ... 188 à 190
CHAPITRE II – De la chambre de l'instruction : juridiction d'instruction du second degré
Section I – Dispositions générales ... 191 à 218
Section II – Pouvoirs propres du président de la chambre de l'instruction ... 219 à 223
Section III – Du contrôle de l'activité des officiers et agents de police judiciaire ... 224 à 230

TITRE IV – Dispositions communes

CHAPITRE Ier – De la mise au clair des données chiffrées nécessaires à la manifestation de la vérité ... 230-1 à 230-5
CHAPITRE II – Des fichiers de police judiciaire
Section I – Des fichiers d'antécédents ... 230-6 à 230-11
Section II – Des fichiers d'analyse sérielle ... 230-12 à 230-18
Section III – Du fichier des personnes recherchées ... 230-19
CHAPITRE III – Des logiciels de rapprochement judiciaire ... 230-20 à 230-27
CHAPITRE IV – Des autopsies judiciaires ... 230-28 à 230-31
CHAPITRE V – De la géolocalisation ... 230-32 à 230-44
CHAPITRE VI – De la plate-forme nationale des interceptions judiciaires ... 230-45
CHAPITRE VII – De l'enquête sous pseudonyme ... 230-46
CHAPITRE VIII – Des captations et fixations d'images dans les lieux publics au moyen de dispositifs aéroportés ... 230-47 à 230-53

LIVRE DEUXIÈME

DES JURIDICTIONS DE JUGEMENT

TITRE Ier – De la cour d'assises et de la cour criminelle départementale

Sous-titre Ier – De la cour d'assises
CHAPITRE Ier – De la compétence de la cour d'assises ... 231
CHAPITRE II – De la tenue des assises ... 232 à 239
CHAPITRE III – De la composition de la cour d'assises ... 240 à 242

Section I – De la cour 243
§ 1. – Du président .... *244 à 247*
§ 2. – Des assesseurs .... *248 à 253*
Section II – Du jury 254
§ 1. – Des conditions d'aptitude aux fonctions de juré .... *255 à 258-2*
§ 2. – De la formation du jury .... *259 à 267*
CHAPITRE IV – De la procédure préparatoire aux sessions d'assises
Section I – Des actes obligatoires .... 269 à 282
Section II – Des actes facultatifs ou exceptionnels .... 283 à 287
CHAPITRE V – De l'ouverture des sessions
Section I – De la révision de la liste du jury .... 288 à 292
Section II – De la formation du jury de jugement .... 293 à 305-1
CHAPITRE VI – Des débats
Section I – Dispositions générales .... 306 à 316-1
Section II – De la comparution de l'accusé .... 317 à 322
Section III – De la production et de la discussion des preuves .... 323 à 346
Section IV – De la clôture des débats et de la lecture des questions .... 347 à 354
CHAPITRE VII – Du jugement
Section I – De la délibération de la cour d'assises .... 355 à 365-1
Section II – De la décision sur l'action publique .... 366 à 370
Section III – De la décision sur l'action civile .... 371 à 375-2
Section IV – De l'arrêt et du procès-verbal .... 376 à 379-1
CHAPITRE VIII – Du défaut en matière criminelle .... 379-2 à 379-7
CHAPITRE IX – De l'appel des décisions rendues par la cour d'assises en premier ressort
Section I – Dispositions générales .... 380-1 à 380-8
Section II – Délais et formes de l'appel .... 380-9 à 380-13
Section III – Désignation de la cour d'assises statuant en appel .... 380-14 à 380-15
Sous-titre II – De la cour criminelle départementale .... 380-16 à 380-22

TITRE II – Du jugement des délits

CHAPITRE Ier – Du tribunal correctionnel
Section I – De la compétence et de la saisine du tribunal correctionnel
§ 1. – Dispositions générales .... *381 à 388-5*
§ 2. – De la comparution volontaire et de la citation .... *389 à 392-1*
§ 3. – De la convocation par procès-verbal et de la comparution immédiate .... *393 à 397-7*
Section II – De la composition du tribunal et de la tenue des audiences
§ 1. – Dispositions générales .... *398 à 399*
Section III – De la publicité et de la police de l'audience .... 400 à 405
Section IV – Des débats
§ 1. – De la comparution du prévenu .... *406 à 417*
§ 2. – De la constitution de la partie civile et de ses effets .... *418 à 426*
§ 3. – De l'administration de la preuve .... *427 à 457*
§ 4. – De la discussion par les parties .... *458 à 461*
Section V – Du jugement
§ 1. – Dispositions générales .... *462 à 486*
Section VI – Du jugement par défaut et de l'opposition
§ 1. – Du défaut .... *487 à 488*
§ 2. – De l'opposition .... *489 à 493-1*
§ 3. – De l'itératif défaut .... *494 à 494-1*
Section VII – De la procédure simplifiée .... 495 à 495-6

Section VIII – De la comparution sur reconnaissance préalable de culpabilité 495-7 à 495-16
Section IX – De la procédure de l'amende forfaitaire applicable à certains délits ... 495-17 à 495-25

CHAPITRE II – De la cour d'appel en matière correctionnelle
Section I – De l'exercice du droit d'appel ... 496 à 509-1
Section II – De la composition de la chambre des appels correctionnels ... 510 à 511
Section III – De la procédure devant la chambre des appels correctionnels ... 512 à 520-1

TITRE III – Du jugement des contraventions

CHAPITRE Ier – De la compétence du tribunal de police ... 521 à 523
CHAPITRE II – De la procédure simplifiée ... 524 à 528-2
CHAPITRE II *bis* – De la procédure de l'amende forfaitaire
Section I – Dispositions applicables à certaines contraventions ... 529 à 529-2-1
Section II – Dispositions applicables à certaines infractions à la police des services publics de transports terrestres ... 529-3 à 529-6
Section II *bis* – Dispositions applicables à certaines infractions au Code de la route ... 529-7 à 529-11
Section III – Dispositions communes ... 530 à 530-6
CHAPITRE III – De la saisine du tribunal de police et de la juridiction de proximité ... 531 à 533
CHAPITRE IV – De l'instruction définitive devant le tribunal de police et la juridiction de proximité ... 534 à 543
CHAPITRE V – Du jugement par défaut et de l'opposition ... 544 à 545
CHAPITRE VI – De l'appel des jugements de police ... 546 à 549

TITRE IV – Des citations et significations ... 550 à 566

LIVRE TROISIÈME

DES VOIES DE RECOURS EXTRAORDINAIRES

TITRE Ier – Du pourvoi en cassation

CHAPITRE Ier – Des décisions susceptibles d'être attaquées et des conditions du pourvoi ... 567 à 574-2
CHAPITRE II – Des formes du pourvoi ... 576 à 590-2
CHAPITRE III – Des ouvertures à cassation ... 591 à 600
CHAPITRE IV – De l'instruction des recours et des audiences ... 601 à 604
CHAPITRE V – Des arrêts rendus par la Cour de cassation ... 605 à 619
CHAPITRE VI – Du pourvoi dans l'intérêt de la loi ... 620 à 621

TITRE II – Des demandes en révision et en réexamen

CHAPITRE Ier – Des demandes en révision et en réexamen ... 622 à 622-2
CHAPITRE II – De la cour de révision et de réexamen ... 623 à 623-1
CHAPITRE III – De la procédure suivie devant la cour de révision et de réexamen ... 624 à 624-6
CHAPITRE IV – De la décision de la cour de révision et de réexamen ... 624-7
CHAPITRE V – Des demandes de suspension de l'exécution de la condamnation ... 625
CHAPITRE VI – Des demandes d'actes préalables ... 626
CHAPITRE VII – De la réparation à raison d'une condamnation ... 626-1

LIVRE QUATRIÈME

DE QUELQUES PROCÉDURES PARTICULIÈRES

TITRE Ier – Des règles de procédure applicables aux crimes contre l'humanité et aux crimes de guerre **627**

SOUS-TITRE Ier – De la coopération avec la Cour pénale internationale

CHAPITRE Ier – De la coopération judiciaire

Section I – De l'entraide judiciaire .... 627-1 à 627-3

Section II – De l'arrestation et de la remise .... 627-4 à 627-15

CHAPITRE II – De l'exécution des peines et des mesures de réparation prononcées par la Cour pénale internationale

Section I – De l'exécution des peines d'amende et de confiscation ainsi que des mesures de réparation en faveur des victimes .... 627-16 à 627-17

Section II – De l'exécution des peines d'emprisonnement .... 627-18 à 627-20

SOUS-TITRE II – Des juridictions compétentes pour la poursuite, l'instruction et le jugement des crimes contre l'humanité et des crimes et délits de guerre 628 à 628-10

TITRE Ier *bis* – De la question prioritaire de constitutionnalité **LO630**

TITRE II – Du faux .... **642 à 647-4**

TITRE III – De la manière de procéder en cas de disparition des pièces d'une procédure .... **648 à 651**

TITRE IV – De la manière dont sont reçues les dépositions des membres du Gouvernement et celles des représentants des puissances étrangères .... **652 à 656**

TITRE IV *bis* – De la manière dont sont reçues les dépositions des personnels de certains services ou unités spécialisés .... **656-1 à 656-2**

TITRE V – Des règlements de juges .... **657 à 661**

TITRE VI – Des renvois d'un tribunal à un autre .... **662 à 667-1**

TITRE VII – De la récusation .... **668 à 674-2**

TITRE VIII – Du jugement des infractions commises à l'audience des cours et tribunaux .... **675 à 678**

TITRE IX – Des infractions commises hors du territoire de la République

CHAPITRE Ier – De la compétence des juridictions françaises .... 689 à 689-14

CHAPITRE II – De l'exercice des poursuites et de la juridiction territorialement compétente .... 692 à 693

TITRE X – De l'entraide judiciaire internationale

CHAPITRE Ier – Dispositions générales

Section I – Transmission et exécution des demandes d'entraide .... 694 à 694-4-1

Section II – De l'entraide aux fins d'audition, de surveillance ou d'infiltration 694-5 à 694-9

Section III – De l'entraide aux fins de saisie des produits d'une infraction en vue de leur confiscation ultérieure .... 694-10 à 694-13

CHAPITRE II – Dispositions propres à l'entraide entre la France et les autres États membres de l'Union européenne 694-14

Section I – Des décisions d'enquête européenne prévues par la directive 2014/41/ UE du 3 avril 2014 .... 694-15 à 694-19

Sous-section 1 – Dispositions relatives à l'émission d'une décision d'enquête européenne par les autorités judiciaires françaises

§ 1er. – Dispositions générales .... *694-20 à 694-24*

§ 2. – Dispositions particulières à certaines mesures d'enquête .... *694-25 à 694-28*

Sous-section 2 – Dispositions relatives à la reconnaissance et l'exécution par les autorités judiciaires françaises d'une décision d'enquête européenne émanant d'un autre État membre .... 694-29 à 694-30
§ 1er. – Reconnaissance des décisions d'enquête européenne .... 694-31 à 694-35
§ 2. – Exécution de la décision d'enquête .... 694-36 à 694-42
§ 3. – Dispositions particulières à certaines mesures d'enquête .... 694-43 à 694-49
Sous-section 3 – Coûts d'exécution 694-50
Section II – Des équipes communes d'enquête .... 695-2 à 695-3
Section III – De l'Agence Eurojust .... 695-4 à 695-7
Section IV – Du membre national d'Eurojust .... 695-8 à 695-9
Section V – De l'émission et de l'exécution des décisions de gel de biens
§ 1er. – Dispositions générales .... 695-9-1 à 695-9-6
§ 2. – Dispositions relatives aux décisions de gel de biens prises par les autorités judiciaires françaises .... 695-9-7 à 695-9-9
§ 3. – Dispositions relatives à l'exécution des décisions de gel de biens prises par les autorités étrangères .... 695-9-10 à 695-9-30
Section V *bis* – De la transmission et de l'exécution des décisions de gel en application du règlement *(UE)* 2018/1805 du Parlement européen et du Conseil du 14 novembre 2018 concernant la reconnaissance mutuelle des décisions de gel et des décisions de confiscation ...... 695-9-30-1 à 695-9-30-2
Section VI. – De l'échange simplifié d'informations entre services en application de la décision-cadre du Conseil de l'Union européenne du 18 décembre 2006
§ 1. – Dispositions générales .... 695-9-31 à 695-9-32
§ 2. – Dispositions applicables aux demandes d'informations émises par les services français .... 695-9-33 à 695-9-36
§ 3. – Dispositions applicables aux demandes d'informations reçues par les services français .... 695-9-37 à 695-9-47-1
§ 4. – Application à certains États non-membres de l'Union européenne .... 695-9-48 à 695-9-49
Section VII – De la coopération entre les bureaux de recouvrement des avoirs des États membres en matière de dépistage et d'identification des produits du crime ou des autres biens en rapport avec le crime en application de la décision 2007/845/JAI du Conseil du 6 décembre 2007 .... 695-9-50 à 695-9-53
Section VIII – De la prévention et du règlement des conflits en matière d'exercice de la compétence en application de la décision-cadre du Conseil de l'Union européenne du 30 novembre 2009 .... 695-9-54 à 695-9-57
CHAPITRE III – Dispositions propres à l'entraide entre la France et certains États 695-10
CHAPITRE IV – Du mandat d'arrêt européen, des procédures de remise entre États membres de l'Union européenne résultant de la décision-cadre du Conseil de l'Union européenne du 13 juin 2002 et des procédures de remise résultant d'accords conclus par l'Union européenne avec d'autres États
Section I – Dispositions générales .... 695-11 à 695-15
Section II – Dispositions relatives à l'émission d'un mandat d'arrêt européen par les juridictions françaises
§ 1. – Conditions d'émission du mandat d'arrêt européen .... 695-16 à 695-17-1
§ 2. – Effets du mandat d'arrêt européen .... 695-18 à 695-21
Section III – Dispositions relatives à l'exécution d'un mandat d'arrêt européen décerné par les juridictions étrangères
§ 1. – Conditions d'exécution .... 695-22 à 695-25
§ 2. – Procédure d'exécution .... 695-26 à 695-28-1
§ 3. – Comparution devant la chambre de l'instruction .... 695-29 à 695-36
§ 4. – Remise de la personne recherchée .... 695-37 à 695-40
§ 5. – Cas particuliers .... 695-41 à 695-46
Section IV – Transit .... 695-47 à 695-51

Section V – Des procédures de remise résultant d'accords conclus par l'Union européenne avec d'autres États ... 695-52 à 695-58
CHAPITRE V – De l'extradition ... 696
Section I – Des conditions de l'extradition ... 696-1 à 696-7
Section II – De la procédure d'extradition de droit commun ... 696-8 à 696-24-1
Section III – De la procédure simplifiée d'extradition ... 696-25 à 696-33
Section IV – Des effets de l'extradition ... 696-34 à 696-41
Section V – Dispositions diverses ... 696-42 à 696-47-1
CHAPITRE VI – De l'exécution des décisions de contrôle judiciaire au sein des États membres de l'Union européenne en application de la décision-cadre du Conseil de l'Union européenne du 23 octobre 2009
Section I – Dispositions générales ... 696-48 à 696-55
Section II – Dispositions relatives à la transmission par les autorités judiciaires françaises des décisions relatives au contrôle judiciaire aux autorités compétentes d'un autre État membre de l'Union européenne .. 696-56 à 696-65
Section III – Dispositions relatives à la reconnaissance et au suivi sur le territoire de la République des décisions de contrôle judiciaire ordonnées par les autorités compétentes des autres États membres de l'Union européenne
Sous-section 1 – Réception des demandes relatives aux décisions de contrôle judiciaire ... 696-66 à 696-69
Sous-section 2 – Reconnaissance des décisions de contrôle judiciaire ... 696-70 à 696-83
Sous-section 3 – Suivi des décisions de contrôle judiciaire ... 696-84 à 696-89
CHAPITRE VII – De l'exécution des décisions de protection européenne au sein des États membres de l'Union européenne en application de la directive 2011/99/UE du Parlement européen et du Conseil, du 13 décembre 2011, relative à la décision de protection européenne ... 696-90
Section I – Dispositions relatives à l'émission d'une décision de protection européenne par les autorités françaises ... 696-91 à 696-96
Section II – Dispositions relatives à la reconnaissance et à l'exécution par les autorités françaises d'une décision de protection européenne ... 696-97 à 696-107
TITRE X BIS – Du parquet européen
CHAPITRE Ier – Compétence et attributions des procureurs européens délégués ... 696-108 à 696-110
CHAPITRE II – Procédure
Section I – Saisine du Parquet européen ... 696-111 à 696-112
Section 2 – Cadres procéduraux ... 696-113 à 696-115
Section 3 – Dispositions spécifiques à la procédure prévue à l'article 696-114 ... 696-116 à 696-117
Sous-section 1 – Actes et décisions relevant de la procédure prévue à l'article 696-114 ... 696-118 à 696-128
Sous-section 2 – Des droits des parties ... 696-129 à 696-131
Sous-section 3: De la clôture de la procédure ... 696-132
CHAPITRE III – De l'articulation des compétences entre le procureur européen, les procureurs européens délégués et l'autorité judiciaire française ... 696-133 à 696-137
TITRE XI – Des infractions en matière militaire et des crimes et délits contre les intérêts fondamentaux de la nation
CHAPITRE Ier – De la poursuite, de l'instruction et du jugement des crimes et délits en matière militaire en temps de paix
Section I – Compétence ... 697 à 697-5
Section II – Procédure ... 698 à 698-9

CHAPITRE II – Des juridictions compétentes en cas de guerre, de mobilisation, d'état de siège ou d'état d'urgence ..... 699 à 700

CHAPITRE III – Des crimes et délits contre les intérêts fondamentaux de la nation 701 à 702

TITRE XII – Des demandes présentées en vue d'être relevé des interdictions, déchéances, incapacités ou mesures de publication ..... 702-1 à 703

TITRE XIII – De la procédure applicable aux infractions en matière économique et financière

CHAPITRE Ier – Des compétences des juridictions interrégionales spécialisées en matière économique et financière ..... 704 à 704-4

CHAPITRE II – Des compétences particulières du tribunal judiciaire de Paris et du procureur de la République financier ..... 705 à 705-5

CHAPITRE III – Dispositions diverses ..... 706 à 706-1-2

TITRE XIII *bis* – De la procédure applicable aux infractions en matière sanitaire et environnementale ..... 706-2 à 706-2-3

CHAPITRE Ier – Des pôles interrégionaux spécialisés en matière d'atteintes à l'environnement et à la santé publique ..... 706-2 à 706-2-2

CHAPITRE II – Des pôles régionaux spécialisés en matière d'atteintes à l'environnement 706-2-3

TITRE XIV – Du recours en indemnité ouvert à certaines victimes de dommages résultant d'une infraction ..... 706-3 à 706-15

TITRE XIV *bis* – De l'aide au recouvrement des dommages et intérêts pour les victimes d'infractions ..... 706-15-1 à 706-15-2

TITRE XIV *quater* – Du bureau d'aide aux victimes 706-15-4

TITRE XV – De la poursuite, de l'instruction et du jugement des actes de terrorisme ..... 706-16 à 706-16-2

Section I – Compétence ..... 706-17 à 706-22-1

Section II – Procédure ..... 706-23 à 706-25-2-1

Section III – Du fichier judiciaire national automatisé des auteurs d'infractions terroristes ..... 706-25-3 à 706-25-14

Section IV – De la prévention des actes de terrorisme 706-25-15

Section V – De la mesure judiciaire de prévention de la récidive terroriste et de réinsertion ..... 706-25-16 à 706-25-22

TITRE XVI – De la poursuite, de l'instruction et du jugement des infractions en matière de trafic de stupéfiants ..... 706-26 à 706-33

TITRE XVII – De la poursuite, de l'instruction et du jugement des infractions en matière de traite des êtres humains, de proxénétisme ou de recours à la prostitution des mineurs ..... 706-34 à 706-40-1

TITRE XVIII – De la poursuite, de l'instruction et du jugement des infractions commises par les personnes morales ..... 706-41 à 706-46

TITRE XIX – De la procédure applicable aux infractions de nature sexuelle et de la protection des mineurs victimes 706-47

CHAPITRE Ier – Dispositions générales ..... 706-47-1 à 706-53

CHAPITRE II – Du fichier judiciaire national automatisé des auteurs d'infractions sexuelles ou violentes ..... 706-53-1 à 706-53-12

CHAPITRE III – De la rétention de sûreté et de la surveillance de sûreté 706-53-13 à 706-53-22

TITRE XX – Du fichier national automatisé des empreintes génétiques ..... 706-54 à 706-56-1-1

TITRE XX *bis* – Du répertoire des données à caractère personnel collectées dans le cadre des procédures judiciaires 706-56-2

TITRE XXI – De la protection des témoins .... **706-57 à 706-63**

TITRE XXI *bis* – Protection des personnes bénéficiant d'exemptions ou de réductions de peines pour avoir permis d'éviter la réalisation d'infractions, de faire cesser ou d'atténuer le dommage causé par une infraction, ou d'identifier les auteurs ou complices d'infractions .... **706-63-1 à 706-63-2**

TITRE XXII – Saisine pour avis de la Cour de cassation .... **706-64 à 706-70**

TITRE XXIII – De l'utilisation de moyens de télécommunications au cours de la procédure .... **706-71 à 706-71-1**

TITRE XXIV – De la procédure applicable aux atteintes aux systèmes de traitement automatisé de données .... **706-72 à 706-72-6**

TITRE XXV – De la procédure applicable à la criminalité et à la délinquance organisées et aux crimes .... **706-73 à 706-74**

CHAPITRE Ier – Compétence des juridictions spécialisées .... 706-75 à 706-79-1

CHAPITRE II – Procédure

Section I – De la surveillance .... 706-80 à 706-80-2

Section II – De l'infiltration .... 706-81 à 706-87

Section III – De la garde à vue .... 706-88 à 706-88-1

Section IV – Des perquisitions .... 706-89 à 706-94

Section V – De l'accès à distance aux correspondances stockées par la voie des communications électroniques accessibles au moyen d'un identifiant informatique .... 706-95 à 706-95-3

Section VI – Des autres techniques spéciales d'enquête

§ 1 – Dispositions communes .... *706-95-11 à 706-95-19*

§ 2 – Du recueil des données techniques de connexion et des interceptions de correspondances émises par la voie des communications électroniques *706-95-20*

§ 3 – Des sonorisations et des fixations d'images de certains lieux ou véhicules .... *706-96 à 706-98*

§ 4 – De la captation des données informatiques .... *706-102-1 à 706-102-5*

Section VII – Des mesures conservatoires 706-103

Section VIII – Dispositions communes .... 706-104 à 706-105-1

Section VIII – Dispositions spécifiques à certaines infractions 706-106

TITRE XXV *bis* – De la procédure applicable aux crimes sériels ou non élucidés .... **706-106-1 à 706-106-5**

TITRE XXVI – De la procédure applicable en cas de pollution des eaux maritimes par rejets des navires et d'atteinte aux biens culturels maritimes

CHAPITRE Ier – De la pollution des eaux maritimes par rejets des navires .... 706-107 à 706-111

CHAPITRE II – Des atteintes aux biens culturels maritimes .... 706-111-1 à 706-111-2

TITRE XXVII – De la poursuite, de l'instruction et du jugement des infractions commises par des majeurs protégés .... **706-112 à 706-118**

TITRE XXVIII – De la procédure et des décisions d'irresponsabilité pénale pour cause de trouble mental

CHAPITRE Ier – Dispositions applicables devant le juge d'instruction et la chambre de l'instruction .... 706-119 à 706-128

CHAPITRE II – Dispositions applicables devant le tribunal correctionnel ou la cour d'assises

Section I – Dispositions applicables devant la cour d'assises .... 706-129 à 706-132

Section II – Dispositions applicables devant le tribunal correctionnel .... 706-133 à 706-134

CHAPITRE III – Mesures de sûreté pouvant être ordonnées en cas de déclaration d'irresponsabilité pénale pour cause de trouble mental ou en cas de reconnaissance d'altération du discernement .... 706-135 à 706-139

CHAPITRE IV – Dispositions applicables aux infractions d'atteintes à la personne résultant d'une intoxication volontaire .... 706-139-1 à 706-140

TITRE XXIX – Des saisies spéciales .... 706-141 à 706-141-1

CHAPITRE Ier – Dispositions communes........ 706-142 à 706-147

CHAPITRE II – Des saisies de patrimoine........ 706-148 à 706-149

CHAPITRE III – Des saisies immobilières. .... 706-150 à 706-152

CHAPITRE IV – Des saisies portant sur certains biens ou droits mobiliers incorporels........ 706-153 à 706-157

CHAPITRE V – Des saisies sans dépossession 706-158

TITRE XXX – De l'agence de gestion et de recouvrement des avoirs saisis et confisqués.

CHAPITRE Ier – Des missions de l'agence .... 706-159 à 706-161

CHAPITRE II – De l'organisation de l'agence .... 706-162 à 706-163

CHAPITRE III – Du paiement des dommages et intérêts sur les biens confisqués .... 706-164 à 706-165

TITRE XXXI – Des mesures conservatoires 706-166

TITRE XXXII – De la procédure applicable aux infractions relatives à la prolifération d'armes de destruction massive et de leurs vecteurs 706-167

Section I – Compétence .... 706-168 à 706-173

Section II – Procédure 706-174

TITRE XXXIII – De la procédure applicable en cas d'accident collectif........ 706-176 à 706-182

LIVRE CINQUIÈME

DES PROCÉDURES D'EXÉCUTION

TITRE Ier – De l'exécution des sentences pénales

CHAPITRE Ier – Dispositions générales .... 707 à 712

CHAPITRE II – Des juridictions de l'application des peines

Section I – Établissement et composition........ 712-1 à 712-3

Section II – Compétence et procédure devant les juridictions du premier degré........ 712-4 à 712-10

Section III – De la procédure en cas d'appel .... 712-11 à 712-15

Section IV – Dispositions communes........ 712-16 à 712-23

CHAPITRE III – De la coopération internationale aux fins d'exécution des décisions de confiscation

Section I – De la transmission et de l'exécution des décisions de confiscation en application de la décision-cadre du Conseil de l'Union européenne du 6 octobre 2006

§ 1. – Dispositions générales........ 713 à 713-4

§ 2. – Dispositions relatives aux décisions de confiscation de biens prononcées par les juridictions françaises .... 713-5 à 713-11

§ 3. – Dispositions relatives à l'exécution des décisions de confiscation de biens prononcées par les juridictions d'un autre État membre de l'Union européenne........ 713-12 à 713-35

Section I *bis*. – De la transmission et de l'exécution des décisions de confiscation en application du règlement *(UE)* 2018/1805 du Parlement européen et du Conseil du 14 novembre 2018 concernant la reconnaissance mutuelle des décisions de gel et des décisions de confiscation........ 713-35-1 à 713-35-2

Section II – De l'exécution des décisions de confiscation prononcées par les autorités judiciaires étrangères .... 713-36 à 713-41

TITRE Ier *bis* – De la contrainte pénale .... **713-42 à 713-49**

TITRE II – De la détention

CHAPITRE Ier – De l'exécution de la détention provisoire .... 714 à 716

CHAPITRE II – De l'exécution des peines privatives de liberté

Section I – Dispositions générales .... 716-1 à 719-1

Section I *bis* – De la libération sous contrainte 720

Section II – De la suspension et du fractionnement des peines privatives de liberté .... 720-1 à 720-1-1

Section III – De la période de sûreté .... 720-2 à 720-5

Section IV – Des réductions de peines .... 721 à 721-4

Section V – Du placement à l'extérieur, de la semi-liberté, des permissions de sortir et des autorisations de sortie sous escorte .... 723 à 723-6

Section VI – Du placement sous surveillance électronique .... 723-7 à 723-13-1

Section VII – Des procédures simplifiées d'aménagement des peines

§ 1. – Dispositions applicables aux condamnés libres .... *723-15 à 723-18*

Section IX – Dispositions relatives à la surveillance judiciaire de personnes dangereuses condamnées pour crime ou délit .... 723-29 à 723-39

CHAPITRE III – Des dispositions communes aux différents établissements pénitentiaires .... 724 à 727-1

CHAPITRE IV – Des valeurs pécuniaires des détenus *(Abrogé)*

CHAPITRE V – Du transfèrement des personnes condamnées .... 728-2 à 728-9

CHAPITRE VI – De l'exécution des décisions de condamnation à une peine ou à une mesure de sûreté privative de liberté en application de la décision-cadre 2008/909/JAI du Conseil du 27 novembre 2008 concernant l'application du principe de reconnaissance mutuelle aux jugements en matière pénale prononçant des peines ou des mesures privatives de liberté aux fins de leur exécution dans l'Union européenne

Section I – Dispositions générales .... 728-10 à 728-14

Section II – Dispositions relatives à l'exécution, sur le territoire des autres États membres de l'Union européenne, des condamnations prononcées par les juridictions françaises.

§ 1 – Transmission de la demande par le ministère public .... *728-15 à 728-22-1*

§ 2 – Transfèrement et transit .... *728-23 à 728-26*

§ 3 – Consentement à l'exercice de poursuites ou à l'exécution d'une condamnation à raison d'une autre infraction *728-27*

§ 4 – Exécution de la peine .... *728-28 à 728-30*

Section III – Dispositions relatives à l'exécution sur le territoire français des condamnations prononcées par les juridictions des autres États membres de l'Union européenne.

§ 1 – Motifs du refus de reconnaissance et d'exécution .... *728-31 à 728-33*

§ 2 – Réception et instruction par le procureur de la République de la demande aux fins de reconnaissance et d'exécution .... *728-34 à 728-41*

§ 3 – Décision sur la reconnaissance et l'exécution et recours .... *728-42 à 728-55*

§ 4 – Exécution de la peine .... *728-56 à 728-60*

§ 5 – Transfèrement .... *728-61 à 728-63*

§ 6 – Arrestation provisoire .... *728-64 à 728-70*

Section IV – Dispositions relatives au transit sur le territoire français .... 728-71 à 728-76

TITRE III – De la libération conditionnelle .... **729 à 733**

TITRE III *bis* – Du travail d'intérêt général .... **733-1 à 733-2**

TITRE IV – Du sursis et de l'ajournement **734**

CHAPITRE Ier – Du sursis simple .... 735 à 736

CHAPITRE II – Du sursis probatoire .... 739 à 747

CHAPITRE III – Des conversions de peine .... 747-1 à 747-1-1

CHAPITRE IV – De l'ajournement .... 747-3 à 747-4

TITRE V – De la reconnaissance de l'identité des individus condamnés........ 748

TITRE VI – De la contrainte judiciaire .... 749 à 762

TITRE VII – De l'interdiction de séjour .... 762-1 à 763

TITRE VII *bis* – Du suivi socio-judiciaire .... 763-1 à 763-9

TITRE VII *ter* – Du placement sous surveillance électronique mobile à titre de mesure de sûreté .... 763-10 à 763-14

TITRE VII *quater* – De l'exécution des condamnations et des décisions de probation en application de la décision-cadre du conseil de l'Union européenne du 27 novembre 2008

CHAPITRE Ier – Dispositions générales .... 764-1 à 764-8

CHAPITRE II – Dispositions relatives à la reconnaissance et au suivi, sur le territoire des autres États membres de l'Union européenne, des condamnations et des décisions de probation prononcées par les juridictions françaises .... 764-9 à 764-17

CHAPITRE III – Dispositions relatives à la reconnaissance et au suivi sur le territoire de la République des condamnations et des décisions de probation prononcées par les autorités compétentes des autres États membres de l'Union européenne

Section I – Réception des demandes de reconnaissance et de suivi des condamnations et des décisions de probation .... 764-18 à 764-21

Section II – Reconnaissance des condamnations et des décisions de probation .... 764-22 à 764-33

Section III – Suivi des mesures de probation et des peines de substitution et décision ultérieure en cas de non-respect .... 764-34 à 764-43

TITRE VII *quinquies* – De la peine de programme de mise en conformité 764-44

TITRE VIII – Du casier judiciaire .... 768 à 781

TITRE IX – De la réhabilitation des condamnés .... 782 à 783

CHAPITRE Ier – Dispositions applicables aux personnes physiques .... 785 à 798-1

CHAPITRE II – Dispositions applicables aux personnes morales 799

TITRE X – Des frais de justice .... 800 à 800-2

Dispositions générales .... 801 à 803-8

LIVRE SIXIÈME

DISPOSITIONS RELATIVES À L'OUTRE-MER

TITRE Ier – Dispositions applicables en Polynésie française, dans les Îles Wallis et Futuna et en Nouvelle-Calédonie

CHAPITRE Ier – Dispositions générales .... 804 à 806

CHAPITRE II – De l'action publique et de l'action civile .... 807 à 808

CHAPITRE III – De la police judiciaire .... 809 à 811

CHAPITRE IV – Des enquêtes .... 812 à 814-2

CHAPITRE V – Des juridictions d'instruction .... 815 à 824

CHAPITRE VI – De la cour d'assises .... 826 à 834
CHAPITRE VII – Du jugement des délits .... 835 à 847
CHAPITRE VIII – Du jugement des contraventions .... 848 à 853
CHAPITRE IX – Des citations et significations 854
CHAPITRE X – Du pourvoi en cassation .... 855 à 859
CHAPITRE XI – De quelques procédures particulières .... 859-1 à 866-2
CHAPITRE XII – Des procédures d'exécution .... 867 à 873-1
CHAPITRE XIII – Du casier judiciaire .... 874 à 876

TITRE II – Dispositions particulières au Département de Mayotte

CHAPITRE Ier – Dispositions générales .... 877 à 879-1
CHAPITRE II – Des enquêtes 880
CHAPITRE III – Des juridictions d'instruction .... 881 à 884
CHAPITRE IV – De la cour d'assises .... 885 à 888
CHAPITRE V – Du jugement des délits .... 892 à 893
CHAPITRE VI – Du jugement des contraventions .... 895 à 896
CHAPITRE VII – Des citations et des significations 897
CHAPITRE VII *bis* – Du pourvoi en cassation .... 897-1-A à 897-1-B
CHAPITRE VIII – De quelques procédures particulières .... 897-1 à 900-1
CHAPITRE IX – Des procédures d'exécution 902

TITRE III – Dispositions particulières à la collectivité territoriale de Saint-Pierre-et-Miquelon 902-1

CHAPITRE Ier – Dispositions générales .... 903 à 905
CHAPITRE II – De l'exercice de l'action publique .... 905-1 à 907-1
CHAPITRE III – Des juridictions de jugement
Section I – Du jugement des crimes .... 908 à 923
Section II – Du jugement des délits .... 924 à 929
Section III – Du jugement des contraventions .... 930 à 931
Section IV – Des citations et significations 932
Section V – Des recours en indemnité 933
Section VI – De l'exécution des sentences pénales 934
CHAPITRE IV – De quelques procédures particulières 934-3

TITRE IV – Dispositions particulières applicables aux collectivités de Saint-Barthélemy et de Saint-Martin .... 935 à 937

⁂

PARTIE RÉGLEMENTAIRE

Décrets en Conseil d'État

Articles

TITRE PRÉLIMINAIRE – Dispositions générales

SOUS-TITRE Ier – De l'action publique et de l'action civile .... R. 1 à R. 1-2

SOUS-TITRE II – De la participation des citoyens au jugement des affaires pénales.

CHAPITRE Ier – Dispositions relatives à la désignation des jurés .... R. 2

CHAPITRE II – Dispositions relatives à la désignation et à la formation des citoyens assesseurs

Section I – Établissement de la liste annuelle des citoyens assesseurs

§ 1. – Formalités préalables.. R. 2-1 à R. 2-6

§ 2. – Établissement de la liste.. R. 2-7 à R. 2-9

§ 3. – Retrait de la liste.. R. 2-10

Section II – Répartition du service des audiences entre les citoyens assesseurs.. R. 2-11

Section III – Formation préalable à l'exercice des fonctions de citoyens assesseurs .... R. 2-12 à R. 2-14

SOUS-TITRE III – Des droits des victimes

CHAPITRE UNIQUE – Traitement de données à caractère personnel dénommé « Système d'information interministériel des victimes d'attentats et de catastrophes » .... R. 2-15 à R. 2-15-5

LIVRE PREMIER

DE L'EXERCICE DE L'ACTION PUBLIQUE ET DE L'INSTRUCTION

TITRE Ier – Des autorités chargées de l'action publique et de l'instruction

CHAPITRE Ier – De la police judiciaire

Section I – Dispositions générales.. R. 2-16 à R. 2-17

Section I *bis* – De la protection de l'identité de certains agents intervenant dans les procédures pénales .... R. 2-18 à R. 2-24

Section II – Des officiers de police judiciaire

§ 1. – Désignation des officiers de police judiciaire .... R. 3 à R. 10

§ 2. – Habilitation des militaires de la gendarmerie et des fonctionnaires de la police nationale, ayant la qualité d'officier de police judiciaire, à exercer effectivement les attributions attachées à cette qualité

A – Habilitation des officiers de police judiciaire de la gendarmerie nationale .... R. 13 à R. 15-2-6

B – Habilitation des officiers de police judiciaire de la police nationale.................... R. 15-3 à R. 15-6-6

§ 3. – Fonctionnement de la commission prévue à l'article 16-2 .... R. 15-7 à R. 15-16

Section III – Des agents de police judiciaire .... R. 15-17 à R. 15-17-1

Section IV – Des services et unités visés à l'article 15-1

§ 1. – Des services de la police nationale.. R. 15-18 à R. 15-21

§ 2. – Des unités de la gendarmerie nationale.. R. 15-22 à R. 15-26

§ 3. – Des services communs de la police et de la gendarmerie nationale.... R. 15-26-1

§ 4. – Dispositions communes .... R. 15-27

Section V – Des officiers et agents de police judiciaire exerçant leur mission dans des véhicules affectés au transport collectif de voyageurs .... R. 15-28

§ 1. – Des officiers et agents de police judiciaire de la police nationale.. R. 15-29 à R. 15-31

§ 2. – Des officiers et agents de police judiciaire de la gendarmerie nationale.. R. 15-32 à R. 15-33

Section VI – Des agents des douanes chargés de certaines missions de police judiciaire
§ 1. – Désignation des agents des douanes chargés de certaines missions de police judiciaire ..... R. 15-33-1 à R. 15-33-6
§ 2. – Habilitation des agents des douanes chargés de certaines missions de police judiciaire ..... R. 15-33-7 à R. 15-33-9
§ 3. – Direction administrative des agents des douanes chargés de certaines missions de police judiciaire ..... R. 15-33-10 à R. 15-33-13
§ 4. – Notation des agents des douanes chargés de certaines missions de police judiciaire ..... R. 15-33-14 à R. 15-33-17
§ 5. – Modalités d'exercice des missions de police judiciaire par les agents des douanes habilités ..... R. 15-33-18 à R. 15-33-23
Section VII – Des gardes particuliers
§ 1. – Commissionnement ..... R. 15-33-24
§ 2. – Agrément et assermentation ..... R. 15-33-25 à R. 15-33-29-2-1
Section VIII – Des agents de police municipale, des gardes champêtres, des agents de surveillance de Paris et des agents de la ville de Paris chargés d'un service de police ..... R. 15-33-29-3 à R. 15-33-29-4
Section IX – Des agents des services fiscaux chargés de certaines missions de police judiciaire ..... *R. 15-33-29-4-1 à R. 15-33-29-4-2*
§ 1. – Désignation des agents des services fiscaux chargés de certaines missions de police judiciaire ..... R. 15-33-29-5 à R. 15-33-29-9
§ 2. – Habilitation des agents des services fiscaux chargés de certaines missions de police judiciaire R. 15-33-29-10 à R. 15-33-29-12
§ 3. – Notation des agents des services fiscaux chargés de certaines missions de police judiciaire ..... R. 15-33-29-13 à R. 15-33-29-16
§ 4. – Modalités d'exercice des missions de police judiciaire par les agents des services fiscaux habilités ..... R. 15-33-29-17
Section X – Des officiers judiciaires de l'environnement
§ 1er. – Désignation des officiers judiciaires de l'environnement ..... R. 15-33-29-18 à R. 15-33-29-23
§ 2. – Habilitation des officiers judiciaires de l'environnement ..... R. 15-33-29-24 à R. 15-33-29-26
§ 3. – Notation des officiers judiciaires de l'environnement ..... R. 15-33-29-27 à R. 15-33-29-30
§ 4. – Modalités d'exercice des missions de police judiciaire par les officiers judiciaires de l'environnement habilités ..... R. 15-33-29-31

CHAPITRE II – Du ministère public
Section I – Des délégués et des médiateurs du procureur de la République ..... R. 15-33-30 à R. 15-33-37
Section II – De la composition pénale
§ 1. – Proposition des mesures ..... R. 15-33-38 à R. 15-33-45
§ 2. – Validation des mesures ..... R. 15-33-46 à R. 15-33-48-1
§ 3. – Exécution des mesures ..... R. 15-33-49 à R. 15-33-60
Section II *bis* – De la convention judiciaire d'intérêt public
§ 1er. – Proposition de la convention ..... R. 15-33-60-1 à R. 15-33-60-2
§ 2. – Validation de la convention ..... R. 15-33-60-3 à R. 15-33-60-5
§ 3. – Exécution des obligations de la convention ..... R. 15-33-60-6 à R. 15-33-60-10
Section III – De la transaction proposée par le maire et de l'homologation par le procureur de la République ..... R. 15-33-61 à R. 15-33-66
Section IV – De la vente des biens meubles saisis ..... R. 15-33-66-1 à R. 15-33-66-3
Section V – Du bureau d'ordre national automatisé des procédures judiciaires et du traitement automatisé dénommé « Cassiopée » ..... R. 15-33-66-4 à R. 15-33-66-13

CHAPITRE III – Néant

TITRE II – Des enquêtes

CHAPITRE Ier – Des crimes et délits flagrants

Section I – Des demandes de mise à disposition de données par voie électronique .... R. 15-33-67 à R. 15-33-75

Section II – De la convocation des officiers de police judiciaire ayant procédé à une déclaration d'adresse .... R. 15-33-76

Section III – Du registre des gardes à vue dématérialisé .... R. 15-33-77 à R. 15-33-82

CHAPITRE II – Néant

CHAPITRE III – Néant

TITRE III – Des juridictions d'instruction

CHAPITRE Ier – Du juge d'instruction: juridiction d'instruction du premier degré

Section I – Dispositions générales .... R. 15-34 à R. 15-40

Section II – De la consignation de partie civile .... R. 15-41

Section III – Des transports, des perquisitions, des saisies et des interceptions de correspondances émises par la voie des télécommunications

Sous-section 1 – Des transports, des perquisitions et des saisies R. 15-41-1 à R. 15-41-3

Sous-section 2 – Des interceptions de correspondances émises par la voie des télécommunications .... Néant

Section IV – Néant

Section V – De la remise de la reproduction des pièces d'une procédure d'instruction à une personne détenue .... R. 15-42

Section VI – Néant

Section VII – Du contrôle judiciaire et de la détention provisoire

Sous-section 1 – Du contrôle judiciaire

§ 1. – Des autorités ou personnes contribuant au contrôle judiciaire .... R. 16 à R. 16-2

§ 2. – Des modalités d'exécution du contrôle judiciaire .... R. 17 à R. 18-1

§ 3. – Du cautionnement .... R. 19 à R. 23-4

§ 4. – De la constitution de sûretés .... R. 24 à R. 24-13

§ 5. – *Du placement sous bracelet anti-rapprochement .... R. 24-14 à R. 24-24*

Sous-section 2 – De la réparation à raison d'une détention provisoire

§ 1. – De la réparation demandée devant le premier président de la cour d'appel .... R. 26 à R. 40-3

§ 2. – Du recours devant la Commission nationale de réparation des détentions

A. De l'exercice du recours .... R. 40-4 à R. 40-7

B. De la procédure suivie devant la Commission nationale de réparation des détentions

a) Des communications et notifications applicables lorsque l'auteur du recours est le demandeur ou l'agent judiciaire du Trésor .... R. 40-8 à R. 40-12

b) Des communications et notifications applicables lorsque l'auteur du recours est le procureur général près la cour d'appel .... R. 40-13

c) Des autres actes de procédure .... R. 40-14 à *R. 40-22*

Section VIII – Néant

Section X – Néant

Section XI – Néant

Section XII – Néant

Section XIII – Néant

CHAPITRE II – Néant

TITRE IV – Dispositions communes

CHAPITRE Ier – De la mise au clair des données chiffrées nécessaires à la manifestation de la vérité

Le présent chapitre ne comporte pas de disposition réglementaire.

CHAPITRE II – Des fichiers de police judiciaire
Section I – Du traitement d'antécédents judiciaires .... R. 40-23 à R. 40-34
Section II – Des fichiers d'analyse sérielle .... R. 40-35 à R. 40-37
Section III – Du fichier des personnes recherchées .... R. 40-38
Section IV – Du fichier automatisé des empreintes digitales .... R. 40-38-1
CHAPITRE III – Des logiciels de rapprochement judiciaire .... R. 40-39 à R. 40-41
CHAPITRE III *bis* – De la plate-forme nationale des interceptions judiciaires .... R. 40-42 à R. 40-56

LIVRE DEUXIÈME

DES JURIDICTIONS DE JUGEMENT

TITRE Ier – De la cour d'assises
CHAPITRE Ier – Néant
CHAPITRE II – De la tenue des assises .... R. 41
CHAPITRE III – Néant
CHAPITRE IV – Néant
CHAPITRE V – Néant
CHAPITRE VI – Néant
CHAPITRE VII – Néant
CHAPITRE VIII – Néant
TITRE II – Du jugement des délits
CHAPITRE Ier – Du tribunal correctionnel
Section I – Néant
Section II – Néant
Section III – Néant
Section IV – Néant
Section V – Du jugement .... R. 41-2
Section VI – Néant
Section VII – De la procédure simplifiée .... R. 41-3 à R. 41-11
CHAPITRE II – Néant
TITRE III – Du jugement des contraventions
CHAPITRE II – Procédure simplifiée .... R. 42 à R. 48
CHAPITRE II *bis* – Amende forfaitaire et amende forfaitaire majorée .... R. 48-1 à R. 49-8
CHAPITRE II *ter* – Dispositions applicables à certaines infractions à la police des services publics de transports terrestres .... R. 49-8-1 à R. 49-8-4-1
CHAPITRE II *quater* – Dispositions applicables à certaines infractions au Code de la route .... R. 49-8-5 à R. 49-20
CHAPITRE III – De l'instruction définitive devant le tribunal de police
CHAPITRE IV – Néant
CHAPITRE V – Néant
CHAPITRE VI – Néant
TITRE IV – Néant

LIVRE TROISIÈME

NÉANT

LIVRE QUATRIÈME

DE QUELQUES PROCÉDURES PARTICULIÈRES

TITRE Ier – Des règles de procédure applicables aux crimes contre l'humanité et aux crimes de guerre

SOUS-TITRE Ier – De la coopération avec la Cour pénale internationale

SOUS-TITRE II – Des juridictions compétentes pour la poursuite, l'instruction et le jugement des crimes contre l'humanité et des crimes et délits de guerre... R. 49-20-1

TITRE Ier *bis* – De la question prioritaire de constitutionnalité

CHAPITRE Ier – Dispositions applicables devant les juridictions d'instruction, de jugement, d'application des peines et de la rétention de sûreté........R.* 49-21 à R.* 49-29

CHAPITRE II – Dispositions applicables devant la Cour de cassation....R.* 49-30 à R.* 49-34

TITRE II – Néant

TITRE III – Néant

TITRE IV – Néant

TITRE V – Néant

TITRE VI – Néant

TITRE VII – Néant

TITRE VIII – Néant

TITRE IX – Néant

TITRE X – De l'entraide judiciaire internationale

CHAPITRE UNIQUE – Dispositions propres à l'entraide entre la France et les autres États membres de l'Union européenne

Section I – De l'échange simplifié d'informations entre services en application de la décision-cadre du Conseil de l'Union européenne du 18 décembre 2006

Sous-section 1 – Dispositions applicables aux demandes d'informations émises par les services français ....R. 49-35 à R. 49-36

Sous-section 2 – Dispositions applicables aux demandes d'informations reçues par les services français..R. 49-37 à R. 49-39

Section II – De l'échange d'informations entre les autorités compétentes de différents États membres en application de la directive 2019/1153 du 20 juin 2019 ....R. 49-40 à R. 49-42

TITRE XI – Néant

TITRE XII – Néant

TITRE XIII – De la poursuite, de l'instruction et du jugement des infractions en matière économique et financière ....R. 50 *bis* à R. 50 *sexies*

TITRE XIV – Du recours en indemnité ouvert à certaines victimes de dommages résultant d'une infraction..R. 50-1 à R. 50-28

TITRE XV – De la poursuite, de l'instruction et du jugement des actes de terrorisme

CHAPITRE Ier – De la protection des enquêteurs .... R. 50-29
CHAPITRE II – Du fichier judiciaire national automatisé des auteurs d'infractions terroristes .... R. 50-30
Section I – Inscription dans le fichier .... R. 50-31 à R. 50-37
Section II – Information de la personne inscrite dans le fichier .... R. 50-38 à R. 50-42
Section III – Obligations incombant à la personne inscrite dans le fichier .... R. 50-43 à R. 50-50
Section IV – Interrogation du fichier et information directe du ministère de l'intérieur .... R. 50-51 à R. 50-54
Section V – Demande de rectification ou d'effacement .... R. 50-55 à R. 50-62
Section VI – Conservation de la trace des interrogations et consultations .... R. 50-63
Section VII – Effacement des données inscrites dans le fichier .... R. 50-64 à R. 50-65
Section VIII – Dispositions communes .... R. 50-66 à R. 50-68
CHAPITRE III – Des demandes tendant à la réparation du dommage causé par un acte de terrorisme .... R. 50-69
CHAPITRE IV – De la mesure judiciaire de prévention de la récidive terroriste et de réinsertion .... R. 50-70 à R. 50-85

TITRE XVII – De la poursuite, de l'instruction et du jugement des infractions en matière de proxénétisme ou de recours à la prostitution des mineurs... R. 51 à R. 51-1

TITRE XIX – De la procédure applicable aux infractions de nature sexuelle et aux mineurs victimes
CHAPITRE Ier – De l'administrateur ad hoc
Section I – De la liste des administrateurs ad hoc .... R. 53 à R. 53-5
Section II – De la désignation d'un administrateur ad hoc .... R. 53-6 à R. 53-8
CHAPITRE II – Du fichier judiciaire national automatisé des auteurs d'infractions sexuelles ou violentes .... R. 53-8-1
Section I – Inscription dans le fichier .... R. 53-8-2 à R. 53-8-8
Section II – Information de la personne inscrite dans le fichier ...... R. 53-8-9 à R. 53-8-12-1
Section III – Obligations incombant à la personne inscrite dans le fichier .... R. 53-8-13 à R. 53-8-20
Section IV – Interrogation du fichier et information directe du ministère de l'intérieur .... R. 53-8-23 à R. 53-8-26
Section V – Demande de rectification, d'effacement ou de limitation de l'obligation de présentation .... R. 53-8-27 à R. 53-8-33
Section VI – Conservation de la trace des interrogations et consultations... R. 53-8-34
Section VII – Effacement des données inscrites dans le fichier .... R. 53-8-35 à R. 53-8-36
Section VIII – Dispositions communes .... R. 53-8-37 à R. 53-8-39
CHAPITRE III – De la surveillance de sûreté et de la rétention de sûreté
Section I – Des juridictions de la rétention de sûreté .... R. 53-8-40 à R. 53-8-43
Section II – De la surveillance de sûreté .... R. 53-8-44 à R. 53-8-52
Section III – De la rétention de sûreté
Sous-section 1 – De la procédure .... R. 53-8-53 à R. 53-8-54
Sous-section 2 – De l'organisation des centres socio-médico-judiciaires de sûreté .... R. 53-8-55
Sous-section 3 – De la surveillance des centres socio-médico-judiciaires de sûreté .... R. 53-8-62 à R. 53-8-65
Sous-section 4 – Des droits des personnes retenues dans les centres socio-médico-judiciaires de sûreté .... R. 53-8-66 à R. 53-8-74
Sous-section 5 – Du centre de Fresnes .... R. 53-8-75 à R. 53-8-77

TITRE XX – Du fichier national automatisé des empreintes génétiques et du service central de préservation des prélèvements biologiques....... R. 53-9 à R. 53-21

TITRE XX *bis* – Du répertoire des données à caractère personnel collectées dans le cadre des procédures judiciaires dénommé « Redex » .... R. 53-21-1

Section I – Enregistrement des données dans le répertoire................R. 53-21-2 à R. 53-21-6

Section II – Interrogation du répertoire...R. 53-21-7 à R. 53-21-9

Section III – Droit d'accès et demande de rectification ou d'effacement..R. 53-21-10 à R. 53-21-18

Section IV – Conservation de la trace des interrogations et consultations... R. 53-21-19

Section V – Durée de conservation des données inscrites dans le répertoire et modalités de leur effacement..................... R. 53-21-20 à R. 53-21-22

Section VI – Dispositions communes.. R. 53-21-23 à R. 53-21-25

TITRE XXI – De la protection des témoins

CHAPITRE Ier – Déclaration d'adresse d'un témoin dans un commissariat ou une brigade de gendarmerie .... R. 53-22 à R. 53-26

CHAPITRE II – Possibilité pour un témoin de déposer de manière anonyme .... R. 53-27 à R. 53-32

TITRE XXII – De la saisine pour avis de la Cour de cassation – Néant

TITRE XXIII – De l'utilisation de moyens de télécommunication au cours de la procédure... R. 53-33 à R. 53-39

TITRE XXIV – De la géolocalisation..R. 53-40 à R. 53-40-4

TITRE XXIX – Des saisies spéciales .... R. 53-50 à R. 53-56

TITRE XXX – De l'agence de gestion et de recouvrement des avoirs saisis et confisqués .... R. 54-1 à R. 54-9

LIVRE CINQUIÈME

DES PROCÉDURES D'EXÉCUTION

TITRE Ier – De l'exécution des sentences pénales

CHAPITRE Ier – Diminution de l'amende du fait du paiement volontaire

Section I – Domaine d'application.. R. 55 à R. 55-3

Section II – Procédure .... R. 55-4 à R. 55-5

Section III – Voie de recours... R. 55-6 à R. 55-7

CHAPITRE II – De l'application des peines. .... R. 57-1 à R. 57-4

CHAPITRE III – Traitement de données à caractère personnel relatif à l'application des peines .... R. 57-4-1

CHAPITRE IV – Néant

Section I – Néant

Section II – Néant

TITRE II – De la détention.. R. 57-5

CHAPITRE Ier – De l'exécution de la détention provisoire .... R. 57-5-1 à R. 57-5-8

CHAPITRE II – Des conditions générales de détention – Néant.

CHAPITRE III – Des dispositions communes aux différents établissements pénitentiaires

Section I – Néant

Section II – Des relations des personnes détenues avec leur défenseur ...... R. 57-6-5

Section III – Néant

Section IV – Du droit à l'image des personnes détenues .... R. 57-6-17

CHAPITRE IV à CHAPITRE XI – Néant

CHAPITRE XII – Traitement de données à caractère personnel relatif à la gestion nationale des personnes détenues en établissement pénitentiaire ..... R. 57-9-18

TITRE III – Du placement sous surveillance électronique ..... R. 57-10

CHAPITRE Ier – Dispositions générales

Section I – Dispositions concernant le procédé prévu par l'article 723-8 ..... R. 57-11

Section II – Mesures préalables au placement sous surveillance électronique ..... R. 57-13 à R. 57-15

Section III – Décisions de placement sous surveillance électronique, de modification ou de retrait de la mesure ..... R. 57-16 à R. 57-18

Section IV – Mise en œuvre du placement sous surveillance électronique ..... R. 57-19

Section V – Néant

Section VI – Du traitement automatisé relatif au contrôle des personnes placées sous surveillance électronique ..... R. 57-30-1

CHAPITRE II – Dispositions relatives aux personnes placées sous contrôle judiciaire

TITRE IV – Du sursis

CHAPITRE Ier – Néant

CHAPITRE II – Du sursis probatoire ..... R. 58 à R. 60-1

TITRE VI – Néant

TITRE VII – Néant

TITRE VII *bis* – Du suivi socio-judiciaire

CHAPITRE Ier – Dispositions communes ..... R. 61 à R. 61-3

CHAPITRE II – Dispositions particulières applicables aux personnes exécutant une peine privative de liberté ..... R. 61-4 à R. 61-6

TITRE VII *ter* – Des modalités du placement sous surveillance électronique mobile à titre de mesure de sûreté

CHAPITRE Ier – De la commission pluridisciplinaire des mesures de sûreté et de l'examen de dangerosité ..... R. 61-7 à R. 61-11

CHAPITRE II – Du traitement automatisé relatif au contrôle des personnes placées sous surveillance électronique mobile ..... R. 61-12

CHAPITRE III – De la mise en œuvre du placement sous surveillance électronique mobile

Section I – Dispositions générales ..... R. 61-21 à R. 61-31-1

Section II – Dispositions spécifiques au suivi socio-judiciaire ..... R. 61-32 à R. 61-33

Section III – Dispositions spécifiques à la libération conditionnelle ..... R. 61-34

Section IV – Dispositions spécifiques à la surveillance judiciaire ..... R. 61-35

CHAPITRE IV – Néant

Section I – Néant

Section II – Néant

TITRE VII *quater* – Du dispositif électronique mobile anti-rapprochement

CHAPITRE Ier – Du traitement de données à caractère personnel relatif au dispositif électronique mobile anti-rapprochement ..... R. 61-43

CHAPITRE II – Néant

TITRE VIII – Du casier judiciaire

CHAPITRE Ier – De l'organisation des services du casier judiciaire ..... R. 62 à R. 64

CHAPITRE II – De l'établissement des fiches du casier judiciaire .... R. 65 à R. 72
CHAPITRE III – Des copies des fiches du casier judiciaire .... R. 73 à R. 75-1
CHAPITRE IV – De la délivrance des bulletins n° 1 du casier judiciaire .... R. 76 à R. 78-1
CHAPITRE V – De la délivrance des bulletins n° 2 du casier judiciaire .... R. 79 à R. 81
CHAPITRE VI – De la délivrance des bulletins n° 3 du casier judiciaire .... R. 82 à R. 84
CHAPITRE VII – Dispositions diverses .... R. 85 à R. 90

TITRE IX – Néant

TITRE X – Des frais de justice

CHAPITRE Ier – Dispositions préliminaires .... R. 91 à R. 93-3
CHAPITRE II – Tarif des frais
Section I – Des frais de translation des personnes, de transport des procédures et des pièces à conviction .... R. 95 à R. 104
Section II – Honoraires et indemnités des experts, des interprètes, des personnes chargées des enquêtes sociales et de personnalité et des délégués et médiateurs du procureur de la République
§ 1. – Des experts.
A. Règles générales .... R. 106 à R. 115
B. Dispositions spéciales
a) Expertise en matière de fraudes commerciales .... *R. 116*
b) Médecine légale .... *R. 117*
c) Biologie et Toxicologie .... *R. 118*
d) Radiologie .... *R. 120*
e) Expertise mécanique .... *R. 120-1*
f) Psychologie légale .... *R. 120-2*
§ 2. – Des personnes chargées des enquêtes sociales et de personnalité ou contribuant au contrôle judiciaire ou au sursis probatoire .... R. 121
A. Personnes physiques .... R. 121-1
B. Associations .... R. 121-3
§ 3. – Des interprètes traducteurs .... *R. 122*
§ 4. – Des délégués et médiateurs du procureur de la République .... R. 122-1 à R. 122-2
Section III – Des indemnités qui peuvent être accordées aux témoins et aux jurés
§ 1. – Des témoins.
A. Règles générales. .... R. 123 à R. 128
B. Indemnités de comparution. .... R. 129 à R. 132
C. Frais de voyage et de séjour. .... R. 133 à R. 138
§ 2. Des membres du jury criminel. .... *R. 139 à R. 146*
Section IV – Des frais de garde des scellés, de mise en fourrière et de l'immobilisation décidée en application des articles 131-6 (5°) et 131-14 (2°) du Code pénal .... R. 147 à R. 149
Section V – Des frais de copie
B. Expéditions
a) Délivrance des expéditions. .... *R. 154 à R. 160*
b) Droits d'expédition et de copie. .... *R. 165*
c) Délivrance de copies aux tiers .... *R. 166 à R. 172*
Section VI – Des émoluments et indemnités alloués aux huissiers de justice et aux agents de la force publique
§ 1. – Service d'audience des huissiers de justice .... *R. 179*
§ 2. – Citations et significations .... *R. 181 à R. 187*
§ 3. – Exécution des mandats d'amener, de dépôt et d'arrêt et des mesures de contrainte exercées contre les témoins défaillants – Capture en exécution d'une ordonnance de prise de corps, d'un jugement ou d'un arrêt .... *R. 188 à R. 191*

§ 4. – Exécution des arrêts de contumace ... *R. 192 à R. 193*
§ 5. – Frais de voyage et de séjour ... *R. 194 à R. 195*
§ 6. – Dispositions générales ... *R. 197 à R. 199*
Section VIII – Des frais de mise en œuvre des conventions secrètes de cryptologie ... R. 208
Section IX – Des frais d'impression ... R. 210 à R. 212
Section X – Des frais de recherche et de délivrance de reproductions des documents imprimés ... R. 213
Section XI – Des frais des opérateurs de communications électroniques ... R. 213-1 à R. 213-2
CHAPITRE III – Des dépenses assimilées à celles de l'instruction des procès criminels
Section I – Règles générales ... R. 214 à R. 215
Section II – Règles spéciales
§ 1. – Des dépenses résultant de la désignation des administrateurs ad hoc. ... *R. 216 à R. 216-1*
§ 2. – Procédures suivies en application de la législation sur les incapables. ... *R. 217 à R. 217-1*
§ 3. – Frais engagés d'office en matière de mesures conservatoires prises après l'ouverture d'une succession. ... *R. 218*
§ 4. – Inscriptions hypothécaires requises par le ministère public. ... *R. 219*
§ 5. – Recouvrement des amendes. ... *R. 220*
§ 6. – Frais d'enquêtes sociales ordonnées en matière d'exercice de l'autorité parentale. ... *R. 221*
§ 7. – Frais d'audition d'un mineur par la personne désignée par le juge ... *R. 221-1*
CHAPITRE IV – Du payement et du recouvrement des frais
Section I – Du paiement des frais
§ 1. – Présentation des états et des mémoires ... *R. 222 à R. 223*
§ 2. – Procédure de certification ... *R. 224-1 à R. 225*
§ 3. – Procédure de taxation ... *R. 226 à R. 227*
§ 4. – Voies de recours ... *R. 228 à R. 231*
§ 5. – Paiement ... *R. 233 à R. 234*
Section II – De la liquidation et du recouvrement des frais
§ 1. – Liquidation des frais. ... *R. 241 à R. 244*
§ 2. – Régularisation des dépenses – Recouvrement. ... *R. 249*
§ 3. – Des extraits délivrés par les greffes ... *R. 249-1*
CHAPITRE V – De l'indemnité pouvant être accordée en cas non-lieu, relaxe ou acquittement ... R. 249-2 à R. 249-8

LIVRE CINQUIÈME *BIS*
DISPOSITIONS GÉNÉRALES

CHAPITRE UNIQUE – Du traitement automatisé de données à caractère personnel dénommé « dossier pénal numérique » ... R. 249-9 à R. 249-16

LIVRE SIXIÈME
DISPOSITIONS RELATIVES À L'OUTRE-MER

TITRE Ier – Dispositions applicables dans les départements d'outre-mer, à Saint-Barthélemy, à Saint-Martin et à Saint-Pierre-et-Miquelon ... R. 250 à R. 250-1

⁂

PARTIE RÉGLEMENTAIRE

Décrets simples

Articles

TITRE PRÉLIMINAIRE

CHAPITRE Ier – De l'action publique et de l'action civile ..... D. 1 à D. 1-1

CHAPITRE Ier *BIS* – De la justice restaurative ..... D. 1-1-1

CHAPITRE II – Des droits des victimes

Section I – Dispositions générales ..... D. 1-2

Section II – De l'évaluation des besoins et des mesures de protection des victimes d'infractions

Sous-section 1 – Évaluation personnalisée et mesures de protection ..... D. 1-3 à D. 1-9

Sous-section 2 – Évaluation approfondie ..... D. 1-10 à D. 1-10-2

Section III – Dispositions spécifiques aux victimes de violences et d'infractions commises au sein du couple ou de la famille ..... D. 1-11 à D. 1-12

CHAPITRE III – Des missions et de l'agrément des associations d'aide aux victimes d'infraction

Section I – Dispositions générales ..... D. 1-12-1 à D. 1-12-2

Section II – Conditions, modalités de la délivrance de l'agrément et obligations afférentes ..... D. 1-12-3 à D. 1-12-9

Section III – Renouvellement et transfert de l'agrément ..... D. 1-12-10 à D. 1-12-12

Section IV – Suspension et retrait de l'agrément ..... D. 1-12-13

LIVRE Ier

DE L'EXERCICE DE L'ACTION PUBLIQUE ET DE L'INSTRUCTION

TITRE Ier – Des autorités chargées de l'action publique et de l'instruction ..... D. 1-13

CHAPITRE Ier – De la police judiciaire

Section I – Dispositions générales ..... D. 2 à D. 8-2

Section I *bis* – Des plaintes adressées par voie électronique ..... D. 8-2-1 à D. 8-2-10

Section I *ter* – De la protection de l'identité de certains agents intervenant dans les procédures pénales ..... D. 8-3 à D. 8-6

Section II – Des officiers de police judiciaire ..... D. 9 à D. 12

Section III – Des agents de police judiciaire ..... D. 13 à D. 15

Section III – Des agents de police judiciaire ..... D. 13 à D. 14-1

Section IV – Des fonctionnaires et agents chargés de certaines missions de police judiciaire ..... D. 14-2 à D. 15

Section V – Des procédures d'infiltration, des sonorisations et fixations d'images de certains lieux ou véhicules ..... D. 15-1-1 à D. 15-1-5

Section VI – Des interceptions de correspondances émises par la voie des communications électroniques et du recueil des données techniques de connexion ..... D. 15-1-5-1

Section VII – De la captation des données informatiques ..... D. 15-1-6

Section VIII – De la géolocalisation ..... D. 15-1-7

CHAPITRE II – Du ministère public ..... D. 15-2 à D. 15-4-3

CHAPITRE III – Du juge d'instruction et des pôles de l'instruction ..... D. 15-4-4 à D. 15-4-7

TITRE II – Des enquêtes et des contrôles d'identité

CHAPITRE Ier – Des enquêtes

Section I – Des réquisitions et saisies .... D. 15-5 à D. 15-5-1-2
Section II – De l'audition libre et de la garde à vue .... D. 15-5-2 à D. 15-6-2
Section III – Du contradictoire au cours de l'enquête préliminaire .... D. 15-6-3
CHAPITRE II – Des contrôles d'identité – Néant

TITRE III – Des juridictions d'instruction

CHAPITRE Ier – Du juge d'instruction : juridiction d'instruction du premier degré
Section I – Dispositions générales
§ 1. – Copie du dossier d'instruction. .... *D. 15-7 à D. 15-8*
§ 2. – Néant
§ 3. – Néant
§ 4. – Néant
§ 5. – Examens médical et médico-psychologique. .... *D. 16 à D. 26*
§ 6. – Désignation du juge d'instruction .... *D. 27 à D. 31-4*
Section II – De la constitution de partie civile et de ses effets .... D. 32
Section II *bis* – De la première comparution .... D. 32-1 à D. 32-1-1
Section II *ter* – Du permis de communiquer .... D. 32-1-2
Section III – Des interceptions de correspondances émises par la voie de télécommunication .... D. 32-2 à D. 32-2-1
Section IV – Néant
Section V – Des interrogatoires, confrontations et reconstitutions .... D. 32-2-2 à D. 32-2-4
Section VI – Néant
Section VII – Du contrôle judiciaire, de l'assignation à résidence avec surveillance électronique et de la détention provisoire
Sous-section 1 – Du contrôle judiciaire – Néant
Sous-section 2 – De l'assignation à résidence avec surveillance électronique .... D. 32-3
§ 1. – Mesures préalables au placement sous assignation à résidence avec surveillance électronique .... *D. 32-4 à D. 32-6*
§ 3. – Placement sous assignation à résidence avec surveillance électronique .... *D. 32-10 à D. 32-15*
§ 4. – Modification ou mainlevée de l'assignation à résidence avec surveillance électronique .... *D. 32-16 à D. 32-19*
§ 5. – Dispositions applicables en cas de non-respect de l'assignation à résidence avec surveillance électronique .... *D. 32-20 à D. 32-21*
§ 6. – Dispositions applicables en cas de non-lieu .... *D. 32-22*
§ 7. – Dispositions applicables en cas de renvoi devant la juridiction de jugement .... *D. 32-23 à D. 32-25-1*
§ 8. – Néant
Sous-section 3 – Dispositions relatives au contrôle judiciaire et à l'assignation à résidence applicables en cas de violences au sein du couple .... D. 32-29 à D. 32-30
Sous-section 4 – De la détention provisoire .... D. 32-31
Section VIII – Des commissions rogatoires .... D. 33 à D. 36-1
Section IX – De l'expertise .... D. 37 à D. 40
Section X – Des nullités de l'information – Néant
Section XI – Des ordonnances de règlement .... D. 40-1 à D. 40-2
Section XII – De l'appel des ordonnances du juge d'instruction ou du juge des libertés et de la détention .... D. 40-3
Section XIII – De la reprise de l'information sur charges nouvelles – Néant
CHAPITRE II – De la chambre d'instruction : juridiction d'instruction du second degré
Section 1 – Dispositions générales .... D. 43 à D. 43-1
Section 2 – Pouvoirs propres du président de la chambre de l'instruction .... D. 43-1-1 à D. 43-6

Section III – De la notation et du contrôle de l'activité judiciaire des officiers de police judiciaire *(Dispositions prises pour l'application des articles 13, 16, 19-1, 224 à 230 et R. 14 à R. 15-6 du Code de procédure pénale)*...... D. 44 à D. 44-5

LIVRE DEUXIÈME
DES JURIDICTIONS DE JUGEMENT

TITRE Ier – De la cour d'assises.......... **D. 45 à D. 45-2**

TITRE II – Du jugement des délits

CHAPITRE Ier – Du tribunal correctionnel

Section I – De la compétence et de la saisine du tribunal correctionnel.......... D. 45-2-1 à D. 45-2-1 *bis*

Sections II à IV – *(Néant)*

Section V – Du jugement.......... D. 45-2-1-1 à D. 45-2-7

Section VI – Du jugement par défaut et de l'opposition.......... D. 45-2-9

Section VII – De la procédure simplifiée de l'ordonnance pénale.......... D. 45-2-10

Section VIII – De la comparution sur reconnaissance préalable de culpabilité.......... D. 45-2-11 à D. 45-2-12

Section IX – De la procédure de l'amende forfaitaire applicable à certains délits.......... D. 45-3 à D. 45-21

CHAPITRE II – De l'appel.......... D. 45-22 à D. 46

TITRE III – Néant

TITRE IV – Des citations et significations.......... **D. 46-2 à D. 46-6-3**

LIVRE TROISIÈME
NÉANT

LIVRE QUATRIÈME
DE QUELQUES PROCÉDURES PARTICULIÈRES

TITRE Ier – Des règles de procédure applicables aux crimes contre l'humanité et aux crimes de guerre

SOUS-TITRE Ier – De la coopération avec la Cour pénale internationale

SOUS-TITRE II – Des juridictions compétentes pour la poursuite, l'instruction et le jugement des crimes contre l'humanité et des crimes et délits de guerre D. 46-7

TITRE II – Du faux.......... **D. 47-1**

TITRES III à IX – Néant

TITRE X – De l'entraide judiciaire internationale

CHAPITRE Ier – Dispositions générales – Néant

CHAPITRE II – Dispositions propres à l'entraide entre la France et les autres États membres de l'Union européenne

Section I – Des décisions d'enquête européenne

Sous-section 1 – Dispositions communes.......... D. 47-1-1

Sous-section 2 – Dispositions relatives à l'émission d'une décision d'enquête européenne par les autorités judiciaires françaises

§ 1 – Dispositions générales.......... D. 47-1-2 à D. 47-1-4

§ 2 – Dispositions particulières à certaines mesures d'enquête.......... D. 47-1-5 à D. 47-1-9

Sous-section 3 – Dispositions relatives à la reconnaissance et l'exécution par les autorités judiciaires françaises d'une décision d'enquête européenne émanant d'un autre État membre

§ 1 – Dispositions générales .... *D. 47-1-10 à D. 47-1-17*

§ 2 – Dispositions particulières à certaines mesures d'enquête .... *D. 47-1-18 à D. 47-1-20*

Section II à VI – *Néant*

Section 7 – De la prévention et du règlement des conflits de compétence entre États membres de l'Union européenne .... D. 47-1-21 à D. 47-1-29

TITRE XI – Du Parquet européen

CHAPITRE Ier – Des signalements au procureur européen délégué et de l'exercice de sa compétence

Section 1 – Des obligations de signalement au procureur européen délégué .... D. 47-1-30 à D. 47-1-37

Section 2 – De l'exercice de sa compétence par le procureur européen délégué .... D. 47-1-38 à D. 47-1-41

CHAPITRE II – Des procédures suivies par le procureur européen délégué .... D. 47-1-42 à D. 47-1-45

TITRE XII – Néant

TITRE XIII – De la procédure applicable aux infractions en matière économique et financière .... D. 47-2 à D. 47-4

TITRE XIII *bis* – De la procédure applicable en matière sanitaire .... D. 47-5 à D. 47-6

TITRE XIV – Du juge délégué aux victimes, président de la commission d'indemnisation des victimes d'infractions .... D. 47-6-1

CHAPITRE Ier – Attributions juridictionnelles du juge délégué aux victimes .... D. 47-6-2 à D. 47-6-3

CHAPITRE III – Attributions administratives du juge délégué aux victimes .... D. 47-6-12 à D. 47-6-14

TITRE XIV *bis* – Du bureau d'aide aux victimes .... D. 47-6-15

TITRE XV – De la poursuite, de l'instruction et du jugement des actes de terrorisme

CHAPITRE Ier – Néant

CHAPITRE II – Néant

CHAPITRE III – Néant

CHAPITRE IV – De la mesure judiciaire de prévention de la récidive terroriste et de réinsertion .... D. 47-6-16 à D. 47-6-17

CHAPITRE V – Des assistants spécialisés en matière de lutte contre le terrorisme .... D. 47-6-18

TITRE XVI – De la poursuite, de l'instruction et du jugement des infractions en matière de trafic de stupéfiants .... D. 47-7

TITRE XVII – De la poursuite, de l'instruction et du jugement des infractions en matière de traite des êtres humains, de proxénétisme ou de recours à la prostitution des mineurs .... D. 47-8 à D. 47-9

TITRE XVIII – Néant

TITRE XIX – De la procédure applicable aux infractions de nature sexuelle et de la protection des mineurs victimes

CHAPITRE Ier – Dispositions générales .... D. 47-9-1 à D. 47-11-4

TITRE XX – Du fichier national automatisé des empreintes génétiques .... D. 47-12

TITRE XXI – De la protection des témoins – Néant

TITRE XXII – Saisine pour avis de la Cour de cassation – Néant

TITRE XXIII – De l'utilisation de moyens de communication au cours de la procédure............ D. 47-12-1 à D. 47-12-6

TITRE XXIV – Néant

TITRE XXV – De la procédure applicable à la criminalité et à la délinquance organisées............ D. 46-2 à D. 46-6-3

TITRE XXV BIS – De la procédure applicable aux crimes sériels ou non élucidés............ D. 47-12-8 à D. 47-12-10

TITRE XXVI – De la procédure applicable en cas de pollution des eaux maritimes par rejets des navires et d'atteinte aux biens culturels maritimes............ D. 47-13-1 à D. 47-13-2

TITRE XXVII – De la poursuite, de l'instruction et du jugement des infractions commises par des majeurs protégés .... D. 47-14 à D. 47-26

TITRE XXVIII – De la procédure et des décisions d'irresponsabilité pénale pour cause de trouble mental

CHAPITRE Ier – Dispositions applicables devant le juge d'instruction et la chambre de l'instruction............ D. 47-27 à D. 47-28-2

CHAPITRE II – Dispositions applicables devant le tribunal correctionnel ou la cour d'assises – Néant

CHAPITRE III – Mesures de sûreté pouvant être ordonnées en cas de déclaration d'irresponsabilité pénale pour cause de trouble mental.

Section I – De l'hospitalisation d'office .... D. 47-29 à D. 47-29-5

Section II – Des autres mesures de sûreté............ D. 47-29-6 à D. 47-32

CHAPITRE IV – Des soins pouvant être ordonnés en cas de trouble mental ayant altéré le discernement .... D. 47-33 à D. 47-37

TITRE XXIX – Des saisies spéciales – Néant

TITRE XXX – De l'agence de gestion et de recouvrement des avoirs saisis et confisqués – Néant.

TITRE XXXI – Des mesures conservatoires – Néant.

TITRE XXXII – De la procédure applicable aux infractions relatives à la prolifération d'armes de destruction massive et de leurs vecteurs – Néant.

TITRE XXXIII – De la procédure applicable en cas d'accident collectif............ D. 47-38

LIVRE CINQUIÈME
DES PROCÉDURES D'EXÉCUTION

TITRE Ier – De l'exécution des sentences pénales

CHAPITRE Ier – Dispositions générales .... D. 48 à D. 48-5-5

CHAPITRE II – De l'émission et de l'exécution des sanctions pécuniaires en application de la décision-cadre du Conseil de l'Union européenne du 24 février 2005

Section I – Dispositions communes .... D. 48-6 à D. 48-11

Section II – Dispositions relatives à l'exécution dans un État membre de l'Union européenne des sanctions pécuniaires prononcées par les autorités françaises............ D. 48-12 à D. 48-17

Section III – Dispositions relatives à l'exécution des sanctions pécuniaires prononcées par les autorités étrangères

§ 1. – Dispositions générales. .... D. 48-18 à D. 48-29

§ 2. – Modalités de recouvrement des sanctions pécuniaires.
A. Diminution de la sanction en cas de paiement volontaire. .... D. 48-30 à D. 48-33
B. Recouvrement des sanctions pécuniaires par les comptables du Trésor. .... D. 48-34 à D. 48-35
C. Contrainte judiciaire. .... D. 48-36

CHAPITRE III – Des juridictions de l'application des peines
Section I – Établissement et composition
§ 1. – Du juge de l'application des peines. .... D. 49 à D. 49-1-1
§ 2. – Du tribunal de l'application des peines. .... D. 49-2 à D. 49-7
§ 3. – De la chambre de l'application des peines de la cour d'appel .... D. 49-8 à D. 49-10
Section II – Règles de compétence et de procédure
§ 1. – Dispositions communes aux différentes juridictions de l'application des peines .... D. 49-11 à D. 49-26-1
§ 2. – Dispositions relatives au juge de l'application des peines .... D. 49-27 à D. 49-35-2
§ 3. – Dispositions relatives au tribunal de l'application des peines.. D. 49-36 à D. 49-38
§ 4. – Dispositions applicables en cas d'appel .... D. 49-39 à D. 49-44-1
Section III – Néant
Section IV – Dispositions relatives aux victimes et aux parties civiles... D. 49-64 à D. 49-74
Section V – Dispositions applicables aux personnes condamnées pour actes de terrorisme .... D. 49-75 à D. 49-81-5

TITRE Ier *bis* – De la peine de détention à domicile sous surveillance électronique .... D. 49-82 à D. 49-89

CHAPITRE V – Des incidents d'exécution de la contrainte pénale .... D. 49-90 à D. 49-92

CHAPITRE VI – Dispositions relatives aux victimes et aux parties civiles ...... D. 49-93

TITRE II – De la détention .... D. 50 à D. 52-1

CHAPITRE Ier – De l'exécution de la détention provisoire
Section I – Des établissements dans lesquels la détention provisoire est subie .... D. 53 à D. 54
Section II – Des ordres donnés par l'autorité judiciaire .... D. 55 à D. 57
Section III – Du régime de la détention provisoire .... D. 58 à D. 66

CHAPITRE II – Des conditions générales de détention
Section I – Des divers établissements affectés à l'exécution des peines ...... D. 70
Section II – De la procédure d'orientation et des décisions d'affectation des condamnés .... D. 74 à D. 77
Section III – Des modalités de prise en charge des personnes détenues condamnées .... D. 83 à D. 88
Section IV – De l'encellulement individuel .... D. 94
Section VI – Des réductions de peine .... D. 115 à D. 117
Section VII – Du placement à l'extérieur, du régime de semi-liberté, du placement sous surveillance électronique et des permissions de sortir .... D. 118 à D. 145
§ 1. – Dispositions communes .... D. 119 à D. 125
§ 2. – Placement à l'extérieur sous surveillance du personnel pénitentiaire .... D. 126 à D. 129
§ 3. – Placement à l'extérieur sans surveillance du personnel pénitentiaire .... D. 136
§ 4. – Régime de semi-liberté .... D. 137 à D. 138
§ 5. – Permissions de sortir
A. – Dispositions communes .... D. 142 à D. 142-3-1
B. – Permissions de sortir en vue de préparer la réinsertion professionnelle ou sociale et permissions de sortir en vue du maintien des liens familiaux... .... D. 143 à D. 144
C. – Permissions de sortir en vue de l'accomplissement d'une obligation exigeant la présence du condamné .... D. 145
D. – Dispositions spécifiques applicables aux mineurs – Néant

Section VII *bis* – Autorisation de sortie sous escorte .... D. 147
Section VIII – De la suspension de peine prévue par l'article 720-1-1.... D. 147-1 à D. 147-5
Section IX – Procédure d'aménagement de peine applicable aux condamnés libres .... D. 147-6 à D. 147-16-1
Section X – De la libération sous contrainte.......... D. 147-17 à D. 147-24
Sous-section 1 – Dispositions applicables à la libération sous contrainte prévue au I de l'article 720 .... D. 147-17 à D. 147-19
Sous-section 2 – Dispositions applicables à la libération sous contrainte de plein droit prévue au II de l'article 720 .... D. 147-20 à D. 147-24
Section XI – Dispositions applicables à la surveillance judiciaire des personnes dangereuses condamnées pour crime ou délit.......D. 147-31 à D. 147-31-1
§ 1er. – Condamnés susceptibles de faire l'objet d'une surveillance judiciaire .... *D. 147-32 à D. 147-36*
§ 2. – Contenu et durée de la surveillance judiciaire .... *D. 147-37 à D. 147-40-3*
§ 3. – Retrait des réductions de peines en cas d'inobservation des obligations .... *D. 147-41 à D. 147-44*
Section XII – Dispositions relatives au suivi des condamnés après leur libération pendant le temps des réductions de peine.......... D. 147-45 à D. 147-51
CHAPITRE III – Des dispositions communes aux différents établissements pénitentiaires
Section I – Règles et suivi de l'exécution des peines.......... D. 150-2 à D. 158
Section II – Des visites effectuées par les autorités judiciaires.......... D. 176
CHAPITRE IV – De l'administration des établissements pénitentiaires
§ 1. – Dispositions générales .... *D. 232 à D. 233*
§ 2. – Conseil d'évaluation .... *D. 234 à D. 235*
CHAPITRE V – De la discipline et de la sécurité des établissements pénitentiaires
Section I – De la police intérieure
Section II – De la discipline.......... D. 249 à D. 250
Section III – Des règles particulières de compétence
Section IV – Des requêtes et plaintes formulées par les personnes détenues.......... D. 262
Section V – De la sécurité.......... D. 274 à D. 283
CHAPITRE VI – Des mouvements de personnes détenues
Section I – Des entrées et sorties des personnes détenues
Section II – Des transfèrements et des extractions.......... D. 292
CHAPITRE VII – De la gestion des biens et de l'entretien des personnes détenues
Section I – De la gestion des biens des détenus.......... D. 325 à D. 339
Section II – De l'entretien des détenus
CHAPITRE VIII – De la santé des personnes détenues
Section I – Dispositions générales
Section II – De l'hygiène
Section III – De l'organisation sanitaire.......... D. 360 à D. 393
Section IV – Protection de la mère et de l'enfant.......... D. 401
CHAPITRE IX – Des relations des personnes détenues avec l'extérieur
Section I – Des visites.......... D. 403
Section II – De la correspondance
Section III – Du maintien des liens familiaux
Section IV – Des événements familiaux et des sorties exceptionnelles qu'ils peuvent motiver .... D. 424

Section V – Des renseignements concernant les détenus et de leurs relations avec le monde extérieur .... D. 428
Section VI – De l'envoi et de la réception d'objets par les personnes détenues

CHAPITRE X – Des actions de préparation à la réinsertion des personnes détenues

CHAPITRE XI – De différentes catégories de personnes détenues
Section I – Des détenus bénéficiant d'un régime spécial
Section II – Des détenus de nationalité étrangère .... D. 507
Section III – Des détenus appartenant aux forces armées .... D. 508
Section IV – Des détenus mineurs
Section V – Des détenus majeurs âgés de moins de 21 ans .... D. 521
Section VI – Dispositions relatives à l'exécution, sur le territoire des autres États membres de l'Union européenne, des condamnations prononcées par les juridictions françaises .... D. 521-1-1

TITRE III – De la libération conditionnelle

CHAPITRE Ier – De la procédure relative aux demandes de libération conditionnelle

CHAPITRE II – Des mesures et conditions auxquelles sont soumis ou peuvent être soumis les libérés conditionnels
Section I – Des mesures et conditions obligatoires .... D. 533 à D. 534-2
Section II – Des conditions particulières .... D. 535 à D. 542

TITRE IV – Du sursis et de l'ajournement

CHAPITRE Ier

CHAPITRE II – Du sursis probatoire
Section I – Dispositions générales .... D. 546
Section II – Dispositions applicables au sursis probatoire avec suivi renforcé .... D. 546-1 à D. 546-8

CHAPITRE III – Des conversions de peines .... D. 547

CHAPITRE IV – De l'ajournement
Section I – De l'ajournement aux fins d'investigations sur la personnalité ou la situation matérielle, familiale et sociale .... D. 548
Section II – De l'ajournement aux fins de consignation d'une somme d'argent D. 549

TITRE V – Néant

TITRE VI – De la contrainte judiciaire .... D. 569 à D. 570

TITRE VII – De l'interdiction de séjour .... D. 571 à D. 571-3

TITRE VII *bis* – Du suivi socio-judiciaire – Néant

TITRE VIII – Du casier judiciaire .... D. 571-4 à D. 571-7

TITRE IX – Néant

TITRE X – Néant

TITRE XI – Le service pénitentiaire d'insertion et de probation

CHAPITRE Ier – Les missions du service pénitentiaire d'insertion et de probation .... D. 572

CHAPITRE II – Les attributions respectives du juge de l'application des peines, des autres magistrats mandants et du directeur du service pénitentiaire d'insertion et de probation .... D. 576 à D. 578

CHAPITRE III – L'organisation et le fonctionnement du service pénitentiaire d'insertion et de probation .... D. 580 à D. 583

TITRE XII – Dispositions générales

CHAPITRE Ier – Dispositions relatives à la procédure numérique .... D. 589 à D. 589-7

CHAPITRE II – Des transmissions de demandes, notifications ou significations par un moyen de télécommunication électronique .... D. 590 à D. 593-1-1

CHAPITRE III – De l'accès des avocats au dossier de la procédure .... D. 593-2

CHAPITRE IV – Néant

§ 1. – Droit à l'interprète lors des auditions .... *D. 594-1 à D. 594-2*

§ 2. – Droit à l'interprète lors des entretiens de la personne avec son avocat .... *D. 594-3*

§ 3. – Dispositions communes .... *D. 594-4 à D. 594-5*

Section II – Modalités d'application des dispositions concernant la traduction des pièces essentielles à l'exercice de la défense .... D. 594-6 à D. 594-10

Section III – Dispositions applicables aux victimes et aux parties civiles

Sous-section 1 – Dispositions communes à toutes les victimes...... D. 594-11 à D. 594-12

Sous-section 2 – Dispositions propres aux parties civiles .... D. 594-13 à D. 594-15

Section IV – Désignation de l'interprète ou du traducteur .... D. 594-16

CHAPITRE IV – Dispositions générales applicables aux mineurs

LIVRE SIXIÈME

DISPOSITIONS RELATIVES À L'OUTRE-MER

TITRE Ier – Dispositions relatives à la Guadeloupe, la Guyane, la Martinique, la Réunion et Saint-Pierre-et-Miquelon .... D. 599 à D. 600-2

TITRE II – Dispositions applicables à Mayotte .... D. 602

TITRE III – Dispositions applicables en Nouvelle-Calédonie, en Polynésie Française et dans les îles de Wallis et Futuna.......................... D. 603 à D. 605

⁂

ARRÊTÉS

LIVRE PREMIER

DE L'EXERCICE DE L'ACTION PUBLIQUE ET DE L'INSTRUCTION

TITRE Ier – Des autorités chargées de l'action publique et de l'instruction A. 1

CHAPITRE Ier – De la police judiciaire

Section I – Des plaintes adressées par voie électronique .... A. 1er à A. 1-2

Section II – Des officiers de police judiciaire

§ 1. – Désignation des gendarmes officiers de police judiciaire........................ A. 2 à A. 12

§ 2. – Désignation des officiers de police judiciaire de la police nationale .. A. 13 à A. 23

§ 3. – Affectation de fonctionnaires du corps d'encadrement et d'application de la police nationale ayant la qualité d'officier de police judiciaire dans les services visés à l'article 16 (4°).. A. 34 à A. 35

§ 4. – Organisation des services territoriaux de police judiciaires des directions territoriales de la police nationale.. A. 35-1

Section III – Désignation des agents des douanes chargés de l'exercice de certaines missions de police judiciaire..A. 36 à A. 36-10

Section IV – Désignation des agents des services fiscaux chargés de de certaines missions de police judiciaire.................. A. 36-10-1 à A. 36-10-12

TITRE II – Des enquêtes et des contrôles d'identité.. A. 36-11

TITRE III – Des juridictions d'instruction .... A. 36-11-1

LIVRE DEUXIÈME

DES JURIDICTIONS DE JUGEMENT

TITRE Ier – De la cour d'assises

CHAPITRE Ier – Néant

CHAPITRE II – Néant

CHAPITRE III – De la composition de la cour d'assises .... A. 36-12 à A. 36-13

CHAPITRE IV – Néant

CHAPITRE V – Néant

CHAPITRE VI – Néant

CHAPITRE VII – Néant

TITRE II – Du jugement des délits

CHAPITRE Ier – Du tribunal correctionnel

Section I à VI – Néant

Section VII – De la procédure simplifiée de l'amende forfaitaire délictuelle .... A. 36-14 à A. 36-18

TITRE III – Du jugement des contraventions

CHAPITRE Ier – Néant

CHAPITRE II – Néant

CHAPITRE II *bis* – De la procédure de l'amende forfaitaire

Section I – Dispositions relatives au procès-verbal, à l'avis de contravention et à la carte de paiement concernant les contraventions forfaitisées

Sous-section 1 – Dispositions communes.. A. 37 à A. 37-1

Sous-section 2 – Dispositions applicables aux contraventions ne donnant pas lieu à retrait de points du permis de conduire
§ 1. – Dispositions générales .... *A. 37-2 à A. 37-5*
§ 2. – Dispositions applicables aux contraventions à l'arrêt ou au stationnement des véhicules .... *A. 37-6*
Sous-section 3 – Dispositions applicables aux contraventions donnant lieu à retrait de points du permis de conduire
§ 1. – Dispositions générales .... *A. 37-7 à A. 37-10*
§ 2. – Dispositions applicables aux contraventions en matière de vitesse *A. 37-11*
Sous-section 4 – Dispositions applicables en cas de consignation et de contrôle automatisé .... A. 37-12 à A. 37-14
Sous-section 5 – Dispositions spécifiques applicables en cas de constatation ne permettant pas l'édition immédiate de l'avis de contravention et en cas d'utilisation d'un appareil électronique sécurisé
§ 1. – Dispositions applicables en cas de constatation ne permettant pas l'édition immédiate de l'avis de contravention .... *A. 37-15 à A. 37-18*
§ 2. – Dispositions relatives aux appareils électroniques sécurisés permettant la réalisation d'un procès-verbal dématérialisé........ *A. 37-19 à A. 37-19-1*
§ 3. – Dispositions relatives à la contestation dématérialisée de l'amende forfaitaire .... *A. 37-20*
Sous-section 6 – Dispositions applicables en cas de contestation dématérialisée des amendes forfaitaires prévues à l'article 529-10 ... A. 37-20-1 à 37-20-5
Section II – Dispositions applicables à la procédure de l'encaissement immédiat par les agents verbalisateurs
Sous-section 1 – Dispositions applicables en cas d'utilisation de carnet de quittance à souche
§ 1. – Dispositions communes .... *A. 37-21 à A. 37-23*
§ 2. – Dispositions applicables au paiement immédiat des amendes forfaitaires relatives aux infractions n'entraînant pas retrait de points du permis de conduire .... *A. 37-24 à A. 37-25*
§ 3. – Dispositions applicables au paiement immédiat des amendes forfaitaires entraînant un retrait de points du permis de conduire .... *A. 37-26 à A. 37-27*
Sous-section 2 – Dispositions applicables en cas de constatation avec utilisation d'un appareil électronique sécurisé .... A. 37-27-1 à A. 37-27-6
Section III – Dispositions applicables en cas d'émission d'un titre exécutoire d'amende forfaitaire majorée .... A. 37-28
Section IV – Dispositions applicables aux contraventions non forfaitisées ..... A. 37-29
Section V – Dispositions relatives au procès-verbal de contravention et à l'avis de paiement établis par l'agent assermenté d'un exploitant d'autoroute en matière de péage .... A. 37-30 à A. 37-33
CHAPITRE II *ter* – Néant
CHAPITRE III – Néant
CHAPITRE IV – Néant
CHAPITRE V – Néant
CHAPITRE VI – Néant

LIVRE TROISIÈME

DES MESURES DE SÛRETÉ

CHAPITRE Ier – Des commissions pluridisciplinaires des mesures de sûreté A. 37-34
CHAPITRE II – Des juridictions régionales de la rétention de sûreté .... A. 37-35

LIVRE QUATRIÈME

TITRE XX – Du fichier national automatisé des empreintes génétiques .... **A. 38**

TITRE XXI – De l'utilisation de moyens de télécommunication au cours de la procédure .... **A. 38-1**

LIVRE CINQUIÈME

DES PROCÉDURES D'EXÉCUTION

TITRE Ier

CHAPITRE Ier – Dispositions générales........ A. 38-2 à A. 38-5-1

CHAPITRE II – Augmentation du droit fixe de procédure en cas de condamnation pour conduite après usage de substances ou plantes classées comme stupéfiants .... A. 38-6

TITRE II – De la détention

CHAPITRE Ier – Néant

CHAPITRE II – De l'exécution des peines privatives de liberté.

Section I – Des divers établissements affectés à l'exécution des peines .... A. 39-3

Section II – Néant

Section III – Néant

Section IV – Néant

Section VI – Néant

Section VII – Néant

CHAPITRE III – Néant

CHAPITRE IV – De l'administration des établissements pénitentiaires

Section II – Néant

Section III – Néant

Section IV – Néant

CHAPITRE V à CHAPITRE XI – Néant

TITRE III – Néant

TITRE IV – Du sursis

CHAPITRE Ier – Néant

CHAPITRE II – Du sursis avec mise à l'épreuve

Section I – Néant

Section II – Des autorités chargées de contrôler le régime de la mise à l'épreuve

§ 2. – Néant

Section III – Néant

Section IV – Néant

Section V – Néant

TITRE V – Néant

TITRE VI – Néant

TITRE VII – Néant

TITRE VIII – Néant

TITRE IX – Néant

TITRE X – Des frais de justice .... **A. 43-4 à A. 43-18**

TITRE XI – Néant

TITRE XII – Du casier judiciaire .... **A. 53-1**

LIVRE CINQUIÈME *bis*

DISPOSITIONS GÉNÉRALES

CHAPITRE I – Dispositions relatives à la procédure numérique
Section I – Dispositions relatives à la signature électronique .... A. 53-2 à A. 53-4
Section II – Dispositions relatives à la signature numérique .... A. 53-5
Section III – Dispositions applicables à l'archivage.. A. 53-6
Section IV – Dispositions relatives à la numérisation des pièces de procédure .... A. 53-7 à A. 53-8
Section V – Dispositions relatives à la transmission des pièces sous format numérique.. A. 53-9
CHAPITRE II – Dispositions relatives à la captation sonore des audiences des juridictions pénales spécialisées.. A. 53-10

LIVRE SIXIÈME – NÉANT

LIVRE SEPTIÈME – NÉANT

LIVRE HUITIÈME – NÉANT

TABLE ALPHABÉTIQUE

— A —

N° d'articles du Code

Abrogation de la loi pénale 6

Abus de constitution de partie civile
- cour d'appel 516
- dommages-intérêts 472
- instruction 91, 177-2
- révision 626-1
- tribunal correctionnel 392-1, 472

Accès – Droit – Prévenu 390

Accident de la route 2-12, 398-1, 529-7

Accident du travail *(aide aux victimes)* 2-18

Acquittement *(crime)*
- appel 380-2, 516
- cassation .... 591 et s.
- chose jugée 368
- décision sur l'action civile .... 371 et s.
- décision sur l'action publique – Cour d'assises .... 363 et s.
- indemnisation .... 149 et s., R. 249-2 et s.
- recours .... 567 et s.
- remise en liberté 367

Actes
- de médecine légale .... R. 116 et s.

Action civile .... 2 et s.
- abusive *(voir « abus de constitution de partie civile »)*
- acte de terrorisme 706-16-1
- action devant la juridiction civile 5, 85
- amende civile 212-2
- appel 516
- association .... 2-1 et s., R. 1-1, D. 1
- avocat 40-4
- compétence .... 3 et s.
- constitution de partie civile .... 85, D. 31-1, D. 32
- cour d'appel 518
- cour d'assises 371, 371-1, 372
- crimes et délits – matière militaire 698-2
- exercice .... 2, 3 et s.
- incendie volontaire – Frais de lutte 2-7
- juridiction civile 4, 5, 5-1
- mineurs *(voir Code Pénal)*
- personnes morales – droit public – incendie volontaire 2-7
- plainte abusive – dommages-intérêts .... 91 et s.
- prescription 10
- renonciation 2
- sursis au jugement 4
- outre-mer .... 807 et s.
- terrorisme 706-16-1
- tribunal correctionnel 464, 468
- tribunal de police 539, 542

Action publique .... 1, 6 et s.
- action civile .... 1 à 10
- amende forfaitaire .... 529, R. 48-1
- application des peines .... 1, 6 et s.
- contraventions .... 529 et s.
- cour d'assises .... 366 et s.
- crimes et délits – matière militaire 698-1
- délits 8
- délit – paiement amende forfaitaire délictuelle 495-24-2
- exercice .... 2 et s., 10, 31
- extinction 6
- mineurs – victimes 8

– ministère public .... 40-1 et s.
– ministre de la justice – missions 30
– mise en mouvement 1, 36, 698-1
– partie civile 1, 85, 88, 698-2
– prescription .... 7 et s., 82-3
– prescription – mineurs victimes 9-1
– prescription – interruption 9-2
– prescription – suspension 9-3
– refus d'informer – ordonnance 86
– stupéfiants 706-31

Adjoint de sécurité 21

Administrateur *ad hoc*
– protection des mineurs .... 706-50, R. 53 et s., R. 216 et s.

Administration de la preuve .... 41, 310, 427 et s.

Administration pénitentiaire *(voir établissements pénitentiaires)*
– techniques de recueil de renseignement .... R. 57-8-24 et s.

A.D.N. *(voir Fichier National)*

Aérodrome
– actes illicites de violences 689-7

Aéronefs
– capture illicite 689-6
– contraventions – circulation sans personne à bord .... R. 48-1
– détournement illicite 694-32

Âge des témoins 108, 335, 447

Agent de police judiciaire *(A.P.J.)*
– compte-rendu .... D. 14-1
– contrôle .... 224 et s.
– désignation, attributions, compétence territoriale .... 20 et s., R. 15-17 et s., D. 13 et s.
– infiltration .... 706-81, D. 15-1-1
– observations *(recueil – Contrevenants)* 21
– policiers et gendarmes *(Retraite – Réserves Civile et Opérationnelle)*
(Décret n° 2013-874 du 27 septembre 2013) .... **page 177**, 16-1 A, 120-1, R. 15-17-1
– surveillance (procureur général) 38

Agent de police judiciaire adjoint *(A.P.J.A.)*
– désignation, attribution, compétence .... 21 et s.

Agent de sécurité 21, 78-6

Agent des douanes
– habilitation, missions .... 28-1 et s., R. 15-33-1 et s., A. 36 et s.

Agent des services fiscaux
– missions de police judiciaire .... 28-2, R. 15-33-1 et s., R. 15-33-29-4-1 et s., R. 15-33-29-5 et s.

Aide juridictionnelle
– rétribution des avocats *(Décret n° 2020-1717 du 28 décembre 2020)*:
sous l'article 63-4-5 C.P.P. .... **page 262**

Ajournement .... 734, 747-3 et s.
– casier judiciaire .... 768 et s., R. 69
– juge de l'application des peines 747-3
– tribunal correctionnel .... 397-3-1, 469-1 et s., D. 548 et s.
– tribunal de police 539

Alcool
– analyses .... R. 118
– consommation interdite – établissements pénitentiaires .... D. 346
– débit de boisson – fermeture 706-33, 706-36
– débit de boisson – visite, perquisition et saisie 706-35
– dispositif homologué d'antidémarrage par éthylotest électronique 138
– informations et données .... R. 57-9-20
– règlement intérieur – établissement pénitentiaire *(Annexe à R. 57-6-18)* **page 1063**

Alternative aux poursuites *(voir composition pénale)*
- comparution sur reconnaissance préalable de culpabilité .... 495-7 et s.
- composition pénale 41-2
- procureur de la République – décision 40-1
- procureur de la République – rappel à la loi .... 41-1 et s.

Aménagements de peines
- Autorisation de sortie .... 723 et s., D. 118, D. 142 et s.
- Commission 712-5
- Condamnés libres .... 723-15 et s., D. 147-6 et s.
- Placement sous surveillance électronique .... 723-7, R. 57-10
- Semi-liberté .... 723 et s., D. 137 et s.
- Tribunal de l'application des peines 720-4

Amende *(voir transaction)*
- amende civile :
• abusive ou dilatoire 212-2
• consignation 88-1
• personne morale 177-3
- casier judiciaire .... 768 et s., R. 69
- cour pénale internationale .... 627-16 et s.
- diminution .... 707-2, R. 55 et s.
- étrangère .... 707-1, D. 48-18 et s
- exécution .... D. 48-6
- fractionnement .... 708, art. D. 48-6
- majoration 707-6
- paiement immédiat .... 707-2 et s., R. 55
- procédure simplifiée .... 524 et s., R. 42 et s.
- recouvrement .... 707, R. 220
- réhabilitation .... 788 et s.

Amende forfaitaire
- action publique *(application, cas, extinction)* .... 529, R. 48-1
- amende minorée .... 529-7 et s., R. 49-8-5 et s.
- animaux .... R. 48-1
- appareil de contrôle automatique 529-11
- boissons alcoolisées .... R. 48-1
- consignation .... 529-10, 530-1, R. 49-18, A. 37-8
- contestation .... 529-2, 529-10, R. 49-14
- environnement .... R. 48-1
- formulaire .... A. 37-1 et s.
- infractions Code de la Route *(amende minorée)* .... 529-7 et s., R. 49-8-5 et s.
- lieu de l'infraction 530-6
- paiement :
• délai 529-2
• immédiat .... A. 37-21 et s.
• majoration .... 529-2, 529-5, R. 48-1 et s.
• minoration 529-7
• modes 529-1
- personne morale – montant quintuplé 530-3
- personne résidant à l'étranger 530-2-1
- procès-verbal électronique (PVe) .... A. 37-15 et s., A. 37-27-1 et s.
- récidive 530-7
- réclamation .... 530, R. 49-15 et s.
- requête en exonération .... 529-10, R. 49-14 et s., A. 37-20-1 et s.
- relevé d'identité 529-4
- remise gracieuse 530-4
- transaction .... 529-3 et s.
- transports publics 529-3, 529-5, 529-10

Amende forfaitaire délictuelle
- délits de conduite sans permis ou de conduite sans assurance .... D. 45-3 et s.
- modalités contestations dématérialisées .... A. 36-14 et s., A. 37-12 et s., A. 37-20-1 et s.
- paiement amende forfaitaire délictuelle 495-24-2
- recouvrement des amendes forfaitaires délictuelles .... A. 38-5-1

Amnistie
- action publique 6
- casier judiciaire .... 768 et s., R. 70
- révision 626

– sommier de police technique 773-1

Analyse
– biologique .... R. 118
– expertise mécanique .... R. 120-1
– fraude commerciale .... R. 116
– psychologie légale .... R. 120-2
– radiologique .... R. 120
– toxicologique .... R. 118

Animaux
– actes de cruauté 398-1
– action civile *(associations de défense)* 2-13
– euthanasie 99-1
– mise en fourrière ou sous séquestre .... R. 148
– saisie 99-1

Annulation
– nullité de l'acte 206
– nullité de l'information .... 170 et s.
– nullité du jugement .... 518 à 520

Anonymat *(respect)*
– déclaration d'adresse .... R. 53-22 et s.
– témoignage anonyme .... R. 53-27 et s.

Anthropométrie
– contrôle d'identité 78-3

Appel
– des jugements de police .... 546 et s.
– des jugements correctionnels .... 496 et s.
– des ordonnances du juge d'instruction .... 185 et s.
– du procureur général .... 505 et s.

Application des peines *(voir Juge de l'application des peines)*
– application des peines .... D. 49-39 et s.
– exécution des sentences pénales .... D. 49-1
– suspension 720-1-1

Arme
– activités privées de sécurité (*Annexe IX – arrêté du 28 septembre 2018*) **page 1414**
– contrôle judiciaire .... 138, R. 58
– criminalité et délinquance organisées .... 706-73 et s.
– destruction massive .... 78-2-2, 706-73 et s., 706-167 et s.
– flagrant délit – saisie 54
– fouille – véhicule 78-2-2
– personnel pénitentiaire – port d'arme .... D. 218, D. 267
– restitution 177

Arrestation
– compétence territoriale 43, 52, 382
– cour pénale internationale 627-4
– flagrant délit *(particulier)* 73
– infractions commises audience cours/tribunaux .... 675 et s.
– mandats .... 122 et s.

Arrestation et remise *(voir Cour pénale internationale)*

Assignation à résidence
– contrôle judiciaire .... 138 et s.
– détention provisoire .... R. 16 et s.
– surveillance électronique .... 142-5, D. 32-3 et s.
– violences au sein du couple .... D. 32-29 et s.

Assistance
– aux libérés .... D. 460 et s., D. 478 et s.

Assistants d'enquête
– composition de la police judiciaire 15
– fonctions police judiciaire 230
– information des victimes 10-2
– recrutements, missions 21-3, 63-2, 63-3

– réquisition personnes qualifiées 77-1

Assistant spécialisé *(juridictions)*
– désignation, fonctions .... 706, D. 47-4, D. 47-6
– nomination .... R. 50 *bis*.

Associations
– accidents de la route 2-12
– accidents collectifs 2-15
– accidents du travail – maladies professionnelles .... 2-15, 2-18, D. 1
– action civile .... 2 et s.
– anciens combattants 2-11
– animaux – défense de 2-13
– assistant spécialisé .... 706, R. 50 *bis* et R. 50 *sexies*
– concurrence sociale déloyale 2-21-1
– consommateurs 2-8
– crimes contre l'humanité .... 2-4 et s.
– défense de la langue française 2-14
– défense des locataires et propriétaires 2-20
– délinquance routière 2-12
– discrimination 2-1
– discrimination sexuelle 2-6
– discrimination sexuelle (Territoires Outre-Mer) 807
– droits et libertés individuelles 2-17
– élus 2-19
– enfance martyrisée 2-3
– état de santé 2-8
– exclusion sociale ou culturelle 2-10
– familiales .... 2-8 et s.
– fédération d'associations .... R. 1-1
– handicapés, malades et personnes âgées 2-8
– handicapés, malades (Territoires Outre-Mer) 808
– harcèlement sexuel 2-6
– honneur de la Résistance 2-5
– incendie volontaire 2-7
– injures, outrages et menaces à un élu 2-19
– mineurs, victimes .... 2-3, R. 1
– patrimoine archéologique 2-21
– racisme 2-1
– résistance et déportation .... 2-4 et s.
– sectes 2-17
– situation de famille 2-10
– toxicomanie – lutte contre 2-16
– transports collectifs 2-15
– victimes d'accidents du travail 2-18
– victimes d'infractions 2-9
– victimes violences intra-familiale 2-2
– violences sexuelles 2-2

Association(s) agréée(s) d'aide aux victimes d'infraction
– agrément .... D. 1-12-1
– compte-rendu – rapport .... D. 1-12-9
– délivrance – agrément .... D. 1-12-3
– dossier – demande agrément .... D. 1-12-6 et s.
– missions .... D. 1-12-2
– référentiel national
(Arrêté du 29 novembre 2019 : sous l'article D. 1-12-4) .... **page 1145**
– renouvellement et transfert – agrément .... D. 1-12-10 et s.
– suspension et retrait – agrément .... D. 1-12-13

Association de malfaiteurs
– instruction délit d'association 706-24-3
– procédure criminalité et délinquance organisées .... 706-73 et s.

Assureur
– appel 388-1, 498, 509, 515
– dommages et intérêts 470-1
– exceptions fondées – contrat d'assurances 385-1
– exceptions tirées de la procédure 385
– intervention .... 388-1 et s.
– mise en cause 388-2

– tribunal de police 533

Atteinte aux intérêts fondamentaux de la Nation
– atteinte sûreté de l'État........ 694 et s.
– en temps de guerre 701
– en temps de paix 702

Atteintes à l'environnement
– biens culturels et maritimes .... 706-111-1 et s.
– convention judiciaire d'intérêt public – obligations 41-1-3, 180-2
– inspecteurs de l'environnement 28-3
– perquisitions et saisies 56
– pôles interrégionaux spécialisés .... 706-2 et s.
– pôles régionaux spécialisés 706-2-3
– pollutions .... 706-107 et s.
– pouvoirs 28
– procédure applicable .... 706-2 et s.

Audiences
– du tribunal de police :
• appel........ 546 et s.
• débats jugements........ 534 et s.
• opposition........ 544 et s.
• saisine........ 44, 79, 531 et s. 550 et s.
– du tribunal correctionnel :
• débats........ 168, 406 et s.
• saisine........ 388, 393 et s., 552, 560
– délai d'audiencement........ 179
• appel........ 496 et s.
• jugement........ 427 et s., 462 et s., 472, 485 et s.
• opposition........ 489 et s.
– cour d'assises :
• arrêts........ 363, 366 et s.
• débats........ 109, 168, 293 et s., 306 et s., 317 et s.
• délibération........ 355 et s.
• ouverture de la session........ 267, 288 et s.
• saisine........ 269 et s., 283 et s., 550 et s.
– infractions commises :
• audience des cours et tribunaux........ 675 et s.

Audition *(voir aussi Auditions, Enquête préliminaire, Flagrant délit)*
– distincte *(cours GAV)*........ 65
– libre *(information des droits)*........ 61-1

Auditions
– à distance *(moyens de télécommunications)* .... 706-71, R. 53-33 et s, A. 38-1
– compétence territoriale........ 18
– confrontation .... 117 et s.
– cours d'assises :
• interrogatoire audience .... 328 et s.
• interrogatoire obligatoire .... 272 et s.
– d'enfant de moins de 16 ans........ 108
– de personnes soupçonnées........ 105
– de témoin........ 62, 101 et s., 153
– des interrogatoires et confrontations .... 114 et s.
– du témoin assisté .... 113 et s., 152 et s., 164
– expertise 164
– flagrant délit :
• convocation à comparaître........ 62
• mandat de recherche 70
– juge d'instruction........ 101 et s.
– mandat d'arrêt :
• interrogatoire........ 133
• garde à vue – O.P.J. 135-1
– mise en examen........ 80-1 et s.
– tribunal correctionnel 442
– tribunal de police 536
– partie civile........ 152 et s.
– procès verbaux interrogatoire, confrontation 121
– protection des témoins........ 706-57 et s.
– urgence 117

Autopsie
– experts – honoraires .... R. 116-1 et s.

Autorité parentale
– détention provisoire 145-5

Autoroute
– procès-verbal et avis de paiement *(péage)* .... A. 37-30 et s.

Avertissement
– à comparaître .... 388 et s.
– comparution volontaire et citation .... 389 et s., 532

Aveu
– administration de la preuve, aveu .... 427 et s., 536

Avis de la Cour de cassation .... 706-64 et s.

Avocat
– à la Cour de cassation .... 585 et s., 602
– appel 712-13
– assistance audition procureur général, O.P.J. 226
– cour d'assises .... 274 et s., 317
– communication avec détenu 715-1
– comparution .... 415 et s.
– comparution immédiate .... 393 et s.
– composition pénale 41-2
– constitution de partie civile .... 418 et s.
– convocation 114
– désignation par courrier 115
– garde à vue 63-4
– instruction 116
– interception de correspondances téléphoniques 100-7
– interrogatoires, confrontations .... 114 et s.
– mineur victime d'infraction sexuelle 706-51-1
– notification 803-3
– perquisition cabinet, domicile 56-1

Avortement
– action civile 2

— B —

Bande organisée
– pouvoirs de police spéciaux 706-1-2
– procédure 706-73

Bâtonnier de l'ordre 114

Boisson alcoolisée
– détenus – consommation .... D. 346
– libération conditionnelle – excès .... D. 536

Bracelet électronique
– contrôle judiciaire 138
– exécution de peine .... 723-7 et s.
– surveillance .... R. 57-10

Bulletin du casier judiciaire n° 1, n° 2, n° 3 *(voir Casier judiciaire national automatisé)*

Bureau d'ordre national automatisé des procédures judiciaires 48-1

— C —

Cadavre
– découverte 74

Caméras aéroportées – captations et fixations d'images – lieux publics
– dispositifs techniques .... 230-47 et s.

Caméras mobiles ***(enregistrement audiovisuel)***
– agents police nationale/militaires gendarmerie nationale *(art. L. 241-1 Code sécurité intérieure : sous article 21-1)* .... **page 178**
– agents police municipale *(art. L. 241-2 Code sécurité intérieure, Décret n° 2019-140 du 27 février 2019 : sous article 21-1)* .... **page 179, 179**
– personnels de surveillance de l'administration pénitentiaire *(Loi n° 2018-697 du 3 août 2018 et Décret n° 2019-1427 du 23 décembre 2019 : sous article 21-1)* .... **pages 179, 180**
– sapeurs-pompiers professionnels ou volontaires… *(Loi n° 2018-697 du 3 août 2018 : sous article 21-1)* .... **page 179**

Capture
– frais .... R. 92
– exécution ordonnance, jugement, arrêt .... R. 188 et s.

Carnet de déclarations *(Décret n° 2010-773 du 08 juillet 2010)* .... **page 178**

Casier judiciaire national automatisé .... 768 et s.
– bulletin n° 1 .... 774 et s., R. 76 et s.
– bulletin n° 2 .... 775 et s., R. 79 et s., D. 47-32, D. 571-4 et s., A. 45, A. 53-1
– bulletin n° 3 .... 777 et s., R. 82 et s.
– casier judiciaire .... 768 et s.
– composition pénale .... R. 66
– copie des fiches du casier judiciaire .... R. 73 et s.
– délivrance .... 776, D. 571-4 et s.
– dispositions diverses .... R. 85 et s.
– établissement des fichiers du casier judiciaire .... R. 65 et s.
– établissements pénitentiaires *(Annexe XIII – Code Pénitentiaire – art. L. 214-3, R. 222-1)* .... **page 1426**, D. 116-8
– extrait ordonnance, jugement .... D. 49-26
– faux nom ou fausse qualité 781
– fichier judiciaire automatisé – auteurs infractions sexuelles ou violences .... 706-53-1 et s.
– interconnexion 777-3
– irresponsabilité pénale .... D. 47-31
– mineurs 770
– ministère public .... D. 48-13
– outre-mer .... 874 et s.
– personnes morales .... 768-1, 769-1, 774-1, 775-1 A, 776-1, 777-2
– procureur de la République – délivrance bulletin n° 1 .... 41-2, 792, 799
– rectification 778
– relevé intégral 774, 777-2
– répertoire des données à caractère personnel 706-56-2
– sursis et ajournement .... D. 544-1
– traitements de données Européen « ECRIS-TCN » .... 771-1 et s., 777

Cassation
– acquittement injustifié 597
– annulation, renvoi .... 609 et s.
– arrêts rendus *(avec ou sans renvoi)* .... 605 et s.
– assemblée plénière 619
– avis (saisine de la cour de cassation .... 706-64 et s.
– avocat 590-1
– cassation sans renvoi 617
– chambre criminelle 567
– chambre de l'instruction .... 574 et s.
– cour des révisions et de réexamen 623
– dans l'intérêt de la loi 620, 621
– décisions susceptibles d'être attaquées .... 567 et s.

– délai 568
– effet suspensif 569
– formes .... 576 et s.
– instruction des recours .... 601 et s.
– nullités des décisions 592
– opposition 579
– ouvertures .... 591 et s.
– pourvoi .... 567 et s.
– publicité, police et discipline des audiences 601
– rejet 618
– renvoi .... 609 et s.
– transmission du dossier 587
– violation de la loi 591
– violation ou omission des règles 600

Cause légale *(exemption de peine)*:
– cour d'appel 517
– cour d'assises 356, 363, 367
– recours en cassation 573
– tribunal correctionnel 468
– tribunal de police 542

Caution 759

Cautionnement
– contrôle judiciaire :
• instruction .... 138, 142, R. 19 et s
• personne morale 706-45
• pourvoi en cassation 569
• tribunal correctionnel 471

Centres éducatifs fermés
– journalistes *(voir Code pénitentiaire – Annexe XIII)* .... **page 1423**
– visite des parlementaires 719

Centre – exécution des peines .... D. 70 et s.
– permission de sortir .... D. 147

Centres – peines aménagées
– centre de semi-liberté et quartiers de semi-libertés .... D. 72-1
– établissements .... D. 70

Chambre
– du conseil 199, 711, 778
– de l'instruction .... 191 et s.
• acte d'information complémentaire 201
• arrêt de mise en accusation 215
• arrêt de non lieu 212-1, 217
• composition 191
• contrôle de la police judiciaire .... 13, 224 et s.
• témoins des parties 198
• ordonnance de prise de corps 215
• ordonnance en matière de détention provisoire 207
• procureur général .... 194 et s.
• régularité des procédures 206
– des appels correctionnels .... 496 et s.
• composition de la chambre .... 510 et s.
• exercice .... 496 et s.
• procédure .... 512 et s.
– criminelle .... 570 et s., 587 et s., 662 et s.

Charges nouvelles
– informations .... 188 et s., 196

Chef de district *(eaux et forêts)* .... 22 et s.

Chemins de fer *(voir Transports collectifs)*:
– catégories de services actifs de la police nationale .... R. 15-19
– conditions d'un contrôle d'identité 78-2

Chose jugée
– action civile 4

– action publique 6
– cassation 618
– cour d'assises 368

Circonstances aggravantes
– cour d'assises
• délibération 356
• question 349
• question spéciale 350
– libération sous contrainte 720
– rejet substances polluantes
(Sous l'art. 706-107 : art. L. 218-12 et s. du Code de l'Environnement) .... **page 764**
– tribunal judiciaire – compétence concurrente 15-3-3
– violences commises en présence d'un mineur .... D. 1-11-1

Citations et significations
– à jurés 267
– à témoin, prévenu, personne civilement responsable 388, 550, 556
– citations à comparaitre – O.P.J. .... R. 15-33-76, R. 53-24, R. 53-31
– citations et significations .... D. 46-2 et s.
– comparution .... 552 et s.
– électroniques – matière pénale .... D. 46-6-3, D. 593-1-1
– émoluments et indemnités – huissiers justice, agents force publique .... R. 181 et s.
– émoluments et indemnités – indemnité journalière – huissiers justice .... R. 179 et s.
– enquêteurs – identité protégée 15-4
– exécution 530
– experts 281
– itératif défaut 494
– modalités .... 550 et s.
– nullité .... 565 et s.
– outre-mer .... 854 et s., 897, 932
– personne résidant à l'étranger 562
– personne sans domicile ou résidence connu 559
– recherches – O.P.J. ou A.P.J 560
– tribunal correctionnel .... 388, 390 et s., 495-15
– tribunal de police – saisine 531

Civilement responsable
– appel 497, 515
– assureur, mise en cause .... 388-1 et s.
– défense 2, 460
– opposition 493
– représentation 415

Clameur publique *(V. Flagrant délit)*

Classement sans suite
– procureur de la République 40
– recours 40-3

Clôture des débats
– cour d'assises 347

Coauteurs et complices
– compétence 383, 522
– dommages-intérêts 375-2, 480-1

Code civil *(art. 9-1 : sous l'article préliminaire C.P.P.), (art. 371-1 : sous l'article 2-3 C.P.P.), (art. 2260 et s. : sous l'article 10 C.P.P.)* .... **pages 109, 154**

Code de l'action sociale et des familles
(art. L. 421-14 : sous l'article 2-3 C.P.P.) .... **page 123**
– aide universelle d'urgence *(Code de l'Action Sociale et des Familles : sous l'art. 115-3-2-1 : art. L. 214-8 et s.)* .... **page 164**

Code de la justice pénale des mineurs
(Entrée en vigueur le 30 septembre 2021) .... *(Cf. Code Pénal)*

Code de la route *(art. L. 130-1 et s. : sous l'article 16 C.P.P.), (art. R. 130-1 et s. : sous l'article 21 C.P.P.)* .... **pages 166, 173**

Code de la sécurité intérieure *(art. L. 511-1 : sous l'article 21 C.P.P.), (art. L. 241-1 et s. : sous l'article 21-1 C.P.P), (art. L. 521-1 et s. : sous l'article 27 C.P.P.), (art. L. 253-1 : sous l'article 78-5 C.P.P.), (Annexe II : Déontologie des agents de police municipale), (Annexe II : Déontologie de la police nationale et de la gendarmerie nationale)* ..... **pages 172, 178, 183, 307, 1395, 1397**

Code de l'environnement : *(art. R. 172-9 : sous l'article 27 C.P.P.* ... **page 184**

Code des transports : *(art. R. 2240-3 et s. Code des Transports sous l'article 78-7 C.P.P. ; art. D. 2241-4 et s. Code des Transports sous l'article R. 15-33 C.P.P.)* ..... **page 312, 938**

Code forestier *(art. L. 161-4 et s. : sous l'article 22 C.P.P.), (art. R. 161-7 et s. : sous l'article 27 C.P.P.), (art. L. 162-3 : sous l'article 529 C.P.P.)* ..... **pages 182, 565**

Code pénal *(art. 226-13 : sous l'article 11 C.P.P.), (art. 434-4 : sous l'article 55-1 C.P.P.), (art. 226-13 et s. : sous l'article 109 C.P.P.), (art. R. 622-2 : sous l'article 529 C.P.P.)* ..... **pages 159, 216, 346, 564**

Code pénitentiaire *(Voir aussi Établissements pénitentiaires)*
- accès aux soins *(Annexe XIII – art. R. 322-1 et s.)* ..... **page 1523**
- accès en détention *(Annexe XIII – art. R. 222-1 et s.)* ..... **page 1496**
- accès publications écrites et audiovisuelles *(Annexe XIII – art. R. 370-1 et s.)* ..... **page 1542**
- accueil en détention *(Annexe XIII – art. R. 212-14 et s.)* ..... **page 1485**
- acte de violence caractérisé *(Annexe XIII – art. L. 221-1)* ..... **page 1427**
- activités physiques et sportives *(Annexe XIII – art. R. 414-7 et s.)* ..... **page 1544**
- affectation en détention *(Annexe XIII– art. L. 211-1 et s., art. R. 211-1 et s.)* ..... **pages 1424, 1479**
- billet de sortie *(Annexe XIII – art. R. 511-2)* ..... **page 1545**
- catégories d'établissements pénitentiaires *(Annexe XIII – art. R. 112-15 et s.)* ..... **page 1431**
- compétences des personnels *(Annexe XIII – art. R. 113-65 et s.)* ..... **page 1471**
- contrôle des cellules *(Annexe XIII – art. D. 223-8 et s.)* ..... **page 1498**
- contrôle établissements *(Annexe XIII – art. L. 223-17 et s., D. 130-1 et s.)* **pages 1429, 1476**
- correspondances *(Annexe XIII – art. R. 345-1 et s.)* ..... **page 1538**
- déontologie *(Annexe XIII – art. R. 120-1 et s.)* ..... **page 1472**
- droits et obligations *(Annexe XIII – art. R. 311-1 et s.)* ..... **page 1518**
- école nationale d'administration pénitentiaire *(Annexe XIII – art. R. 112-43 et s.)* ..... **page 1460**
- encellulement *(Annexe XIII – art. D. 213-1 et s.)* ..... **page 1485**
- entrée en détention *(Annexe XIII – art. L. 212-1 et s.)* ..... **page 1424**
- entretiens *(Annexe XIII – art. R. 212-18 et s.)* ..... **page 1485**
- équipements informatiques *(Annexe XIII – art. R. 332-41 et s.)* ..... **page 1533**
- établissements pénitentiaires *(Annexe XIII – art. R. 112-15 et s.)* ..... **page 1431**
- exercice du culte *(Annexe XIII – art. R. 351-1 et s.)* ..... **page 1540**
- exercice du droit de vote *(Annexe XIII – art. R. 361-1 et s.)* ..... **page 1541**
- exercice d'une activité *(Annexe XIII – art. R. 411-1 et s.)* ..... **page 1543**
- formation professionnelle *(Annexe XIII – art. R. 413-6)* ..... **page 1544**
- fouilles *(Annexe XIII – art. L. 225-1 et s, art. R. 225-1 et s.)* ..... **pages 1430, 1502**
- hygiène, santé et protection sociale *(Annexe XIII – art. R. 321-1 et s.)* .. **page 1522**
- information – forces de sécurité *(Annexe XIII – art. R. 512-2)* ..... **page 1545**
- liste des cours d'assises – Établissements pénitentiaires *(Annexe XIII – Code Pénitentiaire – art. D. 112-28)* ..... **page 1445**
- liste des établissements pénitentiaires – Centres de semi-liberté, quartiers de semi-liberté et structures accompagnement vers la sortie *(Annexe XIII – Code Pénitentiaire – art. D. 112-20)* ..... **page 1444**
- liste des établissements pénitentiaires et des quartiers des centres pénitentiaires *(Annexe XIII – Code Pénitentiaire – Arrêté du 23 janvier 2023 : sous l'art. R. 112-15)* ..... **page 1431**
- liste des établissements pénitentiaires – Maisons d'arrêts ou quartiers maisons d'arrêt – Autres ressorts *(Annexe XIII – Code Pénitentiaire – art. D. 112-28)* ..... **page 1445**
- liste des établissements pénitentiaires – Spécialisés pour mineurs *(Annexe XIII – Code Pénitentiaire – art. D. 112-21-1)* ..... **page 1444**
- médecins *(Annexe XIII – art. R. 115-21 et s.)* ..... **page 1471**
- moyens de contrôle et de surveillance *(Annexe XIII – art. L. 223-1 et s., R. 223-1 et s.)* ..... **pages 1427, 1497**
- personnels *(Annexe XIII – art. D. 113-1 et s.)* ..... **page 1463**

– placement sous surveillance électronique mobile
(Annexe XIII – art. R. 544-1 et s.) .... **page 1547**
– protection des biens – aide matérielle *(Annexe XIII – art. R. 331-1 et s.)* .... **page 1528**
– protection sociale *(Annexe XIII – art. R. 324-1 et s.)* .... **page 1527**
– quartiers spécifiques *(Annexe XIII – art. R. 224-1 et s.)* .... **page 1498**
– radicalisation *(Annexe XIII – art. R. 224-13 et s.)* .... **page 1500**
– rapprochements familiaux *(Annexe XIII – art. R. 342-1 et s.)* .... **page 1537**
– régime disciplinaire *(Annexe XIII – art. L. 231-1 et s, art. R. 231-1 et s.)* .. **pages 1431, 1505**
– régime disciplinaire – quartiers spécifiques
(Annexe XIII – art. L. 224-1 et s.) .... **page 1430**
– règlement intérieur *(Annexe XIII – art. R. 112-22 et s.)* .... **page 1445**
– sécurité *(Annexe XIII – art. D. 221-1 et s.)* .... **page 1496**
– service public pénitentiaire *(Annexe XIII – art. L. 1. et s.)* .... **page 1423**
– siège des services pénitentiaires d'insertion et de probation et la liste des antennes locales d'insertion et de probation *(Annexe XIII – Code Pénitentiaire – Arrêté du 23 janvier 2023 : sous l'art. D. 112-35)* .... **page 1447**
– S.P.I.P. *(Annexe XIII – art. D. 112-35, D. 113-23 et s.)* .... D. 147-21 et s., D. 461, D. 544-4 et s.), **pages 1447, 1466**
– suivi situation pénale et administrative
(Annexe XIII – art. L. 214-1 et s.) .... **pages 1426**
– traitement de données – GENESIS *(Annexe XIII – art. R. 240-1 et s.)* .. **page 1512**
– transfèrements et extractions *(Annexe XIII – art. D. 215-1 et s.)* .... **pages 1490**
– tribunaux judiciaires – liste – Établissements pénitentiaires
(Annexe XIII – Code Pénitentiaire – art. D. 112-28) .... **page 1445**
– usage des menottes et entraves
(Annexe XIII – art. L. 226-1 et s., art. R. 226-1) .... **page 1430, 1502**
– usage force et armes
(Annexe XIII – art. L. 227-1 et s., art. R. 227-1 et s.) .... **page 1431, 1503**
– valeurs pécuniaires et non pécuniaires
(Annexe XIII – art. R. 332-1 et s.) .... **page 1528**
– vidéosurveillance *(Annexe XIII – art. L. 223-6 et s.)* .... **page 1428**
– visites des établissements pénitentiaires
(Annexe XIII – art. R. 132-1 et s., R. 136-1 et s., R. 341-1 et s.) .... **page 1476, 1478, 1535**

Code rural et de la pêche maritime
(art. L. 215-3-1: sous l'article 27 C.P.P.) .... **page 184**

Codes de déontologie
– charte accueil du public – assistance aux victimes *(Annexe V)* .... **page 1404**
– charte du gendarme *(Annexe IV)* .... **page 1401**
– police municipale *(Annexe II)* .... **page 1395**
– police nationale et gendarmerie nationale *(Annexe III)* .... **page 1397**

Comité
– consultatif de libération conditionnelle .... 730, D. 522 et s.
– d'assistance aux libérés .... 731, D. 479, D. 542
– de probation 731

Commandement à payer
– contrainte judiciaire 754

Commissaire de police
– ministère public .... 45 et s.
– officier de police judiciaire .... 16 et s.

Commission de l'application des peines
– attributions .... 721 et s.
– avis 712-5
– décision 733-1

Commission de révision
– demandes .... 622 et s.

Commission d'indemnisation des victimes d'infractions *(CIVI)* :
– réparation des dommages .... 706-3 et s.

Commissions rogatoires
– acte d'information .... 151 et s.
– assistance autopsie .... 151 et 152
– audition d'un détenu 712
– audition d'un témoin et convocation 103, 112, 153
• témoin assisté 113-7

• mineur < à 16 ans 108
– audition d'une victime 103, 152, 153
– cadre légal .... 16 et s., 151 et s.
– captation de données informatiques .... 706-102-1 et s.
– compétence 152
– confrontation 152
– criminalité organisée .... 706-73, 706-74, 706-88 et s., 706-91 et s., 706-102-1 et s.
– détenu – audition 712
– écoutes téléphoniques 100-3
– examen médical – injonctions de soins – prise de sang 706-47-1, 706-47-2
– exécution d'un mandat de recherche 135-1
– forme .... 151 et s.
– garde à vue 154
• audition – témoin 153
• indices graves et concordants 105
• mineur *(Ordonnance n° 45-174 du 2 février 1945 Code Pénal, Éditions La Baule) art. 4, Ordonnance n° 45-174 : sous l'article 706-88-1 C.P.P.)* .... **page 752**
– interception, enregistrement communications .... 100 et s.
– investigations 17
– mise en examen 152, 154-2
– officier de police judiciaire .... 152, D. 33
– opérations de prélèvement externes 154-1
– perquisition, saisie .... 92 et s., 151, 152, 706-91 et s.
– prélèvement externe 154-1
– procès-verbaux .... D. 10
– réquisition
• document 99-3
• document par voie télématique ou informatique 99-4
• personne qualifiée 151
– transport, constatations, mesures prises 14, 92, 151, 152

Communication d'éléments de procédure judiciaire 11-1

Communiqué de presse 11

Comparution
– chambre de l'instruction 199
– citation 388
– composition pénale .... 6, 41-1 et s.
– cour d'assises .... 317 et s.
– délai différé 397-1-1
– immédiate .... 388, 393 et s.
– instruction – 1re comparution 114
– mandat .... 122 et s.
– requête 711
– tribunal correctionnel .... 406 et s.
– tribunal de police 535, 544

Comparution immédiate :
– accès – dossier 394
– assistance – avocat .... 393, 396 et s.
– citation des témoins 397-5
– contrôle judiciaire 397-3
– détention provisoire 396, 397-3, 397-4
– droits – informations – interprète – ouverture information 393
– loi spéciale 397-6
– saisine – procureur de la République 395
– saisine – tribunal correctionnel 388

Comparution sur reconnaissance préalable de culpabilité (CRPC)
– appel d'une ordonnance 520-1
– demande du prévenu .... D. 45-2-12
– information du curateur ou tuteur 706-113
– juge d'instruction 180-1
– procédure .... 495-7 et s.
– procureur de la République .... 41, D. 45-2-11
– procureur Général .... D. 45-28

Compétence
– crimes et délits en matière militaire et contre les intérêts nation .... 697 et s.
– infractions en matière économique et financière .... 704 et s.
– juge d'instruction – pôle de l'instruction 52
– juridiction de proximité .... 521 et s.
– officier de police judiciaire 18
– procureur de la République 43
– tribunal correctionnel 382
– tribunal de police .... 521 et s.

Compétence territoriale :
– abandon de famille 382
– criminalité, délinquance organisées et crimes .... 706-75 et s., D. 47-8
– infractions en matière sanitaire et environnementale .... 706-2, D. 47-13
– juge d'instruction 52
– juge des libertés et de la détention 76
– officier de police judiciaire 15-1, 18
– pollution des navires 706-107
– procureur de la République 43
– terrorisme .... 706-17 et s., D. 49-75 et s.
– tribunal correctionnel 382
– tribunal de police 522

Complice 80-1, 383, 522

Composition pénale : .... 41-2 et s., R. 15-33-38 et s.
– casier judiciaire .... 768 et s., R. 66
– délégués et médiateurs du procureur de la République .... R. 15-33-30 et s
– exécution des mesures .... R. 15-33-49
– extinction de l'action publique 6
– personne morale .... 41-3-1 A
– procédure 41-3
– proposition des mesures .... R. 15-33-28 et s.
– retrait des points – permis de conduire .... R. 15-33-43, R. 15-33-59
– validation des mesures .... R. 15-33-46 et s.
– victime – information .... R. 15-33-55-3

Computation – délais 801

Condamnés 712, 723-15, 728-2
– convocation devant le JAP 474

Conditions de travail – Transports routiers
– compétence 522

Confiscations
– cour pénale internationale .... 627-16 et s.
– proxénétisme – fonds de commerce 706-39
– recouvrement 707-1
– restitution 99
– tribunal 481
– vente – biens confisqués .... R. 15-41-1 et s.

Conflit de compétence entre juges
– règlements de juges .... 657 et s.

Conflit des juridictions
– inobservation des formalités 136

Confrontations
– à distance .... 706-71, R.53-33 et s., A. 38-1
– commission rogatoire 152
– demande écrite et motivée – confrontation 82-1
– détenus 696-47
– mineur victime 706-53
– modalités .... 102, 114 et s., 120-1
– nullité 170
– procès-verbal 121
– urgence 117

Connexité
– chambre de l'instruction 202, 210, 214
– cour d'assises 231

– dessaisissement 663
– infractions connexes 203
– tribunal correctionnel 382
– tribunal de police 522

Conseil
– avocat .... 114, 275, 417, D. 66
– supérieur de l'administration pénitentiaire .... D. 234 et s.

Conseil départemental :
– casier judiciaire .... D. 571-4
– établissement pénitentiaire – conseil d'évaluation .... D. 234 et s.
– fichier judiciaire – accès 706-53-7
– recrutement – gardes champêtres (*Code de la sécurité intérieure – art. L. 522-2, sous l'art. 27 du C.P.P)* .... **page 183**

Conservation des traces et indices
– crime flagrant 54

Consignation pour frais
– code de la route .... 529-10, R. 49-14, A. 37-8
– montant 88
– partie civile .... R. 15-41
– tribunal correctionnel 392-1

Consommation substances psychoactives
– abolition discernement – intoxication volontaire – infractions atteintes aux personnes – consommation volontaire substances psychoactives .... 706-139-1 et s.
– jugement .... D. 47-37-1 et s.

Constatations
– crime flagrant 54

Constitution de la partie civile
– modalités 85
– à l'audience 418

Contrainte judiciaire .... 749 et s.
– caution 759
– cessation .... 760 et s.
– durée .... 750 et s.
– effets 762
– époux 753
– exécution .... 754 et s.
– insolvable 752
– mineur de 18 ans 751
– nouvelle contrainte 760
– personnes détenues .... D. 570
– sexagénaire 751

Contrainte pénale .... 713-42 et s., D. 49-82 et s.
– inscriptions fichier des personnes recherches 230-19
– modalités d'exécution de la peine 474

Contravention
– action civile 2
– action publique – prescription 9
– amende forfaitaire .... 529 et s., R. 49 et s., A. 37 et s.
– composition pénale 41-3
– connexe à un délit 467
– consignation .... R. 49-14
– définition 521
– instruction 44, 79
– preuve contraire 537
– procédure simplifiée .... 524 et s., R. 42 et s.

Contrôle
– de l'activité des OPJ et des APJ .... 224 à 230
– d'identité .... 78-1 et s., D. 15-5 et s.
• acte de terrorisme 78-2-2
• atteinte à l'ordre public 78-2
• conditions du contrôle
(Code de la Sécurité Intérieure : sous l'art. 78-2 : art. R. 434-18) .... **page 290**

• liste des ports *(Arrêté du 28 décembre 2018 : sous l'article 78-2 C.P.P.)* ... **page 300**
• liste des ports, aéroports, gares ferroviaires et routière *(Arrêté du 22 mars 2012 : sous l'article 78-2 C.P.P.)* ... **page 290**
• par l'agent de l'exploitant ... 529-4
• refus de justification ... 78-3
• réquisitions ... 78-2-1
• visite des véhicules circulant ... 78-2-3
– des établissements pénitentiaires ... D. 229 à D. 233
– judiciaire ... 137 et s., R. 16 et s.
• cautionnement ... 138, 142 et s., R. 19 et s.
• chambre de l'instruction ... 141-1, 141-2
• comparution immédiate ... 397-3
• conditions ... 138, R. 17 et s.
• constitution de sûreté ... R. 24 et s.
• contestation décision – procureur République ... 137-4
• convocation – procès-verbal ... 394, 397-3
• états membres Union européenne ... 696-48 et s.
• expiration… ... 179, 181, 471
• extradition ... 696-20 et s.
• juge des libertés et de la détention ... 137-2 et s.
• juridiction de jugement ... 141-1, 141-2
• mainlevée ... 140, 148-2, 148-6, 501
• maintien ... 471
• obligations ... 138, 141-2, R. 17 et s.
• personne morale ... 706-45
• placement en détention provisoire ... 141-2
• protection des victimes ... 144-2
• surveillance électronique ... R. 57-10
• victime ... 138-1

Convention judiciaire d'intérêt public ... R. 15-33-60-1 et s.

Convocation par procès-verbal ... 393 et s.

Cour
– Cour européenne des droits de l'homme ... 626
– d'appel *(en matière correctionnelle)* ... 496 et s.
• comparution ... 510 et s.
• exercice du droit d'appel ... 496 à 509
• procédure ... 512 et s.
– d'assises
• absence de l'accusé ... 379-2 à 379-6
• actes facultatifs ou exceptionnels ... 283 à 287
• actes obligatoires ... 269 à 282
• appel des décisions ... 380-1 à 380-8
• arrêt ... 376 à 379-1
• assesseurs ... 248 à 253
• clôture des débats ... 347 à 354
• comparution de l'accusé ... 317 à 322
• composition ... 240 à 242
• débats ... 306 à 316
• défaut ... 270, 379-2 et s.
• décision sur l'action civile ... 371 à 375-2
• décision sur l'action publique ... 366 à 370
• délais et forme de l'appel ... 380-9 à 380-13
• délibération de la cour d'assises ... 355 à 365
• désignation de la cour d'assises statuant en appel ... 380-14 à 380-15
• fonctions de juré ... 255 à 258-1
• formation du jury ... 259 à 267
• formation du jury de jugement ... 293 à 305-1
• jury ... 254
• président ... 244 à 247
• production et discussion des preuves ... 323 à 346
• révision de la liste du jury ... 288 à 292
– de cassation
• arrêts ... 605 et s.
• arrêt de non-lieu à statuer ... 606
• arrêt de rejet ... 607
• arrêt d'irrecevabilité ... 605
• chambre criminelle ... 567, 662

• pourvoi dans l'intérêt de la loi ... 620 à 621
• renvoi du procès ... 610
• saisine pour avis ... 706-64 à 706-70
– pénale internationale ... 627 et s.
• exécution des peines d'amende et de confiscation ... 627-16 à 627-17
• exécution des peines d'emprisonnement ... 627-18 à 627-20

Cour criminelle départementale
– avocats honoraires – fonctions juridictionnelles – assesseurs *(arrêté du 22 septembre 2022, après l'article 380-17)* ... **page 510**
– expérimentation *(départements Ardennes, Calvados, Cher, Moselle, Réunion, Seine-Maritime, Yvelines)* *(Arrêté du 25 avril 2019, après l'article 230-46)* ... **pages 471**
– extension de l'expérimentation *(départements Hérault, Pyrénées-Atlantiques) (Arrêté du 2 mars 2020, après l'article 230-46)* ... **pages 472**
– extension de l'expérimentation *(départements Isère, Haute-Garonne, Loire-Atlantique, Val-d'Oise, Guadeloupe, Guyane)* *(Arrêté du 2 juillet 2020, après l'article 230-46)* ... **pages 472**
– modalités ... 181-1 et s., 186-3, 214, 380-16 et s.

Cour d'assises
– abolition discernement – intoxication volontaire – infractions atteintes aux personnes – consommation volontaire substances psychoactives ... 706-139-2
– acquittement ... 363, 367
– action civile ... 371 et s.
– action publique ... 366 et s.
– appel ... 380-1 et s.
– arrêt ... 376 et s.
– arrêt de renvoi – audience ... 327
– arrêt de renvoi – délits connexes ... 268-1
– arrêt de renvoi – infractions non connexes ... 286
– arrêt de renvoi – notification à l'accusé ... 268
– assesseurs ... 248 et s.
– audition ... 339
– cassation ... 370
– chose jugée ... 368
– comparution ... 317
– compétence ... 231
– composition ... 240 et s., A. 36-12 et s.
– conclusions – accusé et partie civile ... 315
– cour ... 240, 243 et s.
– culpabilité ... 362
– débats ... 277, 307, 309, 347
– défaut ... 379-2 et s.
– défaut criminel ... 270, 379-2 et s.
– défense – présence obligatoire ... 317
– défense – présentation ... 346
– délibération ... 347, 354 et s.
– dépens ... 366, 374 et s.
– disjonction de procédures ... 286 et s.
– dommages et intérêts ... 371 et s.
– dossier – copie ... 279 et s.
– dossier – remise au greffe ... 271
– enregistrement audiovisuel ... 308
– exception de nullité ... 305-1
– exemption de peine ... 356, 363, 367
– force publique ... 320-1
– fuite ... 270
– greffier ... 242
– huis clos ... 306
– incidents contentieux ... 316, 352
– information – droits ... 328
– interprète ... 273, 344 et s.
– interrogatoire – audience ... 328
– interrogatoire – préalable ... 272 et s.
– intime conviction ... 353
– jonction de procédures ... 285
– jury ... 240
– liste des Cours d'assises – Établissements pénitentiaires *(Annexe XIII – Code Pénitentiaire – art. D. 112-28)* ... **page 1445**

– mandat de dépôt 367
– mineurs *(Voir Code Pénal – Annexe II bis – Code de la justice pénale des mineurs – entrée en vigueur le 1er octobre 2020)*
– ministère public .... 34, 39, 241, 313 et s., 346
– motivation 365-1
– outre-mer .... 826 et s.
– pièces à conviction 41-6, 271, 341
– police 309
– président .... 244 et s., 309, 310
– procédure préparatoire .... 269 et s., 283 et s.
– procès-verbal .... 376 et s.
– publicité 306, 308
– questions – accusés – témoins .... 311 et s.
– questions – cour – jury .... 348 et s., 351 et s, 364
– refus – comparution .... 319 et s.
– renvois 287, 343
– restitutions 373
– section d'assises 233
– sessions .... 236 et s., 287 et s.,
– siège .... 234 et s., R. 41
– signature électronique 801-1
– supplément d'information 283
– tenue – assises .... 232 et s.
– terrorisme 698-6
– trafic de stupéfiants 706-27

Cour de justice de la République :
– correspondances avec les autorités .... D. 262
– frais de justice .... R. 92

Cour de révision et de réexamen :
– demandes, cour, procédure .... 622 et s.

Cour pénale internationale :
– arrestation et remise .... 627-4 et s.
– coopération .... 627 et s.
– exécution des peines d'amendes et de confiscation .... 627-16 et s.

Crimes et délits
– commis à l'étranger .... 689 et s.
– contre les intérêts fondamentaux de la Nation 701, 702
– en matière militaire *(voir § Sûreté de l'état)*
• compétence .... 697 à 697-3
• en temps de paix .... 697 et s.
• en cas de guerre, mobilisation, état de siège ou état d'urgence .... 699 et s.
• procédure .... 698 à 698-9

Crimes ou délits flagrants
– avocat *(garde à vue)* 63-3-1
– conservation des indices 54
– découverte d'un cadavre 74
– définition 53
– garde à vue 63
– mandat de recherche 70
– mise à disposition de données par voie électronique .... R. 15-33-61 et s.
– officier de police judiciaire 62
– opérations de prélèvements externes 55-1
– perquisitions dans le cabinet d'un avocat 56-1
– perquisitions dans les locaux d'une entreprise de presse 56-2
– personne en fuite 74-2
– réquisitions 60-1
– saisie des papiers 56

Crimes sériels ou non élucidés
– compétence concurrente 706-106-1
– désignation magistrats et juges 706-106-2
– modalités d'application – O.P.J 706-106-5
– P.R. – enquête ou saisine du J.I. – parcours criminel 706-106-4
– réquisition – dessaisissement 706-106-3
– tribunal judiciaire de Nanterre – Cour d'assises des Hauts-de-Seine .... D. 47-12-8 et s.

Criminalité et délinquance internationale
– compétence des juridictions spécialisées .... 706-75 à 706-79
– dispositions communes .... 706-105 et 706-106
– garde à vue 706-88
– infiltration .... 706-81 à 706-87
– interceptions de correspondances 706-95
– lutte *(contre les)*
• mesures conservatoires 706-103
– perquisitions .... 706-89 à 706-94
– procédure applicable .... 706-73 à 706-74
– sonorisation et fixation d'images de certains lieux ou véhicules .... 706-96 à 706-102
– surveillance 706-80

Criminalité organisée
– infractions .... 706-73 à 706-74
– juridictions spécialisées *(création)* .... 706-75 et 706-79
– surveillance 706-80
– infiltration .... 706-81 à 706-87
• définition et principes 706-81
• actes d'infiltration .... 706-81 et 706-82
• autorisation préalable 706-83
• cessation 706-85
• suites .... 706-81, 706-86 et 706-87
• protection identité personne infiltrée 706-84
– garde à vue 706-88
• prolongation supplémentaire 706-88
• examen médical 706-88
• entretien avec l'avocat 706-88
– perquisitions .... 706-89 à 706-94
• en dehors des heures légales .... 706-89 à 706-94
• en l'absence de l'interessé 706-94
– écoutes téléphoniques 706-95
– sonorisation et fixation d'images de lieux ou véhicules .... 706-96 à 706-102
– mesures conservatoires 706-103
– droits de la défense .... 706-105 à 706-106

Crimes de guerre contre l'humanité
– association 2-4, 2-5
– répression des crimes de guerre *(Ordonnance du 28 août 1944, Loi n° 48-1416 du 15 septembre 1948, Loi n° 64-1326 du 26 décembre 1964)* .... **page 1394**

Culpabilité 362

Cybercriminalité *(lutte contre la)* 56, 94, 97

— D —

Débats
– au tribunal correctionnel .... 406 à 461
– en cours d'assises .... 306 à 354

Déchéances *(demande pour en être relevé)* 702-1

Décisions des juridictions judiciaires et administratives
– mise à disposition du public – délivrance de copies aux tiers .... R. 166 et s.

Découverte de cadavre ou personne grièvement blessée
– assistance autopsie 17, 74
– audition d'un témoin et convocation 61, 62, 74
– compétence territoriale .... 16 et s., 74, R. 15-24
– définition 74
– investigations 17, 74
– perquisition, saisie .... 56, 56-1, 57 et s., 74
– réquisition
• autopsie 74, 230-28
• document, données numériques 60-1, 60-2, 74
• personne qualifiée 60, 74

– transport, constatations, mesures prises 14, 74

Décryptage .... 230-1 et s.

Défaut *(voir jugements par défaut)*

Défense
– de s'éloigner du lieu de l'infraction 61
– violation droits de la........ 172

Défense nationale
– charte du Gendarme *(Annexe IV : charte du Gendarme)* .... **page 1401**
– concours à la justice 230-5
– débats à huit clos 698-9
– divulgation d'un secret 698-7
– habilitations secret professionnel – magistrats, fonctionnaires et agents R. 40-52
– J.L.D. – Mise en place d'un dispositif technique 706-102-1
– perquisition 56-4
– report 695-9-20
– réquisition 230-2
– résultat des opérations 230-3

Délai
– d'épreuve *(libération conditionnelle)* 729
– de comparution 801
– de réhabilitation 786, 787, 797
– expiration 801
– voies de recours .... 185, 186, 492, 498 à 501, 505, 545, 547, 568

Délégués du procureur de la République
– frais de justice .... A. 43-4
– garde à vue .... D. 15-6-2
– indemnités – enquêtes sociales et de personnalité R. 121 et s.
– informations et données – accès .... R. 15-33-66-8, R. 249-13
– ministère public .... R. 15-33-30 et s., D. 15-3 et s.
– procédure de composition pénale 41-3
– procédure simplifiée de l'ordonnance pénale .... D. 45-2-10
– régime indemnitaire .... R. 121 et s., R. 122-1 et s., A. 43-4 et s.

Délibération *(en cours d'assises)* .... 355 à 365

Délit
– définition 381
– d'audience .... 675 et s.
– flagrant *(voir Crimes et délits)* ....
– non intentionnel 4-1, 470-1, 706-43
– politique 397-6
– procédure simplifiée .... 495 et s.

Demande
– d'inscription de faux .... 646 et s.
– de révision .... 622 à 626

Demande en vue d'être relevé des interdictions, déchéances, incapacités ou mesures de publication 702-1

Dénonciations 40, 337, 451
– téméraires *(calomnieuses)* 91

Dépens 177, 216, 366, 375, 543

Dépistage SIDA 706-47-2

Dépositions
– du Premier ministre et des membres du Gouvernement .... 652 et s.
– des représentants d'une puissance étrangère 656

Descente de Parquet
– O.P.J. 54
• procureur de la République 68
• juge d'instruction .... 92 et s.

Destruction
- de traces 55

Détention
- autorisation de sortie sous escorte 723-6
- condamnés en fin de peine .... 723-20 à 723-28
- exécution de la détention provisoire .... 714 à 716
- exécution des peines privatives de liberté .... 716-1 à 719
- mise à exécution de certaines peines privatives de liberté .... 723-15 à 723-19
- période de sûreté .... 720-2 à 720-5
- permission de sortir 723-3
- placement à l'extérieur 723
- placement sous surveillance électronique .... 723-7 à 723-14
- réduction de peines .... 721 à 721-3
- respect de la dignité en détention 144-1, 707, 803-8, 804
- semi-liberté 723-2
- suspension et fractionnement des peines privatives de liberté 720-1

Détention à domicile sous surveillance électronique
- peine de détention .... D. 49-82 et s.
- révocation d'un sursis ou sursis probatoire .... D. 115-3

Détention arbitraire
- administration pénitentiaire 725
- mandats .... 126 et s.

Détention provisoire .... 137, 144 et s.
- acquittement 367
- application 143-1
- chambre de l'instruction 148-1
- comparution immédiate .... 396, 397-3 et s.
- contrôle 223
- contrôle judiciaire 137-1
- décision de refus de mise en liberté 148-2
- déclaration d'adresse 148-3
- demande de mise en liberté 145-3, 148
- durée 145-1, 716-4
- exécution .... 714 et s., D. 54 et s.
- flagrant délit 396, 397-2
- indemnisation .... 149 et s., R. 26 à R. 40-22
- interdiction de correspondre par écrit 145-4-2
- matière criminelle 145, 146
- mise en liberté immédiate 144-1
- non-lieu 177, 212
- personne mise en examen 145
- placement 145
- procureur de la République 148-1-1
- prolongation 145-1
- régime .... 716, D. 58 et s.
- tribunal correctionnel 464-1, 471
- victime 144-2

Détenus
- différentes catégories .... D. 487
• bénéficiant d'un régime spécial .... D. 490 et s.
- de nationalité étrangère .... D. 505 et s.
- des forces armées .... D. 508 et s.
- gestion des biens des… .... A. 41
- mineurs .... D. 514 et s.
- réclamations formulées par les… .... A. 40-1
- valeurs pécuniaires 724

Discriminations
- défense ou assistance de l'enfant en danger *(Association)* 2-3
- défense ou assistance des personnes malades, handicapées ou âgées *(Association)* 2-8
- déontologie de la Gendarmerie Nationale - Charte du Gendarme *(Annexe IV - Art. 6.)* .... **page 1401**
- déontologie de la Police Nationale et de la Gendarmerie Nationale *(Annexe III - Art. R. 434-11 du C.S.I.)* .... **page 1398**

– déontologie des agents de police municipale *(Annexe II – Art. R. 515-7 du C.S.I.)* .... **page 1395**
– fondées sur le sexe, sur les mœurs ou sur l'orientation sexuelle *(Association)* 2-6, 807
– homophobie *(Association)* 2-6, 807
– lutte contre l'exclusion sociale ou culturelle *(Association)* 2-10
– office national des anciens combattants et victimes de guerre *(Association)* 2-11
– outre-mer – Défense discriminations fondées sur le sexe, les mœurs, l'orientation ou l'identité sexuelle *(Association)* 807
– outre-mer – Défense personnes handicapées *(Association)* 808
– raciales *(Association lutte contre le racisme)* 2-1

Disparition
– de pièces d'une procédure .... 648 et s.
– forcée – huis clos 306-1
– hors du territoire de la République 689-1, 689-13

Disparition inquiétante ou suspecte *(mineur ou majeur protégé)*
– audition d'un témoin et convocation 61, 62, 74-1
– compétence territoriale .... 16 et s., 74-1, R. 15-24
– géolocalisation 230-32
– investigations 17, 74-1
– perquisition, saisie .... 56, 56-1, 57 et s., 74-1
– recherche des causes 80-4
– réquisition
• document, données numériques 60-1, 60-2, 74-1
• personne qualifiée 60, 74-1
– transport, constatations, mesures prises 14, 74-1

Dispositif électronique mobile anti-rapprochement
– juridiction de jugement ou juridiction d'application des peines .... R. 60-1
– placement sous bracelet anti-rapprochement .... R. 24-14 et s.
– traitement de données à caractère personnel .... R. 61-43 et s.

Dispositifs aéroportés – captations et fixations d'images – lieux publics
– caméras .... 230-47 et s.

Divulgation de documents 56, 98

Domaine public routier *(voir Code de la route et Voirie routière)*

Domicile
– audition de 1re comparution 116, 148-3
– commission rogatoire – criminalité et délinquance organisées et aux crimes 706-91
– contrôle judiciaire 138
– fichier judiciaire national automatisé – auteurs infractions sexuelles ou violentes 706-53-5
– interception – correspondances téléphoniques – domicile avocat et s. ... 100-7
– mandat d'amener, d'arrêt et de recherche 134
– partie civile 89, 392, 420
– procédure – déclaration – domicile adresse .... 62-1, R. 15-33-76

Dommages .... 2, 3, 534, 706-3 et s. *(voir partie civile)*

Données chiffrées nécessaires à la manifestation de la vérité 230-1 à 230-5

Données informatiques
– perquisition, saisie 57-1
– réquisition 60-1, 77-1-1

Données personnelles *(voir traitements autorisés)*

Dossier pénal numérique
– traitement automatisé de données à caractère personnel .... R. 249-9 et s.

Douanes
– agents – catégories A et B 28-1
– agents – examen technique .... A. 36

– agents – missions de police judiciaire .... R. 15-33-1

Droit à l'interprétation et à la traduction .... D. 594 et s.

Droit de recours .... article préliminaire

Droit de suite 23

Droit des parties .... article préliminaire

Droits des victimes
– certificats médicaux – victimes de violences .... D. 1-12
– évaluation approfondie .... D. 1-10-1 et s.
– évaluation personnalisée .... D. 1-3
– information 10-2
– infractions commises au sein du couple .... D. 1-11
– justice restaurative .... D. 1-1-1
– procédure pénale .... préliminaire
– transaction .... D. 1-1

Droits fixes de procédures 800-1

Droits fondamentaux
– convention européenne de sauvegarde des droits de l'homme et des libertés *(voir Code pénal – Annexe III)*
– procédure .... article préliminaire

— E —

Eaux et forêts
– contravention – appel 546
– fonctions 230
– fonctionnaires et agents habilités .... 22 et s.
– gardes-champêtres .... 24, 27, R. 188
– ministère public 45
– tribunal correctionnel 398-1

Écoutes téléphoniques et autres *(voir interception de correspondances)*

Écrou *(établissements pénitentiaires)* .... 724 et s., D. 148 et s.

Élection de domicile 89, 114, 392, 420

Empreintes digitales
– enquête et contrôle d'identité 78-3
– fichier automatisé des .... R. 40-38-1
– fichier automatisé des – ministère de l'intérieur *(Décret n° 87-249 du 8 avril 1947 : sous l'article 78-5 C.P.P.)* .... **page 307**
– opérations de prélèvements externes, de relevés signalétiques 55-1
– refus 78-5

Empreintes génétiques *(voir fichier national)*

Emprisonnement
– cellule individuelle 716
– cour pénale internationale 627-18
– établissement pour peines – maison d'arrêt .... 717 et s.
– modalités d'exécution 474
– peines .... 716-1 et s.

Enfance maltraitée
– association défense ou assistance .... 2-3, R. 1er
– audition mineur victime – enregistrement audiovisuel 706-52
– audition ou confrontation – mineur victime 706-53
– délit de non représentation d'enfant – Justification par des violences… commises sur le mineur .... D. 47-11-3 et s.
– désignation d'un administrateur ad hoc .... 706-50, R. 53 et s., R. 216 et s.
– infractions de nature sexuel – protection des mineurs victimes .... 706-47 et s.

Enfant
– témoignage 108, 335, 447, 448

Enquêtes
– de personnalité .... 41, 81, 396, D. 16
• personnes habilitées .... R. 15-34 à R. 15-40
– infractions : armes et stupéfiants *(perquisitions)*, ... 76
– administratives 15-2
– contrôle déroulement garde à vue 63-1, 77-2, 77-3
– information des victimes 55-1, 75
– procès-verbaux *(obligation)* 429
– révision 623, 625
– protection de l'identité de certains agents – procédure pénale .... R. 2-18 et s., D. 8-3 et s.
– protection des enquêteurs – identité protégée 15-4
– sur la situation matérielle, familiale ou sociale des personnes mises en examen .... 81, D. 16
– techniques spéciales d'enquête .... 706-95-11 et s.

Enquête *(Commission rogatoire)* *(voir Commissions rogatoires)*

Enquêtes en flagrant délit *(voir flagrant délit)*

Enquête préliminaire
– assistance autopsie 17, 76
– audition d'un témoin et convocation 78
– audition d'une victime 15-3, 17, 75, 706-47-2
– compétence territoriale .... 16 et s., 75 et s., 706-73 et s., R. 15-24, D. 12
– contrôle déroulement de l'enquête 77-2
– contrôle d'identité 78-1, 78-6
– convocation à comparaître 78
– criminalité et délinquance organisées et crimes
• garde à vue .... 706-88 et s., 706-105
• garde à vue – procureur de la République 706-105
• O.P.J et A.P.J. – infiltration .... 706-81 et s., D. 15-1-1
• O.P.J et A.P.J. – surveillance .... 706-80 et s.
• procédure applicable .... 706-73 et s.
– délai 75-1
– durée de l'enquête 75-3
– exécution d'un mandat de recherche 77-4
– garde à vue .... 75 et s.
• audition 75, 77
• crime organisé .... 706-80 et s., 706-88 et s., 706-105, D. 15-1-1
• information du procureur de la République .... 75-2, 77-2 et s.
• pouvoir de l'O.P.J. *(Ordonnance n° 45-174 du 02 février 1945 Code Pénal, Éditions La Baule)* .... 77, **page 752**
– géolocalisation .... 230-32 et s.
– information
• des victimes 75
• du parquet 75-2
– interception, enregistrement communications 706-95
– interpellation 77
– investigation 17
– juge des libertés et de la détention – perquisition et s. 76
– mandat de recherche 77-4
– opérateurs de communication électronique .... 60-2, R. 213-1, A. 43-4
– O.P.J. – A.P.J. – réquisition systèmes informatiques ou traitements de données nominatives .... 60-2, R. 15-33-67 et s.
– outre-mer .... 812 et s., 880
– perquisition, saisie .... 76, 76-3, 78-2-1, 706-90, 706-92 et s.
– prélèvement externe 76-2
– procès-verbaux .... 78, D. 9 et s.
– remise de documents 77-1-1
– réquisition
• autopsie 230-28
• document, données numériques .... 77-1-1 et s.
• personne qualifiée 77-1
– saisie de pièces à conviction 76
– transport, constatations, mesures prises 14, 75

Recours en indemnités
– ouvert à certaines victimes de dommages résultant d'une infraction .. 706-3 à 706-15

Recouvrement des amendes et confiscations 707

Récusation
– de juge ou conseiller 668
– de juré .... 297 et s.
– d'un magistrat de la Cour de cassation 674-1, 674-2
– du premier président de la cour d'appel 672
– d'office 674
– ministère public *(impossibilité)* 669

Redex *(Répertoire des Expertises)* .... R. 53-21 et s.

Réduction de peines .... 721 et s.

Réduction de peines *(retrait en cas d'inobservation des obligations)* .... D. 147-11

Réexamen – Révision .... 622 et s.

Référé 5-1
– détention 148-1-1, 187-3
– dommages-intérêts 515-1
– liberté 187-1

Refus
– de communiquer des données informatiques 60-2
– de comparaitre 62, 109, 153
– de déposer 62, 109, 153
– de se soumettre à des prélèvements... .... 55-1, 706-56

Régime de semi-liberté .... 723 et s.

Registre des gardes à vues 64

Règlement de juges .... 657 à 661

Règlement intérieur type *(voir Établissements pénitentiaires)*
– réhabilitation judiciaire .... 785 à 798-1

Réhabilitation des condamnés .... 782 et s. *(voir aussi Code pénal)*
– décès 785
– personnes morales 798-1
– réhabilitation de droit .... 783 et s.
– réhabilitation judiciaire .... 785 à 798-1

Relaxe .... 470, 470-1, 516, 541, R. 249-2

Relevé d'identité 78-6
– agent de l'exploitation (transports collectifs) 529-2, 529-4
– agents de police judiciaire adjoints 78-6
– agents des douanes *(art. 67-1 du Code des douanes : sous l'article 78-2)* .. **page 301**
– gardes champêtres *(art. L. 522-4 du Code de la sécurité intérieure : sous l'article 27)* .... **page 184**

Relevé des interdictions, déchéances, incapacités ou mesures de publication .... 702-1 et s.

Relèvement du suivi socio-judiciaire 763-6

Remboursement frais – Poursuites
– frais de justice criminelle, correctionnelle et de police .... R. 92
– indemnité 800-2
– non-lieu, relaxe ou acquittement .... R. 249-2 et s.

Renvois d'un tribunal à un autre .... 662 à 667-1

Réparation à raison d'une détention 149

Réponse pénale 188

Rétention arbitraire 126

Requête en exonération .... R. 49-14 à R. 49-19

Réquisitions *(voir force publique)*
• enquête de flagrant délit 60
• enquête préliminaire 77, 77-1
• conclusion des rapports 167
– informatiques .... 60-1, 77-1-1, 151, D. 15-5

Réquisitoire
– définitif 175
– introductif 80, 82, 86
– supplétif 82, 89

Réserve opérationnelle *(fonctionnaires police nationale et militaires gendarmerie nationale)*
– retraités militaires gendarmerie nationale et fonctionnaires police nationale – attributions A.P.J .... R. 15-17-1
– retraités fonctionnaires police nationale – attributions O.P.J .... R. 15-6-1 et s.
– retraités militaires gendarmerie nationale – attributions O.P.J .... R. 15-2-1 et s.

Restitution d'objets saisis .... 99, 478 à 484

Rétention
– exécution d'une peine privative de liberté 716-5
– témoin
• enquête préliminaire 78
• flagrance 63
– vérification d'identité 78-3

Retraite de la police ou de la gendarmerie nationale 20-1

Révision d'une décision pénale définitive
– cour de révision 625
– demande .... 622 à 623
– réparation du préjudice moral et matériel 626

— S —

Saint-Pierre-et-Miquelon *(dispositions particulières)* .... 902-1 et s.
– dispositions générales .... 903 à 905
– exercice de l'action publique .... 906 à 907-1
– jugement des contraventions .... 930 à 934
– jugement des crimes .... 908 à 923
– jugement des délits .... 934 à 934-2

Saisies
– animaux 99-1
– communication ou divulgation sans autorisation 98
– conservatoires 706-166
– correspondance 81
– criminalité organisée 706-103
– documents ou données informatiques 97
– enquête de flagrance 54, 56
– enquête préliminaire 76
– enquête sur commission rogatoire 151
– faux 644, 645
– incidentes 56
– restitution .... 41-5 et s., 99-2
– spéciales .... 706-141 et s.
– substances stupéfiantes 706-30-1
– transports, des perquisitions et saisies .... R. 15-41-1
– vente des biens meubles saisis .... R. 15-33-66-1 et s.

Saisies des fonds de commerce
– inscription .... R. 53-52 et s.
– publicité .... R. 53-51

Saisine
– du tribunal correctionnel .... 381 et s.
– du tribunal de police .... 531 à 533
– convocation pour procès-verbal .... 393 et s.

Enquête scientifique ou technique
– communication informations .... 11-1, A. 1

Enquête sous pseudonyme
– habilitation – services spécialisés – O.P.J. – A.P.J. *(Arrêté du 21 octobre 2015 : sous l'article 230-46)* .... **page 470**
– modalités d'action des O.P.J. ou A.P.J. 230-46

Enregistrement audiovisuel 64-1, 77, 154
– assises 308
– caméras mobiles *(voir Caméras mobiles – Enregistrement audiovisuel)*
– dossier instruction .... 81, D. 15-7, D. 15-8
– garde à vue .... 64-1, 77, 154, D. 15-6
– infraction .... 116-1, D. 32-2
– interrogatoire personne G.A.V. – crime .... D. 15-6
– interrogatoire personne mise en examen – supports et formats .... A. 36-11-1
– mineur victime *(audition)* 706-52

Entraide entre la France et certains États 695-10

Entraide entre la France et les États membres de l'U.E.
– agence d'Eurojust .... 695-4 à 695-7
– crime – mise en examen – enregistrement original .... D. 32-2-2
– équipes communes d'enquête .... 695-2 à 695-3
– représentant national auprès d'Eurojust .... 695-8 et 695-9

Entraide judiciaire internationale
– exécution des demandes d'entraide .... 694-2 à 694-4
– Office européen de lutte antifraude 694-7
– transmission des demandes d'entraide 694

Entrave *(voir menottes)*

Entrave judiciaire internationale .... 694 à 696-6

Entreprise de sécurité *(voir agents de surveillance)*

Empreintes digitales *(refus – sanction)*
– procédure pénale 55-1, 76-2, 154-1
– vérification d'identité 78-3

Équité *(procédure)* (art. préliminaire) .... **page 109**

Erreurs judiciaires .... 622 et s., 626, R. 92-13

Établissements pénitentiaires
– code pénitentiaire *(Extraits – Annexe XIII – art. L. 1. et s. du Code pénitentiaire)* .... **page 1423**
– conditions de détention 803-8
– détention provisoire 144-1
– discipline et sécurité .... D. 249 et s.
– dispositions communes .... 724 et s.
– évènements familiaux et sorties exceptionnelles .... D. 424
– exécution des peines 707
– liste des Cours d'assises – Établissements pénitentiaires *(Annexe XIII – Code Pénitentiaire – art. D. 112-28)* .... **page 1445**
– liste des Établissements pénitentiaires et des quartiers des centres pénitentiaires *(Annexe XIII – Code Pénitentiaire – Arrêté du 23 janvier 2023 : sous l'art. R. 112-15)* .... **page 1431**
– mineurs détenus *(cf. Code pénal : Annexe Code de la justice pénale des mineurs)*
– moyens de contrôle et de surveillances *(Annexe XIII – art. L. 223-1. et s. du Code pénitentiaire)* .... **page 1427**
– siège des services pénitentiaires d'insertion et de probation et la liste des antennes locales d'insertion et de probation *(Annexe XIII – Code pénitentiaire – Arrêté du 23 janvier 2023 : sous l'art. D. 112-35)* ... **page 1447**
– tribunaux judiciaires – liste – Établissements pénitentiaires *(Annexe XIII – Code Pénitentiaire – art. D. 112-28)* .... **page 1445**
– visites – autorités judiciaires .... D. 176 et s.

État
– des lieux .... 54 et 55
– de siège 700

– d'urgence *(Loi n° 55-385 du 03-04-1955)* .... 700, **page 1409**

État civil *(voir Bulletin du casier judiciaire)*

Éthylotest électronique
– contrôle judiciaire 138
– dispositif homologué anti-démarrage .... R. 15-33-53-1
– programme de réhabilitation et de sensibilisation .... R. 15-33-41-1

Étranger
– aide à l'entrée et séjour irrégulier .... 706-73 et s.
– casier judiciaire national automatisé 768, 771
– citation 562
– extradition .... 696 et s.
– fichier empreintes génétiques 706-56-1
– infractions commises hors du territoire .... 689 et s.
– libération conditionnelle 729-2
– procureur de la République 41

Évasion
– administration des domaines .... D. 341
– autorisations prévues .... D. 125
– casier judiciaire national automatisé 768, 771
– compte nominatif .... D. 323
– identité d'un condamné 748
– maintien de l'ordre .... D. 283-6
– précautions .... 40-5, D. 294
– responsabilité du chef d'établissement .... D. 265
– signalement .... D. 283

Évocation 207, 520

Examen
– médical .... 63, 63-3, 64, 77, 81, R. 117, D. 16 à D. 19, D. 23 à D. 26, D. 78
– médico-psychologique .... 81, R. 117, D. 16 à D. 19, D. 23 à D. 26, D. 78
– psychiatrique .... R. 117, D. 19, D. 78

Exceptions préjudicielles .... 384 et s., 522

Excuse absolutoire 468

Exécution
– des jugements et arrêts .... 508, 614, 615, R. 92
– des peines privatives de liberté *(réclusion criminelle, emprisonnement correctionnel et de police)* .... 717 et s.
– des sentences pénales .... 707 à 712
• appel *(procédures)* .... 712-11 à 712-15
• dispositions communes .... 712-16 à 712-23
• juridictions de l'application des peines *(compétence et procédure)* .... 712-4 et s.
• juridiction de l'application des peines *(établissement et composition)*. 712-1 et s.

Exemption de peine
– cour d'appel 517
– cour d'assises 363, 367
– protection des personnes 706-63-1
– recours en cassation 573
– tribunal correctionnel 468
– tribunal de police 542

Experts
– adjoints 162
– désignation .... 157, 159 et s.
– en toxicologie .... A. 43-6-2
– honoraires .... R. 92, R. 106 et s.
– listes .... 157, 160, R. 26 à R. 40, D. 37 et s.
– missions 158, 161
– radiation .... 161, R. 31 à R. 33, R. 38
– scellés 163, 166
– serment .... 160, 162, 168, R. 106

Expertises
– audition 164, 165, 166

– biologiques .... R. 118
– choix des experts 157
– complément 167
– contre expertise 167
– découverte de cadavre 74
– délai 161
– demande d'expertise 161
– en matière de fraudes .... R. 116
– enquête de personnalité .... 81, R. 121
– flagrant délit 60
– interrogatoire 164
– juge d'instruction 167
– mécaniques .... R. 120-1
– médecine légale .... R. 117
– médico-psychologiques 81
– psychiatriques .... D. 19
– radiodiagnostic .... R. 120
– rapport d'expertise 166
– serment 160, 168
– scellés 163, 165
– toxicologiques .... R. 118

Exploit de citation ou de notification .... 550 et s.

Exploit d'huissier de justice .... 550 et s.
– frais, indemnités .... R. 181 à R. 187
– signification 281

Expulsions 768, 769
– casier judiciaire .... R. 67, R. 69
– refoulement .... D. 312
– libération conditionnelle .... D. 528, D. 535

Extractions
– définition .... D. 291
– exécution .... D. 57, D. 292 et s., D. 314 et s.

Extraditions
– conditions .... 696-1 à 696-7
– délai de recours pour excès de pouvoir .... 696-42 à 696-47
– effets .... 696-34 à 696-41
– procédure d'extradition de droit commun .... 696-8 à 696-24
– procédure simplifiée d'extradition entre les États membres de l'U.E. . 696-25 à 696-33

Extrait d'écrou .... D. 154

Extrait de jugement
– contradictoire .... 489 et s.
– défaut 487, 488
– itératif défaut .... 494 et s.

— F —

Fait nouveau 622

Faux
– en écriture .... 642 et s.
• acte authentique 645
• acte descriptif 643, 644
• dépôt au greffe .... 643, R. 104
• pièces de comparaison 644, 645
• signature 643, 644
• vérifications 642
– inscription de faux
• Cour de cassation .... 647 et s. D. 47-1
• cour ou tribunal 646
– témoignage
• cour d'assises 342
• révision de procès 622

• tribunal correctionnel ... 457
• tribunal de police ... 534 et s.

Feuille de questions ... 364

Fichier des empreintes digitales *(Décret n° 87-249 du 8 avril 1987)* R. 40-38-1, **page 307**

Fichier des objets et des véhicules signalés *(FOVeS)*
(Annexe VI. – arrêté du 7 juillet 2017) ... **page 1405**

Fichier judiciaire national automatisé des auteurs d'infractions sexuelles ou violentes *(Fijais)* :
– accès au fichier ... 706-53-7 et s.
– contrôle ... R. 53-8-1 et s.
– définition – modalités ... 706-53-1 et s.
– droit de rectification ou d'effacement ... 706-53-10
– gestion du fichier ... 706-53-11

Fichier judiciaire national automatisé des auteurs d'infractions terroristes *(Fijait)* :
– définition – modalités ... 706-25-3 et s.
– enregistrement ... 706-25-4 et s.
– informations ... 706-25-8 et s.
– obligations ... 706-25-7
– retrait des informations ... 706-25-6

Fichier national automatisé des empreintes génétiques *(FNAEG)* :
– accès au fichier ... R. 53-17
– centralisation des traces et empreintes génétiques ... 706-55
– conservation des données ... R. 53-14
– contrôle du fichier ... R. 53-16
– définition – modalités ... 706-54
– données enregistrées ... R. 53-11
– droits d'accès ... R. 53-15
– effacement ... 706-54-1
– enregistrement au fichier ... R. 53-10
– habilitations ... R. 53-18, D. 47-12
– inscription dans le fichier ... 706-56-1
– organisme de coopération internationale – résultats ... R. 53-12 et s.
– prélèvement biologique ... 706-56
– réquisition ... 706-56-1-1
– segments d'ADN ... A. 38
– traitement automatisé de données à caractère personnel ... R. 53-9

Flagrant délit
– arrestation par toute personne ... 73
– assistance autopsie ... 17, 56
– audition d'un témoin et convocation ... 17, 61, 62
– audition d'une victime ... 15-3, 17
– clameur publique ... 53
– comparution immédiate ... 395 et s.
– compétence territoriale ... 16 et s., 53 et s., 706-73 et s., R. 15-24, D. 12
– constatation ... 54
– crime flagrant ... 70
– criminalité organisée ... 706-73 et s., 706-88 et s., 706-105
– découverte de cadavre ... 74
– définition ... 53, 60
– délit flagrant ... 53, 60
– détention provisoire ... 396, 397-3
– durée ... 53
– éloignement lieu de l'infraction ... 61
– état des lieux *(modification)* ... 55
– exécution d'un mandat de recherche ... 70
– garde à vue ... 63 et s.
• audition ... 64 et s.
• avocat ... 63-3-1 et s.
• crime organisé ... 706-88 et s., 706-105
• examen médical ... 63-3
• pouvoir de l'O.P.J. *(Ordonnance n° 45-174 du 2 février 1945)* ... 62-2 et s., **page 752**
• registre ... 64

– indices et traces *(conservation)* 54, 55
– information 72
– interception, enregistrement communications 706-95
– interpellation .... 62-2 et s., 73
– investigations 17
– juge d'instruction 72
– mandat d'amener 70
– papiers *(saisie)* .... 56 et s.
– perquisition .... 56 et s.
• divulgation de document 58
• nullité 59
• procès-verbal 57
• saisie .... 56 et s., 57 et s., 706-89, 706-92 et s.
• secret professionnel .... 56 et s.
• temps de nuit 59
– personnes qualifiées 60
• externes .... 55-1, D. 15-5-1
• quelconques 55
– procès-verbal .... 66, D. 11
– procureur de la République .... 63 et s.
– réquisition
• autopsie 230-28
• document, données numériques .... 60-1 et s.
• personne qualifiée 60
– saisie des armes 54
– transport, constatations, mesures prises .... 14, 54 et s., 61

Fonctionnaires et agents des administrations et services publics 28, 706

Fonds de commerce
– inscription .... R. 53-52 et s.
– proxénétisme .... 706-38 et s., R. 51-1
– publicité .... R. 53-51
– saisie 706-157

Force probante des procès-verbaux
– administration de la preuve .... 427 à 433
– constatation des délits 430, 431
– constatation des contraventions 537

Force publique *(réquisition par)*
– agent de la… .... R. 187 à R. 191
– chef de district et agent technique des eaux et forêts 24
– juge d'instruction 51, 109, 122, 123, 153
– officier de police judiciaire 17
– procureur général 35, 709
– procureur de la république 42, 60-1, 709
– président d'audience 321, 404, 405, 409

Fouille
– fouille perquisition et palpation de sécurité 56-4, 96
– fouille véhicule .... 78-2-2 et s.
– modalités – fouille intégrale 63-6

Fourrière animale .... R. 148, R. 149

Fourrière véhicule
– garde .... R. 147, R. 147-1
– remboursement des frais .... A. 43-15

Frais de justice
– amende .... 707, R. 220
– arrestation .... R. 188 et s.
– avance .... R. 91
– capture .... R. 188 et s.
– consignation 88
– contrôle judiciaire .... R. 121-1, R. 241
– contumace .... R. 192 et s.
– cour d'assises .... 366, 375 et s.
– cryptologie – mise en œuvre .... R. 208
– droits fixes de procédure 800-1

– enquête sociale et de personnalité .... R. 121, R. 221
– expert *(honoraires et indemnités)* .... R. 106 et s.
– fourrière .... R. 148, R. 149
– greffe .... R. 154 et s.
– procureur de la République 42, 60-1, 709
– huissier de justice .... R. 179 à R. 199
– hypothèque .... R. 219
– impression .... R. 210 et s.
– indemnité 800-2
– interprète .... R. 122
– juré .... R. 139 et s.
– liquidation .... R. 241 et s.
– mandats de justice .... R. 188 et s.
– mémoire de frais .... R. 222 et s.
– mesures conservatoires *(succession)* .... R. 218
– non-lieu, acquittement, relaxe .... R. 249-2 et s.
– paiement .... 800, R. 222 et s., R. 233 et s.
– partie civile 88, 177, 216, 375, 375-1, 422
– présentation .... R. 222 et s.
– recouvrement .... 800, R. 91, R. 249
– reproduction de documents imprimés .... R. 213
– scellés .... R. 147
– tarif .... 800, R. 95 et s.
– témoin .... R. 123 et s.
– transfèrement .... R. 95 et s.
– transport *(procédures et pièces à conviction)* .... R. 101
– tribunal de police 543

Fonds de garantie des victimes 474-1, 706-11

Fraudes *(État-civil)*
– Politique pénale 40
– Ports d'armes .... D. 267
– Usage des armes .... D. 283-6

— G —

Garde à vue
– assistance par un avocat .... 63-3-1 et s., D. 15-5-5, D. 15-5-6
– avocats *(Aide à l'intervention) (Décret n° 2020-1717 du 28 décembre 2020)*: *sous l'article 63-4-5 C.P.P.)* .... **page 262**
– crimes et délits flagrants 63
– commissions rogatoires 154
– consultation des documents 63-1, 63-4-1
– contrainte 62, 62-2
– contrôle du déroulement de l'enquête 63-1, 77-2, 77-3
– criminalité organisée .... 706-88 et s.
– des suspects 62, 63, 153, 154
– droits du gardé à vue .... 63-1 et s.
– enquêtes :
• audition *(retenue)* 62
• contrôle déroulement *(personne gardée à vue)* 63-1, 77-2, 77-3
• information des victimes 75
• procès-verbaux *(obligation)* 429
– enquêtes préliminaires 77
– enregistrement audiovisuel .... 64-1, D. 15-6
– examen médical 63-3
– fin de la GAV 63-8
– fouille intégrale 63-7
– information au procureur 63, 77
– information de la personne gardée à vue .... 63-1 et s.
– interprète 63-1
– intervention de l'avocat .... 63-3-1 et s.
– mention sur le procès-verbal 64
– mesure de contrainte *(O.P.J.)* 62-2
– mesures de sécurité 63-6

– mineurs *(Ordonnance du 2 février 1945, 4 – Voir Code pénal)* .... D. 15-6-1, **page 752**
– récapitulatif de la garde à vue 64
– registre GAV dématérialisé .... R. 15-33-77 et s.
– registre spécial 64
– suite GAV 77-2
– terrorisme 706-73, 706-88-1
– visite des locaux :
• parlementaires 41, 719
• procureur de la République 41

Garde des sceaux 30

Gardes
– champêtres .... 22 et s.
• fonctions 22
• procès-verbal 27
– particuliers assermentés .... 29, 29-1, R. 15-33-24 et s.

Gardien *(voir Agent de sécurité)*

Gendarmerie Nationale
– agent de police judiciaire .... 20, D. 13 et s.
– charte du réserviste opérationnel – réserviste citoyen *(Arrêté du 13 février 2020 – Annexe XI)* .... **page 1419**
– désignation des O.P.J. .... R. 3 et s.
– enquête .... D. 9 et s.
– exercice de l'action publique .... D. 2 et s.
– habilitation des O.P.J. .... R. 13 et s.
– officier de police judiciaire .... 16, 18, R. 1er, D. 9 et s.
– réserve opérationnelle .... 16-1 A, 20-1, R. 15-17-1
– réserve opérationnelle – retraités – attributions A.P.J .... R. 15-17-1
– réserve opérationnelle – retraités – attributions O.P.J .... R. 15-2-1 et s.
– services communs gendarmerie et police nationales .... R. 15-26-1

Géolocalisation
– localisation en temps réel .... 230-32 et s.
– réquisition agent qualifié, unités ou organismes .... D. 15-1-7, R. 53-40 et s.

Greffiers
– chambre de l'instruction 192
• délivrance des expéditions .... R. 154 et s.
• droit d'expédition et de copie .... R. 165
– interrogatoires, auditions et confrontations 119

Guerre
– temps de .... 699 et s.

— H —

Habilitation des personnes auxquelles peuvent être confiées certaines fonctions dans les établissements pénitentiaires *(Décret n° 87-604 du 31 juillet 1987)* .... **page 831**

Habilitation spéciale et individuelle :
– consultation de traitements – enquête ou instruction 15-5

Handicapés
– association 2-8

Harcèlement sexuel
– association – discriminations fondées sur le sexe, sur les mœurs ou sur l'orientation sexuelle 2-6
– association – violences sexuelles et s. 2-2
– autorités étrangères – confiscation – refus d'exécution 713-37
– autorités étrangères – décision de gel de biens 695-9-17
– état membre U.E – confiscation de biens – refus d'exécution 713-20
– mandat d'arrêt européen – refus d'exécution 695-22
– outre-mer – association défense 807
– tribunal judiciaire – compétence concurrente 15-3-3

Homophobie
– déontologie de la Gendarmerie Nationale – Charte du Gendarme
(Annexe IV – Art. 6.) .... **page 1401**
– déontologie de la Police Nationale et de la Gendarmerie Nationale
(Annexe III – Art. R. 434-11 du C.S.I.) .... **page 1398**
– déontologie des agents de police municipale
(Annexe II – Art. R. 515-7 du C.S.I.) .... **page 1395**
– discriminations fondées sur le sexe, sur les mœurs ou sur l'orientation sexuelle *(Association)* 2-6

Honoraires
– des experts, interprètes, personnes chargées des enquêtes sociales et de personnalité ou contribuant au contrôle judiciaire, médecins, etc. .... R. 116 et s.

Hôpital
– détenus .... D. 391 et s.
– maternité .... D. 400 et s.

Huis clos
– cour d'assises 306
– tribunal correctionnel 400

Huissiers de justice
– action civile 2
– appel correctionnel 498-1
– citations et significations .... 550 et s., R. 181 et s.
– frais de justice .... R. 92 et s.
– indemnité journalière .... R. 179
– juge d'instruction – citation témoin 101
– jugement par défaut – opposition .... 491 et s.
– mandat de comparution – significations 123
– perquisition – cabinet 56-3
– recouvrement .... R. 2-23
– sessions d'assises – significations 270
– sommation de comparaitre 319

— I —

Identité
– contrôles et vérifications .... 78-1 et s.
– fausse ou imaginaire 781
– reconnaissance 748
– relever 78-6

Île Wallis-et-Futuna .... 804 et s.
– action publique .... 807 et s.
– police judiciaire .... 809 et s.

Immeuble d'habitation
– intervention *(Code de la Sécurité Intérieure : L. 272-1 et s.)* .... **page 278**
– occupation des espaces communs *(Code de la Sécurité Intérieure : L. 272-2 et s.)* .... **page 278**
– occupation des espaces communs
(Code de la Sécurité Intérieure : L. 272-3 et s.) .... **page 278**

Incapacité
– relèvement 702-1, 703

Incarcération provisoire 145

Inculpation *(mise en examen)* 80

Indemnisation
– des condamnés reconnus innocents 149, 149-1, 149-3, 150, 626
– détention provisoire .... 149 et s., R. 26 et s.
– victimes d'infraction .... 706-3 et s., R. 50-1 et s.
– victimes incendie de véhicule 706-14-1

Indemnités
– de comparution .... R. 129
– de frais de voyage et de séjour .... R. 133
– des témoins .... R. 123
– forfaitaire .... 529-3 et s.

Indices
– conservation .... 54 et s.
– destruction 55

Information de l'administration
– par l'autorité judiciaire 11-2, 706-47-4
– protection des mineurs 138

Information judiciaire .... 72 et s.
– cas de nullité .... 170 et s.
– reprise sur charges nouvelles .... 188 à 190

Informatiques – Fichiers
– alimentation et consultation fichiers de police 55-1, 76-2, 154-1
– analyse sérielle .... 230-12 et s.
– antécédents – traitements automatisés de données .... 230-6 et s.
– auteurs d'infractions terroristes .... 706-25-3 et s.
– « cassiopée » .... R. 15-33-66-4 et s.
– contrôle automatisé des véhicules *(Code de la Sécurité Intérieure : L. 233-1, sous l'article 78-5 du C.P.P.)* .... **page 307**
– copie de données – perquisition informatique 57-1
– détenus – dossiers individuels .... D. 163-1
– fichier des personnes recherchées 230-19
– interconnexions 777-3
– logiciels de rapprochement judiciaire .... 230-20 et s.
– perquisitions .... 94 et s.
• commission rogatoire 97-1
• enquête préliminaire 76-3
• flagrant délit 57-1
– plate-forme nationale des interceptions judiciaires .... 230-45, R. 40-42 et s.
– refus de communiquer des données 60-2
– réquisitions – établissements ou organismes
• commission rogatoire .... 99-3 et s., R. 15-33-67 et s.
• enquête préliminaire .... 77-1-1 et s., R. 15-33-67 et s.
• flagrant délit .... 60-1 et s., R. 15-33-67 et s.
– saisie 56, 97
– terrorisme *(Code de la Sécurité Intérieure : L. 233-1, sous l'article 78-5 du C.P.P.)* .... **page 307**

Infractions
– à la police des services publics des transports terrestres .... 529-3 et s.
– à l'audience des cours et tribunaux .... 675 et s.
– connexes 203, 467
– en matière économique et financière .... 704 à 706-1-1
– en matière sanitaire 706-2, 706-2-1
– en milieu trafic de stupéfiant 706-26
– pour les personnes morales .... 706-41 et s.
– proxénétisme .... 706-34 et s.

Infractions commises hors d'un territoire de la République
– compétences des juridictions françaises .... 689 à 689-10
– exercice des poursuites 692
– juridiction territorialement compétente 693

Infractions de nature sexuelle
– dispositions générales .... 706-47 à 706-53
– fichier judiciaire national automatisé des auteurs d'infraction sexuelle 706-53-1 à 706-53-12

Ingénieurs, chefs de district et agents techniques des eaux et forêts .... 22 à 27

Instruction définitive devant le tribunal de police .... 534 à 543

Instruction préparatoire .... 79 et s.
– audition de témoin .... 101 à 113
– communication de la procédure 82

– commission rogatoire 81
– constitution de la partie civile .... 85 à 91
– contrôle de la durée par les parties civiles 175-1, 175-2
– élection de domicile 114
– examen médico-psychologique .... 81, D. 23 et s.
– interrogatoires et confrontations .... 114 à 121
– intoxication volontaire – infractions atteintes aux personnes – consommation volontaire substances psychoactives .... 706-139-1 et s.
– mandats *(mise à exécution)* .... 122 à 136
– obligation d'information particulière 175-3
– renvoi
• chambre de l'instruction 181
• tribunal correctionnel 179, 180
• tribunal de police 178, 180
– secret 11
– transports, perquisitions, saisies .... 92 à 99

Interceptions de correspondances
– accès à distance– correspondances stockées .... 706-95 et s.
– appareils ou dispositifs techniques 706-95-20
– autorités compétentes 100
– décision – composition 100-1
– députés, sénateurs, avocats, magistrats 100-7
– durée de la décision 100-2
– émissions par voie de communications électroniques .... 100 et s.
– frais de justice .... R. 92, R. 213-2
– magistrat 100-7
– personnes détenues 727-1
– plate-forme nationale .... 230-45, R. 40-42 et s.
– procès-verbal 100-4
– réquisitions 100-3
– techniques spéciales d'enquêtes .... 706-95-17, D. 15-1-5-1
– transcription 100-5

Interceptions judiciaires *(Plate-forme nationale)* .... R. 40-42 et s.

Interdictions, déchéances, incapacités ou mesures de publication *(demande pour en être relevé)* 702-1

Interdiction de séjour .... 762-1 et s., C. 762-1 et s.
– carte d'interdiction de séjour .... D. 571-2
– détermination et rôle du juge d'application des peines .... 762-4 et s.

Internet
– contenus haineux 15-3-2

Interprète 102
– cour d'assises .... 272, 344 et s.
– interrogatoires et confrontations 121
– garde à vue 63-1
– moyens de télécommunication 706-71
– témoins audition 102
– tribunal correctionnel .... 407 et s., 443

Interrogatoire des personnes mises en examen .... 114 et s.

Interrogatoires
– à l'audience *(cour d'assises)* 328
– avocats 114
– commission rogatoire 152
– confrontation 117, 119, 121, 170
– expertise 164
– flagrant délit 70
– instruction préparatoire .... 116 et s.
– juge d'instruction 120
– mandat
• d'arrêt 133, 135-1
• de comparution ou d'examen .... 125 et s.
• de dépôt 135, 135-1
– mise en examen 80-1
– personne mise en examen 115
– préalable .... 272 et s.

– première comparution 116
– procès-verbaux 121
– procureur de la République 119
– qualification criminelle 118
– témoins assisté 80-1, 80-2, 113-8, 116, 134, 174-1
– témoin en danger de mort 117
– tribunal correctionnel 442
– tribunal de police 536
– urgence 117
– investigations corporelles internes 63-5

Intime conviction
– cour d'assises 353
– tribunal correctionnel 427

Investigations corporelles 63-5

Irresponsabilité pénale
– ordonnance de non-lieu 177
– trouble mental
• juge d'instruction et chambre de l'instruction .... D. 47-27 et s.
• tribunal correctionnel et cour d'assises .... D. 47-29 et s.

Isolement
– détenu .... D. 283 et s.
– détention provisoire .... D. 58 et s.

Itératif défaut 494

Ivresse publique et manifeste 809-1, 850

— J —

Jeu
– détenu :
• activité culturelle .... D. 443-1
– maison *(libération conditionnelle-interdiction)* .... D. 536
– tribunaux spécialisés 704

Jeune majeur *(détention provisoire)* 41

Jour-amende *(voir juge de l'application des peines)*
– substitution 747-1-1
– travail d'intérêt général 733-1

Journaliste *(témoin)* 109

Juge de l'application des peines .... 712-1 et s., D. 49 et s., D. 49-27 et s.
– incarcération provisoire 747-3
– appel 712-11
• chambre de l'application des peines .... 712-12 et s.
• délais .... 712-11 et s.
– audiences des détenus .... D. 49-11 et s.
– commission de l'application des peines 712-5
– compétence territoriale 712-10
– décisions
• mise à l'épreuve *(contrôle)* .... R. 53 et s.
• modification et rénovation 733, 739
– désignation 712-2
– interdiction de séjour .... 762-1 et s., D. 542 et D. 571 et s.
– jugement 712-4, 712-6
– libération conditionnelle .... 712-7 et s., 717-3
– lieux interdits *(modification)* 762-4
– mandats d'amener 712-17
– ordonnances .... 712-4, 712-5, D. 147-9 et s.
– ordres de recherches et d'interpellation .... 741 et s.
– période de sûreté .... 720-1 et s.
– placement
• à l'extérieur 712-6

• sous surveillance électronique ..... 723-7 et s., 723-13
– pouvoirs ..... 712-16 et s.
– procédure ..... D. 49-11 et s., D. 176
– réduction de peine ..... 721 et s., 729-1 et D. 115 et s.
– requête du condamné ..... D. 258-1
– sanction du non-respect des obligations ..... D. 124
– semi-liberté ..... 712-6, 723-1 et s., D. 70, D. 118, D. 137 et s. D. 458 et D. 536
– service pénitentiaire d'insertion et de probation ..... D. 576 et s.
– sortie sous escorte 712-5, 712-21, 723-6
– suivi socio-judiciaire ..... 712-6 et s. 763-1 et s. R. 61 et s.
– sursis assorti d'un TIG *(Suspension de l'exécution)* 747-2
– sursis avec mise à l'épreuve ..... 739 et s., R. 53 et s.
• avec TIG 747-1
• contrôle 739
• prolongation délais d'épreuve ..... 742 et s.
– surveillance électronique ..... 723-7 et s.
– suspension de l'aménagement de peine ..... 712-18 et s.
– suspension et fractionnement de peine ..... 720-1, 720-1-1 et D. 149-1
– travail d'intérêt général *(Substitution en jours-amende)* 733-1

Juge des enfants ..... 744, D. 55, D. 177

Juge des libertés et de la détention
– contrôle judiciaire ..... 137-2 et s.
– détention provisoire ..... 137-3 et s., 145 et s.
– mandat
• d'arrêt 135-2
• de dépôt 122
– saisie conservatoire – criminalité organisée 706-103
– saisine directe
• de la chambre de l'instruction 82
• par le procureur de la République 137-4
– Témoin anonyme ..... R. 53-29, R. 53-32

Juge d'instance
– délégation *(commission rogatoire)* 151
– tribunal de police 523

Juge d'instruction
– commission rogatoire ..... D. 33 et s.
– compétence territoriale 52
– constitution partie civile et effets ..... D. 32
– désignation ..... 83, D. 27 et s.
– dessaisissement 84
– incompatibilité 49
– nomination 50
– ordonnance de renvoi 179-2
– ouverture d'information 51, 72
– président de la chambre de l'instruction vérification 220, 221
– prise à partie 136
– renseignements donnés par l'autorité judiciaire ..... D. 32-1
– réquisition de la force publique 51

Juge de proximité
– amende forfaitaire 529-11
– appel ..... 546 et s.
– attributions 521, 522-2, 529-11
– compétence territoriale 522-1
– composition
• membres 523-1
• pénale 41-3
– défaut 544
– droit fixe de procédure *(art. 1018 A du CGI)* ..... 800-1, **page 883**
– exécution des peines 708
– infraction à l'audience 677
– institution, compétence, fonctionnement ..... D. 521 et s.
– instruction ..... 534 et s.
– moyens de communication – usage 706-11
– opposition 544
– ordonnance de jugement ..... 178 et s.

– procédure simplifiée .... 524 et s.
– règlement 658
– saisine .... 531 et s.

Juge unique *(en matière correctionnelle)* .... 398 à 398-2

Jugement
– contradictoire .... 406 et s.
– des contraventions .... 521 et s., R. 41-2
– des délits .... 381 et s., 462 et s.
– d'itératif défaut 494, 544
– par défaut
• de la cour d'assises .... 270, 379 et s.
• du tribunal correctionnel ....
– appel *(délai)* 499
– itératif défaut .... 494 et s., 558
– mandat d'arrêt 465
– opposition .... 489 et s.
– représentation 412
• du tribunal de police 545

Juridiction
– de jugement .... R. 41 et s.
– de proximité *(voir juge de proximité)*
– d'instruction
• du premier degré .... 79 et s., D. 16 et s.
• du second degré .... 191 et s., D. 44 et s.
– française *(compétence)* .... 689 à 689-7
– maritime spécialisée 706-109

Jury d'assises
– composition 254
– formation .... 259 et s.
– jurés *(dispenses)* 258-1, 289
– jurés *(incapacité)* 256, 289
– jurés *(incompatibilité)* 257, 289
– jurés *(questions des)* 311
– jurés *(supplémentaires)* 296
– nullité *(exception de)* 305-1
– récusation .... 297 et s.
– serment .... 304 et s.
– tirage au sort 266

Justice pénale spécialisée
– compétence des juridictions spécialisées .... 706-75 et s.
– compétence interrégionales spécialisées .... 704 et s.
– compétence spécialisée et concurrente 43-1
– dispositions générales 802-3
– faits commis à l'étranger 706-14-1
– matière militaires – compétences .... 697 et s.

Justice restaurative
– information des victimes 10-2
– mesure de .... 10-1, D. 1-1-1

— K —

Néant

— L —

Libération conditionnelle .... 729 et s.
– décision 732
– révocation 733
– temps d'épreuve .... 729 et s.

Liberté individuelle
– atteinte 136
– détention arbitraire 126, 133

Liste annuelle 258-1

Locaux garde à vue
– par le procureur de la République 41
– par les parlementaires 719

Lutte contre la corruption .... 689-7 et 706-1

Lutte contre les violences sexuelles et sexistes
– action publique – prescription 7, 9-1
– dispositions applicables – Polynésie française 804
– informations – accès fichier judiciaire national 706-53-7
– outrage sexiste et sexuel .... R. 48-1, R. 49-6-2
– procureur de la République – stage de lutte contre les 41-1, 41-2
– protection des mineurs victimes 706-47
– viol aggravé – questions subsidiaires 351, 351-1

— M —

Magistrat
– récusation .... 668 et s.

Maire
– main-forte 24
– police judiciaire 16
– tribunal de police 46

Maison
– d'arrêt .... 714, 717, 758, D. 53 et s., D. 70, D. 72, D. 83 et s.
– centrale .... 717, D. 70 et s, D. 94 et s.

Majeur protégé
– garde à vue – protection juridique 706-112-1
– poursuite, jugement, procédure, protection juridique .... 706-112 et s

Mandats
– chambre de l'instruction 201
– exécution 124
– formes 123
– d'amener 122
– de dépôt .... 122, 135 et s., 181, 207, 465
– d'arrêt .... 122, 131 et s., 181, 207, 465
– de comparution 122, 135-1
– de recherche .... 70, 122, 135-1 et s.

Mandat d'arrêt européen
– cas particuliers .... 695-11 à 695-46
– comparution devant la chambre de l'instruction .... 695-29 à 695-36
– conditions d'émission .... 695-15 à 695-17
– conditions d'exécution .... 695-22 à 695-25
– définition 695-11
– effets .... 695-18 à 695-21
– émission 695-12
– procédure d'exécution .... 695-26 à 695-28
– remise de la personne recherchée .... 695-37 à 695-40
– traduction dans la langue officielle 695-14
– transit .... 695-47 à 695-51

Mandat de dépôt
– à effet différé .... 464-2, D. 45 et s., D. 46, D. 149
– audience – troubles à l'ordre 321, 404
– criminel .... 118, 716-1 A
– décisions du tribunal .... 465 et s., 706-20 et s., 706-72-4 et s., 706-171 et s.

– établissement pénitentiaire .... 135, 725, D. 149
– exécution 122
– exécution des peines .... D. 48-2 et s.
– infractions militaires 697-1
– intérêts fondamentaux de la nation 702
– juge des libertés et de la détention .... D. 32-20
– jugement par défaut et de l'opposition .... D. 45-2-9
– juré 256
– obligations du contrôle judiciaire 141-2, 272-1
– procureur général – charges nouvelles 196

Manifestation sur la voie publique
– contrôle judiciaire – interdiction *(J.I. ou J.L.D.)* 138
– inscription fichier des personnes recherchées 230-19
– inspection visuelle, fouille, visite des véhicules 78-2-5
– interdite .... R. 48-1

Matière militaire .... 697 et s.

Matière nucléaire 689-4

Mayotte
– citations et significations 897
– cour criminelle .... 885 à 888
– dispositions générales .... 877 à 879-1
– enquêtes 880
– jugement des contraventions .... 895 à 896
– juridictions d'instruction .... 881 à 884
– procédures d'exécution .... 901 à 902
– procédures particulières .... 897-1 à 900

Médiateurs du procureur de la République
– composition pénale 41-2
– frais de justice criminelle, correctionnelle ou de police .... R. 92 et s.
– ministère public .... R. 15-33-30 et s., D. 15-3 et s.
– plaintes et dénonciations 40
– rappel à la loi 41-1
– régime indemnitaire .... R. 121 et s., R. 122-1 et s., A. 43-4 et s.

Médiation pénale 40, 41
– indemnisation .... R. 92, R. 121
– médiateur, délégué du procureur de la République .... R. 15-33-33

Menottes .... 803, D. 283-3, D. 294

Mesures de publication *(demande pour en être relevé)* 702-1, 703

Mesures de justice restaurative 10-1

Meurtre .... 706-47 et s.

Mineurs *(Voir ordonnance n° 45-174 du 2 février 1945 insérée dans le Code Pénal, Éditions La Baule)*
– accompagnement du représentant légal 706-53
– action civile 2-2, 2-3
– action publique 7, 8
– assistance avocat 706-51-1
– casier judiciaire 770
– classement sans suite 40
– contraintes judiciaires 751
– cour d'assises *(témoignage)* 335
– détention *(Voir ordonnance n° 45-174 du 2 février 1945 insérée dans le Code Pénal, Éditions La Baule)* .... **page 752**
– détenus .... D. 313
– encadrement des auditions et confrontations 706-53
– enregistrement audovisuel 706-52
– exclusion des peines .... D. 49-45 et s.
– fichiers national des traces et empreintes génétiques 706-54
– garde à vue *(Voir ordonnance n° 45-174 du 2 février 1945 insérée dans le Code Pénal, Éditions La Baule)* .... **page 752**
– infractions sexuelles *(victime)* .... 706-47 et s.
– instruction *(témoignage)* 108

– pédopornographie .... D. 47-9
– publicité des débats 306, 400
– suivi socio-judiciaire 763-8
– tribunal correctionnel *(témoignage)* 447, 449
– vérification d'identité 78-3

Ministère public .... 31 et s.
– action publique – exercice 31
– commissaire de police – tribunal de police .... 45 et s.
– communication de la plainte 86
– de la chambre de l'instruction .... 192, 198 et s.
– de la chambre des appels correctionnels 510
– de la cour d'appel 34
– de la cour d'assises 34, 39, 241
– du tribunal correctionnel 398-2
– du tribunal de police .... 39, 44, 45 et s., 523
– du tribunal judiciaire .... 39 et s.
– fonctions – incompatibilités 32, 241
– force publique – réquisition de la 35
– hiérarchie 37, 44
– impartialité 31
– indivisibilité 34, 39
– information – réouverture 190
– juge d'instruction – ordonnances .... 183 et s.
– ministre de la justice – garde des sceaux – instructions écrites 36
– ministre de la justice – garde des sceaux – instructions générales 30
– observations orales – bien de la justice 33
– opportunité des poursuites 40
– police judiciaire – direction – surveillance .... 12 et s., 38, 41
– pourvoi – cassation 585-2
– procureur de la République – tribunal correctionnel .... 39 et s.
– procureur général – cour d'appel .... 34 et s.
– réquisitions écrites 33
– réquisitions – non-lieu 86
– réquisitoire – fin d'instruction 175
– rôle de chaque session – assises 238

Ministres
– témoignages .... 652 et s.

Mise en examen 80-1

Mise en liberté 146

Mobilisation 699-1

Modèles annotés *(procédure écrite)* – Voir modèles PV www.editionslabaule.fr.

Moyens de télécommunications *(utilisation en cours de procédure)* 706-71

— N —

Navires
– pollution eaux maritimes – rejets .... D. 47-13-2

Non-lieu .... 175-1, 177, 182, R. 249-2

Notes d'audience 453

Nouvelle-Calédonie
– action publique .... 807 à 808
– casier judiciaire .... 874 à 876
– citations et significations 854
– cour d'assises .... 826 et s.
– dispositions générales .... 804 à 806
– enquêtes .... 812 à 814
– jugement des contraventions .... 848 à 853

– jugement des délits .... 835 à 847
– juridictions d'instruction .... 815 à 823
– police judiciaire .... 809 à 811
– pourvoi en cassation .... 855 à 859
– procédures d'exécution .... 867 à 873-1
– procédures particulières .... 859-1 à 866

Nullités de l'information .... 170 à 174, 802
– chambre de l'instruction 170
– de procédure 385
– nullité 173
– prononcée 802

— O —

Objets de sûreté *(emploi)* 803

Objets saisis .... R. 15-41-1 à R. 15-41-3

Obligation d'accomplir un travail d'intérêt général .... 747-1 à 747-4

Obligation de dénoncer 49

Opportunités des poursuites 40

Office central de police judiciaire .... D. 8-1
– office anti-stupéfiants
(Décret n° 2019-1457 du 26 décembre 2019 – Annexe X) .... **page 1417**

Office de lutte contre le trafic illicite de migrants
– application Nouvelle-Calédonie, Polynésie française,
Îles Wallis et Futuna .... D. 603
– formations de services – Habilitations .... A. 35
– office central de police judiciaire .... D. 8-1

Officiers de police judiciaire
– compétence territoriale .... 18, D. 12
– contrôle de leur activité .... 224 à 230 et D. 44 et s.
– désignation
• des O.P.J. de la gendarmerie .... R. 3 à R. 7
• des O.P.J. de la Police Nationale .... R. 8 à R. 12
– dessaisissement 72
– examen technique *(épreuves)*
• des O.P.J. de la gendarmerie .... A. 2 à A. 12
• des O.P.J. de la Police Nationale .... A. 13 et s.
– exerçant leur mission dans les véhicules affectés au transport
collectif de voyageurs .... R. 15-28 à R. 15-33
– O.P.J. et A.P.J. de la police nationale .... R. 15-29 à R. 15-31
– O.P.J. et A.P.J. de la gendarmerie nationale .... R. 15-32 à R. 15-33
– habilitation
• des O.P.J. de la Gendarmerie Nationale .... 16, R. 13 à R. 15-2
• des O.P.J. de la Police Nationale .... 16, R. 15-3 à R. 15-6
– notice individuelle .... D. 44, D. 45
– procès-verbaux .... 19, D. 9 à D. 11
– qualité 16
– relations entre les différents O.P.J .... D. 2
– répartition des tâches .... D. 5
– retrait et suspension de l'habilitation 16
• des O.P.J de la gendarmerie .... R. 15-2
• des O.P.J de la Police Nationale .... R. 15-6
– sanctions disciplinaires 227
– surveillance du procureur général 38

Officiers judiciaires de l'environnement
– désignation .... R. 15-33-29-18 et s.
– habilitation .... R. 15-33-29-24 et s.
– missions .... R. 15-33-21 et s, R. 15-33-29-31
– notation .... R. 15-33-29-27 et s.

Oppositions
– à un jugement par défaut .... 489 et s.
• en matière correctionnelle .... 465, 489 et s.
• en matière de police 545
– à un arrêt portant règlement de juges 661

Ordonnances
– de non-lieu 142-2, 177, 182
– de prise de corps .... 141-2, 215-1, R. 15
– de renvoi 178, 179, 181
– de transmission de pièces 181
– notation 19-1
– pénales
• contraventionnelles .... R. 41-3 à R. 41-10
• délictuelles .... 495-1 et s.

Ordonnances de règlement
• achèvement de l'information 175
• changement d'adresse 179-1
• durée de l'instruction 175-2
• mise en accusation 175-1
• ordonnance de mise en accusation 181
• ordonnance de non-lieu 177
• ordonnance de règlement 179

Ordonnances du juge d'instruction
• droit d'appel 186
• ordonnance de mise en accusation 186-3
• ordonnance de mise en liberté 187-3
• ordonnance de placement en détention provisoire 187-1
• procureur de la République 185

Ordonnances pénales
• paiement volontaire .... 707-2 et 707-3, R. 55 à R. 55-7
• délictuelles .... 495-1 et s. et R. 41-3 à R. 41-10
• contraventionnelles .... 524 et s. et R. 42 à R. 48

Outrage sexiste et sexuel
– contravention – 5e classe .... R. 48-1, R. 49-6-1

— P —

Parcs nationaux 529

Parquet *(voir Ministère public, procureur de la République, procureur général)*

Parquet européen
– actes et décisions – procédure à l'article 696-114 .... 696-118 et s.
– articulation des compétences .... 696-133 et s.
– cadres procéduraux .... 696-113 et s.
– clôture de la procédure 696-132
– compétence et attributions – procureurs européens délégués .... 696-108 et s.
– dispositions spécifiques – procédure à l'article 696-114 .... 696-116 et s.
– droits des parties .... 696-129 et s.
– procédures suivies par – Procureur européen délégué .... D. 47-1-42 à D. 47-1-45.
– saisine .... 696-111 et s.
– signalements au Procureur européen délégué – Compétence – Signalements .... D. 47-1-30 à D. 47-1-37.

Partie civile
– consignation .... 88, 88-1, R. 15-41
– constitution en
• adresse personnelle 89
• contestation 87
• délai prévisible d'achèvement de l'information 89-1
• état d'avancement de l'information 90-1
• paiement des indemnités 91-1
• plainte 85
• réquisitoire 86

– désistement .... 425 et s.
– dommages-intérêts .... 91, D. 32
– effets 86
– frais 88, 177, 216, 375, 422, 475-1
– préjudice 2
– recevabilité 87
– témoin 103

Peine
– amende .... 529 et s., 707
– commission de l'application des peines .... 733-1, D. 117-1
– comité de probation et d'assistance aux libérés .... D. 572 et s.
– emprisonnement
• correctionnel 717
• de police 717
– exécution .... 707 et s., D. 48 et s.
• fractionnement, suspension 708, 720-1
– privative de liberté .... 716-1 et s.
– prescription .... 763 et s.
– réclusion 717
– réduction 721, 721-1, 729-1
• autres réductions .... D. 116 et s.
• crédit de réduction .... D. 115 et s.
• réduction de peine conditionnelle .... D. 117
• réduction de peine exceptionnelle .... D. 117-3
• réduction de peine supplémentaire .... D. 116-2 et s.
– registre d'exécution des sentences pénales .... D. 48
– retrait et interdiction .... D. 117-4 et s.
– sentences pénales
• exécution .... 707 et s., D. 48 et s.
• décision définitive 708
– sursis .... 734 et s.
– surveillance judiciaire .... D. 147-31 et s.
– tourisme .... 706-22-1, D. 49-75 et s.
– thérapie 721-1
– traitement médical 717-1
– travail d'intérêt général *(jours amende)* 733-1
– tribunal de l'application des peines .... 712-3, D. 49-75 et s.
– tribunal correctionnel .... 464 et s.
– tribunal de police .... 539 et s.

Période de sûreté .... 720-2 et s.

Perquisitions
– crime et délit flagrant .... 56 et s.
– commission rogatoire 151
– découverte document relevant de l'exercice des droits de la défense et couvert par le secret professionnel de la défense et du conseil .... 56-1-1 et s.
– domicile 96
– domicile avocat 56-1
– enquête préliminaire 76
– informatique 57-1, 76-3, 97-1
– juge d'instruction 92
– nullité 59
– recherche de documents 97
– remise de documents 99-3
– requête en annulation – saisine de J.L.D. 802-2
– restitution de biens meubles 99-2
– restitution des objets 99
– saisie d'un animal 99-1
– temps de nuit 59, 95, 706-28, 706-35

Personnes condamnées pour actes de terrorisme .... D. 49-75 et s.

Personnes dangereuses *(surveillance judiciaire)* .... 723-29 et s.

Personnes dangereuses condamnées pour crime ou délit .... D. 147-31 et s.

Personne morale
– implication des .... 706-41 à 706-46

– casier judiciaire 768-1, 769-1, 774-1, 775-1A, 776-1, 777-2
– poursuite instruction et jugement 706-51

Pièces à conviction
– cour d'assises 308
– détenus .... D. 333
– enquête de flagrance 55-1
– vérification d'identité 78-3, 78-5

Pièces *(procédure)*
– destruction, disparition, enlèvement, égarement .... 648 et s.
– faux .... 646 et s.

Placement à l'extérieur
– activités, juge, modalités, permissions .... 723 et s.
– autorisation de sortie .... D. 123
– jugement 712-6
– période de sûreté .... 720-2 et s.
– placement sous surveillance électronique .... 723-7 et s.
– placement sous surveillance – personnel pénitentiaire .... D. 126 et s.
– rémunérations .... D. 121
– suivi socio-judiciaire .... 763-7, R. 61-5
– suspension de la mesure 712-18

Placement sous surveillance judiciaire .... D. 147-31 et s.

Plainte et dénonciations 17
– copie 15-3
– effets .... 86 et s.
– obligation 15-3, 17
– plainte .... 40, 85 et s.
– retrait 6
– voie électronique .... 15-3-1, D. 8-2-1 et s., A. 1er et s.

Plate-forme nationale des interceptions judiciaires .... 230-45, R. 40-42 et s.

Police judiciaire
– agent des douanes .... R. 15-33-1 à R. 15-33-23
– compétence territoriale 15-1
– composition 15
– définition 12
– dépôt de plainte 15-3
– dispositions générales
• attributions .... 14, D. 1er et s.
• contrôle .... 13, 224 et s.
• direction 12
• surveillance 13, 38
– inspection générale des services judiciaires 15-2
– missions 14

Police municipale
– A.P.J.A. 21
– armement *(Annexe VII)* .... **page 1408**
– Code de déontologie *(Annexe II)* .... **page 1395**
– compte-rendu et rapport .... 21-2 et A. 53-4
– habilitation .... R. 15-33-29-3

Police Nationale
– agent de police judiciaire 20
– agent de police judiciaire adjoint 21
– code déontologie *(Annexe III – Déontologie de la PN)* .... **page 1397**
– collaboration avec la Gendarmerie nationale .... D. 5 et s.
– compétence – A.P.J. – A.P.J.A. 21-1
– dépôt de plainte 15-3
– directions territoriales .... R. 15-17 et s., R. 57-7-85
– enquêteur – identité protégée .... 15-4, D. 8-3 et s.
– enregistrement audiovisuel *(art. L. 241-1 C.S.I. : sous l'article 21-1)* .... **page 178**
– expertise 157-2
– fichiers d'analyse sérielle .... R. 40-25
– frais de justice criminelle, correctionnelle et de police .... R. 92
– habilitation – opération d'infiltration .... D. 151-2 et s.

– informatisation – gestion des G.A.V. .... R. 15-33-77
– installation dispositifs techniques .... D. 15-1-6
– interception de correspondance .... D. 15-1-5-1
– logiciels de rapprochement d'information 230-20
– logiciels de rapprochement judiciaire .... R. 40-39
– officier de police judiciaire .... 16, R. 3 et s., R. 13 et s., R. 15-3 et s., R. 15-18 et s., A. 13 et s.
– plate-forme nationale – interceptions judiciaires .... R. 40-43 et s.
– préservation état des lieux .... D. 7
– règles déontologiques *(art. R. 434-3 C.S.I : sous l'article 21-2)* .... **page 181**
– réserve opérationnelle – retraités – attributions A.P.J .... 20-1, R. 15-17-1
– réserve opérationnelle – retraités – attributions O.P.J .... R. 15-6-1 et s.
– traitement – antécédents judiciaires .... R. 40-23
– traitement – automatisés de données 230-6

Police technique *(source de)* .... D. 4

Pollution des eaux maritimes *(politique pénale)* .... 706-107 à 706-111

Polynésie française
– action publique .... 807 à 808
– casier judiciaire .... 874 à 876
– citations et significations 854
– cour d'assises .... 826 et s.
– dispositions générales .... 804 à 806
– enquêtes .... 812 à 814
– jugement des contraventions .... 848 à 853
– jugement des délits .... 835 à 847
– juridictions d'instruction .... 815 à 823
– police judiciaire .... 809 à 811
– pourvoi en cassation .... 855 à 859
– procédures d'exécution .... 867 à 873-1
– procédures particulières .... 859-1 à 866

Poursuite des actes de terrorisme
– compétence .... 706-17 à 706-22
– procédure .... 706-24-3 et s.

Poursuite des infractions
– commises par les personnes morales .... 706-41 à 706-46
– en matière de proxénétisme ou de recours à la prostitution des mineurs .... 706-34 à 706-40
– en matière de trafic de stupéfiants .... 706-26 à 706-33

Pourvoi en cassation .... 567 et s.
– audiences 604
– décisions susceptibles d'être attaquées .... 567 à 567-2
– conditions du pourvoi .... 568 à 575
– formes du pourvoi .... 576 à 590
– instruction des recours .... 601 à 603-1
– ouvertures à cassation .... 591 à 600

Prélèvements
– sur les lieux d'un crime ou d'un délit 55
– sur les témoins et les suspects 55-1, 76-2, 154-1

Préposés des eaux et forêts .... 22 et s., 230

Préposés des eaux et forêts : .... 22 et s., 230

Prescription :
– de l'action civile 10
– de l'action publique .... 6 et s.
• clonage reproductif *(crime)* 9-1
• contestation 82-3
• contravention 9
• crime 7
• crime ou délit – poursuite judiciaire 6-1
• crime ou délit – trafic de stupéfiant 7
• délit 8
• mineurs victimes – infractions de nature sexuelle *(crime)* 7, 706-47

Président de la chambre de l'Instruction 219
– pouvoirs propres .... D. 43-1 et s.

Presse
– comparution de témoin 326, 437
– délit de 56-2, 397-6
– réquisitions 60-1, 77-1-1, 99-3
– transcription 100-5
– visites locaux *(GAV-Lieux de rétention)* – Députés et sénateurs 719

Prêt de main-forte 24

Preuve
– cour d'assises .... 323 et s., 353
– tribunal correctionnel .... 427 et s.
– tribunal de police .... 536 et s.

Prévenu
– comparution .... 406 et s.

Primes
– exécution des mandats d'amener, de dépôt et d'arrêt, de mesures de contraintes .... R. 188

Prise à partie 136

Prisons *(voir établissements pénitentiaires)* .... 717 et s., D. 70 et s.
– assistance aux détenus .... D. 432-1 et s.
– autorisation de sortie sous escorte 723-6
– Biens des détenus, gestion .... D. 319 et s.
– Bonne conduite 721
– Catégories .... 717, D. 70
– Centres de détention .... D. 70
• régime .... D. 94 et s.
– Condamnés, régime .... D. 50, D. 83 et s.
– Condamnés à une longue peine, classification .... D. 76 et s.
– Détention arbitraire 725
– Détention provisoire .... D. 54 et s.
– Détenus .... D. 50
• catégories .... D. 487 et s.
• étrangers .... D. 505 et s.
• extradés .... D. 311 et s.
• jeunes .... D. 514 et s.
• militaires .... 698-5, D. 508 et s.
– Dossier individuel .... D. 155 et s.
– Écrou .... 724 et s.
– Entretien des détenus .... D. 344 et s.
– Examens scolaires 721-1
– Greffe judiciaire des prisons .... D. 148 et s.
– Hôpitaux .... D. 75
– Hygiène .... D. 349 et s.
– Isolement 726
– Jeunes détenus .... D. 74, D. 514 et s.
– Libération, aide .... D. 478 et.
– Maisons d'arrêt .... 714, 717, 719, D. 70, D. 72, D. 83 et s.
– Maisons centrales .... 714 et s., D. 70 et s.
• régime .... D. 94 et s.
– Maternité .... D. 399 et s.
– Mineurs détenus .... D. 514
– Mouvements de détenus .... D. 287 et s.
– Moyens de contrainte .... 726, R. 57-7-83 et s.
– Période de sûreté .... 720-2 et s.
– Permission de sortir .... 723-3, D. 118 et s., D. 142 et s.
– Placement à l'extérieur .... 723 et s., D. 118 et s., D. 126 et s.
– Prévenus .... D. 50, D. 52 et s.
– Prisons écoles .... 718, D. 74
– Prisons hospices .... 718, D. 75
– Punition de cellule .... 726, D. 167 et s.
– Réadaptation sociale 729
– Réduction de peine .... 721 et s., 723-5, 729-1.

– Régime intérieur 728
– Régimes spéciaux .... D. 490 et s.
– Registre d'écrou .... 724 et s., D. 148 et s.
– Réinsertion des détenus, préparation .... D. 432-1 et s.
– Relations avec l'extérieur .... D. 403 et s.
– Répartition des condamnés .... 710, D. 71, D. 77 et s.
– Sécurité .... D. 265 et s.
– Semi-liberté .... 723 et s., D. 118 et s., D. 138 et s.
• retrait 723-2
– Service pénitentiaire d'insertion et de probation .... D. 572 et s.
• attributions du juge de l'application des peines .... D. 576 et s.
• organisation et fonctionnement .... D. 579 et s.
– Service sanitaire .... D. 364 et s.
– Traitement pénitentiaire .... D. 77 et s.
– Travail .... D. 126 et s.
– Valeurs pécuniaires .... D. 319 et s.
– Visites .... D. 186 et s., D. 403 et s.
– Visites par les autorités judiciaires .... D. 176 et s.

Probation
– comité de probation et d'assistance aux libérés .... D. 572 et s.

Procédure pénale *(présentation)* .... article préliminaire

Procédures
– crime ou délit flagrant et cas assimilés .... 53 et s.
– commission rogatoire .... 151 et s., D. 33 et s.
– disparition de pièces .... 648 et s.
– d'exécution .... 707 et s.
– particulière *(inscription de faux)* .... D. 47-1
– simplifiée .... 495 et s., 524 et s., R. 41-3 et s.

Procès-verbal électronique *(PVe)*
– paiement immédiat *(amendes forfaitaires contraventions)* .... A. 37-19 et s.

Procès-verbaux
– auditions de témoins 62
– commissions rogatoires .... 151 et s.
– contrôle d'identité 78-3
– des A.P.J. 21, 62
– des gardes champêtres 22, 27
– des gardes particuliers assermentés 29
– des ingénieurs et préposés des eaux et forêts 22
– des juges d'instruction .... 102 et s.
– des O.P.J 19, 62
– de renseignements 430
– enquêtes préliminaires 76
– faisant foi jusqu'à inscription de faux 433
– faisant foi jusqu'à preuve du contraire 431, 537
– perquisition 56, 59

Procureur de la République *(voir aussi délégués et médiateurs du PR)*
– classement sans suite 40-3
– compétence territoriale 43
– composition pénale 41-2
– contraventions 41-3
– engagement des poursuites 40-1
– infractions à la loi pénale 41
– missions 39
– partie civile 40-4
– plaignants 40-2
– plaintes 40
– poursuite des opérations – O.P.J. et A.P.J. 80-5
– procédure de comparution à délai différé 397-1-1
– réparation du dommage 41-1
– restitution des objets 41-4
– procédures relatives aux enquêtes et à l'instruction .... D. 15-2 et s.

Procureur de la République antiterroriste
– compétence .... 628-1, 628-7, 706-17, 706-19, 706-21 et s.
– cour d'assises 706-25
– crimes contre l'humanité, crimes et délits de guerre .... 628 et s.

– crimes de tortures, de disparition forcée 628-10
– délégation judiciaire 706-17-1
– entraide judiciaire .... 627-1 et s.
– juridictions de l'application des peines 706-22-1
– prévention – actes de terrorisme 706-25-15
– prolifération d'armes de destruction massive .... 706-168 et s.

Procureur de la République en matière économique et financière
– compétence .... 704 et s.

Procureur général près de la cour d'appel .... 34 à 38

Prostitution
– association – lutte contre le proxénétisme 2-22
– cour d'assises – débats 306
– des mineurs........ 706-34 et s.
– information .... R. 51 et s., D. 47-8 et s.
– information de l'administration par l'autorité judiciaire........ 706-47-4
– protection des mineurs 138
– protection des victimes........ 706-40-1
– stage de sensibilisation – lutte contre l'achat d'actes sexuels........ 41-1, 41-2

Protection
– de l'identité de certains agents intervenant dans les procédures pénales R. 2-18 et s., D. 8-3 et s.
– des enquêteurs – identité protégée........ 15-4
– des personnes bénéficiant d'exemptions ou de réduction de peines 706-63-1
– des témoins .... 706-51 et s.

Proxénétisme
– poursuite de l'instruction – jugement........ 706-34 et s., 706-73 et s. et R. 51 et s.

— Q —

Questions préjudicielles .... 384 et s., 522

Question prioritaire de constitutionnalité .... LO. 630, R.*49-21 et s.

— R —

Racisme 2-1

Récidive
– amende forfaitaire........ 530-7
– crédit de réduction de peine 721
– crimes de meurtre ou assassinat 706-47
– crimes de tortures ou d'actes de barbarie........ 706-47
– libération conditionnelle 729, 729-3
– mandat d'arrêt ou de dépôt........ 465-1
– surveillance judiciaire 723-29

Réclusion *(voir § Peine)*

Reconnaissance
– de l'identité des individus condamnés 748

Reconnaissance *(décisions – Union Européenne)*
– contrôle judiciaire........ 696-48 et s.
– dispositions générales........ 728-10 et s.
– exécution dans un autre État membre........ 728-15 et s.
– exécution des condamnations .... 764-1 et s.

Reconstitution *(enquête de flagrant délit)* .... 53 et s., 429
– avocat........ 61-3

– comparution volontaire ... 389 et s.
– ou d'un juge délégué par lui ... 396
– pour avis de la cour de cassation ... 706-64 à 706-70
– préalable au président du tribunal ... 396

Sanctions pécuniaires ... D. 48-6 et s.

Scellés ... 97 et s.
– enregistrement – cour d'assises ... 308
– enregistrement – mineur victime ... 706-52
– expertise ... 163, 166
– frais et dépens ... R. 92, R. 147, R. 218
– indemnité de garde ... R. 147, R. 224-1
– lingots, effets ou valeurs – perquisition ... 56
– opérations d'interception et d'enregistrement ... 100-4
– ouverture ... 60-3, 163
– recherches de documents ou de données informatiques ... 97
– restitution des objets, biens, aliénation, destructions ... 41-4, 99, 99-2
– subtances stupéfiantes ... 706-30-1

Secret
– de la procédure ... 11
– de l'instruction ... 11
– professionnel ... 11

Secret professionnel
– assistant spécialisé ... 706
– audition mineur victime – enregistrement audiovisuel ... 706-52
– comparution ... 109
– médiateur et délégué du procureur de la République ... R. 15-33-34
– réquisitions documents ... 99-3
– service pénitentiaire d'insertion et de probation – dossier d'orientation ... D. 162

Sectes *(lutte contre les...)* ... 2-17
– prévention – répression *(Loi n° 2001-504 du 12 juin 2001 : sous l'article 2-17)* **page 129**
– professionnel *(divulgation de documents)* ... 11, 58, 98
– des correspondances émises par la voie des télécommunications ... 100 à 100-7

Sentences pénales *(exécutions)* ... 707 et s., R. 55 et s.

Serment
– expert ... 160, 168
– juré ... 304
– personnel des juridictions ... 45, 57
– témoin ... 103, 331, 446, 536

Service
– central de préservation des prélèvements biologiques ... R. 53-9 à R. 53-21
– de police judiciaire ... 15-1
– de Gendarmerie nationale ... R. 15-22 à R. 15-26
– de la Police nationale ... R. 15-18 à R. 15-21
– pénitentiaire d'insertion et de probation
• attributions du juge de l'application des peines ... D. 576 à D. 578
• missions ... 572 à D. 515
• organisation et fonctionnement ... 579 à D. 587

Service pénitentiaire d'insertion et de probation *(S.P.I.P)*
– aide matérielle *(Annexe XIII – Code pénitentiaire – art. D. 521-1 et s.)*. **page 1546**
– attributions ... D. 576 et s.
– détention domicile surveillance
(Annexe XIII – Code pénitentiaire – art. R. 622-3) ... D. 32-4, **page 1554**
– enquêtes sociales *(Annexe XIII – Code pénitentiaire – art. D. 611-1 et s.)* **page 1552**
– libération conditionnelle
(Annexe XIII – Code pénitentiaire – art. D. 530-1 et s.) ... **page 1546**
– mesures judiciaires – prévention récidive terroriste et réinsertion
(Annexe XIII – Code pénitentiaire – art. R. 545-4) ... R. 50-76, **page 1551**
– missions ... D. 572 et s.
– mission des services pénitentiaires de l'outre-mer ... D. 600-1 et s.
– organisation ... D. 580 et s.
– outre-mer ... D. 600-1 et s.

– siège des services pénitentiaires d'insertion et de probation et la liste des antennes locales d'insertion et de probation *(Annexe XIII – Code Pénitentiaire – Arrêté du 23 janvier 2023 : sous l'art. D. 112-35)* ... **page 1447**
– sursis probatoire *(Annexe XIII – Code pénitentiaire – art. R. 621-1 et s.)* 741-1, **page 1552**

Service public pénitentiaire .... 724 et s.

Sida *(dépistage)* 706-47-1

Signature électronique et numérique .... 801-1, R. 249-9 et s., A. 37-19, A 53-2

Significations et citations
– à jurés 267
– à témoin, prévenu, personne civilement responsable 388, 550, 556
– citations à comparaitre – O.P.J. .... R. 15-33-76, R. 53-24, R. 53-31
– citations et significations .... D. 46-2 et s.
– comparution .... 552 et s.
– électroniques – matière pénale .... D. 46-6-3, D. 593-1-1
– émoluments et indemnités – huissiers justice, agents force publique.. R. 181 et s.
– émoluments et indemnités – indemnité journalière – huissiers justice R. 179 et s.
– enquêteurs – identité protégée 15-4
– exécution 530
– experts 281
– itératif défaut 494
– modalités .... 550 et s.
– nullité .... 565 et s.
– outre-mer .... 854 et s., 897, 932
– personne résidant à l'étranger 562
– personne sans domicile ou résidence connus 559
– recherches – O.P.J. ou A.P.J 560
– tribunal correctionnel .... 388, 390 et s., 495-15
– tribunal de police – saisine 531

Soins psychiatriques
– mesures de sûreté 706-135
– service spécialisé .... 717-1 A

Stages
– de citoyenneté 41-1
– de responsabilisation – violences au sein du couple et sexiste 41-1, 41-2
– de responsabilité parentale 41-1
– de sensibilisation – achats d'actes sexuels 41-1, 41-2
– de sensibilisation – dangers usage produits stupéfiants 41-1, 41-2
– de sensibilité à la sécurité routière 41-1

Stupéfiants
– acquisitions de produits – O.P.J. et A.P.J. 706-32
– contrôle d'identité – fouille véhicule 78-2-2
– procédure simplifiée 398-1
– stage de sensibilisation – dangers usage produits stupéfiants 41-1, 41-2

Substitut
– du procureur de la République .... 39 et s.
– du procureur général .... 34 et s.

Suivi médico-légal .... 763-1 et s.
– procédures d'exécution 902

Suivi socio-judiciaire .... 763-1 à 763-9 et R. 61 à R. 61-6
– dispositions applicables aux personnes exécutant une peine privative de liberté .... R. 61-4 à R. 61-6
– dispositions communes .... R. 61 à R. 61-6

Supplément d'information
– chambre de l'instruction 201, 205, 208
– cour d'assises 283
– tribunal correctionnel 397-2, 463
– tribunal de police 538

Sûreté de l'État *(Intérêts fondamentaux de la Nation)* *(voir § crimes et délits)*
– atteinte aux intérêts fondamentaux de la Nation .... 699 et s.
– cas de guerre 699
– mobilisation 699-1

- cas d'état de siège ou d'état d'urgence 700
- crimes et délits en temps de guerre 701
- crimes et délits en temps de paix 702

Sursis et ajournement
- ajournement .... 747-3 et 747-4
- simple 734
• effets .... 735 et s.
- avec mise à l'épreuve .... 739 et s.
• comité de probation .... D. 544 et s.
• contrôle .... 739 et s., R. 53 et s.
• obligations spéciales .... 739 et s.
- assorti de l'obligation d'accomplir un travail d'intérêt général .... 747-1 et s.

Sursis probatoire
- ajournement .... 747-3 et 747-4
- avec suivi renforcé .... D. 546-1 et s.
- appréciation de l'opportunité – enquêtes et examens .... D. 17
- calcul crédit réduction de peine .... D. 115
- conversions de peines .... D. 547
- convocation .... D. 545 et s.
- disposition de téléprotection .... D. 32-30
- extrait ordonnance, jugement .... D. 49-26
- information indemnisation .... D. 49-69
- information victime .... D. 49-66 et s.
- obligation de soins .... D. 47-34
- révocation d'un sursis ou sursis probatoire .... D. 115-3
- service pénitentiaire d'insertion et de probation .... D. 574

Surveillance électronique placement .... 723-7 à 723-14, R. 57-10, D. 118
- assignation à résidence .... 142-5 et s., D. 32-3 et s.
- conditions – juge de l'application des peines .... 723-7 et s.
- contrôle judiciaire .... R. 57-10
- criminalité organisée 706-96
- habilitation des personnes .... R. 57-23 et s.
- homologation du procédé *(Arrêté du 1er juillet 2002 : sous l'art. 723-8)*. **page 824**
- mobile .... 763-10 et s.
- retrait de la mesure 723-13
- suspension de la mesure 712-18
- traitement automatisé – contrôle .... R. 57-30-1 et s.

Surveillance électronique mobile
- commission pluridisciplinaire – mesures de sûreté et examen de dangerosité .... R. 61-7 et s.
- habilitation des personnes .... R. 61-36 et s.
- libération conditionnelle .... 731-1, R. 61-34
- modalités .... R. 61-7 et s.
- modification des conditions d'exécution 723-11
- placement sous .... 763-10 et s.
- suivi socio-judiciaire – décision du J.A.P. .... 763-3, R. 61-32
- traitement automatisé .... R. 61-12 et s.

Surveillance judiciaire *(voir personnes dangereuses)*

Surveillance judiciaire *(contenu et durée)* .... D. 147-37 et s.

Suspicion légitime 662

— T —

Tabac
- acquisition de produits du tabac manufacturé – vente à la sauvette .... R. 644-3
- amende – contraventions – vente à la sauvette .... R. 48-1
- personne détenue .... R. 57-7-33, R. 57-7-39, R. 57-7-44, D. 344

Taxation .... R. 226 et s.

Télécommunications .... R. 15-41-1 et s.
– utilisation en cours procédure .... R. 53-33 et s.

Témoins
– assisté .... 113-1 et s.
• appel d'une ordonnance de non-lieu 197-1
• nullité de l'instruction .... 173 et s.
– chambre des appels correctionnels 513
– citation
• convention européenne d'entraide judiciaire .... 8 et s., 696-47
• forme .... 550 et s.
* comparution immédiate 397-5
– comparution immédiate 397-5
– cour d'assises
• appel 324
• chambre des témoins 325
• dénonciateur 337
• déposition .... 329 et s.
• déposition sans serment .... 335 et s.
• isolement 325
• liste
* lecture 324
* notification 281
• non-comparution 326
• questions 332
• serment 331
• usage de documents 331
– enquête
• audition .... 62 et 78
• protection .... 62-1, R. 15-33-61, D. 3 et s.
– gouvernement
• membres
* dépositions .... 652 et s.
– instructions .... 101 et s.
• auditions 102
* avocat 120
* présence du procureur 119
• citation 101
• commission rogatoire 153
• convocation 101
• enfant 108
• impossibilité de comparaître .... 112 et 113
• mise en examen 113-8
• non-comparution .... 109 et 110
• pénalités .... 109 et 113
• procès-verbal .... 106 et 107
• serment .... 103 et 153
– journaliste 109
– procédure étrangère 696-46
– protection .... 706-57 et s., R. 53-22 et s.
– puissances étrangères
• représentants
* dépositions 656
– secret professionnel 109
– tribunal correctionnel
• appel 440
• citation 435
• comparution immédiate 397-5
• dénonciation 451
• déposition .... 444 et s.
• déposition sans serment .... 447 et s.
• enfants 447
• faux témoignage 457
• non-comparution .... 438 et s.
• notes d'audience 453
• nouvelle audition 450
• opposition 440
• parents et alliés .... 445, 448 et s.
• pénalités .... 438 et s.

• questions 454
• serment 446
* refus 438, 441
– tribunal de police .... 506 et s.

Temps de guerre 699
– atteinte aux intérêts fondamentaux de la Nation 701

Tentative punissable
– atteintes à la transparence des marchés
(Sous l'art. 704-1 : art. L. 465-1 et s. du Code Monétaire et Financier).... **page 692**
– délits d'atteintes sexuelles 706-47
– extradition 696-3
– infractions commises hors territoire République 689-1
– visite des véhicules 78-2-3

Terme des assises .... 232 à 239

Territoire d'outre-mer
– code de procédure pénale *(application)* .... 804 et s.

Terrorisme .... 706-16 et s.
– action publique (prescription) 7
– aménagements de peine (exclusion) 723-1
– application des peines .... 706-22-1, D. 49-75
– autorisations – O.P.J. et A.P.J. 706-24
– communication – informations 706-25-2, 706-105-1
– compétence concurrente .... 706-17 et s., 706-75 et s.
– compétence juridictions spécialisées 706-75
– compétence universelle 689-3, 689-10
– contrôle automatisé des véhicules *(art. L. 233-1 du Code de la sécurité intérieure – sous l'article 78-5 C.P.P.)* .... **page 307**
– contrôle d'identité 78-2, 78-2-2
– convention européenne 689-3
– convention internationale .... 689-9 et s., 695-55 et s., 696-24-1
– cour d'assises spéciale 698-6
– décisions .... 706-22-1, D. 49-75
– dispositions – Outre-mer 804
– écoutes téléphoniques 706-95
– enquêtes 706-80
– extradition 696-24-1
– fichier judiciaire national automatisé – auteurs infractions terroristes 706-25-3 et s., R. 50-30 et s.
– fonds de garantie victimes terrorisme .... D. 334-1
– fouille de véhicule 78-2-2
– garde à vue 706-88
– infiltration – O.P.J. et A.P.J. .... 706-81, D. 15-1-1
– interception de correspondances 706-95
– libération conditionnelle 730-2-1
– mandat d'arrêt européen 695-28-1
– mesure judiciaire de prévention – récidive terroriste et réinsertion ..... 706-25-16 et s., R. 50-70 et s. D. 47-6-16 et s.
– mineur – jugement – Cour d'Assises 706-25
– O.P.J., A.P.J. – identité 706-24
– O.P.J., A.P.J. – service PJ lutte terrorisme 706-24-2
– perquisition .... 706-89 et s.
– personnes condamnées .... D. 49-75 et s.
– préservation de l'anonymat 706-63-2
– prévention des actes de terrorisme – assistant spécialisé 706-25-15
– procédure .... 706-23 et s.
– procédure applicable 706-73, 706-73-1
– protection des enquêteurs .... R. 50-29
– protection des personnes – identité d'emprunt 706-63-1
– provocation – apologie 706-23
– réduction de peine 721-1-1
– réparation du dommage causé *(examen des demandes)* .... R. 50-69
– saisie conservatoire 706-103
– vidéosurveillance .... 706-96 et s.

Tortures
– compétence des juridictions françaises 689-2
– débats – huis clos 306

– infractions 706-47

Traces et indices
– destructions, modifications, prélèvements 54, 55

Trafic
– action civile des associations 2-16
– action publique *(prescription)* 706-31
– compétence territoriale .... 706-75 et s.
– cours d'assises compétentes .... D. 47-2
– débits de boissons *(fermeture provisoire)* 706-33
– destruction des substances saisies 706-30-1
– écoutes téléphoniques .... 706-95 et s.
– enquête 706-80
– garde à vue 706-88
– illicite de stupéfiants et de substances psychotropes .... 706-26 et s.
– infiltration de policier .... 706-81 et s.
– perquisition .... 706-28, 706-89 et s.
– saisie conservatoire 706-103
– unités temporaires d'enquête 28-1
– vidéosurveillance .... 706-96 et s.

Traitements automatisés de données à caractère personnel
– application des peines, probation et insertion .... R. 57-4-1 et s.
– application mobile de prise de notes *(GendNotes)*
(Annexe XII – GendNotes) .... **page 1420**
– antécédents judiciaires .... 230-6 et s, R. 40-23 et s.
– atteintes aux systèmes de traitement .... 706-72 et s.
– captation des données informatiques .... 706-102-1 et s.
– contrôle automatisé des données signalétiques des véhicules
(art. L. 233-2 C.S.I. : sous l'article 78-5) .... **page 307**
– contrôle des personnes placées sous surveillance électronique .... R. 57-30-1 et s.
– contrôle des personnes placées sous surveillance électronique mobile .. R. 61-12 et s.
– dossier pénal numérique .... R. 249-9 et s.
– entraide judiciaire internationale .... R. 49-36
– fichier des empreintes digitales *(Décret n° 87-249 du 8 avril 1987 –*
sous l'article 78-5 *du C.P.P.)* .... **page 307**
– fichier des objets et des véhicules signalés *(FOVeS)*
(Annexe VI – FOVeS) .... **page 1405**
– gestion des gardes à vue .... R. 15-33-77 et s.
– gestion des personnes détenues en établissement pénitentiaire .... R. 57-9-18 et s.
– interdiction de se rapprocher de la victime 138-3
– mise en mouvement et exercice de l'action publique –
Logiciel Métier Parquet *(Décret n° 2017-1194 du 26 juillet 2017 –*
sous l'article 39 *du C.P.P.)* .... **page 192**
– placement sous surveillance électronique 723-9, 763-13
– plate-forme nationale des interceptions judiciaires .... 230-45, R. 40-42 et s.
– procédures judiciaires – Cassiopée .... R. 15-33-66-4 et s.
– procédures judiciaires – Redex .... R. 53-21-1 et s.
– sursis probatoire .... D. 545
– système d'information interministériel des victimes d'attentats
et de catastrophes – SIVAC .... R. 2-15 et s.

Traités internationaux *(interprétation)* 384

Transaction 6
– action publique
• extinction 6
– amende forfaitaire
• transports publics .... 529-3 et s., R. 49-8-1 à R. 49-8-5
– proposée par le maire .... R. 15-33-61

Transfèrements
– administratifs .... D. 300 et s.
– casier judiciaire .... 768 et 769
– frais de justice .... R. 95 et s.
– judiciaires .... R. 95 et s., D. 297 et s.
– mandat d'amener .... 127 et s.
– mémoires .... R. 222 et s.
– personnes condamnées et détenues à l'étranger .... 728-2 et s., D. 311

Transports collectifs *(voir O.P.J. et A.P.J.)*
– agrément des agents .... R. 49-8-1
– compétence territoriale 18
– infractions à la police des services publics de transports terrestres .... 529-3 et s.
– trains – transports ferroviaires ou guidés et certains autres transports *(art. 18, 78-7, art. R. 2240-3 et s. Code des Transports sous l'article 78-7 C.P.P., art. D. 2241-4 et s. Code des Transports sous l'article R. 15-33 C.P.P.)* **pages 168, 311, 937**

Transports routiers *(conditions de travail)* 522

Transport sur les lieux
– découverte de cadavre 74
– flagrant délit 54
– frais .... R. 92
– instruction .... 92 et s.
– juge d'instruction 72
– procureur de la République 68
– ressorts des tribunaux limitrophes 69
– témoin 112
– tribunal correctionnel 456
– tribunal de police 536

Travail d'intérêt général
– greffier .... D. 48-2
– inexécution 733-2
– service pénitentiaire d'insertion et de probation .... D. 574
– substitution 733-1
– sursis .... 747-1 et s.

Travail dissimulé
– association – syndicat professionnel ou syndicat de salariés 2-21-1
– perquisition – lieux à usage professionnel 78-2-1
– délits de dissimulation d'activités ou de salariés – recours aux services d'une personne exerçant un travail dissimulé 706-73-1
– office central – lutte contre le travail illégal .... D. 8-1

Tribunal
– administration de la preuve .... 427 à 457
– citation .... 390 et s.
– comparution du prévenu .... 406 et s.
– comparution immédiate 395
– comparution sur reconnaissance préalable de culpabilité .... 495-7 à 495-16
– comparution volontaire 389
– composition du tribunal .... 398 et s.
– consignation 392-1
– constitution de la partie civile .... 418 à 426
– contrôle judiciaire 394
– convocation par procès-verbal 393
– décryptage messages en clair 230-1
– discussion par les parties .... 458 à 461
– dispositions générales .... 381 à 388-3
– du littoral 706-109
– itératif défaut 494
– juge des libertés et de la détention 396
– jugement .... 462 et s.
– jugement par défaut 487
– opposition .... 489 à 493
– police de l'audience 404
– procédure simplifiée .... 495 à 495-6
– publicité 400
– renvoi à une prochaine audience 397-1
– tenue des audiences 399
– tribunal correctionnel
• définition 381
• compétence 203, 382, 466, 467
• organisation 399
• composition 398
– contrôle identité/visite véhicules 78-2-2
• organisation 523

Tribunal correctionnel .... 381 et s.
– accès 393
– administration de la preuve .... 427 et s.
– amende .... 707-2, R. 55 et s.
– appel 496
– audiences 399, 511
– audience ultérieure 397-1
– aveu 428
– avocat .... 410 et s
– citation 390
– comparution immédiate – convocation .... 388, 393 et s.
– compétence et saisine .... 381 et s.
– composition 398
– conclusions 459
– constitution de partie civile .... 418 et s.
– contrôle judiciaire 396
– débats .... 406 et s.
– décisions 464
– droits 393, 406
– exemption de peine 468
– expertise 434
– flagrant délit 395
– huis clos 400
– interprète 393, 406, 443
– jugement .... 462 et s.
– mesure de justice restaurative 10-1
– nullités 385
– publicité et police de l'audience .... 400 et s.
– renvoi de l'affaire 398-2
– restitution des objets saisis .... 478 et s.
– saisine 388
– supplément d'information 463
– témoins 453
– transport 456

Tribunal de police
– appel des jugements de police .... 546 et s.
– commissaire de police 46
– compétence .... 521 à 523
– composition 45, 523
– définition 521
– dispositions communes .... 530 et s.
– infractions
• à la police des services publics de transports terrestres .... 529-3 à 529-5
• au Code de la route .... 529-7 à 529-11
– instruction définitive .... 534 à 543
– jugement par défaut 544
– opposition 545
– organisation 523
– procédure de l'amende forfaitaire 529, 529-2
– procédure simplifiée .... 524 à 528-2
– procureur de la République 45
– saisine .... 531 à 533

Tribunal judiciaire
– acompte sur l'indemnité .... R. 134, R. 146
– action publique 706-43
– aide judiciaire .... R. 50-7
– animaux vivants – main levée sous séquestre .... R. 149
– animaux vivants – saisie ou retrait 99-1
– assistant spécialisé 706
– bureau aide aux victimes .... 706-15-4, D. 47-6-15
– bureau exécution des peines .... 709-1, D. 48-2
– citoyen assesseur .... R. 2-10 et s.
– commission exécution application des peines .... D. 48-5-4 et s.
– communication relevé intégral – casier judiciaire 777-2
– compétence .... 697, 697-4 et s., 706-75 et s., D. 47-2 et s., D. 47-13-1, D. 47-38
– composition pénale 41-2
– condamné détenu – audition 712

– convention judiciaire d'intérêt public 41-1-2
– cour d'assises .... 234 et s.
– criminalité et délinquance organisées 230-40
– débats contradictoires .... D. 49-13, D. 49-89 et s.
– droits accès et rectification .... R. 53-4-7
– enquête de flagrance – perquisitions 706-89
– enquête de personnalité – habilitation .... R. 15-33
– enquête préliminaire – perquisitions 706-90
– frais .... R. 227
– indemnité 706-4
– information – cosaisine 83-1
– information – fichier 706-25-11, 706-53-9
– infraction – matière sanitaire et environnementale 706-2
– juge des libertés et de la détention 137-1-1
– juge d'instruction .... 49 et s.
– maison d'arrêt – effectif .... D. 83
– mandat d'amener 712-17
– mandat d'arrêt 135-2
– médiateur – délégué PR – prestation serment .... R. 15-33-36
– mesures de protection 706-62-2
– ministère public .... 45, 48, 398-3 et s.
– notation .... R. 15-33-29-14
– notation – agents des douanes .... R. 15-33-15
– O.P.J. – A.P.J. – surveillance 706-80
– permis de chasser, de conduire .... R. 15-33-53 et s.
– perquisition – cabinet avocat ou domicile 56-1
– perquisitions, visites domiciliaires et saisies 76
– pôle d'instruction .... D. 15-4-1 et s., D. 31-1 et s.
– pollution des eaux marines et des voies ouvertes à la navigation maritime 706-107 et s.
– procureur de la république .... 39 et s., 696-67, 704-2, 705-2
– procureur de la république – Rennes .... D. 45-16
– protection européenne 696-91
– qualification criminelle 118
– recherches personne en fuite 74-2
– tribunal correctionnel 382, 398
– tribunal de police 523
– tribunaux de l'application des peines .... 712-3, D. 49-2 et s., D. 49-17-2
– tribunaux judiciaires – liste – Établissements pénitentiaires
(Annexe XIII – Code Pénitentiaire – art. D. 112-28) .... **page 1445**

Trouble psychique ou neuropsychique
– conclusion de l'expertise 167-1
– expertise médicale .... D. 47-21, D. 47-23
– irresponsabilité pénale 706-125, 706-133

— U —

Usurpation de nom 778, 781

Utilisation des moyens de télécommunication .... R. 53-33 à R. 53-39

— V —

Valeurs pécuniaires des détenus 728-1

Véhicules
– compétence 18
– contrôle automatisé *(art. L. 233-1 du Code de la sécurité intérieure : sous l'article 78-5)* .... **page 307**
– contrôle judiciaire – interdiction de conduire 138
– perquisition et saisie 56, 78-2-2

Vente des biens meubles saisis .... R. 15-33-66-1 et s., R. 15-41-1 et s.

Vérifications d'identité au cours de recherches judiciaires .... 78-1 et s.
– enquête et contrôle d'identité 78-3

Victimes de dommages résultant d'une infraction
(recours en indemnités) .... 706-3 s., R. 50-1 et s.
– assistance association 41
– assistance par un interprète et à la traduction .... 10-3, D. 1-2
– avocat 40-4
– classement sans suite – recours 40-3
– contrôle judiciaire 144-2
– dépistage des maladies sexuellement transmissibles 706-47-2
– évaluation des besoins et des mesures de protection des victimes d'infractions .... D. 1-3 et s.
– indemnisation des dommages .... 706-3 et s.
– information victime .... R. 15-33-45
– interdiction rencontre, relations victime .... R. 15-33-55-3
– majoration – amendes aide aux victimes 707-6
– mineur – prescription de l'action publique 7
– protection .... D. 49-64 et s.
– protection européenne .... 696-90 et s.
– récépissé – dépôt de plainte 15-3
– réparation – bien endommagé 41-2

Vidéo-conférence .... 706-71, R. 53-33, A. 38-1

Violences éducatives ordinaires :
– autorité parentale – violences physiques ou psychologiques *(art. 371-1 Code civil, sous l'article : 2-3)* .... **page 123**
– prévention *(art. L. 421-14 Code de l'action sociale et des familles, sous l'article : 2-3)* .... **page 123**

Violences familiales – conjugales
– aide d'urgence 15-3-2-1
– aide universelle d'urgence *(Code de l'Action Sociale et des Familles : sous l'art. 115-3-2-1 : art. L. 214-8 et s.)* .... **page 164**
– assignation à résidence .... D. 32-29 et s.
– auteur des faits *(résidence)* .... 41-1, 6°
– composition pénale .... 41-2, 14°
– contrôle judiciaire 138, 141-4
– dispositif de téléprotection 41-3-1
– dispositif électronique mobile anti-rapprochement 15-3-2, 138-3
– examen médical – victime de violences 10-5-1
– information des victimes 10-2
– informations enregistrées – fichier judiciaire national automatisé auteurs infractions sexuelles ou violentes 706-53-2
– inscription – fichier personnes recherchées 230-19
– saisie des armes 56
– violences commises en présence d'un mineur .... D. 1-11-1 et s.

Violences sexuelles et sexistes
(voir « Lutte contre les violences sexuelles et sexistes »)

Visite domiciliaire .... 56 et s., 76

Visiteurs de prison .... D. 472 et s.

Voies de recours .... 567 et s.

Voirie routière *(Code de la voirie routière : art. L. 116-5)* .... **page 190**

— W — X — Y — Z —

Néant

INFORMATION

☞ **Conformément au Décret n° 2019-966 du 18 septembre 2019 et à l'Ordonnance n° 2019-964 du 18 septembre 2019, *à compter du 1er janvier 2020*** *(Nouvelles dispositions à prendre en compte)*:

ORDONNANCE N° 2019-964 DU 18 SEPTEMBRE 2019

Prise en application de la loi n° 2019-222 du 23 mars 2019 de programmation 2018-2022 et de réforme pour la justice

(Extrait)

Titre IV: DISPOSITIONS GÉNÉRALES DE SUBSTITUTION

Article 35.

• Dans toutes les dispositions législatives en vigueur, les mots suivants sont remplacés:

Disposition législative (jusqu'au 31 décembre 2019)	**Nouvelle disposition législative** (à compter du 1er janvier 2020)
Tribunal de grande instance	Tribunal judiciaire
Tribunaux de grande instance	Tribunaux judiciaires
Tribunal d'instance	Tribunal judiciaire
Tribunaux d'instance	Tribunaux judiciaires
Juge d'instance	Juge du tribunal judiciaire
Juge du tribunal d'instance	Juge du tribunal judiciaire
Tribunaux de grande instance et d'instance	Tribunaux judiciaires

☞ **Conformément à l'Ordonnance n° 2019-950 du 11 septembre 2019 portant partie législative du Code de justice pénale des mineurs, *à compter du 1er octobre 2020*** *(Nouvelles dispositions à prendre en compte)*:

ORDONNANCE N° 2019-950 DU 11 SEPTEMBRE 2019

Portant partie législative du Code de justice pénale des mineurs

(Extrait)

Article 7.

• L'ordonnance n° 45-174 du 2 février 1945 relative à l'enfance délinquante est abrogée *(à compter du 30 septembre 2021)*

Disposition législative (jusqu'au 30 septembre 2021)	**Nouvelle disposition législative** (à compter du 30 septembre 2021)
Ordonnance n° 45-174 du 2 février 1945 relative à l'enfance délinquante (Cf. Code Pénal)	Code de la justice pénale des mineurs (Cf. Code Pénal)

Nota: La date d'entrée en vigueur initiale du Code de la Justice Pénale des Mineurs:
(1er octobre 2020)
est remplacée par la suivante:
30 septembre 2021

PARTIE LÉGISLATIVE

Procédure Pénale

Article préliminaire. – Procédure pénale – *(Loi n° 2021-1729 du 22 décembre 2021)*

• **I. –** La procédure pénale doit être équitable et contradictoire et préserver l'équilibre des droits des parties.

• Elle doit garantir la séparation des autorités chargées de l'action publique et des autorités de jugement.

• Les personnes se trouvant dans des conditions semblables et poursuivies pour les mêmes infractions doivent être jugées selon les mêmes règles.

• **II. –** L'autorité judiciaire veille à l'information et à la garantie des droits des victimes au cours de toute procédure pénale.

• **III. –** Toute personne suspectée ou poursuivie est présumée innocente tant que sa culpabilité n'a pas été établie. Les atteintes à sa présomption d'innocence sont prévenues, réparées et réprimées dans les conditions prévues par la loi.

• Elle a le droit d'être informée des charges retenues contre elle et d'être assistée d'un défenseur.

• Si la personne suspectée ou poursuivie ne comprend pas la langue française, elle a droit, dans une langue qu'elle comprend et jusqu'au terme de la procédure, à l'assistance d'un interprète, y compris pour les entretiens avec son avocat ayant un lien direct avec tout interrogatoire ou toute audience, et, sauf renonciation expresse et éclairée de sa part, à la traduction des pièces essentielles à l'exercice de sa défense et à la garantie du caractère équitable du procès qui doivent, à ce titre, lui être remises ou notifiées en application du présent code.

• Les mesures de contraintes dont la personne suspectée ou poursuivie peut faire l'objet sont prises sur décision ou sous le contrôle effectif de l'autorité judiciaire. Elles doivent être strictement limitées aux nécessités de la procédure, proportionnées à la gravité de l'infraction reprochée et ne pas porter atteinte à la dignité de la personne.

• Il doit être définitivement statué sur l'accusation dont cette personne fait l'objet dans un délai raisonnable.

• Au cours de la procédure pénale, les mesures portant atteinte à la vie privée d'une personne ne peuvent être prises, sur décision ou sous le contrôle effectif de l'autorité judiciaire, que si elles sont, au regard des circonstances de l'espèce, nécessaires à la manifestation de la vérité et proportionnées à la gravité de l'infraction.

• Toute personne condamnée a le droit de faire examiner sa condamnation par une autre juridiction.

• En matière criminelle et correctionnelle, aucune condamnation ne peut être prononcée contre une personne sur le seul fondement de déclarations qu'elle a faites sans avoir pu s'entretenir avec un avocat et être assistée par lui.

• En matière de crime ou de délit, le droit de se taire sur les faits qui lui sont reprochés est notifié à toute personne suspectée ou poursuivie avant tout recueil de ses observations et avant tout interrogatoire, y compris pour obtenir des renseignements sur sa personnalité ou pour prononcer une mesure de sûreté, lors de sa 1re présentation devant un service d'enquête, un magistrat, une juridiction ou toute personne ou tout service mandaté par l'autorité judiciaire. Aucune condamnation ne peut être prononcée sur le seul fondement de déclarations faites sans que ledit droit ait été notifié.

• Le respect du secret professionnel de la défense et du conseil, prévu à l'article 66-5 de la loi n° 71-1130 du 31 décembre 1971 portant réforme de certaines professions judiciaires et juridiques, est garanti au cours de la procédure pénale dans les conditions prévues par le présent code.

CODE CIVIL

Article 9-1. – Présomption d'innocence – *(Loi n° 2000-516 du 15 juin 2000)*

• Chacun a droit au respect de la présomption d'innocence.

• Lorsqu'une personne est, avant toute condamnation, présentée publiquement comme étant coupable de faits faisant l'objet d'une enquête ou d'une instruction judiciaire, le juge peut, même en référé, sans préjudice de la réparation du dommage subi, prescrire toutes mesures, telles que l'insertion d'une rectification ou la diffusion d'un communiqué, aux fins de faire cesser l'atteinte à la présomption d'innocence, et ce aux frais de la personne, physique ou morale, responsable de cette atteinte.

J • **Prescription – Action Publique – Exception – Relèvement d'office – Principe du contradictoire – Respect – Nécessité –**

Méconnaît les dispositions des articles 6, § 1, de la Convention européenne des droits de l'homme, 8 et préliminaire du Code de procédure pénale la chambre de l'instruction qui relève d'office la prescription de l'action publique sans avoir permis aux parties d'en débattre

(Cass. CRIM du 8 janvier 2013)

• **État – Responsabilité – Fonctionnement défectueux du service de la justice – Activité juridictionnelle – Conditions – Faute lourde ou déni de justice – Exclusion – Applications diverses – Envoi d'une «lettre-plainte individualisée, à une victime potentielle, ne caractérisant pas une atteinte à la présomption d'innocence.**

L'envoi d'une « lettre-plainte », individualisée en fonction du destinataire auquel elle est adressée, à qui sont révélées les seules infractions dont il pouvait être victime, et qui n'est pas destinée à être portée à la connaissance d'autres personnes que son destinataire, ne suffit pas à caractériser une faute lourde, tirée d'une atteinte à la présomption d'innocence, au sens de l'article L. 141-1 du Code de l'organisation judiciaire.

(Cass. CIVILE. du 10 juillet 2013 – N° de pourvoi : 12-23158).

• **Enquête commission rogatoire – Vol avec arme en bande organisée en récidive – Juge d'instruction – Autorisation mise en place d'un dispositif de sonorisation dans deux cellules contiguës – Garde à vue – Commissariat de police –**

• *Attendu qu'en statuant ainsi, alors qu'au cours d'une mesure de garde à vue, le placement, durant les périodes de repos séparant les auditions, de deux personnes retenues dans des cellules contiguës préalablement sonorisées, de manière à susciter des échanges verbaux qui seraient enregistrés à leur insu pour être utilisés comme preuve, constitue un procédé déloyal d'enquête mettant en échec le droit de se taire et celui de ne pas s'incriminer soi-même et portant atteinte au droit à un procès équitable, la chambre de l'instruction a violé les textes et principes susvisés;*

(Cour de cassation – Assemblée plénière – Audience publique du 6 mars 2015 – N° de pourvoi : 14-84339).

• **Proxénétisme aggravé et délits connexes – Demande d'interprète – Entretien**

Contre l'arrêt de la chambre de l'instruction de la cour d'appel de PARIS, 6e section, en date du 25 février 2016, qui, dans l'information suivie contre lui des chefs de proxénétisme aggravé et délits connexes, a confirmé l'ordonnance du juge des libertés et de la détention le plaçant en détention provisoire;

Attendu qu'il résulte de l'arrêt attaqué, de l'ordonnance qu'il confirme et des pièces de la procédure, que M. Florin X..., de nationalité et de langue maternelle roumaines, a été mis en examen par le juge d'instruction et placé en détention provisoire par ordonnance du juge des libertés et de la détention; que M. X... a interjeté appel de cette ordonnance; qu'il a fait une demande d'interprète auprès du juge d'instruction pour que son avocat puisse se rendre en maison d'arrêt afin de préparer l'audience d'appel; qu'une demande a également été faite, le même jour auprès de la chambre de l'instruction; que, cependant, en début d'audience, le conseil de M. X... a été informé qu'un interprète était présent pour que M. X..., son avocat et l'interprète puissent effectuer un entretien; qu'il a usé de cette faculté;

Attendu que tout mis en examen ne comprenant pas la langue française a le droit, s'il en fait la demande, de se faire assister gratuitement d'un interprète pour s'entretenir, dans une langue qu'il comprend, avec l'avocat commis ou choisi pour préparer, en temps utile, sa défense;

Attendu que, pour rejeter l'exception de nullité prise de ce que, ne parlant ni ne comprenant la langue de son client, de nationalité roumaine, l'avocat de M. X... n'a pu s'entretenir avec lui à la maison d'arrêt, faute d'avoir obtenu que lui soit adjoint un interprète en vue de l'élaboration du mémoire destiné à la juridiction, l'arrêt énonce, notamment, qu'avant l'ouverture des débats, la personne mise en examen a pu s'entretenir confidentiellement avec son avocat en présence de l'interprète régulièrement convoqué à l'audience de la chambre de l'instruction et constate qu'il a été ainsi satisfait aux exigences précitées;

Mais attendu qu'en prononçant ainsi, sans s'assurer que le mis en examen avait été mis en mesure de préparer utilement sa défense, la chambre de l'instruction a méconnu le sens et la portée des textes susvisés et le principe ci-dessus énoncé;

D'où il suit que la cassation est encourue;

Par ces motifs:

CASSE ET ANNULE, en toutes ses dispositions, l'arrêt susvisé de la chambre de l'instruction de la cour d'appel de Paris, en date du 25 février 2016, et pour qu'il soit à nouveau jugé, conformément à la loi;

RENVOIE la cause et les parties devant la chambre de l'instruction de la cour d'appel de Paris, autrement composée, à ce désignée par délibération spéciale prise en chambre du conseil

ORDONNE l'impression du présent arrêt, sa transcription sur les registres du greffe de la chambre de l'instruction de la cour d'appel de Paris et sa mention en marge ou à la suite de l'arrêt annulé;

(Cour de cassation – Chambre criminelle du 14 juin 2016 – N° de pourvoi : 16-81833).

• **Violences – Menaces de mort réitérées – Dénonciation mensongère – Appels téléphoniques malveillants – Déclarations de culpabilité**

Contre l'arrêt de la cour d'appel de PARIS, chambre 2-7, en date du 8 avril 2016, qui, pour violences, menaces de mort réitérées, dénonciation mensongère, appels téléphoniques malveillants, atteinte à la représentation de la personne, faux et usage l'a condamnée à deux ans d'emprisonnement avec sursis et mise à l'épreuve, six mois d'interdiction professionnelle et a prononcé sur les intérêts civils;

Attendu que les faits qui procèdent de manière indissociable d'une action unique caractérisée par une seule intention coupable ne peuvent donner lieu, contre le prévenu, à deux déclarations de culpabilité de nature pénale, fussent-elles concomitantes;

Attendu que pour déclarer Mme A... coupable de violences, la cour d'appel énonce que ces faits ont pour éléments matériels les infractions de faux et usage, dénonciation mensongère, menaces de mort et appels téléphoniques malveillants, qui, sur une durée exceptionnelle, ont causé au couple C... d'importants préjudices moraux et professionnels;

Mais attendu qu'en statuant ainsi, alors qu'il résultait de ses propres constatations que l'infraction de violences et les autres infractions retenues à l'encontre de la prévenue relevaient de la même intention coupable, la cour d'appel a méconnu le principe énoncé ci-dessus;

D'où il suit que la cassation est encourue;

Par ces motifs:

CASSE et ANNULE en toutes ses dispositions l'arrêt de la cour d'appel de Paris, en date du 8 avril 2016, et pour qu'il soit à nouveau statué conformément à la loi;

RENVOIE la cause et les parties devant la cour d'appel de Paris, autrement composée, à ce désignée par délibération spéciale, prise en chambre du conseil;

ORDONNE l'impression du présent arrêt, sa transcription sur les registres du greffe de la cour d'appel de Paris et sa mention en marge ou à la suite de l'arrêt annulé

(Cour de cassation – Chambre criminelle du 24 janvier 2018 – N° de pourvoi : 16-83045).

• Association de malfaiteurs – Vols aggravés et recels aggravés – Représentation à témoins – Procès équitable

Contre l'arrêt de la chambre de l'instruction de la cour d'appel de PARIS, 6e section, en date du 22 juin 2017, qui, dans l'information suivie contre eux des chefs d'association de malfaiteurs, vols aggravés et recels aggravés, a prononcé sur leur demande d'annulation d'actes de la procédure ;

Attendu qu'une information a été ouverte à la suite de vols avec arme commis par un groupe de malfaiteurs, le 11 décembre 2015, au préjudice de la bijouterie Chopard située [...], pour une somme d'environ un million d'euros, et le 19 mai 2016, au préjudice de la bijouterie Chanel se trouvant [...], pour un montant d'environ deux millions d'euros, ainsi que pour 5 vols de véhicules Range Rover intervenus au cours de l'année 2016 ;

Attendu qu'agissant en enquête préliminaire, les enquêteurs ont sollicité, de plusieurs opérateurs téléphoniques, d'une part, l'identité des titulaires de 4 lignes téléphoniques dont ils ont également obtenu les numéros de téléphone ayant eu des échanges avec celles-ci par le biais d'appels émis ou reçus, d'autre part, les numéros de 7 lignes fonctionnant avec des cartes pré-payées ayant déclenché certaines bornes-relais ; qu'ayant procédé à diverses interpellations le 27 juin 2016, ils ont effectué, le jour même, une perquisition dans un box situé à [...] appartenant à la société E..., en présence de deux témoins, ainsi qu'une autre au domicile de M. Z... en présence de celui-ci ; que les policiers ont, dès le lendemain, présenté à divers témoins 9 personnes interpellées dans cette même affaire aux fins de reconnaissance ; qu'enfin, ils se sont fait remettre les enregistrements de plusieurs systèmes de vidéo-surveillance installés par les commerçants exerçant à proximité des magasins de luxe victimes des faits ;

« alors que toute opération de représentation à témoins doit respecter les règles qui découlent du droit à un procès équitable et les droits de la défense, ainsi que le principe de loyauté des preuves ; qu'en l'espèce, il ressort de la procédure qu'en contradiction avec ces principes, M. Z... a été présenté à des témoins au milieu d'un groupe constitué uniquement des autres gardés à vue dans la même affaire, les policiers ayant pourtant indiqué à l'un des témoins qu'il s'agissait d'"un groupe constitué d'individus aux caractéristiques morphologiques similaires aux auteurs" ; que la chambre de l'instruction ne pouvait rejeter le moyen tiré de la nullité de cette opération aux motifs que la représentation à témoins "n'est régie par aucune disposition spécifique prévue à peine de nullité par le Code de procédure pénale" et que "la valeur des témoignages recueillis devra être appréciée au cours de l'information, durant laquelle les mis en examen et leurs conseils peuvent faire valoir leurs observations et l'ensemble des droits de la défense, en particulier celui d'interroger ou de faire interroger les témoins à charge et à décharge" » ;

Attendu que les enquêteurs, agissant sur commission rogatoire du magistrat instructeur, ont organisé, le 28 juin 2016, la représentation des suspects à plusieurs témoins, en procédant à une parade d'identification à partir d'un groupe constitué de 9 personnes ;

Attendu que, pour écarter le moyen de nullité pris de ce que les 9 personnes étaient toutes gardées à vue dans la même affaire, l'arrêt énonce que le groupe ainsi composé était homogène et que la représentation à témoin n'est régie par aucune disposition spécifique du Code de procédure pénale ;

Attendu qu'en l'état de ces énonciations et dès lors qu'il est établi que les modalités d'organisation de cette représentation à témoins n'ont pas porté atteinte au droit à un procès équitable de M. Z..., la chambre de l'instruction a justifié sa décision ;

D'où il suit que le moyen n'est pas fondé ;

Et attendu que l'arrêt est régulier en la forme ;

Par ces motifs :

I. Sur le pourvoi de M. B... :

CONSTATE la déchéance du pourvoi de M. B... ;

II. Sur les autres pourvois :

Les REJETTE

(Cour de cassation – Chambre criminelle du 6 février 2018 – N° de pourvoi : 17-84380).

• Fraude fiscale – C.E.D.H. –

Contre l'arrêt de la cour d'appel de PARIS, chambre 5-12, en date du 1er mars 2016, qui, pour fraude fiscale, l'a condamné à 2 ans d'emprisonnement avec sursis et a prononcé sur les demandes de l'administration fiscale, partie civile ;

Attendu que le prévenu poursuivi du chef de fraude fiscale en sa qualité de gérant de fait de la société Management audit social, a soulevé, devant le tribunal et la cour d'appel, l'exception tirée du principe Ne bis in idem, en faisant valoir que l'administration fiscale, en application de l'article 1729 du Code général des impôts, a infligé à la société précitée, pour les mêmes faits de fraude, en sus des intérêts de retard sur les impôts éludés, une majoration de 40 % et que cette sanction administrative, qui présente un caractère pénal, fait obstacle aux poursuites engagées à son encontre devant le tribunal correctionnel ;

Attendu que, pour rejeter cette exception, les juges du second degré retiennent que la règle Ne bis in idem suppose une identité de parties, les personnes poursuivies devant être les mêmes et être citées sous la même qualité, qu'en l'espèce, seule la société Management audit social a fait l'objet de sanctions fiscales et que M. X... a été poursuivi à titre personnel devant le tribunal correctionnel ;

Attendu qu'en condamnant le demandeur pour des faits de fraude à la TVA pour lesquels la société, dont il était le gérant de fait, avait déjà fait l'objet de sanctions fiscales, l'arrêt n'a méconnu aucune des dispositions conventionnelles invoquées au moyen ;

Que, d'une part, l'interdiction d'une double condamnation en raison de mêmes faits prévue par l'article 4 du protocole n° 7, additionnel à la Convention européenne des droits de l'homme, ne trouve à s'appliquer, selon la réserve émise par la France, que pour les infractions relevant en droit français de la compétence des tribunaux statuant en matière pénale et n'interdit pas le prononcé de sanctions fiscales parallèlement aux peines infligées par le juge répressif ; que contrairement à ce que soutient le demandeur, cette réserve n'est pas remise en cause par la Cour européenne des droits de l'homme (cf. en dernier lieu l'arrêt CEDH du 15 novembre 2016, A et B c. Norvège, n° 24130/11 et 29758/11 § 117) *;*

Que, d'autre part, l'article 50 de la Charte des droits fondamentaux ne s'oppose pas à ce que des poursuites pénales soient engagées pour fraude fiscale à l'encontre de la personne physique, représentant de la personne morale qui a fait l'objet de sanctions fiscales pour les mêmes faits (cf. l'arrêt CJUE du 5 avril 2017, C-217/15 et C-350/15) *;*

Que dès lors le moyen doit être écarté ;

Sur le deuxième moyen de cassation, pris de la violation des articles 4 du protocole n° 7 de la Convention européenne des droits de l'homme et 50 de la Charte des droits fondamentaux de l'Union européenne et 1745 du Code général des impôts ;

Attendu qu'ayant été déclaré coupable de fraude fiscale, le demandeur ne saurait se faire un grief d'avoir été condamné solidairement avec la société dont il était le dirigeant de fait au paiement des droits fraudés et des pénalités y afférentes, dès lors que le prononcé de la solidarité, qui, ne revêtant pas le caractère d'une punition, ne contrevient pas aux dispositions conventionnelles invoquées, est une possibilité que les juges tiennent de la loi;

Qu'ainsi, le moyen n'est pas fondé;

Et attendu que l'arrêt est régulier en la forme;

REJETTE le pourvoi;

(Cour de cassation – Chambre criminelle du 6 décembre 2017 – N° de pourvoi: 16-81857).

• Atteinte à la liberté d'accès et à l'égalité des candidats – Marchés publics – Abus de confiance

Contre l'arrêt de la cour d'appel de CAEN, chambre correctionnelle, en date du 15/05/2017, qui, pour atteinte à la liberté d'accès et à l'égalité des candidats dans les marchés publics et abus de confiance, l'a condamné à 2 ans d'emprisonnement avec sursis et mise à l'épreuve, à une interdiction professionnelle définitive, a ordonné la confiscation des scellés et a prononcé sur les intérêts civils;

Attendu que l'interdiction d'une double condamnation en raison de mêmes faits, prévue par l'article 4 du Protocole n° 7, additionnel à la Convention européenne des droits de l'homme, ne trouve à s'appliquer, selon la réserve émise par la France et qui n'est pas remise en cause par la Cour européenne des droits de l'homme, que pour les infractions relevant en droit français de la compétence des tribunaux statuant en matière pénale et n'interdit pas le prononcé de sanctions disciplinaires parallèlement aux peines infligées par le juge répressif;

D'où il suit que le moyen ne saurait être admis;

Et attendu que l'arrêt est régulier en la forme;

REJETTE le pourvoi;

FIXE à 2500 € la somme que M. X... devra payer au CHU de Caen au titre de l'article 618-1 du code de procédure pénale;

(Cour de cassation – Chambre criminelle du 12 septembre 2018 – N° de pourvoi: 17-83793).

• Viols aggravés – Agressions sexuelles aggravées – Harcèlement sexuel – Altération des facultés – Personne mise en examen

Contre l'arrêt de la chambre de l'instruction de la cour d'appel de METZ, en date du 24/05/2018, qui, après rejet d'une demande d'acte, l'a renvoyé devant la cour d'assises de la Moselle sous l'accusation de viols aggravés, agressions sexuelles aggravées et harcèlement sexuel;

Attendu qu'il se déduit de ces textes que, lorsque l'altération des facultés d'une personne mise en examen est telle que celle-ci se trouve dans l'impossibilité de se défendre personnellement contre l'accusation dont elle fait l'objet, fût-ce en présence de son tuteur ou de son curateur et avec l'assistance d'un avocat, il doit être sursis à son renvoi devant la juridiction de jugement après constatation que l'intéressé a recouvré la capacité à se défendre;

Attendu qu'il résulte de l'arrêt attaqué et des pièces de la procédure, que M. Jean X..., mis en examen des chefs susvisés, a été examiné par des experts judiciaires psychiatre et psychologue qui ont retenu qu'au moment des faits il n'était atteint d'aucun trouble psychique ou neuro-psychique ayant aboli ou altéré son discernement ou le contrôle de ses actes et présentait, en 2015, une détérioration intellectuelle légère, qu'au vu d'un avis datant du second semestre 2017 d'un médecin, choisi par la personne mise en examen, diagnostiquant une aggravation des troubles cognitifs, mnésiques, exécutifs et phasiques, aggravés dans un intervalle de 6 mois dans un contexte de syndrome dépressif réactionnel, un complément d'expertise a été sollicité à l'occasion du recours contre l'ordonnance de mise en accusation;

Attendu que, pour rejeter cette demande d'acte, la chambre de l'instruction, après avoir relevé que les documents médicaux produits, pour la première fois devant elle, ne sont pas de nature à remettre en cause la responsabilité pénale pour cause d'abolition ou d'altération du discernement ou du contrôle des actes de M. X... au moment des faits, qu'aucun supplément d'acte n'a été sollicité avant la décision déférée, retient que la question de la détérioration des troubles cognitifs de M. X... survenue depuis les expertises judiciaires et la compatibilité éventuelle de son état avec sa comparution personnelle n'a vocation qu'à être examinée par la juridiction de jugement;

Mais attendu qu'en statuant ainsi, la chambre de l'instruction, à laquelle il appartenait de s'assurer que le mis en examen disposait de la capacité à se défendre et de surseoir à statuer sur l'ordonnance de mise en accusation, a méconnu le sens et la portée des textes légaux et conventionnels susvisés;

D'où il suit que la cassation est encourue;

Par ces motifs, et sans qu'il y ait lieu d'examiner le second moyen de cassation proposé:

CASSE et ANNULE, en toutes ses dispositions, l'arrêt susvisé de la chambre de l'instruction de la cour d'appel de Metz, en date du 24/05/2018, et pour qu'il soit à nouveau jugé, conformément à la loi,

RENVOIE la cause et les parties devant la chambre de l'instruction de la cour d'appel de Nancy, à ce désignée par délibération spéciale prise en chambre du conseil;

ORDONNE l'impression du présent arrêt, sa transcription sur les registres du greffe de la chambre de l'instruction de la cour d'appel de Metz et sa mention en marge ou à la suite de l'arrêt annulé;

(Cour de cassation – Chambre criminelle du 19 septembre 2018 – N° de pourvoi: 18-83868).

• Chose jugée – Maxime non *bis* in idem – Identité de faits – Faits dissociables – Application diverses

CASSATION et désignation de juridiction sur le pourvoi formé par la commune de La Porta, contre l'arrêt de la cour d'appel de Bastia, chambre correctionnelle, en date du 13/06/2018, qui, pour infractions au code de l'environnement, l'a déclarée coupable et a ajourné le prononcé de la peine;

Attendu que, selon le 1er de ces textes, les personnes morales, à l'exception de l'État, sont responsables pénalement des infractions commises, pour leur compte, par leurs organes ou représentants;

Attendu que, selon le 2^d^, tout jugement ou arrêt doit comporter les motifs propres à justifier la décision; que l'insuffisance ou la contradiction des motifs équivaut à leur absence;

Attendu que, pour déclarer la commune de La Porta coupable, l'arrêt prononce par les motifs repris au moyen;

Mais attendu qu'en se déterminant ainsi, sans rechercher par quel organe ou représentant le délit reproché à la personne morale aurait été commis pour son compte, la cour d'appel n'a pas justifié sa décision;

D'où il suit que la cassation est encourue de ce chef;

Par ces motifs:

CASSE et ANNULE, en toutes ses dispositions, l'arrêt susvisé de la cour d'appel de Bastia, en date du 13/06/2018, et pour qu'il soit à nouveau jugé, conformément à la loi;

RENVOIE la cause et les parties devant la cour d'appel d'Aix-en-Provence à ce, désignée par délibération spéciale prise en chambre du conseil;

ORDONNE l'impression du présent arrêt, sa transcription sur les registres du greffe de la cour d'appel de Bastia et sa mention en marge ou à la suite de l'arrêt annulé.

Ne méconnaît pas le principe ne bis in idem la cour d'appel qui retient, d'une part, la qualification de déversement de substances nuisibles à la santé, à la faune et à la flore dans les eaux souterraines, superficielles ou de la mer prévue par l'article L. 216-6 du code de l'environnement, d'autre part, celle de rejet en eau douce ou pisciculture de substances nuisibles au poisson ou à sa valeur alimentaire prévue par l'article L. 432-2 du même code, dès lors que la 2de incrimination tend à la protection spécifique du poisson que l'article L. 216-6 exclut expressément de son propre champ d'application, de sorte que seul le cumul de ces 2 chefs de poursuite permet d'appréhender l'action délictueuse dans toutes ses dimensions.

(Cour de cassation – Chambre criminelle du 16 avril 2019 – N° de pourvoi : 18-84073).

• Fraude fiscale – Contentieux fiscal – Pénalités – Dispositions communes – Sanctions pénales – Prononcé – Motivation – Gravité des faits

REJET du pourvoi formé par Mme A... E... contre l'arrêt de la cour d'appel de BASTIA, chambre correctionnelle, en date du 23/05/2018, qui, sur renvoi après cassation (Crim., 22/03/2017, n° 16-80.995), pour fraude fiscale, l'a condamnée à 1 an d'emprisonnement avec sursis, 5 000 € d'amende et a ordonné une mesure de confiscation.

Par ailleurs l'arrêt est régulier en la forme.

PAR CES MOTIFS, la Cour :

REJETTE le pourvoi.

Lorsque le prévenu de fraude fiscale justifie avoir fait l'objet, à titre personnel, d'une sanction fiscale pour les mêmes faits, il appartient au juge pénal, après avoir caractérisé les éléments constitutifs de cette infraction au regard de l'article 1741 du C.G.I, et préalablement au prononcé de sanctions pénales, de vérifier que les faits retenus présentent le degré de gravité de nature à justifier la répression pénale complémentaire. Le juge est tenu de motiver sa décision, la gravité pouvant résulter du montant des droits fraudés, de la nature des agissements de la personne poursuivie ou des circonstances de leur intervention dont celles notamment constitutives de circonstances aggravantes. À défaut d'une telle gravité, le juge ne peut entrer en voie de condamnation. N'encourt pas la censure l'arrêt qui, n'ayant pas préalablement au prononcé de la peine recherché si la répression pénale était justifiée au regard de la gravité des faits retenus, alors que le prévenu faisait valoir qu'il avait fait l'objet d'une pénalité fiscale sur le fondement de l'article 1729 du CG.I., a méconnu la réserve d'interprétation émise par le Conseil constitutionnel selon laquelle les dispositions de l'article 1741 du C.G.I. ne s'appliquent qu'aux cas les plus graves d'omission ou d'insuffisance déclarative volontaire, dès lors que la Cour de cassation est en mesure de s'assurer de cette gravité tenant au montant des droits éludés et à l'existence de manœuvres de dissimulation des sommes sujettes à l'impôt.

(Cour de cassation – Chambre criminelle du 11 septembre 2019 – N° de pourvoi : 18-84144).

• Contrebande de marchandises prohibées – Cumul idéal d'infractions – Fait unique – Pluralité de qualifications – Infractions de droit commun – Infractions douanières – Double déclaration de culpabilité – Maxime non *bis* in idem – Violation *(non)* – condition

REJET sur le pourvoi formé par M. B... D..., contre l'arrêt de la cour d'appel d'Orléans, chambre correctionnelle, en date du 17/07/ 2018, qui, pour contrebande de marchandises prohibées, l'a condamné à une amende douanière ;

D'où il suit que le moyen doit être écarté ;

Et attendu que l'arrêt est régulier en la forme ;

REJETTE le pourvoi.

L'article 4 du Protocole n° 7 à la C.E.D.H. n'a pas en lui-même pour effet d'interdire par principe tout cumul entre des actions pénales et douanières. Par conséquent, doit être rejeté le pourvoi formé à l'encontre d'une condamnation à une sanction fiscale pour l'infraction douanière de contrebande de marchandises prohibées prononcée sur citation de l'administration des douanes, après que le prévenu a été définitivement condamné, pour les mêmes faits, du chef d'infractions à la législation sur les stupéfiants, le demandeur n'invoquant aucun élément de nature à faire obstacle en l'espèce à un tel cumul.

(Cour de cassation – Chambre criminelle du 25 septembre 2019 – N° de pourvoi : 18-84717).

• Assassinats et tentatives, dégradations volontaires aggravées et infraction à la législation sur les armes

CASSATION PARTIELLE sur le pourvoi formé par M. UM... CC... contre l'arrêt de la cour d'assises de PARIS, en date du 15/03/2018, qui, pour assassinats et tentatives, dégradations volontaires aggravées et infraction à la législation sur les armes, l'a condamné à la réclusion criminelle à perpétuité et a ordonné la confiscation des scellés, ainsi que contre l'arrêt du même jour par lequel la cour d'assises a prononcé sur les intérêts civils.

Selon cette règle, des faits qui procèdent de manière indissociable d'une action unique caractérisée par une seule intention coupable ne peuvent donner lieu, contre le même accusé, à 2 déclarations de culpabilité de nature pénale, fussent-elles concomitantes (Crim., 26 octobre 2016, pourvoi n° 15-84.552, Bull. n° 276 ; Crim., 24 janvier 2018, pourvoi n° 16-83.045 ; Crim., 28 mars 2018, pourvoi n° 17-81.114).

Dans la présente affaire, l'accusé a été déclaré coupable, d'une part, d'assassinats, de tentatives d'assassinats, et de destructions, et dégradations dangereuses pour les personnes commises par l'effet d'une substance explosive, et, d'autre part, en raison de la réponse affirmative à la question numéro 7, de transport ou port, hors de son domicile et sans motif légitime, d'un engin explosif assimilé à la catégorie A, en l'espèce une grenade à main explosive défensive d'origine américaine.

Il apparaît que l'infraction de port ou transport d'une grenade était une opération préalable nécessaire à la commission des autres infractions, perpétrées le même jour, dont l'accusé a été reconnu coupable. Cette infraction à la législation sur les armes et les explosifs procède, de manière indissociable, d'une action unique avec les autres infractions dont l'accusé a été reconnu coupable, caractérisée par une seule intention coupable, et ne pouvait donner lieu à une déclaration de culpabilité distincte.

La cassation de l'arrêt pénal est donc encourue. Elle interviendra, sur la culpabilité, par voie de retranchement des dispositions de l'arrêt de la cour d'assises ayant déclaré l'accusé coupable du délit de transport illicite d'un engin explosif Cette cassation interviendra avec renvoi, sur les peines, de réclusion criminelle à perpétuité et de confiscation des scellés.

La cassation ne s'étendra pas aux dispositions civiles de l'arrêt, qui trouvent leur seul fondement dans les déclarations de culpabilité pour assassinats, tentatives d'assassinats et dégradations volontaires, lesquelles ne sont pas remises en cause par la cassation prononcée.

Ainsi, le 5e moyen ne peut être admis.

PAR CES MOTIFS, la Cour :

Sur la déclaration de culpabilité :

CASSE et ANNULE, par voie de retranchement, l'arrêt de la cour d'assises de Paris, spécialement composée, en date du 15/03/2018, en ce qu'il a déclaré M. UM... CC... coupable du délit de port ou transport d'un engin explosif hors de son domicile et sans motif légitime, toutes autres dispositions portant sur la culpabilité étant maintenues ;

Sur les peines :

CASSE et ANNULE l'arrêt précité en ses dispositions concernant les peines prononcées à l'encontre de l'accusé.

(Cour de cassation – Chambre criminelle du 14 novembre 2019 – N° de pourvoi : 18-83.122).

• Complicité des délits de soustraction d'un enfant mineur par ascendant – Non-représentation d'enfant – Action unique caractérisée – Principe Ne *bis* in idem
« Mme P... C... et Mme S... G... ont formé chacun un pourvoi contre l'arrêt de la cour d'appel d'AIX-EN-PROVENCE, 19e chambre, en date du 21/11/2018, qui, pour complicité des délits de soustraction d'un enfant mineur par ascendant et de non-représentation d'enfant, les a condamnées, la 1re, à 2 ans d'emprisonnement, la 2de, à 2 ans d'emprisonnement dont 6 mois avec sursis, à 5 ans d'interdiction des droits civiques, civils et de famille chacune, et a prononcé sur les intérêts civils. »

Vu le principe ne bis in idem;

10. Selon ce principe, les faits qui procèdent de manière indissociable d'une action unique caractérisée par une seule intention coupable ne peuvent donner lieu, contre le même prévenu, à deux déclarations de culpabilité de nature pénale, fussent-elles concomitantes.

11. Pour déclarer Mme C... et Mme S... G... coupables de complicité des délits de soustraction d'un enfant mineur par ascendant et de non-représentation d'enfant, l'arrêt attaqué énonce que toutes 2, respectivement mère et sœur de Mme L... G..., l'auteur principal, l'ont aidée dans sa fuite avec son enfant, cette aide lui ayant permis, dans la durée, de dissimuler les lieux où elle se trouvait, de déjouer les recherches entreprises pour la retrouver et de poursuivre sa fuite avec sa fille, pendant près de quatre ans, alors que l'enfant devait être remise à son père.

12. L'arrêt énumère les actes de complicité qu'il retient à la charge des demanderesses: organisation d'un déménagement, résiliation d'abonnements, cession d'un véhicule, accomplissement de démarches administratives au nom de Mme L... G... ou pour son compte, qui auraient permis de la retrouver si elle les avait faites elle-même, fourniture d'argent et de vêtements, précautions prises pour déjouer les surveillances, comportant, en particulier, le recours à des phrases codées, lors d'appels téléphoniques passés depuis des cabines publiques.

13. Mais en se déterminant ainsi, la cour a méconnu le principe visé ci-dessus:

14. En effet, il résulte des énonciations de l'arrêt que les actes de complicité de deux infractions retenus par la cour d'appel procèdent, de manière indissociable, d'une action unique, l'aide apportée à la fuite illicite d'une mère avec son enfant au mépris des droits du père, caractérisée par une seule intention coupable.

15. La cassation de l'arrêt est donc encourue. Elle interviendra avec renvoi. Prononcée sur le 1er moyen de cassation proposé, elle rend inutile l'examen des autres.

PAR CES MOTIFS, la *Cour:*

CASSE et ANNULE, en toutes ses dispositions, l'arrêt susvisé de la cour d'appel d'Aix-en-Provence, en date du 21/11/2018, et pour qu'il soit à nouveau jugé, conformément à la loi.

(Cour de cassation – Chambre criminelle du 8 janvier 2020 – N° de pourvoi: 19-80.809).

• Assassinats... – Services de renseignement – Informations
M. [N] [K] a formé un pourvoi contre l'arrêt de la chambre de l'instruction de la cour d'appel de PARIS (75), *1re section, en date du 27/01/2021, qui l'a renvoyé devant la cour d'assises spécialement composée de Paris sous l'accusation d'assassinats, tentatives d'assassinats et destructions aggravées, en relation avec une entreprise terroriste.*

22. En effet, si le recueil de renseignement ne peut être mis en œuvre pour constater des infractions à la loi pénale, les informations émanant des services de renseignement, régulièrement versées dans une procédure judiciaire et soumises au débat contradictoire, peuvent être prises en compte en ce qu'elles ont guidé les investigations, bien qu'elles ne puissent, à elles seules, fonder une déclaration de culpabilité.

(Cour de cassation – Chambre criminelle du 19 mai 2021 – N° de pourvoi: 21-80.849).

• Tentative de meurtre... – Notification en langue étrangère – Exercice voie de recours et droits de la défense
REJET du pourvoi formé par M. [R] [Q] [J] a formé un pourvoi contre l'arrêt de la chambre de l'instruction de la cour d'appel de PARIS (75), *3e section, en date du 11/03/2021, qui, dans l'information suivie contre lui des chefs de tentative de meurtre et destruction de bien, a prolongé sa détention provisoire.*

15. En effet, la notification en langue étrangère comprise par l'accusé, permettant à celui-ci d'exercer une voie de recours et les droits de la défense, reporte la date à laquelle l'ordonnance devient définitive, sauf lorsque la traduction n'a pas été effectuée dans le délai raisonnable prévu par l'article D.594-8 du C.P.P.

(Cour de cassation – Chambre criminelle du 15 juin 2021 – N° de pourvoi: 21-81.843).

• Principe ne bis in idem
• *Les sociétés [4] et [1] et les sociétés d'assurance mutuelle agricole [3] et [2], parties intervenantes, ont formé des pourvois contre l'arrêt de la cour d'appel de GRENOBLE (38), chambre correctionnelle, en date du 14/01/2020, qui, pour blessures involontaires et contraventions de blessures involontaires, a condamné les 2 premières à 20000 € d'amende, et a prononcé sur les intérêts civils.*

Le principe ne bis in idem soulevé pour la 1re fois à hauteur de cassation en cas de poursuites concomitantes est nouveau et comme tel irrecevable. En effet, ce principe n'est pas d'ordre public et le grief pris de sa violation ne naît pas de l'arrêt.

(Cour de cassation – Chambre criminelle du 15 février 2022 – N° de pourvoi: 20-81.450).

• Convention de sauvegarde des droits de l'homme et des libertés fondamentales – Article 6, § 1 – Délai raisonnable – Dépassement – Effets – Détermination -
Le PG près la cour d'appel de VERSAILLES (78), MM. [E] [P] et [B] [K] ont formé des pourvois contre l'arrêt de ladite cour d'appel, 9e chambre, en date du 15/09/2021, qui, dans la procédure suivie contre les 2 derniers et MM. [R] [G], [J] [A] et [X] [Z], des chefs de complicité de corruption active, recel, abus de biens sociaux, faux et usage, a prononcé l'annulation partielle des poursuites et ordonné le renvoi pour le surplus.

En application des articles 6, § 1, de la Convention de sauvegarde des droits de l'homme et des libertés fondamentales et 802 du C.P.P., la méconnaissance du délai raisonnable et ses éventuelles conséquences sur les droits de la défense sont sans incidence sur la validité des procédures et, sous réserve des lois relatives à la prescription, ne constitue pas une cause d'extinction de l'action publique. Cette méconnaissance ne constitue pas plus ni la violation d'une règle d'ordre public ou d'une règle de forme prescrite par la loi, ni l'inobservation d'une formalité substantielle au sens de l'article 802 du C.P.P. dès lors qu'elle ne compromet pas en elle-même les droits de la défense. Ses éventuelles conséquences sur l'exercice de ces droits doivent en revanche être prises en compte au stade du jugement au fond selon les modalités suivantes. Tout d'abord, il appartient au juge, en application de l'article 427 du C.P.P., d'apprécier la valeur probante des éléments de preuve qui lui sont soumis et sont débattus contradictoirement devant lui, le dépérissement des preuves pouvant, le cas échéant, conduire à une décision de relaxe. Ensuite, en présence de parties civiles, le juge peut faire application du dernier alinéa de l'article

10 du C.P.P., et décider, après avoir ordonné une expertise constatant que l'état mental ou physique du prévenu rend durablement impossible sa comparution personnelle dans des conditions lui permettant d'exercer sa défense, qu'il sera tenu une audience pour statuer uniquement sur l'action civile, après avoir constaté la suspension de l'action publique et sursis à statuer sur celle-ci. Enfin, dans le cadre de l'application des critères de l'article 132-1 du C.P., le juge peut déterminer la nature, le quantum et le régime des peines qu'il prononce en prenant en compte les éventuelles conséquences du dépassement du délai raisonnable et, le cas échéant, prononcer une dispense de peine s'il constate que les conditions de l'article 132-59 du C.P. sont remplies. Encourt la cassation l'arrêt de la cour d'appel qui, après avoir constaté que le dépassement du délai raisonnable de la procédure a entraîné une atteinte définitive au droit à un procès équitable et aux droits de la défense qui fait obstacle à la poursuite du procès pénal, prononce l'annulation des poursuites ayant conduit au renvoi des prévenus devant le tribunal correctionnel.

(Cour de cassation – Chambre criminelle du 9 novembre 2022 – N° de pourvoi : 21-85.655).

TITRE PRÉLIMINAIRE
DISPOSITIONS GÉNÉRALES

SOUS-TITRE Ier
DE L'ACTION PUBLIQUE ET DE L'ACTION CIVILE

Article 1. – L'action publique

• L'action publique pour l'application des peines est mise en mouvement et exercée par les magistrats ou par les fonctionnaires auxquels elle est confiée par la loi.

• Cette action peut aussi être mise en mouvement par la partie lésée, dans les conditions déterminées par le présent code.

J **• Action publique – Mise en mouvement – Conditions – Nécessité d'un fait qualifié crime, délit ou contravention par la loi pénale**

Cassation sur les pourvois formés par:

1° X... (Pierre);

2° Y... (Jean), Contre un arrêt de la cour d'appel de BORDEAUX du 9 mai 1972, qui, pour infraction à la loi du 02/05/1930 relative à la protection des monuments naturels et des sites, a condamné le 1er nommé à 2.000 francs d'amende, le 2d à 5.000 francs d'amende, et a ordonné l'interruption des travaux et la remise en état des lieux. La cour, joignant les pourvois en raison de la connexité.

L'action publique ne peut être valablement exercée qu'autant que le fait poursuivi est qualifié crime, délit ou contravention par une disposition de la loi pénale.

(Cour de cassation – Chambre criminelle du 12 décembre 1972 – N° de pourvoi: 72-91.880).

• Action publique – Mise en mouvement – Conditions – Nécessité d'un fait qualifié crime, délit ou contravention par la loi pénale

Statuant sur les pourvois formés par:

X... Emile, K

Z... Solange, épouse X..., parties civiles, contre les arrêts de la chambre d'accusation de la cour d'appel de BESANCON des 30/05/1990 et 13/03/1991 qui, sur leur plainte avec constitution de partie civile des chefs de soustraction de titres et de pièces, non-dénonciation de crimes, escroqueries et complicité ont, le 1er, fixé le montant de la consignation qu'ils devaient verser, le 2d, déclaré leur plainte irrecevable faute de versement de ladite consignation; Joignant les pourvois en raison de la connexité.

Attendu que le ministère public est seul juge de l'opportunité des poursuites et qu'il ne peut, en raison de son indépendance à l'égard des juridictions être contraint par la chambre d'accusation d'exercer l'action publique; que si cette action n'est pas mise régulièrement en mouvement, les juges ne peuvent se saisir d'office des faits objet de la plainte; Qu'ainsi le moyen n'est pas fondé; Sur le moyen pris de la violation de l'article 6 de la Convention européenne de sauvegarde des droits de l'homme et des libertés fondamentales.

(Cour de cassation – Chambre criminelle du 24 mars 1992 – N° de pourvoi: 91-82.757).

• Action publique – Prescription – Interruption – Acte d'instruction ou de poursuite – Procès-verbaux – Procès-verbaux recueillant la plainte de la victime

Contre l'arrêt de la chambre d'accusation de la cour d'appel de VERSAILLES, en date du 10/02/1998, qui l'a renvoyé devant la cour d'assises des Hauts-de-Seine, sous l'accusation de viols sur mineures de 15 ans par personne ayant autorité et délits connexes.

Les procès-verbaux établis par les officiers et agents de police judiciaire pour l'exécution de la mission qui leur est confiée par l'article 14 du C.P.P. constituent des actes d'instruction au sens du premier alinéa de l'article 7 du C.P.P. Tel est le cas du procès-verbal recueillant la plainte de la victime d'une infraction.

(Cour de cassation – Chambre criminelle du 23 juin 1998 – N° de pourvoi: 98-81.849).

• Action publique – Mise en mouvement – Plainte préalable de la victime – Nécessité – Violation de domicile *(non)*

Contre l'arrêt de la cour d'appel de BESANCON, chambre correctionnelle, en date du 23/01/2001, qui, pour violation de domicile et exhibition sexuelle, l'a condamné à 2 mois d'emprisonnement avec sursis.

Attendu que l'article 226-6 du C.P., qui subordonne la mise en mouvement de l'action publique à la plainte préalable de la victime, ne s'applique pas au délit de violation de domicile défini par l'article 226-4 du C.P.;

D'où il suit que le moyen doit être écarté;

Attendu que la peine prononcée étant justifiée par la déclaration de culpabilité du chef précité, il n'y a pas lieu d'examiner le second moyen qui discute le délit d'exhibition sexuelle;

Et attendu que l'arrêt est régulier en la forme;

REJETTE le pourvoi.

(Cour de cassation – Chambre criminelle du 5 septembre 2001 – N° de pourvoi: 01-81.252).

• Action publique – Mise en mouvement – Plainte préalable – Ministres compétents – Domaine d'application – Délit douanier d'exportation et importation sans déclaration de marchandises prohibées *(matériel de guerre)* prévu par l'article 13 du décret-loi du 18 avril 1939 *(non)*

Contre l'arrêt de la chambre de l'instruction de la cour d'appel d'AIX-EN-PROVENCE, en date du 07/06/2001, qui, dans la procédure suivie contre lui des chefs d'exportation non déclarée de marchandise prohibée et tentative de ce délit, importation non déclarée de marchandise prohibée, faux et usage de faux, a rejeté sa requête en annulation d'actes de la procédure.

D'une part, si, en application de l'article 13 du décret-loi du 18/04/1939, les contestations en douanes, portant sur la prohibition d'importation ou d'exportation de matériel de guerre, doivent être déférées devant un comité siégeant auprès du ministre de la Défense, cette saisine ne constitue pas un préalable aux poursuites judiciaires. D'autre part, l'acte de saisine du juge d'instruction ne concernant que le délit douanier d'exportation ou d'importation sans déclaration de marchandises prohibées, prévu à l'article 13 précité et réprimé par l'article 414 du Code des douanes, et non le commerce illicite d'armes prévu aux articles 2 et 24 du décret-loi du 18/04/ 1939, les poursuites ne sont pas subordonnées à la plainte préalable des ministres compétents exigée par l'article 36, al. 3, de ce même décret.

(Cour de cassation – Chambre criminelle du 24 octobre 2001 – N° de pourvoi : 01-85.143).

• Action publique – Mise en mouvement – Poursuites – Poursuites contre un membre français du Parlement européen – Immunité parlementaire – Domaine d'application

Contre l'arrêt de la chambre de l'instruction de la cour d'appel de PARIS, en date du 11/02/2002, qui, dans l'information suivie contre, notamment, Josée-Lyne X..., Pierre-Joseph X..., Marie-Danièle Y..., Georges Z..., Allain B..., Jean-Charles C..., Jean-Christophe D... et Charles E... pour, notamment, trafic d'influence, abus de confiance, abus de biens sociaux, recel aggravé et infraction à la législation sur les armes, a partiellement fait droit à leurs demandes d'annulation d'actes de la procédure.

Aux termes de l'article 9 du Protocole sur les privilèges et immunités des communautés européennes annexé au Traité du 08/04/1965 instituant un Conseil unique et une Commission unique desdites communautés, les membres du Parlement européen ne peuvent être recherchés, détenus ou poursuivis en raison des opinions ou votes émis par eux dans l'exercice de leurs fonctions. N'entrent pas dans les prévisions de ce texte, les poursuites engagées contre un membre de cette assemblée pour des faits commis avant son élection.

(Cour de cassation – Chambre criminelle du 14 mai 2002 – N° de pourvoi : 02-80.721).

• Action publique – Impôts et taxes – Impôts directs et taxes assimilées – Procédure – Exercice – Commission des infractions fiscales – Avis – Caractère réel – Portée

Contre l'arrêt de la cour d'appel de RIOM, chambre correctionnelle, en date du 29/11/2001, qui a relaxé Monique X..., épouse Y..., du chef de fraude fiscale, a dit irrecevable la poursuite engagée par le ministère public à l'encontre de Romain Y... et l'a relaxé du même chef et a débouté l'administration des Impôts de l'ensemble de ses demandes.

L'avis émis par la Commission des infractions fiscales ayant un caractère réel et non personnel, le ministère public dispose de la faculté de poursuivre le ou les auteurs des faits ayant justifié cette saisine, ainsi que leurs complices, sans être lié par le fait que la Commission, qui a suivi régulièrement la procédure à l'égard des personnes concernées, ait rendu un avis favorable seulement à l'égard de certaines d'entre elles. Encourt, dès lors, la cassation l'arrêt qui, pour déclarer irrecevable la poursuite engagée par le ministère public à l'encontre du gérant de droit d'une société, retient que l'avis défavorable émis par la Commission des infractions fiscales concernant ce dirigeant faisait obstacle à l'exercice d'une telle poursuite, alors que la plainte de l'administration des Impôts saisit nécessairement le procureur de la République de tous les faits qu'elle dénonce et qu'il appartient à ce magistrat de poursuivre devant le tribunal correctionnel les personnes contre lesquelles il estime qu'il existe des charges suffisantes d'avoir commis les délits dénoncés.

(Cour de cassation – Chambre criminelle du 14 novembre 2002 – N° de pourvoi : 02-80.330).

• Presse – Immunités – Discours ou écrits devant les tribunaux – Communiqué de presse par un avocat *(non)*

Contre l'arrêt de la cour d'appel de PARIS, 11e chambre, en date du 21/06/2001, qui, pour diffamation envers une administration publique, l'a condamnée à 10000 francs d'amende et a prononcé sur les intérêts civils.

Un communiqué de presse publié par un avocat pour contester les conditions dans lesquelles s'est tenu un procès ne saurait être regardé comme un écrit bénéficiant de l'immunité prévue par l'article 41, al. 3, de la loi du 29/07/1881.

(Cour de cassation – Chambre criminelle du 3 décembre 2002 – N° de pourvoi : 01-85.466).

Article 2. – L'action civile

• L'action civile en réparation du dommage causé par un crime, un délit ou une contravention appartient à tous ceux qui ont personnellement souffert du dommage directement causé par l'infraction.

• La renonciation à l'action civile ne peut arrêter ni suspendre l'exercice de l'action publique, sous réserve des cas visés à l'alinéa 3 de l'article 6.

J **• Action civile – Recevabilité**

Le Groupement d'intérêt économique Airbus Industrie, partie civile, contre l'arrêt n 342 de la chambre d'accusation de la cour d'appel de COLMAR, du 08/07/1993, qui, dans les poursuites exercées notamment contre Michel X... et Pierre Y... pour homicides et blessures involontaires ainsi que pour non-assistance à personne en danger, l'a déclaré irrecevable en sa constitution de partie civile.

« aux motifs propres et adoptés que l'article 2 du C.P.P. édictait que l'action civile en réparation du dommage causé par l'infraction appartenait à tous ceux qui avaient personnellement souffert du dommage directement causé par l'infraction ».

(Cour de cassation – Chambre criminelle du 8 mars 1995 – N° de pourvoi : 94-84.684).

• Action civile – Recevabilité – Parcs nationaux

CASSATION PARTIELLE sur le pourvoi formé par :

– l'établissement public du parc national de la Vanoise, partie civile,

Contre l'arrêt de la cour d'appel de CHAMBÉRY, chambre correctionnelle, du 07/04/1994 qui, dans les poursuites engagées contre Pierre X... pour chasse au grand gibier en contravention des prescriptions du plan de chasse, a déclaré irrecevable sa constitution de partie civile.

Attendu que l'article 2 du C.P.P. attribue l'action civile à tous ceux qui ont personnellement souffert du dommage directement causé par l'infraction, sans en exclure les établissements publics ; que, selon l'article L. 241-1 du Code Rural, les parcs nationaux ont légalement pour mission, lorsque la conservation de la faune, de la flore, du sol, du sous-sol, de l'atmosphère, des eaux et, en général, d'un milieu naturel présente un intérêt spécial, d'assurer la préservation de ce milieu contre tout effet de dégradation naturelle et de le soustraire à toute intervention artificielle susceptible d'en altérer l'aspect, la composition et l'évolution ;

Attendu qu'il résulte de l'arrêt attaqué que, suivant un procès-verbal dressé par deux gardes assermentés du parc national de la Vanoise, un chamois a été tiré à l'intérieur des limites de ce parc ; que l'auteur du tir, Pierre X..., n'a pas, au surplus, muni l'animal du dispositif de marquage correspondant au massif montagneux où celui-ci a été abattu ; qu'à la suite de ces faits, l'intéressé a été condamné pour chasse en contravention des prescriptions du plan de chasse.

(Cour de cassation – Chambre criminelle du 8 mars 1995 – N° de pourvoi : 94-82.566).

• **Héritier d'une personne victime d'abus de faiblesse.**

Attendu que, si c'est à bon droit que le demandeur, héritier d'une personne victime d'abus de faiblesse, a été déclaré irrecevable à mettre en mouvement l'action publique en réparation du préjudice subi par le défunt, en revanche, c'est à tort que la chambre de l'instruction n'a pas prononcé sur l'exercice du droit à réparation du préjudice personnel propre invoqué par le demandeur.

(Cass. CRIM. du 27 mars 2013 – N° de pourvoi: 12-82398).

• **Action civile – Retrait de la provision d'un chèque – Remboursement de la créance – Société débitrice dissoute – Action contre le gérant en son nom personnel – Possibilité *(non)***

Contre l'arrêt de la cour d'appel de PARIS, chambre 4-10, en date du 6 mai 2014, qui, pour retrait de la provision d'un chèque avec l'intention de porter atteinte aux droits d'autrui, l'a condamnée à 3000 euros d'amende et a prononcé sur les intérêts civils.

Il résulte des articles L. 163-9 du Code monétaire et financier, 2 et 3 du Code de procédure pénale qu'à l'occasion de la procédure pénale diligentée du chef de retrait de la provision d'un chèque avec l'intention de porter atteinte aux droits d'autrui, l'action civile en remboursement de la créance que la remise du chèque était destinée à éteindre ne peut être dirigée que contre le débiteur lui-même.

Par ces motifs:

CASSE et ANNULE l'arrêt susvisé de la cour d'appel de Paris, en date du 6 mai 2014, mais en ses seules dispositions ayant condamné Mme X...à payer la somme de 54000 euros à M. Benoit Y..., toutes autres dispositions étant expressément maintenues;

Et pour qu'il soit à nouveau statué, conformément à la loi, dans les limites de la cassation ainsi prononcée,

RENVOIE la cause et les parties devant la cour d'appel de Paris, autrement composée, à ce désignée par délibération spéciale prise en chambre du conseil;

ORDONNE l'impression du présent arrêt, sa transcription sur les registres du greffe de la cour d'appel de Paris et sa mention en marge ou à la suite de l'arrêt partiellement annulé;

(Cour de cassation – Chambre criminelle du 22 septembre 2015 – N° de pourvoi: 14-83787).

• **Action civile – Recevabilité – Vol – Partie civile – Société hôtelière – Obligation civile d'indemniser – Préjudice direct et personnel découlant de l'infraction – Applications diverses**

CASSATION SANS RENVOI sur le pourvoi formé par la société No Address France, contre l'arrêt de la chambre de l'instruction de la cour d'appel de Paris, 1re section, en date du 26/06/2018, qui, dans l'information suivie notamment contre M. E... H... des chefs de vol avec arme en bande organisée, enlèvement ou séquestration de plusieurs personnes, association de malfaiteurs aggravée, recel en bande organisée aggravé, infractions à la législation sur les armes, détention de faux documents administratifs, a confirmé l'ordonnance du juge d'instruction déclarant irrecevable sa constitution de partie civile;

D'où il suit que la cassation est encourue; qu'elle aura lieu sans renvoi, la Cour de cassation étant en mesure d'appliquer directement la règle de droit et de mettre fin au litige, ainsi que le permet l'article L. 411-3 du code de l'organisation judiciaire;

Par ces motifs:

CASSE et ANNULE, en toutes ses dispositions, l'arrêt susvisé de la chambre de l'instruction de la cour d'appel de Paris en date du 26/06/2018;

DÉCLARE RECEVABLE la constitution de partie civile de la société No Address France;

DIT n'y avoir lieu à renvoi;

ORDONNE l'impression du présent arrêt, sa transcription sur les registres du greffe de la chambre de l'instruction de la cour d'appel de Paris et sa mention en marge ou à la suite de l'arrêt annulé.

Le crime de vol avec arme en bande organisée est de nature à causer à une société exerçant une activité de résidence hôtelière un préjudice direct et personnel découlant de l'obligation, pour l'hôtelier, d'indemniser, en vertu des articles 1952 et 1953 du code civil, la personne qui loge chez lui et qui est victime d'une soustraction frauduleuse. Encourt la cassation l'arrêt de la chambre de l'instruction qui confirme l'ordonnance des juges d'instruction ayant déclaré irrecevable la constitution de partie civile d'une telle société au motif du caractère indirect de son préjudice.

(Cour de cassation – Chambre criminelle du 25 juin 2019 – N° de pourvoi: 18-84653).

• **Blessures involontaires – Transports – Transport aérien – Promenade entre particuliers – Gratuité – Accident – Application de la convention de Varsovie – Compétence des juridictions répressives** *(non)*

CASSATION PARTIELLE SANS RENVOI sur les pourvois formés par M. V... B..., la société assurances Axa corporate solutions assurances, partie intervenante, contre l'arrêt de la cour d'appel de Bordeaux, chambre correctionnelle, en date du 16/05/2018, qui, pour la contravention de blessures involontaires, a condamné le 1er à 1500 € d'amende et a prononcé sur les intérêts civils.

Une promenade aérienne, fût-elle effectuée par un particulier, à titre gratuit, avec un point de départ et d'arrivée identique, constitue un transport aérien soumis à la Convention de Varsovie du 12/10/1929 et l'action en réparation d'un tel accident aérien échappe à la compétence matérielle des juridictions répressives.

(Cour de cassation – Chambre criminelle du 10 septembre 2019 – N° de pourvoi: 18-83858).

• **Dégradation du bien d'autrui – Violences aggravées – Menace de mort réitéré et outrage à une personne dépositaire de l'autorité publique – Complément de traitement – Indemnité de sujétions spéciales – Fonctionnaires de police actifs**

M. E... I... a formé un pourvoi contre l'arrêt de la cour d'appel de Rennes, chambre correctionnelle, en date du 08/02/2019, qui, dans la procédure suivie contre lui des chefs de dégradation du bien d'autrui, violences aggravées, menace de mort réitérée et outrage à une personne dépositaire de l'autorité publique, a prononcé sur les intérêts civils.

Pour condamner M. I... à verser à M. A... la somme de 300 € au titre du préjudice moral subi par ce dernier, l'arrêt attaqué retient, après avoir visé les dispositions de l'article 2 du C.P.P. et rappelé le caractère intangible de ce principe, que le complément de traitement dénommé indemnité de sujétions spéciales alloué aux fonctionnaires de police actifs compense de manière forfaitaire les risques que ceux-ci encourent dans l'exercice de leurs fonctions, c'est-à-dire la particulière pénibilité de leurs conditions de travail, et non pas les conséquences réelles de ces risques lorsqu'ils se réalisent par la faute d'un tiers et que le raisonnement de la partie civile démontre facilement toutes ses limites lorsqu'il n'est plus seulement question d'outrage ou de rébellion, mais aussi de violences volontaires ou de meurtre ou d'assassinat sur un agent de la force publique, risques que sa profession peut lui faire encourir tout autant.

Les juges ajoutent que M. A... a été outragé à plusieurs reprises au cours de son intervention au domicile de M. I... dans les termes visés à la prévention et que ces outrages ont porté atteinte à sa dignité et à son honneur.

En l'état de ces énonciations, la cour d'appel a, sans dénaturation, justifié sa décision.

Ainsi, les moyens, dont les deux premiers manquent en fait, doivent être écartés.

Par ailleurs l'arrêt est régulier en la forme;
PAR CES MOTIFS, la Cour:
REJETTE le pourvoi.
(Cour de cassation – Chambre criminelle du 14 janvier 2020 – N° de pourvoi: 19-82145).

• Fraude fiscale et blanchiment – Préjudice de l'État
Mme Q... O..., M. M... V..., la société civile immobilière [...], la société civile immobilière La Guardiola, ont formé des pourvois contre l'arrêt de la cour d'appel de PARIS, chambre 5-13, en date du 19/05/2017, qui a condamné la 1re., pour fraude fiscale et blanchiment, à 3 ans d'emprisonnement avec sursis et mise à l'épreuve et à 1 000 000 € d'amende, le 2e, pour complicité de fraude fiscale, à 20.000 € d'amende, les 3e et 4e, pour complicité de fraude fiscale et blanchiment, à des peines de confiscation, et a prononcé sur les intérêts civils.
Il se déduit du 1er et du dernier de ces textes que si les juges répressifs, saisis de poursuites des chefs de fraude fiscale et blanchiment, peuvent indemniser l'État du dommage résultant du blanchiment, ils n'ont pas compétence pour réparer le préjudice subi par le Trésor public du fait du délit fiscal, qui est indemnisé par les majorations fiscales et les intérêts de retard.
PAR CES MOTIFS, la Cour:
Sur le pourvoi formé par M. M... V...:
CONSTATE la déchéance du pourvoi;
Sur les autres pourvois:
CASSE et ANNULE l'arrêt susvisé de la cour d'appel de Paris, mais en ses seules dispositions relatives aux peines prononcées à l'encontre des sociétés [...] et La Guardiola, et à l'indemnisation de l'État français, toutes autres dispositions étant expressément maintenues;
Et pour qu'il soit à nouveau statué, conformément à la loi, dans les limites de la cassation ainsi prononcée,
RENVOIE la cause et les parties devant la cour d'appel de Versailles, à ce désignée par délibération spéciale prise en chambre du conseil;
DIT n'y avoir lieu à application de l'article 618-1 du C.P.P.
(Cour de cassation – Chambre criminelle du 29 janvier 2020 – N° de pourvoi: 17-83577).

• Escroquerie – Préjudice de l'État – T.V.A.
REJET des pourvois formés par M. [Q] [C], Mme [S] [X] épouse [U] et CASSATION PARTIELLE sur le pourvoi formé par l'État français, partie civile, contre l'arrêt de la cour d'appel de GRENOBLE (38), chambre correctionnelle, en date du 17/09/2019, qui pour escroquerie, a condamné les 2 premiers, chacun, à 3 mois d'emprisonnement avec sursis et 10000 € d'amende et a prononcé sur les intérêts civils.
14. Après avoir déclaré la constitution de partie civile de l'État français recevable aux motifs que l'escroquerie est de nature à lui avoir causé un préjudice, l'arrêt attaqué l'a débouté de sa demande de dommages et intérêts d'un montant de 297347 € correspondant à la totalité de la TVA que se sont frauduleusement abstenus de collecter les prévenus lors de la revente des véhicules importés.
17. En effet, d'une part, l'action en réparation du dommage résultant du délit d'escroquerie est distincte de l'action en recouvrement de la taxe fraudée.
(Cour de cassation – Chambre criminelle du 16 juin 2021 – N° de pourvoi: 19-86.630).

• Financement d'entreprise terroriste... – Ordonnance du J.I. – Constitution de partie civile
Les associations Sherpa et European Center for Constitutional and Human Rights, parties civiles, ont formé un pourvoi contre l'arrêt n° 5 de la chambre de l'instruction de la cour d'appel de PARIS (75), 2e section, en date du 24/10/2019, qui, dans l'information suivie notamment contre la société Lafarge SA, des chefs, notamment, de financement d'entreprise terroriste, complicité de crimes contre l'humanité et mise en danger de la vie d'autrui, a infirmé l'ordonnance du J.I. déclarant recevables leurs constitutions de partie civile.

15. Pour déclarer irrecevables les constitutions de partie civile des associations précitées, l'arrêt retient qu'elles n'apportent aucun élément permettant de considérer qu'elles ont pu subir un préjudice présentant un caractère direct et personnel, autre que l'atteinte portée aux intérêts collectifs qu'elles ont pour mission de défendre.
16. En prononçant par ces motifs, la chambre de l'instruction a fait l'exacte application de l'article 2 du C.P.P.
(Cour de cassation – Chambre criminelle du 7 septembre 2021 – N° de pourvoi: 19-87.031).

• Atteinte à la liberté d'accès et à l'égalité des candidats – Marchés publics – Juges du fond – Partie civile – Délégation de service public – Attribution irrégulière
Mme [Z] [F], M. [O] [P] et la société [5], et l'Association du restaurant scolaire, partie civile, ont formé des pourvois contre l'arrêt de la cour d'appel de LYON (69), 7e chambre, en date du 31/03/2021, qui a condamné la 1re, pour atteinte à la liberté d'accès et à l'égalité des candidats dans les marchés publics, à 4 mois d'emprisonnement avec sursis, le 2e, pour recel, à 6 mois d'emprisonnement avec sursis, 15000 € d'amende, la 3e, pour recel, à 60000 € d'amende, et a prononcé sur les intérêts civils.

33. En prononçant ainsi, alors qu'il lui appartenait de rechercher si la partie civile avait, compte tenu de son activité, de son expérience ou de tout autre élément, une chance sérieuse d'obtenir la DSP et si l'attribution irrégulière de celle-ci a eu pour conséquence directe de lui faire perdre cette chance, la cour d'appel a méconnu le texte susvisé et le principe ci-dessus rappelé.
(Cour de cassation – Chambre criminelle du 7 septembre 2022 – N° de pourvoi: 21-83.121).

• Viols... – Partie civile – Nouvelle demande d'indemnisation
M. [W] [Z] a formé un pourvoi contre l'arrêt de la cour d'assises du HAUT-RHIN, en date du 01/12/2021, qui, sur renvoi après cassation (Crim., 17/03/2021, n° 20-83.245), pour viols, agressions sexuelles, aggravés, corruption de mineurs de 15 ans, en récidive, l'a condamné à 20 ans de réclusion criminelle avec une période de sûreté de 12 ans, 10 ans de suivi socio-judiciaire et une interdiction professionnelle définitive, ainsi que contre l'arrêt du même jour par lequel la cour a prononcé sur les intérêts civils.

20. Selon le 1er de ces textes, le préjudice résultant d'une infraction doit être réparé dans son intégralité, sans perte ni profit pour la victime.
21. Il résulte des 2 articles susvisés du C.P.P. que, lorsqu'un arrêt pénal d'une cour d'assises a seul été frappé de pourvoi, la cassation de cet arrêt n'entraîne pas celle de l'arrêt statuant sur les intérêts civils, lequel a acquis l'autorité de la chose jugée.
22. En conséquence, les parties civiles sont irrecevables à présenter toute demande nouvelle d'indemnisation autre que

celle d'une augmentation des dommages-intérêts en raison du préjudice souffert depuis la 1re décision et d'une indemnité relative aux frais de procédure, depuis la même date.
(Cour de cassation – Chambre criminelle du 14 septembre 2022 – N° de pourvoi : 22-80.118).

Article 2-1. – Association – Racisme – Discrimination... – *(Loi n° 2017-86 du 27 janvier 2017)*
• Toute association régulièrement déclarée depuis au moins cinq ans à la date des faits, se proposant par ses statuts de combattre le racisme ou d'assister les victimes de discrimination fondée sur leur origine nationale, ethnique, raciale ou religieuse, peut exercer les droits reconnus à la partie civile en ce qui concerne, d'une part, les discriminations réprimées par les articles 225-2 et 432-7 du Code pénal et l'établissement ou la conservation de fichiers réprimés par l'article 226-19 du même code, d'autre part, les atteintes volontaires à la vie et à l'intégrité de la personne, les menaces, les vols, les extorsions et les destructions, dégradations et détériorations qui ont été commis au préjudice d'une personne à raison de son origine nationale, de son appartenance ou de sa non-appartenance, vraie ou supposée, à une ethnie, une race ou une religion déterminée.
• Toutefois, lorsque l'infraction aura été commise envers une personne considérée individuellement, l'association ne sera recevable dans son action que si elle justifie avoir reçu l'accord de la personne intéressée ou, si celle-ci est mineure, l'accord du titulaire de l'autorité parentale ou du représentant légal, lorsque cet accord peut être recueilli.
• Toute fondation reconnue d'utilité publique peut exercer les droits reconnus à la partie civile dans les mêmes conditions et sous les mêmes réserves que l'association mentionnée au présent article.
• En cas d'atteinte volontaire à la vie, si la victime est décédée, l'association doit justifier avoir reçu l'accord de ses ayant-droits.

J **• Action civile – Associations – Association se proposant de combattre le racisme – Appréciation de la légalité**
Statuant sur le pourvoi du mouvement contre le racisme et pour l'amitié entre les peuples (MRAP), partie civile, contre un arrêt de la chambre d'accusation de la cour d'appel de VERSAILLES du 13/05/1980 qui a déclaré irrecevable sa constitution de partie civile dans une procédure suivie contre X... et Y... Lucienne épouse Z... du chef de discrimination raciale et, par voie de conséquence, irrecevable l'appel par lui formé contre l'ordonnance de non-lieu du juge d'instruction.

Encourt la cassation l'arrêt de la chambre d'accusation qui a déclaré irrecevable la plainte avec constitution de partie civile pour infractions aux articles 187-1 et 416 du C.P. d'une association, régulièrement déclarée, se proposant de combattre le racisme, au motif qu'elle n'a pas allégué avoir personnellement souffert d'un préjudice en relation avec ladite infraction. En effet, une telle association agissant conformément aux dispositions de l'article 2-1 du C.P.P. tient, sans autre condition, le pouvoir d'exercer les droits reconnus à la partie civile.
(Cour de cassation – Chambre criminelle du 1er décembre 1981 – N° de pourvoi : 80-92.810).

• Action civile – Recevabilité – Association – Association se proposant de combattre le racisme – Conditions
Contre l'arrêt de la chambre d'accusation de la cour d'appel de ROUEN, en date du 15/12/1994 qui a renvoyé les mis en examen devant la cour d'assises du département de Seine-Maritime sous l'accusation de séquestrations, assassinats, tentative d'assassinat et complicité, et a déclaré irrecevable la constitution de partie civile du MRAP.

La constitution de partie civile d'associations se proposant de lutter contre le racisme n'est recevable que si les infractions énumérées à l'article 2-1 du C.P.P. pénale ont été commises à raison de considérations raciales.
(Cour de cassation – Chambre criminelle du 3 mai 1995 – N° de pourvoi : 95-80.725).

• Presse – Procédure – Action publique – Mise en mouvement – Plainte de la victime – Intervention d'une autre partie civile – Possibilité *(non)*
Contre l'arrêt de la cour d'appel de PARIS, 11e chambre, en date du 24/02/2005, qui, dans la procédure suivie contre le 1er, du chef de provocation à la discrimination raciale, l'a condamné à 10 000 € d'amende, a déclaré irrecevable la constitution de partie civile de la Ligue internationale contre le racisme et l'antisémitisme (LICRA), et a prononcé sur les intérêts civils

En matière de presse, l'acte initial de poursuite fixe irrévocablement la nature, l'étendue et l'objet de celle-ci. Il s'en déduit qu'aucune association agissant sur le fondement des articles 48-1 et suivants de la loi du 29/07/1881 ne saurait être admise à intervenir comme partie civile dans la procédure déjà engagée par une autre.
(Cour de cassation – Chambre criminelle du 10 mai 2006 – N° de pourvoi : 05-81.403).

• Action civile – Association – Recevabilité – Association privilégiée – Association se proposant par ses statuts de combattre le racisme – Conditions – Accord de la victime – Impossibilité – Portée
CASSATION sans renvoi sur le pourvoi formé par X... Ruth, X... Didier, Y... Raphaël, X... Anne-Laure, épouse Y..., X... Yaël, partie civiles, contre l'arrêt de la chambre de l'instruction de la cour d'appel de PARIS, 6e section, en date du 20/10/2006, qui, dans l'information suivie contre Youssouf Z... et autres, des chefs, notamment, de meurtre avec préméditation commis en raison de l'appartenance ou de la non-appartenance, vraie ou supposée de la victime à une ethnie, une nation ou une religion déterminée, commis par plusieurs personnes agissant en bande organisée et précédé ou accompagné d'actes de tortures et de barbarie, a déclaré recevable la constitution de partie civile de l'association Mouvement contre le racisme et pour l'amitié entre les peuples (MRAP).

L'exercice de l'action civile devant les juridictions pénales est un droit exceptionnel qui, en raison de sa nature, doit être strictement renfermé dans les limites fixées par le Code de procédure pénale ; si les associations se proposant de combattre le racisme peuvent exercer les droits reconnus à la partie civile, une telle action n'est recevable lorsque l'infraction aura été commise envers une personne considérée individuellement que si l'association justifie avoir reçu l'accord de la personne intéressée, lorsque cet accord peut être recueilli. Dans le cas d'une atteinte volontaire à la vie d'une personne en raison de son origine raciale, à défaut d'avoir pu recueillir l'accord de la victime elle-même, les associations entrant dans la catégorie de celles prévues par l'article 2-1, al. 1er, du C.P.P., sont irrecevables à exercer les droits reconnus à la partie civile. Dès lors, encourt la cassation l'arrêt de la chambre de l'instruction qui, pour infirmer l'ordonnance d'irrecevabilité de la

constitution de partie civile du MRAP dans une information suivie pour meurtre à caractère racial, retient, d'une part, qu'en raison du décès de la victime antérieurement à l'intervention de l'association, la condition de l'accord de la personne ne peut être opposée à celle-ci, et, d'autre part, qu'en l'absence de disposition légale relative à la manifestation de la volonté des ayants droits de la victime, l'opposition manifestée par certains membres de la famille ne peut avoir d'effet juridique.
(Cour de cassation – Chambre criminelle du 25 septembre 2007 – N° de pourvoi : 05-88.324).

• Action civile – Association – Recevabilité – Association privilégiée – Association se proposant par ses statuts de combattre le racisme – Conditions – Accord de la victime – Nécessité
Contre l'arrêt de la chambre de l'instruction de la cour d'appel de PARIS, 6e section, en date du 12/10/2007, qui, dans l'information suivie contre personne non dénommée du chef de discrimination raciale, a confirmé l'ordonnance du juge d'instruction déclarant irrecevable la constitution de partie civile de ladite association.
Lorsque l'infraction de discrimination raciale a été commise envers une personne considérée individuellement, l'accord de celle-ci est nécessaire pour rendre recevable la constitution de partie civile de l'association, tant par voie d'action que par voie d'intervention.
Fait l'exacte application de l'article 2-1 du C.P.P. la cour d'appel qui, pour déclarer irrecevable la constitution de partie civile par voie d'intervention de l'association SOS racisme dans l'information ouverte par le procureur de la République du chef de discrimination raciale envers 7 personnes nommément désignées, retient que cette constitution a été faite sans l'accord préalable des personnes intéressées.
(Cour de cassation – Chambre criminelle du 25 novembre 2008 – N° de pourvoi : 07-88.006).

Article 2-2. – Association – Violences sexuelles, harcèlement sexuel, violences sur un membre de la famille... – *(Loi n° 2017-86 du 27 janvier 2017)*

• Toute association régulièrement déclarée depuis au moins cinq ans à la date des faits, dont l'objet statutaire comporte la lutte contre les violences sexuelles, contre le harcèlement sexuel ou contre les violences exercées sur un membre de la famille, peut exercer les droits reconnus à la partie civile, en ce qui concerne les atteintes volontaires à la vie et à l'intégrité de la personne, les agressions et autres atteintes sexuelles, l'enlèvement et la séquestration et la violation de domicile réprimés par les articles 221-1 à 221-4, 222-1 à 222-18, 222-23 à 222-33, 224-1 à 224-5, 226-4 et 432-8 du Code pénal, lorsque la victime de ces infractions était majeure à la date des faits. Toutefois, l'association ne sera recevable dans son action que si elle justifie avoir reçu l'accord de la victime. Si celle-ci est un majeur en tutelle, l'accord doit être donné par son représentant légal.

• Toute fondation reconnue d'utilité publique peut exercer les droits reconnus à la partie civile dans les mêmes conditions et sous les mêmes réserves que l'association mentionnée au présent article.

[J] **• Action civile – Recevabilité – Association – Association pour la lutte contre les violences sexuelles – Conditions**
Contre un arrêt de la cour d'assises de la HAUTE-GARONNE, en date du 18/11/1983, qui sur renvoi après cassation, après l'avoir acquitté du chef de viol, l'a condamné à des réparations civiles.

Il résulte des dispositions de l'article 2-2 du C.P.P. que ce n'est qu'en ce qui concerne les infractions prévues par les articles 332, 333 et 333-1 du C.P. que les associations régulièrement déclarées depuis au moins 5 ans, dont l'objet statutaire comporte la lutte contre les violences sexuelles, peuvent exercer les droits reconnus à la partie civile.
(Cour de cassation – Chambre criminelle du 11 mars 1987 – N° de pourvoi : 83-94.993).

• Action civile – Recevabilité – Association – Association européenne contre les violences faites aux femmes au travail – Accord des victimes – Moyen nouveau
Contre l'arrêt de la cour d'appel de PARIS, chambre correctionnelle, en date du 27/05/1999, qui, pour harcèlement sexuel a condamné le 1er à 1 an d'emprisonnement avec sursis et 5 ans d'interdiction d'exercer la profession d'enseignant, et a prononcé sur les intérêts civils.

L'exception d'irrecevabilité de la constitution de partie civile d'une association, tirée de ce que l'obtention de l'accord préalable de victimes n'aurait pas été vérifiée par la cour d'appel, soulevée pour la 1re fois devant la Cour de Cassation, est un moyen nouveau, mélangé de fait et de droit, et donc irrecevable.
(Cour de cassation – Chambre criminelle du 15 juin 2000 – N° de pourvoi : 99-84.171).

• Action civile – Recevabilité – Association – Association contre la prostitution enfantine – Condition d'ancienneté
L'Association CONTRE LA PROSTITUTION ENFANTINE partie civile, contre l'arrêt de la chambre d'accusation de la cour d'appel D'AIX-EN-PROVENCE, en date du 20/01/2000, qui, dans l'information suivie, notamment, contre Philippe X..., du chef de recel en bande organisée d'enregistrement, en vue de leur diffusion, d'images à caractère pornographique, a déclaré irrecevable sa constitution de partie civile.

Attendu que, pour déclarer irrecevable la constitution de partie civile de l'Association Contre la Prostitution Enfantine, dans l'information suivie contre Philippe X... du chef de recel en bande organisée d'enregistrement, en vue de leur diffusion, d'images à caractère pornographique, délit commis courant 1997, et contre d'autres personnes des chefs d'agressions sexuelles aggravées, corruption de mineurs, diffusion d'images à caractère pornographique représentant des mineurs, la chambre d'accusation retient que, n'ayant jamais effectué de déclaration, l'association ne remplit pas la condition d'ancienneté de 5 ans exigée par l'article 2-3 du C.P.P.;
Mais attendu qu'en se déterminant de la sorte, alors qu'ainsi que la Cour de Cassation est en mesure de s'en assurer, figure à la cote D 10/2 du dossier, la copie du journal officiel portant publication, à la date du 05/02/1986, de l'association Contre la Prostitution Enfantine, les juges n'ont pas légalement justifié leur décision;
D'où il suit que la cassation est encourue;
Par ces motifs,
CASSE et ANNULE l'arrêt de la chambre d'accusation de la cour d'appel d'Aix-En-Provence, en date du 20/01/2000.
(Cour de cassation – Chambre criminelle du 27 février 2001 – N° de pourvoi : 00-81.718).

Article 2-3. – Association – Défense ou assistance de l'enfant en danger et victime de maltraitante – Discrimination… – *(Loi n° 2016-1547 du 18 novembre 2016)*

• Toute association régulièrement déclarée depuis au moins cinq ans à la date des faits et dont l'objet statutaire comporte la défense ou l'assistance de l'enfant en danger et victime de toutes formes de maltraitance peut exercer les droits reconnus à la partie civile en ce qui concerne les atteintes volontaires à la vie et à l'intégrité, les agressions et autres atteintes sexuelles commises sur la personne d'un mineur et les infractions de mise en péril des mineurs réprimées par les articles 221-1 à 221-5, 222-1 à 222-18-1, 222-23 à 222-33-1, 223-1 à 223-10, 223-13, 224-1 à 224-5, 225-7 à 225-9, 225-12-1 à 225-12-4, 227-1, 227-2, 227-15 à 227-27-1 du Code pénal, lorsque l'action publique a été mise en mouvement par le ministère public ou la partie lésée.

• Toute association, inscrite auprès du ministère de la justice dans des conditions fixées par décret en Conseil d'État, est recevable dans son action même si l'action publique n'a pas été mise en mouvement par le ministère public ou la partie lésée en ce qui concerne l'infraction mentionnée à l'article 227-23 du Code pénal. Il en est de même lorsqu'il est fait application des dispositions du second alinéa de l'article 222-22 et de l'article 227-27-1 dudit code.

• Toute fondation reconnue d'utilité publique peut exercer les droits reconnus à la partie civile dans les mêmes conditions et sous les mêmes réserves que l'association mentionnée au présent article.

J • **Action civile – Recevabilité – Association – Association pour la lutte contre la prostitution enfantine – Condition d'ancienneté**

– *L'Association CONTRE LA PROSTITUTION ENFANTINE partie civile, contre l'arrêt de la chambre d'accusation de la cour d'appel D'AIX-EN-PROVENCE, en date du 20/01/2000, qui, dans l'information suivie, notamment, contre Philippe X…, du chef de recel en bande organisée d'enregistrement, en vue de leur diffusion, d'images à caractère pornographique, a déclaré irrecevable sa constitution de partie civile.*

Attendu que, pour déclarer irrecevable la constitution de partie civile de l'Association Contre la Prostitution Enfantine, dans l'information suivie contre Philippe X… du chef de recel en bande organisée d'enregistrement, en vue de leur diffusion, d'images à caractère pornographique, délit commis courant 1997, et contre d'autres personnes des chefs d'agressions sexuelles aggravées, corruption de mineurs, diffusion d'images à caractère pornographique représentant des mineurs, la chambre d'accusation retient que, n'ayant jamais effectué de déclaration, l'association ne remplit pas la condition d'ancienneté de 5 ans exigée par l'article 2-3 du C.P.P.

Mais attendu qu'en se déterminant de la sorte, alors qu'ainsi que la Cour de Cassation est en mesure de s'en assurer, figure à la cote D 10/2 du dossier, la copie du journal officiel portant publication, à la date du 5 février 1986, de l'association Contre la Prostitution Enfantine, les juges n'ont pas légalement justifié leur décision ;

D'où il suit que la cassation est encourue ;

Par ces motifs,

CASSE et ANNULE l'arrêt de la chambre d'accusation de la cour d'appel d'Aix-En-Provence, en date du 20/01/2000.

(Cour de cassation – Chambre criminelle du 27 février 2001 – N° de pourvoi : 00-81.713).

CODE CIVIL

Article 371-1. – Autorité parentale – Droits et devoirs – *(Loi n° 2019-721 du 10 juillet 2019)*

• L'autorité parentale est un ensemble de droits et de devoirs ayant pour finalité l'intérêt de l'enfant.

• Elle appartient aux parents jusqu'à la majorité ou l'émancipation de l'enfant pour le protéger dans sa sécurité, sa santé et sa moralité, pour assurer son éducation et permettre son développement, dans le respect dû à sa personne

• L'autorité parentale s'exerce sans violences physiques ou psychologiques.

• Les parents associent l'enfant aux décisions qui le concernent, selon son âge et son degré de maturité.

CODE DE L'ACTION SOCIALE ET DES FAMILLES

Article L. 421-14. – Formation – Prévention des violences éducatives – Assistant maternel – *(Loi n° 2019-721 du 10 juillet 2019)*

• Tout assistant maternel agréé doit suivre une formation dont les modalités de mise en œuvre par le département, la durée, le contenu et les conditions de validation sont définis par décret.

• Une initiation aux gestes de secourisme, à la prévention des violences éducatives ordinaires ainsi qu'aux spécificités de l'organisation de l'accueil collectif des mineurs est obligatoire pour exercer la profession d'assistant maternel.

• Le décret mentionné au 1er alinéa précise la durée de formation qui doit être obligatoirement suivie avant d'accueillir des enfants ainsi que les dispenses de formation qui peuvent être accordées si l'assistant maternel justifie d'une formation antérieure équivalente.

• Le département organise et finance, durant les temps de formation obligatoire après leur embauche, l'accueil des enfants confiés aux assistants maternels, selon des modalités respectant l'intérêt des enfants et les obligations professionnelles de leurs parents.

• La durée et le contenu des formations suivies par un assistant maternel figurent sur son agrément.

Article 2-4. – Association – Crimes contre l'humanité, crimes de guerre.... – *(Loi n° 2016-1547 du 18 novembre 2016)*

• Toute association régulièrement déclarée depuis au moins cinq ans qui se propose, par ses statuts, de combattre les crimes contre l'humanité ou les crimes de guerre ou de défendre les intérêts moraux et l'honneur de la Résistance ou des déportés peut exercer les droits reconnus à la partie civile en ce qui concerne les crimes de guerre et les crimes contre l'humanité.

• Toute fondation reconnue d'utilité publique peut exercer les droits reconnus à la partie civile dans les mêmes conditions et sous les mêmes réserves que l'association mentionnée au présent article.

Article 2-5. – Association – Intérêts moraux et l'honneur de la Résistance ou des déportés – *(Loi n° 2016-1547 du 18 novembre 2016)*

• Toute association régulièrement déclarée depuis au moins cinq ans à la date des faits qui se propose, par ses statuts, de défendre les intérêts moraux et l'honneur de la Résistance ou des déportés peut exercer les droits reconnus à la partie civile en ce qui concerne soit l'apologie des crimes de guerre ou des crimes ou délits de collaboration avec l'ennemi, soit les destructions ou dégradations de monuments ou les violations de sépultures, soit les délits de diffamation ou injures, qui ont causé un préjudice direct ou indirect à la mission qu'elle remplit.

• Toute fondation reconnue d'utilité publique peut exercer les droits reconnus à la partie civile dans les mêmes conditions et sous les mêmes réserves que l'association mentionnée au présent article.

Article 2-6. – Association – Discriminations fondées sur le sexe, sur les mœurs, sur l'orientation sexuelle ou sur l'identité de genre – *(Loi n° 2022-92 du 31 janvier 2022)*

• Toute association régulièrement déclarée depuis au moins 5 ans à la date des faits, se proposant par ses statuts de combattre les discriminations fondées sur le sexe, sur les mœurs , sur l'orientation sexuelle ou sur l'identité de genre, peut exercer les droits reconnus à la partie civile en ce qui concerne les discriminations réprimées par les articles 225-2 et 432-7 du Code pénal et les articles L. 1146-1 et L. 1155-2 du Code du travail, lorsqu'elles sont commises en raison du sexe, de la situation de famille, des mœurs, de l'orientation sexuelle ou de l'identité de genre de la victime ou à la suite d'un harcèlement sexuel.

• Toutefois, en ce qui concerne les discriminations commises à la suite d'un harcèlement sexuel, l'association n'est recevable dans son action que si elle justifie avoir reçu l'accord écrit de la personne intéressée, ou, si celle-ci est mineure et après l'avis de cette dernière, celui du titulaire de l'autorité parentale ou du représentant légal.

• L'association peut également exercer les droits reconnus à la partie civile en cas d'atteintes volontaires à la vie ou à l'intégrité de la personne et de destructions, dégradations et détériorations réprimées par les articles 221-1 à 221-4,222-1 à 222-18, 225-4-13 et 322-1 à 322-13 du Code pénal, lorsque ces faits ont été commis en raison du sexe, de l'orientation sexuelle, de l'identité de genre ou des mœurs de la victime, dès lors qu'elle justifie avoir reçu l'accord de la victime ou, si celle-ci est un mineur ou un majeur protégé, celui de son représentant légal.

• Toute fondation reconnue d'utilité publique peut exercer les droits reconnus à la partie civile dans les mêmes conditions et sous les mêmes réserves que l'association mentionnée au présent article.

• En cas d'atteinte volontaire à la vie, si la victime est décédée, l'association doit justifier avoir reçu l'accord de ses ayant-droits.

Article 2-7. – Personnes morales de droit public – Incendie volontaire – *(Loi n° 2021-1520 du 25 novembre 2021)*

• En cas de poursuites pénales pour incendie volontaire, les personnes morales de droit public peuvent se constituer partie civile devant la juridiction de jugement en vue d'obtenir le remboursement, par le condamné, des frais qu'elles ont exposés pour lutter contre l'incendie.

[J] **• Blessures involontaires – S.D.I.S. – Constitution de partie civile – Remboursement des frais – Lutte contre un incendie**

CASSATION PARTIELLE SANS RENVOI sur les pourvois formés par M. V... B..., la société assurances Axa corporate solutions assurances, partie intervenante, contre l'arrêt de la cour d'appel de Bordeaux, chambre correctionnelle, en date du 16/05/2018, qui, pour la contravention de blessures involontaires, a condamné le 1er à 1 500 € d'amende et a prononcé sur les intérêts civils.

M. Q... Y... a formé un pourvoi contre l'arrêt de la cour d'appel de Bordeaux, chambre correctionnelle, en date du 09/11/2018, qui dans la procédure suivie contre lui pour destruction involontaire du bien d'autrui par l'effet d'un incendie, a prononcé sur les intérêts civils.

Il résulte de ces textes que les services départementaux d'incendie et de secours ne sont recevables à se constituer partie civile devant la juridiction de jugement en vue d'obtenir le remboursement des frais qu'ils ont exposés pour lutter contre un incendie que lorsque celui-ci est volontaire.

Pour condamner M. Y... à payer au SDIS une somme totale de 146 265,90 euros, l'arrêt attaqué énonce que ce dernier est intervenu du 17/03/2015 à 16 heures 05 au 18/03/2015 à 2 heures 30 pour contenir et éteindre l'incendie.

Les juges ajoutent qu'il produit la liste des véhicules et engins engagés à cette fin, des personnels affectés à chaque véhicule, et indique pour chacun les temps d'engagement et les dépenses correspondantes, calculées sur la base de salaire moyen d'un caporal des sapeurs-pompiers et du coût horaire de l'utilisation des matériels.

Ils en concluent que le SDIS justifie de manière précise et détaillée l'étendue de son préjudice.

En se déterminant ainsi, alors que la condamnation a été prononcée pour destruction involontaire par incendie, la cour d'appel a méconnu le sens et la portée des textes susvisés et le principe ci-dessus rappelé. La cassation est par conséquent encourue de ce chef.

La condamnation indemnitaire de M. Y... n'ayant été prononcée qu'au seul bénéfice du SDIS, la cassation sur le 2ᵈ moyen rend inutile de se prononcer sur le 1ᵉʳ moyen de cassation.

En application de l'article L. 411-3 du Code de l'organisation judiciaire, la Cour de cassation est en mesure de mettre fin au litige, les faits tels qu'ils ont été souverainement constatés et appréciés par les juges du fond, lui permettant d'appliquer la règle de droit appropriée.

En conséquence, il n'y a pas lieu à renvoi. PAR CES MOTIFS, la Cour:

CASSE et ANNULE, l'arrêt susvisé de la cour d'appel de Bordeaux, en date du 09/11/2018, en ses seules dispositions déclarant M. Y... solidairement responsable du préjudice subi par le service départemental d'incendie et de secours de la Gironde et le condamnant solidairement à payer à ce dernier les sommes de 146 225,90 € à titre de dommages et intérêts ainsi que 2 000 € en application de l'article 475-1 du C.P.P., toutes autres dispositions étant maintenues.

DÉCLARE irrecevable la constitution de partie civile du service départemental d'incendie et de secours de la Gironde en ce qui concerne M. Y... .

DIT n'y avoir lieu à renvoi.

DIT n'y avoir lieu à application de l'article 618-1 C.P.P.

(Cour de cassation – Chambre criminelle du 14 janvier 2020 – N° de pourvoi : 19-80186).

Article 2-8. – Association – Défense ou assistance des personnes malades, handicapées ou âgées – *(Ordonnance n° 2020-71 du 29 janvier 2020)*

• Toute association régulièrement déclarée depuis au moins 5 ans à la date des faits ayant, en vertu de ses statuts, vocation à défendre ou à assister les personnes malades, handicapées ou âgées peut exercer les droits reconnus à la partie civile en ce qui concerne les discriminations réprimées par les articles 225-2 et 432-7 du Code pénal, lorsqu'elles sont commises en raison de l'état de santé, du handicap ou de l'âge de la victime. En outre, lorsque l'action publique a été mise en mouvement par le ministère public ou la partie lésée, l'association pourra exercer les droits reconnus à la partie civile en ce qui concerne les atteintes volontaires à la vie, les atteintes à l'intégrité physique ou psychique, les agressions et autres atteintes sexuelles, le délaissement, l'abus de vulnérabilité, le bizutage, l'extorsion, l'escroquerie, les destructions et dégradations et la non-dénonciation de mauvais traitements, prévus par les articles 221-1 à 221-5, 222-1 à 222-18, 222-22 à 222-33-1, 223-3 et 223-4, 223-15-2, 225-16-2, 312-1 à 312-9, 313-1 à 313-3, 322-1 à 322-4 et 434-3 du Code pénal lorsqu'ils sont commis en raison de l'état de santé, du handicap ou de l'âge de la victime. Toutefois, l'association ne sera recevable dans son action que si elle justifie avoir reçu l'accord de la victime ou, si celle-ci est un mineur ou un majeur protégé, celui de son représentant légal.

• Toute association régulièrement déclarée depuis au moins 5 ans à la date des faits ayant, en vertu de ses statuts, vocation à défendre ou à assister les personnes handicapées peut également exercer les droits reconnus à la partie civile en ce qui concerne les infractions aux articles L. 162-1 à L. 164-3 du Code de la construction et de l'habitation, prévues et réprimées par l'article L. 183-4 du même code.

• Toute fondation reconnue d'utilité publique peut exercer les droits reconnus à la partie civile dans les mêmes conditions et sous les mêmes réserves que l'association mentionnée au présent article.

J • **Action civile – Recevabilité – Association – Association pour la défense des personnes malades ou handicapées** – Préjudice personnel et direct

– L'ASSOCIATION DE DEFENSE DES HANDICAPES DE L'YONNE, partie civile, contre l'arrêt de la chambre de l'instruction de la cour d'appel de PARIS, en date du 02/07/2001, qui, dans l'information suivie, contre personne non dénommée, des chefs de violences aggravées, non-dénonciation de crimes et subornation de témoins, a confirmé l'ordonnance du juge d'instruction déclarant irrecevable sa constitution de partie civile.

Attendu que, pour confirmer l'ordonnance du juge d'instruction déclarant irrecevable la constitution de partie civile de l'Association de défense des handicapés de l'Yonne, l'arrêt relève que les infractions dénoncées ne sont pas de celles prévues par l'article 2-8 du C.P.P. et pour lesquelles une association ayant vocation à défendre ou à assister les personnes malades ou handicapées peut exercer les droits reconnus à la partie civile;

Attendu qu'en l'état de ces énonciations, et dès lors que l'association concernée ne justifiait pas d'un préjudice personnel et direct, le grief allégué n'est pas encouru;

D'où il suit que le moyen doit être écarté;

Et attendu que l'arrêt est régulier en la forme;

REJETTE le pourvoi.

(Cour de cassation – Chambre criminelle du 9 octobre 2002 – N° de pourvoi : 01-88.831).

Article 2-9. – Association – Victimes d'infractions – *(Loi n° 2016-1547 du 18 novembre 2016)*

• Toute association régulièrement déclarée depuis au moins cinq ans qui se propose, par ses statuts, d'assister les victimes d'infractions peut exercer les droits reconnus à la partie civile en ce qui concerne les infractions entrant dans le champ d'application de l'article 706-16 lorsque l'action publique a été mise en mouvement par le ministère public ou la partie lésée.

• Toute association régulièrement déclarée ayant pour objet statutaire la défense des victimes d'une infraction entrant dans le champ d'application du même article 706-16 et regroupant plusieurs de ces victimes peut, si elle a été agréée à cette fin, exercer les droits reconnus à la partie civile en ce qui concerne cette infraction lorsque l'action publique a été mise en mouvement par le ministère public ou la partie lésée. Les conditions dans lesquelles les associations mentionnées au présent alinéa peuvent être agréées, après avis du ministère public, compte tenu de leur représentativité, sont fixées par décret.

• Toute fondation reconnue d'utilité publique peut exercer les droits reconnus à la partie civile dans les mêmes conditions et sous les mêmes réserves que l'association mentionnée au présent article.

J • Association de malfaiteurs en vue de la préparation d'actes de terrorisme – Infraction à la législation sur les armes... – Action civile – Recevabilité – Association – Association française des victimes du terrorisme – Article 2-9 du C.P.P. – Victime – Défaut – Portée

CASSATION SANS RENVOI sur le pourvoi formé par l'association française des victimes de terrorisme (AFVT), partie civile, contre l'arrêt de la chambre de l'instruction de la cour d'appel de PARIS, section 1, en date du 25/01/2019, qui, dans l'information suivie contre MM. K... G... W..., U... N..., A... Y..., C... F..., Q... F..., V... F..., J... M... et Mme B... R..., des chefs d'association de malfaiteurs en vue de la préparation d'actes de terrorisme, d'infraction à la législation sur les armes et détention et transport de substance ou produit incendiaire ou explosif, infractions en relation avec une entreprise terroriste, a déclaré irrecevable sa constitution de partie civile.

L'article 2-9 du C.P.P. ne subordonne pas la recevabilité de la constitution de partie civile d'une association à la nécessité d'assister une victime dans l'affaire dans laquelle l'action civile est exercée, mais seulement à l'objet statutaire de l'association, qui doit tendre à l'assistance des victimes d'infractions, et à la date de sa déclaration. Encourt en conséquence la cassation l'arrêt qui pour déclarer irrecevable la constitution de partie civile de l'association française des victimes de terrorisme (AFVT) énonce que l'infraction de participation à une association de malfaiteurs en vue de préparer des actes de terrorisme constitue une infraction d'intérêt général dont la protection ne relève que du ministère public, alors que ladite infraction entre dans le champ d'application de l'article 706-16 du C.P.P.

(Cour de cassation – Chambre criminelle du 22 avril 2020 – N° de pourvoi : 19-81.273).

• Financement d'entreprise terroriste... – Ordonnance J.I. – Association – Constitution de partie civile

L'association Life for Paris, partie civile, a formé un pourvoi contre l'arrêt n° 4 de la chambre de l'instruction de la cour d'appel de PARIS (75), 2e section, en date du 24/10/2019, qui, dans l'information suivie notamment contre la société Lafarge SA, des chefs, notamment, de financement d'entreprise terroriste, complicité de crimes contre l'humanité et mise en danger de la vie d'autrui, a infirmé l'ordonnance du J.I. déclarant recevable sa constitution de partie civile.

25. Il en résulte que les victimes que l'association requérante regroupe ne peuvent être regardées comme ayant pu subir un préjudice direct à raison des faits de financement d'entreprise terroriste, seule infraction à caractère terroriste dont le J.I. est saisi, en sorte que l'intéressée n'a pas qualité à exercer les droits de la partie civile dans ladite information.

(Cour de cassation – Chambre criminelle du 7 septembre 2021 – N° de pourvoi : 19-87.036).

Article 2-10. – Association – Lutte contre l'exclusion sociale ou culturelle – *(Loi n° 2017-86 du 27 janvier 2017)*

• Toute association régulièrement déclarée depuis au moins cinq ans à la date des faits ayant, en vertu de ses statuts, vocation à lutter contre l'exclusion sociale ou culturelle des personnes en état de grande pauvreté ou en raison de leur situation de famille ou contre l'habitat insalubre et l'hébergement incompatible avec la dignité humaine, peut exercer les droits reconnus à la partie civile en ce qui concerne les discriminations réprimées par les articles 225-2, 225-14 et 432-7 du Code pénal. Toutefois l'association ne sera recevable dans son action que si elle justifie avoir reçu l'accord de la victime ou, si celle-ci est un mineur ou un majeur protégé, celui de son représentant légal.

• Toute fondation reconnue d'utilité publique peut exercer les droits reconnus à la partie civile dans les mêmes conditions et sous les mêmes réserves que l'association mentionnée au présent article.

Article 2-11. – Association – Office national des combattants et victimes de guerre – Discrimination... – *(Loi n° 2022-297 du 2 mars 2022)*

• Toute association, régulièrement déclarée depuis au moins 5 ans à la date des faits et inscrite auprès de l'Office national des combattants et des victimes de guerre dans des conditions fixées par décret en Conseil d'État, qui se propose par ses statuts de défendre les intérêts moraux et l'honneur des anciens combattants et victimes de guerre et des morts pour la France peut exercer les droits reconnus à la partie civile en ce qui concerne les dégradations ou destructions de monuments ou les violations de sépultures, qui ont causé un préjudice direct ou indirect à la mission qu'elle remplit.

• Toute fondation reconnue d'utilité publique peut exercer les droits reconnus à la partie civile dans les mêmes conditions et sous les mêmes réserves que l'association mentionnée au présent article.

Nota : Conformément au IV de l'article unique de la loi n° 2022-297 du 02/03/2022, ces dispositions entrent en vigueur le 1er janvier 2023.

V • Art. 322-2 et ss, 225-17 et 225-18 du Code pénal.

Article 2-12. – Association – Délinquance routière – *(Loi n° 2016-1547 du 18 novembre 2016)*

• Toute association régulièrement déclarée depuis au moins cinq ans à la date des faits qui se propose par ses statuts de combattre la délinquance routière et de défendre ou d'assister les victimes de cette délinquance peut exercer les droits reconnus à la partie civile en ce qui concerne les délits d'homicide ou blessures involontaires commis à l'occasion de la conduite d'un véhicule automobile terrestre à moteur lorsque l'action publique a été mise en mouvement par le ministère public ou la partie lésée.

• Toutefois, l'association ne sera recevable dans son action que si elle justifie avoir reçu l'accord de la victime ou, si celle-ci est mineure, celui du titulaire de l'autorité parentale ou du représentant légal.

• Toute fondation reconnue d'utilité publique peut exercer les droits reconnus à la partie civile dans les mêmes conditions et sous les mêmes réserves que l'association mentionnée au présent article.

V • Art. 221-6 et 222-19 du Code pénal.

Article 2-13. – Association – Défense et protection des animaux – *(Loi n° 2018-938 du 30 octobre 2018)*

• Toute association régulièrement déclarée depuis au moins 5 ans à la date des faits et dont l'objet statutaire est la défense et la protection des animaux peut exercer les droits reconnus à la partie civile en ce qui concerne les infractions prévues par le code pénal et aux articles L. 215-11 et L. 215-13 du code rural et de la pêche maritime réprimant l'abandon, les sévices graves ou de nature sexuelle, les actes de cruauté et les mauvais traitements envers les animaux ainsi que les atteintes volontaires à la vie d'un animal.

• Toute fondation reconnue d'utilité publique peut exercer les droits reconnus à la partie civile dans les mêmes conditions et sous les mêmes réserves que l'association mentionnée au présent article.

J **• Action civile – Recevabilité – Association – Association pour la défense des animaux victimes d'ignominie ou de désaffection – Condition**

L'association de DEFENSE DES ANIMAUX VICTIMES D'IGNOMINIE OU DE DESAFFECTION (DAVID), partie civile, contre l'arrêt n° 749 de la chambre d'accusation de la cour d'appel de TOULOUSE, en date du 05/10/1999, qui a confirmé l'ordonnance du juge d'instruction refusant d'informer sur sa plainte avec constitution de partie civile contre personne non dénommée des chefs, notamment de mauvais traitements à animaux, vol et recel, et a déclaré irrecevable sa constitution de partie civile du chef d'une contravention.

Attendu que, pour confirmer l'ordonnance de refus d'informer rendue par le juge d'instruction, la chambre d'accusation énonce que, selon l'article 2-13 du C.P.P., l'association DAVID n'est pas recevable à se constituer partie civile pour des infractions autres que celles réprimant les sévices graves ou actes de cruauté et les mauvais traitements envers les animaux, ainsi que les atteintes volontaires à la vie d'un animal prévues par le C.P. ; que les juges ajoutent que le seul fait dénoncé par la partie civile et entrant dans cette définition est une contravention au demeurant prescrite ;

Attendu qu'en prononçant ainsi, la chambre d'accusation a justifié sa décision ;

Que le moyen doit, dès lors, être écarté ;

Et attendu que l'arrêt est régulier en la forme ;

REJETTE le pourvoi.

(Cour de cassation – Chambre criminelle du 24 octobre 2000 – N° de pourvoi : 99-87.682).

• Action civile – Recevabilité – Association – Association de protection animale – Préjudice direct ou indirect – Contravention de défaut de soins à animaux domestiques *(non)*

Contre l'arrêt de la cour d'appel de BORDEAUX, chambre correctionnelle, en date du 14/10/2011, qui, sur renvoi après cassation (Crim du 11/01/2011 pourvoi n° 10-85.506), pour contravention de défaut de soins à animal, l'a condamné à 650 € d'amende, et a prononcé sur les intérêts civils.

Des faits initialement retenus sous la qualification délictuelle de mauvais traitement à animal domestique par professionnel ayant été requalifiés en contravention de défaut de soins à animal domestique, les constitutions de partie civile des associations de défense et de protection des animaux doivent être déclarées irrecevables en application de l'article 2-13 du C.P.P. qui, dans ce cas, ne les autorise pas à intervenir.

(Cour de cassation – Chambre criminelle du 30 mai 2012 – N° de pourvoi : 11-88.268).

Article 2-14. – Association – Défense de la langue française – *(Loi n° 2016-1547 du 18 novembre 2016)*

• Toute association régulièrement déclarée se proposant par ses statuts la défense de la langue française et agréée dans les conditions fixées par décret en Conseil d'État peut exercer les droits reconnus à la partie civile en ce qui concerne les infractions aux dispositions des textes pris pour l'application des articles 2,3,4,6,7 et 10 de la loi n° 94-665 du 4 août 1994 relative à l'emploi de la langue française.

• Toute fondation reconnue d'utilité publique peut exercer les droits reconnus à la partie civile dans les mêmes conditions et sous les mêmes réserves que l'association mentionnée au présent article.

Article 2-15. – Association – Victimes accident – Transports collectifs... – *(Loi n° 2016-1547 du 18 novembre 2016)*

• Toute association régulièrement déclarée ayant pour objet statutaire la défense des victimes d'un accident survenu dans les transports collectifs ou dans un lieu ou local ouvert au public ou dans une propriété privée à usage d'habitation ou à usage professionnel et regroupant plusieurs de ces victimes peut, si elle a été agréée à cette fin, exercer les droits reconnus à la partie civile en ce qui concerne cet accident lorsque l'action publique a été mise en mouvement par le ministère public ou la partie lésée.

• Les conditions dans lesquelles les associations visées au premier alinéa peuvent être agréées, après avis du ministère public, compte tenu de leur représentativité, sont fixées par décret.

• Toute fédération d'associations, régulièrement déclarée depuis au moins cinq ans à la date des faits et inscrite auprès du ministère de la justice, dans des conditions fixées par décret en Conseil d'État, dont l'objet statutaire est la défense des victimes d'accidents collectifs, peut exercer les droits reconnus à la partie civile, en ce qui concerne un accident collectif survenu dans les circonstances visées au premier alinéa, lorsque l'action publique a été mise en mouvement par le ministère public ou la partie lésée.

• Les associations et fédérations d'associations prévues par le présent article peuvent demander réparation des frais exposés en lien avec l'accident et qui sont la conséquence directe ou indirecte de l'infraction pour laquelle elles ont exercé les droits reconnus à la partie civile.

• Toute fondation reconnue d'utilité publique peut exercer les droits reconnus à la partie civile dans les mêmes conditions et sous les mêmes réserves que l'association mentionnée au présent article.

V • Art. D. 1.

Article 2-16. – Association – Lutte contre la toxicomanie ou le trafic de stupéfiants – *(Loi n° 2016-1547 du 18 novembre 2016)*

• Toute association régulièrement déclarée depuis au moins cinq ans à la date des faits qui se propose, par ses statuts, de lutter contre la toxicomanie ou le trafic de stupéfiants peut exercer les droits reconnus à la partie civile en ce qui concerne les infractions prévues par les articles 222-34 à 222-40 et par l'article 227-18-1 du Code pénal lorsque l'action publique a été mise en mouvement par le ministère public ou la partie lésée.

• Toute fondation reconnue d'utilité publique peut exercer les droits reconnus à la partie civile dans les mêmes conditions et sous les mêmes réserves que l'association mentionnée au présent article.

Article 2-17. – Association – Défense et assistance – Droits et libertés individuels et collectifs – *(Loi n° 2017-86 du 27 janvier 2017)*

• Toute association reconnue d'utilité publique régulièrement déclarée depuis au moins cinq ans à la date des faits et se proposant par ses statuts de défendre et d'assister l'individu ou de défendre les droits et libertés individuels et collectifs peut, à l'occasion d'actes commis par toute personne physique ou morale dans le cadre d'un mouvement ou organisation ayant pour but ou pour effet de créer, de maintenir ou d'exploiter une sujétion psychologique ou physique, exercer les droits reconnus à la partie civile en ce qui concerne les infractions contre l'espèce humaine, d'atteintes volontaires ou involontaires à la vie ou à l'intégrité physique ou psychique de la personne, de mise en danger de la personne, d'atteinte aux libertés de la personne, d'atteinte à la dignité de la personne, d'atteinte à la personnalité, de mise en péril des mineurs ou d'atteintes aux biens prévues par les articles 214-1 à 214-4, 221-1 à 221-6, 222-1 à 222-40, 223-1 à 223-15, 223-15-2, 224-1 à 224-4, 225-5 à 225-15, 225-17, 226-1 à 226-23, 227-1 à 227-27, 311-1 à 311-13, 312-1 à 312-12, 313-1 à 313-3, 314-1 à 314-3, 324-1 à 324-6 et 511-1-2 du Code pénal, les infractions d'exercice illégal de la médecine ou de la pharmacie prévues par les articles L. 4161-5 et L. 4223-1 du Code de la santé publique, et les infractions de publicité mensongère, de fraudes ou de falsifications prévues par les articles L. 121-6 et L. 213-1 à L. 213-4 du Code de la consommation.

• Toute fondation reconnue d'utilité publique peut exercer les droits reconnus à la partie civile dans les mêmes conditions et sous les mêmes réserves que l'association mentionnée au présent article.

J • **Interdiction des droits civiques, civils et de famille – Constitution de partie civile – L'union nationale des associations de défense de la famille et de l'individu – Censure non encourue**

Contre l'arrêt de la cour d'appel de LYON, 4e chambre, en date du 24/01/ 2002, qui, pour corruption de mineures, a condamné les 2 premiers à 2 ans d'emprisonnement dont 6 mois avec sursis et à 5 ans d'interdiction des droits civiques, civils et de famille et les 2 derniers à 18 mois d'emprisonnement avec sursis et à 5 ans d'interdiction des droits civiques, civils et de famille et qui a prononcé sur les intérêts civils.

Attendu que, si c'est à tort que les juges du 2d degré ont fait application des nouvelles dispositions de l'article 2-17 du C.P.P. dans leur rédaction résultant de la loi du 12/06/2001, la censure n'est pas encourue dès lors que la Cour de Cassation est en mesure de s'assurer, au vu des énonciations de l'arrêt, que, devant les premiers juges, la constitution de partie civile de l'union nationale des associations de défense de la famille et de l'individu était recevable sur le fondement des anciennes dispositions de l'article 2-17 du C.P.P. dans leur rédaction issue de la loi du 15 juin 2000, sans qu'il soit besoin de mettre en cause la personne morale concernée;

D'où il suit que les moyens ne sont pas fondés.

(Cour de cassation – Chambre criminelle du 11 septembre 2002 – N° de pourvoi: 02-81.593).

PRÉVENTION ET RÉPRESSION DES MOUVEMENTS SECTAIRES PORTANT ATTEINTE AUX DROITS DE L'HOMME ET AUX LIBERTÉS FONDAMENTALES

(Loi n° 2001-504 du 12 juin 2001)

CHAPITRE 1er

Dissolution civile de certaines personnes morales

Article 1er. – *(Ordonnance n° 2019-964 du 18 septembre 2019)*

• Peut être prononcée, selon les modalités prévues par le présent article, la dissolution de toute personne morale, quelle qu'en soit la forme juridique ou l'objet, qui poursuit des activités ayant pour but ou pour effet de créer, de maintenir ou d'exploiter la sujétion psychologique ou physique des personnes qui participent à ces activités, lorsque ont été prononcées, contre la personne morale elle-même ou ses dirigeants de droit ou de fait, des condamnations pénales définitives pour l'une ou l'autre des infractions mentionnées ci-après:

• 1° Infractions contre l'espèce humaine, infractions d'atteintes volontaires ou involontaires à la vie ou à l'intégrité physique ou psychique de la personne, de mise en danger de la personne, d'atteinte aux libertés de la personne, d'atteinte à la dignité de la personne, d'atteinte à la personnalité, de mise en péril des mineurs, d'atteintes aux biens prévues par les articles 214-1 à 214-4, 221-1 à 221-6, 222-1 à 222-40, 223-1 à 223-15, 223-15-2, 224-1 à 224-4, 225-5 à 225-15, 225-17, 226-1 à 226-23, 227-1 à 227-27, 311-1 à 311-13, 312-1 à 312-12, 313-1 à 313-3, 314-1 à 314-3, 324-1 à 324-6 et 511-1-2 du Code pénal;

• 2° Infractions d'exercice illégal de la médecine ou de la pharmacie prévues par les articles L. 4161-5 et L. 4223-1 du Code de la santé publique;

• 3° Infractions de publicité mensongère, de fraudes ou de falsifications prévues par les articles L. 121-6 et L. 213-1 à L. 213-4 du Code de la consommation.

• La procédure de dissolution est portée devant le tribunal judiciaire à la demande du ministère public agissant d'office ou à la requête de tout intéressé.

• La demande est formée, instruite et jugée conformément à la procédure à jour fixe.

• Le délai d'appel est de quinze jours. Le président de chambre à laquelle l'affaire est distribuée fixe à bref délai l'audience à laquelle l'affaire sera appelée. Au jour indiqué, il est procédé selon les modalités prévues aux articles 760 à 762 du Code de procédure civile.

• Le maintien ou la reconstitution, ouverte ou déguisée, d'une personne morale dissoute en application des dispositions du présent article constitue le délit prévu par le 2e alinéa de l'article 434-43 du Code pénal.

• Le tribunal judiciaire peut prononcer au cours de la même procédure la dissolution de plusieurs personnes morales mentionnées au premier alinéa dès lors que ces personnes morales poursuivent le même objectif et sont unies par une communauté d'intérêts et qu'a été prononcée à l'égard de chacune d'entre elles ou de ses dirigeants de droit ou de fait au moins une condamnation pénale définitive pour l'une des infractions mentionnées aux 1° à 3°. Ces différentes personnes morales doivent être parties à la procédure.

Article 2-18. – Association – Défense ou assistance – Victimes accidents du travail ou de maladies professionnelles – *(Loi n° 2016-1547 du 18 novembre 2016)*

• Toute association régulièrement déclarée depuis au moins cinq ans qui se propose, par ses statuts, de défendre ou d'assister les victimes d'accidents du travail ou de maladies professionnelles peut exercer les droits reconnus à la partie civile en ce qui concerne les infractions prévues par les articles 221-6, 222-19 et 222-20 du Code pénal commises à l'occasion d'une activité professionnelle, lorsque l'action publique a été mise en mouvement par le ministère public ou la partie lésée.

• Toutefois, l'association ne sera recevable dans son action que si elle justifie avoir reçu l'accord de la victime ou, si celle-ci est mineure, celui du titulaire de l'autorité parentale ou du représentant légal.

• Toute fondation reconnue d'utilité publique peut exercer les droits reconnus à la partie civile dans les mêmes conditions et sous les mêmes réserves que l'association mentionnée au présent article.

Article 2-19. – Associations d'élus – *(Loi n° 2023-23 du 24 janvier 2023)*

• En cas d'infractions prévues aux livres II ou III du Code pénal, au chapitre III du titre III du livre IV du même code ou par la loi du 29 juillet 1881 sur la liberté de la presse commises à l'encontre d'une personne investie d'un mandat électif public en raison de ses fonctions ou de son mandat, peuvent exercer les droits reconnus à la partie civile, si l'action publique a été mise en mouvement par le ministère public ou par la partie lésée, et avec l'accord de cette dernière ou, si celle-ci est décédée, de ses ayants droit :

• 1° Pour les élus municipaux, l'Association des maires de France, toute association nationale reconnue d'utilité publique ou régulièrement déclarée depuis au moins **5** ans dont les statuts se proposent d'assurer la défense des intérêts de ces élus et, sous les mêmes conditions, toute association départementale qui lui est affiliée ;

• 2° Pour les élus départementaux, l'Assemblée des départements de France ainsi que toute association nationale reconnue d'utilité publique ou régulièrement déclarée depuis au moins 5 ans dont les statuts se proposent d'assurer la défense des intérêts de ces élus et, sous les mêmes conditions, toute association qui lui est affiliée ;

• 3° Pour les élus régionaux, territoriaux et de l'Assemblée de Corse, Régions de France ainsi que toute association nationale reconnue d'utilité publique ou régulièrement déclarée depuis au moins 5 ans dont les statuts se proposent d'assurer la défense des intérêts de ces élus et, sous les mêmes conditions, toute association qui lui est affiliée ;

• 4° Au titre d'un de ses membres, le Sénat, l'Assemblée nationale, le Parlement européen ou la collectivité territoriale concernée.

• Il en est de même lorsque ces infractions sont commises sur le conjoint ou le concubin de l'élu, sur le partenaire lié à celui-ci par un pacte civil de solidarité, sur les ascendants ou les descendants en ligne directe de celui-ci ou sur toute autre personne vivant habituellement à son domicile, en raison des fonctions exercées par l'élu ou de son mandat.

• Toute fondation reconnue d'utilité publique peut exercer les droits reconnus à la partie civile dans les mêmes conditions et sous les mêmes réserves que les associations mentionnées au présent article.

Article 2-20. – Association – Défense des intérêts moraux et matériels des locataires, propriétaires et bailleurs d'immeubles collectifs – *(Loi n° 2016-1547 du 18 novembre 2016)*

• Toute association régulièrement déclarée depuis au moins cinq ans à la date des faits qui se propose, par ses statuts, de défendre les intérêts moraux et matériels des locataires, propriétaires et bailleurs d'immeubles collectifs à usage d'habitation peut exercer les droits reconnus à la partie civile en cas d'atteintes volontaires à l'intégrité de la personne ou de destructions, dégradations et détériorations réprimées par les articles 222-1 à 222-18 et 322-1 à 322-13 du Code pénal lorsque l'action publique a été mise en mouvement par le ministère public ou la partie lésée et que l'infraction a été commise dans un immeuble faisant partie de son objet associatif.

• Toutefois, l'association ne sera recevable dans son action que si elle justifie avoir reçu l'accord de la victime ou, si celle-ci est un mineur ou un majeur protégé, celui de son représentant légal.

• Toute fondation reconnue d'utilité publique peut exercer les droits reconnus à la partie civile dans les mêmes conditions et sous les mêmes réserves que l'association mentionnée au présent article.

Article 2-21. – Association – Étude et protection du patrimoine archéologique – *(Loi n° 2016-1547 du 18 novembre 2016)*

• Toute association agréée déclarée depuis au moins trois ans, ayant pour but l'étude et la protection du patrimoine défini à l'article L. 1 du Code du patrimoine, peut exercer les droits reconnus à la partie civile en ce qui concerne les faits réprimés aux articles 311-4-2 et 322-3-1 du Code pénal ainsi qu'à l'article L. 114-1 du Code du patrimoine et portant un préjudice direct ou indirect aux intérêts collectifs qu'elle a pour objet de défendre.

• Un décret en Conseil d'État fixe les conditions dans lesquelles les associations mentionnées à l'alinéa précédent peuvent être agréées.

• Toute fondation reconnue d'utilité publique peut exercer les droits reconnus à la partie civile dans les mêmes conditions et sous les mêmes réserves que l'association mentionnée au présent article.

Article 2-21-1. – Association – Syndicat professionnel ou syndicat de salariés – *(Loi n° 2016-1547 du 18 novembre 2016)*

• Toute association, tout syndicat professionnel ou tout syndicat de salariés de la branche concerné régulièrement déclaré depuis au moins deux ans à la date des faits et dont l'objet statutaire comporte la défense des intérêts collectifs des entreprises et des salariés peut exercer les droits reconnus à la partie civile en ce qui concerne les infractions définies au livre II de la huitième partie du Code du travail même si l'action publique n'a pas été mise en mouvement par le ministère public ou par la partie lésée.

• Toute fondation reconnue d'utilité publique peut exercer les droits reconnus à la partie civile dans les mêmes conditions et sous les mêmes réserves que l'association mentionnée au présent article.

CODE DU TRAVAIL

(Extrait)

Article L. 2132-3. – Syndicats professionnels

• Les syndicats professionnels ont le droit d'agir en justice.

• Ils peuvent, devant toutes les juridictions, exercer tous les droits réservés à la partie civile concernant les faits portant un préjudice direct ou indirect à l'intérêt collectif de la profession qu'ils représentent.

CODE DE LA CONSOMMATION

(Extraits)

Article L. 811-1. – Associations de défense des consommateurs – *(Ordonnance n° 2016-301 du 14 mars 2016)*

• Les associations de défense des consommateurs peuvent être agréées après avis du ministère public.

• Les conditions dans lesquelles ces associations peuvent être agréées compte tenu de leur représentativité sur le plan national ou local ainsi que les conditions de retrait de cet agrément sont fixées par décret.

Article L. 811-2. – Associations indépendantes – *(Ordonnance n° 2016-301 du 14 mars 2016)*

• L'agrément ne peut être accordé qu'aux associations indépendantes de toutes formes d'activités professionnelles.

• Toutefois, les associations émanant de sociétés coopératives de consommation, régies par la loi du 7 mai 1917 modifiée ayant pour objet l'organisation du crédit aux sociétés coopératives de consommation, peuvent être agréées si elles satisfont par ailleurs aux conditions qui sont fixées en application de L. 811-1.

Article L. 621-1. – Agrément des associations – *(Ordonnance n° 2016-301 du 14 mars 2016)*

• Les associations régulièrement déclarées ayant pour objet statutaire explicite la défense des intérêts des consommateurs peuvent, si elles ont été agréées à cette fin en application de l'article L. 811-1, exercer les droits reconnus à la partie civile relativement aux faits portant un préjudice direct ou indirect à l'intérêt collectif des consommateurs.

• Les organisations définies à l'article L. 211-2 du Code de l'action sociale et des familles sont dispensées de l'agrément pour agir en justice dans les conditions prévues au présent article.

Article L. 621-2. – Associations de consommateurs – *(Ordonnance n° 2016-301 du 14 mars 2016)*

• Les associations de consommateurs mentionnées à l'article L. 621-1 et agissant dans les conditions précisées à cet article peuvent demander à la juridiction civile, statuant sur l'action civile ou à la juridiction répressive, statuant sur l'action civile, d'ordonner au défendeur ou au prévenu, le cas échéant sous astreinte, toute mesure destinée à faire cesser des agissements illicites ou à supprimer une clause illicite dans le contrat ou le type de contrat proposé aux consommateurs ou dans tout contrat en cours d'exécution.

• Elles peuvent également demander, selon le cas, à la juridiction civile ou à la juridiction répressive de déclarer que cette clause est réputée non écrite dans tous les contrats identiques en cours d'exécution conclus par le défendeur ou le prévenu avec des consommateurs et de lui ordonner d'en informer à ses frais les consommateurs concernés par tous moyens appropriés.

Article 2-22. – Association – Lutte contre l'esclavage, la traite des êtres humains, le proxénétisme ou l'action sociale en faveur des personnes prostituées – *(Loi n° 2016-1547 du 18 novembre 2016)*

• Toute association régulièrement déclarée depuis au moins cinq ans à la date des faits dont l'objet statutaire comporte la lutte contre l'esclavage, la traite des êtres humains, le proxénétisme ou l'action sociale en faveur des personnes prostituées peut exercer les droits reconnus à la partie civile en ce qui concerne les infractions réprimées par les articles 224-1 A à 224-1 C, 225-4-1 à 225-4-9, 225-5 à 225-12-2, 225-14-1 et 225-14-2 du Code pénal, lorsque l'action publique a été mise en mouvement par le ministère public ou la partie lésée. Toutefois, l'association n'est recevable dans son action que si elle justifie avoir reçu l'accord de la victime. Si celle-ci est un mineur ou un majeur protégé, l'accord est donné par son représentant légal.

• Si l'association mentionnée au premier alinéa du présent article est reconnue d'utilité publique, son action est recevable y compris sans l'accord de la victime.

• Toute fondation reconnue d'utilité publique peut exercer les droits reconnus à la partie civile dans les mêmes conditions et sous les mêmes réserves que l'association mentionnée au présent article.

J • **Financement d'entreprise terroriste... – Ordonnance du J.I. – Constitution de partie civile**

Les associations Sherpa et European Center for Constitutional and Human Rights, parties civiles, ont formé un pourvoi contre l'arrêt n° 5 de la chambre de l'instruction de la cour d'appel de PARIS (75), 2e section, en date du 24/10/2019, qui, dans l'information suivie notamment contre la société Lafarge SA, des chefs, notamment, de financement d'entreprise terroriste, complicité de crimes contre l'humanité et mise en danger de la vie d'autrui, a infirmé l'ordonnance du J.I. déclarant recevables leurs constitutions de partie civile.

41. En effet, il doit résulter de l'accord prévu par l'article 2-22 du C.P.P., qui ne se présume pas, que les personnes lésées acceptent sans équivoque que l'association exerce les droits reconnus à la partie civile en son propre nom.

42. Par ailleurs, comme dans le cas de l'article 2-9 du C.P.P., la constitution de partie civile d'une association sur le fondement de l'article 2-22 n'est permise qu'après que l'action publique a été mise en mouvement, donc uniquement par voie d'intervention, à titre incident.

(Cour de cassation – Chambre criminelle du 7 septembre 2021 – N° de pourvoi : 19-87.031).

Article 2-23. – Association – Lutte contre la corruption – *(Loi n° 2016-1547 du 18 novembre 2016)*

• Toute association agréée déclarée depuis au moins cinq ans à la date de la constitution de partie civile, se proposant par ses statuts de lutter contre la corruption, peut exercer les droits reconnus à la partie civile en ce qui concerne les infractions suivantes :

• 1° Les infractions traduisant un manquement au devoir de probité, réprimées aux articles 432-10 à 432-15 du Code pénal ;

• 2° Les infractions de corruption et trafic d'influence, réprimées aux articles 433-1, 433-2, 434-9, 434-9-1, 435-1 à 435-10 et 445-1 à 445-2-1 du même code ;

• 3° Les infractions de recel ou de blanchiment, réprimées aux articles 321-1, 321-2, 324-1 et 324-2 dudit code, du produit, des revenus ou des choses provenant des infractions mentionnées aux 1° et 2° du présent article ;

• 4° Les infractions réprimées aux articles L. 106 à L. 109 du Code électoral.

• Un décret en Conseil d'État fixe les conditions dans lesquelles les associations mentionnées au premier alinéa du présent article peuvent être agréées.

• Toute fondation reconnue d'utilité publique peut exercer les droits reconnus à la partie civile dans les mêmes conditions et sous les mêmes réserves que l'association mentionnée au présent article.

J • **Blanchiment de fraude fiscale – Corruption passive – Blanchiment de corruption... – Association – Association des contribuables de Levallois-Perret – Agrément**

Contre l'arrêt de la chambre de l'instruction de la cour d'appel de PARIS, 2e section, en date du 03/11/2016, qui, dans l'information suivie contre le 1er, des chefs de blanchiment de fraude fiscale, corruption passive, blanchiment de corruption et non-déclaration d'une partie substantielle de son patrimoine à la Haute autorité pour la transparence de la vie publique, et, contre la 2de, des chefs de blanchiment de fraude fiscale et non-déclaration d'une partie substantielle de son patrimoine à la Haute autorité pour la transparence de la vie publique, a confirmé l'ordonnance du juge d'instruction déclarant recevable la constitution de partie civile de l'Association des Contribuables de Levallois-Perret.

Mais attendu qu'en se déterminant ainsi alors que l'Association des contribuables de Levallois-Perret, d'une part, ainsi que le relève la chambre de l'instruction, n'était ni agréée ni déclarée depuis au moins 5 ans à la date de sa constitution de partie civile, d'autre part, ne justifie pas d'un préjudice personnel directement causé par les délits poursuivis de blanchiment de fraude fiscale, corruption et blanchiment de corruption, la chambre de l'instruction a méconnu les textes visés au moyen ;

D'où il suit que la cassation est encourue ; qu'elle aura lieu sans renvoi, la Cour de cassation étant en mesure d'appliquer directement la règle de droit et de mettre fin au litige, ainsi que le permet l'article L. 411-3 du Code de l'organisation judiciaire ;

Par ces motifs :

CASSE et ANNULE, en toutes ses dispositions l'arrêt susvisé de la chambre de l'instruction de la cour d'appel de Paris, en date du 3 novembre 2016 ;

DÉCLARE irrecevable la constitution de partie civile de l'Association des contribuables de Levallois-Perret,

DIT n'y avoir lieu à renvoi.

(Cour de cassation – Chambre criminelle du 11 octobre 2017 – N° de pourvoi : 16-86.868).

V • Décret n° 2014-327 du 12 mars 2014 relatif aux conditions d'agrément des associations de lutte contre la corruption en vue de l'exercice des droits reconnus à la partie civile.

Article 2-24. – Association – Défense ou assistance des étudiants et élèves – Bizutage – *(Loi n° 2017-86 du 27 janvier 2017)*

• Toute association régulièrement déclarée depuis au moins cinq ans à la date et des faits et ayant pour objet statutaire la défense ou l'assistance des étudiants et élèves d'établissements d'enseignement victimes de bizutage peut exercer les droits reconnus à la partie civile en ce qui concerne les infractions prévues à la section 3 *bis* du chapitre V du titre II du livre II du Code pénal.

• Toutefois, l'association n'est recevable dans son action que si elle justifie avoir reçu l'accord de la victime ou, si celle-ci est un mineur ou un majeur protégé, celui de son représentant légal.

Article 2-25. – Association – Violences, injures, diffamations, harcèlement moral, discours de haine, divulgation d'informations – Victimes agents mission service public – *(Loi n° 2021-1109 du 24 août 2021)*

• Toute association régulièrement déclarée depuis au moins 5 ans à la date des faits et dont l'objet statutaire comporte la lutte contre les violences, les injures, les diffamations, le harcèlement moral, les discours de haine ou la divulgation d'informations dont sont victimes les agents chargés d'une mission de service public peut exercer les droits reconnus à la partie civile en ce qui concerne les atteintes volontaires à la vie et à l'intégrité de la personne et les agressions et autres atteintes, enlèvements et séquestrations réprimés par les articles 221-1 à 221-5-5,222-1 à 222-18-3,222-22 à 222-33-1,223-1-1 et 224-1 à 224-5-2 du Code pénal, si elle justifie avoir reçu l'accord de la victime ou, si cette dernière est un majeur sous tutelle, de son représentant légal.

Article 3. – Action civile – Action Publique

• L'action civile peut être exercée en même temps que l'action publique et devant la même juridiction.

• Elle sera recevable pour tous chefs de dommages, aussi bien matériels que corporels ou moraux, qui découleront des faits objets de la poursuite.

[J] **• Tentative d'assassinat – Action civile – Conditions d'application**

Contre l'arrêt de la cour d'assises de la Seine-Maritime, en date du 22/06/1995, qui, après l'avoir condamné pour tentative d'assassinat, a prononcé sur les intérêts civils.

Attendu que, pour déclarer recevable la constitution de partie civile des consorts Y..., l'arrêt attaqué constate qu'ils ont personnellement et directement souffert des faits caractérisant la circonstance aggravante de préméditation de la tentative de meurtre sur Didier Z... dont Claude X... a été déclaré coupable; que les juges énoncent que la réparation doit s'étendre à tous les chefs de dommages, aussi bien matériels que moraux, découlant des éléments constitutifs de l'accusation portée et retenue contre l'accusé;

Attendu qu'en prononçant ainsi, la Cour a fait l'exacte application de l'article 3 du Code de procédure pénale;

D'où il suit que le moyen doit être écarté;

Et attendu que l'arrêt est régulier en la forme;

REJETTE le pourvoi.

Résumé: Aux termes de l'article 3 du Code de procédure pénale, l'action civile est recevable pour tous chefs de dommage, aussi bien matériels que moraux, qui découlent des faits, objet de la poursuite. Est dès lors recevable la constitution de partie civile de personnes victimes de faits caractérisant la préméditation d'une tentative de meurtre commise sur un tiers.

(Cour de cassation – Chambre criminelle du 24 janvier 1996 – N° de pourvoi: 95-84250).

• Action civile – Fondement – Infraction – Préjudice résultant directement des infractions retenues – Vol avec destruction

Contre l'arrêt de la cour d'appel de NÎMES, chambre correctionnelle, en date du 16/04/1998, qui, dans la procédure suivie contre X... pour vol aggravé, a prononcé sur les intérêts civils.

Aux termes de l'article 3 du C.P.P., l'action civile est recevable pour tous chefs de dommages, aussi bien matériels que corporels ou moraux, qui découlent des faits objet de la poursuite. Justifie sa décision la cour d'appel qui, pour déclarer 2 mineurs responsables des conséquences dommageables d'un vol de véhicule aggravé par sa destruction, retient notamment que le vol du fourgon et la destruction de celui-ci procèdent d'une conception et action uniques et indivisibles.

(Cour de cassation – Chambre criminelle du 22 juin 1999 – N° de pourvoi: 98-84.749).

• Mineur victime – Instruction – Partie civile – Constitution – Réitération après la majorité – Nécessité *(non)*

Contre l'arrêt de la chambre de l'instruction de la cour d'appel de PARIS, en date du 03/10/2002, qui, dans l'information suivie contre Claude Z... du chef d'agression sexuelle aggravée, a déclaré sans objet l'appel formé par la partie civile contre l'ordonnance de non-lieu rendue par le juge d'instruction.

Attendu que, d'une part, les actes accomplis au nom du mineur, partie civile, au cours de la procédure d'instruction, n'ont pas à être réitérés par celui-ci après sa majorité.

(Cour de cassation – Chambre criminelle du 17 septembre 2003 – N° de pourvoi: 02-87.391).

• Infraction au Code de l'urbanisme – Responsabilité civile – Maire – Faute – Faute personnelle détachable du service

Contre l'arrêt de la cour d'appel de GRENOBLE, chambre correctionnelle, en date du 24/11/2004, qui, pour infraction au Code de l'urbanisme, l'a condamné à 1 000 € d'amende et a prononcé sur les intérêts civils.

Mais attendu qu'en se reconnaissant ainsi compétente pour statuer sur la responsabilité civile du prévenu, maire ayant agi dans l'exercice de ses fonctions, sans rechercher si la faute imputée à celui-ci présentait le caractère d'une faute personnelle détachable du service, la cour d'appel a méconnu les textes susvisés et le principe rappelé ci- dessus;

D'où il suit que la cassation est encourue de ce chef;

Par ces motifs,

CASSE et ANNULE l'arrêt susvisé de la cour d'appel de Grenoble, en date du 24 novembre 2004, en ses seules dispositions condamnant Jean-Pierre X... à des dommages-intérêts, toutes autres dispositions étant expressément maintenues.

(Cour de cassation – Chambre criminelle du 14 juin 2005 – N° de pourvoi: 05-80.916).

• Séparation des pouvoirs – Agent d'un service public – Délit commis dans l'exercice des fonctions – Faute personnelle détachable – Recherche nécessaire

Contre l'arrêt de la cour d'appel de PARIS, 11e chambre, en date du 30/11/2005, qui, dans la procédure suivie contre lui du chef de diffamation publique envers un particulier, a prononcé sur les intérêts civils.

Ne justifie pas sa décision la cour d'appel qui condamne un maire ayant agi dans l'exercice de ses fonctions à réparer personnellement les conséquences dommageables de la faute qu'il a commise sur le fondement du délit de complicité de diffamation, sans rechercher si celle-ci présentait le caractère d'une faute personnelle détachable du service.

Il n'importe que le prévenu n'ait pas opposé, devant les juges du fond, l'exception dont il pouvait se prévaloir, l'incompétence des juridictions étant en pareil cas d'ordre public.
(Cour de cassation – Chambre criminelle du 20 juin 2006 – N° de pourvoi : 05-87.415).

• Action civile – Partie civile – Constitution – Mise en mouvement de l'action publique – Conditions – Victime ayant personnellement souffert de l'infraction
Contre l'arrêt rendu le 26/10/2005 par la cour d'appel de Paris (12e chambre des appels correctionnels, section A), dans le litige l'opposant à Mme Ana Y..., domiciliée ..., 93700 Drancy, (aide juridictionnelle totale, admission du Bureau du 16/05/2006).

Sauf exceptions légales, le droit de la partie civile de mettre en mouvement l'action publique est une prérogative de la victime qui a personnellement souffert de l'infraction. Dès lors, lorsque l'action publique n'a été mise en mouvement ni par la victime, ni par le ministère public, seule la voie civile est ouverte aux ayants droit de ladite victime pour exercer le droit à réparation reçu en leur qualité d'héritiers (arrêt n° 2, pourvoi n° 06-85.751). Par ailleurs, lorsque le ministère public a mis en mouvement l'action publique et que la victime n'avait pas renoncé à l'action civile, le droit à réparation des préjudices subis par celle-ci est transmis à ses héritiers qui sont recevables à l'exercer devant la juridiction saisie des seuls intérêts civils, peu important que leur auteur n'ait pas introduit d'action à cette fin avant son décès (arrêt n° 1, pourvoi n° 05-87.379)
(Cour de cassation – Assemblée plénière du 9 mai 2008 – N° de pourvoi : 05-87.379).

• Action civile – Préjudice – Réparation – Droit à réparation – Préjudice d'angoisse de mort imminente
Contre l'arrêt de la cour d'appel de NOUMÉA, chambre correctionnelle, en date du 26/04/2011, qui, dans la procédure suivie contre le 1er des chefs d'homicide et de blessures involontaires, a prononcé sur les intérêts civils.

Entre la survenance du fait dommageable et sa mort, la victime demeurée suffisamment consciente pour avoir envisagé sa propre fin peut subir un préjudice particulier, transmissible à ses ayants droit, constitué par l'angoisse d'une mort imminente.
(Cour de cassation – Chambre criminelle du 23 octobre 2012 – N° de pourvoi : 11-83.770).

• Action civile – Préjudice – Réparation – Préjudice corporel – Conditions – Détermination
Contre l'arrêt de la cour d'appel de METZ, chambre correctionnelle, en date du 08/11/2013, qui dans la procédure suivie contre M. Y... prévenu du chef de violences aggravées, a prononcé sur les intérêts civils.

L'absence de blessures présentées par la partie civile ne suffit pas à écarter l'éventualité de préjudices corporels et à limiter la réparation due à celle d'un préjudice moral.
(Cour de cassation – Chambre criminelle du 21 octobre 2014 – N° de pourvoi : 13-87.669).

• Action civile – Extinction de l'action publique – Suivie de l'action civile – Conditions – Existence d'une décision préalablement rendue au fond sur l'action publique
Contre l'arrêt de la cour d'appel de BASSE-TERRE, chambre correctionnelle, en date du 26/11/2013, qui, dans la procédure suivie contre lui du chef de violences aggravées, a constaté l'extinction de l'action publique par autorité de la chose jugée et a prononcé sur les intérêts civils.

Les tribunaux répressifs ne sont compétents pour connaître de l'action civile en réparation du dommage né d'une infraction qu'accessoirement à l'action publique.
Il en résulte que ces tribunaux ne peuvent se prononcer sur l'action civile qu'autant qu'il a été préalablement statué au fond sur l'action publique.
Encourt la censure l'arrêt qui, après avoir constaté que l'action publique était éteinte, déclare recevable une action civile portée devant la juridiction répressive par voie de citation directe à l'encontre d'un prévenu définitivement relaxé par une précédente décision ayant acquis force de chose jugée.
(Cour de cassation – Chambre criminelle du 18 novembre 2014 – N° de pourvoi : 13-88.240).

• Séparation des pouvoirs – Agent d'un service public – Délit commis dans l'exercice des fonctions – Faute personnelle détachable – Action civile – Compétence judiciaire
Contre l'arrêt, en date du 17/11/2014, par lequel la cour d'appel d'AIX-EN-PROVENCE, 7e chambre, s'est déclarée incompétente pour connaître de l'action civile dans la procédure suivie contre M. Gabriel A... du chef de harcèlement moral.
Sans préjudice de la possibilité d'engager, devant la juridiction administrative, la responsabilité de l'État, des collectivités territoriales ou de leurs établissements publics en raison des fautes commises par leurs agents et non dépourvues de tout lien avec le service, les juridictions de l'ordre judiciaire, spécialement la juridiction répressive statuant sur les intérêts civils, sont compétentes pour connaître de la responsabilité personnelle de ces agents lorsque la faute qui leur est reprochée constitue un manquement volontaire et inexcusable à des obligations d'ordre professionnel et déontologique. Méconnaît ce principe l'arrêt d'une cour d'appel qui, après être entré en voie de condamnation contre un maire du chef de harcèlement moral sur des agents communaux, retient, pour déclarer la juridiction répressive incompétente aux fins de statuer sur l'action civile, que les faits, ayant été commis par le prévenu dans le cadre de ses fonctions, ont constitué une faute non détachable du service, alors qu'il résulte de ses énonciations sur l'action publique que, par leur gravité et les objectifs personnels poursuivis par leur auteur, les agissements incriminés étaient susceptibles d'être regardés comme relevant d'un manquement volontaire et inexcusable à des obligations d'ordre professionnel et déontologique.
(Cour de cassation – Chambre criminelle du 29 novembre 2016 – N° de pourvoi : 15-80.229).

• Mineur auteur – Agressions sexuelles aggravées – Pénalement irresponsable – Privation de discernement – Conséquences civiles
Contre l'arrêt de la cour d'appel de ROUEN, chambre spéciale des mineurs, en date du 19/04/2016, qui, dans la procédure suivie contre Dorian Y... du chef d'agressions sexuelles aggravées, a prononcé sur les intérêts civils.

Attendu qu'il se déduit de ces textes qu'en l'absence de disposition spécifique le prévoyant, la juridiction pénale qui déclare un mineur pénalement irresponsable au motif qu'il était privé de discernement au moment de la commission des faits n'a pas compétence pour statuer sur sa responsabilité civile ni celle de ses ayants-droit ; que l'examen des conséquences civiles relève alors de la seule compétence des juridictions civiles.
(Cour de cassation – Chambre criminelle du 8 juin 2017 – N° de pourvoi : 16-83.345).

• Action civile – Escroquerie
CASSATION PARTIELLE sur le pourvoi formé par M. Lamir Z..., contre l'arrêt de la cour d'appel de DOUAI, 6e chambre, en date du 28/08/2017, qui, pour escroquerie commise au préjudice d'un organisme de protection sociale pour

l'obtention d'une allocation ou prestation indue, l'a condamné à 3 ans d'emprisonnement dont 2 ans avec sursis, 5 ans d'interdiction professionnelle, a ordonné une mesure de confiscation et a prononcé sur les intérêts civils.

Attendu qu'en statuant ainsi, et dès lors que les dispositions des articles L. 133-4 et R. 133-9-1 du C. de la sécurité sociale permettant aux caisses de sécurité sociale d'obtenir la répétition des sommes indûment versées aux professionnels de santé en cas d'inobservation des règles de tarification ou de facturation, ou bien en cas de facturation d'actes non effectués ou de prestations et produits non délivrés, ne font pas obstacle à ce que ces organismes exercent, en application de l'article 3 du C.P.P., l'action en réparation du préjudice qu'ils ont subi, la cour d'appel, qui a évalué la réparation des préjudices résultant pour les parties civiles de l'infraction en usant de son pouvoir d'apprécier souverainement, dans la limite des conclusions des parties, l'indemnité propre à réparer le dommage né de l'infraction, a justifié sa décision;

D'où il suit que le moyen ne saurait être accueilli.

(Cour de cassation – Chambre criminelle du 16 janvier 2019 – N° de pourvoi : 17-86.581).

Article 4. – Juridiction civile – *(Loi n° 2007-291 du 5 mars 2007)*

• L'action civile en réparation du dommage causé par l'infraction prévue par l'article 2 peut être exercée devant une juridiction civile, séparément de l'action publique.

• Toutefois, il est sursis au jugement de cette action tant qu'il n'a pas été prononcé définitivement sur l'action publique lorsque celle-ci a été mise en mouvement.

• La mise en mouvement de l'action publique n'impose pas la suspension du jugement des autres actions exercées devant la juridiction civile, de quelque nature qu'elles soient, même si la décision à intervenir au pénal est susceptible d'exercer, directement ou indirectement, une influence sur la solution du procès civil.

J **• Procédure civile – Le criminel tient le civil en l'état – Domaine d'application – Procédure devant le juge des référés *(non)***

Sur le pourvoi formé par la Caisse régionale d'assurances mutuelles agricoles (CRAMA) du Nord-Est Groupama de l'Aube,

en cassation d'un arrêt rendu le 29/06/1994 par la cour d'appel de REIMS (Chambre civile, 1re Section), au profit de la société civile d'exploitation agricole (SCEA) des Aires.

(Cour de cassation – Chambre civile 1 du 13 novembre 1996 – N° de pourvoi : 94-19.574).

• Indemnisation des victimes d'infraction – Indemnité – Provision – Juridiction pénale saisie – Portée

Attendu, selon l'arrêt confirmatif attaqué (Paris, 17 décembre 1999), que M. X..., se prétendant victime d'agressions commises le 2 juin 1995 par M. Y... et le 27 septembre 1995 par M. Z..., a saisi une commission d'indemnisation des victimes d'infractions de requêtes aux fins d'obtenir le versement de deux provisions à valoir sur la réparation des préjudices subis.

Le principe selon lequel « le criminel tient le civil en l'état » n'est pas applicable aux demandes de provision formées devant une commission d'indemnisation des victimes d'infraction.

(Cour de cassation – Chambre civile 2 du 15 novembre 2001 – N° de pourvoi : 12-506).

• Cour d'appel – Refus de surseoir à statuer – Faculté que la loi laisse à sa discrétion

Attendu qu'hors le cas prévu par l'article 4 du C.P.P., en refusant de surseoir à statuer sur le chef de demande relatif au dommage subi par M. X..., la cour d'appel (Paris, 07/02/2000), qui n'était pas tenue de motiver sa décision sur ce point, a exercé une faculté que la loi laisse à sa discrétion; que le moyen qui, en ses diverses branches, critique des motifs surabondants, fussent-ils erronés, est inopérant;

D'où il suit que le moyen ne peut être accueilli en aucune de ses branches;

PAR CES MOTIFS:

REJETTE le pourvoi.

(Cour de cassation – Chambre civile 1 du 2 juillet 2002 – N° de pourvoi : 14-471).

• Chose jugée – Autorité du pénal sur le civil – Appel limité aux intérêts civils – Portée

CASSATION et désignation de juridiction sur le pourvoi formé par la Caisse régionale d'assurance mutuelle agricole, partie intervenante, contre l'arrêt de la cour d'appel de LYON, chambre spéciale des mineurs, en date du 24/10/2006, qui, dans la procédure suivie contre Luc X..., des chefs de vols et blessures involontaires, a prononcé sur les intérêts civils.

Encourt la cassation l'arrêt d'une cour d'appel qui, statuant sur les seuls intérêts civils, déboute la victime, propriétaire d'un véhicule volé, en énonçant qu'elle avait laissé son véhicule ouvert avec les clés sur le tableau de bord, de sorte que la garde de l'automobile n'avait pas été obtenue contre le gré de son propriétaire, alors que la déclaration de culpabilité du prévenu, du chef de vol, passée en force de chose jugée, excluait que la victime ait consenti à la soustraction de son véhicule.

(Cour de cassation – Chambre criminelle du 19 juin 2007 – N° de pourvoi : 06-88.454).

• Chose jugée – Autorité du pénal – Infractions diverses – Faux en écriture privée ou de banque, usage de faux et abus de confiance – Condamnation – Étendue du préjudice – Caractère – Portée

Attendu, selon l'arrêt attaqué, qu'un jugement, irrévocable, d'un tribunal correctionnel a déclaré M. X... coupable de faux en écriture privée ou de banque, d'usage de faux et d'abus de confiance au préjudice de son employeur, la société Banque populaire Toulouse Pyrénées (la banque), et l'a condamné à une peine d'emprisonnement; que la banque a assigné M. X... en réparation de son préjudice matériel; que M. X... a contesté cette demande.

L'étendue du préjudice ne constitue pas le soutien nécessaire de la condamnation pénale pour faux en écriture privée ou de banque, usage de faux et abus de confiance. En conséquence, viole le principe de l'autorité, au civil, de la chose jugée au pénal et les articles 314-1 et 441-1 du C.P. la cour d'appel qui, pour condamner l'auteur d'un détournement de sommes à verser les dommages-intérêts réclamés par la victime, retient que le jugement correctionnel l'a reconnu coupable et qu'il n'appartient pas à la juridiction civile de déterminer l'étendue du droit à réparation.

(Cour de cassation – Chambre civile 2 du 17 avril 2008 – N° de pourvoi : 06-20.992).

• Chose jugée – Autorité pénale – Décisions auxquelles elle s'attache – Définition – Exclusion – Cas – Rappel à la loi

Attendu, selon l'arrêt attaqué (PARIS, 30/06/2006) que M. X..., engagé en qualité de vendeur le 30/10/1989, par la société Frigoccasion, en est devenu le directeur; qu'une des salariés de la société, Mme Y..., a déposé le 28/05/2002 une plainte pénale à l'encontre de M. X... pour menaces sous condition auprès du procureur de la République; que M. X... s'est vu notifier le

22/09/2003 par le délégué du procureur de la République d'Angers un rappel à la loi, suite à ces faits; qu'à l'issue d'une mise à pied à titre conservatoire, M. X... a été licencié le 17/06/2002 pour faute grave; que, contestant ce licenciement, il a saisi la juridiction prud'homale de diverses demandes.

Le rappel à la loi auquel procède le procureur de la République en application de l'article 41-1 du C.P.P. est dépourvu de l'autorité de la chose jugée au pénal sur le civil et n'emporte pas par lui-même preuve du fait imputé à un auteur et de sa culpabilité. Dès lors, n'encourt pas la censure la cour d'appel, statuant en matière prud'homale, qui, ayant apprécié souverainement les éléments de preuve produits, portant notamment sur les faits ayant donné lieu à un rappel à la loi, a estimé ces éléments insuffisamment probants.

(Cour de cassation – Civile – Chambre sociale du 21 mai 2008 – N° de pourvoi: 06-44.948).

• Procédure civile – Sursis à statuer – Pouvoirs des juges – Pouvoir discrétionnaire – Office du juge

Attendu, selon l'arrêt attaqué (Poitiers, 09/05/2007), que M. X... a été engagé par la société Logilog en qualité de responsable logistique après qu'il ait cédé les parts sociales de la société X... logistique à M. Y..., gérant de la société Logilog; que le 03/10/2005 il a saisi la juridiction prud'homale d'une demande en résiliation judiciaire du contrat de travail; qu'il a été licencié le 14/10/2005 pour faute grave.

Si l'al. 3 de l'article 4 du C.P.P. dans sa rédaction issue de la loi n° 2007-291 du 05/03/2007 n'impose pas la suspension du jugement des actions autres que celles de la partie civile, il ne prive par la cour d'appel de la possibilité de prononcer un sursis à statuer dans l'exercice de son pouvoir discrétionnaire.

(Cour de cassation – Chambre sociale du 17 septembre 2008 – N° de pourvoi: 07-43.211).

• Procédure civile – Contrat de travail dissimulé – Ordonnance – Validation de la composition pénale – Sans débat contradictoire

Attendu, selon l'arrêt attaqué (MONTPELLIER, 22/11/2006), que Mme X..., infirmière d'État diplômée, a saisi la juridiction prud'homale pour faire juger qu'un contrat de travail dissimulé l'avait liée à M. Y... du 01/05 au 30/11/2004 et réclamer le paiement de diverses sommes à ce titre; qu'auparavant et à la suite d'une proposition de composition pénale du 26/05/2005 acceptée par M. Y..., pour des faits de travail dissimulé concernant Mme X..., prévoyant le versement d'une amende de composition au Trésor public de 1500 €, une ordonnance en validation de la composition pénale a été rendue le 02/06/2005 par le président du T.G.I. de Narbonne.

Mais attendu que l'ordonnance aux fins de validation de la composition pénale rendue par le président du tribunal en application de l'article 41-2 du C.P.P., sans débat contradictoire à seule fin de réparer le dommage, l'action publique étant seulement suspendue, n'a pas autorité de chose jugée au pénal sur le civil;

Et attendu qu'il n'y a pas lieu de statuer sur la 2de branche du moyen qui ne serait pas de nature à permettre l'admission du pourvoi;

PAR CES MOTIFS:

REJETTE le pourvoi.

(Cour de cassation – Chambre sociale du 13 janvier 2009 – N° de pourvoi: 07-44.718).

• Chose jugée – Autorité du pénal – Étendue – Décision définitive d'une juridiction pénale ayant alloué une indemnisation à une partie au titre de la réparation de l'ensemble de ses préjudices

Attendu, selon l'arrêt attaqué (RIOM, 26/06/2008), que Mme X... a confié à M. Y... la réalisation de travaux dont elle a estimé qu'ils avaient été exécutés de manière défectueuse; qu'un tribunal correctionnel, par un jugement du 25/02/2003, a déclaré M. Y... coupable, notamment, d'usage de faux au préjudice de Mme X..., a reçu celle-ci en sa constitution de partie civile, a déclaré M. Y... responsable du préjudice subi et l'a condamné à verser un euro à titre de dommages-intérêts; que Mme X... ayant ensuite demandé par la voie civile l'indemnisation de son préjudice matériel résultant des malfaçons et celle de son préjudice moral, M. Y... a soulevé la fin de non-recevoir tirée de l'autorité de chose jugée de la décision du tribunal correctionnel.

Une juridiction pénale ayant, par une décision définitive, alloué une indemnisation à une partie au titre de la réparation de l'ensemble de ses préjudices, la nouvelle demande, qui vise à indemniser les mêmes préjudices, formée devant une juridiction civile se heurte à l'autorité de chose jugée.

(Cour de cassation – Chambre civile 2 du 10 novembre 2010 – N° de pourvoi: 09-14.728).

• Chose jugée – Autorité du pénal – Étendue – Définition

L'autorité de la chose jugée au pénal sur le civil s'attache à ce qui a été définitivement, nécessairement et certainement décidé par le juge pénal sur l'existence du fait qui forme la base commune de l'action civile et de l'action pénale, sur sa qualification ainsi que sur la culpabilité de celui à qui le fait est imputé.

Par suite, viole ce principe une cour d'appel qui, saisie d'une demande en annulation d'un testament pour insanité d'esprit de la testatrice, retient que l'autorité de la chose jugée au pénal ne s'impose pas à la juridiction civile, tout en constatant que, pour déclarer la légataire universelle instituée par le testament, coupable du délit d'abus de faiblesse commis au cours de la période pendant laquelle ce testament avait été rédigé, la juridiction pénale avait retenu, par un motif qui en était le soutien nécessaire, que la testatrice ne pouvait manifester sa volonté, caractérisant ainsi son insanité d'esprit lors de la rédaction du testament.

(Cour de cassation – Chambre civile 1 du 24 octobre 2012 – N° de pourvoi: 11-20.442).

• Protection des droits de la personne – Présomption d'innocence – Atteinte – Exclusion – Cas – Condamnation par une juridiction civile – Dépôt antérieur d'une plainte pénale

Attendu, selon l'arrêt attaqué (MONTPELLIER, 25/01/2011), qu'alléguant qu'elles portaient la marque Bosch contrefaite, la société Garage Caballero, à qui la société Etablissements L. Ferrier avait vendu 7 batteries pour automobiles, a dénoncé les agissements qu'elle imputait à son contractant auprès de la direction régionale de la concurrence, de la consommation et de la répression des fraudes, laquelle a ultérieurement saisi le procureur de la République.

Selon l'article 4 du C.P.P., dans sa rédaction issue de la loi n° 2007-291 du 05/03/2007, la mise en mouvement de l'action publique n'impose pas la suspension du jugement des autres actions exercées devant les juridictions civiles, de quelque nature qu'elles soient, même si la décision à intervenir au pénal est susceptible d'exercer, directement ou indirectement, une influence sur la solution du procès-civil.

Il en va de même, a fortiori, au cas de simple dépôt d'une plainte pénale.

Il s'ensuit que le simple exercice par le juge civil de la faculté discrétionnaire que la loi lui ouvre de mener à son terme le procès porté devant lui exclut toute atteinte de sa part à la présomption d'innocence de la personne dont il est amené, le cas échéant, à sanctionner le comportement.

(Cour de cassation – Chambre civile 1 du 31 octobre 2012 – N° de pourvoi: 11-26.476).

• Presse – Abus de la liberté d'expression – Publications interdites – Publication d'actes de procédure criminelle ou correctionnelle avant lecture en audience publique – Préjudice – Action civile en réparation – Action exercée devant le juge civil – Recevabilité – Détermination

Attendu, selon l'arrêt attaqué (PARIS, 22/02/2012), que, faisant valoir que 2 articles publiés dans les éditions des 10/12/2009 et 04/02/2010 de l'hebdomadaire Le Point reproduisaient des extraits d'actes d'une procédure le en violation des dispositions de l'article 38 de la loi du 29/07/1881, M. X... a assigné M. Y..., rédacteur de ces articles, la société d'exploitation de l'hebdomadaire Le Point (Sebdo) et M. Z..., directeur de la publication de celui-ci, en réparation du dommage qu'il prétendait avoir subi du fait de la publication desdits actes.

C'est par une exacte application de l'article 4 du C.P.P. qu'une cour d'appel, ayant constaté que le demandeur sollicitait la réparation du préjudice qu'il prétendait avoir subi du fait de la publication, dans un hebdomadaire, d'extraits de procès-verbaux d'audition dressés par la police judiciaire à l'occasion d'une enquête préliminaire, en violation de l'article 38 de la loi du 29/07/1881, en a déduit qu'il était recevable à saisir le juge civil d'une telle demande.

(Cour de cassation – Chambre civile 1 du 29 mai 2013 – N° de pourvoi : 12-19.101).

Article 4-1. – Exercice action – Juridictions civiles – *(Ordonnance n° 2016-131 du 10 février 2016)*

• L'absence de faute pénale non intentionnelle au sens de l'article 121-3 du Code pénal ne fait pas obstacle à l'exercice d'une action devant les juridictions civiles afin d'obtenir la réparation d'un dommage sur le fondement de l'article 1241 du Code civil si l'existence de la faute civile prévue par cet article est établie ou en application de l'article L. 452-1 du Code de la sécurité sociale si l'existence de la faute inexcusable prévue par cet article est établie.

J **• Séparation des pouvoirs – Maire – Délit commis dans l'exercice des fonctions – Faute non détachable des fonctions du maire – Action civile – Compétence administrative**

Contre l'arrêt de la cour d'appel de POITIERS, chambre correctionnelle, en date du 02/02/2001, qui a renvoyé Bernard C... des fins de la poursuite du chef d'homicide involontaire et s'est déclarée incompétente pour prononcer sur les intérêts civils.

En invitant les parties civiles à mieux se pourvoir sur leur demande de réparation après avoir constaté que la faute de négligence relevée à la charge du prévenu relaxé n'est pas détachable de ses fonctions de maire, la cour d'appel a justifié sa décision sans méconnaître la portée des articles 4-1 et 470-1 du C.P.P., qui n'apportent pas d'exception au principe de la séparation des pouvoirs.

(Cour de cassation – Chambre criminelle du 4 juin 2002 – N° de pourvoi : 01-81.280).

Article 5. – Action devant la juridiction civile

• La partie qui a exercé son action devant la juridiction civile compétente ne peut la porter devant la juridiction répressive. Il n'en est autrement que si celle-ci a été saisie par le ministère public avant qu'un jugement sur le fond ait été rendu par la juridiction civile.

J **• Contrefaçon de marque et bris de scellés – Action civile – Conditions d'application – Identité de parties, d'objet et de cause – Action devant le juge civil en contrefaçon de marque – Action civile dans une poursuite pour réitération de la contrefaçon**

Contre l'arrêt de la cour d'appel de Colmar, chambre correctionnelle, du 17/02/1995, qui, pour contrefaçon de marque et bris de scellés, l'a condamné à 50.000 francs d'amende et a prononcé sur les intérêts civils.

Mais attendu qu'en statuant ainsi, alors que l'action portée par la victime devant le tribunal correctionnel n'avait pas pour objet la réparation du même délit que celui déféré à la juridiction civile, la cour d'appel a méconnu le principe ci-dessus rappelé;

D'où il suit que la cassation est encourue;

Par ces motifs:

I. Sur le pourvoi de Marcel X... :

Le REJETTE;

Résumé: La règle prévue par l'article 5 du Code de procédure pénale n'est applicable à la victime d'une infraction que si l'action qu'elle a portée devant la juridiction civile comporte une identité de cause et d'objet avec celle exercée par elle contre la même partie devant le tribunal correctionnel.

(Cour de cassation – Chambre criminelle du 20 mars 1996 – N° de pourvoi : 95-82255).

• Complicité de travail dissimulé – Fin de non-recevoir

Contre l'arrêt de la cour d'appel de PARIS, chambre 6-1, en date du 08/10/2013, qui, pour complicité de travail dissimulé, les a condamnés respectivement à 100 000 € d'amende et 15 000 € d'amende, a ordonné une mesure de publication et a prononcé sur les intérêts civils;

Attendu qu'il résulte de l'arrêt attaqué et des pièces de procédure que la société de transports aériens, City Jet Limited, société de nationalité irlandaise et ayant son siège social à Dublin, devenue filiale de la société Air France en 2000, a exercé une activité de transport aérien de personnes sur les aéroports de Roissy Charles de Gaulle et Orly, où elle avait immatriculé un établissement, depuis 2002; qu'à la suite de plusieurs contrôles de l'inspection du travail, portant notamment sur la nature de l'activité et le statut des personnels au sol, navigants, commerciaux et techniques, ayant donné lieu à des procès-verbaux d'infractions de travail dissimulé à Roissy et à Orly, la société précitée a été poursuivie devant le tribunal correctionnel du chef de travail dissimulé notamment pour n'avoir pas procédé aux déclarations devant être faites aux organismes de protection sociale; que, courant 2011, 25 salariés de la société City Jet Limited, ont fait citer directement la société Air France ainsi que son directeur général, M. X..., devant le tribunal correctionnel sur le fondement des articles L. 8221-3 et L. 8221-5 du code du travail, pour travail dissimulé; que, le tribunal correctionnel saisi n'a pas joint les deux poursuites mais que l'entier dossier de procédure visant la société City Jet a été communiqué à la société Air France et à M. X...; que, par jugement du 10/04/2012, après qu'a été rendue la décision déclarant la société City Jet coupable des faits reprochés, les premiers juges, requalifiant les faits en complicité de travail dissimulé, ont retenu la culpabilité de la société Air France et de M. X...; que les prévenus, le ministère public et les parties civiles ont relevé appel de cette décision;

En cet état;

Attendu qu'en cet état, et dès lors que la règle electa una via, fondée sur l'article 5 du code de procédure pénale, constitue une fin de non-recevoir, laquelle, aux termes de l'article 385 du code précité, doit être présentée avant toute défense au fond, à peine d'irrecevabilité, la cour d'appel n'encourt pas les griefs allégués au moyen, lequel doit être écarté;

D'où il suit que la cassation est encourue;

Par ces motifs, et sans qu'il y ait lieu d'examiner les autres moyens de cassation proposés:

CASSE et ANNULE, en toutes ses dispositions, l'arrêt susvisé de la cour d'appel de Paris, en date du 08/10/2013, et pour qu'il soit à nouveau jugé, conformément à la loi,

RENVOIE la cause et les parties devant la cour d'appel de Paris, autrement composée, à ce désignée par délibération spéciale prise en chambre du conseil;

DIT n'y avoir lieu à application de l'article 618-1 du code de procédure pénale;

ORDONNE l'impression du présent arrêt, sa transcription sur les registres du greffe de la cour d'appel de Paris et sa mention en marge ou à la suite de l'arrêt annulé;

(Cour de cassation – Chambre criminelle du 18 septembre 2018 – N° de pourvoi: 13-88631).

• Action civile – Electa una via – Exclusion – Juridictions de l'ordre administratif

REJET des pourvois formés par M. M... W... contre les arrêts de la cour d'appel de SAINT-DENIS-DE-LA-RÉUNION (974), *chambre correctionnelle, en date des 29/12/2016 et 11/02/2019, qui, sur renvoi après cassation* (Crim., 15/03/2016, pourvoi n° 15-80.567), *dans la procédure suivie contre lui du chef de harcèlement moral, ont prononcé sur intérêts civils.*

L'exception d'irrecevabilité de l'action civile tirée de l'article 5 du C.P.P. suppose que les demandes d'indemnisation aient été portées devant le juge civil et devant le juge pénal. Il en résulte que ce texte n'est pas applicable lorsque le demandeur à l'action civile devant le juge pénal a également saisi le juge administratif.

(Cour de cassation – Chambre criminelle du 30 mars 2021 – N° de pourvoi: 20-81.516).

Article 5-1. – Compétence de la juridiction civile – *(Loi n° 83-608 du 08 juillet 1983)*

• Même si le demandeur s'est constitué partie civile devant la juridiction répressive, la juridiction civile, saisie en référé, demeure compétente pour ordonner toutes mesures provisoires relatives aux faits qui sont l'objet des poursuites, lorsque l'existence de l'obligation n'est pas sérieusement contestable.

Article 6. – Extinction de l'action publique – *(Loi n° 99-515 du 23 juin 1999)*

• L'action publique pour l'application de la peine s'éteint par la mort du prévenu, la prescription, l'amnistie, l'abrogation de la loi pénale et la chose jugée.

• Toutefois, si des poursuites ayant entraîné condamnation ont révélé la fausseté du jugement ou de l'arrêt qui a déclaré l'action publique éteinte, l'action publique pourra être reprise; la prescription doit alors être considérée comme suspendue depuis le jour où le jugement ou arrêt était devenu définitif jusqu'à celui de la condamnation du coupable de faux ou usage de faux.

• Elle peut, en outre, s'éteindre par transaction lorsque la loi en dispose expressément ou par l'exécution d'une composition pénale; il en est de même en cas de retrait de plainte, lorsque celle-ci est une condition nécessaire de la poursuite.

[J] **• Action publique – Extinction – Retrait de la plainte – Cas – Atteinte à la vie privée**

Contre l'arrêt de la chambre d'accusation de la cour d'appel de Nîmes, en date du 24/04/1996, qui, infirmant, sur le seul appel de la partie civile, l'ordonnance de non-lieu rendue par le juge d'instruction, l'a renvoyé devant le tribunal correctionnel sous la prévention d'atteinte à la vie privée.

Attendu qu'il résulte des pièces produites devant la Cour de Cassation que la victime, Y..., s'est désistée de la plainte avec constitution de partie civile qu'elle avait déposée contre X... du chef d'atteinte à la vie privée;

Que ce désistement, intervenu avant que l'arrêt attaqué n'ait acquis l'autorité de la chose jugée, a pour effet de mettre fin aux poursuites, conformément aux dispositions des articles 226-6 du Code pénal et 6, alinéa 3, du Code de procédure pénale;

Par ces motifs:

DECLARE l'action publique ETEINTE;

DIT n'y avoir lieu à statuer sur le pourvoi.

Résumé: Le délit de l'article 226-1 du Code pénal, qui réprime l'atteinte à l'intimité de la vie privée, ne pouvant, selon l'article 226-6 du même Code, être poursuivi que sur plainte de la victime ou de ses ayants droit, entre dans les prévisions de l'article 6, al. 3, du Code de procédure pénale, selon lequel l'action publique s'éteint en cas de retrait de plainte lorsque celle-ci est une condition nécessaire de la poursuite.

(Cour de cassation – Chambre criminelle du 14 janvier 1997 – N° de pourvoi: 96-82901).

• Violences légères – Amnistie – Dispositions générales – Effets – Qualification – Jugement – Disqualification *(non)*

Contre l'arrêt de la cour d'appel de Nîmes, chambre correctionnelle, en date du 26/03/1996, qui a déclaré amnistiée par la loi du 03/08/1995 la contravention de violences légères reprochées à X..., a confirmé l'irrecevabilité de la constitution de partie civile de l'Union départementale des syndicats CGT du Vaucluse et a statué sur les intérêts civils à l'égard de Marie-Claude Z... et Michel Y...

Attendu que les parties civiles ont soutenu, devant les juges du fond, que les faits, poursuivis comme contravention de violences légères, constituaient en réalité le délit d'atteinte à l'exercice régulier des fonctions de conseiller salarié;

Que, par jugement du 16/11/1994, le tribunal de police a rejeté l'exception d'incompétence ainsi soulevée;

Attendu que, si c'est à tort que la cour d'appel, dont l'arrêt a été rendu après l'entrée en vigueur de la loi du 03/08/1995 amnistiant la contravention de violences légères, a cru devoir prononcer sur cette exception, renouvelée devant elle, au lieu de se borner à constater l'extinction de l'action publique et de statuer sur les intérêts civils, la décision attaquée, néanmoins, n'encourt pas la censure;

Qu'en effet l'amnistie arrête les poursuites à partir du jour de la promulgation de la loi qui l'accorde et s'oppose à ce que les faits amnistiés reçoivent une qualification autre que celle qui leur avait été antérieurement donnée par la prévention et qui a été retenue dans un jugement;

Que, dès lors, le moyen, en ce qu'il reprend devant la Cour de Cassation l'argumentation développée devant les juges du fond et critique un motif surabondant, est irrecevable;

Et attendu que l'arrêt est régulier en la forme ;
REJETTE le pourvoi.
Résumé : L'amnistie arrête les poursuites à partir du jour de la promulgation de la loi qui l'accorde et s'oppose à ce que les faits amnistiés reçoivent une qualification autre que celle qui leur avait été antérieurement donnée par la prévention et qui a été retenue dans un jugement.
(Cour de cassation – Chambre criminelle du 3 mars 1997 – N° de pourvoi : 96-82392).

• Diffamation publique – Ministère public – Signification de la décision
Contre l'arrêt de la cour d'appel de LYON, 4e chambre, en date du 19/09/2017, qui, pour diffamation publique envers un citoyen chargé d'un mandat public, l'a condamné à 3.000 € d'amende dont 1.000 € avec sursis et a prononcé sur les intérêts civils;
Attendu qu'en cas d'inaction du ministère public, il appartient à la partie civile qui a obtenu un jugement de condamnation rendu contradictoirement à son égard et qui doit surveiller la procédure, de faire signifier elle-même, avant l'expiration du délai de prescription, la décision qui n'a pas été prononcée contradictoirement contre le prévenu ;
Mais attendu qu'en statuant ainsi, alors qu'aucun obstacle de droit n'interdisait à la partie civile de faire procéder elle-même à cette signification dans le délai de 3 mois du prononcé de la décision en cas d'inaction du ministère public, la cour d'appel a méconnu les textes susvisés et le principe ci-dessus énoncé ;
D'où il suit que la cassation est encourue de ce chef; qu'elle aura lieu sans renvoi, la Cour de cassation étant en mesure d'appliquer directement la règle de droit et de mettre fin au litige, ainsi que le permet l'article L. 411-3 du code de l'organisation judiciaire
Par ces motifs et sans qu'il y ait lieu d'examiner les autres moyens de cassation et griefs proposés,
CASSE ET ANNULE, en toutes ses dispositions, l'arrêt susvisé de la cour d'appel de Lyon, en date du 19/09/2017 ;
DIT que l'action publique et l'action civile sont éteintes par la prescription ;
DIT n'y avoir lieu à renvoi ;
DIT n'y avoir lieu à application de l'article 618-1 du code de procédure pénale ;
ORDONNE l'impression du présent arrêt, sa transcription sur les registres du greffe de la cour d'appel de Lyon et sa mention en marge ou à la suite de l'arrêt annulé ;
(Cour de cassation – Chambre criminelle du 4 septembre 2018 – N° de pourvoi : 17-85963).

• Fraude fiscale – Impôts et taxes – Dispositions communes – Fraude fiscale – Cumul de poursuites fiscales et pénales – Poursuites exercées devant la juridiction répressive – Décision non définitive du juge de l'impôt déchargeant le prévenu de l'impôt pour un motif de fond – Sursis à statuer – Faculté du juge pénal – Conditions – Risque sérieux de contrariété des décisions – Motivation
REJET du pourvoi formé par M. I… X… contre l'arrêt de la cour d'appel de PARIS, chambre 5-12, en date du 05/03/2018 qui, pour fraude fiscale, l'a condamné à 18 mois d'emprisonnement avec sursis et 30 000 € d'amende et a prononcé sur les demandes de l'administration fiscale, partie civile.
Même lorsque le prévenu de fraude fiscale justifie de l'existence d'une procédure pendante devant le juge de l'impôt tendant à une décharge de l'imposition pour un motif de fond, le juge pénal n'est pas tenu de surseoir à statuer jusqu'à ce qu'une décision définitive du juge de l'impôt soit intervenue. Par exception, il peut prononcer, dans l'exercice de son pouvoir souverain, le sursis à statuer en cas de risque sérieux de contrariété de décisions, notamment en présence d'une décision non définitive déchargeant le prévenu de l'impôt pour un motif de fond. Dans tous les cas, le juge saisi d'une demande de sursis à statuer doit spécialement motiver sa décision. Justifie sa décision, sans insuffisance et sans méconnaître la portée de la réserve d'interprétation émise par le Conseil constitutionnel selon laquelle un contribuable qui a été déchargé de l'impôt par une décision juridictionnelle devenue définitive pour un motif de fond ne peut être condamné pour fraude fiscale, la cour d'appel qui rejette la demande de sursis à statuer jusqu'à la décision de la cour administrative d'appel aux motifs que la société et son gérant, prévenus de fraude fiscale, ont été reconnus par le tribunal administratif redevables du paiement des impôts éludés et que la commission départementale et la commission des infractions fiscales n'ont émis aucune objection sur les opérations de contrôle.
(Cour de cassation – Chambre criminelle du 11 septembre 2019 – N° de pourvoi : 18-81980).

Article 6-1. – Délai de prescription de l'action publique – *(Loi n° 2021-1729 du 22 décembre 2021)*

• Lorsqu'un crime ou un délit prétendument commis à l'occasion d'une poursuite pénale ou d'une instance devant une juridiction impliquerait la violation d'une règle de procédure, l'action publique ne peut être exercée que si le caractère illégal de la poursuite, de la décision intervenue ou de l'acte accompli à cette occasion a été constaté par une décision devenue définitive de la juridiction répressive saisie ou en application des voies de recours prévues par la loi ou le règlement. Le délai de prescription de l'action publique court à compter de cette décision.

• Le présent article est notamment applicable en cas de poursuites sur le fondement de l'article 432-12-1 du Code pénal.

J **• Subornation de témoins – Violation du secret de l'instruction – Atteinte à la vie privée – Lois et règlements – Application dans le temps – Loi de forme ou de procédure – Application immédiate – Domaine d'application – Loi fixant les modalités de la poursuite**
Contre l'arrêt n° 221/96 de la chambre d'accusation de la cour d'appel d'Aix-en-Provence, en date du 08/02/1996 qui a confirmé l'ordonnance de refus d'informer sur sa plainte, des chefs de subornation de témoins, violation du secret de l'instruction.
Résumé : Les dispositions de l'article 6-1 du Code de procédure pénale, issues de la loi du 08/02/1995, entrent dans la catégorie des lois fixant les modalités de la poursuite, dont l'article 112-2.2° du Code pénal impose l'application immédiate à la répression des infractions commises avant leur entrée en vigueur.
(Cour de cassation – Chambre criminelle du 23 janvier 1997 – N° de pourvoi : 96-81388).

• Subornation de témoins – Violation du secret de l'instruction – Action publique – Mise en mouvement – Partie civile – Plainte avec constitution – Crime ou délit commis à l'occasion d'une poursuite judiciaire – Violation d'une disposition de procédure pénale
Contre l'arrêt n° 221/96 de la chambre d'accusation de la cour d'appel d'Aix-en-Provence, en date du 08/02/1996, qui a confirmé l'ordonnance de refus d'informer sur sa plainte, des chefs de subornation de témoins, violation du secret de l'instruction.
Résumé : Les dispositions de l'article 6-1 du Code de procédure pénale ne sont pas incompatibles avec celles des

articles 6 et 13 de la Convention européenne de sauvegarde des droits de l'homme et des libertés fondamentales, dès lors que la personne concernée dispose d'un recours judiciaire préalable en annulation des actes argués d'illégalité.

(Cour de cassation – Chambre criminelle du 28 janvier 1997 – N° de pourvoi : 96-81388).

• Action publique – Mise en mouvement – Crime ou délit commis à l'occasion d'une poursuite judiciaire – Violation d'une disposition de procédure pénale – Décision définitive constatant l'illégalité de la poursuite ou de l'acte accompli – Absence – Portée

Contre l'arrêt de la cour d'appel de PARIS, 11e chambre, en date du 03/05/2000, qui, dans la procédure suivie contre Y..., épouse Z..., et A..., du chef de violation de domicile, atteinte au secret des correspondances et prise de mesures destinées à faire échec à l'exécution des lois, par une personne dépositaire de l'autorité publique, a déclaré sa citation directe irrecevable.

L'obstacle, mis par l'article 6-1 du C.P.P. à l'exercice de l'action publique pour des faits commis à l'occasion d'une poursuite judiciaire et impliquant la violation d'une disposition de procédure pénale est général, les tiers, qui ne peuvent agir en nullité des actes irréguliers devant la juridiction pénale, disposant d'un recours devant la juridiction civile.

(Cour de cassation – Chambre criminelle du 14 février 2001 – N° de pourvoi : 00-83.657).

• Action publique – Mise en mouvement – Crime ou délit commis à l'occasion d'une poursuite judiciaire – Violation d'une disposition de procédure pénale – Cas

Contre l'arrêt de la chambre de l'instruction de la cour d'appel de GRENOBLE, en date du 13/02/2001, qui, dans l'information suivie contre lui des chefs de violences aggravées, faux dans une écriture publique par personne dépositaire de l'autorité publique et complicité, a rejeté sa requête en annulation d'actes de la procédure.

L'exception préjudicielle à l'action publique prévue par l'article 6-1 du C.P.P. n'est applicable que lorsqu'un crime ou un délit prétendument commis à l'occasion d'une poursuite judiciaire implique la violation d'une disposition de procédure pénale. Tel n'est pas le cas lorsque, comme en l'espèce, est dénoncée la relation prétendument inexacte, dans un rapport d'enquête, de l'intervention d'un gendarme auquel sont imputées des violences.

(Cour de cassation – Chambre criminelle du 16 octobre 2001 – N° de pourvoi : 01-85.038).

• Action publique – Mise en mouvement – Crime ou délit commis à l'occasion d'une poursuite judiciaire – Violation d'une disposition de procédure pénale – Exclusion – Cas

Contre l'arrêt de la chambre de l'instruction de la Cour d'appel d'AIX-EN-PROVENCE, en date du 08/06/2005, qui a dit y avoir lieu d'informer sur la plainte de Patricia X..., épouse Y..., des chefs d'arrestation arbitraire, abus d'autorité, menace ou acte d'intimidation envers un avocat et subornation de témoins.

La poursuite du délit de subornation de témoins, à le supposer commis à l'occasion d'une poursuite judiciaire, n'impliquant pas la violation d'une règle de procédure pénale, n'est pas soumise à l'exception préjudicielle à l'action publique édictée par l'article 6-1 du C.P.P.

(Cour de cassation – Chambre criminelle du 27 septembre 2005 – N° de pourvoi : 05-84.032).

• Action publique – Mise en mouvement – Crime ou délit commis à l'occasion d'une poursuite judiciaire – Violation d'une disposition de procédure pénale – Cas

Contre l'arrêt de la chambre de l'instruction de la cour d'appel d'AIX-EN-PROVENCE, en date du 23/02/2005, qui, sur renvoi après cassation, lui a opposé l'exception préjudicielle tirée de l'article 6.1 du C.P.P.

L'exception préjudicielle à l'action publique prévue par l'article 6-1 du C.P.P. est applicable lorsqu'un crime ou un délit prétendument commis à l'occasion d'une poursuite judiciaire impliquerait la violation d'une disposition de procédure pénale.

Tel est le cas lorsqu'il est reproché à un fonctionnaire de police d'avoir, dans un procès-verbal de notification de garde à vue, frauduleusement altéré la vérité quant à l'heure et au lieu de son établissement, les faits dénoncés impliquant la violation des dispositions de l'article 63-1 du C.P.P. qui imposent à l'officier de police judiciaire non seulement de notifier immédiatement à la personne concernée son placement en garde à vue mais encore de consigner par procès-verbal l'accomplissement de cette formalité.

(Cour de cassation – Chambre criminelle du 7 décembre 2005 – N° de pourvoi : 05-81.483).

• Action publique – Mise en mouvement – Crime ou délit commis à l'occasion d'une poursuite judiciaire – Violation d'une disposition de procédure pénale – Exclusion – Cas

Contre l'arrêt de la chambre d'instruction de la cour d'appel de BOURGES, en date du 15/01/2008, qui a refusé d'informer sur leur plainte contre personne non dénommée des chefs de faux et usage de faux en écriture publique, destruction ou soustraction de preuves, et qui a déclaré leur plainte irrecevable du chef de subornation de témoins.

Selon l'article 6-1 du C.P.P., lorsqu'un crime ou un délit est dénoncé comme ayant été commis à l'occasion d'une poursuite judiciaire, l'absence de décision définitive de la juridiction répressive constatant le caractère illégal de la poursuite ou de l'acte accompli ne met obstacle à l'exercice de l'action publique, pour la répression dudit crime ou délit, que lorsque les infractions dénoncés impliqueraient la violation d'une disposition de procédure pénale.

(Cour de cassation – Chambre criminelle du 6 janvier 2009 – N° de pourvoi : 08-81.464).

• Action publique – Mise en mouvement – Crime ou délit commis à l'occasion d'une poursuite judiciaire – Violation d'une disposition de procédure pénale – Décision définitive constatant l'illégalité de la poursuite ou de l'acte accompli – Moment – Détermination

Contre l'arrêt de la chambre de l'instruction de la cour d'appel de PARIS, 6e section, en date du 22/03/2012, qui, dans l'information suivie contre M. Philippe D... et Mme Marie-Christine B..., épouse C..., des chefs de collecte de données à caractère personnel par moyen frauduleux, déloyal ou illicite, violation du secret professionnel et recel de ce délit, atteinte au secret des correspondances par personne dépositaire de l'autorité publique, agissant dans l'exercice ou à l'occasion de ses fonctions, a prononcé sur leurs demandes d'annulation de pièces de la procédure.

Lorsque les délits dénoncés impliquent la violation de dispositions de procédure pénale, l'action publique ne peut être engagée qu'après la constatation définitive du caractère illégal des actes accomplis.

Justifie en conséquence sa décision d'annulation d'une information la chambre de l'instruction qui, après avoir relevé que l'atteinte à la protection des sources dénoncée par les parties civiles impliquait la violation d'une disposition de procédure pénale au sens de l'article 6-1 du C.P.P., retient qu'à la date de mise en mouvement de l'action publique, aucune décision définitive n'avait encore constaté le caractère illégal des réquisitions contestées et que la circonstance que,

postérieurement à l'engagement des poursuites, ce caractère illégal ait été définitivement reconnu n'a pas eu pour effet de valider a posteriori la plainte avec constitution de partie civile.
(Cour de cassation – Chambre criminelle du 25 juin 2013 – N° de pourvoi : 12-82.718).

• Crimes et délits commis par des magistrats et certains fonctionnaires – Crime ou délit commis à l'occasion d'une poursuite judiciaire – Violation d'une disposition de procédure pénale – Action publique – Exercice – Plainte avec constitution de partie civile – Recevabilité – Conditions – Saisine d'une juridiction pénale habilitée à constater le caractère illégal de la poursuite ou de l'acte accompli

Contre l'arrêt de la chambre de l'instruction de la cour d'appel de PARIS, 4e section, en date du 08/10/2014, qui a confirmé l'ordonnance du juge d'instruction refusant d'informer sur sa plainte du chef d'atteinte à la liberté individuelle par personne dépositaire de l'autorité publique.

Si, aux termes de l'article 6-1 du C.P.P., lorsqu'un crime ou un délit prétendument commis à l'occasion d'une poursuite judiciaire implique la violation d'une disposition de procédure pénale, l'action publique ne peut être exercée que si le caractère illégal de la poursuite ou de l'acte accompli à cette occasion a été constaté par une décision devenue définitive de la juridiction répressive saisie, ces dispositions ne sauraient trouver application lorsque la procédure à l'occasion de laquelle l'acte dénoncé aurait été commis n'a donné lieu à la saisine d'aucune juridiction pénale habilitée à constater le caractère illégal de la poursuite ou de l'acte accompli.
(Cour de cassation – Chambre criminelle du 30 mars 2016 – N° de pourvoi : 14-87.251).

Article 7. – Prescription de l'action publique – Crimes – *(Loi n° 2021-478 du 21 avril 2021)*

• L'action publique des crimes se prescrit par 20 années révolues à compter du jour où l'infraction a été commise.

• L'action publique des crimes mentionnés aux articles 706-16,706-26 et 706-167 du présent code, aux articles 214-1 à 214-4 et 221-12 du Code pénal et au livre IV *bis* du même code se prescrit par 30 années révolues à compter du jour où l'infraction a été commise.

• L'action publique des crimes mentionnés à l'article 706-47 du présent code, lorsqu'ils sont commis sur des mineurs, se prescrit par 30 années révolues à compter de la majorité de ces derniers ; toutefois, s'il s'agit d'un viol, en cas de commission sur un autre mineur par la même personne, avant l'expiration de ce délai, d'un nouveau viol, d'une agression sexuelle ou d'une atteinte sexuelle, le délai de prescription de ce viol est prolongé, le cas échéant, jusqu'à la date de prescription de la nouvelle infraction.

• L'action publique des crimes mentionnés aux articles 211-1 à 212-3 du Code pénal est imprescriptible.

J **• Homicide volontaire et tentative d'homicides volontaires – Prescription – Action publique – Suspension – Impossibilité d'agir – Ministère public – Obstacle insurmontable – Définition**

Contre l'arrêt de la chambre d'accusation de ladite cour d'appel, en date du 24/06/1993, qui, sur renvoi après cassation, dans la procédure suivie contre X... pour homicide volontaire et tentative d'homicides volontaires, a déclaré l'action publique éteinte.

Attendu que la voiture des époux Y... ayant le 18/04/1982 renversé plusieurs piétons dont l'un avait été tué, Jean-Pierre Y..., cité directement devant le tribunal correctionnel, a été le 18/11/1982 déclaré coupable d'homicide et de blessures involontaires; que le 21/09/1992 il a déclaré que son épouse, X..., lui ayant pris le volant, avait volontairement lancé la voiture sur les piétons; que X... a été inculpée le 23/09/1992 des chefs d'homicide volontaire et tentative d'homicides volontaires en vertu d'un réquisitoire introductif délivré le même jour;

Attendu qu'en l'absence d'acte de poursuite ou d'instruction entre le 18/04/1982 et le 23/09/1992 quant aux crimes précités, l'avocat de l'inculpée a demandé aux juges de constater la prescription de l'action publique;

Attendu que, pour faire droit à cette demande et pour rejeter l'argumentation du procureur général soutenant que les poursuites pour crimes n'avaient été rendues possibles qu'à partir du 21/09/1992 et que la prescription avait été suspendue jusqu'à cette date en raison de l'impossibilité pour le procureur de la République d'agir de ces chefs, la juridiction du second degré énonce qu'une telle suspension suppose que l'obstacle empêchant les poursuites soit insurmontable; que tel n'était pas le cas en l'espèce, dès lors que les conditions dans lesquelles l'accident s'était produit étaient peu claires, ce qui aurait dû entraîner l'ouverture d'une information; qu'elle observe qu'aucun obstacle de droit ou de fait n'interdisait de procéder à une enquête complémentaire;

Attendu qu'en l'état de ces motifs la chambre d'accusation a justifié sa décision; qu'en effet, il appartient au procureur de la République et aux enquêteurs de vérifier la véracité des déclarations des personnes en cause, la teneur de ces déclarations ne pouvant constituer un obstacle insurmontable à l'exercice des poursuites;

D'où il suit que le moyen ne peut être admis;

Et attendu que l'arrêt est régulier en la forme;

REJETTE le pourvoi.

Résumé: Après une condamnation définitive pour homicide involontaire, le procureur de la République ne peut ouvrir pour les mêmes faits, après l'expiration du délai de prescription de 10 ans, une information pour homicide volontaire, à la suite de nouvelles déclarations du condamné et d'une autre personne en cause.

Les déclarations mensongères faites par l'un et l'autre lors des poursuites initiales ne constituent pas pour le procureur de la République un obstacle insurmontable suspendant la prescription de l'action publique.
(Cour de cassation – Chambre criminelle du 8 août 1994 – N° de pourvoi : 93-84847).

• Délit de fuite – Défaut d'assurance – Prescription – Action publique – Interruption – Acte d'instruction ou de poursuite – Procès-verbal de vaines recherches en vue d'identifier l'auteur de l'infraction

Contre l'arrêt de la cour d'appel de Limoges, chambre correctionnelle, du 15/07/1993, qui l'a condamné, pour délit de fuite, à 45 jours d'emprisonnement et pour défaut d'assurance et contravention au Code de la route à deux amendes de 1.500 francs et 600 francs.

Attendu que les juges répressifs ne peuvent prononcer une peine que si le fait poursuivi constituait une infraction à la date à laquelle il a été commis;

Attendu que les juges d'appel ont, par l'arrêt attaqué du 15/07/1993, condamné le prévenu pour la contravention de défaut de maîtrise dans la conduite d'un véhicule, commise le 10/01/1992, à la peine de 600 francs d'amende, en application des articles R. 11-1 et R. 232.2° du Code de la route;

Mais attendu qu'en statuant ainsi, alors que cette contravention, qui n'était plus réprimée par l'article R. 232.2° précité, dans sa rédaction issue du décret du 28/08/1991, en vigueur à la date des faits, ne tombait pas sous le coup des nouvelles dispositions répressives instituées par le décret du 22/11/1992, la cour d'appel a méconnu le principe ci-dessus rappelé;

D'où il suit que la cassation est encourue;

Par ces motifs:

CASSE ET ANNULE l'arrêt susvisé de la cour d'appel de Limoges, en date du 15 juillet 1993, par voie de retranchement et en ses seules dispositions prononçant contre le demandeur une amende de 600 francs pour contravention au Code de la route;

DIT n'y avoir lieu à renvoi.

Résumé: Constitue un acte d'instruction susceptible d'interrompre la prescription, au sens de l'article 7 du Code de procédure pénale, le procès-verbal établi par un agent de police judiciaire procédant à une enquête préliminaire conformément à l'article 75 dudit Code et relatant les recherches infructueuses effectuées pour identifier l'auteur d'une infraction.

(Cour de cassation – Chambre criminelle du 23 mars 1994 – N° de pourvoi: 93-83719).

• Complicité d'escroquerie – Prescription – Action publique – Interruption – Acte d'instruction ou de poursuite – Infractions connexes

Contre l'arrêt de la cour d'appel de Pau, chambre correctionnelle, en date du 17/10/1995, qui, pour complicité d'escroquerie, l'a condamné à 9 mois d'emprisonnement avec sursis et 10.000 francs d'amende, et a prononcé sur les intérêts civils.

Attendu qu'il résulte de l'arrêt confirmatif attaqué et des pièces de procédure qu'à la suite de la plainte avec constitution de partie civile de la société Sovac, qui exposait n'avoir pu appréhender le matériel agricole nanti, dont elle avait financé le 16/08/1988 l'acquisition par Y... Jeanne, cette dernière a été inculpée le 06/05/1991 de détournement d'objet donné en gage;

Qu'à la suite de réquisitions supplétives du procureur de la république des 7 et 14/10/1991, de 2 ordonnances de refus de plus ample informé rendues par le juge d'instruction les 8 et 16/10/1991 et d'un arrêt de la chambre d'accusation du 19/11/1991 prescrivant la poursuite de l'information, X... Guy, président du conseil d'administration de la société venderesse, a été mis en examen le 22/02/1994 pour faux et complicité d'escroquerie;

Que, par l'arrêt attaqué, Y... Jeanne a été déclarée coupable d'escroquerie et X... Guy de complicité de ce délit;

Attendu que, pour écarter les conclusions du demandeur, soutenant que l'action publique était prescrite à son égard à la date de sa mise en examen, les juges retiennent « que sont constitutifs d'actes interruptifs de prescription tous les actes ayant pour objet de constater les délits et d'en découvrir le ou les auteurs; que, le juge d'instruction étant saisi in rem, l'effet interruptif joue à l'égard de tous les auteurs ou coauteurs que l'information viendrait à révéler », et par conséquent, en l'espèce, « non seulement à l'égard de Mme Y..., mais également à l'égard des autres prévenus »;

Attendu qu'en l'état de ces énonciations, et dès lors qu'en cas d'infractions connexes un acte interruptif de prescription concernant l'une d'elles a nécessairement le même effet à l'égard des autres, la cour d'appel a justifié sa décision sans encourir les griefs allégués;

Et attendu que l'arrêt est régulier en la forme;

REJETTE le pourvoi.

Résumé: En cas d'infractions connexes, un acte interruptif de prescription concernant l'une d'elles a nécessairement le même effet à l'égard de l'autre. Il en est ainsi même si les infractions poursuivies n'ont pas le même auteur.

(Cour de cassation – Chambre criminelle du 6 juin 1996 – N° de pourvoi: 95-85919).

• Complicité et recel d'abus de biens sociaux – Prescription – Action publique – Délai – Point de départ – Abus de biens sociaux

Contre l'arrêt de la chambre d'accusation de la cour d'appel de Nancy, en date du 23/11/1995, qui, statuant sur renvoi de cassation, dans la procédure suivie contre lui des chefs de complicité et recel d'abus de biens sociaux, a rejeté sa demande d'annulation d'actes de la procédure;

Attendu qu'il résulte de l'arrêt attaqué qu'entre 1986 et 1991, A... et Y..., dirigeants de la société C... ont engagé, par contrats de travail, X... et Z... auxquels ont été versées des rémunérations sans contrepartie; que tous quatre sont poursuivis des chefs susvisés;

Attendu qu'après avoir relevé que le procureur de la République avait prescrit une enquête le 10/12/1993, les juges écartent la prescription des faits antérieurs au 10/12/1990, en relevant que ceux-ci n'étaient pas notoires, les emplois en cause ayant été inconnus des salariés de l'entreprise et le commissaire aux comptes n'ayant fait aucune vérification de leur réalité; qu'ils retiennent que la dénonciation des actes reprochés n'a été faite par l'administration des Impôts qu'en 1993, époque à laquelle leur découverte a permis l'exercice de l'action publique;

Mais attendu qu'en se déterminant ainsi, sans répondre aux chefs péremptoires des conclusions déposées par Y... faisant valoir que les salaires reprochés figuraient dans les bilans des exercices concernés, notamment ceux de l'année 1986, et que, faute de dissimulation, la prescription avait commencé à courir à compter de la date de présentation des comptes annuels, la cour d'appel n'a pas donné de base légale à sa décision;

D'où il suit que la cassation est encourue;

Par ces motifs, et sans qu'il y ait lieu d'examiner les autres moyens proposés, portant tant sur l'action publique que sur l'action civile;

I. Sur les pourvois de X... contre l'ordonnance du 24/05/1996 et contre l'arrêt du 23/11/1995:

Les REJETTE;

II. Sur les pourvois contre l'arrêt du 14/11/1997:

CASSE ET ANNULE, en toutes ses dispositions, ledit arrêt de la cour d'appel de Colmar, en date du 14 novembre 1997, et pour qu'il soit jugé à nouveau, conformément à la loi;

RENVOIE la cause et les parties devant la cour d'appel de Besançon.

Résumé: Ne donne pas de base légale à sa décision la cour d'appel qui omet de répondre au chef péremptoire des conclusions du prévenu faisant valoir que les dépenses reprochées figuraient dans les bilans et que, faute de dissimulation, la prescription de l'action publique avait commencé à courir à compter de la présentation des comptes annuels.

(Cour de cassation – Chambre criminelle du 13 octobre 1999 – N° de pourvoi: 96-80774).

• Infanticides – Assassinats aggravés – Prescription – Action publique – Suspension – Obstacle insurmontable à l'exercice des poursuites

Contre l'arrêt de la 5ᵉ chambre de l'instruction de la cour d'appel de Paris, en date du 19/05/2014, qui, sur renvoi après cassation (Crim. 16 octobre 2013, n° 13-85. 232 et 11-89. 002), a rejeté sa demande de constatation d'extinction de l'action publique par prescription et l'a renvoyée devant la cour d'assises du Nord sous l'accusation d'infanticides et d'assassinats aggravés;

Attendu que Mme Y... fait grief à l'arrêt de retenir, pour chacun des meurtres dont elle est accusée, la circonstance aggravante de préméditation alors, selon le moyen, que ni le fait de prendre des précautions pour cacher des grossesses, ni celui de prendre un sac « destiné à contenir le corps de l'enfant » et des serviettes ne caractérisent le dessein de tuer le nouveau-né formé avant sa naissance, mais simplement celui d'en cacher l'existence ; que les juges du fond n'ont pas légalement caractérisé la circonstance aggravante de préméditation ni le dessein réellement forgé avant l'action dans un laps de temps suffisant de supprimer l'enfant à naître ;

Mais attendu que l'arrêt relève que Mme Y... a indiqué, au cours de l'information, avoir préparé, avant son premier accouchement, un sac plastique destiné à contenir le corps de l'enfant, et avoir fait de même avant chaque naissance, ayant même prévu de prendre avec elle un sac et des serviettes lors de son hospitalisation en 1991, et retient que le secret entourant chaque grossesse, les précautions prises pour s'isoler au moment de l'accouchement, sa détermination de ne plus avoir d'enfants, sa volonté de supprimer le fruit des relations incestueuses qu'elle dit avoir eues avec son père, outre la répétition des actes meurtriers, sont autant de charges à son encontre d'avoir prémédité ses actes homicides ;

Qu'en l'état de ces motifs suffisants et exempts de contradiction, la chambre de l'instruction a légalement justifié sa décision ;

Et attendu que l'arrêt est régulier en la forme ;

PAR CES MOTIFS :

REJETTE le pourvoi ;

Résumé : Si, selon l'article 7, al. 1er, du code de procédure pénale, l'action publique se prescrit à compter du jour où le crime a été commis, la prescription est suspendue en cas d'obstacle insurmontable à l'exercice des poursuites.

Justifie sa décision la chambre de l'instruction qui, pour rejeter l'exception de prescription de l'action publique présentée par une personne poursuivie pour homicides volontaires aggravés commis sur ses enfants à leur naissance, retient que nul n'a été en mesure de s'inquiéter de la disparition d'enfants nés clandestinement, morts dans l'anonymat et dont aucun indice apparent n'avait révélé l'existence, caractérisant ainsi un obstacle insurmontable à l'exercice des poursuites, ce dont il résultait que le délai de prescription avait été suspendu jusqu'à la découverte des cadavres

(Cour de cassation – Assemblée plénière 7 novembre 2014 – N° de pourvoi : 14/83739).

• Meurtre – Recel de cadavre – Prescription – Action publique – Suspension – Obstacle insurmontable à l'exercice des poursuites – Dissimulation du corps de la victime *(non)*

Contre l'arrêt de la chambre de l'instruction de la cour d'appel de Lyon, en date du 13/04/2017, qui, dans l'information suivie contre le 1er du chef de meurtre et contre le 2d du chef de recel de cadavre, a prononcé sur la prescription de l'action publique AR ;

Attendu qu'il résulte de ce texte qu'en matière de crime, l'action publique se prescrit par 10 années révolues à compter du jour où le crime a été commis si, dans cet intervalle, il n'a été fait aucun acte d'instruction ou de poursuite ; que seul un obstacle insurmontable à l'exercice des poursuites peut entraîner la suspension du délai de prescription de l'action publique ;

Attendu que, pour écarter l'exception de prescription de l'action publique soulevée par MM. Patrick et Christophe Y..., l'arrêt énonce que, dès que l'origine criminelle de la mort de Mohamed C... a été connue des autorités policières et judiciaires en avril 2015, celles-ci ont immédiatement diligenté les investigations qui s'imposaient ; que les juges retiennent que les auteurs du crime ont dissimulé leur acte en cachant puis en enterrant le cadavre ; que le simple signalement de la famille pour « fugue, disparition de personne » ne pouvait en lui-même laisser supposer l'existence d'un crime, celui-ci n'étant pas accompagné en l'espèce d'éléments pouvant y faire penser et ce d'autant que la personne en cause était susceptible d'avoir disparu, notamment à l'étranger, pour des raisons liées à sa toxicomanie ; que dès lors, s'agissant d'un crime occulte s'accompagnant de manœuvre de dissimulation, le point de départ du délai de prescription de l'action publique doit être reporté à la date à laquelle l'infraction a pu être révélée, le ministère public, ignorant du crime, ne pouvant exercer l'action publique dans le temps de la prescription ;

Mais attendu qu'en statuant ainsi, et alors que la seule dissimulation du corps ne caractérise pas un obstacle insurmontable à l'exercice des poursuites pouvant justifier la suspension de la prescription de l'action publique, la chambre de l'instruction a méconnu le texte susvisé et le principe ci-dessus rappelé ;

D'où il suit que la cassation est encourue de ce chef ;

Qu'en application de l'article 612-1 du code de procédure pénale, et dans l'intérêt d'une bonne administration de la justice, la cassation aura effet à l'égard de M. Christophe Y... ;

Par ces motifs :

CASSE et ANNULE, en toutes ses dispositions, l'arrêt susvisé de la chambre de l'instruction de la cour d'appel de Lyon, en date du 13/04/2017, et pour qu'il soit à nouveau jugé, conformément à la loi ;

RENVOIE la cause et les parties devant la chambre de l'instruction de la cour d'appel de Lyon autrement composée, à ce désignée par délibération spéciale prise en chambre du conseil DAR ;

ORDONNE l'impression du présent arrêt, sa transcription sur les registres du greffe de la cour d'appel de Lyon et sa mention en marge ou à la suite de l'arrêt annulé ;

Résumé : La seule dissimulation du corps de la victime d'un meurtre ne caractérise pas un obstacle insurmontable à l'exercice des poursuites pouvant justifier la suspension de la prescription de l'action publique

(Cour de cassation – Chambre criminelle du 13 décembre 2017 – N° de pourvoi : 17-83330).

Article 8. – Prescription de l'action publique – Délits – *(Loi n° 2021-478 du 21 avril 2021)*

• L'action publique des délits se prescrit par 6 années révolues à compter du jour où l'infraction a été commise.

• L'action publique des délits mentionnés à l'article 706-47 du présent code, lorsqu'ils sont commis sur des mineurs, à l'exception de ceux mentionnés aux articles 222-29-1 et 227-26 du Code pénal, se prescrit par 10 années révolues à compter de la majorité de ces derniers.

• L'action publique des délits mentionnés aux articles 222-12, 222-29-1 et 227-26 du même code, lorsqu'ils sont commis sur des mineurs, se prescrit par 20 années révolues à compter de la majorité de ces derniers.

• Toutefois, s'il s'agit d'une agression sexuelle ou d'une atteinte sexuelle commise sur un mineur, en cas de commission sur un autre mineur par la même personne, avant l'expiration des délais prévus aux 2e et 3e alinéas du présent article, d'une agression sexuelle ou d'une atteinte sexuelle, le délai de prescription de la 1re infraction est prolongé, le cas échéant, jusqu'à la date de prescription de la nouvelle infraction.

• L'action publique du délit mentionné à l'article 434-3 du Code pénal se prescrit, lorsque le défaut d'information concerne une agression ou une atteinte sexuelle commise sur un mineur, par 10 années révolues à compter de la majorité de la victime et, lorsque le défaut d'information concerne un viol commis sur un mineur, par 20 années révolues à compter de la majorité de la victime.

• L'action publique des délits mentionnés à l'article 706-167 du présent code, lorsqu'ils sont punis de 10 ans d'emprisonnement, ainsi que celle des délits mentionnés aux articles 706-16 du présent code, à l'exclusion de ceux définis aux articles 421-2-5 à 421-2-5-2 du Code pénal, et 706-26 du présent code et au livre IV *bis* du Code pénal se prescrivent par 20 années révolues à compter du jour où l'infraction a été commise.

[J] • **Action publique – Délai – Point de départ – Faux et usage de faux.** – *Retenir comme point de départ de la prescription du délit de faux et usage de faux, la date de l'établissement du faux ou de son dernier usage délictueux reviendrait à faire échapper aux rigueurs de la loi pénale une partie importante de faits qui, par définition, sont accomplis dans la clandestinité. Il y a lieu en conséquence de faire courir le délai de prescription triennal du jour de la découverte de l'existence de l'écrit argué de faux* (C.A. Toulouse, Ch. d'Acc., du 7-2-1995 – BCC n° 416).

• **Harcèlement moral – Délai de prescription de l'action publique – Transmission d'un rapport de synthèse d'enquête au procureur de la République**

Contre l'arrêt de la cour d'appel de PARIS, chambre 6-1, en date du 14 janvier 2014, qui, dans la procédure suivie contre lui du chef de harcèlement moral, a prononcé sur les intérêts civils;

« aux motifs que M. X… fait valoir que si le point de départ du délai de prescription se situe lors du dernier agissement de l'agent poursuivi, il résulte des faits de l'espèce que Mme Y… a été arrêtée pour maladie à compter du 3 février 2004, en sorte que le début de cet arrêt maladie sans cesse renouvelé depuis lors fixe de manière incontestable à la fois la date à laquelle cette dernière a quitté son poste de travail et la date des derniers faits de harcèlement moral pouvant lui être reprochés; que M. X…, qui considère que les agissements poursuivis par Mme Y… sont prescrits, faute par celle-ci d'avoir agi devant les juridictions pénales avant la date du 4 février 2007, sollicite la réformation du jugement sur ce point; que, d'une part, en dépit du fait que Mme Y… ait été en congé maladie depuis le 3 février 2004 et que son contrat de travail ait été suspendu à cette date, une telle situation n'exclut pas un éventuel harcèlement moral, les conditions de travail de l'intéressée incluant nécessairement son mode de rémunération, ainsi que la définition de son poste de travail qu'elle pouvait craindre de ne pas retrouver à l'identique à l'issue de son congé maladie; que, d'autre part, la prescription de l'action publique est en l'espèce de trois ans à partir du jour où le délit a été commis si, dans cet intervalle, aucun acte de poursuite n'a été fait mais que, s'il a été diligenté des actes de poursuite dans cet intervalle, le délit se prescrit après trois années révolues à compter du dernier de ces actes; qu'alors que la citation du 20 juillet 2010 vise des faits commis à compter du 20 décembre 2005, il y a lieu de relever que les agissements commis à compter du 20 juillet 2007 ne sont, en tout état de cause, nullement prescrits; qu'au surplus, sur la plainte du 20 décembre 2007 visant essentiellement des faits à compter du 21 mars 2005, tels le refus par M. X… d'exécuter le jugement de cette date, puis l'arrêt du 10 mai 2007 de la cour administrative d'appel Versailles ordonnant de refaire un organigramme ou le refus de lui verser son plein traitement malgré l'arrêt du 10 juillet 2008 de la même cour, le procureur de la République d'Évry a diligenté une enquête faisant ressortir, à la date du 19 juin 2008, date de réception du procès-verbal de synthèse par le parquet, qu'il existait une ou plusieurs raisons plausibles de présumer que l'infraction de harcèlement moral avait été commise par M. X…; qu'en dépit du classement sans suite de la plainte pour « infraction insuffisamment caractérisée » à la date du 5 mars 2009, la prescription des faits a été interrompue par les diligences du procureur de la République et n'a repris son cours qu'à partir du 19 juin 2008 en sorte que les agissements postérieurs au 19 juin 2005 n'étaient pas prescrits à la date de la citation du 20 juillet 2010;

« alors qu'en matière de délit, l'action publique se prescrit par trois années révolues à compter du jour où le délit a été commis si, dans cet intervalle, il n'a été fait aucun acte d'instruction ou de poursuite; que ne saurait constituer un acte d'instruction ou de poursuite ni la réception du procès-verbal de synthèse par le parquet ni le classement sans suite qui s'en est suivi; qu'en estimant qu'en dépit du classement sans suite de la plainte de Mme Y… du 20 décembre 2007, les faits postérieurs au 19 juin 2005 n'étaient pas prescrits à la date de la citation du 20 juillet 2010 dès lors que la prescription avait été interrompue par les diligences du procureur de la République et n'avait repris son cours qu'à partir du 19 juin 2008, date de réception du procès-verbal de synthèse par le parquet, quand un tel événement ne pouvait caractériser ni un acte d'instruction ni un acte de poursuite, la cour d'appel a violé les textes susvisés »;

Attendu que, pour écarter l'exception de la prescription de l'action publique présentée par M. X… pour la période antérieure au 20 juillet 2007, l'arrêt retient que le cours de celle-ci a été interrompu par les diligences du procureur de la République à la suite de la plainte de Mme Y… et n'a repris qu'à partir du 19 juin 2008, date de la réception, par ce magistrat, d'un procès-verbal de synthèse; que les juges, après avoir retenu à l'encontre du prévenu des agissements constitutifs de harcèlement moral, le condamnent à payer à Mme Y… une indemnité représentant son préjudice moral et à la société d'assurances le montant des indemnités journalières versées à son assurée durant toute la période visée à la prévention;

Mais attendu qu'en prononçant ainsi, alors que, d'une part, le procès-verbal en cause ne constituait pas un acte de poursuite ou d'instruction, d'autre part, si la juridiction du second degré, saisie après un jugement de relaxe, des seuls intérêts civils, doit se borner à établir, le cas échéant, une faute civile commise par le prévenu, elle ne peut le faire que dans la limite des faits objet de la poursuite, soit nécessairement pour la seule période visée par la prévention et en l'absence de prescription de l'action publique, la cour d'appel a méconnu les textes susvisés et le principe ci-dessus rappelé;

D'où il suit que la cassation est encourue de ce chef;

Par ces motifs, et sans qu'il soit besoin d'examiner les autres moyens de cassation proposés:

CASSE et ANNULE, en toutes ses dispositions, l'arrêt susvisé de la cour d'appel de Paris, en date du 14 janvier 2014, et pour qu'il soit à nouveau jugé, conformément à la loi,

(Cour de cassation – Chambre criminelle du 3 novembre 2015 – N° de pourvoi: 14-80844).

• **Prescription – Action publique – Suspension – Obstacle insurmontable à l'exercice des poursuites – Cas – Dissimulation du corps de la victime** *(non)*

CASSATION sur les pourvois formés par M. Patrick Y…, M. Jérôme Y…, contre l'arrêt de la chambre de l'instruction de la cour d'appel de LYON, en date du 13/04/2017, qui, dans l'information suivie contre le 1er du chef de meurtre et contre le 2d du chef de recel de cadavre, a prononcé sur la prescription de l'action publique AR.

La seule dissimulation du corps de la victime d'un meurtre ne caractérise pas un obstacle insurmontable à l'exercice des poursuites pouvant justifier la suspension de la prescription de l'action publique.
(Cour de cassation – Chambre criminelle du 13 décembre 2017 – N° de pourvoi : 17-83.330).

• Prescription – Action publique – Délai – Point de départ – Harcèlement moral
REJET du pourvoi formé par M. K... U..., partie civile, contre l'arrêt de la chambre de l'instruction de la cour d'appel de PARIS, 6e section, en date du 07/06/2018, qui, dans l'information suivie sur sa plainte contre personne non dénommée, du chef de harcèlement moral, a confirmé l'ordonnance de non-lieu rendue par le juge d'instruction.

La prescription de l'action publique, pour le délit de harcèlement moral, ne commence à courir qu'à compter du dernier acte de harcèlement incriminé.
(Cour de cassation – Chambre criminelle du 19 juin 2019 – N° de pourvoi : 18-85.725).

Article 9. – Prescription de l'action publique – Contraventions – *(Loi n° 2017-242 du 27 février 2017)*

• L'action publique des contraventions se prescrit par une année révolue à compter du jour où l'infraction a été commise.

J **• Infractions à la législation sur le travail temporaire – Prescription de l'action publique**
Contre l'arrêt de la cour d'appel de RENNES, 12e chambre, en date du 3 juillet 2014, qui, pour infraction à la législation sur le travail temporaire, entrave au fonctionnement régulier du comité d'entreprise et tenue irrégulière du registre unique du personnel, l'a condamnée à 10 000 euros d'amende, trois mille cent soixante-cinq amendes de 50 euros, et a prononcé sur les intérêts civils;
Attendu qu'il résulte de l'arrêt attaqué, des pièces de procédure et des procès-verbaux de l'inspection du travail, base de la poursuite, que la société Cummins Filtration, exerçant une activité de fabrication de filtres diesel, qui employait six cents salariés dont cent vingt intérimaires, a annoncé courant décembre 2008 que les contrats de travail temporaire n'étaient pas reconduits; qu'en mars 2009, la société a indiqué qu'une restructuration susceptible d'entraîner la suppression de quatre-vingt-cinq emplois allait intervenir; que l'inspecteur du travail a dressé deux procès-verbaux, le premier pour recours abusif à des contrats de travail temporaire et licenciement collectif sans notification à l'autorité administrative, le second pour entrave au fonctionnement régulier du comité d'entreprise, faute de consultation préalable à l'arrêt du recours au travail temporaire, et tenue irrégulière du registre unique du personnel; que, poursuivie de ces chefs, la société Cummins Filtration a été relaxée, la preuve n'étant pas rapportée que les motifs invoqués pour le recours au travail temporaire étaient inexistants; que le procureur de la République et les parties civiles ont relevé appel de ce jugement;
Attendu que, selon ces textes, la prescription de l'action publique en matière de contravention est d'une année révolue;
Attendu qu'il résulte des pièces de procédure qu'aucun acte d'instruction ou de poursuite n'a été fait entre le 9 mars 2012, date du dernier appel, et le 15 janvier 2014, date des mandements aux fins de citation établis par le procureur général;
Attendu, qu'en prononçant comme elle l'a fait et alors que l'action publique concernant les contraventions de tenue irrégulière du registre unique du personnel, était déjà prescrite au jour de l'audience, la cour d'appel a méconnu les textes susvisés et le principe ci-dessus rappelé;
D'où il suit que la cassation est encourue de ce chef;
Par ces motifs, et sans qu'il soit besoin d'examiner les autres moyens de cassation proposés:
CASSE et ANNULE l'arrêt susvisé de la cour d'appel de Rennes, en date du 3 juillet 2014, mais en ses seules dispositions ayant statué sur les contraventions de tenue irrégulière du registre unique du personnel et ayant prononcé de ce chef trois mille cent soixante-cinq amendes de 50 euros, toutes autres dispositions étant expressément maintenues;
(Cour de cassation – Chambre criminelle du 10 mai 2016 – N° de pourvoi : 14-85318).

Article 9-1. – Prescription de l'action publique – Crime – Clonage reproductif – *(Loi n° 2018-703 du 3 août 2018)*

• Le délai de prescription de l'action publique du crime prévu à l'article 214-2 du code pénal, lorsqu'il a conduit à la naissance d'un enfant, court à compter de la majorité de ce dernier.

• Par dérogation au 1er alinéa des articles 7 et 8 du présent code, le délai de prescription de l'action publique de l'infraction occulte ou dissimulée court à compter du jour où l'infraction est apparue et a pu être constatée dans des conditions permettant la mise en mouvement ou l'exercice de l'action publique, sans toutefois que le délai de prescription puisse excéder 12 années révolues pour les délits et 30 années révolues pour les crimes à compter du jour où l'infraction a été commise.

• Est occulte l'infraction qui, en raison de ses éléments constitutifs, ne peut être connue ni de la victime ni de l'autorité judiciaire.

• Est dissimulée l'infraction dont l'auteur accomplit délibérément toute manœuvre caractérisée tendant à en empêcher la découverte.

J **• Abus de confiance – Prescription – Action publique – Délai – Point de départ – Abus de biens sociaux**
LA SOCIETE LAGUIGNERAYE EXPERTISE, partie civile,
Contre l'arrêt de la chambre d'accusation de la cour d'appel de FORT-de-FRANCE, en date du 09/11/1999, qui, dans l'information suivie contre Joseph X... pour abus de confiance, a confirmé l'ordonnance de non-lieu rendue par le juge d'instruction.

Attendu que, pour constater la prescription de l'action publique, la chambre d'accusation, après avoir rappelé qu'en matière d'abus de biens sociaux, le point de départ de la prescription triennale doit être fixé au jour où le délit est apparu et a pu être constaté dans des conditions permettant l'exercice de l'action publique, énonce qu'en l'occurrence les plaignants qui avaient pris en charge la société civile professionnelle le 22/07/1991 étaient en mesure de vérifier, dès cette date, les comptes de la société laissés par Joseph X... et découvrir les détournements de fonds imputés à ce dernier;
Attendu qu'en l'état de ces motifs, la chambre d'accusation a justifié sa décision;
D'où il suit que le moyen doit être écarté;
Et attendu que l'arrêt est régulier en la forme;

REJETTE le pourvoi.
(Cour de cassation – Chambre criminelle du 6 septembre 2000 – N° de pourvoi : 99-87.412).

• **Abus de confiance – Abus de biens sociaux et recel – Prescription – Action publique – Délai – Point de départ**
Contre l'arrêt de la cour d'appel de GRENOBLE, chambre correctionnelle, en date du 20/09/2000, qui les a condamnés, le 1er, pour abus de biens sociaux et recel, à 20 mois d'emprisonnement avec sursis et 300000 francs d'amende, le 2d, pour abus de confiance, abus de biens sociaux et recel, à 15 mois d'emprisonnement avec sursis et 100000 francs d'amende, et qui a prononcé sur les intérêts civils.

Il se déduit des articles L. 223-23 et L. 225-254 nouveaux du Code de commerce que la prescription de l'action publique du chef d'abus de biens sociaux court, sauf dissimulation, à compter de la présentation des comptes annuels par lesquels les dépenses litigieuses sont mises indûment à la charge de la société. Encourt dès lors la censure l'arrêt qui, après avoir énoncé que les charges indues figurent dans les comptes annuels à la rubrique où elles doivent trouver leur place, fait courir le délai de prescription à compter d'une date postérieure à celle de la présentation des comptes, sans caractériser en quoi les opérations litigieuses auraient été dissimulées et le commissaire aux comptes empêché d'en découvrir l'existence.
(Cour de cassation – Chambre criminelle du 27 juin 2001 – N° de pourvoi : 00-87.414).

• **Abus de biens sociaux – Prescription – Action publique – Délai – Point de départ**
Contre l'arrêt n° 270 de la chambre de l'instruction de la cour d'appel de LIMOGES, en date du 20/12/2001, qui, dans l'information suivie contre X..., notamment du chef d'abus de biens sociaux, a constaté la prescription des faits antérieurs au 22/02/1996.

Ne donne pas de base légale à sa décision la chambre de l'instruction qui, pour constater la prescription des faits d'abus de biens sociaux reprochés au dirigeant de fait d'une société anonyme d'économie mixte sportive qui avait reçu des commissions injustifiées pour le recrutement de joueurs, relève que, si les conditions précises dans lesquelles celui-ci avait perçu ces commissions, dissimulées sous l'apparence d'une comptabilité régulière en la forme, n'étaient pas connues, les vérifications opérées dans le cadre des contrôles et audits financiers avaient immanquablement conduit à suspecter des anomalies de gestion, alors que, d'une part, des indices de mauvaise gestion n'impliquent pas nécessairement de la part des dirigeants d'une société un comportement entrant dans les prévisions de l'article L. 242-6 du Code de commerce, que, d'autre part, les juges n'ont pas tiré les conséquences légales de leurs propres constatations relatives à la dissimulation des commissions.
(Cour de cassation – Chambre criminelle du 7 mai 2002 – N° de pourvoi : 02-80.796).

• **Prescription – Action publique – Délai – Point de départ – Abus de confiance**
Contre l'arrêt n° 272 de la chambre de l'instruction de la cour d'appel de LIMOGES, en date du 20/12/2001, qui, dans l'information suivie contre lui, notamment du chef d'abus de confiance, a confirmé l'ordonnance du juge d'instruction, refusant de constater la prescription de l'action publique.
En matière d'abus de confiance, le prescription ne court que du jour où le délit est apparu et a pu être constaté dans des conditions permettant l'exercice de l'action publique. Il appartient aux juges du fond de rechercher à quelle date ont pu être constatés les faits caractérisant un abus de confiance et leur appréciation est souveraine dès lors que les motifs ne contiennent ni insuffisance ni contradiction.
(Cour de cassation – Chambre criminelle du 7 mai 2002 – N° de pourvoi : 02-80.638).

• **Abus de confiance – Action publique – Prescription – Point de départ – Détermination**
Contre l'arrêt de la cour d'appel de NIMES, chambre correctionnelle, en date du 19/10/2001, qui les a déboutées de leurs demandes, après relaxe de Richard Z... du chef d'abus de confiance.

Attendu qu'en matière d'abus de confiance, le point de départ de la prescription se situe au moment où le détournement est apparu et a pu être constaté ;
Attendu qu'il résulte de l'arrêt attaqué que Richard Z..., agent de la compagnie d'assurance l'UAP, a reçu de celle-ci le remboursement de deux contrats libre Epargne précédemment souscrits et réclamés par les parties civiles, représentant 2 sommes d'un montant respectif de 21600 francs et 17762 francs dont son compte en banque a été crédité les 14/12/1988 et 21/07/1989 à charge pour lui d'en remettre la contrepartie aux plaignantes ;
Attendu que, pour déclarer l'action publique éteinte par l'effet de la prescription, les juges retiennent que les versements, faisant suite à une demande de remboursement des intéressées, leur avait été notifiés directement par la compagnie d'assurance et que celles-ci avaient eu, dès lors, connaissance des détournements pour la période de temps révélée par les paiements ;
Mais attendu qu'en statuant ainsi, sans rechercher à quelle date avait été constaté le refus ou l'impossibilité par le prévenu de restituer les sommes qui lui avaient été remises avec mandat de les rendre ou représenter, la cour d'appel n'a pas donné de base légale à sa décision ;
D'où il suit que la cassation est encourue ;
Par ces motifs,
CASSE et ANNULE, en ses seules dispositions civiles, l'arrêt susvisé de la cour d'appel de Nîmes, en date du 19/10/2001, et pour qu'il soit jugé à nouveau, conformément à la loi, dans les limites de la cassation ainsi prononcée.
(Cour de cassation – Chambre criminelle du 16 octobre 2002 – N° de pourvoi : 01-88.142).

• **Abus de biens sociaux – Complicité et recel** – Éléments constitutifs – Usage des biens ou du crédit contraire à l'intérêt de la société – Versement de salaires rémunérant un emploi fictif – Infraction consommée lors de chaque paiement indu
Contre l'arrêt de la cour d'appel de BESANCON, en date du 14/03/2002, qui, sur renvoi après cassation, a relaxé Jean-Georges X..., Pierre Y..., Gaston Z... et Francine A..., des chefs d'abus de biens sociaux, complicité et recel.

Le délit d'abus de biens sociaux résultant du versement de salaires rémunérant un emploi fictif est une infraction instantanée, consommée lors de chaque paiement indu.
Encourt, dès lors, la censure, l'arrêt qui, pour déclarer prescrits les abus de biens sociaux reprochés aux dirigeants d'une société ayant engagé par contrats de travail, conclus en novembre 1986, deux personnes qui ont perçu des salaires jusqu'en décembre 1991, bien que les prestations de travail correspondantes n'aient pas été fournies, énonce que le délit d'abus de biens sociaux est une infraction instantanée constituée en tous ses éléments le jour de la conclusion des contrats de travail litigieux, soit plus de trois ans avant le premier acte interruptif de prescription, et qu'elle n'a pas été réitérée à chaque perception indue de salaires.
(Cour de cassation – Chambre criminelle du 28 mai 2003 – N° de pourvoi : 02-83.544).

• **Abus de biens sociaux – Prescription – Action publique – Délai – Point de départ**
LA SOCIETE LAMBDA , partie civile, contre l'arrêt de la chambre d'accusation de la cour d'appel de PARIS, en date du

02/12/1998, qui, dans l'information suivie contre Jean-Luc X... du chef d'abus de biens sociaux, a rejeté sa demande de supplément d'information et a partiellement fait droit à la demande d'annulation de pièces formée par celui-ci.

La prescription de l'action publique du chef d'abus de biens sociaux court, sauf dissimulation, à compter de la présentation des comptes annuels par lesquels les dépenses litigieuses sont mises indûment à la charge de la société.

Encourt dès lors la censure l'arrêt qui fait courir le point de départ de la prescription à compter de l'approbation par les assemblées générales des sociétés, de conventions de versement d'honoraires à un tiers, en rémunération de prestations pour partie fictives, alors que l'usage contraire à l'intérêt social résultait non des conventions mais de leurs modalités d'exécution et que celles-ci devaient faire l'objet, à la fin de chaque exercice, d'un rapport spécial des commissaires aux comptes dont la présentation aux assemblées générales constituait le point de départ du délai de prescription.

(Cour de cassation – Chambre criminelle du 8 octobre 2003 – N° de pourvoi : 02-81.471).

• **Abus de biens sociaux – Prescription**

Contre l'arrêt de la cour d'appel de GRENOBLE, chambre correctionnelle, en date du 22/06/2005, qui, pour abus de biens sociaux, l'a condamné à 30 mois d'emprisonnement dont 15 mois avec sursis et mise à l'épreuve, 150 000 € d'amende et a prononcé sur les intérêts civils.

Attendu que, pour écarter la prescription relative au délit d'abus de biens sociaux résultant de la prise en charge indue par la Société française de décontamination (SOFD), de frais de location d'un logement au profit d'Auguste X..., l'arrêt énonce que, si les dépenses litigieuses ont été comptabilisées dans les comptes annuels de l'entreprise, la présentation desdits comptes à l'assemblée générale des associés, les 19/05/1992 et 18/06/1993, n'a pas fait courir le délai de prescription dès lors que la délibération du conseil d'administration de cette société, autorisant l'engagement de cette dépense, est, d'une part entachée d'irrégularité, le prévenu ayant pris part à son vote, et, d'autre part, ne porte pas sur les frais annexes ;

Mais attendu qu'en prononçant ainsi, sans caractériser la dissimulation des opérations litigieuses, la cour d'appel a méconnu les textes susvisés et les principes sus énoncés ;

D'où il suit que la cassation est encourue de ce chef ;

Que toutefois la peine prononcée contre Auguste X... et les dommages-intérêts dont il a été déclaré personnellement redevable étant justifiés par sa condamnation du chef d'abus de biens sociaux au préjudice des sociétés GEP, GEG et GEGA la cassation à intervenir doit l'être par voie de simple retranchement ;

Par ces motifs :

CASSE et ANNULE, par voie de retranchement, l'arrêt susvisé de la cour d'appel de Grenoble, en date du 22/06/2005, en ses seules dispositions ayant déclaré le prévenu coupable d'abus de biens sociaux au préjudice de la Société française de décontamination, toutes autres dispositions étant expressément maintenues.

(Cour de cassation – Chambre criminelle du 14 juin 2006 – N° de pourvoi : 05-85.912).

• **Recel – Abus de biens sociaux – Société – Société en général – Prescription – Délai – Point de départ**

REJET des pourvois formés par X... Philippe, Y...Bernard, Z...Bernard, contre l'arrêt de la cour d'appel de Paris 9ᵉ chambre, en date du 15/09/2006, qui a condamné, les deux premiers, pour abus de biens sociaux, à 5 000 € d'amende et, le troisième, pour recel, à 6 mois d'emprisonnement avec sursis et 50 000 € d'amende.

Justifie sa décision écartant la prescription de l'action publique en matière d'abus de biens sociaux, l'arrêt qui énonce que l'absence de prestation de travail correspondant aux rémunérations perçues par le prévenu (poursuivi pour avoir recelé ces sommes), n'est apparue et n'a pu être constatée dans des conditions permettant l'exercice de l'action publique que moins de 3 ans avant le premier acte interruptif de prescription.

(Cour de cassation – Chambre criminelle du 14 novembre 2007 – N° de pourvoi : 06-87.378).

• **Abus de position dominante – Réglementation économique – Libre concurrence – Prescription – Délai – Point de départ**

Contre l'arrêt de la chambre de l'instruction de la cour d'appel de LYON, en date du 20/12/2006, qui, dans l'information suivie, sur sa plainte, contre Olivier X... et la société CYTEC INDUSTRIES BV du chef d'abus de position dominante, a constaté la prescription de l'action publique.

Le délit d'abus de position dominante, résultant de la conclusion d'un contrat d'approvisionnement exclusif, se prescrit à compter du dernier acte d'exécution dudit contrat.

(Cour de cassation – Chambre criminelle du 19 mars 2008 – N° de pourvoi : 07-80.473).

• **Abus de biens sociaux et recel – Prescription**

Contre l'arrêt de la chambre de l'instruction de la cour d'appel de BESANÇON, en date du 16/11/2011, qui, dans l'information suivie sur sa plainte, contre personne non dénommée, des chefs d'abus de biens sociaux et recel, a confirmé l'ordonnance de non-lieu rendue par le juge d'instruction.

Attendu que, pour confirmer l'ordonnance de non-lieu, l'arrêt, après avoir rappelé que la prescription de l'action publique du chef d'abus de biens sociaux court, sauf dissimulation, à compter de la présentation des comptes annuels faisant apparaître les dépenses concernées, énonce, notamment, qu'il n'existe en l'espèce aucun élément permettant de retenir la moindre dissimulation ayant conduit à une découverte tardive des faits dénoncés, à les supposer établis ; que les juges ajoutent qu'ainsi, le délai de prescription de trois ans était écoulé lors du dépôt de la plainte le 02/11/2001, qu'il ait commencé à courir au jour du rachat de la société, le 29/02/1996, ou lors de la présentation des comptes annuels devant intervenir dans les 6 mois de la clôture de l'exercice 1996, soit au plus tard le 01/07/1997 ;

Attendu qu'en prononçant ainsi, la chambre de l'instruction a justifié sa décision ;

D'où il suit que le moyen, inopérant en sa seconde branche, ne peut être admis ;

Et attendu que l'arrêt est régulier en la forme,

REJETTE le pourvoi.

(Cour de cassation – Chambre criminelle du 30 janvier 2013 – N° de pourvoi : 12-80.107).

• **Organisation frauduleuse d'insolvabilité et recel – Prescription**

Contre l'arrêt de la chambre de l'instruction de la cour d'appel de BASTIA, en date du 21/01/2015, qui, dans l'information suivie contre M. André X... des chefs d'organisation frauduleuse d'insolvabilité et recel, a constaté l'extinction de l'action publique par prescription.

Attendu qu'en prononçant ainsi, et dès lors que, d'une part, la fixation d'un point de départ spécifique de la prescription par l'article 314-8, al. 3, du C.P. exclut son report en raison du caractère occulte d'éléments constitutifs du délit, d'autre part, une procédure d'exequatur rendue nécessaire pour la saisie d'un bien à l'étranger ne modifie pas la date de la condamnation définitive, point de départ de la prescription, la chambre de l'instruction a justifié sa décision.

(Cour de cassation – Chambre criminelle du 12 juillet 2016 – N° de pourvoi : 15-80.923).

• Recel de détournement de fonds publics – Prescription

Contre l'arrêt de la cour d'appel de METZ, chambre correctionnelle, en date du 25/02/2015, qui, pour recel de détournement de fonds publics, l'a condamné à 40 jours-amende à 40 €, et a prononcé sur les intérêts civils.

Attendu qu'en se déterminant ainsi, la cour d'appel a fait l'exacte application de la loi ;

Qu'en effet, les dispositions des articles 203 du C.P.P. et 321-3 à 321-5 du C.P. impliquent que le recel du produit d'un détournement de fonds publics ne saurait commencer à se prescrire avant que l'infraction dont il procède soit apparue et ait pu être constatée dans des conditions permettant l'exercice de l'action publique.

(Cour de cassation – Chambre criminelle du 28 février 2017 – N° de pourvoi : 15-81.969).

• Infractions au Code de l'environnement – Déchets – Prescription – Dissimulation

La société [2] a formé un pourvoi contre l'arrêt de la cour d'appel de CAEN (14), chambre correctionnelle, en date du 19/04/2021, qui, sur renvoi après cassation (Crim., 02/05/2018, n° 17-81.643), dans la procédure suivie contre elle du chef d'infractions au code de l'environnement, a prononcé sur les intérêts civils.

Si le délit prévu par l'article L. 541-6 du Code de l'environnement, consistant à abandonner, déposer ou faire déposer des déchets dans des conditions contraires aux dispositions du même code, est une infraction qui se prescrit à compter du jour où les faits la consommant ont été commis, le délai de prescription de l'action publique ne commence à courir, lorsque les actes irréguliers ont été dissimulés ou accomplis de manière occulte, qu'à partir du jour où ils sont apparus et ont pu être constatés dans des conditions permettant l'exercice des poursuites.

(Cour de cassation – Chambre criminelle du 12 avril 2022 – N° de pourvoi : 21-83.696).

Article 9-2. – Prescription de l'action publique – Interruption – *(Loi n° 2021-478 du 21 avril 2021)*

• Le délai de prescription de l'action publique est interrompu par :

• 1° Tout acte, émanant du ministère public ou de la partie civile, tendant à la mise en mouvement de l'action publique, prévu aux articles 80, 82, 87, 88, 388, 531 et 532 du présent code et à l'article 65 de la loi du 29 juillet 1881 sur la liberté de la presse ;

• 2° Tout acte d'enquête émanant du ministère public, tout procès-verbal dressé par un officier de police judiciaire ou un agent habilité exerçant des pouvoirs de police judiciaire tendant effectivement à la recherche et à la poursuite des auteurs d'une infraction ;

• 3° Tout acte d'instruction prévu aux articles 79 à 230 du présent code, accompli par un juge d'instruction, une chambre de l'instruction ou des magistrats et officiers de police judiciaire par eux délégués, tendant effectivement à la recherche et à la poursuite des auteurs d'une infraction ;

• 4° Tout jugement ou arrêt, même non définitif, s'il n'est pas entaché de nullité.

• Tout acte, jugement ou arrêt mentionné aux 1° à 4° fait courir un délai de prescription d'une durée égale au délai initial.

• Le présent article est applicable aux infractions connexes ainsi qu'aux auteurs ou complices non visés par l'un de ces mêmes acte, jugement ou arrêt.

• Le délai de prescription d'un viol, d'une agression sexuelle ou d'une atteinte sexuelle commis sur un mineur est interrompu par l'un des actes ou l'une des décisions mentionnés aux 1° à 4° intervenus dans une procédure dans laquelle est reprochée à la même personne une de ces mêmes infractions commises sur un autre mineur.

J **• Action publique – Prescription – Interruption – Acte d'instruction ou de poursuite – Procès-verbaux – Procès-verbaux recueillant la plainte de la victime**

Contre l'arrêt de la chambre d'accusation de la cour d'appel de VERSAILLES, en date du 10/02/1998, qui l'a renvoyé devant la cour d'assises des Hauts-de-Seine, sous l'accusation de viols sur mineures de 15 ans par personne ayant autorité et délits connexes.

Les procès-verbaux établis par les officiers et agents de police judiciaire pour l'exécution de la mission qui leur est confiée par l'article 14 du C.P.P. constituent des actes d'instruction au sens du premier alinéa de l'article 7 du C.P.P. Tel est le cas du procès-verbal recueillant la plainte de la victime d'une infraction.

(Cour de cassation – Chambre criminelle du 23 juin 1998 – N° de pourvoi : 98-81.849).

• Action publique – Prescription – Interruption – Acte d'instruction ou de poursuite – Procès-verbaux – Procès-verbaux recueillant la plainte de la victime

Contre l'arrêt de la chambre d'accusation de la cour d'appel de MONTPELLIER, en date du 18/05/2000, qui, après avoir constaté l'extinction de l'action publique pour les faits concernant cette partie civile, a renvoyé Georges X... devant la cour d'assises de l'Aveyron sous l'accusation de viols aggravés.

Les procès-verbaux établis par les officiers et agents de police judiciaire pour l'exécution de la mission qui leur est confiée par l'article 14 du C.P.P. constituent des actes d'instruction au sens du premier alinéa de l'article 7 du C.P.P. Tel est le cas du procès-verbal d'audition d'une personne qui dénonce, à l'occasion d'une plainte portée contre elle, des infractions dont elle aurait été victime.

(Cour de cassation – Chambre criminelle du 7 juin 2001 – N° de pourvoi : 00-85.973).

• Action publique – Prescription – Interruption – Acte d'instruction ou de poursuite – Acte du procureur de la République tendant à la recherche et à la poursuite des infractions à la loi pénale – Demande adressée à une administration

Contre l'arrêt de la chambre de l'instruction de la cour d'appel de PARIS, en date du 02/07/2001, qui, dans l'information suivie contre Emile E..., des chefs d'enlèvements et séquestrations, a constaté l'extinction de l'action publique par prescription pour les faits qualifiés d'enlèvement.

Interrompt le cours de la prescription tout acte du procureur de la République tendant à la recherche et à la poursuite

des infractions à la loi pénale. Il en est ainsi d'une demande adressée à une Administration pour l'interroger sur le sort de personnes disparues de façon suspecte.
(Cour de cassation – Chambre criminelle du 20 février 2002 – N° de pourvoi : 01-85.042).

• Action publique – Prescription – Interruption – Acte d'instruction ou de poursuite – Arrêt de la chambre de l'instruction, statuant sur les nullités de la procédure
Contre l'arrêt de la cour d'appel de NANCY, chambre correctionnelle, en date du 26/04/2001, qui, dans la procédure suivie contre Renaud X... pour menaces, faux, usage de faux et recel, a constaté l'extinction de l'action publique par la prescription.

L'arrêt de la chambre de l'instruction statuant sur une requête en nullité de la procédure constitue un acte d'instruction ayant pour effet d'interrompre la prescription.
(Cour de cassation – Chambre criminelle du 5 mars 2002 – N° de pourvoi : 01-83.870).

• Action publique – Prescription – Interruption – Acte d'instruction ou de poursuite – Réquisitoire du ministère public – Réquisitoire tendant à la confirmation d'une ordonnance de non-lieu
Contre l'arrêt de la chambre de l'instruction de la cour d'appel de FORT-DE-FRANCE, en date du 10/07/2003, qui, dans l'information suivie contre personne non dénommée du chef d'atteintes aux systèmes de traitement automatisé de données a constaté l'extinction de l'action publique par la prescription.

Tout réquisitoire du ministère public constitue un acte interruptif de prescription au sens des articles 7 et 8 du C.P.P. tel est le cas, notamment, du réquisitoire du procureur général tendant à la confirmation d'une ordonnance de non-lieu.
(Cour de cassation – Chambre criminelle du 27 avril 2004 – N° de pourvoi : 03-85.328).

• Action publique – Prescription – Interruption – Acte d'instruction ou de poursuite – Instructions aux fins d'enquête du procureur de la République – Incompétence territoriale du ministère public – Effet
Contre l'arrêt n° 3 de la cour d'appel de PARIS, 9e chambre, en date du 20/10/2003, qui, pour fraude fiscale, l'a condamné à 18 mois d'emprisonnement avec sursis, a ordonné la publication et l'affichage de la décision et a prononcé sur les demandes de l'administration des Impôts, partie civile.

Dès lors que l'incompétence territoriale du ministère public n'est pas manifeste lors du dépôt de la plainte de l'administration des Impôts pour fraude fiscale, les instructions aux fins d'enquête du procureur de la République ainsi que tous les autres actes de poursuite de ce magistrat interrompent valablement la prescription.
(Cour de cassation – Chambre criminelle du 3 juin 2004 – N° de pourvoi : 03-87.113).

• Action publique – Prescription – Interruption – Acte d'instruction ou de poursuite – Citation directe – Incompétence territoriale de la juridiction – Effet
Contre l'arrêt de la cour d'appel de DOUAI, 6e chambre, en date du 08/09/2003, qui, dans la procédure suivie contre la société FUEL ARTOIS du chef des infractions prévues aux articles 410 et 411 du Code des douanes, a déclaré son action prescrite.

La saisine d'une juridiction dont l'incompétence territoriale est manifeste au moment où elle est saisie n'interrompt pas la prescription. Tel est le cas lorsque l'administration des Douanes, bien qu'elle connaisse le lieu où a été commis le délit, cite son auteur devant la juridiction dans le ressort duquel se trouve le siège du service de douane qui a centralisé, collationné et analysé les résultats de l'enquête.
(Cour de cassation – Chambre criminelle du 8 septembre 2004 – N° de pourvoi : 03-86.098).

• Action publique – Prescription – Interruption – Acte d'instruction ou de poursuite – Acte du procureur de la République tendant à la recherche et à la poursuite des infractions à la loi pénale – Demande adressée à une Administration
Contre l'arrêt de la cour d'appel de DOUAI, 9e chambre, en date du 15/12/2004, qui, pour infraction à la police de la pêche en mer, l'a condamné à 53 287 € d'amende.

A le caractère d'un acte de poursuite, interruptif de prescription, le soit-transmis par lequel le procureur de la République communique au directeur départemental des affaires maritimes, un procès-verbal d'infraction à la police de la pêche en mer et sollicite, en même temps que son avis, l'indication des textes spécifiques à même de servir de fondement aux poursuites, en lui faisant connaître qu'il envisage, d'ores et déjà, une citation directe dès le retour de cet avis.
(Cour de cassation – Chambre criminelle du 28 juin 2005 – N° de pourvoi : 05-80.307).

• Action publique – Prescription – Interruption – Acte d'instruction ou de poursuite – Transmission d'un mandement de citation par le procureur Général au procureur de la République en vue de la saisine de l'huissier
Contre l'arrêt de la cour d'appel d'AIX-EN-PROVENCE, 13e chambre, en date du 25/10/2004, qui, pour violences, a condamné, le 1er, à 15 jours d'emprisonnement avec sursis et, le 2d, à 4 mois d'emprisonnement avec sursis et a prononcé sur les intérêts civils.

Le mandement de citation transmis par le procureur général au procureur de la République en vue de la saisine de l'huissier constitue, au sens de l'article 7 du C.P.P., un acte de poursuite qui interrompt le cours de la prescription de l'action publique à la date de sa transmission.
(Cour de cassation – Chambre criminelle du 13 décembre 2005 – N° de pourvoi : 04-87.489).

• Action publique – Prescription – Interruption – Acte d'instruction ou de poursuite – Transmission pour compétence du procureur de la République à un officier du ministère public
CASSATION sur le pourvoi formé par l'officier du ministère public près la juridiction de proximité de STRASBOURG, contre le jugement de ladite juridiction, en date du 11/05/2006, qui, après avoir constaté la prescription de l'action publique, a relaxé Eduard X... du chef de blessures mortelles involontaires à animal domestique.

L'acte par lequel le procureur de la République transmet une procédure, pour compétence, en application de l'article 44 du C.P.P., à un officier du ministère public constitue un acte de poursuite interruptif de prescription.
(Cour de cassation – Chambre criminelle du 6 février 2007 – N° de pourvoi : 06-86.760).

• Action publique – Prescription – Interruption – Acte d'instruction ou de poursuite – Commission rogatoire délivrée par un juge d'instruction
Contre l'arrêt de la cour d'appel de TOULOUSE, chambre correctionnelle, en date du 27/11/2007, qui, dans la procédure

suivie des chefs de vols aggravés et tentative de vol aggravé contre François X... et Jean Y..., a constaté l'extinction de l'action publique.

Encourt la cassation l'arrêt qui, pour confirmer un jugement ayant fait droit à une exception de prescription de l'action publique, énonce que des commissions rogatoires qui ne tendaient qu'à vérifier l'adresse des mis en examen et à s'assurer du respect des obligations du contrôle judiciaire étaient des actes de pure forme dépourvus d'effet interruptif de la prescription.

En effet, quel que soit son objet, une commission rogatoire délivrée par un juge d'instruction constitue un acte interruptif de prescription au sens de l'article 7 du C.P.P.

(Cour de cassation – Chambre criminelle du 12 novembre 2008 – N° de pourvoi : 08-80.381).

• Action publique – Prescription – Interruption – Acte d'instruction ou de poursuite – Acte du procureur de la République tendant à la recherche et à la poursuite des infractions à la loi pénale – Définition – Cas

Contre l'arrêt de la cour d'appel d'AIX-EN-PROVENCE, 7e chambre, en date du 06/05/2008, qui, pour infraction au code de l'urbanisme, l'a condamné à 3000 €.

Le soit-transmis par lequel le procureur de la République invite à remettre en état la construction dans un délai déterminé a le caractère d'un acte de poursuite interruptif de prescription en ce qu'il manifeste la volonté du ministère public de poursuivre, en l'absence de régularisation, l'exercice de l'action publique d'amende et a ordonné, sous astreinte, la remise en état des lieux.

(Cour de cassation – Chambre criminelle du 13 janvier 2009 – N° de pourvoi : 08-84.459).

• Action publique – Prescription – Interruption – Acte d'instruction ou de poursuite – Note adressée par un juge d'instruction dans le cadre d'une commission rogatoire internationale – Cas

Contre l'arrêt de la cour d'appel d'AIX-EN-PROVENCE, 5e chambre, en date du 30/01/2008, qui les a condamnés, le 1er, pour abus de biens sociaux, faux, complicité de faux, détournement de gage, complicité de falsification de chèque et d'usage, à 2 ans d'emprisonnement, 50000 € d'amende, le 2d, pour faux, falsification de chèque et usage, complicité d'abus de biens sociaux, à 2 ans d'emprisonnement avec sursis, 30000 € d'amende, et a prononcé sur les intérêts civils.

La note adressée par un juge d'instruction aux autorités compétentes d'un État étranger saisies d'une commission rogatoire internationale et précisant, à leur demande, les éléments nécessaires à son exécution, est un acte d'instruction interruptif de prescription, au sens de l'article 7 du C.P.P.

(Cour de cassation – Chambre criminelle du 11 février 2009 – N° de pourvoi : 08-81.731).

• Action publique – Prescription – Interruption – Acte d'instruction ou de poursuite – Acte du procureur de la République tendant à la recherche et à la poursuite des infractions à la loi pénale – Cas

Contre l'arrêt de la chambre de l'instruction de la cour d'appel d'AIX-EN-PROVENCE, en date du 09/03/2011, qui, dans l'information suivie, sur leur plainte, contre personne non dénommée du chef de violation de domicile aggravée, a confirmé l'ordonnance de non-lieu rendue par le juge d'instruction après avoir constaté l'extinction de l'action publique par la prescription.

Interrompt le cours de la prescription de l'action publique tout acte du procureur de la République tendant à la recherche et à la poursuite des infractions à la loi pénale.

Il en est ainsi d'une lettre adressée par un procureur de la République au président d'une chambre départementale des huissiers de justice, pour lui demander de provoquer les explications d'un huissier de justice à la suite du dépôt d'une plainte et de les lui transmettre assorties d'un avis motivé.

(Cour de cassation – Chambre criminelle du 1er février 2012 – N° de pourvoi : 11-83.072).

• Action publique – Prescription – Interruption – Acte d'instruction ou de poursuite – Requête du ministère public portant devant le tribunal un incident contentieux relatif à l'exécution d'une sentence pénale

Contre l'arrêt de la cour d'appel de DIJON, chambre correctionnelle, en date du 09/02/2011, qui, dans la procédure suivie contre, notamment, la société coopérative Les caves des vignerons de Buxy, des chefs d'infractions à la législation sur les contributions indirectes et à la réglementation sur l'assainissement du marché du vin, a constaté la prescription de l'action fiscale.

La requête par laquelle, en application de l'article 711 du C.P.P., auquel il n'est pas dérogé en matière de contributions indirectes, le ministère public porte devant le tribunal un incident contentieux relatif à l'exécution d'une sentence pénale est un acte de poursuite interruptif du délai de prescription.

(Cour de cassation – Chambre criminelle du 31 mai 2012 – N° de pourvoi : 11-84.687).

• Action publique – Prescription – Interruption – Acte d'instruction ou de poursuite – Plaintes au procureur de la République *(non)*

Contre l'arrêt de la cour d'appel de POITIERS, chambre correctionnelle, en date du 01/09/2011, qui, pour abus de biens sociaux, l'a condamné à 2500 € d'amende, et a prononcé sur les intérêts civils.

Une plainte adressée au procureur de la République ne constitue pas un acte de poursuite ou d'instruction et n'a pas d'effet interruptif de la prescription de l'action publique.

(Cour de cassation – Chambre criminelle du 11 juillet 2012 – N° de pourvoi : 11-87.583).

• Action publique – Prescription – Interruption – Acte d'instruction ou de poursuite – Acte du procureur de la République tendant à la recherche ou la poursuite des infractions – Requête en désignation d'un juge d'instruction à la suite de l'annulation de l'ordonnance de renvoi devant le tribunal correctionnel – Effet interruptif *(oui)*

Contre l'arrêt de la cour d'appel de TOULOUSE, chambre correctionnelle, en date du 22/11/2012, qui, dans la procédure suivie contre M. David X... des chefs d'infraction à la réglementation financière avec l'étranger et escroquerie en bande organisée et contre MM. Hippolyte Y... et Michel Z... pour ce dernier délit, a constaté l'extinction des actions publique et fiscale par prescription.

En application de l'article 8 du C.P.P., interrompt la prescription de l'action publique tout acte du procureur de la République tendant à la recherche ou à la poursuite des infractions.

Tel est le cas de la requête en désignation d'un nouveau juge d'instruction présentée par le procureur de la République à la suite de l'annulation de l'ordonnance de renvoi devant le tribunal correctionnel, cette requête manifestant la volonté de son auteur de poursuivre l'exercice de l'action publique.

(Cour de cassation – Chambre criminelle du 22 janvier 2014 – N° de pourvoi : 12-88.211).

• **Action publique – Prescription – Interruption – Acte d'instruction ou de poursuite – Réponses adressées par l'administration aux instructions et demandes du parquet** *(non)*

Contre l'arrêt n° 239 de la cour d'appel de VERSAILLES, 9e chambre, en date du 28/06/2013, qui, pour infractions au code de l'urbanisme, l'a condamné à 12 000 € d'amende, a ordonné la remise en état des lieux sous astreinte, et a prononcé sur les intérêts civils.

Ne constituent pas des actes interruptifs de prescription les réponses apportées par l'administration aux instructions et demandes du parquet.

(Cour de cassation – Chambre criminelle du 4 novembre 2014 – N° de pourvoi : 13-85.379).

• **Action publique – Prescription – Interruption – Acte d'instruction ou de poursuite – Acte de transmission d'une commission rogatoire internationale par un magistrat de liaison – Exclusion – Portée**

Contre l'arrêt de la chambre de l'instruction de la cour d'appel de PARIS, 4e section, en date du 20/11/2013, qui, dans l'information suivie, sur sa plainte, contre personne non dénommée du chef de diffamation publique envers un particulier, a confirmé l'ordonnance de non-lieu rendue par le juge d'instruction.

Le soit-transmis par lequel un magistrat de liaison communique aux autorités du pays dans lequel il est en fonction une commission rogatoire internationale est un simple acte d'administration de la justice ne pouvant être considéré comme un acte d'instruction ou de poursuite susceptible d'interrompre la prescription de l'action publique.

Dès lors, justifie sa décision la chambre de l'instruction qui confirme l'ordonnance du juge d'instruction constatant la prescription de l'action publique sur une plainte assortie de constitution de partie civile pour diffamation publique envers un particulier, aucun acte d'instruction ou de poursuite n'ayant été effectué dans le délai de prescription de 3 mois suivant la délivrance de la commission rogatoire internationale.

(Cour de cassation – Chambre criminelle du 3 mars 2015 – N° de pourvoi : 14-80.094).

• **Action publique – Prescription – Interruption – Acte d'instruction ou de poursuite – Ordonnance du juge d'instruction – Cas – Avis de transport sur les lieux donné au procureur de la République**

REJET des pourvois formés par la société Veolia Propreté Nord Normandie, M. Jean Y..., M. Yann-Marie C... , M. Jean-Robert Z..., M. Robert D... , contre l'arrêt de la chambre de l'instruction de la cour d'appel de PARIS, 3e section, en date du 02/06/2017, qui, dans l'information suivie contre eux, notamment des chefs de mise en danger de la vie d'autrui, a infirmé l'ordonnance du juge d'instruction du 23/06/2016, constatant l'extinction de l'action publique par l'acquisition de la prescription AR.

L'avis donné par le juge d'instruction au procureur de la République en application de l'article 92 du C.P.P. est interruptif de prescription.

(Cour de cassation – Chambre criminelle du 19 décembre 2017 – N° de pourvoi : 17-83.867).

• **Action publique – Prescription – Interruption – Compte-rendu du service enquêteur au procureur de la République – Transmission de la procédure**

Contre l'arrêt de la cour d'appel de VERSAILLES, 9e chambre, en date du 20/04/2017, qui, pour abus de confiance, l'a condamné à 6 mois d'emprisonnement avec sursis et 10 000 € d'amende, et a prononcé sur les intérêts civils.

Mais attendu qu'en l'état de ces constatations, dont il résulte qu'aucun acte interruptif de prescription n'avait été accompli entre la réquisition du 19/04/2012 et la citation du 15/10/2015, la prescription de l'action publique n'étant pas interrompue par le compte rendu effectué par le service enquêteur au procureur de la République, ni par la transmission de la procédure d'enquête à celui-ci, quand bien même il les aurait sollicités, la prescription était acquise ;

D'où il suit que la cassation est encourue ; qu'elle aura lieu sans renvoi, la Cour de cassation étant en mesure d'appliquer directement la règle de droit et de mettre fin au litige, ainsi que le permet l'article L. 411-3 du C. de l'organisation judiciaire ;

Par ces motifs, et sans qu'il y ait lieu d'examiner le deuxième moyen de cassation proposé :

CASSE et ANNULE, en toutes ses dispositions, l'arrêt susvisé de la cour d'appel de Versailles, en date du 20/04/2017.

(Cour de cassation – Chambre criminelle du 5 avril 2018 – N° de pourvoi : 17-85.166).

• **Action publique – Prescription – Interruption – Acte d'instruction ou de poursuite – Procès-verbaux – Procès-verbaux recueillant la plainte de la victime**

Contre l'arrêt de la cour d'appel de LYON, 4e chambre, en date du 20/03/2018, qui, pour infractions à la réglementation sur le travail à temps partiel, les a condamnés, la 1re, à 58 amendes de 100 €, le 2d, à 58 amendes de 75 €, et a prononcé sur les intérêts civils.

Attendu que pour écarter l'exception prise de la prescription des faits, la cour d'appel énonce que les procès-verbaux dressés par les inspecteurs du travail dans l'exercice de leurs attributions de police judiciaire, conformément aux dispositions des articles L. 611-1 et L. 611-10 du C. du travail, devenus les articles L. 8112-1 et suivants dudit code, à l'effet de constater les infractions, doivent être regardés, au sens de l'article 7 du C.P.P., comme des actes d'instruction ou de poursuite par lesquels, en vertu de ce texte et des articles 8 et 9 du même code, se trouve interrompue la prescription ; qu'elle ajoute qu'il résulte du procès-verbal établi le 01/06/2015 que le contrôleur du travail s'est rendu le 26/02/2015 dans les locaux de la prévenue pour y constater des contraventions commises entre janvier et mars 2014, en sorte que la prescription de l'action publique est acquise pour la période du 01/01 au 25/02/2014 ;

Mais attendu qu'en prononçant ainsi, alors que le déplacement de l'inspecteur du travail dans les locaux de la société Atouts prestations n'était pas interruptif de prescription, la cour d'appel a méconnu les textes susvisés et le principe ci-dessus énoncé ;

D'où il suit que la cassation est encourue ;

Par ces motifs, et sans qu'il y ait lieu d'examiner l'autre moyen proposé :

CASSE et ANNULE, en toutes ses dispositions, l'arrêt susvisé de la cour d'appel de Lyon, en date du 20/03/2018 et pour qu'il soit à nouveau jugé, conformément à la loi.

(Cour de cassation – Chambre criminelle du 21 mai 2019 – N° de pourvoi : 18-82.574).

• **Action publique – Prescription – Délai – Interruption – Ordonnance pénale**

REJET sur le pourvoi formé par M. P... L... contre le jugement du tribunal de police d'EVRY, en date du 01/10/2018, qui, pour contravention au code de la route, l'a condamné à 35 € d'amende.

Attendu que le demandeur ne saurait invoquer la prescription de l'action publique sur le fondement de l'article 9-2 du C.P.P. ;

Qu'en effet, selon le 4° de ce texte, le délai de prescription de l'action publique est interrompu par tout jugement, même non définitif, s'il n'est pas entaché de nullité et que tel est le cas de l'ordonnance pénale ;

D'où il suit que le moyen n'est pas fondé ;

Et attendu que le jugement est régulier en la forme;
REJETTE le pourvoi.
(Cour de cassation – Chambre criminelle du 21 janvier 2020 – N° de pourvoi: 19-81.066).

• Action publique – Prescription – Extinction
CASSATION du pourvoi formé par l'officier du ministère public près le tribunal de police de PARIS contre le jugement dudit tribunal, en date du 05/06/2019, qui, dans la procédure suivie contre Mme C... E... épouse P... et la société GetS Bat, du chef de non-transmission de l'identité et de l'adresse du conducteur d'un véhicule, a constaté l'extinction de l'action publique par prescription.

Attendu que, pour déclarer l'action publique éteinte par la prescription, le jugement énonce que le réquisitoire aux fins de citation est daté du 19/03/2019;
Mais attendu qu'en se déterminant ainsi, alors que le délai de prescription d'un an, couru à compter de la commission des faits le 27/05/2017, a été interrompu par la délivrance du titre exécutoire de l'amende forfaitaire majorée du 23/03/2018, laquelle a fait courir un nouveau délai d'1 an qui n'était pas expiré lors des mandements de citation du 19/03/2019 ayant abouti à la signification des citations, le tribunal a méconnu les textes susvisés et le principe ci-dessus énoncé;
D'où il suit que la cassation est encourue;
PAR CES MOTIFS, la Cour:
CASSE et ANNULE, en toutes ses dispositions, le jugement susvisé du tribunal de police de Paris, en date du 05/06/2019, et pour qu'il soit à nouveau jugé, conformément à la loi.
(Cour de cassation – Chambre criminelle du 21 janvier 2020 – N° de pourvoi: 19-84.450).

• Infractions à la législation sur les contributions indirectes – Acte d'instruction ou de poursuite – Procès-verbal – Agents administration douanes – Attributions police judiciaire
La société [1] a formé un pourvoi contre l'arrêt de la cour d'appel de DIJON (21), chambre correctionnelle, en date du 02/07/2020, qui, pour infractions à la législation sur les contributions indirectes, l'a condamnée à des amendes et pénalités fiscales et au paiement des droits fraudés.

Il résulte de l'article 7 du C.P.P., dans sa rédaction antérieure à la loi n° 2017-242 du 27/02/2017, que seul peut être regardé comme un acte d'instruction ou de poursuite le procès-verbal dressé par les agents de l'administration des douanes dans l'exercice de leurs attributions de police judiciaire et à l'effet de constater les infractions, à l'exclusion des actes de l'enquête administrative qui en ont constitué le prélude. Encourt la censure l'arrêt de la cour d'appel qui énonce que le procès-verbal d'intervention et d'audition établi par les agents des douanes, qui constate la remise par le prévenu de différents documents permettant l'exercice du contrôle, est un acte interruptif de prescription, alors que ce document ne constatait aucune infraction, ni ne relatait aucun acte d'enquête portant sur une infraction préalablement révélée.
(Cour de cassation – Chambre criminelle du 11 mai 2022 – N° de pourvoi: 20-86.594).

Article 9-3. – Prescription de l'action publique – Suspension – *(Loi n° 2017-242 du 27 février 2017)*

• Tout obstacle de droit, prévu par la loi, ou tout obstacle de fait insurmontable et assimilable à la force majeure, qui rend impossible la mise en mouvement ou l'exercice de l'action publique, suspend la prescription.

J **• Presse – Action publique – Procédure – Extinction – Prescription – Possibilité pour la partie civile de citer le prévenu devant la cour – Inaction du Ministère public – Suspension** *(non)*
Contre un arrêt de la Cour d'appel de GRENOBLE, Chambre des appels correctionnels, du 06/02/1986, qui dans les poursuites exercées contre Antoine B... du chef de diffamation publique envers un particulier a déclaré les actions publiques et civiles éteintes par la prescription.

En cas d'inaction du Ministère public il appartient à la partie civile d'assigner le prévenu à l'une des audiences de la Cour d'appel pour interrompre le cours de la prescription. Faute pour la partie civile d'avoir usé de ce droit aucune prétendue suspension de la prescription de l'action publique ne saurait être invoquée.
(Cour de cassation – Chambre criminelle du 2 décembre 1986 – N° de pourvoi: 86-91.698).

• Menaces de mort – Dénonciation calomnieuse – Action publique – Prescription – Suspension – Impossibilité d'agir – Obstacle de droit – Entrée en vigueur de la loi du 04/01/1993 modifié par la loi du 24/08/1993 – Droit de demander l'accomplissement d'actes interruptifs – Effet
Contre l'arrêt de la chambre d'accusation de la cour d'appel de PARIS, en date du 14/05/1996, qui, dans l'information suivie contre personne non dénommée des chefs de menaces de mort, dénonciation calomnieuse, complicité de ce délit, recel de malfaiteurs, dépôt d'objets sur un terrain privé sans autorisation, a constaté la prescription de l'action publique et déclaré son action civile irrecevable.

Si les articles 81, al. 9, 82-1, 156 et 173, al. 3, du C.P.P., qui permettent aux parties civiles de demander aux juridictions d'instruction l'accomplissement de certains actes interruptifs, font désormais obstacle à ce qu'une partie civile se prévale de la suspension de la prescription de l'action publique du fait de l'inaction du juge, ces textes, d'application immédiate, ne sauraient avoir d'effet sur les prescriptions dont le cours est demeuré suspendu jusqu'à leur entrée en vigueur.
(Cour de cassation – Chambre criminelle du 8 janvier 1997 – N° de pourvoi: 96-83.010).

• Dénonciation calomnieuse – Action publique – Prescription – Suspension – Suspension durant l'exercice des poursuites du chef du délit dénoncé
Contre l'arrêt de la chambre d'accusation de la cour d'appel de VERSAILLES, en date du 03/12/1997, qui, dans l'information suivie contre Y... pour dénonciation calomnieuse, a constaté la prescription de l'action publique.

Il se déduit des articles 373 ancien et 226-11 du C.P. que la prescription de l'action publique du chef de dénonciation calomnieuse est suspendue tant que les poursuites pénales exercées du chef du délit dénoncé sont en cours. Méconnaît ce principe, l'arrêt qui, après avoir relevé que l'appel interjeté contre l'ordonnance de non-lieu rendue dans ces poursuites avait été déclaré irrecevable par la chambre d'accusation, retient pour point de départ de la prescription, la date à laquelle l'ordonnance de non-lieu est devenue définitive en l'état de l'irrecevabilité de l'appel.
(Cour de cassation – Chambre criminelle du 27 octobre 1998 – N° de pourvoi: 97-86.698).

• Menaces, faux, usage de faux et recel – Action publique – Prescription – Suspension – Ordonnance du président de la chambre de l'instruction prescrivant la suspension de l'information

Contre l'arrêt de la cour d'appel de NANCY, chambre correctionnelle, en date du 26/04/2001, qui, dans la procédure suivie contre Renaud X... pour menaces, faux, usage de faux et recel, a constaté l'extinction de l'action publique par la prescription.

La prescription de l'action publique est suspendue lorsque, par l'effet d'une ordonnance du président de la chambre de l'instruction prise en application de l'article 187 du C.P.P., le juge d'instruction se trouve dans l'impossibilité de poursuivre l'information.

(Cour de cassation – Chambre criminelle du 5 mars 2002 – N° de pourvoi : 01-83.870).

• Diffamation publique et injures publiques – Action publique – Prescription – Suspension – Impossibilité d'agir – Obstacle de droit – Cas

Contre l'arrêt de la chambre de l'instruction de la cour d'appel de NIMES, en date du 03/03/2005, qui, sur sa plainte, contre personne non dénommée, pour diffamation publique et injures publiques, a constaté l'extinction de l'action publique par la prescription.

Il résulte de la combinaison des articles 82-1 et 89 du C.P.P. que la faculté de présenter une demande d'acte au juge d'instruction n'est offerte à la partie civile qu'après l'ouverture de l'information. Celle-ci ne dispose d'aucun moyen de droit pour obliger le juge d'instruction à accomplir un acte interruptif de prescription tant que le procureur de la République n'a pas pris ses réquisitions après communication de la plainte en application de l'article 86 du C.P.P. Entre temps la prescription est nécessairement suspendue.

Dès lors, encourt la cassation pour violation de la loi, l'arrêt de la chambre de l'instruction qui, pour déclarer éteinte par la prescription, l'action engagée par la partie civile du chef de diffamation et injure publique, après avoir constaté que plus de trois mois se sont écoulés entre la date à laquelle le juge d'instruction a rendu l'ordonnance fixant le montant de la consignation et celle à laquelle, après versement de celle-ci, il a communiqué la plainte au procureur de la République pour que ce magistrat prenne ses réquisitions, retient que la partie civile ne saurait invoquer la carence du juge d'instruction dès lors qu'il lui appartenait de saisir ce dernier d'une demande d'acte sur le fondement de l'article 82-1 du C.P.P.

(Cour de cassation – Chambre criminelle du 22 novembre 2005 – N° de pourvoi : 05-82.807).

• Dénonciation calomnieuse – Action publique – Prescription – Suspension – Suspension durant l'exercice des poursuites du chef du délit dénoncé

Contre l'arrêt de la chambre de l'instruction de la cour d'appel de MONTPELLIER, en date du 19/05/2005, qui, dans l'information suivie, sur sa plainte, contre personne non dénommée du chef de dénonciation calomnieuse, a confirmé l'ordonnance du juge d'instruction constatant la prescription de l'action publique.

La prescription de l'action publique du chef de dénonciation calomnieuse ne peut être suspendue que par l'exercice effectif des poursuites, pénales ou disciplinaires, relatives au fait dénoncé.

N'ouvre pas une procédure disciplinaire la lettre de dénonciation, concernant un expert-comptable, adressée au président du conseil régional de l'ordre qui ne la transmet pas au président de la chambre régionale de discipline.

(Cour de cassation – Chambre criminelle du 17 octobre 2006 – N° de pourvoi : 05-85.519).

• Diffamation publique – Action publique – Presse – Procédure – Instruction – Prescription de l'action publique – Inaction du juge – Acte d'instruction ou de poursuite interruptif de prescription – Initiative de la partie civile

Contre l'arrêt de la chambre de l'instruction de la cour d'appel de BASSE-TERRE, en date du 23/10/2008, qui, dans l'information suivie sur sa plainte, contre personne non dénommée, pour diffamation publique envers un particulier, a constaté l'extinction de l'action publique par la prescription.

La partie civile tient des articles 81, al. 9, 82-1, 156 et 173, al. 3, du C.P.P. la faculté de demander à la juridiction d'instruction l'accomplissement de certains actes interruptifs, notamment son audition.

Dès lors, elle ne saurait se prévaloir, pour faire échec à la prescription de l'action publique, de la suspension de celle-ci en raison de l'inaction du juge.

(Cour de cassation – Chambre criminelle du 26 mai 2009 – N° de pourvoi : 08-87.855).

• Diffamation publique – Prescription – Action publique – Suspension – Obstacle de droit – Délai prévu par l'article 175 du C.P.P.

Contre l'arrêt de la cour d'appel d'ANGERS, chambre correctionnelle, en date du 25/11/2010, qui, pour diffamation publique envers un particulier, l'a condamné à 1 000 € d'amende avec sursis et a prononcé sur les intérêts civils.

Justifie sa décision la cour d'appel qui, pour confirmer le rejet d'une exception soutenant qu'en application de l'article 65 de la loi du 23/07/1881, l'action publique exercée pour des faits de diffamation publique était éteinte par la prescription, retient qu'après l'envoi de l'avis de fin d'information, le délai prévu par l'article 175 du C.P.P. doit être considéré comme un obstacle de droit pendant lequel la prescription de l'action publique est suspendue.

En effet, la prescription de l'action publique est suspendue à partir du moment où le juge d'instruction estime que l'information est achevée et pendant les délais prévus par l'article 175 précité.

(Cour de cassation – Chambre criminelle du 25 octobre 2011 – N° de pourvoi : 11-80.017).

• Infanticides et assassinats aggravés – Action publique – Prescription – Suspension – Obstacle insurmontable à l'exercice des poursuites – Cas

Contre l'arrêt de la 5e chambre de l'instruction de la cour d'appel de PARIS, en date du 19/05/2014, qui, sur renvoi après cassation (Crim. 16/10/2013, n° 13-85. 232 et 11-89. 002), a rejeté sa demande de constatation d'extinction de l'action publique par prescription et l'a renvoyée devant la cour d'assises du Nord sous l'accusation d'infanticides et d'assassinats aggravés.

Si, selon l'article 7, al. 1er, du C.P.P., l'action publique se prescrit à compter du jour où le crime a été commis, la prescription est suspendue en cas d'obstacle insurmontable à l'exercice des poursuites.

Justifie sa décision la chambre de l'instruction qui, pour rejeter l'exception de prescription de l'action publique présentée par une personne poursuivie pour homicides volontaires aggravés commis sur ses enfants à leur naissance, retient que nul n'a été en mesure de s'inquiéter de la disparition d'enfants nés clandestinement, morts dans l'anonymat et dont aucun indice apparent n'avait révélé l'existence, caractérisant ainsi un obstacle insurmontable à l'exercice des poursuites, ce dont il résultait que le délai de prescription avait été suspendu jusqu'à la découverte des cadavres.

(Cour de cassation – Assemblée plénière du 7 novembre 2014 – N° de pourvoi : 14-83.739).

• Escroquerie – Prescription – Action publique – Suspension – Obstacle de droit – Curatelle – Défaut d'avis d'une décision au curateur *(non)*

Contre l'arrêt de la chambre de l'instruction de la cour d'appel de LYON, en date du 05/07/2016, qui, dans l'information suivie sur sa plainte contre personne non dénommée du chef d'escroquerie, a confirmé l'ordonnance de refus d'informer du juge d'instruction.

La mesure de curatelle dont fait l'objet une personne ne constitue pas, à la différence de la situation de la personne sous tutelle, un obstacle de droit à sa capacité d'agir en justice de nature à suspendre la prescription de l'action publique ou à reporter le point de départ du délai de celle-ci, seule étant requise l'assistance du curateur, qu'il lui appartient de solliciter.
(Cour de cassation – Chambre criminelle du 7 juin 2017 – N° de pourvoi : 16-85.191).

• Meurtre – Recel de cadavre – Prescription – Action publique – Suspension – Obstacle insurmontable à l'exercice des poursuites – Cas – Dissimulation du corps de la victime *(non)*
CASSATION sur les pourvois formés par M. Patrick Y..., M. Jérôme Y..., contre l'arrêt de la chambre de l'instruction de la cour d'appel de LYON, en date du 13/04/2017, qui, dans l'information suivie contre le 1er du chef de meurtre et contre le 2d du chef de recel de cadavre, a prononcé sur la prescription de l'action publique AR.

La seule dissimulation du corps de la victime d'un meurtre ne caractérise pas un obstacle insurmontable à l'exercice des poursuites pouvant justifier la suspension de la prescription de l'action publique.
(Cour de cassation – Chambre criminelle du 13 décembre 2017 – N° de pourvoi : 17-83.330).

• Homicide involontaire – Prescription – Action publique – Suspension – Santé publique – Saisine de la commission régionale de conciliation et d'indemnisation des accidents médicaux
CASSATION sur les pourvois formés par M. René X..., Mme Nadine Y..., épouse X..., M. David X..., partie civiles, contre l'arrêt de la chambre de l'instruction de la cour d'appel de Douai, en date du 14/03/2018, qui, dans l'information suivie contre personne non dénommée du chef d'homicide involontaire, a confirmé l'ordonnance de non-lieu rendue par le juge d'instruction.

Il résulte de l'article L. 1142-7 du C.S.P. que la saisine de la commission régionale de conciliation et d'indemnisation des accidents médicaux suspend le délai de prescription de l'action publique.
(Cour de cassation – Chambre criminelle du 8 janvier 2019 – N° de pourvoi : 18-82.235).

Article 10. – Prescription de l'action civile – *(Loi n° 2019-222 du 23 mars 2019)*

• Lorsque l'action civile est exercée devant une juridiction répressive, elle se prescrit selon les règles de l'action publique. Lorsqu'elle est exercée devant une juridiction civile, elle se prescrit selon les règles du code civil.

• Lorsqu'il a été statué sur l'action publique, les mesures d'instruction ordonnées par le juge pénal sur les seuls intérêts civils obéissent aux règles de la procédure civile.

• Lorsque la juridiction répressive a omis de se prononcer sur une ou plusieurs demandes de la partie civile régulièrement constituée, celle-ci peut ressaisir la juridiction afin qu'il soit statué sur sa demande conformément aux articles 710 et 711. La présence du ministère public à cette audience est facultative.

• Lorsque l'état mental ou physique d'une personne citée ou renvoyée devant une juridiction de jugement rend durablement impossible sa comparution personnelle dans des conditions lui permettant d'exercer sa défense et que la prescription de l'action publique se trouve ainsi suspendue, le président de cette juridiction peut, d'office, ou à la demande du ministère public ou des parties, décider, après avoir ordonné une expertise permettant de constater cette impossibilité, qu'il sera tenu une audience publique pour statuer uniquement sur l'action civile. La personne doit alors être représentée à cette audience par un avocat.

CODE CIVIL

(Extraits)

conditions de la prescription acquisitive

Article 2260. – Prescription des biens ou des droits – *(Loi n° 2008-561 du 17 juin 2008)*
• On ne peut prescrire les biens ou les droits qui ne sont point dans le commerce.

Article 2261. – Possibilité de prescription – *(Loi n° 2008-561 du 17 juin 2008)*
• Pour pouvoir prescrire, il faut une possession continue et non interrompue, paisible, publique, non équivoque, et à titre de propriétaire.

Article 2262. – Actes de pure faculté et de simple tolérance – *(Loi n° 2008-561 du 17 juin 2008)*
• Les actes de pure faculté et ceux de simple tolérance ne peuvent fonder ni possession ni prescription.

Article 2263. – Actes de violence – *(Loi n° 2008-561 du 17 juin 2008)*
• Les actes de violence ne peuvent fonder non plus une possession capable d'opérer la prescription.
• La possession utile ne commence que lorsque la violence a cessé.

Article 2264. – Possesseur actuel – *(Loi n° 2008-561 du 17 juin 2008)*
• Le possesseur actuel qui prouve avoir possédé anciennement est présumé avoir possédé dans le temps intermédiaire, sauf la preuve contraire.

Article 2265. – Complément de la prescription – *(Loi n° 2008-561 du 17 juin 2008)*
• Pour compléter la prescription, on peut joindre à sa possession celle de son auteur, de quelque manière qu'on lui ait succédé, soit à titre universel ou particulier, soit à titre lucratif ou onéreux.

J • **Violences aggravées – Péremption de l'instance civile**

Contre l'arrêt de la cour d'appel de COLMAR, chambre correctionnelle, en date du 27 février 2017, qui, dans la procédure suivie contre M. Denis X... du chef de violences aggravées, a constaté la péremption de l'instance civile;

Attendu que les règles de la procédure civile ne sont applicables, devant la juridiction pénale, qu'aux mesures d'instruction ordonnées sur les intérêts civils, après décision sur l'action publique;

Attendu qu'il résulte de l'arrêt attaqué et des pièces de procédure qu'après avoir déclaré M. X... coupable de violences aggravées sur sa fille mineure Marie X... représentée par l'association Thémis, administrateur ad hoc, la cour d'appel, par arrêt en date du 15 octobre 2003, a ordonné une expertise médicale de cette dernière et a renvoyé l'affaire sur intérêts civils à une audience ultérieure; que le rapport d'expertise déposé le 7 octobre 2005 a conclu à l'absence de consolidation des blessures et à la nécessité d'un nouvel examen de la victime dans cinq à sept ans; que le 1er février 2008, la cour d'appel a radié l'affaire du rôle à la demande de la partie civile; que la Caisse primaire d'assurances maladie, après avoir déclaré, le 31 juillet 2014, reprendre l'instance, a déposé en vue de l'audience des conclusions par lesquelles elle renonçait à ses demandes; que M. X... a soutenu dans ses conclusions d'intimé qu'aucun acte n'étant intervenu depuis la radiation de l'affaire, la péremption de l'instance était opposable à l'association Thémis;

Attendu que, pour constater la péremption de l'instance civile après avoir constaté le désistement d'instance et d'action de la caisse primaire d'assurance maladie, l'arrêt attaqué énonce que l'expertise qui a été réalisée et le bilan neurologique qui a été préconisé par l'expert constituent incontestablement des mesures d'instruction au regard de l'article 156 du code de procédure pénale, que l'article 10, alinéa 2, de ce code, prévoit que de telles mesures ordonnées par le juge pénal sur les seuls intérêts civils obéissent aux règles de la procédure civile et qu'aux termes de l'article 386 du code de procédure civile, l'instance est périmée lorsqu'aucune des parties n'accomplit de diligences pendant deux ans; que les juges ajoutent qu'à l'examen de la procédure, il apparaît qu'aucun acte interruptif d'instance n'a été accompli par la partie civile entre le dépôt de l'expertise le 7 octobre 2005 et la reprise de l'instance le 31 juillet 2014; que la cour d'appel en déduit que par combinaison des articles précités, la cour ne peut que constater la péremption de l'instance;

Mais attendu qu'en statuant ainsi, alors que les règles relatives à la péremption d'instance en matière civile, qui sont étrangères aux mesures d'instruction ordonnées sur les intérêts civils, ne peuvent recevoir application devant une juridiction pénale, la cour d'appel a méconnu le sens et la portée du texte susvisé et le principe ci-dessus rappelé;

D'où il suit que la cassation est encourue de ce chef;

Par ces motifs:

CASSE et ANNULE, en toutes ses dispositions, l'arrêt susvisé de la cour d'appel de Colmar, en date du 27 février 2017, et pour qu'il soit à nouveau jugé, conformément à la loi,

RENVOIE la cause et les parties devant la cour d'appel de Nancy, à ce désignée par délibération spéciale prise en chambre du conseil;

(Cour de cassation – Chambre criminelle du 2 mai 2018 – N° de pourvoi: 17-81635).

SOUS-TITRE II

DE LA JUSTICE RESTAURATIVE

Article 10-1. – Mesure de justice restaurative – *(Loi n° 2014-896 du 15 août 2014)*

• À l'occasion de toute procédure pénale et à tous les stades de la procédure, y compris lors de l'exécution de la peine, la victime et l'auteur d'une infraction, sous réserve que les faits aient été reconnus, peuvent se voir proposer une mesure de justice restaurative.

• Constitue une mesure de justice restaurative toute mesure permettant à une victime ainsi qu'à l'auteur d'une infraction de participer activement à la résolution des difficultés résultant de l'infraction, et notamment à la réparation des préjudices de toute nature résultant de sa commission. Cette mesure ne peut intervenir qu'après que la victime et l'auteur de l'infraction ont reçu une information complète à son sujet et ont consenti expressément à y participer. Elle est mise en œuvre par un tiers indépendant formé à cet effet, sous le contrôle de l'autorité judiciaire ou, à la demande de celle-ci, de l'administration pénitentiaire. Elle est confidentielle, sauf accord contraire des parties et excepté les cas où un intérêt supérieur lié à la nécessité de prévenir ou de réprimer des infractions justifie que des informations relatives au déroulement de la mesure soient portées à la connaissance du procureur de la République.

SOUS-TITRE III

DES DROITS DES VICTIMES

Article 10-2. – O.P.J. – A.P.J. – Assistants d'enquête – Information des victimes – *(Loi n° 2023-22 du 24 janvier 2023)*

• Les officiers et les agents de police judiciaire ou, sous leur contrôle, les assistants d'enquête informent par tout moyen les victimes de leur droit:

• 1° D'obtenir la réparation de leur préjudice, par l'indemnisation de celui-ci ou par tout autre moyen adapté, y compris, s'il y a lieu, une mesure de justice restaurative;

• 2° De se constituer partie civile soit dans le cadre d'une mise en mouvement de l'action publique par le parquet, soit par la voie d'une citation directe de l'auteur des faits devant la juridiction compétente ou d'une plainte portée devant le juge d'instruction ;

• 3° D'être, si elles souhaitent se constituer partie civile, assistées d'un avocat qu'elles peuvent choisir ou qui, à leur demande, est désigné par le bâtonnier de l'ordre des avocats près la juridiction compétente, les frais étant à la charge des victimes sauf si elles remplissent les conditions d'accès à l'aide juridictionnelle ou si elles bénéficient d'une assurance de protection juridique ;

• 4° D'être aidées par un service relevant d'une ou de plusieurs collectivités publiques ou par une association d'aide aux victimes agréée dans des conditions définies par décret ;

• 5° De saisir, le cas échéant, la commission d'indemnisation des victimes d'infraction, lorsqu'il s'agit d'une infraction mentionnée aux articles 706-3 ou 706-14 du présent code ;

• 6° D'être informées sur les mesures de protection dont elles peuvent bénéficier, notamment les ordonnances de protection prévues au titre XIV du livre Ier du Code civil. Les victimes sont également informées des peines encourues par les auteurs des violences et des conditions d'exécution des éventuelles condamnations qui pourraient être prononcées ;

• 7° Pour les victimes qui ne comprennent pas la langue française, de bénéficier d'un interprète et d'une traduction des informations indispensables à l'exercice de leurs droits ;

• 8° D'être accompagnées chacune, à leur demande, à tous les stades de la procédure, par leur représentant légal et par la personne majeure de leur choix, y compris par un avocat, sauf décision contraire motivée prise par l'autorité judiciaire compétente ;

• 9° De déclarer comme domicile l'adresse d'un tiers, sous réserve de l'accord exprès de celui-ci. Toutefois, lorsque la victime est une personne dépositaire de l'autorité publique ou chargée d'une mission de service public et que l'infraction a été commise en raison de ses fonctions ou de sa mission, elle est informée qu'elle peut déclarer, sans cet accord, son adresse professionnelle.

• 10° S'il s'agit de victimes de violences pour lesquelles un examen médical a été requis par un officier de police judiciaire ou un magistrat, de se voir remettre le certificat d'examen médical constatant leur état de santé.

Article 10-3. – Assistance d'un interprète – *(Loi n° 2015-993 du 17 août 2015)*

• Si la partie civile ne comprend pas la langue française, elle a droit, à sa demande, à l'assistance d'un interprète et à la traduction, dans une langue qu'elle comprend, des informations qui sont indispensables à l'exercice de ses droits et qui lui sont, à ce titre, remises ou notifiées en application du présent code.

• L'autorité qui procède à l'audition de la partie civile ou devant laquelle cette personne comparaît s'assure que la personne parle et comprend la langue française.

• À titre exceptionnel, il peut être effectué une traduction orale ou un résumé oral des informations mentionnées au premier alinéa.

• Les modalités d'application du présent article sont précisées par un décret, qui définit notamment les pièces essentielles devant faire l'objet d'une traduction.

Article 10-4. – Accompagnement par un représentant légal et par personne majeure... – *(Loi n° 2023-22 du 24 janvier 2023)*

• À tous les stades de l'enquête, la victime peut, à sa demande, être accompagnée par son représentant légal et par la personne majeure de son choix, y compris par un avocat, sauf décision contraire motivée prise par l'autorité judiciaire compétente.

• Lorsque la victime est assistée par un avocat, celui-ci peut, à l'issue de chacune de ses auditions, poser des questions. Il peut également présenter des observations écrites. Celles-ci sont jointes à la procédure.

Article 10-5. – Évaluation personnalisée – *(Loi n° 2015-993 du 17 août 2015)*

• Dès que possible, les victimes font l'objet d'une évaluation personnalisée, afin de déterminer si elles ont besoin de mesures spécifiques de protection au cours de la procédure pénale.

• L'autorité qui procède à l'audition de la victime recueille les premiers éléments permettant cette évaluation. Au vu de ces éléments, l'évaluation peut être approfondie, avec l'accord de l'autorité judiciaire compétente.

• La victime est associée à cette évaluation. Le cas échéant, l'association d'aide aux victimes requise par le procureur de la République ou le juge d'instruction en application de l'article 41 y est également associée ; son avis est joint à la procédure.

• Les modalités d'application du présent article sont précisées par décret.

Article 10-5-1. – Certificat d'examen médical – Victime violences – Réquisition O.P.J. ou magistrat – *(Loi n° 2020-936 du 30 juillet 2020)*

• Lorsque l'examen médical d'une victime de violences a été requis par un officier de police judiciaire ou un magistrat, le certificat d'examen médical constatant son état de santé est remis à la victime selon des modalités précisées par voie réglementaire.

Article 10-6. – Accidents, sinistres, catastrophes ou infractions – Nombreuses victimes – Échange des données, informations ou documents – *(Loi n° 2019-774 du 24 juillet 2019)*

• À la suite d'accidents, de sinistres, de catastrophes ou d'infractions susceptibles de provoquer de nombreuses victimes, les administrations, au sens de l'article L. 100-3 du code des relations entre le public et l'administration, intervenant dans la gestion de la crise, la prise en charge des victimes de ces événements, leur accompagnement ou la mise en œuvre de leurs droits, les parquets et les juridictions en charge de la procédure ainsi que les associations d'aide aux victimes agréées au sens du dernier alinéa de l'article 41 du présent code peuvent échanger entre elles les données, informations ou documents strictement nécessaires à la conduite de ces missions ainsi qu'à l'information des personnes présentes sur les lieux des événements et de leurs proches.

• Toute personne recevant des données, informations ou documents en application du 1er alinéa du présent article est tenue au secret professionnel dans les conditions et sous les peines fixées aux articles 226-13 et 226-14 du code pénal.

• Un décret en Conseil d'État pris après avis de la Commission nationale de l'informatique et des libertés fixe les modalités d'application du présent article.

LIVRE Ier

DE L'EXERCICE DE L'ACTION PUBLIQUE ET DE L'INSTRUCTION

TITRE Ier

DES AUTORITÉS CHARGÉES DE L'ACTION PUBLIQUE ET DE L'INSTRUCTION

Article 11. – Procédure – *(Loi n° 2021-1729 du 22 décembre 2021)*

• Sauf dans le cas où la loi en dispose autrement et sans préjudice des droits de la défense, la procédure au cours de l'enquête et de l'instruction est secrète.

• Toute personne qui concourt à cette procédure est tenue au secret professionnel dans les conditions et sous les peines prévues à l'article 434-7-2 du Code pénal.

• Toutefois, afin d'éviter la propagation d'informations parcellaires ou inexactes ou pour mettre fin à un trouble à l'ordre public ou lorsque tout autre impératif d'intérêt public le justifie, le procureur de la République peut, d'office et à la demande de la juridiction d'instruction ou des parties, directement ou par l'intermédiaire d'un officier de police judiciaire agissant avec son accord et sous son contrôle, rendre publics des éléments objectifs tirés de la procédure ne comportant aucune appréciation sur le bien-fondé des charges retenues contre les personnes mises en cause.

CODE PÉNAL

(Extrait)

Article 226-13. – Atteinte au secret professionnel – *(Ordonnance n° 2000-916 du 19 septembre 2000)*

• La révélation d'une information à caractère secret par une personne qui en est dépositaire soit par état ou par profession, soit en raison d'une fonction ou d'une mission temporaire, est punie d'un an d'emprisonnement et de 15000 euros d'amende.

V • Code de procédure pénale – art. 48-1 – Bureau d'ordre national automatisé des procédures judiciaires
• Code de procédure pénale – art 706-52 – Audition mineur – Enregistrement audiovisuel

J • **Secret professionnel.** – *Un O.P.J. a été condamné en vertu de l'article 226-13 du Code pénal, pour violation du secret professionnel, alors qu'informé d'une enquête en cours concernant des collègues de son épouse, et après avoir reçu des informations sur ladite enquête, bien que ne participant pas à celle-ci, avertit un des suspects d'une arrestation possible, l'invitant à faire disparaître tout indice matériel de culpabilité.*

Dans l'espèce, l'O.P.J. ne concourant à la procédure, ce n'est donc pas sur le fondement de l'article 11 du Code de procédure pénale qu'il pouvait faire l'objet de poursuites (Cass. CRIM. du 22 novembre 1995 – Note ENSP/CDIPN/95/5-9).

• **Association de malfaiteurs – Complicité de tentative de chantage – Violation du secret de l'instruction**

Contre l'arrêt de la chambre de l'instruction de la cour d'appel de VERSAILLES, en date du 16 décembre 2016, qui, dans l'information suivie contre eux des chefs d'association de malfaiteurs et complicité de tentative de chantage, a prononcé sur leurs requêtes en annulation d'actes de la procédure;

Attendu qu'il résulte de l'arrêt attaqué et des pièces de la procédure que M. Mathieu Z..., s'estimant victime d'une tentative de chantage après avoir été contacté le 3 juin 2015 par une personne prétendant détenir un enregistrement audiovisuel à caractère sexuel dans lequel l'intéressé apparaît, a déposé plainte; que le plaignant ayant indiqué qu'il ne souhaitait ni ne pouvait entrer lui-même en relation avec les détenteurs de l'enregistrement, le procureur de la République a autorisé la police judiciaire à se substituer à M. Z... dans la négociation; qu'un officier de police judiciaire, se présentant sous un pseudonyme en qualité de représentant de M. Z..., a eu du 20 juin au 12 octobre 2015 plusieurs conversations téléphoniques avec une personne se présentant comme l'intermédiaire des malfaiteurs; qu'une information a été ouverte le 31 juillet 2015; que les principaux protagonistes de l'affaire ont été interpellés le 13 octobre 2015;

Attendu que, par requêtes en date du 4 mai 2016, les avocats de MM. Y...et X..., mis en examen le 5 novembre 2015 des chefs d'association de malfaiteurs et complicité de tentative de chantage, ont sollicité l'annulation de pièces de la procédure, motif pris de la déloyauté de celle-ci, l'enquêteur qui s'est substitué à M. Z... ayant, sous couvert d'un pseudonyme, provoqué les malfaiteurs à commettre l'infraction de tentative de chantage; que l'avocat de M. X...a soutenu également que la violation du secret de l'instruction concomitante aux actes qui le concernent avaient nécessairement fait grief à son client et qu'en tout état de cause, la notification des faits lors de sa mise en examen étant trop imprécise, celle-ci devait être annulée;

Vu les articles 6 de la Convention européenne des droits de l'homme et préliminaire du Code de procédure pénale;

Attendu que porte atteinte au droit à un procès équitable et au principe de loyauté des preuves le stratagème qui en vicie la recherche par un agent de la force publique;

Attendu que, pour rejeter les griefs pris de la déloyauté de la procédure, l'arrêt attaqué prononce par les motifs repris aux moyens;

Mais attendu qu'en se déterminant ainsi alors qu'elle a relevé, que, d'une part, le procureur de la République avait donné instruction à un officier de police judiciaire de se substituer à M. Z... dans les négociations avec les auteurs de l'infraction supposée, que cet enquêteur avait entretenu plusieurs conversations téléphoniques, tant à son initiative qu'à celle de ces interlocuteurs, notamment avec l'un d'entre eux des mois de juin à octobre 2015, qu'enfin cet officier de police judiciaire ne s'était identifié au cours de ces communications qu'en qualité de représentant de M. Z... et sous le pseudonyme de « B... », d'autre part, ces conversations, dont certaines ont fait l'objet d'interceptions, ont conduit à l'interpellation des mis en cause, la chambre de l'instruction a méconnu les textes susvisés et le principe ci-dessus énoncé;

D'où il suit que la cassation est encourue;

Par ces motifs:

CASSE et ANNULE, en toutes ses dispositions, l'arrêt susvisé de la chambre de l'instruction de la cour d'appel de Versailles, en date du 16 décembre 2016, et pour qu'il soit à nouveau jugé, conformément à la loi,

RENVOIE la cause et les parties devant la chambre de l'instruction de la cour d'appel de Paris, à ce désignée par délibération spéciale prise en chambre du conseil;

DIT n'y avoir lieu à application de l'article 618-1 du Code de procédure pénale.

(Cour de cassation – Chambre criminelle du 11 juillet 2017 – N° de pourvoi : 17-80313).

• Dégradation de monument... – Instruction – Secret de l'instruction – Violation – Violation concomitante à l'accomplissement d'un acte de procédure – Perquisition – Captation par le son ou l'image par un tiers

CASSATION sur le pourvoi formé par M. Fabien Z..., contre l'arrêt de la cour d'appel de PARIS, chambre 4-10, en date du 12/06/2017, qui, pour dégradation de monument destiné à l'utilité ou à la décoration publique en récidive, et pénétration, circulation ou stationnement dans une partie de la voie ferrée ou de ses dépendances non affectées à la circulation publique, l'a condamné à 6 mois d'emprisonnement avec sursis et a prononcé sur les intérêts civils.

Constitue une violation du secret de l'enquête ou de l'instruction concomitante à l'accomplissement d'une perquisition, portant nécessairement atteinte aux intérêts de la personne qu'elle concerne, la présence, au cours de l'exécution de cet acte, d'un tiers, étranger à la procédure, ayant obtenu d'une autorité publique une autorisation à cette fin, fût-ce pour en relater le déroulement dans le but d'une information du public.

(Cour de cassation – Chambre criminelle du 9 janvier 2019 – N° de pourvoi : 17-84.026).

Article 11-1. – Communication informations – *(Loi n° 2004-204 du 9 mars 2004)*

• Sur autorisation du procureur de la République ou du juge d'instruction selon les cas, peuvent être communiqués à des autorités ou organismes habilités à cette fin par arrêté du ministre de la justice, pris le cas échéant après avis du ou des ministres intéressés, des éléments des procédures judiciaires en cours permettant de réaliser des recherches ou enquêtes scientifiques ou techniques, destinées notamment à prévenir la commission d'accidents, ou de faciliter l'indemnisation des victimes ou la prise en charge de la réparation de leur préjudice. Les agents de ces autorités ou organismes sont alors tenus au secret professionnel en ce qui concerne ces informations, dans les conditions et sous les peines des articles 226-13 et 226-14 du Code pénal.

[V] • Code de procédure pénale – art. 48-1 – Bureau d'ordre national automatisé des procédures judiciaires
• Code de procédure pénale – art. A. 1 – Autorisation délivrance copie pièces procédure judiciaire
• Code Pénal – art. 226-13 – Atteinte au secret professionnel

Article 11-2. – Information de l'administration par l'autorité judiciaire – *(Loi n° 2016-457 du 14 avril 2016)*

• **I.** – Le ministère public peut informer par écrit l'administration des décisions suivantes rendues contre une personne qu'elle emploie, y compris à titre bénévole, lorsqu'elles concernent un crime ou un délit puni d'une peine d'emprisonnement :

• 1° La condamnation, même non définitive ;

• 2° La saisine d'une juridiction de jugement par le procureur de la République ou par le juge d'instruction ;

• 3° La mise en examen.

• Le ministère public ne peut procéder à cette information que s'il estime cette transmission nécessaire, en raison de la nature des faits ou des circonstances de leur commission, pour mettre fin ou prévenir un trouble à l'ordre public ou pour assurer la sécurité des personnes ou des biens.

• Le ministère public peut informer, dans les mêmes conditions, les personnes publiques, les personnes morales de droit privé chargées d'une mission de service public ou les ordres professionnels des décisions mentionnées aux 1° à 3° du présent I prises à l'égard d'une personne dont l'activité professionnelle ou sociale est placée sous leur contrôle ou leur autorité.

• **II.** – Dans tous les cas, le ministère public informe sans délai la personne de sa décision de transmettre l'information prévue au I. L'information est transmise à l'administration, ou aux personnes ou aux ordres mentionnés au dernier alinéa du même I.

• Le ministère public notifie sans délai à l'administration, ou aux personnes ou aux ordres mentionnés au dernier alinéa dudit I, l'issue de la procédure et informe la personne concernée de cette notification.

• L'administration, ou la personne ou l'ordre mentionné au dernier alinéa du même I, qui est destinataire de l'information prévue au même I ne peut la communiquer qu'aux personnes compétentes pour faire cesser ou suspendre l'exercice de l'activité mentionnée aux premier et dernier alinéas du même I.

• Cette information est confidentielle. Sauf si l'information porte sur une condamnation prononcée publiquement et sous réserve de l'avant-dernier alinéa du présent II, toute personne qui en est destinataire est tenue au secret professionnel, sous les peines prévues à l'article 226-13 du Code pénal. Toute personne en ayant eu connaissance est tenue au secret, sous les mêmes peines. Le fait justificatif prévu au 1° de l'article 226-14 du même code n'est pas applicable lorsque la personne mentionnée à ce même 1° a eu connaissance des faits par la transmission prévue au I du présent article.

• **III.** – Les condamnations dont la mention au bulletin n° 2 du casier judiciaire a été exclue en application de l'article 775-1 du présent code ne peuvent être communiquées à l'initiative du ministère public, sauf en application du deuxième alinéa du II du présent article à la suite d'une première information transmise en application du I. Dans ce cas, l'information fait expressément état de la décision de ne pas mentionner la condamnation au bulletin n° 2 du casier judiciaire.

• **IV.** – le cas où une décision prononçant une sanction a été légalement fondée sur l'information transmise par le ministère public, lorsque la procédure pénale s'est terminée par un non-lieu ou une décision de relaxe ou d'acquittement, l'administration, la personne ou l'ordre mentionné au dernier alinéa du I supprime l'information du dossier relatif à l'activité de la personne concernée.

• **V.** – Les modalités d'application du présent article sont déterminées par décret. Il précise les formes de la transmission par le ministère public de l'information, les modalités de transmission des décisions à l'issue des procédures et les modalités de suppression de l'information en application du IV.

CHAPITRE Ier
De la police judiciaire

Section I
Dispositions générales

Article 12. – Police judiciaire – Exercice

• La police judiciaire est exercée, sous la direction du procureur de la République, par les officiers, fonctionnaires et agents désignés au présent titre.

V • Code de procédure pénale – art. 41 – Procureur de la République
• Code de procédure pénale – art. 78-1 – Contrôle d'identité
• Code de procédure pénale – art. R. 1 – Action publique et action civile

Article 12-1. – Formations – O.P.J. – *(Loi n° 2009-971 du 3 août 2009)*

• Le procureur de la République et le juge d'instruction ont le libre choix des formations auxquelles appartiennent les officiers de police judiciaire.

Article 13. – Surveillance et contrôle – *(Loi n° 2009-971 du 3 août 2009)*

• La police judiciaire est placée, dans chaque ressort de cour d'appel, sous la surveillance du procureur général et sous le contrôle de la chambre de l'instruction conformément aux articles 224 et suivants.

V • Code de procédure pénale – art. 78-1 – Contrôle d'identité
• Code de procédure pénale – art. 224 – Chambre de l'instruction
• Code de procédure pénale – art. D. 44 – Notation et contrôle de l'activité

Article 14. – Constatation infractions – Rassemblement preuves – Recherches auteurs...

• Elle est chargée, suivant les distinctions établies au présent titre, de constater les infractions à la loi pénale, d'en rassembler les preuves et d'en rechercher les auteurs tant qu'une information n'est pas ouverte.

• Lorsqu'une information est ouverte, elle exécute les délégations des juridictions d'instruction et défère à leurs réquisitions.

J • **État – Responsabilité – Fonctionnement défectueux du service de la Juste – Faute lourde – Existence – Contestation sérieuse – Défaut – Caractérisation – Cas.**

Attendu, selon l'arrêt attaqué (REIMS, 22/04/ 2002), que les époux X..., victimes à 13 reprises entre septembre 1987 et mars 1999 de cambriolages du fonds de commerce de parfumerie qu'ils exploitent à Vitry-le-François, en dépit de l'existence d'un système d'alarme directement relié au commissariat de police, ont saisi le président du tribunal administratif de Châlons-en-Champagne, pour obtenir une expertise permettant de déterminer dans quelles conditions les services de police avaient été dans l'incapacité d'intervenir pour mettre fin à ces vols; que, par ordonnance du 23/05/2000, le président du tribunal administratif a rejeté leur requête, au motif que, relative au fonctionnement de la police judiciaire, elle relevait exclusivement de la compétence des tribunaux judiciaires; que les époux X... ont alors fait assigner en référé le préfet de la Marne et l'agent judiciaire du Trésor devant le président du T.G.I. de Châlons-en-Champagne, sollicitant à la fois une expertise et une provision; que le préfet de la Marne, après avoir produit, le 21/08/2000, un déclinatoire de compétence s'est rétracté le 02/10/2000; que, par ordonnance de référé du 14/10/2000, le président du T.G.I. a rejeté les demandes des époux X... au motif qu'il existait des contestations sérieuses; que, sur appel des époux X..., la cour d'appel de Reims a confirmé l'ordonnance en ce qu'elle avait rejeté leur demande d'expertise in futurum, mais condamné l'État à payer une provision de 15 246,90 euros à valoir sur le préjudice subi du fait du fonctionnement défectueux des services de police judiciaire.

Décide à bon droit qu'il n'existe aucune contestation sérieuse sur la réalité de la faute lourde, au sens de l'article L. 781-1 du C. de l'organisation judiciaire, la cour d'appel qui, saisie en référé par les victimes de 13 cambriolages de leur fonds de commerce sur une période de près de 12 ans, en dépit d'un système d'alarme directement relié au commissariat de police, prend en considération l'ensemble des comportements dénoncés en estimant qu'ils se rattachent au fonctionnement de la police judiciaire.

(Cour de cassation – Chambre civile 1 du 25 janvier 2005 – N° de pourvoi: 02-16.572).

Article 15. – Composition de la police judiciaire – *(Loi n° 2023-22 du 24 janvier 2023 + Décision n° 2022-846 DC du 19 janvier 2023)*

• La police judiciaire comprend:

• 1° Les officiers de police judiciaire;

• 2° Les agents de police judiciaire et les agents de police judiciaire adjoints;

• 3° Les assistants d'enquête de la police nationale et de la gendarmerie nationale;

• 4° Les fonctionnaires et agents auxquels sont attribuées par la loi certaines fonctions de police judiciaire.

Article 15-1. – Catégories services ou unités – *(Loi n° 2003-239 du 18 mars 2003)*

• Les catégories de services ou unités dans lesquels les officiers et agents de police judiciaire visés aux sections II et III du présent chapitre exercent leurs fonctions habituelles, les modalités de création de ces services ou unités ainsi que leurs critères de compétence territoriale sont déterminés par décret en Conseil d'État pris sur le rapport du ministre de la justice et du ministre intéressé. La compétence territoriale de ces services ou unités s'exerce, selon les distinctions prévues par ce décret, soit sur l'ensemble du territoire national, soit sur une ou plusieurs zones de défense, ou parties de celles-ci, soit sur l'ensemble d'un département.

D • **Modification de l'article 15-1 – Compétence territoriale.** – L'article 15-1 du Code de procédure pénale relatif aux catégories de services ou unités de police judiciaire est complété afin de préciser que la compétence territoriale de ces services ou unités s'exerce, selon les distinctions prévues par décret, soit sur l'ensemble du territoire national, soit sur une ou plusieurs zones de défense, ou parties de celles-ci, soit sur l'ensemble d'un département.

• Le législateur met ainsi fin aux distinctions prévues par les articles R. 15-18 et suivants du Code de procédure pénale, qui établissaient une corrélation entre le ressort de ces services et unités et les ressorts des cours d'appel ou des tribunaux de grande instance, articles dont la modification devrait bientôt intervenir, un décret en Conseil d'État étant en cours d'élaboration à cette fin.

• Du seul fait de la loi et sans attendre la modification de ces articles réglementaires, la compétence territoriale des plus petits services et unités de police judiciaire *(services de police urbaine des circonscriptions de sécurité publique, brigades de recherches et brigades territoriales)* est au moins égale à celle du département.

• Ces services conservent toutefois leur circonscription administrative habituelle, et, afin d'éviter de désorganiser leur travail, il convient, comme cela a déjà été indiqué dans les dépêches précitées, de considérer qu'ils ne sont en pratique compétents que pour connaître des enquêtes concernant les infractions commises dans le ressort de leur circonscription, même si, pour poursuivre leurs investigations, notamment en enquête préliminaire, ils ont la possibilité de se déplacer sur l'ensemble du ressort du département. *(Circ. CRIM. n° 2003-12/E8 du 31-07-2003).*

Article 15-2. – Enquêtes administratives – *(Loi n° 2019-222 du 23 mars 2019)*

• Les enquêtes administratives relatives au comportement d'un officier ou d'un agent de police judiciaire dans l'exercice d'une mission de police judiciaire associent l'inspection générale de la justice au service d'enquête compétent. Elles peuvent être ordonnées par le ministre de la justice et sont alors dirigées par un magistrat.

V • Code de procédure pénale – art. 227 – Décisions de la chambre de l'instruction.

Article 15-3. – Dépôt de plainte – *(Loi n° 2019-222 du 23 mars 2019)*

• Les officiers et agents de police judiciaire sont tenus de recevoir les plaintes déposées par les victimes d'infractions à la loi pénale, y compris lorsque ces plaintes sont déposées dans un service ou une unité de police judiciaire territorialement incompétents. Dans ce cas, la plainte est, s'il y a lieu, transmise au service ou à l'unité territorialement compétents.

• Tout dépôt de plainte fait l'objet d'un procès-verbal et donne lieu à la délivrance immédiate d'un récépissé à la victime, qui mentionne les délais de prescription de l'action publique définis aux articles 7 à 9 ainsi que la possibilité d'interrompre le délai de prescription par le dépôt d'une plainte avec constitution de partie civile, en application de l'article 85. Si elle en fait la demande, une copie du procès-verbal lui est immédiatement remise. Les officiers ou agents de police judiciaire peuvent s'identifier dans ce procès-verbal par leur numéro d'immatriculation administrative.

V • Code de procédure pénale – Annexe III. – Code de déontologie de la police nationale et de la gendarmerie nationale.
• Code de procédure pénale – Annexe V. – Charte accueil du public – Assistance aux victimes.

Article 15-3-1. – Plainte par voie électronique – *(Loi n° 2019-222 du 23 mars 2019)*

• Lorsque, dans les cas et selon les modalités prévues par décret, la plainte de la victime est adressée par voie électronique, le procès-verbal de réception de plainte est établi selon les modalités prévues à l'article 801-1 et le récépissé ainsi que, le cas échéant, la copie du procès-verbal peuvent être adressés, selon les modalités prévues par décret, à la victime dans les meilleurs délais.

• Le lieu de traitement automatisé des informations nominatives relatives aux plaintes adressées conformément au présent article est considéré comme le lieu de l'infraction. Il en est de même s'agissant des traitements des informations relatives au signalement des infractions.

• La plainte par voie électronique ne peut être imposée à la victime.

• Si la nature ou la gravité des faits le justifie, le dépôt d'une plainte par la victime selon les modalités prévues par le présent article ne dispense pas les enquêteurs de procéder à son audition. La date de celle-ci peut alors être fixée au moment du dépôt de la plainte et la victime est avisée de ses droits énumérés à l'article 10-2.

Article 15-3-1-1. – Victime – Information – Moyen de télécommunication audiovisuelle – *(Loi n° 2023-22 du 24 janvier 2023 + Décision n° 2022-846 DC du 19 janvier 2023)*

• Toute victime d'une infraction pénale peut déposer plainte et voir recueillir sa déposition par les services ou unités de police judiciaire par un moyen de télécommunication audiovisuelle garantissant la confidentialité de la transmission.

• La victime est avisée de ses droits énumérés à l'article 10-2.

• Le procès-verbal de réception de plainte et le récépissé sont établis et adressés selon les modalités prévues à l'article 15-3-1.

• La plainte par un moyen de télécommunication audiovisuelle ne peut être imposée à la victime.

• Si la nature ou la gravité des faits le justifie, le dépôt d'une plainte par la victime selon les modalités prévues au présent article ne dispense pas les enquêteurs de procéder à une nouvelle audition sans recourir à un moyen de télécommunication.

• Un décret en Conseil d'État définit les modalités d'application du présent article. Il précise notamment les infractions auxquelles la procédure prévue au présent article est applicable et les modalités d'accompagnement de la victime qui y a recours.

• Un décret en Conseil d'État, pris après avis de la Commission nationale de l'informatique et des libertés, précise les modalités de traitement des données à caractère personnel issues de la procédure de dépôt de plainte prévue au présent article.

Article 15-3-2. – Plainte – Conjoint, concubin, partenaire... – Disposition électronique mobile anti rapprochement– *(Loi n° 2019-1480 du 28 décembre 2019)*

• En cas de plainte déposée pour une infraction punie d'au moins 3 ans d'emprisonnement commise par le conjoint de la victime, son concubin ou le partenaire lié à elle par un pacte civil de solidarité, y compris lorsqu'ils ne cohabitent pas, ou commise par l'ancien conjoint ou concubin de la victime ou par le partenaire ayant été lié à elle par un pacte civil de solidarité, l'officier ou l'agent de police judiciaire qui reçoit la plainte informe la victime, oralement et par la remise d'un document, qu'elle peut demander ou consentir à bénéficier du dispositif électronique mobile anti-rapprochement prévu à l'article 138-3 du présent code, l'article 132-45-1 du Code pénal ou l'article 515-11-1 du Code civil, qui est susceptible d'être ordonné par la juridiction compétente.

Article 15-3-2-1. – Aide d'urgence – Victime – Infraction commise par le conjoint de la victime, concubin ou partenaire Pacs – *(Loi n° 2023-140 du 28 février 2023)*

• En cas de plainte déposée pour une infraction commise par le conjoint de la victime, par son concubin ou par le partenaire lié à elle par un pacte civil de solidarité, l'officier ou l'agent de police judiciaire qui reçoit la plainte ou, sous son contrôle, l'assistant d'enquête informe la victime qu'elle peut, le cas échéant, bénéficier d'une aide d'urgence au titre de l'article L. 214-9 du Code de l'action sociale et des familles.

Nota : Conformément à l'article 7 de la loi n° 2023-140 du 28/02/2023, ces dispositions entrent en vigueur à une date fixée par décret, et au plus tard 9 mois après la promulgation de la présente loi.

CODE DE L'ACTION SOCIALE ET DES FAMILLES

Article L. 214-8. – Aide universelle d'urgence – Victimes de violences conjugales – *(Loi n° 2023-140 du 28 février 2023)*
• Toute personne victime de violences conjugales, entendues au sens de l'article 132-80 du Code pénal, peut bénéficier d'un accompagnement adapté à ses besoins.

Nota : Idem sous l'article 15-3-2-1 du C.P.P.

Article L. 214-9. – Aide universelle d'urgence – Modalités – *(Loi n° 2023-140 du 28 février 2023)*
• La personne mentionnée à l'article L. 214-8 bénéficie, à sa demande, d'une aide financière d'urgence sous réserve d'être victime de violences commises par son conjoint, son concubin ou le partenaire lié à elle par un pacte civil de solidarité et attestées par une ordonnance de protection délivrée par le juge aux affaires familiales en application du titre XIV du livre Ier du Code civil, par un dépôt de plainte ou par un signalement adressé au procureur de la République, notamment en application du 1er alinéa de l'article 132-80 du Code pénal.
• Au moment du dépôt de la plainte ou du signalement adressé au procureur de la République, après information de la victime et avec son accord, un formulaire simplifié de demande peut être transmis à l'organisme débiteur des prestations familiales compétent. Dès réception de la demande, celle-ci est transmise au président du conseil départemental par l'organisme débiteur des prestations familiales saisi, avec l'accord exprès du demandeur.

Nota : Idem sous l'article 15-3-2-1 du C.P.P.

Article 15-3-3. – Tribunal judiciaire – Compétence concurrente – Harcèlement sexuel... – *(Loi n° 2020-766 du 24 juin 2020)*

• Un tribunal judiciaire désigné par décret exerce une compétence concurrente à celle qui résulte de l'application des articles 43, 52 et 382 du présent code pour l'enquête, la poursuite, l'instruction et le jugement des délits prévus au 6° du III de l'article 222-33 du Code pénal, lorsqu'ils sont commis avec la circonstance aggravante prévue à l'article 132-76 du même code, au 4° de l'article 222-33-2-2 dudit code, lorsqu'ils sont commis avec la circonstance aggravante prévue à l'article 132-76 ou 132-77 du même code, [Dispositions déclarées non conformes à la Constitution par la décision du Conseil constitutionnel n° 2020-801 DC du 18 juin 2020] lorsqu'ils ont fait l'objet d'une plainte adressée par voie électronique en application de l'article 15-3-1 du présent code.

Article 15-4. – Enquêteurs – Identité protégée – *(Loi n° 2019-222 du 23 mars 2019)*

• **I. –** Dans l'exercice de ses fonctions, tout agent de la police nationale ou de la gendarmerie nationale peut être autorisé à ne pas être identifié par ses nom et prénom dans les actes de procédure définis aux 1° et 2° du présent I qu'il établit ou dans lesquels il intervient, lorsque la révélation de son identité est susceptible, compte tenu des conditions d'exercice de sa mission ou de la nature des faits qu'il est habituellement amené à constater, de mettre en danger sa vie ou son intégrité physique ou celles de ses proches.

• L'autorisation est délivrée nominativement par un responsable hiérarchique d'un niveau suffisant, défini par décret, statuant par une décision motivée. Copie en est transmise au procureur de la République territorialement compétent.

• Cette autorisation permet à l'agent qui en bénéficie d'être identifié par un numéro d'immatriculation administrative, sa qualité et son service ou unité d'affectation dans tous les actes des procédures suivantes :

• 1° Les procédures portant sur un crime ou un délit puni d'au moins 3 ans d'emprisonnement ;

• 2° Après autorisation délivrée pour l'ensemble d'une procédure dans les conditions prévues au 2e alinéa du présent I, les procédures portant sur un délit puni de moins de 3 ans d'emprisonnement lorsqu'en raison de circonstances particulières dans la commission des faits ou de la personnalité des personnes mises en cause, la révélation de l'identité de l'agent est susceptible de mettre en danger sa vie ou son intégrité physique ou celles de ses proches.

• Le bénéficiaire de l'autorisation est également autorisé à déposer ou à comparaître comme témoin au cours de l'enquête ou devant les juridictions d'instruction ou de jugement et à se constituer partie civile en utilisant ces mêmes éléments d'identification, qui sont seuls mentionnés dans les procès-verbaux, citations, convocations, ordonnances, jugements ou arrêts. Il ne peut être fait état de ses nom et prénom au cours des audiences publiques.

• Le présent I n'est pas applicable lorsque, en raison d'un acte commis dans l'exercice de ses fonctions, le bénéficiaire de l'autorisation est entendu en application des articles 61-1 ou 62-2 du présent code ou qu'il fait l'objet de poursuites pénales.

• **II. –** Le I du présent article est applicable aux agents mentionnés aux articles 28-1 et 28-2.

• **III. –** Les juridictions d'instruction ou de jugement saisies des faits ont accès aux nom et prénom de la personne identifiée par un numéro d'immatriculation administrative dans un acte de procédure.

• Saisi par une partie à la procédure d'une requête écrite et motivée tendant à la communication des nom et prénom d'une personne bénéficiaire d'une autorisation délivrée en application du I, le juge d'instruction ou le président de la juridiction de jugement décide des suites à donner à cette requête, après avis du ministère public et en tenant compte, d'une part, de la menace que la révélation de l'identité de cette personne ferait peser sur sa vie ou son intégrité physique ou celles de ses proches et, d'autre part, de la nécessité de communiquer cette identité pour l'exercice des droits de la défense de l'auteur de la demande. Le procureur de la République se prononce dans les mêmes conditions lorsqu'il est fait application de l'article 77-2.

• En cas de demande d'annulation d'un acte de procédure fondée sur la violation des formes prescrites par la loi à peine de nullité ou sur l'inobservation des formalités substantielles dont l'appréciation nécessite la révélation des nom et prénom du bénéficiaire d'une autorisation délivrée en application du I du présent article, le juge d'instruction, le président de la chambre de l'instruction ou le président de la juridiction de jugement statue sans verser ces éléments au débat contradictoire ni indiquer les nom et prénom du bénéficiaire de cette autorisation dans sa décision.

• **IV.** – Hors les cas prévus au 2e alinéa du III, la révélation des nom et prénom du bénéficiaire d'une autorisation délivrée en application du I ou de tout élément permettant son identification personnelle ou sa localisation est punie de 5 ans d'emprisonnement et de 75 000 € d'amende.

• Lorsque cette révélation a entraîné des violences à l'encontre du bénéficiaire de l'autorisation ou de son conjoint, de ses enfants ou de ses ascendants directs, les peines sont portées à 7 ans d'emprisonnement et à 100 000 € d'amende.

• Lorsque cette révélation a entraîné la mort des personnes mentionnées au 2e alinéa du présent IV, les peines sont portées à 10 ans d'emprisonnement et à 150 000 € d'amende, sans préjudice, le cas échéant, de l'application du chapitre Ier du titre II du livre II du code pénal.

• **V.** – Un décret en Conseil d'État précise les modalités d'application du présent article.

J • **Menaces de mort aggravées... – Protection de l'anonymat – Actes de procédure**

Quatre agents des douanes s'identifiant seulement par leurs matricules, respectivement 47225, 57816, 44202 et 56226, parties civiles, ont chacun formé un pourvoi contre l'arrêt de la cour d'appel de TOULOUSE (31), *en date du 08/07/2020, qui, dans la procédure suivie contre MM. E C D et B Z des chefs de menaces de mort aggravées, violences aggravées, rébellion et conduite d'un véhicule en état d'ivresse manifeste, a déclaré irrecevables leurs constitutions de partie civile.*

13. Enfin, l'octroi, à un agent, par l'autorité hiérarchique dont il relève, de la protection de l'anonymat dans les actes de procédure auxquels il contribue, revêt un caractère exceptionnel et obéit à des conditions limitativement énumérées par l'article 15-4 du C.P.P., qui, en l'état des constatations des juges du fond, faisaient défaut au présent cas.

(Cour de cassation – Chambre criminelle du 22 juin 2021 – N° de pourvoi : 20-84.513).

Article 15-5. – Habilitation spéciale et individuelle – Consultation de traitements au cours d'un enquête ou d'une instruction – *(Loi n° 2023-22 du 24 janvier 2023 + Décision n° 2022-846 DC du 19 janvier 2023)*

• Seuls les personnels spécialement et individuellement habilités à cet effet peuvent procéder à la consultation de traitements au cours d'une enquête ou d'une instruction.

• La réalité de cette habilitation spéciale et individuelle peut être contrôlée à tout moment par un magistrat, à son initiative ou à la demande d'une personne intéressée. L'absence de la mention de cette habilitation sur les différentes pièces de procédure résultant de la consultation de ces traitements n'emporte pas, par elle-même, nullité de la procédure.

Section II

Des officiers de police judiciaire

Article 16. – Qualité – O.P.J. – *(Loi n° 2023-22 du 24 janvier 2023)*

• Ont la qualité d'officier de police judiciaire :

• 1° Les maires et leurs adjoints ;

• 2° Les officiers et les gradés de la gendarmerie, les gendarmes nominativement désignés par arrêté des ministres de la justice et de l'intérieur, après avis conforme d'une commission ;

• 3° Les inspecteurs généraux, les sous-directeurs de police active, les contrôleurs généraux, les commissaires de police et les officiers de police ;

• 4° Les fonctionnaires du corps d'encadrement et d'application de la police nationale nominativement désignés par arrêté des ministres de la justice et de l'intérieur, après avis conforme d'une commission.

• La composition de la commission prévue aux 2° et 4° est déterminée par un décret en Conseil d'État pris sur le rapport du ministre de la justice et du ministre de l'intérieur.

• Ont également la qualité d'officier de police judiciaire les personnes exerçant des fonctions de directeur ou sous-directeur de la police judiciaire et de directeur ou sous-directeur de la gendarmerie.

• Les fonctionnaires mentionnés aux 2° à 4° ci-dessus ne peuvent exercer effectivement les attributions attachées à leur qualité d'officier de police judiciaire ni se prévaloir de cette qualité que s'ils sont affectés à un emploi comportant cet exercice et en vertu d'une décision du procureur général près la cour d'appel les y habilitant personnellement. L'exercice de ces attributions est momentanément suspendu pendant le temps où ils participent, en unité constituée, à une opération de maintien de l'ordre.

• Toutefois, les gendarmes mentionnés au 2° et les fonctionnaires mentionnés au 4° ne peuvent recevoir l'habilitation prévue au 8e alinéa que, d'une part, s'ils comptent au moins 30 mois de services à compter du début de leur formation initiale, dont au moins 6 mois effectués dans un emploi comportant l'exercice des attributions attachées à la qualité d'agent de police judiciaire, et, d'autre part, s'ils sont affectés soit dans un service ou une catégorie de services déterminés en application de l'article 15-1 et figurant sur une liste fixée par arrêté des ministres de la justice et de l'intérieur, soit, à titre exclusif, dans une formation d'un service mentionnée par le même arrêté.

• L'habilitation est délivrée par le procureur général près la cour d'appel dans le ressort de laquelle intervient la 1re affectation du fonctionnaire. Elle est valable pour toute la durée de ses fonctions, y compris en cas de changement d'affectation.

• Les conditions d'octroi, de retrait et de suspension pour une durée déterminée de l'habilitation prévue aux 9e et avant-dernier alinéas du présent article sont fixées par décret en Conseil d'État pris sur le rapport du ministre de la justice et des ministres intéressés.

J • **O.P.J. – Habilitation – Retrait ou suspension – Mesure d'administration judiciaire – Amnistie *(non)*** – *Les mesures prises par le procureur général en application de l'article 16, dernier alinéa, du Code de procédure pénale sont des mesures d'administration judiciaire et ne constituent donc pas des sanctions amnistiables.* (Cass. CRIM du 13 janvier 1998)

• **Retrait de l'habilitation d'O.P.J.**

Contre la décision de la commission de recours des officiers de police judiciaire, en date du 15 juin 2015, qui a confirmé l'arrêté du procureur général près la cour d'appel d'AGEN prononçant le retrait de son habilitation d'officier de police judiciaire;

Attendu qu'il résulte de la décision attaquée et des pièces de procédure que M. X..., adjudant de la gendarmerie nationale, a été habilité à exercer les fonctions d'officier de police judiciaire par arrêté du procureur général près la cour d'appel d'Agen en date du 21 juin 2012; que son supérieur hiérarchique et le procureur de la République ont ultérieurement appris, d'une part, qu'après qu'un homme gardé à vue, dans le cadre d'une enquête qu'il avait ouverte, lui eut fait part de son intention de se suicider, il lui avait remis son arme de service que l'intéressé avait aussitôt placée sous sa gorge avant d'en actionner la queue de détente, geste demeuré sans effet puisqu'il en avait préalablement retiré les cartouches, d'autre part, qu'il avait incité trois militaires de la brigade à dire que cette arme était en plastique; que cet officier de police judiciaire ayant admis la réalité de ces faits lors de l'entretien préalable, après avoir refusé l'assistance d'un avocat, son habilitation lui a été retirée par arrêté du procureur général, en date du 30 janvier 2015, à raison de la gravité du manquement reproché et de l'incitation à un faux témoignage; que cette décision ayant été confirmée après qu'il eut formé un recours préalable, M. X... a déposé une requête devant la commission prévue à l'article 16-2 du Code de procédure pénale;

D'où il suit que le moyen ne peut être admis;

Sur le troisième moyen de cassation, pris de la violation de l'article 6, § 1, de la Convention européenne des droits de l'homme, des articles 16, 161-1, 16-2, 16-3, 569, 591 et 593 du Code de procédure pénale;

« en ce que la décision attaquée a confirmé l'arrêté ayant prononcé le retrait de l'habilitation à exercer les attributions attachées à la qualité d'officier de police judiciaire de l'adjudant M. X...;

« alors que, faute de texte contraire, le principe de l'effet suspensif des recours s'applique en matière de retrait ou de suspension d'habilitation des officiers de police judiciaire; qu'en omettant de constater l'effet suspensif du recours formé par M. X... contre la décision initiale de retrait d'habilitation, et de préciser que la décision de retrait ne pouvait prendre effet qu'après l'expiration du délai de pourvoi en cassation et, le cas échéant, après l'issue de cette procédure, la commission a violé le principe de l'effet suspensif des recours et les textes susvisés »;

Attendu que la décision contestée ne s'analysant pas en un arrêt ou jugement, les dispositions de l'article 569 du Code de procédure pénale invoquées ne sauraient trouver application;

D'où il suit que le moyen ne peut qu'être écarté;

Et attendu que la décision est régulière en la forme;

REJETTE le pourvoi;

(Cour de cassation – Chambre criminelle du 21 juin 2016 – N° de pourvoi : 15-84172).

V • Art. R. 1 à R. 15-16 du C.P.P.

CODE DE LA ROUTE

Recherche et constatation des infractions

Article L. 130-1. – Fonctionnaires du corps de commandement et d'encadrement de la police nationale

• Les fonctionnaires du corps de commandement et d'encadrement de la police nationale, autres que ceux visés au 3° de l'article 16 du Code de procédure pénale affectés à une circonscription territoriale ne dépassant pas le ressort de la cour d'appel, nominativement désignés par arrêté des ministres de la justice et de l'intérieur après avis conforme de la commission prévue à l'article 16 (3°) du Code de procédure pénale, ont la qualité d'officier de police judiciaire, uniquement dans les limites de cette circonscription, pour rechercher et constater les infractions au présent code et les

.../...

infractions d'atteintes involontaires à la vie ou à l'intégrité d'une personne commises à l'occasion d'accidents de la circulation, à l'exclusion de celles commises en relation avec des manifestations sur la voie publique, et de toutes autres infractions.

Article L. 130-2. – Fonctionnaires mentionnées à l'article L. 130-1
• Les fonctionnaires mentionnés à l'article L. 130-1 ne peuvent en aucun cas décider des mesures de garde à vue ni procéder à la visite des véhicules.
• Ils ne peuvent exercer effectivement les attributions attachées à leur qualité d'officier de police judiciaire que dans les conditions prévues à l'article 16 du Code de procédure pénale.

Article L. 130-3. – Exercice des attributions – *(Décret n° 2005-716 du 29 juin 2005)*
• Les fonctionnaires du corps de commandement de la police nationale mentionnés à l'article L. 130-1 qui n'ont pas obtenu la qualité d'officier de police judiciaire peuvent, dans les conditions fixées par l'article 20 du Code de procédure pénale, exercer les attributions attachées à leur qualité d'agent de police judiciaire pour la recherche et la constatation des infractions prévues à l'article L. 130-1.
• Les fonctionnaires du corps d'encadrement et d'application de la police nationale affectés à une circonscription territoriale ne dépassant pas le ressort de la cour d'appel peuvent, dans les limites de cette circonscription et dans les conditions fixées par l'article 20 du Code de procédure pénale, exercer les attributions attachées à leur qualité d'agent de police judiciaire pour la recherche et la constatation des mêmes catégories d'infractions.
• Les fonctionnaires mentionnés au présent article sont placés sous la surveillance du procureur général et sous le contrôle de la chambre de l'instruction, conformément aux articles 224 à 229 du Code de procédure pénale.

Article 16-1 A. – Réserve opérationnelle PN / GN – Qualité d'O.P.J. – *(Loi n° 2022-52 du 24 janvier 2022)*
• Lorsqu'ils servent dans la réserve opérationnelle de la police nationale ou dans la réserve opérationnelle de la gendarmerie nationale, les fonctionnaires de la police nationale et les militaires de la gendarmerie nationale actifs ou à la retraite ayant eu durant leur activité la qualité d'officier de police judiciaire peuvent, après une actualisation de leurs connaissances et dès lors qu'est établi qu'ils réunissent les conditions d'expérience et d'aptitude requises, conserver la qualité d'officier de police judiciaire pour une durée de 5 ans à compter de la date de leur départ à la retraite.
• Toutefois, ils ne peuvent exercer effectivement les attributions attachées à leur qualité d'officier de police judiciaire et se prévaloir de cette qualité que s'ils sont affectés à des missions comportant l'exercice de ces attributions et en application d'une décision du procureur général près la cour d'appel les y habilitant personnellement.
• L'habilitation est délivrée par le procureur général près la cour d'appel dans le ressort de laquelle intervient la 1re affectation du réserviste. Sous réserve du 1er alinéa, elle est valable pour toute la durée de l'engagement dans la réserve, y compris en cas de changement d'affectation. Le procureur général peut prononcer le retrait de l'habilitation ou sa suspension pour une durée déterminée.
• Un décret en Conseil d'État définit les conditions d'application du présent article.

Article 16-1. – Refus, suspension ou retrait d'habilitation – *(Loi n° 2009-526 du 12 mai 2009)*
• Dans le mois qui suit la notification de la décision de refus, de suspension ou de retrait d'habilitation, l'officier de police judiciaire peut demander au procureur général de rapporter cette décision. Le procureur général doit statuer dans un délai d'un mois. À défaut, son silence vaut rejet de la demande.

Article 16-2. – Recours – *(Loi n° 75-701 du 6 août 1975)*
• Dans le délai d'un mois à partir du rejet explicite ou implicite de la demande prévue à l'article précédent, l'officier de police judiciaire peut former un recours devant une commission composée de trois magistrats du siège de la Cour de cassation ayant le grade de président de chambre ou de conseiller. Ces magistrats sont désignés annuellement, en même temps que trois suppléants, par le bureau de la Cour de cassation.
• Les fonctions du ministère public sont remplies par le parquet général près la Cour de cassation.

Article 16-3. – Commission – *(Loi n° 2009-526 du 12 mai 2009)*
• La commission statue par une décision motivée. Les débats ont lieu et la décision est rendue en chambre du conseil. Le débat est oral ; le requérant peut être entendu personnellement sur sa demande ou celle de son conseil ; il peut être assisté de son conseil.
• La procédure devant la commission est fixée par un décret en Conseil d'État.

Article 17. – O.P.J. – Pouvoirs
• Les officiers de police judiciaire exercent les pouvoirs définis à l'article 14 ; ils reçoivent

les plaintes et dénonciations; ils procèdent à des enquêtes préliminaires dans les conditions prévues par les articles 75 à 78.

• En cas de crimes et délits flagrants, ils exercent les pouvoirs qui leur sont conférés par les articles 53 à 67.

• Ils ont le droit de requérir directement le concours de la force publique pour l'exécution de leur mission.

Article 18. – Compétence – *(Loi n° 2020-1672 du 24 décembre 2020)*

• Les officiers de police judiciaire ont compétence dans les limites territoriales où ils exercent leurs fonctions habituelles.

• Les officiers de police judiciaire, mis temporairement à disposition d'un service autre que celui dans lequel ils sont affectés, ont la même compétence territoriale que celle des officiers de police judiciaire du service d'accueil.

• Les officiers de police judiciaire peuvent se transporter sur toute l'étendue du territoire national, à l'effet d'y poursuivre leurs investigations et de procéder à des auditions, perquisitions et saisies, après en avoir informé le procureur de la République saisi de l'enquête ou le juge d'instruction. Ils sont tenus d'être assistés d'un officier de police judiciaire territorialement compétent si ce magistrat le décide. Le procureur de la République du tribunal judiciaire dans le ressort duquel les investigations sont réalisées est également informé par l'officier de police judiciaire de ce transport. L'information des magistrats mentionnés au présent alinéa n'est cependant pas nécessaire lorsque le transport s'effectue dans un ressort limitrophe à celui dans lequel l'officier exerce ses fonctions, Paris et les départements des Hauts-de-Seine, de Seine-Saint-Denis et du Val-de-Marne étant à cette fin considérés comme un seul département.

• Avec l'accord des autorités compétentes de l'État concerné, les officiers de police judiciaire peuvent, sur commission rogatoire expresse du juge d'instruction ou sur réquisitions du procureur de la République, procéder à des auditions sur le territoire d'un État étranger.

• Les officiers ou agents de police judiciaire exerçant habituellement leur mission dans les véhicules affectés au transport collectif de voyageurs ou dans les lieux destinés à l'accès à ces moyens de transport sont compétents pour opérer sur l'étendue de la zone de défense de leur service d'affectation, dans des conditions déterminées par décret en Conseil d'État. Lorsque les réquisitions prises par le procureur de la République en application de l'article 78-7 le prévoient expressément, ces officiers ou agents de police judiciaire sont compétents pour les mettre en œuvre sur l'ensemble du trajet d'un véhicule de transport ferroviaire de voyageurs.

[V] • Code procédure pénale – art. D. 9 et suivants – Désignation des agents des douanes chargés de certaines missions de police judiciaire
• Code procédure pénale – art. 70 – Mandat de recherche
• Code procédure pénale – art. 171 – Nullités de l'information
• Code procédure pénale – art. 21-1 – Compétences des A.P.J. et AP.J.A.

[J] **• Infractions à la législation sur les stupéfiants et importation en contrebande de marchandises prohibées – Instruction – Pouvoirs du juge – Écoutes d'une ligne téléphonique située hors du ressort territorial de l'O.P.J. – Validité – Conditions**

Contre l'arrêt de la chambre d'accusation de la cour d'appel de Montpellier, en date du 08/04/1993, qui, dans la procédure suivie notamment contre eux pour infractions à la législation sur les stupéfiants et importation en contrebande de marchandises prohibées, a prononcé l'annulation de certaines pièces de la procédure, validé celle-ci pour le surplus, et ordonné le retour du dossier au juge d'instruction saisi; et sur les pourvois formés par Y... Omar, X... Mohamed, A... Eleuthère, dit « B... «, Z... Abdelkader, C... Didier, contre l'arrêt de la chambre correctionnelle de la même cour d'appel, en date du 08/11/1994, qui, pour ces infractions, a condamné Abdelkader Z..., Mohamed X... et Omar Y..., respectivement, à 7 ans, 8 ans et 9 ans d'emprisonnement, ainsi qu'à l'interdiction définitive du territoire français; Eleuthère A... et Didier C..., chacun à 7 ans d'emprisonnement, ainsi qu'à 5 ans d'interdiction de séjour, a ordonné le maintien en détention des intéressés, et a prononcé sur les pénalités douanières.

L'officier de police judiciaire qui, en exécution d'une commission rogatoire ne visant pas l'extension de compétence territoriale, procède à l'interception, à l'enregistrement, et à la transcription de communications émises sur une ligne téléphonique attribuée à un abonné qui demeure hors de son ressort territorial, ne méconnaît pas les règles de sa compétence territoriale, dès lors que tous les actes d'exécution de la commission rogatoire ont été dressés au siège de son service, dans lequel une dérivation permettant l'écoute des conversations a été installée.

(Cour de cassation – Chambre criminelle du 20 juin 1996 – N° de pourvoi: 93-82.187).

• Infractions à la législation sur les stupéfiants et importation en contrebande de marchandises prohibées – Instruction – Commission rogatoire – Exécution – O.P.J. – Compétence territoriale – Compétence étendue à tout le territoire national – Conditions

Contre l'arrêt de la chambre d'accusation de la cour d'appel de Montpellier, en date du 08/04/1993, qui, dans la procédure suivie notamment contre eux pour infractions à la législation sur les stupéfiants et importation en contrebande de marchandises prohibées, a prononcé l'annulation de certaines pièces de la procédure, validé celle-ci pour le surplus, et ordonné le retour du dossier au juge d'instruction saisi; et sur les pourvois formés par Y... Omar, X... Mohamed, A... Eleuthère, dit « B... «, Z... Abdelkader, C... Didier, contre l'arrêt de la chambre correctionnelle de la même cour d'appel, en date du 08/11/1994, qui, pour ces infractions, a condamné Abdelkader Z..., Mohamed X... et Omar Y..., respectivement, à 7 ans, 8 ans et 9 ans d'emprisonnement, ainsi qu'à l'interdiction définitive du territoire français; Eleuthère A... et Didier

C..., chacun à 7 ans d'emprisonnement, ainsi qu'à 5 ans d'interdiction de séjour, a ordonné le maintien en détention des intéressés, et a prononcé sur les pénalités douanières.

Selon les dispositions combinées des articles 18 et 151 du C.P.P., le juge d'instruction peut, en cas d'urgence, donner commission rogatoire à tout officier de police judiciaire, et lui prescrire d'effectuer ses opérations sur l'ensemble du territoire national, quel que soit le lieu où les faits poursuivis ont été commis, et l'étendue du ressort territorial de l'enquêteur désigné. Les dispositions, de valeur réglementaire, de l'article D12 de ce Code, réservant l'extension territoriale aux seuls officiers de police judiciaire du lieu de l'infraction, ne lient pas les magistrats instructeurs.

(Cour de cassation – Chambre criminelle du 20 juin 1996 – N° de pourvoi : 93-82.187).

• Vol avec arme en récidive – Instruction – Commission rogatoire – Exécution – O.P.J. – Compétence territoriale – Compétence étendue à tout le territoire national – Brigade de recherche et d'intervention

Contre l'arrêt de la chambre d'accusation de la cour d'appel de RIOM, du 26/12/1997, qui, dans l'information suivie contre eux, le 1er, notamment pour vol avec arme en récidive et le 2d pour complicité de vol avec arme et association de malfaiteurs, a rejeté leur requête aux fins d'annulation d'actes de la procédure ; Y..., Z..., contre l'arrêt de la même chambre d'accusation, du 23/02/1999, qui les a renvoyés devant la cour d'assises du Puy-de-Dôme, le 1er, sous l'accusation de complicité de vol avec arme et association de malfaiteurs, le 2d, de recel de vol avec arme.

Les O.P.J. de la brigade de recherche et d'intervention, antenne de l'office central pour la répression du banditisme (OCRB), créée par arrêté du 11/02/1986, détachée à Marseille et mise pour emploi à la disposition du service régional de police judiciaire de cette ville, ont une compétence territoriale étendue à tout le territoire national.

(Cour de cassation – Chambre criminelle du 2 juin 1999 – N° de pourvoi : 99-81.769).

• Infractions à la législation sur les stupéfiants et association de malfaiteurs – O.P.J. – Pouvoirs – Enquête préliminaire – Renseignements transmis par un officier de liaison en poste à l'étranger *(non)*

Contre l'arrêt de la chambre de l'instruction de la cour d'appel de PARIS, 1re section, en date du 08/03/2011, qui, dans l'information suivie contre lui des chefs d'infractions à la législation sur les stupéfiants et association de malfaiteurs, a prononcé sur sa demande d'annulation de pièces de la procédure.

Les renseignements transmis par un officier de liaison en poste à l'étranger et relatifs à une organisation d'approvisionnement de stupéfiants à destination de la France ne constituent pas des actes de police judiciaire mais sont seulement destinés à guider d'éventuelles investigations de la police judiciaire.

C'est donc à tort que le moyen de cassation soutenait que les dispositions de l'article 18, al. 5, du C.P.P. leur étaient applicables.

(Cour de cassation – Chambre criminelle du 13 septembre 2011 – N° de pourvoi : 11-83.100).

• Importation de marchandises prohibées... – Enquête préliminaire – O.P.J. – Compétence – Demande de renseignement adressée à une personne domiciliée à l'étranger – Violation des règles de compétence *(non)* – Méconnaissance des règles de l'entraide judiciaire internationale *(non)*

Contre l'arrêt de la chambre de l'instruction de la cour d'appel de GRENOBLE, en date du 24/10/2012, qui, dans l'information suivie contre lui des chefs d'importation de marchandises prohibées, infractions aux réglementations sur le commerce ou l'emploi de substances vénéneuses, importation sans raison médicale dûment justifiée de produits dopants, a prononcé sur sa demande d'annulation de pièces de la procédure.

Les officiers de police judiciaire peuvent, sans méconnaître les règles de compétence territoriale et d'entraide judiciaire internationale, recueillir, notamment par un moyen de communication électronique, des renseignements en dehors de leur circonscription, fût-ce en adressant directement une demande à une personne domiciliée à l'étranger, celle-ci restant, dans ce cas, libre de ne pas y répondre.

(Cour de cassation – Chambre criminelle du 6 novembre 2013 – N° de pourvoi : 12-87.130).

• Importation de marchandises prohibées... – Enquête préliminaire – Perquisition – Perquisition sans le consentement exprès de l'intéressé – Autorisation par ordonnance du juge des libertés et de la détention – Portée – Découverte d'un code personnel d'accès à un système informatique – Exploitation par l'O.P.J. avec son matériel informatique – Nécessité d'une nouvelle autorisation du juge des libertés et de la détention *(non)*

Contre l'arrêt de la chambre de l'instruction de la cour d'appel de GRENOBLE, en date du 24/10/2012, qui, dans l'information suivie contre lui des chefs d'importation de marchandises prohibées, infractions aux réglementations sur le commerce ou l'emploi de substances vénéneuses, importation sans raison médicale dûment justifiée de produits dopants, a prononcé sur sa demande d'annulation de pièces de la procédure.

L'exploitation par les officiers de police judiciaire de données informatiques présentes sur un site internet, à partir de leur propre matériel et au moyen du Code personnel de l'utilisateur découvert à l'occasion d'une perquisition opérée au domicile de l'intéressé avec l'autorisation du juge des libertés et de la détention, constitue une simple investigation n'exigeant pas une nouvelle décision de ce magistrat.

(Cour de cassation – Chambre criminelle du 6 novembre 2013 – N° de pourvoi : 12-87.130).

• Infractions à la législation sur les stupéfiants en récidive – Association de malfaiteurs... – O.P.J. – Pouvoirs – Enquête préliminaire – Renseignements transmis par un officier de liaison en poste à l'étranger – Actes de police judiciaire *(non)*

Contre l'arrêt de la chambre de l'instruction de la cour d'appel de LYON, en date du 07/11/2014, qui, dans l'information suivie contre le 1er, des chefs d'infractions à la législation sur les stupéfiants en récidive, association de malfaiteurs, usage de fausses plaques d'immatriculation en récidive, refus d'obtempérer en récidive, rébellion en récidive, blanchiment en récidive, le 2d, des chefs d'infractions à la législation sur les stupéfiants en récidive, usage de fausses plaques d'immatriculation, refus d'obtempérer, a prononcé sur leurs demandes d'annulation d'actes de la procédure.

Le recueil, par des officiers de liaison en poste à l'étranger, de renseignements relatifs à des projets d'importation en France de stupéfiants, et la prise de photographies ne constituent pas des actes de police judiciaire mais des informations utiles, dans la lutte contre la criminalité transfrontière, pour orienter d'éventuelles investigations accomplies en France par la police judiciaire.

(Cour de cassation – Chambre criminelle du 1er avril 2015 – N° de pourvoi : 14-87.647).

Article 19. – Information du procureur de la République – *(Loi n° 2016-731 du 3 juin 2016)*

• Les officiers de police judiciaire sont tenus d'informer sans délai le procureur de la République des crimes, délits et contraventions dont ils ont connaissance. Dès la clôture de leurs opérations, ils doivent lui faire parvenir directement l'original ainsi qu'une copie des procès-verbaux qu'ils ont dressés ; tous actes et documents y relatifs lui sont en même temps adressés ; les objets saisis sont mis à sa disposition.

• Les procès-verbaux doivent énoncer la qualité d'officier de police judiciaire de leur rédacteur.

• Le procureur de la République peut autoriser que les procès-verbaux, actes et documents lui soient transmis sous forme électronique.

J **• Abus de biens sociaux – Enquête préliminaire – O.P.J. – Pouvoirs – Découverte d'une infraction – Information du procureur de la République – Défaut – Effet**

Contre l'arrêt de la cour d'appel de COLMAR, chambre correctionnelle, en date du 12/12/2003, qui, dans la procédure suivie contre Jean-Marie X..., du chef d'abus de biens sociaux, a constaté la prescription de l'action publique.

Le défaut d'information du procureur de la République, par les O.P.J., des infractions dont ils ont connaissance dans l'exercice de leurs fonctions, prévue par l'article 19 du C.P.P., est sans effet sur la validité des actes accomplis par ces derniers.

(Cour de cassation – Chambre criminelle du 1er décembre 2004 – N° de pourvoi : 04-80.536).

• Conduite d'un véhicule après usage de stupéfiants – Défaut de maîtrise – Enquête préliminaire – O.P.J. – Pouvoirs – Procès-verbal – Procès-verbal unique – Signature – Moment

Contre l'arrêt de la cour d'appel de RENNES, 10e chambre, en date du 18/09/2013, qui, a renvoyé M. Sébastien X... des fins de la poursuite des chefs de conduite d'un véhicule après usage de stupéfiants, et défaut de maîtrise.

Il se déduit de l'article D. 11 du C.P.P. que le procès-verbal unique établi pour relater les opérations effectuées par les officiers de police judiciaire au cours d'une même enquête préliminaire, peut être clos postérieurement à la notification, faite au prévenu, de la convocation à comparaître devant la juridiction de jugement.

(Cour de cassation – Chambre criminelle du 25 novembre 2014 – N° de pourvoi : 13-86.625).

Article 19-1. – Notation – *(Loi n° 93-2 du 4 janvier 1993)*

• La notation par le procureur général de l'officier de police judiciaire habilité est prise en compte pour toute décision d'avancement.

V • Code de procédure pénale – art. D. 3 – Information du procureur de la République
• Code de procédure pénale – art. D. 9 – Procès-verbaux – Nom et qualité
• Code de procédure pénale – art. D. 44 – Dossier individuel – O.P.J.

Section III

Des agents de police judiciaire

Article 20. – A.P.J. – Qualité – Missions – *(Loi n° 2023-22 du 24 janvier 2023)*

• Sous réserve des dispositions de l'article 20-1, sont agents de police judiciaire :

• 1° Les militaires de la gendarmerie nationale autres que les volontaires, n'ayant pas la qualité d'officier de police judiciaire ;

• 2° Les fonctionnaires des services actifs de la police nationale, titulaires et stagiaires, n'ayant pas la qualité d'officier de police judiciaire ;

• 3° *(Abrogé)* ;

• 4° *(Abrogé)* ;

• 5° *(Abrogé)*.

• Toutefois, les fonctionnaires et militaires mentionnés aux 1° et 2° ne peuvent exercer effectivement les attributions attachées à leur qualité d'agent de police judiciaire et se prévaloir de cette qualité que s'ils sont affectés à un emploi comportant cet exercice ; l'exercice de ces attributions est momentanément suspendu pendant le temps où ils participent, en unité constituée, à une opération de maintien de l'ordre.

• Les agents de police judiciaire ont pour mission :

• De seconder, dans l'exercice de leurs fonctions, les officiers de police judiciaire ;

• De constater les crimes, délits ou contraventions et d'en dresser procès-verbal ;

• De recevoir par procès-verbal les déclarations qui leur sont faites par toutes personnes susceptibles de leur fournir des indices, preuves et renseignements sur les auteurs et complices de ces infractions.

• Les agents de police judiciaire n'ont pas qualité pour décider des mesures de garde à vue.

V • Code de procédure pénale – art. D. 13 à D. 15 – Pouvoirs des A.P.J.

J **• Infraction au Code de la route – Contravention – Saisie – Agents habilités – O.P.J. – O.P.J. secondé par un A.P.J.**

Contre l'arrêt de la cour d'appel d'AIX-EN-PROVENCE, chambre correctionnelle, en date du 11/04/1991, qui l'a condamné pour infraction au C.R., à 5000 francs d'amende, a prononcé la suspension de son permis de conduire pour une durée d'1 mois et a ordonné la confiscation de l'appareil saisi.

Si en matière contraventionnelle, et sauf disposition contraire de la loi, la saisie d'objets dont la confiscation peut être ordonnée comme le permet l'article 464 du C.P., doit être pratiquée par un O.P.J., celui-ci peut être secondé par un A.P.J.
(Cour de cassation – Chambre criminelle du 25 mai 1992 – N° de pourvoi : 91-86.255).

• Détérioration volontaire d'un objet mobilier ou d'un bien immobilier – Enquête préliminaire – Identification des personnes soupçonnées – Identification par les témoins – A.P.J. – Pouvoirs
Contre l'arrêt de la cour d'appel de PARIS, 13e chambre, en date du 22/05/1992, qui, pour le délit de détérioration volontaire d'un objet mobilier ou d'un bien immobilier appartenant à autrui, l'a condamné à 5 000 francs d'amende.

Les agents de police judiciaire qui, dans le cours d'une enquête, organisent une « parade « aux fins de présenter aux témoins des personnes soupçonnées d'avoir participé à une infraction, n'excèdent pas les pouvoirs qui leur sont conférés par l'article 20 du Code de procédure pénale.
(Cour de cassation – Chambre criminelle du 10 mars 1993 – N° de pourvoi : 92-83.663).

• Meurtre – Droits de la défense – Instruction – Perquisition – Formalités – Inobservation – Nullité – Condition
Contre l'arrêt de la chambre d'accusation de la cour d'appel de POITIERS, en date du 22/02/2000, qui, dans l'information suivie contre lui du chef de meurtre, a dit n'y avoir lieu à annulation d'actes de la procédure.

Les formalités prévues par les dispositions du Code de procédure pénale en matière de perquisition et de saisie ne sont pas exclues du champ d'application de l'article 802 du même Code. Dès lors, leur inobservation ne saurait entraîner de nullité de procédure lorsqu'aucune atteinte n'a été portée aux intérêts de la personne concernée.
(Cour de cassation – Chambre criminelle du 15 juin 2000 – N° de pourvoi : 00-81.334).

Article 20-1. – Réserve opérationnelle PN / GN – Qualité d'A.P.J. – *(Loi n° 2022-52 du 24 janvier 2022)*

• Lorsqu'ils n'ont pas la qualité d'officier de police judiciaire en application de l'article 16-1 A, les fonctionnaires de la police nationale et les militaires de la gendarmerie nationale actifs ou à la retraite ayant eu durant leur activité la qualité d'officier ou d'agent de police judiciaire peuvent bénéficier de la qualité d'agent de police judiciaire lorsqu'ils servent dans la réserve opérationnelle de la police nationale ou dans la réserve opérationnelle de la gendarmerie nationale. Un décret en Conseil d'État fixe les conditions d'application du présent article. Il précise les conditions d'expérience et les qualités requises pour bénéficier de la qualité d'agent de police judiciaire au titre du présent article.

V • Code de procédure pénale – art. R. 15-17-1 – Réserve civile de la Police Nationale – Réserve opérationnelle de la Gendarmerie Nationale

Article 21. – A.P.J.A. – Qualité – Missions – *(Loi n° 2023-22 du 24 janvier 2023)*

• Sont agents de police judiciaire adjoints :

• 1° Les fonctionnaires des services actifs de police nationale ne remplissant pas les conditions prévues par l'article 20 ;

• 1° *bis* Les volontaires servant en qualité de militaire dans la gendarmerie et les militaires servant au titre de la réserve opérationnelle de la gendarmerie nationale ne remplissant pas les conditions prévues par l'article 20-1 ;

• 1° *ter* Les policiers adjoints mentionnés à l'article L. 411-5 du Code de la sécurité intérieure et les membres de la réserve opérationnelle de la police nationale qui ne remplissent pas les conditions prévues aux articles 16-1 A ou 20-1 du présent code ;

• 1° *quater* Les contrôleurs relevant du statut des administrations parisiennes exerçant leurs fonctions dans la spécialité voie publique et les agents de surveillance de Paris ;

• 1° quinquies *(Abrogé)* ;

• 1° sexies *(Abrogé)* ;

• 2° Les agents de police municipale ;

• 3° Les gardes champêtres, lorsqu'ils agissent pour l'exercice des attributions fixées au dernier alinéa de l'article L. 521-1 du Code de la sécurité intérieure.

• Ils ont pour mission :

• De seconder, dans l'exercice de leurs fonctions, les officiers de police judiciaire ;

• De rendre compte à leurs chefs hiérarchiques de tous crimes, délits ou contraventions dont ils ont connaissance ;

• De constater, en se conformant aux ordres de leurs chefs, les infractions à la loi pénale et de recueillir tous les renseignements en vue de découvrir les auteurs de ces infractions, le tout dans le cadre et dans les formes prévues par les lois organiques ou spéciales qui leur sont propres ;

• De constater par procès-verbal les contraventions aux dispositions du Code de la route dont la liste est fixée par décret en Conseil d'État ainsi que la contravention d'outrage sexiste et sexuel et le délit prévu à l'article 222-33-1-1 du Code pénal.

• Lorsqu'ils constatent une infraction par procès-verbal, les agents de police judiciaire adjoints peuvent recueillir les éventuelles observations du contrevenant.

Nota : Conformément au V de l'article 14 de la loi n° 2023-22 du 24/01/2023, ces dispositions entrent en vigueur le 1er jour du 3e mois suivant la promulgation de la présente loi.

V • Code de procédure pénale – art. D. 13 et suivants

J **• Infraction au Code de la route – A.P.J. – Agent de police municipale – Pouvoirs**

Contre le jugement du tribunal de police de PERPIGNAN, en date du 14/02/2000, qui a renvoyé Laurent X... des fins de la poursuite dont il était l'objet, pour infractions au C.R.

Les agents de police municipale, qui ont la qualité d'A.P.J.A., ont notamment pour mission de constater et de rendre compte à leurs chefs hiérarchiques de tous crimes, délits ou contraventions dont ils ont connaissance. Les dispositions spéciales des articles R. 248 à R. 252 du C.P.P., et notamment de l'article R. 250-1, n'excluent pas l'application des dispositions générales de l'article 21 du C.P.P.

(Cour de cassation – Chambre criminelle du 14 novembre 2000 – N° de pourvoi : 00-82007).

• Outrage à agent de la force publique – A.P.J.A – Chef de service de police municipale – Pouvoirs

Contre l'arrêt de la cour d'appel de ROUEN, chambre correctionnelle, en date du 21/02/2001, qui, pour outrage à agent de la force publique, l'a condamné à 80 heures de travail d'intérêt général et a prononcé sur les intérêts civils.

Que la Cour relève que Jean-Pierre Y..., chef de service de la police municipale de Dieppe, était à la date des faits, en vertu des dispositions de l'article 21 du C.P.P., A.P.J.A. et habilité comme tel à constater les infractions à la loi pénale, et que d'autre part, il résulte des termes des articles 427 et 430 du C.P.P., qu'hors les cas où la loi en dispose autrement, les infractions peuvent être établies par tout mode de preuve, et notamment par les rapports constatant les délits, qui valent à titre de simples renseignements.

Et attendu que l'arrêt est régulier en la forme ;

REJETTE le pourvoi.

(Cour de cassation – Chambre criminelle du 9 janvier 2002 – N° de pourvoi : 01-83.205).

• Détournement de biens d'un dépôt public – Immixtion dans une fonction publique – Prise de mesure contre l'exécution de la loi par dépositaire de l'autorité publique -

Contre l'arrêt de la cour d'appel de PAU, chambre correctionnelle, en date du 26/01/2017, qui, pour détournement de biens d'un dépôt public, immixtion dans une fonction publique, prise de mesure contre l'exécution de la loi par dépositaire de l'autorité publique, l'a condamné à 30 000 € d'amende.

Attendu qu'en l'état de ces énonciations, d'où il résulte que le prévenu, en sa qualité de maire, a fait échec à l'application des articles 21 du C.P.P. et L. 511-1 du C.S.I., en donnant des instructions à des policiers municipaux placés sous son autorité, de ne pas constater certaines contraventions qu'il leur appartenait cependant de relever dans le cadre de leur mission d'A.P.J.A., qu'ils exercent sous la seule autorité du procureur de la République, la cour d'appel a justifié sa décision ;

D'où il suit que le moyen ne peut qu'être écarté ;

Et attendu que l'arrêt est régulier en la forme ;

REJETTE le pourvoi.

(Cour de cassation – Chambre criminelle du 21 mars 2018 – N° de pourvoi : 17-81.011).

CODE GÉNÉRAL DES COLLECTIVITÉS TERRITORIALES

Article L. 2212-5. – Missions des agents de police municipale – *(Ordonnance n° 2012-351 du 12 mars 2012)*

• Les missions des agents de police municipale et l'organisation des services de police municipale sont régies par les dispositions du titre Ier du livre V du Code de la sécurité intérieure.

CODE DE LA SÉCURITÉ INTÉRIEURE

Article L. 511-1. – Missions des agents de police municipale – *(Loi n° 2021-646 du 25 mai 2021)*

• Sans préjudice de la compétence générale de la police nationale et de la gendarmerie nationale, les agents de police municipale exécutent, dans la limite de leurs attributions et sous son autorité, les tâches relevant de la compétence du maire que celui-ci leur confie en matière de prévention et de surveillance du bon ordre, de la tranquillité, de la sécurité et de la salubrité publiques.

• Ils sont chargés d'assurer l'exécution des arrêtés de police du maire et de constater par procès-verbaux les contraventions auxdits arrêtés. Sans préjudice des compétences qui leur sont dévolues par des lois spéciales, ils constatent également par procès-verbaux les contraventions aux dispositions du Code de la route dont la liste est fixée par décret en Conseil d'État ainsi que les contraventions mentionnées au livre VI du Code pénal dont la liste est fixée par décret en Conseil d'État, dès lors qu'elles ne nécessitent pas de leur part d'actes d'enquête et à l'exclusion de celles réprimant des atteintes à l'intégrité des personnes.

• Ils sont habilités à établir l'avis de paiement prévu à l'article L. 2333-87 du Code général des collectivités territoriales.

• Ils peuvent également constater par rapport le délit prévu par l'article L. 272-4.

• Ils exercent leurs fonctions sur le territoire communal, dans les conditions prévues au 2° de l'article 21 du Code de procédure pénale.

• Affectés sur décision du maire à la sécurité d'une manifestation sportive, récréative ou culturelle ou à celle des périmètres de protection institués en application de l'article L. 226-1 du présent code ou à la surveillance de l'accès à un bâtiment communal, ils peuvent procéder à l'inspection visuelle des bagages et, avec le consentement de leur propriétaire, à leur fouille. Ils peuvent également procéder, avec le consentement exprès des personnes, à des palpations de sécurité. Dans ce cas, la palpation de sécurité doit être effectuée par une personne de même sexe que la personne qui en fait l'objet.

• Affectés par le maire à des missions de maintien du bon ordre au sein des transports publics de voyageurs, les agents de police municipale peuvent constater par procès-verbaux les infractions mentionnées à l'article L. 2241-1 du Code des transports sur le territoire de la commune ou des communes formant un ensemble d'un seul tenant dans les conditions définies à l'article L. 512-1-1 du présent code, sans pouvoir excéder le ressort du tribunal auprès duquel ils ont prêté serment.

.../...

• À cette fin, les communes contiguës desservies par un ou plusieurs réseaux de transports publics peuvent conclure entre elles une convention locale de sûreté des transports collectifs afin de permettre à leurs polices municipales d'exercer indistinctement leurs compétences sur les parties de réseaux qui les traversent. Cette convention est conclue sous l'autorité du représentant de l'État dans le département dans le respect des conventions de coordination des interventions de la police municipale et des forces de sécurité de l'État prévues à la section 2 du chapitre II du présent titre et dans le respect du contrat d'objectif départemental de sûreté dans les transports collectifs.

CODE DE LA ROUTE

Recherche et constatation des infractions

Article R. 130-1. – Office national des forêts – *(Décret n° 2005-320 du 30 mars 2005)*

• Les personnels assermentés de l'office national des forêts peuvent constater, lorsqu'elles sont commises sur les chemins forestiers ouverts à la circulation publique, les contraventions prévues par :

• 1° Le présent code ;

• 2° Les articles R. 644-2 et R. 653-1 du Code pénal, lorsqu'il s'agit de contraventions se rapportant à la circulation routière ;

• 3° L'article R. 625-3 du Code pénal, lorsqu'il s'agit de contraventions commises à l'occasion de la conduite d'un véhicule ;

• 4° L'article R. 211-21-5 du Code des assurances relatif à l'affichage sur les véhicules d'un certificat d'assurance.

Article R. 130-1-1. – A.P.J.A. – *(Décret n° 2005-320 du 30 mars 2005)*

• Les agents de police judiciaire adjoints mentionnés aux 1°, 1 *bis* et 1 *ter* de l'article 21 du Code de procédure pénale peuvent constater par procès-verbal les contraventions aux dispositions du présent code, à l'exception de celles prévues aux articles R. 121-1 à R. 121-5, R. 221-18, R. 234-1, R. 314-2, R. 321-4 *(alinéas 1 à 4)* et R. 413-15.

Article R. 130-1-2. – Agents de surveillance de Paris – *(Décret n° 2020-1494 du 30 novembre 2020)*

• Les agents de police judiciaire adjoints mentionnés au 1° *quater* de l'article 21 du Code de procédure pénale peuvent constater par procès-verbal, lorsqu'elles sont commises à l'intérieur du territoire de la ville de Paris, les contraventions aux dispositions du présent code, à l'exception de celles prévues aux articles R. 121-1 à R. 121-5, R. 221-18, R. 222-2, R. 234-1, R. 314-2, R. 321-4 *(alinéas 1 à 4)*, R. 411-32, R. 419-1, R. 412-51, R. 412-52 et R. 413-15.

Article R. 130-2. – Agents de police municipale – *(Décret n° 2020-1494 du 30 novembre 2020)*

• Les agents de police judiciaire adjoints mentionnés au 2° de l'article 21 du Code de procédure pénale peuvent constater par procès-verbal, lorsqu'elles sont commises à l'intérieur du territoire communal sur les voies autres que les autoroutes, les contraventions aux articles R. 644-2 et R. 653-1 du Code pénal commises à l'occasion de la conduite d'un véhicule, les contraventions aux dispositions du présent code à l'exception de celles prévues aux articles R. 121-1 à R. 121-5, R. 221-18, R. 222-2, R. 234-1, R. 314-2, R. 411-32, R. 419-1, R. 412-51, R. 412-52, R. 413-15.

Article R. 130-3. – Gardes champêtres – *(Décret n° 2020-1494 du 30 novembre 2020)*

• Les gardes champêtres peuvent constater par procès-verbal si elles sont commises à l'intérieur du territoire communal et sur des voies autres que les autoroutes :

• *a)* Les contraventions de police prévues aux articles R. 644-2 et R. 653-1 du Code pénal lorsqu'il s'agit de contraventions se rapportant à la circulation routière ;

• *b)* Les contraventions aux dispositions du présent code à l'exception de celles prévues aux articles R. 121-1 à R. 121-5, R. 221-18, R. 222-2, R. 234-1, R. 314-2, R. 411-32, R. 419-1, R. 412-51 et R. 412-52.

Article R. 130-4. – Autres agents compétents – *(Décret n° 2022-1040 du 22 juillet 2022)*

• Les agents mentionnés aux 3° et 4° de l'article L. 130-4 peuvent constater les contraventions aux dispositions concernant l'arrêt ou le stationnement des véhicules autres que celles prévues à l'article R. 417-9. Les agents mentionnés au 5° et au 10° de l'article L. 130-4 peuvent constater les mêmes contraventions lorsqu'elles sont commises respectivement dans les enceintes portuaires ou dans l'emprise des aérodromes. Les agents mentionnés au 3° de l'article L. 130-4 peuvent également constater les contraventions prévues par l'article R. 211-21-5 du Code des assurances. La liste des services publics urbains de transport en commun de voyageurs prévue au 4° de l'article L. 130-4 est fixée par arrêté préfectoral. Les agents mentionnés au 12° de l'article L. 130-4 peuvent constater les contraventions prévues par les articles R. 321-4, R. 323-16 et R. 323-19.

• Les agents mentionnés au 15° de l'article L. 130-4 peuvent constater, sur la propriété qu'ils sont chargés de surveiller, les contraventions prévues par les articles R. 412-7, R. 413-17, R. 419-1 et les contraventions aux dispositions concernant l'arrêt ou le stationnement des véhicules autres que celles prévues à l'article R. 417-9.

Article 21-1. – Compétence des A.P.J. et A.P.J.A – *(Loi n° 85-1196 du 18 novembre 1985)*

• Les agents de police judiciaire et agents de police judiciaire adjoints ont compétence dans les limites territoriales où ils exercent leurs fonctions habituelles ainsi que dans celles où l'officier de police judiciaire responsable du service de la police nationale ou de l'unité de gendarmerie auprès duquel ils ont été nominativement mis à disposition temporaire exerce ses fonctions. Lorsqu'ils secondent un officier de police judiciaire, ils ont compétence dans les limites territoriales où ce dernier exerce ses attributions en application des dispositions de l'article 18.

ARRÊTÉ DU 14 AVRIL 2009

dans les communes ayant pour objet la recherche et la constatation des infractions pénales par leurs fonctionnaires et agents habilités

NOR: IOCD0820014A

Version consolidée au 06 juin 2009

• La ministre de l'intérieur, de l'outre-mer et des collectivités territoriales et la garde des sceaux, ministre de la justice,

• Vu le Code de procédure pénale, notamment ses articles 15, 21 et 22;

• Vu le Code général des collectivités territoriales, notamment ses articles L. 2212-5, L. 2213-17, L. 2512-16 et L. 2512-16-1;

• Vu le Code de l'environnement, notamment son article L. 571-18;

• Vu le Code de la route, notamment son article L. 130-4;

• Vu le Code de la santé publique, notamment ses articles L. 1312-1 et L. 3512-4;

• Vu le Code de l'urbanisme, notamment son article L. 480-1;

• Vu la loi n° 78-17 du 6 janvier 1978 modifiée relative à l'informatique, aux fichiers et aux libertés, notamment son article 26;

• Vu le décret n° 95-409 du 18 avril 1995 pris en application de l'article 21 de la loi du 31 décembre 1992 relative à la lutte contre le bruit et relatif aux agents de l'État et des communes commissionnés et assermentés pour procéder à la recherche et à la constatation des infractions aux dispositions relatives à la lutte contre le bruit;

• Vu le décret n° 2005-1309 du 20 octobre 2005, modifié par le décret n° 2007-451 du 25 mars 2007, pris pour l'application de la loi n° 78-17 du 6 janvier 1978 relative à l'informatique, aux fichiers et aux libertés;

• Vu la délibération n° 2008-305 du 17 juillet 2008 portant avis de la Commission nationale de l'informatique et des libertés.

• Arrêtent:

Article 1.

• Les communes employant des agents de police municipale, ou auprès desquelles sont mis à disposition ces agents en application des dispositions des articles L. 2212-5 ou L. 2212-10 du Code général des collectivités territoriales, sont autorisées à mettre en œuvre des traitements automatisés de données à caractère personnel relatives aux infractions que ces agents sont habilités à constater et à celles dont ils ont connaissance et dont ils rendent compte au maire et au procureur de la République.

Article 2.

• Les communes employant des gardes champêtres, ou auprès desquelles sont mis à disposition ces agents en application des dispositions de l'article L. 2213-17 du Code général des collectivités territoriales, sont autorisées à mettre en œuvre des traitements automatisés de données à caractère personnel relatives aux infractions que ces agents sont habilités à constater ou à celles dont ils ont connaissance et dont ils rendent compte au maire et au procureur de la République.

Article 3.

• Les communes sont également autorisées à mettre en œuvre des traitements automatisés de données à caractère personnel relatives aux infractions constatées sur leur territoire par:

• 1° Les agents de surveillance de la voie publique mentionnés à l'article L. 130-4 *(3°)* du Code de la route concernant les règles d'arrêt et de stationnement des véhicules;

• 2° Les fonctionnaires et agents territoriaux habilités mentionnés à l'article L. 1312-1 du Code de la santé publique, en matière de santé, d'environnement et d'interdiction de fumer dans les lieux publics, dans les conditions prévues par ce code;

• 3° Les fonctionnaires et agents territoriaux commissionnés par le maire, agréés par le procureur de la République et assermentés, en matière d'urbanisme, dans les conditions prévues à l'article L. 480-1 du Code de l'urbanisme;

• 4° Les fonctionnaires et agents territoriaux désignés par le maire, agréés par le procureur de la République et assermentés, en matière de nuisances sonores, dans les conditions prévues à l'article L. 571-18 du Code de l'environnement.

Article 4.

• 1° La commune de Paris est autorisée à mettre en œuvre des traitements automatisés de données à caractère personnel relatives aux contraventions aux arrêtés de police du maire que les agents mentionnés aux articles L. 2512-16 et L. 2512-16-1 du Code général des collectivités territoriales sont habilités à constater;

• 2° La préfecture de police est autorisée à mettre en œuvre des traitements automatisés de données à caractère personnel relatives aux infractions constatées par les agents mentionnés à l'article L. 2512-16-1 du Code général des collectivités territoriales agissant sous l'autorité du préfet de police.

Article 5.

• Les traitements automatisés de données à caractère personnel autorisés par le présent arrêté peuvent être mis en œuvre aux fins suivantes:

• 1° La recherche et la constatation d'infractions, au moyen de la tenue du registre de « main courante » destiné à enregistrer les interventions des agents verbalisateurs;

• 2° L'élaboration et le suivi des rapports et procès-verbaux d'infractions;

• 3° Le suivi du paiement des amendes forfaitaires.

Article 6.

• Les traitements automatisés de données à caractère personnel autorisés par le présent arrêté comprennent tout ou partie des catégories de données et informations suivantes:

• 1° Pour la tenue du registre de « main courante »:

• *a)* Données relatives aux personnes faisant l'objet de l'intervention:

• 1. Le nom, le nom d'usage et le(s) prénom(s);

• 2. La date et le lieu de naissance;

• 3. Les coordonnées;

• 4. Le nom du représentant légal lorsqu'il s'agit d'un mineur ou d'un majeur incapable;

• *b)* Informations relatives à l'intervention:• 1. L'objet de la demande d'intervention;

…/…

• 2. La date et l'heure de la demande d'intervention;
• 3. Le lieu de l'intervention;
• 4. La réponse donnée à la demande d'intervention;
• 5. Les dates et heures de début et de fin d'intervention;
• 6. Le numéro du rapport d'intervention ou du procès-verbal dressé à la suite de cette dernière;
• *c)* Données relatives à l'agent chargé de l'intervention:
• 1. Le nom, le nom d'usage, le(s) prénom(s) et le matricule de l'agent chargé de l'intervention;
• 2. Le nom, le nom d'usage, le(s) prénom(s) et le matricule des autres agents participant éventuellement à l'intervention;
• 2° Pour l'élaboration et le suivi des rapports et procès-verbaux de constatation d'infractions:
• *a)* Données relatives au contrevenant ou au mis en cause:
• 1. Le nom, le nom d'usage et le(s) prénom(s);
• 2. La date et le lieu de naissance;
• 3. L'adresse;
• 4. Les informations relatives à la pièce d'identité;
• 5. La profession;
• 6. Le nom du représentant légal lorsqu'il s'agit d'un mineur ou d'un majeur incapable;
• *b)* Informations relatives à l'infraction:
• 1. Le lieu de l'infraction;
• 2. La date et l'heure de l'infraction;
• 3. La nature de l'infraction;
• 4. Le code NATINF de l'infraction;
• 5. Le numéro d'immatriculation du véhicule, en cas d'infraction au Code de la route;
• 6. Le numéro du procès-verbal;
• 7. La date de la transmission du rapport ou du procès-verbal à l'officier de police judiciaire territorialement compétent;
• 8. La date et l'heure de mise à disposition éventuelle du mis en cause à l'officier de police judiciaire territorialement compétent;
• *c)* Données relatives à l'agent verbalisateur:
• 1. Le nom, le nom d'usage, le(s) prénom(s) et le matricule de l'agent verbalisateur
• 2. Le nom, le nom d'usage, le(s) prénom(s) et le matricule des autres agents participant éventuellement à l'intervention;
• *d)* Données relatives à la victime:
• 1. Le nom, le nom d'usage et le(s) prénom(s);
• 2. La date et le lieu de naissance;
• 3. L'adresse;
• 4. Les informations relatives à la pièce d'identité;
• 5. La profession;
• 6. Le nom du représentant légal lorsqu'il s'agit d'un mineur ou d'un majeur incapable;
• *e)* Eléments relatifs à la proposition éventuelle de transaction prévue à l'article 44-1 du Code de procédure pénale:
• 1. Date d'envoi de la proposition de transaction au contrevenant;
• 2. Mention de l'acceptation ou du refus du contrevenant;
• 3. Mention et date de l'homologation par le procureur de la République;
• 3° Pour le suivi du paiement des amendes forfaitaires:
• *a)* Données relatives au contrevenant:
• 1. Le nom, le nom d'usage et le(s) prénom(s);
• 2. La date et le lieu de naissance;
• 3. L'adresse;
• 4. Les informations relatives à la pièce d'identité;
• 5. La profession;
• 6. Le nom du représentant légal lorsqu'un procès-verbal est dressé à l'encontre d'un mineur ou d'un majeur incapable;
• *b)* Informations relatives à l'infraction:
• 1. Le lieu de l'infraction;
• 2. La date et l'heure de l'infraction;
• 3. La nature de l'infraction;
• 4. Le code NATINF de l'infraction;
• 5. L'immatriculation du véhicule, en cas d'infraction au Code de la route;
• 6. Le numéro CERFA du formulaire de contravention ou le numéro du procès-verbal;
• 7. Le numéro de feuillet du carnet de quittances;
• 8. Le montant de l'amende;
• 9. La mention et la date du paiement de l'amende contraventionnelle;
• 10. La mention et la date de la transmission de l'avis de contravention au ministère public;
• 11. La mention et la date de la transmission au Trésor public;
• *c)* Données relatives à l'agent verbalisateur:
• 1. Le nom, le nom d'usage, le(s) prénom(s) et le matricule de l'agent verbalisateur;
• 2. Le nom, le nom d'usage, le(s) prénom(s) et le matricule des autres agents participant éventuellement à l'intervention.

Article 7.

• 1° Les données et informations enregistrées dans les traitements ayant pour objet les finalités mentionnées aux 1° et 2° de l'article 5 sont conservées trois ans au plus à compter de leur enregistrement.

• Les données et informations sont ensuite archivées ou détruites dans les conditions prévues à l'article L. 212-4 du Code du patrimoine;

• 2° Les données et informations enregistrées dans les traitements ayant pour objet le suivi des amendes forfaitaires sont supprimées à compter du paiement de l'amende par le contrevenant dans le délai prévu aux articles 529-1 ou 529-9 du Code de procédure pénale, ou à compter de l'expiration de ce délai en cas de non-paiement de l'amende.

Article 8.

• 1° Sont seuls autorisés à accéder directement aux données et informations contenues dans les traitements mentionnés au présent arrêté les agents mentionnés aux articles 1er à 4, individuellement désignés et spécialement habilités par le maire, dans la limite de leurs attributions;

• 2° Peuvent également être destinataires de ces données et informations, par l'intermédiaire du responsable du traitement, à raison de leurs attributions ou de leur droit à en connaître pour l'exercice de leurs missions :
• – les adjoints au maire ayant reçu délégation en matière de police municipale ;
• – les fonctionnaires de la préfecture de police pour les traitements mentionnés au 2° de l'article 4 ;
• – les magistrats du parquet ;
• – l'officier de police judiciaire territorialement compétent ;
• – les agents du Trésor public pour les données relatives au recouvrement des amendes ;
• – les membres des services d'inspection mentionnés à l'article L. 2212-8 du Code général des collectivités territoriales, dans le cadre de la procédure de vérification mentionnée à cet article.

Article 9.

• Le maire, responsable du traitement, prend les mesures nécessaires pour préserver la sécurité des données tant à l'occasion de leur recueil que de leur consultation, de leur communication et de leur conservation.

• Pour la mise en œuvre du 1° de l'article 8, les agents ont accès aux données selon des profils d'utilisateurs spécifiques correspondant à leurs attributions, telles que rappelées aux articles 1er à 4.

• Un dispositif de traçabilité est mis en œuvre et tenu à la disposition du maire pour lui permettre d'exercer sa mission de contrôle.

Article 10.

• Les droits d'accès et de rectification s'exercent conformément aux articles 39 et 40 de la loi du 6 janvier 1978 susvisée, auprès du responsable du traitement.

• Le responsable du traitement met à jour les données enregistrées conformément aux dispositions de l'article 40 de la loi précitée, notamment à la demande de l'auteur de l'infraction, lorsque, pendant le temps où sont conservées les données, les faits ont été requalifiés par l'autorité judiciaire.

• Les données relatives à des faits ayant donné lieu à une relaxe devenue définitive ou à une décision de classement sans suite pour insuffisance de charges ou de non-lieu sont effacées sans délai dès que le responsable du traitement en a connaissance.

Article 11.

• Le droit d'opposition prévu à l'article 38 de la loi du 6 janvier 1978 susvisée ne s'applique pas aux traitements mentionnés au présent arrêté.

Article 12.

• La mise en œuvre des traitements répondant aux finalités prévues au présent arrêté est subordonnée à l'envoi préalable à la Commission nationale de l'informatique et des libertés, en application du IV de l'article 26 de la loi du 6 janvier 1978 susvisée, d'une déclaration faisant référence au présent arrêté et précisant le lieu exact d'implantation du traitement automatisé, les modalités d'exercice du droit d'accès ainsi que l'engagement spécifique du maire qu'ont été mises en œuvre des mesures de sécurité et de confidentialité des données et des modalités d'habilitation individuelle des personnels communaux ayant accès à ces fichiers.

Article 13.

• Pour l'application des dispositions du présent arrêté à Paris, les attributions confiées au maire sont exercées par le préfet de police pour les traitements qu'il met en œuvre.

J • **Détournement de biens d'un dépôt public – Immixtion dans une fonction publique**

Contre l'arrêt de la cour d'appel de PAU, chambre correctionnelle, en date du 26 janvier 2017, qui, pour détournement de biens d'un dépôt public, immixtion dans une fonction publique, prise de mesure contre l'exécution de la loi par dépositaire de l'autorité publique, l'a condamné à 30.000 € d'amende ;

Attendu qu'il résulte de l'arrêt attaqué et des pièces de procédure que, à l'issue d'un audit de la régie des recettes de la police municipale de [...] mettant en évidence plusieurs dysfonctionnements et, notamment, l'annulation de 3619 avis de contravention, soit 10 % environ des faits constatés, entre le 3 mars 2009 et le 31 décembre 2010, le procureur de la République a, le 27 avril 2012, ouvert une information contre personne non dénommée du chef de détournements de titres ou effets de l'autorité publique par dépositaire public ou l'un de ses subordonnés ; les investigations ayant révélé que M. X..., maire de la commune de [...], avait donné des instructions pour ce faire et avait réitéré ce comportement jusqu'au mois de mai 2013, le juge d'instruction a été saisi des nouveaux faits, y compris sous la qualification d'immixtion dans l'exercice d'une fonction publique, ainsi que des faits de prise de mesures destinées à faire échec à l'exécution des lois après qu'a été découverte une note prescrivant aux agents municipaux de ne pas verbaliser certaines infractions, signée du directeur de la police municipale, M. A..., lequel a affirmé avoir agi sur les instructions du maire dont il a produit une note confidentielle allant dans ce sens ;

Attendu que, pour déclarer M. X... coupable du délit de prise de mesure destinée à faire échec à l'exécution de la loi par dépositaire de l'autorité publique, l'arrêt énonce qu'il a, alors qu'il ne pouvait ignorer la double compétence des agents de police municipale, chargés notamment de constater par procès-verbal un certain nombre de contraventions aux lois et règlements limitativement énumérées, donné des instructions de non-verbalisation à ces derniers, qui ont la qualité d'agents de police judiciaire adjoints qui tiennent leurs pouvoirs de la loi et, en l'espèce, des textes du Code de procédure pénale qui définissent leurs attributions de police judiciaire et le cadre dans lequel ils les exercent sous le contrôle du procureur de la République ;

Attendu qu'en l'état de ces énonciations, d'où il résulte que le prévenu, en sa qualité de maire, a fait échec à l'application des articles 21 du C.P.P. et L. 511-1 du C.S.I., en donnant des instructions à des policiers municipaux placés sous son autorité, de ne pas constater certaines contraventions qu'il leur appartenait cependant de relever dans le cadre de leur mission d'agents de police judiciaire adjoints, qu'ils exercent sous la seule autorité du procureur de la République, la cour d'appel a justifié sa décision ;

D'où il suit que le moyen ne peut qu'être écarté ;

Et attendu que l'arrêt est régulier en la forme ;

REJETTE le pourvoi

(Cour de cassation – Chambre criminelle du 21 mars 2018 – N° de pourvoi : 17-81011).

DÉCRET N° 2013-874 DU 27 SEPTEMBRE 2013

relatif à la prestation de serment des militaires de la gendarmerie nationale

NOR: INTJ1318330D – Version consolidée au 1er janvier 2020

Publics concernés: officiers et sous-officiers de gendarmerie, volontaires des armées en service au sein de la gendarmerie nationale, militaires servant au titre de la réserve opérationnelle de la gendarmerie nationale.

Objet: définition des conditions de prestation de serment des militaires de la gendarmerie nationale.

Entrée en vigueur: le texte entre en vigueur le lendemain de sa publication.

Notice: le présent décret regroupe dans un même texte les différentes dispositions relatives aux conditions de prestation de serment des officiers et sous-officiers de gendarmerie, des volontaires des armées en service au sein de la gendarmerie nationale et des militaires servant au titre de la réserve opérationnelle de la gendarmerie nationale. Il permet, en outre, la prestation de serment des élèves gendarmes au cours de leur formation et non plus uniquement au terme de cette dernière.

Le Premier ministre,

Sur le rapport de la garde des sceaux, ministre de la justice, et du ministre de l'intérieur,

Vu le Code de la défense;

Vu le Code de procédure pénale, notamment ses articles 16, 20, 20-1 et 21;

Vu le Code de la route, notamment son article L. 130-7;

Vu le décret n° 2008-946 du 12 septembre 2008 portant statut particulier du corps des officiers de gendarmerie, notamment son article 2;

Vu le décret n° 2008-952 du 12 septembre 2008 portant statut particulier du corps des sous-officiers de gendarmerie, notamment son article 1er;

Vu le décret n° 2008-955 du 12 septembre 2008 relatif aux volontariats militaires,

Décrète:

Article 1.

• Les officiers et sous-officiers de gendarmerie, les volontaires des armées en service au sein de la gendarmerie nationale et les militaires servant au titre de la réserve opérationnelle de la gendarmerie nationale à l'exception de ceux qui relèvent des dispositions de l'article 20-1 du Code de procédure pénale prêtent serment dans les conditions fixées par le présent décret.

Article 2. – *(Décret n° 2019-966 du 18 septembre 2019)*

• Les militaires mentionnés à l'article 1er prêtent serment, en audience publique, devant le président du tribunal judiciaire, ou devant le président du tribunal de 1re instance, dans le ressort duquel se trouve:

• 1° Le lieu d'implantation de leur école ou de leur centre d'instruction, durant leur formation;

• 2° Leur lieu d'affectation.

• Toutefois, les officiers de gendarmerie issus du corps des sous-officiers de gendarmerie ne renouvellent pas le serment déjà prêté en qualité de sous-officier.

Article 3.

• Pour les officiers et sous-officiers de gendarmerie, la formule du serment est la suivante:

• « Je jure d'obéir à mes chefs en tout ce qui concerne le service auquel je suis appelé et, dans l'exercice de mes fonctions, de ne faire usage de la force qui m'est confiée que pour le maintien de l'ordre et l'exécution des lois. »

Article 4.

• Pour les volontaires des armées en service au sein de la gendarmerie nationale et les militaires servant au titre de la réserve opérationnelle de la gendarmerie nationale, à l'exception de ceux qui relèvent des dispositions de l'article 20-1 du Code de procédure pénale, la formule du serment est la suivante:

• « Je jure de bien et loyalement remplir mes fonctions, d'observer les devoirs et la réserve qu'elles m'imposent. Je me conformerai strictement aux ordres reçus dans le respect de la personne humaine et de la loi. Je promets de faire preuve de dévouement au bien public, de droiture, de dignité, de prudence et d'impartialité. Je m'engage à ne faire qu'un usage légitime de la force et des pouvoirs qui me sont confiés et à ne rien révéler ou utiliser de ce qui sera porté à ma connaissance lors de l'exercice de mes fonctions. »

Article 5.

• Sont abrogés:

• 1° Le décret n° 76-993 du 2 novembre 1976 fixant les conditions de prestation de serment par les militaires de la gendarmerie;

• 2° Le décret n° 2001-838 du 13 septembre 2001 relatif à la prestation de serment des volontaires dans les armées servant dans la gendarmerie nationale;

• 3° Le décret n° 2009-481 du 28 avril 2009 relatif à la prestation de serment des réservistes de la gendarmerie nationale autres que les militaires retraités de la gendarmerie nationale et les fonctionnaires retraités de la police nationale ayant eu la qualité d'officier ou d'agent de police judiciaire.

Article 6.

• La garde des sceaux, ministre de la justice, et le ministre de l'intérieur sont chargés, chacun en ce qui le concerne, de l'exécution du présent décret, qui sera publié au Journal officiel de la République française.

DÉCRET N° 2010-773 DU 8 JUILLET 2010

Relatif à l'autorisation pour les officiers et agents de police judiciaire de la gendarmerie nationale d'utiliser un carnet de déclaration

(Extrait)

CHAPITRE II

Dispositions relatives au carnet de déclaratins en usage dans la gendarmerie nationale

Article 8. – Utilisation du carnet de déclaration

• Les officiers de police judiciaire et les agents de police judiciaire en fonction dans la gendarmerie nationale, désignés par les articles 16 et 20 du Code de procédure pénale, peuvent, lorsque les circonstances les y contraignent, utiliser un carnet de déclarations pour enregistrer les déclarations reçues dans le cadre d'une enquête pour crime ou délit flagrant ou d'une enquête préliminaire.

• L'usage du carnet de déclarations est interdit, s'agissant d'actes d'information, pour les procès-verbaux rédigés en vertu de commissions rogatoires.

• Outre les déclarations reçues, peuvent être notés sur ce carnet les opérations effectuées ainsi que tous renseignements nécessaires pour la rédaction des procès-verbaux, tels que états des lieux ou constatations de toutes natures.

Article 9. – Signatures

•Les personnes entendues, sans cependant qu'on puisse les y contraindre, et les enquêteurs apposent leurs signatures sur le carnet de déclarations et approuvent, s'il y a lieu, les ratures et renvois.

Article 10. – Mentions

•Lorsqu'il est fait usage du carnet de déclarations, les mentions relatives aux gardes à vue doivent être inscrites et émargées audit carnet.

Article 11. – Expéditions procès-verbaux

•Les expéditions de procès-verbaux qui sont transmises à l'autorité judiciaire doivent reproduire textuellement les déclarations et mentions figurant sur le carnet.

Article 12. – Présentation aux magistrats

• Le carnet de déclarations doit être présenté aux magistrats de l'ordre judiciaire, sur simple demande.

Article 13. – Cotation, Paraphe

• Le carnet de déclarations doit être coté et paraphé par le commandant d'unité du personnel auquel il est attribué.

Article 14.

• Les dispositions des articles 8 à 13 du présent décret peuvent être modifiées par décret.

CODE DE LA SÉCURITÉ INTÉRIEURE

LIVRE II: ORDRE ET SÉCURITÉ PUBLICS
TITRE IV: CAMÉRAS MOBILES
Chapitre unique

Article L. 241-1. – Enregistrement audiovisuel *(agents Police nationale – militaires Gendarmerie nationale) – (Loi n° 2022-52 du 24 janvier 2022)*

• Dans l'exercice de leurs missions de prévention des atteintes à l'ordre public et de protection de la sécurité des personnes et des biens ainsi que de leurs missions de police judiciaire, les agents de la police nationale et les militaires de la gendarmerie nationale peuvent procéder en tous lieux, au moyen de caméras individuelles, à un enregistrement audiovisuel de leurs interventions lorsque se produit ou est susceptible de se produire un incident, eu égard aux circonstances de l'intervention ou au comportement des personnes concernées.

• L'enregistrement n'est pas permanent.

• Les enregistrements ont pour finalités la prévention des incidents au cours des interventions des agents de la police nationale et des militaires de la gendarmerie nationale, le constat des infractions et la poursuite de leurs auteurs par la collecte de preuves ainsi que la formation et la pédagogie des agents.

• Les caméras sont fournies par le service et portées de façon apparente par les agents et les militaires. Un signal visuel spécifique indique si la caméra enregistre. Le déclenchement de l'enregistrement fait l'objet d'une information des personnes filmées, sauf si les circonstances l'interdisent. Une information générale du public sur l'emploi de ces caméras est organisée par le ministre de l'intérieur.

• Lorsque la sécurité des agents de la police nationale ou des militaires de la gendarmerie nationale ou la sécurité des biens et des personnes est menacée, les images captées et enregistrées au moyen de caméras individuelles peuvent être transmises en temps réel au poste de commandement du service concerné et aux personnels impliqués dans la conduite et l'exécution de l'intervention.

• Lorsque cette consultation est nécessaire pour faciliter la recherche d'auteurs d'infractions, la prévention d'atteintes imminentes à l'ordre public, le secours aux personnes ou l'établissement fidèle des faits lors des comptes rendus d'interventions, les personnels auxquels les caméras individuelles sont fournies peuvent avoir accès directement aux enregistrements auxquels ils procèdent dans le cadre d'une procédure judiciaire ou d'une intervention. Les caméras sont équipées de dispositifs techniques permettant de garantir l'intégrité des enregistrements jusqu'à leur effacement et la traçabilité des consultations lorsqu'il y est procédé dans le cadre de l'intervention.

• Les enregistrements audiovisuels, hors le cas où ils sont utilisés dans le cadre d'une procédure judiciaire, administrative ou disciplinaire, sont effacés au bout d'un mois.

• Les modalités d'application du présent article et d'utilisation des données collectées sont précisées par un décret en Conseil d'État, pris après avis de la Commission nationale de l'informatique et des libertés.

…/…

Article L. 241-2. – Enregistrement audiovisuel *(agents Police municipale) – (Loi n° 2022-52 du 24 janvier 2022)*

• Dans l'exercice de leurs missions de prévention des atteintes à l'ordre public et de protection de la sécurité des personnes et des biens ainsi que de leurs missions de police judiciaire, les agents de police municipale peuvent être autorisés, par le représentant de l'État dans le département, à procéder en tous lieux, au moyen de caméras individuelles, à un enregistrement audiovisuel de leurs interventions lorsque se produit ou est susceptible de se produire un incident, eu égard aux circonstances de l'intervention ou au comportement des personnes concernées.

• L'enregistrement n'est pas permanent.

• Les enregistrements ont pour finalités la prévention des incidents au cours des interventions des agents de police municipale, le constat des infractions et la poursuite de leurs auteurs par la collecte de preuves ainsi que la formation et la pédagogie des agents.

• Les caméras sont fournies par le service et portées de façon apparente par les agents. Un signal visuel spécifique indique si la caméra enregistre. Le déclenchement de l'enregistrement fait l'objet d'une information des personnes filmées, sauf si les circonstances l'interdisent. Une information générale du public sur l'emploi de ces caméras est organisée par le maire de chaque commune sur le territoire de laquelle ces agents sont affectés.

• Lorsque la sécurité des agents ou la sécurité des biens et des personnes est menacée, les images captées et enregistrées au moyen de caméras individuelles peuvent être transmises en temps réel au poste de commandement du service concerné et aux personnels impliqués dans la conduite et l'exécution de l'intervention.

• Lorsque cette consultation est nécessaire pour faciliter la recherche d'auteurs d'infractions, la prévention d'atteintes imminentes à l'ordre public, le secours aux personnes ou l'établissement fidèle des faits lors des comptes rendus d'interventions, les personnels auxquels les caméras individuelles sont fournies peuvent avoir accès directement aux enregistrements auxquels ils procèdent dans le cadre d'une procédure judiciaire ou d'une intervention. Les caméras sont équipées de dispositifs techniques permettant de garantir l'intégrité des enregistrements jusqu'à leur effacement et la traçabilité des consultations lorsqu'il y est procédé dans le cadre de l'intervention.

• Les enregistrements audiovisuels, hors le cas où ils sont utilisés dans le cadre d'une procédure judiciaire, administrative ou disciplinaire, sont effacés au bout d'un mois.

• L'autorisation mentionnée au premier alinéa est subordonnée à la demande préalable du maire et à l'existence d'une convention de coordination des interventions de la police municipale et des forces de sécurité de l'État prévue à la section 2 du chapitre II du titre Ier du livre V du présent code.

• Lorsque l'agent est employé par un établissement public de coopération intercommunale et mis à disposition de plusieurs communes dans les conditions prévues au 1er alinéa de l'article L. 512-2, cette demande est établie conjointement par l'ensemble des maires des communes où il est affecté.

• Les projets d'équipements des polices municipales en caméras individuelles sont éligibles au fonds interministériel pour la prévention de la délinquance défini à l'article 5 de la loi n° 2007-297 du 5 mars 2007 relative à la prévention de la délinquance.

• Les modalités d'application du présent article, notamment les informations transmises au ministère de l'intérieur par les communes mettant en œuvre des caméras individuelles, et d'utilisation des données collectées sont précisées par un décret en Conseil d'État, pris après avis publié et motivé de la Commission nationale de l'informatique et des libertés.

DÉCRET N° 2019-140 DU 27 FÉVRIER 2019 PORTANT APPLICATION DE L'ARTICLE L. 241-2 DU CODE DE LA SÉCURITÉ INTÉRIEURE ET RELATIF À LA MISE EN ŒUVRE DE TRAITEMENTS DE DONNÉES À CARACTÈRE PERSONNEL PROVENANT DES CAMÉRAS INDIVIDUELLES DES AGENTS DE LA POLICE MUNICIPALE

(Extrait)

NOR : INTD1823674D – Version consolidée au 1er mars 2019

Publics concernés : agents de la police municipale, administrés, administrations.

Objet : autorisation et modalités de mise en œuvre de traitements des données issues des enregistrements audiovisuels provenant des caméras individuelles utilisées par les agents de la police municipale lors de leurs interventions.

Entrée en vigueur : le décret entre en vigueur le lendemain de sa publication.

Notice : le décret détermine les modalités d'autorisation par l'autorité préfectorale de l'emploi des caméras individuelles par les agents de la police municipale. Il autorise la mise en œuvre des traitements de données à caractère personnel issues des enregistrements audiovisuels et notamment leurs finalités, les données enregistrées, les modalités et la durée de leur conservation, les conditions d'accès aux enregistrements ainsi que les droits des personnes concernées.

Articles R. 241-8 à R. 241-15. – *(Décret n° 2019-140 du 27 février 2019)*

LOI N° 2018-697 DU 3 AOÛT 2018 RELATIVE À L'HARMONISATION DE L'UTILISATION DES CAMÉRAS MOBILES PAR LES AUTORITÉS DE SÉCURITÉ PUBLIQUE

(Extrait)

Article 1. – Enregistrement audiovisuel *(sapeurs-pompiers professionnels ou volontaires...)* – *(Loi n° 2018-697 du 3 août 2018)*

• **I. –** À titre expérimental, dans l'exercice de leurs missions de prévention, de protection et de lutte contre les risques de sécurité civile, de protection des personnes et des biens et de secours d'urgence, les sapeurs-pompiers professionnels ou volontaires et les militaires de la brigade des sapeurs-pompiers de Paris et du bataillon des marins-pompiers de Marseille peuvent procéder, au moyen de caméras individuelles, à un enregistrement audiovisuel de leurs interventions lorsque se produit ou est susceptible de se produire un incident de nature à mettre en péril leur intégrité physique, eu égard aux circonstances de l'intervention ou au comportement des personnes concernées.

.../...

• L'enregistrement n'est pas permanent et ne peut être déclenché dans les cas où il est susceptible de porter atteinte au secret médical.

• Les enregistrements ont pour finalités la prévention des incidents au cours des interventions des agents mentionnés au 1er alinéa du présent I, le constat des infractions et la poursuite de leurs auteurs par la collecte de preuves ainsi que la formation et la pédagogie des agents.

• Les caméras sont portées de façon apparente par les agents. Un signal visuel spécifique indique si la caméra enregistre. Le déclenchement de l'enregistrement fait l'objet d'une information des personnes enregistrées, sauf si les circonstances l'interdisent. Une information générale du public sur l'emploi de ces caméras est organisée par le ministre de l'intérieur. Les personnels auxquels ces caméras sont fournies ne peuvent avoir accès directement aux enregistrements auxquels ils procèdent.

• Les enregistrements audiovisuels, hors le cas où ils sont utilisés dans le cadre d'une procédure judiciaire, administrative ou disciplinaire, sont effacés au bout de 6 mois.

• Le recours aux caméras individuelles est subordonné à une autorisation préalable, délivrée par le représentant de l'État compétent, sur demande de l'autorité de gestion du service d'incendie et de secours.

• Les modalités d'application du présent article et d'utilisation des données collectées sont précisées par un décret en Conseil d'État, après avis motivé et publié de la Commission nationale de l'informatique et des libertés.

• **II.** – L'expérimentation prévue au I s'applique pour une durée de 3 ans à compter de l'entrée en vigueur du décret mentionné au dernier alinéa du même I, et au plus tard 6 mois après la promulgation de la présente loi.

• L'expérimentation est éligible au fonds interministériel pour la prévention de la délinquance défini à l'article 5 de la loi n° 2007-297 du 5 mars 2007 relative à la prévention de la délinquance.

• Au plus tard 6 mois avant le terme de l'expérimentation, le Gouvernement remet au Parlement un rapport d'évaluation de sa mise en œuvre.

Article 2. – Enregistrement audiovisuel *(personnels de surveillance de l'administration pénitentiaire)* – *(Loi n° 2018-697 du 3 août 2018)*

• **I.** – À titre expérimental, pour les missions présentant, à raison de leur nature ou du niveau de dangerosité des personnes détenues concernées, un risque particulier d'incident ou d'évasion, les personnels de surveillance de l'administration pénitentiaire individuellement désignés peuvent être autorisés à procéder, aux moyens de caméras individuelles, à un enregistrement audiovisuel de leurs interventions lorsque se produit ou est susceptible de se produire un incident, eu égard aux circonstances de l'intervention ou au comportement des personnes concernées.

• L'enregistrement n'est pas permanent. Aucun enregistrement ne peut être déclenché à l'occasion d'une fouille réalisée en application de l'article 57 de la loi n° 2009-1436 du 24 novembre 2009 pénitentiaire.

• Les enregistrements ont pour finalités la prévention des incidents et des évasions, le constat des infractions et la poursuite de leurs auteurs par une collecte de preuves ainsi que la formation et la pédagogie des agents.

• Les caméras sont portées de façon apparente. Un signal visuel spécifique indique si la caméra enregistre. Le déclenchement de l'enregistrement fait l'objet d'une information des personnes filmées, sauf si les circonstances l'interdisent. Une information générale du public est organisée par le garde des sceaux, ministre de la justice. Les personnels auxquels les caméras sont confiées ne peuvent avoir un accès direct aux enregistrements auxquels ils procèdent.

DÉCRET N° 2019-1427 DU 23 DÉCEMBRE 2019 RELATIF AUX CONDITIONS DE L'EXPÉRIMENTATION DE L'USAGE DES CAMÉRAS INDIVIDUELLES PAR LES PERSONNELS DE SURVEILLANCE DE L'ADMINISTRATION PÉNITENTIAIRE DANS LE CADRE DE LEURS MISSIONS

(Extrait)

NOR: JUST193883D – Version consolidée au 25 décembre 2019

Article 1er. – Enregistrement audiovisuel *(personnels de l'administration pénitentiaire)*

• **I.** – À titre expérimental, pour les missions présentant, à raison de leur nature ou du niveau de dangerosité des personnes détenues concernées, un risque particulier d'incident ou d'évasion, les personnels de surveillance de l'administration pénitentiaire individuellement désignés peuvent être autorisés à porter des caméras individuelles.

• Dans le cadre de ces missions, ces personnels peuvent procéder, lorsque se produit ou est susceptible de se produire un incident, à un enregistrement audiovisuel de leurs interventions dans les conditions prévues à l'article 2 de la loi n° 2018-697 du 3 août 2018 relative à l'harmonisation de l'utilisation des caméras mobiles par les autorités de sécurité publique.

• **II.** – Les personnels de surveillance de l'administration pénitentiaire autorisés à porter une caméra individuelle sont désignés par leur autorité hiérarchique directe, à savoir le chef d'établissement, le directeur interrégional des services pénitentiaires ou le directeur de l'administration pénitentiaire.

• Ces autorités peuvent déléguer leur signature pour l'exercice de cette compétence.

• **III.** – L'expérimentation prend fin le 5 février 2022.

Article 21-2. – Agents de police municipale – Compte-rendu et transmission des rapports et PV – *(Loi n° 99-291 du 15 avril 1999)*

• Sans préjudice de l'obligation de rendre compte au maire qu'ils tiennent de l'article 21, les agents de police municipale rendent compte immédiatement à tout officier de police judiciaire de la police nationale ou de la gendarmerie nationale territorialement compétent de tous crimes, délits ou contraventions dont ils ont connaissance.

• Ils adressent sans délai leurs rapports et procès-verbaux simultanément au maire et, par l'intermédiaire des officiers de police judiciaire mentionnés à l'alinéa précédent, au procureur de la République.

CODE DE LA SÉCURITÉ INTÉRIEURE

(Extrait)

Article R. 434-3. – Règles déontologiques – *(Décret n° 2013-1113 du 4 décembre 2013)*

• **I.** – Les règles déontologiques énoncées par le présent code de déontologie procèdent de la Constitution, des traités internationaux, notamment de la convention européenne de sauvegarde des droits de l'homme et des libertés fondamentales, des principes généraux du droit, et des lois et règlements de la République.

• Elles définissent les devoirs qui incombent aux policiers et aux gendarmes dans l'exercice de leurs missions de sécurité intérieure pendant ou en dehors du service et s'appliquent sans préjudice des règles statutaires et autres obligations auxquelles ils sont respectivement soumis. Elles font l'objet d'une formation, initiale et continue, dispensée aux policiers et aux gendarmes pour leur permettre d'exercer leurs fonctions de manière irréprochable.

• **II.** – Pour l'application du présent code de déontologie, le terme: «policier» désigne tous les personnels actifs de la police nationale, ainsi que les personnels exerçant dans un service de la police nationale ou dans un établissement public concourant à ses missions et le terme: «gendarme» désigne les officiers et sous-officiers de la gendarmerie, ainsi que les gendarmes adjoints volontaires.

J • **Immixtion dans une fonction publique – Maire – Transmission – Procès-verbaux de contraventions**

Contre l'arrêt de la cour d'appel de PAU, chambre correctionnelle, en date du 26/01/2017, qui, pour détournement de biens d'un dépôt public, immixtion dans une fonction publique, prise de mesure contre l'exécution de la loi par dépositaire de l'autorité publique, l'a condamné à 30 000 € d'amende.

Attendu qu'en prononçant ainsi, et dès lors que, d'une part, caractérise le délit d'immixtion dans une fonction publique plus précisément, dans l'exercice du pouvoir de classement sans suite conféré au seul procureur de la République par l'article 40-1 du C.P.P., le fait, pour un maire, qui ne bénéficie d'aucun titre au sens de l'article 433-12 du C.P. pour ce faire, de décider en violation de l'article 21-2 du C.P.P., de l'opportunité de transmettre certains procès-verbaux de contraventions à ce magistrat et de les conserver aux fins de les soustraire à toute poursuite judiciaire, d'autre part, le fait de filtrer les procès-verbaux des contraventions, en lieu et place du ministère public, est dissociable de l'action d'annuler des références de la souche ou carte maîtresse de l'infraction enregistrée sur un logiciel dédié afin d'éviter toute communication au Trésor public aux fins de recouvrement, la cour d'appel a, sans excéder sa saisine ni méconnaître le principe ne bis in idem, justifié sa décision.

(Cour de cassation – Chambre criminelle du 21 mars 2018 – N° de pourvoi: 17-81.011).

Section IV
Des assistants d'enquête

Article 21-3. – Assistants d'enquête – Recrutements – Missions – *(Loi n° 2023-22 du 24 janvier 2023 + Décision n° 2022-846 DC du 19 janvier 2023)*

• Les assistants d'enquête sont recrutés parmi les militaires du corps de soutien technique et administratif de la gendarmerie nationale, les personnels administratifs de catégorie B de la police nationale et de la gendarmerie nationale et les agents de police judiciaire adjoints de la police nationale et de la gendarmerie nationale ayant satisfait à une formation sanctionnée par un examen certifiant leur aptitude à assurer les missions que la loi leur confie.

• Les assistants d'enquête ont pour mission de seconder, dans l'exercice de leurs fonctions, les officiers et les agents de police judiciaire de la police nationale et de la gendarmerie nationale, aux seules fins d'effectuer, à la demande expresse et sous le contrôle de l'officier de police judiciaire ou, lorsqu'il est compétent, de l'agent de police judiciaire, les actes suivants et d'en établir les procès-verbaux:

• 1° Procéder à la convocation de toute personne devant être entendue par un officier ou un agent de police judiciaire et contacter, le cas échéant, l'interprète nécessaire à cette audition;

• 2° Procéder à la notification de leurs droits aux victimes, en application de l'article 10-2;

• 3° Procéder, avec l'autorisation préalable du procureur de la République ou du juge des libertés et de la détention lorsque celle-ci est prévue, aux réquisitions prévues aux articles 60,60-3,77-1 et 99-5 ainsi qu'à celles prévues aux articles 60-1 et 77-1-1 lorsqu'elles concernent des enregistrements issus de système de vidéoprotection;

• 4° Informer de la garde à vue, par téléphone, les personnes mentionnées à l'article 63-2;

• 5° Procéder aux diligences prévues à l'article 63-3;

• 6° Informer l'avocat désigné ou commis d'office de la nature et de la date présumée de l'infraction sur laquelle porte l'enquête, en application de l'article 63-3-1;

• 7° Procéder aux convocations prévues à l'article 390-1;

• 8° Procéder aux transcriptions des enregistrements prévus à l'article 100-5 et au troisième alinéa de l'article 706-95-18 préalablement identifiés comme nécessaires à la manifestation de la vérité par les officiers de police judiciaire [Dispositions déclarées non conformes à la Constitution par la décision du Conseil constitutionnel n° 2022-846 DC du 19 janvier 2023].

• En cas de difficulté rencontrée dans l'exécution de ces missions, notamment en cas d'impossibilité de prévenir ou de contacter les personnes mentionnées aux 1° et 4° à 6° du présent article, l'officier ou l'agent de police judiciaire en est immédiatement avisé.

• Un décret en Conseil d'État précise les modalités d'application du présent article, notamment les modalités de l'affectation des assistants d'enquête, celles selon lesquelles ils prêtent serment à l'occasion de cette affectation et celles selon lesquelles ils procèdent aux transcriptions des enregistrements prévus à l'article 100-5 et au 3e alinéa de l'article 706-95-18.

Section V

Des fonctionnaires et agents chargés de certaines fonctions de police judiciaire

§ 1er. – Des fonctionnaires et agents habilités à rechercher les infractions forestières

Article 22. – Agents des services de l'État chargés des forêts, agents O.N.F... – *(Loi n° 2014-1170 du 13 octobre 2014)*

• Les agents des services de l'État chargés des forêts, les agents en service à l'Office national des forêts ainsi que ceux de l'établissement public du domaine national de Chambord, commissionnés à raison de leurs compétences en matière forestière et assermentés à cet effet, les gardes champêtres et les agents de police municipale exercent leurs pouvoirs de police judiciaire conformément au chapitre Ier du titre VI du livre Ier du Code forestier.

CODE FORESTIER

Agents habilités à rechercher les infractions

Article L. 161-4. – Agents habilités – *(Ordonnance n° 2022-839 du 1er juin 2022)*

• **I.** – Sont habilités à rechercher et constater les infractions forestières, outre les officiers et agents de police judiciaire :

• 1° Les agents des services de l'État chargés des forêts, commissionnés à raison de leurs compétences en matière forestière et assermentés à cet effet ;

• 2° Les agents publics en service à l'Office national des forêts ainsi que les agents de l'établissement public du domaine national de Chambord, commissionnés à raison de leurs compétences en matière forestière et assermentés à cet effet ;

• 3° Les gardes champêtres et les agents de police municipale.

• Les agents mentionnés aux 1° à 3° peuvent rechercher et constater d'autres infractions, dans les conditions prévues par les dispositions législatives les désignant à cet effet. Lorsqu'ils sont investis par le Code de l'environnement de missions de recherche et de constatation d'infractions, ils interviennent dans les conditions définies aux articles L. 172-5 à L. 172-15 et à l'article L. 174-2 de ce code.

• **II.** – Sont habilités à constater, sans les rechercher, les infractions forestières, les agents contractuels de droit privé de l'Office national des forêts, commissionnés à raison de leurs compétences en matière forestière et assermentés à cet effet.

• Ces agents peuvent constater d'autres infractions, dans les conditions prévues par les dispositions législatives les désignant à cet effet. Lorsqu'ils sont investis par le Code de l'environnement de missions de constatation d'infractions, ils interviennent dans les conditions définies à l'article L. 172-7, au 1er alinéa de l'article L. 172-8, au 2e alinéa de l'article L. 172-10, aux articles L. 172-12 à L. 172-14 et à l'article L. 174-2 de ce code.

Article L. 161-5. – Autres agents habilités – *(Loi n° 2019-773 du 24 juillet 2019)*

• Outre les agents mentionnés à l'article L. 161-4, sont également habilités, dans l'exercice de leurs fonctions, à rechercher et constater les infractions forestières :

• 1° Les fonctionnaires et agents publics commissionnés et assermentés, habilités par une disposition du code de l'environnement à constater les infractions pénales en matière de chasse, de pêche, de protection de l'eau, des milieux aquatiques, des parcs nationaux ou des espaces naturels ;

• Ils interviennent dans les conditions définies à la section 2 du chapitre II du titre VII du livre Ier du code de l'environnement. Toutefois, l'article L. 161-12 du présent code leur est applicable ;

• 2° Les agents publics habilités par la loi ou le règlement à effectuer des missions de surveillance, des inspections ou des contrôles de police administrative dans les bois et forêts, lorsqu'ils sont assermentés et habilités par la loi à rechercher et constater des infractions.

Article L. 161-6. – Gardes des bois et forêts des particuliers – *(Ordonnance n° 2012-92 du 26 janvier 2012)*

• Les gardes des bois et forêts des particuliers, dûment agréés et assermentés dans les conditions mentionnées à l'article 29-1 du Code de procédure pénale, sont habilités à constater par procès-verbaux les infractions forestières dans les propriétés dont ils ont la garde.

Article L. 161-7. – Recherches et constatations des infractions – *(Ordonnance n° 2022-839 du 1er juin 2022)*

• Les agents mentionnés au 1er alinéa et au 1° du I de l'article L. 161-4 peuvent rechercher et constater les infractions forestières dans tous les bois et forêts quel que soit leur régime de propriété.

• Les agents mentionnés au 2° du I de l'article L. 161-4 peuvent rechercher et constater les infractions au titre III du présent livre et aux réglementations prises pour son application dans tous les bois et forêts, quel que soit leur régime de propriété. Les agents mentionnés au II de l'article L. 161-4 peuvent constater, sans les rechercher, ces infractions dans tous les bois et forêts, quel que soit leur régime de propriété.

Article 23. – Réquisition – Prêt assistance – *(Loi n° 2014-1170 du 13 octobre 2014)*

• Les personnes mentionnées à l'article 22 peuvent être requises par le procureur de la République, le juge d'instruction et les officiers de police judiciaire afin de leur prêter assistance.

Article 24. – Gardes champêtres – *(Loi n° 2014-1170 du 13 octobre 2014)*

• Outre les compétences mentionnées à l'article 22 du présent code et à l'article L. 521-1 du Code de la sécurité intérieure, les gardes champêtres recherchent et constatent par procès-verbal les délits et contraventions qui portent atteinte aux propriétés situées dans les communes pour lesquelles ils sont assermentés, dans les mêmes conditions que celles énoncées, en matière d'infractions forestières, aux articles L. 161-14 à L. 161-18 du Code forestier ainsi que, en matière environnementale, à l'article L. 172-8 du Code de l'environnement.

Articles 25 et 26. – *(Abrogés par la Loi n° 2014-1170 du 13 octobre 2014)*

Article 27. – Transmission des rapports et procès-verbaux – *(Loi n° 2003-239 du 18 mars 2003)*

• Les gardes champêtres adressent leurs rapports et leurs procès-verbaux simultanément au maire et, par l'intermédiaire des officiers de police judiciaire de la police ou de la gendarmerie nationales territorialement compétents, au procureur de la République.

• Cet envoi au destinataire doit avoir lieu dans les cinq jours au plus tard, y compris celui où ils ont constaté le fait, objet de leur procès-verbal.

CODE GÉNÉRAL DES COLLECTIVITÉS TERRITORIALES

Article L. 2213-17. – Missions des gardes champêtres – Recrutement – *(Ordonnance n° 2012-351 du 12 mars 2012)*

• Les missions des gardes champêtres et les conditions dans lesquelles ils peuvent être recrutés sont définies par les dispositions du titre II du livre V du Code de la sécurité intérieure.

CODE DE LA SÉCURITÉ INTÉRIEURE

(Extraits)

Article L. 521-1. – Missions – Gardes champêtres – *(Loi n° 2021-646 du 25 mai 2021)*

• Les gardes champêtres concourent à la police des campagnes.

• Ils sont chargés de rechercher, chacun dans le territoire pour lequel il est assermenté, les contraventions aux règlements et arrêtés de police municipale.

• Ils dressent des procès-verbaux pour constater ces contraventions.

• Les gardes champêtres sont également autorisés à constater par procès-verbal les contraventions aux dispositions du Code de la route dont la liste est fixée par décret en Conseil d'État. À cette occasion ils sont habilités à procéder aux épreuves de dépistage mentionnées à l'article L. 234-3 du Code de la route, dans les conditions prévues au 2e alinéa de l'article L. 234-4 du même code, et aux épreuves de dépistage mentionnées aux 2 premiers alinéas de l'article L. 235-2 dudit code, sur l'ordre et sous la responsabilité des officiers de police judiciaire, dans les conditions prévues à l'avant-dernier alinéa du même article L. 235-2.

• Ils constatent également les contraventions mentionnées au livre VI du Code pénal, dont la liste est fixée par décret en Conseil d'État, dès lors qu'elles ne nécessitent pas de leur part d'actes d'enquête et à l'exclusion de celles réprimant des atteintes à l'intégrité des personnes.

Article L. 522-1. – Nomination et agrément – *(Ordonnance n° 2012-351 du 12 mars 2012)*

• Les gardes champêtres sont nommés par le maire, agréés par le procureur de la République et assermentés.

Article L. 522-2. – Recrutement – *(Loi n° 2019-1461 du 27 décembre 2019)*

• **I.** – Plusieurs communes peuvent avoir un ou plusieurs gardes champêtres en commun, compétents sur le territoire de chacune d'entre elles.

• Chaque garde champêtre est de plein droit mis à la disposition des autres communes par la commune qui l'emploie, dans des conditions prévues par une convention transmise au représentant de l'État dans le département. Cette convention, conclue entre l'ensemble des communes concernées, précise les modalités d'organisation et de financement de la mise en commun des gardes champêtres et de leurs équipements.

• **II.** – Une région, un département ou un établissement public chargé de la gestion d'un parc naturel régional peut recruter un ou plusieurs gardes champêtres compétents dans chacune des communes concernées.

• Dans ces cas, leur nomination est prononcée conjointement par le maire de chacune des communes et, selon le cas, par le président du conseil régional, le président du conseil départemental ou le président de l'établissement public.

• **III.** – Le président d'un établissement public de coopération intercommunale à fiscalité propre peut recruter, à son initiative ou à la demande des maires de plusieurs communes membres, un ou plusieurs gardes champêtres, en vue de les mettre à la disposition de l'ensemble des communes membres de l'établissement public de coopération intercommunale.

• Le recrutement est autorisé par délibérations concordantes de l'organe délibérant de l'établissement public de coopération intercommunale à fiscalité propre et de deux tiers au moins des conseils municipaux des communes représentant plus de la moitié de la population totale de celles-ci ou de la moitié au moins des conseils municipaux des communes représentant les deux tiers de la population totale de celles-ci.

• Le conseil municipal de chaque commune membre dispose d'un délai de 3 mois, à compter de la notification au maire de la délibération de l'organe délibérant de l'établissement public de coopération intercommunale, pour se prononcer sur la décision de recrutement proposée. À défaut de délibération dans ce délai, sa décision est réputée favorable.

• La nomination des gardes champêtres recrutés en application du présent III est prononcée conjointement par le maire de chacune des communes membres et le président de l'établissement public de coopération intercommunale.

.../...

• **IV.** – Un établissement public de coopération intercommunale peut mettre à disposition d'un autre établissement public de coopération intercommunale ou d'une commune non membre de son établissement le ou les gardes champêtres qu'il a recruté en application du III, dans des conditions prévues par une convention transmise au représentant de l'État dans le département. Cette convention précise les modalités d'organisation et de financement de la mise à disposition des gardes champêtres et de leurs équipements.

• **V.** – Les gardes champêtres recrutés en application des I à III du présent article exercent, sur le territoire de chaque commune où ils sont affectés, les compétences mentionnées à l'article L. 521-1 du présent code, sans préjudice des compétences de police judiciaire qui leur sont dévolues par le Code de procédure pénale et par les lois pénales spéciales. Pendant l'exercice de leurs fonctions sur le territoire d'une commune, ils sont placés sous l'autorité du maire de cette commune.

• Leur nomination en qualité de fonctionnaire stagiaire ne fait pas obstacle à leur mise à disposition.

• **VI.** – Le présent article est applicable dans les départements de la Moselle, du Haut-Rhin et du Bas-Rhin, sous réserve des dispositions des articles L. 523-1 et L. 523-2.

• **VII.** – Les conditions d'application du présent article sont définies par décret en Conseil d'État.

Article L. 522-2-1. – Manifestation exceptionnelle – *(Loi n° 2021-646 du 25 mai 2021)*

• **I.** – Lors d'une manifestation exceptionnelle, notamment à caractère culturel, récréatif ou sportif, ou à l'occasion d'un afflux important de population, les maires de communes limitrophes ou appartenant à un même établissement public de coopération intercommunale à fiscalité propre ou à une même agglomération peuvent être autorisés à utiliser en commun, sur le territoire d'une ou plusieurs communes, pour un délai déterminé, tout ou partie des moyens et des effectifs de leurs gardes champêtres. Cette faculté s'exerce exclusivement en matière de police administrative.

• En cas de catastrophe naturelle ou technologique, les maires de communes limitrophes ou appartenant à un même département ou à des départements limitrophes peuvent être autorisés à utiliser en commun, sur le territoire d'une ou plusieurs communes, pour un délai déterminé, tout ou partie des moyens et des effectifs de leurs gardes champêtres.

• Cette utilisation en commun est autorisée par arrêté du représentant de l'État dans le département, ou par arrêté conjoint des représentants de l'État dans les départements concernés, qui en fixe les conditions et les modalités au vu des propositions des maires des communes concernées.

• Par dérogation au 2e alinéa du présent I, l'utilisation en commun des services de gardes champêtres en matière administrative en cas de catastrophe naturelle ou technologique peut être autorisée par arrêtés municipaux concordants des communes concernées lorsque les modalités et conditions de cette autorisation ont fait l'objet d'une convention cadre préalable entre ces communes et le représentant de l'État dans le département.

• **II.** – Le présent article est applicable dans les départements de la Moselle, du Haut-Rhin et du Bas-Rhin, sous réserve des articles L. 523-1 et L. 523-2.

Article L. 522-3. – Fonctions – *(Loi n° 2023-22 du 24 janvier 2023)*

• Les gardes champêtres sont au nombre des agents mentionnés au 4° de l'article 15 du Code de procédure pénale.

• Ils exercent leurs fonctions dans les conditions prévues aux articles 15,22 à 25 et 27 du même code.

• Pour l'exercice des attributions fixées au dernier alinéa de l'article L. 521-1 du présent code, les gardes champêtres agissent en application des dispositions du 3° de l'article 21 du Code de procédure pénale.

Article L. 522-4. – Habilitation – Relevé d'identité – *(Ordonnance n° 2012-351 du 12 mars 2012)*

• Les gardes champêtres sont habilités à relever l'identité des contrevenants, dans les conditions prévues à l'article 78-6 du Code de procédure pénale, pour dresser les procès-verbaux des infractions qu'ils constatent.

Article L. 522-5. – Identification commune – *(Loi n° 2021-646 du 25 mai 2021)*

• La carte professionnelle, la tenue, la signalisation des véhicules de service et les types d'équipement dont sont dotés les gardes champêtres font l'objet d'une identification commune de nature à n'entraîner aucune confusion avec ceux utilisés par la police nationale et la gendarmerie nationale. Leurs caractéristiques et leurs normes techniques sont fixées par arrêté du ministre de l'intérieur.

• Le port de la carte professionnelle et celui de la tenue sont obligatoires pendant le service.

CODE RURAL ET DE LA PÊCHE MARITIME

Article L. 215-3-1. – Gardes champêtres et agents de police municipale – *(Loi n° 2021-1539 du 30 novembre 2021)*

• Les gardes champêtres et les agents de police municipale constatent par procès-verbaux les infractions aux dispositions des articles L. 211-14, L. 211-16 et L. 212-10 ainsi que des textes ou décisions pris pour leur application.

CODE DE L'ENVIRONNEMENT

Article R. 172-9. – Opérations de recherche et de constatations des infractions – *(Décret n° 2018-1177 du 18 décembre 2018)*

• Le délai prévu au 2d alinéa de l'article L. 172-16 est de 5 jours au moins et de 10 jours au plus suivant la transmission du procès-verbal de constatation d'infraction au procureur de la République.

CODE FORESTIER

Article R. 161-7. – Procès-verbaux de constatation des infractions forestières – *(Décret n° 2012-836 du 29 juin 2012)*
• Les agents mentionnés aux articles R. 161-1 et R. 161-2 remettent à leurs supérieurs hiérarchiques les procès-verbaux de constatation des infractions forestières qu'ils établissent. Ces procès-verbaux sont transmis à l'autorité compétente en fonction de la nature des infractions mentionnée à l'article L. 161-12, selon les modalités et dans les délais définis à cet article.

Article R. 161-7-1. – Délai de transmission des procès-verbaux – *(Décret n° 2018-1177 du 18 décembre 2018)*
• Le délai prévu au 4e de l'article L. 161-12 est de 5 jours au moins et de 10 jours au plus suivant la transmission du procès-verbal de constatation d'infraction au procureur de la République ou au directeur régional de l'administration chargée des forêts.

§ 2. – Des fonctionnaires et agents des administrations et services publics

Article 28. – Exercice des pouvoirs – *(Loi n° 2020-1672 du 24 décembre 2020)*
• Les fonctionnaires et agents des administrations et services publics auxquels des lois spéciales attribuent certains pouvoirs de police judiciaire exercent ces pouvoirs dans les conditions et dans les limites fixées par ces lois.
• Lorsque la loi prévoit que ces fonctionnaires et agents peuvent être requis par commission rogatoire du juge d'instruction, ils exercent, dans les limites de la commission rogatoire, les pouvoirs qui leur sont conférés par les lois spéciales mentionnées au 1er alinéa du présent article.
• D'office ou sur instructions du procureur de la République, ces fonctionnaires et agents peuvent concourir à la réalisation d'une même enquête avec des officiers et agents de police judiciaire, le cas échéant, en les assistant dans les actes auxquels ils procèdent.
• Ces fonctionnaires et agents peuvent, sur instruction du procureur de la République, procéder à la mise en œuvre des mesures prévues à l'article 41-1.
• Lorsque ces fonctionnaires et agents sont autorisés à procéder à des auditions, l'article 61-1 est applicable dès lors qu'il existe à l'égard de la personne entendue des raisons plausibles de soupçonner qu'elle a commis ou tenté de commettre une infraction.
• Nonobstant toute disposition contraire, lorsque les fonctionnaires et agents relevant du présent article doivent prêter serment avant d'exercer leur fonction, ce serment n'a pas à être renouvelé en cas de changement d'affectation.

J • **Infraction à la législation relative à la médecine vétérinaire – Information du procureur de la République**
Contre l'arrêt de la cour d'appel de REIMS, chambre correctionnelle, en date du 15/02/2017, qui a renvoyé M. Christian X... et M. Nicolas Y... des fins de la poursuite du chef d'infraction à la législation relative à la médecine vétérinaire;
Attendu qu'il résulte de l'arrêt attaqué et des pièces de procédure que, à la suite de vérifications opérées en décembre 2011 dans une pharmacie de Guéret, dans le cadre d'une enquête nationale sur les conditions de délivrance de certains médicaments vétérinaires détournés de leur usage notamment à des fins de dopage, M. Robert A..., inspecteur en chef de santé publique vétérinaire et MM. Patrick B... et Daniel C..., agents de la Direction générale de la concurrence, de la consommation et de la répression des fraudes (DGCCRF), ont procédé à la saisie de l'ordonnancier de cette officine et ont constaté que la moitié des délivrances de médicaments vétérinaires durant les années 2010 et 2011 résultait de prescriptions de M. Y..., vétérinaire, associé notamment avec M. X..., vétérinaire au sein de la société Technivet, alors que ce cabinet vétérinaire était éloigné géographiquement de la pharmacie concernée; que les trois agents ont en conséquence entrepris des vérifications relatives aux conditions de prescription des médicaments et ont établi un procès-verbal d'infraction, le 12/07/2013, à l'encontre de MM. Y... et X..., pour prescription, par un vétérinaire, de médicaments vétérinaires à des animaux auxquels il ne donne pas personnellement des soins ou dont la surveillance sanitaire et le suivi régulier ne lui sont pas confiés; que, destinataire de ce procès-verbal, le procureur de la République a prescrit aux enquêteurs de procéder à l'audition de MM. Y... et X..., lesquels ont ensuite été poursuivis devant le tribunal correctionnel pour le délit précité; que le tribunal a fait droit à l'exception de nullité soulevée par les prévenus, a annulé la procédure, a relaxé les prévenus, a reçu le Conseil national de l'ordre des vétérinaires et le syndicat national des vétérinaires d'exercice libéral en leur constitution de partie civile et a rejeté leurs demandes; que le procureur de la République et les parties civiles ont relevé appel de cette décision;
Attendu que par ces énonciations, et dès lors que le non-respect, par un enquêteur, de l'obligation d'informer préalablement le procureur de la République des opérations envisagées affecte nécessairement la validité de tous les actes effectués conjointement avec d'autres enquêteurs, même non soumis à cette contrainte, la cour d'appel a justifié sa décision;
D'où il suit que les moyens ne sauraient être accueillis;
Sur le 1er moyen de cassation proposé pour le Conseil national de l'ordre des vétérinaires et le Syndicat national des vétérinaires d'exercice libéral, pris de la violation des articles 385, 470, 591 et 593 du code de procédure pénale;
« en ce que l'arrêt attaqué a confirmé le jugement en ce qu'il avait, à la fois, annulé la procédure et relaxé les 2 prévenus des fins de la poursuite »;
« alors que le juge correctionnel qui annule la procédure ne peut, sans commettre un excès de pouvoir, relaxer le prévenu des fins de la poursuite »;
Attendu qu'en relaxant les prévenus après avoir prononcé la nullité de la procédure, les juges, qui demeuraient saisis des faits objet de la poursuite, ont fait une exacte application de l'article 470 du code de procédure pénale;
D'où il suit que le moyen doit être écarté;
Et attendu que l'arrêt est régulier en la forme;
I. Sur le pourvoi formé par le Syndicat national des vétérinaires d'exercice libéral le 20/02/2017 :
Le DÉCLARE irrecevable;

II. Sur les pourvois formés par le procureur général, par le Conseil national de l'ordre des vétérinaires et, le 17/01/2017, par le Syndicat national des vétérinaires d'exercice libéral :
Les REJETTE ;
(Cour de cassation – Chambre criminelle du 6 novembre 2018 – N° de pourvoi : 17-81703).

Article 28-1. – Agents des douanes de catégories A et B – *(Ordonnance n° 2019-1015 du 2 octobre 2019)*

• **I.** – Des agents des douanes de catégories A et B, spécialement désignés par arrêté des ministres chargés de la justice et du budget, pris après avis conforme d'une commission dont la composition et le fonctionnement sont déterminés par décret en Conseil d'État, peuvent être habilités à effectuer des enquêtes judiciaires sur réquisition du procureur de la République ou sur commission rogatoire du juge d'instruction.

• Ces agents ont, pour l'exercice des missions prévues par le présent article, compétence sur l'ensemble du territoire national.

• Ils sont compétents pour rechercher et constater :

• 1° Les infractions prévues par le code des douanes ;

• 2° Les infractions en matière de contributions indirectes, d'escroquerie sur la taxe sur la valeur ajoutée et de vols de biens culturels ;

• 3° Les infractions relatives à la protection des intérêts financiers de l'Union européenne ;

• 4° Les infractions prévues par les articles L. 2339-1 à L. 2339-11, L. 2344-7 et L. 2353-13 du code de la défense ;

• 5° Les infractions prévues par les articles 324-1 à 324-9 du code pénal ;

• 5° *bis* Les délits d'association de malfaiteurs prévus à l'article 450-1 du code pénal, lorsqu'ils ont pour objet la préparation de l'une des infractions mentionnées aux 1° à 5° et 6° à 8° du présent I ;

• 6° Les infractions prévues au code de la propriété intellectuelle ;

• 6° *bis* Les infractions prévues aux articles L. 3512-23 à L. 3512-25 du code de la santé publique et à leurs textes d'application ;

• 7° Les infractions prévues aux articles 56 et 57 de la loi n° 2010-476 du 12 mai 2010 relative à l'ouverture à la concurrence et à la régulation du secteur des jeux d'argent et de hasard en ligne, le cas échéant par le biais de la participation sous une identité d'emprunt à des échanges électroniques sur un site de jeux ou paris agréé ou non, et notamment à une session de jeu en ligne. L'utilisation d'une identité d'emprunt est sans incidence sur la régularité des constatations effectuées. Un décret en Conseil d'État précise les conditions dans lesquelles les agents habilités par le directeur général de l'Autorité procèdent dans ce cas à leurs constatations ;

• 8° Les infractions connexes aux infractions visées aux 1° à 7°.

• Toutefois, sous réserve des dispositions du II, ils n'ont pas compétence en matière de trafic de stupéfiants.

• **II.** – Pour la recherche et la constatation des infractions prévues par les articles 222-34 à 222-40, par le 6° de l'article 421-1 ainsi que par l'article 421-2-2 du code pénal et des infractions qui leur sont connexes, le procureur de la République ou le juge d'instruction territorialement compétent peut constituer des unités temporaires composées d'officiers de police judiciaire et d'agents des douanes pris parmi ceux mentionnés au I. Le procureur de la République ou le juge d'instruction désigne le chef de chaque unité qu'il constitue.

• Les unités temporaires agissent sous la direction du procureur de la République ou du juge d'instruction mandant, conformément aux dispositions du présent code. Elles ont compétence sur toute l'étendue du territoire national.

• **III.** – *(Abrogé).*

• **IV.** – Les agents des douanes désignés dans les conditions prévues au I doivent, pour mener des enquêtes judiciaires et recevoir des commissions rogatoires, y être habilités personnellement en vertu d'une décision du procureur général.

• La décision d'habilitation est prise par le procureur général près la cour d'appel du siège de leur fonction. Elle est accordée, suspendue ou retirée dans des conditions fixées par décret en Conseil d'État.

• Dans le mois qui suit la notification de la décision de suspension ou de retrait de l'habilitation, l'agent concerné peut demander au procureur général de rapporter cette décision. Le procureur général doit statuer dans un délai d'un mois. A défaut, son silence vaut rejet de la demande. Dans un délai d'un mois à partir du rejet de la demande, l'agent concerné peut former un recours devant la commission prévue à l'article 16-2. La procédure applicable devant cette commission est celle prévue par l'article 16-3 et ses textes d'application.

• **V.** – Pour l'exercice des missions mentionnées aux I et II, les agents des douanes sont placés sous la direction du procureur de la République, sous la surveillance du procureur général et sous le contrôle de la chambre de l'instruction du siège de leur fonction dans les conditions prévues par les articles 224 à 230.

• **VI.** – Lorsque, sur réquisition du procureur de la République ou sur commission rogatoire d'un juge d'instruction, les agents des douanes mentionnés aux I et II procèdent à des enquêtes judiciaires, ils disposent des mêmes prérogatives et obligations que celles attribuées aux officiers de police judiciaire, y compris lorsque ces prérogatives et obligations sont confiées à des services ou unités de police ou de gendarmerie spécialement désignés. Toutefois, ils ne peuvent disposer des prérogatives mentionnées à l'article 230-46 qu'après avoir été spécialement habilités à cette fin dans les conditions déterminées par le décret pris pour l'application de l'article 67 *bis* 1 du code des douanes.

• Ces agents sont autorisés à déclarer comme domicile l'adresse du siège du service dont ils dépendent.

• Ils peuvent être assistés par les personnes mentionnées aux articles 706 et 706-2 agissant sur délégation des magistrats.

• Par dérogation à la règle fixée au 2 de l'article 343 du code des douanes, l'action pour l'application des sanctions fiscales peut être exercée par le ministère public, en vue de l'application des dispositions du présent article.

• **VII.** – Les agents des douanes mentionnés aux I et II sont placés sous la direction administrative d'un magistrat de l'ordre judiciaire selon des modalités fixées par décret en Conseil d'État.

• **VIII.** – Les agents de l'administration des douanes mentionnés aux I et II ne peuvent, à peine de nullité, exercer d'autres attributions ou accomplir d'autres actes que ceux prévus par le présent code dans le cadre des faits dont ils sont saisis par l'autorité judiciaire.

V • Code procédure pénale – art. R. 15-33-6 et suivants – Désignation des agents des douanes chargés de certaines missions de police judiciaire

• Code procédure pénale – art. A. 36 et suivants – Désignation des agents des douanes chargés de certaines missions de police judiciaire

J • **Infractions à la législation sur la protection des espèces animales – Procès-verbal – Nullité – Procès-verbal dressé par un agent de l'Office national de la chasse et de la faune sauvage sans port de l'uniforme**

Contre l'arrêt de la cour d'appel de CAEN, chambre correctionnelle, en date du 28/02/2005, qui a renvoyé Hélène X… des fins de la poursuite du chef d'infractions à la législation sur la protection des espèces animales.

Aux termes de l'article 28 du C.P.P., les fonctionnaires et agents des administrations et services publics auxquels des lois spéciales attribuent certains pouvoirs de police judiciaire exercent ces pouvoirs dans les conditions et dans les limites fixées par ces lois. En application de l'article R. 221-17-6, al. 2, du Code de l'environnement, les agents de l'O.N.C.F.S. sont tenus au port de signes distinctifs et d'un uniforme dans l'exercice de leurs fonctions. Sont nuls les procès-verbaux relatant les constatations opérées par ces agents alors qu'ils n'étaient pas revêtus de l'uniforme attaché à leurs fonctions.

(Cour de cassation – Chambre criminelle du 20 septembre 2005 – N° de pourvoi : 05-82.072).

• **Blanchiment et escroquerie en bande organisée – Douanes – Agent des douanes – Agent de la douane judiciaire** *(article 28-1 du C.P.P.)* **– Pouvoirs – Étendue – Détermination**

Contre l'arrêt de la chambre de l'instruction de la cour d'appel de DOUAI, en date du 26/09/2014, qui, dans l'information suivie contre lui des chefs de blanchiment et escroquerie en bande organisée, association de malfaiteurs, a prononcé sur sa demande d'annulation de pièces de la procédure.

L'article 28-1 du C.P.P. autorise les agents de la douane judiciaire, agissant sur réquisition du procureur de la République ou sur commission rogatoire d'un juge d'instruction, à consulter directement et exploiter le fichier de gestion de l'accompagnement des mouvements de marchandises soumises à accises (GAMMA), qui relève de l'administration des douanes, et auquel ces agents sont habilités à accéder.

(Cour de cassation – Chambre criminelle du 9 avril 2015 – N° de pourvoi : 14-87.660).

Article 28-2. – Agents des services fiscaux de catégories A et B – *(Loi n° 2022-1726 du 30 décembre 2022)*

• **I.** – Des agents des services fiscaux de catégories A et B, spécialement désignés par arrêté des ministres chargés de la justice et du budget, pris après avis conforme d'une commission dont la composition et le fonctionnement sont déterminés par décret en Conseil d'État, peuvent être habilités à effectuer des enquêtes judiciaires sur réquisition du procureur de la République ou sur commission rogatoire du juge d'instruction.

• Ces agents ont compétence pour rechercher et constater, sur l'ensemble du territoire national :

• 1° Les infractions prévues aux articles 1741 et 1743 du Code général des impôts et le blanchiment de ces infractions lorsqu'il existe des présomptions caractérisées que les infractions prévues aux mêmes articles 1741 et 1743 résultent d'un des cas prévus aux 1° à 5° du II de l'article L. 228 du livre des procédures fiscales ainsi que les infractions qui leur sont connexes ;

• 2° Les infractions prévues aux articles 313-1 à 313-3 du Code pénal lorsqu'elles concernent la taxe sur la valeur ajoutée ainsi que les infractions qui leur sont connexes.

• **II.** – Les agents des services fiscaux désignés dans les conditions prévues au I doivent, pour mener des enquêtes judiciaires et recevoir des commissions rogatoires, y être habilités personnellement en vertu d'une décision du procureur général.

• La décision d'habilitation est prise par le procureur général près la cour d'appel du siège de leur fonction. Elle est accordée, suspendue ou retirée dans des conditions fixées par décret en Conseil d'État.

• Dans le mois qui suit la notification de la décision de suspension ou de retrait de l'habilitation, l'agent concerné peut demander au procureur général de rapporter cette décision. Le procureur général doit statuer dans un délai d'un mois. À défaut, son silence vaut rejet de la demande. Dans un délai d'un mois à partir du rejet de la demande, l'agent concerné peut former un recours devant la commission prévue à l'article 16-2 du présent code. La procédure applicable devant cette commission est celle prévue par l'article 16-3 et ses textes d'application.

• **III.** – Les agents des services fiscaux habilités dans les conditions prévues au II sont placés exclusivement sous la direction du procureur de la République, sous la surveillance du procureur général et sous le contrôle de la chambre de l'instruction dans les conditions prévues par les articles 224 à 230.

• **IV.** – Lorsque, sur réquisition du procureur de la République ou sur commission rogatoire d'un juge d'instruction, les agents des services fiscaux habilités dans les conditions prévues au II du présent article procèdent à des enquêtes judiciaires, ils disposent des mêmes prérogatives et obligations que celles attribuées aux officiers de police judiciaire, y compris lorsque ces prérogatives et obligations sont confiées à des services ou unités de police ou de gendarmerie spécialement désignés.

• Ces agents sont autorisés à déclarer comme domicile l'adresse du siège du service dont ils dépendent.

• **V.** – Les agents des services fiscaux habilités dans les conditions prévues au II du présent article ne peuvent, à peine de nullité, exercer d'autres attributions ou accomplir d'autres actes que ceux prévus par le présent code dans le cadre des faits dont ils sont saisis par le procureur de la République ou toute autre autorité judiciaire.

• **VI.** – Les agents des services fiscaux habilités dans les conditions prévues au II ne peuvent participer à une procédure de contrôle de l'impôt prévue par le livre des procédures fiscales pendant la durée de leur habilitation. Ils ne peuvent effectuer des enquêtes judiciaires dans le cadre de faits pour lesquels ils ont participé à une procédure de contrôle de l'impôt avant d'être habilités à effectuer des enquêtes. Ils ne peuvent, même après la fin de leur habilitation, participer à une procédure de contrôle de l'impôt dans le cadre de faits dont ils avaient été saisis par le procureur de la République ou toute autre autorité judiciaire au titre de leur habilitation.

V
- Code procédure pénale – art. 16-2 – Recours
- Code procédure pénale – art. 224 – Contrôle de la chambre de l'instruction
- Code de procédure pénale – art. R. 15-33-29-5 – Agents services fiscaux

Article 28-3. – Inspecteurs de l'environnement de catégorie A et B – *(Loi n° 2020-1672 du 24 décembre 2020)*

• **I.** – Des inspecteurs de l'environnement de catégorie A et B compétents pour la recherche et la constatation des infractions portant atteinte à l'environnement en application de l'article L. 172-1 du Code de l'environnement affectés à l'Office français de la biodiversité, spécialement désignés par arrêté conjoint du ministre de la justice et du ministre chargé de l'environnement, pris après avis conforme d'une commission dont la composition et le fonctionnement sont déterminés par décret en Conseil d'État, disposent, pour les enquêtes judiciaires qu'ils diligentent sur réquisition du procureur de la République ou sur commission rogatoire du juge d'instruction, des mêmes prérogatives et obligations que celles attribuées aux officiers de police judiciaire, y compris lorsque ces prérogatives et obligations sont confiées à des services ou unités de police ou de gendarmerie spécialement désignés.

• Pour les délits prévus à l'article L. 415-6 et au VII de l'article L. 541-46 du même code, ces inspecteurs ne sont compétents que lorsqu'ils concourent à la réalisation d'une même enquête avec des officiers et agents de police judiciaire ou des agents des douanes mentionnés à l'article 28-1 du présent code.

• Pour l'exercice des missions prévues au présent article, ils ont compétence sur l'ensemble du territoire national.

• Ils sont autorisés à déclarer comme domicile l'adresse de leur résidence administrative.

• **II.** – Les inspecteurs de l'environnement désignés dans les conditions prévues au I sont habilités personnellement en vertu d'une décision du procureur général.

• La décision d'habilitation est prise par le procureur général près la cour d'appel de leur résidence administrative. Elle est accordée, suspendue ou retirée dans des conditions fixées par décret en Conseil d'État.

• Dans le mois qui suit la notification de la décision de suspension ou de retrait de l'habilitation, l'inspecteur de l'environnement concerné peut demander au procureur général de rapporter cette décision. Le procureur général doit statuer dans un délai d'un mois. À défaut, son silence vaut rejet de la demande. Dans un délai d'un mois à compter du rejet de la demande, l'inspecteur de l'environnement concerné peut former un recours devant la commission prévue à l'article 16-2. La procédure applicable devant cette commission est celle prévue à l'article 16-3

• **III.** – Les inspecteurs de l'environnement habilités dans les conditions prévues au II du présent article sont placés exclusivement sous la direction du procureur de la République, sous la surveillance du procureur général et sous le contrôle de la chambre de l'instruction du siège de leur fonction dans les conditions prévues aux articles 224 à 230.

• **IV.** – Les inspecteurs de l'environnement habilités dans les conditions prévues au II du présent article ne peuvent, à peine de nullité, exercer d'autres attributions ou accomplir d'autres actes que ceux prévus par le présent code dans le cadre des faits dont ils sont saisis par le procureur de la République ou toute autre autorité judiciaire.

§ 3. – Des gardes particuliers assermentés

Article 29. – Constatations – *(Loi n° 2016-1087 du 8 août 2016)*

• Les gardes particuliers assermentés constatent par procès-verbaux tous délits et contraventions portant atteinte aux propriétés dont ils ont la garde.

• Les procès-verbaux sont remis ou envoyés par lettre recommandée directement au procureur de la République. Cet envoi doit avoir lieu, à peine de nullité, dans les cinq jours suivant celui de la constatation du fait, objet de leur procès-verbal.

V • Code de procédure pénale – art. R. 15-33-24 à R. 15-33-29-2 – Gardes particuliers

Article 29-1. – Commissionnement – *(Ordonnance n° 2018-1125 du 12 décembre 2018)*

• Les gardes particuliers mentionnés à l'article 29 sont commissionnés par le propriétaire ou tout autre titulaire de droits sur la propriété qu'ils sont chargés de surveiller. Ils doivent être agréés par le préfet du département dans lequel se situe la propriété désignée dans la commission.

• Ne peuvent être agréés comme gardes particuliers :

• 1° Les personnes dont le comportement est incompatible avec l'exercice de ces fonctions, en particulier si elles ne remplissent pas les conditions de moralité et d'honorabilité requises, au vu notamment des mentions portées au bulletin n° 2 de leur casier judiciaire ou dans les traitements automatisés de données à caractère personnel mentionnés à l'article 230-6 ;

• 2° Les personnes qui ne remplissent pas les conditions d'aptitude technique, fixées par décret en Conseil d'État, qui sont exigées pour l'exercice de leurs fonctions ;

• 3° Les agents mentionnés aux articles 15 (1° et 2°) et 22 ;

• 4° Les personnes membres du conseil d'administration de l'association qui les commissionne, ainsi que les propriétaires ou titulaires de droits réels sur les propriétés gardées.

• Les conditions d'application du présent article, notamment les modalités d'obtention de l'agrément, les conditions dans lesquelles celui-ci peut être suspendu ou retiré, les conditions d'assermentation des gardes particuliers, les principaux éléments de leur tenue ainsi que les conditions d'exercice de leurs missions, sont déterminées par décret en Conseil d'État.

V • Code de procédure pénale – art. R. 15-33-24 à R. 15-33-29-2 – Gardes particuliers

CHAPITRE Ier *bis*

Des attributions du garde des sceaux, ministre de la justice

Article 30. – Ministre de la justice – Missions – *(Loi n° 2013-669 du 25 juillet 2013)*

• Le ministre de la justice conduit la politique pénale déterminée par le Gouvernement. Il veille à la cohérence de son application sur le territoire de la République.

• À cette fin, il adresse aux magistrats du ministère public des instructions générales.

• Il ne peut leur adresser aucune instruction dans des affaires individuelles.

• Chaque année, il publie un rapport sur l'application de la politique pénale déterminée par le Gouvernement, précisant les conditions de mise en œuvre de cette politique et des instructions générales adressées en application du deuxième alinéa. Ce rapport est transmis au Parlement. Il peut donner lieu à un débat à l'Assemblée nationale et au Sénat.

CODE DE L'ENVIRONNEMENT

(Extrait)

Article L. 322-10-3. – Procédure de l'amende forfaitaire – *(Ordonnance n° 2012-34 du 11 janvier 2012)*

• Les contraventions peuvent donner lieu à la procédure de l'amende forfaitaire, conformément aux dispositions des articles 529 à 529-2 du Code de procédure pénale.

V • Décret n° 2002-329 du 08 mars 2002 relatif à l'habilitation et à l'agrément des agents des entreprises de surveillance et de gardiennage pouvant procéder aux palpations de sécurité.

CHAPITRE II
Du ministère public

Section I
Dispositions générales

Article 31. – Ministère public – *(Loi n° 2013-669 du 25 juillet 2013)*

• Le ministère public exerce l'action publique et requiert l'application de la loi, dans le respect du principe d'impartialité auquel il est tenu.

Article 32. – Missions

• Il est représenté auprès de chaque juridiction répressive.

• Il assiste aux débats des juridictions de jugement ; toutes les décisions sont prononcées en sa présence.

• Il assure l'exécution des décisions de justice.

J • **Ministère public. Présence. Nécessité.** – *La présence du ministère public s'impose à peine de nullité, lors du prononcé de la décision* (Cass. CRIM. du 18 janvier 1995).

Article 33. – Réquisitions

• Il est tenu de prendre des réquisitions écrites conformes aux instructions qui lui sont données dans les conditions prévues aux articles 36, 37 et 44. Il développe librement les observations orales qu'il croit convenables au bien de la justice.

V • Code de procédure pénale – art. 36 – Procureur général – Instructions
• Code de procédure pénale – art. 44 – Attributions du procureur de la République

CODE DE LA VOIRIE ROUTIÈRE

Article L. 116-5. – Fonctions de ministère public – *(Loi n° 89-413 du 22 juin 1989)*

• Lorsque les infractions concernent la voirie nationale, les fonctions de ministère public près le tribunal de police peuvent être remplies par le directeur départemental de l'équipement ou par l'agent désigné par lui pour le suppléer ; devant le tribunal correctionnel et la cour d'appel, le directeur départemental de l'équipement ou son délégué peut exposer l'affaire ou être entendu à l'appui de ses conclusions.

Section II
Des attributions du procureur général près la cour d'appel

Article 34. – Représentation – *(Loi n° 2014-1170 du 13 octobre 2014)*

• Le procureur général représente en personne ou par ses substituts le ministère public auprès la cour d'appel et auprès de la cour d'assises instituée au siège de la cour d'appel. Il peut, dans les mêmes conditions, représenter le ministère public auprès des autres cours d'assises du ressort de la cour d'appel

Article 35. – Procureur général – *(Loi n° 2013-669 du 25 juillet 2013 + Décision n° 2021-927 QPC du 14 septembre 2021)*

• Le procureur général veille à l'application de la loi pénale dans toute l'étendue du ressort de la cour d'appel et au bon fonctionnement des parquets de son ressort.

• Il anime et coordonne l'action des procureurs de la République, tant en matière de prévention que de répression des infractions à la loi pénale. Il précise et, le cas échéant, adapte les instructions générales du ministre de la justice au contexte propre au ressort. Il procède à l'évaluation de leur application par les procureurs de la République.

• Outre les rapports particuliers qu'il établit soit d'initiative, soit sur demande du ministre de la justice, le procureur général adresse à ce dernier un rapport annuel de politique pénale sur l'application de la loi et des instructions générales ainsi qu'un rapport annuel sur l'activité et la gestion des parquets de son ressort.

• Il informe, au moins une fois par an, l'assemblée des magistrats du siège et du parquet des conditions de mise en œuvre, dans le ressort, de la politique pénale et des instructions générales adressées à cette fin par le ministre de la justice en application du deuxième alinéa de l'article 30.

• Le procureur général a, dans l'exercice de ses fonctions, le droit de requérir directement la force publique.

Article 36. – Instructions – *(Loi n° 2004-204 du 9 mars 2004)*

• Le procureur général peut enjoindre aux procureurs de la République, par instructions écrites et versées au dossier de la procédure, d'engager ou de faire engager des poursuites ou de saisir la juridiction compétente de telles réquisitions écrites que le procureur général juge opportunes.

Article 37. – Procureur général – *(Loi n° 2004-204 du 9 mars 2004)*

• Le procureur général a autorité sur tous les officiers du ministère public du ressort de la cour d'appel.

Article 38. – O.P.J. et A.P.J. – Surveillance procureur général

• Les officiers et agents de police judiciaire sont placés sous la surveillance du procureur général. Il peut les charger de recueillir tous renseignements qu'il estime utiles à une bonne administration de la justice.

Section III
Des attributions du procureur de la République

Article 39. – Procureur de la République – *(Ordonnance n° 2019-964 du 18 septembre 2019)*

• Le procureur de la République représente en personne ou par ses substituts le ministère public près le tribunal judiciaire.

• Il représente également en personne ou par ses substituts le ministère public auprès de la cour d'assises instituée au siège du tribunal.

• Il représente de même, en personne ou par ses substituts, le ministère public auprès du tribunal de police dans les conditions fixées par l'article 45 du présent code.

DÉCRET N° 2017-1194 DU 26 JUILLET 2017

portant création d'un traitement de données à caractère personnel relatif à la mise en mouvement et à l'exercice de l'action publique, dénommé « Logiciels Métier du Parquet » *(LMP)*

(Extrait)

NOR : JUST1713899D – Version consolidée au 1er janvier 2020

Article 1er. – *(Décret n° 2019-966 du 18 septembre 2019)*

• Est autorisée la création, par le garde des sceaux, ministre de la justice, d'un traitement automatisé de données à caractère personnel relatif à la mise en mouvement et à l'exercice de l'action publique dénommé « Logiciels Métier du Parquet » *(LMP)*, mis en œuvre au sein des parquets des tribunaux judiciaires.

• Ce traitement se compose des modules suivants :

• 1° VIGIE : veille informatisée de gestion des infractions et des évènements, dont la finalité est la retranscription des échanges entre les magistrats du parquet et les services d'enquête ;

• 2° BIE : bureau informatisé des enquêtes, dont la finalité est le suivi calendaire des enquêtes pénales par les magistrats du parquet.

Article 39-1. – Missions – *(Loi n° 2013-669 du 25 juillet 2013)*

• En tenant compte du contexte propre à son ressort, le procureur de la République met en œuvre la politique pénale définie par les instructions générales du ministre de la justice, précisées et, le cas échéant, adaptées par le procureur général.

• Outre les rapports particuliers qu'il établit soit d'initiative, soit sur demande du procureur général, le procureur de la République adresse à ce dernier un rapport annuel de politique pénale sur l'application de la loi et des instructions générales ainsi qu'un rapport annuel sur l'activité et la gestion de son parquet.

• Il informe, au moins une fois par an, l'assemblée des magistrats du siège et du parquet des conditions de mise en œuvre, dans le ressort, de la politique pénale et des instructions générales adressées à cette fin par le ministre de la justice en application du deuxième alinéa de l'article 30.

Article 39-2. – Autres missions – *(Ordonnance n° 2019-964 du 18 septembre 2019)*

• Dans le cadre de ses attributions en matière d'alternative aux poursuites, de mise en mouvement et d'exercice de l'action publique, de direction de la police judiciaire, de contrôle d'identité et d'exécution des peines, le procureur de la République veille à la prévention des infractions à la loi pénale.

• À cette fin, il anime et coordonne dans le ressort du tribunal judiciaire la politique de prévention de la délinquance dans sa composante judiciaire, conformément aux orientations nationales de cette politique déterminées par l'État, telles que précisées par le procureur général en application de l'article 35.

• Il est également consulté par le représentant de l'État dans le département avant que ce dernier n'arrête le plan de prévention de la délinquance.

Article 39-3. – Instructions générales ou particulières aux enquêteurs – *(Loi n° 2016-731 du 3 juin 2016)*

• Dans le cadre de ses attributions de direction de la police judiciaire, le procureur de la République peut adresser des instructions générales ou particulières aux enquêteurs. Il contrôle la légalité des moyens mis en œuvre par ces derniers, la proportionnalité des actes d'investigation au regard de la nature et de la gravité des faits, l'orientation donnée à l'enquête ainsi que la qualité de celle-ci.

• Il veille à ce que les investigations tendent à la manifestation de la vérité et qu'elles soient accomplies à charge et à décharge, dans le respect des droits de la victime, du plaignant et de la personne suspectée.

Article 39-4. – Département comptant plusieurs tribunaux judiciaires – *(Loi n° 2019-222 du 23 mars 2019)*

• Quand un département compte plusieurs tribunaux judiciaires, le procureur général peut désigner l'un des procureurs de la République de ce département pour représenter, sous son autorité, l'ensemble des parquets dans le cadre de leurs relations avec les autorités administratives du département, notamment pour l'application du dernier alinéa de l'article 39-2, et pour assurer la coordination des activités s'y rapportant. Ce procureur tient les autres procureurs informés de ses diligences et rend compte au procureur général.

Article 40. – Plaintes et dénonciations – *(Loi n° 2004-204 du 9 mars 2004)*

• Le procureur de la République reçoit les plaintes et les dénonciations et apprécie la suite à leur donner conformément aux dispositions de l'article 40-1.

• Toute autorité constituée, tout officier public ou fonctionnaire qui, dans l'exercice de ses fonctions, acquiert la connaissance d'un crime ou d'un délit est tenu d'en donner avis sans délai au procureur de la République et de transmettre à ce magistrat tous les renseignements, procès-verbaux et actes qui y sont relatifs.

[V] • Art. 15-1 et s. relatifs à la procédure d'habilitation des médiateurs pénaux et aux conditions d'exercice de fonction de médiateur.

[D] • **Défenseur d'enfant - obligation de dénoncer.** – En sa qualité d'autorité constituée, le défenseur des enfants est soumis à l'obligation posée par l'article 40, alinéa 2, du Code de procédure pénale de dénoncer sans délai, au procureur de la République, les faits pouvant recevoir une qualification criminelle ou délictuelle qui sont portés à sa connaissance dans l'exercice de ses fonctions et de transmettre tous les renseignements, procès-verbaux et actes qui y sont relatifs.

• Cette dénonciation a vocation à être adressée, dans un souci d'efficacité, au procureur de la République territorialement compétent sauf si l'autorité judiciaire se trouve déjà saisie des faits. Il appartient au procureur de la République d'en accuser réception. Le défenseur des enfants peut vérifier auprès du procureur de la République si celui-ci a déjà connaissance des faits susceptibles de constituer une infraction. *(Code CRIM. n° 2001-04/E1 du 21 nov. 2001)*

[J] • **Homicide involontaire – Procès-verbal – Inspection du travail – Compétence**

Contre l'arrêt de la cour d'appel de NANCY, chambre correctionnelle, en date du 15 septembre 2016, qui, pour homicide involontaire les a condamnés, la première à 20.000 € d'amende, le second à six mois d'emprisonnement avec sursis, et a prononcé sur les intérêts civils;

Attendu qu'il résulte de l'arrêt attaqué, du jugement qu'il confirme et du procès-verbal de l'inspection du travail, base des poursuites, que M. E C, intérimaire mis à la disposition de la société F A afin de procéder à des travaux d'assainissement dans un lotissement, à Lexy (54), est décédé des suites de ses blessures après que les parois d'une excavation dans laquelle il était descendu se furent effondrées sur lui; que l'inspection du travail ayant établi un procès-verbal d'infractions, le procureur de la République a fait citer M. D A, président de la société F A, et ladite société devant la juridiction correctionnelle du chef d'homicide involontaire, faute notamment pour la victime d'avoir reçu une formation appropriée aux risques encourus sur le chantier; que les premiers juges ayant retenu les prévenus dans les liens de la prévention, ceux-ci, puis le ministère public, ont interjeté appel;

Attendu qu'en statuant ainsi, et dès lors que les articles L. 8112-1 et L. 8112-2 du Code du travail n'interdisent pas à l'inspecteur du travail de faire état des infractions de droit commun dont les éléments constitutifs lui paraissent réunis et de les porter à la connaissance du procureur de la République en application de l'article 40 du C.P.P., la cour d'appel a justifié sa décision;

Par ces motifs:

CASSE et ANNULE, en ses seules dispositions relatives aux peines, l'arrêt susvisé de la cour d'appel de Nancy, en date du 15 septembre 2016, toutes autres dispositions étant expressément maintenues;

Et pour qu'il soit à nouveau jugé, conformément à la loi, dans les limites de la cassation ainsi prononcée,

RENVOIE la cause et les parties devant la cour d'appel de Metz, à ce désignée par délibération spéciale prise en chambre du conseil;

ORDONNE l'impression du présent arrêt, sa transcription sur les registres du greffe de la cour d'appel de Nancy et sa mention en marge ou à la suite de l'arrêt partiellement annulé

(Cour de cassation – Chambre criminelle du 9 janvier 2018 – N° de pourvoi: 17-80200).

Article 40-1. – Décision du procureur de la République – *(Loi n° 2016-1691 du 9 décembre 2016)*

• Lorsqu'il estime que les faits qui ont été portés à sa connaissance en application des dispositions de l'article 40 constituent une infraction commise par une personne dont l'identité et le domicile sont connus et pour laquelle aucune disposition légale ne fait obstacle à la mise en mouvement de l'action publique, le procureur de la République territorialement compétent décide s'il est opportun:

• 1° Soit d'engager des poursuites;

• 2° Soit de mettre en œuvre une procédure alternative aux poursuites en application des dispositions des articles 41-1, 41-1-2 ou 41-2;

• 3° Soit de classer sans suite la procédure dès lors que les circonstances particulières liées à la commission des faits le justifient.

Article 40-2. – Information des plaignants et victimes – *(Loi n° 2004-204 du 9 mars 2004)*

• Le procureur de la République avise les plaignants et les victimes si elles sont identifiées ainsi que les personnes ou autorités mentionnées au deuxième alinéa de l'article 40, des poursuites ou des mesures alternatives aux poursuites qui ont été décidées à la suite de leur plainte ou de leur signalement.

• Lorsqu'il décide de classer sans suite la procédure, il les avise également de sa décision en indiquant les raisons juridiques ou d'opportunité qui la justifient.

Article 40-3. – Recours – Décision classement sans suite – *(Loi n° 2004-204 du 9 mars 2004)*

• Toute personne ayant dénoncé des faits au procureur de la République peut former un recours auprès du procureur général contre la décision de classement sans suite prise à la suite de cette dénonciation. Le procureur général peut, dans les conditions prévues à l'article 36, enjoindre au procureur de la République d'engager des poursuites. S'il estime le recours infondé, il en informe l'intéressé.

Article 40-4. – Constitution partie civile – *(Loi n° 2015-993 du 17 août 2015)*

• Lorsque la victime souhaite se constituer partie civile et demande la désignation d'un avocat après avoir été informée de ce droit en application du 3° de l'article 10-2, le procureur de la République, avisé par l'officier ou l'agent de police judiciaire, s'il décide de mettre l'action publique en mouvement, en informe sans délai le bâtonnier de l'ordre des avocats.

• Dans le cas contraire, il indique à la victime, en l'avisant du classement de sa plainte, qu'elle peut directement adresser sa demande de désignation auprès du bâtonnier si elle maintient son intention d'obtenir la réparation de son préjudice.

Article 40-4-1. – Adresse – *(Loi n° 2019-222 du 23 mars 2019)*

• La victime qui souhaite se constituer partie civile peut déclarer:

• 1° Une adresse personnelle;

• 2° L'adresse d'un tiers, sous réserve de l'accord exprès de celui-ci. Cet accord n'est toutefois pas nécessaire lorsque la personne est dépositaire de l'autorité publique ou chargée d'une mission de service public et que l'infraction a été commise en raison de ses fonctions ou de sa mission, si l'adresse déclarée est son adresse professionnelle.

• Elle est avisée qu'elle doit signaler au procureur de la République, par lettre recommandée avec demande d'avis de réception, tout changement de l'adresse déclarée. Elle est également avisée que toute notification faite à la dernière adresse déclarée sera réputée faite à sa personne.

• Faute par elle d'avoir déclaré un changement d'adresse, la partie civile ne peut opposer le défaut de notification des actes qui auraient dû lui être notifiés aux termes de la loi.

Article 40-5. – Évasion – *(Loi n° 2013-711 du 5 août 2013)*

• En cas d'évasion d'une personne, le procureur de la République informe sans délai de cette évasion la victime des faits ayant entraîné la détention ou sa famille, dès lors que cette évasion est susceptible de leur faire courir un risque et sauf s'il ne paraît pas opportun de communiquer cette information au regard du risque qu'elle pourrait entraîner pour l'auteur des faits.

Article 40-6. – *(Abrogé – Loi n° 2016-1691 du 9 décembre 2016)*

Article 41. – Procureur de la République – Attributions – *(Loi n° 2021-1729 du 22 décembre 2021)*

• Le procureur de la République procède ou fait procéder à tous les actes nécessaires à la recherche et à la poursuite des infractions à la loi pénale.

• À cette fin, il dirige l'activité des officiers et agents de la police judiciaire dans le ressort de son tribunal.

• Lorsqu'il s'agit d'actes d'enquête devant être exécutés dans un autre ressort que celui du tribunal judiciaire, il peut demander au procureur de la République territorialement compétent d'y procéder ou d'y faire procéder par un officier de police judiciaire. Il peut toutefois également requérir directement tout officier de police judiciaire sur l'ensemble du territoire national de procéder à ces actes.

• Le procureur de la République contrôle les mesures de garde à vue. Il visite les locaux de garde à vue chaque fois qu'il l'estime nécessaire et au moins une fois par an; il tient à cet effet un registre répertoriant le nombre et la fréquence des contrôles effectués dans ces différents locaux. Il adresse au procureur général un rapport concernant les mesures de garde à vue et l'état des locaux de garde à vue de son ressort; ce rapport est transmis au garde des Sceaux. Le garde des Sceaux rend compte de l'ensemble des informations ainsi recueillies dans un rapport annuel qui est rendu public.

• Il a tous les pouvoirs et prérogatives attachés à la qualité d'officier de police judiciaire prévus par la section II du chapitre Ier du titre Ier du présent livre, ainsi que par des lois spéciales.

• Il peut se transporter dans toute l'étendue du territoire national. Il peut également, dans le cadre d'une demande d'entraide adressée à un État étranger et avec l'accord des autorités compétentes de l'État concerné, se transporter sur le territoire d'un État étranger aux fins de procéder à des auditions.

• En cas d'infractions flagrantes, il exerce les pouvoirs qui lui sont attribués par l'article 68.

• Le procureur de la République peut également requérir, suivant les cas, une personne habilitée dans les conditions prévues au 6e alinéa de l'article 81, le service pénitentiaire d'insertion et de probation ou le service de la protection judiciaire de la jeunesse de vérifier la situation matérielle, familiale et sociale d'une personne faisant l'objet d'une enquête, de vérifier la faisabilité matérielle de certaines peines ou aménagements de peine pouvant être prononcés et de l'informer sur les mesures propres à favoriser l'insertion sociale de l'intéressé. Ces réquisitions peuvent également être faites après le renvoi d'une personne devant le tribunal correctionnel par le juge d'instruction, lorsque celle-ci est en détention provisoire.

• Ces diligences doivent être prescrites avant toute réquisition de placement en détention provisoire lorsque la peine encourue n'excède pas 5 ans d'emprisonnement et en cas de poursuites selon la procédure de comparution immédiate prévue aux articles 395 à 397-6 ou lorsque la personne est déférée devant le procureur de la République en application de l'article 393 et en cas de poursuites selon la procédure de comparution sur reconnaissance préalable de culpabilité prévue aux articles 495-7 à 495-13.

• À l'exception des infractions prévues aux articles 19 et 27 de l'ordonnance n° 45-2658 du 2 novembre 1945 relative aux conditions d'entrée et de séjour des étrangers en France, en cas de poursuites pour une infraction susceptible d'entraîner à son encontre le prononcé d'une mesure d'interdiction du territoire français d'un étranger qui déclare, avant toute saisine de la juridiction compétente, se trouver dans l'une des situations prévues par les articles 131-30-1 ou 131-30-2 du Code pénal, le procureur de la République ne peut prendre aucune réquisition d'interdiction du territoire français s'il n'a préalablement requis, suivant les cas, l'officier de police judiciaire compétent, une personne habilitée dans les conditions prévues au 6ᵉ alinéa de l'article 81 ou, en cas d'impossibilité matérielle, le service pénitentiaire d'insertion et de probation, afin de vérifier le bien-fondé de cette déclaration.

• Le procureur de la République peut également recourir à une association d'aide aux victimes agréée par le ministre de la justice dans des conditions définies par décret, afin qu'il soit porté aide à la victime de l'infraction.

V • Code procédure pénale – art. 68 – Arrivée du procureur de la République sur les lieux
• Code procédure pénale – art. 395 – Comparution immédiate
• Code procédure pénale – art. 495-7 – Comparution sur reconnaissance préalable de culpabilité

J **• Procès-verbal – Force probante – Crimes et délits flagrants – Garde à vue – Prolongation – Autorisation du procureur de la République – Compétence territoriale.**

Aucune disposition légale ne fait obstacle à ce que, dans le cadre d'une enquête de flagrance, la prolongation d'une mesure de garde à vue soit autorisée par le procureur de la République saisi des faits.

(Cass. CRIM. du 04 janvier 2006 – N° de pourvoi : 05-86086)

• O.P.J. – Enquête préliminaire – Réquisition judiciaire aux fins de géolocalisation – Contrôle.

En vertu de l'article 8 de la Convention européenne des droits de l'homme, la technique dite de « géolocalisation » constitue une ingérence dans la vie privée dont la gravité implique qu'elle soit exécutée sous le contrôle d'un juge.

Pour écarter le moyen de nullité pris du défaut de fondement légal de la mise en place, par les opérateurs de téléphonie, d'un dispositif technique, dit de géolocalisation, permettant, à partir du suivi des téléphones utilisés par M. X..., de surveiller ses déplacements en temps réel, au cours de l'enquête préliminaire, l'arrêt retient, notamment, que les articles 12, 14 et 41 du Code de procédure pénale confient à la police judiciaire le soin de constater les infractions à la loi pénale, d'en rassembler les preuves et d'en rechercher les auteurs, sous le contrôle du procureur de la République ; que les juges ajoutent que les mesures critiquées trouvent leur fondement dans ces textes, qu'il s'agit de simples investigations techniques ne portant pas atteinte à la vie privée et n'impliquant pas de recourir, pour leur mise en œuvre, à un élément de contrainte ou de coercition.

(Cass. CRIM. du 22 octobre 2013 – N° de pourvoi : 13-81949)

• Législation sur les stupéfiants – Géolocalisation

Contre l'arrêt de la chambre de l'instruction de la cour d'appel d'ANGERS, en date du 4 février 2015, qui, dans l'information suivie contre les cinq premiers des chefs d'infractions à la législation sur les stupéfiants et contre le dernier des chefs d'infractions à la législation sur les stupéfiants en récidive et évasion, a prononcé sur leurs demandes d'annulation de pièces de la procédure ;

Attendu que, pour écarter le moyen de nullité pris de ce que des mesures de géolocalisation ont été ordonnées sans base légale suffisante, et sous l'autorité du procureur de la République, lequel ne présenterait pas les garanties d'indépendance et d'impartialité requises, l'arrêt relève que les mesures de géolocalisation critiquées, exécutées pendant moins de quinze jours et sous le contrôle du ministère public, ont été autorisées dans des conditions conformes à l'article 8 de la Convention européenne des droits de l'homme ;

Par ces motifs :

I – Sur les pourvois formés le 6 février 2015 par MM. Abdelllah X..., Soufiance Y..., Mohamed X... et Emrah Z... :

Les DÉCLARE IRRECEVABLES ;

II – Sur les autres pourvois :

CASSE et ANNULE, l'arrêt susvisé de la chambre de l'instruction de la cour d'appel d'Angers, en date du 4 février 2015, en ses seules dispositions relatives, d'une part, à l'ordonnance cotée D 712-3 ayant autorisé la perquisition pratiquée au domicile de M. Abdellah X..., d'autre part, aux procès-verbaux établis à partir d'une copie des enregistrements de la sonorisation, ainsi qu'aux actes dont ils sont le support nécessaire, toutes autres dispositions étant expressément maintenues,

Et pour qu'il soit à nouveau statué, conformément à la loi, dans les limites de la cassation ainsi prononcée ;

RENVOIE la cause et les parties devant la chambre de l'instruction de la cour d'appel de Rennes, à ce désignée par délibération spéciale prise en chambre du conseil ;

ORDONNE l'impression du présent arrêt, sa transcription sur les registres du greffe de la chambre de l'instruction de la cour d'appel d'Angers et sa mention en marge ou à la suite de l'arrêt partiellement annulé ;

(Cour de cassation – Chambre criminelle du 08 juillet 2015 – N° de pourvoi : 15-81731)

• **Infractions à la législation sur les stupéfiants – Procureur de la République – Enquête préliminaire – Réquisitions – PNIJ**

M. L... S... a formé des pourvois contre l'arrêt de la chambre de l'instruction de la cour d'appel d'AIX-EN-PROVENCE (13), *en date du 21/09/2020, qui, dans l'information suivie contre lui du chef d'infractions à la législation sur les stupéfiants, a prononcé sur sa requête en nullité de pièces de la procédure.*

10. En effet, en 1er lieu, il était permis au procureur de la République d'autoriser de façon générale sur le fondement de l'article 39-3 du C.P.P., dans le cadre de l'enquête préliminaire qu'il avait ordonnée, les enquêteurs à procéder à des réquisitions auprès de la PNIJ.

(Cour de cassation – Chambre criminelle du 30 mars 2021 – N° de pourvoi: 20-85.556).

Article 41-1. – Procureur de la République – Avertissement pénal probatoire ... – *(Loi n° 2023-140 du 28 février 2023)*

• S'il lui apparaît qu'une telle mesure est susceptible d'assurer la réparation du dommage causé à la victime, de mettre fin au trouble résultant de l'infraction ou de contribuer au reclassement de l'auteur des faits, le procureur de la République peut, préalablement à sa décision sur l'action publique, directement ou par l'intermédiaire d'un officier de police judiciaire, d'un délégué ou d'un médiateur du procureur de la République:

• 1° Adresser à l'auteur de l'infraction qui a reconnu sa culpabilité un avertissement pénal probatoire lui rappelant les obligations résultant de la loi ou du règlement ainsi que les peines encourues et lui indiquant que cette décision est revue en cas de commission d'une nouvelle infraction dans un délai de deux ans; ce délai est fixé à un an en matière contraventionnelle. Cet avertissement ne peut être adressé que par le procureur de la République ou son délégué; il ne peut intervenir à l'égard d'une personne qui a déjà été condamnée ou à la suite d'un délit de violences contre les personnes ou d'un délit commis contre une personne dépositaire de l'autorité publique ou investie d'un mandat électif public. Lorsque l'infraction a causé un préjudice à une personne physique ou morale, l'avertissement ne peut intervenir que si le préjudice a déjà été réparé ou s'il est également fait application de la mesure prévue au 4°;

• 2° Orienter l'auteur des faits vers une structure sanitaire, sociale ou professionnelle; cette mesure peut consister dans l'accomplissement par l'auteur des faits, à ses frais, d'un stage ou d'une formation dans un service ou un organisme sanitaire, social ou professionnel, et notamment d'un stage de citoyenneté, d'un stage de responsabilité parentale, d'un stage de sensibilisation à la lutte contre l'achat d'actes sexuels, d'un stage de responsabilisation pour la prévention et la lutte contre les violences au sein du couple et sexistes, d'un stage de lutte contre le sexisme et de sensibilisation à l'égalité entre les femmes et les hommes ou d'un stage de sensibilisation aux dangers de l'usage de produits stupéfiants; en cas d'infraction commise à l'occasion de la conduite d'un véhicule terrestre à moteur, cette mesure peut consister dans l'accomplissement, par l'auteur des faits, à ses frais, d'un stage de sensibilisation à la sécurité routière;

• 3° Demander à l'auteur des faits de régulariser sa situation au regard de la loi ou des règlements. Cette régularisation peut notamment consister à se dessaisir au profit de l'État de la chose qui a servi ou était destinée à commettre l'infraction ou qui en était le produit. Le dessaisissement peut également être fait au bénéfice d'une personne morale à but non lucratif désignée par le procureur de la République, lorsqu'il s'agit d'une chose dont l'auteur des faits est propriétaire et sur laquelle aucun tiers n'est susceptible d'avoir des droits;

• 4° Demander à l'auteur des faits de réparer le dommage résultant de ceux-ci. Cette réparation peut notamment consister en une restitution, en une remise en état des lieux ou des choses dégradés ou en un versement pécuniaire au bénéfice de la victime ou de toute personne physique ou morale ayant eu à engager des frais pour remettre en état les lieux ou les choses dégradés ainsi qu'en un remboursement du prêt versé à la victime en application de l'article L. 214-9 du Code de l'action sociale et des familles, sans que ce remboursement puisse excéder 5 000 €;

• 5° Faire procéder, à la demande ou avec l'accord de la victime, à une mission de médiation entre l'auteur des faits et la victime. En cas de réussite de la médiation, le procureur de la République ou le médiateur du procureur de la République en dresse procès-verbal, qui est signé par lui-même et par les parties, et dont une copie leur est remise; si l'auteur des faits s'est engagé à verser des dommages et intérêts à la victime, celle-ci peut, au vu de ce procès-verbal, en demander le recouvrement suivant la procédure d'injonction de payer, conformément aux règles prévues par le Code de procédure civile. En cas de violences au sein du couple relevant de l'article 132-80 du Code pénal, il ne peut pas être procédé à une mission de médiation;

• 6° En cas d'infraction commise soit contre son conjoint, son concubin ou son partenaire lié par un pacte civil de solidarité, soit contre ses enfants ou ceux de son conjoint, concubin ou partenaire, demander à l'auteur des faits de résider hors du domicile ou de la résidence du couple et, le cas échéant, de s'abstenir de paraître dans ce domicile ou cette résidence ou aux abords immédiats de celui-ci, ainsi que, si nécessaire, de faire l'objet d'une prise en charge sanitaire, sociale ou psychologique ; les dispositions du présent 6° sont également applicables lorsque l'infraction est commise par l'ancien conjoint ou concubin de la victime, ou par la personne ayant été liée à elle par un pacte civil de solidarité, le domicile concerné étant alors celui de la victime. Pour l'application du présent 6°, le procureur de la République recueille ou fait recueillir, dans les meilleurs délais et par tous moyens l'avis de la victime sur l'opportunité de demander à l'auteur des faits de résider hors du logement du couple. Sauf circonstances particulières, cette mesure est prise lorsque sont en cause des faits de violences susceptibles d'être renouvelés et que la victime la sollicite. Le procureur de la République peut préciser les modalités de prise en charge des frais afférents à ce logement pendant une durée qu'il fixe et qui ne peut excéder 6 mois ;

• 7° Demander à l'auteur des faits de ne pas paraître, pour une durée qui ne saurait excéder 6 mois, dans un ou plusieurs lieux déterminés dans lesquels l'infraction a été commise ou dans lesquels réside la victime ;

• 8° Demander à l'auteur des faits de ne pas rencontrer ou recevoir, pour une durée qui ne peut excéder 6 mois, la ou les victimes de l'infraction désignées par le procureur de la République, directement ou par l'intermédiaire des personnes mentionnées au 1er alinéa, ou ne pas entrer en relation avec cette ou ces victimes ;

• 9° Demander à l'auteur des faits de ne pas rencontrer ou recevoir, pour une durée qui ne peut excéder 6 mois, le ou les coauteurs ou complices éventuels désignés par le procureur de la République directement ou par l'intermédiaire des personnes mentionnées au même 1er alinéa, ou ne pas entrer en relation avec eux ;

• 10° Demander à l'auteur des faits de s'acquitter d'une contribution citoyenne auprès d'une association d'aide aux victimes mentionnée aux articles 10-2 et 41 du présent code du ressort du tribunal judiciaire ou, à défaut, de la cour d'appel. Le montant de cette contribution, qui ne peut excéder le montant prévu au 1er alinéa de l'article 131-13 du Code pénal, est fixé par le procureur de la République en fonction de la gravité des faits ainsi que des ressources et des charges de l'auteur des faits ;

• 11° Dans les cas prévus à l'article 44-1 du présent code et après avoir recueilli l'avis du maire, demander à l'auteur des faits de répondre à une convocation du maire en vue de conclure une transaction. Si l'auteur des faits ne se présente pas à la convocation ou si aucun accord n'est trouvé, le maire en informe le procureur de la République.

• La procédure prévue au présent article suspend la prescription de l'action publique.

• En cas de non-exécution de la mesure en raison du comportement de l'auteur des faits, le procureur de la République, sauf élément nouveau, met en œuvre une composition pénale ou engage des poursuites.

Nota : Conformément à l'article 7 de la loi n° 2023-140 du 28/02/2023, ces dispositions entrent en vigueur à une date fixée par décret, et au plus tard 9 mois après la promulgation de la présente loi.

V • Code procédure pénale – art. R. 15-33-30 et suivants – Habilitation des délégués et des médiateurs du procureur de la République

• Code procédure pénale – art. R. 92, R. 121 et suivants – Indemnisation des délégués et des médiateurs du procureur de la République

• Code procédure pénale – art. R. 93 – Aide juridictionnelle

J • **Non-représentation d'enfant – Refus de participation – Mesure de médiation**

Contre l'arrêt de la cour d'appel de BOURGES, chambre correctionnelle, en date du 27/02/2003, qui, pour non-représentation d'enfant, l'a condamnée à 3 mois d'emprisonnement avec sursis et a prononcé sur les intérêts civils.

Attendu que, pour déclarer Katy X..., épouse Y..., coupable de non-représentation d'enfant, l'arrêt énonce notamment que la prévenue, fragile psychologiquement, a refusé de collaborer à la mesure de médiation, préférant rester à l'écart.

(Cour de cassation – Chambre criminelle du 12 mai 2004 – N° de pourvoi : 03-82.098).

• **Violences aggravées – Action publique – Extinction – Exclusion – Cas – Exécution d'une mesure alternative aux poursuites**

Contre l'arrêt de la cour d'appel de BESANCON, chambre correctionnelle, en date du 04/11/2010, qui, dans la procédure suivie contre M. Azedine X... du chef de violences aggravées, a déclaré l'action publique irrecevable.

En application de l'article 41-1 du C.P.P., le procureur de la République peut, préalablement à sa décision sur l'action publique, prescrire l'une des obligations prévues par cet article, sans que son exécution éteigne l'action publique.

Encourt, en conséquence, la cassation un arrêt qui retient que le procureur de la République ne peut engager des poursuites en cas d'exécution d'une mesure imposée en application de l'article précité.

(Cour de cassation – Chambre criminelle du 21 juin 2011 – N° de pourvoi : 11-80.003).

• **Introduction et maintien frauduleux de données dans un système informatisé – Détournement de ces données – Action publique– Mesures alternatives aux poursuites – Rappel à la loi – Définition**

Contre l'arrêt de la chambre de l'instruction de la cour d'appel de PARIS, 6e section, en date du 18/11/2010, qui a confirmé l'ordonnance du juge d'instruction refusant d'informer sur sa plainte des chefs d'introduction et maintien frauduleux de données dans un système informatisé et de détournement de ces données.

Le rappel aux obligations résultant de la loi, auquel le procureur de la République peut procéder en application de l'article 41-1 1° du C.P.P., n'établit pas la culpabilité de la personne poursuivie ou suspectée qui en fait l'objet.

Dès lors, c'est à tort qu'une chambre de l'instruction énonce qu'une telle mesure implique la constitution d'un délit.

(Cour de cassation – Chambre criminelle du 6 décembre 2011 – N° de pourvoi : 11-80.419).

• **Contravention de violences – Action publique – Extinction – Exclusion – Cas – Exécution d'une mesure alternative aux poursuites – Classement sans suite – Effets – Victime – Mise en mouvement de l'action publique – Possibilité**

Contre l'arrêt de la cour d'appel de ROUEN, chambre correctionnelle, en date du 01/07/2010, qui, pour contravention de violences, l'a condamné à 300 € d'amende, et a prononcé sur les intérêts civils.

Il résulte de l'article 41-1 du C.P.P. que le procureur de la République peut, préalablement à sa décision sur l'action publique, prescrire l'une des obligations prévues par cet article, sans que l'exécution de cette obligation éteigne l'action publique.

La victime n'est dès lors pas privée de la possibilité de mettre en mouvement l'action publique par la voie d'une citation directe devant la juridiction de jugement quand bien même sa plainte avait été classée sans suite.

(Cour de cassation – Chambre criminelle du 17 janvier 2012 – N° de pourvoi : 10-88.226).

• **Dénonciation calomnieuse – Action publique – Suspension** – Délai de prescription

Contre l'arrêt de la cour d'appel de LYON, 4e chambre, en date du 15/07/2016, qui l'a déboutée de ses demandes après relaxe de M. Jean-Pierre Y... du chef de dénonciation calomnieuse et constatation de l'extinction de l'action publique du chef de la contravention de violences.

Alors qu'en tout état de cause, en matière de contravention, la prescription de l'action publique est d'une année révolue, si, dans cet intervalle, il n'a été fait aucun acte d'instruction ou de poursuite; que la procédure de rappel à la loi prévue par l'article 41-1 du C.P.P. suspend la prescription de l'action publique; qu'en l'espèce, le prévenu, qui a exercé des violences sur Mme X... le 12/07/2013, a été convoqué le 08/08/2013 à la maison de justice et du droit où il s'est vu notifié, le 19/09/2013, un rappel à la loi; qu'il s'en déduit que le délai de prescription, qui avait été suspendu pendant 43 jours, venait à expiration le 26/08/2014; qu'en déclarant néanmoins l'action publique prescrite, lorsque la citation directe délivrée par Mme X... le 21/08/2014 avait régulièrement interrompu la prescription de l'action publique, la cour d'appel a violé les articles 9 et 41-1 du C.P.P.

(Cour de cassation – Chambre criminelle du 17 octobre 2017 – N° de pourvoi : 16-85.193).

• **Presse – Suspension de la prescription**

M. [I] [E], partie civile, a formé un pourvoi contre l'arrêt de la chambre de l'instruction de la cour d'appel de DOUAI (59), en date du 24/02/2022, qui a confirmé l'ordonnance du juge d'instruction refusant d'informer sur sa plainte du chef de diffamation publique.

Le rappel à la loi prévu à l'article 41-1 du C.P.P. suspend le délai de prescription de l'action publique de la date de la décision du ministère public ordonnant ledit rappel à celle à laquelle celui-ci est notifié à l'intéressé.

(Cour de cassation – Chambre criminelle du 29 novembre 2022 – N° de pourvoi : 22-81.814).

Article 41-1-1. – *(Abrogé – Loi n° 2019-222 du 23 mars 2019)*

Article 41-1-2. – Convention judiciaire d'intérêt public – *(Loi n° 2020-1672 du 24 décembre 2020)*

• **I.** – Tant que l'action publique n'a pas été mise en mouvement, le procureur de la République peut proposer à une personne morale mise en cause pour un ou plusieurs délits prévus aux articles 433-1, 433-2, 435-3, 435-4, 435-9, 435-10, 445-1, 445-1-1, 445-2 et 445-2-1, à l'avant-dernier alinéa de l'article 434-9 et au 2e alinéa de l'article 434-9-1 du Code pénal et leur blanchiment, pour les délits prévus aux articles 1741 et 1743 du Code général des impôts et leur blanchiment, ainsi que pour des infractions connexes, de conclure une convention judiciaire d'intérêt public imposant une ou plusieurs des obligations suivantes :

• 1° Verser une amende d'intérêt public au Trésor public. Le montant de cette amende est fixé de manière proportionnée aux avantages tirés des manquements constatés, dans la limite de 30 % du chiffre d'affaires moyen annuel calculé sur les 3 derniers chiffres d'affaires annuels connus à la date du constat de ces manquements. Son versement peut être échelonné, selon un échéancier fixé par le procureur de la République, sur une période qui ne peut être supérieure à 1 an et qui est précisée par la convention ;

• 2° Se soumettre, pour une durée maximale de 3 ans et sous le contrôle de l'Agence française anticorruption, à un programme de mise en conformité destiné à s'assurer de l'existence et de la mise en œuvre en son sein des mesures et procédures énumérées au II de l'article 131-39-2 du Code pénal.

• Les frais occasionnés par le recours par l'Agence française anticorruption à des experts ou à des personnes ou autorités qualifiées, pour l'assister dans la réalisation d'analyses juridiques, financières, fiscales et comptables nécessaires à sa mission de contrôle sont supportés par la personne morale mise en cause, dans la limite d'un plafond fixé par la convention.

• Lorsque la victime est identifiée, et sauf si la personne morale mise en cause justifie de la réparation de son préjudice, la convention prévoit également le montant et les modalités de la réparation des dommages causés par l'infraction dans un délai qui ne peut être supérieur à 1 an.

• La victime est informée de la décision du procureur de la République de proposer la conclusion d'une convention judiciaire d'intérêt public à la personne morale mise en cause. Elle transmet au procureur de la République tout élément permettant d'établir la réalité et l'étendue de son préjudice.

• Les représentants légaux de la personne morale mise en cause demeurent responsables en tant que personnes physiques. Ils sont informés, dès la proposition du procureur de la République, qu'ils peuvent se faire assister d'un avocat avant de donner leur accord à la proposition de convention.

• **II.** – Lorsque la personne morale mise en cause donne son accord à la proposition de convention, le procureur de la République saisit par requête le président du tribunal judiciaire aux fins de validation. La proposition de convention est jointe à la requête. La requête contient un exposé précis des faits ainsi que la qualification juridique susceptible de leur être appliquée. Le procureur de la République informe de cette saisine la personne morale mise en cause et, le cas échéant, la victime.

• Le président du tribunal procède à l'audition, en audience publique, de la personne morale mise en cause et de la victime assistées, le cas échéant, de leur avocat. À l'issue de cette audition, le président du tribunal prend la décision de valider ou non la proposition de convention, en vérifiant le bien-fondé du recours à cette procédure, la régularité de son déroulement, la conformité du montant de l'amende aux limites prévues au 1° du I du présent article et la proportionnalité des mesures prévues aux avantages tirés des manquements. La décision du président du tribunal, qui est notifiée à la personne morale mise en cause et, le cas échéant, à la victime, n'est pas susceptible de recours.

• Si le président du tribunal rend une ordonnance de validation, la personne morale mise en cause dispose, à compter du jour de la validation, d'un délai de 10 jours pour exercer son droit de rétractation. La rétractation est notifiée au procureur de la République par lettre recommandée avec demande d'avis de réception. Si la personne morale mise en cause n'exerce pas ce droit de rétractation, les obligations que la convention comporte sont mises à exécution. Dans le cas contraire, la proposition devient caduque.

• L'ordonnance de validation n'emporte pas déclaration de culpabilité et n'a ni la nature ni les effets d'un jugement de condamnation.

• La convention judiciaire d'intérêt public n'est pas inscrite au bulletin n° 1 du casier judiciaire. Elle fait l'objet d'un communiqué de presse du procureur de la République.

• L'ordonnance de validation, le montant de l'amende d'intérêt public et la convention sont publiés sur les sites internet des ministères de la justice et du budget.

• La victime peut, au vu de l'ordonnance de validation, demander le recouvrement des dommages et intérêts que la personne morale s'est engagée à lui verser suivant la procédure d'injonction de payer, conformément aux règles prévues par le Code de procédure civile.

• **III.** – Si le président du tribunal ne valide pas la proposition de convention, si la personne morale mise en cause décide d'exercer son droit de rétractation ou si, dans le délai prévu par la convention, la personne morale mise en cause ne justifie pas de l'exécution intégrale des obligations prévues, le procureur de la République met en mouvement l'action publique, sauf élément nouveau. Si la convention a été conclue dans le cadre d'une information judiciaire, le dernier alinéa de l'article 180-2 est applicable. En cas de poursuites et de condamnation, il est tenu compte, s'il y a lieu, de l'exécution partielle des obligations prévues par la convention.

• Si le président du tribunal ne valide pas la proposition de convention ou si la personne morale exerce son droit de rétractation, le procureur de la République ne peut faire état devant la juridiction d'instruction ou de jugement des déclarations faites ou des documents remis par la personne morale au cours de la procédure prévue au présent article.

• À peine de nullité, le procureur de la République notifie à la personne morale mise en cause l'interruption de l'exécution de la convention lorsque cette personne ne justifie pas de l'exécution intégrale des obligations prévues. Cette décision prend effet immédiatement. Le cas échéant, elle entraîne de plein droit la restitution de l'amende d'intérêt public versée au Trésor public prévue au 1° du I. Elle n'entraîne cependant pas la restitution des éventuels frais supportés par la personne morale et occasionnés par le recours par l'Agence française anticorruption à des experts ou à des personnes ou autorités qualifiées pour l'assister dans la réalisation d'analyses juridiques, financières, fiscales et comptables nécessaires à sa mission de contrôle.

• **IV.** – La prescription de l'action publique est suspendue durant l'exécution de la convention.

• L'exécution des obligations prévues par la convention éteint l'action publique. Elle ne fait cependant pas échec au droit des personnes ayant subi un préjudice du fait des manquements constatés, sauf l'État, de poursuivre la réparation de leur préjudice devant la juridiction civile.

• Le président du tribunal judiciaire peut désigner, aux fins de validation de la convention judiciaire d'intérêt public, tout juge du tribunal.

• **V.** – Les modalités d'application du présent article sont fixées par décret en Conseil d'État.

Article 41-1-3. – Convention judiciaire d'intérêt public – Délits prévus par le Code de l'environnement – *(Loi n° 2021-1104 du 22 août 2021)*

• Tant que l'action publique n'a pas été mise en mouvement, le procureur de la République peut proposer à une personne morale mise en cause pour un ou plusieurs délits prévus par le Code de l'environnement ainsi que pour des infractions connexes, à l'exclusion des crimes et délits contre les personnes prévus au livre II du Code pénal, de conclure une convention judiciaire d'intérêt public imposant une ou plusieurs des obligations suivantes :

• 1° Verser une amende d'intérêt public au Trésor public. Le montant de cette amende est fixé de manière proportionnée, le cas échéant au regard des avantages tirés des manquements constatés, dans la limite de 30 % du chiffre d'affaires moyen annuel calculé sur les 3 derniers chiffres d'affaires annuels connus à la date du constat de ces manquements. Son versement peut être échelonné, selon un échéancier fixé par le procureur de la République, sur une période qui ne peut être supérieure à un an et qui est précisée par la convention ;

• 2° Régulariser sa situation au regard de la loi ou des règlements dans le cadre d'un programme de mise en conformité d'une durée maximale de 3 ans, sous le contrôle des services compétents du ministère chargé de l'environnement et des services de l'Office français de la biodiversité ;

• 3° Assurer, dans un délai maximal de 3 ans et sous le contrôle des mêmes services, la réparation du préjudice écologique résultant des infractions commises.

• Les frais occasionnés par le recours par les services compétents du ministère chargé de l'environnement ou les services de l'Office français de la biodiversité à des experts ou à des personnes ou autorités qualifiées pour les assister dans la réalisation d'expertises techniques nécessaires à leur mission de contrôle sont supportés par la personne morale mise en cause, dans la limite d'un plafond fixé par la convention. Ces frais ne peuvent être restitués en cas d'interruption de l'exécution de la convention.

• Lorsque la victime est identifiée, sauf si la personne morale mise en cause justifie de la réparation de son préjudice, la convention prévoit également le montant et les modalités de la réparation des dommages causés par l'infraction dans un délai qui ne peut être supérieur à un an.

• La procédure applicable est celle prévue à l'article 41-1-2 et aux textes pris pour son application. L'ordonnance de validation, le montant de l'amende d'intérêt public et la convention sont publiés sur les sites internet du ministère de la justice, du ministère chargé de l'environnement et de la commune sur le territoire de laquelle l'infraction a été commise ou, à défaut, de l'établissement public de coopération intercommunale auquel la commune appartient.

Article 41-2. – Composition pénale – *(Loi n° 2023-140 du 28 février 2023)*

• Le procureur de la République, tant que l'action publique n'a pas été mise en mouvement, peut proposer, directement ou par l'intermédiaire d'une personne habilitée, une composition pénale à une personne physique qui reconnaît avoir commis un ou plusieurs délits punis à titre de peine principale d'une peine d'amende ou d'une peine d'emprisonnement d'une durée inférieure ou égale à 5 ans, ainsi que, le cas échéant, une ou plusieurs contraventions connexes qui consiste en une ou plusieurs des mesures suivantes :

• 1° Verser une amende de composition au Trésor public. Le montant de cette amende, qui ne peut excéder le montant maximum de l'amende encourue, est fixé en fonction de la gravité des faits ainsi que des ressources et des charges de la personne. Son versement peut être échelonné, selon un échéancier fixé par le procureur de la République, à l'intérieur d'une période qui ne peut être supérieure à 1 an ;

• 2° Se dessaisir au profit de l'État de la chose qui a servi ou était destinée à commettre l'infraction ou qui en est le produit ;

• 3° Remettre son véhicule, pour une période maximale de 6 mois, à des fins d'immobilisation ;

• 4° Remettre au greffe du tribunal judiciaire son permis de conduire, pour une période maximale de 6 mois ;

• 4° *bis* Suivre un programme de réhabilitation et de sensibilisation comportant l'installation à ses frais d'un éthylotest anti-démarreur sur son véhicule, pour une période minimale de 6 mois et maximale de 3 ans ;

• 5° Remettre au greffe du tribunal judiciaire son permis de chasser, pour une période maximale de 6 mois ;

• 6° Accomplir au profit de la collectivité, notamment au sein d'une personne morale de droit public ou d'une personne morale de droit privé chargée d'une mission de service public ou d'une association habilitées, un travail non rémunéré pour une durée maximale de 100 heures, dans un délai qui ne peut être supérieur à 6 mois ;

• 7° Suivre un stage ou une formation dans un service ou un organisme sanitaire, social ou professionnel pour une durée qui ne peut excéder 3 mois dans un délai qui ne peut être supérieur à 18 mois ;

• 8° Ne pas émettre, pour une durée de 6 mois au plus, des chèques autres que ceux qui permettent le retrait de fonds par le tireur auprès du tiré ou ceux qui sont certifiés et ne pas utiliser de cartes de paiement ;

• 9° Ne pas paraître, pour une durée qui ne saurait excéder 6 mois, dans le ou les lieux désignés par le procureur de la République et dans lesquels l'infraction a été commise ou dans lesquels réside la victime ;

• 10° Ne pas rencontrer ou recevoir, pour une durée qui ne saurait excéder 6 mois, la ou les victimes de l'infraction désignées par le procureur de la République ou ne pas entrer en relation avec elles ;

• 11° Ne pas rencontrer ou recevoir, pour une durée qui ne saurait excéder 6 mois, le ou les coauteurs ou complices éventuels désignés par le procureur de la République ou ne pas entrer en relation avec eux ;

• 12° Ne pas quitter le territoire national et remettre son passeport pour une durée qui ne saurait excéder 6 mois ;

• 13° Accomplir, le cas échéant à ses frais, un stage de citoyenneté ;

• 14° En cas d'infraction commise soit contre son conjoint, son concubin ou son partenaire lié par un pacte civil de solidarité, soit contre ses enfants ou ceux de son conjoint, concubin ou partenaire, résider hors du domicile ou de la résidence du couple et, le cas échéant, s'abstenir de paraître dans ce domicile ou cette résidence ou aux abords immédiats de celui-ci, ainsi que, si nécessaire, faire l'objet d'une prise en charge sanitaire, sociale ou psychologique ; les dispositions du présent 14° sont également applicables lorsque l'infraction est commise par l'ancien conjoint ou concubin de la victime, ou par la personne ayant été liée à elle par un pacte civil de solidarité, le domicile concerné étant alors celui de la victime. Pour l'application du présent 14°, le procureur de la République recueille ou fait recueillir, dans les meilleurs délais et par tous moyens, l'avis de la victime sur l'opportunité de demander à l'auteur des faits de résider hors du logement du couple. Sauf circonstances particulières, cette mesure est prise lorsque sont en cause des faits de violences susceptibles d'être renouvelés et que la victime la sollicite. Le procureur de la République peut préciser les modalités de prise en charge des frais afférents à ce logement pendant une durée qu'il fixe et qui ne peut excéder 6 mois ;

• 15° Accomplir, le cas échéant à ses frais, un stage de sensibilisation aux dangers de l'usage de produits stupéfiants ;

• 16° Se soumettre à une mesure d'activité de jour consistant en la mise en œuvre d'activités d'insertion professionnelle ou de mise à niveau scolaire soit auprès d'une personne morale de droit public, soit auprès d'une personne morale de droit privé chargée d'une mission de service public ou d'une association habilitées à mettre en œuvre une telle mesure ;

• 17° Se soumettre à une mesure d'injonction thérapeutique, selon les modalités définies aux articles L. 3413-1 à L. 3413-4 du Code de la santé publique, lorsqu'il apparaît que l'intéressé fait usage de stupéfiants ou fait une consommation habituelle et excessive de boissons alcooliques. La durée de la mesure est de 24 mois au plus ;

• 17° *bis* Accomplir, le cas échéant à ses frais, un stage de sensibilisation à la lutte contre l'achat d'actes sexuels ;

• 17° *ter* Accomplir, le cas échéant à ses frais, un stage de responsabilité parentale ;

• 18° Accomplir à ses frais un stage de responsabilisation pour la prévention et la lutte contre les violences au sein du couple et sexistes ;

• 19° Accomplir, le cas échéant à ses frais, un stage de lutte contre le sexisme et de sensibilisation à l'égalité entre les femmes et les hommes ;

• 20° Rembourser le prêt versé à la victime en application de l'article L. 214-9 du Code de l'action sociale et des familles, sans que ce remboursement puisse excéder 5 000 €.

• Lorsque la victime est identifiée, et sauf si l'auteur des faits justifie de la réparation du préjudice commis, le procureur de la République doit également proposer à ce dernier de réparer les dommages causés par l'infraction dans un délai qui ne peut être supérieur à 6 mois. Il informe la victime de cette proposition. Cette réparation peut consister, avec l'accord de la victime, en la remise en état d'un bien endommagé par la commission de l'infraction.

• La proposition de composition pénale émanant du procureur de la République peut être portée à la connaissance de l'auteur des faits par l'intermédiaire d'un officier de police judiciaire. Elle fait alors l'objet d'une décision écrite et signée de ce magistrat, qui précise la nature et le quantum des mesures proposées et qui est jointe à la procédure.

• La composition pénale peut être proposée dans une maison de justice et du droit.

• La personne à qui est proposée une composition pénale est informée qu'elle peut se faire assister par un avocat avant de donner son accord à la proposition du procureur de la République. Ledit accord est recueilli par procès-verbal. Une copie de ce procès-verbal lui est transmise.

• Lorsque l'auteur des faits donne son accord aux mesures proposées, le procureur de la République saisit par requête le président du tribunal aux fins de validation de la composition. Le procureur de la République informe de cette saisine l'auteur des faits et, le cas échéant, la victime. Le président du tribunal peut procéder à l'audition de l'auteur des faits et de la victime, assistés, le cas échéant, de leur avocat. Ce magistrat valide la composition pénale lorsque les conditions prévues aux 25e à 27e alinéas sont remplies et qu'il estime les mesures proposées justifiées au regard des circonstances de l'infraction et de la personnalité de son auteur. Il refuse de valider la composition pénale s'il estime que la gravité des faits, au regard des circonstances de l'espèce, ou que la personnalité de l'intéressé, la situation de la victime ou les intérêts de la société justifient le recours à une autre procédure, ou lorsque les déclarations de la victime entendue en application du présent alinéa apportent un éclairage nouveau sur les conditions dans lesquelles l'infraction a été commise ou sur la personnalité de son auteur. Si ce magistrat rend une ordonnance validant la composition, les mesures décidées sont mises à exécution. Dans le cas contraire, la proposition devient caduque. La décision du président du tribunal, qui est notifiée à l'auteur des faits et, le cas échéant, à la victime, n'est pas susceptible de recours. Par dérogation aux 8 premières phrases du présent alinéa, la proposition de composition n'est pas soumise à la validation du président du tribunal lorsque, pour une contravention ou pour un délit puni d'une peine d'emprisonnement d'une durée inférieure ou égale à 3 ans, elle porte sur une amende de composition n'excédant pas le montant prévu au 1er alinéa de l'article 131-13 du Code pénal ou sur la mesure prévue au 2° du présent article, à la condition que la valeur de la chose remise n'excède pas ce montant.

• Si la personne n'accepte pas la composition pénale ou si, après avoir donné son accord, elle n'exécute pas intégralement les mesures décidées, le procureur de la République met en mouvement l'action publique, sauf élément nouveau. En cas de poursuites et de condamnation, il est tenu compte, s'il y a lieu, du travail déjà accompli et des sommes déjà versées par la personne.

• Les actes tendant à la mise en œuvre ou à l'exécution de la composition pénale sont interruptifs de la prescription de l'action publique.

• L'exécution de la composition pénale éteint l'action publique. La victime peut toutefois demander au procureur de la République de citer l'auteur des faits à une audience devant le tribunal pour lui permettre de se constituer partie civile. Le tribunal, composé d'un seul magistrat exerçant les pouvoirs conférés au président, ne statue alors que sur les seuls intérêts civils, au vu du dossier de la procédure qui est versé au débat. La victime a également la possibilité, au vu de l'ordonnance de validation, lorsque l'auteur des faits s'est engagé à lui verser des dommages et intérêts, d'en demander le recouvrement suivant la procédure d'injonction de payer, conformément aux règles prévues par le Code de procédure civile. Le procureur de la République informe la victime de ses droits ainsi que, lorsqu'il cite l'auteur des faits devant le tribunal correctionnel, de la date de l'audience.

• Les compositions pénales exécutées sont inscrites au bulletin n° 1 du casier judiciaire.

• Les dispositions du présent article ne sont pas applicables en matière de délits de presse, de délits d'homicides involontaires ou de délits politiques. Elles sont applicables aux mineurs âgés d'au moins 13 ans, selon les modalités prévues par l'article L. 422-3 du Code de la justice pénale des mineurs.

• Le président du tribunal peut désigner, aux fins de validation de la composition pénale, tout juge du tribunal ainsi que tout magistrat exerçant à titre temporaire ou tout magistrat honoraire exerçant des fonctions juridictionnelles dans les conditions prévues à la section II du chapitre V *bis* de l'ordonnance n° 58-1270 du 22 décembre 1958 portant loi organique relative au statut de la magistrature, exerçant dans le ressort du tribunal.

• Les modalités d'application du présent article sont fixées par décret en Conseil d'État.

Nota: Conformément à l'article 7 de la loi n° 2023-140 du 28/02/2023, ces dispositions entrent en vigueur à une date fixée par décret, et au plus tard 9 mois après la promulgation de la présente loi.

V • Code procédure pénale – art. R. 15-33-30 et suivants – Habilitation des délégués et des médiateurs du procureur de la République

• Code procédure pénale – art. R. 92, R. 121 et suivants – Indemnisation des délégués et des médiateurs du procureur de la République

• Code procédure pénale – art. R. 93 – Aide juridictionnelle

J • **Ministère public – Pouvoirs – Composition pénale – Saisine du président du tribunal aux fins de validation – Défaut – Portée**

Contre l'arrêt de ladite cour d'appel, 1re chambre, en date du 27/03/2007, qui, dans la procédure suivie contre Hichem X..., des chefs d'outrage à personnes dépositaires de l'autorité publique et rébellion, a annulé le jugement rendu par le tribunal correctionnel de PARIS le 06/01/2006 et a prononcé la nullité de la citation.

Justifie sa décision la cour d'appel qui annule le jugement ayan condamné un prévenu pour outrage et rébellion, évoque et constate la nullité de la citation directe délivrée par le procureur de la République alors qu'est intervenue, préalablement à ladite citation, la signature d'un procès-verbal de proposition de composition pénale, non transmis par le parquet pour validation en raison du comportement ultérieur l'intéressé. En effet, il résulte de l'article 41-2 du C.P.P. que, lorsque l'auteur des faits a donné son accord aux mesures proposées par le procureur de la République, ce dernier est tenu de saisir le président du tribunal aux fins de validation de la composition.

(Cour de cassation – Chambre criminelle du 20 novembre 2007 – N° de pourvoi : 07-82808).

• **Ministère public – Pouvoirs – Composition pénale – Exécution – Effets – Étendue – Détermination – Portée**

Contre l'arrêt de la cour d'appel de BOURGES, chambre correctionnelle, en date du 27/09/2007, qui, dans la procédure suivie contre lui du chef de violences aggravées, a prononcé sur les intérêts civils.

Justifie sa décision au regard de l'article 41-2, al. 9, du C.P.P., selon lequel la composition pénale, si elle éteint l'action publique, ne fait pas échec au droit de la partie civile de délivrer citation directe devant le tribunal correctionnel statuant sur les seuls intérêts civils, la cour d'appel qui, pour déclarer recevable la demande de la partie civile, retient qu'à supposer qu'elle ait perçu la somme versée par l'auteur des faits en exécution d'une composition pénale, aucune transaction, au sens des articles 2044 et suivants du code civil, n'a été conclue.

(Cour de cassation – Chambre criminelle du 24 juin 2008 – N° de pourvoi : 07-87511).

• **Chose jugée – Autorité pénale – Décisions auxquelles elle s'attache – Définition – Exclusion – Cas – Ordonnance validant une composition pénale**

Contre l'arrêt de la cour d'appel de BOURGES, chambre correctionnelle, en date du 27/09/2007, qui, dans la procédure suivie contre lui du chef de violences aggravées, a prononcé sur les intérêts civils.

Attendu, selon l'arrêt attaqué (Montpellier, 22/11/2006), que Mme X..., infirmière d'État diplômée, a saisi la juridiction prud'homale pour faire juger qu'un contrat de travail dissimulé l'avait liée à M. Y... du 01/05 au 30/11/2004 et réclamer le paiement de diverses sommes à ce titre ; qu'auparavant et à la suite d'une proposition de composition pénale du 26/05/2005 acceptée par M. Y..., pour des faits de travail dissimulé concernant Mme X..., prévoyant le versement d'une amende de composition au Trésor public de 1 500 €, une ordonnance en validation de la composition pénale a été rendue le 02/06/2005 par le président du T.G.I. de Narbonne ;

Mais attendu que l'ordonnance aux fins de validation de la composition pénale rendue par le président du tribunal en application de l'article 41-2 du C.P.P., sans débat contradictoire à seule fin de réparer le dommage, l'action publique étant seulement suspendue, n'a pas autorité de chose jugée au pénal sur le civil ;

Et attendu qu'il n'y a pas lieu de statuer sur la 2de branche du moyen qui ne serait pas de nature à permettre l'admission du pourvoi ;

PAR CES MOTIFS :

REJETTE le pourvoi.

N'a pas autorité de chose jugée au pénal sur le civil l'ordonnance aux fins de validation de la composition pénale rendue par le président du tribunal en application de l'article 41-2 du C.P.P., rendue sans débat contradictoire à seule fin de réparer le dommage et l'action publique étant seulement suspendue.

(Cour de cassation – Chambre sociale du 13 janvier 2009 – N° de pourvoi : 07-44718).

Article 41-3. – Procédure de composition pénale – *(Loi n° 2016-1547 du 18 novembre 2016)*

• La procédure de composition pénale est également applicable aux contraventions.

• La durée de la privation du permis de conduire ou du permis de chasser ne peut dépasser trois mois, la durée du travail non rémunéré ne peut être supérieure à trente heures, dans un délai maximum de trois mois, et la durée d'interdiction d'émettre des chèques ne peut dépasser elle aussi trois mois. Les mesures prévues par les 9° à 12° de l'article 41-2 ne sont pas applicables. La mesure prévue par le 6° dudit article n'est pas applicable aux contraventions de la première classe à la quatrième classe. Il en est de même des mesures prévues par les 2° à 5° et 8° de cet article, sauf si la contravention est punie des peines complémentaires visées aux 1° à 5° de l'article 131-16 du Code pénal.

• La requête en validation est portée devant le juge compétent du tribunal de police.

V • Code de procédure pénale – art. R. 15-33-30 et s. – Habilitation des délégués du procureur de la République
• Code de procédure pénale – art. R. 92, R 121 et s. – Indemnisation des délégués du procureur de la République

Article 41-3-1. – Dispositif de téléprotection – *(Loi n° 2019-1480 du 28 décembre 2019)*

• En cas de grave danger menaçant une personne victime de violences de la part de son conjoint, de son concubin ou de son partenaire lié par un pacte civil de solidarité, le procureur de la République peut attribuer à la victime, pour une durée renouvelable de 6 mois et si elle y consent expressément, un dispositif de téléprotection lui permettant d'alerter les autorités publiques. L'attribution peut être sollicitée par tout moyen. Avec l'accord de la victime, ce dispositif peut, le cas échéant, permettre sa géolocalisation au moment où elle déclenche l'alerte.

• Le dispositif de téléprotection ne peut être attribué qu'en l'absence de cohabitation entre la victime et l'auteur des violences et :

• 1° Soit lorsque ce dernier a fait l'objet d'une interdiction judiciaire d'entrer en contact avec la victime dans le cadre d'une ordonnance de protection, d'une alternative aux poursuites, d'une composition pénale, d'un contrôle judiciaire, d'une assignation à résidence sous surveillance électronique, d'une condamnation, d'un aménagement de peine ou d'une mesure de sûreté ;

• 2° Soit en cas de danger avéré et imminent, lorsque l'auteur des violences est en fuite ou n'a pas encore pu être interpellé ou lorsque l'interdiction judiciaire d'entrer en contact avec la victime dans l'un des cadres prévus au 1° n'a pas encore été prononcée.

• Le présent article est également applicable lorsque les violences ont été commises par un ancien conjoint ou concubin de la victime, ou par une personne ayant été liée à elle par un pacte civil de solidarité, ainsi qu'en cas de grave danger menaçant une personne victime de viol.

Article 41-3-1 A. – Personne morale – *(Loi n° 2019-222 du 23 mars 2019)*

• Les dispositions des articles 41-2 et 41-3, en ce qu'elles prévoient une amende de composition et l'indemnisation de la victime, sont applicables à une personne morale dont le représentant légal ou toute personne bénéficiant, conformément à la loi ou à ses statuts, d'une délégation de pouvoir à cet effet reconnait sa responsabilité pénale pour les faits qui lui sont reprochés.

• Le montant maximal de l'amende de composition pouvant être proposée est alors égal au quintuple de l'amende encourue par les personnes physiques.

Article 41-4. – Restitution des objets – *(Loi n° 2019-222 du 23 mars 2019 + Décision n° 2021-970 QPC du 18 février 2022)*

• Au cours de l'enquête ou lorsqu'aucune juridiction n'a été saisie ou que la juridiction saisie a épuisé sa compétence sans avoir statué sur la restitution des objets placés sous main de justice, le procureur de la République ou le procureur général est compétent pour décider, d'office ou sur requête, de la restitution de ces objets lorsque la propriété n'en est pas sérieusement contestée.

• Il n'y a pas lieu à restitution lorsque celle-ci est de nature à créer un danger pour les personnes ou les biens, lorsque le bien saisi est l'instrument ou le produit direct ou indirect de l'infraction ou lorsqu'une disposition particulière prévoit la destruction des objets placés sous main de justice ; la décision de non-restitution prise pour l'un de ces motifs ou pour tout autre motif, même d'office, par le procureur de la République ou le procureur général peut être déférée par l'intéressé au président de la chambre de l'instruction ou à la chambre de l'instruction, dans le délai d'un mois suivant sa notification, par déclaration au greffe du tribunal ou de la cour ou par lettre recommandée avec demande d'avis de réception ; ce recours est suspensif.

• Si la restitution n'a pas été demandée ou décidée dans un délai de 6 mois à compter de la décision de classement ou de la décision par laquelle la dernière juridiction saisie a épuisé sa compétence, les objets non restitués deviennent propriété de l'État, sous réserve des droits des tiers [(1)]. Il en est de même lorsque le propriétaire ou la personne à laquelle la restitution a été accordée ne réclame pas l'objet dans un délai d'un mois à compter d'une mise en demeure adressée à son domicile. Les objets dont la restitution est de nature à créer un danger pour les personnes ou les biens deviennent propriété de l'État, sous réserve des droits des tiers, dès que la décision de non-restitution ne peut plus être contestée, ou dès que l'arrêt de non-restitution est devenu définitif.

Nota : (¹) Dans sa décision n° 2014-406 QPC du 09/07/2014, le Conseil constitutionnel a déclaré la 1re phrase du 3e alinéa de l'article 41-4 du C.P.P. conforme à la Constitution, sous la réserve énoncée au considérant 12.

12. Considérant que les personnes qui sont informées dans les conditions prévues par le C.P.P., selon le cas, de la décision de classement ou de la décision par laquelle la dernière juridiction saisie a épuisé sa compétence, sont ainsi mises à même d'exercer leur droit de réclamer la restitution des objets placés sous main de justice ; que, toutefois, la garantie du droit à un recours juridictionnel effectif impose que les propriétaires qui n'auraient pas été informés dans ces conditions soient mis à même d'exercer leur droit de réclamer la restitution des objets placés sous main de justice dès lors que leur titre est connu ou qu'ils ont réclamé cette qualité au cours de l'enquête ou de la procédure ; que, par suite, les dispositions contestées porteraient une atteinte disproportionnée au droit de ces derniers de former une telle réclamation si le délai de 6 mois prévu par les dispositions contestées pouvait commencer à courir sans que la décision de classement ou la décision par laquelle la dernière juridiction saisie a épuisé sa compétence ait été portée à leur connaissance ; que, sous cette réserve, les dispositions contestées ne méconnaissent pas les exigences de l'article 16 de la Déclaration de 1789.

[J] • **Restitution – Juridictions correctionnelles – Décision de non-restitution – Recours.** – *Il résulte des dispositions de l'article 41-1, alinéa 2 ci-dessus, que, lorsque la décision de non-restitution d'objets placés sous la main de la justice prise par le ministère public est motivée par le danger que cette mesure serait de nature à créer pour les personnes ou pour les biens, le recours contre cette décision est porté devant le tribunal correctionnel ou la chambre des appels correctionnels* (Cass. CRIM. du 12-6-1996).

• **Requête en restitution d'objet placé sous main de justice – Délai –**

• *Attendu qu'en l'état de ces seuls motifs et dès lors que le délai de six mois, prévu par l'article 41-4, alinéa 3, précité, au terme duquel les objets saisis dont la restitution n'a pas été demandée ou décidée deviennent propriété de l'État, sous réserve des droits des tiers, a commencé à courir au jour où le prévenu a eu connaissance de la décision sur l'action publique par laquelle le tribunal a épuisé sa compétence, la cour d'appel a justifié sa décision;*

• (Cour de cassation – Chambre criminelle du 9 décembre 2014 – N° de pourvoi: 13-86775).

• **Blanchiment – Travail dissimulé – Recel aggravé... – Restitution – Chambre de l'instruction – Confiscation du bien prévue par la loi ou objets dangereux – Refus**

REJET sur le pourvoi formé par M. O... N... et Mme L... A..., épouse N..., contre l'arrêt de la chambre de l'instruction de la cour d'appel de NÎMES, en date du 28/06/2018, qui, dans la procédure suivie contre le 1er des chefs de blanchiment travail dissimulé, recel aggravé, destruction du bien d'autrui et fausses déclarations, a infirmé la décision de remise à l'AGRASC du procureur de la République et refusé la restitution des biens saisis .

La chambre de l'instruction statuant, au cours de l'enquête, sur une demande en restitution de biens saisis, présentée sur le fondement de l'alinéa 2 de l'article 41-4 du C.P.P. et de l'al. 5 de l'article 41-5 du même code, peut refuser d'y faire droit lorsque la confiscation desdits biens est prévue par la loi ou lorsque la restitution est de nature à faire obstacle à la manifestation de la vérité. Justifie sa décision la chambre de l'instruction, statuant sur la contestation d'une décision du procureur de la République de remise à l'AGRASC d'un bien saisi, qui, après avoir infirmé celle-ci, refuse toutefois de restituer ledit bien au motif que le tribunal qui aura, le cas échéant, à apprécier la culpabilité du mis en cause, pourra en prononcer la confiscation encourue du chef des infractions poursuivies.

(Cour de cassation – Chambre criminelle du 6 novembre 2019 – N° de pourvoi: 18-86921).

QPC • **Peines d'emprisonnement ferme – Délits de droit commun – Conversion en sursis avec obligation d'accomplir un travail d'intérêt général ou en jours-amende n'est possible que si leur durée totale n'excède pas six mois.**

• 12. Considérant que les personnes qui sont informées dans les conditions prévues par le Code de procédure pénale selon le cas de la décision de classement ou de la décision par laquelle la dernière juridiction saisie a épuisé sa compétence, sont ainsi mises à même d'exercer leur droit de réclamer la restitution des objets placés sous main de justice; que toutefois la garantie du droit à un recours juridictionnel effectif impose que les propriétaires qui n'auraient pas été informés dans ces conditions soient mis à même d'exercer leur droit de réclamer la restitution des objets placés sous main de justice dès lors que leur titre est connu ou qu'ils ont réclamé cette qualité au cours de l'enquête ou de la procédure; que, par suite, les dispositions contestées porteraient une atteinte disproportionnée au droit de ces derniers de former une telle réclamation si le délai de six mois prévu par les dispositions contestées pouvait commencer à courir sans que la décision de classement ou la décision par laquelle la dernière juridiction saisie a épuisé sa compétence ait été portée à leur connaissance; que, sous cette réserve, les dispositions contestées ne méconnaissent pas les exigence de l'article 16 de la déclaration de 1789;

• La première phrase de l'alinéa 3 de l'article 41-4 du Code de procédure pénale est conforme à la Constitution

• *(Décision n° 2014-406 QPC du 09 juillet 2014)*

Article 41-5. – Restitution des biens meubles saisis – *(Loi n° 2020-1721 du 29 décembre 2020)*

• Lorsqu'au cours de l'enquête la restitution des biens meubles saisis et dont la conservation n'est plus nécessaire à la manifestation de la vérité s'avère impossible, soit parce que le propriétaire ne peut être identifié, soit parce que le propriétaire ne réclame pas l'objet dans un délai d'un mois à compter d'une mise en demeure adressée à son domicile, le procureur de la République peut, sous réserve des droits des tiers, autoriser la destruction de ces biens ou leur remise à l'Agence de gestion et de recouvrement des avoirs saisis et confisqués aux fins d'aliénation.

• Le procureur de la République peut également autoriser la remise à l'Agence de gestion et de recouvrement des avoirs saisis et confisqués, en vue de leur aliénation, des biens meubles saisis dont la conservation en nature n'est plus nécessaire à la manifestation de la vérité et dont la confiscation est prévue par la loi, lorsque le maintien de la saisie serait de nature à diminuer la valeur du bien. S'il est procédé à la vente du bien, le produit de celle-ci est consigné. En cas de classement sans suite, de non-lieu ou de relaxe, ou lorsque la peine de confiscation n'est pas prononcée, ce produit est restitué au propriétaire des objets s'il en fait la demande.

• Lorsque le maintien de la saisie serait de nature à diminuer la valeur du bien, le procureur de la République peut également ordonner, sous réserve des droits des tiers, de remettre à l'agence de gestion et de recouvrement des avoirs saisis et confisqués, en vue de leur affectation à titre gratuit par l'autorité administrative et après que leur valeur a été estimée, aux services judiciaires ou à des services de police, des unités de gendarmerie, à l'Office français de la biodiversité ou à des services placés sous l'autorité du ministre chargé du budget qui effectuent des missions de police judiciaire, des biens meubles placés sous main de justice dont la conservation n'est plus nécessaire à la manifestation de la vérité et dont la confiscation est prévue par la loi. En cas de classement sans suite, de non-lieu, de relaxe ou d'acquittement, ou lorsque la peine de confiscation n'est pas prononcée, le propriétaire qui en fait la demande obtient la restitution du bien, assortie s'il y a lieu d'une indemnité compensant la perte de valeur qui a pu résulter de l'usage du bien.

• Au cours de l'enquête ou lorsqu'aucune juridiction n'a été saisie ou que la juridiction saisie a épuisé sa compétence sans avoir statué sur le sort des scellés, le procureur de la République peut ordonner la destruction des biens meubles saisis dont la conservation n'est plus nécessaire à la manifestation de la vérité, s'il s'agit d'objets qualifiés par la loi de dangereux ou nuisibles, ou dont la détention est illicite.

• Les décisions prises en application des quatre premiers alinéas sont motivées. Elles sont notifiées par tout moyen aux personnes ayant des droits sur le bien, si celles-ci sont connues, et aux personnes mises en cause. Ces personnes peuvent contester ces décisions devant la chambre de l'instruction afin de demander, le cas échéant, la restitution du bien saisi. Cette contestation doit intervenir dans les 5 jours qui suivent la notification de la décision, par déclaration au greffe du tribunal ou à l'autorité qui a procédé à cette notification; en cas de notification orale d'une décision de destruction de produits stupéfiants prise en application du 4e alinéa, le délai de contestation est de 24 heures. Ces délais et l'exercice du recours sont suspensifs.

• Un décret en Conseil d'État détermine les modalités d'application du présent article.

J • **Saisies – Scellés – Destruction – Appel – Moyen critiquant le fondement de la saisie – Irrecevabilité**

M. [G] [F] a formé un pourvoi contre l'arrêt de la chambre de l'instruction de la cour d'appel de BASTIA (20), en date du 12/01/ 2022, qui, dans la procédure suivie contre lui des chefs de menace de mort et infraction à la législation sur les armes, a confirmé la décision de destruction du bien saisi prise par le procureur de la République.

Est inopérant le moyen qui critique le fondement de la saisie dans le cadre de l'appel contre une mesure de destruction de biens saisis prise en application de l'article 41-5 du C.P.P., cette question relevant du contentieux de la saisie proprement dite.

(Cour de cassation – Chambre criminelle du 23 novembre 2022 – N° de pourvoi: 22-80.950).

Article 41-6. – Remise ou destruction des objets placés sous main de justice – *(Loi n° 2019-222 du 23 mars 2019)*

• Par dérogation aux articles 41-4 et 41-5, lorsqu'une procédure s'est achevée par une condamnation définitive prononcée par une cour d'assises, le procureur de la République ou le procureur général qui envisage d'ordonner la remise au service des domaines ou à l'Agence de gestion et de recouvrement des avoirs saisis et confisqués ou la destruction des objets placés sous main de justice dans le cadre de cette procédure en avertit au préalable par écrit le condamné. Celui-ci dispose, à compter de la notification de cet avertissement, d'un délai de 2 mois pour lui faire part de son opposition. En cas d'opposition, si le procureur de la République ou le procureur général n'entend pas renoncer à la remise ou à la destruction des objets placés sous main de justice, il saisit par voie de requête le président de la chambre de l'instruction ou la chambre de l'instruction, qui se prononce dans un délai d'un mois. Dans les cas mentionnés au présent article, le procureur de la République ou le procureur général réexamine tous les 5 ans, dans les mêmes formes, l'opportunité de procéder à la remise ou à la destruction des objets placés sous main de justice.

Article 42. – Procureur de la République – Réquisition de la force publique

• Le procureur de la République a, dans l'exercice de ses fonctions, le droit de requérir directement la force publique.

Article 43. – Procureur de la République – Compétence – *(Ordonnance n° 2019-964 du 18 septembre 2019)*

• Sont compétents le procureur de la République du lieu de l'infraction, celui de la résidence de l'une des personnes soupçonnées d'avoir participé à l'infraction, celui du lieu d'arrestation d'une de ces personnes, même lorsque cette arrestation a été opérée pour une autre cause et celui du lieu de détention d'une de ces personnes, même lorsque cette détention est effectuée pour une autre cause. Pour les infractions mentionnées à l'article 113-2-1 du Code pénal, est également compétent le procureur de la République, selon le cas, du lieu de résidence ou du siège des personnes physiques ou morales mentionnées au même article 113-2-1.

• Lorsque le procureur de la République est saisi de faits mettant en cause, comme auteur ou comme victime, un magistrat, un avocat, un officier public ou ministériel, un militaire de la gendarmerie nationale, un fonctionnaire de la police nationale, des douanes ou de l'administration pénitentiaire ou toute autre personne dépositaire de l'autorité publique ou chargée d'une mission de service public qui est habituellement, de par ses fonctions ou sa mission, en relation avec les magistrats ou fonctionnaires de la juridiction, le procureur général peut, d'office, sur proposition du procureur de la République et à la demande de l'intéressé, transmettre la procédure au procureur de la République auprès du tribunal judiciaire le plus proche du ressort de la cour d'appel. Si la personne en cause est en relation avec des magistrats ou fonctionnaires de la cour d'appel, le procureur général peut transmettre la procédure au procureur général près la cour d'appel la plus proche, afin que celui-ci la transmette au procureur de la République auprès du tribunal judiciaire le plus proche. Cette juridiction est alors territorialement compétente pour connaître l'affaire, par dérogation aux dispositions des articles 52,382 et 522. La décision du procureur général constitue une mesure d'administration judiciaire qui n'est susceptible d'aucun recours.

Article 43-1. – Ministère public – Tribunal judiciaire – Compétence spécialisée et concurrente – *(Loi n° 2020-1672 du 24 décembre 2020)*

• Lorsque le ministère public près le tribunal judiciaire dispose, en application du présent code, d'une compétence spécialisée et concurrente qui s'étend aux ressorts d'autres tribunaux judiciaires, spécialisés ou non, cette compétence s'exerce de façon prioritaire sur celle des parquets près ces tribunaux tant que l'action publique n'a pas été mise en mouvement. Lorsqu'il décide d'exercer sa compétence, les parquets près ces tribunaux se dessaisissent sans délai à son profit.

Article 44. – Procureur de la République – Autorité – *(Loi n° 2011-1862 du 13 décembre 2011)*

• Le procureur de la République a autorité sur les officiers du ministère public près les tribunaux de police de son ressort. Il peut leur dénoncer les contraventions dont il est informé et leur enjoindre d'exercer des poursuites. Il peut aussi, le cas échéant, requérir l'ouverture d'une information.

Article 44-1. – Transaction – Contravention – *(Loi n° 2011-1862 du 13 décembre 2011)*

• Pour les contraventions que les agents de la police municipale sont habilités à constater par procès-verbal conformément aux dispositions des articles L. 511-1 et L. 512-2 du Code de la sécurité intérieure et qui sont commises au préjudice de la commune au titre de l'un de ses biens, le maire peut, tant que l'action publique n'a pas été mise en mouvement, proposer au contrevenant une transaction consistant en la réparation de ce préjudice.

• La transaction proposée par le maire et acceptée par le contrevenant doit être homologuée par le procureur de la République.

• Les actes tendant à la mise en œuvre ou à l'exécution de la transaction sont interruptifs de la prescription de l'action publique.

• L'action publique est éteinte lorsque l'auteur de l'infraction a exécuté dans le délai imparti les obligations résultant pour lui de l'acceptation de la transaction.

• La transaction peut également consister en l'exécution, au profit de la commune, d'un travail non rémunéré pendant une durée maximale de trente heures. Elle doit alors être homologuée, selon la nature de la contravention, par le juge compétent du tribunal de police.

• Lorsqu'une de ces contraventions n'a pas été commise au préjudice de la commune mais a été commise sur le territoire de celle-ci, le maire peut proposer au procureur de la République de procéder à une des mesures prévues par les articles 41-1 ou 41-3 du présent code. Il est avisé par le procureur de la République de la suite réservée à sa proposition.

• Les dispositions du présent article s'appliquent aux contraventions de même nature que les agents de la ville de Paris chargés d'un service de police et les agents de surveillance de Paris sont habilités à constater par procès-verbal conformément aux dispositions des articles L. 531-1 et L. 532-1 du Code de la sécurité intérieure. Ces dispositions s'appliquent également aux contraventions de même nature que les gardes champêtres sont habilités à constater par procès-verbal conformément à l'article L. 2213-18 du Code général des collectivités territoriales.

• Un décret en Conseil d'État précise les conditions d'application du présent article.

Section IV

Du ministère public près le tribunal de police

Article 45. – Ministère public – Fonctions – *(Ordonnance n° 2019-964 du 18 septembre 2019)*

• Le procureur de la République près le tribunal judiciaire occupe le siège du ministère public devant le tribunal de police pour les contraventions de la 5e classe ne relevant pas de la procédure de l'amende forfaitaire. Il peut l'occuper également en toute matière devant le tribunal de police, s'il le juge à propos, au lieu et place du commissaire de police qui exerce habituellement ces fonctions sous le contrôle du procureur de la République.

• Toutefois, dans le cas où les infractions forestières sont soumises aux tribunaux de police, les fonctions du ministère public sont remplies par le directeur régional de l'administration chargée des forêts ou par le fonctionnaire qu'il désigne, sauf si le procureur de la République estime opportun d'occuper ces fonctions.

Article 46. – Remplacement du Commissaire de Police – *(Ordonnance n° 2019-964 du 18 septembre 2019)*

• En cas d'empêchement du commissaire de police, le procureur général désigne, pour une année entière, un ou plusieurs remplaçants qu'il choisit parmi les commissaires et les commandants ou capitaines de police en résidence dans le ressort du tribunal judiciaire.

Article 47. – Désignation – *(Loi n° 2011-1862 du 13 décembre 2011)*

• S'il y a plusieurs commissaires de police au lieu où siège le tribunal de police, le procureur général désigne celui qui remplit les fonctions du ministère public.

Article 48. – Commissaire, commandant ou capitaine de police – *(Ordonnance n° 2019-964 du 18 septembre 2019)*

• S'il n'y a pas de commissaire de police au lieu où siège le tribunal de police, le procureur général désigne, pour exercer les fonctions du ministère public, un commissaire ou un commandant ou capitaine de police en résidence dans le ressort du tribunal judiciaire ou, à défaut, d'un tribunal judiciaire limitrophe situé dans le même département.

Section V

Du bureau d'ordre national automatisé des procédures judiciaires

Article 48-1. – Bureau d'ordre national automatisé – *(Loi n° 2019-222 du 23 mars 2019)*

• Le bureau d'ordre national automatisé des procédures judiciaires constitue une application automatisée, placée sous le contrôle d'un magistrat, contenant les informations nominatives relatives aux plaintes et dénonciations reçues par les procureurs de la République ou les juges d'instruction et aux suites qui leur ont été réservées, et qui est destinée à faciliter la gestion et le suivi des procédures judiciaires par les juridictions compétentes, l'information des victimes et la connaissance réciproque entre les juridictions des procédures concernant les mêmes faits ou mettant en cause les mêmes personnes, afin notamment d'éviter les doubles poursuites.

• Cette application a également pour objet l'exploitation des informations recueillies à des fins de recherches statistiques.

• Les données enregistrées dans le bureau d'ordre national automatisé portent notamment sur :

• 1° Les date, lieu et qualification juridique des faits ;

• 2° Lorsqu'ils sont connus, les nom, prénoms, date et lieu de naissance ou la raison sociale des personnes mises en cause et des victimes ;

• 3° Les informations relatives aux décisions sur l'action publique, au déroulement de l'instruction, à la procédure de jugement et aux modalités d'exécution des peines ;

• 4° Les informations relatives à la situation judiciaire, au cours de la procédure, de la personne mise en cause, poursuivie ou condamnée.

• Les informations contenues dans le bureau d'ordre national automatisé sont conservées, à compter de leur dernière mise à jour enregistrée, pendant une durée de 10 ans ou, si elle est supérieure, pendant une durée égale au délai de la prescription de l'action publique ou, lorsqu'une condamnation a été prononcée, au délai de la prescription de la peine.

• Les informations relatives aux procédures suivies par chaque juridiction des premier et second degrés sont enregistrées sous la responsabilité, selon les cas, du procureur de la République, du procureur général ou des magistrats du siège exerçant des fonctions pénales de la juridiction territorialement compétente, par les greffiers ou les personnes habilitées qui assistent ces magistrats.

• Ces informations sont directement accessibles, pour les nécessités liées au seul traitement des infractions ou des procédures dont ils sont saisis, par les magistrats du ministère public et les magistrats du siège exerçant des fonctions pénales de l'ensemble des juridictions ainsi que leur greffier ou les personnes habilitées qui assistent ces magistrats. Elles sont également directement accessibles aux agents de greffe du service d'accueil unique du justiciable prévu à l'article L. 123-3 du code de l'organisation judiciaire, pour les seuls besoins de fonctionnement de ce service, sous réserve que ces agents aient été habilités à cette fin dans des conditions fixées par décret en Conseil d'État.

• Elles sont également directement accessibles aux procureurs de la République et aux magistrats du siège exerçant des fonctions pénales des juridictions mentionnées aux articles 704, 706-2, 706-17, 706-75, 706-107 et 706-108 du présent code pour le traitement de l'ensemble des procédures susceptibles de relever de leur compétence territoriale élargie.

• Elles sont de même directement accessibles aux procureurs généraux pour l'application des dispositions des articles 35 et 37.

• Elles sont en outre directement accessibles, pour l'exercice de leur mission, aux magistrats chargés par une disposition législative ou réglementaire du contrôle des fichiers de police judiciaire, du fichier national automatisé des empreintes génétiques et du fichier automatisé des empreintes digitales, ainsi qu'aux personnes habilitées qui les assistent.

• Sauf lorsqu'il s'agit de données non nominatives exploitées à des fins statistiques, d'informations relevant de l'article 11-1 ou de données nominatives exploitées à des fins statistiques par des services de la statistique publique dépendant du ministère de la justice, les informations figurant dans le bureau d'ordre national automatisé ne sont accessibles qu'aux autorités judiciaires. Lorsqu'elles concernent une enquête ou une instruction en cours, les dispositions de l'article 11 sont applicables.

• Un décret en Conseil d'État, pris après avis de la Commission nationale de l'informatique et des libertés, détermine les modalités d'application du présent article et précise notamment les conditions dans lesquelles les personnes intéressées peuvent exercer leur droit d'accès.

CHAPITRE III

Du juge d'instruction

Article 49. – Juge d'instruction – Missions – *(Ordonnance n° 2019-964 du 18 septembre 2019)*

• Le juge d'instruction est chargé de procéder aux informations, ainsi qu'il est dit au chapitre Ier du titre III.

• Il ne peut, à peine de nullité, participer au jugement des affaires pénales dont il a connu en sa qualité de juge d'instruction.

• Le juge d'instruction exerce ses fonctions au siège du tribunal judiciaire auquel il appartient.

J **• Complicité de corruption active – Corruption passive – Juridictions correctionnelles – Composition – Incompatibilités – Cour d'appel – Magistrat ayant siégé à la chambre d'accusation sur les nullités de l'information *(non)***

1°) D... François, contre l'arrêt de la chambre d'accusation de la cour d'appel de SAINT-DENIS DE LA RÉUNION, en date du 28/12/1993, qui, dans l'information suivie contre lui du chef de complicité de corruption active, a rejeté sa requête en annulation de pièces de la procédure;

2°) Y... Eric, Z... Samuel, E... Louis, G... Bernard, D... François, B... Jacques, A... Fernand, contre l'arrêt de ladite cour d'appel, chambre correctionnelle, en date du 29/07/1994, qui les a condamnés Y... Eric, du chef de corruption passive, à 4 ans d'emprisonnement dont 3 ans avec sursis et mise à l'épreuve, 500000 francs d'amende et 5 ans d'interdiction des droits prévus à l'article 131-26 du C.P. al. 1°, 2° et 3°; Z... Samuel et E... Louis, pour ingérence et corruption passive en état de récidive, chacun à 30 mois d'emprisonnement dont 18 mois avec sursis et mise à l'épreuve, 500000 francs d'amende et 5 ans d'interdiction des droits précités; G... Bernard, pour organisation d'entente anticoncurrentielle et corruption active, à 2 ans d'emprisonnement dont 14 mois avec sursis et mise à l'épreuve et 300000 francs d'amende; D... François, pour complicité de corruption active, à 8 mois d'emprisonnement avec sursis et 100000 francs d'amende; B .. Jacques, pour complicité de corruption passive, à 3 ans d'emprisonnement dont 2 ans avec sursis et mise à l'épreuve et 50000 francs d'amende; et qui a prononcé sur les réparations civiles, tant à l'égard des susnommés que de Fernand A..., condamné pénalement à titre définitif.

Si les articles 6 de la Convention européenne de sauvegarde des droits de l'homme et des libertés fondamentales et 49 du C.P.P. s'opposent à ce qu'un magistrat qui a statué sur les faits et les charges justifiant le renvoi devant la juridiction de jugement participe à la décision au fond, aucune disposition légale ou conventionnelle n'interdit à un conseiller, qui a concouru à l'arrêt de la chambre d'accusation rejetant une requête en annulation de pièces de l'information, de faire ensuite partie de la chambre des appels correctionnels saisie de l'affaire.

(Cour de cassation – Chambre criminelle du 9 novembre 1995 – N° de pourvoi: 94-84.204).

• Complicité de détournement de pièces – Faux et usage de faux – Juridictions correctionnelles – Composition – Incompatibilités – Cour d'appel – Magistrat ayant participé à un arrêt de la chambre d'accusation qui a confirmé une ordonnance ayant rejeté une demande d'actes

Contre l'arrêt de la cour d'appel de SAINT-DENIS DE LA RÉUNION, en date du 25/07/1996, qui les a condamnés, le 1er, pour complicité de détournement de pièces remises à un dépositaire public et de faux et usage, à 18 mois d'emprisonnement dont 15 mois avec sursis et 300000 francs d'amende, et le 2d, pour complicité de détournement de pièces remises à un dépositaire public, à 18 mois d'emprisonnement, dont 12 mois avec sursis, et 300000 francs d'amende.

Peut faire partie de la chambre correctionnelle saisie du fond de l'affaire, le magistrat qui a participé à un arrêt de la chambre d'accusation qui, dans la même procédure, a confirmé une ordonnance du juge d'instruction ayant rejeté une demande d'actes, dès lors que cette décision n'a pas porté sur la valeur des charges pouvant justifier le renvoi des prévenus devant le tribunal correctionnel.

(Cour de cassation – Chambre criminelle du 19 février 1998 – N° de pourvoi: 96-83.423).

• Tromperie – Convention européenne des droits de l'homme – Article 6.1. – Tribunal – Impartialité – Domaine d'application – Juridiction d'instruction

Contre l'arrêt de la chambre de l'instruction de la cour d'appel de GRENOBLE, en date du 02/12/2003, qui, dans l'information suivie contre eux du chef de tromperie, a prononcé sur leur demande d'annulation de pièces de la procédure.

L'exigence d'impartialité s'impose aux juridictions d'instruction à l'encontre desquelles le grief peut être invoqué indépendamment de la mise en œuvre des procédures de récusation ou de renvoi.
(Cour de cassation – Chambre criminelle du 23 mars 2004 – N° de pourvoi : 03-87.854).

• Vol avec arme en bande organisée en récidive – Enlèvement et séquestration de personnes aggravées en récidive – Association de malfaiteurs et recel aggravé en récidive – Chambre de l'instruction – Composition – Incompatibilités – Demande d'annulation de pièces – Magistrat ayant précédemment statué dans la même affaire sur une demande de mise en liberté en qualité de juge des libertés et de la détention *(non)*
Contre l'arrêt de la chambre de l'instruction de la cour d'appel de LYON, en date du 02/07/2004, qui, dans l'information suivie contre eux des chefs de vol avec arme en bande organisée en récidive, enlèvement et séquestration de personnes aggravés en récidive, association de malfaiteurs et recel aggravé en récidive, a prononcé sur leurs demandes d'annulation de pièces de la procédure.

Aucune disposition conventionnelle ne fait obstacle à ce que l'un des magistrats composant la chambre de l'instruction statuant sur une demande d'annulation de pièces ait précédemment rendu, dans la même procédure, en qualité de juge des libertés et de la détention, une ordonnance rejetant une demande de mise en liberté ; il s'agit de deux instances distinctes dont ni l'une, ni l'autre n'implique qu'il soit prononcé sur la culpabilité.
(Cour de cassation – Chambre criminelle du 27 octobre 2004 – N° de pourvoi : 04-85.182).

Article 50. – Juge d'instruction – Nomination – *(Ordonnance n° 2019-964 du 18 septembre 2019)*

• Le juge d'instruction, choisi parmi les juges du tribunal, est nommé dans les formes prévues pour la nomination des magistrats du siège.

• En cas de nécessité, un autre juge peut être temporairement chargé, dans les mêmes formes, des fonctions de juge d'instruction concurremment avec le magistrat désigné ainsi qu'il est dit au 1er alinéa.

• Si le 1er président délègue un juge au tribunal, il peut aussi, dans les mêmes conditions, charger temporairement celui-ci de l'instruction par voie d'ordonnance.

• Si le juge d'instruction est absent, malade ou autrement empêché, le tribunal judiciaire désigne l'un des juges de ce tribunal pour le remplacer.

Article 51. – Juge d'instruction – Pouvoirs d'instruction

• Le juge d'instruction ne peut informer qu'après avoir été saisi par un réquisitoire du procureur de la République ou par une plainte avec constitution de partie civile, dans les conditions prévues aux articles 80 et 86.

• En cas de crimes ou délits flagrants, il exerce les pouvoirs qui lui sont attribués par l'article 72.

• Le juge d'instruction a, dans l'exercice de ses fonctions, le droit de requérir directement la force publique.

J **• Atteintes à la liberté d'accès et à l'égalité des candidats dans les marchés publics – Complicité, faux et usage – Analyse souveraine des pièces annexées – Réquisitoire**
Contre l'arrêt de la chambre d'accusation de la cour d'appel de COLMAR, en date du 28/09/2000, qui a rejeté leurs demandes en annulation d'actes de la procédure et les a renvoyés devant le tribunal correctionnel des chefs d'atteinte à la liberté d'accès et à l'égalité des candidats dans les marchés publics, complicité, faux et usage.

Attendu qu'en statuant ainsi, par une analyse souveraine des pièces qui y sont annexées, et alors que ce réquisitoire satisfait en la forme aux conditions essentielles de son existence légale, la chambre d'accusation a justifié sa décision.
(Cour de cassation – Chambre criminelle du 5 décembre 2001 – N° de pourvoi : 00-86.490).

• Infractions à la législation sur les stupéfiants en bande organisée – Instruction – Détention provisoire – Placement en détention provisoire – Saisine du juge des libertés et de la détention – Juge d'instruction – Pouvoirs du juge – Pouvoir de réquisition
Contre l'arrêt de la chambre de l'instruction de la cour d'appel de PARIS, 6e section, en date du 06/01/2011, qui, dans l'information suivie contre lui des chefs d'infractions à la législation sur les stupéfiants en bande organisée, a confirmé l'ordonnance du juge des libertés et de la détention le plaçant en détention provisoire.

Lorsqu'il a saisi le juge des libertés et de la détention en vue du placement en détention provisoire d'un mis en examen s'étant présenté libre à son cabinet, le juge d'instruction peut, sur le fondement de l'article 51, al. 3, du C.P.P., requérir directement la force publique pour le faire conduire devant ce magistrat.

Doit, dès lors, être approuvée la chambre de l'instruction qui écarte l'argumentation du mis en examen tenant à l'irrégularité de sa présentation sous la contrainte au juge des libertés et de la détention.
(Cour de cassation – Chambre criminelle du 3 mai 2011 – N° de pourvoi : 11-80.889).

• Blanchiment aggravé et recel aggravé – Juge d'instruction – Instruction – Extraction par la force publique – Personne incarcérée – Pouvoirs du juge
REJET du pourvoi formé par Mme X..., contre l'arrêt de la chambre de l'instruction de la cour d'appel de PARIS, 2e section, en date du 30/05/2016, qui, dans l'information suivie contre elle des chefs de blanchiment aggravé et recel aggravé, a prononcé sur sa requête en annulation d'actes de la procédure AR.

Attendu qu'en l'état de ces motifs, et dès lors que le juge d'instruction détient, en exécution de l'article 51, al. 3, précité, le pouvoir de requérir l'extraction, par la force publique, d'une personne incarcérée, aux fins de mise en examen dans les conditions prévues à l'article 116 du C.P.P., sans que la délivrance d'un mandat ne soit légalement imposée, la chambre de l'instruction a justifié sa décision sans méconnaître les dispositions de droit interne et les stipulations conventionnelles invoquées au moyen ;

D'où il suit que le moyen, inopérant en ses deuxième et troisième branches en ce qu'il critique des motifs surabondants, ne peut qu'être écarté ;

Et attendu que l'arrêt est régulier en la forme.
(Cour de cassation – Chambre criminelle du 13 décembre 2016 – N° de pourvoi : 16-84.060).

Article 52. – Compétence – Pouvoirs d'instruction – *(Loi n° 2016-731 du 3 juin 2016)*

• Sont compétents le juge d'instruction du lieu de l'infraction, celui de la résidence de l'une des personnes soupçonnées d'avoir participé à l'infraction, celui du lieu d'arrestation d'une de ces personnes, même lorsque cette arrestation a été opérée pour une autre cause et celui du lieu de détention d'une de ces personnes, même lorsque cette détention est effectuée pour une autre cause. Pour les infractions mentionnées à l'article 113-2-1 du Code pénal, est également compétent le juge d'instruction, selon le cas, du lieu de résidence ou du siège des personnes physiques ou morales mentionnées au même article 113-2-1.

Article 52-1. – Pôle de l'instruction – *(Loi n° 2021-1729 du 22 décembre 2021)*

• Il y a un ou plusieurs juges d'instruction dans chaque département.

• Lorsqu'il existe plusieurs tribunaux judiciaires dans un département, un décret peut fixer la liste des tribunaux dans lesquels il n'y a pas de juge d'instruction. Ce décret précise quel est le tribunal judiciaire dont le ou les juges d'instruction sont compétents pour connaître des informations concernant des infractions relevant, en application de l'article 43, de la compétence du procureur de la République du tribunal dans lequel il n'y a pas de juge d'instruction.

• Dans certains tribunaux judiciaires, les juges d'instruction sont regroupés au sein d'un pôle de l'instruction.

• Les juges d'instruction composant un pôle de l'instruction sont seuls compétents pour connaître des informations donnant lieu à une cosaisine dans les conditions prévues aux articles 83-1 et 83-2.

• Ils sont également seuls compétents pour connaître des informations en matière de crime et le demeurent en cas de requalification des faits au cours de l'information ou lors du règlement de celle-ci. Toutefois, s'il s'agit d'un crime puni de 15 ans ou de 20 ans de réclusion criminelle, lorsqu'il n'est pas commis en état de récidive légale et si le procureur de la République considère qu'il résulte des circonstances de l'espèce et de son absence de complexité que le recours à la cosaisine, même en cours d'instruction, paraît peu probable, il peut requérir l'ouverture de l'information auprès du juge d'instruction du tribunal judiciaire dans lequel il n'y a pas de pôle de l'instruction.

• La liste des tribunaux dans lesquels existe un pôle de l'instruction et la compétence territoriale des juges d'instruction qui le composent sont déterminées par décret. Cette compétence peut recouvrir le ressort de plusieurs tribunaux judiciaires. Un ou plusieurs juges d'instruction peuvent être chargés, en tenant compte s'il y a lieu des spécialisations prévues par les articles 704, 706-2, 706-17, 706-75-1 et 706-107, de coordonner l'activité des juges d'instruction au sein du pôle, dans des conditions fixées par décret.

TITRE II

DES ENQUÊTES ET DES CONTRÔLES D'IDENTITÉ

CHAPITRE Ier

Des crimes et délits flagrants

Article 53. – Crime ou délit flagrant – *(Loi n° 2004-204 du 9 mars 2004)*

• Est qualifié crime ou délit flagrant le crime ou le délit qui se commet actuellement, ou qui vient de se commettre. Il y a aussi crime ou délit flagrant lorsque, dans un temps très voisin de l'action, la personne soupçonnée est poursuivie par la clameur publique, ou est trouvée en possession d'objets, ou présente des traces ou indices, laissant penser qu'elle a participé au crime ou au délit.

• À la suite de la constatation d'un crime ou d'un délit flagrant, l'enquête menée sous le contrôle du procureur de la République dans les conditions prévues par le présent chapitre peut se poursuivre sans discontinuer pendant une durée de huit jours.

• Lorsque des investigations nécessaires à la manifestation de la vérité pour un crime ou un délit puni d'une peine supérieure ou égale à cinq ans d'emprisonnement ne peuvent être différées, le procureur de la République peut décider la prolongation, dans les mêmes conditions, de l'enquête pour une durée maximale de huit jours.

V • Code de Procédure Pénale – art. 17 – O.P.J. – Pouvoirs
• Code de Procédure Pénale – art. 171 – Causes de nullité

D • **Limitation de l'enquête de flagrance. Suppression de la flagrance par assimilation.** – L'article 11 de la loi modifie les dispositions du deuxième alinéa de l'article 53 du Code de procédure pénale, en adaptant sur deux points les règles relatives à l'enquête de flagrance.

• **Suppression de la flagrance par assimilation**

• Le deuxième alinéa de l'article 53 ne prévoit plus la flagrance par assimilation qui résultait des réquisitions du chef de maison, quelle que soit la date de commission du crime ou du délit pour lequel les enquêteurs étaient requis.

• Désormais, c'est donc uniquement si les enquêteurs sont appelés par le chef de maison pour une infraction flagrante au sens du premier alinéa de cet article qu'une enquête de flagrance pourra être diligentée.

• **Limitation à huit jours de la durée de l'enquête de flagrance.**

• La durée de l'enquête de flagrance n'était jusqu'à présent pas réglementée, ce qui permettait à l'enquête de se poursuivre pendant un temps indéterminé dès lors que les enquêteurs procédaient à des actes ininterrompus. Sa durée est maintenant limitée à huit jours maximum.

• Cette limitation – qui correspond aux pratiques judiciaires les plus fréquemment suivies – est justifiée par la volonté de cantonner le recours aux pouvoirs de contrainte contre les personnes *(arrestations prévues par l'article 73)* et contre les biens *(perquisitions prévues par l'article 56)* qui caractérisent l'enquête de flagrance.

• Le point de départ du délai de huit jours doit être le jour du premier acte d'enquête, et non celui de commission de l'infraction, qui a pu intervenir auparavant. Tel serait, par exemple, le cas dans l'hypothèse d'un crime commis dans la soirée, mais dont les enquêteurs ne seraient avisés que le lendemain matin.

• Le premier jour de l'enquête doit évidemment être compté dans le délai de huit jours. Une enquête commencée dans la journée du lundi pourra ainsi se poursuivre jusqu'au mardi suivant à minuit.

• La conséquence de cette limitation est qu'à l'expiration du délai – sauf dans l'hypothèse de l'ouverture d'une information – l'enquête se poursuivra selon les règles de l'enquête préliminaire.

• Pour éviter toute difficulté, il sera opportun que les enquêteurs prennent un procès-verbal de clôture de l'enquête de flagrance et de commencement de l'enquête préliminaire. L'absence d'un tel procès-verbal est toutefois sans conséquence juridique, dès lors que les actes exécutés postérieurement à l'expiration du délai peuvent être faits dans une enquête préliminaire *(CRIM. 17 mai 1994, Dr. Pénal 1994, chron. 69)*.

• Il convient enfin de signaler que la limitation de la durée maximum de l'enquête flagrance ne semble pas de nature à remettre en cause la jurisprudence traditionnelle de la Cour de cassation exigeant la continuité des actes d'enquête. Si après avoir accompli les premiers actes *(recueil de plainte, transport sur les lieux, prélèvements, etc.)*, les enquêteurs ne traitent plus la procédure pendant plusieurs jours, il n'est pas possible de considérer que, par exemple, le huitième jour, l'enquête de flagrance peut reprendre pendant vingt-quatre heures. *(Circ. CRIM. n° 99-16/F.1 du 13 décembre 1999)*.

D • **Flagrant délit – Clameur publique – Clameur tardive – Effets – Arrestation – Enquête. – Quelques semaines après avoir subi un vol avec violences, la victime croise son agresseur au détour d'une rue. Elle alerte par ses cris un agent de police qui procède à l'arrestation de l'individu.**

• Parfaitement justifiée d'un point de vue déontologique, l'arrestation de l'auteur présumé de l'infraction par l'agent de police peut être discutée d'un point de vue juridique au regard de l'ancienneté des faits.

• Dans la situation examinée, la clameur publique constitue, nous semble-t-il, une présomption suffisante de la flagrance permettant d'user de la contrainte en vue de l'appréhension de celui qu'elle désigne, sur le fondement de l'article 73 du Code de procédure pénale[1]. Bien entendu, le policier doit avoir agi de bonne foi. Seule sa croyance en l'actualité de l'infraction peut en effet justifier son action.

• La clameur publique, même tardive[2] emporte un devoir d'intervention de la force publique, assortie, le cas échéant, d'un droit d'arrestation. Elle ne constitue pas pour autant un cas d'ouverture de l'enquête de flagrant délit et il appartient à l'officier de police judiciaire saisi à la suite de l'arrestation, de déterminer dans quel cadre juridique l'enquête doit se poursuivre. Compte-tenu de l'ancienneté des faits, seul un développement en mode préliminaire, voire sur commission rogatoire, peut être envisagé. *(ENSP 02/R-11)*

J • **Flagrant délit – Continuité.** – *Lorsqu'une enquête de flagrance se poursuit durant cinq jours à compter de la commission de l'infraction, peu importe, au regard de la continuité de l'enquête, et donc de sa validité, qu'aucun procès-verbal relatant des investigations n'ait été établi pendant une journée, dès lors qu'il résulte des pièces de la procédure que l'enquête s'est poursuivie sans interruption* (Cass. CRIM. du 29 décembre 1994 – ENSP/CDIPN/95/J-4).

• **Flagrance – Indice apparent d'un comportement délictueux..... – Constations suffisantes.** – *L'état de flagrance est caractérisé lorsqu'il résulte des constations des juges du fond qu'ont été relevés des indices apparents d'un comportement délictueux pouvant révéler l'existence d'infractions correspondant à la définition de l'article 53 du Code de procédure pénale.*

Sont régulièrement opérées la fouille d'un véhicule et les saisies subséquentes, dès lors qu'à l'occasion de vérifications régulièrement effectuées pour les besoins d'un contrôle routier, en application de l'article L. 4 (actuellement L. 233-1) du Code de la route, les policiers ont constatés que se dégageait du véhicule intéressé une forte odeur de résine de cannabis. (Cass. CRIM du 4 novembre 1999).

De ce fait, ne sont pas régulières les perquisitions et saisies pratiquées par un officier de police judiciaire dans le cadre d'une enquête de flagrant délit d'abus de biens sociaux ordonnée à la suite de la seule constatation de la dissimulation de factures par le gérant d'une société (Cass. CRIM. du 6 février 1997 – BCC n° 453 du 15/6/97).

Pour que les O.P.J. puissent agir en flagrant délit, il suffit qu'ils aient connaissance d'indices apparents d'un comportement délictueux. (Cass. CRIM du 17 octobre 1995 – BCC n° 425 du 1-03-1996).

• **Procédure flagrant délit – Mise en œuvre – Conditions – Constatation préalable par O.P.J. – Nécessité – Justification a posteriori par les juges *(non)*.** – *Les juges, auxquels il est demandé d'apporter les conditions de mise en œuvre d'une procédure de flagrant délit prévue aux articles 53 et suivants du Code de procédure pénale, ne sauraient la justifier en substituant leurs propres déductions aux constatations initiales de l'O.P.J.* (Cass. CRIM du 22 Février 1996 – BCC du 15 juin 1998).

• **Entrée et séjour – Entrée et séjour irrégulier – Peines – Reconduite à frontière – Soustraction – Constatation de l'infraction – Délit flagrant – Procès-verbal.** – *Justifie sa décision la cour d'appel qui, pour déclarer la procédure régulière, énonce que, dans le cas d'un refus de quitter le territoire de la part d'une personne soumise à une décision de reconduite à la frontière et qui, durant sa rétention administrative, a été conduite par des fonctionnaires de police jusqu'au moyen de trans-*

(1) L'article 73 du Code de procédure pénale permet à tout citoyen d'appréhender ceux qui selon toute apparence ont commis un crime flagrant ou un délit flagrant.

(2) La clameur est alors qualifiée de «résurgente».

port prévu, il n'y a pas lieu à l'établissement d'un procès-verbal d'interpellation dont l'objet serait de mettre l'auteur du refus à la disposition d'un officier de police judiciaire, la présentation de l'intéressé à celui-ci par les fonctionnaires de l'escorte suffisant à caractériser, au regard de l'article 53 du Code de procédure pénale, in indice apparent du délit de soustraction à une mesure de reconduite à la frontière (Cass. CRIM du 17 novembre 1999).

• **Crimes et délits flagrants – Flagrance – Appréciation – Terreur de la victime à l'origine du retard à déposer plainte.** – *L'état de flagrance est caractérisé dans le cas où le dépôt de la plainte a eu lieu 6 jours après la commission de l'infraction, lorsque seule la terreur éprouvée par la victime à la suite des violences et menaces exercées par les auteurs des faits est à l'origine du retard mis à contacter la police judiciaire.*

• *Il s'ensuit que l'interpellation et la perquisition effectuées dans un temps suffisamment proche de l'action, selon la procédure de flagrant délit, sont régulières.* (C.A. Aix-en-Provence, 21 septembre 2000).

• **Indices apparents – Agissements délicteux- Dénonciation – Délit – Provocation à agir.** – *Une personne s'était présentée au commissariat de police pour déclarer qu'en consultant un forum de discussions sur Internet, elle avait reçu des photographies de mineurs à caractère pornographique; qu'ayant alors décidé de se faire passer pour un adolescent, elle avait été contactée sur ce site par un individu qui lui avait indiqué qu'il possédait des photographies qu'il ne pouvait lui transmettre via Internet en raison des risques; qu'il lui avait toutefois donné les coordonnées de deux sites par lesquels elle avait effectivement reçu des photographies de mineurs à caractère pornographique, remises aux policiers et, qu'après une discussion à caractère sexuel, rendez-vous avait été pris, dans un centre commercial.*

À la suite de cette dénonciation, l'individu avait été interpellé par des policiers au lieu et heure convenus, il avait reconnu les faits et avoué qu'il détenait à son domicile des photos de mineurs à caractère pornographique, qui avaient été retrouvées lors d'une perquisition ultérieure.

Il contestait néanmoins la validité de cette opération soutenant que sa seule présence sur le lieu du rendez-vous n'était caractéristique d'aucune infraction flagrante et qu'il y avait eu de la part de son interlocuteur provocation à agir, de sorte que les éléments de preuve retenus contre lui avaient été déloyalement fabriqués.

La Cour de cassation approuve la Chambre de l'instruction qui a refusé d'annuler cette procédure. Pour la Haute juridiction, les faits qui ont été rapportés aux policiers ont constitué, au sens de l'article 53 du Code de procédure pénale, des indices apparents révélant l'existence d'agissements délictueux « déjà commis et en train de se commettre », que l'informateur n'a en rien déterminé mais qu'il a permis de constater. (Cass. CRIM du 1er octobre 2003).

• **Crimes et délits flagrants – Enquête – Importation de stupéfiants et association de malfaiteurs – Durée – Prolongation – Validité**

En vertu de l'article 53 alinéas 2 et 3 du Code de procédure pénale, dans le cadre de la constatation d'un délit flagrant, l'enquête diligentée sous le contrôle du procureur de la République peut se poursuivre sans discontinuer pendant une durée de 8 jours.

Le procureur de la République peut décider de la prorogation dans les mêmes conditions de l'enquête pour une durée maximale de 8 jours, si des investigations nécessaires à la manifestation de la vérité (ne pouvant être différées), *pour un crime ou un délit puni d'une peine supérieure ou égale à cinq ans d'emprisonnement.*

Ainsi, tout acte d'enquête portant sur la même infraction, effectué conformément aux règles procédurales liées aux crimes et délits flagrants, après ce délai de 8 jours à partir de la constatation de ladite infraction, est irrégulier, sauf si le procureur de la République décide d'une prorogation pour une nouvelle durée maximale de 8 jours.

(Cass. CRIM. du 18 décembre 2013 – N° de pourvoi : 13-85375)

• **Viols aggravés et tentatives – Vols aggravés et tentatives – Enquête de flagrance – Extension en enquête préliminaire**

Contre l'arrêt de la chambre de l'instruction de la cour d'appel de BORDEAUX, en date du 28 février 2017, qui, dans l'information suivie contre lui des chefs de viols aggravés et tentatives, vols aggravés et tentatives, a prononcé sur sa demande d'annulation d'actes de la procédure;

Attendu qu'il résulte de l'arrêt attaqué et des pièces de la procédure que, le 12 mai 2016 à 22 heures 20, des policiers de la circonscription de sécurité publique de Bordeaux patrouillant à Bègles (33) ont été requis par Mme Stefka Y..., se prostituant, qui leur a signalé qu'elle venait d'être victime de la tentative de vol de son sac, commise par un individu muni d'un couteau; que la requérante a ajouté que ce dernier, une semaine auparavant, l'avait contrainte à avoir une relation sexuelle, également sous la menace d'un couteau; que, le même jour à 22 heures 40, les policiers agissant dans le cadre d'une enquête de flagrance ont interpellé M. X..., correspondant au signalement, dans le secteur géographique où les faits leur avaient été dénoncés; que six prostituées se sont spontanément manifestées pour dénoncer les faits de vols et de tentatives de vols aggravés, ainsi que de viols et de tentatives de viols aggravés qu'elles déclaraient avoir subis et qu'elles imputaient à M. X...; que les policiers ont notifié à M. X... qu'il était placé en garde à vue à compter de 22 heures 40 pour des faits de tentative de vol aggravé, commise à Bègle, le 12 mai 2016; que le gardé à vue a été entendu le 13 mai 2016 par les enquêteurs; qu'après avoir été informé par les policiers du résultat de leurs investigations, le procureur de la République leur a donné pour instruction de notifier à M. X... qu'il était également placé en garde à vue pour des faits de viols aggravés, violences aggravées et vols aggravés commis entre le mois d'août 2015 et le 13 mai 2016, ce qui a été fait par les enquêteurs le 13 mai 2016 à 13 heures 25; que le gardé à vue a été à nouveau entendu le 13 mai 2016; que les enquêteurs ont joint à l'enquête de flagrance la procédure diligentée sur la plainte de M. Z..., se prostituant, qui avait porté plainte pour des faits de viol aggravé et de tentative de vol qualifié; que, le 13 mai 2016, les policiers ont confronté le demandeur aux plaignants; que, le 14 mai 2016, le procureur de la République a ouvert une information judiciaire des chefs de viols aggravés et tentatives et de vols aggravés et tentatives; que M. X... a été mis en examen de ces chefs au terme d'un interrogatoire de première comparution au cours duquel il s'est borné à faire des déclarations; que, le 19 octobre 2016, M. X... a été interrogé par le magistrat instructeur qui s'est référé, s'agissant de certaines questions, aux auditions du mis en examen réalisées au cours de sa garde à vue; que, le 10 novembre 2016, le conseil de M. X... a saisi la chambre de l'instruction d'une requête en nullité d'actes de la procédure;

Attendu qu'en statuant ainsi, dès lors que, quand une personne a été placée en garde à vue du chef d'une infraction, l'omission, dans la notification prévue à l'article 63-1 du Code de procédure pénale, d'autres infractions qu'elle est soupçonnée d'avoir commises ou tenté de commettre, emporte l'annulation des seules auditions effectuées pendant la garde à vue lorsqu'il en est résulté pour elle une atteinte effective à ses intérêts, et des actes dont elles sont le support nécessaire, la chambre de l'instruction a justifié sa décision;

D'où il suit que le grief doit être écarté;

Sur le moyen, pris en ses autres branches;

Attendu que pour refuser d'étendre l'annulation à l'ensemble du procès-verbal de confrontation au cours de l'enquête et des interrogatoires du juge d'instruction, l'arrêt relève que le surplus du procès-verbal de confrontation rapporte seulement la mise en présence de M. X... avec les plaignants, ainsi que les déclarations de ces derniers, sans aucune interaction avec l'intéressé, et que ces actes auraient pu être effectués indépendamment des auditions annulées auxquelles ils ne se référaient pas; que les juges énoncent par ailleurs que le juge d'instruction s'est borné à écouter les déclarations spontanées faites par

M. X... lors de l'interrogatoire de première comparution après avoir porté à la connaissance de ce dernier, de manière exhaustive, les faits objet de la saisine et les chefs de mise en examen envisagés, sans se référer aux déclarations faites par l'intéressé au cours de sa garde à vue; qu'ils ajoutent que la mise en examen de M. X... est fondée sur des indices graves ou concordants suffisant à la justifier indépendamment des déclarations faites au cours de la garde à vue qui n'en constituaient donc pas le support nécessaire exclusif; qu'enfin, pour seulement canceller certains passages du procès-verbal d'interrogatoire du 19 octobre 2016, les juges retiennent que cet acte ne trouve pas dans sa totalité son support nécessaire exclusif dans les actes frappés de nullité;

Attendu qu'en l'état de ces énonciations, abstraction faite de la référence surabondante à la notion de support nécessaire exclusif, et dès lors que seules doivent être annulées par voie de conséquence les pièces qui ont pour support nécessaire l'acte entaché de nullité, la chambre de l'instruction a justifié sa décision;

D'où il suit que le moyen doit être rejeté;

Et attendu que l'arrêt est régulier en la forme;

REJETTE le pourvoi.

(Cour de cassation – Chambre criminelle du 31 octobre 2017 – N° de pourvoi: 17-81842).

• Infractions à la législation sur les stupéfiants – Passage de l'enquête préliminaire à l'enquête de flagrance

Contre l'arrêt de la cour d'appel d'AIX-EN-PROVENCE, 13e chambre, en date du 21/10/2016, qui, pour infractions à la législation sur les stupéfiants, a condamné les deux premiers à 2 ans d'emprisonnement, les deux suivants à 18 mois d'emprisonnement et le dernier à un an d'emprisonnement et a ordonné une mesure de confiscation;

« aux motifs que sur les exceptions de nullité tirées de l'absence de régularité formelle de la copie certifiée conforme de la procédure originale: l'existence de la procédure originale dont s'agit ne saurait être querellée dès lors qu'elle est notamment mentionnée dans les notes d'audience du 20/01/2015; que de plus, la procédure certifiée conforme à l'original a été mise à disposition de l'ensemble des parties dans le cours de la procédure sans encourir la moindre critique de la part des prévenus; qu'aucun texte n'exige que la copie d'une procédure doive, pour être régulière, comporter la signature des mis en cause; que par ailleurs, la cour constate que les procès-verbaux attaqués sont revêtus d'un timbre indiquant sur son pourtour « Police Nationale Circonscription de Marseille Sécurité publique suivie d'un numéro » et portant la mention « certifiée conforme » sur laquelle est apposée une signature; qu'il n'est pas soutenu que ce timbre humide identificateur de l'enquêteur intervenant soit la sûreté départementale des Bouches-du-Rhône de Marseille, ait été dérobé et utilisé à des fins de falsification de la procédure dont s'agit; qu'ainsi, son authenticité n'est pas contestable et partant celle de la qualité du ou des signataires ayant certifié conformes les procès-verbaux; qu'il suit des constatations qui précèdent que la copie certifiée conforme de la procédure N° 2014/SD13/STUPS/3956 est régulière au contraire des conclusions des prévenus; qu'enfin, il n'est pas contesté par les conseils des prévenus qu'une juridiction de jugement a la possibilité de statuer sur le fondement d'une copie certifiée conforme de la procédure originale;

Attendu qu'en se déterminant ainsi, la cour d'appel n'a méconnu aucun des textes visés au moyen dès lors que les procès-verbaux d'enquête préliminaire disparus ont été rétablis au dossier de la procédure par la production de leurs copies certifiées conformes;

« aux motifs que sur les exceptions résultant du passage de l'enquête préliminaire à l'enquête de flagrance concernant E... B..., X... C... et F... I... (): il résulte des procès-verbaux contradictoirement débattus qu'à compter du 3 novembre 2014, l'enquête dont s'agit jusque-là menée sous la forme préliminaire a basculé dans la procédure de flagrance, laquelle s'est naturellement étendue à l'ensemble des mis en cause ainsi valablement interpellés; il s'ensuit que les moyens soulevés de ce chef par E... B..., X... C... et F... I... sont rejetés;

Attendu que pour écarter le moyen de nullité résultant du passage de l'enquête préliminaire à l'enquête de flagrance, l'arrêt, après avoir décrit certains actes d'enquête et notamment exposé qu'une surveillance policière avait été mise en place à partir du 08/10/2014 jusqu'au 04/11/2014 et avait permis de constater l'existence d'un trafic de stupéfiants, prononce par les motifs repris au moyens;

D'où il suit que le moyen ne saurait être accueilli;

Et attendu que l'arrêt est régulier en la forme;

REJETTE les pourvois;

(Cour de cassation – Chambre criminelle du 5 septembre 2018 – N° de pourvoi: 16-87180).

• Infractions à la législation sur les stupéfiants en récidive – Crimes et délits flagrants – Flagrance – Définition – Indice apparent d'un comportement délictueux révélant l'existence d'infractions répondant à la définition de l'article 53 du C.P.P. – Constatations suffisantes – Marquage d'un chien spécialisé

REJET sur le pourvoi formé par M. S... B..., contre l'arrêt de la cour d'appel de VERSAILLES, 8e chambre, en date du 20/03/2019, qui, pour infractions à la législation sur les stupéfiants en récidive, l'a condamné à 18 mois d'emprisonnement, 1 500 € d'amende et a ordonné une mesure de confiscation.

L'action significative, constatée par les fonctionnaires de police, d'un chien spécialement dressé pour la recherche des produits stupéfiants devant la porte d'un domicile constitue un indice objectif apparent d'un comportement suspect, caractérisant la flagrance et justifiant la perquisition des lieux.

(Cour de cassation – Chambre criminelle du 11 décembre 2019 – N° de pourvoi: 19-82457).

• Infractions à la législation sur les stupéfiants – Association de malfaiteurs et blanchiment – Rôle de la juridiction – Constatations initiales de l'O.P.J.

M. S... N... a formé un pourvoi contre l'arrêt de la chambre de l'instruction de la cour d'appel de Lyon, en date du 07/03/2019, qui, dans l'information suivie contre lui des chefs d'infractions à la législation sur les stupéfiants, association de malfaiteurs et blanchiment, a prononcé sur sa demande d'annulation d'actes de la procédure.

Le moyen critique l'arrêt attaqué "en ce que la chambre de l'instruction a rejeté le moyen de nullité tiré de l'irrégularité de l'entrée des fonctionnaires de police dans le parking souterrain du [...];

alors que pour pouvoir agir en flagrant délit, les officiers de police judiciaire doivent avoir eu connaissance, au préalable, d'indices apparents d'un comportement révélant l'existence d'un crime ou d'un délit en train de se commettre ou qui vient d'être commis; que les juges ne peuvent substituer leurs propres déductions aux constatations initiales de l'officier de police judiciaire pour justifier la mise en œuvre des pouvoirs prévus aux articles 53 et suivants du C.P.P.; qu'en l'espèce, il ressort du procès-verbal d'interpellation établi le 30/05/2018 que c'est sur le fondement des articles R. 233-1 et R. 233-3 du C.R. que sont intervenus les officiers de police judiciaire, ces derniers entendant procéder à un contrôle routier après avoir constaté des indices de comportement contraventionnel, ce qui exclut une intervention dans le cadre de la flagrance; qu'en soutenant, pour rejeter le moyen de nullité tiré de cette irrégularité, que « les faits tels que détaillés par les services de police dans leur procès-verbal évoquent une situation de mise en danger délibérée de la vie d'autrui » pour en déduire que « les policiers se trouvaient dans une situation de délit flagrant » (arrêt, p. 6), la chambre de l'instruction, qui a substitué ses propres déductions aux constatations initiales des officiers de police judiciaire, a méconnu les principes susvisés;

PAR CES MOTIFS, la Cour:
CASSE et ANNULE, en toutes ses dispositions, l'arrêt susvisé de la chambre de l'instruction de la cour d'appel de Lyon, en date du 07/03/2019, et pour qu'il soit à nouveau jugé, conformément à la loi;
RENVOIE la cause et les parties devant la chambre de l'instruction de la cour d'appel de Lyon, autrement composée, à ce désignée par délibération spéciale prise en chambre du conseil;
ORDONNE l'impression du présent arrêt, sa transcription sur les registres du greffe de la chambre de l'instruction de la cour d'appel de Lyon et sa mention en marge ou à la suite de l'arrêt annulé.
(Cour de cassation – Chambre criminelle du 7 janvier 2020 – N° de pourvoi: 19-83774).

Article 53-1. – *(Abrogé par la Loi n° 2015-993 du 17 août 2015)*

Article 54. – Crime flagrant – L'O.P.J. – *(Loi n° 2010-768 du 9 juillet 2010)*
• En cas de crime flagrant, l'officier de police judiciaire qui en est avisé, informe immédiatement le procureur de la République, se transporte sans délai sur le lieu du crime et procède à toutes constatations utiles.
• Il veille à la conservation des indices susceptibles de disparaître et de tout ce qui peut servir à la manifestation de la vérité. Il saisit les armes et instruments qui ont servi à commettre le crime ou qui étaient destinés à le commettre ainsi que tout ce qui paraît avoir été le produit direct ou indirect de ce crime.
• Il représente les objets saisis, pour reconnaissance, aux personnes qui paraissent avoir participé au crime, si elles sont présentes.

V
• Code de Procédure Pénale – art. 28-1 – Fonctionnaires et agents compétents
• Code de Procédure Pénale – art. R. 147 – Indemnité de garde des scellés
• Code de Procédure Pénale – art. R. 200 – Magistrats et greffiers

Article 55. – Modifications de l'état des lieux et prélèvements quelconques – *(Loi n° 92-1336 du 16 décembre 1992)*
• Dans les lieux où un crime a été commis, il est interdit, sous peine de l'amende prévue pour les contraventions de la 4° classe, à toute personne non habilitée, de modifier avant les premières opérations de l'enquête judiciaire l'état des lieux et d'y effectuer des prélèvements quelconques.
• Toutefois, exception est faite lorsque ces modifications ou ces prélèvements sont commandés par les exigences de la sécurité ou de la salubrité publique, ou par les soins à donner aux victimes.

Article 55-1. – O.P.J. ou sous son contrôle – Opération de prélèvements externes, de relevés signalétiques – *(Loi n° 2023-22 du 24 janvier 2023 + Décision n° 2022-846 DC du 19 janvier 2023)*
• L'officier de police judiciaire peut procéder, ou faire procéder sous son contrôle, sur toute personne susceptible de fournir des renseignements sur les faits en cause ou sur toute personne à l'encontre de laquelle il existe une ou plusieurs raisons plausibles de soupçonner qu'elle a commis ou tenté de commettre l'infraction, aux opérations de prélèvements externes nécessaires à la réalisation d'examens techniques et scientifiques de comparaison avec les traces et indices prélevés pour les nécessités de l'enquête.
• Il procède, ou fait procéder sous son contrôle, aux opérations de relevés signalétiques et notamment de prise d'empreintes digitales, palmaires ou de photographies nécessaires à l'alimentation et à la consultation des fichiers de police selon les règles propres à chacun de ces fichiers.
• L'officier de police judiciaire peut également procéder, ou faire procéder sous son contrôle, aux opérations permettant l'enregistrement, la comparaison et l'identification des traces et des indices ainsi que des résultats des opérations de relevés signalétiques dans les fichiers mentionnés au 2e alinéa, selon les règles propres à chacun de ces fichiers.
• Le refus, par une personne à l'encontre de laquelle il existe une ou plusieurs raisons plausibles de soupçonner qu'elle a commis ou tenté de commettre une infraction, de se soumettre aux opérations de prélèvement, mentionnées aux 1er et 2e alinéas ordonnées par l'officier de police judiciaire est puni d'un an d'emprisonnement et de 15000 € d'amende.
• Sans préjudice de l'application de l'avant-dernier alinéa, lorsque la prise d'empreintes digitales ou palmaires ou d'une photographie constitue l'unique moyen d'identifier une personne qui est entendue en application des articles 61-1 ou 62-2 pour un crime ou un délit puni d'au moins 3 ans d'emprisonnement et qui refuse de justifier de son identité ou qui fournit des éléments d'identité manifestement inexacts, cette opération peut être effectuée sans le consentement de cette personne, sur autorisation écrite du procureur de la République saisi d'une demande motivée par l'officier de police judiciaire. L'officier de police judiciaire ou, sous son contrôle, un agent de police judiciaire recourt à la contrainte dans la mesure stricte-

ment nécessaire et de manière proportionnée. Il tient compte, s'il y a lieu, de la vulnérabilité de la personne. Cette opération fait l'objet d'un procès-verbal, qui mentionne les raisons pour lesquelles elle constitue l'unique moyen d'identifier la personne ainsi que le jour et l'heure auxquels il y est procédé. Le procès-verbal est transmis au procureur de la République, copie en ayant été remise à l'intéressé.

[V] • Art. 76-2 et 154-1.

[D] • **Prélèvements sur les témoins et les suspects.** – L'article 30 de la loi du 18 mars 2003 a inséré dans le Code de procédure pénale trois articles 55-1, 76-2 et 154-1 relatifs aux prélèvements sur les témoins et les suspects au cours de l'enquête de flagrance, de l'enquête préliminaire ou de l'instruction.

• Le nouvel article 55-1 dispose qu'au cours de l'enquête de flagrance, l'officier de police judiciaire peut procéder, ou faire procéder sous son contrôle, sur toute personne susceptible de fournir des renseignements sur les faits en cause ou sur toute personne à l'encontre de laquelle il existe une ou plusieurs raisons plausibles de soupçonner qu'elle a commis ou tenté de commettre l'infraction, aux opérations de prélèvements externes nécessaires à la réalisation d'examens techniques et scientifiques de comparaison avec les traces et indices prélevés pour les nécessités de l'enquête.

• Le deuxième alinéa de l'article précise que l'officier de police judiciaire procède, ou fait procéder sous son contrôle, aux opérations de signalisation nécessaires à l'alimentation et à la consultation des fichiers de police selon les règles propres à chacun de ces fichiers.

• Le refus de se soumettre aux opérations de prélèvement ordonnées par l'officier de police judiciaire est puni d'un an d'emprisonnement et de 15000 € d'amende. Une sanction pénale peut ainsi être prononcée en cas de refus de prélèvement, mais celui-ci ne peut être exécuté de façon forcée *(à la différence de ce qui est prévu pour le dépistage du sida, cf. infra)*.

• Le nouvel article 76-2 prévoit qu'au cours de l'enquête préliminaire, le procureur de la République ou, sur autorisation de celui-ci, l'officier de police judiciaire peut faire procéder aux opérations de prélèvements externes prévues par l'article 55-1, dont les dispositions des deuxième et troisième alinéas sont applicables.

• Le nouvel article 154-1 précise enfin que pour les nécessités de l'exécution de la commission rogatoire l'officier de police judiciaire peut également faire procéder à ces opérations de prélèvements externes, les dispositions des deuxième et troisième alinéas de l'article 55-1 étant également applicables.

• Dans sa décision du 13 mars 2003, le Conseil constitutionnel a précisé que les prélèvements externes consistent en des prélèvements n'impliquant aucune intervention corporelle interne et ne comportant aucun procédé douloureux. Il ne peut donc s'agir d'une prise de sang. Il peut en revanche consister en un prélèvement d'empreintes digitales, ou en un prélèvement de matériel biologique, grâce à l'utilisation d'un écouvillon buccal, en vue d'effectuer une analyse d'empreinte génétique. Ces opérations permettent ainsi, sur les lieux d'un crime, de séparer, parmi les traces recueillies et ayant donné lieu à des empreintes digitales ou génétiques, celles qui proviennent des proches de la victime, et celles qui proviennent de personnes inconnues, seules ces dernières empreintes pouvant être enregistrées dans le FAED ou le FNAEG.

• Le délit de refus de prélèvement prévu par les nouvelles dispositions devra évidemment donner lieu à une application mesurée et, bien qu'il s'applique à toutes les hypothèses prévues par le nouveau texte, c'est principalement en cas de refus émanant d'un suspect, et non de refus émanant d'un simple témoin, qu'il pourra donner lieu à des poursuites. D'une manière générale, le Conseil constitutionnel a estimé qu'en l'absence de voies d'exécution d'office du prélèvement et compte tenu de la gravité des faits susceptibles d'avoir été commis, le législateur n'avait pas fixé un quantum de peine disproportionné. Il a toutefois précisé qu'il appartiendra à la juridiction répressive, lors du prononcé de la peine sanctionnant ce refus, de proportionner cette dernière à celle qui pourrait être infligée pour le crime ou le délit à l'occasion duquel le prélèvement a été demandé.

• Il convient enfin d'observer qu'en ce qui concerne les suspects, les prélèvements par écouvillon buccal destinés à permettre l'analyse par empreintes génétiques seront normalement effectués sur le fondement de l'article 706-56 et non sur celui des articles 55-1 et 76-2 et 154-1, qui, en cette matière, ne présentent un intérêt juridique que pour les témoins *(aucune irrégularité ne saurait toutefois résulter, en cas de prélèvement sur un suspect, d'un visa erroné des articles appliqués)*. Par ailleurs, en ce qui concerne la prise d'empreintes digitales, ces articles ne sont pas applicables en cas de procédure de vérification d'identité, au cours de laquelle ces opérations ne peuvent être effectuées, conformément aux dispositions du quatrième alinéa de l'article 78-3, que sur autorisation du procureur de la République. *(Circ. CRIM. n° 2003-12/E8 du 31-07-2003)*.

CODE PÉNAL

Article 434-4. – Entraves à la saisine de la justice – *(Ordonnance n° 2000-916 du 19 septembre 2000)*

• Est puni de trois ans d'emprisonnement et de 45000 euros d'amende le fait, en vue de faire obstacle à la manifestation de la vérité :

• 1° De modifier l'état des lieux d'un crime ou d'un délit soit par l'altération, la falsification ou l'effacement des traces ou indices, soit par l'apport, le déplacement ou la suppression d'objets quelconques ;

• 2° De détruire, soustraire, receler ou altérer un document public ou privé ou un objet de nature à faciliter la découverte d'un crime ou d'un délit, la recherche des preuves ou la condamnation des coupables.

• Lorsque les faits prévus au présent article sont commis par une personne qui, par ses fonctions, est appelée à concourir à la manifestation de la vérité, la peine est portée à cinq ans d'emprisonnement et à 75000 euros d'amende.

Article 56. – Perquisitions et saisies – *(Loi n° 2020-1672 du 24 décembre 2020)*

• Si la nature du crime est telle que la preuve en puisse être acquise par la saisie des papiers, documents, données informatiques ou autres objets en la possession des personnes qui paraissent avoir participé au crime ou détenir des pièces, informations ou objets relatifs aux faits incriminés, l'officier de police judiciaire se transporte sans désemparer au domicile de ces derniers pour y procéder à une perquisition dont il dresse procès-verbal. L'officier de police judiciaire peut également se transporter en tous lieux dans lesquels sont susceptibles de se trouver des biens dont la confiscation est prévue à l'article 131-21 du Code pénal, pour y procéder à une perquisition aux fins de saisie de ces biens ; si la perquisition est effectuée aux

seules fins de rechercher et de saisir des biens dont la confiscation est prévue par les 5e et 6e alinéas de ce même article, elle doit être préalablement autorisée par le procureur de la République. Lorsque l'enquête porte sur des infractions de violences, l'officier de police judiciaire peut, d'office ou sur instructions du procureur de la République, procéder à la saisie des armes qui sont détenues par la personne suspectée ou dont celle-ci a la libre disposition, quel que soit le lieu où se trouvent ces armes.

• Il a seul, avec les personnes désignées à l'article 57 du présent code, les fonctionnaires et agents agissant dans les conditions prévues au 3e alinéa de l'article 28 et celles auxquelles il a éventuellement recours en application de l'article 60, le droit de prendre connaissance des papiers, documents ou données informatiques avant de procéder à leur saisie.

• Toutefois, sans préjudice de l'application des articles 56-1 à 56-5, il a l'obligation de provoquer préalablement toutes mesures utiles pour que soit assuré le respect du secret professionnel et des droits de la défense.

• Tous objets et documents saisis sont immédiatement inventoriés et placés sous scellés. Cependant, si leur inventaire sur place présente des difficultés, ils font l'objet de scellés fermés provisoires jusqu'au moment de leur inventaire et de leur mise sous scellés définitifs et ce, en présence des personnes qui ont assisté à la perquisition suivant les modalités prévues à l'article 57.

• Il est procédé à la saisie des données informatiques nécessaires à la manifestation de la vérité en plaçant sous main de justice soit le support physique de ces données, soit une copie réalisée en présence des personnes qui assistent à la perquisition.

• Si une copie est réalisée, il peut être procédé, sur instruction du procureur de la République, à l'effacement définitif, sur le support physique qui n'a pas été placé sous main de justice, des données informatiques dont la détention ou l'usage est illégal ou dangereux pour la sécurité des personnes ou des biens.

• Avec l'accord du procureur de la République, l'officier de police judiciaire ne maintient que la saisie des objets, documents et données informatiques utiles à la manifestation de la vérité, ainsi que des biens dont la confiscation est prévue à l'article 131-21 du Code pénal.

• Le procureur de la République peut également, lorsque la saisie porte sur des espèces, lingots, effets ou valeurs dont la conservation en nature n'est pas nécessaire à la manifestation de la vérité ou à la sauvegarde des droits des personnes intéressées, autoriser leur dépôt à la Caisse des dépôts et consignations ou à la Banque de France ou sur un compte ouvert auprès d'un établissement bancaire par l'Agence de gestion et de recouvrement des avoirs saisis et confisqués.

• Lorsque la saisie porte sur des billets de banque ou pièces de monnaie libellés en euros contrefaisants, l'officier de police judiciaire doit transmettre, pour analyse et identification, au moins un exemplaire de chaque type de billets ou pièces suspectés faux au centre d'analyse national habilité à cette fin. Le centre d'analyse national peut procéder à l'ouverture des scellés. Il en dresse inventaire dans un rapport qui doit mentionner toute ouverture ou réouverture des scellés. Lorsque les opérations sont terminées, le rapport et les scellés sont déposés entre les mains du greffier de la juridiction compétente. Ce dépôt est constaté par procès-verbal.

• Les dispositions du précédent alinéa ne sont pas applicables lorsqu'il n'existe qu'un seul exemplaire d'un type de billets ou de pièces suspectés faux, tant que celui-ci est nécessaire à la manifestation de la vérité.

• Si elles sont susceptibles de fournir des renseignements sur les objets, documents et données informatiques saisis, les personnes présentes lors de la perquisition peuvent être retenues sur place par l'officier de police judiciaire le temps strictement nécessaire à l'accomplissement de ces opérations.

QPC • **Décision n° 2015-506 QPC du 4 décembre 2015**

Article 2. – Le troisième alinéa de l'article 56 du Code de procédure pénale et les mots « Sous réserve de ce qui est dit à l'article 56 concernant le respect du secret professionnel et des droits de la défense » figurant à l'article 57 du même code sont contraires à la Constitution.

Article 3. – Le troisième alinéa de l'article 56 du Code de procédure pénale est conforme à la Constitution.

Article 4. – La déclaration d'inconstitutionnalité de l'article 2 prend effet dans les conditions prévues aux considérants 18 à 20.

18. Considérant, en premier lieu, que l'abrogation immédiate du troisième alinéa de l'article 56 et des mots « Sous réserve de ce qui est dit à l'article 56 concernant le respect du secret professionnel et des droits de la défense » figurant à l'article 57 du Code de procédure pénale aurait pour effet de faire disparaître des dispositions contribuant au respect du secret professionnel et des droits de la défense dans le cadre de l'enquête de flagrance ; que, par suite, afin de permettre au législateur de remédier à l'inconstitutionnalité constatée, il y a lieu de reporter au 1er octobre 2016 la date de cette abrogation ;

19. Considérant, en deuxième lieu, qu'afin de faire cesser l'inconstitutionnalité constatée à compter de la publication de la présente décision, il y a lieu de juger que les dispositions du troisième alinéa de l'article 56 du Code de procédure

pénale ne sauraient être interprétées comme permettant, à compter de cette publication, la saisie d'éléments couverts par le secret du délibéré ;

20. Considérant, en troisième lieu, que la remise en cause des actes de procédure pénale pris sur le fondement des dispositions déclarées inconstitutionnelles méconnaîtrait l'objectif de valeur constitutionnelle de recherche des auteurs d'infractions et aurait des conséquences manifestement excessives ; que, par suite, les mesures prises avant la publication de la présente décision en application des dispositions déclarées contraires à la Constitution ne peuvent être contestées sur le fondement de cette inconstitutionnalité,

J • **Douane – Saisie à domicile – Assistance O.P.J.** – *En cas de saisie à domicile opérées dans le cadre d'une enquête douanière ou cambière, la présence de l'O.P.J. à la rédaction du procès-verbal qui les constate, telle que prévue par l'article 330/2° du Code des douanes, est exigée quel que soit le lieu où le procès-verbal est rédigé* (Cass. CRIM. du 11 décembre 1989).

• **Perquisitions – Assistance O.P.J. – Personne qualifiée – Conditions – Prestation de serment préalable.** – *À peine de nullité de procédure, l'officier de police judiciaire a seul le droit, lors d'une perquisition, de prendre connaissance des papiers ou documents trouvés sur place, avant de procéder à leur saisie, et qu'il ne peut, à cette occasion, se faire assister de tiers, en qualité de « personnes qualifiées » qu'à la condition que ceux-ci aient fait l'objet d'une réquisition régulière et dont la régularité est subordonnée à la prestation de serment dans les conditions définies à l'article 60 du Code de procédure pénale* (Cass. CRIM. du 22 février 1996 – BCC du 15/6/96).

• **Reconstitution par O.P.J. au cours d'une enquête de flagrance** – *La Cour de cassation affirme :*

– qu'aucun texte ne prohibe la réalisation d'une reconstitution dans le cadre d'une enquête de flagrance, par des officiers de police judiciaire agissant dans la limite des pouvoirs conférés par les articles 53 à 66 du CPP ;

– que les éventuelles imperfections ou approximations lors du déroulement de cette opération, n'affectant pas la régularité de l'acte, dès lors qu'aucun procédé déloyal n'a été utilisé.

Elle confirme également la validité du procès-verbal de transport et de reconstitution, précisant que, dans ce cas, les O.P.J. ne sont pas tenus de rédiger un procès-verbal dans les formes prévues par les articles 62 et 429, alinéa du CPP, le procès-verbal pouvant faire étant des déclarations de la personne soupçonnée sans que soient mentionnées les questions posées (Cass. CRIM. du 26 février 2003 – Bull. crim. 2003, n° 56).

• **Législation sur les armes en bande organisée – Saisie incidente – Pouvoirs propres de police judiciaire**

Contre l'arrêt de la chambre de l'instruction de la cour d'appel de REIMS, en date du 29 janvier 2015, qui, dans l'information suivie, notamment contre lui, du chef d'infractions à la législation sur les armes en bande organisée, a prononcé sur sa demande d'annulation d'actes de la procédure ;

Attendu qu'en prononçant ainsi, l'arrêt n'encourt pas le grief allégué dès lors que, effectuant régulièrement une perquisition sur le fondement d'une commission rogatoire, les officiers de police judiciaire qui découvrent des faits délictueux étrangers à la saisine du juge d'instruction mandant peuvent valablement mettre en œuvre les pouvoirs propres de police judiciaire qu'ils tiennent des articles 53 et suivants du Code de procédure pénale et accomplir, comme en l'espèce, une saisie coercitive des indices de la commission d'une infraction flagrante légalement constatée ;

Attendu que, pour annuler partiellement la mise en examen, l'arrêt prononce par les motifs repris au moyen ;

Attendu qu'en l'état de ces énonciations, et dès lors que, après la cancellation opérée, la mise en examen demeure valide pour les autres faits reprochés, objet des réquisitoires introductif et supplétif dont le juge d'instruction était régulièrement saisi, la chambre de l'instruction a justifié sa décision ;

Et attendu que l'arrêt est régulier en la forme ;

REJETTE le pourvoi ;

(Cour de cassation – Chambre criminelle du 23 juin 2015 – N° de pourvoi : 15-81071).

• **Infractions à la législation sur les stupéfiants – Palpation de sécurité – Perquisition**

REJET sur le pourvoi formé par M. M... U..., contre l'arrêt de la cour d'appel de Paris, chambre 8-3, en date du 27/02/2019, qui, pour infractions à la législation sur les stupéfiants, l'a condamné à 10 mois d'emprisonnement.

Attendu qu'en l'état de ces motifs, qui établissent que les palpations de sécurité auxquelles a été soumis M. U... ne pouvaient être assimilées à une perquisition et avaient pour finalité de vérifier que la personne contrôlée n›était porteuse d›aucun objet dangereux pour elle-même ou pour autrui, la cour d›appel a justifié sa décision ;

D'où il suit que le moyen doit être écarté ;

Et attendu que l'arrêt est régulier en la forme ;

REJETTE le pourvoi.

(Cour de cassation – Chambre criminelle du 11 décembre 2019 – N° de pourvoi : 19-82454).

Article 56-1. – Perquisitions – Cabinet avocat ou domicile – *(Loi n° 2021-1729 du 22 décembre 2021 + Décision n° 2022-1031 QPC du 19 janvier 2023)*

• Les perquisitions dans le cabinet d'un avocat ou à son domicile ne peuvent être effectuées que par un magistrat et en présence du bâtonnier ou de son délégué, à la suite d'une décision écrite et motivée prise par le juge des libertés et de la détention saisi par ce magistrat, qui indique la nature de l'infraction ou des infractions sur lesquelles portent les investigations, les raisons justifiant la perquisition, l'objet de celle-ci et sa proportionnalité au regard de la nature et de la gravité des faits. Le contenu de cette décision est porté à la connaissance du bâtonnier ou de son délégué dès le début de la perquisition par le magistrat effectuant celle-ci. Celui-ci et le bâtonnier ou son délégué ont seuls le droit de consulter ou de prendre connaissance des documents ou des objets se trouvant sur les lieux préalablement à leur éventuelle saisie. Aucune saisie ne peut concerner des documents ou des objets relatifs à d'autres infractions que celles mentionnées dans la décision précitée. Lorsque la perquisition est justifiée par la mise en cause de l'avocat, elle ne peut être autorisée que s'il existe des raisons plausibles de le soupçonner d'avoir commis ou tenté de commettre, en tant qu'auteur ou complice, l'infraction qui fait l'objet de la procédure ou une infraction connexe au sens de l'article 203. Les dispositions du présent alinéa sont édictées à peine de nullité.

• Le magistrat qui effectue la perquisition veille à ce que les investigations conduites ne portent pas atteinte au libre exercice de la profession d'avocat et à ce qu'aucun document relevant de l'exercice des droits de la défense et couvert par le secret professionnel de la défense et du conseil, prévu à l'article 66-5 de la loi n° 71-1130 du 31 décembre 1971 portant réforme de certaines professions judiciaires et juridiques, ne soit saisi et placé sous scellé.

• Le bâtonnier ou son délégué peut s'opposer à la saisie d'un document ou d'un objet s'il estime que cette saisie serait irrégulière. Le document ou l'objet doit alors être placé sous scellé fermé. Ces opérations font l'objet d'un procès-verbal mentionnant les objections du bâtonnier ou de son délégué, qui n'est pas joint au dossier de la procédure. Si d'autres documents ou d'autres objets ont été saisis au cours de la perquisition sans soulever de contestation, ce procès-verbal est distinct de celui prévu par l'article 57. Ce procès-verbal ainsi que le document ou l'objet placé sous scellé fermé sont transmis sans délai au juge des libertés et de la détention, avec l'original ou une copie du dossier de la procédure.

• Dans les 5 jours de la réception de ces pièces, le juge des libertés et de la détention statue sur la contestation par ordonnance motivée.

• À cette fin, il entend le magistrat qui a procédé à la perquisition et, le cas échéant, le procureur de la République, ainsi que l'avocat au cabinet ou au domicile duquel elle a été effectuée et le bâtonnier ou son délégué. Il peut ouvrir le scellé en présence de ces personnes.

• S'il estime qu'il n'y a pas lieu à saisir le document ou l'objet, le juge des libertés et de la détention ordonne sa restitution immédiate, ainsi que la destruction du procès-verbal des opérations et, le cas échéant, la cancellation de toute référence à ce document, à son contenu ou à cet objet qui figurerait dans le dossier de la procédure.

• Dans le cas contraire, il ordonne le versement du scellé et du procès-verbal au dossier de la procédure. Cette décision n'exclut pas la possibilité ultérieure pour les parties de demander la nullité de la saisie devant, selon les cas, la juridiction de jugement ou la chambre de l'instruction.

• La décision du juge des libertés et de la détention peut faire l'objet d'un recours suspensif dans un délai de 24 heures, formé par le procureur de la République, l'avocat ou le bâtonnier ou son délégué devant le président de la chambre de l'instruction. Celui-ci statue dans les 5 jours suivant sa saisine, selon la procédure prévue au 5e alinéa du présent article.

• Ce recours peut également être exercé par l'administration ou l'autorité administrative compétente.

• Les dispositions du présent article sont également applicables aux perquisitions effectuées dans les locaux de l'ordre des avocats ou des caisses de règlement pécuniaire des avocats. Dans ce cas, les attributions confiées au juge des libertés et de la détention sont exercées par le président du tribunal judiciaire qui doit être préalablement avisé de la perquisition. Il en est de même en cas de perquisition au cabinet ou au domicile du bâtonnier.

• Les dispositions du présent article sont également applicables aux perquisitions ou visites domiciliaires effectuées, sur le fondement d'autres codes ou de lois spéciales, dans le cabinet d'un avocat ou à son domicile ou dans les locaux mentionnés à l'avant-dernier alinéa.

Nota : Par une décision n° 2022-1031 QPC du 19/01/2023, le Conseil constitutionnel a déclaré conformes à la Constitution les mots « le juge des libertés et de la détention statue sur la contestation » figurant au 4e alinéa de l'article 56-1 du C.P.P., dans sa rédaction résultant de la loi n° 2021-1729 du 22/12/2021 pour la confiance dans l'institution judiciaire, sous la réserve énoncée au paragraphe 11 aux termes de laquelle : « Le principe d'impartialité ne s'oppose pas à ce que le juge des libertés et de la détention qui a autorisé une perquisition statue sur la contestation d'une saisie effectuée à cette occasion par un autre juge des libertés et de la détention. En revanche, les dispositions contestées ne sauraient, sans méconnaître ce principe, être interprétées comme permettant qu'un même juge des libertés et de la détention effectue une saisie et statue sur sa contestation. »

J **• Blanchiment – Faux et usage – Abus de confiance – Recel… – Instruction – Perquisition – Cabinet d'un avocat – Correspondant échangée entre l'avocat et son client – Saisie – Conditions**

Contre l'arrêt de la chambre de l'instruction de la cour d'appel de PARIS, en date du 23/02/2001, qui, dans l'information suivie contre eux, notamment pour blanchiment, faux et usage, abus de confiance, recel, trafic d'influence, abus de biens sociaux, commerce illicite d'armes, fraudes fiscales, a rejeté partiellement leurs requêtes aux fins d'annulation d'actes de la procédure.

Si les pièces échangées entre l'avocat et ses clients sont couvertes par le secret professionnel aux termes de l'article 66-5 de la loi du 31/12/1971, il n'en demeure pas moins que le juge d'instruction tient des articles 96 et 97 du C.P.P. le pouvoir de saisir de telles pièces lorsqu'elles sont de nature à établir la preuve de la participation de l'avocat à une infraction.

(Cour de cassation – Chambre criminelle du 27 juin 2001 – N° de pourvoi : 01-81.865).

• Fraude fiscale – Instruction – Opérations de visite et de saisie – Locaux professionnels – Personne astreinte au secret professionnel – Mesures nécessaires au respect de ce secret

Contre l'ordonnance du président du T.G.I. de PARIS, en date du 05/10/2000, qui a autorisé l'administration des Impôts à effectuer des opérations de visite et de saisie, en vue de rechercher la preuve d'une fraude fiscale.

Attendu que, s'il appartient aux agents autorisés ou, à défaut, à l'O.P.J. désigné, de solliciter la présence aux opérations du représentant de l'ordre professionnel concerné, le juge qui autorise, en vertu de l'article L. 16 B du Livre des procédures fiscales, une visite et une saisie dans les locaux professionnels d'une personne astreinte au secret professionnel n'a pas à prescrire les mesures nécessaires au respect de ce secret à peine de nullité de son ordonnance.

(Cour de cassation – Chambre criminelle du 10 juillet 2002 – N° de pourvoi : 01-82.457).

• Tentative d'extorsion de fonds et complicité, abus de biens sociaux – Recel d'abus de biens sociaux – Faux et usage

de faux – Instruction – Incompatibilités – Juge d'instruction conjoint d'un magistrat du ministère public – Éléments d'appréciation

Contre l'arrêt de la chambre de l'instruction de la cour d'appel de PARIS, en date du 27/09/2002, qui, dans l'information suivie contre eux pour tentative d'extorsion de fonds et complicité, abus de biens sociaux, recel d'abus de biens sociaux, faux et usage de faux, a rejeté leurs requêtes en annulation d'actes de la procédure.

La seule circonstance qu'un juge d'instruction soit le conjoint d'un magistrat du ministère public exerçant ses fonctions près le même tribunal n'est pas de nature à faire naître un doute objectivement justifié quant à son impartialité dès lors qu'il n'est pas établi que son conjoint soit intervenu directement ou indirectement dans le déroulement de l'information.

(Cour de cassation – Chambre criminelle du 14 janvier 2003 – N° de pourvoi : 02-87062).

• Tentative de meurtre aggravé – Crimes et délits flagrants – Perquisition – Définition – Portée

Contre l'arrêt de la chambre de l'instruction de la cour d'appel d'AMIENS, en date du 02/04/2004, qui, dans l'information suivie contre elle pour tentative de meurtre aggravé, a rejeté sa requête en annulation d'actes de la procédure.

Justifie sa décision la chambre de l'instruction, qui, pour refuser d'annuler un procès-verbal de transport en crime flagrant au domicile d'un avocat où son épouse avoué a son étude, retient que cet acte a été réalisé en application de l'article 54 du C.P.P., les opérations critiquées ne constituant pas une perquisition au sens des articles 56 et suivants du C.P.P.

(Cour de cassation – Chambre criminelle du 14 septembre 2004 – N° de pourvoi : 04-83.754).

• Instructions – Perquisition – Cabinet d'un avocat – Saisie de documents – Opposition du bâtonnier – Juge des libertés et de la détention – Compétence – Compétence territoriale – Détermination

Contre l'ordonnance du juge des libertés et de la détention du T.G.I. d'ORLÉANS, en date du 21/04/2005, qui s'est déclaré compétent pour connaître de la régularité de la saisie pratiquée au cabinet d'un avocat.

Aucun principe ni aucune disposition légale ne fait obstacle, pour statuer, en application de l'article 56-1 du C.P.P., sur l'opposition du bâtonnier de l'Ordre à la saisie d'un document dans le cabinet ou le domicile d'un avocat, à la compétence du juge des libertés et de la détention appartenant à la même juridiction que le juge d'instruction en charge de l'information qui a procédé à la perquisition litigieuse, quand bien même celle-ci aurait été effectuée dans un autre ressort.

(Cour de cassation – Chambre criminelle du 22 juin 2005 – N° de pourvoi : 05-82.759).

• Blanchiment de produits provenant du trafic de stupéfiants – Blanchiment aggravé... – Instruction – Information préalable du bâtonnier – Perquisition – Cabinet ou domicile d'un avocat

Contre l'arrêt de la chambre de l'instruction de la cour d'appel d'ORLÉANS, en date du 13/10/2005, qui, dans l'information suivie contre elle pour blanchiment de produits provenant du trafic de stupéfiants, blanchiment aggravé, révélation d'informations issues d'une enquête ou d'une information en cours, sortie illicite de correspondance remise par un détenu à personne habilitée, a rejeté sa requête en annulation d'actes de la procédure.

Attendu qu'en l'état de ces motifs, qui établissent que les saisies effectuées, en relation directe avec l'infraction objet de la poursuite, étaient destinées à apporter la preuve de la participation éventuelle de France X... à cette seule infraction et ont été limitées aux seuls documents nécessaires à la manifestation de la vérité et, dès lors que les textes en vigueur à l'époque des opérations critiquées n'imposaient pas au juge d'instruction l'information préalable du bâtonnier sur l'objet de la perquisition envisagée au cabinet ou au domicile d'un avocat, la chambre de l'instruction a justifié sa décision;

D'où il suit que le moyen ne saurait être accueilli;

Et attendu que l'arrêt est régulier en la forme;

REJETTE le pourvoi.

(Cour de cassation – Chambre criminelle du 1er mars 2006 – N° de pourvoi : 05-87.252).

• Complicité de fraude fiscale – Faux et usage et blanchiment aggravé – Instruction – Perquisition – Cabinet d'un avocat – Régularité – Conditions – Décision de perquisition – Mentions – Motifs précis justifiant la perquisition et en décrivant l'objet – Défaut – Sanction – Nullité

Contre l'arrêt de la chambre de l'instruction de la cour d'appel de LYON, en date du 07/05/2015, qui, dans l'information suivie contre lui des chefs de complicité de fraude fiscale, faux et usage et blanchiment aggravé, a prononcé sur sa demande d'annulation de pièces de la procédure.

Il résulte des articles 56-1 du C.P.P. et 8 de la Convention européenne des droits de l'homme que l'absence, dans la décision, prise par un magistrat, de perquisition du cabinet d'un avocat, des motifs justifiant la perquisition et décrivant l'objet de celle-ci, qui prive le bâtonnier, chargé de la protection des droits de la défense, de l'information qui lui est réservée et interdit ensuite le contrôle réel et effectif de cette mesure par le juge des libertés et de la détention éventuellement saisi, porte nécessairement atteinte aux intérêts de l'avocat concerné.

Encourent la censure les motifs par lesquels la chambre de l'instruction qui, pour rejeter le moyen de nullité tiré de ce qu'une décision de perquisition dans le cabinet d'un avocat ne répond pas aux exigences de l'article 56-1 du C.P.P. précité, énonce que, si elle ne comporte pas la désignation du lieu exact des investigations, cette difficulté n'a pas été soulevée lors de la perquisition tant par l'avocat que par le délégué du bâtonnier, qui n'ont pu se méprendre sur l'objet de cette mesure d'instruction, alors que la décision de perquisition, portée à la connaissance de l'autorité ordinale, ne contient pas les motifs précis justifiant la perquisition et décrivant l'objet de celle-ci ni ne mentionne le lieu où doivent être effectuées les investigations.

(Cour de cassation – Chambre criminelle du 9 février 2016 – N° de pourvoi : 15-85.063).

• Harcèlement moral – Prise illégale d'intérêts... – Instruction – Perquisition – Cabinet d'un avocat – Régularité – Conditions – Décision de perquisition – Mentions – Motifs précis justifiant la perquisition et en décrivant l'objet – Défaut – Portée

ANNULATION SANS RENVOI sur le pourvoi formé par Mme I... T... contre l'ordonnance du juge des libertés et de la détention du T.G.I. de MEAUX, en date du 08/02/2019, qui, dans l'information suivie contre personne non dénommée des chefs de harcèlement moral, prise illégale d'intérêts, suppression frauduleuse de données contenues dans un système de traitement automatisé, faux et usage de faux et atteinte à la liberté d'accès ou à l'égalité des candidats à des marchés publics, a autorisé le maintien de la saisie de documents effectuée lors d'une perquisition dans son cabinet d'avocat.

Il résulte des articles 8 de la Convention européenne des droits de l'homme et 56-1 du C.P.P. que les perquisitions dans le cabinet d'un avocat ou à son domicile ne peuvent être effectuées, par un magistrat et en présence du bâtonnier ou de son délégué, qu'à la suite d'une décision écrite et motivée prise par le magistrat, qui indique la nature de l'infraction ou des infractions sur lesquelles portent les investigations, les raisons justifiant la perquisition et l'objet de celle-ci. Le contenu de cette décision est porté dès le début de la perquisition à la connaissance du bâtonnier ou de son délégué. L'absence dans la décision des motifs justifiant la perquisition et décrivant l'objet de celle-ci, qui prive le bâtonnier, chargé de la protection des droits de la défense, de l'information qui lui est réservée et qui interdit ensuite le contrôle réel et effectif de cette mesure par le juge des libertés et de la détention éventuellement saisi d'une contestation, porte nécessairement atteinte aux intérêts de l'avocat concerné. Excède en conséquence ses pouvoirs le juge des libertés et de la détention qui ordonne le versement au dossier de l'information de documents saisis au cours de cette perquisition irrégulièrement menée.

(Cour de cassation – Chambre criminelle du 8 juillet 2020 – N° de pourvoi : 19-85.491).

• **Recel – Ordonnance de perquisition – Imprécision – Perquisition irrégulière**

La Caisse des règlements pécuniaires des avocats du barreau de BESANÇON (25) (CARPA) et le bâtonnier de l'ordre des avocats au barreau de Besançon ont formé des pourvois contre l'ordonnance du président du T.J. de Besançon, en date du 17/05/2021, qui, dans l'information suivie contre personne non dénommée, du chef de recel, a prononcé sur une contestation élevée en matière de saisie effectuée dans les locaux de la CARPA.

12. Ces motifs de l'ordonnance de perquisition, insuffisants pour décrire l'objet de la perquisition et contradictoires entre eux, quant à la date des faits reprochés et au moyen de paiement en cause, ne permettent ni à la CARPA ni au bâtonnier d'identifier la nature des relations entre la 1re et la société SIP, ainsi qu'entre elles et les dénommés [J] et [E], interdisant ainsi le contrôle réel et effectif de cette mesure par le président du T.J.

13. Il en résulte que le bâtonnier, chargé de la protection des droits de la défense, n'a pas reçu, au début de la perquisition, les informations lui permettant de connaître les motifs de celle-ci et d'en identifier l'objet. Cette imprécision de l'ordonnance de perquisition a porté atteinte aux intérêts de la CARPA.

14. Ainsi, en ordonnant le versement, au dossier de l'information, de documents saisis au cours d'une perquisition irrégulière, le président du T.J. a excédé ses pouvoirs.

(Cour de cassation – Chambre criminelle du 18 janvier 2022 – N° de pourvoi : 21-83.751).

Article 56-1-1. – Perquisition – Découverte document relevant de l'exercice des droits de la défense et couvert par le secret professionnel de la défense et du conseil – *(Loi n° 2021-1729 du 22 décembre 2021)*

• Lorsque, à l'occasion d'une perquisition dans un lieu autre que ceux mentionnés à l'article 56-1, il est découvert un document mentionné au 2e alinéa du même article 56-1, la personne chez qui il est procédé à ces opérations peut s'opposer à la saisie de ce document. Le document doit alors être placé sous scellé fermé et faire l'objet d'un procès-verbal distinct de celui prévu à l'article 57. Ce procès-verbal ainsi que le document placé sous scellé fermé sont transmis sans délai au juge des libertés et de la détention, avec l'original ou une copie du dossier de la procédure. Les 4e à 9e alinéas de l'article 56-1 sont alors applicables.

Article 56-1-2. – Perquisition – Secret professionnel du conseil – *(Loi n° 2021-1729 du 22 décembre 2021 + Décision n° 2022-1030 QPC du 19 janvier 2023)*

• Dans les cas prévus aux articles 56-1 et 56-1-1, sans préjudice des prérogatives du bâtonnier ou de son délégué prévues à l'article 56-1 et des droits de la personne perquisitionnée prévus à l'article 56-1-1, le secret professionnel du conseil n'est pas opposable aux mesures d'enquête ou d'instruction lorsque celles-ci sont relatives aux infractions mentionnées aux articles 1741 et 1743 du Code général des impôts et aux articles 421-2-2, 433-1, 433-2 et 435-1 à 435-10 du Code pénal ainsi qu'au blanchiment de ces délits, sous réserve que les consultations, correspondances ou pièces détenues ou transmises par l'avocat ou son client établissent la preuve de leur utilisation aux fins de commettre ou de faciliter la commission desdites infractions.

Article 56-2. – Perquisitions – Locaux entreprise de presse, de communication audiovisuelle… – *(Loi n° 2010-1 du 4 janvier 2010)*

• Les perquisitions dans les locaux d'une entreprise de presse, d'une entreprise de communication audiovisuelle, d'une entreprise de communication au public en ligne, d'une agence de presse, dans les véhicules professionnels de ces entreprises ou agences ou au domicile d'un journaliste lorsque les investigations sont liées à son activité professionnelle ne peuvent être effectuées que par un magistrat.

• Ces perquisitions sont réalisées sur décision écrite et motivée du magistrat qui indique la nature de l'infraction ou des infractions sur lesquelles portent les investigations, ainsi que les raisons justifiant la perquisition et l'objet de celle-ci. Le contenu de cette décision est porté dès le début de la perquisition à la connaissance de la personne présente en application de l'article 57.

• Le magistrat et la personne présente en application de l'article 57 ont seuls le droit de prendre connaissance des documents ou des objets découverts lors de la perquisition préalablement à leur éventuelle saisie. Aucune saisie ne peut concerner des documents ou des objets relatifs à d'autres infractions que celles mentionnées dans cette décision.

• Ces dispositions sont édictées à peine de nullité.

• Le magistrat qui effectue la perquisition veille à ce que les investigations conduites respectent le libre exercice de la profession de journaliste, ne portent pas atteinte au secret des sources en violation de l'article 2 de la loi du 29 juillet 1881 sur la liberté de la presse et ne constituent pas un obstacle ou n'entraînent pas un retard injustifié à la diffusion de l'information.

• La personne présente lors de la perquisition en application de l'article 57 du présent code peut s'opposer à la saisie d'un document ou de tout objet si elle estime que cette saisie serait irrégulière au regard de l'alinéa précédent. Le document ou l'objet doit alors être placé sous scellé fermé. Ces opérations font l'objet d'un procès-verbal mentionnant les objections de la personne, qui n'est pas joint au dossier de la procédure. Si d'autres documents ou objets ont été saisis au cours de la perquisition sans soulever de contestation, ce procès-verbal est distinct de celui prévu par l'article 57. Ce procès-verbal ainsi que le document ou l'objet placé sous scellé fermé sont transmis sans délai au juge des libertés et de la détention, avec l'original ou une copie du dossier de la procédure.

• Dans les cinq jours de la réception de ces pièces, le juge des libertés et de la détention statue sur la contestation par ordonnance motivée non susceptible de recours.

• À cette fin, il entend le magistrat qui a procédé à la perquisition et, le cas échéant, le procureur de la République, ainsi que la personne en présence de qui la perquisition a été effectuée. Il peut ouvrir le scellé en présence de ces personnes. Si le journaliste au domicile duquel la perquisition a été réalisée n'était pas présent lorsque celle-ci a été effectuée, notamment s'il a été fait application du deuxième alinéa de l'article 57, le journaliste peut se présenter devant le juge des libertés et de la détention pour être entendu par ce magistrat et assister, si elle a lieu, à l'ouverture du scellé.

• S'il estime qu'il n'y a pas lieu à saisir le document ou l'objet, le juge des libertés et de la détention ordonne sa restitution immédiate, ainsi que la destruction du procès-verbal des opérations et, le cas échéant, la cancellation de toute référence à ce document, à son contenu ou à cet objet qui figurerait dans le dossier de la procédure.

• Dans le cas contraire, il ordonne le versement du scellé et du procès-verbal au dossier de la procédure. Cette décision n'exclut pas la possibilité ultérieure pour les parties de demander la nullité de la saisie devant, selon les cas, la juridiction de jugement ou la chambre de l'instruction.

V • Code procédure pénale - art. 706-96 – Sonorisations et des fixations d'images de certains lieux ou véhicules.
• Code procédure pénale - art. 96– Perquisition dans un domicile autre que celui de la personne mise en examen
• Code procédure pénale – art. R. 15-33-24 – Commissionnement Gardes Particuliers.
• Code procédure pénale – art. R. 15-33-61 – Transaction proposée par le Maire et homologation du Procureur de la République.
• Code procédure pénale – art. R. 15-33-76 – Convocation des O.P.J. ayant procédé à une déclaration d'adresse.

J • **Abus de biens et de pouvoir sociaux – Escroqueries – Complicité – Recel et abus de confiance – Instruction – Perquisition – Entreprise de presse – Apposition de scellés provisoires – Mesures préparatoires – Assimilation à la perquisition** *(non)* **– Délégation à des O.P.J. – Possibilité**

Contre l'arrêt de la chambre d'accusation de la cour d'appel de RENNES, en date du 29/06/1995 qui, dans l'information suivie contre personne non dénommée des chefs d'abus de biens et de pouvoir sociaux, escroqueries, complicité, recel et abus de confiance, a dit n'y avoir lieu à annulation d'actes de la procédure.

Au sens de l'article 56-2 du C.P.P., ne peuvent être assimilées à la perquisition relevant du seul office du juge, les mesures préparatoires, qui sont nécessaires à son exécution dans le respect des dispositions spéciales de ce texte et qui sont mises en œuvre, par délégation du magistrat et sous son contrôle, dans les conditions prévues par l'article 151 dudit Code.

(Cour de cassation – Chambre criminelle du 29 novembre 1995 – N° de pourvoi : 95-83.951).

• **Atteinte à l'intimité de la vie privée – Convention européenne des droits de l'homme – Article 10 – Liberté d'expression – Presse – Instruction – Perquisition – Entreprise de presse**

Contre l'arrêt de la chambre d'accusation de la cour d'appel de PARIS, en date du 27/07/2000, qui, dans l'information suivie contre eux du chef d'atteinte à l'intimité de la vie privée, a rejeté leurs requêtes en annulation de pièces de la procédure.

Saisie d'une demande tendant à l'annulation de pièces d'une information et fondée sur une violation de l'article 10 de la Convention européenne des droits de l'homme, la juridiction d'instruction est tenue de rechercher si l'acte en cause constitue une mesure nécessaire et proportionnée à l'un ou plusieurs des objectifs définis à l'article 10.2 de ladite Convention. Justifie dès lors sa décision une chambre d'accusation qui, pour rejeter une requête en annulation visant des perquisitions effectuées aux sièges d'entreprises de presse, relève que le juge d'instruction a agi, dans le respect de l'article 56-2 du C.P.P. et que les actes d'investigation réalisés pour répondre aux impératifs du droit au respect de la vie privée et de la protection de l'ordre public étaient limités dans le temps et dans l'espace et seuls susceptibles d'aider à la manifestation de la vérité.

(Cour de cassation – Chambre criminelle du 5 décembre 2000 – N° de pourvoi : 00-85.695).

• **Violation du secret de l'instruction et recel – Convention européenne des droits de l'homme – Article 10 §2 – Liberté d'expression – Presse – Instruction – Perquisition dans une entreprise de presse**

Contre l'arrêt de la chambre de l'instruction de la cour d'appel de VERSAILLES, en date du 26/05/2006, qui, dans l'information suivie contre eux des chefs de violation du secret de l'instruction et recel, a prononcé sur leurs demandes d'annulation d'actes de la procédure.

Si l'article 10 de la Convention européenne des droits de l'homme reconnaît, en son premier paragraphe, à toute personne le droit à la liberté d'expression, ce texte prévoit, en son second paragraphe, que l'exercice de cette liberté comportant des devoirs et des responsabilités peut être soumis à certaines formalités, conditions, restrictions ou sanctions, prévues par la loi, qui constituent, dans une société démocratique, des mesures nécessaires notamment à la nécessité de se prémunir contre des agissements de nature à entraver la manifestation de la vérité, à la préservation d'informations confidentielles et à la protection des droits d'autrui, au nombre desquels figure la présomption d'innocence.

Justifie sa décision, au regard du texte précité, la chambre de l'instruction qui, dans une information suivie des chefs de violation du secret de l'instruction et recel à la suite de la publication dans deux organes de presse d'articles reproduisant

in extenso des procès-verbaux d'une instruction relative à des faits de dopage dans le milieu du cyclisme professionnel, refuse d'annuler des perquisitions réalisées aux sièges des journaux et au domicile personnel de journalistes, la saisie des relevés des communications passées par les journalistes dans les jours précédant la parution des articles en cause, la transcription de la conversation d'un journaliste avec un policier dont la ligne était écoutée, par des motifs qui établissent que ces ingérences de l'autorité publique étaient nécessaires et proportionnées au but légitime visé.
(Cour de cassation – Chambre criminelle du 30 octobre 2006 – N° de pourvoi : 06-85.693).

• Recel de violation du secret professionnel – Presse – Procédure – Instruction – Perquisition – Saisies – Secret des sources des journalistes – Atteinte – Conditions – Impératif prépondérant d'intérêt public et nécessité et proportionnalité des mesures ordonnées
Contre l'arrêt de la chambre de l'instruction de la cour d'appel de PARIS, 6ᵉ section, en date du 04/06/2013, qui, dans l'information suivie contre lui du chef de recel de violation du secret professionnel, a prononcé sur sa demande d'annulation de pièces de la procédure.

Il résulte des dispositions des articles 10 de la Convention européenne des droits de l'homme et 2 de la loi du 29/07/1881 que le secret des sources des journalistes est protégé dans l'exercice de leur mission d'information du public, et qu'il ne peut être porté atteinte directement ou indirectement à ce secret que si un impératif prépondérant d'intérêt public le justifie et si les mesures envisagées sont strictement nécessaires et proportionnées au but légitime poursuivi.
Ne justifie pas sa décision au regard de ces dispositions l'arrêt d'une chambre de l'instruction qui, pour dire n'y avoir lieu à annulation de la perquisition suivie d'une saisie au domicile d'un journaliste, ni de réquisitions bancaires concernant un compte ouvert au nom de ce dernier, dans une information ouverte des chefs de violation du secret professionnel, complicité et recel à la suite de la divulgation dans la presse de pièces d'une procédure visant à rechercher un détenu évadé, retient que le déroulement de l'enquête a été gravement perturbé du fait de cette divulgation, que l'intérêt public nécessite que les enquêteurs ne commettent aucune violation du secret qui les lie, et qu'une telle violation justifie que toutes les mesures d'investigation utiles soient mises en œuvre, sans démontrer que les ingérences litigieuses procédaient d'un impératif prépondérant d'intérêt public, et que d'autres mesures auraient été insuffisantes pour rechercher l'existence d'une éventuelle violation du secret professionnel, et en identifier les auteurs.
(Cour de cassation – Chambre criminelle du 25 février 2014 – N° de pourvoi : 13-84.761).

Article 56-3. – Perquisitions – Cabinet médecin, notaire, huissier – *(Loi n° 2011-94 du 25 janvier 2011)*

• Les perquisitions dans le cabinet d'un médecin, d'un notaire ou d'un huissier sont effectuées par un magistrat et en présence de la personne responsable de l'ordre ou de l'organisation professionnelle à laquelle appartient l'intéressé ou de son représentant.

J **• Infractions à la législation sur les stupéfiants... – Instruction – Perquisition – Cabinet d'un médecin – Chambre d'hôtel occupée par le médecin attaché à une équipe sportive en déplacement *(non)***
Contre l'arrêt de la chambre d'accusation de la cour d'appel de DOUAI, du 17/02/1999, qui, dans l'information suivie des chefs d'infractions à la législation sur les stupéfiants, incitation à l'usage, facilitation à l'emploi de substances ou procédés dopants à l'occasion de compétitions ou manifestations sportives ou en vue de celles-ci, importation, détention, offre, acquisition de substances vénéneuses, a rejeté leurs demandes d'annulation d'actes de la procédure.

Justifie sa décision la chambre d'accusation qui pour refuser d'annuler une perquisition effectuée en dehors des formes prescrites par l'article 56-1, al. 2, du C.P.P., retient qu'en l'espèce la chambre d'hôtel occupée par le médecin attaché à une équipe sportive en déplacement ne pouvait être considérée comme un cabinet médical.
(Cour de cassation – Chambre criminelle du 8 juin 1999 – N° de pourvoi : 99-81.291 – 99-81807).

Article 56-4. – Perquisition – Secret de la défense nationale – *(Loi n° 2017-55 du 20 janvier 2017)*

• **I.** – Lorsqu'une perquisition est envisagée dans un lieu précisément identifié, abritant des éléments couverts par le secret de la défense nationale, la perquisition ne peut être réalisée que par un magistrat en présence du président de la Commission du secret de la défense nationale. Ce dernier peut être représenté par un membre de la commission ou par des délégués, dûment habilités au secret de la défense nationale, qu'il désigne selon des modalités déterminées par décret en Conseil d'État. Le président ou son représentant peut être assisté de toute personne habilitée à cet effet.

• La liste des lieux visés au premier alinéa est établie de façon précise et limitative par arrêté du Premier ministre. Cette liste, régulièrement actualisée, est communiquée à la Commission du secret de la défense nationale ainsi qu'au ministre de la justice, qui la rendent accessible aux magistrats de façon sécurisée. Le magistrat vérifie si le lieu dans lequel il souhaite effectuer une perquisition figure sur cette liste.

• Les conditions de délimitation des lieux abritant des éléments couverts par le secret de la défense nationale sont déterminées par décret en Conseil d'État.

• Le fait de dissimuler dans les lieux visés à l'alinéa précédent des procédés, objets, documents, informations, réseaux informatiques, données informatisées ou fichiers non classifiés, en tentant de les faire bénéficier de la protection attachée au secret de la défense nationale, expose son auteur aux sanctions prévues à l'article 434-4 du Code pénal.

• La perquisition ne peut être effectuée qu'en vertu d'une décision écrite du magistrat qui indique au président de la Commission du secret de la défense nationale les informations utiles à l'accomplissement de sa mission. Le président de la commission ou son représentant se transporte sur les lieux sans délai. Au commencement de la perquisition, le magistrat porte à la connaissance du président de la commission ou de son représentant, ainsi qu'à celle du chef d'établissement ou de son délégué, ou du responsable du lieu, la nature de l'infraction ou des infractions sur lesquelles portent les investigations, les raisons justifiant la perquisition, son objet et les lieux visés par cette perquisition.

• Seul le président de la Commission du secret de la défense nationale, son représentant et, s'il y a lieu, les personnes qui l'assistent peuvent prendre connaissance d'éléments classifiés découverts sur les lieux. Le magistrat ne peut saisir, parmi les éléments classifiés, que ceux relatifs aux infractions sur lesquelles portent les investigations. Si les nécessités de l'enquête justifient que les éléments classifiés soient saisis en original, des copies sont laissées à leur détenteur.

• Chaque élément classifié saisi est, après inventaire par le président de la commission, placé sous scellé. Les scellés sont remis au président de la Commission du secret de la défense nationale qui en devient gardien. Les opérations relatives aux éléments classifiés saisis ainsi que l'inventaire de ces éléments font l'objet d'un procès-verbal qui n'est pas joint au dossier de la procédure et qui est conservé par le président de la commission.

• La déclassification et la communication des éléments mentionnés dans l'inventaire relèvent de la procédure prévue par les articles L. 2312-4 et suivants du Code de la défense.

• **II.** – Lorsqu'à l'occasion d'une perquisition un lieu se révèle abriter des éléments couverts par le secret de la défense nationale, le magistrat présent sur le lieu ou immédiatement avisé par l'officier de police judiciaire en informe le président de la Commission du secret de la défense nationale. Les éléments classifiés sont placés sous scellés, sans en prendre connaissance, par le magistrat ou l'officier de police judiciaire qui les a découverts, puis sont remis ou transmis, par tout moyen en conformité avec la réglementation applicable aux secrets de la défense nationale, au président de la commission afin qu'il en assure la garde. Les opérations relatives aux éléments classifiés font l'objet d'un procès-verbal qui n'est pas joint au dossier de la procédure. La déclassification et la communication des éléments ainsi placés sous scellés relèvent de la procédure prévue par les articles L. 2312-4 et suivants du Code de la défense.

• **III.** – *(Supprimé).*

• **IV.** – Les dispositions du présent article sont édictées à peine de nullité.

J **• Tentative d'évasion – Instruction – Perquisition – Domicile – Cellule de maison d'arrêt** *(non)*

Contre l'arrêt de la cour d'appel de PARIS, 10e chambre, en date du 02/12/1988 qui, pour tentative d'évasion par bris de prison ou violence, l'a condamné à 18 mois d'emprisonnement et a ordonné son maintien en détention.

Attendu que la perquisition opérée dans une cellule de maison d'arrêt n'a pas été réalisée au domicile de l'inculpé; que dès lors la présence de ce dernier n'était pas requise.

(Cour de cassation – Chambre criminelle du 18 octobre 1989 – N° de pourvoi: 89-80.462).

• Assassinats – Tentatives d'assassinats et complicité – Q.P.C. – C.P.P. – Article 56-4 – Droit à un procès équitable – Séparation des pouvoirs – Objectif constitutionnel de recherche des auteurs d'infractions – Renvoi au Conseil constitutionnel – Caractère sérieux

Statuant sur la Q.P.C. transmise par un arrêt de la chambre de l'instruction de la cour d'appel de PARIS, en date 19/05/2011 dans une information suivie contre personne non dénommée des chefs d'assassinats, tentatives d'assassinats et complicité de tentatives d'assassinats, reçu le 31/05/2011 à la Cour de cassation.

Attendu que la Q.P.C. soulevée présente un caractère sérieux en ce qu'elle porte sur la compatibilité des modalités prévues par les textes visés pour protéger les secrets de la défense nationale avec les principes du droit à un procès équitable et de la séparation des pouvoirs ainsi qu'avec l'objectif constitutionnel de recherche des auteurs d'infractions;

Attendu qu'en effet, selon les textes visés, l'autorité judiciaire n'est pas qualifiée pour accéder à des informations classifiées au titre du secret de la défense nationale, alors même qu'elle estime que leur connaissance serait nécessaire à la manifestation de la vérité; que ladite autorité ne peut avoir connaissance de telles informations que sur décision ministérielle après avis consultatif d'une autorité administrative indépendante; que l'autorité judiciaire ne peut pénétrer dans certains lieux classifiés qu'après leur déclassification; qu'elle ne peut enfin procéder à des perquisitions dans ces lieux et dans ceux abritant des éléments classifiés qu'en présence du président de la commission consultative du secret de la défense nationale, sans pouvoir prendre connaissance de ces éléments;

D'où il suit qu'il y a lieu de renvoyer la Q.P.C. au Conseil constitutionnel;

Par ces motifs:

RENVOIE au Conseil constitutionnel la Q.P.C.

(Cour de cassation – Chambre criminelle du 31 août 2011 – N° de pourvoi: 11-90.065).

• Association de malfaiteurs – Infractions à la législation sur les stupéfiants... – Perquisition – Domicile – Régularité – Conditions – Présence de l'intéressé ou de son représentant – Défaut – Cas – Absence d'élément d'identification du locataire d'un box de garage – Portée

Contre l'arrêt de la chambre de l'instruction de la cour d'appel de PARIS, 3e section, en date du 06/11/2012, qui, dans l'information suivie contre eux pour association de malfaiteurs, infractions à la législation sur les stupéfiants, recels en bande organisée, détention en bande organisée d'un dépôt d'armes et de munitions prohibées, a prononcé sur leur demande d'annulation d'actes de la procédure.

Justifie sa décision la chambre de l'instruction, qui, pour déclarer régulière une perquisition effectuée au cours d'une enquête de flagrance dans un box de garage, relève qu'il a été impossible aux policiers, malgré la recherche effectuée pour connaître l'identité et les coordonnés du titulaire du bail, de s'assurer de la présence de l'intéressé ou d'un représentant lors de cette opération qui ne pouvait être différée.

(Cour de cassation – Chambre criminelle du 6 mars 2013 – N° de pourvoi: 12-87.810).

Article 56-5. – Perquisitions – Locaux d'une juridiction ou domicile d'une personne exerçant des fonctions juridictionnelles – *(Loi n° 2016-731 du 3 juin 2016)*

• Les perquisitions dans les locaux d'une juridiction ou au domicile d'une personne exerçant des fonctions juridictionnelles et qui tendent à la saisie de documents susceptibles d'être couverts par le secret du délibéré ne peuvent être effectuées que par un magistrat, sur décision écrite et motivée de celui-ci, en présence du premier président de la cour d'appel ou du premier président de la Cour de cassation ou de son délégué. Cette décision indique la nature de l'infraction sur laquelle portent les investigations, les raisons justifiant la perquisition et l'objet de celle-ci. Le contenu de la décision est porté dès le début de la perquisition à la connaissance du premier président ou de son délégué par le magistrat. Celui-ci, le premier président ou son délégué ont seuls le droit de consulter ou de prendre connaissance des documents ou des objets se trouvant sur les lieux préalablement à leur éventuelle saisie. Aucune saisie ne peut concerner des documents ou des objets relatifs à d'autres infractions que celles mentionnées dans la décision précitée. Les dispositions du présent alinéa sont prévues à peine de nullité.

• Le magistrat qui effectue la perquisition veille à ce que les investigations conduites ne portent pas atteinte à l'indépendance de la justice.

• Le premier président ou son délégué peut s'opposer à la saisie d'un document ou d'un objet s'il estime cette saisie irrégulière. Le document ou l'objet est alors placé sous scellé fermé. Ces opérations font l'objet d'un procès-verbal, qui n'est pas joint au dossier de la procédure, mentionnant les objections du premier président ou de son délégué.

• Si d'autres documents ou objets ont été saisis au cours de la perquisition sans soulever d'opposition, ce procès-verbal est distinct de celui prévu à l'article 57. Le procès-verbal mentionné au troisième alinéa du présent article ainsi que le document ou l'objet placé sous scellé fermé sont transmis sans délai au juge des libertés et de la détention, avec l'original ou une copie du dossier de la procédure.

• Dans un délai de cinq jours à compter de la réception de ces pièces, le juge des libertés et de la détention statue sur l'opposition par ordonnance motivée non susceptible de recours.

• À cette fin, il entend le magistrat qui a procédé à la perquisition et, le cas échéant, le procureur de la République, ainsi que le premier président ou son délégué. Il ouvre le scellé en présence de ces personnes.

• S'il estime qu'il n'y a pas lieu à saisir le document ou l'objet, le juge des libertés et de la détention ordonne sa restitution immédiate, ainsi que la destruction du procès-verbal mentionné au même troisième alinéa et, le cas échéant, la cancellation de toute référence à ce document ou à son contenu ou à cet objet figurant dans le dossier de la procédure.

• Dans le cas contraire, il ordonne le versement du scellé et du procès-verbal au dossier de la procédure. Cette décision n'exclut pas la possibilité ultérieure pour les parties de demander la nullité de la saisie devant, selon les cas, la juridiction de jugement ou la chambre de l'instruction.

Article 57. – Perquisitions – Personne présente – *(Loi n° 2016-731 du 3 juin 2016)*

• Sous réserve des articles 56-1 à 56-5 et du respect du secret professionnel et des droits de la défense mentionné à l'article 56, les opérations prescrites par ledit article sont faites en présence de la personne au domicile de laquelle la perquisition a lieu.

• En cas d'impossibilité, l'officier de police judiciaire aura l'obligation de l'inviter à désigner un représentant de son choix; à défaut, l'officier de police judiciaire choisira deux témoins requis à cet effet par lui, en dehors des personnes relevant de son autorité administrative.

• Le procès-verbal de ces opérations, dressé ainsi qu'il est dit à l'article 66, est signé par les personnes visées au présent article; au cas de refus, il en est fait mention au procès-verbal.

V
• Code de Procédure Pénale – art. 56 – Perquisitions et saisies
• Code de Procédure Pénale – art. 56-1 – Perquisitions – Cabinet avocat ou domicile
• Code de Procédure Pénale – art. 66 – Procès-verbaux
• Code de Procédure Pénale – art. 95 – Perquisition – Lieu domicile personne mise en examen
• Code de Procédure Pénale – art. 96 – Perquisition – Lieu domicile autre que celui de la personne mise en examen
• Code de Procédure Pénale – art. 136 – Inobservation des formalités
• Code de Procédure Pénale – art. 171 – Causes de nullité

J
• **Tentative d'évasion – Instruction – Perquisition – Domicile – Cellule de maison d'arrêt *(non)***

Contre l'arrêt de la cour d'appel de PARIS, 10e chambre, en date du 02/12/1988 qui, pour tentative d'évasion par bris de prison ou violence, l'a condamné à 18 mois d'emprisonnement et a ordonné son maintien en détention.

Attendu que la perquisition opérée dans une cellule de maison d'arrêt n'a pas été réalisée au domicile de l'inculpé; que dès lors la présence de ce dernier n'était pas requise.

(Cour de cassation – Chambre criminelle du 18 octobre 1989 – N° de pourvoi: 89-80.462)

• **Faux et usage de faux... – Instruction – Perquisition – Procès-verbal – Signature – O.P.J. rédacteur délégué du juge d'instruction**

Y... Bernard, contre l'arrêt de la cour d'appel d'ANGERS, chambre correctionnelle, en date du 14/12/1993, qui, pour faux et usage de faux, abus de biens sociaux, fraude fiscale et omission d'écritures ou passation d'écritures fictives en comptabilité, l'a condamné à 4 ans d'emprisonnement, avec maintien en détention, et 100000 francs d'amende, a ordonné la publication et l'affichage de la décision de condamnation et a prononcé sur les demandes de l'administration des Impôts, partie civile.

Attendu que, pour rejeter l'exception de nullité régulièrement soulevée par Bernard Y... et prise de ce que le procès-verbal de perquisition du 07/11/1988 n'a pas été signé par tous les policiers ayant participé à cette opération, l'arrêt confirmatif attaqué relève qu'aucun texte n'impose que la totalité des policiers qui assistent à une perquisition signent le procès-verbal, seule étant requise la signature de l'officier de police judiciaire rédacteur délégué par le juge d'instruction;

Attendu qu'en l'état de ces énonciations, la cour d'appel a fait l'exacte application des articles 57 et 66 du C.P.P.;

Qu'ainsi le moyen ne peut être admis.

(Cour de cassation – Chambre criminelle du 19 octobre 1995 – N° de pourvoi: 94-81.397).

• **Escroquerie – Corruption, faux et usage de faux... – Instruction – Perquisition – Domicile – Présence de la personne au domicile de laquelle les opérations ont lieu – Personne se comportant comme le représentant qualifié d'une société – Régularité**

X... Pierre, Y... Jean-Claude, Z... Françoise, épouse A..., B... Robert, C... Micheline, épouse B..., D... Lanfranco, E... Pierre, F...– G... Alice, Béryl, épouse G..., H... Jacques mis en examen pour escroqueries et complicité d'escroqueries, corruption, faux et usage de faux, abus de biens sociaux, abus de confiance, recel d'abus de biens sociaux, d'abus de confiance et d'escroqueries; la Société Alcatel Cit, partie civile, contre l'arrêt de la chambre d'accusation de la cour d'appel de PARIS, en date du 15/11/1995, qui a rejeté leurs demandes d'annulation d'actes de la procédure.

À l'exception de celles qui ont lieu dans le bureau personnel du dirigeant social, et auxquelles ce dernier, sauf application de l'article 57, al. 2, du C.P.P., doit nécessairement assister, les perquisitions et saisies dans les locaux d'une société peuvent être pratiquées en la seule présence d'une personne se comportant comme le représentant qualifié de cette société.

(Cour de cassation – Chambre criminelle du 30 mai 1996 – N° de pourvoi: 95-85.954).

• **Vols – Recel de vols aggravés – Escroqueries... – Droits de la défense – Instruction – Perquisition – Formalités – Inobservation – Nullité – Conditions**

Contre l'arrêt de la chambre d'accusation de la cour d'appel de PARIS, du 07/03/1996, qui, dans l'information suivie contre le 1er pour recel de vols, recel de vols aggravés, escroqueries et tentatives d'escroquerie, faux en écritures et usage, et contre la 2de pour complicité de faux et usage, et complicité d'escroquerie, a dit n'y avoir lieu à annulation d'actes ou de pièces de la procédure.

Les formalités prévues par les dispositions du C.P.P. en matière de perquisition et de saisie ne sont pas exclues du champ d'application de l'article 802 du même Code. Dès lors, leur inobservation ne saurait entraîner de nullité de procédure lorsqu'aucune atteinte n'a été portée aux intérêts de la partie concernée.

(Cour de cassation – Chambre criminelle du 17 septembre 1996 – N° de pourvoi: 96-82.105).

• **Infractions à la législation sur les stupéfiants – Instruction – Perquisition – Domicile – Domicile de la personne mise en examen – Absence d'avis préalable – Conditions**

Contre l'arrêt de la chambre de l'instruction de la cour d'appel de NANCY, en date du 08/11/2001, qui, dans l'information suivie contre lui pour infractions à la législation sur les stupéfiants, a rejeté sa requête en annulation de pièces de la procédure.

Est régulière la perquisition effectuée par le juge d'instruction au domicile et en présence de la personne mise en examen, en l'absence de l'avocat qui n'a pas été avisé de ce transport, dès lors que cet acte a été accompli dans le respect des formalités prévues aux articles 95, 57 et 59 du C.P.P. et que la personne mise en examen n'a été soumise à aucun interrogatoire, confrontation ou reconstitution qui eût impliqué l'information de son avocat, préalablement au transport décidé par le magistrat.

(Cour de cassation – Chambre criminelle du 20 février 2002 – N° de pourvoi: 01-88.335).

• **Falsifications de denrées alimentaires... – Perquisition – Bureau dirigeant social société – Annulation *(non)***

Contre l'arrêt de la chambre de l'instruction de la cour d'appel d'ANGERS, en date du 12/12/2001, qui, dans l'information suivie contre lui du chef de falsifications de denrées alimentaires, vente de denrées alimentaires falsifiées, faux et usage de faux, publicité de nature à induire en erreur, a prononcé sur sa demande d'annulation de pièces de la procédure.

Attendu que, pour dire n'y avoir lieu à annulation de la perquisition effectuée dans le bureau du dirigeant social d'une société du groupe, la chambre de l'instruction prononce par les motifs repris au moyen;

Attendu qu'en l'état de ces énonciations, la chambre de l'instruction, qui a répondu aux articulations essentielles du mémoire produit par le demandeur, a fait l'exacte application des articles 57 et 96 du Code de procédure pénale;

D'où il suit que le moyen ne peut être admis;

Et attendu que l'arrêt est régulier en la forme;

REJETTE le pourvoi.

(Cour de cassation – Chambre criminelle du 6 mai 2002 – N° de pourvoi: 02-81.130).

• **Infractions à la législation sur les stupéfiants – Instruction – Perquisition – Domicile – Domicile de la personne mise en examen – Conditions – Inobservation – Portée**

CASSATION sur le pourvoi formé par X... Tayeb, contre l'arrêt de la chambre de l'instruction de la cour d'appel de POITIERS, en date du 16/01/2007, qui, dans l'information suivie contre lui pour infractions à la législation sur les stupéfiants a rejeté sa requête en annulation d'actes de la procédure.

Il y a nullité lorsque la méconnaissance d'une formalité substantielle prévue par une disposition du Code de procédure pénale a porté atteinte aux droits de la partie qu'elle concerne.

Il résulte de la combinaison des articles 57 et 95 du C.P.P. que, lorsqu'il procède à une perquisition au domicile de la personne mise en examen, le juge d'instruction ou son délégataire doit agir en présence de celle-ci et, en cas d'impossibilité, l'inviter à désigner un représentant de son choix.

L'inobservation des formalités prévues par les dispositions du C.P.P. en matière de perquisition et de saisie doit entraîner la nullité de la procédure, lorsqu'il en est résulté une atteinte aux intérêts de la partie concernée.

Encourt la censure l'arrêt qui, après avoir constaté l'irrégularité de la perquisition effectuée au domicile de la personne mise en examen a énoncé qu'il n'en résultait aucun grief alors que cette perquisition a déterminé la mise en examen supplétive de l'intéressé.

(Cour de cassation – Chambre criminelle du 3 avril 2007 – N° de pourvoi : 07-80.807).

• Association de malfaiteurs – Infractions à la législation sur les stupéfiants... – Perquisition – Domicile – Régularité – Conditions – Présence de l'intéressé ou de son représentant – Défaut – Cas – Absence d'élément d'identification du locataire d'un box de garage – Portée

Contre l'arrêt de la chambre de l'instruction de la cour d'appel de PARIS, 3e section, en date du 06/11/2012, qui, dans l'information suivie contre eux pour association de malfaiteurs, infractions à la législation sur les stupéfiants, recels en bande organisée, détention en bande organisée d'un dépôt d'armes et de munitions prohibées, a prononcé sur leur demande d'annulation d'actes de la procédure.

Justifie sa décision la chambre de l'instruction, qui, pour déclarer régulière une perquisition effectuée au cours d'une enquête de flagrance dans un box de garage, relève qu'il a été impossible aux policiers, malgré la recherche effectuée pour connaître l'identité et les coordonnés du titulaire du bail, de s'assurer de la présence de l'intéressé ou d'un représentant lors de cette opération qui ne pouvait être différée.

(Cour de cassation – Chambre criminelle du 6 mars 2013 – N° de pourvoi : 12-87.810).

• Infractions à la législation sur les stupéfiants – Perquisition – Garde à vue – Régularité

Contre l'arrêt de la chambre de l'instruction de la cour d'appel de RENNES, en date du 22/02/2013, qui, dans l'information suivie contre eux du chef d'infractions à la législation sur les stupéfiants, a prononcé sur leur demande d'annulation de pièces de la procédure.

Attendu que, si c'est à tort que, pour déclarer régulière la perquisition effectuée au cours de la garde à vue de M. Hicham X..., hors sa présence, l'arrêt retient, notamment, que l'appartement où elle a été opérée est le domicile de sa famille, dont les membres pouvaient aller à leur guise d'une pièce à l'autre, alors qu'à l'égard de l'intéressé, cette circonstance n'avait pas pour conséquence d'enlever à ce lieu son caractère de domicile, au sens de l'article 57, al. 1er, du C.P.P., l'arrêt n'encourt pas la censure dès lors que les formalités prévues par ce texte ne sont pas exclues du champ d'application de l'article 802 du même code et que le mis en examen a revendiqué devant le juge d'instruction la propriété de la somme d'argent découverte dans sa chambre à cette occasion et qu'il ne justifie d'aucun grief;

D'où il suit que le moyen ne saurait être admis.

(Cour de cassation – Chambre criminelle du 25 juin 2013 – N° de pourvoi : 13-81.977).

• Infractions à la législation sur les stupéfiants... – Instruction – Perquisition – Garage – Locataire ou propriétaire des lieux

Contre l'arrêt de la chambre de l'instruction de la cour d'appel de BESANÇON, en date du 25/10/2017, qui, dans l'information suivie contre lui des chefs d'infractions à la législation sur les stupéfiants, blanchiment, non-justification de ressources, association de malfaiteurs et infractions à la législation sur les armes, a prononcé sur sa demande d'annulation de pièces de la procédure.

Attendu que, pour écarter l'exception de nullité prise de l'irrégularité de la perquisition effectuée dans un garage et un appartement situés au [...], la chambre de l'instruction relève que les éléments du dossier ne permettaient pas d'établir que M. D... X... était le locataire ou le propriétaire des lieux en cause, que l'adresse déclarée en garde à vue et confirmée lors de son interrogatoire de première comparution, était différente de celle où ont eu lieu les perquisitions; qu'ainsi, compte tenu de la difficulté à rapporter l'identité précise du locataire ou du propriétaire des lieux perquisitionnés, la seule présence des deux témoins était suffisante;

Mais attendu qu'en disposant ainsi, alors que la Cour de cassation est en mesure de s'assurer que les enquêteurs avaient indiqué en procédure, que le garage perquisitionné appartenait à M. D... X... et que celui-ci, qui avait revendiqué dans une conversation téléphonique antérieure, la propriété de l'appartement du [...] , s'était déclaré à plusieurs reprises domicilié à cette adresse, la chambre de l'instruction, qui n'a pas constaté l'impossibilité, pour l'intéressé, d'assister à la mesure ou de désigner un représentant de son choix, n'a pas justifié sa décision.

(Cour de cassation – Chambre criminelle du 20 juin 2018 – N° de pourvoi : 17-86.657).

Article 57-1. – Perquisitions – O.P.J. – A.P.J. – Système informatique – *(Loi n° 2023-22 du 24 janvier 2023)*

• Les officiers de police judiciaire ou, sous leur responsabilité, les agents de police judiciaire peuvent, au cours d'une perquisition effectuée dans les conditions prévues par le présent code, accéder par un système informatique implanté sur les lieux où se déroule la perquisition à des données intéressant l'enquête en cours et stockées dans ledit système ou dans un autre système informatique, dès lors que ces données sont accessibles à partir du système initial ou disponibles pour le système initial.

• Ils peuvent également, dans les conditions de perquisition prévues au présent code, accéder par un système informatique implanté dans les locaux d'un service ou d'une unité de police ou de gendarmerie à des données intéressant l'enquête en cours et stockées dans un autre système informatique, si ces données sont accessibles à partir du système initial.

• S'il est préalablement avéré que ces données, accessibles à partir du système initial ou disponibles pour le système initial, sont stockées dans un autre système informatique situé en dehors du territoire national, elles sont recueillies par l'officier de police judiciaire, sous réserve des conditions d'accès prévues par les engagements internationaux en vigueur.

• Les données auxquelles il aura été permis d'accéder dans les conditions prévues par le présent article peuvent être copiées sur tout support. Les supports de stockage informatique peuvent être saisis et placés sous scellés dans les conditions prévues par le présent code.

• Les officiers de police judiciaire ou, sous leur contrôle, les agents de police judiciaire peuvent, par tout moyen, requérir toute personne susceptible :

• 1° D'avoir connaissance des mesures appliquées pour protéger les données auxquelles il est permis d'accéder dans le cadre de la perquisition ;

• 2° De leur remettre les informations permettant d'accéder aux données mentionnées au 1°.

• À l'exception des personnes mentionnées aux articles 56-1 à 56-5, le fait de s'abstenir de répondre dans les meilleurs délais à cette réquisition est puni d'une amende de 3 750 €.

[V] • Code de Procédure Pénale – art. 76-3 – Perquisitions informatiques
• Code de Procédure Pénale – art. 97-1 – O.P.J. – Commission rogatoire

[J] **• Importation de marchandises prohibées... – Enquête préliminaire – Perquisition – Perquisition sans le consentement exprès de l'intéressé – Autorisation par ordonnance du juge des libertés et de la détention – Portée – Découverte d'un code personnel d'accès à un système informatique – Exploitation par l'O.P.J. avec son matériel informatique – Nécessité d'une nouvelle autorisation du juge des libertés et de la détention *(non)***

Contre l'arrêt de la chambre de l'instruction de la cour d'appel de GRENOBLE, en date du 24/10/2012, qui, dans l'information suivie contre lui des chefs d'importation de marchandises prohibées, infractions aux réglementations sur le commerce ou l'emploi de substances vénéneuses, importation sans raison médicale dûment justifiée de produits dopants, a prononcé sur sa demande d'annulation de pièces de la procédure.

L'exploitation par les officiers de police judiciaire de données informatiques présentes sur un site internet, à partir de leur propre matériel et au moyen du Code personnel de l'utilisateur découvert à l'occasion d'une perquisition opérée au domicile de l'intéressé avec l'autorisation du juge des libertés et de la détention, constitue une simple investigation n'exigeant pas une nouvelle décision de ce magistrat.

(Cour de cassation – Chambre criminelle du 6 novembre 2013 – N° de pourvoi : 12-87.130).

Article 58. – Communication ou divulgation sans autorisation – *(Ordonnance n° 2000-916 du 19 septembre 2000)*

• Sous réserve des nécessités des enquêtes, toute communication ou toute divulgation sans l'autorisation de la personne mise en examen ou de ses ayants droit ou du signataire ou du destinataire d'un document provenant d'une perquisition à une personne non qualifiée par la loi pour en prendre connaissance est punie de 4 500 euros d'amende et de deux ans d'emprisonnement.

[J] **• Complicité de violation du secret de l'instruction – Partie civile – Perquisition – Divulgation de documents extraits de la perquisition**

Contre l'arrêt de la chambre d'accusation de la cour d'appel d'ANGERS du 29/03/1995, qui, dans l'information suivie contre Y... Philippe pour complicité de violation du secret de l'instruction, a confirmé l'ordonnance de non-lieu du juge d'instruction.

Attendu que, pour dire n'y avoir lieu à suivre du chef de l'infraction prévue par l'article 58 du C.P.P., à laquelle la partie civile avait étendu sa plainte par lettre du 06/02/1992, la chambre d'accusation énonce que les personnes protégées des atteintes portées à leur vie privée et professionnelle, résultant de la divulgation de documents extraits d'une perquisition, sont énumérées limitativement audit article ; que X... Jean-Claude n'en faisait pas partie, n'étant ni signataire ou destinataire de l'un des documents saisis, ni mis en examen ni venant aux droits d'un mis en examen dans la procédure dite « Ilot 7 « et qu'il était ainsi dépourvu de qualité pour agir ;

Mais attendu qu'en prononçant ainsi, alors que la divulgation des documents incriminés provenant de la perquisition était susceptible de préjudicier au plaignant, la chambre d'accusation a méconnu le principe ci-dessus rappelé ;

D'où il suit que la cassation est également encourue de ce chef ;

Par ces motifs :

CASSE ET ANNULE, en toutes ses dispositions, l'arrêt de la chambre d'accusation de la cour d'appel d'Angers, en date du 29/03/1995, et pour qu'il soit statué à nouveau conformément à la loi ;

RENVOIE la cause et les parties devant la chambre d'accusation de la cour d'appel de Rouen.

(Cour de cassation – Chambre criminelle du 4 juin 1996 – N° de pourvoi : 95-82.256).

Article 59. – Perquisitions et visite domiciliaires – Horaires – *(Loi n° 93-1013 du 24 août 1993)*

• Sauf réclamation faite de l'intérieur de la maison ou exceptions prévues par la loi, les perquisitions et les visites domiciliaires ne peuvent être commencées avant 6 heures et après 21 heures.

• Les formalités mentionnées aux articles 56, 56-1, 57 et au présent article sont prescrites à peine de nullité.

[V] • Code de Procédure Pénale – art. 136 – Inobservation des formalités
• Code de Procédure Pénale – art. 171 – Causes de nullité
• Code de Procédure Pénale – art. 706-24 – O.P.J. et A.P.J. – Autorisations

[J] **•Conduite en état d'ivresse manifeste... – Circulation routière – Vérifications médicales, cliniques et biologiques – Gendarme se présentant au domicile d'un suspect afin de l'inviter à le suivre – Visite domiciliaire *(non)***

Contre l'arrêt de la cour d'appel de CAEN, chambre correctionnelle, du 03/07/1987 qui, pour conduite en état d'ivresse manifeste et refus de se soumettre aux vérifications médicales destinées à établir la preuve d'un état alcoolique, l'a condamné à 15 jours d'emprisonnement avec sursis et a ordonné la suspension, pendant 1 an, de son permis de conduire, en aménageant cette mesure.

Dès lors que, s'étant rendus au domicile d'un suspect dans le seul but d'inviter l'intéressé à les accompagner à la brigade, aux fins d'audition, des gendarmes n'ont effectué audit domicile aucune constatation, leur initiative ne saurait être considérée comme constituant une visite domiciliaire au sens de l'article 59 du C.P.P.

(Cour de cassation – Chambre criminelle du 15 mars 1990 – N° de pourvoi : 87-84.629).

• Conduite en état d'ivresse manifeste... – Enquête préliminaire – Enquête au domicile de particuliers – Accord

pour y pénétrer – Absence de tout acte de fouille et de recherche – Constatations sur l'état d'ébriété d'un conducteur automobile – Conditions – Visite domiciliaire *(non)*

Z... Jean-Paul, contre l'arrêt de la cour d'appel de POITIERS, chambre correctionnelle, en date du 28/01/1993, qui l'a condamné à 6 mois d'emprisonnement avec sursis et 4000 francs d'amende pour conduite en état d'ivresse manifeste, refus de se soumettre aux vérifications tendant à établir l'état alcoolique, délit de fuite et blessures involontaires et a prononcé la suspension de son permis de conduire pour une durée d'un an.

Attendu qu'il ne résulte de ces circonstances aucune violation de l'article 59 du C.P.P. ni d'ailleurs d'aucune autre disposition légale, dès lors que les gendarmes, après avoir pénétré dans l'habitation d'une tierce personne avec l'accord de celle-ci, se sont bornés, comme ils en avaient le droit, à faire toutes constatations utiles sur l'état du prévenu en s'abstenant de tout acte de fouille et de recherche.

(Cour de cassation – Chambre criminelle du 9 février 1994 – N° de pourvoi : 93-80.763).

• **Infraction à la police de la chasse – Procès-verbal – Gabion – Domicile** *(non)* **– Article 59 C.P.P.**

Contre l'arrêt de la cour d'appel de CAEN, chambre correctionnelle, en date du 14/05/2001, qui, dans la procédure suivie contre Jean-Luc X... pour infraction à la police de la chasse, a constaté la nullité du procès-verbal servant de fondement aux poursuites.

Attendu que les procès-verbaux dressés en vertu de l'article L. 228-27 du Code rural, devenu l'article L. 428-20 du Code de l'environnement, par les agents assermentés de l'Office national de la chasse font foi jusqu'à preuve contraire pour les infractions à la police de la chasse qu'ils constatent sur toute l'étendue de la circonscription à laquelle ils sont affectés ;

Attendu qu'il résulte de l'arrêt attaqué que, 5 jours avant l'ouverture de la chasse, vers 03 h 45, des gardes nationaux de la chasse qui avaient constaté sur une mare, à proximité d'un gabion dont les fenêtres de tir étaient ouvertes, la présence d'appelants, ont, après y avoir pénétré, découvert plusieurs personnes ainsi que des munitions et plusieurs armes suspendues à des crochets et maintenues ainsi en position horizontale pour faciliter le tir ; que Jean-Luc X..., poursuivi pour contravention de chasse en temps prohibé, a invoqué la nullité du procès-verbal avant toute défense au fond en faisant valoir que les constatations des agents verbalisateurs avaient été faites à l'intérieur du gabion en violation de l'article 59 du C.P.P interdisant les visites domiciliaires entre 21 h 00 et 06 h 00 ; que le tribunal, qui a rejeté l'exception, l'a retenu dans les liens de la prévention ;

Attendu que, pour infirmer le jugement entrepris et accueillir l'exception, les juges du second degré, après avoir exactement énoncé qu'une hutte dépourvue des équipements les plus élémentaires et constituant un simple poste d'observation ne bénéficie pas de la protection pénale accordée au domicile, retiennent, en s'appuyant sur des clichés photographiques versés aux débats par le prévenu, que celui-ci pouvait, au cas particulier et au regard de ses éléments de confort pour les besoins d'une nuit, considérer le gabion comme un domicile « où il avait le droit de se dire chez lui » ;

Mais attendu qu'en statuant ainsi, alors qu'il résultait des constatations des enquêteurs que la hutte n'était, au moment des faits ni raccordée au réseau électrique ni desservie en eau courante et que, selon l'article 537 du C.P.P. la preuve ne pouvait être rapportée que par écrit ou par témoins, la cour d'appel a méconnu les textes susvisés et les principes ci-dessus rappelés ;

D'où il suit que la cassation est encourue.

Par ces motifs,

CASSE et ANNULE, en toutes ses dispositions, l'arrêt susvisé de la cour d'appel de Caen, en date du 14/05/2001, et pour qu'il soit à nouveau jugé, conformément à la loi.

(Cour de cassation – Chambre criminelle du 6 mai 2002 – N° de pourvoi : 01-85.565).

Article 60. – O.P.J. – A.P.J. – Assistant d'enquête – Réquisition à personne qualifiée – *(Loi n° 2023-22 du 24 janvier 2023)*

• S'il y a lieu de procéder à des constatations ou à des examens techniques ou scientifiques, l'officier de police judiciaire ou, sous le contrôle de ce dernier, l'agent de police judiciaire ou l'assistant d'enquête a recours à toutes personnes qualifiées.

• Lorsqu'ils sont sollicités à cet effet par l'officier de police judiciaire ou, sous le contrôle de ce dernier, par l'agent de police judiciaire, les services ou organismes de police technique et scientifique de la police nationale et de la gendarmerie nationale peuvent directement procéder à des constatations et à des examens techniques ou scientifiques relevant de leur compétence, sans qu'il soit nécessaire d'établir une réquisition à cette fin.

• Sauf si elles sont inscrites sur une des listes prévues à l'article 157 ou s'il s'agit d'un service ou organisme mentionné au 2e alinéa du présent article, les personnes mentionnées au 1er alinéa prêtent, par écrit, serment d'apporter leur concours à la justice en leur honneur et en leur conscience.

• Les personnes désignées pour procéder aux examens techniques ou scientifiques peuvent procéder à l'ouverture des scellés. Elles en dressent inventaire et en font mention dans un rapport établi conformément aux dispositions des articles 163 et 166. Ces personnes peuvent également, en le mentionnant dans leur rapport, replacer sous scellés les objets examinés et placer sous scellés les objets résultant de leur examen ; en particulier, les médecins requis pour pratiquer une autopsie ou un examen médical peuvent placer sous scellés les prélèvements effectués. Elles peuvent communiquer oralement leurs conclusions aux enquêteurs en cas d'urgence.

• Sur instructions du procureur de la République, l'officier de police judiciaire ou, sous le contrôle de ce dernier, l'agent de police judiciaire ou l'assistant d'enquête donne connaissance des résultats des examens techniques et scientifiques aux personnes à l'encontre desquelles il existe des indices faisant présumer qu'elles ont commis ou tenté de commettre une infraction, ainsi qu'aux victimes.

J **• Tentative d'homicide volontaire – Crimes et délits flagrants – Enquête – Personne appelée à faire des constatations – Expert inscrit sur les listes prévues par l'article 157 du C.P.P. – Dualité – Nécessité** *(non)*

Contre un arrêt de la chambre d'accusation de la cour d'appel de PARIS, en date du 10 février 1984, qui l'a renvoyé devant la cour d'assises de Paris sous l'accusation de tentative d'homicide volontaire, de vol aggravé par port d'arme et d'escroquerie.

Les dispositions des articles 156 et suivants du C.P.P. réglementant l'expertise et notamment celle de l'article 159 relative à l'obligation de désigner deux experts au moins lorsque l'expertise porte sur le fond de l'affaire, ne concerne que les personnes chargées d'une mission par les juridictions d'instruction et de jugement et n'est pas applicable à celles qui ont été appelées à faire des constatations et à donner leur avis dans les conditions prévues par l'article 60 du même code en cas de crime ou délit flagrant.

(Cour de cassation – Chambre criminelle du 10 mai 1984 – N° de pourvoi: 84-91.064).

• Homicide volontaire – Cour d'assises – Crimes et délits flagrants – Enquête – Personne appelée à faire des constatations ou des examens techniques ou scientifiques – Désignation – Compétence – O.P.J. – Conditions

Contre un arrêt de la chambre d'accusation de la cour d'appel de DOUAI du 06/11/1987 qui l'a renvoyé sous l'accusation d'homicide volontaire devant la cour d'assises du département du Nord.

Lorsqu'ils opèrent en cas de crime ou de délit flagrant, dès lors que le juge d'instruction n'est pas présent sur les lieux, et tant que l'ouverture d'une information n'a pas été requise, les O.P.J. tiennent de l'article 60 du C.P.P. le pouvoir de recourir à toutes personnes qualifiées s'il y a lieu de procéder à des constatations ou à des examens techniques ou scientifiques.

(Cour de cassation – Chambre criminelle du 15 mars 1988 – N° de pourvoi: 88-80.267).

• Abus de biens sociaux... – Crimes et délits flagrants – Perquisition – O.P.J. – Réquisition – Personne qualifiée – Conditions

Contre l'arrêt de la chambre d'accusation de la cour d'appel de COLMAR, en date du 09/05/1996, qui, dans la procédure suivie contre eux des chefs d'abus de biens sociaux, recel, infractions à la législation sur la facturation, infractions au Code du travail, exposition, mise en vente ou vente de denrées corrompues et fraude fiscale, a rejeté leur requête aux fins d'annulation.

Il résulte des dispositions combinées des articles 56 et 60 du C.P.P. que l'officier de police judiciaire a seul le droit, lors d'une perquisition, de prendre connaissance des papiers ou documents trouvés sur place, avant de procéder à leur saisie, et qu'il ne peut, à cette occasion, se faire assister de tiers en qualité de «personnes qualifiées», qu'à la condition que ceux-ci aient fait l'objet d'une réquisition régulière La régularité de cette réquisition est subordonnée à la prestation de serment de ces personnes d'apporter leur concours à la justice en leur honneur et conscience et à la constatation que la mission, que l'officier de police judiciaire entend leur confier, ne peut être différée.

(Cour de cassation – Chambre criminelle du 6 février 1997 – N° de pourvoi: 96-84.018).

• Travail dissimulé – Enquête préliminaire – Perquisition – O.P.J. – Réquisition – Personne qualifiée – Conditions

Contre l'arrêt de la Cour d'appel d'AGEN, en date du 26/02/2001, qui a annulé la procédure suivie contre Christian X... du chef de travail dissimulé et renvoyé

Les dispositions de l'article L. 611-13 du C. du travail n'excluent pas celles des articles 60 et 77-1 du C.P.P. Rien ne s'oppose à ce que des fonctionnaires des Impôts soient requis en tant que personnes qualifiées au titre de l'article 60, al. 1er, du C.P.P. Ainsi s'expose à la censure l'arrêt qui retient que le procureur de la République ne tient d'aucune disposition le droit d'autoriser la participation d'un tel fonctionnaire à une perquisition elle-même autorisée par le président du T.G.I. en application de l'article L. 611-13 du C. du travail.

(Cour de cassation – Chambre criminelle du 5 février 2002 – N° de pourvoi: 01-83.210).

• Escroquerie et fraude ou fausses déclarations – Enquête préliminaire – Procès-verbaux – Réquisition – Expert – Présence – Atteinte aux intérêts du prévenu *(non)*

Contre l'arrêt de la cour d'appel d'AIX-EN-PROVENCE, 5e chambre, en date du 13/06/2001, qui, pour escroquerie et fraude ou fausses déclarations pour obtenir des prestations sociales indues, l'a condamné à 20000 francs d'amende et a prononcé sur les intérêts civils.

Attendu que, pour rejeter l'exception de nullité des procès-verbaux d'enquête préliminaire, les juges du 2d degré retiennent que l'expert requis n'a accompli aucun acte positif et que sa seule présence n'a pu porter atteinte aux intérêts du prévenu;

Attendu qu'en l'état de ces seules énonciations, la cour d'appel a justifié sa décision;

D'où il suit que le moyen ne peut qu'être écarté.

(Cour de cassation – Chambre criminelle du 27 mars 2002 – N° de pourvoi: 01-85.693).

• Falsifications de denrées alimentaires... – Enquête préliminaire – O.P.J. – Pouvoirs – Réquisition – Identification d'un numéro de téléphone auprès d'un opérateur – Constatation ou examen technique au sens de l'article 77-1 du C.P.P. *(non)*

Contre l'arrêt de la chambre de l'instruction de la cour d'appel d'ANGERS, en date du 12/12/2001, qui, dans l'information suivie contre lui du chef de falsifications de denrées alimentaires, vente de denrées alimentaires falsifiées, faux et usage de faux, publicité de nature à induire en erreur, a prononcé sur sa demande d'annulation de pièces de la procédure.

Attendu que, pour refuser d'annuler les actes d'information effectués par les officiers de police judiciaire en présence d'agents de la Direction nationale des enquêtes de répression des fraudes, les juges retiennent que ces derniers, qui sont intervenus dans un domaine où la loi leur confie des pouvoirs de police judiciaire, ne sont pas soumis à l'obligation de prêter le serment prévu par l'article 60 du C.P.P.;

Attendu qu'en l'état de ces seuls motifs, la cour d'appel a justifié sa décision;

D'où il suit que le moyen doit être écarté.

(Cour de cassation – Chambre criminelle du 6 mai 2002 – N° de pourvoi: 02-81.130).

• Trouble à la tranquillité d'autrui par appels téléphoniques malveillants – Enquête préliminaire – O.P.J. – Pouvoirs – Réquisition – Identification d'un numéro de téléphone auprès d'un opérateur – Constatation ou examen technique au sens de l'article 77-1 du C.P.P. *(non)*

Contre l'arrêt de la cour d'appel de DOUAI, 4e chambre, en date du 21/06/2001, qui, pour trouble à la tranquillité d'autrui par appels téléphoniques malveillants, l'a condamnée à 3 000 francs d'amende et a prononcé sur les intérêts civils.

L'identification d'un numéro de téléphone auprès d'un opérateur n'étant pas une mesure de constatation ou d'examen technique ou scientifique au sens des articles 60 et 77-1 du C.P.P., le moyen qui allègue que le directeur régional de France Télécom aurait dû prêter serment, est inopérant.

(Cour de cassation – Chambre criminelle du 18 juin 2002 – N° de pourvoi : 01-86.098).

• Détention de marchandise réputée importée en contrebande – Amende douanière – Perquisition – Présence de contrôleur des impôts – Saisie de pièces

Contre l'arrêt n° 3 de la cour d'appel de PARIS, 13e chambre, en date du 16/05/2001, qui, pour détention de marchandise réputée importée en contrebande, les a condamnés chacun à une amende douanière.

Attendu que, pour rejeter l'exception de nullité, soulevée par les prévenus, des perquisitions précitées en raison de la présence de contrôleurs des impôts n'ayant pas prêté le serment de l'article 60 du C.P.P., les juges du 2d degré énoncent que les prévenus ne sont pas recevables à soulever la nullité de la saisie de pièces, effectuée au cours de perquisitions dans une procédure de droit commun, qui a été régulièrement communiquée par l'autorité judiciaire à l'administration des impôts, en application de l'article L. 101 du Livre des procédures fiscales ;

Attendu qu'en l'état de ces seuls motifs, abstraction faite d'un motif erroné mais surabondant, la cour d'appel a justifié sa décision ;

D'où il suit que le moyen, inopérant en sa 1re branche qui critique le motif surabondant, doit être écarté ;

Et attendu que l'arrêt est régulier en la forme ;

REJETTE le pourvoi.

(Cour de cassation – Chambre criminelle du 18 septembre 2002 – N° de pourvoi : 01-84.520).

• Abus de confiance et escroquerie – Instruction – Expertise – Expert – Audition de la partie civile – Conditions – Autorisation préalable du juge d'instruction – Nécessité

Contre l'arrêt de la chambre de l'instruction de la cour d'appel de BORDEAUX, en date du 11/10/2005, qui, dans l'information suivie contre lui des chefs d'abus de confiance et escroquerie, a rejeté sa demande d'annulation de pièces de la procédure.

Excède les limites de sa mission l'expert qui entend la partie civile alors que le juge d'instruction, dans l'ordonnance le commettant, a précisé qu'il ne pouvait procéder à des auditions sans y avoir été préalablement autorisé.

Cette irrégularité, consistant en la méconnaissance d'une règle touchant à l'organisation judiciaire à laquelle les dispositions de l'article 802 du C.P.P. sont étrangères, entraîne la nullité de l'expertise et des actes qui l'ont pour support nécessaire.

(Cour de cassation – Chambre criminelle du 17 janvier 2006 – N° de pourvoi : 05-86.326).

• Infractions à la législation sur les stupéfiants – Instruction – Pouvoirs du juge – Écoutes téléphoniques – Réquisition d'un agent qualifié en vue de procéder à l'installation d'un dispositif d'interception – Prestation de serment – Nécessité *(non)*

Contre l'arrêt de la chambre de l'instruction de la cour d'appel de BASTIA, en date du 22/02/2006, qui, dans l'information suivie contre eux pour infractions à la législation sur les stupéfiants, a prononcé sur leur demande d'annulation de pièces de la procédure.

Ni l'article 100-3 du C.P.P. ni aucune autre disposition du C.P.P. n'exigent que l'agent qualifié requis par l'O.P.J. pour procéder à des interceptions de communications téléphoniques prête serment.

Les dispositions de l'article 60 de ce code, qui ont pour seul objet de régir les réquisitions adressées par l'O.P.J., au cours de l'enquête de flagrance, à une personne qualifiée pour qu'elle procède à des examens techniques ou scientifiques, sont étrangères aux interceptions de communications téléphoniques ordonnées par le juge d'instruction.

(Cour de cassation – Chambre criminelle du 26 mai 2006 – N° de pourvoi : 06-81.705).

• Infractions à la législation sur les stupéfiants et contrebande de marchandise prohibée – Enquête préliminaire – Constatations ou examens techniques – Fonctionnaires de la police judiciaire – Serment – Nécessité *(non)*

Contre l'arrêt de la chambre de l'instruction de la cour d'appel de RENNES, en date du 28/05/2010, qui, dans l'information suivie contre lui du chef d'infractions à la législation sur les stupéfiants et contrebande de marchandise prohibée, a prononcé sur sa demande d'annulation de pièces de la procédure.

Les fonctionnaires appartenant à un service de police judiciaire chargé, par le procureur de la République, d'effectuer des actes d'enquête peuvent procéder à des constatations et examens, même techniques, sans intervenir comme personnes qualifiées au sens de l'article 60 du Code de procédure pénale.

Ils ne sont, dès lors, pas soumis au serment prévu par ce texte.

(Cour de cassation – Chambre criminelle du 4 novembre 2010 – N° de pourvoi : 10-84.389).

Article 60-1. – Procureur de la République – O.P.J. ou A.P.J. ou Assistant d'enquête – Réquisition documents – *(Loi n° 2023-22 du 24 janvier 2023)*

• Le procureur de la République ou l'officier de police judiciaire ou, sous le contrôle de ce dernier, l'agent de police judiciaire ou, dans le cas prévu au 3° de l'article 21-3, l'assistant d'enquête peut, par tout moyen, requérir de toute personne, de tout établissement ou organisme privé ou public ou de toute administration publique qui sont susceptibles de détenir des informations intéressant l'enquête, y compris, sous réserve de l'article 60-1-2, celles issues d'un système informatique ou d'un traitement de données nominatives, de lui remettre ces informations, notamment sous forme numérique, le cas échéant selon des normes fixées par voie réglementaire, sans que puisse lui être opposée, sans motif légitime, l'obligation au secret professionnel. Lorsque les réquisitions concernent des personnes mentionnées aux articles 56-1 à 56-5, la remise des informations ne peut intervenir qu'avec leur accord.

• À l'exception des personnes mentionnées aux articles 56-1 à 56-5, le fait de s'abstenir de

répondre à cette réquisition dans les meilleurs délais et s'il y a lieu selon les normes exigées est puni d'une amende de 3750 €.

• À peine de nullité, ne peuvent être versés au dossier les éléments obtenus par une réquisition prise en violation de l'article 2 de la loi du 29 juillet 1881 sur la liberté de la presse.

V • Code de procédure pénale – art. 56-1 – Crimes et délits flagrants – Perquisitions cabinet d'un avocat ou à son domicile.

• Code de procédure pénale – art. 56-2 – Crimes et délits flagrants – Perquisitions locaux d'une entreprise de presse, d'une entreprise de communication audiovisuelle...

• Code de procédure pénale – art. 56-3 – Crimes et délits flagrants – Perquisitions cabinet d'un médecin, d'un notaire, d'un avoué ou d'un huissier.

J **• Association de malfaiteurs – Infractions à la législation sur les stupéfiants – Recels, détention en bande organisée – Dépôt d'armes et de munitions prohibées – O.P.J. – Pouvoirs – Crimes et délits flagrants – Exploitation des enregistrements d'un dispositif de vidéosurveillance – Régularité – Conditions – Détermination – Portée**

Contre l'arrêt de la chambre de l'instruction de la cour d'appel de PARIS, 3e section, en date du 6 novembre 2012, qui, dans l'information suivie contre eux pour association de malfaiteurs, infractions à la législation sur les stupéfiants, recels en bande organisée, détention en bande organisée d'un dépôt d'armes et de munitions prohibées, a prononcé sur leur demande d'annulation d'actes de la procédure;

aux motifs que l'article 706-96 du Code de procédure pénale régit les conditions dans lesquelles l'autorité judiciaire autorise les enquêteurs à « mettre en place un dispositif technique ayant pour objet, sans le consentement des intéressés, la captation, la fixation, la transmission et l'enregistrement » de paroles ou d'images d'une ou plusieurs personnes se trouvant dans un lieu privé; que ces dispositions ne sont pas applicables aux systèmes de vidéosurveillance installés à titre privé, sur le fondement de dispositions législatives distinctes, dans les parties communes d'un immeuble d'habitation, aux seules fins de sécurité des personnes et des biens; que l'officier de police judiciaire agissant en flagrance tire de l'article 60-1 du Code de procédure pénale la faculté, par tout moyen, de « requérir de toute personne, de tout établissement ou organisme privé ou public ou de toute administration publique qui sont susceptibles de détenir des documents intéressants l'enquête, y compris ceux issus d'un système informatique ou d'un traitement de données nominatives, de lui remettre ces documents »; qu'en l'espèce, aucune irrégularité ne résulte de l'exploitation, par les enquêteurs agissant en flagrance après la découverte de matériel volé, de stupéfiants, d'armes et de munitions dans un box de parking souterrain de la résidence « Plein Sud », de données issues du dispositif de vidéo-surveillance mis en œuvre à titre privé dans ses parties communes, éléments dont les services de police pouvaient régulièrement, par tout moyen, obtenir communication; que, de surcroît, l'exploitation des données de vidéosurveillance critiquée constituait une mesure nécessaire à la sécurité publique ainsi qu'à la prévention des infractions pénales au sens de l'article 8 de la Cour européenne des droits de l'homme;

Et attendu que l'arrêt est régulier en la forme;

REJETTE les pourvois;

Résumé: Le dispositif de vidéosurveillance installé par le propriétaire dans les parties communes de son immeuble échappe aux prévisions des articles 706-96 et suivants du Code de procédure pénale.

Dès lors est régulière l'exploitation par les policiers, dans le cadre d'une enquête de flagrance, des enregistrements des caméras de surveillance communiqués sur réquisition prise en application de l'article 60-1 du code précité

(Cour de cassation – Chambre criminelle du 6 mars 2013 – N° de pourvoi: 12-87810).

• Vols qualifiés et association de malfaiteurs – Système de vidéo protection – Enregistrements – O.P.J. – Compétence

Contre l'arrêt de la chambre de l'instruction de la cour d'appel d'AMIENS, en date du 7 avril 2017, qui, dans l'information suivie contre lui des chefs de vols qualifiés et association de malfaiteurs, a prononcé sur sa demande d'annulation de pièces de la procédure;

Aux motifs que la régularité du procès-verbal de perquisition coté D649 est contestée au motif qu'il aurait été rédigé trop longtemps après la perquisition elle-même, que les éléments saisis, notamment un document manuscrit n'auraient pas été trouvés à l'endroit indiqué (D664), qu'il aurait nécessairement été ouvert irrégulièrement, pour en faire une photocopie, destinée à servir à une comparaison d'écriture et, l'annulation de toute mention du scellé « n°2/ Perquisition Y A » est demandée; que pour apprécier les conditions dans lesquelles une ouverture du scellé avait pu être réalisée, la chambre de l'instruction a ordonné la production du scellé; que pour faire suite à l'arrêt du 21 mars 2017, le juge d'instruction a adressé un procès-verbal daté du 6 juin 2016, coté D 1329, dressé par l'officier de police judiciaire aux termes duquel il était indiqué que le scellé constitué sous la référence N°2 /perquisition Y A, une enveloppe plastique transparente contenant un document était demeurée introuvable, qu'il avait procédé le 6 juin 2016 à la saisie d'une photocopie du document, faite avant que le scellé soit perdu, sous le N° Scellé No 1/34; que le scellé 1/34 ainsi que le procès-verbal d'investigation et de saisie (D1328 et D1329), parvenus au cabinet du juge le 23 mars 2017, ont été versés au dossier de la chambre de l'instruction et à la disposition des parties; que le scellé 1/34 dressé par un officier de police judiciaire ne pose pas de problème de régularité particulier dans la mesure où il concerne un document en photocopie saisi dans les locaux de la gendarmerie ce qui est explicitement indiqué sur le support, la mention de ce qu'il est la « photocopie d'un document manuscrit ayant été découvert dans une sacoche 4 cité Joly à PARIS » devant être soumise à la discussion des parties; que par contre, la disparition du scellé n° 2 empêche la chambre de vérifier de quelle manière et dans quelles conditions il a été constitué, éventuellement ouvert et, en tout état de cause, empêche toute discussion sur son contenu en tant qu'élément de preuve acquis dans le cadre réglementé d'une perquisition avec les garanties qui en sont la caractéristique, et, le maintien de sa mention dans la procédure porterait grief au requérant; que le fait que le procès-verbal D649 ait été rédigé plusieurs heures après que la perquisition ait été réalisée ne doit par contre pas entraîner son annulation alors que la rédaction immédiate du procès-verbal n'est pas prévu à peine de nullité, que M. Y qui a assisté à la perquisition pendant sa garde à vue, informé de ses droits, a signé le procès-verbal sans formuler d'observation particulière et qu'il n'a d'ailleurs pas discuté dans ses auditions successives, qu'à l'exception du document manuscrit scellé N° 2, les autres éléments placés sous scellés avaient bien été saisis dans les conditions indiquées au procès-verbal D649 D65l ; qu'il y aura en conséquence lieu aux annulations et cancellations précisées au dispositif qui suit;

CASSE et ANNULE l'arrêt susvisé de la chambre de l'instruction de la cour d'appel d'Amiens, en date du 7 avril 2017, mais en ses seules dispositions relatives à l'autorisation d'interception téléphonique d'une ligne attribuée à M. Y accordée le 12 janvier 2016 par le juge des libertés et de la détention (D133), toutes autres dispositions étant expressément maintenues;

Et pour qu'il soit à nouveau statué, conformément à la loi, dans les limites de la cassation ainsi prononcée,

RENVOIE la cause et les parties devant la chambre de l'instruction de la cour d'appel de Douai, à ce désignée par délibération spéciale prise en chambre du conseil;

ORDONNE l'impression du présent arrêt, sa transcription sur les registres du greffe de la chambre de l'instruction de la cour d'appel d'Amiens et sa mention en marge ou à la suite de l'arrêt partiellement annulé

(Cour de cassation – Chambre criminelle du 9 janvier 2018 – N° de pourvoi: 17-82946).

• Atteinte à l'action de justice – Entrave à l'exercice de la justice – Refus de remettre aux autorités judiciaires ou de mettre en œuvre la convention secrète de déchiffrement d'un moyen de cryptologie – Téléphone portable – Code de déverrouillage – Convention de déchiffrement *(oui)*

Le PG près la cour d'appel de DOUAI (59), domicilié en son parquet général, a formé un pourvoi contre l'arrêt rendu le 20/04/2021 par la cour d'appel de Douai (6e chambre des appels correctionnels), dans le litige l'opposant à M. [C] [O], détenu à la maison d'arrêt de ..., domicilié ..., défendeur à la cassation.

Selon l'article 434-15-2 du C.P., est punissable toute personne qui, ayant connaissance de la convention secrète de déchiffrement d'un moyen de cryptologie susceptible d'avoir été utilisé pour préparer, faciliter ou commettre un crime ou un délit, refuse de la remettre aux autorités judiciaires ou de la mettre en œuvre, sur les réquisitions de ces autorités délivrées en application des titres II et III du livre Ier du C.P.P. La convention de déchiffrement, visée par ce texte, s'entend de tout moyen logiciel ou de toute autre information permettant la mise au clair d'une donnée transformée par un moyen de cryptologie, que ce soit à l'occasion de son stockage ou de sa transmission. Il en résulte que le Code de déverrouillage d'un téléphone mobile peut constituer une clé de déchiffrement si ce téléphone est équipé d'un moyen de cryptologie de sorte que, pour l'application de l'article 434-15-2 du C.P., il incombe au juge de rechercher si le téléphone en cause est équipé d'un tel moyen et si son code de déverrouillage permet de mettre au clair tout ou partie des données cryptées qu'il contient ou auxquelles il donne accès.

(Cour de cassation – Chambre criminelle du 7 novembre 2022 – N° de pourvoi: 21-83.146).

• Union européenne – Données de connexion – Règles de conservation et d'accès aux données – Objet – Protection de la vie privée, du droit à la protection des données à caractère personnel et du droit à la liberté d'expression – Méconnaissance – Effet – Nullité – Condition – Identification des actes de procédure concernés

M. [O] [U] et M. [K] [L] ont formé des pourvois contre l'arrêt de la chambre de l'instruction de la cour d'appel de COLMAR (67), en date du 28/04/2022, qui, dans l'information suivie contre eux des chefs d'infractions à la législation sur les stupéfiants, association de malfaiteurs, infractions à la législation sur les armes et importation de produits stupéfiants, en récidive, a prononcé sur leur demande d'annulation de pièces de la procédure.

Le demandeur, qui soulève devant la chambre de l'instruction un moyen de nullité pris de la violation des exigences européennes en matière de modalités de conservation et d'accès aux données de connexion, lesquelles ont pour objet la protection du droit au respect de la vie privée, du droit à la protection des données à caractère personnel et du droit à la liberté d'expression et dont la méconnaissance n'affecte qu'un intérêt privé, doit indiquer précisément chacun des actes dont il sollicite l'annulation.

(Cour de cassation – Chambre criminelle du 22 novembre 2022 – N° de pourvoi: 22-83.221).

Article 60-1-1. – Réquisitions – Données de connexion émises par un avocat... – *(Loi n° 2022-299 du 2 mars 2022)*

• Sous réserve de l'article 60-1-2, lorsque les réquisitions prévues à l'article 60-1 portent sur des données de connexion émises par un avocat et liées à l'utilisation d'un réseau ou d'un service de communications électroniques, qu'il s'agisse de données de trafic ou de données de localisation, elles ne peuvent être faites que sur ordonnance motivée du juge des libertés et de la détention, saisi à cette fin par le procureur de la République.

• Cette ordonnance fait état des raisons plausibles de soupçonner que l'avocat a commis ou tenté de commettre, en tant qu'auteur ou complice, l'infraction qui fait l'objet de la procédure ou une infraction connexe au sens de l'article 203 ainsi que de la proportionnalité de la mesure au regard de la nature et de la gravité des faits.

Article 60-1-2. – Réquisitions – Données techniques... – *(Loi n° 2022-299 du 2 mars 2022)*

• À peine de nullité, les réquisitions portant sur les données techniques permettant d'identifier la source de la connexion ou celles relatives aux équipements terminaux utilisés mentionnées au 3° du II *bis* de l'article L. 34-1 du Code des postes et des communications électroniques ou sur les données de trafic et de localisation mentionnées au III du même article L. 34-1 ne sont possibles, si les nécessités de la procédure l'exigent, que dans les cas suivants:

• 1° La procédure porte sur un crime ou sur un délit puni d'au moins 3 ans d'emprisonnement;

• 2° La procédure porte sur un délit puni d'au moins 1 an d'emprisonnement commis par l'utilisation d'un réseau de communications électroniques et ces réquisitions ont pour seul objet d'identifier l'auteur de l'infraction;

• 3° Ces réquisitions concernent les équipements terminaux de la victime et interviennent à la demande de celle-ci en cas de délit puni d'une peine d'emprisonnement;

• 4° Ces réquisitions tendent à retrouver une personne disparue dans le cadre des procédures prévues aux articles 74-1 ou 80-4 du présent code ou sont effectuées dans le cadre de la procédure prévue à l'article 706-106-4.

Article 60-2. – O.P.J. ou A.P.J. – Réquisition systèmes informatiques ou traitements de données nominatives – *(Loi n° 2022-299 du 2 mars 2022 + Décision n° 2022-993 QPC du 20 mai 2022)*

• Sur demande de l'officier de police judiciaire, ou sous le contrôle de ce dernier, de l'agent de police judiciaire, intervenant par voie télématique ou informatique, les organismes publics ou les personnes morales de droit privé, à l'exception de ceux visés au d du 2 de l'article 9 du règlement *(UE)* 2016/679 du 27 avril 2016 précité et au 2° de l'article 80 de la loi n° 78-17 du 6 janvier 1978 relative à l'informatique, aux fichiers et aux libertés, mettent à sa disposition les informations utiles à la manifestation de la vérité, à l'exception de celles protégées par un secret prévu par la loi et sous réserve de l'article 60-1-2 du présent code, contenues dans le ou les systèmes informatiques ou traitements de données nominatives qu'ils administrent.

• L'officier de police judiciaire ou, sous le contrôle de ce dernier, de l'agent de police judiciaire, intervenant sur réquisition du procureur de la République préalablement autorisé par ordonnance du juge des libertés et de la détention, peut requérir des opérateurs de télécommunications, et notamment de ceux mentionnés au 1 du I de l'article 6 de la loi 2004-575 du 21 juin 2004 pour la confiance dans l'économie numérique, de prendre, sans délai, toutes mesures propres à assurer la préservation, pour une durée ne pouvant excéder 1 an, du contenu des informations consultées par les personnes utilisatrices des services fournis par les opérateurs.

• Les organismes ou personnes visés au présent article mettent à disposition les informations requises par voie télématique ou informatique dans les meilleurs délais.

• Le fait de refuser de répondre sans motif légitime à ces réquisitions est puni d'une amende de 3 750 €.

• Un décret en Conseil d'État, pris après avis de la Commission nationale de l'informatique et des libertés, détermine les catégories d'organismes visés au 1er alinéa ainsi que les modalités d'interrogation, de transmission et de traitement des informations requises.

V • Code de procédure pénale – art. R. 15-33-67 – Demandes de mise à disposition de données par voie électronique au cours de l'enquête de flagrance, de l'enquête préliminaire ou de l'instruction
• Code de procédure pénale – art. 628-9 – Assistants spécialisés
• Code de procédure pénale – art. 77-1-2 – Autorisations de réquisitions
• Code de procédure pénale – art. 99-4 – Commission rogatoire – Autorisations de réquisitions
• Code de procédure pénale – art. R. 40-46 – Communications électroniques

Article 60-3. – O.P.J. – A.P.J. ou assistant d'enquête – Réquisition personne qualifiée – Données informatiques – *(Loi n° 2023-22 du 24 janvier 2023)*

• Lorsqu'ont été placés sous scellés des objets qui sont le support de données informatiques, le procureur de la République ou l'officier de police judiciaire ou, sous le contrôle de ce dernier, l'agent de police judiciaire ou l'assistant d'enquête peut, par tout moyen, requérir toute personne qualifiée inscrite sur une des listes prévues à l'article 157 ou ayant prêté par écrit le serment prévu à l'article 60 de procéder à l'ouverture des scellés pour réaliser une ou plusieurs copies de ces données ou de procéder aux opérations techniques nécessaires à leur mise à la disposition de l'officier de police judiciaire, afin de permettre leur exploitation sans porter atteinte à leur intégrité. La personne requise fait mention des opérations effectuées dans un rapport établi conformément aux articles 163 et 166.

• Les opérations mentionnées au 1er alinéa du présent article peuvent être réalisées par les services ou les organismes de police technique et scientifique de la police nationale et de la gendarmerie nationale dans les conditions prévues aux 2e et 3e alinéas de l'article 60.

Article 61. – L'O.P.J. – Interdiction d'éloignement du lieu de l'infraction – Auditions – Convocations – Comparution par la force publique – *(Loi n° 2016-731 du 3 juin 2016)*

• L'officier de police judiciaire peut défendre à toute personne de s'éloigner du lieu de l'infraction jusqu'à la clôture de ses opérations.

• Il peut appeler et entendre toutes les personnes susceptibles de fournir des renseignements sur les faits ou sur les objets et documents saisis.

• Les personnes convoquées par lui sont tenues de comparaître. L'officier de police judiciaire peut contraindre à comparaître par la force publique les personnes visées au premier alinéa. Il peut également contraindre à comparaître par la force publique, avec l'autorisation préalable du procureur de la République, les personnes qui n'ont pas répondu à une convocation à comparaître ou dont on peut craindre qu'elles ne répondent pas à une telle convocation. Le procureur de la République peut également autoriser la comparution par la force publique sans convocation préalable en cas de risque de modification des preuves ou indices matériels, de pressions sur les témoins ou les victimes ainsi que sur leur famille ou leurs proches, ou de concertation entre les coauteurs ou complices de l'infraction.

• L'officier de police judiciaire dresse un procès-verbal de leurs déclarations. Les personnes entendues procèdent elles-mêmes à sa lecture, peuvent y faire consigner leurs observations et y apposent leur signature. Si elles déclarent ne savoir lire, lecture leur en est faite par l'officier de police judiciaire préalablement à la signature. Au cas de refus de signer le procès-verbal, mention en est faite sur celui-ci.

• Les agents de police judiciaire désignés à l'article 20 peuvent également entendre, sous le contrôle d'un officier de police judiciaire, toutes personnes susceptibles de fournir des renseignements sur les faits en cause. Ils dressent à cet effet, dans les formes prescrites par le présent code, des procès-verbaux qu'ils transmettent à l'officier de police judiciaire qu'ils secondent.

V • Code de procédure pénale – art. 20 – Agents de police judiciaire
• Code de procédure pénale – art. 62 – Retenue sous contrainte – Durée n'excédant pas 4 heures
• Code de procédure pénale – art. 63 – Garde à vue – Officier de police judiciaire
• Code de procédure pénale – art. 78 – Convocation – Nécessités de l'enquête

Article 61-1. – Audition libre – Information – *(Loi n° 2020-1721 du 29 décembre 2020 + Décision n° 2020-870 QPC du 4 décembre 2020)*

• Sans préjudice des garanties spécifiques applicables aux mineurs, la personne à l'égard de laquelle il existe des raisons plausibles de soupçonner qu'elle a commis ou tenté de commettre une infraction ne peut être entendue librement sur ces faits qu'après avoir été informée :

• 1° De la qualification, de la date et du lieu présumés de l'infraction qu'elle est soupçonnée d'avoir commise ou tenté de commettre ;

• 2° Du droit de quitter à tout moment les locaux où elle est entendue ;

• 3° Le cas échéant, du droit d'être assistée par un interprète ;

• 4° Du droit de faire des déclarations, de répondre aux questions qui lui sont posées ou de se taire ;

• 5° Si l'infraction pour laquelle elle est entendue est un crime ou un délit puni d'une peine d'emprisonnement, du droit d'être assistée au cours de son audition ou de sa confrontation, selon les modalités prévues aux articles 63-4-3 et 63-4-4, par un avocat choisi par elle ou, à sa demande, désigné d'office par le bâtonnier de l'ordre des avocats ; elle est informée que les frais seront à sa charge sauf si elle remplit les conditions d'accès à l'aide juridictionnelle, qui lui sont rappelées par tout moyen ; elle peut accepter expressément de poursuivre l'audition hors la présence de son avocat ;

• 6° De la possibilité de bénéficier, le cas échéant gratuitement, de conseils juridiques dans une structure d'accès au droit.

• La notification des informations données en application du présent article est mentionnée au procès-verbal.

• Si le déroulement de l'enquête le permet, lorsqu'une convocation écrite est adressée à la personne en vue de son audition, cette convocation indique l'infraction dont elle est soupçonnée, son droit d'être assistée par un avocat ainsi que les conditions d'accès à l'aide à l'intervention de l'avocat dans les procédures non juridictionnelles et à l'aide juridictionnelle, les modalités de désignation d'un avocat d'office et les lieux où elle peut obtenir des conseils juridiques avant cette audition.

• Le présent article n'est pas applicable si la personne a été conduite, sous contrainte, par la force publique devant l'officier de police judiciaire.

Article 61-2. – Confrontation – Avocat – *(Loi n° 2014-535 du 27 mai 2014)*

• Si la victime est confrontée avec une personne entendue dans les conditions prévues à l'article 61-1 pour un crime ou un délit puni d'une peine d'emprisonnement, elle peut demander à être également assistée, selon les modalités prévues à l'article 63-4-3, par un avocat choisi par elle ou par son représentant légal si elle est mineure, ou, à sa demande, désigné par le bâtonnier.

• La victime est informée de ce droit avant qu'il soit procédé à la confrontation. Elle est également informée que les frais seront à sa charge sauf si elle remplit les conditions d'accès à l'aide juridictionnelle.

Article 61-3. – Assistance avocat – *(Loi n° 2016-1547 du 18 novembre 2016)*

• Toute personne à l'égard de laquelle existent une ou plusieurs raisons plausibles de soupçonner qu'elle a participé, en tant qu'auteur ou complice, à la commission d'un crime ou d'un délit puni d'emprisonnement peut demander qu'un avocat de son choix ou, si elle n'est pas en mesure d'en désigner un, qu'un avocat commis d'office par le bâtonnier :

• 1° L'assiste lorsqu'elle participe à une opération de reconstitution de l'infraction ;

• 2° Soit présent lors d'une séance d'identification des suspects dont elle fait partie.

• La personne est informée de ce droit avant qu'il soit procédé à ces opérations.

• L'avocat désigné peut, à l'issue des opérations, présenter des observations écrites qui sont jointes à la procédure. Il peut directement adresser ces observations ou copie de celles-ci au procureur de la République.

• Lorsque la victime ou le plaignant participe à ces opérations, un avocat peut également l'assister dans les conditions prévues à l'article 61-2.

J **• Viol... – Garde à vue – Absence avocat – Procès-verbal**

M. [E] [T] a formé des pourvois contre les arrêts de la chambre de l'instruction de la cour d'appel de VERSAILLES (78):

– le 1er, en date du 29/10/2020, qui, dans l'information suivie contre lui des chefs de viol et agression sexuelle aggravés, agression sexuelle et tentative, violations de domicile, a prononcé sur sa demande d'annulation de pièces de la procédure;

– le 2d, en date du 30/06/2022, qui l'a renvoyé devant la cour criminelle des Yvelines.

22. En statuant ainsi, alors qu'il résulte des pièces de la procédure, d'une part, qu'une 2de présentation de la personne gardée à vue à la victime s'était déroulée en l'absence de l'avocat du demandeur, en méconnaissance des dispositions de l'article 61-3 du C.P.P., et, d'autre part, que les circonstances de la présentation, telles que transcrites au procès-verbal établi le 26/09/2019, seul procès-verbal rédigé d'initiative par les enquêteurs, étaient manifestement inexactes, la chambre de l'instruction a méconnu le texte susvisé et le principe ci-dessus rappelé.

(Cour de cassation – Chambre criminelle du 28 septembre 2022 – N° de pourvoi: 20-86.054).

Article 62. – Retenue sous contrainte – Durée n'excédant pas 4 heures – *(Loi n° 2014-535 du 27 mai 2014)*

• Les personnes à l'encontre desquelles il n'existe aucune raison plausible de soupçonner qu'elles ont commis ou tenté de commettre une infraction sont entendues par les enquêteurs sans faire l'objet d'une mesure de contrainte.

• Toutefois, si les nécessités de l'enquête le justifient, ces personnes peuvent être retenues sous contrainte le temps strictement nécessaire à leur audition, sans que cette durée puisse excéder quatre heures.

• Si, au cours de l'audition d'une personne entendue librement en application du premier alinéa du présent article, il apparaît qu'il existe des raisons plausibles de soupçonner qu'elle a commis ou tenté de commettre une infraction, cette personne doit être entendue en application de l'article 61-1 et les informations prévues aux 1° à 6° du même article lui sont alors notifiées sans délai, sauf si son placement en garde à vue est nécessité en application de l'article 62-2.

• Si, au cours de l'audition d'une personne retenue en application du deuxième alinéa du présent article, il apparaît qu'il existe des raisons plausibles de soupçonner qu'elle a commis ou tenté de commettre un crime ou un délit puni d'une peine d'emprisonnement, elle ne peut être maintenue sous contrainte à la disposition des enquêteurs que sous le régime de la garde à vue. Son placement en garde à vue lui est alors notifié dans les conditions prévues à l'article 63-1.

J **• Violences aggravées et dégradation volontaire – Instruction – Audition – Compatibilité de l'état de santé d'une personne hospitalisée avec son audition – Nécessité – Article 3 de la Convention européenne des droits de l'homme – Portée**

Contre l'arrêt de la chambre de l'instruction de la cour d'appel de MONTPELLIER, en date du 08/02/2011, qui dans l'information suivie contre lui des chefs de violences aggravées et dégradation volontaire, a prononcé sur sa demande aux fins d'annulation de la procédure.

N'a pas légalement justifié sa décision la chambre de l'instruction qui, pour rejeter une requête en nullité de l'audition d'une personne hospitalisée, fondée, notamment, sur l'absence d'un certificat médical l'ayant déclarée apte à être entendue, énonce que les enquêteurs se sont assurés de la compatibilité de son état de santé avec cette mesure auprès d'une infirmière qui, selon toute vraisemblance, avait auparavant sollicité l'avis du médecin traitant et, partant, cette autorisation.

En effet, il appartenait à la chambre de l'instruction de rechercher si un médecin avait lui-même constaté que l'état de santé de cette personne hospitalisée était compatible avec son audition et si celle-ci pouvait ainsi se dérouler dans des conditions respectant les exigences résultant de l'article 3 de la Convention européenne des droits de l'homme.

(Cour de cassation – Chambre criminelle du 25 octobre 2011 – N° de pourvoi: 11-98.2780).

• Injures publique envers un fonctionnaire public... – Garde à vue – Placement – Presse – Délit punissable d'une peine d'emprisonnement – Possibilité

Contre l'arrêt de la cour d'appel de RIOM, chambre correctionnelle, en date du 03/02/2011, qui, pour injure publique envers un fonctionnaire public, injure publique envers un membre d'un ministère, provocation à la haine raciale et diffamation publique envers un particulier, l'a condamné à huit mois d'emprisonnement avec sursis, 10000 € d'amende, a ordonné la publication de la décision, et a prononcé sur les intérêts civils.

L'arrestation préventive de l'inculpé que prohibe, sauf pour les infractions qu'il énumère, l'article 52 de la loi du 29/07/1881 sur la liberté de la presse, s'entend de la détention provisoire de la personne concernée et non de la garde à vue, mesure qui peut être mise en œuvre, pour les nécessités de l'enquête ou pour l'exécution d'une commission rogatoire, à raison d'un délit prévu par ladite loi lorsqu'il est punissable d'une peine d'emprisonnement.

Justifie sa décision la cour d'appel qui rejette le moyen de nullité d'une garde à vue, pris de la violation du texte susvisé, dès lors que la personne entendue l'était pour des écrits qualifiés de provocation à la haine raciale, délit prévu et réprimé par l'article 24, al. 8, de la loi du 29/07/1881.

(Cour de cassation – Chambre criminelle du 14 février 2012 – N° de pourvoi: 11-81.954).

• Séjour irrégulier en France – Étranger – **Entrée ou séjour irrégulier – Placement en garde à vue – Régularité – Conditions – Détermination – Portée**

Attendu, selon l'ordonnance attaquée, rendue par le 1er président d'une cour d'appel (VERSAILLES, 03/08/2011), et les pièces de la procédure, que M. Ahmida X..., de nationalité marocaine, en situation irrégulière en France, a, le 27/07/2011, été interpellé et placé en garde à vue pour séjour irrégulier en France; que, le lendemain, le préfet des Yvelines a pris à son encontre un arrêté de reconduite à la frontière ainsi qu'une décision de placement en rétention administrative; qu'un juge des libertés et de la détention a ordonné sa remise en liberté immédiate.

Il résulte de la jurisprudence de la Cour de justice de l'Union européenne (arrêts du 28/04/2011, El Dridi, C-61/PPU, et du 06/12/2011, Achughbabian, C-329/11) et des articles 63 et 67 du C.P.P., applicables à la période antérieure à l'entrée en vigueur de la loi n° 2011-392 du 14/04/2011 sur la garde à vue (arrêt n° 1, pourvoi n° 11-30.371 et arrêt n° 2, pourvoi n° 11-19.250) ou de l'article 62-2 du même code, applicable à la période postérieure (arrêt n° 3, pourvoi n° 11-30.530), que le ressortissant d'un pays tiers, en séjour irrégulier en France, n'encourant pas la peine d'emprisonnement prévue par l'article L. 621-1 du Code de l'entrée et du séjour des étrangers et du droit d'asile français (CESEDA), lorsque celui-ci, non disposé à quitter le territoire national volontairement, soit n'a pas été préalablement soumis à l'une des mesures coercitives prévues à l'article 8 de la Directive 2008/115/CE, soit, a déjà fait l'objet d'un placement en rétention, mais n'a pas vu expirer la durée maximale de cette mesure, ne peut être placé en garde à vue à l'occasion d'une procédure de flagrant délit diligentée de ce seul chef.

Dès lors, encourt la cassation, pour défaut de base légale, au visa des articles 8 et 15 de la Directive précitée, ensemble les articles 63 et 67 du C.P.P., applicables à la période litigieuse, une ordonnance du premier président d'une cour d'appel ayant prolongé une mesure de rétention concernant un ressortissant d'un pays tiers, sans rechercher, au vu des pièces de la procédure suivie devant lui, si cet étranger avait été préalablement soumis à une mesure coercitive au sens de l'article 8 susvisé et, dans l'hypothèse où ce dernier aurait déjà fait l'objet d'un placement en rétention, si la durée de celle-ci avait été maximale (arrêt n° 1, pourvoi n° 11-30.371).

En revanche, c'est à bon droit que des premiers présidents de cours d'appel ont retenu que le placement en garde à vue de ressortissants de pays tiers, pour la seule infraction de séjour irrégulier, était irrégulier, dès lors qu'il ne résulte pas des pièces de procédure que ces étrangers aient été préalablement soumis à une mesure coercitive au sens de l'article 8 de la Directive précitée (arrêt n° 2, pourvoi 11-19.250 et arrêt n° 3, pourvoi n° 11-30.530).

(Cour de cassation – Chambre civile 1 du 5 juillet 2012 – N° de pourvoi : 11-30.530).

• Infractions à la réglementation des conditions de travail dans les transports routiers – Droits de la défense – Audition – Droits de la personne entendue – Notification du droit de se taire et de ne pas s'accuser *(non)*

Contre l'arrêt de la cour d'appel de PAU, chambre correctionnelle, en date du 08/09/2011, qui, pour infractions à la réglementation des conditions de travail dans les transports routiers, a condamné la 1re à 184 amendes de 300 € et 21 amendes de 135 € et le 2d à 184 amendes de 150 € et 21 amendes de 100 €.

Attendu qu'en se déterminant ainsi, la cour d'appel a justifié sa décision sans violer l'article 6 de la Convention européenne des droits de l'homme, dès lors que la notification du droit de se taire et de ne pas s'accuser, n'est reconnue qu'aux personnes placées en garde à vue ou faisant l'objet d'une mesure de rétention douanière;

D'où il suit que le moyen doit être écarté;

Et attendu que l'arrêt est régulier en la forme;

REJETTE les pourvois.

(Cour de cassation – Chambre criminelle du 3 avril 2013 – N° de pourvoi : 11-87.333).

• Infractions à la législation sur les stupéfiants – Garde à vue – Placement – Moment – Perquisition – Garde à vue succédant à un maintien à la disposition de l'O.P.J. en application de l'article 56, dernier al., du C.P.P. – Régularité – Conditions – Détermination

Contre l'arrêt de la chambre de l'instruction de la cour d'appel d'ORLÉANS, en date du 24/01/2013, qui, dans l'information suivie contre lui du chef d'infractions à la législation sur les stupéfiants, a prononcé sur sa demande d'annulation d'actes de la procédure.

Une personne, maintenue par un O.P.J. à sa disposition, le temps d'une perquisition, en application de l'article 56, dernier al., du C.P.P., lorsque, présente sur les lieux, elle est susceptible de fournir des renseignements sur les objets ou documents saisis, est régulièrement placée en garde à vue au cours de ces opérations, les droits attachés à cette mesure lui étant aussitôt notifiés, dès lors qu'apparaissent à son encontre des indices rendant plausible sa participation à une infraction.

(Cour de cassation – Chambre criminelle du 12 juin 2013 – N° de pourvoi : 13-80.893).

• Infractions à la législation sur les stupéfiants – Garde à vue – Placement – Information du procureur de la République – Procès-verbal – Mention des motifs du placement en garde à vue – Nécessité

Contre l'arrêt de la chambre de l'instruction de la cour d'appel de RENNES, en date du 22/02/2013, qui, dans l'information suivie contre eux du chef d'infractions à la législation sur les stupéfiants, a prononcé sur leur demande d'annulation de pièces de la procédure.

Il résulte des articles 62-2 et 63, al. 2, du C.P.P., dans leur rédaction issue de la loi n° 2011-392 du 14/04/2011 que, lorsque l'O.P.J. informe le procureur de la République d'un placement en garde à vue, il doit lui donner connaissance des motifs de ce placement et en faire mention au procès-verbal.

Le défaut d'accomplissement de ces formalités fait nécessairement grief à la personne concernée.

(Cour de cassation – Chambre criminelle du 25 juin 2013 – N° de pourvoi : 13-81.977).

• Escroquerie en bande organisée – Enquête préliminaire – Audition – Irrégularité – Défaut de placement en garde à vue – Invocation par un tiers *(non)*

Contre l'arrêt de la cour d'appel de SAINT-DENIS DE LA RÉUNION, chambre correctionnelle, en date du 29/03/2012, qui, pour escroquerie en bande organisée, a condamné le 1er à 2 ans d'emprisonnement, dont 18 mois avec sursis, 15000 € d'amende et 5 ans d'interdiction de gérer, le 2e à 6 mois d'emprisonnement avec sursis, la 3e à 4 mois d'emprisonnement avec sursis, et a prononcé sur les intérêts civils.

Seule, la personne concernée peut invoquer l'irrégularité de son audition.

Est donc inopérant le moyen de nullité pris de ce qu'un tiers aurait dû, selon le demandeur, être entendu sous le régime de la garde à vue.

(Cour de cassation – Chambre criminelle du 11 décembre 2013 – N° de pourvoi : 12-83.296).

• Excès de vitesse en récidive – Audition libre – Droits de la personne entendue – Droit de quitter les locaux de police ou de gendarmerie – Notification – Obligation – Domaine d'application – Conducteur interpellé sur la voie publique à la suite d'un contrôle routier *(non)*

Contre l'arrêt de la cour d'appel de GRENOBLE, chambre correctionnelle, en date du 21/10/2014, qui, pour excès de vitesse en récidive, l'a condamné à 1 mois d'emprisonnement avec sursis, 3750 € d'amende et 9 mois de suspension du permis de conduire.

Attendu que, pour écarter le moyen de nullité du procès-verbal du 29/09/2012, pris de l'absence de notification à M. X... des droits attachés à une audition libre, résultant des articles 62 et 78 du C.P.P. dans leurs versions alors applicables, son interpellation équivalant à une convocation par un officier de police judiciaire, l'arrêt énonce, par motifs propres et adoptés, que l'intéressé, qui a été informé de la nature et de la date de l'infraction, ne se trouvant pas dans des locaux de police ou de gendarmerie, mais sur la voie publique, lieu du contrôle routier, n'avait pas à être informé des droits prévus aux articles 62 et 78, al. 1, précités, en particulier son droit de quitter les lieux, au sens des réserves du Conseil constitutionnel.

(Cour de cassation – Chambre criminelle du 1er mars 2016 – N° de pourvoi : 14-87.368).

Article 62-1. – Procédure – Domicile adresse – *(Loi n° 2001-1062 du 15 novembre 2001)*

• Les personnels visés aux articles 16 à 29 concourant à la procédure sont autorisés à déclarer comme domicile l'adresse du siège du service dont ils dépendent.

V • Code de procédure pénale – art. 16 – L'O.P.J.
• Code de procédure pénale – art. R. 15-33-1 – Agents des Douanes.
• Code de procédure pénale – art. R. 15-33-61 – Transaction proposée par le Maire et homologation du Procureur de la République.
• Code de procédure pénale – art. R. 15-33-76 – Convocation des O.P.J. ayant procédé à une déclaration d'adresse.

Article 62-2. – Garde à vue – Mesure de contrainte – Pouvoirs de l'O.P.J. – *(Loi n° 2011-392 du 14 avril 2011)*

• La garde à vue est une mesure de contrainte décidée par un officier de police judiciaire, sous le contrôle de l'autorité judiciaire, par laquelle une personne à l'encontre de laquelle il existe une ou plusieurs raisons plausibles de soupçonner qu'elle a commis ou tenté de commettre un crime ou un délit puni d'une peine d'emprisonnement est maintenue à la disposition des enquêteurs.

• Cette mesure doit constituer l'unique moyen de parvenir à l'un au moins des objectifs suivants :

• 1° Permettre l'exécution des investigations impliquant la présence ou la participation de la personne ;

• 2° Garantir la présentation de la personne devant le procureur de la République afin que ce magistrat puisse apprécier la suite à donner à l'enquête ;

• 3° Empêcher que la personne ne modifie les preuves ou indices matériels ;

• 4° Empêcher que la personne ne fasse pression sur les témoins ou les victimes ainsi que sur leur famille ou leurs proches ;

• 5° Empêcher que la personne ne se concerte avec d'autres personnes susceptibles d'être ses coauteurs ou complices ;

• 6° Garantir la mise en œuvre des mesures destinées à faire cesser le crime ou le délit.

V •Code de procédure pénale – art. 77 – Enquête préliminaire – Garde à vue – Nécessités de l'enquête.
• Code de procédure pénale – art. 63 – Crimes et délits flagrants – Garde à vue – Nécessités de l'enquête
• Code de procédure pénale – art. 64 – Crimes et délits flagrants – Garde à vue – Procès-verbal d'audition.
• Code de procédure pénale – art. 154 – Commission rogatoire – Garde à vue.

J **• Conduite sous l'empire d'un état alcoolique en récidive – Garde à vue – Placement – Régularité – Cas – Comparution immédiate – Mesure prise dans l'unique but de s'assurer du déferement de la personne**

Contre l'arrêt de la cour d'appel de PAPEETE, chambre correctionnelle, en date du 30/01/2014, qui, dans la procédure suivie contre Mme Piula X... des chefs de conduite sous l'empire d'un état alcoolique en récidive, a prononcé la nullité des poursuites.

Méconnaît le sens et la portée de l'article 62-2 du C.P.P. qui autorise la prise d'une mesure de garde à vue pour garantir la présentation de la personne devant le procureur de la République afin que ce magistrat puisse apprécier la suite à donner à l'enquête, une cour d'appel qui annule une mesure de garde à vue et les actes subséquents, comme ayant été prise dans l'unique but d'assurer le déferement de la personne, jugée en comparution immédiate.

(Cour de cassation – Chambre criminelle du 18 novembre 2014 – N° de pourvoi : 14-81.332).

• Faux en écriture publique aggravé... – Chambre de l'instruction – Nullités de l'instruction – Examen de la régularité de la procédure – Annulation d'actes – Garde à vue – Placement – Contrôle – Mentions des motifs de placement en G.A.V. – Mesure prise dans l'unique but de s'assurer du déferement de la personne – Portée

Contre l'arrêt de la chambre de l'instruction de la cour d'appel de RENNES, en date du 09/12/2016, qui, dans l'information suivie contre M. Marc X... des chefs de faux en écriture publique aggravé, faux et usage et escroquerie, a prononcé sur une demande d'annulation de pièces de la procédure.

Il incombe à la chambre de l'instruction, saisie d'une requête en annulation d'une garde à vue pour violation des exigences de l'article 62-2 du C.P.P., de vérifier que la motivation de cette mesure correspond à l'un des objectifs prévus par cette disposition ; pour procéder à ce contrôle de légalité, la juridiction doit se situer au moment du placement en garde à vue de la personne concernée. Justifie sa décision au regard des exigences de ce texte la chambre de l'instruction qui, pour annuler la garde à vue d'une personne, motivée par la nécessité de la présenter devant le procureur de la République afin que ce magistrat puisse apprécier la suite à donner à l'enquête en application du 2° de l'article précité, relève que l'intéressé avait précédemment déféré à une réquisition des enquêteurs aux fins de remise de pièces, qu'il avait répondu à leur convocation afin d'être entendu et que, disposant d'une famille et d'une situation connue, il n'existait pas de raisons objectives de penser que celui-ci ne se présenterait pas devant un magistrat, pour en déduire que, d'une part, la garde à vue n'était pas, en l'état des éléments dont disposaient alors les O.P.J., l'unique moyen de parvenir à l'objectif énoncé, d'autre part, cette irrégularité avait nécessairement occasionné un grief à l'intéressé, dès lors que ce dernier avait été retenu sous la contrainte alors qu'une audition libre aurait été suffisante.

(Cour de cassation – Chambre criminelle du 7 juin 2017 – N° de pourvoi : 16-87.588).

Article 62-3. – Garde à vue – Contrôle du Procureur de la République – *(Loi n° 2011-392 du 14 avril 2011)*

• La garde à vue s'exécute sous le contrôle du procureur de la République, sans préjudice des prérogatives du juge des libertés et de la détention prévues aux articles 63-4-2 et 706-88 à 706-88-2 en matière de prolongation de la mesure au-delà de la quarante-huitième heure et de report de l'intervention de l'avocat.

• Le procureur de la République apprécie si le maintien de la personne en garde à vue et, le cas échéant, la prolongation de cette mesure sont nécessaires à l'enquête et proportionnés à la gravité des faits que la personne est soupçonnée d'avoir commis ou tenté de commettre.

• Il assure la sauvegarde des droits reconnus par la loi à la personne gardée à vue.

• Il peut ordonner à tout moment que la personne gardée à vue soit présentée devant lui ou remise en liberté.

V
• Code de procédure pénale – art. 63-4-3 – Assistance de l'avocat.
• Code de procédure pénale – art. 706-88 – Prolongation de la garde à vue.

Article 63. – Garde à vue – L'O.P.J. – *(Loi n° 2019-222 du 23 mars 2019)*

• **I.** – Seul un officier de police judiciaire peut, d'office ou sur instruction du procureur de la République, placer une personne en garde à vue.

• Dès le début de la mesure, l'officier de police judiciaire informe le procureur de la République, par tout moyen, du placement de la personne en garde à vue. Il lui donne connaissance des motifs justifiant, en application de l'article 62-2, ce placement et l'avise de la qualification des faits qu'il a notifiée à la personne en application du 2° de l'article 63-1. Le procureur de la République peut modifier cette qualification ; dans ce cas, la nouvelle qualification est notifiée à la personne dans les conditions prévues au même article 63-1.

• **II.** – La durée de la garde à vue ne peut excéder 24 heures.

• Toutefois, la garde à vue peut être prolongée pour un nouveau délai de 24 heures au plus, sur autorisation écrite et motivée du procureur de la République, si l'infraction que la personne est soupçonnée d'avoir commise ou tenté de commettre est un crime ou un délit puni d'une peine d'emprisonnement supérieure ou égale à un an et si la prolongation de la mesure est l'unique moyen de parvenir à l'un au moins des objectifs mentionnés aux 1° à 6° de l'article 62-2 ou de permettre, dans les cas où il n'existe pas dans le tribunal de locaux relevant de l'article 803-3, la présentation de la personne devant l'autorité judiciaire.

• Le procureur de la République peut subordonner son autorisation à la présentation de la personne devant lui. Cette présentation peut être réalisée par l'utilisation d'un moyen de télécommunication audiovisuelle.

• **III.** – Si, avant d'être placée en garde à vue, la personne a été appréhendée ou a fait l'objet de toute autre mesure de contrainte pour ces mêmes faits, l'heure du début de la garde à vue est fixée, pour le respect des durées prévues au II du présent article, à l'heure à partir de laquelle la personne a été privée de liberté. Si la personne n'a pas fait l'objet d'une mesure de contrainte préalable, mais que son placement en garde à vue est effectué dans le prolongement immédiat d'une audition, cette heure est fixée à celle du début de l'audition.

• Si une personne a déjà été placée en garde à vue pour les mêmes faits, la durée des précédentes périodes de garde à vue s'impute sur la durée de la mesure.

V
• Code de procédure pénale – art. 62-2 – L'O.P.J. – Garde à vue – Mesure de contrainte.
• Code de procédure pénale – art. 63-1 – L'O.P.J – Garde à vue – Information des droits.

J
• **Corruption – Instruction – Commission rogatoire – Exécution – Garde à vue – Définition**

Contre l'arrêt de la chambre d'accusation de la cour d'appel de DOUAI, en date du 30/03/1994, qui, dans l'information suivie contre lui du chef de corruption, a, sur renvoi après cassation, dit n'y avoir lieu à annulation d'actes de la procédure.

Selon les articles 63 et suivants du C.P.P., auxquels se réfère l'article 154 du même Code, la G.A.V. a pour objet l'audition de la personne retenue à la disposition d'un officier de police judiciaire : tel n'est pas le cas d'une mesure de simple surveillance ordonnée par commission rogatoire du juge d'instruction.

(Cour de cassation – Chambre criminelle du 11 juillet 1994 – N° de pourvoi : 94-82.220).

• **Garde à vue – Délit flagrant – Durée – Durée des investigations inférieure à 24 heures – Portée**

Aux termes de l'article 63, al. 1er, du C.P.P. les personnes à l'encontre desquelles il existe des indices faisant présumer qu'elles ont commis ou tenté de commettre une infraction, peuvent être gardées à vue pendant une durée n'excédant pas 24 heures. Doit être cassée l'ordonnance rendue par le 1er président d'une cour d'appel statuant en application de l'article 35 bis de l'ordonnance du 02/11/1945, qui fait droit à l'exception de nullité de la procédure soulevée par un étranger pris en flagrant délit de situation irrégulière sur le territoire, au motif que sa G.A.V. d'une durée de 24 heures ayant précédé son placement en rétention administrative en vue de sa reconduite à la frontière aurait été excessive, plusieurs heures s'étant écoulées entre les dernières investigations de la police et l'expiration du délai de 24 heures, dès lors que conformément à l'article 63, al. 1er, du C.P.P., la durée de la G.A.V. n'avait pas dépassé le délai légal de 24 heures.

(Cour de cassation – Chambre criminelle du 7 juillet 2000 – N° de pourvoi : 98-50.007).

• Assassinat – Nécessités de l'enquête – Contrainte – O.P.J. – Garde à vue – Notification des droits

Contre l'arrêt de la chambre d'accusation de la cour d'appel de Nîmes, en date du 11/09/2000, qui, dans l'information suivie contre lui du chef d'assassinat, a rejeté sa demande en annulation d'actes de la procédure.

Il résulte des articles 63 et 63-1 du C.P.P. que la personne, qui, pour les nécessités de l'enquête, est, sous la contrainte, tenue à la disposition d'un O.P.J., doit être immédiatement placée en G.A.V. et recevoir notification des droits attachés à cette mesure. Tout retard dans la mise en œuvre de cette obligation, non justifié par des circonstances insurmontables, porte nécessairement atteinte aux intérêts de la personne concernée.

(Cour de cassation – Chambre criminelle du 6 décembre 2000 – N° de pourvoi : 00-86.221).

• Violences aggravées et séquestration – Garde à vue – Prolongation – Notification – Absence – Portée

Contre l'arrêt de la chambre d'accusation de la cour d'appel de DOUAI, en date du 29/09/2000, qui, dans l'information suivie contre X..., épouse Y..., des chefs de violences aggravées et séquestration de moins de 7 jours, a prononcé sur une requête en annulation des pièces de la procédure.

La prolongation de la mesure de G.A.V. doit être notifiée à la personne concernée ainsi que les droits attachés à cette mesure en application des articles 63-1 et 63-3 du C.P.P. L'absence de mise en œuvre de cette obligation porte nécessairement atteinte aux intérêts de la personne concernée.

(Cour de cassation – Chambre criminelle du 30 janvier 2001 – N° de pourvoi : 00-87.155).

• Infractions à la législation sur les stupéfiants – Garde à vue – Placement – Information du Procureur de la République – Avis donné par téléphone à un auditeur de justice – Régularité

Contre l'arrêt de la chambre de l'instruction de la cour d'appel de VERSAILLES, en date du 02/05/2001, qui, dans l'information suivie contre lui pour infractions à la législation sur les stupéfiants, n'a fait droit que partiellement à sa requête en annulation d'actes de la procédure.

Fait l'exacte application de l'article 19 de l'ordonnance du 22/12/1958, qui autorise les auditeurs de justice à participer à l'activité juridictionnelle, notamment en assistant les magistrats du ministère public, sous la responsabilité desquels ils sont placés, dans l'exercice de l'action publique, la chambre de l'instruction qui retient que le procureur de la République a été régulièrement avisé, en la personne d'une auditrice de justice, d'une mesure de G.A.V.

(Cour de cassation – Chambre criminelle du 31 octobre 2001 – N° de pourvoi : 01-85.345).

• Infractions à la législation sur les stupéfiants... – Garde à vue – Durée – Gardes à vue successives relatives à des faits distincts – Mesures se succédant immédiatement – Durée maximale de la rétention continue

Contre l'arrêt de la chambre de l'instruction de la cour d'appel de PARIS, en date du 28/11/2003, qui, dans l'information suivie contre eux pour infractions à la législation sur les stupéfiants et association de malfaiteurs, a prononcé sur leurs demandes d'annulation d'actes de la procédure.

Si une personne peut être soumise, à l'occasion de faits distincts, à des mesures de G.A.V. immédiatement successives et indépendantes l'une de l'autre, elle ne peut être retenue de manière continue à la disposition des O.P.J. pendant une période totale excédant la durée maximale de G.A.V. autorisée par la loi. Le dépassement de ce délai porte nécessairement atteinte aux intérêts de la personne concernée.

(Cour de cassation – Chambre criminelle du 17 mars 2004 – N° de pourvoi : 03-87.739).

• Outrage à personne dépositaire de l'autorité publique – Garde à vue – Placement – O.P.J. – Contrôle – Procureur de la République – Juge d'instruction

Contre l'arrêt de la cour d'appel de POITIERS, chambre correctionnelle, en date du 18/06/2004, qui, dans la procédure suivie contre Edith X... du chef d'outrage à personne dépositaire de l'autorité publique, a prononcé l'annulation de la procédure.

Mais attendu qu'en prononçant ainsi, alors que la décision de placer en garde à vue une personne à l'encontre de laquelle il existe une ou plusieurs raisons plausibles de soupçonner qu'elle a commis ou tenté de commettre une infraction relève d'une faculté que l'O.P.J. tient de la loi et qu'il exerce, dans les conditions qu'elle définit, sous le seul contrôle du procureur de la République ou, le cas échéant, du juge d'instruction, la cour d'appel a excédé ses pouvoirs.

(Cour de cassation – Chambre criminelle du 4 janvier 2005 – N° de pourvoi : 04-84.876).

• Tentative d'escroquerie – Commission Rogatoire – Garde à vue – O.P.J. – Information du juge d'instruction

Contre l'arrêt de la cour d'appel d'AIX-EN-PROVENCE, 5e chambre, en date du 24/09/2003, qui, pour tentative d'escroquerie, l'a condamné à 1 an d'emprisonnement avec sursis, 15 000 € d'amende et 5 ans d'interdiction d'exercer la profession d'expert-comptable et de commissaire aux comptes.

Attendu qu'en cet état, la cour d'appel a justifié sa décision, dès lors, d'une part, qu'aucune obligation légale ne pèse sur les O.P.J., agissant en exécution d'une commission rogatoire, d'aviser le juge d'instruction de la découverte d'infractions non comprises dans leur saisine s'ils sollicitent immédiatement les instructions du procureur de la République, comme le prescrit l'article 40 du C.P.P., et, d'autre part, qu'une personne gardée à vue peut être entendue sur des faits autres que ceux à l'origine de cette mesure et qui sont sans incidence sur ses modalités ;

D'où il suit que les moyens doivent être écartés ;

Et attendu que l'arrêt est régulier en la forme ;

REJETTE le pourvoi.

(Cour de cassation – Chambre criminelle du 12 janvier 2005 – N° de pourvoi : 03-86.372).

• Vol... – Garde à vue – Durée – Notification de la fin de la mesure – Comparution devant le procureur de la République – Délai légal de 20 heures – Inobservation – Portée

Contre l'arrêt de la cour d'appel de PARIS, 12e chambre, en date du 31/03/2005, qui, dans la poursuite exercée contre Zaza X... des chefs de vol et soustraction à l'exécution d'une mesure de reconduite à la frontière, s'est déclarée non valablement saisie et a ordonné la mise en liberté du prévenu.

Justifie sa décision, la cour d'appel qui, régulièrement saisie de conclusions, après avoir constaté l'impossibilité de s'assurer de la durée de la rétention d'une personne déférée à l'issue de sa garde à vue, faute de connaître l'heure à laquelle elle a comparu devant le procureur de la République, prononce la nullité du procès-verbal de comparution préalable, constate que le tribunal n'a pas été valablement saisi et ordonne la mise en liberté du prévenu.

En effet, le procureur de la République ne pouvait, sans constater que le délai maximum de 20 heures, entre la fin de la

G.A.V. et la présentation de la personne déférée, avait été observé, recourir à la procédure de comparution immédiate prévue par les articles 393 et suivants du C.P.P.

Dès lors, l'inobservation des dispositions de l'article 803-3 dudit Code, en pareil cas, entraîne non seulement la mise en liberté de l'intéressé, mais également la nullité de la saisine du tribunal correctionnel laquelle a pour support nécessaire la rétention du prévenu entachée d'illégalité.

(Cour de cassation – Chambre criminelle du 6 décembre 2005 – N° de pourvoi: 05-82.450).

• **Infractions à la législation sur les stupéfiants et recel aggravé – Crimes et délits flagrants – Garde à vue – Prolongation – Autorisation du procureur de la République – Compétence – Procureur de la République saisi des faits**

Contre l'arrêt de la chambre de l'instruction de la cour d'appel de LYON, en date du 16/09/2005, qui, dans l'information suivie contre lui des chefs d'infractions à la législation sur les stupéfiants et recel aggravé, a prononcé sur sa demande d'annulation de pièces de la procédure.

Aucune disposition légale ne fait obstacle à ce que, dans le cadre d'une enquête de flagrance, la prolongation d'une mesure de G.A.V. soit autorisée par le procureur de la République saisi des faits.

(Cour de cassation – Chambre criminelle du 4 janvier 2006 – N° de pourvoi: 05-86 086).

• **Vol et violences – Garde à vue – Information du procureur de la République – Télécopie – Récépissé de l'envoi – Annexé au procès-verbal – Nullité *(non)***

Contre l'arrêt de la cour d'appel de PARIS, 10e chambre, en date du 29/05/2007, qui, pour vol et violences, l'a condamné à 3 mois d'emprisonnement avec sursis et a prononcé sur les intérêts civils.

Attendu qu'en se déterminant ainsi, la cour d'appel a justifié sa décision, dès lors qu'aucun texte n'exige que, lorsque l'information du placement en G.A.V. est donnée au procureur de la République au moyen d'une télécopie, un récépissé de l'envoi soit annexé au procès-verbal et que, la procédure pénale étant du domaine de la loi, l'inobservation des prescriptions d'une circulaire ne saurait entraîner de nullité.

(Cour de cassation – Chambre criminelle du 1er avril 2008 – N° de pourvoi: 07-84.542).

• **Abus de confiance... – Nécessités de l'enquête – Garde à vue – O.P.J. – Présentation sans contrainte – Audition**

Contre l'arrêt de la chambre de l'instruction de la cour d'appel de REIMS, en date du 13/12/2007, qui, dans l'information suivie contre eux des chefs, notamment, d'abus de confiance, escroquerie et recel d'abus de confiance, a rejeté leurs demandes d'annulation d'actes de la procédure.

Attendu qu'en cet état, la chambre de l'instruction a justifié sa décision; qu'aucun texte n'impose le placement en G.A.V. d'une personne qui, pour les nécessités de l'enquête, accepte, comme en l'espèce, de se présenter sans contrainte aux O.P.J. afin d'être entendue et n'est à aucun moment privée de sa liberté d'aller et venir;

D'où il suit que le moyen, qui, en sa seconde branche, manque en fait, doit être écarté;

Et attendu que l'arrêt est régulier en la forme;

REJETTE les pourvois.

(Cour de cassation – Chambre criminelle du 3 juin 2008 – N° de pourvoi: 08-81.932).

• **Infractions à la législation sur les stupéfiants – Garde à vue – Trafic en haute mer – Rétention de membres de l'équipage – Rétention, support nécessaire du placement en G.A.V. *(non)***

Contre l'arrêt de la chambre de l'instruction de la cour d'appel de RENNES, en date du 05/12/2008, qui, dans l'information suivie contre eux des chefs d'infractions à la législation sur les stupéfiants, a prononcé sur leurs demandes d'annulation de pièces de la procédure.

Justifie sa décision la chambre de l'instruction qui, pour écarter le moyen pris de la nullité de la garde à vue énonce que la rétention des membres de l'équipage durant le transit en mer du navire arraisonné n'était pas le préalable nécessaire à leur placement ultérieur en garde à vue, fondé sur des raisons plausibles, tirées d'éléments de fait étrangers à ladite rétention, de les soupçonner de participer à un trafic illicite de stupéfiants.

(Cour de cassation – Chambre criminelle du 29 avril 2009 – N° de pourvoi: 09-80.157).

• **Refus de séjour et obligation de quitter le territoire français – Étranger – Absence nécessité enquête pénale – Garde à vue *(non)***

Attendu, selon l'ordonnance attaquée, rendue par un 1er président d'une cour d'appel, et les pièces de la procédure, que Mme Mbaki X..., de nationalité congolaise, a été interpellée le 14/08/2008, à 10h20, par les services de police et présentée à un O.P.J. qui l'a entendue à 10h50; que ce dernier lui a notifié, à 13h10, un arrêté portant refus de séjour et obligation de quitter le territoire français pris par le préfet du Finistère le 24/06/2008 et, à 13h25, une décision de placement en rétention administrative.

Alors que le placement en G.A.V. à vue d'un étranger interpellé pour infraction à la législation sur le séjour des étrangers ne s'impose pas lorsqu'aucune procédure pénale n'est poursuivie à son encontre et que la police se contente de le remettre aux autorités administratives; qu'en l'espèce, le conseiller délégué, qui a annulé la procédure de rétention administrative de Mlle MBAKI X..., motif pris de ce qu'elle n'avait pas été placée en G.A.V., quand le procureur avait renoncé à toute procédure pénale à l'encontre de l'étrangère qui n'avait brièvement séjourné dans des locaux de police que dans l'attente de son placement en rétention administrative, a violé les articles 63 du C.P.P. et L. 551-2 du Code de l'entrée et du séjour des étrangers et du droit d'asile.

(Cour de cassation – Chambre civile 1 du 25 novembre 2009 – N° de pourvoi: 08-20.294).

• **Remise aux autorités judiciaires allemandes – Mandat d'arrêt européen – Exécution – Procédure – Arrestation – Rétention de la personne recherchée – Nature juridique – Garde à vue *(non)***

Contre l'arrêt de la chambre de l'instruction de la cour d'appel de CHAMBÉRY, en date du 03/03/2010, qui a autorisé sa remise aux autorités judiciaires allemandes, en exécution d'un mandat d'arrêt européen.

La rétention de la personne appréhendée en exécution d'un mandat d'arrêt européen avant sa conduite devant le procureur général ne saurait être considérée comme une mesure de G.A.V., même si l'article 695-27 du Code de procédure pénale prévoit que, pendant le délai de rétention, les dispositions des articles 63-1 à 63-5 de ce code relatifs à la G.A.V. en cours d'enquête ont vocation à s'appliquer.

En conséquence, justifie sa décision la chambre de l'instruction qui refuse d'accueillir la demande de nullité présentée par une personne faisant l'objet d'un mandat d'arrêt européen, au motif que les délais cumulés d'une G.A.V. prise à son encontre dans une procédure distincte et de la rétention subie immédiatement après cette mesure ne pouvaient excéder la durée maximale de la G.A.V.

(Cour de cassation – Chambre criminelle du 13 avril 2010 – N° de pourvoi: 10-81.810).

• Viol aggravé... – Garde à vue – Mentions du procès-verbal – Accomplissement des formalités procédurales – Information du procureur de la République – Télécopie – Billet de garde à vue

Contre l'arrêt de la chambre de l'instruction de la cour d'appel de DOUAI, en date du 16/10/2009, qui, dans l'information suivie contre lui des chefs de viol aggravé, violences aggravées et vol aggravé, a prononcé sur sa demande d'annulation de pièces de la procédure.

Alors que les mentions du procès-verbal de G.A.V. font preuve par elles-mêmes de l'accomplissement des formalités procédurales qu'elles constatent; que la preuve contraire doit être apportée par écrit; qu'en l'espèce, les mentions du procès de verbal de garde à vue indiquent, ainsi que repris par l'arrêt attaqué, que l'information du procureur de la République est intervenue le 06/08/2008 à 10 h 45, soit 3 heures après le début de la mesure de G.A.V. sans qu'aucune circonstance insurmontable n'ait été invoquée; qu'en outre, il ressort des propres énonciations de l'arrêt attaqué d'une part, qu'il ne peut être tiré du seul examen du « billet de G.A.V. » télécopié aucune conviction quant à une information régulière et immédiate du procureur, d'autre part, que le supplément d'information ordonné n'a pas permis d'apporter la preuve écrite de la réception effective dudit « billet de G.A.V. » dès le début de la mesure par le procureur de la République compétent; que la chambre de l'instruction n'a donc pas tiré les conséquences légales de ses propres énonciations dont il s'évinçait qu'aucune preuve écrite contraire aux mentions du procès-verbal n'avait été produite;

Alors que la chambre de l'instruction ne pouvait sans se contredire constater qu'il ne pouvait être tiré de l'examen du « billet de G.A.V. » télécopié aucune conviction quant à une information régulière et immédiate du parquet puis déduire de ce même examen que le procureur avait été régulièrement informé de la mesure prise à l'encontre de Kévin X... dès le début de celle-ci».

(Cour de cassation – Chambre criminelle du 14 avril 2010 – N° de pourvoi: 10-80.562).

• Vols avec effraction en récidive – Garde à vue – Droits de la personne gardée à vue – Notification – Défaut – Invocation par un tiers *(non)*

Contre l'arrêt de la cour d'appel de RENNES, 3e chambre, en date du 23/05/2011, qui a renvoyé M. François-Xavier X... des fins de la poursuite du chef de vols avec effraction en récidive.

La méconnaissance des formalités substantielles auxquelles est subordonnée la garde à vue ne peut être invoquée à l'appui d'une demande d'annulation d'acte ou de pièce de procédure que par la partie qu'elle concerne.

Encourt la cassation l'arrêt qui, pour déclarer recevable l'exception de nullité, soulevée par un prévenu, de la garde à vue de son co-prévenu et y faire droit, retient que lui fait grief l'audition de ce dernier auquel n'a pas été notifié le droit au silence et qui n'a pas bénéficié de l'assistance d'un avocat.

(Cour de cassation – Chambre criminelle du 14 février 2012 – N° de pourvoi: 11-84.694).

• Conduite en état d'ivresse manifeste... – Garde à vue – O.P.J. – Procès-verbaux – Notification des droits – Dégrisement – Information du procureur de la République

Contre l'arrêt de la cour d'appel de COLMAR, chambre correctionnelle, en date du 22/08/2012, qui, pour conduite en état d'ivresse manifeste, refus d'obtempérer et défaut de maîtrise, l'a condamné à 6 mois d'emprisonnement, 150 € d'amende, et a constaté l'annulation de son permis de conduire.

Attendu que, d'une part, pour écarter l'exception de nullité prise de la violation de l'article 63 du C.P.P., l'arrêt énonce que M. X... ayant dû être hospitalisé juste après son interpellation le 31 juillet 2011 à 2H10, et étant sorti de l'hôpital le même jour à 6H50, il résulte des procès-verbaux que l'officier de police judiciaire a pris la décision, à 7H10, de le placer en G.A.V. en reportant la notification des droits jusqu'à son complet dégrisement et que le procureur de la République a été immédiatement avisé de cette mesure.

Attendu qu'en l'état de ces motifs, la cour d'appel a justifié sa décision;

D'où il suit que le moyen doit être écarté;

Et attendu que l'arrêt est régulier en la forme;

REJETTE le pourvoi.

(Cour de cassation – Chambre criminelle du 4 avril 2013 – N° de pourvoi: 12-85.968).

• Escroquerie en bande organisée – Enquête préliminaire – Audition – Irrégularité – Défaut de placement en garde à vue – Invocation par un tiers *(non)*

Contre l'arrêt de la cour d'appel de SAINT-DENIS DE LA RÉUNION, chambre correctionnelle, en date du 29/03/2012, qui, pour escroquerie en bande organisée, a condamné le 1er à 2 ans d'emprisonnement, dont 18 mois avec sursis, 15000 € d'amende et 5 ans d'interdiction de gérer, le 2e à 6 mois d'emprisonnement avec sursis, la 3e à 4 mois d'emprisonnement avec sursis, et a prononcé sur les intérêts civils.

Seule, la personne concernée peut invoquer l'irrégularité de son audition.

Est donc inopérant le moyen de nullité pris de ce qu'un tiers aurait dû, selon le demandeur, être entendu sous le régime de la G.A.V.

(Cour de cassation – Chambre criminelle du 11 décembre 2013 – N° de pourvoi: 12-83.296).

Article 63-1. – Droits de la personne gardée à vue – *(Loi n° 2016-731 du 3 juin 2016)*

• La personne placée en garde à vue est immédiatement informée par un officier de police judiciaire ou, sous le contrôle de celui-ci, par un agent de police judiciaire, dans une langue qu'elle comprend, le cas échéant au moyen du formulaire prévu au treizième alinéa:

• 1° De son placement en garde à vue ainsi que de la durée de la mesure et de la ou des prolongations dont celle-ci peut faire l'objet;

• 2° De la qualification, de la date et du lieu présumés de l'infraction qu'elle est soupçonnée d'avoir commise ou tenté de commettre ainsi que des motifs mentionnés aux 1° à 6° de l'article 62-2 justifiant son placement en garde à vue;

• 3° Du fait qu'elle bénéficie:

• – du droit de faire prévenir un proche et son employeur ainsi que, si elle est de nationalité étrangère, les autorités consulaires de l'État dont elle est ressortissante, et, le cas échéant, de communiquer avec ces personnes, conformément à l'article 63-2;

• – du droit d'être examinée par un médecin, conformément à l'article 63-3;

• – du droit d'être assistée par un avocat, conformément aux articles 63-3-1 à 63-4-3 ;
• – s'il y a lieu, du droit d'être assistée par un interprète ;
• – du droit de consulter, dans les meilleurs délais et au plus tard avant l'éventuelle prolongation de la garde à vue, les documents mentionnés à l'article 63-4-1 ;
• – du droit de présenter des observations au procureur de la République ou, le cas échéant, au juge des libertés et de la détention, lorsque ce magistrat se prononce sur l'éventuelle prolongation de la garde à vue, tendant à ce qu'il soit mis fin à cette mesure. Si la personne n'est pas présentée devant le magistrat, elle peut faire connaître oralement ses observations dans un procès-verbal d'audition, qui est communiqué à celui-ci avant qu'il ne statue sur la prolongation de la mesure ;
• – du droit, lors des auditions, après avoir décliné son identité, de faire des déclarations, de répondre aux questions qui lui sont posées ou de se taire.
• Si la personne est atteinte de surdité et qu'elle ne sait ni lire, ni écrire, elle doit être assistée par un interprète en langue des signes ou par toute personne qualifiée maîtrisant un langage ou une méthode permettant de communiquer avec elle. Il peut également être recouru à tout dispositif technique permettant de communiquer avec une personne atteinte de surdité.
• Si la personne ne comprend pas le français, ses droits doivent lui être notifiés par un interprète, le cas échéant après qu'un formulaire lui a été remis pour son information immédiate.
• Mention de l'information donnée en application du présent article est portée au procès-verbal de déroulement de la garde à vue et émargée par la personne gardée à vue. En cas de refus d'émargement, il en est fait mention.
• En application de l'article 803-6, un document énonçant ces droits est remis à la personne lors de la notification de sa garde à vue.

V • Code de procédure pénale – art. 63-2 – Droits - Prévenir personne, parents, frères et sœurs, employeur...
• Code de procédure pénale – art. 63-3 – Examen médical.
• Code de procédure pénale – art. 63-3-1 – Assistance d'un avocat.

J **• Conduite d'un véhicule sous l'empire d'un état d'ivresse manifeste... – Crimes et délits flagrants – Garde à vue – Droits de la personne gardée à vue – Notification – Retard – Circonstance insurmontable**

Contre l'arrêt de la cour d'appel de CAEN, chambre correctionnelle, du 14/02/1994, qui, pour conduite d'un véhicule sous l'empire d'un état d'ivresse manifeste, en récidive légale, refus de se soumettre aux vérifications prescrites concernant le véhicule et le conducteur, ainsi qu'aux vérifications destinées à établir la preuve d'un état alcoolique, et infraction au Code de la route, l'a condamné à 3 mois d'emprisonnement, et à 1 500 francs d'amende pour les délits, et à 600 francs d'amende pour la contravention connexe, a constaté l'annulation de son permis de conduire et a fixé à 3 ans le délai pendant lequel il ne pourrait en solliciter un nouveau.

Aucune nullité ne saurait résulter de ce que la notification des droits ouverts à la personne placée en G.A.V. est intervenue 8 heures après le début de cette mesure, en violation de l'article 63-1 du C.P.P., dès lors que l'arrêt constate que, lors de son interpellation, l'intéressé se trouvait dans un état d'ébriété, circonstance insurmontable, l'empêchant de comprendre la portée des droits qui auraient pu lui être notifiés et de les exercer utilement.

(Cour de cassation – Chambre criminelle du 3 avril 1995 – N° de pourvoi : 94-81.792).

• Infractions à la législation sur les stupéfiants– Garde à vue – Droits de la personne gardée à vue – Notification – Moment – Placement en garde à vue dès l'interpellation – Notification effectuée ultérieurement

Contre l'arrêt de la chambre d'accusation de la cour d'appel d'AIX-EN-PROVENCE, en date du 16/09/1998, qui, dans la procédure suivie contre lui du chef d'infractions à la législation sur les stupéfiants, a rejeté sa requête en annulation de pièces de la procédure.

Fait l'exacte application des dispositions de l'article 63-1 du C.P.P., la chambre d'accusation qui constate que la personne placée en G.A.V. dès son interpellation a reçu notification de ses droits dans les minutes qui ont suivi cette interpellation.

(Cour de cassation – Chambre criminelle du 23 mars 1999 – N° de pourvoi : 98-86.263).

• Complicité et recel d'abus de biens sociaux– Garde à vue – Droits de la personne gardée à vue – Notification – Moment – Perquisition – Notification postérieure à la découverte d'éléments à la charge de la personne gardée à vue – Régularité

Contre l'arrêt de la chambre d'accusation de la cour d'appel de PARIS, en date du 22/09/1999, qui, dans l'information suivie contre le 1er pour complicité et recel d'abus de biens sociaux, la 2de pour recel d'abus de biens sociaux, a rejeté partiellement leurs requêtes aux fins d'annulation d'actes de la procédure.

Justifie sa décision la chambre d'accusation qui, pour dire régulière la notification à une personne placée en G.A.V. de ses droits, retient que l'O.P.J. lui en a donné connaissance au moment de son placement effectif en G.A.V., lorsque, en fin de perquisition, ont été découverts des éléments à sa charge. Il n'importe que, dans l'intérêt de la personne concernée le délai de G.A.V. à vue ait été calculé à compter du début de la perquisition.

(Cour de cassation – Chambre criminelle du 16 février 2000 – N° de pourvoi : 99-86.307).

• Vols en bande organisée ... – Garde à vue – Droits de la personne gardée à vue – Notification – Notification verbale dès l'interpellation – Notification par procès-verbal ultérieur – Portée

Contre l'arrêt de la chambre d'accusation de la cour d'appel de PARIS, en date du 17/11/1999, qui, dans l'information suivie, notamment contre lui, des chefs de vols en bande organisée et avec dégradation de véhicule automobile, a annulé des pièces de la procédure.

Il résulte des articles 63-1 et 66 du C.P.P. que le procès-verbal de notification des droits attachés à la G.A.V. doit être rédigé sur le champ. Toutefois, l'irrégularité consistant à ne consigner cette notification qu'ultérieurement, lors de l'audi-

tion de la personne concernée, ne peut entraîner la nullité des actes effectués pendant la mesure lorsqu'il est établi que cette personne a eu effectivement connaissance de ses droits dès le début de la mesure.
(Cour de cassation – Chambre criminelle du 21 mars 2000 – N° de pourvoi : 99-87.632).

• Violences ayant entraîné la mort sans intention de la donner– Garde à vue – Droits de la personne gardée à vue – Notification – Moment – Moment où la personne se trouve en état d'en être informée
Contre l'arrêt de la chambre d'accusation de la cour d'appel de MONTPELLIER, en date du 04/01/2000, qui, dans l'information suivie contre lui du chef de violences ayant entraîné la mort sans intention de la donner, a rejeté sa demande d'annulation de pièces de la procédure.

Selon l'article 63-1 du C.P.P., l'O.P.J. ou, sous son contrôle, l'A.P.J., a le devoir de notifier les droits attachés au placement en G.A.V. dès que la personne concernée se trouve en état d'en être informée. Justifie, par suite, sa décision la chambre d'accusation, qui, pour rejeter une requête en annulation de pièces de la procédure présentée par un individu qui se trouvait en état d'ébriété lors de son interpellation retient que l'O.P.J. a constaté, lors de la notification des droits, concomitante au placement en garde à vue, que l'intéressé était manifestement en état de répondre aux questions qui lui étaient posées, ce que l'individu a confirmé lors de son audition.
(Cour de cassation – Chambre criminelle du 10 mai 2000 – N° de pourvoi : 00-80.865).

• Homicides volontaires– Garde à vue – Droits de la personne gardée à vue – Notification – Retard – Portée
Contre l'arrêt de la chambre d'accusation de la cour d'appel de PARIS, en date du 17/02/2000, qui, dans l'information suivie contre eux des chefs d'homicides volontaires, a rejeté leurs demandes d'annulation de pièces de la procédure.

Selon l'article 63-1 du C.P.P., l'O.P.J. ou, sous son contrôle, l'agent de police judiciaire, a le devoir de notifier immédiatement les droits attachés au placement en G.A.V. Tout retard dans la mise en œuvre de cette obligation, non justifié par une circonstance insurmontable, porte nécessairement atteinte aux intérêts de la personne concernée. Encourt la cassation l'arrêt qui déclare régulière la notification des droits effectuée à l'issue d'une perquisition, alors que la personne concernée avait été effectivement placée en G.A.V. au début de cette mesure.
(Cour de cassation – Chambre criminelle du 10 mai 2000 – N° de pourvoi : 00-81.201).

• Chefs de vols et violences aggravées... – Nécessités de l'enquête – Contrainte – Mise à la disposition d'un O.P.J. – Garde à vue – Notification des droits – Retard
Contre l'arrêt de la chambre d'accusation de la cour d'appel de GRENOBLE, en date du 14/03/2000, qui, dans l'information suivie contre eux du chef de vols et violences aggravés, tentative de meurtre, séquestration, a dit n'y avoir lieu à annulation d'actes de la procédure.

Attendu que, selon ces articles, la personne qui, pour les nécessités de l'enquête, est, sous la contrainte, mise à la disposition d'un O.P.J., doit immédiatement être placée en G.A.V. et recevoir notification des droits attachés à cette mesure; que tout retard dans la mise en œuvre de cette obligation, non justifié par des circonstances insurmontables, porte nécessairement atteinte aux intérêts de la personne concernée;
Attendu qu'il ressort des pièces de la procédure qu'Amara Y... a été interpellé par les gendarmes vers 06 h 45, alors qu'il courait à proximité d'un bureau de poste où un vol avec arme était en train de se commettre; qu'il a été aussitôt maîtrisé, soumis au port d'entraves et ainsi privé de sa liberté d'aller et venir; qu'à dix heures, il a reçu notification de son placement en G.A.V. et des droits attachés à cette mesure;
Attendu que, pour refuser d'annuler la procédure de G.A.V., l'arrêt attaqué prononce par les motifs reproduits au moyen;
Mais attendu qu'en se déterminant ainsi, alors que, dès son interpellation, Amara Y... a été gardé, sous la contrainte, à la disposition des gendarmes, O.P.J., et qu'aucun élément de la procédure n'établit une circonstance insurmontable justifiant le retard apporté à la notification de ses droits, la chambre d'accusation a méconnu le sens et la portée des textes susvisés et du principe énoncé ci-dessus.
(Cour de cassation – Chambre criminelle du 11 octobre 2000 – N° de pourvoi : 00-82.238).

• Assassinat– Garde à vue – Placement– Moment – Personne mise à la disposition de l'O.P.J. sous la contrainte
Contre l'arrêt de la chambre d'accusation de la cour d'appel de NÎMES, en date du 11/09/2000, qui, dans l'information suivie contre lui du chef d'assassinat, a rejeté sa demande en annulation d'actes de la procédure.

Il résulte des articles 63 et 63-1 du C.P.P. que la personne, qui, pour les nécessités de l'enquête, est, sous la contrainte, tenue à la disposition d'un O.P.J., doit être immédiatement placée en G.A.V. et recevoir notification des droits attachés à cette mesure. Tout retard dans la mise en œuvre de cette obligation, non justifié par des circonstances insurmontables, porte nécessairement atteinte aux intérêts de la personne concernée.
(Cour de cassation – Chambre criminelle du 6 décembre 2000 – N° de pourvoi : 00-86.221).

• Conduite d'un véhicule sous l'empire d'un état alcoolique et défaut de maîtrise– Garde à vue – Placement – Automobiliste sous l'empire d'un état alcoolique – Retenue dans un commissariat jusqu'à complet dégrisement
Contre l'arrêt de la cour d'appel de PARIS, 20e chambre, en date du 23/02/2000, qui, pour conduite d'un véhicule sous l'empire d'un état alcoolique et défaut de maîtrise, l'a condamné à 1 an de suspension du permis de conduire avec aménagement pour le délit, à 1500 francs d'amende pour la contravention et a prononcé sur les intérêts civils.

Un automobiliste sous l'empire d'un état alcoolique mais dont l'état d'ivresse publique au sens de l'article L. 76 du Code des débits de boissons n'est pas constaté, ne peut être retenu dans un service de police ou de gendarmerie jusqu'à complet dégrisement sans qu'il soit placé en G.A.V. et sans que les droits afférents à cette mesure lui soient notifiés dès que son état le permet.
(Cour de cassation – Chambre criminelle du 11 janvier 2001 – N° de pourvoi : 00-82.024).

• Étranger – Expulsion – Maintien en rétention – Saisine du juge – Information de l'étranger de ses droits – Notification – Droits attachés au placement en garde à vue – Retard – Recherche tardive d'un interprète – Portée
Justifie légalement sa décision le 1er président qui, pour estimer injustifié le retard apporté à la mise en œuvre des obligations de notification des droits attachés à la G.A.V. édictées par l'article 63-1 du C.P.P., retient que l'étranger a été placé en G.A.V. avec effet à 0 h 30 et que la procédure mentionne qu'en raison de l'heure tardive, il était impossible de se mettre à la recherche d'un interprète en langue chinoise, constatations et énonciations desquelles il résulte qu'aucune démarche n'a été faite pour trouver un interprète avant 5 h 45.
(Cour de cassation – Chambre civile 2 du 11 avril 2002 – N° de pourvoi : 00-50.087).

• Infractions à la législation sur le travail – Garde à vue – Droits de la personne gardée à vue – Notification – Moment – Retard – Portée

Contre l'arrêt n° 516 de la chambre de l'instruction de la cour d'appel de COLMAR, en date du 11/10/2001, qui, dans l'information suivie contre eux des chefs d'infractions à la législation sur le travail, a prononcé sur leurs demandes d'annulation de pièces de la procédure.

« alors que l'officier de police judiciaire doit notifier immédiatement les droits attachés au placement en G.A.V., tout retard dans la mise en œuvre de cette obligation non justifié par une circonstance insurmontable portant nécessairement atteinte aux droits de la défense; que l'existence d'une perquisition en cours ne caractérise pas l'impossibilité, pour l'O.P.J., de notifier immédiatement chacun de ses droits à la personne gardée à vue; que la cour d'appel ne pouvait se fonder sur la perquisition en cours au moment des faits pour refuser d'annuler la mesure de garde à vue de Bernard Z... dès lors qu'elle constatait que les droits de ce dernier ne lui avaient été notifiés que 2 heures après la prise d'effet de cette mesure » ;

Attendu qu'il résulte de ce texte que l'O.P.J. ou, sous son contrôle, l'A.P.J., a le devoir de notifier immédiatement les droits attachés au placement en G.A.V. ;

Que tout retard dans la mise en œuvre de cette obligation, non justifié par une circonstance insurmontable, porte nécessairement atteinte aux intérêts de la personne concernée.

(Cour de cassation – Chambre criminelle du 2 mai 2002 – N° de pourvoi : 01-88.453).

• Étranger – Expulsion – Maintien en rétention – Saisine du juge – Information de l'étranger de ses droits – Notification – Droits attachés au placement en garde à vue – Retard – Détermination de la langue parlée par l'intéressé – Intervention de l'interprète – Constatations suffisantes

Un 1er président, statuant en application de l'article 35 bis de l'ordonnance du 02/11/1945, est bien fondé à rejeter l'exception de nullité prise de la tardiveté de la notification des droits attachés au placement en G.A.V. d'un étranger, dès lors qu'il apparaît, au vu des motifs de l'ordonnance attaquée et des pièces de la procédure, que cette irrégularité est résultée de l'impossibilité, du fait de circonstances insurmontables, de faire immédiatement appel à un interprète.

En conséquence, le délai écoulé entre le placement en G.A.V. d'un ressortissant étranger, à 14 h 35, et la notification des droits, à 15 h 35, est justifié par les diligences faites par la police, nécessitées par la détention par l'étranger d'un passeport japonais, en vue de déterminer sa véritable identité et la langue parlée par lui, ayant consisté à vérifier à 14 h 45 qu'il était incapable de s'entretenir en langue japonaise avec un fonctionnaire de l'ambassade du Japon, puis à établir à 14 h 55 un procès-verbal de recherche d'interprète en langue chinoise, ainsi qu'une réquisition à un interprète en cette langue, présent au service de 14 h 30 à 19 h, d'assister l'O.P.J. dans la traduction des actes de deux procédures distinctes, dont celle concernant l'intéressé, dans le cadre de laquelle l'interprète a effectivement prêté serment à 15 h 35.

(Cour de cassation – Chambre civile 2 du 4 juillet 2002 – N° de pourvoi : 01-50.005).

• Étranger – Expulsion – Maintien en rétention – Saisine du juge – Étranger ne parlant pas français – Étranger ayant une connaissance suffisante de la langue française – Recherche nécessaire

Ne donne pas de base légale à sa décision le 1er président qui, pour constater la nullité du procès-verbal de notification des droits relatifs à la G.A.V. d'un étranger et annuler la mesure de rétention, retient que l'intéressé n'a pas bénéficié de l'assistance d'un interprète en temps utile, sans rechercher s'il n'avait pas une connaissance suffisante de la langue française ni analyser à cette fin les pièces de la procédure.

(Cour de cassation – Chambre civile 2 du 10 octobre 2002 – N° de pourvoi : 01-50.060).

• Outrage à personne dépositaire de l'autorité publique – Garde à vue – Droits de la personne gardée à vue – Notification – Procès-verbaux – Régularité

Contre l'arrêt de la cour d'appel de PARIS, 11e chambre, en date du 23/10/2002 qui, après annulation des actes de la procédure, a relaxé Micheline X... du chef d'outrage à personne dépositaire de l'autorité publique.

Attendu qu'il résulte des dispositions combinées de ces textes que, lorsqu'une irrégularité constitue une cause de nullité de la procédure, seuls doivent être annulés les actes affectés par cette irrégularité et ceux dont ils sont le support nécessaire ;

Attendu qu'après avoir retenu que Micheline X... n'avait pas reçu notification des droits accordés à la personne placée en G.A.V., la cour d'appel a annulé l'ensemble de « la procédure d'enquête » et relaxé la prévenue;

Mais attendu qu'en prononçant ainsi alors que, la régularité des procès-verbaux d'interpellation et de dépôt de plainte n'était pas en cause et ne pouvait être affectée par l'annulation d'actes postérieurs, les juges ont excédé leurs pouvoirs.

(Cour de cassation – Chambre criminelle du 6 mai 2003 – N° de pourvoi : 02-87.567).

• Etranger – Expulsion – Maintien en rétention – Saisine du juge – Information de l'étranger de ses droits – Notification – Nature de l'infraction sur laquelle porte l'enquête – Procès-verbal – Mention – Nécessité

Il appartient au juge, saisi en application de l'article 35 bis de l'ordonnance du 02/11/1945, de se prononcer, comme gardien de la liberté individuelle, sur les irrégularités attentatoires à cette liberté, invoquées par l'étranger, d'une mesure de garde à vue lorsqu'elle précède immédiatement son maintien en rétention administrative. Selon l'article 63-1 du C.P.P., dans sa rédaction issue de la loi du 15/06/2000, toute personne placée en G.A.V. est immédiatement informée par un O.P.J., ou, sous le contrôle de celui-ci, par un A.P.J., de la nature de l'infraction sur laquelle porte l'enquête; mention de cet avis est portée au procès-verbal et émargée par la personne gardée à vue.

Dès lors, viole les articles 7 de la Déclaration des droits de l'homme et du citoyen, 63-1 du C.P.P., dans sa rédaction issue de la loi du 15/06/2000, et 35 bis de l'ordonnance du 02/11/1945, le 1er président qui, pour rejeter l'exception d'irrégularité de la mesure de G.A.V., invoquée par un étranger, et confirmer la décision prolongeant sa rétention administrative, retient qu'il résulte du procès-verbal d'interpellation, qu'à la vue des gendarmes, l'intéressé a tenté de contourner le dispositif mis en place afin de se soustraire au contrôle, qu'en cet état, la notification du placement en G.A.V. mentionnant que l'intéressé fait l'objet de cette mesure en raison des indices faisant présumer qu'il a commis ou tenté de commettre une infraction s'avère suffisante et qu'il n'est pas fondé à soutenir qu'il n'a pas été suffisamment informé des raisons de son placement en G.A.V., alors qu'il ne ressortait pas du procès-verbal de placement en G.A.V. que l'étranger avait été informé de la nature de l'infraction sur laquelle portait l'enquête.

(Cour de cassation – Chambre civile 2 du 22 mai 2003 – N° de pourvoi : 02-50.008).

• Infractions à la législation sur les stupéfiants et association de malfaiteurs – Garde à vue – Durée – Gardes à vue successives relatives à des faits distincts – Mesures se succédant immédiatement – Durée maximale de la rétention continue

Contre l'arrêt de la chambre de l'instruction de la cour d'appel de PARIS, en date du 28/11/2003, qui, dans l'information suivie contre eux pour infractions à la législation sur les stupéfiants et association de malfaiteurs, a prononcé sur leurs demandes d'annulation d'actes de la procédure.

Si une personne peut être soumise, à l'occasion de faits distincts, à des mesures de G.A.V. immédiatement successives et indépendantes l'une de l'autre, elle ne peut être retenue de manière continue à la disposition des O.P.J. pendant une période totale excédant la durée maximale de G.A.V. autorisée par la loi. Le dépassement de ce délai porte nécessairement atteinte aux intérêts de la personne concernée.
(Cour de cassation – Chambre criminelle du 17 mars 2004 – N° de pourvoi: 03-87.739).

• Outrage à personne dépositaire de l'autorité publique – Procès-verbal – O.P.J. – Mentions – Notification des droits – Lucidité
Contre l'arrêt de la cour d'appel de POITIERS, chambre correctionnelle, en date du 18/06/2004, qui, dans la procédure suivie contre Edith X... du chef d'outrage à personne dépositaire de l'autorité publique, a prononcé l'annulation de la procédure.

Mais attendu qu'en prononçant ainsi sans mieux s'expliquer sur les mentions non contestées du procès-verbal de l'O.P.J. ayant constaté qu'Edith X... se trouvait dans un état d'imprégnation alcoolique tel « qu'elle n'avait pas assez de lucidité pour s'entendre notifier les droits prévus aux articles 63-1 à 63-4 du C.P.P. ni les exercer utilement «, les juges n'ont pas donné de base légale à leur décision.
(Cour de cassation – Chambre criminelle du 4 janvier 2005 – N° de pourvoi: 04-84.876).

• Mandat d'arrêt européen – Exécution – Procédure – Arrestation – Rétention de la personne recherchée – Droits prévus par les articles 63-1 à 63-5 du C.P.P. – Notification – Retard – Défaut – Cas
Contre l'arrêt de la chambre de l'instruction de la cour d'appel de DOUAI, en date du 20/01/2006, qui a autorisé sa remise aux autorités judiciaires belges en exécution d'un mandat d'arrêt européen.

Justifie sa décision la chambre de l'instruction qui refuse d'annuler, comme tardive, l'information relative aux droits prévus par les articles 63-1 à 63-5 du C.P.P. donnée à la personne recherchée, par un O.P.J., le 06/01/2006 à 16 h 25, alors que ladite personne, interpellée le même jour à 11 h 45 sur le territoire britannique a été embarquée dans la 1re navette ferroviaire à destination de la France, puis, peu après son arrivée sur le territoire français, à 15 h 50, placée en rétention à 16 h 00.
(Cour de cassation – Chambre criminelle du 1er mars 2006 – N° de pourvoi: 06-80.503).

• Vol et recel en bande organisée – Criminalité organisée – Procédure – Garde à vue – Prolongation supplémentaire – Présentation préalable au J.L.D. – Droits de la personne gardée à vue – Notification – Information sur la nature de l'infraction – Portée
Contre l'arrêt de la chambre de l'instruction de la cour d'appel de RENNES, en date du 16/03/2006, qui, dans l'information suivie contre eux des chefs de vol et recel en bande organisée, a prononcé sur leur demande d'annulation d'actes de la procédure.

Justifie sa décision la chambre de l'instruction qui refuse d'annuler le procès-verbal de prolongation de la G.A.V. autorisée par le J.L.D. en application des dispositions de l'article 311-9 du C.P. et des articles 706-73 et 706-88 du C.P.P. dès lors qu'il résulte de la procédure que les intéressés, avant d'être déférés devant ce magistrat, se sont entretenus avec leurs avocats qui avaient été préalablement informés de la nature de l'infraction et qui n'ont pas formulé d'observations.
(Cour de cassation – Chambre criminelle du 7 juin 2006 – N° de pourvoi: 06-82.405).

• Infractions à la législation sur les stupéfiants... – Droits de la défense – Garde à vue – Droits de la personne gardée à vue – Notification – Retard – Portée
CASSATION partielle sur le pourvoi formé par X... Julien, contre l'arrêt de la chambre de l'instruction de la cour d'appel de PARIS, 1re section, en date du 11/01/2007, qui, dans l'information suivie contre lui pour infractions à la législation sur les stupéfiants, violences aggravées et refus d'obtempérer, a rejeté sa requête en annulation d'actes de la procédure.

Selon les articles 63 et 63-1 du C.P.P., la personne qui, pour les nécessités de l'enquête, est, sous la contrainte, mise à la disposition de l'O.P.J., doit immédiatement être placée en G.A.V. vue et recevoir notification des droits attachés à cette mesure. Encourt la cassation l'arrêt qui déclare la G.A.V. régulière, alors qu'aucun élément de la procédure n'établit une circonstance insurmontable justifiant le retard apporté à la notification du placement en G.A.V. et des droits attachés à cette mesure à une personne mise, sous la contrainte, à la disposition de l'O.P.J. depuis 2 heures.
(Cour de cassation – Chambre criminelle du 31 mai 2007 – N° de pourvoi: 07-80.928).

Étranger – Expulsion – Maintien en rétention – **Garde à vue – Notification – Droits attachés au placement en garde à vue – Retard**
Attendu que, selon ces articles, la personne qui, pour les nécessités de l'enquête, est, sous la contrainte, mise à la disposition d'un O.P.J., doit immédiatement être placée en G.A.V. et recevoir notification des droits attachés à cette mesure; que tout retard dans la mise en œuvre de cette obligation, non justifié par des circonstances insurmontables, porte nécessairement tort aux intérêts e la personne;

Attendu, selon l'ordonnance attaquée, rendue par le 1er président d'une cour d'appel, que M. X... ressortissant turc, a été interpellé le 30/01/2007, à 20 h 15, dans une station de métro lors d'un contrôle d'identité sur réquisitions du procureur de la République; qu'il a fait l'objet le 30/01/2007 d'un arrêté préfectoral de reconduite à la frontière et d'une décision de maintien en rétention administrative dans des locaux ne relevant pas de l'administration pénitentiaire, pris par le préfet de police de Paris;

Attendu que pour accueillir l'exception de nullité de la procédure de G.A.V. de M. X... tirée du retard apporté à son placement en G.A.V. et à la notification de ses droits découlant de cette mesure, l'ordonnance retient que l'intéressé, interpellé à 20 h 15, à la station de métro République par un A.P.J., agissant dans le cadre des réquisitions du procureur de la République de Paris, a été conduit à la préfecture de police de Paris, où il s'est vu notifié son placement en G.A.V. ainsi que ses droits à 21 h 40, par un O.P.J. et que le délai d'1 h 25 minutes qui s'est écoulé entre son interpellation et la notification qui lui a été faite du placement en G.A.V. ainsi que de ses droits n'est justifié par aucune circonstance insurmontable;

Qu'en statuant ainsi, alors que le placement en G.A.V. et la notification des droits sont intervenus dès l'arrivée de la personne dans les services de police et sa présentation à l'O.P.J., le 1er président a méconnu le sens et la portée des textes susvisés.
(Cour de cassation – Chambre civile 1 du 9 janvier 2008 – N° de pourvoi: 07-13.665).

• Conduite sous l'empire d'un état alcoolique et délit de fuite – Garde à vue – Droits de la personne gardée à vue – Notification – Retard – Portée
Contre l'arrêt de la cour d'appel de VERSAILLES, 8e chambre, en date du 10/09/2008, qui, pour conduite sous l'empire

d'un état alcoolique et délit de fuite, l'a condamné à 90 jours-amende de 10 €, 10 mois de suspension du permis de conduire, et a prononcé sur les intérêts civils.

Attendu qu'en l'état de ces seuls motifs, la cour d'appel a justifié sa décision, dès lors qu'elle a constaté l'existence d'une circonstance insurmontable qui a retardé la notification des droits, laquelle ne doit intervenir qu'à partir du moment où la personne gardée à vue est en mesure d'en comprendre la portée;

D'où il suit que le moyen ne saurait être admis;

Et attendu que l'arrêt est régulier en la forme;

REJETTE le pourvoi.

(Cour de cassation – Chambre criminelle du 19 mai 2009 – N° de pourvoi : 08-86.466).

• Infractions à la législation sur les stupéfiants... – Droits de la défense – Garde à vue – Droits de la personne gardée à vue – Notification – Retard – Portée

Contre l'arrêt de la cour d'appel de VERSAILLES, 8e chambre, en date du 02/10/2008, qui l'a condamné, pour infractions à la législation sur les stupéfiants, en récidive, et conduite sans permis, à quatre ans d'emprisonnement, pour prise du nom d'un tiers, à 2 mois d'emprisonnement, et a délivré mandat d'arrêt à son encontre.

Il résulte de l'article 63-1 du C.P.P. que l'O.P.J. ou, sous son contrôle, l'A.P.J., a le devoir de notifier immédiatement les droits attachés au placement en G.A.V.; tout retard dans la mise en œuvre de cette obligation, non justifié par des circonstances insurmontables, porte nécessairement atteinte aux intérêts de la personne concernée.

Encourt dès lors la cassation l'arrêt qui, pour écarter l'exception de nullité de la G.A.V., retient qu'il a été notifié à l'intéressé ses droits lors de son placement en G.A.V. pour une infraction de droit commun, et que l'entretien a bien eu lieu dans le délai légal, alors que la notification du droit de s'entretenir avec un avocat à l'issue d'un délai de 72 heures n'avait pas été effectuée lors de la notification de l'application du régime de G.A.V. spécifique aux infractions de trafic de stupéfiants.

(Cour de cassation – Chambre criminelle du 24 juin 2009 – N° de pourvoi : 08-87.241).

• Étranger – Mesures d'éloignement – Rétention dans des locaux ne relevant pas de l'administration pénitentiaire – Procédure – Nullité – Cas – Nullité de la procédure judiciaire préalable – Exclusion – Applications diverses – Notification des droits attachés au placement en garde à vue 10 minutes après l'interpellation

Attendu, selon l'ordonnance attaquée, rendue par le 1er président d'une cour d'appel, et les pièces de la procédure, que M. X..., de nationalité tunisienne, interpellé le 25/02/2009, à 7 h 35, lors d'un contrôle d'identité sur réquisitions du procureur de la République a reçu notification de ses droits lors de son arrivée au commissariat de police, à 7 h 50; qu'il a fait l'objet le même jour, d'un arrêté préfectoral de reconduite à la frontière et d'une décision de maintien en rétention dans des locaux ne relevant pas de l'administration pénitentiaire; qu'écartant le moyen de défense pris de la tardiveté de la notification des droits attachés à la G.A.V., un juge des libertés et de la détention a, par ordonnance du 27/02/2009, ordonné la prolongation de cette mesure.

N'est pas tardive la notification avec ses droits, du placement en G.A.V. d'une personne, intervenue dès son arrivée dans les services de police, 10 minutes après son interpellation.

(Cour de cassation – Chambre civile 1 du 27 mai 2010 – N° de pourvoi : 09-12.397).

• Tentative de vol aggravé – Garde à vue – Droits de la personne gardée à vue – Notification du droit de se taire – Exigences de l'article 6 § 3 de la Convention européenne des droits de l'homme – Détermination – Portée

Contre l'arrêt de la chambre de l'instruction de la cour d'appel de LIMOGES, en date du 23/08/2011, qui, dans l'information suivie contre lui du chef de tentative de vol aggravé, a prononcé sur sa demande d'annulation de pièces de la procédure.

Il résulte de l'article 6 § 3 de la Convention européenne des droits de l'homme que toute personne gardée à vue doit, dès le début de la mesure, être informée de son droit de garder le silence.

Encourt la censure l'arrêt qui, pour écarter le grief pris de la violation de son droit de garder le silence, énonce que l'intéressé a répondu positivement à la question de l'O.P.J. assisté d'un interprète qui lui demandait s'il acceptait de répondre aux questions.

(Cour de cassation – Chambre criminelle du 17 janvier 2012 – N° de pourvoi : 11-86.797).

• Conduite d'un véhicule sans permis en récidive – Garde à vue – Convocation devant le tribunal correctionnelle – O.P.J. – Sur instruction du procureur de la République – Acte distinct de la G.A.V.

Contre l'arrêt de la cour d'appel de RENNES, chambre correctionnelle, en date du 20/12/2011, qui, pour conduite d'un véhicule sans permis en récidive, l'a condamné à 2 mois d'emprisonnement.

Attendu qu'après avoir fait droit à cette demande en ce qui concerne les seuls procès-verbaux de l'audition recueillie au cours de la G.A.V., l'arrêt énonce que la convocation devant le tribunal correctionnel de Rennes délivrée au prévenu par un O.P.J. sur instruction du procureur de la République constitue un acte distinct de la G.A.V. qui n'est pas atteint par les irrégularités qui peuvent affecter la mesure coercitive

(Cour de cassation – Chambre criminelle du 18 septembre 2012 – N° de pourvoi : 12-80.526).

• Garde à vue – Droits de la personne gardée à vue – Assistance de l'avocat – Défaut – Déclaration de culpabilité – Valeur probante des déclarations de la personne gardée à vue – Article 6 de la Convention européenne des droits de l'homme – Comptabilité – Cas – Motifs fondées ni exclusivement ni même essentiellement sur les déclarations recueillies au cours des garde à vue

Contre l'arrêt de la cour d'appel de PARIS, chambre 6-1, en date du 17/05/2011, qui, après avoir prononcé sur ses demandes d'annulation d'actes de la procédure, l'a condamné, pour embauche de salariés, sans demande d'agrément préalable, à 5 000 € d'amende avec sursis.

Un prévenu qui, avant toute défense au fond, a sollicité l'annulation des procès-verbaux de son audition en G.A.V. faute d'avoir reçu notification de son droit de se taire, ne saurait se faire un grief de ce que l'annulation sollicitée n'a pas été prononcée, dès lors que la Cour de cassation est en mesure de s'assurer que, pour le déclarer coupable de l'infraction poursuivie, la cour d'appel ne s'est fondée ni exclusivement, ni même essentiellement sur les déclarations recueillies au cours de la G.A.V.

(Cour de cassation – Chambre criminelle du 18 septembre 2012 – N° de pourvoi : 11-85.031).

• Situation irrégulière en France – Garde à vue – O.P.J. – Notification des droits – Interprète – Remise document d'information des droits

Attendu, selon l'ordonnance attaquée (RENNES, 25/06/2011) et les pièces de la procédure, que M. Ahmed X..., en situation irrégulière en France, a été interpellé et placé en garde à vue le 21/06/2011 à compter de 15 h 30; que l'officier de police judiciaire, après avoir constaté qu'il ne parlait ni ne comprenait le français et mentionné, dans un procès-verbal du même jour que la mesure et les droits y afférents lui seraient notifiés ultérieurement en présence d'un interprète, a contacté, à 16 h

25, un interprète qui lui a indiqué venir dans les meilleurs délais dans les locaux du commissariat; que le placement en garde à vue et les droits y afférents ont été notifiés, par l'intermédiaire de l'interprète, à 17 h 20, à l'intéressé; que, par arrêté préfectoral du 22/06/2011, M. X... a été placé en rétention administrative pour une durée maximale de 48 h 00 à compter de 15 h 30; que, par requête du 23/06/2011, le préfet a demandé la prolongation de la mesure.

AUX MOTIFS OUE l'article 63-1 du C.P.P. dispose que si la personne ne parle pas le français, ses droits doivent lui être notifiés par un interprète, le cas échéant après qu'un formulaire lui a été remis pour son information immédiate, et que la remise du document d'information des droits, s'il ne vaut pas notification, n'est pas optionnelle mais doit être opérée dès lors que l'interprète n'est pas disponible.

(Cour de cassation – Chambre civile 1 du 21 novembre 2012 – N° de pourvoi : 11-30.458).

• Infractions à la réglementation des conditions de travail dans les transports routiers – Enquête préliminaire – Audition – Droits de la personne entendue – Notification du droit de se taire et de ne pas s'accuser *(non)*

Contre l'arrêt de la cour d'appel de PAU, chambre correctionnelle, en date du 08/09/2011, qui, pour infractions à la réglementation des conditions de travail dans les transports routiers, a condamné la 1re à 184 amendes de 300 € et 21 amendes de 135 € et le 2d à 184 amendes de 150 € et 21 amendes de 100 €.

La notification du droit de se taire et de ne pas s'accuser n'est reconnue qu'aux personnes placées en G.A.V. ou faisant l'objet d'une mesure de rétention douanière.

En conséquence, ne méconnaissent pas les dispositions de l'article 6 de la Convention européenne des droits de l'homme, ni celles de l'article 78 du C.P.P., les juges du fond qui, saisis d'une procédure à l'occasion de laquelle la personne poursuivie a été entendue par les services de police à la suite d'un procès-verbal d'un contrôleur dans les transports relevant à son encontre des contraventions à la réglementation du travail, rejettent l'exception de nullité présentée par le prévenu et prise de la privation de ses droits au silence et à l'assistance d'un avocat, dès lors que les droits attachés à la G.A.V. ne sont pas applicables dans le cas où la personne n'est pas maintenue en état de contrainte.

(Cour de cassation – Chambre criminelle du 3 avril 2013 – N° de pourvoi : 11-87.333).

• Vol avec effraction en récidive – Q.P.C. – C.P.P. – Article 63-1 – Principe de clarté de la loi – Droit à un procès équitable – Droits de la défense – Caractère sérieux – Défaut – Non-lieu à renvoi au Conseil constitutionnel

Statuant sur la question prioritaire de constitutionnalité transmise par un jugement du tribunal correctionnel de RENNES, en date du 24/01/2013, dans la procédure suivie du chef de vol avec effraction en récidive contre.

Et attendu que la question posée ne présente pas à l'évidence un caractère sérieux dès lors que, même si l'article 63-1 du C.P.P. ne prévoit pas l'obligation d'informer la personne gardée à vue de nationalité étrangère de son droit de faire contacter les autorités consulaires de son pays, l'exercice de ce droit rappelé par l'article 63-2 du même code et résultant des engagements internationaux de la France implique, pour être effectif, que l'intéressé soit informé de cette faculté;

D'où il suit qu'il n'y a pas lieu de renvoyer la question au Conseil constitutionnel.

(Cour de cassation – Chambre criminelle du 16 avril 2013 – N° de pourvoi : 13-90.006).

• Violences aggravées – Garde à vue – Régularité du P.V. – Déroulement de la G.A.V. – Notification des droits

Contre l'arrêt de la cour d'appel de PARIS, chambre 2-8, en date du 23/09/2013, qui, dans la procédure suivie contre MM. Noé Y... et Joachim X...du chef de violences aggravées, a prononcé la nullité des poursuites et renvoyé le ministère public à se pourvoir ainsi qu'il avisera.

Mais attendu qu'en prononçant ainsi, alors que la régularité du procès-verbal récapitulatif du déroulement de la G.A.V., permettant de vérifier l'heure de la levée de cette mesure n'est pas affectée par l'absence de notification des droits aux personnes gardées à vue, la cour d'appel a méconnu les textes susvisés et le principe ci-dessus rappelé.

(Cour de cassation – Chambre criminelle du 27 mai 2014 – N° de pourvoi : 13-87.095).

• Conduite en état d'ivresse manifeste en récidive... – Garde à vue – Droits de la personne gardée à vue – Droit de ne pas contribuer à sa propre incrimination – Domaine d'application – Exclusion – Données recueillies indépendamment de la volonté de l'intéressé – Cas – Vérifications destinées à établir la preuve de l'état alcoolique

Contre l'arrêt de la cour d'appel de METZ, chambre correctionnelle, en date du 20/09/2013, qui, pour conduite en état d'ivresse manifeste en récidive et refus de se soumettre aux vérifications destinées à établir la preuve de l'état alcoolique, l'a condamné à 6 mois d'emprisonnement, dont 3 mois avec sursis et mise à l'épreuve, et a constaté l'annulation de son permis de conduire.

Le droit au silence et celui de ne pas contribuer à sa propre incrimination ne s'étendent pas au recueil de données qu'il convient d'obtenir indépendamment de la volonté de la personne concernée.

Justifie sa décision la cour d'appel qui déclare coupable du délit de refus de se soumettre aux vérifications destinées à établir la preuve de l'état alcoolique la personne qui a refusé de se soumettre à l'épreuve de l'éthylomètre et de subir une prise de sang en arguant de son droit de ne pas contribuer à sa propre incrimination.

(Cour de cassation – Chambre criminelle du 6 janvier 2015 – N° de pourvoi : 13-87.652).

• Blanchiment en relation avec un trafic de stupéfiants... – Garde à vue – Droits de la personne gardée à vue – Notification – Informations relatives à l'infraction – Lieu– Défaut – Sanction – Nullité – Conditions – Atteinte aux intérêts de la personne gardée à vue – Nécessité *(non)*

Contre l'arrêt de la chambre de l'instruction de la cour d'appel d'AMIENS, en date du 27/01/2015, qui, dans l'information suivie contre M. Mohamed X... des chefs de blanchiment en relation avec un trafic de stupéfiants et refus d'obtempérer, a prononcé sur la demande, déposée par celui-ci, d'annulation d'actes de la procédure.

L'omission, dans la notification à la personne gardée à vue, prévue à l'article 63-1 du C.P.P., du lieu présumé de l'infraction qu'elle est soupçonnée d'avoir commise ou tenté de commettre ne peut entraîner le prononcé d'une nullité que s'il en est résulté pour elle une atteinte effective à ses intérêts.

(Cour de cassation – Chambre criminelle du 27 mai 2015 – N° de pourvoi : 15-81.142).

• Viols... – Garde à vue – Droits de la personne gardée à vue – Notification – Informations relatives à l'infraction – Nature – Date – Défaut – Sanction – Nullité – Conditions – Détermination – Portée

Contre l'arrêt de la chambre de l'instruction de la cour d'appel de POITIERS, en date du 04/11/2014, qui, dans l'information suivie contre lui des chefs de viols et violences aggravés et menaces de mort, a prononcé sur sa demande d'annulation de pièces de la procédure.

L'absence d'information de la personne gardée à vue, dès le début de la mesure, de la nature et de la date présumée d'une infraction, dont il existait une ou plusieurs raisons de soupçonner qu'elle l'avait commise, porte atteinte aux intérêts de la personne concernée.

(Cour de cassation – Chambre criminelle du 16 juin 2015 – N° de pourvoi : 14-87.878).

• Complicité de meurtres aggravés... – Garde à vue – Droits de la personne gardée à vue – Assistance effective de l'avocat – Demande de commission d'office d'un avocat – O.P.J. – Obligation – Étendue – Grève du barreau – Circonstance insurmontable

Contre l'arrêt de la chambre de l'instruction de la cour d'appel d'AIX-EN-PROVENCE, en date du 24/06/2015, qui, dans l'information suivie contre lui des chefs de complicité de meurtres aggravés, association de malfaiteurs, a prononcé sur sa demande d'annulation de pièces de la procédure.

Constitue une circonstance insurmontable, de nature à empêcher l'assistance par un avocat d'une personne gardée à vue, la décision prise collectivement par un barreau de suspendre toute participation des avocats au service des commissions d'office dès lors que les O.P.J., qui n'ont pas d'autre diligence à effectuer, ont préalablement pris contact, notamment par un appel téléphonique, avec le service de la permanence du barreau dont ils ont eu la confirmation qu'aucune assistance au titre de la commission d'office ne serait assurée.

(Cour de cassation – Chambre criminelle du 9 février 2016 – N° de pourvoi : 15-84.277).

• Pratiques commerciales trompeuses... – Garde à vue – Droits de la personne gardée à vue – Assistance de l'avocat – Communication de certaines pièces de la procédure – Absence d'accès à l'entier dossier – Article 63-4-1 du C.P.P, dans sa rédaction issue de la loi n°2014-535 du 27/05/2014 – Transposition en droit interne de la directive 2012/13/UE du Parlement et du Conseil du 22/05/2012 – Caractère complet de la transposition *(oui)* – Compatibilité avec l'article 6 de la Convention européenne des droits de l'homme *(oui)*

Contre l'arrêt n° 5103 de la chambre de l'instruction de la cour d'appel de PARIS, 2e section, en date du 24/03/2016, qui, dans l'information suivie contre M. Gérard F..., Mme Anne-Valérie F..., MM. Jean-Claude Y..., Denis Z..., Jérôme A..., Jean-Jacques B..., Michel C..., et Philippe D..., des chefs de pratiques commerciales trompeuses, escroqueries en bande organisée, abus de biens sociaux, abus de confiance, blanchiment, a prononcé sur sa demande d'annulation de pièces de la procédure.

Les dispositions de l'article 63-4-1 du C.P.P., telles que résultant de la loi du 27/05/2014 portant transposition de la directive 2012/13/UE du Parlement européen et du Conseil du 22/05/2012 relative au droit à l'information dans le cadre des procédures pénales, qui énumèrent limitativement les pièces que peuvent consulter la personne gardée à vue ou son avocat, ne sont pas incompatibles avec l'article 6, § 3, de la Convention européenne des droits de l'homme, l'absence de communication de l'ensemble des pièces du dossier, à ce stade de la procédure, n'étant pas de nature à priver la personne d'un droit effectif et concret à un procès équitable, dès lors que l'accès à ces pièces est garanti devant les juridictions d'instruction et de jugement. Ces mêmes dispositions constituent une transposition complète de l'article 7 de ladite directive, lequel n'exige, à tous les stades de la procédure, qu'un accès aux documents qui sont essentiels pour contester de manière effective la légalité de l'arrestation ou de la détention et laisse la faculté aux États membres de n'ouvrir l'accès à l'intégralité des pièces du dossier que lors de la phase juridictionnelle du procès pénal.

(Cour de cassation – Chambre criminelle du 4 octobre 2016 – N° de pourvoi : 16-82.309).

• Vols en bande organisée et tentative... – Garde à vue – Droits de la personne gardée à vue – Notification des droits – O.P.J. – Remise d'un formulaire

Contre l'arrêt n° 117 de la chambre de l'instruction de la cour d'appel d'AIX-EN-PROVENCE, en date du 25/02/2016, qui, dans l'information suivie contre lui des chefs de vols en bande organisée et tentative, et destruction du bien d'autrui par incendie en bande organisée, a prononcé sur sa demande d'annulation d'actes de procédure.

Attendu que, si c'est à tort que la chambre de l'instruction a énoncé qu'il avait été satisfait aux dispositions de l'article 63-1 du C.P.P. par la remise d'un formulaire, l'arrêt n'encourt pas pour autant la censure, dès lors que la Cour de cassation est en mesure de s'assurer, par l'examen du procès-verbal de garde à vue, que les droits dont bénéficiait le demandeur en application dudit article lui ont été notifiés par un O.P.J. le 07/08/2015 à 10 h 00 dans les conditions prévues par la loi.

(Cour de cassation – Chambre criminelle du 2 novembre 2016 – N° de pourvoi : 16-81.537).

• Viols aggravés... – Garde à vue – Droits de la personne gardée à vue – Notification des droits – Auditions effectuées pendant la G.A.V.

Contre l'arrêt de la chambre de l'instruction de la cour d'appel de BORDEAUX, en date du 28/02/2017, qui, dans l'information suivie contre lui des chefs de viols aggravés et tentatives, vols aggravés et tentatives, a prononcé sur sa demande d'annulation d'actes de la procédure.

Attendu qu'en statuant ainsi, dès lors que, quand une personne a été placée en G.A.V. du chef d'une infraction, l'omission, dans la notification prévue à l'article 63-1 du C.P.P., d'autres infractions qu'elle est soupçonnée d'avoir commises ou tenté de commettre, emporte l'annulation des seules auditions effectuées pendant la garde à vue lorsqu'il en est résulté pour elle une atteinte effective à ses intérêts, et des actes dont elles sont le support nécessaire, la chambre de l'instruction a justifié sa décision.

(Cour de cassation – Chambre criminelle du 31 octobre 2017 – N° de pourvoi : 17-81.842).

• Tentative d'enlèvement et séquestration... – Garde à vue – Droits de la personne gardée à vue – Notification – Informations relatives à l'infraction – Défaut – Sanction – Nullité – Conditions – Caractérisation – Absence – Propos du demandeur ne s'incriminant pas – Atteinte aux intérêts de la personne gardée à vue *(non)*

REJET du pourvoi formé par Mme L... B... contre l'arrêt de la chambre de l'instruction de la cour d'appel de PARIS, 6e section, en date du 05/03/2019, qui, dans l'information suivie contre elle, des chefs de tentative d'enlèvement et séquestration, infraction à la législation sur les armes, association de malfaiteurs, a prononcé sur sa demande d'annulation de pièces de la procédure.

Le défaut de notification à la personne gardée à vue de la modification de qualification d'une infraction qu'elle est soupçonnée d'avoir commise ou tenté de commettre, telle qu'elle a été ordonnée par le procureur de la République après la notification d'une 1re qualification, ne peut entraîner le prononcé d'une nullité que s'il en est résulté pour l'intéressé une atteinte effective à ses intérêts, au sens de l'article 802 du C.P.P. Une telle atteinte ne se trouve pas caractérisée lorsque, au cours d'une audition de la personne gardée à vue, réalisée sans notification préalable de la modification de qualification, cette dernière, en répondant aux questions des enquêteurs, n'a tenu aucun propos par lequel elle se serait incriminée.

(Cour de cassation – Chambre criminelle du 15 octobre 2019 – N° de pourvoi : 19-82.380).

Article 63-2. – Droits – Prévenir personne, parents, frères et sœurs, employeurs... – *(Loi n° 2023-22 du 24 janvier 2023)*

• **I.** – Toute personne placée en garde à vue peut, à sa demande, faire prévenir, par téléphone, une personne avec laquelle elle vit habituellement ou l'un de ses parents en ligne directe ou l'un de ses frères et sœurs de la mesure dont elle est l'objet. Elle peut en outre faire prévenir son employeur. Lorsque la personne gardée à vue est de nationalité étrangère, elle peut faire contacter les autorités consulaires de son pays.

• Sauf en cas de circonstance insurmontable, qui doit être mentionnée au procès-verbal, les diligences incombant aux enquêteurs ou, sous leur contrôle, aux assistants d'enquête en application du 1er alinéa doivent intervenir au plus tard dans un délai de 3 heures à compter du moment où la personne a formulé la demande.

• Le procureur de la République peut, à la demande de l'officier de police judiciaire, décider que l'avis prévu au 1er alinéa du présent I sera différé ou ne sera pas délivré si cette décision est, au regard des circonstances, indispensable afin de permettre le recueil ou la conservation des preuves ou de prévenir une atteinte grave à la vie, à la liberté ou à l'intégrité physique d'une personne.

• Si la garde à vue est prolongée au-delà de 48 heures, le report de l'avis peut être maintenu, pour les mêmes raisons, par le juge des libertés et de la détention ou le juge d'instruction, sauf lorsque l'avis concerne les autorités consulaires.

• **II.** – L'officier de police judiciaire peut autoriser la personne en garde à vue qui en fait la demande à communiquer, par écrit, par téléphone ou lors d'un entretien, avec un des tiers mentionnés au I du présent article, s'il lui apparaît que cette communication n'est pas incompatible avec les objectifs mentionnés à l'article 62-2 et qu'elle ne risque pas de permettre une infraction.

• Afin d'assurer le bon ordre, la sûreté et la sécurité des locaux dans lesquels s'effectue la garde à vue, l'officier ou l'agent de police judiciaire détermine le moment, les modalités et la durée de cette communication, qui ne peut excéder 30 minutes et intervient sous son contrôle, le cas échéant en sa présence ou en la présence d'une personne qu'il désigne. Si la demande de communication concerne les autorités consulaires, l'officier de police judiciaire ne peut s'y opposer au-delà de la 48e heure de la garde à vue.

• Le présent II n'est pas applicable en cas de demande de communication avec un tiers dont il a été décidé en application des 2 derniers alinéas du I du présent article qu'il ne pouvait être avisé de la garde à vue.

J **• Infractions à la législation sur les stupéfiants et association de malfaiteurs – Garde à vue – O.P.J. – Information du procureur de la République**

Contre l'arrêt n° 65 de la chambre de l'instruction de la cour d'appel de VERSAILLES, en date du 24/01/2017, qui, dans l'information suivie contre lui des chefs d'infractions à la législation sur les stupéfiants et association de malfaiteurs, a prononcé sur sa requête en nullité de la procédure.

Attendu que si c'est à tort que la chambre de l'instruction s'est référée à l'article 63-2 du C.P.P. dans sa version issue de la loi n° 2016-731 du 3 juin 2016, alors qu'était applicable, à l'époque de la G.A.V., le texte issu de la loi n° 2011-392 du 14/04/2011, l'arrêt n'encourt néanmoins pas la censure dès lors que la Cour de cassation, qui a le contrôle des pièces de la procédure, est en mesure de s'assurer que l'O.P.J. s'en est référé au P.R. moins d'une heure 15 minutes après le placement en G.A.V. de l'intéressé, et que ce magistrat ayant pris sa décision à la suite, avant l'expiration du délai de 3 heures prévu au 3e al. de l'article 63-2 du C.P.P., il a été satisfait aux dispositions de ce texte dans sa version alors applicable.

(Cour de cassation – Chambre criminelle du 31 octobre 2017 – N° de pourvoi : 17-80.872).

Article 63-3. – Garde à vue – Examen médical – *(Loi n° 2023-22 du 24 janvier 2023)*

• Toute personne placée en garde à vue peut, à sa demande, être examinée par un médecin désigné par le procureur de la République ou l'officier de police judiciaire. En cas de prolongation, elle peut demander à être examinée une 2de fois. Le médecin se prononce sur l'aptitude au maintien en garde à vue et procède à toutes constatations utiles. Sauf en cas de circonstance insurmontable, les diligences incombant aux enquêteurs ou, sous leur contrôle, aux assistants d'enquête en application du présent alinéa doivent intervenir au plus tard dans un délai de 3 heures à compter du moment où la personne a formulé la demande. Sauf décision contraire du médecin, l'examen médical doit être pratiqué à l'abri du regard et de toute écoute extérieurs afin de permettre le respect de la dignité et du secret professionnel.

• À tout moment, le procureur de la République ou l'officier de police judiciaire peut d'office désigner un médecin pour examiner la personne gardée à vue.

• En l'absence de demande de la personne gardée à vue, du procureur de la République ou de l'officier de police judiciaire, un examen médical est de droit si un membre de sa famille le demande ; le médecin est désigné par le procureur de la République ou l'officier de police judiciaire.

• Le médecin examine sans délai la personne gardée à vue. Le certificat médical est versé au dossier.

• Les dispositions du présent article ne sont pas applicables lorsqu'il est procédé à un examen médical en application de règles particulières.

J • **Garde à vue – Droits de la personne gardée à vue – Examen médical – Demande – Défaut – Effet**

Contre l'arrêt de la chambre de l'instruction de la cour d'appel de PARIS, 4e section, en date du 16 décembre 2015, qui, dans l'information suivie contre eux des chefs de tentative d'assassinat, vol avec violences ayant entraîné la mort, destruction et modification des preuves d'un crime ou d'un délit, a prononcé sur leurs demandes d'annulation d'actes de la procédure;

Attendu qu'il résulte des pièces de la procédure que M. X..., lors de la notification des droits attachés à son placement en garde à vue le 30 mars 2015, à 23 heures 40, a déclaré ne pas solliciter d'examen médical; que, néanmoins, l'officier de police judiciaire, a, de sa propre initiative, adressé à 23 heures 58 une réquisition aux fins d'examen médical à l'unité médico-judiciaire de l'hôpital de Bondy; que, dans un procès-verbal établi le 31 mars, à 2 heures 11, l'officier de police judiciaire a indiqué que la personne gardée à vue ne pouvait être conduite à l'hôpital dans un délai de 3 heures en raison de l'importante activité de son service, notamment, des impératifs de police scientifique et technique auxquels il était soumis; qu'il a été procédé à cet examen le même jour, à 9 heures 20, le médecin concluant à la compatibilité de l'état de santé de l'intéressé avec la garde à vue; que, lors de sa présentation au procureur de la République en vue de la prolongation de la mesure puis lors de la notification qui lui en été faite, M. X... n'a formulé aucune doléance sur son état de santé et a, à nouveau, expressément renoncé à tout examen médical;

Attendu que, pour écarter le moyen d'annulation proposé par M. X... et pris, d'une part, d'une exécution de l'examen médical au-delà du délai de 3 heures fixé par l'article 63-3 du Code de procédure pénale, d'autre part, de l'irrégularité de la prolongation de sa garde à vue malgré les termes du certificat établi par le médecin qui l'aurait exclue, l'arrêt prononce par les motifs reproduits au moyen;

Attendu qu'en cet état, la chambre de l'instruction a justifié sa décision;

Que, d'une part, la personne mise en examen, qui n'a, à aucun moment, sollicité un examen médical, ne saurait invoquer le non-respect du délai de 3 heures fixé par la disposition légale précitée, lequel n'est applicable qu'en cas de demande formulée par la personne gardée à vue;

Que, d'autre part, la Cour de cassation est en mesure de s'assurer que, dans le certificat qu'il a rédigé, le médecin s'est borné à apprécier la compatibilité de l'état de santé de M. X... avec une garde à vue, sans formuler aucune réserve pour le cas où une éventuelle prolongation de cette mesure serait décidée;

D'où il suit que le moyen ne saurait être accueilli;

Et attendu que l'arrêt est régulier en la forme;

REJETTE les pourvois.

Résumé: La personne mise en examen qui n'a, à aucun moment de sa garde à vue, sollicité un examen médical ne saurait invoquer le non-respect du délai de 3 heures prévu par l'article 63-3 du Code de procédure pénale, lequel n'est applicable qu'en cas de demande formulée par la personne gardée à vue.

(Cour de cassation – Chambre criminelle du 25 mai 2016 – N° de pourvoi: 16-80379).

• **Violences aggravées et infractions à la législation sur les armes – Interrogatoire – Garde à vue – État de santé – Compatibilité – Mise en examen – Juge d'instruction**

Contre l'arrêt de la chambre de l'instruction de la cour d'appel de MONTPELLIER, en date du 24 novembre 2016, qui, dans l'information suivie contre lui des chefs de violences aggravées et infractions à la législation sur les armes, a prononcé sur sa demande d'annulation de pièces de la procédure;

en ce que l'arrêt attaqué a rejeté le moyen tiré de la nullité de l'interrogatoire de première comparution et des actes subséquents;

« aux motifs qu'en dépit de pièces médicales établies dès le 17 janvier 2016 à 14 heures 54, ainsi que les 18 et 19 janvier 2016 (D 53, D 54, D 67) *imposant que la garde à vue de M. Mohamed X... se déroule en milieu hospitalier, cette mesure a en réalité été exercée, à partir du 18 janvier 2016 dans la soirée soit aux alentours de 18 heures 30* (D 66, D 67, D 73) *et jusqu'au 19 janvier 2016 à 12 heures 15, dans les locaux des services de police, dans des conditions qui portent nécessairement atteinte à la personne concernée ainsi privée durant cette mesure de garde à vue des soins que son état justifiait; qu'il en découle que seuls le procès-verbal d'audition du 19 janvier 2016 à 9 heures 53* (D 65) *et le procès-verbal de fin de garde à vue du 19 janvier 2016 à 12 heures 15* (D 68) *encourent la nullité, les procès-verbaux de notification de garde à vue du 17 janvier à 12 heures 30* (D 47), *d'audition réalisée le 17 janvier à 15 heures 20* (D 51) *ayant été dressés alors que l'intéressé était hospitalisé; que le procès-verbal d'audition du 18 janvier à 10 heures 40* (D 55) *a également été établi durant l'hospitalisation de M. X... [...]; que les autres procès-verbaux établis durant le temps de la garde à vue ne trouvent pas leur support nécessaire dans les pièces annulées de sorte qu'ils n'ont pas vocation à être annulés; que l'interrogatoire de première comparution de M. X... trouve son support nécessaire dans les actes d'enquête* (constatations, auditions de victimes et témoins, exploitation des images de vidéo surveillance...), *ainsi que dans le réquisitoire introductif du procureur de la République, et non dans les actes annulés lors desquels l'intéressé ne s'est d'ailleurs pas incriminé, étant relevé, d'une part, que les pièces médicales en procédure* (D 67 notamment) *ne montrent pas que l'état de l'intéressé aurait été incompatible avec une comparution et une audition devant le juge d'instruction, d'autre part, que l'intéressé assisté par son avocat a été en mesure de comprendre les enjeux de l'acte, dès lors qu'il a usé de son droit de se taire; que trouvant son support dans un acte régulier, le placement sous contrôle judiciaire de M. X..., au demeurant apte à entendre une telle notification* (Ca 4), *ne peut encourir l'annulation; que le moyen tiré de la nullité de l'interrogatoire de première comparution et des actes subséquents qui y trouvent leur support nécessaire sera en conséquence rejeté; que la chambre de l'instruction constate l'absence de cause de nullité dans le dossier de la procédure arrêtée à la cote D 145;*

Vu les articles 3 de la Convention européenne des droits de l'homme et 116 du Code de procédure pénale;

Attendu qu'il se déduit de ces textes que porte nécessairement atteinte aux intérêts d'une personne mise en examen le fait que le juge d'instruction procède à son interrogatoire de première comparution dans des conditions incompatibles avec son état de santé, peu important qu'elle n'ait, à cette occasion, pas fait de déclarations par lesquelles elle se serait incriminée;

Attendu qu'il résulte de l'arrêt attaqué et des pièces de la procédure, qu'à la suite d'une rixe entre deux groupes armés de poings américains, de tasers et d'une arme à feu, survenue le 17 janvier 2016, vers 5 heures 15, dans une discothèque, M. Mohamed X..., blessé, a été admis à l'hôpital de Sète; que des armes de poing ayant été découvertes dans son véhicule et plusieurs témoignages le mettant en cause comme l'un des possibles agresseurs, il a été placé en garde à vue le 17 janvier 2016 dans cet établissement hospitalier à compter de 12 heures 30; qu'un examen médical, réalisé à 14 heures 54, a conclu à la compatibilité de son état de santé avec une mesure de garde à vue en milieu hospitalier; qu'il a été entendu à 15 heures 20, assisté de son conseil; que le procureur de la République, à 17 heures 47 a requis son transfert à l'hôpital Lapeyronnie, à Montpellier, où l'intéressé a été entendu le 18 janvier à 10 heures 40; que la prolongation de sa garde à vue lui a été notifiée le même jour à 11 heures 30, qu'un examen médical, effectué à 12 heures 30, a conclu que l'état de santé de M. X... était compatible avec la prolongation de garde à vue sous réserves de soins et d'une surveillance en milieu hospitalier; qu'il a été transféré le lendemain au commissariat de police et entendu à compter de 9 heures 53; qu'un médecin requis à 10 heures 18 a déposé son rapport à 12 heures et a conclu que M. X... était inapte à une mesure de garde à vue excepté en milieu hospitalier; que la garde à vue a été levée le 19 janvier à 12 heures 30; qu'une information étant ouverte, M. X... a été déféré dans le cabinet du juge d'instruction qui a procédé à son interrogatoire de première comparution le 19 janvier de 16 heures 31 à 16 heures 43, avant de lui notifier sa mise en examen; que, par ordonnance du même jour, prise à 18 heures 09, le juge d'instruction a désigné un médecin aux fins d'examen médical de l'intéressé, effectué à 19 heures 30; que ce rapport a relevé que M. X... était apte à entendre une notification de contrôle judiciaire, cette notification étant intervenue à 22 heures le même jour dans les locaux de l'établissement hospitalier; que le rapport d'expertise médicale déposé le 22 janvier suivant a relevé que l'intéressé était apte à ce qu'on lui notifie des éléments mais inapte à participer à des débats, inapte à la garde à vue et à une incarcération en dehors d'un cadre hospitalier; que, par requête, en date du 18 juillet 2016, M. X... a soulevé la nullité de sa garde à vue, celle de sa mise en examen et des actes subséquents;

Attendu qu'après avoir annulé les procès-verbaux de l'audition et de fin de garde à vue du 19 janvier 2016, réalisés au sein des locaux des services de police dans des conditions incompatibles avec les constats des certificats médicaux, l'arrêt attaqué, pour rejeter le moyen de nullité de l'interrogatoire de première comparution, énonce notamment que cet acte trouve son support nécessaire dans les actes d'enquête ainsi que dans le réquisitoire introductif du procureur de la République, et non dans les actes annulés lors desquels l'intéressé ne s'est d'ailleurs pas incriminé; que les juges relèvent que les pièces médicales en procédure ne montrent pas que l'état de l'intéressé aurait été incompatible avec une comparution et une audition devant le juge d'instruction; qu'ils retiennent que l'intéressé assisté par son conseil a été en mesure de comprendre les enjeux de l'acte dès lors qu'il a usé de son droit de se taire;

Mais attendu qu'en se déterminant ainsi, alors qu'en dépit du certificat médical effectué avant la levée de la garde à vue mentionnant que l'intéressé était inapte à être soumis à cette mesure en dehors du milieu hospitalier, ce dernier a fait l'objet d'un déferement devant le juge d'instruction, qui a procédé à sa première comparution et sa mise en examen dans des conditions demeurées incompatibles avec son état de santé, comme il résulte du certificat médical réalisé postérieurement à cet acte, la chambre de l'instruction a méconnu le texte susvisé et le principe ci-dessus énoncé;

Par ces motifs:

CASSE et ANNULE l'arrêt susvisé de la chambre de l'instruction de la cour d'appel de Montpellier, en date du 24 novembre 2016, mais en ses seules dispositions ayant rejeté le moyen tiré de la nullité de l'interrogatoire de première comparution et des actes subséquents, toutes autres dispositions étant expressément maintenues;

Et pour qu'il soit à nouveau statué, conformément à la loi, dans les limites de la cassation ainsi prononcée,

RENVOIE la cause et les parties devant la chambre de l'instruction de la cour d'appel de Toulouse, à ce désignée par délibération spéciale prise en chambre du conseil.

(Cour de cassation – Chambre criminelle du 7 juin 2017 – N° de pourvoi: 16-87429).

Article 63-3-1. – Garde à vue – Assistance par un avocat – *(Loi n° 2023-22 du 24 janvier 2023)*

• Dès le début de la garde à vue, la personne peut demander à être assistée par un avocat. Si elle n'est pas en mesure d'en désigner un ou si l'avocat choisi ne peut être contacté, elle peut demander qu'il lui en soit commis un d'office par le bâtonnier.

• Le bâtonnier ou l'avocat de permanence commis d'office par le bâtonnier est informé de cette demande par tous moyens et sans délai.

• L'avocat peut également être désigné par la ou les personnes prévenues en application du 1er alinéa du I de l'article 63-2. Cette désignation doit toutefois être confirmée par la personne.

• L'avocat désigné est informé par l'officier de police judiciaire ou, sous le contrôle de celui-ci, par un agent de police judiciaire ou un assistant d'enquête de la nature et de la date présumée de l'infraction sur laquelle porte l'enquête.

• S'il constate un conflit d'intérêts, l'avocat fait demander la désignation d'un autre avocat. En cas de divergence d'appréciation entre l'avocat et l'officier de police judiciaire ou le procureur de la République sur l'existence d'un conflit d'intérêts, l'officier de police judiciaire ou le procureur de la République saisit le bâtonnier qui peut désigner un autre défenseur.

• Le procureur de la République, d'office ou saisi par l'officier de police judiciaire ou l'agent de police judiciaire, peut également saisir le bâtonnier afin qu'il soit désigné plusieurs avocats lorsqu'il est nécessaire de procéder à l'audition simultanée de plusieurs personnes placées en garde à vue.

[J] **• Juridictions correctionnelles – Pouvoirs – Excès de pouvoirs – Crimes et délit flagrants – Garde à vue – Annulation – Limites**

Contre l'arrêt de la cour d'appel de PARIS, 12e chambre, en date du 10/05/2007, qui, dans la procédure suivie contre Hicham X..., a prononcé la nullité des poursuites.

La nullité d'une G.A.V. n'entraîne l'annulation des actes subséquents qu'à la condition que ces derniers aient eu pour support nécessaire la mesure annulée. Méconnaît ce principe, et l'article 385 du C.P.P., l'arrêt qui, après avoir fait droit à la demande d'annulation d'une mesure de G.A.V., en raison de l'inobservation des dispositions de l'article 63-4 du C.P.P. qui prévoient que le bâtonnier doit être informé sans délai de la demande de la personne concernée de s'entretenir dès le début de la G.A.V. avec un avocat commis d'office, annule également la procédure subséquente, y compris le procès-verbal de comparution immédiate saisissant le tribunal correctionnel, alors que la saisine de cette juridiction ne pouvait être affectée par l'annulation de cette mesure, qui n'en était pas le support nécessaire.

(Cour de cassation – Chambre criminelle du 26 mars 2008 – N° de pourvoi: 07-83.814).

• Meurtre aggravé et vol en réunion – Garde à vue – Droits de la personne gardée à vue – Assistance de l'avocat – Modalités – Demande de la personne gardée à vue – Portée

Contre l'arrêt de la chambre de l'instruction de la cour d'appel de PARIS, 6e section, en date du 12/03/2013, qui, dans l'information suivie contre lui des chefs de meurtre aggravé et vol en réunion, a prononcé sur sa demande d'annulation de pièces de la procédure.

Il se déduit de l'article 63-3-1 du C.P.P. que toute personne placée en G.A.V. doit pouvoir bénéficier de l'assistance d'un avocat dès qu'elle en fait la demande.

Encourt en conséquence la cassation l'arrêt de la chambre de l'instruction qui, pour rejeter la requête aux fins d'annulation de ses auditions en G.A.V. présentée par une personne mise en examen alors que celle-ci avait sollicité vainement cette assistance en cours d'audition et avant la prolongation de la G.A.V., retient que lors de la notification de cette mesure, l'intéressé n'a pas demandé à être assisté d'un conseil et que ce choix ne lui était à nouveau ouvert qu'au moment de la prolongation de ladite mesure.

(Cour de cassation – Chambre criminelle du 5 novembre 2013 – N° de pourvoi : 13-82.682).

• Association de malfaiteurs et dégradations aggravées – Garde à vue – Droits de la personne gardée à vue – Entretien avec un avocat – Désignation de l'avocat – Conflit d'intérêts – Information de l'avocat choisi – Obligation – Refus – Sanction

Contre l'arrêt de la chambre de l'instruction de la cour d'appel de PARIS, 6e section, en date du 22/01/2015, qui, dans l'information suivie contre eux des chefs notamment d'association de malfaiteurs et dégradations aggravées, en récidive pour le 2nd, a prononcé sur leurs demandes d'annulation d'actes de la procédure.

Il résulte de l'article 63-3-1 du C.P.P. que l'O.P.J. doit informer de sa désignation l'avocat choisi par la personne placée en G.A.V., seul le bâtonnier ayant qualité pour désigner un autre avocat en cas de conflit d'intérêts. Le refus d'informer l'avocat choisi porte nécessairement atteinte aux intérêts de la personne concernée.

(Cour de cassation – Chambre criminelle du 21 octobre 2015 – N° de pourvoi : 15-81.032).

• Infractions à la législation sur les stupéfiants... – Chambre de l'instruction – Nullités de l'instruction – Examen de la régularité de la procédure – Annulation d'actes – Acte ou pièce de la procédure – Définition – Correspondances entre le juge d'instruction et le bâtonnier *(non)*

Contre l'arrêt de la chambre de l'instruction de la cour d'appel de LYON, en date du 09/02/2016, qui, dans l'information suivie contre lui des chefs, notamment, d'infractions à la législation sur les stupéfiants, blanchiment et association de malfaiteurs, en récidive, a prononcé sur sa demande d'annulation de pièces de la procédure.

Ni le courrier par lequel le juge d'instruction saisit le bâtonnier, en application de l'article 63-3-1 du C.P.P., d'une divergence d'appréciation avec l'avocat choisi sur l'existence d'un conflit d'intérêts ni les correspondances échangées à la suite ni, enfin, la décision du bâtonnier de désigner un autre défenseur, fondée sur la seule prise en considération des règles déontologiques propres à la profession d'avocat, ne constituent des actes ou des pièces de procédure au sens des articles 170 et 173 du Code précité, de sorte que ces documents ne peuvent être contestés par la voie d'une requête en nullité, peu important qu'ils figurent, le cas échéant, au dossier de l'information.

(Cour de cassation – Chambre criminelle du 20 septembre 2016 – N° de pourvoi : 16-81.638).

• Viol – Instruction – Garde à vue – Droits de la personne gardée à vue – Assistance de l'avocat – Modalités – Désignation par un tiers avisé – O.P.J. – Obligations – Portée – Effet

Contre l'arrêt de la chambre de l'instruction de la cour d'appel de PARIS, 6e section, en date du 18/02/2016, qui, dans l'information suivie contre lui du chef de viol, a prononcé sur sa demande d'annulation de pièces de la procédure.

Selon l'article 63-3-1 du C.P.P., le mis en cause placé en garde à vue peut, à tout moment, bénéficier de l'assistance d'un avocat choisi par lui-même ou désigné par une personne régulièrement avisée de cette mesure en application de l'article 63-2 du même code. Cette prescription impose à l'O.P.J. de lui notifier aussitôt cette dernière désignation afin qu'il puisse la confirmer. Encourt, en conséquence, la cassation l'arrêt qui, constatant que la mère de la personne gardée à vue avait été avisée de cette mesure par l'O.P.J. et avait désigné un avocat, écarte le moyen de nullité pris de ce que l'O.P.J., informé de cette désignation, ne l'avait pas portée à la connaissance de cette dernière.

(Cour de cassation – Chambre criminelle du 4 octobre 2016 – N° de pourvoi : 16-81.773).

• Viols et agressions sexuelles aggravées, menaces et violences – Garde à vue – Entretien confidentiel avec un avocat

Le procureur général près la cour d'appel de CAEN a formé un pourvoi contre l'arrêt de la chambre de l'instruction de ladite cour d'appel, en date du 15/09/2020, qui, dans l'information suivie contre M. D... W... des chefs de viols et agressions sexuelles, menaces et violences, a fait droit à sa requête en annulation de pièces de la procédure.

Réponse de la Cour

***8.** Il résulte des articles 6, § 3, de la Convention européenne des droits de l'homme, 48, § 2, de la Charte des droits fondamentaux de l'Union européenne, 3, § 3, a) de la directive n° 2013/48/UE du Parlement et du Conseil du 22/10/2013, préliminaire, 63-3-1, 63-4 et 65 du C.P.P. que pour que soit garanti le droit effectif et concret à l'assistance d'un avocat au stade de l'enquête, toute personne entendue sur des faits qu'elle est soupçonnée d'avoir commis ou tenté de commettre a le droit, si elle a demandé à être assistée d'un avocat, de s'entretenir au préalable et confidentiellement avec celui-ci.*

***9.** Il s'ensuit que la personne gardée à vue qui est entendue dans le cadre d'une procédure suivie du chef d'une infraction autre que celle ayant justifié le placement en garde à vue et à l'encontre de laquelle il existe des raisons plausibles de soupçonner qu'elle a commis ou tenté de commettre cette infraction bénéficie, après avoir été avertie de son droit d'être assistée d'un avocat et si elle a déclaré vouloir l'exercer, du droit de communiquer avec celui-ci dans des conditions qui garantissent la confidentialité de l'entretien, pour une durée ne pouvant excéder 30 minutes, avant toute audition sur les nouveaux faits.*

***10.** La personne gardée à vue peut renoncer à ce droit, expressément ou tacitement, notamment lorsqu'elle accepte, en présence de son avocat, qu'il soit immédiatement procédé à son audition sans entretien préalable.*

***11.** L'avocat peut aussi estimer qu'il n'y a pas lieu à entretien préalable et y renoncer tacitement, notamment lorsqu'il ne demande pas à communiquer confidentiellement avec la personne gardée à vue avant son audition.*

***12.** Pour faire droit à la requête en annulation de pièces de M. W..., l'arrêt attaqué énonce qu'il résulte de l'article 65 du C.P.P., qui renvoie aux articles 63-3-1 à 63-4-3 s'agissant du droit d'être assisté d'un avocat, que lorsqu'au moment de la notification à la personne gardée à vue d'une extension de la poursuite initiale, d'un autre chef, cette personne demande à être assistée par un avocat, elle doit pouvoir communiquer avec celui-ci dans des conditions qui garantissent la confidentialité de l'entretien.*

***13.** Les juges ajoutent qu'il est constant que M. W... a demandé à être assisté d'un avocat au moment de la notification de l'extension de la poursuite initiale mais qu'il n'a pu s'entretenir avec lui avant son audition sur les faits nouveaux imputés et que cette situation a nécessairement fait grief aux droits de celui-ci.*

***14.** En l'état de ces énonciations, l'arrêt n'encourt pas la censure.*

***15.** En effet, dès lors que le droit de la personne gardée à vue à un entretien confidentiel avec un avocat avant son audition dans le cadre d'une procédure suivie du chef d'une autre infraction, tel qu'énoncé ci-dessus, ne résultait pas de façon évidente de la lettre des articles 65, 63-3-1 et 63-4 du C.P.P., le fait que, d'une part, l'avocat n'ait pas expressément demandé à s'entretenir confidentiellement avec son client, d'autre part, celui-ci, en présence de son avocat, ait accepté d'être entendu sur les nouveaux faits sans entretien préalable, ne peut être interprété comme une renonciation tacite par l'avocat à cette prérogative de sa fonction ou par M. W... au bénéfice de ce droit.*

16. Ainsi, le moyen doit être écarté.
17. Par ailleurs l'arrêt est régulier en la forme.
PAR CES MOTIFS, la Cour:
REJETTE le pourvoi.
(Cour de cassation – Chambre criminelle du 2 mars 2021 – N° de pourvoi: 20-85.491).

Article 63-4. – Entretien confidentiel entre l'avocat et la personne gardée à vue – *(Loi n° 2011-392 du 14 avril 2011)*

• L'avocat désigné dans les conditions prévues à l'article 63-3-1 peut communiquer avec la personne gardée à vue dans des conditions qui garantissent la confidentialité de l'entretien.

• La durée de l'entretien ne peut excéder trente minutes.

• Lorsque la garde à vue fait l'objet d'une prolongation, la personne peut, à sa demande, s'entretenir à nouveau avec un avocat dès le début de la prolongation, dans les conditions et pour la durée prévues aux deux premiers alinéas.

J **• Infractions à la législation sur les stupéfiants et contrebande – Crimes et délits flagrants – Garde à vue – Droits de la personne gardée à vue – Entretien avec un avocat – Demande d'un avocat commis d'office – O.P.J. – Obligation**

Contre l'arrêt de la chambre d'accusation de la cour d'appel de PAU, en date du 07/01/1994, qui, dans l'information suivie contre lui du chef d'infractions à la législation sur les stupéfiants et contrebande, a rejeté sa requête en annulation de pièces de la procédure.

L'article 63-4 du C.P.P., dans sa rédaction issue de la loi du 04/01/1993, impose seulement à l'O.P.J., lorsque la personne gardée à vue depuis plus de 20 heures demande à s'entretenir avec un avocat, de prendre contact avec l'avocat désigné ou d'informer par tous moyens et sans délai le bâtonnier de l'Ordre de la demande de commission d'un avocat d'office. Satisfait à cette obligation, l'O.P.J. qui a téléphoné vainement à plusieurs reprises au numéro indiqué par le bâtonnier comme étant celui de la permanence organisée par le barreau intéressé pour centraliser les appels provenant de tous les lieux de garde à vue.

(Cour de cassation – Chambre criminelle du 9 mai 1994 – N° de pourvoi: 94-80.802).

• Vol avec arme... – Garde à vue – Droits de la personne gardée à vue – Absence de l'entretien avec un avocat

Contre l'arrêt de la chambre d'accusation de la cour d'appel de FORT-DE-FRANCE, chambre détachée de CAYENNE, en date du 29/08/2000, qui, dans l'information suivie contre lui du chef de vol avec arme, vols aggravés, agression sexuelle aggravée, séjour irrégulier, a rejeté sa requête en annulation d'actes de la procédure.

Attendu que, pour rejeter le moyen d'annulation, proposé par Dylan X... et pris de l'absence d'entretien avec son avocat pendant la G.A.V., la chambre d'accusation relève que l'avocat ayant été avisé, dès son arrivée, du transfert de la personne gardée à vue à Cayenne, où elle a été placée en repos du 17/05 à 23 h 00 jusqu'au lendemain, à 09 h 00, il n'a pas été fait obstacle au droit de Dylan X... à s'entretenir avec un avocat.

(Cour de cassation – Chambre criminelle du 20 décembre 2000 – N° de pourvoi: 00-86.499).

• Étranger – Expulsion – Maintien en rétention – Saisine du juge – Information de l'étranger de ses droits – Notification – Droits attachés au placement en garde à vue – Procès-verbal – Mentions – Demande d'avocat – Avis au bâtonnier – Nécessité

Selon l'article 63-4, al. 1 et 2, du C.P.P., dès le début de la G.A.V., la personne gardée à vue peut demander à s'entretenir avec un avocat; si elle n'est pas en mesure d'en désigner un ou si l'avocat choisi ne peut être contacté, elle peut demander qu'il lui en soit désigné un d'office par le bâtonnier, lequel est informé de cette demande par tous moyens et sans délai. Selon l'article 64 de ce Code, l'O.P.J. doit mentionner sur le procès-verbal d'audition de toute personne gardée à vue les demandes faites en application des articles 63-2, 63-3 et 63-4 et la suite qui leur a été donnée. Il résulte de la combinaison de ces textes que les diligences accomplies par l'O.P.J., dès la demande à s'entretenir avec un avocat formulée par une personne gardée à vue, doivent être mentionnées dans le procès-verbal.

Dès lors, méconnaît le sens et la portée des textes précités, le 1er président, statuant sur le fondement de l'article 35 bisde l'ordonnance du 02/11/1945, qui rejette l'exception de nullité de la procédure, alors que le procès-verbal ne mentionne pas les diligences accomplies par l'O.P.J. à la suite de la demande faite par un étranger pour s'entretenir avec un avocat commis d'office, dès le début de la G.A.V.

(Cour de cassation – Chambre civile 2 du 23 janvier 2003 – N° de pourvoi: 01-50.066).

• Assassinats – Droits de la défense – Garde à vue – Droits de la personne gardée à vue – Entretien avec un avocat – Demande de commission d'office d'un avocat – Obligations de l'O.P.J. – Étendue

Contre l'arrêt de la chambre de l'instruction de la cour d'appel de CHAMBERY, en date du 30/12/2003, qui, dans l'information suivie contre lui pour assassinats, a rejeté sa requête en annulation d'actes de la procédure.

Que, d'une part, satisfait aux exigences posées par l'article 63-4 du C.P.P., l'O.P.J. qui justifie avoir contacté, par tous moyens, fût-ce vainement la 1re fois, le bâtonnier de l'Ordre ou son délégataire dès la demande d'entretien avec un avocat commis d'office formulée par la personne gardée à vue, au moment de la notification écrite de ses droits, lorsque celle-ci intervient à l'arrivée dans le local de police, peu après une notification verbale effectuée sur le lieu de l'interpellation;

Que, d'autre part, aucune disposition légale ou conventionnelle n'impose à l'officier de police judiciaire, qui a tenté vainement de joindre, dès le début de la mesure de G.A.V., le bâtonnier de l'Ordre des avocats ou son délégataire, de différer l'audition de la personne qui fait l'objet de cette mesure.

(Cour de cassation – Chambre criminelle du 28 avril 2004 – N° de pourvoi: 04-80.753).

• Travail dissimulé... – Instruction – Droits de la défense – Avocat – Désignation – Refus du juge de désigner l'avocat choisi – Grief – Défaut – Condition

Contre l'arrêt de la chambre de l'instruction de la cour d'appel de FORT-DE-FRANCE, chambre détachée de Cayenne, en date du 22/01/2008, qui, dans l'information suivie contre lui pour travail dissimulé, abus de biens sociaux, infraction au code de l'aviation civile, a rejeté sa demande d'annulation d'actes de la procédure.

Une personne mise en examen ne saurait se faire un grief de ce que la chambre de l'instruction ait rejeté sa demande d'annulation de la mesure de garde à vue dont elle a été l'objet ainsi que de la procédure subséquente, faute d'avoir pu être assisté de l'avocat de son choix, dès lors que celle-ci a accepté d'en choisir un autre qui l'a effectivement assisté, tant pour

l'entretien prévu par l'article 63-4 du C.P.P. que lors de sa 1re comparution, après que le juge d'instruction se fut opposé à la désignation du 1er contre qui existaient des indices de participation aux faits objet de l'information.
(Cour de cassation – Chambre criminelle du 3 juin 2008 – N° de pourvoi : 08-81.771).

• Procédure d'extradition – Droits de la défense – Avocat – Avocat commis d'office
Contre l'arrêt de la chambre de l'instruction de la cour d'appel de CHAMBÉRY, en date du 19/03/2008, qui, dans la procédure d'extradition suivie contre lui à la demande du Gouvernement rwandais, a rejeté sa demande de mise en liberté.

Alors, enfin, que le droit de l'intéressé de s'entretenir avec l'avocat de son choix participe des droits fondamentaux de la défense; qu'il ne résulte pas, en l'espèce, des mentions du procès- verbal ni des motifs de l'arrêt attaqué, qu'il ait été proposé à Claver X... de désigner l'avocat de son choix pour l'assister; que la mention, selon laquelle « il désire un avocat commis d'office «, ne permet pas de déduire qu'il ait eu le choix de son avocat même s'il a ultérieurement sollicité un avocat d'office; que le libre choix d'un avocat n'est pas, comme l'indique à tort l'arrêt attaqué « purement formel «, il s'agit d'un droit essentiel de la défense dont l'exercice doit être justifié; que les droits de la défense ont ainsi été violés «.
(Cour de cassation – Chambre criminelle du 18 juin 2008 – N° de pourvoi : 08-82.353).

• Banqueroute et recel de banqueroute – O.P.J. – Numéro de téléphone mobile – Contact avocat
Contre l'arrêt de la chambre de l'instruction de la cour d'appel de PARIS, 3e section, en date du 06/06/2008, qui, dans l'information suivie contre lui pour banqueroute et recel de banqueroute, a fait partiellement droit à sa requête en annulation d'actes de la procédure.

Attendu que, pour rejeter le moyen de nullité pris de la violation de l'article 63-4 du C.P.P., l'arrêt énonce qu'il ne résulte d'aucune pièce de la procédure que le numéro de téléphone mobile appelé par l'O.P.J. ne correspondait pas à celui de Me Y...; que les juges retiennent qu'aucune disposition légale n'impose à l'O.P.J., tenu à une obligation de moyen, de prendre contact avec l'avocat désigné sur une ligne de téléphone fixe plutôt que sur une ligne de téléphone mobile;
Attendu qu'en l'état de ces énonciations, qui établissent que l'O.P.J. a accompli les diligences imposées par l'article 63-4 précité, la chambre de l'instruction a justifié sa décision.
(Cour de cassation – Chambre criminelle du 29 octobre 2008 – N° de pourvoi : 08-84 990).

• Infractions à la législation sur les stupéfiants – Convention européenne des droits de l'homme – Article 6 – Droits de la défense – Garde à vue – Droits de la personne gardée à vue – Compatibilité – Défaut
Contre l'arrêt de la chambre de l'instruction de la cour d'appel d'AIX-EN-PROVENCE, en date du 01/04/2010, qui, dans l'information suivie contre lui du chef, notamment, d'infractions à la législation sur les stupéfiants, a prononcé sur sa demande d'annulation de pièces de la procédure.

En application de l'article 6 de la C.E.D.H., toute personne suspectée d'avoir commis une infraction doit, dès le début de la G.A.V., être informée du droit de se taire et, sauf raison impérieuse tenant aux circonstances particulières de l'espèce, et non à la nature du crime ou délit reproché, bénéficier, en l'absence d'une renonciation non équivoque de sa part, de l'assistance d'un avocat.
Méconnaît, dès lors, le texte conventionnel susvisé, la chambre de l'instruction qui déclare conforme à cet article la disposition du droit français prévoyant le report de l'intervention de l'avocat lorsque la personne gardée à vue est mise en cause pour certaines infractions, tel un crime ou délit de trafic de stupéfiants.
(Cour de cassation – Chambre criminelle du 19 octobre 2010 – N° de pourvoi : 10-82.902).

• Embuscade en réunion – Garde à vue – Droits de la personne gardée à vue – Assistance effective de l'avocat – Défaut – Preuve – Portée
Contre l'arrêt de la cour d'appel de GRENOBLE, chambre correctionnelle, en date du 23/06/2010, qui, pour embuscade en réunion, a condamné M. Yanis X... à 8 mois d'emprisonnement avec sursis et mise à l'épreuve, et a prononcé sur les intérêts civils.

Si c'est à tort qu'une cour d'appel a prononcé, en raison de l'absence d'assistance effective d'un avocat, la nullité d'une G.A.V. avant l'entrée en vigueur de la loi devant, conformément à la décision du Conseil constitutionnel du 30/07/2010, modifier le régime juridique de la G.A.V. ou, en l'absence de cette loi, avant le 01/07/2011, son arrêt n'encourt pas la censure dès lors que cette décision a eu pour seule conséquence que les actes annulés n'ont pas constitué des éléments de preuve fondant la décision de culpabilité du prévenu.
(Cour de cassation – Chambre criminelle du 4 janvier 2011 – N° de pourvoi : 10-85.520).

• Garde à vue – Droits de la personne gardée à vue – Assistance de l'avocat – Exigences de l'article 6 § 1 de la Convention européenne des droits de l'homme – Détermination – Portée
Pour que le droit à un procès équitable consacré par l'article 6 § 1 de la C.E.D.H. soit effectif et concret, il faut, en règle générale, que la personne placée en G.A.V. puisse bénéficier de l'assistance d'un avocat dès le début de la mesure et pendant ses interrogatoires.
(Cour de cassation – Assemblée plénière du 15 avril 2011 – N° de pourvoi : 10-17.049).

• Atteinte sexuelle aggravée – Garde à vue – Droits de la personne gardée à vue – Assistance de l'avocat – Défaut – Personne gardée à vue ayant participé à sa propre incrimination – Valeur probante des déclarations de la personne gardée à vue ensuite rétractées – Absence – Portée
Contre l'arrêt de la cour d'appel d'AIX-EN-PROVENCE, 19e chambre, en date du 26/05/2010, qui, pour atteinte sexuelle aggravée, l'a condamné à 18 mois d'emprisonnement avec sursis, et a prononcé sur les intérêts civils.

Ne justifie pas sa décision et encourt la cassation, la cour d'appel qui fonde sa déclaration de culpabilité sur des déclarations enregistrées au cours de la G.A.V. par lesquelles la personne a contribué à sa propre incrimination sans avoir pu bénéficier de l'assistance d'un avocat, et qu'elle a ensuite rétractées.
(Cour de cassation – Chambre criminelle du 11 mai 2011 – N° de pourvoi : 10-84.251).

• Infractions à la législation sur les stupéfiants... – Garde à vue – Droits de la personne gardée à vue – Assistance de l'avocat – Notification – Notification du droit de se taire – Exigences de l'article 6 § 3 de la Convention européenne des droits de l'homme – Détermination – Portée
Contre l'arrêt de la chambre de l'instruction de la cour d'appel de BORDEAUX, en date du 16/11/2010, qui, dans l'information suivie contre lui des chefs d'infractions à la législation sur les stupéfiants, association de malfaiteurs et contrebande de marchandises prohibées en bande organisée, a prononcé sur sa demande d'annulation de pièces de la procédure.
Il se déduit de l'article 6 § 3 de la C.E.D.H. que toute personne, placée en retenue douanière ou en G.A.V., doit, dès le

début de ces mesures, être informée de son droit de se taire et, sauf exceptions justifiées par des raisons impérieuses tenant aux circonstances particulières de l'espèce, pouvoir bénéficier, en l'absence de renonciation non équivoque, de l'assistance d'un avocat.

(Cour de cassation – Chambre criminelle du 31 mai 2011 – N° de pourvoi : 10-88.809).

• Recel et complicité de recel – Garde à vue – Droits de la personne gardée à vue – Assistance de l'avocat – Défaut – Déclaration de culpabilité – Valeur probante des déclarations de la personne gardée à vue – Article 6 de la Convention européenne des droits de l'homme – Compatibilité – Cas – Motifs fondés ni exclusivement ni même essentiellement sur les déclarations recueillies au cours des gardes à vue

Contre l'arrêt de la cour d'appel de REIMS, chambre correctionnelle, en date du 30/06/2010, qui a condamné, le 1er, pour recel et complicité de recel, à 1 an d'emprisonnement et 5 ans d'interdiction professionnelle, et le 2nd, pour recel, à 2 ans d'emprisonnement et 5 ans d'interdiction professionnelle, et a prononcé sur les intérêts civils.

Justifie sa décision au regard de l'article 6 de la C.E.D.H. la cour d'appel qui retient la culpabilité des prévenus par des motifs desquels il résulte que les juges ne se sont fondés ni exclusivement ni même essentiellement sur les déclarations recueillies au cours des G.A.V. sans l'assistance d'un avocat.

(Cour de cassation – Chambre criminelle du 6 décembre 2011 – N° de pourvoi : 11-80.326).

• Abus de confiance – Garde à vue – Droits de la personne gardée à vue – Assistance de l'avocat – Exigences de l'article 6 § 3 de la Convention européenne des droits de l'homme – Détermination – Portée

Contre l'arrêt de la cour d'appel de DOUAI, 6e chambre, en date du 14/12/2010, qui, pour abus de confiance, l'a condamnée à 1 an d'emprisonnement avec sursis et mise à l'épreuve, 2 000 € d'amende, et a prononcé sur les intérêts civils.

En application de l'article 6 § 3 de la C.E.D.H., toute personne placée en G.A.V. doit, dès le début de cette mesure, et sauf exceptions justifiées par des raisons impérieuses tenant aux circonstances particulières de l'espèce, pouvoir bénéficier, en l'absence de renonciation non équivoque, de l'assistance d'un avocat.

Encourt dès lors la cassation, l'arrêt d'une cour d'appel qui, après avoir constaté que des auditions avaient été recueillies postérieurement au moment où la prévenue avait sollicité la présence d'un avocat, n'annule pas ces auditions et n'étend pas, le cas échéant, les effets de l'annulation aux actes dont les auditions étaient le support nécessaire.

(Cour de cassation – Chambre criminelle du 14 décembre 2011 – N° de pourvoi : 11-81.329).

• Banqueroute – Garde à vue – Droits de la personne gardée à vue – Assistance de l'avocat – Défaut – Déclaration de culpabilité – Valeur probante des déclarations de la personne gardée à vue – Article 6 de la Convention européenne des droits de l'homme – Compatibilité – Cas – Motifs fondés ni exclusivement ni même essentiellement sur les déclarations recueillies au cours des gardes à vue

Contre l'arrêt de la cour d'appel de BASTIA, chambre correctionnelle, en date du 30/03/2011, qui, pour banqueroute, l'a condamné à 1 mois d'emprisonnement avec sursis, 1 000 € d'amende et a prononcé sur les intérêts civils.

Si c'est à tort que la cour d'appel n'a pas cru devoir annuler les procès-verbaux d'audition établis au cours de la G.A.V. du prévenu, sans l'assistance d'un avocat, l'arrêt n'encourt pas pour autant la censure, dès lors que, pour retenir sa culpabilité, les juges ne se sont fondés ni exclusivement ni même essentiellement sur les déclarations recueillies au cours de cette mesure.

(Cour de cassation – Chambre criminelle du 21 mars 2012 – N° de pourvoi : 11-83.637).

• Abus de confiance – Garde à vue – Droits de la personne gardée à vue – Assistance de l'avocat – Défaut – Déclaration de culpabilité – Valeur probante des déclarations de la personne gardée à vue – Article 6 de la Convention européenne des droits de l'homme – Compatibilité – Cas – Motifs fondés ni exclusivement ni même essentiellement sur les déclarations recueillies au cours des gardes à vue

Contre l'arrêt de la cour d'appel de GRENOBLE, chambre correctionnelle, en date du 05/04/2011, qui, pour abus de confiance, l'a condamné à 6 mois d'emprisonnement avec sursis, 3 000 € d'amende, et a prononcé sur les intérêts civils.

Le prévenu ne saurait se faire un grief de ce que les procès-verbaux de ses auditions établis au cours de sa G.A.V., sans qu'il ait été informé de son droit de se taire, n'aient pas été annulés, dès lors que la Cour de cassation est en mesure de s'assurer que, pour le déclarer coupable des faits visés à la prévention, la cour d'appel ne s'est fondée ni exclusivement ni même essentiellement sur ses déclarations recueillies en G.A.V.

(Cour de cassation – Chambre criminelle du 31 mai 2012 – N° de pourvoi : 11-83.494).

• Garde à vue – Droits de la personne gardée à vue – Assistance de l'avocat – Défaut – Déclaration de culpabilité – Valeur probante des déclarations de la personne gardée à vue – Article 6 de la Convention européenne des droits de l'homme – Compatibilité – Cas – Motifs fondés ni exclusivement ni même essentiellement sur les déclarations recueillies au cours des gardes à vue

Est devenu inopérant le moyen pris de la violation de l'article 6 § 1 de la C.E.D.H., dirigé contre l'arrêt de la chambre de l'instruction, ayant refusé de faire droit à la requête en nullité du prévenu entendu sans l'assistance de son avocat, au cours d'une mesure de G.A.V. antérieure à l'entrée en vigueur de la loi du 14/04/2011, et examiné lors du pourvoi formé contre l'arrêt sur le fond, dès lors que la déclaration de culpabilité du prévenu ne s'est fondée ni exclusivement ni même essentiellement sur les auditions de ce dernier recueillies en G.A.V.

(Cour de cassation – Chambre criminelle du 13 juin 2012 – N° de pourvoi : 10-82.420).

• Garde à vue – Droits de la personne gardée à vue – Assistance de l'avocat – Défaut – Déclaration de culpabilité – Valeur probante des déclarations de la personne gardée à vue – Article 6 de la Convention européenne des droits de l'homme – Compatibilité – Cas – Motifs fondés ni exclusivement ni même essentiellement sur les déclarations recueillies au cours des gardes à vue

Doit être écarté le moyen pris de la violation de l'article 6, § 1, de la C.E.D.H., dirigé contre l'arrêt de la chambre de l'instruction ayant refusé de faire droit à la requête en nullité d'une personne mise en examen entendue sans l'assistance de son avocat et sans avoir reçu notification du droit de se taire, au cours d'une mesure de G.A.V. antérieure à l'entrée en vigueur de la loi du 14/04/2011, et examiné lors du pourvoi formé contre l'arrêt de renvoi devant la cour d'assises, dès lors que la chambre de l'instruction, qui ne prononce pas sur la culpabilité, ne s'est fondée ni exclusivement ni même essentiellement sur ses déclarations recueillies en G.A.V. et que l'accusé conserve la faculté de discuter contradictoirement de la valeur probante de ses déclarations devant la juridiction de jugement.

(Cour de cassation – Chambre criminelle du 12 février 2014 – N° de pourvoi : 12-84.500).

• **Assassinat et destruction du bien d'autrui – Chambre de l'instruction – Garde à vue – Assistance de l'avocat – Procès-verbal – Preuve de la présence de l'avocat – Visionnage de l'enregistrement de l'audition**

Contre l'arrêt de la chambre de l'instruction de la cour d'appel de POITIERS, en date du 27/10/2015, qui, dans l'information suivie contre le 2d des chefs d'assassinat et destruction du bien d'autrui, a prononcé sur sa demande d'annulation de pièces de la procédure.

Attendu que, pour annuler l'audition de M. X... au cours de sa G.A.V., le 06/03/2015 à 18 h 45, l'arrêt, après avoir rappelé que l'intéressé avait demandé à être assisté d'un avocat avec lequel il avait pu s'entretenir, énonce qu'aux termes du procès-verbal, qui ne fait pas état de la présence de l'avocat, la première déclaration de la personne entendue a été de rappeler qu'elle avait demandé la présence d'un conseil, ce qui sous-entend son absence ; que les juges ajoutent qu'aucun élément n'est produit qui contredise ces termes du procès-verbal et retiennent qu'aucune personne revêtue de la robe d'avocat n'apparaît au visionnage de l'enregistrement de l'audition, alors que le physique de l'avocat de la personne gardée à vue est inconnu d'eux ;

Mais attendu qu'en se déterminant ainsi, sans vérifier, au besoin en procédant à un supplément d'information, si la personne tierce dont elle avait constaté la présence lors de l'audition n'était pas, malgré l'absence de mention du procès-verbal à cet égard, l'avocat de la personne gardée à vue et, notamment, sans rechercher, comme elle y était invitée, si la production des documents devant être joints à la demande de règlement de l'avocat commis d'office et énumérés à l'article 132-5 du décret du 19/12/1991 portant application de la loi du 10/07/1991 relative à l'aide juridique n'était pas de nature à lui permettre de statuer, la chambre de l'instruction n'a pas justifié sa décision.

(Cour de cassation – Chambre criminelle du 12 avril 2016 – N° de pourvoi : 15-86.802).

• **Fraude dans un examen ou un concours public et recel de délit – Garde à vue – Droits de la personne gardée à vue – Assistance de l'avocat – Notification – Notification du droit de se taire – Exigences de l'article 6 § 3 de la Convention européenne des droits de l'homme – Détermination – Portée**

Contre l'arrêt de la cour d'appel de PARIS, chambre 4-10, en date du 09/06/2015, qui, pour fraude dans un examen ou un concours public et recel de délit, l'a condamné à 4 mois d'emprisonnement avec sursis et a prononcé sur les intérêts civils.

Ne méconnaît pas les dispositions de l'article 6 de la C.E.D.H. la décision de la cour d'appel dont les motifs, abstraction faite de ceux fondés sur les déclarations effectuées par le prévenu au cours de sa G.A.V. sans information de son droit de se taire ni assistance possible d'un avocat, justifient la déclaration de culpabilité.

(Cour de cassation – Chambre criminelle du 28 juin 2016 – N° de pourvoi : 15-84.032).

• **Tromperie et pratique commerciale trompeuse... – Garde à vue – Droits de la personne gardée à vue – Assistance de l'avocat – Défaut – Défaut – Déclaration de culpabilité – Valeur probante des déclarations de la personne gardée à vue – Article 6 de la Convention européenne des droits de l'homme – Compatibilité – Cas – Motifs fondés ni exclusivement ni même essentiellement sur les déclarations recueillies au cours des gardes à vue**

REJET des pourvois formés par M. Jean-Marie X..., Mme Brigitte Y... épouse Z..., l'association spirituelle de l'église de scientologie d'Ile-de-France (ASESIF), l'association spirituelle de l'église de scientologie celebrity centre (ASES-CC), The European Office of the Association for Better Living and Education (ABLE), contre l'arrêt de la chambre de l'instruction de la cour d'appel de PARIS, 1re section, en date du 10/04/2018, qui, dans la procédure suivie contre le 1er et la 2e des chefs de tromperie et pratique commerciale trompeuse, travail dissimulé, complicité d'abus de biens sociaux et recel, les 3e 4e et 5e, des chefs de complicité de tromperie et de pratique commerciale trompeuse et recel, a prononcé sur leurs requêtes en annulation d'actes de la procédure.

Par arrêts du 15/04/2011, l'assemblée plénière de la Cour de cassation a énoncé que les États adhérents à la C.E.D.H. sont tenus de respecter les décisions de la C.E.D.H., sans attendre d'être attaqués devant elle ni d'avoir modifié leur législation. Si c'est à tort que, pour écarter la demande d'annulation d'auditions réalisées en garde à vue en juin 1999, une chambre de l'instruction énonce qu'elles n'étaient pas le support de leur mise en examen, l'arrêt n'encourt pas pour autant la censure dès lors qu'en l'absence, à la date des mesures critiquées, de jurisprudence établie, résultant des arrêts Salduz c/Turquie et Dayanan c/Turquie, rendus les 27/11/2008 et 13/10/2009, de la C.E.D.H. et ayant déduit de l'article 6, § 1, de la C.E.D.H. le droit pour la personne gardée à vue d'être assistée par un avocat lors de ses auditions et l'obligation de lui notifier le droit de garder le silence, l'exigence de prévisibilité de la loi et l'objectif de bonne administration de la justice font obstacle à ce que les auditions réalisées à cette date, sans que la personne gardée à vue ait été assistée d'un avocat pendant leur déroulement ou sans qu'elle se soit vue notifier le droit de se taire, soient annulées pour ces motifs. Il résulte, toutefois, des stipulations de l'article précité de ladite Convention que les déclarations incriminantes faites lors de ces auditions ne peuvent, sans que soit portée une atteinte irrémédiable aux droits de la défense, fonder une décision de renvoi devant la juridiction de jugement ou une déclaration de culpabilité.

(Cour de cassation – Chambre criminelle du 11 décembre 2018 – N° de pourvoi : 18-82.854).

Article 63-4-1. – Avocat – Consultation procès-verbaux – *(Loi n° 2014-535 du 27 mai 2014)*

• À sa demande, l'avocat peut consulter le procès-verbal établi en application de l'avant-dernier alinéa de l'article 63-1 constatant la notification du placement en garde à vue et des droits y étant attachés, le certificat médical établi en application de l'article 63-3, ainsi que les procès-verbaux d'audition de la personne qu'il assiste. Il ne peut en demander ou en réaliser une copie. Il peut toutefois prendre des notes.

• La personne gardée à vue peut également consulter les documents mentionnés au premier alinéa du présent article ou une copie de ceux-ci.

[J] • **Blanchiment et escroquerie en bande organisée – Association de malfaiteurs – Absence de communication de l'entier dossier**

Contre l'arrêt de la chambre de l'instruction de la cour d'appel de DOUAI, en date du 26 septembre 2014, qui, dans l'information suivie contre lui des chefs de blanchiment et escroquerie en bande organisée, association de malfaiteurs, a prononcé sur sa demande d'annulation de pièces de la procédure ;

« aux motifs qu'il n'est pas contesté que la garde à vue du demandeur a été conduite dans le respect des dispositions législatives en vigueur, au jour de leur mise en œuvre ; que l'article 63-4-1 du Code de procédure pénale, qui énumère limitativement les pièces que peut consulter l'avocat assistant une personne gardée à vue, n'est pas incompatible avec les dispositions conventionnelles invoquées, la restriction qu'il apporte à la communication de l'entier dossier n'étant pas, à ce stade de la procédure, de nature ni à priver la personne d'un droit effectif et concret à un procès équitable ni à porter atteinte aux droits de la défense, l'accès à toutes les pièces étant garanti devant les juridictions d'instruction et de jugement ; qu'enfin, le juge d'instruction, qui

n'est pas partie poursuivante, présente les garanties d'indépendance à l'égard de l'exécutif et des parties requises par l'article 5 de la Convention européenne des droits de l'homme;

Que, d'une part, l'article 63-4-1 du Code de procédure pénale alors en vigueur, en ce qu'il énumère limitativement les pièces que l'avocat de la personne gardée à vue est en droit de consulter, n'est pas contraire à l'article 6, § 3, de la Convention européenne des droits de l'homme, dès lors que l'absence de communication de l'ensemble du dossier, à ce stade de la procédure, ne prive pas d'un droit effectif et concret à un procès équitable la personne concernée, dont l'accès à l'intégralité des pièces est garanti devant les juridictions d'instruction et de jugement, et le grief, en ce qu'il se réfère à la directive européenne 2012/13/UE dont le délai de transposition n'était pas expiré à la date à laquelle le demandeur a été placé en garde à vue, est inopérant;

Que, d'autre part, le juge d'instruction statue en toute impartialité, au sens des dispositions conventionnelles invoquées, sur la légalité et le bien-fondé des prolongations de garde à vue, et le respect de l'article 6 de la Convention européenne des droits de l'homme est assuré par la faculté, pour le demandeur, de discuter devant la juridiction de jugement la valeur probante des déclarations ainsi recueillies;

Et attendu que l'arrêt est régulier en la forme;

Rejette le pourvoi;

(Cour de cassation – Chambre criminelle du 9 avril 2015 – N° de pourvoi: 14-87661).

• Garde à vue – Droits de la personne gardée à vue – Assistance de l'avocat – Communication de certaines pièces de la procédure – Défaut – Sanction – Nullité – Exceptions – Circonstances insurmontables – Procès-verbal de notification de garde à vue indisponible au lieu de la garde à vue mais disponible au commissariat de police *(non)*

Contre l'arrêt de la chambre de l'instruction de la cour d'appel de PARIS, 3e section, en date du 12 mai 2015, qui, dans l'information suivie contre eux des chefs d'infractions à la législation sur les stupéfiants et contrebande de marchandise prohibée, a prononcé sur leur demande d'annulation de pièces de la procédure;

Attendu qu'il résulte de l'arrêt attaqué et des pièces de la procédure qu'après que, le 28 juin 2014, eut été conduite une enquête de flagrance consécutivement à l'interpellation, à l'aéroport d'Orly, d'une femme en provenance de Cayenne, trouvée porteuse d'un sac contenant vingt-trois pains de cocaïne, une information a été ouverte le 2 juillet suivant; que les investigations conduites en exécution de commissions rogatoires, délivrées à l'Office central pour la répression du trafic illicite des stupéfiants conjointement à la direction interrégionale de police judiciaire de Cayenne, ont permis de révéler des indices concordants d'un trafic de cocaïne entre Cayenne et Paris, réalisé à l'aide de passeuses, avec l'implication de personnes travaillant à l'aéroport de Cayenne; que les interceptions téléphoniques ont permis d'impliquer plusieurs personnes dont MM. X... et A...; qu'interpellé à Cayenne le 1er octobre 2014 et placé en garde à vue, ce dernier a, en exécution d'un mandat d'amener, été présenté au juge d'instruction du tribunal de grande instance de Créteil compétent; que mis en examen des chefs susvisés le 9 octobre 2014, il a régulièrement déposé une requête en annulation de pièces de la procédure le 13 janvier 2015;

En application de l'article 63-4-1 du Code de procédure pénale, l'avocat assistant une personne gardée à vue a le droit d'obtenir, à sa première demande expresse, à moins d'un obstacle résultant d'une circonstance insurmontable, communication des pièces légalement énumérées, toute méconnaissance de ce texte portant nécessairement atteinte aux droits de la défense.

Ne suffit pas à caractériser une telle circonstance le fait que le procès-verbal de notification de cette mesure était disponible, non au lieu où la personne gardée à vue était retenue et devait rencontrer son avocat, mais seulement au commissariat de police, siège des enquêteurs.

Par ces motifs:

I-Sur le pourvoi formé par M. X...:

Le REJETTE;

II-Sur le pourvoi formé par M. A...:

CASSE et ANNULE l'arrêt susvisé de la chambre de l'instruction de la cour d'appel de Paris, en date du 12 mai 2015, mais en ses seules dispositions relatives à la garde à vue de M. A..., toutes autres dispositions étant expressément maintenues;

Et pour qu'il soit à nouveau statué, conformément à la loi, dans les limites de la cassation ainsi prononcée,

RENVOIE la cause et les parties devant la chambre de l'instruction de la cour d'appel de Paris autrement composée, à ce désignée par délibération spéciale prise en chambre du conseil;

(Cour de cassation – Chambre criminelle du 17 novembre 2015 – N° de pourvoi: 15-83437).

• Infractions à la législation sur les stupéfiants – Garde à vue – Procès-verbal

Contre l'arrêt de la chambre de l'instruction de la cour d'appel de PARIS, 3e section, en date du 12 mai 2015, qui, dans l'information suivie contre eux des chefs d'infractions à la législation sur les stupéfiants et contrebande de marchandise prohibée, a prononcé sur leur demande d'annulation de pièces de la procédure;

Attendu qu'il résulte de l'arrêt attaqué et des pièces de la procédure qu'après que, le 28 juin 2014, eut été conduite une enquête de flagrance consécutivement à l'interpellation, à l'aéroport d'Orly, d'une femme en provenance de Cayenne, trouvée porteuse d'un sac contenant vingt-trois pains de cocaïne, une information a été ouverte le 2 juillet suivant; que les investigations conduites en exécution de commissions rogatoires, délivrées à l'Office central pour la répression du trafic illicite des stupéfiants conjointement à la direction interrégionale de police judiciaire de Cayenne, ont permis de révéler des indices concordants d'un trafic de cocaïne entre Cayenne et Paris, réalisé à l'aide de passeuses, avec l'implication de personnes travaillant à l'aéroport de Cayenne; que les interceptions téléphoniques ont permis d'impliquer plusieurs personnes dont MM. X...et A...; qu'interpellé à Cayenne le 1er octobre 2014 et placé en garde à vue, ce dernier a, en exécution d'un mandat d'amener, été présenté au juge d'instruction du tribunal de grande instance de Créteil compétent; que mis en examen des chefs susvisés le 9 octobre 2014, il a régulièrement déposé une requête en annulation de pièces de la procédure le 13 janvier 2015;

Attendu qu'il résulte de ce texte que l'avocat d'une personne gardée à vue peut, à sa demande, consulter le procès-verbal établi constatant la notification du placement en garde à vue et des droits y étant attachés, le certificat médical résultant de l'examen de la personne gardée à vue par un médecin ainsi que les procès-verbaux d'audition de la personne qu'il assiste; que toute méconnaissance de ces prescriptions porte nécessairement atteinte aux droits de la défense;

Attendu que, pour rejeter la requête en annulation fondée sur la méconnaissance, par un officier de police judiciaire, du droit de l'avocat à la communication du procès-verbal de notification du placement en garde à vue, l'arrêt énonce qu'il résulte de la chronologie des actes résultant de la procédure qu'il a été satisfait aux exigences posées par l'article 63-4-1 précité dès que l'avocat s'est présenté au lieu où étaient détenues les pièces de procédure, soit au commissariat de police, ce qui n'avait pas été possible lorsqu'il avait demandé la communication de ce procès-verbal au lieu où il avait rencontré son client, dans une geôle distante de trois cents mètres;

Mais attendu qu'en se déterminant ainsi, alors qu'il résultait du procès-verbal établi par l'officier de police judiciaire que l'avocat du requérant avait, dès l'entretien confidentiel avec celui-ci, formulé la demande expresse de consultation à laquelle il a droit et qu'aucune circonstance insurmontable ne faisait obstacle à ce que la pièce demandée puisse être mise à sa disposition, la chambre de l'instruction a méconnu le texte susvisé et le principe ci-dessus rappelé;

D'où il suit que la cassation est encourue de ce chef;

Par ces motifs:

I-Sur le pourvoi formé par M. X...:
Le REJETTE;
II-Sur le pourvoi formé par M. A...:
CASSE et ANNULE l'arrêt susvisé de la chambre de l'instruction de la cour d'appel de Paris, en date du 12 mai 2015, mais en ses seules dispositions relatives à la garde à vue de M. A..., toutes autres dispositions étant expressément maintenues;
(Cour de cassation – Chambre criminelle du 17 novembre 2015 – N° de pourvoi: 15-83437).

• Pratiques commerciales trompeuses... – Garde à vue – Droits de la personne gardée à vue – Assistance de l'avocat – Communication de certaines pièces de la procédure – Absence d'accès à l'entier dossier – Article 63-4-1 du C.P.P., dans sa rédaction issue de la loi n° 2014-535 du 27/05/2014 – Transposition en droit interne de la directive 2012/13/UE du Parlement et du Conseil du 22/05/2012 – Caractère complet de la transposition *(oui)* **– Compatibilité avec l'article 6 de la C.E.D.H.** ***(oui)***
Contre l'arrêt n° 5103 de la chambre de l'instruction de la cour d'appel de PARIS, 2ᵉ section, en date du 24/03/2016, qui, dans l'information suivie contre M. Gérard F..., Mme Anne-Valérie F..., MM. Jean-Claude Y..., Denis Z..., Jérôme A..., Jean-Jacques B..., Michel C..., et Philippe D..., des chefs de pratiques commerciales trompeuses, escroqueries en bande organisée, abus de biens sociaux, abus de confiance, blanchiment, a prononcé sur sa demande d'annulation de pièces de la procédure.

Les dispositions de l'article 63-4-1 du C.P.P., telles que résultant de la loi du 27/05/2014 portant transposition de la directive 2012/13/UE du Parlement européen et du Conseil du 22/05/2012 relative au droit à l'information dans le cadre des procédures pénales, qui énumèrent limitativement les pièces que peuvent consulter la personne gardée à vue ou son avocat, ne sont pas incompatibles avec l'article 6, § 3, de la C.E.D.H., l'absence de communication de l'ensemble des pièces du dossier, à ce stade de la procédure, n'étant pas de nature à priver la personne d'un droit effectif et concret à un procès équitable, dès lors que l'accès à ces pièces est garanti devant les juridictions d'instruction et de jugement. Ces mêmes dispositions constituent une transposition complète de l'article 7 de ladite directive, lequel n'exige, à tous les stades de la procédure, qu'un accès aux documents qui sont essentiels pour contester de manière effective la légalité de l'arrestation ou de la détention et laisse la faculté aux Etats membres de n'ouvrir l'accès à l'intégralité des pièces du dossier que lors de la phase juridictionnelle du procès pénal.
(Cour de cassation – Chambre criminelle du 4 octobre 2016 – N° de pourvoi: 16-82.309).

Article 63-4-2. – Avocat – Assistance auditions et confrontations – *(Loi n° 2016-731 du 3 juin 2016)*
• La personne gardée à vue peut demander que l'avocat assiste à ses auditions et confrontations. Dans ce cas, la première audition, sauf si elle porte uniquement sur les éléments d'identité, ne peut débuter sans la présence de l'avocat choisi ou commis d'office avant l'expiration d'un délai de deux heures suivant l'avis adressé dans les conditions prévues à l'article 63-3-1 de la demande formulée par la personne gardée à vue d'être assistée par un avocat. Au cours des auditions ou confrontations, l'avocat peut prendre des notes.
• Si l'avocat se présente après l'expiration du délai prévu au premier alinéa alors qu'une audition ou une confrontation est en cours, celle-ci est interrompue à la demande de la personne gardée à vue afin de lui permettre de s'entretenir avec son avocat dans les conditions prévues à l'article 63-4 et que celui-ci prenne connaissance des documents prévus à l'article 63-4-1. Si la personne gardée à vue ne demande pas à s'entretenir avec son avocat, celui-ci peut assister à l'audition en cours dès son arrivée dans les locaux du service de police judiciaire ou à la confrontation.
• Lorsque les nécessités de l'enquête exigent une audition immédiate de la personne, le procureur de la République peut autoriser, par décision écrite et motivée, sur demande de l'officier de police judiciaire, que l'audition débute sans attendre l'expiration du délai prévu au premier alinéa.
• À titre exceptionnel, sur demande de l'officier de police judiciaire, le procureur de la République ou le juge des libertés et de la détention, selon les distinctions prévues par l'alinéa suivant, peut autoriser, par décision écrite et motivée, le report de présence de l'avocat lors des auditions ou confrontations, si cette mesure apparaît indispensable pour des raisons impérieuses tenant aux circonstances particulières de l'enquête, soit pour permettre le bon déroulement d'investigations urgentes tendant au recueil ou à la conservation des preuves, soit pour prévenir une atteinte grave et imminente à la vie, à la liberté ou à l'intégrité physique d'une personne.
• Le procureur de la République ne peut différer la présence de l'avocat que pendant une durée maximale de douze heures. Lorsque la personne est gardée à vue pour un crime ou un délit puni d'une peine d'emprisonnement supérieure ou égale à cinq ans, le juge des libertés et de la détention peut, sur requête du procureur de la République, autoriser à différer la présence de l'avocat, au-delà de la douzième heure, jusqu'à la vingt-quatrième heure. Les autorisations du procureur de la République et du juge des libertés et de la détention sont écrites et motivées par référence aux conditions prévues à l'alinéa précédent au regard des éléments précis et circonstanciés résultant des faits de l'espèce.
• Lorsque, conformément aux dispositions des deux alinéas qui précèdent, le procureur de la République ou le juge des libertés et de la détention a autorisé à différer la présence de l'avocat lors des auditions ou confrontations, il peut également, dans les conditions et selon les modalités prévues par ces mêmes alinéas, décider que l'avocat ne peut, pour une durée identique, consulter les procès-verbaux d'audition de la personne gardée à vue.

Article 63-4-3. – Audition ou confrontation – Direction de l'O.P.J. ou l'A.P.J. – *(Loi n° 2011-392 du 14 avril 2011)*
• L'audition ou la confrontation est menée sous la direction de l'officier ou de l'agent de police

judiciaire qui peut à tout moment, en cas de difficulté, y mettre un terme et en aviser immédiatement le procureur de la République qui informe, s'il y a lieu, le bâtonnier aux fins de désignation d'un autre avocat.

• À l'issue de chaque audition ou confrontation à laquelle il assiste, l'avocat peut poser des questions. L'officier ou l'agent de police judiciaire ne peut s'opposer aux questions que si celles-ci sont de nature à nuire au bon déroulement de l'enquête. Mention de ce refus est portée au procès-verbal.

• À l'issue de chaque entretien avec la personne gardée à vue et de chaque audition ou confrontation à laquelle il a assisté, l'avocat peut présenter des observations écrites dans lesquelles il peut consigner les questions refusées en application du deuxième alinéa. Celles-ci sont jointes à la procédure. L'avocat peut adresser ses observations, ou copie de celles-ci, au procureur de la République pendant la durée de la garde à vue.

J **• Procès-verbal – Garde à vue – Entretien avec l'avocat – Nécessités de l'enquête – Retard intervention avocat.**

Attendu que l'arrêt n'encourt pas les griefs allégués dès lors que les dispositions de l'article 63-4-3, alinéa 1, du Code de procédure pénale qui permettent à l'officier de police judiciaire de saisir le procureur de la République ne pouvaient s'appliquer en l'espèce, l'officier de police judiciaire n'ayant pas mis un terme à l'audition, contrairement à ce que la chambre de l'instruction a constaté, et qu'à l'issue de celle-ci, il appartenait à l'avocat, s'il l'estimait utile à l'exercice des droits de la défense, à la suite du refus de lui permettre de poser de nouvelles questions, de saisir lui-même ce magistrat, en lui transmettant ses observations écrites et, s'il le souhaitait, les questions refusées, comme le permettent les dispositions de l'alinéa 3 de ce texte.

(Cass. CRIM. du 20 novembre 2013 – N° de pourvoi: 13-84280)

• Fraude dans un examen ou un concours public – Garde à vue – Droits

Contre l'arrêt de la cour d'appel de PARIS, chambre 4-10, en date du 9 juin 2015, qui, pour fraude dans un examen ou un concours public et recel de délit, l'a condamné à quatre mois d'emprisonnement avec sursis et a prononcé sur les intérêts civils;

Attendu qu'en l'état de ces seules énonciations, abstraction faite des motifs surabondants fondés sur les déclarations effectuées par le prévenu au cours de sa garde à vue sans information de son droit de se taire ni assistance possible d'un avocat, la cour d'appel, qui a répondu comme elle le devait aux conclusions dont elle était saisie et n'a pas porté atteinte à la présomption d'innocence, a justifié sa décision sans méconnaître les dispositions conventionnelles invoquées;

« 2°) alors qu'en ne se fondant, outre les déclarations de M. X... obtenues en garde à vue dans des conditions douteuses, voire irrégulières, que sur une dénonciation partielle qui avait été, au tout départ, émise par M. Y...avant que celui-ci s'en rétracte rapidement, totalement et de façon constante, la cour d'appel a porté une atteinte disproportionnée à la présomption d'innocence à laquelle M. X... avait droit;

D'où il suit que le moyen ne saurait être accueilli;

Et attendu que l'arrêt est régulier en la forme;

REJETTE le pourvoi;

(Cour de cassation – Chambre criminelle du 28 juin 2016 – N° de pourvoi: 15-84032).

Article 63-4-3-1. – Transport personne gardée à vue sur un autre lieu – Information avocat – *(Loi n° 2019-222 du 23 mars 2019)*

• Si la personne gardée à vue est transportée sur un autre lieu où elle doit être entendue ou faire l'objet d'un des actes prévus à l'article 61-3, son avocat en est informé sans délai.

Article 63-4-4. – Avocat – Confidentialité – *(Loi n° 2011-392 du 14 avril 2011)*

• Sans préjudice de l'exercice des droits de la défense, l'avocat ne peut faire état auprès de quiconque pendant la durée de la garde à vue ni des entretiens avec la personne qu'il assiste, ni des informations qu'il a recueillies en consultant les procès-verbaux et en assistant aux auditions et aux confrontations.

Article 63-4-5. – Avocat – Confrontation – Assistance de la victime – *(Loi n° 2011-392 du 14 avril 2011)*

• Si la victime est confrontée avec une personne gardée à vue, elle peut demander à être également assistée par un avocat choisi par elle ou par son représentant légal si elle est mineure ou, à sa demande, désigné par le bâtonnier.

• La victime est informée de ce droit avant qu'il soit procédé à la confrontation.

• À sa demande, l'avocat peut consulter les procès-verbaux d'audition de la personne qu'il assiste.

• L'article 63-4-3 est applicable.

J **• Garde à vue – Droits.**

La Cour de Strasbourg note que d'après les informations figurant dans le procès verbal de constat, deux requérants ont été retenus au commissariat de police de Nouméa dans des cellules individuelles d'un peu plus de 2 m², et les autres dans des cellules collectives d'un peu plus de 11 m² avec huit à neuf gardés à vue, disposant chacun de moins de 1 m² d'espace personnel. Il apparaît ainsi que les requérants disposaient d'un espace largement inférieur au standard minimum souhaitable préconisé par le CPT dans ses normes et ses rapports nationaux.

La Cour note de surcroît que, s'agissant des requérants gardés à vue dans les cellules collectives, ils ne disposaient pas de toilettes isolées. Elle estime que bien que la cour d'appel ait considéré que « le fait que chacune des cellules dispose d'un WC à la turque, n'implique en rien que les gardés à vue ont été contraints de faire leur besoin devant les autres », rien n'indique le contraire puisque les photos des cellules attestent de la présence de toilettes non cloisonnées ne satisfaisant pas aux exigences normales d'hygiène et d'intimité. Il ressort enfin du dossier que les cellules ne disposaient pas, ou de manière insuffisante, d'un système d'aération et qu'elles étaient privées de lumière naturelle.

(Cour Européenne des Droits de l'Homme – C.E.D.H. du 2 octobre 2014 à STRASBOURG – N° de requête: 2871/11).

• **Détention – Méconnaissance des dispositions – Respect de la dignité inhérente à la personne humaine.**

Considérant qu'il est constant que, durant leur détention, MM B, C et A ont occupé leur cellule avec un ou deux autres codétenus; qu'il résulte des descriptions détaillées qu'ils ont établies par écrit que leurs cellules étaient d'une superficie de 10,80 à 12,36 m², qu'elles n'étaient équipées, pour tout dispositif d'aération, que d'une fenêtre haute de faible dimension qui ne permettait pas d'assurer un renouvellement satisfaisant de l'air ambiant, que les toilettes n'étaient pas cloisonnées, hormis par des portes battantes et un muret bas insuffisants, en l'espèce, à protéger l'intimité des détenus, et qu'elles étaient situées en outre à proximité immédiate du lieu de prise des repas…

Considérant qu'il résulte de l'ensemble de ce qui précède que le Garde des Sceaux, Ministre de la justice et des libertés n'est pas fondé à soutenir que c'est à tort que, par le jugement attaqué, le tribunal administratif de Rouen a condamné l'État à indemniser MM B, C et A respectivement à hauteur de 3000, 3000 et 3500 euros;

Le recours du Garde des Sceaux, Ministre de la justice et des libertés est rejeté.

(Cour administrative d'appel de Douai – 1re chambre – Formation à 3 – du 10 juillet 2012 – N° 11DA01405, Inédit au recueil Lebon).

DÉCRET N° 2020-1717 DU 28 DÉCEMBRE 2020

portant application de la loi n° 91-647 du 10 juillet 1991 relative à l'aide juridique et relatif à l'aide juridictionnelle et à l'aide à l'intervention de l'avocat dans les procédures non juridictionnelles
(Extraits)
NOR: JUST2022778D – Version consolidée au 1er mai 2022

Article 87. – Contribution de l'État – Rétribution des avocats – *(Décret n° 2021-810 du 24 juin 2021)*
• La contribution de l'État à la rétribution des avocats choisis ou désignés d'office pour leur intervention dans les procédures non juridictionnelles mentionnées aux articles 11-2 et 11-3 de la loi du 10 juillet 1991 susvisée est déterminée selon une base forfaitaire fixée dans le tableau figurant en annexe II du présent décret. Elle est exclusive de toute autre rémunération.

Article 89. – Remplacement
• Lorsqu'un avocat désigné ou choisi au titre de l'aide juridictionnelle ou de l'aide à l'intervention de l'avocat est, en cours de procédure ou pendant l'exécution de la mesure, remplacé au même titre pour raison légitime par un autre avocat, il n'est dû qu'une seule contribution de l'État.
• Cette contribution est versée au second avocat, à charge pour lui de la partager avec le premier dans une proportion qui, à défaut d'accord, est fixée par le bâtonnier.
• Dans le cas où les avocats n'appartiennent pas au même barreau, la décision est prise conjointement par les bâtonniers des barreaux intéressés.

Article – ANNEXE II
BARÈME DE RÉTRIBUTION EN MATIÈRE D'AIDE À L'INTERVENTION DE L'AVOCAT POUR LES PROCÉDURES NON JURIDICTIONNELLES

	Mesures	Entretien seul au début de la mesure, au cours de la mesure ou en cas de prolongation de la mesure	Assistance seule au coursde la mesurey compris en casde prolongation de la mesure	Entretien et assistance au cours de la mesure hors prolongation de la mesure	Entretien et assistance pendant la prolongation de la mesure	Plafond par avocat en cas de cumul (par périodede 24 heures)
	1. Gardes à vue					
1-1	Garde à vue	61 €	-	300 €	150 €	1 200 €
1-2	Garde à vue-séances d'identification des suspects *(assistance d'une victime)*	-	61 €	-	-	1 200 €
1-3	Garde à vue-confrontations et séances d'identification des suspects *(assistance d'une victime)*	-	150 €	-	-	1 200 €
	2. Retenues					
2-1	Retenue pour l'exécution d'un mandat d'arrêt européen ou d'une demande d'extradition	61 €	-	300 €	150 €	1 200 €
2-2	Retenue douanière	61 €	-	300 €	150 €	1 200 €
2-3	Retenue d'une personne déférée dans les locaux de la juridiction en vue de sa comparution	61 €	-	-	-	
2-4	Retenue d'une personne en application des articles 141-4 et 709-1-1 du Code de procédure pénale	61 €	100 €	-	-	
2-5	Retenue pour mise à exécution d'une peine d'emprisonnement ou de réclusion	61 €	-	-	-	

.../...

2-6	Retenue des étrangers aux fins de vérification de leur droit de circulation ou de séjour sur le territoire français	61 €	-	150 €	-	
2-7	Retenue dans un centre socio-médico-judiciaire de sûreté	-	88 €	-	-	
3. Autres interventions						
3-1	Déférement devant le Procureur de la République	-	46 €	-	-	-
3-2	Médiation et composition pénales, transaction et mesures ou activités d'aide ou de réparation proposées à un mineur	-	46 €	-	-	-
3-3	Audition libre	-	150 €	-	-	-
3-4	Procédure disciplinaire en relation avec la détention de la personne détenue	-	88 €	-	-	-
3-5	Mesures d'isolement d'office, prolongation ou levée du placement sans accord de la personne détenue	-	88 €	-	-	-
3-6	Intervention auprès de l'avocat assistant une personne arrêtée dans l'État membre d'exécution d'un mandat d'arrêt européen émis en France	-	150 €	-	-	-

Article 133. – Mentions – *(Décret n° 2021-810 du 24 juin 2021)*

• Les montants des contributions dues par l'État pour les missions achevées tels qu'ils sont déterminés par application des dispositions des articles 86 et 87 sont enregistrés chronologiquement sur le compte spécial prévu à l'article 29 de la loi du 10 juillet 1991 susvisée. Y sont mentionnés :

• 1° Le nom de l'avocat ayant effectué la mission ;

• 2° Le nom et les prénoms de la personne assistée, sa date et son lieu de naissance et, si la personne a bénéficié d'un avocat dans les conditions prévues à l'article 19-1 de la loi du 10 juillet 1991 susvisée, les coordonnées postales du lieu de résidence habituelle du bénéficiaire ;

• 3° L'objet de la procédure juridictionnelle ou, en matière non juridictionnelle, la nature de l'intervention ainsi que, le cas échéant, le lieu et la date ;

• 4° La nature, les références et la date de la décision du bureau d'aide juridictionnelle, sauf pour les procédures d'audition de l'enfant en justice ;

• 5° Le cas échéant :

• *a)* Le nom de la victime lors d'une confrontation avec une personne entendue librement, gardée à vue, placée en retenue ou en rétention dans les conditions prévues par le Code de procédure pénale ;

• *b)* Le numéro de procès-verbal, la date et l'heure de début et de fin d'intervention ;

• 6° Le nombre d'unités de valeur et le montant de la contribution due par l'État après calcul de la TVA et, le cas échéant, après déduction du montant de la provision versée par le client à l'avocat.

• De même, les montants des provisions versées au titre des missions en cours sont enregistrés chronologiquement sur le compte spécial, avec mention du nom de l'avocat effectuant la mission, de la nature, des références et de la date de la décision du bureau d'aide juridictionnelle.

• Aucune écriture autre que celles prévues ci-dessus ne peut figurer sur le compte spécial.

J • **Chambre de l'instruction – Nullités de l'instruction – Examen de la régularité de la procédure – Annulation d'actes – Garde à vue – Placement – Contrôle – Mentions des motifs de placement en garde à vue – Substitution du motif – Faculté**

Contre l'arrêt de la chambre de l'instruction de la cour d'appel de TOULOUSE, en date du 20 juillet 2016, qui, dans l'information suivie contre la première du chef de soustraction, détournement ou destruction de bien d'un dépôt public par le dépositaire ou l'un de ses subordonnés, et les deux derniers de recel de ce délit, a prononcé sur leurs demandes d'annulation de pièces de la procédure ;

Attendu qu'il résulte de l'arrêt attaqué et des pièces de la procédure que, dans le cadre d'une enquête préliminaire ouverte au mois de février 2014 sur des faits datant des années 2012 et 2013 et susceptibles de recevoir les qualifications susvisées, Mme Y..., maire de Montauban, de même que trois autres personnes qui avaient, comme elle, été précédemment entendues dans le cours des investigations, a, sur convocation des enquêteurs, été placée en garde à vue le 16 juin 2015, pour, selon le procès-verbal de notification, permettre l'exécution des investigations impliquant sa participation ou sa présence et garantir sa présentation devant le procureur de la République ; qu'elle a été entendue, avant que, le soir même, la garde à vue ne soit levée, puis reprise le lendemain matin ; que, dans la journée du 17 juin 2015, l'intéressée a été confrontée à l'une des autres personnes gardées à vue, puis présentée, avec celles-ci, au procureur de la République, qui a requis l'ouverture d'une information ; que, mise en examen le même jour du chef de soustraction, détournement ou destruction de bien d'un dépôt public par le dépositaire ou l'un de ses subordonnés et placée sous contrôle judiciaire, Mme Y... a déposé, le 28 août 2015, une requête en nullité de pièces de la procédure, notamment de celles relatives à sa garde à vue et des actes subséquents;

Attendu que, pour rejeter ces requêtes et dire la garde à vue régulière, l'arrêt énonce que des confrontations devaient être vraisemblablement organisées, de sorte que cette mesure était justifiée par l'objectif d'empêcher d'éventuelles concertations; qu'une de ces confrontations a eu lieu avant que la garde à vue ne soit levée, pour la nuit, et que le fait que les autres n'ont été organisées que le lendemain n'est pas significatif de ce que les auditions réalisées auraient pu, avec la même efficacité, être menées en dehors de toute coercition; que les juges ajoutent qu'au vu des données recueillies au cours de l'enquête, le procureur de la République pouvait, avant même le début des gardes à vue, considérer comme possible, voire vraisemblable, que certaines des personnes entendues lui soient déférées, et que ce magistrat a effectivement décidé à la fin de la mesure d'ouvrir une information et de présenter les personnes déférées à un juge d'instruction; que la chambre de l'instruction conclut que la garde à vue était logique et nécessaire et que ces mesures ont pu valablement être décidées au regard des 1°, 2° et 5° de l'article 62-2 précité;

Attendu qu'en l'état de ces énonciations, d'où il résulte que la mesure de garde à vue était l'unique moyen de parvenir à l'un au moins des objectifs prévus par l'article 62-2 du Code de procédure pénale, la chambre de l'instruction a justifié sa décision;

Qu'en effet, d'une part, il lui incombe de contrôler que la mesure de garde à vue remplit les exigences de l'article 62-2 précité, d'autre part, dans l'exercice de ce contrôle, elle a la faculté de relever un autre critère que celui ou ceux mentionnés par l'officier de police judiciaire;

D'où il suit que le moyen doit être écarté;

Et attendu que l'arrêt est régulier en la forme;

REJETTE les pourvois.

Résumé: Il incombe à la chambre de l'instruction saisie d'une requête en nullité d'une garde à vue de contrôler que cette mesure remplit les exigences de l'article 62-2 du Code de procédure pénale, notamment en ce qu'elle constitue l'unique moyen de parvenir à l'un au moins des objectifs prévus par ce texte. Dans l'exercice de ce contrôle, la chambre de l'instruction a la faculté de relever un autre des six critères énumérés par cet article que celui ou ceux mentionnés par l'officier de police judiciaire au moment du placement en garde à vue.

(Cour de cassation – Chambre criminelle du 28 mars 2017 – N° de pourvoi: 16-85018).

• Association de malfaiteurs – Vols aggravés et recels aggravés – Présentation objets saisis – Perquisition – Procès équitable

Contre l'arrêt de la chambre de l'instruction de la cour d'appel de PARIS, 6e section, en date du 22 juin 2017, qui, dans l'information suivie contre eux des chefs d'association de malfaiteurs, vols aggravés et recels aggravés, a prononcé sur leur demande d'annulation d'actes de la procédure;

«aux motifs qu'il est soutenu que des déclarations de M. Z... ont été recueillies lors de la perquisition menée en sa présence à son domicile le 27 juin 2016 de 6 heures 35 à 7 heures avant que celui-ci ait été mis en mesure de s'entretenir avec l'avocat dont il avait demandé l'assistance le 27 juin 2016 à 6 heures, de telle sorte qu'ont été méconnues les dispositions de l'article 63-3 -1 du C.P.P.; qu'il résulte du procès-verbal de placement en garde à vue et de notification des droits figurant aux cotes D2109 à D2111 du dossier d'information que M. Z... a été placé en garde à vue le 27 juin 2016 à 6 heures, et que les droits inhérents à la garde à vue lui ont été notifiés à 6 heures 05, dont le droit, lors de ses auditions, après avoir décliné son identité, de faire des déclarations, de répondre aux questions qui lui sont posées ou de se taire, qu'il a notamment souhaité s'entretenir avec un avocat choisi, en l'occurrence Maître T... du barreau de Paris, et bénéficier de son assistance durant ses auditions et confrontations; que Maître T... en a été avisé par message vocal sur le répondeur de son cabinet à le même jour à 6 heures 15, point de départ du délai de 2 heures prévu par l'article 63-4-2 du C.P.P. prévoyant en particulier que: «la personne gardée à vue peut demander que l'avocat assiste à ses auditions et confrontations. Dans ce cas, la 1re audition, sauf si elle porte uniquement sur les éléments d'identité, ne peut débuter sans la présence de l'avocat choisi ou commis d'office avant l'expiration d'un délai de 2 heures suivant l'avis adressé dans les conditions prévues à l'article 63-3-1 de la demande formulée par la personne gardée à vue d'être assistée par un avocat.»; que le 27 juin 2016 à 6 heures 35, soit avant l'expiration du délai de 2 heures prévu par l'article susvisé, les enquêteurs ont procédé à une perquisition au domicile de M. Z... en présence de celui-ci; que le procès-verbal de perquisition (D2116-2117) indique que les enquêteurs ont notamment découvert, dans la penderie à côté du lit, 4 vieux téléphones portables, et sur la table de chevet, une clé de contact d'un véhicule de marque AUDI; qu'ils ont représenté ces 4 téléphones à M. Z..., lequel a déclaré qu'il s'agissait de vieux téléphones qu'il n'utilisait plus; qu'ils lui ont également représenté la clé de contact, l'intéressé déclarant alors qu'il s'agissait de la clé du véhicule AUDI A3 qu'il utilisait actuellement mais qui ne lui appartenait pas, et que ce véhicule était stationné dans son box, n⁰325, de la résidence; que l'assistance de l'avocat, au cours de la garde à vue n'est prévue par le Code de procédure pénale que pour les auditions et confrontations; que l'absence de son avocat lors de la perquisition débutée le 27 juin 2016 à 6 heures 35 n'a pas porté pas atteinte au droit de M. Z... à un procès équitable, les objets saisis ne lui ayant été représentés qu'en vue d'une reconnaissance et non à l'occasion d'un interrogatoire; qu'il avait été dûment informé de son droit de se taire le 27 juin 2016 à 6 heures 05; qu'il n'a effectué, au cours de cette perquisition, aucune déclaration relative aux faits faisant l'objet de l'information et pour lesquels il était placé en garde à vue, de telle sorte qu'il ne peut être considéré comme s'étant auto-incriminé; que dans ces conditions, il n'y a pas lieu à cancellation du procès-verbal de perquisition en cause, qui n'est frappé d'aucune nullité; que l'examen de l'entier dossier de la procédure jusqu'à la cote D6057 incluse ne fait apparaître aucune autre cause de nullité;

1°) alors que la personne gardée à vue, avisée de son droit au silence et de son droit à être assistée d'un avocat et ayant demandé une telle assistance, ne peut être entendue qu'en présence de son conseil dans les conditions posées par l'article 63-4-2 du C.P.P.; qu'en l'espèce, après avoir placé M. Z... en garde à vue et contacté l'avocat qu'il avait désigné pour l'assister, les enquêteurs ont mené une perquisition à son domicile, au cours de laquelle celui-ci a été invité à s'exprimer sur l'origine et le rapport avec les faits reprochés de certains objets saisis; que c'est à tort que la chambre de l'instruction a refusé d'annuler ces déclarations faites par le gardé à vue sans assistance de son avocat;

D'où il suit que le moyen n'est pas fondé;

Et attendu que l'arrêt est régulier en la forme;

Par ces motifs:

I. Sur le pourvoi de M. B... :

CONSTATE la déchéance du pourvoi de M. B... ;

II. Sur les autres pourvois:

Les REJETTE

(Cour de cassation – Chambre criminelle du 6 février 2018 – N° de pourvoi: 17-84380).

LOI N° 2019-222 DU 23 MARS 2019 DE PROGRAMMATION 2018-2022 ET DE RÉFORME POUR LA JUSTICE

(Extrait)

Conformément à l'article 50 de la loi n° 2019-222 du 23/03/2019 :

• **II.** – À titre expérimental, à compter du 01/01/2019 et jusqu'au 01/01/2022, il peut être procédé, selon des modalités précisées par voie réglementaire, dans des services ou unités de police judiciaire désignés conjointement par le ministre de la justice et le ministre de l'intérieur, à l'enregistrement sonore ou audiovisuel des formalités prévoyant, pour les personnes entendues, arrêtées ou placées en garde à vue, la notification de leurs droits.

• Cet enregistrement, conservé sous format numérique dans des conditions sécurisées, dispense les enquêteurs de constater par procès-verbal, conformément aux dispositions du code de procédure pénale, le respect de ces formalités. En cas de contestation, cet enregistrement peut être consulté sur simple demande.

• Au plus tard 6 mois avant le terme de l'expérimentation, le Gouvernement adresse au Parlement un rapport procédant à son évaluation.

Article 63-5. – Respect de la dignité de la personne gardée à vue – *(Loi n° 2011-392 du 14 avril 2011)*

• La garde à vue doit s'exécuter dans des conditions assurant le respect de la dignité de la personne.

• Seules peuvent être imposées à la personne gardée à vue les mesures de sécurité strictement nécessaires.

Article 63-6. – Mesures de sécurité – Fouille – *(Loi n° 2014-896 du 15 août 2014)*

• Les mesures de sécurité ayant pour objet de s'assurer que la personne gardée à vue ne détient aucun objet dangereux pour elle-même ou pour autrui sont définies par arrêté de l'autorité ministérielle compétente. Elles ne peuvent consister en une fouille intégrale.

• La personne gardée à vue dispose, au cours de son audition, des objets dont le port ou la détention sont nécessaires au respect de sa dignité.

• Le présent article est également applicable en cas de retenue intervenant en application des articles 141-4, 709-1-1, 716-5 et 803-3.

ARRÊTÉ DU 1ER JUIN 2011

relatif aux mesures de sécurité, pris en application de l'article 63-6 du Code de procédure pénale

Article 1. – Mesures de sécurité – Personne placée en garde à vue ou retenue

• De nature administrative, les mesures de sécurité susceptibles d'être mises en œuvre à l'égard d'une personne placée en garde à vue ou retenue en application des articles 141-4, 712-16-3, 716-5 et 803-3 du Code de procédure pénale ont pour finalité, dans le respect de la dignité de la personne, de s'assurer que celle-ci ne détient aucun objet dangereux pour elle-même ou pour autrui.

• Dans ce cadre, la fouille intégrale avec mise à nu complète est interdite.

Article 2. – Définition des mesures de sécurité

• Ces mesures de sécurité, mises en œuvre et renouvelées en tant que de besoin, comprennent :

– la palpation de sécurité, pratiquée par une personne du même sexe au travers des vêtements ;

– l'utilisation de moyens de détection électronique en dotation dans les services ;

– le retrait d'objets et d'effets pouvant constituer un danger pour la personne ou pour autrui ;

– le retrait de vêtements, effectué de façon non systématique et si les circonstances l'imposent.

Article 3. – Audition

Lors de son audition, les objets dont le port ou la détention sont nécessaires au respect de la dignité de la personne lui sont restitués.

V
• Code procédure pénale – art. 141-4 – Contrôle judiciaire
• Code procédure pénale – art. 712-16-3 – Services de Police et unités de Gendarmerie
• Code procédure pénale – art. 716-5 – Exécution des peines privatives de liberté
• Code procédure pénale – art. 803-3 – Personnes retenues

CODE DES DOUANES

(Extraits)

Article 323-5. – Placement en retenue douanière – *(Loi n° 2020-1672 du 24 décembre 2020)*

• Dans les conditions et sous les réserves définies aux articles 63-2 à 63-4-4 du Code de procédure pénale, la personne placée en retenue douanière bénéficie du droit d'être examinée par un médecin et à l'assistance d'un avocat, ainsi que du droit de faire contacter un proche ou son curateur ou son tuteur, son employeur, les autorités consulaires de son pays si elle est de nationalité étrangère et, le cas échéant, de communiquer avec l'une de ces personnes ou autorités. Les attributions conférées à l'officier de police judiciaire par les articles 63-2 à 63-3-1, 63-4-2 et 63-4-3 du même code sont exercées par un agent des douanes.

• Lorsque la personne est retenue pour un délit douanier mentionné au dernier alinéa de l'article 414, au 3e alinéa de l'article 414-2 ou à l'article 415 du présent code ou pour un délit connexe à une infraction mentionnée à l'article 706-73 du Code de procédure pénale, l'intervention de l'avocat peut être différée dans les conditions prévues aux 6e à 8e alinéas de l'article 706-88 du même code.

Article 323-6. – Information – *(Loi n° 2014-535 du 27 mai 2014)*

• La personne placée en retenue douanière est immédiatement informée par un agent des douanes, dans les conditions prévues à l'article 63-1 du Code de procédure pénale :

• 1° De son placement en retenue ainsi que de la durée de la mesure et de la prolongation dont celle-ci peut faire l'objet ;

• 2° De la qualification, de la date et du lieu présumés de l'infraction qu'elle est soupçonnée d'avoir commise ou tenté de commettre ainsi que des motifs justifiant son placement en retenue douanière en application de l'article 323-1 ;

• 3° Du fait qu'elle bénéficie des droits énoncés à l'article 323-5 du présent code ;

• 4° Du fait qu'elle a le choix, après avoir décliné son identité, de faire des déclarations, de répondre aux questions qui lui sont posées ou de se taire ;

• 5° S'il y a lieu, du droit d'être assistée par un interprète ;

• 6° Du droit de consulter, au plus tard avant l'éventuelle prolongation de la retenue douanière, les documents mentionnés à l'article 63-4-1 du Code de procédure pénale ;

• 7° De la possibilité de demander au procureur de la République, lorsque ce magistrat se prononce sur l'éventuelle prolongation de la retenue douanière, que cette mesure soit levée.

• Mention de l'information donnée en application du présent article est portée au procès-verbal et émargée par la personne retenue. En cas de refus d'émargement, il en est fait mention.

• En application de l'article 803-6 du Code de procédure pénale, un document énonçant ces droits est remis à la personne lors de la notification de sa retenue douanière.

Article 323-7. – Mesures – *(Loi n° 2011-392 du 14 avril 2011)*

• Les articles 63-5 et 63-6 et le premier alinéa de l'article 63-7 du Code de procédure pénale sont applicables en cas de retenue douanière.

• Les mesures de sécurité mentionnées à l'article 63-6 du même code sont limitativement énumérées par arrêté du ministre chargé des douanes.

• Les attributions conférées à l'officier de police judiciaire par l'article 63-7 du même code sont exercées par un agent des douanes.

Article 63-7. – Modalités d'une fouille intégrale – *(Loi n° 2011-392 du 14 avril 2011)*

• Lorsqu'il est indispensable pour les nécessités de l'enquête de procéder à une fouille intégrale d'une personne gardée à vue, celle-ci doit être décidée par un officier de police judiciaire et réalisée dans un espace fermé par une personne de même sexe que la personne faisant l'objet de la fouille. La fouille intégrale n'est possible que si la fouille par palpation ou l'utilisation des moyens de détection électronique ne peuvent être réalisées.

• Lorsqu'il est indispensable pour les nécessités de l'enquête de procéder à des investigations corporelles internes sur une personne gardée à vue, celles-ci ne peuvent être réalisées que par un médecin requis à cet effet.

Article 63-8. – Fin de la garde à vue – *(Loi n° 2011-392 du 14 avril 2011)*

• À l'issue de la garde à vue, la personne est, sur instruction du procureur de la République sous la direction duquel l'enquête est menée, soit remise en liberté, soit déférée devant ce magistrat.

• Si la personne est remise en liberté à l'issue de la garde à vue sans qu'aucune décision n'ait été prise par le procureur de la République sur l'action publique, les dispositions de l'article 77-2 sont portées à sa connaissance.

Article 63-9. – Procureur de la République compétent – *(Loi n° 2011-392 du 14 avril 2011)*

• Le procureur de la République compétent pour être avisé des placements en garde à vue, en contrôler le déroulement, en ordonner la prolongation et décider de l'issue de la mesure est celui sous la direction duquel l'enquête est menée.

• Toutefois, le procureur de la République du lieu où est exécutée la garde à vue est également compétent pour la contrôler et en ordonner la prolongation.

Article 64. – L'O.P.J. – Procès-verbal – *(Loi n° 2011-392 du 14 avril 2011)*

• **I.** – L'officier de police judiciaire établit un procès-verbal mentionnant :

• 1° Les motifs justifiant le placement en garde à vue, conformément aux 1° à 6° de l'article 62-2;
• 2° La durée des auditions de la personne gardée à vue et des repos qui ont séparé ces auditions, les heures auxquelles elle a pu s'alimenter, le jour et l'heure à partir desquels elle a été gardée à vue, ainsi que le jour et l'heure à partir desquels elle a été soit libérée, soit déférée devant le magistrat compétent;
• 3° Le cas échéant, les auditions de la personne gardée à vue effectuées dans une autre procédure pendant la durée de la garde à vue;
• 4° Les informations données et les demandes faites en application des articles 63-2 à 63-3-1 et les suites qui leur ont été données;
• 5° S'il a été procédé à une fouille intégrale ou à des investigations corporelles internes.
• Ces mentions doivent être spécialement émargées par la personne gardée à vue. En cas de refus, il en est fait mention.
• **II.** – Les mentions et émargements prévus aux 2° et 5° du I concernant les dates et heures du début et de fin de garde à vue et la durée des auditions et des repos séparant ces auditions ainsi que le recours à des fouilles intégrales ou des investigations corporelles internes figurent également sur un registre spécial, tenu à cet effet dans tout local de police ou de gendarmerie susceptible de recevoir une personne gardée à vue. Ce registre peut être tenu sous forme dématérialisée.
• Dans les corps ou services où les officiers de police judiciaire sont astreints à tenir un carnet de déclarations, les mentions et émargements prévus au premier alinéa du présent II sont également portés sur ce carnet. Seules les mentions sont reproduites au procès-verbal qui est transmis à l'autorité judiciaire.

J • **Étranger – Expulsion – Maintien en rétention – Saisine du juge – Information de l'étranger de ses droits – Notification – Droits attachés au placement en garde à vue – Procès-verbal – Mentions – Demande d'avocat – Avis au bâtonnier – Nécessité**

Selon l'article 63-4, al. 1 et 2, du C.P.P., dès le début de la G.A.V., la personne gardée à vue peut demander à s'entretenir avec un avocat; si elle n'est pas en mesure d'en désigner un ou si l'avocat choisi ne peut être contacté, elle peut demander qu'il lui en soit désigné un d'office par le bâtonnier, lequel est informé de cette demande par tous moyens et sans délai. Selon l'article 64 de ce Code, l'O.P.J. doit mentionner sur le procès-verbal d'audition de toute personne gardée à vue les demandes faites en application des articles 63-2, 63-3 et 63-4 et la suite qui leur a été donnée. Il résulte de la combinaison de ces textes que les diligences accomplies par l'O.P.J., dès la demande à s'entretenir avec un avocat formulée par une personne gardée à vue, doivent être mentionnées dans le procès-verbal.

Dès lors, méconnaît le sens et la portée des textes précités, le 1er président, statuant sur le fondement de l'article 35 bis de l'ordonnance du 02/11/1945, qui rejette l'exception de nullité de la procédure, alors que le procès-verbal ne mentionne pas les diligences accomplies par l'O.P.J. à la suite de la demande faite par un étranger pour s'entretenir avec un avocat commis d'office, dès le début de la G.A.V.

(Cour de cassation – Chambre civile 2 du 23 janvier 2003 – N° de pourvoi: 01-50.066).

Article 64-1. – Crime – Audition des personnes placées en garde à vue pour crime – Enregistrement audiovisuel – *(Décision n° 2012-228/229 QPC du 6 avril 2012)*

• Les auditions des personnes placées en garde à vue pour crime, réalisées dans les locaux d'un service ou d'une unité de police ou de gendarmerie exerçant une mission de police judiciaire font l'objet d'un enregistrement audiovisuel.
• L'enregistrement ne peut être consulté, au cours de l'instruction ou devant la juridiction de jugement, qu'en cas de contestation du contenu du procès-verbal d'audition, sur décision du juge d'instruction ou de la juridiction de jugement, à la demande du ministère public ou d'une des parties. Les huit derniers alinéas de l'article 114 ne sont pas applicables. Lorsqu'une partie demande la consultation de l'enregistrement, cette demande est formée et le juge d'instruction statue conformément aux deux premiers alinéas de l'article 82-1.
• Le fait, pour toute personne, de diffuser un enregistrement réalisé en application du présent article est puni d'un an d'emprisonnement et de 15000 euros d'amende.
• À l'expiration d'un délai de cinq ans à compter de la date de l'extinction de l'action publique, l'enregistrement est détruit dans le délai d'un mois.
• Lorsque le nombre de personnes gardées à vue devant être simultanément interrogées, au cours de la même procédure ou de procédures distinctes, fait obstacle à l'enregistrement de toutes les auditions, l'officier de police judiciaire en réfère sans délai au procureur de la République qui désigne, par décision écrite versée au dossier, au regard des nécessités de l'enquête, la ou les personnes dont les auditions ne seront pas enregistrées.
• Lorsque l'enregistrement ne peut être effectué en raison d'une impossibilité technique, il en est fait mention dans le procès-verbal d'audition qui précise la nature de cette impossibilité. Le procureur de la République en est immédiatement avisé.
• Un décret précise en tant que de besoin les modalités d'application du présent article.

DÉCRET N° 2019-1421 DU 20 DÉCEMBRE 2019

portant application de l'article 50 de la loi n° 2019-222 du 23 mars 2019 de programmation 2018-2022 et de réforme pour la justice

NOR: JUSD1927075D – Version consolidée au 20 décembre 2019

• Le Premier ministre,

• Sur le rapport de la garde des sceaux, ministre de la justice,

• Vu le Code de procédure pénale, notamment ses articles 15-4, 63, 63-1, 64, 64-1, 77-2 et D. 15-6;

• Vu la loi n° 2019-222 du 23 mars 2019 de programmation 2018-2022 et de réforme pour la justice, notamment son article 50;

• Vu l'avis de la commission nationale de l'informatique et des libertés en date du 12 décembre 2019,

• Décrète:

Article 1er.

• Conformément aux dispositions du II de l'article 50 de la loi n° 2019-222 du 23 mars 2019 susvisée, il peut être procédé, à titre expérimental, jusqu'au 1er janvier 2022, dans les services ou unités de police judiciaire désignés par arrêté conjoint du ministre de la justice et du ministre de l'intérieur, à l'enregistrement audiovisuel des formalités prévoyant, pour les personnes placées en garde à vue en application de l'article 63 du Code de procédure pénale, la notification de leurs droits prévue par le 3° de l'article 63-1 du même code.

Article 2.

Pour l'enregistrement mentionné à l'article 1er, il peut être recouru au dispositif prévu par les articles 64-1 et D. 15-6 du Code de procédure pénale, ou à tout autre dispositif d'enregistrement audiovisuel dont les modalités techniques sont précisées par arrêté conjoint du ministre de la justice et du ministre de l'intérieur.

Article 3.

• Les officiers de police judiciaire des services ou unités désignés conformément à l'article 1er déterminent les procédures dans lesquelles il est procédé à cet enregistrement.

Article 4.

• Lorsqu'il a été procédé à cet enregistrement, les enquêteurs ne sont pas tenus de faire figurer la notification des droits dans le procès-verbal prévu par l'avant-dernier alinéa de l'article 63-1 et par l'article 64 du Code de procédure pénale.

• Il est indiqué dans ce procès-verbal que la notification des droits a fait l'objet d'un enregistrement sonore ou audiovisuel. L'agent ou l'officier de police judiciaire ayant procédé à la notification doit s'identifier lors de l'enregistrement ou sur ce procès-verbal, le cas échéant selon les modalités prévues par l'article 15-4 du Code de procédure pénale.

Article 5.

• Au cours de la garde à vue, l'avocat de la personne peut, s'il conteste l'existence de la notification des droits, consulter cet enregistrement.

• Si la personne fait l'objet de poursuites, cet enregistrement peut être consulté par son avocat, en cas de contestation pouvant donner lieu au dépôt d'une requête en nullité, sur simple demande formée par cet avocat auprès du procureur de la République. Cette demande et cette consultation sont également possibles lorsqu'il est fait application de l'article 77-2 du Code de procédure pénale. Dans les cas prévus par le présent alinéa, si la personne n'est pas assistée par un avocat, elle peut directement consulter l'enregistrement.

Article 6.

• L'original des enregistrements réalisés est placé sous scellé fermé et une copie est versée au dossier. Cette copie peut être commune à l'ensemble des enregistrements effectués au cours de la procédure.

• Sur instruction du procureur de la République ou du procureur général, les enregistrements sont détruits dans le délai d'un mois par le greffe de la juridiction à l'expiration d'un délai de 5 ans à compter de la date de l'extinction de l'action publique.

Article 7.

• La garde des sceaux, ministre de la justice et le ministre de l'intérieur sont chargés, chacun en ce qui le concerne de l'exécution du présent décret, qui sera publié au Journal officiel de la République française.

J **• Tentative d'escroquerie – Garde à vue – Interrogatoire – Enregistrement audiovisuel – Domaine d'application**

Contre l'arrêt de la cour d'appel de PAU, chambre correctionnelle, en date du 18/06/2009, qui, dans la procédure suivie contre Vladimir X… du chef de tentative d'escroquerie en bande organisée, a prononcé la nullité des poursuites.

L'obligation d'enregistrement audiovisuel des interrogatoires de G.A.V., prévue à l'article 64-1 du C.P.P., n'est applicable qu'en matière criminelle.

(Cour de cassation – Chambre criminelle du 2 décembre 2009 – N° de pourvoi: 09-85.103).

• Viols – Garde à vue – Matière criminelle – Interrogatoires simultanés – Enregistrement audiovisuel – Impossibilité – Information du procureur de la République – Défaut – Sanction

Contre l'arrêt de la chambre de l'instruction de la cour d'appel de PAPEETE, en date du 19/01/2010, qui, dans l'information suivie contre eux du chef de viols, a prononcé sur leur demande d'annulation de pièces de la procédure.

Il résulte de l'article 64-1 du C.P.P. que les interrogatoires des personnes placées en G.A.V. pour crime doivent faire l'objet d'un enregistrement audiovisuel et, lorsque le nombre des personnes devant être simultanément entendues fait obstacle à l'enregistrement de tous les interrogatoires, l'O.P.J. doit en référer sans délai au P.R. qui désigne, au regard des nécessités de l'enquête, la ou les personnes dont les interrogatoires ne seront pas enregistrés.

L'omission de ces prescriptions porte nécessairement atteinte aux intérêts de la personne concernée.

Encourt dès lors la censure la chambre de l'instruction qui, pour écarter l'exception de nullité tirée de ce que l'O.P.J., qui ne disposait que d'une seule caméra à la brigade de gendarmerie, a procédé à l'enregistrement audiovisuel des interroga-

toires d'une seule des 2 personnes gardées à vue pour des faits de viols, sans en référer au P.R., retient que le demandeur ne démontre pas en quoi cette méconnaissance des prescriptions de l'article 64-1 du C.P.P. aurait porté atteinte à ses intérêts.
(Cour de cassation – Chambre criminelle du 22 juin 2010 – N° de pourvoi : 10-81.275).

• Extorsion aggravée – Instruction – Interrogatoire – Matière criminelle – Enregistrement – Impossibilité technique – Mention au procès-verbal – Défaut
Contre l'arrêt n°193 de la chambre de l'instruction de la cour d'appel de POITIERS, en date du 02/07/2010, qui, dans l'information suivie contre M. Bolem X... du chef d'extorsion aggravée, a prononcé sur une demande d'annulation de pièces de la procédure.

Encourt la cassation l'arrêt de la chambre de l'instruction qui annule, avec les actes subséquents, un procès-verbal d'interrogatoire de 1re comparution en matière criminelle, au motif du défaut de l'enregistrement audiovisuel prévu par l'article 116-1 du C.P.P., alors que la commande de l'appareil, destiné à cet enregistrement, avait été actionnée, par erreur à deux reprises au lieu d'une seule, sans que le défaut de fonctionnement de l'appareil soit apparu durant l'interrogatoire, de sorte que cette impossibilité technique n'a pu être mentionnée au procès-verbal d'interrogatoire.
(Cour de cassation – Chambre criminelle du 4 novembre 2010 – N° de pourvoi : 10-85.279).

• Proxénétisme aggravé en bande organisée... – Q.P.C. – C.P.P. – Article 64-1, al. 7 – Principale d'égalité – Droits de la défense – Droit à un procès équitable – Droit à une recours juridictionnel effectif – Renvoi au Conseil constitutionnel – Caractère sérieux
Statuant sur la question prioritaire de constitutionnalité transmise par un arrêt n° 1162 de la chambre de l'instruction de la cour d'appel de LYON, en date du 06/09/2011, dans l'information suivie des chefs de proxénétisme aggravé en bande organisée, traite d'êtres humains commise en bande organisée, association de malfaiteurs.

« L'article 64-1, al. 7, du C.P.P., en ce qu'il prive les personnes placées en garde à vue pour des faits criminels relevant de la criminalité organisée du droit à l'enregistrement audiovisuel des interrogatoires, alors que ce droit est accordé par la loi aux personnes placées en G.A.V. pour des faits relatifs à des crimes moins graves, est-il conforme aux droits et libertés garantis par la Constitution, notamment au principe d'égalité, seul, comme en combinaison avec le principe des droits de la défense, le droit à un procès équitable et le droit à un recours juridictionnel effectif ? » ;
Attendu que la disposition contestée est applicable à la procédure ;
Attendu qu'elle n'a pas déjà été déclarée conforme à la Constitution dans les motifs et le dispositif d'une décision du Conseil constitutionnel ; que, ne portant pas sur l'interprétation d'une disposition constitutionnelle dont le Conseil constitutionnel n'aurait pas eu encore l'occasion de faire application, elle n'est pas nouvelle ;
Attendu que la question prioritaire de constitutionnalité soulevée présente un caractère sérieux en ce que l'article 64-1 du C.P.P., qui impose l'enregistrement audiovisuel des interrogatoires de la personne gardée à vue en matière criminelle, exclut toutefois, en son al. 7, de ce dispositif les infractions relevant de la criminalité organisée entrant dans le champ d'application de l'article 706-73 du même code et institue ainsi une différence de traitement entre des personnes mises en cause pour des infractions recevant la même qualification criminelle, ce qui est de nature à porter atteinte au principe d'égalité ;
D'où il suit qu'il y a lieu de la renvoyer au Conseil constitutionnel ;
Par ces motifs :
RENVOIE au Conseil constitutionnel la question prioritaire de constitutionnalité.
(Cour de cassation – Chambre criminelle du 13 janvier 2012 – N° de pourvoi : 11-90.116).

• Meurtre aggravé – Garde à vue – Matière criminelle – Interrogatoire – Enregistrement audiovisuel – Domaine d'application – Interrogatoire réalisé dans les locaux d'un service ou d'une unité de police ou de gendarmerie
Contre l'arrêt de la chambre de l'instruction de la cour d'appel de MONTPELLIER, en date du 16/01/2012, qui, dans l'information suivie contre lui du chef de meurtre aggravé, a prononcé sur sa demande d'annulation de pièces de la procédure.

L'enregistrement audiovisuel des interrogatoires des personnes placées en G.A.V. pour crime n'est imposé que lorsque ces actes sont réalisés dans les locaux d'un service d'une unité de police ou de gendarmerie.
(Cour de cassation – Chambre criminelle du 11 juillet 2012 – N° de pourvoi : 12-82.136).

• Complicité de violences aggravées... – Interrogatoires de G.A.V. – Absence de procès-verbal – Placement sous scellés de l'enregistrement audiovisuel
Contre l'arrêt de la chambre de l'instruction de la cour d'appel de PARIS, 5e section, en date du 26/01/2015, qui, dans l'information suivie contre lui des chefs de complicité de violences aggravées, complicité de violence aggravée suivie d'incapacité supérieure à 8 jours, en récidive, ou suivies de mutilation ou infirmité permanente, complicité d'administration de substances nuisibles suivie d'incapacité supérieure à 8 jours, de mutilation ou d'infirmité permanente, et complicité d'exercice illégal de la profession de médecin, a prononcé sur sa demande d'annulation de pièces de la procédure.

Attendu que, pour rejeter le moyen de nullité des interrogatoires de G.A.V., pris de l'absence de procès-verbal relatant le placement sous scellés de l'enregistrement audiovisuel des auditions de M. X..., la chambre de l'instruction prononce par les motifs repris au moyen ;
Attendu qu'en se déterminant ainsi, et dès lors que la Cour de cassation est en mesure de s'assurer que, conformément à l'article 64-1 du C.P.P., un procès-verbal dressé par un O.P.J. mentionne que les enregistrements des auditions de M. X..., dont l'intéressé a été informé, ont été gravés sur 2 cédéroms pour être joints à la procédure, l'un en original, le 2d en copie, et qu'il n'importe qu'il ne soit pas fait mention, dans ledit procès-verbal, du placement sous scellé de l'original, en l'absence d'atteinte aux intérêts du demandeur, la chambre de l'instruction a justifié sa décision.
(Cour de cassation – Chambre criminelle du 8 juillet 2015 – N° de pourvoi : 15-81.025).

Article 65. – Cours GAV – Audition procédure cadre autre infraction – *(Loi n° 2014-535 du 27 mai 2014)*
• Si, au cours de sa garde à vue, la personne est entendue dans le cadre d'une procédure suivie du chef d'une autre infraction et qu'il existe des raisons plausibles de soupçonner qu'elle a commis ou tenté de commettre cette infraction, elle doit faire l'objet des informations prévues aux 1°, 3° et 4° de l'article 61-1 et être avertie qu'elle a le droit d'être assistée par un avocat conformément aux articles 63-3-1 à 63-4-3.

J **• Refus de se prêter aux prises d'empreintes digitales ou de photographies – Vérification d'identité – Garde à vue – Extension de la poursuite initiale – Notification – Effets – Garde à vue distincte** *(non)*

CASSATION sur le pourvoi formé par M. Z... W... contre l'arrêt de la chambre de l'instruction de la cour d'appel de Toulouse, en date du 19/04/2019, qui, dans l'information suivie contre lui des chefs de refus de se prêter aux prises d'empreintes digitales ou de photographies lors d'une vérification d'identité, prise du nom d'un tiers et association de malfaiteurs, a prononcé sur sa demande d'annulation de pièces de la procédure.

Il se déduit de l'article 65 du C.P.P. que la notification à la personne gardée à vue d'une extension de la poursuite initiale, d'un autre chef, n'a pas pour effet de générer une garde à vue distincte de celle en cours au moment de cette notification. Doit être cassé l'arrêt d'une chambre de l'instruction qui, après avoir annulé le placement en garde à vue d'une personne, juge que la notification qui lui a été faite, par application de cet article, de faits nouveaux, durant cette garde à vue, sont sans lien avec ceux initialement poursuivis, de sorte qu'ils ne trouvaient pas leur support nécessaire dans les actes viciés.

(Cour de cassation – Chambre criminelle du 14 novembre 2019 – N° de pourvoi : 19-83285).

Article 66. – Procès-verbaux – *(Loi n° 2019-222 du 23 mars 2019)*

• Les procès-verbaux dressés par l'officier de police judiciaire en exécution des articles 54 à 62 sont rédigés sur-le-champ ou dès que possible et signés par lui sur chaque feuillet du procès-verbal.

J **• Vols qualifiés et association de malfaiteurs – Système de vidéo protection – Perquisition – Procès-verbal – Rédaction différée**

Contre l'arrêt de la chambre de l'instruction de la cour d'appel d'AMIENS, en date du 7 avril 2017, qui, dans l'information suivie contre lui des chefs de vols qualifiés et association de malfaiteurs, a prononcé sur sa demande d'annulation de pièces de la procédure;

Attendu qu'il résulte de l'arrêt attaqué et des pièces de la procédure qu'à la suite de la commission, les 3 et 5 novembre 2015, de deux vols avec effraction, les enquêteurs ont, grâce au visionnage, auquel ils ont procédé le 11 novembre suivant, d'images d'un système de vidéoprotection dont l'installation avait été autorisée par le préfet du département en application du Code de la sécurité intérieure, identifié un véhicule correspondant à celui qui avait été aperçu par un témoin de l'un des faits; que ce véhicule a fait l'objet d'un contrôle routier, effectué le 27 novembre 2015 par un autre service, qui a permis de constater qu'il était conduit par M. Y; que le juge des libertés et de la détention a, le 12 janvier 2016, autorisé des interceptions téléphoniques de lignes notamment attribuées à l'intéressé, ou leur prolongation; qu'une perquisition a été effectuée, le 31 mai 2016, dans les lieux où M. Y venait d'être interpellé; que celui-ci a été mis en examen des chefs susvisés le 2 juin 2016; qu'il a déposé, les 21 octobre et 2 novembre 2016, des requêtes en annulation de pièces de la procédure;

Attendu que, pour écarter le moyen de nullité d'un procès-verbal de perquisition qui n'a pas été établi sur-le-champ, l'arrêt énonce que la rédaction immédiate du procès-verbal n'est pas prévue à peine de nullité, que M. Y, qui a assisté à la perquisition pendant sa garde à vue, informé de ses droits, a signé le procès-verbal sans formuler d'observation particulière, et n'en a ultérieurement contesté les termes que s'agissant des conditions de découverte d'un seul document;

Attendu qu'en l'état de ces énonciations, d'où il résulte que la rédaction différée du procès-verbal n'a pas affecté sa régularité ni porté atteinte aux droits de la défense, la chambre de l'instruction a justifié sa décision;

Par ces motifs:

CASSE et ANNULE l'arrêt susvisé de la chambre de l'instruction de la cour d'appel d'Amiens, en date du 7 avril 2017, mais en ses seules dispositions relatives à l'autorisation d'interception téléphonique d'une ligne attribuée à M. Y accordée le 12 janvier 2016 par le juge des libertés et de la détention (D133), *toutes autres dispositions étant expressément maintenues;*

Et pour qu'il soit à nouveau statué, conformément à la loi, dans les limites de la cassation ainsi prononcée,

RENVOIE la cause et les parties devant la chambre de l'instruction de la cour d'appel de Douai, à ce désignée par délibération spéciale prise en chambre du conseil;

ORDONNE l'impression du présent arrêt, sa transcription sur les registres du greffe de la chambre de l'instruction de la cour d'appel d'Amiens et sa mention en marge ou à la suite de l'arrêt partiellement annulé

(Cour de cassation – Chambre criminelle du 9 janvier 2018 – N° de pourvoi : 17-82946).

Article 67. – Délit flagrant – Application – *(Loi n° 2009-526 du 12 mai 2009)*

• Les dispositions des articles 54 à 66, à l'exception de celles de l'article 64-1, sont applicables, au cas de délit flagrant, dans tous les cas où la loi prévoit une peine d'emprisonnement.

Article 68. – Arrivée du Procureur de la République sur les lieux – Dessaisissement de l'O.P.J.

• L'arrivée du procureur de la République sur les lieux dessaisit l'officier de police judiciaire.

• Le procureur de la République accomplit alors tous actes de police judiciaire prévus au présent chapitre.

• Il peut aussi prescrire à tous officiers de police judiciaire de poursuivre les opérations.

Article 69. – Procureur de la République ou juge d'instruction – Transport ressorts des tribunaux limitrophes – *(Loi n° 93-1013 du 24 août 1993)*

• Si les nécessités de l'enquête l'exigent, le procureur de la République ou le juge d'instruction lorsqu'il procède comme il est dit au présent chapitre peut se transporter dans les ressorts des tribunaux limitrophes de celui où il exerce ses fonctions, à l'effet d'y poursuivre ses investigations. Il doit aviser, au préalable, le procureur de la République du ressort du tribunal dans lequel il se transporte. Il mentionne sur son procès-verbal les motifs de son transport.

Article 70. – Mandat de recherche – *(Loi n° 2004-204 du 9 mars 2004)*

• Si les nécessités de l'enquête portant sur un crime flagrant ou un délit flagrant puni d'au moins trois ans d'emprisonnement l'exigent, le procureur de la République peut, sans préjudice de l'application des dispositions de l'article 73, décerner mandat de recherche contre toute personne à l'encontre de laquelle il existe une ou plusieurs raisons plausibles de soupçonner qu'elle a commis ou tenté de commettre l'infraction.

• Pour l'exécution de ce mandat, les dispositions de l'article 134 sont applicables. La personne découverte en vertu de ce mandat est placée en garde à vue par l'officier de police judiciaire du lieu de la découverte, qui peut procéder à son audition, sans préjudice de l'application de l'article 43 et de la possibilité pour les enquêteurs déjà saisis des faits de se transporter sur place afin d'y procéder eux-mêmes, après avoir si nécessaire bénéficié d'une extension de compétence en application de l'article 18. Le procureur de la République ayant délivré le mandat de recherche en est informé dès le début de la mesure; ce magistrat peut ordonner que, pendant la durée de la garde à vue, la personne soit conduite dans les locaux du service d'enquête saisi des faits.

• Si la personne ayant fait l'objet du mandat de recherche n'est pas découverte au cours de l'enquête et si le procureur de la République requiert l'ouverture d'une information contre personne non dénommée, le mandat de recherche demeure valable pour le déroulement de l'information, sauf s'il est rapporté par le juge d'instruction.

Articles 71 à 71-3. – *(Abrogés – Loi n° 81-82 du 2 février 1981)*

Article 72. – Ouverture d'une information régulière – *(Loi n° 99-515 du 23 juin 1999)*

• Lorsque le procureur de la République et le juge d'instruction sont simultanément sur les lieux, le procureur de la République peut requérir l'ouverture d'une information régulière dont est saisi le juge d'instruction présent, par dérogation, le cas échéant, aux dispositions de l'article 83.

Article 73. – Crime ou délit flagrant – Présentation devant l'O.P.J. – *(Loi n° 2014-535 du 27 mai 2014)*

• Dans les cas de crime flagrant ou de délit flagrant puni d'une peine d'emprisonnement, toute personne a qualité pour en appréhender l'auteur et le conduire devant l'officier de police judiciaire le plus proche.

• Lorsque la personne est présentée devant l'officier de police judiciaire, son placement en garde à vue, lorsque les conditions de cette mesure prévues par le présent code sont réunies, n'est pas obligatoire dès lors qu'elle n'est pas tenue sous la contrainte de demeurer à la disposition des enquêteurs et qu'elle a été informée qu'elle peut à tout moment quitter les locaux de police ou de gendarmerie. Le présent alinéa n'est toutefois pas applicable si la personne a été conduite, sous contrainte, par la force publique devant l'officier de police judiciaire.

Article 74. – Découverte de cadavre – Découverte personne grièvement blessée *(cause des blessures inconnue ou suspecte)* – *(Loi n° 2023-22 du 24 janvier 2023)*

• En cas de découverte d'un cadavre, qu'il s'agisse ou non d'une mort violente, mais si la cause en est inconnue ou suspecte, l'officier de police judiciaire qui en est avisé ou, sous son contrôle, l'agent de police judiciaire informe immédiatement le procureur de la République, se transporte sans délai sur les lieux et procède aux premières constatations.

• Le procureur de la République se rend sur place s'il le juge nécessaire et se fait assister de personnes capables d'apprécier la nature des circonstances du décès. Il peut, toutefois, déléguer aux mêmes fins, un officier de police judiciaire de son choix ou, sous le contrôle de ce dernier, un agent de police judiciaire de son choix.

• Sauf si elles sont inscrites sur une des listes prévues à l'article 157, les personnes ainsi appelées prêtent, par écrit, serment d'apporter leur concours à la justice en leur honneur et en leur conscience.

• Sur instructions du procureur de la République, une enquête aux fins de recherche des causes de la mort est ouverte. Dans ce cadre et à ces fins, il peut être procédé aux actes prévus par les articles 56 à 62, dans les conditions prévues par ces dispositions. À l'issue d'un délai de 8 jours à compter des instructions de ce magistrat, ces investigations peuvent se poursuivre dans les formes de l'enquête préliminaire.

• Le procureur de la République peut aussi requérir information pour recherche des causes de la mort.

• Les dispositions des 4 premiers alinéas sont également applicables en cas de découverte d'une personne grièvement blessée lorsque la cause de ses blessures est inconnue ou suspecte.

V
• Code de procédure pénale – art. 56 – Crimes et délits flagrants
• Code de procédure pénale – art. 157 – Expertise

• Code de procédure pénale – art. 706-54 – Fichier national automatisé des empreintes génétiques

J • **Homicide involontaire et non-assistance à personne en péril – Prescription – Action publique – Interruption – Acte d'instruction ou de poursuite – Découverte d'un cadavre – Recherche des causes de la mort**

Contre l'arrêt de la chambre d'accusation de la cour d'appel de GRENOBLE, en date du 29/05/1989, qui, dans l'information ouverte sur sa plainte contre X des chefs d'homicide involontaire et non-assistance à personne en péril, a confirmé l'ordonnance de non-lieu du juge d'instruction.

Les actes d'instruction accomplis pour rechercher les causes de la mort, par application de l'article 74 du C.P.P., qui ont pour objet de vérifier si la victime n'est pas décédée à la suite d'un crime ou d'un délit et tendent à la poursuite éventuelle de l'auteur de l'infraction, interrompent la prescription de l'action publique.

(Cour de cassation – Chambre criminelle du 6 juin 1991 – N° de pourvoi : 89-84.617).

• **Meurtre aggravé – Recel de cadavre et atteinte à l'intégrité d'un cadavre – Ministère public – Pouvoirs – Recherche des causes de la mort – Délégation de pouvoirs à un O.P.J. – Subdélégation par l'O.P.J. – Possibilité – Conditions – Détermination**

Contre l'arrêt de la chambre de l'instruction de la cour d'appel de BOURGES, en date du 25/10/2005, qui, dans l'information suivie contre elle des chefs de meurtre aggravé, recel de cadavre et atteinte à l'intégrité d'un cadavre, a prononcé sur sa demande d'annulation de pièces de la procédure.

Attendu qu'en l'état de ces motifs, et dès lors qu'en application de l'article 74, al. 2, du C.P.P., l'O.P.J. désigné pour apprécier la nature des circonstances du décès suspect peut subdéléguer les prérogatives qui lui ont été attribuées par le P.R. à un autre fonctionnaire, à condition que ce dernier possède la qualité d'O.P.J., la chambre de l'instruction a justifié sa décision.

(Cour de cassation – Chambre criminelle du 15 février 2006 – N° de pourvoi : 05-86.773).

Article 74-1. – Disparition d'un mineur ou d'un majeur protégé – Disparition d'un majeur *(caractère inquiétant ou suspect...) – (Loi n° 2023-22 du 24 janvier 2023)*

• Lorsque la disparition d'un mineur ou d'un majeur protégé vient d'intervenir ou d'être constatée, les officiers de police judiciaire ou, sous leur contrôle, les agents de police judiciaire peuvent, sur instructions du procureur de la République, procéder aux actes prévus par les articles 56 à 62, aux fins de découvrir la personne disparue. À l'issue d'un délai de 8 jours à compter des instructions de ce magistrat, ces investigations peuvent se poursuivre dans les formes de l'enquête préliminaire.

• Le procureur de la République peut également requérir l'ouverture d'une information pour recherche des causes de la disparition.

• Les dispositions du présent article sont également applicables en cas de disparition d'un majeur présentant un caractère inquiétant ou suspect eu égard aux circonstances, à l'âge de l'intéressé ou à son état de santé.

V • Code de procédure pénale – art. 56 – Crimes et délits flagrants

• Code de procédure pénale – art. R. 53-10 – Enregistrement au fichier – Résultats analyses d'identification par empreintes génétiques

• Loi n° 95-73 du 21 janvier 1995 d'orientation et de programmation relative à la sécurité – Article 26 – Voir Code Pénal – Éditions La Baule – Annexe

• Code pénal – art. 434-4-1 – Disparition mineur de 15 ans – Information autorités judiciaires ou administratives

Article 74-2. – Recherches personne en fuite – *(Loi n° 2023-22 du 24 janvier 2023)*

• Les officiers de police judiciaire, assistés le cas échéant des agents de police judiciaire, peuvent, sur instructions du procureur de la République, procéder aux actes prévus par les articles 56 à 62 aux fins de rechercher et de découvrir une personne en fuite dans les cas suivants :

• 1° Personne faisant l'objet d'un mandat d'arrêt délivré par le juge d'instruction, le juge des libertés et de la détention, la chambre de l'instruction ou son président ou le président de la cour d'assises, alors qu'elle est renvoyée devant une juridiction de jugement ;

• 2° Personne faisant l'objet d'un mandat d'arrêt délivré par une juridiction de jugement ou par le juge de l'application des peines ;

• 3° Personne condamnée à une peine privative de liberté sans sursis supérieure ou égale à un an ou à une peine privative de liberté supérieure ou égale à un an résultant de la révocation d'un sursis assorti ou non d'une probation, lorsque cette condamnation est exécutoire ou passée en force de chose jugée ;

• 4° Personne inscrite au fichier judiciaire national automatisé des auteurs d'infractions terroristes ayant manqué aux obligations prévues à l'article 706-25-7 ;

• 5° Personne inscrite au fichier judiciaire national automatisé des auteurs d'infractions sexuelles ou violentes ayant manqué aux obligations prévues à l'article 706-53-5 ;

• 6° Personne ayant fait l'objet d'une décision de retrait ou de révocation d'un aménagement de peine ou d'une libération sous contrainte, ou d'une décision de mise à exécution de l'emprisonnement prévu par la juridiction de jugement en cas de violation des obligations et interdictions résultant d'une peine, dès lors que cette décision a pour conséquence la mise à exécution d'un quantum ou d'un reliquat de peine d'emprisonnement supérieur à 1 an.

• Si les nécessités de l'enquête pour rechercher la personne en fuite l'exigent, le juge des libertés et de la détention du tribunal judiciaire peut, à la requête du procureur de la République, autoriser l'interception, l'enregistrement et la transcription de correspondances émises par la voie des télécommunications selon les modalités prévues par les articles 100,100-1 et 100-3 à 100-7, pour une durée maximale de 2 mois renouvelable dans les mêmes conditions de forme et de durée, dans la limite de 6 mois en matière correctionnelle. Ces opérations sont faites sous l'autorité et le contrôle du juge des libertés et de la détention.

• Pour l'application des dispositions des articles 100-3 à 100-5, les attributions confiées au juge d'instruction ou à l'officier de police judiciaire commis par lui sont exercées par le procureur de la République ou l'officier de police judiciaire requis par ce magistrat.

• Le juge des libertés et de la détention est informé sans délai des actes accomplis en application de l'alinéa précédent.

• Si les nécessités de l'enquête pour rechercher la personne en fuite l'exigent, les sections 1,2 et 4 à 6 du chapitre II du titre XXV du livre IV sont applicables lorsque la personne concernée a fait l'objet de l'une des décisions mentionnées aux 1° à 3° et 6° du présent article pour l'une des infractions mentionnées aux articles 706-73 et 706-73-1.

CHAPITRE II

De l'enquête préliminaire

Article 75. – Enquêtes préliminaires – *(Loi n° 2015-993 du 17 août 2015)*

• Les officiers de police judiciaire et, sous le contrôle de ceux-ci, les agents de police judiciaire désignés à l'article 20 procèdent à des enquêtes préliminaires soit sur les instructions du procureur de la République, soit d'office.

• Ces opérations relèvent de la surveillance du procureur général.

V • Code de procédure pénale – art. 20 – les Agents de Police Judiciaire *(A.P.J.)*.
• Code de procédure pénale – art. 53-1 – Obligation pour les enquêteurs d'informer les victimes de leurs droits.
• Code de procédure pénale – art. D. 13 à D. 15 – Pouvoirs des A.P.J.

J **• Exercice illégal de la médecine – Enquête préliminaire – Procès-verbaux – Exécution d'instructions préfectorales – Transmission d'office au Parquet par l'O.P.J.**

Rejet du pourvoi formé par X... (Marcel) contre un arrêt rendu le 22/09/1971 par la cour d'appel de DOUAI, qui sur appel d'un jugement ordonnant un supplément d'information dans une procédure suivie pour exercice illégal de la médecine, a évoqué la cause.

Les O.P.J. tiennent des articles 40 al. 2 et 75 du C.P.P. le pouvoir de constater une infraction, même si elle leur est révélée au cours de l'exécution d'instructions préfectorales. Ils agissent régulièrement en transmettant d'office, au Parquet, un exemplaire des procès-verbaux de l'enquête administrative.

(Cour de cassation – Chambre criminelle du 13 janvier 1972 – N° de pourvoi : 92-92.788).

• Extorsion de fonds et trafic d'influence – Enquête préliminaire – Pouvoirs – Écoutes téléphoniques – Possibilité *(non)*

Contre l'arrêt de la chambre d'accusation de la cour d'appel de Paris, en date du 08/02/1995, qui, dans la procédure suivie contre Jean-Pierre Y..., des chefs d'extorsion de fonds et trafic d'influence, a prononcé la nullité d'actes et de pièces de la procédure, ordonné la restitution de scellés, et prescrit le retour du dossier au ministère public pour être requis par lui ce qu'il appartiendra.

Les articles 100 à 100-7 du C.P.P. confèrent au J.I. le pouvoir exclusif d'ordonner que soit pratiquée l'interception des correspondances émises par la voie des télécommunications. Ce pouvoir n'est, en aucun cas, attribué aux O.P.J. agissant en enquête préliminaire comme en l'espèce.

Les O.P.J. qui procèdent, en enquête préliminaire, à des écoutes téléphoniques, accomplissent des actes de la procédure, au sens de l'article 170 du C.P.P.

(Cour de cassation – Chambre criminelle du 27 février 1996 – N° de pourvoi : 95-81.366).

• Abus de biens sociaux – Enquête préliminaire – O.P.J. – Pouvoirs – Découverte d'une infraction – Information du P.R. – Défaut – Effet

Contre l'arrêt de la cour d'appel de COLMAR, chambre correctionnelle, en date du 12/12/2003, qui, dans la procédure suivie contre Jean-Marie X..., du chef d'abus de biens sociaux, a constaté la prescription de l'action publique.

Le défaut d'information du P.R., par les O.P.J., des infractions dont ils ont connaissance dans l'exercice de leurs fonctions, prévue par l'article 19 du C.P.P., est sans effet sur la validité des actes accomplis par ces derniers.

(Cour de cassation – Chambre criminelle du 1er décembre 2004 – N° de pourvoi : 04-80.536).

• Détention d'images de mineurs présentant un caractère pornographique – O.P.J. – Pouvoirs – Infractions – Constatation – Mise en péril des mineurs – Provocation à la transmission des images – Atteinte au principe de la loyauté des preuves – Portée

Contre l'arrêt de la cour d'appel de BORDEAUX, chambre correctionnelle, en date du 08/06/2005, qui, pour détention d'images de mineurs présentant un caractère pornographique, l'a condamné à 6 mois d'emprisonnement avec sursis.

Porte atteinte au principe de la loyauté des preuves et au droit à un procès équitable la provocation à la commission d'une infraction par un agent de l'autorité publique ou par son intermédiaire. La déloyauté d'un tel procédé rend irrecevables en justice les éléments de preuve ainsi obtenus.

Encourt la censure l'arrêt qui retient comme élément de preuve du délit de détention d'images de mineurs à caractère pornographique les actes résultant d'une provocation policière à la transmission de telles images.
(Cour de cassation – Chambre criminelle du 11 mai 2006 – N° de pourvoi : 05-84.837).

• **Abus de biens sociaux... – Enquête préliminaire – O.P.J. – Pouvoirs – Groupement d'intervention régional – Enquête d'office**
Contre l'arrêt de la chambre de l'instruction de la cour d'appel de BASTIA, en date du 28/11/2007, qui, dans l'information suivie contre lui des chefs d'abus de biens sociaux, faux et usage, présentation de comptes annuels infidèles, a prononcé sur sa demande d'annulation de pièces de la procédure.

Tout O.P.J., exerçant ses fonctions au sein d'un groupement d'intervention régional (GIR), tient de l'article 75 du C.P.P. le droit de procéder d'office à des enquêtes préliminaires et l'information tardive, à la supposer établie, du procureur de la République est sans effet sur la validité des actes accomplis. N'encourt pas la nullité, le rapport établi par le chef d'un GIR, dans lequel il indique que des infractions, notamment de travail dissimulé, seraient susceptibles d'être relevées à l'encontre d'un individu, selon les recherches fiscales effectuées par un fonctionnaire des impôts, membre du GIR, dès lors qu'il n'est pas établi, ni même allégué que ces informations, communiquées en application de l'article L. 324-13 du Code du travail, aient été irrégulièrement recueillies.
(Cour de cassation – Chambre criminelle du 19 mars 2008 – N° de pourvoi : 07-88.684).

• **Infractions à la législation sur les stupéfiants et association de malfaiteurs – Enquête préliminaire – Ouverture d'office – O.P.J. – Existence possible d'une infraction**
Contre l'arrêt de la chambre de l'instruction de la cour d'appel de LYON, en date du 08/04/2010, qui, dans l'information suivie contre eux, des chefs, notamment, d'infractions à la législation sur les stupéfiants et d'association de malfaiteurs, a prononcé sur leur demande en annulation de pièces de la procédure.

Attendu qu'il résulte de l'arrêt attaqué et des pièces de la procédure que MM. X... et Y..., mis en examen des chefs, notamment, d'infractions à la législation sur les stupéfiants et d'association de malfaiteurs, ont présenté devant la chambre de l'instruction une requête en annulation des pièces de la procédure ; qu'au soutien de leur demande, ils ont fait valoir, en particulier, qu'à la suite d'un renseignement anonyme informant le 16/11/2009 la direction interrégionale de la police judiciaire de Lyon de la réalisation imminente d'une opération d'importation de stupéfiants en provenance d'Espagne, les investigations menées par les enquêteurs avaient conduit à l'ouverture d'une instruction judiciaire, mais que la procédure n'était ni équitable ni contradictoire, dès lors que M. X..., mis en cause de façon nominative par le dénonciateur des faits, n'avait pu lui être confronté ; qu'ils ont ajouté que la mesure de G.A.V. prise à leur encontre le 18/11/2009 à 23 h 25 s'était déroulée, au mépris des droits de la défense, sans qu'ils aient pu bénéficier de l'assistance d'un avocat, qui n'avait pu intervenir que le 21/11/2009, à la même heure.
Attendu qu'il ressort de l'arrêt attaqué que, pour écarter l'argumentation de MM. X... et Y..., prise du défaut de confrontation d'un des mis en examen avec la personne ayant alerté les services de police, la chambre de l'instruction retient que, par application des articles 75 et suivants du C.P.P., une enquête préliminaire peut être ouverte d'office par les O.P.J., dès lors que ceux-ci sont avisés de l'existence possible d'une infraction pénale, quelle que soit la source de l'information, et que la poursuite n'est elle-même fondée que sur les seules investigations menées pendant l'enquête, à la suite de ladite information.
(Cour de cassation – Chambre criminelle du 9 novembre 2010 – N° de pourvoi : 10-82.918).

• **Injure aggravée... – Opérations de perquisition – Contrôle des O.P.J. sur les A.P.J.**
Mme [F] [K] a formé un pourvoi contre l'arrêt de la cour d'appel de LYON (69), 4e chambre, en date du 31/03/2020, qui, pour injure aggravée, agression sonore et infraction à la législation sur les armes, l'a condamnée à 6 mois d'emprisonnement avec sursis, a ordonné une mesure de confiscation et a prononcé sur les intérêts civils.

Il se déduit des articles 75 et 76 du C.P.P. que les A.P.J. peuvent, au cours de l'enquête préliminaire et au contraire de l'enquête de flagrance, procéder à une perquisition dès lors qu'ils agissent sous le contrôle de l'O.P.J. L'existence de ce contrôle est établie par une mention au procès-verbal de perquisition ou peut résulter, à défaut, d'une mention spécifique dans les pièces de procédure. La nullité qui résulte de l'absence d'un tel contrôle relève des dispositions de l'article 802 du C.P.P. N'encourt en conséquence pas la censure l'arrêt qui refuse d'annuler une perquisition effectuée par un A.P.J., en déduisant à tort l'existence du contrôle de l'O.P.J. sur cet acte du visa du commissaire de police sur la transmission de la procédure au parquet, dès lors que l'occupant des lieux, qui n'a pas contesté la présence de l'objet qui y a été découvert, ne se prévaut d'aucun grief résultant de cette irrégularité.
(Cour de cassation – Chambre criminelle du 7 décembre 2021 – N° de pourvoi : 20-82.733).

• **Association de malfaiteurs... – Saisie objet – Voie publique – Atteinte à la vie privée – Prise clichés photographiques**
M. [B] [H] a formé un pourvoi contre l'arrêt de la cour d'appel de RENNES (35), 12e chambre, en date du 11/06/2021, qui, pour association de malfaiteurs, infractions à la législation sur les stupéfiants, en récidive, l'a condamné à 4 ans d'emprisonnement et a ordonné une mesure de confiscation.

La saisie d'un objet abandonné sur la voie publique ou dans un conteneur collectif d'ordures ménagères ne constitue pas une atteinte à la vie privée au sens de l'article 8 de la Convention de sauvegarde des droits de l'homme et des libertés fondamentales. Justifie sa décision la cour d'appel qui rejette une exception de nullité tirée de ce que l'exploitation du contenu d'un tel objet nécessite une autorisation judiciaire préalable.
14. En statuant ainsi la cour d'appel n'a pas méconnu la disposition conventionnelle visée au moyen et a justifié sa décision, les actes incriminés, soit la prise de clichés photographiques, ne pouvant être assimilés à la mise en place d'un dispositif de captation et d'enregistrement continu d'images de personnes se trouvant dans un lieu privé, qui requiert l'autorisation préalable et le contrôle d'un juge.
(Cour de cassation – Chambre criminelle du 6 avril 2022 – N° de pourvoi : 21-84.092).

Article 75-1. – Délais d'exécution des enquêtes préliminaires – *(Loi n° 2000-516 du 15 juin 2000)*

• Lorsqu'il donne instruction aux officiers de police judiciaire de procéder à une enquête préliminaire, le procureur de la République fixe le délai dans lequel cette enquête doit être effectuée. Il peut le proroger au vu des justifications fournies par les enquêteurs.

• Lorsque l'enquête est menée d'office, les officiers de police judiciaire rendent compte au procureur de la République de son état d'avancement lorsqu'elle est commencée depuis plus de six mois.

Article 75-2. – L'O.P.J. – Enquête préliminaire – Crime ou délit – Information du procureur de la République – *(Loi n° 2000-516 du 15 juin 2000)*

• L'officier de police judiciaire qui mène une enquête préliminaire concernant un crime ou un délit avise le procureur de la République dès qu'une personne à l'encontre de laquelle existent des indices faisant présumer qu'elle a commis ou tenté de commettre l'infraction est identifiée.

Article 75-3. – Enquête préliminaire – Durée de l'enquête – *(Loi n° 2021-1729 du 22 décembre 2021)*

• La durée d'une enquête préliminaire ne peut excéder 2 ans à compter du 1er acte de l'enquête, y compris si celui-ci est intervenu dans le cadre d'une enquête de flagrance.

• L'enquête préliminaire peut toutefois être prolongée 1 fois pour une durée maximale d'un an à l'expiration du délai mentionné au 1er alinéa, sur autorisation écrite et motivée du procureur de la République, qui est versée au dossier de la procédure.

• Les enquêteurs clôturent leurs opérations et transmettent les éléments de la procédure au procureur de la République en application de l'article 19 avant l'expiration du délai de 2 ans ou, en cas de prolongation, du délai de 3 ans, afin de permettre soit la mise en mouvement de l'action publique, le cas échéant par l'ouverture d'une information judiciaire, soit la mise en œuvre d'une procédure alternative aux poursuites, soit le classement sans suite de la procédure. Tout acte d'enquête intervenant après l'expiration de ces délais est nul, sauf s'il concerne une personne qui a été mise en cause au cours de la procédure, au sens de l'article 75-2, depuis moins de 2 ans ou, en cas de prolongation, de 3 ans.

• Lorsque l'enquête porte sur des crimes ou délits mentionnés aux articles 706-73 ou 706-73-1 ou relevant de la compétence du procureur de la République antiterroriste, les délais de 2 ans et d'1 an prévus au présent article sont portés respectivement à 3 ans et à 2 ans.

• Pour la computation des délais prévus au présent article, il n'est pas tenu compte, lorsque l'enquête a donné lieu à une décision de classement sans suite puis a repris sur décision du procureur de la République, de la durée pendant laquelle l'enquête a été suspendue. Il n'est pas non plus tenu compte, en cas d'entraide judiciaire internationale, du délai entre la signature de la demande par le parquet émetteur et la réception par ce même parquet des pièces d'exécution. Lorsqu'il est procédé au regroupement de plusieurs enquêtes dans le cadre d'une même procédure, il est tenu compte, pour la computation des délais prévus au présent article, de la date de commencement de l'enquête la plus ancienne.

Nota: Conformément au I de l'article 59 de la loi n° 2021-1729 du 22/12/2021, ces dispositions ne sont applicables qu'aux enquêtes commencées à compter de la publication de ladite loi.

Article 76. – Perquisitions, visites domiciliaires et saisies – Assentiment exprès – *(Ordonnance n° 2019-964 du 18 septembre 2019)*

• Les perquisitions, visites domiciliaires et saisies de pièces à conviction ou de biens dont la confiscation est prévue à l'article 131-21 du Code pénal ne peuvent être effectuées sans l'assentiment exprès de la personne chez laquelle l'opération a lieu.

• Cet assentiment doit faire l'objet d'une déclaration écrite de la main de l'intéressé ou, si celui-ci ne sait écrire, il en est fait mention au procès-verbal ainsi que de son assentiment.

• Les dispositions prévues par les articles 56 et 59 du présent code sont applicables.

• Si les nécessités de l'enquête relative à un crime ou à un délit puni d'une peine d'emprisonnement d'une durée égale ou supérieure à 3 ans l'exigent ou si la recherche de biens dont la confiscation est prévue à l'article 131-21 du Code pénal le justifie, le juge des libertés et de la détention du tribunal judiciaire peut, à la requête du procureur de la République, décider par une décision écrite et motivée, que les opérations prévues au présent article seront effectuées sans l'assentiment de la personne chez qui elles ont lieu. À peine de nullité, la décision du juge des libertés et de la détention précise la qualification de l'infraction dont la preuve est recherchée ainsi que l'adresse des lieux dans lesquels ces opérations peuvent être effectuées ; cette décision est motivée par référence aux éléments de fait et de droit justifiant que ces opérations sont nécessaires. Les opérations sont effectuées sous le contrôle du magistrat qui les a autorisées, et qui peut se déplacer sur les lieux pour veiller au respect des dispositions légales. Ces opérations ne peuvent, à peine de nullité, avoir un autre objet que la recherche et la constatation des infractions visées dans la décision du juge des libertés et de la détention ou la saisie des biens dont la confiscation est prévue à l'article 131-21 du Code pénal. Toutefois, le fait que ces opérations révèlent des infractions autres que celles visées dans la décision ne constitue pas une cause de nullité des procédures incidentes.

• Pour l'application des dispositions de l'alinéa précédent, est compétent le juge des libertés et de la détention du tribunal judiciaire dont le procureur de la République dirige l'enquête, quelle que soit la juridiction dans le ressort de laquelle la perquisition doit avoir lieu. Le juge des libertés et de la détention peut alors se déplacer sur les lieux quelle que soit leur localisation sur le territoire national. Le procureur de la République peut également saisir le juge des libertés et de la détention du tribunal judiciaire dans le ressort duquel la perquisition doit avoir lieu, par l'intermédiaire du procureur de la République de cette juridiction.

J **• Enquête préliminaire – Perquisition – Perquisition sans le consentement exprès de l'intéressé – Autorisation par ordonnance du juge des libertés et de la détention – Portée – Ouverture d'un coffre-fort découvert au domicile – Information préalable du juge des libertés et de la détention *(non).***

Dans le cas où il dispose d'une autorisation d'effectuer une perquisition donnée par le juge des libertés et de la détention en application de l'article 76, alinéa 4, du Code de procédure pénale, l'officier de police judiciaire, sans avoir à en référer à ce magistrat, tire de ses pouvoirs propres la faculté de requérir un serrurier pour procéder à l'ouverture d'un coffre-fort découvert au domicile faisant l'objet de cette perquisition.

(Cass. CRIM. du 03 avril 2013 – N° de pourvoi : 12-86275)

• Enquête préliminaire – Perquisition – Autorisation par ordonnance du JLD – Régularité – Conditions.

Attendu qu'en prononçant par les motifs reproduits au moyen, et dès lors qu'aucune disposition légale ne fait obstacle à ce que l'ordonnance du juge des libertés et de la détention se réfère expressément à la requête présentée par le procureur de la République aux fins de perquisition, en application de l'article 76, alinéa 4, du Code de procédure pénale, lorsque celle-ci comporte toutes les indications exigées par ce texte à peine de nullité, la chambre de l'instruction a justifié sa décision.

(Cass. CRIM. du 06 mars 2013 – N° de pourvoi : 12-87810)

• Instruction – Secret de l'instruction – Violation – Perquisition – Captation par le son ou l'image par un tiers

Contre l'arrêt de la chambre de l'instruction de la cour d'appel de PARIS, 5e section, en date du 27 juin 2016, qui, dans l'information suivie contre lui des chefs de blanchiment aggravé, escroquerie en bande organisée, abus de faiblesse, faux, vol et recel, a prononcé sur sa demande d'annulation de pièces de la procédure;

Attendu qu'il résulte de l'arrêt attaqué et des pièces de la procédure qu'au cours d'une enquête préliminaire, la police, sur décision du juge des libertés et de la détention, a procédé, le 12 novembre 2015, à une perquisition au domicile de M. X..., sans l'assentiment de celui-ci; qu'un journaliste a assisté à cet acte d'enquête, qu'il a partiellement filmé, interviewant également le responsable du service enquêteur; que le reportage ainsi réalisé a été ultérieurement diffusé sur une chaîne de télévision, le 1er décembre 2015; que, mis en examen des chefs susvisés, le 14 novembre 2015, M. X... a déposé, le 20 janvier 2016, une requête en nullité des actes d'investigation et, spécialement, de la perquisition et de sa garde à vue, ainsi que des actes subséquents, pour défaut d'impartialité des enquêteurs, violation du secret de l'enquête, atteintes à sa présomption d'innocence et au droit au respect de sa vie privée;

Par ces motifs :

CASSE et ANNULE, en toutes ses dispositions, l'arrêt susvisé de la chambre de l'instruction de la cour d'appel de Paris, en date du 27 juin 2016, et pour qu'il soit à nouveau jugé, conformément à la loi,

RENVOIE la cause et les parties devant la chambre de l'instruction de la cour d'appel de Versailles, à ce désignée par délibération spéciale prise en chambre du conseil.

Résumé : Porte nécessairement atteinte aux intérêts de la personne qu'elle concerne, en violation du secret de l'enquête ou de l'instruction, l'exécution d'une perquisition en présence d'un tiers qui, ayant obtenu d'une autorité publique une autorisation à cette fin, en capte le déroulement par le son ou l'image.

Méconnaît donc les dispositions des articles 11, 56 et 76 du Code de procédure pénale la chambre de l'instruction qui, au motif de l'absence de grief, rejette la requête en annulation d'une perquisition et d'une saisie filmées dans les conditions ci-dessus indiquées.

(Cour de cassation – Chambre criminelle du 10 janvier 2017 – N° de pourvoi : 16-84740).

• Accès frauduleux – Système de traitement automatisé de données – Atteintes au secret des correspondances – Perquisition – Assentiment

Contre l'arrêt de la cour d'appel d'AIX-EN-PROVENCE, 5e chambre, en date du 8 novembre 2016, qui, dans la procédure suivie contre lui des chefs d'accès frauduleux à tout ou partie d'un système de traitement automatisé de données, atteinte au secret des correspondances émises par voie électronique et détention sans motif légitime d'équipement, d'instrument de programme ou données conçus ou adaptés pour une atteinte au fonctionnement d'un système de traitement automatisé, l'a condamné à 4 mois d'emprisonnement avec sursis et ordonné la confiscation des scellés et prononcé sur les intérêts civils;

Attendu qu'il résulte de l'arrêt attaqué et des pièces de procédure que, le 12 novembre 2013, le service informatique du CHU de Nice a découvert qu'un keylogger-dispositif permettant d'espionner la frappe du clavier et de capter des données-avait été installé sur les ordinateurs de Mme A... D... et de M. Philippe B..., praticiens hospitaliers titulaires; que l'enquête s'est orientée vers M. Romain X..., médecin contractuel, lequel a été poursuivi des chefs susvisés; que le tribunal est entré en voie de condamnation; que M. X... et le ministère public ont formé appel;

Attendu que, pour confirmer le jugement, en ce qu'il a écarté l'exception de nullité de la perquisition, l'arrêt attaqué, par motifs propres et adoptés, constate que le prévenu ne conteste pas avoir rempli et signé le formulaire d'assentiment à la perquisition, qui demeure suffisamment lisible, puis a renouvelé oralement son acceptation; que les juges en déduisent que la forte émotion et les tremblements manifestés par le prévenu ne suffisent pas à établir qu'il n'a pas librement consenti et qu'il a rédigé le document attestant de son consentement sous la contrainte des enquêteurs ou sous l'effet d'un état de confusion mentale tel qu'il l'a privé de tout discernement;

Attendu qu'en prononçant ainsi, la cour d'appel a souverainement apprécié la validité de l'assentiment à perquisition réitérée à 2 reprises et a fait l'exacte application de l'article 76 du C.P.P., sans méconnaître les dispositions conventionnelles invoquées;

D'où il suit que le moyen n'est pas fondé;

Et attendu que l'arrêt est régulier en la forme;

REJETTE le pourvoi;

FIXE à 2000 euros chacun la somme que M. X... devra payer à Mme D... et M. B... en application de l'article 618-1 du C.P.P.

(Cour de cassation – Chambre criminelle du 16 janvier 2018 – N° de pourvoi : 16-87168).

• Infractions à la législation sur les stupéfiants – Perquisition – Assentiment de la personne

Contre l'arrêt de la cour d'appel de LIMOGES, chambre correctionnelle, en date du 12 juillet 2017, qui, pour infractions à la législation sur les stupéfiants, l'a condamné à 6 mois d'emprisonnement avec sursis et mise à l'épreuve et a ordonné une mesure de confiscation;

Attendu qu'il résulte de l'arrêt attaqué et des pièces de procédure que, sur dénonciation de son ex-compagne M. X... a fait l'objet d'une enquête préliminaire dans le cadre de laquelle le juge des libertés et de la détention a, par ordonnance du 3 mai 2016, autorisé les enquêteurs à perquisitionner en divers lieux; que ces perquisitions ont été effectuées le 31 octobre 2016 et ont notamment permis la découverte, dans la cave de M. X..., de cent pieds d'herbe de cannabis en pousse, de divers matériels de culture, de 322 grammes de cannabis séché à son domicile, de 1 760 euros en espèces, et de trente-deux pieds d'herbe de cannabis en pousse dans le garage de son père; qu'à l'issue des investigations entreprises incluant outre la sienne, l'audition de personnes lui ayant acheté de cette substance M. X... a été poursuivi des chefs d'usage, détention, offre ou cession de stupéfiants; que le tribunal correctionnel l'a renvoyé des fins de la poursuite après avoir annulé la procédure; que le ministère public a interjeté appel de cette décision;

Attendu qu'en prononçant ainsi, et dès lors qu'en l'espèce, il n'est pas établi, ni même allégué que les opérations de perquisition sans l'assentiment de la personne chez qui elles ont eu lieu n'étaient plus nécessaires au moment de leur réalisation, la cour d'appel a fait l'exacte application de l'article susvisé;

D'où il suit que le moyen doit être écarté;

Sur le troisième moyen de cassation pris de la violation de L. 5132-7 du CSP et de l'arrêté du 22 août 1990;

Attendu que, pour déclarer M. X... coupable des faits qui lui sont reprochés et dont il a reconnu être l'auteur, l'arrêt énonce notamment que la circonstance que les produits n'aient pas été analysés avant d'être détruits importe peu, leur nature étant suffisamment établie par le test chromatique pratiqué par les enquêteurs, l'aspect des plantes d'herbes de cannabis tel qu'il ressort des clichés photographiques et leur consommation sur une longue durée par des toxicomanes d'habitude;

Attendu qu'en statuant ainsi, la cour d'appel, qui a caractérisé en tous leurs éléments, tant matériel qu'intentionnel, les délits dont elle a déclaré le prévenu coupable, a justifié sa décision;

D'où il suit que le moyen, qui se borne à remettre en question l'appréciation souveraine, par la cour d'appel, des faits et circonstances de la cause, ainsi que des éléments de preuve contradictoirement débattus, ne saurait être admis;

Et attendu que l'arrêt est régulier en la forme;

REJETTE le pourvoi;

(Cour de cassation – Chambre criminelle du 16 mai 2018 – N° de pourvoi : 17-84909).

• Travail dissimulé et abus de biens sociaux – Perquisition sans assentiment

Contre l'arrêt de la cour d'appel de REIMS, chambre correctionnelle, en date du 28/06/2017, qui a condamné le 1er, pour travail dissimulé et abus de biens sociaux, à un an d'emprisonnement et 15 000 € d'amende, la 2e, pour recel d'abus de biens sociaux, à 4 mois d'emprisonnement avec sursis, la 3e, pour travail dissimulé, à 5 000 € d'amende, a ordonné des mesures de confiscation et a prononcé sur les intérêts civils;

Attendu qu'en l'état de ces énonciations, et dès lors que, d'une part, il n'y a pas lieu à annulation de la perquisition réalisée sans assentiment lorsque celle-ci n'a donné lieu à aucune investigation et constatation de nature à fonder les poursuites, d'autre part, la Cour de cassation qui, en cas de rejet d'une exception de nullité par la cour d'appel, peut s'assurer, par le contrôle des pièces utiles de la procédure, de la régularité de l'acte contesté, est en mesure de constater que les photocopies de factures jointes au procès-verbal de perquisition n'ont pas été saisies dans le bureau personnel de M. X..., mais l'ont été dans le grenier des locaux de la société où sont archivés les documents sociaux, la cour d'appel a justifié sa décision sans méconnaître les textes visés au moyen;

Attendu qu'en prononçant par ces motifs, dont il résulte que Mme X... a bénéficié, en connaissance de cause, du train de vie de son époux permis par les faits d'abus de biens sociaux dont ce dernier a été reconnu coupable, la cour d'appel a justifié sa décision;

D'où il suit que le moyen ne peut qu'être écarté;

Et attendu que l'arrêt est régulier en la forme;

REJETTE les pourvois;

(Cour de cassation – Chambre criminelle du 30 janvier 2019 – N° de pourvoi : 17-85304).

• Faux, blanchiment et blanchiment en récidive – Requête – Procureur de la République

M. V... P... a formé un pourvoi contre l'arrêt de la cour d'appel de Caen, chambre correctionnelle, en date du 25/06/2018, qui, pour faux, blanchiment et blanchiment en récidive, l'a condamné à 3 ans d'emprisonnement, a ordonné une mesure de confiscation, et a prononcé sur les intérêts civils.

Attendu qu'en prononçant ainsi, par des énonciations qui font ressortir que la motivation de l'ordonnance du juge des libertés et de la détention répondait aux prescriptions de l'article 76, alinéa 4, du C.P.P., la cour d'appel a justifié sa décision, peu important que les motifs de ladite décision, analysant les éléments de fait et de droit rendant nécessaire la mesure, soient exactement repris des termes de la requête du procureur de la République;

D'où il suit que le moyen doit être écarté;

Et attendu que l'arrêt est régulier en la forme;

REJETTE le pourvoi.

(Cour de cassation – Chambre criminelle du 21 janvier 2020 – N° de pourvoi : 18-84899).

• Dégradation et violences aggravées en récidive – Enquête – Faits punis d'au moins 3 ans d'emprisonnement – Mesures de perquisition et de géolocalisation

M. [R] [Y] a formé un pourvoi contre l'arrêt de la chambre de l'instruction de la cour d'appel de PARIS (75), 6e section, en date du 27/05/2021, qui, dans l'information suivie contre lui des chefs de dégradation et violences aggravées en récidive, a prononcé sur sa demande d'annulation de pièces de la procédure.

Lorsque l'enquête est diligentée pour des faits punis d'au moins 3 ans d'emprisonnement, conformément aux exigences des articles 76 et 230-32 du C.P.P., les mesures prévues par ces dispositions peuvent être mises en œuvre, quelles que soient les qualifications retenues à l'issue de l'enquête à l'égard de chacune des personnes impliquées. Justifie sa décision la chambre de l'instruction qui écarte le moyen de nullité selon lequel ni la géolocalisation ni la perquisition sans assentiment ne pouvaient être ordonnées au regard des faits susceptibles d'être reprochés à l'intéressé, après avoir constaté que ces mesures ont été autorisées dans le cadre d'une enquête diligentée notamment des chefs de violences volontaires sans incapacité totale de travail avec arme.

(Cour de cassation – Chambre criminelle du 12 juillet 2022 – N° de pourvoi : 21-83.805).

CODE DE LA SÉCURITÉ INTÉRIEURE

(Ex Articles L. 126-1 et suivants du Code de la Construction et de l'Habitation transférés à compter du 1er juillet 2021 vers le C.S.I.)

Sécurité et protection des immeubles
Intervention de la police et de la gendarmerie dans les immeubles à usage d'habitation

(Cf. Nota et articles à suivre)

Nota : À compter au plus tard du 1er juillet 2021 : Conformément à l'article 8 de l'ordonnance n° 2020-71 du 29/01/2020, entrent en vigueur à une date fixée par décret en Conseil d'État :

Les articles L. 126-1 à L. 126-3 du Code de la Construction et de l'Habitat sont transférés vers le Code de la Sécurité Intérieure sous les numéros suivants : L. 272-1 à L. 272-4.

CODE DE LA SÉCURITÉ INTÉRIEURE

Article L. 272-1. – Autorisation permanente d'accès – *(Loi n° 2021-1520 du 25 novembre 2021)*

• Les propriétaires ou les exploitants d'immeubles à usage d'habitation ou leurs représentants s'assurent que les services de police et de gendarmerie nationales ainsi que les services d'incendie et de secours sont en mesure d'accéder aux parties communes de ces immeubles aux fins d'intervention.

• Ils peuvent accorder à la police municipale une autorisation permanente de pénétrer dans ces mêmes parties communes.

Article L. 272-2. – Transmission des images – *(Ordonnance n° 2020-71 du 29 janvier 2020)*

• La transmission aux services chargés du maintien de l'ordre des images réalisées en vue de la protection des parties communes des immeubles collectifs à usage d'habitation lors de circonstances faisant redouter la commission imminente d'une atteinte grave aux biens ou aux personnes est autorisée sur décision de la majorité des copropriétaires dans les conditions fixées à l'article 25 de la loi n° 65-557 du 10 juillet 1965 fixant le statut de la copropriété des immeubles bâtis et, dans les immeubles sociaux, du gestionnaire. Les images susceptibles d'être transmises ne doivent concerner ni l'entrée des habitations privées, ni la voie publique.

• Cette transmission s'effectue en temps réel et est strictement limitée au temps nécessaire à l'intervention des services de la police ou de la gendarmerie nationales ou, le cas échéant, des agents de la police municipale.

• Une convention préalablement conclue entre le gestionnaire de l'immeuble et le représentant de l'État dans le département précise les conditions et modalités de ce transfert. Cette convention prévoit l'information par affichage sur place de l'existence du système de prise d'images et de la possibilité de leur transmission aux forces de l'ordre.

• Lorsque la convention a pour objet de permettre la transmission des images aux services de police municipale, elle est en outre signée par le maire.

• Cette convention est transmise à la commission départementale de vidéoprotection mentionnée au chapitre III du titre II et du titre V du livre II du Code de la sécurité intérieure qui apprécie la pertinence des garanties prévues et en demande, le cas échéant, le renforcement au représentant de l'État dans le département.

• Ne sont pas soumis au présent article les systèmes utilisés dans des traitements automatisés ou contenus dans des fichiers structurés selon des critères permettant d'identifier, directement ou indirectement, des personnes physiques, qui sont soumis à la loi n° 78-17 du 6 janvier 1978 relative à l'informatique, aux fichiers et aux libertés.

Article L. 272-3. – Occupation des espaces communs – *(Ordonnance n° 2020-71 du 29 janvier 2020)*

• Les propriétaires ou exploitants d'immeubles à usage d'habitation ou leurs représentants, qui satisfont à l'obligation mentionnée par l'article L. 271-1 peuvent également, en cas d'occupation des espaces communs du bâti par des personnes qui entravent l'accès et la libre circulation des locataires ou empêchent le bon fonctionnement des dispositifs de sécurité et de sûreté ou nuisent à la tranquillité des lieux, faire appel à la police ou à la gendarmerie nationales ou à la police municipale pour rétablir la jouissance paisible de ces lieux.

Article L. 272-4. – Occupation en réunion d'espaces communs ou toits dimmeubles – *(Ordonnance n° 2020-71 du 29 janvier 2020)*

• Le fait d'occuper en réunion les espaces communs ou les toits des immeubles collectifs d'habitation en empêchant délibérément l'accès ou la libre circulation des personnes ou le bon fonctionnement des dispositifs de sécurité et de sûreté est puni de 2 mois d'emprisonnement et de 3 750 € d'amende.

• Lorsque cette infraction est accompagnée de voies de fait ou de menaces, de quelque nature que ce soit, elle est punie de 6 mois d'emprisonnement et de 7 500 € d'amende.

• Les personnes coupables des infractions prévues aux deux premiers alinéas encourent également, à titre de peine complémentaire, une peine de travail d'intérêt général.

• Pour le délit prévu au premier alinéa du présent article, y compris en cas de récidive, l'action publique peut être éteinte, dans les conditions prévues aux articles 495-17 à 495-25 du Code de procédure pénale, par le versement d'une amende forfaitaire d'un montant de 200 €. Le montant de l'amende forfaitaire minorée est de 150 € et le montant de l'amende forfaitaire majorée est de 450 €.

Article 76-1. – Application – Enquête préliminaire – *(Loi n° 2016-731 du 3 juin 2016)*

• L'article 61-3 est applicable à l'enquête préliminaire.

Article 76-2. – Opérations de prélèvements externes, O.P.J. ou A.P.J. – *(Loi n° 2023-22 du 24 janvier 2023)*

• Le procureur de la République ou, sur autorisation de celui-ci, l'officier ou l'agent de police judiciaire peut faire procéder aux opérations prévues par l'article 55-1.

• Les dispositions des 4 derniers alinéas de l'article 55-1 sont applicables.

V • Code de procédure pénale – art. 55-1 – Crimes et délits flagrants
• Code de procédure pénale – art. 154-1 – Commissions rogatoires

Article 76-3. – Perquisitions informatiques – O.P.J. ou A.P.J. – *(Loi n° 2023-22 du 24 janvier 2023)*

• L'officier de police judiciaire ou, sous son contrôle, l'agent de police judiciaire peut, pour les nécessités de l'enquête, dans les conditions prévues à l'article 76, recourir aux opérations prévues par l'article 57-1.

V • Code de procédure pénale – art. 57-1 – Crimes et délits flagrants – Perquisitions informatiques.

Article 77. – Garde à vue – Enquête préliminaire – *(Loi n° 2014-535 du 27 mai 2014)*

• Les dispositions des articles 61-1 et 61-2 relatives à l'audition d'une personne soupçonnée ou d'une victime ainsi que celles des articles 62-2 à 64-1 relatives à la garde à vue sont applicables lors de l'enquête préliminaire.

J **• Viols par personne ayant autorité – Garde à vue – Instruction – Commission rogatoire – Exécution – Cumul avec une garde à vue antérieure en enquête préliminaire – Durée totale excédant 48 heures**

Contre l'arrêt de la chambre d'accusation de la cour d'appel de VERSAILLES, en date du 22/09/1995, qui, dans la procédure suivie contre lui du chef de viols par personne ayant autorité, a dit n'y avoir lieu à annulation d'actes de la procédure.

Il résulte des articles 77 et 154 du C.P.P. qu'une personne ne peut être retenue en G.A.V., à l'occasion des mêmes faits, pour une durée totale excédant 48 h 00; le dépassement de ce délai, même si les mesures ont été successivement ordonnées en enquête préliminaire puis sur commission rogatoire, constitue par lui-même une atteinte aux intérêts de la personne concernée.

(Cour de cassation – Chambre criminelle du 13 février 1996 – N° de pourvoi: 95-85.538).

• Viols aggravés – Garde à vue – Droits de la personne gardée à vue – Notification – Moment – Audition au cours d'une enquête préliminaire – Garde à vue succédant à une audition – Délai – Point de départ

Contre:

1° l'arrêt de la chambre d'accusation de la cour d'appel de PARIS, en date du 16/11/1995, qui, dans l'information suivie contre lui pour viols aggravés, a rejeté sa demande d'annulation d'actes de la procédure;

2° l'arrêt de la même chambre d'accusation, en date 21/01/1997, qui l'a renvoyé devant la cour d'assises de la Seine-et-Marne, sous l'accusation précitée.

Conformément aux dispositions des articles 77 et 78 du C.P.P., une personne qui se présente sans contrainte au service de police où elle est convoquée peut, au cours d'une enquête préliminaire, être entendue sur les faits qui lui sont imputés, avant d'être placée en G.A.V. .Son audition n'est pas irrégulière dès lors que la notification des droits mentionnés aux articles 63-2, 63-3 et 63-4 du C.P.P. est faite dès le placement effectif en G.A.V. et que la durée de cette mesure est calculée à compter de l'heure de l'arrivée dans le service de police.

(Cour de cassation – Chambre criminelle du 6 mai 1997 – N° de pourvoi: 96-80.369).

• Infraction à la législation sur les stupéfiants... – Douanes – Agent des douanes – Pouvoirs – Retenue préventive – Durée – Imputation sur la durée de la garde à vue postérieure – Domaine d'application

Contre l'arrêt de la chambre d'accusation de la cour d'appel de NANCY, en date du 16/10/1997 qui, dans l'information suivie contre X... des chefs d'infraction à la législation sur les stupéfiants et d'infraction douanière, a prononcé l'annulation d'actes de la procédure.

Si la retenue douanière et la G.A.V. obéissent à des régimes juridiques distincts, il demeure que la durée totale de privation de liberté que chacune de ces mesures prévoit qu'elle ne peut excéder 24 heures, sans l'intervention d'un magistrat, et qu'il en va de même lorsque les deux mesures se succèdent, la durée de l'une s'imputant sur la durée de l'autre par application de l'article 323 du Code des Douanes; le dépassement de ce délai constitue par lui-même une atteinte aux intérêts de la personne concernée.

(Cour de cassation – Chambre criminelle du 11 décembre 1997 – N° de pourvoi: 97-85.766).

• Viols et agressions sexuelles aggravés – Garde à vue – Durée – Durée totale excédant 24 heures – Autorisation du P.R. – Cumul avec une garde à vue antérieurement ordonnée pour des faits distincts *(non)*

Contre l'arrêt de la chambre d'accusation de la cour d'appel de MONTPELLIER, en date du 10/11/1998, qui, dans l'information suivie contre lui des chefs de viols et agressions sexuelles aggravés, a rejeté sa demande d'annulation d'actes de la procédure;

Contre l'arrêt de ladite chambre d'accusation, en date du 02/09/1999, qui l'a renvoyé devant la cour d'assises de l'Hérault sous la même accusation.

En application de l'article 77 du C.P.P., une personne ne peut être gardée à vue plus de 24 heures sans autorisation du P.R.; si, pour le calcul de ce délai, il y a lieu de tenir compte de mesures successivement ordonnées, c'est à la condition qu'elles concernent les mêmes faits.

(Cour de cassation – Chambre criminelle du 15 décembre 1999 – N° de pourvoi: 99-86.233).

• Viols et viols aggravés – Garde à vue – Durée – Notification de la fin de la mesure – Comparution devant le juge d'instruction – Convention européenne des droits de l'homme – Article 5.3

Contre l'arrêt de la chambre d'accusation de la cour d'appel de TOULOUSE, en date du 16/03/2000, qui, dans l'information suivie contre eux des chefs de viols et viols aggravés, a rejeté leurs demandes en annulation d'actes de la procédure.

Ne viole pas l'article 5.3 de la C.E.D.H.l'écoulement d'un délai de 12 h 00 entre l'issue de la G.A.V. et le déferement des intéressés au J.I., dès lors que, d'une part, la G.A.V n'a pas été prolongée au-delà de sa durée légale et que, d'autre part, à l'issue de cette mesure, la présentation au magistrat a été immédiate.

(Cour de cassation – Chambre criminelle du 25 octobre 2000 – N° de pourvoi: 00-83.253).

• Agressions sexuelles aggravés – Garde à vue – Droits de la personne gardée à vue – Notification – Moment – Mineur de 16 ans – Audition à laquelle le mineur se présente sans contrainte – Garde à vue succédant à cette audition – Délai – Point de départ

Contre l'arrêt de la chambre d'accusation de la cour d'appel de PARIS, en date du 29/06/2000, qui, dans l'information suivie contre Thimotée X... et Louis X... du chef d'agressions sexuelles aggravées, a partiellement fait droit à leur requête en annulation d'actes de la procédure.

Il résulte de la combinaison des articles 77 et 78 du C.P.P., 4 de l'ordonnance du 02/02/1945, que le mineur de 16 ans qui se présente sans contrainte au service de police où il est convoqué, peut, au cours d'une enquête préliminaire, être entendu sur les faits qui lui sont imputés, avant d'être placé en G.A.V.; aucune irrégularité n'affecte son audition, dès lors que la notification des droits prévus aux articles 63-2, 63-3 et 63-4 du C.P.P. et 4 de l'ordonnance du 02/02/1945 est faite dès le placement en G.A.V. et que la durée de cette mesure est calculée à compter de l'heure de l'arrivée dans le service de police. Encourt la cassation l'arrêt qui, pour déclarer irrégulière la mesure de G.A.V., relève que le mineur de 16 ans a été présenté aux policiers par sa mère et qu'étaient réunis à son arrivée au service de police des indices graves laissant présumer sa participation aux faits reprochés, alors qu'aucune pièce de la procédure n'établit que l'intéressé ait été l'objet d'une mesure de contrainte, exercée par les enquêteurs, avant son placement en G.A.V. et qu'il pouvait, dès lors, être entendu par l'O.P.J. préalablement à ce placement.

(Cour de cassation – Chambre criminelle du 25 octobre 2000 – N° de pourvoi : 00-84.726).

• Importation ou exportation sans déclaration de marchandises prohibées... – Garde à vue – Prolongation – Autorisation du procureur de la République – Régularité – Conditions

Contre l'arrêt de la chambre de l'instruction de la cour d'appel de MONTPELLIER, en date du 22/05/2001, qui, dans l'information suivie contre eux des chefs d'importation ou exportation sans déclaration de marchandises prohibées, faux, usage de faux, escroquerie et complicité, a rejeté leur requête en annulation d'actes de la procédure.

Justifie sa décision une chambre de l'instruction qui, pour rejeter l'exception de nullité de la G.A.V., retient qu'une autorisation de prolongation de cette mesure a été accordée par le P.R. avant l'expiration du premier délai de 24 heures et qu'il n'importe que ladite autorisation soit parvenue entre les mains de l'O.P.J. après que ce dernier eut notifié la prolongation à la personne concernée.

(Cour de cassation – Chambre criminelle du 30 octobre 2001 – N° de pourvoi : 01-85.328).

• Abus de confiance aggravé... – Garde à vue – Durée – Prolongation – Non-imputation de la durée d'une précédente audition portant sur les mêmes faits effectuée sans contrainte – Régularité

Contre l'arrêt de la chambre de l'instruction de la cour d'appel de VERSAILLES, en date du 13/06/2001, qui, dans l'information suivie contre lui du chef d'abus de confiance aggravé, abus de faiblesse, prise illégale d'intérêt, a rejeté sa requête en annulation d'actes de la procédure.

Aucune disposition légale n'impose à l'O.P.J. d'imputer, sur la durée d'une mesure de G.A.V. en cours, celle d'une audition, portant sur les mêmes faits, effectuée sans contrainte, fût-elle postérieure à un premier placement en garde à vue.

(Cour de cassation – Chambre criminelle du 31 octobre 2001 – N° de pourvoi : 01-85.341).

• Subornation de témoin – Enquête préliminaire – Présentation sans contrainte au commissariat – Audition – Placement en garde à vue

Contre l'arrêt de la cour d'appel de PARIS, 11e chambre, en date du 05/11/2001, qui, pour subornation de témoin, l'a condamnée à 4 mois d'emprisonnement avec sursis et mise à l'épreuve et a prononcé sur les intérêts civils.

Attendu que, pour rejeter le moyen de nullité pris du caractère tardif du placement en G.A.V., effectué postérieurement à son audition, l'arrêt attaqué relève que Graziella X... s'est présentée sans contrainte au commissariat pour être entendue sur des faits reprochés à 2 de ses fils, que son attitude a conduit les enquêteurs, à l'interroger sur les agissements que lui imputent Amélie Y... et qu'à la suite d'autres auditions, elle a été placée en G.A.V. ;

Attendu qu'en statuant ainsi, et dès lors qu'une personne qui se présente sans contrainte aux services de police peut, au cours d'une enquête préliminaire, être entendue sur les faits qui lui sont imputés avant d'être placée en G.A.V., la cour d'appel a justifié sa décision.

(Cour de cassation – Chambre criminelle du 6 mai 2002 – N° de pourvoi : 01-88.358).

• Infractions à la législation sur les stupéfiants... – Garde à vue – Durée – Gardes à vue successives relatives à des faits distincts – Mesures se succédant immédiatement – Durée maximale de la rétention continue

Contre l'arrêt de la chambre de l'instruction de la cour d'appel de PARIS, en date du 28/11/2003, qui, dans l'information suivie contre eux pour infractions à la législation sur les stupéfiants et association de malfaiteurs, a prononcé sur leurs demandes d'annulation d'actes de la procédure.

Si une personne peut être soumise, à l'occasion de faits distincts, à des mesures de G.A.V. immédiatement successives et indépendantes l'une de l'autre, elle ne peut être retenue de manière continue à la disposition des O.P.J. pendant une période totale excédant la durée maximale de G.A.V. autorisée par la loi. Le dépassement de ce délai porte nécessairement atteinte aux intérêts de la personne concernée.

(Cour de cassation – Chambre criminelle du 17 mars 2004 – N° de pourvoi : 03-87.739).

• Abus de confiance... – Garde à vue – Durée – Gardes à vue successives relatives à des faits distincts – Mesures séparées dans le temps – Durée totale excédant 48 heures – Régularité

Contre l'arrêt de la chambre de l'instruction de la cour d'appel de NIMES, en date du 08/06/2004, qui, dans l'information suivie contre eux des chefs d'abus de confiance, escroquerie, faux et usage, a rejeté leur requête en annulation d'actes de la procédure.

Justifie sa décision la chambre de l'instruction qui, pour refuser d'annuler une mesure de G.A.V. au motif que sa durée, cumulée avec celle d'une 1re mesure effectuée 10 mois auparavant, aurait excédé la durée légale de 48 heures, énonce que le 1er placement était justifié par des soupçons de faux et usage relatifs à un contrat de travail conclu par une association alors que le second visait des soupçons d'abus de confiance, d'escroquerie et de faux et usage commis au sein d'autres associations, que les 2 procédures concernaient des faits distincts et que la seule existence d'un « dénominateur commun « constitué par l'identité des mis en cause ne permettait pas de retenir la notion d'unicité d'affaire.

(Cour de cassation – Chambre criminelle du 2 septembre 2004 – N° de pourvoi : 04-84.010).

• Aide à l'entrée et au séjour irrégulier d'étrangers... – Garde à vue – Placement – Pouvoirs – O.P.J. – Audition en enquête préliminaire d'une personne placée en G.A.V. dans une procédure distincte – Placement en garde à vue distinct – Nécessité *(non)*

Contre l'arrêt de la chambre de l'instruction de la cour d'appel de PARIS, 6e section, en date du 27/06/2006, qui, dans l'information suivie contre lui des chefs d'aide à l'entrée et au séjour irrégulier d'étrangers, commise en bande organisée, blanchiment aggravé, a rejeté sa requête en annulation d'actes de la procédure.

Aucune disposition légale ne fait obligation aux O.P.J. de placer en G.A.V. la personne à l'audition de laquelle ils entendent procéder ou au domicile de laquelle une perquisition doit être effectuée, lorsqu'ils n'ont pris, dans le cadre de l'enquête préliminaire qui leur est confiée, aucune mesure coercitive à l'encontre de cette personne qui se trouve déjà en G.A.V. en exécution d'une commission rogatoire.

(Cour de cassation – Chambre criminelle du 31 octobre 2006 – N° de pourvoi : 06-86.123).

• Viols et agressions sexuelles aggravés – Garde à vue – Juge d'instruction – Prolongation G.A.V. sans présentation préalable de la personne concernée

Contre l'arrêt de la chambre de l'instruction de la cour d'appel de PAU, en date du 16/10/2007, qui, dans l'information suivie contre lui pour viols et agressions sexuelles aggravés, a rejeté sa requête en annulation d'actes de la procédure.

Attendu qu'en l'état des énonciations reproduites au moyen, résultant d'une appréciation souveraine du caractère exceptionnel des circonstances permettant au juge d'instruction de prolonger la G.A.V. sans présentation préalable de la personne concernée, la chambre de l'instruction a justifié sa décision.

(Cour de cassation – Chambre criminelle du 27 février 2008 – N° de pourvoi : 07-88.560).

• Entrave à la circulation – Placement en garde à vue dans le cadre d'une procédure de flagrance – Audition dans une infraction distincte en la forme préliminaire – Faits antérieures – Possibilité cumul entre G.A.V. et audition libre pour des faits dinstincts

Contre l'arrêt de la cour d'appel de NOUMÉA, chambre correctionnelle, en date du 17/07/2007, qui, pour entrave à la circulation, l'a condamné à 100 000 francs CFP d'amende.

Attendu qu'il résulte de l'arrêt attaqué et des pièces de la procédure que Gérard X..., alors qu'il se trouvait placé en G.A.V. depuis le 08/06/2006 à 14 h 05 dans le cadre d'une procédure de flagrance ouverte pour participation à un attroupement armé, a été entendu, le 09/06/2006 à partir de 11 h 30, dans une procédure distincte suivie en la forme préliminaire pour des faits antérieurs d'entrave à la circulation routière ; que l'intéressé n'a été poursuivi devant la juridiction correctionnelle que pour ces derniers faits ;

Attendu que, pour rejeter les exceptions de nullité tirées du défaut de placement en garde à vue du prévenu dans la procédure suivie contre lui pour entrave à la circulation routière, l'arrêt attaqué énonce qu'aucune disposition légale n'interdit que dans le cours de la G.A.V. prise dans un cadre juridique déterminé, le gardé à vue puisse être entendu sur d'autres faits, même antérieurs, faisant l'objet d'enquêtes distinctes, sans être à nouveau placé en G.A.V. pour ces faits ; que les juges ajoutent qu'une nouvelle notification des droits ne s'impose pas dès lors que la personne gardée à vue a été régulièrement informée de la nature des faits sur lesquels porte l'enquête distincte et qu'ainsi les droits de Gérard X... ont été respectés dans le cas d'espèce ;

Mais attendu qu'en se déterminant ainsi, sans répondre à un autre chef des conclusions du prévenu, qui invoquait l'irrégularité de son placement en G.A.V. en l'absence de raisons plausibles de soupçonner sa participation à un attroupement armé, la cour d'appel n'a pas justifié sa décision.

(Cour de cassation – Chambre criminelle du 9 avril 2008 – N° de pourvoi : 07-86.407).

• Travail dissimulé – Garde à vue – Interrogatoire – Audition portant sur d'autres faits – Nouvelle mesure de garde à vue – Nécessité *(non)*

Contre l'arrêt de la cour d'appel de VERSAILLES, 9e chambre, en date du 07/092011, qui, pour travail dissimulé, l'a condamné à 4 mois d'emprisonnement, 8 000 € d'amende et a ordonné une mesure de confiscation.

Une personne gardée à vue peut être entendue, sans qu'il soit nécessaire de prendre une nouvelle mesure de G.A.V., sur des faits autres que ceux à l'origine de cette mesure et qui sont sans incidence sur ses modalités.

(Cour de cassation – Chambre criminelle du 30 octobre 2012 – N° de pourvoi : 11-87.244).

Article 77-1. – Réquisition à personnes qualifiées – Examens techniques ou scientifiques – O.P.J. – A.P.J. ou assistant d'enquête – *(Loi n° 2023-22 du 24 janvier 2023)*

• S'il y a lieu de procéder à des constatations ou à des examens techniques ou scientifiques, le procureur de la République ou, sur autorisation de celui-ci, l'officier ou l'agent de police judiciaire ou, sous le contrôle de ces derniers, l'assistant d'enquête, a recours à toutes personnes qualifiées.

• Les 4 derniers alinéas de l'article 60 sont applicables.

• Le procureur de la République peut, par la voie d'instructions générales prises en application de l'article 39-3, autoriser les officiers ou agents de police judiciaire ou, sous leur contrôle, les assistants d'enquête à requérir toutes personnes qualifiées afin de procéder à des examens médicaux ou psychologiques de la victime ou de procéder à des examens médicaux de la personne suspectée d'avoir commis une des infractions mentionnées à l'article 706-47 ou exigés en application de l'article 706-115. Le procureur est avisé sans délai de ces réquisitions. Ces instructions générales ont une durée qui ne peut excéder 6 mois. Elles peuvent être renouvelées.

• Aucune autorisation n'est nécessaire lorsque l'officier de police judiciaire a recours à une personne qualifiée aux fins :

• 1° De procéder à la comparaison entre une empreinte génétique issue de trace biologique et l'empreinte génétique d'une personne à l'encontre de laquelle il existe une ou plusieurs raisons plausibles de soupçonner qu'elle a commis l'une des infractions mentionnées à l'article 706-55, ou à la comparaison entre plusieurs traces biologiques ;

• 2° De procéder à la comparaison entre une trace digitale ou palmaire et l'empreinte digitale ou palmaire d'une personne à l'encontre de laquelle il existe une ou plusieurs raisons plausibles de soupçonner qu'elle a commis un crime ou un délit, ou à la comparaison entre plusieurs traces digitales ou palmaires.

J **• Infractions à la législation des contributions indirectes – Enquête préliminaire – Perquisition – O.P.J. – Réquisition – Personne qualifiée – Conditions**

Contre l'arrêt de la cour d'appel d'Angers, chambre correctionnelle, en date du 28/02/1995, qui, dans la procédure suivie contre Jean-Louis, Eusèbe, Robert, Christian et Pascal X... pour infractions à la législation des contributions indirectes, après annulation de pièces, a renvoyé les susnommés des fins de la poursuite.

Le recours à des personnes qualifiées prévu par les articles 60 et 77-1 du C.P.P. est subordonné à la double condition que les constatations qu'entend leur confier l'officier de police judiciaire ne puissent être différées et que les personnes ainsi appelées prêtent par écrit le serment d'apporter leur concours à la justice en leur honneur et conscience. Dès lors, c'est à bon droit que les juges prononcent la nullité d'une réquisition adressée à des fonctionnaires des Impôts qui n'ont pas prêté ledit serment, par des officiers de police judiciaire agissant en enquête préliminaire du chef de travail clandestin.

(Cour de cassation – Chambre criminelle du 3 octobre 1996 – N° de pourvoi: 95-83879).

• Contrefaçon de modèles – Enquête préliminaire – Ministère public – Pouvoirs – Désignation d'une personne qualifiée – Constatations ou examen technique – Urgence – Appréciation souveraine

Contre l'arrêt de la chambre d'accusation de la cour d'appel d'Orléans, du 17/10/1996, qui, dans l'information suivie contre lui pour contrefaçon de modèles, a rejeté sa requête en annulation d'actes de la procédure.

Il appartient à la chambre d'accusation, saisie d'une demande en nullité d'un examen technique ordonné par le procureur de la République, en application de l'article 77-1 du C.P.P., d'apprécier souverainement si cet examen pouvait ou non être différé, au regard des circonstances de l'espèce ainsi que des nécessités de l'enquête préliminaire au cours de laquelle il y a été procédé.

(Cour de cassation – Chambre criminelle du 19 mars 1997 – N° de pourvoi: 96-85213).

• Homicide et blessures involontaires – Excès de vitesse et défaut de maîtrise – Enquête préliminaire – Ministère public – Pouvoirs – Constatations ou examens techniques ou scientifiques qui ne peuvent être différés – Désignation d'une personne qualifiée – Limites de son intervention – Interprétation, discussion et appréciation du technicien sur les causes de l'accident – Possibilité *(non)*

X... Michel, contre l'arrêt de la cour d'appel de DOUAI, 6e chambre, en date du 09/05/1995, qui, dans la procédure suivie contre Michel X... pour homicide et blessures involontaires, excès de vitesse et de défaut de maîtrise, a, après annulation partielle d'une pièce de la procédure, relaxé le prévenu du chef d'excès de vitesse, a condamné ce dernier à 15 mois d'emprisonnement avec sursis et à 10000 francs d'amende pour les délits, à 2000 francs de cette même peine pour la contravention de défaut de maitrise, a prononcé la suspension de son permis de conduire pour une durée de 1 an, et a statué sur l'action civile.

Attendu qu'en prononçant ainsi, la cour d'appel n'encourt pas la censure dès lors que les mesures d'ordre techniques que l'article 77-1 du C.P.P. autorise le procureur de la République à mettre en œuvre, et qui échappent aux prévisions de l'article 156 et suivants du même Code relatives à l'expertise, ne s'entendent que des constatations ou examens techniques ou scientifiques destinés à éviter le dépérissement des preuves ou à s'assurer de l'existence des conditions préalables à l'exercice des poursuites; qu'il appartient aux juges du fond d'apprécier souverainement dans quelle mesure les opérations et conclusions de la personne qualifiée requise se rapportent à des constatations ou examens qui ne pouvaient être différés;

Que le moyen ne peut, dès lors, qu'être écarté;

Et attendu que l'arrêt est régulier en la forme;

DECLARE l'action publique ETEINTE, pour la contravention de défaut de maîtrise;

REJETTE les pourvois, pour le surplus.

(Cour de cassation – Chambre criminelle du 21 mai 1997 – N° de pourvoi: 95-84050).

• Viols aggravés – Enquête préliminaire – O.P.J. – Pouvoirs – Désignation d'une personne qualifiée – Conditions

Contre l'arrêt de la chambre d'accusation de la cour d'appel de Montpellier, en date du 29/01/1998, qui l'a renvoyé devant la cour d'assises des Pyrénées-Orientales sous l'accusation de viols aggravés.

L'article 77-1 du C.P.P. ne permet à un officier de police judiciaire, agissant en enquête préliminaire, de recourir à une personne qualifiée en vue de procéder à des constatations ou à des examens techniques ou scientifiques que dans le cas où ils ne peuvent être différés, et sur autorisation du procureur de la République.

Encourt la censure l'arrêt d'une chambre d'accusation qui sans constater la nécessité de ces conditions, déclare régulier l'examen médico-psychologique de la victime d'un viol requis par un officier de police judiciaire.

(Cour de cassation – Chambre criminelle du 14 mai 1998 – N° de pourvoi: 98-81041).

• Vol avec arme – Enquête préliminaire – Ministère public – Pouvoirs – Article du C.P.P. – autorisation donnée aux O.P.J. – Examens techniques ou scientifiques – Autorisation générale et permanente préalable *(non)*

CASSATION sur le pourvoi formé par M. I... O... G..., contre l'arrêt de la chambre de l'instruction de la cour d'appel de LYON, en date du 04/04/2019, qui, dans l'information suivie contre lui du chef de vol avec arme, a prononcé sur sa requête en annulation de pièces de la procédure.

L'autorisation donnée par le procureur de la République aux officiers de police judiciaire de faire procéder à des examens techniques ou scientifiques, prévue par l'article 77-1 du C.P.P., doit être donnée dans le cadre de la procédure d'enquête préliminaire en cours et non par voie d'autorisation générale et permanente préalable. Cette interprétation est commandée par la nécessité de garantir une direction effective des enquêtes préliminaires par le procureur de la République.

(Cour de cassation – Chambre criminelle du 17 décembre 2019 – N° de pourvoi: 19-83574).

• Viol... – Garde à vue – Absence avocat – Procès-verbal

M. [E] [T] a formé des pourvois contre les arrêts de la chambre de l'instruction de la cour d'appel de VERSAILLES (78):

– le 1er, en date du 29/10/2020, qui, dans l'information suivie contre lui des chefs de viol et agression sexuelle aggravés, agression sexuelle et tentative, violations de domicile, a prononcé sur sa demande d'annulation de pièces de la procédure;

– le 2d, en date du 30/06/2022, qui l'a renvoyé devant la cour criminelle des Yvelines.

11. En statuant ainsi, dès lors que l'autorisation que le P.R. peut donner à un O.P.J. pour requérir, sur le fondement de l'article 77-1 du C.P.P., toute personne qualifiée de procéder à des constatations ou à des examens techniques ou scientifiques, si elle doit être donnée dans le cadre de la procédure d'enquête préliminaire en cours et non par voie d'autorisation générale et permanente préalable, n'est soumise à aucune forme particulière, la chambre de l'instruction a fait l'exacte application des texte et principe visés au moyen.

(Cour de cassation – Chambre criminelle du 28 septembre 2022 – N° de pourvoi: 20-86.054 B).

Article 77-1-1. – Réquisitions – Détention de données – O.P.J. – A.P.J. ou assistant d'enquête
– (Loi n° 2023-22 du 24 janvier 2023 + Décision n° 2022-846 DC du 19 janvier 2023)

• Le procureur de la République ou, sur autorisation de celui-ci, l'officier ou l'agent de police judiciaire ou, dans le cas prévu au 3° de l'article 21-3 et sous le contrôle de ces derniers, l'assistant d'enquête, peut, par tout moyen, requérir de toute personne, de tout établissement ou organisme privé ou public ou de toute administration publique qui sont susceptibles de détenir des informations intéressant l'enquête, y compris, sous réserve de l'article 60-1-2, celles issues d'un système informatique ou d'un traitement de données nominatives, de lui remettre ces informations, notamment sous forme numérique, le cas échéant selon des normes fixées par voie réglementaire, sans que puisse lui être opposée, sans motif légitime, l'obligation au secret professionnel. Lorsque les réquisitions concernent des personnes mentionnées aux articles 56-1 à 56-5, la remise des informations ne peut intervenir qu'avec leur accord.

• En cas d'absence de réponse de la personne aux réquisitions, les dispositions du 2d alinéa de l'article 60-1 sont applicables.

• Le dernier alinéa de l'article 60-1 et l'article 60-1-1 sont également applicables.

• Sans préjudice des instructions et des autorisations particulières pouvant être données pour une procédure déterminée, les réquisitions prévues au présent article peuvent faire l'objet d'autorisations du procureur de la République résultant d'instructions générales prises en application de l'article 39-3 et concernant des crimes ou délits punis d'une peine d'emprisonnement, limitativement énumérés par ce magistrat, lorsqu'elles sont nécessaires à la manifestation de la vérité et ont pour objet :

• 1° La remise d'enregistrements issus d'un système de vidéoprotection concernant les lieux dans lesquels l'infraction a été commise ou les lieux dans lesquels seraient susceptibles de se trouver ou de s'être trouvées les personnes contre lesquelles il existe une ou plusieurs raisons plausibles de soupçonner qu'elles ont commis ou tenté de commettre ladite infraction ;

• 2° La recherche des comptes bancaires dont est titulaire une personne contre laquelle il existe une ou plusieurs raisons plausibles de soupçonner qu'elle a commis ou tenté de commettre l'infraction, ainsi que le solde de ces comptes ;

• 3° La fourniture de listes de salariés, de collaborateurs, de personnels et de prestataires de services de sociétés de droit privé ou public, lorsque l'enquête porte sur les délits prévus aux articles L. 8224-1 et L. 8224-2 du Code du travail ;

• 4° La remise de données relatives à l'état civil, aux documents d'identité et aux titres de séjour concernant la personne contre laquelle il existe une ou plusieurs raisons plausibles de soupçonner qu'elle a commis ou tenté de commettre l'infraction ;

• 5° La remise de données relatives à la lecture automatisée de plaques d'immatriculation, lorsque l'infraction a été commise en utilisant un véhicule et que ces données sont susceptibles de permettre de localiser une personne contre laquelle il existe une ou plusieurs raisons plausibles de soupçonner qu'elle a commis ou tenté de commettre l'infraction.

• Ces instructions générales précisent les réquisitions autorisées selon les infractions retenues, au regard de la nature ou de la gravité de celles-ci. Leur durée ne peut excéder 6 mois. Le procureur de la République peut les renouveler pour une même durée, les modifier ou y mettre fin avant leur terme. Il est immédiatement avisé de la délivrance des réquisitions réalisées en application de ses instructions générales. Cet avis précise les infractions pour lesquelles la réquisition a été établie. Le procureur de la République peut ordonner que cette réquisition soit rapportée.

[J] • **Réquisition – Enquête préliminaire – Numéro de téléphone – Identification – Procureur de la République – Autorisation – Forme.** – *Selon la Cour de cassation, l'article 77-1-1 du C.P.P. ne soumet cette autorisation à aucune forme particulière, ni n'impose la présence d'aucune indication verbale ou écrite d'un magistrat du parquet dans les pièces de procédure* (Cass. CRIM. du 23 mai 2006 – Bull. crim. 2006, n° 139).

• **Presse – Procédure – Instruction – Réquisitions tendant à déterminer les lignes téléphoniques attribuées à des journalistes et les factures détaillées correspondantes – Annulation pour atteinte au secret des sources journalistiques – Conditions.**

Il résulte des dispositions des articles 10 de la Convention européenne des droits de l'homme et 2 de la loi du 29 juillet 1881 que le secret des sources des journalistes est protégé dans l'exercice de leur mission d'information du public et qu'il ne peut être porté atteinte directement ou indirectement à ce secret que si un impératif prépondérant d'intérêt public le justifie et si les mesures envisagées sont strictement nécessaires et proportionnées au but légitime poursuivi.

Ne justifie pas sa décision au regard de ces dispositions l'arrêt d'une chambre de l'instruction qui prononce l'annulation des réquisitions prises à l'occasion d'une information ouverte du chef de violation du secret de l'instruction et tendant à l'exécution d'investigations destinées à déterminer les lignes téléphoniques attribuées à des journalistes et les facturations détaillées correspondant à ces lignes, sans s'expliquer suffisamment sur l'absence d'impératif prépondérant d'intérêt public pouvant justifier les mesures alors que la violation du secret de l'instruction invoquée imposait de rechercher les auteurs de cette infraction ayant porté atteinte à la présomption d'innocence, ni caractériser l'absence de nécessité et de proportionna-

lité desdites mesures, tout en faisant, à tort, référence à l'obligation, pour procéder aux réquisitions en cause, d'obtenir un accord des journalistes qui n'était pas en l'espèce nécessaire, ces professionnels n'étant pas directement requis de fournir des informations.

(Cass. CRIM. du 14 mai 2013 – N° de pourvoi : 11-86626)

• Juridictions correctionnelles – Saisine – Convocation en justice – Diligences de l'officier ou agent de police judiciaire – Recherche adresse – Interrogation d'une caisse d'allocations familiales.

Il résulte de la combinaison des articles 390, 390-1 et 555 du Code de procédure pénale que l'officier ou agent de police judiciaire chargé, sur instructions du procureur de la République, de notifier une convocation en justice à un prévenu doit, de sa propre initiative, faire toutes diligences pour parvenir à la délivrance de cet acte à la personne de son destinataire.

Cette notification ne constituant pas un acte d'enquête, les dispositions de l'article 77-1-1 du Code de procédure pénale ne lui sont pas applicables.

Encourt donc la censure l'arrêt qui annule la convocation délivrée au motif que la consultation de la caisse d'allocations familiales, aux fins de communication de l'adresse du prévenu, aurait dû être préalablement autorisée par le procureur de la République.

(Cass. CRIM. du 29 mai 2013 – N° de pourvoi : 12-82033)

• Géolocalisation – Procédure – Nullité – Qualité pour s'en prévaloir – Tiers – Condition

CASSATION PARTIELLE et désignation de juridiction sur les pourvois formés par M. Abdelmalek Y..., M. Hocine Z..., contre l'arrêt de la chambre de l'instruction de la cour d'appel de Riom, en date du 1er août 2017, qui, dans l'information suivie contre eux des chefs d'infractions à la législation sur les stupéfiants et infractions à la législation sur les armes, a prononcé sur leur demande en annulation de pièces de la procédure AR;

Attendu que les demandeurs ne sauraient reprocher à la chambre de l'instruction de s'être ainsi prononcée dès lors qu'il ressort des pièces de la procédure, dont la Cour de cassation a le contrôle, qu'ils ne justifient pas avoir établi, ni même allégué, devant la chambre de l'instruction, avoir été les titulaires ou les utilisateurs des lignes objet des réquisitions, ni, à partir des pièces de la procédure soumises à l'examen de cette juridiction, qu'il aurait été porté atteinte, à l'occasion des investigations litigieuses, à leur vie privée;

D'où il suit que la cassation est encourue;

Par ces motifs, et sans qu'il y ait lieu d'examiner le 3e moyen de cassation proposé :

CASSE et ANNULE l'arrêt susvisé de la chambre de l'instruction de la cour d'appel de Riom, en date du 1er août 2017, mais en ses seules dispositions relatives à la régularité des géolocalisations des véhicules immatriculés [...] et [...] , toutes autres dispositions étant expressément maintenues;

Et pour qu'il soit à nouveau statué, conformément à la loi, dans les limites de la cassation ainsi prononcée;

RENVOIE la cause et les parties devant la chambre de l'instruction de la cour d'appel de Lyon, à ce désignée par délibération spéciale prise en chambre du conseil DAR;

ORDONNE l'impression du présent arrêt, sa transcription sur les registres du greffe de la cour d'appel de Riom et sa mention en marge ou à la suite de l'arrêt partiellement annulé;

Résumé : La méconnaissance des formalités substantielles régissant la géolocalisation peut être invoquée à l'appui d'une demande d'annulation d'actes ou de pièces de procédure par la partie titulaire d'un droit sur le véhicule géolocalisé ou qui établit, hors le cas d'un véhicule volé et faussement immatriculé, qu'il a, à l'occasion d'une telle investigation, été porté atteinte à sa vie privée. Doit être censuré l'arrêt d'une chambre de l'instruction qui, pour écarter l'argumentation du requérant tendant à contester la régularité de la géolocalisation de véhicules par l'intermédiaire desquelles il avait lui-même été géolocalisé, en sorte qu'il avait été porté atteinte à sa vie privée, retient que l'intéressé ne peut se prévaloir d'aucun droit sur ces véhicules, qui appartiennent à des tiers, alors qu'il n'était pas reproché à l'intéressé d'avoir pris place dans un véhicule volé et faussement immatriculé

(Cour de cassation – Chambre criminelle du 27 mars 2018 – N° de pourvoi : 17-85603).

• Fichiers et libertés publiques – Fichiers ou traitements informatiques – Fichier de lecture automatisée des plaques d'immatriculation – Consultation – Agents habilités – Mention – Défaut – Portée

Contre l'arrêt de la chambre de l'instruction de la cour d'appel de Riom, en date du 10/07/2018, qui, dans l'information suivie contre lui du chef d'infractions à la législation sur les stupéfiants, a prononcé sur sa demande d'annulation de pièces de la procédure;

Attendu qu'il résulte de l'arrêt attaqué et des pièces de la procédure que le 20/05/2017, M. Mohamed P... a été mis en examen et placé en détention du chef d'infractions à la législation sur les stupéfiants; que le 20/11 suivant, il a présenté une requête en nullité portant, d'une part, sur la géolocalisation du véhicule Audi A3 qu'il utilisait, d'autre part, sur la consultation du fichier de lecture automatisé des plaques d'immatriculation (LAPI);

Dès lors que seuls peuvent accéder au traitement automatisé de contrôle des données signalétiques des véhicules collectées par les dispositifs fixes ou mobiles, prévu par l'article L. 233-1 du C.S.I., soit les agents régulièrement habilités au sens des articles L. 232-3 et L. 234-2 de ce code, soit les enquêteurs autorisés par le PR, pour les besoins d'une procédure pénale, en vertu d'une réquisition prise à cette fin en application de l'article 77-1-1 du C.P.P., doit figurer au dossier de la procédure le document établissant que l'accès au fichier de lecture automatisée des plaques d'immatriculation (LAPI) a été le fait de l'un des agents ou enquêteurs précités.

(Cour de cassation – Chambre criminelle du 19 février 2019 – N° de pourvoi : 18-84671).

• Infractions à la législation sur les stupéfiants et association de malfaiteurs – Enquête préliminaire– Recours au système de lecture automatisée des plaques d'immatriculation – Personnes habilitées – Précision du ministère public de la consultation – Défaut – Portée

CASSATION SANS RENVOI sur les pourvois formés par M. S... V... , M. C... B... , contre l'arrêt de la chambre de l'instruction de la cour d'appel de NIMES, en date du 17/06/2019, qui, dans la procédure suivie contre eux des chefs d'infractions à la législation sur les stupéfiants et association de malfaiteurs, a prononcé sur leur demande d'annulation d'actes de la procédure.

La consultation du système de lecture automatisée des plaques d'immatriculation (dit LAPI) est régulière dès lors qu'elle est effectuée par un agent régulièrement habilité ou par une personne requise à cette fin par un enquêteur autorisé par le procureur de la République en application de l'article 77-1-1 du C.P.P., peu important que l'autorisation du ministère public ne vise pas spécifiquement la consultation dudit fichier.

(Cour de cassation – Chambre criminelle du 10 décembre 2019 – N° de pourvoi : 19-84141).

Article 77-1-2. – Réquisitions – Systèmes informatiques ou traitements de données nominatives – O.P.J. ou A.P.J. – *(Loi n° 2022-299 du 2 mars 2022 + Décision n° 2021-952 QPC du 3 décembre 2021)*

• Sur autorisation du procureur de la République, l'officier ou l'agent de police judiciaire peut procéder aux réquisitions prévues par le 1er alinéa de l'article 60-2 sous réserve de l'article 60-1-2.

• Sur autorisation du juge des libertés et de la détention saisi à cette fin par le procureur de la République, l'officier ou l'agent de police peut procéder aux réquisitions prévues par le 2e alinéa de l'article 60-2.

• Les organismes ou personnes concernés mettent à disposition les informations requises par voie télématique ou informatique dans les meilleurs délais.

• Le fait de refuser de répondre sans motif légitime à ces réquisitions est puni conformément aux dispositions du 4e alinéa de l'article 60-2.

Nota: Par une décision n° 2021-952 QPC du 03/12/2021, le Conseil constitutionnel a déclaré contraires à la Constitution les mots «, y compris celles issues d'un système informatique ou d'un traitement de données nominatives, «figurant à la 1re phrase du 1er alinéa de l'article 77-1-1 du C.P.P., dans sa rédaction résultant de la loi n° 2020-1672 du 24 décembre 2020 relative au Parquet européen, à la justice environnementale et à la justice pénale spécialisée, et «aux réquisitions prévues par le 1er alinéa de l'article 60-2 «figurant au 1er alinéa de l'article 77-1-2 du même code, dans sa rédaction résultant de la loi n° 2019-222 du 23/03/2019 de programmation 2018-2022 et de réforme pour la justice. L'abrogation de ces dispositions est toutefois reportée au 31/12/2022. Les mesures prises avant cette date en application des dispositions déclarées contraires à la Constitution ne peuvent être contestées sur le fondement de cette inconstitutionnalité.

[J] **•Infractions à la législation sur les stupéfiants – Procureur de la République – Enquête préliminaire – Réquisitions – PNIJ – Aucun formalisme particulier**

M. L... S... a formé des pourvois contre l'arrêt de la chambre de l'instruction de la cour d'appel d'AIX-EN-PROVENCE (13), en date du 21/09/2020, qui, dans l'information suivie contre lui du chef d'infractions à la législation sur les stupéfiants, a prononcé sur sa requête en nullité de pièces de la procédure.

7. Pour écarter le moyen pris de l'absence de preuve de l'autorisation donnée aux enquêteurs par le P.R. d'adresser des réquisitions à la PNIJ, en application de l'article 77-1-2 du C.P.P., l'arrêt relève qu'en mentionnant dans le cadre « Magistrat » des formulaires de réquisition le nom d'un vice-P.R., l'enquêteur a indiqué agir en conformité avec les prescriptions du C.P.P., c'est-à-dire avec l'autorisation préalable de ce magistrat, dont il doit être rappelé qu'elle n'est soumise à aucun formalisme.

(Cour de cassation – Chambre criminelle du 30 mars 2021 – N° de pourvoi: 20-85.556).

Article 77-1-3. – Réquisition à personnes qualifiées – O.P.J. – A.P.J. – *(Loi n° 2023-22 du 24 janvier 2023)*

• Sur autorisation du procureur de la République, l'officier ou l'agent de police judiciaire peut procéder aux réquisitions prévues à l'article 60-3.

• Le 2d alinéa du même article 60-3 est applicable.

Article 77-2. – Procureur de la République – Partie du dossier de la procédure – Observations... – *(Loi n° 2021-1729 du 22 décembre 2021)*

• **I.** – À tout moment de l'enquête préliminaire, le procureur de la République peut, lorsqu'il estime que cette décision ne risque pas de porter atteinte à l'efficacité des investigations, indiquer à la personne mise en cause, à la victime ou à leurs avocats qu'une copie de tout ou partie du dossier de la procédure est mise à la disposition de leurs avocats, ou à leur disposition si elles ne sont pas assistées par un avocat, et qu'elles ont la possibilité de formuler toutes observations qui leur paraîtraient utiles.

• Ces observations peuvent notamment porter sur la régularité de la procédure, sur la qualification des faits pouvant être retenue, sur le caractère éventuellement insuffisant de l'enquête, sur la nécessité de procéder à de nouveaux actes qui seraient nécessaires à la manifestation de la vérité et sur les modalités d'engagement éventuel des poursuites ou le recours éventuel à la procédure de comparution sur reconnaissance préalable de culpabilité.

• **II.** – Sans préjudice du I, toute personne à l'encontre de laquelle il existe une ou plusieurs raisons plausibles de soupçonner qu'elle a commis ou tenté de commettre, en tant qu'auteur ou complice, une infraction punie d'une peine privative de liberté peut demander au procureur de la République, par lettre recommandée avec demande d'avis de réception ou par déclaration au greffe contre récépissé, de prendre connaissance du dossier de la procédure afin de formuler ses observations lorsqu'au moins l'une des conditions suivantes est remplie:

• 1° Si la personne a été interrogée dans le cadre d'une audition libre ou d'une garde à vue qui s'est tenue il y a plus d'un an;

• 2° S'il a été procédé à une perquisition chez la personne il y a plus d'un an;

• 3° S'il a été porté atteinte à la présomption d'innocence de la personne par un moyen de communication au public. Le présent 3° n'est pas applicable lorsque les révélations émanent de la personne elle-même ou de son avocat, directement ou indirectement, ou que l'enquête porte sur des faits relevant des articles 706-73 ou 706-73-1 ou relevant de la compétence du procureur de la République antiterroriste.

• Lorsqu'une telle demande lui a été présentée et qu'il estime qu'il existe à l'encontre de la personne une ou plusieurs raisons plausibles de soupçonner qu'elle a commis ou tenté de commettre, en tant qu'auteur ou complice, une infraction punie d'une peine privative de liberté, le procureur de la République avise cette personne ou son avocat de la mise à la disposition de son avocat, ou à sa disposition si elle n'est pas assistée par un avocat, d'une copie de la procédure et de la possibilité de formuler les observations prévues au I du présent article, selon les formes mentionnées au premier alinéa du présent II.

• Par dérogation au 5e alinéa du présent II et pour une durée maximale de 6 mois à compter de la réception de la demande, le procureur de la République peut refuser à la personne la communication de tout ou partie de la procédure si l'enquête est toujours en cours et si cette communication risque de porter atteinte à l'efficacité des investigations. Il statue dans un délai d'un mois à compter de la réception de la demande, par une décision motivée versée au dossier. À défaut, le silence vaut refus de communication. La personne à l'origine de la demande peut contester un refus devant le procureur général, qui statue également dans un délai d'un mois à compter de sa saisine, par une décision motivée versée au dossier. Lorsque l'enquête porte sur des crimes ou délits mentionnés aux articles 706-73 ou 706-73-1 ou relevant de la compétence du procureur de la République antiterroriste, le délai de 6 mois prévu au présent alinéa est porté à un an.

• Dans la période d'un mois qui suit la réception de la demande, le procureur de la République ne peut prendre aucune décision de poursuites hors l'ouverture d'une information, l'application de l'article 393 ou le recours à la procédure de comparution sur reconnaissance préalable de culpabilité prévue aux articles 495-7 à 495-13.

• Le procureur de la République peut décider de ne pas mettre à la disposition de la personne certaines pièces de la procédure en raison des risques de pression sur les victimes, les autres personnes mises en cause, leurs avocats, les témoins, les enquêteurs, les experts ou toute autre personne concourant à la procédure.

• **III.** – Lorsqu'une enquête préliminaire fait l'objet d'une demande de communication dans les conditions prévues au II, la victime, si elle a porté plainte, est avisée par le procureur de la République qu'elle dispose des droits prévus au I dans les mêmes conditions que la personne à l'origine de la demande.

• **IV.** – Les observations formulées en application du présent article sont versées au dossier de la procédure. Le procureur de la République apprécie les suites à apporter à ces observations. Il en informe les personnes concernées. S'il refuse de procéder à un acte demandé, sa décision peut être contestée devant le procureur général.

• **V.** – Lorsqu'une période de 2 ans s'est écoulée après l'un des actes mentionnés aux 1° et 2° du II, l'enquête préliminaire ne peut se poursuivre à l'égard des personnes ayant fait l'objet de l'un de ces actes et à l'encontre desquelles il existe une ou plusieurs raisons plausibles de soupçonner qu'elles ont commis ou tenté de commettre, en tant qu'auteurs ou complices, une infraction sans que le procureur de la République fasse application du I à leur profit ainsi qu'à celui du plaignant.

Article 77-3. – Transmission de la demande au Procureur de la République – *(Loi n° 2021-1729 du 22 décembre 2021)*

• La demande mentionnée au II de l'article 77-2 est faite au procureur de la République sous la direction duquel l'enquête est menée. À défaut, si cette information n'est pas connue de la personne, elle peut être adressée au procureur de la République du tribunal judiciaire dans le ressort duquel l'un des actes mentionnés au même article a été réalisé, qui la transmet sans délai au procureur de la République qui dirige l'enquête.

Article 77-4. – Mandat de recherche – *(Loi n° 2004-204 du 9 mars 2004)*

• Si les nécessités de l'enquête portant sur un crime ou un délit puni d'au moins trois ans d'emprisonnement l'exigent, le procureur de la République peut décerner mandat de recherche contre toute personne à l'encontre de laquelle il existe une ou plusieurs raisons plausibles de soupçonner qu'elle a commis ou tenté de commettre l'infraction.

• Les dispositions des deuxième et troisième alinéas de l'article 70 sont alors applicables.

V • Code de procédure pénale – art. 70 – Modalités de l'exécution du mandat de recherche.

Article 78. – O.P.J. – Convocation – Nécessités de l'enquête – *(Loi n° 2016-731 du 3 juin 2016)*

• Les personnes convoquées par un officier de police judiciaire pour les nécessités de l'enquête sont tenues de comparaître. L'officier de police judiciaire peut contraindre à comparaître par la force publique, avec l'autorisation préalable du procureur de la République, les personnes qui n'ont pas répondu à une convocation à comparaître ou dont on peut craindre qu'elles ne répondent pas à une telle convocation. Le procureur de la République peut également autoriser la comparution par la force publique sans convocation préalable en cas de risque de modification des preuves ou indices matériels, de pressions sur les témoins ou les victimes ainsi que sur leur famille ou leurs proches, ou de concertation entre les coauteurs ou complices de l'infraction.

• L'article 62 est applicable.

• L'officier de police judiciaire dresse procès-verbal de leurs déclarations. Les agents de police judiciaire désignés à l'article 20 peuvent également, sous le contrôle d'un officier de police judiciaire, entendre les personnes convoquées.

• Les procès-verbaux sont dressés dans les conditions prévues par les articles 61 et 62-1.

QPC • **Question Prioritaire de Constitutionnalité – Respect des droits de la défense – Audition – Information.**

Le respect des droits de la défense exige qu'une personne à l'encontre de laquelle il apparaît, avant son audition ou au cours de celle-ci, qu'il existe des raisons plausibles de soupçonner qu'elle a commis ou tenté de commettre une infraction ne puisse être entendue ou continuer à être entendue librement par les enquêteurs que si elle a été informée de la nature et de la date de l'infraction qu'on la soupçonne d'avoir commise et de son droit de quitter à tout moment les locaux de police ou de gendarmerie; que, sous cette réserve applicable aux auditions réalisées postérieurement à la publication de la présente décision, les dispositions du premier alinéa de l'article 78 du Code de procédure pénale ne méconnaissent pas les droits de la défense.

(Décision n° 2012-257 QPC du 18 juin 2012)

J • **Enquête préliminaire – Officier de police judiciaire – Pouvoirs – Comparution forcée – Régularité – Conditions – Détermination – Portée**

Contre l'arrêt de la cour d'appel de Caen, chambre correctionnelle, en date du 18 mars 2016, qui a relaxé M. Sébastien X... du chef d'infraction à la législation sur les stupéfiants, après avoir prononcé sur une exception de nullité;

Attendu qu'il résulte de l'arrêt attaqué et des pièces de procédure que, dans le cadre d'une enquête préliminaire, le procureur de la République a délivré oralement une autorisation de comparution sous la contrainte visant Mme Y..., soupçonnée d'avoir participé à des faits de violence avec arme; que, munis de cette autorisation, les policiers se sont rendus au domicile de M. X..., lequel était susceptible d'héberger Mme Y...; qu'en l'absence de tout occupant, ils sont entrés dans les lieux après avoir fracturé deux fenêtres puis sont montés au grenier où ils ont découvert des pieds de cannabis; qu'à son retour, M. X... a été placé en garde à vue; qu'il a ensuite été poursuivi pour détention et usage de stupéfiants; que le tribunal a jugé irrégulière l'entrée des policiers dans le domicile du prévenu et a annulé l'ensemble de la procédure par un jugement dont le procureur de la République a fait appel;

Attendu que, pour annuler la procédure et renvoyer en conséquence M. X... des fins de la poursuite, l'arrêt énonce qu'à supposer que l'autorisation de comparaître par la contrainte ait été délivrée dans le respect des conditions prévues à l'article 78 du Code de procédure pénale, elle ne permettait pas aux policiers de pénétrer en son absence et par effraction dans le domicile d'un tiers susceptible d'héberger la personne recherchée;

Attendu qu'en l'état de ces motifs, la cour d'appel a justifié sa décision;

Qu'en effet, l'article 78 du Code de procédure pénale ne permet pas à l'officier de police judiciaire, autorisé par le procureur de la République à contraindre une personne à comparaître par la force publique, de pénétrer de force dans un domicile, une telle atteinte à la vie privée ne pouvant résulter que de dispositions légales spécifiques confiant à un juge le soin d'en apprécier préalablement la nécessité;

D'où il suit que le moyen doit être écarté;

Et attendu que l'arrêt est régulier en la forme;

REJETTE le pourvoi.

Résumé: L'article 78 du Code de procédure pénale ne permet pas à l'officier de police judiciaire, préalablement autorisé par le procureur de la République, à contraindre une personne à comparaître par la force publique, de pénétrer par effraction dans un domicile, une telle atteinte à la vie privée ne pouvant résulter que de dispositions légales spécifiques confiant à un juge le soin d'en apprécier préalablement la nécessité. Doit en conséquence être rejeté le pourvoi formé par le procureur général contre un arrêt qui, pour annuler la procédure intentée contre une personne au domicile de laquelle du cannabis a été découvert, et relaxer en conséquence cette dernière du chef d'infraction à la législation sur les stupéfiants, relève que cette découverte a été faite par des policiers qui, munis d'un ordre de comparution visant un tiers susceptible d'être hébergée par le prévenu, sont entrés par effraction au domicile de ce dernier, qui était alors absent.

(Cour de cassation – Chambre criminelle du 22 février 2017 – N° de pourvoi: 16-82412).

• **Appels téléphoniques malveillants – Envois de messages malveillants – Communications électroniques réitérés – O.P.J. – Enquête préliminaire – Autorisation comparution sous contrainte – Pénétration de force dans un domicile**

Contre l'arrêt de la cour d'appel de CAEN, chambre correctionnelle, en date du 04/06/2018, qui, pour appels téléphoniques malveillants et envois de messages malveillants par voie de communications électroniques réitérés, l'a condamnée à 3 mois d'emprisonnement avec sursis et mise à l'épreuve et a prononcé sur les intérêts civils;

Vu l'article 78 du code de procédure pénale;

Attendu qu'il se déduit de ce texte qu'il n'appartient pas à l'officier de police judiciaire, autorisé par le procureur de la République à contraindre une personne à comparaître par la force publique, de pénétrer de force dans un domicile, une telle atteinte à la vie privée ne pouvant résulter que de dispositions légales spécifiques confiant à un juge le soin d'en apprécier préalablement la nécessité;

Attendu qu'il résulte de l'arrêt attaqué et des pièces de procédure que, dans le cadre d'une enquête préliminaire, le procureur de la République a délivré une autorisation de comparution sous la contrainte visant Mme E..., soupçonnée d'appels téléphoniques et de messages électroniques malveillants et réitérés, qui ne s'était pas présentée à une précédente convocation écrite; que, se trouvant à son domicile, les policiers ont constaté que Mme E... ne répondait pas à leur demande d'ouverture de la porte; qu'ayant aperçu un homme regardant par la fenêtre de l'intéressée, en l'absence de réponse à leur nouvelle demande d'ouverture, ils ont pris l'initiative de défoncer la porte d'entrée du domicile à l'aide d'un bélier; que, présente dans les lieux, Mme E... a été placée en garde à vue; que poursuivie des chefs susvisés, le tribunal correctionnel de Caen a jugé irrégulière la pénétration des policiers dans le domicile de la prévenue et a annulé les procès-verbaux d'interpellation, de garde à vue et d'audition de Mme E… et l'a déclarée coupable de certains des faits reprochés; que la prévenue, le procureur de la République et les parties civiles ont interjeté appel de cette décision;

Attendu que pour rejeter l'exception de nullité de la mesure de garde à vue du 03/10/2016 et condamner Mme E… des chefs susvisés, l'arrêt retient que les policiers avaient à juste titre fait usage de la force pour défoncer la porte après avoir constaté la présence d'au moins une personne dans l'appartement de Mme E…, qui restait silencieuse;

Mais attendu qu'en prononçant ainsi, la cour d'appel a méconnu le texte susvisé et le principe sus-énoncé;

D'où il suit que la cassation est encourue;

Par ces motifs:

CASSE et ANNULE, en toutes ses dispositions, l'arrêt susvisé de la cour d'appel de Caen, en date du 04/06/2018, et pour qu'il soit à nouveau jugé, conformément à la loi,

RENVOIE la cause et les parties devant la cour d'appel de Rouen, à ce désignée par délibération spéciale prise en chambre du conseil;

ORDONNE l'impression du présent arrêt, sa transcription sur les registres du greffe de la cour d'appel de Caen et sa mention en marge ou à la suite de l'arrêt annulé.

(Cour de cassation – Chambre criminelle du 18 septembre 2019 – N° de pourvoi: 18-84885).

CHAPITRE III

Des contrôles, des vérifications et des relevés d'identité

Article 78-1. – Contrôle d'identité – *(Loi n° 99-291 du 15 avril 1999)*

• L'application des règles prévues par le présent chapitre est soumise au contrôle des autorités judiciaires mentionnées aux articles 12 et 13.

• Toute personne se trouvant sur le territoire national doit accepter de se prêter à un contrôle d'identité effectué dans les conditions et par les autorités de police visées aux articles suivants.

Article 78-2. – Conditions d'un contrôle d'identité – *(Loi n° 2018-778 du 10 septembre 2018 + Décision n° 2022-1025 QPC du 25 novembre 2022)*

• Les officiers de police judiciaire et, sur l'ordre et sous la responsabilité de ceux-ci, les agents de police judiciaire et agents de police judiciaire adjoints mentionnés aux articles 20 et 21-1° peuvent inviter à justifier, par tout moyen, de son identité toute personne à l'égard de laquelle existe une ou plusieurs raisons plausibles de soupçonner:

• – qu'elle a commis ou tenté de commettre une infraction;

• – ou qu'elle se prépare à commettre un crime ou un délit;

• – ou qu'elle est susceptible de fournir des renseignements utiles à l'enquête en cas de crime ou de délit;

• – ou qu'elle a violé les obligations ou interdictions auxquelles elle est soumise dans le cadre d'un contrôle judiciaire, d'une mesure d'assignation à résidence avec surveillance électronique, d'une peine ou d'une mesure suivie par le juge de l'application des peines;

• – ou qu'elle fait l'objet de recherches ordonnées par une autorité judiciaire.

• Sur réquisitions écrites du procureur de la République aux fins de recherche et de poursuite d'infractions qu'il précise, l'identité de toute personne peut être également contrôlée, selon les mêmes modalités, dans les lieux et pour une période de temps déterminés par ce magistrat. Le fait que le contrôle d'identité révèle des infractions autres que celles visées dans les réquisitions du procureur de la République ne constitue pas une cause de nullité des procédures incidentes.

• L'identité de toute personne, quel que soit son comportement, peut également être contrôlée, selon les modalités prévues au 1er alinéa, pour prévenir une atteinte à l'ordre public, notamment à la sécurité des personnes ou des biens.

• Dans une zone comprise entre la frontière terrestre de la France avec les États parties à la convention signée à Schengen le 19 juin 1990 et une ligne tracée à 20 kilomètres en deçà, ainsi que dans les zones accessibles au public des ports, aéroports et gares ferroviaires ou routières ouverts au trafic international et désignés par arrêté et aux abords de ces gares, pour la prévention et la recherche des infractions liées à la criminalité transfrontalière, l'identité de toute personne peut également être contrôlée, selon les modalités prévues au 1er alinéa, en vue de vérifier le respect des obligations de détention, de port et de présentation des titres et documents prévues par la loi. Lorsque ce contrôle a lieu à bord d'un train effectuant une liaison internationale, il peut être opéré sur la portion du trajet entre la frontière et le 1er arrêt qui se situe au-delà des 20 kilomètres de la frontière. Toutefois, sur celles des lignes ferroviaires effectuant une liaison internationale et présentant des caractéristiques particulières de desserte, le contrôle peut également être opéré entre cet arrêt et un arrêt situé dans la limite des 50 kilomètres suivants. Ces lignes et ces arrêts sont désignés par arrêté ministériel. Lorsqu'il existe une section autoroutière démarrant dans la zone mentionnée à la 1re phrase du présent alinéa et que le 1er péage autoroutier se situe au-delà de la ligne des 20 kilomètres, le contrôle peut en outre avoir lieu jusqu'à ce 1er péage sur les aires de stationnement ainsi que sur le lieu de ce péage et les aires de stationnement attenantes. Les péages concernés par cette disposition sont désignés par arrêté. Le fait que le contrôle d'identité révèle une infraction autre que celle de non-respect des obligations susvisées ne constitue pas une cause de nullité des procédures incidentes. Pour l'application du présent alinéa, le contrôle des obligations de détention, de port et de présentation des titres et documents prévus par la loi ne peut être pratiqué que pour une durée n'excédant pas 12 heures consécutives dans un même lieu et ne peut consister en un contrôle systématique des personnes présentes ou circulant dans les zones ou lieux mentionnés au même alinéa.

• Dans un rayon maximal de 10 kilomètres autour des ports et aéroports constituant des points de passage frontaliers au sens de l'article 2 du règlement *(UE)* 2016/399 du Parlement européen et du Conseil du 9 mars 2016 concernant un code de l'Union relatif au régime de franchissement des frontières par les personnes *(code frontières Schengen)*, désignés par arrêté en raison de l'importance de leur fréquentation et de leur vulnérabilité, l'identité de toute personne peut être contrôlée, pour la recherche et la prévention des infractions liées à la criminalité transfrontalière, selon les modalités prévues au 1er alinéa du présent article, en vue de vérifier le respect des obligations de détention, de port et de présentation des titres et documents prévus par la loi. L'arrêté mentionné à la 1re phrase du présent alinéa fixe le rayon autour du point de passage frontalier dans la limite duquel les contrôles peuvent être effectués. Lorsqu'il existe une section autoroutière commençant dans la zone mentionnée à la même 1re phrase et que le 1er péage autoroutier se situe au-delà des limites de cette zone, le contrôle peut en outre avoir lieu jusqu'à ce 1er péage sur les aires de stationnement ainsi que sur le lieu de ce péage et les aires de stationnement attenantes. Les péages concernés par cette disposition sont désignés par arrêté. Le fait que le contrôle d'identité révèle une infraction autre que celle de non-respect des obligations susmentionnées ne constitue pas une cause de nullité des procédures incidentes. Pour l'application du présent alinéa, le contrôle des obligations de détention, de port et de présentation des titres et documents prévus par la loi ne peut être pratiqué que pour une durée n'excédant pas 12 heures consécutives dans un même lieu et ne peut consister en un contrôle systématique des personnes présentes ou circulant dans les zones mentionnées au présent alinéa.

• Dans une zone comprise entre les frontières terrestres ou le littoral du département de la Guyane et une ligne tracée à 20 kilomètres en-deçà, et sur une ligne tracée à 5 kilomètres de part et d'autre, ainsi que sur la route nationale 2 sur le territoire de la commune de Régina, l'identité de toute personne peut être contrôlée, selon les modalités prévues au 1er alinéa, en vue de vérifier le respect des obligations de détention, de port et de présentation des titres et documents prévus par la loi.

• L'identité de toute personne peut également être contrôlée, selon les modalités prévues au 1er alinéa du présent article, en vue de vérifier le respect des obligations de détention, de port et de présentation des titres et documents prévus par la loi :

• 1° En Guadeloupe, dans une zone comprise entre le littoral et une ligne tracée à 1 kilomètre en deçà, ainsi que sur le territoire des communes que traversent les routes nationales 1, 2, 4, 5, 6, 9, 10 et 11 ;

• 2° À Mayotte sur l'ensemble du territoire ;

• 3° À Saint-Martin, dans une zone comprise entre le littoral et une ligne tracée à 1 kilomètre en deçà ;

• 4° À Saint-Barthélemy, dans une zone comprise entre le littoral et une ligne tracée à 1 kilomètre en deçà ;

• 5° En Martinique, dans une zone comprise entre le littoral et une ligne tracée à 1 kilomètre en deçà, ainsi que dans une zone d'1 kilomètre de part et d'autre de la route nationale 1 qui traverse les communes de Sainte-Marie, La Trinité, Le Robert et Le Lamentin, de la route nationale 2 qui traverse les communes de Saint-Pierre, Le Carbet, Le Morne-Rouge, l'Ajoupa-Bouillon et Basse-Pointe, de la route nationale 3 qui traverse les communes de Le Morne-Rouge, l'Ajoupa-Bouillon, Basse-Pointe, Fonds-Saint-Denis et Fort-de-France, de la route nationale 5 qui traverse les communes de Le Lamentin, Ducos, Rivière-Salée, Sainte-Luce, Rivière-Pilote et Le Marin, de la route nationale 6 qui traverse les communes de Ducos, Le Lamentin, Le Robert, Le François et Le Vauclin, Rivière-Salée, Sainte-Luce, Rivière-Pilote et Le Marin et de la route départementale 1 qui traverse les communes de Le Robert, Le François et Le Vauclin.

CODE DE LA SÉCURITÉ INTÉRIEURE

(Extrait)

Article R. 434-16. – Contrôle d'identité – Conditions – *(Décret n° 2013-1113 du 4 décembre 2013)*

• Lorsque la loi l'autorise à procéder à un contrôle d'identité, le policier ou le gendarme ne se fonde sur aucune caractéristique physique ou aucun signe distinctif pour déterminer les personnes à contrôler, sauf s'il dispose d'un signalement précis motivant le contrôle.

• Le contrôle d'identité se déroule sans qu'il soit porté atteinte à la dignité de la personne qui en fait l'objet.

• La palpation de sécurité est exclusivement une mesure de sûreté. Elle ne revêt pas un caractère systématique. Elle est réservée aux cas dans lesquels elle apparaît nécessaire à la garantie de la sécurité du policier ou du gendarme qui l'accomplit ou de celle d'autrui. Elle a pour finalité de vérifier que la personne contrôlée n'est pas porteuse d'un objet dangereux pour elle-même ou pour autrui.

• Chaque fois que les circonstances le permettent, la palpation de sécurité est pratiquée à l'abri du regard du public.

ARRÊTÉ DU 22 MARS 2012

relatif aux contrôles de titres et aux contrôles d'identité effectués dans les ports, aéroports et gares ferroviaires et routières ouverts à la circulation internationale et dans les trains assurant une liaison internationale

NOR: IOCC1117906A – Version consolidée au 16 octobre 2021

Le garde des sceaux, ministre de la justice et des libertés, le ministre de l'intérieur, de l'outre-mer, des collectivités territoriales et de l'immigration, la ministre du budget, des comptes publics et de la réforme de l'État, porte-parole du Gouvernement, et le ministre auprès du ministre de l'écologie, du développement durable, des transports et du logement, chargé des transports ;

Vu le Code de procédure pénale, notamment son article 78-2 *(alinéa 8)* ;

Vu le Code des douanes, notamment son article 67 *quater* ;

Vu l'arrêté du 20 avril 1998 modifié portant ouverture des aérodromes au trafic aérien international,

Arrêtent :

Article 1.

• Les ports, aéroports et gares ferroviaires et routières dont les zones accessibles au public peuvent donner lieu à l'application du huitième alinéa de l'article 78-2 du Code de procédure pénale et de l'article 67 *quater* du Code des douanes sont désignés à l'annexe I du présent arrêté.

Article 2.

• Les lignes ferroviaires internationales pouvant donner lieu à l'application du huitième alinéa de l'article 78-2 du Code de procédure pénale et de l'article 67 *quater* du Code des douanes sont désignées à l'annexe II du présent arrêté.

La même annexe désigne, sur chacune de ces lignes, les arrêts au-delà desquels le contrôle peut être effectué.

ARTICLE ANNEXE I. – *(Arrêté du 8 octobre 2021)*

PORTS, AÉROPORTS, GARES ROUTIÈRES ET FERROVIAIRES POUVANT DONNER LIEU À L'APPLICATION DE L'ALINÉA 8 DE L'ARTICLE 78-2 DU CODE DE PROCÉDURE PÉNALE ET DE L'ARTICLE 67 *QUATER* DU CODE DES DOUANES

Ports

Alpes-Maritimes

Antibes, Beaulieu, Cagnes-sur-Mer, Cannes-Vieux Port, Golfe-Juan, Juan-les-Pins, Mandelieu, marina de la Baie-des-Anges, Menton, Nice, Saint-Jean-Cap-Ferrat, Saint-Laurent-du-Var, Théoule-sur-Mer, Villefranche, Villeneuve-Loubet.

Aude

Port-la-Nouvelle.

Bouches-du-Rhône

Arles, Carry-le-Rouet, Cassis, La Ciotat, Fos-sur-Mer, Lavéra, Marseille, Martigues, Port-de-Bouc, Port-Saint-Louis-du-Rhône, Sausset-les-Pins, Saintes-Maries-de-la-Mer.

Calvados

Caen, Honfleur, Ouistreham, Port-en-Bessin.

Charente-Maritime

La Rochelle-Vieux Port, La Rochelle-La Pallice, La Rochelle-Les Minimes, Rochefort-sur-Mer, Royan, Tonnay-Charente.

Corse-du-Sud

Ajaccio, Bonifacio, Porto-Vecchio, Propriano.

Haute-Corse

Bastia, Bastia-Vieux Port, Bastia-Toga, Calvi, L'Île-Rousse, Macinaggio, Saint-Florent.

Côtes-d'Armor

Le Légué, Saint-Quay-Portrieux, Le Guildo, Saint-Brieuc, Tréguier.

.../...

Finistère

Brest, Concarneau, Roscoff.

Gard

Le Grau-du-Roi, Port-Camargue.

Gironde

Ambès, Arcachon, Blaye, Bordeaux, Pauillac, Verdon.

Hérault

Agde, Le Cap-d'Agde, La Grande-Motte, Palavas, Sète, Valras.

Ille-et-Vilaine

Saint-Malo.

Loire-Atlantique

La Barre-de-Monts – Fromentine, Le Croisic, Nantes – Saint-Nazaire, Pornic, La Turballe.

Manche

Carteret, Cherbourg, Granville, Portbail, Dielette.

Morbihan

Lorient, Vannes.

Nord

Dunkerque.

Pas-de-Calais

Boulogne-sur-Mer, Calais.

Pyrénées-Atlantiques

Anglet, Bayonne, Biarritz, Ciboure, Hendaye, Saint-Jean-de-Luz.

Pyrénées-Orientales

Port-Vendres.

Bas-Rhin

Strasbourg.

Rhône

Lyon *(port Edouard-Herriot)*.

Seine-Maritime

Antifer, Dieppe, Fécamp, Le Havre, Port-Jérôme, Rouen, Le Tréport.

Yvelines

Limay.

Var

Bandol, Bormes-les-Mimosas, Brégaillon, Cavalaire, Embiez, Hyères, Le Lavandou, Les Marines-de-Cogolin, Porquerolles, Port-Grimaud, Saint-Cyr, Saint-Mandrier, Sainte-Maxime, Saint-Raphaël, Saint-Tropez, Toulon.

Vendée

Noirmoutier, Les Sables-d'Olonne, Saint-Gilles-Croix-de-Vie.

Hauts-de-Seine

Gennevilliers.

....

Aéroports

Allier

Vichy-Charmeil.

Hautes-Alpes

Gap-Tallard.

Alpes-Maritimes

Nice-Côte d'Azur, Cannes-Mandelieu.

Ardennes

Charleville-Mézières.

Aube

Troyes-Barberey.

Aude

Carcassonne-Salvaza.

Aveyron

Rodez-Marcillac.

.../...

Bouches-du-Rhône

Marseille-Provence.

Calvados

Caen-Carpiquet, Deauville – Saint-Gatien.

Charente

Angoulême-Brie-Champniers.

Charente-Maritime

La Rochelle-Ile de Ré.

Cher

Bourges.

Corrèze

Brive-Souillac.

Corse-du-Sud

Ajaccio – Campo-del-Oro, Figari – Sud-Corse.

Haute-Corse

Bastia – Poretta, Calvi – Sainte-Catherine.

Côte-d'Or

Dijon-Longvic.

Côtes-d'Armor

Lannion, Saint-Brieuc – Armor.

Dordogne

Bergerac-Roumanière, Périgueux-Bassilac.

Doubs

Besançon-La Vèze, Montbéliard-Courcelles, Pontarlier.

Drôme

Valence-Chabeuil.

Finistère

Brest, Morlaix-Ploujean, Quimper-Cornouaille.

Gard

Nîmes-Arles-Camargue.

Haute-Garonne

Toulouse-Blagnac.

Gironde

Bordeaux-Mérignac.

Hérault

Béziers – Cap-d'Agde, Montpellier-Méditerranée.

Ille-et-Vilaine

Dinard-Pleurtuit – Saint-Malo, Rennes – Saint-Jacques.

Indre

Châteauroux-Déols.

Indre-et-Loire

Tours-Val de Loire.

Isère

Grenoble – Saint-Geoirs, Grenoble-Le Versoud.

Jura

Dole-Tavaux.

Loir-et-Cher

Blois-Le Breuil.

Loire

Roanne-Renaison, Saint-Etienne – Bouthéon.

Loire-Atlantique

La Baule-Escoublac, L'Île-d'Yeu, Nantes-Atlantique, Saint-Nazaire – Montoir.

Loiret

Orléans – Saint-Denis-de-l'Hôtel.

.../...

Lot

Cahors-Lalbenque.

Lot-et-Garonne

Agen-La Garenne.

Maine-et-Loire

Angers-Marcé.

Manche

Cherbourg-Maupertus, Granville-Bréville.

Marne

Châlons-Vatry, Reims-Champagne.

Mayenne

Laval-Entrammes.

Meurthe-et-Moselle

Nancy-Essey.

Morbihan

Vannes-Meucon, Lorient – Lann-Bihoué.

Moselle

Metz-Nancy-Lorraine.

Nièvre

Nevers-Fourchambault.

Nord

Lille-Lesquin, Valenciennes-Denain.

Oise

Beauvais-Tillé.

Pas-de-Calais

Le Touquet-Côte d'Opale, Calais-Dunkerque.

Puy-de-Dôme

Clermont-Ferrand – Auvergne.

Pyrénées-Orientales

Cerbère, La-Tour-de-Carol, Perpignan.

Pyrénées-Atlantiques

Biarritz-Anglet-Bayonne, Pau-Pyrénées.

Hautes-Pyrénées

Tarbes-Lourdes-Pyrénées.

Pyrénées-Orientales

Perpignan-Rivesaltes.

Bas-Rhin

Strasbourg-Entzheim.

Haut-Rhin

Bâle-Mulhouse, Colmar-Houssen.

Rhône

Lyon – Saint-Exupéry, Lyon-Bron.

Haute-Saône

Vesoul-Frotey.

Saône-et-Loire

Saint-Yan.

Sarthe

Le Mans-Arnage.

Savoie

Courchevel, Chambéry – Aix-les-Bains.

Haute-Savoie

Annecy – Haute-Savoie, Annemasse, Megève.

Seine-Maritime

Dieppe – Saint-Aubin, Le Havre-Octeville, Rouen-Vallée de Seine.

. ./...

Seine-et-Marne

Meaux, Lognes.

Yvelines

Toussus-le-Noble.

Somme

Abbeville, Amiens-Glisy, Albert-Méaulte.

Tarn

Albi-Le Séquestre, Castres-Mazamet.

Var

La Môle-golfe de Saint-Tropez, Le Castellet, Toulon-Hyères.

Vaucluse

Avignon.

Vienne

Poitiers-Biard-Futuroscope.

Haute-Vienne

Limoges-Bellegarde.

Vosges

Epinal-Mirecourt.

Yonne

Auxerre-Branches.

Hauts-de-Seine

Paris – Issy-les-Moulineaux.

Seine-Saint-Denis

Paris-Le Bourget, Paris – Charles-de-Gaulle.

Val-de-Marne

Paris-Orly.

Val-d'Oise

Pontoise – Cormeilles-en-Vexin.

....

GARES FERROVIAIRES

Ain

Bellegarde-sur-Valserine, Bourg-en-Bresse, Culoz.

Alpes-Maritimes

Antibes, Breil-sur-Roya, Cannes, Mandelieu-la-Napoule, Menton, Menton-Garavan, Nice, Nice-Riquier, Tende-Frontière, Viévola.

Ardennes

Charleville-Mézières.

Ariège

Foix.

Aude

Narbonne.

Bouches-du-Rhône

Marseille – Saint-Charles, Aix-en-Provence TGV.

Charente

Angoulême.

Côte-d'Or

Dijon.

Doubs

Besançon, Frasne, Pontarlier.

Drôme

Valence-ville, Valence TGV.

.../...

Gard

Nîmes, Nîmes Pont-du-Gard.

Haute-Garonne

Saint-Gaudens, Toulouse.

Gironde

Bordeaux.

Hérault

Béziers, Montpellier, Sète.

Landes

Dax.

Lot-et-Garonne

Agen.

Marne

Bezannes Champagne-Ardennes TGV.

Haute-Marne

Culmont-Chalindrey.

Meurthe-et-Moselle

Longwy, Nancy, Pont-à-Mousson, Pagny-sur-Moselle.

Meuse

Trois-Domaines – Meuse – TGV.

Moselle

Forbach, Louvigny-Lorraine-TGV, Metz, Lorraine-TGV, Thionville.

Nord

Aulnoye, Baisieux, Jeumont, Lille-Europe, Lille-Flandre, Tourcoing.

Pas-de-Calais

Calais-Ville, Calais-Fréthun, Coquelles.

Pyrénées-Atlantiques

Bayonne, Biarritz, Hendaye, Orthez, Pau, Saint-Jean-de-Luz.

Hautes-Pyrénées

Tarbes, Lourdes.

Bas-Rhin

Strasbourg.

Haut-Rhin

Colmar, Mulhouse, Saint-Louis.

Rhône

Lyon – Part-Dieu, Lyon-Perrache, Lyon – Saint-Exupéry – TGV.

Savoie

Bourg-Saint-Maurice, Chambéry, Modane, Moutiers-Salins-Brides, Saint-Jean-de-Maurienne, Aix-les-Bains.

Haute-Savoie

Annecy, Annemasse, Vallorcine.

Paris

Austerlitz, Bercy, gare de l'Est, gare de Lyon, Montparnasse, gare du Nord, Saint-Lazare.

Seine-et-Marne

Marne-la-Vallée – Chessy.

Somme

TGV – Haute-Picardie.

Var

Toulon, Saint-Raphaël.

Vaucluse

Avignon-centre, Avignon-TGV.

Vienne

Poitiers.

../...

Haute-Vienne

Limoges.

Territoire de Belfort

Belfort.

Essonne

Massy-TGV.

Seine-Saint-Denis

Aéroport – Charles-de-Gaulle TGV.

Gares routières

Ain

Bellegarde-sur-Valserine, Divonnes-les-Bains.

Allier

Vichy.

Alpes-Maritimes

Nice.

Aude

Narbonne.

Bouches-du-Rhône

Aix-en-Provence, Marseille – Saint-Charles.

Charente-Maritime

La Rochelle.

Côte-d'Or

Dijon.

Drôme

Valence.

Gard

Nîmes.

Haute-Garonne

Toulouse.

Hérault

Montpellier.

Ille-et-Vilaine

Rennes.

Indre-et-Loire

Tours.

Isère

Grenoble.

Loire-Atlantique

Nantes.

Loiret

Orléans.

Maine-et-Loire

Angers.

Marne

Reims.

Meurthe-et-Moselle

Nancy.

Moselle

Metz.

Nord

Dunkerque.

Pyrénées-Atlantiques

Pau, Oloron.

.../...

Pyrénées-Orientales

Perpignan.

Rhône

Lyon-Perrache.

Haute-Saône

Vesoul.

Saône-et-Loire

Chalon-sur-Saône.

Savoie

Chambéry.

Haute-Savoie

Annecy, Annemasse.

Paris

Paris-Porte de Charenton.

Somme

Amiens.

Var

Toulon.

Vaucluse

Avignon.

Seine-Saint-Denis

Bagnolet-Paris.

ARTICLE ANNEXE II.

LIGNES FERROVIAIRES INTERNATIONALES POUVANT DONNER LIEU À L'APPLICATION DE L'ALINÉA 8 DE L'ARTICLE 78-2 DU CODE DE PROCÉDURE PÉNALE ET DE L'ARTICLE 67 *QUATER* DU CODE DES DOUANES ET ARRÊTS AU-DELÀ DESQUELS LE CONTRÔLE PEUT ÊTRE EFFECTUÉ

Lignes ferroviaires effectuant une liaison internationale

Liaisons franco-allemandes

Ligne ferroviaire à grande vitesse entre Sarrebruck *(Allemagne)* et Paris : gare de Forbach *(Moselle)* ou Paris-gare de l'Est selon le premier arrêt du train.

Ligne ferroviaire entre Sarrebruck *(Allemagne)* et Cerbère *(Pyrénées-Orientales)* : gare de Mâcon-ville *(Saône-et-Loire)*.

Ligne ferroviaire à grande vitesse entre Karlsruhe *(Allemagne)* et Paris ou Marseille *(Bouches-du-Rhône)* : gare de Strasbourg *(Bas-Rhin)*.

Liaisons franco-belges

Ligne ferroviaire à grande vitesse entre Bruxelles *(Belgique)* et Paris : Paris-gare du Nord.

Ligne ferroviaire à grande vitesse entre Bruxelles *(Belgique)* et Lille *(Nord)* : gare de Lille-Europe *(Nord)*.

Lignes ferroviaires à grande vitesse entre Bruxelles *(Belgique)* et Marseille *(Bouches-du-Rhône)* ou Toulon *(Var)* ou Perpignan *(Pyrénées-Orientales)* ou Toulouse *(Haute-Garonne)* : gare de Lille-Europe *(Nord)*.

Lignes ferroviaires à grande vitesse entre Bruxelles *(Belgique)* et Bordeaux *(Gironde)* ou Marne-la-Vallée *(Seine-et-Marne)* ou Nice *(Alpes-Maritimes)* : gare Aéroport Charles-de-Gaulle TGV *(Val-d'Oise)*.

Liaisons franco-espagnoles

Ligne ferroviaire entre Port-Bou *(Espagne)* et Montpellier *(Hérault)* ou Paris ou Milan *(Italie)* ou Zürich *(Suisse)* : gare de Cerbère *(Pyrénées-Orientales)*.

Ligne ferroviaire entre Irun *(Espagne)* et Paris : gare d'Hendaye *(Pyrénées-Atlantiques)*.

Ligne ferroviaire à grande vitesse entre Barcelone *(Espagne)* ou Figueras *(Espagne)* et Perpignan *(Pyrénées-Orientales)* : gare de Perpignan *(Pyrénées-Orientales)*.

Liaisons franco-italiennes

Ligne ferroviaire entre Bardonecchia *(Italie)* et Lyon *(Rhône)* ou Paris ou Barcelone *(Espagne)* : gare de Modane *(Savoie)*.

Ligne ferroviaire entre Vintimille *(Italie)* et Nice *(Alpes-Maritimes)* : gare de Menton *(Alpes-Maritimes)*.

Ligne ferroviaire entre Turin *(Italie)* et Chambéry *(Savoie)* ou Lyon *(Rhône)* : gare de Modane *(Savoie)*.

Liaisons franco-luxembourgeoises

Ligne ferroviaire entre Luxembourg *(Grand-Duché de Luxembourg)* et Paris ou Zürich *(Suisse)* ou Bâle *(Suisse)* ou Chur *(Suisse)* ou Port-Bou *(Espagne)* : gare de Thionville *(Moselle)*.

.../...

Liaisons franco-suisses

Ligne ferroviaire entre Vallorbe *(Suisse)* et Paris : gares de Frasne *(Doubs)* ou Dole *(Jura)* ou Dijon *(Côte-d'Or)* selon le premier arrêt du train.

Ligne ferroviaire entre Genève *(Suisse)* et Nice *(Alpes-Maritimes)* ou Marseille *(Bouches-du-Rhône)* ou Montpellier *(Hérault)* ou Modane *(Savoie)* : gare de Bellegarde *(Ain)*.

Ligne ferroviaire entre Genève *(Suisse)* et Irun *(Espagne)* ou Cerbère *(Pyrénées-Orientales)* : gares de Lyon *(Rhône)* ou Valence *(Drôme)* selon le premier arrêt du train.

Ligne ferroviaire entre Genève *(Suisse)* et Paris : gare de Bourg-en-Bresse *(Ain)*.

Ligne ferroviaire entre Bâle *(Suisse)* et Bruxelles *(Belgique)* : gare de Saint-Louis *(Haut-Rhin)*.

Ligne ferroviaire entre Bâle *(Suisse)* et Paris : gare de Mulhouse *(Haut-Rhin)*.

Lignes ferroviaires effectuant une liaison internationale et qui présentent des caractéristiques particulières de desserte

Liaisons franco-allemandes

Ligne ferroviaire entre Kehl *(Allemagne)* et Strasbourg *(Bas-Rhin)* : gares de Krimmeri-Meinau *(Bas-Rhin)* ou Strasbourg.

Ligne ferroviaire entre Müllheim *(Allemagne)* et Mulhouse *(Haut-Rhin)* : gares de Chalampé *(Haut-Rhin)* ou Mulhouse, selon les arrêts et le terminus du train.

Ligne ferroviaire entre Sarrebruck *(Allemagne)* et Metz *(Moselle)* : gare de Forbach *(Moselle)*.

Ligne entre Sarrebruck *(Allemagne)* et Strasbourg *(Bas-Rhin)* : gare de Sarreguemines *(Moselle)*.

Ligne ferroviaire entre Perl *(Allemagne)* et Apach *(Moselle)* : gare de Apach.

Ligne ferroviaire entre Winden *(Allemagne)* et Wissembourg *(Bas-Rhin)* : gare de Wissembourg.

Ligne ferroviaire entre Berg *(Allemagne)* et Lauterbourg *(Bas-Rhin)* : gare de Lauterbourg.

Liaisons franco-belges

Ligne ferroviaire entre Mouscron *(Belgique)* et Lille *(Nord)* : gares de Tourcoing *(Nord)* ou Lille-Flandres *(Nord)*, selon les arrêts et le terminus du train.

Ligne ferroviaire entre Tournai *(Belgique)* ou Froyennes *(Belgique)* et Lille *(Nord)* ou Ascq *(Nord)* : gares de Baisieux *(Nord)* ou Lille-Flandres *(Nord)*.

Liaisons franco-italiennes

Ligne ferroviaire entre Cuneo *(Italie)* et Nice *(Alpes-Maritimes)* : gare de Tende *(Alpes-Maritimes)*.

Ligne ferroviaire entre Vintimille *(Italie)* et Grasse *(Alpes-Maritimes)* ou Cannes *(Alpes-Maritimes)* ou Mandelieu *(Alpes-Maritimes)* : gare de Menton *(Alpes-Maritimes)*.

Liaisons franco-luxembourgeoises

Ligne ferroviaire entre Luxembourg *(Grand-Duché de Luxembourg)* et Metz *(Moselle)* via Bettembourg *(Grand-Duché de Luxembourg)* : gare de Hettange-Grande *(Moselle)*.

Ligne ferroviaire entre Rodange *(Grand-Duché de Luxembourg)* et Longwy *(Moselle)* : gare de Longwy.

Liaisons franco-suisses

Ligne ferroviaire entre Bâle *(Suisse)* et Mulhouse *(Haut-Rhin)* ou Strasbourg *(Bas-Rhin)* : gare de Saint-Louis *(Haut-Rhin)*.

Ligne ferroviaire entre le Locle-Col-des-Roches *(Suisse)* et Besançon *(Doubs)* : gare de Morteau *(Doubs)*.

Ligne ferroviaire entre Delle *(Suisse)* et Belfort *(Territoire de Belfort)* : gare de Belfort.

Ligne ferroviaire entre les Verrières *(Suisse)* et Frasne *(Doubs)* : gare de Pontarlier *(Doubs)*.

Ligne ferroviaire entre Russin *(Suisse)* et Bellegarde *(Ain)* : gare de la Plaine *(Ain)*.

Ligne ferroviaire entre Genève *(Suisse)* et Valence *(Drôme)* ou Lyon *(Rhône)* ou Chambéry *(Savoie)* : gare de Bellegarde *(Ain)*.

Ligne ferroviaire entre Genève-Eaux-Vives *(Suisse)* et Annemasse *(Haute-Savoie)* ou La Roche-sur-Foron *(Haute-Savoie)* ou Annecy *(Haute-Savoie)* ou Saint-Gervais-les-Bains *(Haute-Savoie)* : gare d'Ambilly *(Haute-Savoie)* selon les arrêts et le terminus du train.

Fait le 22 mars 2012.

J • **Contrôle d'identité – Contrôle de police administrative – Limites.** – *Aux termes de l'article 78-2, alinéa 3, du Code de procédure pénale, dans sa rédaction issue de la loi du 10 avril 1993, l'identité de toute personne, quel que soit son comportement, peut être contrôlée pour prévenir une atteinte à l'ordre public, notamment une atteinte à la sécurité des personnes et des biens.*

Encourt la cassation l'arrêt qui déclare irrégulier un contrôle administratif d'identité effectué, sur la base de ce texte, par des fonctionnaires de police dont le procès-verbal – se référant aux instructions données par le commissaire chef de sécurité générale, selon lesquelles de nombreux délits étaient commis dans le quartier considéré – constate que la personne interpellée a tenté de faire demi-tour, en accélérant le pas, à la vue du véhicule de police (Cass. CRIM. du 23 mai 1995 – B.C.C. n° 419).

• **Contrôle de police judiciaire – Conditions.** – *L'observation de deux personnes de couleur noire par les services de police effectuant une ronde quelque minutes après qu'ils aient été avisés par leur poste central de la présence de deux individus de type africain s'intéressant aux véhicules en stationnement sur les mêmes lieux, constitue un indice suffisant faisant présumer que la personne interpellée avait commis ou tenté de commettre une infraction.*
Dans ces conditions, le contrôle d'identité opéré par les fonctionnaires est conforme aux dispositions de l'article 78-2, alinéa 1, du Code de procédure pénale (C.A. Versailles ; 8e chambre, du 12 novembre 1996 – BCC n° 450 du 1/5/97).

• **Contrôle de police administrative – Étendue – Limites.** – *Justifie sa décision la cour d'appel, qui pour confirmer le jugement ayant constaté l'inégalité du contrôle d'identité du prévenu, retient que le procès-verbal de police se borne à une référence abstraite à de « nombreuses infractions », commises sur le lieu de l'interpellation, sans invoquer aucune circons-*

tance particulière à l'espèce pouvant établir la réalité d'un risque sérieux et actuel d'une atteinte à l'ordre public (Cass. CRIM. du 17 décembre 1996 – BCC n° 450 du 1/5/97).

• **Contrôle de police préventif – Plan VIGIPIRATE – *(non).*** – *La seule référence au plan vigipirate ne saurait justifier un contrôle d'identité dans le cadre de l'article 78-2 du Code de procédure pénale, en l'absence des circonstances exigées par cet article.* (Cass. CIV/2° du 18 mars 1998 – CDIPN/98/J-16).

• **Contrôles d'identité – Enchaînement de plusieurs périodes de contrôles.**

Attendu, selon l'ordonnance attaquée (Pau, 30 mai 2013) *et les pièces de la procédure, que M. Boubecar X..., de nationalité mauritanienne, a, le 23 mai 2013, fait l'objet d'un contrôle de police sur le fondement du quatrième alinéa de l'article 78-2 du Code de procédure pénale, sur instructions du directeur départemental de la police aux frontières, puis d'un placement en rétention administrative; qu'un juge des libertés et de la détention a refusé de prolonger sa rétention;*

En application de l'article 78-2, alinéa 4 du Code de procédure pénale, l'enchaînement de plusieurs périodes de contrôle d'identité, dont l'une intervenant sur instruction administrative, n'avait pas été portée à la connaissance du procureur de la République et s'intercalant entre quatre contrôles ordonnés par celui-ci pour une durée totale de neuf heures.

L'ensemble constitue donc un contrôle unique qui, indépendamment du caractère non consécutif de ces périodes, n'avait pas respecté les critères déterminés par la loi pour limiter dans la durée et encadrer objectivement et efficacement le recours à de tels contrôles.

(Cour de Cassation – Chambre civile 1 – Audience publique du 9 juillet 2014 – N° de pourvoi: 13-22010).

• **Infractions liées à la criminalité transfrontalière – Contrôles**

Attendu, selon le premier de ces textes, que dans une zone comprise entre la frontière terrestre de la France avec les États parties à la Convention signée à Schengen le 19 juin 1990 et une ligne tracée à 20 kilomètres en deçà, ainsi que dans les zones accessibles au public des ports, aéroports et gares ferroviaires ou routières ouverts au trafic international et désignés par arrêté, pour la prévention et la recherche des infractions liées à la criminalité transfrontalière, l'identité de toute personne peut être contrôlée, selon les modalités prévues au premier alinéa, en vue de vérifier le respect des obligations de détention, de port et de présentation des titres et documents prévus par la loi et que, pour son application, le contrôle des obligations de détention, de port et de présentation des titres et documents prévus par la loi ne peut être pratiqué que pour une durée n'excédant pas six heures consécutives dans un même lieu et ne peut consister en un contrôle systématique des personnes présentes ou circulant dans les zones ou lieux mentionnés au même alinéa; que, conformément aux exigences de l'article 67, § 2, du Traité sur le fonctionnement de l'Union européenne et des articles 20 et 21 du règlement (CE) n° 562/2006 du Parlement européen et du Conseil du 15 mars 2006, ces dispositions garantissent qu'un tel contrôle ne revêt pas un effet équivalent à celui des contrôles aux frontières;

Attendu, selon l'ordonnance attaquée, rendue par un premier président, et les pièces de la procédure, que M. A. X..., de nationalité tunisienne, en situation irrégulière en France, a été placé en rétention administrative à la suite d'un contrôle d'identité effectué en gare de Lyon à Paris, le 24 avril 2015, sur instructions d'un chef de service de la brigade des réseaux ferrés, officier de police judiciaire, qui avait prescrit, pour une durée de quatre heures, des contrôles afin de vérifier le respect du port et de la détention des documents permettant le transit et le séjour, sur le fondement de l'article 78-2, alinéa 8, du Code de procédure pénale;

Attendu que, pour mettre fin à cette rétention, l'ordonnance retient que les contrôles n'ont pas été effectués dans l'ensemble de la gare mais, au contraire, sur un quai précis, en fonction d'informations préalablement recueillies portant sur l'arrivée de migrants clandestins, et que le caractère aléatoire, exigé par l'article 78-2, alinéa 8, du Code de procédure pénale, implique non seulement que le contrôle ne soit pas systématique mais encore que seul le hasard préside au choix des personnes contrôlées;

Qu'en statuant ainsi, alors qu'il résultait du procès-verbal de police que le contrôle, circonscrit à la partie de la gare où circulait un train utilisé par des filières d'immigration irrégulière, avait été réalisé pour la prévention et la recherche des infractions liées à la criminalité transfrontalière, pendant une durée n'excédant pas six heures, d'une manière ciblée, dans le temps et l'espace, suffisant à garantir le caractère non systématique des opérations, le premier président a violé les textes susvisés;

Vu les articles L. 411-3 du Code de l'organisation judiciaire et 1015 du Code de procédure civile;

PAR CES MOTIFS:

CASSE ET ANNULE, en toutes ses dispositions, l'ordonnance rendue le 1er mai 2015, entre les parties, par le premier président de la cour d'appel de Paris;

DIT n'y avoir lieu à renvoi;

(Cour de cassation – 1re Chambre civile du 25 mai 2016 – N° de pourvoi: 15-50.063).

• **Contrôle d'identité – Contrôle dans les zones accessibles au public des ports, aéroports et gares ferroviaires ou routières ouverts au trafic international – Régularité – Conditions – Détermination – Portée**

Contre l'arrêt de la cour d'appel de Colmar, chambre correctionnelle, en date du 20 janvier 2016, qui, dans la procédure suivie contre M. Rachid X... du chef de maintien irrégulier sur le territoire français en récidive, a prononcé la nullité des poursuites;

Attendu qu'il résulte de l'arrêt attaqué, du jugement qu'il confirme et des pièces de procédure que M. X..., de nationalité algérienne, a fait l'objet d'un contrôle effectué par les services de la police de l'air et des frontières alors qu'il voyageait dans un train reliant Nice à Strasbourg; que le contrôle a eu lieu au moment où le train, approchant de Strasbourg, circulait sur une portion de voie distante de moins de 20 km de la frontière franco-allemande; que M. X... a présenté un passeport algérien périmé; qu'il était par ailleurs sous le coup d'un arrêté préfectoral portant refus de séjour et obligation de quitter le territoire français; que, poursuivi du chef de maintien irrégulier sur le territoire français, en récidive, il a excipé de la nullité du contrôle pour violation des dispositions de l'article L. 611-1, I, 3e alinéa du Code de l'entrée et du séjour des étrangers et du droit d'asile; que le tribunal correctionnel a fait droit à sa demande, prononcé la nullité du contrôle et de tous les actes subséquents; que le ministère public a interjeté appel de cette décision;

Attendu que pour confirmer le jugement, l'arrêt énonce que les mentions du procès-verbal établi par la police de l'air et des frontières, insuffisamment explicites sur les circonstances dans lesquelles le contrôle a été effectué, ne permettent pas de s'assurer que les policiers étaient en possession d'éléments objectifs, déduits de circonstances extérieures à la personne même de l'intéressé, de nature à faire apparaître sa qualité d'étranger;

Mais attendu qu'en statuant ainsi, alors, d'une part, que le contrôle avait été opéré pour la prévention et la recherche des infractions liées à la criminalité transfrontière, pendant une durée n'excédant pas six heures et de manière aléatoire et non systématique et, d'autre part, que le fondement dudit contrôle, par sa nature et sa finalité, était indépendant du recueil d'éléments objectifs extérieurs à la personne de l'étranger, la cour d'appel a méconnu les textes susvisés;

D'où il suit que la cassation est encourue;

Par ces motifs:

CASSE et ANNULE, en toutes ses dispositions, l'arrêt susvisé de la cour d'appel de Colmar, chambre correctionnelle, en date du 20 janvier 2016, et pour qu'il soit à nouveau jugé, conformément à la loi,

RENVOIE la cause et les parties devant la cour d'appel de Metz à ce désignée par délibération spéciale prise en chambre du conseil;

ORDONNE l'impression du présent arrêt, sa transcription sur les registres du greffe de la cour d'appel de Colmar et sa mention en marge ou à la suite de l'arrêt annulé.

Résumé: Pour l'application de l'article 78-2, alinéa 8, du Code de procédure pénale, dans sa rédaction en vigueur au 31 mai 2014, le contrôle d'identité destiné à prévenir et rechercher les infractions liées à la criminalité transfrontière, dans les zones définies par ce texte, est indépendant du recueil d'éléments objectifs, déduits de circonstances extérieures à la personne concernée, de nature à faire apparaître sa qualité d'étranger.

(Cour de cassation – Chambre criminelle du 8 février 2017 – N° de pourvoi: 16-81323).

ARRÊTÉ DU 28 DÉCEMBRE 2018

établissant la liste des ports autour desquels pourront être diligentés des contrôles d'identité en application de l'alinéa 10 nouveau de l'article 78-2 du code de procédure pénale et des vérifications de titres en application de l'alinéa 2 nouveau de l'article 67 *quater* du code des douanes

NOR: INTV1809763A – Version consolidée au 30 décembre 2018

• La garde des sceaux, ministre de la justice, le ministre de l'action et des comptes publics et le ministre de l'intérieur,

• Vu le règlement *(UE)* 2016/399 du Parlement européen et du Conseil du 9 mars 2016 concernant un code de l'Union relatif au régime de franchissement des frontières par les personnes *(code frontières Schengen)*;

• Vu le code des douanes, notamment son article 67 *quater*, alinéa 2;

• Vu le code de procédure pénale, notamment son article 78-2, alinéa 10;

• Vu la loi n° 2017-1510 du 30 octobre 2017 renforçant la sécurité intérieure et la lutte contre le terrorisme, notamment son article 19;

• Vu la liste des points de passage frontaliers visée à l'article 39 du règlement *(UE)* 2016/399 du Parlement européen et du Conseil concernant un code de l'Union relatif au régime de franchissement des frontières par les personnes *(code frontières Schengen)*,

• Arrêtent:

Article 1er.

• Les ports constituant des points de passage frontaliers, auxquels s'appliquent les dispositions du 10e alinéa de l'article 78-2 du code de procédure pénale et du 2d alinéa de l'article 67 *quater* du code des douanes, sont les suivants:

• 1° Dans un rayon de 10 kilomètres à compter des limites de leurs emprises respectives:
• – Calais;
• – Dunkerque.
• 2° Dans un rayon de 5 kilomètres à compter des limites de leurs emprises respectives:
• Caen-Ouistreham;
• – Cherbourg;
• – Dieppe;
• – Le Havre;
• – Marseille;
• – Nice;
• – Roscoff;
• – Saint-Malo;
• – Sète;
• – Toulon.

Article 2.

• Les péages se situant au-delà des limites d'une section autoroutière comprise dans les rayons mentionnés à l'article 1 sur et autour desquels il peut être fait application du 10e alinéa de l'article 78-2 du code de procédure pénale et du 2d alinéa de l'article 67 *quater* du code des douanes sont les suivants:
• – sortie 5 *(La Penne)* de l'A 50, à l'ouest du port de Marseille;
• – péage du tunnel Prado-Carénage situé sur l'A 50, à l'est du port de Marseille;
• – péage de Montpellier 2 situé sur l'A 9, au nord du port de Sète;
• – sortie 34 *(Agde-Pézenas)* de l'A 9, au sud du port de Sète;
• – péage d'Epretot situé sur l'A 29, au nord du port du Havre;
• – péage de Quetteville situé sur l'A 29, au sud du port du Havre;
• – péage de Bandol situé sur l'A 50, à l'ouest du port de Toulon.

Article 3.

• Le directeur général de la police nationale, le directeur général de la gendarmerie nationale, le directeur général des douanes et droits indirects et le directeur des affaires criminelles et des grâces sont chargés, chacun en ce qui le concerne, de l'exécution du présent arrêté, qui sera publié au Journal officiel de la République française.

CODE DE L'ENTRÉE ET DU SÉJOUR DES ÉTRANGERS ET DU DROIT D'ASILE

MODALITÉS DE CONTRÔLES

☞ Voir le Code Pénal – Éditions La Baule –

CODE DES DOUANES

(Extraits)

Présentation des titres et documents d'identité

Article 67. – Agents des douanes

• Les agents des douanes peuvent contrôler l'identité des personnes qui entrent dans le territoire douanier ou qui en sortent, ou qui circulent dans le rayon des douanes.

Article 67-1. – Relevé d'identité – *(Loi n° 2012-1560 du 31 décembre 2012)*

• Les agents des douanes sont habilités à relever l'identité des personnes afin de rédiger les procès-verbaux prévus par le présent code.

• Si la personne refuse ou se trouve dans l'impossibilité de justifier de son identité, les agents des douanes investis des fonctions de chef de poste ou les fonctionnaires désignés par eux titulaires du grade de contrôleur ou d'un grade supérieur peuvent en rendre compte à tout officier de police judiciaire de la police nationale ou de la gendarmerie nationale territorialement compétent, qui peut alors leur ordonner sans délai de lui présenter sur-le-champ le contrevenant aux fins de vérification d'identité dans les conditions prévues à l'article 78-3 du Code de procédure pénale. Le délai prévu au troisième alinéa de cet article court à compter du relevé d'identité mentionné au premier alinéa du présent article.

• Les résultats de cette vérification d'identité sont communiqués sans délai aux agents des douanes.

Article 78-2-1. – Réquisition du procureur de la République – Perquisition– Lieux à usage professionnel – *(Ordonnance n° 2021-1189 du 15 septembre 2021)*

• Sur réquisitions du procureur de la République, les officiers de police judiciaire et, sur l'ordre ou la responsabilité de ceux-ci, les agents de police judiciaire et agents de police judiciaire adjoints mentionnés aux articles 20 et 21 *(1°)* sont habilités à entrer dans les lieux à usage professionnel, ainsi que dans leurs annexes et dépendances, sauf s'ils constituent un domicile, où sont en cours des activités de construction, de production, de transformation, de réparation, de prestation de services ou de commercialisation, en vue :

• – de s'assurer que ces activités ont donné lieu à l'immatriculation au registre national des entreprises ou au registre du commerce et des sociétés lorsqu'elle est obligatoire, ainsi qu'aux déclarations exigées par les organismes de protection sociale et l'administration fiscale ;

• – de se faire présenter le registre unique du personnel et les documents attestant que les déclarations préalables à l'embauche ont été effectuées ;

• – de contrôler l'identité des personnes occupées, dans le seul but de vérifier qu'elles figurent sur le registre ou qu'elles ont fait l'objet des déclarations mentionnées à l'alinéa précédent.

• Les réquisitions du procureur de la République sont écrites et précisent les infractions, parmi celles visées aux articles L. 5221-8, L. 5221-11, L. 8221-1, L. 8221-2, L. 8251-1 du Code du travail, qu'il entend faire rechercher et poursuivre, ainsi que les lieux dans lesquels l'opération de contrôle se déroulera. Ces réquisitions sont prises pour une durée maximum d'un mois et sont présentées à la personne disposant des lieux ou à celle qui la représente.

• Les mesures prises en application des dispositions prévues au présent article font l'objet d'un procès-verbal remis à l'intéressé.

Nota : À compter du 1er janvier 2023, conformément à l'article 30 de l'Ordonnance n° 2021-1189 du 15/09/2021, au 2e alinéa de l'article 78-2-1 du C.P.P., les mots : « répertoire des métiers » sont remplacés par les mots : « registre national des entreprises ».

J **• Perquisition – Officier de police judiciaire – Infractions – Constatation – Travail dissimulé – Article 78-2-1 du Code de procédure pénale – Dispositions exclusives des articles 76 et 77-1 du Code de procédure pénale *(non)*.** – *Les dispositions de l'article 78-2-1 du Code de procédure pénale qui permettent aux officiers de police judiciaire, sur réquisitions du procureur de la République, d'entrer dans des lieux à usage professionnel afin d'y procéder à certaines vérifications pour la recherche d'éventuelles infractions aux articles L. 324-9 et L. 341-6 du Code du travail, n'excluent pas l'application des articles 76 et 77-1 du Code de procédure pénale.* (Cass. CRIM. du 21 novembre 2000).

Article 78-2-2. – Contrôles d'identité – Visite des véhicules – *(Loi n° 2019-222 du 23 mars 2019)*

• **I.** – Sur réquisitions écrites du procureur de la République, dans les lieux et pour la période de temps que ce magistrat détermine et qui ne peut excéder 24 heures, renouvelables sur décision expresse et motivée selon la même procédure, les officiers de police judiciaire et, sur l'ordre et sous la responsabilité de ceux-ci, les agents de police judiciaire et les agents de police judiciaire adjoints mentionnés aux 1°, 1° *bis* et 1° *ter* de l'article 21 du présent code, peuvent procéder aux contrôles d'identité prévus au 7e alinéa de l'article 78-2, aux fins de recherche et de poursuite des infractions suivantes :

• 1° Actes de terrorisme mentionnés aux articles 421-1 à 421-6 du code pénal ;

• 2° Infractions en matière de prolifération des armes de destruction massive et de leurs vecteurs mentionnées aux 1° et 2° du I de l'article L. 1333-9, à l'article L. 1333-11, au II des articles L. 1333-13-3 et L. 1333-13-4 et aux articles L. 1333-13-5, L. 2339-14, L. 2339-15, L. 2341-1, L. 2341-2, L. 2341-4, L. 2342-59 et L. 2342-60 du code de la défense ;

• 3° Infractions en matière d'armes mentionnées à l'article 222-54 du code pénal et à l'article L. 317-8 du code de la sécurité intérieure;

• 4° Infractions en matière d'explosifs mentionnés à l'article 322-11-1 du code pénal et à l'article L. 2353-4 du code de la défense;

• 5° Infractions de vol mentionnées aux articles 311-3 à 311-11 du code pénal;

• 6° Infractions de recel mentionnées aux articles 321-1 et 321-2 du même code;

• 7° Faits de trafic de stupéfiants mentionnés aux articles 222-34 à 222-38 dudit code.

• **II.** – Dans les mêmes conditions et pour les mêmes infractions que celles prévues au I, les officiers de police judiciaire, assistés, le cas échéant, des agents de police judiciaire et des agents de police judiciaire adjoints mentionnés aux 1°, 1° *bis* et 1° *ter* de l'article 21 du présent code peuvent procéder à la visite des véhicules circulant, arrêtés ou stationnant sur la voie publique ou dans des lieux accessibles au public.

• Les véhicules en circulation ne peuvent être immobilisés que le temps strictement nécessaire au déroulement de la visite qui doit avoir lieu en présence du conducteur. Lorsqu'elle porte sur un véhicule à l'arrêt ou en stationnement, la visite se déroule en présence du conducteur ou du propriétaire du véhicule ou, à défaut, d'une personne requise à cet effet par l'officier ou l'agent de police judiciaire et qui ne relève pas de son autorité administrative. La présence d'une personne extérieure n'est toutefois pas requise si la visite comporte des risques graves pour la sécurité des personnes et des biens.

• En cas de découverte d'une infraction ou si le conducteur ou le propriétaire du véhicule le demande ainsi que dans le cas où la visite se déroule en leur absence, il est établi un procès-verbal mentionnant le lieu et les dates et heures de début et de fin de ces opérations. Un exemplaire en est remis à l'intéressé et un autre exemplaire est transmis sans délai au procureur de la République.

• Toutefois, la visite des véhicules spécialement aménagés à usage d'habitation et effectivement utilisés comme résidence ne peut être faite que conformément aux dispositions relatives aux perquisitions et visites domiciliaires.

• **III.** – Dans les mêmes conditions et pour les mêmes infractions que celles prévues au I, les officiers de police judiciaire, assistés, le cas échéant, des agents de police judiciaire et des agents de police judiciaire adjoints mentionnés aux 1°, 1° *bis* et 1° *ter* de l'article 21 du présent code peuvent procéder à l'inspection visuelle des bagages ou à leur fouille.

• Les propriétaires des bagages ne peuvent être retenus que le temps strictement nécessaire au déroulement de l'inspection visuelle ou de la fouille des bagages, qui doit avoir lieu en présence du propriétaire.

• En cas de découverte d'une infraction ou si le propriétaire du bagage le demande, il est établi un procès-verbal mentionnant le lieu et les dates et heures de début et de fin de ces opérations. Un exemplaire en est remis à l'intéressé et un autre exemplaire est transmis sans délai au procureur de la République.

• **III *bis*.** – Dans les mêmes conditions et pour les mêmes infractions que celles prévues au I, les officiers de police judiciaire, assistés, le cas échéant, des agents de police judiciaire et des agents de police judiciaire adjoints mentionnés aux 1°, 1° *bis* et 1° *ter* de l'article 21, peuvent accéder à bord et procéder à une visite des navires présents en mer territoriale, se dirigeant ou ayant déclaré leur intention de se diriger vers un port ou vers les eaux intérieures, ou présents en amont de la limite transversale de la mer, ainsi que des bateaux, engins flottants, établissements flottants et matériels flottants se trouvant dans la mer territoriale ou en amont de la limite transversale de la mer, ainsi que sur les lacs et plans d'eau.

• La visite se déroule en présence du capitaine ou de son représentant. Est considérée comme le capitaine la personne qui exerce, de droit ou de fait, le commandement, la conduite ou la garde du navire, du bateau, de l'engin flottant, de l'établissement flottant ou du matériel flottant lors de la visite.

• La visite comprend l'inspection des extérieurs ainsi que des cales, des soutes et des locaux.

• La visite des locaux spécialement aménagés à un usage d'habitation et effectivement utilisés comme résidence ne peut être faite que conformément aux dispositions relatives aux perquisitions et visites domiciliaires.

• Le navire, le bateau, l'engin flottant, l'établissement flottant ou le matériel flottant ne peut être immobilisé que le temps strictement nécessaire au déroulement de la visite, dans la limite de 12 heures.

• L'officier de police judiciaire responsable de la visite rend compte du déroulement des opérations au procureur de la République et l'informe sans délai de toute infraction constatée.

• **IV.** – Le fait que ces opérations révèlent des infractions autres que celles visées dans les réquisitions du procureur de la République ne constitue pas une cause de nullité des procédures incidentes.

V • Code de procédure pénale – art. 76 – Enquête préliminaire – Perquisitions, visites domiciliaires et saisies de pièces à conviction ou de biens.
• Code de procédure pénale – art. 78-6 – Relevé d'identité.

J • **Agents de police judiciaire – Interpellation – Remise à l'O.P.J.**
Contre l'arrêt de la chambre de l'instruction de la cour d'appel de Paris, 6e section, en date du 8 avril 2014 qui, dans l'information suivie contre lui du chef d'infractions à la législation sur les stupéfiants, a prononcé sur sa demande en annulation de pièces de la procédure;
Attendu que M. X..., mis en examen le 19 avril 2013, a déposé une requête en annulation le 25 juillet 2013 au greffe de la chambre de l'instruction, en soutenant qu'il avait été irrégulièrement soumis à un contrôle d'identité, puis interpellé, dans un lieu clos auquel les agents de police judiciaire n'avaient pas accédé légalement, en l'absence de flagrance antérieurement caractérisée;
Attendu qu'il résulte de l'arrêt attaqué et des pièces de la procédure que, le 17 avril 2013, des agents de police judiciaire ont, sur le fondement des articles L. 233-1 et R. 233-1 du Code de la route, décidé de procéder au contrôle du conducteur d'un scooter qui circulait sur un trottoir; que, envisageant de procéder au contrôle de l'identité du passager de ce véhicule, qui se montrait très agité, en exécution d'une réquisition du procureur de la République qui avait été prise sur le fondement de l'article 78-2-2 du Code de procédure pénale, ils lui ont enjoint de rester à sa place alors qu'il ne cessait de tourner autour d'eux; que l'intéressé ayant alors pris la fuite, ils l'ont poursuivi, sans jamais le perdre de vue, jusqu'au dernier étage d'un immeuble dans lequel il avait pénétré avant de s'enfermer dans un local-poubelle; qu'étant parvenus à ouvrir la porte de ce local, ils l'ont interpellé pour le conduire devant l'officier de police judiciaire le plus proche, après avoir appréhendé matériellement la somme de 30000 euros qu'il leur avait remise;
Attendu qu'en cet état, l'arrêt n'encourt pas le grief allégué dès lors qu'en raison de sa fuite dans les circonstances de l'espèce, les agents de police judiciaire pouvaient valablement, sur le fondement des dispositions de l'article 78-2, alinéa 1er, du Code de procédure pénale puis de l'article 53 du même code, le poursuivre jusque dans un immeuble dont l'accès, selon le procès-verbal, n'était pas clos, puis l'arrêter en application de l'article 73 dudit code et appréhender matériellement la somme de 30000 euros remise par l'intéressé, aux fins de la rapporter, pour saisie, à l'officier de police judiciaire devant lequel ils l'ont présenté;
Et attendu que l'arrêt est régulier en la forme;
Rejette le pourvoi;
(Cour de cassation – Chambre criminelle du 14 avril 2015 – N° de pourvoi: 14-83462).

• **Étrangers – Aide à l'entrée, à la circulation ou au séjour irréguliers – Opération de contrôle d'identité et de visite de véhicules**
Contre l'arrêt de la cour d'appel de Caen, chambre correctionnelle, en date du 24 mai 2017, qui a renvoyé MM. C Y, D Z et Valériu À des fins de la poursuite du chef d'aide à l'entrée, à la circulation ou au séjour irréguliers d'étrangers en France;
Attendu qu'il résulte de l'arrêt attaqué et des pièces de procédure que par réquisitions du 27 décembre 2016, le procureur de la République, en application de l'article 78-2-2 du Code de procédure pénale, a prévu une opération de contrôle d'identité et de visite de véhicules sur les communes de Ouistreham et Bénouville "du 1er janvier au 31 janvier 2017 de 7 h à 10 h, de 13h30 à 16h30 et de 19 h à 23 h (heures définies en fonction des escales des navires de la Britanny Ferries)"*; que suite au contrôle de deux véhicules le 9 janvier 2017, MM. Y, Z et A ont été interpellés puis poursuivis du chef du délit susvisé, que le tribunal les en a déclarés coupables; qu'ils ont interjeté appel de cette décision;*
Attendu que, pour infirmer le jugement, annuler la procédure et renvoyer en conséquence les prévenus des fins de la poursuite, l'arrêt retient notamment que les réquisitions, ayant autorisé le contrôle dont ils ont fait l'objet, sont contraires au texte précité en ce qu'elles permettaient de multiplier des contrôles identiques pour une durée globale supérieure à 24 heures sans que cette période de temps ait été reconduite par décision expresse et motivée de ce magistrat;
Attendu qu'en statuant ainsi, abstraction faite de motifs erronés et surabondants sur le cumul des heures de contrôle autorisées pour le calcul de la période de 24 heures, la cour d'appel a justifié sa décision;
Qu'en effet, l'article 78-2-2 du Code de procédure pénale n'autorise pas le procureur de la République à organiser, par une réquisition unique, des contrôles d'identité répartis sur plusieurs jours, mais seulement sur une période maximum de 24 heures consécutives;
D'où il suit que le moyen ne saurait être accueilli;
Et attendu que l'arrêt est régulier en la forme;
REJETTE le pourvoi.
(Cour de cassation – Chambre criminelle du 13 septembre 2017 – N° de pourvoi: 17-83986).

Article 78-2-3. – Visite des véhicules – *(Loi n° 2016-339 du 22 mars 2016)*

• Les officiers de police judiciaire, assistés, le cas échéant, des agents de police judiciaire et des agents de police judiciaire adjoints mentionnés aux 1°, 1° *bis* et 1° *ter* de l'article 21, peuvent procéder à la visite des véhicules circulant ou arrêtés sur la voie publique ou dans des lieux accessibles au public lorsqu'il existe à l'égard du conducteur ou d'un passager une ou plusieurs raisons plausibles de soupçonner qu'il a commis, comme auteur ou comme complice, un crime ou un délit flagrant; ces dispositions s'appliquent également à la tentative.
• Le II de l'article 78-2-2 est applicable au présent article.

D • **Visite de véhicules en cas de crime ou de délit flagrant.** – Le nouvel article 78-2-3 dispose que les officiers de police judiciaire, assistés, le cas échéant, des agents de police judiciaire et des agents de police judiciaire adjoints mentionnés aux 1°, 1° *bis* et 1° *ter* de l'article 21, peuvent procéder à la visite des véhicules circulant ou arrêtés sur la voie publique ou dans des lieux accessibles au public lorsqu'il existe à l'égard du conducteur ou d'un passager une ou plusieurs raisons plausibles de soupçonner qu'il a commis ou tenté de commettre, comme auteur ou comme complice, un crime ou un délit flagrant.
• L'intérêt de ces dispositions est ainsi de clairement permettre aux enquêteurs de procéder à l'ouverture d'un coffre en cas de crime ou de délit flagrant quelle que soit l'heure à laquelle cette opération intervient, y compris pendant les heures de nuit, contrairement à ce qui est prévu par l'article 59 en matière de perquisition.
• L'article 78-2-3 précise enfin que sont applicables les dispositions des deuxième, troisième et quatrième alinéas de l'article 78-2-2, précisant les modalités pratiques de la visite du véhicule et les cas dans lesquels un procès-verbal doit être rédigé, et réservant l'hypothèse des véhicules spécialement aménagés à usage d'habitation et effectivement utilisés comme résidence *(Circ. CRIM 03-12/E8 du 31 juillet 2003).*

J • **Agent de Police Judiciaire – Compétence – Flagrance – Visite des véhicules – Exclusion**

Seul un officier de police judiciaire, assisté, le cas échéant, par un agent de police judiciaire, peut procéder à la visite d'un véhicule automobile dans les conditions prévues par l'article 78-2-3 du Code de Procédure Pénale.

Encourt dès lors la censure d'arrêt qui, pour rejeter le moyen de nullité pris de l'incompétence de l'agent de police judiciaire qui avait proposé à la visite d'un véhicule en application du texte susvisé, se borne à constater que l'intéressé avait agi sous le contrôle d'un officier de police judiciaire, alors qu'il ne ressortait pas du procès-verbal que ce dernier avait procédé lui-même aux opérations, ni même qu'il avait été présent sur les lieux.

(Cour de cassation – Chambre criminelle – Audience publique du 28 septembre 2010 – N° de pourvoi : 10-82699 publié au Bulletin Officiel).

Article 78-2-4. – Contrôles d'identité, visite des véhicules – *(Loi n° 2016-731 du 3 juin 2016)*

• **I.** – Pour prévenir une atteinte grave à la sécurité des personnes et des biens, les officiers de police judiciaire et, sur l'ordre et sous la responsabilité de ceux-ci, les agents de police judiciaire et les agents de police judiciaire adjoints mentionnés aux 1°, 1° *bis* et 1° *ter* de l'article 21 peuvent procéder non seulement aux contrôles d'identité prévus au huitième alinéa de l'article 78-2 mais aussi, avec l'accord du conducteur ou du propriétaire du bagage ou, à défaut, sur instructions du procureur de la République communiquées par tous moyens, à :

• 1° La visite des véhicules circulant, arrêtés ou stationnant sur la voie publique ou dans des lieux accessibles au public ;

• 2° L'inspection visuelle des bagages ou leur fouille.

• **II.** – Pour l'application du 1° du I du présent article, le II de l'article 78-2-2 est applicable.

• Dans l'attente des instructions du procureur de la République, le véhicule peut être immobilisé pour une durée qui ne peut excéder trente minutes.

• **III.** – Pour l'application du 2° du I du présent article, le III de l'article 78-2-2 est applicable.

• Dans l'attente des instructions du procureur de la République, le propriétaire du bagage peut être retenu pour une durée qui ne peut excéder trente minutes.

D • **Visite de véhicules sur instruction du procureur de la République.** – Le nouvel article 78-2-4 dispose que pour prévenir une atteinte grave à la sécurité des personnes et des biens, les officiers de police judiciaire et, sur l'ordre et sous la responsabilité de ceux-ci, les agents de police judiciaire et les agents de police judiciaire adjoints mentionnés aux 1°, 1° *bis* et 1° *ter* de l'article 21 peuvent procéder non seulement aux contrôles d'identité prévus au septième alinéa de l'article 78-2 mais aussi, avec l'accord du conducteur ou, à défaut, sur instructions du procureur de la République communiquées par tous moyens, à la visite des véhicules circulant, arrêtés ou stationnant sur la voie publique ou dans des lieux accessibles au public.

• Cet article, qui s'applique en l'absence des réquisitions préalables du procureur de la République prévues par l'article 787-2-2 ou de crime ou de délit flagrant, a donc une finalité préventive.

• Le procureur de la République avisé qu'un conducteur d'un véhicule contrôlé par les forces de l'ordre refuse que celui-ci soit visité ne pourra toutefois donner instruction de procéder à cette opération que s'il estime que celle-ci est, compte tenu des circonstances qui devront être portées à sa connaissance, nécessaires pour prévenir une atteinte grave à la sécurité des personnes et des biens. Bien évidemment, s'il estime, au vu des renseignements qui lui sont donnés, qu'il existe à l'égard du conducteur ou d'un passager une ou plusieurs raisons plausibles de soupçonner qu'il a commis ou tenté de commettre, comme auteur ou comme complice, un crime ou un délit flagrant, le procureur devra indiquer à l'officier de police judiciaire que la visite du véhicule est possible sur le fondement de l'article 78-2-3.

• Il conviendra que le procureur de la République ne soit saisi – en pratique par téléphone – pour l'application de cet article que par un officier de police judiciaire, dans la mesure où les agents de police judiciaire ne peuvent appliquer ces dispositions que lorsqu'ils agissent sur l'ordre et sous la responsabilité d'un tel officier.

• L'article 78-2-4 précise que dans l'attente des instructions du procureur de la République, le véhicule peut être immobilisé pour une durée qui ne peut excéder trente minutes, et que les dispositions précitées des deuxième, troisième et quatrième alinéas de l'article 78-2-2 sont applicables *(Circ. CRIM 03-12/E8 du 31 juillet 2003).*

Article 78-2-5. – Participation manifestation, réunion publique – Arme *(Inspection visuelle – Fouille – Visite véhicules)* – *(Loi n° 2019-290 du 10 avril 2019)*

• Aux fins de recherche et de poursuite de l'infraction prévue à l'article 431-10 du code pénal, les officiers de police judiciaire mentionnés aux 2° à 4° de l'article 16 du présent code et, sous la responsabilité de ces derniers, les agents mentionnés à l'article 20 et aux 1°, 1° *bis* et 1° *ter* de l'article 21 peuvent, sur réquisitions écrites du procureur de la République, procéder sur les lieux d'une manifestation sur la voie publique et à ses abords immédiats à :

• 1° L'inspection visuelle des bagages des personnes et leur fouille, dans les conditions prévues au III de l'article 78-2-2 ;

• 2° La visite des véhicules circulant, arrêtés ou stationnant sur la voie publique ou dans des lieux accessibles au public, dans les conditions prévues au II du même article 78-2-2.

• Le fait que les opérations prévues aux 1° et 2° du présent article révèlent d'autres infractions ne constitue pas une cause de nullité des procédures incidentes.

Article 78-3. – Enquête et contrôle d'identité – *(Loi n° 2023-22 du 24 janvier 2023)*

• Si l'intéressé refuse ou se trouve dans l'impossibilité de justifier de son identité, il peut, en cas de nécessité, être retenu sur place ou dans le local de police où il est conduit aux fins de vérification de son identité. Dans tous les cas, il est présenté immédiatement à un officier de police judiciaire qui le met en mesure de fournir par tout moyen les éléments permettant d'établir son identité et qui procède, s'il y a lieu, aux opérations de vérification nécessaires. Il est aussitôt informé par l'officier de police judiciaire ou, sous le contrôle de celui-ci, par un agent de police judiciaire de son droit de faire aviser le procureur de la République de la vérification dont il fait l'objet et de prévenir à tout moment sa famille ou toute personne de son choix. Si des circonstances particulières l'exigent, l'officier de police judiciaire ou, sous le contrôle de celui-ci, l'agent de police judiciaire prévient lui-même la famille ou la personne choisie.

• Lorsqu'il s'agit d'un mineur de 18 ans, le procureur de la République doit être informé dès le début de la rétention. Sauf impossibilité, le mineur doit être assisté de son représentant légal.

• La personne qui fait l'objet d'une vérification ne peut être retenue que pendant le temps strictement exigé par l'établissement de son identité. La rétention ne peut excéder 4 heures, ou 8 heures à Mayotte, à compter du contrôle effectué en application de l'article 78-2 et le procureur de la République peut y mettre fin à tout moment.

• Si la personne interpellée maintient son refus de justifier de son identité ou fournit des éléments d'identité manifestement inexacts, les opérations de vérification peuvent donner lieu, après autorisation du procureur de la République ou du juge d'instruction, à la prise d'empreintes digitales ou de photographies lorsque celle-ci constitue l'unique moyen d'établir l'identité de l'intéressé.

• La prise d'empreintes ou de photographies doit être mentionnée et spécialement motivée dans le procès-verbal prévu ci-après.

• L'officier de police judiciaire mentionne, dans un procès-verbal, les motifs qui justifient le contrôle ainsi que la vérification d'identité, et les conditions dans lesquelles la personne a été présentée devant lui, informée de ses droits et mise en mesure de les exercer. Il précise le jour et l'heure à partir desquels le contrôle a été effectué, le jour et l'heure de la fin de la rétention et la durée de celle-ci.

• Ce procès-verbal est présenté à la signature de l'intéressé. Si ce dernier refuse de le signer, mention est faite du refus et des motifs de celui-ci.

• Le procès-verbal est transmis au procureur de la République, copie en ayant été remise à l'intéressé dans le cas prévu par l'alinéa suivant.

• Si elle n'est suivie à l'égard de la personne qui a été retenue d'aucune procédure d'enquête ou d'exécution adressée à l'autorité judiciaire, la vérification d'identité ne peut donner lieu à une mise en mémoire sur fichiers et le procès-verbal ainsi que toutes les pièces se rapportant à la vérification sont détruits dans un délai de 6 mois sous le contrôle du procureur de la République.

• Dans le cas où il y a lieu à procédure d'enquête ou d'exécution adressée à l'autorité judiciaire et assortie du maintien en garde à vue, la personne retenue doit être aussitôt informée de son droit de faire aviser le procureur de la République de la mesure dont elle fait l'objet.

• Les prescriptions énumérées au présent article sont imposées à peine de nullité.

• **Dispositions concernant les personnes de nationalité étrangère** *(Ordonnance n° 45-2658 du 2-11-1945, art. 8, al. 2 et 3)*: En dehors de tout contrôle d'identité, les personnes de nationalité étrangère doivent être en mesure de présenter les pièces ou documents sous le couvert desquels elles sont autorisées à circuler ou à séjourner en France à toute réquisition des officiers de police judiciaire et, sur l'ordre et sous la responsabilité de ceux-ci, des agents de police judiciaire et agents de police judiciaire adjoints mentionnés aux articles 20 et 21/1° du Code de procédure pénale

• À la suite d'un contrôle d'identité effectué en application des articles 78-1 et 78-2 du Code de procédure pénale, les personnes de nationalité étrangère peuvent être également tenues de présenter les pièces et documents visés à l'alinéa précédent.

V • Code de l'entrée et du séjour des étrangers et du droit d'asile – art. R. 611-12 – Traitement automatisé de données à caractère personnel
• Code de procédure pénale – art. 2 – O.P.J. (Dispositions générales)
• Code de procédure pénale – art. 8-2 – Organe de coopération internationale policière

CODE L'ENTRÉE ET DU SÉJOUR DES ÉTRANGERS ET DU DROIT D'ASILE

MODALITÉS DE CONTRÔLES

☞ **Voir le Code Pénal – Éditions La Baule –**

J • **Étranger – Contrôles – Éléments permettant de justifier de son identité – Défaut – Effets – Assimilation à un refus.**
Alors que ce n'est que si la personne interpellée maintient son refus de justifier de son identité ou fournit des éléments d'identité manifestement inexacts que les opérations de vérification peuvent donner lieu à la prise d'empreintes digitales ou de photographies; qu'ainsi, lorsque l'étranger décline spontanément son identité mais ne dispose d'aucun document d'identité, il ne peut faire l'objet de telles mesures; qu'en l'espèce, M. X... faisait valoir qu'il avait décliné son prénom et son nom dès son interpellation et qu'il avait indiqué n'avoir aucun document d'identité; qu'il soulignait qu'aucun élément n'était venu depuis lors contredire ses affirmations; qu'en l'absence de refus de justifier de son identité ou d'affirmation

« manifestement inexacte », les policiers ne pouvaient procéder à la prise de ses empreintes digitales et de photographies; qu'en écartant néanmoins ce moyen, le premier président de la cour d'appel, qui a confondu refus et impossibilité de justifier de son identité, a violé l'article 78-3 alinéa 4 du Code de procédure pénale.
(Cour de Cassation – Chambre civile du 10 juillet 2013 – N° de pourvoi: 12-23463)

Article 78-3-1. – Contrôle ou vérification d'identité – Retenue – *(Ordonnance n° 2018-1125 du 12 décembre 2018)*

• **I.** – Toute personne faisant l'objet d'un contrôle ou d'une vérification d'identité prévus au présent chapitre peut, lorsque ce contrôle ou cette vérification révèle qu'il existe des raisons sérieuses de penser que son comportement peut être lié à des activités à caractère terroriste, faire l'objet d'une retenue sur place ou dans le local de police où elle est conduite pour une vérification de sa situation par un officier de police judiciaire permettant de consulter les traitements automatisés de données à caractère personnel relevant de l'article 31 de la loi n° 78-17 du 6 janvier 1978 relative à l'informatique, aux fichiers et aux libertés, selon les règles propres à chacun de ces traitements et, le cas échéant, d'interroger les services à l'origine du signalement de l'intéressé ainsi que des organismes de coopération internationale en matière de police judiciaire ou des services de police étrangers.

• La retenue ne peut donner lieu à audition.

• Le procureur de la République territorialement compétent est informé dès le début de la retenue.

• **II.** – La personne retenue est immédiatement informée par l'officier de police judiciaire ou, sous le contrôle de celui-ci, par un agent de police judiciaire, dans une langue qu'elle comprend:

• 1° Du fondement légal de son placement en retenue;

• 2° De la durée maximale de la mesure;

• 3° Du fait que la retenue dont elle fait l'objet ne peut donner lieu à audition et qu'elle a le droit de garder le silence;

• 4° Du fait qu'elle bénéficie du droit de faire prévenir par l'officier de police judiciaire toute personne de son choix ainsi que son employeur.

• Si l'officier de police judiciaire estime, en raison des nécessités liées à la retenue, ne pas devoir faire droit à cette demande, il en réfère sans délai au procureur de la République qui décide, s'il y a lieu, d'y faire droit.

• Sauf en cas de circonstance insurmontable, qui doit être mentionnée au procès-verbal, les diligences incombant à l'officier de police judiciaire en application du 1er alinéa du présent 4° doivent intervenir, au plus tard, dans un délai de 2 heures à compter du moment où la personne a formulé sa demande.

• **III.** – Lorsqu'il s'agit d'un mineur de 18 ans, la retenue fait l'objet d'un accord exprès du procureur de la République. Le mineur doit être assisté de son représentant légal, sauf impossibilité dûment justifiée.

• **IV.** – La personne faisant l'objet d'une vérification de situation ne peut être retenue que pendant le temps strictement nécessaire à l'accomplissement des vérifications mentionnées au 1er alinéa du I, pour une durée qui ne peut excéder 4 heures à compter du début du contrôle effectué.

• Le procureur de la République peut mettre fin à tout moment à la retenue.

• L'officier de police judiciaire mentionne dans un procès-verbal les motifs qui justifient la vérification de situation administrative et les conditions dans lesquelles la personne a été présentée devant lui, informée de ses droits et mise en mesure de les exercer. Il précise le jour et l'heure à partir desquels la vérification a été effectuée, le jour et l'heure de la fin de la retenue et la durée de celle-ci.

• Ce procès-verbal est présenté à la signature de la personne. Si cette dernière refuse de le signer, mention est faite du refus et des motifs de celui-ci. Le procès-verbal est transmis sans délai au procureur de la République, copie en ayant été remise à la personne.

• **V.** – Les prescriptions énumérées au présent article sont imposées à peine de nullité.

Article 78-4. – Durée de la rétention – Garde à vue – *(Loi n° 2016-731 du 3 juin 2016)*

• La durée de la rétention prévue aux articles 78-3 et 78-3-1 s'impute, s'il y a lieu, sur celle de la garde à vue.

Article 78-5. – Refus prises d'empreintes digitales ou photographies – *(Ordonnance n° 2000-916 du 19 septembre 2000)*

• Seront punis de trois mois d'emprisonnement et de 3750 euros d'amende ceux qui auront refusé de se prêter aux prises d'empreintes digitales ou de photographies autorisées par le procureur de la République ou le juge d'instruction, conformément aux dispositions de l'article 78-3.

CODE DE LA SÉCURITÉ INTÉRIEURE

(Extraits)

Contrôle automatisé des données signalétiques des véhicules

Article L. 233-1. – Dispositifs fixes ou mobiles de contrôle automatisé des données signalétiques des véhicules – *(Loi n° 2016-731 du 3 juin 2016)*

• Afin de prévenir et de réprimer le terrorisme, de faciliter la constatation des infractions s'y rattachant, de faciliter la constatation des infractions criminelles ou liées à la criminalité organisée au sens des articles 706-73 et 706-73-1 du Code de procédure pénale, des infractions de vol et de recel de véhicules volés, des infractions de contrebande, d'importation ou d'exportation commises en bande organisée, prévues et réprimées par le dernier alinéa de l'article 414 du Code des douanes, ainsi que la constatation, lorsqu'elles portent sur des fonds provenant de ces mêmes infractions, de la réalisation ou de la tentative de réalisation des opérations financières définies à l'article 415 du même code et afin de permettre le rassemblement des preuves de ces infractions et la recherche de leurs auteurs, les services de police et de gendarmerie nationales et des douanes peuvent mettre en œuvre des dispositifs fixes ou mobiles de contrôle automatisé des données signalétiques des véhicules prenant la photographie de leurs occupants, en tous points appropriés du territoire, en particulier dans les zones frontalières, portuaires ou aéroportuaires ainsi que sur les grands axes de transit national ou international.

• L'emploi de tels dispositifs est également possible par les services de police et de gendarmerie nationales à titre temporaire, pour la préservation de l'ordre public, à l'occasion d'événements particuliers ou de grands rassemblements de personnes, par décision de l'autorité administrative.

Article L. 233-2. – Traitements automatisés des données – *(Loi n° 2016-1547 du 18 novembre 2016)*

• Pour les finalités mentionnées aux articles L. 233-1 et L. 233-1-1, les données à caractère personnel collectées à l'occasion des contrôles susmentionnés peuvent faire l'objet de traitements automatisés mis en œuvre par les services de police et de gendarmerie nationales et les services des douanes et soumis aux dispositions de la loi n° 78-17 du 6 janvier 1978 relative à l'informatique, aux fichiers et aux libertés. Ces traitements comportent une consultation du traitement automatisé des données relatives aux véhicules volés ou signalés ainsi que du système d'information Schengen.

• Afin de permettre cette consultation, les données collectées sont conservées durant un délai maximum de 15 jours au-delà duquel elles sont effacées dès lors qu'elles n'ont donné lieu à aucun rapprochement positif avec les traitements mentionnés au précédent alinéa. Durant cette période de 15 jours, la consultation des données n'ayant pas fait l'objet d'un rapprochement positif avec ces traitements est interdite, sans préjudice des nécessités de leur consultation pour les besoins d'une procédure pénale ou douanière. Les données qui font l'objet d'un rapprochement positif avec ces mêmes traitements sont conservées pour une durée d'un mois sans préjudice des nécessités de leur conservation pour les besoins d'une procédure pénale ou douanière.

• Ces traitements comportent également une consultation du traitement automatisé de données du système d'immatriculation des véhicules, du traitement automatisé du système de contrôle automatisé ainsi que des traitements de données relatives à l'assurance des véhicules.

• Aux fins de prévenir et de réprimer les actes de terrorisme et de faciliter la constatation des infractions s'y rattachant, les agents individuellement désignés et dûment habilités des services de police et de gendarmerie nationales spécialement chargés de ces missions peuvent avoir accès à ces traitements.

DÉCRET N° 87-249 DU 8 AVRIL 1987

relatif au fichier automatisé des empreintes digitales géré par le ministère de l'intérieur

NOR : INTD8700094D – Version consolidée au 1er janvier 2021

Article 1er. – Traitement automatisé de traces et empreintes digitales et palmaires – *(Décret n° 2015-1580 du 2 décembre 2015)*

• **I. –** Est autorisé, dans les conditions prévues au présent décret, le traitement automatisé de traces et empreintes digitales et palmaires :

• – en vue de faciliter la recherche et l'identification, par les services de la police nationale et les unités de la gendarmerie nationale ainsi que par le service national de la douane judiciaire, des auteurs de crimes et de délits et de faciliter la poursuite, l'instruction et le jugement des affaires criminelles et délictuelles dont l'autorité judiciaire est saisie ;

• – en vue de faciliter la recherche et la découverte des mineurs et majeurs protégés disparus ainsi que celles des majeurs dont la disparition présente un caractère inquiétant ou suspect eu égard aux circonstances, à l'âge de l'intéressé ou à son état de santé ;

• – en vue de faciliter l'identification dans un cadre judiciaire des personnes décédées ainsi que l'identification des personnes découvertes grièvement blessées dont l'identité n'a pu être établie ;

• – en vue de faciliter l'identification dans un cadre extrajudiciaire des personnes décédées.

• **II. –** Est également autorisée, dans les conditions prévues au présent décret, la consultation du traitement automatisé des empreintes digitales :

• – en vue de permettre l'identification d'un étranger dans les conditions prévues à l'article L. 611-4 du Code de l'entrée et du séjour des étrangers et du droit d'asile ;

• – en vue de permettre l'identification des personnes dans le cadre de la procédure de vérification d'identité de l'article 78-3 du Code de procédure pénale.

Article 2. – Mise en œuvre – *(Décret n° 2020-1779 du 30 décembre 2020)*

• Ce traitement est mis en œuvre par le service national de police scientifique au ministère de l'intérieur. Il porte la dénomination de fichier automatisé des empreintes digitales.

…/…

Article 3. – Enregistrements – *(Décret n° 2015-1580 du 2 décembre 2015)*

• Peuvent être enregistrées :

• 1° Les traces relevées dans le cadre :

• *a)* D'une enquête pour crime ou délit flagrant ;

• *b)* D'une enquête préliminaire ;

• *c)* D'une commission rogatoire ;

• *d)* D'une enquête ou d'une information pour recherche des causes de la mort ou d'une disparition, prévue par les articles 74,74-1 et 80-4 du Code de procédure pénale ;

• *e)* D'une enquête consécutive à la découverte d'une personne grièvement blessée, lorsque la cause de ses blessures est inconnue ou suspecte, prévue par l'article 74 du Code de procédure pénale ;

• *f)* De l'exécution d'un ordre de recherche délivré par une autorité judiciaire ;

• 2° Les empreintes digitales et palmaires relevées dans le cadre d'une enquête pour crime ou délit flagrant, d'une enquête préliminaire, d'une commission rogatoire ou de l'exécution d'un ordre de recherche délivré par une autorité judiciaire, lorsqu'elles concernent des personnes à l'encontre desquelles il existe des indices graves ou concordants rendant vraisemblable qu'elles aient pu participer, comme auteur ou comme complice, à la commission d'un crime ou d'un délit, ou des personnes mises en cause dans une procédure criminelle ou délictuelle, dont l'identification certaine s'avère nécessaire ;

• 3° Les empreintes digitales et palmaires relevées sur les cadavres non identifiés et les personnes découvertes grièvement blessées dont l'identité n'a pu être établie, dans le cadre d'une enquête pour crime ou délit flagrant, d'une enquête préliminaire, d'une commission rogatoire, d'une enquête ou d'une information pour recherche des causes de la mort ou d'une enquête consécutive à la découverte d'une personne grièvement blessée, lorsque la cause de ses blessures est inconnue ou suspecte, prévue par les articles 74 et 80-4 du Code de procédure pénale ;

• 4° Les empreintes digitales et palmaires relevées dans les établissements pénitentiaires, en vue de s'assurer de manière certaine de l'identité des détenus qui font l'objet d'une procédure pour crime ou délit et d'établir les cas de récidive ;

• 5° Les traces et les empreintes digitales et palmaires transmises par des organismes de coopération internationale en matière de police judiciaire ou des services de police étrangers en application d'engagements internationaux ;

• 6° Les empreintes digitales et palmaires relevées en application des articles L. 2223-42 du Code général des collectivités territoriales et 87 du Code civil et du décret n° 2012-125 du 30 janvier 2012 relatif à la procédure extrajudiciaire d'identification des personnes décédées.

Article 4. – Informations complémentaires – *(Décret n° 2015-1580 du 2 décembre 2015)*

• Les empreintes digitales et palmaires enregistrées sont accompagnées des informations suivantes :

• 1° Le sexe de la personne et, lorsqu'ils sont connus, ses nom, prénoms, date et lieu de naissance et éléments de filiation ;

• 2° Le service ayant procédé à la signalisation ;

• 3° La date et le lieu d'établissement de la fiche signalétique ;

• 5° Les clichés anthropométriques ;

• 6° Pour les empreintes transmises dans le cas prévu au 5° de l'article 3, l'origine de l'information et la date de son enregistrement dans le traitement.

• 4° La nature de l'affaire et la référence de la procédure.

• Les traces d'empreintes enregistrées sont accompagnées des informations suivantes :

• 1° Le lieu sur lequel elles ont été relevées, ainsi que la date du relevé ;

• 2° Le service ayant procédé au relevé des traces ;

• 3° La date et le lieu d'établissement de la fiche supportant la reproduction des traces papillaires ;

• 4° La nature de l'affaire et la référence de la procédure ;

• 5° L'origine de l'information et la date de son enregistrement dans le traitement.

Article 5. – Conservation des informations – *(Décret n° 2015-1580 du 2 décembre 2015)*

• Les traces, empreintes digitales et palmaires et les informations liées sont conservées suivant les durées maximales détaillées ci-dessous s'il n'a pas été préalablement procédé à leur effacement dans les conditions prévues aux articles 7,7-1 et 7-2 du présent décret.

• 1° Les traces mentionnées au 1° de l'article 3 et les informations liées sont conservées pendant une durée maximale de quinze ans à compter de l'établissement de la fiche signalétique.

• Toutefois, la durée de conservation est portée à vingt-cinq ans :

• *a)* Sur décision du procureur de la République ou, en cours d'information, du juge d'instruction ; ou

• *b)* Lorsque ces traces relatives à des personnes inconnues ont été relevées dans le cadre :

• – d'une enquête ou d'une instruction préparatoire relative soit à un crime, soit à un délit mentionné aux articles 706-47 ou 706-73 du Code de procédure pénale ; ou

• – d'une enquête ou d'une information pour recherche des causes de la mort ou d'une disparition prévue par les articles 74,74-1 et 80-4 du Code de procédure pénale ; ou

• – d'une enquête consécutive à la découverte d'une personne grièvement blessée, lorsque la cause de ses blessures est inconnue ou suspecte, prévue par l'article 74 du Code de procédure pénale ;

• 2° Les empreintes digitales et palmaires mentionnées au 2° de l'article 3 du présent décret et les informations liées sont conservées durant quinze ans à compter de l'établissement de la fiche signalétique ou, si elles ont été relevées sur une personne mineure, durant dix ans ;

• Toutefois lorsqu'elles ont été relevées dans le cadre d'une enquête relative soit à un crime, soit à un délit mentionné aux articles 706-47 ou 706-73 du Code de procédure pénale, la durée de conservation est portée à vingt-cinq ans ou, si elles ont été relevées sur une personne mineure, à quinze ans ;

• 3° Les empreintes digitales et palmaires mentionnées au 3° de l'article 3 du présent décret et les informations liées sont conservées pendant vingt-cinq ans à compter de l'établissement de la fiche signalétique ;

• 4° Les empreintes digitales et palmaires mentionnées au 4° de l'article 3 du présent décret et les informations liées sont conservées durant quinze ans à compter de l'établissement de la fiche signalétique ou, si elles ont été relevées sur une personne mineure, durant dix ans ;

• Toutefois lorsque la personne concernée est détenue dans le cadre d'une procédure relative soit à un crime, soit à un délit mentionné aux articles 706-47 ou 706-73 du Code de procédure pénale, la durée de conservation est portée à vingt-cinq ans ou, si elles ont été relevées sur une personne mineure, à quinze ans ;

.../...

• 5° Les traces et empreintes digitales et palmaires mentionnées au 5° de l'article 3 du présent décret et les informations liées sont conservées durant vingt-cinq ans ou, si elles concernent une personne mineure, durant quinze ans à compter de l'établissement de la fiche signalétique ;
• 6° Les empreintes digitales et palmaires mentionnées au 6° de l'article 3 du présent décret et les informations liées sont conservées vingt-cinq ans à compter de leur date d'enregistrement dans le traitement.

Article 6. – Droits d'accès, de rectification et d'opposition – *(Décret n° 2020-1779 du 30 décembre 2020)*
• Les droits d'accès et de rectification prévus par les articles 39 et 40 de la loi n° 78-17 du 6 janvier 1978 s'exercent auprès du chef du service national de police scientifique au ministère de l'intérieur, place Beauvau, Paris *(8e)*.
• Le droit d'opposition prévu par l'article 38 de la loi du 6 janvier 1978 susvisée ne s'applique pas au présent traitement.

Article 7. – Contrôle – *(Décret n° 2005-585 du 27 mai 2005)*
• Le présent traitement est placé sous le contrôle du procureur général près la cour d'appel dans le ressort de laquelle est situé le service gestionnaire.
• Il peut d'office et sans préjudice du contrôle effectué par la Commission nationale de l'informatique et des libertés en application de la loi du 6 janvier 1978 susvisée, ordonner l'effacement des informations dont la conservation ne paraîtrait manifestement plus utile compte tenu de la finalité du traitement.
• L'autorité gestionnaire du fichier adresse à ce magistrat ainsi qu'à la Commission nationale de l'informatique et des libertés un rapport annuel d'activité mentionnant notamment les résultats des opérations de mise à jour et d'apurement du fichier.

Article 7-1. – Effacement des empreintes – *(Décret n° 2015-1580 du 2 décembre 2015)*
• **I.** – Sont effacées par le service gestionnaire :
• 1° Les traces et informations mentionnées au d du 1° de l'article 3, dès réception par ce service d'un avis l'informant de la découverte de la personne disparue ;
• 2° Les empreintes et informations mentionnées au 2° de l'article 3, dès réception par le service gestionnaire d'un avis l'informant du décès de la personne concernée ;
• 3° Les empreintes et informations mentionnées au 3° de l'article 3, dès réception par le service gestionnaire d'un avis l'informant de l'identification de la personne grièvement blessée ou décédée ;
• 4° Les traces et empreintes mentionnées au 5° de l'article 3 sur demande dudit organisme ou service ou parce que le service gestionnaire a été informé du décès de la personne en cause ou de sa découverte, lorsqu'il s'agit d'une personne disparue ;
• 5° Les empreintes et informations mentionnées au 6° de l'article 3, dès réception par le service gestionnaire d'un avis l'informant de l'identification de la personne décédée ;
• 6° Les empreintes et informations liées en cas de décision de relaxe ou d'acquittement devenue définitive dès réception de l'avis en informant le service gestionnaire.
• **II.** – Les empreintes et informations liées sont effacées en cas de décision de non-lieu, de classement sans suite pour absence d'infraction ou insuffisance de charges ou pour auteur inconnu, sauf si le procureur de la République estime que leur conservation apparaît nécessaire pour des raisons liées à la finalité du fichier au regard de la nature ou des circonstances de commission de l'infraction ou de la personnalité de la personne concernée.
• Le procureur de la République ne peut s'opposer à l'effacement lorsque la prescription de l'action publique est acquise.
• **III.** – Les empreintes et informations mentionnées aux 2° et 4° de l'article 3 sont effacées à la demande de l'intéressé, lorsque leur conservation n'apparaît plus nécessaire pour des raisons liées à la finalité du fichier au regard de la nature ou des circonstances de commission de l'infraction ou de la personnalité de la personne concernée.

Article 7-2. – Adressage – Demande d'effacement – *(Décret n° 2015-1580 du 2 décembre 2015)*
• Toute demande d'effacement doit, à peine d'irrecevabilité, être adressée par lettre recommandée avec demande d'avis de réception ou par déclaration au greffe. Cette demande est directement adressée au procureur de la République compétent, qui est celui de la juridiction dans le ressort de laquelle a été menée la procédure ayant donné lieu à cet enregistrement. Elle peut également être adressée au procureur de la République du domicile de l'intéressé, qui la transmet au procureur de la République compétent.
• Le magistrat compétent fait connaître sa décision à l'intéressé, par lettre recommandée avec demande d'avis de réception, dans un délai de trois mois à compter de la réception de la demande soit par lui-même, soit par le procureur de la République du domicile de l'intéressé.
• À défaut de réponse dans ce délai, ou si le magistrat n'ordonne pas l'effacement, l'intéressé peut saisir aux mêmes fins le juge des libertés et de la détention dans un délai de dix jours, à compter de l'expiration du délai prévu à l'alinéa précédent ou de la réception par le requérant de la décision du procureur de la République, par lettre recommandée avec demande d'avis de réception ou par déclaration au greffe.
• À défaut de réponse dans ce délai, ou si le magistrat n'ordonne pas l'effacement, l'intéressé peut saisir aux mêmes fins le juge des libertés et de la détention dans un délai de dix jours, à compter de l'expiration du délai prévu à l'alinéa précédent ou de la réception par le requérant de la décision du procureur de la République, par lettre recommandée avec demande d'avis de réception ou par déclaration au greffe.
• À défaut de réponse dans ce délai, ou si le magistrat n'ordonne pas l'effacement, l'intéressé peut saisir aux mêmes fins le juge des libertés et de la détention dans un délai de dix jours, à compter de l'expiration du délai prévu à l'alinéa précédent ou de la réception par le requérant de la décision du procureur de la République, par lettre recommandée avec demande d'avis de réception ou par déclaration au greffe.
• Après avoir sollicité les réquisitions écrites du procureur de la République, le juge des libertés et de la détention statue par ordonnance motivée dans un délai de deux mois, à compter de la date de réception ou de la déclaration au greffe de la demande d'effacement formée devant lui. L'ordonnance est notifiée au procureur de la République et par lettre recommandée avec demande d'avis de réception, à l'intéressé.
• Faute pour le juge des libertés et de la détention de statuer dans le délai de deux mois ou en cas d'ordonnance refusant l'effacement, l'intéressé peut, dans un délai de dix jours à compter de l'expiration du délai prévu à l'alinéa précédent ou de la notification à la personne de l'ordonnance du juge des libertés et de la détention, saisir le président de la chambre de l'instruction, par lettre recommandée avec accusé de réception ou par déclaration au greffe. À peine d'irrecevabilité, sa contestation doit être motivée.

…/…

• En cas d'ordonnance prescrivant l'effacement, le procureur de la République peut également, dans un délai de dix jours à compter de la date de la notification de l'ordonnance du juge des libertés et de la détention, contester cette décision devant le président de la chambre de l'instruction. Cette contestation suspend l'exécution de la décision.

• Le président de la chambre de l'instruction statue, après avoir sollicité les réquisitions écrites du procureur général, par une ordonnance motivée, dans un délai de trois mois à compter de la date de réception de la lettre recommandée ou de la déclaration au greffe par le requérant, ou de la date de la contestation par le procureur de la République de l'ordonnance du juge des libertés et de la détention. Cette ordonnance est notifiée au procureur de la République et, par lettre recommandée avec demande d'avis de réception, à l'intéressé. Elle ne peut faire l'objet d'un pourvoi en cassation que si elle ne satisfait pas, en la forme, aux conditions essentielles de son existence légale.

Article 8. – Fonctionnaires et militaires – *(Décret n° 2015-1580 du 2 décembre 2015)*

• Les fonctionnaires et militaires individuellement désignés et habilités des services d'identité judiciaire de la police nationale, du service technique de recherches judiciaires et de documentation ainsi que des unités de recherches de la gendarmerie nationale peuvent seuls avoir accès aux données à caractère personnel et aux informations contenues dans le traitement :

• 1° Pour procéder aux opérations d'identification à la demande de l'autorité judiciaire, des officiers de police judiciaire de la police nationale ou de la gendarmerie nationale, ou des agents des douanes habilités à effectuer des enquêtes judiciaires en vertu des dispositions de l'article 28-1 du Code de procédure pénale ;

• 2° Pour procéder aux opérations d'identification à la demande de l'autorité judiciaire, des fonctionnaires de la police ou des militaires de la gendarmerie dans le cadre des recherches aux fins d'identification des personnes décédées prévues aux articles L. 2223-42 du Code général des collectivités territoriales et 87 du Code civil et du décret n° 2012-125 du 30 janvier 2012 relatif à la procédure extrajudiciaire d'identification des personnes décédées ;

• 3° Pour procéder aux opérations d'identification à la demande des officiers de police judiciaire de la police nationale ou de la gendarmerie nationale en vertu des dispositions des articles L. 611-1-1, L. 611-3 et L. 611-4 du Code de l'entrée et du séjour des étrangers et du droit d'asile ;

• 4° Pour procéder aux opérations d'identification à la demande des officiers de police judiciaire de la police nationale ou de la gendarmerie nationale en vertu des dispositions de l'article 78-3 du Code de procédure pénale.

Article 8-1. – O.P.J. et agents des douanes – *(Décret n° 2015-1580 du 2 décembre 2015)*

• **I.** – Les officiers de police judiciaire de la police nationale ou de la gendarmerie nationale et les agents des douanes mentionnés à l'article précédent sont destinataires des résultats des opérations d'identification dont ils ont demandé la réalisation en vue des finalités définies à l'article 1er dans le cadre et pour les besoins exclusifs des procédures judiciaires dont ils sont saisis.

• **II.** – Les officiers de police judiciaire de la police nationale ou de la gendarmerie nationale sont destinataires des résultats des opérations d'identification dont ils ont demandé la réalisation à raison de leurs attributions, dans le cadre et pour les besoins exclusifs :

• 1° Des recherches aux fins d'identification des personnes décédées effectuées en application des articles L. 2223-42 du Code général des collectivités territoriales et 87 du Code civil et du décret n° 2012-125 du 30 janvier 2012 relatif à la procédure extrajudiciaire d'identification des personnes décédées ;

• 2° Des procédures d'identification prévues aux articles L. 611-1-1, L. 611-3 et L. 611-4 du Code de l'entrée et du séjour des étrangers et du droit d'asile dont ils sont saisis ;

• 3° Des mesures de vérification d'identité de l'article 78-3 du Code de procédure pénale.

Article 9. – Fichier – *(Décret n° 2015-1580 du 2 décembre 2015)*

• Le fichier prévu au présent décret ne peut faire l'objet d'aucune interconnexion, rapprochement ou d'aucune autre forme de mise en relation avec un autre traitement automatisé de données à caractère personnel, à l'exception du traitement visé à l' article 48-1 du Code de procédure pénale aux seules fins d'alimentation et de mise à jour du fichier prévu par le présent décret.

Article 9-1. – Consultation – *(Décret n° 2015-1580 du 2 décembre 2015)*

• Par dérogation aux articles 8 et 9, les données enregistrées dans le fichier automatisé des empreintes digitales, à l'exclusion de celles enregistrées au titre du 6° de l'article 3, peuvent être consultées, en vue notamment de faire l'objet de rapprochements, par les agents d'organismes de coopération internationale en matière de police judiciaire ou par les agents des services de police ou de justice d'États étrangers, aux fins et dans les conditions prévues :

• 1° Par le traité relatif à l'approfondissement de la coopération transfrontalière, notamment en vue de lutter contre le terrorisme, la criminalité transfrontalière et la migration illégale, signé à Prüm le 27 mai 2005 ;

• 2° Par tout acte pris en application du titre V du traité sur le fonctionnement de l'Union européenne et poursuivant des buts analogues, en tout ou partie, à ceux du traité mentionné au 1° ;

• 3° Par tout engagement liant, aux fins et dans les conditions définies à l'article L. 235-1 du Code de la sécurité intérieure, la France à des organismes internationaux ou à des États étrangers, lorsque ces organismes et ces États assurent à la vie privée, aux libertés et aux droits fondamentaux des personnes à l'égard de données à caractère personnel un niveau de protection suffisant au sens de l'article 68 de la loi n° 78-17 du 6 janvier 1978 relative à l'informatique, aux fichiers et aux libertés.

Article 9-2. – Opérations réalisées – *(Décret n° 2011-157 du 7 février 2011)*

• Sous réserve des règles particulières prévues par les actes et accords mentionnés aux 2° et 3° de l'article 9-1, les opérations réalisées en vertu de ces dispositions :

• 1° Sont le fait d'agents spécialement habilités à cet effet par les organismes internationaux ou États requérants ;

• 2° Font l'objet, de la part de ces agents, de demandes préalables motivées ;

• 3° Donnent lieu à la mise en place, par le gestionnaire du traitement, d'un dispositif permettant de retracer, par enregistrement informatique, la consultation du fichier.

Article 9-3. – Application – Nouvelle-Calédonie, Polynésie française, Îles Wallis et Futuna – *(Décret n° 2020-1777 du 30 décembre 2020)*

• Le présent décret, dans sa rédaction résultant du décret n° 2020-1777 du 30 décembre 2020, est applicable en Nouvelle-Calédonie, en Polynésie française et dans les îles Wallis et Futuna, sous réserve des adaptations suivantes :

• 1° Pour l'application des articles 3,8 et 8-1 en Nouvelle-Calédonie :

.../...

• *a)* La référence à l'article L. 2223-42 du Code général des collectivités territoriales est remplacée par la référence à l'article L. 362-1 du Code des communes de la Nouvelle-Calédonie;
• *b)* Les références aux articles L. 611-1-1 , L. 611-3 et L. 611-4 du Code de l'entrée et du séjour des étrangers et du droit d'asile sont remplacées par les références aux articles 9 et 11 de l'ordonnance n° 2002-388 du 20 mars 2002 relative aux conditions d'entrée et de séjour des étrangers en Nouvelle-Calédonie;
• 2° Pour l'application des articles 8 et 8-1 en Polynésie française, les références aux articles L. 611-1-1 , L. 611-3 et L. 611-4 du Code de l'entrée et du séjour des étrangers et du droit d'asile sont remplacées par les références aux articles 9 et 11 de l'ordonnance n° 2000-372 du 26 avril 2000 relative aux conditions d'entrée et de séjour des étrangers en Polynésie française;
• 3° Pour l'application des articles 3,8 et 8-1 dans les îles Wallis et Futuna:
• *a)* La référence à l'article L. 2223-42 du Code général des collectivités territoriales est remplacée par la référence à l'article 814-2 du Code de procédure pénale;
• *b)* Les références aux articles L. 611-1-1 , L. 611-3 et L. 611-4 du Code de l'entrée et du séjour des étrangers et du droit d'asile sont remplacées par les références aux articles 8 et 10 de l'ordonnance n° 2000-371 du 26 avril 2000 relative aux conditions d'entrée et de séjour des étrangers dans les îles Wallis et Futuna.

Article 78-6. – Habilitation *(Agents de police judiciaire adjoints)* – *(Loi n° 2017-258 du 28 février 2017)*

• Les agents de police judiciaire adjoints mentionnés aux 1° *bis*, 1° *ter*, 1° *quater* et 2° de l'article 21 sont habilités à relever l'identité des contrevenants pour dresser les procès-verbaux concernant des contraventions aux arrêtés de police du maire, des contraventions au Code de la route que la loi et les règlements les autorisent à verbaliser ou des contraventions qu'ils peuvent constater en vertu d'une disposition législative expresse.

• Si le contrevenant refuse ou se trouve dans l'impossibilité de justifier de son identité, l'agent de police judiciaire adjoint mentionné au 1er alinéa en rend compte immédiatement à tout officier de police judiciaire de la police nationale ou de la gendarmerie nationale territorialement compétent, qui peut alors lui ordonner sans délai de lui présenter sur-le-champ le contrevenant ou de retenir celui-ci pendant le temps nécessaire à son arrivée ou à celle d'un agent de police judiciaire agissant sous son contrôle. À défaut de cet ordre, l'agent de police judiciaire adjoint mentionné au 1er alinéa ne peut retenir le contrevenant. Pendant le temps nécessaire à l'information et à la décision de l'officier de police judiciaire, le contrevenant est tenu de demeurer à la disposition d'un agent mentionné au même 1er alinéa. La violation de cette obligation est punie de 2 mois d'emprisonnement et de 7.500 d'amende. Lorsque l'officier de police judiciaire décide de procéder à une vérification d'identité, dans les conditions prévues à l'article 78-3, le délai prévu au 3e alinéa de cet article court à compter du relevé d'identité.

D • **Jardin du Luxembourg – Règlement – Arrêté de police – Surveillance – Compétence – Relevé d'identité.** – L'article 14 de la loi du 15 novembre 2001 dispose que le règlement du jardin du Luxembourg, établi par le président et les questeurs du Sénat, a force d'arrêté de police. Ce règlement fait l'objet d'une publication.

• Les surveillants du Jardin du Luxembourg sont autorisés à constater, par procès-verbaux, les infractions aux dispositions de ce règlement, et à relever l'identité des contrevenants dans les conditions prévues par l'article 78-6 du Code de procédure pénale. Ils doivent être agréés par le procureur de la République et assermentés. *(Loi n° 2001-1062 du 15 novembre 2001, art. 14)*

• **Police municipale – Contrevenant – Relevé d'identité – OPJ présentation – Outrage.** – « Dans sa rédaction actuelle, l'article 78-6 du Code de procédure pénale dispose que les agents de police municipale qui n'ont obtenu aucun renseignement d'identité du contrevenant conduisent ce dernier à l'officier de police judiciaire de la police nationale ou de la gendarmerie nationale territorialement compétent, lorsque celui-ci leur en a donné l'ordre.

• L'honorable parlementaire suggère que le texte soit modifié de façon à rendre systématique la présentation sur-le-champ du contrevenant à l'officier de police judiciaire, chaque fois que le relevé d'identité opéré par l'agent de police municipale a été infructueux. Des amendements en ce sens avaient été déposés lors de la discussion parlementaire du projet de loi relatif aux polices municipales. Ils ont été écartés par souci d'efficacité et pour respecter les libertés individuelles. En effet, la conduite systématique du contrevenant à l'officier de police judiciaire aboutirait, en cas d'indisponibilité de celui-ci, dont la competence n'est pas limitée au domaine contraventionnel, à un temps de retenue disproportionné par rapport aux faits commis.

• L'article 78-3 du Code de procédure pénale prévoit une rétention maximale de quatre heures dans le local de police où la personne a été conduite pour vérification de son identité. Les moyens de télécommunications permettent à l'agent de police municipale de prendre très rapidement contact avec l'officier de police judiciaire territorialement compétent afin de savoir ce qu'il doit advenir du contrevenant. Avoir à conduire systématiquement la personne à l'officier de police judiciaire alourdirait la tâche des agents de police municipale.

• Pour l'ensemble de ces raisons, il est donc préférable que l'agent de police municipale ne présente le contrevenant à l'officier de police judiciaire que sur l'ordre de ce dernier. Si les instructions de l'officier de police judiciaire sont de laisser partir le contrevenant, l'agent de police municipale doit exécuter cet ordre. Le contrevenant qui en profiterait pour tenir des propos moqueurs ou insultants à l'égard de l'agent de police municipale commettrait le délit d'outrage prévu et réprimé par l'article 433-5 du Code pénal. » *(Rép. quest. écrite n. 47153 du 5 juin 2000; J.O. Ass. Nat. [Q], 23 avril 2001, p. 2476)*

Article 78-7. – Gare – Transport ferroviaire de voyageurs – *(Loi n° 2016-339 du 22 mars 2016)*

• Sans préjudice des prérogatives des procureurs territorialement compétents, le procureur de la République du lieu où se situe la gare de départ d'un véhicule de transport ferroviaire de voyageurs peut, en vue des contrôles et des vérifications mis en œuvre dans ce véhicule sur son trajet, prendre les réquisitions et les instructions prévues au sixième alinéa de l'article 78-2 et à l'article 78-2-2.

• Lorsque la gare de départ se situe hors du territoire national, sans préjudice des prérogatives des procureurs territorialement compétents, les réquisitions et les instructions mentionnées au premier alinéa du présent article peuvent être prises par le procureur de la République du lieu où se situe la gare d'arrivée.

• Les procureurs des lieux où le train marque un arrêt en sont informés.

• Lorsque les gares de départ et d'arrivée se situent hors du territoire national, sans préjudice des prérogatives des procureurs territorialement compétents, les réquisitions et les instructions mentionnées au même premier alinéa peuvent être prises par le procureur de la République du lieu du premier arrêt du train en France. Les procureurs des autres lieux où le train marque un arrêt en sont informés.

CODE DES TRANSPORTS

(Extraits)

Article R. 2240-3. – Mesures de police – *(Décret n° 2022-1174 du 24 août 2022)*

• Les mesures de police destinées à assurer le bon ordre et la sécurité publique dans les parties des gares et de leurs dépendances accessibles au public sont réglées par des arrêtés du préfet de département ou, à Paris et sur les emprises des aérodromes de Paris-Charles de Gaulle, Paris-Le Bourget et Paris-Orly, du préfet de police.

• Ces mesures visent notamment l'entrée, le stationnement, y compris les règles relatives au paiement ou à la limitation de durée autorisée du stationnement d'un véhicule, ainsi que la circulation des véhicules destinés soit au transport des personnes, soit au transport des marchandises, dans les cours ouvertes à la circulation publique dépendant du domaine public ferroviaire.

Article R. 2241-2. – Agents assermentés – Uniforme ou signe distinctif – *(Décret n° 2019-726 du 9 juillet 2019)*

• Les agents assermentés de l'exploitant d'un service de transport public appelés à se trouver en contact avec le public sont revêtus d'un uniforme ou d'un signe distinctif, ou munis d'une pièce justifiant leur qualité.

Article R. 2241-3. – Expulsion – Réquisition force publique – *(Décret n° 2019-726 du 9 juillet 2019)*

• Les agents mentionnés au I de l'article L. 2241-1 peuvent enjoindre à toute personne qui se serait introduite dans un espace affecté au transport public de voyageurs ou de marchandises interdit au public d'en sortir immédiatement.

• En cas de résistance de la part des contrevenants, les agents mentionnés au 1er alinéa peuvent requérir l'assistance des agents de la force publique.

• Sanction des comportements interdits dans les espaces et véhicules affectés au transport public de voyageurs ou de marchandises

Article R. 2241-8. – Interdiction accès – Détenteur titre de transport ou de voyage – *(Décret n° 2020-1276 du 19 octobre 2020)*

• Il est interdit à toute personne de pénétrer dans un espace dont l'accès est réservé aux détenteurs d'un titre de transport ou de voyager sans être munie d'un titre de transport valable complété, s'il y a lieu, par les opérations incombant au voyageur telles que compostage, validation ou apposition de mentions manuscrites.

• Le fait de contrevenir aux dispositions du présent article est puni de l'amende prévue pour les contraventions de la 3e classe.

• Toutefois, cette infraction n'est pas constituée si le voyageur qui ne dispose pas d'un titre de transport valable, au sens de l'alinéa précédent, prend contact, immédiatement après le début du voyage, avec les agents de l'exploitant en vue d'acquérir un tel titre et s'acquitte de son paiement à bord du train, lorsque cette possibilité n'est pas limitée ou refusée conformément au paragraphe 4 de l'article 9 du règlement *(CE)* n° 1371/2007 du Parlement européen et du Conseil du 23 octobre 2007 sur les droits et obligations des voyageurs ferroviaires.

Article R. 2241-9. – Interdiction – Circulation sans autorisation – *(Décret n° 2019-726 du 9 juillet 2019)*

• Dans les espaces et véhicules affectés au transport public de voyageurs ou de marchandises, il est interdit à toute personne de circuler, sans autorisation, sur des engins motorisés ou non, à l'exception des moyens de déplacement utilisés par les personnes à mobilité réduite.

• Le fait de contrevenir aux dispositions du présent article est puni de l'amende prévue pour les contraventions de la 4e classe.

• La contravention prévue au 1er alinéa n'est pas applicable lorsque les faits sont commis de façon intentionnelle dans les lieux et selon les circonstances prévus par le 5° de l'article L. 2242-4.

Article R. 2241-10. – Animal – *(Décret n° 2019-726 du 9 juillet 2019)*

• Sous réserve des dispositions de l'article L. 1112-9, aucun animal n'est admis dans les véhicules affectés au transport public de voyageurs.

• Par dérogation à l'alinéa précédent, les animaux domestiques de petite taille convenablement enfermés, ainsi que les chiens muselés et tenus, peuvent être admis par l'exploitant dans ces véhicules.

• Les animaux abandonnés qui sont trouvés dans les espaces et véhicules affectés au transport public de voyageurs ou de marchandises sont, en application des articles L. 211-20 à L. 211-22 du code rural et de la pêche maritime, conduits au lieu de dépôt mentionné par ces articles ou saisis et mis en fourrière dans les conditions prévues aux articles L. 211-23 à L. 211-28 du même code.

• Le fait de contrevenir aux dispositions du présent article est puni de l'amende prévue pour les contraventions de la 4e classe.

.../...

Article R. 2241-11. – Exploitation ou distribution commerciale – *(Décret n° 2019-726 du 9 juillet 2019)*
• Toute exploitation ou toute distribution commerciale d'objets quelconques dans les cours ou bâtiments de gares ne peut être exercée ou effectuée qu'en vertu d'un titre d'occupation du domaine public ferroviaire.
• Toute exploitation ou toute distribution commerciale d'objets quelconques à bord des trains ne peut être exercée ou effectuée qu'en vertu d'un contrat autorisant la réalisation de la prestation commerciale ou de la distribution d'objets.
• Le fait pour toute personne de contrevenir aux dispositions du présent article est puni de l'amende prévue pour les contraventions de la 5e classe.
• Les marchandises offertes, mises en vente ou exposées en vue de la vente en méconnaissance du I sont saisies conformément aux dispositions de l'article L. 2241-5.
• Les personnes coupables de la contravention prévue au présent article encourent également la peine complémentaire de confiscation des marchandises saisies, de la chose qui a servi à commettre l'infraction ou de son produit.

Article R. 2241-12. – Interdiction – Enlèvement ou détérioration – *(Décret n° 2019-726 du 9 juillet 2019)*
• Dans les espaces et véhicules affectés au transport public de voyageurs ou de marchandises, il est interdit à toute personne d'enlever ou de détériorer les étiquettes, cartes, pancartes ou inscriptions intéressant le service de transport public de voyageurs ou de marchandises, ainsi que la publicité régulièrement apposée dans les gares et les véhicules ou les zones d'affichage prévues à cet effet.
• Le fait de contrevenir aux dispositions du présent article est puni de l'amende prévue pour les contraventions de la 4e classe.

Article R. 2241-13. – Signal d'alarme – Équipements – Matériaux ou objets – *(Décret n° 2019-726 du 9 juillet 2019)*
• Dans les espaces et véhicules affectés au transport public de voyageurs ou de marchandises, il est interdit à toute personne :
• 1° De se servir sans motif légitime d'un signal d'alarme ou d'arrêt mis à la disposition des voyageurs pour faire appel aux agents de l'exploitant ;
• 2° De modifier ou de déranger, sans autorisation, le fonctionnement normal des équipements installés dans ces espaces ou véhicules ;
• 3° D'abandonner ou de déposer, sans surveillance, des matériaux ou objets.
• Le fait de contrevenir aux dispositions du présent article est puni de l'amende prévue pour les contraventions de la 4e classe.
• Les contraventions prévues au 1er alinéa ne sont pas applicables lorsque les faits sont commis de façon intentionnelle dans les lieux et selon les circonstances prévus par les 1°, 2°, 5° et 8° de l'article L. 2242-4.

Article R. 2241-14. – Autres interdictions – *(Décret n° 2019-726 du 9 juillet 2019)*
• Dans les espaces et véhicules affectés au transport public de voyageurs ou de marchandises, il est interdit à toute personne :
• 1° De cracher ;
• 2° D'uriner en dehors des espaces destinés à cet effet ;
• 3° De détériorer ou de souiller de quelque manière que ce soit ces espaces, ces véhicules ou le matériel qui s'y trouve.
• Le fait de contrevenir aux dispositions du présent article est puni de l'amende prévue pour les contraventions de la 4e classe.

Article R. 2241-15. – État d'ivresse manifeste – *(Décret n° 2019-726 du 9 juillet 2019)*
• Il est interdit à toute personne en état d'ivresse manifeste de s'introduire ou de se maintenir dans les espaces ou véhicules affectés au transport public de voyageurs ou de marchandises.
• Le fait de contrevenir aux dispositions du présent article est puni de l'amende prévue pour les contraventions de la 4e classe.

Article R. 2241-16. – Mendicité – *(Décret n° 2019-726 du 9 juillet 2019)*
• La mendicité est interdite sur le domaine public ferroviaire et à bord des trains.
• Le fait de contrevenir au premier alinéa est puni de l'amende prévue pour les contraventions de la 4e classe.

Article R. 2241-17. – Fumer – *(Décret n° 2019-726 du 9 juillet 2019)*
• Il est interdit de fumer dans un véhicule affecté au transport public de voyageurs ou dans un espace affecté au transport de voyageurs ou de marchandises accessible au public, hors d'un emplacement mis à la disposition des fumeurs.
• Le fait de contrevenir aux dispositions du présent article est puni de l'amende prévue pour les contraventions de la 3e classe.

Article R. 2241-18. – Appareils ou instruments sonores – Bruits ou tapages – *(Décret n° 2019-726 du 9 juillet 2019)*
• Dans les espaces et véhicules affectés au transport public de voyageurs ou de marchandises, il est interdit à toute personne de faire usage, sans autorisation, d'appareils ou instruments sonores, ou de troubler la tranquillité d'autrui par des bruits ou des tapages.
• Le fait de contrevenir aux dispositions du présent article est puni de l'amende prévue pour les contraventions de la 4e classe.

Article R. 2241-19. – Entrée, circulation, stationnement et arrêt d'un véhicule – *(Décret n° 2019-726 du 9 juillet 2019)*
• Le fait, pour un conducteur, de ne pas respecter les règles prévues par les arrêtés mentionnés au 1er alinéa de l'article R. 2240-3, relatives à l'entrée et à la circulation des véhicules, au stationnement et à l'arrêt d'un véhicule interdit ou gênant ou au paiement ou à la limitation de durée autorisée du stationnement d'un véhicule, est puni de l'amende prévue pour les contraventions de la 2e classe.
• Le fait, pour toute personne, de ne pas respecter les mesures de police, autres que celles mentionnées au 1er alinéa, prises en application de l'article R. 2240-3, est puni de l'amende prévue pour les contraventions de la 4e classe.

Article R. 2241-20. – Bagage – *(Décret n° 2019-726 du 9 juillet 2019)*
• Dans les catégories de véhicules affectés au transport public de voyageurs désignées par arrêté du ministre chargé des transports, tout bagage doit comporter de manière visible la mention des nom et prénom du voyageur.

…/…

• Ces dispositions ne s'appliquent pas aux effets ou menus objets que le voyageur conserve à sa disposition immédiate.

• Le fait pour tout voyageur de contrevenir aux dispositions du présent article est puni de l'amende prévue pour les contraventions de la 3e classe.

Article R. 2241-21. – Place réservée – *(Décret n° 2019-726 du 9 juillet 2019)*

• Dans les véhicules affectés au transport public de voyageurs, il est interdit à toute personne de s'installer à une place déjà réservée régulièrement par un autre voyageur, sauf accord de celui-ci.

• Le fait de contrevenir aux dispositions du présent article est puni de l'amende prévue pour les contraventions de la 4e classe.

Article R. 2241-22. – Vapotage – *(Décret n° 2019-726 du 9 juillet 2019)*

• Conformément au 2° de l'article R. 3513-6 du code de la santé publique, il est interdit de vapoter dans les moyens de transport collectifs fermés.

• Le fait de contrevenir aux dispositions du présent article est puni de l'amende prévue par l'article R. 3515-7 du code de la santé publique.

Article R. 2241-23. – Emplacement – Espaces – Entrave à la circulation – *(Décret n° 2020-1276 du 19 octobre 2020)*

• Il est interdit à toute personne :

• 1° D'occuper un emplacement non destiné aux voyageurs, par elle-même ou en installant ou déposant ses bagages ou tout autre objet ;

• 2° De se placer indûment dans les espaces ayant une destination spéciale ;

• 3° D'entraver la circulation dans les couloirs ou l'accès des compartiments.

• Le fait de contrevenir aux dispositions du présent article est puni de l'amende prévue pour les contraventions de la 4e classe

Article R. 2241-24. – Accès aux véhicules – Danger... – *(Décret n° 2019-726 du 9 juillet 2019)*

• Sans préjudice des dispositions de l'article L. 1252-1, l'accès aux véhicules affectés au transport public de voyageurs est interdit à toute personne portant ou transportant des matières ou objets qui, par leur nature, leur quantité ou l'insuffisance de leur emballage, peuvent être dangereux, gêner ou incommoder les voyageurs.

• Le fait de contrevenir aux dispositions du présent article est puni de l'amende prévue pour les contraventions de la 4e classe.

Article R. 2241-25. – Port ou transport arme à feu – *(Décret n° 2019-726 du 9 juillet 2019)*

• Toute personne autorisée à porter ou transporter une arme à feu ne peut accéder aux véhicules affectés au transport public de voyageurs avec cette arme que si celle-ci est non chargée, démontée et maintenue dans un étui ou une mallette fermée.

• Le fait de contrevenir aux dispositions du présent article est puni de l'amende prévue pour les contraventions de la 4e classe.

Article R. 2241-26. – Autres interdictions – *(Décret n° 2020-1276 du 19 octobre 2020)*

• Dans les véhicules affectés au transport public de voyageurs, il est interdit à toute personne :

• 1° D'empêcher la fermeture des portes d'accès immédiatement avant le départ ou de les ouvrir après le signal de départ pendant la marche et avant l'arrêt complet du véhicule ;

• 2° D'entrer ou de sortir du véhicule, autrement que par les accès aménagés à cet effet et placés du côté où se fait la montée ou la descente du véhicule ;

• 3° De monter ou de descendre du véhicule ailleurs que dans les gares, stations, haltes ou aux arrêts fixés et publiés à l'avance ou décidés par le conducteur dans le cadre des dispositifs de descente à la demande définis à l'article R. 3111-1 ou lorsque le véhicule n'est pas complètement arrêté ;

• 4° De passer d'une voiture à une autre autrement que par les passages prévus à cet effet, de se pencher en dehors des véhicules ou de rester sur les marchepieds pendant la marche ;

• 5° De prendre place ou de demeurer dans le véhicule au-delà du terminus.

• Le fait de contrevenir aux dispositions du présent article est puni de l'amende prévue pour les contraventions de la 4e classe.

Article R. 2241-27. – Voyage sans titre de transport – *(Décret n° 2019-726 du 9 juillet 2019)*

• Il est interdit de voyager sans titre de transport adéquat dans un train dans lequel le titre de transport ne peut être utilisé que pour un trajet à effectuer à la date et dans le train indiqués.

• Le fait de contrevenir aux dispositions du présent article est puni de l'amende prévue pour les contraventions de la 4e classe.

Article R. 2241-28. – Autres interdictions – *(Décret n° 2019-726 du 9 juillet 2019)*

• À bord des trains transportant des véhicules routiers et leurs passagers, il est interdit à toute personne :

• 1° De faire fonctionner le moteur d'un véhicule en dehors des opérations de chargement et de déchargement ;

• 2° De procéder à des actions de réparation ou d'entretien des véhicules ;

• 3° De manipuler le chargement des véhicules ou, lorsque son transport est autorisé, tout objet ou substance susceptible de créer des risques pour la sécurité, notamment en ce qui concerne les produits chimiques, les carburants et le gaz ;

• 4° De ne pas rejoindre les compartiments voyageurs, à bord des trains dans lesquels l'acheminement des personnes et des véhicules s'effectue séparément.

• Le fait de contrevenir aux dispositions du présent article est puni de l'amende prévue pour les contraventions de la 4e classe.

Article R. 2241-29. – Traversée voie ferrée... – *(Décret n° 2019-726 du 9 juillet 2019)*

• Les règles applicables pour la traversée d'une voie ferrée établie sur une route ou la traversant à niveau sont fixées par l'article R. 422-3 du code de la route.

• Lorsque le franchissement des voies traversées à niveau est autorisé dans une gare, toute personne qui franchit ou s'apprête à franchir une voie traversée à niveau doit, à l'approche d'un train ou de tout autre véhicule circulant sur les rails, dégager immédiatement la voie, s'en écarter et en écarter les animaux qu'elle conduit de manière à lui livrer passage.

.../...

• Le fait de contrevenir aux dispositions de l'alinéa précédent est puni de l'amende prévue pour les contraventions de la 4e classe.

Article R. 2241-30. – Engins de remorquage – *(Décret n° 2019-726 du 9 juillet 2019)*
• Il est interdit à toute personne d'utiliser, sans autorisation, les véhicules affectés au transport public de voyageurs comme des engins de remorquage.
• Le fait de contrevenir aux dispositions du présent article est puni de l'amende prévue pour les contraventions de la 4e classe.

Article R. 2241-31. – Port et transport – Armes à feu – Habilitations – *(Décret n° 2019-726 du 9 juillet 2019)*
• Les dispositions de l'article R. 2241-25 ne sont pas applicables aux personnes suivantes qui peuvent, sous réserve d'être en mesure de justifier de leur qualité, conserver avec elles des armes à feu chargées :
• – les fonctionnaires de la police nationale, militaires de la gendarmerie nationale, les militaires déployés sur le territoire national dans le cadre des réquisitions prévues à l'article L. 1321-1 du code de la défense et les militaires escortant des unités en déplacement, lorsqu'ils y sont autorisés par les dispositions réglementaires qui leur sont applicables et dans les conditions qu'elles prévoient ;
• – les agents mentionnés à l'article L. 2251-4 du code des transports, pendant leur service, dans les conditions prévues par cet article et les textes réglementaires pris pour son application ;
• – les agents exerçant pour le compte de l'autorité organisatrice ou de l'exploitant de services de transport, l'activité mentionnée au 1° *bis* de l'article L. 611-1 du code de la sécurité intérieure, lorsqu'ils y sont autorisés dans les conditions prévues par les dispositions de ce code et par les décisions prises pour son application, en particulier.

Article R. 2241-32. – Refus d'obtempérer – *(Décret n° 2019-726 du 9 juillet 2019)*
• Toute personne qui aura refusé d'obtempérer aux injonctions adressées par les fonctionnaires et agents mentionnés à l'article L. 2241-1, en vue de faire respecter les dispositions du présent chapitre ou de faire cesser un trouble à l'ordre public, pourra, dans les conditions prévues à l'article L. 2241-6, se voir enjoindre de quitter sans délai les espaces, gares ou stations gérés par l'exploitant du réseau de transport public, sans accéder aux véhicules affectés au transport public de voyageurs, ou de descendre d'un de ces véhicules.
• Le fait de refuser d'obtempérer aux injonctions adressées par les agents mentionnés au I de l'article L. 2241-1 pour assurer l'observation des dispositions du présent chapitre est puni de l'amende prévue pour les contraventions de la 4e classe.

TITRE III

DES JURIDICTIONS D'INSTRUCTION

CHAPITRE Ier

Du juge d'instruction : juridiction d'instruction du premier degré

Section I

Dispositions générales

Article 79. – Instruction préparatoire
• L'instruction préparatoire est obligatoire en matière de crime ; sauf dispositions spéciales, elle est facultative en matière de délit ; elle peut également avoir lieu en matière de contravention si le procureur de la République le requiert en application de l'article 44.

Article 80. – Réquisitoire du procureur de la République – *(Loi n° 2021-1729 du 22 décembre 2021)*
• **I.** – Le juge d'instruction ne peut informer qu'en vertu d'un réquisitoire du procureur de la République.
• Le réquisitoire peut être pris contre personne dénommée ou non dénommée.
• Lorsque des faits, non visés au réquisitoire, sont portés à la connaissance du juge d'instruction, celui-ci doit immédiatement communiquer au procureur de la République les plaintes ou les procès-verbaux qui les constatent. Le procureur de la République peut alors soit requérir du juge d'instruction, par réquisitoire supplétif, qu'il informe sur ces nouveaux faits, soit requérir l'ouverture d'une information distincte, soit saisir la juridiction de jugement, soit ordonner une enquête, soit décider d'un classement sans suite ou de procéder à l'une des mesures prévues aux articles 41-1 à 41-3, soit transmettre les plaintes ou les procès-verbaux au procureur de la République territorialement compétent. Si le procureur de la République requiert l'ouverture d'une information distincte, celle-ci peut être confiée au même juge d'instruction, désigné dans les conditions prévues au premier alinéa de l'article 83.

• En cas de plainte avec constitution de partie civile, il est procédé comme il est dit à l'article 86. Toutefois, lorsque de nouveaux faits sont dénoncés au juge d'instruction par la partie civile en cours d'information, il est fait application des dispositions de l'alinéa qui précède.

• **II.** – En matière criminelle, lorsque la gravité ou la complexité de l'affaire le justifie ainsi que lorsqu'il requiert une cosaisine, le procureur de la République près le tribunal judiciaire au sein duquel il n'y a pas de pôle de l'instruction est compétent pour requérir l'ouverture d'une information devant les magistrats du pôle territorialement compétents pour les infractions relevant de sa compétence en application de l'article 43, y compris en faisant déférer devant eux les personnes concernées.

• Dans les cas prévus au 1er alinéa, le réquisitoire introductif peut également être pris par le procureur de la République près le tribunal judiciaire au sein duquel se trouve le pôle, qui est à cette fin territorialement compétent sur l'ensemble du ressort de compétence de ce pôle, y compris pour diriger et contrôler les enquêtes de police judiciaire.

• Le procureur de la République près ce tribunal judiciaire est seul compétent pour suivre le déroulement des informations visées aux alinéas précédents jusqu'à leur règlement.

• En cas de renvoi devant la juridiction de jugement, l'affaire est renvoyée, selon le cas, le tribunal de police, le tribunal correctionnel, le tribunal pour enfants ou la cour d'assises initialement compétents.

• **II** *bis*. – Le procureur de la République près le tribunal judiciaire dans lequel il n'y a pas de juge d'instruction est compétent pour requérir l'ouverture d'une information devant le ou les juges d'instruction du tribunal judiciaire compétents en application du 2e alinéa ou des 4e et avant-dernier alinéas de l'article 52-1, y compris en faisant déférer devant eux les personnes concernées.

• Dans les cas prévus au 1er alinéa du présent II *bis*, le réquisitoire introductif peut également être pris par le procureur de la République près le tribunal judiciaire au sein duquel se trouvent le ou les juges d'instruction et qui est à cette fin territorialement compétent sur l'ensemble du ressort de compétence de sa juridiction en matière d'information, y compris pour diriger et contrôler les enquêtes de police judiciaire.

• Le procureur de la République près ce tribunal judiciaire est seul compétent pour suivre le déroulement des informations mentionnées aux 2 premiers alinéas du présent II *bis* jusqu'à leur règlement.

• En cas de renvoi devant la juridiction de jugement, l'affaire est renvoyée, selon le cas, devant le tribunal de police, le tribunal correctionnel, le tribunal pour enfants ou la cour d'assises initialement compétents.

• **III.** – Si le procureur de la République près le tribunal judiciaire dans lequel il y a un ou plusieurs juges d'instruction ou dans lequel il y a un pôle de l'instruction constate qu'une personne est déférée devant lui en vue de l'ouverture d'une information en application du 2e alinéa du II ou en application du 2e alinéa du II *bis* et qu'il estime que ne doit être ouverte aucune information ou que ne doit être ouverte aucune information relevant de la compétence du pôle ne doit être ouverte, il peut, avant de transmettre le dossier de la procédure au procureur de la République territorialement compétent, requérir le placement sous contrôle judiciaire ou en détention provisoire de la personne selon les modalités prévues par le dernier alinéa de l'article 394 et l'article 396. Si la personne est placée en détention provisoire, elle doit comparaître devant le procureur de la République territorialement compétent au plus tard le 5e jour ouvrable suivant. A défaut, elle est mise d'office en liberté.

J **• Abus de biens sociaux... – Faits nouveaux – Consignation dans un procès-verbal – Vérifications urgentes justifiées**

Contre l'arrêt de la chambre d'accusation de la cour d'appel de Versailles, en date du 26/01/1999, qui, dans l'information suivie notamment contre eux des chefs d'abus de biens sociaux, complicité et recel d'abus de biens sociaux, prise illégale d'intérêts, abus de confiance aggravé et détournement de fonds publics, a rejeté partiellement leurs requêtes aux fins d'annulation d'actes de la procédure.

Attendu que les juges, après avoir rappelé qu'il n'est pas interdit au juge d'instruction, ou à l'O.P.J. commis par lui, lorsqu'il acquiert la connaissance de faits nouveaux, d'en consigner la substance dans un procès-verbal et, le cas échéant, d'effectuer d'urgence des vérifications sommaires pour en apprécier la vraisemblance, avant toute communication au P.R., énoncent que les actes accomplis sur 3 jours, les 3, 4 et 5/11/1997, consistant en auditions de témoins, vérifications auprès de l'administration fiscale et remises volontaires de documents, constituaient la consignation, dans des procès-verbaux, de la substance de faits nouveaux portés à la connaissance du magistrat instructeur ou de l'O.P.J. et, consistant de la part de personnes morales de droit public, à rémunérer des collaborateurs du RPR; qu'ils ajoutent que ces investigations sommaires, effectuées sans aucune mesure coercitive, étaient justifiées par l'urgence.

(Cour de cassation – Chambre criminelle du 30 juin 1999 – N° de pourvoi : 99-81.426).

• Atteinte à la liberté d'accès et à l'égalité des candidats dans les marchés publics... – Instruction – Saisine – Étendue – Dénonciation de l'irrégularité d'un marché de travaux publics – Pouvoirs du juge

Contre l'arrêt de la chambre d'accusation de la cour d'appel de PARIS, du 14/06/2000, qui, dans l'information suivie notamment contre eux, pour atteinte à la liberté d'accès et à l'égalité des candidats dans les marchés publics, et recel de ce délit, a rejeté leurs requêtes aux fins d'annulation d'actes de la procédure.

Dans une information suivie pour favoritisme, après dénonciation de l'irrégularité d'un marché, le juge d'instruction se trouve saisi de l'ensemble des actes irréguliers, notamment des avenants, antérieurs à sa saisine et se rattachant par un lien d'indivisibilité à ce marché. Il est, dès lors, en droit d'instruire sur tous ces actes alors même que le réquisitoire introductif ne viserait que partie d'entre eux.

(Cour de cassation – Chambre criminelle du 20 septembre 2000 – N° de pourvoi : 00-84.328).

• Menace... – Instruction – Partie civile – Plainte avec constitution – Obligation pour le juge d'informer – Plainte additionnelle – Absence de réquisitoire supplétif – Effet

Contre l'arrêt n° 25 de la chambre d'accusation de la cour d'appel de POITIERS, du 18/01/2000, qui, dans l'information suivie contre personne non dénommée des chefs de menace, tentative d'atteinte à la vie privée, violence, faux et usage de faux, a confirmé l'ordonnance du juge d'instruction déclarant irrecevables ses plaintes avec constitution de partie civile additionnelles.

Selon l'article 80 du C.P.P., dans sa rédaction issue de la loi n° 99-515 du 23 juin 1999, applicable immédiatement, une constitution de partie civile additionnelle, dénonçant des faits nouveaux, ne saisit le juge d'instruction que si le P.R requiert qu'il soit instruit sur ces faits.

(Cour de cassation – Chambre criminelle du 26 septembre 2000 – N° de pourvoi : 00-82.017).

• Infractions à la législation sur les stupéfiants – Validité et effet du réquisitoire – Réquisitoire introductif

Contre l'arrêt de la chambre de l'instruction de la cour d'appel d'AIX-EN-PROVENCE, en date du 27/06/2002, qui, sur renvoi après cassation, dans l'information suivie contre eux pour infractions à la législation sur les stupéfiants, a prononcé sur leurs demandes d'annulation d'actes de la procédure.

Attendu qu'en statuant ainsi, par une analyse souveraine des pièces précédant le réquisitoire introductif, et alors que la Cour de Cassation est en mesure de s'assurer que cet acte satisfait en la forme aux conditions essentielles de son existence légale, la chambre de l'instruction a justifié sa décision.

(Cour de cassation – Chambre criminelle du 20 novembre 2002 – N° de pourvoi : 02-85.406).

• Infractions à la législation sur les stupéfiants... – Vérifications

Contre l'arrêt de la chambre de l'instruction de la cour d'appel d'AIX-EN-PROVENCE, en date du 18/07/2017, qui, dans l'information suivie contre eux, notamment des chefs d'infractions à la législation sur les stupéfiants en bande organisée et association de malfaiteurs, a prononcé sur leurs demandes d'annulation de pièces de la procédure.

Attendu qu'en l'état de ces motifs, d'où il se déduit que les moyens coercitifs, à l'occasion desquels sont apparus les indices de commission de faits nouveaux, avaient été mis en œuvre régulièrement pour établir les délits d'infractions à la législation sur les stupéfiants, d'association de malfaiteurs et de non-justification de ressources dont le juge d'instruction était saisi, en vue d'identifier les auteurs de l'approvisionnement du réseau et de la chaîne d'écoulement du trafic de cocaïne à partir du renseignement initial recueilli par les services de police dont les faits d'infractions à la législation sur les stupéfiants et d'association de malfaiteurs, postérieurs aux réquisitoires introductif du 14/04/2014 et supplétif du 16/10/2014 étaient le prolongement, la chambre de l'instruction a justifié sa décision sans encourir les griefs allégués aux moyens, lesquels ne sauraient dès lors être accueillis.

(Cour de cassation – Chambre criminelle du 10 avril 2018 – N° de pourvoi : 17-85.301).

Article 80-1. – Pouvoirs de mise en examen – *(Loi n° 2000-516 du 15 juin 2000)*

• À peine de nullité, le juge d'instruction ne peut mettre en examen que les personnes à l'encontre desquelles il existe des indices graves ou concordants rendant vraisemblable qu'elles aient pu participer, comme auteur ou comme complice, à la commission des infractions dont il est saisi.

• Il ne peut procéder à cette mise en examen qu'après avoir préalablement entendu les observations de la personne ou l'avoir mise en mesure de les faire, en étant assistée par son avocat, soit dans les conditions prévues par l'article 116 relatif à l'interrogatoire de première comparution, soit en tant que témoin assisté conformément aux dispositions des articles 113-1 à 113-8.

• Le juge d'instruction ne peut procéder à la mise en examen de la personne que s'il estime ne pas pouvoir recourir à la procédure de témoin assisté.

J **• Association de malfaiteurs – Mise en examen – Réquisitoire supplétif**

Contre l'arrêt de la chambre de l'instruction de ladite cour d'appel, 1re section, en date du 15 avril 2016, qui, dans l'information suivie, notamment, contre MM. Mounir X...et Rodrigue Y..., du chef d'association de malfaiteurs en vue de la préparation d'actes de terrorisme, a confirmé l'ordonnance du juge d'instruction refusant leur mise en examen supplétive ;

Attendu qu'il résulte de l'arrêt attaqué et des pieces de la procédure que MM. X... et Y..., ressortissants français, se sont rendus en Syrie du mois de mai au mois d'août 2013, y agissant au sein d'organisations terroristes, notamment, celle se dénommant « l'État islamique », ce qu'ont confirmé des interceptions téléphoniques, ainsi que des clichés photographiques, issus de supports informatiques leur appartenant, les représentant armés, sous le drapeau de ces organisations, alors que l'un de ces clichés a été pris à proximité de la ville d'Alep et qu'une de ces photographies représente M. Y... tenant une tête décapitée; que, de retour en France, MM. X... et Y... ont été en contact avec plusieurs personnes désireuses de se rendre en Syrie aux fins de rejoindre ces mêmes organisations et qu'ils ont, eux-mêmes, manifesté leur intention de se rendre à nouveau en Syrie avec un objectif similaire; que, mis en examen le 19 décembre 2014, du chef du délit d'association de malfaiteurs en vue de la préparation d'actes de terrorisme, MM. Y... et X... ont déclaré avoir séjourné en Syrie à la période visée et y avoir fréquenté ces organisations terroristes, tout en refusant de participer aux opérations menées par ces dernieres; qu'ils ont également contesté avoir eu, une fois de retour en France, l'intention de se rendre à nouveau en Syrie; que l'avis de fin d'information ayant été notifié aux mis en examen et le dossier ayant été communiqué au procureur de la République, ce dernier, par réquisitoire supplétif du 27 janvier 2016, a demandé au juge d'instruction de mettre en examen MM. Y... et X... du chef de participation à un groupement ou une entente terroriste ayant pour objet la préparation d'un ou plusieurs crimes d'atteintes aux personnes, crime prévu par l'article 421-6 du Code pénal; que le juge d'instruction ayant rendu une ordonnance de refus de mise en examen supplétive, le procureur de la République a interjeté appel;

Attendu qu'il résulte de ce texte que le juge d'instruction peut mettre en examen les personnes à l'encontre desquelles il existe des indices graves ou concordants rendant vraisemblable qu'elles aient pu participer, comme auteur ou comme complice, à la commission des infractions dont il est saisi;

Mais attendu qu'en se déterminant ainsi, en exigeant, afin de caractériser l'infraction d'association de malfaiteurs, la démonstration de la participation à la préparation ou à la réalisation de certains crimes, la chambre de l'instruction a méconnu la portée des textes susvisés;

D'où il suit que la cassation est à nouveau encourue;

Par ces motifs:

CASSE et ANNULE, en toutes ses dispositions, l'arrêt susvisé de la chambre de l'instruction de la cour d'appel de Paris, en date du 15 avril 2016, et pour qu'il soit à nouveau jugé, conformément à la loi,

(Cour de cassation – Chambre criminelle du 12 juillet 2016 – N° de pourvoi: 16-82692).

Article 80-1-1. – Demande d'annulation de la mise en examen – *(Loi n° 2007-291 du 5 mars 2007)*

• Sans préjudice de son droit de demander l'annulation de la mise en examen dans les six mois de sa première comparution, conformément aux articles 173,173-1 et 174-1, la personne mise en examen peut au cours de l'information, selon les modalités prévues par l'avant-dernier alinéa de l'article 81, demander au juge d'instruction de revenir sur sa décision et de lui octroyer le statut de témoin assisté si elle estime que les conditions prévues par les premier et troisième alinéas de l'article 80-1 ne sont plus remplies.

• Cette demande peut être faite à l'issue d'un délai de six mois après la mise en examen et tous les six mois suivants.

• Cette demande peut également être faite dans les dix jours qui suivent la notification d'une expertise ou un interrogatoire au cours duquel la personne est entendue sur les résultats d'une commission rogatoire ou sur les déclarations de la partie civile, d'un témoin, d'un témoin assisté ou d'une autre personne mise en examen.

• Le juge d'instruction statue sur cette demande après avoir sollicité les réquisitions du ministère public.

• Si le juge d'instruction fait droit à la demande, il informe la personne qu'elle bénéficie du statut de témoin assisté. Si la personne est détenue, le juge ordonne sa mise en liberté d'office.

• Si le juge d'instruction estime que la personne doit rester mise en examen, il statue par ordonnance motivée faisant état des indices graves ou concordants justifiant sa décision.

Article 80-2. – Juge d'instruction – Convocation – *(Loi n° 2002-1138 du 9 septembre 2002)*

• Le juge d'instruction peut informer une personne par lettre recommandée qu'elle est convoquée, dans un délai qui ne peut être inférieur à dix jours ni supérieur à deux mois, pour qu'il soit procédé à sa première comparution dans les conditions prévues par l'article 116. Cette lettre indique la date et l'heure de la convocation. Elle donne connaissance à la personne de chacun des faits dont ce magistrat est saisi et pour lesquels la mise en examen est envisagée, tout en précisant leur qualification juridique. Elle fait connaître à la personne qu'elle a le droit de choisir un avocat ou de demander qu'il lui en soit désigné un d'office, ce choix ou cette demande devant être adressé au greffe du juge d'instruction. Elle précise que la mise en examen ne pourra intervenir qu'à l'issue de la première comparution de la personne devant le juge d'instruction.

• Le juge d'instruction peut également faire notifier cette convocation par un officier de police judiciaire. Cette notification comprend les mentions prévues à l'alinéa précédent; elle est constatée par un procès-verbal signé par la personne qui en reçoit copie.

• L'avocat choisi ou désigné est convoqué dans les conditions prévues par l'article 114; il a accès au dossier de la procédure dans les conditions prévues par cet article.

Article 80-3. – Information de la victime – *(Loi n° 2004-204 du 9 mars 2004)*

• Dès le début de l'information, le juge d'instruction doit avertir la victime d'une infraction de l'ouverture d'une procédure, de son droit de se constituer partie civile et des modalités d'exercice de ce droit. Si la victime est mineure, l'avis est donné à ses représentants légaux.

• L'avis prévu à l'alinéa précédent indique à la victime qu'elle a le droit, si elle souhaite se constituer partie civile, d'être assistée d'un avocat qu'elle pourra choisir ou qui, à sa demande, sera désigné par le bâtonnier de l'ordre des avocats, en précisant que les frais seront à sa charge, sauf si elle remplit les conditions d'accès à l'aide juridictionnelle ou si elle bénéficie d'une assurance de protection juridique. Lorsque le juge d'instruction est informé par la victime qu'elle se constitue partie civile et qu'elle demande la désignation d'un avocat, il en informe sans délai le bâtonnier de l'ordre des avocats.

Article 80-4. – Recherches des causes de la mort ou des causes d'une disparition – *(Loi n° 2002-1138 du 9 septembre 2002)*

• Pendant le déroulement de l'information pour recherche des causes de la mort ou des causes d'une disparition mentionnée aux articles 74 et 74-1, le juge d'instruction procède conformément aux dispositions du chapitre Ier du titre III du livre Ier. Les interceptions des correspondances émises par la voie des télécommunications sont effectuées sous son autorité et son contrôle dans les conditions prévues au deuxième alinéa de l'article 100 et aux articles 100-1 à 100-7. Les interceptions ne peuvent excéder une durée de deux mois renouvelable.

• Les membres de la famille ou les proches de la personne décédée ou disparue peuvent se constituer partie civile à titre incident. Toutefois, en cas de découverte de la personne disparue, l'adresse de cette dernière et les pièces permettant d'avoir directement ou indirectement connaissance de cette adresse ne peuvent être communiquées à la partie civile qu'avec l'accord de l'intéressé s'il s'agit d'un majeur et qu'avec l'accord du juge d'instruction s'il s'agit d'un mineur ou d'un majeur protégé.

Article 80-5. – Poursuite des opérations – Autorisation – *(Loi n° 2019-222 du 23 mars 2019)*

• Lorsqu'il requiert l'ouverture d'une information, le procureur de la République peut, si la recherche de la manifestation de la vérité pour un crime ou un délit puni d'une peine supérieure ou égale à 3 ans d'emprisonnement nécessite que les investigations en cours ne fassent l'objet d'aucune interruption, autoriser les officiers et agents de police judiciaire des services ou unités de police judiciaire qui étaient chargés de l'enquête à poursuivre les opérations prévues aux articles 706-95 [Par la décision du Conseil constitutionnel n° 2019-778 DC du 21 mars 2019, la référence "60-4" doit être remplacée par la référence "706-95"], [La référence "77-1-4" est déclarée non conforme à la Constitution par la décision du Conseil constitutionnel n° 2019-778 DC du 21 mars 2019.], 230-32 à 230-35,706-80,706-81,706-95-1,706-95-20,706-96 et 706-102-1 pendant une durée ne pouvant excéder 48 heures à compter de la délivrance du réquisitoire introductif. Cette autorisation fait l'objet d'une décision écrite, spéciale et motivée, qui mentionne les actes dont la poursuite a été autorisée.

• Le juge d'instruction peut à tout moment mettre un terme à ces opérations.

• L'autorisation délivrée par le procureur de la République n'est versée au dossier de la procédure qu'en même temps que les procès-verbaux relatant l'exécution et constatant l'achèvement des actes dont la poursuite a été autorisée et qui ont, le cas échéant, été prolongés par le juge d'instruction.

Nota: Par décision du Conseil constitutionnel n° 2019-778 DC du 21/03/2019, le 1er alinéa de l'article 80-5 du C.P.P., dans sa rédaction issue de l'article 53 de la loi du 22/03/2019 de programmation 2018-2022 et de réforme pour la justice a été déclaré conforme à la Constitution sous la réserve énoncée au paragraphe 214 aux termes de laquelle : pour les actes d'enquête qui sont subordonnés à une autorisation préalable du juge des libertés et de la détention, la prolongation permise par les dispositions contestées ne saurait, sans méconnaître le droit au respect de la vie privée, l'inviolabilité du domicile et le secret des correspondances, conduire à excéder la durée initialement fixée par le juge des libertés et de la détention.

J **• Instruction – Réquisitoire – Réquisitoire introductif – Délai de 48 heures de l'article 80-5 C.P.P. – Point de départ – Détermination**

M. [L] [Z] a formé un pourvoi contre l'arrêt de la chambre de l'instruction de la cour d'appel de VERSAILLES (78), en date du 12/04/ 2022, qui, dans l'information suivie contre lui des chefs d'infractions à la législation sur les stupéfiants, association de malfaiteurs, blanchiment et refus de remettre ou de mettre en œuvre la convention secrète de déchiffrement d'un moyen de cryptologie, a prononcé sur sa demande d'annulation de pièces de la procédure.

Le délai de 48 heures visé à l'article 80-5 du C.P.P. doit être calculé en heures, à compter de celle à laquelle le réquisitoire introductif a été établi. Cette heure peut se déduire de toute pièce de la procédure, aucun texte n'exigeant l'horodatage dudit réquisitoire.

(Cour de cassation – Chambre criminelle du 29 novembre 2022 – N° de pourvoi : 22-85.315).

Article 81. – Juge d'instruction – Missions – *(Loi n° 2019-222 du 23 mars 2020)*

• Le juge d'instruction procède, conformément à la loi, à tous les actes d'information qu'il juge utiles à la manifestation de la vérité. Il instruit à charge et à décharge.

• Il est établi une copie de ces actes ainsi que de toutes les pièces de la procédure ; chaque copie est certifiée conforme par le greffier ou l'officier de police judiciaire commis mentionné à l'alinéa 4. Toutes les pièces du dossier sont cotées par le greffier au fur et à mesure de leur rédaction ou de leur réception par le juge d'instruction.

• Toutefois, si les copies peuvent être établies à l'aide de procédés photographiques ou similaires, elles sont exécutées à l'occasion de la transmission du dossier. Il en est alors établi autant d'exemplaires qu'il est nécessaire à l'administration de la justice. Le greffier certifie la conformité du dossier reproduit avec le dossier original. Si le dessaisissement momentané a pour cause l'exercice d'une voie de recours, l'établissement des copies doit être effectué immédiatement pour qu'en aucun cas ne soit retardée la mise en état de l'affaire prévue à l'article 194.

• Si le juge d'instruction est dans l'impossibilité de procéder lui-même à tous les actes d'instruction, il peut donner commission rogatoire aux officiers de police judiciaire afin de leur faire exécuter tous les actes d'information nécessaires dans les conditions et sous les réserves prévues aux articles 151 et 152.

• Le juge d'instruction doit vérifier les éléments d'information ainsi recueillis.

• Le juge d'instruction procède ou fait procéder, soit par des officiers de police judiciaire, conformément à l'alinéa 4, soit par toute personne habilitée dans des conditions déterminées par décret en Conseil d'État, à une enquête sur la personnalité des personnes mises en examen, ainsi que sur leur situation matérielle, familiale ou sociale. Toutefois, en matière de délit, cette enquête est facultative.

• Le juge d'instruction peut également commettre une personne habilitée en application du 6e alinéa, le service pénitentiaire d'insertion et de probation ou le service de la protection judiciaire de la jeunesse à l'effet de vérifier la situation matérielle, familiale et sociale d'une personne mise en examen et de l'informer sur les mesures propres à favoriser l'insertion sociale de l'intéressée. À moins qu'elles n'aient été déjà prescrites par le ministère public, ces diligences doivent être prescrites par le juge d'instruction chaque fois qu'il envisage de saisir le juge des libertés et de la détention aux fins de placement en détention provisoire de la personne mise en examen lorsque la peine encourue n'excède pas 5 ans d'emprisonnement.

• Le juge d'instruction peut prescrire un examen médical, un examen psychologique ou ordonner toutes mesures utiles.

• S'il est saisi par une partie d'une demande écrite et motivée tendant à ce qu'il soit procédé à l'un des examens ou à toutes autres mesures utiles prévus par l'alinéa qui précède, le juge d'instruction doit, s'il n'entend pas y faire droit, rendre une ordonnance motivée au plus tard dans le délai d'un mois à compter de la réception de la demande.

• La demande mentionnée à l'alinéa précédent doit faire l'objet d'une déclaration au greffier du juge d'instruction saisi du dossier. Elle est constatée et datée par le greffier qui la signe ainsi que le demandeur ou son avocat. Si le demandeur ne peut signer, il en est fait mention par le greffier. La déclaration au greffier peut également être faite au moyen d'une lettre recommandée avec demande d'avis de réception. Lorsque la personne mise en examen est détenue, la demande peut également être faite au moyen d'une déclaration auprès du chef de l'établissement pénitentiaire. Cette déclaration est constatée et datée par le chef de l'établissement pénitentiaire qui la signe, ainsi que le demandeur. Si celui-ci ne peut signer, il en est fait mention par le chef de l'établissement. Ce document est adressé sans délai, en original ou copie et par tout moyen, au greffier du juge d'instruction.

• Faute par le juge d'instruction d'avoir statué dans le délai d'un mois, la partie peut saisir directement le président de la chambre de l'instruction, qui statue et procède conformément aux 3e, 4e et 5e alinéas de l'article 186-1.

J • **Commission rogatoire – Saisie incidente – Validité.** – *Aucune irrégularité ne résulte de ce que des officiers de police judiciaire, pratiquant une perquisition sur commission rogatoire d'un juge d'instruction et découvrant des faits étrangers à l'information, mais susceptibles d'incrimination pénale, saisissent des documents se rapportant à ces faits, en vertu des pouvoirs qu'ils tiennent des articles 75 et 76 du Code de procédure pénale, pourvu qu'ils aient recueilli, au préalable, l'assentiment exprès de cette saisie, de la personne chez laquelle a lieu la perquisition* (Cass. CRIM. du 17 mai 1994).

• **Faits nouveaux non visés par le réquisitoire introductif – Pouvoirs du juge – Limites.** – *Les pouvoirs accordés au juge d'instruction par l'article 81, premier alinéa, du Code de procédure pénale et qui lui permettent de procéder, conformément à la loi, à tous les actes d'information qu'il juge utiles à la manifestation de la vérité, sont limités aux seuls faits dont il est régulièrement saisi en application des articles 80 et 86 de ce Code... Il ne peut, sans excéder ses pouvoirs, procéder à des actes qui, présentant un caractère coercitif, exigent la mise en mouvement de l'action publique* (Cass. CRIM. du 30 mai 1996 – BCC n° 439 du 1/11).

• **Instruction – Expertise – Expert – Désignation – Expert pharmacien – Consultation du dossier médical – Secret médical – Violation *(non)***

Contre l'arrêt de la chambre de l'instruction de la cour d'appel de GRENOBLE, en date du 8 avril 2015, qui, dans l'information suivie contre lui des chefs d'importation de marchandises prohibées, infractions aux réglementations sur le commerce ou l'emploi de substances vénéneuses, importation sans raison médicale dûment justifiée de produits dopants, a prononcé sur sa demande d'annulation de pièces de la procédure;

Attendu que, pour rejeter la requête, l'arrêt retient que le magistrat instructeur n'a pas excédé les limites de sa saisine en faisant analyser par voie d'expertise le dossier médical de Mme C..., athlète de haut niveau, aux fins de recherche d'anomalies éventuelles susceptibles d'être en lien avec la prise de produits dopants et particulièrement d'EPO; que les juges ajoutent qu'aucun texte n'impose que la personne concernée par l'expertise ait la qualité de mise en examen ou de témoin assisté ni qu'elle formule un avis ou donne son autorisation à la réalisation de l'acte; qu'ils concluent que l'expertise, soumise aux règles du contradictoire et proportionnée au but poursuivi, ne viole ni l'article 6 de la Convention européenne des droits de l'homme sur le droit à un procès équitable, ni son article 8 sur le droit au respect de la vie privée et familiale;

Attendu qu'en prononçant ainsi, la chambre de l'instruction a justifié sa décision, sans méconnaître les dispositions conventionnelles invoquées, dès lors qu'en vertu des articles 81, 156 et suivants du Code de procédure pénale, le juge d'instruction peut ordonner une expertise ayant pour objet des constatations d'ordre technique nécessitant la communication et l'examen de pièces utiles à la manifestation de la vérité, et que les dispositions relatives au secret imposé aux professionnels de santé ne font pas obstacle à la désignation d'un expert pharmacien pour examiner un dossier contenant des renseignements médicaux et détenu par une fédération sportive investie de prérogatives de puissance publique en matière de lutte contre le dopage

En vertu des articles 81, 156 et suivants du Code de procédure pénale, le juge d'instruction peut ordonner une expertise ayant pour objet des constatations d'ordre technique nécessitant la communication et l'examen de pièces utiles à la manifestation de la vérité, sans que les dispositions relatives au secret imposé aux professionnels de santé ne fassent obstacle à la désignation d'un expert pharmacien pour examiner un dossier contenant des renseignements médicaux, détenu par une fédération sportive investie de prérogatives de puissance publique en matière de lutte contre le dopage

D'où il suit que le moyen ne saurait être accueilli;
Et attendu que l'arrêt est régulier en la forme;
REJETTE le pourvoi;
(Cour de cassation – Chambre criminelle du 24 novembre 2015 – N° de pourvoi: 15-83349).

• Infractions à la législation sur les stupéfiants – Vidéosurveillance

Contre l'arrêt de la chambre de l'instruction de la cour d'appel de DOUAI, en date du 01/03/2018, qui, dans l'information suivie contre eux, des chefs d'infractions à la législation sur les stupéfiants, a prononcé sur leur demande d'annulation d'actes de la procédure;

Attendu qu'il résulte de l'arrêt attaqué et des pièces de la procédure qu'à la suite d'un signalement du 10/03/2016 du procureur du Roi de Mons (Belgique) mettant en cause plusieurs ressortissants français utilisant un véhicule de location belge pour effectuer des importations de produits stupéfiants des Pays-Bas vers la France, une enquête préliminaire a été diligentée, suivie de l'ouverture d'une information le 04/07/2016; que dans le cadre des investigations menées, le juge des libertés et de la détention a autorisé, le 20/05/2016, l'interception de la ligne téléphonique [...] utilisée par M. Y.. pour une durée d'un mois, puis le 23/06 suivant, a prolongé cette autorisation pour la même durée; que le juge des libertés et de la détention a fait de même pour la ligne [...] utilisée par M. C... les 26/05 et 25/06/2016; que par ailleurs, le procureur de la République a autorisé, le 08/06/2016, la géolocalisation en temps réel du véhicule Citroën C4 immatriculé [...] pour une durée de 15 jours qui a été prolongée par décision du 01/07 du juge des libertés et de la détention; qu'enfin et en exécution d'une commission rogatoire délivrée par le juge d'instruction le 05/07/2016, les enquêteurs ont mis en place, le 22/09 suivant, [...], un dispositif de vidéo-surveillance filmant la voie publique qui a été déposé le 25/11/2016;

Attendu que, si le juge d'instruction tire du 2^{d} de ces textes, interprété à la lumière du premier, le pouvoir de faire procéder à une vidéo-surveillance sur la voie publique aux fins de rechercher des preuves des infractions dont il est saisi, à l'encontre des personnes soupçonnées de les avoir commises, une telle ingérence dans la vie privée présentant, par sa nature même, un caractère limité et étant proportionnée au regard de l'objectif poursuivi, il doit résulter des pièces de l'information que la mesure a été mise en place sous le contrôle effectif de ce magistrat et selon les modalités qu'il a autorisées;

Mais attendu qu'en prononçant par les premiers de ces motifs, alors que, ainsi que la Cour de cassation est en mesure de s'en assurer par les pièces de la procédure soumises à son contrôle, il ne résulte d'aucune de ces pièces que, préalablement à la mise en place de la vidéo-surveillance critiquée, le magistrat instructeur ait autorisé les officiers de police judiciaire, auxquels il avait délivré une commission rogatoire rédigée en des termes généraux, à y procéder et qu'il en ait fixé la durée et le périmètre, la chambre de l'instruction a méconnu le principe ci-dessus énoncé et les dispositions conventionnelles et légales susvisées;

D'où il suit que la cassation est encourue de ce chef;
Par ces motifs:

CASSE et ANNULE l'arrêt susvisé de la chambre de l'instruction de la cour d'appel de Douai, en date du 01/03/2018, mais en ses seules dispositions ayant rejeté les demandes d'annulation des procès-verbaux d'installation et d'exploitation de la vidéo-surveillance de la voie publique [...] du 22/09 au 25/11/2016, toutes autres dispositions étant expressément maintenues;

Et pour qu'il soit à nouveau statué, conformément à la loi, dans les limites de la cassation ainsi prononcée,

RENVOIE la cause et les parties devant la chambre de l'instruction de la cour d'appel de Douai, autrement composée, à ce désignée par délibération spéciale prise en chambre du conseil;

ORDONNE l'impression du présent arrêt, sa transcription sur les registres du greffe de la chambre de l'instruction de la cour d'appel de Douai et sa mention en marge ou à la suite de l'arrêt partiellement annulé;

(Cour de cassation – Chambre criminelle du 11 décembre 2018 – N° de pourvoi: 18-82365).

• Infractions à la législation sur les stupéfiants – Association de malfaiteurs – Vidéosurveillance

Contre l'arrêt de la chambre de l'instruction de la cour d'appel de PARIS, 3e section, en date du 23/10/2018, qui, dans l'information suivie contre lui des chefs d'infractions à la législation sur les stupéfiants et association de malfaiteurs, a prononcé sur sa demande d'annulation de pièces de la procédure;

Attendu qu'il résulte de l'arrêt attaqué et des pièces de la procédure qu'à la suite d'une enquête portant sur des faits de trafic de stupéfiants, une information judiciaire a été ouverte; que le juge d'instruction a délivré une commission rogatoire dans le but de permettre l'identification des auteurs du trafic, donnant mission aux enquêteurs de procéder à tous actes utiles à la manifestation de la vérité; que, pour l'exécution de cette mission, et après autorisation verbale du juge, une caméra de surveillance a été installée, le 12/04/2017, sur la voie publique, [...], à [...], à hauteur du domicile de M. A... et d'autres membres de sa famille, que les investigations désignaient comme susceptibles de participer aux faits; que l'exploitation des images ainsi recueillies a permis de constater des transports suspects et a contribué au progrès de l'enquête;

Que le juge d'instruction a, par ailleurs, par ordonnance prise au visa de l'article 706-96-1 du C.P.P. le 18/05/2017, autorisé, en vue de l'installation d'un dispositif de captation d'images dans le parking souterrain d'un immeuble situé [...] à [...], les enquêteurs à s'introduire dans ce lieu privé en dehors des heures prévues par l'article 59 dudit code; qu'il a enfin autorisé, en application de l'article 230-34 du même code, le 25/07/2017, la pose d'un dispositif de géolocalisation sur un véhicule Fiat Doblo utilisé par le requérant et stationné dans un box fermé situé dans ce même parking, et l'introduction à cette fin dans ce lieu privé en dehors des heures prévues par l'article 59 précité;

Attendu qu'abstraction faite des motifs relatifs à l'absence d'atteinte à la vie privée du requérant, l'arrêt n'encourt pas la censure, dès lors que, d'une part, l'ingérence dans le droit au respect de la vie privée que constitue un tel dispositif présente, par sa nature même, un caractère limité et est proportionnée au regard de l'objectif poursuivi, d'autre part, la Cour de cassation est en mesure de s'assurer, par le contrôle des pièces de la procédure, que le juge d'instruction, qui tire de l'article 81 du C.P.P., interprété à la lumière de l'article 8 de la Convention européenne des droits de l'homme, le pouvoir de faire procéder à une vidéo-surveillance sur la voie publique aux fins de rechercher des preuves des infractions dont il est saisi, à l'encontre des personnes soupçonnées de les avoir commises, a spécialement autorisé les enquêteurs, le 05/04/2017, à installer, pour l'exécution de la commission rogatoire générale qu'il leur avait délivrée, un tel dispositif, puis, le 16/06/2017, à le compléter, et qu'il lui a été rendu compte régulièrement, notamment les 21/04, 24/05, 01/06, 16/06 et 06/09/2017, de l'état d'avancement des investigations, ce contrôle lui permettant d'apprécier la nécessité de son maintien; qu'ainsi, la mesure a été mise en place sous le contrôle effectif du juge d'instruction et selon les modalités qu'il a autorisées;

Et attendu que l'arrêt est régulier en la forme;
REJETTE le pourvoi.
(Cour de cassation – Chambre criminelle du 18 juin 2019 – N° de pourvoi: 18-86421).

• Blanchiment – Enquête sociale rapide

M. [J] [B] a formé un pourvoi contre l'arrêt de la chambre de l'instruction de la cour d'appel de PARIS (75), 10e section, en date du 28/12/2021, qui, dans l'information suivie contre lui du chef de blanchiment, a confirmé l'ordonnance du J.L.D le plaçant en détention provisoire.

L'article 81, al. 7, du C.P.P., dans sa rédaction issue de la loi n° 2019-222 du 23/03/2019, impose au ministère public ou, à défaut, au juge d'instruction, de diligenter une enquête sociale rapide lorsqu'est envisagé le placement en détention provisoire d'une personne mise en examen pour des faits punis d'une peine d'emprisonnement n'excédant pas 5 ans, et ce, quel que soit l'âge de cette personne. Si c'est à tort que la chambre de l'instruction a jugé, au motif que la personne mise en examen était âgée de plus de 21 ans, que ce texte n'était pas applicable, l'arrêt n'encourt pas la censure dès lors que l'intéressé, assisté d'un avocat, qui n'a pas soulevé l'absence d'enquête sociale rapide devant le J.L.D., a renoncé à s'en prévaloir.
(Cour de cassation – Chambre criminelle du 20 avril 2022 – N° de pourvoi : 22-80.633).

Article 81-1. – Juge d'instruction – Actes – *(Loi n° 2000-516 du 15 juin 2000)*
• Le juge d'instruction peut, d'office, sur réquisition du parquet ou à la demande de la partie civile, procéder, conformément à la loi, à tout acte lui permettant d'apprécier la nature et l'importance des préjudices subis par la victime ou de recueillir des renseignements sur la personnalité de celle-ci.

V • Code de procédure pénale – art. D. 591 – Moyen de télécommunication

Article 82. – Réquisitoire introductif – Réquisitoire supplétif – *(Loi n° 2004-204 du 9 mars 2004)*
• Dans son réquisitoire introductif, et à toute époque de l'information par réquisitoire supplétif, le procureur de la République peut requérir du magistrat instructeur tous actes lui paraissant utiles à la manifestation de la vérité et toutes mesures de sûreté nécessaires. Il peut également demander à assister à l'accomplissement des actes qu'il requiert.
• Il peut, à cette fin, se faire communiquer la procédure, à charge de la rendre dans les vingt-quatre heures.
• S'il requiert le placement ou le maintien en détention provisoire de la personne mise en examen, ses réquisitions doivent être écrites et motivées par référence aux seules dispositions de l'article 144.
• Si le juge d'instruction ne suit pas les réquisitions du procureur de la République, il doit, sans préjudice de l'application des dispositions de l'article 137-4, rendre une ordonnance motivée dans les cinq jours de ces réquisitions.
• À défaut d'ordonnance du juge d'instruction, le procureur de la République peut, dans les dix jours, saisir directement la chambre de l'instruction. Il en est de même si le juge des libertés et de la détention, saisi par le juge d'instruction, ne rend pas d'ordonnance dans le délai de dix jours à compter de sa saisine.

V • Code de procédure pénale – art. 137-4 – Détention provisoire – Non justification
• Code de procédure pénale – art. 144 – Détention provisoire – Conditions
• Code de procédure pénale – art. 145 – Comparution – Juge des libertés et de la détention
• Code de procédure pénale – art. 207 – Détention provisoire – Appel

J **• Instruction – Réquisitoire – Réquisitions aux fins de mise en examen – Recevabilité – Conditions – Utilité à la manifestation de la vérité *(non)***
Contre l'arrêt de la chambre de l'instruction de la cour d'appel de DOUAI, en date du 17 septembre 2015, qui, dans l'information suivie contre lui du chef de bizutage, a prononcé sur sa demande d'annulation d'actes de la procédure ;
Attendu qu'il résulte de l'arrêt attaqué et des pièces de la procédure que, dans l'information judiciaire diligentée du chef susvisé au tribunal de grande instance de Lille, M. X... a fait l'objet le 12 février 2014, d'un interrogatoire de première comparution au terme duquel il lui a été conféré le statut de témoin assisté ; que, le 20 mars 2014, le juge d'instruction a notifié aux parties l'avis de fin d'information ; qu'au cours du mois de juillet 2014, le procureur de la République a pris des réquisitions supplétives aux fins de mise en examen du demandeur ; que, le 15 juillet 2014, le juge d'instruction a adressé à l'intéressé un avis de mise en examen du chef susvisé et de fin d'information ; que M. X... a saisi la chambre de l'instruction d'une requête aux fins d'annulation du réquisitoire supplétif et de sa mise en examen ;
D'où il suit que le moyen doit être écarté ;
Et attendu que l'arrêt est régulier en la forme ;
REJETTE le pourvoi.
Résumé : Le procureur de la République, qui exerce l'action publique, peut requérir, à toute époque de l'information, que le juge d'instruction procède à une mise en examen, peu important que cet acte ne soit pas utile à la manifestation de la vérité.
(Cour de cassation – Chambre criminelle du 12 avril 2016 – N° de pourvoi : 15-86074).

Article 82-1. – Saisine – *(Loi n° 2000-1354 du 30 décembre 2000)*
• Les parties peuvent, au cours de l'information, saisir le juge d'instruction d'une demande écrite et motivée tendant à ce qu'il soit procédé à leur audition ou à leur interrogatoire, à l'audition d'un témoin, à une confrontation ou à un transport sur les lieux, à ce qu'il soit ordonné la production par l'une d'entre elles d'une pièce utile à l'information, ou à ce qu'il soit procédé à tous autres actes qui leur paraissent nécessaires à la manifestation de la vérité. À peine de nullité, cette demande doit être formée conformément aux dispositions du dixième alinéa de l'article 81 ; elle doit porter sur des actes déterminés et, lorsqu'elle concerne une audition, préciser l'identité de la personne dont l'audition est souhaitée.
• Le juge d'instruction doit, s'il n'entend pas y faire droit, rendre une ordonnance motivée

au plus tard dans le délai d'un mois à compter de la réception de la demande. Les dispositions du dernier alinéa de l'article 81 sont applicables.

• À l'expiration d'un délai de quatre mois depuis sa dernière comparution, la personne mise en examen qui en fait la demande écrite doit être entendue par le juge d'instruction. Le juge d'instruction procède à son interrogatoire dans les trente jours de la réception de la demande, qui doit être formée conformément aux dispositions du dixième alinéa de l'article 81.

V • Code de procédure pénale – art. 113-3 – Témoin assisté
• Code de procédure pénale – art. 167 – Expertise
• Code de procédure pénale – art. 207 – Détention provisoire – Appel

J **• Enquête sur Commission rogatoire – Saisie de documents ou de données informatiques – Demande de copie – Modalités**
• *Il en résulte que la demande de copie de documents placés sous scellés et déposé au greffe, à titre de pièces à conviction, doit être présentée selon les modalités de l'article 82-1du C.P.P. et dans les formes prévues par l'article 81, al. 10 dudit Code;*
• (Cour de cassation – Chambre criminelle du 28 octobre 2014 – N° de pourvoi : 14-84796).

Article 82-2. – Saisine – Avocat – *(Loi n° 2000-516 du 15 juin 2000)*

• Lorsque la personne mise en examen saisit le juge d'instruction, en application des dispositions de l'article 82-1, d'une demande tendant à ce que ce magistrat procède à un transport sur les lieux, à l'audition d'un témoin, d'une partie civile ou d'une autre personne mise en examen, elle peut demander que cet acte soit effectué en présence de son avocat.

• La partie civile dispose de ce même droit s'agissant d'un transport sur les lieux, de l'audition d'un témoin ou d'une autre partie civile ou de l'interrogatoire de la personne mise en examen.

• Le juge d'instruction statue sur ces demandes conformément aux dispositions du deuxième alinéa de l'article 82-1.S'il fait droit à la demande, le juge d'instruction convoque l'avocat au plus tard dans les deux jours ouvrables avant la date du transport, de l'audition ou de l'interrogatoire, au cours desquels celui-ci peut intervenir dans les conditions prévues à l'article 120.

V • Code de procédure pénale – art. 82-1 – Saisine
• Code de procédure pénale – art. 120 – Interrogatoires, confrontations, auditions

Article 82-3. – Contestation – *(Loi n° 2016-731 du 3 juin 2016)*

• Lorsque le juge d'instruction conteste le bien-fondé d'une demande des parties tendant à constater la prescription de l'action publique, il doit rendre une ordonnance motivée dans le délai d'un mois à compter de la réception de la demande. Les dispositions des avant-dernier et derniers alinéas de l'article 81 sont applicables.

• À peine d'irrecevabilité, la personne soutenant que la prescription de l'action publique était acquise au moment de sa mise en examen ou de sa première audition comme témoin assisté doit formuler sa demande dans les six mois suivant cet acte.

J **• Action publique – Suspension – Impossibilité d'agir – Obstacle de droit – Entrée en vigueur de la loi du 4 janvier 1993 (article 82-1 du Code de procédure pénale).** – *La partie civile ne disposant d'aucun moyen de droit pour obliger le juge d'instruction à accomplir un acte interruptif de la prescription de l'action publique jusqu'au 1er mars 1993, date d'entrée en vigueur de l'article 82-1 du Code de procédure pénale résultant de la loi du 4 janvier 1993, cette prescription est suspendue à son profit lorsqu'il est constaté qu'aucun acte d'information ou de poursuite n'a été accompli dans la procédure ouverte sur sa plainte, entre le dernier acte interruptif de la prescription et le 1er mars 1993* (Cass. CRIM du 13 octobre 1999).

Article 83. – Désignation d'un juge – *(Loi n° 2007-291 du 5 mars 2007)*

• Lorsqu'il existe dans un tribunal plusieurs juges d'instruction, le président du tribunal ou, en cas d'empêchement, le magistrat qui le remplace, désigne, pour chaque information, le juge qui en sera chargé. Il peut établir, à cette fin, un tableau de roulement.

• Les désignations prévues au présent article sont des mesures d'administration judiciaire non susceptibles de recours.

Article 83-1. – Cosaisine d'une information – *(Ordonnance n° 2019-964 du 18 septembre 2019)*

• Lorsque la gravité ou la complexité de l'affaire le justifie, l'information peut faire l'objet d'une cosaisine selon les modalités prévues par le présent article.

• Le président du tribunal judiciaire dans lequel il existe un pôle de l'instruction ou, en cas d'empêchement, le magistrat qui le remplace désigne, dès l'ouverture de l'information, d'office ou si le procureur de la République le requiert dans son réquisitoire introductif, un ou plusieurs juges d'instruction pour être adjoints au juge d'instruction chargé de l'information.

• À tout moment de la procédure, le président du tribunal judiciaire peut désigner un ou plusieurs juges d'instruction cosaisis soit à la demande du juge chargé de l'information, soit, si ce juge donne son accord, d'office ou sur réquisition du ministère public ou sur requête des parties déposée conformément aux dispositions de l'avant-dernier alinéa de l'article 81. Les parties ne peuvent pas renouveler leur demande avant 6 mois. Dans un délai d'un mois à compter de la réception de la demande, le président désigne un ou plusieurs juges d'instruction pour être adjoints au juge chargé de l'information. Pour l'application du présent alinéa, lorsque l'information a été ouverte dans un tribunal où il n'y a pas de pôle de l'instruction, le président du tribunal judiciaire où se trouve le pôle territorialement compétent désigne le juge d'instruction chargé de l'information ainsi que le ou les juges d'instruction cosaisis, après que le juge d'instruction initialement saisi s'est dessaisi au profit du pôle; ce dessaisissement prend effet à la date de désignation des juges du pôle.

• Lorsqu'elle n'est pas ordonnée selon les modalités prévues par l'alinéa qui précède, en l'absence d'accord du juge chargé de l'information ou, à défaut, de désignation par le président du tribunal judiciaire dans le délai d'un mois, la cosaisine peut être ordonnée par le président de la chambre de l'instruction agissant d'office, à la demande du président du tribunal, sur réquisition du ministère public ou sur requête des parties. Le président statue dans un délai d'un mois à compter de la réception de la demande qui est déposée conformément à l'avant-dernier alinéa de l'article 81 si elle émane d'une partie. Lorsque l'information a été ouverte dans un tribunal où il n'y a pas de pôle de l'instruction, le président de la chambre de l'instruction saisit la chambre de l'instruction aux fins de cosaisine. Dans un délai d'un mois à compter de sa saisine, la chambre décide alors soit, s'il n'y a pas lieu à cosaisine, de renvoyer le dossier au magistrat instructeur, soit, si cette décision est indispensable à la manifestation de la vérité et à la bonne administration de la justice, de procéder au dessaisissement du juge d'instruction et à la désignation, aux fins de poursuite de la procédure, de plusieurs juges d'instruction.

• Les décisions du président du tribunal judiciaire, du président de la chambre de l'instruction et de cette dernière prévues par le présent article sont des mesures d'administration judiciaire non susceptibles de recours.

Article 83-2. – *(Abrogé – Loi n° 2013-1278 du 29 décembre 2013)*

Article 84. – Dessaisissement du juge d'instruction – *(Loi n° 2007-291 du 5 mars 2007)*

• Sous réserve de l'application des articles 657 et 663, le dessaisissement du juge d'instruction au profit d'un autre juge d'instruction peut être demandé au président du tribunal, dans l'intérêt d'une bonne administration de la justice, par requête motivée du procureur de la République, agissant soit spontanément, soit à la demande des parties.

• Le président du tribunal doit statuer dans les huit jours par une ordonnance qui ne sera pas susceptible de voies de recours.

• En cas d'empêchement du juge chargé de l'information, par suite de congé, de maladie ou pour toute autre cause, de même qu'en cas de nomination à un autre poste, le président désigne le juge d'instruction chargé de le remplacer.

• Toutefois, en cas d'urgence et pour des actes isolés, tout juge d'instruction peut suppléer un autre juge d'instruction du même tribunal.

• Dans les cas prévus par l'article 83-1, le juge désigné ou, s'ils sont plusieurs, le premier dans l'ordre de désignation, peut remplacer ou suppléer le juge chargé de l'information sans qu'il y ait lieu à application des alinéas qui précèdent.

Article 84-1. – Renoncement – *(Loi n° 2019-222 du 23 mars 2019)*

• Lors de la 1re comparution de la personne mise en examen ou de la 1re audition de la partie civile ou du témoin assisté et à tout moment au cours de la procédure, le juge d'instruction peut demander à la partie, en présence de son avocat ou celui-ci dûment convoqué et après avoir porté à sa connaissance l'article 161-1, si elle déclare renoncer au bénéfice de cet article.

• La personne peut déclarer ne renoncer au bénéfice de l'article 161-1 que pour certaines catégories d'expertises qu'elle précise.

Section II

De la constitution de la partie civile et de ses effets

Article 85. – Constitution de partie civile – *(Loi n° 2019-222 du 23 mars 2019)*

• Toute personne qui se prétend lésée par un crime ou un délit peut en portant plainte se constituer partie civile devant le juge d'instruction compétent en application des dispositions des articles 52, 52-1 et 706-42.

• Toutefois, la plainte avec constitution de partie civile n'est recevable qu'à condition que la personne justifie soit que le procureur de la République lui a fait connaître, à la suite d'une plainte déposée devant lui ou un service de police judiciaire, qu'il n'engagera pas lui-même des poursuites, soit qu'un délai de 3 mois s'est écoulé depuis qu'elle a déposé plainte devant ce magistrat, contre récépissé ou par lettre recommandée avec demande d'avis de réception, ou depuis qu'elle a adressé, selon les mêmes modalités, copie à ce magistrat de sa plainte déposée devant un service de police judiciaire. Cette condition de recevabilité n'est pas requise s'il s'agit d'un crime ou s'il s'agit d'un délit prévu par la loi du 29 juillet 1881 sur la liberté de la presse ou par les articles L. 86, L. 87, L. 91 à L. 100, L. 102 à L. 104, L. 106 à L. 108 et L. 113 du code électoral.

• Par dérogation à l'article 5 du présent code, la victime qui a exercé son action devant une juridiction civile pendant le délai prévu au 2e alinéa peut se constituer partie civile devant le juge d'instruction après s'être désistée de l'instance civile.

• Lorsque la plainte avec constitution de partie civile est formée par une personne morale à but lucratif, elle n'est recevable qu'à condition que la personne morale justifie de ses ressources en joignant son bilan et son compte de résultat.

J **• Chambre de l'instruction – Appel ordonnances du juge d'instruction – Ordonnance d'irrecevabilité de la constitution de partie civile – Motifs – Défauts de justification de dépôt préalable d'une plainte auprès du procureur de la République ou d'un service de police – Défaut de justification de l'identité du représentant légal de la personne morale souhaitant se constituer – Production des justificatifs en appel – Possibilité**

Contre l'arrêt de la chambre de l'instruction de la cour d'appel de PARIS, 2e section, en date du 3 juillet 2014, qui a confirmé l'ordonnance du juge d'instruction déclarant irrecevable sa constitution de partie civile des chefs d'abus de confiance, faux et usage ;

La personne qui, s'étant constituée partie civile en portant plainte devant le juge d'instruction, a omis de justifier du dépôt préalable d'une plainte auprès du procureur de la République ou d'un service de police judiciaire dans les conditions fixées par l'article 85, alinéa 2, du Code de procédure pénale, et, lorsqu'il s'agit d'une personne morale, de l'identité de son représentant légal, demeure recevable à apporter ces justifications devant la chambre de l'instruction au soutien de son appel de l'ordonnance du magistrat instructeur ayant déclaré sa constitution de partie civile irrecevable

Par ces motifs :

CASSE et ANNULE, en toutes ses dispositions, l'arrêt susvisé de la chambre de l'instruction de la cour d'appel de Paris, en date du 3 juillet 2014 ;

(Cour de cassation – Chambre criminelle du 30 mars 2016 – N° de pourvoi : 14-85109).

• Blanchissement de fraude fiscale – Corruption passive – Constitution de partie civile

Contre l'arrêt de la chambre de l'instruction de la cour d'appel de PARIS, 2e section, en date du 3 novembre 2016, qui dans l'information suivie contre le premier, des chefs de blanchiment de fraude fiscale, corruption passive, blanchiment de corruption et non-déclaration d'une partie substantielle de son patrimoine à la Haute autorité pour la transparence de la vie publique, et, contre la seconde, des chefs de blanchiment de fraude fiscale et non-déclaration d'une partie substantielle de son patrimoine à la Haute autorité pour la transparence de la vie publique, a confirmé l'ordonnance du juge d'instruction déclarant recevable la constitution de partie civile de l'Association des Contribuables de Levallois-Perret ;

Mais attendu qu'en se déterminant ainsi alors que l'Association des contribuables de Levallois-Perret, d'une part, ainsi que le relève la chambre de l'instruction, n'était ni agréée ni déclarée depuis au moins cinq ans à la date de sa constitution de partie civile, d'autre part, ne justifie pas d'un préjudice personnel directement causé par les délits poursuivis de blanchiment de fraude fiscale, corruption et blanchiment de corruption, la chambre de l'instruction a méconnu les textes visés au moyen ;

D'où il suit que la cassation est encourue ; qu'elle aura lieu sans renvoi, la Cour de cassation étant en mesure d'appliquer directement la règle de droit et de mettre fin au litige, ainsi que le permet l'article L. 411-3 du Code de l'organisation judiciaire ;

Par ces motifs :

CASSE et ANNULE, en toutes ses dispositions l'arrêt susvisé de la chambre de l'instruction de la cour d'appel de Paris, en date du 3 novembre 2016 ;

DÉCLARE irrecevable la constitution de partie civile de l'Association des contribuables de Levallois-Perret,

DIT n'y avoir lieu à renvoi.

(Cour de cassation – Chambre criminelle du 11 octobre 2017 – N° de pourvoi : 16-86868).

• Viols sur mineurs – Constitution de partie civile – Parents

M. K... H... et Mme R... H... ont formé un pourvoi contre l'arrêt de la chambre de l'instruction de la cour d'appel de Chambéry, en date du 31/01/2019, qui a déclaré leur constitution de partie civile irrecevable.

Par courrier en date du 05/12/2017, M. et Mme H... se sont constitués partie civile devant le doyen des juges d'instruction du tribunal de grande instance de Chambéry, pour viols par personne ayant autorité sur la victime, pour des faits commis entre le 04/10/2003 et jusqu'au 23/01/2004 sur leurs filles J... et G... H..., nées le [...].

Pour dire irrecevable la constitution de partie civile des époux H..., l'arrêt attaqué énonce que le droit de la partie civile de mettre en mouvement l'action publique est une prérogative de la victime qui a personnellement souffert de l'infraction et que le préjudice moral qu'invoquent les époux H... ne résulte qu'indirectement du préjudice éventuel subi par leurs filles, lesquelles n'ont pas dénoncé du temps de leur minorité non plus que depuis leur majorité les viols allégués par leurs parents.

En statuant ainsi, alors que l'infraction visée aux poursuites était de nature à causer directement préjudice non seulement au mineur mais également à ses parents, les juges ont méconnu le sens et la portée des textes susvisés.

La cassation est par conséquent encourue

PAR CES MOTIFS, la Cour :

CASSE et ANNULE, en toutes ses dispositions, l'arrêt susvisé de la chambre de l'instruction de la cour d'appel de Chambéry, en date du 31/01/2019, et pour qu'il soit à nouveau jugé, conformément à la loi ;

RENVOIE la cause et les parties devant la chambre de l'instruction de la cour d'appel de Chambéry, autrement composée, à ce désignée par délibération spéciale prise en chambre du conseil.

ORDONNE l'impression du présent arrêt, sa transcription sur les registres de la chambre de l'instruction de la cour d'appel de Chambéry et sa mention en marge ou à la suite de l'arrêt partiellement annulé.

(Cour de cassation – Chambre criminelle du 26 février 2020 – N° de pourvoi : 19-82119).

• Traite des êtres humains – Soumission d'une personne à des conditions de travail et d'hébergement contraires à la dignité humaine... – Opportunité des poursuites

CASSATION PARTIELLE sur le pourvoi formé par Mme L... C..., partie civile, contre l'arrêt de la chambre de l'instruction de la cour d'appel de PARIS (75), 4e section, en date du 14/02/2020, rectifié par un arrêt du 22/12/2020, qui, dans l'information suivie, sur sa plainte contre Mme B... F... et M. T... S... des chefs de traite d'êtres humains, soumission d'une personne à des conditions de travail et d'hébergement contraires à la dignité humaine, rétribution insuffisante d'une personne vulnérable, aide à l'entrée et au séjour irréguliers d'un étranger, emploi d'un étranger démuni de carte de travail et travail dissimulé, a confirmé partiellement l'ordonnance de non-lieu du J.I.

10. En effet, d'une part, ni le procureur de la République, les dispositions des articles 40, alinéa 1er, et 40-1 du C.P.P. n'étant pas applicables lorsque ce magistrat requiert l'ouverture d'une information sur une plainte avec constitution de partie civile, ni le J.I ne peuvent apprécier en opportunité la suite à donner aux faits qui sont dénoncés par ladite plainte.

(Cour de cassation – Chambre criminelle du 30 mars 2021 – N° de pourvoi : 21-80.141).

• Homicide involontaire – Plainte préalable

Mme [T] [S] et M. [U] [J], parties civiles, ont formé des pourvois contre l'arrêt de la chambre de l'instruction de la cour d'appel de RENNES (35), en date du 09/04/2021, qui a déclaré irrecevable leur constitution de partie civile contre personne non dénommée, du chef d'homicide involontaire.

Constitue une plainte, au sens de l'article 85 du C.P.P., une information portée, même sans formalisme particulier, à la connaissance de l'autorité judiciaire ou d'un service de police, ou d'une unité de gendarmerie, et relative à des faits susceptibles de revêtir une qualification pénale. Encourt la cassation l'arrêt de la chambre de l'instruction qui déclare irrecevable la plainte avec constitution de partie civile des demandeurs, au motif qu'ils n'ont pas déposé une plainte préalable, alors même qu'elle a constaté que ces derniers avaient sollicité, dans un courrier adressé au P.R., des investigations complémentaires afin que soient déterminées les circonstances exactes de la mort de leur fille, et qu'ils avaient communiqué, dans un courrier postérieur, un rapport d'expertise réalisé à leur initiative, destiné à déterminer si le conducteur circulant sur la voie inverse utilisait son téléphone au moment de la collision.

(Cour de cassation – Chambre criminelle du 21 avril 2022 – N° de pourvoi : 21-82.877).

Article 86. – Réquisitions – *(Loi n° 2019-222 du 23 mars 2019)*

• Le juge d'instruction ordonne communication de la plainte au procureur de la République pour que ce magistrat prenne ses réquisitions. Le procureur de la République peut demander au juge d'instruction un délai supplémentaire de 3 mois pour permettre la poursuite des investigations avant de faire connaître ses réquisitions. La décision du juge d'instruction constitue une mesure d'administration judiciaire insusceptible de recours.

• Le réquisitoire peut être pris contre personne dénommée ou non dénommée.

• Lorsque la plainte n'est pas suffisamment motivée ou justifiée, le procureur de la République peut, avant de prendre ses réquisitions et s'il n'y a pas été procédé d'office par le juge d'instruction, demander à ce magistrat d'entendre la partie civile et, le cas échéant, d'inviter cette dernière à produire toute pièce utile à l'appui de sa plainte.

• Le procureur de la République ne peut saisir le juge d'instruction de réquisitions de non informer que si, pour des causes affectant l'action publique elle-même, les faits ne peuvent légalement comporter une poursuite ou si, à supposer ces faits démontrés, ils ne peuvent admettre aucune qualification pénale. Le procureur de la République peut également prendre des réquisitions de non-lieu dans le cas où il est établi de façon manifeste, le cas échéant au vu des investigations qui ont pu être réalisées à la suite du dépôt de la plainte ou en application du 3e alinéa, que les faits dénoncés par la partie civile n'ont pas été commis. Lorsque les investigations réalisées au cours de l'enquête effectuée à la suite de la plainte déposée conformément au 2e alinéa de l'article 85 ont permis d'établir qu'une personne majeure mise en cause pour les faits de nature délictuelle reprochés par la victime pourrait faire l'objet de poursuites mais que l'action publique n'a pas été mise en mouvement par le procureur de la République, celui-ci peut également requérir du juge d'instruction de rendre une ordonnance de refus d'informer, tout en invitant la partie civile à engager des poursuites par voie de citation directe. Dans le cas où le juge d'instruction passe outre, il doit statuer par une ordonnance motivée.

• Lorsque le juge d'instruction rend une ordonnance de refus d'informer, il peut faire application des dispositions des articles 177-2 et 177-3.

J **• Chambre de l'instruction – Harcèlement moral – Irrecevabilité de la plainte avec constitution de partie civile**

Contre l'arrêt de la chambre de l'instruction de la cour d'appel de VERSAILLES, en date du 21 juin 2013, qui a confirmé l'ordonnance du juge d'instruction déclarant irrecevable sa constitution de partie civile contre personne non dénommée du chef de harcèlement moral ;

« en ce que l'arrêt attaqué a confirmé l'ordonnance d'irrecevabilité de la plainte avec constitution de partie civile déposée par M. X... le 13 juillet 2012 ;

« aux motifs que le document intitulé « plainte avec constitution de partie civile » libellé à l'ordre du doyen des juges d'instruction du tribunal de grande instance de Pontoise mais qui porte un timbre humide « JLD » daté du 13 juillet 2012 n'est pas signé ; si la qualité de partie civile s'acquiert par le dépôt d'une plainte auprès de la juridiction compétente contenant la manifestation expresse du plaignant de se constituer partie civile (Crim. 13 déc. 1983, B.338 – 15 mai 2002, B.116) *encore faut-il que ce dépôt soit suivi du versement de la consignation ; tel n'a pas été le cas en l'espèce, le doyen des juges d'instruction ayant rendu l'ordonnance entreprise dès réception du document intitulé « plainte » sans statuer sur le versement de la consignation ; il sera relevé que l'espèce ayant donné lieu à l'arrêt de la chambre criminelle du 15 mai 2002, invoqué par la partie civile, a été rendue dans des circonstances sensiblement différentes de celles actuellement en cause ; en effet ce n'est que lors de l'examen de l'appel de l'ordonnance de non-lieu que la chambre de l'instruction de la cour d'appel de*

Paris avait relevé d'office le moyen pris de l'absence de signature sur la plainte alors que le plaignant, en versant la consignation, avait manifesté et concrétisé son intention de se constituer partie civile; en l'espèce le document intitulé plainte avec constitution de partie civile qui a été enregistré chez le juge des libertés et de la détention qui n'était pas compétent, Me Le Nair-Bouyer indiquant au surplus dans son mémoire avoir interrogé ce même magistrat quant au traitement de cette affaire, pouvait laisser le doyen des juges d'instruction dans l'incertitude quant à la volonté réelle de M. X... et le conduire à déclarer la plainte irrecevable, l'absence de signature sur un document de nature à avoir des suites judiciaires ne pouvant être palliée que par des éléments indiscutables et non équivoques de la volonté réelle des parties de dénoncer à l'autorité judiciaire des faits susceptibles de qualification pénale qui peuvent, en cas d'abus, de témérité ou de calomnie, faire l'objet d'actions sur le fondement des articles 91, 177-2, 212-2 du Code de procédure pénale et 226-10 du Code pénal;

Vu les articles 85, 86 et 88 du Code de procédure pénale;

Attendu qu'il ressort de l'arrêt attaqué et des pièces de la procédure que, le 13 juillet 2012, M. X... a fait enregistrer au greffe du juge des libertés et de la détention du tribunal de grande instance de Pontoise une plainte adressée au doyen des juges d'instruction avec offre de constitution de partie civile; qu'en réponse à une demande de son avocat, qui s'inquiétait de la suite réservée à cette plainte, le doyen des juges d'instruction, par ordonnance du 11 mars 2013, a déclaré la constitution de partie civile irrecevable pour défaut de signature de la plainte; que M. X... a relevé appel de cette décision;

Attendu que, pour confirmer l'ordonnance entreprise, l'arrêt prononce par les motifs repris au moyen;

Mais attendu qu'en se déterminant ainsi, alors que, d'une part, les termes de la plainte de M. X... manifestaient sans équivoque son intention de se constituer partie civile, que, d'autre part, l'intéressé faisait valoir que le greffe du juge des libertés et de la détention était chargé, au tribunal de grande instance de Pontoise, de la gestion des plaintes avec constitution de partie civile, et que, en tout état de cause, il était loisible au doyen des juges d'instruction de s'assurer des intentions du plaignant en procédant à son audition ou en l'invitant à verser la consignation prévue à l'article 88 du Code de procédure pénale, la chambre de l'instruction a violé les textes susvisés et méconnu le principe ci-dessus énoncé;

D'où il suit que la cassation est encourue; que, n'impliquant pas qu'il soit à nouveau statué sur le fond, elle aura lieu sans renvoi, ainsi que le permet l'article L. 411-3 du Code de l'organisation judiciaire;

Par ces motifs:

CASSE et ANNULE, en toutes ses dispositions, l'arrêt susvisé de la chambre de l'instruction de la cour d'appel de Versailles, en date du 21 juin 2013;

DIT n'y avoir lieu à renvoi;

ORDONNE le retour du dossier au doyen des juges d'instruction du tribunal de grande instance de Pontoise afin qu'il soit procédé comme il est dit aux articles 86 et suivants du Code de procédure pénale;

(Cour de cassation – Chambre criminelle du 12 novembre 2014 – N° de pourvoi: 13-84952).

• Financement d'entreprise terroriste... – Constitution de partie civile – Irrecevabilité

Les associations Sherpa et European Centre for Constitutional and Human Rights, parties civiles, ont formé un pourvoi contre l'arrêt n° 5 de la chambre de l'instruction de la cour d'appel de PARIS (75), *2ᵉ section, en date du 24/10/2019, qui, dans l'information suivie notamment contre la société Lafarge SA, des chefs, notamment de financement d'entreprise terroriste, complicité de crimes contre l'humanité et mise en danger de la vie d'autrui, a infirmé l'ordonnance du J.I. déclarant recevables leurs constitutions de partie civile.*

29. En effet, l'irrecevabilité de l'action civile devant le J.I. conformément aux dispositions de l'article 85 du C.P.P. ne pourrait atteindre l'action publique, laquelle subsiste toute entière et prend sa source exclusivement dans les réquisitions du ministère public tendant après la communication prescrite par l'article 86 du même code à ce qu'il soit informé par le J.I. Il n'en irait autrement que si la plainte de la victime était nécessaire pour mettre l'action publique en mouvement.

(Cour de cassation – Chambre criminelle du 7 septembre 2021 – N° de pourvoi: 19-87.031).

Article 87. – Contestation – *(Loi n° 2016-731 du 3 juin 2016)*

• La constitution de partie civile peut avoir lieu à tout moment au cours de l'instruction.

• Elle peut être contestée par le procureur de la République ou par une partie.

• En cas de contestation, ou s'il déclare irrecevable la constitution de partie civile, le juge d'instruction statue, après communication du dossier au ministère public, par ordonnance motivée dont l'intéressé peut interjeter appel.

• Si la contestation d'une constitution de partie civile est formée après l'envoi de l'avis de fin d'information prévu à l'article 175, elle ne peut être examinée ni par le juge d'instruction, ni, en cas d'appel, par la chambre de l'instruction, sans préjudice de son examen, en cas de renvoi, par la juridiction de jugement.

J **• Diffusion d'informations mensongères... – Transmission des pièces du dossier – Partie civile – Préservation du secret de l'instruction**

REJET du pourvoi formé par M. E... S... et les cabinets PriceWaterhouseCoopers audit et PriceWaterhouseCoopers entreprises, parties civiles, contre l'arrêt de la chambre de l'instruction de la cour d'appel de PARIS (75), *2ᵉ section, en date du 22/06/2020, qui, dans l'information suivie contre le 1er, du chef de diffusion d'informations mensongères sur la situation d'une personne morale par commissaire aux comptes, et contre personne non dénommée, des chefs notamment de non-révélation au parquet de faits délictueux par commissaire aux comptes, abus de biens sociaux, banqueroute, escroquerie, faux et usage, entrave à l'exercice des fonctions de commissaire aux comptes, a confirmé l'ordonnance du J.I. déclarant irrecevables leurs constitutions de partie civile.*

17. En effet, les dispositions de l'article 87 du C.P.P. telles qu'interprétées par la Cour de cassation n'envisagent pas la transmission des pièces du dossier à la partie civile dont la constitution est contestée et ce afin de préserver le secret de l'instruction.

(Cour de cassation – Chambre criminelle du 30 mars 2021 – N° de pourvoi: 20-84.472).

• Complicité de contrefaçon... – Examen contestation – Après envoi avis de fin d'information

M. [I] [O] et l'association [1], parties civiles, ont formé un pourvoi contre l'arrêt de la chambre de l'instruction de la cour d'appel d'ORLÉANS (45), en date du 25/03/2021, qui, dans l'information suivie, sur leur plainte, contre M. [M] [W], des chefs de complicité de contrefaçon par édition ou reproduction d'une œuvre de l'esprit au mépris des droits de l'auteur, complicité d'apposition de nom usurpé sur une œuvre artistique, escroqueries et recels, a déclaré irrecevables leurs constitutions de partie civile et leurs appels de l'ordonnance de non-lieu rendue par le juge d'instruction.

L'interdiction, faite aux juridictions d'instruction par le 4e al. de l'article 87 du C.P.P., d'examiner la contestation portant sur une constitution de partie civile lorsque cette contestation a été formée après l'envoi de l'avis de fin d'information n'a pas vocation à s'appliquer dans le cas où la chambre de l'instruction est saisie de l'appel d'une ordonnance de non-lieu. Dans un tel cas, la contestation ne présente pas le caractère dilatoire, auquel ce texte précité a eu pour seul objet de faire obstacle, qu'elle revêt lorsqu'elle est soulevée tardivement en fin d'information aux seules fins de permettre de relever appel d'une éventuelle ordonnance de renvoi. Ne méconnaît pas ce texte la chambre de l'instruction qui, saisie d'un moyen pris de l'irrecevabilité des appels des parties civiles contre une ordonnance de non-lieu à raison de l'irrecevabilité de leurs constitutions de partie civile, prononce sur la recevabilité de ces dernières.

(Cour de cassation – Chambre criminelle du 8 février 2022 – N° de pourvoi : 21-82.237).

Article 88. – Ordonnance – *(Loi n° 93-2 du 4 janvier 1993)*

• Le juge d'instruction constate, par ordonnance, le dépôt de la plainte. En fonction des ressources de la partie civile, il fixe le montant de la consignation que celle-ci doit, si elle n'a obtenu l'aide juridictionnelle, déposer au greffe et le délai dans lequel elle devra être faite sous peine de non-recevabilité de la plainte. Il peut dispenser de consignation la partie civile.

J **• Diffamation publique envers un particulier – Constitution de partie civile – Secrétaire bureau d'aide juridictionnelle – Information greffier juridiction saisie**

M. [J] [D], partie civile, a formé un pourvoi contre l'arrêt de la chambre de l'instruction de la cour d'appel de PARIS (75), 4e section, en date du 14/01/2022, qui a déclaré irrecevable sa plainte avec constitution de partie civile contre personne non dénommée, du chef de diffamation publique envers un particulier.

Lorsqu'en cas de plainte avec constitution de partie civile, la consignation ordonnée n'a pas été versée dans le délai imparti, si la partie civile obtient l'aide juridictionnelle avant que la chambre de l'instruction ne statue sur l'appel relevé contre l'ordonnance constatant l'irrecevabilité de la plainte pour défaut de consignation, la partie civile est, en application de l'article 88 du C.P.P., dispensée du versement d'une consignation, peu important la date à laquelle elle a formé sa demande. Encourt en conséquence l'annulation l'arrêt qui, en pareil cas, confirme l'ordonnance d'irrecevabilité, sans qu'il puisse être fait grief à la partie civile de ne pas s'être prévalue devant la chambre de l'instruction de ce qu'elle avait entretemps obtenu l'aide juridictionnelle, dès lors qu'il résulte de l'article 57 du décret n° 2020-1717 du 28/12/2020 l'obligation pour le secrétaire du bureau d'aide juridictionnelle d'informer le greffier de la juridiction saisie de la décision l'accordant.

(Cour de cassation – Chambre criminelle du 13 septembre 2022 – N° de pourvoi : 22-80.893).

Article 88-1. – Consignation – *(Loi n° 2000-516 du 15 juin 2000)*

• La consignation fixée en application de l'article 88 garantit le paiement de l'amende civile susceptible d'être prononcée en application de l'article 177-2.

• La somme consignée est restituée lorsque cette amende n'a pas été prononcée par le juge d'instruction ou, en cas d'appel du parquet ou de la partie civile, par la chambre de l'instruction.

Article 88-2. – Expertise – *(Loi n° 2007-291 du 5 mars 2007)*

• Le juge d'instruction peut, en cours de procédure, ordonner à la partie civile qui demande la réalisation d'une expertise de verser préalablement un complément de la consignation prévue par l'article 88 afin de garantir le paiement des frais susceptibles d'être mis à sa charge en application du second alinéa de l'article 800-1. Cette décision est prise par ordonnance motivée susceptible d'appel devant la chambre de l'instruction. Elle peut également être prise par la chambre de l'instruction saisie après que le juge d'instruction a refusé d'ordonner l'expertise demandée.

• Le complément de consignation est restitué s'il n'est pas fait application du second alinéa de l'article 800-1.

Article 89. – Adresse – *(Loi n° 2019-222 du 23 mars 2019)*

• Toute partie civile doit déclarer au juge d'instruction une adresse qui doit être située, si l'information se déroule en métropole, dans un département métropolitain ou, si l'information se déroule dans un département d'outre-mer, dans ce département.

• Elle peut déclarer soit une adresse personnelle, soit, avec l'accord de celui-ci, qui peut être recueilli par tout moyen, celle d'un tiers chargé de recevoir les actes qui lui sont destinés. Cet accord n'est toutefois pas nécessaire lorsque la personne est dépositaire de l'autorité publique ou chargée d'une mission de service public et que l'infraction a été commise en raison de ses fonctions ou de sa mission, si l'adresse déclarée est son adresse professionnelle.

• Elle est avisée qu'elle doit signaler au juge d'instruction jusqu'à la clôture de l'information, par nouvelle déclaration ou par lettre recommandée avec demande d'avis de réception, tout changement de l'adresse déclarée. Elle est également avisée que toute notification faite à la dernière adresse déclarée sera réputée faite à sa personne.

• Faute par elle d'avoir déclaré une adresse, la partie civile ne peut opposer le défaut de notification des actes qui auraient dû lui être notifiés aux termes de la loi.

Article 89-1. – Droit de demande d'acte ou de requête – *(Loi n° 2019-222 du 23 mars 2019)*

• Lors de sa 1re audition, la partie civile est avisée de son droit de formuler une demande d'acte ou de présenter une requête en annulation sur le fondement des articles 81, 9e alinéa,

82-1, 156, 1er alinéa, et 173, 3e alinéa, durant le déroulement de l'information et, si elle en a fait la demande, dans un délai d'un mois ou de 3 mois à compter de l'envoi de l'avis prévu au I de l'article 175, sous réserve des dispositions de l'article 173-1.

• S'il estime que le délai prévisible d'achèvement de l'information est inférieur à un an en matière correctionnelle ou à 18 mois en matière criminelle, le juge d'instruction donne connaissance de ce délai à la partie civile et l'avise qu'à l'expiration dudit délai elle pourra demander la clôture de la procédure en application des dispositions de l'article 175-1. Dans le cas contraire, il indique à la partie civile qu'elle pourra demander, en application de ce même article, la clôture de la procédure à l'expiration d'un délai d'un an en matière correctionnelle ou de 18 mois en matière criminelle.

• Les avis prévus au présent article peuvent également être faits par lettre recommandée.

Article 90. – Juge d'instruction incompétent

• Dans le cas où le juge d'instruction n'est pas compétent aux termes de l'article 52, il rend, après réquisitions du ministère public, une ordonnance renvoyant la partie civile à se pourvoir devant telle juridiction qu'il appartiendra.

Article 90-1. – Information de la partie civile – *(Loi n° 2016-731 du 3 juin 2016)*

• En matière criminelle, lorsqu'il s'agit d'un délit contre les personnes prévu par le livre II du Code pénal ou lorsqu'il s'agit d'un délit contre les biens prévu par le livre III du même code et accompagné d'atteintes à la personne, le juge d'instruction avise tous les six mois la partie civile de l'état d'avancement de l'information.

• Cet avis peut être donné par lettre simple adressée à la partie civile et à son avocat, ou à l'occasion de l'audition de la partie civile.

• Lorsqu'une association regroupant plusieurs victimes s'est constituée partie civile en application des dispositions du second alinéa de l'article 2-9 ou du premier alinéa de l'article 2-15, l'avis est donné à cette seule association, à charge pour elle d'en informer les victimes regroupées en son sein, sauf si ces victimes se sont également constituées parties civiles à titre individuel.

• Si la partie civile le demande, l'information relative à l'évolution de la procédure prévue par le présent article intervient tous les quatre mois, et la partie civile est convoquée et entendue à cette fin par le juge d'instruction.

Article 91. – Dommages-intérêts – *(Loi n° 2000-516 du 15 juin 2000)*

• Quand, après une information ouverte sur constitution de partie civile, une décision de non-lieu a été rendue, la personne mise en examen et toutes personnes visées dans la plainte, et sans préjudice d'une poursuite pour dénonciation calomnieuse, peuvent, si elles n'usent de la voie civile, demander des dommages-intérêts au plaignant dans les formes indiquées ci-après.

• L'action en dommages-intérêts doit être introduite dans les trois mois du jour où l'ordonnance de non-lieu est devenue définitive. Elle est portée par voie de citation devant le tribunal correctionnel où l'affaire a été instruite. Ce tribunal est immédiatement saisi du dossier de l'information terminée par une ordonnance de non-lieu, en vue de sa communication aux parties. Les débats ont lieu en chambre du conseil : les parties, ou leurs conseils, et le ministère public sont entendus. Le jugement est rendu en audience publique.

• En cas de condamnation, le tribunal peut ordonner la publication intégrale ou par extraits de son jugement dans un ou plusieurs journaux qu'il désigne, aux frais du condamné. Il fixe le coût maximum de chaque insertion.

• L'opposition et l'appel sont recevables dans les délais de droit commun en matière correctionnelle.

• L'appel est porté devant la chambre des appels correctionnels statuant dans les mêmes formes que le tribunal. L'arrêt de la cour d'appel peut être déféré à la Cour de cassation comme en matière pénale.

• Lorsqu'une décision définitive rendue en application de l'article 177-2 a déclaré que la constitution de partie civile était abusive ou dilatoire, cette décision s'impose au tribunal correctionnel saisi dans les conditions prévues aux alinéas précédents.

Article 91-1. – Indemnités – *(Loi n° 2004-204 du 9 mars 2004)*

• En matière criminelle, lorsqu'il s'agit d'un délit contre les personnes prévu par le livre II du Code pénal ou lorsqu'il s'agit d'un délit contre les biens prévu par le livre III du même code et accompagné d'atteintes à la personne, le juge d'instruction peut décider que la partie civile est assimilée au témoin en ce qui concerne le paiement des indemnités.

Section III
Des transports, des perquisitions, des saisies et des interceptions de correspondances émises par la voie des télécommunications

Sous-section 1
Des transports, des perquisitions et des saisies

Article 92. – Juge d'instruction – Transport sur les lieux – *(Loi n° 91-646 du 10 juillet 1991)*

• Le juge d'instruction peut se transporter sur les lieux pour y effectuer toutes constatations utiles ou procéder à des perquisitions. Il en donne avis au procureur de la République, qui a la faculté de l'accompagner.

• Le juge d'instruction est toujours assisté d'un greffier.

• Il dresse un procès-verbal de ses opérations.

J • **Transport sur les lieux – Assistance – Personne qualifiée – Conditions.** – *Il résulte des articles 92 et 60 du Code de procédure pénale que, si le juge d'instruction peut, lorsqu'il se transporte sur les lieux pour y effectuer toutes constatations utiles ou procéder à des perquisitions, avoir recours à des personnes qualifiées, celles-ci, sauf si elles sont inscrites sur l'une des listes prévues à l'article 157 du Code de procédure pénale, doivent prêter, par écrit, le serment indiqué à l'article 60 dudit Code* (Cass. CRIM du 3 décembre 1998).

• **Flagrant délit – Enquête de flagrance – Dessaisissement des officiers de police judiciaire et du procureur de la République au profit du juge d'instruction.** – *Le cadavre d'un homme, apparemment décédé de mort violente, ayant été découvert sur un terrain vague, la police se transportait immédiatement sur les lieux, où un magistrat du parquet les rejoignait aussitôt.*

• *Après avoir procédé aux investigations d'usage, les policiers étaient chargés de poursuivre leur enquête selon la procédure de crime flagrant, afin, dans un premier temps, d'identifier la victime.*

• *Le lendemain, le juge d'instruction de permanence, apprenant l'événement par la lecture de la presse locale, informait le Ministère public de sa décision de se saisir de cette affaire en application de l'article 72 du Code de procédure pénale et se transportait sur les lieux de la découverte du corps. À la suite de quoi il remettait aux officiers de police judiciaire une « délégation de pouvoirs », pour qu'ils poursuivent l'enquête de crime flagrant.*

• *Une information ayant été ouverte après transmission des pièces de l'enquête au parquet, le procureur de la République demandait à la chambre d'accusation de se prononcer sur la régularité de la procédure résultant de l'initiative du magistrat instructeur. Il considérait « qu'une telle intervention réalisée près de 24 heures après la découverte du crime et la clôture des opérations sur les lieux mêmes de cette découverte, en un endroit où il n'y avait plus rien à constater, relevait d'une application inexacte du texte mis en œuvre ».*

• *Faisant droit à cette demande, la chambre d'accusation annule tous les actes du juge d'instruction, sans cependant étendre cette annulation aux procès-verbaux des officiers de police judiciaire qui, « tout en visant les instructions générales données par ce magistrat, n'y puisent absolument pas leur source ».*

• *Pour la cour, un juge d'instruction ne peut se saisir du déroulement d'une enquête en flagrance, et corrélativement en dessaisir de plein droit le procureur de la République ainsi que les officiers de police judiciaire que s'il se transporte sur les lieux en un temps ou l'infraction a encore conservé son caractère de flagrance, et non pas à n'importe quel moment de l'enquête en cours* (Cour d'appel de Colmar, ch. accusation, 19 mars 1987).

Article 93. – Juge d'instruction – Transport – *(Loi n° 91-646 du 10 juillet 1991)*

• Si les nécessités de l'information l'exigent, le juge d'instruction peut, après en avoir donné avis au procureur de la République de son tribunal, se transporter avec son greffier dans toute l'étendue du territoire national, à effet d'y procéder à tous actes d'instruction, à charge par lui d'aviser, au préalable, le procureur de la République du tribunal dans le ressort duquel il se transporte. Il mentionne sur son procès-verbal les motifs de son transport.

Article 93-1. – Commission rogatoire ou décision d'enquête européenne – Transport territoire État étranger – *(Ordonnance n° 2016-1636 du 1er décembre 2016)*

• Si les nécessités de l'instruction l'exigent, le juge d'instruction peut, dans le cadre d'une commission rogatoire adressée à un État étranger ou d'une décision d'enquête européenne adressée à un État membre de l'Union européenne et avec l'accord des autorités compétentes de l'État concerné, se transporter avec son greffier sur le territoire de cet État aux fins de procéder à des auditions.

• Il en donne préalablement avis au procureur de la République de son tribunal.

Article 94. – Perquisitions – Objets ou données informatiques – *(Loi n° 2010-768 du 9 juillet 2010)*

• Les perquisitions sont effectuées dans tous les lieux où peuvent se trouver des objets ou des données informatiques dont la découverte serait utile à la manifestation de la vérité, ou des biens dont la confiscation est prévue à l'article 131-21 du Code pénal.

Article 95. – Perquisition – Lieu domicile personne mise en examen – *(Loi n° 93-2 du 4 janvier 1993)*

• Si la perquisition a lieu au domicile de la personne mise en examen, le juge d'instruction doit se conformer aux dispositions des articles 57 et 59.

Article 96. – Perquisition – Lieu domicile autre que celui de la personne mise en examen – *(Loi n° 2016-731 du 3 juin 2016 + Décision n° 2023-1046 QPC du 21 avril 2023)*

• Si la perquisition a lieu dans un domicile autre que celui de la personne mise en examen, la personne chez laquelle elle doit s'effectuer est invitée à y assister. Si cette personne est absente ou refuse d'y assister, la perquisition a lieu en présence de 2 de ses parents ou alliés présents sur les lieux, ou à défaut, en présence de 2 témoins.

• Le juge d'instruction doit se conformer aux dispositions des articles 57 *(alinéa 2)* et 59.

• Toutefois, il a l'obligation de provoquer préalablement toutes mesures utiles pour que soit assuré le respect du secret professionnel et des droits de la défense.

• Les dispositions des articles 56 et 56-1 à 56-5 sont applicables aux perquisitions effectuées par le juge d'instruction.

V
• Code procédure pénale - art. 56 – Perquisitions *(saisies)*
• Code procédure pénale – art. 57 – Perquisitions *(personnes présentes)*
• Code procédure pénale – art. 59 – Perquisitions *(horaires)*

J
• **Perquisition – Domicile – Local partiellement détruit et devenu inhabitable.** – *Justifie sa décision, au regard de l'article 96 du Code de procédure pénale, la chambre d'accusation qui, après avoir décidé, par une appréciation souveraine des faits et circonstances de la cause, qu'un appartement, partiellement détruit et devenu inhabitable, avait perdu toute affectation de domicile, déduit de ces énonciations que les investigations, qui y ont été effectuées au cours de l'information, ne pouvaient être assimilées à une perquisition.* (CRIM du 31 mai 1994 – B.C.C. n° 395).

Article 97. – Recherches de documents ou de données informatiques – *(Loi n° 2019-222 du 23 mars 2019)*

• Lorsqu'il y a lieu, en cours d'information, de rechercher des documents ou des données informatiques et sous réserve des nécessités de l'information et du respect, le cas échéant, de l'obligation stipulée par l'alinéa 3 de l'article précédent, le juge d'instruction ou l'officier de police judiciaire par lui commis a seul le droit d'en prendre connaissance avant de procéder à la saisie.

• Tous les objets, documents ou données informatiques placés sous main de justice sont immédiatement inventoriés et placés sous scellés. Cependant, si leur inventaire sur place présente des difficultés, l'officier de police judiciaire procède comme il est dit au 4e alinéa de l'article 56.

• Il est procédé à la saisie des données informatiques nécessaires à la manifestation de la vérité en plaçant sous main de justice soit le support physique de ces données, soit une copie réalisée en présence des personnes qui assistent à la perquisition.

• Si une copie est réalisée dans le cadre de cette procédure, il peut être procédé, sur ordre du juge d'instruction, à l'effacement définitif, sur le support physique qui n'a pas été placé sous-main de justice, des données informatiques dont la détention ou l'usage est illégal ou dangereux pour la sécurité des personnes ou des biens.

• Avec l'accord du juge d'instruction, l'officier de police judiciaire ne maintient que la saisie des objets, documents et données informatiques utiles à la manifestation de la vérité, ainsi que des biens dont la confiscation est prévue à l'article 131-21 du code pénal.

• Lorsque ces scellés sont fermés, ils ne peuvent être ouverts et les documents dépouillés qu'en présence de la personne mise en examen, assistée de son avocat, ou eux dûment appelés. Toutefois, lorsque l'ouverture et la reconstitution du scellé fermé n'exigent pas que la personne mise en examen soit interrogée sur son contenu, elles peuvent être réalisées par le juge d'instruction assisté de son greffier hors la présence de celle-ci, en présence de son avocat ou celui-ci dûment convoqué.

• Si les nécessités de l'instruction ne s'y opposent pas, copie ou photocopie des documents ou des données informatiques placés sous main de justice peuvent être délivrées à leurs frais, dans le plus bref délai, aux intéressés qui en font la demande.

• Si la saisie porte sur des espèces, lingots, effets ou valeurs dont la conservation en nature n'est pas nécessaire à la manifestation de la vérité ou à la sauvegarde des droits des parties, il peut autoriser leur dépôt à la Caisse des dépôts et consignations ou à la Banque de France ou sur un compte ouvert auprès d'un établissement bancaire par l'Agence de gestion et de recouvrement des avoirs saisis et confisqués.

• Lorsque la saisie porte sur des billets de banque ou pièces de monnaie libellés en euros contrefaisants, le juge d'instruction ou l'officier de police judiciaire par lui commis doit transmettre, pour analyse et identification, au moins un exemplaire de chaque type de billets ou pièces suspectés faux au centre d'analyse national habilité à cette fin. Le centre d'analyse national peut procéder à l'ouverture des scellés. Il en dresse inventaire dans un rapport qui doit mentionner toute ouverture ou réouverture des scellés. Lorsque les opérations sont terminées, le rapport et les scellés sont déposés entre les mains du greffier de la juridiction compétente. Ce dépôt est constaté par procès-verbal.

• Les dispositions du précédent alinéa ne sont pas applicables lorsqu'il n'existe qu'un seul exemplaire d'un type de billets ou de pièces suspectés faux, tant que celui-ci est nécessaire à la manifestation de la vérité.

J • **Perquisition au domicile de la personne mise en examen.** – *Il résulte de la combinaison des articles 57 et 96 du Code de procédure pénale que, lorsqu'il procède à une perquisition au domicile de la personne mise en examen, le juge d'instruction ou son délégataire doit agir en présence de celle-ci et, en cas d'impossibilité, l'inviter à désigner un représentant de son choix* (Cass. CRIM. du 7 décembre 1993).

• **Remise de documents – disquette informatique – mise sous cote- inventaire – scellé.** – *Au cours d'une perquisition effectuée sur commission rogatoire dans le cadre d'une procédure ouverte du chef de fraude électorale, les enquêteurs s'étaient faits remettre par un chef de service des disquettes constituant le support informatique de la liste des électeurs et divers documents en relation avec celles-ci. Après inventaire sur place en présence de l'intéressé, les policiers, une fois de retour à leur service, avaient placé l'ensemble sous cotes, sans établir de procès-verbal de saisie.*

• *La Cour de cassation confirme la validité de cette procédure en précisant que « lorsque des disquettes informatiques ou documents remis à un officier de police judiciaire ne sont que le support d'informations demandées par celui-ci et conservées par l'auteur de la remise, il n'est pas nécessaire de procéder à leur saisie en application de l'article 97, alinéa 2 du Code de procédure pénale ».* (Cass. CRIM. du 30 octobre 2001).

Article 97-1. – Commission rogatoire – O.P.J. – A.P.J. – Perquisition – Système informatique – *(Loi n° 2023-22 du 24 janvier 2023)*

• L'officier de police judiciaire ou, sous le contrôle de celui-ci, l'agent de police judiciaire peut, pour les nécessités de l'exécution de la commission rogatoire, procéder aux opérations prévues par l'article 57-1.

V • Code de procédure pénale - art. 57-1 – Perquisitions informatiques.

Article 98. – Communication ou divulgation sans autorisation – *(Ordonnance n° 2000-916 du 19 septembre 2000)*

• Sous réserve des nécessités de l'information judiciaire, toute communication ou toute divulgation sans autorisation de la personne mise en examen ou de ses ayants droit ou du signataire ou du destinataire d'un document provenant d'une perquisition, à une personne non qualifiée par la loi pour en prendre connaissance, est punie de 4500 euros d'amende et de deux ans d'emprisonnement.

Article 99. – Restitutions – *(Loi n° 2019-222 du 23 mars 2019 + Décision n° 2022-1020 QPC du 28 octobre 2022)*

• Au cours de l'information, le juge d'instruction est compétent pour décider de la restitution des objets placés sous main de justice.

• Il statue, par ordonnance motivée, soit sur réquisitions du procureur de la République, soit, après avis de ce dernier, d'office ou sur requête de la personne mise en examen, de la partie civile ou de toute autre personne qui prétend avoir droit sur l'objet. Lorsque la requête est formée conformément à l'avant-dernier alinéa de l'article 81, faute pour le juge d'instruction d'avoir statué dans un délai d'un mois, la personne peut saisir directement le président de la chambre de l'instruction, qui statue conformément aux 3 derniers alinéas de l'article 186-1.

• Il peut également, avec l'accord du procureur de la République, décider d'office de restituer ou de faire restituer à la victime de l'infraction les objets placés sous main de justice dont la propriété n'est pas contestée.

• Il n'y a pas lieu à restitution lorsque celle-ci est de nature à faire obstacle à la manifestation de la vérité ou à la sauvegarde des droits des parties, lorsque le bien saisi est l'instrument ou le produit direct ou indirect de l'infraction ou lorsqu'elle présente un danger pour les personnes ou les biens. Elle peut être refusée lorsque la confiscation de l'objet est prévue par la loi.

• L'ordonnance du juge d'instruction mentionnée au 2e alinéa du présent article est notifiée soit au requérant en cas de rejet de la demande, soit au ministère public et à toute autre partie intéressée en cas de décision de restitution. Elle peut être déférée au président de la chambre de l'instruction ou à la chambre de l'instruction, sur simple requête déposée au greffe du tribunal, dans le délai et selon les modalités prévus par le 4e alinéa de l'article 186. Ce délai est suspensif.

• Le tiers peut, au même titre que les parties, être entendu par le président de la chambre de l'instruction ou la chambre de l'instruction en ses observations, mais il ne peut prétendre à la mise à sa disposition de la procédure.

V • Code de procédure pénale – art. 99-2 – Restitution de biens meubles
• Code de procédure pénale – art. 186-1 – Appels

J • **Saisie – Restitution – Refus – Motifs – Nécessité.** – *La juridiction d'instruction doit justifier le refus de restitution d'un objet placé sous main de justice par l'un des motifs prévus à l'article 99 du Code de procédure pénale, notamment l'obstacle à la manifestation de la vérité ou à la sauvegarde des droits des tiers* (Cass. CRIM. du 6 février 1997 – BCC n° 453 du 15/6/97).

• **Demande de restitution – Recours. – Qualité pour agir** – *Le tiers saisi à qui l'ordonnance de restitution est susceptible de faire grief, est une partie intéressée au sens de l'article 99, al. 5, du Code de procédure pénale, et à, dès lors, qualité pour déférer à la chambre d'accusation la décision du juge d'instruction ayant prononcé sur une demande de restitution portant sur des fonds et dont il est détenteur.* (Cass. CRIM. du 8 juillet 1997 – BCC n° 462 du 1/12/1997).

• **Déplacement sans autorisation d'un bien culturel maritime et recel – Requête en restitution – Biens du domaine public**

Contre l'arrêt de la chambre de l'instruction de la cour d'appel d'AIX-EN-PROVENCE, en date du 14 novembre 2013, qui, dans l'information suivie contre MM. Félix Y..., Jean-Michel Z...et Michel A..., des chefs, notamment, de déplacement sans autorisation d'un bien culturel maritime et recel, a confirmé l'ordonnance du juge d'instruction rejetant sa demande de restitution;

Attendu qu'en se déterminant ainsi, les juges du second degré ont justifié leur décision au regard de l'article 99 du Code de procédure pénale, sans méconnaître les dispositions conventionnelles invoquées, dès lors qu'il appartient à la juridiction d'instruction appelée à statuer sur une requête en restitution, de vérifier si le droit de propriété est sérieusement contesté et de refuser de faire droit à la demande dans le cas où la restitution est de nature à faire obstacle à la sauvegarde des droits des parties; que tel est le cas lorsque le bien contesté paraît susceptible d'appartenir au domaine public, régi par les principes d'imprescriptibilité et d'inaliénabilité, qui font obstacle à l'application des dispositions de l'article 2276 du Code civil;

Et attendu que l'arrêt est régulier en la forme;

Rejette le pourvoi;

(Cour de cassation – Chambre criminelle du 17 mars 2015 – N° de pourvoi : 13-87873).

• **Restitution – Juridictions d'instruction – Pouvoirs – Refus de restitution – Motif**

IRRECEVABILITÉ et rejet des pourvois formés par Mme Stéphanie X..., partie civile, contre l'arrêt de la chambre de l'instruction de la cour d'appel de Douai, en date du 9 décembre 2016, qui, dans l'information suivie contre M. Mehdi Y..., des chefs d'abus de confiance, travail dissimulé, blanchiment, faux et usage de faux, abus de biens sociaux, banqueroute et déclaration mensongère en vue d'obtenir une allocation indue, a confirmé l'ordonnance du juge d'instruction rejetant sa demande en restitution d'un objet saisi AR;

Attendu que, pour confirmer le rejet de la demande de restitution d'un véhicule Porsche formée par Mme X... qui soutient l'avoir acquis en février 2016, l'arrêt attaqué retient que le véhicule a été acheté initialement par les personnes mises en cause avec des fonds présumés détournés au détriment de la société Prestige Auto et qu'il s'agit, au sens de l'article 99 du C.P.P., du produit indirect des abus de biens sociaux et blanchiment poursuivis; que les mentions figurant sur la facture de vente établie au nom d'une société allemande ne correspondent pas aux caractéristiques du véhicule en cause, acheté pour un montant de 47.000 € par la requérante; que cette dernière a remis 3 chèques en paiement au bénéfice de trois personnes, mises en cause dans cette procédure, qui ne figurent pas en qualité de vendeurs sur les documents présentés; que ces éléments ne permettent pas de retenir la qualité de possesseur de bonne foi de la requérante qui ne pouvait ignorer, compte tenu de l'importance de la valeur de cet achat, les irrégularités de la vente et le fait qu'elle apportait son concours à une opération de blanchiment de faits délictueux, peu important les justificatifs apportés par elle de l'origine de fonds avec lesquels elle a acquis ce bien;

D'où il suit que les moyens doivent être écartés;

Et attendu que l'arrêt est régulier en la forme;

Résumé : Les dispositions de l'article 99, alinéa 4, du C.P.P. issu de la loi n° 2016-731 du 3 juin 2016, fixant des modalités de poursuites et des formes de la procédure, sont immédiatement applicables à une procédure engagée avant leur entrée en vigueur. Justifie sa décision de rejet d'une requête en restitution d'un véhicule saisi formée par un tiers acquéreur de ce bien la chambre de l'instruction, qui, par des motifs relevant de son appréciation souveraine, retient que ce bien constitue le produit indirect des délits poursuivis et que les conditions qui entachent d'irrégularités son acquisition ne permettent pas au requérant d'établir le bien-fondé de sa demande

(Cour de cassation – Chambre criminelle du 28 février 2018 – N° de pourvoi : 17-81577).

• **Escroquerie – Abus de confiance – Blanchiment et recel – Saisies – Restitution – Refus – Produit de l'infraction – Propriété** *(non)*

REJET du pourvoi formé par :

– la société Nacarat, partie civile,

Contre l'arrêt de la chambre de l'instruction de la cour d'appel de DOUAI, en date du 06/07/2018, qui, dans l'information suivie contre M. K... I... et Mme E... H... des chefs d'escroquerie, abus de confiance, blanchiment et recel, a confirmé l'ordonnance du juge d'instruction refusant de restituer un bien saisi.

La victime d'escroquerie et d'abus de confiance ne peut être considérée comme propriétaire des fonds qui en sont le produit au sens de l'article 99, al. 4, du C.P.P., lorsque ceux-ci ont été déposés sur un compte bancaire ou versés à titre de primes d'un contrat d'assurance-vie ouverts au nom de la personne mise en examen ou de membres de sa famille. La mise en liquidation judiciaire de la personne poursuivie, qui ne s'oppose pas à son éventuelle condamnation à une peine de confiscation et à une mesure préalable de saisie destinée à garantir l'exécution de celle-ci, la confiscation ne pouvant s'analyser comme une action en paiement, fait obstacle à toute demande de restitution au stade de l'information. Justifie dès lors sa décision, la chambre de l'instruction qui rejette la requête d'une partie civile, qui serait victime des faits d'escroquerie et d'abus de confiance, objet de l'information en cours, en restitution de fonds déposés sur un compte bancaire ou versés sur un contrat d'assurance-vie ouverts au nom de la personne mise en examen en retenant que la partie civile ne peut en revendiquer la propriété et que la personne poursuivie fait l'objet d'une procédure collective.

(Cour de cassation – Chambre criminelle du 23 octobre 2019 – N° de pourvoi : 18-85820).

Article 99-1. – Saisie ou retrait – Animaux vivants – *(Loi n° 2021-1539 du 30 novembre 2021)*

• Lorsque, au cours d'une procédure judiciaire ou des contrôles mentionnés à l'article

L. 214-23 du Code rural et de la pêche maritime, il a été procédé à la saisie ou au retrait, à quelque titre que ce soit, d'un ou plusieurs animaux vivants, le procureur de la République près le tribunal judiciaire du lieu de l'infraction ou, lorsqu'il est saisi, le juge d'instruction peut placer l'animal dans un lieu de dépôt prévu à cet effet ou le confier à une fondation ou à une association de protection animale reconnue d'utilité publique ou déclarée. La décision mentionne le lieu de placement et vaut jusqu'à ce qu'il ait été statué sur l'infraction.

• Lorsque les conditions du placement sont susceptibles de rendre l'animal dangereux ou de mettre sa santé en péril ou de ne plus répondre à la satisfaction des besoins physiologiques propres à son espèce, le juge d'instruction, lorsqu'il est saisi, ou le président du tribunal judiciaire ou un magistrat du siège délégué par lui peut, par ordonnance motivée prise sur les réquisitions du procureur de la République et après avis d'un vétérinaire, ordonner qu'il sera cédé à titre onéreux ou confié à un tiers ou qu'il sera procédé à son euthanasie.

• Il en est de même lorsque les conditions du placement d'un animal entraînent des frais conservatoires supérieurs à sa valeur économique. Le juge d'instruction, lorsqu'il est saisi, le président du tribunal judiciaire ou un magistrat du siège délégué par lui peut, par ordonnance motivée prise sur les réquisitions du procureur de la République et après avis d'un expert agricole, ordonner qu'il sera cédé à titre onéreux ou confié à un tiers ou qu'il sera procédé à son euthanasie.

• Cette ordonnance est notifiée au propriétaire s'il est connu, qui peut la déférer soit au premier président de la cour d'appel du ressort ou à un magistrat de cette cour désigné par lui, soit, lorsqu'il s'agit d'une ordonnance du juge d'instruction, à la chambre de l'instruction dans les conditions prévues aux 5e et 6e alinéas de l'article 99.

• Le produit de la vente de l'animal est consigné pendant une durée de 5 ans. Lorsque l'instance judiciaire qui a motivé la saisie se conclut par un non-lieu ou par une décision de relaxe, le produit de la vente est restitué à la personne qui était propriétaire de l'animal au moment de la saisie si celle-ci en fait la demande. Dans le cas où l'animal a été confié à un tiers, son propriétaire peut saisir le magistrat désigné au 2e alinéa d'une requête tendant à la restitution de l'animal.

• Les frais exposés pour la garde de l'animal dans le lieu de dépôt sont à la charge du propriétaire, sauf décision contraire du magistrat désigné au 2e alinéa saisi d'une demande d'exonération ou du tribunal statuant sur le fond. Cette exonération peut également être accordée en cas de non-lieu ou de relaxe.

• Lorsque, au cours de la procédure judiciaire, la conservation de l'animal saisi ou retiré n'est plus nécessaire à la manifestation de la vérité et que l'animal est susceptible de présenter un danger grave et immédiat pour les personnes ou les animaux domestiques, le procureur de la République ou le juge d'instruction lorsqu'il est saisi ordonne la remise de l'animal à l'autorité administrative afin que celle-ci mette en œuvre les mesures prévues au II de l'article L. 211-11 du Code rural et de la pêche maritime.

D • **Mise en œuvre des dispositions de la loi relative aux chiens dangereux** – Seul le comportement de l'animal dans le lieu de dépôt doit être pris en considération pour la mise en œuvre de ces mesures et non des considérations liées à l'ordre public à l'extérieur de ce lieu. Il convient de vérifier que les conditions du placement sont de nature à rendre cet animal dangereux ou à mettre sa santé en péril et ce, de manière jugée irréversible.

Il convient d'observer que l'article commenté n'autorise en lui-même ni la saisie ni le retrait des animaux mais permet au contraire de lever ces mesures pour les remplacer par d'autres plus conformes à l'intérêt de l'animal – qui sera confié à une œuvre de protection – ou pour abréger une captivité contraire non seulement à l'intérêt de ce dernier mais aussi à l'intérêt général, tant qu'il n'a pas été statué sur l'infraction. Il vous appartient bien évidemment de requérir ensuite la confiscation de l'animal pour les délits prévoyant cette peine.

Cette disposition est applicable aussi bien aux animaux agressifs et ayant joué un rôle causal dans une infraction qu'aux animaux victimes de mauvais traitements et retirés à la garde de leur propriétaire. Afin de développer le recours à ces mesures fort utiles pour soulager des fourrières actuellement surchargées, je ne puis que vous inviter à vous rapprocher des responsables concernés de votre ressort – services enquêteurs, gestionnaires de fourrières – afin de déterminer avec eux les modalités qui vous paraîtraient de nature à en faciliter la mise en œuvre.

1°. L'application stricte de la loi ne saurait faire obstacle, lorsque la situation paraît le justifier, au recours à des mesures alternatives aux poursuites pénales: rappel à la loi, classement sans suite après régularisation, médiation, etc. Il convient toutefois de rappeler que la loi a conféré aux seuls magistrats du siège le pouvoir d'ordonner l'euthanasie de l'animal dans le cadre de l'article 99-1 du Code de procédure pénale.

2°. Le dernier alinéa de cet article précise enfin que les frais exposés pour la garde de l'animal dans le lieu de dépôt sont à la charge du propriétaire, sauf exonération par décision judiciaire, qui peut intervenir à l'issue de la procédure et au plus tard dans le jugement sur le fond. Les frais de garde ne doivent dès lors pas ou plus être considérés comme entrant dans la catégorie des frais de justice visés à l'article R. 92 *(5° ou 9°)* du Code de procédure pénale, soit qu'ils ne l'aient jamais été – retrait de l'animal au titre du deuxième alinéa du nouvel article remplaçant les dispositions de l'ancien article 521-1, alinéa 2, du Code pénal – soit que la mesure de saisie ait pris fin.

Les dispositions du II de l'article 1er du décret du 29 décembre 1999 susvisé, qui prévoit que les frais de capture et de transport de l'animal sont également à la charge du propriétaire ou du gardien de l'animal, ne sont applicables qu'en cas de retrait de l'animal par arrêté du maire pris sur le fondement de l'article L. 911-11 du Code rural 36-1 – Art. 99-1 à 99-2 *(ancien 211)*. Lorsque l'animal a été préalablement saisi dans la procédure pénale d'origine, ces même frais relèvent des dispositions relatives aux frais de justice correctionnelle dans les conditions habituelles.

En revanche, en cas d'euthanasie décidée par l'autorité judiciaire à l'issue de la garde de l'animal, les dispositions de l'article 99-1 ne permettent pas de laisser à la charge du propriétaire les émoluments du vétérinaire.
Lorsque la garde de l'animal a été confiée à un tiers ou à une œuvre de protection animale, la charge financière de son entretien incombe au seul gardien *(Circ. CRIM 2000-10 G4 du 23 octobre 2000).*

Article 99-2. – Restitution de biens meubles – *(Loi n° 2020-1721 du 29 décembre 2020)*

• Lorsque, au cours de l'instruction, la restitution des biens meubles placés sous main de justice et dont la conservation n'est plus nécessaire à la manifestation de la vérité s'avère impossible, soit parce que le propriétaire ne peut être identifié, soit parce que le propriétaire ne réclame pas l'objet dans un délai d'un mois à compter d'une mise en demeure adressée à son domicile, le juge d'instruction peut ordonner, sous réserve des droits des tiers, la destruction de ces biens ou leur remise à l'Agence de gestion et de recouvrement des avoirs saisis et confisqués aux fins d'aliénation.

• Le juge d'instruction peut également ordonner, sous réserve des droits des tiers, de remettre à l'Agence de gestion et de recouvrement des avoirs saisis et confisqués, en vue de leur aliénation, des biens meubles placés sous main de justice, dont la conservation n'est plus nécessaire à la manifestation de la vérité et dont la confiscation est prévue par la loi, lorsque le maintien de la saisie serait de nature à diminuer la valeur du bien. S'il est procédé à la vente du bien, le produit de celle-ci est consigné pendant une durée de 10 ans. En cas de non-lieu, de relaxe ou d'acquittement, ou lorsque la peine de confiscation n'est pas prononcée, ce produit est restitué au propriétaire des objets s'il en fait la demande.

• Lorsque le maintien de la saisie serait de nature à diminuer la valeur du bien, le juge d'instruction peut également ordonner, sous réserve des droits des tiers, de remettre à l'agence de gestion et de recouvrement des avoirs saisis et confisqués, en vue de leur affectation à titre gratuit par l'autorité administrative et après que leur valeur a été estimée, aux services judiciaires ou à des services de police, des unités de gendarmerie, à l'Office français de la biodiversité ou à des services placés sous l'autorité du ministre chargé du budget qui effectuent des missions de police judiciaire, des biens meubles placés sous main de justice, dont la conservation n'est plus nécessaire à la manifestation de la vérité et dont la confiscation est prévue par la loi. En cas de non-lieu, de relaxe ou d'acquittement, ou lorsque la peine de confiscation n'est pas prononcée, le propriétaire qui en fait la demande obtient la restitution du bien, assortie s'il y a lieu d'une indemnité compensant la perte de valeur qui a pu résulter de l'usage du bien.

• Le juge d'instruction peut également ordonner la destruction des biens meubles placés sous main de justice dont la conservation n'est plus nécessaire à la manifestation de la vérité, lorsqu'il s'agit d'objets qualifiés par la loi de dangereux ou de nuisibles, ou dont la détention est illicite.

• Les décisions prises en application du présent article font l'objet d'une ordonnance motivée. Cette ordonnance est prise soit sur réquisitions du procureur de la République, soit d'office après avis de ce dernier. Elle est notifiée au ministère public, aux parties intéressées et, s'ils sont connus, au propriétaire ainsi qu'aux tiers ayant des droits sur le bien, qui peuvent la déférer à la chambre de l'instruction dans les conditions prévues aux 5e et 6e alinéas de l'article 99. Toutefois, en cas de notification orale d'une décision, prise en application du 4e alinéa du présent article, de destruction de produits stupéfiants susceptibles d'être saisis à l'occasion de l'exécution d'une commission rogatoire, cette décision peut être déférée dans un délai de 24 heures devant la chambre de l'instruction, par déclaration au greffe du juge d'instruction ou à l'autorité qui a procédé à cette notification. Ces délais et l'exercice du recours sont suspensifs.

• Un décret en Conseil d'État détermine les modalités d'application du présent article.

V • Code de procédure pénale – art. 706-30-1 – Saisies des substances stupéfiantes

J • **Tromperie sur une prestation de service entraînant un danger pour la santé de l'homme ou de l'animal... – Manifestation de la vérité**

M. [Z] [E] a formé un pourvoi contre l'arrêt n° 2021/35 de la chambre de l'instruction de la cour d'appel d'AIX-EN-PROVENCE (13), *en date du 19/01/2021, qui, dans l'information suivie contre lui des chefs de tromperie sur une prestation de service entraînant un danger pour la santé de l'homme ou de l'animal, escroquerie en bande organisée, faux et usage, a confirmé l'ordonnance de destruction du bien saisi rendue par le J.I.*

15. En effet, en 1er lieu, en énonçant que la conservation de la turbine n'est pas utile à la caractérisation des infractions poursuivies alors que, d'une part, l'information judiciaire est notamment diligentée du chef de tromperie sur une prestation de service entraînant un danger pour la santé de l'homme ou de l'animal, d'autre part, la manifestation de la vérité ne se réduit pas à la seule caractérisation des infractions, mais s'étend aux circonstances de leur commission susceptibles d'avoir une influence sur l'appréciation de la gravité des faits poursuivis, la chambre de l'instruction n'a pas établi que la conservation de la turbine n'est pas utile à la manifestation de la vérité.

(Cour de cassation – Chambre criminelle du 15 septembre 2021 – N° de pourvoi : 21-80.314).

• Escroquerie en bande organisée... – Appel – Ordonnance de destruction ou remise – Restitution des biens
Le procureur général près la cour d'appel de BORDEAUX (33) a formé un pourvoi contre l'arrêt de la chambre de l'instruction de ladite cour d'appel, en date du 09/09/2021, qui, dans l'information suivie contre M. [S] [V] des chefs d'escroquerie en bande organisée, transport, détention et mise en circulation de monnaie ayant cours légal contrefaisante ou falsifiée et association de malfaiteurs, a infirmé l'ordonnance de remise à l'AGRASC rendue par le J.I. et ordonné la restitution.

En cas d'appel de l'ordonnance de destruction, ou de remise à l'AGRASC aux fins d'aliénation ou d'affectation de biens meubles placés sous main de justice, rendue par le J.I., la chambre de l'instruction n'a pas le pouvoir de statuer sur la restitution des biens objet de ces décisions. Encourt la cassation l'arrêt de la chambre de l'instruction qui, après avoir infirmé l'ordonnance rendue par le J.I. de remise d'un véhicule automobile à l'AGRASC aux fins d'affectation à un service de police judiciaire, en ordonne la restitution à l'appelant.
(Cour de cassation – Chambre criminelle du 11 mai 2022 – N° de pourvoi : 21-85.420).

Article 99-3. – Réquisitions – Documents – *(Loi n° 2022-299 du 2 mars 2022 + Décision n° 2022-1000 QPC du 17 juin 2022)*

• Le juge d'instruction ou l'officier de police judiciaire par lui commis peut, par tout moyen, requérir de toute personne, de tout établissement ou organisme privé ou public ou de toute administration publique qui sont susceptibles de détenir des documents intéressant l'instruction, y compris, sous réserve de l'article 60-1-2, ceux issus d'un système informatique ou d'un traitement de données nominatives, de lui remettre ces documents, notamment sous forme numérique, sans que puisse lui être opposée, sans motif légitime, l'obligation au secret professionnel. Lorsque les réquisitions concernent des personnes mentionnées aux articles 56-1 à 56-3 et à l'article 56-5, la remise des documents ne peut intervenir qu'avec leur accord.

• En l'absence de réponse de la personne aux réquisitions, les dispositions du 2e alinéa de l'article 60-1 sont applicables.

• Le dernier alinéa de l'article 60-1 est également applicable.

• Lorsque les réquisitions portent sur des données mentionnées à l'article 60-1-1 et émises par un avocat, elles ne peuvent être faites que sur ordonnance motivée du juge des libertés et de la détention, saisi à cette fin par le juge d'instruction, et les 3 derniers alinéas du même article 60-1-1 sont applicables.

[V] • Code de procédure pénale – art. 56-1 – Perquisition – Cabinet avocat ou domicile
• Code de procédure pénale – art. 60-1 – Procureur de la République ou l'O.P.J. – Réquisition documents
• Code de procédure pénale – art. D. 15-5 – Enquêtes et contrôles d'identité

[J] **• Instruction – Recours au système de lecture automatisée des plaques d'immatriculation – Personnes habilitées – Précision de la consultation par le J.I. – Défaut – Portée**
M. [W] [H] a formé un pourvoi contre l'arrêt de la chambre de l'instruction de la cour d'appel de GRENOBLE (38), en date du 08/03/2022, qui, dans l'information suivie contre lui du chef d'infractions à la législation sur les stupéfiants en récidive, a prononcé sur sa demande d'annulation de pièces de la procédure.

La consultation du système de lecture automatisée des plaques d'immatriculation (dit LAPI) est régulière lorsqu'elle est effectuée par une personne requise à cette fin par un enquêteur autorisé par commission rogatoire du J.I., en application des articles 99-3 et 99-4 du C.P.P., peu important que l'autorisation du J.I. ne vise pas spécifiquement la consultation dudit système.
(Cour de cassation – Chambre criminelle du 13 décembre 2022 – N° de pourvoi : 22-81.851).

Article 99-4. – O.P.J. – A.P.J. – Commission rogatoire – Réquisitions – Systèmes informatiques ou traitements de données nominatives – *(Loi n° 2023-22 du 24 janvier 2023)*

• Pour les nécessités de l'exécution de la commission rogatoire, l'officier de police judiciaire peut procéder aux réquisitions prévues par le 1er alinéa de l'article 60-2.

• Avec l'autorisation expresse du juge d'instruction, l'officier de police judiciaire ou, sous le contrôle de celui-ci, l'agent de police judiciaire peut procéder aux réquisitions prévues par le 2e alinéa de l'article 60-2.

• Les organismes ou personnes concernés mettent à disposition les informations requises par voie télématique ou informatique dans les meilleurs délais.

• Le fait de refuser de répondre sans motif légitime à ces réquisitions est puni conformément aux dispositions du 4e alinéa de l'article 60-2.

Article 99-5. – O.P.J. – A.P.J. – Commission rogatoire – Réquisitions – Données informatiques – *(Loi n° 2023-22 du 24 janvier 2023)*

• Pour les nécessités de l'exécution de la commission rogatoire, l'officier de police judiciaire ou, sous le contrôle de ce dernier, l'agent de police judiciaire ou l'assistant d'enquête peut, avec l'autorisation expresse du juge d'instruction, procéder aux réquisitions prévues à l'article 60-3.

• Le 2d alinéa du même article 60-3 est applicable.

Sous-section 2

Des interceptions de correspondances émises par la voie des communications électroniques

Article 100. – Juge d'instruction – Prescriptions – *(Loi n° 2021-1729 du 22 décembre 2021)*

• En matière criminelle et en matière correctionnelle, si la peine encourue est égale ou supérieure à 3 ans d'emprisonnement, le juge d'instruction peut, lorsque les nécessités de l'information l'exigent, prescrire l'interception, l'enregistrement et la transcription de correspondances émises par la voie des communications électroniques. Ces opérations sont effectuées sous son autorité et son contrôle.

• La décision d'interception est écrite. Elle n'a pas de caractère juridictionnel et n'est susceptible d'aucun recours.

• En cas de délit puni d'une peine d'emprisonnement commis par la voie des communications électroniques sur la ligne de la victime, l'interception peut également être autorisée, selon les mêmes modalités, si elle intervient sur cette ligne à la demande de la victime.

• Aucune interception ne peut porter sur une ligne dépendant du cabinet d'un avocat ou de son domicile, sauf s'il existe des raisons plausibles de le soupçonner d'avoir commis ou tenté de commettre, en tant qu'auteur ou complice, l'infraction qui fait l'objet de la procédure ou une infraction connexe au sens de l'article 203 et à la condition que la mesure soit proportionnée au regard de la nature et de la gravité des faits. La décision est prise par ordonnance motivée du juge des libertés et de la détention, saisi à cette fin par ordonnance motivée du juge d'instruction, prise après avis du procureur de la République.

[J] **• Enlèvement et séquestration suivis de mort... – C.E.D.H. – Article 8.1 – Droit au respect de la vie privée et familiale, du domicile et de la correspondance – Écoutes téléphoniques – Définition – Conversation téléphonique en présence de policiers sans artifice ni stratagème *(non)***

Contre l'arrêt de la chambre d'accusation de la cour d'appel de BORDEAUX, du 26/11/1996, qui, dans l'information suivie contre lui des chefs d'enlèvement et de séquestration suivis de mort, vols avec arme et délits connexes, a rejeté sa demande en nullité d'actes de la procédure.

Ne constitue pas une interception de correspondance émise par la voie des télécommunications, au sens des articles 8 de la C.E.D.H. ou 100 du C.P.P., le simple compte rendu de propos entendus par des policiers au cours d'une conversation téléphonique qui s'est déroulée en leur présence, sans artifice ni stratagème. L'utilisation, lors de l'enquête, d'un procédé technique ayant pour seul objet l'identification de l'auteur d'appels téléphoniques n'est pas irrégulier.

(Cour de cassation – Chambre criminelle du 2 avril 1997 – N° de pourvoi : 97-80.269).

• Infractions à la législation sur les stupéfiants – Enquête préliminaire – O.P.J. – Pouvoirs – Lecture et transcription des messages parvenus sur la bande d'un récepteur de radiomessagerie unilatérale – Possibilité

Contre l'arrêt de la chambre d'accusation de la cour d'appel de PARIS, en date du 07/10/1998, qui, dans l'information suivie contre lui du chef d'infractions à la législation sur les stupéfiants, a rejeté sa demande d'annulation d'actes de la procédure.

Ne constituent pas une interception de correspondance émise par la voie des télécommunications au sens de l'article 100 du C.P.P., les simples lecture et transcription par les policiers, des messages parvenus sur la bande d'un récepteur de messagerie unilatérale.

(Cour de cassation – Chambre criminelle du 14 avril 1999 – N° de pourvoi : 98-87.224).

• Diffusion de messages à caractère pornographique – Valeur probante des éléments de preuve – Débat contradictoire

Contre l'arrêt de la cour d'appel de VERSAILLES, 8e chambre, en date du 15/06/1999, qui, pour diffusion de messages à caractère pornographique susceptibles d'être vus ou perçus par un mineur, l'a condamné à 50 000 francs d'amende et a prononcé sur les intérêts civils.

Attendu qu'en prononçant ainsi, en répondant comme elle le devait aux chefs péremptoires des conclusions dont elle était saisie, et alors que les dispositions des articles 100 et suivants du C.P.P. ne s'appliquent pas à l'interception, l'enregistrement et la transcription par une personne privée des correspondances émises par la voie des télécommunications, la cour d'appel, qui a souverainement apprécié la valeur probante des éléments de preuve régulièrement soumis au débat contradictoire, et qui a déduit des faits et circonstances de la cause relevant de son appréciation souveraine que les messages étaient susceptibles d'être perçus par les mineurs, a justifié sa décision.

(Cour de cassation – Chambre criminelle du 12 septembre 2000 – N° de pourvoi : 99-84.648).

• Proxénétisme – Instruction – Pouvoirs du juge – Interception de correspondances émises par la voie des télécommunications – Messagerie télématique *(non)*

Contre l'arrêt de la cour d'appel de PARIS, 10e chambre, en date du 02/12/1999, qui, pour proxénétisme, l'a condamnée à 5 000 000 francs d'amende et qui a prononcé sur les intérêts civils.

Ne constitue pas, au sens des articles 100 et suivants du C.P.P., une interception de communications émises par la voie télématique le fait, pour un enquêteur, de se connecter à un tel réseau au moyen d'un terminal mis à la disposition du public par l'opérateur, sans modification préalable de l'installation, aux fins de lire les annonces offertes par tel ou tel service.

(Cour de cassation – Chambre criminelle du 25 octobre 2000 – N° de pourvoi : 00-80.829).

• Infraction à la législation sur les stupéfiants – Chambre d'accusation – Demande d'annulation d'actes – Prétendue irrégularité

Contre l'arrêt de la chambre d'accusation de la cour d'appel de POITIERS, en date du 21/03/2000, qui, dans l'information suivie contre lui pour infraction à la législation sur les stupéfiants, a rejeté sa demande en annulation d'actes de la procédure.

Attendu que le demandeur ne saurait faire grief à la chambre d'accusation d'avoir rejeté sa demande d'annulation d'actes, dès lors qu'elle portait sur une prétendue irrégularité qui ne le concernait pas.
(Cour de cassation – Chambre criminelle du 3 mai 2001 – N° de pourvoi : 00-87.512).

• Escroquerie... – Instruction – Pouvoirs du juge – Interception de correspondances émises par la voie des télécommunications – Transcription de la conversation entre un avocat et un client – Validité – Conditions
Contre l'arrêt de la chambre de l'instruction de la cour d'appel de COLMAR, en date du 12/04/2001, qui, dans l'information suivie contre les 4 premiers des chefs d'escroquerie, tentative et complicité de tentative d'escroquerie, faux et usage, a prononcé sur leurs demandes d'annulation.

La captation et la transcription de conversations téléphoniques échangées entre un avocat et son client sont régulières, dès lors que le contenu de celles-ci est de nature à faire présumer la participation de cet avocat à une infraction, les droits de la défense n'étant pas en cause.
(Cour de cassation – Chambre criminelle du 14 novembre 2001 – N° de pourvoi : 01-85.965).

• Homicides involontaires... – Instruction – Pouvoirs du juge – Écoutes téléphoniques – Transcription de la conversation entre un avocat et un client – Validité – Conditions
Contre l'arrêt de la chambre de l'instruction de la cour d'appel de PARIS, en date du 12/05/2003, qui, dans l'information suivie contre les 4 derniers pour homicides involontaires, mise en danger délibérée d'autrui, tromperie, faux et usage de faux, complicité, a prononcé sur leurs demandes d'annulations d'actes de la procédure.

Le juge d'instruction tient des articles 81 et 100 du C.P.P. le pouvoir de prescrire, lorsque les nécessités de l'information l'exigent, l'interception, l'enregistrement et la transcription des correspondances émises par la voie des télécommunications par une personne mise en examen, dès lors que n'est pas en cause l'exercice des droits de la défense. Le principe de confidentialité des conversations échangées entre une personne mise en examen et son avocat ne saurait s'opposer à la transcription de certaines d'entre elles, dès lors qu'il est établi que leur contenu est de nature à faire présumer la participation de cet avocat à des faits constitutifs d'une infraction, fussent-ils étrangers à la saisine du juge d'instruction.
(Cour de cassation – Chambre criminelle du 1er octobre 2003 – N° de pourvoi : 03-82.909).

• Atteintes à l'intimité de la vie privée... – Bénéfice du fait justificatif – Écoutes téléphoniques pratiquées de façon illégitimes
Contre l'arrêt de la cour d'appel de PARIS, 11e chambre, en date du 13/03/2007, qui a prononcé sur les intérêts civils dans la procédure suivie contre les 6 premiers des chefs d'atteintes à l'intimité de la vie privée, et qui a condamné le 7e à 6 mois d'emprisonnement avec sursis et 5 000 € d'amende du chef de recel.

Attendu que, pour refuser aux prévenus le bénéfice du fait justificatif prévu par l'article 327 de l'ancien C.P. devenu l'article 122-4 du même code, relatif au commandement de l'autorité légitime, l'arrêt relève qu'à l'époque des faits, aucune loi ne prévoyait les interceptions administratives, qui étaient mises en œuvre selon la décision n° 1 E du Premier ministre en date du 28/03/1960 complétée par les recommandations d'un rapport de l'autorité judiciaire ; que l'arrêt observe également que le dépassement de son champ de compétence par la « cellule élyséenne « a entraîné une large confusion entre les missions de lutte contre le terrorisme, la sécurité du Président de la République ainsi que de ses proches et la protection de la vie privée de ce dernier, et qu'à le supposer donné par le chef de l'État, l'ordre de procéder à des écoutes pour protéger sa vie privée ne pouvait légitimer cet acte, dès lors qu'il émanait d'une autorité ne disposant pas du pouvoir de le faire ; que les juges ajoutent que les écoutes téléphoniques en cause ont été pratiquées de façon illégitime, sans respecter la procédure administrative mise en place ni les directives des Premiers ministres qui avaient interdit, sauf motifs particuliers sur lesquels l'attention devait être alertée, l'écoute d'avocats et de journalistes ; que les juges énoncent enfin que le commandement de l'autorité légitime ne peut être retenu en faveur d'un officier supérieur de la gendarmerie et de hauts fonctionnaires, dès lors que ne leur était imposée aucune obéissance inconditionnelle à des ordres manifestement illégaux.
(Cour de cassation – Chambre criminelle du 30 septembre 2008 – N° de pourvoi : 07-82.249).

• Infractions à la législation sur les stupéfiants en récidive – Chambre de l'instruction – Recueil des renseignements obtenus par les enquêteurs – Conversation fortuite du suspect avec un tiers – Interception téléphonique régulièrement autorisée par le juge d'instruction – O.P.J. – Pouvoirs
Contre l'arrêt de la chambre de l'instruction de la cour d'appel de DOUAI, en date du 05/11/2014, qui, dans l'information suivie contre lui du chef d'infractions à la législation sur les stupéfiants en récidive, a prononcé sur sa demande d'annulation de pièces de la procédure.

Attendu qu'en se déterminant ainsi, la chambre de l'instruction a justifié sa décision, dès lors que, d'une part, le recueil des renseignements obtenus par les enquêteurs, lors d'une conversation fortuite du suspect avec un tiers, à l'occasion d'une interception téléphonique régulièrement autorisée par le juge d'instruction, n'a pas constitué un procédé de recherche des preuves déloyal ou portant une atteinte illégale à la vie privée, d'autre part, les O.P.J. peuvent se transporter, pour y procéder à une perquisition, au domicile des personnes qui paraissent avoir participé à l'infraction ou détenir des pièces ou objets relatifs aux faits incriminés.
(Cour de cassation – Chambre criminelle du 14 avril 2015 – N° de pourvoi : 14-88.515).

• Recel en récidive... – Instruction – Procédure – Interceptions de correspondances émises par la voie des télécommunications – Communications électroniques – Domaine – Correspondances antérieures à la décision d'interception – Exclusion – Portée
Contre l'arrêt de la chambre de l'instruction de la cour d'appel d'AIX-EN-PROVENCE, en date du 17/12/2014, qui, dans l'information suivie contre lui des chefs de recel en récidive, association de malfaiteurs, détention de programme informatique conçu pour la contrefaçon d'instruments de paiement et escroquerie en récidive, a prononcé sur sa demande d'annulation de pièces de la procédure.

N'entrent pas dans les prévisions des articles 100 à 100-5 du C.P.P. l'appréhension, l'enregistrement et la transcription de correspondances émises ou reçues par la voie des télécommunications antérieurement à la date de la décision écrite d'interception prise par le juge d'instruction, lesquels doivent être réalisés conformément aux dispositions légales relatives aux perquisitions.

Encourt la cassation l'arrêt de la chambre de l'instruction qui, pour rejeter une requête en nullité de l'appréhension et de la transcription de courriels reçus sur la boîte électronique du requérant antérieurement à la décision d'interception prise par le juge d'instruction en application de ces textes, retient que, si la notion d'interception vise des communications en cours d'échange, elle se définit aussi comme le fait de s'emparer de ce qui est envoyé à quelqu'un, et que par suite une commission rogatoire délivrée au titre de l'article 100 du C.P.P. permet d'exploiter des éléments archivés sur une boîte mail avant la date de sa délivrance.

(Cour de cassation – Chambre criminelle du 8 juillet 2015 – N° de pourvoi : 14-88.457).

• Association de malfaiteurs en vue de la préparation d'actes de terrorisme – Juridictions correctionnelles – Exceptions – Exception de nullité – Nullité de pièces de la procédure – Documents transmis en exécution d'une commission rogatoire internationale – Transcription d'écoutes téléphoniques diligentées dans une procédure distincte par l'État requis – Application des articles 100 à 100-7 du C.P.P. *(non)* – Contrôle de la régularité des interceptions au regard de la législation étrangère *(non)*

Contre l'arrêt de la cour d'appel de PARIS, chambre 8-1, en date du 04/03/2014, qui pour association de malfaiteurs en vue de la préparation d'actes de terrorisme, l'a condamné à 8 ans d'emprisonnement.

Les dispositions des articles 100 à 100-7 du C.P.P., relatives à l'interception des correspondances émises par la voie des télécommunications, ne sont pas applicables à l'interception à l'étranger, par des autorités étrangères, de communications téléphoniques.

Le juge français n'a pas qualité pour apprécier la régularité de ces interceptions au regard de la législation étrangère

(Cour de cassation – Chambre criminelle du 2 décembre 2015 – N° de pourvoi : 14-81.866).

• Complicité de tentative de meurtre en bande organisée… – Force probante des actes – Juridictions françaises – Mis en examen – Contestation de la régularité des traductions – Demande de nouvelles traductions sur le fondement de l'article 81 du C.P.P.

Contre l'arrêt de la chambre de l'instruction de la cour d'appel d'AIX-EN-PROVENCE, en date du 07/03/2016, qui, dans l'information suivie contre lui des chefs de complicité de tentative de meurtre en bande organisée, complicité de meurtre en bande organisée et association de malfaiteurs, a prononcé sur sa demande d'annulation de pièces de la procédure.

Attendu que pour rejeter la demande d'annulation et de cancellation des pièces du dossier comportant la retranscription de la traduction, en langue française, des interceptions téléphoniques effectuées en Espagne et en Allemagne, la chambre de l'instruction retient, notamment, que ces écoutes ont été ordonnées par des autorités judiciaires de chacun des deux pays, que les décisions de justice prescrivant ces écoutes ont d'ailleurs été produites, que le juge français n'est pas compétent pour apprécier la régularité d'un acte accompli à l'étranger au regard de la législation étrangère, que la force probante de ces actes peut toujours être discutée devant les juridictions françaises, et qu'il incombe au mis en examen, s'il conteste la qualité des traductions, d'en solliciter de nouvelles sur le fondement de l'article 81 du C.P.P.

(Cour de cassation – Chambre criminelle du 19 octobre 2016 – N° de pourvoi : 16-81.920).

• Infractions à la législation sur les stupéfiants – Instruction – Pouvoirs du juge – Interception de correspondances émises par la voie des télécommunications – Interception de plusieurs lignes identifiées à partir d'un même boîtier de téléphone *(IMEI)* **– Régularité – Condition**

REJET du pourvoi formé par M. Y… Z…, contre l'arrêt de la chambre de l'instruction de la cour d'appel d'AIX-EN-PROVENCE, en date du 21/02/2017, qui, dans l'information suivie contre lui du chef d'infractions à la législation sur les stupéfiants, a prononcé sur sa demande en annulation d'actes de la procédure AR.

Répond aux exigences des articles 100 et suivants du C.P.P., sans méconnaître les dispositions de l'article 8 de la C.E.D.H., la décision d'interception, d'enregistrement et de transcription des correspondances, rendue par un juge d'instruction, qui porte sur les lignes téléphoniques identifiées à partir d'un boîtier de téléphone attribué à une des personnes mises en cause.

(Cour de cassation – Chambre criminelle du 28 novembre 2017 – N° de pourvoi : 17-81.736).

• Infractions à la législation sur les stupéfiants… – Instruction – Compétence territoriale des autorités judiciaires françaises – Interceptions litigieuses

Contre l'arrêt de la chambre de l'instruction de la cour d'appel de BESANÇON, en date du 25/10/2017, qui, dans l'information suivie contre lui des chefs d'infractions à la législation sur les stupéfiants, blanchiment, non justification de ressources, association de malfaiteurs et infractions à la législation sur les armes, a prononcé sur sa demande d'annulation de pièces de la procédure.

Mais attendu qu'en se déterminant ainsi, alors que les règles gouvernant la compétence territoriale des autorités judiciaires françaises sont d'ordre public, la chambre de l'instruction, à qui il incombait de rechercher comment les interceptions litigieuses avaient pu être opérées si les communications n'avaient pas transité par le territoire national, n'a pas justifié sa décision.

(Cour de cassation – Chambre criminelle du 20 juin 2018 – N° de pourvoi : 17-86.651).

• Règles européennes – Proportionnalité

L'article 15, paragraphe 1, de la directive 2002/58/CE du Parlement européen et du Conseil, du 12/07/2002, concernant le traitement des données à caractère personnel et la protection de la vie privée dans le secteur des communications électroniques (directive vie privée et communications électroniques), telle que modifiée par la directive 2009/136/CE du Parlement européen et du Conseil, du 25/11/2009, lu à la lumière des articles 7 et 8 de la charte des droits fondamentaux de l'Union européenne, doit être interprété en ce sens que l'accès d'autorités publiques aux données visant à l'identification des titulaires des cartes SIM activées avec un téléphone mobile volé, telles que les nom, prénom et, le cas échéant, adresse de ces titulaires, comporte une ingérence dans les droits fondamentaux de ces derniers, consacrés à ces articles de la charte des droits fondamentaux, qui ne présente pas une gravité telle que cet accès devrait être limité, en matière de prévention, de recherche, de détection et de poursuite d'infractions pénales, à la lutte contre la criminalité grave.

(Cour de Justice de l'Union Européenne « C.J.U.E. » – Ministerio Fiscal – Arrêt de la Cour – Grande chambre du 2 octobre 2018 – N° : C-207/19).

Article 100-1. – Composition de la décision – *(Loi n° 2019-222 du 23 mars 2019)*

• La décision prise en application de l'article 100 est motivée par référence aux éléments de fait et de droit justifiant que ces opérations sont nécessaires. Elle comporte tous les éléments d'identification de la liaison à intercepter, l'infraction qui motive le recours à l'interception ainsi que la durée de celle-ci.

Article 100-2. – Durée de la décision – *(Loi n° 2016-731 du 3 juin 2016)*

• Cette décision est prise pour une durée maximum de quatre mois. Elle ne peut être renouvelée que dans les mêmes conditions de forme et de durée, sans que la durée totale de l'interception puisse excéder un an ou, s'il s'agit d'une infraction prévue aux articles 706-73 et 706-73-1, deux ans.

Article 100-3. – Juge d'instruction – O.P.J. – A.P.J. – Réquisitions – Agents qualifiés – Communications électroniques – Dispositif d'interception – *(Loi n° 2023-22 du 24 janvier 2023)*

• Le juge d'instruction ou l'officier de police judiciaire commis par lui ou, sous le contrôle de ce dernier, l'agent de police judiciaire peut requérir tout agent qualifié d'un service ou organisme placé sous l'autorité ou la tutelle du ministre chargé des communications électroniques ou tout agent qualifié d'un exploitant de réseau ou fournisseur de services de communications électroniques autorisé, en vue de procéder à l'installation d'un dispositif d'interception.

J **• Écoute téléphonique – Interception – Dispositif – Installation – Réquisition – Opérateur – Prestation de serment *(non)*.** – *Pour l'exécution de commissions rogatoires prescrivant l'interception de communications téléphoniques :*

– ni l'article 100-3 ni aucune autre disposition du Code de procédure pénale n'exige que l'agent qualifié requis par l'officier de police judiciaire pour procéder à des interceptions de communications téléphoniques prête serment ;

– les dispositions de l'article 60 de ce code, qui ont pour seul objet de régir les réquisitions adressées par l'officier de police judiciaire, au cours de l'enquête de flagrance, à une personne qualifiée pour qu'elle procède à des examens techniques ou scientifiques, sont étrangères aux interceptions de communications téléphoniques ordonnées par le juge d'instruction (Cass. CRIM. du 23 mai 2006 – Bull. crim. 2006, n° 141).

• Fraude fiscale aggravée – Escroquerie en bande organisée – Interception de communications téléphoniques – Fourniture aux policiers du matériel technique

Contre l'arrêt de la chambre de l'instruction de la cour d'appel de PARIS, 2e section, en date du 10 mars 2014, qui, dans l'information suivie contre lui des chefs de fraude fiscale aggravée, fraude fiscale, escroquerie en bande organisée, blanchiment à titre habituel, association de malfaiteurs, travail dissimulé, usage de faux document administratif, a prononcé sur sa demande d'annulation d'actes de la procédure ;

Attendu qu'en statuant ainsi, l'arrêt attaqué n'encourt pas les griefs invoqués au moyen, la Cour de cassation étant, au surplus, en mesure de s'assurer qu'aucune violation des dispositions légales en matière d'interception de communications téléphoniques ne saurait résulter de la simple fourniture aux policiers du matériel technique leur permettant d'y procéder ;

Et attendu que l'arrêt est régulier en la forme ;

Rejette le pourvoi ;

(Cour de cassation – Chambre criminelle du 18 février 2015 – N° de pourvoi : 14-82019).

Article 100-4. – Juge d'instruction – O.P.J. – A.P.J. – Procès-verbal – Opérations d'interception et d'enregistrement – *(Loi n° 2023-22 du 24 janvier 2023)*

• Le juge d'instruction ou l'officier de police judiciaire commis par lui ou, sous le contrôle de ce dernier, l'agent de police judiciaire dresse procès-verbal de chacune des opérations d'interception et d'enregistrement. Ce procès-verbal mentionne la date et l'heure auxquelles l'opération a commencé et celles auxquelles elle s'est terminée. Les enregistrements sont placés sous scellés fermés.

Article 100-5. – Juge d'instruction – O.P.J. – A.P.J. ou assistant d'enquête – Transcription correspondance – *(Loi n° 2023-22 du 24 janvier 2023)*

• Le juge d'instruction, l'officier de police judiciaire commis par lui ou l'agent de police judiciaire ou l'assistant d'enquête agissant sous le contrôle de cet officier transcrit la correspondance utile à la manifestation de la vérité. Cette transcription est versée au dossier.

• Les correspondances en langue étrangère sont transcrites en français avec l'assistance d'un interprète requis à cette fin.

• À peine de nullité, ne peuvent être transcrites les correspondances avec un avocat relevant de l'exercice des droits de la défense et couvertes par le secret professionnel de la défense et du conseil, prévu à l'article 66-5 de la loi n° 71-1130 du 31 décembre 1971 portant réforme de certaines professions judiciaires et juridiques, hors les cas prévus à l'article 56-1-2 du présent code.

• À peine de nullité, ne peuvent être transcrites les correspondances avec un journaliste permettant d'identifier une source en violation de l'article 2 de la loi du 29 juillet 1881 sur la liberté de la presse.

J **• Infractions à la législation sur les stupéfiants... – Transcription des correspondances – Avocat – Exercice des droits de la défense**

MM. [S] [H], [E] [V], [G] [J] et [X] [K] ont formé des pourvois contre l'arrêt de la chambre de l'instruction de la cour d'appel de VERSAILLES (78), en date du 17/12/2021, qui, dans l'information suivie contre eux, notamment, des chefs d'infractions à la législation sur les stupéfiants, association de malfaiteurs et blanchiment, a prononcé sur leurs demandes d'annulation d'actes de la procédure.

S'il résulte de l'article 100-5, al. 3, du C.P.P. que l'interdiction de transcription des correspondances avec un avocat relevant de l'exercice des droits de la défense de son client s'étend à celles échangées à ce sujet entre l'avocat et les proches de celui-ci, n'encourt pas la censure l'arrêt de la chambre de l'instruction qui rejette le moyen de nullité de la transcription de l'appel téléphonique d'un avocat à la compagne de son client pour l'informer du déferement de celui-ci et lui fixer rendez-vous au tribunal, cette transcription ayant eu pour seul objet de donner les informations nécessaires à la compréhension de la mise en place d'un dispositif de géolocalisation sur le véhicule de cette dernière.

(Cour de cassation – Chambre criminelle du 13 septembre 2022 – N° de pourvoi : 22-87.452).

• **Droits de la défense – Interdiction de transcription des correspondances entre un avocat et son client – Étendue – Détermination – Correspondances échangées entre l'avocat et les proches de son client – Interdiction de transcription – Limites**

M. [E] [X] a formé un pourvoi contre l'arrêt de la chambre de l'instruction de la cour d'appel de POITIERS (86) en date du 07/12/2021, qui, dans l'information suivie contre lui des chefs de torture et actes de barbarie aggravés et arrestation, enlèvement, séquestration ou détention arbitraire, a prononcé sur sa demande d'annulation de pièces de la procédure.

Il résulte des articles 6, § 3, et 8 de la Convention de sauvegarde des droits de l'homme et des libertés fondamentales, 66-5 de la loi n° 71-1130 du 31/12/1971, 100-5 du C.P.P., issu de la loi n° 2010-1 du 04/01/2010, que l'interdiction de la transcription des correspondances entre un avocat et son client relevant de l'exercice des droits de la défense s'étend à celles échangées à ce sujet entre l'avocat et les proches de celui-ci. Il n'en va autrement que s'il apparaît que le contenu et la nature des échanges sont propres à faire présumer la participation de cet avocat à une infraction. Encourt, dès lors, la cassation l'arrêt qui retient que les conversations interceptées entre la compagne de la personne placée sous surveillance et des avocats qu'elle a successivement sollicités pour assurer la défense de son compagnon ne concernent pas la défense de celui-ci, aux motifs que, pour l'un, il n'a été donné aucune suite à cet échange et que, pour l'autre, la personne placée sous surveillance n'était pas son client à la date de la communication, alors que, en premier lieu, la Cour de cassation est en mesure de s'assurer, par l'examen des pièces dont elle a le contrôle, que ces conversations relèvent de l'exercice des droits de la défense de l'intéressé, en 2d lieu, qu'il n'en résulte pas qu'elles soient de nature à faire présumer la participation de l'un ou l'autre des avocats à une infraction. En revanche, n'entre pas dans le champ d'interdiction de ces textes, la transcription des conversations interceptées avec les secrétariats des avocats sollicités.

(Cour de cassation – Chambre criminelle du 13 décembre 2022 – N° de pourvoi : 21-87.435).

Article 100-6. – Destructions des enregistrements – *(Loi n° 91-646 du 10 juillet 1991)*

• Les enregistrements sont détruits, à la diligence du procureur de la République ou du procureur général, à l'expiration du délai de prescription de l'action publique.

• Il est dressé procès-verbal de l'opération de destruction.

Article 100-7. – Information – *(Loi n° 2004-204 du 9 mars 2004)*

• Aucune interception ne peut avoir lieu sur la ligne d'un député ou d'un sénateur sans que le président de l'assemblée à laquelle il appartient en soit informé par le juge d'instruction.

• Aucune interception ne peut avoir lieu sur une ligne dépendant du cabinet d'un avocat ou de son domicile sans que le bâtonnier en soit informé par le juge d'instruction.

• Aucune interception ne peut avoir lieu sur une ligne dépendant du cabinet d'un magistrat ou de son domicile sans que le premier président ou le procureur général de la juridiction où il réside en soit informé.

• Les formalités prévues par le présent article sont prescrites à peine de nullité.

Article 100-8. – Territoire d'un État membre de l'Union européenne – *(Ordonnance n° 2016-1636 du 1er décembre 2016)*

• Lorsqu'une interception de correspondances émises par la voie des communications électroniques concerne une adresse de communication qui est utilisée sur le territoire d'un État membre de l'Union européenne, et qu'elle n'est pas réalisée dans le cadre d'une décision d'enquête européenne, le juge d'instruction ou l'officier de police judiciaire par lui commis notifie cette interception à l'autorité compétente de cet État si la personne visée par cette interception se trouve sur son territoire.

• Cette notification intervient soit avant l'interception lorsqu'il résulte des éléments du dossier de la procédure au moment où est ordonnée l'interception, que la personne visée se trouve ou se trouvera sur le territoire de cet État, soit au cours de l'interception ou après sa réalisation, dès qu'il est établi que cette personne se trouve ou s'est trouvée sur le territoire de cet État au moment de l'interception.

• Sur demande de l'autorité compétente de l'État membre formée dans les quatre-vingt-seize heures suivant la réception de la notification et justifiée par le fait qu'une telle interception ne pouvait pas être autorisée, dans le cadre d'une procédure nationale similaire, en application du droit de cet État, soit l'interception ne peut pas être effectuée ou doit être interrompue, soit les données interceptées alors que la personne se trouvait sur son territoire ne peuvent être utilisées et doivent être retirées du dossier de la procédure ou ne peuvent être utilisées que dans les conditions que cette autorité spécifie et pour les motifs qu'elle précise.

• Le défaut de notification prévue par les premier et deuxième alinéas ne constitue une cause de nullité de la procédure que s'il est établi qu'une telle interception ne pouvait pas être autorisée, dans le cadre d'une procédure nationale similaire, en application du droit de l'État membre sur le territoire duquel s'est trouvée la personne.

Section IV
Des auditions de témoins

Sous-section 1
Dispositions générales

Article 101. – Citation témoin – *(Loi n° 2000-516 du 15 juin 2000)*

• Le juge d'instruction fait citer devant lui, par un huissier ou par un agent de la force publique, toutes les personnes dont la déposition lui paraît utile. Une copie de cette citation leur est délivrée.

• Les témoins peuvent aussi être convoqués par lettre simple, par lettre recommandée ou par la voie administrative ; ils peuvent en outre comparaître volontairement.

• Lorsqu'il est cité ou convoqué, le témoin est avisé que, s'il ne comparaît pas ou s'il refuse de comparaître, il pourra y être contraint par la force publique en application des dispositions de l'article 109.

Article 102. – Modalités des auditions – *(Loi n° 2004-204 du 9 mars 2004)*

• Les témoins sont entendus, soit séparément et hors la présence des parties, soit lors de confrontations réalisées entre eux ou avec l'une ou l'autre des parties, par le juge d'instruction, assisté de son greffier ; il est dressé procès-verbal de leurs déclarations.

• Le juge d'instruction peut faire appel à un interprète majeur, à l'exclusion de son greffier et des témoins. L'interprète, s'il n'est pas assermenté, prête serment d'apporter son concours à la justice en son honneur et en sa conscience.

• Si le témoin est atteint de surdité, le juge d'instruction nomme d'office pour l'assister lors de son audition un interprète en langue des signes ou toute personne qualifiée maîtrisant un langage ou une méthode permettant de communiquer avec les sourds. Celui-ci, s'il n'est pas assermenté, prête serment d'apporter son concours à la justice en son honneur et en sa conscience. Il peut également être recouru à tout dispositif technique permettant de communiquer avec le témoin. Si le témoin atteint de surdité sait lire et écrire, le juge d'instruction peut également communiquer avec lui par écrit.

V • Art. 63-1. Recours à un interprète – Enquête préliminaire de flagrance.

J • **Viol... – Instruction – Témoin – Audition – Interprète – Assistance – Interprète dans la langue d'origine de la personne entendue – Nécessité *(non)***

Contre l'arrêt de la chambre d'accusation de la cour d'appel de DIJON, en date du 26/10/1989, qui l'a renvoyé devant la cour d'assises du département de Saône-et-Loire sous l'accusation de viol, séquestration, attentats à la pudeur avec violence et contrainte.

Les dispositions de l'article 102 du C.P.P. n'imposent pas qu'un témoin entendu par le juge d'instruction et ne parlant pas français soit nécessairement entendu dans sa langue d'origine s'il peut s'exprimer dans une autre langue étrangère avec l'assistance d'un interprète. A pu ainsi être entendu valablement avec l'assistance d'un interprète de langue anglaise un ressortissant hongrois s'exprimant en anglais.

(Cour de cassation – Chambre criminelle du 13 février 1990 – N° de pourvoi : 89-86.532).

• **Attentat à la pudeur aggravé... – Instruction – Témoin – Audition – Interprète – Assistance – Amie de la victime – Article 102 du C.P.P. et C.E.D.H. – Violation *(non)***

Contre l'arrêt de la cour d'appel de PAU, chambre correctionnelle, en date du 15/05/1991, qui l'a condamné à 8 ans d'emprisonnement dont 2 ans avec sursis probatoire pendant 3 ans pour attentat à la pudeur aggravé commis en état de récidive légale et a ordonné son maintien en détention.

Aucune disposition légale ou conventionnelle n'interdit au juge d'instruction de désigner comme interprète une personne qui, n'ayant pas la qualité de témoin des faits, entretient une relation privilégiée avec l'une des parties à la procédure. En effet, d'une part, aux termes de l'article 102 du C.P.P., le juge d'instruction peut faire appel à un interprète majeur, à l'exclusion du greffier et des témoins; d'autre part, les dispositions de l'article 6 de la C.E.D.H. aux termes duquel toute personne a droit à ce que sa cause soit entendue équitablement concernent les seules juridictions du fond.

(Cour de cassation – Chambre criminelle du 15 janvier 1992 – N° de pourvoi : 91-83.553).

• **Obstacle au contrôle des conditions de travail dans les transports routiers – Enquête préliminaire – Audition – Interprète assermenté – Assistance – Articles 102 et 121 du C.P.P. – Domaine d'application *(non)***

Contre l'arrêt de la cour d'appel de METZ, chambre correctionnelle, en date du 03/11/2000, qui a annulé la procédure suivie contre Siegfried X... du chef d'obstacle au contrôle des conditions de travail dans les transports routiers.

Les dispositions des articles 121 et 102 du C.P.P. relatives à l'assistance d'un interprète assermenté ne sont pas applicables à l'enquête préliminaire.

(Cour de cassation – Chambre criminelle du 27 novembre 2001 – N° de pourvoi : 00-88.078).

• **Viols aggravés – Accusé – Incompréhension de la langue employée à l'audience – Droit à l'assistance gratuite d'un interprète – Mis en examen – Expert– Déclarations**

CASSATION sur le pourvoi formé par X... Driss, contre l'arrêt de la chambre de l'instruction de la cour d'appel d'AGEN, en date du 29/11/2006, qui, dans l'information suivie contre lui du chef de viols aggravés, a prononcé sur sa demande d'annulation de pièces de la procédure.

Attendu qu'il s'induit des dispositions de ce texte, selon lesquelles tout accusé qui ne comprend pas ou ne parle pas la langue employée à l'audience a droit à se faire assister gratuitement d'un interprète, que ce droit doit bénéficier également à la personne mise en examen lorsque l'expert reçoit ses déclarations.
(Cour de cassation – Chambre criminelle du 21 mars 2007 – N° de pourvoi : 06-89.554).

• Escroquerie en bande organisée... – Interprète – Serment – Serment à l'audience – Nécessité – Exclusion – Cas – Interprète assermenté inscrit sur la liste établie conformément aux articles L. 111-9 et R. 111-1 du C.E.S.E.D.A.
Contre l'arrêt de la chambre de l'instruction de la cour d'appel de LYON, en date du 02/07/2009, qui, dans l'information suivie contre elle des chefs d'escroquerie en bande organisée, détention en vue de la mise en circulation de fausse monnaie, en bande organisée, association de malfaiteurs et contrefaçon de cartes de paiement, a confirmé l'ordonnance du juge des libertés et de la détention la plaçant en détention provisoire.

La personne inscrite sur la liste des interprètes traducteurs dressée par le P.R., conformément aux dispositions des articles L. 111-9 et R. 111-1 du C.E.S.E.D.A. et qui a prêté le serment, prévu par l'article R. 111-12 du même code, d'exercer sa mission en son honneur et conscience, a la qualité d'interprète assermenté au sens de l'article 102 du C.P.P.

Justifie, dès lors, sa décision la chambre de l'instruction qui, pour écarter le moyen de nullité tiré du défaut de prestation de serment d'une telle personne devant le juge des libertés et de la détention, retient que l'interprète, s'il est déjà assermenté, n'est pas tenu de prêter à nouveau serment.
(Cour de cassation – Chambre criminelle du 27 octobre 2009 – N° de pourvoi : 09-85.279).

• Génocide... – Actes d'investigation et d'auditions de témoins accomplis à l'étranger – Juges d'instruction
Contre l'arrêt de la chambre de l'instruction de la cour d'appel de PARIS, 1re section, en date du 25/09/2014, qui les a renvoyés devant la cour d'assises de Paris sous l'accusation de génocide et autres crimes contre l'humanité.

Que, d'une part, les actes d'investigation et d'auditions des témoins, accomplis au Rwanda par les juges d'instruction, dans les formes définies, en l'absence de convention d'entraide liant la République du Rwanda et la France, par l'autorité judiciaire de l'État requis, respectant les dispositions de l'article 102 du C.P.P., ne portent atteinte ni au principe d'égalité des armes ni aux droits de la défense, le demandeur ayant eu la possibilité, au cours des interrogatoires, de contester la valeur probante ou la crédibilité des déclarations recueillies et de demander, par application des dispositions de l'article 82-1 du C.P.P., tout acte lui paraissant nécessaire ;

Que, d'autre part, il appartiendra, le cas échéant, au demandeur de discuter devant la juridiction de jugement le contenu des témoignages recueillis.
(Cour de cassation – Chambre criminelle du 7 janvier 2015 – N° de pourvoi : 14-86.850).

• Abus de confiance aggravés... – Instruction – Droits de la défense – Confrontation – Obligation de communiquer de l'identité des témoins au mis en examen ***(non)***
Contre l'arrêt de la chambre de l'instruction de la cour d'appel de ROUEN, en date du 13/05/2016, qui, dans l'information suivie contre lui des chefs d'abus de confiance aggravés, abus de biens sociaux, a prononcé sur sa demande d'annulation de pièces de la procédure.

Il ne résulte d'aucune disposition du C.P.P. ni d'aucune disposition conventionnelle l'obligation pour le juge d'instruction de communiquer au mis en examen les noms des personnes avec lesquelles il veut le confronter.
(Cour de cassation – Chambre criminelle du 14 décembre 2016 – N° de pourvoi : 16-84.043).

Article 103. – Prestation de serment – *(Loi n° 2000-516 du 15 juin 2000)*

• Les témoins prêtent serment de dire toute la vérité, rien que la vérité. Le juge leur demande leurs nom, prénoms, âge, état, profession, demeure, s'ils sont parents ou alliés des parties et à quel degré ou s'ils sont à leur service. Il est fait mention de la demande et de la réponse.

J **• Garde à vue – Droits de la personne gardée à vue – Prestation de serment – Irrégularité.** – *La loi du 15 juin 2000 a exclu la possibilité de placer un témoin en garde à vue, réservant cette possibilité aux seules personnes à l'encontre desquelles il existe des indices faisant présumer qu'elles ont commis ou tenté de commettre une infraction.*

• Dès lors, la personne, qui est entendue sur commission rogatoire et immédiatement placée en garde à vue en raison des indices qui pèsent sur elle, n'a pas à prêter serment, l'article 103 du Code de procédure pénale réservant l'obligation de prêter serment aux seuls témoins. (C.A. Metz, 8 novembre 2001).

• Instruction – Témoin – Déposition – Formalités de l'article 103 du Code de procédure pénale – Inobservation – Effet
Contre l'arrêt de la chambre de l'instruction de la cour d'appel de PARIS, 3e section, en date du 8 décembre 2015, qui, dans l'information suivie contre lui des chefs de vols qualifiés, enlèvement, séquestration et recel aggravé, a prononcé sur sa demande d'annulation de pièce de la procédure ;

Attendu qu'il résulte de l'arrêt attaqué et des pièces de la procédure que M. X... a été identifié comme un des participants au vol d'un camion chargé de palettes de tabac d'une valeur de 1 300 000 euros, suivi de la séquestration du chauffeur de ce véhicule et de son accompagnateur; que cette identification résulte de ce que deux fonctionnaires de police, l'un appartenant à la brigade de recherches et d'intervention de la préfecture de police de Paris (BRI), ayant déjà identifié l'intéressé, par ailleurs, et effectuant une surveillance dans le cadre d'une procédure distincte le jour des faits, l'autre, affecté à un commissariat de police de l'Essonne, avaient, depuis des emplacements distincts, vu M. X... conduire un des trois véhicules utilisés par les malfaiteurs lors de cette opération; qu'au cours de la confrontation entre M. X... et ces deux fonctionnaires, ces derniers ont confirmé cette reconnaissance tout en précisant les circonstances dans lesquelles chacun d'eux avait remarqué l'intéressé au volant du véhicule en question; que l'avis de fin d'information ayant été notifié aux parties et le procureur de la République ayant transmis son réquisitoire définitif aux fins de renvoi de M. X... devant le tribunal correctionnel, l'avocat du mis en examen a régulièrement présenté une requête aux fins d'annulation d'acte de procédure ;

Attendu que, pour écarter le moyen de nullité pris de ce que ces deux fonctionnaires de police ont été entendus en qualité de témoins et confrontés au mis en examen sans prêter le serment prévu par l'article 103 du Code de procédure pénale, l'arrêt prononce par les motifs repris au moyen ;

Mais attendu qu'en l'état de ces énonciations d'où il résulte que les déclarations de ces deux témoins ont été déterminantes dans la mise en cause du mis en examen et, en conséquence, ont eu pour effet de porter atteinte à ses intérêts, la chambre de l'instruction n'a pas justifié sa décision ;

D'où il suit que la cassation est encourue de ce chef;
Par ces motifs:
CASSE et ANNULE, en toutes ses dispositions, l'arrêt susvisé de la chambre de l'instruction de la cour d'appel de Paris, en date du 8 décembre 2015, et pour qu'il soit à nouveau jugé, conformément à la loi,
RENVOIE la cause et les parties devant la chambre de l'instruction de la cour d'appel de Paris, autrement composée, à ce désignée par délibération spéciale prise en chambre du conseil;
ORDONNE l'impression du présent arrêt, sa transcription sur les registres du greffe de la chambre de l'instruction de la cour d'appel de Paris et sa mention en marge ou à la suite de l'arrêt annulé.
Résumé: Encourt la cassation l'arrêt d'une chambre de l'instruction qui, pour écarter le moyen de nullité pris de ce que deux témoins ont été entendus et confrontés à un mis en examen sans prêter le serment prévu par l'article 103 du Code de procédure pénale, relève, d'une part, que cette disposition n'est pas prescrite à peine de nullité, d'autre part, qu'au cours de cette confrontation, l'avocat du mis en examen a pu, en présence de ce dernier, interroger les témoins sur toutes les circonstances ayant entouré leur reconnaissance, de sorte qu'il n'a pas été porté atteinte aux droits de la défense, alors qu'il résultait de ses énonciations que les déclarations de ces deux témoins avaient été déterminantes dans la mise en cause du mis en examen et avaient eu pour effet de porter atteinte à ses intérêts.
(Cour de cassation – Chambre criminelle du 10 mai 2016 – N° de pourvoi: 15-87713).

Article 104. – *(Abrogé)*

Article 105. – Indices graves et concordants – *(Loi n° 2000-516 du 15 juin 2000)*

Les personnes à l'encontre desquelles il existe des indices graves et concordants d'avoir participé aux faits dont le juge d'instruction est saisi ne peuvent être entendues comme témoins.

J **• Infraction à la législation sur les stupéfiants – Instruction – Commission rogatoire – Exécution – Audition de témoins – Audition en qualité de témoins de personnes soupçonnées – Régularité – Condition**
Contre l'arrêt de la chambre d'accusation de la cour d'appel de REIMS, en date du 20/11/1997, qui, dans l'information suivie contre eux du chef d'infraction à la législation sur les stupéfiants, a rejeté leur requête aux fins d'annulation de pièces de la procédure.

Justifie sa décision la chambre d'accusation qui, pour écarter un grief tiré de la violation de l'article 105 du C.P.P., retient qu'au moment de l'audition de témoins entendus sur commission rogatoire par les services de police, les indices graves recueillis à leur encontre, loin d'être concordants, nécessitaient des investigations supplémentaires.
(Cour de cassation – Chambre criminelle du 9 juin 1998 – N° de pourvoi: 98-80.418).

• Aide au séjour irrégulier... – Instruction – Commission rogatoire – Exécution – Audition de témoins – Audition en qualité de témoins de personnes soupçonnées – Possibilité *(non)*
Contre l'arrêt de la chambre de l'instruction de la cour d'appel de COLMAR, en date du 01/03/2001, qui, dans l'information suivie contre eux pour aide au séjour irrégulier, recel habituel de vol et association de malfaiteurs, a dit n'y avoir lieu à annulation d'actes de la procédure.

Lorsqu'un juge d'instruction indique, par écrit, dans une procédure, que les éléments à charge préexistants à l'encontre de personnes soupçonnées, complétés par des investigations menées sur commission rogatoire, lui paraissent suffisants pour impliquer celles-ci « en toute certitude «, il ne peut plus, sans violer l'article 105 du C.P.P., entendre ces dernières ultérieurement en qualité de témoins, après les avoir fait placer en G.A.V.
(Cour de cassation – Chambre criminelle du 20 juin 2001 – N° de pourvoi: 01-82.607).

• Trafic d'influence... – Garde à vue – Instruction – Commission rogatoire – Exécution – Audition – Prestation de serment – Conditions
Contre l'arrêt de la chambre de l'instruction de la cour d'appel de PARIS, en date du 11/01/2002, qui, dans l'information suivie contre, notamment, Josée-Lyne X..., Pierre-Joseph X..., Marie-Danièle Y..., Georges Z..., Allain B..., Jean-Charles C..., Jean-Christophe D... et Charles E... pour, notamment, trafic d'influence, abus de confiance, abus de biens sociaux, recel aggravé et infraction à la législation sur les armes, a partiellement fait droit à leurs demandes d'annulation d'actes de la procédure.

Il résulte des dispositions combinées des articles 105, 113-1, 153 et 154 du C.P.P., qui ne sont pas contraires à l'article 6 de la C.E.D.H., qu'une personne placée en G.A.V. sur commission rogatoire du juge d'instruction est entendue comme témoin après avoir prêté le serment prévu par la loi, dès lors qu'il n'existe pas à son encontre des indices graves et concordants d'avoir participé aux faits dont le juge d'instruction est saisi ou qu'elle n'est pas nommément visée par un réquisitoire introductif.
(Cour de cassation – Chambre criminelle du 14 mai 2002 – N° de pourvoi: 02-80.721).

• Assassinat... – Indices – Audition en qualité de témoins – Vérification d'identité et recueil observations – O.P.J.
Contre l'arrêt de la chambre d'accusation de la cour d'appel de PARIS, en date du 15/12/2000, qui, statuant sur renvoi après cassation, dans l'information suivie contre eux pour complicité d'assassinat, a dit n'y avoir lieu à annulation d'actes de la procédure; X..., Y..., Z..., A..., B..., contre l'arrêt de la chambre de l'instruction de la cour d'appel de Paris, en date du 08/02/2002, qui, statuant sur renvoi après cassation, les a renvoyés devant la cour d'assises des Yvelines, sous l'accusation, les 4 premiers, de séquestration et détention en bande organisée suivie de la mort de la victime, et, le dernier, de complicité de ce crime.

Attendu que, pour écarter le moyen de nullité proposé par Y... et Z..., pris de la violation de l'article 105 du C.P.P., la chambre d'accusation, après avoir précisé les indices alors réunis à leur encontre, retient que leur audition en qualité de témoins n'a eu d'autre objet que de vérifier leur identité et de recueillir brièvement leurs observations sur leur emploi du temps, leurs relations avec les autres personnes mises en examen, la victime et les principaux témoins ainsi que sur l'utilisation d'un téléphone portable; qu'elle énonce qu'il ne peut être reproché aux O.P.J. de s'être ainsi assurés, comme ils en avaient le devoir avant de mettre en cause les intéressés, qu'il existait à leur encontre des indices graves et concordants d'avoir participé aux faits dont le juge d'instruction était saisi.
(Cour de cassation – Chambre criminelle du 11 juin 2002 – N° de pourvoi: 01-80.267).

• Homicides involontaires... – Chambre de l'instruction – Nullités de l'instruction – Examen de la régularité de la procédure – Annulation d'actes – Mise en examen – Absence d'indices graves et concordants – Effet

Contre l'arrêt de la chambre de l'instruction de la cour d'appel de PARIS, en date du 12/05/2003, qui, dans l'information suivie contre les 4 derniers pour homicides involontaires, mise en danger délibérée d'autrui, tromperie, faux et usage de faux, complicité, a prononcé sur leurs demandes d'annulations d'actes de la procédure.

Attendu qu'il résulte du 1er de ces textes que, lorsqu'elle relève qu'il a été procédé à une mise en examen en l'absence d'indices graves ou concordants rendant vraisemblable que la personne mise en cause ait pu participer, comme auteur ou complice, à la commission de l'infraction dont le juge d'instruction est saisi, la chambre de l'instruction est tenue d'en prononcer l'annulation; qu'aux termes du 2d de ces textes, la personne concernée est considérée comme témoin assisté, au regard de cette infraction, à compter de son interrogatoire de 1re comparution et pour l'ensemble de ses interrogatoires ultérieurs, jusqu'à l'issue de l'information, sous réserve des dispositions des articles 113-6 et 113-8 du Code précité;

Attendu qu'après avoir constaté, par les motifs reproduits aux moyens, l'irrégularité des mises en examen pour homicide involontaire, l'arrêt attaqué a refusé d'en prononcer l'annulation.

(Cour de cassation – Chambre criminelle du 1er octobre 2003 – N° de pourvoi : 03-82.909).

• Recel d'abus de confiance – Personne mise en examen – Sans qualité pour se prévaloir de la méconnaissance des dispositions de l'article 105 du C.P.P. – Demande d'annulation du procès-verbal d'audition comme témoin d'une autre personne *(non)*

Contre l'arrêt n° 621 de la chambre de l'instruction de la cour d'appel de COLMAR, en date du 11/09/2003, qui, dans l'information suivie contre lui pour recel d'abus de confiance, a rejeté sa requête en annulation d'actes de la procédure.

Attendu qu'en déclarant que Roland X... était sans qualité pour se prévaloir de la méconnaissance des dispositions de l'article 105 du C.P.P. au soutien de sa demande d'annulation du procès-verbal d'audition comme témoin d'une autre personne, la chambre de l'instruction a fait l'exacte application de l'article 171 du C.P.P.

(Cour de cassation – Chambre criminelle du 4 mars 2004 – N° de pourvoi : 03-85.983).

• Assassinats – Instruction – Commission rogatoire – Exécution – Garde à vue – Audition – Prestation de serment – Conditions

Contre l'arrêt de la chambre de l'instruction de la cour d'appel de CHAMBERY, en date du 30/12/2003, qui, dans l'information suivie contre lui pour assassinats, a rejeté sa requête en annulation d'actes de la procédure.

Attendu que, d'une part, contrairement à ce qui est soutenu au moyen, il résultait des dispositions combinées des articles 105, 113-1, 153 et 154 du C.P.P., dans leur rédaction applicable aux actes accomplis en l'espèce, laquelle n'était pas contraire aux dispositions conventionnelles dont la violation est alléguée, qu'une personne placée en G.A.V. sur commission rogatoire du juge d'instruction pouvait être entendue par l'O.P.J. après avoir prêté le serment prévu par la loi, dès lors qu'il n'existait pas à son encontre, des indices graves et concordants d'avoir participé aux faits dont le juge d'instruction était saisi ou qu'elle n'était pas nommément visée par un réquisitoire introductif.

(Cour de cassation – Chambre criminelle du 28 avril 2004 – N° de pourvoi : 04-80.753).

• Escroquerie... – Instruction – Commission rogatoire – Exécution – Audition en qualité de témoin d'une personne soupçonnée – – Régularité – Condition

Contre l'arrêt de la chambre de l'instruction de la cour d'appel de PARIS, 6e section, en date du 15/02/2008, qui, dans l'information suivie contre lui, pour escroquerie, recel, blanchiment et corruption, a rejeté sa requête en annulation d'actes de la procédure.

Le juge d'instruction a la faculté de ne mettre en examen une personne déterminée qu'après s'être éclairé, notamment en faisant procéder à son audition, sur sa participation aux agissements incriminés dans des conditions pouvant engager sa responsabilité pénale.

Dès lors, n'encourt pas le grief de violation de l'article 105 du C.P.P., l'arrêt qui, pour rejeter la demande d'annulation prise de l'audition en qualité de témoin d'une personne gardée à vue en exécution d'une commission rogatoire du juge d'instruction sur des mouvements bancaires résultant de relevés sur lesquels ladite personne avait déjà été entendue au cours d'une précédente information dans laquelle elle était mise en examen, retient que cette 2de audition a porté sur des faits distincts de ceux objet de la 1re information.

(Cour de cassation – Chambre criminelle du 30 septembre 2008 – N° de pourvoi : 08-83.064).

• Violences aggravées... – Instruction – Commission rogatoire – Exécution – Audition de témoin – Audition en qualité de témoin d'un individu soupçonné – Nullité – Condition

M. Mehdi X..., partie civile,

1°) contre l'arrêt de la chambre de l'instruction de la cour d'appel de DOUAI, en date du 09/02/2007, qui, dans l'information suivie, sur sa plainte, contre personne non dénommée, des chefs de violences aggravées, menaces, dégradation du bien d'autrui, dénonciation calomnieuse, subornation de témoin et complicité, a prononcé sur sa demande d'annulation de pièces de la procédure;

2°) contre l'arrêt de ladite chambre de l'instruction, en date du 23/06/2009, qui, dans la même information, a confirmé l'ordonnance de non-lieu rendue par le juge d'instruction.

Les dispositions de l'article 105 du C.P.P., aux termes desquelles les personnes à l'encontre desquelles il existe des indices graves et concordants d'avoir participé aux faits dont le juge d'instruction est saisi ne peuvent être entendues comme témoins, sont prescrites dans l'intérêt exclusif des personnes concernées.

Dès lors une partie civile ne saurait se faire un grief de l'audition en qualité de témoins des personnes qu'elle a nommément désignées dans sa plainte ou qui sont visées dans des réquisitions.

(Cour de cassation – Chambre criminelle du 15 février 2011 – N° de pourvoi : 07-83.640).

Article 106. – Procès-verbaux – *(Loi n° 2000-516 du 15 juin 2000)*

• Chaque page des procès-verbaux est signée du juge, du greffier et du témoin. Ce dernier est alors invité à relire sa déposition telle qu'elle vient d'être transcrite, puis à la signer s'il déclare y persister. Si le témoin ne sait pas lire, lecture lui en est faite par le greffier. Si le témoin ne veut ou ne peut signer, mention en est portée sur le procès-verbal. Chaque page est également signée par l'interprète s'il y a lieu.

Article 107. – Contenus des procès-verbaux – Ratures et renvois – *(Loi n° 2000-516 du 15 juin 2000)*

• Les procès-verbaux ne peuvent comporter aucun interligne. Les ratures et les renvois sont approuvés par le juge d'instruction, le greffier et le témoin et, s'il y a lieu, par l'interprète. À défaut d'approbation, ces ratures et ces renvois sont non avenus.

• Il en est de même du procès-verbal qui n'est pas régulièrement signé.

Article 108. – Enfant âgé de moins de 16 ans – *(Loi n° 2000-516 du 15 juin 2000)*

• Les enfants au-dessous de l'âge de 16 ans sont entendus sans prestation de serment.

Article 109. – Comparution – *(Loi n° 2000-1354 du 30 décembre 2000)*

• Toute personne citée pour être entendue comme témoin est tenue de comparaître, de prêter serment et de déposer sous réserve des dispositions des articles 226-13 et 226-14 du Code pénal.

• Tout journaliste, entendu comme témoin sur des informations recueillies dans l'exercice de son activité, est libre de ne pas en révéler l'origine.

• Si le témoin ne comparaît pas ou refuse de comparaître, le juge d'instruction peut, sur les réquisitions du procureur de la République, l'y contraindre par la force publique.

[V] • Art. 434-15-1 du Code pénal.

[J] **• Tentative d'atteinte à la liberté d'accès et à l'égalité des candidats dans les marchés publics – Instruction – Témoin – Obligation de comparaître – Parlementaire – Arrestation ou mesure privative ou restrictive de liberté – Critères – Détermination**

REJET des pourvois formés par X... Daniel,

1°) contre l'arrêt de la chambre de l'instruction de la cour d'appel de BOURGES, en date du 23/07/2002, qui, dans l'information suivie contre lui du chef de tentative d'atteinte à la liberté d'accès et à l'égalité des candidats dans les marchés publics, a prononcé sur sa demande d'annulation de pièces de la procédure;

2°) contre l'arrêt de ladite cour, en date du 18/05/2006, qui, pour atteinte à la liberté d'accès et à l'égalité des candidats dans les marchés publics, l'a condamné à 6 mois d'emprisonnement avec sursis et 5000 € d'amende.

Ne constitue pas une arrestation ou une mesure privative ou restrictive de liberté, au sens de l'article 26, al. 2, de la Constitution, l'obligation faite à un parlementaire de comparaître en qualité de témoin, en application des articles 109 et 153 du C.P.P., dès lors que ce dernier n'y est pas contraint par la force publique.

(Cour de cassation – Chambre criminelle du 19 septembre 2007 – N° de pourvoi: 06-85.003).

CODE PÉNAL

De l'atteinte au secret professionnel

Article 226-13. – Révélation d'une information à caractère secret – *(Ordonnance n° 2000-916 du 19 septembre 2000)*

• La révélation d'une information à caractère secret par une personne qui en est dépositaire soit par état ou par profession, soit en raison d'une fonction ou d'une mission temporaire, est punie d'un an d'emprisonnement et de 15000 euros d'amende.

Article 226-14. – Autorisation violation révélation du secret – *(Loi n° 2021-1539 du 30 novembre 2021)*

• L'article 226-13 n'est pas applicable dans les cas où la loi impose ou autorise la révélation du secret. En outre, il n'est pas applicable:

• 1° À celui qui informe les autorités judiciaires, médicales ou administratives de privations ou de sévices, y compris lorsqu'il s'agit d'atteintes ou mutilations sexuelles, dont il a eu connaissance et qui ont été infligées à un mineur ou à une personne qui n'est pas en mesure de se protéger en raison de son âge ou de son incapacité physique ou psychique;

• 2° Au médecin ou à tout autre professionnel de santé qui, avec l'accord de la victime, porte à la connaissance du procureur de la République ou de la cellule de recueil, de traitement et d'évaluation des informations préoccupantes relatives aux mineurs en danger ou qui risquent de l'être, mentionnée au 2e alinéa de l'article L. 226-3 du Code de l'action sociale et des familles, les sévices ou privations qu'il a constatés, sur le plan physique ou psychique, dans l'exercice de sa profession et qui lui permettent de présumer que des violences physiques, sexuelles ou psychiques de toute nature ont été commises. Lorsque la victime est un mineur ou une personne qui n'est pas en mesure de se protéger en raison de son âge ou de son incapacité physique ou psychique, son accord n'est pas nécessaire;

• 3° Au médecin ou à tout autre professionnel de santé qui porte à la connaissance du procureur de la République une information relative à des violences exercées au sein du couple relevant de l'article 132-80 du présent code, lorsqu'il estime en conscience que ces violences mettent la vie de la victime majeure en danger immédiat et que celle-ci n'est pas en mesure de se protéger en raison de la contrainte morale résultant de l'emprise exercée par l'auteur des violences. Le médecin ou le professionnel de santé doit s'efforcer d'obtenir l'accord de la victime majeure; en cas d'impossibilité d'obtenir cet accord, il doit l'informer du signalement fait au procureur de la République;

• 4° Aux professionnels de la santé ou de l'action sociale qui informent le préfet et, à Paris, le préfet de police du caractère dangereux pour elles-mêmes ou pour autrui des personnes qui les consultent et dont ils savent qu'elles détiennent une arme ou qu'elles ont manifesté leur intention d'en acquérir une;

• 5° Au vétérinaire qui porte à la connaissance du procureur de la République toute information relative à des sévices graves, à un acte de cruauté ou à une atteinte sexuelle sur un animal mentionnés aux articles 521-1 et 521-1-1 et toute information relative à des mauvais traitements sur un animal, constatés dans le cadre de son exercice professionnel. Cette information ne lève pas l'obligation du vétérinaire sanitaire prévue à l'article L. 203-6 du Code rural et de la pêche maritime.

• Le signalement aux autorités compétentes effectué dans les conditions prévues au présent article ne peut engager la responsabilité civile, pénale ou disciplinaire de son auteur, sauf s'il est établi qu'il n'a pas agi de bonne foi.

Article 110. – Mesure de contrainte – *(Loi n° 2000-516 du 15 juin 2000)*
• La mesure de contrainte dont fait l'objet le témoin défaillant est prise par voie de réquisition. Le témoin est conduit directement et sans délai devant le magistrat qui prescrit la mesure.

Article 111. – *(Abrogé)*

Article 112. – Impossibilité de comparaître – *(Loi n° 2000-516 du 15 juin 2000)*
• Si un témoin est dans l'impossibilité de comparaître, le juge d'instruction se transporte pour l'entendre, ou délivre à cette fin commission rogatoire dans les formes prévues à l'article 151.

Article 113. – Impossibilité injustifiée – *(Loi n° 2000-516 du 15 juin 2000)*
• Si le témoin entendu dans les conditions prévues à l'article précédent n'était pas dans l'impossibilité de comparaître sur la citation, le juge d'instruction peut prononcer contre ce témoin l'amende prévue à l'article 109.

Sous-section 2

Du témoin assisté

Article 113-1. – Personne non mise en examen – *(Loi n° 2004-204 du 9 mars 2004)*
• Toute personne nommément visée par un réquisitoire introductif ou par un réquisitoire supplétif et qui n'est pas mise en examen ne peut être entendue que comme témoin assisté.

J • **Escroquerie... – Chambre de l'instruction – Procédure – Débats – Audition des parties – Ordre – Conseil du témoin assisté – Audition en dernier – Effet**
IRRECEVABILITE ET REJET des pourvois formés par X... Marguerite, la société E..., parties civiles, contre l'arrêt de la chambre de l'instruction de la cour d'appel de PAU, en date du 07/09/2001, qui, dans l'information suivie, sur leur plainte, contre personne non dénommée, pour escroquerie et entrave à la liberté des enchères, a confirmé l'ordonnance de non-lieu rendue par le juge d'instruction.

La partie civile ne saurait se faire un grief de ce que l'avocat du témoin assisté ait eu la parole en dernier, dès lors que seule est prescrite à peine de nullité l'audition en dernier de la personne mise en examen ou de son conseil.
(Cour de cassation – Chambre criminelle du 14 novembre 2002 – N° de pourvoi : 02-80.710).

• **Assassinats – Instruction – Commission rogatoire – Exécution – Garde à vue – Audition – Prestation de serment – Conditions**
Contre l'arrêt de la chambre de l'instruction de la cour d'appel de CHAMBERY, en date du 30/12/2003, qui, dans l'information suivie contre lui pour assassinats, a rejeté sa requête en annulation d'actes de la procédure.

Attendu que, d'une part, contrairement à ce qui est soutenu au moyen, il résultait des dispositions combinées des articles 105, 113-1, 153 et 154 du C.P.P., dans leur rédaction applicable aux actes accomplis en l'espèce, laquelle n'était pas contraire aux dispositions conventionnelles dont la violation est alléguée, qu'une personne placée en G.A.V. sur commission rogatoire du juge d'instruction pouvait être entendue par l'officier de police judiciaire après avoir prêté le serment prévu par la loi, dès lors qu'il n'existait pas à son encontre, des indices graves et concordants d'avoir participé aux faits dont le juge d'instruction était saisi ou qu'elle n'était pas nommément visée par un réquisitoire introductif.
(Cour de cassation – Chambre criminelle du 28 avril 2004 – N° de pourvoi : 04-80.753)

Article 113-2. – Personne visée par une plainte ou mise en cause – *(Loi n° 2004-204 du 9 mars 2004)*
• Toute personne nommément visée par une plainte ou mise en cause par la victime peut être entendue comme témoin assisté. Lorsqu'elle comparaît devant le juge d'instruction, elle est obligatoirement entendue en cette qualité si elle en fait la demande ; si la personne est nommément visée par une plainte avec constitution de partie civile, elle est avisée de ce droit lorsqu'elle comparaît devant le juge d'instruction.
• Toute personne mise en cause par un témoin ou contre laquelle il existe des indices rendant vraisemblable qu'elle ait pu participer, comme auteur ou complice, à la commission des infractions dont le juge d'instruction est saisi peut être entendue comme témoin assisté.

Article 113-3. – Droits d'assistance par un avocat ; à l'interprétation et à la traduction ; à la confrontation – *(Loi n° 2014-535 du 27 mai 2014)*
• Le témoin assisté bénéficie du droit d'être assisté par un avocat qui est avisé préalablement des auditions et a accès au dossier de la procédure, conformément aux dispositions des articles 114 et 114-1. Cet avocat est choisi par le témoin assisté ou désigné d'office par le bâtonnier si l'intéressé en fait la demande.
• Le témoin assisté bénéficie également, le cas échéant, du droit à l'interprétation et à la traduction des pièces essentielles du dossier.
• Le témoin assisté peut demander au juge d'instruction, selon les modalités prévues par

l'article 82-1, à être confronté avec la ou les personnes qui le mettent en cause ou formuler des requêtes en annulation sur le fondement de l'article 173.

Article 113-4. – 1re audition du témoin assisté – *(Loi n° 2014-535 du 27 mai 2014)*

• Lors de la première audition du témoin assisté, le juge d'instruction constate son identité, lui donne connaissance du réquisitoire introductif, de la plainte ou de la dénonciation, l'informe de son droit de faire des déclarations, de répondre aux questions qui lui sont posées ou de se taire ainsi que des droits mentionnés à l'article 113-3 et procède aux formalités prévues aux deux derniers alinéas de l'article 116. Mention de cette information est faite au procès-verbal.

• Le juge d'instruction peut, par l'envoi d'une lettre recommandée, faire connaître à une personne qu'elle sera entendue en qualité de témoin assisté. Cette lettre comporte les informations prévues à l'alinéa précédent. Elle précise que le nom de l'avocat choisi ou la demande de désignation d'un avocat commis d'office doit être communiqué au greffier du juge d'instruction.

Article 113-5. – Interdictions – *(Loi n° 2009-1436 du 24 novembre 2009)*

• Le témoin assisté ne peut être placé sous contrôle judiciaire, sous assignation à résidence avec surveillance électronique ou en détention provisoire, ni faire l'objet d'une ordonnance de renvoi ou de mise en accusation.

Article 113-6. – Demande de mise en examen – *(Loi n° 2000-516 du 15 juin 2000)*

• À tout moment de la procédure, le témoin assisté peut, à l'occasion de son audition ou par lettre recommandée avec demande d'avis de réception, demander au juge d'instruction à être mis en examen ; la personne est alors considérée comme mise en examen et elle bénéficie de l'ensemble des droits de la défense dès sa demande ou l'envoi de la lettre recommandée avec avis de réception.

• Les dispositions de l'article 105 ne sont pas applicables au témoin assisté.

Article 113-7. – Exemption de prestation de serment – *(Loi n° 2000-516 du 15 juin 2000)*

• Le témoin assisté ne prête pas serment.

Article 113-8. – Mise en examen du témoin assisté – *(Loi n° 2014-535 du 27 mai 2014)*

• S'il estime que sont apparus au cours de la procédure des indices graves ou concordants justifiant la mise en examen du témoin assisté, le juge d'instruction procède à cette mise en examen en faisant application des dispositions des huitième et neuvième alinéas de l'article 116 au cours d'un interrogatoire réalisé dans les formes prévues à l'article 114.

• Il peut également procéder à cette mise en examen en adressant à la personne une lettre recommandée précisant chacun des faits qui lui sont reprochés, ainsi que leur qualification juridique, et l'informant de son droit de formuler des demandes d'actes ou des requêtes en annulation, ainsi que du délai prévisible d'achèvement de la procédure, conformément aux dispositions des huitième et neuvième alinéas de l'article 116.

• Cette lettre recommandée peut être adressée en même temps que l'avis de fin d'information prévu par l'article 175. Elle informe alors la personne de son droit de formuler des demandes d'actes ou des requêtes en annulation dans un délai d'un mois si une personne mise en examen est détenue et de trois mois dans les autres cas.

• Dans les cas visés aux deuxième et troisième alinéas du présent article, la personne est également informée que si elle demande à être à nouveau entendue par le juge d'instruction, celui-ci est tenu de procéder à son interrogatoire.

J **• Recel et violation du secret professionnel – J.I. – Adresse déclarée**

REJET du pourvoi formé par M. [J] [R] contre l'arrêt de la chambre de l'instruction de la cour d'appel d'AIX-EN-PROVENCE (13), *en date du 17/02/2021, qui, a prononcé sur sa demande d'annulation d'actes de la procédure et l'a renvoyé devant le tribunal correctionnel sous la prévention de recel et violation du secret professionnel.*

12. Pour écarter le moyen de nullité de la mise en examen de M. [R], pris de ce que le J.I. ne l'avait pas informé dans sa convocation qu'il envisageait sa mise en examen, l'arrêt énonce que l'article 113-8 du C.P.P. ne fait aucun renvoi au respect du formalisme de la convocation et de l'information prévu par l'article 80-2 dudit code, qui ne s'applique qu'à la personne qui n'est ni partie à la procédure ni témoin assisté.

13. Les juges ajoutent que lorsqu'il procède, lors d'un interrogatoire, à la mise en examen du témoin assisté, le J.I. est seulement tenu de respecter les 8e et 9e alinéas de l'article 116 du C.P.P. relatifs à l'adresse déclarée.

(Cour de cassation – Chambre criminelle du 26 mai 2021 – N° de pourvoi : 21-81.320).

Section V
Des interrogatoires et confrontations

Article 114. – Modalités des interrogatoires et confrontations – *(Loi n° 2015-993 du 17 août 2015 + Décision n° 2023-1037 QPC du 17 mars 2023)*

• Les parties ne peuvent être entendues, interrogées ou confrontées, à moins qu'elles n'y renoncent expressément, qu'en présence de leurs avocats ou ces derniers dûment appelés.

• Les avocats sont convoqués au plus tard cinq jours ouvrables avant l'interrogatoire ou l'audition de la partie qu'ils assistent par lettre recommandée avec demande d'avis de réception, télécopie avec récépissé ou verbalement avec émargement au dossier de la procédure.

• Le dossier de la procédure est mis à leur disposition quatre jours ouvrables au plus tard avant chaque interrogatoire de la personne mise en examen ou chaque audition de la partie civile. Après la première comparution de la personne mise en examen ou la première audition de la partie civile, le dossier est également mis à tout moment à la disposition des avocats durant les jours ouvrables, sous réserve des exigences du bon fonctionnement du cabinet d'instruction.

• Après la première comparution ou la première audition, les avocats des parties ou, si elles n'ont pas d'avocat, les parties peuvent se faire délivrer copie de tout ou partie des pièces et actes du dossier. La délivrance de cette copie doit intervenir dans le mois qui suit la demande. Si le dossier a fait l'objet d'une numérisation, cette copie est remise sous forme numérisée, le cas échéant par un moyen de télécommunication selon les modalités prévues à l'article 803-1. La délivrance de la première copie de chaque pièce ou acte du dossier est gratuite.

• Lorsque la copie a été directement demandée par la partie, celle-ci doit attester par écrit avoir pris connaissance des dispositions du sixième alinéa du présent article et de l'article 114-1. Lorsque la copie a été demandée par les avocats, ceux-ci peuvent en transmettre une reproduction à leur client, à condition que celui-ci leur fournisse au préalable cette attestation.

• Seules les copies des rapports d'expertise peuvent être communiquées par les parties ou leurs avocats à des tiers pour les besoins de la défense.

• Lorsque la copie a été demandée par l'avocat, celui-ci doit, le cas échéant, donner connaissance au juge d'instruction, par déclaration à son greffier ou par lettre ayant ce seul objet et adressée en recommandé avec accusé de réception, de la liste des pièces ou actes dont il souhaite remettre une reproduction à son client.

• Le juge d'instruction dispose d'un délai de cinq jours ouvrables à compter de la réception de la demande pour s'opposer à la remise aux parties de tout ou partie des copies demandées ou de leurs reproductions par une ordonnance spécialement motivée au regard des risques de pression sur les victimes, les personnes mises en examen, leurs avocats, les témoins, les enquêteurs, les experts ou toute autre personne concourant à la procédure.

• Cette décision est notifiée par tout moyen et sans délai aux parties ou à leurs avocats, qui peuvent, dans les deux jours de sa notification, déférer la décision du juge d'instruction au président de la chambre de l'instruction, qui statue dans un délai de cinq jours ouvrables par une décision écrite et motivée, non susceptible de recours. Lorsque la copie a été demandée par l'avocat, à défaut de réponse notifiée dans le délai imparti, l'avocat peut communiquer à son client la reproduction des pièces ou actes mentionnés sur la liste.

• Les modalités selon lesquelles les copies sont remises à une personne détenue et les conditions dans lesquelles cette personne peut détenir ces documents sont déterminées par décret en Conseil d'État.

• Par dérogation aux dispositions des huitième et neuvième alinéas, l'avocat d'une partie civile dont la recevabilité fait l'objet d'une contestation ne peut transmettre à son client une reproduction des pièces ou actes du dossier sans l'autorisation préalable du juge d'instruction, qui peut lui être notifiée par tout moyen. En cas de refus du juge d'instruction ou à défaut de réponse de ce dernier dans les cinq jours ouvrables, l'avocat peut saisir le président de la chambre de l'instruction, qui statue dans un délai de cinq jours ouvrables, par une décision écrite et motivée non susceptible de recours. En l'absence d'autorisation préalable du président de la chambre de l'instruction, l'avocat ne peut transmettre la reproduction de pièces ou actes du dossier à son client.

J **• Abus de confiance et fourniture de renseignements inexacts – Droits de la défense – Instruction – Interrogatoire – Assistance de l'avocat – Départ de l'avocat au cours de l'interrogatoire – Poursuite de l'interrogatoire – Effet – Renonciation – Renonciation expresse et préalable – Nécessité**

Contre l'arrêt de la cour d'appel de Bordeaux, chambre correctionnelle, en date du 18/01/1994, qui, pour abus de confiance et fourniture de renseignements inexacts en vue d'obtenir des avantages indus de l'Agence nationale pour l'amélioration de l'habitat, l'a condamné à 2 ans d'emprisonnement dont 15 mois avec sursis et a prononcé sur les intérêts civils.

1° Le départ de l'avocat de l'inculpé au cours d'un interrogatoire ne met pas fin à l'acte d'instruction commencé par le juge d'instruction.

2° Le juge d'instruction peut interroger l'inculpé, sans que son avocat soit présent ou ait été convoqué, dès lors que la renonciation de l'inculpé à la présence de son avocat est expresse et préalable à l'acte d'instruction.

(Cour de cassation – Chambre criminelle du 14 novembre 1994 – N° de pourvoi : 94-80981).

• Escroquerie et tentative d'escroquerie en bande organisée – Faux et usage de faux – Détention provisoire – Débat contradictoire – Débat contradictoire différé – Convocation du conseil – Application de l'article 114 du C.P.P. *(non)*

Contre l'arrêt de la chambre de l'instruction de la cour d'appel de PARIS, en date du 10/07/2003, qui, dans l'information suivie contre lui des chefs d'escroquerie et tentative d'escroquerie en bande organisée, faux et usage de faux, a confirmé l'ordonnance du juge des libertés et de la détention le plaçant en détention provisoire.

Les dispositions de l'article 114 du C.P.P. ne sont pas applicables au débat contradictoire différé prévu par l'article 145, alinéa 8, de ce Code et relatif à la mise en détention de la personne mise en examen.

(Cour de cassation – Chambre criminelle du 25 novembre 2003 – N° de pourvoi : 03-85386).

• Tentative de meurtre – Détention provisoire – Prolongation de la détention – Débat contradictoire – Modalités – Convocation de l'avocat – Télécopie – Récépissé – Force probante

Contre l'arrêt de la chambre de l'instruction de la cour d'appel de VERSAILLES, en date du 06/08/2015, qui, dans l'information suivie, contre lui du chef de tentative de meurtre, a confirmé l'ordonnance du juge des libertés et de la détention prolongeant sa détention provisoire.

Justifie sa décision la chambre de l'instruction qui déclare régulière la convocation au débat contradictoire adressée dans le délai légal par le juge des libertés et de la détention, sous la forme d'une télécopie, à l'avocat de la personne détenue dès lors que l'accusé de réception émis par le télécopieur de l'avocat fait ressortir que la transmission s'est effectuée normalement.

(Cour de cassation – Chambre criminelle du 18 novembre 2015 – N° de pourvoi : 15-85287).

• Vols aggravés et escroqueries – Instruction – Détention provisoire – Décision de prolongation – Débat contradictoire – Demande de renvoi – Délai de convocation – Renonciation – Courrier d'avocat – Portée

REJET sur le pourvoi formé par M. E... T... contre un arrêt de la chambre de l'instruction de la cour d'appel de Rennes en date du 30/08/2019, qui, dans l'information suivie contre lui des chefs de vols aggravés et escroqueries, a prononcé sur la prolongation de sa détention provisoire.

Il se déduit des dispositions de l'article 114 alinéa 1 du C.P.P. que la renonciation à se prévaloir de l'irrégularité de la convocation doit émaner de la personne mise en examen, en présence de son avocat ou celui-ci dûment appelé, et qu'elle ne peut intervenir qu'au moment du débat contradictoire. Dès lors, ne constitue pas une demande nouvelle impliquant une réponse du juge des libertés et de la détention, celle par laquelle l'avocat d'une personne mise en examen précise, au soutien d'une précédente demande de renvoi rejetée par le juge des libertés et de la détention, qu'il renonce expressément à se prévaloir de l'inobservation du délai de convocation prescrit pour la tenue du débat contradictoire dans le cadre d'une éventuelle prolongation de la détention provisoire.

(Cour de cassation – Chambre criminelle du 11 décembre 2019 – N° de pourvoi : 19-86039).

• Infractions à la législation sur les stupéfiants – J.I. – Nullité – Aucun grief – Présence de 2 avocats

M. L... S... a formé des pourvois contre l'arrêt de la chambre de l'instruction de la cour d'appel d'AIX-EN-PROVENCE (13), en date du 21/09/2020, qui, dans l'information suivie contre lui du chef d'infractions à la législation sur les stupéfiants a prononcé sur sa requête en nullité de pièces de la procédure.

16. Les juges ajoutent que le mis en examen était assisté par 2 avocats tout au long de cet acte et que jusqu'à ce que le J.I fasse lui-même l'observation de ce qu'il avait omis de l'inviter à faire connaître s'il renonçait à se prévaloir de la nullité prévue à l'article 114, alinéa 3, du C.P.P., notamment lorsqu'ont été évoquées des déclarations faites par le tiers, ni M. S... ni les conseils qui l'assistaient n'avaient estimé devoir exprimer la moindre réserve sur ces questions.

(Cour de cassation – Chambre criminelle du 30 mars 2021 – N° de pourvoi : 20-85.556).

Article 114-1. – Diffusion d'une reproduction – Pièces ou actes d'une procédure d'instruction – *(Loi n° 2021-1729 du 22 décembre 2021)*

• Sous réserve des dispositions du 6e alinéa de l'article 114, le fait, pour une partie à qui une reproduction des pièces ou actes d'une procédure d'instruction a été remise en application de cet article, de la diffuser auprès d'un tiers est puni de 3 ans d'emprisonnement et de 45 000 € d'amende.

Article 115. – Désignation avocat – *(Loi n° 2004-204 du 9 mars 2004 + Décision n° 2022-994 QPC du 20 mai 2022)*

• Les parties peuvent à tout moment de l'information faire connaître au juge d'instruction le nom de l'avocat choisi par elles ; si elles désignent plusieurs avocats, elles doivent faire connaître celui d'entre eux auquel seront adressées les convocations et notifications ; à défaut de ce choix, celles-ci seront adressées à l'avocat premier choisi.

• Sauf lorsqu'il s'agit de la première désignation d'un avocat par une partie ou lorsque la désignation intervient au cours d'un interrogatoire ou d'une audition, le choix effectué par les parties en application de l'alinéa précédent doit faire l'objet d'une déclaration au greffier du juge d'instruction. La déclaration doit être constatée et datée par le greffier qui la signe ainsi que la partie concernée. Si celle-ci ne peut signer, il en est fait mention par le greffier. Lorsque la partie ne réside pas dans le ressort de la juridiction compétente, la déclaration au greffier peut être faite par lettre recommandée avec demande d'avis de réception.

• Lorsque la personne mise en examen est détenue, le choix effectué par elle en application du premier alinéa peut également faire l'objet d'une déclaration auprès du chef de l'établisse ment pénitentiaire. Cette déclaration est constatée et datée par le chef de l'établissement qui la signe ainsi que la personne détenue. Si celle-ci ne peut signer, il en est fait mention par le chef de l'établissement. Ce document est adressé sans délai, en original ou en copie et par tout moyen, au greffier du juge d'instruction. La désignation de l'avocat prend effet à compter de la réception du document par le greffier.

• Lorsque la personne mise en examen est détenue, le choix peut également résulter d'un courrier désignant un avocat pour assurer sa défense. La déclaration prévue au deuxième alinéa doit alors être faite par l'avocat désigné; celui-ci remet au greffier une copie, complète ou partielle, du courrier qui lui a été adressé, et qui est annexée par le greffier à la déclaration. La personne mise en examen doit confirmer son choix dans les quinze jours selon l'une des modalités prévues aux deuxième et troisième alinéas. Pendant ce délai, la désignation est tenue pour effective.

J • **Infractions à la législation sur les stupéfiants – Association de malfaiteurs – Infractions à la législation sur les armes et détention de faux documents administratifs – Procédure de désignation d'un nouvel avocat**

Contre l'arrêt de la chambre de l'instruction de la cour d'appel d'AIX-ENPROVENCE, en date du 15/02/2018, qui, dans l'information suivie contre elle des chefs d'infractions à la législation sur les stupéfiants, association de malfaiteurs, infractions à la législation sur les armes et détention de faux documents administratifs, a confirmé l'ordonnance du juge des libertés et de la détention la plaçant en détention provisoire;

« 2°) alors qu'en tout état de cause, lorsque la personne mise en examen est détenue, le choix de son avocat peut également résulter d'un courrier désignant un avocat pour assurer sa défense; que la déclaration doit alors être faite par l'avocat désigné qui remet au greffier une copie du courrier qui lui a été adressé, la personne mise en examen devant confirmer son choix dans les quinze jours, la désignation étant tenue pour effective pendant ce délai; qu'en l'espèce, il résulte des pièces de la procédure que le 30/01/2018, Maître M… a reçu un avis de libre communication provisoire et que le 02/02/2018, une convocation à l'audience du 14/02/2018 a été adressée à l'ancien avocat de la personne mise en examen; qu'en se bornant à considérer que le processus de désignation n'avait pas été mené à son terme lorsqu'à la date du 02/02/2018 la désignation de Maître M… devait être tenue pour effective, la chambre de l'instruction n'a pas légalement justifié sa décision »;

Attendu que, pour estimer la procédure régulière, l'arrêt retient que si Mme G… a engagé le processus de désignation d'un nouvel avocat, celui-ci n'a pas été mené à son terme dans les formes et conditions prévues par l'article 115 du code de procédure pénale; 6 1433 Attendu qu'en prononçant ainsi, la chambre de l'instruction a justifié sa décision, dès lors que le greffier du juge d'instruction n'était en possession ni de la déclaration prévue par le 3e alinéa de l'article 115 du code de procédure pénale ni, ainsi que le prévoit le 4e alinéa dudit article, de la déclaration faite par Me M… de sa désignation par Mme G…, de sorte que Me Berthier a été valablement convoqué à l'audience;

D'où il suit que le moyen doit être écarté. Et attendu que l'arrêt est régulier, tant en la forme qu'au regard des dispositions des articles 137-3, 143-1 et suivants du code de procédure pénale; I – sur le pourvoi formé le 22/02/2018 : Le DÉCLARE irrecevable; II – sur le pourvoi formé le 19 février 2018 : Le REJETTE;

(Cour de cassation – Chambre criminelle du 24 mai 2018 – N° de pourvoi: 18-81202).

• **Infractions à la législation sur les stupéfiants – Association de malfaiteurs et contrebande de marchandises prohibées – Chambre de l'instruction – Détention provisoire – Appel d'une ordonnance de placement – Débat contradictoire – Désignation de l'avocat – Défaut – Portée**

Contre l'arrêt de la chambre de l'instruction de la cour d'appel de Paris, 3e section, en date du 29/03/2018, qui dans l'information suivie contre lui des chefs d'infractions à la législation sur les stupéfiants, association de malfaiteurs et contrebande de marchandises prohibées, a confirmé l'ordonnance du juge des libertés et de la détention le plaçant en détention provisoire

Par ces motifs et sans qu'il soit besoin d'examiner le second moyen de cassation proposé:

CASSE et ANNULE, en toutes ses dispositions, l'arrêt susvisé de la chambre de l'instruction de la cour d'appel de Paris, en date du 29/03/2018, et pour qu'il soit à nouveau jugé, conformément à la loi;

RENVOIE la cause et les parties devant la chambre de l'instruction de la cour d'appel de Paris, autrement composée, à ce désignée par délibération spéciale prise en chambre du conseil, laquelle chambre de l'instruction devra statuer dans les plus brefs délais;

ORDONNE l'impression du présent arrêt, sa transcription sur les registres du greffe de la chambre de l'instruction de la cour d'appel de Paris et sa mention en marge ou à la suite de l'arrêt annulé;

Résumé: Aux termes de l'article 115 du code de procédure pénale, les parties peuvent à tout moment de l'information faire connaître au juge d'instruction le nom de l'avocat choisi par elles; lorsque la personne mise en examen est détenue, la désignation de l'avocat peut faire l'objet d'une déclaration auprès du chef de l'établissement pénitentiaire; si cette désignation résulte d'un courrier de la personne mise en examen détenue, l'avocat ainsi désigné doit en faire déclaration au greffier du juge d'instruction en lui remettant une copie de ce courrier; pendant le délai de quinze jours laissé à la personne mise en examen pour confirmer ce choix, cette déclaration est tenue pour effective. Il résulte de l'article 197 du code de procédure pénale que la notification aux parties et à leur avocat de la date de l'audience à laquelle sera appelée la cause soumise à la chambre de l'instruction est essentielle à la préservation des droits de la défense. Encourt en conséquence la cassation l'arrêt d'une chambre de l'instruction qui statue sur l'appel d'une ordonnance de placement en détention provisoire, aucun mémoire n'ayant été déposé pour le mis en examen qui n'a pas été assisté par un avocat à l'audience, alors que la date de celle-ci n'avait pas été notifiée à l'avocat de permanence qui assistait l'intéressé lors de l'interrogatoire de première comparution et dont il avait demandé la commission d'office pour la suite de la procédure, mais à un autre avocat, qui avait écrit au juge d'instruction pour lui indiquer qu'il intervenait pour l'intéressé, mais n'avait pas produit la copie d'une lettre de celui-ci ni fait une déclaration au greffe, et qui n'avait pas été davantage désigné par déclaration du mis en examen détenu au chef de l'établissement pénitentiaire

(Cour de cassation – Chambre criminelle du 11 juillet 2018 – N° de pourvoi: 18-82815).

• **Assassinat en bande organisée – Association de malfaiteurs – Principe de libre communication**

M. H… P… a formé deux pourvois contre l'arrêt de la chambre de l'instruction de la cour d'appel d'Aix-en-Provence, en date du 03/10/2019, qui, dans l'information suivie contre lui des chefs d'assassinat en bande organisée et association de malfaiteurs, a confirmé l'ordonnance du juge des libertés et de la détention le plaçant en détention provisoire.

En vertu du principe de la libre communication entre la personne mise en examen et son avocat, résultant du premier de ces textes, la délivrance d'un permis de communiquer entre une personne détenue et son avocat est indispensable à l'exercice des droits de la défense. Il en découle que le défaut de délivrance de cette autorisation à un avocat désigné, avant un débat contradictoire différé organisé en vue d'un éventuel placement en détention provisoire, fait nécessairement grief à la personne mise en examen.

PAR CES MOTIFS,

Sur le pourvoi formé le 08/10/2019 :

Le DÉCLARE IRRECEVABLE ;

Sur le pourvoi formé le 03/10/2019 :

CASSE et ANNULE, en toutes ses dispositions l'arrêt susvisé de la chambre de l'instruction de la cour d'appel d'Aix-en-Provence, en date du 03/10/2019 ;

Dit n'y avoir lieu à renvoi ;

ORDONNE la mise en liberté de M. H… P…, s'il n'est détenu pour autre cause.

(Cour de cassation – Chambre criminelle du 7 janvier 2020 – N° de pourvoi : 19-86465).

• **Infractions à la législation sur les stupéfiants – Association de malfaiteurs – Instruction – Droits de la défense – Avocat – Désignation – Changement – Mise en examen détenu pour autre cause – Condition**

REJET des pourvois formés par M. J… R… :

– contre l'arrêt de la chambre de l'instruction de la cour d'appel de Rennes en date du 19/07/2013, qui, dans l'information suivie contre lui des chefs d'infractions à la législation sur les stupéfiants et association de malfaiteurs, a prononcé sur sa demande d'annulation de pièces de la procédure ;

– contre l'arrêt de ladite cour d'appel, 11e chambre, en date du 10/10/2018, qui, pour infractions à la législation sur les stupéfiants en récidive et association de malfaiteurs, l'a condamné à cinq ans d'emprisonnement, à 30000 € d'amende et a ordonné une mesure de confiscation.

La personne détenue pour autre cause peut régulièrement formuler par le biais du greffe pénitentiaire, et en application de l'article 115, alinéa 3, du C.P.P., une demande de changement d'avocat.

(Cour de cassation – Chambre criminelle du 7 janvier 2020 – N° de pourvoi : 18-86517).

Article 116. – Audition de 1re comparution – *(Loi n° 2019-222 du 23 mars 2019)*

• Lorsqu'il envisage de mettre en examen une personne qui n'a pas déjà été entendue comme témoin assisté, le juge d'instruction procède à sa 1re comparution selon les modalités prévues par le présent article.

• Après l'avoir informée, s'il y a lieu, de son droit d'être assistée par un interprète, le juge d'instruction constate l'identité de la personne et lui fait connaître expressément, en précisant leur qualification juridique, chacun des faits dont il est saisi et pour lesquels la mise en examen est envisagée. Mention de ces faits et de leur qualification juridique est portée au procès-verbal.

• La personne est également informée, s'il y a lieu, de son droit à la traduction des pièces essentielles du dossier.

• Lorsqu'il a été fait application des dispositions de l'article 80-2 et que la personne est assistée d'un avocat, le juge d'instruction, après l'avoir informée de son droit de faire des déclarations, de répondre aux questions qui lui sont posées ou de se taire, procède à son interrogatoire ; l'avocat de la personne peut présenter ses observations au juge d'instruction.

• Dans les autres cas, le juge d'instruction avise la personne de son droit de choisir un avocat ou de demander qu'il lui en soit désigné un d'office. L'avocat choisi ou, dans le cas d'une demande de commission d'office, le bâtonnier de l'ordre des avocats en est informé par tout moyen et sans délai. Si l'avocat choisi ne peut être contacté ou ne peut se déplacer, la personne est avisée de son droit de demander qu'il lui en soit désigné un d'office pour l'assister au cours de la 1re comparution. L'avocat peut consulter sur-le-champ le dossier et communiquer librement avec la personne. Le juge d'instruction informe ensuite la personne qu'elle a le droit soit de faire des déclarations, soit de répondre aux questions qui lui sont posées, soit de se taire. Mention de cet avertissement est faite au procès-verbal. L'accord pour être interrogé ne peut être donné qu'en présence d'un avocat. L'avocat de la personne peut également présenter ses observations au juge d'instruction.

• Après avoir, le cas échéant, recueilli les déclarations de la personne ou procédé à son interrogatoire et entendu les observations de son avocat, le juge d'instruction lui notifie :

• – soit qu'elle n'est pas mise en examen ; le juge d'instruction informe alors la personne qu'elle bénéficie des droits du témoin assisté ;

• – soit qu'elle est mise en examen ; le juge d'instruction porte alors à la connaissance de la personne les faits ou la qualification juridique des faits qui lui sont reprochés, si ces faits ou ces qualifications diffèrent de ceux qui lui ont déjà été notifiés ; il l'informe de ses droits de formuler des demandes d'actes ou des requêtes en annulation sur le fondement des articles 81, 82-1, 82-2, 156 et 173 durant le déroulement de l'information et, si elle en a fait la demande dans un délai d'un mois ou de 3 mois à compter de l'envoi de l'avis prévu au I de l'article 175, sous réserve des dispositions de l'article 173-1.

• S'il estime que le délai prévisible d'achèvement de l'information est inférieur à un an en matière correctionnelle ou à 18 mois en matière criminelle, le juge d'instruction donne connaissance de ce délai prévisible à la personne et l'avise qu'à l'expiration dudit délai, elle pourra demander la clôture de la procédure en application des dispositions de l'article 175-1. Dans le cas contraire, il indique à la personne qu'elle pourra demander, en application de ce même article, la clôture de la procédure à l'expiration d'un délai d'un an en matière correctionnelle ou de 18 mois en matière criminelle.

• A l'issue de la 1re comparution, la personne doit déclarer au juge d'instruction son adresse personnelle. Elle peut toutefois lui substituer l'adresse d'un tiers chargé de recevoir les actes qui lui sont destinés si elle produit l'accord de ce dernier. L'adresse déclarée doit être située, si l'information se déroule en métropole, dans un département métropolitain ou, si l'information se déroule dans un département d'outre-mer, dans ce département. Cette déclaration est faite devant le juge des libertés et de la détention lorsque ce magistrat, saisi par le juge d'instruction, décide de ne pas placer la personne en détention.

• La personne est avisée qu'elle doit signaler au juge d'instruction jusqu'au règlement de l'information, par nouvelle déclaration ou par lettre recommandée avec demande d'avis de réception, tout changement de l'adresse déclarée. Elle est également avisée que toute notification ou signification faite à la dernière adresse déclarée sera réputée faite à sa personne. Mention de cet avis, ainsi que de la déclaration d'adresse, est portée au procès-verbal. Ces avis sont donnés par le juge des libertés et de la détention lorsque celui-ci décide de ne pas placer la personne en détention.

J **• Chefs de violences et voies de fait avec préméditation – Instruction – Personne mise en examen – Définition – Personne nommément visée dans une plainte avec constitution de partie civile – Personne nommément visée dans le réquisitoire – Absence de mise en examen par le juge d'instruction – Témoin assisté *(non)***

Contre l'arrêt de la chambre d'accusation de la cour d'appel de NOUMÉA en date du 28/05/1997, qui, dans la procédure suivie contre Y... et autres, des chefs de violences et voies de fait avec préméditation, a confirmé l'ordonnance de non-lieu rendue par le juge d'instruction.

Toute personne mise en cause par une plainte avec constitution de partie civile et contre laquelle le ministère public a requis nommément l'ouverture d'une information doit être considérée comme mise en examen au sens de l'article 116 du C.P.P. et s'avère nécessairement partie à l'instance, quand bien même elle n'aurait pas été mise en examen par le juge d'instruction.

(Cour de cassation – Chambre criminelle du 2 juillet 1998 – N° de pourvoi : 97-83.666).

• Faux et usage – Chambre d'accusation – Procédure – Audience – Témoin assisté *(article 105, al. 3 du C.P.P.)* **– Partie à l'instance – Convocation – Nécessité**

Contre l'arrêt de la chambre d'accusation de la cour d'appel de REIMS, du 22/09/1997, qui, dans l'information suivie contre personne non dénommée pour faux et usage, a infirmé l'ordonnance de non-lieu rendue par le juge d'instruction.

Toute personne mise en cause par une plainte avec constitution de partie civile, nommément visée dans le réquisitoire du procureur de la République, puis entendue comme témoin par le juge d'instruction avec les garanties de l'article 105, al. 3, du C.P.P., doit être considérée comme mise en examen au sens de l'article 116 du même Code et s'avère nécessairement partie à l'instance. Il en résulte qu'elle doit être convoquée devant la chambre d'accusation.

(Cour de cassation – Chambre criminelle du 19 novembre 1998 – N° de pourvoi : 98-83.333).

• Détournements de fonds publics – Instruction – Secret de l'instruction – Présence d'un tiers à la procédure lors d'un interrogatoire – Opposition du mis en examen – Absence – Effet

Contre l'arrêt de la chambre d'accusation de la cour d'appel de BASTIA, en date du 08/12/1999, qui, dans l'information suivie contre lui pour détournements de fonds publics, a dit n'y avoir lieu à annulation d'actes de la procédure.

Justifie sa décision la chambre d'accusation qui, après avoir constaté que la présence d'un stagiaire, non assermenté, lors d'un interrogatoire de 1re comparution, constitue une violation du secret de l'instruction, relève que cette violation n'entraîne pas la nullité de l'acte, dès lors qu'aucune opposition à cette présence n'a été formulée par le mis en examen et qu'il n'a pas été porté atteinte à ses intérêts.

(Cour de cassation – Chambre criminelle du 27 avril 2000 – N° de pourvoi : 00-80.420).

• Faux... – Instruction – Nullités – Secret de l'instruction – Interrogatoire de 1re comparution – Présence des O.P.J. ayant entendu la personne mise en examen en G.A.V. – Personne mise en examen assistée d'un avocat – Droits de la défense – Effet

Contre l'arrêt de la chambre d'accusation de la cour d'appel de VERSAILLES, en date du 07/06/2000, qui, dans l'information suivie contre eux, des chefs de faux, usage de faux et escroqueries, a prononcé sur leurs demandes d'annulation d'actes de la procédure.

Justifie sa décision la chambre d'accusation qui rejette la demande d'annulation de l'interrogatoire de 1re comparution auquel assistaient les O.P.J. enquêteurs. En effet, la présence à cet acte d'instruction des O.P.J. ayant procédé à l'audition en G.A.V. de la personne mise en examen, qui n'est pas interdite par le C.P.P., ne constitue pas une violation du secret de l'instruction dès lors que les fonctionnaires de police ayant concouru à l'enquête sont tenus au secret professionnel en vertu de l'article 11, al. 2, du C.P.P. Par ailleurs, le demandeur qui a accepté de s'expliquer en présence de son avocat ne saurait invoquer, en la circonstance, une violation des droits de la défense.

(Cour de cassation – Chambre criminelle du 17 octobre 2000 – N° de pourvoi : 00-84.596).

• Commerce de matériel de guerre sans autorisation – Chambre de l'instruction – Nullités de l'instruction – Examen de la régularité de la procédure – Annulation d'actes – Demande de la personne mise en examen – Recevabilité – Forclusion – Délai – Point de départ – Article 173-1 du C.P.P. – Loi du 15/06/2000 – Actes accomplis avant le 01/01/2001

Contre l'arrêt n° 170 de la chambre de l'instruction de la cour d'appel de BOURGES, en date du 25/09/2001, qui, dans l'information suivie contre lui pour commerce de matériel de guerre sans autorisation, a déclaré irrecevable sa requête en annulation d'actes de la procédure.

L'obligation faite au juge d'instruction de notifier, lors de l'interrogatoire de 1re comparution, les dispositions de l'ar-

ticle 173-1 du C.P.P., n'est applicable qu'aux mises en examen effectuées à partir du 01/01/2001, date d'entrée en vigueur de l'article 116 du Code précité, dans sa rédaction issue de la loi du 15/06/2000, et aucune disposition légale n'impose qu'il soit procédé à cette notification aux personnes mises en examen antérieurement. Dès lors, justifie sa décision la chambre de l'instruction qui déclare irrecevable la demande d'annulation formée après le 30/06/2001 d'actes antérieurs à l'interrogatoire de 1re comparution effectué avant le 01/01/2001, quand bien même le juge d'instruction n'aurait pas avisé la personne mise en examen des dispositions de l'article 173-1 du Code précité.

(Cour de cassation – Chambre criminelle du 12 décembre 2001 – N° de pourvoi : 01-86.880).

• Abus de biens sociaux – Instruction – Interrogatoire – 1re comparution – Mise en examen – Notification des faits imputés – Constatations suffisantes

X... Jacques,

1) Contre l'arrêt de la chambre d'accusation de la cour d'appel de RIOM, en date du 18/05/1999, qui, dans la procédure suivie contre lui du chef d'abus de biens sociaux, a rejeté sa demande d'annulation d'actes de la procédure;

2) Contre l'arrêt de la cour d'appel de RIOM, chambre correctionnelle, en date du 31/05/2001, qui, pour abus de biens sociaux, l'a condamné à 1an d'emprisonnement dont 9 mois avec sursis et a prononcé sur les intérêts civils.

Attendu qu'il résulte des pièces de la procédure que, lors de la 1re comparution de Jacques X..., le juge d'instruction lui a fait connaître chacun des faits dont il était saisi et pour lesquels le demandeur avait été mis en examen, ainsi que leur qualification d'escroquerie en bande organisée.

(Cour de cassation – Chambre criminelle du 27 février 2002 – N° de pourvoi : 01-84.833).

• Assassinat – Instruction – Personne mise en examen – Garanties – Interrogatoire – Communication préalable à la procédure de l'avocat de la personne mise en examen – Étendue – Interrogatoire de 1re comparution – Rapport d'expertise déterminant dans la mise en examen – Nécessité

Contre l'arrêt de la chambre de l'instruction de la cour d'appel de BORDEAUX, en date du 01/10/2002, qui, dans l'information suivie contre Franck Z... pour assassinat, a annulé des actes de la procédure.

L'absence de mise à la disposition de l'avocat, lors de l'interrogatoire de 1re, d'une pièce de la procédure, en l'espèce un rapport d'expertise, dont il est établi qu'il a été déterminant dans la mise en examen, viole les dispositions de l'article 116 du C.P.P. et porte nécessairement atteinte aux droits de la défense.

(Cour de cassation – Chambre criminelle du 29 janvier 2003 – N° de pourvoi : 02-86.774).

• Abandon de famille... – Instruction – Mise en examen – Personne mise en examen – Témoin assisté – Article 116, al. 4 du C.P.P. – Application *(non)*

Contre l'arrêt de la chambre de l'instruction de la cour d'appel d'ANGERS, en date du 21/01/2004, qui, dans l'information suivie contre eux des chefs d'abandon de famille et organisation frauduleuse d'insolvabilité, a prononcé sur leur demande d'annulation d'actes de la procédure.

Les observations que le témoin assisté doit pouvoir présenter, préalablement à sa mise en examen envisagée par le juge d'instruction, peuvent être recueillies en l'absence d'un avocat, lorsque la personne entendue ne souhaite pas être assistée; en effet, la renonciation à l'assistance d'un avocat est alors possible, les dispositions de l'article 116, al. 4, du C.P.P. n'étant pas applicables à la personne qui a déjà été entendue comme témoin assisté.

(Cour de cassation – Chambre criminelle du 11 mai 2004 – N° de pourvoi : 04-81.039).

• Infractions à la législation sur les stupéfiants... – Interrogatoire – 1re comparution – Formalités de l'article 116 du C.P.P. – Déclaration d'adresse personnelle – Adresse d'un tiers – Production de l'accord d'un tiers – Condition

CASSATION sur le pourvoi formé par X... Ouicem, contre l'arrêt de la chambre de l'instruction de la cour d'appel de PARIS, 4e section, en date du 08/03/2007, qui, dans l'information suivie contre lui des chefs d'infraction à la législation sur les stupéfiants, association de malfaiteurs, infraction à la législation sur les armes, a ordonné son placement en détention provisoire.

En application de l'article 116 du C.P.P., à l'issue de la 1re comparution, la personne mise en examen doit déclarer au juge d'instruction son adresse personnelle. Cette déclaration est faite devant le juge des libertés et de la détention lorsque ce magistrat, saisi par le juge d'instruction, décide de ne pas placer la personne en détention. Dans le cas où elle déclare comme adresse personnelle celle d'un tiers, la personne mise en examen n'est tenue de produire l'accord de ce dernier que si elle charge expressément ce tiers de recevoir les actes qui lui sont destinés.

(Cour de cassation – Chambre criminelle du 26 juin 2007 – N° de pourvoi : 07-82.410).

• Infractions à la législation sur les stupéfiants... – Instruction – Interrogatoire – 1re comparution – Mise en examen – Observations de l'avocat – Modalités – Détermination

Contre l'arrêt de la chambre de l'instruction de la cour d'appel de NANCY, en date du 17/12/2009, qui, dans l'information suivie contre eux des chefs d'infractions à la législation sur les stupéfiants, contrebande de marchandise prohibée, blanchiment, non justification de ressources, a prononcé sur leurs demandes d'annulation de pièces de la procédure.

Il résulte des dispositions de l'article 116, al. 4, du C.P.P. que, lors de l'interrogatoire de 1re comparution d'une personne que le juge d'instruction envisage de mettre en examen, il appartient à l'avocat présent, qui s'est entretenu avec son client, de faire connaître au juge d'instruction qu'il souhaite présenter des observations à la suite de cet entretien et avant notification de la mise en examen.

(Cour de cassation – Chambre criminelle du 2 juin 2010 – N° de pourvoi : 10-80.452).

• Abus de confiance aggravé – Q.P.C. – C.P.P. – Articles 80-1, 80-2, 113-1, 113-3, 113-4, 113-5, 113-6, 113-7 , 113-8, 114 et 116 – Droit de se taire – Non-lieu à renvoi au Conseil constitutionnel – Caractère sérieux – Défaut

M. José- Marie X..., à l'occasion des pourvois formés par lui contre :

– l'arrêt de la chambre de l'instruction de la cour d'appel de NÎMES, en date du 04/04/2010, qui, dans l'information suivie contre lui du chef d'abus de confiance aggravé, a rejeté la requête en nullité de sa mise en examen supplétive des chefs de faux et usage;

– l'arrêt de la cour d'appel de NÎMES, chambre correctionnelle, en date du 04/11/2011, qui, pour abus de confiance aggravé, faux et usage, l' a condamné à 5 ans d'emprisonnement dont un an avec sursis, 50000 € d'amende, à l' interdiction définitive d'exercer la fonction d'huissier de justice, a décerné mandat de dépôt à son encontre et a prononcé sur les intérêts civils.

Et attendu que la question ne présente pas de caractère sérieux dès lors que ce droit a déjà été notifié à l'intéressé lors

de sa mise en examen initiale et que la présence de l'avocat est expressément prévue lors de l'interrogatoire au cours duquel il sera procédé par le juge d'instruction à la mise en examen supplétive.
(Cour de cassation – Chambre criminelle du 26 septembre 2012 – N° de pourvoi : 12-80.750).

• Infractions à la législation sur les armes en bande organisée – Cancellation – Mentions du procès-verbal de l'interrogatoire de 1re comparution

Contre l'arrêt de la chambre de l'instruction de la cour d'appel de REIMS, en date du 29/01/2015, qui, dans l'information suivie, notamment contre lui, du chef d'infractions à la législation sur les armes en bande organisée, a prononcé sur sa demande d'annulation d'actes de la procédure.

Alors qu'une mise en examen notamment prononcée pour des faits qui n'entrent pas dans la saisine in rem du juge d'instruction encourt l'annulation, sans qu'il soit possible de conférer à cette sanction un caractère divisible ; qu'il appartenait à la chambre de l'instruction, après avoir constaté que la mise en examen était intervenue pour des faits non visés au réquisitoire supplétif, d'en prononcer l'annulation, et non de se borner à canceller les mentions du procès-verbal de l'interrogatoire de 1re comparution relatives à ces faits non compris dans la saisine.
(Cour de cassation – Chambre criminelle du 23 juin 2015 – N° de pourvoi : 15-81.071).

• Complicité de fraude fiscale – Instruction – Interrogatoire – 1re comparution – Convocation par lettre recommandée ou par notification par un O.P.J. – Droits de la personne mise en examen – Assistance d'un avocat – Droit de faire des déclarations, de répondre aux questions qui lui sont posées ou de se taire – Information – Défaut – Sanction

Contre l'arrêt de la chambre de l'instruction de la cour d'appel de PARIS, 2e section, en date du 16/06/2016, qui, dans l'information suivie notamment contre elle du chef de complicité de fraude fiscale, a rejeté sa requête en annulation de pièces de la procédure.

Il résulte de l'article 116, al. 4, du C.P.P., dans sa version issue de la loi n° 2014-535 du 27/05/2014, que, lorsqu'il a fait application des dispositions de l'article 80-2 du C.P.P. et qu'il procède à la 1re comparution de la personne qu'il envisage de mettre en examen, le juge d'instruction l'informe de son droit de faire des déclarations, de répondre aux questions qui lui sont posées ou de se taire.
(Cour de cassation – Chambre criminelle du 7 février 2017 – N° de pourvoi : 16-84.353).

• Violences aggravées... – Instruction – Interrogatoire – 1re comparution – Mise en examen – Conditions incompatibles avec l'état de santé – Portée

Contre l'arrêt de la chambre de l'instruction de la cour d'appel de MONTPELLIER, en date du 24/11/2016, qui, dans l'information suivie contre lui des chefs de violences aggravées et infractions à la législation sur les armes, a prononcé sur sa demande d'annulation de pièces de la procédure.

Il se déduit des articles 3 de la C.E.D.H. et 116 du C.P.P. que porte nécessairement atteinte aux intérêts d'une personne mise en examen le fait que le juge d'instruction procède à son interrogatoire de 1re comparution dans des conditions incompatibles avec son état de santé, peu important qu'elle n'ait, à cette occasion, pas fait de déclarations par lesquelles elle se serait incriminée.
(Cour de cassation – Chambre criminelle du 7 juin 2017 – N° de pourvoi : 16-87.429).

Article 116-1. – En matière criminelle – Enregistrement audiovisuel – *(Décision n° 2012-228/229 QPC du 6 avril 2012)*

• En matière criminelle, les interrogatoires des personnes mises en examen réalisés dans le cabinet du juge d'instruction, y compris l'interrogatoire de première comparution et les confrontations, font l'objet d'un enregistrement audiovisuel.

• L'enregistrement ne peut être consulté, au cours de l'instruction ou devant la juridiction de jugement, qu'en cas de contestation sur la portée des déclarations recueillies, sur décision du juge d'instruction ou de la juridiction de jugement, à la demande du ministère public ou d'une des parties. Les huit derniers alinéas de l'article 114 ne sont pas applicables. Lorsqu'une partie demande la consultation de l'enregistrement, cette demande est formée et le juge d'instruction statue conformément aux deux premiers alinéas de l'article 82-1.

• Le fait, pour toute personne, de diffuser un enregistrement réalisé en application du présent article est puni d'un an d'emprisonnement et de 15000 euros d'amende.

• À l'expiration d'un délai de cinq ans à compter de la date de l'extinction de l'action publique, l'enregistrement est détruit dans le délai d'un mois.

• Lorsque le nombre de personnes mises en examen devant être simultanément interrogées, au cours de la même procédure ou de procédures distinctes, fait obstacle à l'enregistrement de tous les interrogatoires, le juge d'instruction décide, au regard des nécessités de l'investigation, quels interrogatoires ne seront pas enregistrés.

• Lorsque l'enregistrement ne peut être effectué en raison d'une impossibilité technique, il en est fait mention dans le procès-verbal d'interrogatoire qui précise la nature de cette impossibilité.

• Un décret précise en tant que de besoin les modalités d'application du présent article.

J **• Infractions à la législation sur les armes et sur les stupéfiants – Association de malfaiteurs – Enregistrement audiovisuel – Nullité**

Contre l'arrêt de la chambre de l'instruction de la cour d'appel d'AIX-EN-PROVENCE, en date du 6 novembre 2017, qui, dans l'information suivie contre eux des chefs notamment d'infraction à la législation sur les armes, infraction à la législation sur les stupéfiants, importation de stupéfiants en bande organisée et association de malfaiteurs, a prononcé sur la demande d'annulation de pièces de la procédure ;

Attendu qu'il résulte de l'arrêt attaqué et des pièces de la procédure, qu'à la suite d'une enquête portant sur un trafic international de produits stupéfiants, M. X... a été poursuivi des chefs criminels d'importation et exportation non autorisées de produits stupéfiants en bande organisée, et des délits d'acquisition, détention, transport, offre ou cession de produits stupéfiants, association de malfaiteurs et infractions à la législation sur les armes; qu'il a été mis en examen le 19 mai 2017 à l'issue d'une première comparution au cours de laquelle il a accepté de répondre aux questions du juge d'instruction; qu'il a été placé sous mandat de dépôt criminel à cette même date par le juge des libertés et de la détention; que le 15 juin 2017, son avocat a déposé une requête en nullité du procès-verbal de première comparution et des actes subséquents pour défaut d'enregistrement audio-visuel; que les autres personnes mises en examen ont été convoquées à l'audience;

Mais attendu qu'en prononçant ainsi, alors que l'annulation d'un interrogatoire de première comparution à l'issue duquel la personne est mise en examen pour des faits de nature criminelle et délictuelle, à la suite d'un défaut d'enregistrement audio-visuel, porte nécessairement sur l'intégralité de l'acte, la chambre de l'instruction qui n'a pas tiré toutes les conséquences de la nullité qu'elle constatait, a méconnu le sens et la portée du texte susvisé et les principes ci-dessus rappelés;

D'où il suit que la cassation est encourue de ce chef;

Par ces motifs:

1) Sur le pourvoi formé le 14 novembre 2017 par M. Y...:

Le REJETTE;

2) Sur le pourvoi formé le 6 novembre 2017 par M. X...:

CASSE et ANNULE, en toutes ses dispositions, l'arrêt susvisé de la chambre de l'instruction de la cour d'appel d'Aix-En-Provence, en date du 6 novembre 2017, et pour qu'il soit à nouveau jugé, conformément à la loi,

RENVOIE la cause et les parties devant la chambre de l'instruction de la cour d'appel de Aix-En-Provence, autrement composée, à ce désignée par délibération spéciale prise en chambre du conseil;

ORDONNE l'impression du présent arrêt, sa transcription sur les registres du greffe de chambre de l'instruction de la cour d'appel d'Aix-En-Provence et sa mention en marge ou à la suite de l'arrêt annulé;

(Cour de cassation – Chambre criminelle du 11 avril 2018 – N° de pourvoi: 17-86711).

Article 117. – Urgence – *(Loi n° 2016-731 du 3 juin 2016)*

• Nonobstant les dispositions prévues à l'article 116, le juge d'instruction peut procéder à un interrogatoire immédiat et à des confrontations si l'urgence résulte soit de l'état d'un témoin en danger de mort, soit de l'existence d'indices sur le point de disparaître.

• Le procès-verbal fait mention des causes d'urgence.

D • **Pouvoirs du juge d'instruction en cas de crime ou de délit flagrant** *(Circ. du 24-8-1993, point 2.2.).*

• L'article 6 de la loi *(n° 93-1013 du 24-08-1993)* rétablit, dans leur rédaction antérieure à leur abrogation par la loi du 4 février 1993, les pouvoirs du juge d'instruction en cas de délit ou de crime flagrant, auparavant prévus par les articles 69, 72 et 117 du Code de procédure pénale.

Article 118. – Qualification criminelle – *(Loi n° 2021-1729 du 22 décembre 2021)*

• S'il apparaît au cours de l'information que les faits reprochés à la personne mise en examen sous une qualification correctionnelle constituent en réalité un crime, le juge d'instruction notifie à la personne, après l'avoir informée de son intention et avoir recueilli ses éventuelles observations et celles de son avocat, qu'une qualification criminelle est substituée à la qualification initialement retenue. À défaut de cette notification, il ne peut être fait application des dispositions de l'article 181.

• Si la personne était placée en détention provisoire, le mandat de dépôt initialement délivré demeure valable et est considéré comme un mandat de dépôt criminel. La détention provisoire se trouve alors soumise aux règles applicables en matière criminelle, les délais prévus pour la prolongation de la mesure étant calculés à compter de la délivrance du mandat.

• Lors de la notification prévue au 1er alinéa, le juge d'instruction peut faire connaître à la personne un nouveau délai prévisible d'achèvement de l'information, conformément aux dispositions du neuvième alinéa de l'article 116.

• Si l'information a été ouverte au sein d'une juridiction dépourvue de pôle de l'instruction et lorsque la gravité ou la complexité de l'affaire le justifie, le juge d'instruction, aussitôt après avoir procédé aux formalités prévues par le présent article, peut se dessaisir, d'office ou sur réquisition du procureur de la République, au profit d'un juge du pôle de l'instruction compétent, désigné par le président du tribunal judiciaire dans lequel se trouve ce pôle.

J • **Assassinat et tentative – J.I. – Interrogatoire – Requalification des faits reprochés – Recueil préalable observations – Personne mise en examen ou avocat**

M. [E] [B] a formé un pourvoi contre l'arrêt de la chambre de l'instruction de la cour d'appel de PARIS (75), 6e section, en date du 19/11/2020, qui, dans l'information suivie contre lui des chefs d'assassinat et tentative, a prononcé sur sa demande d'annulation d'actes de la procédure.

19. Il se déduit de l'ensemble de ces éléments que, sauf si une qualification criminelle est substituée à une qualification correctionnelle, le J.I. peut, lors d'un interrogatoire, requalifier les faits reprochés à la personne mise en examen sans recueillir préalablement ses observations ou celles de son avocat, y compris si le quantum de la peine encourue au titre de cette nouvelle qualification est plus sévère.

(Cour de cassation – Chambre criminelle du 22 juin 2021 – N° de pourvoi: 20-86.726).

Article 119. – Présence du procureur de la République – *(Loi n° 2004-204 du 9 mars 2004)*

• Le procureur de la République peut assister aux interrogatoires, auditions et confrontations de la personne mise en examen, de la partie civile et du témoin assisté.

• Chaque fois qu'il a fait connaître au juge d'instruction son intention d'y assister, le greffier du juge d'instruction doit l'avertir par simple note, au plus tard l'avant-veille de l'interrogatoire.

Article 120. – Modalités des interrogatoires, confrontations et auditions – *(Loi n° 2004-204 du 9 mars 2004)*

• Le juge d'instruction dirige les interrogatoires, confrontations et auditions. Le procureur de la République et les avocats des parties et du témoin assisté peuvent poser des questions ou présenter de brèves observations.

• Le juge d'instruction détermine, s'il y a lieu, l'ordre des interventions et peut y mettre un terme lorsqu'il s'estime suffisamment informé. Il peut s'opposer aux questions de nature à nuire au bon déroulement de l'information ou à la dignité de la personne.

• Mention de ce refus est portée au procès-verbal.

• Les conclusions déposées par le procureur de la République ou les avocats des parties et du témoin assisté afin de demander acte d'un désaccord avec le juge d'instruction sur le contenu du procès-verbal sont, par le juge d'instruction, versées au dossier.

Article 120-1. – Demande de confrontation – *(Loi n° 2014-535 du 27 mai 2014)*

• Lorsque la personne mise en examen ou le témoin assisté sont mis en cause par plusieurs personnes, ils peuvent demander, conformément au premier alinéa de l'article 82-1 ou au dernier alinéa de l'article 113-3, à être confrontés séparément avec chacune d'entre elles. Le juge d'instruction statue sur ces demandes conformément au deuxième alinéa de l'article 82-1. Le refus d'une demande de confrontation individuelle ne peut être motivé par la seule raison qu'une confrontation collective est organisée.

Article 121. – Procès-verbaux d'interrogatoire et de confrontation – *(Loi n° 2000-516 du 15 juin 2000)*

• Les procès-verbaux d'interrogatoire et de confrontation sont établis dans les formes prévues aux articles 106 et 107.

• S'il est fait appel à un interprète, les dispositions de l'article 102 sont applicables.

• Si la personne mise en examen est atteinte de surdité, le juge d'instruction nomme d'office pour l'assister lors de l'information un interprète en langue des signes ou toute personne qualifiée maîtrisant un langage ou une méthode permettant de communiquer avec les sourds. Celui-ci, s'il n'est pas assermenté, prête serment d'apporter son concours à la justice en son honneur et en sa conscience. Il peut être également recouru à tout dispositif technique permettant de communiquer avec la personne mise en examen. Si la personne mise en examen sait lire et écrire, le juge d'instruction peut également communiquer avec elle par écrit.

[J] **• Infractions à la législation sur les stupéfiants – Violences aggravées en récidive – Procès-verbal – Signature du greffier – Relecture et signature des déclarations**

Contre l'arrêt de la chambre de l'instruction de la cour d'appel d'ORLÉANS, en date du 29 juin 2017, qui, dans la procédure suivie contre lui des chefs d'infractions à la législation sur les stupéfiants et violences aggravées en récidive, a prononcé sur sa demande d'annulation de pièces de la procédure;

Attendu que, pour rejeter la requête en annulation, après avoir constaté que les deux dernières pages du procès-verbal de première comparution de M. X..., relatives à sa mise en examen et aux droits qui en découlent, ainsi qu'à la mention l'invitant à relire ses déclarations, n'étaient pas signées par le greffier, l'arrêt énonce que l'inobservation partielle de la formalité substantielle prévue par l'article 106 du C.P.P. concernant le greffier n'est pas de nature à porter atteinte aux intérêts du requérant, celui-ci ayant signé toutes les pages du procès-verbal critiqué, ainsi que le juge d'instruction qui venait de lui notifier sa mise en examen, et manifestement pris acte des droits attachés à cette mesure; que les juges ajoutent qu'il n'est pas allégué ni démontré que la copie des pièces de procédure sollicitée par le conseil du requérant, comprenant le procès-verbal de première comparution et adressée le 1er juin 2017, n'a pas été certifiée conforme;

Mais attendu qu'en prononçant ainsi, alors que, d'une part, elle constatait que la signature du greffier manquait sur les pages du procès-verbal mentionnant qu'avaient été notifiés à la personne interrogée sa mise en examen et les droits en découlant, avant d'être invitée à relire et signer ses déclarations, ce qui portait atteinte à ses intérêts, d'autre part, ces pages indiquaient aussi que l'avocat de la personne interrogée avait été entendu avant la mise en examen et qu'après la notification des faits retenus au titre de cette mesure, l'intéressée avait désigné un avocat pour la suite de la procédure, puis été informée de la saisine du juge des libertés et de la détention en vue de son placement en détention provisoire, la chambre de l'instruction a méconnu les textes susvisés et le principe ci-dessus rappelé;

D'où il suit que la cassation est encourue;

Par ces motifs:

CASSE et ANNULE, en toutes ses dispositions, l'arrêt susvisé de la chambre de l'instruction de la cour d'appel d'Orléans, en date du 29 juin 2017, et pour qu'il soit à nouveau jugé, conformément à la loi,

RENVOIE la cause et les parties devant la chambre de l'instruction de la cour d'appel de Poitiers à ce désignée par délibération spéciale prise en chambre du conseil;

ORDONNE l'impression du présent arrêt, sa transcription sur les registres du greffe de la chambre de l'instruction de la cour d'appel d'Orléans et sa mention en marge ou à la suite de l'arrêt annulé

(Cour de cassation – Chambre criminelle du 12 décembre 2017 – N° de pourvoi : 17-84824).

Section VI
Des mandats et de leur exécution

Article 122. – Mandats – *(Loi n° 2004-204 du 9 mars 2004)*

• Le juge d'instruction peut, selon les cas, décerner mandat de recherche, de comparution, d'amener ou d'arrêt. Le juge des libertés et de la détention peut décerner mandat de dépôt.

• Le mandat de recherche peut être décerné à l'égard d'une personne à l'encontre de laquelle il existe une ou plusieurs raisons plausibles de soupçonner qu'elle a commis ou tenté de commettre une infraction. Il ne peut être décerné à l'égard d'une personne ayant fait l'objet d'un réquisitoire nominatif, d'un témoin assisté ou d'une personne mise en examen. Il est l'ordre donné à la force publique de rechercher la personne à l'encontre de laquelle il est décerné et de la placer en garde à vue.

• Le mandat de comparution, d'amener ou d'arrêt peut être décerné à l'égard d'une personne à l'égard de laquelle il existe des indices graves ou concordants rendant vraisemblable qu'elle ait pu participer, comme auteur ou complice, à la commission d'une infraction, y compris si cette personne est témoin assisté ou mise en examen.

• Le mandat de comparution a pour objet de mettre en demeure la personne à l'encontre de laquelle il est décerné de se présenter devant le juge à la date et à l'heure indiquées par ce mandat.

• Le mandat d'amener est l'ordre donné à la force publique de conduire immédiatement devant lui la personne à l'encontre de laquelle il est décerné.

• Le mandat d'arrêt est l'ordre donné à la force publique de rechercher la personne à l'encontre de laquelle il est décerné et de la conduire devant lui après l'avoir, le cas échéant, conduite à la maison d'arrêt indiquée sur le mandat, où elle sera reçue et détenue.

• Le juge d'instruction est tenu d'entendre comme témoins assistés les personnes contre lesquelles il a été décerné un mandat de comparution, d'amener ou d'arrêt, sauf à les mettre en examen conformément aux dispositions de l'article 116. Ces personnes ne peuvent pas être mises en garde à vue pour les faits ayant donné lieu à la délivrance du mandat.

• Le mandat de dépôt peut être décerné à l'encontre d'une personne mise en examen et ayant fait l'objet d'une ordonnance de placement en détention provisoire. Il est l'ordre donné au chef de l'établissement pénitentiaire de recevoir et de détenir la personne à l'encontre de laquelle il est décerné. Ce mandat permet également de rechercher ou de transférer la personne lorsqu'il lui a été précédemment notifié.

Article 123. – Mentions obligatoires – *(Loi n° 2004-204 du 9 mars 2004)*

• Tout mandat précise l'identité de la personne à l'encontre de laquelle il est décerné; il est daté et signé par le magistrat qui l'a décerné et est revêtu de son sceau.

• Les mandats d'amener, de dépôt, d'arrêt et de recherche mentionnent en outre la nature des faits imputés à la personne, leur qualification juridique et les articles de loi applicables.

• Le mandat de comparution est signifié par huissier à celui qui en est l'objet ou est notifié à celui-ci par un officier ou agent de la police judiciaire, ou par un agent de la force publique, lequel lui en délivre copie.

• Le mandat d'amener, d'arrêt ou de recherche est notifié et exécuté par un officier ou agent de la police judiciaire ou par un agent de la force publique, lequel en fait l'exhibition à la personne et lui en délivre copie.

• Si la personne est déjà détenue pour une autre cause, la notification lui est faite comme il est dit à l'alinéa précédent, ou, sur instructions du procureur de la République, par le chef de l'établissement pénitentiaire qui en délivre également une copie.

• Les mandats d'amener, d'arrêt et de recherche peuvent, en cas d'urgence être diffusés par tous moyens.

• Dans ce cas, les mentions essentielles de l'original et spécialement l'identité de la personne à l'encontre de laquelle il est décerné, la nature des faits qui lui sont imputés et leur qualification juridique, le nom et la qualité du magistrat mandant doivent être précisés. L'original ou la copie du mandat est transmis à l'agent chargé d'en assurer l'exécution dans les délais les plus brefs.

Article 124. – Exécution

• Les mandats sont exécutoires dans toute l'étendue du territoire de la République.

Article 125. – Juge d'instruction – Mandats – Interrogation – *(Loi n° 2004-204 du 9 mars 2004)*

• Le juge d'instruction interroge immédiatement la personne qui fait l'objet d'un mandat de comparution.

• Il est procédé dans les mêmes conditions à l'interrogatoire de la personne arrêtée en vertu d'un mandat d'amener. Toutefois, si l'interrogatoire ne peut être immédiat, la personne peut être retenue par les services de police ou de gendarmerie pendant une durée maximum de vingt-quatre heures suivant son arrestation avant d'être présentée devant le juge d'instruction ou à défaut le président du tribunal ou un juge désigné par celui-ci, qui procède immédiatement à son interrogatoire ; à défaut, la personne est mise en liberté.

Article 126. – Rétention arbitraire – *(Loi n° 2004-204 du 9 mars 2004)*

• Toute personne arrêtée en vertu d'un mandat d'amener, qui a été retenue pendant plus de vingt-quatre heures sans avoir été interrogée, est considérée comme arbitrairement détenue.

• Les articles 432-4 à 432-6 du Code pénal sont applicables aux magistrats ou fonctionnaires qui ont ordonné ou sciemment toléré cette rétention arbitraire.

Article 127. – Mandat d'amener – Plus de 200 km du siège du juge d'instruction – *(Loi n° 2011-392 du 14 avril 2011)*

• Si la personne recherchée en vertu d'un mandat d'amener est trouvée à plus de 200 km du siège du juge d'instruction qui a délivré le mandat, et qu'il n'est pas possible de la conduire dans le délai de vingt-quatre heures devant ce magistrat, elle est conduite devant le juge des libertés et de la détention du lieu de l'arrestation.

J • **Association de malfaiteurs... – Instruction – Mandats – Mandat d'amener – Exécution – Irrégularités – Portée**

Contre l'arrêt de la chambre d'accusation de la cour d'appel de PARIS, en date du 21/04/1988, qui, dans l'information suivie contre eux des chefs d'association de malfaiteurs, infraction à la législation sur les armes, recel, reconstitution de ligue dissoute, usage de fausses plaques d'immatriculation, infractions en relation à titre principal ou connexe avec une entreprise individuelle ou collective ayant pour but de troubler gravement l'ordre public par l'intimidation ou la terreur, a dit n'y avoir lieu à annulation de pièces de la procédure.

L'omission des formalités prévues par l'article 127 du C.P.P., qui ne sont pas prescrites à peine de nullité, n'est pas de nature à entraîner, par elle-même, la nullité de la poursuite, dès lors que la recherche et l'établissement de la vérité ne s'en sont pas trouvés viciés fondamentalement, ni la défense mise dans l'impossibilité d'exercer ses droits devant la juridiction d'instruction.

(Cour de cassation – Chambre criminelle du 8 novembre 1988 – N° de pourvoi : 88-83.666).

• **Contrefaçon de timbres-poste... – Instruction – Mandats – Mandat d'amener – Exécution – Régularité**

Contre l'arrêt de la chambre d'accusation de la cour d'appel d'AIX-EN-PROVENCE, en date du 14/10/1999, qui, dans l'information suivie contre lui du chef de contrefaçon de timbres-poste, vente, transport, distribution et usage de timbres-poste contrefaits, a dit n'y avoir lieu à annulation d'actes de la procédure.

Les formalités prévues à l'article 127 du C.P.P. ont été respectées dès lors que l'intéressé a été présenté dans le délai légal au P.R. territorialement compétent en raison du lieu où se trouvait cette personne, après la fin de sa garde à vue, opérée dans le cadre d'une commission rogatoire, lorsque lui a été notifié le mandat d'amener qui venait d'être délivré par le juge d'instruction.

(Cour de cassation – Chambre criminelle du 12 janvier 2000 – N° de pourvoi : 99-86.945).

• **Traite des êtres humains et association de malfaiteurs – Instruction – Mandat – Mandat d'amener – Exécution – Régularité – Conditions – Inobservation – Portée**

Contre l'arrêt de la chambre de l'instruction de la cour d'appel de NIMES, en date du 03/10/2005, qui, dans l'information suivie contre les 8 premiers des chefs, notamment, de traite des êtres humains et association de malfaiteurs, a prononcé sur leur demande d'annulation d'actes de la procédure

Selon les articles 126 et 127 du C.P.P., la personne faisant l'objet d'un mandat d'amener, trouvée à plus de 200 kms du siège du juge mandant, doit, si elle n'est pas présentée au P.R. du lieu d'arrestation, comparaître devant le juge d'instruction dans les 24 heures suivant la notification du mandat.

En cas de dépassement du délai, la nullité de la mise en examen n'est cependant pas encourue dès lors que cet acte n'a pas pour support des actes accomplis pendant la période de retenue arguée d'illégalité.

(Cour de cassation – Chambre criminelle du 14 février 2006 – N° de pourvoi : 05-86.058).

Article 128. – Procès-verbal – *(Loi n° 93-2 du 4 janvier 1993)*

• Ce magistrat l'interroge sur son identité, reçoit ses déclarations, après l'avoir averti qu'elle est libre de ne pas en faire, l'interpelle afin de savoir si elle consent à être transférée ou si elle préfère prolonger les effets du mandat d'amener, en attendant, au lieu où elle se trouve, la décision du juge d'instruction saisi de l'affaire. Si la personne déclare s'opposer au transfèrement, elle est conduite dans la maison d'arrêt et avis immédiat est donné au juge d'instruction compétent. L'original ou la copie du procès-verbal de la comparution contenant un signalement complet est transmis sans délai à ce magistrat, avec toutes les indications propres à faciliter la reconnaissance d'identité.

• Ce procès-verbal doit mentionner que la personne a reçu avis qu'elle est libre de ne pas faire de déclaration.

Article 129. – Transfèrement

• Le juge d'instruction saisi de l'affaire décide, aussitôt après la réception de ces pièces, s'il y a lieu d'ordonner le transfèrement.

Article 130. – Conduite devant le juge d'instruction – *(Loi n° 93-2 du 4 janvier 1993)*

• Lorsqu'il y a lieu à transfèrement dans les conditions prévues par les articles 128 et 129, la personne doit être conduite devant le juge d'instruction qui a délivré le mandat dans les quatre jours de la notification du mandat.

• Toutefois, ce délai est porté à six jours en cas de transfèrement d'un département d'outre-mer vers un autre département ou de la France métropolitaine vers un département d'outre-mer.

Article 130-1. – Non-respect des délais fixés – *(Loi n° 93-2 du 04 janvier 1993 + Décision n° 2011-133 QPC du 24 juin 2011)*

• En cas de non-respect des délais fixés par les articles 127 et 130, la personne est libérée, sur ordre du juge d'instruction saisi de l'affaire, à moins que sa conduite ait été retardée par des circonstances insurmontables.

Nota : Dans sa décision n° 2011-133 QPC du 24 juin 2011 *(NOR : CSCX1117338S)*, le Conseil constitutionnel a déclaré, sous la réserve énoncée au considérant 13, l'article 130-1 du Code de procédure pénale conforme à la Constitution.

Considérant 13 :

« 13. Considérant toutefois que, si l'article 131 prévoit que le mandat d'arrêt ne peut être décerné qu'à l'encontre d'une personne en fuite ou résidant hors du territoire de la République, à raison de faits réprimés par une peine d'emprisonnement correctionnelle ou une peine plus grave, les dispositions relatives au mandat d'amener ne prévoient pas une telle condition ; que la conciliation entre, d'une part, la prévention des atteintes à l'ordre public et la recherche des auteurs d'infractions et, d'autre part, l'exercice des libertés constitutionnellement garanties ne pourrait être regardée comme équilibrée si la privation de liberté de quatre ou six jours prévue par l'article 130 pouvait être mise en œuvre, dans le cadre d'un mandat d'amener, à l'encontre d'une personne qui n'encourt pas une peine d'emprisonnement correctionnelle ou une peine plus grave ; »

Article 131. – Mandat d'arrêt – *(Loi n° 93-2 du 04 janvier 1993 + Décision n° 2015-452 QPC du 27 février 2015)*

• Si la personne est en fuite ou si elle réside hors du territoire de la République, le juge d'instruction, après avis du procureur de la République, peut décerner contre elle un mandat d'arrêt si le fait comporte une peine d'emprisonnement correctionnelle ou une peine plus grave.

J • **Escroqueries en bande organisée – Juge d'instruction – Mandat d'arrêt – Personne résidant hors territoire République**

M. [F] [R] a formé un pourvoi contre l'arrêt de la chambre de l'instruction de la cour d'appel de PARIS (75), 2e section, en date du 28/10/2021, qui, dans l'information suivie contre lui notamment du chef d'escroqueries en bande organisée, a prononcé sur sa demande d'annulation d'actes de la procédure.

6. Il résulte de l'article 131 du C.P.P. que le J.I. peut décerner un mandat d'arrêt à l'encontre d'une personne résidant hors du territoire de la République, même si elle n'est pas en fuite.

7. Aux fins du prononcé de cette mesure de contrainte, et en application de l'article préliminaire, III, 4e al., du Code précité, le J.I. n'a d'autre obligation que de s'assurer, en fonction des circonstances de l'espèce, qu'elle est strictement limitée aux nécessités de la procédure et proportionnée à la gravité de l'infraction reprochée.

12. D'une part, elle n'avait pas à rechercher si le J.I. avait effectué des démarches pour entendre l'intéressé avant de décerner un mandat d'arrêt.

(Cour de cassation – Chambre criminelle du 14 juin 2022 – N° de pourvoi : 21-86.635).

Article 132. – *(Abrogé par la Loi n° 2004-204 du 9 mars 2004)*

Article 133. – Personne saisie en vertu d'un mandat d'arrêt – *(Loi n° 2011-1862 du 13 décembre 2011 + Décision n° 2011-133 QPC du 24 juin 2011)*

• La personne saisie en vertu d'un mandat d'arrêt est présentée dans les vingt-quatre heures suivant son arrestation devant le juge d'instruction ou à défaut le président du tribunal ou le juge désigné par celui-ci pour qu'il soit procédé à son interrogatoire et qu'il soit le cas échéant statué sur son placement en détention provisoire dans les conditions prévues par l'article 145. À défaut, la personne est remise en liberté. Les dispositions de l'article 126 sont applicables.

• Si la personne est arrêtée à plus de deux cents kilomètres du siège du juge d'instruction qui a délivré le mandat et qu'il n'est pas possible de la conduire dans un délai de vingt-quatre heures devant ce magistrat, elle est conduite dans les vingt-quatre heures suivant son arrestation devant le juge des libertés et de la détention du lieu de l'arrestation qui reçoit ses déclarations après l'avoir avertie qu'elle est libre de ne pas en faire. Mention est faite de cet avis au procès-verbal.

• Le juge des libertés et de la détention informe sans délai le magistrat qui a délivré le mandat et ordonne le transfèrement. Si celui-ci ne peut être effectué immédiatement, le juge des libertés et de la détention en avise le juge mandant.

• Lorsqu'il y a lieu à transfèrement, la personne doit être conduite à la maison d'arrêt indiquée sur le mandat dans les délais prévus à l'article 130. Les dispositions de l'article 130-1 sont applicables.

Nota: Dans sa décision n° 2011-133 QPC du 24 juin 2011 *(NOR: CSCX1117338S)*, le Conseil constitutionnel a déclaré, sous la réserve énoncée au considérant 13, le quatrième alinéa de l'article 133 du Code de procédure pénale conforme à la Constitution.

Article 133-1. – Rétention – *(Loi n° 2016-731 du 3 juin 2016)*

• Dans les cas prévus par les articles 125, 127 et 133, lorsque la personne est retenue par les services de police ou de gendarmerie avant sa présentation devant un magistrat, le procureur de la République du lieu de l'arrestation est informé dès le début de cette rétention et la personne a le droit de faire prévenir un proche dans les conditions prévues par l'article 63-2, d'être examinée par un médecin dans les conditions prévues à l'article 63-3 et d'être assistée d'un avocat dans les conditions prévues aux articles 63-3-1 à 63-4-4.

Article 134. – Introduction dans le domicile d'un citoyen – *(Loi n° 2011-267 du 14 mars 2011)*

• L'agent chargé de l'exécution d'un mandat d'amener, d'arrêt et de recherche ne peut s'introduire dans le domicile d'un citoyen avant 6 heures ni après 21 heures. Il en est de même lorsque l'agent est chargé de l'arrestation d'une personne faisant l'objet d'une demande d'extradition ou d'un mandat d'arrêt européen.

• Il peut se faire accompagner d'une force suffisante pour que la personne ne puisse se soustraire à la loi. La force est prise dans le lieu le plus proche de celui où le mandat doit s'exécuter et elle est tenue de déférer aux réquisitions contenues dans ce mandat.

• Si la personne ne peut être saisie, un procès-verbal de perquisition et de recherches infructueuses est adressé au magistrat qui a délivré le mandat. La personne est alors considérée comme mise en examen pour l'application de l'article 176.

J **• Trafic d'influence... – Instruction – Mandats – Mandat d'arrêt – Personne faisant l'objet d'un mandat d'arrêt – Qualité – Qualité de personne mise en examen *(non)***

Contre l'arrêt de la chambre de l'instruction de la cour d'appel de PARIS, en date du 11/01/2002, qui, dans l'information suivie contre, notamment, Josée-Lyne X..., Pierre-Joseph X..., Marie-Danièle Y..., Georges Z..., Allain B..., Jean-Charles C..., Jean-Christophe D... et Charles E... pour, notamment, trafic d'influence, abus de confiance, abus de biens sociaux, recel aggravé et infraction à la législation sur les armes, a partiellement fait droit à leurs demandes d'annulation d'actes de la procédure.

Selon les dispositions de l'article 134, al. 3, du C.P.P. dans leur rédaction issue de la loi du 15/06/2000, qui ne sont pas contraires à l'exigence d'un procès équitable, la délivrance d'un mandat d'arrêt par le juge d'instruction ne confère pas, au cours de l'information, à celui qui en est l'objet, la qualité de personne mise en examen. En conséquence, la personne visée par un tel mandat ne bénéficie pas des droits accordés aux personnes mises en examen. Elle n'a donc pas à être avisée de la date de l'audience de la chambre de l'instruction statuant sur les nullités de l'information et n'est pas recevable à se pourvoir contre l'arrêt rendu par cette juridiction.

(Cour de cassation – Chambre criminelle du 14 mai 2002 – N° de pourvoi: 02-80.721).

• Blanchiment... – Instruction – Mandats – Mandat d'arrêt – Personne faisant l'objet d'un mandat d'arrêt – Qualité – Qualité de personne mise en examen *(non)*

Contre l'arrêt de la chambre de l'instruction de la cour d'appel de PARIS, en date du 27/09/2002, qui, dans l'information suivie contre Mardoche Y..., Henri Z..., David A... et Steve B... des chefs de blanchiment, abus de biens sociaux, recel et exercice illégal de la profession de banquier, a déclaré irrecevable sa demande d'annulation du mandat d'arrêt décerné à son encontre.

Il résulte de l'article 134, al. 3, du C.P.P. que la personne à l'encontre de laquelle, avant tout interrogatoire, le juge d'instruction a délivré un mandat d'arrêt, n'a pas la qualité de personne mise en examen au cours de l'information.

En outre, un tel mandat n'a pas pour objet de décider d'une accusation en matière pénale, mais uniquement d'assurer la représentation en justice de la personne à l'encontre de laquelle il a été délivré afin, notamment, de permettre son interrogatoire.

Il s'ensuit que, dès lors qu'elle ne se trouve pas privée de sa liberté par l'effet du mandat d'arrêt dont elle est l'objet, la personne concernée ne tient, ni des dispositions internes, ni de celles des articles 5, 6 et 13 de la C.E.D.H., le droit de saisir la chambre de l'instruction d'une requête en annulation dudit mandat.

(Cour de cassation – Chambre criminelle du 17 décembre 2002 – N° de pourvoi: 02-86.679).

• Escroquerie – Instruction – Mandats – Mandat d'arrêt – Règles de perquisition – Article 134 – Personne concernée résidant hors de France

Contre les arrêts de la cour d'appel de VERSAILLES, 9e chambre, qui, dans la procédure suivie contre lui pour escroquerie, ont:

– le 1er, en date du 21/06/2002, après avoir infirmé le jugement du tribunal correctionnel, dit n'y avoir lieu à annulation d'actes de la procédure ni à constatation de la prescription,

– le 2d, en date du 25/04/2003, prononcé sur les intérêts civils.

Attendu que, pour infirmer le jugement entrepris sur le seul appel de la partie civile et dire n'y avoir lieu à annuler la procédure, la cour d'appel relève que Rony X... a bien eu connaissance de sa mise en examen à la suite de laquelle il a écrit au juge d'instruction pour désigner ses avocats, qui ont eu accès au dossier et ont reçu copies des pièces de la procédure sur

leur demande; que les juges ajoutent que le mandat d'arrêt n'était pas soumis aux formalités de perquisition prévues par l'article 134 du C.P.P. dès lors que la personne concernée résidait hors de France.
(Cour de cassation – Chambre criminelle du 30 mars 2004 – N° de pourvoi: 02-85.180).

• Infractions à la législation sur les stupéfiants – Juridictions correctionnelles – Saisine – Ordonnance de renvoi – Ordonnance de renvoi non précédée de l'avis de fin d'information – Exception tirée de la nullité de la procédure antérieure – Irrecevabilité – Cas – Personne en fuite et recherchée au cours de l'information
CASSATION PARTIELLE sur le pourvoi formé par X... Amar, contre l'arrêt de la cour d'appel de VERSAILLES, 8e chambre, en date du 23/11/2006, qui, dans la procédure suivie contre lui du chef d'infractions à la législation sur les stupéfiants, a prononcé sur une exception de nullité de la procédure.

Il se déduit de l'article 134 du C.P.P. qu'une personne en fuite et vainement recherchée au cours de l'information n'a pas la qualité de partie au sens de l'article 175 dudit code; il s'ensuit que si elle est arrêtée après que le juge d'instruction l'a renvoyée devant le tribunal correctionnel, elle ne peut se prévaloir des dispositions du 3e alinéa de l'article 385 dudit code pour exciper devant cette juridiction d'une quelconque nullité d'actes de l'information, l'ordonnance de renvoi ayant, comme le prévoit l'article 179 du même code, purgé, s'il en existait, les vices de la procédure.
(Cour de cassation – Chambre criminelle du 3 avril 2007 – N° de pourvoi: 06-89.315).

• Infractions à la législation sur les stupéfiants... – Instruction – Mandats – Mandat d'arrêt – Exécution – Perquisition – Compétence – Détermination
Non-admission et rejet sur les pourvois formés par M. A... L...,
– contre les arrêts de la cour d'appel de PARIS, chambre 8-1, en date du 24/05/2016 et du 12/09/2017 qui, dans la procédure suivie contre lui des chefs notamment d'infractions à la législation sur les stupéfiants, association de malfaiteurs, blanchiment, ont prononcé sur sa demande d'annulation de pièces de la procédure;
– contre l'arrêt de la cour d'appel de PARIS, chambre 8-1, en date du 07/05/2018, qui, pour infractions à la législation sur les stupéfiants en récidive et association de malfaiteurs, l'a condamné à 10 ans d'emprisonnement avec une période de sûreté fixée aux deux tiers, 200 000 € d'amende et a décerné un mandat d'arrêt à son encontre.

Attendu que, pour rejeter la demande en nullité prise de ce que le procès-verbal de perquisition et de recherches infructueuses a été dressé par un A.P.J., hors la présence d'un O.P.J., l'arrêt relève que la perquisition réalisée en vue de l'exécution d'un mandat d'arrêt n'est fondée ni sur les articles 56 et suivants ni sur les articles 95 et suivants du C.P.P. mais sur l'article 134 du même code, et constitue un acte procédural distinct d'une perquisition destinée à rechercher des preuves ou indices d'une infraction; que ce dernier article vise «l'agent» chargé de l'exécution du mandat; que l'article D. 13 du même code prévoit notamment que les A.P.J. ont pour mission d'assurer l'exécution des mandats d'amener, de dépôt, ou d'arrêt; que la cour conclut que l'article 134 n'exige pas la présence d'un O.P.J. pour assurer la mise à exécution d'un mandat d'arrêt et qu'ainsi la perquisition au dernier domicile connu de M. L... a été régulièrement réalisée;
Qu'en effet il résulte de la combinaison des articles 122, 134 et D. 13 du C.P.P. que la perquisition visée par le 2e de ces textes, effectuée pour l'exécution d'un mandat d'arrêt, peut être réalisée par un A.P.J.
(Cour de cassation – Chambre criminelle du 10 avril 2019 – N° de pourvoi: 18-83.709).

Article 135. – Mandats de dépôt – *(Loi n° 2000-516 du 15 juin 2000)*
• En matière criminelle et en matière correctionnelle, les mandats de dépôt ne peuvent être décernés qu'en exécution de l'ordonnance prévue à l'article 145.
• L'agent chargé de l'exécution du mandat de dépôt remet l'intéressé au chef de l'établissement pénitentiaire, lequel lui délivre une reconnaissance de cette remise.

Article 135-1. – Mandat de recherche – Garde à vue – *(Loi n° 2004-204 du 9 mars 2004)*
• La personne découverte en vertu d'un mandat de recherche est placée en garde à vue par l'officier de police judiciaire du lieu de la découverte, suivant les modalités prévues à l'article 154. Le juge d'instruction saisi des faits en est informé dès le début de la garde à vue. Sans préjudice de la possibilité pour l'officier de police judiciaire déjà saisi par commission rogatoire de procéder à l'audition de la personne, l'officier de police judiciaire du lieu où la personne a été découverte peut être requis à cet effet par le juge d'instruction ainsi qu'aux fins d'exécution de tous actes d'information nécessaires. Pendant la durée de la garde à vue, la personne peut également être conduite dans les locaux du service d'enquête saisi des faits.

Article 135-2. – Mandat d'arrêt – *(Ordonnance n° 2019-964 du 18 septembre 2019)*
• Si la personne faisant l'objet d'un mandat d'arrêt est découverte après le règlement de l'information, il est procédé selon les dispositions du présent article.
• Le procureur de la République du lieu de l'arrestation est avisé dès le début de la rétention de la personne par les services de police ou de gendarmerie. Pendant cette rétention, il est fait application de l'article 133-1. La rétention ne peut durer plus de 24 heures.
• La personne est conduite dans les meilleurs délais et au plus tard dans les 24 heures de son arrestation devant le procureur de la République du tribunal judiciaire dans le ressort duquel siège la juridiction de jugement saisie des faits. Après avoir vérifié son identité et lui avoir notifié le mandat, ce magistrat la présente devant le juge des libertés et de la détention.
• Le juge des libertés et de la détention peut, sur les réquisitions du procureur de la République, soit placer la personne sous contrôle judiciaire, soit ordonner son placement en détention provisoire jusqu'à sa comparution devant la juridiction de jugement, par ordonnance motivée conformément aux dispositions de l'article 144, rendue à l'issue d'un débat contradictoire organisé conformément aux dispositions des 4e à 9e alinéas de l'article 145. Si la per-

sonne est placée en détention, les délais prévus par les 4e et 5e alinéas de l'article 179 et par les 8e et 9e alinéas de l'article 181 sont alors applicables et courent à compter de l'ordonnance de placement en détention. La décision du juge des libertés et de la détention peut faire, dans les 10 jours de sa notification, l'objet d'un appel devant la chambre des appels correctionnels si la personne est renvoyée devant le tribunal correctionnel et devant la chambre de l'instruction si elle est renvoyée devant la cour d'assises.

• Si la personne a été arrêtée à plus de 200 kilomètres du siège de la juridiction de jugement et qu'il n'est pas possible de la conduire dans le délai de 24 heures devant le procureur de la République mentionné au 3e alinéa, elle est conduite devant le juge des libertés et de la détention du lieu de son arrestation, qui vérifie son identité, lui notifie le mandat et reçoit ses éventuelles déclarations après l'avoir avertie qu'elle est libre de ne pas en faire. Ce magistrat met alors le mandat à exécution en faisant conduire la personne à la maison d'arrêt et il en avise le procureur de la République du tribunal judiciaire dans le ressort duquel siège la juridiction de jugement. Celui-ci ordonne le transfèrement de la personne, qui doit comparaître devant lui dans les 4 jours de la notification du mandat ; ce délai est porté à 6 jours en cas de transfèrement entre un département d'outre-mer et la France métropolitaine ou un autre département d'outre-mer. Il est alors procédé conformément aux dispositions des 3e et 4e alinéas. La comparution devant le procureur de la République et celle devant le juge des libertés et de la détention du tribunal judiciaire mentionnées au 3e alinéa peuvent aussi être réalisées, dans les délais précités, selon les modalités prévues à l'article 706-71, sauf si la personne le refuse ; la personne ne peut toutefois pas refuser le recours à ces modalités si son transport paraît devoir être évité en raison de risques graves de trouble à l'ordre public ou d'évasion. Il n'y a alors pas lieu d'ordonner le transfèrement de la personne.

• La présentation devant le juge des libertés et de la détention prévue par le 4e alinéa n'est pas nécessaire si, dans les délais prévus pour cette présentation, la personne peut comparaître devant la juridiction de jugement saisie des faits.

• Les dispositions du présent article sont également applicables aux mandats d'arrêt délivrés après l'ordonnance de règlement. Elles ne sont toutefois pas applicables lorsque, postérieurement à la délivrance du mandat d'arrêt décerné au cours de l'instruction ou après son règlement, la personne a été condamnée à une peine privative de liberté, soit en matière correctionnelle par un jugement contradictoire ou réputé contradictoire, soit en matière criminelle par un arrêt rendu par défaut ; elles ne sont de même pas applicables lorsque le mandat a été délivré à la suite d'une telle condamnation. Dans ces cas, sans qu'il soit nécessaire de la présenter devant le juge des libertés et de la détention, la personne arrêtée est placée en détention provisoire jusqu'à l'expiration des délais de recours et, en cas de recours, jusqu'à sa comparution devant la juridiction de jugement, sans préjudice de son droit de former des demandes de mise en liberté.

[J] **• Participation à un groupement formé ou une entente établie – Terrorisme – Détention provisoire – Mandats – Mandat d'arrêt – Personne découverte après règlement de l'information – Appel – Délai pour statuer – Délai raisonnable – Appréciation**

CASSATION sur le pourvoi formé par le procureur général près la cour d'appel de Paris, contre l'arrêt n° 240 de ladite cour, chambre 8-2, en date du 19/06/2019, qui, dans la procédure suivie contre M. K... B... P... du chef de participation à un groupement formé ou une entente établie en vue de la préparation d'actes de terrorisme visés à l'article 421-1 du C.P., a ordonné sa remise en liberté sous contrôle judiciaire.

En l'absence de précision de l'article 135-2 du C.P.P. sur le délai dans lequel la cour, saisie d'un appel de la décision de placement en détention provisoire d'une personne arrêtée en vertu d'un mandat d'arrêt postérieurement au règlement de l'information, doit statuer, son arrêt doit intervenir dans un délai raisonnable. Encourt la censure l'arrêt qui qualifie d'excessif le délai de 25 jours s'étant écoulé entre l'acte d'appel et son examen par la chambre correctionnelle.

(Cour de cassation – Chambre criminelle du 24 septembre 2019 – N° de pourvoi : 19-84067).

Article 135-3. – Inscription au fichier des personnes recherchées – *(Loi n° 2004-204 du 9 mars 2004)*

• Tout mandat d'arrêt ou de recherche est inscrit, à la demande du juge d'instruction ou du procureur de la République, au fichier des personnes recherchées. Lorsque la personne est renvoyée devant la juridiction de jugement par une décision passée en force de chose jugée, le gestionnaire du fichier en est informé pour qu'il soit le cas échéant fait application, s'il s'agit d'un mandat d'arrêt, des dispositions de l'article 135-2.

Article 136. – Inobservation des formalités – *(Loi n° 2004-204 du 9 mars 2004)*

• L'inobservation des formalités prescrites pour les mandats de comparution, d'amener, de dépôt, d'arrêt et de recherche peut donner lieu à des sanctions disciplinaires contre le juge d'instruction, le juge des libertés et de la détention ou le procureur de la République.

• Ces dispositions sont étendues, sauf application de peines plus graves, s'il y a lieu, à toute violation des mesures protectrices de la liberté individuelle prescrites par les articles 56, 57, 59, 96, 97, 138 et 139.

• Dans les cas visés aux deux alinéas précédents et dans tous les cas d'atteinte à la liberté individuelle, le conflit ne peut jamais être élevé par l'autorité administrative et les tribunaux de l'ordre judiciaire sont toujours exclusivement compétents.

• Il en est de même dans toute instance civile fondée sur des faits constitutifs d'une atteinte à la liberté individuelle ou à l'inviolabilité du domicile prévue par les articles 432-4 à 432-6 et 432-8 du Code pénal, qu'elle soit dirigée contre la collectivité publique ou contre ses agents.

Section VII

Du contrôle judiciaire, de l'assignation à résidence et de la détention provisoire

Article 137. – Mise en examen – *(Loi n° 2009-1436 du 24 novembre 2009)*

• Toute personne mise en examen, présumée innocente, demeure libre.

• Toutefois, en raison des nécessités de l'instruction ou à titre de mesure de sûreté, elle peut être astreinte à une ou plusieurs obligations du contrôle judiciaire ou, si celles-ci se révèlent insuffisantes, être assignée à résidence avec surveillance électronique.

• À titre exceptionnel, si les obligations du contrôle judiciaire ou de l'assignation à résidence avec surveillance électronique ne permettent pas d'atteindre ces objectifs, elle peut être placée en détention provisoire.

J • **Placement sous contrôle judiciaire – Conditions.** – *Encourt la censure l'arrêt d'une chambre d'accusation qui, méconnaissant les dispositions de l'article 137, alinéa 1er, du Code de procédure pénale* (ci-dessus), *soumet une personne mise en examen au contrôle judiciaire sans préciser les circonstances qui, à raison des nécessités de l'instruction ou à titre de mesure de sûreté, le justifient* (Cass. CRIM. du 8 août 1995 – BCC n° 423).

Article 137-1. – Juge des libertés et de la détention – *(Loi n° 2016-1547 du 18 novembre 2016)*

• La détention provisoire est ordonnée ou prolongée par le juge des libertés et de la détention. Les demandes de mise en liberté lui sont également soumises.

• Lorsque le juge des libertés et de la détention statue à l'issue d'un débat contradictoire, il est assisté d'un greffier. Il peut alors faire application de l'article 93.

• Il ne peut, à peine de nullité, participer au jugement des affaires pénales dont il a connu.

• Hors le cas prévu par le deuxième alinéa de l'article 137-4, il est saisi par une ordonnance motivée du juge d'instruction, qui lui transmet le dossier de la procédure accompagné des réquisitions du procureur de la République. Lorsque le juge des libertés et de la détention doit statuer en application de l'article 145, le juge d'instruction peut indiquer dans son ordonnance si la publicité de ce débat lui paraît devoir être écartée au regard d'une ou plusieurs des raisons mentionnées au sixième alinéa de cet article.

Article 137-1-1. – Suppléance – Désignation – *(Ordonnance n° 2019-964 du 18 septembre 2019)*

• Le juge des libertés et de la détention peut être suppléé en cas de vacance d'emploi, d'absence ou d'empêchement, par un magistrat du siège du 1er grade ou hors hiérarchie désigné par le président du tribunal judiciaire. En cas d'empêchement de ces magistrats, le président du tribunal judiciaire peut désigner un magistrat du 2d grade.

• Pour l'organisation du service de fin de semaine ou du service allégé pendant la période au cours de laquelle les magistrats bénéficient de leurs congés annuels, le juge des libertés et de la détention d'un tribunal judiciaire peut être désigné afin d'exercer concurremment ces fonctions dans, au plus, 2 autres tribunaux judiciaires du ressort de la cour d'appel ; cette désignation est décidée par ordonnance du 1er président prise à la demande des présidents de ces juridictions et après avis du président du tribunal judiciaire concerné ; elle en précise le motif et la durée, ainsi que les tribunaux pour lesquels elle s'applique ; la durée totale d'exercice concurrent des fonctions de juge des libertés et de la détention dans plusieurs tribunaux judiciaires ne peut excéder 40 jours au cours de l'année judiciaire.

• La désignation prévue à l'alinéa précédent peut également être ordonnée, selon les mêmes modalités et pour une durée totale, intermittente ou continue, qui ne peut excéder 40 jours, lorsque, pour cause de vacance d'emploi ou d'empêchement, aucun magistrat n'est susceptible, au sein d'une juridiction, d'exercer les fonctions de juge des libertés et de la détention.

J • **Magistrats empêchés – Absents ou requis – Exercice autres missions dans la juridiction**
M. [T] [D] a formé un pourvoi contre l'arrêt de la chambre de l'instruction de la cour d'appel de NÎMES (30), en date du

01/06/2022, qui, dans l'information suivie contre lui des chefs d'infractions à la législation sur les stupéfiants, importation de stupéfiants, importation, détention et transport de marchandises prohibées, a confirmé l'ordonnance du J.L.D. le plaçant en détention provisoire.

8. En l'état de ces énonciations, la chambre de l'instruction a fait l'exacte application du texte visé au moyen dès lors que la Cour de cassation est en mesure de s'assurer que, par ordonnance d'administration judiciaire, le président du T.J. avait désigné ce magistrat pour la période considérée, et qu'il s'en déduit nécessairement qu'au moment où Mme Perrot est intervenue, les autres magistrats du siège du 1er grade ou hors hiérarchie étaient empêchés, au sens de l'article 137-1-1 du C.P.P., car absents ou requis par l'exercice de leurs autres missions dans la juridiction.

(Cour de cassation – Chambre criminelle du 6 septembre 2022 – N° de pourvoi : 22-83.707).

Article 137-2. – Contrôle judiciaire – *(Loi n° 2000-516 du 15 juin 2000)*

• Le contrôle judiciaire est ordonné par le juge d'instruction, qui statue après avoir recueilli les réquisitions du procureur de la République.

• Le contrôle judiciaire peut être également ordonné par le juge des libertés et de la détention, lorsqu'il est saisi.

Article 137-3. – Ordonnance motivée – *(Loi n° 2021-1729 du 22 décembre 2021)*

• Le juge des libertés et de la détention statue par ordonnance motivée. Lorsqu'il ordonne ou prolonge une détention provisoire ou qu'il rejette une demande de mise en liberté, l'ordonnance doit comporter l'énoncé des considérations de droit et de fait sur le caractère insuffisant des obligations du contrôle judiciaire ou de l'assignation à résidence avec surveillance électronique et le motif de la détention par référence aux seules dispositions des articles 143-1 et 144. En matière correctionnelle, les décisions prolongeant la détention provisoire au-delà de huit mois ou rejetant une demande de mise en liberté concernant une détention de plus de 8 mois doivent également comporter l'énoncé des considérations de fait sur le caractère insuffisant des obligations de l'assignation à résidence avec surveillance électronique mobile, prévue au 3e alinéa de l'article 142-5 et à l'article 142-12-1, ou du dispositif électronique prévu à l'article 138-3, lorsque cette mesure peut être ordonnée au regard de la nature des faits reprochés.

• Dans tous les cas, l'ordonnance est notifiée à la personne mise en examen qui en reçoit copie intégrale contre émargement au dossier de la procédure.

J • **Tentative d'assassinat – Détention provisoire – Décision de mise en détention provisoire – Motifs – Insuffisance des obligations du contrôle judiciaire – Insuffisance des obligations de l'assignation à résidence – Motifs distincts – Défaut – Portée**

REJET du pourvoi formé par M. Y... F... contre l'arrêt de la chambre de l'instruction de la cour d'appel de Rouen, en date du 12/07/2019, qui, dans l'information suivie contre lui du chef de tentative d'assassinat, a confirmé l'ordonnance du juge des libertés et de la détention rejetant sa demande de mise en liberté.

Justifie sa décision la chambre de l'instruction qui s'est déterminée par des considérations de droit et de fait au regard de l'insuffisance des obligations du contrôle judiciaire et de l'assignation à résidence sous surveillance électronique, sur lesquels elle n'avait pas à se prononcer par des motifs distincts.

(Cour de cassation – Chambre criminelle du 15 octobre 2019 – N° de pourvoi : 19-84799).

• **Infractions à la législation sur les stupéfiants en récidive... – Demande de renvoi – Débat contradictoire**

M. [M] [O] a formé un pourvoi contre l'arrêt de la chambre de l'instruction de la cour d'appel d'AIX-EN-PROVENCE (13), en date du 05/03/2021, qui, dans l'information suivie contre lui des chefs d'infractions à la législation sur les stupéfiants en récidive, usage illicite de stupéfiants, a confirmé l'ordonnance du J.L.D. prolongeant sa détention provisoire.

11. Il se déduit de ces textes que le J.L.D. qui rejette une demande de renvoi motivée présentée avant le débat contradictoire par l'avocat de la personne détenue doit, dans son ordonnance, faire mention de cette demande et énoncer les motifs de son refus.

12. Cette obligation s'impose y compris dans l'hypothèse où le J.L.D. a, précédemment au débat, indiqué à l'avocat qu'il refusait sa demande.

(Cour de cassation – Chambre criminelle du 22 juin 2021 – N° de pourvoi : 21-82.025).

• **Infractions à la législation sur les stupéfiants... – Transmission d'une pièce par courrier depuis établissement pénitentiaire – Délibéré**

M. [Y] [Z] a formé un pourvoi contre l'arrêt de la chambre de l'instruction de la cour d'appel de LYON (69), en date du 27/01/2022, qui, dans l'information suivie contre lui des chefs d'infractions à la législation sur les stupéfiants et sur les armes, association de malfaiteurs et blanchiment, en récidive, a confirmé l'ordonnance du J.L.D. prolongeant sa détention provisoire.

14. Pour écarter l'exception de nullité de l'ordonnance du J.L.D. prise de ce qu'en ne donnant pas la parole en dernier à la personne mise en examen après la prise de parole du ministère public sur sa demande de renvoi, la décision du juge a causé un grief à M. [Z], l'arrêt attaqué énonce qu'il résulte du procès-verbal de débat contradictoire qu'en violation des articles 5 et 6 de la C.E.D.H et 145 du C.P.P., la parole n'a pas été donnée en dernier à la personne mise en examen.

15. Les juges ajoutent que, pour autant, il n'est pas justifié que cette irrégularité aurait porté atteinte aux droits de l'intéressé auquel il a été dit qu'il pouvait produire la pièce qu'il souhaitait remettre pendant le temps du délibéré, le simple argument selon lequel le conseil de M. [Z] n'a pas été mis en mesure de convaincre le juge alors qu'il s'était déjà largement expliqué sur sa demande de renvoi en la présentant, étant insuffisant à caractériser le grief qu'il invoque.

(Cour de cassation – Chambre criminelle du 31 mai 2022 – N° de pourvoi : 22-81.459).

• **Tentative de meurtre en bande organisée... – J.L.D. – Demande de report – Débat contradictoire – Courrier électronique – Avocat**

M. [Z] [C] a formé un pourvoi contre l'arrêt de la chambre de l'instruction de la cour d'appel de MONTPELLIER (34), en date du 13/06/2022, qui, dans l'information suivie contre lui des chefs de tentative de meurtre en bande organisée, association de malfaiteurs, a confirmé l'ordonnance du J.L.D. prolongeant sa détention provisoire.

Le J.L.D. qui rejette une demande de report du débat contradictoire aux fins de prolongation de la détention provisoire doit motiver sa décision. Ces motifs peuvent être énoncés dans un courrier électronique, adressé à l'avocat de la personne mise en examen, dont fait état le procès-verbal de débat contradictoire. Justifie sa décision la chambre de l'instruction qui, pour écarter le moyen de nullité tiré du défaut de réponse à la demande de renvoi formée avant l'ouverture du débat contradictoire par l'avocat de la personne mise en examen, énonce que l'ordonnance de prolongation de la détention provisoire vise le procès-verbal de débat contradictoire, lequel mentionne le courrier électronique adressé à l'avocat préalablement au débat contradictoire et qui comprend la réponse motivée apportée par le J.L.D. à cette demande.

(Cour de cassation – Chambre criminelle du 21 septembre 2022 – N° de pourvoi : 22-84.128).

• Juridictions correctionnelles – Détention provisoire – Demande de mise en liberté – Rejet – Motifs – Constatation de l'insuffisance des obligations de l'assignation à résidence avec surveillance électronique mobile ou du dispositif électronique – Nécessité *(non)*

M. [K] [T] a formé un pourvoi contre l'arrêt de la cour d'appel de LYON (69), 9e chambre, en date du 21/09/2022, qui, dans la procédure suivie contre lui du chef d'agression sexuelle aggravée, a rejeté sa demande de mise en liberté.

Les dispositions de l'article 137-3 du C.P.P., dans sa rédaction issue de la loi n° 2021-1729 du 22/12/2021, selon lesquelles, en matière correctionnelle, les décisions du J.L.D. prolongeant la détention provisoire au-delà de huit mois ou rejetant une demande de mise en liberté concernant une détention de plus de 8 mois doivent également comporter l'énoncé des considérations de fait sur le caractère insuffisant des obligations de l'assignation à résidence avec surveillance électronique mobile ou du dispositif électronique prévu à l'article 138-3 du même code, ne sont plus applicables lorsque le J.I. a rendu son ordonnance de renvoi devant la juridiction de jugement.

(Cour de cassation – Chambre criminelle du 6 décembre 2022 – N° de pourvoi : 22-85.686).

Article 137-4. – Placement en détention provisoire – *(Loi n° 2007-291 du 5 mars 2007)*

• Lorsque, saisi de réquisitions du procureur de la République tendant au placement en détention provisoire, le juge d'instruction estime que cette détention n'est pas justifiée et qu'il décide de ne pas transmettre le dossier de la procédure au juge des libertés et de la détention, il est tenu de statuer sans délai par ordonnance motivée, qui est immédiatement portée à la connaissance du procureur de la République.

• En matière criminelle ou pour les délits punis de dix ans d'emprisonnement, le procureur de la République peut alors, si les réquisitions sont motivées, en tout ou partie, par les motifs prévus aux 4° à 7° de l'article 144 et qu'elles précisent qu'il envisage de faire application des dispositions du présent alinéa, saisir directement le juge des libertés et de la détention en déférant sans délai devant lui la personne mise en examen ; l'ordonnance rendue par le juge des libertés et de la détention entraîne le cas échéant la caducité de l'ordonnance du juge d'instruction ayant placé la personne sous contrôle judiciaire. S'il renonce à saisir directement le juge des libertés et de la détention, le procureur de la République en avise le juge d'instruction et la personne peut être laissée en liberté.

Sous-section 1

Du contrôle judiciaire

Article 138. – Contrôle judiciaire – *(Loi n° 2020-936 du 30 juillet 2020)*

• Le contrôle judiciaire peut être ordonné par le juge d'instruction ou par le juge des libertés et de la détention si la personne mise en examen encourt une peine d'emprisonnement correctionnel ou une peine plus grave.

• Ce contrôle astreint la personne concernée à se soumettre, selon la décision du juge d'instruction ou du juge des libertés et de la détention, à une ou plusieurs des obligations ci-après énumérées :

• 1° Ne pas sortir des limites territoriales déterminées par le juge d'instruction ou le juge des libertés et de la détention ;

• 2° Ne s'absenter de son domicile ou de la résidence fixée par le juge d'instruction ou le juge des libertés et de la détention qu'aux conditions et pour les motifs déterminés par ce magistrat ;

• 3° Ne pas se rendre en certains lieux ou ne se rendre que dans les lieux déterminés par le juge d'instruction ou le juge des libertés et de la détention ;

• 3° *bis* Ne pas participer à des manifestations sur la voie publique dans des lieux déterminés par le juge d'instruction ou le juge des libertés et de la détention ;

• 4° Informer le juge d'instruction ou le juge des libertés et de la détention de tout déplacement au-delà de limites déterminées ;

• 5° Se présenter périodiquement aux services, associations habilitées ou autorités désignés par le juge d'instruction ou le juge des libertés et de la détention qui sont tenus d'observer la plus stricte discrétion sur les faits reprochés à la personne mise en examen ;

• 6° Répondre aux convocations de toute autorité, de toute association ou de toute personne qualifiée désignée par le juge d'instruction ou le juge des libertés et de la détention et se soumettre, le cas échéant, aux mesures de contrôle portant sur ses activités professionnelles ou sur son assiduité à un enseignement ainsi qu'aux mesures socio-éducatives destinées à favoriser son insertion sociale et à prévenir le renouvellement de l'infraction;

• 7° Remettre soit au greffe, soit à un service de police ou à une brigade de gendarmerie tous documents justificatifs de l'identité, et notamment le passeport, en échange d'un récépissé valant justification de l'identité;

• 8° S'abstenir de conduire tous les véhicules, certains véhicules ou un véhicule qui ne soit pas équipé, par un professionnel agréé ou par construction, d'un dispositif homologué d'anti-démarrage par éthylotest électronique et, le cas échéant, remettre au greffe son permis de conduire contre récépissé; toutefois, le juge d'instruction ou le juge des libertés et de la détention peut décider que la personne mise en examen pourra faire usage de son permis de conduire pour l'exercice de son activité professionnelle;

• 9° S'abstenir de recevoir ou de rencontrer certaines personnes spécialement désignées par le juge d'instruction ou le juge des libertés et de la détention, ainsi que d'entrer en relation avec elles, de quelque façon que ce soit;

• 10° Se soumettre à des mesures d'examen, de traitement ou de soins, même sous le régime de l'hospitalisation, notamment aux fins de désintoxication. Une copie de l'ordonnance de placement sous contrôle judiciaire est adressée par le juge d'instruction au médecin ou au psychologue qui doit suivre la personne mise en examen. Les rapports des expertises réalisées pendant l'enquête ou l'instruction sont adressés au médecin ou au psychologue, à leur demande ou à l'initiative du juge d'instruction. Celui-ci peut également leur adresser toute autre pièce utile du dossier;

• 11° Fournir un cautionnement dont le montant et les délais de versement, en une ou plusieurs fois, sont fixés par le juge d'instruction ou le juge des libertés et de la détention, compte tenu notamment des ressources et des charges de la personne mise en examen;

• 12° Ne pas se livrer à certaines activités de nature professionnelle ou sociale, à l'exclusion de l'exercice des mandats électifs et des responsabilités syndicales, lorsque l'infraction a été commise dans l'exercice ou à l'occasion de l'exercice de ces activités et lorsqu'il est à redouter qu'une nouvelle infraction soit commise. Lorsque l'activité concernée est celle d'un avocat, le conseil de l'ordre, saisi par le juge d'instruction ou le juge des libertés et de la détention, a seul le pouvoir de prononcer cette mesure à charge d'appel, dans les conditions prévues à l'article 24 de la loi n° 71-1130 du 31 décembre 1971 portant réforme de certaines professions judiciaires et juridiques; le conseil de l'ordre statue dans les 15 jours;

• 12° *bis* Ne pas exercer une activité impliquant un contact habituel avec des mineurs lorsqu'il est à redouter qu'une nouvelle infraction soit commise;

• 13° Ne pas émettre de chèques autres que ceux qui permettent exclusivement le retrait de fonds par le tireur auprès du tiré ou ceux qui sont certifiés et, le cas échéant, remettre au greffe les formules de chèques dont l'usage est ainsi prohibé;

• 14° Ne pas détenir ou porter une arme et, le cas échéant, remettre au greffe contre récépissé les armes dont elle est détentrice;

• 15° Constituer, dans un délai, pour une période et un montant déterminés par le juge d'instruction ou le juge des libertés et de la détention, des sûretés personnelles ou réelles;

• 16° Justifier qu'elle contribue aux charges familiales ou acquitte régulièrement les aliments qu'elle a été condamnée à payer conformément aux décisions judiciaires et aux conventions judiciairement homologuées portant obligation de verser des prestations, subsides ou contributions aux charges du mariage;

• 17° En cas d'infraction commise soit contre son conjoint, son concubin ou son partenaire lié par un pacte civil de solidarité, soit contre ses enfants ou ceux de son conjoint, concubin ou partenaire, résider hors du domicile ou de la résidence du couple et, le cas échéant, s'abstenir de paraître dans ce domicile ou cette résidence ou aux abords immédiats de celui-ci, ainsi que, si nécessaire, faire l'objet d'une prise en charge sanitaire, sociale ou psychologique; les dispositions du présent 17° sont également applicables lorsque l'infraction est commise par l'ancien conjoint ou concubin de la victime, ou par la personne ayant été liée à elle par un pacte civil de solidarité, le domicile concerné étant alors celui de la victime. Pour l'application du présent 17°, le juge d'instruction recueille ou fait recueillir, dans les meilleurs délais et par tous moyens, l'avis de la victime sur l'opportunité d'astreindre l'auteur des faits à résider hors du logement du couple. Sauf circonstances particulières, cette mesure est prise lorsque sont en cause des faits de violences susceptibles d'être renouvelés et que la victime la sollicite. Le juge d'instruction peut préciser les modalités de prise en charge des frais afférents à ce logement. Lorsqu'est prononcée l'une des obligations prévues au 9°, au présent 17° ou au 17° *bis*, le juge d'instruction ou le juge des libertés et de la détention se prononce, par une décision motivée, sur la suspension du droit de visite et d'hébergement de l'enfant mineur dont la personne mise en examen est titulaire ;

• 17° *bis* Respecter l'interdiction de se rapprocher d'une victime de violences commises au sein du couple prévue à l'article 138-3 et contrôlée par un dispositif électronique mobile anti-rapprochement ;

• 18° Respecter les conditions d'une prise en charge sanitaire, sociale, éducative ou psychologique, destinée à permettre sa réinsertion et l'acquisition des valeurs de la citoyenneté ; cette prise en charge peut, le cas échéant, intervenir au sein d'un établissement d'accueil adapté dans lequel la personne est tenue de résider.

• Les modalités d'application du présent article, en ce qui concerne notamment l'habilitation des personnes contribuant au contrôle judiciaire sont déterminées en tant que de besoin par un décret en Conseil d'État.

Article 138-1. – Interdiction de recevoir, rencontrer la victime... – *(Loi n° 2004-204 du 9 mars 2004)*

• Lorsque la personne mise en examen est soumise à l'interdiction de recevoir, ou rencontrer la victime ou d'entrer en relation de quelque façon que ce soit avec elle en application des dispositions du 9° de l'article 138, le juge d'instruction ou le juge des libertés et de la détention adresse à celle-ci un avis l'informant de cette mesure ; si la victime est partie civile, cet avis est également adressé à son avocat.

• Cet avis précise les conséquences susceptibles de résulter pour la personne mise en examen du non-respect de cette interdiction.

Article 138-2. – Infractions de nature sexuelle – Protection des mineurs victimes – *(Loi n° 2012-409 du 27 mars 2012)*

• En cas de poursuites pour un crime ou pour une infraction mentionnée à l'article 706-47, le juge d'instruction ou le juge des libertés et de la détention peut, d'office ou sur réquisition du ministère public, décider dans son ordonnance de placement sous contrôle judiciaire qu'une copie de cette ordonnance est transmise à la personne chez qui le mis en examen établit sa résidence si cette transmission apparaît nécessaire pour prévenir le renouvellement de l'infraction.

• Lorsque la personne mise en examen pour l'une des infractions mentionnées au premier alinéa du présent article est scolarisée ou a vocation à poursuivre sa scolarité dans un établissement scolaire, public ou privé, copie de l'ordonnance est, dans tous les cas, transmise par le juge d'instruction à l'autorité académique et, le cas échéant, au chef d'établissement concerné; le juge d'instruction informe également ces autorités des décisions modifiant les obligations du contrôle judiciaire ayant une incidence sur le lieu ou le mode de scolarisation de la personne.

• Les personnes à qui des décisions ont été transmises en application du deuxième alinéa ne peuvent faire état des renseignements ainsi obtenus qu'aux personnels qui sont responsables de la sécurité et de l'ordre dans l'établissement et, le cas échéant, dans les structures chargées de l'hébergement des élèves et aux professionnels, soumis au secret professionnel, qui sont chargés du suivi social et sanitaire des élèves. Le partage de ces informations est strictement limité à ce qui est nécessaire à l'exercice de leurs missions.

• Sans préjudice des dispositions de l'article 226-13 du Code pénal réprimant la violation du secret professionnel, le fait, pour les personnes à qui des décisions ont été transmises en application du présent article ou qui ont eu connaissance des informations qu'elles contiennent en application de l'avant-dernier alinéa, de communiquer ces décisions ou leur contenu à des tiers non autorisés à partager ces informations est puni d'une amende de 3 750 €.

Article 138-3. – Interdiction de se rapprocher de la victime... – *(Loi n° 2019-1480 du 28 décembre 2019)*

• En cas d'infraction punie d'au moins 3 ans d'emprisonnement commise contre son conjoint, son concubin ou le partenaire lié à elle par un pacte civil de solidarité, y compris lorsqu'ils ne cohabitent pas, ou commise par l'ancien conjoint ou concubin de la victime ou par le partenaire ayant été lié à elle par un pacte civil de solidarité, le juge peut, à la demande ou avec le consentement exprès de la victime, qui peut être recueilli par tout moyen :

• 1° Interdire à la personne placée sous contrôle judiciaire de se rapprocher de la victime à moins d'une certaine distance fixée par la décision ;

• 2° Et, afin d'assurer le respect de l'interdiction prévue au 1°, astreindre cette personne au port, pendant toute la durée du placement, d'un bracelet intégrant un émetteur permettant à tout moment de déterminer à distance sa localisation sur l'ensemble du territoire national et si elle s'approche de la victime à qui a été attribué un dispositif électronique permettant également sa localisation.

• La personne placée sous contrôle judiciaire est avisée que la pose du bracelet ne peut être effectuée sans son consentement mais que le fait de la refuser constitue une violation des obligations qui lui incombent et peut donner lieu à la révocation de la mesure et à son placement en détention provisoire. Ce dispositif est homologué par le ministre de la justice. Sa mise en œuvre doit garantir le respect de la dignité, de l'intégrité et de la vie privée de la personne et ne pas entraver son insertion sociale.

• Les dispositions du présent article sont précisées par décret en Conseil d'État. Ce décret en Conseil d'État, pris après avis de la Commission nationale de l'informatique et des libertés, autorise la mise en œuvre d'un traitement automatisé de données à caractère personnel assurant le contrôle à distance de la localisation de la personne placée sous contrôle judiciaire et de la victime; ces dispositions peuvent étendre les finalités du traitement prévu à l'article 763-13. Les personnes contribuant à ce contrôle à distance, qui ne peut conduire à imposer la présence de la personne placée sous contrôle judiciaire dans certains lieux, peuvent être des personnes privées habilitées dans des conditions prévues par ce décret.

Article 139. – Placement sous contrôle judiciaire – *(Loi n° 93-2 du 4 janvier 1993)*

• La personne mise en examen est placée sous contrôle judiciaire par une ordonnance du juge d'instruction qui peut être prise en tout état de l'instruction.

• Le juge d'instruction peut, à tout moment, imposer à la personne placée sous contrôle judiciaire une ou plusieurs obligations nouvelles, supprimer tout ou partie des obligations comprises dans le contrôle, modifier une ou plusieurs de ces obligations ou accorder une dispense occasionnelle ou temporaire d'observer certaines d'entre elles.

Article 140. – Mainlevée du contrôle judiciaire – *(Loi n° 2000-516 du 15 juin 2000)*

• La mainlevée du contrôle judiciaire peut être ordonnée à tout moment par le juge d'instruction, soit d'office, soit sur les réquisitions du procureur de la République, soit sur la demande de la personne après avis du procureur de la République.

• Le juge d'instruction statue sur la demande de la personne dans un délai de cinq jours, par ordonnance motivée.

• Faute par le juge d'instruction d'avoir statué dans ce délai, la personne peut saisir directement de sa demande la chambre de l'instruction qui, sur les réquisitions écrites et motivées du procureur général, se prononce dans les vingt jours de sa saisine. À défaut, la mainlevée du contrôle judiciaire est acquise de plein droit, sauf si des vérifications concernant la demande de la personne ont été ordonnées.

Article 141. – *(Abrogé)*

Article 141-1. – Pouvoirs conférés au juge d'instruction – *(Loi n° 70-643 du 17 juillet 1970)*

• Les pouvoirs conférés au juge d'instruction par les articles 139 et 140 appartiennent, en tout état de cause, à la juridiction compétente selon les distinctions de l'article 148-1.

Article 141-2. – Soustraction volontaire aux obligations du contrôle judiciaire – *(Loi n° 2016-731 du 3 juin 2016)*

• Si la personne mise en examen se soustrait volontairement aux obligations du contrôle judiciaire, le juge d'instruction peut décerner à son encontre mandat d'arrêt ou d'amener. Il peut également, dans les conditions prévues au quatrième alinéa de l'article 137-1, saisir le juge des libertés et de la détention aux fins de placement en détention provisoire. Quelle que soit la peine d'emprisonnement encourue, le juge des libertés et de la détention peut décerner, à l'encontre de cette personne, un mandat de dépôt en vue de sa détention provisoire, sous réserve des dispositions de l'article 141-3.

• Si la personne se soustrait aux obligations du contrôle judiciaire alors qu'elle est renvoyée devant la juridiction de jugement, le procureur de la République peut, hors le cas prévu par l'article 272-1, saisir le juge des libertés et de la détention pour que celui-ci décerne mandat d'arrêt ou d'amener à son encontre. Ce magistrat est également compétent pour ordonner, conformément aux dispositions de l'article 135-2, le placement en détention provisoire de l'intéressé. Les articles 141-4 et 141-5 sont applicables; les attributions confiées au juge d'instruction par ces mêmes articles sont alors exercées par le procureur de la République.

Article 141-3. – Durée cumulée des détentions – *(Loi n° 2000-516 du 15 juin 2000)*

• Lorsque la détention provisoire est ordonnée à la suite d'une révocation du contrôle judiciaire à l'encontre d'une personne antérieurement placée en détention provisoire pour les mêmes faits, la durée cumulée des détentions ne peut excéder de plus de quatre mois la durée maximale de la détention prévue respectivement aux articles 145-1 et 145-2. Lorsque la peine encourue est inférieure à celle mentionnée à l'article 143-1, la durée totale des détentions ne peut excéder quatre mois.

Article 141-4. – Manquements aux obligations du contrôle judiciaire – *(Loi n° 2019-1480 du 28 décembre 2019)*

• Les services de police et les unités de gendarmerie peuvent, d'office ou sur instruction du juge d'instruction, appréhender toute personne placée sous contrôle judiciaire à l'encontre de laquelle il existe une ou plusieurs raisons plausibles de soupçonner qu'elle a manqué aux obligations qui lui incombent au titre des 1°, 2°, 3°, 8°, 9°, 14°, 17° et 17° *bis* de l'article 138. La personne peut alors, sur décision d'un officier de police judiciaire, être retenue 24 heures au plus dans un local de police ou de gendarmerie afin que soit vérifiée sa situation et qu'elle soit entendue sur la violation de ses obligations.

• Dès le début de la mesure, l'officier de police judiciaire informe le juge d'instruction.

• La personne retenue est immédiatement informée par l'officier de police judiciaire ou, sous le contrôle de celui-ci, par un agent de police judiciaire, dans une langue qu'elle comprend, de la durée maximale de la mesure, de la nature des obligations qu'elle est soupçonnée d'avoir violées et du fait qu'elle bénéficie :

• 1° Du droit de faire prévenir un proche et son employeur ainsi que, si elle est de nationalité étrangère, les autorités consulaires de l'État dont elle est ressortissante, conformément à l'article 63-2 ;

• 2° Du droit d'être examinée par un médecin, conformément à l'article 63-3 ;

• 3° Du droit d'être assistée par un avocat, conformément aux articles 63-3-1 à 63-4-3 ;

• 4° S'il y a lieu, du droit d'être assistée par un interprète ;

• 5° Du droit, lors des auditions, après avoir décliné son identité, de faire des déclarations, de répondre aux questions qui lui sont posées ou de se taire.

• Les pouvoirs conférés au procureur de la République par les articles 63-2 et 63-3 sont exercés par le juge d'instruction.

• La retenue s'exécute dans des conditions assurant le respect de la dignité de la personne. Seules peuvent être imposées à la personne retenue les mesures de sécurité strictement nécessaires.

• La personne retenue ne peut faire l'objet d'investigations corporelles internes au cours de sa rétention par le service de police ou par l'unité de gendarmerie.

• L'article 64 est applicable à la présente mesure de retenue.

• À l'issue de la mesure, le juge d'instruction peut ordonner que la personne soit conduite devant lui, le cas échéant pour qu'il saisisse le juge des libertés et de la détention aux fins de révocation du contrôle judiciaire.

• Le juge d'instruction peut également demander à un officier ou un agent de police judiciaire d'aviser la personne qu'elle est convoquée devant lui à une date ultérieure.

• Le présent article est également applicable aux personnes placées sous assignation à résidence avec surveillance électronique.

Article 141-5. – Perquisition – *(Loi n° 2014-896 du 15 août 2014)*

• Les services de police et les unités de gendarmerie peuvent, selon les modalités prévues aux articles 56 à 58 et pendant les heures prévues à l'article 59, et après avoir recueilli l'accord du juge d'instruction ou sur instruction de ce magistrat, procéder à une perquisition chez une personne qui, placée sous contrôle judiciaire ou sous assignation à résidence avec surveillance électronique, est soumise à l'interdiction de détenir une arme, lorsqu'il existe des indices graves ou concordants que des armes se trouvent actuellement à son domicile.

• Si des armes sont découvertes, elles sont saisies et placées sous scellés.

Article 142. – Cautionnement ou sûretés – *(Loi n° 2016-1691 du 9 décembre 2016)*

• Lorsque la personne mise en examen est astreinte à fournir un cautionnement ou à constituer des sûretés, ce cautionnement ou ces sûretés garantissent :

• 1° La représentation de la personne mise en examen, du prévenu ou de l'accusé à tous les actes de la procédure et pour l'exécution du jugement, ainsi que, le cas échéant, l'exécution des autres obligations qui lui ont été imposées ;

• 2° Le paiement dans l'ordre suivant :

• *a)* De la réparation des dommages causés par l'infraction et des restitutions, ainsi que de la dette alimentaire lorsque la personne mise en examen est poursuivie pour le défaut de paiement de cette dette ;

• *b)* Des amendes.

• La décision du juge d'instruction ou du juge des libertés et de la détention, détermine les sommes affectées à chacune des deux parties du cautionnement ou des sûretés. Le juge d'instruction ou le juge des libertés et de la détention peut toutefois décider que les sûretés garantiront dans leur totalité le paiement des sommes prévues au 2° ou l'une ou l'autre de ces sommes.

• Lorsque les sûretés garantissent, en partie ou en totalité, les droits d'une ou plusieurs victimes qui ne sont pas encore identifiées ou qui ne sont pas encore constituées parties civiles, elles sont établies, dans des conditions précisées par décret en Conseil d'État, au nom d'un bénéficiaire provisoire agissant pour le compte de ces victimes et, le cas échéant, du Trésor.

• Un décret en Conseil d'État fixe le montant au-delà duquel le cautionnement ne peut être effectué en espèces, sauf décision contraire du juge des libertés et de la détention ou du juge d'instruction.

J **• Escroqueries – Contrôle judiciaire – Obligations – Obligation de fournir un cautionnement – Cautionnement – Conditions**

Contre l'arrêt de la chambre d'accusation de la cour d'appel d'AIX-EN-PROVENCE, en date du 07/07/1998, qui, dans l'information suivie contre lui pour escroqueries, a confirmé l'ordonnance du juge d'instruction rejetant sa demande de mainlevée du contrôle judiciaire.

Selon l'article 142 du C.P.P., la décision qui astreint la personne mise en examen à fournir un cautionnement doit déterminer les sommes affectées à chacune des 2 parties de ce cautionnement, telles que prévues par le même article.

(Cour de cassation – Chambre criminelle du 13 octobre 1998 – N° de pourvoi : 98-84 224).

• Complicité et recel d'escroquerie en bande organisée... – Contrôle judiciaire – Obligations – Obligation de constituer des sûretés personnelles ou réelles – Substitution à l'obligation de fournir un cautionnement – Possibilité

Contre l'arrêt de la chambre de l'instruction de la cour d'appel de DOUAI, en date du 22/11/2002, qui, dans l'information suivie contre lui pour complicité et recel d'escroquerie en bande organisée, tentative d'escroquerie et infraction au Code de la construction et de l'habitation, a confirmé l'ordonnance du juge d'instruction le plaçant sous contrôle judiciaire.

Attendu que, selon ce texte, la personne mise en examen est astreinte à fournir un cautionnement ou à constituer des sûretés qui garantissent sa représentation à tous les actes de la procédure et le paiement de la réparation des dommages causés par l'infraction, des restitutions et des amendes;

Attendu que, pour confirmer l'ordonnance entreprise quant à l'obligation de fournir un cautionnement et rejeter l'offre de Bernard X... de produire une caution bancaire, les juges énoncent que la constitution de sûretés réelles ou personnelles relève de l'article 138, 15 , du C.P.P. et ne saurait se substituer au versement du cautionnement; qu'ils ajoutent que de telles sûretés ne peuvent être destinées à garantir le paiement des frais, réparations et amendes, énoncés à l'article 142, 2 , du Code précité, qui ne peut être assuré que par la seconde partie du cautionnement prévu à l'article 138, 11 , du même Code;

Mais attendu qu'en statuant ainsi, alors que la somme affectée à la seconde partie des sûretés peut être destinée à garantir le paiement de la réparation des dommages causés par l'infraction, des restitutions et des amendes, et qu'il peut être décidé par le juge d'instruction que les sûretés garantiront dans leur totalité les droits des victimes, la chambre de l'instruction a méconnu le sens et la portée du texte susvisé.

(Cour de cassation – Chambre criminelle du 5 mars 2003 – N° de pourvoi : 02-88.089).

• Infractions à la législation sur les jeux – Contrôle judiciaire – Obligations – Obligation de fournir un cautionnement – Cautionnement – Conditions

Contre l'arrêt de la chambre de l'instruction de la cour d'appel de VERSAILLES, en date du 17/03/2003, qui, dans l'information suivie contre lui du chef d'infractions à la législation sur les jeux, a rejeté sa demande de modification du contrôle judiciaire.

Selon l'article 142 du C.P.P., la 2de partie du cautionnement garantit, en 1er lieu, le paiement de la réparation des dommages causés par l'infraction et des restitutions et, en 2d lieu, le paiement des amendes.

Méconnaît les dispositions de ce texte la décision qui affecte la 2de partie du cautionnement au seul paiement des amendes.

(Cour de cassation – Chambre criminelle du 9 juillet 2003 – N° de pourvoi : 03-82.143).

• Exportations sans déclaration de marchandises prohibées – Contrôle judiciaire – Obligations – Obligation de fournir un cautionnement – Cautionnement – Objet – Paiement de l'amende douanière – Condition

Contre l'arrêt de la cour d'appel de GRENOBLE, chambre correctionnelle, en date du 15/11/2002, qui, dans la procédure suivie contre Pierre X... pour exportations sans déclaration de marchandises prohibées, a statué sur l'affectation du cautionnement versé par ce dernier.

Selon l'article 142 du C.P.P., la 2de partie du cautionnement garantit, en 1er lieu, le paiement de la réparation des dommages causés par l'infraction et des restitutions et, en 2d lieu, le paiement des amendes.

Il en résulte que, même si la décision qui a ordonné le versement du cautionnement mentionne qu'il servira à garantir, pour une part, la représentation du mis en examen et l'exécution du jugement, et, pour le surplus, la réparation des dommages causés par l'infraction, cette 2de partie du cautionnement peut être affectée au paiement de l'amende douanière à laquelle l'intéressé a été ensuite condamné, dès lors que les parties civiles constituées ne réclament rien auprès du dépositaire du cautionnement.

(Cour de cassation – Chambre criminelle du 8 octobre 2003 – N° de pourvoi : 02-88.225).

• Contrôle judiciaire – Obligations – Obligation de fournir un cautionnement – Cautionnement – Restitution – Conditions – Détermination

Contre l'arrêt de la chambre de l'instruction de la cour d'appel de VERSAILLES, en date du 07/09/2010, qui a rejeté sa requête en restitution de cautionnement.

Il résulte de l'article 142-2 du C.P.P. que la 1re partie du cautionnement versé par une personne mise en examen, en application de l'article 142 de ce code, doit lui être restituée dès lors qu'elle s'est présentée à tous les actes de la procédure, qu'elle a satisfait aux obligations du contrôle judiciaire, lequel a pris fin, et qu'elle s'est soumise à l'exécution de l'arrêt l'ayant condamnée.

Encourt en conséquence la cassation l'arrêt qui, pour rejeter la demande d'une accusée définitivement condamnée qui exécute sa peine, retient que l'intéressée pourrait être soumise à de nouvelles obligations qu'elle devrait satisfaire à l'occasion d'éventuels aménagements de peine.

(Cour de cassation – Chambre criminelle du 11 octobre 2011 – N° de pourvoi : 10-88.469).

• Complicité de contrefaçon d'une œuvre de l'esprit... – Frais et dépens – Frais à la charge de l'État – Cautionnement dans le cadre du contrôle judiciaire – Prise en charge *(non)*

Contre l'arrêt de la chambre de l'instruction de la cour d'appel d'ORLÉANS, en date du 05/07/2012, qui, dans l'information suivie contre lui des chefs de complicité de contrefaçon d'une œuvre de l'esprit, complicité d'apposition de fausses signatures sur des œuvres non encore tombées dans le domaine public, escroqueries et recels, a confirmé l'ordonnance du juge d'instruction l'ayant placé sous contrôle judiciaire.

Il résulte de la combinaison des articles 138 11°, 142 et 800-1 du C.P.P. que les frais de justice criminelle, correctionnelle et de police étant à la charge de l'État et sans recours envers les condamnés, le cautionnement auquel est astreinte une personne mise en examen, par une décision de placement sous contrôle judiciaire, ne peut en garantir le paiement.

(Cour de cassation – Chambre criminelle du 3 octobre 2012 – N° de pourvoi : 12-85.009).

• Fraude fiscale et blanchiment – Contrôle judiciaire – Obligations – Obligation de fournir un cautionnement – Cautionnement – Finalités – Réparation des dommages causés par l'infraction – Préjudice causé au Trésor public

Contre l'arrêt de la chambre de l'instruction de la cour d'appel de PARIS, 2e section, en date du 25/04/2013, qui, dans l'information suivie contre M. Guy X... des chefs de fraude fiscale et blanchiment, a partiellement infirmé l'ordonnance modificative de contrôle judiciaire rendue par les juges d'instruction.

La juridiction d'instruction a, en application des articles 138, 11°, et 142 du C.P.P., le pouvoir d'ordonner un cautionnement destiné en partie à garantir le paiement des sommes dont la fixation relève de l'administration fiscale.

Encourt en conséquence la cassation l'arrêt qui, pour juger que le cautionnement ne peut garantir le paiement d'un redressement fiscal, énonce que, si la juridiction répressive est appelée à se prononcer et éventuellement à condamner du chef du délit de fraude fiscale, tel que prévu et réprimé par les articles 1741 à 1745 du Code général des impôts, elle n'est pas appelée à assurer la réparation du préjudice causé au Trésor public et à déterminer le montant de l'impôt éludé et des majorations y afférentes.

(Cour de cassation – Chambre criminelle du 21 août 2013 – N° de pourvoi : 13-83.838).

Article 142-1. – Versement par provision – *(Loi n° 2004-204 du 9 mars 2004)*

• Le juge d'instruction ou le juge des libertés et de la détention peut, avec le consentement de la personne mise en examen, ordonner, ou décider, que la partie du cautionnement affectée à la garantie des droits de la victime ou du créancier d'une dette alimentaire soit versée à ceux-ci par provision, sur leur demande.

• Ce versement peut aussi être ordonné, ou décidé, même sans le consentement de la personne mise en examen, lorsqu'une décision de justice exécutoire a accordé à la victime ou au créancier une provision à l'occasion des faits qui sont l'objet des poursuites.

Article 142-2. – 1re partie du cautionnement ou 1re partie des sûretés – *(Loi n° 2000-516 du 15 juin 2000)*

• La première partie du cautionnement est restituée ou la première partie des sûretés est levée si la personne mise en examen, le prévenu ou l'accusé s'est présenté à tous les actes de la procédure, a satisfait aux obligations du contrôle judiciaire et s'est soumis à l'exécution du jugement.

• Dans le cas contraire, sauf motif légitime d'excuse ou décision de non-lieu, de relaxe, d'acquittement ou d'exemption de peine, la première partie du cautionnement est acquise à l'État, ou il est procédé au recouvrement de la créance garantie par la première partie des sûretés.

J **• Abus de biens sociaux... – Versement à la partie civile – Partie du cautionnement – Garantie des droits de la victime – Restitution dans les conditions des articles 142-2 et 142-3 du C.P.P.**

Contre l'arrêt de la cour d'appel de NÎMES, chambre correctionnelle, en date du 10/06/2008, qui, pour abus de biens sociaux, faux et usage, l'a condamné à 3 ans d'emprisonnement dont 1 an avec sursis, 20000 euros d'amende, à l'interdiction définitive de gérer, à l'exclusion des marchés publics, et a prononcé sur les intérêts civils.

Attendu que le prévenu ne saurait se faire un grief de ce que la cour d'appel a ordonné le versement à la partie civile de la partie du cautionnement affectée à la garantie des droits de la victime dès lors que cette somme doit être restituée à cette dernière dans les conditions des articles 142-2 et 142-3 du C.P.P.

(Cour de cassation – Chambre criminelle du 6 mai 2009 – N° de pourvoi : 08-85.201).

• Complicité et recel d'abus de biens sociaux – Contrôle judiciaire – Obligations – Obligation de fournir un cautionnement – Cautionnement – Restitution – Conditions – Personne mise en examen placée en détention provisoire ultérieurement – Part du cautionnement garantissant la représentation en justice de la personne mise en examen – Pouvoirs des juges

Contre l'arrêt de la chambre d'accusation de la cour d'appel de PARIS, en date du 08/03/2000, qui, dans l'information suivie contre lui des chefs de complicité et recel d'abus de biens sociaux, a rejeté sa demande de restitution de la part du cautionnement garantissant sa représentation en justice.

Il résulte des dispositions de l'article 142-2 du C.P.P. que si la personne mise en examen, placée sous contrôle judiciaire avec obligation de fournir un cautionnement dont elle s'est acquittée, est ultérieurement mise en détention provisoire, elle ne peut se voir restituer la 1re partie du cautionnement garantissant sa représentation en justice qu'à l'issue de la procédure et dans le cas où elle remplit les conditions déterminées par les dispositions de l'article 142-2 du C.P.P.

(Cour de cassation – Chambre criminelle du 20 juin 2000 – N° de pourvoi : 00-82.209).

• **Procédure d'extradition – Extradition – Chambre de l'instruction – Mise en liberté – Article 14 de la loi du 10/03/1927 – Application de l'article 142-2 du C.P.P. – Contrôle judiciaire – Cautionnement**

Contre l'arrêt de la chambre de l'instruction de la cour d'appel d'AIX-EN-PROVENCE, en date du 21/068/2001 qui, dans la procédure d'extradition suivie contre lui à la requête du Gouvernement italien, a statué sur sa demande de restitution de cautionnement.

Selon l'article 142-2, al. 2, du C.P.P., la part du cautionnement destinée à la représentation n'est pas restituée et demeure acquise à l'État, si la personne astreinte au contrôle judiciaire n'a pas satisfait aux obligations imposées. Il résulte de l'article 14 de la loi du 10/03/1927 que ces dispositions sont applicables à la personne placée sous contrôle judiciaire au cours d'une procédure d'extradition.

(Cour de cassation – Chambre criminelle du 22 janvier 2002 – N° de pourvoi : 01-84.824).

Article 142-3. – Restitution en cas de non-lieu – *(Loi n° 2000-516 du 15 juin 2000)*

• Le montant affecté à la deuxième partie du cautionnement qui n'a pas été versé à la victime de l'infraction ou au créancier d'une dette alimentaire est restitué en cas de non-lieu et, sauf s'il est fait application de l'article 372, en cas d'absolution ou d'acquittement.

• En cas de condamnation, il est employé conformément aux dispositions du 2° de l'article 142. Le surplus est restitué lorsque la condamnation est définitive.

• La deuxième partie des sûretés est levée ou il est procédé au recouvrement des créances que cette partie garantit selon les distinctions prévues aux deux alinéas précédents.

• Les conditions d'application du présent article sont fixées par un décret en Conseil d'État.

Article 142-4. – Juridiction de jugement – *(Loi n° 2009-1436 du 24 novembre 2009)*

• Lorsqu'une juridiction de jugement est appelée à statuer dans les cas prévus à la présente sous-section, elle le fait dans les conditions déterminées par l'article 148-2.

Sous-section 2

De l'assignation à résidence avec surveillance électronique

Article 142-5. – Assignation à résidence avec surveillance électronique – *(Loi n° 2019-222 du 23 mars 2019)*

• L'assignation à résidence avec surveillance électronique peut être ordonnée, d'office ou à la demande de l'intéressé, par le juge d'instruction ou par le juge des libertés et de la détention si la personne mise en examen encourt une peine d'emprisonnement correctionnel d'au moins 2 ans ou une peine plus grave.

• Cette mesure oblige la personne à demeurer à son domicile ou dans une résidence fixée par le juge d'instruction ou le juge des libertés et de la détention et de ne s'en absenter qu'aux conditions et pour les motifs déterminés par ce magistrat.

• Cette obligation est exécutée sous le régime du placement sous surveillance électronique, à l'aide du procédé prévu par l'article 723-8. Elle peut également être exécutée sous le régime du placement sous surveillance électronique mobile, à l'aide du procédé prévu par l'article 763-12, si la personne est mise en examen pour une infraction punie de plus de 7 ans d'emprisonnement et pour laquelle le suivi socio-judiciaire est encouru. Les articles 723-9 et 723-12 ainsi que, le cas échéant, les articles 763-12 et 763-13 sont applicables, le juge d'instruction exerçant les compétences attribuées au juge de l'application des peines.

• La personne peut être en outre astreinte aux obligations et interdictions prévues par l'article 138.

• La personne mise en examen est avisée que l'installation du dispositif prévu à l'article 723-8 ne peut être effectuée sans son consentement mais que le fait de refuser cette installation constitue une violation des obligations qui lui incombent et peut donner lieu à la révocation de l'assignation à résidence avec surveillance électronique et à son placement en détention provisoire.

Article 142-6. – Ordonnance – *(Loi n° 2021-1729 du 22 décembre 2021)*

• L'assignation à résidence avec surveillance électronique est décidée par ordonnance motivée du juge d'instruction ou du juge des libertés et de la détention, qui statue après un débat contradictoire conformément à l'article 145 ou au vu des réquisitions écrites du procureur de la République, dont il est donné lecture à la personne mise en examen, et après avoir entendu ses observations et celles de son avocat.

• Elle peut également être décidée, sans débat contradictoire ou recueil préalable des observations de la personne et de son avocat, par ordonnance statuant sur une demande de mise en liberté ou décidant d'une mise en liberté d'office.

• Le juge statue après avoir fait vérifier la faisabilité technique de la mesure par le service pénitentiaire d'insertion et de probation, qui peut être saisi à cette fin à tout moment de l'instruction.

• En matière correctionnelle, cette saisine est obligatoire dans les cas suivants :

• 1° Si elle est demandée par une personne détenue ou son avocat un mois avant la date à laquelle la détention peut être prolongée, sauf décision de refus spécialement motivée du juge d'instruction ;

• 2° Avant la date à laquelle la détention peut être prolongée lorsque la personne encourt une peine d'emprisonnement inférieure ou égale à 5 ans, sauf décision de refus spécialement motivée du juge ;

• 3° Avant la date de la seconde prolongation de la détention lorsque la personne encourt une peine d'emprisonnement inférieure ou égale à 5 ans. Sauf s'il envisage un placement sous contrôle judiciaire, le juge ne peut refuser le placement de la personne sous assignation à résidence sous surveillance électronique qu'en cas d'impossibilité liée à la personnalité ou à la situation matérielle de la personne.

• S'il est interjeté appel d'une ordonnance prolongeant la détention provisoire sans que les dispositions des 4e à avant-dernier alinéas aient été respectées, le service pénitentiaire d'insertion et de probation doit être saisi par le président de la chambre de l'instruction.

Article 142-7. – Durée – *(Loi n° 2019-222 du 23 mars 2019)*

• L'assignation à résidence est ordonnée pour une durée qui ne peut excéder 6 mois. Au cours de l'instruction, elle peut être prolongée pour une même durée selon les modalités prévues au 1er alinéa de l'article 142-6, sans que la durée totale du placement dépasse 2 ans.

• Lorsque la personne renvoyée devant le tribunal correctionnel ou la cour d'assises est maintenue ou demeure sous assignation à résidence conformément aux articles 179 et 181, la durée totale de la mesure, compte tenu de celle exécutée au cours de l'instruction, ne peut excéder 2 ans, sans qu'il soit nécessaire d'en ordonner la prolongation tous les 6 mois et sous réserve de la possibilité pour l'intéressé d'en demander la mainlevée.

Article 142-8. – Non-respect de l'obligation – *(Loi n° 2009-1436 du 24 novembre 2009)*

• Le deuxième alinéa de l'article 139 et les articles 140 et 141-3 sont applicables à l'assignation à résidence avec surveillance électronique.

• La personne qui ne respecte pas les obligations résultant de l'assignation à résidence avec surveillance électronique peut faire l'objet d'un mandat d'arrêt ou d'amener et être placée en détention provisoire, conformément à l'article 141-2.

Article 142-9. – Modifications des horaires et lieux – *(Loi n° 2009-1436 du 24 novembre 2009)*

• Avec l'accord préalable du juge d'instruction, les horaires de présence au domicile ou dans les lieux d'assignation peuvent, lorsqu'il s'agit de modifications favorables à la personne mise en examen ne touchant pas à l'équilibre de la mesure de contrôle, être modifiés par le chef d'établissement pénitentiaire ou le directeur du service pénitentiaire d'insertion et de probation qui en informe le juge d'instruction.

Article 142-10. – Réparation du préjudice subi – *(Loi n° 2009-1436 du 24 novembre 2009)*

• En cas de décision de non-lieu, relaxe ou acquittement devenue définitive, la personne placée sous assignation à résidence avec surveillance électronique a droit à la réparation du préjudice subi selon les modalités prévues par les articles 149 à 150.

J **• Réparation à raison d'une détention – Préjudice – Indemnisation – Conditions – Détention – Placement successif en détention provisoire puis sous assignation à résidence avec surveillance électronique – Non-lieu, relaxe ou acquittement partiel – Privation de liberté sous l'un et l'autre des régimes excédant la durée maximale autorisée du chef des infractions retenues**

Irrecevabilité du recours formé par M. Eugène X..., contre la décision du premier président de la cour d'appel de Rennes en date du 4 mai 2015 qui a déclaré sa requête irrecevable sur le fondement de l'article 149 du Code de procédure pénale ;

Attendu que M. X..., né le 9 mars 1941, mis en examen du chef, notamment, de tentative d'assassinat, a été placé en détention provisoire le 18 décembre 2009, puis remis en liberté le 13 décembre 2010 avec assignation à résidence sous surveillance électronique jusqu'au 5 décembre 2011 ;

Qu'après disqualification des faits, il a été renvoyé devant le tribunal correctionnel des chefs de violences aggravées par deux circonstances, menaces de mort par écrit et faux et usage de faux puis relaxé du chef des violences mais condamné pour les autres délits à un an d'emprisonnement par jugement du 13 décembre 2013, devenu définitif ;

Que par requête du 23 juin 2013, M. X... a sollicité l'indemnisation de ses préjudices pour la période durant laquelle il était placé sous surveillance électronique, réclamant à ce titre les sommes de 24 000 euros au titre du préjudice moral et de 2 000 euros en réparation du préjudice matériel ;

Que par décision du 4 mai 2015, le premier président a déclaré la requête irrecevable, retenant que le régime de la détention provisoire et celui de l'assignation à résidence avec surveillance électronique sont distincts, notamment quant à leurs conditions de durée, et qu'en l'espèce, le délit de menace de mort pour lequel M. X... a été condamné autorisait une détention provisoire d'une durée maximale d'un an qui n'a pas été dépassée, tandis que l'assignation à résidence avec surveillance électronique a pris fin bien avant le maximum légal de deux ans;

Attendu, selon les troisièmes de ces textes, qu'une indemnité est accordée, à sa demande, à la personne ayant fait l'objet d'une détention provisoire, au cours d'une procédure terminée à son égard, par une décision de non-lieu, de relaxe, ou d'acquittement devenue définitive; que cette indemnité est allouée en vue de réparer intégralement le préjudice personnel, matériel et moral, directement causé par la privation de liberté;

Que, selon le premier, la personne placée sous assignation à résidence avec surveillance électronique a droit, dans les mêmes cas et selon les mêmes modalités, à la réparation du préjudice subi, l'assignation à résidence avec surveillance électronique étant, selon le deuxième, assimilée à une détention provisoire pour l'imputation intégrale de sa durée sur celle d'une peine privative de liberté;

Attendu que, par ces textes, le législateur a instauré le droit pour toute personne d'obtenir de l'État réparation du préjudice subi à raison d'une détention provisoire et d'une assignation à résidence sous surveillance électronique fondées sur des charges entièrement et définitivement écartées;

Attendu que les infractions pour lesquelles M. X... a été définitivement condamné autorisaient une détention provisoire maximale d'un an ainsi qu'une assignation à résidence sous surveillance électronique de deux ans;

Qu'ayant été initialement placé en détention provisoire durant onze mois et vingt-cinq jours, puis sous assignation à résidence avec surveillance électronique pendant onze mois et vingt-trois jours, la durée cumulée de ces mesures successives n'a pas excédé la durée maximale de deux ans, de sorte que la demande en réparation du préjudice subi au titre de l'assignation à résidence sous surveillance électronique n'est pas recevable;

Lorsqu'une personne, placée successivement en détention provisoire puis sous assignation à résidence avec surveillance électronique, bénéficie d'une décision de non-lieu, de relaxe ou d'acquittement partiel, et que les infractions dont elle a été déclarée coupable permettaient un placement en détention provisoire et sous assignation à résidence avec surveillance électronique d'une certaine durée, cette dernière mesure n'est indemnisable, au titre des articles 142-10 et 149 à 150 du Code de procédure pénale, que si la durée totale de privation de liberté subie cumulativement sous l'un et l'autre régime excède la durée maximale de l'assignation à résidence avec surveillance électronique permise par la loi

Par ces motifs:

DÉCLARE irrecevable la demande de M. X... en réparation du préjudice subi à raison d'une assignation à résidence avec surveillance électronique;

LAISSE les dépens à la charge de l'État;

(Cour de cassation – Commission de réparation des détentions – Audience publique du 08 mars 2016 – N° de pourvoi: 15CRD036).

Article 142-11. – Durée – *(Loi n° 2009-1436 du 24 novembre 2009)*

• L'assignation à résidence avec surveillance électronique est assimilée à une détention provisoire pour l'imputation intégrale de sa durée sur celle d'une peine privative de liberté conformément à l'article 716-4.

Article 142-12. – Mesure alternative à la détention provisoire – *(Loi n° 2009-1436 du 24 novembre 2009)*

• Les juridictions d'instruction et de jugement peuvent prononcer, comme mesure alternative à la détention provisoire, une assignation à résidence avec surveillance électronique dans les cas prévus par les articles 135-2, 145, 148, 201, 221-3, 272-1, 397-3, 695-34 et 696-19.

• Cette mesure peut être levée, maintenue, modifiée ou révoquée par les juridictions d'instruction et de jugement selon les mêmes modalités que le contrôle judiciaire en application des articles 148-2, 148-6, 213, 272-1, 695-35, 695-36, 696-20 et 696-21.

J **• Vol avec arme, en bande organisée et tentative – Assignation à résidence avec surveillance électronique**

Contre l'arrêt de la chambre de l'instruction de la cour d'appel de VERSAILLES, en date du 5 décembre 2014, qui l'a renvoyé devant la cour d'assises des Hauts-de-Seine sous l'accusation de vol avec arme, en bande organisée, et tentative;

Attendu que, selon le second de ces textes, l'assignation à résidence avec surveillance électronique, qui peut être ordonnée par un juge d'instruction ou par un juge des libertés et de la détention, est une mesure alternative à la détention provisoire, à laquelle elle ne peut être assimilée au cours de l'information;

D'où il suit que la cassation est encourue;

Par ces motifs, et sans qu'il y ait lieu d'examiner le second moyen de cassation proposé:

Casse et annule, en toutes ses dispositions, l'arrêt susvisé de la chambre de l'instruction de la cour d'appel de Versailles, en date du 5 décembre 2014, et pour qu'il soit à nouveau jugé, conformément à la loi;

Renvoie la cause et les parties devant la chambre de l'instruction de la cour d'appel de Versailles autrement composée, à ce désignée par délibération spéciale prise en chambre du conseil;

Ordonne l'impression du présent arrêt, sa transcription sur les registres du greffe de la chambre de l'instruction de la cour d'appel de Versailles et sa mention en marge ou à la suite de l'arrêt annulé;

(Cour de cassation – Chambre criminelle du 17 mars 2015 – N° de pourvoi: 14-88310).

Article 142-12-1. – Assignation à résidence – *(Loi n° 2010-769 du 9 juillet 2010)*

• Par dérogation aux dispositions de l'article 142-5, l'assignation à résidence exécutée sous le régime du placement sous surveillance électronique mobile peut être ordonnée lorsque la personne est mise en examen pour des violences ou des menaces, punies d'au moins cinq ans d'emprisonnement, commises:

• 1° Soit contre son conjoint, son concubin ou son partenaire lié par un pacte civil de solidarité;

• 2° Soit contre ses enfants ou ceux de son conjoint, concubin ou partenaire.

• Le présent article est également applicable lorsque l'infraction est commise par l'ancien conjoint ou concubin de la victime ou par la personne ayant été liée à elle par un pacte civil de solidarité, le domicile concerné étant alors celui de la victime.

Article 142-13. – Application – *(Loi n° 2009-1436 du 24 novembre 2009)*

• Un décret détermine les modalités d'application de la présente sous-section.

Sous section 3

De la détention provisoire

Article 143-1. – Détention provisoire – Ordre – Prolongation - *(Loi n° 2009-1436 du 24 novembre 2009)*

• Sous réserve des dispositions de l'article 137, la détention provisoire ne peut être ordonnée ou prolongée que dans l'un des cas ci-après énumérés :

• 1° La personne mise en examen encourt une peine criminelle ;

• 2° La personne mise en examen encourt une peine correctionnelle d'une durée égale ou supérieure à trois ans d'emprisonnement.

• La détention provisoire peut également être ordonnée dans les conditions prévues à l'article 141-2 lorsque la personne mise en examen se soustrait volontairement aux obligations du contrôle judiciaire ou d'une assignation à résidence avec surveillance électronique.

Article 144. – Détention provisoire – Unique moyen – *(Loi n° 2009-1436 du 24 novembre 2009)*

• La détention provisoire ne peut être ordonnée ou prolongée que s'il est démontré, au regard des éléments précis et circonstanciés résultant de la procédure, qu'elle constitue l'unique moyen de parvenir à l'un ou plusieurs des objectifs suivants et que ceux-ci ne sauraient être atteints en cas de placement sous contrôle judiciaire ou d'assignation à résidence avec surveillance électronique :

• 1° Conserver les preuves ou les indices matériels qui sont nécessaires à la manifestation de la vérité ;

• 2° Empêcher une pression sur les témoins ou les victimes ainsi que sur leur famille ;

• 3° Empêcher une concertation frauduleuse entre la personne mise en examen et ses coauteurs ou complices ;

• 4° Protéger la personne mise en examen ;

• 5° Garantir le maintien de la personne mise en examen à la disposition de la justice ;

• 6° Mettre fin à l'infraction ou prévenir son renouvellement ;

• 7° Mettre fin au trouble exceptionnel et persistant à l'ordre public provoqué par la gravité de l'infraction, les circonstances de sa commission ou l'importance du préjudice qu'elle a causé. Ce trouble ne peut résulter du seul retentissement médiatique de l'affaire. Toutefois, le présent alinéa n'est pas applicable en matière correctionnelle.

J **• Viols et agressions sexuelles aggravés – Détention provisoire – Atteinte à la dignité – Occupation des cellules – Non-respect des normes – Obstacle légal** *(non)*

REJET sur le pourvoi formé par M. L... Y..., contre l'arrêt de la chambre de l'instruction de la cour d'appel de MONTPELLIER, en date du 19/03/2019, qui, dans la procédure suivie contre lui des chefs de viols et agressions sexuelles aggravés, a rejeté sa demande de mise en liberté.

Justifie sa décision la chambre de l'instruction qui rejette une demande de mise en liberté fondée notamment sur le non-respect des normes d'occupation des cellules fixées par l'administration pénitentiaire, en retenant qu'une éventuelle atteinte à la dignité de la personne en raison des conditions de détention, si elle est susceptible d'engager la responsabilité de la puissance publique en raison du mauvais fonctionnement du service public, ne saurait constituer un obstacle légal au placement et au maintien en détention provisoire.

(Cour de cassation – Chambre criminelle du 18 septembre 2019 – N° de pourvoi : 19-83950).

• Tentative d'importation de stupéfiants et association de malfaiteurs... – Indices graves ou concordants

CASSATION sur le pourvoi formé par M. F... U... contre l'arrêt de la chambre de l'instruction de la cour d'appel de PARIS (75), *8e section, en date du 09/12/2020, qui, dans l'information suivie contre lui des chefs de tentative d'importation de stupéfiants et association de malfaiteurs, en récidive, a ordonné son placement en détention provisoire, après infirmation de l'ordonnance du J.L.D. ayant refusé de le placer en détention provisoire et l'ayant placé en liberté sous contrôle judiciaire.*

12. En effet, la constatation de l'existence de raisons plausibles de soupçonner que la personne a commis les infractions reprochées ne permet pas de déduire l'existence d'indices graves ou concordants de sa participation à ces mêmes faits, cette dernière exigence étant plus stricte que la première.

(Cour de cassation – Chambre criminelle du 16 mars 2021 – N° de pourvoi : 20-87.092).

Article 144-1. – Durée – *(Loi n° 2021-403 du 8 avril 2021)*

• La détention provisoire ne peut excéder une durée raisonnable, au regard de la gravité des faits reprochés à la personne mise en examen et de la complexité des investigations nécessaires à la manifestation de la vérité.

• Sans préjudice des dispositions de l'article 803-8 garantissant le droit de la personne d'être détenue dans des conditions respectant sa dignité, le juge d'instruction ou, s'il est saisi, le juge des libertés et de la détention doit ordonner la mise en liberté immédiate de la personne placée en détention provisoire, selon les modalités prévues à l'article 147, dès que les conditions prévues à l'article 144 et au présent article ne sont plus remplies.

Article 144-2. – Placement sous contrôle judiciaire – *(Loi n° 2004-204 du 9 mars 2004)*
• Lorsqu'une mise en liberté est ordonnée en raison des dispositions des articles 143-1, 144 144-1, 145-2, 145-3 ou 706-24-3, mais qu'elle est susceptible de faire courir un risque à la victime, la juridiction place la personne mise en examen sous contrôle judiciaire en la soumettant à l'interdiction de recevoir ou rencontrer la victime ou d'entrer en relation de quelque façon que ce soit avec elle en application des dispositions du 9° de l'article 138. Cette dernière en est avisée conformément aux dispositions de l'article 138-1.

Article 145. – Comparution – *(Loi n° 2021-1729 du 22 décembre 2021)*
• Le juge des libertés et de la détention saisi par une ordonnance du juge d'instruction tendant au placement en détention de la personne mise en examen fait comparaître cette personne devant lui, assistée de son avocat si celui-ci a déjà été désigné, et procède conformément aux dispositions du présent article.
• Au vu des éléments du dossier et après avoir, s'il l'estime utile, recueilli les observations de l'intéressé, ce magistrat fait connaître à la personne mise en examen s'il envisage de la placer en détention provisoire.
• S'il n'envisage pas de la placer en détention provisoire, ce magistrat, après avoir le cas échéant ordonné le placement de la personne sous contrôle judiciaire, procède conformément aux 2 derniers alinéas de l'article 116 relatifs à la déclaration d'adresse.
• S'il envisage d'ordonner la détention provisoire de la personne, il l'informe que sa décision ne pourra intervenir qu'à l'issue d'un débat contradictoire et qu'elle a le droit de demander un délai pour préparer sa défense.
• Si cette personne n'est pas déjà assistée d'un avocat, le juge l'avise qu'elle sera défendue lors du débat par un avocat de son choix ou, si elle ne choisit pas d'avocat, par un avocat commis d'office. L'avocat choisi ou, dans le cas d'une commission d'office, le bâtonnier de l'ordre des avocats en est avisé par tout moyen et sans délai. Si l'avocat choisi ne peut se déplacer, il est remplacé par un avocat commis d'office. Mention de ces formalités est faite au procès-verbal.
• Le juge des libertés et de la détention statue après un débat contradictoire au cours duquel il entend le ministère public qui développe ses réquisitions prises conformément au 3ᵉ alinéa de l'article 82 puis les observations de la personne mise en examen et, le cas échéant, celles de son avocat. Si la personne mise en examen à laquelle a été notifié son droit de se taire sur les faits qui lui sont reprochés est majeure, le débat contradictoire a lieu et le juge statue en audience publique. Toutefois, le ministère public, la personne mise en examen ou son avocat peuvent s'opposer à cette publicité si l'enquête porte sur des faits mentionnés aux articles 706-73 et 706-73-1 ou si celle-ci est de nature à entraver les investigations spécifiques nécessitées par l'instruction, à porter atteinte à la présomption d'innocence ou à la sérénité des débats ou à nuire à la dignité de la personne ou aux intérêts d'un tiers. Le juge statue sur cette opposition en audience de cabinet par ordonnance motivée après avoir recueilli les observations du ministère public, de la personne mise en examen et de son avocat. S'il fait droit à cette opposition ou si la personne mise en examen est mineure, le débat a lieu et le juge statue en audience de cabinet.
• Toutefois, le juge des libertés et de la détention ne peut ordonner immédiatement le placement en détention lorsque la personne mise en examen ou son avocat sollicite un délai pour préparer sa défense.
• Dans ce cas, il peut, au moyen d'une ordonnance motivée par référence aux dispositions de l'alinéa précédent et non susceptible d'appel, prescrire l'incarcération de la personne pour une durée déterminée qui ne peut en aucun cas excéder 4 jours ouvrables. Dans ce délai, il fait comparaître à nouveau la personne et, que celle-ci soit ou non assistée d'un avocat, procède comme il est dit au 6ᵉ alinéa. S'il n'ordonne pas le placement de la personne en détention provisoire, celle-ci est mise en liberté d'office.
• Pour permettre au juge d'instruction de procéder à des vérifications relatives à la situation personnelle du mis en examen ou aux faits qui lui sont reprochés, lorsque ces vérifications sont susceptibles de permettre le placement de l'intéressé sous contrôle judiciaire ou sous assignation à résidence avec surveillance électronique, le juge des libertés et de la détention peut également décider d'office de prescrire par ordonnance motivée l'incarcération provisoire du mis en examen pendant une durée déterminée qui ne saurait excéder 4 jours ouvrables jusqu'à la tenue du débat contradictoire. À défaut de débat dans ce délai, la per-

sonne est mise en liberté d'office. L'ordonnance mentionnée au présent alinéa peut faire l'objet du recours prévu à l'article 187-1.

• L'incarcération provisoire est, le cas échéant, imputée sur la durée de la détention provisoire pour l'application des articles 145-1 et 145-2. Elle est assimilée à une détention provisoire au sens de l'article 149 du présent code et de l'article 24 du Code pénal *(article abrogé, cf. article 716-4 du Code de procédure pénale).*

QPC **Nota:** Par une décision n° 2021-935 QPC du 30/09/2021, le Conseil constitutionnel a déclaré contraires à la Constitution les mots «les observations de la personne mise en examen «figurant à la 1re phrase du 6e alinéa de l'article 145 du C.P.P., dans sa rédaction résultant de la loi n° 2015-993 du 17/08/2015 portant adaptation de la procédure pénale au droit de l'Union européenne. L'abrogation de ces dispositions est toutefois reportée au 31/03/2022. En revanche, jusqu'à l'entrée en vigueur d'une nouvelle loi ou jusqu'à la date de l'abrogation des dispositions déclarées inconstitutionnelles, le J.L.D. doit informer la personne mise en examen, qui comparaît devant lui en application du 6e alinéa de l'article 145 du C.P.P., de son droit de se taire.

J **• Homicide involontaire... – Chambre d'accusation – Détention provisoire – Décision fondée sur l'énoncé des considérations de droit et de fait de l'espèce – Constatation de l'insuffisance des obligations du contrôle judiciaire – Nécessité**

Contre l'arrêt de la chambre d'accusation de la cour d'appel de BASSE-TERRE, en date du 10/04/1997, qui, dans la procédure suivie contre lui pour homicide involontaire, mise en danger d'autrui, délit de fuite et omission de porter secours, a infirmé l'ordonnance du juge d'instruction le plaçant sous contrôle judiciaire et ordonné son placement en détention.

Aux termes de l'article 145 du C.P.P. dans sa rédaction issue de la loi du 30/12/1996, le placement en détention provisoire est prescrit par une ordonnance spécialement motivée qui doit comporter l'énoncé des considérations de droit et de fait sur le caractère insuffisant des obligations du contrôle judiciaire. Encourt la cassation l'arrêt d'une chambre d'accusation, qui, pour infirmer une ordonnance du juge d'instruction qui avait placé une personne sous contrôle judiciaire et décerner mandat de dépôt à son encontre, énonce notamment que la mise en détention de cette personne s'impose en vertu de l'article 144 du C.P.P. mais omet de se prononcer sur le caractère insuffisant des obligations du contrôle judiciaire qui lui avaient été imparties.

(Cour de cassation – Chambre criminelle du 16 juillet 1997 – N° de pourvoi: 97-82.539).

• Tentative de vol aggravé... – Détention provisoire – Décision de mise en détention provisoire – Débat contradictoire – Circonstance imprévisible et insurmontable

Contre l'arrêt de la chambre d'accusation de la cour d'appel de REIMS, en date du 31/05/2000, qui, dans la procédure suivie contre lui des chefs de tentative de vol aggravé, tentative de meurtre sur agents de la force publique, vols aggravés et enlèvement ou séquestration de personnes pour favoriser la fuite des auteurs d'un crime, a confirmé l'ordonnance du juge d'instruction le plaçant en détention provisoire.

Constitue une circonstance imprévisible et insurmontable mettant le juge d'instruction dans l'impossibilité de procéder, dans le délai fixé par ce magistrat, au débat contradictoire prévu par l'article 145, al. 6, du C.P.P., le défaut de comparution de l'intéressé en raison de son état de santé.

(Cour de cassation – Chambre criminelle du 25 octobre 2000 – N° de pourvoi: 00-85.227).

• Violences avec arme et en réunion – Ajournement du débat contradictoire – Atteinte aux droits de la défense – Décision de prolongation de la détention provisoire

Contre l'arrêt de la chambre de l'instruction de la cour d'appel de ROUEN, en date du 13/12/2001, qui, dans l'information suivie contre lui du chef de violences avec arme et en réunion, a confirmé l'ordonnance du juge des libertés et de la détention prolongeant sa détention provisoire.

Attendu qu'en l'état de ces énonciations, et dès lors que, d'une part, l'ajournement du débat contradictoire, n'a porté aucune atteinte aux droits de la défense et, d'autre part, que la décision de prolongation de la détention provisoire a été prise au vu du rapport du service désigné pour effectuer l'enquête sociale rapide, la chambre de l'instruction a justifié sa décision;

D'où il suit que les moyens doivent être écartés;

Et attendu que l'arrêt est régulier tant en la forme qu'au regard des articles 137-3, 143-1 et suivants du C.P.P.;

REJETTE le pourvoi.

(Cour de cassation – Chambre criminelle du 3 avril 2002 – N° de pourvoi: 02-80.193).

• Violation de domicile... – Détention provisoire – Ordonnances – Ordonnance du juge des libertés et de la détention – Ordonnance de placement en détention provisoire – Durée de la détention – Pouvoirs du juge des libertés et de la détention

Contre l'arrêt de la chambre de l'instruction de la cour d'appel de NANCY, en date du 22/01/2002, qui, dans l'information suivie contre lui des chefs de violation de domicile, tentative de viol aggravé et vol, a rejeté sa demande de mise en liberté.

Excède ses pouvoirs le juge des libertés et de la détention qui rend une ordonnance de placement en détention provisoire, limitant à l'avance cette mesure à une durée inférieure à celle prévue par la loi.

(Cour de cassation – Chambre criminelle du 3 avril 2002 – N° de pourvoi: 02-81.056).

• Vol avec arme... – Instruction – Nullités – Méconnaissance d'une formalité substantielle – Condition – Atteinte aux intérêts de la partie qu'elle concerne

Contre l'arrêt de la chambre de l'instruction de la cour d'appel de CHAMBERY, en date du 28/12/2001, qui, dans l'information suivie contre lui des chefs de vol avec arme et violences avec arme, a confirmé l'ordonnance de prolongation de la détention provisoire rendue par le J.L.D.

Attendu que, pour écarter l'exception de nullité prise de l'irrégularité du débat contradictoire, la chambre de l'instruction énonce que l'avocat du mis en examen, régulièrement convoqué pour la première audience du 04/12/2001, a été averti du report du débat contradictoire au 07/12/2001; qu'il n'en résulte pas de grief pour la défense qui a été mise en mesure de préparer son intervention;

Attendu qu'en prononçant ainsi, la chambre de l'instruction a justifié sa décision;

Qu'en effet, la nullité ne peut être prononcée aux termes de l'article 171 du C.P.P. que lorsque la méconnaissance d'une formalité substantielle a eu pour effet de porter atteinte aux intérêts de la partie qu'elle concerne.

(Cour de cassation – Chambre criminelle du 2 mai 2002 – N° de pourvoi : 02-81.248).

• **Transport, mise en circulation et détention de signes monétaires contrefaits ou falsifiés – Détention provisoire – Débat contradictoire – Prolongation de la détention – Procès-verbal – Mentions – Caractère contradictoire – Portée**

Contre l'arrêt de la chambre de l'instruction de la cour d'appel de ROUEN, en date du 17/07/2002, qui, dans l'information suivie contre lui des chefs de transport, mise en circulation et détention de signes monétaires contrefaits ou falsifiés, en récidive, a confirmé l'ordonnance de prolongation de détention provisoire rendue par le J.L.D.

L'ordonnance de prolongation de la détention provisoire est régulière dès lors que, selon les mentions du procès-verbal établi par le J.L.D. et qui font foi jusqu'à inscription de faux, le débat s'est déroulé contradictoirement, dans les conditions prescrites par l'article 145 du C.P.P.

(Cour de cassation – Chambre criminelle du 22 octobre 2002 – N° de pourvoi : 02-85.493).

• **Escroquerie en bande organisée... – Détention provisoire – Ordonnances – Ordonnance du juge des libertés et de la détention – Erreur matérielle – Rectification – Procédure**

Contre l'arrêt de la chambre de l'instruction de la cour d'appel de PARIS, en date du 02/01/2003, qui, dans l'information suivie contre Ahmed X... des chefs d'escroquerie en bande organisée, contrefaçon de cartes de paiement ou de retrait, usage de cartes de paiement ou de retrait contrefaites et participation à une association de malfaiteurs, a infirmé l'ordonnance du juge des libertés et de la détention le plaçant en détention provisoire.

La procédure prévue par l'article 711 du C.P.P. n'est pas applicable à la rectification de l'erreur matérielle affectant une ordonnance rendue par le juge des libertés et de la détention.

(Cour de cassation – Chambre criminelle du 3 juin 2003 – N° de pourvoi : 03-81.482).

• **Meurtre – Détention provisoire – Débat contradictoire – Procès-verbal – Mentions – Caractère contradictoire – Portée**

Contre l'arrêt de la chambre de l'instruction de la cour d'appel de RENNES, en date du 03/04/2003, qui, dans l'information suivie contre lui pour meurtre, a confirmé l'ordonnance du J.L.D. prolongeant sa détention provisoire.

Le fait, mentionné à la demande de l'avocat, dans le procès-verbal du débat prévu par l'article 145 du C.P.P., que le représentant du ministère public ait eu un entretien avec le J.L.D. avant la tenue de ce débat, ne peut faire naître dans l'esprit de la personne mise en examen un doute objectivement justifié quant au respect du principe du contradictoire.

(Cour de cassation – Chambre criminelle du 9 juillet 2003 – N° de pourvoi : 03-83.271).

• **Escroquerie... – Exception de nullité – Délai de convocation de l'avocat – Débat contradictoire différé – Incarcération provisoire ne pouvant excéder 4 jours ouvrables aux termes de l'article 145 du C.P.P.**

Contre l'arrêt de la chambre de l'instruction de la cour d'appel de PARIS, en date du 10/07/2003, qui, dans l'information suivie contre lui des chefs d'escroquerie et tentative d'escroquerie en bande organisée, faux et usage de faux, a confirmé l'ordonnance du juge des libertés et de la détention le plaçant en détention provisoire.

Attendu qu'il résulte de l'arrêt attaqué et des pièces de la procédure que le juge des libertés et de la détention, saisi par le juge d'instruction aux fins de placement en détention d'Isaac X... après révocation du contrôle judiciaire, a ordonné, le 16/06/2003, l'incarcération provisoire de l'intéressé qui a sollicité un délai pour préparer sa défense ; que, le même jour l'avocat d'Isaac X... a été avisé de ce que le débat contradictoire se tiendrait le 19/06/2003 ;

Attendu que, devant la chambre de l'instruction saisie de son appel de l'ordonnance de placement en détention, Isaac X... a fait valoir que son avocat n'avait pas été convoqué 5 jours ouvrables avant le débat contradictoire, en violation des dispositions de l'article 114 du C.P.P. ;

Attendu que, pour écarter cette exception de nullité, les juges énoncent que ces dispositions ne sont pas applicables au débat contradictoire différé, dès lors que l'incarcération provisoire ne peut pas excéder 4 jours ouvrables, aux termes de l'article 145 du C.P.P.

(Cour de cassation – Chambre criminelle du 25 novembre 2003 – N° de pourvoi : 03-85.386).

• **Meurtre – Détention provisoire – Débat contradictoire – Procès-verbal – Mentions – Convocation de l'avocat – Force probante**

Contre l'arrêt de la chambre de l'instruction de la cour d'appel d'AIX-EN-PROVENCE, en date du 15/09/2005, qui, sur renvoi après cassation, dans l'information suivie contre lui, du chef de meurtre, a confirmé l'ordonnance du J.L.D. prolongeant sa détention provisoire.

Justifie sa décision la chambre de l'instruction qui, pour rejeter l'exception de nullité prise de l'absence au dossier du récépissé de l'envoi par télécopie de la convocation de l'avocat au débat contradictoire, constate qu'il résulte des mentions du procès-verbal que l'avocat a été convoqué par télécopie et énonce que cette mention fait foi jusqu'à inscription de faux.

(Cour de cassation – Chambre criminelle du 6 décembre 2005 – N° de pourvoi : 05-85.351).

• **Complicité de détournements de fonds publics et recel – Détention provisoire – Ordonnances – Ordonnance du J.L.D. – Ordonnance statuant sur l'opposition à la publicité du débat contradictoire aux fins de placement en détention provisoire – Décision insusceptible de recours**

Contre l'arrêt de la chambre de l'instruction de la cour d'appel de PAPEETE, en date du 11/12/2007, qui, dans l'information suivie contre lui du chef de complicité de détournements de fonds publics et recel, a confirmé l'ordonnance du J.L.D. le plaçant en détention provisoire.

Une personne mise en examen ne peut être admise, à l'occasion de son appel de la décision l'ayant placée en détention provisoire, à critiquer les motifs de l'ordonnance, non susceptible de recours, par laquelle il a été statué sur son opposition à la publicité du débat contradictoire.

(Cour de cassation – Chambre criminelle du 15 avril 2008 – N° de pourvoi : 08-80.701).

• **Tentative d'assassinat – Détention provisoire – Détention provisoire – Débat contradictoire – Modalités – Publicité – Définition – Portée**

Contre l'arrêt de la chambre de l'instruction de la cour d'appel de RENNES, en date du 11/04/2008, qui, dans l'information suivie contre lui du chef de tentative d'assassinat, a confirmé l'ordonnance du J.L.D. le plaçant en détention provisoire.

Justifie sa décision la chambre de l'instruction qui rejette la demande d'annulation du débat contradictoire prise de ce qu'il résultait des constatations du procès-verbal que la porte du cabinet du J.L.D. avait « été fermée durant le débat » dès lors que le fait que la porte fût fermée ne signifiait pas que le public eût été empêché d'entrer.

(Cour de cassation – Chambre criminelle du 18 juin 2008 – N° de pourvoi : 08-82.856).

• Infractions à la législation sur les stupéfiants – Ministère public – Présence – J.L.D. – Ordonnance de placement en détention provisoire – Prononcé de la décision – Nécessité *(non)*

Contre l'arrêt de la chambre de l'instruction de la cour d'appel de PARIS, 6e section, en date du 13/01/2009, qui, dans l'information suivie contre lui pour infractions à la législation sur les stupéfiants, en bande organisée, a confirmé l'ordonnance du J.L.D. le plaçant en détention provisoire.

Justifie sa décision la chambre de l'instruction qui rejette l'exception de nullité prise de l'absence du ministère public lors du prononcé de la décision du J.L.D. ordonnant le placement en détention provisoire à l'issue du débat contradictoire.

En effet, d'une part, l'article 145 du C.P.P. n'impose pas que le ministère public soit présent lorsqu'est rendue l'ordonnance de placement en détention provisoire, d'autre part, l'article 32 dudit code ne prescrit une telle présence que lors du prononcé des décisions des juridictions de jugement.

(Cour de cassation – Chambre criminelle du 28 avril 2009 – N° de pourvoi : 09-80.816).

• Infractions à la législation sur les stupéfiants en récidive – Détention provisoire – Présence – J.L.D. – Ordonnance de prolongation de la détention provisoire – Prononcé de la décision – Nécessité *(non)*

Contre l'arrêt de la chambre de l'instruction de la cour d'appel de VERSAILLES, en date du 14/01/2009, qui, dans l'information suivie contre Layse X..., notamment, du chef d'infraction à la législation sur les stupéfiants en récidive, a prononcé l'annulation de l'ordonnance de prolongation de la détention provisoire rendue par le J.L.D. et a ordonné sa mise en liberté.

Encourt la censure l'arrêt de la chambre de l'instruction qui, pour annuler l'ordonnance de prolongation de la détention provisoire rendue par le J.L.D., retient qu'après avoir pris ses réquisitions, le P.R. n'a pas assisté à la poursuite du débat contradictoire et qu'il était pas présent lors du prononcé de la décision.

En effet, l'article 145 du C.P.P. exige seulement que le ministère public soit entendu et développe ses réquisitions au cours du débat contradictoire tenu par le J.L.D. statuant sur la détention de la personne mise en examen.

(Cour de cassation – Chambre criminelle du 12 mai 2009 – N° de pourvoi : 09-81.384).

• Tentative d'escroquerie en bande organisée – Détention provisoire – Débat contradictoire – Procès-verbal – Mentions – Caractère contradictoire – Inobservation – Portée

Contre l'arrêt de la chambre de l'instruction de la cour d'appel de BORDEAUX, en date du 18/02/2009, qui, dans l'information suivie contre lui du chef de tentative d'escroquerie en bande organisée, a confirmé l'ordonnance du J.L.D. le plaçant en détention provisoire.

Doit être annulée l'ordonnance de placement en détention provisoire rendue après un débat contradictoire qui, selon les mentions figurant sur ce procès-verbal, ne permettent pas de s'assurer qu'il s'est déroulé contradictoirement dans les conditions prescrites par l'article 145 du C.P.P.

(Cour de cassation – Chambre criminelle du 4 juin 2009 – N° de pourvoi : 09-81.886).

• Infractions à la législation sur les stupéfiants... – Chambre de l'instruction – Détention provisoire – Ordonnance de placement – Placement ultérieur en détention provisoire pour les mêmes faits – Ordonnance d'incarcération provisoire du J.L.D. – Régularité de la procédure

Contre l'arrêt de la chambre de l'instruction de la cour d'appel de PARIS, 8e section, en date du 26/07/2011, qui, dans l'information suivie contre lui des chefs d'infractions à la législation sur les stupéfiants, association de malfaiteurs et non-justification de ressources, a ordonné son placement en détention provisoire.

Justifie sa décision la chambre de l'instruction qui, après infirmation de l'ordonnance du J.L.D. disant n'y avoir lieu à placement en détention provisoire de la personne mise en examen, ordonne ce placement, dans la même affaire et pour les mêmes faits, dès lors que cette personne a fait précédemment l'objet, non d'un placement en détention provisoire, mais d'une incarcération provisoire en application de l'article 145, al. 8, du C.P.P.

(Cour de cassation – Chambre criminelle du 6 décembre 2011 – N° de pourvoi : 11-86.900).

• Infractions à la législation sur les stupéfiants – Détention provisoire – Incarcération provisoire – Durée – Calcul

Contre l'arrêt de la chambre de l'instruction de la cour d'appel de PARIS, 8e section, en date du 17/04/2012, qui, dans l'information suivie contre lui des chefs, notamment, d'infractions à la législation sur les stupéfiants, a confirmé l'ordonnance du J.L.D. le plaçant en détention provisoire.

Lorsqu'il envisage un placement en détention provisoire et que la personne mise en examen, ou son avocat, demande un délai pour préparer sa défense, le J.L.D. peut, en application de l'article 145, al. 8, du C.P.P., prescrire l'incarcération de cette personne pour une durée déterminée qui ne peut en aucun cas excéder 4 jours ouvrables.

C'est donc à bon droit que le J.L.D. fait comparaître à nouveau la personne mise en examen un jeudi, après l'avoir incarcérée provisoirement le samedi précédent, dès lors que le samedi et le dimanche ne sont pas des jours ouvrables, au sens de l'article 801 du Code précité.

(Cour de cassation – Chambre criminelle du 11 juillet 2012 – N° de pourvoi : 12-82.980).

• Association de malfaiteurs en récidive – Détention provisoire – Incarcération provisoire – Durée – Calcul

Contre l'arrêt de la chambre de l'instruction de la cour d'appel de LYON, en date du 06/12/2012, qui, dans l'information suivie contre lui du chef d'association de malfaiteurs en récidive, a confirmé l'ordonnance du J.L.D. le plaçant en détention provisoire.

Lorsqu'en application des dispositions de l'article 145, al. 7, du C.P.P. le J.L.D. ordonne l'incarcération provisoire de la personne mise en examen, le délai de l'al. 8 de cet article se calcule de jour à jour et non d'heure à heure et le débat différé doit débuter au jour fixé par le juge dans la limite des 4 jours ouvrables prévue par ce texte.

(Cour de cassation – Chambre criminelle du 17 octobre 2012 – N° de pourvoi : 12-85.083).

• Infractions à la législation sur les stupéfiants et association de malfaiteurs – Détention provisoire – Débat contradictoire différé – Convocation du conseil – Régularité – Appréciation

Contre l'arrêt de la chambre de l'instruction de la cour d'appel de VERSAILLES, en date du 24/09/2013, qui, dans l'information suivie contre M. Lhoussaine X..., des chefs d'infractions à la législation sur les stupéfiants et association de malfaiteurs, en récidive, a prononcé la nullité de l'ordonnance de placement en détention provisoire du mis en examen, et ordonné sa mise en liberté.

Il se déduit de l'article 145 du C.P.P. que, lorsque, devant le J.L.D. saisi aux fins de placement en détention provisoire du mis en examen, celui-ci, assisté de son conseil, sollicite un délai pour préparer sa défense, et qu'un débat différé est en conséquence aussitôt fixé à date et heure déterminées, le greffier n'est pas tenu d'adresser un autre avis à avocat en vue de ce débat.

Encourt la cassation l'arrêt qui, pour prononcer la nullité du débat contradictoire préalable au placement en détention et du titre de détention subséquent, retient que l'avocat désigné par le mis en examen, devant le juge d'instruction, comme étant celui auquel seront adressées les convocations et notifications, n'a pas été convoqué pour le débat différé, alors que l'avocat, désigné en 2nd lieu, qui assistait le mis en examen lors de sa 1re comparution devant le J.L.D., avait été immédiatement informé des jour et heure de la tenue du débat différé.

(Cour de cassation – Chambre criminelle du 17 décembre 2013 – N° de pourvoi : 13-86.744).

• Aide à l'entrée et au séjour irrégulier en bande organisée et association de malfaiteurs – Détention provisoire – J.L.D. – Débat contradictoire – Recueil des observations de la personne mise en examen – Modalités

Contre l'arrêt de la chambre de l'instruction de la cour d'appel de PARIS, 3e section, en date du 19/06/2015, qui, dans l'information suivie contre lui des chefs d'aide à l'entrée et au séjour irrégulier en bande organisée et association de malfaiteurs, a confirmé l'ordonnance du J.L.D. le plaçant en détention provisoire.

Satisfait aux exigences de l'article 145 du C.P.P. pénale, seul applicable lors du débat contradictoire, le J.L.D. qui recueille, au vu des éléments du dossier, les observations de la personne mise en examen, sans que le texte susvisé en fixe les modalités.

(Cour de cassation – Chambre criminelle du 10 novembre 2015 – N° de pourvoi : 15-84.998).

• Tentative de meurtre aggravé... – Instruction – Personne mise en examen – Avocat – Entretien et connaissance du dossier – Q.P.C.

Contre l'arrêt de la chambre de l'instruction de la cour d'appel de PARIS, 2e section, en date du 20/06/2016, qui, dans l'information suivie contre lui des chefs de tentative de meurtre aggravé, destruction en bande organisée du bien d'autrui par un moyen dangereux pour les personnes et délits connexes, a confirmé l'ordonnance du juge des libertés et de la détention le plaçant en détention provisoire.

Attendu que, pour écarter les moyens de nullité de l'ordonnance déférée pris des atteintes aux droits de la défense résultant de l'impossibilité dans laquelle se serait trouvé l'avocat de la personne mise en examen de s'entretenir avec elle et de prendre connaissance de l'intégralité du dossier avant le débat contradictoire, l'arrêt statue par les motifs repris aux moyens;

Attendu qu'en l'état de ces énonciations, desquelles il résulte que les avocats de la personne mise en examen ont reçu un permis de communiquer avec celle-ci et ont pu accéder à l'entier dossier de la procédure avant le débat contradictoire différé, dans des délais qui leur ont permis de préparer utilement la défense de l'intéressé, la chambre de l'instruction, qui n'était pas tenue de suivre l'appelant dans le détail de son argumentation et a répondu aux articulations essentielles du mémoire dont elle était saisie, a justifié sa décision sans méconnaître les dispositions légales et conventionnelles visées aux moyens;

D'où il suit que les moyens, la 1re branche du second moyen étant devenue sans objet à la suite de l'arrêt de ce jour de la Cour de cassation disant n'y avoir lieu à renvoyer au Conseil constitutionnel la question prioritaire de constitutionnalité portant sur l'article 145 du C.P.P.,

Attendu que les énonciations de l'arrêt attaqué mettent la Cour de cassation en mesure de s'assurer que la chambre de l'instruction s'est déterminée par des considérations de droit et de fait répondant aux exigences des articles 143-1 et suivants du C.P.P. et s'est notamment expliquée sur le caractère insuffisant des obligations du contrôle judiciaire et de l'assignation à résidence avec surveillance électronique;

D'où il suit que le moyen ne saurait être accueilli;

Et attendu que l'arrêt est régulier en la forme;

REJETTE le pourvoi.

(Cour de cassation – Chambre criminelle du 4 octobre 2016 – N° de pourvoi : 16-84.337).

• Arrestation, enlèvement, détention ou séquestration arbitraire... – Chambre de l'instruction – Détention provisoire – Appel d'une ordonnance de placement – Débat contradictoire – Comparution de la personne mise en examen incarcérée – Défaut – Dysfonctionnement du service en charge des extractions judiciaires – Portée

Contre l'arrêt de la chambre de l'instruction de la cour d'appel de ROUEN, en date du 17/06/2016, qui, dans l'information suivie contre M. Dylan X... des chefs d'arrestation, enlèvement, détention ou séquestration arbitraire, infractions à la législation sur les stupéfiants en récidive, après annulation de l'ordonnance de placement en détention provisoire rendue par le J.L.D., a ordonné sa mise en liberté.

C'est à bon droit que la chambre de l'instruction annule l'ordonnance de placement en détention provisoire rendue à la suite d'un débat contradictoire tenu en l'absence de la personne mise en examen incarcérée, dès lors que cette non-comparution est imputable non à l'existence de circonstances imprévisibles et insurmontables extérieures au service de la justice, mais à un dysfonctionnement dans l'organisation du service en charge des extractions judiciaires.

(Cour de cassation – Chambre criminelle du 5 octobre 2016 – N° de pourvoi : 16-84.629).

• Trafic de stupéfiants en récidive... – Détention provisoire – J.L.D. – Débat contradictoire – Modalités – Convocation de l'avocat choisi – Exclusion – Cas – Personne déjà assistée par un avocat lors de la comparution préalable – Pluralité d'avocats – Présence de l'avocat commis d'office – Convocation de l'avocat choisi – Nécessité *(non)*

REJET du pourvoi formé par M. Yohan A..., contre l'arrêt n° 23 de la chambre de l'instruction de la cour d'appel de PARIS, 8e section, en date du 16/08/2017, qui, dans l'information suivie contre lui des chefs de trafic de stupéfiants en récidive, conduite sans permis, défaut d'assurance et défaut de maîtrise, a confirmé l'ordonnance du J.L.D. le plaçant en détention provisoire AR.

Il se déduit des articles 116, al. 5, et 145, al. 5, du C.P.P. que, lorsque, en application du 1er de ces textes, le juge d'instruction, constatant l'empêchement de l'avocat choisi, a fait procéder, à la demande de la personne concernée, à la désignation d'un avocat d'office pour assister cette dernière au cours de l'interrogatoire de 1re comparution, cet avocat a vocation à assister la personne mise en examen lors du débat contradictoire tenu à la suite par le J.L.D., aucune diligence nouvelle n'étant imposée par la loi à ces magistrats ou à leur greffe en direction de l'avocat désigné pour la procédure.

(Cour de cassation – Chambre criminelle du 14 novembre 2017 – N° de pourvoi : 17-85.205).

• Vol qualifié... – Détention provisoire – Décision de mise en détention provisoire – Débat contradictoire – Exclusion

REJET du pourvoi formé par M. Giovanni X..., contre l'arrêt de la chambre de l'instruction de la cour d'appel de FORT-DE-FRANCE, en date du 03/10/2017, qui, dans l'information suivie contre lui des chefs de vol qualifié, tentative de cette infraction et association de malfaiteurs, a rejeté sa requête en nullité et confirmé l'ordonnance du J.L.D. le plaçant en détention provisoire AR.

Justifie sa décision la chambre de l'instruction qui, pour rejeter la requête en annulation d'une ordonnance de placement en détention provisoire rendue par le magistrat du siège présent ayant le rang le plus élevé, à la suite d'un débat contradictoire organisé sans la présence de l'avocat, retient que la juridiction et le barreau ont été confrontés à une situation de force majeure due à l'arrivée d'un cyclone dont l'évolution était imprévisible, que l'autorité préfectorale avait déclenché une alerte générale en invitant la population à se protéger, que le bâtonnier avait demandé à tous les avocats, y compris les avocats de permanence, de suspendre leurs activité et de rester chez eux, et que le J.L.D. était légitimement absent.

(Cour de cassation – Chambre criminelle du 24 janvier 2018 – N° de pourvoi : 17-86.265).

• Vol qualifié – Détention provisoire – Révocation du contrôle judiciaire – Débat contradictoire – Avis de l'avocat choisi – Défaut – Portée

CASSATION et désignation de juridiction sur le pourvoi formé par M. Fayçal X..., contre l'arrêt de la chambre de l'instruction de la cour d'appel de MONTPELLIER, en date du 24/10/2018, qui, dans l'information suivie contre lui des chefs de vol qualifié, a confirmé l'ordonnance du juge des libertés et de la détention le plaçant en détention provisoire.

Il se déduit des articles 145 et 141-2 du C.P.P. que l'avocat choisi par le mis en examen doit être avisé des actes de la procédure, notamment de la tenue d'un débat contradictoire sur l'éventuel placement en détention provisoire de son client après révocation de son contrôle judiciaire antérieurement ordonné. Encourt en conséquence la censure l'arrêt de la chambre de l'instruction retenant que l'absence au débat contradictoire de l'avocat désigné par le mis en examen pour l'assister tout au long de la procédure n'a pas porté atteinte aux droits de la défense en raison de l'assistance de ce dernier par l'avocat de permanence, sans constater que le juge des libertés et de la détention, avant de faire appel à cet avocat, s'était trouvé dans l'impossibilité de joindre l'avocat désigné par le mis en examen ou avait relevé l'empêchement de ce dernier.

(Cour de cassation – Chambre criminelle du 13 février 2019 – N° de pourvoi : 18-86.559).

• Infractions à la législation sur les stupéfiants – Droit de faire des déclarations... – Défaut de notification – Juges – Équité de la procédure

REJET du pourvoi formé par M. [D] [Y] contre l'arrêt de la chambre de l'instruction de la cour d'appel de VERSAILLES (78), en date du 12/02/2021, qui, dans l'information suivie contre lui des chefs d'infractions à la législation sur les stupéfiants, a confirmé l'ordonnance du J.L.D. prolongeant sa détention provisoire.

10. Ce droit doit également être notifié lors du débat contradictoire devant le J.L.D., tenu par la même exigence de s'assurer, parmi les conditions légales de la détention provisoire, de l'existence de tels indices graves ou concordants à l'encontre de la personne déférée et ce, à tous les stades de la procédure.

12. Cependant, la Cour de cassation juge aussi (Crim., 24/02/2021, précité) *que le défaut de notification, à la personne mise en examen qui comparaît devant la chambre de l'instruction saisie du contentieux d'une mesure de sûreté, de son droit de faire des déclarations, de répondre aux questions posées ou de se taire, est sans incidence sur la régularité de la décision de la chambre de l'instruction, qui n'est pas amenée à statuer sur le bien-fondé de la mise en examen, lequel relève d'un contentieux distinct de celui des mesures de sûreté. Il a pour seule conséquence que les déclarations faites à l'audience par l'intéressé ne pourront être utilisées à son encontre par les juridictions appelées à prononcer un renvoi devant la juridiction de jugement ou une déclaration de culpabilité.*

13. Il en va de même en cas de défaut de notification du droit de se taire devant le J.L.D., auquel il n'appartient pas davantage de statuer sur le bien-fondé d'une accusation en matière pénale.

14. Ce principe ne fait pas obstacle à ce que, conformément à l'article 802 du C.P.P., la personne concernée excipe dans les suites de la procédure, en cas d'utilisation de propos irrégulièrement recueillis devant le J.L.D., d'une atteinte à ses intérêts dans l'administration de la preuve par les juridictions prononçant un renvoi devant la juridiction de jugement ou une déclaration de culpabilité, les juges devant alors apprécier l'équité de la procédure dans sa globalité.

(Cour de cassation – Chambre criminelle du 08 juin 2021 – N° de pourvoi : 21-82.017).

Article 145-1. – Durées – *(Loi n° 2016-731 du 3 juin 2016)*

• En matière correctionnelle, la détention provisoire ne peut excéder quatre mois si la personne mise en examen n'a pas déjà été condamnée pour crime ou délit de droit commun soit à une peine criminelle, soit à une peine d'emprisonnement sans sursis d'une durée supérieure à un an et lorsqu'elle encourt une peine inférieure ou égale à cinq ans.

• Dans les autres cas, à titre exceptionnel, le juge des libertés et de la détention peut décider de prolonger la détention provisoire pour une durée qui ne peut excéder quatre mois par une ordonnance motivée conformément aux dispositions de l'article 137-3 et rendue après un débat contradictoire organisé conformément aux dispositions du sixième alinéa de l'article 145, l'avocat ayant été convoqué selon les dispositions du deuxième alinéa de l'article 114. Cette décision peut être renouvelée selon la même procédure, sous réserve des dispositions de l'article 145-3, la durée totale de la détention ne pouvant excéder un an. Toutefois, cette durée est portée à deux ans lorsqu'un des faits constitutifs de l'infraction a été commis hors du territoire national ou lorsque la personne est poursuivie pour trafic de stupéfiants, association de malfaiteurs, proxénétisme, extorsion de fonds ou pour une infraction commise en bande organisée et qu'elle encourt une peine égale à dix ans d'emprisonnement.

• À titre exceptionnel, lorsque les investigations du juge d'instruction doivent être poursuivies et que la mise en liberté de la personne mise en examen causerait pour la sécurité des personnes et des biens un risque d'une particulière gravité, la chambre de l'instruction peut prolonger pour une durée de quatre mois la durée de deux ans prévue au présent article. La chambre de l'instruction, devant laquelle la comparution personnelle du mis en examen est de droit, est saisie par ordonnance motivée du juge des libertés et de la détention selon les modalités prévues par le dernier alinéa de l'article 137-1, et elle statue conformément aux dispositions des articles 144, 144-1, 145-3, 194, 197, 198, 199, 200, 206 et 207.

J • **Vols et escroqueries en état de récidive – Détention provisoire – Décision de prolongation – Conditions – Prise en compte de l'état de récidive *(non)***

Contre l'arrêt de la chambre de l'instruction de la cour d'appel de Paris, en date du 09/11/2001, qui, dans l'information suivie contre lui des chefs de vols et escroqueries en état de récidive, a ordonné la prolongation de sa détention pour une durée de 4 mois.

Il résulte de l'article 145-1 du C.P.P. que le juge ne peut pas prolonger la détention provisoire de la personne mise en examen, en prenant en compte, pour déterminer la peine encourue la circonstance de récidive. Encourt dès lors la cassation une chambre de l'instruction qui, pour prolonger la détention provisoire d'une personne mise en examen, relève que si celle-ci n'a pas été précédemment condamnée à une peine criminelle ou une peine d'emprisonnement sans sursis d'une durée supérieure à 1 an, elle encourt cependant, compte tenu de son état de récidive, une peine supérieure à 5 ans d'emprisonnement.

(Cour de cassation – Chambre criminelle du 19 février 2002 – N° de pourvoi : 01-88.182).

• **Abus de confiance... – Chambre de l'instruction – Détention provisoire – Demande de mise en liberté – Appel d'une ordonnance de rejet – Article 145-1 du C.P.P. – Fait constitutif d'une infraction commis hors du territoire national – Durée totale maximale de 2 ans de le détention**

Contre l'arrêt de la chambre de l'instruction de la cour d'appel de DOUAI, en date du 09/11/2001, qui, dans l'information suivie contre lui des chefs d'abus de confiance par intermédiaire, escroquerie en bande organisée, faux et usage de faux, a confirmé l'ordonnance du J.L.D. rejetant sa demande de mise en liberté.

Justifie sa décision la chambre de l'instruction qui énonce que la détention provisoire pouvait être prolongée au-delà d'un an, par application des dispositions de l'article 145-1 du C.P.P., dès lors que l'un des faits constitutifs tant de l'abus de confiance que de l'escroquerie aggravés reprochés à la personne mise en examen a été commis hors du territoire national.

(Cour de cassation – Chambre criminelle du 20 février 2002 – N° de pourvoi : 01-88.116).

• **Association de malfaiteurs... – Détention provisoire – Décision de prolongation – Détention provisoire en matière correctionnelle – Prolongation au-delà de 2 ans – Délit d'association de malfaiteurs en relation avec une entreprise terroriste – Règles spéciales**

Contre l'arrêt de la chambre de l'instruction de la cour d'appel de PARIS, en date du 22/11/2002, qui, dans l'information suivie contre lui, du chef, notamment, d'association de malfaiteurs ayant pour objet de préparer des actes de terrorisme, a confirmé l'ordonnance du J.L.D. prolongeant sa détention provisoire.

Il résulte de l'article 706-24-3 du C.P.P. issu de la loi n° 2002-1138 du 09/09/2002 que la détention provisoire peut être prolongée dans les conditions prévues par le 2e alinéa de l'article 145-1 du même Code jusqu'à une durée totale de 3 ans lorsque la personne détenue est mise en examen pour le délit d'association de malfaiteurs prévu et réprimé par les articles 421-2-1 et 421-5 du C.P.

(Cour de cassation – Chambre criminelle du 11 mars 2003 – N° de pourvoi : 02-88.146).

• **Vol aggravé et recels... – Détention provisoire – Décision de prolongation – Conditions – Prise en compte d'une condamnation prescrite – Possibilité**

Contre l'arrêt de la chambre de l'instruction de la cour d'appel d'AIX-EN-PROVENCE, en date du 04/02/2003, qui, dans l'information suivie contre lui des chefs de vol aggravé et recels, en récidive, et faux et usage, a infirmé l'ordonnance de mise en liberté sous contrôle judiciaire rendue par le J.L.D., avec reprise des effets du mandat de dépôt initial, et a prolongé la détention provisoire pour une durée de 4 mois.

L'existence d'une condamnation prescrite, qui subsiste avec toutes ses conséquences de droit, et qui, lorsqu'elle est prononcée par défaut ou par contumace, devient irrévocable, en application de l'article 133-5 du C.P., permet de prolonger au-delà de 4 mois la détention provisoire d'une personne mise en examen, dans les conditions prévues par l'article 145-1 al. 2 et 3, du C.P.P.

En revanche, la prise en compte d'une condamnation prononcée par une juridiction étrangère méconnaît le principe de la territorialité de la loi pénale.

(Cour de cassation – Chambre criminelle du 18 juin 2003 – N° de pourvoi : 03-81.622).

• **Infractions à la législation sur les stupéfiants – Contrôle judiciaire – Obligations – Obligations non respectées – Mise en détention provisoire – Prolongation *(Article 145-1 du C.P.P.)***

Contre l'arrêt de la chambre de l'instruction de la cour d'appel de POITIERS, en date du 02/09//2003, qui, dans l'information suivie contre lui du chef d'infractions à la législation sur les stupéfiants, a confirmé l'ordonnance du J.L.D. prolongeant sa détention provisoire.

Le mis en examen qui se soustrait aux obligations du contrôle judiciaire peut, en application des dispositions de l'article 141-2 du C.P.P., être placé sous mandat de dépôt par le J.L.D, quelle que soit la durée de la peine d'emprisonnement encourue et sous réserve des dispositions de l'article 141-3 dudit Code qui n'ont trait qu'à la durée maximale cumulée des détentions. La détention peut être prolongée dans les conditions prévues par les articles 145-1 et 145-2 dudit Code, sans qu'il y ait lieu, pour le calcul de la période respectivement prévue de quatre mois ou un an à l'issue de laquelle le J.L.D. peut ordonner cette prolongation, de tenir compte des périodes de détention accomplies antérieurement à la révocation du contrôle judiciaire.

Ainsi, justifie sa décision la chambre de l'instruction qui confirme l'ordonnance d'un J.L.D. ayant prolongé une détention provisoire ordonnée en révocation d'une mesure de contrôle judiciaire, à l'issue d'une période de 4 mois ne tenant pas compte des 2 périodes de détention provisoire précédemment subies à raison des mêmes faits.

(Cour de cassation – Chambre criminelle du 2 décembre 2003 – N° de pourvoi : 03-85.430).

• **Infractions à la législation sur les stupéfiants... – Instruction – Détention provisoire – Ordonnances – Examen de la régularité – J.L.D. – Nouvelle ordonnance se substituant à la 1re – Possibilité *(non)***

Contre l'arrêt de la chambre de l'instruction de la cour d'appel de ROUEN, en date du 22/07/2004, qui, dans l'information suivie contre lui des chefs d'infractions à la législation sur les stupéfiants, a annulé l'ordonnance du J.L.D. du 01/07/2004 prolongeant sa détention provisoire et confirmé celle du 13/07/2004 prolongeant ladite détention.

Le J.L.D. ne saurait, sans excès de pouvoir, substituer une nouvelle ordonnance de prolongation de la détention provisoire à celle précédemment prise, qu'il estime entachée de nullité; en procédant à une telle substitution il empiète sur les attributions de la chambre de l'instruction, seule compétente pendant la durée de l'information pour en apprécier la régularité sous le contrôle de la Cour de cassation.

(Cour de cassation – Chambre criminelle du 13 octobre 2004 – N° de pourvoi : 04-84.922).

• Vol aggravé... – Détention provisoire – Décision de prolongation – Délai de renouvellement – Point de départ – Ordonnance de placement en détention provisoire rendue par le J.L.D. – Ordonnance rendue après ouverture d'une information suite au renvoi du dossier au P.R. par le tribunal saisi d'une comparution immédiate

Contre l'arrêt de la chambre de l'instruction de la cour d'appel d'ANGERS, en date du 01/06/2005, qui, dans l'information suivie contre le 2[d] des chefs de vol aggravé, menaces de mort, outrage à personne dépositaire de l'autorité publique et infraction à la législation sur les armes, a infirmé l'ordonnance du J.L.D. rejetant sa demande de mise en liberté et l'a placé sous contrôle judiciaire.

Si la détention provisoire ordonnée par le tribunal correctionnel en application des dispositions de l'article 397-3, al. 2, du C.P.P. doit être imputée, par application de l'article 716-4, sur la peine qui sera éventuellement prononcée, cette décision de placement en détention provisoire ne constitue pas le point de départ de la détention ordonnée par le J.L.D. statuant après renvoi du dossier par le tribunal au P.R., en vertu de l'article 397-2, al. 2, du même Code.

Encourt, dès lors, la cassation l'arrêt qui ordonne la mise en liberté d'office de la personne mise en examen au motif que sa détention provisoire n'a pas été prolongée dans le délai de 4 mois à compter de son placement en détention par le tribunal saisi par la comparution immédiate du prévenu, alors que ce délai, qui n'avait commencé à courir qu'à compter de l'ordonnance de placement en détention provisoire rendue par le J.L.D. saisi après ouverture d'une information, n'était pas expiré.

(Cour de cassation – Chambre criminelle du 23 août 2005 – N° de pourvoi : 05-83.796).

• Meurtre – Détention provisoire – Débat contradictoire – Procès-verbal – Mentions – Convocation de l'avocat – Force probante

Contre l'arrêt de la chambre de l'instruction de la cour d'appel d'AIX-EN-PROVENCE, en date du 15/09/2005, qui, sur renvoi après cassation, dans l'information suivie contre lui, du chef de meurtre, a confirmé l'ordonnance du J.L.D. prolongeant sa détention provisoire.

Justifie sa décision la chambre de l'instruction qui, pour rejeter l'exception de nullité prise de l'absence au dossier du récépissé de l'envoi par télécopie de la convocation de l'avocat au débat contradictoire, constate qu'il résulte des mentions du procès-verbal que l'avocat a été convoqué par télécopie et énonce que cette mention fait foi jusqu'à inscription de faux.

(Cour de cassation – Chambre criminelle du 6 décembre 2005 – N° de pourvoi : 05-85.851).

• Violences aggravées et agression sexuelle aggravée – Détention provisoire – Décision de prolongation – Détention provisoire en matière correctionnelle – Prolongation au-delà de 4 mois – Conditions – Détermination

Contre l'arrêt de la chambre de l'instruction de la cour d'appel de ROUEN, en date du 17/11/2005, qui, dans l'information suivie contre lui des chefs de violences aggravées et agression sexuelle aggravée, a confirmé l'ordonnance du J.L.D. prolongeant sa détention provisoire.

En matière correctionnelle dès lors que la peine encourue par la personne mise en examen est supérieure à 5 ans et même si elle n'a pas déjà été condamnée à une peine sans sursis supérieure à 1 an d'emprisonnement, sa détention provisoire peut être prolongée dans les conditions prévues par l'article 145-1, al. 2, du C.P.P.

(Cour de cassation – Chambre criminelle du 14 mars 2006 – N° de pourvoi : 06-80.056).

• Infraction à la législation sur les stupéfiants – Chambre de l'instruction – Détention provisoire – Ordonnance de prolongation – Appel – Effet dévolutif – Portée

Contre l'arrêt de la chambre de l'instruction de la cour d'appel de POITIERS, en date du 28/11/2007, qui, dans l'information suivie contre Patrick X... du chef d'infraction à la législation sur les stupéfiants, a annulé l'ordonnance de prolongation de la détention provisoire et a ordonné sa mise en liberté.

En raison de l'effet dévolutif de l'appel, il appartient à la juridiction du 2[d] degré de substituer ses motifs à ceux du J.I. afin de redresser l'erreur limitée à la durée de la prolongation de la détention. L'application erronée des dispositions de l'article 145-1 du C.P.P. n'est pas une cause de nullité de l'ordonnance du J.L.D. Encourt la censure l'arrêt qui annule une ordonnance prolongeant la détention provisoire pour une durée de 6 mois au lieu de 4 mois, et ordonne la mise en liberté de l'intéressé, alors qu'il lui appartenait de réformer la décision entreprise et de dire que la détention était prolongée pour une durée de 4 mois en application de l'article 145-1 du C.P.P.

(Cour de cassation – Chambre criminelle du 20 mai 2008 – N° de pourvoi : 07-88.671).

• Infraction à la législation sur les stupéfiants – Détention provisoire – Débat contradictoire – Prolongation de la détention – Convocation de l'avocat – Convocation par le greffier du J.I. – Condition

Contre l' arrêt de la chambre d' instruction de la cour d' appel de DIJON, en date du 22/02/2008, qui, dans l' information suivie contre David X... du chef d' infraction à la législation sur les stupéfiants, a annulé l' ordonnance du J.L.D. prolongeant la détention provisoire et a ordonné la mise en liberté de l' intéressé.

L'ordonnance de prolongation de la détention provisoire rendue par le J.L.D. alors que l'avocat avait été convoqué par le greffier du J.I. pour un interrogatoire au fond doit être annulée dès lors que, l'avocat ayant pu se méprendre sur l'objet de la convocation, le débat contradictoire ne s'est pas tenu conformément aux dispositions de l'article 145-1 du C.P.P.

(Cour de cassation – Chambre criminelle du 20 mai 2008 – N° de pourvoi : 08-81.851).

• Escroqueries... – Détention provisoire – Contrôle judiciaire – Obligations – Obligation de fournir un cautionnement préalablement à la mise en liberté – Obligation non respectée – Mise en liberté – Mise en liberté en raison de l'expiration des délais prévus par l'article 145-1 du C.P.P. – Portée

Contre l'arrêt de la chambre de l'instruction de la cour d'appel de COLMAR, en date du 23/07/2009, qui, dans l'information suivie contre lui des chefs d'escroqueries, abus de confiance, abus de biens sociaux, blanchiment, défaut de désignation de commissaire aux comptes, a confirmé l'ordonnance du J.I. ordonnant sa mise en liberté sous contrôle judiciaire.

Il se déduit de l'al. 1er de l'article 145-1 du C.P.P. que la mise en liberté en raison de l'expiration du délai de détention provisoire qu'il prévoit, rend caduc l'ensemble des obligations du contrôle judiciaire assortissant une ordonnance de mise en liberté non suivie d'effet en raison du défaut de versement de la partie du cautionnement qui devait être fournie préalablement à l'élargissement.

Encourt la cassation l'arrêt de la chambre de l'instruction qui confirme la décision du J.I. ordonnant la mise en liberté sous contrôle judiciaire, en infirmant ladite décision sur les délais de versement du cautionnement, alors que le contentieux de la détention provisoire dont elle avait été saisie était devenu sans objet.

(Cour de cassation – Chambre criminelle du 17 février 2010 – N° de pourvoi : 09-87.862).

• **Violences volontaires aggravées – Détention provisoire – Référé-détention – Domaine d'application**
Contre l'arrêt de la chambre de l'instruction de la cour d'appel de PARIS, 2e section, en date du 24/06/2013, qui, dans l'information suivie contre lui du chef de violences volontaires aggravées, a ordonné la prolongation de sa détention provisoire.

Il se déduit des articles 148-1-1 et 201 du C.P.P. que lorsque, saisi aux fins de prolongation de la détention provisoire, le J.L.D. décide, non seulement de refuser de prolonger la détention, mais encore de mettre la personne concernée en liberté avant l'expiration du délai prévu par les articles 145-1 et 145-2 dudit code, celle-ci doit être immédiatement libérée, sauf mise en œuvre de la procédure de référé-détention prévue par l'article 148-1-1 du même code.
(Cour de cassation – Chambre criminelle du 3 octobre 2013 – N° de pourvoi : 13-85.098).

• **Escroqueries en bande organisée et tentatives... – Détention provisoire – Décision de prolongation – Délai de renouvellement – Calcul – Cumul avec une 1re** période de détention relative à d'autres faits *(non)*
Contre l'arrêt de la chambre de l'instruction de la cour d'appel de RENNES, en date du 24/01/2014, qui, dans l'information suivie contre lui des chefs, notamment, d'escroqueries en bande organisée et tentatives, association de malfaiteurs, a déclaré irrecevable sa demande de mise en liberté et constaté qu'il était régulièrement détenu.

Si la personne mise en examen est à nouveau placée en détention provisoire en raison d'infractions commises après sa mise en liberté, il n'y a pas lieu, pour le calcul des délais prévus par les articles 145-1 à 145-3 du C.P.P., de tenir compte de la 1re période de détention relative aux faits initialement poursuivis.
(Cour de cassation – Chambre criminelle du 30 avril 2014 – N° de pourvoi : 14-81.201).

• **Infractions à la législation sur les stupéfiants... – Instruction – Détention provisoire – Décision de prolongation – Débat contradictoire – Demande de renvoi – Rejet du J.L.D. – Portée**
REJET du pourvoi formé par le procureur général près la cour d'appel de DOUAI, contre l'arrêt de la chambre de l'instruction de ladite cour d'appel, en date du 23/08/2018, qui, dans l'information suivie contre M. Louis X... des chefs d'infractions à la législation sur les stupéfiants, détention et transport de marchandises prohibées et association de malfaiteurs, a constaté la nullité de l'ordonnance prolongeant sa détention provisoire et ordonné sa mise en liberté sous contrôle judiciaire ;

Le J.L.D. qui rejette une demande de report du débat contradictoire préalable à la prolongation de la détention provisoire doit motiver sa décision de rejet ; en l'absence de cette motivation, l'ordonnance qui prolonge la détention provisoire est entachée de nullité.
(Cour de cassation – Chambre criminelle du 12 décembre 2018 – N° de pourvoi : 18-85.154).

• **Participation à un groupement formé... – Instruction – Ordonnances – Ordonnance de règlement – Appel – Durée de le détention provisoire – Effet**
REJET du pourvoi formé par M. X... K... contre l'arrêt de la chambre de l'instruction de la cour d'appel de PARIS, 1re section, en date du 20/09/2019, qui, dans l'information suivie contre lui du chef de participation à un groupement formé ou une entente établie en vue de la préparation d'un acte de terrorisme, a rejeté sa demande de mise en liberté.

Lorsque le J.I. a rendu son ordonnance de renvoi devant la juridiction de jugement, et même en cas d'appel formé contre cette ordonnance, la chambre de l'instruction, pour rejeter une demande de mise en liberté, n'est pas tenue aux exigences de motivation prévues par l'article 145-3 du C.P.P., dès lors qu'en application de l'article 186-5 du même code, les délais relatifs à la durée de la détention provisoire prévus aux articles 145-1 à 145-3 ne sont alors plus applicables, ce texte ne distinguant pas selon que la chambre a ou non prescrit un supplément d'information.
(Cour de cassation – Chambre criminelle du 18 décembre 2019 – N° de pourvoi : 19-86.338).

Article 145-2. – En matière criminelle – *(Loi n° 2002-1138 du 9 septembre 2002)*
• En matière criminelle, la personne mise en examen ne peut être maintenue en détention au-delà d'un an. Toutefois, sous réserve des dispositions de l'article 145-3, le juge des libertés et de la détention peut, à l'expiration de ce délai, prolonger la détention pour une durée qui ne peut être supérieure à six mois par une ordonnance motivée conformément aux dispositions de l'article 137-3 et rendue après un débat contradictoire organisé conformément aux dispositions du sixième alinéa de l'article 145, l'avocat ayant été convoqué conformément aux dispositions du deuxième alinéa de l'article 114. Cette décision peut être renouvelée selon la même procédure.
• La personne mise en examen ne peut être maintenue en détention provisoire au-delà de deux ans lorsque la peine encourue est inférieure à vingt ans de réclusion ou de détention criminelles et au-delà de trois ans dans les autres cas. Les délais sont portés respectivement à trois et quatre ans lorsque l'un des faits constitutifs de l'infraction a été commis hors du territoire national. Le délai est également de quatre ans lorsque la personne est poursuivie pour plusieurs crimes mentionnés aux livres II et IV du Code pénal, ou pour trafic de stupéfiants, terrorisme, proxénétisme, extorsion de fonds ou pour un crime commis en bande organisée.
• À titre exceptionnel, lorsque les investigations du juge d'instruction doivent être poursuivies et que la mise en liberté de la personne mise en examen causerait pour la sécurité des personnes et des biens un risque d'une particulière gravité, la chambre de l'instruction peut prolonger pour une durée de quatre mois les durées prévues au présent article. La chambre de l'instruction, devant laquelle la comparution personnelle du mis en examen est de droit, est saisie par ordonnance motivée du juge des libertés et de la détention selon les modalités prévues par le dernier alinéa de l'article 137-1, et elle statue conformément aux dispositions des articles 144, 144-1, 145-3, 194, 197, 198, 199, 200, 206 et 207. Cette décision peut être renouvelée une fois sous les mêmes conditions et selon les mêmes modalités.
• Les dispositions du présent article sont applicables jusqu'à l'ordonnance de règlement.

J **• Vols aggravés... – Détention provisoire – Décision de prolongation – Prolongation au-delà de 6 mois – Article 145-2, 1er al. du C.P.P. – Débat contradictoire – Absence – Circonstance imprévisible et insurmontable**

Contre l'arrêt de la chambre d'accusation de la cour d'appel de MONTPELLIER, en date du 27/11/1997, qui, dans l'information suivie contre lui des chefs de vols aggravés et association de malfaiteurs, a confirmé l'ordonnance du J.I. ayant prolongé sa détention.

Constitue, en l'espèce, une circonstance imprévisible et insurmontable mettant le J.I. dans l'impossibilité de procéder au débat contradictoire prévu par l'article 145-2 du C.P.P., l'existence de barrages routiers empêchant la circulation et occupant les gendarmes à des tâches de maintien de l'ordre, alors que le débat ne pouvait, en raison des délais légaux, être reporté à une date ultérieure.

(Cour de cassation – Chambre criminelle du 28 avril 1998 – N° de pourvoi : 98-80.754).

• Meurtre – Détention provisoire – Décision de prolongation – Prolongation au-delà d'un an *(Article 145-2, al. 1er, du C.P.P.)* – Débat contradictoire – Circonstance imprévisible et insurmontable

Contre l'arrêt de la chambre d'accusation de la cour d'appel de DOUAI, en date du 25/10/2000, qui, dans l'information suivie, notamment, contre X..., pour meurtre, a annulé l'ordonnance du juge d'instruction prolongeant la détention provisoire de celui-ci.

La détention provisoire peut être prolongée sans débat contradictoire préalable lorsque des circonstances imprévisibles et insurmontables font obstacle à la tenue de celui-ci et qu'en raison du délai de 5 jours ouvrables imposé par la loi pour la convocation de l'avocat, le débat ne peut être régulièrement reporté avant la date à laquelle, faute de prolongation, la détention doit prendre fin.

(Cour de cassation – Chambre criminelle du 9 mai 2001 – N° de pourvoi : 00-87.998).

• Assassinat... – Détention provisoire – Juridiction du 2d degré – Prolongations

Contre l'arrêt de la chambre de l'instruction de la cour d'appel d'AGEN, en date du 17/07/2002, qui, dans la procédure suivie contre lui des chefs d'assassinat, séquestration aggravée et infractions connexes, en récidive, a rejeté ses demandes de mise en liberté.

Attendu que, pour écarter les prétentions du demandeur soutenant qu'il était détenu sans titre, l'arrêt attaqué relève, notamment, que la juridiction du 2d degré ne se trouve pas liée par les règles relatives aux prolongations et à la durée de la détention provisoire édictées par l'article 145-2 du C.P.P.

(Cour de cassation – Chambre criminelle du 6 mai 2002 – N° de pourvoi : 00-85.794).

• Assassinat – Détention provisoire – Décision de prolongation – Débat contradictoire – Modalités – Date – Débat contradictoire tenu un samedi – Possibilité

Contre l'arrêt de la chambre de l'instruction de la cour d'appel de PARIS, en date du 23/10/2002, qui, dans l'information suivie contre lui pour assassinat, a confirmé l'ordonnance du J.L.D. prolongeant sa détention provisoire.

Aucune disposition légale ou conventionnelle n'interdit que le débat contradictoire prévu par l'article 145-2 du C.P.P., en vue d'une éventuelle prolongation de la détention provisoire, se tienne un samedi.

(Cour de cassation – Chambre criminelle du 11 février 2003 – N° de pourvoi : 02-87.415).

• Recel aggravé... – Détention provisoire – Matière criminelle – Qualification criminelle postérieure à la décision de mise en détention – Effet

Contre l'arrêt de la chambre de l'instruction de la cour d'appel d'AMIENS, en date du 03/02/2004, qui, dans l'information suivie contre lui des chefs de recel aggravé, recel et complicité, a constaté la régularité de la détention provisoire.

En cas de jonction, au cours d'une information, d'une procédure criminelle à une précédente procédure correctionnelle, le mandat de dépôt initial demeure valable, la détention étant alors soumise aux règles qui découlent de la qualification criminelle.

Ainsi, le point de départ du délai de renouvellement de la détention provisoire, prévu par l'article 145-2 du C.P.P. est fixé au jour du titre initial.

(Cour de cassation – Chambre criminelle du 9 juin 2004 – N° de pourvoi : 04-81.901).

• Meurtre... – Détention provisoire – Durée – Durées maximales prévues par l'article 145-2 du C.P.P. – Domaine d'application – Portée

Contre l'arrêt de la chambre de l'instruction de la cour d'appel de BASTIA, en date du 10/11/2004, qui, dans l'information suivie contre lui pour meurtre, vol en bande organisée avec arme, vol aggravé, a rejeté sa demande de mise en liberté.

L'article 145-2 du C.P.P. n'est applicable que jusqu'à l'ordonnance de règlement et le mandat de dépôt criminel, en l'état de l'annulation de l'ordonnance de mise en accusation, reprend ses effets jusqu'au prononcé de la mise en accusation par la juridiction du 2d degré.

Dès lors, lorsque la chambre de l'instruction infirme l'ordonnance de mise en accusation et, après évocation, ordonne un supplément d'information, la personne concernée reste détenue, en vertu du mandat de dépôt décerné par le juge d'instruction, jusqu'à l'arrêt de mise en accusation.

(Cour de cassation – Chambre criminelle du 16 février 2005 – N° de pourvoi : 04-87.178).

• Meurtre – Détention provisoire – Débat contradictoire – Procès-verbal – Mentions – Convocation de l'avocat – Force probante

Contre l'arrêt de la chambre de l'instruction de la cour d'appel d'AIX-EN-PROVENCE, en date du 15/09/2005, qui, sur renvoi après cassation, dans l'information suivie contre lui, du chef de meurtre, a confirmé l'ordonnance du J.L.D. prolongeant sa détention provisoire.

Justifie sa décision la chambre de l'instruction qui, pour rejeter l'exception de nullité prise de l'absence au dossier du récépissé de l'envoi par télécopie de la convocation de l'avocat au débat contradictoire, constate qu'il résulte des mentions du procès-verbal que l'avocat a été convoqué par télécopie et énonce que cette mention fait foi jusqu'à inscription de faux.

(Cour de cassation – Chambre criminelle du 6 décembre 2005 – N° de pourvoi : 05-85.851).

• Recel... – Détention provisoire – Débat contradictoire – Prolongation de la détention – Convocation de l'avocat – Mentions – Erreur sur l'objet de l'audition – Portée

Contre l'arrêt de la chambre de l'instruction de la cour d'appel de GRENOBLE, en date du 23/02/2006, qui, dans l'infor-

mation suivie contre lui des chefs de recel, contrefaçon de cartes bancaires et escroqueries, a confirmé l'ordonnance du J.L.D. prolongeant sa détention provisoire.

L'ordonnance rendue par le J.L.D. prolongeant la détention provisoire n'est pas frappée de nullité du seul fait que la convocation adressée à l'avocat par ce juge indique que celle-ci est délivrée pour interrogatoire au fond, dès lors que l'article 145-2, al. 1er, du C.P.P. précise que l'avocat est convoqué conformément aux dispositions de l'article 114, al. 2, dudit code, et que ce dernier n'a pu se méprendre sur l'objet de celle-ci qui ne pouvait concerner que la prolongation de la détention.

(Cour de cassation – Chambre criminelle du 23 mai 2006 – N° de pourvoi : 06-81.702).

• Infractions à la législation sur les stupéfiants... – Détention provisoire – Ordonnances – Ordonnance du J.L.D. – Ordonnance de placement en détention provisoire – Durée de la détention – Interdiction de fixer à l'avance une durée de détention inférieure à celle prévue par la loi – C.E.D.H. – Compatibilité

Contre l'arrêt de la chambre de l'instruction de la cour d'appel de FORT-DE-FRANCE, en date du 06/07/2006, qui, dans l'information suivie contre lui des chefs d'infractions à la législation sur les stupéfiants, association de malfaiteurs et contrebande de marchandises prohibées, a confirmé l'ordonnance du J.L.D. rejetant sa demande de mise en liberté.

Ne méconnaît pas la Convention européenne des droits de l'homme, l'interdiction faite au juge de fixer à l'avance une durée de détention inférieure à celle prévue par la loi, dès lors que la personne placée en détention provisoire peut à tout moment demander sa mise en liberté.

(Cour de cassation – Chambre criminelle du 21 novembre 2006 – N° de pourvoi : 06-86.937).

• Vol avec arme – Détention provisoire – Décision de prolongation – Date de prise d'effet – Prise d'effet de plein droit à l'échéance du titre de détention – Portée

IRRECEVABILITE ET REJET des pourvois formés par X... Jean, contre les arrêts de la chambre de l'instruction de la cour d'appel de DOUAI, qui, dans l'information suivie contre lui, notamment, pour vol en bande organisée avec violences, ont :

– le 1er, en date du 29/09/2006, confirmé l'ordonnance de prolongation de sa détention provisoire rendue par le J.L.D. ;
– le 2d, en date du 10/10/2006, confirmé l'ordonnance de rectification d'erreur matérielle rendue par ce magistrat.

Une ordonnance de prolongation de la détention provisoire prenant effet de plein droit à l'échéance du titre de détention, la mention d'une date d'effet erronée est inopérante et ne nécessite pas la prise d'une ordonnance rectificative.

Pour que l'ordonnance de prolongation soit régulière, il suffit que le J.L.D ait statué avant l'expiration du délai légal.

(Cour de cassation – Chambre criminelle du 6 mars 2007 – N° de pourvoi : 06-89.231).

• Viol aggravé – Détention provisoire – Débat contradictoire – Débat contradictoire – Prolongation de la détention – Convocation de l'avocat – Défaut – Portée

Contre l'arrêt de la chambre de l'instruction de la cour d'appel de BORDEAUX, en date du 06/09/2007, qui, dans l'information suivie contre lui du chef de viol aggravé, a confirmé l'ordonnance du J.L.D. prolongeant sa détention provisoire.

Il résulte de la combinaison des articles 114, al. 2, 145-2, al. 1er, et 803-1 du C.P.P. que la décision sur la prolongation de la détention provisoire ne peut être prise qu'après un débat contradictoire auquel l'avocat du mis en examen a été convoqué au plus tard 5 jours ouvrables avant ledit débat, par lettre recommandée avec demande d'avis de réception, télécopie avec récépissé ou verbalement avec émargement au dossier de la procédure ou encore par un envoi adressé par un moyen de télécommunication à l'adresse électronique de l'avocat et dont il est conservé une trace écrite. Encourt la censure l'arrêt qui, pour écarter l'exception de nullité du débat contradictoire préalable à une prolongation, prise de l'absence de convocation devant le J.L.D., de l'avocat de la personne mise en examen, après avoir constaté que la convocation de l'avocat avait été expédiée par télécopie à l'adresse d'un tiers, retient, d'une part, que, s'agissant d'un débat sur la prolongation de la détention, et non d'un placement en détention, la présence de l'avocat n'est pas obligatoire et, d'autre part, que l'appelant, lors du débat, n'ayant ni revendiqué la présence de son avocat ni sollicité le report de ce débat, aucun grief n'est établi ni même allégué. En effet, l'absence de convocation de l'avocat au débat contradictoire ayant empêché celui-ci d'assister le demandeur, portait nécessairement atteinte aux intérêts de celui-ci.

(Cour de cassation – Chambre criminelle du 4 décembre 2007 – N° de pourvoi : 07-86.794).

• Vol avec arme... – Chambre de l'instruction – Appel des ordonnances du J.I. – Ordonnance de mise en accusation – Annulation – Renvoi au J.I. – Effets

Contre l'arrêt de la chambre de l'instruction de la cour d'appel d'AIX-EN-PROVENCE, en date du 19/11/2009, qui, dans l'information suivie contre lui des chefs, notamment, de vols avec arme et tentatives, vols en bande organisée avec arme et avec violences, destructions par incendie, séquestrations, recel aggravé, après infirmation de l'ordonnance du J.L.D. refusant de prolonger sa détention provisoire et prononçant sa mise en liberté, a ordonné la remise à effet du mandat de dépôt initial.

L'arrêt par lequel la chambre de l'instruction, après avoir annulé l'ordonnance de mise en accusation, sans évocation, ordonne la poursuite de l'information et renvoie le dossier de la procédure au J.I, a pour effet de restituer au J.L.D. sa compétence pour prolonger la détention provisoire de la personne mise en examen, conformément à l'article 145-2 du C.P.P.

Un tel arrêt étant exécutoire, en application des articles 570 et 571 du C.P.P., c'est à bon droit que le J.L.D., régulièrement saisi par le magistrat instructeur, après retour du dossier à ce dernier, a constaté que le titre de détention était expiré au jour de sa saisine, dit n'y avoir lieu à prolonger la détention provisoire et ordonné, en conséquence, la mise en liberté de la personne concernée.

(Cour de cassation – Chambre criminelle du 16 février 2010 – N° de pourvoi : 09-88.030).

• Vol avec arme... – Détention provisoire – Personne remise en vertu d'un mandat d'arrêt européen – Date d'écrou en France – Point de départ

Contre l'arrêt de la chambre de l'instruction de la cour d'appel de PARIS, 6e section, en date du 11/01/2011, qui, dans l'information suivie contre lui des chefs de vol avec arme, enlèvement et séquestration liés à un autre crime, a confirmé l'ordonnance du J.L.D. rejetant ses demandes de mise en liberté.

Le point de départ de la détention provisoire, au sens de l'article 145-2 du C.P.P, d'une personne remise en vertu d'un mandat d'arrêt européen est sa date d'écrou en France.

(Cour de cassation – Chambre criminelle du 31 mai 2011 – N° de pourvoi : 11-81.110).

• Séquestration aggravée en récidive – Détention provisoire – Décision de prolongation – Information suivie sur des faits de nature criminelle et correctionnelle – Ordonnance de disjonction et de renvoi devant le tribunal correctionnel – Maintien en détention provisoire – Mandat de dépôt criminel initial – Effets – Substitution *(non)* – Portée

CASSATION sur le pourvoi formé par le procureur général près la cour d'appel d'AIX-EN-PROVENCE, contre l'arrêt de la chambre de l'instruction de ladite cour d'appel, en date du 01/06/2017, qui, dans l'information suivie contre M. Mohamed Y... du chef de séquestration aggravée en récidive, a annulé l'ordonnance du J.L.D. prolongeant sa détention provisoire AR.

Il résulte des articles 145-2, al. 1, et 179, al. 3, du C.P.P. que, lorsque dans une information suivie à la fois sur des faits recevant une qualification criminelle et des faits recevant une qualification correctionnelle, le J.I. disjoint les poursuites sur les seconds pour renvoyer la personne mise en examen devant le tribunal correctionnel, en ordonnant son maintien en détention jusqu'à sa comparution devant cette juridiction, le mandat de dépôt initial reste en vigueur pour les besoins de l'information se poursuivant sur les faits qualifiés de crime et la détention provisoire de la personne demeurant en examen de ce chef peut être prolongée par le J.L.D. suivant les règles fixées par l'article 145-2 du C.P.P. Méconnaît ces textes et principe la chambre de l'instruction qui, en pareille hypothèse, retient que l'ordonnance du magistrat instructeur, maintenant en détention le prévenu renvoyé devant le tribunal correctionnel, a constitué un nouveau titre de détention, qui s'est substitué au mandat de dépôt initial, pour en déduire que ce titre ne pouvait plus faire l'objet d'une prolongation pour les besoins de l'information se poursuivant sur les faits de nature criminelle.

(Cour de cassation – Chambre criminelle du 12 décembre 2017 – N° de pourvoi : 17-85.522).

• Assassinat en bande organisée... – Détention provisoire – Débat contradictoire – Prolongation de la détention – Assistance du conseil – Renonciation expresse et préalable – Nécessité

REJET du pourvoi formé par M. B... A... , contre l'arrêt de la chambre de l'instruction de la cour d'appel d'AIX-EN-PROVENCE, en date du 12/10/2017, qui, dans la procédure suivie contre lui des chefs d'assassinat en bande organisée, infractions à la législation sur les armes, association de malfaiteurs, recel en bande organisée, destruction du bien d'autrui par un moyen dangereux pour les personnes en bande organisée et usage de fausses plaques d'immatriculation, a confirmé l'ordonnance du J.L.D. prolongeant sa détention provisoire AR.

Justifie sa décision la chambre de l'instruction qui rejette l'exception de nullité de la prolongation de la détention provisoire intervenue à la suite d'un débat contradictoire organisé en l'absence de l'avocat dès lors qu'elle constate que la personne mise en examen a expressément renoncé à l'assistance de son avocat pour ce débat.

(Cour de cassation – Chambre criminelle du 24 janvier 2018 – N° de pourvoi : 17-86.317).

• Meurtre – Chambre de l'instruction – Appel des ordonnances du J.I. – Infirmation – Renvoi au J.I. – Détention provisoire – Effet

REJET du pourvoi formé par M. Karim A..., contre l'arrêt de la chambre de l'instruction de la cour d'appel d'AIX-EN-PROVENCE, en date du 03/11/2017, qui, dans l'information suivie contre lui du chef de meurtre, a confirmé l'ordonnance du J.L.D prolongeant sa détention provisoire AR.

Lorsqu'une chambre de l'instruction, par une décision devenue définitive, infirme l'ordonnance de mise en accusation et renvoie le dossier au J.I., les dispositions de l'article 145-2 du C.P.P étant de nouveau applicables, la détention provisoire doit être prolongée au plus tard dans les 6 mois suivant la date à laquelle expirait le délai de détention en cours au moment de l'ordonnance de règlement.

(Cour de cassation – Chambre criminelle du 24 janvier 2018 – N° de pourvoi : 17-86.586).

• Vol aggravé en état de récidive légale – Détention provisoire – Chambre de l'instruction – Exigence de motivation spéciale prévue par l'article 145-3 du C.P.P.

Contre l'arrêt de la chambre de l'instruction de la cour d'appel de PARIS, 1re section, en date du 27/02/2018, qui, dans la procédure suivie contre lui des chefs de vol aggravé en état de récidive légale, a rejeté sa demande de mise en liberté.

Attendu que dès lors que la détention a été ordonnée par une juridiction correctionnelle sur le fondement de l'article 469 du C.P.P., d'une part, les dispositions de l'article 145-2 du même code ne sont pas applicables et, d'autre part, la chambre de l'instruction n'est pas tenue par l'exigence de motivation spéciale prévue par l'article 145-3 de ce code;

D'où il suit que le moyen ne saurait être accueilli;

Et attendu que l'arrêt est régulier en la forme;

REJETTE le pourvoi.

(Cour de cassation – Chambre criminelle du 29 mai 2018 – N° de pourvoi : 18-81.533).

• Tentative de meurtre en bande organisée... – Détention provisoire – Ordonnance de mise en accusation – Comparution du prévenu détenu devant la cour d'assises – Délai de comparution – Cas

REJET des pourvois formés par M. R... N..., contre l'arrêt de la chambre de l'instruction de la cour d'appel de FORT-DE-FRANCE, en date du 29/01/2019, qui, dans la procédure suivie contre lui des chefs de tentative de meurtre en bande organisée, tentative de vol avec arme, vols avec arme, a rejeté sa demande de mise en liberté.

Selon l'article 181, al. 8, du C.P.P., l'accusé détenu en raison des faits pour lesquels il est renvoyé devant la cour d'assises doit être immédiatement remis en liberté s'il n'a pas comparu devant celle-ci à l'expiration du délai d'un an à compter notamment de la date à laquelle la décision de mise en accusation est devenue définitive. Justifie sa décision la chambre de l'instruction qui, pour rejeter l'argumentation d'une personne accusée aux fins de remise en liberté, énonce qu'elle a régulièrement comparu devant la cour d'assises, jury constitué, dans les délais prévus aux al. 8 et 9 de l'article 181 précité.

(Cour de cassation – Chambre criminelle du 21 mai 2019 – N° de pourvoi : 19-81.753).

• Direction et organisation d'un groupement – Activité illicite liée aux stupéfiants en récidive... – Matière criminelle – Prolongation de la détention provisoire – Durée

Le procureur général près la cour d'appel de DOUAI (59) a formé un pourvoi contre l'arrêt de la chambre de l'instruction de ladite cour d'appel, en date du 18/12/2020, qui, dans l'information suivie contre M. Z Y des chefs de direction et organisation d'un groupement ayant pour objet une activité illicite liée aux stupéfiants en récidive, complicité de blanchiment et association de malfaiteurs en récidive, a infirmé l'ordonnance du J.L.D. prolongeant sa détention provisoire et l'a placé sous contrôle judiciaire.

8. Il se déduit de ce texte que le J.L.D. qui ordonne, en matière criminelle, la prolongation de la détention provisoire d'une personne ne peut, sans excéder ses pouvoirs, limiter à l'avance cette mesure à une durée inférieure à celle de 6 mois prévue par cette disposition.

(Cour de cassation – Chambre criminelle du 16 mars 2021 – N° de pourvoi : 20-87.141).

• Vol... – Application article 145-2, al. 2 du C.P.P. – Matière criminelle – Bande organisée – Maintien en détention provisoire

M. [C] [T] a formé un pourvoi contre l'arrêt de la chambre de l'instruction de la cour d'appel de RENNES (35), en date du 17/06/2022, qui, dans l'information suivie contre lui des chefs de recel et vol aggravés, en récidive, tentative de vol, escroque-

rie et blanchiment, aggravés, blanchiment, associations de malfaiteurs, dégradation, destruction du bien d'autrui par un moyen dangereux pour les personnes, a prolongé sa détention provisoire après infirmation de l'ordonnance du J.L.D.

12. Les juges en déduisent que, pour un crime commis en bande organisée, ce texte ne distingue pas entre la nature, délictuelle ou criminelle, de l'infraction initiale, aggravée par la circonstance de bande organisée, de sorte que le délai maximal de la détention provisoire de 4 ans trouve bien à s'appliquer pour le crime de vol en bande organisée.

(Cour de cassation – Chambre criminelle du 13 septembre 2022 – N° de pourvoi : 22-84.037).

Article 145-3. – Décision de prolongation – *(Loi n° 2000-516 du 15 juin 2000)*

• Lorsque la durée de la détention provisoire excède un an en matière criminelle ou huit mois en matière délictuelle, les décisions ordonnant sa prolongation ou rejetant les demandes de mise en liberté doivent aussi comporter les indications particulières qui justifient en l'espèce la poursuite de l'information et le délai prévisible d'achèvement de la procédure.

• Il n'est toutefois pas nécessaire que l'ordonnance de prolongation indique la nature des investigations auxquelles le juge d'instruction a l'intention de procéder lorsque cette indication risque d'entraver l'accomplissement de ces investigations.

[J] **• Assassinat et association de malfaiteurs – Chambre d'accusation – Pouvoirs – Détention provisoire – Ordonnance de prolongation – Décision – Motifs – Indications relatives à la poursuite et à l'achèvement de l'information**

Contre l'arrêt de la chambre d'accusation de la cour d'appel de Nîmes, en date du 20/06/1997, qui, dans la procédure suivie contre lui des chefs d'assassinat et d'association de malfaiteurs, a confirmé l'ordonnance du J.I. prolongeant sa détention provisoire.

Aux termes de l'article 145-3 du C.P.P., lorsque la durée de la détention provisoire excède un an en matière criminelle, les décisions ordonnant sa prolongation doivent aussi comporter les indications particulières qui justifient, en l'espèce, la poursuite de l'information et le délai prévisible d'achèvement de la procédure. Justifie sa décision au regard de ce texte, la chambre d'accusation qui confirme l'ordonnance par laquelle un J.I. a prolongé la détention provisoire en relevant que des investigations sont toujours en cours pour déterminer les rôles respectifs des personnes mises en cause dans la commission des faits qui leur sont reprochés et que plusieurs mois sont encore nécessaires.

(Cour de cassation – Chambre criminelle du 30 septembre 1997 – N° de pourvoi : 97-83.780).

• Vols aggravés et association de malfaiteurs – Détention provisoire – Décision de prolongation – Prolongation au-delà de 6 mois – Article 145-2, 1er al. du C.P.P. – Débat contradictoire – Absence – Circonstance imprévisible et insurmontable

Contre l'arrêt de la chambre d'accusation de la cour d'appel de MONTPELLIER, en date du 27/11/1997, qui, dans l'information suivie contre lui des chefs de vols aggravés et association de malfaiteurs, a confirmé l'ordonnance du J.I. ayant prolongé sa détention.

Constitue, en l'espèce, une circonstance imprévisible et insurmontable mettant le J.I. dans l'impossibilité de procéder au débat contradictoire prévu par l'article 145-2 du C.P.P., l'existence de barrages routiers empêchant la circulation et occupant les gendarmes à des tâches de maintien de l'ordre, alors que le débat ne pouvait, en raison des délais légaux, être reporté à une date ultérieure.

(Cour de cassation – Chambre criminelle du 28 avril 1998 – N° de pourvoi : 98-80.754).

• Infractions à la législation sur les stupéfiants – Détention provisoire – Décision de prolongation – Matière correctionnelle – Appel d'une ordonnance du J.I. rendue à une date où la durée de la détention n'excédait pas encore 8 mois – Indications relatives à la poursuite et à l'achèvement de l'information *(non)*

Contre l'arrêt de la chambre d'accusation de la cour d'appel de DOUAI, en date du 02/03/1999, qui, dans l'information suivie contre lui pour infractions à la législation sur les stupéfiants, a confirmé l'ordonnance du J.I. rejetant sa demande de mise en liberté.

N'a pas à satisfaire aux prescriptions de l'article 145-3 du C.P.P., la chambre d'accusation qui statue sur l'appel d'une ordonnance prolongeant la détention provisoire, en matière délictuelle, lorsque cette décision a été rendue par le J.I. à une date où la durée de la détention n'excédait pas encore 8 mois.

(Cour de cassation – Chambre criminelle du 9 juin 1999 – N° de pourvoi : 99-82.001).

• Tentative de viol aggravée – Détention provisoire – Demande mise en liberté – Rejet – Motifs – Indications particulières – Poursuite de l'information et délai prévisible d'achèvement de la procédure – Nécessité

Contre l'arrêt de la chambre de l'instruction de la cour d'appel de Colmar, en date du 01/02/2001, qui, dans la procédure suivie contre lui du chef, notamment, de tentative de viol aggravée, a rejeté sa demande de mise en liberté.

Selon l'article 145-3 du C.P.P., lorsque la détention provisoire excède 1 an en matière criminelle, les décisions ordonnant sa prolongation ou rejetant les demandes de mise en liberté doivent comporter les indications particulières qui justifient, en l'espèce, la poursuite de l'information et le délai prévisible d'achèvement de la procédure. En conséquence, doit être cassé l'arrêt qui, s'il précise le délai prévisible d'achèvement de la procédure, ne comporte pas les indications particulières justifiant, en l'espèce, la poursuite de l'information.

(Cour de cassation – Chambre criminelle du 10 mai 2001 – N° de pourvoi : 01-81.819).

• Vols avec usage ou menace d'une arme – Demande de mise en liberté – Ordonnance du J.L.D. – Rejet – Indices de culpabilité pesant sur l'intéressé

Contre l'arrêt de la chambre de l'instruction de la cour d'appel de MONTPELLIER, en date du 06/06/2002, qui, dans l'information suivie contre lui des chefs, notamment, de vols avec usage ou menace d'une arme.

Attendu que, pour confirmer l'ordonnance du J.L.D. rejetant la demande de mise en liberté de Jean-Philippe X..., l'arrêt attaqué, après avoir rappelé les indices de culpabilité pesant sur l'intéressé et précisé le délai prévisible d'achèvement de la procédure, énonce que, compte tenu, d'une part, de la gravité des faits reprochés et des investigations encore nécessaires «dont l'indication risquerait d'entraver leur accomplissement», d'autre part, du passé judiciaire de Jean-Philippe X... qui semble s'être installé dans la délinquance sans en éprouver de sentiment de culpabilité, enfin, des garanties de représentation aléatoires qu'il propose, n'ayant pas de domicile personnel et ayant travaillé «au noir» durant sa période de liberté

en 1999, les obligations du contrôle judiciaire s'avérant insuffisantes, la détention provisoire est l'unique moyen de garantir le maintien de l'intéressé à la disposition de la justice et de prévenir le renouvellement de la conduite délinquante;
Attendu qu'en l'état de ces énonciations, l'arrêt attaqué a justifié sa décision au regard, notamment, de l'exigence des indications particulières justifiant en l'espèce la poursuite de l'information, au sens de l'article 145-3 du C.P.P.
(Cour de cassation – Chambre criminelle du 25 septembre 2002 – N° de pourvoi : 02-84.710).

• Viol en réunion... – Détention provisoire – Demande mise en liberté – Rejet – Motifs – Indications particulières – Poursuite de l'information et délai prévisible d'achèvement de la procédure – Modification du délai prévu dans une précédente décision – Motivation spéciale *(non)*
Contre l'arrêt de la chambre de l'instruction de la cour d'appel de DIJON, en date du 27/02/2003, qui, dans l'information suivie contre lui des chefs de viol en réunion, extorsion de fonds, violences aggravées, violation de domicile et infractions à la législation sur les stupéfiants, a confirmé l'ordonnance du J.L.D. rejetant sa demande de mise en liberté.

Les dispositions de l'article 145-3 du C.P.P., selon lesquelles, dans les cas prévus par ce texte, les décisions ordonnant la prolongation de la détention provisoire ou rejetant les demandes de mise en liberté doivent comporter les indications particulières qui justifient en l'espèce la poursuite de l'information et le délai prévisible d'achèvement de la procédure n'imposent pas au J.L.D. ou à la chambre de l'instruction de préciser, le cas échéant, les raisons pour lesquelles le délai d'achèvement qu'ils avaient prévu dans une précédente décision n'a pu être tenu.
(Cour de cassation – Chambre criminelle du 3 juin 2003 – N° de pourvoi : 03-81.389).

• Association de malfaiteurs – Chambre de l'instruction – Détention provisoire – Prolongation de la détention – Délai prévisible d'achèvement de la procédure
Contre les arrêts de la chambre de l'instruction de la cour d'appel de REIMS qui, sur son appel de l'ordonnance du J.L.D. ayant prolongé sa détention provisoire dans l'information suivie contre lui du chef, notamment, d'association de malfaiteurs.

Attendu qu'en ordonnant la prolongation de la détention provisoire de Fabrice X... pour une durée maximum de 6 mois après avoir indiqué que le délai prévisible d'achèvement de la procédure pouvait être de 3 mois, la chambre de l'instruction s'est strictement conformée aux dispositions des articles 145-2 et 145-3 du C.P.P.
(Cour de cassation – Chambre criminelle du 12 avril 2005 – N° de pourvoi : 05-80.432).

• Escroquerie... – Détention provisoire – Décision de prolongation – Délai de renouvellement – Point de départ – Détermination – Jonction de procédures – Effet – Cumul de la durée des périodes de détention provisoire *(non)*
Contre l'arrêt de la chambre de l'instruction de la cour d'appel de POITIERS, en date du 18/02/2005, qui, dans l'information suivie contre lui des chefs d'escroquerie, recel, contrefaçon de chèque et usage, a infirmé l'ordonnance de mise en liberté assortie du contrôle judiciaire rendue par le J.L.D. et a ordonné la prolongation de sa détention provisoire.

La durée de 2 périodes de détention provisoire, effectuée dans 2 procédures distinctes ayant donné lieu à jonction, ne se cumule pas pour le décompte du délai à l'expiration duquel la détention doit être prolongée.
N'encourt pas la cassation, invoquée pour inobservation des dispositions de l'article 145-3 du C.P.P., applicable lorsque la détention provisoire excède 8 mois en matière correctionnelle, l'arrêt de la chambre de l'instruction qui a prolongé le 18/02/2005 un mandat de dépôt délivré le 22/10/2004 pour falsification de chèque et usage, alors même que le mis en examen avait déjà été détenu dans une information distincte du chef d'escroquerie et que les 2 dossiers d'information ont été joints.
(Cour de cassation – Chambre criminelle du 24 mai 2005 – N° de pourvoi : 05-81.373).

• Assassinat – Détention provisoire – Décision de prolongation – Détention provisoire en matière criminelle – Prolongation au-delà de 3 ans – Indications particulières – Poursuite de l'information et délai prévisible d'achèvement de sa procédure – Nécessité
Contre l'arrêt de la chambre de l'instruction de la cour d'appel d'AIX-EN-PROVENCE, en date du 18/03/2005, qui, dans l'information suivie contre lui du chef d'assassinat, a ordonné la prolongation de sa détention provisoire.

Selon l'article 145-2, al. 3, du C.P.P., lorsque la durée de la détention provisoire excède les délais prévus à l'al. 2 de ce texte, les décisions ordonnant sa prolongation ou rejetant une demande de mise en liberté doivent, conformément à l'article 145-3 du C.P.P. auquel il se réfère, comporter les indications particulières qui justifient en l'espèce la poursuite de l'information et le délai prévisible d'achèvement de la procédure.
Encourt la cassation l'arrêt d'une chambre de l'instruction qui ordonne la prolongation de la détention d'une personne mise en examen détenue depuis plus de trois ans, en matière criminelle, sans préciser le délai prévisible d'achèvement de la procédure.
(Cour de cassation – Chambre criminelle du 21 juin 2005 – N° de pourvoi : 05-82.010).

• Viols... – Chambre de l'instruction – Détention provisoire – Décision de prolongation – Cassation de l'arrêt ayant prolongé la détention – Portée
Contre l'arrêt de la chambre de l'instruction de la cour d'appel de PARIS, 5e section, en date du 24/06/2005, qui, sur renvoi après cassation, dans l'information suivie contre lui pour viols et vol aggravés et menaces de mort, a prolongé sa détention provisoire pour une durée de 6 mois.

L'arrêt de la chambre de l'instruction prolongeant la détention provisoire pour 6 mois ayant été cassé faute d'avoir précisé le délai prévisible d'achèvement de la procédure, l'intéressé ne saurait soutenir qu'il était détenu sans titre, dès lors que la détention provisoire, prolongée par l'arrêt censuré dans les délais légaux, se poursuit régulièrement jusqu'à ce qu'il ait été statué par la chambre de l'instruction désignée sur renvoi après cassation.
(Cour de cassation – Chambre criminelle du 28 septembre 2005 – N° de pourvoi : 05-84.440).

• Infractions à la législation sur les stupéfiants – Chambre de l'instruction – Détention provisoire – Décision de prolongation – Motifs – Indications particulières – Circonstances justifiant la poursuite de l'information et le délai prévisible d'achèvement de la procédure – Nécessité – Cas
Contre l'arrêt de la chambre de l'instruction de la cour d'appel d'ORLÉANS, en date du 10/11/2010, qui, dans l'information suivie contre lui du chef d'infractions à la législation sur les stupéfiants, a prolongé sa détention provisoire.

Selon l'article 145-3 du C.P.P., lorsque la détention provisoire excède huit mois en matière correctionnelle, les décisions ordonnant sa prolongation ou rejetant les demandes de mise en liberté doivent comporter les indications particulières qui justifient, en l'espèce, la poursuite de l'information et le délai prévisible d'achèvement de la procédure.
En conséquence, doit être cassé l'arrêt qui, s'il précise le délai prévisible d'achèvement de la procédure, ne comporte pas les indications particulières justifiant, en l'espèce, la poursuite de l'information.

(Cour de cassation – Chambre criminelle du 22 février 2011 – N° de pourvoi: 10-88.186).

• **Tentative de meurtre aggravé... – Chambre de l'instruction – Détention provisoire – Prolongation de la détention – Motifs**

Contre l'arrêt de la chambre de l'instruction de la cour d'appel de BESANÇON, en date du 15/10/2014, qui, dans l'information suivie contre lui des chefs de tentative de meurtre aggravé, vol avec arme et délits connexes, a confirmé l'ordonnance du J.L.D. prolongeant sa détention provisoire.

Mais attendu qu'en l'état de ces énonciations, qui ne précisent pas les circonstances particulières justifiant, en l'espèce, la poursuite de l'information, lesquelles ne se confondent pas avec les motifs de prolongation de la détention provisoire, la chambre de l'instruction a méconnu le sens et la portée du texte susvisé.

(Cour de cassation – Chambre criminelle du 21 janvier 2015 – N° de pourvoi: 14-86.996).

• **Meurtre aggravé – Chambre de l'instruction – Majeur protégé – Détention provisoire – Prolongation de la détention – Débat contradictoire – Avis au curateur ou au tuteur – Nécessité**

Contre l'arrêt de la chambre de l'instruction de la cour d'appel de COLMAR, en date du 10/03/2016, qui, dans l'information suivie contre elle du chef de meurtre aggravé, a confirmé l'ordonnance du J.L.D. prolongeant sa détention provisoire.

Le tuteur d'une personne majeure protégée doit être avisé de la date de toute audience concernant celle-ci. Encourt la censure l'arrêt d'une chambre d'instruction qui confirme l'ordonnance du J.L.D. prolongeant la détention provisoire d'une personne mise en examen sans que le tuteur de cette dernière ait été avisé de la date de l'audience.

(Cour de cassation – Chambre criminelle du 12 juillet 2016 – N° de pourvoi: 16-82.714).

• **Chambre de l'instruction – Détention provisoire – Appel d'une décision de prolongation – 1re prolongation – Chambre de l'instruction saisie sur renvoi après cassation – Examen plus de 8 mois après le placement en détention provisoire – Motifs – Indications particulières *(non)***

Contre l'arrêt de la chambre de l'instruction de la cour d'appel de CAEN, en date du 26/04/2016, qui, sur renvoi après cassation (Crim., 16/02/2016, n°15-86.888), a confirmé l'ordonnance du J.L.D. prolongeant sa détention provisoire.

La juridiction, saisie du contentieux de la 1re prolongation et statuant sur renvoi après cassation plus de 8 mois après le placement en détention provisoire de la personne mise en examen, n'est pas soumise à l'obligation de motivation spéciale prévue par l'article 145-3 du C.P.P.

(Cour de cassation – Chambre criminelle du 27 juillet 2016 – N° de pourvoi: 16-82.990).

• **Meurtre et tentatives aggravés... – Détention provisoire – Référé-détention – Décision du 1er président de la cour d'appel – Recours – Détermination – Portée**

Contre l'arrêt de la chambre de l'instruction de de la cour d'appel de NÎMES, en date du 21/04/2017, qui, dans l'information suivie contre lui des chefs de meurtre et tentatives aggravés, association de malfaiteurs a, après infirmation de l'ordonnance du J.I., rejeté sa demande de mise en liberté.

La régularité de la procédure de référé-détention ne peut être contestée qu'à l'occasion d'un pourvoi formé contre l'ordonnance du 1er président et dans le seul cas de risque d'excès de pouvoir. Est inopérant le moyen, produit à l'occasion du pourvoi formé contre l'arrêt de la chambre de l'instruction rejetant une demande de mise en liberté, qui critique la régularité de la procédure de référé-détention en arguant d'un risque d'excès de pouvoirs relevant du contrôle de la Cour de cassation.

(Cour de cassation – Chambre criminelle du 9 août 2017 – N° de pourvoi: 17-83.250).

• **Viols aggravés... – Chambre de l'instruction – Détention provisoire – Demande de mise en liberté – Saisine après la clôture de l'information – Motivation spéciale *(non)***

Contre l'arrêt n° 219 de la chambre de l'instruction de la cour d'appel de VERSAILLES, en date du 04/05/2017, qui, dans la procédure suivie contre lui des chefs de viols aggravés, agression sexuelle aggravé et corruption de mineur, a rejeté sa demande de mise en liberté.

Après la clôture de l'information, la chambre de l'instruction saisie d'une demande de mise en liberté n'est pas tenue par l'exigence de motivation spéciale prévue par l'article 145-3 du C.P.P.

(Cour de cassation – Chambre criminelle du 23 août 2017 – N° de pourvoi: 17-83.473).

• **Meurtre – Chambre de l'instruction – Appel des ordonnances du J.I. – Infirmation – Renvoi au J.I. – Détention provisoire – Effet**

REJET du pourvoi formé par M. Karim A..., contre l'arrêt de la chambre de l'instruction de la cour d'appel d'AIX-EN-PROVENCE, en date du 03/11/2017, qui, dans l'information suivie contre lui du chef de meurtre, a confirmé l'ordonnance du J.L.D. prolongeant sa détention provisoire AE.

Lorsqu'une chambre de l'instruction, par une décision devenue définitive, infirme l'ordonnance de mise en accusation et renvoie le dossier au J.I., les dispositions de l'article 145-2 du C.P.P. étant de nouveau applicables, la détention provisoire doit être prolongée au plus tard dans les 6 mois suivant la date à laquelle expirait le délai de détention en cours au moment de l'ordonnance de règlement.

(Cour de cassation – Chambre criminelle du 24 janvier 2018 – N° de pourvoi: 17-86.586).

• **Participation à un groupement formé ou une entente établie en vue de la préparation d'un acte de terrorisme – Instruction – Ordonnances – Ordonnance de règlement – Appel – Durée de la détention provisoire – Effet**

REJET du pourvoi formé par M. X... K.. contre l'arrêt de la chambre de l'instruction de la cour d'appel de PARIS, 1re section, en date du 20/09/2019, qui, dans l'information suivie contre lui du chef de participation à un groupement formé ou une entente établie en vue de la préparation d'un acte de terrorisme, a rejeté sa demande de mise en liberté.

Lorsque le J.I. a rendu son ordonnance de renvoi devant la juridiction de jugement, et même en cas d'appel formé contre cette ordonnance, la chambre de l'instruction, pour rejeter une demande de mise en liberté, n'est pas tenue aux exigences de motivation prévues par l'article 145-3 du C.P.P., dès lors qu'en application de l'article 186-5 du même code, les délais relatifs à la durée de la détention provisoire prévus aux articles 145-1 à 145-3 ne sont alors plus applicables, ce texte ne distinguant pas selon que la chambre a ou non prescrit un supplément d'information.

(Cour de cassation – Chambre criminelle du 18 décembre 2019 – N° de pourvoi: 19-86.338).

• **Enlèvement... – Délai prévisible d'achèvement de la procédure**

CASSATION ET IRRECEVABILITE sur les pourvois formés par M. [Q] [S] contre l'arrêt de la chambre de l'instruction de la cour d'appel de PARIS (75), 8e section, en date du 12/03/2021, qui, dans l'information suivie contre lui des chefs d'enlèvement, vol en bande organisée, tentative d'assassinat, et association de malfaiteur en récidive, a prolongé sa détention provisoire.

9. Aux termes de ce texte, lorsque la durée de la détention excède un an en matière criminelle, les décisions ordonnant sa prolongation ou rejetant les demandes de mise en liberté doivent comporter les indications particulières qui justifient, en l'espèce, la poursuite de l'information et le délai prévisible d'achèvement de la procédure.

10. Pour infirmer l'ordonnance du juge d'instruction et prolonger la détention de M. [S], l'arrêt attaqué énonce notamment que la détention provisoire est l'unique moyen d'empêcher une concertation frauduleuse entre l'intéressé et ses complices ainsi qu'une pression sur les victimes et les témoins eu égard au contexte très violent de cette affaire, en ce que l'instruction judiciaire, qui, est en voie d'achèvement, se poursuit par de dernières vérifications à l'étranger, outre que les résultats d'une enquête réalisée en Belgique viennent de parvenir au J.I., lesquels pourraient donner lieu à d'autres investigations qu'il s'agit de préserver.

11. En prononçant ainsi, sans préciser le délai prévisible d'achèvement de la procédure, la chambre de l'instruction a méconnu le texte susvisé et le principe ci-dessus rappelé.

(Cour de cassation – Chambre criminelle du 1er juin 2021 – N° de pourvoi : 21-81.847).

Article 145-4. – Interdiction de communiquer – *(Loi n° 2016-1547 du 18 novembre 2016)*

• Lorsque la personne mise en examen est placée en détention provisoire, le juge d'instruction peut prescrire à son encontre l'interdiction de communiquer pour une période de dix jours. Cette mesure peut être renouvelée, mais pour une nouvelle période de dix jours seulement. En aucun cas l'interdiction de communiquer ne s'applique à l'avocat de la personne mise en examen.

• Sous réserve des dispositions qui précèdent, toute personne placée en détention provisoire peut, avec l'autorisation du juge d'instruction, recevoir des visites sur son lieu de détention ou téléphoner à un tiers.

• À l'expiration d'un délai d'un mois à compter du placement en détention provisoire, le juge d'instruction ne peut refuser de délivrer un permis de visite ou d'autoriser l'usage du téléphone que par une décision écrite et spécialement motivée au regard des nécessités de l'instruction, du maintien du bon ordre et de la sécurité ou de la prévention des infractions.

• Cette décision est notifiée par tout moyen et sans délai au demandeur. Ce dernier peut la déférer au président de la chambre de l'instruction, qui statue dans un délai de cinq jours par une décision écrite et motivée non susceptible de recours. Lorsqu'il infirme la décision du juge d'instruction, le président de la chambre de l'instruction délivre le permis de visite ou l'autorisation de téléphoner.

• Après la clôture de l'instruction, les attributions du juge d'instruction sont exercées par le procureur de la République selon les formes et conditions prévues au présent article. Il en est de même dans tous les autres cas où une personne est placée en détention provisoire.

• À défaut de réponse du juge d'instruction ou du procureur de la République à la demande de permis de visite ou de téléphoner dans un délai de vingt jours, la personne peut également saisir le président de la chambre de l'instruction.

• Lorsque la procédure est en instance d'appel, les attributions du procureur de la République sont confiées au procureur général.

J **• Visites – Parloirs familiaux et unités de vie familiale – Permis de visite**

Les articles R. 57-8-13 à R. 57-8-15 du code de procédure pénale définissent le régime particulier des visites qui sont effectuées au sein des parloirs familiaux et des unités de vie familiale. S'agissant des prévenus, le refus de faire droit à une demande de bénéficier d'un parloir familial ou d'une unité de vie familiale est opposé dans les conditions prévues par l'article R. 57-8-8 du code de procédure pénale aux termes duquel : « Les permis de visite sont délivrés, refusés, suspendus ou retirés pour les personnes détenues prévenues par le magistrat saisi du dossier de la procédure dans les conditions prévues par l'article 145-4. Ce magistrat peut prescrire que les visites auront lieu dans un parloir avec dispositif de séparation [...]. » Il s'ensuit que, contrairement à ce qui est soutenu par l'association requérante, de tels refus peuvent faire l'objet d'un recours devant le président de la chambre de l'instruction en application des dispositions combinées des articles 145-4 et R. 57-8-8 du code de procédure pénale, conformément aux exigences de l'article 13 de la convention européenne de sauvegarde des droits de l'homme et des libertés fondamentales.

(Conseil d'État – 10e – 9e chambres réunies du 12 décembre 2018 – N° d'arrêt : 417244).

Article 145-4-1. – Placement à l'isolement – *(Ordonnance n° 2022-478 du 30 mars 2022)*

• Le juge d'instruction ou le juge des libertés et de la détention peut prescrire, par ordonnance motivée, que la personne placée en détention soit soumise à l'isolement aux fins d'être séparée des autres personnes détenues, si cette mesure est indispensable aux nécessités de l'information, pour une durée qui ne peut excéder celle du mandat de dépôt et qui peut être renouvelée à chaque prolongation de la détention. La décision du juge d'instruction peut faire l'objet d'un recours devant le président de la chambre de l'instruction.

• Conformément aux dispositions de l'article L. 213-7 du Code pénitentiaire, le placement à l'isolement n'affecte pas l'exercice des droits visés par les dispositions de l'article L. 6 du même code, sous réserve des aménagements qu'impose la sécurité.

• Un décret en Conseil d'État précise les modalités d'application du présent article.

Article 145-4-2. – Interdiction de correspondre par écrit – *(Ordonnance n° 2022-478 du 30 mars 2022)*

• Lorsque la personne mise en examen est placée en détention provisoire, le juge d'instruction peut décider de prescrire à son encontre l'interdiction de correspondre par écrit avec une ou plusieurs personnes qu'il désigne, au regard des nécessités de l'instruction, du maintien du bon ordre et de la sécurité ou de la prévention des infractions. Il peut pour les mêmes motifs décider de retenir un courrier écrit par la personne détenue ou qui lui est adressé.

• Les décisions mentionnées au 1er alinéa sont motivées et notifiées par tout moyen et sans délai à la personne détenue. Celle-ci peut les déférer au président de la chambre de l'instruction, qui statue dans un délai d'un mois par une décision écrite et motivée non susceptible de recours.

• Après la clôture de l'instruction, les attributions du juge d'instruction sont exercées par le procureur de la République selon les formes et conditions prévues au présent article. Il en est de même dans tous les autres cas où une personne est placée en détention provisoire.

• Lorsque la procédure est en instance d'appel, les attributions du procureur de la République sont confiées au procureur général.

• Les autres décisions ou avis conformes émanant de l'autorité judiciaire prévus par les dispositions réglementaires du présent code ou par le Code pénitentiaire et relatifs aux modalités d'exécution d'une détention provisoire ou à l'exercice de ses droits par une personne placée en détention provisoire peuvent, conformément aux dispositions du présent article, faire l'objet d'un recours du détenu ou du ministère public devant le président de la chambre de l'instruction.

Article 145-5. – Autorité parentale sur un mineur de 16 ans – *(Loi n° 2002-307 du 4 mars 2002)*

• Le placement en détention provisoire d'une personne faisant connaître, lors de son interrogatoire par le juge d'instruction préalable à la saisine du juge des libertés et de la détention, qu'elle exerce à titre exclusif l'autorité parentale sur un mineur de seize ans au plus ayant chez elle sa résidence ne peut être ordonné sans que l'un des services ou l'une des personnes visés au septième alinéa de l'article 81 ait été chargé au préalable de rechercher et de proposer toutes mesures propres à éviter que la santé, la sécurité et la moralité du mineur ne soient en danger ou que les conditions de son éducation ne soient gravement compromises.

• Les dispositions du présent article ne sont pas applicables en cas de crime, en cas de délit commis contre un mineur ou en cas de non-respect des obligations du contrôle judiciaire.

J • **Infractions à la législation sur les stupéfiants – Placement en détention provisoire –**

Contre l'arrêt de la chambre de l'instruction de la cour d'appel de FORT-DE-FRANCE, en date du 26 avril 2016, qui, dans l'information suivie contre lui des chefs d'infractions à la législation sur les stupéfiants et importation en contrebande de marchandises dangereuses pour la santé, a confirmé l'ordonnance du juge des libertés et de la détention le plaçant en détention provisoire;

Attendu qu'il résulte de l'arrêt attaqué et des pièces de la procédure que M. X... a été mis en examen, le 19 avril 2016, des chefs d'infractions à la législation sur les stupéfiants et importation en contrebande de marchandises dangereuses pour la santé; que l'intéressé a fait connaître au juge d'instruction, lors de son interrogatoire de première comparution, qu'il exerçait à titre exclusif l'autorité parentale sur sa fille de douze ans à la suite du décès de la mère de l'enfant; qu'une enquête rapide d'orientation pénale a été effectuée par l'Association laïque pour l'éducation, la formation, la prévention et l'autonomie (ALEFPA) Martinique; que, par ordonnance du même jour, le juge des libertés et de la détention a placé la personne mise en examen sous mandat de dépôt; que celle-ci a interjeté appel;

Attendu que, pour écarter le grief pris de la méconnaissance des dispositions de l'article 145-5 du Code de procédure pénale en l'absence d'enquête, prévue par ce texte, et confirmer l'ordonnance de placement en détention provisoire, l'arrêt, après avoir souligné que M. X... est le père d'un fille de douze ans domiciliée chez lui, retient que, devant le juge d'instruction et le juge des libertés et de la détention, il s'est abstenu de mentionner que l'enfant vivait à son domicile, puisque, manifestement, il avait pris ses dispositions, au cours de la garde à vue, pour qu'il soit confié à sa sœur, et que, devant l'enquêteur de personnalité, il n'a pas fait part de tracas susceptibles d'être éprouvés par l'enfant en cas d'incarcération; que les juges ajoutent que l'absence d'enquête prévue au texte susvisé n'est pas de nature à entacher de nullité l'ordonnance de placement en détention; qu'ils en concluent qu'ils disposent d'éléments suffisants pour établir que la santé, la sécurité et la moralité de l'adolescente ne sont pas en danger ou que les conditions de son éducation ne sont pas gravement compromises à raison de la détention de son père;

Attendu qu'en statuant ainsi, et dès lors qu'une enquête a bien été diligentée avant le placement en détention provisoire par le juge des libertés et de la détention conformément aux exigences des dispositions de l'article 145-5 du Code de procédure pénale, la chambre de l'instruction, qui a apprécié souverainement l'ensemble des éléments soumis à son examen, a justifié sa décision sans méconnaître les dispositions conventionnelles et légales invoquées;

D'où il suit que le moyen ne saurait être accueilli;

Et attendu que l'arrêt est régulier tant en la forme qu'au regard des dispositions des articles 137-3 et 143-1 et suivants du Code de procédure pénale;

REJETTE le pourvoi;

(Cour de cassation – Chambre criminelle du 27 juillet 2016 – N° de pourvoi : 16-83271).

Article 146. – Qualification criminelle non retenue – *(Loi n° 2000-516 du 15 juin 2000)*

• S'il apparaît, au cours de l'instruction, que la qualification criminelle ne peut être retenue, le juge d'instruction peut, après avoir communiqué le dossier au procureur de la République aux fins de réquisitions, soit saisir par ordonnance motivée le juge des libertés et de la détention aux fins du maintien en détention provisoire de la personne mise en examen, soit prescrire sa mise en liberté assortie ou non du contrôle judiciaire.

• Le juge des libertés et de la détention statue dans le délai de trois jours à compter de la date de sa saisine par le juge d'instruction.

J **• Usage de faux et escroquerie en bande organisée – Détention provisoire – Décision de prolongation – Qualification différente des faits en cours d'information – Effet**

Contre l'arrêt de la chambre d'accusation de la cour d'appel de VERSAILLES, en date du 18/07/1996, qui, dans la procédure suivie contre elle du chef d'usage de faux et escroquerie en bande organisée, a confirmé l'ordonnance du J.I. prolongeant sa détention provisoire pour une durée de 2 mois.

En cas de changement de qualification des faits au cours d'une information, de nature à entraîner une modification de la durée de la détention provisoire, le titre initial de détention demeure valable mais, à compter de la notification de la nouvelle qualification, la détention se trouve, de plein droit, soumise aux règles qui découlent de celle-ci.

(Cour de cassation – Chambre criminelle du 9 janvier 1997 – N° de pourvoi : 96-85.211).

• Viols aggravés – Détention provisoire – Matière criminelle – Qualification criminelle postérieure à la décision de mise en détention – Effet

Contre l'arrêt de la chambre d'accusation de la cour d'appel de BORDEAUX en date du 13/02/1997, qui, dans l'information suivie contre lui, notamment du chef de viols aggravés, a confirmé l'ordonnance du J.I. ayant rejeté sa demande de mise en liberté.

En cas de notification d'une qualification criminelle se substituant à une qualification correctionnelle, le titre initial demeure valable, la détention se trouvant alors soumise aux règles qui découlent de la nouvelle qualification. Le point de départ du délai de renouvellement de la détention résultant de ce nouveau régime est fixé au jour du titre initial.

(Cour de cassation – Chambre criminelle du 27 mai 1997 – N° de pourvoi : 97-81.486).

• Vols avec violence en bande organisée... – Correctionnalisation des faits reprochés

Contre l'arrêt de la chambre de l'instruction de la cour d'appel de MONTPELLIER, en date du 06/12/2001, qui, dans l'information suivie contre lui pour vols avec violence en bande organisée, usage de documents administratifs falsifiés et séjour irrégulier, a confirmé l'ordonnance du J.L.D. rejetant sa demande de mise en liberté.

Attendu que, contrairement à ce qui est soutenu par le demandeur, la correctionnalisation des faits reprochés à Lucian X... sous la qualification criminelle de vol avec violence en bande organisée n'ayant été qu'envisagée, il n'y avait pas lieu de faire application de l'article 146 du C.P.P.

(Cour de cassation – Chambre criminelle du 5 mars 2002 – N° de pourvoi : 01-88.757).

• Vol avec arme... – Correctionnalisation des faits retenus

Contre l'arrêt de la chambre de l'instruction de la cour d'appel de BASTIA, en date du 24/07/2002, qui, dans l'information suivie contre lui pour vol avec arme, tentative de vol avec arme en bande organisée, association de malfaiteurs, vols en bande organisée, a confirmé l'ordonnance du J.L.D. rejetant sa demande de mise en liberté.

Attendu que le demandeur, qui se borne à alléguer que serait envisagée la correctionnalisation des faits retenus à son encontre, ne peut soutenir que l'article 146 du C.P.P. aurait été méconnu.

(Cour de cassation – Chambre criminelle du 17 décembre 2002 – N° de pourvoi : 02-86.533).

• Détention de produits explosifs... – Détention provisoire – Décision de prolongation – Qualification différentes des faits en cours d'information – Requalification légale – Article 146 du C.P.P. – Application *(non)*

Contre l'arrêt de la chambre de l'instruction de la cour d'appel de PARIS, 2e section, en date du 03/03/2006, qui, dans l'information suivie contre lui des chefs de détention de produits explosifs en relation avec une entreprise terroriste, association de malfaiteurs en vue de préparer des actes de terrorisme, a confirmé l'ordonnance du J.L.D. prolongeant sa détention provisoire.

En cas de requalification légale des faits en cours d'information, le titre initial de détention demeure valable et est soumis de plein droit aux règles qui découlent de la nouvelle qualification, sans qu'il y ait lieu de saisir, en application de l'article 146 du C.P.P., le J.L.D..

A justifié sa décision l'arrêt qui énonce que, la correctionnalisation du crime de détention d'explosifs résultant d'une disposition légale et non de l'initiative du J.I., seuls étaient applicables, en matière de détention provisoire, les articles 145 et 145-1 du C.P.P.

(Cour de cassation – Chambre criminelle du 7 juin 2006 – N° de pourvoi : 06-82.233).

• Violences aggravées... – Détention provisoire – Débat contradictoire – Exclusion – Cas – Saisine du J.L.D. – Maintien en détention – Substitution en cours d'information d'une qualification correctionnelle à une qualification criminelle

Contre l'arrêt de la chambre de l'instruction de la cour d'appel de PARIS, 4e section, en date du 05/02/2010, qui, dans l'information suivie contre lui des chefs de complicité de violences aggravées, association de malfaiteurs, complicité d'évasion en bande organisée et infractions à la législation sur les armes, a confirmé l'ordonnance du J.L.D. prescrivant son maintien en détention provisoire.

L'article 146 du C.P.P. ne prévoit pas que la décision du juge des libertés et de la détention, saisi aux fins de maintien en détention provisoire d'une personne mise en examen pour des faits délictuels, à la suite de la substitution, en cours d'information, d'une qualification correctionnelle à une qualification criminelle, soit rendue à l'issue d'un débat contradictoire.

(Cour de cassation – Chambre criminelle du 11 mai 2010 – N° de pourvoi : 10-81.324).

Article 147. – Mise en liberté – *(Loi n° 2000-516 du 15 juin 2000)*

• En toute matière, la mise en liberté assortie ou non du contrôle judiciaire peut être ordonnée d'office par le juge d'instruction après avis du procureur de la République, à charge pour la personne mise en examen de prendre l'engagement de se représenter à tous les actes de la procédure aussitôt qu'elle en sera requise et de tenir informé le magistrat instructeur de tous ses déplacements.

• Le procureur de la République peut également la requérir à tout moment. Sauf s'il ordonne la mise en liberté de la personne, le juge d'instruction doit, dans les cinq jours suivant les réquisitions du procureur de la République, transmettre le dossier, assorti de son avis motivé, au juge des libertés et de la détention, qui statue dans le délai de trois jours ouvrables.

Article 147-1. – Expertise médicale – *(Loi n° 2019-222 du 23 mars 2019)*

• En toute matière et à tous les stades de la procédure, sauf s'il existe un risque grave de renouvellement de l'infraction, la mise en liberté d'une personne placée en détention provisoire peut être ordonnée, d'office ou à la demande de l'intéressé, lorsqu'une expertise médicale établit que cette personne est atteinte d'une pathologie engageant le pronostic vital ou que son état de santé physique ou mentale est incompatible avec le maintien en détention.

• En cas d'urgence, la mise en liberté peut être ordonnée au vu d'un certificat médical établi par le médecin responsable de la structure sanitaire dans laquelle cette personne est prise en charge ou par le remplaçant de ce médecin.

• La décision de mise en liberté peut être assortie d'un placement sous contrôle judiciaire ou d'une assignation à résidence avec surveillance électronique.

• L'évolution de l'état de santé de la personne peut constituer un élément nouveau permettant qu'elle fasse l'objet d'une nouvelle décision de placement en détention provisoire, selon les modalités prévues au présent code, dès lors que les conditions de cette mesure prévues à l'article 144 sont réunies.

J • **Enlèvement et séquestration aggravés et extorsion – Détention provisoire – Demande de mise en liberté – État de santé incompatible avec le maintien en détention – Constatation – Expertise médicale – Rejet de la demande – Investigations complémentaires – Nécessité**

Contre l'arrêt de la chambre de l'instruction de la cour d'appel de VERSAILLES, en date du 17/06/2016, qui, dans l'information suivie notamment contre lui des chefs d'enlèvement et séquestration aggravés et d'extorsion, a confirmé l'ordonnance du J.L.D. rejetant sa demande de mise en liberté.

En application de l'article 147-1 du C.P.P., une personne placée en détention provisoire peut être mise en liberté, d'office ou à sa demande, lorsqu'une expertise médicale ou, en cas d'urgence, le certificat d'un médecin responsable de la structure médicale l'ayant prise en charge établit qu'elle est atteinte d'une pathologie engageant le pronostic vital ou que son état de santé est incompatible avec son maintien en détention. Une demande de liberté fondée sur un tel certificat ne peut être refusée sans vérifier préalablement, par des investigations complémentaires au sens de l'article 194 du même code, la compatibilité de l'état de santé de l'intéressée avec sa détention.

(Cour de cassation – Chambre criminelle du 18 octobre 2016 – N° de pourvoi : 16-84.764).

Article 148. – Demande de mise en liberté – *(Loi n° 2016-731 du 3 juin 2016)*

• En toute matière, la personne placée en détention provisoire ou son avocat peut, à tout moment, demander sa mise en liberté, sous les obligations prévues à l'article 147. Toutefois, à peine d'irrecevabilité, aucune demande de mise en liberté ne peut être formée tant qu'il n'a pas été statué par le juge des libertés et de la détention, dans les délais prévus au troisième alinéa du présent article, sur une précédente demande. Cette irrecevabilité s'applique de plein droit sans qu'elle soit constatée par ordonnance du juge d'instruction.

• La demande de mise en liberté est adressée au collège de l'instruction, qui communique immédiatement le dossier au procureur de la République aux fins de réquisitions.

• Sauf s'il donne une suite favorable à la demande, le collège de l'instruction doit, dans les cinq jours suivant la communication au procureur de la République, la transmettre avec son avis motivé au juge des libertés et de la détention. Ce magistrat statue dans un délai de trois jours ouvrables, par une ordonnance comportant l'énoncé des considérations de droit et de fait qui constituent le fondement de cette décision par référence aux dispositions de l'article 144. Toutefois, lorsqu'il n'a pas encore été statué sur l'appel d'une précédente ordonnance de refus de mise en liberté, les délais précités ne commencent à courir qu'à compter de la décision rendue par la juridiction compétente. Lorsqu'il a été adressé plusieurs demandes de mise en liberté, il peut être répondu à ces différentes demandes dans les délais précités par une décision unique.

• La mise en liberté, lorsqu'elle est accordée,

• peut être assortie de mesures de contrôle judiciaire.

• Faute par le juge des libertés et de la détention d'avoir statué dans le délai fixé au troisième alinéa, la personne peut saisir directement de sa demande la chambre de l'instruction qui, sur les réquisitions écrites et motivées du procureur général, se prononce dans les vingt jours de sa saisine faute de quoi la personne est mise d'office en liberté sauf si des vérifications concernant sa demande ont été ordonnées. Le droit de saisir dans les mêmes conditions la chambre de l'instruction appartient également au procureur de la République.

J • **Viols... – Chambre de l'instruction – Détention provisoire – Demande de mise en liberté – Demande laissée sans réponse par le J.I. et le J.L.D. – Saisine directe de la chambre de l'instruction – Recevabilité – Conditions – Détermination**

REJET du pourvoi formé par X... Ildo, contre l'arrêt de la chambre de l'instruction de la cour d'appel de PARIS, en date du 31/07/2002, qui, dans l'information suivie contre lui pour viols, tentatives de viols, et agressions sexuelles aggravées, a rejeté sa demande de mise en liberté.

La personne mise en examen n'est pas recevable à saisir la chambre de l'instruction en application des dispositions de l'article 148, al. 5, du C.P.P. lorsque la demande de mise en liberté laissée sans réponse par le J.I. et le J.L.D. était elle-même irrecevable faute d'avoir été présentée dans les formes prévues par les articles 148-6 et 148-7 du C.P.P.

(Cour de cassation – Chambre criminelle du 19 novembre 2002 – N° de pourvoi : 02-86.030).

• **Meurtre – Convention européenne des droits de l'homme – Article 5.4. – Détention provisoire – Demande de mise en liberté – Procédure prévue par l'article 148 du C.P.P. – Compatibilité**

REJET du pourvoi formé par X... Thierry, contre l'arrêt de la chambre de l'instruction de la cour d'appel de PARIS, en date du 15/11/2002, qui, dans l'information suivie contre lui pour meurtre, a confirmé l'ordonnance du J.L.D. rejetant sa demande de mise en liberté.

Les dispositions de l'article 148 du C.P.P. relatives à l'examen des demandes de mise en liberté ne sont pas incompatibles avec celles de l'article 5.4 de la C.E.D.H. dès lors que la personne détenue provisoirement peut déférer à la chambre de l'instruction toute ordonnance rejetant une demande de mise en liberté, laquelle peut être renouvelée à tout moment, et que la juridiction d'appel statue selon une procédure conforme aux exigences de l'article 5.4 de la Convention.

(Cour de cassation – Chambre criminelle du 26 février 2003 – N° de pourvoi : 02-88.131).

• **Trafic d'influence... – Chambre de l'instruction – Détention provisoire – Demande de mise en liberté – Appel d'une ordonnance de rejet – Contestation de la régularité de l'ordonnance de placement en détention provisoire – Irrecevabilité – Cas**

Contre l'arrêt n° 1 de la chambre de l'instruction de la cour d'appel de PARIS, 3e section, en date du 17/09/2004, qui, dans l'information suivie contre lui des chefs de trafic d'influence par personne dépositaire de l'autorité publique et recel d'abus de biens sociaux, a confirmé l'ordonnance du J.L.D. rejetant sa demande de mise en liberté.

À l'occasion de l'appel d'une ordonnance de rejet d'une demande de mise en liberté, la personne mise en examen n'est pas recevable à invoquer l'irrégularité de la décision initiale de placement en détention prise par un J.L.D. ayant antérieurement connu de l'affaire en qualité de ministère public, il lui appartenait d'invoquer ce manquement à l'obligation d'impartialité à l'appui de son appel de ladite ordonnance. La chambre de l'instruction a écarté à bon droit un tel moyen dès lors que le grief de partialité n'était pas de nature à rendre inexistant le titre de détention.

(Cour de cassation – Chambre criminelle du 7 décembre 2004 – N° de pourvoi : 04-85.807).

• **Tentative d'escroquerie... – Détention provisoire – Ordonnances – Ordonnance du J.L.D. – Ordonnance de rejet d'une demande de mise en liberté – Notification tardive à l'intéressé – Effet**

Contre l'arrêt de la chambre de l'instruction de la cour d'appel d' AMIENS, en date du 03/09/2004, qui, dans l'information suivie contre lui des chefs de tentative d'escroquerie, usage de chèque contrefait ou falsifié en récidive, usage de faux document administratif, a déclaré irrecevable sa demande de mise en liberté.

Le retard apporté dans la notification d'une ordonnance du J.L.D. rejetant une demande de mise en liberté n'a pas pour effet de permettre au demandeur de saisir directement la chambre de l'instruction sur le fondement de l'article 148, dernier alinéa, du C.P.P., mais seulement de différer d'autant le point de départ du délai d'appel.

(Cour de cassation – Chambre criminelle du 12 avril 2005 – N° de pourvoi : 05-80.686).

• **Tentative d'escroquerie... – Détention provisoire – Demande de mise en liberté – Demande adressée au J.I. – Délai imparti pour statuer – Inobservation – Portée**

REJET du pourvoi formé par X... Fritz, contre l'arrêt de la chambre de l'instruction de la cour d'appel de PARIS, 8e section, en date du 01/09/2006, qui, dans la procédure suivie contre lui du chef de viol aggravé, a rejeté sa demande de mise en liberté.

Il résulte de l'article 148 du C.P.P. que, lorsqu'il n'a pas été statué, dans les délais prévus par ce texte, sur une demande de mise en liberté adressée au J.I., la personne placée en détention n'est pas remise en liberté d'office mais a la faculté de saisir directement la chambre de l'instruction de sa demande. N'encourt dès lors pas la censure l'arrêt d'une chambre de l'instruction qui, saisie de la demande de mise en liberté d'une personne renvoyée devant la cour d'assises, qui soutient qu'elle est détenue sans titre au motif qu'il n'a pas été statué sur une précédente demande de mise en liberté qu'elle avait adressée au J.I., retient que cette demande est parvenue à ce magistrat le lendemain du jour où il a rendu l'ordonnance de mise en accusation et qu'il ne saurait être reproché à la cour d'assises ou à la chambre de l'instruction, alors compétentes l'une ou l'autre en application de l'article 148-1 du C.P.P., qui n'ont jamais été destinataires de ladite demande, de n'y avoir pas répondu.

(Cour de cassation – Chambre criminelle du 9 janvier 2007 – N° de pourvoi : 06-87.705).

• **Infractions à la législation sur les stupéfiants – Chambre de l'instruction – Détention provisoire – Demande de mise en liberté – Appel d'une ordonnance de rejet – Effet dévolutif – Portée**

Contre l'arrêt de la chambre de l'instruction de la cour d'appel d'AIX-EN-PROVENCE, en date du 07/05/2009, qui, dans l'information suivie contre Toufik X... des chefs d'infractions à la législation sur les stupéfiants, association de malfaiteurs et blanchiment, a annulé l'ordonnance du J.L.D. rejetant sa demande de mise en liberté et a ordonné la mise en liberté de l'intéressé.

En raison de l'effet dévolutif de l'appel, il appartient à la chambre de l'instruction d'examiner le bien-fondé de la détention provisoire et de statuer sur la nécessité de cette mesure, au besoin en substituant aux motifs insuffisants, voire erronés, du 1er juge, des motifs répondant aux exigences légales.

Encourt la censure l'arrêt qui annule une ordonnance rejetant la demande de mise en liberté d'une personne mise en examen, en relevant que les motifs de ladite ordonnance concernent une autre personne, ce qui doit s'analyser en une absence de motivation affectant la validité même de la décision, et prescrit en conséquence la mise en liberté de l'intéressé, alors qu'il appartenait à la chambre de l'instruction de statuer par ses propres motifs sur le bien-fondé de la demande qui lui était soumise.

(Cour de cassation – Chambre criminelle du 19 janvier 2010 – N° de pourvoi : 09-87.206).

• **Diffusion de l'image d'un mineur présentant un caractère pornographique – J.L.D. – Demande de mise en liberté – Q.P.C.**

Statuant sur la question prioritaire de constitutionnalité transmise par un arrêt de la chambre de l'instruction de la cour d'appel de PARIS, 3e section, en date du 15/06/2010, rendu dans l'information suivie des chefs, notamment, de diffusion de l'image d'un mineur présentant un caractère pornographique.

Attendu que la question présentée tend à faire constater que les dispositions de l'article 148 du C.P.P. relatives aux conditions dans lesquelles le J.L.D. doit statuer sur une demande de mise en liberté portent atteinte aux droits et libertés garantis par l'article 16 de la Déclaration des droits de l'homme et du citoyen du 26/08/1789 et relatifs au recours juridictionnel effectif, au procès équitable et au respect des droits de la défense, en ce que lesdites dispositions n'instituent pas un débat contradictoire;

Attendu que la disposition contestée est applicable à la procédure mise en œuvre par M. X...;

Et attendu que la question posée présente un caractère sérieux, dès lors que sont en cause les droits, constitutionnellement garantis, à un recours juridictionnel effectif et à un procès équitable ainsi qu'au respect des droits de la défense;

D'où il suit qu'il y a lieu de la renvoyer au Conseil constitutionnel;

Par ces motifs:

RENVOIE au Conseil constitutionnel la Q.P.C.

(Cour de cassation – Chambre criminelle du 14 septembre 2010 – N° de pourvoi: 10-90.093).

• **Extorsion en bande organisée avec arme... – Détention provisoire – Demande de mise en liberté – Rejet – Conditions – Communication préalable au demandeur de l'avis du J.I. et des réquisitions du ministère public – Communication suffisante**

Contre l'arrêt de la chambre de l'instruction de la cour d'appel de PARIS, chambre 7-1, en date du 10/05/2011, qui, dans l'information suivie contre lui des chefs d'extorsion en bande organisée avec arme, enlèvement et séquestration en bande organisée accompagnés de tortures et actes de barbarie, tentative de vol aggravé, vol et association de malfaiteurs, a confirmé l'ordonnance du J.L.D. rejetant sa demande de mise en liberté.

Il résulte des dispositions de l'article 148 du C.P.P., ayant fait l'objet d'une réserve d'interprétation par le Conseil constitutionnel (décision n° 2010-62 du 17/12/2010), que le J.L.D. ne peut rejeter la demande de mise en liberté sans que le demandeur ou son avocat ait pu avoir communication de l'avis du J.I. et des réquisitions du ministère public.

Aucune obligation ne lui est cependant faite d'attendre la transmission d'éventuelles observations de leur part.

En conséquence, justifie sa décision la cour d'appel qui constate que, préalablement à sa décision, le J.L.D. a fait connaître au demandeur ou à son défenseur l'avis du J.I. et les réquisitions du ministère public, la réception d'éventuelles observations n'étant prévue ni par les textes légaux, ni par le Conseil constitutionnel.

(Cour de cassation – Chambre criminelle du 26 octobre 2011 – N° de pourvoi: 11-86.117).

• **Meurtre en bande organisée... – Chambre de l'instruction – Détention provisoire – Demande de mise en liberté – Appel d'une ordonnance de rejet – Contestation de la régularité de l'ordonnance de placement en détention provisoire – Irrecevabilité – Cas**

Contre l'arrêt de la chambre de l'instruction de la cour d'appel d'AIX-EN-PROVENCE, en date du 01/02/2012, qui, dans l'information suivie contre lui des chefs de meurtre en bande organisée et association de malfaiteurs en vue de la préparation d'un crime, a confirmé l'ordonnance du J.L.D. rejetant ses demandes de mise en liberté.

À l'occasion de l'appel d'une ordonnance de rejet de demande de mise en liberté, la personne mise en examen n'est pas recevable à invoquer l'irrégularité de la décision initiale de placement en détention.

(Cour de cassation – Chambre criminelle du 10 mai 2012 – N° de pourvoi: 12-81.427).

• **Infraction à la législation sur les stupéfiants et association de malfaiteurs – Détention provisoire – Demande de mise en liberté – Chambre de l'instruction saisie en application de l'article 148-4 du C.P.P. – Délai imparti pour statuer – Point de départ – Détermination**

Contre l'arrêt de la chambre de l'instruction de la cour d'appel de PARIS, 6e section, en date du 09/10/2012, qui dans l'information suivie contre lui des chefs d'infraction à la législation sur les stupéfiants et association de malfaiteurs, a rejeté sa demande de mise en liberté.

Le point de départ du délai de 20 jours que prévoit l'article 148-4 du C.P.P. doit être décompté à partir du lendemain du jour où la déclaration de demande de mise en liberté, formulée auprès du chef de l'établissement pénitentiaire et transmise au greffier de la juridiction, a été transcrite par celui-ci.

(Cour de cassation – Chambre criminelle du 16 janvier 2013 – N° de pourvoi: 12-87.085).

Article 148-1. – Période de demande – *(Loi n° 2000-516 du 15 juin 2000 + Décision n° 2023-1047 QPC du 4 mai 2023)*

• La mise en liberté peut aussi être demandée en tout état de cause par toute personne mise en examen, tout prévenu ou accusé, et en toute période de la procédure.

• Lorsqu'une juridiction de jugement est saisie, il lui appartient de statuer sur la détention provisoire. Toutefois, en matière criminelle, la cour d'assises n'est compétente que lorsque la demande est formée durant la session au cours de laquelle elle doit juger l'accusé. Dans les autres cas, la demande est examinée par la chambre de l'instruction.

• En cas de pourvoi et jusqu'à l'arrêt de la Cour de cassation, il est statué sur la demande de mise en liberté par la juridiction qui a connu en dernier lieu de l'affaire au fond. Si le pourvoi a été formé contre un arrêt de la cour d'assises, il est statué sur la détention par la chambre de l'instruction.

• En cas de décision d'incompétence et généralement dans tous les cas où aucune juridiction n'est saisie, la chambre de l'instruction connaît des demandes de mise en liberté.

J • **Viols et agressions sexuelles aggravées – Détention provisoire – Demande de mise en liberté – Chambre d'accusation saisie en application de l'article 212 du C.P.P. – Demande de remise en liberté consécutive à un non-lieu – Motivation de la décision**

Contre l'arrêt de la chambre d'accusation de la cour d'appel de PARIS, du 03/06/1998, qui l'a renvoyé devant la cour d'assises de Paris sous l'accusation de viols et d'agressions sexuelles aggravées.

La demande qui invite la chambre d'accusation à ordonner, consécutivement à un non-lieu, la remise en liberté immédiate d'une personne détenue provisoirement ne saisit pas cette juridiction du contentieux de la détention, dès lors qu'elle est fondée sur les dispositions de l'article 212 du C.P.P. et non sur celles de l'article 148-1 du même Code. S'ils décident de renvoyer l'intéressé devant une juridiction de jugement, les juges peuvent, dès lors, écarter cette demande sans avoir à motiver leur décision par des considérations de fait et de droit répondant aux exigences des articles 144 et suivants du C.P.P.
(Cour de cassation – Chambre criminelle du 22 septembre 1998 – N° de pourvoi : 98-83.568).

• Viol aggravé – Cours d'assises – Détention provisoire – Ordonnance de prise de corps – Exécution – Atteinte à la présomption d'innocence *(non)*
Contre l'arrêt de la chambre de l'instruction de la cour d'appel de RIOM, en date du 23/03/2001, qui, dans la procédure suivie contre lui du chef de viol aggravé, a rejeté sa demande de mise en liberté.

Ne porte pas atteinte à la présomption d'innocence l'arrêt de la chambre de l'instruction qui ne fait que constater l'existence de la condamnation de la cour d'assises de 1re instance, sans préjuger de la culpabilité de l'accusé et qui énonce que la détention provisoire est l'unique moyen d'empêcher des pressions sur les témoins et les victimes ainsi que de garantir le maintien de l'intéressé à la disposition de la justice.
(Cour de cassation – Chambre criminelle du 19 septembre 2001 – N° de pourvoi : 01-84.736).

• Meurtre – Chambre de l'instruction – Pouvoirs – Supplément d'information – Magistrat délégué pour y procéder – Pouvoirs
Contre l'arrêt de la chambre de l'instruction de la cour d'appel de PAU, en date du 17/07/2001, qui, dans l'information suivie contre lui pour meurtre, a prononcé sur sa demande d'annulation de pièces de la procédure et confirmé l'ordonnance du J.L.D. prolongeant la détention provisoire.

Lorsque la chambre de l'instruction saisie, dans une matière, autre que la détention, après infirmation d'une ordonnance du J.I., ordonne un supplément d'information et délègue pour y procéder le juge saisi ou un autre juge, elle évoque l'affaire dans sa totalité et demeure seule compétente pour rendre les décisions de caractère juridictionnel imposées par le déroulement postérieur de l'information, et notamment en matière de détention provisoire.
(Cour de cassation – Chambre criminelle du 11 décembre 2001 – N° de pourvoi : 01-86.729).

• Vols avec armes et délits connexes – Détention provisoire – Demande de mise en liberté – Rejet – Motifs – Loi du 30.12.1996 – Énoncé des considérations de droit et de fait de l'espèce – Constatation de l'insuffisance des obligations du contrôle judiciaire – Nécessité *(non)*
Contre l'arrêt de la chambre de l'instruction de la cour d'appel de DOUAI, en date du 30/01/2002, qui, dans les poursuites exercées contre lui des chefs de vols avec armes et délits connexes, a rejeté sa demande de mise en liberté.

L'exigence de motivation spéciale sur le caractère insuffisant des obligations du contrôle judiciaire prévue par l'article 137-3 du C.P.P. cesse d'être applicable lorsque le juge d'instruction a renvoyé la personne poursuivie devant la juridiction de jugement.
(Cour de cassation – Chambre criminelle du 6 mai 2002 – N° de pourvoi : 02-81.391).

• Vol avec arme et séquestration – Détention provisoire – Demande de mise en liberté – Chambre de l'instruction saisie en application de l'article 148-1 du C.P.P. – Matière criminelle – Recevabilité – Conditions – Condamnation non définitive
Contre l'arrêt de la chambre de l'instruction de la cour d'appel de MONTPELLIER, en date du 02/12/2002, qui, dans la procédure suivie contre Patrick X… du chef de vol avec arme et séquestration, a déclaré irrecevable la demande de mise en liberté de ce dernier.

Tout accusé dont la condamnation n'est pas définitive peut demander sa mise en liberté en toute période de la procédure.

Dès lors, encourt la cassation l'arrêt de la chambre de l'instruction qui déclare irrecevable une demande de mise en liberté alors qu'en raison de l'appel du ministère public la condamnation prononcée contre le demandeur n'était pas définitive tant que la juridiction compétente ne s'était pas prononcée sur la recevabilité de cet appel.
(Cour de cassation – Chambre criminelle du 24 avril 2003 – N° de pourvoi : 03-80.582).

• Vol commis avec violences… – Chambre de l'instruction – Détention provisoire – Demande de mise en liberté – Article 148-1 du C.P.P. – Matière criminelle – Mention que la session au cours de laquelle l'accusé doit être jugé n'était pas ouverte le jour de la demande *(non)*
Contre l'arrêt de la chambre de l'instruction de la cour d'appel de NÎMES, en date du 11/01/2006, qui, dans la procédure suivie contre lui des chefs de recel de vol commis avec violences ayant entraîné la mort et de recel de cadavre, a rejeté sa demande de mise en liberté.

Aucun texte n'exige que l'arrêt de la chambre de l'instruction qui statue sur une demande de mise en liberté de l'accusé mentionne que la session au cours de laquelle l'accusé doit être jugé n'était pas ouverte le jour où la demande a été formée.
(Cour de cassation – Chambre criminelle du 29 mars 2006 – N° de pourvoi : 06-80.531).

• Viols aggravés – Chambre de l'instruction – Procédure – Audience – Date – Notification – Omission – Effet – Nullité de l'arrêt à intervenir
CASSATION et désignation de juridiction sur le pourvoi formé par la Fédération régionale des Pays de Loire du Mouvement français pour le Planning familial, partie civile, contre l'arrêt n° 428 de la chambre de l'instruction de la cour d'appel d'ANGERS, en date du 22/11/2006, qui a ordonné la remise en liberté sous contrôle judiciaire de Michel X… dans la procédure suivie contre lui pour viols aggravés.

La formalité imposée à l'article 197 du C.P.P. de notifier aux parties et à leurs conseils la date de l'audience à laquelle sera appelée une cause soumise à la chambre de l'instruction est essentielle aux droits des parties et doit être observée à peine de nullité de l'arrêt à intervenir. En conséquence encourt la censure l'arrêt de la chambre de l'instruction, statuant sur une demande de mise en liberté en application de l'article 148-1 dudit code, d'où il ne résulte ni des mentions de la décision ni de la procédure que la partie civile, régulièrement constituée avant l'envoi des lettres recommandées prévues par l'article 197, non plus que son conseil, aient été avisés de la date de l'audience et appelés à produire leurs mémoires ou à présenter leurs observations.

(Cour de cassation – Chambre criminelle du 27 juin 2007 – N° de pourvoi : 06-89.403).

• Infractions à la législation sur les stupéfiants et association de malfaiteurs – Détention provisoire – Demande de mise en liberté – Demande transmise au greffe de la juridiction compétente – Erreur matérielle sur la désignation du destinataire – Portée

Contre l'arrêt de la chambre de l'instruction de la cour d'appel de TOULOUSE, en date du 11/02/2008, qui, dans la procédure suivie contre lui des chefs d'infractions à la législation sur les stupéfiants et d'association de malfaiteurs, a déclaré irrecevable sa demande de mise en liberté.

Encourt la cassation l'arrêt d'une chambre de l'instruction qui déclare irrecevable une demande de mise en liberté, effectuée selon les modalités de l'article 148-7 du C.P.P. et régulièrement transmise à son greffe, au motif de l'existence d'une simple erreur matérielle commise sur le destinataire de la demande, alors que la chambre de l'instruction, régulièrement saisie, était seule compétente pour en connaître en application de l'article 148-1 du même code.

(Cour de cassation – Chambre criminelle du 21 mai 2008 – N° de pourvoi : 08-81.613).

• Détournement de navires – Chambre de l'instruction – Détention provisoire – Demande de mise en liberté – Article 148-1 du C.P.P. – Requête aux fins de comparution personnelle – Rejet – Conditions – Détermination – Portée

Contre l'arrêt de la chambre de l'instruction de la cour d'appel de BORDEAUX, en date du 16/12/2008, qui, dans la procédure suivie contre lui du chef de détournement de navires, a rejeté sa demande de mise en liberté.

Justifie sa décision au regard de l'article 148-2 du C.P.P. la chambre de l'instruction qui, pour rejeter la requête aux fins de comparution personnelle présentée à l'occasion d'une demande de mise en liberté formée en application de l'article 148-1 du même code par un détenu s'étant pourvu contre l'arrêt de condamnation prononcé à son encontre par la cour d'assises retient que le requérant a comparu devant elle depuis moins de 4 mois et qu'une ordonnance de rejet de comparution a déjà été rendue par le président de la juridiction.

(Cour de cassation – Chambre criminelle du 28 avril 2009 – N° de pourvoi : 09-80.713).

• Infractions à la législation sur les stupéfiants... – Détention provisoire – Demande de mise en liberté – Compétence – Juridiction – Détermination – Jour du dépôt de la demande

Contre l'arrêt de la chambre de l'instruction de la cour d'appel de DOUAI, en date du 02/01/2019, qui, dans la procédure suivie contre M. F... H... des chefs d'infractions à la législation sur les stupéfiants et association de malfaiteurs en récidive, s'est déclarée incompétente pour statuer sur sa demande de mise en liberté.

Aux termes de l'article 148-1, al. 4, en cas de décision d'incompétence et généralement dans tous les cas où aucune juridiction n'est saisie, la chambre de l'instruction connaît des demandes de mise en liberté. Il s'en déduit que la détermination de la juridiction compétente s'apprécie au jour du dépôt de la demande de mise en liberté. Encourt la cassation l'arrêt d'une chambre de l'instruction qui, pour déclarer incompétente cette juridiction, énonce qu'il se déduit des articles 148-1, 135, 186-3 et 388 du C.P.P. que seul le tribunal correctionnel, saisi des faits reprochés à une personne renvoyée devant lui, est compétent pour statuer sur sa demande de mise en liberté, l'ordonnance de renvoi devant le tribunal étant devenue définitive au jour de l'audience tenue devant la chambre de l'instruction sur cette demande, alors qu'à la date à laquelle la demande de mise en liberté a été présentée, l'ordonnance de renvoi devant le tribunal n'était pas définitive et que l'examen de cette demande relevait de la compétence de la chambre de l'instruction, peu important que l'ordonnance de renvoi fût devenue définitive à la date de cet examen.

(Cour de cassation – Chambre criminelle du 7 mai 2019 – N° de pourvoi : 19-81.336).

• Infractions à la législation sur les stupéfiants... – Contrôle judiciaire – Demande de mainlevée ou de modification – Compétence – Juridiction – Détermination – Jour du dépôt de la requête

CASSATION sur le pourvoi formé par le procureur général près la cour d'appel de DOUAI, contre l'arrêt de la chambre de l'instruction de ladite cour d'appel, en date du 02/01/2019, qui, dans la procédure suivie contre M. P... O..., des chefs d'infractions à la législation sur les stupéfiants, importation de stupéfiants, association de malfaiteurs et blanchiment, en récidive, s'est déclarée incompétente pour prononcer sur une requête en modification de contrôle judiciaire.

En application des al. 2 et 4 de l'article 148-1 du C.P.P., lorsqu'une juridiction de jugement est saisie, il lui appartient de statuer sur les requêtes en modification de contrôle judiciaire, et en cas de décision d'incompétence et généralement dans tous les cas où aucune juridiction n'est saisie, la chambre de l'instruction connaît de telles demandes. La détermination de la juridiction compétente pour statuer sur une requête modificative du contrôle judiciaire postérieure à l'ordonnance de renvoi s'apprécie au jour du dépôt de cette requête. Encourt dès lors la censure la chambre de l'instruction qui se déclare incompétente alors qu'à la date du dépôt de la requête, l'ordonnance de renvoi n'était pas définitive et aucune autre juridiction n'était saisie.

(Cour de cassation – Chambre criminelle du 17 avril 2019 – N° de pourvoi : 19-80.950).

• Assassinat – Cour d'assises – Détention provisoire – Demande de mise en liberté – Article 148-1 du C.P.P. – Juridiction compétente – Demande présentée postérieurement à l'arrêt ordonnant le renvoi de l'affaire à une session ultérieure

REJET du pourvoi formé par M. L... H..., contre les arrêts de la cour d'assises de la SEINE-SAINT-DENIS, en date du 27/03/2019, qui, dans la procédure suivie contre lui sous l'accusation d'assassinat, a ordonné le renvoi à une session ultérieure puis s'est déclarée incompétente pour statuer sur une demande de mise en liberté.

En application de l'article 148-1, al. 2, du C.P.P., la cour d'assises n'est pas compétente pour statuer sur une demande de mise en liberté formée postérieurement à l'arrêt ordonnant le renvoi de l'affaire à une session ultérieure, l'accusé ne devant plus être jugé lors de la session en cours.

(Cour de cassation – Chambre criminelle du 25 juin 2019 – N° de pourvoi : 19-82.584).

• Meurtre, vol et escroquerie – Décisions prises – Fondement des articles 148-1 et 148-2 du C.P.P.

M. [Y] [L] a formé un pourvoi contre l'arrêt de la chambre de l'instruction de la cour d'appel d'AMIENS (80), en date du 02.02.2021, qui, dans la procédure suivie contre lui des chefs de meurtre, vol et escroquerie, a rejeté sa demande de mise en liberté.

10. Dès lors, sa situation n'entre pas dans les prévisions de l'article 5, §1, c, de cette Convention. Il en résulte que les décisions prises à son égard sur le fondement des articles 148-1 et 148-2 précités n'ont pas à être motivées par référence aux indices ou aux charges relevés contre elle, qui ont été appréciés par la cour d'assises.

(Cour de cassation – Chambre criminelle du 14 avril 2021 – N° de pourvoi : 21-80.865).

Article 148-1-1. – Ordonnance de mise en liberté – *(Loi n° 2004-204 du 9 mars 2004)*

• Lorsqu'une ordonnance de mise en liberté d'une personne placée en détention provisoire est rendue par le juge des libertés et de la détention ou le juge d'instruction contrairement aux réquisitions du procureur de la République, cette ordonnance est immédiatement notifiée à ce magistrat. Pendant un délai de quatre heures à compter de la notification de l'ordonnance au procureur de la République, et sous réserve de l'application des dispositions du dernier alinéa du présent article, la personne mise en examen ne peut être remise en liberté et cette décision ne peut être adressée pour exécution au chef de l'établissement pénitentiaire.

• Le procureur de la République peut interjeter appel de l'ordonnance devant le greffier du juge des libertés et de la détention ou du juge d'instruction, en saisissant dans le même temps le premier président de la cour d'appel d'un référé-détention, conformément aux dispositions de l'article 187-3 ; l'appel et le référé-détention sont mentionnés sur l'ordonnance. La personne mise en examen et son avocat en sont avisés en même temps que leur est notifiée l'ordonnance, qui ne peut être mise à exécution, la personne restant détenue tant que n'est pas intervenue la décision du premier président de la cour d'appel et, le cas échéant, celle de la chambre de l'instruction. La personne mise en examen et son avocat sont également avisés de leur droit de faire des observations écrites devant le premier président de la cour d'appel. Faute pour le procureur de la République d'avoir formé un référé-détention, dans un délai de quatre heures à compter de la notification de l'ordonnance de mise en liberté, celle-ci, revêtue d'une mention du greffier indiquant l'absence de référé-détention, est adressée au chef d'établissement pénitentiaire et la personne est mise en liberté sauf si elle est détenue pour une autre cause.

• Si le procureur de la République, ayant pris des réquisitions de maintien en détention, estime néanmoins ne pas avoir à s'opposer à la mise en liberté immédiate de la personne, et sans préjudice de son droit de former ultérieurement appel dans le délai prévu par l'article 185, il retourne l'ordonnance au magistrat qui l'a rendue en mentionnant sur celle-ci qu'il ne s'oppose pas à sa mise à exécution. La personne est alors mise en liberté, si elle n'est pas détenue pour une autre cause.

J • **Infractions à la législation sur les stupéfiants – Procureur de la République interjette appel – Référé-détention – Saisine du 1er président de la cour d'appel – Irrégularité de la procédure – Droit d'exercer recours dans les conditions prévues aux articles 185 et 502 du C.P.P.**

Contre l'arrêt de la chambre de l'instruction de la cour d'appel de BASTIA, en date du 27/11/2002, qui, dans l'information suivie contre François X... du chef d'infractions à la législation sur les stupéfiants, a déclaré irrecevable l'appel, formé par le P.R., de l'ordonnance de mise en liberté sous contrôle judiciaire rendue par le J.L.D.

Attendu que, pour déclarer irrecevable l'appel de la même ordonnance formée par déclaration du P.R. au greffe le 15/11/2002, l'arrêt énonce qu'ayant, en application des articles 148-1-1 et 187-3 du C.P.P., interjeté appel de l'ordonnance de mise en liberté contraire à ses réquisitions dans le délai de 4 heures à compter de sa notification en vue de saisir le 1er président de la cour d'appel d'un référé-détention, le P.R. ne pouvait à nouveau faire appel de la même décision dans le délai prévu par l'article 185 du C.P.P., qui ne s'applique que si le ministère public estime ne pas devoir s'opposer à la mise en liberté immédiate de la personne ;

Mais attendu qu'en prononçant ainsi, alors que l'appel du ministère public, relevé le 13/11/2002 par une simple mention sur l'ordonnance, irrégulier en la forme, ne privait pas le P.R. du droit d'exercer régulièrement son recours dans les conditions prévues aux articles 185 et 502 du C.P.P., la chambre de l'instruction a méconnu le sens et la portée des textes susvisés.

(Cour de cassation – Chambre criminelle du 1er avril 2003 – N° de pourvoi : 03-80.406).

• **Homicide volontaire – Détention provisoire – Référé-détention – Domaine d'application**

Contre l'arrêt de la chambre de l'instruction de la cour d'appel de LYON, en date du 28/01/2003, qui, dans l'information suivie contre elle pour homicide volontaire, a prolongé sa détention provisoire après infirmation de l'ordonnance du J.L.D. l'ayant mise en liberté sous contrôle judiciaire.

Lorsque le J.L.D. décide, non pas de refuser de faire droit à des réquisitions aux fins de prolongation de la détention provisoire d'une personne mise en examen, mais de mettre l'intéressée en liberté avant l'expiration du titre dont le renouvellement est demandé, sa décision entre dans le champ d'application de l'article 148-1-1 du C.P.P. sur le référé-détention.

N'encourt pas la censure l'arrêt de la chambre de l'instruction qui, après avoir infirmé ladite ordonnance, fait droit aux réquisitions du ministère public et ordonne la prolongation de la détention. En raison de l'effet dévolutif de l'appel, elle était tenue d'examiner le bien-fondé de la prolongation, lors même qu'elle statuait après l'expiration du titre initial de détention.

(Cour de cassation – Chambre criminelle du 6 août 2003 – N° de pourvoi : 03-82.964).

• **Association de malfaiteurs et vols aggravés – Détention provisoire – Référé-détention – Domaine d'application**

Contre l'arrêt de la chambre de l'instruction de la cour d'appel de CHAMBERY, en date du 16/02/2006, qui, dans l'information suivie contre lui notamment des chefs d'association de malfaiteurs et vols aggravés, a prolongé sa détention provisoire après infirmation de l'ordonnance du J.L.D. ayant refusé cette prolongation et l'ayant mis en liberté sous contrôle judiciaire.

Lorsque le J.L.D. décide non seulement de ne pas prolonger la détention provisoire mais encore de mettre la personne concernée en liberté avant l'expiration du titre de détention, le référé-détention prévu par l'article 148-1-1 du C.P.P. est applicable.

(Cour de cassation – Chambre criminelle du 20 juin 2006 – N° de pourvoi : 06-82.908).

• **Violences volontaires aggravées – Détention provisoire – Référé-détention – Domaine d'application**

Contre l'arrêt de la chambre de l'instruction de la cour d'appel de PARIS, 2e section, en date du 24/06/2013, qui, dans l'information suivie contre lui du chef de violences volontaires aggravées, a ordonné la prolongation de sa détention provisoire.

Il se déduit des articles 148-1-1 et 201 du C.P.P. que lorsque, saisi aux fins de prolongation de la détention provisoire, le J.L.D. décide, non seulement de refuser de prolonger la détention, mais encore de mettre la personne concernée en liberté avant l'expiration du délai prévu par les articles 145-1 et 145-2 dudit code, celle-ci doit être immédiatement libérée, sauf mise en œuvre de la procédure de référé-détention prévue par l'article 148-1-1 du même code.

(Cour de cassation – Chambre criminelle du 8 octobre 2013 – N° de pourvoi : 13-85.098).

• Meurtre et tentatives aggravés... – Détention provisoire – Référé-détention – Décision du 1er président de la cour d'appel – Recours – Détermination – Portée

Contre l'arrêt de la chambre de l'instruction de de la cour d'appel de NÎMES, en date du 21/04/2017, qui, dans l'information suivie contre lui des chefs de meurtre et tentatives aggravés, association de malfaiteurs a, après infirmation de l'ordonnance du J.I., rejeté sa demande de mise en liberté.

La régularité de la procédure de référé-détention ne peut être contestée qu'à l'occasion d'un pourvoi formé contre l'ordonnance du 1er président et dans le seul cas de risque d'excès de pouvoir. Est inopérant le moyen, produit à l'occasion du pourvoi formé contre l'arrêt de la chambre de l'instruction rejetant une demande de mise en liberté, qui critique la régularité de la procédure de référé-détention en arguant d'un risque d'excès de pouvoirs relevant du contrôle de la Cour de cassation.

(Cour de cassation – Chambre criminelle du 9 août 2017 – N° de pourvoi : 17-83.250).

Article 148-2. – Demande mainlevée totale ou partielle du contrôle judiciaire – Demande de mise en liberté – *(Loi n° 2021-1729 du 22 décembre 2021)*

• Toute juridiction appelée à statuer, en application des articles 141-1 et 148-1, sur une demande de mainlevée totale ou partielle du contrôle judiciaire ou sur une demande de mise en liberté se prononce après avoir entendu le ministère public, le prévenu, auquel est préalablement notifié son droit de se taire sur les faits qui lui sont reprochés, ou son avocat ; le prévenu non détenu et son avocat sont convoqués, par lettre recommandée, quarante-huit heures au moins avant la date de l'audience. Si la personne a déjà comparu devant la juridiction moins de 4 mois auparavant, le président de cette juridiction peut en cas de demande de mise en liberté refuser la comparution personnelle de l'intéressé par une décision motivée qui n'est susceptible d'aucun recours.

• Lorsque la personne n'a pas encore été jugée en premier ressort, la juridiction saisie statue dans les 10 jours ou les 20 jours de la réception de la demande, selon qu'elle est du 1er ou du 2d degré. Lorsque la personne a déjà été jugée en 1er ressort et qu'elle est en instance d'appel, la juridiction saisie statue dans les 2 mois de la demande. Lorsque la personne a déjà été jugée en 2d ressort et qu'elle a formé un pourvoi en cassation, la juridiction saisie statue dans les 4 mois de la demande.

• Toutefois, lorsqu'au jour de la réception de la demande il n'a pas encore été statué soit sur une précédente demande de mise en liberté ou de mainlevée de contrôle judiciaire, soit sur l'appel d'une précédente décision de refus de mise en liberté ou de mainlevée du contrôle judiciaire, les délais prévus ci-dessus ne commencent à courir qu'à compter de la décision rendue par la juridiction compétente. Faute de décision à l'expiration des délais, il est mis fin au contrôle judiciaire ou à la détention provisoire, le prévenu, s'il n'est pas détenu pour une autre cause, étant d'office remis en liberté.

• La décision du tribunal est immédiatement exécutoire nonobstant appel ; lorsque le prévenu est maintenu en détention, la cour se prononce dans les 20 jours de l'appel, faute de quoi le prévenu, s'il n'est pas détenu pour autre cause, est mis d'office en liberté.

QPC **Nota :** Par une décision n° 2021-920 QPC du 18/06/2021, le Conseil constitutionnel a déclaré contraires à la Constitution les mots « du prévenu « figurant à la 1re phrase du 1er alinéa de l'article 148-2 du C.P.P., dans sa rédaction résultant de la loi n° 2004-204 du 09/03/2004 portant adaptation de la justice aux évolutions de la criminalité. L'abrogation de ces dispositions est toutefois reportée au 31/12/2021. Les mesures prises avant la publication de la présente décision ne peuvent être contestées sur le fondement de cette inconstitutionnalité. En revanche, jusqu'à l'entrée en vigueur d'une nouvelle loi ou jusqu'à la date de l'abrogation des dispositions contestées, la juridiction statuant sur une demande de mainlevée d'un contrôle judiciaire ou une demande de mise en liberté doit informer le prévenu ou l'accusé qui comparaît devant elle de son droit de se taire.

J **• Blanchiment aggravé – Contrôle judiciaire – Demande de mainlevée ou modification – Juridictions correctionnelles – Délai imparti pour statuer – Décision d'incompétence – Absence d'influence**

Contre l'arrêt de la cour d'appel de PARIS, 9e chambre, en date du 03/12/ 2003, qui, dans l'information suivie contre lui du chef de blanchiment aggravé, s'est déclarée incompétente pour statuer sur sa demande de mainlevée du contrôle judiciaire.

Il résulte des dispositions de l'article 148-2, al. 2 et 3, du C.P.P. que la juridiction du 1er degré saisie d'une demande de mainlevée du contrôle judiciaire par une personne qui n'a pas encore été jugée en 1er ressort doit statuer dans le délai de 10 jours, fût-ce pour constater son incompétence.

Encourt dès lors la cassation l'arrêt qui a refusé de constater que le contrôle judiciaire avait pris fin alors que ce délai était venu à expiration au moment où le tribunal s'est prononcé.

(Cour de cassation – Chambre criminelle du 11 mai 2004 – N° de pourvoi : 03-87.851).

• Tentative d'extorsion de fonds... – Chambre de l'instruction – Détention provisoire – Demande de mise en liberté

– Article 148-1 du C.P.P. – Matière criminelle – Précédente demande de mise en liberté – Décision d'incompétence dans le délai de l'article 148-2, al. 2 du C.P.P. – Portée

IRRECEVABILITE et rejet des pourvois formés par X... Nourdine, contre l'arrêt de la chambre de l'instruction de la cour d'appel d'AIX-EN-PROVENCE, en date du 23/05/2007, qui, dans la procédure suivie contre lui des chefs de tentative d'extorsion de fonds avec usage ou menace d'une arme en bande organisée et participation à une association de malfaiteurs en vue de commettre ce crime, a rejeté sa demande de mise en liberté.

Justifie sa décision la chambre de l'instruction qui, pour rejeter une demande de mise en liberté fondée sur l'article 148-2, al. 2, du C.P.P., présentée par une personne ayant fait l'objet d'un arrêt de mise en accusation sur son appel d'une ordonnance de renvoi devant le tribunal correctionnel, constate que ledit tribunal saisi d'une précédente demande de mise en liberté, a rendu une décision d'incompétence, dans le délai de 10 jours fixé par le texte précité.

(Cour de cassation – Chambre criminelle du 11 septembre 2007 – N° de pourvoi : 07-84.109).

• Viols et agressions sexuelles aggravés – Chambre de l'instruction – Détention provisoire – Demande de mise en liberté – Article 148-1 du C.P.P. – Ordonnance du président refusant la comparution personnelle de l'intéressé *(article 148-2 al. 1er du C.P.P.)* – Demandeur non représenté aux débats – Obligation de convocation par la chambre *(non)*

REJET du pourvoi formé par X... Vincent, contre l'arrêt de la chambre de l'instruction de la cour d'appel de TOULOUSE, en date du 28/06/2007, qui, dans la procédure suivie contre lui des chefs de viols et agressions sexuelles aggravés, a rejeté ses demandes de mise en liberté.

Lorsqu'elle est saisie d'une demande de mise en liberté sur le fondement de l'article 148-1 du C.P.P. et que le président de la juridiction, constatant que la personne a déjà comparu moins de quatre mois auparavant, refuse d'ordonner la comparution personnelle de celle-ci, en application de l'article 148-2, al. 1er, dudit code, la chambre de l'instruction n'est pas tenue d'ordonner cette comparution si l'avocat de l'intéressé, régulièrement convoqué, ne se présente pas à l'audience ; en ce cas, le demandeur n'est pas fondé à invoquer la méconnaissance des dispositions du texte précité selon lesquelles toute juridiction appelée à statuer, en application des articles 141-1 et 148-1, sur une demande de mainlevée totale ou partielle du contrôle judiciaire ou sur demande de mainlevée totale ou partielle du contrôle judiciaire ou sur une demande de mise en liberté se prononce après audition du ministère public, du prévenu ou de son avocat.

(Cour de cassation – Chambre criminelle du 25 septembre 2007 – N° de pourvoi : 07-84.760).

• Tentative d'assassinat – Détention provisoire – Chambre de l'instruction – Demande de mise en liberté – Demande directe – Délai imparti pour statuer

Contre l'arrêt de la chambre de l'instruction de la cour d'appel de BASSE-TERRE, en date du 03/07/2008, qui, dans l'information suivie contre Charles Henri X... du chef de tentative d'assassinat, a ordonné la mise en liberté de l'intéressé.

Il résulte de la combinaison des articles 148, 148-1 et 148-2 du C.P.P. que, lorsque la chambre de l'instruction, après s'être réservé le contentieux de la détention, est saisie d'une demande directe de mise en liberté, elle doit se prononcer dans les 20 jours de la réception de la demande.

(Cour de cassation – Chambre criminelle du 4 novembre 2008 – N° de pourvoi : 08-85.670).

• Détournement de navires – Chambre de l'instruction – Détention provisoire – Demande de mise en liberté – Article 148-1 du C.P.P. – Requête aux fins de comparution personnelle – Rejet – Conditions – Détermination – Portée

Contre l'arrêt de la chambre de l'instruction de la cour d'appel de BORDEAUX, en date du 16/12/2008, qui, dans la procédure suivie contre lui du chef de détournement de navires, a rejeté sa demande de mise en liberté.

Justifie sa décision au regard de l'article 148-2 du C.P.P. la chambre de l'instruction qui, pour rejeter la requête aux fins de comparution personnelle présentée à l'occasion d'une demande de mise en liberté formée en application de l'article 148-1 du même code par un détenu s'étant pourvu contre l'arrêt de condamnation prononcé à son encontre par la cour d'assises, retient que le requérant a comparu devant elle depuis moins de 4 mois et qu'une ordonnance de rejet de comparution a déjà été rendue par le président de la juridiction.

En pareil cas, les dispositions de l'article 199 du C.P.P. relatives à la comparution personnelle n'ont pas vocation à s'appliquer.

(Cour de cassation – Chambre criminelle du 28 avril 2009 – N° de pourvoi : 09-80.713).

• Assassinat – Détention provisoire – Demande de mise en liberté – Accusé jugé en dernier ressort ayant formé un pourvoi en cassation – Délai pour statuer – Détermination

Contre l'arrêt de la chambre de l'instruction de la cour d'appel de TOULOUSE, en date du 22/06/2009, qui, dans la procédure suivie contre Hadrien X... du chef d'assassinat, a ordonné sa mise en liberté.

En application de l'article 148-2, al. 2, du C.P.P., la juridiction saisie doit statuer dans les 4 mois de la demande de mise en liberté formée par un accusé lorsque celui-ci a déjà été jugé en dernier ressort et a formé un pourvoi en cassation.

Encourt la censure l'arrêt qui retient qu'un accusé étant, après cassation de l'arrêt de la cour d'assises l'ayant condamné, dans l'état d'une personne jugée en 1er ressort et en instance d'appel, la chambre de l'instruction doit rendre sa décision dans les 2 mois de la demande de mise en liberté faite par l'intéressé et que, faute de décision avant l'expiration de ce délai, il doit être mis en liberté d'office.

(Cour de cassation – Chambre criminelle du 10 novembre 2009 – N° de pourvoi : 09-84.527).

• Meurtre – Chambre de l'instruction – Détention provisoire – Demande de mise en liberté – Chambre de l'instruction – Personne jugée en 1er ressort et en instance d'appel – Accusé – Délai pour statuer – Délai de 2 mois – Prolongation – Impossibilité – Portée

Contre l'arrêt de la chambre de l'instruction de la cour d'appel de REIMS, en date du 31/03/2011, qui, dans la procédure suivie contre M. Lomalu X..., du chef de meurtre, a rejeté sa demande de mise en liberté.

Lorsqu'elle est saisie d'une demande de mise en liberté, formée par un accusé qui a été jugé en 1er ressort et se trouve en instance d'appel, la chambre de l'instruction doit se prononcer dans le délai de 2 mois prévu par l'article 148-2, al. 2, du C.P.P., qui n'est pas susceptible de prolongation, faute de quoi il est mis fin, d'office, à la détention provisoire de l'intéressé.

(Cour de cassation – Chambre criminelle du 8 juin 2011 – N° de pourvoi : 11-82.402).

• Infraction à la législation sur les stupéfiants – Détention provisoire – Demande de mise en liberté – Prévenu jugé en 1er ressort et en instance d'appel – Juridiction du 2d degré – Délai pour statuer – Délai de 2 mois – Portée

Contre l'arrêt de la cour d'appel de PARIS, chambre 8-1, en date du 18/11/2013, qui, dans la procédure suivie contre lui du chef d'infraction à la législation sur les stupéfiants, a rejeté sa demande de mise en liberté.

Lorsqu'un prévenu a été jugé en 1er ressort et est en instance d'appel, la juridiction du 2d degré saisie d'une demande de mise en liberté doit, en application de l'article 148-2 du C.P.P., statuer dans les 2 mois de la demande.
Justifie en conséquence sa décision la cour d'appel qui retient qu'elle dispose de ce délai pour examiner la demande d'un prévenu qui a interjeté appel du jugement d'incompétence rendu par le tribunal et est en attente de comparution devant elle.
(Cour de cassation – Chambre criminelle du 25 février 2014 – N° de pourvoi : 13-87.396).

• Infractions à la législation sur les stupéfiants... – Détention provisoire – Demande de mise en liberté – Demande transmise au greffe de la juridiction compétente – Erreur matérielle sur la désignation du destinataire – Portée
Contre l'arrêt de la cour d'appel de Paris, chambre 8-2, en date du 13/03/2014, qui, dans la procédure suivie contre lui des chefs d'infractions à la législation sur les stupéfiants, association de malfaiteurs, infractions à la législation sur les armes, a rejeté ses demandes de mise en liberté.

Le délai prévu par l'article 148-2, al. 2, du C.P.P. ne doit pas être considéré comme ayant été dépassé lorsque c'est en raison de mentions erronées quant à la juridiction destinataire que les demandes de mise en liberté formées par le prévenu sont parvenues tardivement à la cour d'appel compétente, qui a statué dans les deux mois de leur réception.
(Cour de cassation – Chambre criminelle du 12 juin 2014 – N° de pourvoi : 14-82.233).

• Tentative extorsion en bande organisée... – Détention provisoire – Chambre de l'instruction – Demande de mise en liberté – Délai imparti pour statuer – Point de départ – Détermination – Cas – Dissimulation de la demande par un agent de l'administration pénitentiaire – Portée
Contre un arrêt de la chambre de l'instruction de la cour d'appel de PARIS, 1re section, en date du 10/10/2014, qui, dans la procédure suivie contre lui des chefs de tentative d'extorsion en bande organisée, enlèvement et séquestration en bande organisée, précédés ou accompagnés de tortures et d'actes de barbarie, et association de malfaiteurs, a rejeté sa demande de mise en liberté.

En l'état d'un supplément d'information ayant démontré la dissimulation de la demande de mise en liberté par un agent de l'administration, doit être approuvé l'arrêt de la chambre de l'instruction qui, pour faire partir le délai pour statuer du jour de l'enregistrement de cette demande à son greffe, constate, sans même qu'il soit justifié d'une circonstance extérieure, imprévisible et insurmontable, que l'abstention frauduleuse de l'agent de l'administration pénitentiaire a suspendu au bénéfice du détenu le cours normal du service public de la justice.
(Cour de cassation – Chambre criminelle du 13 janvier 2015 – N° de pourvoi : 14-87.146).

• Viol – Délai – Article 148-2 **du C.P.P. – Droit au recours**
REJET du pourvoi formé par M. [A] [S] contre l'arrêt de la chambre de l'instruction de la cour d'appel de TOULOUSE (31), *en date du 22/01/2021, qui, dans la procédure suivie contre lui du chef de viol, a rejeté sa demande de mise en liberté.*

22. Cette obligation, en l'absence de tout mécanisme mis en place par la loi dans le délai imparti par le Conseil constitutionnel (décision n° 2020-858/859 QPC du 02/10/2020), *conduit à admettre que le délai prévu à l'article 148-2 précité puisse être dépassé, afin de satisfaire à l'effectivité du droit au recours ainsi exigé, la juridiction ayant alors l'obligation de statuer sur la demande de mise en liberté dans un délai raisonnable.*
(Cour de cassation – Chambre criminelle du 13 avril 2021 – N° de pourvoi : 21-80.728).

Article 148-3. – Déclaration d'adresse – *(Loi n° 2014-535 du 27 mai 2014)*

• Préalablement à sa mise en liberté, la personne mise en examen doit faire, auprès du juge d'instruction ou du chef de l'établissement pénitentiaire, la déclaration d'adresse prévue par le quatrième alinéa de l'article 116.

• La personne mise en examen est avisée qu'elle doit signaler au juge d'instruction, jusqu'à la clôture de l'information, par nouvelle déclaration ou par lettre avec demande d'avis de réception, tout changement de l'adresse déclarée. Elle est également avisée que toute notification ou signification faite à la dernière adresse déclarée sera réputée faite à sa personne.

• Mention de cet avis, ainsi que de la déclaration d'adresse, est portée soit au procès-verbal, soit dans le document qui est adressé sans délai, en original ou en copie, par le chef de l'établissement pénitentiaire au juge d'instruction.

Article 148-4. – Demande de mise en liberté – Saisie de la chambre de l'instruction – *(Loi n° 2000-516 du 15 juin 2000)*

• À l'expiration d'un délai de quatre mois depuis sa dernière comparution devant le juge d'instruction ou le magistrat par lui délégué et tant que l'ordonnance de règlement n'a pas été rendue, la personne détenue ou son avocat peut saisir directement d'une demande de mise en liberté la chambre de l'instruction qui statue dans les conditions prévues à l'article 148 *(dernier alinéa)*.

J **• Infractions à la législation sur les stupéfiants – Association de malfaiteurs – Demande de mise en liberté – Mentions ambiguës et incomplètes**
Contre l'arrêt de la chambre de l'instruction de la cour d'appel de PARIS, 3e section, en date du 15 mai 2018, qui, dans l'information suivie contre lui des chefs d'infractions à la législation sur les stupéfiants et association de malfaiteurs, a confirmé l'ordonnance du juge des libertés et de la détention rejetant sa demande de mise en liberté;
Attendu qu'en cet état, l'arrêt n'encourt pas la censure, dès lors que la demande de mise en liberté présentée par le détenu, portant l'indication de deux juridictions, l'adresse de la seconde n'étant pas complète, contenait des mentions ambiguës et incomplètes, de nature à rendre incertaine la désignation de la juridiction qu'entendait saisir ledit détenu et que, adressée à la première juridiction nommément visée, il a été statué dans le délai légal;
Et attendu que l'arrêt est régulier en la forme et a statué sur les demandes de mise en liberté par des considérations de droit et de fait répondant aux exigences des articles 143-1 et suivants du code de procédure pénale;
REJETTE le pourvoi;
(Cour de cassation – Chambre criminelle du 8 août 2018 – N° de pourvoi : 18-83518).

Article 148-5. – Autorisation de sortie sous escorte – *(Loi n° 2019-222 du 23 mars 2019)*

• En toute matière et en tout état de la procédure, toute personne placée en détention provisoire peut, à titre exceptionnel, faire l'objet d'une autorisation de sortie sous escorte selon des modalités prévues par décret. Les décisions accordant ou refusant ces autorisations peuvent faire l'objet du recours prévu au dernier alinéa de l'article 145-4-2.

QPC • *Conformément à l'article 1er de la Décision n° 2019-791 QPC du 21 juin 2019:*

• *L'article 148-5 du C.P.P., dans sa rédaction résultant de la loi n° 93-2 du 04/01/1993 portant réforme de la procédure pénale, est contraire à la Constitution.*

• *En l'espèce, les dispositions de l'article 148-5 du C.P.P. déclarées contraires à la Constitution, dans sa rédaction contestée, ne sont plus en vigueur.*

• *La déclaration d'inconstitutionnalité est applicable à toutes les affaires non jugées définitivement à la date de la publication de la présente décision.*

(Décision n° 2019-791 QPC du 21 juin 2019)

J • **Détention provisoire – Sortie sous escorte – Refus – Mesure d'administration judiciaire – Contrôle de la Cour de Cassation *(non)***

Accusé de viols et agressions sexuelles aggravées, contre l'arrêt de la chambre d'accusation de la cour d'appel de Bordeaux, en date du 15/04/1997, qui a rejeté sa demande de mise en liberté ainsi que sa demande d'autorisation de sortie.

Attendu que Patrick X... n'est pas recevable à critiquer, devant la Cour de Cassation, le rejet par la chambre d'accusation d'une demande de sortie sous escorte, une telle décision constituant un acte d'administration judiciaire, non susceptible de recours;

D'où il suit que les moyens, qui lui font grief des motifs par lesquels elle s'est prononcée, ne sauraient être accueillis;

Et attendu que l'arrêt est régulier en la forme;

REJETTE le pourvoi.

Le rejet, par une chambre d'accusation, de la demande de sortie sous escorte présentée par un accusé sur le fondement de l'article 148-5 du C.P.P. constitue une simple mesure d'administration judiciaire insusceptible de recours devant la Cour de Cassation.

(Cour de cassation – Chambre criminelle du 22 juillet 1997 – N° de pourvoi: 97-82678).

Article 148-6. – Demande de mainlevée ou modification contrôle judiciaire ou mise en liberté – Déclaration au greffier – *(Loi n° 93-2 du 4 janvier 1993)*

• Toute demande de mainlevée ou de modification du contrôle judiciaire ou de mise en liberté doit faire l'objet d'une déclaration au greffier de la juridiction d'instruction saisie du dossier ou à celui de la juridiction compétente en vertu de l'article 148-1.

• Elle doit être constatée et datée par le greffier qui la signe ainsi que le demandeur ou son avocat. Si le demandeur ne peut signer, il en est fait mention par le greffier.

• Lorsque la personne ou son avocat ne réside pas dans le ressort de la juridiction compétente, la déclaration au greffier peut être faite au moyen d'une lettre recommandée avec demande d'avis de réception.

Article 148-7. – Demande mise en liberté – Déclaration auprès chef de l'établissement pénitentiaire – *(Loi n° 93-2 du 4 janvier 1993)*

• Lorsque la personne mise en examen, le prévenu ou l'accusé est détenu, la demande de mise en liberté peut aussi être faite au moyen d'une déclaration auprès du chef de l'établissement pénitentiaire.

• Cette déclaration est constatée et datée par le chef de l'établissement pénitentiaire qui la signe, ainsi que le demandeur. Si celui-ci ne peut signer, il en est fait mention par le chef de l'établissement.

• Ce document est adressé sans délai, en original ou en copie et par tout moyen, soit au greffier de la juridiction saisie du dossier, soit à celui de la juridiction compétente selon les distinctions de l'article 148-1.

Article 148-8. – Saisie de la chambre de l'instruction – *(Loi n° 2000-516 du 15 juin 2000)*

• Lorsque la personne mise en examen entend saisir la chambre de l'instruction en application des dispositions des articles 140, troisième alinéa, 148, sixième alinéa, ou 148-4, sa demande est faite, dans les formes prévues par les articles 148-6 et 148-7, au greffier de la chambre de l'instruction compétente ou au chef de l'établissement pénitentiaire qui en assure la transmission.

• Lorsque le président de la chambre de l'instruction constate que cette juridiction a été directement saisie, sur le fondement des articles 140, 148, sixième alinéa, ou 148-4, d'une demande de mainlevée du contrôle judiciaire ou de mise en liberté manifestement irrecevable, il peut décider, par une ordonnance motivée non susceptible de voie de recours, qu'il n'y a pas lieu de statuer sur cette demande; dans ce cas, la demande et l'ordonnance sont versées au dossier de la procédure.

Sous-section 4
De la réparation à raison d'une détention

Article 149. – Droit de réparation – *(Ordonnance n° 2006-673 du 8 juin 2006)*

• Sans préjudice de l'application des dispositions des articles L. 141-2 et L. 141-3 du Code de l'organisation judiciaire, la personne qui a fait l'objet d'une détention provisoire au cours d'une procédure terminée à son égard par une décision de non-lieu, de relaxe ou d'acquittement devenue définitive a droit, à sa demande, à réparation intégrale du préjudice moral et matériel que lui a causé cette détention. Toutefois, aucune réparation n'est due lorsque cette décision a pour seul fondement la reconnaissance de son irresponsabilité au sens de l'article 122-1 du Code pénal, une amnistie postérieure à la mise en détention provisoire, ou la prescription de l'action publique intervenue après la libération de la personne, lorsque la personne était dans le même temps détenue pour une autre cause, ou lorsque la personne a fait l'objet d'une détention provisoire pour s'être librement et volontairement accusée ou laissé accuser à tort en vue de faire échapper l'auteur des faits aux poursuites. À la demande de l'intéressé, le préjudice est évalué par expertise contradictoire réalisée dans les conditions des articles 156 et suivants.

• Lorsque la décision de non-lieu, de relaxe ou d'acquittement lui est notifiée, la personne est avisée de son droit de demander réparation, ainsi que des dispositions des articles 149-1 à 149-3 *(premier alinéa).*

J • **Réparation à raison d'une détention – Bénéfice – Cas – titre à venir**

IRRECEVABILITE ET REJET du recours formé par l'agent judiciaire du Trésor contre la décision du 1er président de la cour d'appel de PARIS, en date du 11/09/2002, qui a alloué à M. Pierre X... la somme de 3000 euros sur le fondement de l'article 149 du Code précité.

Les exceptions mettant fin à l'action publique, telles que la prescription n'étant pas de celles qui, expressément prévues par l'article 149 du C.P.P., dérogent au principe de réparation posée par ce texte, la circonstance que l'auteur du recours ait été retenu, dans la décision de la chambre de l'instruction constatant par ailleurs la prescription de l'action publique, comme ayant pris part aux crimes poursuivis, n'est pas de nature à faire obstacle à l'indemnisation du préjudice subi du fait de l'incarcération.

(Cour de cassation – Commission nationale de réparation des détentions du 4 mai 2003 – N° de pourvoi : 02-99.083).

• **Réparation à raison d'une détention – Bénéfice – Cas**

NON-LIEU A STATUER et REJET des recours formés par le procureur général près la cour d'appel de DOUAI, l'agent judiciaire du Trésor, contre la décision du 1er président de ladite cour, en date du 16/09/2002, qui a alloué à M. Mickaël X... une somme de 152 449 € sur le fondement de l'article 149 précité et en ce qui concerne l'agent judiciaire du Trésor, contre la décision du 10/09/2001 qui a renvoyé l'affaire à une audience ultérieure.

Selon l'article 149 du C.P.P., réparation intégrale est due à la personne qui a fait l'objet d'une détention provisoire au cours d'une procédure terminée à son égard par une décision de non-lieu, de relaxe ou d'acquittement devenue définitive. Il s'ensuit que dans le cas où un demandeur, poursuivi initialement pour un crime et un délit connexe, est acquitté du chef de crime et condamné pour l'infraction correctionnelle, il conserve son droit à réparation sur le fondement précité dès lors qu'il est établi que la détention n'a pu être ordonnée et prolongée, dans les circonstances de l'espèce, qu'en raison du crime dont il a finalement été acquitté.

(Cour de cassation – Commission nationale de réparation des détentions du 6 mai 2003 – N° de pourvoi : 02-00.082).

• **Réparation à raison d'une détention – Préjudice – Préjudice matériel – Réparation – Préjudice économique – Perte de chance d'obtenir les points de retraite**

INFORMATION PARTIELLE ET REJET des recours formés par M. Eric X..., l'agent judiciaire du Trésor, contre la décision du 1er président de la cour d'appel de NANCY en date du 25/11/2005 qui lui a alloué une indemnité de 248 911 € au titre du préjudice financier subi et une indemnité de 35 000 € au titre du préjudice moral sur le fondement de l'article 149 du C.P.P. ; outre une somme de 500 € par application de l'article 700 du nouveau Code de Procédure Civile.

Le demandeur n'ayant pu cotiser ni pour sa retraite de base, ni pour ses retraites complémentaires, le préjudice subi s'analyse en une perte de chance d'obtenir les points de retraite qu'il était en droit d'escompter si, n'étant pas incarcéré, il avait pu normalement cotiser, et non en une perte des pensions de retraite qu'il aurait pu percevoir.

(Cour de cassation, criminelle – Commission nationale de réparation des détentions du 29 mai 2006 – N° : 05-CRD082).

• **Réparation à raison d'une détention – Préjudice – Indemnisation – Conditions – Détention – Incarcération excédant la durée maximale autorisée du chef des infractions retenues – Exécution d'une peine d'emprisonnement prononcée à titre définitif après imputation de la détention provisoire *(non)***

INFIRMATION PARTIELLE ET REJET du recours formé par M. Jean-Jacques X..., contre la décision du 1er président de la cour d'appel d'ANGERS en date du 18/10/2006 qui a déclaré sa requête irrecevable.

Le demandeur ne peut utilement prétendre avoir subi un préjudice résultant de la période d'incarcération excédant la durée maximale autorisée du chef des infractions retenues si elle correspond à l'exécution du reliquat de la peine d'emprisonnement prononcée à titre définitif, après imputation de la détention provisoire.

(Cour de cassation, criminelle – Commission nationale de réparation des détentions du 18 juin 2007 – N° : 06-CRD073).

• **Réparation à raison d'une détention – Préjudice – Préjudice moral – Appréciation – Critères**

INFIRMATION PARTIELLE ET REJET des recours formés par l'agent judiciaire du Trésor, M. Kamel X..., contre la décision du 1er président de la cour d'appel de BORDEAUX en date du 28/11/2006 qui a déclaré irrecevable la requête présentée par M. Kamel X...

La circonstance selon laquelle la 1re année de détention est justifiée par la culpabilité de l'intéressé pour une partie des faits poursuivis constitue un facteur de diminution du choc carcéral.
(Cour de cassation – Commission nationale de réparation des détentions du 18 juin 2007 – N°: 07-CRD001).

• Réparation à raison d'une détention – Bénéfice – Exclusion – Cas
REJET du recours formé par M. Eric X..., contre la décision du 1er président de la cour d'appel de Pau en date du 08/08/2007 qui a déclaré la requête de M. Eric X... irrecevable.

Doit être rejetée la demande en réparation présentée par un demandeur qui, placé et maintenu en détention provisoire des chefs d'agression sexuelle et de violences aggravées, a été relaxé du 1er de ces délits et condamné pour le second, dès lors que la détention provisoire effectuée n'a pas excédé la durée maximale que la loi autorise pour les violences aggravées et qu'il ne résulte d'aucune mention expresse des décisions successives du J.L.D. et de la chambre de l'instruction, que ceux-ci aient entendu exclure cette infraction de leur motivation, qu'il n'appartient pas à la commission d'interpréter.
(Cour de cassation, criminelle – Commission nationale de réparation des détentions du 14 avril 2008 – N°: 7C-RD.089).

• Réparation à raison d'une détention – Préjudice – Préjudice moral – Appréciation – Critères
INFIRMATION sur le recours formé par M. Mohamed X..., contre la décision du 1er président de la cour d'appel de TOULOUSE, en date du 25/06/2007 qui lui a alloué une indemnité de 7 000 € sur le fondement de l'article 149 du C.P.P.

Il convient de prendre en compte, pour évaluer le préjudice moral éprouvé par le demandeur, le supplément de souffrance qu'il a ressenti en étant placé dans l'impossibilité d'apporter l'aide nécessaire à son épouse, gravement malade sur le plan psychiatrique, et à leurs 3 enfants présents au foyer familial, durant la période de détention provisoire qu'il a subie.
(Cour de cassation, criminelle – Commission nationale de réparation des détentions du 14 avril 2008 – N°: 7C-RD.090).

• Réparation à raison d'une détention – Bénéfice – Cas
REJET des recours formés par le procureur général près la cour d'appel de CAEN, l'agent judiciaire du Trésor, contre la décision du 1er président de la cour d'appel de CAEN en date du 04/04/2008 qui a alloué à Mme Christelle X... une indemnité de 3 000 € en réparation de son préjudice moral sur le fondement de l'article 149 du Code précité ainsi qu'une somme de 1 000 € au titre de l'article 700 du Code de Procédure Civile.

N'est pas privé de son droit à réparation, le demandeur qui a été mis en examen puis déclaré coupable pour des faits distincts de ceux pour lesquels il a été mis en détention provisoire et qui ont conduit à une décision de non-lieu devenue définitive.
(Cour de cassation, criminelle – Commission nationale de réparation des détentions du 17 novembre 2008 – N°: 08-CRD026).

• Réparation à raison d'une détention – Préjudice – Préjudice matériel – Appréciation – Critères
INFIRMATION PARTIELLE et rejet des recours formés par M. Eddy X..., l'agent judiciaire du Trésor, contre la décision du 1er président de la cour d'appel de RENNES en date du 27/04/2009 qui a alloué à M. Eddy X... les sommes de 1 500 € et de 15 000 € en réparation du préjudice matériel et moral sur le fondement de l'article 149 du Code précité ainsi qu'une somme de 1 500 € au titre de l'article 700 du Code de Procédure Civile.

Dès lors que ni une convention d'honoraires, ni une facture établie le lendemain, soit plusieurs mois avant la fin de l'incarcération de l'intéressé, ne permettent d'identifier les dépenses supportées par celui-ci au titre des frais de défense directement et exclusivement liés à la détention subie, la décision du 1er président, qui a cru pouvoir évaluer, à partir de pièces non détaillées, le coût afférent à une demande de mise en liberté, ne peut qu'être réformée.
(Cour de cassation, criminelle – Commission nationale de réparation des détentions du 7 décembre 2009 – N°: 09-CRD037).

• Réparation à raison d'une détention – Préjudice – Préjudice moral – Appréciation – Critères
INFIRMATION PARTIELLE sur le recours formé par Alain X..., contre la décision du 1er président de la cour d'appel d'AIX-EN-PROVENCE en date du 15/01/2010 qui lui a alloué une indemnité de 23 248, 07 € en réparation de son préjudice matériel et 13 000 € en réparation de son préjudice moral sur le fondement de l'article 149 du Code précité.
Doit être pris en considération pour l'évaluation du préjudice moral causé par la détention provisoire, l'accroissement du choc psychologique enduré par l'intéressé en raison de sa réincarcération.
(Cour de cassation, criminelle – Commission nationale de réparation des détentions du 14 juin 2010 – N°: 10-CRD012).

• Réparation à raison d'une détention – Bénéfice – Exclusion – Personne détenue dans le même temps pour autre cause – Cas – Exécution d'une peine d'emprisonnement sous le régime du placement sous surveillance électronique
INFIRMATION sur les recours formés par le procureur général près la cour d'appel d'AIX-EN-PROVENCE, l'agent judiciaire du Trésor, Jonathan X..., contre la décision du 1er président de la cour d'appel d'AIX-EN-PROVENCE en date du 02/10/2009 qui a alloué à M. Jonathan X... une indemnité de 6 000 € en réparation de son préjudice moral sur le fondement de l'article 149 du Code précité ainsi qu'une somme de 1 000 € au titre de l'article 700 du Code de Procédure Civile.

Selon l'article 149 du C.P.P., aucune réparation n'est due lorsque la personne était dans le même temps détenue pour autre cause.
Est détenu pour autre cause au sens de ce texte un individu qui, dans le même temps que la détention provisoire, exécute une peine d'emprisonnement sous le régime du placement sous surveillance électronique.
(Cour de cassation, criminelle – Commission nationale de réparation des détentions du 20 septembre 2010 – N°: 09-CRD070).

• Réparation à raison d'une détention – Préjudice – Préjudice moral – Appréciation – Critères
INFIRMATION sur le recours formé par Joseph X..., contre la décision du 1er président de la cour d'appel de PARIS en date du 15/09/2009 qui lui a alloué une indemnité de 3 000 € en réparation de son préjudice moral sur le fondement de l'article 149 du Code précité.

Le choc carcéral d'une détention subie dans la continuation d'une incarcération effectuée pour d'autres causes est atténué.
(Cour de cassation, criminelle – Commission nationale de réparation des détentions du 14 mars 2011 – N°: 10-CRD045).

• Réparation à raison d'une détention – Bénéfice – Exclusion – Cas
REJET du recours formé par Jean-Philippe X..., contre la décision du 1er président de la cour d'appel de Paris en date du 28/09/2010 qui a déclaré sa requête irrecevable.

Le demandeur est irrecevable à présenter une requête en réparation tant qu'il n'a pas été statué par une décision devenue définitive sur chacune des infractions faisant l'objet de la mise en examen, de la prévention ou de l'accusation.

En conséquence, est à bon droit déclarée irrecevable une requête, dès lors qu'il n'a pas été statué sur un pourvoi formé contre l'arrêt relaxant le requérant pour certaines des infractions des chefs desquelles il a été renvoyé devant la juridiction correctionnelle et le condamnant pour d'autres.

(Cour de cassation, criminelle – Commission nationale de réparation des détentions du 23 mai 2011 – N°: 10-CRD076)

• Réparation à raison d'une détention – Requête – Recevabilité – Condition

INFIRMATION sur le recours formé par Nassredine X..., contre la décision du 1er président de la cour d'appel de PARIS en date du 25/05/2010 qui a déclaré sa requête irrecevable.

Constitue une fin de non-recevoir le fait de déposer une requête tendant à obtenir le bénéfice d'une indemnisation sous une fausse identité. Est dès lors irrecevable la requête en réparation d'une détention provisoire présentée sous une identité que le requérant savait n'être pas la sienne.

(Cour de cassation, criminelle – Commission nationale de réparation des détentions du 4 avril 2011 – N°: 10-CRD069).

• Réparation à raison d'une détention – Préjudice – Préjudice matériel – Travail dissimulé, activité illicite – Préjudice économique – Réparation – Exclusion – Cas

ACCUEIL du recours formé par l'agent judiciaire du Trésor, contre la décision du 1er président de la cour d'appel de Rouen en date du 26/10/2010 qui a alloué à M. Fethi X... une indemnité de 22 340 € en réparation de son préjudice économique et 50 000 € en réparation de son préjudice moral sur le fondement de l'article 149 du Code précité.

Un travail dissimulé, activité illicite, ne peut donner lieu à réparation.

Doit dès lors être infirmée la décision du 1er président qui alloue à un étranger en situation irrégulière une indemnité de ce chef.

(Cour de cassation, criminelle – Commission nationale de réparation des détentions du 12 septembre 2011 – N°: 10-CRD089).

• Réparation à raison d'une détention – Préjudice – Indemnisation – Conditions – Détention – Durée de la détention provisoire – Calcul

INFIRMATION partielle sur le recours formé par Olivier X..., contre la décision du 1er président de la cour d'appel de Toulouse en date du 17/01/2011 qui lui a alloué une indemnité de 4 000 € en réparation de son préjudice moral et 27 383, 82 € en réparation de son préjudice matériel sur le fondement de l'article 149 du Code précité ainsi qu'une somme de 500 € au titre de l'article 700 du Code de Procédure Civile.

Doivent être pris en compte, dans le calcul de la durée d'une détention provisoire, le jour du placement en détention et le jour de la remise en liberté.

(Cour de cassation, criminelle – Commission nationale de réparation des détentions du 10 octobre 2011 – N°: 11-CRD017).

• Réparation à raison d'une détention – Préjudice – Indemnisation – Conditions – Production de pièces justificatives par le demandeur

REJET et accueil des recours formés par Jacqueline X..., l'agent judiciaire du Trésor, contre la décision du 1er président de la cour d'appel d'AMIENS en date du 01/03/2011 qui a alloué à Jacqueline X... une indemnité de 80 800 € en réparation de son préjudice moral et 107 799,01 € en réparation de son préjudice sur le fondement de l'article 149 du Code précité ainsi qu'une somme de 1 000 € sur le fondement de l'article 700 du Code de Procédure Civile.

Il appartient à la partie qui demande réparation d'un préjudice matériel lié à la détention d'en justifier: faute de production de pièces justificatives relatives à l'existence et l'étendue dudit préjudice, le demandeur ne peut qu'être débouté.

(Cour de cassation, criminelle – Commission nationale de réparation des détentions du 5 décembre 2011 – N°: 11-CRD037).

• Réparation à raison d'une détention – Préjudice – Préjudice moral – Appréciation – Critères

ACCUEIL du recours formé par Pascal X..., contre la décision du 1er président de la cour d'appel de NOUMÉA en date du 23/09/2011 qui a déclaré sa requête irrecevable.

Constituent un facteur aggravant du préjudice moral les conditions de détention dans un établissement pénitentiaire dont l'insalubrité et le taux d'occupation particulièrement élevé ont été constatés par le contrôleur général des lieux de privation de liberté, lesdites conditions de détention ayant nécessairement été subies à titre personnel.

(Cour de cassation, criminelle – Commission nationale de réparation des détentions du 25 juin 2012 – N°: 12-CRD001).

• Réparation à raison d'une détention – Préjudice – Préjudice moral – Appréciation – Critères

INFIRMATION PARTIELLE sur le recours formé par Cédric X..., contre la décision du 1er président de la cour d'appel de VERSAILLES en date du 23/11/2011 qui lui a alloué une indemnité de 9 000 € en réparation de son préjudice moral, 3 588 € pour les honoraires d'avocat et 4 000 € en réparation du préjudice professionnel sur le fondement de l'article 149 du Code précité; ainsi qu'une somme de 1 000 € au titre de l'article 700 du Code de Procédure Civile.

Constituent un facteur aggravant du préjudice moral les conditions dans un établissement pénitentiaire dont la vétusté et le taux d'occupation élevé ont été dénoncés dans des rapports établis par des commissions d'enquête parlementaires concomitamment à la période de détention subie par le demandeur, lesdites conditions de détention ayant nécessairement été subies à titre personnel.

(Cour de cassation, criminelle – Commission nationale de réparation des détentions du 25 juin 2012 – N°: 12-CRD002).

• Réparation à raison d'une détention – Préjudice – Préjudice matériel – Réparation – Préjudice économique – Frais d'avocat – Limites – Indemnisation des frais de conseil liés au contentieux de la détention – Exclusion – Demande de l'avocat du versement de la part contributive versée par l'État – Nécessité

ACCUEIL PARTIEL des recours formés par l'agent judiciaire de l'Etat, M. X..., contre la décision du 1er président de la cour d'appel d'AIX-EN-PROVENCE en date du 08/04/2013 qui a alloué à M. X... une indemnité de 53 756 € et 60 centimes en réparation de son préjudice matériel et 100 000 € en réparation de son préjudice moral sur le fondement de l'article 149 du Code précité ainsi qu'une somme de 1 500 € au titre de l'article 700 du Code de Procédure Civile.

Les frais de conseil liés au contentieux de la détention qui ont été effectivement exposés par le détenu ouvrent seuls droit à indemnisation. Si l'avocat du détenu admis au bénéfice de l'aide juridictionnelle n'a pas sollicité, devant la juridiction chargée de statuer sur les infractions reprochées à celui-ci, l'application de l'article 37 de la loi n° 91-647 du 10/07/1991, relative à l'aide juridique, la commission nationale de réparation des détentions n'a pas compétence pour statuer sur ce point et ne peut allouer une indemnité qui ne correspondrait à aucun débours réel.

(Cour de cassation, criminelle – Commission nationale de réparation des détentions du 20 janvier 2014 – N°: 13-CRD021).

• Réparation à raison d'une détention – Préjudice – Indemnisation – Conditions – Détention – Période de détention subie sous le régime de l'écrou extraditionnel *(non)*

REJET du recours formé par M. X..., contre la décision du 1er président de la cour d'appel de LYON en date du 19/07/2013 qui a déclaré irrecevable sa requête en indemnisation au titre de la réparation d'une détention.

La détention provisoire subie à l'occasion de poursuites exercées par les autorités judiciaires françaises ouvre seule droit à indemnisation sur le fondement de l'article 149 du Code de Procédure Civile. La personne arrêtée en France, à la suite d'une demande d'extradition, puis acquittée par la juridiction de jugement étrangère, ne peut donc solliciter l'indemnisation de la détention subie par elle, en France, sous le régime de l'écrou extraditionnel.

(Cour de cassation, criminelle – Commission nationale de réparation des détentions du 24 février 2014 – N°: 13-CRD029).

• Réparation à raison d'une détention – Préjudice – Préjudice matériel – Réparation – Préjudice économique – Perte d'une chance d'exercer une activité rémunérée pendant la période de détention – Preuve – Charge – Détermination – Portée

ACCUEIL du recours formé par l'agent judiciaire de l'État, contre la décision du 1er président de la cour d'appel de REIMS en date du 12/09/2013 qui a alloué à M. Mohamed X... une indemnité de 9 000 € en réparation de son préjudice moral et celle de 1 800 € en réparation de son préjudice matériel sur le fondement de l'article 149 du Code précité ainsi qu'une somme de 1 000 € au titre de l'article 700 du Code de Procédure Civile.

Il appartient au demandeur qui allègue la perte d'une chance d'exercer une activité rémunérée pendant la période de détention ou de trouver un emploi postérieurement à l'élargissement, d'en apporter la preuve, laquelle, en l'absence de justification d'un effort d'insertion dans le monde du travail, ne saurait résulter de la simple référence au montant du revenu minimum d'insertion.

(Cour de cassation, criminelle – Commission nationale de réparation des détentions du 31 mars 2014 – N°: 13-CRD035).

• Réparation à raison d'une détention – Recours devant la commission nationale – Droit à réparation – Domaine d'application – Exclusion – Circonstance de nature à mettre en cause la responsabilité de l'État – Cas – Défaut de titre de détention régulier

ACCUEIL PARTIEL du recours formé par M. A... X..., contre la décision du 1er président de la cour d'appel de PARIS en date du 20/01/2014 qui lui a alloué une indemnité de 12 000 € en réparation de son préjudice moral et celle de 3 790 € sur le fondement de l'article 149 du Code précité ainsi qu'une somme de 1 000 € au titre de l'article 700 du Code de Procédure Civile.

L'éventuelle absence de titre de détention régulier, pendant une partie de la détention provisoire, constitue une circonstance qui, étant de nature à mettre la responsabilité de l'État, ne peut donner lieu à indemnisation devant la commission nationale de réparation des détentions.

(Cour de cassation, criminelle – Commission nationale de réparation des détentions du 27 octobre 2014 – N°: 14-CRD012).

• Réparation à raison d'une détention – Préjudice – Indemnisation – Conditions – Détention – Placement successif en détention provisoire puis sous assignation à résidence avec surveillance électronique – Non-lieu, relaxe ou acquittement partiel – Privation de liberté sous l'un et l'autre des régimes excédant la durée maximale autorisée du chef des infractions retenues

IRRECEVABILITE du recours formé par M. Eugène X..., contre la décision du 1er président de la cour d'appel de RENNES en date du 04/05/2015 qui a déclaré sa requête irrecevable sur le fondement de l'article 149 du C.P.P.

Lorsqu'une personne, placée successivement en détention provisoire puis sous assignation à résidence avec surveillance électronique, bénéficie d'une décision de non-lieu, de relaxe ou d'acquittement partiel, et que les infractions dont elle a été déclarée coupable permettaient un placement en détention provisoire et sous assignation à résidence avec surveillance électronique d'une certaine durée, cette dernière mesure n'est indemnisable, au titre des articles 142-10 et 149 à 150 du C.P.P., que si la durée totale de privation de liberté subie cumulativement sous l'un et l'autre régime excède la durée maximale de l'assignation à résidence avec surveillance électronique permise par la loi.

(Cour de cassation, criminelle – Commission nationale de réparation des détentions du 8 mars 2016 – N°: 15-CRD036).

• Réparation à raison d'une détention – Préjudice – Préjudice matériel – Réparation – Préjudice économique – Frais d'avocat – Preuve – Factures d'honoraires – Irrégularités fiscales – Absence d'incidence

ACCUEIL du recours formé par Mme Sandy X..., contre la décision du 1er président de la cour d'appel d'AIX-EN-PROVENCE en date du 11/05/2015 qui lui a allouée une indemnité de 1 500 € en réparation du préjudice moral sur le fondement de l'article 149 du C.P.P.

L'irrégularité fiscale des factures d'honoraires produites devant la commission demeure sans incidence sur leur force probante.

(Cour de cassation, criminelle – Commission nationale de réparation des détentions du 12 avril 2016 – N°: 15-CRD038).

Article 149-1. – Décision d'allocation – *(Loi n° 2000-1354 du 30 décembre 2000)*

• La réparation prévue à l'article précédent est allouée par décision du premier président de la cour d'appel dans le ressort de laquelle a été prononcée la décision de non-lieu, de relaxe ou d'acquittement.

Article 149-2. – Décision motivée – *(Loi n° 2000-1354 du 30 décembre 2000)*

• Le premier président de la cour d'appel, saisi par voie de requête dans le délai de six mois de la décision de non-lieu, de relaxe ou d'acquittement devenue définitive, statue par une décision motivée.

• Les débats ont lieu en audience publique, sauf opposition du requérant. À sa demande, celui-ci est entendu personnellement ou par l'intermédiaire de son conseil.

J • **Réparation à raison d'une détention – Requête devant le 1er président de la cour d'appel – Procédure – Audience – Présence du requérant ou de son représentant – Nécessité *(non)***

REJET du recours formé par le procureur général près la cour d'appel de POITIERS contre la décision du 1er président de ladite Cour, en date du 11/02/2003, qui a alloué à M. Ahmed X... une indemnité de 1 250 € sur le fondement de l'article 149 du Code précité.

Si l'article 149-4 du C.P.P. énonce que le 1er président de la cour d'appel et la Commission nationale de réparation des détentions statuent en tant que juridictions civiles, les dispositions législatives et réglementaires spécifiques en la matière prévalent sur les textes généraux applicables au procès civil. Il en résulte que la présence du requérant à l'audience n'étant pas obligatoire mais laissée à sa seule appréciation par l'article 149-2 du C.P.P., il peut être statué sur la requête malgré son absence ou celle de son représentant.

(Cour de cassation – Commission nationale de réparation des détentions du 14 novembre 2003 – N°: 03-CRD.017).

• **Réparation à raison d'une détention – Requête – Recevabilité – Délai – Appréciation – Date d'expédition de la lettre recommandée avec avis de réception adressée au greffe de la cour d'appel**

INFIRMATION sur le recours formé par Brahim X..., Contre la décision du 1er président de la cour d'appel de DOUAI en date du 20/10/2009 qui a déclaré sa requête irrecevable.

Selon l'article 149-2 du C.P.P., le 1er président de la cour d'appel est saisi de la requête en réparation dans le délai de 6 mois de la décision de non-lieu, de relaxe ou d'acquittement devenue définitive.

Par application des dispositions combinées des articles 149-4 et R. 26 du C.P.P., 668 du Code de Procédure Civile, la recevabilité de la requête adressée au greffe de la cour d'appel par lettre recommandée avec demande d'avis de réception doit s'apprécier au regard de la date d'expédition de ladite lettre.

(Cour de cassation, criminelle – Commission nationale de réparation des détentions du 20 septembre 2010 – N°: 09-CRD073).

• **Réparation à raison d'une détention – Recours devant la commission nationale – Déclaration de recours – Délai – Point de départ – Notification de la décision – Notification au requérant lui-même**

INFIRMATION sur le recours formé par Joseph X..., contre la décision du 1er président de la cour d'appel de PARIS en date du 15/09/2009 qui lui a alloué une indemnité de 3 000 € en réparation de son préjudice moral sur le fondement de l'article 149 du Code précité.

Le délai de recours devant la commission nationale ne court qu'à compter de la notification de la décision au requérant lui-même, l'élection de domicile chez un avocat ne dispensant pas de l'obligation de notifier la décision à la partie.

(Cour de cassation, criminelle – Commission nationale de réparation des détentions du 14 mars 2011 – N°: 10-CRD045)

• **Réparation à raison d'une détention – Recours devant la commission nationale – Déclaration de recours – Recevabilité – Modalités de recours – Information – Défaut – Effet**

INFIRMATION sur le recours formé par Joseph X..., contre la décision du 1er président de la cour d'appel de PARIS en date du 15/09/2009 qui lui a alloué une indemnité de 3 000 € en réparation de son préjudice moral sur le fondement de l'article 149 du Code précité.

Le demandeur n'ayant pas été informé par la notification de la décision des modalités selon lesquelles le recours devrait être exercé, celui-ci doit être déclaré recevable, bien qu'il n'ait pas été formalisé par déclaration au greffe de la maison d'arrêt dans laquelle l'intéressé se trouvait détenu mais par un courrier adressé audit greffe.

(Cour de cassation, criminelle – Commission nationale de réparation des détentions du 14 mars 2011 – N°: 10-CRD045).

Article 149-3. – Recours – *(Loi n° 2000-1354 du 30 décembre 2000)*

• Les décisions prises par le premier président de la cour d'appel peuvent, dans les dix jours de leur notification, faire l'objet d'un recours devant une commission nationale de réparation des détentions. Cette commission, placée auprès de la Cour de cassation, statue souverainement et ses décisions ne sont susceptibles d'aucun recours, de quelque nature que ce soit.

• Le bureau de la Cour de cassation peut décider que la commission nationale comportera plusieurs formations.

• La commission nationale, ou le cas échéant chacune des formations qu'elle comporte, est composée du premier président de la Cour de cassation, ou de son représentant, qui la préside, et de deux magistrats du siège de la cour ayant le grade de président de chambre, de conseiller ou de conseiller référendaire, désignés annuellement par le bureau de la cour. Outre ces deux magistrats, ce bureau désigne également, dans les mêmes conditions, trois suppléants.

• Les fonctions du ministère public sont remplies par le parquet général près la Cour de cassation.

• Les dispositions de l'article 149-2 sont applicables aux décisions rendues par la commission nationale.

Article 149-4. – Procédure – *(Loi n° 2000-1354 du 30 décembre 2000)*

• La procédure devant le premier président de la cour d'appel et la commission nationale, qui statuent en tant que juridictions civiles, est fixée par un décret en Conseil d'État.

Article 150. – Réparation allouée – *(Loi n° 2000-1354 du 30 décembre 2000)*

• La réparation allouée en application de la présente sous-section est à la charge de l'État, sauf le recours de celui-ci contre le dénonciateur de mauvaise foi ou le faux témoin dont la faute aurait provoqué la détention ou sa prolongation. Elle est payée comme frais de justice criminelle.

Section VIII
Des commissions rogatoires

Article 151. – Définition de la commission rogatoire – *(Loi n° 93-2 du 4 janvier 1993)*

• Le juge d'instruction peut requérir par commission rogatoire tout juge de son tribunal, tout juge d'instruction ou tout officier de police judiciaire, qui en avise dans ce cas le procureur de la République, de procéder aux actes d'information qu'il estime nécessaires dans les lieux où chacun d'eux est territorialement compétent.

• La commission rogatoire indique la nature de l'infraction, objet des poursuites. Elle est datée et signée par le magistrat qui la délivre et revêtue de son sceau.

• Elle ne peut prescrire que des actes d'instruction se rattachant directement à la répression de l'infraction visée aux poursuites.

• Le juge d'instruction fixe le délai dans lequel la commission rogatoire doit lui être retournée avec les procès-verbaux dressés pour son exécution par l'officier de police judiciaire. À défaut d'une telle fixation, la commission rogatoire et les procès-verbaux doivent lui être transmis dans les huit jours de la fin des opérations exécutées en vertu de celle-ci.

J • **Infraction à la Corruption de fonctionnaire – Instruction – Commission rogatoire – Objet – Délégation générale de pouvoirs – Définition**

Contre l'arrêt de la cour d'appel d'AIX-EN-PROVENCE, chambre correctionnelle, en date du 21/01/1987, qui, dans l'information suivie contre lui du chef d'infraction à la législation sur les courses de chevaux...

Ne constitue pas une délégation générale de pouvoirs la commission rogatoire donnée à un O.P.J. dans une information ouverte contre personne non dénommée du chef d'une infraction spécifiée et pour des faits déterminés, à l'effet de procéder à toutes recherches en vue d'identifier les auteurs ou complices de ces faits.

(Cour de cassation – Chambre criminelle du 9 décembre 1991 – N° de pourvoi: 88-80.786).

• **Instruction – Commission rogatoire – Découverte de faits étrangers à l'information susceptible d'incrimination pénale – Information du magistrat instructeur**

Contre l'arrêt de la chambre d'accusation de la cour d'appel de NÎMES en date du 25/09/1991 qui, saisie en application de l'article 171 du C.P.P., a dit n'y avoir lieu à annulation d'actes de l'information.

Que, d'une part, lorsque des O.P.J., lors de l'exécution d'une commission rogatoire, découvrent des faits étrangers à l'information mais susceptibles d'incrimination pénale, ils ont le devoir d'en informer le magistrat instructeur; qu'il n'en résulte aucune violation des dispositions de l'article 151 du C.P.P. s'ils se bornent, comme en l'espèce, à informer leur mandant sans effectuer en outre des actes ne se rattachant pas directement à la répression de l'infraction visée dans la commission rogatoire.

(Cour de cassation – Chambre criminelle du 14 janvier 1992 – N° de pourvoi: 91-85.864).

• **Infractions à la législation sur les stupéfiants – Instruction – Commission rogatoire – Objet – Délégation générale de pouvoirs – Définition**

Contre l'arrêt de la chambre d'accusation de la cour d'appel de REIMS, en date du 20/11/1997, qui, dans l'information suivie contre eux du chef d'infraction à la législation sur les stupéfiants, a rejeté leur requête aux fins d'annulation de pièces de la procédure.

Ne constitue pas une délégation générale de pouvoirs la commission rogatoire qui vise le réquisitoire introductif, lequel se réfère aux procès-verbaux de l'enquête initiale, et détermine ainsi clairement le cadre de la saisine du service délégationné.

(Cour de cassation – Chambre criminelle du 9 juin 1998 – N° de pourvoi: 98-80.418).

• **Corruption de fonctionnaire – Instruction – Saisie – Étendue – Enregistrement par magnétophone – Enregistrement clandestin par un policier des propos qui lui sont tenus – Preuve des faits dont il est victime – Transcription de l'enregistrement – Nullité *(non)***

Contre l'arrêt de la chambre d'accusation de la cour d'appel de PARIS, en date du 22/06/1998, qui, dans l'information suivie contre lui pour corruption de fonctionnaire, a, sur renvoi après cassation, rejeté sa demande d'annulation d'actes de la procédure.

L'enregistrement clandestin, par un policier, des propos qui lui sont tenus ne constitue pas un acte de procédure susceptible d'annulation, mais seulement un moyen de preuve soumis à la libre discussion des parties, lorsqu'il est effectué par lui, non dans l'exercice de ses fonctions, en vue, par exemple, de constater des agissements délictueux sur délégation judiciaire, mais pour se constituer la preuve de faits dont il est lui-même victime.

(Cour de cassation – Chambre criminelle du 19 janvier 1999 – N° de pourvoi: 98-83.787).

• **Association de malfaiteurs et corruption active – Instruction – Pouvoirs du juge – Commission rogatoire – Commission rogatoire ordonnant la captation, la transmission et l'enregistrement de conversations privées – Validité – Condition**

Contre l'arrêt de la chambre d'accusation de la cour d'appel d'AIX-EN-PROVENCE, en date du 25/03/1999, qui, dans l'information suivie contre eux du chef d'association de malfaiteurs et de corruption active, a rejeté leurs requêtes en annulation de pièces de la procédure.

Par application des articles 81, al. 1er, 151 et 152 du C.P.P., le J.I. peut prescrire par commission rogatoire, en vue de la constatation des infractions, la captation, la transmission et l'enregistrement de conversations privées, autres que des communications téléphoniques, pourvu que ces mesures aient lieu sous son contrôle et dans des conditions ne portant pas atteinte aux droits de la défense.

(Cour de cassation – Chambre criminelle du 23 novembre 1999 – N° de pourvoi : 99-82.658).

• Meurtre – Instruction – Commission rogatoire – Exécution – O.P.J. – Perquisition – Commissaire rogatoire ordonnant la captation, la transmission et l'enregistrement de conversations dans un domicile privé – Validité *(non)*

Contre l'arrêt n° 645 de la chambre d'accusation de la cour d'appel de MONTPELLIER, en date du 07/10/1999, qui, dans l'information suivie contre lui pour meurtre, a dit n'y avoir lieu à annulation de pièces de la procédure.

Seul celui qui en a été personnellement victime peut invoquer une violation des règles de procédure, portant atteinte à la vie privée. Ainsi, la personne mise en examen n'est pas recevable à se prévaloir de l'irrégularité d'une perquisition et des enregistrements de conversations effectués au domicile d'un tiers.

(Cour de cassation – Chambre criminelle du 15 février 2000 – N° de pourvoi : 99-86.623).

• Travail clandestin par dissimulation de salariés – Chambre d'accusation – Nullités de l'instruction – Examen de la régularité de la procédure – Annulation d'actes – Commission rogatoire – Mentions – Absence de date – Effet

Contre l'arrêt de la chambre d'accusation de la cour d'appel de ROUEN, en date du 29/12/1999, qui, dans l'information suivie contre lui pour travail clandestin par dissimulation de salariés, a dit n'y avoir lieu à annulation de pièces de la procédure.

Une chambre d'accusation a pu, à bon droit, rejeter le moyen de nullité pris de l'absence de date sur une commission rogatoire, dès lors qu'il est établi par d'autres actes de la procédure que le réquisitoire introductif a précédé la commission rogatoire et que tous les actes d'exécution de celle-ci sont postérieurs à cette dernière.

(Cour de cassation – Chambre criminelle du 13 avril 2000 – N° de pourvoi : 00-80.402).

• Abus de confiance... – Instruction – Commission rogatoire – Exécution – O.P.J. – Faits nouveaux non visés dans le réquisitoire introductif – Pouvoirs des O.P.J.

REJET des pourvois formés par :– X...,

Contre l'arrêt de la chambre d'accusation de la cour d'appel de GRENOBLE, en date du 04/02/1997, qui, dans l'information suivie contre lui, notamment pour abus de confiance, a rejeté sa demande d'annulation d'actes de la procédure ;

Contre l'arrêt de la même cour d'appel, chambre correctionnelle, en date du 16/06/1999, qui, pour abus de confiance et complicité, faux et usage, complicité de faux en écritures publiques et travail clandestin, l'a condamné à 30 mois d'emprisonnement dont 18 mois avec sursis, 500 000 francs d'amende et a prononcé sur les intérêts civils.

Les O.P.J. qui, à l'occasion de l'exécution d'une commission rogatoire, acquièrent la connaissance de faits nouveaux, peuvent, avant toute communication au J.I. des procès-verbaux qui les constatent, effectuer d'urgence des vérifications sommaires pour en apprécier la vraisemblance.

(Cour de cassation – Chambre criminelle du 11 mai 2000 – N° de pourvoi : 99-85.100).

• Recel... – Instruction – Saisine – Étendue – Faits non visés dans le réquisitoire introductif – Pouvoirs du juge – Limites

Contre l'arrêt n° 12 de la chambre d'accusation de la cour d'appel de PARIS, en date du 18/11/1999, qui, dans l'information suivie contre lui pour recel commis de façon habituelle ou facilité par l'exercice d'une activité professionnelle et défaut de tenue de registre par un revendeur d'objets mobiliers, a partiellement rejeté sa requête aux fins d'annulation d'actes de la procédure.

Les pouvoirs du J.I., attribués par l'article 152 du C.P.P. aux O.P.J. commis pour l'exécution d'une commission rogatoire, sont limités aux seuls faits dont le J.I. est régulièrement saisi. Lorsque ces agents découvrent des faits nouveaux, s'il ne leur est pas interdit de mettre en œuvre, le cas échéant, l'ensemble des pouvoirs qu'ils tiennent des règles prévues pour l'enquête préliminaire ou de flagrance, ils ne peuvent procéder à des actes revêtant un caractère coercitif sous le couvert de l'exécution de la commission rogatoire dont ils sont chargés. Encourt la cassation l'arrêt de la chambre d'accusation qui n'annule que partiellement des actes concernant des faits dont le J.I. n'était pas saisi et qui avaient été accomplis sous le couvert de l'exécution de la commission rogatoire délivrée par ce magistrat.

(Cour de cassation – Chambre criminelle du 13 décembre 2000 – N° de pourvoi : 00-84.189).

• Infractions à la législation sur les stupéfiants... – Instruction – Investigations – Origine des fonds destinés à financer le trafic

Contre l'arrêt de la chambre d'accusation de la cour d'appel de NÎMES, en date du 02/11/1999, qui, dans l'information suivie contre eux des chefs d'infractions à la législation sur les stupéfiants et association de malfaiteurs, pour le 1er, d'infraction à la législation sur les armes et recel, pour le 2e, et de recel, pour les 3 autres, a prononcé sur leurs demandes d'annulation de pièces de la procédure.

Attendu que, pour rejeter cette demande, la chambre d'accusation relève qu'en étant saisi de faits de recel, d'infractions à la législation sur les stupéfiants et de participation à une association de malfaiteurs, le J.I. pouvait procéder à des investigations tant sur l'origine des fonds destinés à financer ce trafic et susceptibles, de plus, de caractériser la résolution d'agir en commun et des actes préparatoires que sur les rapports financiers des uns et des autres.

(Cour de cassation – Chambre criminelle du 5 décembre 2001 – N° de pourvoi : 00-87.546).

• Infractions à la législation sur les stupéfiants et association de malfaiteurs – Instruction – Commission rogatoire – Exécution – O.P.J. – Commissaire divisionnaire du S.R.P.J. et Groupe d'Intervention Régional *(G.I.R.)*

Contre l'arrêt de la chambre de l'instruction de la cour d'appel de ROUEN, en date du 15/05/2003, qui, dans l'information suivie contre lui pour infractions à la législation sur les stupéfiants et association de malfaiteurs, a prononcé sur sa demande d'annulation d'actes de la procédure.

Satisfait aux conditions de l'article 151 du C.P.P., la commission rogatoire délivrée par le J.I. au « commissaire divisionnaire du service régional de police judiciaire et de groupe d'intervention régional (GIR) ».

Dès lors n'encourt pas la censure l'arrêt qui rejette l'exception de nullité présentée par la personne mise en examen soutenant que le GIR constitue une « structure ne pouvant qu'être considérée comme dépourvue d'existence légale ».

(Cour de cassation – Chambre criminelle du 6 août 2003 – N° de pourvoi : 03-82.898).

• Recel habituel – Instruction – Commission rogatoire – Exécution – Délai – Inobservation – Portée

Contre l'arrêt de la chambre de l'instruction de la cour d'appel d'AMIENS, en date du 16/09/2005, qui, dans l'information suivie contre lui pour recel habituel, a rejeté sa requête en annulation d'actes de la procédure.

L'éventuel dépassement du délai imparti par le J.I. pour l'exécution d'une commission rogatoire ne saurait, en l'absenc de retrait de cette délégation, avoir d'incidence sur la validité des actes accomplis dans le cadre de celle-ci.
(Cour de cassation – Chambre criminelle du 15 février 2006 – N° de pourvoi : 05-87.002).

• Escroquerie en bande organisée – Instruction – Commission rogatoire – Exécution – Nouvelle délégation – Exten sion de la commission rogatoire
Contre l'arrêt n° 6 de la chambre de l'instruction de la cour d'appel de PARIS, 2e section, en date du 15/01/2015, qui, dan l'information suivie contre lui du chef d'escroquerie en bande organisée, a prononcé sur sa demande d'annulation d'actes d la procédure.

Qu'en effet, d'une part, aucune disposition légale n'exige que figure au dossier de la procédure d'information la copi d'une commission rogatoire et de soit-transmis délivrés par le J.I. tant que ces délégations sont en cours d'exécution, et d'autre part, le soit-transmis par lequel le J.I. informe les O.P.J. des nouvelles infractions pour lesquelles ils reçoivent déléga tion, en vertu d'un réquisitoire supplétif, s'analyse en une extension de la commission rogatoire précédemment délivrée.
(Cour de cassation – Chambre criminelle du 19 janvier 2016 – N° de pourvoi : 15-81.041).

• Enlèvement et séquestration... – Chambre de l'instruction – Utilisation dans une procédure d'éléments recueilli lors de l'exécution d'une commission rogatoire délivrée dans une autre information
Contre l'arrêt de la chambre de l'instruction de la cour d'appel de PARIS, 1re section, en date du 19/12/2017, qui, dan l'information suivie contre lui des chefs d'enlèvement et séquestration, extorsion en bande organisée et association de mal faiteurs, sur renvoi après cassation (Crim.18/10/2017, n°17-81.290), a prononcé sur sa demande d'annulation de pièces de l procédure.

Attendu qu'en l'état de ces énonciations, la chambre de l'instruction a justifié sa décision, dès lors qu'aucune disposi tion légale n'interdit d'utiliser dans une procédure les éléments recueillis lors de l'exécution d'une commission rogatoir délivrée dans une autre information.
(Cour de cassation – Chambre criminelle du 9 mai 2018 – N° de pourvoi : 18-80.066).

Article 152. – Exécution de la commission rogatoire – *(Loi n° 2004-204 du 9 mars 2004)*

• Les magistrats ou officiers de police judiciaire commis pour l'exécution exercent, dans le limites de la commission rogatoire, tous les pouvoirs du juge d'instruction.

• Toutefois, les officiers de police judiciaire ne peuvent pas procéder aux interrogatoires e confrontations des personnes mises en examen. Ils ne peuvent procéder à l'audition des par ties civiles ou du témoin assisté qu'à la demande de ceux-ci.

• Le juge d'instruction peut se transporter, sans être assisté de son greffier ni devoir e dresser procès-verbal, pour diriger et contrôler l'exécution de la commission rogatoire, dè lors qu'il ne procède pas lui-même à des actes d'instruction. À l'occasion de ce transport, i peut ordonner la prolongation des gardes à vue prononcées dans le cadre de la commissio rogatoire. Dans tous les cas, mention de ce transport est faite sur les pièces d'exécution de l commission rogatoire.

J **• Abus de confiance... – Instruction – Commission rogatoire – Exécution – O.P.J. – Découverte de faits étranger dont ils ont été saisis par le juge d'instruction – Enquête préliminaire – Possibilité**
Contre l'arrêt de la chambre d'accusation de la cour d'appel d'AIX-EN-PROVENCE, en date du 13/03/1997, qui, dan l'information suivie contre lui pour abus de confiance, abus de biens sociaux, escroquerie et faux, a rejeté sa requête e annulation d'actes de la procédure.

Attendu qu'en statuant ainsi, la chambre d'accusation a justifié sa décision, dès lors que, si des O.P.J., commis pou l'exécution d'une commission rogatoire, ne peuvent instrumenter au-delà des faits dont les a saisi le J.I., il ne leur est pa interdit, lorsqu'ils découvrent des faits nouveaux, de mettre en œuvre l'ensemble des pouvoirs qu'ils tiennent des règles pré vues pour l'enquête préliminaire.
(Cour de cassation – Chambre criminelle du 7 mai 2002 – N° de pourvoi : 01-80.317).

• Association de malfaiteurs... – Instruction – Commission rogatoire – Exécution – O.P.J. – Pouvoirs – Étendue
Contre l'arrêt n° 385 de la chambre de l'instruction de la cour d'appel de BASTIA, en date du 06/11/2002, qui, dans l'in formation suivie contre le 2d du chef d'association de malfaiteurs et infractions à la législation sur les stupéfiants, a pro noncé sur sa demande d'annulation de pièces de la procédure.

Si, en application des articles 80 et 152 du C.P.P., l'O.P.J. chargé de l'exécution d'une commission rogatoire ne peut ins trumenter au-delà des faits dont le J.I. est régulièrement saisi, il lui appartient, lorsqu'il découvre, à l'occasion de ses inves tigations, des objets pouvant intéresser l'exécution d'une autre délégation de même nature dont il est également porteur, d mettre en œuvre l'ensemble des pouvoirs qu'il tient de cette dernière.
(Cour de cassation – Chambre criminelle du 26 mars 2003 – N° de pourvoi : 03-80.084).

• Tromperie – Instruction – Commission rogatoire – Exécution – Audition de témoin – Audition en qualité de témoi d'une personne nommément visée par une plainte avec constitution de partie civile – Conditions – Détermination
Contre l'arrêt de la chambre de l'instruction de la cour d'appel de GRENOBLE, en date du 02/12/2003, qui, dans l'infor mation suivie contre eux du chef de tromperie, a prononcé sur leur demande d'annulation de pièces de la procédure.

Toute personne nommément visée par une plainte avec constitution de partie civile et qui n'a pas acquis la qualité d témoin assisté peut être entendue par un O.P.J. agissant sur commission rogatoire du juge d'instruction. En conséquence encourt la censure l'arrêt qui annule des procès-verbaux d'audition de témoins qui, au surplus, avaient consenti à êtr entendus dans ces conditions après avoir eu connaissance des articles 113-2 et 152 du C.P.P., aux motifs que le J.I. ne le avait pas informés de leur droit d'obtenir le statut de témoin assisté.
(Cour de cassation – Chambre criminelle du 23 mars 2004 – N° de pourvoi : 03-87.854).

• Abus de confiance – Instruction – Commission rogatoire – Exécution – Audition de témoin – Audition en qualité d témoin d'une personne nommément visée par une plainte avec constitution de partie civile – Conditions – Détermina tion

Contre l'arrêt de la chambre de l'instruction de la cour d'appel d'ANGERS, en date du 12/03/2008, qui, dans l'information suivie contre lui du chef d'abus de confiance, a prononcé sur sa demande d'annulation de pièces de la procédure.

Il résulte des articles 113-2 et 152 du C.P.P. que, si toute personne qui est nommément visée par une plainte avec constitution de partie civile et qui n'a pas acquis la qualité de témoin assisté, peut être entendue par un O.P.J. agissant sur commission rogatoire, c'est à la condition qu'elle y ait consenti après avoir été avisée de son droit d'être entendue comme témoin assisté par le J.I.

(Cour de cassation – Chambre criminelle du 6 août 2008 – N° de pourvoi : 08-82.924).

• Vol avec arme... – Instruction – Commission rogatoire – Juge d'instruction – Compétence exclusive

Contre l'arrêt de la chambre de l'instruction de la cour d'appel d'AIX-EN-PROVENCE, en date du 18/09/2012, qui, dans l'information suivie contre lui des chefs de vol avec arme, arrestation, enlèvement, séquestration ou détention arbitraire de plusieurs personnes, a prononcé sur sa requête en nullité des pièces de la procédure.

Une personne mise en examen ne peut plus être interrogée que par le J.I., son avocat étant présent ou ayant été dûment convoqué.

Dès lors, porte atteinte au droit à un procès équitable et aux droits de la défense le fait pour des O.P.J. de recueillir les propos émanant d'une personne ayant ce statut et par lesquels elle contribue à sa propre incrimination.

En pareil cas, si la personne intéressée manifeste sa volonté de s'expliquer sur les faits objet de sa mise en examen, les O.P.J. doivent se borner à en faire rapport au magistrat instructeur.

(Cour de cassation – Chambre criminelle du 5 mars 2013 – N° de pourvoi : 12-87.087).

Article 153. – Témoin – Comparution, prestation de serment et dépôt – *(Loi n° 2004-204 du 9 mars 2004 + Décision n° 2016-594 QPC du 4 novembre 2016)*

• Tout témoin cité pour être entendu au cours de l'exécution d'une commission rogatoire est tenu de comparaître, de prêter serment et de déposer. Lorsqu'il n'existe aucune raison plausible de soupçonner qu'il a commis ou tenté de commettre une infraction, il ne peut être retenu que le temps strictement nécessaire à son audition.

• S'il ne satisfait pas à cette obligation, avis en est donné au magistrat mandant qui peut le contraindre à comparaître par la force publique. Le témoin qui ne comparaît pas encourt l'amende prévue par l'article 434-15-1 du Code pénal.

• L'obligation de prêter serment et de déposer n'est pas applicable aux personnes gardées à vue en application des dispositions de l'article 154.

• Tentative d'extorsion de fonds et complicité... – Instruction – Incompatibilités – Juge d'instruction conjoint d'un magistrat du ministère public – Éléments d'appréciation

Contre l'arrêt de la chambre de l'instruction de la cour d'appel de PARIS, en date du 27/09/2002, qui, dans l'information suivie contre eux pour tentative d'extorsion de fonds et complicité, abus de biens sociaux, recel d'abus de biens sociaux, faux et usage de faux, a rejeté leurs requêtes en annulation d'actes de la procédure.

La seule circonstance qu'un J.I. soit le conjoint d'un magistrat du ministère public exerçant ses fonctions près le même tribunal n'est pas de nature à faire naître un doute objectivement justifié quant à son impartialité dès lors qu'il n'est pas établi que son conjoint soit intervenu directement ou indirectement dans le déroulement de l'information.

(Cour de cassation – Chambre criminelle du 14 janvier 2003 – N° de pourvoi : 02-87.062).

• Tentative d'atteinte à la liberté d'accès et à l'égalité des candidats dans les marchés publics – Instruction – Témoin – Obligation de comparaître – Parlementaire – Arrestation ou mesure privative ou restrictive de liberté – Critères – Détermination

REJET des pourvois formés par X... Daniel,

Contre l'arrêt de la chambre de l'instruction de la cour d'appel de BOURGES, en date du 23/07/2002, qui, dans l'information suivie contre lui du chef de tentative d'atteinte à la liberté d'accès et à l'égalité des candidats dans les marchés publics, a prononcé sur sa demande d'annulation de pièces de la procédure.

Ne constitue pas une arrestation ou une mesure privative ou restrictive de liberté, au sens de l'article 26, al. 2 de la Constitution, l'obligation faite à un parlementaire de comparaître en qualité de témoin, en application des articles 109 et 153 du C.P.P., dès lors que ce dernier n'y est pas contraint par la force publique.

(Cour de cassation – Chambre criminelle du 19 septembre 2007 – N° de pourvoi : 06-85.003).

Article 154. – Garde à vue – *(Loi n° 2016-731 du 3 juin 2016)*

• Les dispositions des articles 61-1 et 61-2 relatives à l'audition d'une personne soupçonnée ou d'une victime ainsi que les articles 61-3 et 62-2 à 64-1 sont applicables lors de l'exécution des commissions rogatoires.

• Les attributions conférées au procureur de la République par ces articles sont alors exercées par le juge d'instruction. Lors de la délivrance de l'information prévue aux articles 61-1 et 63-1, il est précisé que l'audition ou la garde à vue intervient dans le cadre d'une commission rogatoire.

• Recel – Garde à vue – Placement – Pouvoirs – O.P.J. – Audition d'une personne détenue dans une procédure distincte et extraite de la maison d'arrêt – Absence de G.A.V. – Possibilités – Conditions

Contre l'arrêt de la chambre de l'instruction de la cour d'appel d'ORLÉANS, en date du 18/10/2001, qui, dans l'information suivie contre lui pour recel, a prononcé sur sa requête en annulation d'actes de la procédure.

Ne sont pas irréguliers les actes accomplis par un O.P.J. à l'égard d'une personne détenue dans le cadre d'une autre procédure, qu'il a fait extraire de la maison d'arrêt aux fins d'auditions et de perquisition effectuées sans l'avoir placée en G.A.V., dès lors que l'intéressé ne s'est opposé ni à son extraction de la maison d'arrêt ni à l'exécution de la perquisition et

aux auditions qui ont suivi et qu'il n'a fait l'objet d'aucune contrainte autre que celle inhérente au mandat de dépôt dont il faisait l'objet.
(Cour de cassation – Chambre criminelle du 6 février 2002 – N° de pourvoi : 01-87.991).

• Garde à vue – Prolongation – Demande d'annulation de la prolongation de la G.A.V. – Décision écrite du juge d'instruction – Motifs avancés par l'O.P.J. – Notification à la personne gardée à vue
Contre les arrêts n° 548, 547 et 549 de la chambre de l'instruction de la cour d'appel d'AIX-EN-PROVENCE, en date du 05/04/2001, qui a prononcé sur leur requête en annulation de pièces de la procédure.

Attendu que, pour refuser de faire droit à la demande d'annulation de la prolongation de G.A.V., la chambre de l'instruction retient, notamment, qu'elle a été accordée par une décision écrite du J.I. sous la forme d'une mention adoptant nécessairement les motifs avancés par l'O.P.J. pour solliciter une telle prolongation et qu'elle a été notifiée à la personne gardée à vue dans le délai légal.
(Cour de cassation – Chambre criminelle du 4 avril 2002 – N° de pourvoi : 01-83.725).

• Abus de confiance... – Instruction – Commission rogatoire – Exécution – O.P.J. – Découverte de faits étrangers dont ils ont été saisis par le juge d'instruction – Enquête préliminaire – Possibilité
Contre l'arrêt de la chambre d'accusation de la cour d'appel d'AIX-EN-PROVENCE, en date du 13/03/1997, qui, dans l'information suivie contre lui pour abus de confiance, abus de biens sociaux, escroquerie et faux, a rejeté sa requête en annulation d'actes de la procédure.

Attendu qu'en statuant ainsi, la chambre d'accusation a justifié sa décision, dès lors que, si des O.P.J., commis pour l'exécution d'une commission rogatoire, ne peuvent instrumenter au-delà des faits dont les a saisi le J.I., il ne leur est pas interdit, lorsqu'ils découvrent des faits nouveaux, de mettre en œuvre l'ensemble des pouvoirs qu'ils tiennent des règles prévues pour l'enquête préliminaire.
(Cour de cassation – Chambre criminelle du 7 mai 2002 – N° de pourvoi : 01-80.317).

• Infractions à la législation sur les stupéfiants – Instruction – Commission rogatoire – Exécution – O.P.J. – Autorisation d'extraction maison d'arrêt – Droits notifiés – Refus information de la famille par le magistrat-instructeur – Mentions
Contre l'arrêt de la chambre de l'instruction de la cour d'appel d'AIX-EN-PROVENCE, en date du 27/06/2002, qui, sur renvoi après cassation, dans l'information suivie contre eux pour infractions à la législation sur les stupéfiants, a prononcé sur leurs demandes d'annulation d'actes de la procédure.

Attendu qu'il résulte de l'arrêt attaqué et des pièces de la procédure que les policiers, chargés de l'enquête sur commission rogatoire du J.I. de Grasse, ayant appris que Guilherme Y... se trouvait incarcéré à la maison d'arrêt de Luynes sur mandat de dépôt délivré par le J.I. d'Aix-en-Provence, ont régulièrement obtenu de ce magistrat une autorisation d'extraction pour le 29/03/1998 ; qu'à cette date, Guilherme Y... a été pris en charge, à 10 h 00, par les O.P.J. qui l'ont aussitôt placé en G.A.V. ; qu'il résulte du procès-verbal, relatant le déroulement de la mesure, que, successivement, ses droits lui ont été immédiatement notifiés, que le magistrat-instructeur mandant a refusé que sa famille fût avisée, qu'il a fait l'objet d'un examen médical à 11 h 40 ;
Attendu qu'il résulte de ces mentions, même si elles n'indiquent pas l'heure précise à laquelle le magistrat-instructeur a été avisé du placement en G.A.V., que cette formalité a été accomplie au début de la mesure, conformément aux dispositions de l'article 154 du C.P.P.
(Cour de cassation – Chambre criminelle du 20 novembre 2002 – N° de pourvoi : 02-85.406).

• Vol avec arme – Instruction – Garde à vue régulière – Demande et instruction du magistrat informé – Avis à famille ou employeur non effectué
Contre l'arrêt de la chambre de l'instruction de la cour d'appel de MONTPELLIER, en date du 25/06/2002, qui, dans l'information suivie contre lui pour vol avec arme, a rejeté sa requête en annulation d'actes de la procédure.

Attendu que, pour déclarer la G.A.V. régulière, l'arrêt attaqué retient que, «malgré la demande, et conformément aux instructions du magistrat informé, l'avis à famille ou employeur n'a pas été effectué».
(Cour de cassation – Chambre criminelle du 4 décembre 2002 – N° de pourvoi : 02-86.370).

• Tentative d'extorsion de fonds et complicité... – Instruction – Incompatibilités – Juge d'instruction conjoint d'un magistrat du ministère public – Éléments d'appréciation
Contre l'arrêt de la chambre de l'instruction de la cour d'appel de PARIS, en date du 27/09/2002, qui, dans l'information suivie contre eux pour tentative d'extorsion de fonds et complicité, abus de biens sociaux, recel d'abus de biens sociaux, faux et usage de faux, a rejeté leurs requêtes en annulation d'actes de la procédure.

Attendu que, contrairement à ce qui est soutenu au moyen, il résulte des dispositions combinées des articles 105, 113-1, 153 et 154 du C.P.P., qui ne sont pas contraires à l'article 6 de la Convention européenne des droits de l'homme, qu'une personne placée en garde à vue sur commission rogatoire du J.I. est entendue par l'O.P.J. après avoir prêté le serment prévu par la loi, dès lors qu'il n'existe pas à son encontre des indices graves et concordants d'avoir participé aux faits dont le J.I. est saisi ou qu'elle n'est pas nommément visée par un réquisitoire introductif.
(Cour de cassation – Chambre criminelle du 14 janvier 2003 – N° de pourvoi : 02-87.062).

• Vol avec arme, en récidive – Instruction – O.P.J. – Commission rogatoire – Audition comme témoin
Contre l'arrêt de la chambre de l'instruction de la cour d'appel de RENNES, en date du 27/06/2002, qui, dans l'information suivie contre lui du chef de tentative de vol avec arme, en récidive, a prononcé sur sa demande d'annulation de pièces de la procédure.

Attendu qu'en cet état, c'est par l'exacte application des articles 153 et 154 du C.P.P., dans leur rédaction alors en vigueur, que les O.P.J. chargés de l'exécution de la commission rogatoire ont pu placer Julianne A... en G.A.V. en estimant qu'il existait contre elle des indices faisant présumer son implication dans les infractions dont le J.I. était saisi, sans que ces indices soient suffisamment graves et concordants, au sens de l'article 105 du même Code, pour proscrire son audition comme témoin, après prestation de serment.
(Cour de cassation – Chambre criminelle du 15 janvier 2003 – N° de pourvoi : 02-86.962).

• Viols et agressions sexuelles aggravées... – Garde à vue – Durée – Notification de la fin de la mesure – Comparution devant le juge d'instruction – Délai
Contre l'arrêt de la chambre de l'instruction de la cour d'appel de PARIS, en date du 27/03/2003, qui, dans l'information

suivie contre lui des chefs de viols et agressions sexuelles aggravés, obtention indue de document administratif, a rejeté sa demande d'annulation d'actes de la procédure.

Manque de base légale l'arrêt d'une chambre de l'instruction ne précisant pas les raisons ayant contraint à différer la présentation d'une personne devant le magistrat instructeur pendant plus de 24 heures après la fin de sa G.A.V.

(Cour de cassation – Chambre criminelle du 16 septembre 2003 – N° de pourvoi : 03-82.918).

• Escroquerie... – Garde à vue – Notification de la fin de la mesure – Comparution devant le juge d'instruction – Délai

Contre l'arrêt de la chambre de l'instruction de la cour d'appel de PARIS, en date du 02/07/2003, qui, dans l'information suivie contre eux des chefs d'escroquerie, abus de confiance, faux et usage, complicité, extorsion, a rejeté leurs demandes d'annulation d'actes de la procédure.

L'ordre donné par le J.I. de faire déférer une personne à l'issue de sa garde à vue justifie la privation de liberté pendant le temps strictement nécessaire à sa présentation.

Justifie sa décision et s'explique suffisamment sur le délai, d'environ 20 heures, séparant la fin de la G.A.V. de 3 personnes de leur audition par le juge, la chambre de l'instruction qui retient l'heure tardive de levée de garde à vue, la durée de l'acheminement au sein de l'agglomération parisienne, l'arrivée tardive au palais de justice, hors des heures ouvrables, le respect nécessaire, en raison de la nuit, d'un temps de repos pour chacun des intéressés, le temps d'étude de la procédure par le magistrat instructeur et par les conseils de chacun des requérants, les entretiens des personnes déférées avec leurs avocats en vue de la préparation de leur défense.

(Cour de cassation – Chambre criminelle du 25 novembre 2003 – N° de pourvoi : 03-85.076).

• Assassinats – Garde à vue – Commission rogatoire – Audition par l'O.P.J. après prestation de serment

Contre l'arrêt de la chambre de l'instruction de la cour d'appel de CHAMBERY, en date du 30/12/2003, qui, dans l'information suivie contre lui pour assassinats, a rejeté sa requête en annulation d'actes de la procédure.

Attendu que, d'une part, contrairement à ce qui est soutenu au moyen, il résulte des dispositions combinées des articles 105, 113-1, 153 et 154 du C.P.P., dans leur rédaction applicable aux actes accomplis en l'espèce, laquelle n'était pas contraire aux dispositions conventionnelles dont la violation est alléguée, qu'une personne placée en G.A.V. sur commission rogatoire du J.I. pouvait être entendue par l'O.P.J. après avoir prêté le serment prévu par la loi, dès lors qu'il n'existait pas à son encontre, des indices graves et concordants d'avoir participé aux faits dont le J.I. était saisi ou qu'elle n'était pas nommément visée par un réquisitoire introductif.

(Cour de cassation – Chambre criminelle du 28 avril 2004 – N° de pourvoi : 04-80.753).

• Tentative d'escroquerie – O.P.J. – Exécution d'une commission rogatoire – Avis au juge d'instruction – Découverte d'infractions non comprises dans leur saisine – Sollicitation immédiate des instructions du procureur de la République

Contre l'arrêt de la cour d'appel d'AIX-EN-PROVENCE, 5e chambre, en date du 24/09/2003, qui, pour tentative d'escroquerie, l'a condamné à 1 an d'emprisonnement avec sursis, 15 000 euros d'amende et 5 ans d'interdiction d'exercer la profession d'expert-comptable et de commissaire aux comptes.

Attendu qu'en cet état, la cour d'appel a justifié sa décision, dès lors, d'une part, qu'aucune obligation légale ne pèse sur les O.P.J., agissant en exécution d'une commission rogatoire, d'aviser le J.I. de la découverte d'infractions non comprises dans leur saisine s'ils sollicitent immédiatement les instructions du P.R., comme le prescrit l'article 40 du C.P.P., et, d'autre part, qu'une personne gardée à vue peut être entendue sur des faits autres que ceux à l'origine de cette mesure et qui sont sans incidence sur ses modalités.

(Cour de cassation – Chambre criminelle du 12 janvier 2005 – N° de pourvoi : 03-86.372).

• Viol et séquestration – Garde à vue – Durée – Notification de la fin de la mesure – Instruction de mise en liberté donnée par le magistrat chargé du contrôle de la mesure – Remise directe de l'intéressé à un O.P.J. chargé de l'exécution d'une commission rogatoire et rétention de plusieurs heures après la levée de la G.A.V. – Irrégularité

Contre l'arrêt de la chambre de l'instruction de la cour d'appel de PARIS, 4e section, en date du 28/10/2004, qui, dans l'information suivie contre lui pour viol et séquestration, a dit n'y avoir lieu à annulation d'actes de la procédure.

Est irrégulière, après levée de la mesure de G.A.V. et mise en liberté ordonnées par le J.I., la remise de la personne directement à un O.P.J. en charge de l'exécution de la commission rogatoire suivie de sa rétention pendant plusieurs heures, en dehors de toute G.A.V. et contrairement aux instructions du magistrat.

(Cour de cassation – Chambre criminelle du 2 février 2005 – N° de pourvoi : 04-86.805).

• Aide à l'entrée et au séjour irrégulier d'étrangers... – Garde à vue – Placement – Pouvoirs – O.P.J. – Audition en enquête préliminaire d'une personne placée en G.A.V. dans une procédure distincte – Placement en G.A.V. distinct – Nécessité *(non)*

Contre l'arrêt de la chambre de l'instruction de la cour d'appel de PARIS, 6e section, en date du 27/06/2006, qui, dans l'information suivie contre lui des chefs d'aide à l'entrée et au séjour irrégulier d'étrangers, commise en bande organisée, blanchiment aggravé, a rejeté sa requête en annulation d'actes de la procédure.

Aucune disposition légale ne fait obligation aux O.P.J. de placer en G.A.V. la personne à l'audition de laquelle ils entendent procéder ou au domicile de laquelle une perquisition doit être effectuée, lorsqu'ils n'ont pris, dans le cadre de l'enquête préliminaire qui leur est confiée, aucune mesure coercitive à l'encontre de cette personne qui se trouve déjà en G.A.V. en exécution d'une commission rogatoire.

(Cour de cassation – Chambre criminelle du 31 octobre 2006 – N° de pourvoi : 06-86.123).

Article 154-1. – O.P.J. – A.P.J. – Opération de prélèvements externes, de relevés signalétiques – *(Loi n° 2023-22 du 24 janvier 2023)*

• Pour les nécessités de l'exécution de la commission rogatoire, l'officier de police judiciaire peut faire procéder aux opérations prévues par l'article 55-1.

• Les dispositions des 4 derniers alinéas de l'article 55-1 sont applicables. L'autorisation prévue au dernier alinéa du même article 55-1 est alors donnée par le juge d'instruction.

Article 154-2. – Mise en examen – *(Loi n° 2004-204 du 9 mars 2004)*

• Le juge d'instruction qui envisage de mettre en examen une personne qui n'a pas déjà été entendue comme témoin assisté peut requérir par commission rogatoire, selon les modalités prévues par l'article 151, tout juge d'instruction de procéder à la mise en examen de cette personne conformément aux dispositions de l'article 116.

• Le juge d'instruction chargé d'exécuter la commission rogatoire procède alors à la mise en examen de la personne conformément aux dispositions de l'article 116, sauf s'il estime, au vu de ses observations ou celles de son avocat, qu'il n'existe pas contre elle d'indices graves ou concordants rendant vraisemblable sa culpabilité, auquel cas ce magistrat l'informe qu'elle bénéficie des droits du témoin assisté.

• Lorsqu'une personne a déjà été entendue comme témoin assisté, le juge d'instruction peut requérir par commission rogatoire tout juge d'instruction de procéder à la mise en examen de cette personne.

Article 155. – *(Abrogé – Loi n° 2019-222 du 23 mars 2019)*

Section IX

De l'expertise

Article 156. – Demande d'expertise – *(Loi n° 2004-204 du 9 mars 2004)*

• Toute juridiction d'instruction ou de jugement, dans le cas où se pose une question d'ordre technique, peut, soit à la demande du ministère public, soit d'office, ou à la demande des parties, ordonner une expertise. Le ministère public ou la partie qui demande une expertise peut préciser dans sa demande les questions qu'il voudrait voir poser à l'expert.

• Lorsque le juge d'instruction estime ne pas devoir faire droit à une demande d'expertise, il doit rendre une ordonnance motivée au plus tard dans un délai d'un mois à compter de la réception de la demande. Les dispositions des avant-dernier et dernier alinéas de l'article 81 sont applicables.

• Les experts procèdent à leur mission sous le contrôle du juge d'instruction ou du magistrat que doit désigner la juridiction ordonnant l'expertise.

J **• Assassinat – Expertise – Juge d'instruction – Délégation générale des pouvoirs**

Contre l'arrêt de la chambre de l'instruction de la cour d'appel de BORDEAUX, en date du 01/10/2002, qui, dans l'information suivie contre Franck Z... pour assassinat, a annulé des actes de la procédure.

Attendu que, pour faire droit à la requête en annulation présentée par Franck Z..., prise de l'irrégularité des opérations d'expertise, l'arrêt attaqué relève d'abord que la mission d'expertise confiée par le J.I., par son imprécision et par l'absence de définition de l'analyse psychocriminologique sollicitée, laquelle ne s'apparente pas à une expertise psychologique, a constitué une délégation générale des pouvoirs du J.I., l'empêchant, par ailleurs, d'exercer tout contrôle sur les opérations effectuées, ce en violation des articles 156 et 161 du C.P.P.; que les juges ajoutent qu'il résulte des énonciations des rapports d'expertise, initial et complémentaires, et du rapport de synthèse, établi le 07/10/1999 par les gendarmes, que l'expert a pris des contacts répétés et suivis avec les enquêteurs, excédant les termes de sa mission, et sans qu'il résulte de la procédure qu'il ait tenu informé le J.I. de sa participation à l'enquête menée sur commission rogatoire et l'ait mis en mesure d'exercer son contrôle dans les conditions prévues par les articles 156 et 161 du C.P.P.; que l'arrêt retient enfin que l'expert, dans les conclusions de son rapport déposé le 06/10/1999, en identifiant, sans même l'avoir examiné, Franck Z... comme le seul suspect ayant un profil psychologique totalement compatible avec un passage à l'acte meurtrier, a tranché une question de la compétence exclusive du juge.

(Cour de cassation – Chambre criminelle du 29 janvier 2003 – N° de pourvoi: 02-86.774).

• Complicité de mise en danger d'autrui... – Expertise – Mission – Question d'ordre technique – Définition

Contre l'arrêt de la chambre de l'instruction de la cour d'appel de PARIS, en date du 24/02/2003, qui, dans l'information suivie contre eux des chefs de complicité de mise en danger d'autrui, pollution et abstention volontaire de provoquer les mesures permettant de combattre un sinistre, a prononcé sur leurs demandes d'annulation d'actes de la procédure.

Constitue une mission d'ordre technique celle donnée à un professeur de droit maritime chargé d'analyser les différents contrats et conventions liant les parties et de décrire les fonctions des divers intervenants, aux fins de permettre au juge d'apprécier la nature et l'étendue des responsabilités encourues à l'occasion du naufrage d'un navire.

(Cour de cassation – Chambre criminelle du 09 juillet 2003 – N° de pourvoi: 03-81.944).

• Homicide involontaire – Instruction – Expertise – Expert – Mission – Question d'ordre technique – Définition

Contre l'arrêt de la chambre de l'instruction de la cour d'appel de PARIS, 5e section, en date du 12/01/2005, qui, dans l'information suivie contre eux du chef d'homicide involontaire, a prononcé sur leurs demandes d'annulation d'actes de la procédure.

Que, d'une part, n'excède pas les limites fixées par la loi la mission d'expertise qui, comme en l'espèce, après avoir précisé les questions techniques sur lesquelles devaient porter les vérifications des experts, indique que leur avis doit permettre au J.I. de mieux apprécier les responsabilités encourues.

(Cour de cassation – Chambre criminelle du 13 avril 2005 – N° de pourvoi: 05-80.668).

• Homicide involontaire – Enquête préliminaire – Ministère public – Pouvoirs – Désignation d'une personne qualifiée – Constatations ou examens techniques – Article 77-1 du C.P.P. – Portée

Contre l'arrêt de la chambre de l'instruction de la cour d'appel de GRENOBLE, en date du 03/06/2005, qui, dans l'information suivie contre lui pour homicide involontaire, a prononcé sur sa demande d'annulation de pièces de la procédure.

L'article 77-1 du C.P.P. confère au P.R., agissant en enquête préliminaire, le pouvoir de charger toutes personnes quali-

fiées, de missions techniques ou scientifiques de même nature que celles qui peuvent être confiées aux experts par le J.I. en application de l'article 156 du même Code.
(Cour de cassation – Chambre criminelle du 14 septembre 2005 – N° de pourvoi : 05-84.021).

• Faux... – Instruction – Ordonnances – Appel – Appel de la personne mise en examen – Ordonnance de renvoi devant le tribunal correctionnel – Recevabilité *(non)*
Contre l'arrêt de la chambre de l'instruction de la cour d'appel de DOUAI, en date du 21/09/2004, qui a déclaré irrecevable son appel de l'ordonnance du J.I. le renvoyant devant le tribunal correctionnel sous la prévention de faux, usage de faux et infractions à la loi du 02/01/1970.

Il résulte des articles 81 et 156 du C.P.P. que lorsque le J.I. n'a pas statué dans le délai d'un mois sur une demande d'expertise présentée en application du 2d de ces textes, la partie a la faculté de saisir directement le président de la chambre de l'instruction dans les conditions prévues par l'article 81, dernier alinéa, du même code.
Il s'ensuit que la personne mise en examen qui n'a pas usé de cette faculté ne saurait être admise à interjeter appel de l'ordonnance la renvoyant devant le tribunal correctionnel au motif que celle-ci comporterait un rejet implicite de demande d'expertise.
(Cour de cassation – Chambre criminelle du 25 avril 2006 – N° de pourvoi : 05-86.248).

• Viols aggravés – Accusé – Incompréhension de la langue employée à l'audience – Droit à l'assistance gratuite d'un interprète – Mis en examen – Expert– Déclarations
CASSATION sur le pourvoi formé par X. . Driss, contre l'arrêt de la chambre de l'instruction de la cour d'appel d'AGEN en date du 29/11/2006, qui, dans l'information suivie contre lui du chef de viols aggravés, a prononcé sur sa demande d'annulation de pièces de la procédure.

Attendu qu'il s'induit des dispositions de ce texte, selon lesquelles tout accusé qui ne comprend pas ou ne parle pas la langue employée à l'audience a droit à se faire assister gratuitement d'un interprète, que ce droit doit bénéficier également à la personne mise en examen lorsque l'expert reçoit ses déclarations.
(Cour de cassation – Chambre criminelle du 21 mars 2007 – N° de pourvoi : 06-89.554).

• Détournement de fonds publics...– Avis rendu par une Chambre régionale des comptes sur la conformité de certaines opérations – Règlementation des marchés publics – Expertise *(non)*
Contre l'arrêt de la chambre de l'instruction de la cour d'appel de VERSAILLES, en date du 26/09/2007, qui, dans l'information suivie contre lui des chefs de détournement de fonds publics, recel de faux et prise illégale d'intérêts, a prononcé sur sa demande d'annulation de pièces de la procédure.
Attendu qu'il résulte de l'arrêt et des pièces de la procédure que, par ordonnance du 18/10/2005, le J.I. a demandé au P.R. de solliciter une demande d'avis de la chambre régionale des comptes sur la conformité à la réglementation des marchés publics des conventions conclues par le SMISG avec Jean A..., les sociétés contrôlées par ce dernier, et de la facturation en résultant; que l'avis du commissaire du gouvernement près cette juridiction financière, communiqué le 14/02/2006, a été versé au dossier de la procédure d'information.
(Cour de cassation – Chambre criminelle du 20 février 2008 – N° de pourvoi : 07-87.871).

Article 157. – Listes des experts – *(Loi n° 2004-130 du 11 février 2004)*

• Les experts sont choisis parmi les personnes physiques ou morales qui figurent sur la liste nationale dressée par la Cour de cassation ou sur une des listes dressées par les cours d'appel dans les conditions prévues par la loi n° 71-498 du 29 juin 1971 relative aux experts judiciaires.
• À titre exceptionnel, les juridictions peuvent, par décision motivée, choisir des experts ne figurant sur aucune de ces listes.

[J] Chambre de l'instruction – Expert inscrit sur les listes prévues par l'article 157 du Code de procédure pénale – Désignation – Décision motivée – Nécessité *(non)* – Portée – Questions étrangères à sa spécialité
Contre l'arrêt de la chambre de l'instruction de la cour d'appel d'AIX-EN-PROVENCE, en date du 19 mai 2015, qui, dans l'information suivie contre eux des chefs d'homicides et blessures involontaires, a prononcé sur leur demande d'annulation de pièces de la procédure;
Attendu que, pour écarter le moyen de nullité selon lequel l'expert aurait excédé sa mission en se prononçant sur ces questions étrangères à celle-ci et en émettant des appréciations juridiques relevant du seul office du juge ou aurait été bénéficiaire de la part du juge d'instruction d'une délégation générale de pouvoirs, l'arrêt prononce par les motifs repris au moyen;
Attendu qu'en l'état de ces énonciations, et dès lors que l'expert, dont la mission a été circonscrite par l'ordonnance du juge d'instruction à des investigations et constatations techniques, à la description des lieux de l'accident, des activités de la société Gazechim et du processus industriel, ainsi qu'à la recherche des causes de l'explosion, a donné un avis sur l'origine de l'accident, soumis à la libre discussion des parties, permettant au juge d'apprécier les responsabilités encourues, la chambre de l'instruction a justifié sa décision;
Justifie sa décision la chambre de l'instruction qui écarte le moyen de nullité pris de l'absence alléguée de compétence d'un expert dans un domaine qui ne relève pas de la spécialité au titre de laquelle il est inscrit sur la liste dressée par une cour d'appel et dont la désignation n'a pas à être motivée.
Aucune disposition légale n'impose que les auditions auxquelles peut procéder un expert, en application des dispositions de l'article 164, alinéa 1er, du Code de procédure pénale, soient retranscrites dans un procès-verbal, ni qu'elles soient effectuées contradictoirement, les parties ayant la possibilité de discuter l'avis de l'expert et de solliciter du juge d'instruction ou de la juridiction de jugement éventuellement saisie des compléments d'expertise ou des contre-expertises.
D'où il suit que le moyen ne saurait être accueilli;
Et attendu que l'arrêt est régulier en la forme;
REJETTE les pourvois;
(Cour de cassation – Chambre criminelle du 10 novembre 2015 – N° de pourvoi : 15-83605).

Article 157-1. – Expert – Personne morale – *(Loi n° 75-701 du 06 août 1975)*

• Si l'expert désigné est une personne morale, son représentant légal soumet à l'agrément de la juridiction le nom de la ou des personnes physiques qui, au sein de celle-ci et en son nom, effectueront l'expertise.

Article 157-2. – Expertise – Services ou organismes de police technique ou scientifique – *(Loi n° 2019-222 du 23 mars 2019)*

• L'expertise peut également être demandée à des services ou organismes de police technique et scientifique de la police nationale et de la gendarmerie nationale dont la liste est fixée par arrêté conjoint du ministre de la justice et du ministre de l'intérieur. Dans ce cas, le responsable du service ou de l'organisme désigné soumet à l'agrément de la juridiction le nom des personnes qui effectueront l'expertise.

Article 158. – Mission des experts

• La mission des experts qui ne peut avoir pour objet que l'examen de questions d'ordre technique est précisée dans la décision qui ordonne l'expertise.

Article 159. – Désignation de l'expert – *(Loi n° 93-1013 du 24 août 1993)*

• Le juge d'instruction désigne l'expert chargé de procéder à l'expertise.

• Si les circonstances le justifient, il désigne plusieurs experts.

Article 160. – Prestation de serment – *(Loi n° 2004-130 du 11 février 2004)*

• Les experts ne figurant sur aucune des listes mentionnées à l'article 157 prêtent, chaque fois qu'ils sont commis, le serment prévu par la loi n° 71-498 du 29 juin 1971 relative aux experts judiciaires devant le juge d'instruction ou le magistrat désigné par la juridiction. Le procès-verbal de prestation de serment est signé par le magistrat compétent, l'expert et le greffier. En cas d'empêchement dont les motifs doivent être précisés, le serment peut être reçu par écrit et la lettre de serment est annexée au dossier de la procédure.

J **• Expert. Désignation. Portée.** – *Il résulte des articles 157 et 160 du Code de procédure pénale que les juges n'ont pas à motiver le choix des experts, ni à faire renouveler le serment déjà prêté, lorsque ceux-ci sont inscrits sur l'une des listes prévues par ces textes.*

• Ainsi un expert inscrit à la rubrique « médecine légale » peut se voir confier une mission en criminalistique et n'a pas à renouveler son serment, aucune disposition légale ou réglementaire n'opérant de distinction entre les diverses rubriques que peuvent comporter, en pratique, les listes précitées (Cass. CRIM du 3 novembre 1994).

• Juge des enfants. Enquêtes. Enquête officieuse. Commission d'un médecin. Médecin non inscrit sur une liste d'expert. Serment. Prestation. Nécessité *(non).* – *L'enquête par voie officieuse prévue par l'article 8, alinéa 2, de l'ordonnance du 2 février 1945 modifiée par l'ordonnance du 23 décembre 1958, à laquelle peut procéder le juge des enfants, n'impose pas le respect des formes prescrites par les articles 79 à 190 du Code de procédure pénale.*
Il en résulte que le médecin commis pour examiner la victime n'a pas à prêter le serment des experts prévu par l'article 160 dudit Code (Cass. CRIM. du 22 novembre 1994 – B.C.C. n° 403).

Article 161. – Délais

• Toute décision commettant des experts doit leur impartir un délai pour remplir leur mission.

• Si des raisons particulières l'exigent, ce délai peut être prorogé sur requête des experts et par décision motivée rendue par le magistrat ou la juridiction qui les a désignés. Les experts qui ne déposent pas leur rapport dans le délai qui leur a été imparti peuvent être immédiatement remplacés et doivent rendre compte des investigations auxquelles ils ont déjà procédé. Ils doivent aussi restituer dans les quarante-huit heures les objets, pièces et documents qui leur auraient été confiés en vue de l'accomplissement de leur mission. Ils peuvent être, en outre, l'objet de mesures disciplinaires allant jusqu'à la radiation de l'une ou de l'autre des listes prévues par l'article 157.

• Les experts doivent remplir leur mission en liaison avec le juge d'instruction ou le magistrat délégué ; ils doivent le tenir au courant du développement de leurs opérations et le mettre à même de prendre à tout moment toutes mesures utiles.

• Le juge d'instruction, au cours de ses opérations, peut toujours, s'il l'estime utile, se faire assister des experts.

Article 161-1. – Copie de la décision – *(Loi n° 2016-731 du 3 juin 2016)*

• Copie de la décision ordonnant une expertise est adressée sans délai au procureur de la République et aux parties, qui disposent d'un délai de dix jours pour demander au juge d'instruction, selon les modalités prévues par l'avant-dernier alinéa de l'article 81, de modifier ou de compléter les questions posées à l'expert ou d'adjoindre à l'expert ou aux experts déjà désignés un expert de leur choix figurant sur une des listes mentionnées à l'article 157.

• Si le juge ne fait pas droit, dans un délai de dix jours à compter de leur réception, aux demandes prévues au premier alinéa, il rend une ordonnance motivée. Cette ordonnance ou l'absence d'ordonnance peut être contestée dans un délai de dix jours devant le président de la chambre de l'instruction. Ce dernier statue par décision motivée qui n'est pas susceptible de recours.

• Le présent article n'est pas applicable lorsque les opérations d'expertise et le dépôt des conclusions par l'expert doivent intervenir en urgence et ne peuvent être différés pendant le délai de dix jours prévu au premier alinéa ou lorsque la communication prévue au premier alinéa risque d'entraver l'accomplissement des investigations.

• Il n'est pas non plus applicable aux catégories d'expertises dont les conclusions n'ont pas d'incidence sur la détermination de la culpabilité de la personne mise en examen et dont la liste est fixée par décret.

J • **Viols aggravés, agression sexuelle aggravée et violences aggravées – Rapport d'expertise**

M. Q... A... B... a formé un pourvoi contre l'arrêt de la chambre de l'instruction de la cour d'appel de Paris, 6e section, en date du 11/06/2020, qui, dans l'information suivie contre lui des chefs de viols aggravés, agressions sexuelles aggravées et violences aggravées, a prononcé sur sa demande d'annulation de pièces de la procédure.

Réponse de la Cour

***14.** Pour écarter la requête en nullité tirée de l'absence de notification à la personne mise en examen de l'ordonnance commettant un expert aux fins de procéder à l'examen psychologique de Mme S..., l'arrêt énonce que cette dernière réside habituellement aux États Unis et qu'elle se trouvait temporairement en France, peu important qu'il ne soit pas démontré qu'elle ne pouvait rester en France 10 jours de plus*

***15.** Les juges ajoutent que les conclusions du rapport d'expertise ont été communiquées aux parties qui pouvaient formuler une demande de complément d'expertise ou de contre-expertise, ce dont elles paraissent s'être abstenues.*

***16.** Ils en déduisent qu'il n'a pas été porté atteinte aux droits de la défense et qu'aucune nullité n'est dès lors encourue.*

***17.** En se déterminant ainsi, la chambre de l'instruction a fait l'exacte application du texte visé au moyen.*

***18.** En effet, il importe peu que le rapport d'expertise ait été déposé après le délai de 10 jours prévu à l'article 161-1, al. 1, du C.P.P., dès lors que les motifs précités et les pièces de la procédure suffisent à établir que les opérations d'expertise devaient intervenir en urgence et ne pouvaient être différées pendant ledit délai.*

***19.** Ainsi, le moyen doit être écarté.*

***20.** Par ailleurs l'arrêt est régulier en la forme.*

PAR CES MOTIFS, la Cour:

REJETTE le pourvoi.

(Cour de cassation – Chambre criminelle du 12 janvier 2021 – N° de pourvoi: 20-83.643).

Article 161-2. – Rapport d'étape – *(Loi n° 2007-291 du 5 mars 2007)*

• Si le délai prévu à l'article 161 excède un an, le juge d'instruction peut demander que soit auparavant déposé un rapport d'étape qui est notifié aux parties selon les modalités prévues à l'article 167. Les parties peuvent alors adresser en même temps à l'expert et au juge leurs observations en vue du rapport définitif.

J • **Technicien – Exécution personnelle.** – *Le technicien investi de ses pouvoirs par le juge en raison de sa qualification, doit remplir personnellement sa mission.* (Cass. CIV. 2. du 11 janvier 1995).

• **Expertise – Nullité – Possibilité pour le juge d'y puiser des renseignements.** –

1° Justifie légalement sa décision la cour d'appel qui, après avoir relevé que l'avocat d'une partie n'avait pas été avisé des opérations d'expertise et n'avait pas été destinataire du rapport de l'expert, retient, pour annuler ce rapport, sans avoir à constater l'existence d'un grief, que l'expert n'a pas respecté le principe de la contradiction et, en privant cette partie de l'assistance de son conseil pendant les opérations en cause, a porté une grave atteinte aux droits de la défense.

2° Ayant retenu, dans l'exercice de son pouvoir souverain d'appréciation, qu'une partie ne produisait en cause d'appel aucun élément objectif et pertinent établissant le dommage qu'elle invoquait, la cour d'appel n'avait pas à tenir compte des éléments du rapport d'expertise annulé (Cass. CIV 2 du 24 novembre 1999).

Article 162. – Autorisation d'assistance – *(Loi n° 2004-130 du 11 février 2004)*

• Si les experts demandent à être éclairés sur une question échappant à leur spécialité, le juge peut les autoriser à s'adjoindre des personnes nommément désignées, spécialement qualifiées par leur compétence.

• Les personnes ainsi désignées prêtent serment dans les conditions prévues à l'article 160.

• Leur rapport sera annexé intégralement au rapport mentionné à l'article 166.

Article 163. – Scellés – *(Loi n° 2016-731 du 3 juin 2016)*

• Avant de faire parvenir les scellés aux experts, le juge d'instruction ou le magistrat désigné par la juridiction procède, s'il y a lieu, à leur inventaire dans les conditions prévues par l'article 97. Il énumère ces scellés dans un procès-verbal.

• Pour l'application de leur mission, les experts sont habilités à procéder à l'ouverture ou à la réouverture des scellés, et à confectionner de nouveaux scellés après avoir, le cas échéant, procédé au reconditionnement des objets qu'ils étaient chargés d'examiner; dans ce cas, ils en font mention dans leur rapport, après avoir, s'il y a lieu, dressé inventaire des scellés; les dispositions du sixième alinéa de l'article 97 ne sont pas applicables.

Article 164. – Déclarations – *(Loi n° 2004-204 du 9 mars 2004)*

• Les experts peuvent recevoir, à titre de renseignement et pour le seul accomplissement de leur mission, les déclarations de toute personne autre que la personne mise en examen, le témoin assisté ou la partie civile.

• Toutefois, si le juge d'instruction ou le magistrat désigné par la juridiction les y a autorisés, ils peuvent à cette fin recevoir, avec l'accord des intéressés, les déclarations de la personne mise en examen, du témoin assisté ou de la partie civile nécessaires à l'exécution de leur mission. Ces déclarations sont recueillies en présence de leur avocat ou celui-ci dûment convoqué dans les conditions prévues par le deuxième alinéa de l'article 114, sauf renonciation écrite remise aux experts. Ces déclarations peuvent être également recueillies à l'occasion d'un interrogatoire ou d'une déposition devant le juge d'instruction en présence de l'expert.

• Les médecins ou psychologues experts chargés d'examiner la personne mise en examen, le témoin assisté ou la partie civile peuvent dans tous les cas leur poser des questions pour l'accomplissement de leur mission hors la présence du juge et des avocats.

J • **Escroquerie et complicité, recel, abus de biens sociaux... – Modalités d'expertise**

Contre l'arrêt de la chambre de l'instruction de la cour d'appel de PARIS, 2e section, en date du 2 mars 2015, qui, dans l'information suivie contre MM. Éric O.., Stéphane P..., Jacques Q..., Benoît R..., Mme Michelle S... et la société Sword des chefs d'escroquerie et complicité, recel, abus de biens sociaux, blanchiment et complicité, délivrance indue de document administratif, usage de faux, exercice d'une activité malgré une interdiction de gérer, a prononcé sur une demande d'annulation de pièces de la procédure ;

Attendu que, pour dire n'y avoir lieu de faire droit à cette demande, l'arrêt retient que si l'expert mentionne en préambule de son rapport qu'il a pu s'entretenir avec M. Q... lors d'une conférence téléphonique, il ne résulte pas de la lecture intégrale du rapport qu'il ait été procédé à l'audition de la personne mise en examen ; qu'il relève qu'il ne peut pas plus être déduit des échanges entre M. Q...et l'expert lors de la confrontation que les règles de l'article 164 du Code de procédure pénale et les limites de la mission confiée à l'expert aient été enfreintes ;

Attendu qu'en l'état de ces seules énonciations, d'où il résulte que l'expert n'a pas procédé à l'audition de M. Q... , et abstraction faite d'un motif erroné mais surabondant relatif au défaut d'intérêt de la partie civile requérante, la chambre de l'instruction a justifié sa décision ;

D'où il suit que le moyen doit être écarté ;

Et attendu que l'arrêt est régulier en la forme ;

REJETTE le pourvoi ;

(Cour de cassation – Chambre criminelle du 16 septembre 2015 – N° de pourvoi : 15-82035).

Article 165. – Recherches ou auditions

• Au cours de l'expertise, les parties peuvent demander à la juridiction qui l'a ordonnée qu'il soit prescrit aux experts d'effectuer certaines recherches ou d'entendre toute personne nommément désignée qui serait susceptible de leur fournir des renseignements d'ordre technique.

Article 166. – Rapports d'expertises – *(Loi n° 2007-291 du 5 mars 2007)*

• Lorsque les opérations d'expertise sont terminées, les experts rédigent un rapport qui doit contenir la description desdites opérations ainsi que leurs conclusions. Les experts signent leur rapport et mentionnent les noms et qualités des personnes qui les ont assistés, sous leur contrôle et leur responsabilité, pour la réalisation des opérations jugées par eux nécessaires à l'exécution de la mission qui leur a été confiée.

• Lorsque plusieurs experts ont été désignés et s'ils sont d'avis différents ou s'ils ont des réserves à formuler sur des conclusions communes, chacun d'eux indique son opinion ou ses réserves en les motivant.

• Le rapport et les scellés, ou leurs résidus, sont déposés entre les mains du greffier de la juridiction qui a ordonné l'expertise ; ce dépôt est constaté par procès-verbal.

• Avec l'accord du juge d'instruction, les experts peuvent, directement et par tout moyen, communiquer les conclusions de leur rapport aux officiers de police judiciaire chargés de l'exécution de la commission rogatoire, au procureur de la République ou aux avocats des parties.

D • **Expertises.** – L'article 16 de la loi a réécrit l'article 166 du Code de procédure pénale relatif aux expertises afin de préciser que les experts signent leur rapport et mentionnent les noms et qualités des personnes qui les ont assistés, sous leur contrôle et leur responsabilité, pour la réalisation des opérations jugées par eux nécessaires à l'exécution de la mission qui leur a été confiée.

• Cette disposition consacre ainsi clairement la possibilité pour les experts, notamment ceux des laboratoires de police scientifique et technique, d'être assistés de collaborateurs agissant sous leur contrôle et leur responsabilité *(Circ. CRIM 03-12/E8 du 21 juillet 2003).*

Article 167. – Communication du rapport d'expertise – *(Loi n° 2023-22 du 24 janvier 2023)*

• Le juge d'instruction donne connaissance des conclusions des experts aux parties et à leurs avocats après les avoir convoqués conformément aux dispositions du 2e alinéa de l'article 114. Il leur donne également connaissance, s'il y a lieu, des conclusions des rapports des personnes requises en application des articles 60 et 77-1, lorsqu'il n'a pas été fait application des dispositions du dernier alinéa de l'article 60. Une copie de l'intégralité du rapport est alors remise, à leur demande, aux avocats des parties ou aux parties si celles-ci ne sont pas assistées par un avocat.

• Les conclusions peuvent également être notifiées par lettre recommandée ou, lorsque la personne est détenue, par les soins du chef de l'établissement pénitentiaire qui adresse, sans délai, au juge d'instruction l'original ou la copie du récépissé signé par l'intéressé. L'intégralité du rapport peut aussi être notifiée par lettre recommandée, à leur demande, aux avocats des parties ou aux parties si celles-ci ne sont pas assistées par un avocat. Si les avocats des parties ont fait connaître au juge d'instruction qu'ils disposent d'une adresse électronique l'intégralité du rapport peut leur être adressée par cette voie, selon les modalités prévues au I de l'article 803-1.

• S'il s'agit d'une expertise psychiatrique, la copie de l'intégralité du rapport est remise ou adressée aux avocats des parties ou aux parties si celles-ci ne sont pas assistées d'un avocat, même en l'absence de demande de leur part.

• Dans tous les cas, le juge d'instruction fixe un délai aux parties pour présenter des observations ou formuler une demande, notamment aux fins de complément d'expertise ou de contre-expertise. Cette demande doit être formée conformément aux dispositions du 10e alinéa de l'article 81. Pendant ce délai, le dossier de la procédure est mis à la disposition des conseils des parties. Le délai fixé par le juge d'instruction, qui tient compte de la complexité de l'expertise, ne saurait être inférieur à 15 jours ou, s'il s'agit d'une expertise comptable ou financière, à 1 mois. Passé ce délai, il ne peut plus être formulé de demande de contre-expertise, de complément d'expertise ou de nouvelle expertise portant sur le même objet, y compris sur le fondement de l'article 82-1, sous réserve de la survenance d'un élément nouveau.

• Lorsqu'il rejette une demande, le juge d'instruction rend une décision motivée qui doit intervenir dans un délai d'un mois à compter de la réception de la demande. Il en est de même s'il commet un seul expert alors que la partie a demandé qu'il en soit désigné plusieurs. Faute pour le juge d'instruction d'avoir statué dans le délai d'un mois, la partie peut saisir directement la chambre de l'instruction.

• Le juge d'instruction peut également notifier au témoin assisté, selon les modalités prévues par le présent article, les conclusions des expertises qui le concernent en lui fixant un délai pour présenter une demande de complément d'expertise ou de contre-expertise. Le juge n'est toutefois pas tenu de rendre une ordonnance motivée s'il estime que la demande n'est pas justifiée, sauf si le témoin assisté demande à être mis en examen en application de l'article 113-6.

J • **Homicide volontaire – Instruction – Expertise – Rapport – Communication – Convocation du conseil – Délai – Inobservation – Portée**

Contre un arrêt de la chambre d'accusation de la cour d'appel de DOUAI du 06/11/1987 qui l'a renvoyé sous l'accusation d'homicide volontaire devant la cour d'assises du département du Nord.

Bien que le délai prescrit pour l'envoi des convocations aux conseils d'un inculpé par l'article 118 du C.P.P., applicable aux notifications effectuées en vertu de l'article 167 du même Code, ait été réduit, en l'espèce, à 3 jours ouvrables, la nullité encourue n'est cependant pas susceptible de donner ouverture à cassation dès lors qu'il n'est ni établi ni allégué que l'irrégularité commise ait eu pour effet de porter atteinte aux intérêts de l'inculpé auquel après notification, en présence de l'un de ses conseils, des conclusions d'expertises, il a été imparti un délai pour présenter ses observations.

(Cour de cassation – Chambre criminelle du 15 mars 1988 – N° de pourvoi : 88-80.267).

• **Complicité d'assassinat... – Instruction – Expertise – Rapport – Communication – Inobservation des dispositions de l'article 167 du C.P.P. – Droits de la défense**

Contre un arrêt de la chambre d'accusation de la cour d'appel de PARIS du 04/03/1988 qui les a renvoyés devant la cour d'assises de Paris composée conformément à l'article 698-6 du C.P.P. sous l'accusation, X... et Z... d'assassinat, A... et B... de complicité d'assassinat et ce en relation avec une entreprise individuelle ou collective ayant pour but de troubler gravement l'ordre public.

Si le procès-verbal de notification d'un rapport d'expertise à l'inculpé en application de l'article 167 du C.P.P. est entaché de nullité, pour violation des prescriptions de l'article 118, par application de l'article 802 du même Code, il n'y a pas lieu de prononcer cette nullité dès lors qu'après ordonnance de transmission des pièces, les dispositions de l'article 197 du C.P.P. ayant été observées, le conseil de l'inculpé a pu prendre connaissance de la procédure et solliciter toute expertise complémentaire ou contre-expertise qu'il jugeait utile.

(Cour de cassation – Chambre criminelle du 7 juin 1988 – N° de pourvoi : 88-81.828).

• **Vol... – Chambre de l'instruction – Appel des ordonnances du juge d'instruction – Appel de la partie civile – Ordonnance de non-lieu – Demande de supplément d'information – Demande aux fins de contre-expertise ou de complément d'expertise – Article 167 du C.P.P. – Irrecevabilité *(non)***

Contre les arrêts n° 2 et 9 de la chambre d'accusation de la cour d'appel de PARIS, en date du 28/03/2000, qui, dans l'information suivie contre Y... et Z... pour vol, recel, complicité de ces délits et violation d'un secret de fabrique.

En application de l'article 201 du C.P.P., les parties sont recevables à demander à la chambre de l'instruction, saisie du règlement de la procédure, un complément d'expertise ou une contre-expertise sans que puisse leur être opposée l'expiration du délai prévu par l'article 167, al. 3, du Code précité.

(Cour de cassation – Chambre criminelle du 2 octobre 2001 – N° de pourvoi : 00-85.724).

• **Viol aggravé – Demande d'annulation d'un rapport de contre-expertise médicale – Demande de la partie civile – Après expiration du délai fixé – Juge d'instruction – Pouvoir – Acte d'information utile à la manifestation de la vérité**

Contre l'arrêt de la chambre d'accusation de la cour d'appel de RENNES, en date du 20/05/1999, qui, dans l'information suivie contre lui du chef de viol aggravé, a rejeté sa requête en annulation de pièces de la procédure.

Attendu que, pour rejeter la requête présentée par Denis X... en annulation d'un rapport de contre-expertise médicale ordonnée à la demande de la partie civile, au motif que cette demande aurait été formulée après l'expiration du délai fixé en application de l'article 167, al. 3, du C.P.P., l'arrêt attaqué retient, notamment, que le J.I. avait le pouvoir, en vertu de l'article 81, al. 1er, du même Code, d'ordonner, de sa seule initiative, tout acte d'information, tel qu'une contre-expertise médicale, dès lors qu'il l'estimait utile à la manifestation de la vérité.

(Cour de cassation – Chambre criminelle du 9 octobre 2002 – N° de pourvoi : 01-83.947).

• Infraction au Code de l'environnement – Demande d'annulation de l'expertise – Dépôt d'un pré-rapport – Convention européenne des droits de l'homme – Mesure d'expertise

Contre l'arrêt de la cour d'appel de DOUAI, 6e chambre, en date du 20/09/2001, qui l'a déboutée de ses demandes après relaxe d'Hubert Y... du chef d'infraction au Code de l'environnement.

Attendu que, pour rejeter la demande d'annulation de l'expertise ordonnée par eux, les juges d'appel retiennent que le dépôt d'un pré-rapport, inclus dans la mission de l'expert et non réalisé par lui, n'est pas imposé par le C.P.P., que les dispositions de l'article 167 du même code ne sont pas applicables à l'expertise ordonnée par la juridiction de jugement et que, n'étant pas la partie devant se défendre sur l'accusation pénale, la partie civile ne pouvait invoquer la violation des dispositions de la Convention européenne des droits de l'homme imposant, au regard de la nécessité d'un procès équitable, d'assurer la contradiction pendant le cours d'une mesure d'expertise.

(Cour de cassation – Chambre criminelle du 26 novembre 2002 – N° de pourvoi : 02-80.343).

• Meurtre aggravé – Expertise – Notification – Formalités prévues par l'article 167 du C.P.P. – Inobservation – Avis de fin d'information – Effet

Contre l'arrêt de la chambre de l'instruction de la cour d'appel de BOURGES, en date du 25/10/2005, qui, dans l'information suivie contre elle des chefs de meurtre aggravé, recel de cadavre et atteinte à l'intégrité d'un cadavre, a prononcé sur sa demande d'annulation de pièces de la procédure.

Que, d'autre part, la demanderesse ne saurait se faire un grief de ce que le complément d'expertise établi, à la demande du J.I., par le docteur E... ne lui ait pas été notifié, dès lors que la notification de l'avis de fin d'information prévue par l'article 175 du C.P.P. ouvre aux parties, dans le délai de 20 jours fixé par ce texte, le droit de formuler toute demande d'expertise, de contre-expertise ou d'expertise complémentaire qu'elles jugeraient utiles à la manifestation de la vérité.

(Cour de cassation – Chambre criminelle du 15 février 2006 – N° de pourvoi : 05-86.773).

• Viol... – Question prioritaire de constitutionnalité – Droits de la défense – Avocats – Procédure d'instruction – Possibilité de demander au juge d'instruction l'intégralité du rapport d'expertise

Statuant sur la question prioritaire de constitutionnalité transmise par arrêt de la chambre de l'instruction de la cour d'appel d'ORLEANS, en date du 26/04/2018, dans la procédure suivie, sur la plainte de M. A... X..., partie civile, des chefs de viol, empoisonnement et menace de mort, reçu le 13/09/2018 à la Cour de cassation.

Attendu que la Q.P.C est ainsi rédigée :

« L'article 167, en ses al. 1 et 2, du C.P.P. porte-t-il atteinte aux droits et libertés garantis par la Constitution, et notamment au droit à un procès équitable, au principe du contradictoire et aux droits de la défense garantis par la Déclaration des droits de l'homme et du citoyen de 1789, en ce qu'il réserve aux seules parties assistées d'un avocat la possibilité de demander au J.I. une copie de l'intégralité du rapport des experts ? » ;

Attendu que la disposition législative contestée est applicable à la procédure et n'a pas été déjà déclarée conforme à la Constitution dans les motifs et le dispositif d'une décision du Conseil constitutionnel ;

Mais attendu que la question, ne portant pas sur l'interprétation d'une disposition constitutionnelle dont le Conseil constitutionnel n'aurait pas encore eu l'occasion de faire application, n'est pas nouvelle ;

Et attendu que la question posée présente un caractère sérieux, en ce que les al. 1 et 2 de l'article 167 du C.P.P., réservent aux seuls avocats qui assistent une partie au cours de la procédure d'instruction la possibilité de demander au J.I. une copie de l'intégralité du rapport d'expertise, de sorte que les parties qui ont fait le choix de se défendre elles-mêmes ne peuvent bénéficier de la remise d'une copie de cette pièce, sans que le juge puisse apprécier, par une décision motivée et susceptible de recours, que ladite remise serait de nature à porter atteinte aux principes de la protection de l'intimité de la vie privée et de la sauvegarde de l'ordre public ou à l'objectif de recherche des auteurs d'infraction ;

Qu'il s'en déduit que ces dispositions sont susceptibles de porter atteinte aux droits et libertés invoqués ;

D'où il suit qu'il y a lieu de la renvoyer au Conseil constitutionnel.

(Cour de cassation – Chambre criminelle du 11 décembre 2018 – N° de pourvoi : 18-90.024).

Article 167-1. – Conclusion de l'expertise – Irresponsabilité pénale – *(Loi n° 2008-174 du 25 février 2008)*

• Lorsque les conclusions de l'expertise sont de nature à conduire à l'application des dispositions du premier alinéa de l'article 122-1 du Code pénal prévoyant l'irresponsabilité pénale de la personne en raison d'un trouble mental, leur notification à la partie civile est effectuée dans les conditions prévues par le premier alinéa de l'article 167, le cas échéant en présence de l'expert ou des experts. En matière criminelle, cette présence est obligatoire si l'avocat de la partie civile le demande. La partie civile dispose alors d'un délai de quinze jours pour présenter des observations ou formuler une demande de complément d'expertise ou de contre-expertise. La contre-expertise demandée par la partie civile est de droit. Elle doit être accomplie par au moins deux experts.

Article 167-2. – Dépôt d'un rapport provisoire – *(Loi n° 2007-291 du 5 mars 2007)*

• Le juge d'instruction peut demander à l'expert de déposer un rapport provisoire avant son rapport définitif. Le ministère public et les parties disposent alors d'un délai fixé par le juge d'instruction qui ne saurait être inférieur à quinze jours ou, s'il s'agit d'une expertise comptable ou financière, à un mois, pour adresser en même temps à l'expert et au juge les observations écrites qu'appelle de leur part ce rapport provisoire. Au vu de ces observations, l'expert dépose son rapport définitif. Si aucune observation n'est faite, le rapport provisoire est considéré comme le rapport définitif.

• Le dépôt d'un rapport provisoire est obligatoire si le ministère public le requiert ou si une partie en a fait la demande selon les modalités prévues par l'avant-dernier alinéa de l'article 81 lorsqu'elle est informée de la décision ordonnant l'expertise en application de l'article 161-1.

Article 168. – Audience – Résultat des opérations techniques – *(Loi n° 2007-291 du 5 mars 2007)*

• Les experts exposent à l'audience, s'il y a lieu, le résultat des opérations techniques auxquelles ils ont procédé, après avoir prêté serment d'apporter leur concours à la justice en leur honneur et en leur conscience. Au cours de leur audition, ils peuvent consulter leur rapport et ses annexes.

• Le président peut soit d'office, soit à la demande du ministère public, des parties ou de leurs conseils, leur poser toutes questions rentrant dans le cadre de la mission qui leur a été confiée. Le ministère public et les avocats des parties peuvent également poser directement des questions aux experts selon les modalités prévues par les articles 312 et 442-1.

• Après leur exposé, les experts assistent aux débats, à moins que le président ne les autorise à se retirer.

Article 169. – Observations

• Si, à l'audience d'une juridiction de jugement, une personne entendue comme témoin ou à titre de renseignement contredit les conclusions d'une expertise ou apporte au point de vue technique des indications nouvelles, le président demande aux experts, au ministère public, à la défense et, s'il y a lieu, à la partie civile, de présenter leurs observations. Cette juridiction, par décision motivée, déclare, soit qu'il sera passé outre aux débats, soit que l'affaire sera renvoyée à une date ultérieure. Dans ce dernier cas, cette juridiction peut prescrire quant à l'expertise toute mesure qu'elle jugera utile.

Article 169-1. – Application – *(Loi n° 72-1226 du 29 décembre 1972)*

• Les dispositions des articles 168 et 169 sont applicables aux personnes appelées soit à procéder à des constatations, soit à apprécier la nature des circonstances d'un décès, conformément aux articles 60 et 74.

Section X

Des nullités de l'information

Article 170. – Annulation d'un acte ou d'une pièce de procédure – *(Loi n° 2004-204 du 9 mars 2004)*

• En toute matière, la chambre de l'instruction peut, au cours de l'information, être saisie aux fins d'annulation d'un acte ou d'une pièce de la procédure par le juge d'instruction, par le procureur de la République, par les parties ou par le témoin assisté

Article 170-1. – Requête en annulation – *(Loi n° 2019-222 du 23 mars 2019)*

• Lorsque la solution d'une requête en annulation paraît s'imposer de façon manifeste, le président de la chambre de l'instruction statue sur cette demande, conformément aux dispositions de l'article 199, sans la présence des 2 conseillers de la chambre.

• Si la décision qui s'impose consiste dans l'annulation des actes ou pièces de la procédure, elle peut, en cas d'accord du ministère public, être prise par ordonnance sans qu'il soit procédé à l'audience prévue au même article 199.

• L'auteur de la requête en annulation peut cependant demander que celle-ci soit examinée par la chambre de l'instruction.

Article 171. – Causes de nullité – *(Loi n° 93-1013 du 24 août 1993)*

• Il y a nullité lorsque la méconnaissance d'une formalité substantielle prévue par une disposition du présent code ou toute autre disposition de procédure pénale a porté atteinte aux intérêts de la partie qu'elle concerne.

[J] • **Infraction à la législation sur les stupéfiants – Production et fabrication illicites – Association de malfaiteurs – Enregistrement audiovisuel**

Contre l'arrêt de la chambre de l'instruction de de la cour d'appel PARIS, 4e section, en date du 27 janvier 2017, qui, dans l'information suivie contre lui des chefs d'infractions à la législation sur les stupéfiants, production et fabrication illicites de stupéfiants et association de malfaiteurs, a prononcé sur sa demande d'annulation de pièces de la procédure;

Vu les articles 116-1, 171, 172 et 206 du Code de procédure pénale;

Attendu que le juge d'instruction ne saurait, sans excès de pouvoir, recommencer un interrogatoire de première comparution qu'il estime entaché d'irrégularité; qu'en procédant ainsi, il empiète sur les attributions de la chambre de l'instruction, seule compétente, pendant l'information judiciaire, pour en apprécier la régularité, sous le contrôle de la Cour de cassation;

*Attendu qu'il résulte de l'arrêt attaqué et des pièces de la procédure qu'après la découverte de 900 pieds de cannabis, l'interpellation de M. X..., en compagnie d'une autre personne, puis de l'ouverture d'une information judiciaire, l'intéressé a été mis en examen, le 19 avril 2016, des chefs sus énoncés au terme d'un interrogatoire de première comparution au cours duquel il a contesté les faits qui lui ont été notifiés; que le magistrat instructeur, constatant que cet interrogatoire n'avait pas été enregistré, conformément aux prescriptions de l'article 116-1, alinéa 1*er*, du Code de procédure pénale, alors que des faits criminels avaient été notifiés, a, cinquante-six minutes plus tard, procédé, de nouveau, à un interrogatoire de première comparution, après avoir indiqué à celui qu'il avait précédemment mis en examen que cet acte d'instruction, auquel l'avocat présent au cours du premier interrogatoire a refusé d'assister, avait pour objet de préserver ses droits et de lui permettre d'être filmé lors de ses déclarations; que M. X..., qui n'a fait aucune déclaration lors de ce second interrogatoire, a été, le même jour, placé en détention provisoire; que, le 21 juillet 2016, le juge d'instruction a fait connaître à M. X... qu'il n'était plus mis en examen du chef du crime de production ou fabrication illicite de stupéfiants et, afin que fût appliqué le nouveau régime de la détention provisoire découlant de la qualification correctionnelle des faits, a saisi le juge des libertés et de la détention, qui, le 11 août suivant, a ordonné la prolongation de la détention provisoire pour une durée de quatre mois; que, dans l'intervalle, M. X... a formé une requête en annulation des actes de la procédure;*

Attendu que, pour rejeter le moyen de nullité pris de l'irrégularité des interrogatoires de première comparution, l'arrêt énonce que l'action du juge d'instruction n'a pas consisté à substituer un nouvel interrogatoire de première comparution à celui précédemment réalisé, qu'il estimait entaché de nullité, en modifiant le contenu de celui-ci, mais qu'il s'est agi uniquement d'exécuter une opération matérielle pour en assurer l'enregistrement conformément aux dispositions de l'article 116-1 du Code de procédure pénale; que les juges retiennent que l'immédiateté ainsi que la continuité temporelle de la réalisation de ces deux opérations confèrent aux deux procès-verbaux successifs une indivisibilité qui ne permet pas de considérer que le second, qui est une copie conforme du premier, avait vocation, en la circonstance, à se substituer à celui-ci; qu'ils ajoutent qu'en raison de cette indivisibilité et de l'enregistrement audiovisuel effectué conformément à la loi, il n'y a pas lieu d'annuler les deux actes critiqués ainsi que l'ordonnance de placement en détention provisoire;

Mais attendu qu'en prononçant ainsi, sans constater l'excès de pouvoir du juge d'instruction, alors que ce magistrat, après un interrogatoire de première comparution qu'il avait estimé être entaché d'irrégularité, pour n'avoir pas fait l'objet de l'enregistrement audiovisuel prévu par l'article 116-1 du Code de procédure pénale, a recommencé cet acte pour l'enregistrer, la chambre de l'instruction a méconnu les articles susvisés et le principe précédemment rappelé;

D'où il suit que la cassation est encourue;

Par ces motifs:

CASSE et ANNULE, en toutes ses dispositions, l'arrêt susvisé de la chambre de l'instruction de la cour d'appel de Paris, en date du 27 janvier 2017, et pour qu'il soit à nouveau jugé, conformément à la loi,

RENVOIE la cause et les parties devant la chambre de l'instruction de la cour d'appel de Paris autrement composée, à ce désignée par délibération spéciale prise en chambre du conseil;

ORDONNE l'impression du présent arrêt, sa transcription sur les registres du greffe de la chambre de l'instruction de la cour d'appel de Paris et sa mention en marge ou à la suite de l'arrêt annulé.

(Cour de cassation – Chambre criminelle du 19 septembre 2017 – N° de pourvoi: 17-81016).

• Association de malfaiteurs – Vols aggravés et recels aggravés – Vidéo-protection

Contre l'arrêt de la chambre de l'instruction de la cour d'appel de PARIS, 6e section, en date du 22 juin 2017, qui, dans l'information suivie contre eux des chefs d'association de malfaiteurs, vols aggravés et recels aggravés, a prononcé sur leur demande d'annulation d'actes de la procédure;

« 1°) alors qu'il résulte des articles L. 251-2 et L. 254-1 du Code de la sécurité intérieure que les systèmes de vidéo-protection installés par les commerçants doivent, sous peine de sanctions pénales, respecter la condition d'autorité préfectorale préalable; qu'il appartient nécessairement aux autorités policières qui les exploitent de vérifier le respect des conditions légales posées pour la mise en place de ces dispositifs attentatoires au droit au respect de la vie privée; qu'en l'espèce, les enquêteurs se sont fait remettre et ont exploité des vidéos issues de systèmes de vidéo-protection de commerces environnant le lieu des faits poursuivis; qu'en s'abstenant d'annuler ces actes lorsqu'elle constatait que les autorisations administratives ne figuraient pas au dossier, au motif inopérant qu'aucune disposition législative ne prévoirait cette règle à peine de nullité, la chambre de l'instruction a violé les textes visés au moyen;

« 2°) alors qu'en tout état de cause, en vertu de l'article 8 de la Convention européenne des droits de l'homme, la mise en œuvre d'une ingérence dans le droit au respect de la vie privé doit toujours être entourée de garanties adéquates et suffisantes contre les abus; que ce principe conventionnel impose d'exiger, de la part des enquêteurs qui exploitent un système de vidéo-protection mis en place par une personne privée, qu'ils s'assurent que celle-ci a reçu une autorisation pour installer un tel dispositif »;

Attendu que le moyen, en ce qu'il critique les motifs par lesquels la chambre de l'instruction a dit n'y avoir lieu à annuler les documents provenant des systèmes de vidéo-protection, est inopérant, dès lors qu'à la supposer avérée, l'irrégularité alléguée, en ce qu'elle ne constituerait pas la violation d'une règle de procédure pénale, serait hors du champ d'application des articles 171 et suivants du C.P.P.;

D'où il suit que le moyen n'est pas fondé;

Et attendu que l'arrêt est régulier en la forme;

Par ces motifs:

I. Sur le pourvoi de M. B... :

CONSTATE la déchéance du pourvoi de M. B... ;

II. Sur les autres pourvois:

Les REJETTE

(Cour de cassation – Chambre criminelle du 6 février 2018 – N° de pourvoi: 17-84380).

• Infractions à la législation sur les stupéfiants – Blanchiment et non-justification de ressources – Autorité de la chose jugée – Requête en nullité

Attendu qu'il résulte de l'arrêt attaqué et des pièces de la procédure que, le 21 février 2015, sur la commune de [...] (70), les douanes ont procédé au contrôle d'un véhicule conduit par M. E... X... à l'intérieur duquel ont été trouvés plus de 21 000 cachets d'ecstasy; que, poursuivi sur comparution immédiate, M. E... X... a été condamné, après rejet d'exceptions de nullité, par le tribunal correctionnel puis, sur son appel, par la cour d'appel de Besançon; que la Cour de cassation a déclaré non-admis le pourvoi qu'il avait formé; que, sur le fondement de l'enquête initiale, les enquêteurs de la police judiciaire de Besançon ont poursuivi leurs investigations; que celles-ci ont fait apparaître que M. D... X... avait été le conducteur de la voiture ouvreuse, avant l'interpellation de son frère, et fait ressortir que le trafic se poursuivait; qu'une information judiciaire a été ouverte le 3 juin 2015 des chefs d'importation illicite de stupéfiants, infractions à la législation sur les stupéfiants, blanchiment et non – justification de ressources; que, le 26 mai 2016, M. D... X... et son cousin, M. F... X..., ont été interpellés lors d'une opération de police au cours de laquelle M. A... a été tué, les forces de l'ordre ayant dû faire usage de leurs armes; qu'ont été découverts dans le véhicule conduit par M. A... 60000 cachets d'ecstasy ainsi que, dans un garage, 12 kilogrammes de résine de cannabis, 4 pistolets automatiques et des munitions; que M. D... X..., frère de E..., a été mis en examen des chefs d'infractions à la législation sur les stupéfiants, blanchiment, non justification de ressources, association de malfaiteurs, et infractions à la législation sur les armes; que le 30 novembre 2016, son avocat a déposé une requête en nullité de pièces de la procédure;

Mais attendu qu'en statuant ainsi, alors que l'autorité de chose jugée ne peut être opposée à M. D... X... qui n'est pas partie à la procédure ayant donné lieu à la décision du 5 avril 2016, la chambre de l'instruction a méconnu les textes et le principe ci-dessus rappelés;

D'où il suit que la cassation est encore encourue;

CASSE et ANNULE l'arrêt susvisé de la chambre de l'instruction de la cour d'appel de Besançon, en date du 25 octobre 2017, mais en ses seules dispositions relatives à l'autorité de la chose jugée, aux écoutes téléphoniques, aux commissions rogatoires de géolocalisation des véhicules Fiat 500 immatriculé [...] et Renault Espace immatriculé [...], aux perquisitions dans l'appartement et le garage [...], et aux 5 expertises contestées, toutes autres dispositions étant expressément maintenues;

Et pour qu'il soit à nouveau statué, conformément à la loi, dans les limites de la cassation ainsi prononcée,

RENVOIE la cause et les parties devant la chambre de l'instruction de la cour d'appel de LYON à ce désignée par délibération spéciale prise en chambre du conseil;

(Cour de cassation – Chambre criminelle du 20 juin 2018 – N° de pourvoi: 17-86657).

• Infractions à la législation sur les stupéfiants – Chambre de l'instruction – Requête en nullité – Intérêt à demander l'annulation de l'acte

M. [F] [T] a formé un pourvoi contre l'arrêt de la chambre de l'instruction de la cour d'appel de TOULOUSE (31), *en date du 14/01/2021, qui, dans l'information suivie contre lui du chef d'infractions à la législation sur les stupéfiants, a prononcé sur la nullité d'actes de la procédure.*

Vu les articles 171 et 802 du C.P.P.:

11. Il résulte desdits articles que l'inobservation des formalités substantielles ou prescrites à peine de nullité doit entraîner la nullité de la procédure, lorsqu'il en est résulté une atteinte aux intérêts de la partie concernée.

12. Il s'ensuit les principes généraux suivants.

13. Hors les cas de nullité d'ordre public, qui touchent à la bonne administration de la justice, la chambre de l'instruction, saisie d'une requête en nullité, doit successivement d'abord rechercher si le requérant a intérêt à demander l'annulation de l'acte, puis, s'il a qualité pour la demander et, enfin, si l'irrégularité alléguée lui a causé un grief.

14. Le requérant a intérêt à agir s'il a un intérêt à obtenir l'annulation de l'acte.

15. Pour déterminer si le requérant a qualité pour agir en nullité, la chambre de l'instruction doit rechercher si la formalité substantielle ou prescrite à peine de nullité, dont la méconnaissance est alléguée, a pour objet de préserver un droit ou un intérêt qui lui est propre.

16. L'existence d'un grief est établie lorsque l'irrégularité elle-même a occasionné un préjudice au requérant, lequel ne peut résulter de la seule mise en cause de celui-ci par l'acte critiqué.

(Cour de cassation – Chambre criminelle du 7 septembre 2021 – N° de pourvoi: 21-80.642).

• Infractions à la législation sur les stupéfiants – Perquisition – Absence de signature du procès-verbal de perquisition et saisie

M. [F] [T] a formé un pourvoi contre l'arrêt de la chambre de l'instruction de la cour d'appel de TOULOUSE (31), *en date du 14/01/2021, qui, dans l'information suivie contre lui du chef d'infractions à la législation sur les stupéfiants, a prononcé sur la nullité d'actes de la procédure.*

18. La Cour de cassation juge que la méconnaissance des formalités substantielles régissant les perquisitions et les saisies ne peut être invoquée à l'appui d'une demande d'annulation d'actes que par la partie titulaire d'un droit sur le local dans lequel elles ont été effectuées (Crim., 06/02/2018, pourvoi n° 17-84.380, Bull. crim. 2018, n° 30).

22. Dès lors, la jurisprudence précitée au paragraphe 18, qui réserve au seul titulaire d'un droit sur le local perquisitionné la qualité pour agir en nullité, ne peut être maintenue en cas de violation d'une formalité substantielle dont l'objet est de garantir le caractère contradictoire du déroulement des opérations de perquisition ainsi que la présence effective sur les lieux des objets découverts et saisis.

23. Il s'ensuit que toute partie a qualité pour invoquer la méconnaissance de la formalité prise de l'absence de signature du procès-verbal de perquisition et saisie.

(Cour de cassation – Chambre criminelle du 7 septembre 2021 – N° de pourvoi: 21-80.642).

Article 172. – Renonciation – *(Loi n° 93-1013 du 24 août 1993)*

• La partie envers laquelle une formalité substantielle a été méconnue peut renoncer à s'en prévaloir et régulariser ainsi la procédure. Cette renonciation doit être expresse. Elle ne peut être donnée qu'en présence de l'avocat ou ce dernier dûment appelé.

Article 173. – Conséquences – Nullité – *(Loi n° 2019-222 du 23 mars 2019 + Décision n° 2022-995/997 QPC du 3 juin 2022)*

• S'il apparaît au juge d'instruction qu'un acte ou une pièce de la procédure est frappé de nullité, il saisit la chambre de l'instruction aux fins d'annulation, après avoir pris l'avis du procureur de la République et avoir informé les parties.

• Si le procureur de la République estime qu'une nullité a été commise, il requiert du juge d'instruction communication de la procédure en vue de sa transmission à la chambre de l'instruction, présente requête aux fins d'annulation à cette chambre et en informe les parties.

• Si l'une des parties ou le témoin assisté estime qu'une nullité a été commise, elle saisit la chambre de l'instruction par requête motivée, dont elle adresse copie au juge d'instruction qui transmet le dossier de la procédure au président de la chambre de l'instruction. La requête doit, à peine d'irrecevabilité, faire l'objet d'une déclaration au greffe de la chambre de l'instruction. Elle est constatée et datée par le greffier qui la signe ainsi que le demandeur ou son avocat. Si le demandeur ne peut signer, il en est fait mention par le greffier. Lorsque le demandeur ou son avocat ne réside pas dans le ressort de la juridiction compétente, la déclaration au greffe peut être faite au moyen d'une lettre recommandée avec demande d'avis de réception. Lorsque la personne mise en examen est détenue, la requête peut également être faite au moyen d'une déclaration auprès du chef de l'établissement pénitentiaire. Cette déclaration est constatée et datée par le chef de l'établissement pénitentiaire qui la signe, ainsi que le demandeur. Si celui-ci ne peut signer, il en est fait mention par le chef de l'établissement. Ce document est adressé sans délai, en original ou en copie et par tout moyen, au greffe de la chambre de l'instruction.

• Les dispositions des 3 premiers alinéas ne sont pas applicables aux actes de procédure qui peuvent faire l'objet d'un appel de la part des parties, et notamment des décisions rendues en matière de détention provisoire ou de contrôle judiciaire, à l'exception des actes pris en application du chapitre IX du titre II du livre II du Code de la sécurité intérieure.

• Dans les 8 jours de la réception du dossier par le greffe de la chambre de l'instruction, le président peut, par ordonnance non susceptible de recours, constater que la requête est irrecevable en application des 3e ou 4e alinéas du présent article, de l'article 173-1, du 1er alinéa de l'article 174 ou du IV de l'article 175 ; il peut également constater l'irrecevabilité de la requête si celle-ci n'est pas motivée. S'il constate l'irrecevabilité de la requête, le président de la chambre de l'instruction ordonne que le dossier de l'information soit renvoyé au juge d'instruction ; dans les autres cas, il le transmet au procureur général qui procède ainsi qu'il est dit aux articles 194 et suivants.

QPC • *Par une décision n° 2021-996/997 QPC du 03/06/2022, le Conseil constitutionnel a déclaré conformes à la Constitution les mots « dans les autres cas, il le transmet au procureur général qui procède ainsi qu'il est dit aux articles 194 et suivants » figurant à la 2de phrase du dernier alinéa de l'article 173 du C.P.P., dans sa rédaction résultant de la loi n° 2019-222 du 23/03/2019 de programmation 2018-2022 et de réforme pour la justice, sous la réserve énoncée au paragraphe 12 aux termes de laquelle : « dans le cas où elle est saisie d'une requête en nullité d'un mandat d'arrêt pour l'exécution duquel une personne est placée sous écrou extraditionnel à l'étranger, il incombe à la chambre de l'instruction de statuer dans les plus brefs délais ».*

J **• Infraction au Code forestier – Instruction – Nullités – Chambre d'accusation – Saisine – Saisine par le juge d'instruction, le procureur de la République ou l'une des parties – Requête de l'une des parties – Irrecevabilité – Requête fondée sur l'irrecevabilité de la constitution de la partie civile**

Contre l'arrêt de la chambre d'accusation de la cour d'appel de TOULOUSE, en date du 05/10/1999, qui, dans l'information suivie contre eux pour infraction au Code forestier, a déclaré irrecevable leur requête en annulation d'actes de la procédure.

Doit être déclarée irrecevable la requête en annulation d'actes de l'information, présentée devant la chambre d'accusation et fondée sur l'irrecevabilité alléguée de la constitution de partie civile, dès lors que cette exception n'entre pas dans les prévisions des articles 171 et 173 du C.P.P. et doit être soumise au J.I. qui statue par ordonnance susceptible d'appel.

(Cour de cassation – Chambre criminelle du 12 janvier 2000 – N° de pourvoi : 99-86.999).

• Complicité d'assassinat – Cassation – Juridiction de renvoi – Chambre de l'instruction – Pouvoirs – Étendue **– Cassation portant sur les nullités de la procédure – Nullité non soulevée devant la chambre de l'instruction initialement saisie – Irrecevabilité**

Contre l'arrêt de la chambre d'accusation de la cour d'appel de PARIS, en date du 15/12/2000, qui, statuant sur renvoi après cassation, dans l'information suivie contre eux pour complicité d'assassinat, a dit n'y avoir lieu à annulation d'actes de la procédure; X..., Y..., Z..., A..., B..., contre l'arrêt de la chambre de l'instruction de la cour d'appel de Paris, en date du 08/02/2002, qui, statuant sur renvoi après cassation, les a renvoyés devant la cour d'assises des Yvelines, sous l'accusation, les 4 premiers, de séquestration et détention en bande organisée suivie de la mort de la victime, et, le dernier, de complicité de ce crime.

Devant la chambre de l'instruction statuant sur renvoi après cassation d'un arrêt ayant statué sur les nullités de la procédure en application des articles 173 et 174 du C.P.P., seuls peuvent être invoqués, dans les limites de la cassation prononcée, les moyens de nullité qui avaient été soulevés devant la chambre de l'instruction dont l'arrêt a été cassé.

(Cour de cassation – Chambre criminelle du 11 juin 2002 – N° de pourvoi : 01-80.267).

• Infraction au Code forestier – Instruction – Commission rogatoire – Commission rogatoire internationale – Exécution – Actes d'exécution – Contrôle de régularité – Condition

Contre l'arrêt n° 324 de la chambre de l'instruction de la cour d'appel de BASTIA, en date du 18/09/2002, qui a rejeté la demande, présentée par le 2d, tendant à l'annulation d'actes d'exécution d'une commission rogatoire délivrée par un J.I. monégasque.

L'article 694 du C.P.P., selon lequel les demandes d'entraide émanant des autorités judiciaires étrangères sont exécutées dans les formes prévues par ledit Code, implique que la régularité de leur exécution soit contrôlée par les juridictions françaises.

Toutefois, si l'article 173 du C.P.P. ne fait pas obstacle à ce que la chambre de l'instruction soit saisie, selon les modalités qu'il prévoit, d'une requête en annulation de pièces d'exécution en France d'une commission rogatoire délivrée par une autorité judiciaire étrangère, c'est à la condition que ces pièces puissent être mises à la disposition de la juridiction compétente pour en assurer le contrôle.

Tel n'est pas le cas lorsque ces pièces ont été transmises à l'État requérant pour être intégrées dans le dossier de la procédure suivie à l'étranger, la chambre de l'instruction ne pouvant statuer en l'état des seules copies produites par le requérant.

(Cour de cassation – Chambre criminelle du 3 juin 2003 – N° de pourvoi : 02-87.484).

• **Viols et agressions sexuelles aggravés... – Enquête administrative versée dans une information à titre de renseignement – Acte ou pièce de procédure au sens de l'article 173 du C.P.P.** *(non)*

Contre l'arrêt de la chambre de l'instruction de la cour d'appel de PARIS, en date du 27/03/2003, qui, dans l'information suivie contre lui des chefs de viols et agressions sexuelles aggravés, obtention indue de document administratif, a rejeté sa demande d'annulation d'actes de la procédure.

Attendu qu'une enquête administrative versée dans une information à titre de renseignement ne constituant pas un acte ou une pièce de procédure au sens de l'article 173 du C.P.P., est inopérant le moyen qui fait grief à l'arrêt attaqué d'avoir laissé sans réponse une demande d'annulation de ladite enquête.

(Cour de cassation – Chambre criminelle du 16 septembre 2003 – N° de pourvoi : 03-82.918).

• **Recel habituel – Instruction – Témoin – Protection – Ordonnance du juge des libertés et de la détention autorisant le recueil des déclarations d'un témoin sans révélation de son identité – Voies de recours – Détermination**

Contre l'arrêt de la chambre de l'instruction de la cour d'appel d'AMIENS, en date du 16/09/2005, qui, dans l'information suivie contre lui pour recel habituel, a rejeté sa requête en annulation d'actes de la procédure.

Attendu que, la procédure instituée par l'article 173 du C.P.P. ne pouvant être utilisée pour contester l'ordonnance du J.L.D. autorisant le recueil des déclarations d'un témoin sans révélation de son identité, seul le recours prévu par l'article 706-60 du Code précité pouvant être exercé par la personne mise en examen à l'encontre de cette décision, le demandeur ne saurait se faire un grief de ce que la chambre de l'instruction ait rejeté sa demande tendant à l'annulation de l'ordonnance du magistrat, dès lors que les juges auraient dû la déclarer irrecevable.

(Cour de cassation – Chambre criminelle du 15 février 2006 – N° de pourvoi : 05-87.002).

• **Tentatives de meurtres... – Chambre de l'instruction – Nullités de l'instruction – Examen de la régularité de la procédure – Annulation d'actes – Demande de la personne mise en examen – Procès-verbal d'audition d'un témoin sans révélation de son identité – Moyen de nullité précédemment invoqué au soutien d'une contestation fondée sur l'article 706-60, al. 2 du C.P.P. – Effet**

Contre l'arrêt de la chambre de l'instruction de la cour d'appel de DOUAI, en date du 14/03/2006, qui, dans l'information suivie contre lui des chefs, notamment, de tentatives de meurtres, association de malfaiteurs, vol avec arme, a prononcé sur sa demande d'annulation d'actes de la procédure.

Les raisons invoquées pour contester, en application de l'article 706-60, al. 2, du C.P.P., le recours à la procédure de recueil des déclarations d'un témoin sans révélation de son identité ne peuvent être à nouveau présentées devant la chambre de l'instruction, saisie, sur le fondement de l'article 173 du même code, d'une requête en nullité du procès-verbal d'audition de ce témoin.

Justifie dès lors sa décision la chambre de l'instruction qui, pour rejeter la requête en annulation d'une audition de témoin anonyme, présentée sur le fondement de l'article 173 du C.P.P., retient que cette requête est recevable mais que l'argument selon lequel le témoin, qui avait eu connaissance de certains éléments en détention, ne pouvait être entendu selon cette procédure, les articles 706-57 et 706-58 dudit code exigeant qu'il n'existe aucune raison plausible de soupçonner que le témoin ait commis une infraction, a été soumis au président de la chambre saisi antérieurement, en application de l'article 706-60 du même code, d'une requête tendant à lever l'anonymat du témoin et écarté.

(Cour de cassation – Chambre criminelle du 12 juillet 2006 – N° de pourvoi : 06-82.931).

• **Abus de biens sociaux... – Instruction – Nullités – Chambre de l'instruction – Saisine – Saisine par le juge d'instruction, le procureur de la République ou l'une des parties – Requête de l'une des parties – Déclaration au greffe – Nécessité**

Contre l'ordonnance du président de la chambre de l'instruction de la cour d'appel de REIMS, en date du 12/06/2008, qui, dans l'information suivie contre le 1er du chef d'abus de biens sociaux et travail dissimulé et contre la 2de de recel d'abus de biens sociaux, a déclaré irrecevable leur requête en annulation d'actes de la procédure.

L'article 173, al. 3, du C.P.P. exige que la requête en annulation d'actes de la procédure soit faite par le demandeur ou son avocat, par une déclaration au greffe de la chambre de l'instruction, constatée, datée et signée par le greffier.

(Cour de cassation – Chambre criminelle du 8 octobre 2008 – N° de pourvoi : 08-85.382).

• **Homicides et blessures involontaires... – Instruction – Mandat – Mandat d'arrêt – Personne faisant l'objet d'un mandat d'arrêt – Qualité – Qualité de personne mise en examen ou de témoin assisté** ***(non)***

Contre l'arrêt de la chambre de l'instruction de la cour d'appel de PARIS, 3e section, en date du 16/06/2009, qui dans l'information suivie contre personne non dénommée des chefs d'homicides et blessures involontaires et défaut d'assistance à personne en péril, a déclaré irrecevable la requête en nullité de la procédure présentée par les 7 derniers et a prononcé la nullité de 2 mandats d'arrêt et d'actes subséquents.

La délivrance d'un mandat d'arrêt par le J.I., au cours de l'information et avant tout interrogatoire, ne confère pas à celui qui en est l'objet la qualité de personne mise en examen et, par voie de conséquence, celle de partie au sens de l'article 173 du C.P.P., ni encore celle de témoin assisté. Les dispositions des articles 5, 6 et 13 de la Convention européenne des droits de l'homme n'étant pas applicables en cas de recours formé contre un tel mandat dont le seul objet est d'assurer la représentation en justice de la personne à l'encontre de laquelle il est délivré, afin notamment de permettre son interrogatoire par le J.I., la chambre de l'instruction déclare, à bon droit, irrecevable la requête du demandeur tendant à l'annulation de l'information et, subsidiairement, à la mainlevée dudit mandat. Est lui-même irrecevable, comme émanant d'une personne qui n'est pas partie au sens de l'article 567 du C.P.P., le pourvoi formé contre un tel arrêt.

(Cour de cassation – Chambre criminelle du 19 janvier 2010 – N° de pourvoi : 09-84.818).

• **Enlèvement et séquestration... – Instruction – Commission rogatoire – Commission rogatoire internationale – Convention européenne d'entraide judiciaire du 20/04/1959 – Exécution – Acte d'exécution – Contrôle de régularité – Conditions**

Contre l'arrêt de la chambre de l'instruction de la cour d'appel de PARIS, 6e section, en date du 24/11/2009, qui, dans l'information suivie contre lui des chefs d'enlèvement et séquestration sans libération volontaire avant le 7e jour, violences aggravées et vol aggravé, a prononcé sur sa demande d'annulation de pièces de la procédure.

Il résulte des articles 3 de la C.E.E.J. en matière pénale et 694-3 du C.P.P. que les demandes d'entraide judiciaire émanant des autorités judiciaires étrangères sont exécutées selon les règles de procédure prévues par la législation de la partie requise.

Par ailleurs, les dispositions de l'article 173 du C.P.P. ne font pas obstacle à ce que la chambre de l'instruction soit saisie, selon les modalités qu'il prévoit, d'une requête en annulation de pièces d'exécution en France d'une commission rogatoire délivrée par une autorité judiciaire étrangère, à la condition que ces pièces puissent être mises à la disposition de la juridiction compétente pour en assurer le contrôle.

Encourt dès lors la cassation l'arrêt d'une chambre de l'instruction qui, pour rejeter la requête du mis en examen tendant à l'annulation d'interrogatoires effectués lors de la G.A.V. ordonnée pour l'exécution de commissions rogatoires délivrées par des autorités judiciaires étrangères, énonce que la juridiction française, qui ne dispose que d'une partie de la procédure diligentée sur délégation des autorités judiciaires étrangères, n'a pas compétence pour en apprécier la validité, le contrôle de ces éléments étant du ressort exclusif de ces autorités, alors que les faits avaient été officiellement dénoncés aux autorités judiciaires françaises, lesquelles avaient été autorisées à utiliser les pièces d'exécution des commissions rogatoires étrangères, qu'une information avait été ouverte et qu'une copie de l'intégralité des pièces établies avait été versée au dossier de la procédure.

(Cour de cassation – Chambre criminelle du 16 février 2010 – N° de pourvoi : 09-88.273).

• Escroqueries... – Instruction – Nullités – Chambre de l'instruction – Délai – Délai exprimé en mois – Expiration – Prorogation – Modalités – Détermination

Contre l'arrêt de la chambre de l'instruction de la cour d'appel de DOUAI, en date du 15/12/2009, qui, dans l'information suivie contre elle notamment des chefs d'escroqueries et tentatives d'escroqueries en bande organisée, a prononcé sur sa demande d'annulation de pièces de la procédure.

Lorsqu'un délai est exprimé en mois, il expire le jour du dernier mois qui porte le même quantième que le jour de l'acte, de l'événement, de la décision ou de la notification qui fait courir le délai, lequel ne peut être prorogé qu'en application des dispositions de l'article 801 du C.P.P.

Pour l'application de l'article 173 du C.P.P., lorsque la déclaration au greffe peut être faite au moyen d'une lettre recommandée avec demande d'avis de réception, seule la date de réception de la requête à la cour d'appel doit être retenue.

Justifie sa décision la chambre de l'instruction qui déclare irrecevable une requête en annulation formée par un mis en examen sur le fondement de l'article 173-1 du C.P.P., par lettre recommandée avec demande d'avis de réception en date du 25/08/2009, enregistrée au greffe de la juridiction le 28/08/2009, en retenant qu'elle a été formée après expiration du délai de 6 mois ayant suivi sa mise en examen intervenue le 27/02/2009.

(Cour de cassation – Chambre criminelle du 11 mai 2010 – N° de pourvoi : 10-81.055).

• Génocide... – Instruction – Commission rogatoire – Commission rogatoire internationale – Exécution – Actes d'exécution – Contrôle de régularité – Condition

Contre l'arrêt de la chambre de l'instruction de la cour d'appel de PARIS, 6e section, en date du 19/01/2012, qui, dans l'information suivie contre lui pour génocide, pratiques massives et systématiques d'exécutions sommaires inspirées par des motifs politiques ou raciaux et organisées en exécution d'un plan concerté à l'encontre d'un groupe de population civile, participation à un groupement formé ou une entente établie en vue de la préparation de ces 2 crimes, et ce, en qualité de coauteur ou de complice, a prononcé sur sa demande d'annulation d'actes de la procédure.

La chambre de l'instruction est incompétente pour statuer, d'une part, sur la validité d'une autorisation écrite accordée par le procureur général de l'État requis à un J.I. français de se transporter dans cet État et de procéder lui-même aux auditions de témoins, demandées par commission rogatoire internationale, d'autre part, sur la régularité des actes accomplis par ce magistrat, dans les formes définies, en l'absence de convention d'entraide judiciaire, par l'autorité judiciaire de l'État requis et relevant de la souveraineté de celui-ci.

(Cour de cassation – Chambre criminelle du 20 juin 2012 – N° de pourvoi : 12-81.024).

• Viol... – Chambre de l'instruction – Nullités de l'instruction – Examen de la régularité de la procédure – Annulation d'actes – Demande de la personne mise en examen – Recevabilité – Cas – Juridiction correctionnelle – Saisine – Ordonnance de renvoi devant le tribunal correctionnel *(non)* – Moyen de nullité déclaré irrecevable comme tardif – Déclaration d'incompétence en raison de la nature criminelle des faits – Ouverture d'une information judiciaire – Moyen de nullité soulevé à nouveau

Contre l'arrêt de la chambre de l'instruction de la cour d'appel de LIMOGES, en date du 16/01/2014, qui, dans l'information suivie contre lui des chefs de viol, administration de substance nuisible avec préméditation ou guet-apens, a prononcé sur sa demande d'annulation d'actes de la procédure.

Il résulte de la combinaison des articles 173, 385 et 469 du C.P.P. que la personne mise en examen dans une information faisant suite à une décision d'incompétence, en raison de la nature criminelle des faits poursuivis, rendue par la juridiction correctionnelle, laquelle avait été saisie autrement que par une ordonnance de renvoi du J.I., est recevable à soulever devant la chambre de l'instruction, au soutien d'une requête présentée en application de l'article 173 du C.P.P., un moyen de nullité que ladite juridiction correctionnelle avait auparavant déclaré irrecevable en application de l'article 385 du même code.

(Cour de cassation – Chambre criminelle du 4 juin 2014 – N° de pourvoi : 14-81.097).

• Complicité de destruction de biens... – Pouvoir du président de la chambre de l'instruction

Contre l'ordonnance du président de la chambre de l'instruction de la cour d'appel de PARIS, en date du 08/02/2014, qui, dans l'information suivie contre lui des chefs de complicité de destruction de biens par l'effet d'une substance explosive ayant entraîné la mort de personnes et des infirmités permanentes, meurtre et violences, a déclaré irrecevable sa requête en annulation de pièces de la procédure.

Attendu que, d'une part, en vertu du dernier alinéa du 1er de ces textes, le président de la chambre de l'instruction, saisi par l'une des parties d'une requête en annulation d'actes ou pièces de la procédure, ne peut en constater l'irrecevabilité que dans les cas limitativement prévus aux 3e et 4e alinéas de cet article, et aux articles 173-1, 174, 1er alinéa, et 175, 4e alinéa, dudit code, ou lorsque la requête n'est pas motivée.

(Cour de cassation – Chambre criminelle du 17 juin 2014 – N° de pourvoi : 14-81.584).

• Escroquerie en bande organisée – Chambre de l'instruction – Procédure – Débats – Audition des parties – Ordre – Personne mise en examen ou son conseil – Audition le dernier – Mention – Assimilation des personnes mises en examen et des témoins assistés – Absence de grief

Contre l'arrêt n° 6 de la chambre de l'instruction de la cour d'appel de PARIS, 2e section, en date du 15/01/2015, qui, dans l'information suivie contre lui du chef d'escroquerie en bande organisée, a prononcé sur sa demande d'annulation d'actes de la procédure.

Les personnes mises en examen ne sauraient se faire un grief de ce que les avocats des témoins assistés aient eu, au même titre que leurs propres avocats, la parole en dernier, dès lors que le témoin assisté se trouve dans une situation identique à la leur, pouvant, dans les mêmes conditions que l'une des parties, saisir la chambre de l'instruction d'une requête en

annulation d'actes de la procédure, produire un mémoire et prendre la parole devant celle-ci quel que soit l'initiateur de la procédure en nullité.
(Cour de cassation – Chambre criminelle du 19 janvier 2016 – N° de pourvoi : 15-81.041).

• Tromperie... – Cas d'irrecevabilité
REJET des pourvois formés par M. Jean-Marie X..., Mme Brigitte Y... épouse Z..., l'association spirituelle de l'église de scientologie d'Ile-de-France (ASESIF), l'association spirituelle de l'église de scientologie celebrity centre (ASES-CC), The European Office of the Association for Better Living and Education (ABLE), contre l'arrêt de la chambre de l'instruction de la cour d'appel de PARIS, 1re section, en date du 10/04/2018, qui, dans la procédure suivie contre le 1er et la 2e des chefs de tromperie et pratique commerciale trompeuse, travail dissimulé, complicité d'abus de biens sociaux et recel, les 3e, 4e et 5e, des chefs de complicité de tromperie et de pratique commerciale trompeuse et recel, a prononcé sur leurs requêtes en annulation d'actes de la procédure.

Qu'enfin, est irrecevable la requête aux fins d'annulation d'une mise en examen présentée, comme en l'espèce, sur le fondement de l'article 80-1, al. 1, du C.P.P., qui permet à la personne concernée de saisir la chambre de l'instruction, en application des articles 173 et suivants du même code, d'une telle requête pour défaut d'indices graves ou concordants rendant vraisemblable qu'elle ait pu participer, comme auteur ou comme complice, à la commission d'une infraction, lorsque le J.I. a procédé à cette mise en examen en exécution d'un arrêt de ladite chambre ordonnant un supplément d'information, sans que cette irrecevabilité ne porte une atteinte disproportionnée au droit au recours juridictionnel effectif, la personne mise examen ne pouvant être renvoyée devant la juridiction de jugement qu'après avoir bénéficié d'un débat contradictoire devant la chambre de l'instruction sur les charges retenues contre elle.
(Cour de cassation – Chambre criminelle du 11 décembre 2018 – N° de pourvoi : 18-82.854).

• Infractions au code du travail et blanchiment – Nullité d'actes viciés
M. N... M... et la société [...] ont formé des pourvois contre l'arrêt de la chambre de l'instruction de la cour d'appel de MONTPELLIER, en date du 29/03/2018, qui, sur renvoi après cassation (Crim,14/11/2017, pourvoi n° 17-81.688), dans l'information suivie contre eux des chefs d'infractions au code du travail et blanchiment, a prononcé sur une requête en annulation de pièces de la procédure.

Cet examen par la chambre de l'instruction de renvoi ne prive pas les parties, le témoin assisté ou le J.I. du droit de soulever la nullité d'actes viciés en eux-mêmes devant la chambre de l'instruction primitivement saisie dans le cadre d'une autre requête en nullité régulièrement déposée dans les conditions prévues par l'article 173 du C.P.P.
(Cour de cassation – Chambre criminelle du 19 mai 2020 – N° de pourvoi : 18-82.844).

Article 173-1. – Interrogatoires et auditions – *(Loi n° 2016-731 du 3 juin 2016)*

• Sous peine d'irrecevabilité, la personne mise en examen doit faire état des moyens pris de la nullité des actes accomplis avant son interrogatoire de première comparution ou de cet interrogatoire lui-même dans un délai de six mois à compter de la notification de sa mise en examen, sauf dans le cas où elle n'aurait pu les connaître. Il en est de même s'agissant des moyens pris de la nullité des actes accomplis avant chacun de ses interrogatoires ultérieurs ou des actes qui lui ont été notifiés en application du présent code.

• Il en est de même pour le témoin assisté à compter de sa première audition puis de ses auditions ultérieures.

• Il en est de même pour la partie civile à compter de sa première audition puis de ses auditions ultérieures.

J **• Blanchiment aggravé... – Confrontation**
M. [D] [L] a formé un pourvoi contre l'ordonnance du président de la chambre de l'instruction de la cour d'appel de BORDEAUX (33), en date du 02/10/2020, qui, dans l'information suivie contre lui des chefs de blanchiment aggravé, escroquerie en bande organisée et association de malfaiteurs, a prononcé sur sa demande d'annulation de pièces de la procédure.

5. Bien que les termes de l'article 173-1 du C.P.P. fassent état d'une computation du délai de 6 mois à compter de chaque interrogatoire, l'esprit du texte permet de considérer qu'il en va de même pour chaque confrontation qui, réunissant plusieurs intervenants, n'en constitue pas moins un interrogatoire pour la personne mise en examen.
(Cour de cassation – Chambre criminelle du 26 mai 2021 – N° de pourvoi : 20-86.011).

• Blanchiment aggravé... – Nullité des actes accomplis – Connaissance
M. [D] [L] a formé un pourvoi contre l'ordonnance du président de la chambre de l'instruction de la cour d'appel de BORDEAUX (33), en date du 02/10/2020, qui, dans l'information suivie contre lui des chefs de blanchiment aggravé, escroquerie en bande organisée et association de malfaiteurs, a prononcé sur sa demande d'annulation de pièces de la procédure.

6. Par ailleurs, si cette dernière doit faire état, à peine de forclusion, des moyens pris de la nullité des actes accomplis avant chaque interrogatoire ou confrontation dans un délai de 6 mois suivant celui-ci, c'est à la condition qu'elle ait pu en avoir connaissance.
(Cour de cassation – Chambre criminelle du 26 mai 2021 – N° de pourvoi : 20-86.011).

• Arrestation, enlèvement, séquestration ou détention arbitraire... – Chambre de l'instruction – Appel des ordonnances du J.I. – Ordonnance de mise en accusation – Délai – Majeur protégé – Assistance du tuteur ou curateur – Défaut – Effet
M. [R] [W] a formé un pourvoi contre l'ordonnance du président de la chambre de l'instruction de la cour d'appel de RIOM (63), en date du 15/12/2020, qui, dans l'information suivie contre lui, des chefs d'arrestation, enlèvement, séquestration ou détention arbitraire, viol et violences aggravés, a déclaré irrecevable sa requête en nullité de la procédure.

Dès lors que la personne mise en examen dont la qualité de majeur protégé apparaît en procédure ne bénéficie pas de l'assistance de son tuteur ou curateur, elle ne peut être regardée comme étant en mesure de connaître les éventuelles nullités affectant la procédure, de sorte que le délai de forclusion de l'article 173-1 du C.P.P. ne court pas. Excède en conséquence ses pouvoirs le président de la chambre de l'instruction qui déclare irrecevable la requête en nullité d'un majeur protégé formée plus de 6 mois après sa mise en examen, alors qu'au moment de celle-ci, l'intéressé, qui avait déclaré lors de sa garde à vue qu'il était sous curatelle sans être en mesure de communiquer les coordonnées de son curateur, n'était pas assisté de ce dernier ou d'un conseil désigné par lui.

(Cour de cassation – Chambre criminelle du 22 juin 2021 – N° de pourvoi: 21-80.407).

Article 174. – Chambre de l'instruction – *(Loi n° 2007-291 du 5 mars 2007)*

• Lorsque la chambre de l'instruction est saisie sur le fondement de l'article 173 ou de l'article 221-3, tous moyens pris de nullité de la procédure qui lui est transmise doivent, sans préjudice du droit qui lui appartient de les relever d'office, lui être proposés. À défaut, les parties ne sont plus recevables à en faire état, sauf le cas où elles n'auraient pu les connaître.

• La chambre de l'instruction décide si l'annulation doit être limitée à tout ou partie des actes ou pièces de la procédure viciée ou s'étendre à tout ou partie de la procédure ultérieure et procède comme il est dit au troisième alinéa de l'article 206.

• Les actes ou pièces annulés sont retirés du dossier d'information et classés au greffe de la cour d'appel. Les actes ou pièces de la procédure partiellement annulés sont cancellés après qu'a été établie une copie certifiée conforme à l'original, qui est classée au greffe de la cour d'appel. Il est interdit de tirer des actes et des pièces ou parties d'actes ou de pièces annulés aucun renseignement contre les parties, à peine de poursuites disciplinaires pour les avocats et les magistrats.

J • **Assassinat – Instruction – Nullités – Chambre d'accusation – Saisine – Saisine par le juge d'instruction… – Arrêt antérieur validant la procédure – Portée**

Contre l'arrêt de la chambre d'accusation de la cour d'appel de Montpellier, en date du 14 avril 1994, qui l'a renvoyé devant la cour d'assises de l'Hérault sous l'accusation d'assassinat.

Attendu qu'il résulte des pièces de la procédure que Christian X… et Yves Y… ont été simultanément inculpés le 7 septembre 1989 dans l'information ouverte après l'homicide de Patrick Z…; qu'Yves Y… a présenté le 20 avril 1993 une requête tendant à l'annulation de la procédure, soutenant que des irrégularités auraient affecté des écoutes téléphoniques;

Attendu que les parties et leurs conseils ayant été régulièrement avisés de la date de l'audience à laquelle il serait contradictoirement débattu sur la régularité de la procédure, la chambre d'accusation a, par arrêt du 25 mai 1993, rejeté la requête en annulation et constaté la validité de l'ensemble de la procédure qui lui était soumise;

Attendu que Christian X…, qui ne s'est pas pourvu en cassation contre cette décision, ne saurait dès lors faire grief à l'arrêt de renvoi attaqué de l'avoir dit irrecevable à arguer de nullité des actes qui avaient été déclarés réguliers par l'arrêt précité du 25 mai 1993, rendu au terme d'une procédure contradictoire à son égard, dès lors qu'il connaissait l'existence des écoutes téléphoniques contestées;

Qu'en effet, il résulte de l'article 174, alinéa 1er, du Code de procédure pénale que, lorsque la chambre d'accusation examine la régularité d'une procédure d'information, tous moyens pris de sa nullité doivent lui être soumis et que les parties ne sont plus recevables à s'en prévaloir par la suite, sauf le cas où elles n'auraient pu les connaître;

D'où il suit que le moyen ne peut être accueilli;

Et attendu que la chambre d'accusation était compétente, qu'il en est de même de la cour d'assises devant laquelle le demandeur est renvoyé; que la procédure est régulière et que les faits, objet de l'accusation, sont qualifiés crimes par la loi;

REJETTE le pourvoi.

Résumé: Il résulte de l'article 174, alinéa 1er, du Code de procédure pénale que, lorsque la chambre d'accusation examine la régularité d'une procédure, tous moyens pris de sa nullité doivent lui être soumis, et que les parties ne sont plus recevables à s'en prévaloir par la suite, sauf le cas où elles n'auraient pu les connaître. Ainsi un inculpé est irrecevable à contester la validité d'écoutes téléphoniques déclarées régulières par un précédent arrêt de la chambre d'accusation, saisie sur requête d'un coïnculpé, dès lors que cet arrêt a été rendu au terme d'une procédure contradictoire à son égard et qu'il connaissait antérieurement l'existence des écoutes.

(Cour de cassation – Chambre criminelle du 19 juillet 1994 – N° de pourvoi: 94-82474).

• **Infraction à la législation sur les stupéfiants – Association de malfaiteurs – Actes de géolocalisation**

Contre l'arrêt de la chambre de l'instruction de la cour d'appel de GRENOBLE, en date du 3 octobre 2017, qui, dans l'information suivie contre lui des chefs d'infraction à la législation sur les stupéfiants et association de malfaiteurs, a prononcé sur sa demande en annulation de pièces de la procédure;

Attendu qu'il résulte de l'arrêt attaqué et des éléments de la procédure que, début décembre 2015, une habitante de la commune de […] a dénoncé à la brigade de gendarmerie de […] M. B… Z…, résidant à […], comme étant un fournisseur de cocaïne; que les toutes premières investigations, réalisées en enquête préliminaire par la section de recherches de la gendarmerie de Grenoble, ont conduit un officier de police judiciaire à mettre en place, le 14 janvier 2016 à 4 heures 25, un moyen de localisation en temps réel sur un véhicule Audi A3, utilisé par M. Z…, au regard de l'urgence résultant, selon le procès-verbal établi, d'un «risque imminent de dépérissement des preuves caractérisé par les déplacements réguliers de M. Z… au volant de ce véhicule»; que, par autorisation du même jour à 15 heures 15, le procureur de la République de Grenoble a autorisé la prolongation de la mesure au visa d'un risque imminent de dépérissement des preuves ou d'atteintes graves aux personnes ou aux biens sans autre caractérisation; que M. Z…, mis en examen le 15 novembre 2016 des chefs susvisés, a déposé une requête en nullité des actes de géolocalisation du véhicule Audi A3 et de deux autres véhicules découverts par les enquêteurs;

Attendu que, pour rejeter l'exception tendant à ce que soient annulés les procès-verbaux subséquents aux actes de géolocalisation de ces véhicules lesquels, selon le mémoire déposé, étaient leur support nécessaire, l'arrêt retient que les autres éléments du dossier ne sont pas susceptibles d'annulation;

Mais attendu qu'en prononçant ainsi, sans autrement démontrer que les actes annulés n'étaient pas le support nécessaire et exclusif des autres actes de la procédure, la chambre de l'instruction, qui n'a pas mis la Cour de cassation en mesure d'exercer son contrôle, n'a pas justifié sa décision;

D'où il suit que la cassation est également encourue de ce chef;

Par ces motifs:

I – Sur le pourvoi formé le 6 octobre 2017:

Le DÉCLARE IRRECEVABLE;

II – Sur le pourvoi formé le 5 octobre 2017:

CASSE et ANNULE, en toutes ses dispositions, l'arrêt susvisé de la chambre de l'instruction de la cour d'appel de Grenoble, en date du 3 octobre 2017, et pour qu'il soit à nouveau jugé, conformément à la loi,

RENVOIE la cause et les parties devant la chambre de l'instruction de la cour d'appel de Chambéry, à ce désignée par délibération spéciale prise en chambre du conseil;

ORDONNE l'impression du présent arrêt, sa transcription sur les registres du greffe de la chambre de l'instruction de la cour d'appel de Grenoble et sa mention en marge ou à la suite de l'arrêt annulé;

(Cour de cassation – Chambre criminelle du 9 mai 2018 – N° de pourvoi : 17-86638).

• Chambre de l'instruction – Nullités de l'instruction – Requête du juge d'instruction, du PR ou de l'une des parties – Requête de l'une des parties – Moyen de nullité rejeté par un précédent arrêt de la chambre de l'instruction – Requérant mis en examen postérieurement – Recevabilité du moyen (non) – Exception

Contre l'arrêt de la chambre de l'instruction de la cour d'appel de Rennes, en date du 06/07/2018, qui, dans l'information suivie contre la 1re des chefs d'abus de biens sociaux, association de malfaiteurs, recel en bande organisée, blanchiment aggravé, banqueroute, faux, travail dissimulé et vol en réunion et contre le 2e des chefs de banqueroute, abus de confiance, faux, travail dissimulé, vol en réunion et blanchiment aggravé, a prononcé sur la nullité d'actes de la procédure.

S'il est vrai que les personnes mises en examen après que la chambre de l'instruction a été appelée à statuer sur la régularité de la procédure ne peuvent se voir opposer la cause d'irrecevabilité prévue par l'article 174 du C.P.P., elles ne sauraient cependant proposer, dans la même procédure portant sur les mêmes faits, des moyens de nullité qui auraient déjà été rejetés par cette juridiction, sauf à faire valoir des actes ou pièces de la procédure qui n'avaient pu lui être précédemment soumis.

(Cour de cassation – Chambre criminelle du 19 février 2019 – N° de pourvoi : 18-85131).

Article 174-1. – Chambre de l'instruction – Annulation mise en examen – *(Loi n° 2000-516 du 15 juin 2000)*

• Lorsque la chambre de l'instruction annule une mise en examen pour violation des dispositions de l'article 80-1, la personne est considérée comme témoin assisté à compter de son interrogatoire de première comparution et pour l'ensemble de ses interrogatoires ultérieurs, jusqu'à l'issue de l'information, sous réserve des dispositions des articles 113-6 et 113-8.

Section XI

Des ordonnances de règlement

Article 175. – Information – Communication du dossier – *(Loi n° 2019-222 du 23 mars 2019)*

• **I.** – Aussitôt que l'information lui paraît terminée, le juge d'instruction communique le dossier au procureur de la République et en avise en même temps les avocats des parties ou, si elles ne sont pas assistées par un avocat, les parties. L'avis est notifié soit verbalement avec émargement au dossier, soit par lettre recommandée. Lorsque la personne est détenue, il peut également être notifié par les soins du chef de l'établissement pénitentiaire, qui adresse sans délai au juge d'instruction l'original ou la copie du récépissé signé par l'intéressé.

• **II.** – Le procureur de la République dispose alors d'un délai d'un mois si une personne mise en examen est détenue ou de 3 mois dans les autres cas pour adresser ses réquisitions motivées au juge d'instruction. Copie de ces réquisitions est adressée dans le même temps par lettre recommandée aux avocats des parties ou, si elles ne sont pas assistées par un avocat, aux parties.

• **III.** – Dans un délai de 15 jours à compter soit de chaque interrogatoire ou audition réalisé au cours de l'information, soit de l'envoi de l'avis prévu au I du présent article, les parties peuvent faire connaître au juge d'instruction, selon les modalités prévues à l'avant-dernier alinéa de l'article 81, qu'elles souhaitent exercer l'un ou plusieurs des droits prévus aux IV et VI du présent article.

• **IV.** – Si elles ont indiqué souhaiter exercer ces droits dans les conditions prévues au III, les parties disposent, selon les cas mentionnés au II, d'un même délai d'un mois ou de 3 mois à compter de l'envoi de l'avis prévu au I pour :

• 1° Adresser des observations écrites au juge d'instruction, selon les mêmes modalités ; copie de ces observations est alors adressée en même temps au procureur de la République ;

• 2° Formuler des demandes ou présenter des requêtes, selon les mêmes modalités, sur le fondement du 9e alinéa de l'article 81, des articles 82-1 et 82-3, du 1er alinéa de l'article 156 et du 3e alinéa de l'article 173, sous réserve qu'elles ne soient pas irrecevables en application des articles 82-3 et 173-1.

• À l'expiration du délai mentionné au II du présent article, les parties ne sont plus recevables à adresser de telles observations ou à formuler ou présenter de telles demandes ou requêtes.

• **V.** – Si les parties ont adressé des observations en application du 1° du IV, le procureur de la République dispose d'un délai de 10 jours si une personne mise en examen est détenue ou d'un mois dans les autres cas pour adresser au juge d'instruction des réquisitions complémentaires à compter de la date à laquelle ces observations lui ont été communiquées.

• **VI.** – Si les parties ont indiqué qu'elles souhaitaient exercer ce droit conformément au III, elles disposent d'un délai de 10 jours si une personne mise en examen est détenue ou d'un mois dans les autres cas pour adresser au juge d'instruction des observations complémentaires à compter de la date à laquelle les réquisitions leur ont été communiquées.

• **VII.** – À l'issue, selon les cas, du délai d'un mois ou de 3 mois prévu aux II et IV, ou du délai de 10 jours ou d'un mois prévu aux V et VI, le juge d'instruction peut rendre son ordonnance de règlement, y compris s'il n'a pas reçu de réquisitions ou d'observations dans ces délais.

• **VIII.** – Le III, le 1° du IV, le VI et, s'agissant des requêtes en nullité, le 2° du IV sont également applicables au témoin assisté.

Article 175-1. – Demande de renvoi ou de mise en accusation – *(Loi n° 2019-222 du 23 mars 2019)*

• La personne mise en examen, le témoin assisté ou la partie civile peut, à l'expiration du délai qui lui a été indiqué en application du 9e alinéa de l'article 116 ou du 2e alinéa de l'article 89-1 à compter, respectivement, de la date de la mise en examen, de la 1re audition ou de la constitution de partie civile, demander au juge d'instruction, selon les modalités prévues au 10e alinéa de l'article 81, de prononcer le renvoi ou la mise en accusation devant la juridiction de jugement ou de déclarer qu'il n'y a pas lieu à suivre, y compris en procédant, le cas échéant, à une disjonction. Cette demande peut également être formée lorsqu'aucun acte d'instruction n'a été accompli pendant un délai de 4 mois.

• Dans le délai d'un mois à compter de la réception de cette demande, le juge d'instruction y fait droit ou déclare, par ordonnance motivée, qu'il y a lieu à poursuivre l'information. Dans le 1er cas, il procède selon les modalités prévues à la présente section. Dans le 2d cas, ou à défaut pour le juge d'avoir statué dans le délai d'un mois, la personne mise en examen, le témoin assisté ou la partie civile peut saisir le président de la chambre de l'instruction en application de l'article 207-1. Cette saisine doit intervenir dans les 5 jours qui suivent la notification de la décision du juge ou l'expiration du délai d'un mois.

• Lorsque le juge d'instruction a déclaré qu'il poursuivait son instruction, une nouvelle demande peut être formée à l'expiration d'un délai de 6 mois.

• Les dispositions du présent article ne sont pas applicables après l'envoi de l'avis prévu au I de l'article 175.

Article 175-2. – Délai – *(Loi n° 2000-516 du 15 juin 2000)*

• En toute matière, la durée de l'instruction ne peut excéder un délai raisonnable au regard de la gravité des faits reprochés à la personne mise en examen, de la complexité des investigations nécessaires à la manifestation de la vérité et de l'exercice des droits de la défense.

• Si, à l'issue d'un délai de deux ans à compter de l'ouverture de l'information, celle-ci n'est pas terminée, le juge d'instruction rend une ordonnance motivée par référence aux critères prévus à l'alinéa précédent, expliquant les raisons de la durée de la procédure, comportant les indications qui justifient la poursuite de l'information et précisant les perspectives de règlement. Cette ordonnance est communiquée au président de la chambre de l'instruction qui peut, par requête, saisir cette juridiction conformément aux dispositions de l'article 221-1.

• L'ordonnance prévue à l'alinéa précédent doit être renouvelée tous les six mois.

Article 176. – Qualification juridique – *(Loi n° 93-1013 du 24 août 1993)*

• Le juge d'instruction examine s'il existe contre la personne mise en examen des charges constitutives d'infraction, dont il détermine la qualification juridique.

Article 177. – Ordonnance de non-lieu – *(Loi n° 2008-174 du 25 février 2008)*

• Si le juge d'instruction estime que les faits ne constituent ni crime, ni délit, ni contravention, ou si l'auteur est resté inconnu, ou s'il n'existe pas de charges suffisantes contre la personne mise en examen, il déclare, par une ordonnance, qu'il n'y a lieu à suivre.

• Lorsque l'ordonnance de non-lieu est motivée par l'existence de l'une des causes d'irresponsabilité pénale prévue par les articles 122-2,122-3,122-4,122-5 et 122-7 du Code pénal ou par le décès de la personne mise en examen, elle précise s'il existe des charges suffisantes établissant que l'intéressé a commis les faits qui lui sont reprochés.

• Les personnes mises en examen qui sont provisoirement détenues sont mises en liberté. L'ordonnance met fin au contrôle judiciaire.

• Le juge d'instruction statue par la même ordonnance sur la restitution des objets placés sous main de justice. Il peut refuser la restitution lorsque celle-ci présente un danger pour les personnes ou les biens. La décision relative à la restitution peut être déférée, par toute personne qui y a intérêt, à la chambre de l'instruction dans les conditions et selon les modalités prévues par l'article 99.

Article 177-1. – Publication décision – *(Loi n° 2004-575 du 21 juin 2004)*

• Le juge d'instruction peut ordonner, sur la demande de la personne concernée ou, avec l'accord de cette personne, d'office ou à la demande du ministère public, soit la publication intégrale ou partielle de sa décision de non-lieu, soit l'insertion d'un communiqué informant le public des motifs et du dispositif de celle-ci, dans un ou plusieurs journaux, écrits périodiques ou services de communication au public par voie électronique qu'il désigne.

• Il détermine, le cas échéant, les extraits de la décision qui doivent être publiés ou fixe les termes du communiqué à insérer.

• Si le juge ne fait pas droit à la demande de la personne concernée, il doit rendre une ordonnance motivée, qui est susceptible d'appel devant la chambre de l'instruction.

D • **Présomption d'innocence** *(Circ. du 24-8-1993, point 8.3.).*

8.3. Si le législateur a conservé l'ensemble du mécanisme introduit dans notre droit par la loi du 4 janvier 1993 pour protéger la présomption d'innocence, il y a toutefois apporté deux modifications destinées à assouplir certaines de ces dispositions.

• D'une part, il a précisé que l'insertion d'un communiqué dans la presse en cas de non-lieu, prévues par les articles 177-1 et 212-1 du Code de procédure pénale, était une simple faculté laissée à l'appréciation de la juridiction et non pas une obligation résultant de la demande des parties *(art. 36 de la loi n° 93-1013 du 4-1-1993).*

Article 177-2. – Amende civile – *(Ordonnance n° 2000-916 du 19 septembre 2000)*

• Lorsqu'il rend une ordonnance de non-lieu à l'issue d'une information ouverte sur constitution de partie civile, le juge d'instruction peut, sur réquisitions du procureur de la République et par décision motivée, s'il considère que la constitution de partie civile a été abusive ou dilatoire, prononcer contre la partie civile une amende civile dont le montant ne peut excéder 15 000 euros.

• Cette décision ne peut intervenir qu'à l'issue d'un délai de vingt jours à compter de la communication à la partie civile et à son avocat, par lettre recommandée ou par télécopie avec récépissé, des réquisitions du procureur de la République, afin de permettre à l'intéressé d'adresser des observations écrites au juge d'instruction.

• Cette décision peut être frappée d'appel par la partie civile dans les mêmes conditions que l'ordonnance de non-lieu.

•Si le juge d'instruction ne suit pas les réquisitions du procureur de la République, ce dernier peut interjeter appel dans les mêmes conditions.

Article 177-3. – Personne morale – Amende civile – *(Loi n° 2002-1138 du 9 septembre 2002)*

• Lorsque la partie civile est une personne morale, l'amende civile prévue par l'article 177-2 peut être prononcée contre son représentant légal, si la mauvaise foi de ce dernier est établie.

Article 178. – Renvoi de l'affaire – *(Loi n° 2011-1862 du 13 décembre 2011)*

• Si le juge estime que les faits constituent une contravention, il prononce, par ordonnance, le renvoi de l'affaire devant le tribunal de police.

• Lorsqu'elle est devenue définitive, cette ordonnance couvre, s'il en existe, les vices de la procédure.

Article 179. – Renvoi devant le tribunal correctionnel – *(Loi n° 2016-731 du 3 juin 2016)*

• Si le juge estime que les faits constituent un délit, il prononce, par ordonnance, le renvoi de l'affaire devant le tribunal correctionnel. Cette ordonnance précise, s'il y a lieu, que le prévenu bénéficie des dispositions de l'article 132-78 du Code pénal.

• L'ordonnance de règlement met fin à la détention provisoire, à l'assignation à résidence avec surveillance électronique ou au contrôle judiciaire. S'il a été décerné, le mandat d'arrêt conserve sa force exécutoire ; s'ils ont été décernés, les mandats d'amener ou de recherche cessent de pouvoir recevoir exécution, sans préjudice de la possibilité pour le juge d'instruction de délivrer un mandat d'arrêt contre le prévenu.

• Toutefois, le juge d'instruction peut, par ordonnance distincte spécialement motivée, maintenir le prévenu en détention, sous assignation à résidence avec surveillance électronique ou sous contrôle judiciaire jusqu'à sa comparution devant le tribunal. L'ordonnance de maintien en détention provisoire est motivée par référence aux 2°, 4°, 5° et 6° de l'article 144.

• Le prévenu en détention est immédiatement remis en liberté si le tribunal correctionnel n'a pas commencé à examiner au fond à l'expiration d'un délai de deux mois à compter de la date soit de l'ordonnance de renvoi ou, en cas d'appel, de l'arrêt de renvoi non frappé de pourvoi, de l'arrêt déclarant l'appel irrecevable, de l'ordonnance de non-admission rendue en application du dernier alinéa de l'article 186 ou de l'arrêt de la chambre criminelle rejetant le pourvoi, soit de la date à laquelle il a été ultérieurement placé en détention provisoire.

• Toutefois, si l'audience sur le fond ne peut se tenir avant l'expiration de ce délai, le tribunal peut, à titre exceptionnel, par une décision mentionnant les raisons de fait ou de droit faisant obstacle au jugement de l'affaire, ordonner la prolongation de la détention pour une nouvelle durée de deux mois. La comparution personnelle du prévenu est de droit si lui-même ou son avocat en font la demande. Cette décision peut être renouvelée une fois dans les mêmes formes. Si le prévenu n'a toujours pas été jugé à l'issue de cette nouvelle prolongation, il est remis immédiatement en liberté.

• Lorsqu'elle est devenue définitive, l'ordonnance mentionnée au premier alinéa couvre, s'il en existe, les vices de la procédure.

Article 179-1. – Changement d'adresse – *(Loi n° 2011-1862 du 13 décembre 2011)*

• Toute ordonnance renvoyant la personne mise en examen devant le tribunal de police ou le tribunal correctionnel informe celle-ci qu'elle doit signaler auprès du procureur de la République, jusqu'au jugement définitif de l'affaire, tout changement de l'adresse déclarée lors de sa mise en examen, par lettre recommandée avec demande d'avis de réception. L'ordonnance l'informe également que toute citation, notification ou signification faite à la dernière adresse déclarée sera réputée faite à sa personne.

Article 179-2. – Ordonnance – Date audience – *(Loi n° 2019-222 du 23 mars 2019)*

• Le juge d'instruction peut préciser dans l'ordonnance de renvoi la date d'audience devant le tribunal de police ou le tribunal correctionnel lorsque cette date lui a été préalablement communiquée par le procureur de la République. Cette ordonnance doit alors comporter les mentions prévues aux 2e à dernier alinéas de l'article 390.

• Cette ordonnance dispense alors le procureur de délivrer une citation en application du même article 390.

Article 180. – Transmission du dossier – *(Loi n° 2011-1862 du 13 décembre 2011)*

• Dans les cas de renvoi, soit devant le tribunal de police, soit devant le tribunal correctionnel, le juge d'instruction transmet le dossier avec son ordonnance au procureur de la République. Celui-ci est tenu de l'envoyer sans retard au greffe du tribunal qui doit statuer.

• Si la juridiction correctionnelle est saisie, le procureur de la République doit faire donner assignation au prévenu pour l'une des plus prochaines audiences, en observant les délais de citation prévus au présent code.

Article 180-1. – Comparution sur reconnaissance préalable de culpabilité – *(Loi n° 2021-1729 du 22 décembre 2021)*

• Si le juge d'instruction estime que les faits constituent un délit, que la personne mise en examen reconnaît les faits et qu'elle accepte la qualification pénale retenue, il peut, à la demande ou avec l'accord du procureur de la République ou du mis en examen, prononcer par ordonnance le renvoi de l'affaire au procureur de la République aux fins de mise en œuvre d'une comparution sur reconnaissance préalable de culpabilité conformément à la section 8 du chapitre Ier du titre II du livre II. Lorsqu'une partie civile est constituée, cette ordonnance ne peut être prise qu'après avoir mis celle-ci en mesure de faire valoir ses observations ou, en cas de plainte avec constitution de partie civile, qu'avec son accord.

• La détention provisoire, l'assignation à résidence sous surveillance électronique ou le contrôle judiciaire de la personne prend fin sauf s'il est fait application du 3e alinéa de l'article 179.

• L'ordonnance de renvoi indique qu'en cas d'échec de la procédure de comparution sur reconnaissance préalable de culpabilité ou si, dans un délai de 3 mois ou, lorsque la détention a été maintenue, dans un délai d'un mois à compter de celle-ci, aucune décision d'homologation n'est intervenue, l'ordonnance de renvoi est caduque, sauf la possibilité pour le procureur de la République, dans un délai de 15 jours, d'assigner le prévenu devant le tribunal correctionnel. Si le prévenu a été maintenu en détention, les 4e et 5e alinéas du même article 179 sont applicables.

• Le procureur de la République peut, tout en mettant en œuvre la procédure de comparution sur reconnaissance préalable de culpabilité, assigner le prévenu devant le tribunal correctionnel; cette assignation est caduque si une ordonnance d'homologation intervient avant l'expiration du délai de 3 mois ou d'un mois mentionné au 3e alinéa du présent article.

• La demande ou l'accord du ministère public et des parties prévus au 1er alinéa, qui doivent faire l'objet d'un écrit ou être mentionnés par procès-verbal, peuvent être recueillis au cours de l'information ou à l'occasion de la procédure de règlement prévue à l'article 175; si ces demandes ou accords ont été recueillis au cours de l'information, le présent article peut être mis en œuvre sans qu'il soit nécessaire de faire application du même article 175.

• Lorsque la proposition émane du procureur de la République, les parties disposent d'un délai de 10 jours à compter de la notification de cette proposition pour indiquer, par télécopie, déclaration au greffe ou lettre recommandée, si elles acceptent le renvoi de l'affaire aux fins de mise en œuvre d'une comparution sur reconnaissance préalable de culpabilité. En cas d'accord, les dispositions de l'article 175 ne sont pas applicables et, par dérogation aux dispositions de l'article 184, l'ordonnance de renvoi ne mentionne, outre les éléments prévus aux 2e et 3e alinéas du présent article, que l'identité de la personne et la qualification retenue, sans avoir besoin d'être motivée.

Article 180-2. – Personne morale – Mise en œuvre de la procédure – *(Loi n° 2020-1672 du 24 décembre 2020)*

• Lorsque le juge d'instruction est saisi de faits qualifiés constituant un des délits mentionnés au I de l'article 41-1-2, il peut, à la demande ou avec l'accord du procureur de la République, prononcer, par ordonnance, la transmission de la procédure au procureur de la République aux fins de mise en œuvre de la procédure prévue au même article 41-1-2.

• La demande ou l'accord du procureur de la République en vue de la mise en œuvre de la procédure prévue audit article 41-1-2 peut être exprimé ou recueilli au cours de l'information ou à l'occasion de la procédure de règlement prévue à l'article 175. Les représentants légaux de la personne morale mise en cause sont informés, dès la proposition du procureur de la République, qu'ils peuvent se faire assister d'un avocat avant de donner leur accord à la convention.

• L'instruction est suspendue en ce qu'elle concerne la personne morale faisant l'objet de la transmission pour mise en œuvre de la procédure prévue à l'article 41-1-2. Les mesures prononcées, le cas échéant, au titre du contrôle judiciaire sont maintenues à l'égard de cette personne jusqu'à la validation de la convention.

• L'instruction se poursuit à l'égard des autres parties à la procédure.

• Si, dans un délai de 3 mois à compter de la transmission de la procédure au procureur de la République, aucun accord sur une proposition de convention n'a été trouvé, si le président du tribunal judiciaire refuse de valider la convention, si la personne morale décide d'exercer son droit de rétractation ou si, dans le délai prévu par la convention, la personne morale ne justifie pas de l'exécution intégrale des obligations à sa charge, le procureur de la République transmet la procédure au juge d'instruction, accompagnée des réquisitions aux fins de reprise de l'information.

Article 180-3. – Délits prévus par le Code de l'environnement – *(Loi n° 2020-1672 du 24 décembre 2020)*

• Les dispositions de l'article 180-2 sont applicables aux délits mentionnés à l'article 41-1-3 aux fins de mise en œuvre de la procédure prévue au même article 41-1-3.

Article 181. – Mise en accusation devant la Cour d'assises – *(Loi n° 2021-1729 du 22 décembre 2021)*

• Si le juge d'instruction estime que les faits retenus à la charge des personnes mises en examen constituent une infraction qualifiée crime par la loi, il ordonne leur mise en accusation devant la cour d'assises.

• Il peut également saisir cette juridiction des infractions connexes.

• L'ordonnance de mise en accusation contient, à peine de nullité, l'exposé et la qualification légale des faits, objet de l'accusation, et précise l'identité de l'accusé. Elle précise également, s'il y a lieu, que l'accusé bénéficie des dispositions de l'article 132-78 du Code pénal.

• Lorsqu'elle est devenue définitive, l'ordonnance de mise en accusation couvre, s'il en existe, les vices de la procédure, sous réserve de l'article 269-1.

• Le contrôle judiciaire ou l'assignation à résidence avec surveillance électronique dont fait l'objet l'accusé continuent à produire leurs effets.

• La détention provisoire, l'assignation à résidence avec surveillance électronique ou le contrôle judiciaire des personnes renvoyées pour délit connexe prend fin, sauf s'il est fait application des dispositions du 3e alinéa de l'article 179. Le délai prévu par le 4e alinéa de l'article 179 est alors porté à 6 mois.

• Si l'accusé est placé en détention provisoire, le mandat de dépôt décerné contre lui conserve sa force exécutoire et l'intéressé reste détenu jusqu'à son jugement par la cour d'assises, sous réserve des dispositions des 2 alinéas suivants et de l'article 148-1. S'il a été décerné, le mandat d'arrêt conserve sa force exécutoire; s'ils ont été décernés, les mandats d'amener ou de recherche cessent de pouvoir recevoir exécution, sans préjudice de la possibilité pour le juge d'instruction de délivrer mandat d'arrêt contre l'accusé.

• L'accusé détenu en raison des faits pour lesquels il est renvoyé devant la cour d'assises est immédiatement remis en liberté s'il n'a pas comparu devant celle-ci à l'expiration d'un délai d'un an à compter soit de la date à laquelle la décision de mise en accusation est devenue définitive s'il était alors détenu, soit de la date à laquelle il a été ultérieurement placé en détention provisoire.

• Toutefois, si l'audience sur le fond ne peut débuter avant l'expiration de ce délai, la chambre de l'instruction peut, à titre exceptionnel, par une décision rendue conformément à l'article 144 et mentionnant les raisons de fait ou de droit faisant obstacle au jugement de l'affaire, ordonner la prolongation de la détention provisoire pour une nouvelle durée de 6 mois. La comparution de l'accusé est de droit si lui-même ou son avocat en font la demande. Cette prolongation peut être renouvelée une fois dans les mêmes formes. Si l'accusé n'a pas comparu devant la cour d'assises à l'issue de cette nouvelle prolongation, il est immédiatement remis en liberté.

• Le juge d'instruction transmet le dossier avec son ordonnance au procureur de la République. Celui-ci est tenu de l'envoyer sans retard au greffe de la cour d'assises.

• Les pièces à conviction, dont il est dressé état, sont transmises au greffe de la cour d'assises si celle-ci siège dans un autre tribunal que celui du juge d'instruction.

J • **Chambre de l'instruction – Renvoi devant la cour d'assises ou la cour criminelle départementale pour délit connexe – Contrôle judiciaire – Effet – Fin de la mesure – Exception – Arrêt distinct et spécialement motivé**

M. [S] [H] et M. [T] [G] ont formé des pourvois contre l'arrêt de la chambre de l'instruction de la cour d'appel de PARIS (75), 8e section, en date du 02/09/2022, qui les a renvoyés devant la cour d'assises de Paris, sous l'accusation, pour le premier, d'évasion en bande organisée et d'association de malfaiteurs, pour le 2d, d'associations de malfaiteurs en récidive, et a confirmé leur maintien sous contrôle judiciaire.

Le contrôle judiciaire de la personne renvoyée pour délit connexe devant la cour d'assises ou la cour criminelle départementale par la chambre de l'instruction prend fin avec l'arrêt de mise en accusation, sauf s'il est maintenu par un arrêt distinct et spécialement motivé.

(Cour de cassation – Chambre criminelle du 30 novembre 2022 – N° de pourvoi : 22-85.403).

Article 181-1. – Mise en accusation devant la Cour criminelle départementale – *(Loi n° 2021-1729 du 22 décembre 2021)*

• S'il existe, à l'issue de l'information, des charges suffisantes contre la personne d'avoir commis, hors récidive, un crime puni de 15 ans ou de 20 ans de réclusion criminelle, elle est mise en accusation par le juge d'instruction, selon les modalités prévues à l'article 181, devant la cour criminelle départementale, sauf s'il existe un ou plusieurs coaccusés ne répondant pas aux conditions prévues au présent alinéa.

• Le délai d'un an prévu au 8e alinéa de l'article 181 est alors porté à 6 mois et il ne peut être procédé qu'à une seule prolongation en application du 9e alinéa du même article 181.

Article 181-2. – Rectification erreur – *(Loi n° 2021-1729 du 22 décembre 2021)*

• Lorsqu'une ordonnance de mise en accusation du juge d'instruction qui n'est plus susceptible d'appel a, au regard des qualifications criminelles retenues, renvoyé par erreur l'accusé devant la cour d'assises au lieu de la cour criminelle départementale ou inversement, le président de la chambre de l'instruction peut, sur requête du procureur de la République ou d'une partie, procéder par ordonnance motivée à la rectification de cette erreur en renvoyant l'accusé devant la juridiction criminelle compétente.

• Si l'affaire est renvoyée devant la cour d'assises, les délais prévus à l'article 181 sont alors applicables.

• Si l'affaire est renvoyée devant la cour criminelle départementale, les délais applicables sont ceux prévus au 2d alinéa de l'article 181-1 à compter de la décision prévue au 1er alinéa du présent article, sans pouvoir dépasser les délais prévus à l'article 181.

Article 182. – Ordonnance de renvoi partiel ou de transmission – *(Loi n° 99-515 du 23 juin 1999)*

• Des ordonnances comportant non-lieu partiel peuvent intervenir en cours d'information.

• Peuvent intervenir, dans les mêmes conditions, des ordonnances de renvoi partiel ou de transmission partielle des pièces lorsque, sur l'un ou plusieurs des faits dont le juge d'instruction est saisi, les charges recueillies apparaissent suffisantes.

• Les personnes ayant fait l'objet d'une ordonnance de renvoi partiel ou de transmission partielle des pièces et qui ne demeurent pas mises en examen pour d'autres faits sont entendues comme témoin assisté. Il en est de même en cas de disjonction d'une procédure d'instruction.

Article 183. – Ordonnance de règlement, de renvoi ou de mise en accusation – *(Loi n° 2002-1138 du 9 septembre 2002)*

• Les ordonnances de règlement sont portées à la connaissance de la personne mise en examen et du témoin assisté et les ordonnances de renvoi ou de mise en accusation à la connaissance de la partie civile; la notification est effectuée dans les délais les plus brefs soit verbalement, avec émargement au dossier de la procédure, soit par lettre recommandée.

• Sous réserve de l'application de l'article 137-3, deuxième alinéa, les décisions qui sont susceptibles de faire l'objet de voies de recours de la part d'une partie à la procédure ou d'un tiers conformément aux articles 99, 186 et 186-1 leur sont notifiées dans les délais les plus brefs soit verbalement, avec émargement au dossier de la procédure, soit par lettre recommandée. Si la personne mise en examen est détenue, elles peuvent, également être portées à sa connaissance par les soins du chef de l'établissement pénitentiaire qui adresse, sans délai, au juge d'instruction l'original ou la copie du récépissé signé par la personne. Dans tous les cas, une copie de l'acte est remise à l'intéressée.

• Toute notification d'acte à une partie par lettre recommandée expédiée à la dernière adresse déclarée par l'intéressée est réputée faite à sa personne.

• Les ordonnances mentionnées aux premier et deuxième alinéas du présent article qui doivent être portées à la connaissance des parties sont simultanément, et selon les mêmes modalités, portées à la connaissance de leurs avocats.

• Les avis destinés au procureur de la République lui sont adressés par tout moyen. Lorsque le juge d'instruction rend une décision ou ordonnance non conforme aux réquisitions du procureur de la République, avis en est donné à celui-ci par le greffier.

• Dans tous les cas, mention est portée au dossier par le greffier de la nature et de la date de la diligence faite en application du présent article ainsi que des formes utilisées.

J • **Ordonnances – Appel – Appel de la partie civile – Délai – Point de départ – Notification – Mentions – Mentions nécessaires.** – *Selon l'article 183, alinéa 2, du Code de procédure pénale, les décisions du juge d'instruction qui sont susceptibles de voies de recours de la part de la partie civile sont notifiées à cette dernière dans les délais les plus brefs, soit verbalement avec émargement au dossier de la procédure, soit par lettre recommandée et dans tous les cas une copie de l'ordonnance est remise à l'intéressé.*

Selon l'alinéa 6 du même texte mention est portée au dossier par le greffier de la nature et de la date de la diligence ainsi que des formes utilisées.

Lorsque l'ordonnance figurant au dossier ne comporte aucune mention de l'expédition d'une lettre recommandée à la partie civile ou d'un émargement de celle-ci, le récépissé postal annexé à ladite ordonnance ne peut faire la preuve de l'envoi de la lettre recommandée susvisée (Cass. CRIM. du 5 avril 1995 – B.C.C. n° 416).

• **Ordonnances – Appel du ministère public – Délai – Point de départ – Notification – Constatations suffisantes.** – *Seul la notification faite conformément aux dispositions de l'article 183 du Code de procédure pénale fait courir le délai d'appel d'une ordonnance rendue par le juge d'instruction; la connaissance de l'ordonnance par toute autre voie est inopérante* (Cass. CRIM du 24 novembre 1999).

• **Ordonnances – Appel – Appel de la partie civile – Délai – Point de départ – Notification – Preuve – Mention nécessaire.** – *Selon l'article 183 du Code de procédure pénale, la notification des ordonnances, susceptibles de faire l'objet d'un recours, doit être faite à la partie concernée ainsi qu'à son avocat, selon les mêmes modalités, par la remise d'une copie de l'acte ou son envoi par lettre recommandée. La preuve de la nature, de la date et des formes utilisées pour cette formalité résulte de la mention portée au dossier par le greffier et les récépissés postaux, éventuellement annexés à l'ordonnance, ne peuvent y suppléer* (Cass. CRIM du 30 novembre 1999).

• **Destructions et dégradations... – Notification ordonnance mise en accusation – Mandat d'arrêt**

Le P.G. près la cour d'appel de LYON (69) a formé un pourvoi contre l'arrêt de la chambre de l'instruction de ladite cour d'appel, en date du 08/10/2021, qui a rejeté une demande de supplément d'information et, après non-lieux partiels, a renvoyé M. [R] [E], M. [Y] [S] et M. [U] [V] devant la cour d'assises du RHÔNE (69), le 1er, sous les accusations de destructions et dégradations par un moyen dangereux, aggravées, et tentative d'escroquerie en bande organisée, les 2 derniers, sous les accusations de complicité de destructions et dégradations par un moyen dangereux, aggravées, et tentative d'escroquerie en bande organisée.

Aucune disposition n'impose la notification de l'ordonnance de mise en accusation à une personne qui n'est pas partie à la procédure d'information, faute d'avoir été mise en examen par le juge d'instruction à l'issue d'un interrogatoire de 1re comparution. Est ainsi justifié l'arrêt qui, constatant que la personne mise en cause n'a pas été mise en examen du fait de sa fuite, puis de son incarcération à l'étranger, refuse de lui notifier cette ordonnance, les conséquences d'un recours ultérieur ne rendant pas illégal le refus critiqué.

(Cour de cassation – Chambre criminelle du 2 février 2022 – N° de pourvoi: 21-86.715).

Article 183-1. – Ordonnance de non-lieu – Information – *(Loi n° 2015-993 du 17 août 2015)*

• À la demande de la victime qui a déposé plainte sans s'être toutefois constituée partie civile, l'ordonnance de non-lieu, une fois devenue définitive, est portée à sa connaissance par tout moyen.

Article 184. – Contenus des ordonnances – *(Loi n° 2007-291 du 5 mars 2007)*

• Les ordonnances rendues par le juge d'instruction en vertu de la présente section contiennent les noms, prénoms, date, lieu de naissance, domicile et profession de la personne mise en examen. Elles indiquent la qualification légale du fait imputé à celle-ci et, de façon précise, les motifs pour lesquels il existe ou non contre elle des charges suffisantes. Cette motivation est prise au regard des réquisitions du ministère public et des observations des parties qui ont été adressées au juge d'instruction en application de l'article 175, en précisant les éléments à charge et à décharge concernant chacune des personnes mises en examen.

Section XII
De l'appel des ordonnances du juge d'instruction ou du juge des libertés et de la détention

Article 185. – Droit d'appel – Ordonnance du juge d'instruction ou du juge des libertés et de la détention – *(Loi n° 2019-222 du 23 mars 2019)*

• Le procureur de la République a le droit d'interjeter appel devant la chambre de l'instruction de toute ordonnance du juge d'instruction ou du juge des libertés et de la détention.

• Cet appel formé par déclaration au greffe du tribunal, doit être interjeté dans les 10 jours qui suivent la notification de la décision.

• En cas d'appel par la personne mise en examen de l'ordonnance de mise en accusation prévue par l'article 181, le procureur de la République dispose d'un délai d'appel incident de 5 jours supplémentaires à compter de l'appel de la personne mise en examen.

• Le droit d'appel appartient également dans tous les cas au procureur général. Celui-ci forme cet appel dans les 10 jours qui suivent l'ordonnance du juge par déclaration au greffe du tribunal.

J • **Chambre de l'instruction – Appel ordonnances du juge d'instruction – Refus de saisir le juge des libertés et de la détention – Effet dévolutif de l'appel – Étendue – Détermination – Portée**

Contre l'arrêt de la chambre de l'instruction de la cour d'appel de PARIS, 8e section, en date du 21 avril 2016, qui, dans l'information suivie contre lui du chef de contravention de violences, a infirmé l'ordonnance du juge d'instruction refusant de saisir le juge des libertés et de la détention, l'a mis en examen du chef de violences aggravées et l'a placé sous contrôle judiciaire;

« en ce que l'arrêt attaqué a dit que l'appel du ministère public, par application de l'article 185 du Code de procédure pénale, imposait à la juridiction d'appel de statuer sur toutes les questions qui lui étaient dévolues, a dit qu'il existait à l'encontre de M. X... des indices graves ou concordants d'avoir volontairement commis des violences ayant entraîné une ITT de plus de huit jours sur la personne de M. Y..., avec ces circonstances que ces faits ont été commis avec usage ou menace d'une arme et par plusieurs personnes agissant en qualité d'auteurs ou de complices, a prononcé sa mise en examen de ce chef et a ordonné son placement sous contrôle judiciaire;

Attendu qu'il résulte de l'arrêt attaqué et des pièces de la procédure que le procureur de la République a requis l'ouverture d'une information criminelle du chef de tentative d'homicide volontaire à l'encontre, notamment, de M. X... ainsi que son placement en détention provisoire; que le juge d'instruction, qui a procédé à l'interrogatoire de première comparution, l'a mis en examen du chef de violences volontaires contraventionnelles et a rendu deux ordonnances, l'une, disant n'y avoir lieu à saisine du juge des libertés et de la détention pour des faits contraventionnels, l'autre, plaçant l'intéressé sous contrôle judiciaire; que le ministère public a relevé appel de l'ordonnance de refus de saisine du juge des libertés et de la détention pour n'avoir pas retenu les indices graves et concordants résultant de la procédure existant, selon lui, à l'encontre de M. X... d'avoir participé aux faits de tentative d'homicide volontaire et a sollicité de la chambre de l'instruction sa mise en examen de ce chef et que soit décerné un mandat de dépôt à son encontre;

Attendu qu'en procédant ainsi, et, dès lors que la qualification pénale était dans le débat, la chambre de l'instruction a fait une exacte application de l'article 185 du Code de procédure pénale qui lui imposait de statuer sur toutes les questions qui lui étaient dévolues par l'appel du ministère public;

D'ou il suit que les moyens ne peuvent qu'être écartés;

Et attendu que l'arrêt est régulier en la forme;

REJETTE le pourvoi;

(Cour de cassation – Chambre criminelle du 27 juillet 2016 – N° de pourvoi: 16-83024).

Article 186. – Appel contre les ordonnances et les décisions – *(Loi n° 2021-1729 du 22 décembre 2021)*

• Le droit d'appel appartient à la personne mise en examen contre les ordonnances et décisions prévues par les articles 80-1-1,87,139,140,137-3,142-6,142-7,145-1,145-2,148,167, avant-dernier alinéa, 179, 3e alinéa, 181, 181-1 et 696-70.

• La partie civile peut interjeter appel des ordonnances de non-informer, de non-lieu et des ordonnances faisant grief à ses intérêts civils. Toutefois, son appel ne peut, en aucun cas, porter sur une ordonnance ou sur la disposition d'une ordonnance relative à la détention de la personne mise en examen ou au contrôle judiciaire.

• Les parties peuvent aussi interjeter appel de l'ordonnance par laquelle le juge a, d'office ou sur déclinatoire, statué sur sa compétence.

• L'appel des parties ainsi que la requête prévue par le 5e alinéa de l'article 99 doivent être formés dans les conditions et selon les modalités prévues par les articles 502 et 503, dans les dix jours qui suivent la notification ou la signification de la décision.

• Le dossier de l'information ou sa copie établie conformément à l'article 81 est transmis, avec l'avis motivé du procureur de la République, au procureur général, qui procède ainsi qu'il est dit aux articles 194 et suivants.

• Si le président de la chambre de l'instruction constate qu'il a été fait appel d'une ordonnance non visée aux alinéas 1 à 3 du présent article, il rend d'office une ordonnance de non-admission de l'appel qui n'est pas susceptible de voies de recours. Il en est de même lorsque l'appel a été formé après l'expiration du délai prévu au 4e alinéa ou lorsque l'appel est devenu sans objet. Le président de la chambre de l'instruction est également compétent pour constater le désistement de l'appel formé par l'appelant.

J • **Instruction – Ordonnances – Appel de la partie civile – Ordonnance fixant le montant de la consignation – recevabilité.** – *Aux termes de l'article 186, alinéa 2, du Code de procédure pénale, la partie civile peut interjeter appel de l'ordonnance du juge d'instruction faisant grief à ses intérêts civils.*

• *Tel est le cas de l'ordonnance prescrivant, par application de l'article 88 dudit Code, le versement, par la partie civile, d'une consignation destinée à garantir le paiement de l'amende civile susceptible d'être prononcée et qui doit être proportionnée à ses ressources.* (Cass. CRIM. du 19 juillet 1994 – BCC n° 397).

• **Pouvoir – Président – Ordonnance – Ordonnance décidant la non-admission de l'appel par la partie civile d'une ordonnance de renvoi devant le tribunal correctionnel faisant grief à ses intérêts civils.** – *Aux termes de l'article 186, alinéa 2, du Code de procédure pénale, la partie civile peut interjeter appel des ordonnances faisant grief à ses intérêts civils.*

• *Excède ses pouvoirs le président de la chambre d'accusation qui rend une ordonnance de non-admission de l'appel interjeté par la partie civile d'une ordonnance de renvoi devant le tribunal correctionnel, faisant grief à ses intérêts civils dès lors que le juge d'instruction a omis de statuer sur une infraction dénoncée dans la plainte* (Cass. CRIM du 17 novembre 1999).

• **Instruction – Mise en examen – Personne mise en examen – Requête de la personne mise en examen tendant à l'octroi de la qualité de témoin assisté – Omission de statuer – Recours – Chambre de l'instruction – Saisine directe**

Il se déduit des dispositions combinées des articles 6 de la Convention européenne des droits de l'homme, 80-1-1, 81, dernier alinéa, et 186 du Code de procédure pénale que, faute par le juge d'instruction d'avoir statué, par une ordonnance motivée susceptible d'appel de plein droit, dans le délai d'un mois, sur la requête par laquelle un mis en examen lui demande de revenir sur sa décision et de lui octroyer le statut de témoin assisté, la partie concernée peut saisir directement la chambre de l'instruction.

Encourt, dès lors, la cassation l'arrêt par lequel une chambre de l'instruction, au motif que l'article 81-1-1 du Code de procédure pénale ne prévoit ni délai pour statuer, ni recours, déclare irrecevable la requête par laquelle un mis en examen, en l'absence de réponse du juge d'instruction, entend la saisir de sa demande d'octroi du statut de témoin assisté

Par ces motifs :

CASSE et ANNULE, en toutes ses dispositions, l'arrêt susvisé de la chambre de l'instruction de la cour d'appel d'Aix-en-Provence, en date du 1er avril 2015, et pour qu'il soit à nouveau jugé, conformément à la loi,

RENVOIE la cause et les parties devant la chambre de l'instruction de la cour d'appel d'Aix-en-Provence, autrement composée, à ce désignée par délibération spéciale prise en chambre du conseil ;

ORDONNE l'impression du présent arrêt, sa transcription sur les registres du greffe de la chambre de l'instruction de la cour d'appel d'Aix-en-Provence et sa mention en marge ou à la suite de l'arrêt annulé ;

(Cour de cassation – Chambre criminelle du 6 octobre 2015 – N° de pourvoi : 15-82700).

• **Escroqueries en bande organisée en récidive... – Règle de l'unique objet**

Le procureur général près la cour d'appel de PARIS (75) a formé un pourvoi contre l'arrêt de la chambre de l'instruction de ladite cour d'appel, 2e section, en date du 02/02/2021, qui, dans la procédure suivie contre M. [J] [K] des chefs d'escroqueries en bande organisée en récidive, association de malfaiteurs en récidive et blanchiment en bande organisée en récidive, a ordonné la mise en liberté de ce dernier après infirmation de l'ordonnance du J.L.D. ayant révoqué son contrôle judiciaire et placé en détention provisoire.

15. En se déterminant ainsi, la chambre de l'instruction, alors que, saisie de l'unique objet de l'appel d'une ordonnance de placement en détention provisoire elle ne pouvait prononcer sur l'irrégularité des conditions de mise en œuvre de la rétention judiciaire prévue par l'article 803-3 du C.P.P., qui n'est pas un titre de détention, a méconnu le texte susvisé et le principe ci-dessus rappelé.

(Cour de cassation – Chambre criminelle du 8 juin 2021 – N° de pourvoi : 21-81.515).

Article 186-1. – Autres appels – *(Loi n° 2007-291 du 5 mars 2007 + Décision n° 2022-999 QPC du 17 juin 2022)*

• Les parties peuvent aussi interjeter appel des ordonnances prévues par le 9e alinéa de l'article 81, par les articles 82-1 et 82-3, et par le 2e alinéa de l'article 156.

• Dans ce cas, le dossier de l'information, ou sa copie établie conformément à l'article 81, est transmis avec l'avis motivé du procureur de la République au président de la chambre de l'instruction.

• Dans les 8 jours de la réception de ce dossier, le président décide, par une ordonnance qui n'est pas susceptible de voie de recours, s'il y a lieu ou non de saisir la chambre de l'instruction de cet appel.

• Dans l'affirmative, il transmet le dossier au procureur général qui procède ainsi qu'il est dit aux articles 194 et suivants.

• Dans la négative, il ordonne par décision motivée que le dossier de l'information soit renvoyé au juge d'instruction.

QPC • *Par une décision n° 2022-999 QPC du 17/06/2022, le Conseil constitutionnel a déclaré contraires à la Constitution les mots « et 82-3 » figurant au 1er alinéa de l'article 186-1 du C.P.P., dans sa rédaction résultant de la loi n° 2007-291 du 5 mars 2007 tendant à renforcer l'équilibre de la procédure pénale.*

• *La déclaration d'inconstitutionnalité prend effet à compter de la publication de la décision dans les conditions prévues à son paragraphe 13.*

Article 186-2. – Délai – *(Loi n° 2016-731 du 3 juin 2016)*

• En cas d'appel contre une ordonnance prévue par l'article 181, la chambre de l'instruction statue dans les quatre mois suivant la date de déclaration d'appel, faute de quoi, si la personne est détenue, elle est mise d'office en liberté.

Article 186-3. – Appel – Ordonnance de mise en accusation devant la Cour d'assises ou devant la Cour criminelle départementale – *(Loi n° 2021-1729 du 22 décembre 2021)*

• La personne mise en examen et la partie civile peuvent interjeter appel des ordonnances prévues par le 1er alinéa de l'article 179 dans le cas où elles estiment que les faits renvoyés devant le tribunal correctionnel constituent un crime qui aurait dû faire l'objet d'une ordonnance de mise en accusation devant la cour d'assises ou devant la cour criminelle départementale.

• Lorsque l'information a fait l'objet d'une cosaisine, elles peuvent également, en l'absence de cosignature par les juges d'instruction cosaisis conformément à l'article 83-2, interjeter appel de ces ordonnances.

• Hors les cas prévus par le présent article, l'appel formé par la personne mise en examen ou la partie civile contre une ordonnance de renvoi devant le tribunal correctionnel est irrecevable et donne lieu à une ordonnance de non admission de l'appel par le président de la chambre de l'instruction conformément au dernier alinéa de l'article 186. Il en est de même s'il est allégué que l'ordonnance de règlement statue également sur une demande formée avant l'avis prévu à l'article 175 mais à laquelle il n'a pas été répondu, ou sur une demande formée en application du 2° du IV du même article 175, alors que cette demande était irrecevable ou que le président considère qu'il n'y a pas lieu d'en saisir la chambre de l'instruction conformément à l'article 186-1.

Article 186-4. – Appel – Délai – *(Loi n° 2016-731 du 3 juin 2016)*

• En cas d'appel, même irrecevable, formé contre une ordonnance prévue au premier alinéa de l'article 179, la chambre de l'instruction statue dans les deux mois suivant la date de déclaration d'appel, faute de quoi la personne détenue est remise d'office en liberté.

Article 186-5. – Délais non applicables – *(Loi n° 2016-731 du 3 juin 2016)*

• Les délais relatifs à la durée de la détention provisoire prévus aux articles 145-1 à 145-3 ne sont plus applicables lorsque le juge d'instruction a rendu son ordonnance de renvoi devant la juridiction de jugement, même en cas d'appel formé contre cette ordonnance.

Article 187. – Poursuite de l'information – *(Loi n° 2022-52 du 24 janvier 2022)*

• Lorsqu'il est interjeté appel d'une ordonnance autre qu'une ordonnance de règlement ou que la chambre de l'instruction est directement saisie, en application des articles 81, 9e alinéa, 82-1, 2ealinéa, 156, 2e alinéa, ou 167, avant-dernier alinéa, le juge d'instruction poursuit son information, y compris, le cas échéant, jusqu'au règlement de celle-ci, sauf décision contraire du président de la chambre de l'instruction. Cette décision n'est pas susceptible de recours.

• Il en est de même lorsque la chambre de l'instruction est saisie d'une requête en nullité en application de l'article 173.

Article 187-1. – Appel d'une ordonnance de placement en détention provisoire – *(Loi n° 2000-1354 du 30 décembre 2000)*

• En cas d'appel d'une ordonnance de placement en détention provisoire, la personne mise en examen ou le procureur de la République peut, si l'appel est interjeté au plus tard le jour suivant la décision de placement en détention, demander au président de la chambre de l'instruction ou, en cas d'empêchement, au magistrat qui le remplace, d'examiner immédiatement son appel sans attendre l'audience de la chambre de l'instruction. Cette demande doit, à peine d'irrecevabilité, être formée en même temps que l'appel devant la chambre de l'instruction. La personne mise en examen, son avocat ou le procureur de la République peut joindre toutes observations écrites à l'appui de la demande. À sa demande, l'avocat de la personne mise en examen présente oralement des observations devant le président de la chambre de l'instruction ou le magistrat qui le remplace, lors d'une audience de cabinet dont est avisé le ministère public pour qu'il y prenne, le cas échéant, ses réquisitions, l'avocat ayant la parole en dernier.

• Le président de la chambre de l'instruction ou le magistrat qui le remplace statue au plus tard le troisième jour ouvrable suivant la demande, au vu des éléments du dossier de la procédure, par une ordonnance non motivée qui n'est pas susceptible de recours.

• Le président de la chambre de l'instruction ou le magistrat qui le remplace peut, s'il estime que les conditions prévues par l'article 144 ne sont pas remplies, infirmer l'ordonnance du juge des libertés et de la détention et ordonner la remise en liberté de la personne. La chambre de l'instruction est alors dessaisie.

• Dans le cas contraire, il doit renvoyer l'examen de l'appel à la chambre de l'instruction.

• S'il infirme l'ordonnance du juge des libertés et de la détention, le président de la chambre de l'instruction ou le magistrat qui le remplace peut ordonner le placement sous contrôle judiciaire de la personne mise en examen.

• Si l'examen de l'appel est renvoyé à la chambre de l'instruction, la décision est portée à la connaissance du procureur général. Elle est notifiée à la personne mise en examen par le greffe de l'établissement pénitentiaire qui peut, le cas échéant, recevoir le désistement d'appel de cette dernière.

• La déclaration d'appel et la demande prévue au premier alinéa du présent article peuvent être constatées par le juge des libertés et de la détention à l'issue du débat contradictoire prévu par le quatrième alinéa de l'article 145. Pour l'application du deuxième alinéa du présent article, la transmission du dossier de la procédure au président de la chambre de l'instruction peut être effectuée par télécopie.

Article 187-2. – Recours – Délai d'examen – *(Loi n° 2000-516 du 15 juin 2000)*

•La personne qui forme le recours prévu par l'article 187-1 peut demander à ce qu'il soit directement examiné par la chambre de l'instruction. Il est alors statué au plus tard, au vu des éléments du dossier, le cinquième jour ouvrable suivant la demande.

Article 187-3. – Procureur de la république – Appel ordonnance de mise en liberté – *(Loi n° 2002-1138 du 9 septembre 2002)*

• Dans le cas prévu par le deuxième alinéa de l'article 148-1-1, le procureur de la République qui interjette appel d'une ordonnance de mise en liberté contraire à ses réquisitions dans un délai de quatre heures à compter de sa notification doit, à peine d'irrecevabilité, saisir dans le même temps le premier président de la cour d'appel ou, en cas d'empêchement, le magistrat qui le remplace, d'un référé-détention afin de déclarer cet appel suspensif. Le procureur de la République joint à sa demande les observations écrites justifiant le maintien en détention de la personne. La personne mise en examen et son avocat peuvent également présenter les observations écrites qu'ils jugent utiles.

• Le premier président de la cour d'appel ou le magistrat qui le remplace statue au plus tard le deuxième jour ouvrable suivant la demande. Pendant cette durée, les effets de l'ordonnance de mise en liberté sont suspendus et la personne reste détenue. À défaut pour le premier président de la cour d'appel ou le magistrat qui le remplace de statuer dans ce délai, la personne est remise en liberté, sauf si elle est détenue pour une autre cause.

• Le premier président de la cour d'appel ou le magistrat qui le remplace statue, au vu des éléments du dossier de la procédure, par une ordonnance motivée qui n'est pas susceptible de recours. À sa demande, l'avocat de la personne mise en examen peut présenter des observations orales devant ce magistrat, lors d'une audience de cabinet dont le ministère public est avisé pour qu'il y prenne, le cas échéant, ses réquisitions.

• Si le premier président de la cour d'appel ou le magistrat qui le remplace estime que le maintien en détention de la personne est manifestement nécessaire au vu d'au moins deux des critères prévus par les dispositions de l'article 144 jusqu'à ce que la chambre d'instruction statue sur l'appel du ministère public, il ordonne la suspension des effets de l'ordonnance de mise en liberté jusqu'à cette date. La personne mise en examen ne peut alors être mise en liberté jusqu'à l'audience de la chambre de l'instruction devant laquelle sa comparution personnelle est de droit; la chambre de l'instruction doit se prononcer dans les plus brefs délais et au plus tard dans les dix jours de l'appel, faute de quoi la personne est mise d'office en liberté si elle n'est pas détenue pour une autre cause.

• Dans le cas contraire, le premier président de la cour d'appel ou le magistrat qui le remplace ordonne que la personne soit mise en liberté si elle n'est pas détenue pour une autre cause.

• À peine de nullité, le magistrat ayant statué sur la demande de référé-détention ne peut faire partie de la composition de la chambre de l'instruction qui statuera sur l'appel du ministère public.

• La transmission du dossier de la procédure au premier président de la cour d'appel ou au magistrat qui le remplace peut être effectuée par télécopie.

Section XIII

De la reprise de l'information sur charges nouvelles

Article 188. – Recherches – *(Loi n° 93-2 du 4 janvier 1993)*

• La personne mise en examen à l'égard de laquelle le juge d'instruction a dit n'y avoir lieu à suivre ne peut plus être recherchée à l'occasion du même fait, à moins qu'il ne survienne de nouvelles charges.

J **• Infraction à la législation sur les stupéfiants et non-justification de ressources – Extinction de l'action publique –** *Contre l'arrêt de ladite cour d'appel, chambre correctionnelle, en date du 15 janvier 2015, qui a condamné le premier, pour blanchiment, infractions à la législation sur les stupéfiants et non-justification de ressources, à cinq ans d'emprisonnement et 100000 euros d'amende, et a constaté l'extinction de l'action publique par prescription du chef de blanchiment pour M. Otmane-Chérif X... ;*

Sur le premier moyen de cassation proposé pour M. X..., pris de la violation des articles 188 et 593 du Code de procédure pénale, défaut de motifs, manque de base légale;

« en ce que l'arrêt attaqué a infirmé le jugement qui avait relaxé M. Mohamed X... pour les faits de blanchiment commis de courant 2001 au 28 août 2006 et statuant à nouveau, l'a condamné pour les faits de blanchiment commis à Saint-Raphaël, Cannes, et dans le département du Nord, en tous cas sur le territoire national, sur les territoires belge, luxembourgeois et marocain de courant 2001 au 31 mai 2007;

« aux motifs, sur les conséquences tirées de l'ordonnance de non-lieu du 28 août 2006, une procédure d'information judiciaire ouverte au tribunal de grande instance de Lille en 2005 contre X du chef d'infraction à la législation sur les stupéfiants a été clôturée par une ordonnance de non-lieu, aucune charge contre quiconque n'ayant été établie; que les premiers juges ont estimé que, du fait de cette ordonnance de non-lieu, M. X..., et lui seul, alors que, à suivre son raisonnement, M. Gustaaf Z...aurait dû être de la même façon, relaxé pour les mêmes motifs retenus, devait bénéficier d'une relaxe pour les faits visés dans la présente prévention et commis antérieurement au 28 août 2006, date de l'ordonnance de non-lieu; que c'est cependant à tort que les premiers juges ont statué ainsi dans la mesure où, à défaut d'avoir été mis en examen pour une quelconque infraction, M. X... n'a pas bénéficié d'un non-lieu à titre personnel, aucune conséquence juridique ne pouvant dès lors être tirée le concernant relative à la période antérieure à l'ordonnance de non-lieu rendue;

Attendu que tout jugement ou arrêt doit contenir les motifs propres à justifier la décision; que l'insuffisance ou la contradiction équivaut à leur absence;

Attendu qu'il résulte de l'arrêt attaqué et des pièces de procédure qu'une information ouverte contre personne non dénommée du chef de trafic de stupéfiants, détention irrégulière de marchandises prohibées et non-justification de ressources a été clôturée par une ordonnance de non-lieu rendue le 28 août 2006, devenue définitive; qu'au terme d'une autre information M. X... a été renvoyé pour blanchiment de sommes provenant d'infractions à la législation sur les stupéfiants commis courant 2001 et jusqu'au 31 mai 2007, association de malfaiteurs, trafic de stupéfiants et non-justification de ressources; que le tribunal correctionnel l'a renvoyé des fins de la poursuite du chef de blanchiment commis courant 2001 et jusqu'au 29 août 2006 et du chef d'association de malfaiteurs;

Attendu que, pour infirmer la relaxe du prévenu et retenir sa culpabilité du chef de blanchiment, l'arrêt retient qu'il n'a pas bénéficié d'un non-lieu à titre personnel et qu'aucune conséquence ne peut être tirée le concernant pour la période antérieure à l'ordonnance de non-lieu;

Mais attendu qu'en statuant ainsi, sans rechercher si l'information ouverte contre personne non dénommée et clôturée par un non-lieu portait sur les mêmes faits et, dans l'affirmative, si le prévenu avait fait l'objet d'une mise en cause explicite dans cette information, la cour d'appel n'a pas justifié sa décision;

D'où il suit que la cassation est à nouveau encourue;

Par ces motifs, et sans qu'il ait besoin d'examiner le second moyen proposé pour M. X... :

CASSE et ANNULE, en toutes ses dispositions, l'arrêt susvisé de la cour d'appel de Nancy, en date du 15 janvier 2015, et pour qu'il soit à nouveau jugé, conformément à la loi,

RENVOIE la cause et les parties devant la cour d'appel de Metz à ce désignée par délibération spéciale prise en chambre du conseil;

ORDONNE l'impression du présent arrêt, sa transcription sur les registres du greffe de la cour d'appel de Nancy et sa mention en marge ou à la suite de l'arrêt annulé;

(Cour de cassation – Chambre criminelle du 15 juin 2016 – N° de pourvoi : 15-81200).

Article 189. – Charges nouvelles

• Sont considérées comme charges nouvelles les déclarations des témoins, pièces et procès-verbaux qui, n'ayant pu être soumis à l'examen du juge d'instruction, sont cependant de nature soit à fortifier les charges qui auraient été trouvées trop faibles, soit à donner aux faits de nouveaux développements utiles à la manifestation de la vérité.

Article 190. – Réouverture de l'information

• Il appartient au ministère public seul de décider s'il y a lieu de requérir la réouverture de l'information sur charges nouvelles.

J **• Arrêt – Arrêt de non-lieu – Réouverture de l'information su charges nouvelles – Condition.**
• 2° Chambre d'accusation.
• Pouvoir – Réouverture de l'information sur charges nouvelles – Application de l'article 204 du Code de procédure pénale – Possibilité. – *1° Constituent des charges justifiant la réouverture de l'information en application de l'article 190 du Code de procédure pénale celles qui n'ont pas été soumises à l'examen de la juridiction d'instruction avant la décision de non-lieu. Il n'importe qu'elles aient été connues des parties avant cette décision.*

2° La circonstance que la chambre d'accusation soit saisie en application de l'article 196 du Code de procédure pénale ne lui interdit pas d'exercer le pouvoir qu'elle tient de l'article 204 du même Code (Cass. CRIM du 16 novembre 1999).

CHAPITRE II
De la chambre de l'instruction : juridiction d'instruction du second degré

Section I
Dispositions générales

Article 191. – Cour d'appel – Composition – *(Loi n° 2000-516 du 15 juin 2000)*

• Chaque cour d'appel comprend au moins une chambre de l'instruction.

• Cette juridiction est composée d'un président de chambre, exclusivement attaché à ce service, et de deux conseillers qui peuvent, en cas de besoin, assurer le service des autres chambres de la cour.

• Le président de la chambre de l'instruction est désigné par décret, après avis du Conseil supérieur de la magistrature. En cas d'absence ou d'empêchement du président de la chambre de l'instruction, le premier président désigne pour le remplacer à titre temporaire un autre président de chambre ou un conseiller.

• Les conseillers composant la chambre de l'instruction sont désignés chaque année pour la durée de l'année judiciaire suivante, par l'assemblée générale de la cour.

• Un décret pourra prévoir que le président de la chambre de l'instruction d'une cour d'appel comptant moins de trois chambres assurera à titre exceptionnel le service d'une autre chambre de la même cour.

Article 192. – Ministère public – *(Loi n° 2000-516 du 15 juin 2000)*

• Les fonctions du ministère public auprès de la chambre de l'instruction sont exercées par le procureur général ou par ses substituts ; celles du greffe par un greffier de la cour d'appel.

Article 193. – Réunions – *(Loi n° 2000-516 du 15 juin 2000)*

•La chambre de l'instruction se réunit au moins une fois par semaine et, sur convocation de son président ou à la demande du procureur général, toutes les fois qu'il est nécessaire.

Article 194. – Mise en état de l'affaire – *(Loi n° 2022-52 du 24 janvier 2022)*

• Le procureur général met l'affaire en état dans les 48 heures de la réception des pièces en matière de détention provisoire et dans les 10 jours en toute autre matière ; il la soumet, avec son réquisitoire, à la chambre de l'instruction.

• Dans les cas prévus par les articles 173 et 186-1, ou lorsqu'elle est directement saisie en application des articles 81, 9e alinéa, 82-1, 2e alinéa, 156, 2e alinéa, ou 167, avant-dernier alinéa, la chambre de l'instruction doit statuer dans les 2 mois à compter de la transmission du dossier au procureur général par le président de la chambre de l'instruction.

• Il en est de même en cas d'appel en matière de contrôle judiciaire ou d'assignation à résidence avec surveillance électronique ; à défaut, en cas d'appel d'une ordonnance de placement sous contrôle judiciaire ou sous assignation à résidence avec surveillance électronique ou de refus de mainlevée d'une de ces 2 mesures, la mainlevée de celle-ci est acquise de plein droit, sauf si des vérifications concernant la demande de la personne ont été ordonnées ou si des circonstances imprévisibles et insurmontables mettent obstacle au jugement de l'affaire dans le délai prévu au présent article.

• En matière de détention provisoire, la chambre de l'instruction doit se prononcer dans les plus brefs délais et au plus tard dans les 10 jours de l'appel lorsqu'il s'agit d'une ordonnance de placement en détention et dans les 15 jours dans les autres cas, faute de quoi la personne concernée est mise d'office en liberté, sauf si des vérifications concernant sa demande ont été ordonnées ou si des circonstances imprévisibles et insurmontables mettent obstacle au jugement de l'affaire dans le délai prévu au présent article.

QPC • Sous la réserve énoncée au considérant 8, le quatrième alinéa de l'article 194 du Code de procédure pénale est conforme à la Constitution.

8. Considérant qu'en matière de privation de liberté, le droit à un recours juridictionnel effectif impose que le juge judiciaire soit tenu de statuer dans les plus brefs délais ; qu'il appartient aux autorités judiciaires, sous le contrôle de la Cour de cassation, de veiller au respect de cette exigence y compris lorsque la chambre de l'instruction statue sur renvoi de la Cour de cassation

(Décision n° 2014-446 QPC du 29 janvier 2015)

J • **Infraction à la législation sur les stupéfiants... – Détention provisoire – Demande de mise en liberté – Appel d'une ordonnance de rejet – Délai imparti pour statuer – Circonstance imprévisible et insurmontable – Défaut – Effet**

REJET du pourvoi formé par le procureur général près la cour d'appel de Cayenne contre l'arrêt de la chambre de l'instruction de la dite cour, en date du 21/05/2019, qui, dans l'information suivie contre M. T... O... des chefs d'infraction à la législation sur les stupéfiants, importation de stupéfiants, complicité de transport en contrebande de marchandises prohibées, a dit la transcription de la déclaration d'appel tardive et a ordonné la remise en liberté de M. O...

Le déménagement du service du juge des libertés et de la détention dans d'autres locaux en raison de la fermeture de la juridiction consécutive à la découverte d'amiante, ayant retardé de 23 jours la transcription de la déclaration d'appel sur rejet d'une demande de mise en liberté, ne constitue pas une circonstance imprévisible et insurmontable, extérieure au service public de la justice. Il appartenait à l'autorité judiciaire d'avertir l'établissement pénitentiaire du nouveau numéro de télécopieur qui devait être utilisé pour transmettre les demandes ou recours formulés par les détenus.

(Cour de cassation – Chambre criminelle du 11 septembre 2019 – N° de pourvoi: 19-83890).

• **Escroqueries en bande organisée en récidive... – Règle de l'unique objet**

Le procureur général près la cour d'appel de PARIS (75) a formé un pourvoi contre l'arrêt de la chambre de l'instruction de ladite cour d'appel, 2e section, en date du 02/02/2021, qui, dans la procédure suivie contre M. [J] [K] des chefs d'escroqueries en bande organisée en récidive, association de malfaiteurs en récidive et blanchiment en bande organisée en récidive, a ordonné la mise en liberté de ce dernier après infirmation de l'ordonnance du J.L.D. ayant révoqué son contrôle judiciaire et placé en détention provisoire.

15. En se déterminant ainsi, la chambre de l'instruction, alors que, saisie de l'unique objet de l'appel d'une ordonnance de placement en détention provisoire elle ne pouvait prononcer sur l'irrégularité des conditions de mise en œuvre de la rétention judiciaire prévue par l'article 803-3 du C.P.P., qui n'est pas un titre de détention, a méconnu le texte susvisé et le principe ci-dessus rappelé.

(Cour de cassation – Chambre criminelle du 16 juin 2021 – N° de pourvoi: 21-82.293).

Article 194-1. – Chambre de l'instruction – Délais – *(Loi n° 2016-731 du 3 juin 2016)*

• Lorsque la chambre de l'instruction est saisie sur renvoi après cassation, elle statue dans les délais prévus aux articles 148-2, 186-2, 186-4 et 194. Ces délais courent à compter de la réception par le procureur général près la cour d'appel de l'arrêt et du dossier transmis par le procureur général près la Cour de cassation.

Article 195. – Procureur général – *(Loi n° 2000-516 du 15 juin 2000)*

• Dans les causes dont sont saisies les juridictions correctionnelles ou de police et jusqu'à l'ouverture des débats, le procureur général, s'il estime que les faits sont susceptibles d'une qualification plus grave que celle dont ils ont été l'objet, ordonne l'apport des pièces, met l'affaire en état et la soumet avec son réquisitoire à la chambre de l'instruction.

Article 196. – Procureur général – Charges nouvelles – *(Loi n° 2000-516 du 15 juin 2000)*

• Le procureur général agit de même lorsqu'il reçoit, postérieurement à un arrêt de non-lieu prononcé par la chambre de l'instruction, des pièces lui paraissant contenir des charges nouvelles dans les termes de l'article 189. Dans ce cas et en attendant la réunion de la chambre de l'instruction, le président de cette juridiction peut, sur les réquisitions du procureur général, décerner mandat de dépôt ou d'arrêt.

Article 197. – Notification date d'audience – *(Loi n° 2017-258 du 28 février 2017)*

• Le procureur général notifie par lettre recommandée à chacune des parties et à son avocat la date à laquelle l'affaire sera appelée à l'audience. La notification est faite à la personne détenue par les soins du chef de l'établissement pénitentiaire qui adresse, sans délai, au procureur général l'original ou la copie du récépissé signé par la personne. La notification à toute personne non détenue, à la partie civile ou au requérant mentionné au 5e alinéa de l'article 99 est faite à la dernière adresse déclarée tant que le juge d'instruction n'a pas clôturé son information.

• Un délai minimum de 48 heures en matière de détention provisoire, et de 5 jours en toute autre matière, doit être observé entre la date d'envoi de la lettre recommandée et celle de l'audience.

• Pendant ce délai, le dossier de la procédure, comprenant les réquisitions du ministère public, est déposé au greffe de la chambre de l'instruction et mis à la disposition des avocats des personnes mises en examen et des parties civiles dont la constitution n'a pas été contestée ou, en cas de contestation, lorsque celle-ci n'a pas été retenue. Les avocats des parties ou, si elles n'ont pas d'avocat, les parties peuvent se faire délivrer copie de ces réquisitions sans délai et sur simple requête écrite, sans préjudice de leur faculté de demander la copie de l'entier dossier en application du 4e alinéa de l'article 114. La délivrance de la première copie des réquisitions est gratuite.

• Le caractère incomplet du dossier de la chambre de l'instruction ne constitue pas une cause de nullité dès lors que les avocats des parties ont accès à l'intégralité du dossier détenu au greffe du juge d'instruction. Si la chambre de l'instruction est avisée que des pièces sont manquantes, elle renvoie l'audience à une date ultérieure s'il lui apparaît que la connaissance de ces pièces est indispensable à l'examen de la requête ou de l'appel qui lui est soumis.

J • **Complicité de tentatives d'assassinats en bande organisée en récidive légale... – Dessaisissement du Juge d'Instruction – Cause de nullité**

M. [W] [Y] a formé un pourvoi contre l'arrêt de la chambre de l'instruction de la cour d'appel de PARIS (75), *8e section, en date du 28/05/2021, qui, dans la procédure suivie contre lui des chefs notamment de complicité de tentatives d'assassinats en bande organisée en récidive légale, association de malfaiteurs en récidive légale, extorsion de fonds aggravée en récidive légale, et infractions à la législation sur les armes, a rejeté sa demande de mise en liberté.*

6. En prononçant ainsi, la chambre de l'instruction n'a pas méconnu l'article 197, al. 4, du C.P.P., dès lors qu'il se déduit de ce texte qu'après dessaisissement du J.I. à la suite de la mise en accusation du mis en examen, ne peut constituer une cause de nullité le caractère incomplet du dossier de la chambre de l'instruction, l'avocat du mis en examen ayant accès à l'intégralité du dossier détenu au greffe de la cour d'assises.

7. Ainsi, le moyen n'est pas fondé.

8. Par ailleurs, l'arrêt est régulier en la forme.

(Cour de cassation – Chambre criminelle du 15 septembre 2021 – N° de pourvoi : 21-83.763).

Article 197-1. – Observations – *(Loi n° 2000-516 du 15 juin 2000)*

• En cas d'appel d'une ordonnance de non-lieu, le témoin assisté peut, par l'intermédiaire de son avocat, faire valoir ses observations devant la chambre de l'instruction. La date de l'audience est notifiée à l'intéressé et à son avocat conformément aux dispositions de l'article 197.

Article 198. – Mémoires – *(Loi n° 2021-1729 du 22 décembre 2021)*

• Les parties et leurs avocats sont admis jusqu'au jour de l'audience à produire des mémoires qu'ils communiquent au ministère public et aux autres parties.

• Ces mémoires sont déposés au greffe de la chambre de l'instruction et visés par le greffier avec l'indication du jour et de l'heure du dépôt ou sont adressés au greffier, au ministère public et aux autres parties par télécopie ou par lettre recommandée avec demande d'avis de réception, qui doit parvenir aux destinataires avant le jour de l'audience.

V
- Code de Procédure Pénale - art. 145-1 – Détention provisoire
- Code de Procédure Pénale - art. 145-2 – Détention provisoire en matière criminelle
- Code de Procédure Pénale - art. 209 – Dépôt au greffe *(dossier de procédure)*
- Code de Procédure Pénale - art. D. 592 – Dépôt des mémoires *(chambre de l'instruction)*

J • *Si, selon l'article 198 du Code de procédure pénale, un avocat, qui n'exerce pas dans la ville où siège la chambre d'accusation, peut adresser son mémoire par télécopie, celui-ci doit, pour être valable, être visé par le greffier avant le jour de l'audience, la date et l'heure du dépôt au greffe étant celles indiquées sur le visa.*

• *C'est donc à bon droit qu'une chambre d'accusation refuse d'examiner le mémoire qui, adressé dans le délai légal par télécopie au numéro de fax du procureur général et non à celui du greffier, n'a été remis à ce dernier que le jour de l'audience.*

(Cass. CRIM. du 16 mai 1994 – B.C. n° 394).

Article 199. – Débats – *(Loi n° 2021-1729 du 22 décembre 2021)*

• Les débats se déroulent et l'arrêt est rendu en chambre du conseil. Toutefois, si la personne majeure mise en examen ou son avocat le demande dès l'ouverture des débats, ceux-ci se déroulent et l'arrêt est rendu en séance publique, sauf si la publicité est de nature à entraver les investigations spécifiques nécessitées par l'instruction ou à nuire à la dignité de la personne ou aux intérêts d'un tiers. La chambre de l'instruction statue sur cette demande, après avoir recueilli les observations du procureur général et, le cas échéant, des avocats des autres parties, par un arrêt rendu en chambre du conseil qui n'est susceptible de pourvoi en cassation qu'en même temps que l'arrêt portant sur la demande principale.

• En matière de détention provisoire, et par dérogation aux dispositions du 1er alinéa, si la personne mise en examen est majeure, les débats se déroulent et l'arrêt est rendu en audience publique. Toutefois, le ministère public, la personne mise en examen ou la partie civile ou leurs avocats peuvent, avant l'ouverture des débats, s'opposer à cette publicité si celle-ci est de nature à entraver les investigations spécifiques nécessitées par l'instruction, à porter atteinte à la présomption d'innocence ou à la sérénité des débats ou à nuire à la dignité de la personne ou aux intérêts d'un tiers, ou si l'enquête porte sur des faits mentionnés aux articles 706-73 et 706-73-1. La chambre statue sur cette opposition après avoir recueilli les observations du ministère public et des parties, par un arrêt rendu en chambre du conseil qui n'est susceptible de pourvoi en cassation qu'en même temps que l'arrêt portant sur la demande principale. Si la chambre fait droit à cette opposition ou si la personne mise en examen est mineure, les débats ont lieu et l'arrêt est rendu en chambre du conseil. Il en est de même si la partie civile s'oppose à la publicité, dans les seuls cas où celle-ci est en droit de demander le huis-clos lors de l'audience de jugement.

• Après le rapport du conseiller, le procureur général et les avocats des parties sont entendus.

• La chambre de l'instruction peut ordonner la comparution personnelle des parties ainsi que l'apport des pièces à conviction. Lorsque la personne mise en examen comparaît devant la chambre, elle ne peut être entendue qu'après avoir été informée de son droit de se taire sur les faits qui lui sont reprochés.

• Il est donné lecture de l'arrêt par le président ou par l'un des conseillers; cette lecture peut être faite même en l'absence des autres conseillers.

• En matière de détention provisoire, la comparution personnelle de la personne concernée est de droit si celle-ci ou son avocat en fait la demande; cette requête doit, à peine d'irrecevabilité, être présentée en même temps que la déclaration d'appel ou que la demande de mise en liberté adressée à la chambre de l'instruction. Si la personne a déjà comparu devant la chambre de l'instruction moins de 4 mois auparavant, le président de cette juridiction peut, en cas d'appel d'une ordonnance rejetant une demande de mise en liberté, refuser la comparution personnelle de l'intéressé par une décision motivée qui n'est susceptible d'aucun recours.

• En cas de comparution personnelle de la personne concernée, le délai maximum prévu au dernier alinéa de l'article 194 est prolongé de 5 jours ou de 10 jours si la chambre de l'instruction statue sur renvoi après cassation.

• En cas d'appel du ministère public contre une décision de rejet de placement en détention provisoire ou de remise en liberté, la personne mise en examen est avisée de la date d'audience. Sa comparution personnelle à l'audience est de droit.

QPC • *Conformément aux articles 1er et 2 de la Décision n° 2021-895/901/902/903 QPC du 9 avril 2021:*

***15.** En l'espèce, d'une part, l'abrogation immédiate des dispositions contestées aurait pour effet de supprimer la comparution des parties devant la chambre de l'instruction. Elle entraînerait ainsi des conséquences manifestement excessives. Par suite, il y a lieu de reporter au 31/12/2021 la date de l'abrogation des dispositions contestées.*

***16.** D'autre part, la remise en cause des mesures ayant été prises sur le fondement des dispositions déclarées contraires à la Constitution méconnaîtrait les objectifs de valeur constitutionnelle de sauvegarde de l'ordre public et de recherche des auteurs d'infractions et aurait ainsi des conséquences manifestement excessives. Par suite, les mesures prises avant la publication de la présente décision ne peuvent être contestées sur le fondement de cette inconstitutionnalité.*

***17.** En revanche, afin de faire cesser l'inconstitutionnalité constatée à compter de la publication de la présente décision, il y a lieu de juger que, jusqu'à l'entrée en vigueur d'une nouvelle loi ou jusqu'à la date de l'abrogation des dispositions contestées, la chambre de l'instruction doit informer la personne mise en examen qui comparaît devant elle de son droit de se taire.*

Article 1er.

Les mots «la comparution personnelle des parties ainsi que» figurant au 4e alinéa de l'article 199 du C.P.P., dans sa rédaction résultant de la loi n° 2016-731 du 03/06/2016 renforçant la lutte contre le crime organisé, le terrorisme et leur financement, et améliorant l'efficacité et les garanties de la procédure pénale, le 6e alinéa de cet article, dans cette rédaction, et la dernière phrase du 8e alinéa du même article sont contraires à la Constitution.

Article 2.

La déclaration d'inconstitutionnalité de l'article 1er prend effet dans les conditions fixées aux paragraphes 15 à 17 de cette décision.

(Décision n° 2021-895/901/902/903 QPC du 8 avril 2021)

J • **Association de malfaiteurs... – Chambre de l'instruction – Personne mise en examen ou avocats – Parole les derniers**

M. [C] [K] et Mme [R] [K] ont formé des pourvois contre:

– l'arrêt de la chambre de l'instruction de la cour d'appel de VERSAILLES (78), en date du 31/07/2012, qui, dans l'information suivie contre eux des chefs d'association de malfaiteurs, blanchiment en bande organisée, travail dissimulé, abus de faiblesse et escroquerie en bande organisée, a prononcé sur leurs demandes d'annulation d'actes de la procédure;

– l'arrêt de la chambre de l'instruction de la cour d'appel de VERSAILLES (78), en date du 26/02/2019, qui, dans l'information suivie contre eux des chefs d'association de malfaiteurs, blanchiment en bande organisée, travail dissimulé, abus de faiblesse et escroquerie en bande organisée, a ordonné un supplément d'information;

– l'arrêt de la chambre de l'instruction de la cour d'appel de VERSAILLES (78), en date du 11/05/2021, qui, statuant après cassation (Crim., 11/04/2018, pourvoi n° 17-86.557; Crim., 11/04/2018, pourvoi n° 17-86.554), *confirmant l'ordonnance rendue par le J.I., les a renvoyés devant le tribunal correctionnel sous la prévention, le 1er, d'association de malfaiteurs, blanchiment en bande organisée, travail dissimulé, abus de faiblesse, escroquerie en bande organisée et complicité de détournement de la finalité de fichiers informatiques nominatifs, la 2de, de blanchiment en bande organisée, escroquerie en bande organisée, complicité de détournement de la finalité de fichiers informatiques nominatifs et blanchiment de fraude fiscale.*

14. Il se déduit des dispositions de ces textes et des principes généraux du droit que, devant la chambre de l'instruction, la personne mise en examen ou son avocat doivent avoir la parole les derniers.

15. L'arrêt mentionne que l'avocat général a été entendu en ses réquisitions et que l'avocat de l'un des co-mis en examen de M. et Mme [K] a eu la parole en dernier.

16. En l'état de ces mentions, dont il ne ressort pas que les avocats des demandeurs ont eu la parole en dernier, la chambre de l'instruction a méconnu les textes susvisés et le principe ci-dessus rappelé.

(Cour de cassation – Chambre criminelle du 25 août 2021 – N° de pourvoi: 21-83.238).

• **Rapport oral du président – Plaidoiries des avocats**

MM. [V] [Z], [N] [K], [A] [M], [J] [H] et [N] [B] ont formé des pourvois contre l'arrêt de la chambre de l'instruction de la cour d'appel de DIJON (21), en date du 22/05/2019, qui, dans l'information suivie contre eux des chefs, notamment, d'infractions à la législation sur les stupéfiants et association de malfaiteurs, a prononcé sur leurs requêtes en annulation d'actes de la procédure.

MM. [A] [M], [J] [H], [X] [F] et [N] [B] ont formé des pourvois contre l'arrêt de la cour d'appel de DIJON, chambre correctionnelle, en date du 16/09/2021, qui, notamment, pour infractions à la législation sur les stupéfiants, a condamné, le 1er, à

9 ans d'emprisonnement et 20 000 € d'amende, le 2e, à 1 an d'emprisonnement, le 3e, à 6 ans d'emprisonnement, le 4e, à 4 ans d'emprisonnement, et a ordonné une mesure de confiscation.

18. Le moyen critique l'arrêt attaqué en ce qu'il a rejeté l'exception de nullité tirée de ce que le prévenu n'avait pas eu la parole en dernier, alors « que le prévenu ou son avocat doivent toujours avoir la parole les derniers; qu'en l'espèce l'arrêt énonce, dans la partie consacrée aux débats, qu'à l'audience s'étant déroulée en Chambre du conseil le 10/04/ 2019, ont été entendus « Monsieur Jacques, substitut général, en ses réquisitions orales. Les débats étant terminés, la Chambre de l'instruction a mis l'affaire en délibéré », ce dont il résulte que l'avocat du prévenu n'a pas eu, sur le fond, la parole après les réquisitions du ministère public; qu'en conséquence, la chambre de l'instruction a violé les articles 6 de la Convention européenne des droits de l'homme, 199 et 591 du C.P.P. »

19. Il se déduit de ces textes que, devant la chambre de l'instruction, la personne mise en examen ou son avocat doivent avoir la parole les derniers.

(Cour de cassation – Chambre criminelle du 12 octobre 2022 – N° de pourvoi : 21-86.138).

Article 200. – Délibération – *(Loi n° 2000-516 du 15 juin 2000)*

•Lorsque les débats sont terminés, la chambre de l'instruction délibère sans qu'en aucun cas le procureur général, les parties, leurs avocats et le greffier puissent être présents.

Article 201. – Chambre de l'instruction – Pouvoirs – *(Loi n° 2004-204 du 9 mars 2004)*

• La chambre de l'instruction peut, dans tous les cas, à la demande du procureur général, d'une des parties ou même d'office, ordonner tout acte d'information complémentaire qu'elle juge utile.

• Elle peut également, dans tous les cas, le ministère public entendu, prononcer d'office la mise en liberté de la personne mise en examen.

• Elle peut ordonner le placement en détention provisoire ou sous contrôle judiciaire de la personne mise en examen. En cas d'urgence, le président de la chambre de l'instruction ou le conseiller désigné par lui peut décerner mandat d'amener, d'arrêt ou de recherche. Il peut également ordonner l'incarcération provisoire de la personne pendant une durée déterminée qui ne peut en aucun cas excéder quatre jours ouvrables jusqu'à la réunion de la chambre de l'instruction.

J • **Détention provisoire – Mise en liberté – Pouvoirs de la chambre d'accusation.** – *L'exercice par la chambre d'accusation de la faculté qu'elle détient de l'article 201 du Code de procédure pénale de prononcer, dans tous les cas, la mise en liberté d'office d'une personne mise en examen, relève de sa seule initiative et n'est pas subordonné à une saisine de son président ou de l'intéressé, ni limité au cas où le titre de détention serait nul ou inexistant* (Cass. CRIM. du 26 septembre 1995 – Gaz. Pal. 24-25/1/96).

Article 202. – Chambre de l'instruction – Autres pouvoirs – *(Loi n° 2000-516 du 15 juin 2000)*

• Elle peut, d'office ou sur réquisitions du procureur général, ordonner qu'il soit informé à l'égard des personnes mises en examen ou prévenus renvoyés devant elle sur tous les chefs de crimes, de délits, de contraventions, principaux ou connexes, résultant du dossier de la procédure, qui n'auraient pas été visés par l'ordonnance du juge d'instruction ou qui auraient été distraits par une ordonnance comportant non-lieu partiel, disjonction ou renvoi devant la juridiction correctionnelle ou de police.

• Elle peut statuer sans ordonner une nouvelle information si les chefs de poursuite visés à l'alinéa précédent ont été compris dans les faits pour lesquels la personne a été mise en examen par le juge d'instruction.

Article 203. – Infractions connexes – *(Loi n° 2000-516 du 15 juin 2000)*

• Les infractions sont connexes soit lorsqu'elles ont été commises en même temps par plusieurs personnes réunies, soit lorsqu'elles ont été commises par différentes personnes, même en différents temps et en divers lieux, mais par suite d'un concert formé à l'avance entre elles, soit lorsque les coupables ont commis les unes pour se procurer les moyens de commettre les autres, pour en faciliter, pour en consommer l'exécution ou pour en assurer l'impunité, soit lorsque des choses enlevées, détournées ou obtenues à l'aide d'un crime ou d'un délit ont été, en tout ou partie, recelées.

J • **Compétence territoriale – Instruction – Pluralité d'infractions – Connexité – Portée.** – *En vertu des dispositions de l'article 203 du Code de procédure pénale, la compétence du procureur de la République prévue par l'article 43, comme celle du juge d'instruction définie par l'article 52 du même Code, s'étend aux infractions de toute nature, même commises en dehors de la circonscription de ces magistrats, lorsqu'elles sont connexes à celles dont ils sont déjà saisis* (Cass. CRIM. du 30 mai 1996 – BCC n° 439 du 1/11).

Article 204. – Chambre de l'instruction – Mise en examen – *(Loi n° 2000-516 du 15 juin 2000)*

• La chambre de l'instruction peut également, quant aux infractions résultant du dossier de la procédure, ordonner que soient mises en examen, dans les conditions prévues à l'article 205, des personnes qui n'ont pas été renvoyées devant elle, à moins qu'elles n'aient fait l'objet d'une ordonnance de non-lieu devenue définitive.

• Cette décision ne pourra pas faire l'objet d'un pourvoi en cassation.

Article 205. – Suppléments d'information – *(Loi n° 2000-516 du 15 juin 2000)*

• Il est procédé aux suppléments d'information conformément aux dispositions relatives à l'instruction préalable soit par un des membres de la chambre de l'instruction, soit par un juge d'instruction qu'elle délègue à cette fin.

• Le procureur général peut à tout moment requérir la communication de la procédure, à charge de rendre les pièces dans les vingt-quatre heures.

Article 206. – Régularité des procédures – *(Loi n° 2004-204 du 9 mars 2004)*

• Sous réserve des dispositions des articles 173-1,174 et 175, la chambre de l'instruction examine la régularité des procédures qui lui sont soumises.

• Si elle découvre une cause de nullité, elle prononce la nullité de l'acte qui en est entaché et, s'il y échet, celle de tout ou partie de la procédure ultérieure.

• Après annulation, elle peut soit évoquer et procéder dans les conditions prévues aux articles 201,202 et 204, soit renvoyer le dossier de la procédure au même juge d'instruction ou à tel autre, afin de poursuivre l'information.

Article 207. – Appel contre une ordonnance en matière de détention provisoire – *(Loi n° 2022-52 du 24 janvier 2022)*

• Lorsque la chambre de l'instruction a statué sur l'appel relevé contre une ordonnance en matière de détention provisoire, ou à la suite d'une saisine du procureur de la République soit qu'elle ait confirmé cette décision, soit que, l'infirmant, elle ait ordonné une mise en liberté ou maintenu en détention ou décerné un mandat de dépôt ou d'arrêt, le procureur général fait sans délai retour du dossier au juge d'instruction après avoir assuré l'exécution de l'arrêt.

• Lorsque, en toute autre matière, la chambre de l'instruction infirme une ordonnance du juge d'instruction ou est saisie en application des articles 81, dernier alinéa, 82, dernier alinéa, 82-1, 2e alinéa, 156, 2e alinéa, ou 167, avant-dernier alinéa, elle peut, soit évoquer et procéder dans les conditions prévues aux articles 201, 202, 204 et 205, soit renvoyer le dossier au juge d'instruction ou à tel autre afin de poursuivre l'information. Elle peut également procéder à une évocation partielle du dossier en ne procédant qu'à certains actes avant de renvoyer le dossier au juge d'instruction.

• L'ordonnance du juge d'instruction ou du juge des libertés et de la détention frappée d'appel sort son plein et entier effet si elle est confirmée par la chambre de l'instruction.

• En cas d'appel formé contre une ordonnance de refus de mise en liberté, la chambre de l'instruction peut, lors de l'audience et avant la clôture des débats, se saisir immédiatement de toute demande de mise en liberté sur laquelle le juge d'instruction ou le juge des libertés et de la détention n'a pas encore statué ; dans ce cas, elle se prononce à la fois sur l'appel et sur cette demande.

J **• Viols aggravés... – Chambre de l'instruction – Pouvoirs – Juridiction de renvoi en cas d'évocation partielle – Renvoi à un autre juge d'instruction que celui précédemment désigné – Faculté** (oui)

REJET du pourvoi formé par M. J... F... contre l'arrêt de la chambre de l'instruction de la cour d'appel de PAPEETE, en date du 23/06/2020, qui, dans l'information suivie contre lui des chefs de viols aggravés, agressions sexuelles aggravées et tentative, corruption de mineurs, évoquant partiellement, a notamment ordonné le versement de pièces à la procédure et renvoyé le dossier à un J.I.

L'article 207, al. 2, du C.P.P., doit être interprété comme autorisant, en toute autre matière que la détention provisoire le renvoi à un autre juge d'instruction que celui précédemment désigné, y compris dans le cas où, après avoir infirmé la décision contestée, la chambre de l'instruction évoque partiellement et procède à tel acte qu'elle juge utile à la manifestation de la vérité.

(Cour de cassation – Chambre criminelle du 30 mars 2021 – N° de pourvoi : 20-84.974).

Article 207-1. – Saisine de la chambre de l'instruction – *(Loi n° 2004-204 du 9 mars 2004)*

• Le président de la chambre de l'instruction, saisi en application des dispositions du deuxième alinéa de l'article 175-1, décide, dans les huit jours de la transmission du dossier, par une ordonnance qui n'est pas susceptible de recours, s'il y a lieu ou non de saisir la chambre de l'instruction.

• Dans l'affirmative, il transmet le dossier au procureur général qui procède ainsi qu'il est dit aux articles 194 et suivants. Après qu'elle a été saisie, la chambre de l'instruction peut soit prononcer le renvoi devant la juridiction de jugement ou la mise en accusation devant la cour d'assises, soit déclarer qu'il n'y a pas lieu à suivre, soit évoquer et procéder dans les conditions prévues aux articles 201,202 et 204, soit renvoyer le dossier de la procédure au même juge d'instruction ou à tel autre, afin de poursuivre l'information.

• Dans la négative, il ordonne, par décision motivée, que le dossier de l'information soit renvoyé au juge d'instruction.

Article 208. – Dépôt au greffe du dossier de la procédure – *(Loi n° 2000-516 du 15 juin 2000)*

• Lorsqu'elle a prescrit une information complémentaire et que celle-ci est terminée, la chambre de l'instruction ordonne le dépôt au greffe du dossier de la procédure.

• Le procureur général avise immédiatement de ce dépôt chacune des parties et son avocat par lettre recommandée.

Article 209. – Durées du dépôt – *(Loi n° 2000-516 du 15 juin 2000)*

• Le dossier de la procédure reste déposé au greffe pendant quarante-huit heures en matière de détention provisoire, pendant cinq jours en toute autre matière.

• Il est alors procédé conformément aux articles 197, 198 et 199.

Article 210. – Faits – Lien de connexité – *(Loi n° 2000-516 du 15 juin 2000)*

• La chambre de l'instruction statue par un seul et même arrêt sur tous les faits entre lesquels il existe un lien de connexité.

Article 211. – Charges – *(Loi n° 2000-516 du 15 juin 2000)*

• Elle examine s'il existe contre la personne mise en examen des charges suffisantes.

Article 212. – Absence de charges suffisantes – *(Loi n° 2009-1436 du 24 novembre 2009)*

• Si la chambre de l'instruction estime que les faits ne constituent ni crime, ni délit, ni contravention ou si l'auteur est resté inconnu ou s'il n'existe pas de charges suffisantes contre la personne mise en examen, elle déclare qu'il n'y a lieu à suivre.

• Les personnes mises en examen qui sont provisoirement détenues sont remises en liberté. L'arrêt met fin au contrôle judiciaire ou à une assignation à résidence avec surveillance électronique.

• La chambre de l'instruction statue par le même arrêt sur la restitution des objets placés sous main de justice. Elle peut refuser la restitution lorsque celle-ci présente un danger pour les personnes ou les biens.

Article 212-1. – Publication – *(Loi n° 2004-575 du 21 juin 2004)*

• La chambre de l'instruction peut ordonner, sur la demande de la personne concernée, ou, avec l'accord de cette personne, d'office ou à la demande du ministère public soit la publication intégrale ou partielle de l'arrêt de non-lieu, soit l'insertion d'un communiqué informant le public des motifs et du dispositif de celui-ci, dans un ou plusieurs journaux, écrits périodiques ou services de communication au public par voie électronique désignés par cette chambre.

• Elle détermine, le cas échéant, les extraits de l'arrêt qui doivent être publiés ou fixe les termes du communiqué à insérer.

• Si la chambre de l'instruction ne fait pas droit à la demande de la personne concernée, elle doit rendre une décision motivée.

Article 212-2. – Amende civile – *(Loi n° 2004-204 du 9 mars 2004)*

• Lorsqu'elle déclare qu'il n'y a lieu à suivre à l'issue d'une information ouverte sur constitution de partie civile, la chambre de l'instruction peut, sur réquisitions du procureur général et par décision motivée, si elle considère que la constitution de partie civile a été abusive ou dilatoire, prononcer contre la partie civile une amende civile dont le montant ne peut excéder 15 000 euros.

• Cette décision ne peut intervenir qu'à l'issue d'un délai de vingt jours à compter de la communication à la partie civile et à son avocat, par lettre recommandée ou par télécopie avec récépissé, des réquisitions du procureur général, afin de permettre à l'intéressé d'adresser des observations écrites à la chambre de l'instruction.

• Lorsque la partie civile est une personne morale, l'amende civile peut être prononcée contre son représentant légal, si la mauvaise foi de ce dernier est établie.

Article 213. – Renvoi de l'affaire – *(Loi n° 2016-731 du 3 juin 2016)*

• Si la chambre de l'instruction estime que les faits constituent un délit ou une contravention, elle prononce le renvoi de l'affaire, dans le premier cas devant le tribunal correctionnel, dans le second cas devant le tribunal de police. L'article 184 est applicable.

• Le prévenu détenu est immédiatement remis en liberté et le contrôle judiciaire prend fin. Toutefois, la chambre de l'instruction peut faire application, par un arrêt spécialement motivé, des dispositions prévues aux troisième et quatrième alinéas de l'article 179.

• En cas de renvoi devant le tribunal de police, le prévenu détenu est immédiatement remis en liberté ; le contrôle judiciaire prend fin.

Article 214. – Mise en accusation devant la Cour d'assises ou devant la Cour criminelle départementale – *(Loi n° 2021-1729 du 22 décembre 2021)*

• Si les faits retenus à la charge des personnes mises en examen constituent une infraction qualifiée crime par la loi, la chambre de l'instruction prononce la mise en accusation devant la cour d'assises ou devant la cour criminelle départementale.

• Elle peut saisir également la juridiction criminelle compétente des infractions connexes.

Article 215. – Contenu et notification de l'arrêt de mise en accusation – *(Loi n° 2016-731 du 3 juin 2016)*

• L'arrêt de mise en accusation contient, à peine de nullité, l'exposé et la qualification légale des faits, objet de l'accusation, et précise l'identité de l'accusé. Il précise également, s'il y a lieu, que l'accusé bénéficie des dispositions de l'article 132-78 du Code pénal.

• Les articles 181 et 184 sont applicables.

• L'arrêt de mise en accusation est notifié à l'accusé conformément aux dispositions du deuxième alinéa de l'article 183.

Article 216. – Signatures – *(Loi n° 2021-1729 du 22 décembre 2021)*

• Les arrêts de la chambre de l'instruction sont signés par le président et par le greffier. Il y est fait mention du nom des juges, du dépôt des pièces et des mémoires, de la lecture du rapport, des réquisitions du ministère public et, s'il y a lieu, de l'audition des parties ou de leurs avocats.

• La chambre condamne l'auteur de l'infraction à payer à la partie civile la somme qu'elle détermine, au titre des frais non payés par l'État et exposés par celle-ci. Les parties peuvent produire les justificatifs des sommes qu'elles demandent et la chambre tient compte de l'équité ou de la situation économique de la partie condamnée. Elle peut, même d'office, pour des raisons tirées des mêmes considérations, dire qu'il n'y a pas lieu à cette condamnation.

Article 217. – Connaissance et notification des arrêts – *(Loi n° 2004-204 du 9 mars 2004)*

• Hors le cas prévu à l'article 196, les arrêts sont, dans les trois jours, par lettre recommandée, portés à la connaissance des avocats des parties.

• Dans les mêmes formes et délais, les arrêts de non-lieu sont portés à la connaissance des personnes mise en examen, les arrêts de renvoi devant le tribunal correctionnel ou de police sont portés à la connaissance des parties.

• Les arrêts contre lesquels les parties peuvent former un pourvoi en cassation, à l'exception des arrêts de mise en accusation, leur sont signifiés à la requête du procureur général dans les trois jours. Toutefois, ces arrêts sont notifiés par lettre recommandée aux parties ou au requérant mentionné au cinquième alinéa de l'article 99 tant que le juge d'instruction n'a pas clôturé son information ; les arrêts de mise en accusation sont également notifiés aux parties par lettre recommandée. Ils peuvent être notifiés à la personne détenue par les soins du chef de l'établissement pénitentiaire qui adresse, sans délai, au procureur général l'original ou la copie du récépissé signé par elle.

• Toute notification d'acte à la dernière adresse déclarée par une partie est réputée faite à sa personne.

Article 218. – Contrôle de la cour de cassation – *(Loi n° 2000-516 du 15 juin 2000)*

• Les dispositions des articles 171, 172 et du dernier alinéa de l'article 174 sont applicables au présent chapitre.

• La régularité des arrêts des chambres de l'instruction et celle de la procédure antérieure, lorsque cette chambre a statué sur le règlement d'une procédure, relève du seul contrôle de la Cour de cassation, que le pourvoi soit immédiatement recevable ou qu'il ne puisse être examiné qu'avec l'arrêt sur le fond.

Section II

Pouvoirs propres du président de la chambre de l'instruction

Article 219. – Pouvoirs – *(Loi n° 2000-516 du 15 juin 2000)*

• Le président de la chambre de l'instruction, et dans les cours où il existe plusieurs chambres de l'instruction l'un des présidents spécialement désigné par l'assemblée générale, exerce les pouvoirs propres définis aux articles suivants.

• En cas d'empêchement de ce président, ses pouvoirs propres sont attribués, par délibération de l'assemblée générale de la cour d'appel, à un magistrat du siège appartenant à ladite cour.

• Le président peut déléguer tout ou partie de ses pouvoirs à un magistrat du siège de la chambre de l'instruction et, dans les cours où il existe plusieurs chambres de l'instruction, à un magistrat du siège d'une autre chambre de l'instruction après accord du président de cette chambre.

Article 220. – Contrôles – Observations... – *(Ordonnance n° 2019-964 du 18 septembre 2019)*

• Le président de la chambre de l'instruction s'assure du bon fonctionnement des cabinets d'instruction du ressort de la cour d'appel. Il vérifie notamment les conditions d'application des alinéas 4 et 5 de l'article 81 et de l'article 144 et s'emploie à ce que les procédures ne subissent aucun retard injustifié. Chaque fois qu'il le juge nécessaire et au moins une fois par an, il transmet ses observations écrites au 1er président de la cour d'appel, au procureur général près ladite cour ainsi qu'au président du tribunal judiciaire concerné et au procureur de la République près ledit tribunal.

Article 221. – État des affaires en cours – *(Loi n° 2004-204 du 9 mars 2004)*

• À cette fin, il est établi, chaque semestre, dans chaque cabinet d'instruction, un état de toutes les affaires en cours portant mention, pour chacune des affaires, de la date du dernier acte d'information exécuté.

• Les affaires dans lesquelles sont impliquées des personnes mises en examen, détenues provisoirement figurent sur un état spécial.

• Les états prévus par le présent article sont adressés au président de la chambre de l'instruction et au procureur général dans les trois premiers jours du semestre.

Article 221-1. – Saisie de la chambre de l'instruction – *(Loi n° 2000-516 du 15 juin 2000)*

• Lorsqu'un délai de quatre mois s'est écoulé depuis la date du dernier acte d'instruction nécessaire à la manifestation de la vérité, le président de la chambre de l'instruction peut, par requête, saisir cette juridiction. La chambre de l'instruction peut, dans l'intérêt d'une bonne administration de la justice, soit évoquer et procéder dans les conditions prévues par les articles 201, 202, 204 et 205, soit renvoyer le dossier au juge d'instruction ou à tel autre afin de poursuivre l'information.

Article 221-2. – Modalités de la saisie – *(Loi n° 2000-516 du 15 juin 2000)*

• Lorsqu'un délai de quatre mois s'est écoulé depuis la date du dernier acte d'instruction, les parties peuvent saisir la chambre de l'instruction dans les conditions prévues par le troisième alinéa de l'article 73. Ce délai est ramené à deux mois au profit de la personne mise en examen lorsque celle-ci est placée en détention provisoire.

• Dans les huit jours de la réception du dossier par le greffe de la chambre de l'instruction, le président peut, par ordonnance motivée non susceptible de recours, décider qu'il n'y a pas lieu de saisir la chambre de l'instruction.

• La chambre de l'instruction, lorsqu'elle est saisie, peut, soit évoquer et procéder dans les conditions prévues par les articles 201, 202, 204 et 205, soit renvoyer le dossier au juge d'instruction ou à tel autre afin de poursuivre l'information.

• Si, dans les deux mois suivant le renvoi du dossier au juge d'instruction initialement saisi, aucun acte d'instruction n'a été accompli, la chambre de l'instruction peut être à nouveau saisie selon la procédure prévue aux premier et deuxième alinéas du présent article. Ce délai est ramené à un mois au profit de la personne mise en examen lorsque celle-ci est placée en détention provisoire.

• La chambre de l'instruction doit alors, soit évoquer comme il est dit au troisième alinéa du présent article, soit renvoyer le dossier à un autre juge d'instruction afin de poursuivre l'information.

Article 221-3. – Détention provisoire – *(Loi n° 2015-993 du 17 août 2015)*

• **I. –** Lorsqu'un délai de trois mois s'est écoulé depuis le placement en détention provisoire de la personne mise en examen, que cette détention est toujours en cours et que l'avis de fin d'information prévu par l'article 175 n'a pas été délivré, le président de la chambre de l'instruction peut, d'office ou à la demande du ministère public ou de la personne mise en examen, décider de saisir cette juridiction afin que celle-ci examine l'ensemble de la procédure. En cas de demande du ministère public ou d'une partie, il statue dans les huit jours de la réception de cette demande. Cette décision n'est pas susceptible de recours.

• La chambre de l'instruction statue après une audience à laquelle les avocats de l'ensemble des parties et des témoins assistés sont convoqués. La chambre de l'instruction ou son président peut ordonner la comparution des personnes mises en examen et des témoins assistés, d'office ou à la demande des parties. Si un mis en examen placé en détention provisoire demande à comparaître, le président ne peut refuser sa comparution que par une décision motivée. La comparution peut être réalisée selon les modalités prévues à l'article 706-71.

• Si la personne mise en examen est majeure, les débats se déroulent et l'arrêt est rendu en audience publique. Toutefois, le ministère public, la personne mise en examen ou la partie civile ou leurs avocats peuvent, avant l'ouverture des débats, s'opposer à cette publicité si celle-ci est de nature à entraver les investigations spécifiques nécessitées par l'instruction, à porter atteinte à la présomption d'innocence ou à la sérénité des débats ou à nuire à la dignité de la personne ou aux intérêts d'un tiers, ou si l'enquête porte sur des faits mentionnés aux articles 706-73 et 706-73-1. La chambre statue sur cette opposition, après avoir recueilli les observations du ministère public et des parties, par un arrêt rendu en chambre du conseil qui n'est susceptible d'un pourvoi en cassation qu'en même temps que l'arrêt portant sur la demande principale. Si la chambre fait droit à cette opposition ou si la personne mise en examen est mineure, les débats ont lieu et l'arrêt est rendu en chambre du conseil. Il en est de même si la partie civile s'oppose à la publicité, dans les seuls cas où celle-ci est en droit de demander le huis clos lors de l'audience de jugement.

• Le président de la chambre de l'instruction peut également ordonner d'office, après avoir recueilli les observations du ministère public et des parties, que les débats se déroulent en chambre du conseil si la publicité est de nature à entraver les investigations spécifiques nécessitées par l'instruction ou à nuire à la dignité de la personne ou aux intérêts d'un tiers. Le président de la chambre de l'instruction statue par une ordonnance rendue en chambre du conseil qui n'est susceptible de pourvoi en cassation qu'en même temps que l'arrêt rendu à l'issue des débats.

• Deux jours ouvrables au moins avant la date prévue pour l'audience, les parties peuvent déposer des mémoires consistant soit en des demandes de mise en liberté, soit en des demandes d'actes, y compris s'il s'agit d'une demande ayant été précédemment rejetée en application de l'article 186-1, soit en des requêtes en annulation, sous réserve des articles 173-1 et 174, soit en des demandes tendant à constater la prescription de l'action publique.

• **II.** – La chambre de l'instruction, après avoir le cas échéant statué sur ces demandes, peut :

• 1° Ordonner la mise en liberté, assortie ou non du contrôle judiciaire, d'une ou plusieurs des personnes mises en examen, même en l'absence de demande en ce sens ;

• 2° Prononcer la nullité d'un ou plusieurs actes dans les conditions prévues par l'article 206 ;

• 3° Évoquer et procéder dans les conditions prévues par les articles 201, 202, 204 et 205 ;

• 4° Procéder à une évocation partielle du dossier en ne procédant qu'à certains actes avant de renvoyer le dossier au juge d'instruction ;

• 5° Renvoyer le dossier au juge d'instruction afin de poursuivre l'information, en lui prescrivant le cas échéant de procéder à un ou plusieurs actes autres que ceux relatifs à la détention provisoire ou au contrôle judiciaire, dans un délai qu'elle détermine ;

• 6° Désigner un ou plusieurs autres juges d'instruction pour suivre la procédure avec le juge ou les juges d'instruction déjà saisis, conformément à l'article 83-1 ;

• 7° Lorsque cette décision est indispensable à la manifestation de la vérité et à la bonne administration de la justice et qu'il n'est pas possible de procéder aux désignations prévues au 6°, procéder au dessaisissement du juge d'instruction et à la désignation, aux fins de poursuite de la procédure, d'un ou plusieurs juges d'instruction de la juridiction d'origine ou d'une autre juridiction du ressort ;

• 8° Ordonner le règlement, y compris partiel, de la procédure, notamment en prononçant un ou plusieurs non-lieux à l'égard d'une ou plusieurs personnes.

• L'arrêt de la chambre de l'instruction doit être rendu au plus tard trois mois après la saisine par le président, à défaut de quoi les personnes placées en détention sont remises en liberté.

• Six mois après que l'arrêt est devenu définitif, si une détention provisoire est toujours en cours, et sauf si l'avis de fin d'information prévu par l'article 175 a été délivré, le président de la chambre de l'instruction peut à nouveau saisir cette juridiction dans les conditions prévues par le présent article.

J • **Association de malfaiteurs... – Demande d'examen – Ensemble procédure – Personne mise en examen – Mémoire**
M. [L] [M] et Mme [P] [N] ont formé des pourvois contre l'arrêt de la chambre de l'instruction de la cour d'appel de PARIS (75), 2e section, en date du 06/01/2022, qui, dans l'information suivie contre eux des chefs, notamment, d'association de malfaiteurs, fourniture de prestations de cryptologie visant à assurer des fonctions de confidentialité sans déclaration

conforme, importation d'un moyen de cryptologie sans déclaration préalable, blanchiment, blanchiment en bande organisée, a prononcé sur une demande formée en application de l'article 221-3 du C.P.P.

Il se déduit de l'article 221-3 du C.P.P., d'une part, que la demande d'examen de l'ensemble de la procédure formée par la personne mise en examen a pour seul objet de justifier auprès du président de la chambre de l'instruction du bien fondé d'un tel examen et ne saisit pas par elle-même la chambre de l'instruction, d'autre part, que les demandes dont cette personne entend saisir la chambre de l'instruction doivent être présentées par un mémoire, dans les conditions définies par ce texte. Est dès lors inopérant le moyen qui soutient qu'il n'aurait pas été répondu à des demandes figurant dans la requête par laquelle la personne mise en examen a saisi le président de la chambre de l'instruction.

(Cour de cassation – Chambre criminelle du 12 avril 2022 – N° de pourvoi : 22-80.632).

Article 222. – *(Abrogé – Loi n° 2009-1436 du 24 novembre 2009)*

Article 223. – Maintien en détention – *(Loi n° 2000-516 du 15 juin 2000)*

• Il peut saisir la chambre de l'instruction, afin qu'il soit par elle statué sur le maintien en détention d'une personne mise en examen en état de détention provisoire.

Section III

Du contrôle de l'activité des officiers et agents de police judiciaire

Article 224. – Contrôle de la chambre de l'instruction – *(Loi n° 2000-516 du 15 juin 2000)*

• La chambre de l'instruction exerce un contrôle sur l'activité des fonctionnaires civils et des militaires, officiers et agents de police judiciaire, pris en cette qualité.

V
- Code de Procédure Pénale – art. 13 – Police judiciaire
- Code de Procédure Pénale – art. 28-1 – Fonctionnaires et agents compétents
- Code de Procédure Pénale – art. 28-2 – Habilitations enquêtes judiciaires
- Code de Procédure Pénale – art. D. 44 – Notation
- Code de Procédure Pénale – art. R. 15-33-29-13 – Dossier individuel

Article 225. – Saisine – *(Loi n° 2000-516 du 15 juin 2000)*

• Elle est saisie soit par le procureur général, soit par son président.

• Elle peut se saisir d'office à l'occasion de l'examen de la procédure qui lui est soumise.

Article 226. – Enquête – *(Loi n° 2000-516 du 15 juin 2000)*

• La chambre de l'instruction, une fois saisie, fait procéder à une enquête ; elle entend le procureur général et l'officier ou agent de police judiciaire en cause.

• Ce dernier doit avoir été préalablement mis à même de prendre connaissance de son dossier de police judiciaire tenu au parquet général de la cour d'appel.

• Il peut se faire assister par un avocat.

J **• Fonctions d'officier ou d'agent de police judiciaire – Interdiction d'exercice – Procédure disciplinaire**

Contre l'arrêt de la chambre de l'instruction de la cour d'appel d'AIX-EN-PROVENCE, en date du 06/11/2017, qui lui a interdit d'exercer, à titre définitif, les fonctions d'agent de police judiciaire ;

« aux motifs que par arrêt n°278/2017 du 03/05/2017 la chambre de l'instruction a ordonné qu'il soit procédé à une enquête telle que prévue par l'article 226 du code de procédure pénale et invité le parquet général près la cour d'appel d'Aix-en-Provence à verser à la procédure une copie du dossier administratif du brigadier-chef de police M. Olivier X..., et s'il en existait, une copie du dossier disciplinaire de cet agent de police judiciaire et de manière générale tout élément pertinent sur sa manière de servir ; que l'enquête a été retournée au greffe de la chambre de l'instruction le 14/06/2017 ; que conformément aux dispositions des articles 194, 197 et 803-1 du code de procédure pénale, le procureur général a notifié les 14/09 et le 09/10/2017 aux parties et aux avocats la date à laquelle l'affaire sera appelée à l'audience, a déposé le dossier au greffe de la chambre de l'instruction et y a joint ses réquisitions écrites le 04/04/2017 pour être tenus à la disposition des avocats ; que conformément aux dispositions de l'article 226 du code de procédure pénale, M. X... a pris connaissance le 21/09/2017 à 10 heures 06 auprès du greffe de la chambre de l'instruction de son dossier détenu par le parquet général de la cour d'appel d'Aix-en-Provence, tel que transmis par son administration ;

Attendu qu'il résulte de l'arrêt attaqué et des pièces de la procédure que la chambre de l'instruction a été saisie par le procureur général d'une procédure disciplinaire à l'encontre de M. Olivier X..., brigadier-chef de police, agent de police judiciaire, sur le fondement des articles 224 et suivants du code de procédure pénale ; que, par arrêt avant dire droit, la chambre de l'instruction a ordonné qu'il soit procédé à une enquête destinée à recueillir toute pièce utile à la connaissance des faits et du fonctionnaire de police concerné ; qu'à l'issue de cette enquête, la chambre de l'instruction, après avoir entendu, lors des débats sur le fond à l'audience, le représentant du ministère public et M. X..., a prononcé, à l'encontre de celui-ci, l'interdiction définitive d'exercer, sur l'ensemble du territoire national, les fonctions d'agent de police judiciaire ;

Attendu qu'en cet état, les dispositions de l'article 226 du code de procédure pénale n'ont pas été méconnues ;

Qu'en effet, si, avant de statuer sur une procédure disciplinaire contre un officier ou un agent de police judiciaire, la chambre de l'instruction doit entendre le procureur général ainsi que l'officier ou l'agent de police judiciaire en cause, ce texte n'exige pas que leur audition soit effectuée lors de l'enquête mais permet qu'elle intervienne à l'audience ;

Et attendu que l'arrêt est régulier en la forme ;

REJETTE le pourvoi ;

(Cour de cassation – Chambre criminelle du 5 septembre 2018 – N° de pourvoi : 17-86888).

Article 227. – Observations – Cessation d'exercice fonctions – *(Loi n° 2000-516 du 15 juin 2000)*

• La chambre de l'instruction peut, sans préjudice des sanctions disciplinaires qui pourraient être infligées à l'officier ou agent de police judiciaire par ses supérieurs hiérarchiques, lui adresser des observations ou décider qu'il ne pourra, temporairement ou définitivement, exercer, soit dans le ressort de la cour d'appel, soit sur tout l'ensemble du territoire, ses fonctions d'officier de police judiciaire et de délégué du juge d'instruction ou ses fonctions d'agent de police judiciaire. Cette décision prend effet immédiatement.

J • **Exercice des fonctions – O.P.J. – Interdiction – Manquement professionnel grave**

Le procureur général près la cour d'appel de Pau a formé un pourvoi contre l'arrêt n° 389/2018 de la chambre de l'instruction de ladite cour, en date du 14/12/2018, qui a dit n'y avoir lieu d'interdire à l'adjudant R... E... d'exercer les fonctions d'O.P.J.

Attendu qu'il résulte de ces textes qu'en cas de manquement professionnel grave, ou d'atteinte grave à l'honneur ou à la probité, ayant une incidence sur la capacité d'exercice des missions de police judiciaire, l'O.P.J. peut faire l'objet d'une interdiction d'exercice de ses fonctions;

Mais attendu qu'en prononçant ainsi, alors que l'emploi d'agents de police judiciaire adjoints en dehors du cadre de l'article 21 du Code de procédure pénale constitue un manquement professionnel grave ayant une incidence sur la capacité d'exercice des missions de police judiciaire, la chambre de l'instruction a méconnu les textes susvisés et le principe ci-dessus énoncé;

D'où il suit que la cassation est encourue;

Par ces motifs:

CASSE et ANNULE, en toutes ses dispositions, l'arrêt susvisé de la chambre de l'instruction de la cour d'appel de Pau, en date du 14/12/2018, et pour qu'il soit à nouveau jugé, conformément à la loi,

RENVOIE la cause et les parties devant la chambre de l'instruction de la cour d'appel de Bordeaux, à ce désignée par délibération spéciale prise en chambre du conseil;

ORDONNE l'impression du présent arrêt, sa transcription sur les registres du greffe de la cour d'appel de Pau et sa mention en marge ou à la suite de l'arrêt annulé.

(Cour de cassation – Chambre criminelle du 21 janvier 2020 – N° de pourvoi: 19-81530).

Article 228. – Infraction à la loi pénale – *(Loi n° 2000-516 du 15 juin 2000)*

• Si la chambre de l'instruction estime que l'officier ou agent de police judiciaire a commis une infraction à la loi pénale, elle ordonne en outre la transmission du dossier au procureur général à toutes fins qu'il appartiendra.

Article 229. – Notification – *(Loi n° 2000-516 du 15 juin 2000)*

• Les décisions prises par la chambre de l'instruction contre les officiers ou agents de police judiciaire sont notifiées, à la diligence du procureur général, aux autorités dont ils dépendent.

Article 229-1. – Décision – Cessation fonctions police judiciaire – *(Loi n° 2016-731 du 3 juin 2016)*

• En cas de manquement professionnel grave ou d'atteinte grave à l'honneur ou à la probité par une des personnes mentionnées à l'article 224 ayant une incidence sur la capacité d'exercice des missions de police judiciaire, le président de la chambre de l'instruction, saisi par le procureur général près la cour d'appel dans le ressort de laquelle la personne exerce habituellement ses fonctions, peut, sans préjudice des sanctions disciplinaires administratives qui pourraient être prononcées, décider immédiatement qu'elle ne pourra exercer ses fonctions de police judiciaire pour une durée maximale d'un mois.

• Cette décision prend effet immédiatement. Elle est notifiée, à la diligence du procureur général, aux autorités dont dépend la personne.

• La saisine du président de la chambre de l'instruction par le procureur général en application du premier alinéa du présent article vaut saisine de la chambre de l'instruction au titre du premier alinéa de l'article 225.

Article 230. – A.P.J.A., assistants d'enquête, fonctionnaires et agents chargés de certaines fonctions de police judiciaire – *(Loi n° 2023-22 du 24 janvier 2023)*

• Les dispositions de la présente section sont applicables aux agents de police judiciaire adjoints, aux assistants d'enquête de la police nationale et de la gendarmerie nationale ainsi qu'aux fonctionnaires et agents chargés de certaines fonctions de police judiciaire.

V
- Code de Procédure Pénale – art. 13 – Police judiciaire
- Code de Procédure Pénale – art. 28-1 – Fonctionnaires et agents compétents
- Code de Procédure Pénale – art. 28-2 – Habilitations enquêtes judiciaires
- Code de Procédure Pénale – art. D. 44 – Notation
- Code de Procédure Pénale – art. R. 15-33-29-13 – Dossier individuel

TITRE IV
DISPOSITIONS COMMUNES
CHAPITRE Ier

De la mise au clair des données chiffrées nécessaires à la manifestation de la vérité

Article 230-1. – Opérations techniques – *(Loi n° 2023-22 du 24 janvier 2023)*

• Sans préjudice des dispositions des articles 60, 77-1 et 156, lorsqu'il apparaît que des données saisies ou obtenues au cours de l'enquête ou de l'instruction ont fait l'objet d'opérations de transformation empêchant d'accéder aux informations en clair qu'elles contiennent ou de les comprendre, ou que ces données sont protégées par un mécanisme d'authentification, le procureur de la République, la juridiction d'instruction, l'officier de police judiciaire, sur autorisation du procureur de la République ou du juge d'instruction, ou la juridiction de jugement saisie de l'affaire peut désigner toute personne physique ou morale qualifiée, en vue d'effectuer les opérations techniques permettant d'obtenir l'accès à ces informations, leur version en clair ainsi que, dans le cas où un moyen de cryptologie a été utilisé, la convention secrète de déchiffrement, si cela apparaît nécessaire.

• Si la personne ainsi désignée est une personne morale, son représentant légal soumet à l'agrément du procureur de la République, de l'officier de police judiciaire ou de la juridiction saisie de l'affaire le nom de la ou des personnes physiques qui, au sein de celle-ci et en son nom, effectueront les opérations techniques mentionnées au 1er alinéa. Sauf si elles sont inscrites sur une liste prévue à l'article 157, les personnes ainsi désignées prêtent, par écrit, le serment prévu au troisième alinéa de l'article 60 et à l'article 160.

• Si la peine encourue est égale ou supérieure à 2 ans d'emprisonnement et que les nécessités de l'enquête ou de l'instruction l'exigent, le procureur de la République, la juridiction d'instruction, l'officier de police judiciaire, sur autorisation du procureur de la République ou du juge d'instruction, ou la juridiction de jugement saisie de l'affaire peut prescrire le recours aux moyens de l'État soumis au secret de la défense nationale selon les formes prévues au présent chapitre.

Article 230-2. – Réquisition – *(Loi n° 2018-699 du 3 août 2018)*

• Lorsque le procureur de la République, la juridiction d'instruction, l'officier de police judiciaire, sur autorisation du procureur de la République ou du juge d'instruction, ou la juridiction de jugement saisie de l'affaire décident d'avoir recours, pour les opérations mentionnées à l'article 230-1, aux moyens de l'État couverts par le secret de la défense nationale, la réquisition écrite doit être adressée à un organisme technique soumis au secret de la défense nationale, et désigné par décret, avec le support physique contenant les données à mettre au clair ou une copie de celui-ci. Cette réquisition fixe le délai dans lequel les opérations de mise au clair doivent être réalisées. Le délai peut être prorogé dans les mêmes conditions de forme. À tout moment, le procureur de la République, la juridiction d'instruction, l'officier de police judiciaire, sur autorisation du procureur de la République ou du juge d'instruction, ou la juridiction de jugement saisie de l'affaire ou ayant requis l'organisme technique peut ordonner l'interruption des opérations prescrites.

• Aux fins de réaliser les opérations de mise au clair, l'organisme technique mentionné au 1er alinéa du présent article est habilité à procéder à l'ouverture ou à la réouverture des scellés et à confectionner de nouveaux scellés après avoir, le cas échéant, procédé au reconditionnement des supports physiques qu'il était chargé d'examiner. En cas de risque de destruction des données ou du support physique qui les contient, l'autorisation d'altérer le support physique doit être délivrée par le procureur de la République, la juridiction d'instruction ou la juridiction de jugement saisie de l'affaire.

• Les données protégées au titre du secret de la défense nationale ne peuvent être communiquées que dans les conditions prévues aux articles L. 2312-4 à L. 2312-8 du Code de la défense.

• Lorsqu'il s'agit de données obtenues dans le cadre d'interceptions de communications électroniques, au sein du traitement mentionné au I de l'article 230-45, la réquisition est adressée directement à l'organisme technique désigné en application du 1er alinéa du présent article.

Article 230-3. – Résultats des opérations – *(Loi n° 2016-731 du 3 juin 2016)*

• Dès l'achèvement des opérations ou dès qu'il apparaît que ces opérations sont techniquement impossibles ou à l'expiration du délai prescrit ou à la réception de l'ordre d'interruption émanant du procureur de la République, de la juridiction d'instruction, de l'officier de police judiciaire, sur autorisation du procureur de la République ou du juge d'instruction, ou de la juridiction de jugement saisie de l'affaire, les résultats obtenus et les pièces reçues sont retournés par le responsable de l'organisme technique soit à l'auteur de la réquisition, soit au magistrat mandant dans le cas où la réquisition a été adressée directement. Sous réserve des obligations découlant du secret de la défense nationale, les résultats sont accompagnés des indications techniques utiles à la compréhension et à leur exploitation ainsi que d'une attestation visée par le responsable de l'organisme technique certifiant la sincérité des résultats transmis.

• Les éléments ainsi obtenus font l'objet d'un procès-verbal de réception et sont versés au dossier de la procédure.

Article 230-4. – Décisions – *(Loi n° 2014-1353 du 13 novembre 2014)*

• Les décisions prises en application du présent chapitre n'ont pas de caractère juridictionnel et ne sont susceptibles d'aucun recours.

Article 230-5. – Concours à la justice – *(Loi n° 2001-1062 du 15 novembre 2001)*

• Sans préjudice des obligations découlant du secret de la défense nationale, les agents requis en application des dispositions du présent chapitre sont tenus d'apporter leur concours à la justice.

CHAPITRE II
Des fichiers de police judiciaire

Section II
Des fichiers d'antécédents

Article 230-6. – Traitements automatisés de données à caractère personnel – *(Loi n° 2011-267 du 14 mars 2011)*

• Afin de faciliter la constatation des infractions à la loi pénale, le rassemblement des preuves de ces infractions et la recherche de leurs auteurs, les services de la police nationale et de la gendarmerie nationale peuvent mettre en œuvre des traitements automatisés de données à caractère personnel recueillies :

• 1° Au cours des enquêtes préliminaires ou de flagrance ou des investigations exécutées sur commission rogatoire et concernant tout crime ou délit ainsi que les contraventions de la cinquième classe sanctionnant :

• *a)* Un trouble à la sécurité ou à la tranquillité publiques ;

• *b)* Une atteinte aux personnes, aux biens ou à l'autorité de l'État ;

• 2° Au cours des procédures de recherche des causes de la mort mentionnées à l'article 74 ou de recherche des causes d'une disparition mentionnées à l'article 74-1.

• Ces traitements ont également pour objet l'exploitation des informations recueillies à des fins de recherches statistiques.

Article 230-7. – Contenus des traitements – *(Loi n° 2011-267 du 14 mars 2011)*

• Les traitements mentionnés à l'article 230-6 peuvent contenir des informations sur les personnes, sans limitation d'âge, à l'encontre desquelles il existe des indices graves ou concordants rendant vraisemblable qu'elles aient pu participer, comme auteurs ou complices, à la commission des infractions mentionnées au 1° du même article 230-6.

• Ils peuvent également contenir des informations sur les victimes de ces infractions. Ces dernières peuvent toutefois s'opposer à ce que les données à caractère personnel les concernant soient conservées dans le fichier dès lors que l'auteur des faits a été définitivement condamné.

• Ils peuvent en outre contenir des informations sur les personnes faisant l'objet d'une enquête ou d'une instruction pour recherche des causes de la mort mentionnée à l'article 74 ou d'une enquête ou d'une instruction pour recherche des causes d'une disparition mentionnée à l'article 74-1. Les données personnelles concernant ces dernières sont effacées dès lors que l'enquête a permis de retrouver la personne disparue ou d'écarter toute suspicion de crime ou délit.

Article 230-8. – Information – Décisions – Accès – *(Ordonnance n° 2018-1125 du 12 décembre 2018)*

• Le traitement des données à caractère personnel est opéré sous le contrôle du procureur de la République territorialement compétent, qui, d'office ou à la demande de la personne concernée, ordonne qu'elles soient effacées, complétées ou rectifiées, notamment en cas de requalification judiciaire, ou qu'elles fassent l'objet d'une mention. La rectification pour requalification judiciaire est de droit. Le procureur de la République se prononce dans un délai de 2 mois sur les suites qu'il convient de donner aux demandes qui lui sont adressées. La personne concernée peut former cette demande sans délai à la suite d'une décision devenue définitive de relaxe, d'acquittement, de condamnation avec dispense de peine ou dispense de mention au casier judiciaire, de non-lieu ou de classement sans suite. Dans les autres cas, la personne ne peut former sa demande, à peine d'irrecevabilité, que lorsque ne figure plus aucune mention de nature pénale dans le bulletin n° 2 de son casier judiciaire. En cas de décision de relaxe ou d'acquittement devenue définitive, les données à caractère personnel concernant les personnes mises en cause sont effacées, sauf si le procureur de la République en prescrit le maintien, auquel cas elles font l'objet d'une mention. Lorsque le procureur de la République prescrit le maintien des données à caractère personnel relatives à une personne ayant bénéficié d'une décision de relaxe ou d'acquittement devenue définitive, il en avise la personne concernée. En cas de décision de non-lieu ou de classement sans suite, les données à caractère personnel concernant les personnes mises en cause font l'objet d'une mention, sauf si le procureur de la République ordonne l'effacement des données à caractère personnel. Lorsque les données à caractère personnel relatives à la personne concernée font l'objet d'une mention, elles ne peuvent faire l'objet d'une consultation dans le cadre des enquêtes administratives prévues aux articles L. 114-1 et L. 234-1 à L. 234-3 du code de la sécurité intérieure et à l'article 17-1 de la loi n° 95-73 du 21 janvier 1995 d'orientation et de programmation relative à la sécurité. Les décisions du procureur de la République prévues au présent alinéa ordonnant le maintien ou l'effacement des données à caractère personnel ou ordonnant qu'elles fassent l'objet d'une mention sont prises pour des raisons liées à la finalité du fichier au regard de la nature ou des circonstances de commission de l'infraction ou de la personnalité de l'intéressé.

• Les décisions d'effacement ou de rectification des informations nominatives prises par le procureur de la République sont portées à la connaissance des responsables de tous les traitements automatisés pour lesquels, sous réserve des règles d'effacement ou de rectification qui leur sont propres, ces mesures ont des conséquences sur la durée de conservation des données à caractère personnel.

• Les décisions du procureur de la République sont susceptibles de recours devant le président de la chambre de l'instruction.

• Le procureur de la République dispose pour l'exercice de ses fonctions d'un accès direct aux traitements automatisés de données à caractère personnel mentionnés à l'article 230-6.

Article 230-9. – Magistrat – Suivi mise en œuvre et mise à jour – *(Ordonnance n° 2018-1125 du 12 décembre 2018)*

• Un magistrat, chargé de suivre la mise en œuvre et la mise à jour des traitements automatisés de données à caractère personnel mentionnés à l'article 230-6 et désigné à cet effet par le ministre de la justice, concourt à l'application de l'article 230-8.

• Ce magistrat peut agir d'office ou sur requête des particuliers. Il dispose des mêmes pouvoirs d'effacement, de rectification ou de maintien des données personnelles dans les traitements mentionnés au 1er alinéa du présent article que le procureur de la République. Lorsque la personne concernée le demande, la rectification pour requalification judiciaire est de droit. Il se prononce sur les suites qu'il convient de donner aux demandes d'effacement ou de rectification dans un délai de 2 mois.

• Il dispose, pour l'exercice de ses fonctions, d'un accès direct à ces traitements automatisés.

• Les décisions de ce magistrat en matière d'effacement ou de rectification des données à caractère personnel sont susceptibles de recours devant le président de la chambre de l'instruction de la cour d'appel de Paris.

Article 230-10. – Personnels habilités – *(Loi n° 2019-773 du 24 juillet 2019)*

• Les personnels spécialement habilités des services de la police et de la gendarmerie nationales désignés à cet effet ainsi que les personnels spécialement habilités de l'État investis par la loi d'attributions de police judiciaire, notamment les agents des douanes, les agents des services fiscaux et les inspecteurs de l'environnement mentionnés à l'article L. 172-1 du Code de l'environnement, peuvent accéder aux informations, y compris nominatives, figurant dans les traitements de données à caractère personnel prévus par la présente section et détenus par chacun de ces services. L'habilitation précise la nature des données auxquelles elle autorise l'accès. L'accès, par tous moyens techniques mobiles, aux informations figurant dans les traitements de données à caractère personnel prévus par la présente section est ouvert aux seuls personnels de la police et de la gendarmerie nationales, des douanes et des services fiscaux et aux inspecteurs de l'environnement mentionnés au même article L. 172-1.

• L'accès aux informations mentionnées au 1er alinéa est également ouvert :

• 1° Aux magistrats du parquet ;

• 2° Aux magistrats instructeurs, pour les recherches relatives aux infractions dont ils sont saisis.

J • **Fichiers et libertés publiques – Fichiers ou traitements informatiques – Fichier de traitement d'antécédents judiciaires** *(taj)* **– Consultation – Agents habilités – Mention – Défaut – Portée**

M. [X] [H] a formé un pourvoi contre l'arrêt de la chambre de l'instruction de la cour d'appel de VERSAILLES (78), en date du 11/02/2022, qui, dans l'information suivie contre lui des chefs de vols et tentatives de vol, en bande organisée, et association de malfaiteurs, a prononcé sur sa demande d'annulation de pièces de la procédure.

Il résulte des articles 230-10 et R. 40-28 du C.P.P. que peuvent notamment accéder aux informations, y compris nominatives, figurant dans le traitement d'antécédents judiciaires (TAJ), les agents de la police nationale exerçant des missions de police judiciaire individuellement désignés et spécialement habilités par les autorités dont ils relèvent, l'habilitation précisant la nature des données auxquelles elle autorise l'accès. En conséquence, hors le cas où la consultation du traitement est effectuée par un enquêteur, autorisé par le PR, pour les besoins d'une procédure pénale, à délivrer une réquisition à cette fin en application de l'article 77-1-1 du C.P.P., doit figurer au dossier de la procédure le document ou la mention établissant que l'accès à ce traitement a été le fait d'un agent désigné à cette fin et spécialement habilité. Le défaut d'une telle habilitation porte nécessairement atteinte aux intérêts de la personne dont les données personnelles ont été consultées. Prononce par des motifs hypothétiques la chambre de l'instruction qui, pour rejeter le moyen de nullité du procès-verbal de consultation du TAJ pris du défaut de mention de l'habilitation de l'agent de la police nationale qui a procédé à cette opération, énonce qu'en pratique, l'accès à ce traitement n'est techniquement possible qu'à la condition de disposer d'un code d'accès personnalisé délivré aux seules personnes habilitées, alors qu'il lui appartenait, au besoin par un supplément d'information, de rechercher si l'agent de la police nationale en cause disposait de cette habilitation.

(Cour de cassation – Chambre criminelle du 25 octobre 2022 – N° de pourvoi : 22-81.466).

Article 230-11. – Modalités d'application – *(Loi n° 2016-731 du 3 juin 2016)*

• Un décret en Conseil d'État, pris après avis de la Commission nationale de l'informatique et des libertés, fixe les modalités d'application de la présente section. Il précise notamment la liste des contraventions mentionnées à l'article 230-6, la durée de conservation des informations enregistrées, les modalités d'habilitation des personnes mentionnées à l'article 230-10 ainsi que, le cas échéant, les conditions dans lesquelles les personnes intéressées peuvent exercer leur droit d'accès et contester les décisions prises par le procureur de la République ou le magistrat mentionné à l'article 230-9.

Section II

Des fichiers d'analyse sérielle

Article 230-12. – Caractère sériel – *(Ordonnance n° 2018-1125 du 12 décembre 2018)*

• Afin de rassembler les preuves et d'identifier les auteurs, grâce à l'établissement de liens entre les individus, les événements ou les infractions, des crimes et délits présentant un caractère sériel, les services et unités de la police et de la gendarmerie nationales chargés d'une mission de police judiciaire peuvent mettre en œuvre, sous le contrôle des autorités judiciaires, des traitements automatisés de données à caractère personnel collectées au cours :

• 1° Des enquêtes préliminaires ou de flagrance ou des investigations exécutées sur commission rogatoire et concernant toute infraction punie d'au moins 5 ans d'emprisonnement ;

• 2° Des procédures de recherche des causes de la mort prévues par l'article 74 ou de recherche des causes d'une disparition prévues par l'article 74-1.

• Ces traitements peuvent enregistrer des données à caractère personnel de la nature de celles mentionnées au I de l'article 6 de la loi n° 78-17 du 6 janvier 1978 relative à l'informatique, aux fichiers et aux libertés, dans la stricte mesure nécessaire aux finalités de recherche criminelle assignées auxdits traitements.

Article 230-13. – Contenus des traitements – *(Loi n° 2011-267 du 14 mars 2011)*

• Les traitements mentionnés à l'article 230-12 peuvent contenir des données sur les personnes, sans limitation d'âge :

• 1° À l'encontre desquelles il existe des indices graves ou concordants rendant vraisemblable qu'elles aient pu participer, comme auteurs ou complices, à la commission d'une infraction mentionnée au 1° de l'article 230-12; l'enregistrement des données concernant ces personnes peut intervenir, le cas échéant, après leur condamnation;

• 2° À l'encontre desquelles il existe des raisons sérieuses de soupçonner qu'elles ont commis ou tenté de commettre une infraction mentionnée au 1° du même article 230-12;

• 3° Susceptibles de fournir des renseignements sur les faits au sens des articles 62, 78 et 101 et dont l'identité est citée dans une procédure concernant une infraction mentionnée au 1° de l'article 230-12;

• 4° Victimes d'une infraction mentionnée au 1° du même article 230-12;

• 5° Faisant l'objet d'une enquête ou d'une instruction pour recherche des causes de la mort prévue par l'article 74 ou d'une enquête ou d'une instruction pour recherche des causes d'une disparition prévue par l'article 74-1.

Article 230-14. – Application – *(Loi n° 2011-267 du 14 mars 2011)*

• Les articles 230-8 et 230-9 sont applicables aux traitements mentionnés à l'article 230-12.

Article 230-15. – Effacement des données – *(Ordonnance n° 2018-1125 du 12 décembre 2018)*

• Les données à caractère personnel concernant les personnes qui font l'objet d'une procédure pour recherche des causes de la mort ou d'une disparition sont effacées dès lors que l'enquête a permis de retrouver la personne disparue ou d'écarter toute suspicion de crime ou délit. Dès lors que l'auteur des faits a été définitivement condamné, les personnes mentionnées aux 2°, 3° et 4° de l'article 230-13 peuvent demander l'effacement des données enregistrées dans le traitement, sauf si le procureur de la République ou le magistrat mentionné à l'article 230-9 en prescrit le maintien pour des motifs liés à la finalité du traitement, auquel cas ces motifs font l'objet d'une mention.

Article 230-16. – Destinataires des données – *(Loi n° 2011-267 du 14 mars 2011)*

• Sont destinataires des données à caractère personnel mentionnées à la présente section:

• 1° Les personnels spécialement habilités et individuellement désignés de la police et de la gendarmerie nationales;

• 2° Les magistrats du parquet et les magistrats instructeurs, pour les recherches relatives aux infractions dont ils sont saisis;

• 3° Les agents des douanes spécialement habilités et individuellement désignés, à l'occasion des enquêtes visées à l'article 28-1.

• L'habilitation précise la nature des données auxquelles elle autorise l'accès.

Article 230-17. – Utilisation des traitements – *(Loi n° 2011-267 du 14 mars 2011)*

• Les traitements relevant de la présente section ne peuvent donner lieu à aucune utilisation à des fins administratives.

Article 230-18. – Modalités d'application – *(Ordonnance n° 2018-1125 du 12 décembre 2018)*

• En application de l'article 31 de la loi n° 78-17 du 6 janvier 1978 précitée, un décret en Conseil d'État, pris après avis de la Commission nationale de l'informatique et des libertés, fixe les modalités d'application de la présente section. Il précise la durée de conservation des données enregistrées, les modalités d'habilitation des personnes mentionnées aux 1° et 3° de l'article 230-16 ainsi que, le cas échéant, les conditions dans lesquelles les personnes intéressées peuvent exercer leur droit d'accès et contester les décisions prises par le procureur de la République ou le magistrat mentionné à l'article 230-9.

Section III

Du fichier des personnes recherchées

Article 230-19. – Inscription dans le fichier des personnes recherchées – *(Loi n° 2021-1539 du 30 novembre 2021)*

• Sont inscrits dans le fichier des personnes recherchées au titre des décisions judiciaires:

• 1° Les mandats, ordres et notes de recherches émanant du procureur de la République, des juridictions d'instruction, de jugement ou d'application des peines, du juge des libertés et de la détention et du juge des enfants tendant à la recherche ou à l'arrestation d'une personne;

• 2° Les obligations ou interdictions visées aux 1°, 2°, 3°, 3° *bis*, 7°, 8°, 9°, 12°, 12° *bis*, 14° et 17° de l'article 138 et à l'article 138-3 du présent code ainsi que les obligations et interdictions similaires prévues par l'article L. 331-2 du Code de la justice pénale des mineurs et l'obligation prévue par l'avant-dernier alinéa de cet article ;

• 3° Les interdictions prononcées en application des dispositions des 1°, 2°, 3°, 6°, 11°, 12°, 13° et 14° de l'article 131-6 du Code pénal relatif aux peines alternatives à l'emprisonnement ;

• 3° *bis* Lorsqu'elles sont prononcées à titre de peine complémentaire, l'interdiction de conduire certains véhicules terrestres à moteur, y compris ceux pour la conduite desquels le permis de conduire n'est pas exigé, la suspension et l'annulation du permis de conduire ;

• 4° L'interdiction d'exercer certaines activités prononcée en application des articles 131-27 et 131-28 du Code pénal ;

• 5° L'interdiction du territoire français prononcée en application de l'article 131-30 du Code pénal ;

• 6° L'interdiction de séjour prononcée en application de l'article 131-31 du Code pénal ;

• 7° Lorsqu'elle est prononcée à titre de peine complémentaire, l'interdiction de détenir ou de porter une arme soumise à autorisation ;

• 8° Les obligations ou interdictions prononcées dans le cadre d'un sursis probatoire, d'un suivi socio-judiciaire, d'une libération conditionnelle, d'une semi-liberté, d'un placement à l'extérieur, d'une détention à domicile sous surveillance électronique, d'une suspension ou d'un fractionnement de peine privative de liberté, d'un suivi post-libération ordonné sur le fondement de l'article 721-2, d'une surveillance judiciaire ou d'une surveillance de sûreté en application des dispositions des 5° et 6° de l'article 132-44, des 7° à 14°, 18° et 19° de l'article 132-45, de l'article 132-45-1 et des 3° et 4° de l'article 132-55 du Code pénal et des articles L. 611-3 à L.611-6 du Code de la justice pénale des mineurs précité ;

• 9° L'interdiction de paraître dans certains lieux ou de rencontrer certaines personnes prononcée en application des 5°, 6° et 7° de l'article L. 112-2 du Code de la justice pénale des mineurs précité ;

• 10° L'interdiction de stade prononcée en application des dispositions des articles L. 332-11 à L. 332-15 du Code du sport ;

• 11° L'interdiction de paraître dans certains lieux ou de rencontrer certaines personnes prononcée en application des 7°, 8° ou 9° de l'article 41-1 et des 9°, 10° ou 11° de l'article 41-2 du présent code ;

• 11° *bis* Les interdictions prononcées en application de l'article 706-136 du Code de procédure pénale ;

• 12° Les personnes considérées comme insoumises ou déserteurs en application des dispositions des articles 397 à 404 du Code de justice militaire ;

• 13° *(Abrogé)*

• 14° L'interdiction de sortie du territoire prévue aux articles 373-2-6,375-5,375-7 et 515-13 du Code civil ;

• 15° Les personnes inscrites au fichier judiciaire national automatisé des auteurs d'infractions terroristes pendant toute la durée de leurs obligations prévues à l'article 706-25-7 ;

• 16° Les personnes inscrites au fichier judiciaire national automatisé des auteurs d'infractions sexuelles ou violentes dans les cas mentionnés à l'article 706-53-8 ;

• 17° Les interdictions prévues aux 1°, 1° *bis* et 2° de l'article 515-11 du Code civil et celles prévues par une mesure de protection en matière civile ordonnée dans un autre État membre de l'Union européenne reconnue et ayant force exécutoire en France en application du règlement *(UE)* n° 606/2013 du Parlement européen et du Conseil du 12 juin 2013 relatif à la reconnaissance mutuelle des mesures de protection en matière civile, ainsi que celles prévues par une décision de protection européenne reconnue conformément à l'article 696-102 du présent code en application de la directive 2011/99/ UE du Parlement européen et du Conseil du 13 décembre 2011 relative à la décision de protection européenne ;

• 18° L'interdiction de participer à des manifestations sur la voie publique prononcée en application de l'article 131-32-1 du Code pénal ;

• 19° Les interdictions de détenir un animal prévues à l'article 131-21-2 du même code.

CHAPITRE III

Des logiciels de rapprochement judiciaire

Article 230-20. – Logiciels – *(Loi n° 2018-898 du 23 octobre 2018)*

• Afin de faciliter le rassemblement des preuves des infractions et l'identification de leurs auteurs, les services de la police nationale et de la gendarmerie nationale chargés d'une mission de police judiciaire ainsi que le service placé sous l'autorité du ministre chargé du budget chargé d'effectuer des enquêtes judiciaires peuvent mettre en œuvre, sous le contrôle de l'autorité judiciaire, des logiciels destinés à faciliter l'exploitation et le rapprochement d'informations sur les modes opératoires réunies par ces services au cours :

• 1° Des enquêtes préliminaires, des enquêtes de flagrance ou des investigations exécutées sur commission rogatoire ;

• 2° Des procédures de recherche des causes de la mort ou d'une disparition prévues par les articles 74 et 74-1.

Article 230-21. – Données exploitées – *(Loi n° 2011-267 du 14 mars 2011)*

• Les données exploitées par les logiciels faisant l'objet du présent chapitre ne peuvent provenir que des pièces et documents de procédure judiciaire déjà détenus par les services mentionnés à l'article 230-20.

• Lorsque sont exploitées des données pouvant faire indirectement apparaître l'identité des personnes, celle-ci ne peut apparaître qu'une fois les opérations de rapprochement effectuées, et uniquement pour celles de ces données qui sont effectivement entrées en concordance entre elles ou avec d'autres informations exploitées par le logiciel.

Article 230-22. – Données à caractère personnel – *(Loi n° 2011-267 du 14 mars 2011)*

• Les données à caractère personnel éventuellement révélées par l'exploitation des enquêtes et investigations mentionnées au 1° de l'article 230-20 sont effacées à la clôture de l'enquête et, en tout état de cause, à l'expiration d'un délai de trois ans [Dispositions déclarées non conformes à la Constitution par la décision du Conseil constitutionnel n° 2011-625 DC du 10 mars 2011].

• Les données à caractère personnel éventuellement révélées par l'exploitation des enquêtes mentionnées au 2° du même article sont effacées dès que l'enquête a permis de retrouver la personne disparue ou d'écarter toute suspicion de crime ou délit.

Article 230-23. – Contrôle du Procureur de la République – *(Loi n° 2011-267 du 14 mars 2011)*

• Sans préjudice des pouvoirs de contrôle attribués à la Commission nationale de l'informatique et des libertés par la loi n° 78-17 du 6 janvier 1978 précitée, le traitement des données à caractère personnel est opéré sous le contrôle du procureur de la République compétent qui peut demander qu'elles soient effacées, complétées ou rectifiées, notamment en cas de requalification judiciaire. La rectification pour requalification judiciaire est de droit lorsque la personne concernée la demande.

• Le procureur de la République dispose, pour l'exercice de ses fonctions, d'un accès direct à ces logiciels.

Article 230-24. – Magistrat – Contrôle – *(Loi n° 2011-267 du 14 mars 2011)*

• Un magistrat, chargé de contrôler la mise en œuvre des logiciels faisant l'objet du présent chapitre et de s'assurer de la mise à jour des données, désigné à cet effet par le ministre de la justice, concourt à l'application de l'article 230-23.

• Ce magistrat peut agir d'office ou sur requête des particuliers.

• Il dispose, pour l'exercice de ses fonctions, d'un accès direct à ces logiciels.

Article 230-25. – Utilisation des logiciels – Habilitation – *(Loi n° 2013-1117 du 6 décembre 2013)*

• Peuvent seuls utiliser les logiciels faisant l'objet du présent chapitre :

• 1° Les agents des services mentionnés à l'article 230-20, individuellement désignés et spécialement habilités, pour les seuls besoins des enquêtes dont ils sont saisis ;

• 2° Les magistrats du parquet et les magistrats instructeurs, pour les recherches relatives aux infractions dont ils sont saisis ;

• 3° Le procureur de la République compétent, aux fins du contrôle qu'il exerce en vertu de l'article 230-23 ;

• 4° Le magistrat mentionné à l'article 230-24.

• L'habilitation mentionnée au 1° du présent article précise la nature des données auxquelles elle donne accès.

Article 230-26. – Utilisation des logiciels – *(Loi n° 2011-267 du 14 mars 2011)*

• Les logiciels faisant l'objet du présent chapitre ne peuvent en aucun cas être utilisés pour les besoins d'enquêtes administratives, ni à une autre fin que celle définie à l'article 230-20.

Article 230-27. – Décret d'autorisation – *(Ordonnance n° 2018-1125 du 12 décembre 2018)*

• Les logiciels faisant l'objet du présent chapitre ne peuvent être autorisés que par décret en Conseil d'État pris après avis de la Commission nationale de l'informatique et des libertés. Ce décret précise notamment les infractions concernées, les modalités d'alimentation du logiciel, les conditions d'habilitation des personnes mentionnées au 1° de l'article 230-25 et les modalités selon lesquelles les personnes intéressées peuvent exercer leur droit d'accès.

CHAPITRE IV
Des autopsies judiciaires

Article 230-28. – Autopsie judiciaire – *(Loi n° 2011-525 du 17 mai 2011)*

• Une autopsie judiciaire peut être ordonnée dans le cadre d'une enquête judiciaire en application des articles 60-74 et 77-1 ou d'une information judiciaire en application des articles 156 et suivants.

• Elle ne peut être réalisée que par un praticien titulaire d'un diplôme attestant de sa formation en médecine légale ou d'un titre justifiant de son expérience en médecine légale.

• Au cours d'une autopsie judiciaire, le praticien désigné à cette fin procède aux prélèvements biologiques qui sont nécessaires aux besoins de l'enquête ou de l'information judiciaire.

• Sous réserve des nécessités de l'enquête ou de l'information judiciaire, le conjoint, le concubin, le partenaire lié par un pacte civil de solidarité, les ascendants ou les descendants en ligne directe du défunt sont informés dans les meilleurs délais de ce qu'une autopsie a été ordonnée et que des prélèvements biologiques ont été effectués.

Article 230-29. – Autorisation de remise du corps et permis d'inhumer – *(Loi n° 2011-525 du 17 mai 2011)*

• Lorsqu'une autopsie judiciaire a été réalisée dans le cadre d'une enquête ou d'une information judiciaire et que la conservation du corps du défunt n'est plus nécessaire à la manifestation de la vérité, l'autorité judiciaire compétente délivre dans les meilleurs délais l'autorisation de remise du corps et le permis d'inhumer.

• Le praticien ayant procédé à une autopsie judiciaire est tenu de s'assurer de la meilleure restauration possible du corps avant sa remise aux proches du défunt.

• Il ne peut être refusé aux proches du défunt qui le souhaitent d'avoir accès au corps avant sa mise en bière, sauf pour des raisons de santé publique. L'accès au corps se déroule dans des conditions qui leur garantissent respect, dignité, décence et humanité. Une charte de bonnes pratiques, dont le contenu est défini par voie réglementaire, informe les familles de leurs droits et devoirs. Elle est obligatoirement affichée en un lieu visible.

• À l'issue d'un délai d'un mois à compter de la date de l'autopsie, les proches du défunt ayant qualité pour pourvoir aux funérailles peuvent demander la restitution du corps auprès du procureur de la République ou du juge d'instruction, qui doit y répondre par une décision écrite dans un délai de quinze jours.

Article 230-30. – Prélèvements biologiques – *(Loi n° 2011-525 du 17 mai 2011)*

• Lorsque les prélèvements biologiques réalisés au cours d'une autopsie judiciaire ne sont plus nécessaires à la manifestation de la vérité, l'autorité judiciaire compétente peut ordonner leur destruction.

• La destruction s'effectue selon les modalités prévues par l'article R. 1335-11 du Code de la santé publique.

• Toutefois, sous réserve des contraintes de santé publique et lorsque ces prélèvements constituent les seuls éléments ayant permis l'identification du défunt, l'autorité judiciaire compétente peut autoriser leur restitution en vue d'une inhumation ou d'une crémation.

Article 230-31. – Modalités d'application – *(Loi n° 2011-525 du 17 mai 2011)*

• Les modalités d'application des dispositions du présent chapitre sont précisées par décret en Conseil d'État.

CHAPITRE V

De la géolocalisation

Article 230-32. – Localisation en temps réel – *(Loi n° 2019-222 du 23 mars 2019)*

• Il peut être recouru à tout moyen technique destiné à la localisation en temps réel, sur l'ensemble du territoire national, d'une personne, à l'insu de celle-ci, d'un véhicule ou de tout autre objet, sans le consentement de son propriétaire ou de son possesseur, si cette opération est exigée par les nécessités :

• 1° D'une enquête ou d'une instruction portant sur un crime ou sur un délit puni d'au moins 3 ans d'emprisonnement ;

• 2° D'une procédure d'enquête ou d'instruction de recherche des causes de la mort ou de la disparition prévue aux articles 74, 74-1 et 80-4 ;

• 3° D'une procédure de recherche d'une personne en fuite prévue à l'article 74-2.

• La géolocalisation est mise en place par l'officier de police judiciaire ou, sous sa responsabilité, par l'agent de police judiciaire, ou prescrite sur réquisitions de l'officier de police judiciaire, dans les conditions et selon les modalités prévues au présent chapitre.

Nota : Conformément à l'article 109, XIII de la loi n° 2019-222 du 23/03/2019, ces dispositions entrent en vigueur le 1er jour du 3e mois suivant la publication de la présente loi, soit le 01/06/2019.

J **• Infractions liées à des vols et tentatives de vol aggravés en récidive – Véhicule volé – Géolocalisation –** *Contre l'arrêt de la chambre de l'instruction de la cour d'appel de TOULOUSE, en date du 10 décembre 2015, qui, dans l'information suivie contre eux des chefs de vols et tentatives de vol aggravés en récidive, recel, usurpation de plaque d'immatriculation et fourniture d'une identité imaginaire, a prononcé sur leur demande d'annulation d'actes de la procédure ; « en ce que la chambre de l'instruction a rejeté les moyens tirés de la nullité des opérations de géolocalisation ;*

« aux motifs que les dispositions relatives à la géolocalisation en temps réel, issues de la loi n° 2014-372 du 28 mars 2014 sont insérées dans le chapitre V du livre II du Code de procédure pénale, articles 230-32 à 230-44 ; que l'article 230-32 énonce les conditions relatives à la gravité de l'infraction, qui ne sont pas discutées par les requérants ; que les articles 230-33 et 230-34 prévoient les modalités des opérations de géolocalisation et des garanties procédurales différentes selon que le dispositif est posé dans un lieu ouvert au public, ou bien nécessitant l'introduction dans un lieu privé ou dans un véhicule ; que l'article 230-44 énonce que ces dispositions ne sont pas applicables lorsque les opérations de géolocalisation en temps réel ont pour objet la localisation d'un véhicule ou de tout autre objet dont le propriétaire ou le possesseur légitime est la victime de l'infraction sur laquelle porte l'enquête ou l'instruction ou la personne disparue, dès lors que ces opérations ont pour objet de retrouver la victime, l'objet qui lui a été dérobé ou la personne disparue ; qu'en l'espèce, l'Austin Mini Cooper n° ... a été dérobée par effraction et en réunion le 6 juin 2015 à Rouffiac-Tolosan, au domicile de M. Marc Z ... et Mme Éliane A ... en même temps que de nombreux autres objets de valeur, bijoux, sacs de marque, montre Rolex et poupées anciennes de collection ; que la BMW n° ... a été dérobée par effraction et en réunion le 13 juin 2015 à Mérignac au domicile de M. Guillaume B ... , en même temps que des bijoux et des espèces ; que les propriétaires des véhicules volés sont les victimes des infractions sur lesquelles l'enquête de gendarmerie a porté et le recours au procédé de localisation en temps réel a eu pour objet de retrouver, non les véhicules sur lesquels le dispositif technique a été posé, mais les nombreux biens de valeur dérobés lors des cambriolages ; qu'il a effectivement permis cette issue positive, des objets provenant des deux périples effectués les 9 juin 2015 et 13 juin 2015 ayant été trouvés et saisis en perquisition dans les véhicules Citroën Picasso, BMW et aux domiciles de MM. Y... et X... ; que, dès lors, les dispositions des articles 230-33 et 230-34 du Code de procédure pénale, au visa desquels la requête en nullité est soutenue, ne sont pas applicables au cas d'espèce ; qu'il ne peut être valablement reproché aux enquêteurs, qui pouvaient agir par voie de réquisitions, de s'être soumis aux exigences plus rigoureuses posées par la loi n° 2014-372 du 28 mars 2014 ; que, de surcroît, à supposer même les dispositions relatives à la géolocalisation en temps réel applicables, il sera relevé que : ... que sur la violation de l'article 230-33 du Code de procédure pénale, et sur la géolocalisation de l'Austin Mini Cooper, il résulte du procès-verbal d'investigations établi par le maréchal des Logis chef C ... , que cet officier de police judiciaire a, le 9 juin 2015, avant toute mise en place du dispositif technique, contacté téléphoniquement à 19 heures 45 Mme Sirere, substitut de permanence au parquet de Toulouse, qui vu l'heure tardive, a autorisé la géolocalisation de l'Austin Mini Cooper volée, en demandant aux enquêteurs de récupérer l'autorisation écrite le lendemain (D 27) ; que l'autorisation écrite, datée du 10 juin 2015, est jointe au dossier (D 174) ; qu'aucune constatation utile à l'enquête n'a été faite pendant la période litigieuse, du 9 juin 19 heures 45 au lendemain 10 juin ; que surtout, l'Austin Mini Cooper n'a pas bougé de son stationnement jusqu'au 13 juin 2015 et si la géolocalisation n'avait été mise en place que le 10 juin 2015, après réception de l'autorisation écrite, les constatations faites sur le déplacement de ce véhicule la journée du 13 juin 2015, grâce à ce dispositif, auraient été parfaitement identiques ; que, dès lors, l'absence d'autorisation écrite préalable à la pose d'un procédé de géolocalisation de l'Austin Mini Cooper, même irrégulière, n'a pas eu pour effet de porter atteinte aux intérêts des requérants et aucune annulation ne saurait être encourue de ce chef ; que sur la géolocalisation de la BMW, il résulte du procès-verbal d'investigations (avis à magistrat), *établi par l'adjudant-chef M. D ... , que cet officier de police judiciaire a contacté téléphoniquement M. De Survilliers, vice-procureur de permanence au parquet de Toulouse le 14 juin 2015 à 9 heures 30, pour l'informer de la présence localisée de l'Austin Mini Cooper sur les lieux d'un cambriolage à Mérignac le 13 juin 2015, du vol d'un véhicule BMW 530 n° ... à cette occasion, de l'abandon de l'Austin sur un parking de l'aéroport de Mérignac et de la découverte de la BMW volée, en stationnement rue Paul Debauges à Toulouse (D 64) ; que ce magistrat a alors saisi les militaires de la section des recherches de Toulouse de ce vol par effraction, après accord de dessaisissement donné téléphoniquement par le procureur de la République de Bordeaux en la personne de M. F ... et a autorisé par écrit la géolocalisation de la BMW ... volée, décision qui est jointe à la procédure (D 259) ; que le dispositif technique a été posé avec cette autorisation écrite par l'adjudant M. G ... et l'adjudant-chef M. D ... le même jour de 9 heures 55 à 10 heures 10, à l'extérieur du véhicule stationné sur la voie publique, dans le strict respect des dispositions légales ; que, de plus, il n'a causé aucun grief aux requérants en raison de la surveillance physique parallèlement mise en place par les enquêteurs, leur ayant permis de voir ceux-ci partir dans un autre véhicule, le Citroën Picasso qui a été l'objet de la filature ; qu'en conséquence, la requête en nullité sera rejetée ;*

Attendu que MM. X... et Y... ne sauraient se faire un grief de ce que la chambre de l'instruction a rejeté leur requête par les motifs repris au moyen, dès lors qu'en dehors du recours, par les autorités publiques, à un procédé déloyal, non démontré, ni même allégué, en l'espèce, un mis en examen est irrecevable à contester la régularité de la géolocalisation en temps réel d'un véhicule volé et faussement immatriculé sur lequel il ne peut se prévaloir d'aucun droit, les dispositions conventionnelles et légales invoquées ne trouvant, dans ce cas, à s'appliquer;

D'où il suit que le moyen doit être écarté;

Et attendu que l'arrêt est régulier en la forme;

REJETTE les pourvois;

(Cour de cassation – Chambre criminelle du 7 juin 2016 – N° de pourvoi: 15-87755).

• Infractions à la législation sur les stupéfiants – Association de malfaiteurs – Requête en nullité – Véhicule géolocalisé

Contre l'arrêt de la chambre de l'instruction de la cour d'appel de PARIS, 1re section, en date du 17 octobre 2017, qui, dans l'information suivie contre eux des chefs d'infractions à la législation sur les stupéfiants en bande organisée, association de malfaiteurs, a prononcé sur leur demande en annulation de pièces de la procédure;

Attendu qu'il résulte de l'arrêt attaqué et des pièces de la procédure que, le 8 janvier 2016, l'OCRTIS a été destinataire d'informations provenant du Service de Sécurité Intérieur basé au Pérou selon lesquelles des individus organiseraient, à partir de ce pays, des exportations de cocaïne vers la France; qu'une enquête a été diligentée qui a permis d'orienter les recherches vers M. Adel F...; qu'un autre renseignement ayant été fourni par un indicateur de l'OCRTIS, mettant en cause une personne, identifiée comme M. Raouf Y..., qui cherchait à entrer en relation avec des bagagistes susceptibles de sortir des valises de produits stupéfiants en provenance du Pérou, de l'aéroport Roissy Charles de Gaulle, le Service Interministériel d'Assistance Technique (SIAT) a été saisi aux fins de mettre en œuvre une opération d'infiltration visant à identifier les membres du réseau, qu'un agent infiltré s'est présenté alors à M. Y... comme étant en mesure de sortir ces valises de l'aéroport Roissy Charles de Gaulle, que cet agent a récupéré le 18 février 2016 un bagage contenant 15 kilogrammes de cocaïne, que MM. Nordine X... et Raouf Y... se sont rendus, à bord d'un véhicule Jaguar immatriculé au nom de la compagne de M. X..., à l'aéroport de Roissy pour prendre en charge le passeur, M. H..., que M M. X... et Y... ont remis aux agents infiltrés la somme de 45 000 €; que les juges ajoutent qu'un dispositif de géolocalisation en temps réel autorisé sur le véhicule automobile Jaguar a permis de constater que ses occupants se rendaient sur le parking de l'immeuble de M. Y... avant de repartir sur la commune de Drancy; qu'une information judiciaire a été ouverte le 7 avril 2016 et que l'opération d'infiltration s'est poursuivie sur commission rogatoire et a mis en évidence plusieurs projets d'importation; qu'à la suite de nouveaux contacts entre M. Y... et l'agent infiltré, ce dernier a pris en charge à plusieurs reprises des valises contenant plusieurs dizaines de kilogrammes de cocaïne et a reçu paiement de ses services; qu'une opération d'interpellations a été lancée le 18 octobre 2016, que de nombreuses personnes ont été mises en examen des chefs d'importation de stupéfiants en bande organisée, infractions à la législation sur les stupéfiants et association de malfaiteurs; que les avocats de MM. F..., X... et Y... ont déposé des requêtes en annulation de pièces de la procédure;

Attendu que pour écarter l'argumentation de M. X... qui conteste la régularité de la géolocalisation du véhicule Jaguar, l'arrêt relève que ce véhicule est immatriculé au nom de Mme Zina E..., concubine de l'intéressé, que lors de la garde à vue, M. X... a déclaré qu'il n'était propriétaire d'aucun véhicule, que M. X... ne pouvant se prévaloir d'aucun droit sur ce véhicule géolocalisé, le moyen présenté est irrecevable; que les juges ajoutent que, de surcroît, le moyen est mal fondé dès lors qu'il se déduit du procès-verbal coté D641/1 que, dûment informé, le procureur de la République de Bobigny a autorisé le 18 février 2016, à 11 heures 15, la géolocalisation demandée, que l'OCRTIS a reçu cette autorisation avant la mise en place du dispositif et qu'il est donc indifférent que le document formalisant cette autorisation soit daté du 19 février; qu'en tout état de cause, l'urgence résultant du risque imminent de déperdition des preuves était caractérisée et permettait à l'officier de police judiciaire de mettre en place lui-même le dispositif, le procureur de la République en étant informé par tout moyen, ce qui a été fait le 18 février à 11 heures 15;

Mais attendu qu'en prononçant ainsi, alors que, d'une part, il constatait que l'intéressé avait l'usage habituel du véhicule en cause, dont il n'était pas prétendu qu'il était détenu frauduleusement, d'autre part, l'autorisation écrite du procureur de la République a été donnée postérieurement à la mise en place du dispositif de géolocalisation, sans mise en œuvre préalable des dispositions de l'article 230-35 du code de procédure pénale, l'arrêt a méconnu les textes susvisés;

D'où il suit que la cassation est encourue;

Par ces motifs:

I – Sur les pourvois formés par MM. Y... et F...:

Les REJETTE;

II – Sur le pourvoi formé par M. X...:

CASSE et ANNULE, en ses seules dispositions relatives à la géolocalisation du véhicule Jaguar immatriculé au nom de Mme Zina E..., l'arrêt susvisé de la chambre de l'instruction de la cour d'appel de Paris, en date du 17 octobre 2017, et pour qu'il soit à nouveau jugé, conformément à la loi,

(Cour de cassation – Chambre criminelle du 9 mai 2018 – N° de pourvoi: 17-86558).

• Dégradation... – Qualifications retenues

M. [R] [Y] a formé un pourvoi contre l'arrêt de la chambre de l'instruction de la cour d'appel de PARIS (75), 6e section, en date du 27/05/2021, qui, dans l'information suivie contre lui des chefs de dégradation et violences aggravées en récidive, a prononcé sur sa demande d'annulation de pièces de la procédure.

Lorsque l'enquête est diligentée pour des faits punis d'au moins 3 ans d'emprisonnement, conformément aux exigences des articles 76 et 230-32 du C.P.P., les mesures prévues par ces dispositions peuvent être mises en œuvre, quelles que soient les qualifications retenues à l'issue de l'enquête à l'égard de chacune des personnes impliquées. Justifie sa décision la chambre de l'instruction qui écarte le moyen de nullité selon lequel ni la géolocalisation ni la perquisition sans assentiment ne pouvaient être ordonnées au regard des faits susceptibles d'être reprochés à l'intéressé, après avoir constaté que ces mesures ont été autorisées dans le cadre d'une enquête diligentée notamment des chefs de violences volontaires sans incapacité totale de travail avec arme.

(Cour de cassation – Chambre criminelle du 12 juillet 2022 – N° de pourvoi: 21-83.805).

Article 230-33. – Autorisation – *(Loi n° 2019-222 du 23 mars 2019 + Décision n° 2021-930 QPC du 23 septembre 2021)*

• L'opération mentionnée à l'article 230-32 est autorisée:

• 1° Dans le cadre d'une enquête de flagrance, d'une enquête préliminaire ou d'une procédure prévue aux articles 74 à 74-2, par le procureur de la République, pour une durée maximale de 15 jours consécutifs dans les cas prévus aux articles 74 à 74-2 ou lorsque l'enquête porte sur un crime ou sur une infraction mentionnée aux articles 706-73 ou 706-73-1, ou pour une durée maximale de 8 jours consécutifs dans les autres cas. À l'issue de ces délais, cette opération est autorisée par le juge des libertés et de la détention à la requête du procureur de la République, pour une durée maximale d'un mois renouvelable dans les mêmes conditions de forme et de durée;

• 2° Dans le cadre d'une instruction ou d'une information pour recherche des causes de la mort ou des causes de la disparition mentionnées aux articles 74, 74-1 et 80-4, par le juge d'instruction, pour une durée maximale de 4 mois renouvelable dans les mêmes conditions de forme et de durée.

• La durée totale de cette opération ne peut pas excéder un an ou, s'il s'agit d'une infraction prévue aux articles 706-73 ou 706-73-1, deux ans.

• La décision du procureur de la République, du juge des libertés et de la détention ou du juge d'instruction est écrite et motivée par référence aux éléments de fait et de droit justifiant que ces opérations sont nécessaires. Elle n'a pas de caractère juridictionnel et n'est susceptible d'aucun recours.

Article 230-34. – Autorisation – Décision écrite – *(Loi n° 2019-222 du 23 mars 2019)*

• Dans les cas mentionnés aux 1° et 2° de l'article 230-33, lorsque les nécessités de l'enquête ou de l'instruction l'exigent, le procureur de la République ou le juge d'instruction peut, aux seules fins de mettre en place ou de retirer le moyen technique mentionné à l'article 230-32, autoriser par décision écrite l'introduction, y compris en dehors des heures prévues à l'article 59, dans des lieux privés destinés ou utilisés à l'entrepôt de véhicules, fonds, valeurs, marchandises ou matériel, ou dans un véhicule situé sur la voie publique ou dans de tels lieux, à l'insu ou sans le consentement du propriétaire ou de l'occupant des lieux ou du véhicule ou de toute personne titulaire d'un droit sur ceux-ci.

• S'il s'agit d'un lieu privé autre que ceux mentionnés au 1er alinéa du présent article, cette opération ne peut intervenir que dans les cas mentionnés aux 2° et 3° de l'article 230-32 ou lorsque l'enquête ou l'instruction est relative à un crime ou à un délit puni d'au moins 5 ans d'emprisonnement. Si ce lieu privé est un lieu d'habitation, l'autorisation est délivrée par décision écrite:

• 1° Dans les cas prévus au 1° de l'article 230-33, du juge des libertés et de la détention, saisi à cette fin par le procureur de la République;

• 2° Dans les cas prévus au 2° du même article 230-33, du juge d'instruction ou, si l'opération doit intervenir en dehors des heures prévues à l'article 59, du juge des libertés et de la détention, saisi à cette fin par le juge d'instruction.

• La mise en place du moyen technique mentionné à l'article 230-32 ne peut concerner ni les lieux mentionnés aux articles 56-1 à 56-5, ni le bureau ou le domicile des personnes mentionnées à l'article 100-7.

[J] **• Infractions à la législation sur les stupéfiants – Association de malfaiteurs – Lieux d'habitation**

Contre l'arrêt de la chambre de l'instruction de la cour d'appel de PARIS, 3e section, en date du 23/10/2018, qui, dans l'information suivie contre lui des chefs d'infractions à la législation sur les stupéfiants et association de malfaiteurs, a prononcé sur sa demande d'annulation de pièces de la procédure;

Attendu qu'en prononçant ainsi, et dès lors que ni les espaces de circulation, ni les emplacements de stationnement, ni les boxes fermés du parking souterrain d'un immeuble collectif d'habitation ne constituent des lieux d'habitation au sens des articles 230-34 et 706-96-1 du C.P.P., la chambre de l'instruction n'a méconnu aucun des textes visés au moyen, lequel doit être écarté;

Et attendu que l'arrêt est régulier en la forme;

REJETTE le pourvoi.

(Cour de cassation – Chambre criminelle du 18 juin 2019 – N° de pourvoi: 18-86421).

Article 230-35. – Cas d'urgence – *(Loi n° 2014-372 du 28 mars 2014)*

• En cas d'urgence résultant d'un risque imminent de dépérissement des preuves ou d'atteinte grave aux personnes ou aux biens, les opérations mentionnées à l'article 230-32 peuvent être mises en place ou prescrites par un officier de police judiciaire. Celui-ci en informe immédiatement, par tout moyen, le procureur de la République ou le juge d'instruction dans les cas mentionnés aux articles 230-33 et 230-34. Ce magistrat peut alors ordonner la mainlevée de la géolocalisation.

• Toutefois, si l'introduction dans un lieu d'habitation est nécessaire, l'officier de police judiciaire doit recueillir l'accord préalable, donné par tout moyen:

• 1° Dans les cas prévus au 1° de l'article 230-33, du juge des libertés et de la détention, saisi à cette fin par le procureur de la République;

• 2° Dans les cas prévus au 2° du même article 230-33, du juge d'instruction ou, si l'introduction doit avoir lieu en dehors des heures prévues à l'article 59, du juge des libertés et de la détention, saisi à cette fin par le juge d'instruction.

• Ces magistrats disposent d'un délai de vingt-quatre heures pour prescrire, par décision écrite, la poursuite des opérations. À défaut d'une telle autorisation dans ce délai, il est mis fin à la géolocalisation. Dans les cas prévus au premier alinéa du présent article, l'autorisation comporte l'énoncé des circonstances de fait établissant l'existence du risque imminent mentionné à ce même alinéa.

J • **Infractions à la législation sur les stupéfiants – Blanchiment – Non-justification de ressources – Association de malfaiteurs – Infractions à la législation sur les armes – Commission rogatoire – Énoncé des circonstances**

Contre l'arrêt de la chambre de l'instruction de la cour d'appel de BESANÇON, en date du 25 octobre 2017, qui, dans l'information suivie contre lui des chefs d'infractions à la législation sur les stupéfiants, blanchiment, non-justification de ressources, association de malfaiteurs et infractions à la législation sur les armes, a prononcé sur sa demande d'annulation de pièces de la procédure;

Attendu que, pour rejeter la requête en nullité de la géolocalisation en temps réel du véhicule Fiat 500 immatriculé [...] et du véhicule Renault Espace immatriculé [...], la chambre de l'instruction énonce que si la référence à la pose de balise effectuée antérieurement par les enquêteurs n'est pas prévue par l'article 230-35 du code de procédure pénale, il ressort des éléments de la procédure que l'urgence ayant présidé à l'acte n'était pas contestable, au regard du risque de dépérissement des preuves, constitué par l'imminence du déplacement des véhicules, les précautions prises par leurs utilisateurs rendant les filatures particulièrement difficiles; que le risque imminent de dépérissement des preuves était d'autant plus établi que la versatilité des décisions prises par les organisateurs de ce trafic, quant au mode opératoire à adopter pour importer les stupéfiants, apparaissait de manière prégnante dans les conversations téléphoniques enregistrées; Mais attendu qu'en se déterminant ainsi, alors que les commissions rogatoires critiquées, datées des 16 et 25 mai 2016, ne comportaient pas l'énoncé des circonstances de fait établissant l'existence d'un risque imminent de dépérissement des preuves ou d'atteinte grave aux personnes ou aux biens, rendant nécessaire le recours à la procédure d'urgence prévue à l'article 230-35 du code de procédure pénale, de sorte que cette délégation ne pouvait s'analyser en une autorisation de poursuite des opérations précédemment engagées, la chambre de l'instruction a méconnu le texte susvisé;

D'où il suit que la cassation est encore encourue; CASSE et ANNULE l'arrêt susvisé de la chambre de l'instruction de la cour d'appel de Besançon, en date du 25 octobre 2017, mais en ses seules dispositions relatives à l'autorité de la chose jugée, aux écoutes téléphoniques, aux commissions rogatoires de géolocalisation des véhicules Fiat 500 immatriculé [...] et Renault Espace immatriculé [...], aux perquisitions dans l'appartement et le garage [...], et aux 5 expertises contestées, toutes autres dispositions étant expressément maintenues; Et pour qu'il soit à nouveau statué, conformément à la loi, dans les limites de la cassation ainsi prononcée, RENVOIE la cause et les parties devant la chambre de l'instruction de la cour d'appel de LYON à ce désignée par délibération spéciale prise en chambre du conseil; ORDONNE l'impression du présent arrêt, sa transcription sur les registres du greffe de la cour d'appel de Besançon et sa mention en marge ou à la suite de l'arrêt partiellement annulé;

(Cour de cassation – Chambre criminelle du 20 juin 2018 – N° de pourvoi : 17-86657).

Article 230-36. – Réquisition agent qualifié – *(Loi n° 2014-372 du 28 mars 2014)*

• Le juge d'instruction ou l'officier de police judiciaire commis par lui ou autorisé par le procureur de la République peut requérir tout agent qualifié d'un service, d'une unité ou d'un organisme placé sous l'autorité du ministre de l'intérieur et dont la liste est fixée par décret, en vue de procéder à l'installation et au retrait du moyen technique mentionné à l'article 230-32.

Article 230-37. – Opérations – *(Loi n° 2014-372 du 28 mars 2014)*

• Les opérations prévues au présent chapitre sont conduites sous le contrôle du magistrat qui les a autorisées ou qui a autorisé leur poursuite.

• Le fait que ces opérations révèlent des infractions autres que celles visées dans la décision de ce magistrat ne constitue pas une cause de nullité des procédures incidentes.

Article 230-38. – Procès-verbal des opérations – *(Loi n° 2014-372 du 28 mars 2014)*

• L'officier de police judiciaire ou l'agent de police judiciaire agissant sous sa responsabilité dresse procès-verbal de chacune des opérations de mise en place du moyen technique mentionné à l'article 230-32 et des opérations d'enregistrement des données de localisation. Ce procès-verbal mentionne la date et l'heure auxquelles l'opération a commencé et celles auxquelles elle s'est terminée.

• Les enregistrements sont placés sous scellés fermés.

Article 230-39. – Procès-verbal des données enregistrées – *(Loi n° 2014-372 du 28 mars 2014)*

• L'officier de police judiciaire ou l'agent de police judiciaire agissant sous sa responsabilité décrit ou transcrit, dans un procès-verbal qui est versé au dossier, les données enregistrées qui sont utiles à la manifestation de la vérité.

Article 230-40. – Criminalité et délinquance organisées – *(Ordonnance n° 2019-964 du 18 septembre 2019)*

• Lorsque, dans une instruction concernant l'un des crimes ou délits entrant dans le champ d'application des articles 706-73 et 706-73-1, la connaissance de ces informations est susceptible de mettre gravement en danger la vie ou l'intégrité physique d'une personne, des membres de sa famille ou de ses proches et qu'elle n'est ni utile à la manifestation de la vérité, ni indispensable à l'exercice des droits de la défense, le juge des libertés et de la détention, saisi à tout moment par requête motivée du juge d'instruction, peut, par décision motivée autoriser que n'apparaissent pas dans le dossier de la procédure :

• 1° La date, l'heure et le lieu où le moyen technique mentionné à l'article 230-32 a été installé ou retiré ;

• 2° L'enregistrement des données de localisation et les éléments permettant d'identifier une personne ayant concouru à l'installation ou au retrait du moyen technique mentionné à ce même article.

• La décision du juge des libertés et de la détention mentionnée au 1er alinéa du présent article est jointe au dossier de la procédure. Les informations mentionnées aux 1° et 2° sont inscrites dans un autre procès-verbal, qui est versé dans un dossier distinct du dossier de la procédure, dans lequel figure également la requête du juge d'instruction prévue au 1er alinéa. Ces informations sont inscrites sur un registre coté et paraphé, qui est ouvert à cet effet au tribunal judiciaire.

Article 230-41. – Contestation – *(Loi n° 2014-372 du 28 mars 2014)*

• La personne mise en examen ou le témoin assisté peut, dans les dix jours à compter de la date à laquelle il lui a été donné connaissance du contenu des opérations de géolocalisation réalisées dans le cadre prévu à l'article 230-40, contester, devant le président de la chambre de l'instruction, le recours à la procédure prévue à ce même article. S'il estime que les opérations de géolocalisation n'ont pas été réalisées de façon régulière, que les conditions prévues audit article ne sont pas remplies ou que les informations mentionnées à ce même article sont indispensables à l'exercice des droits de la défense, le président de la chambre de l'instruction ordonne l'annulation de la géolocalisation. Toutefois, s'il estime que la connaissance de ces informations n'est pas ou n'est plus susceptible de mettre gravement en danger la vie ou l'intégrité physique d'une personne, des membres de sa famille ou de ses proches, il peut également ordonner le versement au dossier de la requête et du procès-verbal mentionnés au dernier alinéa du même article. Le président de la chambre de l'instruction statue par décision motivée, qui n'est pas susceptible de recours, au vu des pièces de la procédure et de celles figurant dans le dossier mentionné au même alinéa.

QPC • **Décision Conseil Constitutionnel –**

Considérant que, toutefois, le délai de dix jours dans lequel la personne mise en examen ou le témoin assisté peut contester le recours à la procédure prévue par l'article 230-40 court « à compter de la date à laquelle il lui a été donné connaissance du contenu des opérations de géolocalisation réalisées dans le cadre prévu » à cet article ; qu'eu égard à la complexité des investigations en matière de criminalité et de délinquance organisées, ces dispositions ne sauraient, sans méconnaître les droits de la défense, être interprétées comme permettant que le délai de dix jours commence à courir avant que la décision du juge des libertés et de la détention rendue en application de l'article 230-40 ne soit formellement portée à la connaissance de la personne mise en examen ou du témoin assisté ; qu'en outre, les droits de la défense seraient également méconnus si la chambre de l'instruction, saisie dans les conditions prévues par les articles 170 et suivants du Code de procédure pénale, aux fins d'annulation des actes relatifs aux autorisations d'installation du dispositif technique de géolocalisation et à leur enregistrement, ne pouvait également exercer le contrôle et prendre les décisions prévus par l'article 230-41 dudit code.

(Décision n° 2014-693 DC du 25 mars 2014)

Article 230-42. – Condamnation – *(Loi n° 2014-372 du 28 mars 2014)*

• Aucune condamnation ne peut être prononcée sur le fondement des éléments recueillis dans les conditions prévues à l'article 230-40, sauf si la requête et le procès-verbal mentionnés au dernier alinéa de ce même article ont été versés au dossier en application de l'article 230-41.

QPC • **Décision Conseil Constitutionnel –**

Considérant que l'article 230-42 prévoit qu'aucune condamnation ne peut être prononcée « sur le seul fondement » des éléments recueillis dans les conditions prévues à l'article 230-40, sauf si la requête et le procès-verbal mentionnés au dernier alinéa de ce même article ont été versés au dossier en application de l'article 230-41 ; qu'en permettant ainsi qu'une condamnation puisse être prononcée sur le fondement d'éléments de preuve alors que la personne mise en cause n'a pas été mise à même de contester les conditions dans lesquelles ils ont été recueillis, ces dispositions méconnaissent les exigences constitutionnelles qui résultent de l'article 16 de la Déclaration de 1789 ; que, par suite, à l'article 230-42, le mot « seul » doit être déclaré contraire à la Constitution ; que, par voie de conséquence, sauf si la requête et le procès-verbal mentionnés au dernier alinéa de l'article 230-40 ont été versés au dossier en application de l'article 230-41, il appartiendra à la juridiction d'instruction d'ordonner que les éléments recueillis dans les conditions prévues à l'article 230-40 soient retirés du dossier de l'information avant la saisine de la juridiction de jugement ; que, pour le surplus et sous cette réserve, l'article 230-42 ne méconnaît pas l'article 16 de la Déclaration de 1789.

(Décision n° 2014-693 DC du 25 mars 2014)

Article 230-43. – Opération de destruction – *(Loi n° 2014-372 du 28 mars 2014)*

• Les enregistrements de données de localisation sont détruits, à la diligence du procureur de la République ou du procureur général, à l'expiration du délai de prescription de l'action publique.

• Il est dressé procès-verbal de l'opération de destruction.

Article 230-44. – Victime... – *(Loi n° 2014-372 du 28 mars 2014)*

• Le présent chapitre n'est pas applicable lorsque les opérations de géolocalisation en temps réel ont pour objet la localisation d'un équipement terminal de communication électronique, d'un véhicule ou de tout autre objet dont le propriétaire ou le possesseur légitime est la victime de l'infraction sur laquelle porte l'enquête ou l'instruction ou la personne disparue au sens des articles 74-1 ou 80-4, dès lors que ces opérations ont pour objet de retrouver la victime, l'objet qui lui a été dérobé ou la personne disparue.

• Dans les cas prévus au présent article, les opérations de géolocalisation en temps réel font l'objet de réquisitions conformément aux articles 60-1, 60-2, 77-1-1, 77-1-2, 99-3 ou 99-4.

CHAPITRE VI

De la plate-forme nationale des interceptions judiciaires

Article 230-45. – Missions et modalités Localisation en temps réel – *(Loi n° 2019-222 du 23 mars 2019)*

• **I.** – Un décret en Conseil d'État, pris après avis public et motivé de la Commission nationale de l'informatique et des libertés, détermine les missions et les modalités de fonctionnement de la plate-forme nationale des interceptions judiciaires.

• Sauf impossibilité technique, les réquisitions et demandes adressées en application des articles 60-2, 74-2, 77-1-2,80-4, 99-4, 100 à 100-7, 230-32 à 230-44, 706-95 et 709-1-3 du présent code ou de l'article 67 *bis*-2 du code des douanes sont transmises par l'intermédiaire de la plate-forme nationale des interceptions judiciaires qui organise la centralisation de leur exécution.

• Les dispositions du présent code relatives au placement des enregistrements sous scellés fermés et à l'établissement d'un procès-verbal lorsqu'il est procédé à leur destruction ne sont pas applicables aux données conservées par la plate-forme nationale des interceptions judiciaires.

• Le décret mentionné au 1er alinéa du présent I fixe également les modalités selon lesquelles les données ou correspondances recueillies en application des articles 230-32 à 230-44, 706-95-20 et 709-1-3 du présent code sont, sauf impossibilité technique, centralisées et conservées par la plate-forme nationale des interceptions judiciaires.

• **II.** – La plateforme nationale des interceptions judiciaires est placée sous le contrôle d'une personnalité qualifiée, assistée par un comité qui comprend parmi ses membres un député et un sénateur.

• Les missions, la composition, l'organisation et le fonctionnement du comité sont précisés par décret en Conseil d'État.

[J] • **Infractions à la législation sur les stupéfiants – Association de malfaiteurs – Procès-verbal – O.P.J. – Surveillance physique**

Contre l'arrêt de la chambre de l'instruction de la cour d'appel de GRENOBLE, en date du 3 octobre 2017, qui, dans l'information suivie contre lui des chefs d'infraction à la législation sur les stupéfiants et association de malfaiteurs, a prononcé sur sa demande en annulation de pièces de la procédure;

« aux motifs que l'intéressé conteste le fait que le dispositif ait été mis en place par un officier de police judiciaire (OPJ) dans le cadre des dispositions de l'article 230-35 qui prévoit une telle possibilité en cas d'urgence résultant d'un risque du dépérissement de preuve; la mise en place a eu lieu le 14 janvier 2016 à 4h25, et l'autorisation de poursuivre la mesure émanant du procureur de la République est intervenue le même jour à 15 heures 05; qu'il convient de constater, dans le contexte de cette affaire de trafic important de produits stupéfiants et compte tenu des précautions prises par les protagonistes dans ce type de dossier, que la mesure d'urgence décidée par l'OPJ en raison des risques de dépérissement des preuves et compte tenu du nombre important de trajets effectués avec ledit véhicule, était parfaitement adaptée au cas d'espèce et qu'elle a en outre été confirmée par le procureur le jour même à 15 heures 15, pour une durée de 15 jours, sur demande de l'OPJ qui, dans son procès-verbal, fait référence au risque imminent de dépérissement de preuve et aux déplacements réguliers de M. B... Z... avec ce véhicule; que l'autorisation en question vise le procès-verbal 191/16 dans lequel l'OPJ a lui-même visé le risque imminent de dépérissement des preuves et les déplacements réguliers de M. B... Z... avec le véhicule; que l'article 230-45, dernier alinéa, prévoit que l'autorisation donnée par le procureur de la République comporte l'énoncé des circonstances de fait établissant l'existence de risques imminents mentionnés à ce même alinéa: qu'en l'espèce le visa du procès-verbal 191/16 par le procureur de la République répond à l'exigence légale en adoptant les motifs développés par l'officier de police judiciaire dans son procès-verbal; il convient donc de rejeter ce moyen de nullité;

Attendu qu'en application de ce texte, l'officier de police judiciaire qui, d'initiative, procède à l'installation d'un moyen technique destiné à la localisation en temps réel d'une personne, d'un véhicule, ou de tout autre objet, doit en informer immédiatement le procureur de la République ou le juge d'instruction et justifier, dans sa demande d'autorisation a posteriori, le risque imminent de dépérissement des preuves ou d'atteintes graves aux personnes et aux biens; que l'autorisation de prolongation de la mesure délivrée par le magistrat compétent dans le délai de 24 heures doit comporter l'énoncé des circons-

tances de fait qui établissent le risque imminent de dépérissement des preuves ou d'atteinte grave aux personnes ou aux biens justifiant l'utilisation de cette procédure;

D'où il suit que la cassation est également encourue de ce chef;

Par ces motifs:

I – Sur le pourvoi formé le 6 octobre 2017:

Le DÉCLARE IRRECEVABLE;

II – Sur le pourvoi formé le 5 octobre 2017:

CASSE et ANNULE, en toutes ses dispositions, l'arrêt susvisé de la chambre de l'instruction de la cour d'appel de Grenoble, en date du 3 octobre 2017, et pour qu'il soit à nouveau jugé, conformément à la loi,

RENVOIE la cause et les parties devant la chambre de l'instruction de la cour d'appel de Chambéry, à ce désignée par délibération spéciale prise en chambre du conseil;

ORDONNE l'impression du présent arrêt, sa transcription sur les registres du greffe de la chambre de l'instruction de la cour d'appel de Grenoble et sa mention en marge ou à la suite de l'arrêt annulé;

(Cour de cassation – Chambre criminelle du 9 mai 2018 – N° de pourvoi: 17-86638).

CHAPITRE VII

De l'enquête sous pseudonyme

Article 230-46. – Actes autorisés sous pseudonyme – *(Loi n° 2023-22 du 24 janvier 2023 + Décision n° 2022-846 DC du 19 janvier 2023)*

• Aux seules fins de constater les crimes et les délits punis d'une peine d'emprisonnement commis par la voie des communications électroniques, et lorsque les nécessités de l'enquête ou de l'instruction le justifient, les officiers ou agents de police judiciaire agissant au cours de l'enquête ou sur commission rogatoire peuvent, s'ils sont affectés dans un service spécialisé et spécialement habilités à cette fin dans des conditions précisées par arrêté du ministre de la justice et du ministre de l'intérieur, procéder sous pseudonyme aux actes suivants sans en être pénalement responsables:

• 1° Participer à des échanges électroniques, y compris avec les personnes susceptibles d'être les auteurs de ces infractions;

• 2° Extraire ou conserver par ce moyen les données sur les personnes susceptibles d'être les auteurs de ces infractions et tout élément de preuve;

• 3° Acquérir tout contenu, produit, substance, prélèvement ou service ou transmettre tout contenu en réponse à une demande expresse. [Dispositions déclarées non conformes à la Constitution par la décision du Conseil constitutionnel n° 2022-846 DC du 19 janvier 2023] l'opération est autorisée par le procureur de la République ou par le juge d'instruction saisi des faits;

• 4° Après autorisation du procureur de la République ou du juge d'instruction saisi des faits, en vue de l'acquisition, de la transmission ou de la vente par les personnes susceptibles d'être les auteurs de ces infractions de tout contenu, produit, substance, prélèvement ou service, y compris illicite, mettre à la disposition de ces personnes des moyens juridiques ou financiers ainsi que des moyens de transport, de dépôt, d'hébergement, de conservation et de télécommunication.

• À peine de nullité, l'autorisation prévue aux 3° et 4°, qui peut être donnée par tout moyen, est mentionnée ou versée au dossier de la procédure et les actes autorisés ne peuvent constituer une incitation à commettre ces infractions.

• Les actes mentionnés au présent article s'effectuent sous le contrôle du procureur de la République ou du juge d'instruction.

ARRÊTÉ DU 21 OCTOBRE 2015 RELATIF À L'HABILITATION AU SEIN DE SERVICES SPÉCIALISÉS D'OFFICIERS OU AGENTS DE POLICE JUDICIAIRE POUVANT PROCÉDER AUX ENQUÊTES SOUS PSEUDONYME

NOR: INTC1513051A – Version consolidée au 24 mars 2023

Article 1er. – *(Arrêté du 16 mars 2023)*
• Sont autorisés à procéder aux actes définis par l'article 230-46 du Code de procédure pénale les officiers et agents de police judiciaire spécialement habilités à cette fin, affectés à l'un des services ou unités suivants:
• **1. Services et unités relevant de la direction générale de la police nationale:**
• *a)* Services des directions territoriales de la police nationale:
• – les services territoriaux de sécurité publique;
• – les services territoriaux de police judiciaire;
• *b)* Services et unités relevant de la direction centrale de la police judiciaire:
• – l'Office anti-stupéfiants;
• – la sous-direction antiterroriste;
• – la sous-direction de la lutte contre la criminalité organisée;
• – la sous-direction de la lutte contre la criminalité financière;
• – la sous-direction de la lutte contre la cybercriminalité;
• – le service central des courses et jeux.
• – les directions zonales et régionales de police judiciaire.
• *c)* Services et unités relevant de la direction centrale de la sécurité publique:
• – les directions départementales de la sécurité publique;
• – les sûretés départementales;
• – les circonscriptions de sécurité publique.
• *d)* Services et unités relevant de la direction centrale de la police aux frontières:
• – l'office de lutte contre le trafic illicite de migrants au sein de la sous-direction de l'immigration et de l'éloignement;
• – l'unité de coordination opérationnelle de la lutte contre le trafic et l'exploitation des migrants;
• – les brigades mobiles de recherche;
• – la brigade des chemins de fer.
• *e)* Services et unités relevant de l'inspection générale de la police nationale:
• – la division nationale des enquêtes;
• – les délégations de l'inspection générale de la police nationale à Paris, Lille, Lyon, Marseille, Bordeaux, Rennes, Metz et Fort-de-France;
• – le bureau de l'inspection générale de la police nationale à Nice.
• **2. La direction générale de la sécurité intérieure.**
• **3. Services et unités relevant de la préfecture de police:**
• – à la direction régionale de la police judiciaire: la sous-direction des brigades centrales, la sous-direction des affaires économiques et financières et la sous-direction des services territoriaux;
• – à la direction de la sécurité de proximité de l'agglomération parisienne: la sûreté régionale des transports au sein de la sous-direction régionale de la police des transports, les sûretés territoriales au sein des directions territoriales de sécurité de proximité et la sous-direction de la lutte contre l'immigration irrégulière.
• **4. Services et unités relevant de la direction générale de la gendarmerie nationale:**
• – la sous-direction de la police judiciaire;
• – le commandement de la gendarmerie dans le cyberespace;
• – le service central de renseignement criminel de la gendarmerie nationale;
• – les sections de recherches de la gendarmerie départementale et des gendarmeries spécialisées;
• – les sections d'appui judiciaire;
• – les brigades départementales de renseignements et d'investigations judiciaires;
• – les brigades de renseignements et d'investigations judiciaires de la gendarmerie d'outre-mer et des gendarmeries spécialisées;
• – les brigades de recherches de la gendarmerie départementale et des gendarmeries spécialisées.
• **5. Services et unités relevant de l'inspection générale de la gendarmerie nationale:**
• – le bureau des enquêtes judiciaires.

Article 2. – *(Arrêté du 13 juin 2022)*
• Les officiers et agents de police judiciaire jugés aptes, après une formation spécifique, à procéder aux actes définis par l'article 230-46 du Code de procédure pénale sont spécialement habilités à cet effet par le procureur général près la cour d'appel dans le ressort de laquelle ils exercent habituellement leurs fonctions après agrément accordé, selon le cas, pour la police nationale, par les directeurs territoriaux de la police nationale, le directeur central de la police judiciaire, le directeur central de la sécurité publique, le directeur central de la police aux frontières, le directeur, chef de l'inspection générale de la police nationale, le directeur général de la sécurité intérieure, le directeur de la sécurité de proximité de l'agglomération parisienne, le directeur régional de la police judiciaire de Paris, pour la gendarmerie nationale, par le commandant de la gendarmerie dans le cyberespace, par le chef de l'inspection générale de la gendarmerie nationale, en fonction de leur service ou unité d'affectation.
• Cette habilitation ainsi que l'agrément peuvent être retirés à tout moment par les autorités les ayant délivrés ou accordés. Le retrait de l'agrément rend caduque l'habilitation.

Article 3.
• L'arrêté du 30 mars 2009 relatif à la répression de certaines formes de criminalité informatique et à la lutte contre la pédopornographie est modifié comme suit:
• 1° Les articles 1er et 2 sont supprimés;
• 2° Les articles 3 à 5 sont renumérotés de 1 à 3.
• L'arrêté du 19 septembre 2011 modifié pris pour l'application de l' article 706-25-2 du Code de procédure pénale relatif à la mise en œuvre des techniques d'enquêtes sous pseudonyme au cours d'enquêtes portant sur les infractions mentionnées au 6e alinéa de l'article 24 de la loi du 29 juillet 1881 sur la liberté de la presse lorsque celles-ci sont commises par un moyen de communication électronique est abrogé.

…/…

• L'arrêté du 24 juin 2013 relatif à l'habilitation d'officiers ou agents de police judiciaire mettant en œuvre des techniques d'enquêtes sous pseudonyme portant sur les infractions mentionnées au 6e alinéa de l'article 24 de la loi du 29 juillet 1881 sur la liberté de la presse lorsque celles-ci sont commises par un moyen de communication électronique est abrogé.

• L'arrêté du 11 juin 2014 pris pour l'application de l' article 706-2-2 du Code de procédure pénale relatif à l'habilitation d'officiers ou agents de police judiciaire mettant en œuvre des techniques d'enquêtes sous pseudonyme portant sur les infractions mentionnées aux articles L. 5421-2 et suivants du Code de la santé publique ainsi qu'à l'article L. 213-1 du Code de la consommation est abrogé.

• Les habilitations délivrées en application des articles 706-2-2, 706-35-1 et 706-47-3 du Code de procédure pénale et en cours de validité à la date de publication du présent arrêté demeurent valables.

Article 4.

• Le directeur général de la police nationale, le directeur général de la sécurité intérieure, le directeur général de la gendarmerie nationale et le directeur des affaires criminelles et des grâces sont chargés, chacun en ce qui le concerne, de l'exécution du présent arrêté, qui sera publié au Journal officiel de la République française.

ARRÊTÉ DU 25 AVRIL 2019 RELATIF À L'EXPÉRIMENTATION DE LA COUR CRIMINELLE

(Extrait)

NOR: JUSD1912083A–
Version consolidée au 13 mai 2019

• **Publics concernés:** personnes accusées de crimes; victimes; fonctionnaires des juridictions; magistrats du siège et du parquet.
• **Objet:** fixation des lieux et de la date de début de l'expérimentation de la cour criminelle.
• **Entrée en vigueur:** le 13 mai 2019.
• **Notice:** afin de rendre plus rapide le jugement des crimes et de limiter la pratique de la correctionnalisation, l'article 63 de la loi n° 2019-222 du 23/03/2019 de programmation 2018-2022 et de réforme pour la justice prévoit, à titre expérimental et pour une durée de 3 ans, le jugement en 1er ressort des personnes majeures accusées d'un crime puni de 15 ans ou de 20 ans de réclusion, lorsqu'il n'est pas commis en état de récidive légale, par une cour criminelle composée de 5 magistrats professionnels, dont le cas échéant, un maximum de 2 magistrats honoraires juridictionnels ou exerçant à titre temporaire, à la place de la cour d'assises. Le présent arrêté fixe la date de début de cette expérimentation et précise les départements dans lesquelles elle aura lieu.

• Arrête:

Article 1er.

• **I. –** Les dispositions du II de l'article 63 de la loi n° 2019-222 du 23/03/2019 de programmation 2018-2022 et de réforme pour la justice relatives à l'expérimentation de la cour criminelle sont applicables, à compter du 13 mai 2019, dans les départements suivants:
• – Ardennes;
• – Calvados;
• – Cher;
• – Moselle;
• – Réunion;
• – Seine-Maritime;
• – Yvelines.
• **II. –** À compter de cette date:
• 1° Les personnes majeures contre lesquelles il existe à l'issue de l'information des charges suffisantes d'avoir commis, hors récidive, un crime puni de 15 ans ou de 20 ans de réclusion sont mises en accusation par le juge d'instruction ou par la chambre de l'instruction devant la cour criminelle, sauf s'il existe un ou plusieurs co-accusés ne répondant pas aux conditions prévues par le 1er alinéa du II de l'article 63 précité, y compris si a déjà été adressé un réquisitoire définitif tendant à la mise en accusation devant la cour d'assises; dans ce dernier cas, le procureur de la République peut le cas échant rappeler par des réquisitions supplétives la compétence de la cour criminelle;
• 2° Conformément au 3e alinéa du III de l'article 63 précité, le 1er président de la cour d'appel, ou le président de la cour d'assises ou tout autre magistrat du siège agissant sur délégation du 1er président, peut, sur réquisitions ou après avis du ministère public, décider que les personnes déjà mises en accusation devant la cour d'assises sont renvoyées devant la cour criminelle, après avoir recueilli leur accord en présence de leur avocat, sauf s'il existe un ou plusieurs co-accusés ne répondant pas aux conditions prévues par le 1er alinéa du II de l'article 63.
• **III. –** Les 1res audiences des cours criminelles interviendront à compter du 1er septembre 2019.

Article 2.

• La directrice des affaires criminelles et des grâces et le directeur des services judiciaires sont chargés, chacun en ce qui le concerne, de l'exécution du présent arrêté, qui sera publié au Journal officiel de la République française

ARRÊTÉ DU 2 MARS 2020 PORTANT EXTENSION DE L'EXPÉRIMENTATION DE LA COUR CRIMINELLE

NOR: JUSD2003332A – Version consolidée au 24 mars 2020

• **Publics concernés:** personnes accusées de crimes; victimes; fonctionnaires des juridictions; magistrats du siège et du parquet.

• **Objet:** extension de l'expérimentation de la cour criminelle.

• **Entrée en vigueur:** le présent arrêté entre en vigueur le lendemain de sa publication au Journal officiel.

• **Notice:** afin de rendre plus rapide le jugement des crimes et de limiter la pratique de la correctionnalisation, l'article 63 de la loi n° 2019-222 du 23 mars 2019 de programmation 2018-2022 et de réforme pour la justice prévoit, à titre expérimental et pour une durée de 3 ans, le jugement en 1er ressort des personnes majeures accusées d'un crime puni de 15 ans ou de 20 ans de réclusion, lorsqu'il n'est pas commis en état de récidive légale, par une cour criminelle composée de 5 magistrats professionnels, dont le cas échéant, un maximum de 2 magistrats honoraires juridictionnels ou exerçant à titre temporaire, à la place de la cour d'assises. L'arrêté du 25 avril 2019 a prévu que cette expérimentation interviendrait dans 7 départements. Le présent arrêté étend l'expérimentation dans deux nouveaux départements.

• La garde des sceaux, ministre de la justice,

• Vu la Constitution, notamment son article 37-1;

• Vu le Code de procédure pénale;

• Vu la loi n° 2019-222 du 23 mars 2019 de programmation 2018-2022 et de réforme pour la justice, notamment son article 63;

• Vu l'arrêté du 25 avril 2019 relatif à l'expérimentation de la cour criminelle,

• Arrête:

Article 1er.

• **I. –** Les dispositions du II de l'article 63 de la loi n° 2019-222 du 23 mars 2019 de programmation 2018-2022 et de réforme pour la justice relatives à l'expérimentation de la cour criminelle sont également applicables dans les départements suivants:

• – Hérault;

• – Pyrénées-Atlantiques.

• **II. –** À compter de l'entrée en vigueur du présent arrêté:

• 1° Les personnes majeures contre lesquelles il existe à l'issue de l'information des charges suffisantes d'avoir commis, hors récidive, un crime puni de 15 ans ou de 20 ans de réclusion sont mises en accusation par le juge d'instruction ou par la chambre de l'instruction devant la cour criminelle, sauf s'il existe un ou plusieurs co-accusés ne répondant pas aux conditions prévues par le 1er alinéa du II de l'article 63 précité, y compris si a déjà été adressé un réquisitoire définitif tendant à la mise en accusation devant la cour d'assises; dans ce dernier cas, le procureur de la République peut, le cas échéant, rappeler par des réquisitions supplétives la compétence de la cour criminelle;

• 2° Conformément au 3e alinéa du III de l'article 63 précité, le 1er président de la cour d'appel, ou le président de la cour d'assises ou tout autre magistrat du siège agissant sur délégation du premier président, peut, sur réquisitions ou après avis du ministère public, décider que les personnes déjà mises en accusation devant la cour d'assises sont renvoyées devant la cour criminelle, après avoir recueilli leur accord en présence de leur avocat, sauf s'il existe un ou plusieurs co-accusés ne répondant pas aux conditions prévues par le 1er alinéa du II de l'article 63.

• **III. –** Les premières audiences des cours criminelles siégeant dans le département de l'Hérault interviendront à compter du 1er septembre 2020.

Article 2.

• La directrice des affaires criminelles et des grâces et le directeur des services judiciaires sont chargés, chacun en ce qui le concerne, de l'exécution du présent arrêté, qui sera publié au Journal officiel de la République française.

ARRÊTÉ DU 2 JUILLET 2020 PORTANT EXTENSION DE L'EXPÉRIMENTATION DE LA COUR CRIMINELLE DANS 6 DÉPARTEMENTS

NOR: JUSD2017078A – Version consolidée au 22 juillet 2020

• **Publics concernés:** personnes accusées de crimes; victimes; fonctionnaires des juridictions; magistrats du siège et du parquet.

• **Objet:** extension de l'expérimentation de la cour criminelle dans 6 départements.

• **Entrée en vigueur:** l'arrêté entre en vigueur le 01/08/2020.

• **Notice:** afin de rendre plus rapide le jugement des crimes et de limiter la pratique de la correctionnalisation, l'article 63 de la loi n° 2019-222 du 23/03/2019 de programmation 2018-2022 et de réforme pour la justice prévoit, à titre expérimental et pour une durée de 3 ans, le jugement en 1er ressort des personnes majeures accusées d'un crime puni de 15 ans ou de 20 ans de réclusion, lorsqu'il n'est pas commis en état de récidive légale, par une cour criminelle composée de 5 magistrats professionnels, dont, le cas échéant, un maximum de 2 magistrats honoraires juridictionnels ou exerçant à titre temporaire, à la place de la cour d'assises. La loi n° 2020-734 du 17/06/2020 relative à diverses dispositions liées à la crise sanitaire, à d'autres mesures urgentes ainsi qu'au retrait du Royaume-Uni de l'Union européenne a porté de 18 à 18 le nombre de départements pouvant faire l'objet de cette expérimentation. Les arrêtés du 25/04/2019 et du 02/03/2020 ont déjà prévu cette expérimentation dans neuf départements. Le présent arrêté étend l'expérimentation dans six nouveaux départements.

• Le garde des sceaux, ministre de la justice,

• Vu la Constitution, notamment son article 37-1;

• Vu le Code de procédure pénale;

• Vu la loi n° 2019-222 du 23/03/2019 modifiée de programmation 2018-2022 et de réforme pour la justice, notamment son article 63;

• Vu l'arrêté du 25/04/2019 relatif à l'expérimentation de la cour criminelle;

…/…

• Vu l'arrêté du 02/03/2020 relatif portant extension de l'expérimentation de la cour criminelle,

• Arrête :

Article 1er.
• **I.** – Les dispositions du II de l'article 63 de la loi du 23 mars 2019 susvisée sont également applicables à compter du 1er août 2020 dans les départements suivants :
• – Isère ;
• – Haute-Garonne ;
• – Loire-Atlantique ;
• – Val-d'Oise ;
• – Guadeloupe ;
• – Guyane.
• **II.** – À compter de l'entrée en vigueur du présent arrêté :
• 1° Les personnes majeures contre lesquelles il existe à l'issue de l'information des charges suffisantes d'avoir commis, hors récidive, un crime puni de 15 ans ou de 20 ans de réclusion sont mises en accusation par le juge d'instruction ou par la chambre de l'instruction devant la cour criminelle, sauf s'il existe un ou plusieurs coaccusés ne répondant pas aux conditions prévues par le 1er alinéa du II de l'article 63 susmentionné, y compris si a déjà été adressé un réquisitoire définitif tendant à la mise en accusation devant la cour d'assises ; dans ce dernier cas, le procureur de la République peut, le cas échéant, rappeler par des réquisitions supplétives la compétence de la cour criminelle ;
• 2° Conformément au 3e alinéa du III de l'article 63 susmentionné, le 1er président de la cour d'appel, ou le président de la cour d'assises ou tout autre magistrat du siège agissant sur délégation du 1er président, peut, sur réquisitions ou après avis du ministère public, décider que les personnes déjà mises en accusation devant la cour d'assises sont renvoyées devant la cour criminelle, après avoir recueilli leur accord en présence de leur avocat, sauf s'il existe un ou plusieurs coaccusés ne répondant pas aux conditions prévues par le 1er alinéa du II du même article 63.

Article 2.
• Le présent arrêté sera publié au Journal officiel de la République française.

CHAPITRE VIII

Des captations et fixations d'images dans les lieux publics au moyen de dispositifs aéroportés

Article 230-47. – Caméras aéroportées – *(Loi n° 2022-52 du 24 janvier 2022)*
• Il peut être recouru, au moyen de caméras aéroportées, à la mise en place d'un dispositif technique ayant pour objet la captation, la fixation, la transmission et l'enregistrement sans leur consentement de l'image d'une ou de plusieurs personnes se trouvant dans un lieu public, si cette opération est exigée par les nécessités :
• 1° D'une enquête ou d'une instruction portant sur un crime ou sur un délit puni d'au moins 3 ans d'emprisonnement ;
• 2° D'une procédure d'enquête ou d'instruction de recherche des causes de la mort ou de la disparition prévue aux articles 74, 74-1 et 80-4 ;
• 3° D'une procédure de recherche d'une personne en fuite prévue à l'article 74-2.

Article 230-48. – Dispositif technique – Autorisation – *(Loi n° 2022-52 du 24 janvier 2022)*
• Le dispositif technique mentionné à l'article 230-47 est autorisé :
• 1° Dans le cadre d'une enquête de flagrance, d'une enquête préliminaire ou d'une procédure prévue aux articles 74 à 74-2, par le procureur de la République, pour une durée maximale d'un mois renouvelable une fois ;
• 2° Dans le cadre d'une instruction ou d'une information pour recherche des causes de la mort ou des causes de la disparition mentionnées aux articles 74, 74-1 et 80-4, par le juge d'instruction, pour une durée maximale de 4 mois renouvelable, sans que la durée totale des opérations puisse excéder 2 ans.

Article 230-49. – Décision d'autorisation – *(Loi n° 2022-52 du 24 janvier 2022)*
• La décision autorisant le recours au dispositif mentionné à l'article 230-47 comporte tous les éléments permettant d'identifier les lieux concernés et précise sa durée.
• L'autorisation du procureur de la République ou du juge d'instruction, qui peut être donnée par tout moyen, est mentionnée ou versée au dossier de la procédure. Elle n'a pas de caractère juridictionnel et n'est susceptible d'aucun recours.

Article 230-50. – Déroulement des opérations – *(Loi n° 2022-52 du 24 janvier 2022)*

• Les opérations prévues au présent chapitre se déroulent sous l'autorité et le contrôle du magistrat qui les a autorisées. Ce magistrat peut ordonner à tout moment leur interruption.

• Les opérations ne peuvent, à peine de nullité, avoir un autre objet que celui pour lequel elles ont été autorisées. Le fait que ces opérations révèlent d'autres infractions ne constitue pas une cause de nullité des procédures incidentes.

Article 230-51. – Dispositif technique – Mise en place – *(Loi n° 2022-52 du 24 janvier 2022)*

• Le dispositif technique est mis en place par l'officier de police judiciaire commis par le juge d'instruction ou requis par le procureur de la République ou, sous sa responsabilité, par l'agent de police judiciaire.

Article 230-52. – Réquisition – Procès-verbal – *(Loi n° 2022-52 du 24 janvier 2022)*

• Le procureur de la République, le juge d'instruction ou l'officier de police judiciaire commis par lui ou requis par le procureur de la République, ou l'agent de police judiciaire agissant sous sa responsabilité, dresse procès-verbal des opérations de captation, de fixation et d'enregistrement. Ce procès-verbal mentionne la date et l'heure du début et de la fin des opérations.

• Les enregistrements sont placés sous scellés fermés.

• L'officier de police judiciaire ou l'agent de police judiciaire agissant sous sa responsabilité décrit, dans un procès-verbal versé au dossier, les données enregistrées qui sont utiles à la manifestation de la vérité. Aucune séquence relative à la vie privée étrangère à l'objet pour lequel les opérations ont été autorisées ne peut être conservée dans le dossier de la procédure.

Article 230-53. – Enregistrements et données recueillis – Destruction – *(Loi n° 2022-52 du 24 janvier 2022)*

• Les enregistrements et les données recueillis lors des opérations effectuées en application du présent chapitre sont détruits, à la diligence du procureur de la République ou du procureur général, à l'expiration du délai de prescription de l'action publique.

• Il est dressé procès-verbal de l'opération de destruction.

LIVRE II

DES JURIDICTIONS DE JUGEMENT

TITRE Ier

DE LA COUR D'ASSISES ET DE LA COUR CRIMINELLE DÉPARTEMENTALE

SOUS-TITRE IER

DE LA COUR D'ASSISES

CHAPITRE Ier

De la compétence de la cour d'assises

Article 231. – Compétence – Cour d'assises – *(Loi n° 2021-1729 du 22 décembre 2021)*
• Sous réserve des dispositions de l'article 380-16, la cour d'assises a plénitude de juridiction pour juger, en 1er ressort ou en appel, les personnes renvoyées devant elle par la décision de mise en accusation.
• Elle ne peut connaître d'aucune autre accusation.

J • **Cour d'assises – Compétence – Fixation – Arrêt de renvoi.** – *La cour d'assises a plénitude de juridiction et elle est, dès lors, compétente pour connaître de toutes les infractions dont elle est saisie, même si celles-ci, par l'effet d'une loi nouvelle, postérieure à l'arrêt de renvoi, ne sont plus constitutives de crimes mais de délits au moment où elle est appelée à statuer.* (Cass. CRIM du 29 avril 1997 – BCC n° 157 du 19/09/1997).

CHAPITRE II

De la tenue des assises

Article 232. – Compétence – Cour d'assises – *(Ordonnance n° 2020-1304 du 28 octobre 2020)*
• Il est tenu des assises à Paris et dans chaque département.
• En Corse, il est tenu des assises à Ajaccio et à Bastia.
• Il est tenu des assises à Strasbourg et à Colmar.

Article 233. – Sections d'assises
• La cour d'appel peut, sur les réquisitions du procureur général, ordonner qu'il soit formé autant de sections d'assises que les besoins du service l'exigent.

Article 234. – Lieux – *(Ordonnance n° 2019-964 du 18 septembre 2019)*
• Dans les départements où siège une cour d'appel les assises se tiennent ordinairement au chef-lieu de cette cour.
• Dans les autres départements, les assises se tiennent ordinairement au chef-lieu de ces circonscriptions.
• Exceptionnellement, un décret en Conseil d'État peut fixer le siège de la cour d'assises dans une autre ville du département où existe un tribunal judiciaire.

Article 234-1. – Siège du tribunal judiciaire – *(Loi n° 2021-1729 du 22 décembre 2021)*
• Lorsque le chef-lieu du département où se tiennent les assises n'est pas le siège d'un tribu-

nal judiciaire, le tribunal judiciaire mentionné aux articles 242, 251, 261-1, 262, 263, 265, 266, 270, 271 et 289 est celui dans le ressort duquel se tiennent les assises.

Article 235. – Cour d'appel

• La cour d'appel peut, sur les réquisitions du procureur général, ordonner par arrêt motivé que les assises se tiendront au siège d'un tribunal autre que celui auquel elles se tiennent habituellement.

• L'arrêt est porté à la connaissance des tribunaux intéressés par les soins du procureur général.

Article 236. – Tenue des assises – *(Loi n° 2011-939 du 10 août 2011)*

• La date de l'ouverture des sessions de la cour d'assises est fixée chaque fois qu'il est nécessaire, sur proposition du procureur général, par le premier président de la cour d'appel ou, dans le cas prévu à l'article 235, par l'arrêt de la cour d'appel.

Article 237. – *(Abrogé – Loi n° 2011-939 du 10 août 2011)*

Article 238. – Rôle de chaque session – *(Loi n° 2007-291 du 5 mars 2007)*

• Sur proposition du ministère public, le rôle de chaque session est arrêté par le président de la cour d'assises ou, à la demande du procureur général, par le premier président de la cour d'appel.

Article 239. – Ministère public – Information accusé

• Le ministère public avise l'accusé de la date à laquelle celui-ci doit comparaître.

CHAPITRE III

De la composition de la cour d'assises

Article 240. – Composition

• La cour d'assises comprend : la cour proprement dite et le jury.

Article 241. – Ministère public – *(Loi n° 85-1407 du 30 décembre 1985)*

• Les fonctions du ministère public y sont exercées dans les conditions définies aux articles 34 et 39.

• Toutefois, le procureur général peut déléguer tout magistrat du ministère public du ressort de la cour d'appel auprès d'une cour d'assises instituée dans ce ressort.

Article 242. – Greffe – *(Ordonnance n° 2019-964 du 18 septembre 2019)*

• La cour d'assises est, à l'audience, assistée d'un greffier.

• À Paris et dans les départements où siège une cour d'appel, les fonctions du greffe sont exercées par un directeur des services de greffe judiciaires ou un greffier de la cour d'appel.

• Dans les autres départements, elles le sont par un directeur des services de greffe judiciaires ou un greffier du tribunal judiciaire.

Section I

De la cour

Article 243. – Composition

• La cour proprement dite comprend : le président et les assesseurs.

§ 1er. – Du président

Article 244. – Présidence

• La cour d'assises est présidée par un président de chambre ou par un conseiller de la cour d'appel.

Article 245. – Désignation du président – *(Loi n° 2011-939 du 10 août 2011)*

• Le président de la cour d'assises est désigné par ordonnance du premier président.

Article 246. – Remplacement du président

• En cas d'empêchement survenu avant l'ouverture de la session, le président des assises est remplacé par ordonnance du premier président.

• Si l'empêchement survient au cours de la session, le président des assises est remplacé par l'assesseur du rang le plus élevé.

Article 247. – 1er président

• Le premier président peut présider la cour d'assises chaque fois qu'il le juge convenable.

§ 2. – Des assesseurs

Article 248. – Nombre des assesseurs

• Les assesseurs sont au nombre de deux.

• Toutefois, il peut leur être adjoint un ou plusieurs assesseurs supplémentaires, si la durée ou l'importance de la session rendent cette mesure nécessaire.

• Les assesseurs supplémentaires siègent aux audiences. Ils ne prennent part aux délibérations qu'en cas d'empêchement d'un assesseur titulaire, constaté par ordonnance motivée du président de la cour d'assises.

Article 249. – Choix des assesseurs – *(Loi n° 2021-1729 du 22 décembre 2021)*

• Les assesseurs sont choisis soit parmi les conseillers de la cour d'appel, soit parmi les présidents, vice-présidents, ou juges du ressort de la cour d'appel.

• Le 1er président de la cour d'appel peut désigner un des assesseurs, lorsque la cour d'assises statue en 1er ressort, parmi les magistrats exerçant à titre temporaire ou, lorsqu'elle statue en 1er ressort ou en appel, parmi les magistrats honoraires exerçant des fonctions juridictionnelles dans les conditions prévues à la section II du chapitre V *bis* de l'ordonnance n° 58-1270 du 22 décembre 1958 portant loi organique relative au statut de la magistrature.

Article 250. – Désignation des assesseurs – *(Loi n° 2011-939 du 10 août 2011)*

• Les assesseurs sont désignés par ordonnance du premier président.

Article 251. – Remplacement des assesseurs

• En cas d'empêchement survenu avant l'ouverture de la session, les assesseurs sont remplacés par ordonnance du premier président.

• Si l'empêchement survient au cours de la session, les assesseurs sont remplacés par ordonnance du président de la cour d'assises et choisis parmi les magistrats du siège de la cour d'appel ou du tribunal, siège de la cour d'assises.

Article 252. – Assesseurs supplémentaires

• Lorsque la session est ouverte, le président de la cour d'assises peut, s'il y a lieu, désigner un ou plusieurs assesseurs supplémentaires.

Article 253. – Magistrats

• Ne peuvent faire partie de la cour en qualité de président ou d'assesseur les magistrats qui, dans l'affaire soumise à la cour d'assises, ont, soit fait un acte de poursuite ou d'instruction, soit participé à l'arrêt de mise en accusation ou à une décision sur le fond relative à la culpabilité de l'accusé.

Section II

Du jury

Article 254. – Composition

• Le jury est composé de citoyens désignés conformément aux dispositions des articles suivants.

§ 1er. – Des conditions d'aptitude aux fonctions de juré

Article 255. – Conditions – *(Loi n° 72-1226 du 29 décembre 1972)*
• Peuvent seuls remplir les fonctions de juré, les citoyens de l'un ou de l'autre sexe, âgés de plus de vingt-trois ans, sachant lire et écrire en français, jouissant des droits politiques, civils et de famille, et ne se trouvant dans aucun cas d'incapacité ou d'incompatibilité énumérés par les deux articles suivants.

Article 256. – Incapacité à être juré – *(Loi n° 2011-939 du 10 août 2011)*
• Sont incapables d'être jurés :
• 1° Les personnes dont le bulletin n° 1 du casier judiciaire mentionne une condamnation pour crime ou pour délit ;
• 2° *(Abrogé)*
• 3° Ceux qui sont en état d'accusation ou de contumace et ceux qui sont sous mandat de dépôt ou d'arrêt ;
• 4° Les fonctionnaires et agents de l'État, des départements et des communes, révoqués de leurs fonctions ;
• 5° Les officiers ministériels destitués et les membres des ordres professionnels, frappés d'une interdiction définitive d'exercer par une décision juridictionnelle ;
• 6° Les personnes qui ont été déclarées en état de faillite et n'ont pas été réhabilitées ;
• 7° Les personnes qui ont fait l'objet d'une condamnation en vertu de l'article 288 du présent code ou celles auxquelles les fonctions de juré sont interdites en vertu de l'article 131-26 du Code pénal ;
• 8° Les majeurs sous sauvegarde de justice, les majeurs en tutelle, les majeurs en curatelle et ceux qui sont placés dans un établissement d'aliénés en vertu des articles L. 326-1 à L. 355 du Code de la santé publique.

Article 257. – Incompatibilités – *(Loi Org. n° 2010-704 du 28 juin 2010)*
• Les fonctions de juré sont incompatibles avec celles qui sont énumérées ci-après :
• 1° Membre du Gouvernement, du Parlement, du Conseil constitutionnel, du Conseil supérieur de la magistrature et du Conseil économique, social et environnemental ;
• 2° Membre du Conseil d'État ou de la Cour des comptes, magistrat de l'ordre judiciaire, membre des tribunaux administratifs, magistrat des tribunaux de commerce, assesseur des tribunaux paritaires de baux ruraux et conseiller prud'homme ;
• 3° Secrétaire général du Gouvernement ou d'un ministère, directeur de ministère, membre du corps préfectoral ;
• 4° Fonctionnaire des services de police ou de l'administration pénitentiaire et militaire de la gendarmerie, en activité de service.

Article 258. – Dispenses – *(Loi n° 81-82 du 2 février 1981)*
• Sont dispensées des fonctions de juré les personnes âgées de plus de soixante-dix ans ou n'ayant pas leur résidence principale dans le département siège de la cour d'assises lorsqu'elles en font la demande à la commission prévue par l'article 262.
• Peuvent, en outre, être dispensées de ces fonctions les personnes qui invoquent un motif grave reconnu valable par la commission.

Article 258-1. – Liste annuelle – *(Loi n° 80-1042 du 23 décembre 1980)*
• Sont exclus ou rayés de la liste annuelle des jurés et de la liste spéciale des jurés suppléants ceux qui ont rempli les fonctions de juré dans le département depuis moins de cinq ans.
• Une objection morale d'ordre laïque ou religieux ne constitue pas un motif grave susceptible de justifier l'exclusion de la liste des jurés.
• La commission prévue à l'article 262 peut également exclure les personnes qui, pour un motif grave, ne paraissent pas en mesure d'exercer les fonctions de juré.
• L'inobservation des dispositions du présent article et de l'article précédent n'entache d'aucune nullité la formation du jury.

Article 258-2. – Inscription – *(Loi n° 2011-939 du 10 août 2011)*
• Peuvent seules être inscrites sur la liste annuelle du jury d'assises établie pour le ressort de chaque cour d'assises les personnes n'ayant pas exercé les fonctions de juré ou de citoyen assesseur au cours des cinq années précédant l'année en cours et n'ayant pas été inscrites, l'année précédente, sur une liste annuelle du jury ou sur une liste annuelle des citoyens assesseurs.

Nota : Loi n° 2011-939 du 10/08/2011 art 54 II : l'article 258-2 du C.P.P. est applicable à titre expérimental à compter du 01/01/2012 dans au moins 2 cours d'appel et jusqu'au 01/01/2014 dans au plus 10 cours d'appel. Les cours d'appel concernées sont déterminées par un arrêté du garde des Sceaux.

§ 2. – De la formation du jury

Article 259. – Liste

• Il est établi, annuellement, dans le ressort de chaque cour d'assises une liste du jury criminel.

Article 260. – Composition – *(Loi n° 2004-204 du 9 mars 2004)*

• Cette liste comprend, pour la cour d'assises de Paris, mille huit cents jurés et, pour les autres ressorts de cour d'assises, un juré pour mille trois cents habitants, sans toutefois que le nombre des jurés puisse être inférieur à deux cents.

• Un arrêté du ministre de la justice peut, pour la liste annuelle de chaque cour d'assises, fixer un nombre de jurés plus élevé que celui résultant des dispositions du premier alinéa, si le nombre de sessions tenues chaque année par la cour d'assises le justifie.

• Le nombre des jurés pour la liste annuelle est réparti proportionnellement au tableau officiel de la population. Cette répartition est faite par commune ou communes regroupées, par arrêté du préfet au mois d'avril de chaque année. À Paris, elle est faite par arrêté du préfet au mois de juin entre les arrondissements.

Article 261. – Tirage – *(Loi n° 81-82 du 2 février 1981)*

• Dans chaque commune, le maire, en vue de dresser la liste préparatoire de la liste annuelle, tire au sort publiquement à partir de la liste électorale un nombre de noms triple de celui fixé par l'arrêté préfectoral pour la circonscription. Pour la constitution de cette liste préparatoire, ne sont pas retenues les personnes qui n'auront pas atteint, l'âge de vingt-trois ans au cours de l'année civile qui suit.

• Lorsque l'arrêté préfectoral de répartition a prévu un regroupement de communes, le tirage au sort est effectué par le maire de la commune désignée dans l'arrêté du préfet. Il porte sur l'ensemble des listes électorales des communes concernées.

• À Paris, le tirage au sort est effectué, dans chaque arrondissement, par l'officier d'état civil désigné par le maire.

Article 261-1. – Liste préparatoire – *(Ordonnance n° 2019-964 du 18 septembre 2019)*

• La liste préparatoire doit être dressée en 2 originaux dont l'un est déposé à la mairie, et pour Paris à la mairie annexe, et l'autre transmis avant le 15 juillet au secrétariat-greffe de juridiction siège de la cour d'assises.

• Le maire doit avertir les personnes qui ont été tirées au sort. Il leur demande de lui préciser leur profession. Il les informe qu'elles ont la possibilité de demander par lettre simple avant le 1er septembre au président de la commission prévue à l'article 262 le bénéfice des dispositions de l'article 258.

• Le maire est tenu d'informer le directeur de greffe de la cour d'appel ou du tribunal judiciaire siège de la cour d'assises, des inaptitudes légales résultant des articles 255, 256 et 257, qui, à sa connaissance, frapperaient les personnes portées sur la liste préparatoire. Il peut, en outre, présenter des observations sur le cas des personnes qui, pour des motifs graves, ne paraissent pas en mesure d'exercer les fonctions de juré.

Article 262. – Commission – *(Ordonnance n° 2019-964 du 18 septembre 2019)*

• La liste annuelle est dressée au siège de chaque cour d'assises par une commission présidée, au siège de la cour d'appel, par le 1er président ou son délégué et, dans les tribunaux judiciaires, sièges de la cour d'assises, par le président du tribunal ou son délégué.

• Cette commission comprend, outre son président :

• 3 magistrats du siège désignés chaque année par l'assemblée générale de la juridiction siège de la cour d'assises ;

• Selon le cas, soit le procureur général ou son délégué, soit le procureur de la République ou son délégué ;

• Le bâtonnier de l'Ordre des avocats de la juridiction, siège de la cour d'assises ou son représentant ;

• 5 conseillers départementaux désignés chaque année par le conseil départemental, à Paris, 5 conseillers désignés par le Conseil de Paris et, à Lyon, 2 conseillers désignés par le conseil départemental du Rhône et 3 conseillers désignés par le conseil de la métropole de Lyon ; pour chacune des 2 cours d'assises de Corse, 5 conseillers à l'Assemblée de Corse élus en son sein.

Article 263. – Réunion – *(Loi n° 2016-1547 du 18 novembre 2016)*

• La commission se réunit sur la convocation de son président au siège de la cour d'assises, dans le courant du mois de septembre. Son secrétariat est assuré par le directeur de greffe de la juridiction siège de la cour d'assises.

• Elle exclut les personnes qui ne remplissent pas les conditions d'aptitude légale résultant des articles 255, 256 et 257. Elle statue sur les requêtes présentées en application de l'article 258. Sont également exclues les personnes visées par l'article 258-1 *(alinéa 1er)*, ainsi que, le cas échéant, celles visées par l'article 258-1 *(alinéa 2)*.

• Les décisions de la commission sont prises à la majorité; en cas de partage, la voix du président est prépondérante.

• La liste annuelle des jurés est établie par tirage au sort parmi les noms qui n'ont pas été exclus.

• La liste est définitivement arrêtée dans l'ordre du tirage au sort, signée séance tenante et déposée au secrétariat-greffe de la juridiction siège de la cour d'assises.

Article 264. – Liste spéciale de jurés suppléants – *(Loi n° 2004-204 du 9 mars 2004)*

• Une liste spéciale de jurés suppléants est également dressée chaque année par la commission, dans les conditions prévues à l'article 263, en dehors de la liste annuelle des jurés. Les jurés suppléants doivent résider dans la ville siège de la cour d'assises.

• Le nombre des jurés figurant sur cette liste, qui ne peut être inférieur à cinquante ni supérieur à sept cents, est fixé, pour chaque cour d'assises, par arrêté du ministre de la Justice.

Article 264-1. – Calendrier des opérations – *(Loi n° 2011-939 du 10 août 2011)*

• Par dérogation au dernier alinéa de l'article 260, aux deux premiers alinéas de l'article 261-1 et au premier alinéa de l'article 263, le calendrier des opérations nécessaires à l'établissement de la liste annuelle des jurés est fixé par décret en Conseil d'État.

Nota: Loi n° 2011-939 du 10/08/2011 art 54 II: l'article 264-1 du C.P.P. est applicable à titre expérimental à compter du 01/01/2012 dans au moins 2 cours d'appel et jusqu'au 01/01/2014 dans au plus 10 cours d'appel. Les cours d'appel concernées sont déterminées par un arrêté du garde des Sceaux.

Article 265. – Transmission des listes – *(Ordonnance n° 2019-964 du 18 septembre 2019)*

• La liste annuelle et la liste spéciale sont transmises par le président de la commission au maire de chaque commune. Le maire est tenu d'informer, dès qu'il en a connaissance, le 1er président de la cour d'appel ou le président du tribunal judiciaire, siège de la cour d'assises des décès, des incapacités ou des incompatibilités légales qui frapperaient les personnes dont les noms sont portés sur ces listes.

• Le 1er président de la cour d'appel ou le président du tribunal judiciaire, siège de la cour d'assises, ou leur délégué est habilité à retirer les noms de ces personnes de la liste annuelle et de la liste spéciale.

Article 266. – Tirage au sort – *(Ordonnance n° 2019-964 du 18 septembre 2019)*

• 30 jours au moins avant l'ouverture des assises, le 1er président de la cour d'appel, ou son délégué, ou le président du tribunal judiciaire, siège de la cour d'assises, ou son délégué, tire au sort, en audience publique, sur la liste annuelle, les noms de 35 jurés qui forment la liste de session. Il tire, en outre, les noms de 10 jurés suppléants sur la liste spéciale.

• Si, parmi les noms tirés au sort, figurent ceux d'une ou de plusieurs personnes décédées ou qui se révéleraient ne pas remplir les conditions d'aptitude légale résultant des articles 255, 256 et 257 ou avoir exercé les fonctions de juré dans le département depuis moins de 5 ans, ces noms sont immédiatement remplacés sur la liste de session et la liste des jurés suppléants par les noms d'un ou de plusieurs autres jurés désignés par le sort; ils sont retirés de la liste annuelle ou de la liste spéciale par le 1er président de la cour d'appel ou par le président du tribunal judiciaire, siège de la cour d'assises, ou leur délégué.

• Sont également remplacés sur la liste de session et sur la liste des jurés suppléants, dans le cas où ils sont tirés au sort, les noms des personnes qui, dans l'année, ont satisfait aux réquisitions prescrites par l'article 267.

Article 267. – Convocation – *(Loi n° 2004-204 du 9 mars 2004)*

• Quinze jours au moins avant l'ouverture de la session, le greffier de la cour d'assises convoque, par courrier, chacun des jurés titulaires et suppléants. Cette convocation précise la date et l'heure d'ouverture de la session, sa durée prévisible et le lieu où elle se tiendra. Elle rappelle l'obligation, pour tout citoyen requis, de répondre à cette convocation sous peine d'être condamné à l'amende prévue par l'article 288. Elle invite le juré convoqué à renvoyer par retour du courrier, au greffe de la cour d'assises le récépissé joint à la convocation, après l'avoir dûment signé.

• Si nécessaire, le greffier peut requérir les services de police ou de gendarmerie aux fins de rechercher les jurés qui n'auraient pas répondu à la convocation et de leur remettre celle-ci.

Article 268. – *(Abrogé – Loi n° 2002-1138 du 9 septembre 2002)*

CHAPITRE IV

De la procédure préparatoire aux sessions d'assises

Section I

Des actes obligatoires

Article 269. – Transfert – *(Loi n° 2000-516 du 15 juin 2000)*

• Dès que la décision de mise en accusation est devenue définitive ou, en cas d'appel, dès que l'arrêt de désignation de la cour d'assises d'appel a été signifié, l'accusé, s'il est détenu, est transféré dans la maison d'arrêt du lieu où se tiennent les assises.

Article 269-1. – Accusé – Recours – Saisine du président de la chambre de l'instruction – *(Loi n° 2021-1729 du 22 décembre 2021)*

• Lorsque l'accusé n'a pas été régulièrement informé, selon le cas, de sa mise en examen ou de sa qualité de partie à la procédure, de l'avis de fin d'information judiciaire ou de l'ordonnance de mise en accusation et que cette défaillance ne procède pas d'une manœuvre de sa part ou de sa négligence, il peut saisir le président de la chambre de l'instruction, alors même que l'ordonnance de mise en accusation est devenue définitive et au plus tard 3 mois avant la date de sa comparution devant la cour d'assises, d'une requête contestant les éventuelles irrégularités de la procédure d'information.

• Le président de la chambre de l'instruction statue dans un délai d'un mois, au vu des observations écrites de l'accusé ou de son avocat et des observations écrites du ministère public, par une décision motivée susceptible de pourvoi en cassation.

• À défaut pour l'accusé d'avoir exercé ce recours, l'ordonnance de mise en accusation couvre les vices de la procédure.

Article 270. – Jugement par défaut – *(Ordonnance n° 2019-964 du 18 septembre 2019)*

• Si l'accusé est en fuite ou ne se présente pas, il peut être jugé par défaut conformément aux dispositions du chapitre VIII du présent titre.

• Lorsque l'accusé est en fuite, la date de l'audience au cours de laquelle il doit être jugé par défaut doit toutefois lui être signifiée à son dernier domicile connu ou à étude d'huissier de justice ou, à défaut, au parquet du procureur de la République du tribunal judiciaire où siège la cour d'assises, au moins 10 jours avant le début de l'audience.

Article 271. – Affaire non jugée au siège cour d'appel – *(Ordonnance n° 2019-964 du 18 septembre 2019)*

• Si l'affaire ne doit pas être jugée au siège de la cour d'appel, le dossier de la procédure est renvoyé par le procureur général au greffe du tribunal judiciaire, où se tiennent les assises.

• Les pièces à conviction sont également transportées au greffe de ce tribunal.

Article 272. – Président cour d'assises – Interrogatoire – *(Loi n° 2000-516 du 15 juin 2000)*

• Le président de la cour d'assises interroge l'accusé dans le plus bref délai, après l'arrivée de ce dernier à la maison d'arrêt et la remise des pièces au greffe.

• Si l'accusé est en liberté, il est procédé comme il est dit à l'article 272-1.

• Le président peut déléguer un de ses assesseurs afin de procéder à cet interrogatoire.

• Il doit être fait appel à un interprète si l'accusé ne parle ou ne comprend pas la langue française.

J **• Meurtre – Refus de comparaître – Visioconférence**

Contre l'arrêt de la cour d'assises du MORBIHAN, en date du 29/06/2017, qui, pour meurtre, l'a condamné à 10 ans de réclusion criminelle, 8 ans de suivi socio-judiciaire et à une interdiction de porter une arme, ainsi que contre l'arrêt du même jour par lequel la cour a prononcé sur les intérêts civils;

« aux motifs que M. X... a fait l'objet d'un interrogatoire préalable le 22/05/2017 auquel il a refusé de comparaître; que les 2 dernières expertises diligentées exécutées par MM. A... et B..., médecins, concluent que M. X... est apte à comparaître à son procès; » 1°) alors que l'interrogatoire préalable de l'accusé, moins de 5 jours avant l'audience, est une formalité substantielle dont l'omission ou la constatation irrégulière entraîne la nullité de toute la procédure; qu'en l'espèce, le procès-verbal d'interrogatoire préalable d'identité par visioconférence dressé le 22/05/2017, pris au visa d'un rapport de l'administration pénitentiaire du même jour, constate: « nous n'avons pu procéder à l'interrogatoire de M. X... »; que le rapport de l'administration pénitentiaire se borne à indiquer que M. X... « refuse de faire un écrit mentionnant son refus de se rendre en visioconférence. Pour lui, il ne s'agit pas d'un refus mais d'une impossibilité du fait de son état de santé »; qu'à l'appui de son incident aux fins de renvoi et de mise en liberté, la défense a fait valoir que l'interrogatoire n'avait pu avoir lieu faute d'avoir été organisé dans des conditions lui permettant, compte tenu de son état de santé physique, d'accéder à la salle de visioconférence, ce dont le président de la cour d'assises avait été préalablement informé, de sorte que les débats ne pouvaient s'ouvrir, cette formalité étant obligatoire; qu'en se bornant à affirmer que M. X... avait « refusé de comparaître » sans s'expliquer sur la capacité physique de M. X... à se rendre à cet interrogatoire compte tenu des conditions matérielles de son organisation, la cour n'a pas légalement justifié sa décision

Attendu que pour, rejeter le premier grief de la défense, la cour retient, par arrêt incident, que compte-tenu des circonstances, l'absence de l'accusé à l'interrogatoire préalable s'analyse en un refus de comparaître et qu'aucune nullité de la procédure subséquente n'est encourue;

Qu'en prononçant ainsi la cour a justifié sa décision, dès lors que ni l'accusé, ni son avocat, n'ont produit à l'administration pénitentiaire un document médical attestant de l'impossibilité pour M. X... de rejoindre la salle de visioconférence, et n'ont pas sollicité la venue immédiate d'un médecin afin de constater une telle impossibilité;

Par ces motifs: Sur le pourvoi en ce qu'il est formé contre l'arrêt pénal: Le REJETTE; Sur le pourvoi en ce qu'il est formé contre l'arrêt civil: CASSE ET ANNULE, par voie de retranchement, l'arrêt susvisé de la cour d'assises du Morbihan, en date du 29/06/2017, mais en ses seules dispositions ayant condamné M. X... à payer à Mme Claire D..., d'une part, une somme de 3000 € au titre de son préjudice moral, d'autre part, celle de 97660,98 € au fonds de garantie des victimes d'infraction, laquelle doit être limitée à la somme de 97060,97 €, toutes autres dispositions étant expressément maintenues; Et attendu qu'il ne reste rien à juger; DIT n'y avoir lieu à renvoi; DIT n'y avoir lieu à application de l'article.

(Cour de cassation – Chambre criminelle du 9 janvier 2019 – N° de pourvoi: 17-87070).

Article 272-1. – Mandat d'arrêt, de dépôt – Contrôle judiciaire – *(Loi n° 2004-204 du 9 mars 2004)*

• Si l'accusé, après avoir été convoqué par la voie administrative au greffe de la cour d'assises, ne se présente pas, sans motif légitime d'excuse, au jour fixé pour être interrogé par le président de la cour d'assises, ce dernier peut, par décision motivée, décerner mandat d'arrêt.

• Pendant le déroulement de l'audience de la cour d'assises, la cour peut également, sur réquisition du ministère public, décerner mandat de dépôt ou d'arrêt si l'accusé se soustrait aux obligations du contrôle judiciaire ou s'il apparaît que la détention est l'unique moyen d'assurer sa présence lors des débats ou d'empêcher des pressions sur les victimes ou les témoins. Dès le début de l'audience, la cour peut aussi, sur les réquisitions du ministère public, ordonner le placement de l'accusé sous contrôle judiciaire afin d'assurer sa présence au cours des débats ou empêcher des pressions sur les victimes ou les témoins. Les dispositions du présent alinéa sont également applicables aux personnes renvoyées pour délits connexes.

• À tout moment, la personne peut demander sa mise en liberté devant la cour.

Article 273. – Interrogatoire de l'accusé – *(Loi n° 2014-535 du 27 mai 2014)*

• Après avoir, s'il y a lieu, informé l'accusé de son droit d'être assisté par un interprète, le président l'interroge sur son identité et s'assure que celui-ci a reçu notification de la décision de mise en accusation ou, en cas d'appel, de l'arrêt de désignation de la cour d'assises d'appel.

Article 274. – Avocat – *(Loi n° 93-2 du 4 janvier 1993)*

• L'accusé est ensuite invité à choisir un avocat pour l'assister dans sa défense.

• Si l'accusé ne choisit pas son avocat, le président ou son délégué lui en désigne un d'office.

• Cette désignation est non avenue si, par la suite, l'accusé choisit un avocat.

Article 275. – Conseil *(Parents ou amis)* – *(Loi n° 93-2 du 4 janvier 1993)*

• À titre exceptionnel, le président peut autoriser l'accusé à prendre pour conseil un de ses parents ou amis.

Article 276. – Procès-verbal

• L'accomplissement des formalités prescrites par les articles 272 à 275 est constaté par un procès-verbal que signent le président ou son délégué, le greffier, l'accusé et, s'il y a lieu, l'interprète.

• Si l'accusé ne sait ou ne veut signer, le procès-verbal en fait mention.

Article 276-1. – Président Cour d'assises – Réunion préparatoire criminelle – *(Loi n° 2021-1729 du 22 décembre 2021)*

• Après avoir procédé à l'interrogatoire de l'accusé en application de l'article 272, le président de la cour d'assises organise en chambre du conseil une réunion préparatoire criminelle. Si l'accusé est en détention provisoire, le président de la cour d'assises sollicite la communication d'une copie de son dossier individuel de détention. La réunion se tient en présence du ministère public et des avocats de l'ensemble des parties, le cas échéant par tout moyen de télécommunication, afin de rechercher un accord sur la liste des témoins et des experts qui seront cités à l'audience, sur leur ordre de déposition et sur la durée de l'audience, notamment lorsqu'il a été fait application de l'article 380-2-1 A.

• Si un accord intervient, il ne fait obstacle, en cas de nécessité, ni à la possibilité pour le ministère public et les parties de citer d'autres témoins ou experts que ceux qui avaient été prévus, ni à une modification de leur ordre de déposition. À défaut d'accord, il est procédé dans les conditions prévues aux articles 277 à 287.

Article 277. – Débats – *(Loi n° 93-2 du 4 janvier 1993)*

• Les débats ne peuvent s'ouvrir moins de cinq jours après l'interrogatoire par le président de la cour d'assises. L'accusé et son avocat peuvent renoncer à ce délai.

Article 278. – Communication – *(Loi n° 93-2 du 4 janvier 1993)*

• L'accusé ne cesse pas de pouvoir communiquer librement avec son avocat.

• L'avocat peut prendre sur place communication de toutes les pièces du dossier sans que cette communication puisse provoquer un retard dans la marche de la procédure.

Article 279. – Copie pièces de la procédure – *(Loi n° 2014-535 du 27 mai 2014)*

• Il est délivré gratuitement à chacun des accusés et parties civiles copie des pièces du dossier de la procédure.

Article 280. – *(Abrogé par Loi n° 2014-535 du 27 mai 2014)*

Article 281. – Liste des personnes témoins – Experts – *(Loi n° 2019-222 du 23 mars 2019)*

• Le ministère public et la partie civile signifient à l'accusé, l'accusé signifie au ministère public et, s'il y a lieu, à la partie civile, dès que possible et un mois au moins avant l'ouverture des débats, la liste des personnes qu'ils désirent faire entendre en qualité de témoins.

• Les noms des experts appelés à rendre compte des travaux dont ils ont été chargés au cours de l'information doivent être signifiés dans les mêmes conditions.

• L'exploit de signification doit mentionner les nom, prénoms, professions et résidence de ces témoins ou experts.

• Les citations faites à la requête des parties sont à leurs frais, ainsi que les indemnités des témoins cités, s'ils en requièrent. Toutefois, le ministère public est tenu de citer à sa requête les témoins, dont la liste lui a été communiquée par les parties, 1 mois et 10 jours au moins avant l'ouverture des débats; cette liste ne peut comporter plus de 5 noms.

Article 282. – Liste des jurés de session – *(Loi n° 94-89 du 1er février 1994)*

• La liste des jurés de session telle qu'elle a été arrêtée conformément aux prescriptions de l'article 266 est signifiée à chaque accusé au plus tard l'avant-veille de l'ouverture des débats.

• Cette liste doit contenir des indications suffisantes pour permettre l'identification des jurés, à l'exception de celles concernant leur domicile ou résidence.

Section II

Des actes facultatifs ou exceptionnels

Article 283. – Actes d'information utiles – *(Ordonnance n° 60-529 du 04 juin 1960)*

• Le président, si l'instruction lui semble incomplète ou si des éléments nouveaux ont été révélés depuis sa clôture, peut ordonner tous actes d'information qu'il estime utiles.

• Il y est procédé soit par le président, soit par un de ses assesseurs ou un juge d'instruction qu'il délègue à cette fin. Dans ce cas, les prescriptions du chapitre Ier du titre III du livre Ier doivent être observées, à l'exception de celles de l'article 167.

Article 284. – Procès-verbaux – Autres pièces ou documents

• Les procès-verbaux et autres pièces ou documents réunis au cours du supplément d'information sont déposés au greffe et joints au dossier de la procédure.

• Ils sont mis à la disposition du ministère public et des parties qui sont avisés de leur dépôt par les soins du greffier.

• Le procureur général peut, à tout moment, requérir communication de la procédure à charge de rendre les pièces dans les vingt-quatre heures.

Article 285. – Jonction des procédures

• Lorsqu'à raison d'un même crime plusieurs arrêts de renvoi ont été rendus contre différents accusés, le président peut, soit d'office, soit sur réquisition du ministère public, ordonner la jonction des procédures.

• Cette jonction peut également être ordonnée quand plusieurs arrêts de renvoi ont été rendus contre un même accusé pour des infractions différentes.

Article 286. – Plusieurs infractions non connexes

• Quand l'arrêt de renvoi vise plusieurs infractions non connexes, le président peut, soit d'office, soit sur réquisition du ministère public, ordonner que les accusés ne soient immédiatement poursuivis que sur l'une ou quelques-unes de ces infractions.

Article 286-1. – Disjonction des poursuites – Appel... – *(Loi n° 2011-525 du 17 mai 2011)*

• Lorsque, par suite d'une disjonction des poursuites, d'un appel ou de toute autre cause, la cour d'assises ne se trouve saisie que du renvoi devant elle d'un ou plusieurs accusés, uniquement pour un délit connexe à un crime, elle statue sans l'assistance des jurés.

Article 287. – Renvoi à une session ultérieure

• Le président peut, soit d'office, soit sur réquisition du ministère public, ordonner le renvoi à une session ultérieure des affaires qui ne lui paraissent pas en état d'être jugées au cours de la session au rôle de laquelle elles sont inscrites.

CHAPITRE V
De l'ouverture des sessions

Section I
De la révision de la liste du jury

Article 288. – Cour – *(Loi n° 2004-204 du 9 mars 2004)*

• Aux lieu, jour et heure fixés pour l'ouverture de la session, la cour prend séance.

• Le greffier procède à l'appel des jurés inscrits sur la liste établie conformément à l'article 266.

• La cour statue sur le cas des jurés absents.

• Tout juré qui, sans motif légitime, n'a pas déféré à la convocation qu'il a reçue peut être condamné par la cour à une amende de 3 750 euros.

• Le juré peut, dans les dix jours de la signification de cette condamnation faite à sa personne ou à son domicile, former opposition devant le tribunal correctionnel du siège de la cour d'assises.

• Les peines portées au présent article sont applicables à tout juré qui, même ayant déféré à la convocation, se retire avant l'expiration de ses fonctions, sans une excuse jugée valable par la cour.

Article 289. – Jurés – *(Ordonnance n° 2019-964 du 18 septembre 2019)*

• Si parmi les jurés présents, il en est qui ne remplissent pas les conditions d'aptitude légales exigées par les articles 255, 256 et 257, la cour ordonne que leurs noms soient rayés de la liste et adressés au 1er président de la cour d'appel ou au président du tribunal judiciaire, siège de la cour d'assises, aux fins de radiation de la liste annuelle.

• Il en est de même en ce qui concerne les noms des jurés décédés.

• Sont également rayés de la liste de session, les noms des jurés qui se révéleraient être conjoints, parents ou alliés jusqu'au degré d'oncle ou de neveu inclusivement d'un membre de la cour ou de l'un des jurés présents inscrits avant lui sur ladite liste.

Article 289-1. – Jurés suppléants – *(Loi n° 2011-939 du 10 août 2011)*

• Si, en raison des absences ou à la suite des radiations par la cour, il reste, sur la liste de session, moins de vingt jurés ou, lorsqu'au cours de la session la cour d'assises doit statuer en appel, moins de vingt-trois jurés, ce nombre est complété par les jurés suppléants, suivant l'ordre de leur inscription; en cas d'insuffisance, par des jurés tirés au sort, en audience publique, parmi les jurés inscrits sur la liste spéciale, subsidiairement parmi les jurés de la ville inscrits sur la liste annuelle.

• Dans le cas où les assises se tiennent dans un autre lieu que celui où elles doivent se tenir habituellement, le nombre des jurés titulaires est complété par un tirage au sort fait, en audience publique, parmi les jurés de la ville inscrits sur la liste annuelle.

• Les noms des jurés suppléants, de ceux qui sont inscrits sur la liste spéciale ainsi que les noms des jurés de la ville où se tiennent les assises, qui sont inscrits sur la liste annuelle, sont rayés des listes dans les conditions prévues à l'article précédent.

Article 290. – Arrêt

• L'ensemble des décisions de la cour fait l'objet d'un arrêt motivé, le ministère public entendu.

• Cet arrêt ne peut être attaqué par la voie du recours en cassation qu'en même temps que l'arrêt sur le fond.

Article 291. – Retrait de la liste – *(Loi n° 93-2 du 4 janvier 1993)*

• Avant le jugement de chaque affaire, la cour procède, s'il y a lieu, aux opérations prévues par les articles 288, 289 et 289-1. La cour ordonne, en outre, que soient provisoirement retirés de la liste, éventuellement modifiée, les noms des conjoints, parents et alliés jusqu'au degré d'oncle ou de neveu inclusivement de l'accusé ou de son avocat, ainsi que les noms de ceux qui, dans l'affaire, sont témoins, interprètes, dénonciateurs, experts, plaignants ou parties civiles ou ont accompli un acte de police judiciaire ou d'instruction.

Article 292. – Information de l'accusé – *(Loi n° 93-2 du 4 janvier 1993)*

• Tout arrêt modifiant la composition de la liste de session établie conformément à l'article 266 est porté, par les soins du greffier, sans formalité, à la connaissance de l'accusé. Celui-ci ou son avocat peut demander qu'un délai, qui ne pourra excéder une heure, soit observé avant l'ouverture des débats.

Section II

De la formation du jury de jugement

Article 293. – Jury de jugement – *(Loi n° 93-2 du 4 janvier 1993)*

• Au jour indiqué pour chaque affaire, la cour prend séance et fait introduire l'accusé.

• Le jury de jugement est formé en audience publique.

• La présence de l'avocat de l'accusé n'est pas prescrite à peine de nullité.

Article 294. – Président

• Le président demande à l'accusé ses nom, prénoms, date et lieu de naissance, profession et résidence.

Article 295. – Greffier – Appel des jurés – *(Loi n° 78-788 du 28 juillet 1978)*

• Le greffier fait l'appel des jurés non excusés.

• Une carte portant leur nom est déposée dans une urne.

Article 296. – Composition du jury – *(Loi n° 2016-731 du 3 juin 2016)*

• Le jury de jugement est composé de six jurés lorsque la cour statue en premier ressort et de neuf jurés lorsqu'elle statue en appel.

• La cour doit, par arrêt, ordonner, avant le tirage de la liste des jurés, qu'indépendamment des jurés de jugement, il soit tiré au sort un ou plusieurs jurés supplémentaires qui assistent aux débats et qui assistent, sans pouvoir manifester leur opinion, au délibéré.

• Dans le cas où l'un ou plusieurs des jurés de jugement seraient empêchés de suivre les débats ou de prendre part à la délibération jusqu'au prononcé de l'arrêt de la cour d'assises, ils sont remplacés par les jurés supplémentaires.

• Le remplacement se fait suivant l'ordre dans lequel les jurés supplémentaires ont été appelés par le sort.

J **• Jury – Jury de jugement – Jurés supplémentaires – Remplacement des jurés empêchés – Arrêt incident – Pouvoir souverain de la Cour:** *L'article 296 du Code de procédure pénale, qui prescrit le tirage au sort d'un ou plusieurs jurés supplémentaires, investit la Cour, dans l'intérêt d'une bonne administration de la justice et pour éviter que le cours n'en soit interrompu, d'un pouvoir souverain à l'effet d'apprécier si l'empêchement qui survient en la personne d'un juré, quelle que soit la* *cause de cet empêchement rend nécessaire son remplacement par le juré supplémentaire désigné par le sort.* (Cass. CRIM. du 19 octobre 1994 – B.C.C. n° 401).

Article 297. – Récusation – *(Loi n° 2011-939 du 10 août 2011)*

• L'accusé ou son avocat d'abord, le ministère public ensuite, récusent tels jurés qu'ils jugent à propos, à mesure que leurs noms sortent de l'urne, sauf la limitation exprimée à l'article 298.

• L'accusé, son avocat, ni le ministère public ne peuvent exposer leurs motifs de récusation.

• Le jury de jugement est formé à l'instant où sont sortis de l'urne les noms de six ou neuf jurés non récusés, selon les distinctions prévues par le premier alinéa de l'article 296, et les noms des jurés supplémentaires prévus par l'article 296.

Article 298. – Nombre de récusations – *(Loi n° 2011-939 du 10 août 2011)*

• Lorsque la cour d'assises statue en premier ressort, l'accusé ne peut récuser plus de quatre jurés et le ministère public plus de trois. Lorsqu'elle statue en appel, l'accusé ne peut récuser plus de cinq jurés et le ministère public plus de quatre.

Article 299. – Concertation

• S'il y a plusieurs accusés, ils peuvent se concerter pour exercer leurs récusations; ils peuvent les exercer séparément.

• Dans l'un et l'autre cas, ils ne peuvent excéder le nombre de récusations déterminé pour un seul accusé.

Article 300. – Pas de concertation

• Si les accusés ne se concertent pas pour récuser, le sort règle entre eux le rang dans lequel ils font les récusations. Dans ce cas, les jurés récusés par un seul, et dans cet ordre, le sont pour tous jusqu'à ce que le nombre des récusations soit épuisé.

Article 301. – Surplus

• Les accusés peuvent se concerter pour exercer une partie des récusations, sauf à exercer le surplus suivant le rang fixé par le sort.

Article 302. – Procès-verbal des opérations

• Le greffier dresse procès-verbal des opérations de formation du jury de jugement.

Article 303. – Placement des jurés

• Les jurés se placent dans l'ordre désigné par le sort, aux côtés de la cour, si la disposition des lieux le permet, et sinon sur des sièges séparés du public, des parties et des témoins, en face de celui qui est destiné à l'accusé.

Article 304. – Discours du président aux jurés – *(Loi n° 2000-516 du 15 juin 2000)*

• Le président adresse aux jurés, debout et découverts, le discours suivant: «Vous jurez et promettez d'examiner avec l'attention la plus scrupuleuse les charges qui seront portées contre X..., de ne trahir ni les intérêts de l'accusé, ni ceux de la société qui l'accuse, ni ceux de la victime; de ne communiquer avec personne jusqu'après votre déclaration; de n'écouter ni la haine ou la méchanceté, ni la crainte ou l'affection; de vous rappeler que l'accusé est présumé innocent et que le doute doit lui profiter; de vous décider d'après les charges et les moyens de défense, suivant votre conscience et votre intime conviction, avec l'impartialité et la fermeté qui conviennent à un homme probe et libre, et de conserver le secret des délibérations, même après la cessation de vos fonctions».

• Chacun des jurés, appelé individuellement par le président, répond en levant la main: «Je le jure».

Article 304-1. – Cour d'assises – Appel – Prononciation sur la peine – Discours aux jurés – *(Loi n° 2021-1729 du 22 décembre 2021)*

• Lorsque la cour d'assises statuant en appel doit se prononcer uniquement sur la peine, le discours aux jurés prévu à l'article 304 est ainsi modifié:

• 1° Les mots: «les charges qui seront portées contre X ...» sont remplacés par les mots: «les éléments de preuves retenus contre X, qui ont conduit à sa déclaration de culpabilité»;

• 2° Les mots: «de vous rappeler que l'accusé est présumé innocent et que le doute doit lui profiter; de vous décider d'après les charges et les moyens de défense» sont remplacés par les mots: «de vous prononcer sur la peine d'après les charges et les moyens de défense».

Article 305. – Jury déclaré constitué
• Le président déclare le jury définitivement constitué.

Article 305-1. – Incident contentieux – *(Loi n° 2021-1729 du 22 décembre 2021)*
• L'exception tirée d'une nullité autre que celles purgées par la décision de renvoi devenue définitive ou en application de l'article 269-1 et entachant la procédure qui précède l'ouverture des débats doit, à peine de forclusion, être soulevée dès que le jury de jugement est définitivement constitué. Cet incident contentieux est réglé conformément aux dispositions de l'article 316.

[V] • Cassation – Nullités non soulevées avant l'ouverture des débats – art. 599, al. du Code de procédure pénale.

[J] • **Procédure antérieure aux débats – Nullités – Avertissement du président *(non)*** – *Aucune disposition de loi ne fait obligation au président de la cour d'assise de rappeler aux parties, avant l'ouverture des débats, les prescriptions de l'article 305-1* (ci-dessus). (Cass. CRIM du 20 août 1997 – BCC n° 462 du 1/12/1997).

CHAPITRE VI
Des débats
Section I
Dispositions générales

Article 306. – Débats – *(Ordonnance n° 2019-950 du 11 septembre 2019)*
• Les débats sont publics, à moins que la publicité ne soit dangereuse pour l'ordre ou les mœurs. Dans ce cas, la cour le déclare par un arrêt rendu en audience publique.
• Toutefois, le président peut interdire l'accès de la salle d'audience aux mineurs ou à certains d'entre eux.
• Lorsque les poursuites sont exercées du chef de viol ou de tortures et actes de barbarie accompagnés d'agressions sexuelles, de traite des êtres humains ou de proxénétisme aggravé, réprimé par les articles 225-7 à 225-9 du Code pénal, le huis clos est de droit si la victime partie civile ou l'une des victimes parties civiles le demande ; dans les autres cas, le huis clos ne peut être ordonné que si la victime partie civile ou l'une des victimes parties civiles ne s'y oppose pas.
• Lorsque le huis clos a été ordonné, celui-ci s'applique au prononcé des arrêts qui peuvent intervenir sur les incidents contentieux visés à l'article 316.
• L'arrêt sur le fond doit toujours être prononcé en audience publique.

Article 306-1. – Huis clos – *(Loi n° 2016-731 du 3 juin 2016)*
• Pour le jugement des crimes contre l'humanité mentionnés au sous-titre Ier du titre Ier du livre II du Code pénal, du crime de disparition forcée mentionné à l'article 221-12 du même code, des crimes de tortures ou d'actes de barbarie mentionnés aux articles 222-1 à 222-6 dudit code, des crimes de guerre mentionnés au chapitre Ier du livre IV *bis* du même code et des crimes mentionnés à l'article 706-73 du présent code, la cour, sans l'assistance du jury, peut, par un arrêt rendu en audience publique, ordonner le huis clos pour le temps de l'audition d'un témoin si la déposition publique de celui-ci est de nature à mettre gravement en danger sa vie ou son intégrité physique ou celles de ses proches.

Article 307. – Continuité des débats – *(Loi n° 2004-204 du 9 mars 2004)*
• Les débats ne peuvent être interrompus et doivent continuer jusqu'à ce que la cause soit terminée par l'arrêt de la cour d'assises.
• Ils peuvent être suspendus pendant le temps nécessaire au repos des juges, de la partie civile et de l'accusé.

Article 308. – Emploi d'appareils d'enregistrement ou de diffusion sonore – *(Loi n° 2016-731 du 3 juin 2016)*
• Dès l'ouverture de l'audience, l'emploi de tout appareil d'enregistrement ou de diffusion sonore, de caméra de télévision ou de cinéma, d'appareils photographiques est interdit sous peine de 18000 euros d'amende, qui peut être prononcée dans les conditions prévues au titre VIII du livre IV.
• Toutefois, les débats de la cour d'assises font l'objet d'un enregistrement sonore sous le

contrôle du président lorsque la cour d'assises statue en appel, sauf renonciation expresse de l'ensemble des accusés; lorsque la cour d'assises statue en premier ressort, le président peut, d'office ou à la demande du ministère public ou des parties, ordonner cet enregistrement. Le président peut également, à la demande de la victime ou de la partie civile, ordonner que l'audition ou la déposition de ces dernières fassent l'objet, dans les mêmes conditions, d'un enregistrement audiovisuel.

• Les supports de cet enregistrement sont placés sous scellés et déposés au greffe de la cour d'assises. L'enregistrement peut être placé sous scellé numérique selon des modalités définies par arrêté.

• L'enregistrement sonore audiovisuel peut être utilisé devant la cour d'assises, jusqu'au prononcé de l'arrêt; s'il l'est au cours de la délibération, les formalités prévues au troisième alinéa de l'article 347 sont applicables. L'enregistrement sonore ou audiovisuel peut également être utilisé devant la cour d'assises statuant en appel, devant la cour de révision et de réexamen saisie d'une demande en révision, ou, après cassation ou annulation sur demande en révision, devant la juridiction de renvoi.

• Les scellés sont ouverts par le premier président ou par un magistrat délégué par lui, en présence du condamné assisté de son avocat, ou eux dûment appelés, ou en présence de l'une des personnes visées au 4° de l'article 622-2, ou elles dûment appelées.

• Les dispositions du présent article ne sont pas prescrites à peine de nullité de la procédure; toutefois, le défaut d'enregistrement sonore, lorsque celui-ci est obligatoire en application du deuxième alinéa, constitue une cause de cassation de l'arrêt de condamnation s'il est établi qu'il a eu pour effet de porter atteinte aux intérêts de la personne condamnée.

Article 309. – Police de l'audience et direction des débats – *(Loi n° 93-1013 du 24 août 1993)*

• Le président a la police de l'audience et la direction des débats.

• Il rejette tout ce qui tendrait à compromettre leur dignité ou à les prolonger sans donner lieu d'espérer plus de certitude dans les résultats.

J **• Cour d'assises – Ordre des débats – Pouvoirs du président.** – *L'article 309 du Code de procédure pénale confie au président de la cour d'assises, la direction des débats et aucun texte de loi ne prévoit d'ordre entre l'audition des témoins et l'interrogatoire de l'accusé* (Cass. CRIM. du 7 février 1995 – BCC n° 419).

• Cour d'assises – Débats – Président – Direction. – *N'excède pas les limites de son pouvoir de direction des débats, et ne méconnaît ni les droits de la défense ni la présomption d'innocence, le président qui refuse à l'accusé, lors de l'interrogatoire de personnalité, de s'adresser directement à la veuve de l'une des victimes (constituée partie civile), pour contester, dans une déclaration liminaire, les faits qui lui reprochés* (Cass. CRIM. du 22 janvier 1997 – BCC n° 451 du 15/5/97).

Article 310. – Pourvoir discrétionnaire du président – *(Loi n° 72-1226 du 29 décembre 1972)*

• Le président est investi d'un pouvoir discrétionnaire en vertu duquel il peut, en son honneur et en sa conscience, prendre toutes mesures qu'il croit utiles pour découvrir la vérité. Il peut, s'il l'estime opportun, saisir la cour qui statue dans les conditions prévues à l'article 316.

• Il peut au cours des débats appeler, au besoin par mandat d'amener, et entendre toutes personnes ou se faire apporter toutes nouvelles pièces qui lui paraissent, d'après les développements donnés à l'audience, utiles à la manifestation de la vérité.

• Les témoins ainsi appelés ne prêtent pas serment et leurs déclarations ne sont considérées que comme renseignements.

J **• Débats – Président – Manifestation d'opinion sur la culpabilité de l'accusé – Atteinte à la présomption d'innocence *(non)*.** – *1° Le président de la cour d'assises peut donner communication de toutes pièces de la procédure qu'il estime utile à la manifestation de la vérité; dès lors que des photographies sont extraites du dossier auquel les parties ont eu accès, aucune atteinte aux droits de la défense ne peut résulter de leur communication à la Cour et au jury.*

• 2° Une mention surabondante, comme non prévue par la loi, qui fait référence sur la feuille de questions, à la décision de l'arrêt de renvoi, n'implique aucunement la manifestation publique d'une opinion préconçue sur la culpabilité de l'accusé et ne constitue pas, dès lors, une atteinte à la présomption d'innocence (Cass. CRIM. du 5 avril 1995 – BCC n° 416).

Article 311. – Assesseurs et jurés – Questions

• Les assesseurs et les jurés peuvent poser des questions aux accusés et aux témoins en demandant la parole au président.

• Ils ont le devoir de ne pas manifester leur opinion.

J **• Expert – Avis sur la culpabilité de l'accusé – Effet.** – *Les articles 311 et 328 du Code de procédure pénale n'étant pas applicables aux experts, les propos tenus par ceux-ci à l'audience, quant à la culpabilité de l'accusé, sont sans influence sur la validité de la procédure.*

• Dès lors, il n'importe que la Cour ait refusé de donner acte de telles déclarations (Cass. CRIM. du 11-10-1995 – BCC n° 424).

Article 312. – Ministère public – Avocats – Accusé – Partie civile – Questions – *(Loi n° 2000-516 du 15 juin 2000)*

• Sous réserve des dispositions de l'article 309, le ministère public et les avocats des parties peuvent poser directement des questions à l'accusé, à la partie civile, aux témoins et à toutes les personnes appelées à la barre, en demandant la parole au président.

• L'accusé et la partie civile peuvent également poser des questions par l'intermédiaire du président.

Article 313. – Réquisitions

• Le ministère public prend, au nom de la loi, toutes les réquisitions qu'il juge utiles : la cour est tenue de lui en donner acte et d'en délibérer.

• Les réquisitions du ministère public prises dans le cours des débats sont mentionnées par le greffier sur son procès-verbal. Toutes les décisions auxquelles elles ont donné lieu sont signées par le président et par le greffier.

Article 314. – Cour – Refus droit aux réquisitions

• Lorsque la cour ne fait pas droit aux réquisitions du ministère public, l'instruction ni le jugement ne sont arrêtés, ni suspendus.

Article 315. – Dépôts de conclusions – *(Loi n° 93-2 du 4 janvier 1993)*

• L'accusé, la partie civile et leurs avocats peuvent déposer des conclusions sur lesquelles la cour est tenue de statuer.

J • **Assassinat – Requête aux fins de supplément d'information**

Contre l'arrêt de la cour d'assises du GARD, en date du 8 juillet 2016, qui, pour assassinat, l'a condamné à trente ans de réclusion criminelle, avec période de sûreté fixée aux deux tiers de la peine ;

« en ce que la cour d'assises n'a pas statué sur la requête aux fins de supplément d'information déposée par l'avocat de M. Raoul X..., d'abord, le 6 juin 2016, par télécopie et lettre recommandée avec avis de réception adressées au greffe de la cour, puis, au cours des débats, par remise à la greffière d'audience qui l'a enregistrée ;

« alors que, lorsqu'elle est saisie d'une demande de supplément d'information, la cour est tenue de statuer sur cette demande, en application de l'article 315 du Code de procédure pénale selon lequel « l'accusé, la partie civile et leurs avocats peuvent déposer des conclusions sur lesquelles la cour est tenue de statuer », et elle doit le faire par un arrêt motivé rendu dans les conditions de l'article 316 du même code, qui prévoit le règlement des incidents contentieux survenant au cours des débats » ;

Attendu qu'il résulte du procès-verbal des débats et des pièces de la procédure que, par requête adressée au président de la cour d'assises avant l'ouverture des débats, fondée sur l'article 283 du Code de procédure pénale, l'avocat de l'accusé a sollicité un supplément d'information aux fins de déterminer les conséquences d'un traitement anxiolytique sur la volonté et le discernement de M. X... lors du passage à l'acte ; qu'une requête, présentée dans les mêmes termes, a été déposée le premier jour de l'audience de la cour d'assises et visée par le greffier ;

Attendu que le demandeur ne saurait se faire un grief de ce qu'il n'a pas été répondu à ces requêtes dont la première, présentée avant l'ouverture des débats, s'adressait au seul président qui n'était pas alors tenu d'y répondre, et dont la seconde, déposée après cette ouverture, n'a pas été soutenue oralement ;

D'où il suit que le moyen doit être écarté ;

Et attendu que la procédure est régulière et que la peine a été légalement appliquée aux faits déclarés constants par la cour et le jury ;

REJETTE le pourvoi.

(Cour de cassation – Chambre criminelle du 15 novembre 2017 – N° de pourvoi : 16-86913).

Article 316. – Incidents contentieux – *(Loi n° 2000-516 du 15 juin 2000)*

• Tous incidents contentieux sont réglés par la cour, le ministère public, les parties ou leurs avocats entendus.

• Ces arrêts ne peuvent préjuger du fond.

• Lorsque la cour d'assises examine l'affaire en appel, ces arrêts ne peuvent être attaqués que par la voie du recours en cassation, en même temps que l'arrêt sur le fond. Lorsque la cour d'assises examine l'affaire en premier ressort, ces arrêts ne peuvent faire l'objet d'un recours, mais, en cas d'appel de l'arrêt sur le fond et de réexamen de l'affaire devant une autre cour d'assises, ils n'ont pas autorité de la chose jugée devant cette cour.

J • **Violences aggravées – Qualification juridique des faits – Question spéciale**

Contre l'arrêt de la cour d'assises de la MEURTHE-ET-MOSELLE, statuant sans jury, en date du 12 décembre 2016, qui, dans la procédure suivie contre lui des chefs de violences aggravées, s'est prononcé sur la question spéciale de violences volontaires ayant entraîné la mort sans intention de la donner ;

Attendu qu'il résulte des pièces de la procédure que M. X... a été renvoyé devant une cour d'assises pour y répondre des délits de violences commises avec arme sur les personnes d'Aymeric Y... et de M. Z... et de violences commises en réunion sur la personne de M. A..., infractions connexes au crime de meurtre sur la personne d'Aymeric Y... reproché à deux co-accusés ; qu'après requalification partielle, la cour d'assises a déclaré M. X... coupable du crime de violences volontaires ayant entraîné la mort de M. Y... sans intention de la donner, et des délits de violences aggravées envers MM. Z... et A... ; qu'elle l'a condamné à la peine de neuf ans d'emprisonnement ; que, parmi les accusés reconnus coupables, seul M. X... a interjeté appel ; que le ministère public a formé un appel incident ; que le président de la cour d'assises, faisant application de l'article 286-1 du Code de procédure pénale, a décidé que la cour statuerait sans l'assistance des jurés au motif que cette juridiction était uniquement saisie, dans les termes de l'ordonnance de mise en accusation, des infractions délictuelles reprochées à M. X...; qu'au cours des débats, le président a indiqué qu'il envisageait de poser la question spéciale suivante: « les violences spécifiées à la question n° 1 et qualifiées à la question n° 2 ont-elle entraîné la mort de M. Aymeric Y... sans intention de la donner? »; qu'à la suite de l'opposition formée par l'avocat de la défense, la cour, par arrêt incident, a décidé que « la question spéciale de mort occasionnée par les violences volontaires reprochées à M. X... sur la personne de M. Y... » serait posée; qu'immédiatement après, la cour, par un arrêt distinct, s'est déclarée incompétente, en sa formation prévue par l'article 286-1 précité, pour statuer sur une qualification criminelle; que l'accusé a formé un pourvoi contre « l'arrêt statuant sur la question spéciale de violences volontaires ayant entraîné la mort sans intention de la donner »;

En cet état;

Sur la recevabilité du pourvoi:

Attendu que l'arrêt sur le fond par lequel la cour, mettant fin à la procédure, s'est déclarée incompétente, fait corps avec l'arrêt incident par lequel elle a décidé que serait posée une question spéciale sur la qualification juridique des faits; que, dès lors, le pourvoi formé contre le seul arrêt incident, qui entraîne nécessairement la remise en cause de l'arrêt sur le fond, ne méconnaît pas les dispositions de l'article 316 du Code de procédure pénale et doit être déclaré recevable;

Attendu qu'aux termes de ce texte, s'il résulte des débats devant la cour d'assises une ou plusieurs circonstances aggravantes, non mentionnées dans la décision de renvoi, le président pose une ou plusieurs questions spéciales;

Attendu que, lors des débats, la cour d'assises, saisie à la suite d'un incident contentieux, a décidé que serait posée une question spéciale afin de rechercher si les faits qualifiés de violences commises avec usage d'une arme sur la personne d'Aymeric Y... ne constituaient pas le crime de violences volontaires ayant entraîné la mort d'Aymeric Y... sans intention de la donner;

Mais attendu qu'en procédant ainsi, alors que le crime de violences ayant entraîné la mort sans intention de la donner, défini par l'article 222-7 du Code pénal, est une infraction distincte du délit de violences commises avec arme, défini par les articles 222-11 à 222-13 du Code pénal, dont elle était seule saisie, et non pas une circonstance aggravante de ce délit, la cour a méconnu le texte susvisé;

D'où il suit que la cassation est encourue de ce chef;

Par ces motifs:

CASSE et ANNULE, en toutes ses dispositions, l'arrêt susvisé, de la cour d'assises de la Meurthe-et-Moselle, en date du 12 décembre 2016, et par voie de conséquence, l'arrêt du même jour par lequel la cour d'assises s'est déclarée incompétente;

Et pour qu'il soit à nouveau jugé, conformément à la loi,

RENVOIE la cause et les parties devant la cour d'assises des Vosges, siégeant sans l'assistance des jurés, conformément à l'article 286-1 du Code de procédure pénale, à ce désignée par délibération spéciale prise en chambre du conseil;

(Cour de cassation – Chambre criminelle du 29 novembre 2017 – N° de pourvoi: 17-80224).

• Vols avec armes... – Attitude du demandeur – Assimilation à un refus de comparaître

IRRECEVABILITE ET REJET des pourvois formés par M. [R] [W] contre l'arrêt de la cour d'assises du PAS-DE-CALAIS (62), en date du 13/03/2020, qui, pour vols avec armes, arrestation, enlèvement, détention ou séquestration arbitraires aggravés, dégradations par un moyen dangereux aggravées, violences aggravées et association de malfaiteurs, en récidive, l'a condamné à 28 ans de réclusion criminelle, 5 ans d'interdiction de détenir ou porter une arme soumise à autorisation, 5 ans d'interdiction de séjour, a ordonné une mesure de confusion de peines et une mesure de confiscation, ainsi que contre l'arrêt du même jour par lequel la cour a prononcé sur les intérêts civils, et contre 3 arrêts incidents rendus par la cour.

11. La cour retient encore que M. [W] pourrait renouveler son attitude à l'approche d'une nouvelle date fixée pour son procès, si celui-ci était renvoyé, et que la maîtrise du processus judiciaire ne peut lui être abandonnée. Elle en déduit que l'attitude du demandeur doit être analysée comme un refus de comparaître, son état de santé ne pouvant être considéré indépendamment de sa volonté de ne pas s'alimenter et de ne pas boire.

(Cour de cassation – Chambre criminelle du 12 mai 2021 – N° de pourvoi: 20-83.166).

Article 316-1. – Copie du dossier – *(Loi n° 2019-222 du 23 mars 2019)*

• Une copie du dossier est mise à la disposition des assesseurs.

Section II

De la comparution de l'accusé

Article 317. – Présence d'un défenseur

• À l'audience, la présence d'un défenseur auprès de l'accusé est obligatoire.

• Si le défenseur choisi ou désigné conformément à l'article 274 ne se présente pas, le président en commet un d'office.

J **• Droits de la défense – Assistance d'un conseil – Assistance obligatoire – Commission d'office – Conseil précédemment récusé par l'accusé.** – *Il n'est commis aucune violation des droits de la défense après la récusation par l'accusé de son conseil et la déclaration de celui-ci de ne plus pouvoir ainsi continuer d'assurer sa défense, le président de la cour d'assises commet d'office le même avocat comme lui permet de le faire l'article 317 du Code de procédure pénale, et que le défenseur développe alors les moyens de défense au nom de cet accusé qui avait refusé de comparaître* (Cass. CRIM. du 23-11-1994 – BCC n° 403).

Article 318. – Comparution de l'accusé

• L'accusé comparaît libre et seulement accompagné de gardes pour l'empêcher de s'évader.

J **• Assassinat par conjoint – Accusé – Comparution libre – Audiences – *Procès-verbal des débats***

Contre l'arrêt de la cour d'assises des CÔTES-D'ARMOR, en date du 31/05/2018, qui, pour assassinat par conjoint, l'a condamné à 25 ans de réclusion criminelle, 15 ans d'interdiction de détenir une arme soumise à autorisation et a ordonné une mesure de confiscation, ainsi que contre l'arrêt du 01/06/2018 par lequel la cour a prononcé sur les intérêts civils.

Sur le 4ᵉ moyen de cassation, pris de la violation des articles 6 de la CEDH, préliminaire, 318, 378, 591 et 593 du Code de procédure pénale;

"en ce qu'il résulte ne résulte pas des mentions du procès-verbal des débats que, lors des reprises d'audience après suspension des débats, l'accusé a comparu libre;

"alors qu'il résulte de l'article 318 du C.P.P. que l'accusé comparaît libre et seulement accompagné de gardes pour l'empêcher de s'évader; qu'en ne mentionnant pas au procès-verbal des débats que, lors des reprises d'audience après suspension des débats, l'accusé a comparu libre, la cour d'assises n'a pas mis en mesure la Cour de cassation d'exercer utilement son contrôle;

Attendu qu'à défaut de réclamations ou de constatations contraires résultant d'une mention du procès-verbal des débats, il y a présomption que l'accusé a comparu libre pendant toutes les audiences;

D'où il suit que le moyen doit être écarté;

Et attendu que la procédure est régulière et que la peine a été légalement appliquée aux faits déclarés constants par la cour et le jury;

REJETTE le pourvoi.

(Cour de cassation – Chambre criminelle du 27 novembre 2019 – N° de pourvoi: 18-83942).

Article 319. – Refus de comparaître

• Si un accusé refuse de comparaître, sommation lui est faite au nom de la loi, par un huissier commis à cet effet par le président, et assisté de la force publique. L'huissier dresse procès-verbal de la sommation et de la réponse de l'accusé.

Article 320. – Usage de la force

• Si l'accusé n'obtempère pas à la sommation, le président peut ordonner qu'il soit amené par la force devant la cour; il peut également, après lecture faite à l'audience du procès-verbal constatant sa résistance, ordonner que, nonobstant son absence, il soit passé outre aux débats.

• Après chaque audience, il est, par le greffier de la cour d'assises, donné lecture à l'accusé qui n'a pas comparu du procès-verbal des débats, et il lui est signifié copie des réquisitions du ministère public ainsi que des arrêts rendus par la cour, qui sont tous réputés contradictoires.

Article 320-1. – Accusé non placé en détention provisoire – Comparution – *(Loi n° 2004-204 du 9 mars 2004)*

• Sans préjudice des dispositions du deuxième alinéa de l'article 272-1 et de celles du deuxième alinéa de l'article 379-2, le président peut ordonner que l'accusé qui n'est pas placé en détention provisoire et qui ne comparaît pas à l'audience soit amené devant la cour d'assises par la force publique.

Article 321. – Trouble à l'ordre – *(Loi n° 92-1336 du 16 décembre 1992)*

• Lorsqu'à l'audience l'un des assistants trouble l'ordre de quelque manière que ce soit, le président ordonne son expulsion de la salle d'audience.

• Si, au cours de l'exécution de cette mesure, il résiste à cet ordre ou cause du tumulte, il est, sur-le-champ, placé sous mandat de dépôt, jugé et puni de deux ans d'emprisonnement, sans préjudice des peines portées au Code pénal contre les auteurs d'outrages et de violences envers les magistrats.

• Sur l'ordre du président, il est alors contraint par la force publique de quitter l'audience.

Article 322. – Accusé – Auteur du trouble

• Si l'ordre est troublé par l'accusé lui-même, il lui est fait application des dispositions de l'article 321.

• L'accusé, lorsqu'il est expulsé de la salle d'audience, est gardé par la force publique, jusqu'à la fin des débats à la disposition de la cour; il est, après chaque audience, procédé ainsi qu'il est dit à l'article 320, alinéa 2.

Section III

De la production et de la discussion des preuves

Article 323. – Avocat non inscrit à un barreau – *(Loi n° 93-1013 du 24 août 1993)*

• Lorsque l'avocat de l'accusé n'est pas inscrit à un barreau, le président l'informe qu'il ne peut rien dire contre sa conscience ou le respect dû aux lois et qu'il doit s'exprimer avec décence et modération.

Article 324. – Appel des témoins – *(Loi n° 93-1013 du 24 août 1993)*

• Le président ordonne à l'huissier de faire l'appel des témoins cités par le ministère public, par l'accusé et la partie civile dont les noms ont été signifiés conformément aux prescriptions de l'article 281.

Article 325. – Témoins – *(Loi n° 93-1013 du 24 août 1993)*

• Le président ordonne aux témoins de se retirer dans la chambre qui leur est destinée. Ils n'en sortent que pour déposer. Le président prend, s'il en est besoin, toutes mesures utiles pour empêcher les témoins de conférer entre eux avant leur déposition.

Article 326. – Comparution de témoin – *(Loi n° 2010-1 du 4 janvier 2010)*

• Lorsqu'un témoin cité ne comparaît pas, la cour peut, sur réquisitions du ministère public ou même d'office, ordonner que ce témoin soit immédiatement amené par la force publique devant la cour pour y être entendu, ou renvoyer l'affaire à la prochaine session.

• Dans tous les cas, le témoin qui ne comparaît pas ou qui refuse soit de prêter serment, soit de faire sa déposition peut, sur réquisitions du ministère public, être condamné par la cour à une amende de 3 750 euros. L'obligation de déposer s'applique sous réserve des dispositions des articles 226-13 et 226-14 du Code pénal et de la faculté, pour tout journaliste entendu comme témoin sur des informations recueillies dans l'exercice de son activité, de ne pas en révéler l'origine.

• La voie de l'opposition est ouverte au condamné qui n'a pas comparu. L'opposition s'exerce dans les cinq jours de la signification de l'arrêt faite à sa personne ou à son domicile. La cour statue sur cette opposition soit pendant la session en cours, soit au cours d'une session ultérieure.

Article 327. – Présentation – Faits reprochés à l'accusé – *(Loi n° 2021-1729 du 22 décembre 2021)*

• Le président de la cour d'assises présente, de façon concise, les faits reprochés à l'accusé tels qu'ils résultent de la décision de renvoi.

• Il expose les éléments à charge et à décharge concernant l'accusé tels qu'ils résultent de l'information, y compris, s'il y a lieu, les éléments à décharge mentionnés par les observations de l'avocat déposées en application du III de l'article 175, même si ces éléments ne figurent pas dans l'ordonnance de renvoi prise en application de l'article 184.

• Lorsque la cour d'assises statue en appel, il donne en outre connaissance du sens de la décision rendue en 1er ressort, de sa motivation et, le cas échéant, de la condamnation prononcée.

• Dans sa présentation, le président ne doit pas manifester son opinion sur la culpabilité de l'accusé.

• À l'issue de sa présentation, le président donne lecture de la qualification légale des faits objets de l'accusation.

J **• Assassinat par conjoint – Accusé – Respect des formalités**

Contre l'arrêt de la cour d'assises des CÔTES-D'ARMOR, en date du 31/05/2018, qui, pour assassinat par conjoint, l'a condamné à 25 ans de réclusion criminelle, 15 ans d'interdiction de détenir une arme soumise à autorisation et a ordonné une mesure de confiscation, ainsi que contre l'arrêt du 01/06/2018 par lequel la cour a prononcé sur les intérêts civils.

Attendu que d'une part, l'accusé ne saurait se faire un grief de l'ordre dans lequel les formalités prévues à l'article 327 du Code de procédure pénale ont été accomplies dès lors que le procès-verbal des débats mentionne que le président s'est conformé aux prescriptions de ce texte, d'autre part, il doit être présumé, en l'absence de tout incident contentieux ou demande de donné acte, qu'aucune méconnaissance desdites dispositions, de nature à porter atteinte aux droits de la défense, n'a été commise.

D'où il suit que le moyen doit être écarté ;

Et attendu que la procédure est régulière et que la peine a été légalement appliquée aux faits déclarés constants par la cour et le jury ;

REJETTE le pourvoi.

(Cour de cassation – Chambre criminelle du 27 novembre 2019 – N° de pourvoi : 18-83942).

Article 328. – Interrogatoire – *(Loi n° 2014-535 du 27 mai 2014)*

• Après l'avoir informé de son droit, au cours des débats, de faire des déclarations, de répondre aux questions qui lui sont posées ou de se taire, le président interroge l'accusé et reçoit ses déclarations.

• Il a le devoir de ne pas manifester son opinion sur la culpabilité.

J **• Peines – Prononcé – Motivation – Application – Élément à considérer – Droit de garder le silence – Portée**

M. [N] [P] a formé des pourvois contre l'arrêt de la cour d'assises de la SAÔNE-ET-LOIRE (71), en date du 09/07/2021, qui, pour vol avec arme, en récidive, l'a condamné à 15 ans de réclusion criminelle, avec période de sûreté fixée aux deux tiers de la peine, 5 ans d'interdiction de détenir ou porter une arme soumise à autorisation, ainsi que contre l'arrêt du même jour par lequel la cour a prononcé sur les intérêts civils.

La garantie de l'effectivité du droit de garder le silence impose de proscrire qu'une déclaration de culpabilité soit fondée exclusivement ou essentiellement sur le silence de l'accusé ou sur son refus de répondre à des questions.

(Cour de cassation – Chambre criminelle du 26 octobre 2022 – N° de pourvoi : 21-84.618).

Article 329. – Témoins appelés par le ministère public ou les parties – *(Loi n° 93-1013 du 24 août 1993)*

• Les témoins appelés par le ministère public ou les parties sont entendus dans le débat, même s'ils n'ont pas déposé à l'instruction, ou s'ils n'ont pas été assignés, à condition que leurs noms aient été signifiés conformément aux prescriptions de l'article 281.

Article 330. – Opposition audition d'un témoin – *(Loi n° 93-1013 du 24 août 1993)*
• Le ministère public et les parties peuvent s'opposer à l'audition d'un témoin dont le nom ne leur aurait pas été signifié ou qui leur aurait été irrégulièrement signifié.
• La cour statue sur cette opposition.
• Si elle est reconnue fondée, ces témoins peuvent être entendus, à titre de renseignements, en vertu du pouvoir discrétionnaire du président.

Article 331. – Déposition des témoins – *(Loi n° 2019-222 du 23 mars 2019)*
• Les témoins déposent séparément l'un de l'autre, dans l'ordre établi par le président.
• Les témoins doivent, sur la demande du président, faire connaître leurs nom, prénoms, âge, profession, leur domicile ou résidence, s'ils connaissaient l'accusé avant le fait mentionné dans l'arrêt de renvoi, s'ils sont parents ou alliés, soit de l'accusé, soit de la partie civile, et à quel degré. Le président leur demande encore s'ils ne sont pas attachés au service de l'un ou de l'autre.
• Avant de commencer leur déposition, les témoins prêtent le serment « de parler sans haine et sans crainte, de dire toute la vérité, rien que la vérité ». Cela fait, les témoins déposent oralement. Le président peut autoriser les témoins à s'aider de documents au cour de leur audition.
• Les témoins déposent uniquement, soit sur les faits reprochés à l'accusé, soit sur sa personnalité et sur sa moralité.
• Les témoins ne sont pas tenus de faire part de leur intime conviction concernant la culpabilité de l'accusé.

Article 332. – Questions aux témoins – *(Loi n° 2019-222 du 23 mars 2019)*
• Après chaque déposition, le président peut poser des questions aux témoins.
• Le ministère public, ainsi que les conseils de l'accusé et de la partie civile, l'accusé et la partie civile ont la même faculté, dans les conditions déterminées à l'article 312.
• Lorsque cela lui paraît nécessaire à la clarté et au bon déroulement des débats, le président peut interrompre les déclarations d'un témoin ou lui poser directement des questions sans attendre la fin de sa déposition.

Article 333. – Procès-verbal – *(Loi n° 93-1013 du 24 août 1993)*
• Le président fait dresser d'office ou à la requête du ministère public ou des parties, par le greffier, un procès-verbal des additions, changements ou variations qui peuvent exister entre la déposition d'un témoin et ses précédentes déclarations. Ce procès-verbal est joint au procès-verbal des débats.

Article 334. – Témoin – Présence à l'issue de la déposition – *(Loi n° 93-1013 du 24 août 1993)*
• Chaque témoin après sa déposition, demeure dans la salle d'audience, si le président n'en ordonne autrement, jusqu'à la clôture des débats.

Article 335. – Déposition – Serment – *(Loi n° 2020-1672 du 24 décembre 2020)*
• Ne peuvent être reçues sous la foi du serment les dépositions :
• 1° Du père, de la mère ou de tout autre ascendant de l'accusé, ou de l'un des accusés présents et soumis au même débat ;
• 2° Du fils, de la fille, ou de tout autre descendant ;
• 3° Des frères et sœurs ;
• 4° Des alliés aux mêmes degrés ;
• 5° Du mari ou de la femme, du partenaire lié à l'accusé par un pacte civil de solidarité ou de son concubin, au sens de l'article 515-8 du Code civil, lorsque cet état a été allégué par le témoin, l'accusé ou une partie et qu'il n'est pas contesté ou qu'il est établi par les éléments de la procédure ; cette prohibition subsiste même après le divorce, la dissolution du pacte civil de solidarité ou la cessation du concubinage ;
• 6° De la partie civile ;
• 7° Des enfants au-dessous de l'âge de 16 ans ;
• 8° De toute personne qui a été accusée, prévenue ou condamnée soit pour le crime dont est saisie la cour d'assises en qualité de coauteur ou de complice, soit pour un crime ou un délit connexe ou formant un ensemble indivisible avec le crime dont est saisie la cour d'assises.

QPC • *Par une décision n° 2019-828/829 QPC du 28 février 2020, le Conseil constitutionnel a déclaré contraires à la Constitution les mots «Du mari ou de la femme» figurant au 5° de l'article 335 du Code de procédure pénale, dans sa rédaction résultant de la loi n° 2011-939 du 10 août 2011 sur la participation des citoyens au fonctionnement de la justice pénale et le jugement des mineurs. L'abrogation de ces dispositions est toutefois reportée au 31 décembre 2020.*

Article 336. – Audition à titre de renseignement – *(Loi n° 93-1013 du 24 août 1993)*

• Néanmoins, l'audition sous serment des personnes désignées par l'article précédent n'entraîne pas nullité lorsque le ministère public ni aucune des parties ne s'est opposé à la prestation de serment.

• En cas d'opposition du ministère public ou d'une ou plusieurs des parties, le témoin peut être entendu à titre de renseignements, en vertu du pouvoir discrétionnaire du président.

Article 337. – Témoignage – *(Loi n° 93-1013 du 24 août 1993)*

• La personne qui, agissant en vertu d'une obligation légale ou de sa propre initiative, a porté les faits poursuivis à la connaissance de la justice, est reçue en témoignage, mais le président en avertit la cour d'assises.

• Celui dont la dénonciation est récompensée pécuniairement par la loi peut être entendu en témoignage, à moins qu'il n'y ait opposition d'une des parties ou du ministère public.

Article 338. – Retrait momentané de la salle d'audience – *(Loi n° 93-1013 du 24 août 1993)*

• Le ministère public, ainsi que la partie civile et l'accusé, peuvent demander, et le président peut toujours ordonner, qu'un témoin se retire momentanément de la salle d'audience, après sa déposition, pour y être introduit et entendu s'il y a lieu après d'autres dépositions, avec ou sans confrontation.

Article 339. – Retrait d'un ou plusieurs accusés – *(Loi n° 2004-204 du 9 mars 2004)*

• Le président peut, avant, pendant ou après l'audition d'un témoin ou l'interrogatoire d'un accusé, faire retirer un ou plusieurs accusés et les examiner séparément sur quelques circonstances du procès; mais il a soin de ne reprendre la suite des débats qu'après avoir instruit chaque accusé de ce qui s'est fait en son absence et ce qui en est résulté.

Article 340. – Prise de notes – *(Loi n° 93-1013 du 24 août 1993)*

• Pendant l'examen, les magistrats et les jurés peuvent prendre note de ce qui leur paraît important, soit dans les dépositions des témoins, soit dans la défense de l'accusé, pourvu que les débats ne soient pas interrompus.

Article 341. – présentation des pièces à conviction – *(Loi n° 93-1013 du 24 août 1993)*

• Dans le cours ou à la suite des dépositions, le président fait, s'il est nécessaire, présenter à l'accusé ou aux témoins les pièces à conviction et reçoit leurs observations.

• Le président les fait aussi présenter, s'il y a lieu, aux assesseurs et aux jurés.

J • **Débats – Pièces à conviction – Présentation.** – *L'article 341 du Code de procédure pénale ne règle pas l'ordre dans lequel l'accusé et les témoins peuvent formuler leurs observations lors de la présentation des pièces à conviction* (Cass. CRIM. du 19 février 1997 – BCC n° 453 du 15/6/97).

Article 342. – Déposition d'un témoin paraissant fausse – *(Loi n° 93-1013 du 24 août 1993)*

• Si, d'après les débats, la déposition d'un témoin paraît fausse, le président, soit d'office, soit à la requête du ministère public ou d'une des parties peut ordonner spécialement à ce témoin d'être présent aux débats jusqu'à leur clôture et en outre de demeurer dans la salle d'audience jusqu'au prononcé de l'arrêt de la cour d'assises. En cas d'infraction à cet ordre, le président fait mettre le témoin en état d'arrestation provisoire.

• Après lecture de l'arrêt de la cour d'assises, ou, dans le cas de renvoi à une autre session, le président ordonne que le témoin soit, par la force publique, conduit sans délai devant le procureur de la République lui requiert l'ouverture d'une information.

• Le greffier transmet à ce magistrat une expédition du procès-verbal qui a pu être dressé par application de l'article 333.

Article 343. – Renvoi de l'affaire – *(Loi n° 93-1013 du 24 août 1993)*

• En tout état de cause la cour peut ordonner d'office, ou à la requête du ministère public ou de l'une des parties, le renvoi de l'affaire à la prochaine session.

Article 344. – Interprète – *(Loi n° 2000-516 du 15 juin 2000)*

• Dans le cas où l'accusé, la partie civile, les témoins ou l'un d'eux ne parlent pas suffisamment la langue française ou s'il est nécessaire de traduire un document versé aux débats, le président nomme d'office un interprète âgé de vingt et un ans au moins, et lui fait prêter serment d'apporter son concours à la justice en son honneur et en sa conscience.

• Le ministère public, l'accusé et la partie civile, peuvent récuser l'interprète en motivant leur récusation. La cour se prononce sur cette récusation. Sa décision n'est susceptible d'aucune voie de recours.

• L'interprète ne peut, même du consentement de l'accusé ou du ministère public, être pris parmi les juges composant la cour, les jurés, le greffier qui tient l'audience, les parties et les témoins.

Article 345. – Interprètes en langue des signes – *(Loi n° 2000-516 du 15 juin 2000)*

• Si l'accusé est atteint de surdité, le président nomme d'office pour l'assister lors du procès un interprète en langue des signes ou toute personne qualifiée maîtrisant un langage ou une méthode permettant de communiquer avec les sourds. Celui-ci prête serment d'apporter son concours à la justice en son honneur et en sa conscience.

• Le président peut également décider de recourir à tout dispositif technique permettant de communiquer avec la personne atteinte de surdité.

• Si l'accusé sait lire et écrire, le président peut également communiquer avec lui par écrit.

• Les autres dispositions du précédent article sont applicables.

• Le président peut procéder de même avec les témoins ou les parties civiles atteints de surdité.

Article 346. – Réquisitions – Accusé – Avocat – *(Loi n° 93-1013 du 24 août 1993)*

• Une fois l'instruction à l'audience terminée la partie civile ou son avocat est entendu. Le ministère public prend ses réquisitions.

• L'accusé et son avocat présentent leur défense.

• La réplique est permise à la partie civile et au ministère public, mais l'accusé ou son avocat auront toujours la parole les derniers.

J • **Viols aggravés – Civilement responsable – Audition**

M. C... W... a formé un pourvoi contre l'arrêt de la cour d'assises des mineurs des Yvelines, en date du 18/05/2018, qui, pour viols aggravés et tentative de viol aggravé, l'a condamné à 12 ans de réclusion criminelle, 7 ans de suivi socio-judiciaire, ainsi que contre l'arrêt du même jour, par lequel la cour d'assises a prononcé sur les intérêts civils.

Il résulte du procès-verbal des débats qu'une fois l'instruction à l'audience terminée, le ministère public et les parties ont été entendues dans l'ordre voulu par l'article 346 du C.P.P. Ce texte, seul applicable devant la cour d'assises, ne prévoit pas que, devant cette juridiction, une fois l'instruction terminée, le civilement responsable doive être entendu, après le ministère public.

Par ailleurs, la procédure est régulière et les peines ont été légalement appliquées aux faits déclarés constants par la cour et le jury.

PAR CES MOTIFS, la Cour:

REJETTE le pourvoi.

(Cour de cassation – Chambre criminelle du 27 novembre 2019 – N° de pourvoi: 18-83553).

Section IV

De la clôture des débats et de la lecture des questions

Article 347. – Clôture des débats – *(Loi n° 2011-939 du 10 août 2011)*

• Le président déclare les débats terminés.

• Il ne peut résumer les moyens de l'accusation et de la défense.

• Il ordonne que le dossier de la procédure soit déposé entre les mains du greffier de la cour d'assises; toutefois, il conserve en vue de la délibération prévue par les articles 355 et suivants, la décision de renvoi et, en cas d'appel, l'arrêt rendu par la cour d'assises ayant statué en premier ressort ainsi que la feuille de motivation qui l'accompagne.

• Si, au cours de la délibération, la cour d'assises estime nécessaire l'examen d'une ou plusieurs pièces de la procédure, le président ordonne le transport dans la salle des délibérations du dossier, qui, à ces fins sera rouvert en présence du ministère public et des avocats de l'accusé et de la partie civile.

J • **Viols, tentative de viol et agressions sexuelles aggravés – Dépôt de conclusions – Conservation de documents**

Contre l'arrêt de la cour d'assises de la GUYANE, en date du 28 janvier 2014, qui, sur renvoi après cassation (Crim., 14 mars 2012 pourvoi n° 11-86.018)*, l'a condamné pour viols, tentative de viol et agressions sexuelles aggravés, à quinze ans de réclusion criminelle et dix ans de suivi socio-judiciaire;*

Attendu que, pour rejeter cette demande, l'arrêt énonce, d'une part que le dépôt de conclusions évoquant des moyens de défense au fond n'entre pas dans les prévisions de l'article 316 du Code de procédure pénale, d'autre part que le dépôt de telles conclusions, aux fins d'être conservées par la cour et le jury en vue de la délibération, serait contraire aux dispositions de l'article 347 du Code de procédure pénale;

Attendu que la cour a rejeté à bon droit la demande de donné acte dès lors que, d'une part, les débats devant la cour d'assises sont oraux, d'autre part, ladite demande se heurte à la prohibition, pour le président, de conserver, pendant le délibéré, d'autres documents que ceux limitativement énumérés par l'article 347 du Code de procédure pénale;

Par ces motifs:

CASSE et ANNULE, en toutes ses dispositions, l'arrêt susvisé de la cour d'assises de la Guyane, en date du 28 janvier 2014, ensemble la déclaration de la cour et du jury et les débats qui l'ont précédée, et pour qu'il soit à nouveau jugé, conformément à la loi,

RENVOIE la cause et les parties devant la cour d'assises de la Martinique, à ce désignée par délibération spéciale prise en chambre du conseil;

ORDONNE l'impression du présent arrêt, sa transcription sur les registres du greffe de la cour d'assises de la Guyane et sa mention en marge ou à la suite de l'arrêt annulé;

(Cour de cassation – Chambre criminelle du 28 mai 2015 – N° de pourvoi: 14-82559).

• Assassinat par conjoint – Absence de tout incident contentieux – Droits de la défense

Contre l'arrêt de la cour d'assises des CÔTES-D'ARMOR, en date du 31/05/2018, qui, pour assassinat par conjoint, l'a condamné à 25 ans de réclusion criminelle, 15 ans d'interdiction de détenir une arme soumise à autorisation et a ordonné une mesure de confiscation, ainsi que contre l'arrêt du 01/06/2018 par lequel la cour a prononcé sur les intérêts civils.

Attendu que s'il ne résulte d'aucune des mentions du procès-verbal des débats que lesdites pièces ont été soumises à un débat contradictoire, la cassation n'est cependant pas encourue, dès lors que l'absence de tout incident contentieux ou demande de donné acte fait présumer qu'aucune irrégularité de nature à porter atteinte aux droits de la défense n'a été commise au cours de l'audience;

Attendu que d'une part, l'accusé ne saurait se faire un grief de l'ordre dans lequel les formalités prévues à l'article 327 du C.P.P. ont été accomplies dès lors que le procès-verbal des débats mentionne que le président s'est conformé aux prescriptions de ce texte, d'autre part, il doit être présumé, en l'absence de tout incident contentieux ou demande de donné acte, qu'aucune méconnaissance desdites dispositions, de nature à porter atteinte aux droits de la défense, n'a été commise.

D'où il suit que le moyen doit être écarté;

Et attendu que la procédure est régulière et que la peine a été légalement appliquée aux faits déclarés constants par la cour et le jury;

REJETTE le pourvoi.

(Cour de cassation – Chambre criminelle du 27 novembre 2019 – N° de pourvoi: 18-83942).

Article 348. – Lecture des questions – *(Loi n° 2000-516 du 15 juin 2000)*

• Le président donne lecture des questions auxquelles la cour et le jury ont à répondre. Cette lecture n'est pas obligatoire quand les questions sont posées dans les termes de la décision de mise en accusation ou si l'accusé ou son défenseur y renonce.

J **• Cour d'assises – Questions – Lecture – Dispense – Conditions** – *Conformément aux dispositions de l'article 348 du Code de procédure pénale, le président n'est dispensé de la lecture des questions que si elles sont posées dans les termes de l'arrêt de renvoi.*

• Tel n'est pas le cas de la question non lue, à laquelle il est répondu par l'affirmative et qui prend en compte des éléments qui ne figuraient pas dans ledit arrêt de renvoi. (Cass. CRIM du 15 octobre 1997 – BCC n° 465 du 19-02-1998).

Article 349. – Questions – *(Loi n° 2000-516 du 15 juin 2000)*

• Chaque question principale est posée ainsi qu'il suit: « L'accusé est-il coupable d'avoir commis tel fait ? »

• Une question est posée sur chaque fait spécifié dans le dispositif de la décision de mise en accusation.

• Chaque circonstance aggravante fait l'objet d'une question distincte.

• Il en est de même, lorsqu'elle est invoquée, de chaque cause légale d'exemption ou de diminution de la peine.

J **• Vols avec armes... – Détention illégale et séquestration illégale – Une seule et même infraction**

IRRECEVABILITE ET REJET des pourvois formés par M. [R] [W] contre l'arrêt de la cour d'assises du PAS-DE-CALAIS (62), en date du 13/03/2020, qui, pour vols avec armes, arrestation, enlèvement, détention ou séquestration arbitraires aggravés, dégradations par un moyen dangereux aggravées, violences aggravées et association de malfaiteurs, en récidive, l'a condamné à 28 ans de réclusion criminelle, 5 ans d'interdiction de détenir ou porter une arme soumise à autorisation, 5 ans d'interdiction de séjour, a ordonné une mesure de confusion de peines et une mesure de confiscation, ainsi que contre l'arrêt du même jour par lequel la cour a prononcé sur les intérêts civils, et contre 3 arrêts incidents rendus par la cour.

28. Le fait de détenir illégalement et celui de séquestrer illégalement une personne constituant une seule et même infraction, punie par l'article 224-1 du C.P., la question unique demandant à la cour et au jury si la victime a été détenue ou séquestrée n'est pas entachée de complexité prohibée.

(Cour de cassation – Chambre criminelle du 12 mai 2021 – N° de pourvoi: 20-83.166).

• Viols... – Cour et Jury – Interrogation – Culpabilité accusé – Délit corruption mineur et circonstance aggravante – Circonstance aggravante – Question distincte

M. [W] [Z] a formé un pourvoi contre l'arrêt de la cour d'assises du HAUT-RHIN (68), en date du 01/12/2021, qui, sur renvoi après cassation (Crim., 17/03/2021, n° 20-83.245), pour viols, agressions sexuelles, aggravés, corruption de mineurs de 15 ans, en récidive, l'a condamné à 20 ans de réclusion criminelle avec une période de sûreté de 12 ans, 10 ans de suivi socio-judiciaire et une interdiction professionnelle définitive, ainsi que contre l'arrêt du même jour par lequel la cour a prononcé sur les intérêts civils.

9. Il résulte de la feuille de questions que la cour et le jury ont été interrogés par une seule question sur la culpabilité de l'accusé du délit de corruption de mineur, commis sur la personne de [N] [M], entre le 01/01/2012 et le 20/04/2015, et sur la circonstance aggravante, résultant de ce que la victime était âgée de moins de 15 ans à la date des faits.

10. Cette formulation de la question méconnaît l'article 349 du C.P.P., qui exige qu'une question soit posée sur le fait principal, chaque circonstance aggravante devant faire l'objet d'une question distincte.

11. Cependant, la cassation n'est pas encourue.

12. En effet, tous les faits de viols, d'agressions sexuelles, et de corruption de mineur reprochés à l'accusé, et dont il a été reconnu coupable, concernent la même victime, [N] [M], et la cour et le jury ont répondu par l'affirmative aux questions selon lesquelles ce dernier était âgé de moins de 15 ans, au moment des faits de viols et d'agressions sexuelles commis par l'accusé entre le 01/01/2012 et le 20/04/2015.

13. En l'absence d'incertitude sur la conviction de la cour d'assises quant à l'âge de la victime à la date de commission du délit de corruption de mineur de 15 ans, l'accusé ne justifie d'aucun grief résultant de la formulation de la question.

14. En conséquence, par application de l'article 802 du C.P.P., le moyen ne peut être accueilli.

(Cour de cassation – Chambre criminelle du 14 septembre 2022 – N° de pourvoi : 22-80.118).

Article 349-1. – Irresponsabilité pénale – *(Loi n° 2000-516 du 15 juin 2000)*

• Lorsqu'est invoquée comme moyen de défense l'existence de l'une des causes d'irresponsabilité pénale prévue par les articles 122-1 *(premier alinéa)*, 122-2, 122-3, 122-4 *(premier et second alinéas)*, 122-5 *(premier et second alinéas)* et 122-7 du Code pénal, chaque fait spécifié dans le dispositif de la décision de mise en accusation fait l'objet de deux questions posées ainsi qu'il suit :

• « 1° L'accusé a-t-il commis tel fait ? ;

• « 2° L'accusé bénéficie-t-il pour ce fait de la cause d'irresponsabilité pénale prévue par l'article… du Code pénal selon lequel n'est pas pénalement responsable la personne qui… ? »

• Le président peut, avec l'accord des parties, ne poser qu'une seule question concernant la cause d'irresponsabilité pour l'ensemble des faits reprochés à l'accusé.

• Sauf si l'accusé ou son défenseur y renonce, il est donné lecture des questions posées en application du présent article.

Article 350. – Circonstances aggravantes

• S'il résulte des débats une ou plusieurs circonstances aggravantes, non mentionnées dans l'arrêt de renvoi, le président pose une ou plusieurs questions spéciales.

Article 351. – Questions subsidiaires – *(Loi n° 2018-703 du 3 août 2018)*

• S'il résulte des débats que le fait comporte une qualification légale autre que celle donnée par la décision de mise en accusation, le président pose une ou plusieurs questions subsidiaires.

• Lorsque l'accusé majeur est mis en accusation du chef de viol aggravé par la minorité de 15 ans de la victime, le président pose la question subsidiaire de la qualification d'atteinte sexuelle sur la personne d'un mineur de 15 ans si l'existence de violences ou d'une contrainte, menace ou surprise a été contestée au cours des débats.

Article 351-1. – Information des parties – *(Loi n° 2018-703 du 3 août 2018)*

• Le président ne peut poser une ou plusieurs questions prévues aux articles 350 ou 351 que s'il en a préalablement informé les parties au cours des débats et au plus tard avant le réquisitoire, afin de permettre à l'accusé et à son avocat de faire valoir toutes les observations utiles à sa défense.

Article 352. – Incident contentieux

• S'il s'élève un incident contentieux au sujet des questions, la cour statue dans les conditions prévues à l'article 316.

J • **Questions – Incident contentieux – Absence.** – *L'accusé, qui a demandé par conclusion la position d'une question subsidiaire, ne peut se prévaloir devant la Cour de cassation, de ce que la question n'a pas été posée dès lors qu'il n'a pas élevé d'incident contentieux, en application de l'article 352 du Code de procédure pénale, à la suite de la lecture des questions par le président* (Cass. CRIM. du 22 novembre 1995 – BCC n° 426).

Article 353. – Lecture de l'instruction – *(Loi n° 2011-939 du 10 août 2011)*

• Avant que la cour d'assises se retire, le président donne lecture de l'instruction suivante, qui est, en outre, affichée en gros caractères, dans le lieu le plus apparent de la chambre des délibérations :

• « Sous réserve de l'exigence de motivation de la décision, la loi ne demande pas compte à chacun des juges et jurés composant la cour d'assises des moyens par lesquels ils se sont convaincus, elle ne leur prescrit pas de règles desquelles ils doivent faire particulièrement dépendre la plénitude et la suffisance d'une preuve ; elle leur prescrit de s'interroger eux-mêmes dans le silence et le recueillement et de chercher, dans la sincérité de leur conscience, quelle impression ont faites, sur leur raison, les preuves rapportées contre l'accusé, et les moyens de sa défense. La loi ne leur fait que cette seule question, qui renferme toute la mesure de leurs devoirs : "Avez-vous une intime conviction ?" »

Article 354. – Suspension de l'audience – Chambre des délibérations – *(Loi n° 2016-731 du 3 juin 2016)*

• Le président fait retirer l'accusé de la salle d'audience. Si l'accusé est libre, il lui enjoint de ne pas quitter le palais de justice pendant la durée du délibéré, en indiquant, le cas échéant, le ou les locaux dans lesquels il doit demeurer, et invite le chef du service d'ordre à veiller au respect de cette injonction. Si la longueur prévisible du délibéré le justifie, le président peut désigner tout lieu hors du palais de justice comme local dans lequel l'accusé devra demeurer.

• Il invite le chef du service d'ordre à faire garder les issues de la chambre des délibérations, dans laquelle nul ne pourra pénétrer, pour quelque cause que ce soit, sans autorisation du président.

• Le président déclare l'audience suspendue.

CHAPITRE VII
Du jugement

Section I
De la délibération de la cour d'assises

Article 355. – Chambre des délibérations – *(Loi n° 2016-731 du 3 juin 2016)*

• Les magistrats de la cour et les jurés se retirent dans la chambre des délibérations.

• Ils n'en peuvent sortir qu'après avoir pris leurs décisions.

• Si la longueur prévisible du délibéré le justifie, le président peut désigner tout lieu hors du palais de justice comme chambre des délibérations.

J • **Incendie volontaire d'un immeuble d'habitation – Mort et blessures – Chambre du conseil et chambre des délibérations**

CASSATION du pourvoi formé par M. J... G... contre l'arrêt de la cour d'assises du Tarn, en date du 12/10/2018, qui, sur renvoi après cassation, pour incendie volontaire d'un immeuble d'habitation ayant entraîné la mort et des blessures, l'a condamné à 25 ans de réclusion criminelle, fixé la période de sûreté à la moitié de la peine, et prononcé une mesure de confiscation, et contre l'arrêt du même jour, par lequel la cour a prononcé sur les intérêts civils.

En effet, d›une part, les deux expressions de chambre du conseil et de chambre des délibérations peuvent être indifféremment utilisées pour désigner un même lieu.

PAR CES MOTIFS, la Cour:

CASSE et ANNULE en toutes ses dispositions l'arrêt civil susvisé de la cour d'assises du Tarn, en date du 12/10/2018, les dispositions de l'arrêt pénal étant expressément maintenues;

Et pour qu'il soit à nouveau statué, conformément à la loi, dans les limites de la cassation ainsi prononcée;

RENVOIE la cause et les parties devant la cour d'appel d'AGEN, à ce désignée par délibération spéciale prise en chambre du conseil;

ORDONNE l'impression du présent arrêt, sa transcription sur les registres du greffe de la cour d'assises du Tarn et sa mention en marge ou à la suite de l'arrêt annulé.

(Cour de cassation – Chambre criminelle du 22 janvier 2020 – N° de pourvoi: 19-80122).

Article 356. – Délibération – *(Loi n° 2021-478 du 21 avril 2021)*

• La cour et le jury délibèrent, puis votent, par bulletins écrits et par scrutins distincts et successifs, sur le fait principal d'abord, et s'il y a lieu, sur les causes d'irresponsabilité pénale, sur chacune des circonstances aggravantes, sur les questions subsidiaires et sur chacun des faits constituant une cause légale d'exemption ou de diminution de la peine.

• La qualification d'inceste prévue aux articles 222-22-3 et 227-27-2-1 du Code pénal fait l'objet, s'il y a lieu, d'une question spécifique.

V • Code pénal – art. 222-31-2 – Inceste commis sur les mineurs
• Code pénal – art. 227-27-2 – Mise en péril des mineurs

Article 357. – Bulletin – *(Loi n° 72-1226 du 29 décembre 1972)*

• Chacun des magistrats et des jurés reçoit, à cet effet, un bulletin ouvert, marqué du timbre de la cour d'assises et portant ces mots: « sur mon honneur et en ma conscience, ma déclaration est... ».

• Il écrit à la suite ou fait écrire secrètement le mot « oui » ou le mot « non » sur une table disposée de manière que personne ne puisse voir le vote inscrit sur le bulletin. Il remet le bulletin écrit et fermé au président, qui le dépose dans une urne destinée à cet usage.

Article 358. – Dépouillement – *(Loi n° 92-1336 du 16 décembre 1992)*

• Le président dépouille chaque scrutin en présence des membres de la cour et du jury qui peuvent vérifier les bulletins. Il constate sur-le-champ le résultat du vote en marge ou à la suite de la question résolue.

• Les bulletins blancs, ou déclarés nuls par la majorité, sont comptés comme favorables à l'accusé.

• Immédiatement après le dépouillement de chaque scrutin, les bulletins sont brûlés.

Article 359. – Majorité des voix – *(Loi n° 2021-1729 du 22 décembre 2021)*

• Toute décision défavorable à l'accusé se forme à la majorité de 7 voix au moins lorsque la cour d'assises statue en 1er ressort et à la majorité de 8 voix au moins lorsque la cour d'assises statue en appel.

Article 360. – Déclaration – *(Loi n° 2000-516 du 15 juin 2000)*

• La déclaration, lorsqu'elle est affirmative, constate que la majorité de voix exigée par l'article 359 au moins a été acquise sans que le nombre de voix puisse être autrement exprimé.

Article 361. – Contradiction

• Au cas de contradiction entre deux ou plusieurs réponses, le président peut faire procéder à un nouveau vote.

Article 361-1. – Différents cas – *(Loi n° 2014-896 du 15 août 2014)*

• Si, lorsqu'il est fait application des dispositions de l'article 349-1, la cour d'assises a répondu positivement à la première question et négativement à la seconde question, elle déclare l'accusé coupable. Si elle a répondu négativement à la première question ou positivement à la seconde question, elle déclare l'accusé non coupable.

• Si elle a répondu positivement à la première question et positivement à la seconde question portant sur l'application des dispositions du premier alinéa de l'article 122-1 du Code pénal, il est fait application des articles 706-129 et suivants relatifs à la déclaration d'irresponsabilité pénale pour cause de trouble mental.

• Si la cour d'assises a répondu positivement à la première question et négativement à la seconde question portant sur l'application du premier alinéa de l'article 122-1 du Code pénal, doit être posée la question de l'application du second alinéa de ce même article.

Article 362. – Lecture aux jurés et dispositions du vote – *(Loi n° 2021-1729 du 22 décembre 2021)*

• En cas de réponse affirmative sur la culpabilité, le président donne lecture aux jurés des dispositions des articles 130-1, 132-1 et 132-18 du Code pénal; si les dispositions des 2 premiers alinéas de l'article 132-23 du même code sont applicables, le président les informe également des conséquences de la peine prononcée sur la période de sûreté et de la possibilité de la moduler. La cour d'assises délibère alors sans désemparer sur l'application de la peine. Le vote a lieu ensuite au scrutin secret, et séparément pour chaque accusé.

• La décision sur la peine se forme à la majorité absolue des votants. Toutefois, le maximum de la peine privative de liberté encourue ne peut être prononcé qu'à la majorité de 7 voix au moins lorsque la cour d'assises statue en 1er ressort et qu'à la majorité de 8 voix au moins lorsque la cour d'assises statue en appel. Si le maximum de la peine encourue n'a pas obtenu cette majorité, il ne peut être prononcé une peine supérieure à 30 ans de réclusion criminelle lorsque la peine encourue est la réclusion criminelle à perpétuité. Les mêmes règles sont applicables en cas de détention criminelle. Si la cour d'assises a répondu positivement à la question portant sur l'application des dispositions du 2d alinéa de l'article 122-1 du même code, les peines privatives de liberté d'une durée égale ou supérieure aux deux tiers de la peine initialement encourue ne peuvent être prononcées qu'à la majorité qualifiée prévue par la 2e phrase du présent alinéa.

• Si, après 2 tours de scrutin, aucune peine n'a réuni la majorité des suffrages, il est procédé à un 3e tour au cours duquel la peine la plus forte proposée au tour précédent est écartée. Si, à ce 3e tour, aucune peine n'a encore obtenu la majorité absolue des votes, il est procédé à un 4e tour et ainsi de suite, en continuant à écarter la peine la plus forte, jusqu'à ce qu'une peine soit prononcée.

• Lorsque la cour d'assises prononce une peine correctionnelle, elle peut ordonner à la majorité qu'il soit sursis à l'exécution de la peine avec ou sans probation.

• La cour d'assises délibère également sur les peines accessoires ou complémentaires.

• Dans les cas prévus par l'article 706-53-13, elle délibère aussi pour déterminer s'il y a lieu de se prononcer sur le réexamen de la situation du condamné avant l'exécution de la totalité de sa peine en vue d'une éventuelle rétention de sûreté conformément à l'article 706-53-14.

QPC • *Par une décision n° 2019-770 QPC du 29/03/2019, le Conseil constitutionnel a déclaré contraire à la Constitution la 1re phrase du 1er alinéa de l'article 362 du C.P.P., dans sa rédaction résultant de la loi n° 2014-896 du 15/08/2014 relative à l'individualisation des peines et renforçant l'efficacité des sanctions pénales. L'abrogation de ces dispositions est reportée au 31/03/2020.*

• *Conformément au III de l'article 59 de la loi n° 2021-1729 du 22/12/2021, ces dispositions entrent en vigueur le 1er jour du 3e mois suivant la publication de ladite loi.*

J • **Délibération commune de la Cour et du jury – Décision de la peine – Vote à la majorité de huit voix au moins – Domaine d'application – Interdiction des droits civiques, civils et de famille *(non)*.** – *La majorité qualifiée, imposée par l'article 362 du Code de procédure pénale pour le prononcé du maximum de la peine privative de liberté, n'a pas à être réunie pour l'application du maximum de la peine complémentaire de l'interdiction des droits civiques, civils et de famille prévue par l'article 131-26 du Code pénal* (Cass. CRIM. du 1er février 1995).

• **Questions – Feuille de questions – Mentions nécessaires que la décision a été prise à la majorité de huit voix au moins.** – *Selon l'article 362 du Code de procédure pénale, le maximum de la peine privative de liberté encourue ne peut être prononcée qu'à la majorité de 8 voix au moins. Il s'ensuit que la mention de cette majorité doit figurer sur la feuille des questions* (Cass. CRIM. du 6 décembre 1995 – BCC n° 424).

• **Délibération commune de la Cour et du jury – Vote à la majorité de huit voix au moins – Domaine d'application – Peine correctionnelle.** – *Il convient de noter que les disposition de l'article 362 du Code de procédure pénale imposant, pour le prononcé du maximum d'une peine privative de liberté, une majorité qualifiée de huit voix au moins, sont applicables, lorsque cette peine est de nature correctionnelle* (Cass. CRIM. du 29 octobre 1997 – BCC n° 465 du 1-02-1998).

• **Meurtre aggravé en récidive – Cour et jury – Motivation de la peine principale – Arrêt de condamnation – Mentions – Nom des jurés – Nécessité *(non)***

Contre l'arrêt de la cour d'assises du HAUT-RHIN, en date du 17 juin 2016, qui, pour meurtre aggravé en récidive, l'a condamné à trente ans de réclusion criminelle, ainsi que contre les arrêts du même jour par lesquels la cour lui a retiré l'autorité parentale et a prononcé sur les intérêts civils;

« alors que les arrêts sont déclarés nuls lorsqu'ils n'ont pas été rendus par le nombre de juges prescrits par la loi; que, depuis l'entrée en vigueur de la loi du n° 2016-731 du 3 juin 2016, l'article 296 du Code de procédure pénale prévoit que si le président de la cour d'assises désigne des jurés supplémentaires, ceux-ci assistent au délibéré sans y participer; qu'il en résulte que l'arrêt criminel doit mentionner le nom des neuf jurés ayant participé au délibéré, à peine de nullité; qu'il résulte du procès-verbal des débats que le président de la cour d'assises a fait désigner deux jurés supplémentaires; qu'il ne résulte pas de ce procès-verbal que ces jurés supplémentaires ne sont pas entrés dans la salle des délibérations; que l'arrêt criminel attaqué ne mentionne le nom des jurés ayant participé au vote pendant le délibéré; que dès lors, l'arrêt ne permet pas de s'assurer qu'il a été rendu par le seul jury composé de neuf membres, à l'exclusion des jurés supplémentaires, conformément aux articles 296, 356 et 592 du Code de procédure pénale «;

Attendu que, d'une part, aucune disposition légale n'impose à peine de nullité que le nom des jurés ayant participé au délibéré soit mentionné dans l'arrêt pénal, d'autre part, le secret du délibéré étant absolu, il doit être présumé, en l'absence d'énonciation contraire, que les jurés supplémentaires, admis à assister au délibéré sans y participer, en application des dispositions de l'article 296 du Code de procédure pénale, dans sa rédaction issue de la loi n° 2016-731 du 3 juin 2016, n'ont exprimé aucune opinion et n'ont pris part à aucun vote;

Attendu qu'en motivant par la nature et la gravité des faits commis par M. Y... sa décision d'ordonner le retrait total de l'autorité parentale exercée par celui-ci sur l'enfant mineur issu de ses relations avec la victime du crime de meurtre aggravé dont elle l'a déclaré coupable, la cour d'assises, qui n'a fait qu'user du pouvoir d'appréciation que lui confère l'article 378 du Code civil, a, sans méconnaître les dispositions conventionnelles invoquées, justifié sa décision;

D'où il suit que le moyen, inopérant en sa première branche, par suite du rejet du pourvoi formé contre l'arrêt pénal, doit être écarté;

Et attendu qu'aucun moyen n'est produit contre l'arrêt civil, que la procédure est régulière et que la peine a été légalement appliquée aux faits déclarés constants par la cour et le jury;

REJETTE le pourvoi.

Résumé: Aucune disposition légale n'impose à peine de nullité que le nom des jurés ayant participé au délibéré soit mentionné dans l'arrêt pénal.

(Cour de cassation – Chambre criminelle du 28 juin 2017 – N° de pourvoi: 16-85904).

Article 363. – Acquittement – Exemption de peine – *(Loi n° 92-1336 du 16 décembre 1992)*

• Si le fait retenu contre l'accusé ne tombe pas ou ne tombe plus sous l'application de la loi pénale, ou si l'accusé est déclaré non coupable, la cour d'assises prononce l'acquittement de celui-ci.

• Si l'accusé bénéficie d'une cause d'exemption de peine, la cour d'assises le déclare coupable et l'exempte de peine.

Article 364. – Mention des décisions prises

• Mention des décisions prises est faite sur la feuille de questions, qui est signée séance tenante par le président et par le premier juré désigné par le sort ou, s'il ne peut signer, par celui désigné par la majorité des membres de la cour d'assises.

J • **Questions – Pluralité d'accusés – Rédaction des questions pour chacun d'eux sur feuilles séparées – Effets.** – *Il y a rédaction sur feuille séparée pour chacun des accusés de questions soumises à la Cour et un jury ne saurait donner lieu à cassation, dès lors que ce procédé n'est pas prohibé par l'article 364 du Code de procédure pénale* (Cass. CRIM du 17 décembre 1997).

Article 365. – Réponses

• Les réponses de la cour d'assises aux questions posées sont irrévocables.

Article 365-1. – Motivation de l'arrêt – *(Loi n° 2019-222 du 23 mars 2019)*

• Le président ou l'un des magistrats assesseurs par lui désigné rédige la motivation de l'arrêt.

• En cas de condamnation, la motivation consiste dans l'énoncé des principaux éléments à charge qui, pour chacun des faits reprochés à l'accusé, ont convaincu la cour d'assises et qui ont été exposés au cours des délibérations menées par la cour et le jury en application de l'article 356, préalablement aux votes sur les questions. La motivation consiste également dans l'énoncé des principaux éléments ayant convaincu la cour d'assises dans le choix de la peine, au vu des éléments exposés au cours de la délibération prévue à l'article 362. L'application des dispositions du 3e alinéa de l'article 706-53-13 est également motivée. La motivation des peines complémentaires obligatoires, de la peine de confiscation du produit ou de l'objet de l'infraction ou des obligations particulières du sursis probatoire n'est pas nécessaire.

• Lorsqu'en raison de la particulière complexité de l'affaire, liée au nombre des accusés ou des crimes qui leur sont reprochés, il n'est pas possible de rédiger immédiatement la feuille de motivation, celle-ci doit alors être rédigée, versée au dossier et déposée au greffe de la cour d'assises au plus tard dans un délai de 3 jours à compter du prononcé de la décision.

Nota : Conformément aux dispositions du XIV de l'article 109 de la loi n° 2019-222 du 23/03/2019, ces dispositions entrent en vigueur le 01/03/2019. Jusqu'à l'entrée en vigueur de l'article 80 de ladite loi, au 2e alinéa de l'article 365-1 du C.P.P. dans sa rédaction résultant du 6° du I de l'article 63 de la même loi, les mots : «sursis probatoire» sont remplacés par les mots : «sursis avec mise à l'épreuve».

J • **Meurtre – Inconstitutionnalité – CEDH – Motivation – peine**

Contre l'arrêt de la cour d'assises du MORBIHAN, en date du 29/06/2017, qui, pour meurtre, l'a condamné à 10 ans de réclusion criminelle, 8 ans de suivi socio-judiciaire et à une interdiction de porter une arme, ainsi que contre l'arrêt du même jour par lequel la cour a prononcé sur les intérêts civils;

Attendu que, d'une part, par décision du 02/03/2018, le Conseil constitutionnel a déclaré contraire à la Constitution l'article 365-1, 2e alinéa du code de procédure pénale; que cette décision a reporté au 01/03/2019 la date de cette abrogation et dit que les arrêts de cour d'assises rendus en dernier ressort avant la publication de cette décision et ceux rendus à l'issue d'un procès ouvert avant la même date ne peuvent être contestés sur le fondement de cette inconstitutionnalité; que M. X... a été condamné, par l'arrêt attaqué, avant la publication de la décision du Conseil constitutionnel, le 03/03/2018;

Que, d'autre part, il ne résulte d'aucune disposition de la Convention européenne des droits de l'homme que la cour d'assises, après avoir statué sur la culpabilité, soit tenue de motiver la peine qu'elle prononce.

(Cour de cassation – Chambre criminelle du 9 janvier 2019 – N° de pourvoi : 17-87070).

• **Incendie volontaire d'un immeuble d'habitation – Mort et blessures – Période de sûreté**

CASSATION du pourvoi formé par M. J... G... contre l'arrêt de la cour d'assises du Tarn, en date du 12/10/2018, qui, sur renvoi après cassation, pour incendie volontaire d'un immeuble d'habitation ayant entraîné la mort et des blessures, l'a condamné à 25 ans de réclusion criminelle, fixé la période de sûreté à la moitié de la peine, et prononcé une mesure de confiscation, et contre l'arrêt du même jour, par lequel la cour a prononcé sur les intérêts civils.

Elle n'avait pas à prononcer de délibération particulière pour fixer la période de sûreté à la moitié de la peine. En effet, en application de l'article 132-23 du C.P., en l'absence de délibération particulière de la cour d'assises, la période de sûreté était, en l'espèce, fixée à cette durée, une délibération spéciale n'étant nécessaire que pour la réduire ou la porter aux deux-tiers de la peine. Aucune obligation de motiver la durée de la période de sûreté de plein droit ne résulte d'une disposition de la loi, ni des décisions du Conseil constitutionnel n° *2018-742 QPC* du 26/10/2018 et n° *2019-770 QPC* du 29/03/2019.

PAR CES MOTIFS, la Cour :

CASSE et ANNULE en toutes ses dispositions l'arrêt civil susvisé de la cour d'assises du Tarn, en date du 12/10/2018, les dispositions de l'arrêt pénal étant expressément maintenues;

Et pour qu'il soit à nouveau statué, conformément à la loi, dans les limites de la cassation ainsi prononcée;

RENVOIE la cause et les parties devant la cour d'appel d'AGEN, à ce désignée par délibération spéciale prise en chambre du conseil;

ORDONNE l'impression du présent arrêt, sa transcription sur les registres du greffe de la cour d'assises du Tarn et sa mention en marge ou à la suite de l'arrêt annulé.

(Cour de cassation – Chambre criminelle du 22 janvier 2020 – N° de pourvoi : 19-80122).

Section II

De la décision sur l'action publique

Article 366. – Cour d'assises – Audience – *(Loi n° 2021-1729 du 22 décembre 2021)*

• La cour d'assises rentre ensuite dans la salle d'audience. Le président fait comparaître l'accusé, donne lecture des réponses faites aux questions, et prononce l'arrêt portant condamnation, absolution ou acquittement.

• Les textes de loi dont il est fait application sont lus à l'audience par le président; il est fait mention de cette lecture dans l'arrêt.

• La lecture des textes de loi et des réponses faites aux questions n'est pas obligatoire si l'accusé ou son défenseur y renonce.

J • **Tortures ou actes de barbarie – Cour d'assises – Prononcé de l'arrêté pénal – Absence des parties civiles et des avocats**

Contre l'arrêt de la cour d'assises de l'AISNE, en date du 7 décembre 2016, qui, pour torture ou actes de barbarie ayant entraîné une infirmité permanente, l'a condamné à vingt ans de réclusion criminelle avec période de sûreté fixée aux deux-tiers de la peine et dix ans de suivi socio-judiciaire;

Attendu que M. X..., ayant épuisé par l'exercice qu'il en avait fait par son avocat le 9 décembre 2016, le droit de se pourvoir contre l'arrêt attaqué, était irrecevable à se pourvoir à nouveau le 12 décembre 2016 contre la même décision; que seul est recevable le pourvoi formé le 9 décembre 2016;

«en ce que l'arrêt attaqué a déclaré M. Mohamed X... coupable d'actes de torture et de barbarie sur M. Y..., l'a condamné à une peine de vingt ans de réclusion criminelle, dont deux tiers de période de sûreté, et a ordonné un suivi socio-judiciaire d'une durée de dix ans; qu'aux énonciations que le 7 décembre 2016 à 19 heures 05, lorsque l'audience a été reprise pour l'énoncé du délibéré, «la cour et les neuf jurés sont rentrés dans la salle d'audience, où étaient présents le même représentant du ministère public, le même greffier et les avocats de l'accusé; que le président a fait comparaître l'accusé et en sa présence a, en audience publique, donné lecture des réponses faites aux questions (...) ; que le président a ensuite prononcé l'arrêt portant condamnation en faisant mention des textes de loi dont il était fait application» (procès-verbal des débats, p. 12);

«alors que la décision de la cour d'assises doit être lue en présence de l'accusé, du représentant du ministère public et des parties civiles régulièrement constituées; qu'au cas d'espèce, il résulte du procès-verbal des débats de la cour d'assises que les consorts Y... se sont constitués parties civiles au début de l'audience et ont été présents durant l'ensemble des débats; qu'il résulte du même procès-verbal que l'arrêt de la cour d'assises a été rendu en l'absence des parties civiles et de leurs conseils, sans qu'aucune explication ne soit donnée sur les raisons de cette absence»;

Attendu que le demandeur ne saurait se faire un grief de l'absence des parties civiles et de leurs avocats lors du prononcé de l'arrêt pénal de la cour d'assises dès lors que l'article 386, alinéa 1er, du Code de procédure pénale ne prévoit pas leur présence;

D'où il suit que le moyen n'est pas fondé;

Et attendu que la procédure est régulière et que la peine a été légalement appliquée aux faits déclarés constants par la cour et le jury;

Par ces motifs:

I- Sur le pourvoi formé le 12 décembre 2016:

Le DÉCLARE IRRECEVABLE;

II- Sur le pourvoi formé le 9 décembre 2016:

Le REJETTE;

(Cour de cassation – Chambre criminelle du 2 novembre 2017 – N° de pourvoi: 17-80169).

Article 367. – Exemption – Acquittement – *(Loi n° 2021-1729 du 22 décembre 2021)*

• Si l'accusé est exempté de peine ou acquitté, s'il est condamné à une peine autre qu'une peine ferme privative de liberté, ou s'il est condamné à une peine ferme privative de liberté couverte par la détention provisoire, il est mis immédiatement en liberté s'il n'est retenu pour autre cause.

• Dans les autres cas, tant que l'arrêt n'est pas définitif et, le cas, si l'accusé est condamné à une peine de réclusion criminelle échéant, pendant l'instance d'appel, l'arrêt de la cour d'assises vaut titre de détention jusqu'à ce que la durée de détention ait atteint celle de la peine prononcée, sans préjudice pour l'accusé de son droit à demander sa mise en liberté conformément aux dispositions des articles 148-1 et 148-2. Lorsque l'accusé n'est pas détenu au moment où l'arrêt est rendu et qu'il est condamné à une peine d'emprisonnement, la cour peut, par décision spéciale et motivée, décider de décerner mandat de dépôt, à effet immédiat ou différé, si les éléments de l'espèce justifient une mesure particulière de sûreté.

• La cour peut, par décision spéciale et motivée, décider de décerner mandat de dépôt contre la personne renvoyée pour délit connexe qui n'est pas détenue au moment où l'arrêt est rendu, si la peine prononcée est supérieure ou égale à 1 an d'emprisonnement et si les éléments de l'espèce justifient une mesure particulière de sûreté. Si la peine prononcée est supérieure à 6 mois, la cour peut également prononcer un mandat de dépôt à effet différé.

• Les sanctions pénales prononcées en application des articles 131-6 à 131-11 du Code pénal peuvent être déclarées exécutoires par provision.

Article 368. – Personne acquittée

• Aucune personne acquittée légalement ne peut plus être reprise ou accusée à raison des mêmes faits, même sous une qualification différente.

Article 369. – Conduite devant le procureur de la République

• Lorsque dans le cours des débats des charges sont relevées contre l'accusé à raison d'autres faits, et lorsque le ministère public a fait des réserves aux fins de poursuites, le président ordonne que l'accusé acquitté soit, par la force publique, conduit sans délai devant le procureur de la République du siège de la cour d'assises qui doit immédiatement requérir l'ouverture d'une information.

Article 370. – Information de l'accusé – *(Loi n° 2000-516 du 15 juin 2000)*

• Après avoir prononcé l'arrêt, le président avertit, s'il y a lieu, l'accusé de la faculté qui lui est accordée, selon les cas, d'interjeter appel ou de se pourvoir en cassation et lui fait connaître le délai d'appel ou de pourvoi.

Section III

De la décision sur l'action civile

Article 371. – Dommages et intérêts

• Après que la cour d'assises s'est prononcée sur l'action publique, la cour, sans l'assistance du jury, statue sur les demandes en dommages-intérêts formées soit par la partie civile contre l'accusé, soit par l'accusé acquitté contre la partie civile, après que les parties et le ministère public ont été entendus.

• La cour peut commettre l'un de ses membres pour entendre les parties, prendre connaissance des pièces et faire son rapport à l'audience, où les parties peuvent encore présenter leurs observations et où le ministère public est ensuite entendu.

Article 371-1. – Mise en délibéré – *(Ordonnance n° 2019-964 du 18 septembre 2019)*

• La cour peut mettre en délibéré sa décision sur l'action civile.

• Elle peut également, après avoir recueilli les observations des parties, renvoyer cette décision à une audience ultérieure dont elle fixe la date. Ce renvoi est de droit à la demande des parties civiles.

• L'audience sur les intérêts civils a lieu au tribunal judiciaire dans le ressort duquel se sont tenues les assises.

• Sauf si la partie civile ou l'accusé a sollicité lors du renvoi le bénéfice de la collégialité, le président de la cour d'assises statue seul et peut prendre les décisions prévues à la présente section.

• L'audience est publique. La présence du ministère public n'est pas obligatoire.

Article 372. – Demande de réparation du dommage – *(Loi n° 92-1336 du 16 décembre 1992)*

• La partie civile, dans le cas d'acquittement comme dans celui d'exemption de peine, peut demander réparation du dommage résultant de la faute de l'accusé, telle qu'elle résulte des faits qui sont l'objet de l'accusation.

Article 373. – Restitution des objets – *(Loi n° 2016-731 du 3 juin 2016)*

• La cour peut ordonner d'office, d'office ou sur demande d'une partie ou de toute personne intéressée, la restitution des objets placés sous la main de la justice. Toutefois, s'il y a eu condamnation, cette restitution n'est effectuée que si son bénéficiaire justifie que le condamné a laissé passer les délais sans se pourvoir en cassation, ou s'il s'est pourvu, que l'affaire est définitivement jugée.

• La cour peut refuser la restitution lorsque celle-ci présente un danger pour les personnes ou les biens ou lorsque le bien saisi est l'instrument ou le produit direct ou indirect de l'infraction.

• En cas de demande de restitution émanant d'une personne autre que les parties, seuls les procès-verbaux relatifs à la saisie des biens peuvent lui être communiqués.

Article 373-1. – Confiscation de bien – *(Loi n° 2010-768 du 9 juillet 2010)*

• En cas de condamnation à une peine de confiscation portant sur un bien qui n'est pas sous main de justice, la cour statuant sans l'assistance des jurés peut, afin de garantir l'exécution de cette peine, ordonner la saisie, aux frais avancés du Trésor, du bien confisqué.

• La cour peut également autoriser la remise à l'Agence de gestion et de recouvrement des avoirs saisis et confisqués, en vue de leur aliénation, des biens meubles confisqués dont elle ordonne la saisie, lorsque ces biens ne sont plus nécessaires à la manifestation de la vérité et que leur conservation serait de nature à en diminuer la valeur. Dans ce cas le produit de la vente est consigné.

• La décision de la cour est exécutoire nonobstant l'appel qui peut être formé contre la condamnation et, le cas échéant, le caractère non avenu de l'arrêt en phase d'appel prévu à l'article 379-4. Toutefois, le président de la chambre de l'instruction peut ordonner, à la requête du procureur général ou à la demande d'une des parties, la mainlevée totale ou partielle de ces mesures, par décision spéciale et motivée.

• Les arrêts d'acquittement ou qui ne confirment pas la confiscation du bien emportent de plein droit mainlevée de la saisie aux frais avancés du Trésor ou, si le propriétaire en fait la demande, restitution du produit de la vente.

Article 374. – Exécution provisoire de la décision – *(Loi n° 2000-1354 du 30 décembre 2000)*

• Lorsqu'elle statue en premier ressort, la cour peut ordonner l'exécution provisoire de sa décision, si celle-ci a été demandée, sans préjudice des dispositions de l'article 380-8.

• Toutefois, l'exécution provisoire des mesures d'instruction est de droit.

Article 375. – Condamnation – *(Loi n° 2021-1729 du 22 décembre 2021)*

• La cour condamne l'auteur de l'infraction à payer à la partie civile la somme qu'elle détermine, au titre des frais non payés par l'État et exposés par celle-ci. Les parties peuvent produire les justificatifs des sommes qu'elles demandent et la cour tient compte de l'équité ou de la situation économique de la partie condamnée. Elle peut, même d'office, pour des raisons tirées des mêmes considérations, dire qu'il n'y a pas lieu à cette condamnation.

Article 375-1. – Partie civile – *(Loi n° 81-82 du 2 février 1981)*

• La partie civile est assimilée au témoin en ce qui concerne le paiement des indemnités, sauf décision contraire du tribunal.

Article 375-2. – Personnes condamnées pour un même crime – *(Loi n° 94-89 du 1er février 1994)*

• Les personnes condamnées pour un même crime sont tenues solidairement des restitutions et des dommages-intérêts.

• En outre, la cour peut, par décision spéciale et motivée, ordonner que l'accusé qui s'est entouré de coauteurs ou de complices insolvables sera tenu solidairement des amendes.

J • ***Infractions connexes ou indivisibles – Recel de malfaiteurs et coups mortels*** – *Doivent répondre solidairement avec l'auteur du crime de coups mortels des réparations civiles allouées aux ayants droit de la victime ceux qui ont sciemment recelé l'auteur principal du crime, et ce, par l'application combinée de l'article 55 du Code pénal alors en vigueur, auquel s'est substitué l'article 375-2 du Code de procédure pénale, et de l'article 203 de ce dernier Code.* (Cass. CRIM. du 4 janvier 1995 – B.C.C. n° 406).

Section IV

De l'arrêt et du procès-verbal

Article 376. – Greffier – Arrêt – *(Loi n° 2011-525 du 17 mai 2011)*

• Le greffier écrit l'arrêt ; les textes de lois appliqués y sont indiqués.

J • **Défaut de motifs – Éléments constitutifs de l'infraction nécessaires.** – *Doit être cassé l'arrêt qui se limite à adopter les motifs du jugement se bornant à énoncer que les faits sont établis, sans les énoncer et sans préciser l'existence des circonstances exigées par la loi pour que ces faits soient punissables* (Cass. CRIM. du 6-3-1996 – BCC n° 433).

Article 377. – Arrêts – Mention

• La minute de l'arrêt rendu après délibération de la cour d'assises ainsi que la minute des arrêts rendus par la cour sont signées par le président et le greffier.

• Tous ces arrêts doivent porter mention de la présence du ministère public.

Article 378. – Procès-verbal

• Le greffier dresse, à l'effet de constater l'accomplissement des formalités prescrites, un procès-verbal qui est signé par le président et par ledit greffier.

• Le procès-verbal est dressé et signé dans le délai de trois jours au plus tard du prononcé de l'arrêt.

Article 379. – Mentions – *(Ordonnance n° 60-529 du 04 juin 1960)*

• À moins que le président n'en ordonne autrement d'office ou sur la demande du ministère public ou des parties, il n'est fait mention au procès-verbal, ni des réponses des accusés, ni du contenu des dépositions, sans préjudice, toutefois, de l'exécution de l'article 333 concernant les additions, changements ou variations dans les déclarations des témoins.

J • **Débats – Procès-verbal – Mentions questions posées à l'accusé – Nullité *(non)*.** – *L'article 379 du Code de procédure pénale, qui ne prohibe que la mention, au procès-verbal des débats, des réponses de l'accusé ou du contenu des dépositions, n'est pas applicable à la mention de questions posées à l'accusé et qui, au surplus, ne sont pas de nature à préjuger de son éventuelle culpabilité* (Cass. CRIM. du 19-91996 – n° 96-81-198).

Article 379-1. – Minutes des arrêts rendus – *(Ordonnance n° 2019-964 du 18 septembre 2019)*

• Les minutes des arrêts rendus par la cour d'assises sont réunies et déposées au greffe du tribunal judiciaire, siège de ladite cour.

• Toutefois, les minutes des arrêts rendus par la cour d'assises du département où siège la cour d'appel restent déposées au greffe de ladite cour.

CHAPITRE VIII
Du défaut en matière criminelle

Article 379-2. – Jugement par défaut – *(Loi n° 2016-731 du 3 juin 2016)*

• L'accusé absent sans excuse valable à l'ouverture de l'audience est jugé par défaut conformément aux dispositions du présent chapitre. Il en est de même lorsque l'absence de l'accusé est constatée au cours des débats et qu'il n'est pas possible de les suspendre jusqu'à son retour.

• Toutefois, la cour peut également décider de renvoyer l'affaire à une session ultérieure, après avoir décerné mandat d'arrêt contre l'accusé si un tel mandat n'a pas déjà été décerné.

• Les dispositions du présent chapitre ne sont pas applicables dans les cas prévus par les articles 320 et 322. Elles ne sont pas non plus applicables si l'absence du condamné au cours des débats est constatée alors que les interrogatoires de l'accusé sur les faits et sur sa personnalité ont déjà été réalisés ; dans ce cas, le procès se poursuit jusqu'à son terme, conformément aux chapitres VI et VII du présent titre, à l'exception des dispositions relatives à la présence de l'accusé, son avocat continuant d'assurer la défense de ses intérêts ; si l'accusé est condamné à une peine ferme privative de liberté non couverte par la détention provisoire, la cour décerne mandat d'arrêt contre l'accusé, sauf si ce mandat a déjà été décerné. Les délais d'appel ou de pourvoi en cassation courent à partir de la date à laquelle l'arrêt est porté à la connaissance de l'accusé.

Article 379-3. – La cour – *(Loi n° 2004-204 du 9 mars 2004)*

• La cour examine l'affaire et statue sur l'accusation sans l'assistance des jurés, sauf si sont présents d'autres accusés jugés simultanément lors des débats, ou si l'absence de l'accusé a été constatée après le commencement des débats.

• Si un avocat est présent pour assurer la défense des intérêts de l'accusé, la procédure se déroule conformément aux dispositions des articles 306 à 379-1, à l'exception des dispositions relatives à l'interrogatoire ou à la présence de l'accusé.

• En l'absence d'avocat pour assurer la défense des intérêts de l'accusé, la cour statue sur l'accusation après avoir entendu la partie civile ou son avocat et les réquisitions du ministère public.

• En cas de condamnation à une peine ferme privative de liberté, la cour décerne mandat d'arrêt contre l'accusé, sauf si celui-ci a déjà été décerné.

Article 379-4. – Constitution prisonnier – Arrestation – *(Loi n° 2016-731 du 3 juin 2016)*

• Si l'accusé condamné dans les conditions prévues par l'article 379-3 se constitue prisonnier ou s'il est arrêté avant que la peine soit éteinte par la prescription, l'arrêt de la cour d'assises est non avenu dans toutes ses dispositions et il est procédé à son égard à un nouvel examen de son affaire par la cour d'assises conformément aux dispositions des articles 269 à 379-1.

• Le mandat d'arrêt délivré contre l'accusé en application de l'article 379-3 ou décerné avant l'arrêt de condamnation vaut mandat de dépôt et l'accusé demeure détenu jusqu'à sa comparution devant la cour d'assises, qui doit intervenir dans le délai prévu par l'article 181 à compter de son placement en détention, faute de quoi il est immédiatement remis en liberté.

• Dans un délai d'un mois à compter de la date de son arrestation ou de sa constitution de prisonnier, l'accusé condamné peut toutefois acquiescer à l'arrêt de la cour d'assises et renoncer, en présence de son avocat, au nouvel examen de son affaire. La renonciation est constatée par le président de la cour d'assises, le cas échéant selon la procédure prévue par l'article 706-71. Les délais d'appel ou de pourvoi courent à compter de la notification au parquet ou de la signification aux parties de la constatation de cette renonciation.

Article 379-5. – Personne condamnée par défaut – *(Loi n° 2004-204 du 9 mars 2004)*

• L'appel n'est pas ouvert à la personne condamnée par défaut.

Article 379-6. – Délits connexes – *(Loi n° 2004-204 du 9 mars 2004)*

• Les dispositions du présent chapitre sont applicables aux personnes renvoyées pour délits connexes. La cour peut toutefois, sur réquisitions du ministère public et après avoir entendu les observations des parties, ordonner la disjonction de la procédure les concernant. Ces personnes sont alors considérées comme renvoyées devant le tribunal correctionnel et peuvent y être jugées par défaut.

Article 379-7. – Absence de l'accusé – *(Loi n° 2016-731 du 3 juin 2016)*

• Le présent chapitre n'est pas applicable lorsque l'absence de l'accusé, sans excuse valable, est constatée à l'ouverture de l'audience ou, à tout moment, au cours des débats, devant la cour d'assises désignée à la suite de l'appel formé par l'accusé.

• Dans ce cas, le procès se déroule ou se poursuit jusqu'à son terme, conformément aux chapitres VI et VII du présent titre, à l'exception des dispositions relatives à l'interrogatoire et à la présence de l'accusé, en présence de l'avocat de l'accusé qui assure la défense de ses intérêts.

• Si l'accusé est condamné à une peine ferme privative de liberté non couverte par la détention provisoire, la cour décerne mandat d'arrêt contre l'accusé, sauf si ce mandat a déjà été décerné.

• Le délai de pourvoi en cassation court à partir de la date à laquelle l'arrêt est porté à la connaissance de l'accusé.

CHAPITRE IX

De l'appel des décisions rendues par la cour d'assises en premier ressort

Section I

Dispositions générales

Article 380-1. – Appel – *(Loi n° 2016-731 du 3 juin 2016)*

• Les arrêts de condamnation rendus par la cour d'assises en premier ressort peuvent faire l'objet d'un appel dans les conditions prévues par le présent chapitre.

• Cet appel est porté devant une autre cour d'assises qui procède au réexamen de l'affaire selon les modalités et dans les conditions prévues par les chapitres II à VIII du présent titre.

J **• Cour d'assises – Appel – Réexamen de l'affaire**

M. [C] [A] a formé un pourvoi contre l'arrêt de la cour d'assises de l'ISÈRE (38), en date du 23/11/2020, par lequel la cour statuant seule a prononcé sur les intérêts civils.

Il résulte des dispositions combinées des articles 380-1 et 380-14 du C.P.P. que la cour d'assises, statuant en appel, procède à un réexamen de l'affaire; la cour statuant sur l'action civile ne peut ni confirmer ni infirmer la décision rendue en premier ressort, ni renvoyer aux premiers juges, lesquels sont dessaisis, l'examen d'une demande sur laquelle ils n'avaient pas définitivement statué.

(Cour de cassation – Chambre criminelle du 2 février 2022 – N° de pourvoi: 21-80.310).

Article 380-2. – Faculté d'appeler – *(Loi n° 2002-307 du 4 mars 2002)*

• La faculté d'appeler appartient:

• 1° À l'accusé;

• 2° Au ministère public;

• 3° À la personne civilement responsable, quant à ses intérêts civils;

• 4° À la partie civile, quant à ses intérêts civils;

• 5° En cas d'appel du ministère public, aux administrations publiques, dans les cas où celles-ci exercent l'action publique.

• Le procureur général peut également faire appel des arrêts d'acquittement.

Article 380-2-1. – Information de la partie civile – *(Loi n° 2011-939 du 10 août 2011)*

• Même lorsqu'elle n'a pas interjeté appel, la partie civile est avisée par tout moyen de la date à laquelle l'affaire est appelée à l'audience.

Article 380-2-1 A. – Appel – Décision sur la peine – *(Loi n° 2019-222 du 23 mars 2019)*

• L'appel formé par l'accusé ou le ministère public peut indiquer qu'il ne conteste pas les réponses données par la cour d'assises sur la culpabilité et qu'il est limité à la décision sur la peine.

• Dans ce cas, seuls sont entendus devant la cour d'assises statuant en appel les témoins et experts dont la déposition est nécessaire afin d'éclairer les assesseurs et les jurés sur les faits commis et la personnalité de l'accusé, sans que soient entendues les personnes dont la déposition ne serait utile que pour établir sa culpabilité.

• Lorsque la cour d'assises se retire pour délibérer, les dispositions relatives aux questions sur la culpabilité ne sont pas applicables.

Article 380-3. – Cour d'assises – Appel sur l'action publique – *(Loi n° 2000-516 du 15 juin 2000)*

• La cour d'assises statuant en appel sur l'action publique ne peut, sur le seul appel de l'accusé, aggraver le sort de ce dernier.

Article 380-3-1. – Comparution de l'accusé – *(Loi n° 2019-222 du 23 mars 2019)*

• L'accusé doit comparaître devant la cour d'assises statuant en appel sur l'action publique dans un délai d'un an à compter soit de l'appel, si l'accusé est détenu, soit de la date à laquelle l'accusé a été ultérieurement placé en détention provisoire en application de la décision rendue en 1er ressort.

• Toutefois, si l'audience sur le fond ne peut se tenir avant l'expiration de ce délai, le président de la chambre de l'instruction peut, à titre exceptionnel, par une décision mentionnant les raisons de fait ou de droit faisant obstacle au jugement de l'affaire, ordonner la prolongation de la détention pour une nouvelle durée de 6 mois. La comparution de l'accusé est de droit si lui-même ou son avocat en font la demande. Cette prolongation peut être renouvelée une fois dans les mêmes formes. La durée de 6 mois prévue au présent alinéa est portée à un an en cas de poursuites pour crime contre l'humanité ou pour un crime constituant un acte de terrorisme.

• Si l'accusé n'a pas comparu devant la cour d'assises avant l'expiration des délais prévus au présent article, il est remis immédiatement en liberté s'il n'est pas détenu pour une autre cause.

Nota : Conformément à l'article 109 XV de la loi n° 2019-222 du 23/03/2019, les dispositions de l'article 380-3-1, dans sa rédaction résultant de l'article 63 de la présente loi, sont applicables aux procédures dans lesquelles l'appel a été formé postérieurement à l'entrée en vigueur de ces dispositions

Article 380-4. – Sursis à l'exécution de l'arrêt sur l'action publique – *(Loi n° 2011-525 du 17 mai 2011)*

• Pendant les délais d'appel et durant l'instance d'appel, il est sursis à l'exécution de l'arrêt sur l'action publique.

• Toutefois, l'arrêt de la cour d'assises continue de produire ses effets à l'encontre de la personne condamnée à une peine privative de liberté conformément aux dispositions du deuxième alinéa de l'article 367.

Article 380-5. – Cour d'assises non saisie de l'appel formé – Action publique – *(Loi n° 2000-516 du 15 juin 2000)*

• Lorsque la cour d'assises n'est pas saisie de l'appel formé contre le jugement rendu sur l'action publique, l'appel formé par une partie contre le seul jugement rendu sur l'action civile est porté devant la chambre des appels correctionnels. Les articles 380-14 et 380-15 ne sont pas applicables.

Article 380-6. – Cour d'assises – Appel sur l'action civile – *(Loi n° 2000-516 du 15 juin 2000)*

• La cour d'assises statuant en appel sur l'action civile ne peut, sur le seul appel de l'accusé, du civilement responsable ou de la partie civile, aggraver le sort de l'appelant.

• La partie civile ne peut, en cause d'appel, former aucune demande nouvelle ; toutefois, elle peut demander une augmentation des dommages et intérêts pour le préjudice souffert depuis la première décision. Même lorsqu'il n'a pas été fait appel de la décision sur l'action civile, la victime constituée partie civile en premier ressort peut exercer devant la cour d'assises statuant en appel les droits reconnus à la partie civile jusqu'à la clôture des débats ; elle peut également demander l'application des dispositions du présent alinéa, ainsi que de celle de l'article 375.

J • **Incendie volontaire d'un immeuble d'habitation – Mort et blessures – Parties civiles – Augmentation des dommages et intérêts**

CASSATION du pourvoi formé par M. J .. G... contre l'arrêt de la cour d'assises du Tarn, en date du 12/10/2018, qui, sur renvoi après cassation, pour incendie volontaire d'un immeuble d'habitation ayant entraîné la mort et des blessures, l'a condamné à 25 ans de réclusion criminelle, fixé la période de sûreté à la moitié de la peine, et prononcé une mesure de confiscation, et contre l'arrêt du même jour, par lequel la cour a prononcé sur les intérêts civils.

Selon ce texte, la cour d'assises, statuant en appel sur l'action civile, ne peut sur le seul appel de l'accusé, du civilement responsable ou de la partie civile aggraver le sort de l'appelant. La partie civile ne peut, en cause d'appel, former aucune demande nouvelle; toutefois, elle peut demander une augmentation des dommages et intérêts pour le préjudice souffert depuis la précédente décision.

La Cour de cassation interprète cette disposition comme permettant à la victime, constituée partie civile en 1re instance, non appelante, de demander une augmentation des dommages et intérêts pour le préjudice subi depuis la 1re décision (Crim., 10 juin 2015, pourvoi n° 14-84.345). Mais l'arrêt civil de la cour d'assises, statuant en appel, qui accorde à une partie civile des dommages et intérêts sans préciser qu'ils réparent un préjudice souffert depuis la décision de première instance encourt la cassation (Crim., 10 mai 2012, pourvoi n° 11-81.437, Bull. 2012, n° 114; Crim., 15 avril 2015, pourvoi n° 13-88.519).

PAR CES MOTIFS, la Cour:

CASSE et ANNULE en toutes ses dispositions l'arrêt civil susvisé de la cour d'assises du Tarn, en date du 12/10/2018, les dispositions de l'arrêt pénal étant expressément maintenues;

Et pour qu'il soit à nouveau statué, conformément à la loi, dans les limites de la cassation ainsi prononcée;

RENVOIE la cause et les parties devant la cour d'appel d'AGEN, à ce désignée par délibération spéciale prise en chambre du conseil;

ORDONNE l'impression du présent arrêt, sa transcription sur les registres du greffe de la cour d'assises du Tarn et sa mention en marge ou à la suite de l'arrêt annulé.

(Cour de cassation – Chambre criminelle du 22 janvier 2020 – N° de pourvoi : 19-80122).

• **Association de malfaiteurs – Constitution partie civile – Appel**

M. [R] [F] et M. [C] [Y] ont formé des pourvois contre l'arrêt de la cour d'assises des BOUCHES-DU-RHÔNE (13), statuant comme juridiction interrégionale spécialisée, en date du 12/02/2021, qui a condamné, le 1er, pour meurtre en bande organisée en récidive, à 25 ans de réclusion criminelle, le 2d, pour association de malfaiteurs en récidive, à 12 ans d'emprisonnement (pourvois n° Z 21-82.009), ainsi que contre l'arrêt en date du 08/03/2021 par lequel la cour a prononcé sur les intérêts civils (pourvois n° K 21-82.065).

13. Tandis qu'il ressort du procès-verbal des débats de 1re instance qu'aucune partie civile ne s'est constituée, celui relatant les débats en appel, mentionne que la présidente de la cour d'assises a donné acte à Mme [S] de sa constitution de partie civile, après avoir entendu chacune des parties et les accusés, qui ont eu la parole en dernier, et qu'aucune observation n'a été soulevée. Il résulte de ce même procès-verbal des débats que Mme [S] a participé aux débats et qu'elle a été entendue en qualité de partie civile, sans prestation de serment.

14. En cet état, à défaut pour le demandeur au pourvoi ou toute autre partie au procès de s'être opposé à cette constitution de partie civile par une demande de donner acte ou en soulevant un incident, la contestation de la recevabilité de cette constitution de partie civile en application de l'article 380-6 du C.P.P. ne peut être présentée pour la 1re fois devant la Cour de cassation.

(Cour de cassation – Chambre criminelle du 2 février 2022 – N° de pourvoi : 21-82.009).

Article 380-7. – Sursis à l'exécution de l'arrêt sur l'action civile – *(Loi n° 2000-516 du 15 juin 2000)*

• Pendant les délais d'appel et durant l'instance d'appel, il est sursis à l'exécution de l'arrêt sur l'action civile, sous réserve des dispositions de l'article 374.

Article 380-8. – Dommages-intérêts – *(Loi n° 2000-516 du 15 juin 2000)*

• Lorsque la cour d'assises statuant en premier ressort sur l'action civile a ordonné le versement provisoire, en tout ou en partie, des dommages-intérêts alloués, cette exécution provisoire peut être arrêtée, en cause d'appel, par le premier président, statuant en référé si elle risque d'entraîner des conséquences manifestement excessives. Le premier président peut subordonner la suspension de l'exécution provisoire à la constitution d'une garantie, réelle ou personnelle, suffisante pour répondre de toutes restitutions ou réparations.

• Lorsque l'exécution provisoire a été refusée par la cour statuant sur l'action civile ou lorsque l'exécution provisoire n'a pas été demandée, ou si, l'ayant été, la cour a omis de statuer, elle peut être accordée, en cas d'appel, par le premier président statuant en référé.

• Pour l'application des dispositions du présent article, est compétent le premier président de la cour d'appel dans le ressort de laquelle siège la cour d'assises désignée pour connaître de l'affaire en appel.

Section II
Délais et formes de l'appel

Article 380-9. – Délai d'appel – *(Loi n° 2000-516 du 15 juin 2000)*

• L'appel est interjeté dans le délai de dix jours à compter du prononcé de l'arrêt.

• Toutefois, le délai ne court qu'à compter de la signification de l'arrêt, quel qu'en soit le mode, pour la partie qui n'était pas présente ou représentée à l'audience où le jugement a été prononcé, mais seulement dans le cas où elle-même ou son représentant n'auraient pas été informés du jour où l'arrêt serait prononcé.

Article 380-10. – Délai supplémentaire – *(Loi n° 2000-516 du 15 juin 2000)*

• En cas d'appel d'une partie, pendant les délais ci-dessus, les autres parties ont un délai supplémentaire de cinq jours pour interjeter appel.

Article 380-11. – Désistement de l'appel – *(Loi n° 2021-401 du 8 avril 2021)*

• L'accusé peut se désister de son appel jusqu'à son interrogatoire par le président prévu par l'article 272.

• Ce désistement rend caducs les appels incidents formés par le ministère public ou les autres parties.

• Dans tous les cas, le ministère public peut toujours se désister de son appel formé après celui de l'accusé en cas de désistement de celui-ci.

• Le désistement d'appel est constaté par ordonnance du 1er président de la cour d'appel ou du président de la chambre criminelle de la Cour de cassation, lorsque celle-ci est saisie en application de l'article 380-14, ou par ordonnance du président de la cour d'assises.

Article 380-12. – Déclaration d'appel – *(Loi n° 2011-94 du 25 janvier 2011)*

• La déclaration d'appel doit être faite au greffe de la cour d'assises qui a rendu la décision attaquée.

• Elle doit être signée par le greffier et par l'appelant lui-même, par un avocat, ou par un fondé de pouvoir spécial ; dans ce dernier cas, le pouvoir est annexé à l'acte dressé par le greffier. Si l'appelant ne peut signer, il en sera fait mention par le greffier.

• Elle est inscrite sur un registre public à ce destiné et toute personne a le droit de s'en faire délivrer une copie.

• Lorsque l'appel est formé par le procureur général et que le siège de la cour d'assises n'est pas celui de la cour d'appel, la déclaration d'appel, signée par le procureur général, est adressée sans délai, en original ou en copie, au greffe de la cour d'assises ; elle est transcrite sur le registre prévu à l'alinéa précédent et annexée à l'acte dressé par le greffier.

Article 380-13. – Appelant – Détenu – *(Loi n° 2002-307 du 4 mars 2002)*

• Lorsque l'appelant est détenu, l'appel peut être fait au moyen d'une déclaration auprès du chef de l'établissement pénitentiaire.

• Cette déclaration est constatée, datée et signée par le chef de l'établissement pénitentiaire. Elle est également signée par l'appelant ; si celui-ci ne peut signer, il en est fait mention par le chef de l'établissement.

• Ce document est adressé sans délai, en original ou en copie, au greffe de la cour d'assises qui a rendu la décision attaquée ; il est transcrit sur le registre prévu par le troisième alinéa de l'article 380-12 et annexé à l'acte dressé par le greffier.

Section III

Désignation de la cour d'assises statuant en appel

Article 380-14. – Cour d'assises – Appel – *(Loi n° 2016-1547 du 18 novembre 2016)*

• Après avoir recueilli les observations écrites du ministère public et des parties ou de leurs avocats, le premier président de la cour d'appel désigne la cour d'assises chargée de statuer en appel parmi les autres cours d'assises du ressort de la cour d'appel.

• Toutefois, si le ministère public ou l'une des parties le demande ou si le premier président estime nécessaire la désignation d'une cour d'assises située hors de ce ressort, le ministère public adresse sans délai au greffe de la chambre criminelle de la Cour de cassation, avec ses observations éventuelles et celles des parties, l'arrêt attaqué et, le cas échéant, le dossier de la procédure.

• Dans le mois qui suit la réception de l'appel, la chambre criminelle, après avoir recueilli, si elles n'ont pas déjà été données, les observations écrites du ministère public et des parties ou de leurs avocats, désigne la cour d'assises chargée de statuer en appel. Il est alors procédé comme en cas de renvoi après cassation.

• Par dérogation aux dispositions du deuxième alinéa de l'article 380-1, en cas d'appel d'une décision de la cour d'assises d'un département d'outre-mer, de la Nouvelle-Calédonie, de la Polynésie française et des îles Wallis et Futuna, le président de la cour d'appel ou la chambre criminelle peut désigner la même cour d'assises, autrement composée, pour connaître de l'appel. Les dispositions du présent alinéa sont également applicables en cas d'appel des décisions de la cour d'assises de Mayotte ou du tribunal criminel de Saint-Pierre-et-Miquelon. En cas de vacance de poste, d'absence, d'empêchement ou d'incompatibilité légale, les fonctions de président de la juridiction criminelle statuant en appel et, le cas échéant, des magistrats assesseurs qui la composent, sont exercées par des conseillers désignés, sur une liste arrêtée pour chaque année civile, par le premier président de la cour d'appel de Paris, ou, pour la cour d'assises de Mayotte, par le premier président de la cour d'appel de Saint-Denis de La Réunion.

J] **• Vol avec arme... – Cour d'assises compétente – Appel**

M. [W] [Z] a formé un pourvoi contre l'arrêt de la cour d'assises des ALPES-MARITIMES (06), en date du 24/03/2021, qui, pour vol avec arme et détention ou séquestration aggravée suivie d'une libération volontaire avant le 7e jour, l'a condamné à 12 ans de réclusion criminelle, ainsi que contre l'arrêt du même jour, par lequel la cour a prononcé sur les intérêts civils.

L'appel de l'arrêt pénal de la cour d'assises des mineurs est porté devant la cour d'assises de droit commun, lorsque, par l'effet des appels, seuls restent à juger des accusés majeurs à la date des faits.
(Cour de cassation – Chambre criminelle du 16 février 2022 – N° de pourvoi : 21-82.643).

Article 380-15. – Appel non formé dans les délais prévus… – *(Loi n° 2016-731 du 3 juin 2016)*
• Si l'appel n'a pas été formé dans les délais prévus par la loi ou porte sur un arrêt qui n'est pas susceptible d'appel, le premier président de la cour d'appel ou le président de la chambre criminelle de la Cour de cassation dit n'y avoir pas lieu à désignation d'une cour d'assises chargée de statuer en appel.

SOUS-TITRE II
DE LA COUR CRIMINELLE DÉPARTEMENTALE

Article 380-16. – Modalité jugement en 1er ressort – *(Loi n° 2021-1729 du 22 décembre 2021)*
• Par dérogation aux chapitres Ier à V du sous-titre Ier du présent titre, les personnes majeures accusées d'un crime puni de 15 ans ou de 20 ans de réclusion criminelle, lorsqu'il n'est pas commis en état de récidive légale, sont jugées en 1er ressort par la cour criminelle départementale.
• Cette cour est également compétente pour le jugement des délits connexes.
• Elle n'est pas compétente s'il existe un ou plusieurs coaccusés ne répondant pas aux conditions prévues au présent article.

Article 380-17. – Siège – Composition – *(Loi n° 2021-1729 du 22 décembre 2021)*
• La cour criminelle départementale, qui siège au même lieu que la cour d'assises ou, par exception et dans les conditions prévues à l'article 235, dans un autre tribunal judiciaire du même département, est composée d'un président et de 4 assesseurs, choisis par le 1er président de la cour d'appel, pour le président, parmi les présidents de chambre et les conseillers du ressort de la cour d'appel exerçant ou ayant exercé les fonctions de président de la cour d'assises et, pour les assesseurs, parmi les conseillers et les juges de ce ressort. Le 1er président de la cour d'appel peut désigner 2 assesseurs au plus parmi les magistrats exerçant à titre temporaire ou les magistrats honoraires exerçant des fonctions juridictionnelles dans les conditions prévues à la section II du chapitre V *bis* de l'ordonnance n° 58-1270 du 22 décembre 1958 portant loi organique relative au statut de la magistrature.

ARRÊTÉ DU 22 SEPTEMBRE 2022

Relatif à l'expérimentation permettant la désignation dans les cours criminelles départementales d'avocats honoraires exerçant des fonctions juridictionnelles en qualité d'assesseurs

NOR : JUSD2226045A

• **Publics concernés :** justiciables ; avocats ; magistrats et fonctionnaires.
• **Objet :** fixation des lieux et de la date de début de l'expérimentation relative à la désignation d'avocats honoraires exerçant des fonctions juridictionnelles en qualité d'assesseurs à la cour criminelle départementale.
• **Entrée en vigueur :** le 1er janvier 2023.
• **Notice :** l'article 10 de la loi n° 2021-1729 du 22 décembre 2021 pour la confiance dans l'institution judiciaire a prévu qu'à titre expérimental, dans au moins 2 départements et au plus 20 départements et pour une durée de 3 ans, un des assesseurs de la cour criminelle départementale pourrait être un avocat honoraire exerçant des fonctions juridictionnelles dans les conditions prévues à l'article 3 de la loi organique n° 2021-1728 du 22 décembre 2021 pour la confiance dans l'institution judiciaire.
• Le présent arrêté fixe au 1er janvier 2023 la date de début de cette expérimentation ainsi que la liste de 20 départements dans lesquels les cours criminelles participeront à celle-ci.

• Le garde des sceaux, ministre de la justice,
• Vu la Constitution, notamment son article 37-1 ;
• Vu la loi organique n° 2021-1728 du 22 décembre 2021 pour la confiance dans l'institution judiciaire, notamment son article 3 ;
• Vu le Code de procédure pénale, notamment son article 380-17 ;
• Vu la loi n° 2021-1729 du 22 décembre 2021 pour la confiance dans l'institution judiciaire, notamment son article 10 ;
• Vu le décret n° 2022-792 du 6 mai 2022 pris en application de l'article 3 de la loi organique n° 2021-1728 du 22 décembre 2021 pour la confiance dans l'institution judiciaire relatif au statut de l'avocat honoraire exerçant les fonctions d'assesseur des cours criminelles départementales ;

…/…

• Vu l'arrêté du 25 mai 2022 relatif à la formation préalable des avocats honoraires exerçant des fonctions juridictionnelles au sein des cours criminelles départementales,

• Arrête :

Article 1er.

Les dispositions de l'article 10 de la loi n° 2021-1729 du 22 décembre 2021 pour la confiance dans l'institution judiciaire sont applicables, pour une durée de 3 ans à compter du 1er janvier 2023, dans les départements suivants :

DÉPARTEMENT	COUR D'APPEL
Bouches-du-Rhône	Aix-en-Provence
Cher	Bourges
Côtes d'Armor	Rennes
Drôme	Grenoble
Eure	Rouen
Guyane	Cayenne
Haute-Garonne	Toulouse
Haute-Vienne	Limoges
Indre-et-Loire	Orléans
Lot-et-Garonne	Agen
Mayenne	Angers
Meurthe-et-Moselle	Nancy
Nord	Douai
Paris	Paris
Puy-de-Dôme	Riom
Pyrénées-Atlantiques	Pau
Rhône	Lyon
Val d'Oise	Versailles
Vaucluse	Nîmes
Vienne	Poitiers

Article 2.

• Le directeur des affaires criminelles et des grâces et le directeur des services judiciaires sont chargés, chacun en ce qui le concerne, de l'exécution du présent arrêté, qui sera publié au Journal officiel de la République française.

Article 380-18. – Audiencement – *(Loi n° 2021-1729 du 22 décembre 2021)*

• Sur proposition du ministère public, l'audiencement de la cour criminelle départementale est fixé par son président ou, à la demande du procureur général, par le 1er président de la cour d'appel.

Article 380-19. – Dispositions – *(Loi n° 2021-1729 du 22 décembre 2021)*

• La cour criminelle départementale applique les dispositions du présent code relatives aux cours d'assises sous les réserves suivantes :

• 1° Il n'est pas tenu compte des dispositions qui font mention du jury ou des jurés ;

• 2° Les attributions confiées à la cour d'assises sont exercées par la cour criminelle départementale et celles confiées au président de la cour d'assises sont exercées par le président de la cour criminelle départementale ;

• 3° La section 2 du chapitre III du sous-titre Ier du présent livre, l'article 282, la section 1 du chapitre V du même sous-titre Ier, les 2 derniers alinéas de l'article 293 et les articles 295 à 305 ne sont pas applicables ;

• 4° Pour l'application des articles 359,360 et 362, les décisions sont prises à la majorité ;

• 5° Les 2 derniers alinéas de l'article 347 ne sont pas applicables et la cour criminelle départementale délibère en étant en possession de l'entier dossier de la procédure.

Article 380-20. – Renvoi devant la Cour d'assises – *(Loi n° 2021-1729 du 22 décembre 2021)*

• Si la cour criminelle départementale estime, au cours ou à l'issue des débats, que les faits dont elle est saisie constituent un crime puni de 30 ans de réclusion criminelle ou de la réclusion criminelle à perpétuité, elle renvoie l'affaire devant la cour d'assises. Si l'accusé comparaissait détenu, il demeure placé en détention provisoire jusqu'à sa comparution devant la cour d'assises ; dans le cas contraire, la cour criminelle départementale peut, après avoir entendu le ministère public et les parties ou leurs avocats, décerner, par la même décision, mandat de dépôt ou mandat d'arrêt contre l'accusé.

Article 380-21. – Appel – *(Loi n° 2021-1729 du 22 décembre 2021)*

• L'appel des décisions de la cour criminelle départementale est examiné par la cour d'assises dans les conditions prévues au sous-titre Ier du présent titre pour l'appel des arrêts rendus par les cours d'assises en 1er ressort.

Article 380-22. – Aide juridictionnelle – *(Loi n° 2021-1729 du 22 décembre 2021)*

• Pour l'application des dispositions relatives à l'aide juridictionnelle, la cour criminelle départementale est assimilée à la cour d'assises.

TITRE II

DU JUGEMENT DES DÉLITS

CHAPITRE Ier

Du tribunal correctionnel

Section I

De la compétence et de la saisine du tribunal correctionnel

§ 1er. – Dispositions générales

Article 381. – Délits – *(Ordonnance n° 2000-916 du 19 septembre 2000)*

• Le tribunal correctionnel connaît des délits.

• Sont des délits les infractions que la loi punit d'une peine d'emprisonnement ou d'une peine d'amende supérieure ou égale à 3 750 euros.

Article 382. – Compétence – *(Ordonnance n° 2019-964 du 18 septembre 2019)*

• Est compétent le tribunal correctionnel du lieu de l'infraction, celui de la résidence du prévenu ou celui du lieu d'arrestation ou de détention de ce dernier, même lorsque cette arrestation ou cette détention a été opérée ou est effectuée pour une autre cause.

• Pour le jugement du délit d'abandon de famille prévu par l'article 227-3 du Code pénal, est également compétent le tribunal du domicile ou de la résidence de la personne qui doit recevoir la pension, la contribution, les subsides ou l'une des autres prestations visées par cet article. Pour les infractions mentionnées à l'article 113-2-1 du Code pénal, est également compétent le tribunal correctionnel, selon le cas, du lieu de résidence ou du siège des personnes physiques ou morales mentionnées au même article 113-2-1.

• La compétence du tribunal correctionnel s'étend aux délits et contraventions qui forment avec l'infraction déférée au tribunal un ensemble indivisible ; elle peut aussi s'étendre aux délits et contraventions connexes, au sens de l'article 203.

• Lorsque l'infraction a été commise au préjudice d'un magistrat exerçant ses fonctions au sein du tribunal judiciaire, un tribunal judiciaire dont le ressort est limitrophe est également compétent.

Article 383. – Coauteurs et complices

• La compétence à l'égard d'un prévenu s'étend à tous coauteurs et complices.

Article 384. – Exceptions

• Le tribunal saisi de l'action publique est compétent pour statuer sur toutes exceptions proposées par le prévenu pour sa défense, à moins que la loi n'en dispose autrement, ou que le prévenu n'excipe d'un droit réel immobilier.

Article 385. – Nullités – *(Loi n° 2000-516 du 15 juin 2000)*

• Le tribunal correctionnel a qualité pour constater les nullités des procédures qui lui sont soumises sauf lorsqu'il est saisi par le renvoi ordonné par le juge d'instruction ou la chambre de l'instruction.

• Toutefois, dans le cas où l'ordonnance ou l'arrêt qui l'a saisi n'a pas été porté à la connaissance des parties dans les conditions prévues, selon le cas, par le quatrième alinéa de l'article 183 ou par l'article 217, ou si l'ordonnance n'a pas été rendue conformément aux dispositions de l'article 184, le tribunal renvoie la procédure au ministère public pour lui permettre de saisir à nouveau la juridiction d'instruction afin que la procédure soit régularisée.

• Lorsque l'ordonnance de renvoi du juge d'instruction a été rendue sans que les conditions prévues par l'article 175 aient été respectées, les parties demeurent recevables, par dérogation aux dispositions du premier alinéa, à soulever devant le tribunal correctionnel les nullités de la procédure.

• Lorsque la procédure dont il est saisi n'est pas renvoyée devant lui par la juridiction d'instruction, le tribunal statue sur les exceptions tirées de la nullité de la procédure antérieure.

• La nullité de la citation ne peut être prononcée que dans les conditions prévues par l'article 565.

• Dans tous les cas, les exceptions de nullité doivent être présentées avant toute défense au fond.

J • **Procédure – Citation.** – *Aux termes de l'article 385 du Code de procédure pénale, applicable à la poursuite des infractions à la loi sur la liberté de la presse et devant la cour d'appel, les exceptions de nullité doivent être présentées avant toute défense au fond. Les exceptions de nullité de la citation ne peuvent être présentées pour la première fois devant la cour d'appel, après un débat au fond devant le tribunal* (Cass. CRIM. du 26 avril 1994 – BCC n° 393).

• **Annulation de l'ordonnance de renvoi du juge d'instruction ou du juge des enfants – Effet – nécessité de renvoyer la procédure du ministère public** – *Les dispositions de l'article 385 alinéa 2 (ci-dessus) sont également applicables devant les juridictions des mineurs saisies par l'ordonnance de renvoi du juge des enfants.* (Cass. CRIM. du 7 octobre 1997 – BCC n° 465 du 1-02-1998).

• **Pourvoi en cassation – Contestation devant Cour de cassation – Moyen de preuve – Enregistrement d'une communication téléphonique**

• *Attendu, d'une part, que le prévenu est irrecevable à contester pour la première fois devant la Cour de cassation l'admission, comme moyen de preuve, de l'enregistrement d'une communication téléphonique auquel il n'a pas consenti;*

• (Cour de cassation – Chambre criminelle du 28 janvier 2015 – N° de pourvoi : 14-81610).

• **Viols aggravés en récidive – Actes de barbarie – Rétention de sûreté**

Contre la décision de la juridiction nationale de la rétention de sûreté, en date du 24 novembre 2017, qui a confirmé son placement en rétention de sûreté pour une durée d'un an;

Attendu que M. Djamal X... a été condamné, le 5 avril 2000, par la cour d'assises du Doubs, à 20 ans de réclusion criminelle pour viols aggravés en récidive, actes de torture et de barbarie, violences volontaires aggravées, menaces, escroquerie, et vol aggravé;

Attendu que, selon l'alinéa 3 de ce texte, la juridiction régionale de la rétention de sûreté ne peut prononcer une mesure de rétention de sûreté qu'après avoir vérifié que la personne condamnée a effectivement été mise en mesure de bénéficier, pendant l'exécution de sa peine, d'une prise en charge médicale, sociale, et psychologique adaptée au trouble de la personnalité dont elle souffre; que, selon l'alinéa 4, la décision de rétention de sûreté doit être spécialement motivée sur ce point;

Attendu que la décision de la juridiction régionale de la rétention de sûreté ne comprend aucun motif sur la nature de la prise en charge, médicale, sociale et psychologique dont a pu bénéficier M. X... au cours de l'exécution de sa peine; que, devant la juridiction nationale de la rétention de sûreté, il a conclu à l'insuffisance de la motivation de la juridiction régionale sur ce point; que, pour écarter son argumentation et confirmer la décision contestée, la juridiction nationale de la rétention de sûreté énonce que : « la question de la réalité de la prise en charge et des soins adaptés au trouble de la personnalité de M. X... durant le temps de sa réclusion criminelle n'ayant pas été soulevée en première instance ni lors du placement sous surveillance judiciaire ou sous surveillance de sûreté, la juridiction régionale n'avait pas à procéder à une recherche qui ne lui était pas demandée et qui serait revenue à remettre en question les décisions précédentes de placement en milieu libre prises au terme de débats contradictoires »;

Mais attendu qu'en l'état de ces motifs, qui ne satisfont pas aux exigences des dispositions susvisées, la juridiction nationale de la rétention de sûreté a méconnu le texte susvisé;

D'où il suit que la cassation est encourue de ce chef;

Par ces motifs :

CASSE et ANNULE, en toutes ses dispositions, la décision susvisée de la juridiction nationale de la rétention de sûreté, en date du 24 novembre 2017, et pour qu'il soit à nouveau jugé, conformément à la loi,

RENVOIE la cause et les parties devant la même juridiction, autrement composée;

ORDONNE l'impression du présent arrêt, sa transcription sur les registres du greffe de la juridiction nationale de la rétention de sûreté, et sa mention en marge ou à la suite de la décision annulée;

(Cour de cassation – Chambre criminelle du 28 mars 2018 – N° de pourvoi : 17-86938).

• **Complicité de travail dissimulé – Fin de non-recevoir**

Contre l'arrêt de la cour d'appel de PARIS, chambre 6-1, en date du 08/10/2013, qui, pour complicité de travail dissimulé, les a condamnés respectivement à 100 000 € d'amende et 15 000 € d'amende, a ordonné une mesure de publication et a prononcé sur les intérêts civils;

Attendu qu'il résulte de l'arrêt attaqué et des pièces de procédure que la société de transports aériens, City Jet Limited, société de nationalité irlandaise et ayant son siège social à Dublin, devenue filiale de la société Air France en 2000, a exercé une activité de transport aérien de personnes sur les aéroports de Roissy Charles de Gaulle et Orly, où elle avait immatriculé un établissement, depuis 2002; qu'à la suite de plusieurs contrôles de l'inspection du travail, portant notamment sur la nature de l'activité et le statut des personnels au sol, navigants, commerciaux et techniques, ayant donné lieu à des procès-verbaux d'infractions de travail dissimulé à Roissy et à Orly, la société précitée a été poursuivie devant le tribunal correctionnel du chef de travail dissimulé notamment pour n'avoir pas procédé aux déclarations devant être faites aux organismes de protection sociale; que, courant 2011, 25 salariés de la société City Jet Limited, ont fait citer directement la société Air France ainsi que son directeur général, M. X..., devant le tribunal correctionnel sur le fondement des articles L. 8221-3 et L. 8221-5 du code du travail, pour travail dissimulé; que, le tribunal correctionnel saisi n'a pas joint les 2 poursuites mais que l'entier dossier de procédure visant la société City Jet a été communiqué à la société Air France et à M. X...; que, par jugement du 10/04/2012, après qu'a été rendue la décision déclarant la société City Jet coupable des faits reprochés, les premiers juges, requalifiant les faits en complicité de travail dissimulé, ont retenu la culpabilité de la société Air France et de M. X...; que les prévenus, le ministère public et les parties civiles ont relevé appel de cette décision;

En cet état;

Attendu qu'en cet état, et dès lors que la règle electa una via, fondée sur l'article 5 du code de procédure pénale, constitue une fin de non-recevoir, laquelle, aux termes de l'article 385 du code précité, doit être présentée avant toute défense au fond, à peine d'irrecevabilité, la cour d'appel n'encourt pas les griefs allégués au moyen, lequel doit être écarté;

D'où il suit que la cassation est encourue;

Par ces motifs, et sans qu'il y ait lieu d'examiner les autres moyens de cassation proposés:

CASSE et ANNULE, en toutes ses dispositions, l'arrêt susvisé de la cour d'appel de Paris, en date du 08/10/2013, et pour qu'il soit à nouveau jugé, conformément à la loi,

RENVOIE la cause et les parties devant la cour d'appel de Paris, autrement composée, à ce désignée par délibération spéciale prise en chambre du conseil;

DIT n'y avoir lieu à application de l'article 618-1 du code de procédure pénale;

ORDONNE l'impression du présent arrêt, sa transcription sur les registres du greffe de la cour d'appel de Paris et sa mention en marge ou à la suite de l'arrêt annulé;

(Cour de cassation – Chambre criminelle du 18 septembre 2018 – N° de pourvoi: 13-88631).

• Exception de nullité

M. [R] [W] a formé un pourvoi contre l'arrêt de la cour d'appel d'AIX-EN-PROVENCE (13), chambre 5-5, en date du 29/09/2021, qui, pour violences aggravées, l'a condamné à 6 mois d'emprisonnement avec sursis probatoire.

Par application de l'article 385 du C.P.P., une exception de nullité, qui n'a pas été invoquée devant le tribunal, devant lequel le prévenu a comparu, ne peut l'être pour la première fois devant la cour d'appel. Si la cour d'appel répond à une exception soulevée dans ces conditions, sa réponse ne peut être critiquée devant la Cour de cassation.

(Cour de cassation – Chambre criminelle du 12 octobre 2022 – N° de pourvoi: 21-87.534).

Article 385-1. – Assureur – *(Loi n° 83-608 du 8 juillet 1983)*

• Dans les cas prévus par les articles 388-1 et 388-2, l'exception fondée sur une cause de nullité ou sur une clause du contrat d'assurance et tendant à mettre l'assureur hors de cause est, à peine de forclusion, présentée par celui-ci avant toute défense au fond. Elle n'est recevable que si elle est de nature à exonérer totalement l'assureur de son obligation de garantie à l'égard des tiers.

• L'assureur mis en cause dans les conditions prévues par l'article 388-2 qui n'intervient pas au procès pénal est réputé renoncer à toute exception; toutefois, s'il est établi que le dommage n'est pas garanti par l'assureur prétendu, celui-ci est mis hors de cause par le tribunal.

J **• Blessures involontaires et conduite sous l'empire d'un état alcoolique – Exception de non-assurance opposable à la victime**

CASSATION sur le pourvoi formé par la société Groupama grand Est assurances, partie intervenante, contre l'arrêt de la cour d'appel de COLMAR (67), chambre correctionnelle, en date du 08/11/2019, qui, dans la procédure suivie contre M. [P] [D] des chefs, notamment, de blessures involontaires et conduite sous l'empire d'un état alcoolique, a prononcé sur les intérêts civils.

10. Il résulte du 2^d de ces textes que l'assureur qui entend invoquer une exception de non-assurance opposable à la victime tirée de la résiliation du contrat avant la date du sinistre doit, par lettre recommandée avec demande d'avis de réception, le déclarer au fonds de garantie et joindre à sa déclaration les pièces justificatives de son exception. Il doit en aviser en même temps et dans les mêmes formes la victime ou ses ayants droit en précisant le numéro du contrat.

11. Pour déclarer irrecevable l'exception de non-assurance soulevée par l'assureur, l'arrêt attaqué relève que celui-ci ne conteste pas avoir eu connaissance, le 31/03/2016, de l'accident de la circulation mettant en cause le véhicule de son assuré.

12. Les juges ajoutent que la société Groupama grand Est ne pouvait, en tant que professionnel de l'assurance, se contenter d'attendre sa mise en cause par l'avocat de la victime pour se conformer à l'ensemble des exigences énoncées par l'article R. 421-5 du Code des assurances et ne peut tenter de justifier son intervention tardive par le fait qu'elle n'aurait pas eu connaissance des circonstances de l'accident ni de l'existence de blessés.

(Cour de cassation – Chambre criminelle du 1er juin 2021 – N° de pourvoi: 20-80.609).

Article 385-2. – Intérêts civils – *(Loi n° 83-608 du 8 juillet 1983)*

• En ce qui concerne les intérêts civils, le tribunal, après avoir mis les parties en demeure de conclure au fond, statue dans un seul et même jugement sur l'exception d'irrecevabilité et sur le fond du litige.

Article 386. – Exception préjudicielle

• L'exception préjudicielle est présentée avant toute défense au fond.

• Elle n'est recevable que si elle est de nature à retirer au fait qui sert de base à la poursuite le caractère d'une infraction.

• Elle n'est admise que si elle s'appuie sur des faits ou sur des titres donnant un fondement à la prétention du prévenu.

• Si l'exception est admissible, le tribunal impartit un délai dans lequel le prévenu doit saisir la juridiction compétente. Faute par le prévenu d'avoir introduit l'instance dans ce délai et de justifier de ses diligences, il est passé outre à l'exception.

• Si l'exception n'est pas admise, les débats sont continués.

J **• Excès de vitesse – Jugements et arrêts – Conclusions – Recevabilité – Exceptions – Conclusions déposées avant l'audience et visées par le greffier – Nécessité de les développer oralement avant les réquisitions du ministère public (non).**

Contre le jugement du tribunal de police de Périgueux, en date du 07/05/1996, qui, pour excès de vitesse, l'a condamné à 900 francs d'amende.

Encourt la censure le jugement qui dit irrecevables, en application des articles 385 et 386 du Code de procédure pénale, les conclusions du prévenu déposées avant l'audience et visées par le greffier pour n'avoir pas été développées oralement avant les réquisitions du ministère public.

(Cour de cassation – Chambre criminelle du 26 mars 1997 – N° de pourvoi : 96-83477).

Article 387. – Plusieurs procédures – Faits connexes

• Lorsque le tribunal est saisi de plusieurs procédures visant des faits connexes, il peut en ordonner la jonction soit d'office, soit sur réquisition du ministère public, ou à la requête d'une des parties.

Article 388. – Saisine du tribunal correctionnel – *(Loi n° 83-466 du 10 juin 1983)*

• Le tribunal correctionnel est saisi des infractions de sa compétence soit par la comparution volontaire des parties, soit par la citation, soit par la convocation par procès-verbal, soit par la comparution immédiate, soit enfin par le renvoi ordonné par la juridiction d'instruction.

J **• Refus de restitution de permis de conduire – Mise en mouvement – Comparution volontaire – Défaut de réquisitions du ministère public – Saisine de la juridiction (non).**

Contre l'arrêt de la cour d'appel de Paris, 20e chambre, en date du 08/03/1996, qui a constaté que, faute de mise en mouvement de l'action publique, cette juridiction n'était pas saisie par la comparution volontaire de Gérard X... demandant à être jugé pour refus de restitution de son permis de conduire.

La comparution volontaire, telle que prévue par l'article 388 du Code de procédure pénale, suppose, au préalable, la mise en mouvement de l'action publique dans les conditions prescrites par l'article 1er de ce Code. Il en est ainsi, notamment, lorsque, malgré le classement sans suite d'un procès-verbal constatant une infraction à l'article 19, al. 4, du Code de la route, la personne qui comparait volontairement déclare vouloir faire juger la légalité de la mesure de retrait des points et de l'injonction de restituer le permis de conduire.

(Cour de cassation – Chambre criminelle du 19 mars 1997 – N° de pourvoi : 96-82621).

• Jugement cour d'appel – Faits antérieurs à ceux visés par la présentation sans l'avoir expressément accepté

M. [R] [H] a formé un pourvoi contre l'arrêt de la cour d'appel de POITIERS (86), chambre correctionnelle, en date du 17/03/2021, qui, pour infractions à la législation sur les stupéfiants, en récidive, l'a condamné à 1 an d'emprisonnement et ordonné la révocation d'un sursis avec mise à l'épreuve.

11. Selon ce texte, les juges ne peuvent statuer que sur les faits dont ils sont saisis, à moins que le prévenu n'accepte expressément d'être jugé sur des faits distincts de ceux visés par la prévention.

12. Il résulte des pièces de procédure que le prévenu a été poursuivi pour des infractions commises du 20/05 au 09/11/2020. L'arrêt attaqué indique qu'à l'audience de la cour d'appel, la juridiction a mis dans le débat la date de la prévention, indiquant qu'elle était erronée et devait s'entendre du 15/05 au 09/06/2020.

13. En déclarant le prévenu coupable de faits commis le 15/05/2020, sans qu'il ait accepté expressément d'être jugé sur des faits antérieurs à ceux visés par la prévention, la cour d'appel a excédé sa saisine et méconnu le texte susvisé.

(Cour de cassation – Chambre criminelle du 12 octobre 2022 – N° de pourvoi : 21-82.440).

Article 388-1. – Responsabilités – Assureurs – *(Loi n° 2019-222 du 23 mars 2019)*

• La personne dont la responsabilité civile est susceptible d'être engagée à l'occasion d'une infraction d'homicide ou de blessures involontaires qui a entraîné pour autrui un dommage quelconque pouvant être garanti par un assureur doit préciser le nom et l'adresse de celui-ci, ainsi que le numéro de sa police d'assurance. Il en est de même pour la victime lorsque le dommage qu'elle a subi peut être garanti par un contrat d'assurance. Ces renseignements sont consignés dans les procès-verbaux d'audition.

• Lorsque des poursuites pénales sont exercées, les assureurs appelés à garantir le dommage sont admis à intervenir et peuvent être mis en cause devant la juridiction répressive, même pour la 1re fois en cause d'appel ; ils doivent se faire représenter par un avocat.

• En ce qui concerne les débats et les voies de recours, les règles concernant les personnes civilement responsables et les parties civiles sont applicables respectivement à l'assureur du prévenu et à celui de la partie civile sous réserve des dispositions de l'alinéa ci-dessus, du 2e alinéa de l'article 385-1, de l'article 388-2 et du dernier alinéa de l'article 509.

Article 388-2. – Mise en cause de l'assureur – *(Loi n° 83-608 du 8 juillet 1983)*

• Dix jours au moins avant l'audience, la mise en cause de l'assureur est faite par toute partie qui y a intérêt au moyen d'un acte d'huissier ou d'une lettre recommandée, avec demande d'avis de réception, qui mentionne la nature des poursuites engagées, l'identité du prévenu, de la partie civile et, le cas échéant, de la personne civilement responsable, le numéro des polices d'assurance, le montant de la demande en réparation ou, à défaut, la nature et l'étendue du dommage, ainsi que le tribunal saisi, le lieu, la date et l'heure de l'audience.

Article 388-3. – Intérêts civils opposables à l'assureur – *(Loi n° 83-608 du 8 juillet 1983)*

• La décision concernant les intérêts civils est opposable à l'assureur qui est intervenu au procès ou a été avisé dans les conditions prévues par l'article 388-2.

Article 388-4. – Dossier de la procédure – *(Ordonnance n° 2019-964 du 18 septembre 2019)*

• En cas de poursuites par citation prévue à l'article 390 ou convocation prévue à l'article 390-1, les avocats des parties peuvent consulter le dossier de la procédure au greffe du tribunal judiciaire dès la délivrance de la citation ou au plus tard 2 mois après la notification de la convocation.

• À leur demande, les parties ou leur avocat peuvent se faire délivrer copie des pièces du dossier. Si le dossier a fait l'objet d'une numérisation, cette copie est remise sous forme numérisée, le cas échéant par un moyen de télécommunication selon les modalités prévues à l'article 803-1. La délivrance de cette copie intervient dans le mois qui suit la demande. Toutefois, en cas de convocation en justice et si la demande est faite moins d'un mois après la notification de cette convocation, cette délivrance intervient au plus tard 2 mois après cette notification. La délivrance de la 1re copie de chaque pièce du dossier est gratuite.

Article 388-5. – Conclusions écrites – *(Loi n° 2019-222 du 23 mars 2019)*

• En cas de poursuites par citation prévue à l'article 390 ou convocation prévue à l'article 390-1, les parties ou leur avocat peuvent, avant toute défense au fond ou à tout moment au cours des débats, demander, par conclusions écrites, qu'il soit procédé à tout acte qu'ils estiment nécessaire à la manifestation de la vérité.

• Ces conclusions peuvent être adressées avant le début de l'audience, par lettre recommandée avec demande d'avis de réception ou par remise au greffe contre récépissé.

• S'il estime que tout ou partie des actes demandés sont justifiés et qu'il est possible de les exécuter avant la date de l'audience, le président du tribunal peut, après avis du procureur de la République, en ordonner l'exécution selon les règles applicables au cours de l'enquête préliminaire. Les procès-verbaux ou autres pièces relatant leur exécution sont alors joints au dossier de la procédure et mis à la disposition des parties ou de leur avocat. Si le prévenu ou la victime doivent être à nouveau entendus, ils ont le droit d'être assistés, lors de leur audition, par leur avocat, en application de l'article 63-4-3. L'avocat est alors convoqué au plus tard 5 jours ouvrables avant l'audition, et il a accès au dossier au plus tard 4 jours ouvrables avant cette date.

• Si les actes demandés n'ont pas été ordonnés par le président du tribunal avant l'audience, le tribunal statue sur cette demande et peut commettre par jugement l'un de ses membres ou l'un des juges d'instruction du tribunal, désigné dans les conditions prévues à l'article 83, pour procéder à un supplément d'information ; l'article 463 est applicable. S'il refuse d'ordonner ces actes, le tribunal doit spécialement motiver sa décision. Le tribunal peut statuer sur cette demande sans attendre le jugement sur le fond, par un jugement qui n'est susceptible d'appel qu'en même temps que le jugement sur le fond.

§ 2. – De la comparution volontaire et de la citation

Article 389. – Comparution volontaire

• L'avertissement, délivré par le ministère public, dispense de citation, s'il est suivi de la comparution volontaire de la personne à laquelle il est adressé.

• Il indique le délit poursuivi et vise le texte de loi qui le réprime.

• Lorsqu'il s'agit d'un prévenu détenu, le jugement doit constater le consentement de l'intéressé à être jugé sans citation préalable.

Article 390. – Citation – *(Loi n° 2014-535 du 27 mai 2014)*

• La citation est délivrée dans des délais et formes prévus par les articles 550 et suivants.

• La citation informe le prévenu qu'il peut se faire assister d'un avocat de son choix ou, s'il en fait la demande, d'un avocat commis d'office, dont les frais seront à sa charge sauf s'il remplit les conditions d'accès à l'aide juridictionnelle, et qu'il a également la possibilité de bénéficier, le cas échéant gratuitement, de conseils juridiques dans une structure d'accès au droit.

• La citation informe le prévenu qu'il doit comparaître à l'audience en possession des justificatifs de ses revenus ainsi que de ses avis d'imposition ou de non-imposition, ou les communiquer à l'avocat qui le représente.

• La citation informe également le prévenu que le droit fixe de procédure dû en application du 3° de l'article 1018 A du Code général des impôts peut être majoré s'il ne comparaît pas personnellement à l'audience ou s'il n'est pas jugé dans les conditions prévues par les premier et deuxième alinéas de l'article 411 du présent code.

Article 390-1. – Citation à personne – Convocation en justice – *(Loi n° 2023-22 du 24 janvier 2023)*

• Vaut citation à personne la convocation en justice notifiée au prévenu, sur instructions du procureur de la République et dans les délais prévus par l'article 552, soit par un greffier, un officier ou agent de police judiciaire, un assistant d'enquête agissant sous le contrôle de l'officier ou de l'agent de police judiciaire, un fonctionnaire ou agent d'une administration relevant de l'article 28 ou un délégué ou un médiateur du procureur de la République, soit, si le prévenu est détenu, par le chef de l'établissement pénitentiaire.

• La convocation énonce le fait poursuivi, vise le texte de loi qui le réprime et indique le tribunal saisi, le lieu, la date et l'heure de l'audience. Elle précise, en outre, que le prévenu peut se faire assister d'un avocat de son choix ou, s'il en fait la demande, d'un avocat commis d'office, dont les frais seront à sa charge sauf s'il remplit les conditions d'accès à l'aide juridictionnelle, et qu'il a également la possibilité de bénéficier, le cas échéant gratuitement, de conseils juridiques dans une structure d'accès au droit. Elle l'informe qu'il doit comparaître à l'audience en possession des justificatifs de ses revenus ainsi que de ses avis d'imposition ou de non-imposition. Elle l'informe également que le droit fixe de procédure dû en application du 3° de l'article 1018 A du Code général des impôts peut être majoré s'il ne comparaît pas personnellement à l'audience ou s'il n'est pas jugé dans les conditions prévues par les 1er et 2e alinéas de l'article 411 du présent code.

• Elle est constatée par un procès-verbal signé par le prévenu qui en reçoit copie.

Article 390-2. – Délai – *(Loi n° 2014-535 du 27 mai 2014)*

• Lorsque le délai entre la signification de la citation prévue à l'article 390 ou la notification de la convocation prévue à l'article 390-1 et l'audience devant le tribunal est inférieur à deux mois et que le prévenu ou son avocat n'ont pas pu obtenir avant l'audience la copie du dossier demandé en application de l'article 388-4, le tribunal est tenu d'ordonner, si le prévenu en fait la demande, le renvoi de l'affaire à une date fixée à au moins deux mois à compter de la délivrance de la citation ou de la notification de la convocation.

Article 391. – Date de l'audience – *(Loi n° 2019-222 du 23 mars 2019)*

• Toute personne ayant porté plainte est avisée par le parquet de la date de l'audience.

• Lorsque la victime ne comprend pas la langue française, elle a droit, à sa demande, à une traduction de l'avis d'audience. À titre exceptionnel, il peut en être effectué une traduction orale ou un résumé oral.

• Lorsque l'avis d'audience a été adressé à la victime mais qu'il n'est pas établi qu'il a été reçu par celle-ci, le tribunal qui statue sur l'action publique parce qu'il estime que la présence de la victime n'est pas indispensable aux débats peut renvoyer le jugement de l'affaire sur l'action civile à une audience ultérieure, composée conformément au 3e alinéa de l'article 464 ; le tribunal doit alors fixer la date de cette audience et la victime doit en être avisée.

Article 392. – Domicile

• La partie civile, qui cite directement un prévenu devant un tribunal répressif, fait, dans l'acte de citation, élection de domicile dans le ressort du tribunal saisi, à moins qu'elle n'y soit domiciliée.

Article 392-1. – Montant de la consignation – *(Loi n° 2019-222 du 23 mars 2019)*

• Lorsque l'action de la partie civile n'est pas jointe à celle du ministère public, le tribunal correctionnel fixe, en fonction des ressources de la partie civile, le montant de la consignation que celle-ci doit, si elle n'a pas obtenu l'aide juridictionnelle, déposer au greffe et le délai dans lequel elle devra être faite sous peine de non-recevabilité de la citation directe. Cette consignation garantit le paiement de l'amende civile susceptible d'être prononcée en application du dernier alinéa.

• Lorsque la partie civile est une personne morale à but lucratif, elle doit, sous peine de non-recevabilité de la citation directe, produire au tribunal son bilan et son compte de résultat afin de permettre la détermination du montant de la consignation.

• Dans le cas où la citation directe est délivrée par la partie civile à la suite d'une ordonnance du juge d'instruction de refus d'informer prise conformément à la 3e phrase de l'avant-dernier alinéa de l'article 86, la consignation qui a pu être versée en application de l'article 88 est considérée comme constituant la consignation prévue au présent article.

• Lorsque le tribunal correctionnel, saisi par une citation directe de la partie civile, prononce une relaxe, il peut, par ce même jugement, sur réquisitions du procureur de la République, condamner la partie civile au paiement d'une amende civile dont le montant ne saurait excéder 15 000 € s'il estime que la citation directe était abusive ou dilatoire. Les réquisitions du procureur de la République doivent intervenir avant la clôture des débats, après les plaidoiries de la défense, et la partie civile ou son avocat doivent avoir été mis en mesure d'y répliquer. Les dispositions du présent alinéa sont également applicables devant la cour d'appel, lorsque le tribunal correctionnel a, en premier ressort, relaxé la personne poursuivie et statué sur des réquisitions du procureur de la République tendant à la condamnation de la partie civile en application des dispositions du présent alinéa.

§ 3. – De la convocation par procès-verbal, de la comparution immédiate et de la comparution différée

Article 393. – Déferrement – Procureur de la République – *(Loi n° 2020-1672 du 24 décembre 2020)*

• En matière correctionnelle, lorsqu'il envisage de poursuivre une personne en application des articles 394, 395 et 397-1-1, le procureur de la République ordonne qu'elle soit déférée devant lui.

• Après avoir, s'il y a lieu, informé la personne de son droit d'être assistée par un interprète, constaté son identité et lui avoir fait connaître les faits qui lui sont reprochés ainsi que leur qualification juridique, le procureur de la République l'informe qu'elle a le droit à l'assistance d'un avocat de son choix ou commis d'office. L'avocat choisi ou, dans le cas d'une demande de commission d'office, le bâtonnier de l'ordre des avocats en est avisé sans délai.

• L'avocat ou la personne déférée lorsqu'elle n'est pas assistée par un avocat peut consulter sur-le-champ le dossier. L'avocat peut communiquer librement avec le prévenu.

• Le procureur de la République avertit alors la personne de son droit de faire des déclarations, de répondre aux questions qui lui sont posées ou de se taire. Après avoir, le cas échéant, recueilli les observations de la personne ou procédé à son interrogatoire, le procureur de la République entend, s'il y a lieu, les observations de l'avocat, portant notamment sur la régularité de la procédure, sur la qualification retenue, sur le caractère éventuellement insuffisant de l'enquête, sur la nécessité de procéder à de nouveaux actes qu'il estime nécessaires à la manifestation de la vérité et sur les modalités d'engagement éventuel des poursuites ou le recours éventuel à la procédure de comparution sur reconnaissance préalable de culpabilité. Au vu de ces observations, le procureur de la République soit procède comme il est dit aux articles 394 à 396 et à l'article 397-1-1, soit requiert l'ouverture d'une information, soit ordonne la poursuite de l'enquête, soit prend toute autre décision sur l'action publique en application de l'article 40-1. S'il ordonne la poursuite de l'enquête et que la personne est à nouveau entendue, elle a le droit d'être assistée, lors de son audition, par son avocat, en application de l'article 63-4-3.

• Si le procureur de la République procède comme il est dit aux articles 394 à 397-1-1, il peut décider de fixer à la même audience, afin qu'elles puissent être jointes à la procédure ou examinées ensemble, de précédentes poursuites dont la personne a fait l'objet pour d'autres délits, à la suite d'une convocation par procès-verbal, par officier de police judiciaire ou en vue d'une comparution sur reconnaissance préalable de culpabilité, d'une citation directe, d'une ordonnance pénale ou d'une ordonnance de renvoi du juge d'instruction. Hors le cas de la comparution immédiate, cette décision doit intervenir au moins 10 jours avant la date de l'audience. Le prévenu et son avocat en sont informés sans délai.

• Mention de ces formalités est faite au procès-verbal à peine de nullité de la procédure.

Nota : Par décision du Conseil constitutionnel n° 2019-778 DC du 21/03/2019, l'avant-dernier alinéa de l'article 393 du C.P.P., dans sa rédaction résultant de l'article 60 de la loi du 22/03/2019 de programmation 2018-2022 et de réforme pour la justice a été déclaré conforme à la Constitution sous la réserve énoncée au paragraphe 284. Conformément à ce paragraphe : «un prévenu susceptible d'accepter d'être jugé immédiatement pour l'infraction qui justifie initialement son renvoi en comparution immédiate pourrait être conduit, par l'effet du regroupement de plusieurs poursuites, à être placé en détention provisoire pour des motifs liés à l'affaire qui a donné lieu à la comparution immédiate, alors que son refus d'être jugé séance tenante tient à sa volonté de dispo-ser de suffisamment de temps pour terminer de préparer sa défense sur les affaires pour lesquelles il avait été initialement renvoyé devant le tribunal correctionnel dans des délais plus longs et pour lesquelles, le cas échéant, il avait déjà pris des dispositions. Les dispositions contestées ne sauraient dès lors, sans méconnaître les droits de la défense, priver le tribunal correctionnel, dans ce cas, de la possibilité de renvoyer les seules affaires pour lesquelles le prévenu ne consent pas à être jugé séance tenante ou qui n'apparaissent pas au tribunal en l'état d'être jugées ».

J • **Comparution immédiate – PR – Présence de l'avocat – Défaut – Déclarations spontanées et non incriminantes – Respect du droit de sa taire – Compatibilité**

Le PG près la cour d'appel de DOUAI (59) a formé un pourvoi contre l'arrêt de ladite cour d'appel, 6e chambre, en date du 01/03/2022, qui, pour violences en récidive et conduite sans permis, a condamné M. [E] [Y] à 2 ans d'emprisonnement, 5 ans d'interdiction de détenir ou porter une arme et a ordonné la révocation d'un sursis.

Aucune disposition législative ou conventionnelle n'interdit au P.R., après avoir informé de ses droits la personne présentée devant lui en application de l'article 393 du C.P.P., d'interroger celle-ci et de retranscrire ses déclarations si elle souhaite en faire, l'absence éventuelle de l'avocat régulièrement avisé ayant pour seule conséquence l'impossibilité de fonder une condamnation sur les seuls propos ainsi recueillis. Encourt la cassation l'arrêt qui, pour annuler partiellement le procès-verbal établi dans ces conditions, retient que l'article 393 du C.P.P. doit être interprété, à la lumière de la décision n° 2011-125 QPC du 06/05/2011 du Conseil constitutionnel portant sur une rédaction ancienne de ce texte, comme interdisant au PR de consigner les déclarations faites par la personne hors la présence de son avocat.

(Cour de cassation – Chambre criminelle du 18 octobre 2022 – N° de pourvoi : 22-81.934).

Article 393-1. – Information de la victime – *(Loi n° 2019-222 du 23 mars 2019)*

• Si le procureur de la République procède comme il est dit aux articles 394 à 396 et à l'article 397-1-1, la victime doit être avisée par tout moyen de la date de l'audience.

• L'article 391 est applicable.

Article 394. – Comparution devant le tribunal – *(Loi n° 2021-1729 du 22 décembre 2021)*

• Le procureur de la République peut inviter la personne déférée à comparaître devant le tribunal dans un délai qui ne peut être inférieur à 10 jours, sauf renonciation expresse de l'intéressé en présence de son avocat, ni supérieur à 6 mois. Il lui notifie les faits retenus à son encontre ainsi que le lieu, la date et l'heure de l'audience. Il informe également le prévenu qu'il doit comparaître à l'audience en possession des justificatifs de ses revenus ainsi que de ses avis d'imposition ou de non-imposition. Cette notification, mentionnée au procès-verbal dont copie est remise sur-le-champ au prévenu, vaut citation à personne.

• L'avocat choisi ou le bâtonnier est informé, par tout moyen et sans délai, de la date et de l'heure de l'audience ; mention de cet avis est portée au procès-verbal. L'avocat ou la personne déférée lorsqu'elle n'est pas assistée d'un avocat peut, à tout moment, consulter le dossier.

• Si le procureur de la République estime nécessaire de soumettre le prévenu jusqu'à sa comparution devant le tribunal à une ou plusieurs obligations du contrôle judiciaire ou de le placer sous assignation à résidence avec surveillance électronique, il le traduit sur-le-champ devant le juge des libertés et de la détention, statuant en chambre du conseil avec l'assistance d'un greffier. Ce magistrat peut, après audition du prévenu préalablement informé de son droit de se taire sur les faits qui lui sont reprochés, son avocat ayant été avisé et entendu en ses observations, s'il le demande, prononcer l'une de ces mesures dans les conditions et suivant les modalités prévues par les articles 138, 139, 142-5 et 142-6. Cette décision est notifiée verbalement au prévenu et mentionnée au procès-verbal dont copie lui est remise sur-le-champ. Si le prévenu placé sous contrôle judiciaire ou sous assignation à résidence avec surveillance électronique se soustrait aux obligations qui lui sont imposées, les dispositions du 2e alinéa de l'article 141-2 sont applicables, ainsi que celles de l'article 141-4 ; les attributions confiées au juge d'instruction par cet article sont alors exercées par le procureur de la République.

QPC **Nota :** Par une décision n° 2021-934 QPC du 30/09/2021, le Conseil constitutionnel a déclaré contraires à la Constitution les mots « après audition du prévenu » figurant à la 2e phrase du 3e alinéa de l'article 394 du C.P.P., dans sa rédaction résultant de la loi n° 2019-222 du 23/03/2019 de programmation 2018-2022 et de réforme pour la justice. L'abrogation de ces dispositions est toutefois reportée au 31/03/2022. En revanche, jusqu'à l'entrée en vigueur d'une nouvelle loi ou jusqu'à la date de l'abrogation des dispositions déclarées inconstitutionnelles, le J.L.D doit informer le prévenu qui comparaît devant lui en application de l'article 394 du C.P.P. de son droit de se taire.

Article 395. – Comparution immédiate – *(Loi n° 2002-1138 du 9 septembre 2002)*

• Si le maximum de l'emprisonnement prévu par la loi est au moins égal à deux ans, le procureur de la République, lorsqu'il lui apparaît que les charges réunies sont suffisantes et que l'affaire est en état d'être jugée, peut, s'il estime que les éléments de l'espèce justifient une comparution immédiate, traduire le prévenu sur-le-champ devant le tribunal.

• En cas de délit flagrant, si le maximum de l'emprisonnement prévu par la loi est au moins égal à six mois, le procureur de la République, s'il estime que les éléments de l'espèce justifient une comparution immédiate, peut traduire le prévenu sur-le-champ devant le tribunal.

• Le prévenu est retenu jusqu'à sa comparution qui doit avoir lieu le jour même; il est conduit sous escorte devant le tribunal.

Article 396. – Juge des libertés et de la détention – *(Loi n° 2021-1729 du 22 décembre 2021)*

• Dans le cas prévu par l'article précédent, si la réunion du tribunal est impossible le jour même et si les éléments de l'espèce lui paraissent exiger une mesure de détention provisoire, le procureur de la République peut traduire le prévenu devant le juge des libertés et de la détention, statuant en chambre du conseil avec l'assistance d'un greffier.

• Le juge, après avoir fait procéder, sauf si elles ont déjà été effectuées, aux vérifications prévues par le 8e alinéa de l'article 41, statue sur les réquisitions du ministère public aux fins de détention provisoire. Après avoir informé le prévenu de son droit de se taire, il recueille ses observations éventuelles ou celles de son avocat. L'ordonnance rendue n'est pas susceptible d'appel.

• Il peut placer le prévenu en détention provisoire jusqu'à sa comparution devant le tribunal. L'ordonnance prescrivant la détention est rendue suivant les modalités prévues par l'article 137-3, 1er alinéa, et doit comporter l'énoncé des considérations de droit et de fait qui constituent le fondement de la décision par référence aux dispositions des 1° à 6° de l'article 144. Cette décision énonce les faits retenus et saisit le tribunal; elle est notifiée verbalement au prévenu et mentionnée au procès-verbal dont copie lui est remise sur-le-champ. Le prévenu doit comparaître devant le tribunal au plus tard le 3e jour ouvrable suivant. À défaut, il est mis d'office en liberté.

• Si le juge estime que la détention provisoire n'est pas nécessaire, il peut soumettre le prévenu, jusqu'à sa comparution devant le tribunal, à une ou plusieurs obligations du contrôle judiciaire ou le placer sous assignation à résidence avec surveillance électronique. La date et l'heure de l'audience, fixées dans les délais prévus à l'article 394, sont alors notifiées à l'intéressé soit par le juge ou par son greffier, si ces informations leur ont été préalablement données par le procureur de la République, soit, dans le cas contraire, par le procureur ou son greffier. Toutefois, si les poursuites concernent plusieurs personnes dont certaines sont placées en détention, la personne reste convoquée à l'audience où comparaissent les autres prévenus détenus. L'article 397-4 ne lui est pas applicable. Si le prévenu placé sous contrôle judiciaire ou sous assignation à résidence avec surveillance électronique se soustrait aux obligations qui lui sont imposées, les dispositions du 2e alinéa de l'article 141-2 sont applicables.

QPC • *Conformément à l'article 1er de la Décision n° 2020-886 QPC du 4 mars 2021 :*

Article 1er.

***Les mots :** « après avoir recueilli les observations éventuelles du prévenu ou de son avocat » figurant au 2e alinéa de l'article 396 du C.P.P., dans sa rédaction résultant de la loi n° 2019-222 du 23/03/2019 de programmation 2018-2022 et de réforme pour la justice, sont contraires à la Constitution.*

Article 2.

La déclaration d'inconstitutionnalité de l'article 1er. prend effet dans les conditions fixées aux paragraphes 11 à 13 de cette décision.

***11.** En l'espèce, d'une part, l'abrogation immédiate des dispositions contestées aurait pour effet de supprimer la possibilité pour le prévenu de présenter des observations devant le juge des libertés et de la détention avant que ce dernier ne statue sur les réquisitions du procureur de la République aux fins de détention provisoire. Elle entraînerait ainsi des conséquences manifestement excessives. Par suite, il y a lieu de reporter au 31 décembre 2021 la date de l'abrogation des dispositions contestées.*

***12.** D'autre part, la remise en cause des mesures ayant été prises sur le fondement des dispositions déclarées contraires à la Constitution méconnaîtrait les objectifs de valeur constitutionnelle de sauvegarde de l'ordre public et de recherche des auteurs d'infractions et aurait ainsi des conséquences manifestement excessives. Par suite, les mesures prises avant la publication de la présente décision ne peuvent être contestées sur le fondement de cette inconstitutionnalité.*

***13.** En revanche, afin de faire cesser l'inconstitutionnalité constatée à compter de la publication de la présente décision, il y a lieu de juger que, jusqu'à l'entrée en vigueur d'une nouvelle loi, le juge des libertés et de la détention doit informer le prévenu qui comparaît devant lui en application de l'article 396 du C.P.P. de son droit de se taire.*

(Décision n° 2020-886 QPC du 4 mars 2021)

Article 397. – Assistance avocat – *(Loi n° 93-2 du 4 janvier 1993)*

• Lorsque le tribunal est saisi en application des articles 395 et 396, troisième alinéa, le président constate l'identité du prévenu, son avocat ayant été avisé. Il avertit le prévenu qu'il ne peut être jugé le jour même qu'avec son accord; toutefois, cet accord ne peut être recueilli qu'en présence de son avocat ou, si celui-ci n'est pas présent, d'un avocat désigné d'office sur sa demande par le bâtonnier.

• Si le prévenu consent à être jugé séance tenante, mention en est faite dans les notes d'audience.

Article 397-1. – Audience ultérieure – *(Loi n° 2004-204 du 9 mars 2004)*

• Si le prévenu ne consent pas à être jugé séance tenante ou si l'affaire ne paraît pas en état d'être jugée, le tribunal, après avoir recueilli les observations des parties et de leur avocat, renvoie à une prochaine audience qui doit avoir lieu dans un délai qui ne peut être inférieur à deux semaines, sauf renonciation expresse du prévenu, ni supérieur à six semaines.

• Lorsque la peine encourue est supérieure à sept ans d'emprisonnement, le prévenu, informé de l'étendue de ses droits, peut demander que l'affaire soit renvoyée à une audience qui devra avoir lieu dans un délai qui ne peut être inférieur à deux mois, sans être supérieur à quatre mois.

• Dans les cas prévus par le présent article, le prévenu ou son avocat peut demander au tribunal d'ordonner tout acte d'information qu'il estime nécessaire à la manifestation de la vérité relatif aux faits reprochés ou à la personnalité de l'intéressé. Le tribunal qui refuse de faire droit à cette demande doit rendre un jugement motivé.

Article 397-1-1. – Procédure de comparution à délai différé – *(Loi n° 2019-222 du 23 mars 2019)*

• Dans les cas prévus à l'article 395, s'il existe contre la personne des charges suffisantes pour la faire comparaître devant le tribunal correctionnel, mais que l'affaire n'est pas en état d'être jugée selon la procédure de comparution immédiate parce que n'ont pas encore été obtenus les résultats de réquisitions, d'examens techniques ou médicaux déjà sollicités, le procureur de la République peut, si le prévenu est assisté par un avocat choisi par lui ou désigné par le bâtonnier, le poursuivre devant le tribunal correctionnel selon la procédure de comparution à délai différé conformément aux dispositions du présent article.

• Conformément aux dispositions de l'article 396, le prévenu est présenté devant le juge des libertés et de la détention, qui statue sur les réquisitions du ministère public aux fins de contrôle judiciaire, d'assignation à résidence avec surveillance électronique ou de détention provisoire, après avoir recueilli les observations éventuelles du prévenu ou de son avocat. Les réquisitions du procureur précisent les raisons justifiant le recours à la présente procédure, en indiquant s'il y a lieu les actes en cours dont les résultats sont attendus. La détention provisoire ne peut être ordonnée que si la peine d'emprisonnement encourue est égale ou supérieure à 3 ans. L'ordonnance rendue est susceptible d'appel dans un délai de 10 jours devant la chambre de l'instruction.

• L'ordonnance prescrivant le contrôle judiciaire, l'assignation à résidence avec surveillance électronique ou la détention provisoire, rendue dans les conditions et selon les modalités prévues à l'article 396, énonce les faits retenus et saisit le tribunal ; elle est notifiée verbalement au prévenu et mentionnée au procès-verbal dont copie lui est remise sur-le-champ. Le prévenu doit comparaître devant le tribunal au plus tard dans un délai de 2 mois, à défaut de quoi il est mis fin d'office au contrôle judiciaire, à l'assignation à résidence avec surveillance électronique ou à la détention provisoire.

• Si le prévenu placé sous contrôle judiciaire ou sous assignation à résidence avec surveillance électronique se soustrait aux obligations qui lui sont imposées, les dispositions du deuxième alinéa de l'article 141-2 et de l'article 141-4 sont applicables ; les attributions confiées au juge d'instruction par les mêmes articles 141-2 et 141-4 sont alors exercées par le procureur de la République.

• Les procès-verbaux ou autres pièces résultant des réquisitions, examens techniques ou médicaux mentionnés au 1er alinéa du présent article sont versés au dossier de la procédure dès leur accomplissement et mis à la disposition des parties ou de leur avocat.

• Jusqu'à l'audience de jugement, le prévenu ou son avocat peuvent demander au président du tribunal la réalisation de tout acte qu'ils estiment nécessaire à la manifestation de la vérité, conformément aux dispositions de l'article 388-5, dont les 2e à dernier alinéas sont applicables. Si le prévenu est détenu, la demande peut être faite au moyen d'une déclaration auprès du chef de l'établissement pénitentiaire. Cette déclaration est constatée et datée par le chef de l'établissement pénitentiaire, qui la signe, ainsi que le demandeur. Si celui-ci ne peut signer, il en est fait mention par le chef de l'établissement.

• Pour la mise en œuvre de la procédure de comparution à délai différée, la présentation de la personne devant le procureur de la République prévue à l'article 393 ainsi que sa présentation devant le juge des libertés et de la détention prévue au deuxième alinéa du présent article peuvent intervenir dans un lieu autre que le tribunal si l'état de santé de cette personne ne permet pas de l'y transporter.

• Lorsqu'il est fait application des dispositions du présent article, la victime en est avisée par tout moyen. Elle peut alors se constituer partie civile et déposer des demandes d'actes conformément à l'article 388-5.

Article 397-2. – Supplément d'information – *(Loi n° 2021-1729 du 22 décembre 2021)*

• Dans tous les cas prévus au présent paragraphe 3, le tribunal peut, à la demande des parties ou d'office, commettre par jugement l'un de ses membres ou l'un des juges d'instruction de la juridiction désigné dans les conditions de l'article 83, alinéa 1er, pour procéder à un supplément d'information ; les dispositions de l'article 463 sont applicables.

• Le tribunal peut, dans les mêmes conditions, s'il estime que la complexité de l'affaire nécessite des investigations supplémentaires approfondies, renvoyer le dossier au procureur de la République.

• Le tribunal statue au préalable sur le maintien du prévenu en détention provisoire jusqu'à sa comparution devant un juge d'instruction. Cette comparution doit avoir lieu le jour même, à défaut de quoi le prévenu est remis en liberté d'office. Toutefois, si la gravité ou la complexité de l'affaire justifie que le tribunal commette un juge du pôle de l'instruction compétent et qu'il n'existe pas de pôle au sein du tribunal judiciaire, cette comparution doit intervenir devant le juge d'instruction du pôle territorialement compétent dans un délai de 5 jours ouvrables, à défaut de quoi le prévenu est remis en liberté d'office.

Article 397-2-1. – Personne présentée mineure – Renvoi du dossier au PR – *(Loi n° 2022-52 du 24 janvier 2022 + Décision n° 2022-1034 QPC du 10 février 2023)*

• S'il lui apparaît que la personne présentée devant lui est mineure, le tribunal renvoie le dossier au procureur de la République.

• S'il s'agit d'un mineur âgé d'au moins 13 ans, le tribunal statue au préalable, après avoir entendu les réquisitions du procureur de la République et les observations du mineur et de son avocat, sur son placement ou son maintien en détention provisoire jusqu'à sa comparution soit devant le juge d'instruction spécialisé, soit devant le juge des enfants ou le juge des libertés et de la détention spécialisé, selon les modalités prévues aux articles L. 423-6 ou L. 423-9 du Code de la justice pénale des mineurs. La décision est spécialement motivée au regard de la nécessité de garantir le maintien du mineur à la disposition de la justice. La comparution devant le juge compétent doit avoir lieu dans un délai de 24 heures, à défaut de quoi le mineur est remis en liberté d'office.

• Le présent article est également applicable devant le juge des libertés et de la détention statuant en application de l'article 396 du présent code.

Nota : Par une décision n° 2022-1034 QPC du 10/02/2023, le Conseil constitutionnel a déclaré conformes à la Constitution les 2e et 3e alinéas de l'article 397-2-1 du C.P.P., dans sa rédaction issue de la loi n° 2022-52 du 24/01/2022 relative à la responsabilité pénale et à la sécurité intérieure, sous la réserve énoncée à son § 12 aux termes de laquelle « [...] la juridiction, après avoir entendu ses observations et celles de son avocat, ne peut ordonner le placement ou le maintien en détention provisoire du mineur que si sa décision est spécialement motivée par la nécessité de garantir son maintien à la disposition de la justice. Afin d'assurer le respect des exigences constitutionnelles précitées, il lui appartient de vérifier que, au regard des circonstances, de la situation personnelle du mineur et de la gravité des infractions qui lui sont reprochées, son placement ou maintien en détention provisoire n'excède pas la rigueur nécessaire. »

Article 397-3. – Contrôle judiciaire – *(Loi n° 2007-291 du 5 mars 2007)*

• Dans tous les cas prévus par le présent paragraphe, le tribunal peut, conformément aux dispositions de l'article 141-1, placer ou maintenir le prévenu sous contrôle judiciaire. Cette décision est exécutoire par provision. Si le prévenu placé sous contrôle judiciaire se soustrait aux obligations qui lui sont imposées, les dispositions du deuxième alinéa de l'article 141-2 sont applicables.

• Dans les cas prévus par les articles 395 et suivants, le tribunal peut également placer ou maintenir le prévenu en détention provisoire par décision spécialement motivée. La décision prescrivant la détention est rendue suivant les modalités prévues par les articles 135, 137-3, premier alinéa et 464-1 et est motivée par référence aux dispositions des 1° à 6° de l'article 144. Elle est exécutoire par provision.

• Lorsque le prévenu est en détention provisoire, le jugement au fond doit être rendu dans les deux mois qui suivent le jour de sa première comparution devant le tribunal. Faute de décision au fond à l'expiration de ce délai, il est mis fin à la détention provisoire. Le prévenu, s'il n'est pas détenu pour une autre cause, est mis d'office en liberté.

• Lorsqu'il a été fait application des dispositions du deuxième alinéa de l'article 397-1, le délai prévu à l'alinéa précédent est porté à quatre mois.

Article 397-3-1. – Ajournement de la peine aux fins d'investigations sur la personnalité – *(Loi n° 2014-896 du 15 août 2014)*

• Quand il prononce l'ajournement de la peine aux fins d'investigations sur la personnalité en application de l'article 132-70-1 du Code pénal, le tribunal peut également placer ou maintenir la personne déclarée coupable sous contrôle judiciaire en application du premier alinéa de l'article 397-3 du présent code, sous assignation à résidence avec surveillance électronique en application du premier alinéa de l'article 142-12, ou, dans les cas prévus aux articles 395 à 397-7, en détention provisoire en application du deuxième alinéa de l'article 397-3. La détention provisoire ne peut être décidée que pour l'un des motifs prévus aux 2°, 3°, 5° et 6° de l'article 144. Lorsque la personne a été placée ou maintenue en détention, les deux derniers alinéas de l'article 397-3 sont applicables.

Article 397-4. – Placement ou maintien en détention – *(Loi n° 2002-1138 du 9 septembre 2002)*

• Dans le cas où le prévenu est condamné à un emprisonnement sans sursis, le tribunal saisi en application des articles 395 et suivants peut, quelle que soit la durée de la peine, ordonner, d'après les éléments de l'espèce, le placement ou le maintien en détention par décision spécialement motivée. Les dispositions des articles 148-2 et 471, deuxième alinéa, sont applicables.

• La cour statue dans les quatre mois de l'appel du jugement rendu sur le fond interjeté par le prévenu détenu, faute de quoi celui-ci, s'il n'est pas détenu pour une autre cause, est mis d'office en liberté.

• Si la juridiction estime devoir décerner un mandat d'arrêt, les dispositions de l'article 465 sont applicables, quelle que soit la durée de la peine prononcée.

Article 397-5. – Citation des témoins – *(Loi n° 83-466 du 10 juin 1983)*

• Dans tous les cas prévus par le présent paragraphe et par dérogation aux dispositions des articles 550 et suivants, les témoins peuvent être cités sans délai et par tout moyen. Lorsqu'ils sont requis verbalement par un officier de police judiciaire ou un agent de la force publique, ils sont tenus de comparaître sous les sanctions portées aux articles 438 à 441.

Article 397-6. – Loi spéciale – *(Loi n° 2021-1109 du 24 août 2021)*

• Les dispositions des articles 393 à 397-5 ne sont applicables ni aux mineurs, ni en matière de délits de presse, de délits politiques ou d'infractions dont la procédure de poursuite est prévue par une loi spéciale.

• Par dérogation au 1er alinéa du présent article, les articles 393 à 397-5 sont applicables aux délits prévus aux articles 24 et 24 *bis* ainsi qu'aux 3e et 4e alinéas de l'article 33 de la loi du 29 juillet 1881 sur la liberté de la presse, sauf si ces délits résultent du contenu d'un message placé sous le contrôle d'un directeur de la publication en application de l'article 6 de la même loi ou de l'article 93-2 de la loi n° 82-652 du 29 juillet 1982 sur la communication audiovisuelle.

Article 397-7. – Information – *(Loi n° 2021-1729 du 22 décembre 2021)*

• Si le procureur de la République estime que les faits pour lesquels la personne est déférée devant lui en application de l'article 393 doivent faire l'objet, en raison de leur gravité ou de leur complexité, d'une information relevant de la compétence d'un pôle de l'instruction alors qu'il n'existe pas de tel pôle au sein du tribunal judiciaire et que les éléments de l'espèce lui paraissent exiger une mesure de détention provisoire, il peut requérir le placement sous contrôle judiciaire, sous assignation à résidence avec surveillance électronique ou en détention provisoire de cette personne jusqu'à sa comparution devant le juge d'instruction compétent en faisant application du dernier alinéa de l'article 394 ou de l'article 396. Si la personne est placée en détention provisoire, elle doit comparaître devant le juge d'instruction du pôle de l'instruction au plus tard le 5e jour ouvrable suivant. À défaut, elle est mise d'office en liberté.

Section II

De la composition du tribunal et de la tenue des audiences

§ 1er. – Dispositions générales

Article 398. – Composition du Tribunal correctionnel – *(Ordonnance n° 2019-964 du 18 septembre 2019)*

• Le tribunal correctionnel est composé d'un président et de 2 juges.

• Lorsqu'un procès paraît de nature à entraîner de longs débats, le président du tribunal judiciaire peut décider qu'un ou plusieurs magistrats du siège supplémentaires assisteront aux débats. Dans le cas où un ou plusieurs magistrats du siège composant le tribunal correctionnel seraient empêchés de suivre les débats jusqu'au prononcé du jugement, ils sont remplacés par le ou les magistrats du siège supplémentaires, dans l'ordre de leur nomination au tribunal judiciaire, en commençant par le plus ancien du rang le plus élevé.

• Toutefois, pour le jugement des délits énumérés à l'article 398-1, il est composé d'un seul de ces magistrats exerçant les pouvoirs conférés au président.

• La désignation des magistrats du tribunal correctionnel appelés à statuer dans les conditions prévues à l'alinéa 3 est faite par le président du tribunal judiciaire selon les modalités fixées pour la répartition des juges entre les diverses chambres de ce tribunal; s'il y a lieu, le président du tribunal correctionnel répartit les affaires entre ces magistrats.

• Avant le début de l'année judiciaire, le président du tribunal judiciaire établit par ordonnance la liste des magistrats exerçant à titre temporaire de son ressort susceptibles de siéger en qualité d'assesseur au sein de la formation collégiale du tribunal correctionnel. Cette ordonnance peut être modifiée en cours d'année pour prendre en compte une modification de la composition de la juridiction ou pour prévoir un service allégé pendant la période au cours de laquelle les magistrats, les fonctionnaires et les auxiliaires de justice bénéficient de leurs congés annuels. Cette formation ne peut comprendre plus d'un juge non professionnel.

• Les décisions prévues au présent article sont des mesures d'administration non susceptibles de recours.

Article 398-1. – Jugements – *(Loi n° 2023-22 du 24 janvier 2023)*

• Sont jugés dans les conditions prévues au 3e alinéa de l'article 398 les délits suivants, lorsqu'ils sont punis d'une peine inférieure ou égale à 5 ans d'emprisonnement :

• 1° Les délits ci-après mentionnés, prévus aux dispositions suivantes du Code pénal :

• – les violences prévues aux articles 222-11, 222-12, 222-13 et 222-14-5 ;

• – les appels ou messages malveillants et agressions sonores prévus à l'article 222-16 ;

• – les menaces prévues aux articles 222-17 à 222-18-3 ;

• – les atteintes involontaires à l'intégrité de la personne prévues aux articles 222-19-1, 222-19-2, 222-20-1 et 222-20-2 ;

• – l'exhibition sexuelle prévue à l'article 222-32 ;

• – la cession ou l'offre illicite de stupéfiants à une personne en vue de sa consommation personnelle prévues à l'article 222-39 ;

• – le délit de risques causés à autrui prévu à l'article 223-1, lorsqu'il est commis à l'occasion de la conduite d'un véhicule ;

• – le délit de recours à la prostitution prévu à l'article 225-12-1 ;

• – les atteintes à la vie privée et à la représentation de la personne prévues aux articles 226-1 à 226-2-1, 226-3-1, 226-4 à 226-4-2 et 226-8 ;

• – les abandons de famille, les violations des ordonnances prises par le juge aux affaires familiales en cas de violences et les atteintes à l'exercice de l'autorité parentale prévus aux articles 227-3 à 227-11 ;

• – le vol, la filouterie, et le détournement de gage ou d'objet saisi prévus aux articles 311-3 et 311-4, 313-5, 314-5 et 314-6 ;

• – le recel prévu à l'article 321-1 ;

• – les destructions, dégradations et détériorations ne présentant pas de danger pour les personnes et l'installation illicite sur un terrain communal prévues aux articles 322-1 à 322-4-1 ;

• – les destructions, dégradations et détériorations involontaires par explosion ou incendie prévues à l'article 322-5 ;

• – les menaces de destruction, de dégradation ou de détérioration et les fausses alertes prévues aux articles 322-12 à 322-14 ;

• -les délits d'accès et de maintien frauduleux dans un système de traitement automatisé de données prévus au 1er alinéa de l'article 323-1 ;

• – l'intrusion dans un établissement d'enseignement scolaire prévue aux articles 431-22 à 431-25 ;

• – les menaces et actes d'intimidation commis contre les personnes exerçant une fonction publique prévus à l'article 433-3 ;

• – les outrages et rébellions prévus aux articles 433-5 à 433-10 ;

• – l'opposition à l'exécution de travaux publics ou d'utilité publique prévue à l'article 433-11 ;

• – les usurpations de fonctions, de signes, de titres et l'usage irrégulier de qualité prévus aux articles 433-12 à 433-18 ;

• – les atteintes à l'état civil des personnes prévues aux articles 433-18-1 à 433-21-1 ;

• – le délit de fuite prévu à l'article 434-10 ;

• – les délits de prise du nom d'un tiers ou de fausse déclaration relative à l'état civil d'une personne prévus à l'article 434-23 ;
• – les atteintes au respect dû à la justice prévues aux articles 434-24, 434-26, 434-35, 434-35-1 et 434-38 à 434-43-1 ;
• – les faux prévus aux articles 441-1 à 441-3, 441-5 et 441-6 à 441-8 ;
• – la vente à la sauvette prévue aux articles 446-1 et 446-2 ;
• – les sévices graves ou actes de cruauté envers les animaux prévus aux articles 521-1 et 521-2 ;
• 2° Les délits prévus par le Code de la route ;
• 3° Les délits en matière de chèques prévus aux articles L. 163-2, L. 163-3 et L. 163-7 du Code monétaire et financier ;
• 4° Les délits en matière de réglementations relatives aux transports prévus aux 4 premières parties du Code des transports ;
• 5° Les délits de port ou transport d'armes de la catégorie D figurant sur une liste fixée par un décret en Conseil d'État prévus par l'article L. 317-8 du Code de la sécurité intérieure ;
• 6° Les délits prévus par le Code de l'environnement en matière de chasse, de pêche en eau douce, de protection du patrimoine naturel, ainsi que par le titre VIII du livre V du même code ;
• 7° Les délits prévus par le Code forestier et par le Code de l'urbanisme ;
• 7° *bis (Abrogé)* ;
• 8° Les délits prévus par le Code de la construction et de l'habitation ;
• 9° Les délits prévus par le Code rural et de la pêche maritime en matière de garde et de circulation des animaux et de pêche maritime ;
• 10° Les délits prévus aux articles L. 335-2, L. 335-3 et L. 335-4 du Code de la propriété intellectuelle, lorsqu'ils sont commis au moyen d'un service de communication au public en ligne ;
• 10° *bis* Les délits prévus à l'article L. 3136-1 du Code de la santé publique et à l'article 16 de la loi n° 2021-1040 du 5 août 2021 relative à la gestion de la crise sanitaire ;
• 11° Le délit d'usage de stupéfiants prévu à l'article L. 3421-1 du Code de la santé publique ainsi que le délit prévu à l'article 60 *bis* du Code des douanes.
• Pour l'appréciation du seuil de 5 ans d'emprisonnement mentionné au 1er alinéa du présent article, il n'est pas tenu compte des aggravations résultant de l'état de récidive ou des dispositions des articles 132-76, 132-77 ou 132-79 du Code pénal.
• Sont également jugés dans les conditions prévues au 3e alinéa de l'article 398 du présent code les délits pour lesquels une peine d'emprisonnement n'est pas encourue, à l'exception des délits de presse.
• Toutefois, le tribunal statue obligatoirement dans les conditions prévues par le 1er alinéa de l'article 398 lorsque le prévenu est en état de détention provisoire lors de sa comparution à l'audience ou lorsqu'il est poursuivi selon la procédure de comparution immédiate. Il statue également dans les conditions prévues par le 1er alinéa de l'article 398 pour le jugement des délits prévus au présent article lorsque ces délits sont connexes à d'autres délits non prévus par cet article.

Article 398-2. – Renvoi de l'affaire

• Lorsque le tribunal correctionnel, dans sa composition prévue par le troisième alinéa de l'article 398, constate que la qualification retenue dans l'acte qui le saisit ne relève pas des dispositions de l'article 398-1, il renvoie l'affaire devant le tribunal correctionnel siégeant dans les conditions prévues par le premier alinéa de l'article 398.
• Lorsque le tribunal correctionnel, dans sa composition prévue par le premier alinéa de l'article 398, constate que la qualification retenue dans l'acte qui le saisit relève des dispositions de l'article 398-1, et sous réserve des dispositions du dernier alinéa de cet article, l'affaire peut soit être renvoyée devant le tribunal correctionnel siégeant dans les conditions prévues par le troisième alinéa de l'article 398, soit être jugée par le seul président.
• Le tribunal correctionnel siégeant dans sa composition prévue par le troisième alinéa de l'article 398 peut, si ce renvoi lui paraît justifié en raison de la complexité des faits ou, au regard notamment des dispositions du dernier alinéa, en raison de l'importance de la peine susceptible d'être prononcée, décider, d'office ou à la demande des parties ou du ministère public, de renvoyer l'affaire devant le tribunal correctionnel siégeant dans les conditions prévues au premier alinéa du même article. Les dispositions de l'alinéa qui précède ne sont alors pas applicables. Cette décision constitue une mesure d'administration judiciaire qui n'est pas susceptible de recours.
• Le tribunal correctionnel siégeant dans sa composition prévue par le troisième alinéa de

l'article 398 ne peut prononcer une peine d'emprisonnement ferme d'une durée supérieure à cinq ans.

Article 398-3. – Ministère public – Greffe – *(Ordonnance n° 2019-964 du 18 septembre 2019)*

• Les fonctions du ministère public près le tribunal correctionnel sont exercées par le procureur de la République ou l'un de ses substituts; celles du greffe par un greffier du tribunal judiciaire.

Article 399. – Audiences correctionnelles – *(Ordonnance n° 2019-964 du 18 septembre 2019)*

• Le nombre et le jour des audiences correctionnelles sont fixés par décision conjointe du président du tribunal judiciaire et du procureur de la République.

• Il en est de même de la composition prévisionnelle de ces audiences, sans préjudice des pouvoirs propres du ministère public en matière d'audiencement.

• Les décisions prévues au présent article sont prises, après avis de l'assemblée générale du tribunal, à la fin de l'année judiciaire pour l'année judiciaire suivante, et peuvent, en cas de nécessité, être modifiées en cours d'année dans les mêmes conditions.

• En cas d'impossibilité de parvenir à des décisions conjointes, le nombre et le jour des audiences correctionnelles sont fixés par le seul président du tribunal judiciaire, et la composition prévisionnelle de ces audiences est déterminée par le seul procureur de la République, après avis du 1er président de la cour d'appel et du procureur général.

Section III

De la publicité et de la police de l'audience

Article 400. – Audience – *(Ordonnance n° 2019-950 du 11 septembre 2019)*

• Les audiences sont publiques.

• Néanmoins, le tribunal peut, en constatant dans son jugement que la publicité est dangereuse pour l'ordre, la sérénité des débats, la dignité de la personne ou les intérêts d'un tiers, ordonner, par jugement rendu en audience publique, que les débats auront lieu à huis clos.

• Lorsque le huis clos a été ordonné, celui-ci s'applique au prononcé des jugements séparés qui peuvent intervenir sur des incidents ou exceptions ainsi qu'il est dit à l'article 459, alinéa 4.

• Le jugement sur le fond doit toujours être prononcé en audience publique.

Nota : À compter du 30 septembre 2021 : Conformément à l'article 10 de l'ordonnance n° 2019-950 du 11/09/2019, l'article 400 du C.P.P. est modifié :

• «Le 5e alinéa de l'article 400 est supprimé.»

• Conformément à l'article 10 de l'ordonnance n° 2019-950 du 11/09/2019, les dispositions du code de la justice pénale des mineurs, relatives à la procédure pénale, sont applicables aux poursuites engagées à compter de son entrée en vigueur. Les poursuites engagées avant cette date se poursuivent jusqu'à leur terme conformément aux dispositions du C.P.P. et de l'ordonnance n° 45-174 du 02/02/1945 relative à l'enfance délinquante dans leur version applicable avant cette date.

• Toutefois, les dispositions du code de la justice pénale des mineurs relatives aux mesures de sûreté s'appliquent immédiatement lorsqu'elles sont plus favorables aux mineurs à l'encontre desquels ces poursuites sont engagées.

Article 400-1. – Jugements des délits de guerre et liés à l'article 706-73 – *(Loi n° 2016-731 du 3 juin 2016)*

• Pour le jugement des délits de guerre mentionnés au chapitre Ier du livre IV *bis* du Code pénal et des délits mentionnés à l'article 706-73 du présent code, le tribunal peut, par jugement rendu en audience publique, ordonner le huis clos pour le temps de l'audition d'un témoin si la déposition publique de celui-ci est de nature à mettre gravement en danger sa vie ou son intégrité physique ou celles de ses proches.

Article 401. – Police de l'audience – *(Loi n° 93-1013 du 24 août 1993)*

• Le président a la police de l'audience et la direction des débats.

Article 402. – Interdiction accès salle d'audience

• Le président peut interdire l'accès de la salle d'audience aux mineurs ou à certains d'entre eux.

Article 403. – *(Abrogé – Loi n° 81-82 du 2 février 1981)*

Article 404. – Expulsion – *(Loi n° 92-1336 du 16 décembre 1992)*

• Lorsque, à l'audience, l'un des assistants trouble l'ordre de quelque manière que ce soit, le président ordonne son expulsion de la salle d'audience.

• Si, au cours de l'exécution de cette mesure, il résiste à cet ordre ou cause du tumulte, il est, sur-le-champ, placé sous mandat de dépôt, jugé et puni de deux ans d'emprisonnement, sans préjudice des peines portées au Code pénal contre les auteurs d'outrages et de violences envers les magistrats.

• Sur l'ordre du président, il est alors contraint par la force publique de quitter l'audience.

Article 405. – Prévenu – Trouble à l'audience

• Si l'ordre est troublé à l'audience par le prévenu lui-même, il lui est fait application des dispositions de l'article 404.

• Le prévenu, même libre, lorsqu'il est expulsé de la salle d'audience, est gardé par la force publique, jusqu'à la fin des débats, à la disposition du tribunal. Il est alors reconduit à l'audience, où le jugement est rendu en sa présence.

Section IV
Des débats

§ 1er. – De la comparution du prévenu

Article 406. – Comparution – Information – *(Loi n° 2014-535 du 27 mai 2014)*

• Le président ou l'un des assesseurs, par lui désigné, après avoir, s'il y a lieu, informé le prévenu de son droit d'être assisté par un interprète, constate son identité et donne connaissance de l'acte qui a saisi le tribunal. Il informe le prévenu de son droit, au cours des débats, de faire des déclarations, de répondre aux questions qui lui sont posées ou de se taire. Il constate aussi s'il y a lieu la présence ou l'absence de la personne civilement responsable, de la partie civile, des témoins, des experts et des interprètes.

J • **Tentative de vol aggravé – Notification du droit de se taire**

Contre l'arrêt de la cour d'appel de CAYENNE, chambre correctionnelle, en date du 15 juillet 2014, qui, pour tentative de vol aggravé, l'a condamnée à trois mois d'emprisonnement;

« alors qu'en application des articles 406 (dans sa rédaction issue de la loi du 27 mai 2014, entrée en vigueur le 2 juin 2014) *et 512 du Code de procédure pénale, le président de la juridiction correctionnelle informe le prévenu de son droit, au cours des débats, de faire des déclarations, de répondre aux questions qui lui sont posées ou de se taire; que le défaut de notification du droit de se taire a fait grief à Mme X..., qui a été interrogée sur les faits et dont les déclarations à l'audience ont été prises en compte dans l'arrêt pour écarter son irresponsabilité pénale pour cause de trouble mental et retenir sa culpabilité »;*

Attendu qu'en application du premier de ces textes, devant le tribunal correctionnel, le président ou l'un des assesseurs, par lui désigné, informe le prévenu de son droit, au cours des débats, de faire des déclarations, de répondre aux questions qui lui sont posées ou de se taire; que la méconnaissance de l'obligation d'informer le prévenu du droit de se taire lui fait nécessairement grief; Par ces motifs, et sans qu'il soit besoin d'examiner les autres moyens de cassation proposés:

CASSE et ANNULE, en toutes ses dispositions, l'arrêt susvisé de la cour d'appel de Cayenne, en date du 15 juillet 2014, et pour qu'il soit à nouveau jugé, conformément à la loi,

RENVOIE la cause et les parties devant la cour d'appel de Cayenne, autrement composée, à ce désignée par délibération spéciale prise en chambre du conseil;

ORDONNE l'impression du présent arrêt, sa transcription sur les registres du greffe de la cour d'appel de Cayenne et sa mention en marge ou à la suite de l'arrêt annulé;

(Cour de cassation – Chambre criminelle du 08 juillet 2015 – N° de pourvoi: 14-85699).

• **Délit de fuite – Dégradation ou destruction aggravée du bien d'autrui – Refus d'obtempérer aggravé – Droits de la défense – Droits du prévenu – Notification du droit de se taire – Défaut – Sanction – Annulation**

CASSATION sur le pourvoi formé par M. O... T..., contre l'arrêt de la cour d'appel de REIMS, chambre correctionnelle, en date du 17/10/2018, qui, pour délit de fuite, dégradation ou destruction aggravée du bien d'autrui, refus d'obtempérer aggravé, l'a condamné à 10 mois d'emprisonnement.

En application de l'article 406 du C.P.P., le président du tribunal correctionnel constate l'identité du prévenu et donne connaissance de l'acte qui a saisi le tribunal. Il informe le prévenu de son droit, au cours des débats, de faire des déclarations, de répondre aux questions qui lui sont posées ou de se taire. Doit être cassé l'arrêt dont les mentions énoncent que cette information n'a été donnée qu'après la discussion portant sur une nullité de procédure.

(Cour de cassation – Chambre criminelle du 16 octobre 2019 – N° de pourvoi: 18-86614).

Article 407. – Interprète – *(Loi n° 2000-516 du 15 juin 2000)*

• Dans le cas où le prévenu, la partie civile ou le témoin ne parle pas suffisamment la langue française, ou s'il est nécessaire de traduire un document versé aux débats, le président désigne d'office un interprète, âgé de vingt et un ans au moins, et lui fait prêter serment d'apporter son concours à la justice en son honneur et en sa conscience.

• Le ministère public, le prévenu et la partie civile peuvent récuser l'interprète en motivant leur récusation. Le tribunal se prononce sur cette récusation, et sa décision n'est susceptible d'aucune voie de recours.

• L'interprète ne peut, même du consentement du prévenu ou du ministère public, être pris parmi les juges composant le tribunal, le greffier qui tient l'audience, les parties et les témoins.

J • **Interprète – Assistance aux débats – Cas.** – *Les dispositions de l'article 407 du Code de procédure pénale sont applicables au requérant agissant dans le cadre de l'article 702-1 dudit Code (relèvement d'interdictions, déchéances, incapacités* *ou mesures de publications), lorsque le demandeur ne parle pas suffisamment la langue française, le président désigne d'office un interprète* (Cass. CRIM du 6 mars 1997 – BCC n° 454 du 1/7/97).

• **Interprète – Serment à l'audience de la chambre d'accusation *(non)*.** – *Doit être écarté le grief fait à la chambre d'accusation devant laquelle comparaissent une personne de nationalité étrangère, assistée d'un interprète assermenté, de n'avoir pas fait prêter, à cet auxiliaire de justice, le serment exigé par l'article 407 du Code de procédure pénale, dès lors que ce texte est inapplicable aux juridictions d'instruction.* (Cass. CRIM du 18 février 1998 – BCC n° 457 du 15/06/1998).

• **Interprète – Serment à l'audience – Application de l'article 407 du Code de procédure pénale *(non)*.** – *Il ne peut être fait grief à la chambre d'accusation devant laquelle comparaissait une personne de nationalité étrangère, assistée d'un interprète assermenté, de n'avoir pas fait prêter, à cet auxiliaire de justice, le serment exigé par l'article 407 du Code de procédure pénale, dès lors que ce texte est inapplicable aux juridictions d'instruction.* (Cass. CRIM du 18 février 1998 – BC n° 474 du 15 juin 1998)

Article 408. – Interprète en langue des signes – *(Loi n° 2000-516 du 15 juin 2000)*

• Si le prévenu est atteint de surdité, le président nomme d'office pour l'assister lors du procès un interprète en langue des signes ou toute personne qualifiée maîtrisant un langage ou une méthode permettant de communiquer avec les sourds. Celui-ci prête serment d'apporter son concours à la justice en son honneur et en sa conscience.

• Le président peut également décider de recourir à tout dispositif technique permettant de communiquer avec la personne atteinte de surdité.

• Si le prévenu sait lire et écrire, le président peut également communiquer avec lui par écrit.

• Les autres dispositions du précédent article sont applicables.

• Le président peut procéder de même avec les témoins ou les parties civiles atteints de surdité.

Article 409. – Conduite à l'audience

• Au jour indiqué pour la comparution à l'audience, le prévenu en état de détention y est conduit par la force publique.

Article 410. – Comparution – *(Loi n° 2004-204 du 9 mars 2004)*

• Le prévenu régulièrement cité à personne doit comparaître, à moins qu'il ne fournisse une excuse reconnue valable par la juridiction devant laquelle il est appelé. Le prévenu a la même obligation lorsqu'il est établi que, bien que n'ayant pas été cité à personne, il a eu connaissance de la citation régulière le concernant dans les cas prévus par les articles 557, 558 et 560.

• Si ces conditions sont remplies, le prévenu non comparant et non excusé est jugé par jugement contradictoire à signifier, sauf s'il est fait application des dispositions de l'article 411.

• Si un avocat se présente pour assurer la défense du prévenu, il doit être entendu s'il en fait la demande, même hors le cas prévu par l'article 411.

J • **Décision contradictoire – Excuse parvenue avant l'audience – Examen préalable – Nécessité.** – *Les juges sont tenus de se prononcer sur une excuse lorsqu'elle est présentée avant l'audience, dans les conditions prévues par l'article 410 du Code de procédure pénale* (Cass. CRIM. du 23 mars 1996 – BCC 435).

Article 410-1. – Non comparution du prévenu – *(Loi n° 2004-204 du 9 mars 2004)*

• Lorsque le prévenu cité dans les conditions prévues par le premier alinéa de l'article 410 ne comparaît pas et que la peine qu'il encourt est égale ou supérieure à deux années d'emprisonnement, le tribunal peut ordonner le renvoi de l'affaire et, par décision spéciale et motivée, décerner mandat d'amener ou mandat d'arrêt.

• Si le prévenu est arrêté à la suite du mandat d'amener ou d'arrêt, il est fait application des dispositions de l'article 135-2. Toutefois, dans le cas où la personne est placée en détention provisoire par le juge des libertés et de la détention, elle doit comparaître dans les meilleurs délais, et au plus tard dans le délai d'un mois, devant le tribunal correctionnel, faute de quoi elle est mise en liberté.

Article 411. – Demande de jugement en l'absence du prévenu – *(Loi n° 2004-204 du 9 mars 2004)*

• Quelle que soit la peine encourue, le prévenu peut, par lettre adressée au président du tribunal et qui sera jointe au dossier de la procédure, demander à être jugé en son absence en étant représenté au cours de l'audience par son avocat ou par un avocat commis d'office. Ces dispositions sont applicables quelles que soient les conditions dans lesquelles le prévenu a été cité.

• L'avocat du prévenu, qui peut intervenir au cours des débats, est entendu dans sa plaidoirie et le prévenu est alors jugé contradictoirement.

• Si le tribunal estime nécessaire la comparution personnelle du prévenu, il peut renvoyer l'affaire à une audience ultérieure en ordonnant cette comparution. Le procureur de la République procède alors à une nouvelle citation du prévenu.

• Le prévenu qui ne répondrait pas à cette nouvelle citation peut être jugé contradictoirement si son avocat est présent et entendu. Le tribunal peut également, le cas échéant, après avoir entendu les observations de l'avocat, renvoyer à nouveau l'affaire en faisant application des dispositions de l'article 410-1.

• Lorsque l'avocat du prévenu qui a demandé à ce qu'il soit fait application des dispositions du présent article n'est pas présent au cours de l'audience, le prévenu est, sauf renvoi de l'affaire, jugé par jugement contradictoire à signifier.

J • **Moyen soulevé par la partie civile.** – *La partie civile qui n'a pas déposé de conclusions en vue de requérir la comparution personnelle du prévenu ne saurait se faire un grief de la méconnaissance des dispositions des articles 411 et 414 du Code de procédure pénale, lesquelles sont présentées dans l'intérêt du prévenu* (Cass. CRIM du 26 septembre 1995 – BCC n° 423).

• **Détermination de la peine attachée à l'infraction.** – *Seule la peine légalement attachée à l'infraction imputée au prévenu doit être prise en considération pour accorder ou refuser la représentation du prévenu par son conseil* (Cass. CRIM du 18 octobre 1995 – Gaz. Pal. 25-27/2/96).

Article 412. – Citation non délivrée – *(Loi n° 2004-204 du 9 mars 2004)*

• Si la citation n'a pas été délivrée à la personne du prévenu, et s'il n'est pas établi qu'il ait eu connaissance de la citation, la décision, au cas de non-comparution du prévenu, est rendue par défaut, sauf s'il est fait application des dispositions de l'article 411.

• Dans tous les cas, si un avocat se présente pour assurer la défense du prévenu, il doit être entendu s'il en fait la demande. Le jugement est alors contradictoire à signifier, sauf s'il a été fait application de l'article 411.

• Dans tous les cas, le tribunal peut, s'il l'estime nécessaire, renvoyer l'affaire à une audience ultérieure, en faisant le cas échéant application des dispositions de l'article 410-1.

Article 413. – Présence au début de l'audience

• Nul n'est recevable à déclarer qu'il fait défaut dès lors qu'il est présent au début de l'audience.

Article 414. – Intérêts civils

• Les dispositions de l'article 411, alinéas 1 et 2, sont applicables chaque fois que le débat sur le fond de la prévention ne doit pas être abordé, et spécialement quand le débat ne doit porter que sur les intérêts civils.

Article 415. – Civilement responsable – Représentation par un avocat – *(Loi n° 2011-94 du 25 janvier 2011)*

• La personne civilement responsable peut toujours se faire représenter par un avocat. Dans ce cas, le jugement est contradictoire à son égard.

Article 416. – Jugement contradictoire – *(Loi n° 2004-204 du 9 mars 2004)*

• Si le prévenu ne peut, en raison de son état de santé, comparaître devant le tribunal et s'il existe des raisons graves de ne point différer le jugement de l'affaire, le tribunal ordonne, par décision spéciale et motivée, que le prévenu, éventuellement assisté de son avocat, sera entendu à son domicile ou à la maison d'arrêt dans laquelle il se trouve détenu, par un magistrat commis à cet effet, accompagné d'un greffier. Procès-verbal est dressé de cet interrogatoire. Le débat est repris après citation nouvelle du prévenu, et les dispositions de l'article 411, alinéas 1 et 2, sont applicables. Dans tous les cas, le prévenu est jugé contradictoirement.

Article 417. – Assistance par un défenseur – *(Loi n° 2011-94 du 25 janvier 2011)*

• Le prévenu qui comparaît a la faculté de se faire assister par un défenseur.

• Si le prévenu n'a pas fait choix d'un défenseur avant l'audience, le président l'informe, s'il n'a pas reçu cette information avant l'audience, qu'il peut, à sa demande, bénéficier d'un avocat commis d'office. Si le prévenu formule cette demande, le président commet un défenseur d'office.

• Le défenseur ne peut être choisi ou désigné que parmi les avocats inscrits à un barreau.

• L'assistance d'un défenseur est obligatoire quand le prévenu est atteint d'une infirmité de nature à compromettre sa défense.

§ 2. – De la constitution de la partie civile et de ses effets

Article 418. – Constitution partie civile à l'audience

• Toute personne qui, conformément à l'article 2, prétend avoir été lésée par un délit, peut, si elle ne l'a déjà fait, se constituer partie civile à l'audience même.

• Le ministère d'un avocat n'est pas obligatoire.

• La partie civile peut, à l'appui de sa constitution, demander des dommages-intérêts correspondant au préjudice qui lui a été causé.

Article 419. – Déclaration de constitution de partie civile

• La déclaration de constitution de partie civile se fait soit avant l'audience au greffe, soit pendant l'audience par déclaration consignée par le greffier ou par dépôt de conclusions.

Article 420. – Déclaration de partie civile avant l'audience – Transmission

• Lorsqu'elle est faite avant l'audience, la déclaration de partie civile doit préciser l'infraction poursuivie et contenir élection de domicile dans le ressort du tribunal saisi, à moins que la partie civile n'y soit domiciliée.

• Elle est immédiatement transmise par le greffier au ministère public qui cite la partie civile pour l'audience.

Article 420-1. – Autres constitutions de partie civile – *(Loi n° 2019-222 du 23 mars 2019)*

• Par dérogation aux dispositions qui précèdent, toute personne qui se prétend lésée peut se constituer partie civile, directement ou par son avocat, par lettre recommandée avec avis de réception, par télécopie ou par le moyen d'une communication électronique parvenue au tribunal 24 heures au moins avant la date de l'audience, lorsqu'elle demande soit la restitution d'objets saisis, soit des dommages-intérêts ; elle joint à sa demande toutes les pièces justificatives de son préjudice. Ces documents sont immédiatement joints au dossier. Lorsque le délai de 24 heures n'a pas été respecté mais que le tribunal a effectivement eu connaissance, avant les réquisitions du ministère public sur le fond, de la constitution de partie civile, son irrecevabilité ne peut être relevée.

• Avec l'accord du procureur de la République, la demande de restitution ou de dommages-intérêts peut également être formulée par la victime, au cours de l'enquête de police, auprès d'un officier ou d'un agent de police judiciaire, qui en dresse procès-verbal. Cette demande vaut constitution de partie civile si l'action publique est mise en mouvement et que le tribunal correctionnel ou de police est directement saisi.

• Dans les cas prévus aux 2 alinéas précédents, la partie civile n'est pas tenue de comparaître.

• En cas de contestation sur la propriété des objets dont la restitution est demandée, ou si le tribunal ne trouve pas dans la demande, dans les pièces jointes à celle-ci et dans le dossier, les motifs suffisants pour statuer, la décision sur les seuls intérêts civils est renvoyée à une audience ultérieure à laquelle toutes les parties sont citées à la diligence du ministère public.

Article 420-2. – Décision contradictoire – *(Loi n° 2000-516 du 15 juin 2000)*

• La décision rendue sur la demande de restitution d'objets saisis ou de dommages-intérêts présentée conformément aux dispositions de l'article 420-1 produit tous les effets d'une décision contradictoire ; elle est signifiée à la partie civile par exploit d'huissier conformément aux dispositions des articles 550 et suivants.

Article 421. – Déclaration partie civile à l'audience – Obligations – *(Loi n° 75-624 du 11 juillet 1975)*

• À l'audience, la déclaration de partie civile doit, à peine d'irrecevabilité, être faite avant les réquisitions du ministère public sur le fond ou, si le tribunal a ordonné l'ajournement du prononcé de la peine, avant les réquisitions du ministère public sur la peine.

Article 422. – Témoin – *(Loi n° 81-82 du 2 février 1981)*

• La personne qui s'est constituée partie civile ne peut plus être entendue comme témoin.

• Toutefois, la partie civile est assimilée au témoin en ce qui concerne le paiement des indemnités, sauf décision contraire du tribunal.

Article 423. – Recevabilité de la constitution de partie civile

• Le tribunal apprécie la recevabilité de la constitution de partie civile et, s'il échet, déclare cette constitution irrecevable.

• L'irrecevabilité peut également être soulevée par le ministère public, le prévenu, le civilement responsable ou une autre partie civile.

Article 424. – Partie civile – Représentation par un avocat – *(Loi n° 2011-94 du 25 janvier 2011)*

• La partie civile peut toujours se faire représenter par un avocat. Dans ce cas le jugement est contradictoire à son égard.

Article 425. – Partie civile absente – *(Loi n° 81-82 du 2 février 1981)*

• La partie civile régulièrement citée qui ne comparaît pas ou n'est pas représentée à l'audience est considérée comme se désistant de sa constitution de partie civile.

• En ce cas, et si l'action publique n'a été mise en mouvement que par la citation directe délivrée à la requête de la partie civile, le tribunal ne statue sur ladite action que s'il en est requis par le ministère public; sauf au prévenu à demander au tribunal des dommages-intérêts pour abus de citation directe, comme il est dit à l'article 472.

• Le jugement constatant le désistement présumé de la partie civile lui est signifié par exploit d'huissier, conformément aux dispositions des articles 550 et suivants. Ce jugement est assimilé à un jugement par défaut, et l'opposition est soumise aux dispositions des articles 489 à 495.

Article 426. – Désistement de la partie civile – *(Loi n° 93-1013 du 24 août 1993)*

• Le désistement de la partie civile ne met pas obstacle à l'action civile devant la juridiction compétente.

§ 3. – De l'administration de la preuve

Article 427. – Preuve – *(Loi n° 93-1013 du 24 août 1993)*

• Hors les cas où la loi en dispose autrement, les infractions peuvent être établies par tout mode de preuve et le juge décide d'après son intime conviction.

• Le juge ne peut fonder sa décision que sur des preuves qui lui sont apportées au cours des débats et contradictoirement discutées devant lui.

J **• Preuve – Libre administration – Étendue –**

Contre l'arrêt de la cour d'appel de Paris, 11e chambre, en date du 13/01/1992 qui, dans la procédure suivie contre Y... pour infraction à l'article 26 de la loi du 20/07/1988, l'a déclarée irrecevable en son action.

Les juges répressifs ne peuvent écarter les moyens de preuve produits par les parties au seul motif qu'ils auraient été obtenus de façon illicite ou déloyale. Il leur appartient seulement d'en apprécier la valeur probante. Méconnaît les dispositions de l'article 427 du C.P.P. la cour d'appel qui déclare irrecevable en preuve un document produit par la partie civile poursuivante parce qu'elle n'avait pu l'obtenir que de façon illicite.

(Cour de cassation – Chambre criminelle du 15 juin 1993 – N° de pourvoi : 92-82509).

• Blessures volontaires – Preuve – Intime conviction – Éléments servant à la fonder – Documents produits aux débats – Défaut de *communication antérieure – Effet*

Contre l'arrêt de la cour d'appel de Lyon, 7e chambre, du 28/10/1994 qui, pour délit de blessures involontaires, l'a condamné à 2 000 francs d'amende, a prononcé la suspension de son permis de conduire pour une durée de 2 mois, et a statué sur les intérêts civils.

L'article 427, al. 2, du C.P.P., qui impose au juge correctionnel de ne fonder sa décision que sur des preuves qui lui sont apportées au cours des débats, et contradictoirement discutées devant lui, n'exige pas que ces pièces soient communiquées à la partie adverse avant l'audience.

(Cour de cassation – Chambre criminelle du 28 juin 1995 – N° de pourvoi : 94-85684).

• Complicité de tentative de chantage – Tentative de chantage et association de malfaiteurs – Preuve – Libre administration – Étendue – Limites – Atteinte au principe de la loyauté des preuves – Cas – Règles de procédure – Contournement ou détournement – Atteinte à un droit essentiel ou à une garantie fondamentale

REJET sur le pourvoi formé par :

M. J... A..., 2°/ M. J... U..., 3°/ M. I... Y..., (aide juridictionnelle totale, décision du bureau d'aide juridictionnelle du 10/07/2019), contre l'arrêt de la chambre de l'instruction de la cour d'appel de Paris, 3e section, en date du 08/11/2018, qui, sur renvoi après cassation (Crim., 11/07/2017, n° 17-80.313), dans l'information suivie contre eux des chefs de complicité de tentative de chantage, tentative de chantage et association de malfaiteurs, a prononcé sur leurs demandes d'annulation de pièces de la procédure.

Toute méthode d'investigation qui contribuerait à provoquer la commission de l'infraction est proscrite, le stratagème ainsi employé étant alors de nature à entraîner la nullité des actes de procédure. En dehors de cette hypothèse, le recours, par les autorités publiques, à un stratagème tendant à la constatation d'une infraction ou l'identification de ses auteurs ne constitue pas, en soi, une atteinte au principe de loyauté de la preuve. Pour qu'une telle atteinte soit constituée, il est nécessaire que le procédé employé, par un contournement ou un détournement d'une règle de procédure, ait pour objet ou pour effet de vicier la recherche de la preuve en portant atteinte à l'un des droits essentiels ou à l'une des garanties fondamentales de la personne suspectée ou poursuivie.

(Cour de cassation – Chambre criminelle du 9 décembre 2019 – N° de pourvoi : 18-86767).

• Vol avec arme en bande organisée – Consignation – Informations – Procès-verbal

M. L... N... a formé un pourvoi contre l'arrêt de la chambre de l'instruction de la cour d'appel d'Aix-en-Provence, en date du 09/05/2019, qui, dans l'information suivie contre lui du chef notamment de vol avec arme en bande organisée, a prononcé sur sa demande d'annulation de pièces de la procédure.

Alors que porte atteinte au droit à un procès équitable et au principe de loyauté des preuves le stratagème qui en vicie la recherche par un agent de la force publique; que constitue un tel stratagème le procédé par lequel les officiers de police judiciaire mettent en échec le droit de se taire et de ne pas s'incriminer soi-même; qu'en écartant le moyen de nullité, quand il ressort pourtant des pièces de la procédure et de l'arrêt attaqué que des officiers de police judiciaire ont sollicité un rendez-vous auprès de M. N... en dehors de tout cadre légal, afin de recueillir des informations sur les faits survenus le 30/05/2018, puis retranscrit les renseignements ainsi obtenus dans un procès-verbal, alors même qu'ils savaient que M. N... était lui-même soupçonné d'être l'auteur de ces faits sur lesquels ils souhaitaient obtenir des renseignements, la chambre de l'instruction a violé le principe susvisé».

En statuant ainsi, et dès lors que ne constitue pas un stratagème, le fait pour des gendarmes de consigner dans un tel procès-verbal des propos qui n'ont pas été recueillis contre le gré de l'intéressé ou à son insu, la chambre de l'instruction a justifié sa décision sans méconnaître les textes visés au moyen.

Dès lors, les moyens doivent être rejetés.

Par ailleurs, l'arrêt est régulier en la forme.

PAR CES MOTIFS, la Cour:

Rejette le pourvoi.

(Cour de cassation – Chambre criminelle du 7 janvier 2020 – N° de pourvoi: 19-84246).

Article 428. – L'aveu – *(Loi n° 93-1013 du 24 août 1993)*

• L'aveu, comme tout élément de preuve, est laissé à la libre appréciation des juges.

J • *Sont appréciés souverainement par les juges de fond quant à leur valeur probante, les éléments de fait librement débattus, notamment les aveux à la police, confirmés devant le juge d'instruction* (Cass. CRIM. du 21 octobre 1965).

Article 429. – Procès-verbal ou rapport – *(Loi n° 2000-516 du 15 juin 2000)*

• Tout procès-verbal ou rapport n'a de valeur probante que s'il est régulier en la forme, si son auteur a agi dans l'exercice de ses fonctions et a rapporté sur une matière de sa compétence ce qu'il a vu, entendu ou constaté personnellement.

• Tout procès-verbal d'interrogatoire ou d'audition doit comporter les questions auxquelles il est répondu.

J • **Crime et délits flagrants – Enquête – Officier de police judiciaire – Reconstitution – Régularité.** – *N'étant prohibé par aucun texte, est déclarée régulière une reconstitution réalisée dans le cadre d'une enquête de flagrance par des officiers de police judiciaire, qui n'étaient pas tenus de rédiger un procès-verbal dans les formes prévues par les articles 62 et 429, alinéa 2, du Code de procédure pénale, et qui ont agi dans le cadre des prérogatives qu'ils tiennent des articles 53 à 66 dudit Code.*

• *Dès lors qu'aucun procédé déloyal n'a été utilisé et qu'il appartient aux juridictions d'instruction et de jugement d'apprécier la valeur et la portée des éléments de preuve, les éventuelles imperfections ou approximations d'une reconstitution effectuée dans un temps différents de celui des faits n'affectent pas la régularité de l'acte lui-même.* (Cass. CRIM du 26 février 2003).

• ***Ne saurait entacher la validité du procès-verbal,*** *une rature ou un renvoi non approuvés, dès lors qu'ils portent sur une mention non substantielle de celui-ci* (Cass. CRIM. du 2 décembre 1992).

• ***Une erreur naturelle de date*** *dans le procès-verbal constatant une infraction ne saurait remettre en cause sa force probante* (Cass. CRIM. du 5 septembre 2001).

• ***Participation personnelle à la constatation d'une infraction.*** *L'agent qui met en œuvre le cinémomètre, de même que celui qui reçoit et consigne les indications du premier participant personnellement à la constatation d'une contravention d'excès de vitesse. Ils doivent être considérés comme rédacteurs communs du procès-verbal qu'ils ont conjointement signé et ce, indépendamment de la distance qui les sépare* (Cass. CRIM. du 28 mai 1980). *Il en est de même si seulement l'un d'entre eux signe le procès-verbal* (Cass. CRIM. du 12 février 1997). *Par contre, ça ne rend pas le cas du gendarme motocycliste chargé de l'interception et qui escorte le contrevenant jusqu'aux portes d'interception* (Cass. CRIM. du 5 juillet 1994).

D • **Mention des questions dans le procès-verbal de garde à vue en enquête de police judiciaire.** – Cette exigence, qui s'applique à toutes les phases de la procédure pénale, concerne donc également les auditions intervenant au cours de l'enquête, qu'il s'agisse de l'audition d'un gardé à vue, d'un témoin ou de la victime. Elle concerne par ailleurs l'ensemble des points évoqués au cours d'une audition, qu'il s'agisse des faits reprochés à la personne ou des renseignements sur sa personnalité.

• En pratique, cette exigence a notamment pour conséquence d'interdire de recourir à la mention: « 5.1 », signifiant « sur interpellation », qui figurait fréquemment dans les procès-verbaux et qui, souvent, correspondait en réalité à une question posée par celui qui menait l'audition, question dont la nature pouvait ensuite se déduire, plus ou moins facilement, du contenu des déclarations de la peersonne. Ces questions doivent donc désormais figurer dans les procès-verbaux.

• Bien évidemment, cette exigence ne remet pas en cause le caractère par nature synthétique d'un procès-verbal d'audition, qui ne doit pas consister en la retranscription intégrale des propos tenus par l'enquêteur et la personne interrogée, mais en une synthèse aussi fidèle et sincère que possible de ces propos, qu'il s'agisse des questions posées ou des réponses qui y ont été données.

• Il faut par ailleurs préciser que la loi impose simplement d'indiquer dans le procès-verbal les questions posées par les enquêteurs, c'est-à-dire les interrogations précises ou circonstanciées que ces derniers peuvent être amenés à formuler au gardé à vue.

• Il en résulte que, d'un point de vue juridique, les demandes tendant simplement à ce que la personne complète ou précise tel ou tel de ses propos ne constituent pas à cet égard des questions, mais qui s'analysent en de simples « relances » pour que la personne interrogée continue de s'expliquer, n'ont donc pas en tant que telles à figurer dans le procès-verbal.

• Toutefois, dans un tel cas, afin d'éviter toute contestation ultérieure de la part du gardé à vue, il conviendra soit de reproduire de façon continue dans le procès-verbal la transcription des déclarations de la personne, sans indiquer à quel moment l'enquêteur est intervenu pour demander à l'intéressé de continuer ou de préciser ses propos, soit d'utiliser une mention telle que: « pouvez-vous préciser ? », ou « pouvez-vous être plus précis ? », plutôt que d'utiliser la mention: « S.I. », qui pourrait désormais prêter confusion.

• L'exigence résultant de l'article 429 n'est pas imposée à peine de nullité, hors les cas où la juridiction estimerait que son non-respect a eu pour conséquence de fondamentalement vicier la recherche ou l'établissement de la vérité, ce qui dépendra de la nature des déclarations figurant dans le procès-verbal.

• Cette exigence doit toutefois être scrupuleusement respectée par les enquêteurs et les magistrats du Ministère public devront veiller à l'application de cette disposition car elle est de nature à éviter des contestations ultérieures sur la sincérité des déclarations faites par le gardé à vue *(Circ. CRIM. 00-13/F1 du 4 décembre 2000).*

Article 430. – Simples renseignements – *(Loi n° 93-1013 du 24 août 1993)*

• Sauf dans le cas où la loi en dispose autrement, les procès-verbaux et les rapports constatant les délits ne valent qu'à titre de simples renseignements.

J • **Procès-verbal – Force probante – Valeur de simples renseignements –**
Sauf dans le cas où la loi en dispose autrement, les procès-verbaux constatant les délits ne valent qu'à titre de simples renseignements. Encourt, dès lors, la censure, l'arrêt qui, pour déclarer un prévenu coupable de trafic de stupéfiants, se fonde sur les constatations d'un procès-verbal établi par des policiers, en relevant qu'il faisait foi jusqu'à preuve contraire
(Cass. CRIM. du 03 décembre 2008 – N° de pourvoi : 08-82.179)

Article 431. – Preuve contraire – *(Loi n° 93-1013 du 24 août 1993)*
• Dans les cas où les officiers de police judiciaire, les agents de police judiciaire ou les fonctionnaires et agents chargés de certaines fonctions de police judiciaire ont reçu d'une disposition spéciale de la loi le pouvoir de constater des délits par des procès-verbaux ou des rapports, la preuve contraire ne peut être rapportée que par écrit ou par témoins.

Article 432. – Correspondance entre le prévenu et son avocat – *(Loi n° 93-1013 du 24 août 1993)*
• La preuve par écrit ne peut résulter de la correspondance échangée entre le prévenu et son avocat.

Article 433. – Procédure de l'inscription de faux – *(Loi n° 93-1013 du 24 août 1993)*
• Les matières donnant lieu à des procès-verbaux faisant foi jusqu'à inscription de faux sont réglées par des lois spéciales. À défaut de disposition expresse la procédure de l'inscription de faux est réglée comme il est dit au titre II du livre IV.

Article 434. – Expertise – *(Loi n° 93-1013 du 24 août 1993)*
• Si le tribunal estime qu'une expertise est nécessaire, il est procédé conformément aux articles 156 à 166, 168 et 169.

Article 435. – Témoins cités – *(Loi n° 93-1013 du 24 août 1993)*
• Les témoins sont cités ainsi qu'il est dit aux articles 550 et suivants.

Article 436. – Témoins – *(Loi n° 93-1013 du 24 août 1993)*
• Après avoir procédé aux constatations prévues à l'article 406, le président ordonne aux témoins de se retirer dans la chambre qui leur est destinée. Ils n'en sortent que pour déposer. Le président prend, s'il en est besoin, toutes mesures utiles pour empêcher les témoins de conférer entre eux avant leur déposition.

Article 437. – Comparution – Prestation de serment – Dépôt – *(Loi n° 2010-1 du 4 janvier 2010)*
• Toute personne citée pour être entendue comme témoin est tenue de comparaître, de prêter serment et de déposer sous réserve des dispositions des articles 226-13 et 226-14 du Code pénal.
• Tout journaliste entendu comme témoin sur des informations recueillies dans l'exercice de son activité est libre de ne pas en révéler l'origine.

Article 438. – Amende – *(Ordonnance n° 2000-916 du 19 septembre 2000)*
• Le témoin qui ne comparaît pas ou qui refuse, soit de prêter serment, soit de faire sa déposition, peut-être, sur réquisitions du ministère public, condamné par le tribunal à une amende de 3 750 euros.

Article 439. – Défaut de comparution du témoin – *(Loi n° 93-1013 du 24 août 1993)*
• Si le témoin ne comparaît pas, et s'il n'a pas fait valoir un motif d'excuse reconnu valable et légitime, le tribunal peut, sur réquisitions du ministère public ou même d'office, ordonner que ce témoin soit immédiatement amené devant lui par la force publique pour y être entendu, ou renvoyer l'affaire à une prochaine audience.

Article 440. – Opposition – *(Loi n° 93-1013 du 24 août 1993)*
• Le témoin qui a été condamné à une amende ou aux frais pour non-comparution peut au plus tard dans les cinq jours de la signification de cette décision faite à sa personne ou à son domicile former opposition.
• La voie de l'appel ne lui est ouverte que sur le jugement rendu sur cette opposition.

Article 441. – Appel – *(Loi n° 93-1013 du 24 août 1993)*
• Le témoin qui a été condamné pour refus de prêter serment ou de déposer peut interjeter appel.

Article 442. – Interrogatoire du prévenu – *(Loi n° 2000-516 du 15 juin 2000)*
• Avant de procéder à l'audition des témoins, le président interroge le prévenu et reçoit ses déclarations.

Article 442-1. – Questions – *(Loi n° 2000-516 du 15 juin 2000)*
• Sous réserve des dispositions de l'article 401, le ministère public et les avocats des parties peuvent poser directement des questions au prévenu, à la partie civile, aux témoins et à toutes personnes appelées à la barre, en demandant la parole au président.
• Le prévenu et la partie civile peuvent également poser des questions par l'intermédiaire du président.

Article 443. – Témoin *(Sourd-muet ou ne pratiquant pas la langue française)* – *(Loi n° 93-1013 du 24 août 1993)*
• Lorsqu'un témoin est sourd-muet ou ne parle pas suffisamment la langue française, les dispositions des articles 407 et 408 sont applicables.

Article 444. – Dépositions des témoins – *(Loi n° 93-1013 du 24 août 1993)*
• Les témoins déposent ensuite séparément, soit sur les faits reprochés au prévenu, soit sur sa personnalité et sur sa moralité.
• Parmi les témoins cités, ceux qui sont produits par les parties poursuivantes sont entendus les premiers, sauf pour le président à régler lui-même souverainement l'ordre d'audition des témoins.
• Peuvent également, avec l'autorisation du tribunal, être admises à témoigner, les personnes, proposées par les parties, qui sont présentes à l'ouverture des débats sans avoir été régulièrement citées.

Article 445. – Relations témoins – prévenu – *(Loi n° 93-1013 du 24 août 1993)*
• Les témoins doivent, sur la demande du président, faire connaître leurs nom, prénoms, âge, profession et domicile, s'ils sont parents ou alliés du prévenu, de la personne civilement responsable ou de la partie civile et s'ils sont à leur service.
• Le cas échéant, le président leur fait préciser quelles relations ils ont ou ont eues, avec le prévenu, la personne civilement responsable, ou la partie civile.

Article 446. – Prestation de serment – *(Loi n° 93-1013 du 24 août 1993)*
• Avant de commencer leur déposition, les témoins prêtent le serment de dire toute la vérité, rien que la vérité.

J • **Témoins *(Agent d'une administration)* – Serment –**
Seuls les agents des administrations ayant qualité pour exercer, conjointement avec le ministère public, les poursuites pénales consécutives aux infractions qu'ils sont chargés de constater, sont dispensés de l'obligation de prêter le serment des témoins lorsqu'ils exposent l'affaire devant la juridiction appelée à en connaître.
Tel n'est pas le cas des inspecteurs et contrôleurs du travail, dont l'audition devant la juridiction de jugement se trouve, dès lors, soumise aux dispositions de l'article 446 du Code de procédure pénale (Cass. CRIM. Du 26 septembre 1985 – BCC n° 423).

Article 447. – Enfants âgés de moins de 16 ans – *(Loi n° 93-1013 du 24 août 1993)*
• Les enfants au-dessous de l'âge de seize ans sont entendus sans prestation de serment.

Article 448. – Autres dépositions – *(Loi n° 93-1013 du 24 août 1993)*
• Sont reçues dans les mêmes conditions les dépositions :
• 1° Du père, de la mère ou de tout autre ascendant du prévenu ou de l'un des prévenus présents et impliqués dans la même affaire ;
• 2° Du fils, de la fille ou de tout autre descendant ;
• 3° Des frères et sœurs ;
• 4° Des alliés aux mêmes degrés ;
• 5° Du mari ou de la femme ; cette prohibition subsiste même après le divorce.

Article 449. Audition sous serment – Opposition – *(Loi n° 93-1013 du 24 août 1993)*
• Toutefois les personnes visées aux articles 447 et 448 peuvent être entendues sous serment lorsque ni le ministère public ni aucune des parties ne s'y sont opposés.

Article 450. – Prestation de serment – Débats – *(Loi n° 93-1013 du 24 août 1993)*
• Le témoin qui a prêté le serment n'est pas tenu de le renouveler, s'il est entendu une seconde fois au cours des débats.

• Le président lui rappellera, s'il y a lieu, le serment qu'il a prêté.

Article 451. – Témoignage – *(Loi n° 93-1013 du 24 août 1993)*

• La personne qui, agissant en vertu d'une obligation légale ou de sa propre initiative, a porté les faits poursuivis à la connaissance de la justice, est reçue en témoignage, mais le président en avertit le tribunal.

• Celui dont la dénonciation est récompensée pécuniairement par la loi peut aussi être entendu en témoignage, à moins qu'il n'y ait opposition d'une des parties, ou du ministère public.

Article 452. – Dépositions – *(Loi n° 93-1013 du 24 août 1993)*

• Les témoins déposent oralement.

• Toutefois ils peuvent, exceptionnellement, s'aider de documents avec l'autorisation du président.

Article 453. – Greffier – *(Loi n° 93-1013 du 24 août 1993 + Décision n° 2019-801 QPC du 20 septembre 2019)*

• Le greffier tient note du déroulement des débats et principalement, sous la direction du président, des déclarations des témoins ainsi que des réponses du prévenu.

• Les notes d'audience sont signées par le greffier. Elles sont visées par le président, au plus tard dans les trois jours qui suivent chaque audience.

QPC • *Conformément à l'article 1er de la Décision n° 2019-801 QPC du 20 septembre 2019:*

• Le 1er alinéa de l'article 453 du C.P.P., dans sa rédaction issue de l'ordonnance n° 58-1296 du 23/12/1958 modifiant et complétant le C.P.P. est conforme à la Constitution.

(Décision n° 2019-801 QPC du 20 septembre 2019)

Article 454. – Modalités des dépositions – *(Loi n° 2000-516 du 15 juin 2000)*

• Après chaque déposition, le président et, dans les conditions prévues à l'article 442-1, le ministère public et les parties posent au témoin les questions qu'ils jugent nécessaires.

• Le témoin peut se retirer après sa déposition, à moins que le président n'en décide autrement.

• Le ministère public, ainsi que la partie civile et le prévenu, peuvent demander, et le président peut toujours ordonner, qu'un témoin se retire momentanément de la salle d'audience après sa déposition, pour y être introduit et entendu s'il y a lieu après d'autres dépositions avec ou sans confrontation.

Article 455. – Pièces à conviction – *(Loi n° 93-1013 du 24 août 1993)*

• Au cours des débats le président fait, s'il est nécessaire, représenter au prévenu ou aux témoins les pièces à conviction et reçoit leurs observations.

Article 456. – Transports – *(Loi n° 93-1013 du 24 août 1993)*

• Le tribunal, soit d'office, soit à la demande du ministère public, de la partie civile ou du prévenu, peut ordonner tous transports utiles en vue de la manifestation de la vérité.

• Les parties et leurs avocats sont appelés à y assister. Il est dressé procès-verbal de ces opérations.

Article 457. – Déposition paraissant fausse – *(Loi n° 93-1013 du 24 août 1993)*

• Si d'après les débats la déposition d'un témoin paraît fausse, le président, soit d'office, soit à la requête du ministère public ou de l'une des parties, fait consigner aux notes d'audience les dires précis du témoin.

• Il peut enjoindre spécialement à ce témoin de demeurer à la disposition du tribunal, qui l'entendra à nouveau, s'il y a lieu.

• Si le jugement doit être rendu le jour même, le président peut également faire garder ce témoin par la force publique dans ou hors la salle d'audience.

• Après lecture du jugement sur le fond, le tribunal ordonne sa conduite devant le procureur de la République qui requiert l'ouverture d'une information pour faux témoignage.

• Il est dressé séance tenante par le tribunal, après la lecture du jugement sur le fond, un procès-verbal des faits ou des dires d'où peut résulter le faux témoignage.

• Ce procès-verbal et une expédition des notes d'audience sont transmis sans délai au procureur de la République.

§ 4. – De la discussion par les parties

Article 458. – Réquisitions

• Le procureur de la République prend, au nom de la loi, les réquisitions tant écrites qu'orales qu'il croit convenables au bien de la justice.

Dans le cas où des réquisitions écrites sont prises, mention en est faite dans les notes tenues par le greffier et le tribunal est tenu d'y répondre.

Article 459. – Conclusions – *(Loi n° 93-2 du 4 janvier 1993)*

• Le prévenu, les autres parties et leurs avocats peuvent déposer des conclusions.

• Ces conclusions sont visées par le président et le greffier ; ce dernier mentionne ce dépôt aux notes d'audience.

• Le tribunal qui est tenu de répondre aux conclusions ainsi régulièrement déposées doit joindre au fond les incidents et exceptions dont il est saisi, et y statuer par un seul et même jugement en se prononçant en premier lieu sur l'exception et ensuite sur le fond.

• Il ne peut en être autrement qu'au cas d'impossibilité absolue, ou encore lorsqu'une décision immédiate sur l'incident ou sur l'exception est commandée par une disposition qui touche à l'ordre public.

J **• Incidents et exceptions. Décision jointe à la décision sur le fond. Article 459 du Code de procédure pénale. Voies de recours. Impossibilité.** – *La jonction des incidents au fond, prévue par l'article 459 du Code de procédure pénale, applicable même dans le cas de l'article 386, constitue une mesure d'administration judiciaire qui n'est soumise à aucune forme particulière, n'a pas à être motivée et n'est susceptible d'aucun recours.*

• N'encourt donc pas la censure l'arrêt qui énonce que, les avocats du prévenu ayant déposé avant toute défense au fond des conclusions demandant à la cour d'appel de statuer par arrêt séparé sur des exceptions dites préjudicielles, les incidents ont été joints au fond (Cass. CRIM. du 13 mars 1995).

Article 460. – Instruction à l'audience terminée – *(Loi n° 93-2 du 4 janvier 1993)*

• L'instruction à l'audience terminée, la partie civile est entendue en sa demande, le ministère public prend ses réquisitions, le prévenu, et, s'il y a lieu, la personne civilement responsable, présentent leur défense.

• La partie civile et le ministère public peuvent répliquer. Le prévenu ou son avocat auront toujours la parole les derniers.

J **• Harcèlement moral – Juridictions correctionnelles – Cour d'appel – Débats sur les seuls intérêts civils – Partie représentée – Audition de l'avocat – Obligation**

CASSATION sur les pourvois formés par Mme [R] [Z] et M. [J] [V] contre l'arrêt de la cour d'appel de BORDEAUX (33), *chambre correctionnelle, en date du 13/09/2019, qui, dans la procédure suivie contre eux du chef de harcèlement moral, a prononcé sur les intérêts civils.*

Aux termes des articles 513 et 460 du C.P.P., qui s'appliquent lors de l'audience devant la cour d'appel saisie des seuls intérêts civils sauf en ce qui concerne l'ordre de parole, lorsqu'une partie est représentée par un avocat, ce dernier doit être entendu.

(Cour de cassation – Chambre criminelle du 11 mai 2021 – N° de pourvoi : 19-86.308).

Article 460-1. – Constitution partie civile – *(Loi n° 2000-516 du 15 juin 2000)*

• Lorsque la personne qui se prétend lésée s'est constituée partie civile selon les modalités prévues à l'article 420-1, le président donne lecture de sa demande dès que l'instruction à l'audience est terminée. Le ministère public prend ses réquisitions ; le prévenu et, s'il y a lieu, la personne civilement responsable présentent leur défense.

• Si le tribunal l'estime nécessaire, il peut ordonner la comparution de la partie civile. En ce cas, les débats sur l'ensemble de l'affaire ou uniquement sur les intérêts civils sont renvoyés à une prochaine audience dont la date est immédiatement fixée. Les parties sont tenues de comparaître sans autre citation à l'audience de renvoi. Il en est de même pour les personnes invitées par le tribunal à rester à sa disposition lorsqu'un avertissement écrit leur est immédiatement délivré.

Article 461. – Débats non terminés

• Si les débats ne peuvent être terminés au cours de la même audience, le tribunal fixe, par jugement, le jour où ils seront continués.

• Les parties et les témoins non entendus, ou ceux qui ont été invités à rester à la disposition du tribunal, sont tenus de comparaître, sans autre citation, à l'audience de renvoi.

Section V

Du jugement

§ 1er. – Dispositions générales

Article 462. – Jugement

• Le jugement est rendu soit à l'audience même à laquelle ont eu lieu les débats, soit à une date ultérieure.

• Dans ce dernier cas, le président informe les parties présentes du jour où le jugement sera prononcé.

Article 463. – Supplément d'information – *(Loi n° 2011-525 du 17 mai 2011)*

• S'il y a lieu de procéder à un supplément d'information, le tribunal commet par jugement un de ses membres qui dispose des pouvoirs prévus aux articles 151 à 155.

• Ce supplément d'information obéit aux règles édictées par les articles 114,119,120 et 121.

• Le procureur de la République peut obtenir, au besoin par voie de réquisitions, la communication du dossier de la procédure à toute époque du supplément d'information, à charge de rendre les pièces dans les vingt-quatre heures.

J • **Supplément d'information – Définition – Investigations complémentaires ordonnées par le Ministère public.** – *Il résulte de l'article 463 du Code de procédure pénale que seule la juridiction de jugement saisie peut ordonner des investigations complémentaires par voie de supplément d'information, lequel obéit aux règles édictées par les articles 114, 119, 120 et 121 du même code.*

• *Encourt, dès lors, la cassation l'arrêt d'une cour d'appel qui refuse d'annuler le rapport et les procès-verbaux, versés aux débats, de l'enquête complémentaire ordonnée par le Ministère public relativement aux faits dont la juridiction de jugement était saisie* (Cass. CRIM. du 8 décembre 1999).

Article 464. – Décision du tribunal – *(Loi n° 2004-204 du 9 mars 2004)*

• Si le tribunal estime que le fait constitue un délit, il prononce la peine.

• Il statue, s'il y a lieu, sur l'action civile, et peut ordonner le versement provisoire, en tout ou partie, des dommages-intérêts alloués.

• Il a aussi la faculté, s'il ne peut se prononcer en l'état sur la demande en dommages-intérêts, d'accorder à la partie civile une provision, exécutoire nonobstant opposition ou appel.

• Après avoir statué sur l'action publique, le tribunal peut, d'office ou à la demande du procureur de la République ou des parties, renvoyer l'affaire à une date ultérieure pour statuer sur l'action civile, même s'il n'ordonne pas de mesure d'instruction, afin de permettre à la partie civile d'apporter les justificatifs de ses demandes. Ce renvoi est de droit lorsqu'il est demandé par les parties civiles. Le tribunal doit alors fixer la date de l'audience à laquelle il sera statué sur l'action civile. La présence du ministère public à cette audience n'est pas obligatoire. À cette audience, le tribunal est composé du seul président siégeant à juge unique.

• Les dispositions du présent article sont applicables lorsque le tribunal correctionnel, dans sa composition prévue par le premier alinéa de l'article 398, estime, au résultat des débats, que le fait qui lui était déféré constitue un délit visé par l'article 398-1

J • **Emploi d'un étranger non muni autorisation de travail salarié... – Tribunal correctionnel – Irrecevabilité constitution partie civile**

M. [M] [Z] et l'association [1], parties civiles, ont formé un pourvoi contre l'arrêt de la cour d'appel de BOURGES (18), chambre correctionnelle, en date du 04/11/2020, qui, dans la procédure suivie contre M. [F] [D], des chefs d'emploi d'un étranger non muni d'une autorisation de travail salarié, travail dissimulé, rétribution inexistante ou insuffisante du travail d'une personne vulnérable ou dépendante, traite d'être humain, soumission d'une personne vulnérable ou dépendante à des conditions de travail ou d'hébergement incompatibles avec la dignité humaine, a prononcé sur les intérêts civils.

Il se déduit des articles 3 et 464 du C.P.P. que, lorsque le tribunal correctionnel soulève d'office l'irrecevabilité de la constitution d'une partie civile ou est saisi, par les parties ou le ministère public, d'une telle contestation, en application de l'article 423 du C.P.P., il ne peut statuer sur la recevabilité de ladite constitution qu'accessoirement à la décision qu'il rend sur le fait délictueux et par le jugement qui prononce sur l'action publique. En cas d'appel sur l'action publique par le prévenu ou le ministère public, la méconnaissance de cette règle d'ordre public porte nécessairement atteinte, au sens de l'article 497 du C.P.P., aux intérêts de la partie civile. Il s'ensuit que toute partie civile, constituée devant le tribunal correctionnel, peut faire appel d'un jugement qui, après avoir statué sur l'action publique, a, à tort, renvoyé à une audience ultérieure l'examen de la recevabilité de sa constitution. En l'absence d'un tel appel, la partie civile ne saurait reprocher à la cour d'appel statuant sur l'action civile de lui opposer l'autorité de la chose jugée sur l'action publique. L'application immédiate de ces règles de procédure, résultant d'une interprétation nouvelle de la Cour de cassation, non prévisible pour la partie civile, doit être écartée dès lors qu'elle aboutit à priver celle-ci d'un procès équitable, en lui interdisant l'accès au juge. Dès lors, encourt l'annulation l'arrêt qui, statuant sur intérêts civils, oppose l'autorité de la chose jugée sur l'action publique à la partie civile non appelante du jugement qui, après avoir déclaré le prévenu coupable, a renvoyé à une audience ultérieure l'examen de la recevabilité de sa constitution. Il appartiendra à la cour d'appel de renvoi de statuer sur la recevabilité de la constitution de partie civile puis, le cas échéant, de rechercher l'existence d'une faute civile du prévenu définitivement relaxé, cette faute devant être démontrée à partir et dans la limite des faits objet de la poursuite.

(Cour de cassation – Chambre criminelle du 15 février 2022 – N° de pourvoi : 20-86.486).

Article 464-1. – Prolongation d'une mesure particulière de sûreté – *(Loi n° 70-643 du 17 juillet 1970)*

• À l'égard du prévenu détenu, le tribunal peut, en tout état de cause, par décision spéciale et motivée, lorsque les éléments de l'espèce justifient la prolongation d'une mesure particulière de sûreté, maintenir la détention. Pour l'exécution de cette décision, le mandat continue à produire ses effets.

Article 464-2. – Tribunal correctionnel – *(Loi n° 2019-222 du 23 mars 2019)*

• **I.** – Lorsque la durée totale de l'emprisonnement ferme prononcé, y compris en tenant compte le cas échéant de la révocation de sursis, est inférieure ou égale à un an, le tribunal correctionnel doit :

• 1° Soit ordonner que l'emprisonnement sera exécuté sous le régime de la détention à domicile sous surveillance électronique, de la semi-liberté ou du placement à l'extérieur, selon des modalités déterminées par le juge de l'application des peines ;

• 2° Soit, s'il ne dispose pas des éléments lui permettant de déterminer la mesure d'aménagement adaptée, ordonner que le condamné soit convoqué devant le juge de l'application des peines et le service pénitentiaire d'insertion et de probation conformément aux dispositions de l'article 474, afin que puisse être prononcé une mesure mentionnée au 1° du présent I conformément à l'article 723-15 ;

• 3° Soit, si l'emprisonnement est d'au moins 6 mois, décerner un mandat de dépôt à effet différé, en ordonnant que le condamné soit convoqué dans un délai qui ne saurait excéder un mois devant le procureur de la République afin que ce dernier fixe la date à laquelle il sera incarcéré dans un établissement pénitentiaire ; le procureur de la République peut également donner connaissance au condamné de la date d'incarcération à l'issue de l'audience. Dans ce cas, il n'est pas fait application des articles 723-15 et suivants ;

• 4° Soit, dans les cas prévus aux articles 397-4,465 et 465-1, décerner mandat de dépôt ou mandat d'arrêt contre le condamné.

• Dans les cas prévus aux 3° et 4° du présent I, le tribunal doit spécialement motiver sa décision, au regard des faits de l'espèce et de la personnalité de leur auteur ainsi que de sa situation matérielle, familiale et sociale, afin de justifier les raisons pour lesquelles il estime devoir prononcer une peine d'emprisonnement sans sursis et celles pour lesquelles il considère que cette peine ne peut être aménagée.

• **II.** – Lorsque la durée totale de l'emprisonnement ferme prononcé, y compris en tenant compte le cas échéant de la révocation de sursis, est supérieure à un an, le tribunal correctionnel doit spécialement motiver sa décision, au regard des faits de l'espèce et de la personnalité de leur auteur ainsi que de sa situation matérielle, familiale et sociale, afin de justifier les raisons pour lesquelles il estime devoir prononcer une peine d'emprisonnement sans sursis.

• **III.** – Le 3° du I est également applicable lorsque la durée totale de l'emprisonnement ferme prononcé par le tribunal correctionnel est supérieure à un an.

• **IV.** – Lorsqu'il décerne un mandat de dépôt à effet différé, le tribunal correctionnel peut, dans les cas prévus aux articles 397-4,465 et 465-1, assortir ce mandat de l'exécution provisoire.

J **• Travail dissimulé et prêt de main d'œuvre – Application dans le temps**

Mme [G] [T] et M. [R] [D] ont formé des pourvois contre l'arrêt de la cour d'appel de SAINT-DENIS DE LA RÉUNION (974), *chambre correctionnelle, en date du 10/09/2020, qui, pour travail dissimulé et prêt de main d'œuvre, les a condamnés, la 1re, à 5 mois d'emprisonnement avec sursis, 10 000 € d'amende et 3 ans d'interdiction de gérer une entreprise commerciale, le 2d, à 5 mois d'emprisonnement, 10 000 € d'amende, et a prononcé la révocation du sursis assortissant une peine d'emprisonnement antérieure.*

42. Il résulte de tout ce qui précède que les dispositions relatives à l'aménagement des peines d'emprisonnement sans sursis supérieures à 1 mois et inférieures ou égales à 1 an, qui n'ont pas pour résultat de rendre plus sévères les peines prononcées, sont applicables au jugement des faits commis antérieurement à leur entrée en vigueur.

(Cour de cassation – Chambre criminelle du 11 mai 2021 – N° de pourvoi : 20-85.576).

• Escroquerie – Application dans le temps

CASSATION PARTIELLE sur les pourvois formés par M. [B] [H] et Mme [S] [M] contre l'arrêt de la cour d'appel de TOULOUSE (31), chambre correctionnelle, en date du 03/06/2020, qui, pour escroquerie, a condamné, le 1er, à 18 mois d'emprisonnement, la 2de, à 1 an d'emprisonnement avec sursis, et a prononcé sur les intérêts civils.

26. Il s'en déduit que, lorsque les faits poursuivis sont antérieurs au 24/03/2020, le juge qui prononce une peine d'emprisonnement supérieure à 1 an et inférieure ou égale à 2 ans doit se prononcer sur son éventuel aménagement au regard des dispositions issues de la loi du 23/03/2019 relatives à l'aménagement des peines supérieures à 6 mois et inférieures ou égales à 1 an, seule la condition tenant au quantum de la peine aménageable restant régie par la loi ancienne.

(Cour de cassation – Chambre criminelle du 11 mai 2021 – N° de pourvoi : 20-83.507).

• Escroquerie – Application dans le temps

CASSATION PARTIELLE sur les pourvois formés par M. [B] [H] et Mme [S] [M] contre l'arrêt de la cour d'appel de

TOULOUSE (31), *chambre correctionnelle, en date du 03/06/2020, qui, pour escroquerie, a condamné, le 1er, à 18 mois d'emprisonnement, la 2de, à 1 an d'emprisonnement avec sursis, et a prononcé sur les intérêts civils.*

26. Il s'en déduit que, lorsque les faits poursuivis sont antérieurs au 24/03/2020, le juge qui prononce une peine d'emprisonnement supérieure à 1 an et inférieure ou égale à 2 ans doit se prononcer sur son éventuel aménagement au regard des dispositions issues de la loi du 23/03/2019 relatives à l'aménagement des peines supérieures à 6 mois et inférieures ou égales à 1 an, seule la condition tenant au quantum de la peine aménageable restant régie par la loi ancienne.

(Cour de cassation – Chambre criminelle du 11 mai 2021 – N° de pourvoi : 20-85.576).

Article 465. – Mandat d'arrêt ou de dépôt – *(Loi n° 2004-204 du 9 mars 2004)*

• Dans le cas visé à l'article 464, premier alinéa, s'il s'agit d'un délit de droit commun ou d'un délit d'ordre militaire prévu par le livre III du Code de justice militaire et si la peine prononcée est au moins d'une année d'emprisonnement sans sursis, le tribunal peut, par décision spéciale et motivée, lorsque les éléments de l'espèce justifient une mesure particulière de sûreté, décerner mandat de dépôt ou d'arrêt contre le prévenu.

• Le mandat d'arrêt continue à produire son effet, même si le tribunal, sur opposition, ou la cour, sur appel, réduit la peine à moins d'une année d'emprisonnement.

• Le mandat de dépôt décerné par le tribunal produit également effet lorsque, sur appel, la cour réduit la peine d'emprisonnement à moins d'une année.

• Toutefois, le tribunal, sur opposition, ou la cour, sur appel, a la faculté par décision spéciale et motivée, de donner mainlevée de ces mandats.

• En toutes circonstances, les mandats décernés dans les cas susvisés continuent à produire leur effet, nonobstant le pourvoi en cassation.

• Si la personne est arrêtée à la suite du mandat d'arrêt et qu'il s'agit d'un jugement rendu par défaut, il est fait application des dispositions de l'article 135-2.

Article 465-1. – Récidive légale – *(Loi n° 2019-222 du 23 mars 2019)*

• Lorsque les faits sont commis en état de récidive légale, le tribunal peut, par décision spéciale et motivée, décerner mandat de dépôt ou d'arrêt contre le prévenu, quelle que soit la durée de la peine d'emprisonnement prononcée.

Article 466. – Contravention

• Si le tribunal régulièrement saisi d'un fait qualifié délit par la loi, estime, au résultat des débats, que ce fait ne constitue qu'une contravention, il prononce la peine et statue, s'il y a lieu, sur l'action civile.

Article 467. – Contravention connexe à un délit

• Si le fait est une contravention connexe à un délit, le tribunal statue par un seul et même jugement, à charge d'appel sur le tout.

Article 468. – Cause légale d'exemption de peine – *(Loi n° 92-1336 du 16 décembre 1992)*

• Si le prévenu bénéficie d'une cause légale d'exemption de peine, le tribunal le déclare coupable et l'exempte de peine. Il statue, s'il y a lieu, sur l'action civile, ainsi qu'il est dit aux deuxième et troisième alinéas de l'article 464.

Article 469. – Peine criminelle

• Si le fait déféré au tribunal correctionnel sous la qualification de délit est de nature à entraîner une peine criminelle, le tribunal renvoie le ministère public à se pourvoir ainsi qu'il avisera.

• Il peut, le ministère public entendu, décerner, par la même décision, mandat de dépôt ou d'arrêt contre le prévenu.

• Les dispositions des deux alinéas précédents sont également applicables si le tribunal correctionnel, dans sa composition prévue par le troisième alinéa de l'article 398, estime, au résultat des débats, que le fait qui lui était déféré sous la qualification de l'un des délits visés à l'article 398-1 est de nature à entraîner une peine prévue pour un délit non visé par cet article.

• Lorsqu'il est saisi par le renvoi ordonné par le juge d'instruction ou la chambre de l'instruction, le tribunal correctionnel ne peut pas faire application, d'office ou à la demande des parties, des dispositions du premier alinéa, si la victime était constituée partie civile et était assistée d'un avocat lorsque ce renvoi a été ordonné. Toutefois, le tribunal correctionnel saisi de poursuites exercées pour un délit non intentionnel conserve la possibilité de renvoyer le ministère public à se pourvoir s'il résulte des débats que les faits sont de nature à entraîner une peine criminelle parce qu'ils ont été commis de façon intentionnelle

Article 469-1. – Décisions du tribunal – *(Loi n° 92-1336 du 16 décembre 1992)*

• Nonobstant les dispositions de l'alinéa premier de l'article 464, le tribunal peut, après avoir déclaré le prévenu coupable, soit le dispenser de peine, soit ajourner le prononcé de celle-ci dans les conditions prévues aux articles 132-59 à 132-70 du Code pénal et aux articles 747-3 et 747-4 du présent code. Il statue s'il y a lieu sur l'action civile.

• La dispense de peine exclut l'application des dispositions prévoyant des interdictions, déchéances ou incapacités de quelque nature qu'elles soient qui résulteraient de plein droit d'une condamnation.

Article 470. – Fins de la poursuite

• Si le tribunal estime que le fait poursuivi ne constitue aucune infraction à la loi pénale ou que le fait n'est pas établi, ou qu'il n'est pas imputable au prévenu, il renvoie celui-ci des fins de la poursuite.

Article 470-1. – Renvoi d'une affaire

• Le tribunal saisi, à l'initiative du ministère public ou sur renvoi d'une juridiction d'instruction, de poursuites exercées pour une infraction non intentionnelle au sens des deuxième, troisième et quatrième alinéas de l'article 121-3 du Code pénal, et qui prononce une relaxe demeure compétent, sur la demande de la partie civile ou de son assureur formulée avant la clôture des débats, pour accorder, en application des règles du droit civil, réparation de tous les dommages résultant des faits qui ont fondé la poursuite.

• Toutefois, lorsqu'il apparaît que des tiers responsables doivent être mis en cause, le tribunal renvoie l'affaire, par une décision non susceptible de recours, devant la juridiction civile compétente qui l'examine d'urgence selon une procédure simplifiée déterminée par décret en Conseil d'État.

[V] • Application de l'article 1147 du Code civil.

[D] • **Relaxe – Poursuite action civile.** – La modification de l'article 470-1 *(ci-dessus)* survenue lors de la publication de la loi du 13 mai 1996, permet au tribunal correctionnel ayant prononcé une relaxe de demeurer compétent pour accorder des dommages et intérêts en application des règles de droit civil, afin d'étendre cette possibilité auparavant prévue pour les seuls délits d'homicide ou de blessures involontaires *(voir jurisprudence ci-après)* à l'ensemble des délits non intentionnels. Cette modification préserve ainsi totalement le droit des victimes à recevoir l'indemnisation de leur préjudice *(Circ. CRIM. 96-19/F.1 du 27 août 1996)*

[J] • **Action civile – Fondement – Application des règles de droit civil.** – *Par application de l'article 470-1 du Code de procédure pénale, la juridiction répressive peut, après relaxe d'un prévenu du chef d'homicide involontaire, retenir à la charge de celui-ci une faute d'imprudence en rapport de causalité avec la perte de chance qui lui est imputable* (Cass. CRIM. du 20 mars 1996 – BCC n° 434 du 15/7).

• **Homicide ou blessures involontaires – Civilement responsable – Obligation contractuelle de sécurité.** – *En application des règles de droit civil, les dommages résultant des faits qui ont fondé la poursuite, s'entendent au civilement responsable.*

• *Il s'en suit que ce dernier peut voir sa responsabilité recherchée, après relaxe de ses préposés du chef de blessures involontaires, sur le fondement de son obligation contractuelle de sécurité* (Cass. CRIM. du 1er juillet 1997 – BCC n° 462 du 1/12/1997).

Article 470-2. – Irresponsabilité pénale – Trouble mental

• Le tribunal correctionnel ne peut relaxer le prévenu en raison d'une des causes d'irresponsabilité pénale prévues par les articles 122-2, 122-3, 122-4, 122-5 et 122-7 du Code pénal qu'après avoir constaté que celui-ci avait commis les faits qui lui étaient reprochés.

• Dans le cas où il estime qu'est applicable le premier alinéa de l'article 122-1 du Code pénal, il statue conformément à l'article 706-133 relatif à la déclaration d'irresponsabilité pénale pour cause de trouble mental.

Article 471. – Mise en liberté – *(Loi n° 2019-222 du 23 mars 2019)*

• Nonobstant appel, le prévenu détenu qui n'a pas été condamné à une peine d'emprisonnement sans sursis est mis en liberté immédiatement après le jugement.

• Il en est de même en cas de condamnation à une peine d'emprisonnement, lorsque la détention provisoire a été ordonnée ou maintenue en application de l'article 464-1 ou de l'article 465, 1er alinéa, aussitôt que la durée de la détention a atteint celle de la peine prononcée.

• Le contrôle judiciaire prend fin sauf si le tribunal en décide autrement lorsqu'il prononce une condamnation à l'emprisonnement sans sursis ou assorti du sursis probatoire. Si un cautionnement a été fourni, les dispositions des 1er et 2e alinéas de l'article 142-2 et du 2e alinéa de l'article 142-3 sont applicables.

• Les sanctions pénales prononcées en application des articles 131-5 à 131-11 et 132-25 à 132-70 du code pénal peuvent être déclarées exécutoires par provision.

• Si le tribunal a ordonné le maintien du contrôle judiciaire et que la personne se soustrait aux obligations qui lui sont imposées, les dispositions du 2e alinéa de l'article 141-2 sont applicables. Lorsque le jugement est exécutoire et que le condamné est placé sous le régime du sursis probatoire, le tribunal correctionnel ou le juge de l'application des peines peut désigner, pour veiller au respect des obligations, la personne physique ou morale qui était chargée de suivre l'intéressé dans le cadre du contrôle judiciaire. Cette personne est en ce cas chargée des missions confiées au service pénitentiaire d'insertion et de probation mentionnées à l'article 132-44 du code pénal.

J • **Blanchiment en bande organisée – Blanchiment aggravé... – Détention provisoire – Juridictions correctionnelles – Comparution du prévenu, détenu – Cour d'appel – Décision de renvoi à une audience ultérieure – Durée de la détention – Absence de décision de maintien en détention provisoire – Effet**

REJET du pourvoi formé par M. Y... R... contre l'arrêt de la cour d'appel de Paris, chambre 8-1, en date du 04/09/2019, qui, dans la procédure suivie contre lui des chefs de blanchiment en bande organisée, blanchiment aggravé, transfert de fonds provenant d'un délit douanier, transfert de capitaux sans déclaration, et association de malfaiteurs, a rejeté sa demande de mise en liberté.

Il résulte des dispositions des articles 465, 1er alinéa, et 471, al. 2, du C.P.P., qu'après la mise à exécution, sur mandat de dépôt ou d'arrêt, de la peine d'emprisonnement ferme prononcée à son encontre et frappée d'appel, et le maintien en détention ordonné par la cour d'appel à l'issue de la 1re audience au fond, le prévenu se trouve placé sous le régime de la détention provisoire dans la limite de la durée de la peine prononcée en 1re instance, et que le renvoi de l'affaire à une audience ultérieure ne nécessite pas que la détention soit prolongée par une décision spéciale et motivée.

(Cour de cassation – Chambre criminelle du 4 décembre 2019 – N° de pourvoi : 19-86123).

Article 472. – Dommages-intérêts – Personne relaxée

• Dans le cas prévu par l'article 470, lorsque la partie civile a elle-même mis en mouvement l'action publique, le tribunal statue par le même jugement sur la demande en dommages-intérêts formée par la personne relaxée contre la partie civile pour abus de constitution de partie civile.

J • **Partie civile – Abus de constitution.** – *Lorsque l'action publique a été mise en mouvement par citation directe de la partie civile, le renvoi des prévenus des fins de la poursuite en raison de l'annulation de la citation, pour vice de forme, justifie l'attribution de dommages-intérêts à ces prévenus sur le fondement des articles 470 et 472 du Code de procédure pénale, dès lors qu'est constatée une faute de la partie civile ayant causé un préjudice aux personnes citées* (Cass. CRIM du 22 mars 1994 – BCC n° 391 du 1/7)

Article 473. – *(Abrogé – Loi n° 2004-204 du 9 mars 2004)*

Article 474. – Modalités exécution de la peine – *(Loi n° 2019-222 du 23 mars 2019)*

• Si le tribunal n'a pas prononcé un mandat de dépôt à effet différé en application du 3° du I de l'article 464-2, en cas de condamnation d'une personne non incarcérée à une peine d'emprisonnement inférieure ou égale à un an ou pour laquelle la durée de détention restant à subir est inférieure ou égale à un an, il est remis au condamné qui est présent à l'issue de l'audience un avis de convocation à comparaître, dans un délai qui ne saurait excéder 30 jours, devant le juge de l'application des peines en vue de déterminer les modalités d'exécution de la peine. Le condamné est également avisé qu'il est convoqué aux mêmes fins devant le service pénitentiaire d'insertion et de probation dans un délai qui ne saurait être supérieur à 45 jours. Le présent alinéa est applicable au condamné exécutant une peine sous le régime de la semi-liberté, du placement à l'extérieur ou de la détention à domicile sous surveillance électronique.

• L'avis de convocation devant le juge de l'application des peines précise que, sauf exercice par le condamné des voies de recours, la peine prononcée contre lui sera mise à exécution en établissement pénitentiaire s'il ne se présente pas, sans excuse légitime, devant ce magistrat.

• Les dispositions du 1er alinéa sont également applicables lorsque la personne est condamnée à une peine d'emprisonnement assortie du sursis probatoire. Toutefois, dans cette hypothèse, le condamné n'est convoqué que devant le service pénitentiaire d'insertion et de probation qui se trouve ainsi saisi de la mesure.

Article 474-1. – Condamnation à des dommages et intérêts

• En cas de condamnation à des dommages et intérêts, lorsque les articles 706-15-1 et 706-15-2 sont applicables, la personne condamnée présente à l'issue de l'audience est informée qu'en l'absence de paiement volontaire dans un délai de deux mois à compter du jour où la décision sera devenue définitive, le recouvrement pourra, si la victime le demande, être exercé par le fonds de garantie des victimes des actes de terrorisme et d'autres infractions et qu'une majoration des dommages et intérêts, permettant de couvrir les dépenses engagées par le fonds au titre de sa mission d'aide, sera perçue par le fonds, en sus des frais d'exécution éventuels, dans les conditions déterminées à l'article L. 422-9 du Code des assurances.

Article 475. – *(Abrogé – Loi n° 93-2 du 4 janvier 1993)*

Article 475-1. – Condamnation paiement partie civile – *(Loi n° 2021-1729 du 22 décembre 2021)*

• Le tribunal condamne l'auteur de l'infraction ou la personne condamnée civilement en application de l'article 470-1 à payer à la partie civile la somme qu'il détermine, au titre des frais non payés par l'État et exposés par celle-ci. Les parties peuvent produire les justificatifs des sommes qu'elles demandent et le tribunal tient compte de l'équité ou de la situation économique de la partie condamnée. Il peut, même d'office, pour des raisons tirées des mêmes considérations, dire qu'il n'y a pas lieu à cette condamnation.

• Les dispositions du présent article sont également applicables aux organismes tiers payeurs intervenant à l'instance.

J • **Condamnation – Frais non recouvrables – Auteur de l'infraction – Partie intervenante *(non).*** – *L'article 475-1 du Code de procédure pénale ne prévoit la condamnation de l'auteur de l'infraction au paiement des frais non recouvrables qu'au profit des parties civiles, ce qui exclut les parties intervenantes, fussent-elles subrogées dans les droits de la victime* (Cass. CRIM. du 25 septembre 1996 – N° 96-80.546).

• **Frais recouvrables – Article 475-1 du C.P.P. – Domaine d'application.** – *La condamnation prévue par l'article 475-1 du C.P.P. ne peut être prononcée que contre l'auteur de l'infraction, ni bénéficier à une personne autre que la partie civile.* (Cass. CRIM. du 19 février 1998 – BCC n° 474 du 15 juin 1998)

Article 476 et 477. – *(Abrogés – Lois n° 93-2 du 4 janvier 1993 et n° 92-1336 du 16 décembre 1992)*

Article 478. – Restitution des objets

• Le prévenu, la partie civile ou la personne civilement responsable, peut réclamer au tribunal saisi de la poursuite la restitution des objets placés sous la main de la justice.

• Le tribunal peut ordonner d'office cette restitution.

Article 479. – Demande de restitution objets – Autres personnes

• Toute personne autre que le prévenu, la partie civile ou la personne civilement responsable qui prétend avoir droit sur des objets placés sous la main de la justice, peut également en réclamer la restitution au tribunal saisi de la poursuite.

• Seuls, les procès-verbaux relatifs à la saisie des objets peuvent lui être communiqués.

• Le tribunal statue par jugement séparé, les parties entendues.

Article 480. – Accord restitution – Mesures conservatoires

• Si le tribunal accorde la restitution, il peut prendre toutes mesures conservatoires pour assurer jusqu'à décision définitive sur le fond la représentation des objets restitués.

Article 480-1. – Restitutions et dommages-intérêts

• Les personnes condamnées pour un même délit sont tenues solidairement des restitutions et des dommages-intérêts.

• En outre, le tribunal peut, par décision spéciale et motivée, ordonner que le prévenu qui s'est entouré de coauteurs ou de complices insolvables sera tenu solidairement des amendes.

V • Infractions connexes *(art. 203).*

J • **Conditions de solidarité.** – *Il ne peut y avoir condamnation solidaire aux réparations civiles que pour un même délit ou des délits connexes* (Cass. CRIM. du 27 septembre 1995 – Gaz. Pal. 24-25/1/96).

Article 481. – Objets utiles à la manifestation de la vérité ou susceptibles de confiscation – *(Loi n° 2016-731 du 3 juin 2016)*

• Si le tribunal estime que les objets placés sous la main de la justice sont utiles à la manifestation de la vérité ou susceptibles de confiscation, il surseoit à statuer jusqu'à sa décision sur le fond.

• Dans ce cas, le jugement n'est susceptible d'aucun recours.

• Le tribunal peut refuser la restitution lorsque celle-ci présente un danger pour les personnes ou les biens ou lorsque le bien saisi est l'instrument ou le produit direct ou indirect de l'infraction.

Article 482. – Appel

• Le jugement qui rejette une demande de restitution est susceptible d'appel de la part de la personne qui a formé cette demande.

• Le jugement qui accorde la restitution est susceptible d'appel de la part du ministère public et de la part du prévenu, de la personne civilement responsable, ou de la partie civile à qui cette décision ferait grief.

• La cour ne peut être saisie qu'après que le tribunal a statué au fond.

Article 483. – *(Abrogé – Loi n° 85-1407 du 30 décembre 1985)*

Article 484. – Compétence de la cour d'appel

• Lorsque la cour d'appel est saisie du fond de l'affaire, elle est compétente pour statuer sur les restitutions dans les conditions prévues par les articles 478 à 481

• La cour d'appel peut refuser la restitution lorsque celle-ci présente un danger pour les personnes ou les biens.

Article 484-1. – Tribunal correctionnel

• En cas de condamnation à une peine de confiscation portant sur un bien qui n'est pas sous main de justice, le tribunal correctionnel peut, afin de garantir l'exécution de cette peine, ordonner la saisie, aux frais avancés du Trésor, du bien confisqué.

• Le tribunal peut également autoriser la remise à l'Agence de gestion et de recouvrement des avoirs saisis et confisqués, en vue de leur aliénation, des biens meubles confisqués dont il ordonne la saisie, lorsque ces biens ne sont plus nécessaires à la manifestation de la vérité et que leur conservation serait de nature à en diminuer la valeur. Dans ce cas le produit de la vente est consigné.

• La décision du tribunal est exécutoire nonobstant l'appel ou l'opposition qui peut être formé à l'encontre de la condamnation. Toutefois, le président de la chambre des appels correctionnels peut ordonner, à la requête du procureur de la République ou à la demande d'une des parties, la mainlevée totale ou partielle de ces mesures, par décision spéciale et motivée.

• Les arrêts de relaxe ou qui ne confirment pas la confiscation du bien emportent de plein droit mainlevée de la saisie aux frais avancés du Trésor ou, si le propriétaire en fait la demande, restitution du produit de la vente.

Article 485. – Motifs et dispositif

• Tout jugement doit contenir des motifs et un dispositif.

• Les motifs constituent la base de la décision.

• Le dispositif énonce les infractions dont les personnes citées sont déclarées coupables ou responsables ainsi que la peine, les textes de loi appliqués, et les condamnations civiles.

• Il est donné lecture du jugement par le président ou par l'un des juges ; cette lecture peut être limitée au dispositif. Dans le cas prévu par l'alinéa premier de l'article 398, elle peut être faite même en l'absence des autres magistrats du siège.

J **• Homicide involontaire – Travaux d'assainissement – Formation appropriée aux risques – Ressources et charges de la personne morale**

Contre l'arrêt de la cour d'appel de NANCY, chambre correctionnelle, en date du 15 septembre 2016, qui, pour homicide involontaire les a condamnés, la première à 20.000 € d'amende, le second à 6 mois d'emprisonnement avec sursis, et a prononcé sur les intérêts civils ;

Attendu qu'il résulte de l'arrêt attaqué, du jugement qu'il confirme et du procès-verbal de l'inspection du travail, base des poursuites, que M. Jérôme A..., intérimaire mis à la disposition de la société TP X... afin de procéder à des travaux d'assainissement dans un lotissement, à [...] (54), est décédé des suites de ses blessures après que les parois d'une excavation dans laquelle il était descendu se furent effondrées sur lui ; que l'inspection du travail ayant établi un procès-verbal d'infractions, le procureur de la République a fait citer M. Marc X..., président de la société TP X... , et ladite société devant la juridiction correctionnelle du chef d'homicide involontaire, faute notamment pour la victime d'avoir reçu une formation appropriée aux risques encourus sur le chantier ; que les premiers juges ayant retenu les prévenus dans les liens de la prévention, ceux-ci, puis le ministère public, ont interjeté appel ;

Attendu que selon le 1er de ces textes, en matière correctionnelle, toute peine doit être motivée en tenant compte de la gravité des faits, de la personnalité de leur auteur et de sa situation personnelle ; que ces exigences s'imposent en ce qui concerne les peines prononcée à l'encontre tant des personnes physiques que des personnes morales ;

Attendu que selon le second de ces textes, le juge qui prononce une amende doit motiver sa décision en tenant compte des ressources et des charges du prévenu ;

Attendu que, pour confirmer le jugement et prononcer à l'encontre de la société TP X... 20.000 € d'amende, l'arrêt statue par les motifs repris au moyen ;

Mais attendu qu'en prononçant ainsi, sans s'expliquer sur les ressources et charges de la personne morale, la cour d'appel n'a pas justifié sa décision ;

D'où il suit que la cassation est de nouveau encourue de ce chef ; qu'elle sera limitée aux peines, dès lors que les déclarations de culpabilité et les dispositions civiles n'encourent pas la censure ;

Par ces motifs :

CASSE et ANNULE, en ses seules dispositions relatives aux peines, l'arrêt susvisé de la cour d'appel de Nancy, en date du 15 septembre 2016, toutes autres dispositions étant expressément maintenues ;

Et pour qu'il soit à nouveau jugé, conformément à la loi, dans les limites de la cassation ainsi prononcée,

RENVOIE la cause et les parties devant la cour d'appel de Metz, à ce désignée par délibération spéciale prise en chambre du conseil ;

ORDONNE l'impression du présent arrêt, sa transcription sur les registres du greffe de la cour d'appel de Nancy et sa mention en marge ou à la suite de l'arrêt partiellement annulé

(Cour de cassation – Chambre criminelle du 9 janvier 2018 – N° de pourvoi : 17-80200).

• **Défaut de maîtrise – Procès-verbal de contravention – Vitesse excessive eu égard aux circonstances – Motivation de la décision**

Contre le jugement de la juridiction de proximité de GUÉRET, en date du 28 juin 2016, qui, pour défaut de maîtrise, l'a condamné à 135 € d'amende;

Attendu qu'il résulte du jugement attaqué et des pièces de procédure que le véhicule conduit par M. Paul X... a été intercepté à proximité d'un rond-point et a fait l'objet d'un procès-verbal de contravention pour conduite d'un véhicule à une vitesse excessive eu égard aux circonstances; qu'après avoir formé une requête en exonération de l'amende forfaitaire qui lui avait été notifiée, il a été poursuivi devant la juridiction de proximité;

Attendu qu'en application des articles 132-1 et 132-20 du code pénal, 485, 543 et 593 du code de procédure pénale et des principes constitutionnels tels que dégagés dans la décision n° 2017-694 QPC du 2 mars 2018, la juridiction qui prononce une peine d'amende doit motiver sa décision au regard des circonstances de l'infraction, de la personnalité et de la situation personnelle de son auteur, en tenant compte de ses ressources et de ses charges;

Que cette obligation de motivation s'applique en matière contraventionnelle;

Attendu, toutefois, que, s'agissant de textes de procédure, l'objectif, reconnu par le Conseil constitutionnel, d'une bonne administration de la justice, commande que la nouvelle interprétation qui en est donnée n'ait pas d'effet rétroactif, de sorte qu'elle ne s'appliquera qu'aux décisions prononcées à compter du présent arrêt;

Attendu, en tout état de cause, que le demandeur ne saurait se faire un grief de ce que le jugement attaqué ne contient aucun motif relatif à l'amende de 135 € prononcée, dès lors que celle-ci correspond à l'amende forfaitaire qui aurait été due si l'intéressé n'avait pas formulé de requête en exonération et ne pouvait, en application de l'article 530-1 du code de procédure pénale, être inférieure;

D'où il suit que le moyen doit être écarté;

Et attendu que le jugement est régulier en la forme;

REJETTE le pourvoi;

(Cour de cassation – Chambre criminelle du 30 mai 2018 – N° de pourvoi : 16-85777).

• **Infractions au code de l'urbanisme – Personnes morales**

Contre l'arrêt de la cour d'appel d'AIX-EN-PROVENCE, 7e chambre, en date du 13/11/2017, qui, pour infractions au code de l'urbanisme, a condamné le 1er à 20000 € d'amende et la 2de à 40000 € d'amende;

« aux motifs propres qu'en prononçant à l'encontre de la personne morale une amende de 40000 € et à l'encontre de la personne physique une amende de 20000 €, le 1er juge a fait une appréciation adaptée des éléments de la cause, notamment de la gravité de l'infraction et des circonstances de sa commission, étant relevé que les prévenus n'ont produit aucun élément sur la situation financière de la société et sur la situation matérielle de son gérant; que le jugement sera donc également confirmé sur la peine;

Attendu que les prévenus ne sauraient se faire un grief de ce que la cour d'appel ne s'est pas mieux expliquée sur leur personnalité, dès lors que, absents tant en 1re instance qu'en appel, ils n'ont fait valoir aucun argument, que ce soit sur la personnalité du gérant ou sur les caractéristiques devant être retenues au titre de la personnalité de la société, au regard notamment de sa forme, de son objet social et de son importance;

D'où il suit que le moyen sera écarté;

Et attendu que l'arrêt est régulier en la forme;

REJETTE les pourvois.

(Cour de cassation – Chambre criminelle du 15 janvier 2019 – N° de pourvoi : 17-87049).

• **Escroquerie – Allocation ou prestation – Confiscation – Patrimoine**

Contre l'arrêt de la cour d'appel de DOUAI, 6e chambre, en date du 28/08/2017, qui, pour escroquerie commise au préjudice d'un organisme de protection sociale pour l'obtention d'une allocation ou prestation indue, l'a condamné à 3 ans d'emprisonnement dont 2 ans avec sursis, 5 ans d'interdiction professionnelle, a ordonné une mesure de confiscation et a prononcé sur les intérêts civils;

Attendu qu'il résulte de l'arrêt attaqué et des pièces de procédure que M. Z... a été poursuivi devant le tribunal correctionnel du chef susvisé; qu'il était pour l'essentiel reproché au prévenu, en sa qualité d'infirmier libéral, au préjudice de la caisse primaire d'assurance maladie (CPAM) Roubaix-Tourcoing et du régime social des indépendants (RSI), d'avoir obtenu le versement de sommes indues, en facturant des actes sans prescription médicale, disproportionnés ou fictifs, ou bien en obtenant par pression ou menace de fausses prescriptions médicales ou en utilisant la carte vitale de personnes de son entourage à leur insu; que, par jugement en date du 21/10/2016, le tribunal a déclaré le prévenu coupable des faits poursuivis; que M. Z... puis le ministère public, la CPAM et le RSI ont relevé appel de la décision;

Attendu qu'en matière correctionnelle, le juge qui prononce une peine doit motiver sa décision au regard des circonstances de l'infraction, de la personnalité et de la situation personnelle de son auteur;

Que, hormis le cas où la confiscation, qu'elle soit en nature ou en valeur, porte sur un bien qui, dans sa totalité, constitue le produit de l'infraction, le juge, en ordonnant une telle mesure, doit apprécier le caractère proportionné de l'atteinte portée au droit de propriété de l'intéressé lorsqu'une telle garantie est invoquée ou procéder à cet examen d'office lorsqu'il s'agit d'une confiscation de tout ou partie du patrimoine;

D'où il suit que la cassation est encourue de ce chef;

Par ces motifs, et sans qu'il y ait lieu de statuer sur les 2e et 3e moyens de cassation proposés:

CASSE et ANNULE l'arrêt susvisé de la cour d'appel de Douai, en date du 28/08/2017, mais en ses seules dispositions relatives aux peines;

Et pour qu'il soit à nouveau statué, conformément à la loi, dans les limites de la cassation ainsi prononcée,

RENVOIE la cause et les parties devant la cour d'appel de Douai, autrement composée, à ce désignée par délibération spéciale prise en chambre du conseil;

DIT n'y avoir lieu à application de l'article 618-1 du C.P.P.

(Cour de cassation – Chambre criminelle du 16 janvier 2019 – N° de pourvoi : 17-86581).

• **Fraude fiscale et blanchiment – Confiscation d'un bien – Caractère confiscable**

Mme Q... O..., M. M... V..., la société civile immobilière [...], la société civile immobilière La Guardiola, ont formé des pourvois contre l'arrêt de la cour d'appel de PARIS, chambre 5-13, en date du 19/05/2017, qui a condamné la 1re., pour fraude fiscale et blanchiment, à 3 ans d'emprisonnement avec sursis et mise à l'épreuve et à 1000000 € d'amende, le 2e, pour complicité de fraude fiscale, à 20.000 € d'amende, les 3e et 4e, pour complicité de fraude fiscale et blanchiment, à des peines de confiscation, et a prononcé sur les intérêts civils.

Il incombe en conséquence au juge qui décide de confisquer un bien, après s'être assuré de son caractère confiscable en application des conditions légales, de préciser la nature et l'origine de ce bien ainsi que le fondement de la mesure et, le cas échéant, de s'expliquer sur la nécessité et la proportionnalité de l'atteinte portée au droit de propriété du prévenu.

PAR CES MOTIFS, la Cour:

Sur le pourvoi formé par M. M... V...:

CONSTATE la déchéance du pourvoi;

Sur les autres pourvois:

CASSE et ANNULE l'arrêt susvisé de la cour d'appel de Paris, mais en ses seules dispositions relatives aux peines prononcées à l'encontre des sociétés [...] et La Guardiola, et à l'indemnisation de l'État français, toutes autres dispositions étant expressément maintenues;

Et pour qu'il soit à nouveau statué, conformément à la loi, dans les limites de la cassation ainsi prononcée,

RENVOIE la cause et les parties devant la cour d'appel de Versailles, à ce désignée par délibération spéciale prise en chambre du conseil;

DIT n'y avoir lieu à application de l'article 618-1 du C.P.P.

(Cour de cassation – Chambre criminelle du 29 janvier 2020 – N° de pourvoi: 17-83577).

Article 485-1. – Motivation de la peine – *(Loi n° 2019-222 du 23 mars 2019)*

• En cas de condamnation, sans préjudice des dispositions prévoyant la motivation spéciale de certaines peines, notamment des peines non aménagées d'emprisonnement ferme, la motivation doit également porter sur le choix de la peine au regard des dispositions des articles 132-1 et 132-20 du code pénal, sauf s'il s'agit d'une peine obligatoire ou de la confiscation du produit ou de l'objet de l'infraction. Les obligations particulières du sursis probatoire n'ont pas à être motivées.

J • **Escroquerie – Matière correctionnelle – Peine d'emprisonnement ferme – Motivation de la peine**

CASSATION PARTIELLE sur les pourvois formés par M. [B] [H] et Mme [S] [M] contre l'arrêt de la cour d'appel de TOULOUSE (31)*, chambre correctionnelle, en date du 03/06/2020, qui, pour escroquerie, a condamné, le 1er, à 18 mois d'emprisonnement, la 2de, à 1 an d'emprisonnement avec sursis, et a prononcé sur les intérêts civils.*

12. Il se déduit de l'ensemble de ces dispositions que le juge qui prononce, en matière correctionnelle, une peine d'emprisonnement ferme doit, quels que soient le quantum et la décision prise quant à son éventuel aménagement, motiver ce choix en faisant apparaître qu'il a tenu compte des faits de l'espèce, de la personnalité de leur auteur, ainsi que de sa situation matérielle, familiale et sociale. Il lui appartient d'établir, au regard de ces éléments, que la gravité de l'infraction et la personnalité de son auteur rendent cette peine indispensable et que toute autre sanction est manifestement inadéquate

20. En effet, les juges, qui ont tenu compte des faits de l'espèce, de la personnalité du prévenu et de sa situation personnelle, se sont prononcés, postérieurement au 24/03/2020, par des motifs dont il résulte que la gravité des faits et la personnalité du prévenu rendent la peine d'emprisonnement sans sursis indispensable, toute autre sanction étant manifestement inadéquate.

(Cour de cassation – Chambre criminelle du 11 mai 2021 – N° de pourvoi: 20-83.507).

Article 486. – Minute du jugement

• La minute du jugement est datée et mentionne les noms des magistrats qui l'ont rendu; la présence du ministère public à l'audience doit y être constatée.

• Après avoir été signée par le président et le greffier, la minute est déposée au greffe du tribunal dans les trois jours au plus tard du prononcé du jugement. Ce dépôt est mentionné sur le registre spécialement tenu au greffe à cet effet.

• En cas d'empêchement du président, mention en est faite sur la minute qui est signée par celui des juges qui donne lecture du jugement.

J • **Composition – Cour d'appel – Ministère public – Présence – Constatations suffisantes.** – *Si l'article 486 du Code de procédure pénale, applicable à la cour d'appel en vertu de l'article 512, exige que la minute de la décision mentionne le nom des magistrats du siège qui l'ont rendue, il n'impose en ce qui concerne le ministère public que de constater sa présence à l'audience.* (Cass. CRIM. du 12 juillet 1994).

• **Minute – Dépôt tardif – Nullité *(non)*.** – *Le délai prévu par l'article 486, alinéa 2, du* Code de procédure pénale *n'est pas prescrit à peine de nullité. Son inobservation ne cause aucun préjudice aux parties civiles qui, après avoir été informées du prononcé de la décision, ont exercé leur recours dans le délai légal* (Cass. CRIM. du 21 mars 1995).

Section VI

Du jugement par défaut et de l'opposition

§ 1er. – Du défaut

Article 487. – Jugement par défaut

• Sauf les cas prévus par les articles 410, 411, 414, 415, 416 et 424, toute personne régulièrement citée qui ne comparaît pas au jour et à l'heure fixés par la citation est jugée par défaut, ainsi qu'il est dit à l'article 412.

Article 488. – Signification

• Le jugement prononcé par défaut est signifié par exploit d'huissier, conformément aux dispositions des articles 550 et suivants.

§ 2. – De l'opposition

Article 489. – Opposition

• Le jugement par défaut est non avenu dans toutes ses dispositions, si le prévenu forme opposition à son exécution.

• Il peut toutefois limiter cette opposition aux dispositions civiles du jugement.

J • **Participation à un groupement formé ou une entente établie – Terrorisme – Jugements et arrêts par défaut – Appel – Appel du ministère public – Opposition du prévenu – Procédure –Cour d'appel – Ordre d'examen des affaires – Détermination – Portée**

CASSATION sur le pourvoi formé par le procureur général près la cour d'appel de Paris, contre l'arrêt n° 238 de ladite cour, chambre 8-2, en date du 19/06/2019, qui, dans la procédure suivie contre M. O... E... K... du chef de participation à un groupement formé ou une entente établie en vue de la préparation d'actes de terrorisme visés à l'article 421-1 du C.P., a reçu son opposition et sursis à statuer.

En cas d'oppositions du prévenu à un jugement et à un arrêt rendus par défaut à son encontre à la suite d'un appel du ministère public contre le jugement, la cour d'appel doit déclarer la 1re opposition sans objet, annuler l'arrêt et évoquer

(Cour de cassation – Chambre criminelle du 24 septembre 2019 – N° de pourvoi : 19-84072).

Article 490. – Avis de la partie civile – *(Loi n° 85-1407 du 30 décembre 1985)*

• L'opposition est portée à la connaissance du ministère public, à charge par lui d'en aviser la partie civile par lettre recommandée avec demande d'avis de réception.

Article 490-1. – Opposant détenu – *(Loi n° 85-1407 du 30 décembre 1985)*

• Lorsque l'opposant est détenu, l'opposition peut être faite au moyen d'une déclaration auprès du chef de l'établissement pénitentiaire.

• Cette déclaration est constatée, datée et signée, par le chef de l'établissement pénitentiaire. Elle est également signée par le demandeur. Si celui-ci ne peut signer, il en est fait mention par le chef d'établissement.

• Ce document est adressé sans délai, en original ou en copie et par tout moyen, au ministère public près la juridiction qui a rendu la décision attaquée.

Article 491. – Signification du jugement faite – Opposition

• Si la signification du jugement a été faite à la personne du prévenu, l'opposition doit être formée dans les délais ci-après, qui courent à compter de cette signification : dix jours si le prévenu réside en France métropolitaine, un mois s'il réside hors de ce territoire.

Article 492. – Signification du jugement non faite – Opposition – *(Décision n° 2018-712 QPC du 8 juin 2018)*

• Si la signification du jugement n'a pas été faite à la personne du prévenu, l'opposition doit être formée dans les délais ci-après, qui courent à compter de la signification du jugement faite à domicile, à étude d'huissier de justice ou à parquet : 10 jours si le prévenu réside dans la France métropolitaine, un mois s'il réside hors de ce territoire.

• Toutefois, s'il s'agit d'un jugement de condamnation et s'il ne résulte pas, soit de l'avis constatant remise de la lettre recommandée ou du récépissé prévus aux articles 557 et 558, soit d'un acte d'exécution quelconque, ou de l'avis donné conformément à l'article 560, que le prévenu a eu connaissance de la signification, l'opposition tant en ce qui concerne les intérêts civils que la condamnation pénale reste recevable.

• Dans les cas visés à l'alinéa précédent, le délai d'opposition court à compter du jour où le prévenu a eu cette connaissance.

Nota : Dans sa décision n° 2018-712 QPC du 8 juin 2018, le Conseil constitutionnel a déclaré les mots « jusqu'à l'expiration des délais de prescription de la peine », figurant au 2e alinéa de l'article 492 du Code de procédure pénale, dans sa rédaction résultant de la loi n° 2008-644 du 1er juillet 2008 créant de nouveaux droits pour les victimes et améliorant l'exécution des peines, contraires à la Constitution. La déclaration d'inconstitutionnalité de l'article 1er prend effet dans les conditions fixées au paragraphe 16 de cette décision, soit à compter du 9 juin 2018.

J • **Infractions à la réglementation sur l'organisation et l'assainissement du marché du vin – Exécution de la condamnation**

REJET sur le pourvoi formé par M. O... D..., contre l'arrêt de la cour d'appel de BORDEAUX, chambre correctionnelle, en date du 03/05/2018, qui a confirmé le jugement déclarant irrecevable son opposition à un précédent jugement l'ayant condamné à des pénalités fiscales pour infractions à la réglementation sur l'organisation et l'assainissement du marché du vin.

Que la cour d'appel en déduit que l'opposition formée le 08/08/2016, postérieurement au délai de 10 jours fixé par la loi, était irrecevable car tardive ;

Attendu que, nonobstant les motifs insuffisants, justement critiqués par la première branche du moyen, par lesquels les juges affirment que le prévenu avait eu connaissance de la signification du jugement le 06/11/2015 sans constater qu'il avait retourné le récépissé accompagnant la lettre simple qui lui avait été adressée, et dès lors qu'elle a justement reconnu dans les agissements du prévenu des actes d'exécution du jugement de condamnation, au sens du 2e alinéa de l'article 492 du C.P.P., dont il résulte que l'intéressé avait eu connaissance de la signification, la cour d'appel a justifié sa décision ;

D'où il suit que le moyen ne saurait être admis;
Et attendu que l'arrêt est régulier en la forme;
REJETTE le pourvoi.
(Cour de cassation – Chambre criminelle du 10 décembre 2019 – N° de pourvoi : 18-83851).

Article 493. – Civilement responsable et partie civile
• La personne civilement responsable et la partie civile peuvent former opposition à tout jugement par défaut à leur encontre, dans les délais fixés à l'article 491, lesquels courent à compter de la signification du jugement, quel qu'en soit le mode.

Article 493-1. – Biens confisqués – Propriété de l'État – *(Loi n° 2016-731 du 3 juin 2016)*
• En l'absence d'opposition, les biens confisqués par défaut deviennent la propriété de l'État à l'expiration du délai de prescription de la peine.

§ 3. – De l'itératif défaut

Article 494. – Opposition – *(Loi n° 85-1407 du 30 décembre 1985)*
• L'opposition est non avenue si l'opposant ne comparaît pas à la date qui lui est fixée soit par la notification à lui faite verbalement et constatée par procès-verbal au moment où l'opposition a été formée, soit par une nouvelle citation, délivrée à la personne de l'intéressé, conformément aux dispositions des articles 550 et suivants.
• Toutefois, en cas de condamnation à une peine privative de liberté sans sursis, le tribunal peut ordonner le renvoi de l'affaire à une prochaine audience sans qu'il y ait lieu à délivrance de nouvelles citations et donner l'ordre à la force publique de rechercher et de conduire l'opposant devant le procureur de la République du siège du tribunal qui, soit le fait comparaître à l'audience de renvoi, soit le met en demeure de s'y présenter.
• Si l'opposant est trouvé en dehors du ressort du tribunal, il est conduit devant le procureur de la République du lieu de l'arrestation qui le met en demeure de se présenter à l'audience de renvoi.
• Dans tous les cas, le procureur de la République dresse procès-verbal de ses diligences et l'opposant ne peut être retenu plus de vingt-quatre heures.
• Si les recherches ordonnées sont demeurées sans effet, le tribunal déclare l'opposition non avenue sans nouveau renvoi.
• Il en est de même si l'opposant, régulièrement mis en demeure, ne comparaît pas.

Article 494-1. – Modification du jugement – *(Loi n° 85-1407 du 30 décembre 1985)*
• Dans les cas prévus par les premier à cinquième alinéas de l'article 494 et si des circonstances particulières le justifient, le tribunal peut, par décision spécialement motivée, modifier le jugement frappé d'opposition, sans possibilité d'aggravation de la peine.

Section VII

De la procédure simplifiée

Article 495. – Décision du Procureur de la République – *(Loi n° 2019-222 du 23 mars 2019)*
• **I.** – Le procureur de la République peut décider de recourir à la procédure simplifiée de l'ordonnance pénale pour les délits mentionnés au II du présent article lorsqu'il résulte de l'enquête de police judiciaire que les faits reprochés au prévenu sont simples et établis, que les renseignements concernant la personnalité, les charges et les ressources de celui-ci sont suffisants pour permettre la détermination de la peine, qu'il n'apparaît pas nécessaire, compte tenu de la faible gravité des faits, de prononcer une peine d'emprisonnement ou une peine d'amende d'un montant supérieur à celui fixé à l'article 495-1 et que le recours à cette procédure n'est pas de nature à porter atteinte aux droits de la victime.
• **II.** – La procédure simplifiée de l'ordonnance pénale est applicable aux délits mentionnés à l'article 398-1 du présent code, à l'exception des délits d'atteintes volontaires et involontaires à l'intégrité des personnes.
• Cette procédure est également applicable au délit de diffamation prévu à l'article 32 de la loi du 29 juillet 1881 sur la liberté de la presse et au délit d'injure prévu aux deuxième à quatrième alinéas de l'article 33 de la même loi, sauf lorsque sont applicables les dispositions de l'article 42 de ladite loi ou de l'article 93-3 de la loi n° 82-652 du 29 juillet 1982 sur la communication audiovisuelle.
• **III.** – La procédure simplifiée de l'ordonnance pénale n'est pas applicable :
• 1° Si le prévenu était âgé de moins de 18 ans au jour de l'infraction ;

• 2° Si la victime a fait directement citer le prévenu avant qu'ait été rendue l'ordonnance prévue à l'article 495-1 du présent code ;

• 3° Si le délit a été commis en même temps qu'un délit ou qu'une contravention pour lequel la procédure d'ordonnance pénale n'est pas prévue.

Article 495-1. – Ministère public – *(Loi n° 2019-222 du 23 mars 2019)*

• Le ministère public qui choisit la procédure simplifiée communique au président du tribunal le dossier de la poursuite et ses réquisitions.

• Le président statue sans débat préalable par une ordonnance pénale portant relaxe ou condamnation à une amende ainsi que, le cas échéant, à une ou plusieurs des peines complémentaires encourues, ces peines pouvant être prononcées à titre de peine principale. Le montant maximal de l'amende pouvant être prononcée est de la moitié de celui de l'amende encourue sans pouvoir excéder 5 000 €. Les peines prévues aux articles 131-5 à 131-8-1 du code pénal peuvent être prononcées ; la peine de travail d'intérêt général ne peut toutefois être prononcée que si la personne a déclaré, au cours de l'enquête, qu'elle accepterait l'accomplissement d'un tel travail.

• S'il estime qu'un débat contradictoire est utile ou qu'une peine d'emprisonnement devrait être prononcée, le juge renvoie le dossier au ministère public.

Article 495-2. – Ordonnance – *(Loi n° 2011-1862 du 13 décembre 2011)*

• L'ordonnance mentionne les nom, prénoms, date et lieu de naissance et domicile du prévenu, la qualification légale, la date et le lieu du fait imputé, la mention des textes applicables et, en cas de condamnation, la ou les peines prononcées.

• L'ordonnance pénale doit être motivée, au regard notamment des dispositions du I de l'article 495.

Article 495-2-1. – Demande de dommages et intérêts ou de restitution – *(Loi n° 2011-1862 du 13 décembre 2011)*

• Lorsque la victime des faits a formulé au cours de l'enquête de police une demande de dommages et intérêts ou de restitution valant constitution de partie civile conformément au deuxième alinéa de l'article 420-1, le président statue sur cette demande dans l'ordonnance pénale. S'il ne peut statuer sur cette demande pour l'une des raisons mentionnées au dernier alinéa du même article 420-1, il renvoie le dossier au ministère public aux fins de saisir le tribunal sur les intérêts civils. L'article 495-5-1 est alors applicable.

Article 495-3. – Transmission de l'ordonnance pénale – *(Loi n° 2019-222 du 23 mars 2019)*

• Dès qu'elle est rendue, l'ordonnance pénale est transmise au ministère public qui, dans les 10 jours, peut soit former opposition par déclaration au greffe du tribunal, soit en poursuivre l'exécution.

• Cette ordonnance est portée à la connaissance du prévenu par lettre recommandée avec demande d'avis de réception. Elle peut également être portée à la connaissance du prévenu par le procureur de la République, directement ou par l'intermédiaire d'une personne habilitée ; ce mode de notification est obligatoire si l'ordonnance prononce la peine de jour-amende ou la peine de travail d'intérêt général.

• Le prévenu est informé qu'il dispose d'un délai de 45 jours à compter de cette notification pour former opposition à l'ordonnance, que cette opposition peut être limitée aux dispositions civiles ou pénales de l'ordonnance lorsqu'il a été statué sur une demande présentée par la victime et qu'elle permettra que l'affaire fasse l'objet d'un débat contradictoire et public devant le tribunal correctionnel, au cours duquel il pourra être assisté par un avocat, dont il pourra demander la commission d'office. Le prévenu est également informé que le tribunal correctionnel, s'il l'estime coupable des faits qui lui sont reprochés, aura la possibilité de prononcer contre lui une peine d'emprisonnement si celle-ci est encourue pour le délit ayant fait l'objet de l'ordonnance.

• En l'absence d'opposition, l'ordonnance est exécutée suivant les règles prévues par le présent code pour l'exécution des jugements correctionnels.

• Toutefois, s'il ne résulte pas de l'avis de réception que le prévenu a reçu la lettre de notification, l'opposition reste recevable jusqu'à l'expiration d'un délai de 30 jours qui court de la date à laquelle l'intéressé a eu connaissance, d'une part, de la condamnation, soit par un acte d'exécution, soit par tout autre moyen, d'autre part, du délai et des formes de l'opposition qui lui sont ouvertes.

• Le comptable public compétent arrête le recouvrement dès réception de l'avis d'opposition à l'ordonnance pénale établi par le greffe.

Article 495-3-1. – Intérêts civils – *(Loi n° 2011-1862 du 13 décembre 2011)*
• Lorsqu'il est statué sur les intérêts civils, l'ordonnance pénale est portée à la connaissance de la partie civile selon l'une des modalités prévues au deuxième alinéa de l'article 495-3. La partie civile est informée qu'elle dispose d'un délai de quarante-cinq jours à compter de cette notification pour former opposition aux dispositions civiles de l'ordonnance.

Article 495-4. – Opposition – *(Loi n° 2011-1862 du 13 décembre 2011)*
• En cas d'opposition formée par le ministère public ou par le prévenu, l'affaire est portée à l'audience du tribunal correctionnel. En cas d'opposition formée par le prévenu sur les seules dispositions civiles ou par la partie civile, le tribunal statue conformément à l'avant-dernier alinéa de l'article 464. Le jugement rendu par défaut, sur l'opposition du prévenu, est susceptible d'opposition dans les conditions prévues aux articles 489 à 494-1.
• Jusqu'à l'ouverture des débats, le prévenu peut renoncer expressément à son opposition. L'ordonnance pénale reprend alors sa force exécutoire et une nouvelle opposition n'est pas recevable.

Article 495-5. – Ordonnance pénale – *(Loi n° 2011-1862 du 13 décembre 2011)*
• L'ordonnance pénale, à laquelle il n'a pas été formé opposition ou qui n'a pas été portée par le ministère public à l'audience du tribunal correctionnel, a les effets d'un jugement passé en force de chose jugée.
• Cependant, l'ordonnance pénale statuant uniquement sur l'action publique n'a pas l'autorité de la chose jugée à l'égard de l'action civile en réparation des dommages causés par l'infraction.

Article 495-5-1. – Victime – Information – *(Loi n° 2011-1862 du 13 décembre 2011)*
• Lorsque la victime de l'infraction est identifiée et qu'elle n'a pu se constituer partie civile dans les conditions prévues à l'article 495-2-1 ou lorsqu'il n'a pas été statué sur sa demande formulée conformément à l'article 420-1, le procureur de la République doit l'informer de son droit de lui demander de citer l'auteur des faits à une audience du tribunal correctionnel statuant conformément à l'avant-dernier alinéa de l'article 464, dont elle est avisée de la date pour lui permettre de se constituer partie civile. Le tribunal statue alors sur les seuls intérêts civils, au vu du dossier de la procédure qui est versé au débat.

Article 495-6. – Droits de la partie lésée – *(Loi n° 2004-204 du 9 mars 2004)*
• Les dispositions de la présente section ne font pas échec aux droits de la partie lésée de citer l'auteur des faits devant le tribunal correctionnel.
• Le tribunal statue uniquement sur les intérêts civils si l'ordonnance pénale a acquis la force de chose jugée. À cette audience, le tribunal est composé du seul président siégeant à juge unique.

Section VIII
De la comparution sur reconnaissance préalable de culpabilité

Article 495-7. – Procédure de comparution – *(Loi n° 2011-1862 du 13 décembre 2011)*
• Pour tous les délits, à l'exception de ceux mentionnés à l'article 495-16 et des délits d'atteintes volontaires et involontaires à l'intégrité des personnes et d'agressions sexuelles prévus aux articles 222-9 à 222-31-2 du Code pénal lorsqu'ils sont punis d'une peine d'emprisonnement d'une durée supérieure à cinq ans, le procureur de la République peut, d'office ou à la demande de l'intéressé ou de son avocat, recourir à la procédure de comparution sur reconnaissance préalable de culpabilité conformément aux dispositions de la présente section à l'égard de toute personne convoquée à cette fin ou déférée devant lui en application de l'article 393 du présent code, lorsque cette personne reconnaît les faits qui lui sont reprochés.

Article 495-8. – Propositions – *(Loi n° 2019-222 du 23 mars 2019)*
• Le procureur de la République peut proposer à la personne d'exécuter une ou plusieurs des peines principales ou complémentaires encourues ; la nature et le quantum de la ou des peines sont déterminés conformément aux articles 130-1 et 132-1 du code pénal.
• Lorsqu'est proposée une peine d'emprisonnement, sa durée ne peut être supérieure à 3 ans ni excéder la moitié de la peine d'emprisonnement encourue. Le procureur peut proposer qu'elle soit assortie en tout ou partie du sursis. Il peut également proposer qu'elle fasse l'objet d'une des mesures d'aménagement énumérées par l'article 712-6. Si le procureur de la

République propose une peine d'emprisonnement ferme, il précise à la personne s'il entend que cette peine soit immédiatement mise à exécution ou si la personne sera convoquée devant le juge de l'application des peines pour que soient déterminées les modalités de son exécution, notamment la semi-liberté, le placement à l'extérieur ou le placement sous surveillance électronique.

• Lorsqu'est proposée une peine d'amende, son montant ne peut être supérieur à celui de l'amende encourue. Elle peut être assortie du sursis.

• Le procureur de la République peut proposer que la peine d'emprisonnement proposée révoquera tels ou tels sursis précédemment accordés. Il peut également proposer le relèvement d'une interdiction, d'une déchéance ou d'une incapacité résultant de plein droit de la condamnation, en application du 2d alinéa de l'article 132-21 du code pénal, ou l'exclusion de la mention de la condamnation du bulletin n° 2 ou n° 3 du casier judiciaire en application des articles 775-1 et 777-1 du présent code.

• Les déclarations par lesquelles la personne reconnaît les faits qui lui sont reprochés sont recueillies, et la proposition de peine est faite par le procureur de la République, en présence de l'avocat de l'intéressé choisi par lui ou, à sa demande, désigné par le bâtonnier de l'ordre des avocats, l'intéressé étant informé que les frais seront à sa charge sauf s'il remplit les conditions d'accès à l'aide juridictionnelle. La personne ne peut renoncer à son droit d'être assistée par un avocat. L'avocat doit pouvoir consulter sur-le-champ le dossier.

• La personne peut librement s'entretenir avec son avocat, hors la présence du procureur de la République, avant de faire connaître sa décision. Elle est avisée par le procureur de la République qu'elle peut demander à disposer d'un délai de 10 jours avant de faire connaître si elle accepte ou si elle refuse la ou les peines proposées.

• Le procureur de la République peut, avant de proposer une peine conformément aux dispositions du 5e alinéa du présent article, informer par tout moyen la personne ou son avocat des propositions qu'il envisage de formuler.

Article 495-9. – Accord – *(Ordonnance n° 2019-964 du 18 septembre 2019)*

• Lorsque, en présence de son avocat, la personne accepte la ou les peines proposées, elle est aussitôt présentée devant le président du tribunal judiciaire ou le juge délégué par lui, saisi par le procureur de la République d'une requête en homologation. Si la personne n'est pas détenue, elle peut être convoquée devant le président du tribunal judiciaire ou le juge délégué par lui dans un délai inférieur ou égal à un mois.

• Le président du tribunal judiciaire ou le juge délégué par lui entend la personne et son avocat. Après avoir vérifié la réalité des faits et leur qualification juridique, il peut décider d'homologuer les peines proposées par le procureur de la République. Il statue le jour même par ordonnance motivée. La procédure prévue par le présent alinéa se déroule en audience publique ; la présence du procureur de la République à cette audience n'est pas obligatoire.

Article 495-10. – Demande – Délai – *(Loi n° 2019-222 du 23 mars 2019)*

• Lorsque la personne demande à bénéficier, avant de se prononcer sur la proposition faite par le procureur de la République, du délai prévu à l'avant-dernier alinéa de l'article 495-8, le procureur de la République peut la présenter devant le juge des libertés et de la détention pour que celui-ci ordonne son placement sous contrôle judiciaire, à l'assignation à résidence avec surveillance électronique ou, à titre exceptionnel et si l'une des peines proposées est égale ou supérieure à 2 mois d'emprisonnement ferme et que le procureur de la République a proposé sa mise à exécution immédiate, son placement en détention provisoire, selon les modalités prévues par le dernier alinéa de l'article 394 ou les articles 395 et 396, jusqu'à ce qu'elle comparaisse de nouveau devant le procureur de la République. Cette nouvelle comparution doit intervenir dans un délai compris entre 10 et 20 jours à compter de la décision du juge des libertés et de la détention. À défaut, il est mis fin au contrôle judiciaire, à l'assignation à résidence avec surveillance électronique ou à la détention provisoire de l'intéressé si l'une de ces mesures a été prise.

Article 495-11. – Ordonnance – *(Ordonnance n° 2019-964 du 18 septembre 2019)*

• L'ordonnance par laquelle le président du tribunal judiciaire ou le juge délégué par lui décide d'homologuer la ou les peines proposées est motivée par les constatations, d'une part, que la personne, en présence de son avocat, reconnaît les faits qui lui sont reprochés et accepte la ou les peines proposées par le procureur de la République, d'autre part, que cette ou ces peines sont justifiées au regard des circonstances de l'infraction et de la personnalité de son auteur.

• L'ordonnance a les effets d'un jugement de condamnation. Elle est immédiatement exécutoire. Lorsque la peine homologuée est une peine d'emprisonnement ferme, la personne est, selon les distinctions prévues au 2e alinéa de l'article 495-8, soit immédiatement incarcérée en maison d'arrêt, soit convoquée devant le juge de l'application des peines, à qui l'ordonnance est alors transmise sans délai.

• Dans tous les cas, elle peut faire l'objet d'un appel de la part du condamné, conformément aux dispositions des articles 498, 500, 502 et 505. Le ministère public peut faire appel à titre incident dans les mêmes conditions. À défaut, elle a les effets d'un jugement passé en force de chose jugée.

Article 495-11-1. – Refus de l'homologation – *(Loi n° 2019-222 du 23 mars 2019 + Décision n° 2021-918 QPC du 18 juin 2021)*

• Sans préjudice des cas dans lesquels les conditions prévues au 1er alinéa de l'article 495-11 ne sont pas remplies, le président peut refuser l'homologation s'il estime que la nature des faits, la personnalité de l'intéressé, la situation de la victime ou les intérêts de la société justifient une audience correctionnelle ordinaire ou lorsque les déclarations de la victime entendue en application de l'article 495-13 apportent un éclairage nouveau sur les conditions dans lesquelles l'infraction a été commise ou sur la personnalité de son auteur.

QPC **Nota :** Conformément à l'article 1er de la décision n° 2021-918 QPC du 18/06/2021, les mots « le président peut refuser l'homologation » figurant à l'article 495-11-1 du C.P.P., dans sa rédaction issue de la loi n° 2019-222 du 23/03/20 de programmation 2018-2022 et de réforme pour la justice, sont conformes à la Constitution.

J **• Financement illicite de parti politique par personne morale et abus de confiance – Refus d'homologation**

IRRECEVABILITE du pourvoi formé par le procureur de la République près le tribunal judiciaire de PARIS (75) contre l'ordonnance du juge délégué par le président dudit tribunal, en date du 04/11/2020, qui, dans la procédure suivie contre MN.. K... des chefs de financement illicite de parti politique par personne morale et abus de confiance, a refusé d'homologuer sa proposition de peine.

3. Aucun texte n'envisageant la possibilité d'un recours contre l'ordonnance de refus d'homologation des peines proposées par le procureur de la République dans le cadre d'une procédure de comparaison sur reconnaissance préalable de culpabilité, un pourvoi en cassation contre une telle décision n'est possible que si son examen fait apparaître un risque d'excès de pouvoir pertinent du contrôle de la Cour de cassation.

7. Le juge retient que le refus d'homologation permettra au tribunal, éventuellement de l'affaire, de statuer en cohérence sur le rôle de chacun des trois mis en examen, dans leur connaissance des faits reprochés.

(Cour de cassation – Chambre criminelle du 30 mars 2021 – N° de pourvoi : 20-86.358)

Article 495-12. – Refus des peines prononcées – Ordonnance de refus d'homologation – *(Ordonnance n° 2019-964 du 18 septembre 2019)*

• Lorsque la personne déclare ne pas accepter la ou les peines proposées ou que le président du tribunal judiciaire ou son délégué rend une ordonnance de refus d'homologation, le procureur de la République saisit, sauf élément nouveau, le tribunal correctionnel selon l'une des procédures prévues par l'article 388 ou requiert l'ouverture d'une information.

• Lorsque la personne avait été déférée devant lui en application des dispositions de l'article 393, le procureur de la République peut la retenir jusqu'à sa comparution devant le tribunal correctionnel ou le juge d'instruction, qui doit avoir lieu le jour même, conformément aux dispositions de l'article 395 ; si la réunion du tribunal n'est pas possible le jour même, il est fait application des dispositions de l'article 396. Les dispositions du présent alinéa sont applicables y compris si la personne avait demandé à bénéficier d'un délai et avait été placée en détention provisoire en application des dispositions des articles 495-8 et 495-10.

Article 495-13. – Information de la victime identifiée – *(Ordonnance n° 2019-964 du 18 septembre 2019)*

• Lorsque la victime de l'infraction est identifiée, elle est informée sans délai, par tout moyen, de cette procédure. Elle est invitée à comparaître en même temps que l'auteur des faits, accompagnée le cas échéant de son avocat, devant le président du tribunal judiciaire ou le juge délégué par lui pour se constituer partie civile et demander réparation de son préjudice. Le président du tribunal judiciaire ou le juge délégué par lui statue sur cette demande, même dans le cas où la partie civile n'a pas comparu à l'audience, en application de l'article 420-1. La partie civile peut faire appel de l'ordonnance conformément aux dispositions des articles 498 et 500.

• Si la victime n'a pu exercer le droit prévu à l'alinéa précédent, le procureur de la République doit l'informer de son droit de lui demander de citer l'auteur des faits à une audience du tribunal correctionnel statuant conformément aux dispositions du 4e alinéa de l'article 464, dont elle sera avisée de la date, pour lui permettre de se constituer partie civile. Le tribunal statue alors sur les seuls intérêts civils, au vu du dossier de la procédure qui est versé au débat.

Article 495-14. – Procès-verbal des formalités accomplies – *(Ordonnance n° 2019-964 du 18 septembre 2019)*

• À peine de nullité de la procédure, il est dressé procès-verbal des formalités accomplies en application des articles 495-8 à 495-13.

• Lorsque la personne n'a pas accepté la ou les peines proposées ou lorsque le président du tribunal judiciaire ou le juge délégué par lui n'a pas homologué la proposition du procureur de la République, le procès-verbal ne peut être transmis à la juridiction d'instruction ou de jugement, et ni le ministère public ni les parties ne peuvent faire état devant cette juridiction des déclarations faites ou des documents remis au cours de la procédure.

Article 495-15. – Citation directe ou convocation en justice – *(Loi n° 2021-1729 du 22 décembre 2021)*

• Le prévenu qui a fait l'objet, pour l'un des délits mentionnés à l'article 495-7, d'une citation directe ou d'une convocation en justice en application des articles 390 ou 390-1, d'une convocation par procès-verbal en application de l'article 394 ou d'une ordonnance de renvoi en application de l'article 179 peut, soit lui-même, soit par l'intermédiaire de son avocat, indiquer au procureur de la République qu'il reconnaît les faits qui lui sont reprochés et demander l'application de la procédure prévue à la présente section. Dans ce cas, le procureur de la République peut, s'il l'estime opportun, procéder dans les conditions prévues à l'article 495-8, après avoir convoqué le prévenu et son avocat ainsi que, le cas échéant, la victime. L'acte de saisine du tribunal correctionnel est alors caduc, sauf si la personne n'accepte pas les peines proposées ou si le président du tribunal judiciaire ou le juge délégué par lui refuse de les homologuer, lorsque l'un ou l'autre de ces refus intervient plus de 10 jours avant la date de l'audience devant se tenir sur le fond devant le tribunal correctionnel.

• Le procureur de la République peut également prendre l'initiative de proposer au prévenu de procéder conformément au 1er alinéa du présent article.

• Le présent article est applicable tant que le tribunal correctionnel n'a pas examiné l'affaire sur le fond, y compris si celle-ci a fait l'objet d'une décision de renvoi.

• Lorsque le tribunal a été saisi par une citation directe délivrée par la partie civile ou que l'ordonnance de renvoi a été prise par le juge d'instruction saisi par une plainte avec constitution de partie civile, le présent article ne peut être mis en œuvre qu'avec l'accord de la partie civile.

• Le présent article est applicable au prévenu condamné par le tribunal correctionnel qui a formé appel en limitant la portée de celui-ci aux peines prononcées, lors de la déclaration d'appel ou ultérieurement. Les attributions confiées au procureur de la République et au président du tribunal ou à son délégué par la présente section sont alors exercées respectivement par le procureur général et par le président de la chambre des appels correctionnels ou son délégué.

Article 495-15-1. – Convocation en justice – *(Loi n° 2009-526 du 12 mai 2009)*

• La mise en œuvre de la procédure prévue par la présente section n'interdit pas au procureur de la République de procéder simultanément à une convocation en justice en application de l'article 390-1. La saisine du tribunal résultant de cette convocation en justice est caduque si la personne accepte la ou les peines proposées et que celles-ci font l'objet d'une ordonnance d'homologation.

Article 495-16. – Mineurs de 18 ans – Délits de presse... – *(Loi n° 2018-898 du 23 octobre 2018)*

• Les dispositions de la présente section ne sont applicables ni aux mineurs de 18 ans ni en matière de délits de presse, de délits d'homicides involontaires ou de délits politiques.

Section IX

De la procédure de l'amende forfaitaire applicable à certains délits

Article 495-17. – Extinction de l'action publique – *(Loi n° 2022-52 du 24 janvier 2022)*

• Lorsque la loi le prévoit, l'action publique est éteinte par le paiement d'une amende forfaitaire délictuelle fixée par la loi, qui ne peut excéder le montant prévu au 1er alinéa de l'article 131-13 du Code pénal, dans les conditions prévues à la présente section.

• Toutefois, la procédure de l'amende forfaitaire n'est pas applicable si le délit a été commis par un mineur ou si plusieurs infractions, dont l'une au moins ne peut donner lieu à une amende forfaitaire, ont été constatées simultanément. Elle n'est pas non plus applicable en état de récidive légale, sauf lorsque la loi en dispose autrement.

Nota: Par décision du Conseil constitutionnel n° 2019-778 DC du 21/03/2019, les mots «l'action publique est éteinte par le paiement d'une amende forfaitaire délictuelle fixée par la loi, qui ne peut excéder le montant prévu au 1er alinéa de l'article 131-13 du C.P.» figurant au 1er alinéa de l'article 495-17 du C.P.P., dans sa rédaction résultant de l'article 58 de la loi du 22/03/2019 de programmation 2018-2022 et de réforme pour la justice ont été déclarés conformes à la Constitution sous la réserve énoncée au paragraphe 252 aux termes de laquelle ces dispositions «ne sauraient, sans méconnaître le principe d'égalité devant la justice, s'appliquer à des délits punis d'une peine d'emprisonnement supérieure à 3 ans».

Article 495-18. – Acquittement de l'amende forfaitaire – *(Loi n° 2016-1547 du 18 novembre 2016)*

• L'amende forfaitaire doit être acquittée dans les quarante-cinq jours qui suivent la constatation de l'infraction ou, si l'avis d'infraction est ultérieurement envoyé à l'intéressé, dans les quarante-cinq jours qui suivent cet envoi, à moins que l'intéressé ne formule dans le même délai une requête tendant à son exonération auprès du service indiqué dans l'avis d'infraction. Cette requête est transmise au procureur de la République.

• Toutefois, l'amende forfaitaire est minorée si l'intéressé en règle le montant soit entre les mains de l'agent verbalisateur au moment de la constatation de l'infraction, soit dans un délai de quinze jours à compter de la constatation de l'infraction ou, si l'avis d'infraction est ultérieurement envoyé à l'intéressé, dans un délai de quinze jours à compter de cet envoi.

• À défaut de paiement ou d'une requête présentée dans le délai prévu au premier alinéa, l'amende forfaitaire est majorée de plein droit et recouvrée au profit du Trésor public en vertu d'un titre rendu exécutoire par le procureur de la République.

Article 495-19. – Prescription de la peine – *(Loi n° 2019-222 du 23 mars 2019)*

• Le titre mentionné au dernier alinéa de l'article 495-18 est exécuté suivant les règles prévues au présent code pour l'exécution des jugements correctionnels. La prescription de la peine commence à courir à compter de la signature par le procureur de la République du titre exécutoire, qui peut être individuel ou collectif.

• Dans les 30 jours suivant l'envoi de l'avis invitant l'auteur de l'infraction à payer l'amende forfaitaire majorée, celui-ci peut former auprès du ministère public une réclamation motivée qui a pour effet d'annuler le titre exécutoire en ce qui concerne l'amende contestée. Cette réclamation reste recevable tant que la peine n'est pas prescrite, s'il ne résulte pas d'un acte d'exécution ou de tout autre moyen de preuve que l'intéressé a eu connaissance de l'amende forfaitaire majorée.

Article 495-20. – Requête en exonération – Réclamation – *(Loi n° 2019-222 du 23 mars 2019)*

• La requête en exonération prévue à l'article 495-18 ou la réclamation prévue à l'article 495-19 n'est recevable que si elle est adressée par lettre recommandée avec demande d'avis de réception, en utilisant le formulaire joint à l'avis d'amende forfaitaire ou d'amende forfaitaire majorée, et si elle est accompagnée soit d'un document démontrant qu'il a été acquitté une consignation préalable d'un montant égal à celui de l'amende forfaitaire, dans le cas prévu au 1er alinéa de l'article 495-18, ou à celui de l'amende forfaitaire majorée, dans le cas prévu au 2e alinéa de l'article 495-19, soit du récépissé du dépôt de plainte pour le délit d'usurpation d'identité prévu à l'article 434-23 du code pénal.

• Le procureur de la République vérifie que les conditions de recevabilité de la requête ou de la réclamation prévues au présent article sont remplies.

• Les requêtes et les réclamations prévues au présent article peuvent également être adressées de façon dématérialisée, selon des modalités précisées par arrêté.

Article 495-21. – Procureur de la République – *(Ordonnance n° 2019-964 du 18 septembre 2019)*

• Au vu de la requête faite en application du 1er alinéa de l'article 495-18 ou de la réclamation faite en application du 2e alinéa de l'article 495-19, le procureur de la République peut soit renoncer à l'exercice des poursuites, soit procéder conformément aux articles 389 à 390-1, 393 à 397-7, 495 à 495-6 ou 495-7 à 495-16, soit aviser l'intéressé de l'irrecevabilité de la contestation non motivée ou qui n'a pas été effectuée en utilisant le formulaire joint à l'avis d'amende forfaitaire ou à l'avis d'amende forfaitaire majorée. La décision d'irrecevabilité du procureur peut être contestée devant le président du tribunal correctionnel ou un juge désigné par le président du tribunal judiciaire.

• En cas de condamnation, l'amende prononcée ne peut pas être inférieure au montant de l'amende forfaitaire dans le cas prévu à l'article 495-18, ni être inférieure au montant de l'amende forfaitaire majorée dans le cas prévu à l'article 495-19.

• En cas de classement sans suite ou de relaxe, le montant de la consignation est reversé à la personne à qui avait été adressé l'avis de paiement de l'amende forfaitaire ou ayant fait l'objet des poursuites. Les modalités de ce remboursement sont définies par voie réglementaire. En cas de condamnation, l'amende prononcée ne peut être inférieure au montant prévu au 2e alinéa du présent article, augmenté d'un taux de 10 %.

• Par dérogation aux 2e et 3e alinéas, le tribunal peut, à titre exceptionnel, par décision spécialement motivée au regard des charges et des revenus de la personne, ne pas prononcer d'amende ou prononcer une amende d'un montant inférieur à ceux prévus aux mêmes alinéas.

Nota : Par décision du Conseil constitutionnel n° 2019-778 DC du 21/03/2019, les 2e et 3e alinéas de l'article 495-21 du C.P.P., dans sa rédaction résultant de l'article 58 de la loi du 22/03/2019 de programmation 2018-2022 et de réforme pour la justice ont été déclarés conformes à la Constitution sous la réserve énoncée au paragraphe 258 aux termes de laquelle ces alinéas « ne sauraient, sans méconnaître le principe d'égalité devant la loi pénale, s'appliquer à des délits dont le montant de l'amende forfaitaire est supérieur à la moitié du plafond prévu en matière d'amendes forfaitaires délictuelles par le 1er alinéa de l'article 495-17 du C.P.P. ».

Article 495-22. – Lieu du traitement – *(Loi n° 2019-222 du 23 mars 2019)*

• Pour l'application de la présente section, le lieu du traitement automatisé des informations nominatives concernant les infractions constatées par un procès-verbal établi sous format numérique est considéré comme le lieu de constatation de l'infraction.

Article 495-23. – *(Abrogé – Loi n° 2019-222 du 23 mars 2019)*

Article 495-24. – Demande motivée – *(Loi n° 2016-1547 du 18 novembre 2016)*

• Lorsque la personne qui a fait l'objet d'une amende forfaitaire majorée ne conteste pas la réalité du délit mais sollicite, en raison de ses difficultés financières, des délais de paiement ou une remise gracieuse, elle adresse sa demande motivée au comptable public compétent.

• Dans ce cas, l'article 495-20 n'est pas applicable.

• S'il estime la demande justifiée, le comptable public compétent peut alors octroyer des délais ou rendre une décision de remise gracieuse partielle ou totale, le cas échéant en appliquant une diminution de 20 % des sommes dues, en application de l'article 707-4.

Article 495-24-1. – Personne morale – *(Loi n° 2019-222 du 23 mars 2019)*

• Lorsque les amendes forfaitaires, les amendes forfaitaires minorées et les amendes forfaitaires majorées s'appliquent à une personne morale, leur montant est quintuplé.

Article 495-24-2. – Extinction Action publique – Délit – Paiement amende forfaitaire délictuelle – *(Loi n° 2023-22 du 24 janvier 2023)*

• Lorsque l'action publique concernant un délit ayant causé un préjudice à une victime est éteinte par le paiement d'une amende forfaitaire délictuelle, la victime peut toutefois demander au procureur de la République de citer l'auteur des faits à une audience devant le tribunal pour lui permettre de se constituer partie civile. Le tribunal, composé d'un seul magistrat exerçant les pouvoirs conférés au président, ne statue alors que sur les seuls intérêts civils, au vu du dossier de la procédure qui est versé au débat. Le procureur de la République informe la victime de ses droits ainsi que, lorsqu'il cite l'auteur des faits devant le tribunal correctionnel, de la date de l'audience.

Article 495-25. – Modalités d'application – *(Loi n° 2016-1547 du 18 novembre 2016)*

• Un décret précise les modalités d'application de la présente section.

CHAPITRE II

De la cour d'appel en matière correctionnelle

Section I

De l'exercice du droit d'appel

Article 496. – Appel – Cour d'appel

• Les jugements rendus en matière correctionnelle peuvent être attaqués par la voie de l'appel.

• L'appel est porté à la cour d'appel.

Article 497. – Faculté d'appel – *(Loi n° 83-608 du 8 juillet 1983)*
• La faculté d'appeler appartient :
• 1° Au prévenu ;
• 2° À la personne civilement responsable quant aux intérêts civils seulement ;
• 3° À la partie civile, quant à ses intérêts civils seulement ;
• 4° Au procureur de la République ;
• 5° Aux administrations publiques, dans les cas où celles-ci exercent l'action publique ;
• 6° Au procureur général près la cour d'appel.

Article 498. – Appel interjeté – *(Loi n° 2009-1436 du 24 novembre 2009)*
• Sans préjudice de l'article 505, l'appel est interjeté dans le délai de dix jours à compter du prononcé du jugement contradictoire.
• Toutefois, le délai d'appel ne court qu'à compter de la signification du jugement quel qu'en soit le mode :
• 1° Pour la partie qui, après débat contradictoire, n'était pas présente ou représentée à l'audience où le jugement a été prononcé, mais seulement dans le cas où elle-même ou son représentant n'auraient pas été informés du jour où le jugement serait prononcé ;
• 2° Pour le prévenu qui a été jugé en son absence, mais après audition d'un avocat qui s'est présenté pour assurer sa défense, sans cependant être titulaire d'un mandat de représentation signé du prévenu ;
• 3° Pour le prévenu qui n'a pas comparu dans le cas prévu par le cinquième alinéa de l'article 411, lorsque son avocat n'était pas présent.
• Il en est de même dans les cas prévus par les articles 410 et 494-1, sous réserve des dispositions de l'article 498-1.

Article 498-1. – Délai d'appel – *(Loi n° 2008-644 du 1er juillet 2008)*
• Pour un jugement de condamnation à une peine d'emprisonnement ferme ou à une peine d'emprisonnement assortie d'un sursis partiel, rendu dans les conditions prévues à l'article 410 et qui n'a pas été signifié à personne, le délai d'appel ne court à compter de la signification du jugement faite à domicile, à étude d'huissier de justice ou à parquet que sous réserve des dispositions du deuxième alinéa. Le jugement est exécutoire à l'expiration de ce délai.
• S'il ne résulte pas soit de l'avis constatant la remise de la lettre recommandée ou du récépissé prévus aux articles 557 et 558, soit d'un acte d'exécution quelconque ou de l'avis donné conformément à l'article 560, que le prévenu a eu connaissance de la signification, l'appel, tant en ce qui concerne les intérêts civils que la condamnation pénale, reste recevable jusqu'à l'expiration des délais de prescription de la peine, le délai d'appel courant à compter de la date à laquelle le prévenu a eu connaissance de la condamnation.
• Si la personne a été écrouée en exécution de la condamnation après l'expiration du délai de dix jours prévu par le premier alinéa et qu'elle forme appel conformément aux dispositions du deuxième alinéa, elle demeure toutefois détenue, sous le régime de la détention provisoire et sans préjudice de son droit de former des demandes de mise en liberté, jusqu'à l'audience devant la cour d'appel.
• Les dispositions du présent article sont également applicables en cas d'itératif défaut.

Article 499. – Jugement par défaut ou itératif défaut
• Si le jugement est rendu par défaut ou par itératif défaut, le délai d'appel ne court qu'à compter de la signification du jugement, quel qu'en soit le mode.

Article 500. – Délai supplémentaire
• En cas d'appel d'une des parties pendant les délais ci-dessus, les autres parties ont un délai supplémentaire de cinq jours pour interjeter appel.

Article 500-1. – Désistement – *(Loi n° 2016-731 du 3 juin 2016)*
• Sauf lorsqu'il intervient moins de deux mois avant la date de l'audience devant la cour d'appel, le désistement par le prévenu ou la partie civile de son appel principal entraîne la caducité des appels incidents, y compris celui du ministère public si ce désistement intervient dans les formes prévues pour la déclaration d'appel. Constitue un appel incident l'appel formé dans le délai prévu par l'article 500, ainsi que l'appel formé, à la suite d'un précédent appel, dans les délais prévus par les articles 498 ou 505, lorsque l'appelant précise qu'il s'agit d'un appel incident. Dans tous les cas, le ministère public peut toujours se désister de son appel

formé après celui du prévenu en cas de désistement de celui-ci. Le désistement d'appel est constaté par ordonnance du président de la chambre des appels correctionnels.

Article 501. – Demande de mise en liberté – *(Loi n° 2009-1436 du 24 novembre 2009)*

• Lorsque le tribunal statue sur une demande de mise en liberté conformément aux articles 148-1 et 148-2 ainsi que lorsqu'il statue sur une demande de mainlevée ou de modification de contrôle judiciaire ou de l'assignation à résidence avec surveillance électronique, l'appel doit être formé dans un délai de vingt-quatre heures.

Article 502. – Déclaration d'appel – Greffier – *(Loi n° 2019-222 du 23 mars 2019)*

• La déclaration d'appel doit être faite au greffier de la juridiction qui a rendu la décision attaquée.

• La déclaration indique si l'appel porte sur la décision sur l'action publique ou sur la décision sur l'action civile ou sur les deux décisions. Si l'appel concerne la décision sur l'action publique, la déclaration indique s'il porte sur l'ensemble de la décision ou s'il est limité aux peines prononcées, à certaines d'entre elles ou à leurs modalités d'application. Si la décision sur l'action publique a déclaré le prévenu coupable de plusieurs infractions, l'appel sur cette décision précise s'il concerne l'ensemble des infractions ou certaines d'entre elles. Si la déclaration ne comporte aucune de ces précisions, l'appel est considéré comme portant sur l'intégralité de la décision. Le prévenu qui a limité la portée de son appel sur l'action publique aux peines prononcées dans les conditions prévues au présent alinéa peut, selon les modalités prévues au 1er alinéa, revenir sur cette limitation dans un délai d'un mois à compter de la déclaration d'appel ; si l'affaire est audiencée en appel avant ce délai d'un mois, il peut revenir sur cette limitation au moment de l'audience. Le prévenu qui n'a pas limité la portée de son appel lors de la déclaration d'appel peut toujours le faire ultérieurement, jusqu'à l'audience de jugement.

• Elle doit être signée par le greffier et par l'appelant lui-même, ou par un avocat, ou par un fondé de pouvoir spécial ; dans ce dernier cas, le pouvoir est annexé à l'acte dressé par le greffier. Si l'appelant ne peut signer, il en sera fait mention par le greffier.

• Elle est inscrite sur un registre public à ce destiné et toute personne a le droit de s'en faire délivrer une copie.

J **• Complicité de divulgation – Personne non habilitée – Images – Vidéoprotection – Déclarations d'appel – Registre public**

REJET sur le pourvoi formé par M. F... T... J... contre l'arrêt de la cour d'appel de PARIS, chambre 2-7, en date du 01/06/2018, qui, pour complicité de divulgation à une personne non habilitée d'images issues d'un système de vidéoprotection, l'a condamné à 1 mois d'emprisonnement avec sursis et 1 500 € d'amende, et a prononcé sur les intérêts civils.

Les déclarations d'appel sont inscrites sur un registre public, dont toute personne a le droit de se faire délivrer une copie en application de l'article 502 du C.P.P., de sorte qu'il ne saurait être exigé de la citation à comparaître devant la cour d'appel, qui ne saisit pas la juridiction du 2nd degré de la prévention, laquelle résulte de la citation introductive d'instance et de l'effet dévolutif de l'acte d'appel, qu'elle comporte des informations sur l'étendue de cet acte.

(Cour de cassation – Chambre criminelle du 26 novembre 2019 – N° de pourvoi : 18-84956).

Article 503. – Appelant détenu – *(Loi n° 85-1407 du 30 décembre 1985)*

• Lorsque l'appelant est détenu, l'appel peut être fait au moyen d'une déclaration auprès du chef de l'établissement pénitentiaire.

• Cette déclaration est constatée, datée et signée par le chef de l'établissement pénitentiaire. Elle est également signée par l'appelant ; si celui-ci ne peut signer, il en est fait mention par le chef de l'établissement.

• Ce document est adressé sans délai, en original ou en copie, au greffe de la juridiction qui a rendu la décision attaquée ; il est transcrit sur le registre prévu par le troisième alinéa de l'article 502 annexé à l'acte dressé par le greffier.

Article 503-1. – Prévenu libre – *(Loi n° 2004-204 du 9 mars 2004)*

• Lorsqu'il est libre, le prévenu qui forme appel doit déclarer son adresse personnelle. Il peut toutefois lui substituer l'adresse d'un tiers chargé de recevoir les citations, rectifications et significations qui lui seront destinées s'il produit l'accord de ce dernier. Cette déclaration est faite par l'avocat du prévenu si c'est celui-ci qui forme l'appel.

• À défaut d'une telle déclaration, est considérée comme adresse déclarée du prévenu celle figurant dans le jugement rendu en premier ressort.

• Le prévenu ou son avocat doit signaler auprès du procureur de la République, jusqu'au jugement définitif de l'affaire, tout changement de l'adresse déclarée par lettre recommandée avec demande d'avis de réception.

• Toute citation, notification ou signification faite à la dernière adresse déclarée est réputée faite à sa personne et le prévenu qui ne comparaît pas à l'audience sans excuse reconnue valable par la cour d'appel est jugé par arrêt contradictoire à signifier.

• Si le prévenu, détenu au moment de l'appel, est remis en liberté avant l'examen de son affaire par la cour d'appel, il doit faire la déclaration d'adresse prévue par le présent article préalablement à sa mise en liberté auprès du chef de la maison d'arrêt.

J **• Atteinte à un système de traitement automatisé de données – Adresse – Domiciliation du prévenu chez un tiers**
CASSATION sur le pourvoi formé par M. K... B... contre l'arrêt de la cour d'appel de DOUAI (59), 6e chambre, en date du 25/02/2020, qui, pour atteinte à un système de traitement automatisé de données, en récidive, l'a condamné à 3 mois d'emprisonnement.

8. Toutefois, la juridiction ne peut être valablement saisie que lorsque la citation a été délivrée à l'exacte adresse déclarée par l'appelant. Tel n'est pas le cas lorsque la citation omet de préciser la domiciliation du prévenu chez un tiers.
(Cour de cassation – Chambre criminelle du 30 mars 2021 – N° de pourvoi : 20-85.836).

• Infractions au Code rural et de la Pêche Maritime et refus de relevé signalétique – Absence de retour du récépissé
REJET du pourvoi formé par M. [G] [M] contre l'arrêt de la cour d'appel de MONTPELLIER (34), chambre correctionnelle, en date du 06/07/2020, qui, notamment pour infractions au C.R.P.M. et refus de relevé signalétique, l'a condamné à 6 mois d'emprisonnement et 5 ans d'interdiction professionnelle, a ordonné une mesure de confiscation, et a prononcé sur les intérêts civils.

10. En l'état de ces énonciations, et dès lors qu'il résulte de l'acte lui-même que les formalités prévues par l'article 558 du C.P.P. ont été accomplies, peu important qu'il n'ait pas été fait retour du récépissé prévu par l'al. 4 de ce texte, la cour d'appel n'a méconnu aucun des textes visés au moyen.
(Cour de cassation – Chambre criminelle du 15 juin 2021 – N° de pourvoi : 20-84.271).

Article 504. – Requête – *(Loi n° 2011-94 du 25 janvier 2011)*

• Une requête contenant les moyens d'appel peut être remise dans les délais prévus pour la déclaration d'appel au greffe du tribunal ; elle est signée de l'appelant ou d'un avocat inscrit à un barreau ou d'un fondé de pouvoir spécial.

• La requête, ainsi que les pièces de la procédure sont envoyées par le procureur de la République au parquet de la cour dans le plus bref délai.

• Si le prévenu est en état d'arrestation, il est également, dans le plus bref délai, et par ordre du procureur de la République, transféré dans la maison d'arrêt du lieu où siège la cour d'appel.

Article 505. – Procureur général – *(Loi n° 2009-1436 du 24 novembre 2009)*

• En cas de jugement de condamnation, le procureur général peut également former son appel dans le délai de vingt jours à compter du jour du prononcé de la décision.

• Sans préjudice de l'application des articles 498 à 500, les autres parties ont alors un délai de cinq jours pour interjeter appel incident. Même en l'absence d'appel incident, la cour d'appel peut, en cas d'appel formé par le seul procureur général en application du présent article, prononcer une peine moins importante que celle prononcée par le tribunal correctionnel.

Article 505-1. – Ordonnance de non-admission – *(Loi n° 2016-731 du 3 juin 2016)*

• Lorsqu'il est fait appel après expiration des délais prévus aux articles 498, 500 ou 505, lorsque l'appel est devenu sans objet, qu'il a été formé sans respecter les formalités prévues à l'article 502 ou qu'il a été formé hors les cas mentionnés à l'article 546 ou lorsque l'appelant s'est désisté de son appel, le président de la chambre des appels correctionnels rend d'office une ordonnance de non-admission de l'appel qui n'est pas susceptible de voies de recours.

Article 506. – Sursis à exécution du jugement – *(Loi n° 2020-1672 du 24 décembre 2020)*

• Pendant les délais d'appel et durant l'instance d'appel, il est sursis à l'exécution du jugement, sous réserve des dispositions des articles 464 *(2e et 3e alinéas)*, 464-1, 464-2, 471, 507, 508 et 708.

Article 507. – Autres cas – Dépôt requête

• Lorsque le tribunal statue par jugement distinct du jugement sur le fond, l'appel est immédiatement recevable si ce jugement met fin à la procédure.

• Dans le cas contraire et jusqu'à l'expiration des délais d'appel, le jugement n'est pas exécutoire et le tribunal ne peut statuer au fond.

• Si appel n'a pas été interjeté ou si, avant l'expiration du délai d'appel, la partie appelante n'a pas déposé au greffe la requête prévue à l'alinéa suivant, le jugement est exécutoire et le tribunal statue au fond.

• La partie appelante peut déposer au greffe, avant l'expiration des délais d'appel, une requête adressée au président de la chambre des appels correctionnels et tendant à faire déclarer l'appel immédiatement recevable.

Article 508. – Greffier – Requête

• Le greffier avise le président du tribunal du dépôt de cette requête. Le jugement n'est pas exécutoire et le tribunal ne peut statuer au fond tant qu'il n'a pas été prononcé sur ladite requête.

• Dès que le greffier a reçu l'appel et la requête il fait parvenir celle-ci au président de la chambre des appels correctionnels ainsi qu'une expédition du jugement et de l'acte d'appel.

• Le président statue sur la requête, par ordonnance non motivée, dans les huit jours de la réception de ce dossier.

• S'il rejette la requête, le jugement est exécutoire et le tribunal se prononce au fond ; aucun recours n'est recevable contre l'ordonnance du président et l'appel n'est alors jugé qu'en même temps que l'appel formé contre le jugement sur le fond.

• Si, dans l'intérêt de l'ordre public ou d'une bonne administration de la justice, le président fait droit à la requête, il fixe la date à laquelle l'appel sera jugé.

• La cour doit statuer dans le mois qui suit l'ordonnance du président, sans que puisse être soulevée devant elle une exception tirée de ce que l'appel formé contre la décision entreprise ne serait pas suspensif ; l'exécution du jugement est suspendue dans ce dernier cas jusqu'à ce qu'intervienne l'arrêt de la cour.

Article 509. – Cour d'appel – *(Loi n° 2019-222 du 23 mars 2019)*

• L'affaire est dévolue à la cour d'appel dans les limites fixées par l'acte d'appel conformément au 2e alinéa de l'article 502 et par la qualité de l'appelant ainsi qu'il est dit à l'article 515.

• Lorsque la limitation de la portée de l'appel sur l'action publique aux peines prononcées n'a pas été faite par l'avocat du prévenu ou par le prévenu en présence de son avocat, le prévenu peut revenir sur cette limitation à l'audience.

• L'appel de l'assureur produit effet à l'égard de l'assuré en ce qui concerne l'action civile. Il est, dans un délai de 3 jours, notifié à l'assuré par lettre recommandée avec demande d'avis de réception adressée par l'assureur.

Article 509-1. – Comparution – Chambre des appels correctionnels – *(Loi n° 2019-222 du 23 mars 2019)*

• Le prévenu doit comparaître devant la chambre des appels correctionnels dans un délai de 4 mois à compter soit de l'appel, si le prévenu est détenu, soit de la date à laquelle le prévenu a été ultérieurement placé en détention provisoire, en application de la décision rendue en 1er ressort.

• Toutefois, si l'audience sur le fond ne peut se tenir avant l'expiration de ce délai, le président de la chambre peut, à titre exceptionnel, par une décision mentionnant les raisons de fait ou de droit faisant obstacle au jugement de l'affaire, ordonner la prolongation de la détention pour une nouvelle durée de 4 mois. La comparution personnelle du prévenu est de droit si lui-même ou son avocat en font la demande. Cette décision peut être renouvelée une fois dans les mêmes formes.

• Lorsqu'un des faits constitutifs de l'infraction a été commis hors du territoire national ou lorsque la personne est poursuivie pour une infraction mentionnée aux articles 706-73 et 706-73-1, le délai mentionné aux 2 premiers alinéas du présent article est porté à 6 mois.

• Si le prévenu n'a pas comparu devant la cour d'appel avant l'expiration des délais prévus au présent article, il est remis immédiatement en liberté s'il n'est pas détenu pour une autre cause.

Nota : Conformément à l'article 109 XV de la loi n° 2019-222 du 23/03/2019, les dispositions de l'article 509-1, dans sa rédaction résultant de l'article 62 de la présente loi, sont applicables aux procédures dans lesquelles l'appel a été formé postérieurement à l'entrée en vigueur de ces dispositions.

Section II

De la composition de la chambre des appels correctionnels

Article 510. – Composition – *(Loi n° 2020-1672 du 24 décembre 2020)*

• La chambre des appels correctionnels est composée d'un président de chambre et de 2 conseillers. Les fonctions du ministère public sont exercées par le procureur général ou par l'un de ses avocats généraux ou de ses substituts ; celles du greffe par un greffier de la cour d'appel.

• Toutefois, lorsque le jugement attaqué a été rendu selon les modalités prévues au 3e alinéa de l'article 398 ou selon celles prévues à l'avant-dernier alinéa de l'article 464, la chambre des appels correctionnels est composée d'un seul de ces magistrats exerçant les pouvoirs confiés au président de chambre, sauf si le prévenu est en détention provisoire pour les faits qui lui sont reprochés ou si [Dispositions déclarées non conformes à la Constitution par la décision du Conseil constitutionnel n° 2019-778 DC du 21 mars 2019.] l'appelant demande expressément que l'affaire soit examinée par une formation collégiale; cette demande peut être formée pendant un délai d'un mois à compter de la déclaration d'appel. La chambre des appels correctionnels ainsi composée ne peut alors prononcer une peine d'emprisonnement ferme d'une durée supérieure à 5 ans. Elle peut toutefois, si ce renvoi lui paraît justifié en raison de la complexité des faits ou en raison de l'importance de la peine susceptible d'être prononcée, décider, d'office ou à la demande des parties ou du ministère public, de renvoyer l'affaire devant la chambre des appels correctionnels siégeant en formation collégiale.

Article 511. – Audiences correctionnelles – *(Loi n° 2004-204 du 9 mars 2004)*

• Le nombre et le jour des audiences correctionnelles sont fixés à la fin de chaque année judiciaire pour l'année judiciaire suivante par une décision conjointe du premier président et du procureur général prise après avis de l'assemblée générale de la cour d'appel.

• En cas de nécessité, cette décision peut être modifiée dans les mêmes conditions en cours d'année.

• En cas d'impossibilité de parvenir à une décision conjointe, le nombre et le jour des audiences correctionnelles sont fixés par le seul premier président.

Section III

De la procédure devant la chambre des appels correctionnels

Article 512. – Règles – *(Loi n° 2020-1672 du 24 décembre 2020)*

• Les règles édictées pour le tribunal correctionnel sont applicables devant la cour d'appel, y compris les dispositions de l'avant-dernier alinéa de l'article 464, sous réserve des dispositions suivantes.

Article 513. – Audience – *(Loi n° 2000-516 du 15 juin 2000)*

• L'appel est jugé à l'audience sur le rapport oral d'un conseiller; le prévenu est interrogé.

• Les témoins cités par le prévenu sont entendus dans les règles prévues aux articles 435 à 457. Le ministère public peut s'y opposer si ces témoins ont déjà été entendus par le tribunal. La cour tranche avant tout débat au fond.

• Après que l'appelant ou son représentant a sommairement indiqué les motifs de son appel, les parties en cause ont la parole dans l'ordre prévu par l'article 460.

• Le prévenu ou son avocat auront toujours la parole les derniers.

J • **Débats – Audition – Ordre des débats – Inobservation.** – *Aux termes du troisième alinéa de l'article 513 du Code de procédure pénale, en sa rédaction issue de la loi du 4 janvier 1993, entrée en vigueur en application de l'article 49-1 de la loi du 24 août 1993, les parties en cause ont la parole dans l'ordre prévu par l'article 460 du même Code.*

• *Il en résulte que la défense du prévenu doit être présentée après la demande de la partie civile et les réquisitions du ministère public.*

• *Encourt la cassation l'arrêt dont les mentions établissent que le prévenu a été astreint à présenter sa défense en premier, l'atteinte ainsi portée à ses intérêts ne pouvant être réparée par la mention qu'il a eu la parole en dernier* (Cass. CRIM. du 22 novembre 1994 – BCC n° 402).

• **Homicide involontaire – Travaux d'assainissement – Formation appropriée aux risques – Représentant de la personne morale**

Contre l'arrêt de la cour d'appel de NANCY, chambre correctionnelle, en date du 15 septembre 2016, qui, pour homicide involontaire les a condamnés, la première à 20.000 € d'amende, le second à 6 mois d'emprisonnement avec sursis, et a prononcé sur les intérêts civils;

Attendu qu'il résulte de l'arrêt attaqué, du jugement qu'il confirme et du procès-verbal de l'inspection du travail, base des poursuites, que M. Jérôme A..., intérimaire mis à la disposition de la société TP X... afin de procéder à des travaux d'assainissement dans un lotissement, à [...] (54), est décédé des suites de ses blessures après que les parois d'une excavation dans laquelle il était descendu se furent effondrées sur lui; que l'inspection du travail ayant établi un procès-verbal d'infractions, le procureur de la République a fait citer M. Marc X..., président de la société TP X..., et ladite société devant la juridiction correctionnelle du chef d'homicide involontaire, faute notamment pour la victime d'avoir reçu une formation appropriée aux risques encourus sur le chantier; que les premiers juges ayant retenu les prévenus dans les liens de la prévention, ceux-ci, puis le ministère public, ont interjeté appel;

- L'avocat des prévenus en sa plaidoirie; que les parties ont toutes eu la parole dans l'ordre prévu par les articles 513 et 460 du C.P.P., M. X... ayant eu la parole en dernier;

« 1°) alors qu'en application de l'article 406 du C.P.P., le président ou l'un des assesseurs, par lui désigné, informe le prévenu de son droit, au cours des débats, de faire des déclarations, de répondre aux questions qui lui sont posées ou de se taire; que la méconnaissance de l'obligation d'informer le prévenu du droit de se taire lui fait nécessairement grief; qu'il ne

résulte pas de l'arrêt attaqué que la société TP X... ait été informée du droit de se taire au cours des débats, peu important à cet égard que le représentant légal de cette société, M. X..., lui-même poursuivi, en ait, quant à lui, été informé en son nom personnel; que, dès lors, l'arrêt attaqué, qui ne met pas la Cour de cassation en mesure d'exercer son contrôle sur le respect de la règle précitée, n'est pas légalement justifié au regard des textes et principes susvisés;

« 2°) alors que le prévenu ou son avocat auront toujours la parole les derniers; qu'il ne résulte pas de l'arrêt attaqué que la société TP X... ou l'avocat de celle-ci aient eu la parole en dernier, peu important à cet égard que le représentant légal de cette société, M. X..., lui-même poursuivi, ait, quant à lui, en son nom personnel, eu la parole en dernier; que, partant, l'arrêt attaqué, qui ne met pas la Cour de cassation en mesure d'exercer son contrôle sur le respect de la règle précitée, n'est pas légalement justifié au regard des textes et principes susvisés »;

Attendu que, selon les mentions de l'arrêt attaqué, M. X... a eu la parole en dernier; qu'il en résulte qu'il a nécessairement exercé ce droit en sa double qualité précitée et que les prescriptions de l'article 513 du C.P.P. ont été observées;

Par ces motifs:

CASSE et ANNULE, en ses seules dispositions relatives aux peines, l'arrêt susvisé de la cour d'appel de Nancy, en date du 15 septembre 2016, toutes autres dispositions étant expressément maintenues;

Et pour qu'il soit à nouveau jugé, conformément à la loi, dans les limites de la cassation ainsi prononcée,

RENVOIE la cause et les parties devant la cour d'appel de Metz, à ce désignée par délibération spéciale prise en chambre du conseil;

ORDONNE l'impression du présent arrêt, sa transcription sur les registres du greffe de la cour d'appel de Nancy et sa mention en marge ou à la suite de l'arrêt partiellement annulé

(Cour de cassation – Chambre criminelle du 9 janvier 2018 – N° de pourvoi: 17-80200).

• Harcèlement moral – Juridictions correctionnelles – Cour d'appel – Débats sur les seuls intérêts civils – Partie représentée – Audition de l'avocat – Obligation

CASSATION sur les pourvois formés par Mme [R] [Z] et M. [J] [V] contre l'arrêt de la cour d'appel de BORDEAUX (33), chambre correctionnelle, en date du 13/09/2019, qui, dans la procédure suivie contre eux du chef de harcèlement moral, a prononcé sur les intérêts civils.

Aux termes des articles 513 et 460 du C.P.P., qui s'appliquent lors de l'audience devant la cour d'appel saisie des seuls intérêts civils sauf en ce qui concerne l'ordre de parole, lorsqu'une partie est représentée par un avocat, ce dernier doit être entendu.

(Cour de cassation – Chambre criminelle du 11 mai 2021 – N° de pourvoi: 19-86.308).

Article 514. – Appel – *(Loi n° 93-2 du 4 janvier 1993)*

• Si la cour estime que l'appel est tardif ou irrégulièrement formé, elle le déclare irrecevable.

• Si elle estime que l'appel, bien que recevable, n'est pas fondé, elle confirme le jugement attaqué.

Article 515. – Cour – *(Loi n° 83-608 du 8 juin 1983)*

• La cour peut, sur l'appel du ministère public, soit confirmer le jugement, soit l'infirmer en tout ou en partie dans un sens favorable ou défavorable au prévenu.

• La cour ne peut, sur le seul appel du prévenu, du civilement responsable, de la partie civile ou de l'assureur de l'une de ces personnes, aggraver le sort de l'appelant.

• La partie civile ne peut, en cause d'appel, former aucune demande nouvelle; toutefois elle peut demander une augmentation des dommages-intérêts pour le préjudice souffert depuis la décision de première instance.

J **• Diffamation publique envers un particulier – Aggravation de la peine**

CASSATION PARTIELLE sur le pourvoi formé par Mme F... C... Q... contre l'arrêt de la cour d'appel de SAINT-DENIS-DE-LA-RÉUNION (974), chambre correctionnelle, en date du 30/01/ 2020, qui pour diffamation publique envers un particulier, l'a condamnée à 4000 € d'amende avec sursis et a prononcé sur les intérêts civils.

7. Il résulte de ce texte que la cour d'appel ne peut, sur le seul appel des parties civiles et du prévenu, aggraver la peine prononcée à l'encontre de ce dernier.

9. La cour d'appel, saisie du seul appel de la prévenue et des parties civiles, après avoir confirmé la déclaration de culpabilité, a infirmé le jugement sur la peine, portant celle-ci à 4000 € d'amende avec sursis.

(Cour de cassation – Chambre criminelle du 16 mars 2021 – N° de pourvoi: 20-82.174).

• Infractions à la législation sur les stupéfiants – Transport illicite de stupéfiants – Articles 509 et 515 C.P.P.

M. [R] [H] a formé un pourvoi contre l'arrêt de la cour d'appel de POITIERS (86), chambre correctionnelle, en date du 17/03/2021, qui, pour infractions à la législation sur les stupéfiants, en récidive, l'a condamné à 1 an d'emprisonnement et ordonné la révocation d'un sursis avec mise à l'épreuve.

Vu les articles 509 et 515 du C.P.P.:

9. En déclarant le prévenu coupable du délit de transport illicite de stupéfiants, dont il avait été relaxé par le tribunal correctionnel, alors qu'elle a constaté qu'elle n'était saisie que du seul appel du prévenu, la cour d'appel a méconnu les textes susvisés.

(Cour de cassation – Chambre criminelle du 12 octobre 2022 – N° de pourvoi: 21-82.440).

Article 515-1. – Versement provisoire – Dommages-intérêts – *(Loi n° 81-82 du 2 février 1981)*

• Lorsque le tribunal, statuant sur l'action civile, a ordonné le versement provisoire, en tout ou en partie, des dommages-intérêts alloués, cette exécution provisoire peut être arrêtée, en cause d'appel, par le premier président statuant en référé si elle risque d'entraîner des conséquences manifestement excessives. Le premier président peut subordonner la suspension de l'exécution provisoire à la constitution d'une garantie, réelle ou personnelle, suffisante pour répondre de toutes restitutions ou réparations.

• Lorsque l'exécution provisoire a été refusée par le tribunal statuant sur l'action civile ou lorsque l'exécution provisoire n'a pas été demandée, ou si, l'ayant été, le tribunal a omis de statuer, elle peut être accordée, en cas d'appel, par le premier président statuant en référé.

Article 516. – Jugement réformé – Ni crime, ni délit, ni contravention...

• Si le jugement est réformé parce que la cour estime qu'il n'y a ni crime, ni délit, ni contravention, ou que le fait n'est pas établi ou qu'il n'est pas imputable au prévenu, elle renvoie celui-ci des fins de la poursuite.

• Dans ce cas, si le prévenu acquitté demande des dommages-intérêts, dans les conditions prévues à l'article 472, il porte directement sa demande devant la cour d'appel.

Article 517. – Jugement réformé – Cause légale d'exemption de peine – *(Loi n° 92-1336 du 16 décembre 1992)*

• Si le jugement est réformé parce que la cour estime que le prévenu bénéficie d'une cause légale d'exemption de peine, elle se conforme aux dispositions de l'article 468.

Article 518. – Jugement annulé – Fait ne constituant qu'une contravention

• Si le jugement est annulé parce que la cour estime que le fait ne constitue qu'une contravention, elle prononce la peine et statue, s'il y a lieu, sur l'action civile.

Article 519. – Jugement annulé – Fait de nature à entraîner une peine criminelle

• Si le jugement est annulé parce que la cour estime que le fait est de nature à entraîner une peine criminelle, la cour d'appel se déclare incompétente. Elle renvoie le ministère public à se pourvoir ainsi qu'il avisera.

• Elle peut, le ministère public entendu, décerner par la même décision, mandat de dépôt ou d'arrêt contre le prévenu.

Article 520. – Jugement annulé – Violation ou omission non réparée de formes prescrites par la loi

• Si le jugement est annulé pour violation ou omission non réparée de formes prescrites par la loi à peine de nullité, la cour évoque et statue sur le fond.

J **• Annulation de jugement – Effet.** – *La cour d'appel qui, conformément à l'article 520 du Code de procédure pénale, a annulé le jugement entrepris et évoqué, ne peut ensuite confirmer ledit jugement* (Cass. CRIM. du 19 décembre 1995 – BCC n° 427).

• Aménagement de peine – Jugement d'incompétence

Contre l'arrêt de la chambre de l'application des peines de ladite cour d'appel, en date du 3 mars 2014, qui a prononcé sur la requête en aménagement de peine présentée par M. Frédéric X...;

Attendu que, selon requête, en date du 20 septembre 2012, M. Frédéric X..., écroué le 14 décembre 2011 au centre pénitentiaire de Nantes et admis, à compter du 3 mai 2012, au bénéfice du placement sous surveillance électronique, pour l'exécution de quatre peines d'emprisonnement, avec assignation à Corsept, dans le ressort du tribunal de grande instance de Saint-Nazaire, a sollicité l'aménagement d'une cinquième peine, inscrite à l'écrou le 10 septembre 2012, au centre pénitentiaire de Nantes; que, le juge de l'application des peines du tribunal de grande instance de Saint-Nazaire s'étant déclaré territorialement incompétent, par jugement du 24 septembre 2012, M. X... a interjeté appel de cette décision;

Attendu que, pour confirmer le jugement, l'arrêt attaqué énonce qu'à la date de sa requête, le condamné était placé sous écrou à Nantes, et que, dès lors, sa demande d'aménagement de peine relevait de la compétence du juge de l'application des peines au tribunal de grande instance de cette ville;

Attendu qu'en statuant ainsi, la chambre de l'application des peines a fait l'exacte application de l'article 712-10, alinéa 1er, du Code de procédure pénale;

Qu'en effet, il se déduit des dispositions de ce texte que le juge de l'application des peines compétent pour statuer sur la demande d'aménagement d'une peine nouvellement inscrite à l'écrou, présentée par un condamné déjà placé sous surveillance électronique, pour l'exécution d'autres peines, est celui de la juridiction dans le ressort de laquelle est situé l'établissement pénitentiaire dans lequel le requérant est écroué;

Attendu qu'il se déduit de la combinaison de ces textes que la chambre de l'application des peines de la cour d'appel ne peut évoquer et statuer sur le fond qu'après avoir annulé le jugement déféré pour violation ou omission non réparée de formes prescrites par la loi à peine de nullité;

Attendu qu'après avoir confirmé le jugement d'incompétence déféré, l'arrêt statue au fond sur la demande d'aménagement de peine et y fait droit;

Mais attendu qu'en procédant ainsi, sans que le juge de l'application des peines du tribunal de grande instance de Nantes ait statué en premier ressort, la chambre de l'application des peines a méconnu les textes susvisés et le principe ci-dessus énoncé;

D'où il suit que la cassation est encourue de ce chef;

Par ces motifs:

CASSE et ANNULE, par voie de retranchement, l'arrêt susvisé de la chambre de l'application des peines de la cour d'appel de Rennes, en date du 3 mars 2014, en ses seules dispositions ayant statué au fond sur la requête en aménagement de peine présentée par M. X..., toutes autres dispositions étant expressément maintenues;

(Cour de cassation – Chambre criminelle du 18 novembre 2015 – N° de pourvoi: 14-82805).

Article 520-1. – Appel d'une ordonnance – *(Loi n° 2004-204 du 9 mars 2004)*

• En cas d'appel d'une ordonnance rendue en application de l'article 495-11, la cour évoque l'affaire et statue sur le fond sans pouvoir prononcer une peine plus sévère que celle homologuée par le président du tribunal ou le juge délégué par lui, sauf sy a appel formé par le ministère public.

TITRE III
DU JUGEMENT DES CONTRAVENTIONS

CHAPITRE Ier
De la compétence du tribunal de police

Article 521. – Tribunal de police – *(Loi n° 2011-1862 du 13 décembre 2011)*
• Le tribunal de police connaît des contraventions.

Article 522. – Compétences – *(Loi n° 2005-47 du 26 janvier 2005)*
• Est compétent le tribunal de police du lieu de commission ou de constatation de la contravention ou celui de la résidence du prévenu.
• Est également compétent le tribunal de police du siège de l'entreprise détentrice du véhicule en cas de contravention, soit aux règles relatives au chargement ou à l'équipement de ce véhicule, soit aux réglementations relatives aux transports terrestres.
• Les articles 383 à 387 sont applicables au jugement des infractions de la compétence du tribunal de police.

Article 523. – Constitution – *(Loi n° 2021-1729 du 22 décembre 2021)*
• Le tribunal de police est constitué par un juge du tribunal judiciaire, un officier du ministère public ainsi qu'il est dit aux articles 45 et suivants, et un greffier.
• Lorsqu'il connaît des contraventions des 4 premières classes, à l'exception de celles déterminées par un décret en Conseil d'État, ainsi que des contraventions de la 5e classe relevant de la procédure de l'amende forfaitaire, le tribunal de police peut être constitué par un magistrat exerçant à titre temporaire ou par un magistrat honoraire exerçant des fonctions juridictionnelles dans les conditions prévues à la section II du chapitre V *bis* de l'ordonnance n° 58-1270 du 22 décembre 1958 portant loi organique relative au statut de la magistrature. Si l'importance du contentieux le justifie, le président du tribunal judiciaire peut décider qu'à titre exceptionnel, le magistrat exerçant à titre temporaire ou le magistrat honoraire exerçant des fonctions juridictionnelles préside une partie des audiences du tribunal de police consacrées aux contraventions de la 5e classe, à l'exception de celles déterminées par décret en Conseil d'État.

Article 523-1. – *(Abrogé – Loi n° 2011-1862 du 13 décembre 2011)*

CHAPITRE II
De la procédure simplifiée

Article 524. – Application de la procédure simplifiée – *(Ordonnance n° 2016-413 du 7 avril 2016)*
• Toute contravention de police même commise en état de récidive, peut être soumise à la procédure simplifiée prévue au présent chapitre.
• Cette procédure n'est pas applicable :
• 1° *(Abrogé)*
• 2° Si le prévenu, auteur d'une contravention de la cinquième classe, était âgé de moins de dix-huit ans au jour de l'infraction.
• Cette procédure ne peut plus être poursuivie lorsque la victime du dommage causé par la contravention a fait citer directement le prévenu avant qu'ait été rendue l'ordonnance prévue à l'article 525.

V • Art. R. 41-3 et R. 41-4. De la procédure simplifiée.

Article 525. – Ministère public – *(Loi n° 2011-1862 du 13 décembre 2011)*

• Le ministère public qui choisit la procédure simplifiée communique au juge compétent du tribunal de police le dossier de la poursuite et ses réquisitions.

• Le juge statue sans débat préalable par une ordonnance pénale portant soit relaxe, soit condamnation à une amende ainsi que, le cas échéant, à une ou plusieurs des peines complémentaires encourues.

• S'il estime qu'un débat contradictoire est utile, le juge renvoie le dossier au ministère public aux fins de poursuite dans les formes de la procédure ordinaire.

V • Art. R. 41-3 et R. 41-4. De la procédure simplifiée.

Article 526. – Ordonnance – *(Loi n° 2004-204 du 9 mars 2004)*

• L'ordonnance contient les nom, prénoms, date et lieu de naissance et domicile du prévenu, la qualification légale, la date et le lieu du fait imputé, la mention des textes applicables et, en cas de condamnation, le montant de l'amende ainsi que la durée de la contrainte judiciaire.

• Le juge n'est pas tenu de motiver l'ordonnance pénale.

V • Art. R. 41-3 et R. 41-4. De la procédure simplifiée.

Article 527. – Opposition – *(Loi n° 2016-731 du 3 juin 2016)*

• Le ministère public peut, dans les dix jours de l'ordonnance, former opposition à son exécution par déclaration au greffe du tribunal.

• Si, à l'expiration du délai prévu à l'alinéa précédent, le ministère public n'a pas fait opposition, l'ordonnance pénale est notifiée au prévenu selon les modalités prévues au deuxième alinéa de l'article 495-3 et exécutée suivant les règles prévues par le présent code pour l'exécution des jugements de police.

• Le prévenu peut, dans un délai de trente jours à compter de la date d'envoi de la lettre ou de la date à laquelle le procureur de la République a porté l'ordonnance à sa connaissance, former opposition à l'exécution de l'ordonnance.

• À défaut de paiement ou d'opposition dans le délai ci-dessus, l'amende et le droit fixe de procédure sont exigibles.

• Toutefois, s'il ne résulte pas de l'avis de réception que le prévenu a reçu la lettre de notification, l'opposition reste recevable jusqu'à l'expiration d'un délai de trente jours qui courent de la date à laquelle l'intéressé a eu connaissance, d'une part, de la condamnation, soit par un acte d'exécution, soit par tout autre moyen, d'autre part, du délai et des formes de l'opposition qui lui est ouverte.

• Le comptable public compétent arrête le recouvrement dès réception de l'avis d'opposition à celle-ci pénale établi par le greffe.

V • Art. R. 41-3 et R. 41-4. De la procédure simplifiée.

Article 528. – Audience – *(Loi n° 2011-1862 du 13 décembre 2011)*

• En cas d'opposition formée par le ministère public ou par le prévenu, l'affaire est portée à l'audience du tribunal de police dans les formes de la procédure ordinaire. Le jugement rendu par défaut, sur l'opposition du prévenu, est susceptible d'opposition dans les conditions prévues aux articles 489 à 494-1.

• Jusqu'à l'ouverture des débats, le prévenu peut renoncer expressément à son opposition. L'ordonnance pénale reprend alors sa force exécutoire et une nouvelle opposition est irrecevable.

Article 528-1. – Chose jugée – *(Loi n° 72-5 du 3 janvier 1972)*

• L'ordonnance pénale à laquelle il n'a pas été formé opposition a les effets d'un jugement passé en force de chose jugée.

• Cependant, elle n'a pas l'autorité de la chose jugée à l'égard de l'action civile en réparation des dommages causés par l'infraction.

V • Art. R. 41-3 et R. 41-4. De la procédure simplifiée.

Article 528-2. – Droit de la partie lésée – *(Loi n° 2011-1862 du 13 décembre 2011)*

• Les dispositions du présent chapitre ne font pas échec au droit de la partie lésée de citer directement le contrevenant devant le tribunal de police, dans les conditions prévues par le présent code.

• Lorsque la citation est délivrée après qu'une ordonnance pénale a été rendue sur les mêmes faits, le tribunal de police statue:

• Sur l'action publique et sur les intérêts civils si l'ordonnance pénale a fait l'objet d'une opposition dans les délais prévus à l'article 527 et au plus tard à l'ouverture des débats;

• Sur les intérêts civils seulement si aucune opposition n'a été formée ou si le prévenu a déclaré expressément, au plus tard à l'ouverture des débats, renoncer à son opposition ou à son droit d'opposition. Il en est de même s'il est établi que l'ordonnance pénale a fait l'objet d'un paiement volontaire.

V • Art. R. 42 à R. 50 du CPP – Du jugement des contraventions.
• Art. R. 41-3 et R. 41-4. De la procédure simplifiée.

DE L'AMENDE FORFAITAIRE

CHAPITRE II *bis*

De la procédure de l'amende forfaitaire

Section I

Dispositions applicables à certaines contraventions

Article 529. – Paiement – *(Loi n° 2011-1862 du 13 décembre 2011)*

• Pour les contraventions dont la liste est fixée par décret en Conseil d'État l'action publique est éteinte par le paiement d'une amende forfaitaire qui est exclusive de l'application des règles de la récidive.

• Toutefois, la procédure de l'amende forfaitaire n'est pas applicable si plusieurs infractions, dont l'une au moins ne peut donner lieu à une amende forfaitaire, ont été constatées simultanément ou lorsque la loi prévoit que la récidive de la contravention constitue un délit.

V • Art. R. 48-1 et s. du CPP – Amende forfaitaire majoré
• Art. 850 du CPP application dans les TOM.
• Art. 877 du CPP application à Mayotte.

J • *Si pour les contraventions des quatre premières classes* (visées à l'art. 529-6)*, l'action publique peut être éteinte par le paiement d'une amende forfaitaire, aucune disposition légale n'interdit au ministère public d'exercer l'action publique dans les conditions de droit commun* (Cass. CRIM. du 12 mars 2002: Bull. CRIM. n° 61).

D • La procédure d'amende forfaitaire pourra désormais être appliquée aux contraventions pour lesquelles est également prévue une peine complémentaire. *(Circ. CRIM. n° 99-16/F.1 du 13 décembre 1999).*

• Cette procédure est actuellement applicable pour toute une série d'infractions énumérées par le Code de procédure pénale *(art. 529 et 529-6)* mais, aussi pour certaines infractions prévues par des textes épars. par souci de souplesse et de cohérence, le législateur de 1999 en modifiant l'article 529 du Code de procédure pénale avait renvoyé à un décret en Conseil d'État la soin de fixer la litse des contraventions des quatre premières classes susceptibles de faire l'objet de la procédure de l'amende forfaitaire ou de l'amende forfaitaire minorée. Toutefois, dans l'attente de ce décret, les textes anciens ont constinué à recevoir application.

• Le présent décret *(art. 4 et 5)* met un terme à cette situation en insérant dans le Code de procédure pénale *(deuxième partie: Décrets en Conseil d'État)* deux nouveaux articles, R. 48-1 et R. 49-8-5, qui ont respectivement pour objet:

• 1° De fixer, conformément à l'article 529 modifié du Code de procédure pénale, la liste des contraventions des autre premières classes pour lesquelles l'action publique est éteinte par le paiement d'une amende fofaitaire;

• 2° De rendre applicables les dispositions de l'article 529-7 du Code de procédure pénale relatives à l'amende fofaitaire minorée aux contraventions au Code de la route des deuxième, troisième et quatrième classes mentionnées dans cette liste à l'exception des contraventions réprimées par les articles R. 417-1 à R.417-13 et R. 421-7 du même code relatives à l'arrêt et au stationnement dangereux, gênant ou abusif.

• L'art. 529-6 est abrogé. *(Circ. CRIM. n° 99-16/F.1 du 13 décembre 1999).*

CODE PÉNAL

Article R. 622-2. – Divagation d'animaux dangereux

• Le fait, par le gardien d'un animal susceptible de présenter un danger pour les personnes, de laisser divaguer cet animal est puni de l'amende prévue pour les contraventions de la 2e classe.

• En cas de condamnation du propriétaire de l'animal ou si le propriétaire est inconnu, le tribunal peut décider de remettre l'animal à une œuvre de protection animale reconnue d'utilité publique ou déclarée, laquelle pourra librement en disposer.

CODE FORESTIER

Article L. 162-3. – Procédure – *(Ordonnance n° 2012-92 du 26 janvier 2012)*

• La procédure prévue aux articles 529 à 529-2 et 530 à 530-2 du Code de procédure pénale est applicable aux contraventions des quatre premières classes intéressant les bois et forêts, punies seulement d'une peine d'amende et énumérées ci-après :

• 1° Contraventions réprimées par le présent code en matière de protection contre l'incendie, d'introduction de véhicules, bestiaux, animaux de charge ou de monture et d'infraction aux règles édictées en application de l'article L. 212-2 ;

• 2° Contraventions réprimées par le Code pénal en matière de dépôt ou d'abandon de matières, d'ordures, d'épaves ou de déchets.

• Un décret en Conseil d'État fixe le montant des amendes forfaitaires et amendes forfaitaires majorées et précise les modalités d'application du présent article.

Article 529-1. – Acquittement de forfaitaire – *(Loi n° 2004-204 du 9 mars 2004)*

• Le montant de l'amende forfaitaire peut être acquitté soit entre les mains de l'agent verbalisateur au moment de la constatation de l'infraction, soit auprès du service indiqué dans l'avis de contravention dans les quarante-cinq jours qui suivent la constatation de l'infraction ou, si cet avis est ultérieurement envoyé à l'intéressé, dans les quarante-cinq jours qui suivent cet envoi.

Article 529-2. – Délai de paiement – Requête – *(Loi n° 2004-204 du 9 mars 2004)*

• Dans le délai prévu par l'article précédent, le contrevenant doit s'acquitter du montant de l'amende forfaitaire, à moins qu'il ne formule dans le même délai une requête tendant à son exonération auprès du service indiqué dans l'avis de contravention. Dans les cas prévus par l'article 529-10, cette requête doit être accompagnée de l'un des documents exigés par cet article. Cette requête est transmise au ministère public.

• À défaut de paiement ou d'une requête présentée dans le délai de quarante-cinq jours, l'amende forfaitaire est majorée de plein droit et recouvrée au profit du Trésor public en vertu d'un titre rendu exécutoire par le ministère public.

[J] **• Contravention routière – Droits de la défense – Contestation – Avocat – Absence de mandat de représentation – Recevabilité**

REJET du pourvoi formé par l'officier du ministère public près le tribunal de police de Paris

Contre le jugement dudit tribunal, en date du 28/05/2019, qui, dans la procédure suivie contre M. M... B... pour contravention routière a déclaré recevable sa requête en contestation de l'infraction.

Par ailleurs l'arrêt est régulier en la forme.

PAR CES MOTIFS, la Cour :

REJETTE le pourvoi.

Il résulte du pouvoir général de représentation de l'avocat, tiré des articles 6 et 8 de la loi n° 71-1130 du 31/12/1971, auquel l'article 529-2 du C.P.P. n'apporte aucune restriction, que l'avocat peut introduire, au nom de son client destinataire d'un avis de contravention, la contestation prévue par ce texte.

(Cour de cassation – Chambre criminelle du 22 janvier 2020 – N° de pourvoi : 19-84325).

ARRÊTÉ DU 23 DÉCEMBRE 1999

(J.O. du 28 décembre 1999)

Vu les articles 529 à 529-2, 529-6 à 529-9, R. 49-I, R. 49-3, R. 49-10 et R.49-11 du Code de procédure pénale,

Arrête :

Art. 1er

• Les amendes forfaitaires et les amendes forfaitaires minorées afférentes aux contraventions au Code de la route, à la réglementation des transports par route et au Code des assurances concernant les infractions commises dans l'ensemble des départements métropolitains et d'outre-mer peuvent être acquittées au moyen d'un chèque libellé à l'ordre du Trésor public à compter du 1er janvier 2000.

Article 529-2-1. – Contravention de 5e classe – *(Loi n° 2021-401 du 8 avril 2021)*

• Lorsqu'il s'agit d'une contravention de 5e classe ou lorsque le règlement le prévoit, l'amende forfaitaire est minorée si le contrevenant s'acquitte du montant de l'amende forfaitaire minorée soit entre les mains de l'agent verbalisateur au moment de la constatation de l'infraction, soit dans un délai de 15 jours à compter de la constatation de l'infraction ou, si l'avis de contravention est ultérieurement envoyé à l'intéressé, dans un délai de 15 jours à compter de cet envoi.

• En cas de non-paiement de l'amende forfaitaire minorée dans les conditions prévues au 1er alinéa, le contrevenant est redevable de l'amende forfaitaire.

Section II

Dispositions applicables à certaines infractions à la police des services publics de transports terrestres

Article 529-3. – Extinction de l'action publique – *(Ordonnance n° 2015-855 du 15 juillet 2015)*

• Pour les contraventions des quatre premières classes à la police des services publics de transports ferroviaires et des services de transports publics de personnes, réguliers et à la demande, constatées par les agents mentionnés aux 4° et 5° du I de l'article L. 2241-1 du Code des transports, l'action publique est éteinte, par dérogation à l'article 521 du présent code, par une transaction entre l'exploitant et le contrevenant.

• Toutefois, les dispositions de l'alinéa précédent ne sont pas applicables si plusieurs infractions dont l'une au moins ne peut donner lieu à transaction ont été constatées simultanément.

Article 529-4. – Transaction – *(Loi n° 2019-1428 du 24 décembre 2019)*

• La transaction est réalisée par le versement à l'exploitant au profit duquel la prestation de sûreté est réalisée, d'une indemnité forfaitaire et, le cas échéant, de la somme due au titre du transport.

• **I.** – Ce versement est effectué :

• 1 Soit, au moment de la constatation de l'infraction, entre les mains d'un agent mentionné au 4° ou au 5° du I de l'article L. 2241-1 du Code des transports ;

• 2 Soit, dans un délai de 3 mois à compter de la constatation de l'infraction, auprès du service de l'exploitant mentionné au 1er alinéa indiqué dans la proposition de transaction ; dans ce dernier cas, il y est ajouté aux sommes dues le montant des frais de constitution du dossier.

• À défaut de paiement immédiat entre ses mains, l'agent mentionné au 4° ou au 5° du I de l'article L. 2241-1 du Code des transports est habilité à recueillir le nom et l'adresse du contrevenant ; en cas de besoin, il peut requérir l'assistance d'un officier ou d'un agent de police judiciaire.

• Le montant de l'indemnité forfaitaire et, le cas échéant, celui des frais de constitution du dossier sont acquis à l'exploitant mentionné au premier alinéa.

• **II.** – À défaut de paiement immédiat entre leurs mains, les agents mentionnés aux 4° et 5° du I de l'article L. 2241-1 du Code des transports, s'ils ont été agréés par le procureur de la République et assermentés, sont habilités à relever l'identité et l'adresse du contrevenant.

• Si le contrevenant refuse ou se trouve dans l'impossibilité de justifier de son identité, l'agent mentionné au 4° ou au 5° du I de l'article L. 2241-1 du Code des transports en rend compte immédiatement à tout officier de police judiciaire de la police nationale ou de la gendarmerie nationale territorialement compétent, qui peut alors lui ordonner sans délai de lui présenter sur-le-champ le contrevenant. À défaut de cet ordre, l'agent mentionné au 4° ou au 5° du I de l'article L. 2241-1 du Code des transports ne peut retenir le contrevenant. Lorsque l'officier de police judiciaire mentionné au présent alinéa décide de procéder à une vérification d'identité, dans les conditions prévues à l'article 78-3, le délai prévu au 3e alinéa de cet article court à compter du relevé d'identité.

• Il est mis fin immédiatement à la procédure prévue à l'alinéa précédent si le contrevenant procède au versement de l'ensemble des sommes dues au titre de la transaction.

• **III.** – Les conditions d'application du II du présent article sont fixées par décret en Conseil d'État. Ce décret précise notamment les conditions dans lesquelles les agents mentionnés aux 4° et 5° du I de l'article L. 2241-1 du Code des transports doivent, aux frais de l'entité dont dépend l'agent, suivre une formation spécifique afin de pouvoir obtenir l'agrément délivré par le procureur de la République. Il définit en outre les conditions dans lesquelles le représentant de l'État approuve l'organisation que l'entité dont dépend l'agent arrête aux fins d'assurer les contrôles précités et les modalités de coordination et de transmission d'informations entre l'entité dont dépend l'agent et la police ou la gendarmerie nationales.

V • Articles R. 49-8-1 à R. 48-8-4-1 relatifs aux dispositions applicables à certaines infractions liées à la police des services publics de transports terrestres.

Article 529-5. – Paiement – *(Loi n° 2019-1428 du 24 décembre 2019)*

• Dans le délai prévu par l'article précédent, le contrevenant doit s'acquitter du montant des sommes dues au titre de la transaction, à moins qu'il ne formule dans le délai de 3 mois à compter de la constatation de l'infraction une protestation auprès du service de l'exploitant. Cette protestation, accompagnée du procès-verbal d'infraction, est transmise au ministère public.

• À défaut de paiement ou de protestation dans le délai de 3 mois précité, le procès-verbal d'infraction est adressé par l'exploitant au ministère public et le contrevenant devient redevable de plein droit d'une amende forfaitaire majorée recouvrée par le Trésor public en vertu d'un titre rendu exécutoire par le ministère public.

Article 529-5-1. – Compétence des officiers du ministère public – *(Loi n° 2011-1862 du 13 décembre 2011)*

• Les officiers du ministère public près d'un ou plusieurs tribunaux de police dont la liste et le ressort sont fixés par décret sont compétents pour établir les titres exécutoires des amendes forfaitaires majorées prévus par l'article 529-5 lorsqu'ils concernent des contraventions mentionnées à l'article 529-3 et commises au préjudice de certains exploitants de services de transport public de personnes dont la liste est précisée par décret. En cas de protestation ou de réclamation devant donner lieu à la saisine du tribunal de police, ces officiers du ministère public transmettent le dossier de la procédure au ministère public compétent à raison du domicile du contrevenant.

Article 529-6. – Non-paiement du péage – *(Loi n° 2019-1428 du 24 décembre 2019)*

• **I.** – Pour les contraventions pour non-paiement du péage constatées par les agents assermentés de l'exploitant d'une autoroute ou d'un ouvrage routier ouvert à la circulation publique et soumis à péage, y compris dans le cadre de l'article L. 130-9 du Code de la route, l'action publique est éteinte, par dérogation à l'article 521 du présent code, par une transaction entre l'exploitant et le contrevenant.

• Toutefois, le 1er alinéa n'est pas applicable si plusieurs infractions, dont l'une au moins ne peut donner lieu à transaction, ont été constatées simultanément.

• **II.** – La transaction est réalisée par le versement à l'exploitant d'une indemnité forfaitaire, de la somme due au titre du péage et, le cas échéant, au titre du droit départemental de passage institué en application de l'article L. 321-11 du Code de l'environnement.

• Ce versement est effectué, dans un délai de 2 mois à compter de l'envoi de l'avis de paiement au domicile de l'intéressé, auprès du service de l'exploitant indiqué dans la proposition de transaction. Pour les contraventions constatées à la suite de l'usage d'un dispositif de péage permettant l'identification des véhicules et la perception du montant du péage sans recours à une barrière physique, faute pour le conducteur d'avoir fait usage de l'une des modalités de paiement mises à sa disposition avant et après le trajet concerné, la transaction est réalisée par le versement à l'exploitant d'une indemnité forfaitaire minorée et de la somme due au titre du péage si ce versement est effectué dans un délai inférieur ou égal à 15 jours à compter de l'envoi de l'avis de paiement au domicile de l'intéressé.

• Le montant de l'indemnité forfaitaire, de l'indemnité forfaitaire minorée, de la somme due au titre du péage et, le cas échéant, au titre du droit départemental de passage institué en application du même article L. 321-11 est acquis à l'exploitant.

• **III.** – Dans le délai prévu au 2e alinéa du II, le contrevenant doit s'acquitter du montant des sommes dues au titre de la transaction, à moins qu'il ne formule dans ce même délai une protestation auprès de l'exploitant. Cette protestation, accompagnée du procès-verbal de contravention, est transmise au ministère public.

• À défaut de paiement ou de protestation dans le délai de 2 mois précité, le procès-verbal de contravention est adressé par l'exploitant au ministère public et le titulaire du certificat d'immatriculation, ou l'une des personnes visées aux trois derniers alinéas de l'article L. 121-2 du Code de la route, devient redevable de plein droit d'une amende forfaitaire majorée recouvrée par le Trésor public en vertu d'un titre rendu exécutoire par le ministère public. Si le contrevenant n'a pas payé le montant de cette amende dans un délai de 4 mois à compter de l'envoi à son domicile du titre exécutoire, le Trésor public fait opposition auprès de l'autorité administrative compétente au transfert du certificat d'immatriculation du véhicule du contrevenant en cas de vente d'occasion.

Section II bis

Dispositions applicables à certaines infractions au Code de la route

Article 529-7. – Amende forfaitaire minorée – *(Loi n° 2016-1547 du 18 novembre 2016)*

• Pour les contraventions au Code de la route des deuxième, troisième, quatrième et cinquième classes dont la liste est fixée par décret en Conseil d'État, à l'exception de celles relatives au stationnement, l'amende forfaitaire est minorée si le contrevenant en règle le montant dans les conditions prévues par l'article 529-8.

Article 529-8. – Acquittement de l'amende forfaitaire minorée – *(Loi n° 2015-177 du 16 février 2015)*

• Le montant de l'amende forfaitaire minorée peut être acquitté soit entre les mains de l'agent verbalisateur au moment de la constatation de l'infraction, soit dans un délai de quinze jours à compter de la constatation de l'infraction ou, si l'avis de contravention est ultérieurement envoyé à l'intéressé, dans le délai de quinze jours à compter de cet envoi.

• En cas de non-paiement de l'amende forfaitaire minorée dans les conditions prévues ci-dessus, le contrevenant est redevable de l'amende forfaitaire.

Article 529-9. – Délai – *(Loi n° 2004-204 du 9 mars 2004)*

• L'amende forfaitaire doit être versée dans le délai de quarante-cinq jours à compter de la constatation de l'infraction ou l'envoi de l'avis de contravention.

• Les dispositions de l'article 529-2 relatives à la requête aux fins d'exonération et à la majoration de plein droit sont applicables.

Article 529-10. – Requête en exonération – Réclamation – *(Ordonnance n° 2021-443 du 14 avril 2021)*

• Lorsque l'avis d'amende forfaitaire concernant une des infractions mentionnées à l'article L. 121-3 du Code de la route a été adressé au titulaire du certificat d'immatriculation ou aux personnes visées aux 3 derniers alinéas de l'article L. 121-2 de ce code, la requête en exonération prévue par l'article 529-2 ou la réclamation prévue par l'article 530 n'est recevable que si elle est adressée par lettre recommandée avec demande d'avis de réception, en utilisant le formulaire joint à l'avis d'amende forfaitaire, et si elle est accompagnée :

• 1° Soit de l'un des documents suivants :

• *a)* Le récépissé du dépôt de plainte pour vol ou destruction du véhicule ou pour le délit d'usurpation de plaque d'immatriculation prévu par l'article L. 317-4-1 du Code de la route, ou une copie de la déclaration de destruction de véhicule établie conformément aux dispositions du Code de la route ;

• *b)* Une lettre signée de l'auteur de la requête ou de la réclamation précisant l'identité, l'adresse, ainsi que la référence du permis de conduire de la personne qui était présumée conduire le véhicule lorsque la contravention a été constatée ;

• *c)* Des copies de la déclaration de cession du véhicule et de son accusé d'enregistrement dans le système d'immatriculation des véhicules ;

• *d)* Un document attestant, selon des modalités précisées par arrêté conjoint des ministres chargé des transports, de la sécurité routière et de la justice, qu'un système de délégation de conduite automatisé était activé conformément à ses conditions d'utilisation au moment de l'infraction.

• 2° Soit d'un document démontrant qu'il a été acquitté une consignation préalable d'un montant égal à celui de l'amende forfaitaire dans le cas prévu par le 1er alinéa de l'article 529-2, ou à celui de l'amende forfaitaire majorée dans le cas prévu par le 2e alinéa de l'article 530 ; cette consignation n'est pas assimilable au paiement de l'amende forfaitaire et ne donne pas lieu au retrait des points du permis de conduire prévu par le 4e alinéa de l'article L. 223-1 du Code de la route.

• L'officier du ministère public vérifie si les conditions de recevabilité de la requête ou de la réclamation prévues par le présent article sont remplies.

• Les requêtes et les réclamations prévues au présent article peuvent également être adressées de façon dématérialisée, selon des modalités précisées par arrêté.

Article 529-11. – Avis de contravention ou avis de paiement de la transaction – *(Loi n° 2011-1862 du 13 décembre 2011)*

• L'avis de contravention prévu par les articles 529-1 et 529-8 ou l'avis de paiement de la transaction prévue par l'article 529-6 peut être envoyé à la suite de la constatation d'une contravention au Code de la route réalisée grâce à un appareil homologué de contrôle automatique. En cas de réclamation portée devant le tribunal de police, le procès-verbal ou le rapport de l'officier ou de l'agent de police judiciaire ou de l'agent verbalisateur faisant état du résultat de ce contrôle est alors dressé. Ce procès-verbal peut être revêtu d'une signature manuelle numérisée.

Section III
Dispositions communes

Article 530. – Réclamation – *(Loi n° 2010-788 du 12 juillet 2010 + Décision n° 2015-467 QPC du 07 mai 2015)*

• Le titre mentionné au second alinéa de l'article 529-2, au second alinéa de l'article 529-5 ou au second alinéa du III de l'article 529-6 est exécuté suivant les règles prévues par le présent code pour l'exécution des jugements de police. La prescription de la peine commence à courir à compter de la signature par le ministère public du titre exécutoire, qui peut être individuel ou collectif.

• Dans les trente jours de l'envoi de l'avis invitant le contrevenant à payer l'amende forfaitaire majorée, l'intéressé peut former auprès du ministère public une réclamation motivée qui a pour effet d'annuler le titre exécutoire en ce qui concerne l'amende contestée. Cette réclamation reste recevable tant que la peine n'est pas prescrite, s'il ne résulte pas d'un acte d'exécution ou de tout autre moyen de preuve que l'intéressé a eu connaissance de l'amende forfaitaire majorée. S'il s'agit d'une contravention au Code de la route, la réclamation n'est toutefois plus recevable à l'issue d'un délai de trois mois lorsque l'avis d'amende forfaitaire majorée est envoyé par lettre recommandée à l'adresse figurant sur le certificat d'immatriculation du véhicule, sauf si le contrevenant justifie qu'il a, avant l'expiration de ce délai, déclaré son changement d'adresse au service d'immatriculation des véhicules ; dans ce dernier cas, le contrevenant n'est redevable que d'une somme égale au montant de l'amende forfaitaire s'il s'en acquitte dans un délai de quarante-cinq jours, ce qui a pour effet d'annuler le titre exécutoire pour le montant de la majoration.

• La réclamation doit être accompagnée de l'avis d'amende forfaitaire majorée correspondant à l'amende considérée ainsi que, dans le cas prévu par l'article 529-10, de l'un des documents exigés par cet article, à défaut de quoi elle est irrecevable.

V • Code de procédure pénale – art. 529-10 – Dispositions applicables à certaines infractions au Code de la route.
• Code de procédure pénale – art. 529-2 – Dispositions applicables à certaines contraventions.
• Code de procédure pénale – art. 529-5 – Dispositions applicables à certaines infractions à la police des services publics de transports terrestres.

QPC • Sous la réserve énoncée au considérant 7, les mots : « de l'avis d'amende forfaitaire majorée correspondant à l'amende considérée ainsi que » figurant au troisième alinéa de l'article 530 du Code de procédure pénale sont conformes à la Constitution.

7. Considérant, en second lieu, que le droit à un recours juridictionnel effectif impose que la décision du ministère public déclarant la réclamation prévue par le troisième alinéa de l'article 530 du Code de procédure pénale irrecevable au motif qu'elle n'est pas accompagnée de l'avis d'amende forfaitaire majorée puisse être contestée devant le juge de proximité, soit que le contrevenant prétende que, contrairement aux prescriptions du deuxième alinéa de l'article 530, l'avis d'amende forfaitaire majorée ne lui a pas été envoyé, soit qu'il justifie être dans l'impossibilité de le produire pour des motifs légitimes ; que sous cette réserve, le grief tiré de la méconnaissance du droit à un recours juridictionnel effectif doit être écarté ;

(Décision n° 2015-467 QPC du 07 mai 2015)

J • **Contravention – Amende forfaitaire – Amende forfaitaire majorée – Réclamation du contrevenant – Cas d'irrecevabilité – Réclamation non accompagnée de l'avis d'amende forfaitaire majorée – Exception – Changement d'adresse – Absence de déclaration** *(non)*

REJET sur le pourvoi formé par M. W... U..., contre l'arrêt de la cour d'appel de PARIS, chambre 4-10, en date du 12/10/2018, qui, dans la procédure suivie contre lui pour contraventions au Code de la route, a rejeté sa requête en incident contentieux.

L'omission du titulaire d'un certificat d'immatriculation de déclarer son changement d'adresse au service de l'immatriculation des véhicules ne saurait constituer un motif légitime justifiant qu'il soit dans l'impossibilité de joindre à sa réclamation l'avis d'amende forfaitaire majorée. En conséquence, et en application des dispositions du 3e alinéa de l'article 530 du C.P.P., lu à la lumière du considérant n° 7 de la décision du Conseil constitutionnel n° 2015-467 QPC du 07/05/2015, la réclamation de l'intéressé est irrecevable.

(Cour de cassation – Chambre criminelle du 17 septembre 2019 – N° de pourvoi : 18-86289).

• **Non-transmission de l'identité et de l'adresse du conducteur d'un véhicule**

Sur le pourvoi formé par la société Holding Nicolas contre l'arrêt de la cour d'appel de RENNES, 10e chambre, en date du 06/07/2020, qui, sur renvoi après cassation (Crim., 07/01/2020, n°1983738), dans la procédure suivie contre elle du chef de non-transmission de l'identité et de l'adresse du conducteur d'un véhicule, l'a condamnée à 2 amendes de 675 €.

Réponse de la Cour

Vu l'article 6 de la Convention européenne des droits de l'homme et les articles 530, 530-1 et 530-2 du C.P.P. :

***9.** Il se déduit de ces textes que lorsqu'un incident contentieux est élevé devant le tribunal de police contre la décision de l'officier du ministère public déclarant la réclamation prévue par le 3e alinéa de l'article 530 du C.P.P. irrecevable, au motif qu'elle n'est pas accompagnée de l'original de l'avis d'amende forfaitaire majorée et que le contrevenant prétend que, contrairement aux prescriptions du 2e alinéa du même texte, cet avis ne lui pas été envoyé, il appartient au ministère public de rapporter la preuve de l'envoi.*

***10.** Pour confirmer le jugement du tribunal de police, l'arrêt attaqué relève que la société Holding Nicolas conteste formellement les dates des 02 et 08 /02/2017mentionnées au procès-verbal comme étant celles de l'envoi des avis de contraventions initiales.*

11. Les jugent ajoutent que la société ne produit au soutien de cette assertion, aucun élément objectif de preuve susceptible de contredire et mettre en doute les énonciations du procès-verbal et, partant, le point de départ du délai de 45 jours et la matérialité des infractions relevées.

12. Ils en déduisent que l'absence de production à la procédure de l'original de l'avis de contravention initiale est sans conséquence sur la régularité de la procédure et la validité des poursuites.

13. Ils en concluent que la matérialité des infractions étant établie et caractérisée à l'encontre de la personne morale, le jugement sera confirmé en ce qu'il a retenu sa responsabilité.

14. En se déterminant ainsi, alors qu'il lui appartenait de vérifier si la preuve de l'envoi de l'avis au contrevenant était rapportée par le ministère public, la cour d'appel a méconnu le sens et la portée des textes susvisés et le principe ci-dessus rappelé.

15. La cassation est par conséquent encourue.

PAR CES MOTIFS, la cour:

CASSE et ANNULE, en toutes ses dispositions, l'arrêt susvisé de la cour d'appel de Rennes, en date du 06/07/2020, et pour qu'il soit à nouveau jugé, conformément à la loi.

(Cour de cassation – Chambre criminelle du 16 février 2021 – N° de pourvoi: 20-84.324).

Article 530-1. – Suivi de la procédure – *(Loi n° 2010-788 du 12 juillet 2010)*

• Au vu de la requête faite en application du premier alinéa de l'article 529-2, de la protestation formulée en application du premier alinéa de l'article 529-5, de celle prévue par le III de l'article 529-6 ou de la réclamation faite en application du deuxième alinéa de l'article 530, le ministère public peut, soit renoncer à l'exercice des poursuites, soit procéder conformément aux articles 524 à 528-2 ou aux articles 531 et suivants, soit aviser l'intéressé de l'irrecevabilité de la réclamation non motivée ou non accompagnée de l'avis.

• En cas de condamnation, l'amende prononcée ne peut être inférieure au montant de l'amende ou de l'indemnité forfaitaire dans les cas prévus par le premier alinéa de l'article 529-2, le premier alinéa de l'article 529-5 ou le premier alinéa du III de l529-6, ni être inférieure au montant de l'amende forfaitaire majorée dans les cas prévus par le second alinéa de l'article 529-2, le second alinéa de l'article 529-5 et le second alinéa du III de l'article 529-6.

• Dans les cas prévus par l'article 529-10, en cas de classement sans suite ou de relaxe, s'il a été procédé à la consignation prévue par cet article, le montant de la consignation est reversé à la personne à qui avait été adressé l'avis de paiement de l'amende forfaitaire ou ayant fait l'objet des poursuites. Les modalités de ce remboursement sont définies par voie réglementaire. En cas de condamnation, l'amende prononcée ne peut être inférieure au montant prévu à l'alinéa précédent augmenté d'une somme de 10 %.

V
• Code de procédure pénale – art. 524 – Procédure simplifiée.
• Code de procédure pénale – art. 529-10 – Dispositions applicables à certaines infractions au Code de la route.
• Code de procédure pénale – art. 529-2 – Dispositions applicables à certaines contraventions.
• Code de procédure pénale – art. 529-5 – Dispositions applicables à certaines infractions à la police des services de transports terrestres.
• Code de procédure pénale – art. 530 – Dispositions communes.
• Code de procédure pénale – art. 531 – Saisine du tribunal de police et de la juridiction de proximité.

Article 530-2. – Incidents contentieux – *(Loi n° 2011-1862 du 13 décembre 2011)*

• Les incidents contentieux relatifs à l'exécution du titre exécutoire et à la rectification des erreurs matérielles qu'il peut comporter sont déférés au tribunal de police, qui statue conformément aux dispositions de l'article 711.

Article 530-2-1. – Avis de contravention ou d'amende forfaitaire majorée – Personne résident à l'étranger – *(Loi n° 2003-495 du 12 juin 2003)*

• Lorsque les avis de contravention ou d'amende forfaitaire majorée sont adressés à une personne résidant à l'étranger, les délais prévus par les articles 529-1, 529-2, 529-8, 529-9 et 530 sont augmentés d'un mois.

• Les dispositions des articles 529-10 et 530 du présent code et des articles L. 121-2 et L. 121-3 du Code de la route relatives aux titulaires du certificat d'immatriculation du véhicule sont applicables aux personnes dont l'identité figure sur les documents équivalents délivrés par des autorités étrangères.

Article 530-3. – Montant des amendes, indemnités et frais – *(Loi n° 2016-1547 du 18 novembre 2016)*

• Un décret en Conseil d'État fixe le montant des amendes et indemnités forfaitaires, des amendes forfaitaires minorées et des amendes forfaitaires majorées ainsi que des frais de constitution de dossier et précise les modalités d'application du présent chapitre, en déterminant notamment les conditions dans lesquelles les agents habilités à constater les infractions sont assermentés et perçoivent le montant des amendes forfaitaires et celui des transactions.

• Lorsque les amendes forfaitaires, les amendes forfaitaires minorées et les amendes forfaitaires majorées s'appliquent à une personne morale, leur montant est quintuplé.

V • Art. 49 à 49-8 du CPP – amende forfaitaire et amende forfaitaire majorée.
• Art. 49-9 à 49-13 du CP – dispositions applicables à certaines infractions du Code de la route.

Article 530-4. – Délais de paiement ou remise gracieuse – *(Ordonnance n° 2010-420 du 27 avril 2010)*
• Lorsque la personne qui a fait l'objet d'une amende forfaitaire majorée ne conteste pas la réalité de la contravention mais sollicite, en raison de ses difficultés financières, des délais de paiement ou une remise gracieuse, elle adresse sa demande motivée non pas à l'officier du ministère public, mais au comptable public compétent.
• Dans ce cas, l'article 529-10 n'est pas applicable.
• S'il estime la demande justifiée, le comptable public compétent peut alors octroyer des délais ou rendre une décision de remise gracieuse partielle ou totale, le cas échéant en appliquant une diminution de 20 % des sommes dues, conformément à l'article 707-4.

Article 530-5. – Délai – Règlement de l'amende par courrier – *(Loi n° 2011-525 du 17 mai 2011)*
• Les délais mentionnés aux articles 529-8,529-9 et 530 s'apprécient, en cas d'envoi du règlement de l'amende par courrier, au regard de la date d'envoi du moyen de paiement attestée par le cachet de l'opérateur postal.

Article 530-6. – Lieu du traitement automatisé des informations – *(Loi n° 2019-222 du 23 mars 2019)*
• Pour l'application des dispositions relatives à l'amende forfaitaire, le lieu du traitement automatisé des informations nominatives concernant les infractions constatées par un procès-verbal établi sous format numérique est considéré comme le lieu de constatation de l'infraction.

Article 530-7. – *(Abrogé – Loi n° 2019-222 du 23 mars 2019)*

CHAPITRE III

De la saisine du tribunal de police

Article 531. – Tribunal de police – Saisine – *(Loi n° 2011-1862 du 13 décembre 2011)*
• Le tribunal de police est saisi des infractions de sa compétence soit par le renvoi qui lui en est fait par la juridiction d'instruction, soit par la comparution volontaire des parties, soit par la citation délivrée directement au prévenu et à la personne civilement responsable de l'infraction.

Article 532. – Avertissement – *(Loi n° 2005-47 du 26 janvier 2005)*
• L'avertissement délivré par le ministère public dispense de citation s'il est suivi de la comparution volontaire de la personne à laquelle il est adressé.
• Il indique l'infraction poursuivie et vise le texte de loi qui la réprime.

Article 533. – Application – *(Loi n° 2011-1862 du 13 décembre 2011)*
• Les articles 388-1, 388-2, 388-3, 388-4 et 390 à 392-1 sont applicables devant le tribunal de police.

CHAPITRE IV

De l'instruction définitive devant le tribunal de police

Article 534. – Estimation des dommages – Procès-verbaux – Actes – *(Loi n° 2005-47 du 26 janvier 2005)*
• Avant le jour de l'audience, le président peut, sur la requête du ministère public ou de la partie civile, estimer ou faire estimer les dommages, dresser ou faire dresser des procès-verbaux, faire ou ordonner tous actes requérant célérité.

Article 535. – Publicité et police de l'audience – *(Loi n° 2011-1862 du 13 décembre 2011)*

• Les dispositions des articles 400 à 405,406 à 408, sont applicables à la procédure devant le tribunal de police.

• Toutefois, les sanctions prévues par l'article 404, alinéa 2, ne peuvent être prononcées que par le tribunal correctionnel, saisi par le ministère public, au vu du procès-verbal dressé par le juge du tribunal de police relatant l'incident.

Article 536. – Règles applicables – *(Loi n° 2005-47 du 26 janvier 2005)*

• Sont également applicables les règles édictées par les articles 418 à 426 concernant la constitution de partie civile; par les articles 427 à 457 relatifs à l'administration de la preuve sous réserve de ce qui est dit à l'article 537; par les articles 458 à 461 concernant la discussion par les parties; par l'article 462 relatif au jugement.

Article 537. – Preuve – Procès-verbaux, rapports... – *(Loi n° 2005-47 du 26 janvier 2005)*

• Les contraventions sont prouvées soit par procès-verbaux ou rapports, soit par témoins à défaut de rapports et procès-verbaux, ou à leur appui.

• Sauf dans les cas où la loi en dispose autrement, les procès-verbaux ou rapports établis par les officiers et agents de police judiciaire et les agents de police judiciaire adjoints, ou les fonctionnaires ou agents chargés de certaines fonctions de police judiciaire auxquels la loi a attribué le pouvoir de constater les contraventions, font foi jusqu'à preuve contraire.

• La preuve contraire ne peut être rapportée que par écrit ou par témoins.

V • Art. 431 – Force probante des procès-verbaux de délits.

D • **A.P.J. – A.P.J.A. – Verbalisation – Infraction au Code de la route – Assermentation.** – L'article 537 du Code de procédure pénale dispose que, en matière contraventionnelle, sauf dans les cas où la loi en dispose autrement, les procès-verbaux relevés par les officiers de police judiciaire, les agents de police judiciaire *(A.P.J.)* et les agents de police judiciaire adjoint *(A.P.J.A.)* font foi jusqu'à preuve du contraire.

• L'article L. 130-7 du Code de la route indique, quant à lui, que lorsqu'ils ne sont pas déjà assermentés, les agents habilités à constater les infractions au Code de la route prêtent serment devant le tribunal de police de leur résidence. En conséquence, cette prestation doit être renouvelée en cas de changement du lieu d'affectation de l'intéressé.

• De cet article, il ressort que l'assermentation des A.P.J. et des A.P.J.A. est nécessaire pour conférer force probante aux procès-verbaux relevés par les agents verbalisateurs en cas d'infraction du Code de la route quel que soit le service auquel ils appartiennent *(Rép. quest. écrite n° 99-933 du 4 avril 2006 – JOAN (Q) du 18 juillet 2006).*

J • **Preuve – Contravention – Procès-verbal – Force probante – Preuve contraire – Attestation écrite.** – *Aux termes de l'article 537 du Code de procédure pénale, les procès-verbaux dressés par les agents de police judiciaire font foi jusqu'à preuve contraire des contraventions qu'ils constatent. la preuve contraire ne peut être rapportée que par écrit ou par témoin.*

• *C'est ainsi qu'un tribunal de police, confirmé par les juges d'appel, avait relaxé un prévenu du chef d'une contravention de non-respect de l'arrêt imposé par un panneau «stop», parce qu'il avait produit une attestation sur l'honneur de l'automobiliste qui le suivait affirmant qu'il avait vu marquer l'arrêt au stop.*

• *La Cour de cassation affirme «qu'une attestation écrite ne constitue pas une preuve par écrit ou par témoin, au sens de l'article 537 précité».* (cass. CRIM du 25-4-2001)

• **Procès verbal – Force probante – Juge – Intime conviction.** – *Pour relaxer un automobiliste du chef d'infraction à la réglementation sur le stationnement des véhicules, la juridiction de proximité énonçait qu'un doute subsistait quant à la commission de l'infraction, constatée par procès-verbal.*

• *Pour la Cour de cassation, en statuant ainsi, sans constater expressément que la preuve contraire aux énonciations du procès-verbal avait été rapportée dans les conditions prévues par la loi, la juridiction de proximité a méconnu l'article 537 du Code de procédure pénale. Elle annule en conséquence le jugement prononcé.* (cass. CRIM du 16 février 2005)

• **Procès-verbal – Force probante – Preuve contraire – Modes de preuve – Constatations nécessaires.** – *Encourt la censure le jugement de la juridiction de proximité relaxant un prévenu au motif que l'excès de vitesse constaté est infime et se situe dans la marge d'erreur pouvant exister dans les appareils de contrôle alors que, en application de l'article 537 du Code de procédure pénale, la preuve contraire aux constatations d'un procès-verbal ne peut être rapportée que par écrit ou par témoins.* (cass. CRIM du 9 novembre 2005, n° 05-83-651)

• **Circulation routière – Non-respect des distances de sécurité – Contravention – Constatations – Procès-verbal – Mention – Circonstances matérielles concrètes – Nécessité**

Contre le jugement de la juridiction de proximité de PARIS, en date du 2 décembre 2014, qui, pour conduite d'un véhicule sans respect des distances de sécurité, l'a condamné à 135 euros d'amende;

Vu l'article 593 du Code de procédure pénale, ensemble l'article R. 412-12 du Code de la route;

Attendu que le juge répressif ne peut déclarer un prévenu coupable d'une infraction sans en avoir caractérisé tous les éléments constitutifs;

Attendu que, pour déclarer M. X... coupable de conduite d'un véhicule sans avoir respecté les distances de sécurité, le jugement attaqué énonce que «le procès-verbal de contravention, qui se borne à mentionner la qualification de l'infraction sans autre précision sur d'éventuelles circonstances concrètes ne contredit pas les dispositions de l'article 537 du Code de procédure pénale»;

Mais attendu qu'en prononçant ainsi, alors que le procès-verbal de contravention, qui ne précisait pas les circonstances concrètes dans lesquelles l'infraction avait été relevée, de nature à établir que la distance de sécurité avec le véhicule qui le précédait n'avait pas été respectée par M. X..., ne comportait pas de constatations au sens de l'article 537 du Code de procédure pénale, la juridiction de proximité n'a pas justifié sa décision;

D'où il suit que la cassation est encourue;

Par ces motifs, et sans qu'il soit besoin d'examiner le second moyen de cassation proposé :

CASSE et ANNULE, en toutes ses dispositions, le jugement susvisé de la juridiction de proximité de Paris, en date du 2 décembre 2014, et pour qu'il soit à nouveau jugé, conformément à la loi ;

RENVOIE la cause et les parties devant la juridiction de proximité de Paris, autrement composée, à ce désignée par délibération spéciale prise en chambre du conseil ;

ORDONNE l'impression du présent arrêt, sa transcription sur les registres du greffe de la juridiction de proximité de Paris et sa mention en marge ou à la suite du jugement annulé.

Résumé : Le procès-verbal qui n'indique pas les circonstances matérielles concrètes, hormis le temps et le lieu, de nature à caractériser le non-respect, par un véhicule, de la distance de sécurité avec celui qui le précède ne comporte pas de constatations, au sens de l'article 537 du Code de procédure pénale, de nature à établir l'inobservation des prescriptions de l'article R. 412-12 du Code de la route.

(Cour de cassation – Chambre criminelle du 27 janvier 2016 – N° de pourvoi : 15-80581).

• **Infractions au Code de l'environnement – Preuve – Installations nucléaires – Infractions – Preuve par tous les moyens**

REJET sur les pourvois formés par M. B… C…, la société Electricité de France, contre l'arrêt de la Cour d'appel d'ORLÉANS, chambre correctionnelle, en date du 29/05/2018, qui, pour infractions au Code de l'environnement, les a condamnés, le 1er à 2 amendes de 750 et 1000 €, la 2de à 3 amendes de 2500, 2000 et 2 500 € et a prononcé sur les intérêts civils.

Si, en application de l'article L. 596-24 ancien du Code de l'environnement, les infractions aux dispositions des chapitres Ier, III et VI du titre IX du livre V du Code de l'environnement et aux textes pris pour leur application, parmi lesquels l'arrêté du 07/02/2012 fixant les règles générales relatives aux installations nucléaires de base, sont constatées par les procès-verbaux des officiers de police judiciaire et des inspecteurs de la sûreté nucléaire, les infractions, correctionnelles ou de police, au Code de l'environnement, auquel ne font pas exception sur ce point les règles particulières applicables aux installations nucléaires, peuvent être prouvées par tous moyens. Doit être approuvé l'arrêt qui, pour condamner l'exploitant d'une installation nucléaire défectueuse, retient que les procès-verbaux établis par l'Autorité de sûreté nucléaire constituent des éléments de preuve qui, soumis au débat et n'étant pas le fruit de procédés déloyaux, sont parfaitement admissibles.

(Cour de cassation – Chambre criminelle du 24 septembre 2019 – N° de pourvoi : 18-85348).

Article 538. – Supplément d'information – *(Loi n° 2011-1862 du 13 décembre 2011)*

• S'il y a lieu à supplément d'information, il y est procédé par le juge du tribunal de police, conformément aux articles 114, 119, 120 et 121.

• Les dispositions de l'article 463, 3e alinéa, sont applicables.

Article 539. – Contravention – Peine – *(Loi n° 2011-1862 du 13 décembre 2011)*

• Si le tribunal de police estime que le fait constitue une contravention, il prononce la peine, sous réserve des dispositions des articles 132-59 à 132-70 du Code pénal et des articles 747-3 et 747-4 du présent code.

• Il statue s'il y a lieu sur l'action civile conformément aux dispositions de l'article 464, 2e et 3e alinéas.

J • **Juridiction de proximité – Peines – Domaine d'application – Saisine à l'issue d'une procédure d'amende forfaitaire majorée.** – *Les dispositions des articles 539 et 530-1, alinéa 2, du Code de procédure pénale ne font pas obstacle à ce que la juridiction de proximité prononce une dispense de peine prévue, en matière contraventionnelle, par les articles 132-59 et suivants du Code pénal, pour toute contravention ayant fait l'objet d'une procédure d'amende forfaitaire majorée.* (cass. CRIM du 9 novembre 2005, n° 05-84-504)

Article 540. – Crime ou délit – Déclaration d'incompétence – *(Loi n° 2011-1862 du 13 décembre 2011)*

• Si le tribunal de police estime que le fait constitue un crime ou un délit, il se déclare incompétent. Il renvoie le ministère public à se pourvoir ainsi qu'il avisera.

Article 541. – Aucune infraction à la loi pénale – Fait non établi ou non imputable – *(Loi n° 2021-1729 du 22 décembre 2021)*

• Si le tribunal de police estime que le fait ne constitue aucune infraction à la loi pénale, ou que le fait n'est pas établi, ou qu'il n'est pas imputable au prévenu, il renvoie celui-ci des fins de la poursuite.

• Les articles 470-1 et 472 sont applicables.

Article 542. – Cause légale d'exemption de peine – *(Loi n° 2011-1862 du 13 décembre 2011)*

• Si le prévenu bénéficie d'une cause légale d'exemption de peine, le tribunal de police le déclare coupable et l'exempte de peine. Il statue, s'il y a lieu, sur l'action civile ainsi qu'il est dit à l'article 539.

Article 543. – Frais de justice et dépens – Restitution des objets – *(Loi n° 2021-1729 du 22 décembre 2021)*

• Sont applicables à la procédure devant le tribunal de police les articles 475-1 à 486 concernant les frais de justice et dépens, la restitution des objets placés sous la main de la justice et la forme des jugements.

• Toutefois, les dispositions de l'article 480-1 ne sont applicables qu'aux condamnés pour contraventions de la 5e classe.

CHAPITRE V

Du jugement par défaut et de l'opposition

Article 544. – Comparution – Représentation – *(Loi n° 2011-1862 du 13 décembre 2011)*

• Sont applicables devant le tribunal de police les dispositions des articles 410 à 415 relatives à la comparution et à la représentation du prévenu et de la personne civilement responsable.

• Toutefois, lorsque la contravention poursuivie n'est passible que d'une peine d'amende, le prévenu peut se faire représenter par un avocat ou par un fondé de procuration spéciale.

Article 545. – Jugements par défaut – Opposition

• Sont également applicables les dispositions des articles 487 et 488 relatives aux jugements par défaut, et 489 à 495 relatives à l'opposition.

CHAPITRE VI

De l'appel des jugements de police

Article 546. – Appel – *(Loi n° 2014-1170 du 13 octobre 2014)*

• La faculté d'appeler appartient au prévenu, à la personne civilement responsable, au procureur de la République, au procureur général et à l'officier du ministère public près le tribunal de police, lorsque l'amende encourue est celle prévue pour les contraventions de la cinquième classe, lorsqu'a été prononcée la peine prévue par le 1° de l'article 131-16 du Code pénal, ou lorsque la peine d'amende prononcée est supérieure au maximum de l'amende encourue pour les contraventions de la 2e classe.

• Lorsque des dommages et intérêts ont été alloués, la faculté d'appeler appartient également au prévenu et à la personne civilement responsable.

• Cette faculté appartient dans tous les cas à la partie civile quant à ses intérêts civils seulement.

• Dans les affaires poursuivies à la requête du directeur régional de l'administration chargée des forêts, l'appel est toujours possible de la part de toutes les parties, quelles que soient la nature et l'importance des condamnations.

[J] **• Appel de police – Appel limité – principe de l'égalité des armes – compatibilité *(non).*** – *N'est pas compatible avec le principe de légalité des armes découlant de l'article 6 de la convention européenne des droit de l'homme la disposition de l'article 546, dernier alinéa, du Code de procédure pénale qui réserve au seul procureur général un droit d'appel contre certains jugements rendus en matière de police, dans les hypothèses où ce même droit est refusé au prévenu ainsi qu'à l'officier du ministère public et au procureur de la République. Doit dès lors, être annulé l'arrêt qui déclare un tel appel recevable.* (Cass. CRIM. du 6 mai 1997 – BCC n° 458 du 1-10-1997 – Cass. CRIM du 17 juin 1998 – BCC n° 483 du 1-12-1998).

Article 547. – Cour d'appel – *(Loi n° 2004-204 du 9 mars 2004)*

• L'appel des jugements de police est porté à la cour d'appel.

• Cet appel est interjeté dans les délais prévus par les articles 498 à 500.

• L'appel est suivi et jugé dans la même forme que les appels des jugements correctionnels La cour est cependant composée du seul président de la chambre des appels correctionnels, siégeant à juge unique.

• Les articles 502 à 504, alinéas 1er et 2, sont applicables à l'appel des jugements de police.

Article 548. – *(Abrogé – Loi n° 2009-1436 du 24 novembre 2009)*

Article 549. – Formes d'appels – *(Loi n° 2011-1862 du 13 décembre 2011)*

• Les dispositions des articles 505 à 509, 511 et 514 à 520, sont applicables aux jugements rendus par les tribunaux de police.

• La cour d'appel, saisie de l'appel d'un jugement d'incompétence du tribunal de police, si elle constate que le fait poursuivi constitue un délit, prononce la peine et statue, s'il y a lieu sur les dommages-intérêts.

TITRE IV

DES CITATIONS ET SIGNIFICATIONS

Article 550. – Modalités – *(Loi n° 92-1336 du 16 décembre 1992)*

• Les citations et significations, sauf disposition contraire des lois et règlements, sont faites par exploit d'huissier de justice.

• Les notifications sont faites par voie administrative.

• L'huissier ne peut instrumenter pour lui-même, pour son conjoint, pour ses parents et alliés et ceux de son conjoint, en ligne directe à l'infini, ni pour ses parents et alliés collatéraux, jusqu'au degré de cousin issu de germain inclusivement.

• L'exploit de citation ou de signification contient la désignation du requérant, la date, les nom, prénoms et adresse de l'huissier, ainsi que les nom, prénoms et adresse du destinataire ou, si le destinataire est une personne morale, sa dénomination et son siège.

• La personne qui reçoit copie de l'exploit signe l'original ; si elle ne veut ou ne peut signer, mention en est faite par l'huissier.

Article 551. – Citation – Délivrance – *(Loi n° 2008-644 du 1er juillet 2008)*

• La citation est délivrée à la requête du ministère public, de la partie civile, et de toute administration qui y est légalement habilitée. L'huissier doit déférer sans délai à leur réquisition.

• La citation énonce le fait poursuivi et vise le texte de la loi qui le réprime.

• Elle indique le tribunal saisi, le lieu, l'heure et la date de l'audience, et précise la qualité de prévenu, de civilement responsable, ou de témoin de la personne citée.

• Si elle est délivrée à la requête de la partie civile, elle mentionne, s'il s'agit d'une personne physique, ses nom, prénoms, profession et domicile réel ou élu et, s'il s'agit d'une personne morale, sa forme, sa dénomination, son siège social et l'organe qui la représente légalement.

• La citation délivrée à un témoin doit en outre mentionner que la non-comparution, le refus de témoigner et le faux témoignage sont punis par la loi.

Article 552. – Délais – *(Loi n° 2008-644 du 1er juillet 2008)*

• Le délai entre le jour où la citation est délivrée et le jour fixé pour la comparution devant le tribunal correctionnel ou de police est d'au moins 10 jours, si la partie citée réside dans un département de la France métropolitaine ou si, résidant dans un département d'outre-mer, elle est citée devant un tribunal de ce département.

• Ce délai est augmenté d'un mois si la partie citée devant le tribunal d'un département d'outre-mer réside dans un autre département d'outre-mer, dans un territoire d'outre-mer, à Saint-Pierre-et-Miquelon ou Mayotte ou en France métropolitaine, ou si, cité devant un tribunal d'un département de la France métropolitaine, elle réside dans un département ou territoire d'outre-mer, à Saint-Pierre-et-Miquelon ou Mayotte.

• Si la partie citée réside à l'étranger, ce délai est augmenté d'un mois si elle demeure dans un État membre de l'Union européenne et de 2 mois dans les autres cas.

Article 553. – Délais non respectés

• Si les délais prescrits à l'article précédent n'ont pas été observés, les règles suivantes sont applicables :

• 1° Dans le cas où la partie citée ne se présente pas, la citation doit être déclarée nulle par le tribunal ;

• 2° Dans le cas où la partie citée se présente, la citation n'est pas nulle mais le tribunal doit, sur la demande de la partie citée, ordonner le renvoi à une audience ultérieure.

• Cette demande doit être présentée avant toute défense au fond, ainsi qu'il est dit à l'article 385.

Article 554. – Signification des décisions – *(Ordonnance n° 60-529 du 04 juin 1960)*

• La signification des décisions, dans les cas où elle est nécessaire, est effectuée à la requête du ministère public ou de la partie civile.

Article 555. – Huissier – *(Loi n° 92-1336 du 16 décembre 1992)*

• L'huissier doit faire toutes diligences pour parvenir à la délivrance de son exploit à la personne même du destinataire ou, si le destinataire est une personne morale, à son représentant légal, à un fondé de pouvoir de ce dernier ou à toute personne habilitée à cet effet ; il lui en remet une copie.

• Lorsque la signification est faite à une personne morale, l'huissier doit, en outre et sans délai, informer celle-ci par lettre simple de la signification effectuée, du nom du requérant ainsi que de l'identité de la personne à laquelle la copie a été remise.

Article 555-1. – Signification à personne – *(Loi n° 2008-644 du 1er juillet 2008)*

• Vaut signification à personne par exploit d'huissier la notification d'une décision effectuée soit, si la personne est détenue, par le chef de l'établissement pénitentiaire, soit, si la personne se trouve dans les locaux d'une juridiction pénale, par un greffier ou par un magistrat.

Article 556. – Absence – *(Ordonnance n° 60-529 du 04 juin 1960)*

• Si la personne visée par l'exploit est absente de son domicile, la copie est remise à un parent allié, serviteur ou à une personne résidant à ce domicile.

• L'huissier indique dans l'exploit la qualité déclarée par la personne à laquelle est faite cette remise.

Article 557. – Lettre recommandée avec avis de réception – *(Loi n° 2009-526 du 12 mai 2009)*

• Si la copie a été remise à une personne résidant au domicile de celui que l'exploit concerne, l'huissier informe sans délai l'intéressé de cette remise, par lettre recommandée avec avis de réception. Lorsqu'il résulte de l'avis de réception, signé par l'intéressé, que celui-ci a reçu la lettre recommandée de l'huissier, l'exploit remis à domicile produit les mêmes effets que s'il avait été délivré à personne.

• L'huissier peut également, à la place de la lettre recommandée avec demande d'avis de réception mentionnée à l'alinéa précédent, envoyer à l'intéressé par lettre simple une copie de l'acte accompagnée d'un récépissé que le destinataire est invité à réexpédier par voie postale ou à déposer à l'étude de l'huissier, revêtu de sa signature. Lorsque ce récépissé signé a été renvoyé, l'exploit remis à domicile produit les mêmes effets que s'il avait été remis à personne.

• Le domicile de la personne morale s'entend du lieu de son siège.

J • **Appel pénal – Délai d'appel – Point de départ** – *Est irrégulière au regard des prescriptions de l'article 557 du Code de procédure pénale qui exige que le destinataire soit informé sans délai, la signification d'un jugement faite au domicile de la personne que l'exploit concerne et qui n'a pas été suivie, en raison de son absence, de l'envoi, dans un délai de deux jours d'une lettre recommandée avec avis de réception* (C.A. VERSAILLES du 10 novembre 1995 – Gaz. Pal. 1-4/5/96).

Article 558. – Domicile – *(Loi n° 2009-526 du 12 mai 2009)*

• Si l'huissier ne trouve personne au domicile de celui que l'exploit concerne, il vérifie immédiatement l'exactitude de ce domicile.

• Lorsque le domicile indiqué est bien celui de l'intéressé, l'huissier mentionne dans l'exploit ses diligences et constatations, puis il informe sans délai l'intéressé, par lettre recommandée avec demande d'avis de réception, en lui faisant connaître qu'il doit retirer dans les plus brefs délais la copie de l'exploit signifié à l'étude de l'huissier de justice, contre récépissé ou émargement, par l'intéressé ou par toute personne spécialement mandatée. Si l'exploit est une signification de jugement rendu par itératif défaut, la lettre recommandée mentionne la nature de l'acte signifié et le délai d'appel.

• Lorsqu'il résulte de l'avis de réception, signé par l'intéressé, que celui-ci a reçu la lettre recommandée de l'huissier, l'exploit déposé à l'étude de l'huissier de justice produit les mêmes effets que s'il avait été délivré à personne.

• L'huissier peut également, à la place de la lettre recommandée avec demande d'avis de réception mentionnée aux précédents alinéas, envoyer à l'intéressé par lettre simple une copie de l'acte ou laisser à son domicile un avis de passage invitant l'intéressé à se présenter à son étude afin de retirer la copie de l'exploit contre récépissé ou émargement. La copie et l'avis de passage sont accompagnés d'un récépissé que le destinataire est invité à réexpédier par voie postale ou à déposer à l'étude de l'huissier, revêtu de sa signature. Lorsque l'huissier laisse un avis de passage, il adresse également une lettre simple à la personne.

• Lorsque ce récépissé a été renvoyé, l'exploit déposé à l'étude de l'huissier de justice produit les mêmes effets que s'il avait été remis à personne.

• Si l'exploit est une citation à comparaître, il ne pourra produire les effets visés aux troisième et cinquième alinéas que si le délai entre, d'une part, le jour où l'avis de réception est signé par l'intéressé, le jour où le récépissé a été renvoyé ou le jour où la personne s'est présentée à l'étude et, d'autre part, le jour indiqué pour la comparution devant le tribunal correctionnel ou de police est au moins égal à celui fixé, compte tenu de l'éloignement du domicile de l'intéressé, par l'article 552.

Article 559. – Personne sans domicile ou résidence connus – *(Loi n° 2019-222 du 23 mars 2019)*

• Si la personne visée par l'exploit est sans domicile ou résidence connus, l'huissier remet une copie de l'exploit au parquet du procureur de la République du tribunal saisi.

• Les dispositions qui précèdent sont applicables à la signification d'un acte concernant une personne morale dont le siège est inconnu.

• Lorsque le procureur de la République constate par procès-verbal qu'une personne qu'il veut citer à comparaître est sans domicile ou résidence connus ou, s'il s'agit d'une personne morale, que son siège est inconnu, ce procès-verbal, qui comporte les mentions prévues aux 2e et 3e alinéas de l'article 551, vaut citation à parquet. Il permet de juger la personne par défaut selon les modalités prévues à l'article 412.

Article 559-1. – Exploit *(signification de décision)* – *(Loi n° 2008-644 du 1er juillet 2008)*

• Si l'exploit est une signification de décision, l'huissier doit avoir accompli les diligences prévues par les articles 555 à 559 dans un délai maximal de quarante-cinq jours à compter de la requête du ministère public ou de la partie civile. À l'expiration de ce délai, l'huissier doit informer le ministère public qu'il n'a pu accomplir la signification. Le ministère public peut alors faire procéder à la signification selon les modalités prévues par l'article 560.

• Le procureur de la République peut dans sa requête porter jusqu'à trois mois le délai prévu par le premier alinéa.

Article 560. – O.P.J. ou A.P.J. – Recherches de l'adresse – *(Loi n° 95-125 du 8 février 1995)*

• Lorsqu'il n'est pas établi que l'intéressé a reçu la lettre qui lui a été adressée par l'huissier conformément aux dispositions des articles 557 et 558, ou lorsque l'exploit a été délivré au parquet, un officier ou un agent de police judiciaire peut être requis par le procureur de la République à l'effet de procéder à des recherches en vue de découvrir l'adresse de l'intéressé. En cas de découverte de ce dernier, l'officier ou l'agent de police judiciaire lui donne connaissance de l'exploit, qui produit alors les mêmes effets que s'il avait été délivré à personne.

• Dans tous les cas, l'officier ou l'agent de police judiciaire dresse procès-verbal de ses recherches et le transmet sans délai au procureur de la République.

• Lorsqu'il s'agit d'une citation à prévenu, le procureur de la République peut également donner l'ordre à la force publique de rechercher l'intéressé. En cas de découverte de ce dernier, il en est immédiatement avisé et peut adresser, par tout moyen, une copie de l'exploit pour notification par un officier ou un agent de police judiciaire. Cette notification vaut signification à personne. Lorsqu'un prévenu visé par un acte de citation n'a pu être découvert avant la date fixée pour l'audience, l'ordre de recherche peut être maintenu. En cas de découverte, le procureur de la République peut faire notifier à l'intéressé, en application de l'article 390-1, une convocation en justice.

• Le procureur de la République peut également requérir de toute administration, entreprise, établissement ou organisme de toute nature soumis au contrôle de l'autorité administrative, sans qu'il soit possible de lui opposer le secret professionnel, de lui communiquer tous renseignements en sa possession aux fins de déterminer l'adresse du domicile ou de la résidence du prévenu.

Article 561. – Copie – *(Loi n° 92-1336 du 16 décembre 1992)*

• Dans les cas prévus aux articles 557 et 558, la copie est délivrée sous enveloppe fermée ne portant d'autres indications, d'un côté que les nom, prénoms, adresse de l'intéressé ou, si le destinataire est une personne morale, que ses dénominations et adresse, et de l'autre que le cachet de l'étude de l'huissier apposé sur la fermeture du pli.

Article 562. – Personne résidant à l'étranger – *(Loi n° 92-1336 du 16 décembre 1992)*

• Si la personne réside à l'étranger, elle est citée au parquet du procureur de la République près le tribunal saisi. Le procureur de la République vise l'original et en envoie la copie au ministre des affaires étrangères ou à toute autorité déterminée par les conventions internationales.

• Les dispositions de l'alinéa précédent sont applicables aux personnes morales qui ont leur siège à l'étranger.

Article 563. – Original de l'exploit d'huissier

• Dans tous les cas, l'huissier doit mentionner sur l'original de l'exploit, et sous forme de procès-verbal, ses diligences ainsi que les réponses qui ont été faites à ses différentes interpellations.

• Le procureur de la République peut prescrire à l'huissier de nouvelles recherches, s'il estime incomplètes celles qui ont été effectuées.

• L'original de l'exploit doit être adressé à la personne à la requête de qui il a été délivré, dans les vingt-quatre heures.

• En outre, si l'exploit a été délivré à la requête du procureur de la République, une copie de l'exploit doit être jointe à l'original.

Article 564. – Coût de l'exploit – *(Ordonnance n° 2000-916 du 19 septembre 2000)*

• Les huissiers sont tenus de mettre, à la fin de l'original et de la copie de l'exploit, le coût de celui-ci, à peine d'une amende civile de 3 à 15 euros ; cette amende est prononcée par le président de la juridiction saisie de l'affaire.

Article 565. – Nullité d'un exploit

• La nullité d'un exploit ne peut être prononcée que lorsqu'elle a eu pour effet de porter atteinte aux intérêts de la personne qu'il concerne, sous réserve, pour les délais de citation, des dispositions de l'article 553, 2°.

Article 566. – Nullité par le fait de l'huissier

• Si un exploit est déclaré nul par le fait de l'huissier, celui-ci peut être condamné aux frais de l'exploit et de la procédure annulée, et éventuellement à des dommages-intérêts envers la partie à laquelle il est porté préjudice.

• La juridiction qui déclare la nullité a compétence pour prononcer ces condamnations.

LIVRE III

DES VOIES DE RECOURS EXTRAORDINAIRES

TITRE Ier

DU POURVOI EN CASSATION

CHAPITRE Ier

Des décisions susceptibles d'être attaquées et des conditions du pourvoi

Article 567. – Arrêts – *(Loi n° 2000-516 du 15 juin 2000)*

• Les arrêts de la chambre de l'instruction et les arrêts et jugements rendus en dernier ressort en matière criminelle, correctionnelle et de police peuvent être annulés en cas de violation de la loi sur pourvoi en cassation formé par le ministère public ou par la partie à laquelle il est fait grief, suivant les distinctions qui vont être établies.

• Le recours est porté devant la chambre criminelle de la Cour de cassation.

Article 567-1. – Ordonnance de non-admission du pourvoi – *(Loi n° 93-2 du 4 janvier 1993)*

• Si le président de la chambre criminelle constate qu'il a été formé un pourvoi contre une décision qui n'est pas susceptible de voie de recours, il rend une ordonnance de non-admission du pourvoi. Sa décision n'est pas susceptible de recours.

[J] • **Décision susceptible de cassation – Chambre d'accusation – Ordonnance du président – Condition.** – *Il résulte de l'article 567-1 du Code de procédure pénale que la décision du président de la chambre d'accusation prise en application de l'article 186, al. 6, de ce Code n'est pas susceptible de pourvoi en cassation, sauf en cas de risque d'excès de pouvoir constaté par ordonnance du président de la chambre criminelle* (Cass. CRIM. du 29 avril 1997 – BCC n° 457 du 15/09/1997).

Article 567-1-1. – Formation de trois magistrats – *(Ordonnance n° 2006-673 du 8 juin 2006)*

• Lorsque la solution d'une affaire soumise à la chambre criminelle lui paraît s'imposer, le premier président ou le président de la chambre criminelle peut décider de faire juger l'affaire par une formation de trois magistrats. Cette formation peut renvoyer l'examen de l'affaire à l'audience de la chambre à la demande de l'une des parties; le renvoi est de droit si l'un des magistrats composant la formation restreinte le demande. La formation déclare non admis les pourvois irrecevables ou non fondés sur un moyen sérieux de cassation.

Article 567-2. – Pourvoi en matière de détention provisoire – *(Loi n° 2021-401 du 8 avril 2021)*

• La chambre criminelle saisie d'un pourvoi contre un arrêt de la chambre de l'instruction ou de la chambre correctionnelle de la cour d'appel rendu en matière de détention provisoire doit statuer dans les 3 mois qui suivent la réception du dossier à la Cour de cassation, faute de quoi la personne mise en examen est mise d'office en liberté.

• Le demandeur en cassation ou son avocat doit, à peine de déchéance, déposer son mémoire exposant les moyens de cassation dans le délai d'un mois à compter de la réception du dossier, sauf décision du président de la chambre criminelle prorogeant, à titre exceptionnel, le délai pour une durée de 8 jours. Après l'expiration de ce délai, aucun moyen nouveau ne peut être soulevé par lui et il ne peut plus être déposé de mémoire.

• Dès le dépôt du mémoire, le président de la chambre criminelle fixe la date de l'audience.

Article 568. – Ministère public et parties – Pourvoi en cassation – *(Loi n° 2004-204 du 9 mars 2004)*

• Le ministère public et toutes les parties ont cinq jours francs après celui où la décision attaquée a été prononcée pour se pourvoir en cassation.

• Toutefois, le délai de pourvoi ne court qu'à compter de la signification de l'arrêt, quel qu'en soit le mode :

• 1° Pour la partie qui, après débat contradictoire, n'était pas présente ou représentée à l'audience où l'arrêt a été prononcé, si elle n'avait pas été informée ainsi qu'il est dit à l'article 462, alinéa 2 ;

• 2° Pour le prévenu qui a été jugé en son absence, mais après audition d'un avocat qui s'est présenté pour assurer sa défense, sans cependant être titulaire d'un mandat de représentation signé du prévenu ;

• 3° Pour le prévenu qui n'a pas comparu, soit dans les cas prévus par l'article 410, soit dans le cas prévu par le cinquième alinéa de l'article 411, lorsque son avocat n'était pas présent ;

• 4° Pour le prévenu qui a été jugé par itératif défaut.

• Le délai du pourvoi contre les arrêts ou les jugements par défaut ne court, à l'égard du prévenu, que du jour où ils ne sont plus susceptibles d'opposition. À l'égard du ministère public, le délai court à compter de l'expiration du délai de dix jours qui suit la signification.

• Les dispositions de l'article 498-1 sont applicables pour déterminer le point de départ du délai de pourvoi en cassation de la personne condamnée à une peine d'emprisonnement ferme ou à une peine d'emprisonnement assortie d'un sursis partiel.

J • **Cassation – Pourvoi – Délai – Point de départ – Affaire mise en délibéré.** – *Le prévenu jugé contradictoirement en son absence et dont l'avocat qui avait mandat de le représenter, a été entendu, ne peut invoquer les dispositions de l'article 568, alinéa 2 (ci-dessus), qui ne fait courir le délai de pourvoi qu'à compter de la signification de l'arrêt ; l'affaire ayant été mise en délibéré et l'avertissement, prévu par l'article 462, alinéa 2 du Code de procédure pénale ayant été donné, le délai de 5 jours francs, pour se pourvoir en cassation a pour point de départ le jour du prononcé de la décision* (Cass. CRIM. du 29 mai 1996 – BCC n° 439du 1/11/1996).

• **Cassation – Pourvoi – Déclaration – Délai.** – *Le délai pour se pourvoir contre un arrêt de la chambre d'accusation ne court pas du jour ou l'arrêt est rendu mais à compter de sa signification ou de sa notification lorsque l'instruction n'est pas clôturée* (Cass. CRIM. du 17 mars 1998 – BCC n° 476 du 15-07-1998).

• **Meurtre en bande organisée... – Cour d'assises – Action civile – Pourvois en cassation – Délai**

M. [R] [F] et M. [C] [Y] ont formé des pourvois contre l'arrêt de la cour d'assises des BOUCHES-DU-RHÔNE (13), statuant comme juridiction interrégionale spécialisée, en date du 12/02/2021, qui a condamné, le 1er, pour meurtre en bande organisée en récidive, à 25 ans de réclusion criminelle, le 2d, pour association de malfaiteurs en récidive, à 12 ans d'emprisonnement (pourvois n° Z 21-82.009), ainsi que contre l'arrêt en date du 08/03/2021 par lequel la cour a prononcé sur les intérêts civils (pourvois n° K 21-82.065).

La décision rendue par la cour d'assises statuant sur l'action civile, après des débats au cours desquels les accusés absents étaient représentés par leurs avocats, lesquels ont été informés de la date du prononcé de la décision mise en délibéré, est contradictoire. Dès lors, sont irrecevables en application de l'article 568 du C.P.P. les pourvois en cassation formés par les accusés au-delà du délai de 5 jours francs à compter du prononcé de la décision (Crim., 12 janvier 1972, pourvoi n° 71-92.245).

(Cour de cassation – Chambre criminelle du 2 février 2022 – N° de pourvoi : 21-82.009).

Article 568-1. – Arrêt d'une chambre de l'instruction – Délai de pourvoi – *(Loi n° 2013-711 du 5 août 2013)*

• Lorsque la décision attaquée est un arrêt d'une chambre de l'instruction, statuant dans les conditions énoncées au quatrième alinéa de l'article 695-31 ou au quatrième alinéa de l'article 695-46, le délai de pourvoi mentionné au premier alinéa de l'article 568 est ramené à trois jours francs.

• Le dossier est transmis, par tout moyen permettant d'en conserver une trace écrite, au greffe de la chambre criminelle de la Cour de cassation dans les quarante-huit heures à compter de la déclaration de pourvoi.

Article 569. – Recours en cassation – *(Loi n° 2019-222 du 23 mars 2019)*

• Pendant les délais du recours en cassation et, s'il y a eu recours, jusqu'au prononcé de l'arrêt de la Cour de cassation, il est sursis à l'exécution de l'arrêt de la cour d'appel, sauf en ce qui concerne les condamnations civiles, et à moins que la cour d'appel ne confirme le mandat décerné par le tribunal en application de l'article 464-1 ou de l'article 465, 1er alinéa, ou ne décerne elle-même mandat sous les mêmes conditions et selon les mêmes règles.

• Le contrôle judiciaire et l'assignation à résidence avec surveillance électronique prennent fin, sauf si la cour d'appel en décide autrement, lorsqu'elle prononce une condamnation à l'emprisonnement sans sursis ou assorti du sursis probatoire. Lorsqu'un cautionnement a été fourni, les dispositions des 1er et 2e alinéas de l'article 142-2 et du 2e alinéa de l'article 142-3 sont applicables.

• En cas d'acquittement, d'exemption de peine ou de condamnation soit à l'emprisonnement assorti du sursis simple ou du sursis probatoire, soit à l'amende, le prévenu détenu est, nonobstant pourvoi, mis en liberté immédiatement après l'arrêt.

• Il en est de même en cas de condamnation à une peine d'emprisonnement, lorsque la détention provisoire a été ordonnée ou maintenue dans les conditions prévues par l'alinéa 1er aussitôt que la durée de la détention aura atteint celle de la peine prononcée.

• Le 3e alinéa de l'article 498-1 est applicable en cas de pourvoi en cassation formé contre un arrêt de condamnation rendu dans les conditions prévues à l'article 410.

Article 570. – Jugement ou arrêt distinct de l'arrêt sur le fond – *(Loi n° 2022-52 du 24 janvier 2022)*

• Lorsque le tribunal ou la cour d'appel statue par jugement ou arrêt distinct de l'arrêt sur le fond, le pourvoi en cassation est immédiatement recevable si cette décision met fin à la procédure. Si le président de la chambre criminelle constate qu'une décision a été à tort considérée par la partie intéressée comme mettant fin à la procédure, il apprécie si le pourvoi doit néanmoins être reçu dans l'intérêt de l'ordre public ou d'une bonne administration de la justice, ou si, au contraire, il ne doit pas être reçu, et rend d'office à cet effet une ordonnance d'admission ou de non-admission.

• Dans le cas où la décision n'a pas mis fin à la procédure et jusqu'à l'expiration des délais de pourvoi, l'arrêt n'est pas exécutoire et la cour d'appel ne peut statuer au fond.

• Si aucun pourvoi n'a été interjeté ou si, avant l'expiration du délai du pourvoi, la partie demanderesse au pourvoi n'a pas déposé au greffe la requête prévue par l'alinéa suivant, le jugement ou l'arrêt est exécutoire et le tribunal ou la cour d'appel statue au fond. Il en est de même, nonobstant les dispositions de l'alinéa suivant, en cas d'arrêt rendu soit sur appel d'une ordonnance du juge d'instruction en application des articles 81, 9e alinéa, 82-1, 2e alinéa, 156, 2e alinéa, ou 167, avant-dernier alinéa, soit en raison du défaut, par le juge d'instruction, d'avoir rendu une telle ordonnance. Dans ces cas, si la procédure a été néanmoins transmise à la Cour de cassation, le président de la chambre criminelle ordonne qu'il en soit fait retour à la juridiction saisie.

• Le demandeur en cassation peut déposer au greffe, avant l'expiration des délais de pourvoi, une requête adressée au président de la chambre criminelle de la Cour de cassation et tendant à faire déclarer son pourvoi immédiatement recevable.

Article 571. – Greffier – *(Loi n° 2000-516 du 15 juin 2000)*

• Le greffier avise le président du tribunal ou le premier président de la cour d'appel du dépôt de cette requête. Le jugement ou l'arrêt n'est pas exécutoire et il ne peut être statué au fond tant qu'il n'a pas été prononcé sur ladite requête.

• Dès que le greffier a reçu le pourvoi et la requête, il fait parvenir celle-ci au président de la chambre criminelle ainsi qu'une expédition du jugement ou de l'arrêt et de la déclaration de pourvoi.

• Le président de la chambre criminelle statue sur la requête par ordonnance dans les huit jours de la réception de ce dossier.

• S'il rejette la requête, le jugement ou l'arrêt est exécutoire et le tribunal ou la cour d'appel se prononce au fond ; aucun recours n'est recevable contre l'ordonnance du président et le pourvoi n'est alors jugé qu'en même temps que le pourvoi formé contre le jugement ou l'arrêt sur le fond.

• Si, dans l'intérêt de l'ordre public ou d'une bonne administration de la justice, le président fait droit à la requête, il fixe la date à laquelle le pourvoi sera jugé.

• La chambre criminelle doit statuer dans les deux mois qui suivent l'ordonnance du président, sans que puisse être soulevée devant elle une exception tirée de ce que le pourvoi formé contre la décision entreprise ne serait pas suspensif. L'exécution du jugement ou de l'arrêt est suspendue jusqu'à ce qu'intervienne l'arrêt de la chambre criminelle.

• Les dispositions de l'article 570 et du présent article sont applicables aux pourvois formés contre les arrêts préparatoires, interlocutoires ou d'instruction rendus par les chambres de l'instruction à l'exception des arrêts visés au troisième alinéa de l'article 570.

• Lorsque le président de la chambre criminelle déclare immédiatement recevable le pourvoi formé contre un arrêt de la chambre de l'instruction, saisie par application de l'article 173, il peut ordonner au juge d'instruction saisi de suspendre son information, à l'exception des actes urgents.

J **• Cassation – Pourvoi – Recevabilité – Recevabilité immédiate – Arrêt sur le fond – Exclusion – Arrêt confirmant le renvoi devant le tribunal correctionnel**

Contre l'arrêt de la chambre de l'instruction de la cour d'appel de Versailles, en date du 10/11/2017, qui, dans l'information suivie contre lui des chefs d'infractions à la législation sur les stupéfiants, association de malfaiteurs, infraction à la législation sur les armes et importation en contrebande, a prononcé sur sa demande en annulation d'actes de la procédure ;

Contre l'arrêt de ladite chambre, en date du 23/11/2018, qui, confirmant l'ordonnance rendue par le juge d'instruction, l'a renvoyé devant le tribunal correctionnel sous la prévention des chefs susvisés et a ordonné son maintien en détention ;

N'est pas un arrêt sur le fond au sens des articles 570 et 571 du C.P.P. la décision rendue par la chambre de l'instruction qui, saisie sur le fondement de l'article 186-3 du même code, confirme l'ordonnance du juge d'instruction renvoyant la personne mise en examen devant le tribunal correctionnel.

(Cour de cassation – Chambre criminelle du 20 février 2019 – N° de pourvoi : 18-86897)

Article 571-1. – Désistement du pourvoi – *(Loi n° 85-1407 du 30 décembre 1985)*

• Le désistement du pourvoi est constaté par ordonnance du président de la chambre criminelle.

Article 572. – Arrêtés d'acquittement

• Les arrêts d'acquittement prononcés par la cour d'assises ne peuvent faire l'objet d'un pourvoi que dans le seul intérêt de la loi, et sans préjudicier à la partie acquittée.

Article 573. – Recours en cassation – *(Loi n° 92-1336 du 16 décembre 1992)*

• Peuvent toutefois donner lieu à un recours en cassation de la part des parties auxquelles ils font grief les arrêts prononcés par la cour d'assises soit après acquittement dans les conditions prévues par l'article 371, soit après acquittement ou exemption de peine dans les conditions prévues par l'article 372.

• Il en est de même des arrêts statuant sur les restitutions, comme il est dit à l'article 373.

Article 574. – Arrêt de la chambre de l'instruction – *(Loi n° 2000-516 du 15 juin 2000)*

• L'arrêt de la chambre de l'instruction portant renvoi du prévenu devant le tribunal correctionnel ou de police ne peut être attaqué devant la Cour de cassation que lorsqu'il statue, d'office ou sur déclinatoire des parties, sur la compétence ou qu'il présente des dispositions définitives que le tribunal, saisi de la prévention, n'a pas le pouvoir de modifier.

J • **Arrêts de la chambre d'accusation – Renvoi devant le tribunal correctionnel – Pourvoi de la partie civile – Recevabilité.** – *Est recevable, aux termes de l'article 574 du Code de procédure pénale, le pourvoi formé par une partie civile contre un arrêt de la chambre d'accusation qui, saisie conformément à l'article 181 dudit Code, estime que les faits constituent un délit et ordonne en conséquence le renvoi de l'intéressé devant le tribunal correctionnel; un tel arrêt statuant sur la compétence.* (Cass. CRIM du 21 octobre 1997 – BCC n° 465 du 1-08-1998).

Article 574-1. – Chambre criminelle – Pourvoi arrêt portant mise en accusation – *(Loi n° 2016-731 du 3 juin 2016)*

• La chambre criminelle saisie d'un pourvoi contre l'arrêt portant mise en accusation ou ordonnant le renvoi devant le tribunal correctionnel doit statuer dans les trois mois de la réception du dossier à la Cour de cassation.

• Le demandeur en cassation ou son avocat doit, à peine de déchéance, déposer son mémoire exposant les moyens de cassation dans le délai d'un mois à compter de la réception du dossier à la Cour de cassation, sauf décision du président de la chambre criminelle prorogeant, à titre exceptionnel, le délai pour une durée de huit jours. Après l'expiration de ce délai, aucun moyen nouveau ne peut être soulevé par lui et il ne peut plus être déposé de mémoire.

• S'il n'est pas statué dans le délai prévu au premier alinéa, le prévenu est mis d'office en liberté.

Article 574-2. – Chambre criminelle – Pourvoi arrêt visé à l'article 568-1 – *(Loi n° 2004-204 du 9 mars 2004)*

• La chambre criminelle de la Cour de cassation saisie d'un pourvoi contre un arrêt visé à l'article 568-1 statue dans le délai de quarante jours à compter de la date du pourvoi.

• Le demandeur en cassation ou son avocat doit, à peine de déchéance, déposer son mémoire exposant les moyens de cassation dans le délai de cinq jours à compter de la réception du dossier à la Cour de cassation. La transmission du mémoire peut être effectuée par tout moyen permettant d'en conserver une trace écrite.

• Après l'expiration de ce délai, aucun moyen nouveau ne peut être soulevé par lui et il ne peut plus être déposé de mémoire.

• Dès la réception du mémoire, le président de la chambre criminelle fixe la date de l'audience.

Article 575. – Abrogé

CHAPITRE II

Des formes du pourvoi

Article 576. – Déclaration de pourvoi – *(Loi n° 2011-94 du 25 janvier 2011)*

• La déclaration de pourvoi doit être faite au greffier de la juridiction qui a rendu la décision attaquée.

• Elle doit être signée par le greffier et par le demandeur en cassation lui-même ou par un avocat près la juridiction qui a statué, ou par un fondé de pouvoir spécial; dans ce dernier cas, le pouvoir est annexé à l'acte dressé par le greffier. Si le déclarant ne peut signer, le greffier en fera mention.

• Elle est inscrite sur un registre public, à ce destiné et toute personne a le droit de s'en faire délivrer une copie.

J • **Pourvoi – Mandataire – pourvoi spécial – transmissible *(non)*.** – *Les dispositions de l'article 576, 2e alinéa ci-dessus ne peuvent en aucun cas s'appliquer à un confrère avocat, qui n'est pas son associé au sein d'une même société civile professionnelle, même s'il est lié à cette dernière par un contrat de collaboration.* (Cass. CRIM. du 5 juin 1997 – BCC n° 460 du 1er novembre 1997).

Article 577. – Demandeur en cassation détenu – *(Loi n° 85-1407 du 30 décembre 1985)*

• Lorsque le demandeur en cassation est détenu, le pourvoi peut être formé au moyen d'une déclaration auprès du chef de l'établissement pénitentiaire.

• Cette déclaration est constatée, datée et signée par le chef de l'établissement pénitentiaire. Elle est également signée par le demandeur; si celui-ci ne peut signer, il en est fait mention par le chef de l'établissement.

• Ce document est adressé sans délai, en original ou en copie, au greffe de la juridiction qui a rendu la décision attaquée; il est transcrit sur le registre prévu par le troisième alinéa de l'article 576 et annexé à l'acte dressé par le greffier.

Article 578. – Demandeur en cassation – Notification du recours

• Le demandeur en cassation doit notifier son recours au ministère public et aux autres parties par lettre recommandée avec demande d'avis de réception, dans un délai de trois jours.

Article 579. – Opposition – Arrêt Cour de cassation – *(Loi n° 2004-204 du 9 mars 2004)*

• La partie qui n'a pas reçu la notification prévue à l'article 578 a le droit de former opposition à l'arrêt rendu par la Cour de cassation, par déclaration au greffe de la juridiction qui a rendu la décision, dans les cinq jours de la notification prévue à l'article 614.

Articles 580 à 583-1. – *(Abrogés)*

Article 584. – Dépôt d'un mémoire

• Le demandeur en cassation, soit en faisant sa déclaration, soit dans les dix jours suivants, peut déposer, au greffe de la juridiction qui a rendu la décision attaquée, un mémoire, signé par lui, contenant ses moyens de cassation. Le greffier lui en délivre reçu.

Article 585. – Transmission du mémoire

• Après l'expiration de ce délai, le demandeur condamné pénalement peut transmettre son mémoire directement au greffe de la Cour de cassation; les autres parties ne peuvent user du bénéfice de la présente disposition sans le ministère d'un avocat à la Cour de cassation.

• Dans tous les cas, le mémoire doit être accompagné d'autant de copies qu'il y a de parties en cause.

Article 585-1. – Délais – *(Loi n° 93-1013 du 24 août 1993)*

• Sauf dérogation accordée par le président de la chambre criminelle, le mémoire du demandeur condamné pénalement doit parvenir au greffe de la Cour de cassation un mois au plus tard après la date du pourvoi.

• Il en est de même pour la déclaration de l'avocat qui se constitue au nom d'un demandeur au pourvoi.

Article 585-2. – Mémoire du ministère public – Pourvoi en cassation – *(Loi n° 2007-291 du 5 mars 2007)*

• Sauf dérogation accordée par le président de la chambre criminelle, le mémoire du ministère public, lorsque ce dernier se pourvoit en cassation, doit parvenir au greffe de la Cour de cassation au plus tard un mois après la date du pourvoi.

Article 586. – Greffier – *(Loi n° 2004-204 du 9 mars 2004)*

• Le greffier, dans le délai maximum de vingt jours à dater de la déclaration de pourvoi, cote et paraphe les pièces du dossier, auquel il joint une expédition de la décision attaquée, une expédition de l'acte de pourvoi et, s'il y a lieu, le mémoire du demandeur. Du tout, il dresse inventaire.

Article 587. – Transmission du dossier – *(Loi n° 2021-401 du 8 avril 2021)*

• Lorsque le dossier est ainsi en état, le greffier le remet au magistrat du ministère public, qui l'adresse immédiatement au procureur général près la Cour de cassation ; celui-ci le transmet, à son tour, au greffe de la chambre criminelle.

Article 588. – Dépôts des mémoires – *(Loi n° 2021-401 du 8 avril 2021)*

• Si un ou plusieurs avocats se sont constitués, le président de la chambre fixe un délai pour le dépôt des mémoires entre les mains du greffier de la chambre criminelle.

• Le président de cette chambre commet un conseiller pour le rapport après le dépôt des mémoires.

Article 589. – Partie intéressée au pourvoi – *(Loi n° 2004-204 du 9 mars 2004)*

• La partie intéressée au pourvoi qui n'aurait pas reçu copie des mémoires produits à l'appui du pourvoi pourra former opposition à l'arrêt rendu par la Cour de cassation, par déclaration au greffe de la juridiction qui a rendu la décision, dans les cinq jours de la notification prévue à l'article 614.

Article 590. – Contenus des mémoires – *(Ordonnance n° 60-529 du 04 juin 1960)*

• Les mémoires contiennent les moyens de cassation et visent les textes de loi dont la violation est invoquée.

• Ils sont rédigés sur timbre, sauf si le demandeur est un condamné à une peine criminelle.

• Ils doivent être déposés dans le délai imparti. Aucun mémoire additionnel n'y peut être joint, postérieurement au dépôt de son rapport par le conseiller commis. Le dépôt tardif d'un mémoire proposant des moyens additionnels peut entraîner son irrecevabilité.

J **• Pourvoi : pourvoi de la personne mise en examen – Personne se dérobant aux mandats de justice – Impossibilité de se faire représenter pour former un pourvoi en cassation. –**

• Il résulte des principes généraux de la procédure pénale que le demander qui se dérobe à l'exécution d'un mandat de justice n'est pas en droit de se faire représenter pour se pourvoir en cassation, sauf à justifier de circonstances l'ayant mis dans l'impossibilité absolue de se soumettre en temps utile à l'action de la justice.

• Ainsi en est-il du pourvoi formé par un mandataire au nom d'une personne mise en examen et placée sous contrôle judiciaire par le juge d'instruction mais qui, s'étant soustraite aux obligations dudit contrôle, fait l'objet d'un mandat d'arrêt de ce magistrat (Cass. CRIM. du 8 mars 1995).

Article 590-1. – Déchéance du pourvoi – *(Loi n° 2016-731 du 3 juin 2016)*

• Le demandeur en cassation qui n'a pas constitué avocat et n'a pas déposé son mémoire dans le délai prévu à l'article 584 est déchu de son pourvoi.

• Il en est de même, sauf dérogation accordée par le président de la chambre criminelle, du demandeur condamné pénalement n'ayant pas constitué avocat et du ministère public qui n'ont pas fait parvenir leur mémoire au greffe de la Cour de cassation dans les délais prévus, respectivement, au premier alinéa de l'article 585-1 et à l'article 585-2.

• Le demandeur condamné à une peine non prévue par la loi ne peut toutefois être déchu de son pourvoi.

Article 590-2. – Prononcé de la déchéance – Ordonnance – *(Loi n° 2016-731 du 3 juin 2016)*

• La déchéance du pourvoi, dans les cas et conditions prévus aux articles 567-2,574-1,574-2 et 590-1, est prononcée par ordonnance du président de la chambre criminelle ou du conseiller par lui désigné.

CHAPITRE III

Des ouvertures à cassation

Article 591. – Arrêts chambre de l'instruction – Arrêts et jugements rendus en dernier ressort – *(Loi n° 2000-516 du 15 juin 2000)*

• Les arrêts de la chambre de l'instruction ainsi que les arrêts et jugements rendus en dernier ressort par les juridictions de jugement, lorsqu'ils sont revêtus des formes prescrites par la loi, ne peuvent être cassés que pour violation de la loi.

Article 592. – Nullités des décisions – *(Loi n° 72-1226 du 29 décembre 1972)*

• Ces décisions sont déclarées nulles lorsqu'elles ne sont pas rendues par le nombre de juges prescrit ou qu'elles ont été rendues par des juges qui n'ont pas assisté à toutes les audiences de la cause. Lorsque plusieurs audiences ont été consacrées à la même affaire, les juges qui ont concouru à la décision sont présumés avoir assisté à toutes ces audiences.

• Ces décisions sont également déclarées nulles lorsqu'elles ont été rendues sans que le ministère public ait été entendu.

• Sont, en outre, déclarées nulles les décisions qui, sous réserve des exceptions prévues par la loi, n'ont pas été rendues ou dont les débats n'ont pas eu lieu en audience publique.

J • **Juridictions correctionnelles – Composition – Ministère public – Présence – Audiences successives – Régularité – Présomption**

Contre l'arrêt de la cour d'appel de Poitiers, chambre correctionnelle, en date du 09/09/1993, qui, pour diffamation publique envers un citoyen chargé d'un mandat public, les a condamnés chacun à 5000 francs d'amende avec sursis et a prononcé sur les intérêts civils.

Si les articles 32, 486 et 510 du C.P.P. exigent que le ministère public, partie nécessaire au procès pénal, soit présent à chaque audience des juridictions de jugement, il résulte de l'article 592 du même Code qu'à l'instar des magistrats composant la juridiction, il est présumé avoir assisté à toutes les audiences de la cause, dès lors qu'il a été entendu en ses réquisitions à celle des débats.

(Cour de cassation – Chambre criminelle du 26 mars 1996 – N° de pourvoi : 93-84306)

• **Jugements et arrêts – Décision rendue en dernier ressort – Prononcé – Juges ayant assisté à l'audience – Défaut – Portée**

Contre l'arrêt de la cour d'appel de Besançon, chambre spéciale des mineurs, en date du 06/02/2018, qui, pour agressions sexuelles aggravées, l'a condamné à 6 mois d'emprisonnement avec sursis et a renvoyé sur les intérêts civils.

Aux termes de l'article 592 du C.P.P., les décisions rendues en dernier ressort par les juridictions de jugement sont déclarées nulles lorsqu'elles ont été rendues par des juges qui n'ont pas assisté à toutes les audiences de la cause. Ne satisfait pas, en la forme, aux conditions essentielles de son existence légale l'arrêt rendu après la prorogation de la date du délibéré, intervenue après le départ de la juridiction d'un des magistrats ayant composé la formation de jugement lors des débats.

(Cour de cassation – Chambre criminelle du 23 janvier 2019 – N° de pourvoi : 18-82047).

Article 593. –Arrêts chambre de l'instruction – Arrêts et jugements rendus en dernier ressort – Déclaration de nullité – *(Loi n° 2000-516 du 15 juin 2000)*

• Les arrêts de la chambre de l'instruction, ainsi que les arrêts et jugements en dernier ressort sont déclarés nuls s'ils ne contiennent pas des motifs ou si leurs motifs sont insuffisants et ne permettent pas à la Cour de cassation d'exercer son contrôle et de reconnaître si la loi a été respectée dans le dispositif.

• Il en est de même lorsqu'il a été omis ou refusé de prononcer soit sur une ou plusieurs demandes des parties, soit sur une ou plusieurs réquisitions du ministère public.

J • **Homicide et blessures involontaires – Faute – Victime – Faute exclusive – Accident du travail – Responsabilité pénale – Défaut – Portée**

CASSATION sur le pourvoi formé par Mme J... Y..., agissant tant en son nom personnel qu'en qualité de représentant légal de ses fils mineurs R... C... et W... C..., parties civiles, contre l'arrêt de la chambre de l'instruction de la cour d'appel de Saint-Denis de la Réunion, en date du 12/12/2017, qui, dans l'information suivie contre MM. E... C... et I... N... du chef d'homicide involontaire, a confirmé l'ordonnance de non-lieu rendue par le juge d'instruction ;

Mais attendu qu'en prononçant ainsi, d'une part, par des motifs inopérants relatifs à l'absence de M. E... C..., d'autre part, sans mieux expliquer en quoi la faute de la victime aurait été la cause exclusive de l'accident alors qu'elle avait relevé des manquements à l'encontre notamment du coordonnateur de sécurité et de l'employeur, la chambre de l'instruction n'a pas justifié sa décision ;

D'où il suit que la cassation est encourue ;

Par ces motifs :

CASSE et ANNULE, en toutes ses dispositions, l'arrêt susvisé de la chambre de l'instruction de la cour d'appel de Saint-Denis de la Réunion, en date du 12/12/2017, et pour qu'il soit à nouveau jugé, conformément à la loi ;

RENVOIE la cause et les parties devant la chambre de l'instruction de la cour d'appel de Saint-Denis de la Réunion, autrement composée, à ce désignée par délibération spéciale prise en chambre du conseil.

La faute de la victime d'un accident mortel du travail n'est de nature à exonérer de leur responsabilité pénale les personnes chargées de la mise en œuvre ou de l'exécution des mesures de sécurité prévues par la loi ou le règlement que s'il est démontré qu'elle a été la cause exclusive de cet accident. Encourt la censure l'arrêt de la chambre de l'instruction qui, pour confirmer l'ordonnance de non-lieu du juge d'instruction, se borne à retenir qu'il n'existe pas de lien de causalité entre les fautes du coordinateur de sécurité et le décès de la victime, qu'il n'est pas démontré que le gérant de l'entreprise qui employait cette dernière, absent le jour des faits, aurait eu connaissance de la situation dans laquelle celle-ci s'est trouvé engagée, et qui ajoute que l'accident a pour causes le non-respect par la victime des consignes de quitter le chantier pour raison de sécurité données le matin même notamment par l'architecte et la personne en charge de la mission d'ordonnancement, pilotage et coordination, ainsi que l'absence d'utilisation, par la victime, des équipements de sécurité à disposition dans le véhicule de l'entreprise, d'une part, sans mieux expliquer en quoi la faute de la victime aurait été la cause exclusive de l'accident alors que les juges avaient relevé des manquements à l'encontre notamment du coordonnateur de sécurité et de l'employeur, d'autre part, en se fondant sur un motif inopérant relatif à l'absence du gérant.

(Cour de cassation – Chambre criminelle du 7 mai 2019 – N° de pourvoi : 18-80418).

• **Assassinats, tentatives d'assassinats et destructions aggravées, en relation avec une entreprise terroriste – Chambre de l'instruction**

M. [N] [K] a formé un pourvoi contre l'arrêt de la chambre de l'instruction de la cour d'appel de PARIS (75), 1re section, en date du 27/01/2021, qui l'a renvoyé devant la cour d'assises spécialement composée de Paris sous l'accusation d'assassinats, tentatives d'assassinats et destructions aggravées, en relation avec une entreprise terroriste.

35. En effet, les juridictions d'instruction apprécient souverainement si les faits personnels retenus à la charge de la mise en examen constituant une infraction, la Cour de cassation n'ayant d'autre pouvoir que de vérifier si, à supposer ces faits établis, la qualification justifie la saisine de la juridiction de jugement.

(Cour de cassation – Chambre criminelle du 19 mai 2021 – N° de pourvoi : 21-80.849).

Article 594. – *(Abrogé)*

Article 595. – Chambre de l'instruction – Règlement d'une procédure – *(Loi n° 2000-516 du 15 juin 2000)*

• Lorsque la chambre de l'instruction statue sur le règlement d'une procédure, tous moyens pris de nullités de l'information doivent lui être proposés, faute de quoi les parties ne sont plus recevables à en faire état, sauf le cas où elles n'auraient pu les connaître, et sans préjudice du droit qui appartient à la Cour de cassation de relever tous moyens d'office.

Article 596. – En matière criminelle

• En matière criminelle et dans le cas où l'accusé a été condamné, si l'arrêt a prononcé une peine autre que celle appliquée par la loi à la nature du crime, l'annulation de l'arrêt pourra être poursuivie tant par le ministère public que par la partie condamnée.

Article 597. – Ministère public

• La même action appartient au ministère public contre les arrêts d'acquittement mentionnés à l'article 363 si la décision a été prononcée sur la base de la non-existence d'une loi pénale qui pourtant aurait existé.

Article 598. – Annulation de l'arrêt

• Lorsque la peine prononcée est la même que celle portée par la loi qui s'applique à l'infraction, nul ne peut demander l'annulation de l'arrêt sous le prétexte qu'il y aurait erreur dans la citation du texte de la loi.

J • **Peines – Peine justifiée – Erreur de qualification – Coups ou violences volontaires avec préméditation – Faits constituant le délit d'administration de substances nuisibles à la santé**

Contre l'arrêt de la cour d'appel d'Orléans, chambre correctionnelle, du 24/05/1994, qui, pour coups ou violences volontaires avec préméditation, l'a condamné à 6 mois d'emprisonnement assorti du sursis simple et 5 000 francs d'amende ainsi qu'à des réparations civiles.

Sont justifiés, selon l'article 598 du C.P.P., la peine prononcée pour coups ou violences volontaires avec préméditation, ainsi que les dommages-intérêts alloués, dès lors que les faits constatés par les juges caractérisent le délit d'administration de substances nuisibles à la santé puni des mêmes peines.

(Cour de cassation – Chambre criminelle du 14 juin 1995 – N° de pourvoi : 94-83025).

Article 599. – Moyens de cassation – Nullités – *(Loi n° 2000-516 du 15 juin 2000)*

• En matière correctionnelle, le prévenu n'est pas recevable à présenter comme moyen de cassation les nullités commises en première instance s'il ne les a pas opposées devant la cour d'appel, à l'exception de la nullité pour cause d'incompétence lorsqu'il y a eu appel du ministère public.

• En matière criminelle, l'accusé n'est pas recevable à présenter comme moyen de cassation les nullités qu'il n'a pas soulevées devant la cour d'assises statuant en appel conformément aux prescriptions de l'article 305-1.

J • **Tentative de chantage – Peine justifiée – Erreur de qualification – Coups ou violences volontaires avec préméditation – Faits constituant le délit d'administration de substances nuisibles à la santé**

Contre l'arrêt de la cour d'appel de POITIERS, chambre correctionnelle, en date du 09/01/2014, qui, pour tentative de chantage, l'a condamné à 2 mois d'emprisonnement avec sursis, et a prononcé sur les intérêts civils;

Attendu, d'une part, que le prévenu est irrecevable à contester pour la 1re fois devant la Cour de cassation l'admission, comme moyen de preuve, de l'enregistrement d'une communication téléphonique auquel il n'a pas consenti;

Attendu, d'autre part, que la cour d'appel, qui retient que la révélation d'une telle liaison aurait été de nature à porter atteinte à la considération de la victime, a, sans insuffisance ni contradiction, caractérisé le délit en tous ses éléments;

D'où il suit que le moyen ne saurait être accueilli;

Et attendu que l'arrêt est régulier en la forme;

REJETTE le pourvoi.

(Cour de cassation – Chambre criminelle du 28 janvier 2015 – N° de pourvoi : 14-81610).

Article 600. – Défense

• Nul ne peut, en aucun cas, se prévaloir contre la partie poursuivie de la violation ou omission des règles établies pour assurer la défense de celle-ci.

CHAPITRE IV

De l'instruction des recours et des audiences

Article 601. – Publicité, police et discipline des audiences

• Les règles concernant la publicité, la police et la discipline des audiences doivent être observées devant la Cour de cassation.

Article 602. – Rapports – Réquisitions

• Les rapports sont faits à l'audience. Les avocats des parties sont entendus dans leurs observations après le rapport, s'il y a lieu. Le ministère public présente ses réquisitions.

J • **Avocats aux conseils – Monopole d'assistance étendue.** – *En raison du monopole qui leur est reconnu, seuls les avocats aux conseils peuvent, en matière de représentation et d'assistance des parties, exercer leur ministère devant la Cour de cassation* (Cass. CRIM. du 14-2-1996 – BCC n° 431).

Article 603. – Recueil des opinions

• Dans les délibérations de la cour, les opinions sont recueillies par le président, suivant l'ordre des nominations, en commençant par le conseiller le plus ancien.

• Le rapporteur opine toujours le premier et le président le dernier.

Article 603-1. – Arrêts Cour de cassation – Matière pénale – *(Loi n° 67-523 du 3 juillet 1967)*

• Les arrêts de la Cour de cassation rendus en matière pénale mentionnent les noms du président, du rapporteur, des autres magistrats qui les ont rendus, de l'avocat général ainsi que des avocats qui ont postulé dans l'instance et, en outre, les nom, prénoms, profession, domicile des parties et les moyens produits.

Article 604. – Pourvoi – *(Loi n° 2011-525 du 17 mai 2011)*

• La Cour de cassation, en toute affaire criminelle, correctionnelle ou de police, peut statuer sur le pourvoi aussitôt après l'expiration d'un délai de dix jours à compter de la réception du dossier.

• Elle doit statuer d'urgence et par priorité et, en tout cas, avant l'expiration d'un délai de trois mois à compter de la réception du dossier lorsque le pourvoi est formé contre un arrêt de renvoi en cour d'assises. Toutefois, dans les cas prévus à l'article 571, ce délai est réduit à deux mois.

CHAPITRE V

Des arrêts rendus par la Cour de cassation

Article 605. – Arrêt d'irrecevabilité – Arrêté de déchéance

• La Cour de cassation, avant de statuer au fond, recherche si le pourvoi a été régulièrement formé. Si elle estime que les conditions légales ne sont pas remplies, elle rend, suivant les cas, un arrêt d'irrecevabilité, ou un arrêt de déchéance.

Article 606. – Arrêté de non-lieu

• La Cour de cassation rend un arrêt de non-lieu à statuer si le pourvoi est devenu sans objet.

J • **Viols aggravés, agression sexuelle aggravée et violences aggravées – Ordonnance de mise en liberté – J.L.D**

M.U... N... a formé un pourvoi contre l'arrêt de la chambre de l'instruction de la cour d'appel de Nîmes, en date du 2 octobre 2020, qui, dans l'information suivie contre lui des chefs de viols aggravés, agression sexuelle aggravée et violences aggravées, a confirmé l'ordonnance du juge des libertés et de la détention rejetant sa demande de mise en liberté.

Un mémoire personnel a été produit.

Vu l'article 606 du C.P.P. :

***1.** Il ressort de la fiche pénale figurant au dossier que M. N... a été remis en liberté par ordonnance du juge d'instruction du 14.10.2020.*

***2.** Il s'ensuit que le pourvoi est devenu sans objet.*

PAR CES MOTIFS, la Cour :

DIT n'y avoir lieu à statuer sur le pourvoi.

(Cour de cassation – Chambre criminelle du 5 janvier 2021 – N° de pourvoi : 20-85.663).

Article 607. – Arrêt de rejet

• Lorsque le pourvoi est recevable, la Cour de cassation, si elle le juge mal fondé, rend un arrêt de rejet.

Article 608. – Désistement d'une partie – *(Loi n° 93-2 du 4 janvier 1993)*

• Sauf décision contraire de la Cour de cassation, l'arrêt donnant acte de désistement d'une partie est enregistré gratis.

Article 609. – Annulation d'un arrêt ou d'un jugement – Matière correctionnelle ou de police – *(Ordonnance n° 58-1296 du 23 décembre 1958 + Décision n° 2022-985 QPC du 1er avril 2022)*

• Lorsque la Cour de cassation annule un arrêt ou un jugement rendu en matière correctionnelle ou de police, elle renvoie le procès et les parties devant une juridiction de même ordre et degré que celle qui a rendu la décision annulée.

Article 609-1. – Annulation d'un arrêt – Chambre de l'instruction – *(Loi n° 2000-1354 du 30 décembre 2000)*

• Lorsque la Cour de cassation annule un arrêt d'une chambre de l'instruction statuant sur un appel d'une ordonnance de règlement, elle renvoie le procès et les parties devant une autre chambre de l'instruction qui devient compétente pour la poursuite de l'ensemble de la procédure.

• Lorsque la Cour de cassation annule un arrêt de chambre de l'instruction autre que ceux visés à l'alinéa précédent, la compétence de la chambre de l'instruction de renvoi est limitée, sauf si la Cour de cassation en décide autrement, à la solution du contentieux qui a motivé sa saisine et, après décision définitive, sous la réserve des dispositions du premier alinéa de l'article 207, il est fait retour du dossier à la chambre de l'instruction primitivement saisie, aux fins prévues, s'il y a lieu, par le deuxième alinéa dudit article ou par le troisième alinéa de l'article 206.

[J] **• Complicité de diffamation publique envers un fonctionnaire – Chambre de l'instruction – Juridiction de renvoi après cassation – Office – Cas – Cassation d'un arrêt statuant sur le règlement d'une procédure – Examen de la régularité de la procédure *(oui)***

M. [X] [I] a formé un pourvoi contre l'arrêt de la chambre de l'instruction de la cour d'appel de SAINT-DENIS-DE-LA-RÉUNION (97), en date du 24/05/2022, qui, sur renvoi après cassation (Crim. 22 juin 2021, n° 21-82.364), a confirmé l'ordonnance du juge d'instruction le renvoyant devant le tribunal correctionnel, sous la prévention de complicité de diffamation publique envers un fonctionnaire.

Il se déduit des articles 206 et 609-1 du C.P.P. qu'il appartient à la chambre de l'instruction, statuant comme juridiction de renvoi après cassation d'un arrêt statuant sur le règlement d'une procédure, d'examiner la régularité de celle-ci et, si elle découvre une cause de nullité, de prononcer la nullité de l'acte qui en est entaché et, s'il convient, celle de tout ou partie de la procédure ultérieure. Encourt dès lors la cassation l'arrêt qui, pour ne pas faire droit à la demande de la personne mise en examen de constater la nullité de la plainte de la partie civile, énonce qu'il n'appartient pas à la chambre de l'instruction saisie de l'appel, après cassation, d'une ordonnance de renvoi devant le tribunal correctionnel, d'examiner la question d'une éventuelle nullité qui relève de la compétence de la juridiction de jugement.

(Cour de cassation – Chambre criminelle du 11 octobre 2022 – N° de pourvoi : 21-84.417).

Article 610. – En matière criminelle – Renvoi du procès – *(Loi n° 2000-1354 du 30 décembre 2000)*

• En matière criminelle, la Cour de cassation prononce le renvoi du procès, savoir :

• – devant une chambre de l'instruction autre que celle qui a prononcé la mise en accusation, si l'arrêt annulé émane d'une chambre de l'instruction ;

• – devant une cour d'assises autre que celle qui a rendu l'arrêt, si l'arrêt est annulé pour cause de nullité commise à la cour d'assises ;

• – devant une cour d'appel autre que celle dans le ressort de laquelle siège la cour d'assises qui a rendu l'arrêt, si l'arrêt est annulé seulement du chef des intérêts civils.

Article 611. – Renvoi à une chambre de l'instruction – *(Loi n° 2000-516 du 15 juin 2000)*

• Lorsque le renvoi aura été fait à une chambre de l'instruction, celle-ci désigne, s'il échet, dans son ressort, la juridiction de jugement. Toutefois, la Cour de cassation peut désigner par avance, même dans un autre ressort, la juridiction criminelle devant laquelle doit, le cas échéant, être renvoyé l'accusé.

Article 612. – En matière correctionnelle ou de police – Annulation

• En matière correctionnelle ou de police, si l'arrêt et la procédure sont annulés pour cause d'incompétence, la Cour de cassation renvoie le procès devant les juges qui doivent en connaître et les désigne.

• La Cour de cassation peut n'annuler qu'une partie de la décision lorsque la nullité ne vicie qu'une ou quelques-unes de ces dispositions.

au cours des débats par un avocat choisi par lui ou, à sa demande, commis d'office. Si la demande en révision ou en réexamen n'a pas été déclarée manifestement irrecevable en application du deuxième alinéa de l'article 624 et que le requérant n'a pas d'avocat, le président de la commission d'instruction lui en désigne un d'office. La victime peut être représentée dans la procédure et assistée au cours des débats par un avocat choisi par elle ou, à sa demande, commis d'office.

Article 624-5. – Saisine par le requérant – *(Loi n° 2014-640 du 20 juin 2014)*
• Le requérant peut, au cours de l'instruction de sa demande, saisir la commission d'instruction des demandes en révision et en réexamen d'une demande écrite et motivée tendant à ce qu'il soit procédé à tous actes qui lui paraissent nécessaires pour l'instruction de sa requête. La commission statue sur la demande, par une décision motivée et non susceptible de recours, dans le délai de trois mois à compter de la réception de la demande.

Article 624-6. – Copie – Dossier – *(Loi n° 2014-640 du 20 juin 2014)*
• Le requérant et la partie civile peuvent se faire délivrer copie de tout ou partie des pièces et actes du dossier. Si le dossier a fait l'objet d'une numérisation, cette copie est remise sous forme numérisée, le cas échéant par un moyen de télécommunication selon les modalités prévues à l'article 803-1. La délivrance de la première copie de chaque pièce ou acte du dossier est gratuite. La délivrance de cette copie doit intervenir dans le mois qui suit la demande de délivrance de cette dernière.

CHAPITRE IV

De la décision de la cour de révision et de réexamen

Article 624-7. – Décision – *(Loi n° 2014-640 du 20 juin 2014)*
• La formation de jugement de la cour de révision et de réexamen rejette la demande si elle l'estime mal fondée. Si elle estime la demande fondée, elle annule la condamnation prononcée, sauf lorsqu'il est fait droit à une demande en réexamen du pourvoi du condamné.
• S'il est possible de procéder à de nouveaux débats contradictoires, la formation de jugement de la cour de révision et de réexamen renvoie le requérant devant une juridiction de même ordre et de même degré, mais autre que celle dont émane la décision annulée. Toutefois, en cas de demande en réexamen et si le réexamen du pourvoi du condamné, dans des conditions conformes à la convention européenne de sauvegarde des droits de l'homme et des libertés fondamentales, est de nature à remédier à la violation constatée par la Cour européenne des droits de l'homme, elle renvoie le requérant devant l'assemblée plénière de la Cour de cassation.
• S'il y a impossibilité de procéder à de nouveaux débats, notamment en cas d'amnistie, de décès, de contumace ou de défaut d'un ou de plusieurs condamnés, d'irresponsabilité pénale, en cas de prescription de l'action ou de la peine, la formation de jugement de la cour de révision et de réexamen, après l'avoir expressément constatée, statue au fond en présence des parties civiles, s'il y en a au procès, et des curateurs nommés par elle à la mémoire de chacun des morts ; dans ce cas, elle annule seulement celles des condamnations qui lui paraissent non justifiées et décharge, s'il y a lieu, la mémoire des morts.
• Si l'impossibilité de procéder à de nouveaux débats ne se révèle qu'après l'arrêt de la cour de révision et de réexamen annulant l'arrêt ou le jugement de condamnation et prononçant le renvoi, la cour, sur la réquisition du ministère public, rapporte la désignation par elle faite de la juridiction de renvoi et statue comme il est dit au troisième alinéa.
• Si l'annulation de la décision à l'égard d'un condamné vivant ne laisse rien subsister à sa charge qui puisse être pénalement qualifié, aucun renvoi n'est prononcé.
• L'annulation de la condamnation entraîne la suppression de la fiche du casier judiciaire. La cour de révision et de réexamen peut également ordonner la suppression des mentions figurant dans les fichiers de police judiciaire, dans le fichier automatisé des empreintes digitales, dans le fichier national automatisé des empreintes génétiques et dans le fichier judiciaire national automatisé des auteurs d'infractions sexuelles ou violentes si, compte tenu de la finalité de ces fichiers, la conservation de ces données n'apparaît plus nécessaire. Dans le cas prévu à l'avant-dernier alinéa, la suppression de ces mentions est obligatoirement ordonnée.

CHAPITRE V

Des demandes de suspension de l'exécution de la condamnation

Article 625. – Saisine de la chambre criminelle – *(Loi n° 2014-640 du 20 juin 2014)*

• La commission d'instruction et la formation de jugement peuvent saisir la chambre criminelle d'une demande de suspension de l'exécution de la condamnation. Le condamné peut également demander la suspension de l'exécution de sa condamnation à la commission d'instruction et à la formation de jugement, qui transmettent sa demande à la chambre criminelle. Les membres de la chambre criminelle qui siègent au sein de la cour de révision et de réexamen ne prennent pas part aux débats ni à la décision.

• La chambre criminelle, lorsqu'elle ordonne la suspension de l'exécution de la condamnation, peut décider que cette suspension est assortie de l'obligation de respecter tout ou partie des conditions d'une libération conditionnelle prévues aux articles 731 et 731-1, y compris, le cas échéant, celles résultant d'un placement sous surveillance électronique mobile.

• Elle précise dans sa décision les obligations et interdictions auxquelles est soumis le condamné, en désignant le juge de l'application des peines sous le contrôle duquel celui-ci est placé. Le juge de l'application des peines peut modifier les obligations et interdictions auxquelles est soumis le condamné, dans les conditions prévues à l'article 712-6.

• Ces obligations et interdictions s'appliquent pendant une durée d'un an, qui peut être prolongée, pour la même durée, par la chambre criminelle.

• En cas de violation par le condamné des obligations et interdictions auxquelles il est soumis, le juge de l'application des peines peut saisir la chambre criminelle pour qu'il soit mis fin à la suspension de l'exécution de la condamnation. Il peut décerner les mandats prévus à l'article 712-17 et ordonner l'incarcération provisoire du condamné en application de l'article 712-19. La chambre criminelle doit alors se prononcer dans un délai d'un mois. Si elle ne met pas fin à la suspension de l'exécution de la condamnation, elle peut modifier les obligations et interdictions auxquelles le condamné est soumis.

• Si la formation de jugement de la cour, statuant en réexamen, annule la condamnation sans ordonner la suspension de son exécution, la personne qui exécute une peine privative de liberté demeure détenue, sans que cette détention puisse excéder la durée de la peine prononcée, jusqu'à la décision, selon le cas, de la Cour de cassation statuant en assemblée plénière ou de la juridiction du fond. Cette décision doit intervenir dans le délai d'un an à compter de la décision d'annulation de la cour de révision et de réexamen. Faute de décision de la Cour de cassation ou de la juridiction du fond dans ce délai, la personne est mise en liberté, à moins qu'elle ne soit détenue pour une autre cause. Pendant ce même délai, la personne est considérée comme placée en détention provisoire et peut former des demandes de mise en liberté dans les conditions prévues aux articles 148-6 et 148-7. Ces demandes sont examinées dans les conditions prévues aux articles 148-1 et 148-2. Toutefois, lorsque la formation de jugement de la cour de révision et de réexamen a renvoyé l'affaire devant l'assemblée plénière de la Cour de cassation, les demandes de mise en liberté sont examinées par la chambre de l'instruction de la cour d'appel dans le ressort de laquelle siège la juridiction ayant condamné l'intéressé.

CHAPITRE VI

Des demandes d'actes préalables

Article 626. – Modalités – *(Loi n° 2014-640 du 20 juin 2014)*

• La personne reconnue coupable d'un crime ou d'un délit par une décision pénale définitive ou, en cas d'incapacité, son représentant légal ou, en cas de décès ou d'absence déclarée, les personnes mentionnées au 4° de l'article 622-2 qui envisagent de saisir la cour de révision et de réexamen d'une demande en révision peuvent saisir le procureur de la République d'une demande écrite et motivée tendant à ce qu'il soit procédé à tous actes qui leur paraissent nécessaires à la production d'un fait nouveau ou à la révélation d'un élément inconnu au jour du procès. La demande doit porter sur des actes déterminés et, lorsqu'elle concerne une audition, préciser l'identité de la personne dont l'audition est souhaitée.

• Le procureur statue sur la demande, par une décision motivée, dans un délai de deux mois à compter de la réception de la demande. En cas de refus, le demandeur peut former un recours auprès du procureur général, qui se prononce dans un délai d'un mois.

CHAPITRE VII

De la réparation à raison d'une condamnation

Article 626-1. – Demande de réparation – *(Loi n° 2014-640 du 20 juin 2014)*

• Sans préjudice du chapitre unique du titre IV du livre Ier du Code de l'organisation judiciaire, un condamné reconnu innocent à la suite d'une révision ou d'un réexamen accordé en application du présent titre a droit à réparation intégrale du préjudice matériel et moral que lui a causé la condamnation. Toutefois, aucune réparation n'est due lorsque la personne a été condamnée pour des faits dont elle s'est librement et volontairement accusée ou laissée accuser à tort en vue de faire échapper l'auteur des faits aux poursuites.

• Peut également demander une réparation, dans les mêmes conditions, toute personne justifiant du préjudice que lui a causé la condamnation.

• À la demande de l'intéressé, le préjudice est évalué par expertise contradictoire réalisée dans les conditions mentionnées à la section 9 du chapitre Ier du titre III du livre Ier du présent code.

• La réparation est allouée par le premier président de la cour d'appel dans le ressort de laquelle réside l'intéressé et suivant la procédure prévue aux articles 149-2 à 149-4. Si la personne en fait la demande, la réparation peut également être allouée par la décision d'où résulte son innocence. Devant la cour d'assises, la réparation est allouée par la cour statuant, comme en matière civile, sans l'assistance des jurés.

• Cette réparation est à la charge de l'État, sauf recours contre la partie civile, le dénonciateur ou le faux témoin par la faute desquels la condamnation a été prononcée. Elle est payée comme frais de justice criminelle, correctionnelle et de police.

• Si le demandeur le requiert, l'arrêt ou le jugement d'où résulte l'innocence du condamné est affiché dans la ville où a été prononcée la condamnation, dans la commune du lieu où le crime ou le délit a été commis, dans celle du domicile du demandeur, dans celles du lieu de naissance et du dernier domicile du condamné, s'il est décédé ou déclaré absent ; dans les mêmes conditions, il est ordonné qu'il soit inséré au Journal officiel et publié par extraits dans cinq journaux au choix de la juridiction qui a prononcé la décision.

• Les frais de la publicité mentionnée à l'avant-dernier alinéa sont à la charge du Trésor.

CHAPITRE VII

LIVRE IV

DE QUELQUES PROCÉDURES PARTICULIÈRES

TITRE Ier

DES RÈGLES DE PROCÉDURE APPLICABLES AUX CRIMES CONTRE L'HUMANITÉ ET AUX CRIMES DE GUERRE

Article 627. – Cour pénale internationale – *(Loi n° 2002-268 du 26 février 2002)*

• Pour l'application du statut de la Cour pénale internationale signé le 18 juillet 1998, la France participe à la répression des infractions et coopère avec cette juridiction dans les conditions fixées par le présent titre.

• Les dispositions qui suivent sont applicables à toute personne poursuivie devant la Cour pénale internationale ou condamnée par celle-ci à raison des actes qui constituent, au sens des articles 6 à 8 et 25 du statut, un génocide, des crimes contre l'humanité ou des crimes de guerre.

SOUS-TITRE Ier

DE LA COOPÉRATION AVEC LA COUR PÉNALE INTERNATIONALE

SOUS-TITRE II

DES JURIDICTIONS COMPÉTENTES POUR LA POURSUITE, L'INSTRUCTION ET LE JUGEMENT DES CRIMES CONTRE L'HUMANITÉ ET DES CRIMES ET DÉLITS DE GUERRE

CHAPITRE Ier

De la coopération judiciaire

Section I

De l'entraide judiciaire

Article 627-1. – Demande d'entraide – *(Loi n° 2020-1672 du 24 décembre 2020)*

• Les demandes d'entraide émanant de la Cour pénale internationale sont adressées aux autorités compétentes en vertu de l'article 87 du statut en original ou en copie certifiée conforme accompagnées de toutes pièces justificatives.

• Ces documents sont transmis au procureur de la République antiterroriste qui leur donne toutes suites utiles.

• En cas d'urgence, ces documents peuvent être transmis directement et par tout moyen à ce magistrat. Ils sont ensuite transmis dans les formes prévues aux alinéas précédents.

Article 627-2. – Exécution – *(Loi n° 2020-1672 du 24 décembre 2020)*

• Les demandes d'entraide sont exécutées, selon les cas, par le procureur de la République antiterroriste ou par le juge d'instruction de Paris qui agissent sur l'ensemble du territoire national en présence, le cas échéant, du procureur près la Cour pénale internationale ou de son représentant, ou de toute autre personne mentionnée dans la demande de la Cour pénale internationale.

• Les procès-verbaux établis en exécution de ces demandes sont adressés à la Cour pénale internationale par les autorités compétentes en vertu de l'article 87 du statut.

• En cas d'urgence, les copies certifiées conformes des procès-verbaux peuvent être adressées directement et par tout moyen à la Cour pénale internationale. Les procès-verbaux sont ensuite transmis dans les formes prévues aux alinéas précédents.

Article 627-3. – Mesures conservatoires – *(Loi n° 2020-1672 du 24 décembre 2020)*

• L'exécution sur le territoire français des mesures conservatoires mentionnées au k du paragraphe 1 de l'article 93 du statut est ordonnée, aux frais avancés du Trésor et selon les modalités prévues par le présent code, par le procureur de la République antiterroriste. La durée maximale de ces mesures est limitée à 2 ans. Elles peuvent être renouvelées dans les mêmes conditions avant l'expiration de ce délai à la demande de la Cour pénale internationale.

• Le procureur de la République antiterroriste transmet aux autorités compétentes, en vertu de l'article 87 du statut, toute difficulté relative à l'exécution de ces mesures, afin que soient menées les consultations prévues aux articles 93, paragraphe 3, et 97 du statut.

Section II
De l'arrestation et de la remise

Article 627-4. – Demandes d'arrestation aux fins de remise délivrées par la Cour pénale internationale – *(Loi n° 2002-268 du 26 février 2002)*

• Les demandes d'arrestation aux fins de remise délivrées par la Cour pénale internationale sont adressées, en original et accompagnées de toutes pièces justificatives, aux autorités compétentes en vertu de l'article 87 du statut qui, après s'être assurées de leur régularité formelle, les transmettent au procureur général près la cour d'appel de Paris et, dans le même temps, les mettent à exécution dans toute l'étendue du territoire de la République.

• En cas d'urgence, ces demandes peuvent aussi être adressées directement et par tout moyen au procureur de la République territorialement compétent. Elles sont ensuite transmises dans les formes prévues à l'alinéa précédent.

Article 627-5. – Personne appréhendée – Demande d'arrestation – *(Loi n° 2011-392 du 14 avril 2011)*

• Toute personne appréhendée en vertu d'une demande d'arrestation aux fins de remise doit être déférée dans les vingt-quatre heures au procureur de la République territorialement compétent. Dans ce délai, les dispositions des articles 63-1 à 63-7 du présent code lui sont applicables.

• Après avoir vérifié l'identité de cette personne, ce magistrat l'informe, dans une langue qu'elle comprend, qu'elle fait l'objet d'une demande d'arrestation aux fins de remise et qu'elle comparaîtra, dans un délai maximum de cinq jours, devant le procureur général près la cour d'appel de Paris. Le procureur de la République l'informe également qu'elle pourra être assistée par un avocat de son choix ou, à défaut, par un avocat commis d'office par le bâtonnier de l'ordre des avocats, informé sans délai et par tout moyen. Il l'avise de même qu'elle pourra s'entretenir immédiatement avec l'avocat désigné.

• Mention de ces informations est faite au procès-verbal, qui est aussitôt transmis au procureur général près la cour d'appel de Paris.

• S'il décide de ne pas laisser en liberté la personne réclamée, le procureur de la République la présente au juge des libertés et de la détention qui ordonne son incarcération à la maison d'arrêt. Toutefois, s'il estime que sa représentation à tous les actes de la procédure est suffisamment garantie au regard des principes édictés à l'article 59 de la convention portant statut de la Cour pénale internationale signée à Rome le 18 juillet 1998, le juge des libertés et de la détention peut soumettre la personne réclamée, jusqu'à sa comparution devant la chambre de l'instruction, à une ou plusieurs des mesures prévues aux articles 138 et 142-5. L'article 696-21 est applicable.

Article 627-6. – Transfèrement – *(Loi n° 2002-268 du 26 février 2002)*

• La personne réclamée est transférée, s'il y a lieu, et écrouée à la maison d'arrêt du ressort de la cour d'appel de Paris. Le transfèrement doit avoir lieu dans un délai maximum de cinq jours à compter de sa présentation au procureur de la République, faute de quoi la personne réclamée est immédiatement libérée sur décision du président de la chambre de l'instruction de la cour d'appel de Paris, à moins que le transfèrement ait été retardé par des circonstances insurmontables.

• Le procureur général près cette même cour lui notifie, dans une langue qu'elle comprend, la demande d'arrestation aux fins de remise ainsi que les chefs d'accusation portés contre elle.

• Lorsque la personne réclamée a déjà demandé l'assistance d'un avocat et que celui-ci a été dûment convoqué, le procureur général reçoit ses déclarations.

• Dans les autres cas, ce magistrat lui rappelle son droit de choisir un avocat ou de demander qu'il lui en soit désigné un d'office. L'avocat choisi ou, dans le cas d'une demande de commission d'office, le bâtonnier de l'ordre des avocats en est informé par tout moyen et sans délai. L'avocat peut consulter sur-le-champ le dossier et communiquer librement avec la personne réclamée. Le procureur général reçoit les déclarations de cette dernière après l'avoir avertie qu'elle est libre de ne pas en faire. Mention de cet avertissement est faite au procès-verbal.

Article 627-7. – Chambre de l'instruction – Saisie de la procédure – *(Loi n° 2002-268 du 26 février 2002)*

• La chambre de l'instruction est immédiatement saisie de la procédure. La personne réclamée comparaît devant elle dans un délai de huit jours à compter de sa présentation au procureur général. Sur la demande de ce dernier ou de la personne réclamée, un délai supplémentaire de huit jours peut être accordé avant les débats. Il est ensuite procédé à un interrogatoire dont il est dressé procès-verbal.

• Les débats se déroulent et l'arrêt est rendu en audience publique, sauf si la publicité est de nature à nuire au bon déroulement de la procédure en cours, aux intérêts d'un tiers ou à la dignité de la personne. Dans ce cas, la chambre de l'instruction, à la demande du ministère public, de la personne réclamée ou d'office, statue par un arrêt rendu en chambre du conseil qui n'est susceptible de pourvoi en cassation qu'en même temps que l'arrêt portant sur la remise prévue à l'article 627-8.

• Le ministère public et la personne réclamée sont entendus, cette dernière assistée, le cas échéant, de son avocat et, s'il y a lieu, en présence d'un interprète.

Article 627-8. – Chambre de l'instruction – Comparution de la personne réclamée – *(Loi n° 2002-268 du 26 février 2002)*

• Lorsque la chambre de l'instruction constate qu'il n'y a pas d'erreur évidente, elle ordonne la remise de la personne réclamée et, si celle-ci est libre, son incarcération à cette fin. Toute autre question soumise à la chambre de l'instruction est renvoyée à la Cour pénale internationale qui lui donne les suites utiles.

• La chambre de l'instruction statue dans les quinze jours de la comparution devant elle de la personne réclamée. En cas de pourvoi, la chambre criminelle de la Cour de cassation statue dans un délai de deux mois suivant la réception du dossier à la Cour de cassation.

Article 627-9. – Demande – Mise en liberté, mainlevée – Contrôle judiciaire – Assignation à résidence – *(Loi n° 2011-392 du 14 avril 2011)*

• La mise en liberté ou la mainlevée ou la modification du contrôle judiciaire ou de l'assignation à résidence sous surveillance électronique peut être demandée à tout moment à la chambre de l'instruction de la cour d'appel de Paris qui procède conformément à l'article 59 du statut et à la procédure prévue aux articles 148-1 et suivants du présent code.

• La chambre de l'instruction statue par un arrêt rendu en audience publique et motivé par référence aux dispositions du paragraphe 4 de l'article 59 susvisé.

Article 627-10. – Information de la Cour pénale internationale – *(Loi n° 2002-268 du 26 février 2002)*

• L'arrêt rendu par la chambre de l'instruction et, le cas échéant, le lieu et la date de la remise de la personne réclamée, ainsi que la durée de la détention subie en vue de cette remise, sont portés à la connaissance de la Cour pénale internationale, par tout moyen, par les autorités compétentes en vertu de l'article 87 du statut.

• La personne réclamée est remise dans un délai d'un mois à compter du jour où cette décision est devenue définitive, faute de quoi elle est immédiatement libérée sur décision du président de la chambre de l'instruction, à moins que sa remise ait été retardée par des circonstances insurmontables.

Article 627-11. – Autres chefs que ceux visés par demande Cour pénale internationale – *(Loi n° 2002-268 du 26 février 2002)*

• Les dispositions des articles 627-4 à 627-10 sont également applicables si la personne réclamée est poursuivie ou condamnée en France pour d'autres chefs que ceux visés par la demande de la Cour pénale internationale. Toutefois, la personne détenue dans ces conditions ne peut bénéficier d'une mise en liberté au titre des articles 627-6, 627-9 et du second alinéa de l'article 627-10.

• La procédure suivie devant la Cour pénale internationale suspend, à l'égard de cette personne, la prescription de l'action publique et de la peine.

Article 627-12. – Transit sur le territoire français – *(Loi n° 2002-268 du 26 février 2002)*

• Le transit sur le territoire français est autorisé conformément à l'article 89 du statut par les autorités compétentes en vertu de l'article 87 du statut.

Article 627-13. – Extension des conditions de remise – *(Loi n° 2002-268 du 26 février 2002)*

• Lorsque la cour sollicite l'extension des conditions de la remise accordée par les autorités françaises, la demande est transmise aux autorités compétentes en vertu de l'article 87 du statut, qui la communiquent, avec toutes les pièces justificatives ainsi que les observations éventuelles de l'intéressé, à la chambre de l'instruction de la cour d'appel de Paris.

• Si, au vu des pièces considérées et, le cas échéant, des explications de l'avocat de la personne concernée, la chambre de l'instruction constate qu'il n'y a pas d'erreur évidente, elle autorise l'extension sollicitée.

Article 627-14. – Arrestation provisoire – *(Loi n° 2002-268 du 26 février 2002)*

• La personne qui a fait l'objet d'une arrestation provisoire dans les conditions prévues à l'article 92 du statut peut, si elle y consent, être remise à la Cour pénale internationale avant que les autorités compétentes en vertu de l'article 87 du statut aient été saisies d'une demande formelle de remise de la part de la juridiction internationale.

• La décision de remise est prise par la chambre de l'instruction de la cour d'appel de Paris après que celle-ci a informé la personne concernée de son droit à une procédure formelle de remise et a recueilli son consentement.

• Au cours de son audition par la chambre de l'instruction, la personne concernée peut se faire assister par un avocat de son choix ou, à défaut, par un avocat commis d'office par le bâtonnier et, s'il y a lieu, par un interprète.

• La personne qui a fait l'objet d'une arrestation provisoire dans les conditions prévues à l'article 92 du statut et qui n'a pas consenti à être remise à la cour peut être libérée si les autorités compétentes en vertu de l'article 87 du statut ne reçoivent pas de demande formelle de remise dans le délai prescrit par le règlement de procédure et de preuve de cette juridiction internationale.

• La libération est décidée par la chambre de l'instruction sur requête présentée par l'intéressé. La chambre de l'instruction statue dans les huit jours de la comparution devant elle de la personne arrêtée.

Article 627-15. – Transfèrement à la Cour pénale internationale – *(Loi n° 2002-268 du 26 février 2002)*

• Toute personne détenue sur le territoire de la République peut, si elle y consent, être transférée à la Cour pénale internationale à des fins d'identification ou d'audition ou pour l'accomplissement de tout autre acte d'instruction. Le transfert est autorisé par le ministre de la justice.

CHAPITRE II

De l'exécution des peines et des mesures de réparation prononcées par la Cour pénale internationale

Section I

De l'exécution des peines d'amende et de confiscation ainsi que des mesures de réparation en faveur des victimes

Article 627-16. – Procédure

• Lorsque la Cour pénale internationale en fait la demande, l'exécution des peines d'amende et de confiscation ou des décisions concernant les réparations prononcées par celle-ci est autorisée par le tribunal correctionnel de Paris saisi, à cette fin, par le procureur de la République. La procédure suivie devant le tribunal correctionnel obéit aux règles du présent code.

• Le tribunal est lié par la décision de la Cour pénale internationale, y compris en ce qui concerne les dispositions relatives aux droits des tiers. Toutefois, dans le cas d'exécution d'une ordonnance de confiscation, il peut ordonner toutes les mesures destinées à permettre de récupérer la valeur du produit, des biens ou des avoirs dont la cour a ordonné la confiscation, lorsqu'il apparaît que l'ordonnance de confiscation ne peut pas être exécutée. Le tribunal entend le condamné ainsi que toute personne ayant des droits sur les biens, au besoin par commission rogatoire. Ces personnes peuvent se faire représenter par un avocat.

• Lorsque le tribunal constate que l'exécution d'une ordonnance de confiscation ou de réparation aurait pour effet de porter préjudice à un tiers de bonne foi qui ne peut relever appel de ladite ordonnance, il en informe le procureur de la République aux fins de renvoi de la question à la Cour pénale internationale qui lui donne toutes suites utiles.

Article 627-17. – Produit des amendes et des biens confisqués...

• L'autorisation d'exécution rendue par le tribunal correctionnel en vertu de l'article précédent entraîne, selon la décision de la Cour pénale internationale, transfert du produit des amendes et des biens confisqués ou du produit de leur vente à la cour ou au fonds en faveur des victimes. Ces biens ou sommes peuvent également être attribués aux victimes, si la cour en a décidé et a procédé à leur désignation.

• Toute contestation relative à l'affectation du produit des amendes, des biens ou du produit de leur vente est renvoyée à la Cour pénale internationale qui lui donne les suites utiles.

Section II

De l'exécution des peines d'emprisonnement

Article 627-18. – Modalités d'exécution

• Lorsque, en application de l'article 103 du statut, le Gouvernement a accepté de recevoir une personne condamnée par la Cour pénale internationale sur le territoire de la République afin que celle-ci y purge sa peine d'emprisonnement, la condamnation prononcée est directement et immédiatement exécutoire dès le transfert de cette personne sur le sol national, pour la partie de peine restant à subir.

• Sous réserve des dispositions du statut et de la présente section, l'exécution et l'application de la peine sont régies par les dispositions du présent code, à l'exception des articles 728-2 à 728-8.

Article 627-19. – Présentation au procureur de la République

• Dès son arrivée sur le territoire de la République, la personne transférée est présentée au procureur de la République du lieu d'arrivée, qui procède à son interrogatoire d'identité et en dresse procès-verbal. Toutefois, si l'interrogatoire ne peut être immédiatement effectué, la personne est conduite à la maison d'arrêt où elle ne peut être détenue plus de vingt-quatre heures. À l'expiration de ce délai, elle est conduite d'office devant le procureur de la République par les soins du chef d'établissement.

• Au vu des pièces constatant l'accord entre le Gouvernement français et la Cour pénale internationale concernant le transfert de l'intéressé, d'une copie certifiée conforme du jugement de condamnation et d'une notification par la cour de la date de début d'exécution de la peine et de la durée restant à accomplir, le procureur de la République ordonne l'incarcération immédiate de la personne condamnée.

Article 627-20. – Requête – *(Loi n° 2019-222 du 23 mars 2019)*

• Si la personne condamnée dépose une demande de placement à l'extérieur, de semi-liberté, de réduction de peine, de fractionnement ou de suspension de peine, de détention à domicile sous surveillance électronique ou de libération conditionnelle, sa requête est adressée au procureur général près la cour d'appel dans le ressort de laquelle elle est incarcérée qui la transmet au ministre de la justice.

• Celui-ci communique la requête à la Cour pénale internationale dans les meilleurs délais, avec tous les documents pertinents.

• La Cour pénale internationale décide si la personne condamnée peut ou non bénéficier de la mesure considérée. Lorsque la décision de la cour est négative, le Gouvernement indique à la cour s'il accepte de garder la personne condamnée sur le territoire de la République ou s'il entend demander son transfert dans un autre État qu'elle aura désigné.

SOUS-TITRE II

DES JURIDICTIONS COMPÉTENTES POUR LA POURSUITE, L'INSTRUCTION ET LE JUGEMENT DES CRIMES CONTRE L'HUMANITÉ ET DES CRIMES ET DÉLITS DE GUERRE

Article 628. –Poursuite – *(Loi n° 2019-222 du 23 mars 2019)*

• Les crimes contre l'humanité et les crimes et délits de guerre, ainsi que les infractions qui leur sont connexes, sont poursuivis, instruits et jugés selon les règles du présent code sous réserve des dispositions du présent sous-titre.

Nota: Conformément au XVIII de l'article 109 de la loi n° 2019-222 du 23/03/2019, ces dispositions entrent en vigueur à une date fixée par décret, et au plus tard le 01/01/2020. Les dispositions du sous-titre II du titre Ier du livre IV du C.P.P., dans leur rédaction résultant de la présente loi, sont applicables aux faits pouvant être qualifiés de crime contre l'humanité et de crimes ou délits de guerre commis avant l'entrée en vigueur de ces dispositions et qui peuvent être réprimés sous une autre qualification pénale en vigueur au moment où ils ont été commis.

Conformément à l'article 1er du décret n° 2019-628 du 24 juin 2019, ces dispositions entrent en vigueur le 1er juillet 2019.

Article 628-1. – Compétences – *(Loi n° 2020-1672 du 24 décembre 2020)*

• Pour la poursuite, l'instruction et le jugement des infractions entrant dans le champ d'application de l'article 628, le procureur de la République antiterroriste , le pôle de l'instruction et la cour d'assises de Paris exercent une compétence concurrente à celle qui résulte de l'application des articles 43 et 52.

• En ce qui concerne les mineurs, le procureur de la République antiterroriste, le pôle de l'instruction, le tribunal pour enfants et la cour d'assises des mineurs de Paris exercent une compétence concurrente à celle qui résulte de l'application de l'ordonnance n° 45-174 du 2 février 1945 relative à l'enfance délinquante.

• Lorsqu'ils sont compétents pour la poursuite et l'instruction des infractions entrant dans le champ d'application de l'article 628, le procureur de la République antiterroriste et le pôle de l'instruction de Paris exercent leurs attributions sur toute l'étendue du territoire national.

• Par dérogation à l'article 34, le ministère public près la cour d'assises statuant en 1re instance est représenté, lorsqu'il exerce sa compétence pour la poursuite des infractions entrant dans le champ d'application de l'article 628, par le procureur de la République antiterroriste en personne ou par ses substituts. En appel, le procureur général peut se faire représenter par le procureur de la République antiterroriste ou l'un de ses substituts.

• Par dérogation au 2^d alinéa de l'article 380-1, en cas d'appel d'un arrêt de la cour d'assises de Paris compétente en application du présent article, le premier président de la cour d'appel de Paris ou la chambre criminelle de la Cour de cassation peut désigner cette même cour d'assises, autrement composée, pour connaître de l'appel.

Nota: Idem sous l'article 628

Article 628-2. – Réquisition et dessaisissement – *(Ordonnance n° 2019-964 du 18 septembre 2019)*

• Le procureur de la République près un tribunal judiciaire autre que celui de Paris peut, pour les infractions entrant dans le champ d'application de l'article 628, requérir le collège de l'instruction de se dessaisir au profit de la juridiction d'instruction de Paris. Les parties sont préalablement avisées et invitées à faire connaître leurs observations par le collège de l'instruction ; l'ordonnance est rendue 8 jours au plus tôt et 1 mois au plus tard à compter de cet avis.

• L'ordonnance par laquelle le collège de l'instruction se dessaisit ne prend effet qu'à compter du délai de 5 jours prévu à l'article 628-6 ; lorsqu'un recours est exercé en application de ce même article, le collège de l'instruction demeure saisi jusqu'à ce que l'arrêt de la chambre criminelle de la Cour de cassation soit porté à sa connaissance.

• Dès que l'ordonnance est devenue définitive, le procureur de la République adresse le dossier de la procédure au procureur de la République antiterroriste.

• Le présent article est applicable devant la chambre de l'instruction.

Article 628-3. – Déclaration d'incompétence – *(Loi n° 2019-222 du 23 mars 2019)*

• Lorsqu'il apparaît au collège de l'instruction de Paris que les faits dont il a été saisi ne constituent pas une des infractions entrant dans le champ d'application de l'article 628 et ne relèvent pas de sa compétence à un autre titre, ce magistrat se déclare incompétent soit sur requête du procureur de la République antiterroriste, soit, après avis de ce dernier, d'office ou sur requête des parties. Celles des parties qui n'ont pas présenté une requête sont préalablement avisées et invitées à faire connaître leurs observations ; l'ordonnance est rendue au plus tôt 8 jours après cet avis.

• Le 2e alinéa de l'article 628-2 est applicable à l'ordonnance par laquelle le collège de l'instruction de Paris se déclare incompétent.

• Dès que l'ordonnance est devenue définitive, le procureur de la République antiterroriste adresse le dossier de la procédure au procureur de la République territorialement compétent.

• Le présent article est applicable lorsque la chambre de l'instruction de la cour d'appel de Paris statue sur sa compétence.

Nota : Idem sous l'article 628

Article 628-4. – Pourvoi – *(Loi n° 2011-1862 du 13 décembre 2011)*

• Lorsque le tribunal correctionnel ou le tribunal pour enfants de Paris se déclare incompétent pour les motifs prévus à l'article 628-3, il renvoie le ministère public à se pourvoir ainsi qu'il avisera ; il peut, le ministère public entendu, décerner, par la même décision, mandat de dépôt ou d'arrêt contre le prévenu.

Article 628-5. – Mandat de dépôt ou d'arrêt – *(Loi n° 2011-1862 du 13 décembre 2011)*

• Dans les cas prévus aux articles 628-2 à 628-4, le mandat de dépôt ou d'arrêt conserve sa force exécutoire ; les actes de poursuite ou d'instruction et les formalités intervenus avant que la décision de dessaisissement ou d'incompétence soit devenue définitive n'ont pas à être renouvelés.

Article 628-6. – Chambre criminelle de la Cour de cassation – *(Ordonnance n° 2019-964 du 18 septembre 2019)*

• Toute ordonnance rendue sur le fondement des articles 628-2 ou 628-3 par laquelle un collège de l'instruction statue sur son dessaisissement ou le collège de l'instruction de Paris statue sur sa compétence peut, à l'exclusion de toute autre voie de recours, être déférée dans les 5 jours de sa notification, à la requête du ministère public ou des parties, à la chambre criminelle de la Cour de cassation qui désigne, dans les 8 jours suivant la date de réception du dossier, la juridiction chargée de poursuivre l'information. Le ministère public peut également saisir directement la chambre criminelle de la Cour de cassation lorsque le collège de l'instruction n'a pas rendu son ordonnance dans le délai d'un mois prévu au 1er alinéa de l'article 628-2.

• La chambre criminelle qui constate que le collège de l'instruction du tribunal judiciaire de Paris n'est pas compétent peut néanmoins, dans l'intérêt d'une bonne administration de la justice, décider que l'information est poursuivie à ce tribunal.

• L'arrêt de la chambre criminelle est porté à la connaissance du collège de l'instruction ainsi qu'à celle du ministère public et signifié aux parties.

• Le présent article est applicable à l'arrêt rendu sur le fondement du dernier alinéa des articles 628-2 et 628-3 par lequel une chambre de l'instruction statue sur son dessaisissement ou sa compétence.

Article 628-7. – Décision – *(Loi n° 2020-1672 du 24 décembre 2020)*

• Par dérogation à l'article 712-10, sont seuls compétents le juge de l'application des peines du tribunal judiciaire de Paris, le tribunal de l'application des peines de Paris et la chambre de l'application des peines de la cour d'appel de Paris pour prendre les décisions concernant les personnes condamnées pour une infraction entrant dans le champ d'application de l'article 628, quel que soit le lieu de détention ou de résidence du condamné.

• Ces décisions sont prises après avis du juge de l'application des peines compétent en application de l'article 712-10.

• Pour l'exercice de leurs attributions, les magistrats des juridictions mentionnées au 1er alinéa du présent article peuvent se déplacer sur l'ensemble du territoire national, sans préjudice de l'application de l'article 706-71 sur l'utilisation de moyens de télécommunication.

• Le ministère public auprès des juridictions du 1er degré de Paris compétentes en application du présent article est représenté par le procureur de la République antiterroriste en personne ou par ses substituts.

Article 628-8. – Application – *(Loi n° 2011-1862 du 13 décembre 2011)*

• Le chapitre II du titre XXV du présent livre IV, à l'exception des articles 706-88-1 et 706-88-2, est applicable à l'enquête, la poursuite et l'instruction des crimes entrant dans le champ d'application de l'article 628.

• Pour l'application du sixième alinéa de l'article 706-88, l'intervention de l'avocat peut être différée pendant une durée maximale de soixante-douze heures.

Article 628-9. – Assistant spécialisé – *(Loi n° 2011-1862 du 13 décembre 2011)*

• Peuvent exercer les fonctions d'assistant spécialisé auprès des juridictions et magistrats mentionnés à l'article 628-1 les fonctionnaires de catégories A et B ainsi que les personnes titulaires, dans des matières définies par décret, d'un diplôme national sanctionnant une formation d'une durée au moins égale à quatre années d'études supérieures après le baccalauréat qui remplissent les conditions d'accès à la fonction publique et justifient d'une expérience professionnelle minimale de quatre années.

• Les assistants spécialisés suivent une formation obligatoire préalable à leur entrée en fonction.

• Les assistants spécialisés participent aux procédures sous la responsabilité des magistrats, sans pouvoir toutefois recevoir délégation de signature, sauf pour les réquisitions prévues aux articles 60-1,60-2,77-1-2,99-3 et 99-4.

• Ils accomplissent toutes les tâches qui leur sont confiées par les magistrats et peuvent notamment:

• 1° Assister les juges d'instruction dans tous les actes d'information;

• 2° Assister les magistrats du ministère public dans l'exercice de l'action publique;

• 3° Assister les officiers de police judiciaire agissant sur délégation des magistrats;

• 4° Remettre aux magistrats des documents de synthèse ou d'analyse qui peuvent être versés au dossier de la procédure;

• 5° Mettre en œuvre le droit de communication reconnu aux magistrats en application de l'article 132-22 du Code pénal.

• Le procureur général peut leur demander d'assister le ministère public devant la juridiction d'appel.

• Ils ont accès au dossier de la procédure pour l'exécution des tâches qui leur sont confiées et sont soumis au secret professionnel sous les peines prévues à l'article 226-13 du même code.

• Un décret en Conseil d'État précise les modalités d'application du présent article, notamment la durée pour laquelle les assistants spécialisés sont nommés et les modalités selon lesquelles ils prêtent serment.

Article 628-10. – Crimes de torture – Crimes de disparition forcée – *(Loi n° 2019-222 du 23 mars 2019)*

• Le présent sous-titre est également applicable, lorsque la loi pénale française est applicable, aux crimes de torture au sens de l'article 1er de la convention contre la torture et autres peines ou traitements cruels, inhumains ou dégradants adoptée à New York le 10 décembre 1984 ainsi qu'aux crimes de disparition forcée.

Nota: Idem sous l'article 628

TITRE Ier *BIS*

DE LA QUESTION PRIORITAIRE DE CONSTITUTIONNALITÉ

Article LO. 630. – Question – *(Loi organique n° 2009-1523 du 10 décembre 2009)*

• Les conditions dans lesquelles le moyen tiré de ce qu'une disposition législative porte atteinte aux droits et libertés garantis par la Constitution peut être soulevé dans une instance pénale, ainsi que les conditions dans lesquelles le Conseil constitutionnel peut être saisi par la Cour de cassation de la question prioritaire de constitutionnalité, obéissent aux règles définies par les articles 23-1 à 23-7 de l'ordonnance n° 58-1067 du 7 novembre 1958 portant loi organique sur le Conseil constitutionnel.

TITRE II

DU FAUX

Article 642. – Procureur de la République

• Lorsqu'il est porté à la connaissance du procureur de la République qu'une pièce arguée de faux figure dans un dépôt public ou a été établie dans un dépôt public, le procureur de la République peut se transporter dans ce dépôt pour procéder à tous examens et vérifications nécessaires.

• Le procureur de la République ne peut déléguer les pouvoirs ci-dessus à un officier de police judiciaire.

• Le procureur de la République peut, en cas d'urgence, ordonner le transport au greffe des documents suspectés.

Article 643. – Juge d'instruction

• Dans toute information pour faux en écritures, le juge d'instruction, aussitôt que la pièce arguée de faux a été produite devant lui ou a été placée sous-main de justice, en ordonne le dépôt au greffe. Il la revêt de sa signature ainsi que le greffier qui dresse du dépôt un acte décrivant l'état de la pièce.

• Toutefois, avant le dépôt au greffe, le juge d'instruction peut ordonner que la pièce soit reproduite par photographie ou par tout autre moyen.

Article 644. – Pièces de comparaison

• Le juge d'instruction peut se faire remettre par qui il appartiendra et saisir toutes pièces de comparaison. Celles-ci sont revêtues de sa signature et de celle du greffier qui en fait un acte descriptif comme il est dit à l'article précédent.

Article 645. – Remise des pièces de comparaison

• Tout dépositaire public de pièces arguées de faux, ou ayant servi à établir des faux, est tenu, sur ordonnance du juge d'instruction, de les lui remettre et de fournir, le cas échéant, les pièces de comparaison qui sont en sa possession.

• Si les pièces ainsi remises par un officier public ou saisies entre ses mains ont le caractère d'actes authentiques, il peut demander à ce qu'il lui en soit laissé une copie, certifiée conforme par le greffier, ou une reproduction par photographie ou par tout autre moyen.

• Ladite copie ou reproduction est mise au rang des minutes de l'office jusqu'à restitution de la pièce originale.

Article 646. – Audience d'un tribunal ou d'une cour

• Si au cours d'une audience d'un tribunal ou d'une cour une pièce de la procédure, ou une pièce produite, est arguée de faux, la juridiction décide, après avoir recueilli les observations du ministère public et des parties, s'il y a lieu ou non de surseoir jusqu'à ce qu'il ait été prononcé sur le faux par la juridiction compétente.

• Si l'action publique est éteinte ou ne peut être exercée du chef de faux, et s'il n'apparaît pas que celui qui a produit la pièce ait fait sciemment usage d'un faux, le tribunal ou la cour saisi de l'action principale statue incidemment sur le caractère de la pièce prétendue entachée de faux.

Article 647. – Demande en inscription de faux – *(Loi n° 67-523 du 3 juillet 1967)*

• La demande en inscription de faux contre une pièce produite devant la Cour de cassation est adressée au premier président. Elle est déposée au greffe. Elle est signée par le demandeur ou par un avocat au Conseil d'État et à la Cour de cassation ou par un fondé de pouvoir spécial. Dans ce dernier cas, le pouvoir est annexé à l'acte dressé par le greffier. Si la personne qui dépose la demande ne peut signer, le greffier en fait mention.

Article 647-1. – Ordonnances – *(Loi n° 67-523 du 3 juillet 1967)*

• Le premier président statue dans le mois du dépôt de la requête au greffe, après avis du procureur général.

• Il rend une ordonnance de rejet ou une ordonnance portant permission de s'inscrire en faux.

• En cas de rejet et sauf s'il en est expressément dispensé, le demandeur est condamné au paiement d'une amende dont le taux est fixé par décret.

Article 647-2. – Signification – *(Loi n° 67-523 du 3 juillet 1967)*

• L'ordonnance portant permission de s'inscrire en faux est signifiée au défendeur dans le délai de quinze jours, avec sommation de déclarer s'il entend se servir de la pièce arguée de faux.

• À cette sommation doit être jointe une copie de la requête et de l'ordonnance portant permission de s'inscrire en faux.

Article 647-3. – Réponse du défendeur – *(Loi n° 67-523 du 3 juillet 1967)*

• Créé par Loi 67-523 1967-07-03 art. 20-II JORF 4 juillet 1967 en vigueur le 1er janvier 1968

• Le défendeur doit répondre, dans un délai de quinze jours, s'il entend ou n'entend pas se servir de la pièce arguée de faux.

• Cette déclaration est signifiée au demandeur.

Article 647-4. – Pourvoi – *(Loi n° 67-523 du 3 juillet 1967)*

• Dans le cas où le défendeur entend se servir de la pièce arguée de faux, le premier président doit renvoyer les parties à se pourvoir devant telle juridiction qu'il désignera pour y être procédé, suivant la loi, au jugement de l'inscription de faux incident.

TITRE III

DE LA MANIÈRE DE PROCÉDER EN CAS DE DISPARITION DES PIÈCES D'UNE PROCÉDURE

Article 648. – Destruction, enlèvement, égarement

• Lorsque, par suite d'une cause extraordinaire, des minutes d'arrêts ou de jugements rendus en matière criminelle, correctionnelle ou de police, et non encore exécutés, ou des procédures en cours et leurs copies établies conformément à l'article 81 ont été détruites, enlevées ou se trouvent égarées ou qu'il n'a pas été possible de les rétablir, il est procédé ainsi qu'il suit.

Article 649. – Ordre – Décharge

• S'il existe une expédition ou copie authentique du jugement ou de l'arrêt, elle est considérée comme minute et en conséquence remise par tout officier public ou tout dépositaire au greffe de la juridiction qui a rendu la décision, sur l'ordre qui lui en est donné par le président de cette juridiction.

• Cet ordre lui sert de décharge.

Article 650. – Prononcé d'un nouvel arrêt

• Lorsqu'il n'existe plus en matière criminelle d'expédition ni de copie authentique de l'arrêt, mais s'il existe encore la déclaration de la cour et du jury mentionnée sur la feuille de questions, comme il est dit à l'article 364, il est procédé, d'après cette déclaration, au prononcé d'un nouvel arrêt.

Article 651. – Recommencement de l'instruction

• Lorsque la déclaration de la cour et du jury ne peut plus être représentée ou lorsque l'a faire a été jugée par contumace et qu'il n'en existe aucun acte par écrit, l'instruction est recommencée à partir du point où les pièces se trouvent manquer.

• Il en est de même en toute autre matière, lorsqu'il n'existe plus d'expédition ni de copie authentique de la décision.

TITRE IV

DE LA MANIÈRE DONT SONT REÇUES LES DÉPOSITIONS DES MEMBRES DU GOUVERNEMENT ET CELLES DES REPRÉSENTANTS DES PUISSANCES ÉTRANGÈRES

Article 652. – 1er ministre et membres du Gouvernement – *(Loi n° 2000-516 du 15 juin 2000)*

• Le Premier ministre et les autres membres du Gouvernement ne peuvent comparaître comme témoins qu'après autorisation du conseil des ministres, sur le rapport du garde des sceaux, ministre de la justice.

• Cette autorisation est donnée par décret.

• Les dispositions de cet article ne s'appliquent pas aux membres du Gouvernement entendus comme témoin assisté.

Article 653. – Comparution – Déposition

• Lorsque la comparution a lieu en vertu de l'autorisation prévue à l'article précédent, la déposition est reçue dans les formes ordinaires.

Article 654. – Comparution non demandée ou non autorisée – *(Ordonnance n° 2019-964 du 18 septembre 2019)*

• Lorsque la comparution n'a pas été demandée ou n'a pas été autorisée, la déposition est reçue par écrit dans la demeure du témoin, par le 1er président de la cour d'appel ou, si le témoin réside hors du chef-lieu de la cour, par le président du tribunal judiciaire de sa résidence.

• Il sera, à cet effet, adressé par la juridiction saisie de l'affaire, au magistrat ci-dessus désigné, un exposé des faits ainsi qu'une liste des demandes et questions sur lesquels le témoignage est requis.

Article 655. – Déposition

• La déposition ainsi reçue est immédiatement remise au greffe ou envoyée, close et cachetée, à celui de la juridiction requérante et communiquée, sans délai, au ministère public ainsi qu'aux parties intéressées.

• À la cour d'assises, elle est lue publiquement et soumise aux débats.

Article 656. – Déposition écrite d'un représentant d'une puissance étrangère

• La déposition écrite d'un représentant d'une puissance étrangère est demandée par l'entremise du ministre des affaires étrangères. Si la demande est agréée, cette déposition est reçue par le premier président de la cour d'appel ou par le magistrat qu'il aura délégué.

• Il est alors procédé dans les formes prévues aux articles 654, alinéa 2, et 655.

TITRE IV *bis*

DE LA MANIÈRE DONT SONT REÇUES LES DÉPOSITIONS DES PERSONNELS DE CERTAINS SERVICES OU UNITÉS SPÉCIALISÉS

Article 656-1. – Anonymat – Personnels certains services ou unités spécialisés – *(Loi n° 2021-1729 du 22 décembre 2021)*

• Lorsque le témoignage d'un agent d'un service mentionné à l'article L. 811-2 du Code de la sécurité intérieure ou d'un service désigné par le décret en Conseil d'État prévu à l'article L. 811-4 du même code ou d'une personne mentionnée à l'article 413-14 du Code pénal est requis au cours d'une procédure judiciaire sur des faits dont il aurait eu connaissance lors d'une mission intéressant la défense et la sécurité nationale, son identité réelle ne doit jamais apparaître au cours de la procédure judiciaire.

• Le cas échéant, son appartenance à l'un de ces services et la réalité de sa mission sont attestées par son autorité hiérarchique.

• Les questions posées ne doivent avoir ni pour objet ni pour effet de révéler, directement ou indirectement, la véritable identité de cet agent. Les auditions sont reçues dans des conditions permettant la garantie de son anonymat.

• S'il est indiqué par l'autorité hiérarchique que l'audition requise, même effectuée dans les conditions d'anonymat indiquées aux 1er et 3e alinéas, comporte des risques pour l'agent, ses proches ou son service, cette audition est faite dans un lieu assurant l'anonymat et la confidentialité. Ce lieu est choisi par le chef du service et peut être le lieu de service d'affectation de l'agent.

• Si une confrontation doit être réalisée entre une personne mise en examen ou comparaissant devant la juridiction de jugement et un agent mentionné au 1er alinéa en raison des éléments de preuve à charge résultant de constatations personnellement effectuées par cet agent, cette confrontation est réalisée dans les conditions prévues par l'article 706-61.

• Aucune condamnation ne peut être prononcée sur le seul fondement des déclarations recueillies dans les conditions prévues par le présent article.

• Le présent article est applicable au témoignage des agents étrangers affectés dans des services de police judiciaire spécialement chargés de la lutte contre le terrorisme sur des faits dont ils auraient eu connaissance à l'occasion de l'exercice de leurs fonctions.

Article 656-2. – Témoignage ou rapport – Experts organisations internationales – *(Loi n° 2021-1729 du 22 décembre 2021)*

• L'autorité judiciaire peut recueillir le témoignage d'experts d'organisations internationales ou utiliser un rapport qu'ils ont rédigé comme faisceau d'indices permettant d'établir l'élément matériel de l'infraction ou comme éléments permettant de contribuer à la manifestation de la vérité. La demande de témoignage est transmise par le ministre des affaires étrangères.

TITRE V

DES RÈGLEMENTS DE JUGES

Article 657. – Dessaisissement – *(Loi n° 85-1407 du 30 décembre 1985)*

• Lorsque deux juges d'instruction, appartenant à un même tribunal ou à des tribunaux différents, se trouvent simultanément saisis de la même infraction, le ministère public peut, dans l'intérêt d'une bonne administration de la justice, requérir l'un des juges de se dessaisir au profit de l'autre. Le dessaisissement n'a lieu que si les deux juges en sont d'accord. Si le conflit de compétence subsiste, il est procédé, selon les cas, conformément aux dispositions des articles 84, 658 ou 659.

Article 658. – Saisines simultanées – *(Loi n° 2011-1862 du 13 décembre 2011)*

• Lorsque deux tribunaux correctionnels, deux juges d'instruction ou deux tribunaux de police appartenant au même ressort de cour d'appel se trouvent saisis simultanément de la même infraction, il est réglé de juges par la chambre de l'instruction qui statue sur requête présentée par le ministère public ou les parties. Cette décision est susceptible d'un recours en cassation.

Article 659. – Chambre criminelle de la Cour de cassation – *(Loi n° 93-2 du 4 janvier 1993)*

• Tous autres conflits de compétence sont portés devant la chambre criminelle de la Cour de cassation, laquelle est saisie par requête du ministère public ou des parties. La Cour de cassation peut aussi, à l'occasion d'un pourvoi dont elle est saisie, régler de juges d'office et même par avance. Elle peut statuer sur tous actes faits par la juridiction qu'elle dessaisit.

Article 660. – Communication de la requête – *(Ordonnance n° 60-529 du 4 juin 1960)*

• La chambre criminelle peut, avant de régler de juges, ordonner la communication de la requête aux parties. Dans ce cas, les pièces de la procédure lui sont transmises, dans le délai par elle fixé, avec les observations des intéressés, et le cours de la procédure est suspendu.

Article 661. – Signification aux parties intéressées – *(Ordonnance n° 2000-916 du 19 septembre 2000)*

• L'arrêt portant règlement de juges est signifié aux parties intéressées. Celles-ci peuvent, hors le cas où la communication de la requête a été ordonnée, former opposition à cet arrêt, par acte reçu au greffe du lieu où siège l'une des juridictions en conflit, dans les formes et délais du pourvoi en cassation.

• L'opposition emporte effet suspensif si la chambre criminelle en décide ainsi.

• L'opposition est jugée dans les quinze jours de l'arrivée des pièces au greffe de la Cour de cassation. Si l'opposition est rejetée, la chambre criminelle peut condamner le demandeur à une amende civile de 15 euros.

TITRE VI

DES RENVOIS D'UN TRIBUNAL À UN AUTRE

Article 662. – Requête – *(Loi n° 93-2 du 4 janvier 1993)*

• En matière criminelle, correctionnelle ou de police, la chambre criminelle de la Cour de cassation peut dessaisir toute juridiction d'instruction ou de jugement et renvoyer la connaissance de l'affaire à une autre juridiction du même ordre pour cause de suspicion légitime.

• La requête aux fins de renvoi peut être présentée soit par le procureur général près la Cour de cassation, soit par le ministère public établi près la juridiction saisie, soit par les parties.

• La requête doit être signifiée à toutes les parties intéressées qui ont un délai de dix jours pour déposer un mémoire au greffe de la Cour de cassation.

• La présentation de la requête n'a point d'effet suspensif à moins qu'il n'en soit autrement ordonné par la Cour de cassation.

[J] • **Abus de confiance – Remise en cause de l'impartialité des magistrats par le prévenu**

Contre l'arrêt de la cour d'appel de VERSAILLES, 9e chambre, en date du 20/04/2017, qui, pour abus de confiance, l'a condamné à 6 mois d'emprisonnement avec sursis et 10000 € d'amende, et a prononcé sur les intérêts civils;

Attendu qu'il résulte de l'arrêt attaqué et des pièces de procédure que M. Z..., gérant de la société civile Mind Over Money a été poursuivi pour avoir, à Versailles, du 25/04/2003 au 25/07/2005, détourné des fonds à hauteur de 155 138,83 € et acheté un véhicule au préjudice de la dite société; qu'après avoir écarté une exception tirée de la prescription de l'action publique, les premiers juges, par décision en date du 14/06/2016, ont condamné le prévenu; que ce dernier a interjeté appel principal de ce jugement et le procureur de la République, appel incident;

Attendu que le prévenu n'est pas recevable à mettre en cause l'impartialité des magistrats composant la chambre des appels correctionnels, en invoquant l'article 6 de la Convention européenne des droits de l'homme, dès lors qu'il n'a pas usé de la possibilité d'en obtenir le respect en récusant ces magistrats en application de l'article 668 du code de procédure pénale ou en présentant une requête en suspicion légitime sur le fondement de l'article 662 du même code;

D'où il suit que la cassation est encourue; qu'elle aura lieu sans renvoi, la Cour de cassation étant en mesure d'appliquer directement la règle de droit et de mettre fin au litige, ainsi que le permet l'article L. 411-3 du code de l'organisation judiciaire;

Par ces motifs, et sans qu'il y ait lieu d'examiner le 2e moyen de cassation proposé:

CASSE et ANNULE, en toutes ses dispositions, l'arrêt susvisé de la cour d'appel de Versailles, en date du 20/04/2017;

CONSTATE l'extinction de l'action publique;

DIT n'y avoir lieu à renvoi;

ORDONNE l'impression du présent arrêt, sa transcription sur les registres du greffe de la cour d'appel de Versailles et sa mention en marge ou à la suite de l'arrêt annulé,

(Cour de cassation – Chambre criminelle du 5 avril 2018 – N° de pourvoi: 17-83166).

Article 663. – Ministère public – *(Loi n° 2004-204 du 9 mars 2004)*

• Lorsque deux juges d'instruction, appartenant à un même tribunal ou à des tribunaux différents, se trouvent simultanément saisis d'infractions connexes ou d'infractions différentes en raison desquelles une même personne ou les mêmes personnes sont mises en examen, le ministère public peut, dans l'intérêt d'une bonne administration de la justice et nonobstant les dispositions des articles 43, 52 et 382, requérir l'un des juges de se dessaisir au profit de l'autre. Le dessaisissement a lieu si les juges en sont d'accord. En cas de désaccord, il est fait application, s'il y a lieu, des dispositions de l'article 664.

Article 664. – Renvoi de la procédure – Lieu de détention – *(Loi n° 93-2 du 4 janvier 1993)*

• Lorsqu'une personne mise en examen ou un prévenu est détenu provisoirement en vertu d'une décision prescrivant la détention ou en exécution d'une condamnation, le ministère public peut, dans l'intérêt d'une bonne administration de la justice, notamment pour éviter le transfèrement du détenu, requérir le renvoi de la procédure de la juridiction d'instruction ou de jugement saisie à celle du lieu de détention. Il est procédé comme en matière de règlement de juges.

Article 665. – Renvoi d'une affaire d'une juridiction à une autre – *(Loi n° 2016-731 du 3 juin 2016)*

• Le renvoi d'une affaire d'une juridiction à une autre peut être ordonné pour cause de sûreté publique par la chambre criminelle, mais seulement à la requête du procureur général près la Cour de cassation.

• Le renvoi peut également être ordonné, dans l'intérêt d'une bonne administration de la justice, par la chambre criminelle, soit sur requête du procureur général près la Cour de cassation, soit sur requête du procureur général près la cour d'appel dans le ressort de laquelle la juridiction saisie a son siège, agissant d'initiative ou sur demande des parties.

• La requête mentionnée au deuxième alinéa doit être signifiée à toutes les parties intéressées, qui ont un délai d'un mois pour déposer un mémoire au greffe de la Cour de cassation.

• Dans les dix jours de la réception de la demande et s'il n'y donne pas suite, le procureur général près la cour d'appel informe le demandeur des motifs de sa décision. Ce dernier peut alors former un recours devant le procureur général près la Cour de cassation qui, s'il ne saisit pas la chambre criminelle l'informe des motifs de sa décision.

• La chambre criminelle statue dans les huit jours de la requête.

J • **Assassinat et délit connexe – Compétence de la cour d'assises**

Contre l'arrêt de la cour d'assises du PAS-DE-CALAIS, en date du 22 mai 2014, qui, pour assassinat et délit connexe, l'a condamné à vingt-cinq ans de réclusion criminelle, ainsi que contre l'arrêt du même jour par lequel la cour a prononcé sur les intérêts civils;

« en ce que la cour a rejeté la demande de donné-acte déposée par la défense sur la partialité de la présidente de la cour d'assises ainsi que la demande de renvoi;

« alors que les conclusions d'incident de la défense faisaient ressortir que la présidente de la cour d'assises avait tenté de s'immiscer dans le choix par l'accusé de ses défenseurs; que seul l'avocat antérieurement commis d'office et ceux des parties civiles avaient été avisés en temps utile de la date d'audience, à l'exclusion des avocats choisis par l'accusé, lesquels ne seront informés que le 13 février suivant de cette date; qu'en outre, à l'issue de l'interrogatoire préalable avant audience, la même présidente avait tiré avantage du silence de l'accusé pour commettre à nouveau d'office un tiers avocat aux lieu et place des avocats choisis par l'accusé; que, prises ensemble, ces circonstances, publiquement révélées à l'audience de la cour d'assises du 14 mai 2014, manifestaient une hostilité particulière à l'égard de la défense de l'accusé dans des conditions de nature à jeter un doute sur la neutralité et l'impartialité de la présidente sous l'angle de l'article 6 de la Convention européenne »;

D'où il suit que les moyens ne sauraient être accueillis;

Et attendu qu'aucun moyen n'est produit contre l'arrêt civil, que la procédure est régulière et que la peine a été légalement appliquée aux faits déclarés constants par la cour et le jury;

REJETTE le pourvoi;

(Cour de cassation – Chambre criminelle du 24 juin 2015 – N° de pourvoi : 14-84221).

Article 665-1. – Requête – *(Loi n° 93-2 du 4 janvier 1993)*

• Le renvoi peut encore être ordonné par la chambre criminelle si la juridiction normalement compétente ne peut être légalement composée ou si le cours de la justice se trouve autrement interrompu.

• La requête aux fins de renvoi peut être présentée, soit par le procureur général près la Cour de cassation, soit par le ministère public établi près la juridiction saisie.

• La requête doit être signifiée à toutes les parties intéressées qui ont un délai de dix jours pour déposer un mémoire au greffe de la Cour de cassation.

• La chambre criminelle statue dans les quinze jours de la requête.

Article 666. – Signification aux parties – *(Loi n° 93-2 du 4 janvier 1993)*

• Tout arrêt qui a statué sur une demande en renvoi pour l'une des causes précitées sera signifié aux parties intéressées à la diligence du procureur général près la Cour de cassation.

Article 667. – Nouvelle demande en renvoi – *(Loi n° 93-2 du 4 janvier 1993)*

• L'arrêt qui a rejeté une demande en renvoi pour sûreté publique, pour les motifs énoncés au premier alinéa de l'article 665-1, pour suspicion légitime ou dans l'intérêt d'une bonne administration de la justice n'exclut pas une nouvelle demande en renvoi fondée sur des faits survenus depuis.

Article 667-1. – Incompatibilités – *(Ordonnance n° 2019-964 du 18 septembre 2019)*

• Si la juridiction normalement compétente ne peut être composée en raison de l'existence des incompatibilités prévues par la loi, le 1er président de la cour d'appel peut ordonner le renvoi devant la juridiction limitrophe située dans le ressort de cette cour et désignée par l'ordonnance prévue au dernier alinéa du présent article.

• La requête aux fins de renvoi est présentée par le procureur de la République de la juridiction saisie.

• Elle est signifiée à toutes les parties intéressées, qui ont un délai de 10 jours pour présenter leurs observations auprès du 1er président.

• Celui-ci statue dans les 15 jours de la requête. Sa décision constitue une mesure d'administration judiciaire qui n'est pas susceptible de recours.

• Après avis des présidents des tribunaux judiciaires concernés et du procureur général, le 1er président prend chaque année une ordonnance indiquant, pour chacune des juridictions de son ressort, la juridiction devant laquelle des procédures sont susceptibles d'être renvoyées en application des dispositions du présent article. Cette ordonnance ne peut être modifiée en cours d'année.

TITRE VII
DE LA RÉCUSATION

Article 668. – Juge ou conseiller – *(Loi n° 2004-204 du 9 mars 2004)*

• Tout juge ou conseiller peut être récusé pour les causes ci-après :

• 1° Si le juge ou son conjoint ou son partenaire lié par un pacte civil de solidarité ou son concubin sont parents ou alliés de l'une des parties ou de son conjoint, de son partenaire lié par un pacte civil de solidarité ou de son concubin jusqu'au degré de cousin issu de germain inclusivement.

• La récusation peut être exercée contre le juge, même au cas de divorce ou de décès de son conjoint, de son partenaire lié par un pacte civil de solidarité ou de son concubin, s'il a été allié d'une des parties jusqu'au deuxième degré inclusivement ;

• 2° Si le juge ou son conjoint ou son partenaire lié par un pacte civil de solidarité ou son concubin, si les personnes dont il est tuteur, subrogé tuteur, curateur ou conseil judiciaire, si les sociétés ou associations à l'administration ou à la surveillance desquelles il participe ont intérêt dans la contestation ;

• 3° Si le juge ou son conjoint ou son partenaire lié par un pacte civil de solidarité ou son concubin, est parent ou allié, jusqu'au degré indiqué ci-dessus, du tuteur, subrogé tuteur, curateur ou conseil judiciaire d'une des parties ou d'un administrateur, directeur ou gérant d'une société, partie en cause ;

• 4° Si le juge ou son conjoint ou son partenaire lié par un pacte civil de solidarité ou son concubin, se trouve dans une situation de dépendance vis-à-vis d'une des parties ;

• 5° Si le juge a connu du procès comme magistrat, arbitre ou conseil, ou s'il a déposé comme témoin sur les faits du procès ;

• 6° S'il y a eu procès entre le juge, son conjoint, son partenaire lié par un pacte civil de solidarité ou son concubin leurs parents ou alliés en ligne directe, et l'une des parties, son conjoint, ou ses parents ou alliés dans la même ligne ;

• 7° Si le juge ou son conjoint ou son partenaire lié par un pacte civil de solidarité ou son concubin, ont un procès devant un tribunal où l'une des parties est juge ;

• 8° Si le juge ou son conjoint ou son partenaire lié par un pacte civil de solidarité ou son concubin, leurs parents ou alliés en ligne directe ont un différend sur pareille question que celle débattue entre les parties ;

• 9° S'il y a eu entre le juge ou son conjoint ou son partenaire lié par un pacte civil de solidarité ou son concubin et une des parties toutes manifestations assez graves pour faire suspecter son impartialité.

Article 669. – Requête – Récusation – *(Loi n° 93-2 du 4 janvier 1993)*

• La personne mise en examen, le prévenu, l'accusé et toute partie à l'instance qui veut récuser un juge d'instruction, un juge de police, un, plusieurs ou l'ensemble des juges du tribunal correctionnel, des conseillers de la cour d'appel ou de la cour d'assises doit, à peine de nullité, présenter requête au premier président de la cour d'appel.

• Les magistrats du ministère public ne peuvent être récusés.

• La requête doit désigner nommément le ou les magistrats récusés et contenir l'exposé des moyens invoqués avec toutes les justifications utiles à l'appui de la demande.

• La partie qui aura procédé volontairement devant une cour, un tribunal ou un juge d'instruction ne sera reçue à demander la récusation qu'à raison des circonstances survenues depuis, lorsqu'elles seront de nature à constituer une cause de récusation.

Article 670. – Notification de la requête

• Le premier président notifie en la forme administrative la requête dont il a été saisi au président de la juridiction à laquelle appartient le magistrat récusé.

• La requête en récusation ne dessaisit pas le magistrat dont la récusation est proposée. Toutefois, le premier président peut, après avis du procureur général, ordonner qu'il sera sursis soit à la continuation de l'information ou des débats, soit au prononcé du jugement.

Article 671. – Mémoire complémentaire

• Le premier président reçoit le mémoire complémentaire du demandeur, s'il y a lieu, et celui du magistrat dont la récusation est proposée ; il prend l'avis du procureur général et statue sur la requête.

• L'ordonnance statuant sur la récusation n'est susceptible d'aucune voie de recours. Elle produit effet de plein droit.

Article 672. – Demande de récusation – 1er président cour d'appel

• Toute demande de récusation visant le premier président de la cour d'appel doit faire l'objet d'une requête adressée au premier président de la Cour de cassation qui, après avis du procureur général près ladite cour, statue par une ordonnance, laquelle n'est susceptible d'aucune voie de recours. Les dispositions de l'article 670 sont applicables.

Article 673. – Amende civile – *(Ordonnance n° 2000-916 du 19 septembre 2000)*

• Toute ordonnance rejetant une demande de récusation prononce la condamnation du demandeur à une amende civile de 75 à 750 euros.

Article 674. – Récusation d'office

• Aucun des juges ou conseillers visés à l'article 668 ne peut se récuser d'office sans l'autorisation du premier président de la cour d'appel dont la décision, rendue après avis du procureur général, n'est susceptible d'aucune voie de recours.

Article 674-1. – Demande en récusation – Magistrat Cour de cassation – *(Loi n° 67-523 du 3 juillet 1967)*

• La demande en récusation d'un magistrat de la Cour de cassation, saisie en matière pénale, doit être motivée ; elle est déposée au greffe. Le ministère d'un avocat n'est pas obligatoire.

Article 674-2. – Dépôt de la requête – *(Loi n° 67-523 du 3 juillet 1967)*

• La chambre compétente statue dans le mois du dépôt de la requête au greffe, après observations du magistrat récusé.

• Pour le surplus, les dispositions du livre II, titre XX, du Code de procédure civile seront observées.

TITRE VIII

DU JUGEMENT DES INFRACTIONS COMMISES À L'AUDIENCE DES COURS ET TRIBUNAUX

Article 675. – Infractions – *(Loi n° 93-2 du 4 janvier 1993)*

• Sous réserve des dispositions des articles 342 et 457, les infractions commises à l'audience sont jugées, d'office ou sur les réquisitions du ministère public, suivant les dispositions ci-après, nonobstant toutes règles spéciales de compétence ou de procédure.

Article 676. – Contravention de police – Audience

• S'il se commet une contravention de police pendant la durée de l'audience, le tribunal ou la cour dresse procès-verbal du fait, entend le prévenu, les témoins, le ministère public, et, éventuellement, le défenseur, et applique sans désemparer les peines portées par la loi.

Article 677. – Délit – *(Loi n° 2011-1862 du 13 décembre 2011)*

• Si le fait commis pendant la durée de l'audience d'un tribunal correctionnel ou d'une cour est un délit, il peut être procédé comme il est dit à l'article précédent. Dans ce cas, si la peine prononcée est supérieure à un mois d'emprisonnement, un mandat de dépôt peut être décerné.

• Si le fait, qualifié délit, a été commis à l'audience d'un tribunal de police, le président en dresse procès-verbal, qu'il transmet au procureur de la République ; il peut, si la peine encourue est supérieure à six mois d'emprisonnement, ordonner l'arrestation de l'auteur, et sa conduite immédiate devant le procureur de la République.

• Par dérogation aux dispositions qui précèdent, lorsqu'il a été commis pendant la durée d'une audience, d'un tribunal de police, d'un tribunal correctionnel ou d'une cour le délit d'outrage prévu par l'article 434-24 du Code pénal, le président en dresse procès-verbal qu'il transmet au procureur de la République. Les magistrats ayant participé à l'audience lors de la commission du délit ne peuvent composer la juridiction saisie des poursuites.

Article 678. – Crime – *(Loi n° 2011-1862 du 13 décembre 2011)*

• Si le fait commis est un crime, la cour ou le tribunal, après avoir fait arrêter l'auteur, l'interroge et dresse procès-verbal des faits ; cette juridiction transmet les pièces et ordonne la conduite immédiate de l'auteur devant le procureur de la République compétent qui requiert l'ouverture d'une information.

TITRE IX

DES INFRACTIONS COMMISES HORS DU TERRITOIRE DE LA RÉPUBLIQUE

CHAPITRE Ier

De la compétence des juridictions françaises

Article 689. – Infractions commises hors du territoire de la République – *(Loi n° 2009-1503 du 8 décembre 2009)*

• Les auteurs ou complices d'infractions commises hors du territoire de la République peuvent être poursuivis et jugés par les juridictions françaises soit lorsque, conformément aux dispositions du livre Ier du Code pénal ou d'un autre texte législatif, la loi française est applicable, soit lorsqu'une convention internationale ou un acte pris en application du traité instituant les Communautés européennes donne compétence aux juridictions françaises pour connaître de l'infraction.

Article 689-1. – Poursuite et jugement par les juridictions françaises – *(Loi n° 99-515 du 23 juin 1999)*

• En application des conventions internationales visées aux articles suivants, peut être poursuivie et jugée par les juridictions françaises, si elle se trouve en France, toute personne qui s'est rendue coupable hors du territoire de la République de l'une des infractions énumérées par ces articles. Les dispositions du présent article sont applicables à la tentative de ces infractions, chaque fois que celle-ci est punissable.

Article 689-2. – Tortures – *(Loi n° 99-515 du 23 juin 1999)*

• Pour l'application de la convention contre la torture et autres peines ou traitements cruels, inhumains ou dégradants, adoptée à New York le 10 décembre 1984, peut être poursuivie et jugée dans les conditions prévues à l'article 689-1 toute personne coupable de tortures au sens de l'article 1er de la convention.

Article 689-3. – Terrorisme – *(Loi n° 99-515 du 23 juin 1999)*

• Pour l'application de la convention européenne pour la répression du terrorisme, signée à Strasbourg le 27 janvier 1977, et de l'accord entre les États membres des Communautés européennes concernant l'application de la convention européenne pour la répression du terrorisme, fait à Dublin le 4 décembre 1979, peut être poursuivie et jugée dans les conditions prévues à l'article 689-1 toute personne coupable de l'une des infractions suivantes :

• 1° Atteinte volontaire à la vie, tortures et actes de barbarie, violences ayant entraîné la mort, une mutilation ou une infirmité permanente ou, si la victime est mineure, une incapacité totale de travail supérieure à huit jours, enlèvement et séquestration réprimés par le livre II du Code pénal ainsi que les menaces définies aux articles 222-17, alinéa 2, et 222-18 de ce code, lorsque l'infraction est commise contre une personne ayant droit à une protection internationale, y compris les agents diplomatiques;

• 2° Atteintes à la liberté d'aller et venir définies à l'article 421-1 du Code pénal ou tout autre crime ou délit comportant l'utilisation de bombes, de grenades, de fusées, d'armes à feu automatiques, de lettres ou de colis piégés, dans la mesure où cette utilisation présente un danger pour les personnes, lorsque ce crime ou délit est en relation avec une entreprise individuelle ou collective ayant pour but de troubler gravement l'ordre public par l'intimidation ou la terreur.

Article 689-4. – Protection physique des matières nucléaires – *(Ordonnance n° 2004-1374 du 20 décembre 2004)*

• Pour l'application de la convention sur la protection physique des matières nucléaires, ouverte à la signature à Vienne et New York le 3 mars 1980, peut être poursuivie et jugée dans les conditions prévues à l'article 689-1 toute personne coupable de l'une des infractions suivantes:

• 1° Délit prévu à l'article L1333-11 du Code de la défense;

• 2° Délit d'appropriation indue prévue par l'article L1333-9 du code précité, atteinte volontaire à la vie ou à l'intégrité de la personne, vol, extorsion, chantage, escroquerie, abus de confiance, recel, destruction, dégradation ou détérioration ou menace d'une atteinte aux personnes ou aux biens définis par les livres II et III du Code pénal, dès lors que l'infraction a été commise au moyen des matières nucléaires entrant dans le champ d'application des articles 1er et 2 de la convention ou qu'elle a porté sur ces dernières.

Article 689-5. – Actes illicites contre la sécurité de la navigation maritime... – *(Loi n° 2018-607 du 13 juillet 2018)*

• Pour l'application de la convention pour la répression d'actes illicites contre la sécurité de la navigation maritime et du protocole pour la répression d'actes illicites contre la sécurité des plateformes fixes situées sur le plateau continental, faits à Rome le 10 mars 1988 et révisés à Londres le 14 octobre 2005, peut être poursuivie et jugée dans les conditions prévues à l'article 689-1 toute personne coupable de l'une des infractions suivantes:

• 1° Crime défini aux articles 224-6 et 224-7 du Code pénal;

• 2° Atteinte volontaire à la vie ou à l'intégrité physique, destruction, dégradation ou détérioration, menace d'une atteinte aux personnes ou aux biens réprimées par les livres II et III du Code pénal ou délits définis par l'article 224-8 de ce code et par l'article L. 5242-23 du Code des transports, si l'infraction compromet ou est de nature à compromettre la sécurité de la navigation maritime ou d'une plate-forme fixe située sur le plateau continental;

• 2° *bis* Infractions prévues au titre II du livre IV du Code pénal;

• 2° *ter* Infractions prévues aux articles L. 1333-9 à L. 1333-13-11, L. 2341-3 à L. 2341-7, L. 2342-57 à L. 2342-81 et L. 2353-4 à L. 2353-14 du code de la défense, ainsi qu'à l'article 414 du Code des douanes lorsque la marchandise prohibée est constituée par les armes mentionnées dans la convention et le protocole mentionnés au 1er alinéa du présent article;

• 3° Atteinte volontaire à la vie, tortures et actes de barbarie ou violences réprimés par le livre II du Code pénal, si l'infraction est connexe soit à l'une des infractions définies aux 1°, 2° *bis* et 2° *ter*, soit à une ou plusieurs infractions de nature à compromettre la sécurité de la navigation maritime ou d'une plate-forme visées au 2°;

• 4° Délit de participation à une association de malfaiteurs prévu à l'article 450-1 du Code pénal, lorsqu'il a pour objet un crime ou un délit mentionné aux 1°, 2° et 2° *ter* du présent article;

• 5° Délit prévu à l'article 434-6 du Code pénal.

Article 689-6.– Capture illicite d'aéronefs – *(Loi n° 2018-607 du 13 juillet 2018)*

• Pour l'application de la convention pour la répression de la capture illicite d'aéronefs, signée à La Haye le 16 décembre 1970, du protocole complémentaire à la convention pour la répression de la capture illicite d'aéronefs, fait à Pékin le 10 septembre 2010, de la convention pour la répression d'actes illicites dirigés contre la sécurité de l'aviation civile, signée à Montréal le 23 septembre 1971, et de la convention sur la répression des actes illicites dirigés contre l'aviation civile internationale, faite à Pékin le 10 septembre 2010, peut être poursuivie et jugée dans les conditions prévues à l'article 689-1 toute personne coupable de l'une des infractions suivantes:

• 1° Toute infraction concernant un aéronef non immatriculé en France et figurant parmi celles énumérées à l'article 1er de la convention pour la répression de la capture illicite d'aéronefs précitée et tout autre acte de violence dirigé contre les passagers ou l'équipage et commis par l'auteur présumé de ces infractions, en relation directe avec celles-ci ;

• 2° Toute infraction concernant un aéronef non immatriculé en France et figurant parmi celles énumérées aux a, b et c du 1° de l'article 1er de la convention pour la répression d'actes illicites dirigés contre la sécurité de l'aviation civile précitée ;

• 3° Toute infraction figurant parmi celles énumérées à l'article 1er de la convention sur la répression des actes illicites dirigés contre l'aviation civile internationale précitée.

Article 689-7. – Actes illicites de violence dans les aéroports – *(Loi n° 99-515 du 23 juin 1999)*

• Pour l'application du protocole pour la répression des actes illicites de violence dans les aéroports servant à l'aviation civile internationale, fait à Montréal le 24 février 1988, complémentaire à la convention pour la répression d'actes illicites dirigés contre la sécurité de l'aviation civile, faite à Montréal le 23 septembre 1971, peut être poursuivie et jugée dans les conditions prévues à l'article 689-1 toute personne qui s'est rendue coupable, à l'aide d'un dispositif matériel, d'une substance ou d'une arme :

• 1° De l'une des infractions suivantes si cette infraction porte atteinte ou est de nature à porter atteinte à la sécurité dans un aérodrome affecté à l'aviation civile internationale :

• *a)* Atteintes volontaires à la vie, tortures et actes de barbarie, violences ayant entraîné la mort, une mutilation ou une infirmité permanente ou, si la victime est mineure, une incapacité totale de travail pendant plus de huit jours, réprimés par le livre II du Code pénal, lorsque l'infraction a été commise dans un aérodrome affecté à l'aviation civile internationale ;

• *b)* Destructions, dégradations et détériorations réprimées par le livre III du Code pénal, lorsque l'infraction a été commise à l'encontre des installations d'un aérodrome affecté à l'aviation civile internationale ou d'un aéronef stationné dans l'aérodrome et qui n'est pas en service ;

• *c)* Délit prévu au quatrième alinéa *(3°)* de l'article L. 282-1 du Code de l'aviation civile, lorsque l'infraction a été commise à l'encontre des installations d'un aérodrome affecté à l'aviation civile internationale ou d'un aéronef dans l'aérodrome et qui n'est pas en service ;

• 2° De l'infraction définie au sixième alinéa *(5°)* de l'article L. 282-1 du Code de l'aviation civile, lorsqu'elle a été commise à l'encontre des services d'un aérodrome affecté à l'aviation civile internationale.

Article 689-8. – Protection des intérêts des Communautés européennes – *(Ordonnance n° 2019-963 du 18 septembre 2019)*

• Pour l'application de la directive *(UE)* 2017/1371 du Parlement européen et du Conseil du 5 juillet 2017 relative à la lutte contre la fraude portant atteinte aux intérêts financiers de l'Union au moyen du droit pénal et de la convention relative à la lutte contre la corruption impliquant des fonctionnaires des Communautés européennes ou des fonctionnaires des États membres de l'Union européenne faite à Bruxelles le 26 mai 1997, peut être poursuivi et jugé dans les conditions prévues à l'article 689-1 :

• 1° Tout fonctionnaire communautaire au service d'une institution des Communautés européennes ou d'un organisme créé conformément aux traités instituant les Communautés européennes et ayant son siège en France, coupable du délit prévu aux articles 435-1 et 435-7 du code pénal ou d'une infraction portant atteinte aux intérêts financiers de l'Union européenne au sens de la directive *(UE)* 2017/1371 du Parlement européen et du Conseil du 5 juillet 2017 relative à la lutte contre la fraude portant atteinte aux intérêts financiers de l'Union au moyen du droit pénal ;

• 2° Tout Français ou toute personne appartenant à la fonction publique française coupable d'un des délits prévus aux articles 435-1, 435-3, 435-7 et 435-9 du code pénal ou d'une infraction portant atteinte aux intérêts financiers de l'Union européenne au sens de la directive *(UE)* 2017/1371 du Parlement européen et du Conseil du 5 juillet 2017 relative à la lutte contre la fraude portant atteinte aux intérêts financiers de l'Union au moyen du droit pénal ;

• 3° Toute personne coupable du délit prévu aux articles 435-3 et 435-9 du code pénal ou d'une infraction portant atteinte aux intérêts financiers de l'Union européenne au sens de la directive *(UE)* 2017/1371 du Parlement européen et du Conseil du 5 juillet 2017 relative à la lutte contre la fraude portant atteinte aux intérêts financiers de l'Union au moyen du droit pénal, lorsque ces infractions sont commises à l'encontre d'un ressortissant français.

Article 689-9. – Attentats terroristes – *(Loi n° 2000-516 du 15 juin 2000)*

• Pour l'application de la convention internationale pour la répression des attentats terroristes, ouverte à la signature à New York le 12 janvier 1998, peut être poursuivie et jugé dans les conditions prévues à l'article 689-1 toute personne coupable d'un crime ou d'un délit d'acte de terrorisme défini par les articles 421-1 et 421-2 du Code pénal ou du délit d'association terroriste prévu par l'article 421-2-1 du même code lorsque l'infraction a été commise en employant un engin explosif ou un autre engin meurtrier défini à l'article 1er de ladite convention.

Article 689-10. – Financement du terrorisme – *(Loi n° 2001-1062 du 15 novembre 2001)*

• Pour l'application de la convention internationale pour la répression du financement du terrorisme, ouverte à la signature à New York le 10 janvier 2000, peut être poursuivie et jugée dans les conditions prévues à l'article 689-1 toute personne coupable d'un crime ou d'un délit défini par les articles 421-1 à 421-2-2 du Code pénal lorsque cette infraction constitue un financement d'actes de terrorisme au sens de l'article 2 de ladite convention.

Article 689-11. – Poursuite – Crime – *(Loi n° 2019-222 du 23 mars 2019)*

• Hors les cas prévus au sous-titre Ier du titre Ier du livre IV pour l'application de la convention portant statut de la Cour pénale internationale, ouverte à la signature à Rome le 18 juillet 1998, peut être poursuivie et jugée par les juridictions françaises, si elle réside habituellement sur le territoire de la République, toute personne soupçonnée d'avoir commis à l'étranger l'une des infractions suivantes :

• 1° Le crime de génocide défini au chapitre Ier du sous-titre Ier du titre Ier du livre II du code pénal ;

• 2° Les autres crimes contre l'humanité définis au chapitre II du même sous-titre Ier, si les faits sont punis par la législation de l'État où ils ont été commis ou si cet Etat ou l'État dont la personne soupçonnée a la nationalité est partie à la convention précitée ;

• 3° Les crimes et les délits de guerre définis aux articles 461-1 à 461-31 du même code, si les faits sont punis par la législation de l'État où ils ont été commis ou si cet État ou l'État dont la personne soupçonnée a la nationalité est partie à la convention précitée.

• La poursuite ne peut être exercée qu'à la requête du ministère public et si aucune juridiction internationale ou nationale ne demande la remise ou l'extradition de la personne. A cette fin, le ministère public s'assure de l'absence de poursuite diligentée par la Cour pénale internationale et vérifie qu'aucune autre juridiction internationale compétente pour juger la personne n'a demandé sa remise et qu'aucun autre État n'a demandé son extradition. Lorsque, en application de l'article 40-3 du présent code, le procureur général est saisi d'un recours contre une décision de classement sans suite prise par le procureur de la République, il entend la personne qui a dénoncé les faits si celle-ci en fait la demande. S'il estime le recours infondé, il en informe l'intéressé par une décision écrite motivée.

Article 689-12. – Législation sociale – Transports par route – *(Loi n° 2009-1503 du 8 décembre 2009)*

• Pour l'application du règlement *(CE)* n° 561/2006 du Parlement européen et du Conseil du 15 mars 2006 relatif à l'harmonisation de certaines dispositions de la législation sociale dans le domaine des transports par route, peut être poursuivie et jugée dans les conditions prévues à l'article 689-1 toute personne coupable d'infractions à la réglementation du temps de conduite et de repos au sens du chapitre II du même règlement commises dans un État de l'Union européenne.

Article 689-13. – Convention internationale – *(Loi n° 2013-711 du 5 août 2013)*

• Pour l'application de la convention internationale pour la protection de toutes les personnes contre les disparitions forcées, adoptée à New York, le 20 décembre 2006, peut être poursuivie et jugée dans les conditions prévues à l'article 689-1 du présent code toute personne coupable ou complice d'un crime défini au 9° de l'article 212-1 ou à l'article 221-12 du Code pénal lorsque cette infraction constitue une disparition forcée au sens de l'article 2 de la convention précitée.

Article 689-14. – Atteintes aux biens culturels – *(Loi n° 2018-607 du 13 juillet 2018)*

• Pour l'application de la convention pour la protection des biens culturels en cas de conflit armé, faite à La Haye le 14 mai 1954, et du 2e protocole relatif à la convention de La Haye de 1954 pour la protection des biens culturels en cas de conflit armé, fait à La Haye le 26 mars 1999, peut être poursuivie et jugée dans les conditions prévues à l'article 689-1 toute personne qui réside habituellement sur le territoire de la République et qui s'est rendue coupable des infractions d'atteinte aux biens culturels mentionnés aux a à c du 1 de l'article 15 du protocole précité. La poursuite de ces infractions ne peut être exercée qu'à la requête du ministère public.

CHAPITRE II

De l'exercice des poursuites et de la juridiction territorialement compétente

Article 692. – Personne jugée définitivement à l'étranger – *(Loi n° 99-515 du 23 juin 1999)*

• Dans les cas prévus au chapitre précédent, aucune poursuite ne peut être exercée contre une personne justifiant qu'elle a été jugée définitivement à l'étranger pour les mêmes faits et, en cas de condamnation, que la peine a été subie ou prescrite.

J • **Crime ou délit puni d'emprisonnement commis à l'étranger – Poursuite exercée en France – Victime française**

Pour un crime ou un délit puni d'emprisonnement commis par un étranger hors du territoire de la République, alors que la victime est de nationalité française, en vertu des articles 113-9 du Code pénal et 54 de l'accord de Schengen (Convention d'application), l'auteur peut faire l'objet de poursuites en France, sauf s'il a été définitivement jugé à l'étranger pour ces mêmes faits ou s'il s'avère que la prescription de l'action publique a été définitivement constatée par un jugement prononcé à l'étranger.

Le prévenu, ressortissant allemand, soutenait que les faits donnant lieu à des poursuites en France étaient définitivement prescrits dans son pays d'origine. Celui-ci ne pouvant justifier de l'existence, en Allemagne, d'un jugement définitif confirmant la prescription évoquée, n'a pu bénéficier de cet argument de défense.

(Cass. CRIM. du 12 mai 2009 – N° de pourvoi : 07-85875)

• **Meurtre – Crime commis à l'étranger contre une victime de nationalité française**

Contre l'arrêt de la chambre de l'instruction de la cour d'appel de PARIS, 6e section, en date du 01/02/2018, qui l'a renvoyé devant la cour d'assises de Paris sous l'accusation de meurtre ;

Qu'en effet il ressort des articles 113-9 du code pénal et 692 du code de procédure pénale qu'un étranger ayant commis hors du territoire de la République un crime ou un délit puni d'emprisonnement contre une victime de nationalité française ne peut échapper à toute poursuite en France que s'il justifie avoir été définitivement jugé à l'étranger pour les mêmes faits ;

Et attendu que la procédure est régulière et que les faits, objet de l'accusation, sont qualifiés crime par la loi ;

REJETTE le pourvoi ;

(Cour de cassation – Chambre criminelle du 2 mai 2018 – N° de pourvoi : 18-80860).

Article 693. – Juridiction compétente – *(Ordonnance n° 2019-964 du 18 septembre 2019)*

• La juridiction compétente est celle du lieu où réside le prévenu, celle de sa dernière résidence connue, celle du lieu où il est trouvé, celle de la résidence de la victime ou, si l'infraction a été commise à bord ou à l'encontre d'un aéronef, ou que les victimes de l'infraction ont été les personnes se trouvant à bord d'un aéronef, celle du lieu de décollage, de destination ou d'atterrissage de celui-ci. Ces dispositions ne sont pas exclusives de l'application éventuelle des règles particulières de compétence prévues par les articles 628-1, 697-3, 704-1, 705, 706-17, 706-75, 706-107, 706-108 et 706-176.

• La juridiction de Paris exerce une compétence concurrente à celle qui résulte de la 1re phrase du 1er alinéa. Lorsque le procureur de la République près un tribunal judiciaire autre que celui de Paris requiert le juge d'instruction saisi d'une infraction entrant dans le champ d'application du chapitre Ier du présent titre de se dessaisir au profit de la juridiction d'instruction de Paris, les articles 628-2 et 628-6 sont applicables.

V
- Code procédure pénale – art. 628-1 et suivants – Compétences
- Code procédure pénale – art. 697-3 – Compétence territoriale
- Code procédure pénale – art. 705 et suivants – Infractions en matière économique et financière

TITRE X
DE L'ENTRAIDE JUDICIAIRE INTERNATIONALE

CHAPITRE Ier
Dispositions générales

Section I
Transmission et exécution des demandes d'entraide

Article 694. – Transmission – *(Loi n° 2004-204 du 9 mars 2004)*
• En l'absence de convention internationale en stipulant autrement :
• 1° Les demandes d'entraide émanant des autorités judiciaires françaises et destinées aux autorités judiciaires étrangères sont transmises par l'intermédiaire du ministère de la justice. Les pièces d'exécution sont renvoyées aux autorités de l'État requérant par la même voie ;
• 2° Les demandes d'entraide émanant des autorités judiciaires étrangères et destinées aux autorités judiciaires françaises sont transmises par la voie diplomatique. Les pièces d'exécution sont renvoyées aux autorités de l'État requérant par la même voie.
• En cas d'urgence, les demandes d'entraide sollicitées par les autorités françaises ou étrangères peuvent être transmises directement aux autorités de l'État requis compétentes pour les exécuter. Le renvoi des pièces d'exécution aux autorités compétentes de l'État requérant est effectué selon les mêmes modalités. Toutefois, sauf convention internationale en stipulant autrement, les demandes d'entraide émanant des autorités judiciaires étrangères et destinées aux autorités judiciaires françaises doivent faire l'objet d'un avis donné par la voie diplomatique par le gouvernement étranger intéressé.

Article 694-1. – Urgence – *(Ordonnance n° 2019-964 du 18 septembre 2019)*
• En cas d'urgence, les demandes d'entraide émanant des autorités judiciaires étrangères sont transmises, selon les distinctions prévues à l'article 694-2, au procureur de la République ou au juge d'instruction du tribunal judiciaire territorialement compétent. Elles peuvent également être adressées à ces magistrats par l'intermédiaire du procureur général.
• Si le procureur de la République reçoit directement d'une autorité étrangère une demande d'entraide qui ne peut être exécutée que par le juge d'instruction, il la transmet pour exécution à ce dernier ou saisit le procureur général dans le cas prévu à l'article 694-4.
• Avant de procéder à l'exécution d'une demande d'entraide dont il a été directement saisi, le juge d'instruction la communique immédiatement pour avis au procureur de la République.

Article 694-2. – Exécution – *(Loi n° 2004-204 du 9 mars 2004)*
• Les demandes d'entraide émanant des autorités judiciaires étrangères sont exécutées par le procureur de la République ou par les officiers ou agents de police judiciaire requis à cette fin par ce magistrat.
• Elles sont exécutées par le juge d'instruction ou par des officiers de police judiciaire agissant sur commission rogatoire de ce magistrat lorsqu'elles nécessitent certains actes de procédure qui ne peuvent être ordonnés ou exécutés qu'au cours d'une instruction préparatoire.

Article 694-3. – Règles de procédure – *(Loi n° 2004-204 du 9 mars 2004)*
• Les demandes d'entraide émanant des autorités judiciaires étrangères sont exécutées selon les règles de procédure prévues par le présent code.
• Toutefois, si la demande d'entraide le précise, elle est exécutée selon les règles de procédure expressément indiquées par les autorités compétentes de l'État requérant, à condition, sous peine de nullité, que ces règles ne réduisent pas les droits des parties ou les garanties procédurales prévus par le présent code. Lorsque la demande d'entraide ne peut être exécutée conformément aux exigences de l'État requérant, les autorités compétentes françaises en informent sans délai les autorités de l'État requérant et indiquent dans quelles conditions la

demande pourrait être exécutée. Les autorités françaises compétentes et celles de l'État requérant peuvent ultérieurement s'accorder sur la suite à réserver à la demande, le cas échéant, en la subordonnant au respect desdites conditions.

• L'irrégularité de la transmission de la demande d'entraide ne peut constituer une cause de nullité des actes accomplis en exécution de cette demande.

Article 694-4. – Atteinte à l'ordre public ou aux intérêts essentiels de la Nation – *(Loi n° 2004-204 du 9 mars 2004)*

• Si l'exécution d'une demande d'entraide émanant d'une autorité judiciaire étrangère est de nature à porter atteinte à l'ordre public ou aux intérêts essentiels de la Nation, le procureur de la République saisi de cette demande ou avisé de cette demande en application du troisième alinéa de l'article 694-1 la transmet au procureur général qui détermine, s'il y a lieu, d'en saisir le ministre de la justice et donne, le cas échéant, avis de cette transmission au juge d'instruction.

• S'il est saisi, le ministre de la justice informe l'autorité requérante, le cas échéant, de ce qu'il ne peut être donné suite, totalement ou partiellement, à sa demande. Cette information est notifiée à l'autorité judiciaire concernée et fait obstacle à l'exécution de la demande d'entraide ou au retour des pièces d'exécution.

Article 694-4-1. – Service spécialisé de renseignement – *(Loi n° 2015-912 du 24 juillet 2015)*

• Si une demande d'entraide émanant d'une autorité judiciaire étrangère concerne des faits commis hors du territoire national susceptibles d'être en lien avec les missions réalisées, aux fins de la défense et de la promotion des intérêts fondamentaux de la Nation prévus à l'article L. 811-3 du Code de la sécurité intérieure, par un service spécialisé de renseignement prévu à l'article L. 811-2 du même code, le procureur de la République saisi de cette demande, ou avisé en application de l'article 694-1 du présent code, la transmet au procureur général qui en saisit le ministre de la justice, et informe, le cas échéant, le juge d'instruction de cette transmission.

• Le ministre de la justice en informe le ministre dont relève le service spécialisé de renseignement concerné et recueille son avis.

• Dans le délai d'un mois, ce dernier fait connaître au ministre de la justice si l'exécution de la demande d'entraide est de nature à porter atteinte aux intérêts fondamentaux de la Nation.

• Le ministre de la justice informe, s'il y a lieu, l'autorité requérante de ce qu'il ne peut être donné suite, totalement ou partiellement, à sa demande. Cette décision est notifiée à l'autorité judiciaire initialement saisie et fait obstacle à l'exécution de la demande d'entraide ou au retour des pièces d'exécution.

Section II

De l'entraide aux fins d'audition, de surveillance ou d'infiltration

Article 694-5. – Interrogatoires, auditions, confrontations – *(Loi n° 2004-204 du 9 mars 2004)*

• Les dispositions de l'article 706-71 sont applicables pour l'exécution simultanée, sur le territoire de la République et à l'étranger, de demandes d'entraide émanant des autorités judiciaires étrangères ou d'actes d'entraide réalisés à la demande des autorités judiciaires françaises.

• Les interrogatoires, les auditions ou les confrontations réalisés à l'étranger à la demande des autorités judiciaires françaises sont exécutés conformément aux dispositions du présent code, sauf si une convention internationale y fait obstacle.

• L'interrogatoire ou la confrontation d'une personne poursuivie ne peut être effectué qu'avec son consentement.

• Les dispositions des articles 434-13 et 434-15-1 du Code pénal sont applicables aux témoins entendus sur le territoire de la République à la demande des autorités judiciaires de l'État requérant dans les conditions prévues par le présent article.

Article 694-6. – Opérations de surveillance – *(Loi n° 2004-204 du 9 mars 2004)*

• Lorsque la surveillance prévue à l'article 706-80 doit être poursuivie dans un État étranger, elle est autorisée, dans les conditions prévues par les conventions internationales, par le procureur de la République chargé de l'enquête.

• Les procès-verbaux d'exécution des opérations de surveillance ou rapports y afférents ainsi que l'autorisation d'en poursuivre l'exécution sur le territoire d'un État étranger sont versés au dossier de la procédure.

Article 694-7. – Opérations d'infiltration – *(Ordonnance n° 2019-964 du 18 septembre 2019)*

• Avec l'accord préalable du ministre de la justice saisi d'une demande d'entraide judiciaire à cette fin, des agents de police étrangers peuvent poursuivre sur le territoire de la République, sous la direction d'officiers de police judiciaire français, des opérations d'infiltration conformément aux dispositions des articles 706-81 à 706-87. L'accord du ministre de la justice peut être assorti de conditions. L'opération doit ensuite être autorisée par le procureur de la République près le tribunal judiciaire de Paris ou le juge d'instruction du même ressort dans les conditions prévues par l'article 706-81.

• Le ministre de la justice ne peut donner son accord que si les agents étrangers sont affectés dans leur pays à un service spécialisé et exercent des missions de police similaires à celles des agents nationaux spécialement habilités mentionnés à l'article 706-81.

Article 694-8. – Agents de police étrangers – *(Loi n° 2004-204 du 9 mars 2004)*

• Avec l'accord des autorités judiciaires étrangères, les agents de police étrangers mentionnés au deuxième alinéa de l'article 694-7 peuvent également, dans les conditions fixées par les articles 706-81 à 706-87, participer sous la direction d'officiers de police judiciaire français à des opérations d'infiltration conduites sur le territoire de la République dans le cadre d'une procédure judiciaire nationale.

Article 694-9. – Informations – *(Loi n° 2004-204 du 9 mars 2004)*

• Lorsque, conformément aux stipulations prévues par les conventions internationales, le procureur de la République ou le juge d'instruction communique à des autorités judiciaires étrangères des informations issues d'une procédure pénale en cours, il peut soumettre l'utilisation de ces informations aux conditions qu'il détermine.

Section III

De l'entraide aux fins de saisie des produits d'une infraction en vue de leur confiscation ultérieure

Article 694-10. – Saisie des biens meubles ou immeubles – *(Loi n° 2013-1117 du 6 décembre 2013)*

• En l'absence de convention internationale en stipulant autrement, les articles 694-11 à 694-13 sont applicables aux demandes d'entraide émanant des autorités étrangères compétentes, tendant à la saisie, en vue de leur confiscation ultérieure, des biens meubles ou immeubles, quelle qu'en soit la nature, ayant servi ou qui étaient destinés à commettre l'infraction ou qui paraissent être le produit direct ou indirect de l'infraction ainsi que de tout bien dont la valeur correspond au produit de cette infraction.

Article 694-11. – Rejet de la demande – *(Loi n° 2010-768 du 9 juillet 2010)*

• Sans préjudice de l'application de l'article 694-4, la demande présentée en application de l'article 694-10 est rejetée si l'un des motifs de refus mentionnés à l'article 713-37 apparaît d'ores et déjà constitué.

Article 694-12. – Saisies – Frais – *(Loi n° 2013-1117 du 6 décembre 2013)*

• L'exécution sur le territoire de la République de saisies faisant l'objet d'une demande présentée par une autorité judiciaire étrangère, en application d'une convention internationale, est ordonnée, aux frais avancés du Trésor et selon les modalités du présent code, par le juge d'instruction sur requête ou après avis du procureur de la République.

Article 694-13. – Mainlevée des saisies ordonnées – *(Loi n° 2010-768 du 9 juillet 2010)*

• Le refus d'autoriser l'exécution de la décision de confiscation prononcée par la juridiction étrangère emporte de plein droit, aux frais du Trésor, mainlevée des saisies ordonnées. Il en est de même lorsque les poursuites engagées à l'étranger ont pris fin.

CHAPITRE II

Dispositions propres à l'entraide entre la France et les autres États membres de l'Union européenne

Article 694-14. – Demande d'entraide entre la France et les autres États membres de l'Union européenne – *(Ordonnance n° 2016-1636 du 1er décembre 2016)*

• Les dispositions du présent chapitre sont applicables aux demandes d'entraide entre la France et les autres États membres de l'Union européenne.

Section I

Des décisions d'enquête européenne prévues par la directive 2014/41/ UE du 3 avril 2014

Article 694-15. – Modalités – *(Ordonnance n° 2016-1636 du 1er décembre 2016)*

• Sauf lorsqu'il en est disposé autrement par le présent code, les demandes d'entraide judiciaire en matière pénale entre la France et les autres États membres de l'Union européenne se font par l'intermédiaire des décisions d'enquête européenne, conformément aux dispositions de la présente section.

Article 694-16. – Décision judiciaire – *(Ordonnance n° 2016-1636 du 1er décembre 2016)*

• Une décision d'enquête européenne est une décision judiciaire émise par un État membre, appelé État d'émission, demandant à un autre État membre, appelé État d'exécution, en utilisant des formulaires communs à l'ensemble des États, de réaliser dans un certain délai sur son territoire des investigations tendant à l'obtention d'éléments de preuve relatifs à une infraction pénale ou à la communication d'éléments de preuve déjà en sa possession.

• La décision d'enquête peut également avoir pour objet d'empêcher provisoirement sur le territoire de l'État d'exécution toute opération de destruction, de transformation, de déplacement, de transfert ou d'aliénation d'éléments susceptibles d'être utilisés comme preuve.

• Elle peut aussi avoir pour objet le transfèrement temporaire dans l'État d'émission d'une personne détenue dans l'État d'exécution, afin de permettre la réalisation dans l'État d'émission d'actes de procédure exigeant la présence de cette personne, ou le transfèrement temporaire dans l'État d'exécution d'une personne détenue dans l'État d'émission aux fins de participer sur ce territoire aux investigations demandées.

• Les preuves mentionnées aux deux premiers alinéas peuvent également porter sur la violation par une personne des obligations résultant d'une condamnation pénale, même si cette violation ne constitue pas une infraction.

Article 694-17. – Reconnaissance et exécution – *(Ordonnance n° 2016-1636 du 1er décembre 2016)*

• Les États membres reconnaissent sans aucune formalité une décision d'enquête européenne et ils l'exécutent de la même manière et selon les mêmes modalités que si la demande émanait d'une autorité judiciaire nationale, sauf si est applicable un motif valable prévu par la présente section de non-reconnaissance, de non-exécution ou de report de la décision, et sous réserve de l'application des formalités expressément demandées par l'autorité d'émission non contraires aux principes fondamentaux du droit de l'État d'exécution.

Article 694-18. – Émission – *(Ordonnance n° 2016-1636 du 1er décembre 2016)*

• Il n'y a pas lieu à émission d'une décision d'enquête européenne :

• 1° Lorsqu'est mise en place une équipe commune d'enquête en application des articles 695-2 et 695-3 ; toutefois, lorsqu'une autorité compétente participant à une équipe commune d'enquête requiert l'assistance d'un État membre autre que ceux qui y participent, une décision d'enquête européenne peut être émise à cette fin ;

• 2° Lorsqu'il est fait application des articles 695-9-1 à 695-9-30 sur le gel de biens susceptibles de confiscation, dès lors que la demande de saisie de ces biens n'est pas également demandée parce qu'ils sont susceptibles de constituer des éléments de preuve ;

• 3° Lorsqu'est demandée une observation transfrontalière en application de l'article 40 de la convention d'application des accords de Schengen du 19 juin 1990.

Article 694-19. – Modalités d'application – *(Ordonnance n° 2016-1636 du 1er décembre 2016)*
• Les modalités d'application de la présente section sont précisées par décret.

Sous-section 1
Dispositions relatives à l'émission d'une décision d'enquête européenne par les autorités judiciaires françaises

§ 1er. – Dispositions générales

Article 694-20. – Modalités d'émission – *(Loi n° 2020-1672 du 24 décembre 2020)*
• Le procureur de la République, le juge d'instruction, la chambre de l'instruction et son président ainsi que les juridictions de jugement ou d'application des peines et leurs présidents peuvent, à l'occasion des procédures dont ils sont saisis et dans l'exercice de leurs attributions, émettre une décision d'enquête européenne dès lors qu'elle apparaît nécessaire à la constatation, à la poursuite ou au jugement d'une infraction ou à l'exécution d'une peine et proportionnée au regard des droits de la personne suspecte, poursuivie ou condamnée et que les mesures demandées peuvent être réalisées en application des dispositions du présent code.
• Cette émission peut intervenir d'office ou, conformément aux dispositions des articles 77-2, 82-1, 315, 388-5 et 459, sur demande de la personne suspecte ou poursuivie, de la victime ou de la partie civile.
• Les autorités judiciaires mentionnées au premier alinéa ne peuvent émettre une décision d'enquête que pour l'exécution de mesures qu'elles sont elles-mêmes habilitées à ordonner ou exécuter conformément aux dispositions du présent code. Si la décision d'enquête concerne un acte exigeant l'autorisation préalable du juge des libertés et de la détention, elle ne peut être émise qu'après l'autorisation de ce dernier. Les autorisations du juge des libertés et de la détention prévues aux articles 76, 230-33, 230-34 et 706-92 peuvent ne pas mentionner l'adresse du lieu privé dans lequel une perquisition pourra intervenir ou dans lequel un dispositif de géolocalisation pourra être installé ou retiré, si cette adresse n'est pas connue lors de la délivrance de la décision d'enquête, à condition de mentionner l'identité de la personne chez laquelle ces opérations pourront intervenir. La 1re décision du juge des libertés et de la détention prévue au 1° de l'article 230-33 permettant la poursuite pour 1 mois de la géolocalisation décidée pour 15 jours ou 8 jours par le procureur de la République peut être délivrée avant l'émission de la décision d'enquête.
• Lorsqu'à l'occasion de l'exécution d'une décision d'enquête européenne, le magistrat se transporte sur le territoire de l'État d'exécution en application du 5e alinéa de l'article 41 ou de l'article 93-1, il peut émettre une décision d'enquête en complément de la précédente décision.

Article 694-21. – Décision – Rédaction – *(Ordonnance n° 2016-1636 du 1er décembre 2016)*
• Toute décision d'enquête européenne est rédigée en utilisant un formulaire complété, signé, et dont le contenu est certifié comme étant exact et correct par l'autorité judiciaire d'émission, qui comporte notamment les informations suivantes :
• 1° L'identité et la qualité du magistrat ou de la juridiction qui l'émet ;
• 2° L'objet et les motifs de la décision ;
• 3° Les informations nécessaires disponibles sur la ou les personnes concernées ;
• 4° Une description de l'infraction faisant l'objet de l'enquête ou de la poursuite, et les dispositions de droit pénal applicables ;
• 5° Une description de la ou des mesures d'enquête demandées et des preuves à obtenir, ainsi que le cas échéant des formalités à respecter en application des dispositions prévues par le présent code, notamment l'autorisation préalable d'un juge de l'État d'exécution dans les conditions prévues à l'article 694-20 ;
• 6° Le cas échéant, les références d'une décision d'enquête européenne antérieure que complète la nouvelle décision ;
• 7° Le cas échéant, le délai dans lequel doit être exécutée la demande, notamment si ce délai est inférieur à quatre mois, en raison de délais de procédure, de la gravité de l'infraction ou d'autres circonstances particulièrement urgentes, ou la date spécifique à laquelle la mesure d'enquête doit être exécutée, ou le fait que la mesure d'enquête doit être réalisée en temps réel, de manière continue et au cours d'une période déterminée.

Article 694-22. – Traduction – *(Ordonnance n° 2016-1636 du 1er décembre 2016)*
• La décision d'enquête européenne fait l'objet d'une traduction dans une langue officielle de l'État d'exécution ou dans l'une des langues officielles des institutions de l'Union européenne acceptées par cet État.

Article 694-23. – Transmission – *(Ordonnance n° 2016-1636 du 1er décembre 2016)*

• La décision d'enquête européenne est transmise directement aux autorités compétentes de l'État d'exécution par tout moyen permettant de laisser une trace écrite et d'en établir l'authenticité.

• Toute autre communication officielle est effectuée directement entre le magistrat mandant et l'autorité d'exécution.

Article 694-24. – Contestation – *(Ordonnance n° 2016-1636 du 1er décembre 2016)*

• Le fait que la mesure d'enquête réalisée dans l'État d'exécution ait été contestée avec succès devant les autorités de cet État et conformément au droit de cet État n'entraîne pas par lui-même la nullité des éléments de preuve adressés aux autorités judiciaires françaises, mais ces éléments ne peuvent servir de seul fondement à la condamnation de la personne.

• Le non-respect des délais d'exécution de la demande d'enquête européenne ne peut constituer une cause de nullité des actes accomplis.

§ 2. – Dispositions particulières à certaines mesures d'enquête

Article 694-25. – Détention sur le territoire national – Transfèrement – *(Ordonnance n° 2016-1636 du 1er décembre 2016)*

• Une personne détenue sur le territoire national ne peut être transférée dans un autre État pour les nécessités de l'exécution d'une décision d'enquête européenne que si elle y consent préalablement et que si son transfèrement n'est pas susceptible de prolonger sa détention.

Article 694-26. – Détention sur le territoire d'un État membre – Transfèrement – *(Ordonnance n° 2016-1636 du 1er décembre 2016)*

• Lorsqu'une personne détenue sur le territoire d'un État membre est transférée sur le territoire national en exécution d'une décision d'enquête européenne émise par une autorité judiciaire française, sa mise en liberté ne peut être ordonnée que sur demande de l'État d'exécution.

• Elle ne peut être soumise à aucune poursuite ni aucune mesure restrictive ou privative de liberté pour des faits commis ou des condamnations prononcées avant son départ du territoire de l'État d'exécution et qui ne sont pas mentionnés dans la décision d'enquête européenne.

• Les dispositions de l'alinéa précédent ne sont toutefois pas applicables lorsque la personne a été libérée et qu'elle est demeurée ou revenue sur le territoire national pendant au moins quinze jours après que sa présence a été requise.

Article 694-27. – Comptes bancaires – *(Ordonnance n° 2016-1636 du 1er décembre 2016)*

• Lorsqu'une décision d'enquête est émise en vue de déterminer si une personne physique ou morale détient ou contrôle un ou plusieurs comptes auprès d'un établissement bancaire ou financier ou d'obtenir des renseignements concernant des comptes bancaires déterminés et des opérations bancaires qui ont été réalisées pendant une période déterminée, le magistrat indique dans sa demande les raisons pour lesquelles il considère que les informations demandées sont susceptibles d'être utiles à la manifestation de la vérité et les raisons qui l'amènent à supposer que des banques situées dans l'État d'exécution détiennent le compte ainsi que, le cas échéant, les banques qui pourraient être concernées.

Article 694-28. – Demande d'interception de télécommunications – *(Ordonnance n° 2016-1636 du 1er décembre 2016)*

• Lorsqu'il émet une décision d'enquête afin d'obtenir l'assistance technique d'un État membre aux fins de mise en place d'une interception de télécommunications, le magistrat précise dans sa demande les informations nécessaires à l'identification de la personne visée par la demande d'interception, la durée souhaitée de l'interception et toutes les données techniques nécessaires à la mise en place de la mesure.

Sous-section 2

Dispositions relatives à la reconnaissance et l'exécution par les autorités judiciaires françaises d'une décision d'enquête européenne émanant d'un autre État membre

Article 694-29. – Émission ou validation – *(Ordonnance n° 2016-1636 du 1er décembre 2016)*

• Toute décision d'enquête européenne transmise aux autorités françaises doit être émise ou validée par une autorité judiciaire. Cette décision peut concerner, dans l'État d'émission, soit des procédures pénales, soit des procédures qui ne sont pas relatives à des infractions pénales mais qui sont engagées contre des personnes physiques ou morales par des autorités administratives ou judiciaires pour des faits punissables dans l'État d'émission au titre d'infractions aux règles de droit et par une décision pouvant donner lieu à un recours devant une juridiction compétente, notamment en matière pénale.

Article 694-30. – Exécution – *(Ordonnance n° 2019-964 du 18 septembre 2019)*

• La décision d'enquête européenne destinée aux autorités françaises est adressée, selon les distinctions prévues aux 2e et 3e alinéas, au procureur de la République ou au juge d'instruction du tribunal judiciaire territorialement compétent pour exécuter la mesure demandée.

• Lorsque la décision d'enquête porte sur des actes qui ne peuvent être ordonnés ou exécutés qu'au cours d'une instruction préparatoire, ou qui ne peuvent être exécutés au cours d'une enquête qu'avec l'autorisation du juge des libertés et de la détention, la décision d'enquête est reconnue par le juge d'instruction, et elle est exécutée par ce magistrat ou par des officiers ou agents de police judiciaire agissant sur commission rogatoire de celui-ci.

• Dans les autres cas, la décision d'enquête est reconnue par le procureur de la République et elle est exécutée par ce magistrat ou par les officiers ou agents de police judiciaire requis par lui à cette fin.

• Si le magistrat saisi n'est pas compétent, il transmet sans délai la décision d'enquête au procureur de la République ou au juge d'instruction compétent et en informe immédiatement l'État d'émission.

§ 1er. – Reconnaissance des décisions d'enquête européenne

Article 694-31. – Refus – *(Loi n° 2019-222 du 23 mars 2019)*

• Le magistrat saisi refuse de reconnaître ou d'exécuter une décision d'enquête européenne dans l'un des cas suivants :

• 1° Si un privilège ou une immunité fait obstacle à son exécution ; lorsque ce privilège ou cette immunité est susceptible d'être levé par une autorité française, la reconnaissance et l'exécution de la décision ne sont refusées qu'après que le magistrat saisi a adressé sans délai à l'autorité compétente une demande de levée de ce privilège ou de cette immunité et que celui-ci n'a pas été levé ; si les autorités françaises ne sont pas compétentes, la demande de levée est laissée au soin de l'État d'émission ;

• 2° Si la demande d'enquête est contraire aux dispositions relatives à l'établissement de la responsabilité pénale en matière d'infraction de presse de la loi du 29 juillet 1881 sur la liberté de la presse et de la loi n° 82-652 du 29 juillet 1982 sur la communication audiovisuelle ;

• 3° Si la décision porte sur la transmission d'informations ayant fait l'objet d'une classification en application des dispositions de l'article 413-9 du code pénal ; en ce cas, la reconnaissance et l'exécution de la décision ne sont refusées qu'après que le magistrat saisi a adressé sans délai à l'autorité administrative compétente une demande tendant à la déclassification et à la communication des informations en application de l'article L. 2312-4 du code de la défense et que cette demande n'a pas été acceptée ; si la demande de déclassification est partiellement acceptée, la reconnaissance et l'exécution de la décision d'enquête européenne ne peuvent porter que sur les informations déclassifiées ;

• 4° Si la demande concerne une procédure mentionnée à l'article 694-29 du présent code et qui n'est pas relative à une infraction pénale, lorsque la mesure demandée ne serait pas autorisée par la loi française dans le cadre d'une procédure nationale similaire ;

• 5° Si l'exécution de la décision d'enquête ou les éléments de preuve susceptibles d'être transférés à la suite de son exécution pourraient conduire à poursuivre ou punir à nouveau une personne qui a déjà été jugée définitivement, pour les faits faisant l'objet de la décision, par les autorités judiciaires françaises ou celles d'un autre État membre de l'Union européenne lorsque, en cas de condamnation, la peine a été exécutée, est en cours d'exécution ou ne peut plus être ramenée à exécution selon les lois de l'État de condamnation ;

• 6° Si les faits motivant la décision d'enquête européenne ne constituent pas une infraction pénale selon la loi française alors qu'ils ont été commis en tout ou en partie sur le territoire national et qu'il existe des raisons sérieuses de penser qu'ils n'ont pas été commis sur le territoire de l'État d'émission ;

• 7° S'il existe des raisons sérieuses de croire que l'exécution de la mesure d'enquête serait incompatible avec le respect par la France des droits et libertés garantis par la Convention européenne de sauvegarde des droits de l'homme et des libertés fondamentales et la charte des droits fondamentaux de l'Union européenne ;

• 8° Si les faits motivant la décision d'enquête ne constituent pas une infraction pénale selon la loi française, sauf s'ils concernent une catégorie d'infractions mentionnée à l'article 694-32 et sanctionnée dans l'État d'émission d'une peine ou une mesure de sûreté privative de liberté d'une durée d'au moins 3 ans, ou sauf si la mesure demandée est l'une de celles mentionnées par l'article 694-33 ;

• 9° Si la mesure demandée n'est pas autorisée par le présent code pour l'infraction motivant la décision d'enquête, sauf s'il s'agit d'une des mesures mentionnées à l'article 694-33.

• Dans les cas mentionnés aux 1°, 2°, 5°, 6° et 7° ci-dessus, avant de décider de ne pas reconnaître ou exécuter, en tout ou partie, une décision d'enquête européenne, le magistrat saisi consulte l'autorité d'émission par tout moyen approprié et, le cas échéant, demande à cette autorité de lui fournir sans tarder toute information nécessaire.

• Le magistrat saisi informe l'autorité d'émission, sans délai et par tout moyen permettant de laisser une trace écrite, de toute décision prise en application du présent article.

Article 694-32. – Catégories d'infractions – *(Ordonnance n° 2016-1636 du 1er décembre 2016)*

• Les catégories d'infractions pour lesquelles une décision d'enquête ne peut être refusée en application du 8° de l'article 694-31 sont les suivantes :

• 1° Participation à une organisation criminelle ;
• 2° Terrorisme ;
• 3° Traite des êtres humains ;
• 4° Exploitation sexuelle des enfants et pédopornographie ;
• 5° Trafic de stupéfiants et de substances psychotropes ;
• 6° Trafic d'armes, de munitions et d'explosifs ;
• 7° Corruption ;
• 8° Fraude, y compris la fraude portant atteinte aux intérêts financiers des Communautés européennes au sens de la convention du 26 juillet 1995 relative à la protection des intérêts financiers des Communautés européennes ;
• 9° Blanchiment des produits du crime ;
• 10° Faux-monnayage et contrefaçon de monnaie, y compris de l'euro ;
• 11° Cybercriminalité ;
• 12° Crimes et délits contre l'environnement, y compris le trafic d'espèces animales menacées et le trafic d'espèces et d'essences végétales menacées ;
• 13° Aide à l'entrée et au séjour irréguliers ;
• 14° Homicide volontaire, coups et blessures graves ;
• 15° Trafic d'organes et de tissus humains ;
• 16° Enlèvement, séquestration et prise d'otage ;
• 17° Racisme et xénophobie ;
• 18° Vol organisé ou vol à main armée ;
• 19° Trafic illicite de biens culturels, y compris d'antiquités et d'œuvres d'art ;
• 20° Escroquerie ;
• 21° Extorsion ;
• 22° Contrefaçon et piratage de produits ;
• 23° Falsification de documents administratifs et trafic de faux ;
• 24° Falsification de moyens de paiement ;
• 25° Trafic illicite de substances hormonales et d'autres facteurs de croissance ;
• 26° Trafic illicite de matières nucléaires et radioactives ;
• 27° Trafic de véhicules volés ;
• 28° Viol ;
• 29° Incendie volontaire ;
• 30° Crimes et délits relevant de la Cour pénale internationale ;
• 31° Détournement illicite d'aéronefs ou de navires ;
• 32° Sabotage.

Article 694-33. – Mesures – *(Ordonnance n° 2016-1636 du 1er décembre 2016)*

• Les mesures pour lesquelles une décision d'enquête ne peut être refusée en application des 8° et 9° de l'article 694-31 sont les suivantes :

• 1° L'obtention d'informations ou d'éléments de preuve qui sont déjà en possession des autorités françaises et qui auraient pu être obtenus, en application du droit national, dans le cadre d'une procédure pénale ou aux fins de la décision d'enquête européenne ;

• 2° L'obtention d'informations contenues dans des traitements automatisés de données à caractère personnel mis en œuvre par les services de la police nationale et de la gendarmerie nationale ou les autorités judiciaires directement accessibles dans le cadre d'une procédure pénale ;

• 3° L'audition d'un témoin, d'un expert, d'une victime, d'un suspect, d'une personne poursuivie ou d'un tiers ;

• 4° L'identification d'abonnés titulaires d'un numéro de téléphone spécifique ou de personnes détentrices d'une adresse de protocole internet spécifique ;

• 5° Toute autre mesure d'enquête non intrusive qui ne porte pas atteinte aux droits ou libertés individuels.

Article 694-34. – Risque de nuisances aux intérêts nationaux... – *(Ordonnance n° 2016-1636 du 1er décembre 2016)*

• Si l'exécution de la décision d'enquête européenne risque de nuire à des intérêts nationaux essentiels en matière de sécurité, de mettre en danger la source d'information ou de comporter l'utilisation d'informations ayant fait l'objet d'une classification en application des dispositions de l'article 413-9 du Code pénal et se rapportant à des activités de renseignement, les dispositions des articles 694-4 et 694-4-1 du présent code sont applicables, et la reconnaissance ou l'exécution de la décision d'enquête européenne peuvent être refusées par le ministre de la justice.

• Avant de prendre sa décision, le ministre de la justice consulte l'autorité d'émission par tout moyen approprié et, le cas échéant, lui demande de lui fournir sans tarder toute information nécessaire.

• Si le ministre de la justice décide de ne pas refuser la reconnaissance ou l'exécution de la décision d'enquête européenne et qu'il s'agit d'informations classifiées en application des dispositions de l'article 413-9 du Code pénal, les dispositions du 3° de l'article 694-31 du présent code sont applicables.

Article 694-35. – Décision – *(Ordonnance n° 2016-1636 du 1er décembre 2016)*

• Le magistrat saisi prend la décision relative à la reconnaissance ou à l'exécution de la décision d'enquête européenne avec la même célérité et priorité que dans le cadre d'une procédure nationale similaire et au plus tard trente jours après la réception de la décision d'enquête européenne.

• S'il n'est pas possible, dans un cas spécifique, de respecter ce délai, il en informe sans tarder l'autorité compétente de l'État d'émission par tout moyen disponible, en indiquant les raisons du retard et une estimation du temps nécessaire pour prendre une décision. Dans ce cas, ce délai peut être prorogé de trente jours maximum.

§ 2. – Exécution de la décision d'enquête

Article 694-36. – Formalités et procédures – *(Ordonnance n° 2016-1636 du 1er décembre 2016)*

• La décision d'enquête est exécutée conformément aux formalités et procédures expressément indiquées par l'autorité d'émission, sauf si la loi en dispose autrement et sous réserve, à peine de nullité, que ces règles ne réduisent pas les droits des parties et les garanties procédurales appliquant les principes fondamentaux prévus à l'article préliminaire du présent code.

Article 694-37. – Délais – *(Ordonnance n° 2016-1636 du 1er décembre 2016)*

• La décision d'enquête est exécutée dans les meilleurs délais et au plus tard dans les quatre-vingt-dix jours suivant la date de la décision prévue par l'article 694-35. Si des circonstances particulières justifient une prolongation de ce délai, l'autorité d'émission en est immédiatement informée, ainsi que des raisons qui la motivent et de la date prévisible d'exécution de la décision d'enquête.

• Le magistrat saisi peut décider de reporter l'exécution de la décision d'enquête si elle risque de nuire à une enquête ou à des poursuites en cours ou si les objets, documents ou données concernés sont déjà utilisés dans le cadre d'une autre procédure. La décision d'enquête est mise à exécution sans délai dès lors que les raisons ayant justifié le report ont cessé. L'autorité d'émission en est immédiatement informée.

Article 694-38. – Autre mesure d'investigation – *(Ordonnance n° 2016-1636 du 1er décembre 2016)*

• Lorsque la mesure d'enquête demandée n'est pas prévue par le présent code ou qu'elle ne pourrait être exécutée dans le cadre d'une procédure nationale similaire, le magistrat saisi a recours, chaque fois que cela s'avère possible, à toute autre mesure d'investigation permettant d'obtenir les éléments demandés par l'autorité d'émission.

• Toutefois, sous réserve des dispositions de l'article 694-31 et de l'article 694-34, il doit toujours faire droit aux demandes prévues à l'article 694-33.

• Le magistrat saisi peut également ordonner une autre mesure d'enquête que celle demandée si elle permet d'obtenir le même résultat de façon moins intrusive.

• Il informe sans délai l'autorité d'émission des décisions prises en application du présent article, y compris lorsqu'aucune mesure ne peut être substituée à la mesure demandée.

Article 694-39. – Assistance des autorités de l'État – *(Ordonnance n° 2016-1636 du 1er décembre 2016)*

• Le magistrat saisi ne peut refuser l'assistance des autorités de l'État d'émission à l'exécution de la décision d'enquête sur le territoire national que si elle apparaît de nature à réduire les droits des parties et les garanties procédurales appliquant les principes fondamentaux prévus à l'article préliminaire ou de nature à nuire aux intérêts fondamentaux de la Nation.

Article 694-40. – Nouvelles mesures – *(Ordonnance n° 2016-1636 du 1er décembre 2016)*

• Si, en cours d'exécution de la décision d'enquête, le magistrat saisi juge opportun de diligenter des mesures d'enquête non prévues initialement ou qui n'avaient pas pu être spécifiées au moment de l'émission de la décision d'enquête européenne, il en informe sans délai l'autorité d'émission afin qu'elle puisse le cas échéant demander de nouvelles mesures.

Article 694-41. – Contestation, demande, recours... – *(Ordonnance n° 2016-1636 du 1er décembre 2016)*

• Lorsque des mesures exécutées sur le territoire national en application d'une décision d'enquête européenne auraient pu, si elles avaient été exécutées dans le cadre d'une procédure nationale, faire l'objet d'une contestation, d'une demande de nullité ou de toute autre forme de recours en application des dispositions du présent code, ces recours peuvent, dans les mêmes conditions et selon les mêmes modalités, être formés contre ces mesures par les personnes intéressés. Ces personnes sont informées de leur possibilité d'exercer ces recours lorsque cette information est prévue par les dispositions du présent code.

• Ces recours ne suspendent pas l'exécution de la mesure d'enquête, sauf si cette suspension est prévue par les dispositions du présent code.

• Ne peuvent être invoqués à l'appui de ces recours les motifs de fond à l'origine de la décision d'enquête européenne, qui ne peuvent être contestés que par une action intentée dans l'État d'émission.

• Le non-respect des délais d'exécution de la demande d'enquête européenne ne peut constituer une cause de nullité des actes accomplis.

Article 694-42. – Procès-verbaux, objets saisis et autres éléments de preuve – *(Ordonnance n° 2016-1636 du 1er décembre 2016)*

• Les procès-verbaux, objets saisis et tous autres éléments de preuve recueillis en exécution de la décision d'enquête sont remis dans les meilleurs délais à l'autorité d'émission.

• Le magistrat saisi peut décider de suspendre cette remise dans l'attente d'une décision relative au recours formé contre un acte d'exécution de la décision d'enquête, sauf si cette dernière fait état de motifs suffisants pour considérer qu'une remise immédiate est indispensable au bon déroulement de l'enquête ou à la préservation de droits individuels. Toutefois, la remise des éléments de preuve est dans tous les cas suspendue si elle est de nature à causer un préjudice grave et irréversible à la personne concernée.

• Le magistrat saisi peut ordonner la remise temporaire à l'autorité d'émission des procès-verbaux, objets saisis et autres éléments de preuve recueillis en exécution de la décision d'enquête, à charge pour cette autorité de les restituer dès qu'ils ne lui sont plus nécessaires, notamment lorsqu'ils sont utiles à une procédure en cours en France.

§ 3. – Dispositions particulières à certaines mesures d'enquête

Article 694-43. – Taxes – Impôts – Douane – Change – *(Ordonnance n° 2016-1636 du 1er décembre 2016)*

• Lorsque la décision d'enquête européenne concerne une infraction en matière de taxes ou d'impôts, de douane et de change, sa reconnaissance ne peut être refusée au motif que la loi française n'impose pas le même type de taxe ou de droits ou prévoit des dispositions différentes en matière de taxes, d'impôts, de douane ou de change.

Article 694-44. – Transfèrement – *(Ordonnance n° 2016-1636 du 1er décembre 2016)*

• Les dispositions de l'article 694-26 sont applicables au transfèrement d'une personne détenue dans l'État d'émission aux fins d'exécution d'une décision d'enquête émise par un État membre et nécessitant sa présence sur le territoire national.

Article 694-45. – Transfèrement temporaire – *(Ordonnance n° 2016-1636 du 1er décembre 2016)*

• Lorsque l'État d'émission sollicite, au titre d'une décision d'enquête européenne, le transfèrement temporaire d'une personne détenue en France, le magistrat saisi peut, sans préjudice des dispositions de l'article 694-31, refuser l'exécution de la demande si la personne concernée s'y oppose ou si son transfèrement est susceptible de prolonger la durée de sa détention.

• Si la demande concerne un mineur ou un majeur bénéficiant d'une mesure de protection en application des dispositions du titre XI du livre Ier du code civil, son représentant légal, son tuteur ou son curateur est préalablement invité à donner son avis.

• S'il fait droit à la demande, le magistrat saisi fixe le délai dans lequel la personne détenue doit être renvoyée en France et précise, le cas échéant, les modalités particulières de prise en charge devant être observées afin de garantir le respect de ses droits et la sécurité du transfèrement.

• La période de détention subie par la personne en dehors du territoire national est intégralement prise en compte pour le calcul de sa durée totale de détention.

Article 694-46. – Opération de destruction, de transformation... – *(Ordonnance n° 2016-1636 du 1er décembre 2016)*

• Lorsqu'il est saisi d'une décision d'enquête visant à empêcher provisoirement toute opération de destruction, de transformation, de déplacement, de transfert ou d'aliénation d'éléments susceptibles d'être utilisés comme preuve, le magistrat rend sa décision dans les meilleurs délais et, si possible, dans les vingt-quatre heures suivant sa réception.

• Lorsque l'autorité d'émission demande, dans la décision, que les éléments saisis en application du premier alinéa soient transférés vers l'État d'émission, les dispositions de l'article 694-42 sont applicables.

• Lorsque l'autorité d'émission demande, dans la décision, que les éléments saisis en application du premier alinéa soient conservés sur le territoire national jusqu'à une date qu'elle fixe, le magistrat saisi peut déterminer à quelles conditions ces éléments sont conservés. Si, conformément à ces conditions, il envisage de lever la mesure provisoire, il en informe l'autorité d'émission afin qu'elle puisse formuler des observations.

Article 694-47. – Mesure d'infiltration – *(Ordonnance n° 2016-1636 du 1er décembre 2016)*

• Lorsque l'État d'émission sollicite, au titre d'une décision d'enquête européenne, la mise en place d'une mesure d'infiltration sur le territoire national, les modalités de la mesure portant sur la durée de l'infiltration, ses modalités précises ou le statut juridique des agents infiltrés sont fixées d'un commun accord par le magistrat saisi et l'autorité compétente de l'État d'émission.

• À défaut d'accord, le magistrat saisi peut, sans préjudice des dispositions de l'article 694-31, refuser l'exécution de la demande.

Article 694-48. – Audition d'une personne – *(Ordonnance n° 2016-1636 du 1er décembre 2016)*

• Lorsque l'État d'émission sollicite, au titre d'une décision d'enquête européenne, l'audition d'une personne par un moyen de communication audiovisuelle selon les modalités prévues par l'article 706-71, le magistrat saisi peut, sans préjudice des dispositions de l'article 694-31, refuser l'exécution de la demande s'il s'agit de l'audition d'une personne suspecte ou poursuivie et si celle-ci s'y oppose.

• S'il s'agit de l'audition d'un témoin, les dispositions du présent code réprimant le refus de déposer ou de prêter serment, et celles des articles 434-13,434-14 et 434-15-1 du Code pénal réprimant le faux témoignage sont applicables.

Article 694-49. – Mesure d'investigation – *(Ordonnance n° 2016-1636 du 1er décembre 2016)*

• Lorsque l'État d'émission sollicite, au titre d'une décision d'enquête européenne, l'exécution d'une mesure d'investigation qui requiert l'obtention de preuve en temps réel, de manière continue et au cours d'une période déterminée, les modalités pratiques de la mesure sont fixées d'un commun accord par le magistrat saisi et l'autorité compétente de l'État d'émission.

• Les dispositions du premier alinéa sont notamment applicables au suivi d'opérations bancaires ou d'autres opérations financières qui sont réalisées sur un ou plusieurs comptes spécifiques et aux opérations de surveillance de l'acheminement ou du transport des objets, biens ou produits tirés de la commission d'une infraction ou servant à la commettre.

• À défaut d'accord, le magistrat saisi peut, sans préjudice des dispositions de l'article 694-31, refuser l'exécution de la demande.

Sous-section 3

Coûts d'exécution

Article 694-50. – Frais d'exécution des demandes – *(Ordonnance n° 2016-1636 du 1er décembre 2016)*

• Les frais d'exécution des demandes d'entraide européenne sont à la charge de l'État d'exécution, sauf, lorsqu'ils peuvent être considérés comme exceptionnellement élevés, à être partagés avec l'État d'émission en cas d'accord entre les autorités compétentes ou, à défaut, à être supportés par l'État d'émission.

• Sont toutefois toujours à la charge de l'État d'émission les frais occasionnés par une décision d'enquête européenne concernant :

• 1° Le transfèrement de la personne vers l'État d'émission et depuis celui-ci ;

• 2° La transcription, le décodage et le déchiffrement de communications interceptées.

Article 695. – *(Transféré – Ordonnance n° 2016-1636 du 1er décembre 2016)*

Article 695-1. – *(Abrogé – Ordonnance n° 2016-1636 du 1er décembre 2016)*

Section II

Des équipes communes d'enquête

Article 695-2. – Équipe commune – *(Loi n° 2004-204 du 9 mars 2004)*

• Avec l'accord préalable du ministre de la justice et le consentement du ou des autres États membres concernés, l'autorité judiciaire compétente peut créer une équipe commune d'enquête, soit lorsqu'il y a lieu d'effectuer, dans le cadre d'une procédure française, des enquêtes complexes impliquant la mobilisation d'importants moyens et qui concernent d'autres États membres, soit lorsque plusieurs États membres effectuent des enquêtes relatives à des infractions exigeant une action coordonnée et concertée entre les États membres concernés.

• Les agents étrangers détachés par un autre État membre auprès d'une équipe commune d'enquête, dans la limite des attributions attachées à leur statut, peuvent, sous la direction de l'autorité judiciaire compétente, avoir pour mission, le cas échéant, sur toute l'étendue du territoire national :

• 1° De constater tous crimes, délits ou contraventions et d'en dresser procès-verbal, au besoin dans les formes prévues par le droit de leur État ;

• 2° De recevoir par procès-verbal les déclarations qui leur sont faites par toute personne susceptible de fournir des renseignements sur les faits en cause, au besoin dans les formes prévues par le droit de leur État ;

• 3° De seconder les officiers de police judiciaire français dans l'exercice de leurs fonctions ;

• 4° De procéder à des surveillances et, s'ils sont spécialement habilités à cette fin, à des infiltrations, dans les conditions prévues aux articles 706-81 et suivants et sans qu'il soit nécessaire de faire application des dispositions des articles 694-7 et 694-8.

• Les agents étrangers détachés auprès d'une équipe commune d'enquête peuvent exercer ces missions, sous réserve du consentement de l'État membre ayant procédé à leur détachement.

• Ces agents n'interviennent que dans les opérations pour lesquelles ils ont été désignés. Aucun des pouvoirs propres de l'officier de police judiciaire français, responsable de l'équipe, ne peut leur être délégué.

• Un original des procès-verbaux qu'ils ont établis et qui doit être rédigé ou traduit en langue française est versé à la procédure française.

J • **Vols et tentative... –** Équipe commune d'enquête – Date de début et de fin de l'équipe commune

M. [S] [X] a formé un pourvoi contre l'arrêt de la cour d'appel d'AIX-EN-PROVENCE (13), *chambre 5-1, en date du 10/06/2020, qui, pour vols et tentative, et escroqueries, aggravés, l'a condamné à 4 ans d'emprisonnement.*

13. Aux termes de l'article 13 de la Convention de Bruxelles du 29/05/2000 relative à l'entraide judiciaire en matière pénale entre les États membres de l'Union européenne et de l'article 1er de la décision-cadre 2002/465/JAI du Conseil du 13/06/2002 relative aux équipes communes d'enquête, qui a fait l'objet d'une transposition en droit interne par la loi du 9 mars 2004, créant les articles 695-2 et 695-3 du C.P.P., les autorités compétentes de deux États membres au moins peuvent, d'un commun accord, créer une équipe commune d'enquête, avec un objectif précis et pour une durée limitée pouvant être prolongée avec l'accord de toutes les parties.

14. Aucun texte ne prévoit que doivent être expressément indiquées la date de début et de fin de l'équipe commune d'enquête.

(Cour de cassation – Chambre criminelle du 30 juin 2021 – N° de pourvoi : 20-84.449).

Article 695-3. – Missions des O.P.J. et AP.J. français – *(Loi n° 2004-204 du 9 mars 2004)*

• Dans le cadre de l'équipe commune d'enquête, les officiers et agents de police judiciaire français détachés auprès d'une équipe commune d'enquête peuvent procéder aux opérations prescrites par le responsable d'équipe, sur toute l'étendue du territoire de l'État où ils interviennent, dans la limite des pouvoirs qui leur sont reconnus par le présent code.

• Leurs missions sont définies par l'autorité de 1'Etat membre compétente pour diriger l'équipe commune d'enquête sur le territoire duquel l'équipe intervient.

• Ils peuvent recevoir les déclarations et constater les infractions dans les formes prévues par le présent code, sous réserve de l'accord de l'État sur le territoire duquel ils interviennent.

Section III
De l'Agence Eurojust

Article 695-4. – L'Agence Eurojust – *(Loi n° 2021-1729 du 22 décembre 2021)*

• L'Agence Eurojust, organe de l'Union européenne doté de la personnalité juridique agissant en tant que collège ou par l'intermédiaire du membre national, est chargée de promouvoir et d'améliorer la coordination et la coopération entre les autorités compétentes des États membres de l'Union européenne dans toutes les enquêtes et poursuites relevant de sa compétence.

• L'Agence Eurojust peut également, avec l'accord des États membres concernés :

• 1° Coordonner l'exécution des demandes d'entraide judiciaire émises par un État non membre de l'Union européenne lorsque ces demandes se rattachent à des investigations portant sur les mêmes faits et doivent être exécutées dans 2 États membres au moins ;

• 2° Faciliter l'exécution des demandes d'entraide judiciaire devant être exécutées dans un État non membre de l'Union européenne lorsqu'elles se rattachent à des investigations portant sur les mêmes faits et émanent d'au moins 2 États membres.

Article 695-5. – Missions – *(Loi n° 2021-1729 du 22 décembre 2021)*

• L'Agence Eurojust, agissant par l'intermédiaire du membre national ou en tant que collège, peut :

• 1° Informer le procureur général des infractions dont elle a connaissance et lui demander de faire procéder à une enquête ou de faire engager des poursuites ;

• 2° Demander au procureur général de dénoncer ou de faire dénoncer des infractions aux autorités compétentes d'un autre État membre de l'Union européenne ;

• 3° Demander au procureur général de faire mettre en place une équipe commune d'enquête ;

• 4° Demander au procureur général ou au juge d'instruction de lui communiquer les informations issues de procédures judiciaires qui sont nécessaires à l'accomplissement de ses tâches.

• L'Agence Eurojust agissant par l'intermédiaire du membre national peut, en outre, demander au procureur général de faire prendre toute mesure d'investigation particulière ou toute autre mesure justifiée par les investigations ou les poursuites.

Article 695-5-1. – Avis écrit et motivé – *(Loi n° 2021-1729 du 22 décembre 2021)*

• L'Agence Eurojust, agissant en tant que collège, peut adresser au procureur général ou au juge d'instruction un avis écrit et motivé sur la manière de résoudre un conflit de compétences ou sur des difficultés ou refus récurrents rencontrés dans l'exécution de demandes présentées ou de décisions prises en matière de coopération judiciaire en application, notamment, d'instruments fondés sur le principe de reconnaissance mutuelle.

• Le procureur général ou le juge d'instruction peuvent faire état auprès du collège d'Eurojust des difficultés ou refus mentionnés au 1er alinéa et solliciter de celui-ci qu'il rende un avis écrit et motivé à ce sujet.

Article 695-6. – Information – *(Loi n° 2021-1729 du 22 décembre 2021)*

• Lorsque le procureur général ou le juge d'instruction saisi ne donne pas suite à une demande ou à un avis de l'Agence Eurojust, il l'informe sans retard injustifié de la décision intervenue et de ses motifs.

• Toutefois, cette motivation n'est pas obligatoire lorsqu'elle peut porter atteinte à des intérêts nationaux essentiels en matière de sécurité ou compromettre le succès d'une enquête en cours ou la sécurité d'une personne physique.

Article 695-7. – Transmission de la demande de coopération – *(Loi n° 2021-1729 du 22 décembre 2021)*

• Lorsqu'une demande présentée ou une décision prise en matière de coopération judiciaire en application, notamment, d'un instrument mettant en œuvre le principe de reconnaissance mutuelle nécessite, en vue d'une exécution coordonnée, l'intervention de l'Agence Eurojust, celle-ci peut en assurer la transmission aux autorités requises par l'intermédiaire du membre national intéressé.

• En cas d'urgence, la demande de coopération peut être adressée au dispositif permanent de coordination d'Eurojust.

Section IV
Du membre national d'Eurojust

Article 695-8. – Membre national – *(Loi n° 2021-1729 du 22 décembre 2021)*

• Le membre national est un magistrat hors hiérarchie mis à disposition de l'Agence Eurojust pour une durée de 5 ans, renouvelable une fois, par arrêté du ministre de la justice.

• Le ministre de la justice peut lui adresser des instructions dans les conditions fixées par l'article 30.

Article 695-8-1. – Accès aux données – *(Loi n° 2021-1729 du 22 décembre 2021)*

• Pour les nécessités liées à l'accomplissement de sa mission, le membre national de l'Agence Eurojust a accès, dans les mêmes conditions que les magistrats du ministère public, aux données contenues dans tout traitement automatisé de données à caractère personnel.

Article 695-8-2. – Information – *(Loi n° 2021-1729 du 22 décembre 2021)*

• **I.** – Le membre national est informé par le procureur général, le procureur de la République ou le juge d'instruction des investigations ou procédures en cours ainsi que des condamnations relatives à des affaires susceptibles d'entrer dans le champ de compétence d'Eurojust lorsqu'elles ont donné lieu ou sont de nature à donner lieu à la transmission à au moins 2 États membres de demandes ou de décisions en matière de coopération judiciaire en application, notamment, d'instruments fondés sur le principe de reconnaissance mutuelle et lorsque l'une des conditions suivantes est remplie :

• 1° Ces investigations, procédures ou condamnations portent sur une infraction punissable, dans l'un au moins des États membres concernés, d'une peine ou d'une mesure de sûreté privative de liberté égale ou supérieure à 5 ans et qui entre dans l'une des catégories suivantes :

• *a)* Traite des êtres humains ;

• *b)* Abus sexuels ou exploitation sexuelle, y compris pédopornographie et sollicitation d'enfants à des fins sexuelles ;

• *c)* Trafic de drogue ;

• *d)* Trafic d'armes à feu, de leurs éléments et munitions ;

• *e)* Corruption ;

• *f)* Infractions portant atteinte aux intérêts financiers de l'Union européenne ;

• *g)* Faux-monnayage ou falsification de moyens de paiement ;

• *h)* Blanchiment de capitaux ;

• *i)* Attaques visant les systèmes d'information ;

• 2° Les éléments du dossier font apparaître l'implication d'une organisation criminelle ;

• 3° Les éléments du dossier font apparaître que, par leur ampleur ou leur incidence transfrontalière, les faits sont susceptibles d'affecter gravement l'Union européenne ou de concerner des États membres autres que ceux directement impliqués.

• Le membre national est, en outre, informé par le procureur général, le procureur de la République ou le juge d'instruction des investigations, des procédures et des condamnations relatives aux infractions terroristes qui intéressent, ou sont susceptibles d'intéresser, au moins un autre État membre.

• **II.** – Le membre national est également informé par le procureur général, le procureur de la République ou le juge d'instruction :

• 1° De la mise en place des équipes communes d'enquête et des résultats de leurs travaux ;

• 2° De la mise en œuvre d'une mesure de surveillance de l'acheminement ou du transport des objets, biens ou produits tirés de la commission d'une ou plusieurs infractions ou servant à les commettre lorsque la mesure concerne au moins 3 États, dont au moins 2 États membres ;

• 3° Des conflits de compétences avec un autre État membre et des difficultés ou refus récurrents d'exécution de demandes présentées ou de décisions prises en matière de coopération judiciaire en application, notamment, d'instruments fondés sur le principe de reconnaissance mutuelle.

• **III.** – Le procureur général, le procureur de la République ou le juge d'instruction n'est pas tenu de communiquer à l'Agence Eurojust les informations mentionnées aux I et II lorsque cette communication serait de nature à porter atteinte à la sécurité de la Nation ou à compromettre la sécurité d'une personne.

Article 695-8-3. – Compétence – Enquêtes de l'Office européen – *(Loi n° 2013-711 du 5 août 2013)*

• Le membre national est compétent pour recevoir et transmettre au procureur général compétent des informations relatives aux enquêtes de l'Office européen de lutte antifraude dont il est destinataire.

Article 695-8-4. – Demandes – *(Loi n° 2013-711 du 5 août 2013)*

• En qualité d'autorité nationale compétente, le membre national peut recevoir et transmettre, selon le cas, aux autorités compétentes des autres États membres ou aux autorités judiciaires françaises toutes demandes présentées ou toutes décisions prises par les unes ou les autres en matière de coopération judiciaire en application, notamment, d'instruments fondés sur le principe de reconnaissance mutuelle. Il peut assurer le suivi de ces demandes et décisions et en faciliter l'exécution. Lorsqu'il fait usage de ces prérogatives, le membre national en avise dans les plus brefs délais l'autorité judiciaire compétente.

• Lorsqu'une demande ou une décision en matière de coopération judiciaire a fait l'objet, de la part des autorités judiciaires françaises, d'une exécution partielle ou insuffisante, le membre national peut demander à ces autorités l'accomplissement des mesures complémentaires qui lui paraissent nécessaires.

Article 695-8-5. – Présentation de demandes – Décisions – *(Loi n° 2021-1729 du 22 décembre 2021)*

• **I.** – Le membre national peut, en qualité d'autorité nationale avec l'autorisation de l'autorité judiciaire compétente, présenter des demandes ou prendre des décisions en matière de coopération judiciaire en application, notamment, d'instruments fondés sur le principe de reconnaissance mutuelle.

• Dès l'exécution de l'acte mentionné dans l'autorisation, le membre national en informe cette autorité et lui adresse les pièces d'exécution, en original ou en copie selon la décision de celle-ci.

• **II.** – Le membre national peut proposer au procureur général ou au procureur de la République de procéder aux actes suivants ou de requérir qu'il y soit procédé :

• 1° Actes nécessaires à l'exécution des demandes présentées ou des décisions prises en matière de coopération judiciaire par un autre État membre en application, notamment, d'instruments fondés sur le principe de reconnaissance mutuelle ;

• 2° Actes d'investigation qui ont été considérés, à l'issue d'une réunion de coordination organisée par l'Agence Eurojust, comme nécessaires pour l'efficacité d'investigations conduites sur le territoire de plusieurs États membres ;

• 3° Opérations de surveillance de l'acheminement ou du transport des objets, biens ou produits tirés de la commission d'une ou plusieurs infractions ou servant à les commettre.

• Le représentant du ministère public fait connaître, dans les meilleurs délais, au membre national la suite qu'il entend donner à sa proposition.

Article 695-9. – Equipes communes d'enquête – *(Loi n° 2021-1729 du 22 décembre 2021)*

• Le membre national peut participer, en tant que représentant d'Eurojust, à la mise en place et au fonctionnement des équipes communes d'enquête.

Section V
De l'émission et de l'exécution des décisions de gel de biens

§ 1er. – Dispositions générales

Article 695-9-1. – Décision – *(Ordonnance n° 2016-1636 du 1er décembre 2016)*

• Une décision de gel de biens est une décision prise par une autorité judiciaire d'un État membre de l'Union européenne, appelé État d'émission, afin d'empêcher la destruction, la transformation, le déplacement, le transfert ou l'aliénation d'un bien susceptible de faire l'objet d'une confiscation et se trouvant sur le territoire d'un autre État membre, appelé État d'exécution.

• L'autorité judiciaire est compétente, selon les règles et dans les conditions déterminées par la présente section, pour prendre et transmettre aux autorités judiciaires des autres États membres de l'Union européenne ou pour exécuter, sur leur demande, une décision de gel de biens.

• La décision de gel de biens est soumise aux mêmes règles et entraîne les mêmes effets juridiques que la saisie.

Article 695-9-2. – Biens ou éléments de preuve – *(Ordonnance n° 2016-1636 du 1er décembre 2016)*

• Peut faire l'objet d'une décision de gel tout bien meuble ou immeuble, corporel ou incorporel, ainsi que tout acte juridique ou document attestant d'un titre ou d'un droit sur ce bien, dont l'autorité judiciaire de l'État d'émission estime qu'il est le produit d'une infraction ou correspond en tout ou partie à la valeur de ce produit, ou constitue l'instrument ou l'objet d'une infraction.

• Les dispositions de la présente section ne sont pas applicables aux demandes tendant à empêcher la destruction, la transformation, le déplacement, le transfert ou l'aliénation d'un objet, document ou donnée, susceptible de servir de pièce à conviction, même s'il s'agit du produit d'une infraction ou qu'il constitue l'instrument ou l'objet d'une infraction, ces demandes devant faire l'objet d'une décision d'enquête européenne conformément aux dispositions de la section 1 du présent chapitre.

Article 695-9-3. – Certificat – *(Ordonnance n° 2016-1636 du 1er décembre 2016)*

• Toute décision de gel de biens est accompagnée d'un certificat décerné par l'autorité judiciaire ayant ordonné la mesure et comprenant les mentions suivantes :

• 1° L'identification de l'autorité judiciaire qui a pris, validé ou confirmé la décision de gel et de l'autorité compétente pour exécuter ladite décision dans l'État d'émission, si celle-ci est différente de l'autorité d'émission ;

• 2° *(Abrogé)*

• 3° La date et l'objet de la décision de gel ;

• 4° Les données permettant d'identifier les biens ou éléments de preuve faisant l'objet de la décision de gel, notamment la description précise de ces biens ou éléments, leur localisation dans l'État d'exécution et la désignation de leur propriétaire ou de leur gardien ;

• 5° L'identité de la ou des personnes physiques ou morales soupçonnées d'avoir commis l'infraction ou qui ont été condamnées et qui sont visées par la décision de gel ;

• 6° Les motifs de la décision de gel, le résumé des faits connus de l'autorité judiciaire qui en est l'auteur, la nature et la qualification juridique de l'infraction qui la justifie y compris, s'il y a lieu, l'indication que ladite infraction entre, en vertu de la loi de l'État d'émission, dans l'une des catégories d'infractions mentionnées à l'article 694-32 et y est punie d'une peine privative de liberté d'une durée égale ou supérieure à trois ans d'emprisonnement ;

• 7° La description complète de l'infraction lorsque celle-ci n'entre pas dans l'une des catégories d'infractions visées au 6° ;

• 8° Les voies de recours contre la décision de gel pour les personnes concernées, y compris les tiers de bonne foi, ouvertes dans l'État d'émission, la désignation de la juridiction devant laquelle ledit recours peut être introduit et le délai dans lequel celui-ci peut être formé ;

• 9° Le cas échéant, les autres circonstances pertinentes de l'espèce ;

• 10° La signature de l'autorité judiciaire d'émission ou celle de son représentant attestant l'exactitude des informations contenues dans le certificat.

Article 695-9-4. – Demande d'exécution – *(Ordonnance n° 2016-1636 du 1er décembre 2016)*

• La décision de gel de biens est accompagnée d'une demande d'exécution d'une décision de confiscation du bien.

• À défaut, le certificat contient l'instruction de conserver le bien dans l'État d'exécution jusqu'à la réception de la demande visée à l'alinéa précédent et mentionne la date probable à laquelle une telle demande sera présentée.

• La demande est transmise par l'État d'émission et traitée par l'État d'exécution conformément aux règles applicables à l'entraide judiciaire en matière pénale et à la coopération internationale en matière de confiscation.

Article 695-9-5. – Traduction – *(Loi n° 2005-750 du 4 juillet 2005)*

• Le certificat doit être traduit dans la langue officielle ou dans une des langues officielles de l'État d'exécution ou dans l'une des langues officielles des institutions des Communautés européennes acceptées par cet État.

Article 695-9-6. – Transmission – *(Loi n° 2005-750 du 4 juillet 2005)*

• La décision de gel et le certificat sont, sous réserve des dispositions du deuxième alinéa, transmis directement par l'autorité judiciaire de l'État d'émission à l'autorité judiciaire de l'État d'exécution, par tout moyen laissant une trace écrite et dans des conditions permettant à cette dernière autorité, d'en vérifier l'authenticité.

• Lorsqu'un État membre de l'Union européenne a fait une déclaration à cet effet, la décision de gel et le certificat sont expédiés par l'intermédiaire d'une ou plusieurs autorités centrales désignées par ledit État.

§ 2. – Dispositions relatives aux décisions de gel de biens prises par les autorités judiciaires françaises

Article 695-9-7. – Saisie de biens ou des éléments de preuve – *(Ordonnance n° 2016-1636 du 1er décembre 2016)*

• Le procureur de la République, les juridictions d'instruction, le juge des libertés et de la détention et les juridictions de jugement compétents, en vertu des dispositions du présent code, pour ordonner une saisie de biens, sont compétents pour prendre, dans les mêmes cas et conditions, des décisions de gel visant des biens ou des éléments de preuve situés sur le territoire d'un autre État membre de l'Union européenne et pour établir les certificats afférents à ces décisions.

Article 695-9-8. – Décision de gel – Transmission – *(Loi n° 2005-750 du 4 juillet 2005)*

• La décision de gel prise par un juge d'instruction est transmise par celui-ci, avec son certificat, à l'autorité judiciaire de l'État d'exécution, selon les modalités prévues à l'article 695-9-6. Dans les autres cas, la décision et le certificat sont transmis par le ministère public près la juridiction qui en est l'auteur.

Article 695-9-9. – Mainlevée de la décision de gel – Transmission – *(Loi n° 2005-750 du 4 juillet 2005)*

• Les décisions qui emportent mainlevée de la décision de gel sont transmises sans délai, selon les modalités prévues à l'article 695-9-8, à l'autorité judiciaire de l'État d'exécution.

§ 3. – Dispositions relatives à l'exécution des décisions de gel de biens prises par les autorités étrangères

Article 695-9-10. – Juge d'instruction – Compétence – *(Ordonnance n° 2016-1636 du 1er décembre 2016)*

• Le juge d'instruction est compétent pour statuer sur les demandes de gel de biens ainsi que pour les exécuter.

Article 695-9-11. – Transmission – *(Ordonnance n° 2016-1636 du 1er décembre 2016)*

• La décision de gel et le certificat émanant de l'autorité judiciaire de l'État d'émission sont transmis, selon les modalités prévues à l'article 695-9-6, au juge d'instruction territorialement compétent, le cas échéant par l'intermédiaire du procureur de la République ou du procureur général.

• Le juge d'instruction territorialement compétent est celui du lieu où se situe l'un quelconque des biens faisant l'objet de la demande de gel ou, si ce lieu n'est pas précisé, le juge d'instruction de Paris.

• Si l'autorité judiciaire à laquelle la demande de gel a été transmise n'est pas compétente pour y donner suite, elle la transmet sans délai à l'autorité judiciaire compétente et en informe l'autorité judiciaire de l'État d'émission.

Article 695-9-12. – Transmission de la demande de gel – *(Loi n° 2010-768 du 9 juillet 2010)*
• Avant d'y statuer, le juge d'instruction saisi directement d'une demande de gel la communique pour avis au procureur de la République.
• Le procureur de la République qui reçoit directement une demande de gel la transmet pour exécution, avec son avis, au juge d'instruction.
• Dans le cas prévu à l'article 694-4, le procureur de la République saisit le procureur général.

Article 695-9-13. – Exécution de la décision de gel – *(Loi n° 2010-768 du 9 juillet 2010)*
• Après s'être assuré de la régularité de la demande, le juge d'instruction se prononce sur l'exécution de la décision de gel dans les meilleurs délais et, si possible, dans les vingt-quatre heures suivant la réception de ladite décision.
• Il exécute ou fait exécuter immédiatement la décision de gel.
• Il informe sans délai l'autorité judiciaire de l'État d'émission de l'exécution de la décision de gel par tout moyen laissant une trace écrite.

Article 695-9-14. – *(Abrogé – Ordonnance n° 2016-1636 du 01 décembre 2016)*

Article 695-9-15. – Confiscation ultérieure – *(Loi n° 2010-768 du 9 juillet 2010)*
• Les décisions de gel de biens ordonnées à des fins de confiscation ultérieure sont exécutées, aux frais avancés du Trésor, selon les modalités prévues par le présent code.

Article 695-9-16. – Refus – *(Loi n° 2010-768 du 9 juillet 2010)*
• L'exécution d'une décision de gel peut être refusée si le certificat n'est pas produit, s'il est établi de manière incomplète ou s'il ne correspond manifestement pas à la décision de gel. Toutefois, le juge d'instruction peut impartir un délai à l'auteur de la décision pour que le certificat soit produit, complété ou rectifié, accepter un document équivalent ou, s'il s'estime suffisamment éclairé, dispenser l'autorité judiciaire de l'État d'émission de toute production complémentaire.

Article 695-9-17. – Cas de refus d'exécution – *(Loi n° 2017-86 du 27 janvier 2017)*
• Sans préjudice de l'application de l'article 694-4, l'exécution d'une décision de gel est refusée dans l'un des cas suivants :
• 1° Si une immunité y fait obstacle ou si le bien ou l'élément de preuve est insaisissable selon la loi française ;
• 2° S'il ressort du certificat que la décision de gel se fonde sur des infractions pour lesquelles la personne visée dans ladite décision a déjà été jugée définitivement par les autorités judiciaires françaises ou par celles d'un État autre que l'État d'émission, à condition, en cas de condamnation, que la peine ait été exécutée, soit en cours d'exécution ou ne puisse plus être ramenée à exécution selon les lois de l'État de condamnation ;
• 3° S'il est établi que la décision de gel a été prise dans le but de poursuivre ou de condamner une personne en raison de son sexe, de sa race, de sa religion, de son origine ethnique, de sa nationalité, de sa langue, de ses opinions politiques ou de son orientation sexuelle ou identité de genre, ou que l'exécution de ladite décision peut porter atteinte à la situation de cette personne pour l'une de ces raisons ;
• 4° Si la décision de gel a été prise à des fins de confiscation ultérieure d'un bien et que les faits qui la justifient ne constituent pas une infraction permettant, selon la loi française, d'ordonner la saisie de ce bien.
• Toutefois, le motif de refus prévu au 4° n'est pas opposable lorsque la décision de gel concerne une infraction qui, en vertu de la loi de l'État d'émission, entre dans l'une des catégories d'infractions mentionnées à l'article 694-32 et y est punie d'une peine privative de liberté d'une durée égale ou supérieure à trois ans d'emprisonnement.

Article 695-9-18. – Taxes ou impôts, douanes et change – *(Loi n° 2005-750 du 4 juillet 2005)*
• Nonobstant les dispositions du 4° de l'article 695-9-17, l'exécution de la décision de gel ne peut, en matière de taxes ou d'impôts, de douanes et de change, être refusée au motif que la loi française ne prévoit pas le même type de taxes ou d'impôts ou le même type de réglementation en matière de taxes ou d'impôts, de douane et de change que la loi de l'État d'émission.

Article 695-9-19. – Refus d'exécuter une décision de gel – Motivation – *(Ordonnance n° 2016-1636 du 1er décembre 2016)*
• Le refus d'exécuter une décision de gel de biens ou d'éléments de preuve est motivé. Il est

notifié sans délai à l'autorité judiciaire de l'État d'émission par tout moyen laissant une trace écrite.

• Lorsqu'il est impossible d'exécuter la décision de gel parce que le bien a disparu, a été détruit, n'a pas été retrouvé à l'endroit indiqué dans le certificat ou qu'il n'a pas été possible de le localiser, même après consultation de l'autorité judiciaire de l'État d'émission, le juge d'instruction en informe sans délai l'autorité judiciaire dudit État par tout moyen laissant une trace écrite.

Article 695-9-20. – Report – *(Ordonnance n° 2016-1636 du 1er décembre 2016)*

• L'exécution d'une décision de gel de biens peut être différée :

• 1° Lorsqu'elle risque de nuire à une enquête pénale en cours ;

• 2° Lorsque l'un quelconque des biens en cause a déjà fait l'objet d'une mesure de gel ou de saisie dans le cadre d'une procédure pénale ;

• 3° Lorsque la décision de gel est prise en vue de la confiscation ultérieure d'un bien et que celui-ci fait déjà l'objet d'une décision de gel ou de saisie dans le cadre d'une procédure non pénale en France ;

• 4° Lorsque l'un quelconque des biens en cause est un document ou un support protégé au titre de la défense nationale, tant que la décision de le déclassifier n'a pas été notifiée par l'autorité administrative compétente au juge d'instruction en charge de l'exécution de la décision de gel.

• Le juge d'instruction qui décide de différer l'exécution de la décision de gel en informe sans délai l'autorité judiciaire de l'État d'émission par tout moyen laissant une trace écrite, en lui précisant le motif du report et, si possible, sa durée prévisible.

Article 695-9-21. – Fin du report – *(Loi n° 2010-768 du 9 juillet 2010)*

• Dès que le motif de report n'existe plus, le juge d'instruction procède à l'exécution de la décision de gel, dans les conditions prévues à l'article 695-9-13.

Article 695-9-22. – Recours – *(Ordonnance n° 2016-1636 du 1er décembre 2016)*

• Celui qui détient le bien objet de la décision de gel ou toute autre personne qui prétend avoir un droit sur ledit bien peut, par voie de requête remise au greffe de la chambre de l'instruction de la cour d'appel territorialement compétente dans les dix jours à compter de la date de mise à exécution de la décision considérée, former un recours à l'encontre de cette dernière. Les dispositions de l'article 173 sont alors applicables.

• Le recours n'est pas suspensif et ne permet pas de contester les motifs de fond de la décision de gel.

• La chambre de l'instruction peut, par une décision qui n'est susceptible d'aucun recours, autoriser l'État d'émission à intervenir à l'audience par l'intermédiaire d'une personne habilitée par ledit État à cet effet ou, le cas échéant, directement par l'intermédiaire des moyens de télécommunications prévus à l'article 706-71. Lorsque l'État d'émission est autorisé à intervenir, il ne devient pas partie à la procédure.

Article 695-9-23. – *(Abrogé par Loi n° 2010-768 du 9 juillet 2010)*

Article 695-9-24. – Voies de recours – *(Loi n° 2010-768 du 9 juillet 2010)*

• La personne intéressée par la décision de gel peut également s'informer, auprès du greffe du juge d'instruction, des voies de recours contre la décision de gel ouvertes dans l'État d'émission et mentionnées dans le certificat.

Article 695-9-25. – Information – *(Loi n° 2010-768 du 9 juillet 2010)*

• Le procureur général informe l'autorité judiciaire de l'État d'émission du recours éventuellement exercé et des moyens soulevés, afin que cette autorité puisse produire ses observations, le cas échéant par l'intermédiaire des moyens de télécommunications prévus à l'article 706-71. Il l'avise des résultats de cette action.

Article 695-9-26. – *(Abrogé – Ordonnance n° 2016-1636 du 01 décembre 2016)*

Article 695-9-27. – Confiscation du bien – *(Ordonnance n° 2016-1636 du 1er décembre 2016)*

• Lorsque la demande a été émise en vue de la confiscation ultérieure du bien, celui-ci est conservé sur le territoire français selon les règles du présent code.

• Si le juge d'instruction, en application de ces règles, envisage de ne pas conserver le bien, il en avise l'autorité judiciaire de l'État d'émission et la met à même de produire ses observations avant de prendre sa décision.

Article 695-9-28. – *(Abrogé par Loi n° 2010-768 du 9 juillet 2010)*

Article 695-9-29. – Information – Mesure de gel ou saisie – *(Ordonnance n° 2016-1636 du 1er décembre 2016)*

• Le juge d'instruction informe l'autorité judiciaire de l'État d'émission de toute autre mesure de gel ou saisie dont le bien concerné par la décision de gel fait l'objet.

Article 695-9-30. – Mainlevée totale ou partielle – Mesure de gel – *(Loi n° 2010-768 du 9 juillet 2010)*

• La mainlevée totale ou partielle de la mesure de gel peut être demandée par toute personne intéressée.

• Lorsque le juge d'instruction envisage, d'office ou à la demande de toute personne intéressée, de donner mainlevée de la mesure de gel, il en avise l'autorité judiciaire de l'État d'émission et la met à même de produire ses observations.

• La mainlevée de la décision de gel prononcée par l'autorité judiciaire de l'État d'émission emporte de plein droit, aux frais avancés du Trésor, mainlevée des mesures d'exécution prises à la demande de cette autorité.

Section V bis

De la transmission et de l'exécution des décisions de gel en application du règlement *(UE)* 2018/1805 du Parlement européen et du Conseil du 14 novembre 2018 concernant la reconnaissance mutuelle des décisions de gel et des décisions de confiscation

Article 695-9-30-1. – Autorités compétentes – *(Loi n° 2021-1729 du 22 décembre 2021)*

• Pour l'application du règlement *(UE)* 2018/1805 du Parlement européen et du Conseil du 14 novembre 2018 concernant la reconnaissance mutuelle des décisions de gel et des décisions de confiscation, les autorités compétentes mentionnées aux 8 et 9 de l'article 2 du même règlement sont les suivantes :

• 1° Les autorités d'émission des décisions de gel sont le procureur de la République, les juridictions d'instruction, le juge des libertés et de la détention et les juridictions de jugement compétents en application du présent code ;

• 2° L'autorité d'exécution des décisions de gel prises par les juridictions d'un autre État membre de l'Union européenne est le juge d'instruction territorialement compétent, le cas échéant par l'intermédiaire du procureur de la République ou du procureur général. Le juge d'instruction territorialement compétent est celui du lieu où se situe l'un des biens gelés ou, à défaut, le juge d'instruction de Paris.

Article 695-9-30-2. – Reconnaissance mutuelle des décisions – *(Loi n° 2021-1729 du 22 décembre 2021)*

• Il est procédé dans les conditions prévues aux articles 695-9-22 et 695-9-24 du présent code pour l'application de l'article 33 du règlement *(UE)* 2018/1805 du Parlement européen et du Conseil du 14 novembre 2018 concernant la reconnaissance mutuelle des décisions de gel et des décisions de confiscation.

Section VI

De l'échange simplifié d'informations entre services en application de la décision-cadre du Conseil de l'Union européenne du 18 décembre 2006

§ 1er. – Dispositions générales

Article 695-9-31. – Échanges – *(Loi n° 2018-898 du 23 octobre 2018)*

• Pour l'application de la décision-cadre 2006/960/JAI du Conseil du 18 décembre 2006, les services ou unités de la police nationale, de la gendarmerie nationale, de la direction générale des douanes et droits indirects et de la direction générale des finances publiques désignés par arrêté du ministre de la justice et, selon le cas, du ministre de l'intérieur ou du ministre chargé du budget peuvent, dans les conditions prévues à la présente section, aux fins de prévenir une infraction, d'en rassembler les preuves ou d'en rechercher les auteurs, échanger avec les services compétents d'un autre État membre de l'Union européenne des informations qui sont à leur disposition, soit qu'ils les détiennent, soit qu'ils puissent y accéder, notamment par consultation d'un traitement automatisé de données, sans qu'il soit nécessaire de prendre ou solliciter une réquisition ou toute autre mesure coercitive.

Article 695-9-32. – Confidentialité – *(Ordonnance n° 2011-1069 du 8 septembre 2011)*
• Sans préjudice des dispositions de l'article 11 relatives au secret de l'enquête et de l'instruction, les informations ou données échangées sont confidentielles. Les modalités de leur transmission et de leur conservation garantissent le respect de ce principe.

§ 2. – Dispositions applicables aux demandes d'informations émises par les services français

Article 695-9-33. – Demande de transmission – *(Ordonnance n° 2011-1069 du 8 septembre 2011)*
• S'il existe des raisons de supposer qu'un État membre détient des informations entrant dans les prévisions de l'article 695-9-31 utiles à la prévention d'une infraction ou aux investigations tendant à en établir la preuve ou à en rechercher les auteurs, les services et unités mentionnés au même article peuvent en solliciter la transmission auprès des services compétents de cet État.
• La demande de transmission expose les raisons laissant supposer que les informations sont détenues par ces services. Elle précise à quelles fins les informations sont demandées et, lorsque les informations sont relatives à une personne déterminée, le lien entre cette personne et les fins de la demande.

Article 695-9-34. – Preuve – *(Ordonnance n° 2011-1069 du 8 septembre 2011)*
• Les informations obtenues ne peuvent être utilisées à titre de preuve qu'avec l'accord de l'État membre qui les a transmises.

Article 695-9-35. – Utilisation des informations – *(Ordonnance n° 2011-1069 du 8 septembre 2011)*
• Les informations obtenues ne peuvent être utilisées à d'autres fins que celles pour lesquelles elles ont été communiquées qu'avec l'accord de l'État membre qui les a transmises.
• Toutefois, même en l'absence d'accord, elles peuvent être utilisées pour prévenir un danger grave et immédiat pour la sécurité publique.
• En outre, les dispositions du premier alinéa ne font pas obstacle à l'exercice, par les autorités judiciaires, du pouvoir qu'elles tiennent des articles 12 et 13. Elles ne font pas davantage obstacle à l'exercice de leur mission par les autorités chargées par la loi de contrôler les modalités de traitement et de conservation des informations transmises.

Article 695-9-36. – Information – *(Ordonnance n° 2011-1069 du 8 septembre 2011)*
• À la demande de l'État membre qui a transmis l'information, le service ou l'unité qui l'a obtenue informe le service compétent de cet État de l'utilisation qui en a été faite.

§ 3. – Dispositions applicables aux demandes d'informations reçues par les services français

Article 695-9-37. – Transmission des informations – *(Ordonnance n° 2011-1069 du 8 septembre 2011)*
• Les services et unités mentionnés à l'article 695-9-31 transmettent, à leur demande, aux services compétents des États membres les informations, mentionnées au même article, utiles à la prévention d'une infraction ou aux investigations tendant à en établir la preuve ou à en rechercher les auteurs.

Article 695-9-38. – Informations utiles à un autre État membre – *(Ordonnance n° 2016-1636 du 1er décembre 2016)*
• Si des faits permettent de penser que des informations mentionnées à l'article 695-9-31 pourraient être utiles à un autre État membre soit pour prévenir une infraction entrant dans l'une des catégories énumérées à l'article 694-32 et punie en France d'une peine privative de liberté d'une durée égale ou supérieure à trois ans d'emprisonnement, soit pour conduire les investigations tendant à établir la preuve ou à rechercher les auteurs d'une telle infraction, le service ou l'unité qui détient ces informations les transmet, sans demande préalable, aux services compétents de cet État.

Article 695-9-39. – Accord – *(Ordonnance n° 2011-1069 du 8 septembre 2011)*
• Lorsque les informations détenues par les services et unités mentionnés à l'article 695-9-

31 leur ont été transmises par un État membre sur le fondement des dispositions de la décision-cadre 2006/960/JAI, elles ne peuvent être transmises à un autre État membre qu'avec l'accord de l'État qui les avait transmises et dans les conditions fixées par lui.

• Lorsque les informations détenues par ces mêmes services ou unités avaient été transmises à la France par un État membre sur un autre fondement que la décision-cadre 2006/960/JAI ou par un État tiers, elles ne peuvent être transmises à un autre État membre qu'avec l'accord de l'État qui les avait transmises et dans les conditions fixées par lui chaque fois que la France y est tenue par ses engagements internationaux.

Article 695-9-40. – Autorisation préalable d'un magistrat – *(Ordonnance n° 2011-1069 du 8 septembre 2011)*

• Les informations ne peuvent être transmises aux services compétents de l'État membre qui les a demandées qu'avec l'autorisation préalable d'un magistrat chaque fois que cette autorisation est requise en France pour accéder à ces mêmes informations ou les transmettre à un service ou à une unité de police judiciaire.

• Lorsque cette autorisation est nécessaire, le service ou l'unité à laquelle les informations sont demandées la sollicite auprès du magistrat compétent.

• Les pièces d'une procédure pénale en cours ne peuvent être transmises, selon le cas, qu'avec l'accord de la juridiction d'instruction ou, lorsqu'une enquête est en cours ou que la juridiction de jugement est saisie, du ministère public.

Article 695-9-41. – Refus de communication – *(Ordonnance n° 2011-1069 du 8 septembre 2011)*

• Les services et unités mentionnés à l'article 695-9-31 ne peuvent refuser de communiquer les informations demandées par un État membre que s'il existe des motifs laissant supposer que leur communication :

• 1° Porterait atteinte aux intérêts fondamentaux de l'État en matière de sécurité nationale ;

• 2° Nuirait au déroulement d'investigations en matière pénale ou compromettrait la sécurité des personnes ;

• 3° Ou serait manifestement disproportionnée ou sans objet au regard des finalités pour lesquelles elle a été demandée.

Article 695-9-42. – Refus de transmission – *(Ordonnance n° 2011-1069 du 8 septembre 2011)*

• Les services et unités mentionnés à l'article 695-9-31 peuvent refuser de transmettre les informations demandées lorsqu'elles se rapportent à une infraction punie en France d'une peine d'emprisonnement inférieure ou égale à un an et qu'elles ne leur paraissent pas présenter un intérêt suffisant pour justifier les contraintes attachées à leur transmission.

Article 695-9-43. – Conditions d'utilisation de l'information – *(Ordonnance n° 2011-1069 du 8 septembre 2011)*

• Lors de la transmission de l'information, le service ou l'unité mentionnée à l'article 695-9-31 indique au service destinataire les conditions d'utilisation de celle-ci.

• Chaque fois qu'il l'estime utile, il peut demander au service destinataire de l'informer de l'utilisation qui a été faite de l'information transmise.

Article 695-9-44. – Retransmission de l'information – *(Ordonnance n° 2011-1069 du 8 septembre 2011)*

• Lorsqu'une information a été transmise par un service ou une unité mentionné à l'article 695-9-31 au service compétent d'un État membre et que celui-ci envisage de la communiquer à un autre État ou d'en faire une utilisation différente de celle pour laquelle la transmission avait été décidée, le service ou l'unité qui avait procédé à la transmission initiale est compétent pour apprécier s'il y a lieu d'autoriser, à la demande de l'État destinataire, la retransmission ou la nouvelle utilisation de l'information et, le cas échéant, pour fixer les conditions de celle-ci.

Article 695-9-45. – Preuve – *(Ordonnance n° 2011-1069 du 8 septembre 2011)*

• Les informations transmises par les services et unités mentionnés à l'article 695-9-31 peuvent être utilisées par le service destinataire à titre de preuve, sauf mention contraire lors de leur transmission.

Article 695-9-46. – L'Agence Eurojust et l'unité Europol – *(Loi n° 2021-1729 du 22 décembre 2021)*

• Les informations transmises par les services ou unités mentionnés à l'article 695-9-31 aux services compétents d'un État membre sont également transmises à l'Agence Eurojust et à l'unité Europol dans la mesure où elles portent sur une infraction relevant de leur mandat.

Article 695-9-47. – Points de contact – *(Ordonnance n° 2011-1069 du 8 septembre 2011)*

• Un arrêté du ministre de la justice, du ministre de l'intérieur et du ministre chargé du budget désigne les points de contact auxquels les demandes de transmission d'informations peuvent être adressées par les services compétents des États membres.

Article 695-9-47-1. – O.P.J. P.N. et G.N. – Agents des douanes et des services fiscaux – Demandes d'informations – *(Ordonnance n° 2021-958 du 19 juillet 2021)*

• Les personnes mentionnées à l'article L. 135 ZC du livre des procédures fiscales répondent par l'intermédiaire de l'unité nationale d'Europol mentionnée au paragraphe 2 de l'article 7 du règlement 2016/794 du 11 mai 2016 relatif à l'Agence de l'Union européenne pour la coopération des services répressif *(Europol)* aux demandes dûment justifiées d'informations relatives aux comptes bancaires présentées au cas par cas par Europol dans les limites de ses responsabilités et pour l'accomplissement de ses missions.

• Les dispositions de l'alinéa précédent s'appliquent sans préjudice des dispositions des paragraphes 6 et 7 de l'article 7 précité du règlement 2016/794.

§ 4. – Application à certains États non-membres de l'Union européenne

Article 695-9-48. – États non-membres de l'U.E. – *(Ordonnance n° 2011-1069 du 8 septembre 2011)*

• Les dispositions de la présente section sont applicables à l'échange des informations mentionnées à l'article 695-9-31 entre les services ou unités mentionnés au même article et les services compétents des États non-membres de l'Union européenne associés à la mise en œuvre, à l'application et au développement de l'acquis de Schengen.

Article 695-9-49. – Modalités d'application – *(Ordonnance n° 2011-1069 du 8 septembre 2011)*

• Les modalités d'application des dispositions de la présente section sont déterminées par décret en Conseil d'État. Ce décret fixe, notamment, les modalités et délais dans lesquels les informations sont transmises aux services qui les ont sollicitées.

Section VII

De la coopération entre les bureaux de recouvrement des avoirs des États membres en matière de dépistage et d'identification des produits du crime ou des autres biens en rapport avec le crime en application de la décision 2007/845/JAI du Conseil du 6 décembre 2007

Article 695-9-50. – Échanges d'informations – *(Loi n° 2013-1117 du 6 décembre 2013)*

• Pour l'application de la décision 2007/845/JAI du Conseil du 6 décembre 2007, relative à la coopération entre les bureaux de recouvrement des avoirs des États membres en matière de dépistage et d'identification des produits du crime ou des autres biens en rapport avec le crime, et en l'absence de convention internationale en stipulant autrement, les services désignés comme bureau de recouvrement des avoirs français peuvent, dans les conditions prévues à la présente section, aux fins de dépistage et d'identification des biens meubles ou immeubles susceptibles de faire l'objet d'un gel, d'une saisie ou d'une confiscation ordonnés par une autorité judiciaire compétente ou de servir au recouvrement d'une telle confiscation, échanger avec les autorités étrangères compétentes des informations qui sont à leur disposition, soit qu'ils les détiennent, soit qu'ils peuvent les obtenir, notamment par consultation d'un traitement automatisé de données, sans qu'il soit nécessaire de prendre ou de solliciter une réquisition ou toute autre mesure coercitive.

Article 695-9-51. – Secret professionnel – *(Loi n° 2013-1117 du 6 décembre 2013)*

• Dans ce cadre, ces services peuvent obtenir toutes informations utiles auprès de toute personne physique ou morale, publique ou privée, sans que le secret professionnel leur soit opposable, sous réserve des dispositions de l'article 66-5 de la loi n° 71-1130 du 31 décembre 1971 portant réforme de certaines professions judiciaires et juridiques.

Article 695-9-52. – Bureau de recouvrement des avoirs français – *(Loi n° 2013-1117 du 6 décembre 2013)*

• Les deux premiers alinéas de l'article 695-9-40 sont applicables aux demandes d'information reçues par les bureaux de recouvrement des avoirs français.

Article 695-9-53. – Application – *(Loi n° 2013-1117 du 6 décembre 2013)*

• La présente section est applicable à l'échange des informations mentionnées à l'article 695-9-51 entre les bureaux de recouvrement des avoirs français et les autorités compétentes des États parties à toute convention contenant des dispositions relatives au dépistage, à la saisie et à la confiscation des produits du crime.

Section VIII

De la prévention et du règlement des conflits en matière d'exercice de la compétence en application de la décision-cadre du Conseil de l'Union européenne du 30 novembre 2009

Article 695-9-54. – Communication entre les États membres – *(Loi n° 2015-993 du 17 août 2015)*

• Pour l'application de la décision-cadre 2009/948/JAI du Conseil, du 30 novembre 2009, relative à la prévention et au règlement des conflits en matière d'exercice de la compétence dans le cadre des procédures pénales, lorsque des procédures pénales parallèles, conduites dans plusieurs États membres, et ayant pour objet les mêmes personnes pour les mêmes faits, sont susceptibles de donner lieu à des jugements définitifs, les autorités compétentes des États membres concernés communiquent entre elles des informations relatives aux procédures pénales et examinent ensemble de quelle manière elles peuvent limiter les conséquences négatives de la coexistence de telles procédures parallèles.

Article 695-9-55. – Communication et confidentialité – *(Loi n° 2015-993 du 17 août 2015)*

• Pour l'application de l'article 695-9-54, les dispositions de l'article 11 relatives au secret de l'enquête et de l'instruction ne font pas obstacle à la communication par l'autorité judiciaire compétente en application du présent code, et sous réserve de confidentialité, d'informations, issues de procédures pénales, relatives aux faits, aux circonstances, à l'identité des personnes mises en cause ou poursuivies et, le cas échéant, à leur détention provisoire ou à leur garde à vue, à l'identité des victimes et à l'état d'avancement de ces procédures.

• Lorsque des consultations ont été engagées avec les autorités compétentes des États membres concernés, toute autre information pertinente relative à la procédure peut leur être aussi communiquée, à leur demande, sous la même réserve de confidentialité, à la condition que cette communication ne nuise pas au bon déroulement de l'enquête ou de l'instruction.

Article 695-9-56. – Informations non communiquées – *(Loi n° 2015-993 du 17 août 2015)*

• Les informations demandées par l'autorité requérante de nature à nuire aux intérêts fondamentaux de l'État en matière de sécurité nationale ou à compromettre la sécurité d'une personne ne sont pas communiquées.

Article 695-9-57. – Abstention – *(Loi n° 2015-993 du 17 août 2015)*

• L'autorité judiciaire qui décide, sur la base des informations qu'elle a recueillies conformément à l'article 695-9-54 et après consultation avec les autorités compétentes des autres États membres concernés, de s'abstenir de tout nouvel acte dans l'attente des résultats d'une procédure pénale parallèle à celle qu'elle conduit en avertit les parties.

CHAPITRE III

Dispositions propres à l'entraide entre la France et certains États

Article 695-10. – Demandes d'entraides – *(Loi n° 2004-204 du 9 mars 2004)*

• Les dispositions des sections 1 et 2 du chapitre II sont applicables aux demandes d'entraide entre la France et les autres États parties à toute convention comportant des stipulations similaires à celles de la convention du 29 mai 2000 relative à l'entraide judiciaire en matière pénale entre les États membres de l'Union européenne.

CHAPITRE IV
Du mandat d'arrêt européen et des procédures de remise entre États membres résultant de la décision-cadre du Conseil de l'Union européenne du 13 juin 2002

Section I
Dispositions générales

Article 695-11. – Mandat d'arrêt européen – *(Loi n° 2004-204 du 9 mars 2004 + Décision n° 2022-989 QPC du 22 avril 2022)*

• Le mandat d'arrêt européen est une décision judiciaire émise par un État membre de l'Union européenne, appelé État membre d'émission, en vue de l'arrestation et de la remise par un autre État membre, appelé État membre d'exécution, d'une personne recherchée pour l'exercice de poursuites pénales ou pour l'exécution d'une peine ou d'une mesure de sûreté privative de liberté.

• L'autorité judiciaire est compétente, selon les règles et sous les conditions déterminées par le présent chapitre, pour adresser aux autorités judiciaires des autres États membres de l'Union européenne ou pour exécuter sur leur demande un mandat d'arrêt européen.

J **• Renvoi préjudiciel – Procédure préjudicielle d'urgence – Coopération policière et judiciaire en matière pénale – Mandat d'arrêt européen – Décision cadre 2002/584/JAI – Article 6, paragraphe 1 – Notion d'« autorité judiciaire d'émission » – Mandat d'arrêt européen émis par le parquet d'un État membre – Statut – Existence d'un lien de subordination à l'égard d'un organe du pouvoir exécutif – Pouvoir d'instruction individuelle du ministre de la Justice – Absence de garantie d'indépendance**

La notion d'« autorité judiciaire d'émission », au sens de l'article 6, paragraphe 1, de la décision-cadre 2002/584/JAI du Conseil, du 13/06/2002, relative au mandat d'arrêt européen et aux procédures de remise entre États membres, telle que modifiée par la décision-cadre 2009/299/JAI du Conseil, du 26/02/2009, doit être interprétée en ce sens qu'elle ne vise pas les parquets d'un État membre qui sont exposés au risque d'être soumis, directement ou indirectement, à des ordres ou à des instructions individuels de la part du pouvoir exécutif, tel qu'un ministre de la Justice, dans le cadre de l'adoption d'une décision relative à l'émission d'un mandat d'arrêt européen.

(Cour de Justice de l'Union Européenne – C.J.U.E. du 27 mai 2019 – Arrêt : C-508/18 et C-82/19 PPU).

Article 695-12. – Faits pouvant donner lieu à émission d'un mandat d'arrêt européen – *(Loi n° 2009-526 du 12 mai 2009)*

• Les faits qui peuvent donner lieu à l'émission d'un mandat d'arrêt européen sont, aux termes de la loi de l'État membre d'émission, les suivants :

• 1° Les faits punis d'une peine privative de liberté d'une durée égale ou supérieure à un an ou, lorsqu'une condamnation à une peine est intervenue, quand la peine prononcée est égale ou supérieure à quatre mois d'emprisonnement ;

• 2° Les faits punis d'une mesure de sûreté privative de liberté d'une durée égale ou supérieure à un an ou, lorsqu'une mesure de sûreté a été infligée, quand la durée à subir est égale ou supérieure à quatre mois de privation de liberté.

Article 695-13. – Renseignements – *(Ordonnance n° 2016-1636 du 1er décembre 2016)*

• Tout mandat d'arrêt européen contient les renseignements suivants :

• – l'identité et la nationalité de la personne recherchée ;

• – la désignation précise et les coordonnées complètes de l'autorité judiciaire dont il émane ;

• – l'indication de l'existence d'un jugement exécutoire, d'un mandat d'arrêt ou de toute autre décision judiciaire ayant la même force selon la législation de l'État membre d'émission et entrant dans le champ d'application des articles 695-12 et 694-32 ;

• – la nature et la qualification juridique de l'infraction, notamment au regard de l'article 694-32 ;

• – la date, le lieu et les circonstances dans lesquels l'infraction a été commise ainsi que le degré de participation à celle-ci de la personne recherchée ;

• – la peine prononcée, s'il s'agit d'un jugement définitif, ou les peines prévues pour l'infraction par la loi de l'État membre d'émission ainsi que, dans la mesure du possible, les autres conséquences de l'infraction.

Article 695-14. – Traduction – *(Loi n° 2013-711 du 5 août 2013)*

• Le mandat d'arrêt européen adressé à l'autorité compétente d'un autre État membre doit être traduit dans la langue officielle ou dans une des langues officielles de l'État membre d'exécution ou dans l'une des langues officielles des institutions de l'Union européenne acceptées par cet État.

Article 695-15. – Transmission – *(Loi n° 2004-204 du 9 mars 2004)*

• Lorsque la personne recherchée se trouve en un lieu connu sur le territoire d'un autre État membre, le mandat d'arrêt européen peut être adressé directement à l'autorité judiciaire d'exécution, par tout moyen laissant une trace écrite, dans des conditions permettant à cette autorité d'en vérifier l'authenticité.

• Dans les autres cas, la transmission d'un mandat d'arrêt européen peut s'effectuer soit par la voie du Système d'information Schengen, soit par le biais du système de télécommunication sécurisé du Réseau judiciaire européen, soit, s'il n'est pas possible de recourir au Système d'information Schengen, par la voie de l'Organisation internationale de police criminelle (Interpol) ou par tout autre moyen laissant une trace écrite et dans des conditions permettant à l'autorité judiciaire d'exécution d'en vérifier l'authenticité.

• Un signalement dans le Système d'information Schengen, accompagné des informations prévues à l'article 695-13, vaut mandat d'arrêt européen.

• À titre transitoire, jusqu'au moment où le Système d'information Schengen aura la capacité de transmettre toutes les informations visées à l'article 695-13, le signalement vaut mandat d'arrêt européen en attendant l'envoi de l'original.

J • **Mandat d'arrêt européen – Émission – Conditions d'émission – Mandat – Forme – Signalement dans le système d'informatique Schengen – Mentions nécessaires.** – *Aux termes de l'alinéa 3 de l'article 695-15 du Code de procédure pénale, un signalement dans le système d'information Schengen, accompagné des informations prévues à l'article 695-13 du même code, vaut mandat d'arrêt européen* (Cass. CRIM. du 5 octobre 2004).

Section II

Dispositions relatives à l'émission d'un mandat d'arrêt européen par les juridictions françaises

§ 1er. – Conditions d'émission du mandat d'arrêt européen

Article 695-16. – Conditions d'émission – *(Loi n° 2009-526 du 12 mai 2009)*

• Le ministère public près la juridiction d'instruction, de jugement ou d'application des peines ayant décerné un mandat d'arrêt met celui-ci à exécution sous la forme d'un mandat d'arrêt européen soit à la demande de la juridiction, soit d'office, selon les règles et sous les conditions déterminées par les articles 695-12 à 695-15.

• En l'absence de renonciation au bénéfice du principe de spécialité, lorsque la personne recherchée a déjà été remise à la France pour un fait quelconque autre que celui pour lequel elle est de nouveau recherchée, le ministère public près la juridiction de jugement, d'instruction ou d'application des peines ayant décerné un mandat d'amener met celui-ci à exécution sous la forme d'un mandat d'arrêt européen.

• Le ministère public est également compétent, s'il l'estime nécessaire, pour assurer, sous la forme d'un mandat d'arrêt européen, l'exécution des peines privatives de liberté d'une durée supérieure ou égale à quatre mois prononcées par les juridictions de jugement, selon les règles et sous les conditions déterminées par les articles 695-12 à 695-15.

Article 695-17. – Transmission copie du mandat d'arrêt – Ministère de la justice – *(Loi n° 2013-711 du 5 août 2013)*

• Lorsque le ministère public a été informé de l'arrestation de la personne recherchée, il adresse sans délai au ministre de la justice une copie du mandat d'arrêt transmis à l'autorité judiciaire de l'État membre d'exécution.

• Lorsque la personne arrêtée est recherchée aux fins d'exécution d'une peine ou d'une mesure de sûreté privative de liberté et que, ayant été condamnée en son absence, elle demande que lui soit communiquée la décision de condamnation, le ministère public, dès qu'il est informé de cette demande, transmet une copie de la décision à l'autorité judiciaire de l'État membre d'exécution pour qu'elle la remette à l'intéressé.

Article 695-17-1. – Avocat – *(Loi n° 2016-731 du 3 juin 2016)*

• Si le ministère public est informé par l'autorité judiciaire de l'État membre d'exécution d'une demande de la personne arrêtée tendant à la désignation d'un avocat sur le territoire national, il transmet à cette personne les informations utiles lui permettant de faire le choix d'un avocat ou, à la demande de la personne, fait procéder à la désignation d'office d'un avocat par le bâtonnier.

§ 2. – Effets du mandat d'arrêt européen

Article 695-18. – Mandant d'arrêt européen – Effets – *(Loi n° 2004-204 du 9 mars 2004)*

• Lorsque le ministère public qui a émis le mandat d'arrêt européen a obtenu la remise de la personne recherchée, celle-ci ne peut être poursuivie, condamnée ou détenue en vue de l'exécution d'une peine privative de liberté pour un fait quelconque antérieur à la remise et autre que celui qui a motivé cette mesure, sauf dans l'un des cas suivants :

• 1° Lorsque la personne a renoncé expressément, en même temps qu'elle a consenti à sa remise, au bénéfice de la règle de la spécialité dans les conditions prévues par la loi de l'État membre d'exécution ;

• 2° Lorsque la personne renonce expressément, après sa remise, au bénéfice de la règle de la spécialité dans les conditions prévues à l'article 695-19 ;

• 3° Lorsque l'autorité judiciaire de l'État membre d'exécution, qui a remis la personne, y consent expressément ;

• 4° Lorsque, ayant eu la possibilité de le faire, la personne recherchée n'a pas quitté le territoire national dans les quarante-cinq jours suivant sa libération définitive, ou si elle y est retournée volontairement après l'avoir quitté ;

• 5° Lorsque l'infraction n'est pas punie d'une peine privative de liberté.

Article 695-19. – Renonciation – *(Loi n° 2004-204 du 9 mars 2004)*

• Pour le cas visé au 2° de l'article 695-18, la renonciation est donnée devant la juridiction d'instruction, de jugement ou d'application des peines dont la personne relève après sa remise et a un caractère irrévocable.

• Lors de la comparution de la personne remise, la juridiction compétente constate l'identité et recueille les déclarations de cette personne. Il en est dressé procès-verbal. L'intéressé, assisté le cas échéant de son avocat et, s'il y a lieu, d'un interprète, est informé des conséquences juridiques de sa renonciation à la règle de la spécialité sur sa situation pénale et du caractère irrévocable de la renonciation donnée.

• Si, lors de sa comparution, la personne remise déclare renoncer à la règle de la spécialité, la juridiction compétente, après avoir entendu le ministère public et l'avocat de la personne, en donne acte à celle-ci. La décision précise les faits pour lesquels la renonciation est intervenue.

Article 695-20. – Demande de consentement – *(Loi n° 2004-204 du 9 mars 2004)*

• Pour les cas visés au 3° des articles 695-18 et 695-21, la demande de consentement est adressée par le ministère public à l'autorité judiciaire de l'État membre d'exécution. Elle doit contenir, dans les conditions prévues à l'article 695-14, les renseignements énumérés à l'article 695-13.

• Pour le cas mentionné au 3° de l'article 695-18, elle est accompagnée d'un procès-verbal consignant les déclarations faites par la personne remise concernant l'infraction pour laquelle le consentement de l'autorité judiciaire de l'État membre d'exécution est demandé.

Article 695-21. – Remise de la personne recherchée – *(Loi n° 2011-525 du 17 mai 2011)*

• **I.** – Lorsque le ministère public qui a émis le mandat d'arrêt européen a obtenu la remise de la personne recherchée, celle-ci ne peut, sans le consentement de l'État membre d'exécution, être remise à un autre État membre en vue de l'exercice de poursuites, de l'exécution d'une peine ou d'une mesure de sûreté privatives de liberté pour un fait quelconque antérieur à la remise et différent de l'infraction qui a motivé cette mesure, sauf dans l'un des cas suivants :

• 1° Lorsque la personne ne bénéficie pas de la règle de la spécialité conformément aux 1° à 4° de l'article 695-18 ;

• 2° Lorsque la personne accepte expressément, après sa remise, d'être livrée à un autre État membre dans les conditions prévues à l'article 695-19 ;

• 3° Lorsque l'autorité judiciaire de l'État membre d'exécution, qui a remis la personne, y consent expressément.

• **II.** – Lorsque le ministère public qui a délivré un mandat d'arrêt européen a obtenu la remise de la personne recherchée, celle-ci ne peut être extradée vers un État non membre de l'Union européenne sans le consentement de l'autorité compétente de l'État membre qui l'a remise.

Section III

Dispositions relatives à l'exécution d'un mandat d'arrêt européen décerné par les juridictions étrangères

§ 1er. – Conditions d'exécution

Article 695-22. – Refus de l'exécution d'un mandat d'arrêt européen – *(Loi n° 2021-1729 du 22 décembre 2021)*

• L'exécution d'un mandat d'arrêt européen est refusée dans les cas suivants :

• 1° Si les faits pour lesquels il a été émis pouvaient être poursuivis et jugés par les juridictions françaises et que l'action publique est éteinte par l'amnistie ;

• 2° Si la personne recherchée a fait l'objet, par les autorités judiciaires françaises ou par celles d'un autre État membre que l'État d'émission, d'une décision définitive pour les mêmes faits que ceux faisant l'objet du mandat d'arrêt européen à condition, en cas de condamnation, que la peine ait été exécutée ou soit en cours d'exécution ou ne puisse plus être ramenée à exécution selon les lois de l'État de condamnation ;

• 3° Si la personne recherchée était âgée de moins de 13 ans au moment des faits faisant l'objet du mandat d'arrêt européen ;

• 4° *(abrogé)*

• 5° S'il est établi que ledit mandat d'arrêt a été émis dans le but de poursuivre ou de condamner une personne en raison de son sexe, de sa race, de sa religion, de son origine ethnique, de sa nationalité, de sa langue, de ses opinions politiques ou de son orientation sexuelle ou identité de genre, ou qu'il peut être porté atteinte à la situation de cette personne pour l'une de ces raisons.

J • **Mandat d'arrêt européen – Exécution – Remise – Refus – Cas – Risque d'atteinte aux droits fondamentaux – Constatation – Portée**

REJET du pourvoi formé par M. X... M..., contre l'arrêt de la chambre de l'instruction de la cour d'appel d'Aix-en-Provence, en date du 19/06/2019, qui, en exécution d'un mandat d'arrêt européen, a autorisé sa remise aux autorités judiciaires tchèques.

Pour refuser la remise d'une personne, en exécution d'un mandat d'arrêt européen, au motif d'un risque d'atteinte aux droits fondamentaux au sens de l'article 3 de la C.E.D.H., la juridiction doit constater l'existence d'une base factuelle suffisante à l'appui d'un tel motif.

(Cour de cassation – Chambre criminelle du 24 juillet 2019 – N° de pourvoi : 19-84167).

Article 695-22-1. – Refus – *(Loi n° 2021-1729 du 22 décembre 2021)*

• Lorsque le mandat d'arrêt européen est émis aux fins d'exécution d'une peine ou d'une mesure de sûreté privative de liberté, son exécution peut être refusée dans le cas où l'intéressé n'a pas comparu en personne lors du procès à l'issue duquel la peine ou la mesure de sûreté a été prononcée sauf si, selon les indications portées par l'État membre d'émission dans le mandat d'arrêt européen, il se trouve dans l'un des cas suivants :

• 1° Il a été informé dans les formes légales et effectivement, de manière non équivoque, en temps utile, par voie de citation ou par tout autre moyen, de la date et du lieu fixés pour le procès et de la possibilité qu'une décision puisse être rendue à son encontre en cas de non-comparution ;

• 2° Ayant eu connaissance de la date et du lieu du procès, il a été défendu pendant celui-ci par un conseil, désigné soit par lui-même, soit à la demande de l'autorité publique, auquel il avait donné mandat à cet effet ;

• 3° Ayant reçu signification de la décision et ayant été expressément informé de son droit d'exercer à l'encontre de celle-ci un recours permettant d'obtenir un nouvel examen de l'affaire au fond, en sa présence, par une juridiction ayant le pouvoir de prendre une décision annulant la décision initiale ou se substituant à celle-ci, il a indiqué expressément qu'il ne contestait pas la décision initiale ou n'a pas exercé dans le délai imparti le recours qui lui était ouvert ;

• 4° La décision dont il n'a pas reçu signification doit lui être signifiée dès sa remise lors de laquelle il est en outre informé de la possibilité d'exercer le recours prévu au 3° ainsi que du délai imparti pour l'exercer.

J • **Mandat d'arrêt européen – Exécution – Conditions d'exécution – Respect des droits fondamentaux dans l'État d'émission – Contrôle** *(non)*

M. [D] [W] a formé un pourvoi contre l'arrêt de la chambre de l'instruction de la cour d'appel de PARIS (75), 5e section, en date du 30/03/2022, qui a autorisé sa remise aux autorités judiciaires belges, en exécution de 2 mandats d'arrêt européens.

Le principe de reconnaissance mutuelle sur lequel est fondé le système du mandat d'arrêt européen repose lui-même sur la confiance réciproque entre les États membres quant au fait que leurs ordres juridiques nationaux respectifs sont en mesure de fournir une protection équivalente et effective des droits fondamentaux reconnus au niveau de l'UE, et il n'appartient par conséquent pas à l'État d'exécution, hors du cas d'une défaillance systémique ou généralisée dans l'État d'émission, d'assurer un contrôle du respect des droits fondamentaux par ce dernier. Justifie sa décision la chambre de l'instruction qui, pour écarter le moyen tiré de la méconnaissance du droit à un double degré de juridiction par la condamnation dont l'exécution est poursuivie par le mandat d'arrêt européen émis par les autorités judiciaires belges, énonce que la procédure en cause a été validée par la jurisprudence interne de l'État d'émission.

(Cour de cassation – Chambre criminelle du 10 mai 2022 – N° de pourvoi : 22-82.379).

Article 695-23. – Autres cas de refus – *(Loi n° 2021-1729 du 22 décembre 2021)*

• L'exécution d'un mandat d'arrêt européen peut également être refusée si le fait faisant l'objet dudit mandat d'arrêt ne constitue pas une infraction au regard de la loi française.

• Par dérogation au 1er alinéa, un mandat d'arrêt européen est exécuté sans contrôle de la double incrimination des faits reprochés lorsque les agissements considérés sont, aux termes de la loi de l'État membre d'émission, punis d'une peine privative de liberté d'une durée égale ou supérieure à 3 ans d'emprisonnement ou d'une mesure de sûreté privative de liberté d'une durée similaire et entrent dans l'une des catégories d'infractions prévues par l'article 694-32.

• Lorsque les dispositions de l'alinéa précédent sont applicables, la qualification juridique des faits et la détermination de la peine encourue relèvent de l'appréciation exclusive de l'autorité judiciaire de l'État membre d'émission.

• En matière de taxes et d'impôts, de douane et de change, l'exécution d'un mandat d'arrêt européen ne pourra être refusée au motif que la loi française n'impose pas le même type de taxes ou d'impôts ou ne contient pas le même type de réglementation en matière de taxes, d'impôts, de douane et de change que la loi de l'État membre d'émission.

J **• Mandat d'arrêt européen – Atteinte aux droits fondamentaux**

M. S… X… dit Y… a formé un pourvoi contre l'arrêt de la chambre de l'instruction de la cour d'appel d'Aix-en-Provence, en date du 04/12/2019, qui a autorisé sa remise aux autorités judiciaires croates, en exécution d'un mandat d'arrêt européen.

Pour autoriser la remise, l'arrêt énonce encore que le contrôle de la condition de double incrimination prévue par l'article 695-23 du C.P.P. s'opère par la recherche d'une qualification juridique connue de la loi française applicable aux faits poursuivis par l'État membre d'émission et non par comparaison de l'identité des éléments constitutifs des infractions dans les 2 législations.

Dès lors, le moyen n'est pas fondé.

Par ailleurs l'arrêt est régulier en la forme.

PAR CES MOTIFS, la Cour*:*

REJETTE le pourvoi.

(Cour de cassation – Chambre criminelle du 7 janvier 2020 – N° de pourvoi : 19-87741).

• Exécution d'un mandat d'arrêt européen – Trouble psychique ou neuropsychique

M. [H] [X] a formé un pourvoi contre l'arrêt de la chambre de l'instruction de la cour d'appel de PARIS (75), *5e section, en date du 16/06/2021, qui a autorisé sa remise aux autorités judiciaires allemandes, en exécution d'un mandat d'arrêt européen.*

9. En effet, le demandeur ne saurait se faire un grief de ce que la chambre de l'instruction n'a pas recherché s'il n'était pas atteint d'un trouble psychique ou neuropsychique ayant aboli son discernement ou le contrôle de ses actes, et s'il n'était pas en conséquence pénalement irresponsable au regard du droit français, dès lors qu'aux termes des dispositions de l'article 695-23 du C.P.P., les juges doivent seulement s'assurer que les faits à l'origine du mandat d'arrêt constituent une infraction au regard de la loi pénale française.

(Cour de cassation – Chambre criminelle du 11 août 2021 – N° de pourvoi : 21-84.361).

Article 695-24. – Exécution d'un mandat d'arrêt européen – Refus – *(Loi n° 2021-1729 du 22 décembre 2021)*

• L'exécution d'un mandat d'arrêt européen peut être refusée :

• 1° Si, pour les faits faisant l'objet du mandat d'arrêt, la personne recherchée fait l'objet de poursuites devant les juridictions françaises ou si celles-ci ont décidé de ne pas engager les poursuites ou d'y mettre fin ;

• 2° Si la personne recherchée pour l'exécution d'une peine ou d'une mesure de sûreté privatives de liberté est de nationalité française, a établi sa résidence sur le territoire national ou demeure sur ce territoire et si la décision de condamnation est exécutoire sur le territoire français en application de l'article 728-31 ;

• 3° Si les faits pour lesquels il a été émis ont été commis, en tout ou en partie, sur le territoire français ;

• 4° Si l'infraction a été commise hors du territoire de l'État membre d'émission et que la loi française n'autorise pas la poursuite de l'infraction lorsqu'elle est commise hors du territoire national ;

• 5° Si la personne recherchée a fait l'objet, par les autorités judiciaires d'un État tiers, d'une décision définitive pour les mêmes faits que ceux faisant l'objet du mandat d'arrêt européen, à condition, en cas de condamnation, que la peine ait été exécutée ou soit en cours d'exécution ou ne puisse plus être ramenée à exécution selon les lois de l'État de condamnation ;

• 6° Si les faits pour lesquels le mandat d'arrêt européen a été émis pouvaient être poursuivis et jugés par les juridictions françaises et si la prescription de l'action publique ou de la peine se trouve acquise.

Article 695-25. – Motivation du refus – *(Loi n° 2004-204 du 9 mars 2004)*
• Tout refus d'exécuter un mandat d'arrêt européen doit être motivé.

§ 2. – Procédure d'exécution

Article 695-26. – Procédure – *(Loi n° 2019-222 du 23 mars 2019)*
• Dans le cas où la personne recherchée se trouve en un lieu connu sur le territoire national, le mandat d'arrêt émanant d'un État membre de l'Union européenne ou d'un État lié à l'Union européenne par un accord mentionné à la section 5 du présent chapitre peut être adressé directement, en original ou en copie certifiée conforme, par tout moyen laissant une trace écrite, au procureur général territorialement compétent qui l'exécute après s'être assuré de la régularité de la requête. Dans les autres cas, le mandat d'arrêt européen est exécuté au vu de la transmission effectuée dans les conditions prévues au 2e alinéa de l'article 695-15.
• Les articles 74-2 et 230-33 sont applicables à la recherche d'une personne faisant l'objet d'un mandat d'arrêt européen. Les attributions du procureur de la République et du juge des libertés et de la détention sont alors respectivement exercées par le procureur général et le président de la chambre de l'instruction ou le conseiller par lui désigné.
• Si le procureur général auquel un mandat d'arrêt européen a été adressé estime qu'il n'est pas territorialement compétent pour y donner suite, il le transmet au procureur général territorialement compétent et en informe l'autorité judiciaire de l'État membre d'émission.
• L'original mentionné au dernier alinéa de l'article 695-15 ou la copie certifiée conforme doit parvenir au plus tard 6 jours ouvrables après la date de l'arrestation de la personne recherchée.
• Dans le cas où la personne recherchée bénéficie d'un privilège ou d'une immunité en France, le procureur général territorialement compétent en demande sans délai la levée aux autorités françaises compétentes. Si les autorités françaises ne sont pas compétentes, la demande de levée est laissée aux soins de l'autorité judiciaire de l'État membre d'émission.
• Dans le cas où la personne recherchée a déjà été remise à la France à titre extraditionnel par un autre État sous la protection conférée par le principe de spécialité, le procureur général territorialement compétent prend toutes les mesures nécessaires pour s'assurer du consentement de cet État.

Article 695-27. – Mandat d'arrêt européen – Arrestation – *(Loi n° 2016-731 du 3 juin 2016)*
• Toute personne appréhendée en exécution d'un mandat d'arrêt européen doit être conduite dans les quarante-huit heures devant le procureur général territorialement compétent. Pendant ce délai, les dispositions des articles 63-1 à 63-7 sont applicables.
• Après avoir vérifié l'identité de cette personne, le procureur général l'informe, dans une langue qu'elle comprend, de l'existence et du contenu du mandat d'arrêt européen dont elle fait l'objet. Il l'avise également qu'elle peut être assistée par un avocat de son choix ou, à défaut, par un avocat commis d'office par le bâtonnier de l'ordre des avocats, informé sans délai et par tout moyen. Il l'avise de même qu'elle peut s'entretenir immédiatement avec l'avocat désigné.
• Le procureur général informe également la personne qu'elle peut demander à être assistée dans l'État membre d'émission du mandat par un avocat de son choix ou par un avocat commis d'office; si la personne en fait la demande, celle-ci est aussitôt transmise à l'autorité judiciaire compétente de l'État membre d'émission.
• Mention de ces informations est faite, à peine de nullité de la procédure, au procès-verbal.
• L'avocat désigné en application du deuxième alinéa peut consulter sur-le-champ le dossier et communiquer librement avec la personne recherchée.
• Le procureur général informe ensuite la personne recherchée de sa faculté de consentir ou de s'opposer à sa remise à l'autorité judiciaire de l'État membre d'émission et des conséquences juridiques résultant de ce consentement. Il l'informe également qu'elle peut renoncer à la règle de la spécialité et des conséquences juridiques de cette renonciation.
• Lorsque le mandat d'arrêt européen a été émis aux fins d'exécution d'une peine ou d'une mesure de sûreté privative de liberté et que la personne se trouve dans le cas prévu au 4° de l'article 695-22-1 et n'a pas été informée dans les formes légales de l'existence des poursuites pénales ayant abouti à la décision de condamnation, elle peut demander à recevoir copie de

celle-ci avant la remise. Le procureur général informe de cette demande l'autorité compétente de l'État membre d'émission. Dès que cette autorité lui a adressé copie de la décision, le procureur général la communique à l'intéressé. Cette communication est faite pour information. Elle ne vaut pas signification de la décision et ne fait courir aucun délai de recours.

Article 695-28. – Suivi de la notification du mandat d'arrêt européen – *(Loi n° 2011-392 du 14 avril 2011)*

• À la suite de la notification du mandat d'arrêt européen, s'il décide de ne pas laisser en liberté la personne recherchée, le procureur général la présente au premier président de la cour d'appel ou au magistrat du siège désigné par lui.

• Le premier président de la cour d'appel ou le magistrat du siège désigné par lui ordonne l'incarcération de la personne recherchée à la maison d'arrêt du siège de la cour d'appel dans le ressort de laquelle elle a été appréhendée, à moins qu'il n'estime que sa représentation à tous les actes de la procédure est suffisamment garantie.

• Dans ce dernier cas, le premier président de la cour d'appel ou le magistrat du siège désigné par lui peut soumettre la personne recherchée, jusqu'à sa comparution devant la chambre de l'instruction, à une ou plusieurs des mesures prévues aux articles 138 et 142-5. Cette décision est notifiée verbalement à la personne et mentionnée au procès-verbal dont une copie lui est remise sur-le-champ. Elle est susceptible de recours devant la chambre de l'instruction, qui doit statuer au plus tard lors de la comparution de la personne devant elle en application de l'article 695-29.

• L'article 695-36 est applicable à la personne recherchée laissée en liberté ou placée sous contrôle judiciaire ou sous assignation à résidence sous surveillance électronique si elle se soustrait volontairement ou ne respecte pas les obligations du contrôle judiciaire ou de l'assignation à résidence sous surveillance électronique.

• Le procureur général en avise sans délai le ministre de la justice et lui adresse une copie du mandat d'arrêt.

Article 695-28-1. – Mesures d'actes de terrorisme – *(Loi n° 2014-1353 du 13 novembre 2014)*

• Pour l'examen des demandes d'exécution d'un mandat d'arrêt européen concernant les auteurs d'actes de terrorisme, le procureur général près la cour d'appel de Paris, le premier président de la cour d'appel de Paris ainsi que la chambre de l'instruction de la cour d'appel de Paris et son président exercent une compétence concurrente à celle qui résulte de l'application des articles 695-26 et 695-27.

§ 3. – Comparution devant la chambre de l'instruction

Article 695-29. – Saisie de la chambre de l'instruction – *(Loi n° 2004-204 du 9 mars 2004)*

• La chambre de l'instruction est immédiatement saisie de la procédure. La personne recherchée comparaît devant elle dans un délai de cinq jours ouvrables à compter de la date de sa présentation au procureur général.

J **• Exécution d'un mandat d'arrêt européen – Chambre de l'instruction – Comparution – Règle de spécialité**

CASSATION sur le pourvoi formé par le procureur général la cour d'appel de LYON (69) contre l'arrêt de la chambre de l'instruction de ladite cour, en date du 20/04/2021, qui, sur demande de remise de M. [L] [N] aux autorités judiciaires espagnoles en exécution d'un mandat d'arrêt européen, a constaté le défaut de comparaison de l'intéressé, la persistance du mandat d'arrêt européen qui pourra être remis à exécution, et dit qu'il ne pouvait être détenu au titre de l'ordonnance d'incarcération.

Vu les articles 695-29, 695-30 et 695-31 du C.P.P. :

7. Selon ces textes, la personne recherchée doit comparaître devant la chambre de l'instruction, afin qu'elle lui demande s'il consent à sa remise aux autorités compétentes et s'il renonce à la règle de spécialité.

8. Lorsque l'intéressé est détenu et que, sans motif légitime, il refuse son extraction, il est réputé avoir comparé, avoir refusé de consentir à sa remise aux autorités autorisées et ne pas avoir renoncé à la règle de spécialité.

(Cour de cassation – Chambre criminelle du 1er juin 2021 – N° de pourvoi : 21-82.663).

Article 695-30. – Comparution de la personne recherchée – *(Loi n° 2004-204 du 9 mars 2004)*

• Lors de la comparution de la personne recherchée, la chambre de l'instruction constate son identité et recueille ses déclarations, dont il est dressé procès-verbal.

• L'audience est publique, sauf si la publicité est de nature à nuire au bon déroulement de la procédure en cours, aux intérêts d'un tiers ou à la dignité de la personne. Dans ce cas, la chambre de l'instruction, à la demande du ministère public, de la personne recherchée ou d'office, statue par un arrêt rendu en chambre du conseil qui n'est susceptible de pourvoi en cassation qu'en même temps que l'arrêt autorise la remise prévue par le quatrième alinéa de l'article 695-31.

• Le ministère public et la personne recherchée sont entendus, cette dernière assistée, le cas échéant, de son avocat et, s'il y a lieu, en présence d'un interprète.

• La chambre de l'instruction peut, par une décision qui n'est susceptible d'aucun recours, autoriser l'État membre d'émission à intervenir à l'audience par l'intermédiaire d'une personne habilitée par ledit État à cet effet. Lorsque l'État membre d'émission est autorisé à intervenir, il ne devient pas partie à la procédure.

Article 695-31. – Consentement de la personne recherchée – *(Loi n° 2004-204 du 9 mars 2004)*

• Si, lors de sa comparution, la personne recherchée déclare consentir à sa remise, la chambre de l'instruction l'informe des conséquences juridiques de son consentement et de son caractère irrévocable.

• Lorsque la personne recherchée maintient son consentement à la remise, la chambre de l'instruction lui demande si elle entend renoncer à la règle de la spécialité, après l'avoir informée des conséquences juridiques d'une telle renonciation et de son caractère irrévocable.

• Si la chambre de l'instruction constate que les conditions légales d'exécution du mandat d'arrêt européen sont remplies, elle rend un arrêt par lequel elle donne acte à la personne recherchée de son consentement à être remise ainsi que, le cas échéant, de sa renonciation à la règle de la spécialité et accorde la remise. La chambre de l'instruction statue, sauf si un complément d'information a été ordonné dans les conditions énoncées à l'article 695-33, dans les sept jours de la comparution devant elle de la personne recherchée. Cette décision n'est pas susceptible de recours.

• Si la personne recherchée déclare ne pas consentir à sa remise, la chambre de l'instruction statue par une décision dans le délai de vingt jours à compter de la date de sa comparution, sauf si un complément d'information a été ordonné dans les conditions énoncées à l'article 695-33. Cette décision peut faire l'objet d'un pourvoi en cassation, par le procureur général ou par la personne recherchée, dans les conditions énoncées aux articles 568-1 et 574-2.

• Lorsque la personne recherchée bénéficie d'un privilège ou d'une immunité en France, les délais mentionnés aux troisième et quatrième alinéas ne commencent à courir qu'à compter du jour où la chambre de l'instruction a été informée de sa levée.

• Lorsque le consentement d'un autre État s'avère nécessaire, conformément au dernier alinéa de l'article 695-26, ces délais ne commencent à courir qu'à compter du jour où la chambre de l'instruction a été informée de la décision de cet État.

• Lorsqu'elle revêt un caractère définitif, la décision de la chambre de l'instruction est notifiée par tout moyen et sans délai à l'autorité judiciaire de l'État membre d'émission par les soins du procureur général.

[J] **• Mandat d'arrêt européen – Peine restant à purger**

Le P.R. près la cour d'appel de LYON (69) a formé un pourvoi contre l'arrêt n° 1527 de la chambre de l'instruction de ladite cour d'appel, en date du 11/08/2022, qui a refusé la remise de M. [W] [D] aux autorités judiciaires italiennes ayant délivré un mandat d'arrêt européen.

13. En 1er lieu, la demande de remise soumise aux juges porte expressément sur l'exécution de la seule condamnation à 3 ans d'emprisonnement prononcée le 26/05/2005 par le tribunal de Milan.

14. En 2d lieu, la mention superfétatoire d'un reste à purger intégrant d'autres peines, dont le principe de spécialité ne permettra pas la mise à exécution par l'autorité requérante, est sans incidence sur la régularité du mandat d'arrêt européen.

(Cour de cassation – Chambre criminelle du 20 septembre 2022 – N° de pourvoi : 22-85.051).

Article 695-32. – Personne recherchée de nationalité française ou résidante en France – *(Loi n° 2013-711 du 5 août 2013)*

• Lorsque la personne recherchée est de nationalité française ou réside régulièrement sur le territoire national de façon ininterrompue depuis au moins cinq ans, l'exécution du mandat d'arrêt européen peut être subordonnée à la vérification qu'elle peut être renvoyée en France pour y effectuer la peine qui sera éventuellement prononcée par l'autorité judiciaire de l'État d'émission pour les faits faisant l'objet du mandat.

Article 695-33. – Demande d'informations complémentaires – *(Loi n° 2004-204 du 9 mars 2004)*

• Si la chambre de l'instruction estime que les informations communiquées par l'État membre d'émission dans le mandat d'arrêt européen sont insuffisantes pour lui permettre de statuer sur la remise, elle demande à l'autorité judiciaire dudit État la fourniture, dans le délai maximum de dix jours pour leur réception, des informations complémentaires nécessaires.

Article 695-34. – Mise en liberté – *(Loi n° 2011-392 du 14 avril 2011 + Décision n° 2016-602 QPC du 9 décembre 2016)*

• La mise en liberté peut être demandée à tout moment à la chambre de l'instruction selon les formes prévues aux articles 148-6 et 148-7.

• L'avocat de la personne recherchée est convoqué, par lettre recommandée avec demande d'avis de réception, quarante-huit heures au moins avant la date de l'audience. La chambre de l'instruction statue après avoir entendu le ministère public ainsi que la personne recherchée ou son avocat, dans les plus brefs délais et au plus tard dans les quinze jours de la réception de la demande, par un arrêt rendu dans les conditions prévues à l'article 199. Toutefois, lorsque la personne recherchée n'a pas encore comparu devant la chambre de l'instruction, les délais précités ne commencent à courir qu'à compter de la première comparution devant cette juridiction.

• La chambre de l'instruction peut également, lorsqu'elle ordonne la mise en liberté de la personne recherchée et à titre de mesure de sûreté, astreindre l'intéressé à se soumettre à une ou plusieurs des obligations énumérées aux articles 138 et 142-5.

• Préalablement à sa mise en liberté, la personne recherchée doit signaler à la chambre de l'instruction ou au chef de l'établissement pénitentiaire son adresse.

• Elle est avisée qu'elle doit signaler à la chambre de l'instruction, par nouvelle déclaration ou par lettre recommandée avec demande d'avis de réception, tout changement de l'adresse déclarée.

• Elle est également avisée que toute notification ou signification faite à la dernière adresse déclarée sera réputée faite à sa personne.

• Mention de cet avis, ainsi que de la déclaration d'adresse, est portée soit au procès-verbal, soit dans le document qui est adressé sans délai, en original ou en copie, par le chef d'établissement pénitentiaire à la chambre de l'instruction.

Article 695-35. – Chambre de l'instruction – Mainlevée ou modification du contrôle judiciaire – Assignation à à résidence sous surveillance électronique – *(Loi n° 2011-392 du 14 avril 2011)*

• La mainlevée ou la modification du contrôle judiciaire ou de l'assignation à résidence sous surveillance électronique peut être ordonnée à tout moment par la chambre de l'instruction dans les conditions prévues à l'article 199, soit d'office, soit sur les réquisitions du procureur général, soit à la demande de la personne recherchée après avis du procureur général.

• La chambre de l'instruction statue dans les quinze jours de sa saisine.

Article 695-36. – Mandat d'arrêt – *(Loi n° 2011-392 du 14 avril 2011)*

• Si la personne recherchée se soustrait volontairement aux obligations du contrôle judiciaire ou de l'assignation à résidence sous surveillance électronique ou si, après avoir bénéficié d'une mise en liberté non assortie du contrôle judiciaire ou de l'assignation à résidence sous surveillance électronique, il apparaît qu'elle entend manifestement se dérober à l'exécution d'un mandat d'arrêt européen, la chambre de l'instruction peut, sur les réquisitions du ministère public, décerner mandat d'arrêt à son encontre.

• Les dispositions de l'article 74-2 sont alors applicables, les attributions du procureur de la République et du juge des libertés et de la détention prévues par cet article étant respectivement confiées au procureur général et au président de la chambre de l'instruction ou un conseiller par lui désigné.

• Lorsque l'intéressé a été appréhendé, l'affaire doit être examinée par la chambre de l'instruction dans les plus brefs délais et au plus tard dans les dix jours de sa mise sous écrou.

• La chambre de l'instruction confirme, s'il y a lieu, la révocation du contrôle judiciaire ou de l'assignation à résidence sous surveillance électronique et ordonne l'incarcération de l'intéressé.

• Le ministère public et la personne recherchée sont entendus, cette dernière assistée, le cas échéant, de son avocat et, s'il y a lieu, en présence d'un interprète.

• Le dépassement du délai mentionné au deuxième alinéa entraîne la mise en liberté d'office de l'intéressé.

§ 4. – Remise de la personne recherchée

Article 695-37. – Personne recherchée – *(Loi n° 2009-526 du 12 mai 2009)*

• Le procureur général prend les mesures nécessaires afin que la personne recherchée soit remise à l'autorité judiciaire de l'État d'émission au plus tard dans les dix jours suivant la date de la décision définitive de la chambre de l'instruction.

• Si la personne recherchée est en liberté lorsque la décision de la chambre de l'instruction autorisant la remise est prononcée, le procureur général peut ordonner l'arrestation de l'intéressé et son placement sous écrou. L'article 74-2 est alors applicable. Les attributions du procureur de la République et du juge des libertés et de la détention sont alors respectivement exercées par le procureur général et le président de la chambre de l'instruction ou le conseiller par lui désigné. Lorsque la personne recherchée a été appréhendée, le procureur général donne avis de cette arrestation, sans délai, à l'autorité judiciaire de l'État d'émission.

• Si la personne recherchée ne peut être remise dans le délai de dix jours pour un cas de force majeure, le procureur général en informe immédiatement l'autorité judiciaire de l'État d'émission et convient avec elle d'une nouvelle date de remise. La personne recherchée est alors remise au plus tard dans les dix jours suivant la nouvelle date ainsi convenue.

• À l'expiration des délais visés au premier alinéa ou dans la deuxième phrase du troisième alinéa, si la personne recherchée se trouve toujours en détention, elle est, sauf application du premier alinéa de l'article 695-39, remise d'office en liberté.

Article 695-38. – Nouvelle date de remise – *(Loi n° 2004-204 du 9 mars 2004)*

• Les dispositions de l'article 695-37 ne font pas obstacle à ce que la chambre de l'instruction, après avoir statué sur l'exécution du mandat d'arrêt européen, puisse surseoir temporairement à la remise pour des raisons humanitaires sérieuses, en particulier si la remise de la personne recherchée est susceptible d'avoir pour elle des conséquences graves en raison notamment de son âge ou de son état de santé.

• Le procureur général en informe alors immédiatement l'autorité judiciaire d'émission et convient avec elle d'une nouvelle date de remise. La personne recherchée est alors remise au plus tard dans les dix jours suivant la nouvelle date convenue.

• À l'expiration de ce délai, si la personne recherchée se trouve toujours en détention, elle est, sauf application du premier alinéa de l'article 695-39, remise d'office en liberté.

Article 695-39. – Différer la remise – *(Loi n° 2004-204 du 9 mars 2004)*

• Lorsque la personne recherchée est poursuivie en France ou y a déjà été condamnée et doit y purger une peine en raison d'un fait autre que celui visé par le mandat d'arrêt européen, la chambre de l'instruction peut, après avoir statué sur l'exécution du mandat d'arrêt, différer la remise de l'intéressé. Le procureur général en avise alors immédiatement l'autorité judiciaire d'émission.

• La chambre de l'instruction peut également décider la remise temporaire de la personne recherchée. Le procureur général en informe immédiatement l'autorité judiciaire d'émission et convient avec elle, par écrit, des conditions et des délais de la remise.

Article 695-40. – Durée de la détention – *(Loi n° 2004-204 du 9 mars 2004)*

• Lors de la remise, le procureur général mentionne la durée de la détention subie sur le territoire national du fait de l'exécution d'un mandat d'arrêt européen.

§ 5. – Cas particuliers

Article 695-41. – Saisie – *(Loi n° 2016-731 du 3 juin 2016)*

• Lors de l'arrestation de la personne recherchée, il est procédé, à la demande de l'autorité judiciaire de l'État membre d'émission ou à l'initiative de l'autorité judiciaire d'exécution, à la saisie, dans les formes prévues par l'article 56, par les deux premiers alinéas de l'article 56-1, par les articles 56-2, 56-3, 56-5 et 57 et par le premier alinéa de l'article 59, des objets :

• 1° Qui peuvent servir de pièces à conviction, ou

• 2° Qui ont été acquis par la personne recherchée du fait de l'infraction.

• Lorsqu'elle statue sur la remise de la personne recherchée, la chambre de l'instruction ordonne la remise des objets saisis en application des 1° et 2°, le cas échéant, après avoir statué sur une contestation formulée en vertu des dispositions du deuxième alinéa de l'article 56-1.

• Cette remise peut avoir lieu même si le mandat d'arrêt européen ne peut être exécuté par suite de l'évasion ou du décès de la personne recherchée.

• La chambre de l'instruction peut, si elle le juge nécessaire pour une procédure pénale suivie sur le territoire national, retenir temporairement ces objets ou les remettre sous condition de restitution.

• Sont toutefois réservés les droits que l'État français ou des tiers auraient acquis sur ces objets. Si de tels droits existent, ces objets sont rendus le plus tôt possible et sans frais à l'État français à la fin des poursuites exercées sur le territoire de l'État d'émission.

Article 695-42. – Choix du mandat d'arrêt européen – *(Loi n° 2021-1729 du 22 décembre 2021)*

• Lorsque plusieurs États membres ont émis un mandat d'arrêt européen à l'encontre de la même personne, que ce soit pour le même fait ou pour des faits différents, le choix du mandat d'arrêt européen à exécuter est opéré par la chambre de l'instruction, le cas échéant, après consultation de l'Agence Eurojust, compte tenu de toutes les circonstances et notamment du degré de gravité et du lieu de commission des infractions, des dates respectives des mandats d'arrêt européens, ainsi que du fait que le mandat d'arrêt a été émis pour la poursuite ou pour l'exécution d'une peine ou d'une mesure de sûreté privative de liberté.

• En cas de conflit entre un mandat d'arrêt européen et une demande d'extradition présentée par un État tiers, la chambre de l'instruction peut surseoir à statuer dans l'attente de la réception des pièces. Elle décide de la priorité à donner au mandat d'arrêt européen ou à la demande d'extradition compte tenu de toutes les circonstances, notamment celles visées au 1er alinéa et celles figurant dans la convention ou dans l'accord applicable.

Article 695-43. – Décision définitive d'exécution du mandat d'arrêt européen – *(Loi n° 2004-204 du 9 mars 2004)*

• Lorsque, dans des cas spécifiques et en particulier si, consécutivement à un pourvoi en cassation, la décision définitive sur l'exécution du mandat d'arrêt européen ne peut être rendue par les autorités judiciaires compétentes dans le délai de soixante jours à compter de l'arrestation de la personne recherchée, le procureur général territorialement compétent en informe immédiatement l'autorité judiciaire de l'État membre d'émission en lui indiquant les raisons du retard. Ce délai est alors prolongé de trente jours supplémentaires.

• Lorsque, dans des circonstances exceptionnelles, notamment après un arrêt de cassation avec renvoi, la décision définitive sur l'exécution du mandat d'arrêt européen n'a pas été prise dans le délai de quatre-vingt-dix jours à compter de la date de l'arrestation de la personne recherchée, le procureur général territorialement compétent en informe le ministre de la justice qui, à son tour, en avise Eurojust, en précisant les raisons du retard.

• Après un arrêt de cassation avec renvoi, la chambre de l'instruction à laquelle la cause est renvoyée statue dans les vingt jours à compter du prononcé de l'arrêt de la Cour de cassation. Cette chambre connaît des éventuelles demandes de mise en liberté formées par la personne réclamée.

Article 695-44. – Audition de la personne recherchée – *(Loi n° 2004-204 du 9 mars 2004)*

• Lorsque le mandat d'arrêt européen a été émis pour l'exercice de poursuites pénales, la chambre de l'instruction accède à toute demande d'audition de la personne recherchée présentée par l'autorité judiciaire de l'État membre d'émission.

• La personne recherchée ne peut être entendue ou interrogée, à moins qu'elle n'y renonce expressément, qu'en présence de son avocat ou ce dernier dûment appelé.

• L'avocat de la personne recherchée est convoqué au plus tard cinq jours ouvrables avant la date de l'audience, par lettre recommandée avec demande d'avis de réception, télécopie avec récépissé ou verbalement avec émargement au dossier de la procédure.

• L'audition de l'intéressé est conduite, en présence s'il y a lieu d'un interprète, par le président de la chambre de l'instruction, assisté d'une personne habilitée à cet effet par l'autorité judiciaire de l'État membre d'émission.

• Le procès-verbal de l'audience, qui mentionne ces formalités, est aussitôt transmis à l'autorité judiciaire de l'État membre d'émission.

Article 695-45. – Transfèrement temporaire – *(Loi n° 2004-204 du 9 mars 2004)*

• La chambre de l'instruction peut également, lorsque cela est possible et que la personne recherchée y consent, accepter le transfèrement temporaire de cette dernière selon les formes prévues aux articles 695-28 et 695-29, aux premier à troisième alinéas de l'article 695-30, et au dernier alinéa de l'article 695-31, à charge pour l'autorité judiciaire de l'État membre d'émission de la renvoyer pour assister aux audiences la concernant.

• La décision est rendue à l'audience. Elle est immédiatement exécutoire.

Article 695-46. – Saisine de la chambre de l'instruction – *(Loi n° 2021-1729 du 22 décembre 2021)*

• La chambre de l'instruction devant laquelle la personne recherchée a comparu est saisie de toute demande émanant des autorités compétentes de l'État membre d'émission en vue de consentir à des poursuites ou à la mise à exécution d'une peine ou d'une mesure de sûreté prononcées pour d'autres infractions que celles ayant motivé la remise et commises antérieurement à celle-ci.

• La chambre de l'instruction est également compétente pour statuer, après la remise de la personne recherchée, sur toute demande des autorités compétentes de l'État membre d'émission en vue de consentir à la remise de la personne recherchée à un autre État membre en vue de l'exercice de poursuites ou de l'exécution d'une peine ou d'une mesure de sûreté privatives de liberté pour un fait quelconque antérieur à la remise et différent de l'infraction qui a motivé cette mesure.

• Dans les 2 cas, un procès-verbal consignant les déclarations faites par la personne remise est également transmis par les autorités compétentes de l'État membre d'émission et soumis à la chambre de l'instruction. Ces déclarations peuvent, le cas échéant, être complétées par les observations faites par un avocat de son choix ou, à défaut, commis d'office par le bâtonnier de l'ordre des avocats.

• La chambre de l'instruction statue après s'être assurée que la demande comporte aussi les renseignements prévus à l'article 695-13 et avoir, le cas échéant, obtenu des garanties au regard des dispositions de l'article 695-32, dans le délai de 30 jours à compter de la réception de la demande. Cette décision peut faire l'objet d'un pourvoi en cassation, par le procureur général ou par la personne recherchée, dans les conditions énoncées aux articles 568-1 et 574-2.

• Le consentement est donné lorsque les agissements pour lesquels il est demandé constituent l'une des infractions visées à l'article 694-32, et entrent dans le champ d'application de l'article 695-12.

• Le consentement est refusé pour l'un des motifs visés aux articles 695-22 et 695-23 et peut l'être pour l'un de ceux mentionnés à l'article 695-24.

J • **Mandat d'arrêt européen – Exécution – Procédure.** – *Aux termes de l'article 695-46, alinéa 4, du Code de procédure pénale, lorsqu'elle est saisie d'une demande émanant des autorités compétentes de l'État membre d'émission d'un mandat d'arrêt européen, en vue de l'exécution d'une peine privative de liberté pour un fait quelconque antérieur à la remise et différent de l'infraction qui l'a motivée, la chambre de l'instruction statue sans recours.* (Cass. CRIM du 14 décembre 2004 – N° 04-86-778. – C.A. Aix-en-Provence, 20 octobre 2004.)

• **Mandat d'arrêt européen – Exécution – Procédure – Droits de la personne requise – Exclusion – Notification du droit de se taire**

REJET du pourvoi formé par M. X… K… contre l'arrêt de la chambre de l'instruction de la cour d'appel de RIOM (63), en date du 16/02/2021, qui a autorisé sa remise aux autorités judiciaires tchèques, en exécution d'un mandat d'arrêt européen.

L'absence de notification du droit de se taire par la chambre de l'instruction qui statue sur l'exécution d'un mandat d'arrêt européen n'est pas contraire aux droits de la défense, et notamment au droit de la personne de ne pas contribuer à sa propre incrimination. En effet, l'audition devant la chambre de l'instruction de la personne recherchée ne vise qu'à constater son identité, à recevoir ses observations sur le déroulement de la procédure dont elle fait l'objet, et à lui permettre de consentir ou non à sa remise, et non à la soumettre à un interrogatoire sur les faits objet du mandat d'arrêt.

(Cour de cassation – Chambre criminelle du 24 mars 2021 – N° de pourvoi : 21-81.361).

Section IV
Transit

Article 695-47. – Ministre de la justice – Autorisation de transit – *(Loi n° 2013-711 du 5 août 2013)*

• Le ministre de la justice autorise le transit à travers le territoire français d'une personne recherchée en vertu d'un mandat d'arrêt européen.

• Lorsque la personne recherchée est de nationalité française ou réside régulièrement de façon ininterrompue depuis au moins cinq ans sur le territoire national, l'autorisation peut être subordonnée à la condition qu'elle soit, après avoir été entendue, renvoyée sur le territoire national pour y subir la peine privative de liberté qui sera éventuellement prononcée à son encontre par l'autorité judiciaire de l'État membre d'émission pour les faits faisant l'objet du mandat d'arrêt.

• Lorsque la personne recherchée est de nationalité française ou réside régulièrement de façon ininterrompue depuis au moins cinq ans sur le territoire national et que le mandat d'arrêt européen a été émis pour l'exécution d'une peine ou d'une mesure de sûreté privatives de liberté, le transit est refusé.

Article 695-48. – Demande d'autorisation de transit – *(Loi n° 2004-204 du 9 mars 2004)*

• La demande d'autorisation de transit est accompagnée des renseignements suivants :

• – l'identité et la nationalité de la personne recherchée ;

• – l'indication de l'existence d'un mandat d'arrêt européen ;

• – la nature et la qualification juridique de l'infraction ;

• – la date, le lieu et les circonstances dans lesquels l'infraction a été commise ainsi que le degré de participation à celle-ci de la personne recherchée.

Article 695-49. – Transmission – *(Loi n° 2004-204 du 9 mars 2004)*

• La demande d'autorisation de transit ainsi que les renseignements prévus à l'article 695-48 sont transmis au ministre de la justice par tout moyen permettant d'en conserver une trace écrite. Celui-ci fait connaître sa décision par le même procédé.

Article 695-50. – Atterrissage fortuit sur le territoire national – *(Loi n° 2004-204 du 9 mars 2004)*

• En cas d'atterrissage fortuit sur le territoire national, l'État membre d'émission fournit au ministre de la justice les renseignements prévus à l'article 695-48.

Article 695-51. – Demandes de transit – *(Loi n° 2013-711 du 5 août 2013)*

• Les dispositions des articles 695-47 à 695-50 sont applicables aux demandes de transit présentées par un État membre de l'Union européenne ou par un État lié à l'Union européenne par un accord mentionné à la section 5 du présent chapitre pour l'extradition vers son territoire d'une personne en provenance d'un État non membre de l'Union européenne.

Section V

Des procédures de remise résultant d'accords conclus par l'Union européenne avec d'autres États

Article 695-52. – Demandes de remise – *(Loi n° 2013-711 du 5 août 2013)*

• En l'absence de stipulation contraire de l'accord concerné, le présent chapitre s'applique aux demandes de remise entre la France et un État non membre de l'Union européenne dès l'entrée en vigueur d'un accord conclu par l'Union européenne avec cet État et instituant un mécanisme de remise sur la base d'un mandat d'arrêt.

• Pour l'application de la présente section, les mots « mandat d'arrêt » sont entendus au sens de l'accord mentionné au premier alinéa.

Article 695-53. – Remise – Personne ayant la nationalité française – *(Loi n° 2013-711 du 5 août 2013)*

• La remise d'une personne qui a la nationalité française ou qui avait cette nationalité au moment des faits visés par le mandat d'arrêt émis par un État non membre de l'Union européenne est refusée.

Article 695-54. – Transit – Personne ayant la nationalité française – *(Loi n° 2013-711 du 5 août 2013)*

• Le transit d'une personne qui a la nationalité française ou qui avait cette nationalité au moment des faits visés par le mandat d'arrêt émis par un État non membre de l'Union européenne est refusé. Les deux derniers alinéas de l'article 695-47 ne sont pas applicables aux procédures de remise résultant d'accords conclus par l'Union européenne avec d'autres États.

Article 695-55. – Non application – *(Loi n° 2013-711 du 5 août 2013)*

• Les deuxième à dernier alinéas de l'article 695-23 ne sont pas applicables aux procédures de remise mentionnées à la présente section.

• Par dérogation au premier alinéa du même article 695-23, la remise d'une personne est exécutée sans contrôle de la double incrimination des faits reprochés lorsque les agissements considérés sont, aux termes de la loi de l'État non membre de l'Union européenne, punis d'une peine privative de liberté d'une durée égale ou supérieure à douze mois d'emprisonnement ou d'une mesure de sûreté privative de liberté d'une durée similaire et entrent dans l'une des catégories d'infractions suivantes :

• 1° Participation à un groupe de personnes agissant dans un but commun aux fins de commettre une ou plusieurs infractions relevant d'activités de terrorisme visées aux articles 1er et 2 de la convention européenne pour la répression du terrorisme, signée à Strasbourg le 27 janvier 1977, ainsi qu'aux articles 1er à 4 de la décision-cadre du 13 juin 2002 relative à la lutte contre le terrorisme *(2002/475/JAI)* ;

• 2° Trafic illicite de stupéfiants ou de substances psychotropes ;

• 3° Homicide volontaire ;

• 4° Coups et blessures graves ;

• 5° Enlèvement, séquestration ou prise d'otage (s) ;

• 6° Viol.

Article 695-56. – Exécution d'un mandat d'arrêt européen – *(Loi n° 2013-711 du 5 août 2013)*

• Pour la mise en œuvre du 2° de l'article 695-24 dans le cadre des procédures de remise prévues à la présente section, l'exécution du mandat d'arrêt peut être refusée si la personne recherchée pour l'exécution d'une peine ou d'une mesure de sûreté privative de liberté n'est pas de nationalité française mais réside régulièrement de façon ininterrompue depuis au moins cinq ans sur le territoire national et que le procureur général s'engage à faire procéder à cette exécution sur le fondement d'une convention de transfèrement ou d'un accord international spécifique.

Article 695-57. – Autre remise non accordée – *(Loi n° 2013-711 du 5 août 2013)*

• La remise n'est pas accordée à un État non membre de l'Union européenne si l'infraction à raison de laquelle elle est demandée a un caractère politique, sauf s'il s'agit d'une infraction mentionnée aux articles 1er et 2 de la convention européenne pour la répression du terrorisme, signée à Strasbourg le 27 janvier 1977, de l'infraction d'association de malfaiteurs en vue de la commission de ces infractions, ou des infractions mentionnées aux articles 1er à 4 de la décision-cadre du 13 juin 2002 précitée.

Article 695-58. – Consentement refusé – *(Loi n° 2013-711 du 5 août 2013)*

• Pour l'application de l'article 695-46, dans le cadre des procédures de remise prévues à la présente section, le consentement est refusé à un État non membre de l'Union européenne si l'infraction à raison de laquelle elle est demandée a un caractère politique, sauf s'il s'agit d'une infraction mentionnée aux articles 1er et 2 de la convention européenne pour la répression du terrorisme, signée à Strasbourg le 27 janvier 1977, de l'infraction d'association de malfaiteurs en vue de la commission de ces infractions, ou des infractions mentionnées aux articles 1er à 4 de la décision-cadre du 13 juin 2002 précitée.

CHAPITRE V

De l'extradition

Article 696. – Dispositions – *(Loi n° 2004-204 du 9 mars 2004)*

• En l'absence de convention internationale en stipulant autrement, les conditions, la procédure et les effets de l'extradition sont déterminés par les dispositions du présent chapitre. Ces dispositions s'appliquent également aux points qui n'auraient pas été réglementés par les conventions internationales.

Section I

Des conditions de l'extradition

Article 696-1. – Conditions – *(Loi n° 2004-204 du 9 mars 2004)*

• Aucune remise ne pourra être faite à un gouvernement étranger de personnes n'ayant pas été l'objet de poursuites ou d'une condamnation pour une infraction prévue par la présente section.

Article 696-2. – Infraction en cause – *(Loi n° 2004-204 du 9 mars 2004)*

• Le gouvernement français peut remettre, sur leur demande, aux gouvernements étrangers, toute personne n'ayant pas la nationalité française qui, étant l'objet d'une poursuite intentée au nom de l'État requérant ou d'une condamnation prononcée par ses tribunaux, est trouvée sur le territoire de la République.

• Néanmoins, l'extradition n'est accordée que si l'infraction cause de la demande a été commise:

• – soit sur le territoire de l'État requérant par un ressortissant de cet État ou par un étranger;

• – soit en dehors de son territoire par un ressortissant de cet État;

• – soit en dehors de son territoire par une personne étrangère à cet État, quand l'infraction est au nombre de celles dont la loi française autorise la poursuite en France, alors même qu'elles ont été commises par un étranger à l'étranger.

Article 696-3. – Faits pouvant donner lieu à l'extradition – *(Loi n° 2004-204 du 9 mars 2004)*

• Les faits qui peuvent donner lieu à l'extradition, qu'il s'agisse de la demander ou de l'accorder, sont les suivants:

• 1° Tous les faits punis de peines criminelles par la loi de l'État requérant;

• 2° Les faits punis de peines correctionnelles par la loi de l'État requérant, quand le maximum de la peine d'emprisonnement encourue, aux termes de cette loi, est égal ou supérieur à deux ans, ou, s'il s'agit d'un condamné, quand la peine prononcée par la juridiction de l'État requérant est égale ou supérieure à deux mois d'emprisonnement.

• En aucun cas l'extradition n'est accordée par le gouvernement français si le fait n'est pas puni par la loi française d'une peine criminelle ou correctionnelle.

• Les faits constitutifs de tentative ou de complicité sont soumis aux règles précédentes, à condition qu'ils soient punissables d'après la loi de l'État requérant et d'après celle de l'État requis.

• Si la demande a pour objet plusieurs infractions commises par la personne réclamée et qui n'ont pas encore été jugées, l'extradition n'est accordée que si le maximum de la peine encourue, d'après la loi de l'État requérant, pour l'ensemble de ces infractions, est égal ou supérieur à deux ans d'emprisonnement.

Article 696-4. – Autres conditions – *(Loi n° 2004-204 du 9 mars 2004)*

• L'extradition n'est pas accordée:

• 1° Lorsque la personne réclamée a la nationalité française, cette dernière étant appréciée à l'époque de l'infraction pour laquelle l'extradition est requise;

• 2° Lorsque le crime ou le délit à un caractère politique ou lorsqu'il résulte des circonstances que l'extradition est demandée dans un but politique;

• 3° Lorsque les crimes ou délits ont été commis sur le territoire de la République;

• 4° Lorsque les crimes ou délits, quoique commis hors du territoire de la République, y ont été poursuivis et jugés définitivement;

• 5° Lorsque, d'après la loi de l'État requérant ou la loi française, la prescription de l'action s'est trouvée acquise antérieurement à la demande d'extradition, ou la prescription de la peine antérieurement à l'arrestation de la personne réclamée et d'une façon générale toutes les fois que l'action publique de l'État requérant est éteinte;

• 6° Lorsque le fait à raison duquel l'extradition a été demandée est puni par la législation de l'État requérant d'une peine ou d'une mesure de sûreté contraire à l'ordre public français;

• 7° Lorsque la personne réclamée serait jugée dans l'État requérant par un tribunal n'assurant pas les garanties fondamentales de procédure et de protection des droits de la défense;

• 8° Lorsque le crime ou le délit constitue une infraction militaire prévue par le livre III du Code de justice militaire.

J **• Extradition – Chambre de l'instruction – Avis – Avis favorable – Arrêt ne satisfaisant pas aux conditions essentielles de son existence légale – Omission de statuer sur la prescription de l'action publique**

CASSATION et désignation de juridiction sur le pourvoi formé par M. Z... K..., contre l'arrêt de la chambre de l'instruction de la cour d'appel de Nancy, en date du 28/06/2018, qui, dans la procédure d'extradition suivie contre lui à la demande du gouvernement russe, a émis un avis favorable.

Ne répond pas, en la forme, aux conditions essentielles de son existence légale, un arrêt d'une chambre de l'instruction qui donne un avis favorable à la demande d'extradition sans vérifier, au besoin d'office, si, à la date de la demande d'extradition, la prescription ne s'était pas trouvée acquise notamment au regard de la législation française.

(Cour de cassation – Chambre criminelle du 7 août 2019 – N° de pourvoi: 18-84182).

• Extradition – Chambre de l'instruction – Actes accomplis par l'État requérant – Actes interruptifs de prescription – Recherches nécessaires

REJET du pourvoi formé par M. A... X..., contre l'arrêt de la chambre de l'instruction de la cour d'appel de Colmar, en date du 25/10/2018, qui, dans la procédure d'extradition suivie contre lui à la demande des autorités chiliennes a émis un avis favorable.

Il entre dans les pouvoirs de la chambre de l'instruction de rechercher si des actes accomplis par les autorités judiciaires de l'État requérant constituent des actes interruptifs au regard de la loi française.

(Cour de cassation – Chambre criminelle du 7 août 2019 – N° de pourvoi: 18-86297).

Article 696-5. – Demandes concurrentes – *(Loi n° 2004-204 du 9 mars 2004)*

• Si, pour une infraction unique, l'extradition est demandée concurremment par plusieurs États, elle est accordée de préférence à l'État contre les intérêts duquel l'infraction était dirigée, ou à celui sur le territoire duquel elle a été commise.

• Si les demandes concurrentes ont pour cause des infractions différentes, il est tenu compte, pour décider de la priorité, de toutes circonstances de fait, et, notamment, de la gravité relative et du lieu des infractions, de la date respective des demandes, de l'engagement qui serait pris par l'un des États requérants de procéder à la réextradition.

Article 696-6. – Infraction ayant motivé l'extradition – *(Loi n° 2004-204 du 9 mars 2004)*

• Sous réserve des exceptions prévues à l'article 696-34, l'extradition n'est accordée qu'à la condition que la personne extradée ne sera ni poursuivie, ni condamnée pour une infraction autre que celle ayant motivé l'extradition et antérieure à la remise.

Article 696-7. – Personne poursuivie ou condamnée en France – *(Loi n° 2004-204 du 9 mars 2004)*

• Dans le cas où une personne réclamée est poursuivie ou a été condamnée en France, et où son extradition est demandée au gouvernement français à raison d'une infraction différente, la remise n'est effectuée qu'après que la poursuite est terminée, et, en cas de condamnation, après que la peine a été exécutée.

• Toutefois, cette disposition ne fait pas obstacle à ce que la personne réclamée puisse être envoyée temporairement pour comparaître devant les tribunaux de l'État requérant, sous la condition expresse qu'elle sera renvoyée dès que la justice étrangère aura statué.

• Est régi par les dispositions du présent article le cas où la personne réclamée est soumise à la contrainte judiciaire par application des dispositions du titre VI du livre V du présent code.

Section II

De la procédure d'extradition de droit commun

Article 696-8. – Adressage de la demande d'extradition – *(Loi n° 2004-204 du 9 mars 2004)*

• Sous réserve des dispositions du quatrième alinéa, toute demande d'extradition est adressée au gouvernement français par voie diplomatique et accompagnée soit d'un jugement ou d'un arrêt de condamnation, même par défaut, soit d'un acte de procédure pénale décrétant formellement ou opérant de plein droit le renvoi de la personne poursuivie devant la juridiction répressive, soit d'un mandat d'arrêt ou de tout autre acte ayant la même force et décerné par l'autorité judiciaire, pourvu que ces derniers actes renferment l'indication précise du fait pour lequel ils sont délivrés et la date de ce fait.

• Les pièces ci-dessus mentionnées doivent être produites en original ou en copie certifiée conforme.

• Le gouvernement requérant doit produire en même temps la copie des textes de loi applicables au fait incriminé. Il peut joindre un exposé des faits de la cause.

• Lorsqu'elle émane d'un État membre de l'Union européenne, la demande d'extradition est adressée directement par les autorités compétentes de cet État au ministre de la justice, qui procède comme il est dit à l'article 696-9.

Article 696-9. – Transmission – *(Loi n° 2009-526 du 12 mai 2009)*

• La demande d'extradition est, après vérification des pièces, transmise, avec le dossier, par le ministre des affaires étrangères au ministre de la justice qui, après s'être assuré de la régularité de la requête, l'adresse au procureur général territorialement compétent.

Article 696-9-1. – Recherche d'une personne – *(Loi n° 2019-222 du 23 mars 2019)*

• Pour la recherche d'une personne faisant l'objet d'une demande d'extradition ou d'arrestation provisoire aux fins d'extradition, les articles 74-2 et 230-33 sont applicables. Les attributions du procureur de la République et du juge des libertés et de la détention prévues par cet article sont respectivement exercées par le procureur général et le président de la chambre de l'instruction ou le conseiller par lui désigné.

Article 696-10. – Conduite devant le procureur général – *(Loi n° 2011-392 du 14 avril 2011)*

• Toute personne appréhendée à la suite d'une demande d'extradition doit être conduite dans les quarante-huit heures devant le procureur général territorialement compétent. Les articles 63-1 à 63-7 sont applicables durant ce délai.

• Après avoir vérifié l'identité de la personne réclamée, le procureur général l'informe, dans une langue qu'elle comprend, de l'existence et du contenu de la demande d'extradition dont elle fait l'objet et l'avise qu'elle peut être assistée par un avocat de son choix ou, à défaut, par un avocat commis d'office par le bâtonnier de l'ordre des avocats, qui sera alors informé sans délai et par tout moyen. Il l'avise qu'elle peut s'entretenir immédiatement avec l'avocat désigné. Mention de ces informations est faite, à peine de nullité de la procédure, au procès-verbal.

• L'avocat peut consulter sur-le-champ le dossier et communiquer librement avec la personne recherchée.

• Le procureur général fait connaître également à la personne réclamée qu'elle a la faculté de consentir ou de s'opposer à son extradition et lui indique les conséquences juridiques si elle y consent. Il l'informe qu'elle a la faculté de renoncer à la règle de la spécialité et lui indique les conséquences juridiques de cette renonciation.

• Le procureur général reçoit les déclarations de la personne réclamée et, s'il y a lieu, de son conseil, dont il est dressé procès-verbal.

Article 696-11. – Suivi de la notification – *(Loi n° 2011-392 du 14 avril 2011 + Décision n° 2016-561/562 QPC du 9 septembre 2016)*

• À la suite de la notification de la demande d'extradition, s'il décide de ne pas laisser en liberté la personne réclamée, le procureur général la présente au premier président de la cour d'appel ou au magistrat du siège désigné par lui.

• Le premier président de la cour d'appel ou le magistrat du siège désigné par lui ordonne l'incarcération et le placement sous écrou extraditionnel de la personne réclamée à la maison d'arrêt du siège de la cour d'appel.

• Toutefois, s'il estime que sa représentation à tous les actes de la procédure est suffisamment garantie, le premier président de la cour d'appel ou le magistrat du siège désigné par lui peut soumettre la personne réclamée, jusqu'à sa comparution devant la chambre de l'instruction, à une ou plusieurs des mesures prévues aux articles 138 et 142-5. Cette décision est notifiée verbalement et mentionnée au procès-verbal dont copie lui est remise sur-le-champ. Elle est susceptible de recours devant la chambre de l'instruction qui doit statuer dans un délai de cinq jours.

• L'article 696-21 est applicable à la personne recherchée laissée en liberté ou placée sous contrôle judiciaire ou sous assignation à résidence sous surveillance électronique si elle se soustrait volontairement ou ne respecte pas les obligations du contrôle judiciaire ou de l'assignation à résidence sous surveillance électronique.

QPC • Conformément à la Décision n° 2016-561/562 QPC du 9 septembre 2016:
Article 1er.- Sous les réserves énoncées aux paragraphes 12 et 13, les deuxième et troisième alinéas de l'article 696-11 du Code de procédure pénale dans sa rédaction résultant de la loi n° 2011-392 du 14 avril 2011 relative à la garde à vue sont conformes à la Constitution.
12. En premier lieu, les dispositions contestées ne sauraient, sans imposer une rigueur non nécessaire méconnaissant la liberté individuelle ni porter une atteinte disproportionnée à la liberté d'aller et venir, être interprétées comme excluant la possibilité pour le magistrat du siège saisi aux fins d'incarcération dans le cadre d'une procédure d'extradition de laisser la personne réclamée en liberté sans mesure de contrôle dès lors que celle-ci présente des garanties suffisantes de représentation.
13. En deuxième lieu, le respect des droits de la défense exige que la personne présentée au premier président de la cour d'appel ou au magistrat qu'il a désigné puisse être assistée par un avocat et avoir, le cas échéant, connaissance des réquisitions du procureur général.

J • **Procédure d'extradition – Demande de mise en liberté**
M. H... M... a formé un pourvoi contre l'arrêt de la chambre de l'instruction de la cour d'appel d'Aix-En-Provence, chambre 6-5, en date du 23/10/2019, qui dans la procédure d'extradition suivie contre lui à la demande du gouvernement brésilien, a rejeté sa demande de mise en liberté.
La chambre de l'instruction qui, ayant examiné la diligence avec laquelle la procédure a été conduite par les autorités françaises, en conclut que la durée de la privation de liberté de la personne placée sous écrou extraditionnel n'est pas excessive et dont les énonciations de l'arrêt mettent la Cour de cassation en mesure de s'assurer qu'elle s'est déterminée par référence aux garanties offertes par l'intéressé en vue de satisfaire à la demande d'extradition, n'a méconnu aucun des textes visés au moyen.
Le moyen sera en conséquence écarté.
Par ailleurs l'arrêt est régulier en la forme.
PAR CES MOTIFS, la Cour:
REJETTE le pourvoi.
(Cour de cassation – Chambre criminelle du 28 janvier 2020 – N° de pourvoi: 19-86833).

Article 696-12. – *(Abrogé – Loi n° 2009-526 du 12 mai 2009)*

Article 696-13. – Acceptation de l'extradition – *(Loi n° 2004-204 du 9 mars 2004)*

• Lorsque la personne réclamée a déclaré au procureur général consentir à son extradition, la chambre de l'instruction est immédiatement saisie de la procédure. La personne réclamée comparaît devant elle dans un délai de cinq jours ouvrables à compter de la date de sa présentation au procureur général.

• Lors de la comparution de la personne réclamée, la chambre de l'instruction constate son identité et recueille ses déclarations. Il en est dressé procès-verbal.

• L'audience est publique, sauf si la publicité de l'audience est de nature à nuire au bon déroulement de la procédure en cours, aux intérêts d'un tiers ou à la dignité de la personne. Dans ce cas, la chambre de l'instruction, à la demande du ministère public, de la personne réclamée ou d'office, statue par un arrêt rendu en chambre du conseil.

• Le ministère public et la personne réclamée sont entendus, cette dernière assistée, le cas échéant, de son avocat et, s'il y a lieu, en présence d'un interprète.

Article 696-14. – Notification du consentement – *(Loi n° 2004-204 du 9 mars 2004)*

• Si, lors de sa comparution, la personne réclamée déclare consentir à être extradée et que les conditions légales de l'extradition sont remplies, la chambre de l'instruction, après avoir informé cette personne des conséquences juridiques de son consentement, lui en donne acte dans les sept jours à compter de la date de sa comparution, sauf si un complément d'information a été ordonné.

• L'arrêt de la chambre de l'instruction n'est pas susceptible de recours.

Article 696-15. – Refus d'extradition – *(Loi n° 2004-204 du 9 mars 2004)*

• Lorsque la personne réclamée a déclaré au procureur général ne pas consentir à son extradition, la chambre de l'instruction est saisie, sans délai, de la procédure. La personne réclamée comparaît devant elle dans un délai de dix jours ouvrables à compter de la date de sa présentation au procureur général.

• Les dispositions des deuxième, troisième et quatrième alinéas de l'article 696-13 sont applicables.

• Si, lors de sa comparution, la personne réclamée déclare ne pas consentir à être extradée, la chambre de l'instruction donne son avis motivé sur la demande d'extradition. Elle rend son avis, sauf si un complément d'information a été ordonné, dans le délai d'un mois à compter de la comparution devant elle de la personne réclamée.

• Cet avis est défavorable si la cour estime que les conditions légales ne sont pas remplies ou qu'il y a une erreur évidente.

• Le pourvoi formé contre un avis de la chambre de l'instruction ne peut être fondé que sur des vices de forme de nature à priver cet avis des conditions essentielles de son existence légale.

Article 696-16. – Intervention de l'État requérant – *(Loi n° 2004-204 du 9 mars 2004)*

• La chambre de l'instruction peut, par une décision qui n'est susceptible d'aucun recours, autoriser l'État requérant à intervenir à l'audience au cours de laquelle la demande d'extradition est examinée, par l'intermédiaire d'une personne habilitée par ledit État à cet effet. Lorsque l'État requérant est autorisé à intervenir, il ne devient pas partie à la procédure.

Article 696-17. – Avis motivé de la chambre de l'instruction – *(Loi n° 2004-204 du 9 mars 2004)*

• Si l'avis motivé de la chambre de l'instruction repousse la demande d'extradition et que cet avis est définitif, l'extradition ne peut être accordée.

• La personne réclamée, si elle n'est pas détenue pour une autre cause, est alors mise d'office en liberté.

Article 696-18. – Autres cas – *(Loi n° 2004-204 du 9 mars 2004)*

• Dans les cas autres que celui prévu à l'article 696-17, l'extradition est autorisée par décret du Premier ministre pris sur le rapport du ministre de la justice. Si, dans le délai d'un mois à compter de la notification de ce décret à l'État requérant, la personne réclamée n'a pas été reçue par les agents de cet État, l'intéressé est, sauf cas de force majeure, mis d'office en liberté et ne peut plus être réclamé pour la même cause.

• Le recours pour excès de pouvoir contre le décret mentionné à l'alinéa précédent doit, à peine de forclusion, être formé dans le délai d'un mois. L'exercice d'un recours gracieux contre ce décret n'interrompt pas le délai de recours contentieux.

Article 696-19. – Demande de mise en liberté – *(Loi n° 2011-392 du 14 avril 2011 + Décision n° 2016-561/562 QPC du 9 septembre 2016)*

• La mise en liberté peut être demandée à tout moment à la chambre de l'instruction selon les formes prévues aux articles 148-6 et 148-7.

• L'avocat de la personne réclamée est convoqué, par lettre recommandée avec demande d'avis de réception, quarante-huit heures au moins avant la date de l'audience. La chambre de l'instruction statue après avoir entendu le ministère public ainsi que la personne réclamée ou son avocat, dans les plus brefs délais et au plus tard dans les vingt jours de la réception de la demande, par un arrêt rendu dans les conditions prévues à l'article 199. Si la demande de mise en liberté a été formée par la personne réclamée dans les quarante-huit heures de la mise sous écrou extraditionnel, le délai imparti à la chambre de l'instruction pour statuer est réduit à quinze jours.

• La chambre de l'instruction peut également, lorsqu'elle ordonne la mise en liberté de la personne réclamée et à titre de mesure de sûreté, astreindre l'intéressé à se soumettre à une ou plusieurs des obligations énumérées aux articles 138 et 142-5.

• Préalablement à sa mise en liberté, la personne réclamée doit signaler à la chambre de l'instruction ou au chef de l'établissement pénitentiaire son adresse. Elle est avisée qu'elle doit signaler à la chambre de l'instruction, par nouvelle déclaration ou par lettre recommandée avec demande d'avis de réception, tout changement de l'adresse déclarée. Elle est égalementment avisée que toute notification ou signification faite à la dernière adresse déclarée sera réputée faite à sa personne.

• Mention de cet avis, ainsi que de la déclaration d'adresse, est portée soit au procès-verbal, soit dans le document qui est adressé sans délai, en original ou en copie par le chef de l'établissement pénitentiaire à la chambre de l'instruction.

QPC • Conformément à la Décision n° 2016-561/562 QPC du 9 septembre 2016 :
Article 2.- Sous la réserve énoncée au paragraphe 21, les deuxième et troisième phrases du deuxième alinéa de l'article 696-19 du Code de procédure pénale dans sa rédaction résultant de la loi n° 2011-392 du 14 avril 2011 relative à la garde à vue sont conformes à la Constitution.
21. La liberté individuelle ne saurait, toutefois, être tenue pour sauvegardée si l'autorité judiciaire ne contrôlait pas, à cette occasion, la durée de l'incarcération, en tenant compte notamment des éventuels recours exercés par la personne et des délais dans lesquels les autorités juridictionnelles et administratives ont statué. Ce contrôle exige que l'autorité judiciaire fasse droit à la demande de mise en liberté lorsque la durée totale de la détention, dans le cadre de la procédure d'extradition, excède un délai raisonnable.

J **• Procédure d'extradition – Demande de mise en liberté**

M. H... M... a formé un pourvoi contre l'arrêt de la chambre de l'instruction de la cour d'appel d'Aix-En-Provence, chambre 6-5, en date du 23/10/2019, qui dans la procédure d'extradition suivie contre lui à la demande du gouvernement brésilien, a rejeté sa demande de mise en liberté.

Il se déduit des termes de l'article 696-19 du C.P.P. qui renvoie aux dispositions de l'article 199 du même Code que, si la personne placée sous écrou extraditionnel qui sollicite sa mise en liberté est majeure, les débats se déroulent et l'arrêt est rendu en audience publique, sauf décision contraire de la chambre de l'instruction rendue sur opposition du ministère public, de la personne ou de son avocat.

Le moyen sera en conséquence écarté.

Par ailleurs l'arrêt est régulier en la forme.

PAR CES MOTIFS, la Cour :

REJETTE le pourvoi.

(Cour de cassation – Chambre criminelle du 28 janvier 2020 – N° de pourvoi : 19-86833).

• Demande d'extradition – Conditions de détention

REJET du pourvoi formé par M. Q... H... contre l'arrêt de la chambre de l'instruction de la cour d'appel de PARIS (75), *5e section, en date du 30/12/2020, qui, dans la procédure d'extradition suivie contre lui à la demande du gouvernement des États-Unis d'Amérique, a rejeté sa demande de mise en liberté.*

17. Il résulte de la jurisprudence de la Cour de cassation (Crim., 08/07/2020, n° 20-81.739, en cours de publication) *que le juge judiciaire a l'obligation de garantir à la personne placée dans des conditions indignes de détention un recours préventif et effectif permettant de mettre un terme à la violation de l'article 3 de la CEDH, qu'il incombe à ce juge, en tant que gardien de la liberté individuelle, de veiller à ce que la détention provisoire soit, en toutes circonstances, mise en œuvre dans des conditions respectant la dignité des personnes et de s'assurer que cette privation de liberté est exempte de tout traitement inhumain et dégradant. Lorsque la description faite par le demandeur de ses conditions personnelles de détention est suffisamment crédible, précise et actuelle, de sorte qu'elle constitue un commencement de preuve de leur caractère indigne, la juridiction est tenue de faire procéder à des vérifications complémentaires afin d'en apprécier la réalité.*

18. Ces principes, énoncés au bénéfice des personnes placées en détention provisoire, valent également pour les personnes placées sous le régime de l'écrou extraditionnel.

(Cour de cassation – Chambre criminelle du 30 mars 2021 – N° de pourvoi : 21-80.421).

Article 696-20. – Mainlevée ou notification contrôle judiciaire, assignation à résidence sous surveillance électronique – *(Loi n° 2011-392 du 14 avril 2011)*

• La mainlevée du contrôle judiciaire, de l'assignation à résidence sous surveillance électronique ou la modification de ceux-ci peut être ordonnée à tout moment par la chambre de l'instruction dans les conditions prévues à l'article 199, soit d'office, soit sur les réquisitions du procureur général, soit à la demande de la personne réclamée après avis du procureur général.

• La chambre de l'instruction statue dans les vingt jours de sa saisine.

Article 696-21. – Soustraction volontaire aux obligations – *(Loi n° 2011-392 du 14 avril 2011)*

• Si la personne réclamée se soustrait volontairement aux obligations du contrôle judiciaire ou de l'assignation à résidence sous surveillance électronique ou si, après avoir bénéficié d'une mise en liberté non assortie du contrôle judiciaire ou de l'assignation à résidence sous surveillance électronique, il apparaît qu'elle entend manifestement se dérober à la demande d'extradition, la chambre de l'instruction peut, sur les réquisitions du ministère public, décerner mandat d'arrêt à son encontre.

• Les dispositions de l'article 74-2 sont alors applicables, les attributions du procureur de la République et du juge des libertés et de la détention prévues par cet article étant respectivement confiées au procureur général et au président de la chambre de l'instruction ou un conseiller par lui désigné.

• Lorsque l'intéressé a été appréhendé, l'affaire doit venir à la première audience publique ou au plus tard dans les dix jours de sa mise sous écrou.

• La chambre de l'instruction confirme, s'il y a lieu, la révocation du contrôle judiciaire ou de l'assignation à résidence sous surveillance électronique ou de la mise en liberté de l'intéressé.

• Le ministère public et la personne réclamée sont entendus, cette dernière assistée, le cas échéant, de son avocat et, s'il y a lieu, en présence d'un interprète.

• Le dépassement du délai mentionné au deuxième alinéa entraîne la mise en liberté d'office de l'intéressé.

Article 696-22. – Placement sous écrou extraditionnel – *(Loi n° 2021-1729 du 22 décembre 2021)*

• Si la personne réclamée est en liberté lorsque la décision du gouvernement ayant autorisé l'extradition n'est plus susceptible de recours, le procureur général peut ordonner la recherche et l'arrestation de l'intéressé, y compris en faisant application de l'article 74-2, et son placement sous écrou extraditionnel. Lorsque celui-ci a été appréhendé, le procureur général donne avis de cette arrestation, sans délai, au ministre de la justice. La remise à l'État requérant de la personne réclamée s'effectue dans les 7 jours suivant la date de l'arrestation, faute de quoi elle est mise d'office en liberté.

Article 696-23. – Arrestation provisoire d'une personne réclamée – *(Loi n° 2011-392 du 14 avril 2011)*

• En cas d'urgence et sur la demande directe des autorités compétentes de l'État requérant, le procureur général territorialement compétent peut ordonner l'arrestation provisoire d'une personne réclamée aux fins d'extradition par ledit État.

• Après avoir vérifié son identité, le procureur général informe la personne réclamée, dans une langue qu'elle comprend, de l'existence et du contenu de la demande d'arrestation provisoire. S'il décide de ne pas la laisser en liberté, le procureur général la présente au premier président de la cour d'appel ou au magistrat désigné par lui, qui statue conformément à l'article 696-11.

• La demande d'arrestation provisoire, transmise par tout moyen permettant d'en conserver une trace écrite, indique l'existence d'une des pièces mentionnées à l'article 696-8 et fait part de l'intention de l'État requérant d'envoyer une demande d'extradition. Elle comporte un bref exposé des faits mis à la charge de la personne réclamée et mentionne, en outre, son identité et sa nationalité, l'infraction pour laquelle l'extradition sera demandée, la date et le lieu où elle a été commise, ainsi que, selon le cas, le quantum de la peine encourue ou de la peine prononcée et, le cas échéant, celui de la peine restant à purger et, s'il y a lieu, la nature et la date des actes interruptifs de prescription. Une copie de cette demande est adressée par l'État requérant au ministre des affaires étrangères.

• Le procureur général avise sans délai le ministre de la justice de cette arrestation.

J **• Demande d'extradition – Convention d'extradition – Arrestation provisoire – Chambre de l'instruction – Compétence**

REJET du pourvoi formé par M. Q... H... contre l'arrêt de la chambre de l'instruction de la cour d'appel de PARIS (75), 5e section, en date du 30/12/2020, qui, dans la procédure d'extradition suivie contre lui à la demande du gouvernement des États-Unis d'Amérique, a rejeté sa demande de mise en liberté.

13. En effet, lorsqu'une convention d'extradition autorise l'État requérant à solliciter, en cas d'urgence, l'arrestation provisoire d'une personne dans l'attente de la transmission d'une demande d'extradition, le procureur général territorialement compétent peut, en application de l'article 696-23 du C.P.P., dont les dispositions sont exclusives de celles des articles 696-10 et suivants, ordonner l'arrestation provisoire de la personne en cause.

14. En conséquence, la chambre de l'instruction n'était pas compétente pour donner son avis sur une telle demande et n'avait pas à être saisie à cette fin.

(Cour de cassation – Chambre criminelle du 30 mars 2021 – N° de pourvoi : 21-80.421).

Article 696-24. – Personne arrêtée provisoirement – Mise en liberté – *(Loi n° 2004-204 du 9 mars 2004)*

• La personne arrêtée provisoirement dans les conditions prévues à l'article 696-23 est mise en liberté si, dans un délai de trente jours à dater de son arrestation, lorsque celle-ci aura été opérée à la demande des autorités compétentes de l'État requérant, le gouvernement français ne reçoit pas l'un des documents mentionnés à l'article 696-8.

• Si, ultérieurement, les pièces susvisées parviennent au gouvernement français, la procédure est reprise, conformément aux articles 696-9 et suivants.

Article 696-24-1. – Auteurs actes de terrorisme – *(Loi n° 2014-1353 du 13 novembre 2014)*

• Pour l'examen des demandes d'extradition concernant les auteurs d'actes de terrorisme, le procureur général près la cour d'appel de Paris, le premier président de la cour d'appel de Paris ainsi que la chambre de l'instruction de la cour d'appel de Paris et son président exercent une compétence concurrente à celle qui résulte de l'application des articles 696-9, 696-10 et 696-23.

Section III
De la procédure simplifiée d'extradition

Article 696-25. – Application de la procédure simplifiée – *(Loi n° 2021-1729 du 22 décembre 2021)*

• Hors les cas où s'appliquent les dispositions du présent titre relatives au mandat d'arrêt européen, lorsqu'une demande d'arrestation provisoire aux fins d'extradition émane d'un État partie à la convention du 10 mars 1995 relative à la procédure simplifiée d'extradition entre les États membres de l'Union européenne, il est procédé conformément aux dispositions des articles 696-10 et 696-11.

• La personne réclamée est en outre informée qu'elle peut consentir à son extradition selon la procédure simplifiée prévue à la présente section.

• La présente section est applicable aux demandes d'arrestation provisoire aux fins d'extradition adressées à la France par la Confédération suisse en application de l'accord entre la République française et le Conseil fédéral suisse relatif à la procédure simplifiée d'extradition et complétant la convention européenne d'extradition du 13 décembre 1957.

• La présente section est également applicable aux demandes d'arrestation provisoire aux fins d'extradition adressées à la France par un État partie au 3e protocole additionnel du 10 novembre 2010 à la convention européenne d'extradition du 13 décembre 1957.

Article 696-26. – Procureur général – Notification – *(Loi n° 2011-525 du 17 mai 2011)*

• Dans un délai de deux jours à compter de l'arrestation de la personne réclamée, le procureur général notifie à cette dernière, dans une langue qu'elle comprend, les pièces en vertu desquelles elle a été appréhendée. Il l'avise qu'elle peut consentir à son extradition devant la chambre de l'instruction selon la procédure simplifiée. Il l'informe également qu'elle peut renoncer à la règle de la spécialité. Mention de ces informations est faite au procès-verbal, à peine de nullité de la procédure.

• L'intéressé a droit à l'assistance d'un avocat dans les conditions prévues aux deuxième et troisième alinéas de l'article 696-10.

Article 696-27. – Consentement de la personne réclamée à l'extradition – *(Loi n° 2004-204 du 9 mars 2004)*

• Lorsque la personne réclamée déclare au procureur général consentir à son extradition, elle comparaît devant la chambre de l'instruction dans un délai de cinq jours ouvrables à compter de la date à laquelle elle a été présentée au procureur général.

• Lorsque la personne réclamée déclare audit magistrat ne pas consentir à son extradition, il est procédé comme il est dit aux articles 696-15 et suivants si une demande d'extradition est parvenue aux autorités françaises.

Article 696-28. – Comparution devant la chambre de l'instruction – *(Loi n° 2004-204 du 9 mars 2004)*

• Lorsque la personne réclamée comparaît devant la chambre de l'instruction en application du premier alinéa de l'article 696-27, le président de la chambre constate son identité et recueille ses déclarations, dont il est dressé procès-verbal.

• Le président demande ensuite à la personne réclamée, après l'avoir informée des conséquences juridiques de son consentement, si elle entend toujours consentir à son extradition.

• Lorsque la personne réclamée déclare ne plus consentir à son extradition, les dispositions du deuxième alinéa de l'article 696-27 sont applicables.

• Lorsque la personne réclamée maintient son consentement à l'extradition, la chambre de l'instruction lui demande également si elle entend renoncer à la règle de la spécialité, après l'avoir informée des conséquences juridiques d'une telle renonciation.

• Le consentement de la personne réclamée à être extradée et, le cas échéant, sa renonciation à la règle de la spécialité sont recueillis par procès-verbal établi lors de l'audience. La personne réclamée y appose sa signature.

• L'audience est publique, sauf si la publicité est de nature à nuire au bon déroulement de la procédure en cours, aux intérêts d'un tiers ou à la dignité de la personne. Dans ce cas, la chambre de l'instruction, à la demande du ministère public, de la personne réclamée ou d'office, statue par un arrêt rendu en chambre du conseil.

• Le ministère public et la personne réclamée sont entendus, cette dernière assistée, le cas échéant, de son avocat et, s'il y a lieu, en présence d'un interprète.

Article 696-29. – Arrêt de la chambre de l'instruction – Consentement – *(Loi n° 2004-204 du 9 mars 2004)*

• Si la chambre de l'instruction constate que les conditions légales de l'extradition sont remplies, elle rend un arrêt par lequel elle donne acte à la personne réclamée de son consentement formel à être extradée ainsi que, le cas échéant, de sa renonciation à la règle de la spécialité et accorde l'extradition.

• La chambre de l'instruction statue dans les sept jours à compter de la date de la comparution devant elle de la personne réclamée.

Article 696-30. – Pourvoi en cassation – *(Loi n° 2004-204 du 9 mars 2004)*

• Si la personne réclamée forme, dans le délai légal, un pourvoi en cassation contre l'arrêt de la chambre de l'instruction accordant son extradition, le président de la chambre criminelle de la Cour de cassation ou le conseiller délégué par lui rend, dans un délai de quinze jours à compter de l'introduction du pourvoi, une ordonnance par laquelle il constate que la personne réclamée a ainsi entendu retirer son consentement à l'extradition et, le cas échéant, qu'elle a renoncé à la règle de la spécialité. Cette ordonnance n'est pas susceptible de recours.

• Si la personne réclamée a fait l'objet d'une demande d'extradition, il est alors procédé ainsi qu'il est dit aux articles 696-15 et suivants.

Article 696-31. – Accord de l'extradition – *(Loi n° 2004-204 du 9 mars 2004)*

• Lorsque l'arrêt de la chambre de l'instruction accorde l'extradition de la personne réclamée et que cet arrêt est définitif, le procureur général en avise le ministre de la justice, qui informe les autorités compétentes de l'État requérant de la décision intervenue.

• Le ministre de la justice prend les mesures nécessaires afin que l'intéressé soit remis aux autorités de l'État requérant au plus tard dans les vingt jours suivant la date à laquelle la décision d'extradition leur a été notifiée.

• Si la personne extradée ne peut être remise dans le délai de vingt jours pour un cas de force majeure, le ministre de la justice en informe immédiatement les autorités compétentes de l'État requérant et convient avec elles d'une nouvelle date de remise. La personne extradée est alors remise au plus tard dans les vingt jours suivant la date ainsi convenue.

• La mise en liberté est ordonnée si, à l'expiration de ce délai de vingt jours, la personne extradée se trouve encore sur le territoire de la République.

• Les dispositions de l'alinéa précédent ne sont pas applicables en cas de force majeure ou si la personne extradée est poursuivie en France ou y a déjà été condamnée et doit y purger une peine en raison d'un fait autre que celui visé par la demande d'extradition.

Article 696-32. – Mise en liberté ou mainlevée ou notification du contrôle judiciaire ou de l'assignation à résidence sous surveillance électronique – *(Loi n° 2011-392 du 14 avril 2011)*

• La mise en liberté ou la mainlevée ou la modification du contrôle judiciaire ou de l'assignation à résidence sous surveillance électronique peut être demandée à tout moment à la chambre de l'instruction selon les formes prévues aux articles 148-6 et 148-7. Les dispositions des articles 696-19 et 696-20 sont alors applicables.

Article 696-33. – Arrestation provisoire – *(Loi n° 2004-204 du 9 mars 2004)*

• Les dispositions des articles 696-26 à 696-32 sont applicables si la personne dont l'arrestation provisoire a été demandée fait l'objet d'une demande d'extradition et consent à être extradée plus de dix jours après son arrestation et au plus tard le jour de sa première comparution devant la chambre de l'instruction, saisie dans les conditions énoncées à la section II du présent chapitre, ou si la personne dont l'extradition est demandée consent à être extradée au plus tard le jour de sa première comparution devant la chambre de l'instruction, saisie dans les mêmes conditions.

Section IV

Des effets de l'extradition

Article 696-34. – Non-application de la règle de spécialité – *(Loi n° 2004-204 du 9 mars 2004)*

• Par dérogation aux dispositions de l'article 696-6, la règle de la spécialité ne s'applique pas lorsque la personne réclamée y renonce dans les conditions prévues aux articles 696-28 et 696-40 ou lorsque le gouvernement français donne son consentement dans les conditions prévues à l'article 696-35.

• Ce consentement peut être donné par le gouvernement français, même au cas où le fait, cause de la demande, ne serait pas l'une des infractions déterminées par l'article 696-3.

Article 696-35. – Demande d'autorisation de poursuite ou mise à exécution condamnation – *(Loi n° 2021-1729 du 22 décembre 2021)*

• Dans le cas où le gouvernement requérant demande, pour une infraction antérieure à l'extradition, l'autorisation de poursuivre ou de mettre à exécution une condamnation concernant l'individu déjà remis, l'avis de la chambre de l'instruction devant laquelle la personne réclamée avait comparu peut être formulé sur la seule production des pièces transmises à l'appui de la nouvelle demande.

• Sont également transmises par le gouvernement étranger et soumises à la chambre de l'instruction les pièces contenant les observations de l'individu remis ou la déclaration qu'il entend n'en présenter aucune. Ces explications peuvent être complétées par un avocat choisi par lui, ou qui est désigné ou commis d'office.

• Lorsque la personne réclamée déclare consentir à l'extension de son extradition, la procédure prévue à la section 3 du présent chapitre est applicable.

Article 696-36. – Nullité de l'extradition – *(Loi n° 2004-204 du 9 mars 2004)*

• L'extradition obtenue par le gouvernement français est nulle si elle est intervenue en dehors des conditions prévues par le présent chapitre.

• Aussitôt après l'incarcération de la personne extradée, le procureur de la République l'avise qu'elle a le droit de demander que soit prononcée la nullité de l'extradition dans les conditions de forme et de délai prévues au présent article et qu'elle a le droit de choisir un avocat ou de demander qu'il lui en soit désigné un d'office.

• La nullité est prononcée, même d'office, par la juridiction de jugement dont la personne extradée relève après sa remise ou, si elle ne relève d'aucune juridiction de jugement, par la chambre de l'instruction. La chambre de l'instruction compétente est, lorsque l'extradition a été accordée pour l'exécution d'un mandat d'arrêt délivré dans une information en cours, celle dans le ressort de laquelle a eu lieu la remise.

• La requête en nullité présentée par la personne extradée doit, à peine d'irrecevabilité, être motivée et faire l'objet d'une déclaration au greffe de la juridiction compétente dans un délai de dix jours à compter de l'avis prévu au deuxième alinéa.

• La déclaration fait l'objet d'un procès-verbal signé par le greffier et par le demandeur ou son avocat. Si le demandeur ne peut signer, il en est fait mention par le greffier.

• Lorsque le demandeur ou son avocat ne réside pas dans le ressort de la juridiction compétente, la déclaration au greffe peut être faite au moyen d'une lettre recommandée avec demande d'avis de réception.

• Lorsque le demandeur est détenu, la requête peut également être faite au moyen d'une déclaration auprès du chef de l'établissement pénitentiaire. Cette déclaration fait l'objet d'un procès-verbal signé par le chef de l'établissement pénitentiaire et par le demandeur. Si celui-ci ne peut signer, il en est fait mention par le chef de l'établissement. Le procès-verbal est adressé sans délai, en original ou en copie et par tout moyen, au greffe de la juridiction saisie.

Article 696-37. – Juridictions – *(Loi n° 2004-204 du 9 mars 2004)*

• Les juridictions mentionnées à l'article 696-36 sont juges de la qualification donnée aux faits qui ont motivé la demande d'extradition.

Article 696-38. – Extradition annulée – *(Loi n° 2004-204 du 9 mars 2004)*

• Dans le cas où l'extradition est annulée, l'extradé, s'il n'est pas réclamé par le gouvernement requis, est mis en liberté et ne peut être repris, soit à raison des faits qui ont motivé son extradition, soit à raison des faits antérieurs, que si, dans les trente jours qui suivent la mise en liberté, il est arrêté sur le territoire français.

Article 696-39. – Délai à compter de sa libération définitive – *(Loi n° 2004-204 du 9 mars 2004)*

• Est considérée comme soumise sans réserve à l'application des lois de l'État requérant, à raison d'un fait quelconque antérieur à l'extradition et différent de l'infraction qui a motivé cette mesure, la personne remise qui a eu, pendant trente jours à compter de sa libération définitive, la possibilité de quitter le territoire de cet État.

Article 696-40. – Extradition d'une personne – Convention du 27 septembre 1996 – *(Loi n° 2004-204 du 9 mars 2004)*

• Lorsque le gouvernement français a obtenu l'extradition d'une personne en application de la convention du 27 septembre 1996 relative à l'extradition entre les États membres de l'Union européenne, la personne ainsi extradée peut être poursuivie ou condamnée pour une infraction antérieure à la remise, autre que celle ayant motivé l'extradition, si elle renonce expressément, après sa remise, au bénéfice de la règle de la spécialité dans les conditions ci-après.

• La renonciation doit porter sur des faits précis antérieurs à la remise. Elle a un caractère irrévocable. Elle est donnée devant la chambre de l'instruction de la cour d'appel dans le ressort de laquelle l'intéressé est incarcéré ou a sa résidence.

• Lors de la comparution de la personne extradée, qui donne lieu à une audience publique, la chambre de l'instruction constate l'identité et recueille les déclarations de cette personne. Il en est dressé procès-verbal. L'intéressé, assisté le cas échéant de son avocat et, s'il y a lieu, d'un interprète, est informé par la chambre de l'instruction des conséquences juridiques de sa renonciation à la règle de la spécialité sur sa situation pénale et du caractère irrévocable de la renonciation donnée.

• Si, lors de sa comparution, la personne extradée déclare renoncer à la règle de la spécialité, la chambre de l'instruction, après avoir entendu le ministère public et l'avocat de la personne, en donne acte à celle-ci. L'arrêt de la chambre de l'instruction précise les faits pour lesquels la renonciation est intervenue.

Article 696-41. – Autre demande d'extradition d'un pays tiers – *(Loi n° 2004-204 du 9 mars 2004)*

• Dans le cas où, l'extradition d'un étranger ayant été obtenue par le gouvernement français, le gouvernement d'un pays tiers sollicite à son tour du gouvernement français l'extradition du même individu à raison d'un fait antérieur à l'extradition, autre que celui jugé en France, et non connexe à ce fait, le Gouvernement ne défère, s'il y a lieu, à cette requête qu'après s'être assuré du consentement du pays par lequel l'extradition a été accordée.

• Toutefois, cette réserve n'a pas lieu d'être appliquée lorsque l'individu extradé a eu, pendant le délai fixé à l'article 696-39, la faculté de quitter le territoire français.

Section V

Dispositions diverses

Article 696-42. – Autorisation d'extradition – *(Loi n° 2004-204 du 9 mars 2004)*

• L'extradition, par voie de transit sur le territoire français ou par les bâtiments des services maritimes français, d'une personne n'ayant pas la nationalité française, remise par un autre gouvernement est autorisée par le ministre de la justice, sur simple demande par voie diplomatique, appuyée des pièces nécessaires pour établir qu'il ne s'agit pas d'un délit politique ou purement militaire.

• Cette autorisation ne peut être donnée qu'aux États qui accordent, sur leur territoire, la même faculté au gouvernement français.

• Le transport s'effectue sous la conduite d'agents français et aux frais du gouvernement requérant.

Article 696-43. – Restitution des titres, valeurs, argent ou autres objets saisis – *(Loi n° 2004-204 du 9 mars 2004)*

• La chambre de l'instruction qui a statué sur la demande d'extradition décide s'il y a lieu ou non de transmettre, en tout ou en partie, les titres, valeurs, argent ou autres objets saisis au gouvernement requérant.

• Cette remise peut avoir lieu, même si l'extradition ne peut s'accomplir, par suite de l'évasion ou de la mort de l'individu réclamé.

• La chambre de l'instruction ordonne la restitution des papiers et autres objets énumérés ci-dessus qui ne se rapportent pas au fait imputé à la personne réclamée. Elle statue, le cas échéant, sur les réclamations des tiers détenteurs et autres ayants droit.

Article 696-44. – Signification à personne – *(Loi n° 2004-204 du 9 mars 2004)*

• Au cas de poursuites répressives exercées à l'étranger, lorsqu'un gouvernement étranger juge nécessaire la notification d'un acte de procédure ou d'un jugement à un individu résidant sur le territoire français, la pièce est transmise suivant les formes prévues aux articles 696-8 et 696-9, accompagnée, le cas échéant, d'une traduction française. La signification est faite à personne, à la requête du ministère public. L'original constatant la notification est renvoyé par la même voie au gouvernement requérant.

Article 696-45. – Communication de pièces à conviction ou documents – *(Loi n° 2004-204 du 9 mars 2004)*

• Lorsque, dans une cause pénale instruite à l'étranger, le gouvernement étranger juge nécessaire la communication de pièces à conviction ou de documents se trouvant entre les mains des autorités françaises, la demande est transmise suivant les formes prévues aux articles 696-8 et 696-9. Il y est donné suite, à moins que des considérations particulières ne s'y opposent, et sous l'obligation de renvoyer les pièces et documents dans le plus bref délai.

Article 696-46. – Audition d'un témoin – *(Loi n° 2004-204 du 9 mars 2004)*

• Lorsque l'audition d'un témoin résidant en France est jugée nécessaire par un gouvernement étranger, le gouvernement français, saisi d'une demande transmise dans les formes prévues aux articles 696-8 et 696-9, l'engage à se rendre à la convocation qui lui est adressée.

• Néanmoins, la citation n'est reçue et signifiée qu'à la condition que le témoin ne pourra être poursuivi ou détenu pour des faits ou condamnations antérieurs à son audition.

Article 696-47. – Confrontation – *(Loi n° 2004-204 du 9 mars 2004)*

• L'envoi des individus détenus, en vue d'une confrontation, doit être demandé dans les formes prévues aux articles 696-8 et 696-9. Il est donné suite à la demande, à moins que des considérations particulières ne s'y opposent, et sous la condition de renvoyer lesdits détenus dans le plus bref délai.

Article 696-47-1. – Demande extradition – *(Loi n° 2019-222 du 23 mars 2019)*

• Lorsqu'à la suite d'une demande d'extradition émanant du Gouvernement français la personne a déjà été remise et que, en l'absence de renonciation au principe de spécialité par la personne ou par le Gouvernement étranger, il est demandé l'autorisation d'étendre les poursuites à d'autres infractions commises avant l'arrivée de la personne sur le territoire national, cette demande est accompagnée d'un mandat d'arrêt si un tel mandat avait déjà été délivré et, dans le cas contraire, d'un mandat d'amener.

CHAPITRE VI

De l'exécution des décisions de contrôle judiciaire au sein des États membres de l'Union européenne en application de la décision-cadre du Conseil de l'Union européenne du 23 octobre 2009

Section I

Dispositions générales

Article 696-48. – Règles applicables – *(Loi n° 2015-993 du 17 août 2015)*

• Le présent chapitre détermine les règles applicables, en vue de garantir la comparution en justice et de promouvoir, le cas échéant, le recours à des mesures alternatives à la détention provisoire pour la personne ne résidant pas dans l'État membre de la procédure pénale qui la concerne, à la reconnaissance et au suivi, dans un État membre de l'Union européenne, des décisions de placement sous contrôle judiciaire prononcées par une autorité judiciaire française, ainsi qu'à la reconnaissance et à l'exécution en France de décisions équivalentes prononcées par les autorités compétentes d'un autre État membre de l'Union européenne.

• L'État sur le territoire duquel a été prononcé le placement d'une personne sous contrôle judiciaire est appelé État d'émission. L'État auquel sont demandés la reconnaissance et le contrôle sur son territoire des mesures ordonnées est appelé État d'exécution.

Article 696-49. – Consultation – *(Loi n° 2015-993 du 17 août 2015)*

• Pour la préparation et au cours de l'exécution des décisions prises en application du présent chapitre, les autorités compétentes de l'État d'émission et de l'État d'exécution, sauf impossibilité pratique, se consultent notamment pour déterminer si l'État d'exécution consent à la transmission d'une décision de placement sous contrôle judiciaire en application du 2° de l'article 696-52.

Article 696-50. – Obligations – *(Loi n° 2015-993 du 17 août 2015)*

• Les obligations auxquelles une personne peut être astreinte à se soumettre dans l'État d'exécution sont les suivantes:

• 1° L'obligation pour la personne d'informer une autorité spécifique de tout changement de résidence;

• 2° L'interdiction de se rendre dans certains lieux ou dans certaines zones définies de l'État d'émission ou de l'État d'exécution;

• 3° L'obligation de rester en un lieu déterminé, le cas échéant durant des périodes déterminées;

• 4° Les restrictions quant à la possibilité de quitter le territoire de l'État d'exécution;

• 5° L'obligation de se présenter à des heures précises devant une autorité spécifique;

• 6° L'obligation d'éviter tout contact avec certaines personnes ayant un lien avec l'infraction ou les infractions qui auraient été commises;

• 7° Le cas échéant, les autres obligations, notifiées au secrétariat général du Conseil de l'Union européenne, que l'État d'exécution est disposé à contrôler.

Article 696-51. – Suivies en France – *(Loi n° 2015-993 du 17 août 2015)*

• En application du 7° de l'article 696-50, peuvent également être suivies en France, dans les mêmes conditions, les obligations énumérées à l'article 138.

Article 696-52. – Décision de placement sous contrôle judiciaire – *(Loi n° 2015-993 du 17 août 2015)*

• Une décision de placement sous contrôle judiciaire peut donner lieu à une transmission à l'autorité compétente d'un autre État membre de l'Union européenne lorsque:

• 1° La personne concernée réside de manière habituelle, dans des conditions régulières, sur le territoire de l'État d'exécution et, ayant été informée des mesures concernées, consent à y retourner;

• 2° La personne concernée demande que la décision de placement sous contrôle judiciaire s'exécute dans un autre État membre que celui dans lequel elle réside de manière habituelle, dans des conditions régulières, et l'autorité compétente de cet État consent à la transmission de la décision de placement sous contrôle judiciaire la concernant.

Article 696-53. – Certificat – *(Loi n° 2015-993 du 17 août 2015)*

• Toute décision de placement sous contrôle judiciaire prise en application du présent chapitre aux fins de reconnaissance et de contrôle sur le territoire de la République ou sur celui d'un autre État membre est accompagnée d'un certificat précisant notamment:

• 1° La désignation de l'État d'émission et de l'État d'exécution;

• 2° La désignation de l'autorité compétente ayant ordonné le placement sous contrôle judiciaire;

• 3° La désignation de l'autorité compétente dans l'État d'émission pour le suivi de ces mesures de contrôle judiciaire;

• 4° L'identité de la personne placée sous contrôle judiciaire, l'adresse de son ou de ses derniers domiciles connus dans l'État d'émission, dans l'État d'exécution ou dans un autre État;

• 5° Les motifs de la transmission de la décision de placement sous contrôle judiciaire au regard de l'article 696-52;

• 6° Les langues que comprend la personne placée sous contrôle judiciaire;

• 7° La date, le lieu et les circonstances dans lesquels les infractions auraient été commises ainsi que la nature et la qualification juridique des faits;

• 8° La date de la décision de placement sous contrôle judiciaire, celle à laquelle elle est devenue exécutoire, ainsi que, le cas échéant, l'existence d'un recours engagé contre cette décision à la date à laquelle est transmis le certificat;

• 9° Les obligations auxquelles est soumise la personne faisant l'objet de la décision de placement sous contrôle judiciaire, ainsi que, le cas échéant, la durée d'application et l'existence d'une possible prorogation de cette décision;

• 10° Le cas échéant, la durée probable pendant laquelle ces mesures de contrôle devraient être nécessaires eu égard aux circonstances de l'affaire connues au moment de la transmission de la décision de placement sous contrôle judiciaire;

• 11° Le cas échéant, les motifs spécifiques des obligations prévues par la décision de placement sous contrôle judiciaire.

• Le certificat est signé par l'autorité compétente de l'État d'émission qui atteste l'exactitude des informations y étant contenues.

Article 696-54. – Retrait du certificat – *(Loi n° 2015-993 du 17 août 2015)*

• Le retrait du certificat vaut retrait de la demande de reconnaissance et d'exécution et fait obstacle à la mise à exécution de la décision de placement sous contrôle judiciaire en application du présent chapitre.

Article 696-55. – Transmission de documents – *(Loi n° 2015-993 du 17 août 2015)*

• La transmission de la copie certifiée conforme de la décision de placement sous contrôle judiciaire, du certificat ainsi que de toutes les correspondances et pièces les concernant s'effectue directement entre les autorités compétentes de l'État d'émission et celles de l'État d'exécution, par tout moyen laissant une trace écrite et dans des conditions permettant au destinataire d'en vérifier l'authenticité.

• Lorsqu'un État a désigné une ou plusieurs autorités centrales pour assurer la réception de ces transmissions, des copies de la décision de placement sous contrôle judiciaire, du certificat ainsi que de toutes les correspondances et pièces les concernant sont également adressées, si l'État le demande, à l'autorité ou aux autorités centrales désignées.

Section II

Dispositions relatives à la transmission par les autorités judiciaires françaises des décisions relatives au contrôle judiciaire aux autorités compétentes d'un autre État membre de l'Union européenne

Article 696-56. – Compétences – *(Loi n° 2015-993 du 17 août 2015)*

• Les autorités judiciaires compétentes pour décider du placement sous contrôle judiciaire en application des dispositions du présent code sont également compétentes pour placer une personne sous contrôle judiciaire dans un autre État membre de l'Union européenne et transmettre cette décision aux fins de reconnaissance et d'exécution dans cet État, conformément au présent chapitre.

Article 696-57. – Consultation – *(Loi n° 2015-993 du 17 août 2015)*

• La consultation de l'autorité compétente de l'État d'exécution, prévue à l'article 696-49, est effectuée par les autorités judiciaires compétentes pour demander ou ordonner le placement sous contrôle judiciaire.

Article 696-58. – Transmission de documents – *(Loi n° 2015-993 du 17 août 2015)*

• L'autorité judiciaire ayant ordonné le placement sous contrôle judiciaire ou le ministère public transmet une copie certifiée conforme de la décision de placement sous contrôle judiciaire, le certificat prévu à l'article 696-53, ainsi qu'une traduction de ce certificat, soit dans l'une des langues officielles de l'État d'exécution, soit dans l'une de celles des institutions de l'Union européenne acceptées par cet État.

Article 696-59. – Suivi des mesures – *(Loi n° 2015-993 du 17 août 2015)*

• L'autorité qui a ordonné le placement sous contrôle judiciaire reste compétente pour assurer le suivi des mesures ordonnées tant qu'elle n'a pas été informée de la reconnaissance de cette décision par l'autorité compétente de l'État d'exécution.

• Elle reste également compétente si elle est informée que la personne concernée ne peut être retrouvée sur le territoire de l'État d'exécution.

Article 696-60. – Retrait du certificat – *(Loi n° 2015-993 du 17 août 2015)*

• Pour autant que le suivi n'a pas commencé dans l'État d'exécution, l'autorité qui a ordonné le placement sous contrôle judiciaire peut décider de retirer le certificat lorsqu'elle estime, au vu de l'adaptation qui serait apportée par l'État d'exécution aux obligations prévues par la décision de placement sous contrôle judiciaire ou de la durée maximale de suivi des obligations dans cet État, ne pas devoir maintenir la demande aux fins de reconnaissance et d'exécution. Ce retrait intervient dans le délai de dix jours suivant la réception des informations relatives à cette adaptation ou à cette durée maximale du contrôle judiciaire.

Article 696-61. – Autre retrait – *(Loi n° 2015-993 du 17 août 2015)*

• Pour autant que le suivi n'a pas commencé dans l'État d'exécution, l'autorité judiciaire qui a ordonné le placement sous contrôle judiciaire peut décider de retirer le certificat lorsqu'elle est informée par l'autorité compétente de l'État d'exécution qu'en cas de délivrance d'un

mandat d'arrêt européen par suite de l'inobservation dans l'État d'exécution des mesures de contrôle ordonnées, la remise de la personne concernée devrait être refusée.
• Si elle décide de procéder au retrait du certificat, l'autorité judiciaire en informe l'autorité compétente de l'État d'exécution dans les meilleurs délais, au plus tard dans les dix jours suivant la réception de l'information ayant motivé ce retrait.

Article 696-62. – Suivi des obligations – *(Loi n° 2015-993 du 17 août 2015)*
• Lorsqu'elle a informé l'autorité judiciaire qu'elle reconnaît la décision de placement sous contrôle judiciaire, l'autorité compétente de l'État d'exécution devient seule compétente pour assurer le suivi sur son territoire des obligations ordonnées par cette décision.

Article 696-63. – Exécution de la décision – *(Loi n° 2015-993 du 17 août 2015)*
• L'autorité qui a ordonné le placement sous contrôle judiciaire redevient compétente pour assurer l'exécution de cette décision dans les cas suivants :
• 1° Lorsque la personne concernée établit sa résidence régulière habituelle dans un autre État que l'État d'exécution ;
• 2° Lorsque, après avoir été informée de l'adaptation, en application de la législation de l'État d'exécution, d'une ou plusieurs obligations de la décision de placement sous contrôle judiciaire qu'elle a ordonnée, l'autorité judiciaire a notifié à l'autorité compétente de l'État d'exécution sa décision de retirer le certificat ;
• 3° Lorsque la décision de placement sous contrôle judiciaire a été modifiée par l'autorité judiciaire et que l'autorité compétente de l'État d'exécution refuse d'assurer le suivi des obligations ainsi modifiées ;
• 4° Lorsque la législation de l'État d'exécution prévoit une durée maximale d'exécution de la décision de placement sous contrôle judiciaire et que l'autorité judiciaire qui a ordonné le placement sous contrôle judiciaire, avisée de cette durée maximale, a décidé de retirer le certificat et a notifié ce retrait à l'autorité compétente de l'État d'exécution ou lorsque, n'ayant pas retiré le certificat, ce délai a expiré ;
• 5° Lorsque l'autorité compétente de l'État d'exécution a informé l'autorité judiciaire compétente de sa décision de mettre un terme au suivi des mesures ordonnées au motif que les avis qui lui avaient été adressés sur l'éventuelle nécessité d'une prolongation du contrôle judiciaire ou sur les manquements aux obligations de la personne concernée sont restés sans réponse de la part de l'autorité judiciaire compétente.
• Lorsqu'un transfert de compétence du suivi des mesures ordonnées est susceptible d'intervenir en application du présent article, les autorités judiciaires compétentes et celles de l'État d'exécution se consultent mutuellement afin d'éviter, dans toute la mesure possible, toute interruption dans le suivi de ces mesures.

Article 696-64. – Prolongation du suivi des mesures de contrôle – *(Loi n° 2015-993 du 17 août 2015)*
• L'autorité judiciaire qui a ordonné le placement sous contrôle judiciaire peut, avant l'expiration de la durée d'exécution du contrôle judiciaire prévue par la législation de l'État d'exécution, d'office ou à la demande de l'autorité compétente de cet État, aviser cette autorité qu'elle n'a pas donné mainlevée de la décision de placement sous contrôle judiciaire et qu'il est nécessaire de prolonger le suivi des mesures de contrôle initialement ordonnées.
• L'autorité judiciaire qui a ordonné le placement sous contrôle judiciaire répond dans les meilleurs délais à toute demande d'information de l'autorité compétente de l'État d'exécution sur la nécessité du maintien des mesures ordonnées.
• Dans les cas mentionnés aux deux premiers alinéas, elle précise également la durée pendant laquelle le suivi des mesures ordonnées sera probablement encore nécessaire.

Article 696-65. – Autorités judiciaires françaises – *(Loi n° 2015-993 du 17 août 2015)*
• Les autorités judiciaires françaises restent compétentes pour prendre toute décision ultérieure au placement sous contrôle judiciaire, notamment pour ordonner toute modification ou mainlevée des obligations ou pour révoquer la mesure.
• Lorsqu'elles modifient ou ordonnent la mainlevée des obligations ou en cas de recours contre toute décision de placement sous contrôle judiciaire, elles en avisent sans délai l'autorité compétente de l'État d'exécution et peuvent faire application des dispositions prévues aux articles 696-60 et 696-63 en cas d'adaptation des mesures modifiées ou de refus de suivi des mesures de contrôle modifiées par l'autorité compétente de l'État d'exécution.

Section III
Dispositions relatives à la reconnaissance et au suivi sur le territoire de la République des décisions de contrôle judiciaire ordonnées par les autorités compétentes des autres États membres de l'Union européenne

Sous-section 1
Réception des demandes relatives aux décisions de contrôle judiciaire

Article 696-66. – Procureur de la République – *(Loi n° 2015-993 du 17 août 2015)*

• Le procureur de la République reçoit les demandes tendant à la reconnaissance et à l'exécution sur le territoire de la République des décisions de placement sous contrôle judiciaire ordonnées par les autorités compétentes des autres États membres, ainsi que toutes les décisions de prorogation, de modification ou de mainlevée, afférentes aux mesures déjà ordonnées et reconnues.

• Il peut procéder ou faire procéder à tout complément d'information qu'il estime utile. Lorsque le certificat mentionné à l'article 696-53 est incomplet ou ne correspond manifestement pas à une demande de placement sous contrôle judiciaire, il impartit un délai maximal de dix jours à l'autorité compétente de l'État d'émission pour compléter ou rectifier le certificat.

Article 696-67. – Compétence du procureur de la République – *(Ordonnance n° 2019-964 du 18 septembre 2019)*

• Le procureur de la République compétent est celui dans le ressort duquel se situe la résidence habituelle et régulière de la personne placée sous contrôle judiciaire ou celle où la personne demande à résider. À défaut, le procureur de la République près le tribunal judiciaire de Paris est compétent.

• Si le procureur de la République auquel la demande a été adressée par l'État d'émission n'est pas compétent, il la transmet sans délai au procureur de la République compétent. L'autorité compétente de l'État d'émission est informée de la transmission.

Article 696-68 – Consultation – *(Loi n° 2015-993 du 17 août 2015)*

• Lorsque, avant de transmettre la décision de placement sous contrôle judiciaire et le certificat, l'autorité compétente de l'État d'émission consulte le procureur de la République dans le cas où, en application du 2° de l'article 696-52, la reconnaissance de la décision est subordonnée au consentement de l'État d'exécution, le procureur consent à la transmission de la décision de placement sous contrôle judiciaire si la personne concernée a la nationalité française. Dans les autres cas, il saisit sans délai le ministre de la justice. Le ministre peut consentir à la transmission de la décision si la personne concernée a la nationalité d'un État membre de l'Union européenne autre que la France et s'il existe des motifs exceptionnels justifiant l'exécution de la décision en France. Il tient compte notamment de l'intérêt de sa décision pour la bonne administration de la justice, de l'existence de liens personnels et familiaux en France et de l'absence de risque de troubles à l'ordre public.

• Le procureur de la République informe l'autorité compétente de l'État d'émission de la décision de consentir ou non à la transmission de la demande de reconnaissance de la décision de placement sous contrôle judiciaire.

Article 696-69. – Saisine du juge des libertés et de la détention – *(Loi n° 2015-993 du 17 août 2015)*

• Dans les trois jours ouvrables à compter de la réception de la demande et des décisions prévues à l'article 696-66, le procureur de la République saisit le juge des libertés et de la détention territorialement compétent de la demande, accompagnée de ses réquisitions.

Sous-section 2
Reconnaissance des décisions de contrôle judiciaire

Article 696-70. – Juge des libertés et de la détention – *(Loi n° 2015-993 du 17 août 2015)*

• Le juge des libertés et de la détention est compétent, dans les conditions prévues au présent chapitre, pour statuer sur les demandes de reconnaissance des décisions de placement sous contrôle judiciaire ordonnées par les autorités compétentes des autres États membres. Il est compétent, en cas de décision ultérieure de prorogation ou de modification des mesures de contrôle judiciaire, pour adapter ces mesures conformément à l'article 696-75 ou pour refuser de suivre les mesures qui ne font pas partie de celles mentionnées aux articles 696-50 et 696-51.

• Il est également compétent pour la mise à exécution et le suivi des mesures reconnues et pour faire cesser l'exécution et le suivi des mesures dont la mainlevée a été ordonnée par l'autorité compétente de l'État d'émission.

• Si le juge des libertés et de la détention estime nécessaire d'entendre la personne placée sous contrôle judiciaire, il peut utiliser les moyens de télécommunication mentionnés à l'article 706-71, qu'elle demeure sur le territoire de la République ou à l'étranger.

Article 696-71. – Refus – *(Loi n° 2015-993 du 17 août 2015)*

• La reconnaissance et le suivi d'une décision de placement sous contrôle judiciaire ordonnée par l'autorité compétente d'un autre État ne peuvent être refusés que dans les cas prévus aux articles 696-73 et 696-74.

• En l'absence de l'un des motifs de refus prévus aux mêmes articles 696-73 et 696-74, le juge des libertés et de la détention reconnaît la décision de placement sous contrôle judiciaire comme étant exécutoire sur le territoire de la République et prend sans délai les mesures nécessaires à son exécution, sous réserve du respect du délai pendant lequel l'État d'émission peut retirer le certificat.

Article 696-72. – Information – *(Loi n° 2015-993 du 17 août 2015)*

• Lorsqu'il envisage d'opposer l'un des motifs de refus prévus aux 1° à 3° de l'article 696-73 ou au 2° de l'article 696-74, le juge des libertés et de la détention en informe l'autorité compétente de l'État d'émission si le procureur de la République ne l'a pas déjà fait et lui impartit un délai maximal de dix jours afin de lui permettre de fournir, le cas échéant, toutes informations supplémentaires.

Article 696-73. – Cas de refus – *(Loi n° 2019-222 du 23 mars 2019)*

• La reconnaissance et l'exécution de la décision de placement sous contrôle judiciaire sont refusées dans les cas suivants :

• 1° Le certificat n'est pas produit, est incomplet ou ne correspond manifestement pas à une décision de placement sous contrôle judiciaire et n'a pas été complété ou corrigé dans le délai fixé ;

• 2° Les conditions prévues aux articles 696-50 à 696-52 ne sont pas remplies, notamment lorsque, en application du 2° de l'article 696-52, la reconnaissance de la décision est subordonnée au consentement de la France et que ce consentement n'a pas été sollicité ou a été refusé ;

• 3° La décision de placement sous contrôle judiciaire est fondée sur des infractions pour lesquelles la personne placée sous contrôle judiciaire a déjà été jugée définitivement par les juridictions françaises ou par celles d'un État de l'Union européenne autre que l'État d'émission, à condition que la peine ait été exécutée, soit en cours d'exécution ou ne puisse plus être mise à exécution selon la loi de l'État ayant prononcé cette condamnation ;

• 4° La décision est fondée sur des faits qui ne constituent pas des infractions au regard de la loi française.

• Toutefois, ce motif de refus n'est pas opposable :

• *a)* Lorsque la décision de placement sous contrôle judiciaire concerne une infraction qui, en vertu de la loi de l'État d'émission, entre dans l'une des catégories d'infractions mentionnées à l'article 694-32 et y est punie d'une peine ou d'une mesure de sûreté privative de liberté d'une durée égale ou supérieure à 3 ans d'emprisonnement ;

• *b)* Lorsque la décision de placement sous contrôle judiciaire concerne une infraction en matière de taxes et d'impôts, de douane et de change, en raison de ce que le droit français n'impose pas le même type de taxes ou d'impôts ou ne contient pas le même type de réglementation en matière de taxes, d'impôts, de douane et de change que le droit de l'État d'émission ;

• 5° Les faits pouvaient être jugés par les juridictions françaises et la prescription de l'action publique est acquise selon la loi française à la date de la réception du certificat ;

• 6° La personne placée sous contrôle judiciaire bénéficie en France d'une immunité faisant obstacle à l'exécution de la décision ;

• 7° La décision a été prononcée à l'encontre d'un mineur de 13 ans à la date des faits.

Article 696-74. – Autres cas de refus – *(Loi n° 2015-993 du 17 août 2015)*

• La reconnaissance et le suivi de la décision de placement sous contrôle judiciaire peuvent être refusés dans les cas suivants :

• 1° Lorsque la remise de la personne concernée ne pourrait être ordonnée en cas de délivrance à l'encontre de cette personne d'un mandat d'arrêt européen en raison du non-respect des mesures ordonnées dans le cadre du contrôle judiciaire ;

• 2° Lorsque la décision de placement sous contrôle judiciaire est fondée sur des infractions pour lesquelles la personne placée sous contrôle judiciaire a déjà été jugée définitivement par la juridiction d'un État non membre de l'Union européenne, à condition que la peine ait été exécutée, soit en cours d'exécution ou ne puisse plus être mise à exécution selon la législation de cet État.

Article 696-75. – Adaptation des mesures de contrôle judiciaire ordonnées – *(Loi n° 2015-993 du 17 août 2015)*

• Le juge des libertés et de la détention apprécie s'il y a lieu de procéder à l'adaptation des mesures de contrôle judiciaire ordonnées par l'autorité compétente de l'État d'émission.

• Lorsque la nature de la mesure ordonnée par l'autorité compétente de l'État d'émission ne correspond pas aux mesures prévues par la législation française, le juge des libertés et de la détention remplace la mesure ordonnée par la mesure qui correspond le mieux à celle ordonnée et qui aurait pu être légalement prononcée par une autorité judiciaire française pour les mêmes faits.

• La mesure de contrôle judiciaire ainsi adaptée ne peut être plus sévère que celle initialement prononcée.

Article 696-76. – Information autorité compétente *(de l'État d'émission)* – *(Loi n° 2015-993 du 17 août 2015)*

• Lorsque le juge des libertés et de la détention estime que la personne concernée ne pourrait pas être remise sur la base d'un mandat d'arrêt européen mais qu'il est possible de reconnaître néanmoins ladite décision et de prendre les mesures nécessaires au suivi des mesures ordonnées, il en informe sans délai l'autorité compétente de l'État d'émission.

Article 696-77. – Décision d'adaptation des mesures de contrôle judiciaire ordonnées – *(Loi n° 2015-993 du 17 août 2015)*

• Sous réserve de la suspension du délai résultant de l'avis donné à l'autorité compétente de l'État d'émission en application de l'article 696-72, le juge des libertés et de la détention décide s'il y a lieu de reconnaître la décision de placement sous contrôle judiciaire comme étant exécutoire sur le territoire de la République dans le délai maximal de sept jours ouvrables à compter de sa saisine par le procureur de la République.

• La décision d'adaptation des mesures de contrôle judiciaire ordonnées par l'autorité compétente de l'État d'émission est motivée par référence à la législation française.

• La décision de refus est motivée par référence aux articles 696-73 et 696-74.

Article 696-78. – Notification – *(Loi n° 2015-993 du 17 août 2015)*

• La décision du juge des libertés et de la détention prise en application du premier alinéa de l'article 696-70 est notifiée sans délai à la personne placée sous contrôle judiciaire. Celle-ci est informée par une mention portée dans l'acte de notification que, si elle n'accepte pas cette décision, elle dispose d'un délai de cinq jours pour saisir la chambre de l'instruction d'une requête précisant, à peine d'irrecevabilité, les motifs de droit ou de fait de sa contestation et qu'elle a la possibilité de se faire représenter devant cette juridiction par un avocat de son choix ou, à défaut, par un avocat commis d'office par le bâtonnier de l'ordre des avocats.

• Lorsque le juge des libertés et de la détention a procédé à l'adaptation des mesures de contrôle judiciaire ordonnées par l'autorité compétente de l'État d'émission, sa décision est portée sans délai à la connaissance de ces autorités par tout moyen laissant une trace écrite.

Article 696-79. – Appel – *(Loi n° 2015-993 du 17 août 2015)*

• La décision du juge des libertés et de la détention prise en application du premier alinéa de l'article 696-70 est susceptible d'appel selon les modalités prévues aux articles 185 et 186.

• Le recours ne permet pas de contester le principe du placement sous contrôle judiciaire ni la nature des mesures ordonnées par l'État d'émission.

Article 696-80. – Chambre de l'instruction – *(Loi n° 2015-993 du 17 août 2015)*

• Sauf si un complément d'information a été ordonné, la chambre de l'instruction statue au plus tard dans les vingt jours ouvrables à compter de la déclaration d'appel, par une ordonnance motivée rendue en chambre du conseil.

• Si la chambre de l'instruction estime nécessaire d'entendre la personne placée sous contrôle judiciaire, elle peut utiliser les moyens de télécommunication mentionnés à l'article 706-71, que la personne en cause demeure sur le territoire de la République ou à l'étranger.

• La chambre de l'instruction peut, par une mesure d'administration judiciaire, autoriser l'État d'émission à intervenir à l'audience par l'intermédiaire d'une personne habilitée par ce même État à cet effet. Lorsque l'État d'émission est autorisé à intervenir, il ne devient pas partie à la procédure.

• Lorsque la chambre de l'instruction envisage d'opposer l'un des motifs de refus prévus aux 1° à 3° de l'article 696-73 ou au 2° de l'article 696-74, il n'y a pas lieu d'informer l'autorité compétente de l'État d'émission s'il a déjà été procédé à cette information par le procureur de la République ou par le juge des libertés et de la détention en application de l'article 696-72.

Article 696-81. – Notification – *(Loi n° 2015-993 du 17 août 2015)*

• La décision de la chambre de l'instruction est notifiée sans délai à la personne placée sous contrôle judiciaire. Celle-ci est informée par une mention portée dans l'acte de notification des voies et délais de recours.

• Cette décision peut faire l'objet d'un pourvoi en cassation, par le procureur général ou par la personne concernée, dans les conditions énoncées aux articles 568-1 et 574-2.

Article 696-82. – Retard – *(Loi n° 2015-993 du 17 août 2015)*

• Lorsque la décision relative à la reconnaissance de la décision de placement sous contrôle judiciaire et au suivi des mesures ordonnées ne peut être prise par le juge des libertés et de la détention dans les vingt jours ouvrables qui suivent la réception de la décision et du certificat, ou par la chambre de l'instruction dans les vingt jours ouvrables à compter de la déclaration d'appel, le procureur de la République en informe sans délai l'autorité compétente de l'État d'émission en lui indiquant les raisons du retard et le délai supplémentaire estimé nécessaire pour que soit prise la décision.

• Dans le cas où le ministère public, le juge des libertés et de la détention ou la chambre de l'instruction a demandé à l'autorité compétente de l'État d'émission de compléter ou de corriger le certificat, le cours du délai prévu au premier alinéa du présent article est suspendu à compter de la demande jusqu'à la transmission par l'État d'émission des pièces demandées et au plus tard jusqu'à l'expiration du délai imparti en application de l'article 696-72.

Article 696-83. – Information – *(Loi n° 2015-993 du 17 août 2015)*

• Le ministère public informe sans délai l'autorité compétente de l'État d'émission des décisions définitives prises en application du premier alinéa de l'article 696-70.

• Lorsque la décision consiste en un refus de reconnaissance et d'exécution des mesures ordonnées, ou comporte une adaptation des mesures ordonnées, le procureur de la République informe également l'autorité compétente de l'État d'émission des motifs de la décision.

Sous-section 3

Suivi des décisions de contrôle judiciaire

Article 696-84. – Modalités – *(Loi n° 2015-993 du 17 août 2015)*

• Le suivi des mesures de contrôle judiciaire ordonnées est régi par le présent code.

• Dès que la décision de placement sous contrôle judiciaire est reconnue comme exécutoire en France, le juge des libertés et de la détention prend les mesures nécessaires au suivi des mesures ordonnées, le cas échéant telles qu'elles ont été adaptées.

• Lorsque la reconnaissance de la décision comprend une adaptation des mesures ou que l'autorité compétente de l'État d'émission a été informée par l'autorité judiciaire que la personne concernée ne pourra être remise en application d'un mandat d'arrêt européen, le suivi des mesures ordonnées ne peut débuter qu'à l'expiration d'un délai de dix jours à compter de la notification de cette décision ou de la transmission de cette information.

Article 696-85. – Personne non retrouvée – *(Loi n° 2015-993 du 17 août 2015)*

• Si la personne placée sous contrôle judiciaire ne peut être retrouvée sur le territoire de la

République, le juge des libertés et de la détention informe l'autorité compétente de l'État d'émission de l'impossibilité de surveiller les mesures ordonnées.

Article 696-86. – Information – *(Loi n° 2015-993 du 17 août 2015)*

• Au cours du suivi des mesures de contrôle, le juge des libertés et de la détention peut à tout moment inviter l'autorité compétente de l'État d'émission à fournir des informations pour indiquer si le suivi des mesures est toujours nécessaire.

• Le juge des libertés et de la détention informe sans délai l'autorité compétente de l'État d'émission de tout manquement à une mesure et de toute autre constatation pouvant entraîner le réexamen, le retrait, la modification des mesures de contrôle judiciaire ordonnées ou l'émission d'un mandat d'arrêt ou de toute autre décision ayant le même effet.

• Le juge des libertés et de la détention informe également l'autorité compétente de l'État d'émission, par tout moyen laissant une trace écrite, de tout changement de résidence de la personne concernée.

Article 696-87. – Délai – *(Loi n° 2015-993 du 17 août 2015)*

• Lorsque le juge des libertés et de la détention a transmis plusieurs avis en application du deuxième alinéa de l'article 696-86 concernant la même personne à l'autorité compétente de l'État d'émission sans que celle-ci ait pris de décision de réexamen, de retrait, de modification des mesures de contrôle judiciaire ordonnées et sans qu'un mandat d'arrêt ou toute autre décision ayant le même effet ait été ordonné, il peut inviter l'autorité compétente de l'État d'émission à rendre une telle décision, en lui accordant un délai raisonnable pour le faire.

Article 696-88. – Fin du suivi des mesures ordonnées – *(Loi n° 2015-993 du 17 août 2015)*

• Si l'autorité compétente de l'État d'émission ne statue pas dans le délai précisé par le juge des libertés et de la détention, celui-ci peut décider de mettre un terme au suivi des mesures ordonnées.

Article 696-89. – Résidence régulière et habituelle dans un autre État – *(Loi n° 2015-993 du 17 août 2015)*

• Lorsque le juge des libertés et de la détention est avisé que la personne concernée établit sa résidence régulière et habituelle dans un autre État, il en informe sans délai et par tout moyen laissant une trace écrite les autorités compétentes de l'État d'émission. Dans ce cas, le juge des libertés et de la détention est dessaisi du suivi des mesures ordonnées.

CHAPITRE VII

De l'exécution des décisions de protection européenne au sein des États membres de l'Union européenne en application de la directive 2011/99/UE du Parlement européen et du Conseil, du 13 décembre 2011, relative à la décision de protection européenne

Article 696-90. – Interdictions – *(Loi n° 2015-993 du 17 août 2015)*

• Une décision de protection européenne peut être émise par l'autorité compétente d'un État membre, appelé État d'émission, aux fins d'étendre sur le territoire d'un autre État membre, appelé État d'exécution, une mesure de protection adoptée dans l'État d'émission imposant à une personne suspectée, poursuivie ou condamnée et pouvant être à l'origine d'un danger encouru par la victime de l'infraction, une ou plusieurs des interdictions suivantes :

• 1° Une interdiction de se rendre dans certains lieux, dans certains endroits ou dans certaines zones définies dans lesquelles la victime se trouve ou qu'elle fréquente ;

• 2° Une interdiction ou une réglementation des contacts avec la victime ;

• 3° Une interdiction d'approcher la victime à moins d'une certaine distance, ou dans certaines conditions.

Section I

Dispositions relatives à l'émission d'une décision de protection européenne par les autorités françaises

Article 696-91. – Décision de protection européenne – *(Ordonnance n° 2019-964 du 18 septembre 2019)*

• Une décision de protection européenne peut être émise par le procureur de la République, sur demande de la victime ou de son représentant légal. La victime est informée de ce droit lorsqu'est prise à son bénéfice une des interdictions mentionnées à l'article 696-90.

• Le procureur de la République compétent est celui près le tribunal judiciaire dans le ressort duquel se trouve l'autorité compétente qui a ordonné l'interdiction sur le fondement de laquelle peut être émise une décision de protection européenne.

• Si le procureur de la République auquel la demande a été adressée n'est pas compétent, il la transmet sans délai au procureur de la République compétent et en avise la victime.

Article 696-92. – Vérification – *(Loi n° 2015-993 du 17 août 2015)*

• Le procureur de la République vérifie si la décision fondant la mesure de protection a été adoptée selon une procédure contradictoire.

• Si tel n'est pas le cas, le procureur de la République notifie à l'auteur de l'infraction la décision ou le jugement contenant les mesures de protection dont il entend étendre les effets, avant de prendre la décision de protection européenne.

Article 696-93. – Demande d'émission d'une décision de protection européenne – *(Loi n° 2015-993 du 17 août 2015)*

• Lorsqu'il est saisi d'une demande d'émission d'une décision de protection européenne, le procureur de la République apprécie la nécessité d'y faire droit en tenant compte notamment de la durée du séjour envisagé par la victime dans l'État d'exécution.

• Il peut procéder ou faire procéder à tout complément d'enquête qu'il estime utile.

Article 696-94. – Mesures de protection – *(Loi n° 2015-993 du 17 août 2015)*

• Les mesures de protection qui se fondent sur une décision, une ordonnance, un jugement ou un arrêt qui a été transmis pour exécution à un autre État membre en application des articles 696-48 à 696-65 ou des articles 764-1 à 764-17 ne peuvent donner lieu à l'émission en France d'une décision de protection européenne.

Article 696-95. – Transmission de la décision – *(Loi n° 2015-993 du 17 août 2015)*

• Le procureur de la République transmet la décision de protection européenne à l'autorité compétente de l'État d'exécution par tout moyen laissant une trace écrite et dans des conditions permettant au destinataire d'en vérifier l'authenticité, accompagnée de sa traduction soit dans l'une des langues officielles de l'État d'exécution, soit dans l'une de celles des institutions de l'Union européenne acceptées par cet État.

• Le procureur de la République transmet une copie de la décision de protection européenne à l'autorité judiciaire française qui a décidé la mesure de protection sur le fondement de laquelle a été émise la décision de protection européenne.

Article 696-96. – Information – *(Loi n° 2015-993 du 17 août 2015)*

• L'autorité judiciaire qui a prononcé la décision sur le fondement de laquelle le procureur de la République a émis une décision de protection européenne informe celui-ci :

• 1° De toute modification ou révocation de cette mesure ;

• 2° Du transfèrement de l'exécution de cette mesure à un autre État membre, appelé État de surveillance, en application des articles 696-48 à 696-65 ou des articles 764-1 à 764-17, lorsque ce transfert a donné lieu à l'adoption de mesures sur le territoire de l'État de surveillance.

• Le procureur de la République modifie ou révoque en conséquence la décision de protection européenne, et en informe sans délai l'autorité compétente de l'État d'exécution de la décision de protection européenne.

Section II

Dispositions relatives à la reconnaissance et à l'exécution par les autorités françaises d'une décision de protection européenne

Article 696-97. – Procureur de la République – *(Ordonnance n° 2019-964 du 18 septembre 2019)*

• Le procureur de la République reçoit les demandes tendant à la reconnaissance et à l'exécution sur le territoire de la République des décisions de protection européennes émises par les autorités compétentes des autres États membres.

• Le procureur de la République compétent est celui dans le ressort duquel la victime projette de séjourner ou de résider. À défaut, le procureur de la République près le tribunal judiciaire de Paris est compétent.

• Si le procureur de la République auquel la décision de protection européenne a été transmise par l'État membre d'émission n'est pas compétent pour y donner suite, il la transmet sans délai au procureur de la République compétent et en informe l'autorité compétente de l'État d'émission.

Article 696-98. – Complément d'enquête – *(Loi n° 2015-993 du 17 août 2015)*

• Le procureur de la République peut procéder ou faire procéder à tout complément d'enquête qu'il estime utile.

• S'il estime que les informations accompagnant la décision de protection européenne sont incomplètes, il en informe sans délai l'autorité compétente de l'État d'émission et lui impartit un délai maximal de dix jours pour lui communiquer les informations demandées.

Article 696-99. – Saisine du 8 et de la détention – *(Loi n° 2015-993 du 17 août 2015)*

• Dans les sept jours ouvrables à compter de la réception de la décision de protection européenne ou des informations complémentaires demandées en application de l'article 696-98, le procureur de la République saisit le juge des libertés et de la détention de la demande de reconnaissance et de mise à exécution de la décision de protection européenne, accompagnée de ses réquisitions.

• Le juge des libertés et de la détention statue sur les demandes de reconnaissance des décisions de protection européenne dans un délai de dix jours à compter de la saisine du procureur de la République.

Article 696-100. – Refus de reconnaissance de la décision de protection européenne – *(Loi n° 2015-993 du 17 août 2015)*

• La reconnaissance de la décision de protection européenne est refusée dans les cas suivants :

• 1° La décision de protection européenne est incomplète ou n'a pas été complétée dans le délai fixé par l'autorité compétente de l'État d'exécution ;

• 2° Les conditions énoncées à l'article 696-90 ne sont pas remplies ;

• 3° La mesure de protection a été prononcée sur le fondement d'un comportement qui ne constitue pas une infraction selon la loi française ;

• 4° La décision de protection européenne est fondée sur l'exécution d'une mesure ou d'une sanction concernant un comportement qui relève de la compétence des juridictions françaises et qui a donné lieu à une amnistie conformément à la législation française ;

• 5° L'auteur de l'infraction bénéficie en France d'une immunité qui fait obstacle à l'exécution en France de la décision de protection européenne ;

• 6° La décision de protection européenne est fondée sur des faits qui pouvaient être jugés par les juridictions françaises et la prescription de l'action publique est acquise selon la loi française ;

• 7° La décision de protection européenne est fondée sur des infractions pour lesquelles la personne soupçonnée, poursuivie ou condamnée a déjà été jugée définitivement par les juridictions françaises ou par celles d'un État membre autre que l'État d'émission, à condition que la peine ait été exécutée, soit en cours d'exécution ou ne puisse plus être mise à exécution selon la loi de l'État membre ayant prononcé cette condamnation ;

• 8° L'auteur de l'infraction était âgé de moins de treize ans à la date des faits.

Article 696-101. – Décision foncée – *(Loi n° 2015-993 du 17 août 2015)*

• La reconnaissance de la décision de protection européenne peut être refusée si cette décision est fondée :

• 1° Sur des infractions commises en totalité, en majeure partie ou pour l'essentiel sur le territoire de la République ou en un lieu assimilé;

• 2° Sur des infractions pour lesquelles la personne soupçonnée, poursuivie ou condamnée a déjà été jugée définitivement par les juridictions d'un autre État qui n'est pas membre de l'Union européenne, à condition que la peine ait été exécutée, soit en cours d'exécution ou ne puisse plus être mise à exécution selon la loi de l'État ayant prononcé cette condamnation.

Article 696-102. – Mesure adoptée – *(Loi n° 2015-993 du 17 août 2015)*

• Lorsqu'il décide de reconnaître la décision de protection européenne, le juge des libertés et de la détention détermine les mesures de protection prévues par la législation française pour assurer la protection de la victime. La mesure adoptée correspond, dans la mesure la plus large possible, à celle adoptée dans l'État d'émission.

• Il statue par ordonnance précisant la mesure à respecter sur le territoire de la République et rappelant les dispositions de l'article 434-42-1 du Code pénal.

Article 696-103. – Notification – *(Loi n° 2015-993 du 17 août 2015)*

• L'ordonnance du juge des libertés et de la détention prise en application de l'article 696-102 est notifiée sans délai à l'auteur de l'infraction.

• L'auteur de l'infraction est, en outre, informé par une mention portée dans l'acte de notification qu'il dispose d'un délai de cinq jours pour saisir la chambre de l'instruction d'une requête précisant, à peine d'irrecevabilité, les motifs de droit ou de fait de sa contestation.

• Le juge des libertés et de la détention informe l'autorité compétente de l'État d'émission, par tout moyen laissant une trace écrite, de la mesure de protection adoptée et des conséquences encourues en cas de violation de cette mesure.

Article 696-104. – Information – *(Loi n° 2015-993 du 17 août 2015)*

• Le juge des libertés et de la détention informe l'autorité compétente de l'État d'émission, par tout moyen laissant une trace écrite, ainsi que la victime, de toute décision de refus et en précise les motifs dans les dix jours à compter de sa décision.

• À cette occasion, il informe la victime qu'elle dispose d'un délai de cinq jours pour saisir la chambre de l'instruction aux fins de contester ce refus.

Article 696-105. – Manquement aux mesures exécutoires – *(Loi n° 2015-993 du 17 août 2015)*

• Le procureur de la République informe sans délai l'autorité compétente de l'État d'émission, par tout moyen laissant une trace écrite, de tout manquement aux mesures exécutoires sur le territoire de la République.

Article 696-106. – Notification – *(Loi n° 2015-993 du 17 août 2015)*

• Lorsque le juge des libertés et de la détention a été informé par l'autorité compétente de l'État d'émission d'une modification des mesures fondant la décision de protection européenne, il modifie en conséquence les mesures reconnues et mises à exécution. Si ces mesures ne relèvent plus de celles mentionnées à l'article 696-90, il donne mainlevée de la mesure exécutoire en France.

Article 696-107. – Fin des mesures – *(Loi n° 2015-993 du 17 août 2015)*

• Le juge des libertés et de la détention met fin à l'exécution de la décision de protection dès qu'il est informé par l'autorité compétente de l'État d'émission de sa révocation.

• Il peut également mettre fin à ces mesures:

• 1° Lorsqu'il existe des éléments permettant d'établir que la victime ne réside pas ou ne séjourne pas sur le territoire de la République, ou qu'elle l'a quitté;

• 2° Lorsque, à la suite de la modification par l'État d'émission de la décision de protection européenne, les conditions prévues à l'article 696-90 ne sont plus remplies, ou les informations transmises par cet État sont insuffisantes pour lui permettre de modifier en conséquence les mesures prises en application de la décision de protection européenne;

• 3° Lorsque la condamnation ou la décision fondant la décision de protection européenne a été transmise pour exécution aux autorités françaises conformément aux articles 696-66 et 764-18, postérieurement à la reconnaissance sur le territoire de la République de la décision de protection européenne.

• Le juge des libertés et de la détention en informe sans délai la victime. Il en informe également l'autorité compétente de l'État membre d'émission, par tout moyen laissant une trace écrite et permettant au destinataire d'en vérifier l'authenticité.

TITRE X *BIS*

DU PARQUET EUROPÉEN

CHAPITRE Ier

Compétence et attributions des procureurs européens délégués

Article 696-108. – Compétence – *(Loi n° 2020-1672 du 24 décembre 2020)*

• Les procureurs européens délégués sont compétents sur l'ensemble du territoire national pour rechercher, poursuivre et renvoyer en jugement les auteurs et complices des infractions pénales portant atteinte aux intérêts financiers de l'Union européenne mentionnées aux articles 4, 22, 23 et 25 du règlement *(UE)* 2017/1939 du Conseil du 12 octobre 2017 mettant en œuvre une coopération renforcée concernant la création du Parquet européen, qui sont commises après le 20 novembre 2017.

Article 696-109. – Attributions – *(Loi n° 2020-1672 du 24 décembre 2020)*

• Pour les infractions relevant de leur compétence, les procureurs européens délégués exercent, en application des articles 4 et 13 du règlement *(UE)* 2017/1939 du Conseil du 12 octobre 2017 précité, les attributions du procureur de la République et du procureur général près la cour d'appel, y compris pour l'application des articles 12,12-1,225 et 229-1 du présent code et pour l'exercice des voies de recours.

• L'article 30, la 1re phrase de l'article 33, les 4 premiers alinéas de l'article 35, les articles 36, 37, 39-1, 39-2 et 40-3, le 3e alinéa de l'article 41 et l'article 44 ne sont pas applicables. Pour l'application de l'article 695-2, le procureur européen délégué peut constituer une équipe commune d'enquête avec le consentement du ou des autres États membres concernés, après en avoir informé le ministre de la justice.

Article 696-110. – Juridictions de jugement de Paris – *(Loi n° 2020-1672 du 24 décembre 2020)*

• Les procédures dont sont saisis les procureurs européens délégués relèvent de la compétence des juridictions de jugement de Paris, tant en 1re instance qu'en appel.

• Par dérogation aux articles 206, 207, 207-1, 221-1 à 221-3, la chambre de l'instruction de la cour d'appel de Paris ne peut pas évoquer ces procédures.

CHAPITRE II

Procédure

Section I

Saisine du Parquet européen

Article 696-111. – Signalements – Mise en œuvre d'une coopération renforcée – *(Loi n° 2021-1729 du 22 décembre 2021)*

• Les signalements prévus aux 1 à 3 et au 5 de l'article 24 du règlement *(UE)* 2017/1939 du Conseil du 12 octobre 2017 mettant en œuvre une coopération renforcée concernant la création du Parquet européen sont directement adressés au procureur européen délégué par les autorités nationales compétentes mentionnées à l'article 19, au 2d alinéa de l'article 40 et à l'article 80 du présent code, qui en informent alors simultanément le procureur de la République spécialisé compétent. Ces signalements peuvent aussi être adressés au procureur européen délégué par le procureur de la République spécialisé compétent, lorsque celui-ci a été informé par les autorités nationales compétentes mentionnées au présent article.

Article 696-112. – Dessaisissement de la procédure – *(Loi n° 2020-1672 du 24 décembre 2020)*

• Lorsque le Parquet européen décide d'exercer sa compétence, le procureur de la République ou le juge d'instruction saisi d'une enquête ou d'une information portant sur des faits relevant de l'article 696-108 est tenu de se dessaisir de la procédure au profit du Parquet européen en application du 1 de l'article 25 et du 5 de l'article 27 du règlement *(UE)* 2017/1939 du Conseil du 12 octobre 2017 précité. Le procureur de la République requiert le juge d'instruction initialement saisi de se dessaisir au profit du Parquet européen. Le juge d'instruction notifie son ordonnance de dessaisissement aux parties.

Section II

Cadres procéduraux

Article 696-113. – Procureur européen délégué – Conduite des investigations – *(Loi n° 2020-1672 du 24 décembre 2020)*

• Dans les procédures relevant de sa compétence, le procureur européen délégué conduit les investigations conformément aux dispositions applicables à l'enquête de flagrance ou à l'enquête préliminaire et aux dispositions du Code des douanes.

Article 696-114. – Mise en examen... – Conduite des investigations – *(Loi n° 2021-1729 du 22 décembre 2021)*

• Toutefois, lorsqu'il est nécessaire soit de mettre en examen une personne ou de la placer sous le statut de témoin assisté, soit de recourir à des actes d'investigation qui ne peuvent être ordonnés qu'au cours d'une instruction, en raison de leur durée ou de leur nature, le procureur européen délégué conduit les investigations conformément aux dispositions applicables à l'instruction, sous réserve des dispositions de la section 3 du présent chapitre.

• Lorsqu'il poursuit les investigations après l'expiration des délais d'enquête prévus à l'article 75-3, le procureur européen délégué est également tenu de procéder conformément aux dispositions applicables à l'instruction.

Article 696-115. – Dessaisissement – *(Loi n° 2020-1672 du 24 décembre 2020)*

• Lorsque le procureur de la République se dessaisit au profit du Parquet européen, les investigations se poursuivent dans le cadre de l'article 696-113 ou, s'il y a lieu, de l'article 696-114.

• Lorsque le juge d'instruction rend une ordonnance de dessaisissement au profit du Parquet européen, les investigations se poursuivent dans le cadre du même article 696-114.

Section III

Dispositions spécifiques à la procédure prévue à l'article 696-114

Article 696-116. – Mise en examen... – Conduite des investigations – *(Loi n° 2020-1672 du 24 décembre 2020)*

• La présente section précise les dispositions spécifiques à la procédure prévue à l'article 696-114, qui s'applique dès lors que le procureur européen délégué conduit les investigations conformément au même article 696-114.

• Dans le cadre de cette procédure, ne sont pas applicables les dispositions de l'article 80 relatives au réquisitoire introductif et aux réquisitoires supplétifs ainsi que les autres dispositions du présent code prévoyant que le ministère public adresse des réquisitions ou des avis au juge d'instruction.

Article 696-117. – Mise en examen... – Actes et décisions – *(Loi n° 2020-1672 du 24 décembre 2020)*

• Dans le cadre de la procédure prévue à l'article 696-114, les actes et décisions mentionnés à la présente section sont pris, selon les distinctions prévues aux sous-sections 1 à 3 :

• 1° Soit par le procureur européen délégué ;

• 2° Soit par le juge des libertés et de la détention saisi par réquisitions écrites et motivées du procureur européen délégué.

Sous-section 1

Actes et décisions relevant de la procédure prévue à l'article 696-114

Article 696-118. – Mise en examen... – Actes et décisions – *(Loi n° 2020-1672 du 24 décembre 2020)*

• Au cours de la procédure prévue à l'article 696-114, le procureur européen délégué accomplit les actes et prend les décisions en matière :

• 1° De mise en examen;
• 2° D'interrogatoire et de confrontation;
• 3° D'audition de témoins, y compris du témoin assisté;
• 4° De recevabilité de la constitution de partie civile et d'audition de la partie civile;
• 5° De transport;
• 6° De commission rogatoire;
• 7° D'expertise;
• 8° De mandat de recherche, de comparution ou d'amener.

Article 696-119. – Décisions en matière de placement, de maintien et de modification du contrôle judiciaire – *(Loi n° 2020-1672 du 24 décembre 2020)*

• Les décisions en matière de placement, de maintien et de modification du contrôle judiciaire sont prises par le procureur européen délégué. Ces décisions peuvent être prises tant dans le cadre de la procédure prévue à l'article 696-114 que dans le cadre des procédures de convocation par procès-verbal ou de comparution à délai différé prévues aux articles 394 et 397-1-1.

• La personne placée sous contrôle judiciaire par le procureur européen délégué peut immédiatement contester cette décision devant le juge des libertés et de la détention, qui statue dans un délai maximal de 72 heures sur cette contestation lors d'un débat contradictoire. Si le juge confirme le placement sous contrôle judiciaire, la personne peut faire appel de cette décision devant la chambre de l'instruction.

Article 696-120. – Décisions en matière de placement, de prolongation et de modification de l'assignation à résidence avec surveillance électronique – *(Loi n° 2020-1672 du 24 décembre 2020)*

• Les décisions en matière de placement, de prolongation et de modification de l'assignation à résidence avec surveillance électronique sont prises par le juge des libertés et de la détention, saisi par réquisitions écrites et motivées du procureur européen délégué et après, le cas échéant, un débat contradictoire organisé conformément aux articles 142-6 et 142-7.

Article 696-121. – Décisions en matière de placement et de prolongation de la détention provisoire – *(Loi n° 2020-1672 du 24 décembre 2020)*

• Les décisions en matière de placement et de prolongation de la détention provisoire sont prises par le juge des libertés et de la détention qui, après avoir été saisi par réquisitions écrites et motivées du procureur européen délégué, statue à l'issue d'un débat contradictoire organisé conformément aux dispositions de l'article 145.

Article 696-122. – Autres mesures – *(Loi n° 2020-1672 du 24 décembre 2020)*

• Toutefois, le procureur européen délégué est compétent pour ordonner les mesures suivantes, d'office ou à la demande de la personne mise en examen:

• 1° Supprimer tout ou partie des obligations comprises dans l'assignation à résidence avec surveillance électronique ou accorder une dispense occasionnelle ou temporaire de les observer;

• 2° Ordonner la mainlevée de l'assignation à résidence avec surveillance électronique;

• 3° Modifier ou autoriser, en application de l'article 142-9, le chef d'établissement pénitentiaire ou le directeur du service pénitentiaire d'insertion et de probation à modifier les horaires de présence de la personne mise en examen au domicile ou dans les lieux d'assignation lorsqu'il s'agit de modifications favorables à cette dernière ne touchant pas à l'équilibre de la mesure de contrôle;

• 4° Ordonner la mise en liberté, le cas échéant assortie d'un contrôle judiciaire, d'une personne placée en détention provisoire.

• Si le procureur européen délégué ne fait pas droit à la demande de la personne dans les 5 jours, il transmet le dossier, assorti de son avis motivé, au juge des libertés et de la détention, qui statue dans les 3 jours ouvrables à compter de cette transmission, selon les modalités prévues aux articles 140 et 148.

Article 696-123. – Décisions relatives aux modalités d'exécution d'une détention provisoire ou à l'exercice des droits – *(Ordonnance n° 2022-478 du 30 mars 2022)*

• Le procureur européen délégué est également compétent pour prendre les décisions relatives aux modalités d'exécution d'une détention provisoire ou à l'exercice de ses droits par une personne placée en détention provisoire en application des articles 145-4 à 145-4-2 et 148-5 du présent code et des articles L. 341-1 à L. 341-5, L. 341-7, L. 341-8 et L. 345-1 à L. 345-6 du Code pénitentiaire.

Article 696-124. – Mandat d'arrêt – *(Loi n° 2020-1672 du 24 décembre 2020)*

• La décision de décerner un mandat d'arrêt est prise par le juge des libertés et de la détention, saisi par réquisitions écrites et motivées du procureur européen délégué.

Article 696-125. – Mise à exécution d'un mandat d'arrêt – *(Loi n° 2020-1672 du 24 décembre 2020)*

• Le procureur européen délégué met le mandat d'arrêt à exécution sous la forme d'un mandat d'arrêt européen conformément à l'article 695-16.

Article 696-126. – Perquisitions, visites domiciliaires et saisies – *(Loi n° 2020-1672 du 24 décembre 2020)*

• Les perquisitions, visites domiciliaires et saisies doivent, en l'absence de flagrance ou d'assentiment exprès de la personne chez laquelle elles ont lieu, être effectuées avec l'autorisation du juge des libertés et de la détention saisi par réquisitions écrites et motivées du procureur européen délégué dans les conditions prévues à l'article 76.

Article 696-127. – Interception de correspondance émise par la voie des télécommunications, géolocalisation, enquête sous pseudonyme ou technique spéciale d'enquête – *(Loi n° 2020-1672 du 24 décembre 2020)*

• Les décisions ordonnant une interception de correspondance émise par la voie des télécommunications, une géolocalisation, une enquête sous pseudonyme ou une technique spéciale d'enquête prévue à la section 6 du chapitre II du titre XXV du présent livre sont prises par le juge des libertés et de la détention, saisi par réquisitions écrites et motivées du procureur européen délégué, sauf si ces mesures sont ordonnées dans des conditions d'utilisation et de durée permettant au procureur de la République d'y recourir dans le cadre de l'enquête de flagrance ou de l'enquête préliminaire.

Article 696-128. – Saisies spéciales – *(Loi n° 2020-1672 du 24 décembre 2020)*

• Les décisions ordonnant les saisies spéciales prévues au titre XXIX du présent livre et les mesures conservatoires prévues à l'article 706-166 sont prises par le juge des libertés et de la détention, saisi par réquisitions écrites et motivées du procureur européen délégué, sous réserve des pouvoirs propres du procureur prévus au 1er alinéa de l'article 706-154.

Sous-section 2

Des droits des parties

Article 696-129. – Mise en examen, témoin assisté ou partie civile – *(Loi n° 2020-1672 du 24 décembre 2020)*

• Dans le cadre de la procédure prévue à l'article 696-114, les personnes mises en examen, témoins assistés ou parties civiles exercent l'intégralité des droits qui leur sont reconnus par le présent code au cours de l'instruction, en particulier le droit d'être assisté par un avocat et d'avoir accès au contenu de la procédure, de formuler une demande d'acte auprès du procureur européen délégué, de présenter une requête en annulation ou de former un recours devant la chambre de l'instruction.

Article 696-130. – Autres dispositions – *(Loi n° 2020-1672 du 24 décembre 2020)*

• Dès lors que le procureur européen délégué a procédé à la mise en examen d'une personne ou l'a placée sous le statut de témoin assisté, ou dès lors que le juge des libertés et de la détention a autorisé l'un des actes prévus aux articles 696-124 ou 696-127 dans des conditions ne permettant pas d'y recourir dans le cadre de l'enquête de flagrance ou de l'enquête préliminaire, le procureur européen délégué :

• 1° Applique les dispositions de l'article 105 à l'ensemble des personnes à l'encontre desquelles il existe des indices graves et concordants d'avoir participé aux faits ;

• 2° Avise la victime de l'infraction de son droit de se constituer partie civile dans les conditions prévues à l'article 80-3.

Article 696-131. – Victime – Constitution de partie civile – *(Loi n° 2020-1672 du 24 décembre 2020)*

• La victime ne peut se constituer partie civile conformément aux articles 87 et 89 que lorsqu'il a été procédé à un des actes mentionnés au premier alinéa de l'article 696-130.

• La partie civile dispose des droits prévus à l'article 89-1.

Sous-section 3
De la clôture de la procédure

Article 696-132. – Informations... – *(Loi n° 2020-1672 du 24 décembre 2020)*

• Aussitôt que la procédure prévue à l'article 696-114 lui paraît terminée, le procureur européen délégué en avise les parties et leurs avocats conformément au I de l'article 175.

• Si les parties en ont fait la demande conformément au III du même article 175, elles disposent d'un délai d'un mois, si une personne mise en examen est détenue, ou de 3 mois, dans les autres cas, pour lui adresser des observations selon les modalités prévues à l'avant-dernier alinéa de l'article 81 ou pour formuler des demandes ou présenter des requêtes sur le fondement du 9e alinéa du même article 81, des articles 82-1 et 82-3, du 1er alinéa de l'article 156 et du 3e alinéa de l'article 173, sous réserve que ces demandes ou requêtes ne soient pas irrecevables en application des articles 82-3 et 173-1. À l'expiration de ce délai, les parties ne peuvent plus adresser de telles observations ni formuler ou présenter de telles demandes ou requêtes.

• À l'issue du délai, le procureur européen délégué procède alors au règlement du dossier au vu des observations éventuelles des parties. Il rend son ordonnance conformément aux articles 176 à 184, sous réserve de la compétence du juge des libertés et de la détention pour, sur réquisitions écrites et motivées du procureur européen délégué, ordonner le maintien de la personne sous assignation à résidence avec surveillance électronique ou en détention provisoire.

• En matière correctionnelle, s'il ne renvoie pas la personne mise en examen devant le tribunal correctionnel et si les conditions prévues à l'article 180-1 sont réunies, le procureur européen délégué peut lui proposer de faire application de la procédure de comparution sur reconnaissance préalable de culpabilité, dont il prononce la mise en œuvre par ordonnance.

• Si les conditions prévues à l'article 180-2 sont réunies, le procureur européen délégué peut prononcer, par ordonnance, la mise en œuvre de la procédure prévue à l'article 41-1-2. Dans les cas mentionnés au dernier alinéa de l'article 180-2, la procédure prévue à l'article 696-114 est reprise à l'égard de la personne morale.

• Les dispositions des 2 premiers alinéas du présent article sont également applicables au témoin assisté.

CHAPITRE III

De l'articulation des compétences entre le procureur européen, les procureurs européens délégués et l'autorité judiciaire française

Article 696-133. – Attributions – *(Loi n° 2020-1672 du 24 décembre 2020)*

• Lorsque le procureur européen conduit personnellement l'enquête en application du 4 de l'article 28 du règlement *(UE)* 2017/1939 du Conseil du 12 octobre 2017 mettant en œuvre une coopération renforcée concernant la création du Parquet européen, il exerce les attributions du procureur européen délégué.

Article 696-134. – Compétence – *(Loi n° 2020-1672 du 24 décembre 2020)*

• Lorsque le Parquet européen décide de ne pas exercer sa compétence, le procureur de la République saisi de l'enquête ou le juge d'instruction saisi de l'information demeurent compétents, y compris dans les cas mentionnés au 6 de l'article 25 du règlement *(UE)* 2017/1939 du Conseil du 12 octobre 2017 précité.

• Tant que le Parquet européen n'a pas statué sur l'exercice de sa compétence, il n'y a pas lieu d'examiner la recevabilité d'une plainte avec constitution de partie civile déposée devant le juge d'instruction pour des faits susceptibles de relever de l'article 696-108 du présent code. La prescription de l'action publique est suspendue jusqu'à la réponse du Parquet européen.

Article 696-135. – Refus de dessaisissement – Procureur de la République – *(Loi n° 2020-1672 du 24 décembre 2020)*

• Lorsque, dans les cas mentionnés au 6 de l'article 25 du règlement *(UE)* 2017/1939 du Conseil du 12 octobre 2017 précité, le procureur de la République saisi de l'enquête refuse de se dessaisir au profit du Parquet européen, le procureur général compétent désigne le magistrat compétent pour poursuivre les investigations.

Article 696-136. – Refus de dessaisissement – Juge d'instruction – *(Loi n° 2020-1672 du 24 décembre 2020)*

• Lorsque, dans les cas mentionnés au 6 de l'article 25 du règlement *(UE)* 2017/1939 du Conseil du 12 octobre 2017 précité, le juge d'instruction saisi de l'information refuse de se dessaisir au profit du Parquet européen, il invite les parties à faire connaître leurs observations dans un délai de 5 jours.

• À l'issue de ce délai, le juge d'instruction rend une ordonnance de refus de dessaisissement qui est notifiée au procureur de la République et aux parties.

• Dans les 5 jours de sa notification, cette ordonnance peut être déférée, à la requête du Parquet européen, du procureur de la République ou des parties, à la chambre criminelle de la Cour de cassation.

• La chambre criminelle de la Cour de cassation désigne, dans les 8 jours suivant la date de réception du dossier, le magistrat compétent pour poursuivre les investigations. L'arrêt de la chambre criminelle est porté à la connaissance du Parquet européen, du juge d'instruction et du ministère public et notifié aux parties. Le juge d'instruction demeure saisi jusqu'à ce que cet arrêt soit porté à sa connaissance.

Article 696-137. – Renvoi de l'affaire aux autorités nationales – *(Loi n° 2020-1672 du 24 décembre 2020)*

• Lorsque le Parquet européen décide de renvoyer l'affaire aux autorités nationales en application de l'article 34 du règlement *(UE)* 2017/1939 du Conseil du 12 octobre 2017 précité, le procureur européen délégué en informe :

• 1° Le procureur de la République compétent dans les cas mentionnés aux 1 à 3 du même article 34 ;

• 2° Le procureur général compétent dans le cas mentionné au 6 dudit article 34.

• Le procureur de la République doit alors indiquer, dans les cas mentionnés aux 2 et 3 du même article 34, s'il accepte ou non de se charger de l'affaire dans un délai maximal de 30 jours à compter de la réception de l'information.

• Lorsque le Parquet européen se dessaisit dans le cadre de la procédure prévue à l'article 696-113 du présent code, les investigations se poursuivent dans le cadre de l'enquête de flagrance ou de l'enquête préliminaire.

• Lorsque le Parquet européen se dessaisit dans le cadre de la procédure prévue à l'article 696-114, les investigations se poursuivent dans le cadre d'une information judiciaire.

TITRE XI

DES INFRACTIONS EN MATIÈRE MILITAIRE ET DES CRIMES ET DÉLITS CONTRE LES INTÉRÊTS FONDAMENTAUX DE LA NATION

CHAPITRE Ier

De la poursuite, de l'instruction et du jugement des infractions en matière militaire en temps de paix

Section I

Compétence

Article 697. – Compétence – *(Ordonnance n° 2019-964 du 18 septembre 2019)*

• Dans le ressort d'une ou de plusieurs cours d'appel, un tribunal judiciaire est compétent pour l'instruction et, s'il s'agit de délits, le jugement des infractions mentionnées à l'article 697-1.

• Des magistrats sont affectés, après avis de l'assemblée générale, aux formations de jugement, spécialisées en matière militaire, de ce tribunal.

• Dans le même ressort, une cour d'assises est compétente pour le jugement des crimes mentionnés à l'article 697-1.

• Un décret pris sur le rapport conjoint du garde des sceaux, ministre de la justice, et du ministre chargé de la défense fixe la liste de ces juridictions.

V • **Homicide involontaire – Mise en danger d'autrui – Justice militaire – Procédure – Désignation de la juridiction chargée de l'instruction ou du jugement – Connaissance de la qualité de la personne mise en cause – Actes antérieurs – Validité**

Contre l'arrêt de la chambre de l'instruction de la cour d'appel de MONTPELLIER, en date du 18/06/2009, qui, dans l'information suivie, sur leur plainte, contre personne non dénommée des chefs d'homicide involontaire et de mise en danger d'autrui, après avoir prononcé sur la demande d'annulation de la procédure, a évoqué et constaté la prescription;

« 2) alors que, en matière de délit, la prescription de l'action publique est triennale; que si les pièces de procédure concomitantes et postérieures à l'arrêt du 04/10/2007 ayant ordonné un supplément d'information avec le placement sous le statut de témoin assisté de l'adjudant Z... devaient nécessairement être annulées, comme contraires aux dispositions ayant institué une compétence spécifique, et ne pouvaient interrompre la prescription de l'action publique, en revanche l'appel des parties civiles du 10/05/2007, dirigé contre l'ordonnance de non-lieu, constituait le dernier acte de procédure ayant régulièrement interrompu la prescription de l'action publique; que, dès lors, dans le cadre de son évocation, la chambre de l'instruction ne pouvait, le 18/06/2009, déclarer l'action publique éteinte dans la mesure où, à cette date, le délai triennal de prescription n'était pas encore acquis »;

Mais attendu qu'en prononçant ainsi, alors que l'ouverture de l'information a été faite contre personne non dénommée et que la mise en cause d'un militaire n'est apparue qu'au moment du placement de l'adjudant Didier Z... sous le statut de témoin assisté par le juge d'instruction désigné dans le cadre du supplément d'information ordonné par la chambre de l'instruction, l'arrêt attaqué a méconnu les articles visés au moyen;

D'où il suit que la cassation est encourue;

Par ces motifs:

CASSE et ANNULE, en toutes ses dispositions, l'arrêt susvisé de la chambre de l'instruction de la cour d'appel de Montpellier en date du 18/06/2009, et pour qu'il soit à nouveau jugé, conformément à la loi;

RENVOIE la cause et les parties devant la chambre de l'instruction de la cour d'appel de Toulouse, à ce désignée par délibération spéciale prise en chambre du conseil;

ORDONNE l'impression du présent arrêt, sa transcription sur les registres du greffe de la chambre de l'instruction de la cour d'appel de Montpellier, sa mention en marge ou à la suite de l'arrêt annulé;

Résumé: L'incompétence du juge d'instruction pour informer contre les personnes entrant dans les prévisions des articles 697 et suivants du code de procédure pénale n'existe légalement qu'à partir du moment où la qualité de ces personnes ou de l'une d'elles résulte des éléments du dossier soumis à ce magistrat et parvient avec certitude à sa connaissance. Encourt la cassation l'arrêt de la chambre de l'instruction qui annule l'ensemble de la procédure en retenant une exception d'incompétence au profit de la juridiction militaire alors que l'ouverture de l'information a été faite contre personne non dénommée et que la mise en cause d'un militaire n'est apparue qu'au moment du placement d'un adjudant sous le statut de témoin assisté par le juge d'instruction désigné dans le cadre d'un supplément d'information ordonné par la chambre de l'instruction

(Cour de cassation – Chambre criminelle du 7 septembre 2010 – N° de pourvoi: 09-87625).

Article 697-1. – Infractions militaires – Crimes et délits de droit commun commis dans l'exécution du service par les militaires – *(Loi n° 2011-1862 du 13 décembre 2011 + Décision n° 2018-756 QPC du 17 janvier 2019)*

• Les juridictions mentionnées à l'article 697 connaissent des crimes et des délits commis sur le territoire de la République par les militaires dans l'exercice du service.

• Ces juridictions sont compétentes à l'égard de toutes personnes majeures, auteurs ou complices, ayant pris part à l'infraction.

• Par dérogation aux dispositions du premier alinéa ci-dessus, ces juridictions ne peuvent connaître des infractions de droit commun commises par les militaires de la gendarmerie dans l'exercice de leurs fonctions relatives à la police judiciaire ou à la police administrative; elles restent néanmoins compétentes à leur égard pour les infractions commises dans le service du maintien de l'ordre.

• Si le tribunal correctionnel mentionné à l'article 697 se déclare incompétent pour connaître des faits dont il a été saisi, il renvoie le ministère public à se pourvoir ainsi qu'il avisera; il peut, le ministère public entendu, décerner par la même décision mandat de dépôt ou d'arrêt contre le prévenu.

QPC • *Les mots: « elles restent néanmoins compétentes à leur égard pour les infractions commises dans le service du maintien de l'ordre » figurant au 3e alinéa de l'article 697-1 du code de procédure pénale, dans sa rédaction résultant de la loi n° 2011-1862 du 13/12/2011 relative à la répartition des contentieux et à l'allégement de certaines procédures juridictionnelles, sont conformes à la Constitution.*

(Décision n° 2018-756 QPC du 17 janvier 2019)

J • **Infractions à la législation sur les stupéfiants – Violation du secret professionnel**

REJET sur le pourvoi formé par M. L... N..., contre l'arrêt de la cour d'appel de DIJON, chambre correctionnelle, en date du 29/11/2018, qui, pour violation du secret professionnel, l'a condamné à 500 € d'amende avec sursis.

Attendu qu'il résulte de l'arrêt attaqué et des pièces de procédure que dans le cadre d'une information judiciaire ouverte des chefs d'infractions à la législation sur les stupéfiants, des interceptions téléphoniques ont permis aux gendarmes de la brigade de recherches de Châlons sur Saône de surprendre, le 12/12/2016, une conversation entre C... U... et un tiers, au cours de laquelle celui-ci annonçait avoir appris, par sa mère, Mme D... Q..., qu'une enquête judiciaire le concernant était en cours; que Mme Q..., médecin, a expliqué avoir obtenu cette information de l'un de ses patients reçu le même jour en consultation, M. N..., gendarme affecté dans les locaux de cette unité; que les investigations ont établi que M. N... a pris connaissance de la conversation téléphonique du 12/12/2016, après avoir entendu ses collègues s'en émouvoir, et en a fait état auprès de Mme Q..., lors d'une conversation; que M. N... a été cité devant la juridiction de droit commun sous la prévention de violation du secret professionnel; que par jugement du 17/11/2017, le tribunal correctionnel a fait droit à l'exception d'incompé-

tence soulevée par le prévenu sur le fondement des dispositions de l'article 697-1 du C.P.P., et a renvoyé le ministère public à mieux se pourvoir; que ce dernier en a interjeté appel;

Attendu que pour rejeter l'exception d'incompétence soulevée par M. N..., l'arrêt énonce que le prévenu a admis qu'il savait qu'il y avait une enquête en cours sur le fils de son médecin traitant, a reconnu avoir consulté la procédure concernant ce mis en cause et avoir vérifié la teneur d'une communication téléphonique interceptée sur la centrale d'écoutes Foretec; que les juges relèvent que la révélation d'informations couvertes par le secret de l'enquête, dont le prévenu a pu avoir connaissance à l'occasion de ses fonctions mais hors l'exercice de son service, comme ne participant pas à l'enquête, a eu lieu au cours de conversations privées entre le prévenu et son médecin, en dehors de tout exercice du service de l'intéressé; qu'ils en déduisent que l'exception d'incompétence n'est pas fondée;

Attendu qu'en l'état de ces énonciations, et dès lors qu'il n'importe que les juges n'aient pas répondu à l'argumentation du prévenu tirée de ce qu'il a bénéficié de la protection prévue à l'article L. 4123-10 du Code de la défense, laquelle est sans incidence au regard de la compétence de la juridiction de droit commun, la cour d'appel a fait l'exacte application de l'article 697-1 du C.P.P.;

Qu'en effet, n'est pas commis dans l'exercice du service, le fait, pour un militaire, de révéler, dans un cadre privé, une information obtenue à l'occasion de ses fonctions, fût-ce par l'utilisation des moyens mis à sa disposition pour l'exercice de ses fonctions;

D'où il suit que le moyen doit être écarté;

Et attendu que l'arrêt est régulier en la forme;

REJETTE le pourvoi.

(Cour de cassation – Chambre criminelle du 10 décembre 2019 – N° de pourvoi: 19-80479).

Article 697-2. – Infractions commises à bord de navire, aéronef – *(Loi n° 2011-1862 du 13 décembre 2011)*

• Les juridictions spécialisées en matière militaire mentionnées à l'article 697, dans le ressort desquelles est situé soit le port d'attache d'un navire de la marine nationale, soit l'aérodrome de rattachement d'un aéronef militaire, sont compétentes pour connaître de toute infraction commise à bord ou à l'encontre de ce navire ou de cet aéronef, en quelque lieu qu'il se trouve.

ARTICLE ANNEXE. – *(Décret n° 2014-1443 du 3 décembre 2014)*

LISTE ET RESSORT DES JURIDICTIONS COMPÉTENTES POUR CONNAÎTRE DES INFRACTIONS ENTRANT DANS LES CATÉGORIES MENTIONNÉES AUX ARTICLES 697-1 ET 702 *(ALINÉA 2)* DU CODE DE PROCÉDURE PÉNALE

TRIBUNAUX judiciaires compétents	COURS D'ASSISES COMPÉTENTES	COMPÉTENCE TERRITORIALE s'étendant au ressort des cours d'appel ou du tribunal supérieur d'appel de :
Bordeaux	Cour d'assises de la Gironde	Bordeaux, Limoges, Pau.
Lille	Cour d'assises du Nord	Amiens, Douai, Reims, Rouen.
Lyon	Cour d'assises du Rhône	Chambéry, Grenoble, Lyon, Riom.
Marseille	Cour d'assises des Bouches-du-Rhône	Aix-en-Provence, Bastia, Nîmes.
Metz	Cour d'assises de la Moselle	Besançon, Colmar, Dijon, Metz, Nancy.
Paris	Cour d'assises de Paris	Bourges, Paris, Orléans, Versailles, Nouméa, Papeete, Saint-Denis, Saint-Pierre.
Rennes	Cour d'assises d'Ille-et-Vilaine	Angers, Caen, Poitiers, Rennes.
Cayenne	Cour d'assises de la Guyane	Basse-Terre, Cayenne, Fort-de-France.
Toulouse	Cour d'assises de la Haute-Garonne	Toulouse, Montpellier, Agen.

Article 697-3. – Compétence territoriale – *(Loi n° 92-1336 du 16 décembre 1992)*

• La compétence territoriale des juridictions mentionnées à l'article 697 est déterminée conformément aux articles 43, 52, 382 et 663. Sont également compétentes les juridictions du lieu de l'affectation ou du débarquement. En outre, la juridiction territorialement compétente à l'égard des personnels des navires convoyés est celle à laquelle seraient déférés les personnels du navire convoyeur.

Article 697-4. – Juridictions compétentes – *(Ordonnance n° 2019-964 du 18 septembre 2019)*

• Les juridictions mentionnées à l'article 697 ayant leur siège à Paris sont également compétentes pour connaître des crimes et des délits commis hors du territoire de la République par les membres des forces armées françaises ou à l'encontre de celles-ci dans les cas prévus au chapitre Ier du titre II du livre Ier du Code de justice militaire. En outre, un ou plusieurs magistrats affectés aux formations du tribunal correctionnel de Paris spécialisées en matière militaire sont chargés, par ordonnance du président du tribunal judiciaire, du jugement des contraventions commises dans ces circonstances.

• Le président du tribunal judiciaire de Paris et le procureur de la République près ce tribunal désignent, respectivement, un ou plusieurs juges d'instruction et magistrats du parquet chargés spécialement de l'enquête, de la poursuite et de l'instruction des infractions mentionnées au 1er alinéa.

Article 697-5. – Chambre détachée – Tribunal judiciaire de Paris – Matière militaire – *(Ordonnance n° 2019-964 du 18 septembre 2019)*

• Pour le jugement des délits et des contraventions mentionnés à l'article 697-4, une chambre détachée du tribunal judiciaire de Paris spécialisée en matière militaire peut être instituée à titre temporaire hors du territoire de la République par décret en Conseil d'État dans les conditions prévues par les traités et accords internationaux.

Section II

Procédure

Article 698. – Instruction – Jugement – *(Loi n° 2011-1862 du 13 décembre 2011)*

• Les infractions relevant de la compétence des juridictions mentionnées aux articles 697 et 697-4 sont poursuivies, instruites et jugées selon les règles du présent code, sous réserve des dispositions particulières des articles 698-1 à 698-9 et, s'agissant des infractions commises hors du territoire de la République, des dispositions particulières du Code de justice militaire.

• Toutefois, le procureur de la République compétent en application de l'article 43 a qualité pour accomplir ou faire accomplir les actes nécessités par l'urgence et requérir à cet effet le juge d'instruction de son siège. Les dispositions des articles 698-1 à 698-5sont alors applicables.

Article 698-1. – Action publique – *(Loi n° 2011-1862 du 13 décembre 2011 + Décision n° 2015-461 QPC du 24 avril 2015)*

• Sans préjudice de l'application de l'article 36, l'action publique est mise en mouvement par le procureur de la République territorialement compétent, qui apprécie la suite à donner aux faits portés à sa connaissance, notamment par la dénonciation du ministre chargé de la défense ou de l'autorité militaire habilitée par lui. À défaut de cette dénonciation, le procureur de la République doit demander préalablement à tout acte de poursuite, y compris en cas de réquisitoire contre personne non dénommée, de réquisitoire supplétif ou de réquisitions faisant suite à une plainte avec constitution de partie civile, sauf en cas de crime ou de délit flagrant, l'avis du ministre chargé de la défense ou de l'autorité militaire habilitée par lui. Hormis le cas d, cet avis est donné dans le délai d'un mois. L'avis est demandé par tout moyen dont il est fait mention au dossier de la procédure.

• La dénonciation ou l'avis figure au dossier de la procédure, à peine de nullité, sauf si cet avis n'a pas été formulé dans le délai précité ou en cas d'urgence.

• L'autorité militaire visée au premier alinéa du présent article est habilitée par arrêté du ministre chargé de la défense.

ARRÊTÉ DU 14 FÉVRIER 2001

relatif à la désignation des autorités militaires habilitées à dénoncer les infractions ou à donner un avis préalable en matière de poursuites pénales

NOR : DEFD0101205A – Version consolidée au 04 mai 2017

Article 1er. – *(Arrêté du 17 février 2017)*

• Les autorités militaires ci-après désignées sont habilitées soit à dénoncer les infractions ressortissant, selon le cas, aux juridictions de droit commun spécialisées en matière militaire, soit à donner un avis sur les suites que ces infractions pourraient comporter :

• **I.** – Sur le territoire de la République :

• Les commandants de zone terre ;

• Les commandants d'arrondissements maritimes ;

• Le commandant de la marine à Paris ;

.../...

• Le directeur des ressources humaines de l'armée de l'air;• Les commandants de région de gendarmerie
• Les commandants supérieurs dans les départements et territoires d'outre-mer;
• Les commandants territoriaux de la gendarmerie outre-mer.
• **II.** – Hors du territoire de la République:
• Le commandant des forces françaises et de l'élément civil stationnés en Allemagne;
• Le commandant des forces françaises stationnées à Djibouti;
• Le commandant des éléments français au Sénégal;
• Le commandant des éléments français au Gabon;
• Le commandant des forces françaises stationnées aux Émirats arabes unis;
• Le commandant des forces françaises stationnées en Côte d'Ivoire.

Article 2.
• Une instruction ministérielle précise les conditions d'application du présent arrêté dans chaque armée et la gendarmerie.

Article 698-2. – Action civile – *(Loi n° 2013-1168 du 18 décembre 2013 + Décision n° 2019-803 QPC du 27 septembre 2019)*

• L'action civile en réparation du dommage causé par l'une des infractions mentionnées au premier alinéa des articles 697-1 ou 697-4 appartient à ceux qui ont personnellement souffert du dommage directement causé par l'infraction. L'action publique peut être mise en mouvement par la partie lésée dans les conditions déterminées aux articles 85 et suivants.

• Toutefois, l'action publique ne peut être mise en mouvement que par le procureur de la République lorsqu'il s'agit de faits commis dans l'accomplissement de sa mission par un militaire engagé dans le cadre d'une opération mobilisant des capacités militaires, se déroulant à l'extérieur du territoire français ou des eaux territoriales françaises, quels que soient son objet, sa durée ou son ampleur, y compris la libération d'otages, l'évacuation de ressortissants ou la police en haute mer.

QPC • *Conformément à l'article 1er. de la Décision n° 2019-803 QPC du 27/09/2019:*
• *Le 2d alinéa de l'article 698-2 du C.P.P., dans sa rédaction résultant de la loi n° 2013-1168 du 18/12/2013 relative à la programmation militaire pour les années 2014 à 2019 et portant diverses dispositions concernant la défense et la sécurité nationale, est conforme à la Constitution.*
(Décision n° 2019-803 du 27 septembre 2019)

Article 698-3. – Réquisitions – Autorités militaires – *(Loi n° 92-1336 du 16 décembre 1992)*

• Lorsque le procureur de la République, le juge d'instruction et les officiers de police judiciaire sont amenés, soit à constater des infractions dans les établissements militaires, soit à rechercher, en ces mêmes lieux, des personnes ou des objets relatifs à ces infractions, ils doivent adresser à l'autorité militaire des réquisitions tendant à obtenir l'entrée dans ces établissements.

• Les réquisitions doivent, sauf nécessité, préciser la nature et les motifs des investigations jugées nécessaires. L'autorité militaire est tenue de s'y soumettre et se fait représenter aux opérations.

• Le procureur de la République, le juge d'instruction et les officiers de police judiciaire veillent, en liaison avec le représentant qualifié de l'autorité militaire, au respect des prescriptions relatives au secret militaire. Le représentant de l'autorité militaire est tenu au respect du secret de l'enquête et de l'instruction.

Article 698-4. – O.P.J. – Mise à disposition – *(Loi n° 92-1336 du 16 décembre 1992)*

• Les supérieurs hiérarchiques doivent satisfaire à la demande des officiers de police judiciaire tendant à mettre à leur disposition un militaire en activité de service, lorsque soit les nécessités de l'enquête, soit l'exécution d'une commission rogatoire ou d'un mandat de justice exigent cette mesure.

Article 698-5. – Application – *(Loi n° 2013-1168 du 18 décembre 2013)*

• Les articles L. 123-1 à L. 123-5, L. 211-12, L. 211-13, L. 211-22, L. 211-24, L. 221-3, L. 261-6, L. 262-2, L. 264-3, L. 264-5, L. 265-1, L. 265-3, L. 266-2, L. 267-1, L. 267-2, L. 268-2 et le deuxième alinéa de l'article L. 311-2 du Code de justice militaire sont applicables. Conformément à l'article L. 211-21 du même code, la personne mise en examen, le prévenu ou le condamné militaire doit être détenu dans des locaux séparés.

Article 698-6. – Cour d'Assises – *(Loi n° 2021-1729 du 22 décembre 2021)*

• Par dérogation aux dispositions du titre Ier du livre II, notamment aux articles 240 et 248,

1er alinéa, et sous réserve des dispositions de l'article 698-7, la cour d'assises prévue par les articles 697 et 697-4 est composée d'un président et, lorsqu'elle statue en 1er ressort, de 4 assesseurs, ou lorsqu'elle statue en appel, de 6 assesseurs. Ces assesseurs sont désignés comme il est dit aux alinéas 2 et 3 de l'article 248 et aux articles 249 à 253. Le 1er président de la cour d'appel peut désigner, lorsque la cour d'assises statue en 1er ressort, 2 assesseurs au plus, parmi les magistrats exerçant à titre temporaire ou les magistrats honoraires exerçant des fonctions juridictionnelles dans les conditions prévues à la section II du chapitre V *bis* de l'ordonnance n° 58-1270 du 22 décembre 1958 portant loi organique relative au statut de la magistrature. Lorsqu'elle statue en appel, il peut désigner 3 assesseurs au plus, parmi les magistrats honoraires exerçant des fonctions juridictionnelles dans les conditions prévues à la même section II.

• La cour ainsi composée applique les dispositions du titre Ier du livre II sous les réserves suivantes :

• 1° Il n'est pas tenu compte des dispositions qui font mention du jury ou des jurés ;

• 2° Les dispositions des articles 254 à 267, 282, 288 à 292, 293, alinéas 2 et 3, 295 à 305 ne sont pas applicables ;

• 3° Pour l'application des articles 359, 360 et 362, les décisions sont prises à la majorité.

• Les 2 derniers alinéas de l'article 347 ne sont pas applicables et la cour d'assises peut délibérer en étant en possession de l'entier dossier de la procédure.

• Par dérogation aux dispositions du 2e alinéa de l'article 380-1, en cas d'appel d'une décision d'une cour d'assises composée comme il est dit au présent article, la chambre criminelle de la Cour de cassation peut désigner la même cour d'assises, autrement composée, pour connaître de l'appel.

V • **Poursuite – Instruction et jugement des infractions en matière de trafic de stupéfiants** *(C.P.P. art. 706-27).*

D • Il convient de rappeler que les articles 706-27 et 698-6 du C.P.P. prévoit que par dérogation aux règles de droit commun, les cours d'assises énumérées à l'article D. 472 du même code (compétentes en matière de trafic de stupéfiants), sont composées d'un président et de six assesseurs choisis selon les dispositions de l'article 249 du C.P.P., parmi les magistrats du siège de la Cour d'Appel et les Tribunaux de Grande Instance.

• Par ailleurs ces cours d'assises ne sont compétentes pour juger de tels faits que s'ils ont été commis à compter du 19 mars 1994 *(Circ. CRIM n° 94-17/F.1 du 22-12-1994).*

Article 698-7. – Divulgation d'un secret de la défense nationale – *(Loi n° 2000-516 du 15 juin 2000)*

• Les dispositions de l'article 698-6 ne sont applicables, pour le jugement des crimes de droit commun commis dans l'exécution du service par les militaires, que s'il existe un risque de divulgation d'un secret de la défense nationale.

• Lorsque la mise en accusation est prononcée en application de l'article 214, premier alinéa, la chambre de l'instruction constate dans son arrêt, s'il y a lieu, qu'il existe un risque de divulgation d'un secret de la défense nationale et ordonne que la cour d'assises saisie soit composée conformément aux dispositions de l'article 698-6.

Article 698-8. – Peines militaires de destitution et perte du grade – *(Loi n° 92-1336 du 16 décembre 1992)*

• Les juridictions compétentes pour juger les infractions prévues par le livre III du Code de justice militaire peuvent également prononcer les peines militaires de la destitution et de la perte du grade.

Article 698-9. – Débats à huit clos – *(Loi n° 2011-1862 du 13 décembre 2011)*

• Les juridictions de jugement mentionnées aux articles 697 et 697-5 peuvent, en constatant dans leur décision que la publicité risque d'entraîner la divulgation d'un secret de la défense nationale, ordonner, par décision rendue en audience publique, que les débats auront lieu à huis clos. Lorsque le huis clos a été ordonné, celui-ci s'applique au prononcé des jugements séparés qui peuvent intervenir sur des incidents ou exceptions.

• La décision au fond est toujours prononcée en audience publique.

CHAPITRE II

Des juridictions compétentes en cas de guerre, de mobilisation, d'état de siège ou d'état d'urgence

Article 699. – Tribunaux des forces armées – *(Loi n° 92-1336 du 16 décembre 1992)*

• En temps de guerre, les tribunaux des forces armées sont immédiatement établis.

• Jusqu'à leur mise en place effective, les affaires de leur compétence sont portées devant les juridictions mentionnées à l'article 697. Celles-ci se dessaisissent des affaires au profit des tribunaux des forces armées dès que ceux-ci les revendiquent.

Article 699-1. – Code de justice militaire – *(Loi n° 92-1336 du 16 décembre 1992)*
• Lorsque le Gouvernement décide l'application des mesures de mobilisation ou de mise en garde dans les conditions prévues par l'ordonnance n° 59-147 du 7 janvier 1959 portant organisation générale de la défense, les dispositions du Code de justice militaire relatives au temps de guerre peuvent être rendues applicables par décret en conseil des ministres pris sur le rapport du garde des sceaux, ministre de la justice, et du ministre chargé de la défense.

Article 700. – État de siège ou état d'urgence – *(Loi n° 92-1336 du 16 décembre 1992)*
• En cas d'état de siège ou d'état d'urgence déclaré, un décret en conseil des ministres, pris sur le rapport du garde des sceaux, ministre de la justice, et du ministre chargé de la défense, peut établir des tribunaux territoriaux des forces armées dans les conditions prévues par le Code de justice militaire.
• La compétence de ces tribunaux résulte des dispositions du Code de justice militaire pour le temps de guerre et des dispositions particulières des lois sur l'état de siège ou l'état d'urgence.
• En ce qu'elles concernent la procédure, les lois sur l'état de siège et l'état d'urgence ne sont applicables que si elles sont compatibles avec les dispositions de procédure pénale militaire relatives au temps de guerre.

CHAPITRE III
Des crimes et délits contre les intérêts fondamentaux de la nation

Article 701. – Temps de guerre – *(Loi n° 92-1336 du 16 décembre 1992)*
• En temps de guerre, les crimes et délits contre les intérêts fondamentaux de la Nation et les infractions qui leur sont connexes sont instruits et jugés par les juridictions des forces armées ainsi qu'il est dit au Code de justice militaire.
• Toutefois, le procureur de la République a qualité pour accomplir ou faire accomplir les actes nécessités par l'urgence et requérir à cet effet le juge d'instruction de son siège. Les dispositions des articles 698-1 à 698-5 sont alors applicables.
• Il doit se dessaisir ou requérir le dessaisissement du juge d'instruction dès que l'urgence a cessé.

Article 702. – Temps de paix – *(Ordonnance n° 2019-964 du 18 septembre 2019)*
• En temps de paix, les crimes et délits contre les intérêts fondamentaux de la Nation sont instruits et jugés par les juridictions de droit commun et selon les règles du présent code.
• Lorsque les faits poursuivis constituent un crime ou un délit prévu et réprimé par les articles 411-1 à 411-11 et 413-1 à 413-12 du Code pénal ou une infraction connexe, la compétence est dévolue aux juridictions prévues et organisées par les articles 697 et 698-6. Sont également compétents sur toute l'étendue du territoire national le procureur de la République, le tribunal judiciaire et la cour d'assises de Paris selon les modalités déterminées aux articles 628-1 à 628-6 et 698-6.
• Si le tribunal correctionnel mentionné à l'article 697 se déclare incompétent pour connaître des faits dont il a été saisi, il renvoie le ministère public à se pourvoir ainsi qu'il avisera ; il peut, le ministère public entendu, décerner par la même décision mandat de dépôt ou d'arrêt contre le prévenu.

TITRE XII
DES DEMANDES PRÉSENTÉES EN VUE D'ÊTRE RELEVÉ DES INTERDICTIONS, DÉCHÉANCES, INCAPACITÉS OU MESURES DE PUBLICATION

Article 702-1. – Modalités des demandes – *(Loi n° 2009-1436 du 24 novembre 2009)*
• Toute personne frappée d'une interdiction, déchéance ou incapacité ou d'une mesure de publication quelconque résultant de plein droit d'une condamnation pénale ou prononcée

dans le jugement de condamnation à titre de peine complémentaire peut demander à la juridiction qui a prononcé la condamnation ou, en cas de pluralité de condamnations, à la dernière juridiction qui a statué, de la relever, en tout ou partie, y compris en ce qui concerne la durée, de cette interdiction, déchéance ou incapacité. Si la condamnation a été prononcée par une cour d'assises, la juridiction compétente pour statuer sur la demande est la chambre de l'instruction dans le ressort de laquelle la cour d'assises a son siège.

• Lorsque la demande est relative à une déchéance, interdiction ou incapacité prononcée en application de l'article L. 626-6 du Code de commerce, la juridiction ne peut accorder le relèvement que si l'intéressé a apporté une contribution suffisante au paiement du passif du débiteur. La juridiction peut accorder, dans les mêmes conditions, le relèvement des interdictions, déchéances et incapacités résultant des condamnations pour banqueroute prononcées en application des articles 126 à 149 de la loi n° 67-563 du 13 juillet 1967 sur le règlement judiciaire, la liquidation des biens, la faillite personnelle et les banqueroutes.

• Sauf lorsqu'il s'agit d'une mesure résultant de plein droit d'une condamnation pénale, la demande ne peut être portée devant la juridiction compétente qu'à l'issue d'un délai de six mois après la décision initiale de condamnation. En cas de refus opposé à cette première demande, une autre demande ne peut être présentée que six mois après cette décision de refus. Il en est de même, éventuellement, des demandes ultérieures. En cas d'interdiction du territoire prononcée à titre de peine complémentaire à une peine d'emprisonnement, la première demande peut toutefois être portée devant la juridiction compétente avant l'expiration du délai de six mois en cas de remise en liberté. La demande doit être déposée au cours de l'exécution de la peine.

• Les dispositions du deuxième alinéa *(1°)* de l'article 131-6 du Code pénal permettant de limiter la suspension du permis de conduire à la conduite en dehors de l'activité professionnelle sont applicables lorsque la demande de relèvement d'interdiction ou d'incapacité est relative à la peine de suspension du permis de conduire.

• Pour l'application du présent article, le tribunal correctionnel est composé d'un seul magistrat exerçant les pouvoirs du président. Il en est de même de la chambre des appels correctionnels ou de la chambre de l'instruction, qui est composée de son seul président, siégeant à juge unique. Ce magistrat peut toutefois, si la complexité du dossier le justifie, décider d'office ou à la demande du condamné ou du ministère public de renvoyer le jugement du dossier devant la formation collégiale de la juridiction. Le magistrat ayant ordonné ce renvoi fait alors partie de la composition de cette juridiction. La décision de renvoi constitue une mesure d'administration judiciaire qui n'est pas susceptible de recours.

V • Code Pénal – art. 136-6 – Peines privatives ou restrictives de liberté.

J • **Substitut à une peine d'emprisonnement – Demande de relèvement – Limites à la suspension – Étendue** – *Conformément à l'article 702-1, dernier alinéa, du Code de procédure pénale, la juridiction statuant sur une demande de relèvement de la suspension du permis de conduire a désormais, en toute hypothèse, qu'il s'agisse d'une peine complémentaire ou d'une peine alternative, la faculté de limiter cette mesure à la conduite en dehors de l'activité professionnelle, dans les conditions prévues par les dispositions de l'article 131-6/1° du Code pénal.* (Cass. CRIM du 26 juillet 1994 – B.C.C. n° 398).

Article 703. – Demande présentée par un condamné – *(Loi n° 93-2 du 4 janvier 1993)*

• Toute demande présentée par un condamné en vue d'être relevé d'une interdiction, d'une déchéance, d'une incapacité ou d'une mesure de publication, formée en application des dispositions du premier alinéa de l'article 702-1 précise la date de la condamnation ainsi que les lieux où a résidé le requérant depuis sa condamnation ou sa libération.

• Elle est adressée, selon le cas, au procureur de la République ou au procureur général qui s'entoure de tous les renseignements utiles, prend, s'il y a lieu, l'avis du juge de l'application des peines et saisit la juridiction compétente.

• La juridiction saisie statue en chambre du conseil sur les conclusions du ministère public, le requérant ou son conseil entendus ou dûment convoqués. S'il paraît nécessaire d'entendre un condamné qui se trouve détenu, il peut être procédé conformément aux dispositions de l'article 712 du présent code.

• La décision est signifiée à la requête du ministère public lorsqu'elle est rendue hors de la présence du requérant ou de son conseil. Elle peut être, selon le cas, frappée d'appel ou déférée à la Cour de cassation.

• Mention de la décision par laquelle un condamné est relevé totalement ou partiellement d'une interdiction, déchéance, incapacité ou d'une mesure de publication est faite en marge du jugement ou de l'arrêt de condamnation et au casier judiciaire.

TITRE XIII

DE LA PROCÉDURE APPLICABLE AUX INFRACTIONS EN MATIÈRE ÉCONOMIQUE ET FINANCIÈRE

CHAPITRE Ier

Des compétences des juridictions interrégionales spécialisées en matière économique et financière

Article 704. – Extension – Compétence territoriale d'un tribunal judiciaire – *(Loi n° 2021-1729 du 22 décembre 2021)*

• Dans les affaires qui sont ou apparaîtraient d'une grande complexité, en raison notamment du grand nombre d'auteurs, de complices ou de victimes ou du ressort géographique sur lequel elles s'étendent, la compétence territoriale d'un tribunal judiciaire peut être étendue au ressort de plusieurs cours d'appel pour l'enquête, la poursuite, l'instruction et, s'il s'agit de délits, le jugement des infractions suivantes :

• 1° Délits prévus par les articles 222-38, 223-15-2, 313-1 et 313-2, 313-6, 314-1 et 314-2, 323-1 à 323-4-1, 324-1 et 324-2, 432-10 à 432-15, 433-1 et 433-2, 434-9, 434-9-1, 442-1 à 442-8 et 321-6-1 du Code pénal ;

• 2° Délits prévus par le Code de commerce ;

• 3° Délits prévus par le Code monétaire et financier ;

• 4° Délits prévus par le Code de la construction et de l'habitation ;

• 5° Délits prévus par le Code de la propriété intellectuelle ;

• 6° Délits prévus par les articles 1741 à 1753 *bis* A du Code général des impôts ;

• 7° Délits prévus par le Code des douanes ;

• 8° Délits prévus par le Code de l'urbanisme ;

• 9° Délits prévus par le Code de la consommation ;

• 10° Délits prévus aux articles L. 106 à L. 109 du Code électoral ;

• 11° *(Abrogé)* ;

• 12° Délits prévus par les articles L. 324-3, L. 324-4, L. 324-13 et L. 324-14 du Code de la sécurité intérieure ;

• 13° Délits prévus par la loi du 28 mars 1885 sur les marchés à terme ;

• 14° *(Abrogé)* ;

• 15° Délits prévus par la loi n° 86-897 du 1er août 1986 portant réforme du régime juridique de la presse ;

• 16° *(Abrogé)*.

• La compétence des juridictions mentionnées au 1er alinéa s'étend aux infractions connexes.

• Un décret fixe la liste et le ressort de ces juridictions, qui comprennent une section du parquet et des formations d'instruction et de jugement spécialisées pour connaître de ces infractions.

• Au sein de chaque tribunal judiciaire dont la compétence territoriale est étendue au ressort d'une ou plusieurs cours d'appel, le 1er président, après avis du président du tribunal judiciaire donné après consultation de la commission restreinte de l'assemblée des magistrats du siège, désigne un ou plusieurs juges d'instruction et magistrats du siège chargés spécialement de l'instruction et, s'il s'agit de délits, du jugement des infractions entrant dans le champ d'application du présent article. Pour siéger au sein du tribunal correctionnel, peuvent être désignés des magistrats honoraires exerçant des fonctions juridictionnelles dans les conditions prévues à la section II du chapitre V *bis* de l'ordonnance n° 58-1270 du 22 décembre 1958 portant loi organique relative au statut de la magistrature. Le procureur général, après avis du procureur de la République, désigne un ou plusieurs magistrats du parquet chargés de l'enquête et de la poursuite des infractions entrant dans le champ d'application du présent article.

• Au sein de chaque cour d'appel dont la compétence territoriale est étendue au ressort d'une ou plusieurs cours d'appel, le 1er président, après consultation de la commission restreinte de l'assemblée des magistrats du siège, et le procureur général désignent, respectivement, des magistrats du siège et du parquet général chargés spécialement du jugement des délits et du traitement des affaires entrant dans le champ d'application du présent article. Pour siéger au sein de la chambre des appels correctionnels, peuvent être désignés des magistrats honoraires exerçant des fonctions juridictionnelles dans les conditions prévues à la section II du chapitre V *bis* de l'ordonnance n° 58-1270 du 22 décembre 1958 précitée.

• Dans le ressort de certaines cours d'appel, dont la liste est fixée par décret, un tribunal judiciaire est compétent pour l'enquête, la poursuite, l'instruction et, s'il s'agit de délits, le jugement de ces infractions, dans les affaires qui sont ou apparaîtraient d'une grande complexité.

• La compétence de ces juridictions s'étend aux infractions connexes.

• Un décret fixe la liste de ces juridictions, qui comprennent une section du parquet et des formations d'instruction et de jugement spécialisées pour connaître de ces infractions.

Article 704-1. – Compétence concurrente – *(Ordonnance n° 2019-964 du 18 septembre 2019)*

• Pour la poursuite, l'instruction et, s'il s'agit de délits, le jugement des infractions prévues à l'article 704 et des infractions connexes, le procureur de la République, le juge d'instruction et la formation correctionnelle spécialisée du tribunal judiciaire visé au même article exercent une compétence concurrente à celle qui résulte de l'application des articles 43, 52, 382 et 706-42.

• Lorsqu'ils sont compétents pour la poursuite et l'instruction des infractions entrant dans le champ d'application de l'article 704, le procureur de la République et le juge d'instruction exercent leurs attributions sur toute l'étendue du ressort fixé en application de l'article 704.

• La juridiction saisie reste compétente quelles que soient les incriminations retenues lors du règlement ou du jugement de l'affaire sous réserve de l'application des dispositions des articles 181 et 469. Si les faits constituent une contravention, le juge d'instruction prononce le renvoi de l'affaire devant le tribunal de police compétent en application de l'article 522.

CODE MONÉTAIRE ET FINANCIER

(Extraits)

Article L. 465-1. – Atteintes à la transparence des marchés – *(Loi n° 2016-731 du 3 juin 2016)*

• **I.** – A. – Est puni de cinq ans d'emprisonnement et de 100 millions d'euros d'amende, ce montant pouvant être porté jusqu'au décuple du montant de l'avantage retiré du délit, sans que l'amende puisse être inférieure à cet avantage, le fait, par le directeur général, le président, un membre du directoire, le gérant, un membre du conseil d'administration ou un membre du conseil de surveillance d'un émetteur concerné par une information privilégiée ou par une personne qui exerce une fonction équivalente, par une personne disposant d'une information privilégiée concernant un émetteur au sein duquel elle détient une participation, par une personne disposant d'une information privilégiée à l'occasion de sa profession ou de ses fonctions ou à l'occasion de sa participation à la commission d'un crime ou d'un délit, ou par toute autre personne disposant d'une information privilégiée en connaissance de cause, de faire usage de cette information privilégiée en réalisant, pour elle-même ou pour autrui, soit directement, soit indirectement, une ou plusieurs opérations ou en annulant ou en modifiant un ou plusieurs ordres passés par cette même personne avant qu'elle ne détienne l'information privilégiée, sur les instruments financiers émis par cet émetteur ou sur les instruments financiers concernés par ces informations privilégiées.

• **B.** – Le simple fait qu'une personne dispose d'une information privilégiée n'est pas constitutif de l'infraction prévue au A, si son comportement est légitime, au sens de l'article 9 du règlement *(UE)* n° 596/2014 du Parlement européen et du Conseil du 16 avril 2014 sur les abus de marché *(règlement relatif aux abus de marché)* et abrogeant la directive 2003/6/CE du Parlement européen et du Conseil et les directives 2003/124/CE, 2003/125/CE et 2004/72/CE de la Commission.

• **C.** – Au sens de la présente section, les mots : « information privilégiée » désignent les informations privilégiées au sens des 1 à 4 de l'article 7 du règlement *(UE)* n° 596/2014 du Parlement européen et du Conseil du 16 avril 2014 précité.

• **II.** – La tentative de l'infraction prévue au I du présent article est punie des mêmes peines.

Article L. 465-2. – Recommandation – Incitation – *(Loi n° 2016-731 du 3 juin 2016)*

• **I.** – Est puni des peines prévues au A du I de l'article L. 465-1 le fait, par l'une des personnes mentionnées au même article L. 465-1, de recommander la réalisation d'une ou plusieurs opérations sur les instruments financiers auxquels l'information privilégiée se rapporte ou d'inciter à la réalisation de telles opérations sur le fondement de cette information privilégiée.

• **II.** – Constitue l'infraction prévue au A du I dudit article L. 465-1 le fait, par toute personne, de faire usage de la recommandation ou de l'incitation mentionnée au I du présent article en sachant qu'elle est fondée sur une information privilégiée.

• **III.** – Constitue l'infraction prévue au I de l'article L. 465-3 le fait, par toute personne, de communiquer la recommandation ou l'incitation mentionnée au I du présent article en sachant qu'elle est fondée sur une information privilégiée.

• **IV.** – La tentative de l'infraction prévue au I du présent article est punie des mêmes peines.

Article 704-2. – Procureur de la République – *(Ordonnance n° 2019-964 du 18 septembre 2019)*

• Le procureur de la République près un tribunal judiciaire autre que ceux visés à l'article 704 peut, pour les infractions énumérées dans cet article, requérir le collège de l'instruction de se dessaisir au profit de la ou de l'une des juridictions d'instruction compétentes en application de cet article. Les parties sont préalablement avisées et invitées à faire connaître leurs observations par le collège de l'instruction ; l'ordonnance est rendue 8 jours au plus tôt et 1 mois au plus tard à compter de cet avis.

• Lorsque le collège de l'instruction décide de se dessaisir, son ordonnance ne prend effet qu'à compter du délai de 5 jours prévu par l'article 704-3 ; lorsqu'un recours est exercé en application de cet article, le collège de l'instruction demeure saisi jusqu'à ce que soit porté à sa connaissance l'arrêt de la chambre de l'instruction, passé en force de chose jugée ou celui de la chambre criminelle de la Cour de cassation.

• Dès que l'ordonnance est passée en force de chose jugée, le procureur de la République adresse le dossier de la procédure au procureur de la République du tribunal judiciaire désormais compétent.

• Les dispositions du présent article sont applicables devant la chambre de l'instruction.

Article 704-3. – Ordonnance – Arrêt – *(Loi n° 2007-291 du 5 mars 2007)*

• L'ordonnance rendue en application de l'article 704-2 peut, à l'exclusion de toute autre voie de recours, être déférée dans les 5 jours de sa notification, à la requête du ministère public ou des parties, soit à la chambre de l'instruction si la juridiction spécialisée au profit de laquelle le dessaisissement a été ordonné ou refusé se trouve dans le ressort de la même cour d'appel que la juridiction initialement saisie, soit, dans le cas contraire, à la chambre criminelle de la Cour de cassation. La chambre de l'instruction ou la chambre criminelle désigne, dans les 8 jours suivant la date de réception du dossier, la juridiction chargée de poursuivre l'information. Le ministère public peut également saisir directement la chambre de l'instruction ou la chambre criminelle de la Cour de cassation lorsque le collège de l'instruction n'a pas rendu son ordonnance dans le délai d'un mois prévu au 1er alinéa de l'article 704-2.

• L'arrêt de la chambre de l'instruction ou de la chambre criminelle est porté à la connaissance du collège de l'instruction ainsi qu'au ministère public et notifié aux parties.

• Les dispositions du présent article sont applicables à l'arrêt de la chambre de l'instruction rendu sur le fondement du dernier alinéa de l'article 704-2, le recours étant alors porté devant la chambre criminelle.

Article 704-4. – Procureur général – *(Loi n° 2013-1117 du 6 décembre 2013)*

• Le procureur général près la cour d'appel, dans le ressort de laquelle se trouve une juridiction compétente en application de l'article 704, anime et coordonne, en concertation avec les autres procureurs généraux du ressort interrégional, la conduite de la politique d'action publique pour l'application de cet article.

CHAPITRE II

Des compétences particulières du tribunal judiciaire de Paris et du procureur de la République financier

Article 705. – Compétence concurrente – *(Loi n° 2020-1672 du 24 décembre 2020)*

• Le procureur de la République financier, le juge d'instruction et le tribunal correctionnel de Paris exercent une compétence concurrente à celle qui résulte de l'application des articles 43,52,704 et 706-42 pour la poursuite, l'instruction et le jugement des infractions suivantes :

• 1° Délits prévus aux articles 432-10 à 432-15,433-1 et 433-2,434-9,434-9-1,445-1 à 445-2-1 du Code pénal, dans les affaires qui sont ou apparaîtraient d'une grande complexité, en raison notamment du grand nombre d'auteurs, de complices ou de victimes ou du ressort géographique sur lequel elles s'étendent ;

• 2° Délits prévus aux articles L. 106 à L. 109 du Code électoral, dans les affaires qui sont ou apparaîtraient d'une grande complexité, en raison notamment du grand nombre d'auteurs, de complices ou de victimes ou du ressort géographique sur lequel elles s'étendent ;

• 3° Délits prévus aux articles 313-1 et 313-2 du Code pénal, lorsqu'ils portent sur la taxe sur la valeur ajoutée, dans les affaires qui sont ou apparaîtraient d'une grande complexité, en raison notamment du grand nombre d'auteurs, de complices ou de victimes ou du ressort géographique sur lequel elles s'étendent ;

• 4° Délits prévus aux articles 435-1 à 435-10 du Code pénal ;

• 5° Délits prévus aux articles 1741 et 1743 du Code général des impôts, lorsqu'ils sont commis en bande organisée ou lorsqu'il existe des présomptions caractérisées que les infractions prévues à ces mêmes articles résultent d'un des comportements mentionnés aux 1° à 5° du II de l'article L. 228 du livre des procédures fiscales ;

• 6° Blanchiment des délits mentionnés aux 1° à 5° du présent article et infractions connexes ;

• 7° Délits d'association de malfaiteurs prévus à l'article 450-1 du Code pénal, lorsqu'ils ont pour objet la préparation de l'une des infractions mentionnées aux 1° à 6° du présent article punie d'au moins cinq ans d'emprisonnement ;

• 8° Délits prévus à l'article 434-43-1 du Code pénal.

• 9° Délits prévus à l'article L. 420-6 du Code de commerce.

• Lorsqu'ils sont compétents pour la poursuite ou l'instruction des infractions entrant dans le champ d'application du présent article, le procureur de la République financier et le juge d'instruction de Paris exercent leurs attributions sur toute l'étendue du territoire national.

• Au sein du tribunal judiciaire de Paris, le 1er président, après avis du président du tribunal judiciaire donné après consultation de la commission restreinte de l'assemblée des magistrats du siège, désigne un ou plusieurs juges d'instruction et magistrats du siège chargés spécialement de l'instruction et, s'il s'agit de délits, du jugement des infractions entrant dans le champ d'application du présent article.

• Au sein de la cour d'appel de Paris, le 1er président, après consultation de la commission restreinte de l'assemblée des magistrats du siège, et le procureur général désignent, respectivement, des magistrats du siège et du parquet général chargés spécialement du jugement des délits et du traitement des affaires entrant dans le champ d'application du présent article.

Article 705-1. – Procureur de la République financier – Juridictions d'instruction et de jugement de Paris – *(Loi n° 2016-819 du 21 juin 2016)*

• Le procureur de la République financier et les juridictions d'instruction et de jugement de Paris ont seuls compétence pour la poursuite, l'instruction et le jugement des délits prévus aux articles L. 465-1 à L. 465-3-3 du Code monétaire et financier. Cette compétence s'étend aux infractions connexes.

• Le procureur de la République financier et le juge d'instruction de Paris exercent leurs attributions sur toute l'étendue du territoire national.

Article 705-2. – Réquisition du juge d'instruction – *(Ordonnance n° 2019-964 du 18 septembre 2019)*

• Le procureur de la République près un tribunal judiciaire autre que celui de Paris peut, pour les infractions mentionnées à l'article 705, requérir le juge d'instruction initialement saisi de se dessaisir au profit de la juridiction d'instruction de Paris. Les parties sont préalablement avisées et invitées à faire connaître leurs observations par le juge d'instruction. L'ordonnance est rendue 8 jours au plus tôt et 1 mois au plus tard à compter de cet avis.

• Lorsque le juge d'instruction décide de se dessaisir, son ordonnance ne prend effet qu'à compter du délai de 5 jours prévu à l'article 705-3 ; lorsqu'un recours est exercé en application de ce même article, le juge d'instruction demeure saisi jusqu'à ce que soit porté à sa connaissance l'arrêt de la chambre criminelle de la Cour de cassation.

• Dès que l'ordonnance est passée en force de chose jugée, le procureur de la République territorialement compétent adresse le dossier de la procédure au procureur de la République financier.

Article 705-3. – Ordonnance – *(Loi n° 2013-1117 du 6 décembre 2013)*

• L'ordonnance rendue en application de l'article 705-2 peut, à l'exclusion de toute autre voie de recours, être déférée dans les cinq jours de sa notification, à la requête du procureur de la République ou des parties, à la chambre criminelle de la Cour de cassation. La chambre criminelle désigne, dans les huit jours suivant la date de réception du dossier, le juge d'instruction chargé de poursuivre l'information. Le procureur de la République peut également saisir directement la chambre criminelle de la Cour de cassation lorsque le juge d'instruction n'a pas rendu son ordonnance dans le délai d'un mois prévu au premier alinéa de l'article 705-2.

• L'arrêt de la chambre criminelle est porté à la connaissance du juge d'instruction et du ministère public et notifié aux parties.

Article 705-4. – Procureur général – Cour d'appel de Paris – *(Loi n° 2013-1117 du 6 décembre 2013)*

• Le procureur général près la cour d'appel de Paris anime et coordonne, en concertation avec les autres procureurs généraux, la conduite de la politique d'action publique pour l'application de l'article 705.

Article 705-5. – Juridiction saisie – Compétence – *(Loi n° 2016-731 du 3 juin 2016)*

• La juridiction saisie en application du présent chapitre reste compétente quelles que soient les incriminations retenues lors du règlement ou du jugement de l'affaire, sous réserve de l'application des articles 181 et 469. Si les faits constituent une contravention, le juge d'instruction prononce le renvoi de l'affaire devant le tribunal de police compétent en application de l'article 522.

CHAPITRE III

Dispositions diverses

Article 706. – Assistant spécialisé – *(Ordonnance n° 2019-964 du 18 septembre 2019)*

• Peuvent exercer des fonctions d'assistant spécialisé auprès d'un pôle de l'instruction mentionné à l'article 52-1 ou d'un tribunal judiciaire mentionné aux articles 704 ou 705 les fonctionnaires de catégorie A ou B ainsi que les personnes titulaires, dans des matières définies par décret, d'un diplôme national sanctionnant une formation d'une durée au moins égale à 4 années d'études supérieures après le baccalauréat qui remplissent les conditions d'accès à la fonction publique et justifient d'une expérience professionnelle minimale de 4 années

• Les assistants spécialisés suivent une formation obligatoire préalable à leur entrée en fonction.

• Les assistants spécialisés participent aux procédures sous la responsabilité des magistrats, sans pouvoir toutefois recevoir délégation de signature, sauf pour les réquisitions prévues par les articles 60-1, 60-2, 77-1-1, 77-1-2, 99-3 et 99-4.

• Ils accomplissent toutes les tâches qui leur sont confiées par les magistrats et peuvent notamment :

• 1° Assister les juges d'instruction dans tous les actes d'information ;

• 2° Assister les magistrats du ministère public dans l'exercice de l'action publique ;

• 3° Assister les officiers de police judiciaire agissant sur délégation des magistrats ;

• 4° Remettre aux magistrats des documents de synthèse ou d'analyse qui peuvent être versés au dossier de la procédure ;

• 5° Mettre en œuvre le droit de communication reconnu aux magistrats en application de l'article 132-22 du Code pénal.

• Le procureur général peut leur demander d'assister le ministère public devant la juridiction d'appel.

• Ils ont accès au dossier de la procédure pour l'exécution des tâches qui leur sont confiées et sont soumis au secret professionnel sous les peines prévues à l'article 226-13 du Code pénal.

• Un décret en Conseil d'État précise les modalités d'application du présent article, notamment la durée pour laquelle les assistants spécialisés sont nommés et les modalités selon lesquelles ils prêtent serment.

Article 706-1. – Commission en bande organisée – *(Loi n° 2013-1117 du 6 décembre 2013)*

• Les articles 706-80 à 706-87 sont applicables à l'enquête relative aux délits prévus par les articles L. 335-2, L. 335-3, L. 335-4, L. 343-4, L. 521-10, L. 615-14, L. 716-9 et L. 716-10 du Code de la propriété intellectuelle lorsqu'ils sont commis en bande organisée.

Article 706-1-1. –Atteintes – *(Loi n° 2018-898 du 23 octobre 2018)*

• Les articles 706-80 à 706-87 [Rédaction conforme au dernier alinéa de l'article 1er de la décision du Conseil constitutionnel n° 2013-679 DC du 4 décembre 2013], 706-95 à 706-103, 706-105 et 706-106 sont applicables à l'enquête, à la poursuite, à l'instruction et au jugement des délits prévus :

• 1° Aux articles 432-11, 432-15, 433-1, 433-2, 434-9, 434-9-1, 435-1 à 435-4 et 435-7 à 435-10 du code pénal ;

• 2° Aux articles 1741 et 1743 du code général des impôts, lorsqu'ils sont commis en bande organisée ou lorsqu'il existe des présomptions caractérisées que ces infractions résultent d'un des comportements mentionnés aux 1° à 5° du II de l'article L. 228 du livre des procédures fiscales ;

• 3° Au dernier alinéa de l'article 414 et à l'article 415 du code des douanes, lorsqu'ils sont punis d'une peine d'emprisonnement d'une durée supérieure à 5 ans ;

• 4° Aux articles L. 465-1 à L. 465-3-3 du code monétaire et financier lorsqu'ils sont commis en bande organisée.

• Les articles mentionnés au 1er alinéa du présent article sont également applicables à l'enquête, à la poursuite, à l'instruction et au jugement du blanchiment des délits mentionnés aux 1° à 3°.

Article 706-1-2. – Infractions concernant les sociétés à responsabilité limitée – *(Loi n° 2014-535 du 27 mai 2014)*

• Les articles 706-80 à 706-87, 706-95 à 706-103 et 706-105 sont applicables à l'enquête, à la poursuite, à l'instruction et au jugement des délits prévus au dernier alinéa des articles L. 241-3 et L. 242-6 du Code de commerce.

TITRE XIII *bis*

DE LA PROCÉDURE APPLICABLE AUX INFRACTIONS EN MATIÈRE SANITAIRE ET ENVIRONNEMENTALE

CHAPITRE Ier

Des pôles interrégionaux spécialisés en matière d'atteintes à l'environnement et à la santé publique

Article 706-2. – Infractions en matière sanitaire et environnementale – Compétence territoriale – *(Loi n° 2020-1672 du 24 décembre 2020)*

• **I.** – La compétence territoriale d'un tribunal judiciaire peut être étendue au ressort d'une ou de plusieurs cours d'appel pour l'enquête, la poursuite, l'instruction et, s'il s'agit de délits, le jugement des infractions définies ci-après dans les affaires relatives à un produit de santé tel que défini par l'article L. 5311-1 du Code de la santé publique ou à un produit destiné à l'alimentation de l'homme ou de l'animal ou à un produit ou une substance ou aux pratiques et prestations de service, médicales, paramédicales ou esthétiques et qui sont réglementés en raison de leurs effets ou de leur dangerosité, qui sont ou apparaîtraient d'une grande complexité :

• – atteintes à la personne humaine, au sens du titre II du livre II du Code pénal ;

• – infractions prévues par le Code de la santé publique ;

• – infractions prévues par le Code rural et de la pêche maritime ou le Code de la consommation ;

• – infractions prévues par le Code de l'environnement et le Code du travail ;

• – infractions prévues par le Code du sport.

• Cette compétence s'étend aux infractions connexes.

• Un décret fixe la liste et le ressort de ces juridictions, qui comprennent une section du parquet et des formations d'instruction et de jugement spécialisées pour connaître de ces infractions.

• Le procureur de la République, le juge d'instruction et la formation correctionnelle spécialisée de ces tribunaux exercent, dans les conditions et selon les modalités prévues par l'article 704-1, une compétence concurrente à celle qui résulte de l'application des articles 43,52,382 et 706-42.

• Le procureur de la République près un tribunal judiciaire autre que ceux visés au présent article peut, pour les infractions énumérées ci-dessus, requérir le juge d'instruction, dans les conditions et selon les modalités prévues par les articles 704-2 et 704-3, de se dessaisir au profit de la juridiction d'instruction du tribunal judiciaire à compétence territoriale étendue par application du présent article.

• **II.** – Dans les conditions et selon les modalités prévues aux 2e à 10e alinéas de l'article 706, peuvent exercer des fonctions d'assistant spécialisé en matière sanitaire ou environnementale les fonctionnaires de catégorie A ou B relevant des ministres chargés de la santé, de la recherche, de l'agriculture et de l'environnement ainsi que les personnes titulaires, dans des matières définies par décret, d'un diplôme national sanctionnant une formation d'une durée au moins égale à 4 années d'études supérieures après le baccalauréat qui remplissent les conditions d'accès à la fonction publique et justifient d'une expérience professionnelle minimale de 4 années.

Article 706-2-1. – Procureur général – *(Loi n° 2004-204 du 9 mars 2004)*

• Le procureur général près la cour d'appel, dans le ressort de laquelle se trouve une juridiction compétente en application de l'article 706-2, anime et coordonne, en concertation avec les autres procureurs généraux du ressort interrégional, la conduite de la politique d'action publique pour l'application de cet article.

Article 706-2-2. – Constatations des infractions – *(Loi n° 2020-1672 du 24 décembre 2020)*

• Les articles 706-80 à 706-87 et 706-95 à 706-103 sont applicables à l'enquête, à la poursuite, à l'instruction et au jugement :

• 1° Des délits prévus aux articles L. 5421-2, L. 5421-13, L. 5426-1, L. 5432-1, L. 5432-2, L. 5432-3, L. 5438-4, L. 5438-6, L. 5439-1, L. 5439-2, L. 5442-10, L. 5442-14, L. 5461-3 et L. 5462-3 du Code de la santé publique, lorsqu'ils sont punis d'une peine d'emprisonnement d'une durée supérieure à 5 ans ;

• 2° Des délits prévus aux articles L. 451-2 et L. 454-3 du Code de la consommation.

• Les articles 706-80 à 706-87 et 706-95 à 706-103 du présent code sont également applicables à l'enquête, à la poursuite, à l'instruction et au jugement du blanchiment des délits mentionnés aux 1° et 2° du présent article.

CHAPITRE II

Des pôles régionaux spécialisés en matière d'atteintes à l'environnement

Article 706-2-3. – Infractions en matière d'atteintes à l'environnement – Compétence territoriale – *(Loi n° 2020-1672 du 24 décembre 2020)*

• **I.** – Dans le ressort de chaque cour d'appel, la compétence territoriale d'un tribunal judiciaire est étendue au ressort de la cour d'appel pour l'enquête, la poursuite, l'instruction et le jugement des délits, à l'exclusion de ceux mentionnés aux articles 706-75 et 706-107 du présent code, prévus par le Code de l'environnement, par le Code forestier au titre V du livre II du Code rural et de la pêche maritime, aux 1° et 2° du I de l'article L. 512-1 et à l'article L. 512-2 du Code minier ainsi qu'à l'article 76 de la loi n° 2014-1170 du 13 octobre 2014 d'avenir pour l'agriculture, l'alimentation et la forêt, dans les affaires qui sont ou apparaîtraient complexes, en raison notamment de leur technicité, de l'importance du préjudice ou du ressort géographique sur lequel elles s'étendent.

• Cette compétence s'étend aux infractions connexes.

• Un décret fixe la liste de ces juridictions qui comprennent une section du parquet et des formations d'instruction et de jugement spécialisées pour connaître de ces infractions.

• Le procureur de la République, le juge d'instruction et la formation correctionnelle de ces tribunaux exercent une compétence concurrente à celle qui résulte de l'application des articles 43, 52, 382, 706-2 et 706-42 du présent code.

• Lorsqu'ils sont compétents pour la poursuite et l'instruction des infractions entrant dans le champ d'application du présent article, le procureur de la République et le juge d'instruction exercent leurs attributions sur toute l'étendue du ressort de la cour d'appel.

• La juridiction saisie reste compétente quelles que soient les incriminations retenues lors du règlement ou du jugement de l'affaire sous réserve de l'application des dispositions des articles 181 et 469. Si les faits constituent une contravention, le juge d'instruction prononce le renvoi de l'affaire devant le tribunal de police compétent en application de l'article 522.

• Le procureur de la République près un tribunal judiciaire autre que ceux mentionnés au présent article peut, pour les infractions entrant dans le champ du présent article, requérir le juge d'instruction, dans les conditions et selon les modalités prévues aux articles 704-2 et 704-3, de se dessaisir au profit de la juridiction d'instruction du tribunal judiciaire à compétence territoriale étendue par application du présent article.

• **II.** – Dans les conditions et selon les modalités prévues aux deuxième à dernier alinéas de l'article 706, peuvent exercer des fonctions d'assistant spécialisé en matière environnementale les fonctionnaires de catégorie A ou B relevant des ministres chargés de l'environnement, de l'agriculture et de l'économie ainsi que les personnes titulaires, dans des matières définies par décret, d'un diplôme national sanctionnant une formation d'une durée au moins égale à 4 années d'études supérieures après le baccalauréat qui remplissent les conditions d'accès à la fonction publique et justifient d'une expérience professionnelle minimale de 4 années.

TITRE XIV

DU RECOURS EN INDEMNITÉ OUVERT À CERTAINES VICTIMES DE DOMMAGES RÉSULTANT D'UNE INFRACTION

Article 706-3. – Réparation intégrale des dommages – *(Loi n° 2019-222 du 23 mars 2019)*

• Toute personne, y compris tout agent public ou tout militaire, ayant subi un préjudice résultant de faits volontaires ou non qui présentent le caractère matériel d'une infraction peut obtenir la réparation intégrale des dommages qui résultent des atteintes à la personne, lorsque sont réunies les conditions suivantes :

• 1° Ces atteintes n'entrent pas dans le champ d'application de l'article 53 de la loi de financement de la sécurité sociale pour 2001 *(n° 2000-1257 du 23 décembre 2000)* ni de l'article L. 126-1 du code des assurances ni du chapitre Ier de la loi n° 85-677 du 5 juillet 1985 tendant à l'amélioration de la situation des victimes d'accidents de la circulation et à l'accélération des procédures d'indemnisation et n'ont pas pour origine un acte de chasse ou de destruction des animaux susceptibles d'occasionner des dégâts ;

• 2° Ces faits :

• – soit ont entraîné la mort, une incapacité permanente ou une incapacité totale de travail personnel égale ou supérieure à un mois ;

• – soit sont prévus et réprimés par les articles 222-22 à 222-30, 224-1 A à 224-1 C, 225-4-1 à 225-4-5, 225-5 à 225-10, 225-14-1 et 225-14-2 et 227-25 à 227-27 du code pénal ;

• 3° La personne lésée est de nationalité française ou les faits ont été commis sur le territoire national.

• La réparation peut être refusée ou son montant réduit à raison de la faute de la victime.

Nota : Conformément aux dispositions du VIII de l'article 64 de la loi n° 2019-222 du 23/03/2019, les dispositions suivantes entrent en vigueur le 1er jour du mois suivant la publication de ladite loi, soit le 01/04/2019. À cette date, les procédures en cours devant les juridictions civiles sont transférées en l'état au tribunal de grande instance de Paris.

Les affaires peuvent être renvoyées par la juridiction initialement saisie avant la date mentionnée au 1er alinéa dudit VIII pour une audience postérieure à cette date devant le tribunal de grande instance de Paris.

Il n'y a pas lieu de renouveler les actes, formalités et jugements régulièrement intervenus avant le transfert des procédures. Les parties sont informées par la juridiction antérieurement compétente qu'il leur appartient d'accomplir les actes de la procédure devant le tribunal de grande instance de Paris. Les archives et les minutes du secrétariat de la juridiction antérieurement compétente sont transférées au greffe du tribunal de grande instance de Paris.

[J] **• Action civile – Victime d'infraction – Indemnisation – Fonds de garantie des victimes – Préjudice – Dommages ouvrant droit à réparation. –**

• *L'article 706-3 du Code de procédure pénale n'exclut pas de son champ d'application les personnes victimes d'infractions commises alors qu'elles exécutent leur prestation de travail. En outre, en application de l'article 706-9 du même code, les prestations versées par les organismes sociaux, y compris s'agissant d'accident du travail, doivent être prises en compte.*

• *Certains chefs de préjudices indemnisables par le Fonds ne le sont pas au titre des accidents du travail, enfin une rente d'accident du travail n'est allouée que si le taux d'invalidité est supérieur à 10 % la demande est recevable* (C CIV. 1re chambre B, du 23 mars 1995 – Gaz. Pal. 15-17/12/96).

• Indemnisation – Bénéficiaires – Victime d'un accident de la circulation – Loi du 5 juillet 1985 non applicable – Effet. –

• *Il résulte de l'article 706-3 du Code de procédure pénale que tout personne ayant subi un préjudice résultant de faits présentant le caractère matériel d'une infraction doit être indemnisé, à l'exception des personnes ayant subi un préjudice résultant des atteintes à la personne pour lesquelles la loi du 5 juillet 1985 tendant à l'amélioration de la situation des victimes d'accidents de la circulation et à l'accélération des procédures d'indemnisation est applicable* (Cass. CIV. Du 11 juin 1998).

• Indemnisation des victimes d'infractions – Conditions – Infraction – Élément objectif – Prise en considération de la personne de l'auteur de l'infraction *(non)*. –

• *Pour l'application de l'article 706-3 du Code de procédure pénale, l'infraction n'est prise en considération qu'en tant qu'élément objectif, indépendamment de la personne de son auteur, étant indifférent que l'auteur présumé de l'infraction ne puisse être poursuivi en raison d'une cause de non-imputabilité* (Cass. CIV. Du 30 novembre 2000).

Article 706-4. – Indemnité – *(Ordonnance n° 2019-964 du 18 septembre 2019)*

• L'indemnité est allouée par une commission instituée dans le ressort de chaque tribunal judiciaire. Cette commission a le caractère d'une juridiction civile qui se prononce en 1er ressort.

• La commission est composée de 2 magistrats du siège du tribunal judiciaire et d'une personne majeure, de nationalité française et jouissant de ses droits civiques, s'étant signalée par l'intérêt qu'elle porte aux problèmes des victimes. Elle est présidée par l'un des magistrats.

• Les membres de la commission et leurs suppléants sont désignés pour une durée de 3 ans par l'assemblée générale des magistrats du siège du tribunal.

• Les fonctions du ministère public sont exercées par le procureur de la République ou l'un de ses substituts.

• Un décret en Conseil d'État détermine les modalités d'application du présent article.

Article 706-5. – Présentation de la demande d'indemnité – *(Loi n° 2020-833 du 2 juillet 2020)*

• À peine de forclusion, la demande d'indemnité doit être présentée dans le délai de 3 ans à compter de la date de l'infraction. Lorsque des poursuites pénales sont exercées, ce délai est prorogé et n'expire qu'un an après la décision de la juridiction qui a statué définitivement sur l'action publique ou sur l'action civile engagée devant la juridiction répressive. Toutefois, la commission relève le requérant de la forclusion lorsque l'information prévue à l'article 706-15 n'a pas été donnée, lorsque le requérant n'a pas été en mesure de faire valoir ses droits dans les délais requis ou lorsqu'il a subi une aggravation de son préjudice ou pour tout autre motif légitime.

• Lorsqu'une décision d'une juridiction répressive a alloué des dommages et intérêts à la victime et que la demande est jugée irrecevable, le délai prévu au deuxième alinéa de l'article 706-15-2 ne court qu'à compter de la notification de la décision de la commission.

Article 706-5-1. – Transmission de la demande d'indemnité – *(Loi n° 2008-644 du 1er juillet 2008)*

• La demande d'indemnité, accompagnée des pièces justificatives, est transmise sans délai par le greffe de la commission d'indemnisation au fonds de garantie des victimes des actes de terrorisme et autres infractions.

• Celui-ci est tenu, dans un délai de deux mois à compter de la réception, de présenter à la victime une offre d'indemnisation. Le refus d'offre d'indemnisation par le fonds de garantie doit être motivé. Ces dispositions sont également applicables en cas d'aggravation du préjudice.

• En cas d'acceptation par la victime de l'offre d'indemnisation, le fonds de garantie transmet le constat d'accord au président de la commission d'indemnisation aux fins d'homologation.

• En cas de refus motivé du fonds de garantie, ou de désaccord de la victime sur l'offre qui lui est faite, l'instruction de l'affaire par le président de la commission ou le magistrat assesseur se poursuit.

• Lorsque le préjudice n'est pas en état d'être liquidé et que le fonds de garantie ne conteste pas le droit à indemnisation, il peut, en tout état de la procédure, verser une provision à la victime. Le fonds de garantie tient le président de la commission d'indemnisation immédiatement informé.

• Les modalités d'application du présent article sont fixées par décret en Conseil d'État.

Article 706-6. – Pouvoirs de la commission ou son président – *(Loi n° 90-589 du 6 juillet 1990)*

• La commission ou son président peut procéder ou faire procéder à toutes auditions et investigations utiles, sans que puisse leur être opposé le secret professionnel. Ils peuvent notamment se faire communiquer copie des procès-verbaux constatant l'infraction ou de toutes les pièces de la procédure pénale, même en cours. Ils peuvent également requérir :

• 1° De toute personne ou administration, la communication de renseignements sur la situation professionnelle, financière, fiscale ou sociale des personnes ayant à répondre du dommage causé par l'infraction ou du requérant ;

• 2° De tout service de l'État, collectivité publique, organisme de sécurité sociale, organisme assurant la gestion des prestations sociales ou compagnies d'assurance susceptibles de réparer tout ou partie du préjudice, la communication des renseignements relatifs à l'exécution de leurs obligations éventuelles.

• Les renseignements ainsi recueillis ne peuvent être utilisés à d'autres fins que l'instruction de la demande d'indemnité et leur divulgation est interdite.

• Le président de la commission peut accorder une ou plusieurs provisions en tout état de la procédure ; il est statué dans le délai d'un mois à compter de la demande de provision.

Article 706-7. – Décision de la commission – *(Loi n° 90-589 du 6 juillet 1990)*

• Lorsque des poursuites pénales ont été engagées, la décision de la commission peut intervenir avant qu'il ait été statué sur l'action publique.

• La commission peut, pour l'application du dernier alinéa de l'article 706-3, surseoir à statuer jusqu'à décision définitive de la juridiction répressive. Dans tous les cas, elle doit surseoir à statuer à la demande de la victime.

• Les débats ont lieu et la décision est rendue en chambre du conseil.

Article 706-8. – Demande d'un complément d'indemnité – *(Loi n° 90-589 du 6 juillet 1990)*

• Lorsque la juridiction statuant sur les intérêts civils a alloué des dommages-intérêts d'un montant supérieur à l'indemnité accordée par la commission, la victime peut demander un complément d'indemnité. Elle doit présenter sa demande dans le délai d'un an après que la décision statuant sur les intérêts civils est devenue définitive.

Article 706-9. – Commission – Montant des sommes allouées à la victime – *(Loi n° 90-589 du 6 juillet 1990)*

• La commission tient compte, dans le montant des sommes allouées à la victime au titre de la réparation de son préjudice :

• – des prestations versées par les organismes, établissements et services gérant un régime obligatoire de sécurité sociale et par ceux qui sont mentionnés aux articles 1106-9, 1234-8 et 1234-20 du Code rural ;

• – des prestations énumérées au II de l'article 1er de l'ordonnance n° 59-76 du 7 janvier 1959 relative aux actions en réparation civile de l'État et de certaines autres personnes publiques ;

• – des sommes versées en remboursement des frais de traitement médical et de rééducation ;

• – des salaires et des accessoires du salaire maintenus par l'employeur pendant la période d'inactivité consécutive à l'événement qui a occasionné le dommage ;

• – des indemnités journalières de maladie et des prestations d'invalidité versées par les groupements mutualistes régis par le Code de la mutualité.

• Elle tient compte également des indemnités de toute nature reçues ou à recevoir d'autres débiteurs au titre du même préjudice.

• Les sommes allouées sont versées par le fonds de garantie des victimes des actes de terrorisme et d'autres infractions.

Article 706-10. – Remboursement total ou partiel de l'indemnité ou de la provision – *(Loi n° 90-589 du 6 juillet 1990)*

• Lorsque la victime, postérieurement au paiement de l'indemnité, obtient, du chef du même préjudice, une des prestations ou indemnités visées à l'article 706-9, le fonds peut demander à la commission qui l'avait accordée d'ordonner le remboursement total ou partiel de l'indemnité ou de la provision.

Article 706-11. – Fonds – *(Loi n° 2019-222 du 23 mars 2019)*

• Le fonds est subrogé dans les droits de la victime pour obtenir des personnes responsables du dommage causé par l'infraction ou tenues à un titre quelconque d'en assurer la réparation totale ou partielle le remboursement de l'indemnité ou de la provision versée par lui, dans la limite du montant des réparations à la charge desdites personnes. Le recours du fonds ne peut s'exercer contre l'Agence de gestion et de recouvrement des avoirs saisis et confisqués.

• Le fonds peut exercer ses droits par toutes voies utiles, y compris par voie de constitution de partie civile devant la juridiction répressive et ce, même pour la première fois, en cause d'appel. Lorsqu'il se constitue partie civile par lettre recommandée, le fonds peut demander le remboursement des sommes mises à sa charge sans limitation de plafond.

• Les administrations ou services de l'État et des collectivités publiques, les organismes de sécurité sociale, les organismes qui assurent la gestion des prestations sociales, les établissements financiers et les entreprises d'assurance sont tenus de réunir et de communiquer au fonds les renseignements dont ils disposent ou peuvent disposer et qui sont utiles à la mise en œuvre de son action récursoire. Les renseignements ainsi recueillis ne peuvent être utilisés à d'autres fins que celles prévues au présent article ou à l'article L. 422-8 du Code des assurances. Leur divulgation est interdite.

• Lorsque l'auteur de l'infraction a fait l'objet d'une obligation d'indemnisation de la victime dans le cadre d'une peine de sanction-réparation, d'un sursis probatoire ou d'une décision d'aménagement de peine ou de libération conditionnelle et que la victime a été indemnisée par le fonds, soit en application du présent titre, soit du titre XIV *bis*, cette obligation doit alors être exécutée au bénéfice du fonds de garantie dans l'exercice de son recours subrogatoire et de son mandat de recouvrement au profit de la victime.

Nota : Conformément au XIX de l'article 109 de la loi n° 2019-222 du 23/03/2019, les dispositions suivantes entrent en vigueur un an après la publication de la présente loi, soit le 01/03/2020 :

Les mots : «sursis avec mise à l'épreuve» sont remplacés par les mots : «sursis probatoire».

Les peines de contrainte pénale prononcées avant cette date s'exécutent jusqu'à leur terme conformément aux dispositions applicables au jour de leur prononcé, sous la réserve que les attributions confiées en application de l'article 713-47 du C.P.P. au président du tribunal judiciaire ou au juge désigné par lui sont exercées par le juge de l'application des peines.

Article 706-12. – Constitution partie civile

• Si la victime ou ses ayants droit se constituent partie civile devant la juridiction répressive ou engagent une action contre les personnes responsables du dommage, ils doivent indiquer, en tout état de la procédure, s'ils ont saisi la commission instituée par l'article 706-4 et si, le cas échéant, celle-ci leur a accordé une indemnité.

• À défaut de cette indication, la nullité du jugement en ce qui concerne ses dispositions civiles pourra être demandée par toute personne intéressée pendant deux ans à compter de la date à partir de laquelle ledit jugement est devenu définitif.

Article 706-13. – *(Abrogé – Loi n° 90-589 du 6 juillet 1990)*

Article 706-14. – Indemnité – *(Loi n° 2000-516 du 15 juin 2000)*

• Toute personne qui, victime d'un vol, d'une escroquerie, d'un abus de confiance, d'une extorsion de fonds ou d'une destruction, d'une dégradation ou d'une détérioration d'un bien lui appartenant, ne peut obtenir à un titre quelconque une réparation ou une indemnisation effective et suffisante de son préjudice, et se trouve de ce fait dans une situation matérielle ou psychologique grave, peut obtenir une indemnité dans les conditions prévues par les articles 706-3 *(3° et dernier alinéa)* à 706-12, lorsque ses ressources sont inférieures au plafond prévu par l'article 4 de la loi n° 91-647 du 10 juillet 1991 relative à l'aide juridique pour bénéficier de l'aide juridictionnelle partielle, compte tenu, le cas échéant, de ses charges de famille.

• L'indemnité est au maximum égale au triple du montant mensuel de ce plafond de ressources.

• Ces dispositions sont aussi applicables aux personnes mentionnées à l'article 706-3 qui, victimes d'une atteinte à la personne prévue par cet article, ne peuvent à ce titre prétendre à la réparation intégrale de leur préjudice, les faits générateurs de celui-ci ayant entraîné une incapacité totale de travail inférieure à un mois.

J • **Indemnisation – Conditions – Impossibilité d'obtenir réparation – Constatations suffisantes. –** *Toute victime d'un vol, d'une escroquerie ou d'un abus de confiance qui, ne pouvant obtenir à un titre quelconque la réparation ou l'indemnisation effective et suffisante de son préjudice, se trouve de ce fait, fût-ce pour partie, dans une situation matérielle grave, peut obtenir une indemnisation sur le fondement de l'article 706-14 du C.P.P.* (Cass. CIV. – CA Grenoble du 11 juin 1998).

• **Victime agression – Commission d'indemnisation des victimes d'infraction**

Attendu, selon l'arrêt attaqué, que M. X... a été victime d'une agression le 21 novembre 2001 ; qu'il a saisi une commission d'indemnisation des victimes d'infraction (CIVI) *en réparation de son préjudice ; que, par décision du 2 novembre 2009, la CIVI l'a relevé de forclusion, a ordonné une expertise médicale et l'a débouté de sa demande de provision ; que, par décision du 9 janvier 2012, la CIVI a débouté la victime de sa demande d'expertise complémentaire et d'indemnisation ;*

Alors que si l'article 706-14, alinéa 3, du Code de procédure pénale prévoit que les dispositions des deux alinéas précédents sont applicables aux personnes victimes d'un dommage corporel n'ayant pas entraîné une incapacité totale de travail au moins égale à un mois, le droit à indemnisation ne leur demeure cependant ouvert qu'aux conditions prévues par ces dispositions ; qu'ainsi, conformément à l'alinéa 1er, ce droit est ouvert à la victime lorsque, d'une part, elle ne peut pas obtenir une indemnisation effective et suffisante de son préjudice à un titre quelconque et se trouver de ce fait dans une situation matérielle ou psychologique grave et d'autre part, ses ressources sont inférieures au plafond prévu pour l'attribution de l'aide juridictionnelle partielle, compte tenu, le cas échéant, de ses charges de famille ; qu'en jugeant néanmoins, pour indemniser M. X..., que ces conditions n'étaient pas applicables et que l'article 706-14, alinéa 3, lui ouvrait un droit à indemnisation du seul fait que l'infraction avait entraîné une incapacité totale de travail personnel, la cour d'appel a violé l'article 706-14 du Code de procédure pénale.

Casse et annule, en toutes ses dispositions, l'arrêt rendu le 19 juin 2013, entre les parties, par la cour d'appel de Rennes ; remet, en conséquence, la cause et les parties dans l'état où elles se trouvaient avant ledit arrêt et, pour être fait droit, les renvoie devant la cour d'appel de Rennes, autrement composée ;

(Cour de cassation – Chambre civile 2 – Audience publique du 16 avril 2015 – N° de pourvoi : 13-23436).

Article 706-14-1. – Destruction par incendie d'un véhicule terrestre à moteur – *(Loi n° 2008-644 du 1er juillet 2008)*

• L'article 706-14 est applicable à toute personne victime de la destruction par incendie d'un véhicule terrestre à moteur lui appartenant qui justifie au moment des faits avoir satisfait aux dispositions du Code de la route relatives au certificat d'immatriculation et au contrôle technique ainsi qu'aux obligations prévues à l'article L. 211-1 du Code des assurances, sans qu'elle ait à établir qu'elle se trouve dans une situation matérielle ou psychologique grave ; elle peut alors bénéficier d'une indemnité lorsque ses ressources ne dépassent pas 1, 5 fois le plafond prévu par le premier alinéa de l'article 706-14.

• Le présent article s'applique dès lors que le fait a été commis sur le territoire national.

Article 706-14-2. – Faits commis à l'étranger – *(Loi n° 2020-1672 du 24 décembre 2020)*

• Toute personne physique ayant subi un préjudice résultant de faits volontaires ou non, commis à l'étranger, susceptibles de relever de la compétence d'une juridiction pénale disposant, en application des dispositions du présent code, d'une compétence territoriale concurrente et spécialisée s'étendant sur le ressort de plusieurs tribunaux judiciaires ou sur l'ensemble du territoire peut, lorsque ces faits présentent le caractère matériel d'une infraction et répondent aux conditions prévues à l'article 706-3 du présent code ou à l'article L. 126-1 du Code des assurances, obtenir du fonds de garantie des victimes des actes de terrorisme et d'autres infractions une aide financière au titre des frais de voyage, de l'indemnité de comparution et de l'indemnité journalière de séjour pour répondre à une convocation à l'audience de jugement d'un procès pénal tenu à l'étranger, selon des modalités et conditions prévues par voie réglementaire.

Article 706-15. – Information – Saisine commission d'indemnisation – *(Loi n° 2016-731 du 3 juin 2016)*

• Lorsqu'une juridiction condamne l'auteur d'une infraction mentionnée aux articles 706-3 et 706-14 à verser des dommages-intérêts à la partie civile, elle informe cette dernière de la possibilité de saisir la commission d'indemnisation des victimes d'infraction d'une demande d'indemnité ou de saisir le fonds de garantie des victimes des actes de terrorisme et d'autres infractions d'une demande d'aide au recouvrement.

D • **Informations données par la juridiction de jugement.**

1.4.1. Information de la partie civile par la juridiction de jugement de la possibilité de saisir la commission d'indemnisation des victimes d'infractions.

• L'article 706-15 du Code de procédure pénale prévoit désormais que toute juridiction qui condamne l'auteur d'une infraction mentionnée aux articles 706-3 et 706-14 à verser des dommages-intérêts à la partie civile doit informer cette dernière de la possibilité de saisir la commission d'indemnisation des victimes d'infractions.

• Pour déterminer si la partie civile doit bénéficier de cette information, seules la nature de l'infraction et, en ce qui concerne les infractions d'atteintes à l'intégrité de la personne, la durée de l'incapacité totale de travail doivent être prises en compte, sans rechercher si la victime remplit ou non les critères liés à sa situation personnelle visés à l'article 706-14. En effet, ces critères détermineront la recevabilité de la demande devant la CIVI mais ne peuvent pas faire l'objet d'une appréciation lors du prononcé du jugement.

• Cette information présente une particulière importance puisqu'elle fait courir le délai d'un an prévu par l'article 706-5 du Code de procédure pénale au cours duquel la victime doit, à peine de forclusion, présenter la demande d'indemnité devant la commission d'indemnisation des victimes. La loi ne précise pas les modalités suivant lesquelles l'information doit être faite.

• Devant le tribunal de police, le tribunal pour enfants ou le tribunal correctionnel, si la partie civile est présente lors de l'audience où le jugement de condamnation sur intérêts civils est prononcé, l'information est délivrée verbalement par le président de la juridiction.

• Toutefois, afin de compléter l'information des parties civiles, notamment sur les conditions de recevabilité de leur demande devant la CIVI, il convient de remettre à la victime un formulaire résumant la procédure en la matière *(formulaires n° 2.1.1 à 2.4.2: deux modèles par type de juridiction selon que la partie civile est victime d'une atteinte à la personne - art. 706-3 – ou d'une atteinte aux biens – art. 706-14)*.

• Si la partie civile est représentée par un avocat, conformément aux dispositions de l'article 424 du Code de procédure pénale, l'information donnée à l'avocat est réputée faite à la partie civile elle-même.

• Le jugement doit mentionner que cette information a été effectuée. La trame informatique des jugements du tribunal correctionnel a été modifiée en ce sens et peut comporter la mention: «le président informe la partie civile de son droit de saisir la commission d'indemnisation des victimes d'infractions». La mention doit être ajoutée dans les jugements du tribunal pour enfants et du tribunal de police qui le nécessitent.

• Si la partie civile est absente et n'est pas représentée à l'audience, l'information de cette dernière est faite par le moyen d'un des formulaires précédemment mentionnés *(formulaires n° 2.1.1 à 2.4.2, selon la juridiction concernée et les infractions en cause)* qui est joint au jugement de condamnation à verser des dommages-intérêts, lequel lui est signifié. En conséquence, le jugement doit également comporter la mention visée précisant que l'information de la partie civile a été effectuée.

• Devant la cour d'assises, ce formulaire pourra être également remis aux parties civiles présentes lors du prononcé de l'arrêt civil au cours duquel le président procédera à cette information et devra être joint à cet arrêt lorsqu'il est signifié à la partie civile. En toute hypothèse, l'arrêt civil mentionnera que l'information a été effectuée. *(Circ. CRIM. n° 2001-07/F1 du 15 mai 2001)*.

TITRE XIV *bis*

DE L'AIDE AU RECOUVREMENT DES DOMMAGES ET INTÉRÊTS POUR LES VICTIMES D'INFRACTIONS

Article 706-15-1. – Aide au recouvrement des dommages et intérêts, des sommes alloués – *(Loi n° 2019-222 du 23 mars 2019)*

• Toute personne physique qui, s'étant constituée partie civile, a bénéficié d'une décision définitive lui accordant des dommages et intérêts en réparation du préjudice qu'elle a subi du fait d'une infraction pénale, mais qui ne peut pas obtenir une indemnisation en application des articles 706-3 ou 706-14, peut solliciter une aide au recouvrement de ces dommages et intérêts ainsi que des sommes allouées en application des articles 375 ou 475-1.

• Cette aide peut être sollicitée y compris si l'auteur de l'infraction fait l'objet d'une obligation d'indemnisation de la victime dans le cadre d'une peine de sanction-réparation, d'un sursis probatoire ou d'une décision d'aménagement de peine ou de libération conditionnelle.

Nota: Conformément au XIX de l'article 109 de la loi n° 2019-222 du 23/03/2019, les dispositions suivantes entrent en vigueur un an après la publication de la présente loi, soit le 01/03/2020 :
Les mots: «sursis avec mise à l'épreuve» sont remplacés par les mots: «sursis probatoire».
Les peines de contrainte pénale prononcées avant cette date s'exécutent jusqu'à leur terme conformément aux dispositions applicables au jour de leur prononcé, sous la réserve que les attributions confiées en application de l'article 713-47 du C.P.P. au président du tribunal judiciaire ou au juge désigné par lui sont exercées par le juge de l'application des peines.

Article 706-15-2. – Saisine du fonds de garantie des victimes – *(Ordonnance n° 2019-964 du 18 septembre 2019)*

• En l'absence de paiement volontaire des dommages et intérêts ainsi que des sommes allouées en application des articles 375 ou 475-1 par la personne condamnée dans un délai de 2 mois suivant le jour où la décision concernant les dommages et intérêts est devenue définitive, la partie civile peut saisir le fonds de garantie des victimes des actes de terrorisme et d'autres infractions d'une demande d'aide au recouvrement.

• À peine de forclusion, la demande d'aide au recouvrement doit être présentée dans le délai d'un an à compter du jour où la décision est devenue définitive. Toutefois, le fonds de garantie peut relever la victime de la forclusion pour tout motif légitime. En cas de refus opposé par le fonds, la victime peut être relevée de la forclusion par le président du tribunal judiciaire statuant par ordonnance sur requête. À peine d'irrecevabilité, la requête est présentée dans le mois suivant la décision de refus.

• La victime est tenue de communiquer au fonds tout renseignement de nature à faciliter le recouvrement de créance.

• Agissant seule ou conjointement avec le débiteur, la victime peut renoncer à l'assistance au recouvrement. Toutefois, les frais de gestion et les frais de recouvrement exposés par le fonds demeurent exigibles.

TITRE XIV *quater*

DU BUREAU D'AIDE AUX VICTIMES

Article 706-15-4. – Bureau – *(Ordonnance n° 2019-964 du 18 septembre 2019)*

• Dans chaque tribunal judiciaire, il est institué un bureau d'aide aux victimes, dont la composition, les missions et les modalités de fonctionnement sont précisées par décret.

TITRE XV

DE LA POURSUITE, DE L'INSTRUCTION ET DU JUGEMENT DES ACTES DE TERRORISME

Article 706-16. – Terrorisme – *(Ordonnance n° 2020-1733 du 16 décembre 2020)*

• Les actes de terrorisme incriminés par les articles 421-1 à 421-6 du Code pénal, ainsi que les infractions connexes sont poursuivis, instruits et jugés selon les règles du présent code sous réserve des dispositions du présent titre.

• Ces dispositions sont également applicables à la poursuite, à l'instruction et au jugement des actes de terrorisme commis à l'étranger lorsque la loi française est applicable en vertu des dispositions de la section 2 du chapitre III du titre Ier du livre Ier du Code pénal.

• Elles sont également applicables à la poursuite, à l'instruction et au jugement des actes de terrorisme commis hors du territoire de la République par les membres des forces armées françaises ou à l'encontre de celles-ci dans les cas prévus au chapitre Ier du titre II du livre Ier du Code de justice militaire.

• Ces dispositions sont également applicables à la poursuite, à l'instruction et au jugement des infractions prévues à l'article 706-25-7 du présent code.

• La section 1 du présent titre est également applicable à la poursuite, à l'instruction et au jugement des infractions commises en détention par une personne détenue, prévenue, condamnée, recherchée dans le cadre d'un mandat d'arrêt européen ou réclamée dans le cadre d'une extradition pour des actes de terrorisme incriminés par les articles 421-1 à 421-6 du Code pénal.

• Ces dispositions sont également applicables à la poursuite, à l'instruction et au jugement des infractions d'évasion incriminées par les articles 434-27 à 434-37 du même code, des infractions d'association de malfaiteurs prévues à l'article 450-1 dudit code lorsqu'elles ont pour objet la préparation de l'une des infractions d'évasion précitées, des infractions prévues aux articles L. 824-4 à L. 824-7 du Code de l'entrée et du séjour des étrangers et du droit d'asile ainsi que des infractions prévues à l'article L. 224-1 du Code de sécurité intérieure, lorsqu'elles sont commises par une personne détenue, prévenue, condamnée, recherchée dans le cadre d'un mandat d'arrêt européen ou réclamée dans le cadre d'une extradition pour des actes de terrorisme incriminés par les articles 421-1 à 421-6 du Code pénal.

Article 706-16-1. – Action civile – *(Loi n° 2019-222 du 23 mars 2019)*

• Lorsqu'elle est exercée devant les juridictions répressives, l'action civile portant sur une infraction qui constitue un acte de terrorisme ne peut avoir pour objet que de mettre en mouvement l'action publique ou de soutenir cette action. Elle ne peut tendre à la réparation du dommage causé par cette infraction.

• L'action civile en réparation de ce dommage ne peut être exercée que devant une juridiction civile, séparément de l'action publique. L'article 5 n'est alors pas applicable.

• Lorsque la juridiction répressive est saisie d'une demande tendant à la réparation du dommage causé par cette infraction, elle renvoie l'affaire, par une décision non susceptible de recours, devant la juridiction civile compétente en application de l'article L. 217-6 du code de l'organisation judiciaire qui l'examine d'urgence selon une procédure simplifiée déterminée par décret en Conseil d'État.

Nota : Conformément aux dispositions du VIII de l'article 64 de la loi n° 2019-222 du 23/03/2019, ces dispositions entrent en vigueur le 1er jour du mois suivant la publication de ladite loi, soit le 01/04/2019. À cette date, les procédures en cours devant les juridictions civiles sont transférées en l'état au tribunal de grande instance de Paris.

Les affaires peuvent être renvoyées par la juridiction initialement saisie avant la date mentionnée au 1er alinéa dudit VIII pour une audience postérieure à cette date devant le tribunal de grande instance de Paris.

Il n'y a pas lieu de renouveler les actes, formalités et jugements régulièrement intervenus avant le transfert des procédures. Les parties sont informées par la juridiction antérieurement compétente qu'il leur appartient d'accomplir les actes de la procédure devant le tribunal de grande instance de Paris. Les archives et les minutes du secrétariat de la juridiction antérieurement compétente sont transférées au greffe du tribunal de grande instance de Paris.

Article 706-16-2. – Auditions et investigations utiles – *(Loi n° 2019-222 du 23 mars 2019)*

• La juridiction civile compétente en application de l'article L. 217-6 du code de l'organisation judiciaire peut procéder ou faire procéder à toutes auditions et investigations utiles, sans que puisse lui être opposé le secret professionnel. Elle peut notamment se faire communiquer, par le procureur de la République ou le juge d'instruction, copie des procès-verbaux constatant l'infraction ou de toute autre pièce de la procédure pénale, même en cours.

• Elle peut également requérir :

• 1° De toute personne ou administration la communication de renseignements sur la situation professionnelle, financière, fiscale ou sociale des personnes ayant à répondre du dommage causé par l'infraction ou du requérant ;

• 2° De toute administration ou tout service de l'État, collectivité publique, organisme de sécurité sociale, organisme assurant la gestion des prestations sociales ou entreprise d'assurance susceptible de réparer tout ou partie du préjudice la communication des renseignements relatifs à l'exécution de ses obligations éventuelles.

• Les renseignements ainsi recueillis ne peuvent être utilisés à d'autres fins que l'instruction de la demande d'indemnité et leur divulgation est interdite.

Nota : Idem sous l'article 706-16-1.

Section I
Compétence

Article 706-17. – Compétence – *(Ordonnance n° 2019-964 du 18 septembre 2019)*

• Pour la poursuite, l'instruction et le jugement des infractions entrant dans le champ d'application de l'article 706-16, le procureur de la République antiterroriste, le pôle de l'instruction, le tribunal correctionnel et la cour d'assises de Paris exercent une compétence concurrente à celle qui résulte de l'application des articles 43, 52 et 382.

• En ce qui concerne les mineurs, le procureur de la République antiterroriste, le juge d'instruction, le juge des enfants, le tribunal pour enfants et la cour d'assises des mineurs de Paris exercent une compétence concurrente à celle qui résulte de l'application des dispositions de l'ordonnance n° 45-174 du 2 février 1945 relative à l'enfance délinquante.

• Lorsqu'ils sont compétents pour la poursuite et l'instruction des infractions entrant dans le champ d'application de l'article 706-16, le procureur de la République antiterroriste et le pôle de l'instruction de Paris exercent leurs attributions sur toute l'étendue du territoire national.

• L'instruction des actes de terrorisme définis aux 5° à 7° de l'article 421-1 du Code pénal et aux articles 421-2-2 et 421-2-3 du même code peut être confiée, le cas échéant dans les conditions prévues à l'article 83-1, à un magistrat du tribunal judiciaire de Paris affecté aux formations d'instruction spécialisées en matière économique et financière en application des dispositions du vingt et unième alinéa de l'article 704.

Nota : Conformément au XVIII de l'article 109 de la loi n° 2019-222 du 23/03/2019, les dispositions suivantes entrent en vigueur à une date fixée par décret, et au plus tard le 01/01/2020 :
Après le mot : « République », il est inséré le mot : « antiterroriste » ;

Article 706-17-1. – Délégation judiciaire – *(Loi n° 2019-222 du 23 mars 2019)*

• Sans préjudice des dispositions du 3e alinéa de l'article 41, lorsqu'il exerce sa compétence en application de la présente section, le procureur de la République antiterroriste peut requérir par délégation judiciaire tout procureur de la République de procéder ou faire procéder aux actes nécessaires à la recherche et à la poursuite des infractions entrant dans le champ d'application de l'article 706-16 dans les lieux où ce dernier est territorialement compétent.

• La délégation judiciaire mentionne les actes d'enquête confiés au procureur de la République ainsi requis. Elle ne peut prescrire que des actes se rattachant directement à l'enquête pour laquelle elle a été délivrée.

• Elle indique la nature de l'infraction objet de l'enquête. Elle est datée et signée par le procureur de la République antiterroriste et revêtue de son sceau.

• Le procureur de la République antiterroriste fixe le délai dans lequel la délégation doit lui être retournée accompagnée des procès-verbaux relatant son exécution. À défaut d'un délai fixé par la délégation, la délégation judiciaire et les procès-verbaux doivent lui être transmis dans les 8 jours de la fin des opérations exécutées en vertu de cette délégation.

• Les magistrats commis pour son exécution exercent, dans les limites de la délégation judiciaire, tous les pouvoirs du procureur de la République antiterroriste prévus par la présente section.

Article 706-17-2. – Audience – Autre lieu – *(Ordonnance n° 2019-964 du 18 septembre 2019)*

• Pour le jugement des délits et des crimes entrant dans le champ d'application de l'article 706-16, le 1er président de la cour d'appel de Paris peut, sur les réquisitions du procureur général, après avis des chefs des tribunaux judiciaires intéressés, du bâtonnier de Paris et, le cas échéant, du président de la cour d'assises de Paris, décider que l'audience du tribunal correctionnel, de la chambre des appels correctionnels de Paris ou de la cour d'assises de Paris se tiendra, à titre exceptionnel et pour des motifs de sécurité, dans tout autre lieu du ressort de la cour d'appel que celui où ces juridictions tiennent habituellement leurs audiences.

• L'ordonnance prise en application du précédent alinéa est portée à la connaissance des tribunaux intéressés par les soins du procureur général. Elle constitue une mesure d'administration judiciaire qui n'est pas susceptible de recours.

Nota : Conformément au XVIII de l'article 109 de la loi n° 2019-222 du 23/03/2019, ces dispositions entrent en vigueur à une date fixée par décret, et au plus tard le 01/01/2020.

Article 706-18. – Dessaisissement – *(Ordonnance n° 2019-964 du 18 septembre 2019)*

• Le procureur de la République près un tribunal judiciaire autre que celui de Paris peut, pour les infractions entrant dans le champ d'application de l'article 706-16, requérir le juge d'instruction de se dessaisir au profit de la juridiction d'instruction de Paris. Les parties sont préalablement avisées et invitées à faire connaître leurs observations par le juge d'instruction ; l'ordonnance est rendue 8 jours au plus tôt et 1 mois au plus tard à compter de cet avis.

• L'ordonnance par laquelle le juge d'instruction se dessaisit ne prend effet qu'à compter du délai de 5 jours prévu par l'article 706-22 ; lorsqu'un recours est exercé en application de cet article, le juge d'instruction demeure saisi jusqu'à ce que l'arrêt de la chambre criminelle de la Cour de cassation soit porté à sa connaissance.

• Dès que l'ordonnance est devenue définitive, le procureur de la République antiterroriste adresse le dossier de la procédure au procureur de la République de Paris.

• Les dispositions du présent article sont applicables devant la chambre de l'instruction.

Nota: Conformément au XVIII de l'article 109 de la loi n° 2019-222 du 23/03/2019, les dispositions suivantes entrent en vigueur à une date fixée par décret, et au plus tard le 01/01/2020 :
Les mots «de Paris» sont remplacés par les mots «antiterroriste».

Article 706-19. – Déclaration d'incompétence – *(Loi n° 2020-1672 du 24 décembre 2020 + Décision n° 2021-958 QPC du 17 décembre 2021)*

• La juridiction saisie en application de la présente section reste compétente quelles que soient les incriminations retenues lors du règlement ou du jugement de l'affaire, sous réserve de l'application des articles 181 et 469. Si les faits constituent une contravention, le juge d'instruction prononce le renvoi de l'affaire devant le tribunal de police compétent en application de l'article 522.

Article 706-20. – *(Abrogé – Loi n° 2020-1672 du 24 décembre 2020)*

Article 706-21. – Mandat de dépôt ou d'arrêt – *(Loi n° 2020-1672 du 24 décembre 2020)*

• Dans les cas prévus à l'article 706-18, le mandat de dépôt ou d'arrêt conserve sa force exécutoire; les actes de poursuite ou d'instruction et les formalités intervenus avant que la décision de dessaisissement ou d'incompétence soit devenue définitive n'ont pas à être renouvelés.

Article 706-22. – Ordonnance – *(Loi n° 2020-1672 du 24 décembre 2020)*

• Toute ordonnance rendue sur le fondement de l'article 706-18 par laquelle un juge d'instruction statue sur son dessaisissement peut, à l'exclusion de toute autre voie de recours, être déférée dans les cinq jours de sa notification, à la requête du ministère public, des parties, à la chambre criminelle de la Cour de cassation qui désigne, dans les huit jours suivant la date de réception du dossier, le juge d'instruction chargé de poursuivre l'information. Le ministère public peut également saisir directement la chambre criminelle de la Cour de cassation lorsque le juge d'instruction n'a pas rendu son ordonnance dans le délai d'un mois prévu au 1er alinéa de l'article 706-18.

• L'arrêt de la chambre criminelle est porté à la connaissance du juge d'instruction ainsi qu'au ministère public et signifié aux parties.

• Les dispositions du présent article sont applicables à l'arrêt rendu sur le fondement du dernier alinéa de l'article 706-18 par lequel une chambre de l'instruction statue sur son dessaisissement.

Article 706-22-1. – Décisions – *(Ordonnance n° 2019-964 du 18 septembre 2019)*

• Par dérogation aux dispositions de l'article 712-10, sont seuls compétents le juge de l'application des peines du tribunal judiciaire de Paris, le tribunal de l'application des peines de Paris et la chambre de l'application des peines de la cour d'appel de Paris pour prendre les décisions concernant les personnes condamnées par le tribunal correctionnel, la cour d'assises, le juge des enfants, le tribunal pour enfants ou la cour d'assises des mineurs de Paris statuant en application de l'article 706-17, quel que soit le lieu de détention ou de résidence du condamné.

• Pour prendre les décisions concernant les personnes condamnées pour une infraction entrant dans le champ d'application de l'article 706-16 pour laquelle n'a pas été exercée la compétence prévue à l'article 706-17, le juge de l'application des peines du tribunal judiciaire de Paris, le tribunal de l'application des peines de Paris et la chambre de l'application des peines de la cour d'appel de Paris exercent une compétence concurrente à celle qui résulte de l'application de l'article 712-10.

• Ces décisions sont prises après avis du juge de l'application des peines compétent en application de l'article 712-10.

• Pour l'exercice de leurs attributions, les magistrats des juridictions mentionnées aux 1er et 2e alinéas peuvent se déplacer sur l'ensemble du territoire national, sans préjudice de l'application des dispositions de l'article 706-71 sur l'utilisation de moyens de télécommunication.

• Le ministère public auprès des juridictions du 1er degré de Paris compétentes en application du présent article est représenté par le procureur de la République antiterroriste en personne ou par ses substituts.

Section II
Procédure

Article 706-23. – Arrêt d'un service de communication au public en ligne – *(Loi n° 2014-1353 du 13 novembre 2014)*

• L'arrêt d'un service de communication au public en ligne peut être prononcé par le juge des référés pour les faits prévus à l'article 421-2-5 du Code pénal lorsqu'ils constituent un trouble manifestement illicite, à la demande du ministère public ou de toute personne physique ou morale ayant intérêt à agir.

Article 706-24. – O.P.J. et A.P.J. – Autorisations – *(Loi n° 2006-64 du 23 janvier 2006)*

• Les officiers et agents de police judiciaire, affectés dans les services de police judiciaire spécialement chargés de la lutte contre le terrorisme, peuvent être nominativement autorisés par le procureur général près la cour d'appel de Paris à procéder aux investigations relatives aux infractions entrant dans le champ d'application de l'article 706-16, en s'identifiant par leur numéro d'immatriculation administrative. Ils peuvent être autorisés à déposer ou à comparaître comme témoins sous ce même numéro.

• L'état civil des officiers et agents de police judiciaire visés au premier alinéa ne peut être communiqué que sur décision du procureur général près la cour d'appel de Paris. Il est également communiqué, à sa demande, au président de la juridiction de jugement saisie des faits.

• Les dispositions de l'article 706-84 sont applicables en cas de révélation de l'identité de ces officiers ou agents de police judiciaire, hors les cas prévus à l'alinéa précédent.

• Aucune condamnation ne peut être prononcée sur le seul fondement d'actes de procédure effectués par des enquêteurs ayant bénéficié des dispositions du présent article et dont l'état civil n'aurait pas été communiqué, à sa demande, au président de la juridiction saisie des faits.

• Les modalités d'application du présent article sont, en tant que de besoin, précisées par décret en Conseil d'État.

Article 706-24-1. – Non application – *(Loi n° 2016-731 du 3 juin 2016)*

• Les articles 706-88 à 706-94 du présent code ne sont pas applicables aux délits prévus aux articles 421-2-5 à 421-2-5-2 du Code pénal.

Article 706-24-2. – *(Abrogé – Loi n° 2019-222 du 23 mars 2019)*

Article 706-24-3. – Durée de la détention provisoire – *(Loi n° 2016-731 du 3 juin 2016)*

• Par dérogation à l'article 145-1 du présent code, la durée de détention provisoire ne peut excéder six mois pour l'instruction des délits prévus aux articles 421-1 à 421-6 du Code pénal.

• À titre exceptionnel, le juge des libertés et de la détention peut décider de prolonger la détention provisoire, pour une durée qui ne peut excéder six mois, par une ordonnance motivée conformément à l'article 137-3 du présent code et rendue après un débat contradictoire organisé conformément au sixième alinéa de l'article 145, l'avocat ayant été convoqué selon les modalités prévues au deuxième alinéa de l'article 114. Cette décision peut être renouvelée selon la même procédure, sous réserve de l'article 145-3, la durée totale de la détention ne pouvant excéder deux ans. Cette durée est portée à trois ans pour l'instruction du délit mentionné à l'article 421-2-1 du Code pénal.

• Le dernier alinéa de l'article 145-1 du présent code est applicable.

• Pour l'application du présent article, le délai de huit mois prévu au premier alinéa de l'article 145-3 est porté à un an.

Article 706-24-4. – *(Abrogé – Ordonnance n° 2019-950 du 11 septembre 2019)*

Article 706-25. – Cour d'assises – *(Ordonnance n° 2019-950 du 11 septembre 2019)*

• Pour le jugement des accusés majeurs, les règles relatives à la composition et au fonctionnement de la cour d'assises sont fixées par les dispositions de l'article 698-6. Pour le jugement des accusés mineurs âgés de 16 ans au moins, les règles relatives à la composition et au fonctionnement de la cour d'assises des mineurs sont également fixées par ces dispositions, 2 des assesseurs étant pris parmi les juges des enfants du ressort de la cour d'appel, conformément aux dispositions de l'article L. 231-10 du Code de la justice pénale des mineurs. Les articles L. 513-2, L. 513-4 et L. 522-1 de ce code sont également applicables.

• Pour l'application de l'alinéa précédent, le juge d'instruction ou la chambre de l'instruction qui prononce la mise en accusation constate que les faits entrent dans le champ d'application de l'article 706-16.

• Par dérogation à l'article 34, le ministère public près la cour d'assises statuant en 1re instance est représenté par le procureur de la République antiterroriste en personne ou par ses substituts. En appel, le procureur général peut se faire représenter par le procureur de la République antiterroriste ou l'un de ses substituts.

Article 706-25-1. – *(Abrogé – Loi n° 2017-242 du 28 février 2017)*

Article 706-25-2. – Communication d'informations – *(Loi n° 2020-1672 du 24 décembre 2020)*

• Par dérogation à l'article 11, le procureur de la République antiterroriste, pour les procédures d'enquête ou d'instruction ouvertes sur le fondement d'une ou de plusieurs infractions entrant dans le champ d'application de l'article 706-16 , peut communiquer aux services spécialisés de renseignement mentionnés à l'article L. 811-2 du Code de la sécurité intérieure, de sa propre initiative ou à la demande de ces services, des éléments de toute nature figurant dans ces procédures et nécessaires à l'exercice des missions de ces services en matière de prévention du terrorisme. Si la procédure fait l'objet d'une information, cette communication ne peut intervenir qu'avec l'avis favorable du juge d'instruction. Le juge d'instruction peut également procéder à cette communication pour les procédures d'information dont il est saisi après avoir recueilli l'avis du procureur de la République antiterroriste.

• Cette communication peut également être réalisée, selon les mêmes modalités et pour les mêmes finalités, à destination des autorités et services compétents pour la prévention du terrorisme, notamment des services spécialisés de renseignement mentionnés aux articles L. 811-2 et L. 811-4 du même code, par tout procureur de la République pour des procédures ouvertes pour un crime ou un délit puni d'une peine d'emprisonnement, lorsque ces procédures font apparaître des éléments concernant une personne dont le comportement constitue une menace d'une particulière gravité pour la sécurité et l'ordre publics et qui soit entre en relation de manière habituelle avec des personnes ou des organisations incitant, facilitant ou participant à des actes de terrorisme, soit soutient, diffuse, lorsque cette diffusion s'accompagne d'une manifestation d'adhésion à l'idéologie exprimée, ou adhère à des thèses incitant à la commission d'actes de terrorisme ou faisant l'apologie de tels actes.

• Les informations communiquées en application du présent article ne peuvent être transmises par les services qui en ont été destinataires qu'à d'autres autorités ou services chargés de la prévention du terrorisme et pour les mêmes finalités que celles mentionnées au 1er alinéa. Elles ne peuvent faire l'objet d'un échange avec des services étrangers ou avec des organismes internationaux compétents dans le domaine du renseignement.

• Sauf si l'information porte sur une condamnation prononcée publiquement, et sous réserve du 3e alinéa du présent article, toute personne qui en est destinataire est tenue au secret professionnel, dans les conditions et sous les peines prévues aux articles 226-13 et 226-14 du Code pénal.

Article 706-25-2-1. – Assistants spécialisés – *(Loi n° 2020-1672 du 24 décembre 2020)*

• Les juridictions et magistrats mentionnés à l'article 706-17 peuvent demander à des assistants spécialisés, désignés dans les conditions prévues à l'article 706, de participer, selon les modalités prévues au même article 706, aux procédures concernant les crimes et délits entrant dans le champ d'application de l'article 706-16.

DÉCRET N° 2015-174 DU 13 FÉVRIER 2015

Portant amélioration des échanges d'information dans le cadre de la lutte contre le terrorisme

(Extraits)

NOR: INTD1500489D – Version consolidée au 16 février 2015

Publics concernés: citoyens français, ressortissants étrangers, administrations.

Objet: extension des motifs d'inscription au fichier des personnes recherchées; transmission internationale des informations sur les titres d'identité invalidés par l'effet d'une interdiction de sortie du territoire français.

• Notice: le présent décret modifie le décret n° 2010-569 du 28 mai 2010 afin de prévoir l'inscription au fichier des personnes recherchées *(FPR)* des personnes faisant l'objet d'une interdiction de sortie du territoire et des étrangers faisant l'objet d'une interdiction administrative du territoire, en application de la loi n° 2014-1353 du 13 novembre 2014 renforçant les dispositions relatives à la lutte contre le terrorisme. En vue de faciliter les échanges entre autorités policières, le décret permet la transmission au système d'information Schengen et à INTERPOL des informations relatives aux passeports invalidés par l'effet d'une interdiction de sortie du territoire et la transmission au système d'information Schengen des informations relatives aux cartes nationales d'identité invalidées pour le même motif.

Section III
Du fichier judiciaire national automatisé des auteurs d'infractions terroristes

Article 706-25-3. – Application automatisée d'informations nominatives – *(Loi n° 2015-912 du 24 juillet 2015)*

• Le fichier judiciaire national automatisé des auteurs d'infractions terroristes constitue une application automatisée d'informations nominatives tenue par le service du casier judiciaire national sous l'autorité du ministre de la justice et le contrôle d'un magistrat. Afin de prévenir le renouvellement des infractions mentionnées à l'article 706-25-4 et de faciliter l'identification de leurs auteurs, ce traitement reçoit, conserve et communique aux personnes habilitées les informations prévues au même article 706-25-4, selon les modalités prévues à la présente section.

Article 706-25-4. – Enregistrement – *(Loi n° 2021-1109 du 24 août 2021)*

• Lorsqu'elles concernent une ou plusieurs des infractions mentionnées aux articles 421-1 à 421-6 du Code pénal ainsi que les infractions mentionnées aux articles L. 224-1 et L. 225-7 du Code de la sécurité intérieure, sont enregistrées dans le fichier les informations relatives à l'identité ainsi que l'adresse ou les adresses successives du domicile et, le cas échéant, des résidences des personnes ayant fait l'objet :

• 1° D'une condamnation, même non encore définitive, y compris d'une condamnation par défaut ou d'une déclaration de culpabilité assortie d'une dispense ou d'un ajournement de la peine ;

• 2° D'une décision même non encore définitive prononçant à l'égard d'un mineur une mesure éducative, une dispense de mesure éducative ou une déclaration de réussite éducative en application du titre I du livre I du Code de la justice pénale des mineurs ;

• 3° D'une décision d'irresponsabilité pénale pour cause de trouble mental ;

• 4° D'une décision de même nature que celles mentionnées aux 1° à 3° prononcées par les juridictions ou les autorités judiciaires étrangères qui, en application d'une convention internationale ou d'un accord international, ont fait l'objet d'un avis aux autorités françaises ou ont été exécutées en France à la suite du transfèrement des personnes condamnées ;

• 5° D'une mise en examen.

• Le fichier comprend aussi les informations relatives à la décision judiciaire ayant justifié l'inscription et la nature de l'infraction. Les décisions mentionnées aux 1° à 3° sont enregistrées dès leur prononcé.

• Les décisions mentionnées aux 1°, 3° et 5° sont enregistrées de plein droit dans le fichier, sauf décision contraire et spécialement motivée de la juridiction compétente. Les décisions mentionnées au 4° sont également inscrites de plein droit dans le fichier, sauf décision contraire et spécialement motivée du procureur de la République.

• Les décisions concernant des mineurs de moins de 13 ans ne sont pas inscrites dans le fichier. Les décisions concernant des mineurs de 13 à 18 ans ne sont pas inscrites dans le fichier, sauf si cette inscription est ordonnée par décision expresse de la juridiction ou, dans les cas prévus aux mêmes 3° et 4°, du procureur de la République.

Nota : À compter du 30 septembre 2021 : Conformément à l'article 10 de l'ordonnance n° 2019-950 du 11/09/2019, le 2° de l'article 706-25-4 est remplacé par les dispositions suivantes :

• « 2° D'une décision même non encore définitive prononçant à l'égard d'un mineur une mesure éducative, une dispense de mesure éducative ou une déclaration de réussite éducative en application du titre I du livre I du code de justice pénale des mineurs ; »

• Conformément à l'article 10 de l'ordonnance n° 2019-950 du 11/09/2019, les dispositions du code de la justice pénale des mineurs, relatives à la procédure pénale, sont applicables aux poursuites engagées à compter de son entrée en vigueur. Les poursuites engagées avant cette date se poursuivent jusqu'à leur terme conformément aux dispositions du C.P.P. et de l'ordonnance n° 45-174 du 02/02/1945 relative à l'enfance délinquante dans leur version applicable avant cette date.

• Toutefois, les dispositions du code de la justice pénale des mineurs relatives aux mesures de sûreté s'appliquent immédiatement lorsqu'elles sont plus favorables aux mineurs à l'encontre desquels ces poursuites sont engagées.

Article 706-25-5. – Suivi de l'enregistrement – *(Loi n° 2015-912 du 24 juillet 2015)*

• Le procureur de la République compétent fait procéder sans délai à l'enregistrement des informations devant figurer dans le fichier par l'intermédiaire d'un moyen de communications électroniques sécurisé. Ces informations ne sont toutefois accessibles, en cas de consultation du fichier, qu'après vérification, lorsqu'elle est possible, de l'identité de la personne concernée, faite par le service gestionnaire du fichier au vu du répertoire national d'identification.

• Lorsqu'ils ont connaissance de la nouvelle adresse d'une personne dont l'identité est enregistrée dans le fichier, lorsqu'ils reçoivent la justification de l'adresse d'une telle personne, ainsi que lorsqu'ils sont informés d'un déplacement à l'étranger, les officiers de police judiciaire, les services du ministre des affaires étrangères ou le service gestionnaire, selon les hypothèses prévues à l'article 706-25-7, enregistrent sans délai cette information dans le fichier par l'intermédiaire d'un moyen de communications électroniques sécurisé.

Article 706-25-6. – Retrait des informations – *(Loi n° 2021-1109 du 24 août 2021)*

• Sans préjudice de l'application des articles 706-25-11 et 706-25-12, les informations mentionnées à l'article 706-25-4 concernant une même personne sont retirées du fichier au décès de l'intéressé ou à l'expiration, à compter du prononcé de la décision prévue au même article 706-25-4, d'un délai de :

• 1° 20 ans s'il s'agit d'un majeur ;

• 2° 10 ans s'il s'agit d'un mineur.

• Lorsqu'elles concernent une infraction mentionnée aux articles 421-2-5 et 421-2-5-1 du Code pénal et aux articles L. 224-1 ou L. 225-7 du Code de la sécurité intérieure, les informations mentionnées à l'article 706-25-4 du présent code concernant une même personne sont retirées du fichier au décès de l'intéressé ou à l'expiration, à compter du prononcé de la décision, d'un délai de :

• *a)* 5 ans s'il s'agit d'un majeur ;

• *b)* 3 ans s'il s'agit d'un mineur.

• Lorsque la personne exécute une peine privative de liberté sans sursis en application de la condamnation entraînant l'inscription, ces délais ne commencent à courir qu'à compter de sa libération.

• L'amnistie ou la réhabilitation ainsi que les règles propres à l'effacement des condamnations figurant au casier judiciaire n'entraînent pas l'effacement de ces informations.

• Ces informations ne peuvent, à elles seules, servir de preuve à la constatation de l'état de récidive.

• Les mentions prévues aux 1°, 2° et 5° de l'article 706-25-4 sont retirées du fichier en cas de décision définitive de non-lieu, de relaxe ou d'acquittement.

• Les mentions prévues au même 5° peuvent également être retirées sur décision spécialement motivée de la juridiction.

Article 706-25-7. – Obligations – *(Loi n° 2021-1109 du 24 août 2021 + Décision n° 2021-936 QPC du 7 octobre 2021)*

• Toute personne dont l'identité est enregistrée dans le fichier est astreinte, à titre de mesure de sûreté, aux obligations prévues au présent article.

• La personne est tenue :

• 1° De justifier de son adresse, une 1re fois après avoir reçu l'information des mesures et des obligations mentionnée au 2e alinéa de l'article 706-25-8, puis tous les 3 mois ;

• 2° De déclarer ses changements d'adresse, dans un délai de 15 jours au plus tard après ce changement ;

• 3° De déclarer tout déplacement à l'étranger 15 jours au plus tard avant ledit déplacement ;

• 4° Si la personne réside à l'étranger, de déclarer tout déplacement en France 15 jours au plus tard avant ledit déplacement.

• Si la personne réside en France, elle doit se présenter personnellement au commissariat de police ou à la brigade de gendarmerie dont dépend son domicile.

• Si une personne de nationalité française réside à l'étranger, elle doit se présenter personnellement au consulat de France ou à la section consulaire de l'ambassade de France le plus proche de son domicile.

• Si une personne de nationalité étrangère réside à l'étranger, elle doit adresser ses justificatifs par lettre recommandée avec demande d'avis de réception auprès du service gestionnaire.

• Les obligations de justification et de présentation prévues au présent article cessent de s'appliquer pendant le temps où la personne est incarcérée sur le territoire national.

• Toute personne inscrite au fichier judiciaire national automatisé des auteurs d'infractions terroristes est enregistrée au fichier des personnes recherchées pendant toute la durée de ses obligations.

• La personne est astreinte aux obligations de justification et de présentation prévues au présent article, à compter du prononcé de la décision prévue à l'article 706-25-4, pendant un délai de :

• *a)* 10 ans s'il s'agit d'un majeur ;

• *b)* 5 ans s'il s'agit d'un mineur.
• Lorsque la personne exécute une peine privative de liberté sans sursis en application de la condamnation entraînant l'inscription, ces délais ne commencent à courir qu'à compter de sa libération.
• Le fait pour les personnes tenues aux obligations prévues au présent article de ne pas respecter ces obligations est puni de 2 ans d'emprisonnement et de 30 000 € d'amende.
• La tentative de déplacement à l'étranger sans avoir procédé à la déclaration prévue au 3° du présent article est punie des mêmes peines.
• Le non-respect, par les personnes résidant à l'étranger, des obligations prévues au présent article est puni des mêmes peines.
• Le présent article n'est pas applicable aux personnes inscrites dans le fichier lorsque les décisions ayant conduit à cette inscription concernent des infractions mentionnées aux articles 421-2-5 et 421-2-5-1 du Code pénal et aux articles L. 224-1 et L. 225-7 du Code de la sécurité intérieure.

Article 706-25-8. – Information – *(Loi n° 2015-912 du 24 juillet 2015)*
• Toute personne dont l'identité est enregistrée dans le fichier en est informée par l'autorité judiciaire soit par notification à personne, soit par lettre recommandée avec demande d'avis de réception adressée à la dernière adresse déclarée, soit, à défaut, par le recours à la force publique par l'officier de police judiciaire, avec l'autorisation préalable du procureur de la République.
• Elle est alors informée des mesures et des obligations auxquelles elle est astreinte en application de l'article 706-25-7 et des peines encourues en cas de non-respect de ces obligations.
• Lorsque la personne est détenue au titre de la condamnation justifiant son inscription au fichier et qu'elle n'a pas encore reçu l'information mentionnée au premier alinéa du présent article, les informations prévues au même article lui sont données au moment de sa libération définitive ou préalablement à la première mesure d'aménagement de sa peine.

Article 706-25-9. – Accès aux informations – *(Loi n° 2017-258 du 28 février 2017)*
• Les informations contenues dans le fichier sont directement accessibles, par l'intermédiaire d'un système de communications électroniques sécurisé :
• 1° Aux autorités judiciaires ;
• 2° Aux officiers de police judiciaire, dans le cadre de procédures concernant une des infractions prévues aux articles 421-1 à 421-6 du Code pénal ou aux articles L. 224-1 et L. 225-7 du Code de la sécurité intérieure, et pour l'exercice des diligences prévues aux articles 706-25-7,706-25-8 et 706-25-10 du présent code. Les officiers de police judiciaire peuvent également, sur instruction du procureur de la République ou du juge d'instruction ou avec l'autorisation de l'un de ces magistrats, consulter le fichier dans le cadre d'une enquête de flagrance ou d'une enquête préliminaire ou en exécution d'une commission rogatoire ;
• 3° Aux représentants de l'État dans le département et aux administrations de l'État dont la liste est fixée par le décret prévu à l'article 706-25-14, pour les décisions administratives de recrutement, d'affectation, d'autorisation, d'agrément ou d'habilitation ;
• 4° Aux agents des greffes pénitentiaires habilités par les chefs d'établissement, pour vérifier que la personne a fait l'objet de l'information mentionnée à l'article 706-25-8 et pour enregistrer les dates de mise sous écrou et de libération ainsi que l'adresse du domicile déclaré par la personne libérée, ainsi qu'aux agents individuellement désignés et habilités du bureau du renseignement pénitentiaire de la direction de l'administration pénitentiaire ;
• 5° Aux agents individuellement désignés et habilités des services mentionnés à l'article L. 811-2 du Code de la sécurité intérieure et des services désignés par le décret en Conseil d'État prévu à l'article L. 811-4 du même code pour la seule finalité de prévention du terrorisme ;
• 6° Aux agents du ministère des affaires étrangères habilités pour l'exercice des diligences de l'article 706-25-7 du présent code.
• Les autorités et personnes mentionnées aux 1° et 2° et 4° à 6° du présent article peuvent interroger le fichier à partir d'un ou de plusieurs critères fixés par le décret prévu à l'article 706-25-14, et notamment à partir de l'identité d'une personne, de ses adresses successives ou de la nature des infractions.
• Les personnes mentionnées au 3° du présent article ne peuvent consulter le fichier qu'à partir de l'identité de la personne concernée par la décision administrative.
• Les maires et les présidents des collectivités territoriales et des groupements de collectivités territoriales sont également destinataires, par l'intermédiaire des représentants de l'État dans le département, des informations contenues dans le fichier pour les décisions administratives mentionnées au même 3°.

• À l'issue des délais prévus à l'article 706-25-7, les informations contenues dans le fichier sont uniquement consultables par le service gestionnaire du fichier, les autorités judiciaires, les officiers de police judiciaire mentionnés au 2° du présent article et les agents individuellement désignés et habilités des services mentionnés au 5°.

Article 706-25-10. – Gestionnaire du fichier – Information – *(Loi n° 2015-912 du 24 juillet 2015)*

• Selon des modalités précisées par le décret prévu à l'article 706-25-14, le gestionnaire du fichier avise directement le ministère de l'intérieur, qui transmet sans délai l'information aux services compétents, en cas de nouvelle inscription, de modification d'adresse concernant une inscription, d'information sur un départ à l'étranger, d'un déplacement en France ou lorsque la personne n'a pas apporté la justification de son adresse dans les délais requis. Il avise directement le service gestionnaire du fichier des personnes recherchées des effacements auxquels il a procédé en application des articles 706-25-6 et 706-25-12.

• Le procureur de la République peut également procéder d'office.

• S'il apparaît que la personne ne se trouve plus à l'adresse indiquée, l'officier de police judiciaire en informe le procureur de la République, qui l'inscrit sans délai au fichier des personnes recherchées.

• Les services de police ou de gendarmerie peuvent procéder à toutes vérifications utiles et toutes réquisitions auprès des administrations publiques pour vérifier ou retrouver l'adresse de la personne.

Article 706-25-11. – Demande de communication de l'intégralité des informations – *(Ordonnance n° 2019-964 du 18 septembre 2019)*

• Toute personne justifiant de son identité obtient, sur demande adressée au procureur de la République près le tribunal judiciaire dans le ressort duquel elle réside, communication de l'intégralité des informations la concernant figurant dans le fichier.

• Les 3e à avant-dernier alinéas de l'article 777-2 sont alors applicables.

Article 706-25-12. – Demande de rectification ou effacement des informations – *(Loi n° 2020-1672 du 24 décembre 2020)*

• Toute personne dont l'identité est inscrite dans le fichier peut demander au procureur de la République de rectifier ou d'ordonner l'effacement des informations la concernant si les informations ne sont pas exactes ou si leur conservation n'apparaît plus nécessaire compte tenu de la finalité du fichier, au regard de la nature de l'infraction, de l'âge de la personne lors de sa commission, du temps écoulé depuis lors et de la personnalité actuelle de l'intéressé.

• La même demande peut être faite au juge d'instruction lorsque l'inscription a été prise sur le fondement du 5° de l'article 706-25-4.

• La demande d'effacement est irrecevable tant que les mentions sont relatives à une procédure judiciaire en cours, sauf dans l'hypothèse d'une inscription sur le fondement du même 5°.

• Si le procureur de la République ou le juge d'instruction n'ordonne pas la rectification ou l'effacement, la personne peut exercer un recours devant le président de la chambre de l'instruction.

• Avant de statuer sur la demande de rectification ou d'effacement, le procureur de la République, le juge d'instruction et le président de la chambre de l'instruction peuvent faire procéder à toutes les vérifications qu'ils estiment nécessaires.

Article 706-25-13. – Rapprochement – Interconnexion – *(Ordonnance n° 2018-1125 du 12 décembre 2018)*

• Aucun rapprochement ni aucune interconnexion, au sens de l'article 33 de la loi n° 78-17 du 6 janvier 1978 relative à l'informatique, aux fichiers et aux libertés, ne peuvent être effectués entre le fichier prévu à la présente section et tout autre fichier ou recueil de données nominatives détenu par une personne quelconque ou par un service de l'État ne dépendant pas du ministère de la justice, à l'exception du fichier des personnes recherchées pour l'exercice des diligences prévues à la présente section.

• Aucun fichier ou recueil de données nominatives détenu par une personne quelconque ou par un service de l'État ne dépendant pas du ministère de la justice ne peut mentionner, hors les cas et dans les conditions prévus par la loi, les informations figurant dans le fichier.

• Toute infraction aux 2 premiers alinéas du présent article est punie des peines encourues pour le délit prévu à l'article 226-21 du code pénal.

Article 706-25-14. – Modalités d'application – *(Loi n° 2015-912 du 24 juillet 2015)*

• Les modalités d'application de la présente section sont déterminées par décret en Conseil d'État, pris après avis de la Commission nationale de l'informatique et des libertés. Ce décret précise les conditions dans lesquelles le fichier conserve la trace des interrogations et des consultations dont il fait l'objet.

Section IV

De la prévention des actes de terrorisme

Article 706-25-15. – Fonctions d'assistant spécialisé – *(Loi n° 2020-1672 du 24 décembre 2020)*

• Peuvent exercer des fonctions d'assistant spécialisé pour la prévention des actes de terrorisme auprès du ministère public les fonctionnaires de catégorie A ou B ainsi que les personnes titulaires, dans des matières définies par décret, d'un diplôme national sanctionnant une formation d'une durée au moins égale à 4 années d'études supérieures après le baccalauréat qui remplissent les conditions d'accès à la fonction publique et justifient d'une expérience professionnelle minimale de 4 années.

• Les assistants spécialisés pour la prévention des actes de terrorisme suivent une formation obligatoire préalable à leur entrée en fonction.

• Ils participent aux procédures sous la responsabilité des magistrats du ministère public, sans pouvoir toutefois recevoir délégation de signature, sauf pour les réquisitions prévues aux articles 60-1, 60-2, 77-1-1 et 77-1-2.

• Ils accomplissent toutes les tâches qui leur sont confiées par ces magistrats et peuvent notamment :

• 1° Les assister dans l'exercice de l'action publique et dans les missions de prévention que la loi leur confie ;

• 2° Remettre aux magistrats des documents de synthèse ou d'analyse qui peuvent être versés au dossier de la procédure ;

• 3° Mettre en œuvre le droit de communication reconnu aux magistrats en application de l'article 132-22 du Code pénal.

• Le procureur général peut leur demander d'assister le ministère public devant la juridiction d'appel.

• Ils ont accès au dossier de la procédure pour l'exécution des tâches qui leur sont confiées et sont soumis au secret professionnel sous les peines prévues à l'article 226-13 du même code.

• Les modalités d'application du présent article sont celles prises en application du dernier alinéa de l'article 706 du présent code.

Section V

De la mesure judiciaire de prévention de la récidive terroriste et de la réinsertion

Article 706-25-16. – Mesure judiciaire – Modalités – *(Loi n° 2021-998 du 30 juillet 2021 + Décision n° 2021-822 DC du 30 juillet 2021)*

• **I.** – Lorsqu'une personne a été condamnée à une peine privative de liberté, non assortie du sursis, d'une durée supérieure ou égale à 5 ans pour une ou plusieurs des infractions mentionnées aux articles 421-1 à 421-6 du Code pénal, à l'exclusion de celles définies aux articles 421-2-5 et 421-2-5-1 du même code, ou d'une durée supérieure ou égale à 3 ans lorsque l'infraction a été commise en état de récidive légale, et qu'il est établi, à l'issue d'un réexamen de sa situation intervenant à la fin de l'exécution de sa peine, que cette personne présente une particulière dangerosité caractérisée par une probabilité très élevée de récidive et par une adhésion persistante à une idéologie ou à des thèses incitant à la commission d'actes de terrorisme, faisant ainsi obstacle à sa réinsertion, le tribunal de l'application des peines de Paris peut, sur réquisitions du procureur de la République antiterroriste, ordonner, aux seules fins de prévenir la récidive et d'assurer la réinsertion, une mesure judiciaire de prévention de la récidive terroriste et de réinsertion.

• La décision définit les conditions d'une prise en charge sanitaire, sociale, éducative, psychologique ou psychiatrique destinée à permettre la réinsertion de la personne concernée et l'acquisition des valeurs de la citoyenneté. Cette prise en charge peut, le cas échéant, intervenir au sein d'un établissement d'accueil adapté.

• La décision peut imposer à la personne concernée d'exercer une activité professionnelle ou de suivre un enseignement ou une formation professionnelle; elle peut également lui interdire de se livrer à l'activité dans l'exercice ou à l'occasion de laquelle l'infraction a été commise.

• La décision précise les conditions dans lesquelles la personne concernée doit communiquer au service pénitentiaire d'insertion et de probation les renseignements ou documents de nature à permettre le contrôle de ses moyens d'existence et de l'exécution de ses obligations et répondre aux convocations du juge de l'application des peines ou du service pénitentiaire d'insertion et de probation. Elle peut aussi l'astreindre à établir sa résidence en un lieu déterminé.

• Les obligations auxquelles la personne concernée est astreinte sont mises en œuvre par le juge de l'application des peines du tribunal judiciaire de Paris, assisté du service pénitentiaire d'insertion et de probation, le cas échéant avec le concours des organismes habilités à cet effet.

• **II. –** Le tribunal de l'application des peines de Paris ne peut prononcer la mesure judiciaire de prévention de la récidive terroriste et de réinsertion qu'après s'être assuré que la personne condamnée a été mise en mesure de bénéficier, pendant l'exécution de sa peine, de mesures de nature à favoriser sa réinsertion.

• **III. –** La mesure judiciaire de prévention de la récidive terroriste et de réinsertion prévue au I peut être ordonnée pour une durée maximale d'un an. À l'issue de cette durée, la mesure peut être renouvelée sur réquisitions du procureur de la République antiterroriste par le tribunal de l'application des peines de Paris, après avis de la commission pluridisciplinaire des mesures de sûreté prévue à l'article 763-10, pour au plus la même durée, périodes de suspension comprises, dans la limite de 5 ans ou, lorsque le condamné est mineur, dans la limite de 3 ans. Chaque renouvellement est subordonné à l'existence d'éléments nouveaux ou complémentaires qui le justifient précisément.

• **IV. –** La mesure prévue au I ne peut être ordonnée que si elle apparaît strictement nécessaire pour prévenir la récidive et assurer la réinsertion de la personne concernée. Elle n'est pas applicable si la personne a été condamnée à un suivi socio-judiciaire en application de l'article 421-8 du Code pénal ou si elle fait l'objet d'une mesure de surveillance judiciaire prévue à l'article 723-29 du présent code, d'une mesure de surveillance de sûreté prévue à l'article 706-53-19 ou d'une rétention de sûreté prévue à l'article 706-53-13.

Article 706-25-17. – Examen de la mesure – *(Loi n° 2021-998 du 30 juillet 2021 + Décision n° 2021-822 DC du 30 juillet 2021)*

• La situation des personnes détenues susceptibles de faire l'objet de la mesure prévue à l'article 706-25-16 est examinée, sur réquisitions du procureur de la République antiterroriste, au moins 3 mois avant la date prévue pour leur libération, par la commission pluridisciplinaire des mesures de sûreté prévue à l'article 763-10, afin d'évaluer leur dangerosité et leur capacité à se réinsérer.

• À cette fin, la commission pluridisciplinaire mentionnée au 1er alinéa du présent article demande le placement de la personne concernée, pour une durée d'au moins 6 semaines, dans un service spécialisé chargé de l'observation des personnes détenues, aux fins notamment d'une évaluation pluridisciplinaire de dangerosité.

• À l'issue de cette période, la commission adresse au tribunal de l'application des peines de Paris et à la personne concernée un avis motivé sur l'opportunité de prononcer la mesure mentionnée à l'article 706-25-16 au regard des critères définis au I du même article 706-25-16.

Article 706-25-18. – Décision – *(Loi n° 2021-998 du 30 juillet 2021 + Décision n° 2021-822 DC du 30 juillet 2021)*

• La décision prévue à l'article 706-25-16 est prise, avant la date prévue pour la libération du condamné, par un jugement rendu après un débat contradictoire et, si le condamné le demande, public, au cours duquel le condamné est assisté par un avocat choisi ou commis d'office. Elle doit être spécialement motivée au regard des conclusions de l'évaluation et de l'avis mentionnés à l'article 706-25-17 ainsi que des conditions prévues aux II et IV de l'article 706-25-16.

• Le jugement précise les obligations auxquelles le condamné est tenu ainsi que la durée de celles-ci.

• La décision est exécutoire immédiatement à compter de la libération du condamné.

• Le tribunal de l'application des peines de Paris peut, sur réquisitions du procureur de la République antiterroriste ou à la demande de la personne concernée, selon les modalités prévues à l'article 706-53-17 et, le cas échéant, après avis du procureur de la République antiterroriste, modifier la mesure ou ordonner sa mainlevée. Cette compétence s'exerce sans préjudice de la possibilité, pour le juge de l'application des peines, d'adapter à tout moment les obligations auxquelles le condamné est tenu.

Article 706-25-19. – Recours – *(Loi n° 2021-998 du 30 juillet 2021 + Décision n° 2021-822 DC du 30 juillet 2021)*

• Les décisions du tribunal de l'application des peines de Paris prévues à la présente section peuvent faire l'objet du recours prévu au 2d alinéa de l'article 712-1.

Article 706-25-20. – Obligations – Suspensions – *(Loi n° 2021-998 du 30 juillet 2021)*

• Les obligations prévues à l'article 706-25-16 sont suspendues si la personne concernée est détenue au cours de leur exécution.

• Si la détention excède une durée de 6 mois, la reprise d'une ou de plusieurs des obligations prévues au même article 706-25-16 doit être confirmée par le tribunal de l'application des peines de Paris dans un délai de 3 mois à compter de la cessation de la détention, à défaut de quoi il est mis fin d'office à la mesure.

Article 706-25-21. – Non-respect des obligations – *(Loi n° 2021-998 du 30 juillet 2021)*

• Le fait pour la personne soumise à une mesure prise en application de l'article 706-25-16 de ne pas respecter les obligations auxquelles elle est astreinte est puni de 3 ans d'emprisonnement et de 45 000 € d'amende.

Article 706-25-22. – Conditions et modalités d'application – *(Loi n° 2021-998 du 30 juillet 2021)*

• Un décret en Conseil d'État précise les conditions et les modalités d'application de la présente section.

TITRE XVI

DE LA POURSUITE, DE L'INSTRUCTION ET DU JUGEMENT DES INFRACTIONS EN MATIÈRE DE TRAFIC DE STUPÉFIANTS

Article 706-26. – Infractions, association de malfaiteurs – *(Loi n° 2004-204 du 9 mars 2004)*

• Les infractions prévues par les articles 222-34 à 222-40 du Code pénal, ainsi que le délit de participation à une association de malfaiteurs prévu par l'article 450-1 du même code lorsqu'il a pour objet de préparer l'une de ces infractions, sont poursuivies, instruites et jugées selon les règles du présent code, sous réserve des dispositions du présent titre.

Article 706-27. – Cour d'assises – *(Loi n° 2000-516 du 15 juin 2000)*

• Dans le ressort de chaque cour d'appel, une ou plusieurs cours d'assises dont la liste est fixée par décret sont compétentes pour le jugement des crimes visés à l'article 706-26 et des infractions qui leur sont connexes. Pour le jugement des accusés majeurs, les règles relatives à la composition et au fonctionnement de la cour d'assises sont fixées par les dispositions de l'article 698-6.

• Pour l'application de l'alinéa précédent, la chambre de l'instruction, lorsqu'elle prononce la mise en accusation conformément au premier alinéa de l'article 214, constate que les faits entrent dans le champ d'application de l'article 706-26.

V
- Code procédure pénale – art. 214 – Cour d'assises.
- Code procédure pénale – art. 698-6 – Procédure.
- Code de procédure pénale – art. 706-26 et D. 47-7 – Infractions en matière de trafic de stupéfiants.
- Code de procédure pénale – art. D. 47-2 – Infractions en matière économique et financière.

Article 706-28. – Visites, perquisitions et saisies – *(Loi n° 2004-204 du 9 mars 2004)*

• Pour la recherche et la constatation des infractions visées à l'article 706-26, les visites, perquisitions et saisies prévues par l'article 59 peuvent être opérées en dehors des heures prévues par cet article à l'intérieur des locaux où l'on use en société de stupéfiants ou dans lesquels sont fabriqués, transformés ou entreposés illicitement des stupéfiants lorsqu'il ne s'agit pas de locaux d'habitation.

• Les actes prévus au présent article ne peuvent, à peine de nullité, avoir un autre objet que la recherche et la constatation des infractions visées à l'article 706-26.

Articles 706-29 et 706-30. – *(Abrogés par la Loi n° 2004-204 du 9 mars 2004)*

Article 706-30-1. – Saisie des substances stupéfiantes – *(Loi n° 2011-267 du 14 mars 2011)*

• Lorsqu'il est fait application des dispositions du quatrième alinéa de l'article 99-2 à des substances stupéfiantes saisies au cours de la procédure, le juge d'instruction doit conserver un échantillon de ces produits afin de permettre, le cas échéant, qu'ils fassent l'objet d'une expertise. Cet échantillon est placé sous scellés.

• Il doit être procédé par le juge d'instruction ou par un officier de police judiciaire agissant sur commission rogatoire à la pesée des substances saisies avant leur destruction. Cette pesée doit être réalisée en présence de la personne qui détenait les substances, ou, à défaut, en présence de deux témoins requis par le juge d'instruction ou l'officier de police judiciaire et choisis en dehors des personnes relevant de leur autorité. La pesée peut également être réalisée, dans les mêmes conditions, au cours de l'enquête de flagrance ou de l'enquête préliminaire, par un officier de police judiciaire, ou, au cours de l'enquête douanière, par un agent des douanes de catégorie A ou B.

• Le procès-verbal des opérations de pesée est signé par les personnes mentionnées ci-dessus. En cas de refus, il en est fait mention au procès-verbal.

J • **Infraction à la législation sur les stupéfiants – Opération de pesée des produits appréhendés – Procès-verbal – Avocat**

Contre l'arrêt de la cour d'appel de BESANÇON, chambre correctionnelle, en date du 21/11/2017, qui, pour infraction à la législation sur les stupéfiants, l'a condamné à 10 mois d'emprisonnement et a ordonné une mesure de confiscation;

Attendu qu'en prononçant ainsi, la cour d'appel a fait l'exacte application de l'article 706-30-1 du code de procédure pénale lequel, s'il exige que, dans les conditions d'application de ce texte, la pesée des produits appréhendés soit réalisée en présence de la personne qui les détenait ou celle de 2 témoins, ne requiert pas, pour la réalisation de cette opération, la rédaction d'un procès-verbal distinct et spécifique, ni la présence de l'avocat de la personne concernée;

D'où il suit que le moyen doit être écarté;

Et attendu que l'arrêt est régulier en la forme;

REJETTE le pourvoi;

(Cour de cassation – Chambre criminelle du 5 septembre 2018 – N° de pourvoi: 18-80334).

Article 706-31. – Durée de la contrainte judiciaire – *(Loi n° 2017-242 du 27 février 2017)*

• Par dérogation aux dispositions de l'article 750, le maximum de la durée de la contrainte judiciaire est fixée à 1 an lorsque l'amende et les condamnations pécuniaires prononcées pour l'une des infractions mentionnées à l'article 706-26 ou pour les infractions douanières connexes excèdent 100 000 €.

Article 706-32. – O.P.J. – Saisies – *(Loi n° 2007-297 du 5 mars 2007)*

• Sans préjudice des dispositions des articles 706-81 à 706-87 du présent code, et aux seules fins de constater les infractions d'acquisition, d'offre ou de cession de produits stupéfiants visées aux articles 222-37 et 222-39 du Code pénal, d'en identifier les auteurs et complices et d'effectuer les saisies prévues au présent code, les officiers de police judiciaire et, sous leur autorité, les agents de police judiciaire peuvent, avec l'autorisation du procureur de la République ou du juge d'instruction saisi des faits qui en avise préalablement le parquet, et sans être pénalement responsables de ces actes:

• 1° Acquérir des produits stupéfiants;

• 2° En vue de l'acquisition de produits stupéfiants, mettre à la disposition des personnes se livrant à ces infractions des moyens de caractère juridique ou financier ainsi que des moyens de transport, de dépôt, d'hébergement, de conservation et de télécommunication.

• À peine de nullité, l'autorisation du procureur de la République ou du juge d'instruction, qui peut être donnée par tout moyen, est mentionnée ou versée au dossier de la procédure et les actes autorisés ne peuvent constituer une incitation à commettre une infraction.

Article 706-33. – Juge d'instruction – Fermeture de tout hôtel, maison meublée, pension, débit de boissons... – *(Loi n° 2000-516 du 15 juin 2000)*

• En cas de poursuite pour l'une des infractions visées à l'article 706-26, le juge d'instruction peut ordonner à titre provisoire, pour une durée de six mois au plus, la fermeture de tout hôtel, maison meublée, pension, débit de boissons, restaurant, club, cercle, dancing, lieu de spectacle ou leurs annexes ou lieu quelconque ouvert au public ou utilisé par le public, où ont été commises ces infractions par l'exploitant ou avec sa complicité.

• Cette fermeture peut, quelle qu'en ait été la durée, faire l'objet de renouvellements dans les mêmes formes pour une durée de trois mois au plus chacun.

• Les décisions prévues aux alinéas précédents et celles statuant sur les demandes de mainlevées peuvent faire l'objet d'un recours devant la chambre de l'instruction dans les vingt-quatre heures de leur exécution ou de la notification faite aux parties intéressées.

• Lorsqu'une juridiction de jugement est saisie, la mainlevée de la mesure de fermeture en cours ou son renouvellement, pour une durée de trois mois au plus chaque fois, est prononcée selon les règles fixées par les deuxième à quatrième alinéas de l'article 148-1.

TITRE XVII

DE LA POURSUITE, DE L'INSTRUCTION ET DU JUGEMENT DES INFRACTIONS EN MATIÈRE DE TRAITE DES ÊTRES HUMAINS, DE PROXÉNÉTISME OU DE RECOURS À LA PROSTITUTION DES MINEURS

Article 706-34. – Infractions, Association de malfaiteurs – *(Loi n° 2007-297 du 5 mars 2007)*

• Les infractions prévues par les articles 225-5 à 225-12-4 du Code pénal, ainsi que le délit de participation à une association de malfaiteurs prévu par l'article 450-1 du même code lorsqu'il a pour objet de préparer l'une de ces infractions, sont poursuivies, instruites et jugées selon les règles du présent code, sous réserve des dispositions du présent titre.

Article 706-35. – Visites, perquisitions et saisies – *(Loi n° 2007-297 du 5 mars 2007)*

• Pour la recherche et la constatation des infractions visées à l'article 706-34, les visites, perquisitions et saisies prévues par l'article 59 peuvent être opérées à toute heure du jour et de la nuit, à l'intérieur de tout hôtel, maison meublée, pension, débit de boissons, club, cercle, dancing, lieu de spectacle et leurs annexes et en tout autre lieu ouvert au public ou utilisé par le public lorsqu'il est constaté que des personnes se livrant à la prostitution y sont reçues habituellement.

• Les actes prévus au présent article ne peuvent, à peine de nullité, être effectués pour un autre objet que la recherche et la constatation des infractions visées à l'article 706-34.

Article 706-35-1. – *(Abrogé – Loi n° 2019-222 du 23 mars 2019)*

ARRÊTÉ DU 30 MARS 2009

relatif à la répression de certaines formes de criminalité informatique et à la lutte contre la pédopornographie

NOR: IOCC0900775A

Version consolidée au 10 avril 2022

Article 1er. – *(Arrêté du 6 avril 2022)*

• Le centre national d'analyse des images de pédopornographie mentionné aux articles D. 47-8 et D. 47-9 du Code de procédure pénale, composé de militaires de la gendarmerie nationale et de fonctionnaires actifs de la police nationale, est rattaché au commandement de la gendarmerie dans le cyberespace.

• Ce centre est chargé:

• 1° De centraliser et conserver, dans les conditions définies par l'article D. 47-8, les copies des contenus illicites mentionnés au 3° de l'article 706-35-1 et de l'article 706-47-3 du même code;

• 2° De communiquer ces contenus illicites aux officiers et agents de police judiciaire mentionnés au 1er alinéa des articles 706-35-1 et 706-47-3 du même code, pour les besoins de leurs investigations et dans les conditions définies par l'article D. 47-9;

• 3° D'exploiter ces contenus, d'initiative ou à la demande de magistrats ou d'officiers ou d'agents de police judiciaire pour les besoins de leurs investigations, afin d'identifier par analyse et rapprochement les personnes et les lieux qui y sont représentés.

Article 2. – *(Arrêté du 21 octobre 2015)*

• Les identifications et rapprochements effectués par le centre national d'analyse des images de pédopornographie sont transmis simultanément:

• 1° Aux magistrats, officiers et agents de police judiciaire, de sa propre initiative ou à leur demande, pour les besoins de leurs investigations;

• 2° À l'office central de police judiciaire compétent.

Article 3. – *(Arrêté du 21 octobre 2015)*

• Le directeur général de la police nationale, le directeur des affaires criminelles et des grâces et le directeur général de la gendarmerie nationale sont chargés, chacun en ce qui le concerne, de l'exécution du présent arrêté, qui sera publié au Journal officiel de la République française.

Article 706-36. – Fermeture totale ou partielle – *(Loi n° 2007-297 du 5 mars 2007)*

• En cas de poursuite pour l'une des infractions visées à l'article 706-34, le juge d'instruction peut ordonner à titre provisoire, pour une durée de trois mois au plus, la fermeture totale ou partielle:

• 1° D'un établissement visé aux 1° et 2° de l'article 225-10 du Code pénal dont le détenteur, le gérant ou le préposé est poursuivi;

• 2° De tout hôtel, maison meublée, pension, débit de boissons, restaurant, club, cercle, dancing, lieu de spectacle ou leurs annexes ou lieu quelconque ouvert au public ou utilisé par le public, dans lequel une personne poursuivie aura trouvé au cours des poursuites, auprès de la direction ou du personnel, un concours sciemment donné pour détruire des preuves, exercer des pressions sur des témoins ou favoriser la continuation de son activité délictueuse.

• Cette fermeture peut, quelle qu'en ait été la durée, faire l'objet de renouvellements dans les mêmes formes pour une durée de trois mois au plus chacun.

• Les décisions prévues aux alinéas précédents et celles statuant sur les demandes de mainlevées peuvent faire l'objet d'un recours devant la chambre de l'instruction dans les vingt-quatre heures de leur exécution ou de la notification faite aux parties intéressées.

• Lorsqu'une juridiction de jugement est saisie, la mainlevée de la mesure de fermeture en cours ou son renouvellement, pour une durée de trois mois au plus chaque fois, est prononcée selon les règles fixées par les deuxième à quatrième alinéas de l'article 148-1.

Article 706-37. – Ministère public – Information – *(Loi n° 2007-297 du 5 mars 2007)*

• Le ministère public fait connaître au propriétaire de l'immeuble, au bailleur et au propriétaire du fonds où est exploité un établissement dans lequel sont constatés les faits visés au 2° de l'article 225-10 du Code pénal et fait mentionner au registre du commerce et aux registres sur lesquels sont inscrites les sûretés l'engagement des poursuites et la décision intervenue. Les modalités d'application du présent article sont déterminées par décret en Conseil d'État.

Article 706-38. – Peines complémentaires – *(Loi n° 2007-297 du 5 mars 2007)*

• Lorsque la personne titulaire de la licence de débit de boissons ou de restaurant ou propriétaire du fonds de commerce dans lequel est exploité l'un des établissements visés au 2° de l'article 225-10 du Code pénal n'est pas poursuivie, les peines complémentaires prévues par l'article 225-22 du Code pénal ne peuvent être prononcées, par décision spéciale et motivée, que s'il est établi que cette personne a été citée à la diligence du ministère public avec indication de la nature des poursuites exercées et de la possibilité pour le tribunal de prononcer ces peines.

• La personne visée à l'alinéa précédent peut présenter ou faire présenter par un avocat ses observations à l'audience. Si elle use de cette faculté, elle peut interjeter appel de la décision prononçant l'une des peines prévues par l'article 225-22 du Code pénal.

Article 706-39. – Confiscation du fonds de commerce – *(Loi n° 2007-297 du 5 mars 2007)*

• La décision qui, en application de l'article 225-22 du Code pénal, prononce la confiscation du fonds de commerce ordonne l'expulsion de toute personne qui, directement ou par personne interposée, détient, gère, exploite, dirige, fait fonctionner, finance ou contribue à financer l'établissement.

• Cette même décision entraîne le transfert à l'État de la propriété du fonds confisqué et emporte subrogation de l'État dans tous les droits du propriétaire du fonds.

Article 706-40. – Dommages-intérêts... – *(Loi n° 2007-297 du 5 mars 2007)*

• En cas d'infraction prévue par le 3° de l'article 225-10 du Code pénal, l'occupant et la personne se livrant à la prostitution sont solidairement responsables des dommages-intérêts pouvant être alloués pour trouble du voisinage. Lorsque les faits visés par cet article sont pratiqués de façon habituelle, la résiliation du bail et l'expulsion du locataire, sous-locataire ou occupant qui se livre à la prostitution ou la tolère sont prononcées par le juge des référés, à la demande du ministère public, du propriétaire, du locataire principal ou des occupants ou voisins de l'immeuble. Les propriétaires ou bailleurs de ces locaux sont informés, à la diligence du ministère public, que ceux-ci servent de lieux de prostitution.

Article 706-40-1. – Personnes victimes, membres de la famille et proches – Protection – *(Loi n° 2016-444 du 13 avril 2016)*

• Les personnes victimes de l'une des infractions prévues aux articles 225-4-1 à 225-4-6 et 225-5 à 225-10 du Code pénal, ayant contribué par leur témoignage à la manifestation de la vérité et dont la vie ou l'intégrité physique est gravement mise en danger sur le territoire national, peuvent faire l'objet en tant que de besoin de la protection destinée à assurer leur sécurité prévue à l'article 706-63-1 du présent code.

• Le premier alinéa du présent article est également applicable aux membres de la famille et aux proches des personnes ainsi protégées.

• Lorsqu'il est fait application à ces personnes des dispositions de l'article 706-57 relatives à la déclaration de domicile, elles peuvent également déclarer comme domicile l'adresse de leur avocat ou d'une association mentionnée à l'article 2-22.

• Sans préjudice du présent article, l'article 62 est applicable aux personnes mentionnées au premier alinéa du présent article.

TITRE XVIII

DE LA POURSUITE, DE L'INSTRUCTION ET DU JUGEMENT DES INFRACTIONS COMMISES PAR LES PERSONNES MORALES

Article 706-41. – Personnes morales – *(Loi n° 92-1336 du 16 décembre 1992)*

• Les dispositions du présent code sont applicables à la poursuite, à l'instruction et au jugement des infractions commises par les personnes morales, sous réserve des dispositions du présent titre.

Article 706-42. – Personnes physiques – *(Loi n° 2013-1117 du 6 décembre 2013)*

• Sans préjudice des règles de compétence applicables lorsqu'une personne physique est également soupçonnée ou poursuivie, sont compétents :

• 1° Le procureur de la République et les juridictions du lieu de l'infraction ;

• 2° Le procureur de la République et les juridictions du lieu où la personne morale a son siège.

• Ces dispositions ne sont pas exclusives de l'application éventuelle des règles particulières de compétence prévues par les articles 704-1, 705 et 706-17 relatifs aux infractions économiques et financières et aux actes de terrorisme.

Article 706-43. – Action publique – *(Ordonnance n° 2019-964 du 18 septembre 2019 + Décision n° 2020-865 QPC du 19 novembre 2020)*

• L'action publique est exercée à l'encontre de la personne morale prise en la personne de son représentant légal à l'époque des poursuites. Ce dernier représente la personne morale à tous les actes de la procédure. Toutefois, lorsque des poursuites pour des mêmes faits ou des faits connexes sont engagées à l'encontre du représentant légal, celui-ci peut saisir par requête le président du tribunal judiciaire aux fins de désignation d'un mandataire de justice pour représenter la personne morale.

• La personne morale peut également être représentée par toute personne bénéficiant, conformément à la loi ou à ses statuts, d'une délégation de pouvoir à cet effet.

• La personne chargée de représenter la personne morale en application du 2e alinéa doit faire connaître son identité à la juridiction saisie, par lettre recommandée avec demande d'avis de réception.

• Il en est de même en cas de changement du représentant légal en cours de procédure.

• En l'absence de toute personne habilitée à représenter la personne morale dans les conditions prévues au présent article, le président du tribunal judiciaire désigne, à la requête du ministère public, du juge d'instruction ou de la partie civile, un mandataire de justice pour la représenter.

Article 706-44. – Représentant de la personne morale – *(Loi n° 92-1336 du 16 décembre 1992)*

• Le représentant de la personne morale poursuivie ne peut, en cette qualité, faire l'objet d'aucune mesure de contrainte autre que celle applicable au témoin.

Article 706-45. – Personne morale – Contrôle judiciaire – *(Loi n° 2004-204 du 9 mars 2004)*

• Le juge d'instruction peut placer la personne morale sous contrôle judiciaire dans les conditions prévues aux articles 139 et 140 en la soumettant à une ou plusieurs des obligations suivantes :

• 1° Dépôt d'un cautionnement dont le montant et les délais de versement, en une ou plusieurs fois, sont fixés par le juge d'instruction ;

• 2° Constitution, dans un délai, pour une période et un montant déterminés par le juge d'instruction, des sûretés personnelles ou réelles destinées à garantir les droits de la victime ;

• 3° Interdiction d'émettre des chèques autres que ceux qui permettent le retrait de fonds par le tireur auprès du tiré ou ceux qui sont certifiés ou d'utiliser des cartes de paiement ;

• 4° Interdiction d'exercer certaines activités professionnelles ou sociales lorsque l'infraction a été commise dans l'exercice ou à l'occasion de l'exercice de ces activités et lorsqu'il est à redouter qu'une nouvelle infraction soit commise ;

• 5° Placement sous contrôle d'un mandataire de justice désigné par le juge d'instruction pour une durée de six mois renouvelable, en ce qui concerne l'activité dans l'exercice ou à l'occasion de laquelle l'infraction a été commise.

• Pour les obligations prévues aux 1° et 2°, les dispositions des articles 142 à 142-3 sont applicables.

• Les interdictions prévues aux 3° et 4° ne peuvent être ordonnées par le juge d'instruction que dans la mesure où elles sont encourues à titre de peine par la personne morale poursuivie. La mesure prévue au 5° ne peut être ordonnée par le juge d'instruction si la personne morale ne peut être condamnée à la peine prévue par le 3° de l'article 131-39 du Code pénal.
• En cas de violation du contrôle judiciaire, les articles 434-43 et 434-47 du Code pénal sont, le cas échéant, applicables.

Article 706-46. – Signification des actes – *(Loi n° 92-1336 du 16 décembre 1992)*
• Les dispositions particulières applicables à la signification des actes aux personnes morales sont fixées au titre IV du livre II.

TITRE XIX
DE LA PROCÉDURE APPLICABLE AUX INFRACTIONS DE NATURE SEXUELLE ET DE LA PROTECTION DES MINEURS VICTIMES

Article 706-47. – Infractions – *(Loi n° 2021-1539 du 30 novembre 2021)*
• Le présent titre est applicable aux procédures concernant les infractions suivantes :
• 1° Crimes de meurtre ou d'assassinat prévus aux articles 221-1 à 221-4 du Code pénal, lorsqu'ils sont commis sur un mineur ou lorsqu'ils sont commis en état de récidive légale ;
• 2° Crimes de tortures ou d'actes de barbarie prévus aux articles 222-1 à 222-6 du même code et crimes de violences sur un mineur de 15 ans ayant entraîné une mutilation ou une infirmité permanente prévus à l'article 222-10 dudit code ;
• 3° Crimes de viol prévus aux articles 222-23 à 222-26 du même code et délit prévu à l'article 222-26-1 du même code ;
• 4° Délits d'agressions sexuelles prévus aux articles 222-27 à 222-33 du même code ;
• 5° Délits et crimes de traite des êtres humains à l'égard d'un mineur prévus aux articles 225-4-1 à 225-4-4 du même code ;
• 6° Délit et crime de proxénétisme à l'égard d'un mineur prévus au 1° de l'article 225-7 et à l'article 225-7-1 du même code ;
• 7° Délits de recours à la prostitution prévus aux articles 225-12-1 et 225-12-2 du même code ;
• 8° Délit de corruption de mineur prévu à l'article 227-22 du même code ;
• 9° Délit de proposition sexuelle faite par un majeur à un mineur de 15 ans ou à une personne se présentant comme telle en utilisant un moyen de communication électronique, prévu à l'article 227-22-1 du même code ;
• 10° Délits de captation, d'enregistrement, de transmission, d'offre, de mise à disposition, de diffusion, d'importation ou d'exportation, d'acquisition ou de détention d'image ou de représentation pornographique d'un mineur ainsi que le délit de consultation habituelle ou en contrepartie d'un paiement d'un service de communication au public en ligne mettant à disposition une telle image ou représentation, prévus à l'article 227-23 du même code ;
• 11° Délits de fabrication, de transport, de diffusion ou de commerce de message violent ou pornographique susceptible d'être vu ou perçu par un mineur, prévus à l'article 227-24 du même code ;
• 12° Délit d'incitation d'un mineur à se soumettre à une mutilation sexuelle ou à commettre cette mutilation, prévu à l'article 227-24-1 du même code ;
• 13° Délits d'atteintes sexuelles et de tentatives d'atteinte sexuelle prévus aux articles 227-25 à 227-27-2 du même code ;
• 14° Délit d'incitation à commettre un crime ou un délit à l'encontre d'un mineur, prévu à l'article 227-28-3 du même code ;
• 15° Délits prévus au 1er alinéa de l'article 521-1-1 du même code.

CHAPITRE Ier
Dispositions générales

Article 706-47-1. – Injonctions de soins – *(Loi n° 2010-242 du 10 mars 2010)*
• Les personnes condamnées pour l'une des infractions mentionnées à l'article 706-47 peuvent être soumises à une injonction de soins prononcée soit lors de leur condamnation,

dans le cadre d'un suivi socio-judiciaire, conformément à l'article 131-36-4 du Code pénal, soit postérieurement à celle-ci, dans le cadre de ce suivi, d'une libération conditionnelle, d'une surveillance judiciaire ou d'une surveillance de sûreté, conformément aux articles 706-53-19, 723-30, 723-37, 731-1, 763-3 et 763-8 du présent code, dans les cas et conditions prévus par ces articles.

• Lorsqu'une injonction de soins est ordonnée, le médecin traitant peut prescrire un traitement inhibiteur de libido conformément à l'article L. 3711-3 du Code de la santé publique.

• Les personnes poursuivies pour l'une des infractions mentionnées à l'article 706-47 du présent code doivent être soumises, avant tout jugement au fond, à une expertise médicale. L'expert est interrogé sur l'opportunité d'une injonction de soins.

• Cette expertise peut être ordonnée dès le stade de l'enquête par le procureur de la République.

• Cette expertise est communiquée à l'administration pénitentiaire en cas de condamnation à une peine privative de liberté, afin de faciliter le suivi médical et psychologique en détention prévu par l'article 717-1.

J **Agressions sexuelles – Autres agressions sexuelles – Requalification du délit de harcèlement sexuel – Condamnation – Expertise médicale préalable du prévenu – Nécessité**

Contre l'arrêt de la cour d'appel de PAU, chambre correctionnelle, en date du 19 juin 2014, qui, pour agressions sexuelles, l'a condamné à six mois d'emprisonnement avec sursis, et a prononcé sur les intérêts civils;

Il se déduit des dispositions combinées des articles 706-47 et 706-47-1 du Code de procédure pénale que, avant toute condamnation pour agression sexuelle, le prévenu doit être soumis à une expertise médicale.

Dès lors, encourt la cassation l'arrêt qui, après avoir requalifié en agression sexuelle l'infraction de harcèlement sexuel initialement reprochée au prévenu, l'en déclare coupable sans le soumettre à une expertise médicale.

Par ces motifs, et sans qu'il ait lieu d'examiner l'autre grief du moyen;

CASSE et ANNULE, en toutes ses dispositions, l'arrêt susvisé de la cour d'appel de Pau, en date du 19 juin 2014, et pour qu'il soit à nouveau jugé, conformément à la loi,

RENVOIE la cause et les parties devant la cour d'appel de Bordeaux, à ce désignée par délibération spéciale prise en chambre du conseil;

ORDONNE l'impression du présent arrêt, sa transcription sur les registres du greffe de la cour d'appel de Pau et sa mention en marge ou à la suite de l'arrêt annulé;

(Cour de cassation – Chambre criminelle du 23 septembre 2015 – N° de pourvoi : 14-84842).

Article 706-47-2. – O.P.J. – Examen médical, prise de sang – *(Loi n° 2004-204 du 9 mars 2004)*

• L'officier de police judiciaire, agissant au cours de l'enquête ou sur commission rogatoire, peut faire procéder sur toute personne contre laquelle il existe des indices graves ou concordants d'avoir commis un viol, une agression sexuelle ou une atteinte sexuelle prévus par les articles 222-23 à 222-26 et 227-25 à 227-27 du Code pénal, à un examen médical et à une prise de sang afin de déterminer si cette personne n'est pas atteinte d'une maladie sexuellement transmissible.

• Le médecin, l'infirmier ou la personne habilitée par les dispositions du Code de la santé publique à effectuer les actes réservés à ces professionnels, qui est requis à cette fin par l'officier de police judiciaire, doit s'efforcer d'obtenir le consentement de l'intéressé.

• À la demande de la victime ou lorsque son intérêt le justifie, cette opération peut être effectuée sans le consentement de l'intéressé sur instructions écrites du procureur de la République ou du juge d'instruction qui sont versées au dossier de la procédure.

• Le résultat du dépistage est porté, dans les meilleurs délais et par l'intermédiaire d'un médecin, à la connaissance de la victime ou, si celle-ci est mineure, de ses représentants légaux ou de l'administrateur ad hoc nommé en application des dispositions de l'article 706-50.

• Le fait de refuser de se soumettre au dépistage prévu au présent article est puni d'un an d'emprisonnement et de 15 000 euros d'amende. Nonobstant les dispositions des articles 132-2 à 132-5 du Code pénal, ces peines se cumulent, sans possibilité de confusion, avec celles susceptibles d'être prononcées pour le crime ou le délit ayant fait l'objet de la procédure.

D • **Dépistage du sida.** – L'article 28 de la loi du 18 mars 2003 comble une lacune de la loi dénoncée par les praticiens, et notamment mise en évidence par l'Académie nationale de médecine, en insérant dans le Code de procédure pénale un article 706-47-1 permettant de procéder, sur les personnes suspectées d'infractions sexuelles, au dépistage du sida, afin de permettre l'information de la victime et de lui permettre, le cas échéant, de commencer sans attendre un traitement médical préventif. Ces dispositions, contestées dans la saisine du Conseil constitutionnel, ont été jugées par celui-ci conformes à la Constitution au regard notamment de l'exigence constitutionnelle, résultant du onzième alinéa du Préambule de la Constitution de 1946, de protection de la santé de la victime.

• Le nouvel article 706-47-1 prévoit ainsi que l'officier de police judiciaire, agissant au cours de l'enquête ou sur commission rogatoire, peut faire procéder sur toute personne contre laquelle il existe des indices graves ou concordants d'avoir commis un viol, une agression sexuelle ou une atteinte sexuelle prévus par les articles 222-23 à 222-26 et 227-25 à 227-27 du Code pénal à un examen médical et à une prise de sang afin de déterminer si cette personne n'est pas atteinte d'une maladie sexuellement transmissible.

• Le deuxième alinéa de l'article précise que le médecin, l'infirmier ou la personne habilitée par les dispositions du

Code de la santé publique à effectuer les actes réservés à ces professionnels qui est requis à cette fin par l'officier de police judiciaire doit s'efforcer d'obtenir le consentement de l'intéressé.

• Les dispositions essentielles de l'article sont celles de son troisième alinéa, qui dispose qu'à la demande de la victime ou lorsque son intérêt le justifie, cette opération peut être effectuée sans le consentement de l'intéressé sur instructions écrites du procureur de la République ou du juge d'instruction qui sont versées au dossier de la procédure. Le Conseil constitutionnel a précisé à cet égard que l'autorité judiciaire disposait de toute latitude d'appréciation lorsque la victime demande un examen médical ou un prélèvement sanguin nonobstant le refus de l'intéressé et qu'elle pourra en particulier, lorsque la nature de l'infraction ne comporte pas de risque pour la santé de la victime, ne pas donner suite à la demande de celle-ci.

• Le quatrième alinéa de l'article précise que le résultat du dépistage est porté, dans les meilleurs délais et par l'intermédiaire d'un médecin, à la connaissance de la victime ou, si celle-ci est mineure, de ses représentants légaux ou de l'administrateur *ad hoc* nommé en application des dispositions de l'article 706-50. En cas de dépistage positif, toutes les précautions devront ainsi être prises pour éviter que l'information de la victime ne se fasse dans des conditions traumatisantes.

• Le dernier alinéa de l'article réprime le fait de refuser de se soumettre au dépistage prévu par le nouveau texte d'un an d'emprisonnement et de 15 000 € d'amende. Il précise que nonobstant les dispositions des articles 132-2 à 132-5 du Code pénal, ces peines se cumulent, sans possibilité de confusion, avec celles susceptibles d'être prononcées pour le crime ou le délit ayant fait l'objet de la procédure *(Circ. CRIM n° 2003-12/E8 du 31-07-2003).*

Article 706-47-3. – *(Abrogé – Loi n° 2019-222 du 23 mars 2019)*

Article 706-47-4. – Information de l'administration par l'autorité judiciaire – *(Loi n° 2016-457 du 14 avril 2016)*

• **I.** – Par dérogation au I de l'article 11-2, le ministère public informe par écrit l'administration d'une condamnation, même non définitive, pour une ou plusieurs des infractions mentionnées au II du présent article, prononcée à l'encontre d'une personne dont il a été établi au cours de l'enquête ou de l'instruction qu'elle exerce une activité professionnelle ou sociale impliquant un contact habituel avec des mineurs et dont l'exercice est contrôlé, directement ou indirectement, par l'administration.

• Il informe également par écrit l'administration, dans les mêmes circonstances, lorsqu'une personne est placée sous contrôle judiciaire et qu'elle est soumise à l'obligation prévue au 12° *bis* de l'article 138.

• Les II à IV de l'article 11-2 sont applicables aux modalités de transmission et de conservation des informations mentionnées au présent article.

• **II.** – Les infractions qui donnent lieu à l'information de l'administration dans les conditions prévues au I du présent article sont :

• 1° Les crimes et les délits mentionnés à l'article 706-47 du présent code ;

• 2° Les crimes prévus aux articles 221-1 à 221-5,222-7,222-8,222-10 et 222-14 du Code pénal et, lorsqu'ils sont commis sur un mineur de quinze ans, les délits prévus aux articles 222-11,222-12 et 222-14 du même code ;

• 3° Les délits prévus à l'article 222-33 du même code ;

• 4° Les délits prévus au deuxième alinéa de l'article 222-39, aux articles 227-18 à 227-21 et 227-28-3 du même code ;

• 5° Les crimes et les délits prévus aux articles 421-1 à 421-6 du même code.

• **III.** – Les modalités d'application du présent article sont déterminées par décret. Ce décret précise :

• 1° Les formes de la transmission de l'information par le ministère public ;

• 2° Les professions et activités ou catégories de professions et d'activités concernées ;

• 3° Les autorités administratives destinataires de l'information.

Article 706-48. – Mineurs victimes – Expertise médico-psychologique – *(Loi n° 98-468 du 17 juin 1998)*

• Les mineurs victimes de l'une des infractions mentionnées à l'article 706-47 peuvent faire l'objet d'une expertise médico-psychologique destinée à apprécier la nature et l'importance du préjudice subi et à établir si celui-ci rend nécessaires des traitements ou des soins appropriés.

• Une telle expertise peut être ordonnée dès le stade de l'enquête par le procureur de la République.

Article 706-49. – Information du juge des enfants – *(Loi n° 98-468 du 17 juin 1998)*

• Le procureur de la République ou le juge d'instruction informe sans délai le juge des enfants de l'existence d'une procédure concernant un mineur victime de l'une des infractions mentionnées à l'article 706-47 et lui en communique toutes pièces utiles, dès lors qu'une procédure d'assistance éducative a été ouverte à l'égard du mineur victime de cette infraction.

Article 706-50. – Désignation d'un administrateur ad hoc – *(Loi n° 2013-711 du 5 août 2013)*

• Le procureur de la République ou le juge d'instruction, saisi de faits commis volontairement à l'encontre d'un mineur, désigne un administrateur ad hoc lorsque la protection des intérêts de celui-ci n'est pas complètement assurée par ses représentants légaux ou par l'un d'entre eux. L'administrateur ad hoc assure la protection des intérêts du mineur et exerce, s'il y a lieu, au nom de celui-ci les droits reconnus à la partie civile. En cas de constitution de partie civile, le juge fait désigner un avocat d'office pour le mineur s'il n'en a pas déjà été choisi un.

• Les dispositions qui précèdent sont applicables devant la juridiction de jugement.

V • Code pénal – art. 222-28 – Agressions sexuelles
• Code pénal – art. 222-31-2 – Inceste

J •• **Mineur – Administrateur ad hoc – Désignation – Conditions – Opposition d'intérêts entre le mineur et ses représentants légaux – Caractérisation – Nécessité**

Mme [P] [U] a formé un pourvoi contre l'arrêt de la chambre de l'instruction de la cour d'appel de VERSAILLES (78), en date du 06/01/2022, qui, dans l'information suivie contre M. [J] [Y], des chefs de viol et d'agression sexuelle aggravés, a infirmé l'ordonnance du juge d'instruction la désignant en qualité d'administratrice ad hoc.

Selon l'article 20 de la directive 2012/29/UE du Parlement européen et du Conseil du 25/10/2012, le mineur victime a, par principe, le droit d'être accompagné, lors d'une enquête pénale, de son représentant légal ou d'une personne de son choix, sauf décision contraire motivée. Il en résulte que la seule circonstance que les faits sont qualifiés d'incestueux ne peut suffire à justifier la désignation d'un administrateur ad hoc en application de l'article 706-50 du C.P.P. Le magistrat qui procède à une telle désignation doit motiver l'insuffisante capacité des représentants légaux à assurer complètement la protection du mineur, à partir de son appréciation souveraine des faits. Justifie sa décision la chambre de l'instruction qui, pour infirmer l'ordonnance de désignation d'un administrateur ad hoc, énonce que la mère de l'enfant victime n'a pas été défaillante dans la protection des intérêts de sa fille, ayant notamment accompli des démarches pour la protéger, une fois les faits d'agression sexuelle portés à sa connaissance, et accompagnée à chaque étape de la procédure.

(Cour de cassation – Chambre criminelle du 11 octobre 2022 – N° de pourvoi : 22-81.126).

Article 706-51. – Modalités de la désignation – *(Loi n° 98-468 du 17 juin 1998)*

• L'administrateur ad hoc nommé en application de l'article précédent est désigné par le magistrat compétent, soit parmi les proches de l'enfant, soit sur une liste de personnalités dont les modalités de constitution sont fixées par décret en Conseil d'État. Ce décret précise également les conditions de leur indemnisation.

Article 706-51-1. – Mineur victime – Avocat – *(Loi n° 2007-291 du 5 mars 2007)*

• Tout mineur victime d'une des infractions mentionnées à l'article 706-47 est assisté par un avocat lorsqu'il est entendu par le juge d'instruction. À défaut de désignation d'un avocat par les représentants légaux du mineur ou par l'administrateur ad hoc, le juge avise immédiatement le bâtonnier afin qu'il commette un avocat d'office. Les dispositions de l'article 114 sont applicables à cet avocat en cas d'auditions ultérieures.

Article 706-52. – Audition mineur victime – Enregistrement audiovisuel – *(Loi n° 2022-299 du 2 mars 2022)*

• Au cours de l'enquête et de l'information, l'audition d'un mineur victime de l'une des infractions mentionnées à l'article 706-47 fait l'objet d'un enregistrement audiovisuel. Dans les mêmes conditions, l'audition d'un mineur victime de l'une des infractions prévues aux articles 222-33-2-2 et 222-33-2-3 du Code pénal peut faire l'objet d'un enregistrement audiovisuel.

• L'enregistrement prévu à l'alinéa précédent peut être exclusivement sonore sur décision du procureur de la République ou du juge d'instruction, si l'intérêt du mineur le justifie.

• Le procureur de la République, le juge d'instruction ou l'officier de police judiciaire chargé de l'enquête ou agissant sur commission rogatoire peut requérir toute personne qualifiée pour procéder à cet enregistrement. Les dispositions de l'article 60 du présent code sont applicables à cette personne, qui est tenue au secret professionnel dans les conditions de l'article 11.

• Il est par ailleurs établi une copie de l'enregistrement aux fins d'en faciliter la consultation ultérieure au cours de la procédure. Cette copie est versée au dossier. L'enregistrement original est placé sous scellés fermés.

• Sur décision du juge d'instruction, l'enregistrement peut être visionné ou écouté au cours de la procédure. La copie de ce dernier peut toutefois être visionnée ou écoutée par les parties, les avocats ou les experts, en présence du juge d'instruction ou d'un greffier.

• Les 8 derniers alinéas de l'article 114 du Code de procédure pénale ne sont pas applicables à l'enregistrement. La copie de ce dernier peut toutefois être visionnée par les avocats des parties au palais de justice dans des conditions qui garantissent la confidentialité de cette consultation.

• Lorsque l'enregistrement ne peut être effectué en raison d'une impossibilité technique, il en est fait mention dans le procès-verbal d'audition qui précise la nature de cette impossibilité. Si l'audition intervient au cours de l'enquête ou sur commission rogatoire, le procureur de la République ou le juge d'instruction en est immédiatement avisé.

• Le fait, pour toute personne, de diffuser un enregistrement ou une copie réalisée en application du présent article est puni d'un an d'emprisonnement et de 15 000 € d'amende.

• À l'expiration d'un délai de 5 ans à compter de la date de l'extinction de l'action publique, l'enregistrement et sa copie sont détruits dans le délai d'un mois.

V • **art. 4.VI de l'ordonnance n° 45-174 du 2 février 1945.** – Enregistrement audiovisuel des interrogatoires des mineurs placés en garde à vue.

Article 706-53. – Auditions ou confrontations d'un mineur victime – *(Loi n° 2018-703 du 3 août 2018)*

• À tous les stades de la procédure, le mineur victime d'un crime ou d'un délit peut, à sa demande, être accompagné par son représentant légal et, le cas échéant, par la personne majeure de son choix, sauf s'il a été fait application de l'article 706-50 ou sauf décision contraire motivée prise par l'autorité judiciaire compétente. Il peut être accompagné, dans les mêmes conditions, par un représentant d'une association conventionnée d'aide aux victimes.

• Au cours de l'enquête ou de l'information, les auditions ou confrontations d'un mineur victime de l'une des infractions mentionnées à l'article 706-47 sont réalisées sur décision du procureur de la République ou du juge d'instruction, le cas échéant à la demande du mineur ou de son représentant légal, en présence d'un psychologue ou d'un médecin spécialistes de l'enfance ou d'un membre de la famille du mineur ou de l'administrateur ad hoc désigné en application de l'article 706-50 ou encore d'une personne chargée d'un mandat du juge des enfants.

CHAPITRE II

Du fichier judiciaire national automatisé des auteurs d'infractions sexuelles ou violentes

Article 706-53-1. – Fichier judiciaire – *(Loi n° 2005-1549 du 12 décembre 2005)*

• Le fichier judiciaire national automatisé des auteurs d'infractions sexuelles ou violentes constitue une application automatisée d'informations nominatives tenue par le service du casier judiciaire sous l'autorité du ministre de la justice et le contrôle d'un magistrat. Afin de prévenir le renouvellement des infractions mentionnées à l'article 706-47 et de faciliter l'identification de leurs auteurs, ce traitement reçoit, conserve et communique aux personnes habilitées les informations prévues à l'article 706-53-2 selon les modalités prévues par le présent chapitre.

Article 706-53-2. – Informations enregistrées dans le fichier – *(Loi n° 2021-478 du 21 avril 2021)*

• Lorsqu'elles concernent, sous réserve des dispositions du dernier alinéa du présent article, une ou plusieurs des infractions mentionnées à l'article 706-47, sont enregistrées dans le fichier les informations relatives à l'identité ainsi que l'adresse ou les adresses successives du domicile et, le cas échéant, des résidences, des personnes ayant fait l'objet :

• 1° D'une condamnation, même non encore définitive, y compris d'une condamnation par défaut ou d'une déclaration de culpabilité assortie d'une dispense ou d'un ajournement de la peine ;

• 2° D'une décision même non encore définitive prononçant à l'égard d'un mineur une mesure éducative, une dispense de mesure éducative ou une déclaration de réussite éducative en application du titre I du livre I du Code de la justice pénale des mineurs ;

• 3° D'une composition pénale prévue par l'article 41-2 du présent code dont l'exécution a été constatée par le procureur de la République ;

• 4° D'une décision d'irresponsabilité pénale pour cause de trouble mental ;

• 5° D'une mise en examen, lorsque le juge d'instruction a ordonné l'inscription de la décision dans le fichier ; en matière criminelle, l'inscription dans le fichier est de droit, sauf décision motivée du juge d'instruction ;

• 6° D'une décision de même nature que celles visées ci-dessus prononcées par les juridictions ou autorités judiciaires étrangères qui, en application d'une convention ou d'un accord internationaux, ont fait l'objet d'un avis aux autorités françaises ou ont été exécutées en France à la suite du transfèrement des personnes condamnées.

• Le fichier comprend aussi les informations relatives à la décision judiciaire ayant justifié l'inscription et la nature de l'infraction. Les décisions mentionnées aux 1° et 2° sont enregistrées dès leur prononcé.

• Les décisions concernant les délits prévus à l'article 706-47 et punis d'une peine d'emprisonnement égale à 5 ans sont inscrites dans le fichier, sauf décision contraire spécialement motivée de la juridiction ou, dans les cas prévus aux 3° et 4° du présent article, du procureur de la République.

• Les décisions concernant les délits prévus au même article 706-47 et punis d'une peine d'emprisonnement inférieure à 5 ans ne sont pas inscrites dans le fichier, sauf si cette inscription est ordonnée par décision expresse de la juridiction ou, dans les cas prévus aux 3° et 4° du présent article, du procureur de la République.

• Par dérogation au 10e alinéa, les décisions sont inscrites dans le fichier, quelle que soit la durée de la peine, si la victime des délits prévus à l'article 706-47 est mineure. Toutefois, s'il s'agit d'un délit puni d'une peine d'emprisonnement inférieure à 5 ans, la juridiction ou, dans les cas prévus aux 3° et 4° du présent article, le procureur de la République peut, par décision spécialement motivée, dire que la décision ne sera pas inscrite au fichier.

• Les décisions concernant des mineurs de moins de 13 ans ne sont pas inscrites dans le fichier. Les décisions concernant des mineurs de 13 à 18 ans, lorsqu'elles sont relatives à des délits prévus au même article 706-47, ne sont pas inscrites dans le fichier, sauf si cette inscription est ordonnée par décision expresse de la juridiction ou, dans les cas prévus aux 3° et 4° du présent article, du procureur de la République.

Nota: À compter du 30 septembre 2021 : Conformément à l'article 10 de l'ordonnance n° 2019-950 du 11/09/2019, le 2° de l'article 706-53-2 est remplacé par les dispositions suivantes:

• «2° D'une décision même non encore définitive prononçant à l'égard d'un mineur une mesure éducative, une dispense de mesure éducative ou une déclaration de réussite éducative en application du titre I du livre I du code de justice pénale des mineurs;»

• Conformément à l'article 10 de l'ordonnance n° 2019-950 du 11/09/2019, les dispositions du code de la justice pénale des mineurs, relatives à la procédure pénale, sont applicables aux poursuites engagées à compter de son entrée en vigueur. Les poursuites engagées avant cette date se poursuivent jusqu'à leur terme conformément aux dispositions du C.P.P. et de l'ordonnance n° 45-174 du 02/02/1945 relative à l'enfance délinquante dans leur version applicable avant cette date.

• Toutefois, les dispositions du code de la justice pénale des mineurs relatives aux mesures de sûreté s'appliquent immédiatement lorsqu'elles sont plus favorables aux mineurs à l'encontre desquels ces poursuites sont engagées.

Article 706-53-3. – Enregistrement des informations – *(Loi n° 2005-1549 du 12 décembre 2005)*

• Le procureur de la République ou le juge d'instruction compétent fait procéder sans délai à l'enregistrement des informations devant figurer dans le fichier par l'intermédiaire d'un moyen de télécommunication sécurisé. Ces informations ne sont toutefois accessibles en cas de consultation du fichier qu'après vérification, lorsqu'elle est possible, de l'identité de la personne concernée, faite par le service gestionnaire du fichier au vu du répertoire national d'identification.

• Lorsqu'ils ont connaissance de la nouvelle adresse d'une personne dont l'identité est enregistrée dans le fichier ainsi que lorsqu'ils reçoivent la justification de l'adresse d'une telle personne, les officiers de police judiciaire enregistrent sans délai cette information dans le fichier par l'intermédiaire d'un moyen de télécommunication sécurisé.

Article 706-53-4. – Retrait du fichier – *(Loi n° 2020-1672 du 24 décembre 2020)*

• Sans préjudice de l'application des dispositions des articles 706-53-9 et 706-53-10, les informations mentionnées à l'article 706-53-2 concernant une même personne sont retirées du fichier au décès de l'intéressé ou à l'expiration, à compter du prononcé de la décision prévue au même article 706-53-2, d'un délai de:

• 1° 30 ans s'il s'agit d'un crime ou d'un délit puni de 10 ans d'emprisonnement;

• 2° 20 ans dans les autres cas.

• Toutefois, ce délai est de 10 ans s'il s'agit d'un mineur.

• Lorsque la personne exécute une peine privative de liberté sans sursis en application de la condamnation entraînant l'inscription, ces délais ne commencent à courir qu'à compter de sa libération.

• L'amnistie ou la réhabilitation ainsi que les règles propres à l'effacement des condamnations figurant au casier judiciaire n'entraînent pas l'effacement de ces informations.

• Ces informations ne peuvent, à elles seules, servir de preuve à la constatation de l'état de récidive.

• Les mentions prévues aux 1°, 2° et 5° de l'article 706-53-2 sont retirées du fichier en cas de décision définitive de non-lieu, de relaxe ou d'acquittement. Les mentions prévues au 5° du même article 706-53-2 peuvent également être retirées sur décision du juge d'instruction.

Article 706-53-5. – Obligations – *(Loi n° 2012-409 du 27 mars 2012)*

• Toute personne dont l'identité est enregistrée dans le fichier est astreinte, à titre de mesure de sûreté, aux obligations prévues par le présent article.

• La personne est tenue, soit, si elle réside à l'étranger, auprès du gestionnaire du fichier, par lettre recommandée avec demande d'avis de réception, soit auprès du commissariat de police ou de la gendarmerie de son domicile, par lettre recommandée avec demande d'avis de réception ou en se présentant au service :

• 1° De justifier de son adresse, une première fois après avoir reçu l'information des mesures et des obligations mentionnées au deuxième alinéa de l'article 706-53-6, puis tous les ans ;

• 2° De déclarer ses changements d'adresse, dans un délai de quinze jours au plus tard après ce changement.

• Si la personne a été condamnée pour un crime ou pour un délit puni de dix ans d'emprisonnement, elle doit justifier de son adresse une fois tous les six mois en se présentant à cette fin soit auprès du commissariat ou de l'unité de gendarmerie de son domicile, soit auprès du groupement de gendarmerie départemental ou de la direction départementale de la sécurité publique de son domicile ou auprès de tout autre service désigné par la préfecture. Si la dangerosité de la personne le justifie, la juridiction de jugement ou, selon les modalités prévues par l'article 712-6, le juge de l'application des peines peut ordonner que cette présentation interviendra tous les mois. Lorsque la personne est en état de récidive légale, le régime de présentation mensuelle s'applique de plein droit. Le présent alinéa n'est applicable aux mineurs de treize à dix-huit ans qu'en cas de condamnation pour un crime puni d'au moins vingt ans de réclusion.

• Les obligations de justification et de présentation prévues par le présent article cessent de s'appliquer pendant le temps où la personne est incarcérée.

• Le fait, pour les personnes tenues aux obligations prévues par le présent article, de ne pas respecter ces obligations est puni de deux ans d'emprisonnement et de 30000 euros d'amende.

Article 706-53-6. – Information – *(Loi n° 2010-242 du 10 mars 2010)*

• Toute personne dont l'identité est enregistrée dans le fichier en est informée par l'autorité judiciaire, soit par notification à personne, soit par lettre recommandée adressée à la dernière adresse déclarée, soit, à défaut, par le recours à la force publique par l'officier de police judiciaire, avec l'autorisation préalable du procureur de la République.

• Elle est alors informée des mesures et des obligations auxquelles elle est astreinte en application des dispositions de l'article 706-53-5 et des peines encourues en cas de non-respect de ces obligations.

• Lorsque la personne est détenue au titre de la condamnation justifiant son inscription au fichier et qu'elle n'a pas encore reçu l'information mentionnée au premier alinéa, les informations prévues par le présent article lui sont données au moment de sa libération définitive ou préalablement à la première mesure d'aménagement de sa peine.

Article 706-53-7. – Informations – Accès – *(Loi n° 2018-703 du 3 août 2018)*

• Les informations contenues dans le fichier sont directement accessibles, par l'intermédiaire d'un système de télécommunication sécurisé :

• 1° Aux autorités judiciaires ;

• 2° Aux officiers de police judiciaire, dans le cadre de procédures concernant un crime d'atteinte volontaire à la vie, d'enlèvement ou de séquestration, ou une infraction mentionnée à l'article 706-47 et pour l'exercice des diligences prévues aux articles 706-53-5 et 706-53-8 ;

• 3° Aux préfets et aux administrations de l'État dont la liste est fixée par le décret prévu à l'article 706-53-12, pour les décisions administratives de recrutement, d'affectation, d'autorisation, d'agrément ou d'habilitation concernant des activités ou professions impliquant un contact avec des mineurs ainsi que pour le contrôle de l'exercice de ces activités ou professions ;

• 4° Aux agents des greffes spécialement habilités par les chefs d'établissement pénitentiaire, à partir de l'identité de la personne incarcérée, de données nominatives la concernant ou du numéro de dossier, pour vérifier qu'elle a fait l'objet de l'information mentionnée à l'article 706-53-6 et pour enregistrer les dates de mise sous écrou et de libération ainsi que l'adresse du domicile déclaré par la personne libérée.

• Les autorités et personnes mentionnées aux 1° et 2° du présent article peuvent interroger le fichier à partir de plusieurs critères fixés par le décret prévu à l'article 706-53-12, et notamment à partir de l'un ou plusieurs des critères suivants : identité de la personne, adresses successives, nature des infractions.

• Les personnes mentionnées au 3° du présent article ne peuvent consulter le fichier qu'à partir de l'identité de la personne concernée par la décision administrative.

• Les officiers de police judiciaire peuvent également, sur instruction du procureur de la République ou du juge d'instruction ou avec l'autorisation de ce magistrat, consulter le fichier dans le cadre d'une enquête de flagrance ou d'une enquête préliminaire ou en exécution d'une commission rogatoire, même si cette procédure ne concerne pas une des infractions mentionnées au 2° du présent article.

• Les maires, les présidents d'établissements publics de coopération intercommunale, les présidents de conseil départemental et les présidents de conseil régional sont également destinataires, par l'intermédiaire des préfets, des informations contenues dans le fichier, pour les décisions administratives mentionnées au 3° concernant des activités ou professions impliquant un contact avec des mineurs ainsi que pour le contrôle de l'exercice de ces activités ou professions.

Article 706-53-8. – Gestionnaire du fichier – *(Loi n° 2010-242 du 10 mars 2010)*

• Selon des modalités précisées par le décret prévu à l'article 706-53-12, le gestionnaire du fichier avise directement le ministère de l'intérieur, qui transmet sans délai l'information aux services de police ou de gendarmerie compétents, en cas de nouvelle inscription ou de modification d'adresse concernant une inscription ou lorsque la personne n'a pas apporté la justification de son adresse dans les délais requis. Il avise directement le service gestionnaire du fichier des personnes recherchées des effacements auxquels il a procédé en application des articles 706-53-4 et 706-53-10.

• S'il apparaît que la personne ne se trouve plus à l'adresse indiquée, l'officier de police judiciaire en informe le procureur de la République qui la fait inscrire sans délai au fichier des personnes recherchées.

• Les services de police ou de gendarmerie peuvent procéder à toutes vérifications utiles et toutes réquisitions auprès des administrations publiques pour vérifier ou retrouver l'adresse de la personne.

Article 706-53-9. – Communication intégralité des informations – *(Ordonnance n° 2019-964 du 18 septembre 2019)*

• Toute personne justifiant de son identité obtient, sur demande adressée au procureur de la République près le tribunal judiciaire dans le ressort duquel elle réside, communication de l'intégralité des informations la concernant figurant dans le fichier.

• Les dispositions des 3e à 5e alinéas de l'article 777-2 sont alors applicables.

Article 706-53-10. – Demande de rectification ou d'effacement des informations – *(Loi n° 2020-1672 du 24 décembre 2020)*

• Toute personne dont l'identité est inscrite dans le fichier peut demander au procureur de la République de rectifier ou d'ordonner l'effacement des informations la concernant si les informations ne sont pas exactes ou si leur conservation n'apparaît plus nécessaire compte tenu de la finalité du fichier, au regard de la nature de l'infraction, de l'âge de la personne lors de sa commission, du temps écoulé depuis lors et de la personnalité actuelle de l'intéressé.

• La même demande peut être faite au juge d'instruction lorsque l'inscription a été effectuée sur le fondement du 5° de l'article 706-53-2.

• La demande d'effacement est irrecevable tant que les mentions concernées sont relatives à une procédure judiciaire qui est toujours en cours, sauf dans l'hypothèse d'une inscription sur le fondement du même 5°, tant que la personne n'a pas été réhabilitée ou que la mesure à l'origine de l'inscription n'a pas été effacée du bulletin n° 1.

• Si le procureur de la République ou le juge d'instruction n'ordonne pas la rectification ou l'effacement, la personne peut exercer un recours devant le président de la chambre de l'instruction.

• Avant de statuer sur la demande de rectification ou d'effacement, le procureur de la République et le président de la chambre de l'instruction peuvent faire procéder à toutes les vérifications qu'ils estiment nécessaires et notamment ordonner une expertise médicale de la personne. S'il s'agit d'une mention concernant soit un crime, soit un délit puni de 10 ans d'emprisonnement et commis contre un mineur, la décision d'effacement du fichier ne peut intervenir en l'absence d'une telle expertise.

• Dans le cas prévu au 5e alinéa de l'article 706-53-5, le procureur de la République et le président de la chambre de l'instruction, saisis en application des dispositions du présent article, peuvent également ordonner, à la demande de la personne, qu'elle ne sera tenue de se présenter auprès des services de police ou de gendarmerie pour justifier de son adresse qu'une fois par an ou, lorsqu'elle devait se présenter une fois par mois, qu'une fois tous les 6 mois.

Article 706-53-11. – Fichiers – *(Ordonnance n° 2018-1125 du 12 décembre 2018)*

• Aucun rapprochement ni aucune connexion au sens de l'article 33 de la loi n° 78-17 du 6 janvier 1978 relative à l'informatique, aux fichiers et aux libertés ne peuvent être effectués entre le fichier prévu par le présent chapitre et tout autre fichier ou recueil de données nominatives détenus par une personne quelconque ou par un service de l'État ne dépendant pas du ministère de la justice, à l'exception du fichier des personnes recherchées pour l'exercice des diligences prévues au présent chapitre.

• Aucun fichier ou recueil de données nominatives détenu par une personne quelconque ou par un service de l'État ne dépendant pas du ministère de la justice ne peut mentionner, hors les cas et dans les conditions prévues par la loi, les informations figurant dans le fichier.

• Toute infraction aux dispositions qui précèdent est punie des peines encourues pour le délit prévu à l'article 226-21 du code pénal.

Article 706-53-12. – Modalités et conditions d'application – *(Loi n° 2005-1549 du 12 décembre 2005)*

• Les modalités et conditions d'application des dispositions du présent chapitre sont déterminées par décret en Conseil d'État pris après avis de la Commission nationale de l'informatique et des libertés.

• Ce décret précise notamment les conditions dans lesquelles le fichier conserve la trace des interrogations et consultations dont il fait l'objet.

CHAPITRE III

De la rétention de sûreté et de la surveillance de sûreté

Article 706-53-13. – Conditions – *(Loi n° 2010-242 du 10 mars 2010)*

• À titre exceptionnel, les personnes dont il est établi, à l'issue d'un réexamen de leur situation intervenant à la fin de l'exécution de leur peine, qu'elles présentent une particulière dangerosité caractérisée par une probabilité très élevée de récidive parce qu'elles souffrent d'un trouble grave de la personnalité, peuvent faire l'objet à l'issue de cette peine d'une rétention de sûreté selon les modalités prévues par le présent chapitre, à la condition qu'elles aient été condamnées à une peine de réclusion criminelle d'une durée égale ou supérieure à quinze ans pour les crimes, commis sur une victime mineure, d'assassinat ou de meurtre, de torture ou actes de barbarie, de viol, d'enlèvement ou de séquestration.

• Il en est de même pour les crimes, commis sur une victime majeure, d'assassinat ou de meurtre aggravé, de torture ou actes de barbarie aggravés, de viol aggravé, d'enlèvement ou de séquestration aggravé, prévus par les articles 221-2, 221-3, 221-4, 222-2, 222-3, 222-4, 222-5, 222-6, 222-24, 222-25, 222-26, 224-2, 224-3 et 224-5-2 du Code pénal ou, lorsqu'ils sont commis en récidive, de meurtre, de torture ou d'actes de barbarie, de viol, d'enlèvement ou de séquestration.

• La rétention de sûreté ne peut toutefois être prononcée que si la cour d'assises a expressément prévu dans sa décision de condamnation que la personne pourra faire l'objet à la fin de sa peine d'un réexamen de sa situation en vue d'une éventuelle rétention de sûreté.

• La rétention de sûreté consiste dans le placement de la personne intéressée en centre socio-médico-judiciaire de sûreté dans lequel lui est proposée, de façon permanente, une prise en charge médicale, sociale et psychologique destinée à permettre la fin de cette mesure.

Article 706-53-14. – Examens – *(Loi n° 2010-242 du 10 mars 2010)*

• La situation des personnes mentionnées à l'article 706-53-13 est examinée, au moins un an avant la date prévue pour leur libération, par la commission pluridisciplinaire des mesures de sûreté prévue par l'article 763-10, afin d'évaluer leur dangerosité.

• À cette fin, la commission demande le placement de la personne, pour une durée d'au moins six semaines, dans un service spécialisé chargé de l'observation des personnes détenues aux fins d'une évaluation pluridisciplinaire de dangerosité assortie d'une expertise médicale réalisée par deux experts.

• Si la commission conclut à la particulière dangerosité du condamné, elle peut proposer, par un avis motivé, que celui-ci fasse l'objet d'une rétention de sûreté dans le cas où :

• 1° Les obligations résultant de l'inscription dans le fichier judiciaire national automatisé des auteurs d'infractions sexuelles ou violentes, ainsi que les obligations résultant d'une injonction de soins ou d'un placement sous surveillance électronique mobile, susceptibles d'être prononcés dans le cadre d'un suivi socio-judiciaire ou d'une surveillance judiciaire, apparaissent insuffisantes pour prévenir la commission des crimes mentionnés à l'article 706-53-13 ;

• 2° Et si cette rétention constitue ainsi l'unique moyen de prévenir la commission, dont la probabilité est très élevée, de ces infractions.

• La commission vérifie également que la personne condamnée a effectivement été mise en mesure de bénéficier, pendant l'exécution de sa peine, d'une prise en charge médicale, sociale et psychologique adaptée au trouble de la personnalité dont elle souffre.

• Si la commission estime que les conditions de la rétention de sûreté ne sont pas remplies mais que le condamné paraît néanmoins dangereux, elle renvoie le dossier au juge de l'application des peines pour qu'il apprécie l'éventualité d'un placement sous surveillance judiciaire.

Article 706-53-15. – Rétention de sûreté – *(Loi n° 2010-242 du 10 mars 2010)*

• La décision de rétention de sûreté est prise par la juridiction régionale de la rétention de sûreté territorialement compétente. Cette juridiction est composée d'un président de chambre et de deux conseillers de la cour d'appel, désignés par le premier président de cette cour pour une durée de trois ans.

• Cette juridiction est saisie à cette fin par le procureur général, sur proposition de la commission pluridisciplinaire des mesures de sûreté prévue par l'article 763-10, au moins trois mois avant la date prévue pour la libération du condamné. Elle statue après un débat contradictoire et, si le condamné le demande, public, au cours duquel le condamné est assisté par un avocat choisi ou commis d'office. La contre-expertise sollicitée par le condamné est de droit.

• La juridiction régionale de la rétention de sûreté ne peut prononcer une rétention de sûreté qu'après avoir vérifié que la personne condamnée a effectivement été mise en mesure de bénéficier, pendant l'exécution de sa peine, d'une prise en charge médicale, sociale et psychologique adaptée au trouble de la personnalité dont elle souffre.

• La décision de rétention de sûreté doit être spécialement motivée au regard des dispositions de l'article 706-53-14 et du troisième alinéa du présent article.

• Cette décision est exécutoire immédiatement à l'issue de la peine du condamné.

• Elle peut faire l'objet d'un recours devant la Juridiction nationale de la rétention de sûreté, composée de trois conseillers à la Cour de cassation désignés pour une durée de trois ans par le premier président de cette cour.

• La juridiction nationale statue par une décision motivée, susceptible d'un pourvoi en cassation.

Article 706-53-16. – Durée – Renouvellement – *(Loi n° 2008-174 du 25 février 2008)*

• La décision de rétention de sûreté est valable pour une durée d'un an.

• La rétention de sûreté peut être renouvelée, après avis favorable de la commission pluridisciplinaire des mesures de sûreté, selon les modalités prévues par l'article 706-53-15 et pour la même durée, dès lors que les conditions prévues par l'article 706-53-14 sont toujours remplies.

Article 706-53-17. – Fin de la rétention de sûreté – *(Loi n° 2008-174 du 25 février 2008)*

• Après un délai de trois mois à compter de la décision définitive de rétention de sûreté, la personne placée en rétention de sûreté peut demander à la juridiction régionale de la rétention de sûreté qu'il soit mis fin à cette mesure. Il est mis fin d'office à la rétention si cette juridiction n'a pas statué dans un délai de trois mois à compter de la réception de la demande. En cas de rejet de la demande, aucune autre demande ne peut être déposée avant l'expiration d'un délai de trois mois.

• La décision de cette juridiction peut faire l'objet des recours prévus à l'article 706-53-15.

Article 706-53-18. – Juridiction régionale – Décision – *(Loi n° 2008-174 du 25 février 2008)*

• La juridiction régionale de la rétention de sûreté ordonne d'office qu'il soit immédiatement mis fin à la rétention de sûreté dès lors que les conditions prévues par l'article 706-53-14 ne sont plus remplies.

Article 706-53-19. – Placement sous surveillance de sûreté – *(Loi n° 2014-896 du 15 août 2014)*

• Si la rétention de sûreté n'est pas prolongée ou s'il y est mis fin en application des articles 706-53-17 ou 706-53-18 et si la personne présente des risques de commettre les infractions mentionnées à l'article 706-53-13, la juridiction régionale de la rétention de sûreté peut, par la même décision et après débat contradictoire au cours duquel la personne est assistée par un avocat choisi ou commis d'office, placer celle-ci sous surveillance de sûreté pendant une durée de deux ans. La surveillance de sûreté comprend des obligations identiques à celles prévues dans le cadre de la surveillance judiciaire mentionnée à l'article 723-30, en particulier une injonction de soins prévue par les articles L. 3711-1 à L. 3711-5 du Code de la santé publique et, après vérification de la faisabilité technique de la mesure, le placement sous surveillance électronique mobile dans les conditions prévues par les articles 763-12 et 763-13 du présent code. Le placement sous surveillance de sûreté peut faire l'objet des recours prévus à l'article 706-53-15. La mainlevée de la surveillance de sûreté peut être demandée selon les modalités prévues à l'article 706-53-17.

• À l'issue du délai mentionné à la première phrase de l'alinéa précédent, la surveillance de sûreté peut être renouvelée dans les mêmes conditions et pour la même durée.

• Si la méconnaissance par la personne des obligations qui lui sont imposées fait apparaître que celle-ci présente à nouveau une particulière dangerosité caractérisée par une probabilité très élevée de commettre à nouveau l'une des infractions mentionnées à l'article 706-53-13, le président de la juridiction régionale peut ordonner en urgence son placement provisoire dans un centre socio-médico-judiciaire de sûreté. Ce placement doit être confirmé dans un délai maximal de trois mois par la juridiction régionale statuant conformément à l'article 706-53-15, après avis favorable de la commission pluridisciplinaire des mesures de sûreté, à défaut de quoi il est mis fin d'office à la rétention. La décision de confirmation peut faire l'objet des recours prévus par l'article 706-53-15.

• Le placement en centre socio-médico-judiciaire de sûreté prévu à l'alinéa précédent ne peut être ordonné qu'à la condition qu'un renforcement des obligations de la surveillance de sûreté apparaisse insuffisant pour prévenir la commission des infractions mentionnées à l'article 706-53-13.

• Le président de la juridiction régionale de la rétention de sûreté avertit la personne placée sous surveillance de sûreté que le placement sous surveillance électronique mobile ne pourra être mis en œuvre sans son consentement mais que, à défaut ou si elle manque à ses obligations, le placement dans un centre socio-médico-judiciaire de sûreté pourra être ordonné dans les conditions prévues par les deux alinéas précédents.

• Constitue une méconnaissance par la personne sous surveillance de sûreté des obligations qui lui sont imposées susceptible de justifier son placement en rétention de sûreté, dans les conditions prévues par le troisième alinéa, le fait pour celle-ci de refuser de commencer ou de poursuivre le traitement prescrit par le médecin traitant et qui lui a été proposé dans le cadre d'une injonction de soins. En cas de violation de ses obligations par la personne placée sous surveillance de sûreté, l'article 709-1-1 est applicable ; le juge de l'application des peines ou, en cas d'urgence et d'empêchement de celui-ci ou du magistrat du siège qui le remplace, le procureur de la République peut décerner mandat d'arrêt ou d'amener contre la personne, conformément à l'article 712-17, pour permettre le cas échéant sa présentation devant le président de la juridiction régionale de la rétention de sûreté ; en cas de décision de placement en rétention prise par ce président, la personne peut être retenue le temps strictement nécessaire à sa conduite dans le centre socio-médico-judiciaire de sûreté.

Article 706-53-20. – Personne bénéficiant d'une libération conditionnelle – *(Loi n° 2008-174 du 25 février 2008)*

• Les dispositions du présent chapitre ne sont pas applicables à la personne qui bénéficie d'une libération conditionnelle, sauf si cette mesure a fait l'objet d'une révocation.

• Lorsque la rétention de sûreté est ordonnée à l'égard d'une personne ayant été condamnée à un suivi socio-judiciaire, celui-ci s'applique, pour la durée fixée par la décision de condamnation, à compter du jour où la rétention prend fin.

Article 706-53-21. – Détention – *(Loi n° 2010-242 du 10 mars 2010)*

• La rétention de sûreté et la surveillance de sûreté sont suspendues par toute détention intervenue au cours de leur exécution.

• Si la détention excède une durée de six mois, la reprise de la rétention de sûreté ou de la surveillance de sûreté doit être confirmée par la juridiction régionale de la rétention de sûreté au plus tard dans un délai de trois mois après la cessation de la détention, à défaut de quoi il est mis fin d'office à la mesure.

Article 706-53-22. – Conditions et modalités d'application – *(Loi n° 2010-242 du 10 mars 2010)*

• Un décret en Conseil d'État précise les conditions et les modalités d'application du présent chapitre.

• Ce décret précise les conditions dans lesquelles s'exercent les droits des personnes retenues dans un centre socio-médico-judiciaire de sûreté, y compris en matière d'emploi, d'éducation et de formation, de visites, de correspondances, d'exercice du culte et de permissions de sortie sous escorte ou sous surveillance électronique mobile. Il ne peut apporter à l'exercice de ces droits que les restrictions strictement nécessaires aux exigences de l'ordre public.

• La liste des cours d'appel dans lesquelles siègent les juridictions régionales prévues au premier alinéa de l'article 706-53-15 et le ressort de leur compétence territoriale sont fixés par arrêté du garde des sceaux.

TITRE XX

DU FICHIER NATIONAL AUTOMATISÉ DES EMPREINTES GÉNÉTIQUES

Article 706-54. – Fichier national automatisé – *(Loi n° 2021-1729 du 22 décembre 2021)*

• Le fichier national automatisé des empreintes génétiques, placé sous le contrôle d'un magistrat, est destiné à centraliser les empreintes génétiques issues des traces biologiques ainsi que les empreintes génétiques des personnes déclarées coupables de l'une des infractions mentionnées à l'article 706-55 en vue de faciliter l'identification et la recherche des auteurs de ces infractions. Sont conservées dans les mêmes conditions les empreintes génétiques des personnes poursuivies pour l'une des infractions mentionnées à l'article 706-55 ayant fait l'objet d'une décision d'irresponsabilité pénale en application des articles 706-120, 706-125, 706-129, 706-133 ou 706-134.

• Les empreintes génétiques des personnes à l'encontre desquelles il existe des indices graves ou concordants rendant vraisemblable qu'elles aient commis l'une des infractions mentionnées à l'article 706-55 sont également conservées dans ce fichier sur décision d'un officier de police judiciaire agissant soit d'office, soit à la demande du procureur de la République ou du juge d'instruction ; il est fait mention de cette décision au dossier de la procédure.

• Les officiers de police judiciaire peuvent également, d'office ou à la demande du procureur de la République ou du juge d'instruction, faire procéder à un rapprochement de l'empreinte de toute personne à l'encontre de laquelle il existe une ou plusieurs raisons plausibles de soupçonner qu'elle a commis l'une des infractions mentionnées à l'article 706-55 avec les données incluses au fichier, sans toutefois que cette empreinte puisse y être conservée.

• Le fichier prévu par le présent article contient également les empreintes génétiques recueillies à l'occasion :

• 1° Des procédures de recherche des causes de la mort ou de recherche des causes d'une disparition prévues par les articles 74, 74-1 et 80-4 ;

• 2° Des recherches aux fins d'identification, prévues par l'article 16-11 du Code civil, de personnes décédées dont l'identité n'a pu être établie, à l'exception des militaires décédés à l'occasion d'une opération conduite par les forces armées ou les formations rattachées. Toutefois, les empreintes génétiques recueillies dans ce cadre font l'objet d'un enregistrement distinct de celui des autres empreintes génétiques conservées dans le fichier. Elles sont effacées sur instruction du procureur de la République, agissant soit d'office, soit à la demande des intéressés, lorsqu'il est mis fin aux recherches d'identification qui ont justifié leur recueil. Les empreintes génétiques des ascendants, descendants et collatéraux des personnes dont l'identification est recherchée ne peuvent être conservées dans le fichier que sous réserve du consentement éclairé, exprès et écrit des intéressés.

• Le fichier contient également, sur décision du procureur de la République ou du juge d'instruction, pour une durée et un régime d'effacement similaires à ceux des traces dans les dossiers criminels, les empreintes génétiques des victimes d'un crime mentionné à l'article 706-106-1 du présent code, ainsi que, lorsque l'empreinte génétique de la victime n'a pu être recueillie ou qu'il est nécessaire de confirmer son identification, les empreintes génétiques des ascendants, descendants et collatéraux de ces victimes, sous réserve de leur consentement éclairé, exprès et écrit, et de leur possibilité de demander à tout moment au procureur de la République d'effacer leur empreinte du fichier.

• Les empreintes génétiques conservées dans ce fichier ne peuvent être réalisées qu'à partir de segments d'acide désoxyribonucléique non codants, à l'exception du segment correspondant au marqueur du sexe.

• Un décret en Conseil d'État pris après avis de la Commission nationale de l'informatique et des libertés détermine les modalités d'application du présent article. Ce décret précise notamment la durée de conservation des informations enregistrées.

V • Code procédure pénale - art. A. 38 – Fichier National automatisé des empreintes génétiques.
• Code procédure pénale - art. R. 53-9 et suivants – Fichier National automatisé des empreintes génétiques et du service central de préservation des prélèvements biologiques.
• Code procédure pénale – art. 706-56 – L'O.P.J. – Prélèvement biologique.
• Code procédure pénale – art. R. 53-9 – Fichier national automatisé empreintes génétiques.
• Articles R. 53-9 à R 53-21 relatifs au fichier national automatisé des empreintes génétiques.
• Art. 706-56 et ses commentaires relatifs au renforcement de l'efficacité du FNAEG.

Article 706-54-1. – Empreintes génétiques – Effacement – *(Loi n° 2019-222 du 23 mars 2019)*
• Les empreintes génétiques des personnes mentionnées au 1er alinéa de l'article 706-54 peuvent être effacées sur instruction du procureur de la République, agissant à la demande de l'intéressé. À peine d'irrecevabilité, la personne ne peut former sa demande d'effacement qu'à l'issue d'un délai fixé par le décret prévu au dernier alinéa de l'article 706-54.
• Les empreintes génétiques des personnes mentionnées au 2e alinéa de l'article 706-54 sont effacées sur instruction du procureur de la République agissant soit d'office, soit à la demande de l'intéressé.
• L'effacement des empreintes est prononcé lorsque leur conservation n'apparaît plus nécessaire compte tenu de la finalité du fichier. Lorsqu'il est saisi par l'intéressé, le procureur de la République informe celui-ci de la suite qui a été réservée à sa demande ; si le procureur de la République n'a pas ordonné l'effacement, l'intéressé peut exercer un recours devant le président de la chambre de l'instruction.

Article 706-55. – Centralisation des traces et empreintes génétiques – *(Loi n° 2022-52 du 24 janvier 2022)*
• Le fichier national automatisé des empreintes génétiques centralise les traces et empreintes génétiques concernant les infractions suivantes :
• 1° Les infractions de nature sexuelle visées à l'article 706-47 du présent code ainsi que le délit prévu par l'article 222-32 du Code pénal et les infractions prévues aux articles 222-26-2, 227-22-2 et 227-23-1 du même code ;
• 2° Les crimes contre l'humanité et les crimes et délits d'atteintes volontaires à la vie de la personne, de torture et actes de barbarie, de violences volontaires, de menaces d'atteintes aux personnes, de trafic de stupéfiants, d'atteintes aux libertés de la personne, de traite des êtres humains, de proxénétisme, d'exploitation de la mendicité et de mise en péril des mineurs, prévus par les articles 221-1 à 221-5, 222-1 à 222-18, 222-34 à 222-40, 224-1 à 224-8, 225-4-1 à 225-4-4, 225-5 à 225-10, 225-12-1 à 225-12-3, 225-12-5 à 225-12-7 et 227-18 à 227-24 du Code pénal ainsi que les infractions prévues aux articles 221-5-6 et 222-18-4 du même code ;
• 3° Les crimes et délits de vols, d'extorsions, d'escroqueries, de destructions, de dégradations, de détériorations et de menaces d'atteintes aux biens prévus par les articles 311-1 à 311-13, 312-1 à 312-9, 313-2 et 322-1 à 322-14 du Code pénal ;
• 4° Les atteintes aux intérêts fondamentaux de la Nation, les actes de terrorisme, la fausse monnaie, l'association de malfaiteurs et les crimes et délits de guerre prévus par les articles 410-1 à 413-12, 421-1 à 421-6,442-1 à 442-5, 450-1 et 461-1 à 461-31 du Code pénal ;
• 5° Les délits prévus aux articles 222-52 à 222-59 du Code pénal, aux articles L. 2339-2, L. 2339-3, L. 2339-4, L. 2339-4-1, L. 2339-10 à L. 2339-11-2, L. 2353-4 et L. 2353-13 du Code de la défense et aux articles L. 317-1-1 à L. 317-9 du Code de la sécurité intérieure ;
• 6° Les infractions de recel ou de blanchiment du produit de l'une des infractions mentionnées aux 1° à 5°, prévues par les articles 321-1 à 321-7 et 324-1 à 324-6 du Code pénal.

Article 706-56. – Prélèvement biologique – *(Loi n° 2023-22 du 24 janvier 2023)*
• **I.** – L'officier de police judiciaire peut procéder ou faire procéder sous son contrôle, à l'égard des personnes mentionnées au 1er, au 2e ou au 3e alinéa de l'article 706-54, à un prélèvement biologique destiné à permettre l'analyse d'identification de leur empreinte génétique. Préalablement à cette opération, il peut vérifier ou faire vérifier par un agent de police judiciaire placé sous son contrôle ou par un agent spécialisé, technicien ou ingénieur de police technique et scientifique placé sous son contrôle, que l'empreinte génétique de la personne concernée n'est pas déjà enregistrée, au vu de son seul état civil, dans le fichier national automatisé des empreintes génétiques.
• Pour qu'il soit procédé à cette analyse, l'officier de police judiciaire ou, sous le contrôle de ce dernier, l'agent de police judiciaire peut requérir toute personne habilitée dans les conditions fixées par l'article 16-12 du Code civil, sans qu'il soit toutefois nécessaire que cette personne soit inscrite sur une liste d'experts judiciaires ; dans ce cas, la personne prête alors par écrit le serment prévu au 3e alinéa de l'article 60 du présent code. Les réquisitions prévues par

le présent alinéa peuvent également être faites par le procureur de la République ou le juge d'instruction. Lorsque l'analyse est demandée aux services ou aux organismes de police technique et scientifique mentionnés à l'article 157-2, il n'y a pas lieu à prestation de serment et si la demande émane d'un officier de police judiciaire ou d'un agent de police judiciaire, il n'est pas nécessaire d'établir une réquisition à cette fin.

• Les services, organismes ou personnes appelés à réaliser les analyses conformément à l'alinéa précédent peuvent procéder, par tous moyens y compris télématiques, à la demande de l'officier de police judiciaire ou, sous son contrôle, de l'agent de police judiciaire ou à la demande du procureur de la République ou du juge d'instruction, aux opérations permettant l'enregistrement des empreintes dans le fichier national automatisé des empreintes génétiques.

• Lorsqu'il n'est pas possible de procéder à un prélèvement biologique sur une personne mentionnée au 1er alinéa, l'identification de son empreinte génétique peut être réalisée à partir de matériel biologique qui se serait naturellement détaché du corps de l'intéressé.

• Lorsqu'il s'agit d'une personne condamnée pour crime ou déclarée coupable d'un délit puni de 10 ans d'emprisonnement, le prélèvement peut être effectué sans l'accord de l'intéressé sur réquisitions écrites du procureur de la République. Il en va de même pour les personnes poursuivies pour un crime ou un délit puni de 10 ans d'emprisonnement ayant fait l'objet d'une décision d'irresponsabilité pénale en application des articles 706-120, 706-125, 706-129, 706-133 ou 706-134.

• **II. –** Le fait de refuser de se soumettre au prélèvement biologique prévu au 1er alinéa du I est puni d'1 an d'emprisonnement et de 15 000 € d'amende.

• Lorsque ces faits sont commis par une personne condamnée pour crime, la peine est de 2 ans d'emprisonnement et de 30 000 € d'amende.

• Nonobstant les dispositions des articles 132-2 à 132-5 du Code pénal, les peines prononcées pour les délits prévus au présent article se cumulent, sans possibilité de confusion, avec celles que la personne subissait ou celles prononcées pour l'infraction ayant fait l'objet de la procédure à l'occasion de laquelle les prélèvements devaient être effectués.

• Le fait, pour une personne faisant l'objet d'un prélèvement, de commettre ou de tenter de commettre des manœuvres destinées à substituer à son propre matériel biologique le matériel biologique d'une tierce personne, avec ou sans son accord, est puni de 3 ans d'emprisonnement et de 45 000 € d'amende.

J **• Refus de se soumettre à un prélèvement biologique – Contrôle de proportionnalité**

Le procureur général près la cour d'appel de LYON (69) et M. [Y] [Q], Mme [U] [W], M. [K] [M], M. [O] [V], Mme [S] [I] et M. [R] [G] ont formé des pourvois contre l'arrêt de la cour d'appel de Lyon, 4e chambre, en date du 14/01/2020, qui, après relaxe des 5 premiers prévenus précités du chef de refus de se soumettre à un prélèvement biologique, a déclaré tous les prévenus coupables de vol aggravé, et les a condamnés, chacun, à 500 € d'amende avec sursis, et a ordonné une mesure de confiscation.

20. En prononçant ainsi, la cour d'appel a pu, sans se contredire, énoncer, d'une part, que les articles 706-54 à 706-56, R.53-9 et suivants du C.P.P., dans leur rédaction en vigueur à la date des faits, n'étaient pas contraires en eux-mêmes à l'article 8 de la C.E.D.H., et retenir, d'autre part, dans le cadre de l'exercice de son contrôle de proportionnalité, une disproportion entre les faits reprochés aux prévenus et l'atteinte au respect de leur vie privée résultant de l'enregistrement de leur empreinte génétique au FNAEG.

21. Dès lors, le moyen doit être écarté.

22. Par ailleurs l'arrêt est régulier en la forme.

(Cour de cassation – Chambre criminelle du 22 septembre 2021 – N° de pourvoi : 20-80.489).

Article 706-56-1. – Inscription dans le fichier – *(Loi n° 2006-399 du 4 avril 2006)*

• Sur instruction du procureur de la République du lieu de résidence ou de détention de l'intéressé, sont inscrites, dans le fichier prévu par le présent titre, les empreintes génétiques des personnes de nationalité française, ou de nationalité étrangère résidant de façon habituelle sur le territoire national, et qui ont été condamnées par une juridiction pénale étrangère pour une infraction de même nature que celles mentionnées aux 1° et 2° de l'article 706-55, lorsque ces condamnations, en application d'une convention ou d'un accord international, ont fait l'objet d'un avis aux autorités françaises ou ont été exécutées en France à la suite du transfèrement des personnes condamnées. Les dispositions de l'article 706-56 sont applicables à ces personnes.

Article 706-56-1-1. – Réquisition service fichier empreinte génétique – *(Loi n° 2016-731 du 3 juin 2016)*

• Lorsque les nécessités d'une enquête ou d'une information concernant l'un des crimes prévus à l'article 706-55 l'exigent, le procureur de la République ou, après avis de ce magistrat, le juge d'instruction, peut requérir le service gestionnaire du fichier afin qu'il procède à une comparaison entre l'empreinte génétique enregistrée au fichier établie à partir d'une trace biologique issue d'une personne inconnue et les empreintes génétiques des personnes mentionnées aux premier et deuxième alinéas de l'article 706-54 aux fins de recherche de personnes pouvant être apparentées en ligne directe à cette personne inconnue.

• Le nombre et la nature des segments d'ADN non codants nécessaires pour qu'il soit procédé à cette comparaison sont fixés par arrêté du ministre de la justice et du ministre de l'intérieur.

TITRE XX *bis*

DU RÉPERTOIRE DES DONNÉES À CARACTÈRE PERSONNEL COLLECTÉES DANS LE CADRE DES PROCÉDURES JUDICIAIRES

Article 706-56-2. – Répertoire des données à caractère personnel – *(Loi n° 2022-52 du 24 janvier 2022)*

• Le répertoire des données à caractère personnel collectées dans le cadre des procédures judiciaires, tenu par le service du casier judiciaire sous l'autorité du ministre de la justice et placé sous le contrôle d'un magistrat, est destiné à faciliter et à fiabiliser la connaissance de la personnalité et l'évaluation de la dangerosité des personnes poursuivies ou condamnées pour l'une des infractions pour lesquelles le suivi socio-judiciaire est encouru, et à prévenir le renouvellement de ces infractions.

• Le répertoire centralise l'ensemble des expertises, évaluations et examens psychiatriques, médico-psychologiques, psychologiques et pluridisciplinaires des personnes mentionnées au 1er alinéa qui ont été réalisés :

• 1° Au cours de l'enquête ;

• 2° Au cours de l'instruction ;

• 3° À l'occasion du jugement ;

• 4° Au cours de l'exécution de la peine ;

• 5° Préalablement au prononcé ou durant le déroulement d'une mesure de surveillance ou de rétention de sûreté ;

• 6° En application des articles 706-136 ou 706-137 ;

• 7° Durant le déroulement d'une mesure de soins psychiatriques ordonnée en application de l'article 706-135 du présent code ou de l'article L. 3213-7 du Code de la santé publique.

• En cas de décision de classement sans suite, hormis les cas où cette décision est fondée sur le 1er alinéa de l'article 122-1 du Code pénal, ou de décision définitive de non-lieu, de relaxe ou d'acquittement, les données concernant la personne poursuivie sont immédiatement effacées.

• La conservation des données concernant les personnes poursuivies ou condamnées pour l'une des infractions pour lesquelles le suivi socio-judiciaire est encouru ne peut excéder une période de 30 ans.

• Les informations contenues dans le répertoire sont directement accessibles, par l'intermédiaire d'un système sécurisé de télécommunication, aux seules autorités judiciaires.

• Les membres de la commission pluridisciplinaire des mesures de sûreté, les experts et les personnes chargées par l'autorité judiciaire ou l'administration pénitentiaire d'une évaluation pluridisciplinaire de dangerosité peuvent également être destinataires, par l'intermédiaire de l'autorité judiciaire et pour l'exercice de leurs missions, des informations contenues dans le répertoire.

• Les modalités et conditions de fonctionnement du répertoire sont déterminées par décret en Conseil d'État pris après avis de la Commission nationale de l'informatique et des libertés.

• Ce décret précise les conditions dans lesquelles le répertoire conserve la trace des interrogations et consultations dont il a fait l'objet, ainsi que la durée de conservation des données inscrites et les modalités de leur effacement.

TITRE XXI

DE LA PROTECTION DES TÉMOINS

Article 706-57. – Adresse personnelle – *(Loi n° 2019-222 du 23 mars 2019)*

• Les personnes à l'encontre desquelles il n'existe aucune raison plausible de soupçonner qu'elles ont commis ou tenté de commettre une infraction et qui sont susceptibles d'apporter des éléments de preuve intéressant la procédure peuvent, sur autorisation du procureur de la République ou du juge d'instruction, déclarer comme domicile l'adresse du commissariat ou de la brigade de gendarmerie. Si la personne a été convoquée en raison de sa profession, l'adresse déclarée peut être son adresse professionnelle. L'autorisation du procureur de la République n'est pas nécessaire lorsque le témoignage est apporté par une personne dépositaire de l'autorité publique ou chargée d'une mission de service public pour des faits qu'elle a connu en raison de ses fonctions ou de sa mission et que l'adresse déclarée est son adresse professionnelle.

• L'adresse personnelle de ces personnes est alors inscrite sur un registre, ouvert à cet effet et tenu sous format papier ou numérique.

V • Art. 62-1 - Déclaration du domicile au siège du service
• Art. 53-22 et s. – Protection – Anonymat

J • **Audition. – Témoignage anonyme.** – *Un policier établit un procès-verbal relatant qu'une personne souhaitant garder l'anonymat lui a livré des informations sur un possible trafic de stupéfiants. Après une enquête préliminaire, deux personnes sont mises en examen.*

• *Ces dernières demandent l'annulation du procès-verbal initial et de la procédure subséquente faisant valoir que les déclarations d'un témoin anonyme ne pouvaient être recueillies sans que soient respectées les dispositions des articles 706-57 et suivants du Code de procédure pénale issues de la loi n° 2001-1062 du 15 novembre 2001 relative à la sécurité quotidienne.*

• *Considérant qu'à la date d'établissement de ce procès-verbal, les dispositions de ladite loi n'étaient pas applicables, en l'absence du décret prévu par l'article 706-63 du Code de procédure pénale, la Chambre de l'instruction dit n'y avoir lieu à annulation.*

• *À tort, indique la Chambre criminelle, car en prévoyant qu'un décret en Conseil d'État préciserait « en tant que besoin », les conditions d'application des dispositions du titre XXI du livre IV du Code de procédure pénale relatives à la protection des témoins, l'article 706-63 de ce code n'a pas subordonné à la parution d'un tel décret l'entrée en vigueur de ces dispositions, par ailleurs suffisamment claires et précises pour être appliquées immédiatement.*

• *Elle ajoute, qu'en tout état de cause, un procès-verbal d'audition de témoin ne relevant pas l'identité de celui-ci ne peut être tenu pour régulier au seul motif qu'il aurait été établi avant l'entrée en vigueur des articles 706-58 à 706-62 du Code de procédure pénale, dès lors que ces textes ont eu précisément pour objet d'autoriser, sous les conditions qu'ils prévoient, l'établissement d'un tel procès-verbal.*

• *L'arrêt attaqué n'est pas pour autant censuré par la Cour de cassation.*

• *Elle considère en effet que le procès-verbal critiqué, qui rapportait des informations obtenues par un policier auprès d'une personne désirant garder l'anonymat, est régulier, dans la mesure où il ne constitue pas un procès-verbal d'audition entrant dans les prévisions des articles 706-57 et suivants du Code de procédure pénale, mais un procès-verbal de renseignements destiné à guider d'éventuelles investigations sans pouvoir être retenu lui-même comme moyen de preuve.* (Cass. CRIM. du 9 juillet 2003).

Article 706-58. – Identité protégée – *(Ordonnance n° 2019-964 du 18 septembre 2019)*

• En cas de procédure portant sur un crime ou sur un délit puni d'au moins 3 ans d'emprisonnement, lorsque l'audition d'une personne visée à l'article 706-57 est susceptible de mettre gravement en danger la vie ou l'intégrité physique de cette personne, des membres de sa famille ou de ses proches, le juge des libertés et de la détention, saisi par requête motivée du procureur de la République ou du juge d'instruction, peut, par décision motivée, autoriser que les déclarations de cette personne soient recueillies sans que son identité apparaisse dans le dossier de la procédure. Cette décision n'est pas susceptible de recours, sous réserve des dispositions du 2ᵉ alinéa de l'article 706-60. Le juge des libertés et de la détention peut décider de procéder lui-même à l'audition du témoin.

• La décision du juge des libertés et de la détention, qui ne fait pas apparaître l'identité de la personne, est jointe au procès-verbal d'audition du témoin, sur lequel ne figure pas la signature de l'intéressé. L'identité et l'adresse de la personne sont inscrites dans un autre procès-verbal signé par l'intéressé, qui est versé dans un dossier distinct du dossier de la procédure, dans lequel figure également la requête prévue à l'alinéa précédent. L'identité et l'adresse de la personne sont inscrites sur un registre coté et paraphé, qui est ouvert à cet effet au tribunal judiciaire.

V • Art. R. 53-22 et s. – Protection – Anonymat

J • **Examen de la régularité de la procédure – Demande de la personne mise en examen – Procès-verbal d'audition d'un témoin sans révélation de son identité – Requête en contestation – Domaine – Conditions – Raison plausible de soupçonner que le témoin a commis ou tenté de commettre une infraction objet de la procédure**

Rejet du pourvoi formé par M. Mohamed X..., contre l'ordonnance du président de la chambre de l'instruction de la cour d'appel de Bordeaux, en date du 12 mars 2015, qui, dans l'information suivie contre lui des chefs, notamment, d'infraction à la législation sur les stupéfiants en récidive et d'association de malfaiteurs, a rejeté sa requête en contestation de l'anonymat d'un témoin;

Seule peut être exclue de la protection prévue à l'article 706-58 du Code de procédure pénale la personne à l'encontre de laquelle il existe une raison plausible de soupçonner qu'elle a commis ou tenté de commettre une infraction, objet de la procédure dans le cadre de laquelle est apporté son témoignage.

Justifie en conséquence sa décision le président de la chambre de l'instruction qui, pour rejeter une requête contestant l'audition d'un témoin anonyme, énonce que l'examen des pièces de la procédure et de celles figurant dans le dossier distinct ne permet pas de soupçonner que le témoin a commis ou tenté de commettre une infraction dans le cadre de la prévention, objet de l'information.

D'où il suit que le moyen ne peut qu'être écarté;

Et attendu que l'ordonnance est régulière en la forme;

REJETTE le pourvoi;

(Cour de cassation – Chambre criminelle du 8 juillet 2015 – N° de pourvoi : 15-82383).

• Officier de police judiciaire – Pouvoirs – Enquête préliminaire – Audition de témoin – Témoin anonyme – Articles 706-58 et suivants du Code de procédure pénale – Domaine d'application

Contre l'arrêt de la chambre de l'instruction de la cour d'appel de PARIS, 4e section, en date du 20 mars 2015, qui, dans l'information suivie contre eux, notamment, du chef d'infractions à la législation sur les stupéfiants, a prononcé sur leur demande d'annulation de pièces de la procédure;

Attendu qu'il résulte de l'arrêt attaqué et des pièces de la procédure que, le 1er août 2013, un officier de police judiciaire du commissariat d'Aubervilliers a reçu une information d'une personne désirant garder l'anonymat par peur des représailles, qu'il a relatée dans un procès-verbal, selon laquelle le gérant du garage Pro Car, M. Lahcen Z..., livrerait de la résine de cannabis à plusieurs dealers qui viendraient se fournir à toute heure de la journée; qu'une enquête préliminaire ayant été consécutivement ouverte, des surveillances ont été organisées aux abords de ce garage qui ont rendu objectivement vraisemblable ce renseignement anonyme; que le 5 août suivant, après que l'officier de police judiciaire eut reçu un nouveau message de son informateur confirmant la teneur de son premier message, également transcrit dans un procès-verbal, une seconde surveillance similaire a été assurée qui a apporté une nouvelle confirmation des premiers indices recueillis;

N'entrent pas dans les prévisions des articles 706-57 et suivants du Code de procédure pénale les procès-verbaux dépourvus de force probante qui se bornent à consigner les déclarations d'une personne fournissant spontanément aux enquêteurs, de manière anonyme, des renseignements destinés à permettre des investigations ultérieures ou à en faciliter l'exécution en cours

Par ces motifs:

I – Sur le pourvoi de M. A...:

Le DÉCLARE IRRECEVABLE;

II – Sur les autres pourvois:

Les REJETTE;

(Cour de cassation – Chambre criminelle du 6 octobre 2015 – N° de pourvoi : 15-82247).

Article 706-59. – Révélation de l'identité ou de l'adresse d'un témoin – *(Loi n° 2001-1062 du 15 novembre 2001)*

• En aucune circonstance, l'identité ou l'adresse d'un témoin ayant bénéficié des dispositions des articles 706-57 ou 706-58 ne peut être révélée, hors le cas prévu par le dernier alinéa de l'article 706-60.

• La révélation de l'identité ou de l'adresse d'un témoin ayant bénéficié des dispositions des articles 706-57 ou 706-58 est punie de cinq ans d'emprisonnement et 75 000 euros d'amende.

V • Art. R. 53-22 et s. – Protection – Anonymat

Article 706-60. – Connaissance de l'identité indispensable à l'exercice droits de la défense – *(Loi n° 2001-1062 du 15 novembre 2001)*

• Les dispositions de l'article 706-58 ne sont pas applicables si, au regard des circonstances dans lesquelles l'infraction a été commise ou de la personnalité du témoin, la connaissance de l'identité de la personne est indispensable à l'exercice des droits de la défense.

• La personne mise en examen peut, dans les dix jours à compter de la date à laquelle il lui a été donné connaissance du contenu d'une audition réalisée dans les conditions de l'article 706-58, contester, devant le président de la chambre de l'instruction, le recours à la procédure prévue par cet article. Le président de la chambre de l'instruction statue par décision motivée qui n'est pas susceptible de recours au vu des pièces de la procédure et de celles figurant dans le dossier mentionné au deuxième alinéa de l'article 706-58. S'il estime la contestation justifiée, il ordonne l'annulation de l'audition. Il peut également ordonner que l'identité du témoin soit révélée à la condition que ce dernier fasse expressément connaître qu'il accepte la levée de son anonymat.

V • Art. R. 53-22 et s. – Protection – Anonymat

J **• Proxénétisme aggravé – Association de malfaiteurs – Recours à la procédure du témoignage anonyme**

Contre l'arrêt de la chambre de l'instruction de la cour d'appel de BESANÇON, en date du 5 avril 2017, qui, dans l'information suivie contre lui du chef de proxénétisme aggravé, association de malfaiteurs et traite d'être humain, a prononcé sur sa demande d'annulation d'actes de procédure;

En ce que l'arrêt attaqué a rejeté la requête en annulation des procès-verbaux d'audition du témoin anonyme;

Aux motifs qu'en application de l'article 706-61 du Code de procédure pénale, la personne mise en examen peut demander à être confrontée avec un témoin entendu en application des dispositions de l'article 706-58 par l'intermédiaire d'un dispositif technique permettant l'audition du témoin à distance ou à faire interroger le témoin par son avocat par ce même moyen; que la voix du témoin est alors rendue non identifiable par des procédés techniques appropriés; qu'en l'espèce, l'impossibilité de garantir l'anonymat du témoin, eu égard à l'absence de moyens techniques suffisants, justifie pleinement le refus de procéder à une confrontation entre le mis en examen et ledit témoin; qu'en tout état de cause, l'audition sous X d'un témoin et la confrontation du mis en cause avec ledit témoin obéissent à des règles différentes; que le refus de faire droit à la confrontation, pour des raisons d'ordre technique, ne saurait entraîner l'annulation de l'audition du témoin anonyme; qu'à cet égard, il appartenait à la défense de contester, devant le président de la chambre de l'instruction, le recours à la procédure d'audition sous anonymat, sur le fondement de l'article 706-60 du Code de procédure pénale; qu'au surplus, le président de la chambre de l'instruction a confirmé par ordonnance du 15 décembre 2016, la décision du juge d'instruction refusant d'ordonner une mesure d'instruction complémentaire, considérant que celui-ci s'était prononcé par des motifs pertinents exacts et suffisants; qu'enfin, il ne saurait y avoir d'atteinte aux droits de la défense dans la mesure où l'article 706-62 du Code de procédure pénale énonce qu'aucune condamnation ne peut être prononcée sur le seul fondement des déclarations faites sous l'anonymat; que dans ces conditions, il y a lieu, en l'absence d'atteinte démontrée aux intérêts de M. X..., mis en examen, et de toute autre irrégularité de forme ou de fond portant atteinte aux droits de la défense, de rejeter la requête en annulation présentée par l'avocat de M. X... ;

Attendu que M. X... a aussitôt présenté une requête en annulation des procès-verbaux d'audition du témoin anonyme, sans contester leur régularité juridique mais en faisant valoir que le refus de la confrontation portait atteinte aux droits de la défense et devait conduire à écarter des débats ces procès-verbaux; que la chambre de l'instruction, saisie par son président, a rejeté la requête en annulation par les motifs repris au moyen;

Attendu que le recours à la procédure de recueil d'un témoignage anonyme ne peut être contestée que dans les conditions prévues par l'article 706-60 du Code de procédure pénale, les dispositions de l'article 173, relatives à l'annulation des pièces d'une procédure d'instruction, étant inapplicables; que les prescriptions de l'article 706-60 précité n'ayant pas, en l'espèce, été observées, le demandeur ne saurait se faire un grief de ce que la chambre de l'instruction ait rejeté sa requête en annulation des procès-verbaux d'audition du témoin anonyme, dès lors que les juges auraient dû la déclarer irrecevable;

D'où il suit que les moyens ne sauraient être admis;

Et attendu que l'arrêt est régulier en la forme;

REJETTE le pourvoi;

(Cour de cassation – Chambre criminelle du 13 décembre 2017 – N° de pourvoi : 17-82990).

Article 706-61. – Demande de confrontation – *(Loi n° 2004-204 du 9 mars 2004)*

• La personne mise en examen ou renvoyée devant la juridiction de jugement peut demander à être confrontée avec un témoin entendu en application des dispositions de l'article 706-58 par l'intermédiaire d'un dispositif technique permettant l'audition du témoin à distance ou à faire interroger ce témoin par son avocat par ce même moyen. La voix du témoin est alors rendue non identifiable par des procédés techniques appropriés.

• Si la juridiction ordonne un supplément d'information aux fins d'audition du témoin, ce dernier est entendu soit par un juge d'instruction désigné pour exécuter ce supplément d'information, soit, si l'un des membres de la juridiction a été désigné pour exécuter cette audition, en utilisant le dispositif technique prévu par l'alinéa précédent.

V • Art. R. 53-22 et s. – Protection – Anonymat

Article 706-62. – Condamnation – *(Loi n° 2001-1062 du 15 novembre 2001)*

• Aucune condamnation ne peut être prononcée sur le seul fondement de déclarations recueillies dans les conditions prévues par les articles 706-58 et 706-61.

V • Art. R. 53-22 et s. – Protection – Anonymat

Article 706-62-1. – Confidentialité de l'identité d'un témoin – *(Loi n° 2016-731 du 3 juin 2016)*

• En cas de procédure portant sur un crime ou sur un délit puni d'au moins trois ans d'emprisonnement, lorsque la révélation de l'identité d'un témoin est susceptible de mettre gravement en danger sa vie ou son intégrité physique ou celles de ses proches, le juge d'instruction ou le président de la juridiction de jugement statuant en chambre du conseil peut ordonner soit d'office, soit à la demande du procureur de la République ou des parties, que cette identité ne soit pas mentionnée au cours des audiences publiques et ne figure pas dans les ordonnances, jugements ou arrêts de la juridiction d'instruction ou de jugement qui sont susceptibles d'être rendus publics.

• Le juge d'instruction adresse sans délai copie de la décision prise en application du premier alinéa au procureur de la République et aux parties.

• La décision ordonnant la confidentialité de l'identité du témoin n'est pas susceptible de recours.

• Le témoin est alors désigné au cours des audiences ou dans les ordonnances, jugements ou arrêts par un numéro que lui attribue le juge d'instruction ou le président de la juridiction de jugement.

• Le fait de révéler l'identité d'un témoin ayant bénéficié des dispositions du présent article ou de diffuser des informations permettant son identification ou sa localisation est puni de cinq ans d'emprisonnement et de 75 000 € d'amende.

Article 706-62-2. – Mesures de protection – *(Ordonnance n° 2019-964 du 18 septembre 2019)*

• Sans préjudice de l'application de l'article 706-58, en cas de procédure portant sur un crime ou un délit mentionné aux articles 628,706-73 et 706-73-1, lorsque l'audition d'une personne mentionnée à l'article 706-57 est susceptible de mettre gravement en danger la vie ou l'intégrité physique de cette personne ou de ses proches, cette personne fait l'objet, en tant que de besoin, de mesures de protection destinées à assurer sa sécurité.

• En cas de nécessité, elle peut être autorisée, par ordonnance motivée rendue par le président du tribunal judiciaire, à faire usage d'une identité d'emprunt.

• Toutefois, il ne peut pas être fait usage de cette identité d'emprunt pour une audition au cours de la procédure mentionnée au premier alinéa.

• Le fait de révéler qu'une personne fait usage d'une identité d'emprunt en application du présent article ou de révéler tout élément permettant son identification ou sa localisation est puni de 5 ans d'emprisonnement et de 75000 € d'amende. Lorsque cette révélation a eu pour conséquence, directe ou indirecte, des violences à l'encontre de cette personne ou de son conjoint, de ses enfants ou de ses ascendants directs, les peines sont portées à 7 ans d'emprisonnement et à 100000 € d'amende.

• Les peines sont portées à 10 ans d'emprisonnement et à 150000 € d'amende lorsque cette révélation a eu pour conséquence, directe ou indirecte, la mort de cette personne ou de son conjoint, de ses enfants ou de ses ascendants directs.

• Les mesures de protection mentionnées au 1er alinéa du présent article sont définies, sur réquisitions du procureur de la République, par la commission nationale prévue à l'article 706-63-1. Cette commission assure le suivi des mesures de protection, qu'elle peut modifier ou auxquelles elle peut mettre fin à tout moment. En cas d'urgence, les services compétents prennent les mesures nécessaires et en informent sans délai la commission nationale.

• Les membres de la famille et les proches de la personne mentionnée au 1er alinéa du présent article peuvent également faire l'objet de mesures de protection et être autorisés à faire usage d'une identité d'emprunt, dans les conditions prévues au présent article.

• Un décret en Conseil d'État fixe les conditions d'application du présent article.

Article 706-63. – Conditions d'application – *(Loi n° 2001-1062 du 15 novembre 2001)*

• Un décret en Conseil d'État précise, en tant que de besoin, les conditions d'application des dispositions du présent titre.

TITRE XXI *bis*

PROTECTION DES PERSONNES BÉNÉFICIANT D'EXEMPTIONS OU DE RÉDUCTIONS DE PEINES POUR AVOIR PERMIS D'ÉVITER LA RÉALISATION D'INFRACTIONS, DE FAIRE CESSER OU D'ATTÉNUER LE DOMMAGE CAUSÉ PAR UNE INFRACTION, OU D'IDENTIFIER LES AUTEURS OU COMPLICES D'INFRACTIONS

Article 706-63-1. – Protection – *(Ordonnance n° 2019-964 du 18 septembre 2019)*

• Les personnes mentionnées à l'article 132-78 du Code pénal font l'objet, en tant que de besoin, d'une protection destinée à assurer leur sécurité. Elles peuvent également bénéficier de mesures destinées à assurer leur réinsertion.

• En cas de nécessité, ces personnes peuvent être autorisées, par ordonnance motivée rendue par le président du tribunal judiciaire, à faire usage d'une identité d'emprunt.

• Le fait de révéler qu'une personne fait usage d'une identité d'emprunt en application du présent article ou de révéler tout élément permettant son identification ou sa localisation est puni de 5 ans d'emprisonnement et de 75000 € d'amende. Lorsque cette révélation a eu pour conséquence, directe ou indirecte, des violences à l'encontre de cette personne ou de son conjoint, de ses enfants ou de ses ascendants directs, les peines sont portées à 7 ans d'emprisonnement et à 100000 € d'amende. Les peines sont portées à 10 ans d'emprisonnement et à 150000 € d'amende lorsque cette révélation a eu pour conséquence, directe ou indirecte, la mort de cette personne ou de son conjoint, de ses enfants ou de ses ascendants directs.

• Les mesures de protection et de réinsertion sont définies, sur réquisitions du procureur de la République, par une commission nationale dont la composition et les modalités de fonctionnement sont définies par décret en Conseil d'État. Cette commission fixe les obligations que doit respecter la personne et assure le suivi des mesures de protection et de réinsertion, qu'elle peut modifier ou auxquelles elle peut mettre fin à tout moment. En cas d'urgence, les services compétents prennent les mesures nécessaires et en informent sans délai la commission nationale.

• Les dispositions du présent article sont également applicables aux membres de la famille et aux proches des personnes mentionnées à l'article 132-78 du Code pénal.

Article 706-63-2. – Préservation de l'anonymat – *(Loi n° 2017-1510 du 30 octobre 2017)*

• Lorsque cette comparution est susceptible de mettre gravement en danger leur vie ou leur intégrité physique ou celle de leurs proches, la juridiction de jugement peut, d'office ou à la demande des personnes faisant usage d'une identité d'emprunt en application du deuxième alinéa de l'article 706-63-1, ordonner le huis clos ou leur comparution dans des conditions de nature à préserver l'anonymat de leur apparence physique, y compris en bénéficiant d'un dispositif technique mentionné à l'article 706-61. La juridiction de jugement statue à huis clos sur cette demande.

TITRE XXII

SAISINE POUR AVIS DE LA COUR DE CASSATION

Article 706-64. – Avis de la Cour de cassation – *(Loi n° 2009-1436 du 24 novembre 2009)*

• Les juridictions pénales, à l'exception des juridictions d'instruction et de la cour d'assises, peuvent solliciter l'avis de la Cour de cassation en application de l'article L. 151-1 du Code de l'organisation judiciaire. Toutefois, aucune demande d'avis ne peut être présentée lorsque, dans l'affaire concernée, une personne est placée en détention provisoire, sous assignation à résidence avec surveillance électronique ou sous contrôle judiciaire.

Article 706-65. – Sollicitation de la Cour de cassation par le juge – *(Loi n° 2001-1062 du 15 novembre 2001)*

• Lorsque le juge envisage de solliciter l'avis de la Cour de cassation en application de l'article L. 151-1 du Code de l'organisation judiciaire, il en avise les parties et le ministère public. Il recueille les observations écrites éventuelles des parties et les conclusions du ministère public dans le délai qu'il fixe, à moins que ces observations ou conclusions n'aient déjà été communiquées.

• Dès réception des observations et conclusions ou à l'expiration du délai, le juge peut, par une décision non susceptible de recours, solliciter l'avis de la Cour de cassation en formulant la question de droit qu'il lui soumet. Il sursoit à statuer jusqu'à la réception de l'avis ou jusqu'à l'expiration du délai mentionné à l'article 706-67.

Article 706-66. – Envoi – Notification – *(Loi n° 2001-1062 du 15 novembre 2001)*

• La décision sollicitant l'avis est adressée, avec les conclusions et les observations écrites éventuelles, par le greffier de la juridiction au greffe de la Cour de cassation.

• Elle est notifiée, ainsi que la date de transmission du dossier, aux parties par lettre recommandée avec demande d'avis de réception.

• Le ministère public auprès de la juridiction est avisé ainsi que le premier président de la cour d'appel et le procureur général lorsque la demande d'avis n'émane pas de la cour.

Article 706-67. – Rendu de l'avis – *(Loi n° 2001-1062 du 15 novembre 2001)*

• La Cour de cassation rend son avis dans les trois mois de la réception du dossier.

Article 706-68. – Date de la séance – *(Loi n° 2001-1062 du 15 novembre 2001)*

• L'affaire est communiquée au procureur général près la Cour de cassation. Celui-ci est informé de la date de séance.

Article 706-69. – Mention au Journal officiel – *(Loi n° 2001-1062 du 15 novembre 2001)*

• L'avis peut mentionner qu'il sera publié au Journal officiel de la République française.

Article 706-70. – Envoi de l'avis – Notification – *(Loi n° 2001-1062 du 15 novembre 2001)*

• L'avis est adressé à la juridiction qui l'a demandé, au ministère public auprès de cette juridiction, au premier président de la cour d'appel et au procureur général lorsque la demande n'émane pas de la cour.

• Il est notifié aux parties par le greffe de la Cour de cassation.

TITRE XXIII
DE L'UTILISATION DE MOYENS DE TÉLÉCOMMUNICATIONS AU COURS DE LA PROCÉDURE

Article 706-71. – Moyens de télécommunications – *(Loi n° 2023-22 du 24 janvier 2023)*

• Aux fins d'une bonne administration de la justice, il peut être recouru au cours de la procédure pénale, si le magistrat en charge de la procédure ou le président de la juridiction saisie l'estime justifié, dans les cas et selon les modalités prévus au présent article, à un moyen de télécommunication audiovisuelle.

• Lorsque les nécessités de l'enquête ou de l'instruction le justifient, l'audition ou l'interrogatoire d'une personne ainsi que la confrontation entre plusieurs personnes peuvent être effectués en plusieurs points du territoire de la République ou entre le territoire de la République et celui d'un État membre de l'Union européenne dans le cadre de l'exécution d'une décision d'enquête européenne et se trouvant reliés par des moyens de télécommunications garantissant la confidentialité de la transmission. Dans les mêmes conditions, la présentation aux fins de prolongation de la garde à vue ou de la retenue judiciaire peut être réalisée par l'utilisation de moyens de télécommunication audiovisuelle. Il est dressé un procès-verbal des opérations qui ont été effectuées. Ces opérations peuvent faire l'objet d'un enregistrement audiovisuel ou sonore, les dispositions des 3e à 8e alinéas de l'article 706-52 sont alors applicables.

• Les dispositions de l'alinéa précédent prévoyant l'utilisation d'un moyen de télécommunication audiovisuelle sont applicables devant la juridiction de jugement pour l'audition des témoins, des parties civiles et des experts. Elles sont également applicables, avec l'accord du procureur de la République et de l'ensemble des parties, pour la comparution du prévenu devant le tribunal correctionnel si celui-ci est détenu.

• Ces dispositions sont également applicables à l'audition ou à l'interrogatoire par un juge d'instruction d'une personne détenue, au débat contradictoire préalable au placement en détention provisoire d'une personne détenue pour une autre cause, au débat contradictoire prévu pour la prolongation de la détention provisoire, y compris l'audience prévue à l'avant-dernier alinéa de l'article 179, aux audiences relatives au contentieux de la détention provisoire devant la chambre de l'instruction ou la juridiction de jugement, à l'interrogatoire de l'accusé par le président de la cour d'assises en application de l'article 272, à la comparution d'une personne à l'audience au cours de laquelle est rendu un jugement ou un arrêt qui avait été mis en délibéré ou au cours de laquelle il est statué sur les seuls intérêts civils, à l'interrogatoire par le procureur ou le procureur général d'une personne arrêtée en vertu d'un mandat d'amener, d'un mandat d'arrêt, d'un mandat d'arrêt européen, d'une demande d'arrestation provisoire, d'une demande d'extradition ou d'une demande d'arrestation aux fins de remise, à la présentation au juge des libertés et de la détention, au 1er président de la cour d'appel ou au magistrat désigné par lui en application des articles 627-5, 695-28, 696-11 et 696-23 si la personne est détenue pour une autre cause, ou à l'interrogatoire du prévenu devant le tribunal de police si celui-ci est détenu pour une autre cause. Lorsqu'il s'agit d'une audience au cours de laquelle il doit être statué sur le placement en détention provisoire ou la prolongation de la détention provisoire, la personne détenue peut, lorsqu'elle est informée de la date de l'audience et du fait que le recours à ce moyen est envisagé, refuser l'utilisation d'un moyen de télécommunication audiovisuelle, sauf si son transport paraît devoir être évité en raison des risques graves de trouble à l'ordre public ou d'évasion ; il en est de même lorsqu'il doit être statué sur l'appel portant sur une décision de refus de mise en liberté ou sur la saisine directe de la chambre de l'instruction en application du dernier alinéa de l'article 148 ou de l'article 148-4 par une personne détenue en matière criminelle depuis plus de 6 mois dont la détention n'a pas déjà fait l'objet d'une décision de prolongation et n'ayant pas personnellement comparu, sans recourir à un moyen de communication audiovisuelle, devant la chambre de l'instruction depuis au moins 6 mois.

• Elles sont de même applicables devant la commission d'indemnisation des victimes d'infractions, devant le 1er président de la cour d'appel statuant sur les demandes de réparation d'une détention provisoire, devant la Commission nationale de réparation des détentions, devant la commission d'instruction des demandes en révision et en réexamen et devant la cour de révision et de réexamen.

• Pour l'application des dispositions des alinéas précédents, si la personne est assistée par un avocat ou par un interprète, ceux-ci peuvent se trouver auprès du magistrat, de la juridiction ou de la commission compétents ou auprès de l'intéressé. Dans le premier cas, l'avocat doit pouvoir s'entretenir avec ce dernier, de façon confidentielle, en utilisant le moyen de télécommunication audiovisuelle. Dans le 2d cas, une copie de l'intégralité du dossier doit être mise à sa disposition dans les locaux de détention sauf si une copie de ce dossier lui a déjà été remise. Si ces dispositions s'appliquent au cours d'une audience, celle-ci doit se tenir dans des conditions qui garantissent le droit de la personne à présenter elle-même ses observations.

• Lorsqu'une personne est détenue, la notification d'une expertise par une juridiction doit se faire par l'utilisation d'un moyen de télécommunication audiovisuelle, sauf décision contraire motivée ou s'il doit être procédé concomitamment à un autre acte.

• En cas de nécessité, résultant de l'impossibilité pour un interprète de se déplacer, l'assistance de l'interprète au cours d'une audition, d'un interrogatoire ou d'une confrontation peut également se faire par l'intermédiaire de moyens de télécommunications.

• Un décret en Conseil d'État précise, en tant que de besoin, les modalités d'application du présent article.

QPC • **Conformément à l'article 1er de la Décision n° 2020-836 QPC du 30 avril 2020:**

Les mots « la chambre de l'instruction » figurant à la 1re phrase du 4e alinéa de l'article 706-71 du C.P.P., dans sa rédaction résultant de la loi n° 2019-222 du 23/03/2019 de programmation 2018-2022 et de réforme pour la justice, sont contraires à la Constitution.

La déclaration d'inconstitutionnalité de l'article 1er prend effet dans les conditions fixées aux paragraphes 12 et 13 de cette décision:

12. D'une part, en l'espèce, l'abrogation immédiate des mots « la chambre de l'instruction » aurait pour effet de rendre impossible tout recours à la visioconférence pour les audiences relatives au contentieux de la détention provisoire devant la chambre de l'instruction. Elle entraînerait ainsi des conséquences manifestement excessives. Par suite, il y a lieu de reporter au 31 octobre 2020 la date de l'abrogation des dispositions contestées.

13. D'autre part, la remise en cause des mesures ayant été prises sur le fondement des dispositions déclarées contraires à la Constitution méconnaîtrait les objectifs de valeur constitutionnelle de sauvegarde de l'ordre public et de recherche des auteurs d'infractions et aurait ainsi des conséquences manifestement excessives. Par suite, ces mesures ne peuvent être contestées sur le fondement de cette inconstitutionnalité.

J • **Assassinat – Détention provisoire – Juge des libertés et de la détention – Débat contradictoire – Modalités – Comparution – Moyen de télécommunication audiovisuelle – Assistance d'un avocat – Mise à disposition de l'entier dossier de l'instruction – Mise à disposition à la maison d'arrêt – Conditions – Avertissement en temps utiles du choix de l'avocat de se trouver auprès de la personne détenue – Copie disponible du dossier dans les locaux de détention – Défaut – Portée**

REJET sur le pourvoi formé par le procureur général près de la cour d'appel de Reims, contre l'arrêt de la chambre de l'instruction de ladite cour, en date du 13/06/2019, qui, dans l'information suivie contre H... C... du chef d'assassinat, a infirmé l'ordonnance du juge des libertés et de la détention prolongeant sa détention provisoire.

Porte atteinte aux droits de la défense l'absence de mise à disposition d'une copie intégrale du dossier de la procédure dans les locaux de détention, lorsque l'avocat, qui n'avait pu obtenir depuis plusieurs mois une copie actualisée de l'entier dossier, informé de la tenue du débat contradictoire avec utilisation d'un moyen de communication audiovisuelle, avait indiqué en temps utile au juge des libertés et de la détention qu'il se trouverait auprès de la personne détenue.

(Cour de cassation – Chambre criminelle du 16 octobre 2019 – N° de pourvoi: 19-84773).

Article 706-71-1. – Recours – Accord – *(Loi n° 2019-222 du 23 mars 2019)*

• Lorsque le recours à un moyen de télécommunication audiovisuelle n'est possible qu'avec l'accord de la personne, cette dernière fait connaître son accord dans les 5 jours suivant le moment où elle est informée de la date de l'audience et du fait que le recours à ce moyen est envisagé.

• Lorsque le recours à un tel moyen n'est pas possible parce que la personne le refuse, cette dernière doit faire connaître son refus au moment où elle est informée de la date de l'audience et du fait que le recours à ce moyen est envisagé.

• La personne qui a accepté le recours à un moyen de télécommunication audiovisuelle conformément aux dispositions du 1er alinéa ou qui ne s'y est pas opposée dans les cas prévus au 2e alinéa ne peut pas ensuite le refuser.

TITRE XXIV

DE LA PROCÉDURE APPLICABLE AUX ATTEINTES AUX SYSTÈMES DE TRAITEMENT AUTOMATISÉ DE DONNÉES

Article 706-72. – Système de traitement automatisé d'informations – *(Loi n° 2019-222 du 23 mars 2019)*

• Les infractions mentionnées aux articles 323-1 à 323-4-1 et 411-9 du code pénal, lorsqu'elles sont commises sur un système de traitement automatisé d'informations, sont poursuivies, instruites et jugées selon les règles du présent code sous réserve du présent titre.

• Les articles 706-80 à 706-87, 706-95 à 706-103 et 706-105 du présent code sont applicables à l'enquête, à la poursuite, à l'instruction et au jugement des délits prévus à l'article 323-4-1 du code pénal.

• Les mêmes articles 706-80 à 706-87, 706-95 à 706-103 et 706-105 sont également applicables à l'enquête, à la poursuite, à l'instruction et au jugement du blanchiment des mêmes délits ainsi qu'à l'association de malfaiteurs lorsqu'elle a pour objet la préparation de l'un desdits délits.

Article 706-72-1. – Compétence concurrente – *(Loi n° 2016-731 du 3 juin 2016)*

• Pour la poursuite, l'instruction et le jugement des infractions entrant dans le champ d'application de l'article 706-72, le procureur de la République, le pôle de l'instruction, le tribunal correctionnel et la cour d'assises de Paris exercent une compétence concurrente à celle qui résulte de l'application des articles 43,52 et 382.

• En ce qui concerne les mineurs, le procureur de la République, le pôle de l'instruction, le juge des enfants, le tribunal pour enfants et la cour d'assises des mineurs de Paris exercent une compétence concurrente à celle qui résulte de l'application de l'ordonnance n° 45-174 du 2 février 1945 relative à l'enfance délinquante.

• Lorsqu'ils sont compétents pour la poursuite et l'instruction des infractions entrant dans le champ d'application de l'article 706-72, le procureur de la République et le pôle de l'instruction de Paris exercent leurs attributions sur toute l'étendue du territoire national.

Article 706-72-2. – Dessaisissement – *(Ordonnance n° 2019-964 du 18 septembre 2019)*

• Le procureur de la République près un tribunal judiciaire autre que celui de Paris peut, pour les infractions entrant dans le champ d'application de l'article 706-72, requérir le juge d'instruction de se dessaisir au profit de la juridiction d'instruction de Paris. Les parties sont préalablement avisées et invitées à faire connaître leurs observations par le juge d'instruction ; l'ordonnance est rendue 8 jours, au plus tôt, et 1 mois, au plus tard, à compter de cet avis.

• L'ordonnance par laquelle le juge d'instruction se dessaisit ne prend effet qu'à l'expiration d'un délai de 5 jours ; lorsqu'un recours est exercé en application de l'article 706-72, le juge d'instruction demeure saisi jusqu'à ce que l'arrêt de la chambre criminelle de la Cour de cassation soit porté à sa connaissance.

• Dès que l'ordonnance est devenue définitive, le procureur de la République adresse le dossier de la procédure au procureur de la République de Paris.

• Le présent article est applicable devant la chambre de l'instruction.

Article 706-72-3. – Requête – Observations – *(Ordonnance n° 2019-964 du 18 septembre 2019)*

• Lorsqu'il apparaît au juge d'instruction du tribunal judiciaire de Paris que les faits dont il a été saisi ne constituent pas une des infractions entrant dans le champ d'application de l'article 706-72 et ne relèvent pas de sa compétence à un autre titre, ce juge se déclare incompétent soit à la requête du procureur de la République, soit, après avis de ce dernier, d'office ou à la requête des parties. Celles des parties qui n'ont pas présenté une requête sont préalablement avisées et invitées à faire connaître leurs observations ; l'ordonnance est rendue au plus tôt 8 jours après cet avis.

• Le 2e alinéa de l'article 706-72-2 est applicable à l'ordonnance par laquelle le juge d'instruction du tribunal judiciaire de Paris se déclare incompétent.

• Dès que l'ordonnance est devenue définitive, le procureur de la République de Paris adresse le dossier de la procédure au procureur de la République territorialement compétent.

• Le présent article est applicable lorsque la chambre de l'instruction de la cour d'appel de Paris statue sur sa compétence.

Article 706-72-4. – Déclaration d'incompétence – *(Loi n° 2016-731 du 3 juin 2016)*

• Lorsque le tribunal correctionnel ou le tribunal pour enfants de Paris se déclare incompétent pour les motifs prévus à l'article 706-72-3, il renvoie le ministère public à se pourvoir ainsi qu'il avisera ; il peut, le ministère public entendu, décerner, par la même décision, mandat de dépôt ou d'arrêt contre le prévenu.

Article 706-72-5. – Mandat de dépôt ou d'arrêt – *(Loi n° 2016-731 du 3 juin 2016)*

• Dans les cas prévus aux articles 706-72-2 à 706-72-4, le mandat de dépôt ou d'arrêt conserve sa force exécutoire ; les actes de poursuite ou d'instruction et les formalités intervenus avant que la décision de dessaisissement ou d'incompétence soit devenue définitive n'ont pas à être renouvelés.

Article 706-72-6. – Dessaisissement – Requête – *(Ordonnance n° 2019-964 du 18 septembre 2019)*

• Toute ordonnance rendue sur le fondement des articles 706-72-2 ou 706-72-3 par laquelle un juge d'instruction statue sur son dessaisissement ou par laquelle le juge d'instruction du tribunal judiciaire de Paris statue sur sa compétence peut, à l'exclusion de toute autre voie de recours, être déférée dans les 5 jours de sa notification, à la requête du ministère public ou de l'une des parties, à la chambre criminelle de la Cour de cassation qui désigne, dans les 8 jours suivant la date de réception du dossier, la juridiction chargée de poursuivre l'information. Le ministère public peut également saisir directement la chambre criminelle de la Cour de cassation lorsque le juge d'instruction n'a pas rendu son ordonnance dans le délai d'un mois prévu au 1er alinéa de l'article 706-72-2.

• La chambre criminelle qui constate que le juge d'instruction du tribunal judiciaire de Paris n'est pas compétent peut néanmoins, dans l'intérêt d'une bonne administration de la justice, décider que l'information sera poursuivie à ce tribunal.

• L'arrêt de la chambre criminelle est porté à la connaissance du juge d'instruction ainsi qu'à celle du ministère public et signifié aux parties.

• Le présent article est applicable à l'arrêt rendu sur le fondement du dernier alinéa des articles 706-72-2 et 706-72-3 par lequel une chambre de l'instruction statue sur son dessaisissement ou sa compétence.

TITRE XXV

DE LA PROCÉDURE APPLICABLE À LA CRIMINALITÉ ET À LA DÉLINQUANCE ORGANISÉES ET AUX CRIMES

Article 706-73. – Procédure applicable – *(Loi n° 2023-22 du 24 janvier 2023 + Décision n° 2022-846 DC du 19 janvier 2023)*

• La procédure applicable à l'enquête, la poursuite, l'instruction et le jugement des crimes et des délits suivants est celle prévue par le présent code, sous réserve des dispositions du présent titre :

• 1° Crime de meurtre commis en bande organisée prévu par le 8° de l'article 221-4 du Code pénal ;

• 1° *bis* Crime de meurtre commis en concours, au sens de l'article 132-2 du Code pénal, avec un ou plusieurs autres meurtres ;

• 2° Crime de tortures et d'actes de barbarie commis en bande organisée prévu par l'article 222-4 du Code pénal ;

• 2° *bis* Crime de viol commis en concours, au sens de l'article 132-2 du Code pénal, avec un ou plusieurs autres viols commis sur d'autres victimes ;

• 3° Crimes et délits de trafic de stupéfiants prévus par les articles 222-34 à 222-40 du Code pénal ;

• 4° Crimes et délits d'enlèvement et de séquestration commis en bande organisée prévus par l'article 224-5-2 du Code pénal ;

• 5° Crimes et délits aggravés de traite des êtres humains prévus par les articles 225-4-2 à 225-4-7 du Code pénal ;

• 6° Crimes et délits aggravés de proxénétisme prévus par les articles 225-7 à 225-12 du Code pénal ;

• 7° Crime de vol commis en bande organisée prévu par l'article 311-9 du Code pénal ;

• 8° Crimes aggravés d'extorsion prévus par les articles 312-6 et 312-7 du Code pénal ;

• 8° *bis (Abrogé)* ;

• 9° Crime de destruction, dégradation et détérioration d'un bien commis en bande organisée prévu par l'article 322-8 du Code pénal ;

• 10° Crimes en matière de fausse monnaie prévus par les articles 442-1 et 442-2 du Code pénal ;

• 11° Crimes et délits constituant des actes de terrorisme prévus par les articles 421-1 à 421-6 du Code pénal ;

• 11° *bis* Crimes portant atteinte aux intérêts fondamentaux de la nation prévus au titre Ier du livre IV du Code pénal ;

• 12° Délits en matière d'armes et de produits explosifs prévus aux articles 222-52 à 222-54, 222-56 à 222-59, 322-6-1 et 322-11-1 du Code pénal, aux articles L. 2339-2, L. 2339-3, L. 2339-10, L. 2341-4, L. 2353-4 et L. 2353-5 du Code de la défense ainsi qu'aux articles L. 317-2 et L. 317-7 du Code de la sécurité intérieure ;

• 13° Délits d'aide à l'entrée, à la circulation et au séjour irréguliers d'un étranger en France commis en bande organisée prévus par les articles L. 823-1 et L. 823-2 du Code de l'entrée et du séjour des étrangers et du droit d'asile;

• 14° Délits de blanchiment prévus par les articles 324-1 et 324-2 du Code pénal, ou de recel prévus par les articles 321-1 et 321-2 du même code, du produit, des revenus, des choses provenant des infractions mentionnées aux 1° à 13°;

• 15° Délits d'association de malfaiteurs prévus par l'article 450-1 du Code pénal, lorsqu'ils ont pour objet la préparation de l'une des infractions mentionnées aux 1° à 14° et 17°;

• 16° Délit de non-justification de ressources correspondant au train de vie, prévu par l'article 321-6-1 du Code pénal, lorsqu'il est en relation avec l'une des infractions mentionnées aux 1° à 15° et 17°;

• 17° Crime de détournement d'aéronef, de navire ou de tout autre moyen de transport commis en bande organisée prévu par l'article 224-6-1 du Code pénal;

• 18° Crimes et délits punis de dix ans d'emprisonnement, contribuant à la prolifération des armes de destruction massive et de leurs vecteurs entrant dans le champ d'application de l'article 706-167;

• 19° Délit d'exploitation d'une mine ou de disposition d'une substance concessible sans titre d'exploitation ou autorisation, accompagné d'atteintes à l'environnement, commis en bande organisée, prévu à l'article L. 512-2 du Code minier, lorsqu'il est connexe avec l'une des infractions mentionnées aux 1° à 17° du présent article;

• 20° Délit d'abus frauduleux de l'état d'ignorance ou de faiblesse commis en bande organisée prévu au dernier alinéa de l'article 223-15-2 du Code pénal.

• Pour les infractions visées aux 3°, 6° et 11°, sont applicables, sauf précision contraire, les dispositions du présent titre ainsi que celles des titres XV, XVI et XVII.

QPC • ***Conformément à la Décision n° 2015-508 QPC du 11 décembre 2015:***

Dans sa décision n° 2015-508 QPC du 11/12/2015 (NOR: CSCX1530927S), le Conseil constitutionnel a déclaré la référence au 8 bis de l'article 706-73 du C.P.P. par les 14° et 15° du même article contraire à la Constitution avant le 19 août 2015. La déclaration d'inconstitutionnalité prend effet à compter de la publication de la présente décision dans les conditions fixées par ses considérants 14 et 15 (13/12/2015).

Conformément à l'article 20 de l'ordonnance n° 2020-1733 du 16/12/2020, ces dispositions entrent en vigueur le 1er mai 2021.

(Décision n° 2015-508 QPC du 11 décembre 2015)

J • **Blanchiment et escroquerie en bande organisée – Mesure de garde à vue**

Contre l'arrêt de la chambre de l'instruction de la cour d'appel de DOUAI, en date du 26 septembre 2014, qui, dans l'information suivie contre lui des chefs de blanchiment et escroquerie en bande organisée, association de malfaiteurs, a prononcé sur sa demande d'annulation de pièces de la procédure;

Que, d'une part, l'article 63-4-1 du Code de procédure pénale alors en vigueur, en ce qu'il énumère limitativement les pièces que l'avocat de la personne gardée à vue est en droit de consulter, n'est pas contraire à l'article 6, § 3, de la Convention européenne des droits de l'homme, dès lors que l'absence de communication de l'ensemble du dossier, à ce stade de la procédure, ne prive pas d'un droit effectif et concret à un procès équitable la personne concernée, dont l'accès à l'intégralité des pièces est garanti devant les juridictions d'instruction et de jugement, et le grief, en ce qu'il se réfère à la directive européenne 2012/13/UE dont le délai de transposition n'était pas expiré à la date à laquelle le demandeur a été placé en garde à vue, est inopérant;

Que, d'autre part, le juge d'instruction statue en toute impartialité, au sens des dispositions conventionnelles invoquées, sur la légalité et le bien-fondé des prolongations de garde à vue, et le respect de l'article 6 de la Convention européenne des droits de l'homme est assuré par la faculté, pour le demandeur, de discuter devant la juridiction de jugement la valeur probante des déclarations ainsi recueillies;

Et attendu que l'arrêt est régulier en la forme;

Rejette pourvoi;

(Cour de cassation – Chambre criminelle – Audience publique du 9 avril 2015 – N° de pourvoi: 14-87661).

• **Criminalité organisée – Procédure – Sonorisations et fixations d'images de certains lieux ou véhicules – Régularité – Conditions – Détermination**

CASSATION sur le pourvoi formé par le procureur général près la cour d'appel de Lyon, contre l'arrêt de la chambre de l'instruction de ladite cour d'appel en date du 18/12/2018, qui, dans l'information suivie contre M. N... U..., M. K... D..., M. E... Y..., M. J... P... et M. B... Q..., des chefs notamment d'infraction à la législation sur les stupéfiants et association de malfaiteurs, a prononcé sur une demande d'annulation de pièces de la procédure;

Mais attendu qu'en prononçant ainsi, alors que ne suffisent pas à constituer un détournement de procédure, ni l'absence d'implication effective des personnes concernées dans les faits objet de la mesure de sonorisation, une telle implication n'étant pas exigée par la loi, ni le fait que ces personnes aient ultérieurement été mises en examen à raison de faits distincts, révélés par les opérations précitées, la chambre de l'instruction n'a pas justifié sa décision;

D'où il suit que la cassation est encourue;

Par ces motifs:

CASSE et ANNULE, en toutes ses dispositions, l'arrêt susvisé de la chambre de l'instruction de la cour d'appel de Lyon, en date du 18/12/2018, et pour qu'il soit à nouveau jugé, conformément à la loi;

RENVOIE la cause et les parties devant la chambre de l'instruction de la cour d'appel de Lyon, autrement composée, à ce désignée par délibération spéciale prise en chambre du conseil.

Il résulte des articles 706-96 et 706-96-1 du C.P.P. qu'une mesure de sonorisation dans un lieu privé peut être autorisée si les nécessités de l'enquête relative à une infraction prévue par les articles 706-73 ou 706-73-1 du C.P.P. l'exigent et hors le cas d'un détournement de procédure; que l'existence d'un tel détournement s'entend en pareil cas du fait, pour des agents publics, de se placer faussement et à dessein dans le champ d'application des articles 706-73 et 706-73-1 précités, à seule fin de mettre en œuvre les pouvoirs conférés par les articles 706-96 et 706-96-1 du C.P.P., dont ils n'auraient pu disposer autrement. Ne justifie pas sa décision la chambre de l'instruction qui, pour retenir un détournement de procédure, énonce que l'implication des protagonistes dans les faits ayant justifié le recours à la sonorisation n'est pas établie et que les intéressés ont ultérieurement été mis en examen pour des faits distincts.

(Cour de cassation – Chambre criminelle du 18 juin 2019 – N° de pourvoi : 19-80015).

Article 706-73-1. – Application – Autres infractions – *(Loi n° 2023-22 du 24 janvier 2023)*

• Le présent titre, à l'exception de l'article 706-88, est également applicable à l'enquête, à la poursuite, à l'instruction et au jugement des délits suivants :

• 1° Délit d'escroquerie en bande organisée, prévu au dernier alinéa de l'article 313-2 du Code pénal, délit d'atteinte aux systèmes de traitement automatisé de données commis en bande organisée, prévu à l'article 323-4-1 du même code et délit d'évasion commis en bande organisée prévu au 2d alinéa de l'article 434-30 dudit code ;

• 2° Délits de dissimulation d'activités ou de salariés, de recours aux services d'une personne exerçant un travail dissimulé, de marchandage de main-d'œuvre, de prêt illicite de main-d'œuvre ou d'emploi d'étranger sans titre de travail, commis en bande organisée, prévus aux 1° et 3° de l'article L. 8221-1 et aux articles L. 8221-3, L. 8221-5, L. 8224-1, L. 8224-2, L. 8231-1, L. 8234-1, L. 8234-2, L. 8241-1, L. 8243-1, L. 8243-2, L. 8251-1 et L. 8256-2 du Code du travail ;

• 3° Délits de blanchiment, prévus à l'article 324-1 du Code pénal, ou de recel, prévus aux articles 321-1 et 321-2 du même code, du produit, des revenus ou des choses provenant des infractions mentionnées aux 1° et 2° du présent article ;

• 3° *bis* Délits de blanchiment prévus à l'article 324-2 du Code pénal, à l'exception de ceux mentionnés au 14° de l'article 706-73 du présent code ;

• 4° Délits d'association de malfaiteurs, prévus à l'article 450-1 du Code pénal, lorsqu'ils ont pour objet la préparation de l'une des infractions mentionnées aux 1° à 3° du présent article ;

• 5° Délit de non-justification de ressources correspondant au train de vie, prévu à l'article 321-6-1 du Code pénal, lorsqu'il est en relation avec l'une des infractions mentionnées aux 1° à 4° du présent article ;

• 6° Délits d'importation, d'exportation, de transit, de transport, de détention, de vente, d'acquisition ou d'échange d'un bien culturel prévus à l'article 322-3-2 du Code pénal.

• 7° Délits d'atteintes au patrimoine naturel commis en bande organisée, prévus à l'article L. 415-6 du Code de l'environnement ;

• 8° Délits de trafic de produits phytopharmaceutiques commis en bande organisée, prévus au 3° de l'article L. 253-17-1, au II des articles L. 253-15 et L. 253-16 et au III de l'article L. 254-12 du Code rural et de la pêche maritime ;

• 9° Délits relatifs aux déchets mentionnés au I de l'article L. 541-46 du Code de l'environnement commis en bande organisée, prévus au VII du même article ;

• 10° Délit de participation à la tenue d'une maison de jeux d'argent et de hasard commis en bande organisée, prévu au 1er alinéa de l'article L. 324-1 du Code de la sécurité intérieure et délits d'importation, de fabrication, de détention, de mise à disposition de tiers, d'installation et d'exploitation d'appareil de jeux d'argent et de hasard ou d'adresse commis en bande organisée, prévu au 1er alinéa de l'article L. 324-4 du même code ;

• 11° Délits portant atteinte aux intérêts fondamentaux de la nation prévus aux articles 411-5,411-7 et 411-8, aux 2 premiers alinéas de l'article 412-2, à l'article 413-1 et au 3e alinéa de l'article 413-13 du Code pénal ;

• 12° Délits d'administration d'une plateforme en ligne pour permettre la cession de produits, de contenus ou de services dont la cession, l'offre, l'acquisition ou la détention sont manifestement illicites et délits d'intermédiation ou de séquestre ayant pour objet unique ou principal de mettre en œuvre, de dissimuler ou de faciliter ces opérations, prévus à l'article 323-3-2 du même code.

Article 706-74. – Application – Autres infractions – *(Loi n° 2015-993 du 17 août 2015)*

• Lorsque la loi le prévoit, les dispositions du présent titre sont également applicables :

• 1° Aux crimes et délits commis en bande organisée, autres que ceux relevant des articles 706-73 et 706-73-1 ;

• 2° Aux délits d'association de malfaiteurs prévus par le deuxième alinéa de l'article 450-1 du Code pénal autres que ceux relevant du 15° de l'article 706-73 ou du 4° de l'article 706-73-1 du présent code.

CHAPITRE Ier

Compétence des juridictions spécialisées

Article 706-75. – Extension de compétence – *(Ordonnance n° 2019-964 du 18 septembre 2019)*

• La compétence territoriale d'un tribunal judiciaire et d'une cour d'assises peut être étendue au ressort d'une ou plusieurs cours d'appel pour l'enquête, la poursuite, l'instruction et le jugement des crimes et délits entrant dans le champ d'application des articles 706-73, à l'exception du 11°, du 11° *bis* et du 18°, 706-73-1, à l'exclusion du 11°, ou 706-74, dans les affaires qui sont ou apparaîtraient d'une grande complexité.

• Cette compétence s'étend aux infractions connexes.

• Un décret fixe la liste et le ressort de ces juridictions, qui comprennent une section du parquet et des formations d'instruction et de jugement spécialisées pour connaître de ces infractions.

• Toutefois, le tribunal judiciaire et la cour d'assises de Paris exercent une compétence concurrente sur l'ensemble du territoire national pour l'enquête, la poursuite, l'instruction et le jugement des crimes et délits mentionnés au premier alinéa du présent article, dans les affaires qui sont ou apparaîtraient d'une très grande complexité, en raison notamment du ressort géographique sur lequel elles s'étendent.

Article 706-75-1. – Désignation – *(Loi n° 2021-1729 du 22 décembre 2021)*

• Au sein de chaque tribunal judiciaire dont la compétence territoriale est étendue au ressort d'une ou plusieurs cours d'appel, le procureur général et le 1er président, après avis du procureur de la République et du président du tribunal judiciaire, désignent respectivement un ou plusieurs magistrats du parquet, juges d'instruction et magistrats du siège chargés spécialement de l'enquête, la poursuite, l'instruction et, s'il s'agit de délits, du jugement des infractions entrant dans le champ d'application des articles 706-73, à l'exception du 11° et du 18°, 706-73-1 ou 706-74. Pour siéger au sein du tribunal correctionnel, peuvent être désignés des magistrats honoraires exerçant des fonctions juridictionnelles dans les conditions prévues à la section II du chapitre V *bis* de l'ordonnance n° 58-1270 du 22 décembre 1958 portant loi organique relative au statut de la magistrature.

• Au sein de chaque cour d'assises dont la compétence territoriale est étendue au ressort d'une ou plusieurs cours d'appel, le 1er président désigne des magistrats du siège, conformément aux dispositions des articles 244 à 253, chargés spécialement du jugement des crimes entrant dans le champ d'application de ces infractions. Peuvent être désignés des magistrats honoraires exerçant des fonctions juridictionnelles dans les conditions prévues au 2d alinéa de l'article 249.

• Au sein de chaque cour d'appel dont la compétence territoriale est étendue au ressort d'une ou plusieurs cours d'appel, le 1er président et le procureur général désignent respectivement des magistrats du siège et du parquet général chargés spécialement du jugement des délits et du traitement des affaires entrant dans le champ d'application des articles 706-73, à l'exception du 11° et du 18°, 706-73-1 ou 706-74. Pour siéger au sein de la chambre des appels correctionnels, peuvent être désignés des magistrats honoraires exerçant des fonctions juridictionnelles dans les conditions prévues à la section II du chapitre V *bis* de l'ordonnance n° 58-1270 du 22 décembre 1958 précitée.

Article 706-75-2. – Appel décision d'une cour d'assises – *(Loi n° 2015-993 du 17 août 2015)*

• Par dérogation aux dispositions du deuxième alinéa de l'article 380-1, en cas d'appel d'une décision d'une cour d'assises dont la compétence territoriale est étendue au ressort d'une ou plusieurs cours d'appel pour le jugement des crimes entrant dans le champ d'application des articles 706-73, à l'exception du 11°, 706-73-1 ou 706-74, dans les affaires qui sont ou apparaîtraient d'une grande complexité, la chambre criminelle de la Cour de cassation peut désigner la même cour d'assises, autrement composée, pour connaître de l'appel.

Article 706-76. – Compétence concurrente – *(Loi n° 2020-1672 du 24 décembre 2020)*

• Le procureur de la République, le juge d'instruction, la formation correctionnelle spécialisée du tribunal judiciaire et la cour d'assises visés à l'article 706-75 exercent, sur toute l'étendue du ressort fixé en application de cet article, une compétence concurrente à celle qui résulte de l'application des articles 43, 52, 382 et 706-42.

• La juridiction saisie demeure compétente, quelles que soient les incriminations retenues lors du règlement ou du jugement de l'affaire. Toutefois, si les faits constituent une contravention, le juge d'instruction prononce le renvoi de l'affaire devant le tribunal de police compétent en application de l'article 522.

Article 706-77. – Dessaisissement – *(Ordonnance n° 2019-964 du 18 septembre 2019)*

• Le procureur de la République près un tribunal judiciaire peut, pour les infractions entrant dans le champ d'application des articles 706-73, à l'exception du 11° et du 18°, 706-73-1 et 706-74, requérir le juge d'instruction de se dessaisir au profit de la juridiction d'instruction compétente en application de l'article 706-75. Les parties sont préalablement avisées et invitées à faire connaître leurs observations par le juge d'instruction. L'ordonnance est rendue 8 jours au plus tôt et 1 mois au plus tard à compter de cet avis.

• Lorsque le juge d'instruction décide de se dessaisir, son ordonnance ne prend effet qu'à compter du délai de 5 jours prévu par l'article 706-78 ; lorsqu'un recours est exercé en application de cet article, le juge d'instruction demeure saisi jusqu'à ce que soit porté à sa connaissance l'arrêt de la chambre de l'instruction passé en force de chose jugée ou celui de la chambre criminelle de la Cour de cassation.

• Dès que l'ordonnance est passée en force de chose jugée, le procureur de la République adresse le dossier de la procédure au procureur de la République près le tribunal judiciaire compétent en application de l'article 706-76.

• Les dispositions du présent article sont applicables devant la chambre de l'instruction.

Article 706-78. – Ordonnance – *(Loi n° 2004-204 du 9 mars 2004)*

• L'ordonnance rendue en application de l'article 706-77 peut, à l'exclusion de toute autre voie de recours, être déférée dans les cinq jours de sa notification, à la requête du ministère public ou des parties, soit à la chambre de l'instruction si la juridiction spécialisée au profit de laquelle le dessaisissement a été ordonné ou refusé se trouve dans le ressort de la cour d'appel dans lequel se situe la juridiction initialement saisie, soit, dans le cas contraire, à la chambre criminelle de la Cour de cassation. La chambre de l'instruction ou la chambre criminelle désigne, dans les huit jours suivant la date de réception du dossier, le juge d'instruction chargé de poursuivre l'information. Le ministère public peut également saisir directement la chambre de l'instruction ou la chambre criminelle de la Cour de cassation lorsque le juge d'instruction n'a pas rendu son ordonnance dans le délai d'un mois prévu au premier alinéa de l'article 706-77.

• L'arrêt de la chambre de l'instruction ou de la chambre criminelle est porté à la connaissance du juge d'instruction ainsi qu'au ministère public et notifié aux parties.

• Les dispositions du présent article sont applicables à l'arrêt de la chambre de l'instruction rendu sur le fondement du quatrième alinéa de l'article 706-77, le recours étant alors porté devant la chambre criminelle.

J **• Association de malfaiteurs... – Recours – Délai – Notification ordonnance dessaisissement J.I. – JUNALCO**

M. [M] [H] a formé un recours contre l'ordonnance du juge d'instruction du tribunal judiciaire de LYON (69), en date du 24/06/2022, qui, dans l'information suivie notamment contre lui des chefs d'association de malfaiteurs et détention illégale de produit ou engin explosif, s'est dessaisi au profit de la juridiction nationale de lutte contre la criminalité organisée (JUNALCO).

Le recours prévu par l'article 706-78 du C.P.P., qui n'est pas un pourvoi en cassation, est irrecevable lorsqu'il est formé plus de 5 jours après la notification au requérant de l'ordonnance de dessaisissement du J.I.. Le délai n'est pas un délai franc.

Le recours formé par M. [H], le 30/06/2022, plus de 5 jours après la notification de l'ordonnance de dessaisissement du J.I. de Lyon au profit de la JUNALCO, rendue le 24/06/2022, est irrecevable comme tardif en application de l'article 706-78 du C.P.P..

(Cour de cassation – Chambre criminelle du 28 septembre 2022 – N° de pourvoi : 22-85.547).

Article 706-79. – Assistants spécialisés – *(Loi n° 2015-993 du 17 août 2015)*

• Les magistrats mentionnés à l'article 706-76 ainsi que le procureur général près la cour d'appel compétente peuvent demander à des assistants spécialisés, désignés dans les conditions prévues par les dispositions de l'article 706, de participer, selon les modalités prévues par cet article, aux procédures concernant les crimes et délits entrant dans le champ d'application des articles 706-73, 706-73-1 ou 706-74.

Article 706-79-1. – Procureur général – Politique d'action publique – *(Loi n° 2004-204 du 9 mars 2004)*

• Le procureur général près la cour d'appel, dans le ressort de laquelle se trouve une juridiction compétente en application de l'article 706-75, anime et coordonne, en concertation avec les autres procureurs généraux du ressort interrégional, la conduite de la politique d'action publique pour l'application de cet article.

CHAPITRE II
Procédure
Section I
De la surveillance

Article 706-80. – O.P.J. et A.P.J. – Surveillance – *(Ordonnance n° 2019-964 du 18 septembre 2019)*

• Les officiers de police judiciaire et, sous leur autorité, les agents de police judiciaire, après en avoir informé le procureur de la République et sauf opposition de ce magistrat, peuvent étendre à l'ensemble du territoire national la surveillance de personnes contre lesquelles il existe une ou plusieurs raisons plausibles de les soupçonner d'avoir commis l'un des crimes et délits entrant dans le champ d'application des articles 706-73, 706-73-1 ou 706-74 ou la surveillance de l'acheminement ou du transport des objets, biens ou produits tirés de la commission de ces infractions ou servant à les commettre.

• L'information préalable à l'extension de compétence prévue par le 1er alinéa doit être donnée, par tout moyen, au procureur de la République déjà saisi et au procureur de la République près le tribunal judiciaire dans le ressort duquel les opérations de surveillance sont susceptibles de débuter.

Article 706-80-1. – Poursuite des investigations – *(Ordonnance n° 2019-964 du 18 septembre 2019)*

• Lorsqu'il existe une ou plusieurs raisons plausibles de soupçonner des personnes d'avoir commis l'une des infractions entrant dans le champ d'application des articles 706-73,706-73-1 ou 706-74, dans le cadre d'une opération de surveillance, et lorsque les nécessités de l'enquête ou de l'instruction l'exigent, les officiers de police judiciaire et, sous leur autorité, les agents de police judiciaire en charge des investigations peuvent, avec l'autorisation du procureur de la République chargé de l'enquête ou du juge d'instruction saisi, qui en avise préalablement le parquet, demander à tout fonctionnaire ou agent public de ne pas procéder au contrôle et à l'interpellation de ces personnes afin de ne pas compromettre la poursuite des investigations.

• Dans le cadre d'une opération de surveillance de l'acheminement ou du transport des objets, biens ou produits tirés de la commission de l'une des infractions entrant dans le champ d'application des mêmes articles 706-73,706-73-1 ou 706-74 ou servant à les commettre, et lorsque les nécessités de l'enquête ou de l'instruction l'exigent, les officiers de police judiciaire et, sous leur autorité, les agents de police judiciaire en charge des investigations peuvent, avec l'autorisation du procureur de la République chargé de l'enquête ou du juge d'instruction saisi, qui en avise préalablement le parquet, demander à tout fonctionnaire ou agent public de ne pas procéder au contrôle et à la saisie de ces objets, biens ou produits afin de ne pas compromettre la poursuite des investigations.

• L'autorisation du procureur de la République ou du juge d'instruction, qui peut être donnée par tout moyen, est mentionnée ou versée au dossier de la procédure. Le procureur de la République informe sans délai le procureur de la République près le tribunal judiciaire de Paris de la délivrance de cette autorisation.

Article 706-80-2. – Autorisations – Livraison ou délivrance – *(Loi n° 2019-222 du 23 mars 2019)*

• Dans le cadre d'une opération de surveillance de l'acheminement ou du transport des objets, biens ou produits tirés de la commission de l'une des infractions entrant dans le champ d'application des articles 706-73, 706-73-1 ou 706-74 ou servant à les commettre, et lorsque les nécessités de l'enquête ou de l'instruction l'exigent, les officiers de police judiciaire et, sous leur autorité, les agents de police judiciaire en charge des investigations peuvent, avec l'autorisation du procureur de la République ou du juge d'instruction saisi des faits, qui en avise préalablement le parquet, livrer ou délivrer à la place des prestataires de services postaux et des opérateurs de fret ces objets, biens ou produits, sans être pénalement responsables.

• À peine de nullité, l'autorisation du procureur de la République ou du juge d'instruction est écrite et motivée. Cette autorisation est versée au dossier de la procédure et les actes autorisés ne peuvent constituer une incitation à commettre une infraction.

Section II

De l'infiltration

Article 706-81. – Opération d'infiltration – *(Loi n° 2015-993 du 17 août 2015)*

• Lorsque les nécessités de l'enquête ou de l'instruction concernant l'un des crimes ou délits entrant dans le champ d'application des articles 706-73 et 706-73-1 le justifient, le procureur de la République ou, après avis de ce magistrat, le juge d'instruction saisi peuvent autoriser qu'il soit procédé, sous leur contrôle respectif, à une opération d'infiltration dans les conditions prévues par la présente section.

• L'infiltration consiste, pour un officier ou un agent de police judiciaire spécialement habilité dans des conditions fixées par décret et agissant sous la responsabilité d'un officier de police judiciaire chargé de coordonner l'opération, à surveiller des personnes suspectées de commettre un crime ou un délit en se faisant passer, auprès de ces personnes, comme un de leurs coauteurs, complices ou receleurs. L'officier ou l'agent de police judiciaire est à cette fin autorisé à faire usage d'une identité d'emprunt et à commettre si nécessaire les actes mentionnés à l'article 706-82. À peine de nullité, ces actes ne peuvent constituer une incitation à commettre des infractions.

• L'infiltration fait l'objet d'un rapport rédigé par l'officier de police judiciaire ayant coordonné l'opération, qui comprend les éléments strictement nécessaires à la constatation des infractions et ne mettant pas en danger la sécurité de l'agent infiltré et des personnes requises au sens de l'article 706-82.

Article 706-82. – O.P.J. ou A.P.J. – Autorisation d'opération d'infiltration – *(Loi n° 2004-204 du 9 mars 2004)*

• Les officiers ou agents de police judiciaire autorisés à procéder à une opération d'infiltration peuvent, sur l'ensemble du territoire national, sans être pénalement responsables de ces actes :

• 1° Acquérir, détenir, transporter, livrer ou délivrer des substances, biens, produits, documents ou informations tirés de la commission des infractions ou servant à la commission de ces infractions ;

• 2° Utiliser ou mettre à disposition des personnes se livrant à ces infractions des moyens de caractère juridique ou financier ainsi que des moyens de transport, de dépôt, d'hébergement, de conservation et de télécommunication.

• L'exonération de responsabilité prévue au premier alinéa est également applicable, pour les actes commis à seule fin de procéder à l'opération d'infiltration, aux personnes requises par les officiers ou agents de police judiciaire pour permettre la réalisation de cette opération.

Article 706-83. – Autorisation écrite et spécialement motivée – *(Loi n° 2004-204 du 9 mars 2004)*

• À peine de nullité, l'autorisation donnée en application de l'article 706-81 est délivrée par écrit et doit être spécialement motivée.

• Elle mentionne la ou les infractions qui justifient le recours à cette procédure et l'identité de l'officier de police judiciaire sous la responsabilité duquel se déroule l'opération.

• Cette autorisation fixe la durée de l'opération d'infiltration, qui ne peut pas excéder quatre mois. L'opération peut être renouvelée dans les mêmes conditions de forme et de durée. Le magistrat qui a autorisé l'opération peut, à tout moment, ordonner son interruption avant l'expiration de la durée fixée.

• L'autorisation est versée au dossier de la procédure après achèvement de l'opération d'infiltration.

Article 706-84. – O.P.J. ou A.P.J. – Identité – *(Loi n° 2004-204 du 9 mars 2004)*

• L'identité réelle des officiers ou agents de police judiciaire ayant effectué l'infiltration sous une identité d'emprunt ne doit apparaître à aucun stade de la procédure.

• La révélation de l'identité de ces officiers ou agents de police judiciaire est punie de cinq ans d'emprisonnement et de 75 000 euros d'amende.

• Lorsque cette révélation a causé des violences, coups et blessures à l'encontre de ces personnes ou de leurs conjoints, enfants et ascendants directs, les peines sont portées à sept ans d'emprisonnement et à 100 000 euros d'amende.

• Lorsque cette révélation a causé la mort de ces personnes ou de leurs conjoints, enfants et ascendants directs, les peines sont portées à dix ans d'emprisonnement et à 150 000 euros d'amende, sans préjudice, le cas échéant, de l'application des dispositions du chapitre Ier du titre II du livre II du Code pénal.

Article 706-85. – Décision d'interruption de l'opération – *(Loi n° 2004-204 du 9 mars 2004)*

• En cas de décision d'interruption de l'opération ou à l'issue du délai fixé par la décision autorisant l'infiltration et en l'absence de prolongation, l'agent infiltré peut poursuivre les activités mentionnées à l'article 706-82, sans en être pénalement responsable, le temps strictement nécessaire pour lui permettre de cesser sa surveillance dans des conditions assurant sa sécurité sans que cette durée puisse excéder quatre mois. Le magistrat ayant délivré l'autorisation prévue à l'article 706-81 en est informé dans les meilleurs délais. Si, à l'issue du délai de quatre mois, l'agent infiltré ne peut cesser son opération dans des conditions assurant sa sécurité, ce magistrat en autorise la prolongation pour une durée de quatre mois au plus.

Article 706-86. – L'O.P.J. – Audition témoin – *(Loi n° 2004-204 du 9 mars 2004)*

• L'officier de police judiciaire sous la responsabilité duquel se déroule l'opération d'infiltration peut seul être entendu en qualité de témoin sur l'opération.

• Toutefois, s'il ressort du rapport mentionné au troisième alinéa de l'article 706-81 que la personne mise en examen ou comparaissant devant la juridiction de jugement est directement mise en cause par des constatations effectuées par un agent ayant personnellement réalisé les opérations d'infiltration, cette personne peut demander à être confrontée avec cet agent dans les conditions prévues par l'article 706-61. Les questions posées à l'agent infiltré à l'occasion de cette confrontation ne doivent pas avoir pour objet ni pour effet de révéler, directement ou indirectement, sa véritable identité.

Article 706-87. – Déclarations – O.P.J. ou A.P.J. – *(Loi n° 2004-204 du 9 mars 2004)*

• Aucune condamnation ne peut être prononcée sur le seul fondement des déclarations faites par les officiers ou agents de police judiciaire ayant procédé à une opération d'infiltration.

• Les dispositions du présent article ne sont cependant pas applicables lorsque les officiers ou agents de police judiciaire déposent sous leur véritable identité.

Section II bis

De l'enquête sous pseudonyme

Article 706-87-1. – *(Abrogé – Loi n° 2019-222 du 23 mars 2019)*

Section III

De la garde à vue

Article 706-88. – Garde à vue – Prolongations supplémentaires – *(Loi n° 2016-731 du 3 juin 2016)*

• Pour l'application des articles 63,77 et 154, si les nécessités de l'enquête ou de l'instruction relatives à l'une des infractions entrant dans le champ d'application de l'article 706-73 l'exigent, la garde à vue d'une personne peut, à titre exceptionnel, faire l'objet de deux prolongations supplémentaires de vingt-quatre heures chacune.

• Ces prolongations sont autorisées, par décision écrite et motivée, soit, à la requête du procureur de la République, par le juge des libertés et de la détention, soit par le juge d'instruction.

• La personne gardée à vue doit être présentée au magistrat qui statue sur la prolongation préalablement à cette décision. La seconde prolongation peut toutefois, à titre exceptionnel, être autorisée sans présentation préalable de la personne en raison des nécessités des investigations en cours ou à effectuer.

• Lorsque la première prolongation est décidée, la personne gardée à vue est examinée par un médecin désigné par le procureur de la République, le juge d'instruction ou l'officier de police judiciaire. Le médecin délivre un certificat médical par lequel il doit notamment se prononcer sur l'aptitude au maintien en garde à vue, qui est versé au dossier. La personne est avisée par l'officier de police judiciaire du droit de demander un nouvel examen médical. Ces examens médicaux sont de droit. Mention de cet avis est portée au procès-verbal et émargée par la personne intéressée; en cas de refus d'émargement, il en est fait mention.

• Par dérogation aux dispositions du premier alinéa, si la durée prévisible des investigations restant à réaliser à l'issue des premières quarante-huit heures de garde à vue le justifie, le juge des libertés et de la détention ou le juge d'instruction peuvent décider, selon les modalités prévues au deuxième alinéa, que la garde à vue fera l'objet d'une seule prolongation supplémentaire de quarante-huit heures.

• Par dérogation aux dispositions des articles 63-4 à 63-4-2, lorsque la personne est gardée à vue pour une infraction entrant dans le champ d'application de l'article 706-73, l'intervention de l'avocat peut être différée, en considération de raisons impérieuses tenant aux circonstances particulières de l'enquête ou de l'instruction, soit pour permettre le recueil ou la conservation des preuves, soit pour prévenir une atteinte grave à la vie, à la liberté ou à l'intégrité physique d'une personne, pendant une durée maximale de quarante-huit heures ou, s'il s'agit d'une infraction mentionnée aux 3° ou 11° du même article 706-73, pendant une durée maximale de soixante-douze heures.

• Le report de l'intervention de l'avocat jusqu'à la fin de la vingt-quatrième heure est décidé par le procureur de la République, d'office ou à la demande de l'officier de police judiciaire. Le report de l'intervention de l'avocat au-delà de la vingt-quatrième heure est décidé, dans les limites fixées au sixième alinéa, par le juge des libertés et de la détention statuant à la requête du procureur de la République. Lorsque la garde à vue intervient au cours d'une commission rogatoire, le report est décidé par le juge d'instruction. Dans tous les cas, la décision du magistrat, écrite et motivée, précise la durée pour laquelle l'intervention de l'avocat est différée.

• Lorsqu'il est fait application des sixième et septième alinéas du présent article, l'avocat dispose, à partir du moment où il est autorisé à intervenir en garde à vue, des droits prévus aux articles 63-4 et 63-4-1, au premier alinéa de l'article 63-4-2 et à l'article 63-4-3.

V • Article 63. Garde à vue-Cadre général.

QPC • Report de l'intervention de l'avocat – Garde à vue – Délinquance ou criminalité organisées -

Les sixième à huitième alinéas de l'article 706-88 du Code de procédure pénale, dans leur rédaction résultant de la loi n° 2011-392 du 14 avril 2011 relative à la garde à vue, sont conformes à la Constitution.

9. Considérant que le respect des droits de la défense impose, en principe, qu'une personne soupçonnée d'avoir commis une infraction ne peut être entendue, alors qu'elle est retenue contre sa volonté, sans bénéficier de l'assistance effective d'un avocat; que, toutefois, cette exigence constitutionnelle n'interdit pas qu'en raison de la particulière gravité ou de la complexité de certaines infractions commises par des personnes agissant en groupe ou en réseau, l'assistance de l'avocat à la personne gardée à vue puisse être reportée par une décision du procureur de la République, du juge d'instruction ou du juge des libertés et de la détention, lorsqu'un tel report apparaît nécessaire pour permettre le recueil ou la conservation des preuves ou prévenir une atteinte aux personnes;

(Décision n° 2014-428 QPC du 21 novembre 2014)

Article 706-88-1. – Risque sérieux de l'imminence d'une action terroriste en France ou à l'étranger – Juge des Libertés – *(Loi n° 2011-392 du 14 avril 2011)*

• S'il ressort des premiers éléments de l'enquête ou de la garde à vue elle-même qu'il existe un risque sérieux de l'imminence d'une action terroriste en France ou à l'étranger ou que les nécessités de la coopération internationale le requièrent impérativement, le juge des libertés peut, à titre exceptionnel et selon les modalités prévues au deuxième alinéa de l'article 706-88, décider que la garde à vue en cours d'une personne, se fondant sur l'une des infractions visées au 11° de l'article 706-73, fera l'objet d'une prolongation supplémentaire de vingt-quatre heures, renouvelable une fois.

• À l'expiration de la quatre-vingt-seizième heure et de la cent vingtième heure, la personne dont la prolongation de la garde à vue est ainsi décidée peut demander à s'entretenir avec un avocat, selon les modalités prévues par l'article 63-4. La personne gardée à vue est avisée de ce droit dès la notification de la prolongation prévue au présent article.

• Outre la possibilité d'examen médical effectué à l'initiative du gardé à vue, dès le début de chacune des deux prolongations supplémentaires, il est obligatoirement examiné par un médecin désigné par le procureur de la République, le juge d'instruction ou l'officier de police judiciaire. Le médecin requis devra se prononcer sur la compatibilité de la prolongation de la mesure avec l'état de santé de l'intéressé.

• S'il n'a pas été fait droit à la demande de la personne gardée à vue de faire prévenir, par téléphone, une personne avec laquelle elle vit habituellement ou l'un de ses parents en ligne directe, l'un de ses frères et sœurs ou son employeur, de la mesure dont elle est l'objet, dans les conditions prévues aux articles 63-1 et 63-2, elle peut réitérer cette demande à compter de la quatre-vingt-seizième heure.

Article 706-88-2. – *(Abrogé – Décision n° 2011-222 QPC du 17 février 2012)*

GARDE À VUE DES MINEURS
(Ordonnance n° 45-174 du 2 février 1945 relative à l'enfance délinquante)
☞ **Ordonnance n° 45-174 du 02/02/1945 : abrogée, à compter du 30 septembre 2021 :**
Article 4. – *(Abrogé à compter du 30 septembre 2021 – Ordonnance n° 2019-950 du 11 septembre 2019)*
☞ **Code de la justice pénale des mineurs : entrée en vigueur, à compter du 30 septembre 2021 :**
☞ **Cf. dans le Code Pénal – Parties Annexes – Code de la Justice Pénale des Mineurs**

☞ **Cf. dans le Code Pénal – Partie Annexes : Code de la Justice Pénale des Mineurs**

Section IV

Des perquisitions

Article 706-89. – Enquête de flagrance – Perquisitions, visites domiciliaires et saisies – *(Ordonnance n° 2019-964 du 18 septembre 2019)*

• Si les nécessités de l'enquête de flagrance relative à l'une des infractions entrant dans le champ d'application des articles 706-73 et 706-73-1 l'exigent, le juge des libertés et de la détention du tribunal judiciaire peut, à la requête du procureur de la République, autoriser que les perquisitions, visites domiciliaires et saisies de pièces à conviction soient opérées en dehors des heures prévues par l'article 59.

Article 706-90. – Enquête préliminaire – Perquisitions, visites domiciliaires et saisies – *(Ordonnance n° 2019-964 du 18 septembre 2019)*

• Si les nécessités de l'enquête préliminaire relative à l'une des infractions entrant dans le champ d'application des articles 706-73 et 706-73-1 l'exigent, le juge des libertés et de la détention du tribunal judiciaire peut, à la requête du procureur de la République, décider que les perquisitions, visites domiciliaires et saisies de pièces à conviction pourront être effectuées en dehors des heures prévues à l'article 59, lorsque ces opérations ne concernent pas des locaux d'habitation.

• En cas d'urgence et pour les enquêtes préliminaires concernant une ou plusieurs infractions mentionnées au 11° de l'article 706-73, ces opérations peuvent toutefois concerner des locaux d'habitation en dehors des heures prévues à l'article 59 lorsque leur réalisation est nécessaire afin de prévenir un risque d'atteinte à la vie ou à l'intégrité physique.

Article 706-91. – Commission rogatoire – Perquisitions, visites domiciliaires et saisies – *(Loi n° 2016-731 du 3 juin 2016)*

• Si les nécessités de l'information relative à l'une des infractions entrant dans le champ d'application des articles 706-73 et 706-73-1 l'exigent, le juge d'instruction peut autoriser les officiers de police judiciaire agissant sur commission rogatoire à procéder à des perquisitions, visites domiciliaires et saisies de pièces à conviction en dehors des heures prévues à l'article 59, lorsque ces opérations ne concernent pas des locaux d'habitation.

• En cas d'urgence, le juge d'instruction peut également autoriser les officiers de police judiciaire à procéder à ces opérations dans les locaux d'habitation :

• 1° Lorsqu'il s'agit d'un crime ou d'un délit flagrant ;

• 2° Lorsqu'il existe un risque immédiat de disparition des preuves ou des indices matériels ;

• 3° Lorsqu'il existe une ou plusieurs raisons plausibles de soupçonner qu'une ou plusieurs personnes se trouvant dans les locaux où la perquisition doit avoir lieu sont en train de commettre des crimes ou des délits entrant dans le champ d'application des articles 706-73 et 706-73-1 ;

• 4° Lorsque leur réalisation, dans le cadre d'une information relative à une ou plusieurs infractions mentionnées au 11° de l'article 706-73, est nécessaire afin de prévenir un risque d'atteinte à la vie ou à l'intégrité physique.

Article 706-92. – Ordonnance écrite – Perquisitions, visites domiciliaires et saisies – *(Ordonnance n° 2019-964 du 18 septembre 2019)*

• À peine de nullité, les autorisations prévues par les articles 706-89 à 706-91 sont données pour des perquisitions déterminées et font l'objet d'une ordonnance écrite, précisant la qualification de l'infraction dont la preuve est recherchée ainsi que l'adresse des lieux dans lesquels les visites, perquisitions et saisies peuvent être faites; cette ordonnance, qui n'est pas susceptible d'appel, est motivée par référence aux éléments de fait et de droit justifiant que ces opérations sont nécessaires et qu'elles ne peuvent être réalisées pendant les heures prévues à l'article 59. Les opérations sont faites sous le contrôle du magistrat qui les a autorisées, et qui peut se déplacer sur les lieux pour veiller au respect des dispositions légales. Le magistrat qui les a autorisées est informé dans les meilleurs délais par le procureur de la République ou l'officier de police judiciaire des actes accomplis en application des articles 706-89 à 706-91.

• Dans les cas prévus au 2nd alinéa de l'article 706-90 et aux 1° à 4° de l'article 706-91, l'ordonnance comporte également l'énoncé des considérations de droit et de fait qui constituent le fondement de cette décision par référence aux seules conditions prévues par ces alinéas.

• Pour l'application des dispositions des articles 706-89 et 706-90, est compétent le juge des libertés et de la détention du tribunal judiciaire dont le procureur de la République dirige l'enquête, quelle que soit la juridiction dans le ressort de laquelle la perquisition doit avoir lieu. Le juge des libertés et de la détention peut alors se déplacer sur les lieux quelle que soit leur localisation sur l'ensemble du territoire national. Le procureur de la République peut également saisir le juge des libertés et de la détention du tribunal judiciaire dans le ressort duquel la perquisition doit avoir lieu, par l'intermédiaire du procureur de la République de cette juridiction.

J • **Infractions à la législation sur les stupéfiants... – Perquisition – Autorisation J.I. aux O.P.J. – En dehors heures légales – Motifs propres – Ordonnance écrite et motivée**

MM. [S] [H], [E] [V], [G] [J] et [X] [K] ont formé des pourvois contre l'arrêt de la chambre de l'instruction de la cour d'appel de VERSAILLES (78), en date du 17/12/2021, qui, dans l'information suivie contre eux, notamment, des chefs d'infractions à la législation sur les stupéfiants, association de malfaiteurs et blanchiment, a prononcé sur leurs demandes d'annulation d'actes de la procédure.

12. Il résulte de ces textes que l'autorisation donnée par le J.I. aux O.P.J. de procéder à une perquisition dans un lieu d'habitation en dehors des heures légales doit comporter les motifs propres à justifier cette atteinte à la vie privée dans une ordonnance écrite et motivée formalisée sans délai, faute desquels aucun contrôle réel et effectif de la mesure ne peut avoir lieu, ce qui cause nécessairement un grief à la personne concernée. Il en découle qu'est nulle l'autorisation verbale donnée par ce magistrat, même suivie, après la réalisation de l'acte, de la formalisation d'une ordonnance écrite et motivée.

(Cour de cassation – Chambre criminelle du 13 septembre 2022 – N° de pourvoi : 21-87.452).

Article 706-93. – Recherche et constatations des infractions visées – *(Loi n° 2004-204 du 9 mars 2004)*

• Les opérations prévues aux articles 706-89 à 706-91 ne peuvent, à peine de nullité, avoir un autre objet que la recherche et la constatation des infractions visées dans la décision du juge des libertés et de la détention ou du juge d'instruction.

• Le fait que ces opérations révèlent des infractions autres que celles visées dans la décision du juge des libertés et de la détention ou du juge d'instruction ne constitue pas une cause de nullité des procédures incidentes.

Article 706-94. – Perquisition en présence de deux témoins requis ou d'un représentant désigné – *(Loi n° 2015-993 du 17 août 2015)*

• Lorsque, au cours d'une enquête de flagrance ou d'une instruction relative à l'une des infractions entrant dans le champ d'application des articles 706-73 et 706-73-1, la personne au domicile de laquelle est faite une perquisition est en garde à vue ou détenue en un autre lieu et que son transport sur place paraît devoir être évité en raison des risques graves soit de troubles à l'ordre public ou d'évasion, soit de disparition des preuves pendant le temps nécessaire au transport, la perquisition peut être faite, avec l'accord préalable du procureur de la République ou du juge d'instruction, en présence de deux témoins requis dans les conditions prévues au deuxième alinéa de l'article 57, ou d'un représentant désigné par celui dont le domicile est en cause.

• Les dispositions du présent article sont également applicables aux enquêtes préliminaires, lorsque la perquisition est faite sans l'assentiment de la personne dans les conditions prévues aux articles 76 et 706-90. L'accord est alors donné par le juge des libertés et de la détention

Section V
De l'accès à distance aux correspondances stockées par la voie des communications électroniques accessibles au moyen d'un identifiant informatique

Article 706-95. – Interception, enregistrement et transcription – *(Loi n° 2021-1729 du 22 décembre 2021)*

• Si les nécessités de l'enquête de flagrance ou de l'enquête préliminaire relative à l'une des infractions entrant dans le champ d'application des articles 706-73 et 706-73-1 l'exigent, le juge des libertés et de la détention du tribunal judiciaire peut, à la requête du procureur de la République, autoriser l'interception, l'enregistrement et la transcription de correspondances émises par la voie des communications électroniques selon les modalités prévues aux 2e et dernier alinéas de l'article 100 ainsi qu'aux articles 100-1 et 100-3 à 100-7, pour une durée maximum d'un mois, renouvelable une fois dans les mêmes conditions de forme et de durée. Ces opérations sont faites sous le contrôle du juge des libertés et de la détention.

• Les dispositions de l'article 100-8 sont applicables aux interceptions ordonnées en application du présent article.

• Pour l'application des dispositions des articles 100-3 à 100-5 et 100-8, les attributions confiées au juge d'instruction ou à l'officier de police judiciaire commis par lui sont exercées par le procureur de la République ou l'officier de police judiciaire requis par ce magistrat.

• Le juge des libertés et de la détention qui a autorisé l'interception est informé sans délai par le procureur de la République des actes accomplis en application de l'alinéa précédent, notamment des procès-verbaux dressés en exécution de son autorisation, par application des articles 100-4 et 100-5.

Article 706-95-1. – J.L.D. – Accès aux données – Correspondances communications électroniques – *(Loi n° 2019-222 du 23 mars 2019)*

• Si les nécessités de l'enquête relative à un crime ou à l'une des infractions entrant dans le champ d'application des articles 706-73 et 706-73-1 l'exigent, le juge des libertés et de la détention peut, à la requête du procureur de la République, autoriser par ordonnance motivée l'accès, à distance et à l'insu de la personne visée, aux correspondances stockées par la voie des communications électroniques accessibles au moyen d'un identifiant informatique. Les données auxquelles il a été permis d'accéder peuvent être saisies et enregistrées ou copiées sur tout support.

Article 706-95-2. – Juges d'instruction – Accès aux données – Correspondances communications électroniques – *(Loi n° 2019-222 du 23 mars 2019)*

• Si les nécessités de l'information relative à un crime ou à l'une des infractions entrant dans le champ d'application des articles 706-73 et 706-73-1 l'exigent, le juge d'instruction peut autoriser par ordonnance motivée l'accès, à distance et à l'insu de la personne visée, aux correspondances stockées par la voie des communications électroniques accessibles au moyen d'un identifiant informatique. Les données auxquelles il a été permis d'accéder peuvent être saisies et enregistrées ou copiées sur tout support.

Article 706-95-3. – Modalités – Contrôle – *(Loi n° 2016-731 du 3 juin 2016)*

• Les opérations mentionnées aux articles 706-95-1 et 706-95-2 sont effectuées sous l'autorité et le contrôle du magistrat qui les a autorisées et ne peuvent, à peine de nullité, avoir un autre objet que la recherche et la constatation des infractions visées dans la décision de ce magistrat.

• Le magistrat ou l'officier de police judiciaire commis par lui peut requérir tout agent qualifié d'un service ou d'un organisme placé sous l'autorité ou la tutelle du ministre chargé des communications électroniques ou tout agent qualifié d'un exploitant de réseau ou fournisseur de services de communications électroniques autorisé, en vue de procéder aux opérations mentionnées aux mêmes articles 706-95-1 et 706-95-2.

• Le fait que ces opérations révèlent des infractions autres que celles visées dans la décision du magistrat qui les a autorisées ne constitue pas une cause de nullité des procédures incidentes.

• Lorsque l'identifiant informatique est associé au compte d'un avocat, d'un magistrat, d'un sénateur ou d'un député, l'article 100-7est applicable.

Article 706-95-4. – *(Transféré Article 706-95-20 – Loi n° 2019-222 du 23 mars 2019)*

Article 706-95-5 à 706-95-10. – *(Abrogés – Loi n° 2019-222 du 23 mars 2019)*

Section VI

Des autres techniques spéciales d'enquête

§ 1. – Dispositions communes

Article 706-95-11. – Techniques spéciales d'enquête – Mise en œuvre – *(Loi n° 2019-222 du 23 mars 2019)*

• Les dispositions du présent paragraphe sont applicables aux techniques spéciales d'enquête mentionnées à la présente section.

• Ces techniques spéciales d'enquête peuvent être mises en œuvre si les nécessités de l'enquête ou de l'information judiciaire relatives [Dispositions déclarées non conformes à la Constitution par la décision du Conseil constitutionnel n° 2019-778 DC du 21 mars 2019.] à l'une des infractions entrant dans le champ d'application des articles 706-73 et 706-73-1 l'exigent.

Article 706-95-12. – Autorisations – *(Loi n° 2019-222 du 23 mars 2019)*

• Les techniques spéciales d'enquête sont autorisées :

• 1° Au cours de l'enquête, par le juge des libertés et de la détention à la requête du procureur de la République ;

• 2° Au cours de l'information, par le juge d'instruction, après avis du procureur de la République.

Article 706-95-13. – Ordonnance écrite et motivée – *(Loi n° 2020-1672 du 24 décembre 2020)*

• L'autorisation mentionnée à l'article 706-95-12 fait l'objet d'une ordonnance écrite et motivée par référence aux éléments de fait et de droit justifiant que ces opérations sont nécessaires. Elle n'a pas de caractère juridictionnel et n'est pas susceptible de recours.

• En cas d'urgence résultant d'un risque imminent de dépérissement des preuves ou d'atteinte grave aux personnes ou aux biens, l'autorisation du juge d'instruction mentionnée au 2° du même article 706-95-12 peut être délivrée sans avis préalable du procureur de la République. Elle comporte alors l'énoncé des circonstances de fait établissant l'existence du risque imminent.

Article 706-95-14. – Autorité et contrôle – *(Loi n° 2019-222 du 23 mars 2019)*

• Ces techniques spéciales d'enquête se déroulent sous l'autorité et le contrôle du magistrat qui les a autorisées. Ce magistrat peut ordonner à tout moment leur interruption.

• Le juge des libertés et de la détention est informé sans délai par le procureur de la République des actes accomplis. Les procès-verbaux dressés en exécution de la décision du juge des libertés et de la détention lui sont communiqués.

• Si le juge des libertés et de la détention estime que les opérations n'ont pas été réalisées conformément à son autorisation ou que les dispositions applicables du présent code n'ont pas été respectées, il ordonne la destruction des procès-verbaux et des enregistrements effectués. Il statue par une ordonnance motivée qu'il notifie au procureur de la République. Ce dernier peut former appel devant le président de la chambre de l'instruction dans un délai de dix jours à compter de la notification.

• Les opérations ne peuvent, à peine de nullité, avoir un autre objet que la recherche et la constatation des infractions visées dans les décisions du magistrat. Le fait que ces opérations révèlent des infractions autres que celles visées dans l'autorisation du magistrat ne constitue pas une cause de nullité des procédures incidentes.

Article 706-95-15 – *(Abrogé – Loi n° 2020-1672 du 24 décembre 2020)*

Article 706-95-16. – Autorisation – Durée – *(Loi n° 2019-222 du 23 mars 2019)*

• L'autorisation mentionnée au 1° de l'article 706-95-12 est délivrée pour une durée maximale d'un mois, renouvelable une fois dans les mêmes conditions de forme et de durée.

• L'autorisation mentionnée au 2° du même article 706-95-12 est délivrée pour une durée maximale de 4e mois, renouvelable dans les mêmes conditions de forme et de durée, sans que la durée totale des opérations ne puisse excéder 2 ans.

J • **Criminalité organisée – Procédure – Sonorisations et fixations d'images de certains lieux ou véhicules – Durée – Détermination – Cas – Domicile objet de plusieurs mesures de sonorisation lors de procédures distinctes**

Mme [T] [J] a formé un pourvoi contre l'arrêt de la chambre de l'instruction de la cour d'appel d'AIX-EN-PROVENCE (13), en date du 07/02/2022, qui, dans l'information suivie contre elle, notamment, des chefs de blanchiment aggravé et association de malfaiteurs, a prononcé sur sa demande d'annulation de pièces de la procédure.

Un même domicile peut faire l'objet de plusieurs mesures de sonorisation à l'occasion d'une même procédure dès lors que la durée totale des opérations n'excède pas 2 ans, conformément à l'article 706-95-16 du C.P.P. Dans la procédure concernée, aucune captation, fixation, transmission et enregistrement de paroles ou images ne saurait avoir lieu après expiration de ce délai, indépendamment de la date du retrait du dispositif de sonorisation, qui n'en constitue qu'une modalité d'exécution. Un même domicile peut faire l'objet de plusieurs mesures de sonorisation à l'occasion de procédures distinctes, sauf à ce que le recours à un stratagème soit établi, dès lors que la durée totale des opérations ordonnées dans une même procédure n'excède pas 2 ans.

(Cour de cassation – Chambre criminelle du 29 novembre 2022 – N° de pourvoi : 22-81.393).

Article 706-95-17. – Mises en place – *(Loi n° 2019-222 du 23 mars 2019)*

• Les techniques spéciales d'enquête mentionnées à la présente section sont mises en place par l'officier de police judiciaire commis par le juge d'instruction ou requis par le procureur de la République ou, sous sa responsabilité, par l'agent de police judiciaire.

• En vue de procéder à l'installation, à l'utilisation et au retrait des dispositifs techniques mentionnés à la présente section, le procureur de la République, le juge d'instruction ou l'officier de police judiciaire peut requérir tout agent qualifié d'un service, d'une unité ou d'un organisme placé sous l'autorité ou la tutelle du ministre de l'intérieur ou du ministre de la défense et dont la liste est fixée par décret.

Article 706-95-18. – Procès-verbal – *(Loi n° 2023-22 du 24 janvier 2023)*

• Le procureur de la République, le juge d'instruction ou l'officier de police judiciaire commis par lui ou requis par le procureur de la République, ou l'agent de police judiciaire agissant sous sa responsabilité, dresse procès-verbal de la mise en place des dispositifs techniques et des opérations effectuées en application de la présente section. Ce procès-verbal mentionne la date et l'heure auxquelles l'opération a commencé et celles auxquelles elle s'est terminée.

• Les enregistrements sont placés sous scellés fermés.

• L'officier de police judiciaire ou l'agent de police judiciaire agissant sous sa responsabilité ou l'assistant d'enquête agissant sous le contrôle de l'officier de police judiciaire décrit ou transcrit, dans un procès-verbal qui est versé au dossier, les données enregistrées qui sont utiles à la manifestation de la vérité. Aucune séquence relative à la vie privée étrangère aux infractions visées dans les ordonnances autorisant la mesure ne peut être conservée dans le dossier de la procédure.

• Les conversations et données en langue étrangère sont transcrites en français avec l'assistance d'un interprète requis à cette fin.

Article 706-95-19. – Enregistrements et données recueillies – *(Loi n° 2019-222 du 23 mars 2019)*

• Les enregistrements et données recueillies lors des opérations effectuées en application de la présente section sont détruits, à la diligence du procureur de la République ou du procureur général, à l'expiration du délai de prescription de l'action publique. Il est dressé procès-verbal de l'opération de destruction.

§ 2. – Du recueil des données techniques de connexion et des interceptions de correspondances émises par la voie des communications électroniques

Article 706-95-20. – Appareils ou dispositifs techniques – *(Loi n° 2019-222 du 23 mars 2019)*

• **I.** – Il peut être recouru à la mise en place et à l'utilisation d'un appareil ou d'un dispositif technique mentionné au 1° de l'article 226-3 du code pénal afin de recueillir les données techniques de connexion permettant l'identification d'un équipement terminal ou du numéro d'abonnement de son utilisateur, ainsi que les données relatives à la localisation d'un équipement terminal utilisé.

• **II.** – Il peut être recouru à la mise en place ou à l'utilisation de cet appareil ou de ce dispositif afin d'intercepter des correspondances émises ou reçues par un équipement terminal. Les modalités prévues aux articles 100-3 à 100-7 du présent code sont alors applicables et, lorsque ces interceptions sont autorisées par le juge des libertés et de la détention à la requête du procureur de la République, les attributions confiées au juge d'instruction ou à l'officier de police judiciaire commis par lui sont exercées par le procureur de la République ou l'officier de police judiciaire requis par ce magistrat. Les correspondances interceptées en application du présent II ne peuvent concerner que la personne ou la liaison visée par l'autorisation d'interception. Par dérogation à l'article 706-95-16, les durées maximales d'autorisation de l'interception des correspondances prévue au présent II sont de 48 heures renouvelables une fois.

§ 3. – Des sonorisations et des fixations d'images de certains lieux ou véhicules

Article 706-96. – Mise en place d'un dispositif technique – *(Loi n° 2019-222 du 23 mars 2019)*

• Il peut être recouru à la mise en place d'un dispositif technique ayant pour objet, sans le consentement des intéressés, la captation, la fixation, la transmission et l'enregistrement de paroles prononcées par une ou plusieurs personnes à titre privé ou confidentiel, dans des lieux ou véhicules privés ou publics, ou de l'image d'une ou de plusieurs personnes se trouvant dans un lieu privé.

J **• Infractions à la législation sur les stupéfiants... – Procureur de la République – Contrôle effectif – Procédé de vidéosurveillance**

Y] [B] a formé un pourvoi contre l'arrêt de la chambre de l'instruction de la cour d'appel de RENNES (35), *en date du 23/10/2020, qui, dans l'information suivie contre lui des chefs notamment d'infractions à la législation sur les stupéfiants et destruction du bien d'autrui par moyen dangereux, a prononcé sur sa requête en annulation de pièces de la procédure.*

« 1°/ que si le *PR tient des articles 39-3 et 41 du C.P.P. le pouvoir de faire procéder à une vidéosurveillance sur la voie publique, aux fins de rechercher la preuve des infractions à la loi pénale* (cf. Crim. 08/12/2020, n° T 20-83.885), *c'est à la condition que cette mesure soit placée sous son contrôle effectif et selon les modalités qu'il autorise, s'agissant de sa durée et de son périmètre; à la condition d'autre part que le procédé de vidéosurveillance soit lui-même placé sur la voie publique, à l'exclusion de toute intervention dans un lieu privé, laquelle nécessite alors l'intervention du J.L.D. et l'accord du propriétaire;*

en l'espèce, l'autorisation du procureur de la République ne précisait pas les modalités de la surveillance et ne prévoyait pas d'installation dans un lieu privé;

le J.L.D n'a donné aucune autorisation pour une quelconque installation d'un procédé de surveillance dans les appartements en cause, fût-ce pour surveiller la voie publique;

aucune autorisation émanant du représentant de la personne morale, propriétaire des lieux privés investis par les enquêteurs, n'a été donnée;

ont ainsi été violés les articles 39-3 et 41 du C.P.P., 706-96 et 706-96-1 du même code, 8 de la CEDH.

(Cour de cassation – Chambre criminelle du 18 mai 2021 – N° de pourvoi : 20-86.266).

• Preuve – Règles générales – Moyen de preuve – Procédés de surveillance – Système de vidéo-surveillance

M. [O] [L] a formé un pourvoi contre l'arrêt de la chambre de l'instruction de la cour d'appel de BORDEAUX (33), en date du 16/12/2021, qui, dans l'information suivie contre lui des chefs d'importation de stupéfiants et importation en contrebande de marchandises prohibées, en bande organisée, infractions à la législation sur les stupéfiants et associations de malfaiteurs, a prononcé sur sa demande d'annulation de pièces de la procédure.

L'article 706-96 du C.P.P., qui permet de recourir à un dispositif technique ayant pour objet, sans le consentement des intéressés, notamment la captation, la fixation, la transmission et l'enregistrement de l'image d'une ou de plusieurs personnes se trouvant dans un lieu privé, ne fait pas de distinction selon que ce dispositif est fixe ou mobile. L'usage d'une caméra aéroportée pour procéder à de telles investigations, dans les conditions posées par les articles 706-95-11 et suivants du C.P.P., n'est pas contraire aux exigences de l'article 8, § 1, de la Convention de sauvegarde des droits de l'homme et des libertés fondamentales. Justifie sa décision la chambre de l'instruction, qui, pour écarter l'exception de nullité des opérations de captation d'images des personnes se trouvant dans une propriété privée à l'aide d'une caméra aéroportée, relève que la mise en œuvre de cette mesure a été autorisée, après réquisitions du PR, par une décision expresse et motivée du juge d'instruction, conforme aux exigences de l'article 706-95-13 du C.P.P.

(Cour de cassation – Chambre criminelle du 15 novembre 2022 – N° de pourvoi : 22-80.097).

Article 706-96-1. – J.L.D. – Autorisation – *(Loi n° 2019-222 du 23 mars 2019)*

• Au cours de l'enquête, en vue de mettre en place le dispositif technique mentionné à l'article 706-96, le juge des libertés et de la détention peut autoriser l'introduction dans un véhicule ou un lieu privé, y compris hors des heures prévues à l'article 59, à l'insu ou sans le consentement du propriétaire ou du possesseur du véhicule ou de l'occupant des lieux ou de toute personne titulaire d'un droit sur ceux-ci. Ces opérations, qui ne peuvent avoir d'autre fin que la mise en place du dispositif technique, sont effectuées sous son contrôle. Le présent alinéa s'applique également aux opérations ayant pour objet la désinstallation du dispositif technique ayant été mis en place.

• Au cours de l'information, en vue de mettre en place le dispositif technique mentionné à l'article 706-96, le juge d'instruction peut autoriser l'introduction dans un véhicule ou un lieu privé, y compris hors des heures prévues à l'article 59, à l'insu ou sans le consentement du propriétaire ou du possesseur du véhicule ou de l'occupant des lieux ou de toute personne titulaire d'un droit sur ceux-ci. S'il s'agit d'un lieu d'habitation et que l'opération doit intervenir hors des heures prévues au même article 59, cette autorisation est délivrée par le juge des libertés et de la détention saisi à cette fin par le juge d'instruction. Ces opérations, qui ne peuvent avoir d'autre fin que la mise en place du dispositif technique, sont effectuées sous l'autorité et le contrôle du juge d'instruction. Le présent alinéa est également applicable aux opérations ayant pour objet la désinstallation du dispositif technique ayant été mis en place.

• La mise en place du dispositif technique mentionné à l'article 706-96 ne peut concerner les lieux mentionnés aux articles 56-1, 56-2, 56-3 et 56-5 ni être mise en œuvre dans le véhicule, le bureau ou le domicile des personnes mentionnées à l'article 100-7.

J **• Infractions à la législation sur les stupéfiants – Association de malfaiteurs – Lieux d'habitation**

Contre l'arrêt de la chambre de l'instruction de la cour d'appel de PARIS, 3e section, en date du 23/10/2018, qui, dans l'information suivie contre lui des chefs d'infractions à la législation sur les stupéfiants et association de malfaiteurs, a prononcé sur sa demande d'annulation de pièces de la procédure;

Attendu qu'en prononçant ainsi, et dès lors que ni les espaces de circulation, ni les emplacements de stationnement, ni les boxes fermés du parking souterrain d'un immeuble collectif d'habitation ne constituent des lieux d'habitation au sens des articles 230-34 et 706-96-1 du C.P.P., la chambre de l'instruction n'a méconnu aucun des textes visés au moyen, lequel doit être écarté;

Et attendu que l'arrêt est régulier en la forme;

REJETTE le pourvoi.

(Cour de cassation – Chambre criminelle du 18 juin 2019 – N° de pourvoi : 18-86421).

Article 706-97. – Décision – Recours au dispositif – *(Loi n° 2019-222 du 23 mars 2019)*

• La décision autorisant le recours au dispositif mentionné à l'article 706-96 comporte tous les éléments permettant d'identifier les véhicules ou les lieux privés ou publics visés, l'infraction qui motive le recours à ces mesures ainsi que la durée de celles-ci.

Article 706-98. – O.P.J. et A.P.J. – Autorisation détention – *(Loi n° 2019-222 du 23 mars 2019)*

• Les officiers ou agents de police judiciaire ou les agents qualifiés chargés de procéder aux opérations prévues à l'article 706-96 sont autorisés à détenir à cette fin des appareils relevant des dispositions de l'article 226-3 du code pénal.

Article 706-98-1. – *(Abrogé – Loi n° 2019-222 du 23 mars 2019)*

Article 706-99. – *(Transféré Article 706-98 – Loi n° 2019-222 du 23 mars 2019)*

Article 706-100 à 706-102. – *(Abrogés – Loi n° 2019-222 du 23 mars 2019)*

§ 4. – De la captation des données informatiques

Article 706-102-1. – J.L.D. – Mise en place d'un dispositif technique – *(Loi n° 2019-222 du 23 mars 2019 + Décision n° 2022-987 QPC du 8 avril 2022)*

• Il peut être recouru à la mise en place d'un dispositif technique ayant pour objet, sans le consentement des intéressés, d'accéder, en tous lieux, à des données informatiques, de les enregistrer, de les conserver et de les transmettre, telles qu'elles sont stockées dans un système informatique, telles qu'elles s'affichent sur un écran pour l'utilisateur d'un système de traitement automatisé de données, telles qu'il les y introduit par saisie de caractères ou telles qu'elles sont reçues et émises par des périphériques.

• Le procureur de la République ou le juge d'instruction peut désigner toute personne physique ou morale habilitée et inscrite sur l'une des listes prévues à l'article 157, en vue d'effectuer les opérations techniques permettant la réalisation du dispositif technique mentionné au premier alinéa du présent article. Le procureur de la République ou le juge d'instruction peut également prescrire le recours aux moyens de l'État soumis au secret de la défense nationale selon les formes prévues au chapitre Ier du titre IV du livre Ier.

J **• Données de connexion – Captation des données informatiques – Opérations de blocage et redirection des données nécessaires – Validité**

MM. [L] [I], [V] [F], [S] [O], [P] [M], [G] [C] [E] et [Z] [D] ont formé des pourvois contre l'arrêt de la chambre de l'instruction de la cour d'appel de NANCY (54), en date du 09/09/2021, qui, dans l'information suivie contre eux des chefs, notamment, d'infractions à la législation sur les stupéfiants, association de malfaiteurs, importations de stupéfiants en bande organisée et blanchiment, a prononcé sur leurs demandes d'annulation d'actes de la procédure.

L'article 706-102-1 du C.P.P. autorise la captation de toutes données informatiques, y compris celles en cours de transmission. Dès lors sont régulières les opérations de blocage et de redirection des données, préalables nécessaires à leur captation.

(Cour de cassation – Chambre criminelle du 25 octobre 2022 – N° de pourvoi : 21-85.763).

DÉCRET N° 2015-1700 DU 18 DÉCEMBRE 2015

Relatif à la mise en œuvre de traitements de données informatiques captées en application de l'article 706-102-1 du Code de procédure pénale

NOR : INTD1508550D – Version consolidée au 04 janvier 2020

Le Premier ministre,
Sur le rapport du ministre de l'intérieur,
Vu le Code pénal, notamment ses articles 226-3, R. 226-1 et R. 226-3 ;
Vu le Code de procédure pénale, notamment ses articles 706-73, 706-73-1, 706-102-1 et suivants ;
Vu le Code de la sécurité intérieure, notamment son article L. 235-1 ;
Vu la loi n° 78-17 du 6 janvier 1978 modifiée relative à l'informatique, aux fichiers et aux libertés, notamment son article 26 ;
Vu l'avis du 2 avril 2015 de la Commission nationale de l'informatique et des libertés ;
Le Conseil d'État *(section de l'intérieur)* entendu,
Décrète :

Article 1er. – *(Décret n° 2019-1602 du 31 décembre 2019)*

• En application des articles 706-95-11 à 706-95-19 et 706-102-1 à 706-102-5 du Code de procédure pénale et afin de permettre la constatation des crimes et délits entrant dans le champ d'application des articles 706-73 et 706-73-1 de ce code, le rassemblement des preuves de ces infractions et l'identification de leurs auteurs, le ministre de l'intérieur *(direction générale de la police nationale, direction générale de la gendarmerie nationale, direction générale de la sécurité intérieure et préfecture de police)* et le ministre chargé du budget *(direction générale des douanes et droits indirects)* sont autorisés à mettre en œuvre des traitements de données informatiques à caractère personnel permettant, sous l'autorité et le contrôle du juge des libertés et de la détention ou du juge d'instruction, la collecte, l'enregistrement et la conservation de données informatiques captées.

Article 2. – *(Décret n° 2019-1602 du 31 décembre 2019)*

• Peuvent être enregistrées en application de l'article 706-102-1 du Code de procédure pénale l'ensemble des données captées telles qu'elles sont stockées dans un système informatique, telles qu'elles s'affichent sur un écran pour l'utilisateur d'un système de traitement automatisé de données, telles qu'il les y introduit par saisie de caractères ou telles qu'elles sont reçues et émises par des périphériques.

• Ces enregistrements peuvent contenir des données de la nature de celles mentionnées au I de l'article 6 de la loi n° 78-17 du 6 janvier 1978.

Article 3. – *(Décret n° 2019-1602 du 31 décembre 2019)*

• Les données à caractère personnel et informations exploitées par les traitements mentionnés à l'article 1er ne peuvent provenir que de dispositifs techniques autorisés conformément à l'article R. 226-3 du Code pénal et mis en place dans le cadre :

• 1° D'investigations conduites en flagrance ou en préliminaire, sur ordonnance écrite et motivée du juge des libertés et de la détention, à la requête du procureur de la République ;

• 2° D'information judiciaire, sur ordonnance écrite et motivée du juge d'instruction, après avis du procureur de la République, sauf en cas d'urgence résultant d'un risque imminent de dépérissement des preuves ou d'atteinte grave aux personnes ou aux biens.

Article 4. – *(Décret n° 2019-1602 du 31 décembre 2019)*

• **I. –** Les magistrats accèdent à l'ensemble des données à caractère personnel et informations enregistrées dans le traitement en application de l'article 706-102-1 du Code de procédure pénale, dans le cadre des procédures dont ils sont saisis.

• **II. –** Ont accès aux données à caractère personnel et aux informations mentionnées à l'article 2, pour les besoins exclusifs de la procédure dans le cadre de laquelle l'opération de captation a été autorisée :

• 1° Les agents et officiers de police judiciaire de la police et de la gendarmerie nationales ;

• 2° Les agents des douanes habilités à effectuer des missions de police judiciaire en application de l'article 28-1 du Code de procédure pénale ;

• 3° Les agents des services fiscaux habilités à effectuer des enquêtes judiciaires en application de l'article 28-2 du Code de procédure pénale.

• **III. –** Peuvent être destinataires des seules données et informations nécessaires à l'exécution de leur mission, après accord du magistrat ayant autorisé la mise en place du dispositif, les organismes de coopération internationale en matière de police judiciaire et les services de police étrangers, dans les conditions prévues à l'article L. 235-1 du Code de la sécurité intérieure.

• **IV. –** Peuvent être destinataires des seules informations mentionnées à l'article 6, les personnalités qualifiées chargées du contrôle des travaux de conception et des opérations de mise en œuvre des dispositifs techniques mentionnés à l'article 3.

Article 5. – *(Décret n° 2019-1602 du 31 décembre 2019)*

• Les données enregistrées sont conservées dans le traitement jusqu'à la date de clôture des investigations. À cette date, elles sont placées sous scellés fermés et effacées. La transcription des enregistrements effectuée par les personnes mentionnées au II de l'article 4, dans les conditions prévues à l'article 706-95-18 du Code de procédure pénale, est transmise à l'autorité judiciaire pour être versée au dossier de la procédure. Les scellés fermés lui sont également adressés

Article 6. – *(Décret n° 2019-1602 du 31 décembre 2019)*

• Toute opération de collecte, de modification, de consultation, de transfert et de suppression des données à caractère personnel et informations fait l'objet d'un enregistrement comprenant l'identification de l'auteur, la date, l'heure et la nature de l'opération.

• Ces informations sont conservées pendant une durée de 6 ans.

.../...

Article 7. – *(Décret n° 2019-1602 du 31 décembre 2019)*

• **I.** – Le droit d'opposition prévu à l'article 110 de la loi du 6 janvier 1978 susvisée ne s'applique pas aux présents traitements.

• **II.** – Conformément aux articles 104 à 106 de la même loi, les droits d'information, d'accès, de rectification, d'effacement et à la limitation s'exercent directement auprès du responsable du traitement.

• Afin d'éviter de gêner des enquêtes, des recherches ou des procédures judiciaires ou d'éviter de nuire à la prévention ou à la détection d'infractions pénales, aux enquêtes ou aux poursuites en la matière ou à l'exécution de sanctions pénales, de protéger la sécurité publique ou de protéger la sécurité nationale, les droits mentionnés à l'alinéa précédent peuvent faire l'objet de restrictions en application des II et III de l'article 107 de la même loi.

• La personne concernée par ces restrictions exerce ses droits auprès de la Commission nationale de l'informatique et des libertés dans les conditions prévues à l'article 108 de la même loi.

Article 8. – *(Décret n° 2019-1602 du 31 décembre 2019)*

• La mise en œuvre des traitements mentionnés à l'article 1er par le directeur général de la police nationale, le directeur général de la gendarmerie nationale, le directeur général de la sécurité intérieure, le préfet de police et le directeur général des douanes et des droits indirects s'accompagne de l'envoi à la Commission nationale de l'informatique et des libertés d'un engagement de conformité faisant référence au présent décret accompagné d'un dossier technique de présentation du traitement.

Article 9.

• Le présent décret est applicable sur l'ensemble du territoire de la République.

Article 10.

• La garde des sceaux, ministre de la justice, le ministre des finances et des comptes publics et le ministre de l'intérieur sont chargés, chacun en ce qui le concerne, de l'exécution du présent décret, qui sera publié au Journal officiel de la République française.

Fait le 18 décembre 2015.

Article 706-102-2. – *(Abrogé – Loi n° 2019-222 du 23 mars 2019)*

Article 706-102-3. – Décisions – Motivations et durées – *(Loi n° 2019-222 du 23 mars 2019)*

• À peine de nullité, la décision autorisant le recours au dispositif mentionné à l'article 706-102-1 précise l'infraction qui motive le recours à ces opérations, la localisation exacte ou la description détaillée des systèmes de traitement automatisé de données ainsi que la durée des opérations.

Article 706-102-4. *(Abrogé – Loi n° 2019-222 du 23 mars 2019)*

Article 706-102-5. – Dispositif technique – Autorisation d'accès – *(Loi n° 2019-222 du 23 mars 2019)*

• En vue de mettre en place le dispositif technique mentionné à l'article 706-102-1, le juge des libertés et de la détention, à la requête du procureur de la République, ou le juge d'instruction peut autoriser l'introduction dans un véhicule ou dans un lieu privé, y compris hors des heures prévues à l'article 59, à l'insu ou sans le consentement du propriétaire ou du possesseur du véhicule ou de l'occupant des lieux ou de toute personne titulaire d'un droit sur celui-ci. S'il s'agit d'un lieu d'habitation et que l'opération doit intervenir hors des heures prévues à l'article 59, cette autorisation est délivrée par le juge des libertés et de la détention saisi à cette fin par le procureur de la République ou par le juge d'instruction. Ces opérations, qui ne peuvent avoir d'autre fin que la mise en place du dispositif technique, sont effectuées sous l'autorité et le contrôle du juge des libertés et de la détention ou du juge d'instruction. Le présent alinéa est également applicable aux opérations ayant pour objet la désinstallation du dispositif technique ayant été mis en place.

• En vue de mettre en place le dispositif technique mentionné à l'article 706-102-1, le juge des libertés et de la détention, à la requête du procureur de la République, ou le juge d'instruction peut également autoriser la transmission par un réseau de communications électroniques de ce dispositif. Ces opérations sont effectuées sous l'autorité et le contrôle du juge des libertés et de la détention ou du juge d'instruction. Le présent alinéa est également applicable aux opérations ayant pour objet la désinstallation du dispositif technique ayant été mis en place.

• La mise en place du dispositif technique mentionné à l'article 706-102-1 ne peut concerner les systèmes automatisés de traitement des données se trouvant dans les lieux visés aux articles 56-1, 56-2, 56-3 et 56-5 ni être réalisée dans le véhicule, le bureau ou le domicile des personnes visées à l'article 100-7.

Article 706-102-6 à 706-102-9 – *(Abrogés – Loi n° 2019-222 du 23 mars 2019)*

Section VII
Des mesures conservatoires

Article 706-103. – Diverses mesures – *(Loi n° 2015-993 du 17 août 2015)*

• En cas d'information ouverte pour l'une des infractions entrant dans le champ d'application des articles 706-73, 706-73-1 et 706-74 et afin de garantir le paiement des amendes encourues ainsi que, le cas échéant, l'indemnisation des victimes, le juge des libertés et de la détention, sur requête du procureur de la République, peut ordonner, aux frais avancés du Trésor et selon les modalités prévues par les procédures civiles d'exécution, des mesures conservatoires sur les biens, meubles ou immeubles, divis ou indivis, de la personne mise en examen.

• La condamnation vaut validation des mesures conservatoires et permet l'inscription définitive des sûretés.

• La décision de non-lieu, de relaxe ou d'acquittement emporte de plein droit, aux frais du Trésor, mainlevée des mesures ordonnées. Il en est de même en cas d'extinction de l'action publique et de l'action civile.

• Pour l'application des dispositions du présent article, le juge des libertés et de la détention est compétent sur l'ensemble du territoire national.

• Le présent article s'applique sans préjudice des dispositions du titre XXIX du présent livre.

Section VIII
Dispositions communes

Article 706-104. – *(Abrogé par décision du Conseil constitutionnel n° 2004-492 DC du 2 mars 2004)*

Article 706-105. – Procureur de la République – Suivi de la garde à vue – *(Ordonnance n° 2019-964 du 18 septembre 2019)*

• Lorsque, au cours de l'enquête, il a été fait application des dispositions des articles 706-80 à 706-95, la personne ayant été placée en garde à vue 6 mois auparavant et qui n'a pas fait l'objet de poursuites peut interroger le procureur de la République dans le ressort duquel la garde à vue s'est déroulée sur la suite donnée ou susceptible d'être donnée à l'enquête. Cette demande est adressée par lettre recommandée avec demande d'avis de réception.

• Lorsque le procureur de la République décide de poursuivre l'enquête préliminaire et qu'il envisage de procéder à une nouvelle audition ou à un nouvel interrogatoire de la personne au cours de cette enquête, cette personne est informée, dans les 2 mois suivant la réception de sa demande, qu'elle peut demander qu'un avocat désigné par elle ou commis d'office à sa demande par le bâtonnier puisse consulter le dossier de la procédure. Le dossier est alors mis à la disposition de l'avocat au plus tard dans un délai de 15 jours à compter de la demande et avant, le cas échéant, toute nouvelle audition ou tout nouvel interrogatoire de la personne.

• Lorsque le procureur de la République a décidé de classer l'affaire en ce qui concerne la personne, il l'informe dans les 2 mois suivant la réception de sa demande.

• Dans les autres cas, le procureur de la République n'est pas tenu de répondre à la personne. Il en est de même lorsqu'il n'a pas été fait application des dispositions des articles 706-80 à 706-95 au cours de l'enquête.

• Lorsque l'enquête n'a pas été menée sous la direction du procureur de la République du tribunal judiciaire dans le ressort duquel la garde à vue a été réalisée, celui-ci adresse sans délai la demande au procureur qui dirige l'enquête.

Article 706-105-1. – Procureur de la République de Paris – Communication d'informations – *(Loi n° 2021-998 du 30 juillet 2021)*

• **I.** – Par dérogation à l'article 11, le procureur de la République de Paris peut, pour les procédures d'enquête ou d'instruction entrant dans le champ d'application de l'article 706-72-1, communiquer aux services de l'État mentionnés au 2d alinéa de l'article L. 2321-2 du Code de la défense, de sa propre initiative ou à la demande de ces services, des éléments de toute nature figurant dans ces procédures et nécessaires à l'exercice de leur mission en matière de sécurité et de défense des systèmes d'information. Si la procédure fait l'objet d'une information, cette communication ne peut intervenir que sur avis favorable du juge d'instruction.

• Le juge d'instruction peut également procéder à cette communication, dans les mêmes conditions et pour les mêmes finalités que celles mentionnées au 1er alinéa du présent I, pour les procédures d'information dont il est saisi, après avoir recueilli l'avis du procureur de la République de Paris.

• **II.** – Par dérogation à l'article 11, le procureur de la République de Paris peut, pour les procédures d'enquête ou d'instruction relevant de la compétence des juridictions mentionnées au dernier alinéa de l'article 706-75 et portant sur les infractions mentionnées aux 3°, 5°, 12° et 13° de l'article 706-73 ainsi que sur le blanchiment de ces infractions, communiquer aux services spécialisés de renseignement mentionnés à l'article L. 811-2 du Code de la sécurité intérieure ainsi qu'aux services mentionnés à l'article L. 811-4 du même code désignés, au regard de leurs missions, par décret en Conseil d'État, de sa propre initiative ou à la demande de ces services, des éléments de toute nature figurant dans ces procédures et nécessaires à l'exercice des missions de ces services au titre de la prévention de la criminalité et de la délinquance organisées. Si la procédure fait l'objet d'une information, cette communication ne peut intervenir que sur avis favorable du juge d'instruction.

• Le juge d'instruction peut également procéder à cette communication, dans les mêmes conditions et pour les mêmes finalités que celles mentionnées au 1er alinéa du présent II, pour les procédures d'information dont il est saisi, après avoir recueilli l'avis du procureur de la République de Paris.

• **III.** – Les informations communiquées en application du présent article ne peuvent faire l'objet d'un échange avec des services de renseignement étrangers ou avec des organismes internationaux compétents dans le domaine du renseignement.

• Sauf si l'information porte sur une condamnation prononcée publiquement, les personnes qui en sont destinataires sont tenues au secret professionnel, dans les conditions et sous les peines prévues aux articles 226-13 et 226-14 du Code pénal.

Section IX
Dispositions spécifiques à certaines infractions

Article 706-106. – Acquisition d'armes, éléments, munitions ou explosifs – *(Loi n° 2016-731 du 3 juin 2016)*

• Sans préjudice des articles 706-81 à 706-87 et aux seules fins de constater les infractions mentionnées au 12° de l'article 706-73, d'en identifier les auteurs et les complices et d'effectuer les saisies prévues au présent code, les officiers de police judiciaire et les agents de police judiciaire placés sous leur autorité peuvent, avec l'autorisation du procureur de la République ou du juge d'instruction saisi des faits qui en avise préalablement le parquet, sans être pénalement responsables de ces actes :

• 1° Acquérir des armes ou leurs éléments, des munitions ou des explosifs ;

• 2° En vue de l'acquisition d'armes ou de leurs éléments, de munitions ou d'explosifs, mettre à la disposition des personnes se livrant à ces infractions des moyens de caractère juridique ou financier ainsi que des moyens de transport, de dépôt, d'hébergement, de conservation et de télécommunication.

• À peine de nullité, l'autorisation du procureur de la République ou du juge d'instruction, qui peut être donnée par tout moyen, est mentionnée ou versée au dossier de la procédure et les actes autorisés ne peuvent constituer une incitation à commettre une infraction.

TITRE XXV *BIS*
DE LA PROCÉDURE APPLICABLE AUX CRIMES SÉRIELS OU NON ÉLUCIDÉS

Article 706-106-1. – Compétence concurrente – *(Loi n° 2021-1729 du 22 décembre 2021)*

• Un ou plusieurs tribunaux judiciaires désignés par décret exercent une compétence concurrente à celle qui résulte de l'application des articles 43,52 et 382 du présent code pour l'enquête, la poursuite, l'instruction et le jugement des crimes prévus aux articles 221-1 à 221-5, 222-1, 222-3 à 222-6, 222-23 à 222-26 et 224-1 à 224-3 du Code pénal et de tous les délits connexes à ces crimes, lorsque l'une au moins des 2 conditions ci-après est remplie et que les investigations les concernant présentent une particulière complexité :

• 1° Ces crimes ont été commis ou sont susceptibles d'avoir été commis de manière répétée à des dates différentes par une même personne à l'encontre de différentes victimes ;

• 2° Leur auteur n'a pas pu être identifié plus de 18 mois après leur commission.

• Lorsqu'ils sont compétents pour la poursuite ou l'instruction des infractions mentionnées au présent article, le procureur de la République et le juge d'instruction des juridictions désignées exercent leurs attributions sur toute l'étendue du ressort territorial précisé par le décret prévu au 1er alinéa du présent article. Si une seule juridiction spécialisée est désignée, cette compétence s'étend à l'ensemble du territoire national.

• La juridiction saisie demeure compétente, quelles que soient les incriminations retenues lors du règlement ou du jugement de l'affaire. Toutefois, si les faits constituent une contravention, le juge d'instruction prononce le renvoi de l'affaire devant le tribunal de police compétent en application de l'article 522.

Article 706-106-2. – Désignation – Magistrats et juges – *(Loi n° 2021-1729 du 22 décembre 2021)*

• Au sein de ce ou ces tribunaux judiciaires, le procureur général et le 1er président, après avis du procureur de la République et du président du tribunal judiciaire, désignent respectivement un ou plusieurs magistrats du parquet et juges d'instruction chargés spécialement de l'enquête, de la poursuite et de l'instruction des infractions entrant dans le champ d'application de l'article 706-106-1.

• Les magistrats du parquet et juges d'instruction désignés ainsi que le procureur général près la cour d'appel compétente peuvent demander à des assistants spécialisés, désignés dans les conditions prévues à l'article 706, de participer, selon les modalités prévues au même article 706, aux procédures concernant les crimes et délits entrant dans le champ d'application de l'article 706-106-1.

Article 706-106-3. – Réquisition – Dessaisissement – *(Loi n° 2021-1729 du 22 décembre 2021)*

• Le procureur de la République près un tribunal judiciaire autre que celui ou ceux mentionnés à l'article 706-106-1 peut, pour les infractions relevant du même article 706-106-1, d'office, sur proposition du juge d'instruction ou à la requête des parties, requérir du juge d'instruction initialement saisi de se dessaisir au profit de la juridiction d'instruction compétente en application dudit article 706-106-1.

• Si elles ne sont pas à l'origine de la demande, les parties sont avisées de ces réquisitions et sont invitées par le juge d'instruction à faire connaître leurs observations.

• L'ordonnance statuant sur le dessaisissement est rendue 8 jours au plus tôt et 1 mois au plus tard à compter des réquisitions ou de l'avis donné aux parties.

• Les 3 derniers alinéas de l'article 706-77 et l'article 706-78 sont applicables à cette ordonnance.

Article 706-106-4. – PR – Enquête ou saisine du J.I. – Parcours criminel… – *(Loi n° 2021-1729 du 22 décembre 2021)*

• Le procureur de la République peut ordonner une enquête ou saisir le juge d'instruction d'une information ayant pour objet de retracer l'éventuel parcours criminel d'une personne condamnée pour des faits relevant de l'article 706-106-1 ou pour laquelle il existe une ou plusieurs raisons plausibles de soupçonner qu'elle a commis ou tenté de commettre de tels faits.

Article 706-106-5. – Modalités d'application – O.P.J. – *(Loi n° 2021-1729 du 22 décembre 2021)*

• Les modalités d'application du présent titre, notamment les conditions dans lesquelles des officiers de police judiciaire spécialement désignés peuvent assister les magistrats désignés en application de l'article 706-106-2, sont précisées par voie réglementaire.

TITRE XXVI
DE LA PROCÉDURE APPLICABLE EN CAS DE POLLUTION DES EAUX MARITIMES PAR REJETS DES NAVIRES ET D'ATTEINTE AUX BIENS CULTURELS MARITIMES

CHAPITRE Ier.

De la pollution des eaux maritimes par rejets des navires

Article 706-107. – Pollution des eaux marines et des voies ouvertes à la navigation maritime – *(Loi n° 2020-1672 du 24 décembre 2020)*

• Pour l'enquête, la poursuite, l'instruction et, s'il s'agit de délits, le jugement des infractions en matière de pollution des eaux marines et des voies ouvertes à la navigation maritime prévues et réprimées par le chapitre VIII du titre Ier du livre II du Code de l'environnement, qui sont commises dans les eaux territoriales, les eaux intérieures et les voies navigables, la compétence d'un tribunal judiciaire peut être étendue au ressort d'une ou plusieurs cours d'appel.

• Les dispositions du 1er alinéa s'appliquent également lorsque les infractions mentionnées dans cet alinéa sont commises dans la zone économique exclusive ou dans la zone de protection écologique et sur le plateau continental.

• Cette compétence s'étend aux infractions connexes.

• Un décret fixe la liste et le ressort de ces juridictions du littoral maritime, qui comprennent une section du parquet et des formations d'instruction et de jugement spécialisées pour connaître de ces infractions.

CODE DE L'ENVIRONNEMENT

Article L. 218-11. – Rejet de substance polluante, des hydrocarbures ou des mélanges... – *(Loi n° 2021-1104 du 22 août 2021)*

• Est puni de 100 000 € d'amende le fait, pour tout capitaine de se rendre coupable d'un rejet de substance polluante en infraction aux dispositions des règles 15 et 34 de l'annexe I, relatives aux contrôles des rejets d'hydrocarbures, ou en infraction aux dispositions de la règle 13 de l'annexe II, relative aux contrôles des résidus de substances liquides nocives transportées en vrac, de la convention Marpol.

• Est puni de la même peine le fait, pour tout capitaine de navire, de rejeter des hydrocarbures ou des mélanges contenant des hydrocarbures en violation des dispositions de la règle 1.1.1 du chapitre Ier de la Partie II-A du Recueil international de règles applicables aux navires exploités dans les eaux polaires, sous réserve de la règle 1.1.2, ou de rejeter des substances liquides nocives ou des mélanges contenant de telles substances en violation des dispositions de la règle 2.1.1 du chapitre II de la Partie II-A du même Recueil.

• En cas de récidive, les peines encourues sont portées à un an d'emprisonnement et 200 000 € d'amende.

Article L. 218-12. – Circonstances aggravantes – *(Ordonnance n° 2021-267 du 10 mars 2021)*

• Les peines relatives aux infractions prévues aux 1er et 2e alinéas de l'article L. 218-11 sont portées à 10 ans d'emprisonnement et 15 millions d'€ d'amende pour tout capitaine d'un navire-citerne d'une jauge brute inférieure à 150 tonneaux, ou de tout autre navire d'une jauge brute inférieure à 400 tonneaux dont la machine propulsive a une puissance installée supérieure à 150 kilowatts.

Article L. 218-13. – Autres circonstances aggravantes – *(Ordonnance n° 2021-267 du 10 mars 2021)*

• Les peines relatives aux infractions prévues aux 1er et 2e alinéas de l'article L. 218-11 sont portées à 10 ans d'emprisonnement et 15 millions d'€ d'amende pour tout capitaine d'un navire-citerne d'une jauge brute supérieure ou égale à 150 tonneaux ou de tout autre navire d'une jauge brute supérieure ou égale à 400 tonneaux, ainsi que pour tout responsable de l'exploitation à bord d'une plate-forme.

Article L. 218-14. – Jet à la mer de substances nuisibles transportées en colis – *(Ordonnance n° 2010-1232 du 21 octobre 2010)*

• Est puni de sept ans d'emprisonnement et de 1 million d'euros d'amende le fait, pour tout capitaine de jeter à la mer des substances nuisibles transportées en colis en infraction aux dispositions de la règle 7 de l'annexe III de la convention Marpol.

Article L. 218-15. – Infractions – Convention MARPOL – *(Ordonnance n° 2021-267 du 10 mars 2021)*

• **I.** – Est puni d'un an d'emprisonnement et de 200 000 € d'amende le fait, pour tout capitaine d'un navire, de se rendre coupable d'infractions aux dispositions de la règle 11 de l'annexe IV et des règles 3,4 et 5 de l'annexe V de la convention MARPOL.

• Est puni de la même peine le fait, pour tout capitaine de navire, de rejeter des eaux usées en violation des règles 4.2.1 et 4.2.2 du chapitre IV de la partie II-A du Recueil international de règles applicables aux navires exploités dans les eaux polaires, ou sans l'autorisation prévue par la règle 4.2.3 du même chapitre, ou de rejeter des ordures en violation des règles 5.2.1 et 5.2.2 du chapitre V de la partie II-A du même Recueil.

• **II.** – Est puni d'un an d'emprisonnement et de 200 000 € d'amende le fait, pour tout capitaine d'un navire, de se rendre coupable d'infractions aux dispositions des règles 12, 13, 16 et 18 de l'annexe VI de la convention MARPOL, ainsi qu'aux dispositions des I à IV de l'article L. 218-2.

.../...

Article L. 218-16. – Voies navigables – *(Ordonnance n° 2010-1232 du 21 octobre 2010)*
• Est puni, selon le cas, des peines prévues aux articles L. 218-11 à L. 218-15 le fait, pour tout capitaine de commettre dans les voies navigables jusqu'aux limites de la navigation maritime les infractions définies aux mêmes articles L. 218-11 à L. 218-15.

Article L. 218-17. – Rapport – *(Ordonnance n° 2010-1232 du 21 octobre 2010)*
• Est puni de deux ans d'emprisonnement et de 200000 euros d'amende le fait, pour tout capitaine de navire auquel est survenu, en mer ou dans les eaux intérieures et les voies navigables françaises jusqu'aux limites de la navigation maritime, un des événements mentionnés par le protocole I de la convention Marpol, ou pour toute autre personne ayant charge dudit navire, au sens de l'article 1er de ce protocole, de ne pas établir et transmettre un rapport conformément aux dispositions dudit protocole.

Article L. 218-18. – Contrôles ou direction – *(Ordonnance n° 2010-1232 du 21 octobre 2010)*
• Les peines prévues à la présente sous-section sont applicables soit au propriétaire, soit à l'exploitant ou à leur représentant légal ou dirigeant de fait s'il s'agit d'une personne morale, soit à toute autre personne que le capitaine exerçant, en droit ou en fait, un pouvoir de contrôle ou de direction dans la gestion ou la marche du navire, lorsque ce propriétaire, cet exploitant ou cette personne a été à l'origine d'un rejet effectué en infraction aux articles L. 218-11 à L. 218-17 et L. 218-19 ou n'a pas pris les mesures nécessaires pour l'éviter.

Article L. 218-19. – Provocation – *(Ordonnance n° 2010-1232 du 21 octobre 2010)*
• **I.** – Est puni de 4000 euros d'amende le fait, pour tout capitaine, de provoquer un rejet de substance polluante par imprudence, négligence ou inobservation des lois et règlements.
• Est puni de la même peine le fait, pour tout capitaine de provoquer par imprudence, négligence ou inobservation des lois et règlements un accident de mer tel que défini par la convention du 29 novembre 1969 sur l'intervention en haute mer en cas d'accident entraînant ou pouvant entraîner une pollution par les hydrocarbures, ou de ne pas prendre les mesures nécessaires pour l'éviter, lorsque cet accident a entraîné une pollution des eaux.
• Les peines sont portées à :
• 1° 400000 euros d'amende lorsque l'infraction est commise au moyen d'un navire entrant dans les catégories définies à l'article L. 218-12 ;
• 2° 800000 euros d'amende lorsque l'infraction est commise au moyen d'un navire ou d'une plate-forme entrant dans les catégories définies à l'article L. 218-13 ;
• 3° 4, 5 millions d'euros d'amende lorsque l'infraction est commise au moyen d'un navire entrant dans les catégories définies à l'article L. 218-12 et qu'elle a pour conséquence, directement ou indirectement, un dommage irréversible ou d'une particulière gravité à l'environnement ;
• 4° 7, 5 millions d'euros d'amende lorsque l'infraction est commise au moyen d'un navire entrant dans les catégories définies à l'article L. 218-13 et qu'elle a pour conséquence, directement ou indirectement, un dommage irréversible ou d'une particulière gravité à l'environnement.
• **II.** – Lorsque les infractions mentionnées au I ont pour origine directe ou indirecte soit la violation manifestement délibérée d'une obligation particulière de sécurité ou de prudence imposée par la loi ou le règlement, soit une faute caractérisée qui exposait l'environnement à un risque d'une particulière gravité que son auteur ne pouvait ignorer, les peines sont portées à :
• 1° 6000 euros d'amende, lorsque l'infraction est commise au moyen d'un navire n'entrant pas dans les catégories définies aux articles L. 218-12 ou L. 218-13 ;
• 2° Trois ans d'emprisonnement et 4, 5 millions d'euros d'amende, lorsque l'infraction est commise au moyen d'un navire entrant dans les catégories définies à l'article L. 218-12 ;
• 3° Cinq ans d'emprisonnement et 7, 5 millions d'euros d'amende, lorsque l'infraction est commise au moyen d'un navire entrant dans les catégories définies à l'article L. 218-13 ou d'une plate-forme
• **III.** – Lorsque les infractions mentionnées au II ont pour conséquence directe ou indirecte un dommage irréversible ou d'une particulière gravité à l'environnement, les peines sont portées à :
• 1° Cinq ans d'emprisonnement et 7, 5 millions d'euros d'amende, lorsque l'infraction est commise au moyen d'un navire entrant dans les catégories définies à l'article L. 218-12 ;
• 2° Sept ans d'emprisonnement et 10, 5 millions d'euros d'amende, lorsque l'infraction est commise au moyen d'un navire entrant dans les catégories définies à l'article L. 218-13.
• **IV.** – Nonobstant les dispositions du quatrième alinéa de l'article 121-3 du Code pénal, les personnes physiques qui n'ont pas causé directement le dommage, mais qui ont créé ou contribué à créer la situation qui a permis la réalisation du dommage ou qui n'ont pas pris les mesures permettant de l'éviter, sont responsables pénalement s'il est établi qu'elles ont soit violé de façon manifestement délibérée une obligation particulière de sécurité ou de prudence prévue par la loi ou le règlement, soit commis une faute caractérisée qui exposait l'environnement à un risque d'une particulière gravité qu'elles ne pouvaient ignorer.

Article L. 218-20. – Exceptions – *(Ordonnance n° 2015-1736 du 24 décembre 2015)*
• Un rejet effectué par un navire à des fins de sécurité, de sauvetage ou de lutte contre la pollution n'est pas punissable s'il remplit les conditions énoncées par les règles 4.1 ou 4.3 de l'annexe I, les règles 3.1 ou 3.3 de l'annexe II, la règle 7.1 de l'annexe III, la règle 9.a de l'annexe IV, les règles 6.a et 6.c de l'annexe V ou la règle 3.1.1 de l'annexe VI de la convention MARPOL.
• Un rejet se produisant au-delà des eaux territoriales françaises et provenant d'une avarie survenue au navire ou à son équipement n'est pas considéré comme une infraction de la part du propriétaire, du capitaine ou de l'équipage agissant sous l'autorité du capitaine s'il remplit les conditions énoncées par la règle 4.2 de l'annexe I, la règle 3.2 de l'annexe II, la règle 9.b de l'annexe IV, la règle 6.b de l'annexe V ou la règle 3.1.2 de l'annexe VI de la convention MARPOL.
• Le non-respect des dispositions des I à III de l'article L. 218-2 n'est pas punissable si le capitaine du navire :
• 1° Fournit la preuve qu'il n'a pas été en mesure d'acheter du combustible marin conforme à la réglementation à l'endroit prévu par son plan de voyage ;
• 2° A notifié à l'État de son pavillon et à l'autorité compétente du port de destination cette non-disponibilité de combustible marin conforme à la réglementation ;
• 3° Fournit la preuve qu'il n'aurait pu s'en procurer qu'en s'écartant de la route prévue ou en retardant indûment son voyage.

Article 706-108. – Tribunal judiciaire de Paris – Compétence – *(Ordonnance n° 2019-964 du 18 septembre 2019)*

• Pour l'enquête, la poursuite, l'instruction et le jugement des infractions visées à l'article 706-107 commises hors des espaces maritimes sous juridiction française, le tribunal judiciaire compétent est le tribunal judiciaire de Paris.

Article 706-109. – Compétence concurrente – *(Ordonnance n° 2019-964 du 18 septembre 2019)*

• Le procureur de la République, le juge d'instruction, la formation correctionnelle spécialisée du tribunal judiciaire mentionné à l'article 706-107 exercent, sur toute l'étendue du ressort fixé en application de cet article, une compétence concurrente à celle qui résulte de l'application des articles 43, 52, 382 et 706-42.

• Ils exercent également, dans les mêmes conditions, une compétence concurrente à celle qui résulte des critères de compétence suivants :

• 1° Lieu d'immatriculation du navire, engin ou plate-forme ou de son attachement en douanes ;

• 2° Lieu où le navire, engin ou plate-forme est ou peut être trouvé.

• La juridiction spécialisée saisie demeure compétente, quelles que soient les incriminations retenues lors du règlement ou du jugement de l'affaire. Toutefois, si les faits constituent une contravention, le juge d'instruction prononce le renvoi de l'affaire devant le tribunal de police compétent en application de l'article 522 ou devant la juridiction de proximité compétente en application de l'article 522-1.

Article 706-110. – Dessaisissement – *(Ordonnance n° 2019-964 du 18 septembre 2019)*

• Le procureur de la République près un tribunal judiciaire autre que ceux visés à l'article 706-107 peut, pour les infractions entrant dans le champ d'application de cet article, requérir le juge d'instruction de se dessaisir au profit de la juridiction d'instruction compétente en application de cet article. Les parties sont préalablement avisées et invitées à faire connaître leurs observations par le juge d'instruction ; l'ordonnance est rendue 8 jours au plus tôt et 1 mois au plus tard à compter de cet avis.

• Lorsque le juge d'instruction décide de se dessaisir, son ordonnance ne prend effet qu'à compter du délai de 5 jours prévu par l'article 706-111 ; lorsqu'un recours est exercé en application de cet article, le juge d'instruction demeure saisi jusqu'à ce que soit porté à sa connaissance l'arrêt de la chambre de l'instruction, passé en force de chose jugée, ou celui de la chambre criminelle de la Cour de cassation.

• Dès que l'ordonnance est passée en force de chose jugée, le procureur de la République adresse le dossier de la procédure au procureur de la République près le tribunal compétent en application de l'article 706-109.

• Les dispositions du présent article sont applicables devant la chambre de l'instruction.

Article 706-111. – Ordonnance – *(Loi n° 2016-1547 du 18 novembre 2016)*

• L'ordonnance rendue en application de l'article 706-110 peut, à l'exclusion de toute autre voie de recours, être déférée dans les cinq jours de sa notification, à la requête du ministère public ou des parties, soit à la chambre de l'instruction si la juridiction spécialisée au profit de laquelle le dessaisissement a été ordonné ou refusé se trouve dans le ressort de la cour d'appel dans lequel est située la juridiction initialement saisie, soit, dans le cas contraire, à la chambre criminelle de la Cour de cassation. La chambre de l'instruction ou la chambre criminelle désigne dans les huit jours suivant la date de réception du dossier, le juge d'instruction chargé de poursuivre l'information. Le ministère public peut également saisir directement la chambre de l'instruction ou la chambre criminelle de la Cour de cassation lorsque le juge d'instruction n'a pas rendu son ordonnance dans le délai d'un mois prévu au premier alinéa de l'article 706-110.

• L'arrêt de la chambre de l'instruction ou de la chambre criminelle est porté à la connaissance du juge d'instruction ainsi qu'au ministère public et notifié aux parties.

• Les dispositions du présent article sont applicables à l'arrêt de la chambre de l'instruction rendu sur le fondement du dernier alinéa de l'article 706-110, le recours étant alors porté devant la chambre criminelle.

CHAPITRE II

Des atteintes aux biens culturels maritimes

Article 706-111-1. – Compétence – *(Loi n° 2020-1672 du 24 décembre 2020)*

• Pour l'enquête, la poursuite, l'instruction et, s'il s'agit de délits, le jugement des infractions relatives aux atteintes aux biens culturels maritimes prévues à la section 2 du chapitre IV du titre IV du livre V du Code du patrimoine qui sont commises dans les eaux territoriales et la zone contiguë, la compétence d'un tribunal judiciaire peut être étendue au ressort d'une ou de plusieurs cours d'appel.

• Cette compétence s'étend aux infractions connexes.

• Un décret fixe la liste et le ressort de ces juridictions du littoral maritime. Ces juridictions comprennent une section du parquet et des formations d'instruction et de jugement spécialisées pour connaître de ces infractions.

Article 706-111-2. – Compétence – *(Loi n° 2016-1547 du 18 novembre 2016)*

• Les premier et dernier alinéas de l'article 706-109 et les articles 706-110 et 706-111 sont applicables en matière d'atteintes aux biens culturels maritimes.

TITRE XXVII

DE LA POURSUITE, DE L'INSTRUCTION ET DU JUGEMENT DES INFRACTIONS COMMISES PAR DES MAJEURS PROTÉGÉS

Article 706-112. – Personne majeure – Mesure de protection juridique – *(Loi n° 2007-308 du 5 mars 2007)*

• Le présent titre est applicable à toute personne majeure dont il est établi au cours de la procédure qu'elle fait l'objet d'une mesure de protection juridique dans les conditions prévues au titre XI du livre Ier du Code civil.

Article 706-112-1. – Protection juridique – *(Loi n° 2020-1672 du 24 décembre 2020)*

• Lorsque les éléments recueillis au cours de la garde à vue d'une personne font apparaître que celle-ci fait l'objet d'une mesure de protection juridique, l'officier ou l'agent de police judiciaire en avise le curateur ou le tuteur. S'il est établi que la personne bénéficie d'une mesure de sauvegarde de justice, l'officier ou l'agent de police judiciaire avise s'il y a lieu le mandataire spécial désigné par le juge des tutelles.

• Si la personne n'est pas assistée d'un avocat ou n'a pas fait l'objet d'un examen médical, le curateur, le tuteur ou le mandataire spécial peuvent désigner un avocat ou demander qu'un avocat soit désigné par le bâtonnier, et ils peuvent demander que la personne soit examinée par un médecin.

• Sauf en cas de circonstance insurmontable, qui doit être mentionnée au procès-verbal, les diligences incombant aux enquêteurs en application du présent article doivent intervenir au plus tard dans un délai de 6 heures à compter du moment où est apparue l'existence d'une mesure de protection juridique.

• Le procureur de la République ou le juge d'instruction peut, à la demande de l'officier de police judiciaire, décider que l'avis prévu au présent article sera différé ou ne sera pas délivré si cette décision est, au regard des circonstances, indispensable afin de permettre le recueil ou la conservation des preuves ou de prévenir une atteinte grave à la vie, à la liberté ou à l'intégrité physique d'une personne.

Article 706-112-2. – Audition libre – Protection juridique – *(Loi n° 2019-222 du 23 mars 2019 + Décision n° 2021-975 QPC du 25 février 2022)*

• Lorsque les éléments recueillis au cours d'une procédure concernant un crime ou un délit puni d'une peine d'emprisonnement font apparaître qu'une personne devant être entendue librement en application de l'article 61-1 fait l'objet d'une mesure de protection juridique, l'officier ou l'agent de police judiciaire en avise par tout moyen le curateur ou le tuteur, qui peut désigner un avocat ou demander qu'un avocat soit désigné par le bâtonnier pour assister la personne lors de son audition. Si le tuteur ou le curateur n'a pu être avisé et si la personne entendue n'a pas été assistée par un avocat, les déclarations de cette personne ne peuvent servir de seul fondement à sa condamnation.

Article 706-112-3. – Enquête préliminaire – Perquisition – Domicile personne bénéficiant d'une mesure de protection juridique – *(Loi n° 2021-1729 du 22 décembre 2021)*

• Lorsque les éléments recueillis au cours d'une enquête préliminaire font apparaître qu'une personne chez laquelle il doit être procédé à une perquisition fait l'objet d'une mesure de protection juridique révélant qu'elle n'est pas en mesure d'exercer seule son droit de s'opposer à la réalisation de cette opération, l'officier en avise par tout moyen son curateur ou son tuteur, afin que l'assentiment éventuel de la personne prévu aux 2 premiers alinéas de l'article 76 ne soit donné qu'après qu'elle a pu s'entretenir avec lui. À défaut, la perquisition doit être autorisée par le juge des libertés et de la détention en application de l'avant-dernier alinéa du même article 76.

Article 706-113. – Information du curateur, tuteur ou juge des tutelles – *(Loi n° 2021-1729 du 22 décembre 2021)*

• Sans préjudice de l'application des articles 706-112-1 à 706-112-3, lorsque la personne fait l'objet de poursuites, le procureur de la République ou le juge d'instruction en avise le curateur ou le tuteur ainsi que le juge des tutelles. Il en est de même si la personne fait l'objet d'une alternative aux poursuites consistant en la réparation du dommage ou en une médiation, d'une composition pénale ou d'une comparution sur reconnaissance préalable de culpabilité ou si elle est entendue comme témoin assisté.

• Le curateur ou le tuteur peut prendre connaissance des pièces de la procédure dans les mêmes conditions que celles prévues pour la personne poursuivie.

• Si la personne est placée en détention provisoire, le curateur ou le tuteur bénéficie de plein droit d'un permis de visite.

• Le procureur de la République ou le juge d'instruction avise le curateur ou le tuteur des décisions de non-lieu, de relaxe, d'acquittement, d'irresponsabilité pénale pour cause de trouble mental, ou de condamnation dont la personne fait l'objet.

• Le curateur ou le tuteur est avisé de la date d'audience. Lorsqu'il est présent à l'audience, il est entendu par la juridiction en qualité de témoin.

J **• Viol aggravé... – Droits de la défense – Majeur protégé – Poursuites, date de l'audience et décisions de condamnation – Avis au curateur ou au tuteur – Défaut – Effet**

REJET du pourvoi formé par M. [I] [M] contre l'arrêt de la chambre de l'instruction de la cour d'appel de LYON (69), *en date du 30/01/2020, qui, dans l'information suivie contre lui des chefs de viol aggravé, agression sexuelle aggravée, pédopornographie, a prononcé sur sa demande d'annulation d'actes de la procédure.*

Il résulte de l'article 706-113 du C.P.P. que le J.I. doit informer le tuteur ou le curateur de la délivrance d'un réquisitoire introductif pris contre un majeur protégé au moment où cet acte est porté à la connaissance de celui-ci par sa mise en examen pour tout ou partie des faits qui y sont visés. Il s'ensuit que la délivrance du réquisitoire introductif ne saurait être entachée de nullité par la méconnaissance de cette obligation et que cet acte saisit régulièrement le J.I. des faits qui y sont visés. Justifie dès lors sa décision la chambre de l'instruction qui, pour écarter la nullité du réquisitoire introductif pris contre un majeur protégé, énonce que, si le P.R. avait connaissance de la mesure de curatelle avant de le délivrer, pour autant un tel réquisitoire ne peut être annulé que s'il ne satisfait pas en la forme aux conditions essentielles de son existence légale.

(Cour de cassation – Chambre criminelle du 11 mai 2021 – N° de pourvoi : 20-82.267).

• Viol aggravé... – Droits de la défense – Majeur protégé – Perquisition

REJET du pourvoi formé par M. [I] [M] contre l'arrêt de la chambre de l'instruction de la cour d'appel de LYON (69), *en date du 30/01/2020, qui, dans l'information suivie contre lui des chefs de viol aggravé, agression sexuelle aggravée, pédopornographie, a prononcé sur sa demande d'annulation d'actes de la procédure.*

34. Enfin, les enquêteurs qui ignoraient la mesure de protection dont M. [M] faisait l'objet, aucun élément recueilli au cours de l'enquête, avant les perquisitions, n'étant de nature à faire naître un doute sur l'existence de celle-ci, n'ont pas agi de façon déloyale.

(Cour de cassation – Chambre criminelle du 11 mai 2021 – N° de pourvoi : 20-82.267).

Article 706-114. – Désignation d'un tuteur ou curateur ad hoc – *(Ordonnance n° 2019-964 du 18 septembre 2019)*

• S'il existe des raisons plausibles de présumer que le curateur ou le tuteur est coauteur ou complice de l'infraction, et faute de subrogé curateur ou de subrogé tuteur, le procureur de la République ou le juge d'instruction demande au juge des tutelles la désignation d'un tuteur ou curateur ad hoc. Il en est de même si le tuteur ou le curateur est victime de l'infraction. À défaut, le président du tribunal judiciaire désigne un représentant ad hoc pour assister la personne au cours de la procédure pénale.

Article 706-115. – Expertise médicale – *(Loi n° 2007-308 du 5 mars 2007)*

• La personne poursuivie doit être soumise avant tout jugement au fond à une expertise médicale afin d'évaluer sa responsabilité pénale au moment des faits.

Article 706-116. – Avocat – *(Loi n° 2007-308 du 5 mars 2007)*

• La personne poursuivie doit être assistée par un avocat.

• À défaut de choix d'un avocat par la personne poursuivie ou son curateur ou son tuteur, le procureur de la République ou le juge d'instruction fait désigner par le bâtonnier un avocat, l'intéressé étant informé que les frais seront à sa charge sauf s'il remplit les conditions d'accès à l'aide juridictionnelle.

Article 706-117. – Juge des tutelles – *(Loi n° 2007-308 du 5 mars 2007)*

• Le procureur de la République ou le juge d'instruction avise le juge des tutelles des poursuites concernant une personne dont il est établi qu'elle bénéficie d'une mesure de sauvegarde de justice. Le juge des tutelles peut alors désigner un mandataire spécial qui dispose, au cours de la procédure, des prérogatives confiées au curateur ou au tuteur par l'article 706-113.

• Ces prérogatives sont également reconnues au mandataire de protection future.

Article 706-118. – Modalités d'application – *(Loi n° 2007-308 du 5 mars 2007)*

• Un décret fixe, en tant que de besoin, les modalités d'application du présent titre.

TITRE XXVIII

DE LA PROCÉDURE ET DES DÉCISIONS D'IRRESPONSABILITÉ PÉNALE POUR CAUSE DE TROUBLE MENTAL

CHAPITRE Ier

Dispositions applicables devant le juge d'instruction et la chambre de l'instruction

Article 706-119. – Irresponsabilité pénale – Trouble mental – *(Loi n° 2019-222 du 23 mars 2019)*

• Si le juge d'instruction estime, lorsque son information lui paraît terminée, qu'il est susceptible d'appliquer le 1er alinéa de l'article 122-1 du code pénal relatif à l'irresponsabilité pénale d'une personne en raison d'un trouble mental, il en informe le procureur de la République lorsqu'il lui communique le dossier ainsi que les parties lorsqu'il les avise, en application du I de l'article 175 du présent code.

• Le procureur de la République, dans ses réquisitions, et les parties, dans leurs observations, indiquent s'ils demandent la saisine de la chambre de l'instruction afin que celle-ci statue sur l'application du premier alinéa de l'article 122-1 du code pénal conformément aux articles 706-122 à 706-127 du présent code.

Article 706-120. – Transmission du dossier – *(Loi n° 2022-52 du 24 janvier 2022)*

• Lorsqu'au moment du règlement de son information, le juge d'instruction estime, après avoir constaté qu'il existe contre la personne mise en examen des charges suffisantes d'avoir commis les faits reprochés, qu'il y a des raisons plausibles d'appliquer le 1er alinéa de l'article 122-1 du Code pénal, il ordonne, si le procureur de la République ou une partie en a formulé la demande, que le dossier de la procédure soit transmis par le procureur de la République au procureur général aux fins de saisine de la chambre de l'instruction. Il peut aussi ordonner d'office cette transmission.

• Lorsque le juge d'instruction, au moment du règlement de son information, estime que l'abolition temporaire du discernement de la personne mise en examen résulte au moins partiellement de son fait et qu'il existe une ou plusieurs expertises concluant que le discernement de la personne était seulement altéré, il renvoie celle-ci devant la juridiction de jugement compétente qui statue à huis clos sur l'application du même article 122-1; si la personne n'est pas déclarée pénalement irresponsable, le dossier est renvoyé à une audience ultérieure pour être examiné au fond conformément aux dispositions relatives aux jugements des crimes ou des délits.

• Dans les autres cas, il rend une ordonnance d'irresponsabilité pénale pour cause de trouble mental qui précise qu'il existe des charges suffisantes établissant que l'intéressé a commis les faits qui lui sont reprochés.

J • **Meurtre aggravé... – Chambre de l'instruction – Appel des ordonnances du juge d'instruction – Appel de la partie civile – Ordonnance de transmission de la procédure aux fins de saisine de la chambre de l'instruction pour irresponsabilité pénale en raison d'un trouble mental – Possibilité** (non)

REJET des pourvois formés par Mmes [I] [G], [K] [G], M. [C] [G], Mmes [U] [A], [F] [A], M. [X] [A], parties civiles, contre l'arrêt de la chambre de l'instruction de la cour d'appel de PARIS (75), *6e section, en date du 19/12/2019, qui, dans l'information suivie contre M. [D] [T] des chefs de meurtre aggravé, arrestation, enlèvement, détention ou séquestration aggravées, l'a déclaré irresponsable pénalement pour cause de trouble mental, a ordonné son admission en soins psychiatriques sous la forme d'une hospitalisation complète ainsi que des mesures de sûreté.*

15. L'ordonnance de transmission de pièces n'est ni définitive ni attributive de compétence puisque la chambre de l'instruction peut, soit rendre un arrêt de non-lieu ou de renvoi devant le tribunal correctionnel ou la cour d'assises, soit rendre un arrêt d'irresponsabilité pénale.

(Cour de cassation – Chambre criminelle du 14 avril 2021 – N° de pourvoi : 20-80.135).

Article 706-121. – Ordonnance d'irresponsabilité pénale – *(Loi n° 2008-174 du 25 février 2008)*

• L'ordonnance d'irresponsabilité pénale pour cause de trouble mental met fin à la détention provisoire ou au contrôle judiciaire.

• L'ordonnance de transmission de pièces rendue en application de l'article 706-120 ne met pas fin à la détention provisoire ou au contrôle judiciaire, qui se poursuit jusqu'à l'audience de la chambre de l'instruction, sans préjudice de la possibilité pour le juge d'instruction, par ordonnance distincte, d'ordonner la mise en liberté ou la levée du contrôle judiciaire. S'il n'a pas été mis fin à la détention provisoire, la chambre de l'instruction doit statuer dans un délai de six mois en matière criminelle ou quatre mois en matière correctionnelle à compter de la date de l'ordonnance de transmission de pièces, à défaut de quoi la personne mise en examen est remise en liberté si elle n'est pas détenue pour une autre cause.

Article 706-122. – Comparution – *(Loi n° 2022-52 du 24 janvier 2022)*

• Lorsque la chambre de l'instruction est saisie en application de l'article 706-120, son président ordonne, soit d'office, soit à la demande de la partie civile, du ministère public ou de la personne mise en examen, la comparution personnelle de cette dernière si son état le permet, après avoir, le cas échéant, ordonné une expertise psychiatrique permettant d'actualiser les expertises figurant au dossier. Si celle-ci n'est pas assistée d'un avocat, le bâtonnier en désigne un d'office à la demande du président de la juridiction. Cet avocat représente la personne même si celle-ci ne peut comparaître.

• Les débats se déroulent et l'arrêt est rendu en audience publique, hors les cas de huis clos prévus par l'article 306.

• Le président procède à l'interrogatoire de la personne mise en examen, si elle est présente, conformément aux articles 406 et 442.

• Les experts ayant examiné la personne mise en examen doivent être entendus par la chambre de l'instruction, conformément à l'article 168.

• Sur décision de son président, la juridiction peut également entendre au cours des débats, conformément aux articles 436 à 457, les témoins cités par les parties ou le ministère public si leur audition est nécessaire pour établir s'il existe des charges suffisantes contre la personne d'avoir commis les faits qui lui sont reprochés et déterminer si le 1er alinéa de l'article 122-1 du Code pénal est applicable. Elle entend la partie civile si celle-ci le demande.

• Le procureur général, l'avocat de la personne mise en examen et l'avocat de la partie civile peuvent poser des questions à la personne mise en examen, à la partie civile, aux témoins et aux experts, conformément à l'article 442-1 du présent code.

• La personne mise en examen, si elle est présente, et la partie civile peuvent également poser des questions par l'intermédiaire du président.

• Une fois l'instruction à l'audience terminée, l'avocat de la partie civile est entendu et le ministère public prend ses réquisitions.

• La personne mise en examen, si elle est présente, et son avocat présentent leurs observations.

• La réplique est permise à la partie civile et au ministère public, mais la personne mise en examen, si elle est présente, et son avocat auront la parole les derniers.

Article 706-123. – Défaut de charges suffisantes – *(Loi n° 2008-174 du 25 février 2008)*

• Si elle estime qu'il n'existe pas de charges suffisantes contre la personne mise en examen d'avoir commis les faits qui lui sont reprochés, la chambre de l'instruction déclare qu'il n'y a lieu à suivre.

Article 706-124. – Charges suffisantes – *(Loi n° 2008-174 du 25 février 2008)*

• Si elle estime qu'il existe des charges suffisantes contre la personne mise en examen d'avoir commis les faits qui lui sont reprochés et que le premier alinéa de l'article 122-1 du Code pénal n'est pas applicable, la chambre de l'instruction ordonne le renvoi de la personne devant la juridiction de jugement compétente.

Article 706-125. – Arrêt de déclaration d'irresponsabilité pénale – *(Loi n° 2016-731 du 3 juin 2016)*

• Dans les autres cas, la chambre de l'instruction rend un arrêt de déclaration d'irresponsabilité pénale pour cause de trouble mental par lequel:

• 1° Elle déclare qu'il existe des charges suffisantes contre la personne d'avoir commis les faits qui lui sont reprochés;

• 2° Elle déclare la personne irresponsable pénalement en raison d'un trouble psychique ou neuropsychique ayant aboli son discernement ou le contrôle de ses actes au moment des faits;

• 3° Si la partie civile le demande, elle se prononce sur la responsabilité civile de la personne, conformément à l'article 489-2 du Code civil, et statue sur les demandes de dommages et intérêts;

• 4° Elle prononce, s'il y a lieu, une ou plusieurs des mesures de sûreté prévues au chapitre III du présent titre.

Article 706-126. – Fin de la détention provisoire, du contrôle judiciaire – *(Loi n° 2008-174 du 25 février 2008)*

• L'arrêt de déclaration d'irresponsabilité pénale pour cause de trouble mental met fin à la détention provisoire ou au contrôle judiciaire.

• Il peut faire l'objet d'un pourvoi en cassation.

Article 706-127. – Application – *(Loi n° 2008-174 du 25 février 2008)*

• Les articles 211 à 218 sont applicables aux décisions prévues aux articles 706-123 à 706-125.

Article 706-128. – Appel – *(Loi n° 2008-174 du 25 février 2008)*

• Les articles 706-122 à 706-127 sont applicables devant la chambre de l'instruction en cas d'appel d'une ordonnance d'irresponsabilité pénale pour cause de trouble mental ou en cas d'appel d'une ordonnance de renvoi lorsque cet appel est formé par une personne mise en examen qui invoque l'application du premier alinéa de l'article 122-1 du Code pénal.

CHAPITRE II

Dispositions applicables devant le tribunal correctionnel ou la cour d'assises

Section I

Dispositions applicables devant la cour d'assises

Article 706-129. – Cour d'assises – Irresponsabilité pénale – *(Loi n° 2008-174 du 25 février 2008)*

• Lorsqu'en application des articles 349-1 et 361-1, la cour d'assises a, au cours du délibéré, répondu positivement à la première question relative à la commission des faits et positivement à la seconde question portant sur l'application du premier alinéa de l'article 122-1 du Code pénal, elle déclare l'irresponsabilité pénale de l'accusé pour cause de trouble mental.

Article 706-130. – Arrêt – *(Loi n° 2008-174 du 25 février 2008)*

• Lorsque la cour d'assises rentre dans la salle d'audience en application de l'article 366, le président prononce un arrêt portant déclaration d'irresponsabilité pénale pour cause de trouble mental.

• Cet arrêt met fin à la détention provisoire ou au contrôle judiciaire.

Article 706-131. – Dommages et intérêts – *(Loi n° 2008-174 du 25 février 2008)*

• En application de l'article 371 du présent code et conformément à l'article 489-2 du Code civil, la cour, sans l'assistance du jury, statue alors sur les demandes de dommages et intérêts formées par la partie civile.

• Elle prononce s'il y a lieu une ou plusieurs des mesures de sûreté prévues au chapitre III du présent titre.

Article 706-132. – Appel des arrêts – *(Loi n° 2008-174 du 25 février 2008)*

• Le procureur général peut faire appel des arrêts portant déclaration d'irresponsabilité pénale pour cause de trouble mental. La cour d'assises statuant en appel est alors désignée conformément aux articles 380-14 et 380-15.

• L'accusé et la partie civile peuvent faire appel de la décision sur l'action civile. L'appel est alors porté devant la chambre des appels correctionnels, conformément à l'article 380-5.

Section II
Dispositions applicables devant le tribunal correctionnel

Article 706-133. – Tribunal correctionnel – Irresponsabilité pénale – *(Loi n° 2008-174 du 25 février 2008)*

• S'il estime que les dispositions du premier alinéa de l'article 122-1 du Code pénal sont applicables, le tribunal correctionnel rend un jugement de déclaration d'irresponsabilité pénale pour cause de trouble mental par lequel :

• 1° Il déclare que la personne a commis les faits qui lui étaient reprochés ;

• 2° Il déclare la personne irresponsable pénalement en raison d'un trouble psychique ou neuropsychique ayant aboli son discernement ou le contrôle de ses actes au moment des faits ;

• 3° Il se prononce sur la responsabilité civile de la personne auteur des faits, conformément à l'article 489-2 du Code civil, et statue, s'il y a lieu, sur les demandes de dommages et intérêts formées par la partie civile ;

• 4° Il prononce, s'il y a lieu, une ou plusieurs des mesures de sûreté prévues au chapitre III du présent titre.

• Le jugement de déclaration d'irresponsabilité pénale pour cause de trouble mental met fin à la détention provisoire ou au contrôle judiciaire.

[J] **• Déclaration de culpabilité**

M. [Z] [W] a formé un pourvoi contre l'arrêt de la cour d'appel de BOURGES (18), chambre correctionnelle, en date du 06/01/2022, qui l'a déclaré coupable de corruption de mineur, détention d'images pédo-pornographiques, et l'a déclaré irresponsable pénalement pour cause de trouble mental.

8. Avant de déclarer le prévenu irresponsable pénalement, l'arrêt attaqué énonce que celui-ci est coupable des faits qui lui sont reprochés.

9. En se déterminant ainsi, alors que la personne déclarée pénalement irresponsable ne saurait faire l'objet d'une déclaration de culpabilité, la cour d'appel a méconnu le texte susvisé et le principe ci-dessus rappelé.

(Cour de cassation – Chambre criminelle du 15 novembre 2022 – N° de pourvoi : 22-81.366).

Article 706-134. – Chambre des appels correctionnels – *(Loi n° 2011-1862 du 13 décembre 2011)*

• Les dispositions de l'article 706-133 sont applicables devant la chambre des appels correctionnels.

• Elles sont également applicables, à l'exception du 4°, devant le tribunal de police.

CHAPITRE III

Mesures de sûreté pouvant être ordonnées en cas de déclaration d'irresponsabilité pénale pour cause de trouble mental ou en cas de reconnaissance d'altération du discernement

Article 706-135. – Mesures de sûreté – *(Loi n° 2011-803 du 5 juillet 2011)*

• Sans préjudice de l'application des articles L. 3213-1 et L. 3213-7 du Code de la santé publique, lorsque la chambre de l'instruction ou une juridiction de jugement prononce un arrêt ou un jugement de déclaration d'irresponsabilité pénale pour cause de trouble mental, elle peut ordonner, par décision motivée, l'admission en soins psychiatriques de la personne, sous la forme d'une hospitalisation complète dans un établissement mentionné à l'article L. 3222-1 du même code s'il est établi par une expertise psychiatrique figurant au dossier de la procédure que les troubles mentaux de l'intéressé nécessitent des soins et compromettent la sûreté des personnes ou portent atteinte, de façon grave, à l'ordre public. Le représentant de l'État dans le département ou, à Paris, le préfet de police est immédiatement avisé de cette décision. Le régime de cette hospitalisation est celui prévu pour les admissions en soins psychiatriques prononcées en application de l'article L. 3213-1 du même code.

CODE DE LA SANTÉ PUBLIQUE

Article L. 3211-2-1. – Saisie d'un fonds de commerce – *(Ordonnance n° 2021-583 du 12 mai 2021)*

• **I.** – Une personne faisant l'objet de soins psychiatriques en application des chapitres II et III du présent titre ou de l'article 706-135 du Code de procédure pénale est dite en soins psychiatriques sans consentement.

• La personne est prise en charge :

• 1° Soit sous la forme d'une hospitalisation complète dans un établissement mentionné à l'article L. 3222-1 du présent code ;

• 2° Soit sous toute autre forme, pouvant comporter des soins ambulatoires, des soins à domicile dispensés par un établissement mentionné au même article L. 3222-1 des séjours à temps partiel ou des séjours de courte durée à temps complet effectués dans un établissement mentionné audit article L. 3222-1.

• **II.** – Lorsque les soins prennent la forme prévue au 2° du I, un programme de soins est établi par un psychiatre de l'établissement d'accueil et ne peut être modifié, afin de tenir compte de l'évolution de l'état de santé du patient, que dans les mêmes conditions. Le programme de soins définit les types de soins, leur périodicité et les lieux de leur réalisation, dans des conditions déterminées par décret en Conseil d'État.

• Pour l'établissement et la modification du programme de soins, le psychiatre de l'établissement d'accueil recueille l'avis du patient lors d'un entretien au cours duquel il donne au patient l'information prévue à l'article L. 3211-3 et l'avise des dispositions du III du présent article et de celles de l'article L. 3211-11.

• **III.** – Aucune mesure de contrainte ne peut être mise en œuvre à l'égard d'un patient pris en charge sous la forme prévue au 2° du I.

Article L. 3211-12. – Mainlevée immédiate – Mesure de soins psychiatriques... – *(Loi n° 2022-46 du 22 janvier 2022)*

• **I.** – Le juge des libertés et de la détention dans le ressort duquel se situe l'établissement d'accueil peut être saisi, à tout moment, aux fins d'ordonner, à bref délai, la mainlevée immédiate d'une mesure de soins psychiatriques prononcée en application des chapitres II à IV du présent titre ou de l'article 706-135 du Code de procédure pénale, quelle qu'en soit la forme.

• Il peut également être saisi aux fins de mainlevée d'une mesure d'isolement ou de contention prise en application de l'article L. 3222-5-1. Dans ce cas, il statue dans les délais prévus au II de l'article L. 3222-5-1 ou, à défaut dans un délai de 24 heures à compter de sa saisine.

• La saisine peut être formée par :

• 1° La personne faisant l'objet des soins ;

• 2° Les titulaires de l'autorité parentale ou le tuteur si la personne est mineure ;

• 3° La personne chargée d'une mesure de protection juridique relative à la personne faisant l'objet des soins ;

• 4° Son conjoint, son concubin, la personne avec laquelle elle est liée par un pacte civil de solidarité ;

• 5° La personne qui a formulé la demande de soins ;

• 6° Un parent ou une personne susceptible d'agir dans l'intérêt de la personne faisant l'objet des soins ;

• 7° Le procureur de la République.

• Le juge des libertés et de la détention peut également se saisir d'office, à tout moment. A cette fin, toute personne intéressée peut porter à sa connaissance les informations qu'elle estime utiles sur la situation d'une personne faisant l'objet d'une mesure mentionnée au 1er alinéa du présent article ou d'une mesure d'isolement ou de contention.

• **II.** – Le juge des libertés et de la détention ne peut statuer qu'après avoir recueilli l'avis du collège mentionné à l'article L. 3211-9 du présent code lorsque la personne fait l'objet d'une mesure de soins ordonnée en application de l'article L. 3213-7 du même code ou de l'article 706-135 du Code de procédure pénale à la suite d'un classement sans suite, d'une décision d'irresponsabilité pénale ou d'un jugement ou arrêt de déclaration d'irresponsabilité pénale prononcés sur le fondement du 1er alinéa de l'article 122-1 du Code pénal et concernant des faits punis d'au moins 5 ans d'emprisonnement en cas d'atteinte aux personnes ou d'au moins 10 ans d'emprisonnement en cas d'atteinte aux biens.

• Le juge ne peut, en outre, décider la mainlevée de la mesure qu'après avoir recueilli deux expertises établies par les psychiatres inscrits sur les listes mentionnées à l'article L. 3213-5-1 du présent code.

.../...

• Le juge fixe les délais dans lesquels l'avis du collège et les 2 expertises prévus au présent II doivent être produits, dans une limite maximale fixée par décret en Conseil d'État. Passés ces délais, il statue immédiatement.
• **III.** – Le juge des libertés et de la détention ordonne, s'il y a lieu, la mainlevée de la mesure d'hospitalisation complète, d'isolement ou de contention.
• Lorsqu'il ordonne la mainlevée de la mesure d'hospitalisation complète, il peut, au vu des éléments du dossier et par décision motivée, décider que la mainlevée prend effet dans un délai maximal de 24 heures afin qu'un programme de soins puisse, le cas échéant, être établi en application de l'article L. 3211-2-1. Dès l'établissement de ce programme ou à l'issue du délai mentionné à la phrase précédente, la mesure d'hospitalisation complète prend fin.

Article 706-136. – Mesures et durées – *(Loi n° 2008-174 du 25 février 2008)*
• Lorsque la chambre de l'instruction ou une juridiction de jugement prononce un arrêt ou un jugement de déclaration d'irresponsabilité pénale pour cause de trouble mental, elle peut ordonner à l'encontre de la personne les mesures de sûreté suivantes, pendant une durée qu'elle fixe et qui ne peut excéder dix ans en matière correctionnelle et vingt ans si les faits commis constituent un crime ou un délit puni de dix ans d'emprisonnement :
• 1° Interdiction d'entrer en relation avec la victime de l'infraction ou certaines personnes ou catégories de personnes, et notamment les mineurs, spécialement désignées ;
• 2° Interdiction de paraître dans tout lieu spécialement désigné ;
• 3° Interdiction de détenir ou de porter une arme ;
• 4° Interdiction d'exercer une activité professionnelle ou bénévole spécialement désignée, dans l'exercice de laquelle ou à l'occasion de laquelle l'infraction a été commise ou impliquant un contact habituel avec les mineurs, sans faire préalablement l'objet d'un examen psychiatrique déclarant la personne apte à exercer cette activité ;
• 5° Suspension du permis de conduire ;
• 6° Annulation du permis de conduire avec interdiction de solliciter la délivrance d'un nouveau permis.
• Ces interdictions, qui ne peuvent être prononcées qu'après une expertise psychiatrique, ne doivent pas constituer un obstacle aux soins dont la personne est susceptible de faire l'objet.
• Si la personne est hospitalisée en application des articles L. 3213-1 et L. 3213-7 du Code de la santé publique, les interdictions dont elle fait l'objet sont applicables pendant la durée de l'hospitalisation et se poursuivent après la levée de cette hospitalisation, pendant la durée fixée par la décision.

Article 706-136-1. – Obligations de soins – *(Loi n° 2014-896 du 15 août 2014)*
• Lorsqu'une personne condamnée dans les circonstances mentionnées au second alinéa de l'article 122-1 du Code pénal n'a pas été condamnée à un suivi socio-judiciaire, le juge de l'application des peines peut ordonner, à la libération de cette personne, si son état le justifie et après avis médical, une obligation de soins pendant une durée qu'il fixe et qui ne peut excéder cinq ans en matière correctionnelle ou dix ans si les faits commis constituent un crime ou un délit puni de dix ans d'emprisonnement. Le dernier alinéa de l'article 706-136 du présent code est applicable.

Article 706-137. – Modification ou levée d'une interdiction – *(Loi n° 2014-896 du 15 août 2014)*
• La personne qui fait l'objet d'une mesure prononcée en application des articles 706-136 ou 706-136-1 peut demander au juge des libertés et de la détention du lieu de la situation de l'établissement hospitalier ou de son domicile d'ordonner sa modification ou sa levée. Celui-ci statue en chambre du conseil sur les conclusions du ministère public, le demandeur ou son avocat entendus ou dûment convoqués. Il peut solliciter l'avis préalable de la victime. La levée de la mesure ne peut être décidée qu'au vu du résultat d'une expertise psychiatrique. En cas de rejet de la demande, aucune demande ne peut être déposée avant l'expiration d'un délai de six mois.

Article 706-138. – Information de la partie civile – *(Loi n° 2011-803 du 5 juillet 2011)*
• Lorsque l'interdiction prévue au 1° de l'article 706-136 est prononcée, la partie civile peut demander à être informée par le procureur de la République de la levée de l'hospitalisation dont cette personne aura pu faire l'objet en application des articles L. 3213-1 et L. 3213-7 du Code de la santé publique.
• La partie civile peut, à tout moment, indiquer au procureur de la République qu'elle renonce à cette demande.

Article 706-139. – Méconnaissance des interdictions ou obligation de soins – *(Loi n° 2014-896 du 15 août 2014)*
• La méconnaissance par la personne qui en a fait l'objet des interdictions prévues à l'ar-

ticle 706-136 ou de l'obligation de soins prévue à l'article 706-136-1 est punie, sous réserve des dispositions du premier alinéa de l'article 122-1 du Code pénal, de deux ans d'emprisonnement et 30 000 euros d'amende.

CHAPITRE IV

Dispositions applicables aux infractions d'atteintes à la personne résultant d'une intoxication volontaire

Article 706-139-1. – J.I. – Information – Déclaration irresponsabilité pénale – Consommation volontaire de substances psychoactives – *(Loi n° 2022-52 du 24 janvier 2022)*

• Lorsque le juge d'instruction est saisi d'une information sur le fondement des articles 221-5-6, 222-18-4 ou 222-26-2 du Code pénal et décide du renvoi de la personne mise en examen devant la juridiction de jugement du chef de ces incriminations, il est tenu, dans son ordonnance de règlement, de préalablement déclarer, en application du 1er alinéa de l'article 122-1 du même code, que celle-ci est pénalement irresponsable des faits commis à la suite de sa consommation volontaire de substances psychoactives.

Article 706-139-2. – Cour d'assises – Abolition discernement... – Consommation volontaire de substances psychoactives – *(Loi n° 2022-52 du 24 janvier 2022)*

• Lorsque, en application de l'article 351 du présent code, est posée devant la cour d'assises la question de l'application du 1er alinéa de l'article 122-1 du Code pénal à l'égard d'un accusé mis en accusation pour meurtre, assassinat, tortures ou actes de barbarie, violences ou viol, le président pose la question subsidiaire portant sur les qualifications prévues aux articles 221-5-6, 222-18-4 ou 222-26-2 du même code s'il apparaît que l'abolition du discernement de la personne ou du contrôle de ses actes est susceptible de résulter d'une consommation volontaire de substances psychoactives.

Article 706-140. – Modalités d'application – *(Loi n° 2008-174 du 25 février 2008)*

• Un décret précise les modalités d'application du présent titre.

TITRE XXIX

DES SAISIES SPÉCIALES

Article 706-141. – Saisies – *(Loi n° 2010-768 du 9 juillet 2010)*

• Le présent titre s'applique, afin de garantir l'exécution de la peine complémentaire de confiscation selon les conditions définies à l'article 131-21 du Code pénal, aux saisies réalisées en application du présent code lorsqu'elles portent sur tout ou partie des biens d'une personne, sur un bien immobilier, sur un bien ou un droit mobilier incorporel ou une créance ainsi qu'aux saisies qui n'entraînent pas de dépossession du bien.

J • **Commission rogatoire – Perquisition – Saisies**

Attendu qu'il résulte de l'arrêt attaqué, de l'ordonnance qu'il confirme et des pièces de la procédure que, dans le cadre d'une information judiciaire diligentée des chefs susvisés à l'encontre de Mme X..., le juge d'instruction a ordonné le 02/08/2018 la saisie en valeur de divers biens meubles corporels appartenant à Mme X..., mise en examen, et qui avaient été saisis par les officiers de police judiciaire, en exécution de la commission rogatoire délivrée par ce magistrat, lors d'une perquisition effectuée au domicile de l'intéressée le 12/07/2018; que le conseil de Mme X... a relevé appel de la décision.

Attendu qu'il résulte du 3e de ces textes que les dispositions des articles 706-141 à 706-158 du C.P.P. s'appliquent aux saisies réalisées en application de ce code lorsqu'elles portent sur tout ou partie des biens d'une personne, sur un bien immobilier, sur un bien ou un droit mobilier incorporel ou une créance ainsi qu'aux saisies qui n'entraînent pas de dépossession du bien;

Que, selon les 2 premiers, avec l'accord du juge d'instruction, l'officier de police judiciaire a le pouvoir de saisir les biens dont la confiscation est prévue à l'article 131-21 du C.P.;

Qu'il s'en déduit que la saisie en valeur des biens meubles corporels, qui ne sont pas visés à l'article 706-141 du C.P.P., ne peut être effectuée que sur le fondement des articles 94 et 97 du même code;

CASSE et ANNULE, en toutes ses dispositions, l'arrêt susvisé de la chambre de l'instruction de la cour d'appel de Colmar, en date du 6 décembre 2018.

(Cour de cassation – Chambre criminelle du 7 août 2019 – N° de pourvoi : 18-87174).

• **Abus de biens sociaux, banqueroute, abus de confiance, escroquerie, blanchiment et travail dissimulé – Saisies –**

Saisies spéciales – Saisie portant sur certains biens ou droits mobiliers incorporels – Saisie ordonnée à l'encontre d'un tiers au dossier – Procédure – Communication des pièces du dossier motivant la saisie – Nécessité

Contre l'arrêt de la chambre de l'instruction de la cour d'appel de MONTPELLIER, en date du 04/10/2018, qui, dans la procédure suivie contre MM. B... et D... G... des chefs d'abus de biens sociaux, banqueroute, abus de confiance, escroquerie, blanchiment et travail dissimulé, a confirmé l'ordonnance de saisie pénale du juge des libertés et de la détention.

Il résulte de l'article 6 de la C.E.D.H. que la chambre de l'instruction, saisie d'un recours formé contre une ordonnance de saisie spéciale au sens des articles 706-141 à 706-158 du C.P.P., qui, pour justifier d'une telle mesure, s'appuie sur une ou des pièces précisément identifiées de la procédure est tenue de s'assurer que celles-ci ont été communiquées à la partie appelante. Encourt, dès lors, la cassation la chambre de l'instruction qui, pour confirmer une ordonnance de saisie immobilière rendue par le juge des libertés et de la détention, se fonde, dans ses motifs décisoires, sur les déclarations des mis en cause, sans s'assurer au préalable qu'une copie de ces déclarations a été communiquée au propriétaire de l'immeuble saisi, demeuré tiers à la procédure.

(Cour de cassation – Chambre criminelle du 23 octobre 2019 – N° de pourvoi : 18-87097).

• Aide à l'entrée et au séjour irrégulier... – Confiscation d'un bien – Droit de propriété – Interjeter appel ou former un pourvoi en cassation

Mme [X] [P], d'une part, et les sociétés [8], [5], [10] et [4], [6] et l'[7], parties intervenantes, d'autre part, ont formé des pourvois contre l'arrêt de la cour d'appel de PARIS (75), chambre 2-14, en date du 30/06/2021, qui, pour aide à l'entrée et au séjour irrégulier, association de malfaiteurs, complicité d'obtention frauduleuse de document administratif, escroquerie et blanchiment, a condamné la 1re à 3 ans d'emprisonnement avec sursis, 100 000 € d'amende et a ordonné une mesure de confiscation.

45. Il résulte des 2 premiers de ces textes que toute personne dont le titre est connu ou qui a revendiqué cette qualité pendant la procédure a droit à ce que sa cause soit entendue par une juridiction ordonnant la confiscation d'un bien dont elle est propriétaire ou dont elle revendique la propriété.

46. Il résulte du 4e de ces textes que lorsque la peine de confiscation porte sur des biens sur lesquels toute personne autre que le condamné dispose d'un droit de propriété, elle ne peut être prononcée si cette personne dont le titre est connu ou qui a réclamé cette qualité au cours de la procédure n'a pas été mise en mesure de présenter ses observations sur la mesure de confiscation envisagée par la juridiction de jugement aux fins, notamment, de faire valoir le droit qu'elle revendique et sa bonne foi.

48. D'une part, si l'article D. 45-2-1 du C.P.P., qui complète l'article 131-21 du C.P., prévoit que la personne concernée a le droit de présenter elle-même ou par un avocat ses observations à l'audience, il résulte de la jurisprudence de la C.E.D.H. et de la C.J.U.E. qu'elle a le droit également de bénéficier de l'assistance d'un avocat tout au long de la procédure, en 1re instance comme en appel ou en cassation.

49. D'autre part, la juridiction correctionnelle qui statue sur la mesure de confiscation est tenue de s'assurer que lui ont été communiqués en temps utile outre les procès-verbaux de saisie, en cas de saisie spéciale, les réquisitions aux fins de saisie, l'ordonnance et les pièces précisément identifiées de la procédure sur lesquelles elle se fonde dans ses motifs décisoires.

16. Il résulte de l'ensemble de ces éléments que les personnes dont le titre est connu ou qui ont réclamé cette qualité au cours de la procédure sont recevables à interjeter appel ou à former un pourvoi en cassation contre la décision ordonnant la confiscation d'un bien leur appartenant.

(Cour de cassation – Chambre criminelle du 7 septembre 2022 – N° de pourvoi : 21-84.322).

Article 706-141-1. – Saisie en valeur – *(Loi n° 2012-409 du 27 mars 2012)*

• La saisie peut également être ordonnée en valeur. Les règles propres à certains types de biens prévues aux chapitres III et IV du présent titre s'appliquent aux biens sur lesquels la saisie en valeur s'exécute.

J **• Proxénétisme aggravé – Confiscation – Instrument du délit ou chose produite par le délit – Confiscation en valeur – Conditions – Valeur du bien n'excédant pas celle du produit – Proportionnalité – Défaut – Portée**

CASSATION sur le pourvoi formé par le procureur général près la cour d'appel d'Orléans, contre l'arrêt de la chambre de l'instruction de ladite cour d'appel, en date du 28/02/2019, qui, dans l'information suivie contre M. N... B..., du chef de proxénétisme aggravé, a infirmé les ordonnances de saisie pénale du juge d'instruction.

Il se déduit des articles 706-141-1 et 706-153 du C.P.P., et 131-21 du C.P., que peuvent être saisis en valeur les biens ou droits incorporels dont le mis en cause est propriétaire ou, sous réserve des droits du propriétaire de bonne foi, dont il a la libre disposition, dont la valeur représente celle des biens ayant servi à commettre l'infraction ou qui étaient destinés à la commettre. Il appartient dans ce cas au juge, d'une part, de s'assurer que les conditions de la confiscation de l'instrument de l'infraction prévues par le deuxième alinéa de l'article 131-21 du C.P. étaient réunies au moment de la commission des faits, d'autre part, de vérifier que la valeur du bien saisi n'excède pas celle de l'instrument de l'infraction, enfin, lorsqu'une telle garantie est invoquée, d'apprécier le caractère proportionné de l'atteinte portée au droit de propriété de l'intéressé au regard de la gravité concrète des faits et de sa situation personnelle. Encourt la cassation l'arrêt de la chambre de l'instruction qui a retenu que la saisie en valeur d'un bien doit être en corrélation avec le montant du produit de l'infraction, alors qu'elle avait constaté que, d'une part, les immeubles ayant servi à commettre le délit poursuivi, bien que cédés postérieurement aux faits, étaient lors de leur commission à la libre disposition du mis en examen et que la titulaire de la créance saisie n'était pas de bonne foi, d'autre part, les sommes saisies par le juge d'instruction représentaient la valeur de l'instrument de l'infraction.

(Cour de cassation – Chambre criminelle du 6 novembre 2019 – N° de pourvoi : 19-82683).

CHAPITRE Ier

Dispositions communes

Article 706-142. – Réquisition concours personne qualifiée – *(Loi n° 2010-768 du 9 juillet 2010)*

• Le procureur de la République, le juge d'instruction ou, avec leur autorisation, l'officier de police judiciaire peuvent requérir le concours de toute personne qualifiée pour accomplir les actes nécessaires à la saisie des biens visés au présent titre et à leur conservation.

Article 706-143. – Responsabilité du bien – *(Loi n° 2010-768 du 9 juillet 2010)*

• Jusqu'à la mainlevée de la saisie ou la confiscation du bien saisi, le propriétaire ou, à défaut, le détenteur du bien est responsable de son entretien et de sa conservation. Il en supporte la charge, à l'exception des frais qui peuvent être à la charge de l'État.

• En cas de défaillance ou d'indisponibilité du propriétaire ou du détenteur du bien, et sous réserve des droits des tiers de bonne foi, le procureur de la République ou le juge d'instruction peuvent autoriser la remise à l'Agence de gestion et de recouvrement des avoirs saisis et confisqués du bien saisi dont la vente par anticipation n'est pas envisagée afin que cette agence réalise, dans la limite du mandat qui lui est confié, tous les actes juridiques et matériels nécessaires à la conservation, l'entretien et la valorisation de ce bien.

• Tout acte ayant pour conséquence de transformer, modifier substantiellement le bien ou d'en réduire la valeur est soumis à l'autorisation préalable du juge des libertés et de la détention, sur requête du procureur de la République qui en a ordonné ou autorisé la saisie, du juge d'instruction qui en a ordonné ou autorisé la saisie ou du juge d'instruction en cas d'ouverture d'une information judiciaire postérieurement à la saisie.

Article 706-144. – Requêtes relatives à l'exécution de la saisie – *(Loi n° 2010-768 du 9 juillet 2010)*

• Le magistrat qui a ordonné ou autorisé la saisie d'un bien ou le juge d'instruction en cas d'ouverture d'une information judiciaire postérieurement à la saisie sont compétents pour statuer sur toutes les requêtes relatives à l'exécution de la saisie, sans préjudice des dispositions relatives à la destruction et à l'aliénation des biens saisis au cours de l'enquête ou de l'instruction prévues aux articles 41-5 et 99-2.

• Lorsque la décision ne relève pas du procureur de la République, son avis est sollicité préalablement.

• Le requérant et le procureur de la République peuvent, dans un délai de dix jours à compter de la notification de cette décision, faire appel de la décision devant la chambre de l'instruction. Cet appel est suspensif.

J • **Abus de biens sociaux – Banqueroute – Abus de confiance – Escroquerie – Blanchiment et travail dissimulé – Saisies – Saisies spéciales – Saisie portant sur certains biens ou droits mobiliers incorporels – Saisie ordonnée à l'encontre d'un tiers au dossier – Procédure – Communication des pièces du dossier motivant la saisie – Nécessité**

Contre l'arrêt de la chambre de l'instruction de la cour d'appel de MONTPELLIER, en date du 04/10/2018, qui, dans la procédure suivie contre MM. B... et D... G... des chefs d'abus de biens sociaux, banqueroute, abus de confiance, escroquerie, blanchiment et travail dissimulé, a confirmé l'ordonnance de saisie pénale du juge des libertés et de la détention.

Il résulte de l'article 6 de la C.E.D.H. que la chambre de l'instruction, saisie d'un recours formé contre une ordonnance de saisie spéciale au sens des articles 706-141 à 706-158 du C.P.P., qui, pour justifier d'une telle mesure, s'appuie sur une ou des pièces précisément identifiées de la procédure est tenue de s'assurer que celles-ci ont été communiquées à la partie appelante. Encourt, dès lors, la cassation la chambre de l'instruction qui, pour confirmer une ordonnance de saisie immobilière rendue par le juge des libertés et de la détention, se fonde, dans ses motifs décisoires, sur les déclarations des mis en cause, sans s'assurer au préalable qu'une copie de ces déclarations a été communiquée au propriétaire de l'immeuble saisi, demeuré tiers à la procédure.

(Cour de cassation – Chambre criminelle du 23 octobre 2019 – N° de pourvoi : 18-87097).

• **Autorisation de la vente d'un bien saisi – Conditions de recevabilité de l'appel**

Mme [X] [Y], épouse [L], a formé un pourvoi contre l'arrêt de la chambre de l'instruction de la cour d'appel de NANCY (54), en date du 26/03/2020, qui a déclaré irrecevable son appel de l'ordonnance du J.I. ayant autorisé la vente d'un bien saisi.

20. Les conditions de recevabilité de l'appel des décisions emportant aliénation avant jugement des biens placés sous main de justice sont ainsi plus larges que celles des décisions de saisie pénale spéciale qui ne peuvent être contestées devant la chambre de l'instruction que par le P.R., le propriétaire du bien ou du droit saisi, et les tiers ayant des droits sur ce bien ou sur ce droit.

21. Cette différence se justifie par le fait que les décisions de saisie pénale spéciale ont pour seul effet de rendre indisponible le bien qui en est l'objet, alors que les décisions emportant aliénation d'un tel bien entraînent la substitution au bien saisi d'une somme d'argent, et sont susceptibles d'avoir des effets sur la situation juridique de tiers qui ne sont cependant pas titulaires de droit sur l'objet placé sous main de justice.

22. Il s'en déduit que toute partie intéressée peut déférer devant la chambre de l'instruction toute décision autorisant le propriétaire du bien ou du droit saisi ou son représentant, à aliéner ledit bien ou droit.

23. Par partie intéressée, il faut entendre toute personne ayant un intérêt à s'opposer à une telle décision.

(Cour de cassation – Chambre criminelle du 15 septembre 2021 – N° de pourvoi : 20-84.674).

Article 706-145. – Disposition des biens saisis – *(Loi n° 2010-768 du 9 juillet 2010)*

• Nul ne peut valablement disposer des biens saisis dans le cadre d'une procédure pénale hors les cas prévus aux articles 41-5 et 99-2 et au présent chapitre.

• À compter de la date à laquelle elle devient opposable et jusqu'à sa mainlevée ou la confiscation du bien saisi, la saisie pénale suspend ou interdit toute procédure civile d'exécution sur le bien objet de la saisie pénale.

• Pour l'application du présent titre, le créancier ayant diligenté une procédure d'exécution antérieurement à la saisie pénale est de plein droit considéré comme titulaire d'une sûreté sur le bien, prenant rang à la date à laquelle cette procédure d'exécution est devenue opposable.

Article 706-146. – Procédure civile d'exécution sur le bien – *(Loi n° 2010-768 du 9 juillet 2010)*

• Si le maintien de la saisie du bien en la forme n'est pas nécessaire, un créancier muni d'un titre exécutoire constatant une créance liquide et exigible peut être autorisé, dans les conditions prévues à l'article 706-144, à engager ou reprendre une procédure civile d'exécution sur le bien, conformément aux règles applicables à ces procédures. Toutefois, il ne peut alors être procédé à la vente amiable du bien et la saisie pénale peut être reportée sur le solde du prix de cession, après désintéressement des créanciers titulaires d'une sûreté ayant pris rang antérieurement à la date à laquelle la saisie pénale est devenue opposable. Le solde du produit de la vente est consigné. En cas de classement sans suite, de non-lieu ou de relaxe, ou lorsque la peine de confiscation n'est pas prononcée, ce produit est restitué au propriétaire du bien s'il en fait la demande.

• En cas de reprise d'une procédure civile d'exécution suspendue par la saisie pénale, les formalités qui ont été régulièrement accomplies n'ont pas à être réitérées.

Article 706-147. – Application – *(Loi n° 2010-768 du 9 juillet 2010)*

• Les mesures ordonnées en application du présent titre sont applicables y compris lorsqu'elles sont ordonnées après la date de cessation des paiements et nonobstant les dispositions de l'article L. 632-1 du Code de commerce.

CHAPITRE II

Des saisies de patrimoine

Article 706-148. – Enquête – Saisie – *(Loi n° 2016-731 du 3 juin 2016)*

• Si l'enquête porte sur une infraction punie d'au moins cinq ans d'emprisonnement, le juge des libertés et de la détention peut, sur requête du procureur de la République, ordonner par décision motivée la saisie, aux frais avancés du Trésor, des biens dont la confiscation est prévue en application des cinquième et sixième alinéas de l'article 131-21 du Code pénal lorsque la loi qui réprime le crime ou le délit le prévoit ou lorsque l'origine de ces biens ne peut être établie. Le juge d'instruction peut, sur requête du procureur de la République ou d'office après avis du ministère public, ordonner cette saisie dans les mêmes conditions.

• La décision prise en application du premier alinéa est notifiée au ministère public, au propriétaire du bien saisi et, s'ils sont connus, aux tiers ayant des droits sur ce bien, qui peuvent la déférer à la chambre de l'instruction par déclaration au greffe du tribunal dans un délai de dix jours à compter de la notification de la décision. Cet appel n'est pas suspensif. L'appelant ne peut prétendre dans ce cadre qu'à la mise à disposition des seules pièces de la procédure se rapportant à la saisie qu'il conteste. S'ils ne sont pas appelants, le propriétaire du bien et les tiers peuvent néanmoins être entendus par la chambre de l'instruction, sans toutefois pouvoir prétendre à la mise à disposition de la procédure.

Article 706-149. – Règles propres à certains types de biens – *(Loi n° 2010-768 du 9 juillet 2010)*

• Les règles propres à certains types de biens prévues par le présent titre, à l'exclusion de celles relatives à la décision de saisie, s'appliquent aux biens compris en tout ou partie dans le patrimoine saisi.

CHAPITRE III

Des saisies immobilières

Article 706-150. – Ordonnance motivée – Saisie des immeubles – *(Loi n° 2019-222 du 23 mars 2019)*

• Au cours de l'enquête de flagrance ou de l'enquête préliminaire, le juge des libertés et de la détention, saisi par requête du procureur de la République, peut ordonner par décision motivée la saisie, aux frais avancés du Trésor, des immeubles dont la confiscation est prévue par l'article 131-21 du code pénal. Le juge d'instruction peut, au cours de l'information, ordonner cette saisie dans les mêmes conditions.

• La décision prise en application du 1er alinéa est notifiée au ministère public, au propriétaire du bien saisi et, s'ils sont connus, aux tiers ayant des droits sur ce bien, qui peuvent la déférer à la chambre de l'instruction par déclaration au greffe du tribunal dans un délai de 10 jours à compter de la notification de la décision. Cet appel n'est pas suspensif. L'appelant ne peut prétendre dans ce cadre qu'à la mise à disposition des seules pièces de la procédure se rapportant à la saisie qu'il conteste. S'ils ne sont pas appelants, le propriétaire du bien et les tiers peuvent néanmoins être entendus par la chambre de l'instruction, sans toutefois pouvoir prétendre à la mise à disposition de la procédure.

Article 706-151. – Saisie pénale – *(Loi n° 2010-768 du 9 juillet 2010)*

• La saisie pénale d'un immeuble est opposable aux tiers à compter de la publication de la décision ordonnant la saisie au bureau des hypothèques ou, pour les départements du Bas-Rhin, du Haut-Rhin et de la Moselle, au livre foncier du lieu de situation de l'immeuble. Les formalités de cette publication sont réalisées, au nom du procureur de la République ou du juge d'instruction, par l'Agence de gestion et de recouvrement des avoirs saisis et confisqués.

• Jusqu'à la mainlevée de la saisie pénale de l'immeuble ou la confiscation de celui-ci, la saisie porte sur la valeur totale de l'immeuble, sans préjudice des privilèges et hypothèques préalablement inscrits ou des privilèges visés à l'article 2378 du Code civil et nés antérieurement à la date de publication de la décision de saisie pénale immobilière.

• La publication préalable d'un commandement de saisie sur l'immeuble ne fait pas obstacle à la publication de la décision de saisie pénale immobilière.

Article 706-152. – Report de la saisie pénale – *(Loi n° 2016-731 du 3 juin 2016)*

• La cession de l'immeuble conclue avant la publication de la décision de saisie pénale immobilière et publiée après cette publication à la conservation des hypothèques ou au livre foncier pour les départements concernés est inopposable à l'État, sauf mainlevée ultérieure de la saisie. Toutefois, si le maintien de la saisie du bien en la forme n'est pas nécessaire et que la vente n'apparaît pas frauduleuse eu égard à ses conditions et au prix obtenu, le magistrat compétent peut décider le report de la saisie pénale sur le prix de la vente, après désintéressement des créanciers titulaires d'une sûreté ayant pris rang antérieurement à la date à laquelle la saisie pénale est devenue opposable. Dans ce cas, la publication de la décision et la consignation du solde du prix de vente rendent la vente opposable à l'État.

• Lorsque les frais de conservation de l'immeuble saisi sont disproportionnés par rapport à sa valeur en l'état, le juge des libertés et de la détention, sur requête du procureur de la République, ou le juge d'instruction, après avis du procureur de la République, peut autoriser l'Agence de gestion et de recouvrement des avoirs saisis et confisqués à l'aliéner par anticipation. Cette décision d'autorisation fait l'objet d'une ordonnance motivée. Elle est notifiée aux parties intéressées ainsi qu'aux tiers ayant des droits sur le bien, qui peuvent la déférer à la chambre de l'instruction dans les conditions prévues aux deux derniers alinéas de l'article 99.

• Le produit de la vente est consigné. En cas de non-lieu, de relaxe ou d'acquittement ou lorsque la peine de confiscation n'est pas prononcée, ce produit est restitué au propriétaire du bien s'il en fait la demande, sauf si le produit résulte de la vente d'un bien ayant été l'instrument ou le produit, direct ou indirect, d'une infraction.

CHAPITRE IV

Des saisies portant sur certains biens ou droits mobiliers incorporels

Article 706-153. – Ordonnance motivée – Saisie des biens ou droits incorporels – *(Loi n° 2019-222 du 23 mars 2019)*

• Au cours de l'enquête de flagrance ou de l'enquête préliminaire, le juge des libertés et de la détention, saisi par requête du procureur de la République, peut autoriser par ordonnance motivée la saisie, aux frais avancés du Trésor, des biens ou droits incorporels dont la confiscation est prévue par l'article 131-21 du code pénal. Le juge d'instruction peut, au cours de l'information, ordonner cette saisie dans les mêmes conditions.

• L'ordonnance prise en application du 1er alinéa est notifiée au ministère public, au propriétaire du bien ou du droit saisi et, s'ils sont connus, aux tiers ayant des droits sur ce bien ou sur ce droit, qui peuvent la déférer au président de la chambre de l'instruction ou à la chambre de l'instruction par déclaration au greffe du tribunal dans un délai de 10 jours à compter de la notification de l'ordonnance. Cet appel n'est pas suspensif. L'appelant ne peut prétendre dans ce cadre qu'à la mise à disposition des seules pièces de la procédure se rapportant à la saisie qu'il conteste. S'ils ne sont pas appelants, le propriétaire du bien et les tiers peuvent néanmoins être entendus par le président de la chambre de l'instruction ou la chambre de l'instruction, sans toutefois pouvoir prétendre à la mise à disposition de la procédure.

J **• Saisie d'une créance figurant sur un contrat d'assurance sur la vie – Conditions – Détermination – Portée**

La saisie d'une créance figurant sur un contrat d'assurance sur la vie ne peut qu'entraîner la suspension des facultés de rachat, de renonciation et de nantissement de ce contrat ainsi que l'interdiction de toute acceptation postérieure du bénéfice dudit contrat, l'assureur ne pouvant plus consentir d'avances au contractant.

Encourt en conséquence la cassation l'arrêt qui retient qu'aucune disposition légale n'interdit de procéder, en application de l'article 706-153 du Code de procédure pénale, à la saisie des sommes placées sur des comptes d'assurance sur la vie, dès lors que ces sommes correspondent, au sens de l'article 131-21, alinéa 3, du Code pénal, aux produits directs ou indirects de l'infraction poursuivie

(Cass. CRIM du 30 octobre 2012 – N° de pourvoi : 12-84961)

Article 706-154. – L'O.P.J. – Saisie – *(Loi n° 2023-22 du 24 janvier 2023)*

• Par dérogation à l'article 706-153, l'officier de police judiciaire peut être autorisé, par tout moyen, par le procureur de la République ou par le juge d'instruction à procéder, aux frais avancés du Trésor, à la saisie d'une somme d'argent versée sur un compte ouvert auprès d'un établissement habilité par la loi à tenir des comptes de dépôts ou d'actifs numériques mentionnés à l'article L. 54-10-1 du Code monétaire et financier. Le juge des libertés et de la détention, saisi par le procureur de la République, ou le juge d'instruction se prononce par ordonnance motivée sur le maintien ou la mainlevée de la saisie dans un délai de dix jours à compter de sa réalisation.

• L'ordonnance prise en application du 1er alinéa est notifiée au ministère public, au titulaire du compte ou au propriétaire de l'actif numérique et, s'ils sont connus, aux tiers ayant des droits sur ce compte ou cet actif, qui peuvent la déférer à la chambre de l'instruction par déclaration au greffe du tribunal dans un délai de 10 jours à compter de la notification de l'ordonnance. Cet appel n'est pas suspensif. L'appelant ne peut prétendre dans ce cadre qu'à la mise à disposition des seules pièces de la procédure se rapportant à la saisie qu'il conteste. S'ils ne sont pas appelants, le titulaire du compte et les tiers peuvent néanmoins être entendus par la chambre de l'instruction, sans toutefois pouvoir prétendre à la mise à disposition de la procédure.

• Lorsque la saisie porte sur une somme d'argent versée sur un compte ouvert auprès d'un établissement habilité par la loi à tenir des comptes de dépôts ou sur des actifs numériques mentionnés au même article L. 54-10-1, elle s'applique indifféremment à l'ensemble des sommes inscrites au crédit de ce compte ou à l'ensemble des actifs numériques détenus au moment de la saisie et à concurrence, le cas échéant, du montant indiqué dans la décision de saisie.

J **• Enquête préliminaire – Travail dissimulé et recel – Saisie de sommes inscrites au crédit de comptes bancaires – Accès limité aux pièces du dossier –**

Attendu que, d'une part, le demandeur ne saurait se faire un grief de n'avoir eu accès qu'aux pièces de la procédure se rapportant à la saisie, conformément à l'alinéa 2 de l'article 706-154 précité, dès lors que ce texte ne méconnaît aucune des dispositions conventionnelles invoquées en ce qu'il garantit un juste équilibre entre les droits de la personne concernée par la saisie et la nécessité de protéger le secret de l'enquête et de l'instruction;

Attendu que, d'autre part, il résulte des énonciations de l'arrêt que les fonds importants versés sur les comptes de Mme X..., dont le montant est sans rapport avec ses ressources apparentes, peuvent provenir des infractions objet de l'enquête, de sorte que ces sommes, susceptibles de confiscation en application de l'article 131-21 du Code pénal, étaient saisissables;

(Cour de cassation – Chambre criminelle – Audience publique du 25 février 2015 – N° de pourvoi : 14-86450).

• Abus de biens sociaux et blanchiment – Chambre de l'instruction – Recours

Mme [Z] [Y] a formé un pourvoi contre l'arrêt de la chambre de l'instruction de la cour d'appel de RENNES (35), *en date du 24/01/2020, qui, dans l'information suivie contre M. [R] [G], des chefs d'abus de biens sociaux et blanchiment, a confirmé l'ordonnance de saisie pénale rendue par le J.I.*

9. L'ordonnance par laquelle le juge d'instruction se prononce sur le maintien ou la mainlevée de la saisie d'une somme d'argent versée sur un compte ouvert auprès d'un établissement habilité par la loi à tenir des comptes de dépôt est, aux termes de l'article 706-154 du C.P.P., notifiée au ministère public, au titulaire du compte et, s'ils sont connus, aux tiers ayant des droits sur ce compte, qui peuvent la déférer à la chambre de l'instruction par déclaration au greffe du tribunal dans un délai de 10 jours à compter de la notification de l'ordonnance.

10. Les dispositions des articles 706-153 et D. 43-5 du C.P.P., prévoyant que le président de la chambre de l'instruction est compétent pour statuer seul, notamment, sur les demandes ou les recours ou contentieux relatifs à la saisie de biens ou droits incorporels, sauf si l'auteur du recours a précisé qu'il saisit la chambre de l'instruction dans sa formation collégiale, ne concernent pas le recours formé contre l'ordonnance prévue par l'article 154 706-du même code.

(Cour de cassation – Chambre criminelle du 2 juin 2021 – N° de pourvoi : 20-81.100).

Article 706-155. – Saisie d'une créance – *(Loi n° 2010-768 du 9 juillet 2010)*

• Lorsque la saisie porte sur une créance ayant pour objet une somme d'argent, le tiers débiteur doit consigner sans délai la somme due à la Caisse des dépôts et consignations ou auprès de l'Agence de gestion et de recouvrement des avoirs saisis et confisqués lorsqu'elle est saisie.

Toutefois, pour les créances conditionnelles ou à terme, les fonds sont consignés lorsque ces créances deviennent exigibles.

• Lorsque la saisie porte sur une créance figurant sur un contrat d'assurance sur la vie, elle entraîne la suspension des facultés de rachat, de renonciation et de nantissement de ce contrat, dans l'attente du jugement définitif au fond. Cette saisie interdit également toute acceptation postérieure du bénéfice du contrat dans l'attente de ce jugement et l'assureur ne peut alors plus consentir d'avances au contractant. Cette saisie est notifiée au souscripteur ainsi qu'à l'assureur ou à l'organisme auprès duquel le contrat a été souscrit.

Article 706-156. – Saisie de parts sociales, valeurs mobilières – *(Loi n° 2010-768 du 9 juillet 2010)*

• La saisie de parts sociales, valeurs mobilières, instruments financiers ou autres biens ou droits incorporels est notifiée à la personne émettrice.

• Le cas échéant, la saisie est également notifiée à l'intermédiaire financier mentionné aux 2° à 7° de l'article L. 542-1 du Code monétaire et financier teneur du compte ainsi qu'à l'intermédiaire inscrit mentionné à l'article L. 228-1 du Code de commerce.

Article 706-157. – Saisie d'un fonds de commerce – *(Ordonnance n° 2021-1192 du 15 septembre 2021)*

• La saisie d'un fonds de commerce est opposable aux tiers à compter de son inscription, aux frais avancés du Trésor, dans un registre, selon des modalités déterminées par décret en Conseil d'État.

• Les formalités de cette publication sont réalisées, au nom du procureur de la République, du juge d'instruction ou de la juridiction de jugement, par l'Agence de gestion et de recouvrement des avoirs saisis et confisqués.

Nota : Conformément au I de l'article 37 de l'ordonnance n° 2021-1192 du 15/09/2021, ces dispositions entreront en vigueur à une date qui sera fixée par décret et qui ne pourra être postérieure au 1er janvier 2023.

CHAPITRE V

Des saisies sans dépossession

Article 706-158. –Saisies sans dépossession – *(Loi n° 2019-222 du 23 mars 2019)*

• Au cours de l'enquête de flagrance ou de l'enquête préliminaire, le juge des libertés et de la détention, saisi par requête du procureur de la République, peut ordonner par décision motivée la saisie, aux frais avancés du Trésor, des biens dont la confiscation est prévue par l'article 131-21 du code pénal sans en dessaisir le propriétaire ou le détenteur. Le juge d'instruction peut, au cours de l'information, ordonner cette saisie dans les mêmes conditions.

• La décision prise en application du 1er alinéa est notifiée au ministère public, au propriétaire du bien saisi et, s'ils sont connus, aux tiers ayant des droits sur ce bien, qui peuvent la déférer à la chambre de l'instruction par déclaration au greffe du tribunal dans un délai de 10 jours à compter de la notification de la décision. Cet appel n'est pas suspensif. L'appelant ne peut prétendre dans ce cadre qu'à la mise à disposition des seules pièces de la procédure se rapportant à la saisie qu'il conteste. S'ils ne sont pas appelants, le propriétaire du bien et les tiers peuvent néanmoins être entendus par la chambre de l'instruction, sans toutefois pouvoir prétendre à la mise à disposition de la procédure.

• Le magistrat qui ordonne la saisie sans dépossession désigne la personne à laquelle la garde du bien est confiée et qui doit en assurer l'entretien et la conservation, aux frais le cas échéant du propriétaire ou du détenteur du bien qui en est redevable conformément à l'article 706-143 du présent code.

• En dehors des actes d'entretien et de conservation, le gardien du bien saisi ne peut en user que si la décision de saisie le prévoit expressément.

TITRE XXX

DE L'AGENCE DE GESTION ET DE RECOUVREMENT DES AVOIRS SAISIS ET CONFISQUÉS

CHAPITRE Ier

Des missions de l'agence

Article 706-159. – Agence de gestion et de recouvrement – *(Loi n° 2010-768 du 9 juillet 2010)*

• L'Agence de gestion et de recouvrement des avoirs saisis et confisqués est un établissement public de l'État à caractère administratif placé sous la tutelle conjointe du ministre de la justice et du ministre chargé du budget.

Article 706-160. – Missions de l'agence – *(Loi n° 2021-401 du 8 avril 2021)*

• L'agence est chargée d'assurer, sur l'ensemble du territoire et sur mandat de justice :

• 1° La gestion de tous les biens, quelle que soit leur nature, saisis, confisqués ou faisant l'objet d'une mesure conservatoire au cours d'une procédure pénale, qui lui sont confiés et qui nécessitent, pour leur conservation ou leur valorisation, des actes d'administration ;

• 2° La gestion centralisée de toutes les sommes saisies lors de procédures pénales ;

• 3° L'aliénation ou la destruction des biens dont elle a été chargée d'assurer la gestion au titre du 1° et qui sont ordonnées, sans préjudice de l'affectation de ces biens dans les conditions prévues aux articles L. 2222-9 du Code général de la propriété des personnes publiques et 707-1 du présent code ;

• 4° L'aliénation des biens ordonnée ou autorisée dans les conditions prévues aux articles 41-5 et 99-2 du présent code ;

• 5° La gestion des biens affectés à titre gratuit par l'autorité administrative dans les conditions prévues aux mêmes articles 41-5 et 99-2 et à l'article L. 2222-9 du Code général de la propriété des personnes publiques.

• Les sommes transférées à l'Agence de gestion et de recouvrement des avoirs saisis et confisqués en application du 2° du présent article et dont l'origine ne peut être déterminée sont transférées à l'État à l'issue d'un délai de 4 ans après leur réception, lors de la clôture des comptes annuels. En cas de décision de restitution postérieure au délai de 4 ans, l'État rembourse à l'agence les sommes dues.

• L'agence peut, dans les mêmes conditions, assurer la gestion des biens saisis, procéder à l'aliénation ou à la destruction des biens saisis ou confisqués et procéder à la répartition du produit de la vente en exécution de toute demande d'entraide ou de coopération émanant d'une autorité judiciaire étrangère.

• L'agence peut mettre à disposition, le cas échéant à titre gratuit, un bien immobilier dont la gestion lui est confiée en application du 1° du présent article au bénéfice d'associations dont les activités entrent pour leur ensemble dans le champ du b du 1 de l'article 200 du Code général des impôts ainsi que d'associations, de fondations reconnues d'utilité publique et d'organismes bénéficiant de l'agrément prévu à l'article L. 365-2 du Code de la construction et de l'habitation. Les modalités de cette mise à disposition sont définies par voie réglementaire.

• L'ensemble de ses compétences s'exerce pour les biens saisis ou confisqués, y compris ceux qui ne sont pas visés au titre XXIX.

• La décision de transfert des biens faisant l'objet d'une saisie pénale à l'Agence de gestion et de recouvrement des avoirs saisis et confisqués est notifiée ou publiée selon les règles applicables à la saisie elle-même.

• Dans l'exercice de ses compétences, l'agence peut obtenir le concours ainsi que toutes informations utiles auprès de toute personne physique ou morale, publique ou privée, sans que le secret professionnel lui soit opposable, sous réserve des dispositions de l'article 66-5 de la loi n° 71-1130 du 31 décembre 1971 portant réforme de certaines professions judiciaires et juridiques.

DÉCRET N° 2021-1428 DU 2 NOVEMBRE 2021

pris pour l'application du 9e alinéa de l'article 706-160 du C.P.P. relatif à l'affectation sociale des biens immobiliers confisqués

NOR: JUSD2132474D – Version consolidée au 4 novembre 2021
(Extrait)

• **Publics concernés:** Agence de gestion et de recouvrement des avoirs saisis et confisqués, personnes morales.
• **Objet:** détermination des modalités d'application du neuvième alinéa de l'article 706-160 du Code de procédure pénale relatif à l'affectation sociale des biens immobiliers confisqués.
• **Entrée en vigueur:** le texte entre en vigueur le lendemain de sa publication.
• **Notice:** le décret détermine les modalités d'application de l'affectation sociale des biens immobiliers confisqués par les juridictions pénales.

En 1er lieu, il prévoit que peuvent faire l'objet d'une telle affectation les biens immobiliers libres d'occupants dont l'Agence de gestion et de recouvrement des avoirs saisis et confisqués a la gestion et ayant fait l'objet d'une décision de confiscation définitive. Il exclut la possibilité d'affecter les biens immobiliers dont la cession est nécessaire à l'indemnisation des victimes ou au désintéressement de créanciers.

En 2e lieu, il détermine les conditions de moralité et d'honorabilité requises pour bénéficier du dispositif.

En 3e lieu, le décret définit la procédure de passation des contrats de mise à disposition qui a lieu après publicité et concurrence. Il conditionne la passation du contrat de mise à disposition à la délibération du conseil d'administration de l'agence et à l'approbation conjointe du ministre de la justice et du ministre chargé du budget.

En 4e lieu, le décret encadre les formes du contrat de mise à disposition.

En 5e lieu, le décret limite, sauf dérogation, la durée de la mise à disposition à 3 années et décrit les modalités de son renouvellement.

En dernier lieu, il prévoit les conditions permettant de contrôler la bonne exécution du contrat par le bénéficiaire de la mise à disposition.

Article 706-161. – Autres actions – *(Loi n° 2016-1917 du 29 décembre 2016)*

• L'agence fournit aux juridictions pénales et aux procureurs de la République, à leur demande ou à son initiative, les orientations ainsi que l'aide juridique et pratique utiles à la réalisation des saisies et confiscations envisagées ou à la gestion des biens saisis et confisqués.

• Elle peut mener toute action d'information ou de formation destinée à faire connaître son action et à promouvoir de bonnes pratiques en matière de saisie et de confiscation.

• L'agence veille à l'abondement du fonds de concours recevant les recettes provenant de la confiscation des biens mobiliers ou immobiliers des personnes reconnues coupables d'infraction en matière de trafic de stupéfiants. L'agence peut également verser à l'État des contributions destinées au financement de la lutte contre la délinquance et la criminalité et au financement de la prévention de la prostitution et de l'accompagnement social et professionnel des personnes prostituées.

• Elle peut informer les services compétents et les victimes, à leur demande ou à son initiative, sur les biens qui sont restitués sur décision de justice, afin d'assurer le paiement de leurs créances, notamment fiscales, douanières, sociales ou de dédommagement.

• L'agence met en œuvre un traitement de données à caractère personnel qui centralise les décisions de saisie et de confiscation dont elle est saisie quelle que soit la nature des biens, ainsi que toutes les informations utiles relatives aux biens visés, à leur localisation et à leurs propriétaires ou détenteurs.

• Les magistrats et greffiers affectés au sein de l'Agence de gestion et de recouvrement des avoirs saisis et confisqués peuvent accéder directement aux informations et aux données à caractère personnel enregistrées dans le bureau d'ordre national automatisé des procédures judiciaires dans le cadre des attributions de l'agence, pour le besoin des procédures pour lesquelles sont envisagées ou ont été réalisées des saisies ou des confiscations et dans la mesure du besoin d'en connaître.

• L'agence établit un rapport annuel d'activité, comprenant notamment un bilan statistique, ainsi que toute réflexion et toute proposition visant à l'amélioration du droit et des pratiques en matière de saisie et de confiscation.

CHAPITRE II

De l'organisation de l'agence

Article 706-162. – Administration – *(Loi n° 2010-768 du 9 juillet 2010)*

• L'agence est administrée par un conseil d'administration dont le président est un magistrat de l'ordre judiciaire nommé par décret.

Article 706-163. – Ressources – *(Loi n° 2021-1900 du 30 décembre 2021)*

• Les ressources de l'agence comportent :

• 1° Les subventions, avances et autres contributions de l'État et de ses établissements publics, de l'Union européenne, des collectivités territoriales, de leurs groupements et de leurs établissements publics ainsi que de toute autre personne morale publique ou privée ;

• 2° Les recettes fiscales affectées par la loi ;

• 3° Une partie, à l'exception des recettes mentionnées au présent 4°, plafonnée conformément au I de l'article 46 de la loi n° 2011-1977 du 28 décembre 2011 de finances pour 2012 des sommes confisquées gérées par l'agence ainsi que, du produit de la vente des biens confisqués lorsque l'agence est intervenue pour leur gestion ou leur vente, sauf lorsque la loi prévoit la restitution intégrale à la personne saisie de ce produit et des intérêts échus le cas échéant, et sous réserve de l'affectation de ces sommes ou de ce produit au fonds de concours recevant les recettes provenant de la confiscation des biens mobiliers ou immobiliers des personnes reconnues coupables d'infractions en matière de trafic de stupéfiants ;

• 4° Les recettes provenant de la confiscation des biens et produits prévue au 1° de l'article 225-24 du Code pénal ;

• 5° Le produit des dons et legs.

CHAPITRE III

Du paiement des dommages et intérêts sur les biens confisqués

Article 706-164. – Dommages et intérêts – *(Loi n° 2016-731 du 3 juin 2016)*

• Toute personne qui, s'étant constituée partie civile, a bénéficié d'une décision définitive lui accordant des dommages et intérêts en réparation du préjudice qu'elle a subi du fait d'une infraction pénale ainsi que des frais en application des articles 375 ou 475-1 et qui n'a pas obtenu d'indemnisation ou de réparation en application des articles 706-3 ou 706-14, ou une aide au recouvrement en application de l'article 706-15-1, peut obtenir de l'Agence de gestion et de recouvrement des avoirs saisis et confisqués que ces sommes lui soient payées par prélèvement sur les fonds ou sur la valeur liquidative des biens de son débiteur dont la confiscation a été décidée par une décision définitive et dont l'agence est dépositaire en application des articles 706-160 ou 707-1.

• Cette demande de paiement doit, à peine de forclusion, être adressée par lettre recommandée à l'agence dans un délai de deux mois à compter du jour où la décision mentionnée au premier alinéa du présent article a acquis un caractère définitif.

• En cas de pluralité de créanciers requérants et d'insuffisance d'actif pour les indemniser totalement, le paiement est réalisé au prix de la course et, en cas de demandes parvenues à même date, au marc l'euro.

• Les dispositions qui précèdent ne sont pas applicables à la garantie des créances de l'État.

• L'État est subrogé, à concurrence des sommes versées, dans les droits de la victime contre l'auteur de l'infraction dans le respect du rang des privilèges et sûretés de droit civil.

• Les dossiers susceptibles d'ouvrir droit à cette action récursoire de l'État sont instruits par l'Agence de gestion et de recouvrement des avoirs saisis et confisqués puis communiqués au ministre chargé des finances qui en assure le recouvrement.

Article 706-165. – Modalités d'application – *(Loi n° 2010-768 du 9 juillet 2010)*

• Les modalités d'application du présent titre sont fixées par décret en Conseil d'État.

TITRE XXXI

DES MESURES CONSERVATOIRES

Article 706-166. – Mesures conservatoires – *(Loi n° 2010-768 du 9 juillet 2010)*

• En cas d'information ouverte pour l'une des infractions, punie d'une peine égale ou supérieure à trois ans d'emprisonnement, figurant au sein du titre Ier du livre III du Code pénal, le juge des libertés et de la détention, sur requête du procureur de la République, peut, dans les conditions et selon les modalités prévues à l'article 706-103 du présent code, ordonner des mesures conservatoires sur les biens, meubles ou immeubles, divis ou indivis, de la personne mise en examen afin de garantir le paiement des amendes encourues ainsi que, le cas échéant, l'indemnisation des victimes.

• La condamnation vaut validation des mesures conservatoires et permet l'inscription définitive des sûretés.

• La décision de non-lieu, de relaxe ou d'acquittement emporte de plein droit, aux frais du Trésor, mainlevée des mesures ordonnées. Il en est de même en cas d'extinction de l'action publique et de l'action civile.

• Pour l'application du présent article, le juge des libertés et de la détention est compétent sur l'ensemble du territoire national.

• Le présent article s'applique sans préjudice des dispositions du titre XXIX du présent livre.

TITRE XXXII

DE LA PROCÉDURE APPLICABLE AUX INFRACTIONS RELATIVES À LA PROLIFÉRATION D'ARMES DE DESTRUCTION MASSIVE ET DE LEURS VECTEURS

Article 706-167. – Procédure applicable – *(Loi n° 2011-266 du 14 mars 2011)*

• La procédure applicable à l'enquête, à la poursuite, à l'instruction et au jugement des crimes et des délits suivants ainsi que des infractions connexes est celle prévue par le présent code, sous réserve des dispositions du présent titre :

• 1° Les infractions relatives aux matières et aux armes nucléaires et aux biens connexes aux matières nucléaires prévues par les 1° et 2° du I de l'article L. 1333-9 et les articles L. 1333-11, L. 1333-13-1 à L. 1333-13-6 et L. 1333-14 du Code de la défense ;

• 2° Les infractions relatives aux armes biologiques ou à base de toxines prévues par les articles L. 2341-1, L. 2341-2, L. 2341-4 et L. 2341-5 du même code ;

• 3° Les infractions relatives aux armes et produits chimiques prévues par les articles L. 2342-57 à L. 2342-61 du même code ;

• 4° Les infractions relatives à la prolifération des vecteurs d'armes de destruction massive prévues par les articles L. 2339-14 à L. 2339-16 du même code ;

• 5° Les délits de contrebande, d'importation ou d'exportation prévus aux deuxième et dernier alinéas de l'article 414 du Code des douanes, lorsqu'ils portent sur des biens à double usage, civil et militaire ;

• 6° Les infractions de livraison d'informations à une puissance étrangère prévues par les articles 411-6 à 411-8 du Code pénal lorsque ces infractions sont en relation avec l'une des infractions mentionnées aux 1° à 5° du présent article ;

• 7° Le délit de participation à une association de malfaiteurs prévu par l'article 450-1 du Code pénal lorsqu'il a pour objet de préparer l'une des infractions susvisées.

• Le présent titre est également applicable à la poursuite, à l'instruction et au jugement des infractions susvisées commises à l'étranger lorsque la loi française est applicable en vertu de la section II du chapitre III du titre Ier du livre Ier du Code pénal.

Section I

Compétence

Article 706-168. – Compétence concurrente – *(Ordonnance n° 2019-964 du 18 septembre 2019)*

• Pour la poursuite, l'instruction et le jugement des infractions entrant dans le champ d'application de l'article 706-167, le procureur de la République antiterroriste, le juge d'instruction, le tribunal correctionnel et la cour d'assises de Paris exercent une compétence concurrente à celle qui résulte de l'application des articles 43, 52, 382 et 702.

• En ce qui concerne les mineurs, le procureur de la République antiterroriste, le juge d'instruction, le juge des enfants, le tribunal pour enfants et la cour d'assises des mineurs de Paris exercent une compétence concurrente à celle qui résulte de l'application de l'ordonnance n° 45-174 du 2 février 1945 relative à l'enfance délinquante.

• Lorsqu'ils sont compétents pour la poursuite et l'instruction des infractions entrant dans le champ d'application de l'article 706-167, le procureur de la République antiterroriste et le juge d'instruction de Paris exercent leurs attributions sur toute l'étendue du territoire national.

• L'instruction des actes de financement de la prolifération des armes de destruction massive et de leurs vecteurs définis par les articles L. 1333-13-5, L. 2339-15, L. 2341-2 et L. 2341-4 et le 4e alinéa de l'article L. 2342-60 du Code de la défense peut être confiée, le cas échéant dans les conditions prévues à l'article 83-1 du présent code, à un magistrat du tribunal judiciaire de Paris affecté aux formations d'instruction spécialisées en matière économique et financière en application du 21e alinéa de l'article 704.

Article 706-169. – Procureur de la République près d'un tribunal judiciaire – *(Ordonnance n° 2019-964 du 18 septembre 2019)*

• Le procureur de la République près un tribunal judiciaire autre que celui de Paris peut, pour les infractions entrant dans le champ d'application de l'article 706-167, requérir le juge d'instruction de se dessaisir au profit de la juridiction d'instruction de Paris. Les parties sont préalablement avisées et invitées à faire connaître leurs observations par le juge d'instruction; l'ordonnance est rendue 8 jours au plus tôt et 1 mois au plus tard à compter de cet avis.

• L'ordonnance par laquelle le juge d'instruction se dessaisit ne prend effet qu'à compter du délai de 5 jours prévu par l'article 706-173; lorsqu'un recours est exercé en application de cet article, le juge d'instruction demeure saisi jusqu'à ce que l'arrêt de la chambre criminelle de la Cour de cassation soit porté à sa connaissance.

• Dès que l'ordonnance est devenue définitive, le procureur de la République adresse le dossier de la procédure au procureur de la République antiterroriste.

• Le présent article est applicable devant la chambre de l'instruction.

Article 706-170. – Juge d'instruction de Paris – *(Loi n° 2019-222 du 23 mars 2019)*

• Lorsqu'il apparaît au juge d'instruction de Paris que les faits dont il a été saisi ne constituent pas une des infractions entrant dans le champ d'application de l'article 706-167 et ne relèvent pas de sa compétence à un autre titre, ce magistrat se déclare incompétent soit sur requête du procureur de la République antiterroriste, soit, après avis de ce dernier, d'office ou sur requête des parties. Celles des parties qui n'ont pas présenté requête sont préalablement avisées et invitées à faire connaître leurs observations; l'ordonnance est rendue au plus tôt 8 jours après cet avis.

• Le 2e alinéa de l'article 706-169 est applicable à l'ordonnance par laquelle le juge d'instruction de Paris se déclare incompétent.

• Dès que l'ordonnance est devenue définitive, le procureur de la République antiterroriste adresse le dossier de la procédure au procureur de la République territorialement compétent.

• Le présent article est applicable lorsque la chambre de l'instruction de la cour d'appel de Paris statue sur sa compétence.

Article 706-171. – Tribunal correctionnel, tribunal pour enfants de Paris – *(Loi n° 2011-266 du 14 mars 2011)*

• Lorsque le tribunal correctionnel ou le tribunal pour enfants de Paris se déclare incompétent pour les motifs prévus par l'article 706-170, il renvoie le ministère public à se pourvoir ainsi qu'il avisera; il peut, le ministère public entendu, décerner, par la même décision, mandat de dépôt ou d'arrêt contre le prévenu.

Article 706-172. – Mandat de dépôt ou d'arrêt – *(Loi n° 2011-266 du 14 mars 2011)*

• Dans les cas prévus par les articles 706-169 à 706-171, le mandat de dépôt ou d'arrêt conserve sa force exécutoire; les actes de poursuite ou d'instruction et les formalités intervenus avant que la décision de dessaisissement ou d'incompétence soit devenue définitive n'ont pas à être renouvelés.

Article 706-173. – Ordonnance – *(Ordonnance n° 2019-964 du 18 septembre 2019)*

• Toute ordonnance rendue sur le fondement des articles 706-169 ou 706-170 par laquelle un juge d'instruction statue sur son dessaisissement ou le juge d'instruction de Paris statue sur sa compétence peut, à l'exclusion de toute autre voie de recours, être déférée dans les 5 jours de sa notification, à la requête du ministère public ou des parties, à la chambre criminelle de la Cour de cassation qui désigne, dans les 8 jours suivant la date de réception du dossier, le juge d'instruction chargé de poursuivre l'information. Le ministère public peut également saisir directement la chambre criminelle de la Cour de cassation lorsque le juge d'instruction n'a pas rendu son ordonnance dans le délai d'un mois prévu au 1er alinéa de l'article 706-169.

• La chambre criminelle qui constate que le juge d'instruction du tribunal judiciaire de

Paris n'est pas compétent peut néanmoins, dans l'intérêt d'une bonne administration de la justice, décider que l'information sera poursuivie à ce tribunal.

• L'arrêt de la chambre criminelle est porté à la connaissance du juge d'instruction et du ministère public ; il est signifié aux parties.

• Le présent article est applicable à l'arrêt rendu sur le fondement du dernier alinéa des articles 706-169 et 706-170 par lequel une chambre de l'instruction statue sur son dessaisissement ou sa compétence.

Section II
Procédure

Article 706-174. – Jugement des accusés majeurs – *(Loi n° 2011-266 du 14 mars 2011)*

• Pour le jugement des accusés majeurs, les règles relatives à la composition et au fonctionnement de la cour d'assises sont fixées par l'article 698-6.

Article 706-175. – *(Abrogé – Loi n° 2017-242 du 27 février 2017)*

TITRE XXXIII
DE LA PROCÉDURE APPLICABLE EN CAS D'ACCIDENT COLLECTIF

Article 706-176. – Compétence territoriale – *(Ordonnance n° 2019-964 du 18 septembre 2019)*

• La compétence territoriale d'un tribunal judiciaire peut être étendue au ressort d'une ou plusieurs cours d'appel pour l'enquête, la poursuite, l'instruction et le jugement des délits prévus aux articles 221-6, 221-6-1, 222-19, 222-19-1, 222-20 et 222-20-1 du Code pénal dans les affaires qui comportent une pluralité de victimes et sont ou apparaîtraient d'une grande complexité.

• Cette compétence s'étend aux infractions connexes.

• Un décret fixe la liste et le ressort de ces juridictions, qui comprennent une section du parquet et des formations d'instruction et de jugement spécialisées pour connaître de ces infractions.

Article 706-177. – Désignation – *(Ordonnance n° 2019-964 du 18 septembre 2019)*

• Au sein de chaque tribunal judiciaire dont la compétence territoriale est étendue au ressort d'une ou plusieurs cours d'appel, le procureur général et le 1er président, après avis du procureur de la République et du président du tribunal judiciaire, désignent respectivement un ou plusieurs magistrats du parquet, juges d'instruction et magistrats du siège chargés spécialement de l'enquête, de la poursuite, de l'instruction et du jugement des infractions entrant dans le champ d'application du même article 706-176.

• Au sein de chaque cour d'appel dont la compétence territoriale est étendue au ressort d'une ou plusieurs cours d'appel, le 1er président et le procureur général désignent respectivement des magistrats du siège et du parquet général chargés spécialement du jugement des infractions et du traitement des affaires entrant dans le champ d'application du même article 706-176.

Article 706-178. – Compétence concurrente – *(Ordonnance n° 2019-964 du 18 septembre 2019)*

• Le procureur de la République, le juge d'instruction et la formation correctionnelle spécialisée du tribunal judiciaire mentionnés à l'article 706-176 exercent, sur toute l'étendue du ressort fixé en application de ce même article, une compétence concurrente à celle qui résulte de l'application des articles 43, 52, 382 et 706-42.

• La juridiction saisie demeure compétente, quelles que soient les incriminations retenues lors du règlement ou du jugement de l'affaire. Toutefois, si les faits constituent une contravention, le juge d'instruction prononce le renvoi de l'affaire devant le tribunal de police compétent en application de l'article 522.

Article 706-179. – Réquisition et dessaisissement – *(Ordonnance n° 2019-964 du 18 septembre 2019)*

• Le procureur de la République près un tribunal judiciaire autre que ceux mentionnés à l'article 706-176 peut, pour les infractions entrant dans le champ d'application du même article 706-176, requérir le juge d'instruction de se dessaisir au profit de la juridiction d'instruction compétente en application dudit article. Les parties sont préalablement avisées et invitées à faire connaître leurs observations par le juge d'instruction. L'ordonnance est rendue 8 jours au plus tôt et 1 mois au plus tard à compter de cet avis.

• Lorsque le juge d'instruction décide de se dessaisir, son ordonnance ne prend effet qu'à compter du délai de 5 jours prévu à l'article 706-180; lorsqu'un recours est exercé en application de cet article, le juge d'instruction demeure saisi jusqu'à ce que soit porté à sa connaissance l'arrêt de la chambre de l'instruction passé en force de chose jugée ou celui de la chambre criminelle de la Cour de cassation.

• Dès que l'ordonnance est passée en force de chose jugée, le procureur de la République adresse le dossier de la procédure au procureur de la République près le tribunal judiciaire compétent en application de l'article 706-178.

• Le présent article est applicable devant la chambre de l'instruction.

Article 706-180. – Ordonnance – *(Loi n° 2011-1862 du 13 décembre 2011)*

• L'ordonnance rendue en application de l'article 706-179 peut, à l'exclusion de toute autre voie de recours, être déférée dans les cinq jours de sa notification, à la requête du ministère public ou des parties, soit à la chambre de l'instruction si la juridiction spécialisée au profit de laquelle le dessaisissement a été ordonné ou refusé se trouve dans le ressort de la cour d'appel dans lequel se situe la juridiction initialement saisie, soit, dans le cas contraire, à la chambre criminelle de la Cour de cassation. La chambre de l'instruction ou la chambre criminelle désigne, dans les huit jours suivant la date de réception du dossier, le juge d'instruction chargé de poursuivre l'information. Le ministère public peut également saisir directement la chambre de l'instruction ou la chambre criminelle de la Cour de cassation lorsque le juge d'instruction n'a pas rendu son ordonnance dans le délai d'un mois prévu au premier alinéa de l'article 706-179.

• L'arrêt de la chambre de l'instruction ou de la chambre criminelle est porté à la connaissance du juge d'instruction ainsi qu'à celle du ministère public et notifié aux parties.

• Le présent article est applicable à l'arrêt de la chambre de l'instruction rendu sur le fondement du dernier alinéa du même article 706-179, le recours étant alors porté devant la chambre criminelle.

Article 706-181. – Assistants spécialisés – *(Loi n° 2011-1862 du 13 décembre 2011)*

• Les magistrats mentionnés à l'article 706-178 ainsi que le procureur général près la cour d'appel compétente peuvent demander à des assistants spécialisés, désignés dans les conditions prévues à l'article 706, de participer, selon les modalités prévues à ce même article 706, aux procédures concernant les délits entrant dans le champ d'application de l'article 706-176.

Article 706-182. – Procureur général – *(Loi n° 2011-1862 du 13 décembre 2011)*

• Le procureur général près la cour d'appel dans le ressort de laquelle se trouve une juridiction compétente en application de l'article 706-176 anime et coordonne, en concertation avec les autres procureurs généraux du ressort interrégional, la conduite de la politique d'action publique pour l'application de ce même article.

LIVRE V
DES PROCÉDURES D'EXÉCUTION

TITRE Ier
DE L'EXÉCUTION DES SENTENCES PÉNALES

CHAPITRE Ier
Dispositions générales

Article 707. – Exécution des peines – *(Loi n° 2021-403 du 8 avril 2021 + Décision n° 2021-898 QPC du 16 avril 2021)*

• **I.** – Sur décision ou sous le contrôle des autorités judiciaires, les peines prononcées par les juridictions pénales sont, sauf circonstances insurmontables, mises à exécution de façon effective et dans les meilleurs délais.

• **II.** – Le régime d'exécution des peines privatives et restrictives de liberté vise à préparer l'insertion ou la réinsertion de la personne condamnée afin de lui permettre d'agir en personne responsable, respectueuse des règles et des intérêts de la société et d'éviter la commission de nouvelles infractions.

• Ce régime est adapté au fur et à mesure de l'exécution de la peine, en fonction de l'évolution de la personnalité et de la situation matérielle, familiale et sociale de la personne condamnée, qui font l'objet d'évaluations régulières.

• **III.** – Toute personne condamnée incarcérée en exécution d'une peine privative de liberté bénéficie, chaque fois que cela est possible, d'un retour progressif à la liberté en tenant compte des conditions matérielles de détention et du taux d'occupation de l'établissement pénitentiaire, dans le cadre d'une mesure de semi-liberté, de placement à l'extérieur, de détention à domicile sous surveillance électronique, de libération conditionnelle ou d'une libération sous contrainte, afin d'éviter une remise en liberté sans aucune forme de suivi judiciaire. Le droit de cette personne d'être incarcérée dans des conditions respectant sa dignité est garanti par l'article 803-8.

• **IV.** – Au cours de l'exécution de la peine, la victime a le droit :

• 1° De saisir l'autorité judiciaire de toute atteinte à ses intérêts ;

• 2° D'obtenir la réparation de son préjudice, par l'indemnisation de celui-ci ou par tout autre moyen adapté, y compris, s'il y a lieu, en se voyant proposer une mesure de justice restaurative ;

• 3° D'être informée, si elle le souhaite, de la fin de l'exécution d'une peine privative de liberté, dans les cas et conditions prévus au présent code ;

• 4° À la prise en compte, s'il y a lieu, de la nécessité de garantir sa tranquillité et sa sûreté.

• L'autorité judiciaire est tenue de garantir l'intégralité de ces droits tout au long de l'exécution de la peine, quelles qu'en soient les modalités.

QPC • ***Conformément à l'article 1er de la Décision n° 2021-898 QPC du 16 avril 2021 :***
Article 1er.
Le paragraphe III de l'article 707 du C.P.P., dans sa rédaction résultant de la loi n° 2019-222 du 23/03/2019 de programmation 2018-2022 et de réforme pour la justice, est contraire à la Constitution.
Article 2.
La déclaration d'inconstitutionnalité de l'article 1er prend effet dans les conditions fixées au paragraphe 17 de cette décision.
17. *En l'espèce, les dispositions déclarées contraires à la Constitution, dans leur rédaction contestée, ne sont plus en vigueur. Les mesures prises en application des dispositions déclarées contraires à la Constitution ne peuvent être contestées sur le fondement de cette inconstitutionnalité.*
(Décision n° 2021-898 QPC du 16 avril 2021)

Article 707-1. – Poursuite de l'exécution de la sentence – *(Loi n° 2016-731 du 3 juin 2016)*

• Le ministère public et les parties poursuivent l'exécution de la sentence chacun en ce qui le concerne.

• Néanmoins, les poursuites pour le recouvrement des amendes et l'exécution des confiscations en valeur sont faites au nom du procureur de la République par le comptable public compétent ou, dans les cas où la confiscation en valeur s'exécute sur des biens préalablement saisis, par l'Agence de gestion et de recouvrement des avoirs saisis et confisqués.

• L'exécution des autres confiscations est réalisée au nom du procureur de la République par l'Agence de gestion et de recouvrement des avoirs saisis et confisqués lorsqu'elles portent sur des biens meubles ou immeubles mentionnés aux 1° et 2° de l'article 706-160, même s'ils ne lui ont pas été préalablement confiés. Sauf cas d'affectation, l'Agence de gestion et de recouvrement des avoirs saisis et confisqués procède à la vente de ces biens, s'il y a lieu, aux formalités de publication et, dans tous les cas, jusqu'à leur vente, aux actes d'administration nécessaires à leur conservation et à leur valorisation.

• Le paiement du montant de l'amende doit toujours être recherché. Toutefois, le défaut total ou partiel du paiement de ce montant peut entraîner l'incarcération du condamné selon les conditions prévues par la loi.

• La prescription de la peine est interrompue par les actes ou décisions du ministère public, des juridictions de l'application des peines et, pour les peines d'amende ou de confiscation relevant de leur compétence, du Trésor ou de l'Agence de gestion et de recouvrement des avoirs saisis et confisqués, qui tendent à son exécution.

• Le procureur de la République poursuit également l'exécution des sanctions pécuniaires prononcées par les autorités compétentes des États membres de l'Union européenne, conformément aux dispositions de la décision-cadre 2005/214/JAI du Conseil, du 24 février 2005, concernant l'application du principe de reconnaissance mutuelle aux sanctions pécuniaires, selon des modalités fixées par décret. Ce décret précise également les modalités d'application à ces sanctions des articles 707-2 et749 à 762 du présent code, ainsi que les règles applicables à la transmission pour mise à exécution dans un État membre de l'Union européenne des sanctions pécuniaires prononcées par les autorités françaises.

J **• Prescription – Peine – Interruption – Acte d'exécution de la peine – Acceptation d'un échéancier et paiements mensuels**

M. [N] [U] a formé un pourvoi contre l'arrêt de la cour d'appel de RIOM (63), chambre correctionnelle, en date du 23/06/2021, qui a prononcé sur sa requête en constatation de la prescription d'une peine.

C'est à tort que les juges ont énoncé qu'en application de l'article 707-1, al. 5, du C.P.P., la prescription de la peine avait été interrompue par le paiement mensuel issu de l'échéancier accordé par la direction des finances publiques à la demande du condamné, alors que les dispositions de ce texte, entré en vigueur le 29/03/2012, ne pouvaient être retenues pour écarter l'argumentation du requérant qui soutenait que la prescription était acquise avant cette date. Cependant, l'arrêt n'encourt pas la censure, dès lors que l'acceptation par le Trésor public d'un échéancier de paiement le 02/08/1999, puis chacun des paiements mensuels effectués par le condamné jusqu'au 14/01/2021, constituaient des actes d'exécution de la peine d'amende prononcée contre l'intéressé, qui ont interrompu la prescription de celle-ci.

(Cour de cassation – Chambre criminelle du 5 octobre 2022 – N° de pourvoi : 21-84.273).

Article 707-2. – Acquittement du montant du droit fixe de procédure – Montant de l'amende – *(Loi n° 2008-644 du 1er juillet 2008)*

• En matière correctionnelle ou de police, toute personne condamnée peut s'acquitter du montant du droit fixe de procédure dû en application de l'article 1018 A du Code général des impôts ainsi que, le cas échéant, du montant de l'amende à laquelle elle a été condamnée, dans un délai d'un mois à compter de la date à laquelle le jugement a été prononcé.

• Lorsque le condamné règle le montant du droit fixe de procédure ou le montant de l'amende dans les conditions prévues au premier alinéa, ces montants sont diminués de 20 % sans que cette diminution puisse excéder 1 500 euros.

• Dans le cas où une voie de recours est exercée contre les dispositions pénales de la décision, il est procédé, sur demande de l'intéressé, à la restitution des sommes versées.

• Un décret en Conseil d'État détermine les modalités d'application du présent article.

Article 707-3. – Paiement de l'amende – *(Loi n° 2007-297 du 5 mars 2007)*

• Lorsque le tribunal prononce une condamnation à une peine d'amende en matière correctionnelle ou de police, le président avise le condamné que, s'il s'acquitte du montant de cette amende dans un délai d'un mois à compter de la date à laquelle le jugement a été prononcé, ce montant est diminué de 20 % sans que cette diminution puisse excéder 1 500 euros.

• Le président informe le condamné que le paiement de l'amende ne fait pas obstacle à l'exercice des voies de recours.

• Les avis prévus par le présent article peuvent également être délivrés au condamné par le greffier de la juridiction ou le greffier du bureau de l'exécution des peines.

Article 707-4. – Acquittement de l'amende en plusieurs versements – *(Loi n° 2004-204 du 9 mars 2004)*

• Les dispositions des articles 707-2 et 707-3 sont également applicables au condamné qui a été autorisé à s'acquitter du paiement du montant de l'amende en plusieurs versements étalés dans le temps, dans des délais et selon des modalités déterminés par les services compétents du Trésor public.

V • Art. R. 55 à R. 55-7. Modalités d'application.
• Art. 495-1 et s. Ordonnance pénale délictuelle.
• Art. R. 41-3 à R. 41-10. Ordonnance pénale contraventionnelle.

Article 707-5. – Cas de délivrance mandat de dépôt ou d'arrêt – *(Loi n° 2014-896 du 15 août 2014)*
• En cas de délivrance d'un mandat de dépôt ou d'arrêt, les peines privatives de liberté peuvent être immédiatement aménagées, dans les conditions prévues au présent code, sans attendre que la condamnation soit exécutoire en application de l'article 707, sous réserve du droit d'appel suspensif du ministère public prévu à l'article 712-14.

Article 707-6. – Montant de la majoration des amendes – *(Loi n° 2016-731 du 3 juin 2016)*
• Le montant de la majoration des amendes prévue à l'article 132-20 du Code pénal est fixé par le juge en fonction des circonstances de l'infraction, de la personnalité de son auteur ainsi que de la situation matérielle, familiale et sociale de celui-ci.
• Cette majoration n'est pas applicable lorsque les amendes sont majorées en application des articles L. 211-27 et L. 421-8 du Code des assurances.

Article 708. – Délais – *(Loi n° 2011-1862 du 13 décembre 2011)*
• L'exécution de la ou des peines prononcées à la requête du ministère public a lieu lorsque la décision est devenue définitive.
• Toutefois, le délai d'appel accordé au procureur général par les articles 505 et 548 ne fait point obstacle à l'exécution de la peine, quelle que soit sa nature.
• L'exécution d'une peine de police ou d'une peine correctionnelle non privative de liberté peut être suspendue ou fractionnée pour motifs graves d'ordre médical, familial, professionnel ou social. La décision est prise soit par le ministère public, soit, sur la proposition du ministère public, par le tribunal correctionnel, par le tribunal de police statuant en chambre du conseil, selon que l'exécution de la peine doit être suspendue pendant moins ou plus de 3 mois. La suspension ou le fractionnement de la peine de suspension de permis de conduire n'est toutefois pas possible en cas de délits ou de contraventions pour lesquels la loi ou le règlement prévoit que cette peine ne peut pas être limitée à la conduite en dehors de l'activité professionnelle.
• Lorsque l'exécution fractionnée d'une peine d'amende, de jours-amende ou de suspension du permis de conduire a été décidée par la juridiction de jugement en application de l'article 132-28 du Code pénal, cette décision peut être modifiée dans les conditions prévues à l'alinéa précédent.

Article 708-1. – Femme enceinte de plus de 12 semaines – *(Loi n° 2014-896 du 15 août 2014)*
• Lorsque doit être mise à exécution une condamnation à une peine d'emprisonnement concernant une femme enceinte de plus de douze semaines, le procureur de la République ou le juge de l'application des peines s'efforcent par tout moyen soit de différer cette mise à exécution, soit de faire en sorte que la peine s'exécute en milieu ouvert.

Article 709. – Réquisition assistance de la force publique
• Le procureur de la République et le procureur général ont le droit de requérir directement l'assistance de la force publique à l'effet d'assurer cette exécution.

Article 709-1. – Bureau de l'exécution des peines – *(Ordonnance n° 2019-964 du 18 septembre 2019)*
• Dans chaque tribunal judiciaire et dans chaque cour d'appel, il est institué un bureau de l'exécution des peines, dont la composition, les missions et les modalités de fonctionnement sont précisées par décret.
• Ce bureau est notamment chargé de remettre à toute personne condamnée présente à l'issue de l'audience du tribunal correctionnel un relevé de condamnation pénale mentionnant les peines qui ont été prononcées.

Article 709-1-1. – Mesure de retenue – *(Loi n° 2014-896 du 15 août 2014)*
• Les services de police et les unités de gendarmerie peuvent, d'office ou sur instruction du procureur de la République ou du juge de l'application des peines, appréhender toute personne condamnée pour laquelle il a été fait application du deuxième alinéa de l'article 131-9 ou du second alinéa de l'article 131-11 du Code pénal ou placée sous le contrôle du

juge de l'application des peines et à l'encontre de laquelle il existe une ou plusieurs raisons plausibles de soupçonner qu'elle n'a pas respecté les obligations qui lui incombent en application de sa condamnation. La personne peut alors, sur décision d'un officier de police judiciaire, être retenue vingt-quatre heures au plus dans un local de police ou de gendarmerie, afin que soit vérifiée sa situation et qu'elle soit entendue sur la violation de ses obligations.

• Dès le début de la mesure de retenue, l'officier de police judiciaire informe le procureur de la République ou le juge de l'application des peines.

• La personne retenue est immédiatement informée par l'officier de police judiciaire ou, sous le contrôle de celui-ci, par un agent de police judiciaire, dans une langue qu'elle comprend, de la durée maximale de la mesure, de la nature des obligations qu'elle est soupçonnée d'avoir violées et du fait qu'elle bénéficie :

• 1° Du droit de faire prévenir un proche et son employeur ainsi que, si elle est de nationalité étrangère, les autorités consulaires de l'État dont elle est ressortissante, conformément à l'article 63-2 ;

• 2° Du droit d'être examinée par un médecin, conformément à l'article 63-3 ;

• 3° Du droit d'être assistée par un avocat, conformément aux articles 63-3-1 à 63-4-3 ;

• 4° S'il y a lieu, du droit d'être assistée par un interprète ;

• 5° Du droit, lors des auditions, après avoir décliné son identité, de faire des déclarations, de répondre aux questions qui lui sont posées ou de se taire.

• La retenue s'exécute dans des conditions assurant le respect de la dignité de la personne. Seules peuvent être imposées à la personne retenue les mesures de sécurité strictement nécessaires.

• La personne retenue ne peut faire l'objet d'investigations corporelles internes au cours de sa retenue par le service de police ou par l'unité de gendarmerie.

• Si la personne est placée sous le contrôle du juge de l'application des peines, les pouvoirs conférés au procureur de la République par les articles 63-2 et 63-3 sont exercés par ce juge ou, en cas d'empêchement de ce juge, par le procureur de la République.

• L'article 64 est applicable à la présente mesure de retenue.

• À l'issue de la mesure de retenue, le procureur de la République ou le juge de l'application des peines peut ordonner que la personne soit conduite devant le juge de l'application des peines dans les conditions prévues aux articles 803-2 et 803-3, le cas échéant pour ordonner son incarcération provisoire.

• Le procureur de la République ou le juge de l'application des peines peut également, chacun pour les mesures dont il est chargé, demander à un officier ou un agent de police judiciaire d'aviser la personne qu'elle est convoquée devant lui à une date ultérieure, puis de mettre fin à la rétention de la personne.

Article 709-1-2. – Perquisition – *(Loi n° 2014-896 du 15 août 2014)*

• Les services de police et les unités de gendarmerie peuvent, selon les modalités prévues aux articles 56 à 58 et pendant les heures prévues à l'article 59, et après avoir recueilli l'accord du procureur de la République ou du juge de l'application des peines ou sur instruction de l'un de ces magistrats, procéder à une perquisition chez une personne condamnée qui, en raison de sa condamnation, est soumise à l'interdiction de détenir une arme, lorsqu'il existe des indices graves ou concordants que des armes se trouvent actuellement à son domicile.

• Si des armes sont découvertes, elles sont saisies et placées sous scellés.

Article 709-1-3. – Non-respect interdiction – *(Loi n° 2019-222 du 23 mars 2019)*

• Lorsqu'il existe une ou plusieurs raisons plausibles de soupçonner que, à l'issue de son incarcération, une personne condamnée n'a pas respecté l'interdiction qui lui est faite, en application de sa condamnation, d'entrer en relation avec certaines personnes ou certaines catégories de personnes, de fréquenter certains condamnés ou de paraître en un lieu, une catégorie de lieux ou une zone spécialement désignés, les services de police et les unités de gendarmerie peuvent, sur instruction du juge de l'application des peines ou, s'il a été fait application du 2e alinéa de l'article 131-9 ou du 2^{d} alinéa de l'article 131-11 du code pénal, du juge de l'application des peines, saisi à cette fin par le procureur de la République, procéder, sur l'ensemble du territoire national, si ces mesures sont indispensables pour rapporter la preuve de la violation des interdictions résultant de la condamnation :

• 1° Pour un crime ou un délit mentionné au 1er alinéa de l'article 100 du présent code, à l'interception, à l'enregistrement et à la transcription de correspondances émises par la voie des télécommunications, selon les modalités prévues à la sous-section 2 de la section 3 du chapitre Ier du titre III du livre Ier ;

• 2° Pour un crime ou un délit mentionné au 1° de l'article 230-32, à la localisation en temps réel d'une personne, à l'insu de celle-ci, d'un véhicule ou de tout autre objet, sans le consentement de son propriétaire ou de son possesseur, selon les modalités prévues au chapitre V du titre IV du livre Ier.

Article 709-2. – Rapport annuel – *(Ordonnance n° 2010-420 du 27 avril 2010)*

• Le procureur de la République établit un rapport annuel sur l'état et les délais de l'exécution des peines qui comprend, notamment, un rapport établi par le directeur départemental des finances publiques relatif au recouvrement des amendes dans le ressort du tribunal. Le directeur départemental des finances publiques communique son rapport au procureur de la République au plus tard le premier jour ouvrable du mois de mars. Le rapport du procureur de la République est rendu public avant le dernier jour ouvrable du mois de juin selon des modalités fixées par un arrêté du ministre de la justice.

[V] • Code de Procédure Pénale – art. D. 15-2 – Dispositions relatives au rapport annuel.

Article 710. – Incidents contentieux – *(Loi n° 2021-1729 du 22 décembre 2021 + Décision n° 2022-1024 QPC du 18 novembre 2022))*

• Tous incidents contentieux relatifs à l'exécution sont portés devant le tribunal ou la cour qui a prononcé la sentence ; cette juridiction peut également procéder à la rectification des erreurs purement matérielles contenues dans ses décisions. Pour l'examen de ces demandes, elle tient compte du comportement de la personne condamnée depuis la condamnation, de sa personnalité, ainsi que de sa situation matérielle, familiale et sociale.

• En matière criminelle, la chambre de l'instruction connaît des rectifications et des incidents d'exécution auxquels peuvent donner lieu les arrêts de la cour d'assises.

• Sont également compétents pour connaître des demandes prévues par le présent article, selon les distinctions prévues par les 2 alinéas précédents, soit le tribunal ou la cour, soit la chambre de l'instruction dans le ressort duquel le condamné est détenu. Le ministère public de la juridiction destinataire d'une demande déposée par une personne détenue peut adresser cette requête à la juridiction du lieu de détention.

• Pour l'application du présent article, le tribunal correctionnel est composé d'un seul magistrat exerçant les pouvoirs du président. Il en est de même de la chambre des appels correctionnels ou de la chambre de l'instruction, qui est composée de son seul président, siégeant à juge unique. Ce magistrat peut toutefois, si la complexité du dossier le justifie, décider d'office ou à la demande du condamné ou du ministère public de renvoyer le jugement du dossier devant la formation collégiale de la juridiction. Le magistrat ayant ordonné ce renvoi fait alors partie de la composition de cette juridiction. La décision de renvoi constitue une mesure d'administration judiciaire qui n'est pas susceptible de recours.

[V] • Code Pénal – art. 132-4 – Procédure séparée.

[J] • **Interprétation ou rectification – Limites des pouvoirs des juges.** – *Si les juridictions de jugement peuvent procéder à la rectification des erreurs purement matérielles contenues dans leurs décisions, ce pouvoir trouve sa limite dans la défense de modifier la close jugée, de restreindre ou d'accroître les droits consacrés par ces décisions* (Cass. CRIM. du 28 mars 1996 – BCC n° 434 du 15/7).

• **Compétence matérielle – Mesure d'exécution – Incidents contentieux.** – *En application de l'article 710 du Code de procédure pénale, les incidents contentieux relatifs à l'exécution d'une contrainte pénale doivent être portés devant la juridiction qui l'a rendue* (Circ. CRIM. du 12 mars 1997 – BCC n° 452 du 1/6/97)

• **Jugements et arrêts. – Incidents contentieux relatifs à l'exécution. – Publication. – Détermination des extraits. – Omission.** – *L'omission par la cour d'appel de déterminer les extraits de sa décision dont la publication est ordonnée, relève du contentieux de l'exécution prévu par les articles 710 et 711 du Code de procédure pénale.* (Cass. CRIM du 3 décembre 1997).

• **Astreinte – Incidents contentieux – Travaux irréguliers...**

Attendu qu'il résulte du premier de ces textes que tous incidents contentieux relatifs à l'exécution sont portés devant le tribunal ou la cour qui a prononcé la sentence et du second que la juridiction qui impartit au bénéficiaire des travaux irréguliers ou de l'utilisation irrégulière du sol un délai pour l'exécution de l'ordre de démolition, de mise en conformité ou de réaffectation, peut assortir son injonction d'une astreinte ;

Mais attendu qu'en se déterminant ainsi, alors que la créance d'une commune en liquidation du produit d'une astreinte assortissant l'arrêt de la chambre correctionnelle d'une cour d'appel condamnant un prévenu à une amende pour infraction aux règles de l'urbanisme et lui ordonnant la démolition des ouvrages édifiés irrégulièrement, trouve son fondement dans la condamnation, pénale et civile, prononcée par la juridiction répressive, le contentieux du recouvrement de l'astreinte prononcée ressortissant ainsi aux juridictions répressives, la cour d'appel a méconnu les textes susvisés ;

(Cour de cassation – Chambre criminelle du 24 mars 2015 – N° de pourvoi : 14-84300).

• **Association – Requête en restitution – Mandat**

Contre l'arrêt de la cour d'appel de PARIS, chambre 5-12, en date du 20 janvier 2014, qui, a déclaré irrecevable sa requête en restitution ;

Attendu qu'aucun texte n'interdit de donner mandat à un tiers de présenter une requête en restitution dès lors que l'existence de ce mandat est prouvée et que le nom du mandant figure dans chaque acte de procédure effectué par le mandataire;

Attendu qu'il résulte de l'arrêt attaqué que l'Association française d'épargne et de retraite (AFER), qui a reçu mandat individuel spécial et exclusif de 55114 de ses adhérents, a saisi la cour d'appel le 29 décembre 2011, en application de l'article 710 du Code de procédure pénale, d'une requête en restitution de 24557101,82 euros, somme qui se trouvait sur les comptes titres et espèces, ouverts dans les livres de la banque Rothschild, lorsqu'elle a fait l'objet de la confiscation ordonnée, à titre de peine complémentaire, à l'encontre de MM. B...et C..., condamnés par un arrêt définitif du 10 juin 2008 pour un abus de confiance portant notamment sur ces fonds, l'association se chargeant de répartir cette somme entre tous ses mandants, dont elle a produit la liste et les mandats;

Par ces motifs:

Casse et annule, en toutes ses dispositions, l'arrêt susvisé de la cour d'appel de Paris, en date du 20 janvier 2014, et pour qu'il soit à nouveau jugé, conformément à la loi,

Renvoie la cause et les parties devant la cour d'appel de Versailles, à ce désignée par délibération spéciale prise en chambre du conseil;

Ordonne l'impression du présent arrêt, sa transcription sur les registres du greffe de la cour d'appel de Paris et sa mention en marge de l'arrêt annulé;

(Cour de cassation – Chambre criminelle du 20 mai 2015 – N° de pourvoi: 14-81147).

• Confiscation – Instrument du délit ou chose produite par le délit – Requête portant sur une difficulté d'exécution – Qualité pour agir – Propriétaire juridique ou légal du bien – Exclusion – Tiers ayant la libre disposition du bien

MM. [R] [N], [U] [A] [H] et [P] [T], pris en leur qualité de syndic de faillite de la succession de [G] [Y], ont formé des pourvois contre l'arrêt de la cour d'appel d'AIX-EN-PROVENCE (13), chambre 5-1, en date du 19/05/2021, qui a prononcé sur leur requête en incident contentieux d'exécution et en restitution.

Est seul recevable à agir en application de l'article 710 du C.P.P. en incident d'exécution d'une décision de confiscation définitive, le propriétaire juridique ou légal du bien confisqué, non condamné pénalement, qui conserve entier son droit de propriété sur celui-ci, nonobstant la libre disposition dont peut bénéficier une tierce personne.

(Cour de cassation – Chambre criminelle du 5 octobre 2022 – N° de pourvoi: 21-86.043).

Article 710-1. – Demande de confusion de peines... – *(Loi n° 2021-1729 du 22 décembre 2021)*

• Lorsqu'une personne condamnée demande, en application de l'article 132-4 du Code pénal, la confusion de peines prononcées contre elle après que les condamnations sont devenues définitives, sa demande est portée devant le tribunal correctionnel, dont la décision peut faire l'objet d'un appel devant la chambre des appels correctionnels. Sont compétents le ou les tribunaux correctionnels ayant prononcé les peines ou se trouvant au siège d'une des juridictions ayant prononcé les peines. Les 2 derniers alinéas de l'article 710 du présent code sont alors applicables. Si l'une ou plusieurs des peines prononcées sont des peines criminelles, le renvoi à la formation collégiale du tribunal ou de la chambre des appels correctionnels est de droit s'il est demandé par le condamné ou le ministère public.

Article 711. – Jugement – *(Loi n° 2020-1672 du 24 décembre 2020)*

• Le tribunal ou la cour, sur requête du ministère public ou de la partie intéressée, statue en chambre du conseil après avoir entendu le ministère public, le conseil de la partie s'il le demande et, s'il échet, la partie elle-même, sous réserve des dispositions de l'article 712. Lorsque le requérant est détenu, sa comparution devant la juridiction n'est de droit que s'il en fait la demande expresse dans sa requête.

• L'exécution de la décision en litige est suspendue si le tribunal ou la cour l'ordonne.

• Le jugement sur l'incident est signifié à la requête du ministère public aux parties intéressées.

• En cas d'accord des parties, la décision peut être prise, sans audience, par ordonnance du président de la juridiction.

Article 712. – Audition d'un condamné détenu – *(Ordonnance n° 2019-964 du 18 septembre 2019)*

• Dans toutes les hypothèses où il paraît nécessaire d'entendre un condamné qui se trouve détenu, la juridiction saisie peut donner commission rogatoire au président du tribunal judiciaire le plus proche du lieu de détention.

• Ce magistrat peut déléguer l'un des juges du tribunal qui procède à l'audition du détenu par procès-verbal.

• La juridiction peut également décider de faire application des dispositions de l'article 706-71.

CHAPITRE II

Des juridictions de l'application des peines

Section I

Établissement et composition

Article 712-1. – Exécution des peines privatives de liberté... – *(Loi n° 2014-896 du 15 août 2014)*

• Le juge de l'application des peines et le tribunal de l'application des peines constituent les juridictions de l'application des peines du premier degré qui sont chargées, dans les conditions prévues par la loi, de fixer les principales modalités de l'exécution des peines privatives de liberté ou de certaines peines restrictives de liberté, en orientant et en contrôlant les conditions de leur application. Ces juridictions sont avisées, par les services d'insertion et de probation, des modalités de prise en charge des personnes condamnées, définies et mises en œuvre par ces services. Elles peuvent faire procéder aux modifications qu'elles jugent nécessaires au renforcement du contrôle de l'exécution de la peine.

• Les décisions du juge de l'application des peines et du tribunal de l'application des peines peuvent être attaquées par la voie de l'appel. L'appel est porté, selon les distinctions prévues par le présent chapitre, devant la chambre de l'application des peines de la cour d'appel, composée d'un président de chambre et de deux conseillers, ou devant le président de cette chambre.

Article 712-2. – Fonctions – Juge de l'application des peines – *(Ordonnance n° 2019-964 du 18 septembre 2019)*

• Un ou plusieurs magistrats du siège sont chargés des fonctions du juge de l'application des peines dans les tribunaux judiciaires dont la liste est fixée par décret. Il existe au moins un juge d'application des peines par département.

• Ces magistrats sont désignés par décret pris après avis du Conseil supérieur de la magistrature. Il peut être mis fin à leurs fonctions dans les mêmes formes.

• Si un juge de l'application des peines est temporairement empêché d'exercer ses fonctions, le président du tribunal judiciaire désigne un autre magistrat pour le remplacer.

• Pour le fonctionnement de son cabinet, le juge de l'application des peines est assisté d'un greffier et doté d'un secrétariat-greffe.

Article 712-3. – Tribunaux de l'application des peines – *(Ordonnance n° 2019-964 du 18 septembre 2019)*

• Dans le ressort de chaque cour d'appel sont établis un ou plusieurs tribunaux de l'application des peines dont la compétence territoriale, correspondant à celle d'un ou plusieurs tribunaux judiciaires du ressort, est fixée par décret. Le tribunal de l'application des peines est composé d'un président et de 2 assesseurs désignés par le 1er président parmi les juges de l'application des peines du ressort de la cour.

• Dans les départements d'outre-mer, un membre au moins du tribunal de l'application des peines est juge de l'application des peines. Un tribunal de l'application des peines est également établi au tribunal judiciaire de Cayenne et est composé d'au moins un juge de l'application des peines. En Nouvelle-Calédonie, en Polynésie française et dans la collectivité de Saint-Pierre-et-Miquelon, le tribunal de l'application des peines peut être composé d'un seul membre, juge de l'application des peines.

• Les débats contradictoires auxquels procède cette juridiction ont lieu au siège des différents tribunaux judiciaires du ressort de la cour d'appel ou dans les établissements pénitentiaires de ce ressort.

• Les fonctions de ministère public sont exercées par le procureur de la République du tribunal judiciaire où se tient le débat contradictoire ou dans le ressort duquel est situé l'établissement pénitentiaire où se tient ce débat.

Section II

Compétence et procédure devant les juridictions du premier degré

Article 712-4. – Ordonnance ou jugement motivé – *(Loi n° 2014-896 du 15 août 2014 + Décision n° 2017-671 QPC du 10 novembre 2017)*

• Les mesures relevant de la compétence du juge de l'application des peines sont accordées, modifiées, ajournées, refusées, retirées ou révoquées par ordonnance ou jugement motivé de ce magistrat agissant d'office, sur la demande du condamné ou sur réquisitions du procureur de la République, selon les distinctions prévues aux articles suivants.

QPC • **Décision n° 2017-671 QPC du 10 novembre 2017**

Article 1er. – Sous la réserve énoncée au paragraphe 13, les mots « d'office, », figurant à l'article 712-4 du Code de procédure pénale, dans sa rédaction résultant de la loi n° 2014-896 du 15 août 2014 relative à l'individualisation des peines et renforçant l'efficacité des sanctions pénales, sont conformes à la Constitution.

13. Dès lors, le juge de l'application des peines ne saurait, sans méconnaître le principe d'impartialité, prononcer une mesure défavorable dans le cadre d'une saisine d'office sans que la personne condamnée ait été mise en mesure de présenter ses observations.

Article 712-4-1. – Commission de l'application des peines – *(Loi n° 2021-1729 du 22 décembre 2021)*

• Lorsque la loi le prévoit, les décisions en matière d'application des peines sont prises après avis de la commission de l'application des peines présidée par le juge de l'application des peines et composée du procureur de la République, du chef d'établissement pénitentiaire, d'un représentant du service pénitentiaire d'insertion et de probation et d'un représentant du corps de commandement ou du corps d'encadrement et d'application du personnel de surveillance

• Lorsque la commission donne son avis sur la situation d'un condamné placé sous surveillance électronique ou sous placement extérieur sans surveillance de l'administration pénitentiaire, la présence du chef d'établissement pénitentiaire est facultative.

• Un décret détermine les modalités de fonctionnement de cette commission, notamment ses règles de quorum ainsi que les cas et modalités selon lesquels elle peut délibérer par voie dématérialisée.

Article 712-5. – Ordonnances – Réductions de peine... – *(Loi n° 2019-222 du 23 mars 2019)*

• Sauf en cas d'urgence, les ordonnances concernant les réductions de peine, les autorisations de sorties sous escortes et les permissions de sortir sont prises après avis de la commission de l'application des peines.

• Cette commission est réputée avoir rendu son avis si celui-ci n'est pas intervenu dans le délai d'un mois à compter du jour de sa saisine.

Article 712-6. – Avis du représentant de l'administration pénitentiaire – *(Loi n° 2020-1672 du 24 décembre 2020 + Décision n° 2020-884 QPC du 12 février 2021)*

• Les jugements concernant les mesures de placement à l'extérieur, de semi-liberté, de fractionnement et suspension des peines, de détention à domicile sous surveillance électronique et de libération conditionnelle sont rendus, après avis du représentant de l'administration pénitentiaire, à l'issue d'un débat contradictoire tenu en chambre du conseil, au cours duquel le juge de l'application des peines entend les réquisitions du ministère public et les observations du condamné ainsi que, le cas échéant, celles de son avocat, sans préjudice de l'application des dispositions de l'article 712-16-3. Si le condamné est détenu, ce débat peut se tenir dans l'établissement pénitentiaire. Il peut être fait application des dispositions de l'article 706-71.

• Le juge de l'application des peines peut, avec l'accord du procureur de la République et celui du condamné ou de son avocat, octroyer l'une de ces mesures sans procéder à un débat contradictoire.

• Le juge de l'application des peines peut également, chaque fois qu'il l'estime nécessaire, décider, d'office ou à la demande du condamné ou du ministère public, de renvoyer le jugement de l'affaire devant le tribunal de l'application des peines. Le juge ayant ordonné ce renvoi est membre du tribunal qui statue conformément à l'article 712-7. La décision de renvoi constitue une mesure d'administration judiciaire qui n'est pas susceptible de recours.

• Les dispositions du présent article sont également applicables, sauf si la loi en dispose autrement, aux décisions du juge de l'application des peines concernant les peines de suivi socio-judiciaire, d'interdiction de séjour, de travail d'intérêt général, d'emprisonnement avec sursis probatoire ou les mesures d'ajournement avec probation.

QPC • ***Conformément à l'article 1er de la Décision n° 2020-884 QPC du 12 février 2021 :***
Article 1er.
La 1re phrase du 1er alinéa de l'article 712-6 du C.P.P., dans sa rédaction résultant de la loi n° 2009-1436 du 24/11/2009 pénitentiaire, est contraire à la Constitution.
Article 2.
La déclaration d'inconstitutionnalité de l'article 1e. prend effet dans les conditions fixées aux paragraphes 12 et 13 de cette décision.
12. *D'une part, les dispositions déclarées contraires à la Constitution, dans leur rédaction contestée, ne sont plus en vigueur.*
13. *D'autre part, la remise en cause des mesures ayant été prises sur le fondement des dispositions déclarées contraires à la Constitution aurait des conséquences manifestement excessives. Par suite, ces mesures ne peuvent être contestées sur le fondement de cette inconstitutionnalité.*
(Décision n° 2020-884 QPC du 12 février 2021)

J **• Sursis probatoire – Droit de se taire**
M. [E] [V] a formé un pourvoi contre l'arrêt n° 130 de la chambre de l'application des peines de la cour d'appel de GRENOBLE (38), en date du 08/07/2021, qui a prononcé la révocation partielle d'un sursis avec mise à l'épreuve, devenu sursis probatoire.

Les articles 712-6, 712-13 et D. 49-42 du C.P.P., qui organisent les débats devant les juridictions de l'application des peines, ne prescrivent pas que la personne qui comparaît devant elles reçoive la notification prévue par l'article 406 du Code précité. Les dispositions relatives au droit de se taire devant les juridictions pénales, qui ont pour objet d'empêcher qu'une personne prévenue d'une infraction ne contribue à sa propre incrimination, ne sont pas applicables devant les juridictions de l'application des peines, qui se prononcent seulement sur les modalités d'exécution d'une sanction décidée par la juridiction de jugement.
(Cour de cassation – Chambre criminelle du 14 septembre 2022 – N° de pourvoi : 21-86.796).

Article 712-7. – Jugement motivé du tribunal de l'application des peines – *(Loi n° 2009-1436 du 24 novembre 2009)*

• Les mesures concernant le relèvement de la période de sûreté, la libération conditionnelle ou la suspension de peine qui ne relèvent pas de la compétence du juge de l'application des peines sont accordées, ajournées, refusées, retirées ou révoquées par jugement motivé du tribunal de l'application des peines saisi sur la demande du condamné, sur réquisitions du procureur de la République ou à l'initiative du juge de l'application des peines dont relève le condamné en application des dispositions de l'article 712-10.

• Les jugements du tribunal de l'application des peines sont rendus, après avis du représentant de l'administration pénitentiaire, à l'issue d'un débat contradictoire tenu en chambre du conseil, au cours duquel la juridiction entend les réquisitions du ministère public et les observations du condamné ainsi que, le cas échéant, celles de son avocat. Si le condamné est détenu, ce débat peut se tenir dans l'établissement pénitentiaire. Il peut être fait application des dispositions de l'article 706-71.

Article 712-8. – Décisions – *(Loi n° 2019-222 du 23 mars 2019)*

• Les décisions modifiant ou refusant de modifier les mesures mentionnées aux 1er et 4e alinéas de l'article 712-6 ou les obligations résultant de ces mesures ou des mesures ordonnées par le tribunal de l'application des peines en application de l'article 712-7 sont prises par ordonnance motivée du juge de l'application des peines, sauf si le procureur de la République demande qu'elles fassent l'objet d'un jugement pris après débat contradictoire conformément aux dispositions de l'article 712-6.

• Toutefois, pour l'exécution d'une mesure de semi-liberté, de placement à l'extérieur ou de détention à domicile sous surveillance électronique ou pour l'exécution de permissions de sortir, le juge de l'application des peines peut, dans sa décision, autoriser le chef d'établissement ou le directeur du service pénitentiaire d'insertion et de probation ou, s'agissant des mineurs, le directeur régional de la protection judiciaire de la jeunesse, à modifier les horaires d'entrée ou de sortie du condamné de l'établissement pénitentiaire, ou de sa présence en un lieu déterminé, lorsqu'il s'agit de modifications favorables au condamné ne touchant pas à l'équilibre de la mesure. Il est informé sans délai des modifications opérées et peut les annuler par ordonnance non susceptible de recours.

Article 712-9. – Présentation du condamné au débat contradictoire – *(Loi n° 2004-204 du 9 mars 2004)*

• Si le condamné non détenu, dûment convoqué à l'adresse déclarée au juge de l'application des peines sous le contrôle duquel il est placé, ne se présente pas, sans motif légitime, au débat contradictoire prévu par les articles 712-6 ou 712-7, le juge de l'application des peines ou le tribunal de l'application des peines peuvent statuer en son absence. Le délai d'appel ne court alors à compter de la notification du jugement faite à cette adresse que sous réserve des dispositions de l'alinéa suivant.

• S'il n'est pas établi que le condamné a eu connaissance de cette notification et que le jugement a ordonné la révocation ou le retrait de la mesure dont il bénéficiait, l'appel reste recevable jusqu'à l'expiration des délais de prescription de la peine et le délai d'appel court à compter de la date à laquelle le condamné a eu connaissance du jugement. En cas d'appel, l'audition du condamné par la chambre de l'application des peines est alors de droit, le cas échéant selon les modalités prévues par l'article 706-71.

Article 712-10. – Compétence du juge de l'application des peines – Résidence condamné – *(Loi n° 2019-222 du 23 mars 2019)*

• Est territorialement compétent le juge de l'application des peines de la juridiction dans le ressort de laquelle est situé soit l'établissement pénitentiaire dans lequel le condamné est écroué, soit, si le condamné est libre, la résidence habituelle de celui-ci ou, s'il n'a pas en France de résidence habituelle, le juge de l'application des peines du tribunal dans le ressort duquel a son siège la juridiction qui a statué en 1re instance.

• Lorsqu'une mesure de placement à l'extérieur ou de semi-liberté doit s'exécuter hors du ressort du juge de l'application des peines qui l'a ordonnée, le condamné est alors inscrit au registre d'écrou de l'établissement pénitentiaire situé à proximité du lieu d'exécution de la mesure ; le juge de l'application des peines compétent pour, le cas échéant, préciser ou modifier les modalités d'exécution de la mesure, prononcer ou proposer son retrait, est celui de la juridiction dans le ressort de laquelle est situé cet établissement pénitentiaire.

• Lorsqu'a été accordée une mesure de détention à domicile sous surveillance électronique ou une libération conditionnelle, le juge de l'application des peines territorialement compétent est celui de la juridiction dans le ressort de laquelle se trouve le lieu d'assignation du condamné ou sa résidence habituelle fixée par la décision ayant accordé la mesure.

• La compétence territoriale définie dans le présent article s'apprécie au jour de la saisine du juge de l'application des peines ; après la saisine initiale, celui-ci peut se dessaisir d'office, sur la demande du condamné ou sur réquisitions du ministère public, au profit du juge de l'application des peines du nouveau lieu de détention ou de la nouvelle résidence habituelle du condamné lorsqu'il est situé dans un autre ressort. Est territorialement compétent le tribunal de l'application des peines de la cour d'appel dans le ressort de laquelle le condamné réside habituellement, est écroué ou exécute sa peine selon les distinctions du présent article.

Section III

De la procédure en cas d'appel

Article 712-11. – Modalités de l'appel – *(Loi n° 2019-222 du 23 mars 2019)*

• Les décisions du juge de l'application des peines et du tribunal de l'application des peines peuvent être attaquées par la voie de l'appel par le condamné, par le procureur de la République et par le procureur général, à compter de leur notification :

• 1° Dans le délai de 24 heures s'agissant des ordonnances mentionnées aux articles 712-5,712-8, 713-43 et, 713-44 et 720 ;

• 2° Dans le délai de 10 jours s'agissant des jugements mentionnés aux articles 712-6 et 712-7.

Article 712-12. – Appel des ordonnances – *(Loi n° 2014-896 du 15 août 2014)*

• L'appel des ordonnances mentionnées au 1° de l'article 712-11 est porté devant le président de la chambre de l'application des peines de la cour d'appel, qui statue par ordonnance motivée au vu des observations écrites du ministère public et de celles du condamné ou de son avocat.

Article 712-13. – Appel des jugements – *(Loi n° 2009-1436 du 24 novembre 2009)*

• L'appel des jugements mentionnés aux articles 712-6 et 712-7 est porté devant la chambre de l'application des peines de la cour d'appel, qui statue par arrêt motivé après un débat contradictoire au cours duquel sont entendues les réquisitions du ministère public et les observations de l'avocat du condamné. Le condamné n'est pas entendu par la chambre, sauf si celle-ci en décide autrement. Son audition est alors effectuée, en présence de son avocat ou celui-ci régulièrement convoqué, soit selon les modalités prévues par l'article 706-71, soit, par un membre de la juridiction, dans l'établissement pénitentiaire où il se trouve détenu.

• Pour l'examen de l'appel des jugements mentionnés à l'article 712-7, la chambre de l'application des peines de la cour d'appel est composée, outre le président et les deux conseillers assesseurs, d'un responsable d'une association de réinsertion des condamnés et d'un responsable d'une association d'aide aux victimes. Pour l'application des dispositions du présent alinéa, la compétence d'une cour d'appel peut être étendue au ressort de plusieurs cours d'appel par un décret qui fixe la liste et le ressort de ces juridictions.

• Si elle confirme un jugement ayant refusé d'accorder une des mesures mentionnées aux articles 712-6 ou 712-7, la chambre peut fixer un délai pendant lequel toute nouvelle demande tendant à l'octroi de la même mesure sera irrecevable. Ce délai ne peut excéder ni le tiers du temps de détention restant à subir ni trois années.

Article 712-14. – Décisions juge application des peines et tribunal application des peines – *(Loi n° 2004-204 du 9 mars 2004)*

• Les décisions du juge de l'application des peines et du tribunal de l'application des peines sont exécutoires par provision. Toutefois, lorsque l'appel du ministère public est formé dans les vingt-quatre heures de la notification, il suspend l'exécution de la décision jusqu'à ce que la chambre de l'application des peines de la cour d'appel ou son président ait statué. L'affaire doit être examinée au plus tard dans les deux mois suivant l'appel du parquet, faute de quoi celui-ci est non avenu.

Article 712-15. – Pourvoi en cassation – *(Loi n° 2004-204 du 9 mars 2004)*

• Les ordonnances et arrêts mentionnés aux articles 712-12 et 712-13 peuvent faire, dans les cinq jours de leur notification, l'objet d'un pourvoi en cassation qui n'est pas suspensif.

Section IV
Dispositions communes

Article 712-16. – Examens, auditions, enquêtes, expertises, réquisitions – *(Loi n° 2010-242 du 10 mars 2010)*

• Dans l'exercice de leurs attributions, les juridictions de l'application des peines peuvent procéder ou faire procéder, sur l'ensemble du territoire national, à tous examens, auditions, enquêtes, expertises, réquisitions, y compris celles prévues par l'article 132-22 du Code pénal ou toute autre mesure, permettant de rendre une décision d'individualisation de la peine ou de s'assurer qu'un condamné respecte les obligations qui lui incombent à la suite d'une telle décision.

Article 712-16-1. – Prise en compte intérêts victime ou partie civile – *(Loi n° 2011-939 du 10 août 2011)*

• Préalablement à toute décision entraînant la cessation temporaire ou définitive de l'incarcération d'une personne condamnée à une peine privative de liberté avant la date d'échéance de cette peine, les juridictions de l'application des peines prennent en considération les intérêts de la victime ou de la partie civile au regard des conséquences pour celle-ci de cette décision.

• Les mesures prévues à l'article 712-16 peuvent porter sur les conséquences des décisions d'individualisation de la peine au regard de la situation de la victime ou de la partie civile, et notamment le risque que le condamné puisse se trouver en présence de celle-ci.

• Si elles l'estiment opportun, les juridictions de l'application des peines peuvent, avant toute décision, informer la victime ou la partie civile, directement ou par l'intermédiaire de son avocat, qu'elle peut présenter ses observations par écrit dans un délai de quinze jours à compter de la notification de cette information.

• Ces observations peuvent être adressées à la juridiction par la victime ou la partie civile par tout moyen à leur convenance.

Article 712-16-2. – Interdiction relation avec victime ou partie civile – *(Loi n° 2011-939 du 10 août 2011)*

• S'il existe un risque que le condamné puisse se trouver en présence de la victime ou de la partie civile et qu'au regard de la nature des faits ou de la personnalité de l'intéressé il apparaît qu'une telle rencontre paraît devoir être évitée, les juridictions de l'application des peines assortissent toute décision entraînant la cessation temporaire ou définitive de l'incarcération d'une interdiction d'entrer en relation avec la victime ou la partie civile et, le cas échéant, de paraître à proximité de son domicile et de son lieu de travail.

• Le prononcé de cette interdiction est obligatoire, sauf décision contraire spécialement motivée, lorsque la personne a été condamnée pour l'une des infractions visées à l'article 706-47.

• La juridiction adresse à la victime un avis l'informant de cette interdiction ; si la victime est partie civile, cet avis est également adressé à son avocat. Cet avis précise les conséquences susceptibles de résulter pour le condamné du non-respect de cette interdiction.

• La juridiction peut toutefois ne pas adresser cet avis lorsque la personnalité de la victime ou de la partie civile le justifie, lorsque la victime ou la partie civile a fait connaître qu'elle ne souhaitait pas être avisée des modalités d'exécution de la peine ou dans le cas d'une cessation provisoire de l'incarcération du condamné d'une durée ne pouvant excéder la durée maximale autorisée pour les permissions de sortie.

• Pour l'application du présent article, la victime ou la partie civile peut informer la juridiction de l'application des peines de ses changements de résidence ou de lieu de travail.

• Lorsque la personne a été condamnée pour une infraction visée à l'article 706-47 et si la victime ou la partie civile en a formé la demande, le juge de l'application des peines ou le service pénitentiaire d'insertion et de probation informe cette dernière, directement ou par l'intermédiaire de son avocat, de la libération de la personne lorsque celle-ci intervient à la date d'échéance de la peine.

Article 712-16-3. – Mesure de protection judiciaire – Information du curateur, tueur ou de la personne désignée... – *(Loi n° 2020-1672 du 24 décembre 2020)*

• Lorsque le condamné est une personne majeure faisant l'objet, conformément à l'article 706-112, d'une mesure de protection juridique, son curateur, son tuteur ou la personne désignée en application des articles 706-114 ou 706-117 est avisé de la date du débat contradictoire prévu à l'article 712-6 ou de l'audience prévue à l'article 712-13. Ce curateur, ce tuteur ou cette personne peut faire des observations écrites ou être entendu comme témoin par la juridiction de l'application des peines, sur décision de son président. Le condamné doit être assisté d'un avocat, désigné par lui ou l'une de ces personnes ou, à la demande du juge de l'application des peines, par le bâtonnier, conformément à l'article 706-116.

Article 712-17. – Mandat d'amener – Mandat d'arrêt – *(Ordonnance n° 2019-964 du 18 septembre 2019)*

• Le juge de l'application des peines peut délivrer un mandat d'amener contre un condamné placé sous son contrôle en cas d'inobservation par ce dernier des obligations qui lui incombent.

• Si le condamné est en fuite ou réside à l'étranger, il peut délivrer un mandat d'arrêt. La délivrance du mandat d'arrêt suspend, jusqu'à son exécution, le délai d'exécution de la peine ou des mesures d'aménagement.

• En cas d'urgence et d'empêchement du juge de l'application des peines ainsi que du magistrat du siège qui le remplace, le mandat d'amener peut être délivré par le procureur de la République qui en informe dès que possible le juge de l'application des peines ; lorsqu'il n'a pas déjà été mis à exécution, ce mandat est caduc s'il n'est pas repris, dans le 1er jour ouvrable qui suit, par le juge de l'application des peines.

• Si la personne est découverte, il est procédé conformément aux dispositions ci-après.

• Le procureur de la République du lieu de l'arrestation est avisé dès le début de la rétention de la personne par les services de police ou de gendarmerie. Pendant la rétention, qui ne peut durer plus de 24 heures, il est fait application des dispositions des articles 63-2 et 63-3.

• La personne est conduite dans les meilleurs délais, et au plus tard dans les 24 heures de son arrestation, devant le procureur de la République du tribunal judiciaire dans le ressort duquel siège le juge de l'application des peines compétent. Après avoir vérifié son identité et lui avoir notifié le mandat, ce magistrat la présente devant le juge de l'application des peines qui procède conformément aux dispositions de l'article 712-6.

• Si la présentation immédiate devant le juge de l'application des peines n'est pas possible, la personne est présentée devant le juge des libertés et de la détention. Ce juge peut, sur les réquisitions du procureur de la République, ordonner l'incarcération du condamné jusqu'à sa comparution, selon les cas, devant le juge de l'application des peines, qui doit intervenir dans un délai maximal de 8 jours, ou devant le tribunal de l'application des peines, qui doit intervenir dans un délai maximal d'un mois.

• Si la personne est arrêtée à plus de 200 kilomètres du siège du juge de l'application des peines et qu'il n'est pas possible de la conduire dans le délai de 24 heures devant le procureur de la République compétent en vertu du 6e alinéa, elle est conduite devant le procureur de la République du lieu de son arrestation, qui vérifie son identité, lui notifie le mandat et reçoit ses éventuelles déclarations après l'avoir avertie qu'elle est libre de ne pas en faire. Ce magistrat met alors le mandat à exécution en faisant conduire la personne à la maison d'arrêt ; il en avise le juge de l'application des peines ayant délivré le mandat. Celui-ci ordonne le transfèrement de la personne, qui doit comparaître devant lui dans les 4 jours de la notification du mandat ; ce délai est porté à 6 jours en cas de transfèrement entre un département d'outre-mer et la France métropolitaine ou un autre département d'outre-mer.

• Les comparutions devant le juge de l'application des peines ou le tribunal de l'application des peines prévues aux 7e et avant-dernier alinéas du présent article peuvent être réalisées selon les modalités prévues à l'article 706-71. Il n'y a alors pas lieu d'ordonner le transfèrement de la personne mentionné à l'avant-dernier alinéa du présent article.

Article 712-18. – Suspension de la mesure – *(Loi n° 2019-222 du 23 mars 2019)*

• En cas d'inobservation des obligations qui incombent au condamné faisant l'objet d'une mesure de semi-liberté, de placement extérieur ou de détention à domicile sous surveillance électronique, le juge de l'application des peines peut, après avis du procureur de la République, ordonner la suspension de la mesure.

• À défaut de la tenue du débat contradictoire prévu par l'article 712-6 dans un délai de 15 jours suivant l'incarcération du condamné qui résulte de cette suspension, la personne est remise en liberté si elle n'est pas détenue pour une autre cause. Ce délai est porté à 1 mois lorsque le débat contradictoire doit se faire devant le tribunal de l'application des peines en application de l'article 712-7.

Article 712-19. – Incarcération provisoire – *(Loi n° 2021-1729 du 22 décembre 2021)*

• En cas d'inobservation des obligations qui incombent au condamné faisant l'objet d'une peine de détention à domicile sous surveillance électronique, d'un sursis probatoire, d'un sursis avec obligation d'accomplir un travail d'intérêt général, d'un suivi socio-judiciaire, d'une surveillance judiciaire, d'une suspension ou d'un fractionnement de peine ou d'une libération conditionnelle, le juge de l'application des peines peut ordonner, après avis du procureur de la République, l'incarcération provisoire du condamné. Il en est de même lorsque la juridiction de jugement a fixé, en application du 2e alinéa de l'article 131-9 du Code pénal ou du 2d alinéa de l'article 131-11 du même code, une durée maximale d'emprisonnement dont le juge de l'application des peines peut ordonner la mise à exécution et que le condamné ne respecte pas les obligations ou interdictions résultant de la ou des peines prononcées.

• L'ordonnance d'incarcération provisoire peut être prise par le juge d'application des peines du lieu où se trouve le condamné.

• À défaut de la tenue du débat contradictoire prévu par l'article 712-6 du présent code dans un délai de 15 jours suivant l'incarcération du condamné, celui-ci est remis en liberté s'il n'est pas détenu pour une autre cause. Ce délai est porté à 1 mois lorsque le débat contradictoire doit se faire devant le tribunal de l'application des peines en application des dispositions de l'article 712-7.

Article 712-20. – Révocation ou retrait de la mesure – *(Loi n° 2019-222 du 23 mars 2019)*

• La violation par le condamné des obligations auxquelles il est astreint, commise pendant la durée d'exécution d'une des mesures, y compris du sursis probatoire, mentionnées aux articles 712-6 et 712-7 peut donner lieu à la prolongation, à la révocation ou au retrait de la mesure après la date d'expiration de celle-ci lorsque le juge ou la juridiction de l'application des peines compétent a été saisi ou s'est saisi à cette fin au plus tard dans un délai d'un mois après cette date.

Article 712-21. – Expertise psychiatrique – *(Loi n° 2014-896 du 15 août 2014)*

• Les mesures mentionnées aux articles 712-5, 712-6 et 712-7, à l'exception des réductions de peines n'entraînant pas de libération immédiate et des autorisations de sortie sous escortes, ne peuvent être accordées sans une expertise psychiatrique préalable à une personne qui a été condamnée à un suivi socio-judiciaire. Cette expertise est réalisée par deux experts lorsque la personne a été condamnée pour le meurtre, l'assassinat ou le viol d'un mineur de quinze ans.

• Cette expertise détermine si le condamné est susceptible de faire l'objet d'un traitement.

• Lorsqu'elles concernent les infractions violentes ou de nature sexuelle mentionnées à l'article 706-47, les expertises psychiatriques ordonnées préalablement aux mesures d'aménagement des peines conformément au présent article doivent se prononcer spécialement sur le risque de récidive du condamné.

• Constitue pour le condamné une violation des obligations qui lui incombent, pouvant donner lieu, selon les cas, à la délivrance des mandats prévus par l'article 712-17, à la suspension de la mesure d'aménagement prévue par l'article 712-18, à l'incarcération provisoire prévue par l'article 712-19 ou au retrait ou à la révocation de la mesure prévu par l'article 712-20, le fait de refuser de commencer ou de poursuivre le traitement prescrit par le médecin traitant et qui lui a été proposé dans le cadre d'une injonction de soins.

Article 712-22. – Décisions – *(Loi n° 2009-1436 du 24 novembre 2009)*

• Lorsqu'elles se prononcent sur l'octroi d'une des mesures prévues aux articles 712-6 et 712-7, les juridictions de l'application des peines peuvent dans le même jugement, sur la demande du condamné, le relever en tout ou partie, y compris en ce qui concerne la durée, d'une interdiction résultant de plein droit d'une condamnation pénale ou prononcée à titre de peine complémentaire, soit d'exercer une fonction publique ou d'exercer une activité professionnelle ou sociale, soit d'exercer une profession commerciale ou industrielle, de diriger, d'administrer, de gérer ou de contrôler à un titre quelconque, directement ou indirectement, pour son propre compte ou pour le compte d'autrui, une entreprise commerciale ou industrielle ou une société commerciale.

• Cette décision peut également être prise par le juge de l'application des peines, statuant conformément à l'article 712-6, préalablement à l'octroi d'une mesure d'aménagement de la peine, afin de permettre ultérieurement son prononcé. Elle peut être prise par ordonnance sauf opposition du ministère public.

• Dans les mêmes conditions, les juridictions de l'application des peines peuvent également, dans les cas prévus par les deux premiers alinéas, exclure du bulletin n° 2 du casier judiciaire les condamnations qui font obstacle au projet d'aménagement de peines.

Article 712-22-1. – Copie de la décision – *(Loi n° 2012-409 du 27 mars 2012)*

• Lorsqu'une personne placée sous le contrôle du juge de l'application des peines a été condamnée pour un crime ou pour une infraction mentionnée à l'article 706-47, ce magistrat peut, d'office ou sur réquisition du ministère public, ordonner qu'une copie de la décision de condamnation ou de la décision d'aménagement de la peine, de libération conditionnelle, de surveillance judiciaire ou de surveillance de sûreté est transmise à la personne chez qui le condamné établit sa résidence si cette transmission apparaît nécessaire pour prévenir la récidive.

• Lorsque la personne condamnée pour l'une des infractions mentionnées au premier alinéa du présent article est scolarisée ou a vocation à poursuivre sa scolarité dans un établissement scolaire, public ou privé, copie de la décision est, dans tous les cas, transmise par le juge d'application des peines à l'autorité académique et, le cas échéant, au chef d'établissement concerné; le juge d'application des peines informe également ces autorités des décisions modifiant les obligations imposées au condamné ayant une incidence sur le lieu ou le mode de scolarisation du condamné.

• Les personnes à qui des décisions ont été transmises en application du deuxième alinéa ne peuvent faire état des renseignements ainsi obtenus qu'aux personnels qui sont responsables de la sécurité et de l'ordre dans l'établissement et, le cas échéant, dans les structures chargées de l'hébergement des élèves et aux professionnels, soumis au secret professionnel, qui sont chargés du suivi social et sanitaire des élèves. Le partage de ces informations est strictement limité à ce qui est nécessaire à l'exercice de leurs missions.

• Sans préjudice des dispositions de l'article 226-13 du Code pénal réprimant la violation du secret professionnel, le fait, pour les personnes à qui des décisions ont été transmises en application du présent article ou qui ont eu connaissance des informations qu'elles contiennent en application de l'avant-dernier alinéa, de communiquer ces décisions ou leur contenu à des tiers non autorisés à partager ces informations est puni d'une amende de 3 750 €.

Article 712-23. – Conditions d'application – *(Loi n° 2009-1436 du 24 novembre 2009)*

• Un décret précise les conditions d'application des dispositions du présent chapitre.

• Ce décret précise les conditions dans lesquelles l'expertise prévue par l'article 712-21 peut ne pas être ordonnée, avec l'accord du procureur de la République, soit en raison de l'existence dans le dossier du condamné d'une précédente expertise, soit, pour les personnes condamnées pour des infractions dont il fixe la liste, en cas de permission de sortir ou en raison de la personnalité de l'intéressé, soit en cas de délivrance du certificat médical visé à la seconde phrase du deuxième alinéa de l'article 720-1-1.

CHAPITRE III

De la coopération internationale aux fins d'exécution des décisions de confiscation

Section I

De la transmission et de l'exécution des décisions de confiscation en application de la décision-cadre du Conseil de l'Union européenne du 6 octobre 2006

§ 1er. – Dispositions générales

Article 713. – Décision de confiscation – *(Loi n° 2010-768 du 9 juillet 2010)*

• Une décision de confiscation est une peine ou une mesure définitive ordonnée par une juridiction d'un État membre de l'Union européenne, appelé État d'émission, à la suite d'une procédure portant sur une ou plusieurs infractions pénales, aboutissant à la privation permanente d'un ou plusieurs biens.

• L'autorité judiciaire est compétente, selon les règles et dans les conditions déterminées par la présente section, pour transmettre aux autorités compétentes des autres États membres de l'Union européenne, appelés États d'exécution, ou pour exécuter, sur leur demande, une décision de confiscation de biens.

Article 713-1. – Transmission ou exécution dans un autre État – *(Loi n° 2010-768 du 9 juillet 2010)*

• Les décisions de confiscation qui peuvent donner lieu à la transmission ou à l'exécution dans un autre État sont celles qui confisquent des biens, meubles ou immeubles, corporels ou incorporels, ainsi que tout acte juridique ou document attestant d'un titre ou d'un droit sur ce bien, au motif :

• 1° Qu'ils constituent l'instrument ou l'objet d'une infraction ;

• 2° Qu'ils constituent le produit d'une infraction ou correspondent en tout ou en partie à la valeur de ce produit ;

• 3° Qu'ils sont passibles de confiscation en application de toute autre disposition de la législation de l'État d'émission bien qu'ils ne soient pas l'instrument, l'objet ou le produit de l'infraction.

Article 713-2. – Certificat – *(Ordonnance n° 2016-1636 du 1er décembre 2016)*

• Toute décision de confiscation est accompagnée d'un certificat établi par l'autorité compétente de l'État d'émission comprenant les mentions suivantes :

• 1° L'identification de l'État d'émission ;

• 2° L'identification de la juridiction de l'État d'émission ayant rendu la décision ;

• 3° L'identité des personnes physiques ou morales à l'encontre desquelles la décision de confiscation a été rendue ;

• 4° Les données permettant d'identifier les biens faisant l'objet de la décision de confiscation dans l'État d'exécution, notamment la description précise de ces biens, leur localisation et la désignation de leur gardien ou le montant de la somme à confisquer ;

• 5° Les motifs de la décision de confiscation, la description des faits constitutifs de l'infraction, la nature et la qualification juridique de l'infraction qui la justifie, y compris, le cas échéant, l'indication que ladite infraction entre, en vertu de la loi de l'État d'émission, dans l'une des catégories d'infractions mentionnées à l'article 694-32 et y est punie d'une peine privative de liberté d'une durée égale ou supérieure à trois ans d'emprisonnement ;

• 6° La description complète de l'infraction lorsque celle-ci n'entre pas dans l'une des catégories d'infractions mentionnées au 5° ;

• 7° La mention que la décision a été rendue à titre définitif et n'est pas prescrite ;

• 8° La mention que la personne visée par la décision de confiscation s'est vu dûment notifier la procédure engagée à son encontre et les modalités et délais de recours ;

• 9° L'éventuelle exécution partielle de la décision, y compris l'indication des montants déjà confisqués et des sommes restant à recouvrer ;

• 10° La possibilité d'appliquer dans l'État d'émission des peines de substitution et, le cas échéant, l'acceptation éventuelle de l'État d'émission pour l'application de telles peines, la nature de ces peines et la sanction maximale prévue pour chacune d'elles ;

• 11° La signature de l'autorité judiciaire de l'État d'émission ou celle de son représentant attestant l'exactitude des informations contenues dans le certificat.

Article 713-3. – Traduction – *(Loi n° 2010-768 du 9 juillet 2010)*

• Le certificat doit être traduit dans la langue officielle ou dans une des langues officielles de l'État d'exécution ou dans l'une des langues officielles des institutions des Communautés européennes acceptées par cet État.

Article 713-4. – Transmission – *(Loi n° 2010-768 du 9 juillet 2010)*

• La décision de confiscation ou la copie certifiée conforme de celle-ci et le certificat sont, sous réserve du deuxième alinéa, transmis par l'autorité compétente de l'État d'émission directement à l'autorité compétente de l'État d'exécution par tout moyen laissant une trace écrite et dans des conditions permettant à cette autorité d'en vérifier l'authenticité.

• Lorsqu'un État membre de l'Union européenne a effectué une déclaration à cet effet, la décision de confiscation ou la copie certifiée conforme de celle-ci et le certificat sont expédiés par l'intermédiaire d'une ou plusieurs autorités centrales désignées par ledit État.

• Sur demande de l'autorité compétente de l'État d'émission, la copie certifiée conforme de la décision de confiscation et l'original du certificat sont adressés dans les meilleurs délais.

• Toutes les communications s'effectuent directement entre les autorités compétentes.

§ 2. – Dispositions relatives aux décisions de confiscation de biens prononcées par les juridictions françaises

Article 713-5. – Ministère public – *(Loi n° 2010-768 du 9 juillet 2010)*

• Le ministère public près la juridiction qui a ordonné la confiscation établit le certificat y afférent et transmet la décision et le certificat, selon les modalités visées à l'article 713-4, à l'autorité compétente du ou des États compétents en application des articles 713-6 à 713-10.

• Cette transmission n'empêche pas la poursuite de l'exécution, en tout ou partie sur le territoire de la République, de la confiscation.

Article 713-6. – Transmission – *(Loi n° 2010-768 du 9 juillet 2010)*

• La décision de confiscation est en principe transmise pour exécution à un seul État.

• Si la décision de confiscation concerne des biens déterminés, le ministère public la transmet avec le certificat à l'autorité compétente de l'État d'exécution dans lequel il a des raisons de croire que se trouvent ces biens.

Article 713-7. – Autres États – *(Loi n° 2010-768 du 9 juillet 2010)*

• Toutefois, si le ministère public a des raisons de croire que la confiscation d'un bien spécifique implique d'agir dans plusieurs États, ou qu'un ou plusieurs biens visés par la décision de confiscation se trouvent dans différents États, il transmet la décision de confiscation et le certificat aux autorités compétentes de ces États.

Article 713-8. – Somme d'argent – *(Loi n° 2010-768 du 9 juillet 2010)*

• Si la décision de confiscation concerne une somme d'argent, le ministère public la transmet avec le certificat à l'autorité compétente de l'État dans lequel il a des raisons de croire que la personne physique ou morale possède des biens ou des revenus.

• Toutefois, il peut adresser la décision de confiscation à plusieurs États lorsqu'il estime, pour des raisons particulières, nécessaire de le faire.

• Le montant total des sommes recouvrées dans plusieurs États, en exécution de cette décision, ne peut être supérieur au montant spécifié dans la décision de confiscation.

Article 713-9. – Transmission à l'autorité compétence de l'État – *(Loi n° 2010-768 du 9 juillet 2010)*

• S'il n'existe aucun moyen permettant de déterminer l'État dans lequel se trouvent les biens ou les revenus de la personne à l'encontre de laquelle la décision a été rendue, le ministère public transmet la décision de confiscation et le certificat à l'autorité compétente de l'État dans lequel la personne concernée a sa résidence habituelle ou son siège.

Article 713-10. – Transfert – *(Loi n° 2010-768 du 9 juillet 2010)*

• Lorsque la décision de confiscation porte sur une somme d'argent et que l'autorité compétente de l'État d'exécution y a substitué la confiscation d'un bien, le consentement au transfert de ce bien est donné par le ministre de la justice.

Article 713-11. – Information – *(Loi n° 2010-768 du 9 juillet 2010)*

• Le ministère public près la juridiction qui a ordonné la confiscation d'un bien informe immédiatement l'autorité compétente de l'État d'exécution, par tout moyen laissant une trace écrite, de tout ce qui a pour effet soit de retirer à la décision son caractère exécutoire ou de soustraire son exécution à l'État d'exécution, soit de modifier l'exécution de la décision.

• Lorsque la décision de confiscation a été exécutée en partie, le ministère public précise le montant ou les biens restant à recouvrer.

§ 3. – Dispositions relatives à l'exécution des décisions de confiscation de biens prononcées par les juridictions d'un autre État membre de l'Union européenne

Article 713-12. – Tribunal correctionnel – *(Loi n° 2010-768 du 9 juillet 2010)*

• Le tribunal correctionnel, sur requête du procureur de la République, est compétent pour statuer sur l'exécution d'une décision de confiscation émanant d'une juridiction d'un autre État membre.

Article 713-13. – Transmission – *(Loi n° 2010-768 du 9 juillet 2010)*

• La décision de confiscation et le certificat sont transmis selon les modalités prévues à l'article 713-4 ou adressés au procureur de la République près le tribunal correctionnel territorialement compétent, directement ou par l'intermédiaire du procureur général.

• Le tribunal correctionnel territorialement compétent est celui du lieu où se situe l'un quelconque des biens confisqués ou, à défaut, le tribunal correctionnel de Paris.

• Si le procureur de la République auquel la demande a été adressée n'est pas territorialement compétent pour y donner suite, il la transmet sans délai au procureur de la République près le tribunal correctionnel territorialement compétent et en informe l'autorité compétente de l'État d'émission.

Article 713-14. – Procureur de la République – Saisine – *(Loi n° 2010-768 du 9 juillet 2010)*

• Le procureur de la République saisit, avec son avis, le tribunal correctionnel de la demande de reconnaissance et d'exécution de la décision de confiscation.

Article 713-15. – Tribunal correctionnel – Exécution de la décision de confiscation – *(Loi n° 2010-768 du 9 juillet 2010)*

• Après s'être assuré de la régularité de la demande, le tribunal correctionnel statue sans délai sur l'exécution de la décision de confiscation.

Article 713-16. – Tribunal correctionnel – Audition – Commission rogatoire – *(Loi n° 2010-768 du 9 juillet 2010)*

• S'il l'estime utile, le tribunal correctionnel entend, le cas échéant par commission rogatoire, le condamné ainsi que toute personne ayant des droits sur les biens qui ont fait l'objet de la décision de confiscation. Ces personnes peuvent se faire représenter par un avocat

Article 713-17. – Tribunal correctionnel – Sursoir à statuer – *(Loi n° 2010-768 du 9 juillet 2010)*

• Le tribunal correctionnel peut surseoir à statuer lorsqu'il juge nécessaire la traduction de la décision ou lorsque le bien fait déjà l'objet soit d'une mesure de saisie ou de gel, soit d'une décision de confiscation définitive dans le cadre d'une autre procédure.

• Lorsqu'il sursoit à statuer, le tribunal correctionnel peut ordonner des mesures de saisie selon les modalités prévues à l'article 484-1.

• En cas de sursis à statuer, le procureur de la République en informe sans délai l'autorité compétente de l'État d'émission par tout moyen laissant une trace écrite, en précisant les motifs et, si possible, la durée du sursis à statuer.

Article 713-18. – Fin du motif du sursis à statuer – *(Loi n° 2010-768 du 9 juillet 2010)*

• Dès que le motif du sursis à statuer n'existe plus, le tribunal correctionnel statue sur l'exécution de la décision de confiscation. Le procureur de la République en informe l'autorité compétente de l'État d'émission par tout moyen laissant une trace écrite.

Article 713-19. – Refus exécution décision de confiscation – *(Loi n° 2010-768 du 9 juillet 2010)*

• Lorsque le tribunal correctionnel envisage de refuser l'exécution d'une décision de confiscation sur le fondement de l'un des motifs visés aux 1°, 3° et 7° de l'article 713-20 ou à l'article 713-22, il en avise, avant de statuer, l'autorité compétente de l'État d'émission et la met à même de produire ses observations.

Article 713-20. – Cas de refus – *(Loi n° 2017-86 du 27 janvier 2017)*

• Sans préjudice de l'application de l'article 694-4, l'exécution d'une décision de confiscation est refusée dans l'un des cas suivants :

• 1° Si le certificat n'est pas produit, s'il est établi de manière incomplète ou s'il ne correspond manifestement pas à la décision de confiscation ;

• 2° Si une immunité y fait obstacle ou si le bien, par sa nature ou son statut, ne peut faire l'objet d'une confiscation selon la loi française ;

• 3° Si la décision de confiscation se fonde sur des infractions pour lesquelles la personne à l'encontre de laquelle la décision a été rendue a déjà été jugée définitivement par les autorités judiciaires françaises ou par celles d'un État autre que l'État d'émission, à condition, en cas de condamnation, que la peine ait été exécutée, soit en cours d'exécution ou ne puisse plus être mise à exécution selon les lois de l'État de condamnation ;

• 4° S'il est établi que la décision de confiscation a été émise dans le but de poursuivre ou de condamner une personne en raison de son sexe, de sa race, de sa religion, de son origine ethnique, de sa nationalité, de sa langue, de ses opinions politiques ou de son orientation sexuelle ou identité de genre ou que l'exécution de ladite décision peut porter atteinte à la situation de cette personne pour l'une de ces raisons ;

• 5° Si la confiscation est fondée sur des faits qui ne constituent pas des infractions permettant, selon la loi française, d'ordonner une telle mesure ;

• 6° Si les droits d'un tiers de bonne foi rendent impossible, selon la loi française, l'exécution de la décision de confiscation ;

• 7° Si, selon les indications portées dans le certificat, l'intéressé n'a pas comparu en personne lors du procès à l'issue duquel la confiscation a été prononcée sauf si, selon ces indications, il se trouve dans l'un des cas prévus aux 1° à 3° de l'article 695-22-1 ;

• 8° Si les faits sur lesquels la décision est fondée relèvent de la compétence des juridictions françaises et que la décision de confiscation est prescrite au regard de la loi française.

• Toutefois, le motif de refus prévu au 5° n'est pas opposable lorsque la décision de confiscation concerne une infraction qui, en vertu de la loi de l'État d'émission, entre dans l'une des catégories d'infractions mentionnées à l'article 694-32 et y est punie d'une peine privative de liberté d'une durée égale ou supérieure à trois ans d'emprisonnement.

• L'exécution d'une décision de confiscation est également refusée, le cas échéant partiellement, si la décision de confiscation se fonde sur le motif visé au 3° de l'article 713-1. Dans ce cas, il est fait application du cinquième alinéa de l'article 713-24.

Article 713-21. – Taxes, impôts, douane et change – *(Loi n° 2010-768 du 9 juillet 2010)*

• Nonobstant les dispositions du 5° de l'article 713-20, l'exécution de la décision de confiscation ne peut, en matière de taxes ou d'impôts, de douane et de change, être refusée au motif que la loi française ne prévoit pas le même type de taxes ou d'impôts ou le même type de réglementation en matière de taxes ou d'impôts, de douane et de change que la loi de l'État d'émission.

Article 713-22. – Refus – *(Loi n° 2010-768 du 9 juillet 2010)*

• L'exécution d'une décision de confiscation peut être refusée dans l'un des cas suivants :

• 1° Si la décision de confiscation est fondée sur une procédure pénale relative à des infractions commises en tout ou partie sur le territoire de la République ;

• 2° Si la décision de confiscation est fondée sur une procédure pénale relative à des infractions qui ont été commises hors du territoire de l'État d'émission et que la loi française n'autorise pas la poursuite de ces faits lorsqu'ils sont commis hors du territoire de la République.

Article 713-23. – Somme d'argent – *(Loi n° 2010-768 du 9 juillet 2010)*

• Lorsque la décision de confiscation porte sur une somme d'argent exprimée en devises, le tribunal correctionnel convertit le montant à confisquer en euros au taux de change en vigueur à la date à laquelle la décision de confiscation a été prononcée.

Article 713-24. – Tribunal correctionnel – *(Loi n° 2010-768 du 9 juillet 2010)*

• Sous réserve des dispositions des quatre alinéas suivants, le tribunal correctionnel ne peut ni appliquer des mesures qui se substitueraient à la décision de confiscation, ni modifier la nature du bien confisqué ou le montant faisant l'objet de la décision de confiscation.

• Lorsque l'intéressé est en mesure de fournir la preuve de la confiscation, totale ou partielle, dans un autre État, le tribunal correctionnel, après consultation de l'autorité compétente de l'État d'émission, déduit intégralement du montant qui doit être confisqué en

France toute fraction déjà recouvrée dans cet autre État en application de la décision de confiscation.

• Lorsque l'autorité compétente de l'État d'émission y consent, le tribunal correctionnel peut ordonner le paiement d'une somme d'argent correspondant à la valeur du bien en remplacement de la confiscation de celui-ci.

• Lorsque la décision de confiscation porte sur une somme d'argent qui ne peut être recouvrée, le tribunal correctionnel peut ordonner la confiscation de tout autre bien disponible dans la limite du montant de cette somme d'argent.

• Lorsque la décision de confiscation porte sur des biens qui ne pourraient être confisqués en France relativement aux faits commis, le tribunal correctionnel ordonne qu'elle soit exécutée dans les limites prévues par la loi française pour des faits analogues.

Article 713-25. – Refus – Notification – *(Loi n° 2010-768 du 9 juillet 2010)*

• Le refus d'exécuter une décision de confiscation de biens est motivé et notifié sans délai à l'autorité compétente de l'État d'émission par tout moyen laissant une trace écrite.

Article 713-26. – Bien – *(Loi n° 2010-768 du 9 juillet 2010)*

• Lorsque l'endroit où se trouve le bien n'a pas été indiqué de manière assez précise dans le certificat, le procureur de la République consulte l'autorité compétente de l'État d'émission.

• Lorsque le bien mentionné dans la décision de confiscation a déjà été confisqué, a disparu, a été détruit ou ne peut être retrouvé à l'endroit indiqué dans le certificat ou lorsque le montant ne peut être recouvré et que la personne ne dispose d'aucun bien sûr le territoire de la République, le procureur de la République informe l'autorité compétente de l'État d'émission de l'impossibilité d'exécuter la décision par tout moyen laissant une trace écrite.

Article 713-27. – Saisie des biens – *(Loi n° 2010-768 du 9 juillet 2010)*

• Le tribunal correctionnel, sur requête du procureur de la République, peut ordonner, selon les modalités de l'article 484-1, la saisie des biens lorsqu'un recours est formé contre la décision autorisant l'exécution de la confiscation ou lorsque l'exécution d'une décision de confiscation est différée par le ministère public.

Article 713-28. – Plusieurs décisions de confiscation – *(Loi n° 2010-768 du 9 juillet 2010)*

• Si plusieurs décisions de confiscation rendues à l'encontre de la même personne portent soit sur une somme d'argent et que cette personne ne dispose pas en France de biens suffisants pour que toutes les décisions puissent être exécutées, soit sur le même bien spécifique, le tribunal correctionnel détermine la ou les décisions de confiscation à exécuter en tenant compte de toutes les circonstances, dont l'existence éventuelle de mesures de gel concernant ces biens dans l'affaire, la gravité relative et le lieu de commission des infractions, ainsi que les dates auxquelles les différentes décisions ont été rendues et transmises.

• Le procureur de la République informe de cette décision les autorités compétentes du ou des États d'émission par tout moyen laissant une trace écrite.

Article 713-29. – Appel – *(Loi n° 2010-768 du 9 juillet 2010)*

• Le condamné peut faire appel de la décision autorisant en France l'exécution de la confiscation.

• Celui qui détient le bien objet de la décision de confiscation ou toute autre personne qui prétend avoir un droit sur ce bien peut, par voie de requête remise au greffe de la chambre des appels correctionnels territorialement compétente dans les dix jours à compter de la date de mise à exécution de la décision considérée, former un recours à l'encontre de cette dernière.

• En cas de recours contre la décision de confiscation, le procureur général informe par tout moyen laissant une trace écrite l'autorité compétente de l'État d'émission du recours formé.

• Le recours est suspensif mais ne permet pas de contester les raisons substantielles qui ont conduit au prononcé de la décision de confiscation.

• La cour peut, par une décision qui n'est susceptible d'aucun recours, autoriser l'État d'émission à intervenir à l'audience par l'intermédiaire d'une personne habilitée par ledit État à cet effet ou, le cas échéant, directement par l'intermédiaire des moyens de télécommunications prévus à l'article 706-71. Lorsque l'État d'émission est autorisé à intervenir, il ne devient pas partie à la procédure.

Article 713-30. – Poursuite de la décision d'autorisation de confiscation – *(Loi n° 2010-768 du 9 juillet 2010)*

• Le ministère public près la juridiction ayant statué poursuit l'exécution de la décision d'autorisation de confiscation lorsque celle-ci est définitive selon les modalités prévues à l'article 707 et informe l'autorité compétente de l'État d'émission par tout moyen laissant une trace écrite de la mise à exécution de la décision.

Article 713-31. – Report de l'exécution d'une décision de confiscation – *(Loi n° 2010-768 du 9 juillet 2010)*

• Le ministère public peut différer l'exécution d'une décision de confiscation dans les cas suivants :

• 1° Lorsque la décision de confiscation porte sur une somme d'argent et que le montant recouvré risque d'être supérieur au montant spécifié dans la décision de confiscation en raison de l'exécution de celle-ci dans plusieurs États ;

• 2° Lorsque l'exécution de la décision de confiscation risque de nuire à une enquête ou une procédure pénale en cours.

• Le ministère public qui diffère l'exécution de la décision de confiscation en informe sans délai l'autorité compétente de l'État d'émission par tout moyen laissant une trace écrite, en lui précisant les motifs du report et, si possible, sa durée prévisible.

• Dès que le motif de report n'existe plus, le ministère public exécute la décision de confiscation et en informe l'autorité compétente de l'État d'émission par tout moyen laissant une trace écrite.

Article 713-32. – Biens autres que des sommes d'argent – *(Loi n° 2010-768 du 9 juillet 2010)*

• Les biens autres que des sommes d'argent, confisqués en application de la décision de confiscation, peuvent être vendus selon les dispositions du Code du domaine de l'État.

• Les sommes d'argent recouvrées et le produit de la vente des biens confisqués sont dévolus à l'État français lorsque le montant recouvré est inférieur à 10000 €, et dévolus pour moitié à l'État français et pour moitié à l'État d'émission dans les autres cas.

• Les frais d'exécution de la décision de confiscation ne sont pas imputés sur le montant dévolu à l'État d'émission. Toutefois, lorsque des frais élevés ou exceptionnels ont dû être supportés, des indications détaillées sur ces frais peuvent être communiquées à l'État d'émission afin d'en obtenir le partage.

• Les biens confisqués qui ne sont pas vendus sont dévolus à l'État français sauf accord contraire avec l'État d'émission.

Article 713-33. – Justification – *(Loi n° 2010-768 du 9 juillet 2010)*

• Lorsque la personne à l'encontre de laquelle la décision a été rendue est en mesure de justifier de l'exécution, totale ou partielle, de la confiscation dans un autre État, le ministère public consulte l'autorité compétente de l'État d'émission par tous les moyens appropriés.

• Toute partie du montant recouvré en application de la décision de confiscation dans un autre État est déduite intégralement du montant qui doit être recouvré.

Article 713-34. – Fin de l'exécution de la décision de confiscation – *(Loi n° 2010-768 du 9 juillet 2010)*

• Le ministère public met fin à l'exécution de la décision de confiscation dès qu'il est informé de toute décision ou mesure qui a pour effet de retirer à la décision son caractère exécutoire ou de soustraire l'exécution de la décision aux autorités judiciaires françaises.

Article 713-35. – Amnistie ou grâce – *(Loi n° 2010-768 du 9 juillet 2010)*

• Lorsque la décision est amnistiée par la loi française ou fait l'objet d'une grâce accordée en France, le ministère public met fin à l'exécution de la décision de confiscation et en informe dans les meilleurs délais par tout moyen laissant une trace écrite l'autorité compétente de l'État d'émission.

Section 1 bis

De la transmission et de l'exécution des décisions de confiscation en application du règlement *(UE)* 2018/1805 du Parlement européen et du Conseil du 14 novembre 2018 concernant la reconnaissance mutuelle des décisions de gel et des décisions de confiscation

Article 713-35-1. – Autorités compétentes – *(Loi n° 2021-1729 du 22 décembre 2021)*

• Pour l'application du règlement *(UE)* 2018/1805 du Parlement européen et du Conseil du 14 novembre 2018 concernant la reconnaissance mutuelle des décisions de gel et des décisions de confiscation, les autorités compétentes mentionnées aux 8 et 9 de l'article 2 du même règlement sont les suivantes :

• 1° L'autorité d'émission des décisions de confiscation prononcées par les juridictions françaises est le ministère public près la juridiction qui a ordonné la confiscation ;

• 2° L'autorité d'exécution des décisions de confiscation prononcées par les juridictions d'un autre État membre de l'Union européenne est le tribunal correctionnel territorialement compétent, saisi sur requête du procureur de la République. Le tribunal correctionnel territorialement compétent est celui du lieu où se situe l'un des biens confisqués ou, à défaut, le tribunal correctionnel de Paris.

Article 713-35-2. – Conditions – *(Loi n° 2021-1729 du 22 décembre 2021)*

• Il est procédé dans les conditions prévues à l'article 713-29 du présent code pour l'application de l'article 33 du règlement *(UE)* 2018/1805 du Parlement européen et du Conseil du 14 novembre 2018 concernant la reconnaissance mutuelle des décisions de gel et des décisions de confiscation.

Section II

De l'exécution des décisions de confiscation prononcées par les autorités judiciaires étrangères

Article 713-36. – Modalités – *(Loi n° 2010-768 du 9 juillet 2010)*

• En l'absence de convention internationale en disposant autrement, les articles 713-37 à 713-40 sont applicables à l'exécution des décisions de confiscation prononcées par les autorités judiciaires étrangères, tendant à la confiscation des biens meubles ou immeubles, quelle qu'en soit la nature, ayant servi ou qui étaient destinés à commettre l'infraction ou qui paraissent en être le produit direct ou indirect ainsi que de tout bien dont la valeur correspond au produit de cette infraction.

Article 713-37. – Exécution de la confiscation refusée – *(Loi n° 2017-86 du 27 janvier 2017)*

• Sans préjudice de l'application de l'article 694-4, l'exécution de la confiscation est refusée :

• 1° Si les faits à l'origine de la demande ne sont pas constitutifs d'une infraction selon la loi française ;

• 2° Si les biens sur lesquels elle porte ne sont pas susceptibles de faire l'objet d'une confiscation selon la loi française ;

• 3° Si la décision étrangère a été prononcée dans des conditions n'offrant pas de garanties suffisantes au regard de la protection des libertés individuelles et des droits de la défense ;

• 4° S'il est établi que la décision étrangère a été émise dans le but de poursuivre ou de condamner une personne en raison de son sexe, de sa race, de sa religion, de son origine ethnique, de sa nationalité, de sa langue, de ses opinions politiques ou de son orientation sexuelle ou identité de genre ;

• 5° Si le ministère public français avait décidé de ne pas engager de poursuites pour les faits à raison desquels la confiscation a été prononcée par la juridiction étrangère ou si ces faits ont déjà été jugés définitivement par les autorités judiciaires françaises ou par celles d'un État autre que l'État demandeur, à condition, en cas de condamnation, que la peine ait été exécutée, soit en cours d'exécution ou ne puisse plus être ramenée à exécution selon les lois de l'État de condamnation ;

• 6° Si elle porte sur une infraction politique.

Article 713-38. – Confiscation ordonnée par une autorité judiciaire étrangère – *(Loi n° 2010-768 du 9 juillet 2010)*

• L'exécution de la confiscation ordonnée par une autorité judiciaire étrangère en application de l'article 713-36 est autorisée par le tribunal correctionnel, sur requête du procureur de la République.

• L'exécution est autorisée à la condition que la décision étrangère soit définitive et exécutoire selon la loi de l'État requérant.

• L'autorisation d'exécution ne peut avoir pour effet de porter atteinte aux droits licitement constitués au profit des tiers, en application de la loi française, sur les biens dont la confiscation a été prononcée par la décision étrangère. Toutefois, si cette décision contient des dispositions relatives aux droits des tiers, elle s'impose aux juridictions françaises à moins que les tiers n'aient pas été mis à même de faire valoir leurs droits devant la juridiction étrangère dans des conditions analogues à celles prévues par la loi française.

• Le refus d'autoriser l'exécution de la décision de confiscation prononcée par la juridiction étrangère emporte de plein droit mainlevée de la saisie. Il en est de même lorsque les poursuites engagées à l'étranger ont pris fin ou n'ont pas conduit à la confiscation des biens saisis.

Article 713-39. – Audition – *(Loi n° 2010-768 du 9 juillet 2010)*

• S'il l'estime utile, le tribunal correctionnel entend, le cas échéant par commission rogatoire, le propriétaire du bien saisi, la personne condamnée ainsi que toute personne ayant des droits sur les biens qui ont fait l'objet de la décision étrangère de confiscation.

• Les personnes mentionnées à l'alinéa précédent peuvent se faire représenter par un avocat.

• Le tribunal correctionnel est lié par les constatations de fait de la décision étrangère. Si ces constatations sont insuffisantes, il peut demander par commission rogatoire à l'autorité étrangère ayant rendu la décision, la fourniture, dans un délai qu'il fixe, des informations complémentaires nécessaires.

Article 713-40. – Transfert à l'État français de la propriété des biens confisqués – *(Loi n° 2012-409 du 27 mars 2012)*

• L'exécution sur le territoire de la République d'une décision de confiscation émanant d'une juridiction étrangère entraîne transfert à l'État français de la propriété des biens confisqués, sauf s'il en est convenu autrement avec l'État requérant.

• Les biens ainsi confisqués peuvent être vendus selon les dispositions du Code du domaine de l'État.

• Les frais d'exécution de la décision de confiscation sont imputés sur le total des montants recouvrés.

• Les sommes d'argent recouvrées et le produit de la vente des biens confisqués, déduction faite des frais d'exécution, sont dévolus à l'État français lorsque ce montant est inférieur à 10 000 € et dévolus pour moitié à l'État français et pour moitié à l'État requérant dans les autres cas.

• Si la décision étrangère prévoit la confiscation en valeur, la décision autorisant son exécution rend l'État français créancier de l'obligation de payer la somme d'argent correspondante. À défaut de paiement, l'État fait recouvrer sa créance sur tout bien disponible à cette fin. Le montant recouvré, déduction faite de tous les frais, est partagé selon les règles prévues au présent article.

Article 713-41. – Tribunal correctionnel compétent – *(Loi n° 2010-768 du 9 juillet 2010)*

• Pour l'application de la présente section, le tribunal correctionnel compétent est celui du lieu de l'un des biens objet de la demande ou, à défaut, le tribunal correctionnel de Paris.

TITRE Ier *BIS*

DE LA PEINE DE DÉTENTION À DOMICILE SOUS SURVEILLANCE ÉLECTRONIQUE

(Intitulé en vigueur à compter du 24/03/2020 – Loi n° 2019-222 du 23 mars 2019)

Article 713-42. – Contrôle – J.A.P. – *(Loi n° 2019-222 du 23 mars 2019)*

• La personne condamnée à la peine de détention à domicile sous surveillance électronique

est placée sous le contrôle du juge de l'application des peines du tribunal dans le ressort duquel elle est assignée.
• Les dispositions des articles 723-8 à 723-12 sont applicables.

Article 713-43. – Fin de la mesure – J.A.P. – *(Loi n° 2021-1729 du 22 décembre 2021)*
• Si le condamné a satisfait aux mesures, obligations et interdictions qui lui étaient imposées pendant une durée au moins égale à la moitié de la peine prononcée, que son reclassement paraît acquis et qu'aucun suivi ne paraît plus nécessaire, le juge de l'application des peines peut, d'office ou sur requête du condamné, décider, par ordonnance rendue selon les modalités prévues à l'article 712-8, sur réquisitions conformes du procureur de la République, de mettre fin de façon anticipée à la peine de détention à domicile sous surveillance électronique. En l'absence d'accord du ministère public, le juge de l'application des peines statue à la suite d'un débat contradictoire en application de l'article 712-6.
• Le juge de l'application des peines peut également, tout en mettant fin aux obligations prévues aux 2e et 3e alinéas de l'article 131-4-1 du Code pénal, décider que le condamné restera placé sous son contrôle jusqu'à la date prévue d'expiration de la peine en étant soumis aux obligations prévues à l'article 132-44 du même code et à une ou plusieurs des interdictions ou obligations prévues à l'article 132-45 dudit code.

Article 713-44. – Limitation autorisations absences... – J.A.P. – *(Loi n° 2019-222 du 23 mars 2019)*
• En cas d'inobservation des interdictions ou obligations qui lui sont imposées, d'inconduite notoire, de nouvelle condamnation ou de refus par le condamné d'une modification nécessaire des conditions d'exécution, le juge de l'application des peines peut soit limiter ses autorisations d'absence, soit ordonner l'emprisonnement de la personne pour la durée de la peine restant à exécuter. La décision est prise conformément aux dispositions de l'article 712-6.

Article 713-45. – Fin de façon anticipée à la peine de contrainte pénale – *(Loi n° 2014-896 du 15 août 2014)*
• Si le condamné a satisfait aux mesures, obligations et interdictions qui lui étaient imposées pendant au moins un an, que son reclassement paraît acquis et qu'aucun suivi ne paraît plus nécessaire, le juge de l'application des peines peut, par ordonnance rendue selon les modalités prévues à l'article 712-8, sur réquisitions conformes du procureur de la République, décider de mettre fin de façon anticipée à la peine de contrainte pénale.
• En l'absence d'accord du ministère public, le juge de l'application des peines peut saisir à cette fin, par requête motivée, le président du tribunal ou un juge par lui désigné, qui statue à la suite d'un débat contradictoire public en application de l'article 712-6. En cas de refus opposé à cette première demande, une autre demande ne peut être présentée qu'une année après cette décision de refus. Il en est de même, éventuellement, des demandes ultérieures.

Article 713-46. – Délai – *(Loi n° 2014-896 du 15 août 2014)*
• Le délai d'exécution de la contrainte pénale peut être suspendu par le juge de l'application des peines en cas d'incarcération du condamné, sauf lorsqu'il est fait application des trois derniers alinéas de l'article 713-47 ou de l'article 713-48.

Article 713-47. – Inobservation des mesures, obligations ou interdictions – *(Ordonnance n° 2019-964 du 18 septembre 2019)*
• En cas d'inobservation par la personne condamnée des mesures de contrôle et d'assistance, des obligations ou des interdictions mentionnées à l'article 131-4-1 du Code pénal qui lui sont imposées, le juge de l'application des peines peut, d'office ou sur réquisitions du procureur de la République, selon les modalités prévues à l'article 712-8 du présent code, modifier ou compléter les obligations ou interdictions auxquelles le condamné est astreint. Le juge de l'application des peines peut également procéder à un rappel des mesures, obligations et interdictions auxquelles est astreinte la personne condamnée.
• Si la solution prévue au 1er alinéa du présent article est insuffisante pour assurer l'effectivité de la peine, le juge saisit, d'office ou sur réquisitions du procureur de la République, par requête motivée, le président du tribunal judiciaire ou un juge par lui désigné afin que soit mis à exécution contre le condamné tout ou partie de l'emprisonnement fixé par la juridiction en application du 10e alinéa de l'article 131-4-1 du Code pénal. Le président du tribunal ou le juge par lui désigné, qui statue à la suite d'un débat contradictoire public conformément aux dispositions de l'article 712-6 du présent code, fixe la durée de l'emprisonnement à exécuter, laquelle ne peut excéder celle fixée par la juridiction. La durée de cet emprisonnement est déterminée en fonction de la personnalité et de la situation matérielle, familiale et sociale du

condamné, de la gravité de l'inobservation des mesures, obligations et interdictions, ainsi que du délai pendant lequel la contrainte pénale a été exécutée et des obligations qui ont déjà été respectées ou accomplies. Lorsque les conditions prévues à l'article 723-15 sont remplies, le président du tribunal ou le juge par lui désigné peut décider que cet emprisonnement s'exécutera sous le régime de la semi-liberté, du placement à l'extérieur ou de la surveillance électronique.

• Lorsqu'il fait application du deuxième alinéa du présent article, le juge de l'application des peines peut, s'il l'estime nécessaire, ordonner l'incarcération provisoire du condamné en application des 2 premiers alinéas de l'article 712-19. À défaut de tenue du débat contradictoire devant le président ou le juge par lui désigné dans un délai de 15 jours suivant l'incarcération du condamné, celui-ci est remis en liberté s'il n'est pas détenu pour une autre cause.

• Au cours de l'exécution de la contrainte pénale, le juge de l'application des peines peut faire application à plusieurs reprises du 2e alinéa du présent article, dès lors que la durée totale des emprisonnements ordonnés ne dépasse pas celle fixée par la juridiction en application du 10e alinéa de l'article 131-4-1 du Code pénal. Si la durée de l'emprisonnement ordonné est égale à cette durée ou, compte tenu le cas échéant des précédents emprisonnements ordonnés, atteint cette durée, la décision du président ou du juge par lui désigné met fin à la contrainte pénale.

Article 713-48. – Commission d'un crime ou délit… – *(Loi n° 2014-896 du 15 août 2014)*

• Si le condamné commet, pendant la durée d'exécution de la contrainte pénale, un crime ou un délit de droit commun suivi d'une condamnation à une peine privative de liberté sans sursis, la juridiction de jugement peut, après avis du juge de l'application des peines, ordonner la mise à exécution de tout ou partie de l'emprisonnement fixé par la juridiction en application du dixième alinéa de l'article 131-4-1 du Code pénal.

Article 713-49. – Décisions – Exécution – *(Loi n° 2016-731 du 3 juin 2016)*

• Les décisions prises en application du deuxième alinéa de l'article 713-47 ou de l'article 713-48 mettant à exécution tout ou partie de l'emprisonnement sont exécutoires par provision.

• Lorsque le condamné interjette appel contre ces décisions, son recours est examiné dans un délai de deux mois, à défaut de quoi il est remis en liberté s'il n'est pas détenu pour une autre cause.

TITRE II

DE LA DÉTENTION

CHAPITRE Ier

De l'exécution de la détention provisoire

Article 714. – Détention provisoire – Maison d'arrêt ou établissement pour peines – *(Ordonnance n° 2022-478 du 30 mars 2022)*

• Les personnes mises en examen, prévenues et accusées soumises à la détention provisoire la subissent dans une maison d'arrêt ou un établissement pour peines, dans les conditions prévues par les dispositions des articles L. 112-3, L. 211-1 et L. 211-2 du Code pénitentiaire.

Article 715. – Ordres – *(Loi n° 2000-516 du 15 juin 2000)*

• Le juge d'instruction, le président de la chambre de l'instruction et le président de la cour d'assises, ainsi que le procureur de la République et le procureur général, peuvent donner tous les ordres nécessaires soit pour l'instruction, soit pour le jugement, qui devront être exécutés dans les maisons d'arrêt.

Article 715-1. – Exercice de la défense *(personnes mises en examen, prévenues et accusées)* – *(Ordonnance n° 2022-478 du 30 mars 2022)*

• Conformément aux dispositions de l'article L. 313-3 du Code pénitentiaire, toutes communications et toutes facilités compatibles avec les exigences de la sécurité de l'établissement pénitentiaire sont accordées aux personnes mises en examen, prévenues et accusées pour l'exercice de leur défense.

Article 716. – Placement en cellule individuelle – *(Ordonnance n° 2022-478 du 30 mars 2022)*

• Conformément aux dispositions de l'article L. 213-2 du Code pénitentiaire, les personnes mises en examen, prévenues et accusées soumises à la détention provisoire sont placées en cellule individuelle, sauf dans les cas prévus par les dispositions de l'article L. 213-5 du même code.

CHAPITRE II

De l'exécution des peines privatives de liberté

Section I

Dispositions générales

Article 716-1. – Peines *(calcul)* – *(Loi n° 97-1159 du 19 décembre 1997)*

• La peine d'un jour d'emprisonnement est de vingt-quatre heures. Celle d'un mois est de trente jours. Celle de plus d'un mois se calcule de quantième en quantième.

Article 716-1 A. – *(Abrogé – Ordonnance n° 2022-478 du 30 mars 2022)*

Article 716-2. – Durée de toute peine privative de liberté – *(Loi n° 2004-204 du 9 mars 2004)*

• La durée de toute peine privative de liberté est comptée du jour où le condamné est détenu en vertu d'une condamnation définitive.

Article 716-3. – Incarcération jour de fête légale ou dimanche – *(Loi n° 97-1159 du 19 décembre 1997)*

• Le condamné dont l'incarcération devrait prendre fin un jour de fête légale ou un dimanche sera libéré le jour ouvrable précédent.

Article 716-4. – Déduction – *(Loi n° 2016-731 du 3 juin 2016)*

• Quand il y a eu détention provisoire à quelque stade que ce soit de la procédure, cette détention est intégralement déduite de la durée de la peine prononcée ou, s'il y a lieu, de la durée totale de la peine à subir après confusion. Il en est de même, s'agissant d'une détention provisoire ordonnée dans le cadre d'une procédure suivie pour les mêmes faits que ceux ayant donné lieu à condamnation, si cette procédure a été ultérieurement annulée.

• Les dispositions de l'alinéa précédent sont également applicables à la privation de liberté subie en exécution d'un mandat d'amener ou d'arrêt, à l'incarcération subie hors de France en exécution d'un mandat d'arrêt européen ou sur la demande d'extradition et à l'incarcération subie en application du septième alinéa de l'article 712-17, de l'article 712-19, de l'article 728-67et de l'article 747-3.

• Quand il y a eu détention provisoire à quelque stade que ce soit de la procédure, cette détention est également intégralement déduite de la durée de la période de sûreté dont la peine est, le cas échéant, accompagnée nonobstant l'exécution simultanée d'autres peines d'emprisonnement.

J • **Mandat européen – Émission – Décision-cadre 2002/584/JAI – Article 26, paragraphe 1 – Imputation d'une mesure de surveillance prise dans le cadre d'un mandat d'arrêt européen par l'État d'exécution sur la peine d'emprisonnement décidée par l'État d'émission du mandat**

REJET du pourvoi formé par le procureur général près la cour d'appel de PARIS (75) contre l'arrêt de ladite cour d'appel, chambre 8-2, en date du 03/07/2020, qui a statué sur un incident d'exécution de peine.

1°/ que l'article 716-4 du C.P.P. établit une distinction entre la détention provisoire effectuée en France et l'incarcération imposée hors de France en exécution d'un mandat d'arrêt européen;

Une personne ayant été interpellée au Royaume-Uni, en exécution d'un mandat d'arrêt international décerné par un juge d'instruction français a été soumise, au Royaume-Uni, avant sa remise aux autorités françaises, à une mesure restrictive de liberté, dénommée: « bail with curfew conditions ». C'est par une interprétation souveraine des obligations imposées à la personne concernée dans le cadre de cette mesure, et après une analyse détaillée de son contenu, que la cour d'appel a estimé qu'elle devait être assimilée à une mesure d'assignation à résidence sous surveillance électronique, et décide que sa durée devait être déduite de celle de la peine d'emprisonnement prononcée en France, dans les conditions prévues par l'article 142-11 du C.P.P.

(Cour de cassation – Chambre criminelle du 17 mars 2021 – N° de pourvoi: 20-84.365).

Article 716-5. – Autorisation accès domicile personne condamnée – *(Loi n° 2011-392 du 14 avril 2011)*

• Afin d'assurer l'exécution d'une peine d'emprisonnement ou de réclusion, le procureur de la République et le procureur général peuvent autoriser les agents de la force publique à pénétrer au domicile de la personne condamnée afin de se saisir de celle-ci. Cependant, les agents ne peuvent s'introduire au domicile de la personne avant 6 heures et après 21 heures.

• Toute personne arrêtée en vertu d'un extrait de jugement ou d'arrêt portant condamnation à une peine d'emprisonnement ou de réclusion peut être retenue vingt-quatre heures dans un local de police ou de gendarmerie, aux fins de vérifications de son identité, de sa situation pénale ou de sa situation personnelle.

• Le procureur de la République, ou le procureur général, en est informé dès le début de la mesure.

• La personne arrêtée est immédiatement avisée par l'officier de police judiciaire qu'elle peut exercer les droits prévus par les articles 63-2, 63-3 et 63-4.

• Lorsque, à l'issue de la mesure, le procureur de la République, ou le procureur général, envisage de ramener la peine à exécution, il peut ordonner que la personne soit conduite devant lui. Après avoir recueilli les observations éventuelles de la personne, le procureur de la République lui notifie s'il y a lieu le titre d'écrou.

• Le procureur de la République, ou le procureur général, peut également demander à un officier ou un agent de police judiciaire d'aviser la personne qu'elle est convoquée devant le juge de l'application des peines, ou ordonner qu'elle soit conduite devant ce magistrat, lorsque celui-ci doit être saisi pour décider des modalités d'exécution de la peine.

V
• Code procédure pénale - art. 63-2 – Droits personne gardée à vue
• Code procédure pénale – art. D. 48-5-3 – Condamnation des mineurs

Article 717. – *(Abrogé – Ordonnance n° 2022-478 du 30 mars 2022)*

Article 717-1 A. – Service spécialisé – *(Loi n° 2008-174 du 25 février 2008)*

• Dans l'année qui suit sa condamnation définitive, la personne condamnée à une peine de réclusion criminelle d'une durée égale ou supérieure à quinze ans pour l'une des infractions visées à l'article 706-53-13 est placée, pour une durée d'au moins six semaines, dans un service spécialisé permettant de déterminer les modalités de la prise en charge sociale et sanitaire au cours de l'exécution de sa peine. Au vu de cette évaluation, le juge de l'application des peines définit un parcours d'exécution de la peine individualisé. Si la personne souffre de troubles psychiatriques, sur indication médicale, elle fait l'objet d'une prise en charge adaptée à ses besoins, le cas échéant en hospitalisation.

Article 717-1. – Suivi médical et psychologique adapté – Traitement Bilan de personnalité – *(Ordonnance n° 2022-478 du 30 mars 2022)*

• Dans des conditions prévues par décret en Conseil d'État, les personnes condamnées pour une infraction pour laquelle le suivi socio-judiciaire est encouru exécutent leur peine dans des établissements pénitentiaires permettant d'assurer un suivi médical et psychologique adapté.

• Sans préjudice des dispositions de l'article 763-7, le juge de l'application des peines peut proposer à tout condamné relevant des dispositions de l'alinéa précédent de suivre un traitement pendant la durée de sa détention, si un médecin estime que cette personne est susceptible de faire l'objet d'un tel traitement. Ce traitement peut être celui prévu par le dernier alinéa de l'article L. 3711-3 du Code de la santé publique.

• Le médecin traitant du condamné délivre à ce dernier, au moins une fois par trimestre, des attestations indiquant si le patient suit ou non de façon régulière le traitement proposé par le juge de l'application des peines. Le condamné remet ces attestations au juge de l'application des peines, afin que celui-ci puisse se prononcer, en application des articles 721 et 729 du présent code, sur l'octroi ou le retrait de réductions de peine ou l'octroi d'une libération conditionnelle.

• Une copie de la décision de condamnation est adressée par le juge de l'application des peines au médecin traitant du condamné. Les rapports des expertises réalisées pendant la procédure sont également adressés au médecin traitant, à sa demande ou à l'initiative du juge de l'application des peines. Celui-ci peut en outre adresser au médecin traitant toute autre pièce utile du dossier.

• Les 3e et 4e alinéas sont également applicables au psychologue traitant du condamné.

• 2 ans avant la date prévue pour la libération d'un condamné susceptible de relever des dispositions de l'article 706-53-13, celui-ci est convoqué par le juge de l'application des peines auprès duquel il justifie des suites données au suivi médical et psychologique adapté qui a pu lui être proposé en application des 1er et 2e alinéas du présent article. Au vu de ce bilan, le juge de l'application des peines lui propose, le cas échéant, de suivre un traitement dans un établissement pénitentiaire spécialisé.

Nota : Conformément au VI de l'article 59 de la loi n° 2021-1729 du 22/12/2021, ces dispositions sont applicables aux personnes placées sous écrou à compter du 1er janvier 2023, quelle que soit la date de commission de l'infraction. Les personnes placées sous écrou avant cette date demeurent soumises au régime défini aux articles 717-1, 721, 721-1, 721-1-1, 721-2 et 729-1 du C.P.P. dans leur rédaction antérieure à ladite loi.
Conformément à l'article 10 de l'ordonnance n° 2022-478 du 30/03/2022, ces dispositions entrent en vigueur le 1er mai 2022.

Article 717-1-1. – Transfert – Avis juge application des peines – *(Loi n° 2004-204 du 9 mars 2004)*
• Le juge de l'application des peines donne son avis, sauf urgence, sur le transfert des condamnés d'un établissement à l'autre.

Article 717-2. – *(Abrogé – Ordonnance n° 2022-478 du 30 mars 2022)*

Article 717-3. – Activités de travail et de formation professionnelle ou générale – *(Ordonnance n° 2022-478 du 30 mars 2022)*
• Les activités de travail et de formation professionnelle ou générale sont prises en compte pour l'appréciation des efforts sérieux de réinsertion et de la bonne conduite des condamnés.
• Au sein des établissements pénitentiaires, les personnes incarcérées qui en font la demande peuvent exercer une activité professionnelle ou bénéficier d'une formation professionnelle ou générale ou d'une validation des acquis de l'expérience, dans les conditions prévues par les dispositions du Code pénitentiaire.

Article 718. – *(Abrogé – Loi n° 2021-1729 du 22 décembre 2021)*

Article 719. – Députés, sénateurs... – Visite locaux garde à vue, locaux retenues douanières... – *(Loi n° 2021-1729 du 22 décembre 2021)*
• Les députés, les sénateurs, les représentants au Parlement européen élus en France, les bâtonniers sur leur ressort ou leur délégué spécialement désigné au sein du conseil de l'ordre sont autorisés à visiter à tout moment les locaux de garde à vue, les locaux des retenues douanières définies à l'article 323-1 du Code des douanes, les lieux de rétention administrative, les zones d'attente, les établissements pénitentiaires et les centres éducatifs fermés mentionnés à l'article L. 113-7 du Code de la justice pénale des mineurs.
• À l'exception des locaux de garde à vue, les députés, les sénateurs et les représentants au Parlement européen mentionnés au 1er alinéa du présent article peuvent être accompagnés par un ou plusieurs journalistes titulaires de la carte d'identité professionnelle mentionnée à l'article L. 7111-6 du Code du travail, dans des conditions fixées par décret en Conseil d'État.

Article 719-1. – *(Abrogé – Ordonnance n° 2022-478 du 30 mars 2022)*

Section I bis

De la libération sous contrainte

Article 720. – Modalités – *(Loi n° 2021-1729 du 22 décembre 2021)*
• **I.** – La situation de toute personne condamnée exécutant une ou plusieurs peines privatives de liberté d'une durée totale inférieure ou égale à 5 ans est obligatoirement examinée par le juge de l'application des peines afin que soit prononcée une libération sous contrainte lorsque la durée de la peine accomplie est au moins égale au double de la durée de la peine restant à subir.
• La libération sous contrainte entraîne l'exécution du reliquat de peine sous le régime de la libération conditionnelle, de la détention à domicile sous surveillance électronique, du placement à l'extérieur ou de la semi-liberté. Les conséquences de l'inobservation de ces mesures sont celles prévues au présent code.
• La libération sous contrainte est décidée par le juge de l'application des peines qui, après avis de la commission d'application des peines, détermine, parmi les mesures prévues au 2e alinéa, celle qui est la mieux adaptée à la situation du condamné.
• Le juge de l'application ne peut refuser l'octroi de la libération sous contrainte qu'en

constatant, par ordonnance spécialement motivée, qu'il est impossible de mettre en œuvre une de ces mesures au regard des exigences de l'article 707.

• S'il n'est pas procédé à l'examen de la situation de la personne condamnée conformément aux dispositions du 1er alinéa du présent I, le président de la chambre de l'application des peines de la cour d'appel peut, d'office ou sur saisine de la personne condamnée ou du procureur de la République, prononcer une mesure de libération sous contrainte dans les conditions prévues au présent I.

• Le présent I n'est pas applicable aux condamnés :

• 1° Qui ont préalablement fait connaître leur refus d'une libération sous contrainte ;

• 2° Pour lesquels une requête en aménagement de peine est pendante devant la juridiction de l'application des peines ; dans ce cas, si les conditions d'exécution de la peine prévues au 1er alinéa sont remplies, l'aménagement doit être ordonné sauf s'il est impossible à mettre en œuvre au regard des exigences de l'article 707.

• **II.** – Lorsqu'il reste au condamné exécutant une ou plusieurs peines privatives de liberté d'une durée totale inférieure ou égale à 2 ans un reliquat de peine à exécuter qui est inférieur ou égal à 3 mois, la libération sous contrainte s'applique de plein droit, sauf en cas d'impossibilité matérielle résultant de l'absence d'hébergement. Le juge de l'application des peines détermine, après avis de la commission de l'application des peines, la mesure applicable.

• En cas de non-respect de la mesure et des obligations et interdictions le cas échéant fixées, le juge de l'application des peines peut ordonner, selon les modalités prévues à l'article 712-6, le retrait ou la révocation de la mesure et la réincarcération de la personne pour une durée égale au plus au cumul de la peine qu'il lui restait à exécuter au moment de la décision et des réductions de peine octroyées qui n'avaient pas fait l'objet d'un retrait.

• **III.** – Le II du présent article n'est pas applicable :

• 1° Aux condamnés incarcérés pour l'exécution d'une ou de plusieurs peines dont l'une au moins a été prononcée pour une infraction qualifiée de crime, pour une infraction prévue aux articles 421-1 à 421-6 du Code pénal, pour une infraction prévue au titre II du livre II du même code lorsqu'elle a été commise sur la personne d'un mineur de moins de 15 ans ou sur une personne dépositaire de l'autorité publique ou pour une infraction commise avec la circonstance aggravante définie à l'article 132-80 dudit code ;

• 2° Aux personnes détenues ayant fait l'objet, pendant la durée de leur détention, d'une sanction disciplinaire prononcée pour l'un des faits suivants :

• *a)* Exercer ou tenter d'exercer des violences physiques à l'encontre d'un membre du personnel de l'établissement ou d'une personne en mission ou en visite dans l'établissement ;

• *b)* Exercer ou tenter d'exercer des violences physiques à l'encontre d'une personne détenue ;

• *c)* Opposer une résistance violente aux injonctions des membres du personnel pénitentiaire de l'établissement ;

• *d)* Participer ou tenter de participer à toute action collective de nature à compromettre la sécurité de l'établissement ou à en perturber l'ordre.

Nota: Conformément à la Loi n° 2021-1729 du 22/12/2021 : L'article 720 du C.P.P., dans sa rédaction résultant de l'article 11 de la présente loi, est applicable à l'ensemble des personnes condamnées exécutant une ou plusieurs peines privatives de liberté à compter du 01/01/2023, quelle que soit la date de commission de l'infraction.

Section II

De la suspension et du fractionnement des peines privatives de liberté

Article 720-1. – En matière correctionnelle – *(Loi n° 2016-987 du 21 juillet 2016)*

• En matière correctionnelle, lorsqu'il reste à subir par la personne condamnée une peine d'emprisonnement inférieure ou égale à deux ans, cette peine peut, pour motif d'ordre médical, familial, professionnel ou social et pendant une période n'excédant pas quatre ans, être suspendue ou exécutée par fractions, aucune de ces fractions ne pouvant être inférieure à deux jours. La décision est prise par le juge de l'application des peines dans les conditions prévues par l'article 712-6. Ce juge peut décider de soumettre le condamné à une ou plusieurs des obligations ou interdictions prévues par les articles 132-44 et 132-45 du Code pénal.

• Lorsque l'exécution fractionnée de la peine d'emprisonnement a été décidée par la juridiction de jugement en application de l'article 132-27 du Code pénal, cette décision peut être modifiée dans les conditions prévues à l'alinéa précédent.

• Le seuil de deux ans prévu au premier alinéa est porté à quatre ans lorsque la suspension pour raison familiale s'applique soit à une personne condamnée exerçant l'autorité parentale sur un enfant de moins de dix ans ayant chez ce parent sa résidence habituelle, soit à une femme enceinte de plus de douze semaines.

• Le présent article n'est pas applicable aux personnes condamnées pour une ou plusieurs des infractions mentionnées aux articles 421-1 à 421-6 du Code pénal, à l'exclusion de celles définies aux articles 421-2-5 à 421-2-5-2 du même code.

Article 720-1-1. – Suspension – *(Ordonnance n° 2019-964 du 18 septembre 2019)*

• Sauf s'il existe un risque grave de renouvellement de l'infraction, la suspension peut également être ordonnée, quelle que soit la nature de la peine ou la durée de la peine restant à subir, et pour une durée qui n'a pas à être déterminée, pour les condamnés dont il est établi qu'ils sont atteints d'une pathologie engageant le pronostic vital ou que leur état de santé physique ou mentale est durablement incompatible avec le maintien en détention.

• La suspension ne peut être ordonnée que si une expertise médicale établit que le condamné se trouve dans l'une des situations énoncées à l'alinéa précédent. Toutefois, en cas d'urgence, la suspension peut être ordonnée au vu d'un certificat médical établi par le médecin responsable de la structure sanitaire dans laquelle est pris en charge le détenu ou son remplaçant.

• Lorsque la peine privative de liberté prononcée est d'une durée inférieure ou égale à 10 ans ou que, quelle que soit la peine initialement prononcée en cas d'urgence ou lorsque la durée de détention restant à subir est inférieure ou égale à trois ans, cette suspension est ordonnée par le juge de l'application des peines selon les modalités prévues par l'article 712-6.

• Dans les autres cas, elle est prononcée par le tribunal de l'application des peines selon les modalités prévues par l'article 712-7.

• Dans les cas prévus aux 3e et 4e alinéas du présent article, le condamné peut être régulièrement représenté par son avocat lorsque son état de santé fait obstacle à son audition ; le débat contradictoire se tient alors au tribunal judiciaire.

• La juridiction qui accorde une suspension de la peine en application des dispositions du présent article peut décider de soumettre le condamné à une ou plusieurs des obligations ou interdictions prévues par les articles 132-44 et 132-45 du Code pénal.

• Le juge de l'application des peines peut à tout moment ordonner une expertise médicale à l'égard d'un condamné ayant bénéficié d'une mesure de suspension de peine en application du présent article et ordonner qu'il soit mis fin à la suspension si les conditions de celle-ci ne sont plus remplies. Il en est de même si le condamné ne respecte pas les obligations qui lui ont été imposées en application des dispositions de l'alinéa précédent ou s'il existe de nouveau un risque grave de renouvellement de l'infraction. La décision du juge de l'application des peines est prise selon les modalités prévues par l'article 712-6.

• Si la suspension de peine a été ordonnée pour une condamnation prononcée en matière criminelle, une expertise médicale destinée à vérifier que les conditions de la suspension sont toujours remplies doit intervenir tous les 6 mois.

• Les dispositions de l'article 720-2 ne sont pas applicables lorsqu'il est fait application des dispositions du présent article.

Section III

De la période de sûreté

Article 720-2. – Période de sûreté – *(Loi n° 97-1159 du 19 décembre 1997)*

• Les dispositions concernant la suspension ou le fractionnement de la peine, le placement à l'extérieur, les permissions de sortir, la semi-liberté et la libération conditionnelle ne sont pas applicables pendant la durée de la période de sûreté prévue à l'article 132-23 du Code pénal.

• Sauf s'il en est décidé autrement par le décret de grâce, la commutation ou la remise d'une peine privative de liberté assortie d'une période de sûreté entraîne de plein droit le maintien de cette période pour une durée globale qui correspond à la moitié de la peine résultant de cette commutation ou remise, sans pouvoir toutefois excéder la durée de la période de sûreté attachée à la peine prononcée.

[J] • **Incendie volontaire d'un immeuble d'habitation – Mort et blessures – Période de sûreté – Motivation**

CASSATION du pourvoi formé par M. J… G… contre l'arrêt de la cour d'assises du Tarn, en date du 12/10/2018, qui, sur renvoi après cassation, pour incendie volontaire d'un immeuble d'habitation ayant entraîné la mort et des blessures, l'a condamné à 25 ans de réclusion criminelle, fixé la période de sûreté à la moitié de la peine, et prononcé une mesure de confiscation, et contre l'arrêt du même jour, par lequel la cour a prononcé sur les intérêts civils.

Elle n'avait pas à prononcer de délibération particulière pour fixer la période de sûreté à la moitié de la peine. En effet, en application de l'article 132-23 du C.P., en l'absence de délibération particulière de la cour d'assises, la période de sûreté était, en l'espèce, fixée à cette durée, une délibération spéciale n'étant nécessaire que pour la réduire ou la porter aux deux-

tiers de la peine. Aucune obligation de motiver la durée de la période de sûreté de plein droit ne résulte d'une disposition de la loi, ni des décisions du Conseil constitutionnel n° 2018-742 QPC du 26/10/2018 et n° 2019-770 QPC du 29/03/2019.

PAR CES MOTIFS, la Cour:

CASSE et ANNULE en toutes ses dispositions l'arrêt civil susvisé de la cour d'assises du Tarn, en date du 12/10/2018, les dispositions de l'arrêt pénal étant expressément maintenues;

Et pour qu'il soit à nouveau statué, conformément à la loi, dans les limites de la cassation ainsi prononcée;

RENVOIE la cause et les parties devant la cour d'appel d'AGEN, à ce désignée par délibération spéciale prise en chambre du conseil;

ORDONNE l'impression du présent arrêt, sa transcription sur les registres du greffe de la cour d'assises du Tarn et sa mention en marge ou à la suite de l'arrêt annulé;

(Cour de cassation – Chambre criminelle du 22 janvier 2020 – N° de pourvoi: 19-80122).

Article 720-3. – Personne condamnée – Plusieurs peines – *(Loi n° 2016-731 du 3 juin 2016)*

• Lorsque la personne condamnée exécute plusieurs peines qui ne sont pas en concours et qui sont toutes assorties d'une période de sûreté, ces périodes de sûreté s'exécutent cumulativement et de manière continue.

• En cas de condamnations en concours comportant toutes des périodes de sûreté, la période totale de sûreté à exécuter est réduite au maximum des deux tiers de ces condamnations après leur réduction au maximum légal. Si une peine de réclusion criminelle à perpétuité a été prononcée, les périodes de sûreté s'exécutent cumulativement dans la limite de 22 ans ou, le cas échéant, dans la limite de la période de sûreté fixée spécialement par la cour d'assises en application du second alinéa de l'article 221-3, du dernier alinéa de l'article 221-4 et de l'article 421-7 du Code pénal.

• Lorsque la personne condamnée exécute plusieurs peines assorties d'une période de sûreté et qui ont fait l'objet d'une confusion, la durée de la période de sûreté à exécuter est celle de la période de sûreté la plus longue.

Article 720-4. – Tribunal de l'application des peines – *(Loi n° 2004-204 du 9 mars 2004)*

• Lorsque le condamné manifeste des gages sérieux de réadaptation sociale, le tribunal de l'application des peines peut, à titre exceptionnel et dans les conditions prévues par l'article 712-7, décider qu'il soit mis fin à la période de sûreté prévue par l'article 132-23 du Code pénal ou que sa durée soit réduite.

• Toutefois, lorsque la cour d'assises a décidé de porter la période de sûreté à trente ans en application des dispositions du dernier alinéa des articles 221-3 et 221-4 du Code pénal, le tribunal de l'application des peines ne peut réduire la durée de la période de sûreté ou y mettre fin qu'après que le condamné a subi une incarcération d'une durée au moins égale à vingt ans.

• Dans le cas où la cour d'assises a décidé qu'aucune des mesures énumérées à l'article 132-23 du Code pénal ne pourrait être accordée au condamné à la réclusion criminelle à perpétuité, le tribunal de l'application des peines ne peut accorder l'une de ces mesures que si le condamné a subi une incarcération d'une durée au moins égale à trente ans.

• Les décisions prévues par l'alinéa précédent ne peuvent être rendues qu'après une expertise réalisée par un collège de trois experts médicaux inscrits sur la liste des experts agréés près la Cour de cassation qui se prononcent sur l'état de dangerosité du condamné.

• Par dérogation aux dispositions du troisième alinéa de l'article 732, le tribunal de l'application des peines peut prononcer des mesures d'assistance et de contrôle sans limitation dans le temps.

Article 720-5. – Réduction de la période de sûreté – *(Loi n° 2016-731 du 3 juin 2016)*

• Par dérogation au premier alinéa de l'article 720-4 du présent code, lorsque la cour d'assises a décidé, en application de l'article 421-7 du Code pénal, de porter la période de sûreté à trente ans ou qu'aucune des mesures énumérées à l'article 132-23 du même code ne pourrait être accordée au condamné à la réclusion criminelle à perpétuité, le tribunal de l'application des peines, sur l'avis d'une commission composée de cinq magistrats de la Cour de cassation chargée d'évaluer s'il y a lieu de mettre fin à l'application de ladite décision de la cour d'assises, ne peut réduire la durée de la période de sûreté, à titre exceptionnel et dans les conditions prévues à l'article 712-7 du présent code:

• 1° Qu'après que le condamné a subi une incarcération d'une durée au moins égale à trente ans;

• 2° Que lorsque le condamné manifeste des gages sérieux de réadaptation sociale;

• 3° Que lorsque la réduction de la période de sûreté n'est pas susceptible de causer un trouble grave à l'ordre public;

• 4° Qu'après avoir recueilli l'avis des victimes ayant la qualité de parties civiles lors de la décision de condamnation;

• 5° Qu'après expertise d'un collège de trois experts médicaux inscrits sur la liste des experts agréés près la Cour de cassation, chargé de procéder à une évaluation de la dangerosité du condamné ;

• Les membres de la commission mentionnée au premier alinéa du présent article sont désignés par l'assemblée générale de la Cour de cassation ; l'un d'entre eux, choisi parmi les membres de la chambre criminelle, en assure la présidence.

• Par dérogation à l'avant-dernier alinéa de l'article 732 du présent code, le tribunal de l'application des peines peut prononcer des mesures d'assistance, de surveillance et de contrôle sans limitation dans le temps.

Section IV
Des réductions de peines

Article 721. – Crédit de réduction de peine – *(Loi n° 2021-1729 du 22 décembre 2021)*

• Une réduction de peine peut être accordée par le juge de l'application des peines, après avis de la commission de l'application des peines, aux condamnés exécutant une ou plusieurs peines privatives de liberté qui ont donné des preuves suffisantes de bonne conduite et qui ont manifesté des efforts sérieux de réinsertion.

• Cette réduction ne peut excéder 6 mois par année d'incarcération et 14 jours / mois pour une durée d'incarcération inférieure à 1 an.

• Les preuves suffisantes de bonne conduite sont appréciées en tenant compte notamment de l'absence d'incidents en détention, du respect du règlement intérieur de l'établissement ou des instructions de service, de l'implication dans la vie quotidienne ou du comportement avec le personnel pénitentiaire ou exerçant à l'établissement, avec les autres personnes détenues et avec les personnes en mission ou en visite.

• Les efforts sérieux de réinsertion sont appréciés en tenant compte notamment du suivi avec assiduité d'une formation scolaire, universitaire ou professionnelle ayant pour objet l'acquisition de connaissances nouvelles, des progrès dans le cadre d'un enseignement ou d'une formation, de l'engagement dans l'apprentissage de la lecture, de l'écriture et du calcul, de l'exercice d'une activité de travail, de la participation à des activités culturelles, notamment de lecture, de la participation à des activités sportives encadrées, du suivi d'une thérapie destinée à limiter les risques de récidive, de l'investissement soutenu dans un programme de prise en charge proposé par le service pénitentiaire d'insertion et de probation ou des versements volontaires des sommes dues aux victimes et au Trésor public.

• Dès que la condamnation est devenue définitive, le service pénitentiaire d'insertion et de probation travaille avec la personne en vue de la préparation d'une sortie encadrée. Dans le cadre de l'examen des réductions de peine, l'avis remis par le service pénitentiaire d'insertion et de probation au juge de l'application des peines comporte des éléments lui permettant de déterminer les mesures favorisant l'accompagnement des condamnés en fin de peine à travers un aménagement, une libération sous contrainte ou le suivi prévu à l'article 721-2.

• Pour l'application du présent article, la situation de chaque condamné est examinée au moins une fois par an.

• La réduction de peine est prononcée en une seule fois si l'incarcération est inférieure à une année et par fractions annuelles dans le cas contraire.

• Sauf décision contraire du juge de l'application des peines, lorsque la personne condamnée pour une infraction pour laquelle le suivi socio-judiciaire est encouru ne suit pas le traitement qui lui a été proposé en application des articles 717-1 et 763-7, elle ne peut bénéficier de la réduction de peine prévue au présent article qu'à hauteur de 3 mois par année d'incarcération et de 7 jours par mois pour une durée d'incarcération inférieure à 1 an. Il en est de même lorsque la personne condamnée dans les circonstances mentionnées au 2[d] alinéa de l'article 122-1 du Code pénal refuse les soins qui lui sont proposés.

• Le présent article s'applique également aux personnes condamnées qui bénéficient d'un aménagement de peine sous écrou.

• Dans l'année suivant son octroi, la réduction de peine peut être rapportée en tout ou en partie, après avis de la commission de l'application des peines, en cas de mauvaise conduite du condamné. Le retrait est prononcé par ordonnance motivée du juge de l'application des peines agissant d'office, sur saisine du chef d'établissement ou sur réquisitions du procureur de la République. Le condamné est mis en mesure de faire valoir ses observations, le cas échéant par l'intermédiaire de son avocat.

• Lors de sa mise sous écrou, le condamné est informé par le greffe des règles afférentes à la réduction de peine prévue au présent article, des critères d'appréciation et d'attribution de cette réduction ainsi que des possibilités de retrait de tout ou partie de cette réduction.

• Les modalités d'application du présent article sont précisées par voie réglementaire.

Nota : Conformément au VI de l'article 59 de la loi n° 2021-1729 du 22/12/2021, ces dispositions sont applicables aux personnes placées sous écrou à compter du 1er janvier 2023, quelle que soit la date de commission de l'infraction. Les personnes placées sous écrou avant cette date demeurent soumises au régime défini aux articles 717-1, 721, 721-1, 721-1-1, 721-2 et 729-1 du C.P.P. dans leur rédaction antérieure à ladite loi.

[J] • **Contrainte judiciaire – Nature – Mesure d'exécution forcée – Réduction de peine *(non)*.** – *Si la contrainte par corps, mesure d'exécution forcée des sanctions pécuniaires, présente à certains égards les caractères d'une peine, sa durée ne saurait, néanmoins, être réduite en application des dispositions des articles 721 et 721-1 du Code de procédure pénale.* (Cass. CRIM du 29 janvier 2003).

Article 721-1. – Réductions de peines accordées antérieurement... – *(Loi n° 2021-1729 du 22 décembre 2021)*

• En cas d'exécution sur le territoire de la République d'une peine prononcée à l'étranger, les réductions de peines accordées antérieurement à la mise à exécution de la peine en France restent acquises à la personne condamnée en tant qu'elles ont été accordées à raison de la durée de détention subie à l'étranger.

Nota : Idem sous l'article 721.

[J] • **Peine privative de liberté – Octroi réduction supplémentaire de peine – Peines en concours – Condamnation en état de récidive légale.** – *Le condamné ayant à exécuter une peine unique, par suite de l'absorption d'une peine correctionnelle* (en une peine criminelle en concours [art. 132-3 à 132-5 du Code pénal]), *doit être considéré comme récidiviste pour l'octroi des réductions supplémentaires de peine prévues par l'article 721-1 du Code de procédure pénale, s'il était en état de récidive légale lors de l'une des condamnations confondues prononcées contre lui* (Cass. CRIM. du 10-4-1996 – BCC n° 436 du 15-9-1996).

[V] • Jurisprudence sous art. 721 du CPP.

Article 721-1-1. – Réductions de peines – *(Loi n° 2021-1729 du 22 décembre 2021)*

• Les personnes condamnées à une peine privative de liberté pour une ou plusieurs des infractions mentionnées aux articles 421-1 à 421-6 du Code pénal, à l'exclusion de celles définies aux articles 421-2-5 à 421-2-5-2 du même code, ne peuvent bénéficier des réductions de peine mentionnées à l'article 721 du présent code qu'à hauteur de 3 mois par année d'incarcération et de 7 jours par mois pour une durée d'incarcération inférieure à 1 an.

Nota : Idem sous l'article 721.

Article 721-1-2. – Crédits de Réductions de peines – *(Loi n° 2022-52 du 24 janvier 2022)*

• Les personnes condamnées à une peine privative de liberté pour une ou plusieurs infractions mentionnées aux articles 221-3, 221-4, 222-3, 222-8, 222-10, 222-12, 222-14-1, 222-14-5 et 222-15-1 du Code pénal au préjudice d'une personne investie d'un mandat électif public, d'un magistrat, d'un militaire de la gendarmerie nationale, d'un militaire déployé sur le territoire national dans le cadre des réquisitions prévues à l'article L. 1321-1 du Code de la défense, d'un fonctionnaire de la police nationale, des douanes ou de l'administration pénitentiaire, d'un agent de police municipale, d'un sapeur-pompier professionnel ou volontaire ou de toute autre personne dépositaire de l'autorité publique ne peuvent bénéficier des réductions de peine mentionnées à l'article 721 du présent code qu'à hauteur, s'il s'agit d'un crime, de 3 mois par année d'incarcération et 7 jours par mois pour une durée d'incarcération inférieure à 1 an ou, s'il s'agit d'un délit, de 4 mois par année d'incarcération et 9 jours par mois pour une durée d'incarcération inférieure à 1 an.

Article 721-1-3. – Plusieurs peines privatives de liberté – Régime de réduction de peine – *(Loi n° 2021-1729 du 22 décembre 2021)*

• Lorsque plusieurs peines privatives de liberté sont confondues et qu'elles sont soumises à plus d'un des régimes de réduction de peine prévus aux articles 721,721-1-1 et 721-1-2, le régime qui s'applique est celui de la plus longue peine encourue ou, en cas de peines encourues égales, le régime le plus strict.

Article 721-2. – Juge de l'application des peines – *(Loi n° 2021-1729 du 22 décembre 2021)*

• I. – Lorsqu'une personne condamnée exécutant une ou plusieurs peines privatives de liberté n'a pu bénéficier d'une mesure de libération sous contrainte ou d'une libération conditionnelle dans les conditions prévues aux articles 720 et 730-3, le juge de l'application des peines peut, aux seules fins de favoriser l'insertion ou la réinsertion de la personne condamnée et de prévenir la commission de nouvelles infractions, ordonner que le condamné ayant bénéficié de réductions de peine prévues à l'article 721 soit soumis, après sa libération et pendant une durée qui ne peut excéder le total des réductions de peines dont il a bénéficié, à une ou plusieurs :

• 1° Des mesures de contrôle prévues à l'article 132-44 du Code pénal ;

• 2° Des interdictions prévues aux 2° et 7° à 14° de l'article 132-45 du même code.

• La personne condamnée peut également bénéficier, pendant cette durée, des mesures d'aide prévues à l'article 132-46 dudit code.

• Cette décision est prise, selon les modalités prévues à l'article 712-6 du présent code, préalablement à la libération du condamné, le cas échéant en même temps que lui est accordée la dernière réduction de peine.

• En cas d'inobservation par la personne condamnée des mesures de contrôle et interdictions qui lui ont été imposées, le juge de l'application des peines peut, selon les modalités prévues au même article 712-6, retirer tout ou partie de la durée des réductions de peines dont elle a bénéficié et ordonner sa réincarcération. Les articles 712-17 et 712-19 sont applicables.

• **II. –** Dans tous les cas, le juge de l'application des peines peut, selon les modalités prévues à l'article 712-6, ordonner que le condamné ayant bénéficié de réductions de peine prévues à l'article 721 soit soumis après sa libération à l'interdiction de recevoir la partie civile ou la victime, de la rencontrer ou d'entrer en relation avec elle de quelque façon que ce soit, pendant une durée qui ne peut excéder le total des réductions de peines dont il a bénéficié. Cette décision est prise préalablement à la libération du condamné, le cas échéant en même temps que lui est accordée la dernière réduction de peine.

• L'interdiction mentionnée au 1er alinéa du présent II peut être accompagnée de l'obligation d'indemniser la partie civile.

• En cas d'inobservation par la personne condamnée des obligations et interdictions qui lui ont été imposées, le juge de l'application des peines peut, selon les modalités prévues à l'article 712-6, retirer tout ou partie de la durée des réductions de peines dont elle a bénéficié et ordonner sa réincarcération. Les articles 712-17 et 712-19 sont applicables.

Nota : Idem sous l'article 721.

Article 721-3. – Réduction de peine exceptionnelle – *(Loi n° 2015-993 du 17 août 2015)*

• Une réduction de peine exceptionnelle, dont le quantum peut aller jusqu'au tiers de la peine prononcée, peut être accordée aux condamnés dont les déclarations faites à l'autorité administrative ou judiciaire antérieurement ou postérieurement à leur condamnation ont permis de faire cesser ou d'éviter la commission d'une infraction mentionnée aux articles 706-73, 706-73-1 et 706-74. Lorsque ces déclarations ont été faites par des condamnés à la réclusion criminelle à perpétuité, une réduction exceptionnelle du temps d'épreuve prévu au neuvième alinéa de l'article 729, pouvant aller jusqu'à cinq années, peut leur être accordée.

• Ces réductions exceptionnelles sont accordées par le tribunal de l'application des peines selon les modalités prévues à l'article 712-7.

Article 721-4. – Réductions de peines exceptionnelles – *(Loi n° 2021-1729 du 22 décembre 2021)*

• Une réduction de peine exceptionnelle, dont le quantum peut aller jusqu'au tiers de la peine prononcée, peut être accordée aux condamnés ayant permis, au cours de leur détention, y compris provisoire, d'éviter ou de mettre fin à toute action individuelle ou collective de nature à perturber gravement le maintien du bon ordre et la sécurité de l'établissement ou à porter atteinte à la vie ou à l'intégrité physique ou psychique des membres du personnel pénitentiaire ou des détenus de l'établissement. Dans le cas des condamnés à la réclusion criminelle à perpétuité, une réduction exceptionnelle du temps d'épreuve prévu au neuvième alinéa de l'article 729, dont le quantum peut aller jusqu'à 5 années, peut être accordée.

• Pour les condamnés exécutant une ou plusieurs peines privatives de liberté d'une durée totale supérieure à 7 ans, ces réductions exceptionnelles sont accordées par le tribunal de l'application des peines, sur demande du condamné, sur saisine du chef d'établissement, sur réquisitions du procureur de la République ou à l'initiative du juge de l'application des peines dont relève le condamné en application de l'article 712-10, selon les modalités prévues à l'article 712-7.

• Pour les condamnés exécutant une ou plusieurs peines privatives de liberté d'une durée totale inférieure ou égale à 7 ans, ces réductions exceptionnelles sont accordées, après avis de la commission de l'application des peines, par ordonnance motivée du juge de l'application des peines, agissant d'office, sur demande du condamné, sur saisine du chef d'établissement ou sur réquisitions du procureur de la République, selon les modalités prévues à l'article 712-4-1.

Section V

Du placement à l'extérieur, de la semi-liberté, des permissions de sortir et des autorisations de sortie sous escorte

Article 723. – Activités en dehors de l'établissement pénitentiaire – *(Loi n° 2009-1436 du 24 novembre 2009)*

• Le condamné admis au bénéfice du placement à l'extérieur est astreint, sous le contrôle de l'administration, à exercer des activités en dehors de l'établissement pénitentiaire.

• Le régime de semi-liberté est défini par l'article 132-26 du Code pénal.

• Un décret détermine les conditions auxquelles ces diverses mesures sont accordées et appliquées.

Article 723-1. – Juge de l'application des peines – *(Loi n° 2019-222 du 23 mars 2019)*

• Le juge de l'application des peines peut prévoir que la peine s'exécutera sous le régime de la semi-liberté ou du placement à l'extérieur soit en cas de condamnation à une ou plusieurs peines privatives de liberté dont la durée totale n'excède pas 2 ans, soit lorsqu'il reste à subir par le condamné une ou plusieurs peines privatives de liberté dont la durée totale n'excède pas 2 ans.

• Le juge de l'application des peines peut également subordonner la libération conditionnelle du condamné à l'exécution, à titre probatoire, d'une mesure de semi-liberté ou de placement à l'extérieur, pour une durée n'excédant pas un an. La mesure de semi-liberté ou de placement à l'extérieur peut être exécutée un an avant la fin du temps d'épreuve prévu à l'article 729 ou un an avant la date à laquelle est possible la libération conditionnelle prévue à l'article 729-3.

• Le présent article n'est pas applicable aux personnes condamnées pour une ou plusieurs des infractions mentionnées aux articles 421-1 à 421-6 du code pénal, à l'exclusion de celles définies aux articles 421-2-5 à 421-2-5-2 du même code.

Article 723-2. – Modalités d'exécution – *(Loi n° 2019-222 du 23 mars 2019)*

• Lorsqu'il a été fait application des dispositions de l'article 132-25 du code pénal, le juge de l'application des peines fixe les modalités d'exécution de la semi-liberté ou du placement à l'extérieur par ordonnance non susceptible de recours, dans un délai maximum de 4 mois à compter de la date à laquelle la condamnation est exécutoire et dans un délai de 5 jours ouvrables lorsque la juridiction de jugement a ordonné le placement ou le maintien en détention du condamné et déclaré sa décision exécutoire par provision. Si les conditions qui ont permis au tribunal de décider que la peine serait subie sous le régime de la semi-liberté ou du placement à l'extérieur ne sont plus remplies, si le condamné ne satisfait pas aux obligations qui lui sont imposées ou s'il fait preuve de mauvaise conduite, le bénéfice de la mesure peut être retiré par le juge de l'application des peines par une décision prise conformément aux dispositions de l'article 712-6. Si la personnalité du condamné ou les moyens disponibles le justifient, le juge de l'application des peines peut également, selon les mêmes modalités, substituer la mesure de semi-liberté à la mesure de placement à l'extérieur et inversement, ou substituer à l'une de ces mesures celle de détention à domicile sous surveillance électronique.

Article 723-3. – Permission de sortie – *(Loi n° 2019-222 du 23 mars 2019)*

• La permission de sortir autorise un condamné à s'absenter d'un établissement pénitentiaire pendant une période de temps déterminée qui s'impute sur la durée de la peine en cours d'exécution.

• Elle a pour objet de préparer la réinsertion professionnelle ou sociale du condamné, de maintenir ses liens familiaux ou de lui permettre d'accomplir une obligation exigeant sa présence.

• Lorsqu'une 1re permission de sortir a été accordée à un condamné majeur par le juge de l'application des peines en application de l'article 712-5, les permissions de sortir ultérieures peuvent, sauf décision contraire de ce magistrat, être accordées par le chef d'établissement pénitentiaire, selon des modalités déterminées par décret. En cas de refus d'octroi de la permission de sortir par le chef d'établissement pénitentiaire, celle-ci peut être demandée à nouveau au juge de l'application des peines, qui statue conformément au même article 712-5.

Article 723-4. – Obligations ou interdictions – *(Loi n° 2014-896 du 15 août 2014)*

• Le juge de l'application des peines peut subordonner l'octroi au condamné du placement à l'extérieur, de la semi-liberté ou de la permission de sortir au respect d'une ou plusieurs obligations ou interdictions prévues par les articles 132-44 et 132-45 du Code pénal. Le condamné peut également bénéficier des mesures d'aide prévues à l'article 132-46 du même code.

Article 723-5. – Perte du bénéfice des réductions de peine – *(Loi n° 2004-204 du 9 mars 2004)*

• Sans préjudice de l'application de l'article 434-29 du Code pénal, en cas de condamnation pour un crime ou un délit volontaire commis à l'occasion d'une permission de sortir, la juridiction peut décider que le condamné perdra le bénéfice des réductions de peine qui lui ont été accordées antérieurement.

Article 723-6. – Autorisation de sortie sous escorte – *(Loi n° 2004-204 du 9 mars 2004 + Décision n° 2019-791 QPC du 21 juin 2019)*

• Tout condamné peut, dans les conditions de l'article 712-5, obtenir, à titre exceptionnel, une autorisation de sortie sous escorte.

QPC • *Conformément à l'article 2 de la Décision n° 2019-791 QPC du 21 juin 2019:*
• *L'article 723-6 du C.P.P., dans sa rédaction résultant de la loi n° 2004-204 du 09/03/2004 portant adaptation de la justice aux évolutions de la criminalité, est conforme à la Constitution.*
(Décision n° 2019-791 QPC du 21 juin 2019)

Article 723-6-1. – *(Abrogé – Ordonnance n° 2022-478 du 30 mars 2022)*

Section VI
Du placement sous surveillance électronique

Article 723-7. – Modalités – *(Loi n° 2019-222 du 23 mars 2019)*

• Le juge de l'application des peines peut prévoir que la peine s'exécutera sous le régime du placement sous surveillance électronique défini par l'article 132-26 du code pénal soit en cas de condamnation à une ou plusieurs peines privatives de liberté dont la durée totale n'excède pas 2 ans, soit lorsqu'il reste à subir par le condamné une ou plusieurs peines privatives de liberté dont la durée totale n'excède pas 2 ans.

• Le juge de l'application des peines peut également subordonner la libération conditionnelle du condamné à l'exécution, à titre probatoire, d'une mesure de placement sous surveillance électronique, pour une durée n'excédant pas un an. La mesure de placement sous surveillance électronique peut être exécutée un an avant la fin du temps d'épreuve prévu à l'article 729 ou un an avant la date à laquelle est possible la libération conditionnelle prévue à l'article 729-3.

• Lorsque le lieu désigné par le juge de l'application des peines n'est pas le domicile du condamné, la décision de placement sous surveillance électronique ne peut être prise qu'avec l'accord du maître des lieux, sauf s'il s'agit d'un lieu public.

J **• Peines – Exécution – Peine privative de liberté – Mesure d'aménagement de peine – Conditions – Durée des peines prononcées ou restant à subir – Recevabilité**

Contre l'arrêt de la chambre de l'application des peines de ladite cour d'appel, en date du 28/05/2018, qui a prononcé sur une demande d'aménagement de peine de M. T... U....

La requête aux fins d'octroi d'une mesure d'aménagement de peine, sous forme d'une libération conditionnelle avec placement sous surveillance électronique, d'un condamné libre, en état de récidive, doit, pour être recevable, remplir les conditions de l'article 723-15 du C.P.P., quant à la durée de la détention restant à subir.

(Cour de cassation – Chambre criminelle du 16 octobre 2019 – N° de pourvoi : 18-83619).

Article 723-7-1. – Modalités d'exécution – *(Loi n° 2019-222 du 23 mars 2019)*

• Lorsqu'il a été fait application des dispositions de l'article 132-26 du code pénal, le juge de l'application des peines fixe les modalités d'exécution de la détention à domicile sous surveillance électronique par une ordonnance non susceptible de recours dans un délai maximum de 4 mois à compter de la date à laquelle la condamnation est exécutoire et dans un délai de 5 jours ouvrables lorsque la juridiction de jugement a ordonné le placement ou le maintien en détention du condamné et déclaré sa décision exécutoire par provision. Si les conditions qui ont permis au tribunal de décider que la peine serait subie sous le régime de la détention à domicile sous surveillance électronique ne sont plus remplies, si le condamné ne satisfait pas aux interdictions ou obligations qui lui sont imposées, s'il fait preuve de mauvaise conduite, s'il refuse une modification nécessaire des conditions d'exécution ou s'il en fait la demande, le bénéfice de la détention à domicile sous surveillance électronique peut être retiré par le juge de l'application des peines par une décision prise conformément aux dispositions de l'article 712-6. Si la personnalité du condamné ou les moyens disponibles le justifient, le juge de l'application des peines peut également, selon les mêmes modalités, substituer à la mesure de détention à domicile sous surveillance électronique une mesure de semi-liberté ou de placement à l'extérieur.

Article 723-8. – Contrôle de l'exécution de la mesure – *(Loi n° 2019-222 du 23 mars 2019)*

• Le contrôle de l'exécution de la mesure est assuré au moyen d'un procédé permettant de détecter à distance la présence ou l'absence du condamné dans le seul lieu désigné par le juge de l'application des peines pour chaque période fixée. La mise en œuvre de ce procédé peut conduire à imposer à la personne assignée le port, pendant toute la durée de la détention à domicile sous surveillance électronique, d'un dispositif intégrant un émetteur.

• Le procédé utilisé est homologué à cet effet par le ministre de la justice. La mise en œuvre doit garantir le respect de la dignité, de l'intégrité et de la vie privée de la personne.

• Le condamné est avisé que l'installation sur sa personne du dispositif prévu au 1er alinéa ne peut être réalisée sans son consentement, mais que le fait de refuser cette installation constitue une violation des obligations qui lui incombent et peut donner lieu à la mise à exécution de l'emprisonnement prévue à l'article 713-44 ou au retrait de la mesure d'aménagement prévu à l'article 723-13.

ARRÊTÉ DU 1er JUILLET 2002

portant homologation du procédé de surveillance électronique

NOR: JUSE0240086A – Version consolidée au 16 juillet 2002

Article 1.

• Le procédé de surveillance électronique décrit à l'article R. 57-11 du Code de procédure pénale comporte un bracelet-émetteur et un récepteur placé au lieu d'assignation, relié téléphoniquement à un centre de surveillance.

Article 2.

• Le bracelet-émetteur est porté par la personne placée sous surveillance électronique, de façon permanente pendant toute la durée de la mesure de placement, au niveau de la cheville ou du poignet. Il a pour fonction d'émettre automatiquement des signaux radio permettant d'attester de la présence, dans le lieu désigné, de la personne qui fait l'objet de la mesure. Il est étanche et anallergique.

Article 3.

• Le récepteur est placé au lieu désigné par le magistrat. Il comporte une batterie de secours garantissant une autonomie de fonctionnement d'au moins douze heures, en cas de défaillance du secteur électrique ou de débranchement intempestif. La portée du récepteur est réglée en fonction de la configuration des lieux de l'assignation. Il capte les signaux émis par le bracelet électronique porté par la personne placée sous surveillance électronique, les décode et les transmet au centre de surveillance.

Article 4.

• Le centre de surveillance reçoit les messages en provenance des récepteurs situés dans une zone géographique déterminée. L'agent affecté dans ce centre identifie les types d'alarme et les personnes assignées qui en sont à l'origine. Il détermine si l'absence est licite ou non, en fonction des plages horaires d'assignation qui ont été préalablement fixées par le juge.

Article 5.

• Afin de vérifier le bon fonctionnement du système, il peut être procédé, via le réseau téléphonique, à des opérations de contrôle automatique des récepteurs. Il est également possible de recourir à l'utilisation d'une unité de contrôle mobile, qui permet de capter et décoder les signaux émis par le bracelet-émetteur, à proximité du lieu d'assignation.

Article 6.

• Le directeur de l'administration pénitentiaire est chargé de l'exécution du présent arrêté, qui sera publié au Journal officiel de la République française.

Article 723-9. – Contrôle – *(Loi n° 2019-222 du 23 mars 2019)*

• La personne sous surveillance électronique est placée sous le contrôle du juge de l'application des peines dans le ressort duquel elle est assignée.

• Le contrôle à distance de la détention à domicile sous surveillance électronique est assuré par des fonctionnaires de l'administration pénitentiaire qui sont autorisés, pour l'exécution de cette mission, à mettre en œuvre un traitement automatisé de données nominatives.

• La mise en œuvre du dispositif technique permettant le contrôle à distance peut être confiée à une personne de droit privé habilitée dans des conditions fixées par décret en Conseil d'État.

• Dans la limite des périodes fixées dans la décision de détention à domicile sous surveillance électronique, les agents de l'administration pénitentiaire chargés du contrôle peuvent se rendre sur le lieu de l'assignation pour demander à rencontrer le condamné. Ils ne peuvent toutefois pénétrer au domicile de la personne chez qui le contrôle est pratiqué sans l'accord de celle-ci. Ces agents font aussitôt rapport au juge de l'application des peines de leurs diligences.

• Les services de police ou de gendarmerie peuvent toujours constater l'absence irrégulière du condamné et en faire rapport au juge de l'application des peines.

Article 723-10. – Mesures de contrôle ou obligations – *(Loi n° 2004-204 du 9 mars 2004)*

• Le juge de l'application des peines peut également soumettre la personne placée sous surveillance électronique aux mesures prévues par les articles 132-43 à 132-46 du Code pénal.

• Il peut en particulier soumettre le condamné à l'une ou plusieurs des mesures de contrôle ou obligations mentionnées aux articles 132-44 et 132-45 du Code pénal.

Article 723-11. – Modification des conditions d'exécution du placement – *(Loi n° 2019-222 du 23 mars 2019)*

• Le juge de l'application des peines peut, d'office ou à la demande du condamné, et après avis du procureur de la République, modifier les conditions d'exécution de la détention à domicile sous surveillance électronique ainsi que les mesures prévues à l'article 723-10.

Article 723-12. – Désignation d'un médecin – *(Loi n° 2004-204 du 9 mars 2004)*

• Le juge de l'application des peines peut à tout moment désigner un médecin afin que celui-ci vérifie que la mise en œuvre du procédé mentionné au premier alinéa de l'article 723-8 ne présente pas d'inconvénient pour la santé du condamné. Cette désignation est de droit à la demande du condamné. Le certificat médical est versé au dossier.

Article 723-13. – Modification des conditions d'exécution du placement – *(Loi n° 2019-222 du 23 mars 2019)*

• Le juge de l'application des peines peut retirer la décision de détention à domicile sous surveillance électronique soit en cas d'inobservation des interdictions ou obligations prévues à l'article 132-26 du code pénal, d'inconduite notoire, d'inobservation des mesures prononcées en application de l'article 723-10 du présent code, de nouvelle condamnation ou de refus par le condamné d'une modification nécessaire des conditions d'exécution, soit à la demande du condamné. La décision est prise conformément aux dispositions de l'article 712-6. En cas de retrait de la décision de détention à domicile sous surveillance électronique, le condamné subit, selon les dispositions de la décision de retrait, tout ou partie de la durée de la peine qui lui restait à accomplir au jour de sa détention à domicile sous surveillance électronique. Le temps pendant lequel il a été placé sous surveillance électronique compte toutefois pour l'exécution de sa peine.

Article 723-13-1. – Conditions d'application – *(Loi n° 2009-1436 du 24 novembre 2009)*

• Un décret en Conseil d'État détermine les conditions d'application de la présente section.

Section VII

Des procédures simplifiées d'aménagement des peines

Article 723-14. – *(Abrogé par la loi n° 2014-896 du 15 août 2014)*

§ 1er – Dispositions applicables aux condamnés libres

Article 723-15. – Personnes non incarcérées... – *(Loi n° 2019-222 du 23 mars 2019)*

• Si le tribunal n'a pas prononcé un mandat de dépôt à effet différé en application du 3° du I de l'article 464-2, les personnes non incarcérées ou exécutant une peine sous le régime de la semi-liberté, du placement à l'extérieur ou de la détention à domicile sous surveillance électronique, condamnées à une peine inférieure ou égale à un an d'emprisonnement ou pour lesquelles la durée de la détention restant à subir est inférieure ou égale à un an, ou pour lesquelles, en cas de cumul de condamnations, le total des peines d'emprisonnement prononcées ou restant à subir est inférieur ou égal à un an bénéficient, dans la mesure du possible et si leur personnalité et leur situation le permettent, suivant la procédure prévue au présent paragraphe, d'une semi-liberté, d'un placement à l'extérieur, d'une détention à domicile sous surveillance électronique, d'un fractionnement ou d'une suspension de peines, d'une libération conditionnelle ou de la conversion prévue à l'article 747-1. Lorsque la peine ferme prononcée ou restant à subir est inférieure ou égale à 6 mois, elle doit faire l'objet d'une détention à domicile sous surveillance électronique, d'une semi-liberté ou d'un placement à l'extérieur, sauf si la personnalité ou la situation du condamné rendent ces mesures impossibles, sans préjudice de la possibilité de libération conditionnelle ou de conversion, fractionnement ou suspension de la peine.

• Préalablement à la mise à exécution de la ou des condamnations, le ministère public informe le juge de l'application des peines de cette ou de ces décisions en lui adressant toutes les pièces utiles, parmi lesquelles une copie de la ou des décisions et le bulletin n° 1 du casier judiciaire de l'intéressé.

• Sauf s'il a déjà été avisé de ces convocations à l'issue de l'audience de jugement en application de l'article 474 du présent code, le condamné est alors, sauf décision contraire du juge de l'application des peines, convoqué en premier lieu devant le juge de l'application des peines, puis devant le service pénitentiaire d'insertion et de probation, dans des délais qui ne sauraient être respectivement supérieurs à 30 et à 45 jours à compter de leur information par le ministère public, afin de déterminer les modalités d'exécution de sa peine les mieux adaptées à sa personnalité et à sa situation matérielle, familiale et sociale.

J **• Peines – Exécution – Peine privative de liberté – Mesure d'aménagement de peine – Conditions – Durée des peines prononcées ou restant à subir – Recevabilité**

Contre l'arrêt de la chambre de l'application des peines de ladite cour d'appel, en date du 28/05/2018, qui a prononcé sur une demande d'aménagement de peine de M. T… U.…

La requête aux fins d'octroi d'une mesure d'aménagement de peine, sous forme d'une libération conditionnelle avec placement sous surveillance électronique, d'un condamné libre, en état de récidive, doit, pour être recevable, remplir les conditions de l'article 723-15 du C.P.P., quant à la durée de la détention restant à subir.

(Cour de cassation – Chambre criminelle du 16 octobre 2019 – N° de pourvoi : 18-83619).

• Juridictions de l'application des peines – Loi du 23 mars 2019 – Extension des mesures de conversion de peine – Application immédiate *(oui)* **– Obligation de conversion** *(non)* **– Obligation d'examiner une mesure non demandée** *(non)*

M. [E] [D] a formé un pourvoi contre l'arrêt de la chambre de l'application des peines de la cour d'appel de BASTIA (20), en date du 07/09/2021, qui a prononcé sur une demande de conversion de peine.

Saisie d'une demande d'aménagement ou de conversion de peine par le condamné, la juridiction de l'application des peines n'a pas l'obligation de se prononcer d'office sur l'opportunité de prononcer une mesure qui ne lui est pas demandée.

(Cour de cassation – Chambre criminelle du 12 octobre 2022 – N° de pourvoi : 21-85.413).

Article 723-15-1. – Mesure d'aménagement ou conversion de la peine – *(Loi n° 2009-1436 du 24 novembre 2009)*

• Si, à l'issue de la convocation, une mesure d'aménagement ou la conversion de la peine lui paraît possible et si l'intéressé en est d'accord, le juge de l'application des peines ordonne cette mesure ou cette conversion selon les modalités prévues aux premier ou deuxième alinéas de l'article 712-6. Si le juge ne dispose pas des éléments d'information suffisants pour ordonner immédiatement cette mesure ou cette conversion, il peut charger le service pénitentiaire d'insertion et de probation d'examiner les modalités d'exécution de la décision qu'il envisage de prendre et, le cas échéant, de lui présenter une autre proposition d'aménagement ou de conversion, dans un délai de deux mois à compter de cette saisine. Au vu du rapport motivé du service pénitentiaire d'insertion et de probation, il peut ordonner l'aménagement ou la conversion de la peine du condamné selon les modalités prévues aux premier ou deuxième alinéas de l'article 712-6.

Article 723-15-2. – Incarcération – *(Loi n° 2016-731 du 3 juin 2016)*

• Si le condamné ne souhaite pas bénéficier d'un aménagement ou d'une conversion de sa peine ou si, au vu du rapport motivé du service pénitentiaire d'insertion et de probation, un tel aménagement ou une telle conversion ne lui paraît pas possible, le juge de l'application des peines peut fixer la date d'incarcération.

• À défaut de décision du juge de l'application des peines dans les six mois suivant la communication de la copie de la décision, ainsi que dans les cas prévus par l'article 723-16, le ministère public peut ramener la peine à exécution.

• Si, sauf motif légitime ou exercice des voies de recours, la personne ne se présente pas aux convocations, le juge de l'application des peines en informe le ministère public qui ramène la peine à exécution.

Article 723-16. – Mise à exécution de la peine – *(Loi n° 2009-1436 du 24 novembre 2009)*

• Par dérogation aux dispositions de l'article 723-15, en cas d'urgence motivée soit par un risque de danger pour les personnes ou les biens établi par la survenance d'un fait nouveau, soit par l'incarcération de la personne dans le cadre d'une autre procédure, soit d'un risque

avéré de fuite du condamné, le ministère public peut mettre la peine à exécution en établissement pénitentiaire.
• Il en informe immédiatement le juge de l'application des peines si celui-ci a été saisi en application du deuxième alinéa de l'article 723-15.

Article 723-17. – Non mise à exécution
• Lorsqu'une condamnation mentionnée à l'article 723-15 n'a pas été mise à exécution dans le délai d'un an à compter de la date à laquelle la condamnation est devenue définitive, le condamné peut saisir le juge de l'application des peines en vue de faire l'objet d'une des mesures prévues par le premier alinéa de l'article 712-6, même s'il s'est vu opposer un refus antérieur, et cette saisine suspend la possibilité pour le parquet de mettre la peine à exécution sous réserve des dispositions de l'article 723-16. Il est alors statué sur la demande selon les dispositions de l'article 712-6.

Article 723-17-1. – Condamnation n'ayant pas été mise à exécution – *(Loi n° 2014-896 du 15 août 2014)*
• Lorsqu'une condamnation mentionnée à l'article 723-15 n'a pas été mise à exécution dans le délai de trois ans à compter de la date à laquelle elle est devenue définitive, le condamné est convoqué devant le juge de l'application des peines, préalablement à la mise à exécution de la condamnation, afin de déterminer les modalités d'exécution de sa peine les mieux adaptées aux circonstances, à sa personnalité et à sa situation matérielle, familiale et sociale. Cette convocation suspend la possibilité pour le parquet de mettre la peine à exécution.
• Il peut être dérogé au présent article dans les cas prévus à l'article 723-16.

Article 723-18. – Reliquat de peine
• Lorsque le condamné doit exécuter un reliquat de peine inférieur ou égal aux réductions de peine susceptibles d'être octroyées, le juge de l'application des peines peut accorder cette mesure sans qu'il soit nécessaire que la personne soit à nouveau écrouée.

Articles 723-19 à 723-27. – *(Abrogés par la loi n° 2014-896 du 15 août 2014)*

Section VIII

(Abrogée par la loi n° 2014-896 du 15 août 2014)

Article 723-28. – *(Abrogé par la loi n° 2014-896 du 15 août 2014)*

Section IX

Dispositions relatives à la surveillance judiciaire de personnes dangereuses condamnées pour crime ou délit

Article 723-29. – Surveillance judiciaire – *(Loi n° 2021-1729 du 22 décembre 2021)*
• Lorsqu'une personne a été condamnée à une peine privative de liberté d'une durée égale ou supérieure à 7 ans pour un crime ou un délit pour lequel le suivi socio-judiciaire est encouru ou d'une durée supérieure ou égale à 5 ans pour un crime ou un délit commis une nouvelle fois en état de récidive légale, le tribunal de l'application des peines peut, sur réquisitions du procureur de la République, ordonner à titre de mesure de sûreté et aux seules fins de prévenir une récidive dont le risque paraît avéré, qu'elle sera placée sous surveillance judiciaire dès sa libération et pendant une durée qui ne peut excéder celle correspondant aux réductions de peine dont elle a bénéficié et qui n'ont pas fait l'objet d'une décision de retrait.

Article 723-30. – Obligations – *(Loi n° 2011-1862 du 13 décembre 2011)*
• La surveillance judiciaire peut comporter les obligations suivantes :
• 1° Obligations prévues par les articles 132-44 et 132-45 du Code pénal ;
• 2° Après vérification de la faisabilité technique de la mesure, obligation prévue par l'article 131-36-12 du même code ;
• 3° Si la personne a été condamnée à une peine de réclusion criminelle d'une durée égale ou supérieure à quinze ans pour l'un des crimes mentionnés à l'article 706-53-13 du présent

code, obligation d'assignation à domicile, emportant pour l'intéressé l'interdiction de s'absenter de son domicile ou de tout autre lieu désigné par le juge en dehors des périodes fixées par celui-ci. Les périodes et les lieux sont fixés en tenant compte: de l'exercice d'une activité professionnelle par le condamné; du fait qu'il suit un enseignement ou une formation, effectue un stage ou occupe un emploi temporaire en vue de son insertion sociale; de sa participation à la vie de famille; de la prescription d'un traitement médical.

• Sauf décision contraire du juge de l'application des peines, le condamné placé sous surveillance judiciaire est soumis à une injonction de soins, dans les conditions prévues aux articles L. 3711-1 et suivants du Code de la santé publique, lorsqu'il est établi, après expertise médicale prévue à l'article 723-31, qu'il est susceptible de faire l'objet d'un traitement.

Article 723-31. – Expertise médicale – *(Loi n° 2007-1198 du 10 août 2007)*

• Le risque de récidive mentionné à l'article 723-29 doit être constaté par une expertise médicale ordonnée par le juge de l'application des peines conformément aux dispositions de l'article 712-16, et dont la conclusion fait apparaître la dangerosité du condamné et détermine si le condamné est susceptible de faire l'objet d'un traitement. Cette expertise peut être également ordonnée par le procureur de la République.

Article 723-31-1. – Service spécialisé – *(Loi n° 2010-242 du 10 mars 2010)*

• La situation de tous les condamnés susceptibles de faire l'objet d'une surveillance judiciaire conformément à l'article 723-29 doit être examinée avant la date prévue pour leur libération.

• Le juge de l'application des peines ou le procureur de la République peut, à cette fin, demander le placement du condamné, pour une durée comprise entre deux et six semaines, dans un service spécialisé chargé de l'observation des personnes détenues aux fins d'une évaluation pluridisciplinaire de dangerosité et saisir la commission pluridisciplinaire des mesures de sûreté.

• Le juge de l'application des peines ou le procureur de la République peut également ordonner que l'expertise prévue par l'article 723-31 soit réalisée par deux experts.

Article 723-32. – Jugement de libération – *(Loi n° 2010-242 du 10 mars 2010)*

• La décision prévue à l'article 723-29 est prise, avant la date prévue pour la libération du condamné, par un jugement rendu conformément aux dispositions de l'article 712-6. Lors du débat contradictoire prévu par l'article 712-6, le condamné est obligatoirement assisté par un avocat choisi par lui, ou, à sa demande, désigné par le bâtonnier.

• Le jugement précise les obligations auxquelles le condamné est tenu, ainsi que la durée de celles-ci.

J **• Condamné – Surveillance judiciaire**

M. [Y] [E] a formé un pourvoi contre l'arrêt de la chambre de l'application des peines de la cour d'appel de PARIS (75), en date du 22/09/2020, qui a prononcé son placement sous surveillance judiciaire.

Il résulte des dispositions combinées des articles 712-14 et 723-32 du C.P.P. que lorsque la juridiction de l'application des peines du 1er degré place le condamné sous surveillance judiciaire avant la date prévue pour sa libération, cette décision s'applique dès son prononcé, même en cas d'appel, ce recours pouvant être jugé après la date de libération du condamné. En revanche, si la juridiction de l'application des peines ne prononce pas la surveillance judiciaire du condamné avant la date prévue pour sa libération, la chambre de l'application des peines ne peut prononcer cette mesure après cette même date.

(Cour de cassation – Chambre criminelle du 16 février 2022 – N° de pourvoi: 20-85.608).

Article 723-33. – Surveillance judiciaire – Mesures d'assistance et de contrôle – *(Loi n° 2005-1549 du 12 décembre 2005)*

• Le condamné placé sous surveillance judiciaire fait également l'objet de mesures d'assistance et de contrôle destinées à faciliter et à vérifier sa réinsertion.

• Ces mesures et les obligations auxquelles le condamné est astreint sont mises en œuvre par le juge de l'application des peines assisté du service pénitentiaire d'insertion et de probation, et, le cas échéant, avec le concours des organismes habilités à cet effet.

Article 723-34. – Modifications des obligations – *(Loi n° 2005-1549 du 12 décembre 2005)*

• Le juge de l'application des peines peut modifier les obligations auxquelles le condamné est astreint, par ordonnance rendue selon les modalités prévues par l'article 712-8.

• Si la réinsertion du condamné paraît acquise, il peut, par jugement rendu selon les modalités prévues par l'article 712-6, mettre fin à ces obligations.

• Si le comportement ou la personnalité du condamné le justifie, il peut, par jugement rendu selon les modalités prévues par la dernière phrase du premier alinéa de l'article 723-32, décider de prolonger la durée de ces obligations, sans que la durée totale de celles-ci ne dépasse celle prévue à l'article 723-29.

Article 723-35. – Inobservation des obligations et interdictions – *(Loi n° 2010-242 du 10 mars 2010)*

• En cas d'inobservation par le condamné des obligations et interdictions qui lui ont été imposées, le juge de l'application des peines peut, selon les modalités prévues par l'article 712-6, retirer tout ou partie de la durée des réductions de peine dont il a bénéficié et ordonner sa réincarcération. Les dispositions de l'article 712-17 sont applicables.

• Le juge de l'application des peines avertit le condamné que les mesures prévues aux articles 131-36-4 et 131-36-12 du Code pénal ne pourront être mises en œuvre sans son consentement, mais que, à défaut, tout ou partie de la durée des réductions de peine dont il a bénéficié pourra, en application du premier alinéa, lui être retiré.

• La décision prévue au premier alinéa peut également être prise, après avis du juge de l'application des peines, par la juridiction de jugement en cas de condamnation de la personne placée sous surveillance judiciaire pour un crime ou un délit pour lequel le suivi socio-judiciaire est encouru.

• Constitue pour le condamné une violation des obligations qui lui ont été imposées le fait de refuser de commencer ou de poursuivre le traitement prescrit par le médecin traitant et qui lui a été proposé dans le cadre d'une injonction de soins.

Article 723-36. – Application – *(Loi n° 2005-1549 du 12 décembre 2005)*

• Les dispositions de la présente section ne sont pas applicables si la personne a été condamnée à un suivi socio-judiciaire ou si elle fait l'objet d'une libération conditionnelle.

Article 723-37. – Placement sous surveillance judiciaire – *(Loi n° 2010-242 du 10 mars 2010)*

• Lorsque le placement sous surveillance judiciaire a été prononcé à l'encontre d'une personne condamnée à une réclusion criminelle d'une durée égale ou supérieure à quinze ans pour l'une des infractions visées à l'article 706-53-13, la juridiction régionale mentionnée à l'article 706-53-15 peut, selon les modalités prévues par cet article, décider de prolonger tout ou partie des obligations auxquelles est astreinte la personne, au-delà de la limite prévue à l'article 723-29, en la plaçant sous surveillance de sûreté pour une durée de deux ans.

• La juridiction régionale de la rétention de sûreté est saisie par le juge de l'application des peines ou le procureur de la République six mois avant la fin de la mesure.

• Le placement sous surveillance de sûreté ne peut être ordonné, après expertise médicale constatant la persistance de la dangerosité, que dans le cas où :

• 1° Les obligations résultant de l'inscription dans le fichier judiciaire national automatisé des auteurs d'infractions sexuelles ou violentes apparaissent insuffisantes pour prévenir la commission des crimes mentionnés à l'article 706-53-13 ;

• 2° Et si cette mesure constitue l'unique moyen de prévenir la commission, dont la probabilité est très élevée, de ces infractions.

• La surveillance de sûreté peut être prolongée selon les mêmes modalités et pour la même durée si les conditions prévues par le présent article demeurent remplies.

• Les dispositions des quatre derniers alinéas de l'article 706-53-19 sont applicables.

• La juridiction régionale de la rétention de sûreté peut également, selon les modalités prévues à l'article 706-53-15, ordonner une surveillance de sûreté à l'égard d'une personne placée sous surveillance judiciaire à laquelle toutes les réductions de peine ont été retirées, en application du premier alinéa de l'article 723-35, à la suite d'une violation des obligations auxquelles elle était soumise dans des conditions qui font apparaître des risques qu'elle commette à nouveau l'une des infractions mentionnées à l'article 706-53-13. La surveillance de sûreté s'applique dès la libération de la personne.

Article 723-38. – Placement sous surveillance électronique mobile – *(Loi n° 2008-174 du 25 février 2008)*

• Lorsque le placement sous surveillance électronique mobile a été prononcé dans le cadre d'une surveillance judiciaire à l'encontre d'une personne condamnée à une réclusion criminelle d'une durée égale ou supérieure à quinze ans pour l'une des infractions visées à l'article 706-53-13, il peut être renouvelé tant que la personne fait l'objet d'une surveillance judiciaire ou d'une surveillance de sûreté.

Article 723-38-1. – Suspension de la surveillance judiciaire – *(Loi n° 2010-242 du 10 mars 2010)*

• La surveillance judiciaire est suspendue par toute détention intervenant au cours de son exécution et ne découlant pas d'un retrait de tout ou partie de la durée des réductions de peine décidé en application de l'article 723-35, et elle reprend, pour la durée restant à courir, à l'issue de cette suspension.

Article 723-39. – Modalités et conditions d'application – *(Loi n° 2008-174 du 25 février 2008)*
• Un décret détermine en tant que de besoin les modalités et les conditions d'application des dispositions de la présente section.

CHAPITRE III

Des dispositions communes aux différents établissements pénitentiaires

Article 724. – Établissements pénitentiaires – *(Ordonnance n° 2022-478 du 30 mars 2022)*
• Les personnes placées en détention provisoire ou condamnées à une peine privative de liberté sont écrouées et détenues dans les établissements pénitentiaires dans les conditions prévues par les dispositions du Code pénitentiaire.

Articles 724-1 et 725. – *(Abrogés – Ordonnance n° 2022-478 du 30 mars 2022)*

Article 726. – Régime disciplinaire – *(Ordonnance n° 2022-478 du 30 mars 2022)*
• Le placement, à titre exceptionnel, des détenus mineurs de plus de 16 ans en cellule disciplinaire ne peut excéder 7 jours.
• En cas d'urgence, les détenus mineurs de plus de 16 ans peuvent faire l'objet, à titre préventif, d'un placement en cellule disciplinaire ou d'un confinement en cellule individuelle. Cette mesure ne peut excéder 2 jours ouvrables.

Articles 726-1 et 726-2. – *(Abrogés – Ordonnance n° 2022-478 du 30 mars 2022)*

Article 727. – *(Abrogé – Loi n° 2009-1436 du 24 novembre 2009)*

Article 727-1. – Recueil de renseignements – *(Ordonnance n° 2022-478 du 30 mars 2022)*
• Conformément aux dispositions de l'article L. 223-2 du Code pénitentiaire, le procureur de la République est immédiatement avisé de la découverte, au sein d'un établissement pénitentiaire ou d'un établissement de santé destiné à recevoir des personnes détenues, de tout équipement terminal, système informatique ou support de données informatiques dont la détention est illicite.
• Dans les conditions prévues par les dispositions du même article, le procureur de la République peut autoriser l'administration pénitentiaire à conserver ces matériels.

Article 728. – *(Abrogé – Ordonnance n° 2022-478 du 30 mars 2022)*

SERVICE PUBLIC PÉNITENTIAIRE
Loi n° 87-432 du 22 juin 1987 relative au service public pénitentiaire
Version consolidée au 1er mai 2022 – (Abrogé – Ordonnance n° 2022-478 du 30 mars 2022)
(Cf. Annexe XIII – Code Pénitentiaire (entrée en vigueur le 1er mai 2022)

DÉCRET N° 87-604 DU 31 JUILLET 1987

relatif à l'habilitation des personnes auxquelles peuvent être confiées certaines fonctions dans les établissements pénitentiaires et complétant l'article R. 79 du Code de procédure pénale

NOR : JUSE8740038D – Version consolidée au 03 août 2020

Article 1er. – Habilitation – *(Décret n° 2020-958 du 31 juillet 2020)*
• L'habilitation des personnes auxquelles peuvent être confiées par contrat des fonctions autres que celles de direction, du greffe et de surveillance dans les établissements pénitentiaires est accordée par décision du directeur interrégional des services pénitentiaires territorialement compétent.

Article 2. – Personnes habilitées – *(Décret n° 2020-958 du 31 juillet 2020)*
• Peuvent seules être habilitées :
• 1° Les personnes physiques possédant la nationalité française ou celle de l'un des États membres de l'Union européenne ;
• 2° Les personnes morales de droit français dont les dirigeants, de droit ou de fait, possèdent la nationalité française ou celle de l'un des États membres de l'Union européenne.

Article 3. – Durée de l'habilitation
• L'habilitation est accordée pour une durée de cinq ans renouvelable en fonction des compétences techniques, des garanties financières et des références qu'offrent ces personnes appréciées au regard de la nature, de l'étendue et du coût des prestations faisant l'objet du contrat prévu à l'article 1er.

Article 4. – Refus d'habilitation – *(Décret n° 94-965 du 2 novembre 1994)*
• L'habilitation ne peut être accordée aux personnes physiques qui ont fait l'objet d'une condamnation justifiant l'inscription au bulletin n° 2 du casier judiciaire pour des agissements contraires à l'honneur, à la probité ou aux bonnes mœurs, ou d'une mesure de révocation de la fonction publique, civile ou militaire, ou qui ont été frappées de l'interdiction prévue par l'article 131-27 du Code pénal.
• L'habilitation ne peut être accordée aux personnes morales dont un ou plusieurs dirigeants de fait ou de droit se trouvent dans la même situation.

Article 5. – Retrait de l'habilitation – *(Décret n° 2020-958 du 31 juillet 2020)*
• L'habilitation peut être retirée par décision du directeur interrégional des services pénitentiaires territorialement compétent, en cas de modification substantielle de la situation des personnes au regard des dispositions des articles 2, 3 et 4 du présent titre.

Article 6. – Habilitation individuelle – *(Décret n° 2020-958 du 31 juillet 2020)*
• Les agents recrutés par les personnes mentionnées au titre Ier ou par leurs sous-traitants pour remplir les fonctions qui leur sont confiées par contrat bénéficient d'une habilitation individuelle préalable en vue de leur permettre d'accéder de manière régulière à un ou plusieurs établissements pénitentiaires.
• Cette habilitation individuelle préalable est accordée par le directeur interrégional des services pénitentiaires territorialement compétent.

Article 7. – Obtention de l'habilitation – *(Décret n° 2020-958 du 31 juillet 2020)*
• Pour l'obtention de l'habilitation prévue à l'article 6, l'agent doit :
• 1° Posséder la nationalité française ou être ressortissant d'un État membre de l'Union européenne ;
• 2° Ne pas avoir fait l'objet d'une mesure de révocation de la fonction publique, civile ou militaire ni d'une condamnation justifiant l'inscription au bulletin n° 2 du casier judiciaire, pour des agissements contraires à l'honneur, à la probité ou aux bonnes mœurs ;
• 3° Etre titulaire des diplômes ou attester des qualifications correspondant à la nature des fonctions que l'intéressé est appelé à exercer ;
• 4° Avoir été jugé apte, après examen médical et psychologique renouvelé tous les 5 ans, pratiqué par un médecin et par un psychologue agréés par l'administration pénitentiaire, à exercer en milieu pénitentiaire les fonctions qui doivent lui être confiées ;
• 5° Avoir donné son accord écrit au projet de contrat de travail proposé par son employeur et comprenant l'énumération des obligations et sujétions qui lui seraient imposées pour l'exercice de ses fonctions en milieu pénitentiaire.

Article 8. – Durée de l'habilitation – *(Décret n° 2020-958 du 31 juillet 2020)*
• L'habilitation mentionnée à l'article 6 est, dans tous les cas, accordée pour une durée de 5 ans renouvelable. Elle est retirée par l'autorité qui l'a accordée lorsque l'une des conditions prévues à l'article 7 cesse d'être remplie.
• Cette habilitation peut être suspendue par le chef d'établissement en cas de manquements aux dispositions du Code de procédure pénale ou de celles du règlement intérieur.
• Le directeur interrégional des services pénitentiaires territorialement compétent décide, dans le mois suivant la suspension, le maintien ou le retrait de l habilitation, après avoir recueilli les observations de la personne habilitée.
• En cas de suspension ou de retrait de l'habilitation accordée à l'un de ses agents ou en cas de vacance de son service, la personne mentionnée au titre Ier pourvoit à son remplacement dans les conditions prévues au présent titre, de façon à assurer la continuité du service public pénitentiaire.

CHAPITRE IV

Des valeurs pécuniaires des détenus
(Abrogé – Ordonnance n° 2022-478 du 30 mars 2022)

Article 728-1. – *(Abrogé – Ordonnance n° 2022-478 du 30 mars 2022)*

CHAPITRE V

Du transfèrement des personnes condamnées

Article 728-2. – Transfèrement – *(Loi n° 2013-711 du 5 août 2013)*

• Lorsque, en application d'une convention ou d'un accord internationaux, une personne détenue en exécution d'une condamnation prononcée par une juridiction étrangère est transférée sur le territoire français pour y accomplir la partie de la peine restant à subir, l'exécution de la peine est poursuivie conformément aux dispositions du présent code, et notamment du présent chapitre.

Article 728-3. – Arrivée sur le sol français – *(Loi n° 2013-711 du 5 août 2013)*

• Dès son arrivée sur le sol français, le condamné détenu est présenté au procureur de la République du lieu d'arrivée, qui procède à son interrogatoire d'identité et en dresse procès-verbal. Toutefois, si l'interrogatoire ne peut être immédiat, le condamné est conduit à la maison d'arrêt où il ne peut être détenu plus de vingt-quatre heures. À l'expiration de ce délai, il est conduit d'office devant le procureur de la République, par les soins du chef d'établissement.

• Au vu des pièces constatant l'accord des États sur le transfèrement et le consentement de l'intéressé ainsi que de l'original ou d'une expédition du jugement étranger de condamnation, accompagnés, le cas échéant, d'une traduction officielle, le procureur de la République requiert l'incarcération immédiate du condamné.

Article 728-4. – Peine prononcée à l'étranger – *(Loi n° 2004-204 du 9 mars 2004)*

• La peine prononcée à l'étranger est, par l'effet de la convention ou de l'accord internationaux, directement et immédiatement exécutoire sur le territoire national pour la partie qui restait à subir dans l'État étranger.

• Toutefois, lorsque la peine prononcée est, par sa nature ou sa durée, plus rigoureuse que la peine prévue par la loi française pour les mêmes faits, le tribunal correctionnel du lieu de détention, saisi par le procureur de la République ou le condamné, lui substitue la peine qui correspond le plus en droit français ou réduit cette peine au maximum légalement applicable. Il détermine en conséquence, suivant les cas, la nature et, dans la limite de la partie qui restait à subir dans l'État étranger, la durée de la peine à exécuter.

Article 728-5. – Audience – *(Loi n° 2004-204 du 9 mars 2004)*

• Le tribunal statue en audience publique, après avoir entendu le ministère public, le condamné et, le cas échéant, l'avocat choisi par lui ou commis d'office sur sa demande. Le jugement est immédiatement exécutoire nonobstant appel.

Article 728-6. – Délais de transfèrement – *(Loi n° 2004-204 du 9 mars 2004)*

• Les délais de transfèrement s'imputent intégralement sur la durée de la peine qui est mise à exécution en France.

Article 728-7. – Incidents contentieux – *(Loi n° 2004-204 du 9 mars 2004)*

• Tous incidents contentieux relatifs à l'exécution de la peine privative de liberté restant à subir en France sont portés devant le tribunal correctionnel du lieu de détention.

• Les dispositions de l'article 711 du présent code sont applicables.

Article 728-8. – Application de la peine – *(Loi n° 2004-204 du 9 mars 2004)*

• L'application de la peine est régie par les dispositions du présent code.

Article 728-9. – Peine privative de liberté prononcée par une juridiction étrangère – *(Loi n° 2004-204 du 9 mars 2004)*

• Aucune poursuite pénale ne peut être exercée ou continuée et aucune condamnation ne peut être exécutée à raison des mêmes faits contre le condamné qui exécute en France, en application d'une convention ou d'un accord internationaux, une peine privative de liberté prononcée par une juridiction étrangère.

CHAPITRE VI

De l'exécution des décisions de condamnation à une peine ou à une mesure de sûreté privative de liberté en application de la décision-cadre 2008/909/JAI du Conseil du 27 novembre 2008 concernant l'application du principe de reconnaissance mutuelle aux jugements en matière pénale prononçant des peines ou des mesures privatives de liberté aux fins de leur exécution dans l'Union européenne.

Section I

Dispositions générales

Article 728-10. – Réinsertion sociale de la personne condamnée – *(Loi n° 2013-711 du 5 août 2013)*

• Le présent chapitre détermine les règles applicables, en vue de faciliter la réinsertion sociale de la personne condamnée, à la reconnaissance et à l'exécution, dans un État membre de l'Union européenne, des condamnations pénales définitives à une peine ou à une mesure de sûreté privative de liberté prononcées par les juridictions françaises ainsi qu'à la reconnaissance et à l'exécution en France de telles condamnations prononcées par les juridictions d'un autre État membre.

• L'État sur le territoire duquel a été prononcée la décision est appelé État de condamnation. L'État auquel est demandée l'exécution de cette décision sur son territoire est appelé État d'exécution.

Article 728-11. – Décision de condamnation – *(Loi n° 2015-993 du 17 août 2015)*

• Une décision de condamnation prononcée par une juridiction française ou une juridiction d'un État membre peut être transmise, selon le cas, par l'autorité française compétente aux fins de reconnaissance et d'exécution dans l'État d'exécution ou à cette autorité aux fins de reconnaissance et d'exécution en France si la personne condamnée se trouve sur le territoire français ou celui de l'autre État membre et dans les cas suivants :

• 1° La personne condamnée est un ressortissant de l'État d'exécution et a sa résidence habituelle sur le territoire de cet État ou, lorsque la France est l'État d'exécution, est un ressortissant français ;

• 2° La personne condamnée est un ressortissant de l'État d'exécution ou, lorsque la France est l'État d'exécution, un ressortissant français et fait l'objet, en vertu de la décision de condamnation ou de toute autre décision judiciaire ou administrative, d'une mesure d'éloignement vers le territoire de l'État dont elle est ressortissante, applicable à sa libération ;

• 3° La personne condamnée, quelle que soit sa nationalité, ainsi que l'autorité compétente de l'État d'exécution ou, lorsque la France est État d'exécution, l'autorité compétente française consentent à l'exécution de la décision de la condamnation faisant l'objet de la transmission.

• Dans le cas prévu au 3°, le consentement de la personne condamnée n'est pas requis lorsqu'elle s'est réfugiée sur le territoire de l'État d'exécution ou, lorsque la France est État d'exécution, sur le territoire français ou y est retournée en raison de sa condamnation ou des investigations et des poursuites ayant abouti à celle-ci.

• Dans le cas prévu au 3° et lorsque la France est État d'exécution, l'autorité compétente ne peut consentir à l'exécution de la peine sur le territoire français que lorsque la personne condamnée y réside régulièrement de façon ininterrompue depuis au moins cinq ans.

Article 728-12. – Transmission – *(Loi n° 2013-711 du 5 août 2013)*

• Toute décision de condamnation transmise en application du présent chapitre aux fins de reconnaissance et d'exécution sur le territoire français ou sur celui d'un autre État membre ou toute demande de transit est accompagnée d'un certificat précisant notamment :

• 1° La désignation de l'État de condamnation et de la juridiction ayant rendu la décision de condamnation ;

• 2° L'identité de la personne à l'encontre de laquelle la décision de condamnation a été rendue, l'adresse de son ou ses derniers domiciles connus et l'indication qu'elle se trouve dans l'État de condamnation ou dans l'État d'exécution ;

• 3° La date de la décision de condamnation et celle à laquelle cette décision est devenue définitive ;

• 4° Les motifs de la transmission de la décision de condamnation au regard de l'article 728-11 ;

• 5° La date, le lieu et les circonstances dans lesquels la ou les infractions ont été commises ainsi que la nature, la qualification juridique et une description complète des faits ;

• 6° La nature de la peine ou de la mesure de sûreté privative de liberté à exécuter, sa durée totale, la part déjà exécutée et la date prévue de fin d'exécution ;

• 7° L'indication, le cas échéant, du consentement de la personne condamnée à la transmission de la décision de condamnation ;

• 8° Les observations éventuelles de la personne condamnée sur la transmission de la décision de condamnation.

• Le certificat est signé par l'autorité compétente de l'État de condamnation, qui atteste l'exactitude des informations y étant contenues.

Article 728-13. – Retrait du certificat – *(Loi n° 2013-711 du 5 août 2013)*

• Le retrait du certificat vaut retrait de la demande de reconnaissance et d'exécution et fait obstacle à la mise à exécution de la peine ou de la mesure de sûreté privative de liberté en application du présent chapitre.

Article 728-14. – Moyen de transmission – *(Loi n° 2013-711 du 5 août 2013)*

• La transmission de la décision de condamnation, de la demande de transit, du certificat et de toutes les pièces relatives à l'exécution de la condamnation ainsi que tout échange relatif à celle-ci s'effectuent directement, selon le cas, avec les autorités compétentes de l'État de condamnation ou celles de l'État d'exécution, par tout moyen laissant une trace écrite et dans des conditions permettant au destinataire de vérifier l'authenticité des pièces transmises.

Section II

Dispositions relatives à l'exécution, sur le territoire des autres États membres de l'Union européenne, des condamnations prononcées par les juridictions françaises

§ 1er. – Transmission de la demande par le ministère public

Article 728-15. – Transmission – *(Loi n° 2021-1729 du 22 décembre 2021)*

• Le représentant du ministère public près la juridiction ayant prononcé la décision de condamnation est compétent pour transmettre à l'autorité compétente d'un autre État membre de l'Union européenne, aux fins qu'elle reconnaisse cette décision et la ramène à exécution, une copie de celle-ci et, après l'avoir établi et signé, le certificat prévu à l'article 728-12.

• Il peut procéder à cette transmission à la demande de l'autorité compétente de l'État d'exécution.

• Sous réserve de l'article 728-22-1, il peut également procéder à cette transmission d'office ou à la demande de la personne concernée.

• Il peut décider la transmission lorsque les conditions prévues à l'article 728-11 sont réunies et qu'il a acquis la certitude que l'exécution de la condamnation sur le territoire de l'autre État membre facilitera la réinsertion sociale de l'intéressé.

Article 728-16. – Consultation – *(Loi n° 2013-711 du 5 août 2013)*

• Avant de procéder à la transmission de la décision de condamnation et du certificat, le représentant du ministère public peut consulter l'autorité compétente de l'État d'exécution afin de déterminer, notamment, si l'exécution de la condamnation sur le territoire de celui-ci est de nature à faciliter la réinsertion sociale de la personne condamnée. Une telle consultation est obligatoire dans les cas autres que ceux visés aux 1° et 2° de l'article 728-11.

Article 728-17. – Audition – *(Loi n° 2013-711 du 5 août 2013)*

• Lorsque la personne condamnée se trouve sur le territoire français, le représentant du ministère public procède ou fait procéder à son audition aux fins de recueillir ses observations orales ou écrites sur la transmission envisagée. Il recueille son consentement lorsque celui-ci est requis en application du 3° de l'article 728-11. Si la personne condamnée est mineure ou si elle fait l'objet d'une mesure de protection, il procède ou fait procéder, en outre, à l'audition de la personne chargée de la représenter ou de l'assister. Il est dressé procès-verbal des auditions. Le cas échéant, la personne chargée d'assister ou de représenter le mineur ou la personne faisant l'objet d'une mesure de protection peut faire part de ses observations orales ou écrites, qui sont jointes au dossier.

• Lorsque la personne condamnée ou la personne chargée de la représenter ou de l'assister en raison de sa minorité ou d'une mesure de protection se trouve sur le territoire de l'État d'exécution, le ministère public demande à l'autorité compétente de cet État de procéder aux auditions prévues au premier alinéa du présent article.

Article 728-18. – Information – *(Loi n° 2013-711 du 5 août 2013)*

• Si le représentant du ministère public décide de transmettre la décision de condamnation et le certificat à l'autorité compétente de l'État d'exécution, il en informe la personne condamnée dans une langue qu'elle comprend. Il l'informe en outre :

• 1° Que, en cas d'exécution de la condamnation sur le territoire de cet État, l'exécution de la peine sera régie par sa législation qui déterminera ainsi, notamment, les conditions d'une libération anticipée ou conditionnelle ;

• 2° Que la période de privation de liberté déjà subie au titre de la condamnation sera déduite de la peine restant à exécuter ;

• 3° Que l'autorité compétente de l'État d'exécution peut décider d'adapter la peine ou la mesure de sûreté privative de liberté prononcée si, par sa durée ou sa nature, elle est incompatible avec la législation de cet État ;

• 4° Que l'adaptation de la peine ou de la mesure de sûreté privative de liberté par l'État d'exécution ne peut avoir pour effet de l'aggraver.

• Il est dressé procès-verbal de la formalité prévue au présent article.

• Si la personne condamnée se trouve sur le territoire de l'État d'exécution, le représentant du ministère public demande à l'autorité compétente de cet État de procéder à cette formalité.

Article 728-19. – Transmission *(décision de condamnation, traduction du certificat)* – *(Loi n° 2013-711 du 5 août 2013)*

• Le représentant du ministère public transmet à l'autorité compétente de l'État d'exécution une copie certifiée conforme de la décision de condamnation ainsi que l'original ou une copie du certificat mentionné à l'article 728-12 et, le cas échéant, une copie du procès-verbal d'audition de la personne condamnée et du procès-verbal d'audition de la personne chargée de la représenter ou de l'assister.

• Il transmet, en outre, à cette autorité une traduction du certificat soit dans la langue officielle ou dans une des langues officielles de l'État d'exécution, soit dans l'une des langues officielles des institutions de l'Union européenne acceptées par cet État. Sur demande de l'autorité compétente de l'État d'exécution, il fait établir et transmet la traduction, dans les mêmes conditions, de la décision de condamnation ou des parties essentielles de cette décision.

• Sur demande de l'autorité compétente de l'État d'exécution, la copie certifiée conforme de la décision de condamnation et l'original du certificat lui sont adressés dans les meilleurs délais.

Article 728-20. – Demande d'arrestation… – *(Loi n° 2013-711 du 5 août 2013)*

• Lorsque la personne condamnée se trouve sur le territoire de l'État d'exécution, le ministère public peut demander à l'autorité compétente de cet État, lors de la transmission de la décision de condamnation et du certificat, de procéder à l'arrestation provisoire de la personne condamnée ou de prendre toute mesure permettant d'assurer son maintien sur le territoire de cet État dans l'attente de la décision de reconnaissance et d'exécution.

• En cas d'urgence, si le représentant du ministère public n'est pas en mesure d'adresser le certificat à l'autorité compétente de l'État d'exécution, il lui transmet les informations mentionnées aux 1° à 6° de l'article 728-12.

Article 728-21. – Exécution partielle – Décision condamnation – *(Loi n° 2013-711 du 5 août 2013)*

• Lorsque le représentant du ministère public est consulté par l'autorité compétente de l'État d'exécution sur une reconnaissance partielle de la décision de condamnation, il examine, après avoir envisagé en lien avec cette autorité les modalités possibles d'une telle solution, si un accord peut être trouvé.

• L'exécution partielle de la décision de condamnation ne peut avoir pour conséquence d'accroître la durée de la peine ou de la mesure de sûreté privative de liberté.

• S'il approuve les modalités d'exécution partielle envisagées, le représentant du ministère public donne son accord. Dans le cas contraire, il retire le certificat.

Article 728-22. – Retrait du certificat – *(Loi n° 2021-1729 du 22 décembre 2021)*

• Tant que l'exécution de la peine n'a pas commencé, le représentant du ministère public peut, à tout moment, décider de retirer le certificat, sous réserve de l'article 728-22-1. Il indique à l'autorité compétente de l'État d'exécution le motif de ce retrait.

• Le certificat est retiré, notamment, lorsque:

• 1° L'autorité compétente de l'État d'exécution ayant émis, postérieurement à la transmission de la décision de condamnation, un avis motivé selon lequel l'exécution de la condamnation ne contribuerait pas à faciliter la réinsertion sociale de la personne condamnée, le représentant du ministère public estime cet avis fondé;

• 2° L'autorité compétente de l'État d'exécution l'ayant informé de l'adaptation qui serait apportée à la peine prononcée, le représentant du ministère estime, au vu de cette information, ne pas devoir maintenir la demande aux fins de reconnaissance et d'exécution;

• 3° L'autorité compétente de l'État d'exécution ayant communiqué, d'office ou à la demande du représentant du ministère public, les dispositions applicables dans cet État en matière de libération anticipée ou conditionnelle, celui-ci estime, au vu de cette information, ne pas devoir maintenir la demande aux fins de reconnaissance et d'exécution.

Article 728-22-1. – Contestation – *(Loi n° 2021-1729 du 22 décembre 2021)*

• La personne condamnée peut contester devant le président de la chambre de l'application des peines de la cour d'appel la décision du représentant du ministère public:

• 1° De transmission d'office à l'autorité compétente d'un autre État membre de l'Union européenne d'une décision de condamnation aux fins d'exécution en application du troisième alinéa de l'article 728-15;

• 2° De refus de transmettre une telle décision en application du même 3e alinéa, malgré la demande en ce sens du condamné;

• 3° De retrait du certificat pris en application du 1er alinéa de l'article 728-22.

• Ce recours est suspensif.

• Le dossier ou sa copie est alors transmis par le représentant du ministère public au président de la chambre de l'application des peines de la cour d'appel dans le ressort de laquelle se trouve la juridiction ayant prononcé la décision de condamnation.

• Le président statue, après avoir recueilli les observations écrites du représentant du ministère public et de la personne condamnée, par une ordonnance motivée qui n'est pas susceptible de recours.

§ 2. – Transfèrement et transit

Article 728-23. – Mesures de transfèrement – *(Loi n° 2013-711 du 5 août 2013)*

• Dès que l'autorité compétente de l'État d'exécution a fait connaître qu'elle accepte de reconnaître la condamnation et de la mettre à exécution sur son territoire, le représentant du ministère public, si la personne condamnée se trouve sur le territoire français, prend les mesures nécessaires afin qu'elle soit transférée sur le territoire de l'État d'exécution.

• Le transfèrement, dont la date est arrêtée conjointement par le ministre de la justice et l'autorité compétente de l'État d'exécution, a lieu au plus tard trente jours après la décision d'acceptation de l'État d'exécution. S'il est impossible d'y procéder dans ce délai en raison de circonstances imprévues, le transfèrement intervient dès que ces circonstances n'y font plus obstacle, à une nouvelle date arrêtée conjointement et, au plus tard, dans les dix jours de cette date.

Article 728-24. – Demande de transit – *(Loi n° 2013-711 du 5 août 2013)*

• Le ministre de la justice transmet une demande de transit accompagnée d'une copie du certificat à l'autorité compétente de chaque État membre traversé à l'occasion du transfèrement. À la demande de cette autorité, il fournit une traduction du certificat dans la langue officielle ou dans une des langues officielles de l'État concerné ou dans l'une des langues officielles des institutions de l'Union européenne acceptées par cet État.

Article 728-25. – Retrait de la demande de transit – *(Loi n° 2013-711 du 5 août 2013)*

• Si l'État membre auquel le transit est demandé ne peut garantir que la personne condamnée ne sera pas poursuivie ou soumise à une mesure privative ou restrictive de liberté sur son territoire pour des faits ou condamnations antérieurs à son départ du territoire français, le ministre de la justice retire la demande de transit.

Article 728-26. – Transfèrement par transport aérien – *(Loi n° 2013-711 du 5 août 2013)*

• Aucune demande de transit n'est requise lorsque le transfèrement s'effectue par un moyen de transport aérien sans escale prévue. Toutefois, en cas d'atterrissage fortuit sur le territoire d'un État membre de l'Union européenne, le ministre de la justice fournit à l'autorité compétente de cet État le certificat mentionné à l'article 728-12 dans un délai de soixante-douze heures.

§ 3. – Consentement à l'exercice de poursuites ou à l'exécution d'une condamnation à raison d'une autre infraction

Article 728-27. – Modalités – *(Ordonnance n° 2016-1636 du 1er décembre 2016)*

• Lorsque, avant ou après le transfèrement de la personne condamnée, l'autorité compétente de l'État d'exécution demande au représentant du ministère public qu'il soit consenti à ce que celle-ci puisse être poursuivie, condamnée ou privée de liberté dans l'État d'exécution pour une infraction qu'elle aurait commise avant son transfèrement, autre que celle pour laquelle la demande aux fins de reconnaissance et d'exécution a été présentée, la chambre de l'instruction est saisie de cette demande.

• Lorsque la demande est présentée après le transfèrement, la chambre de l'instruction compétente est celle dans le ressort de laquelle siège la juridiction ayant prononcé la condamnation dont l'exécution a donné lieu au transfèrement.

• La chambre de l'instruction statue sans recours après s'être assurée que la demande comporte les renseignements prévus à l'article 695-13 et avoir, le cas échéant, obtenu des garanties au regard de l'article 695-32, dans le délai de trente jours à compter de la réception de la demande.

• Le consentement est donné lorsque les agissements pour lesquels il est demandé constituent l'une des infractions mentionnées à l'article 694-32 et entrent dans le champ d'application de l'article 695-12.

§ 4. – Exécution de la peine

Article 728-28. – Exécution – *(Loi n° 2013-711 du 5 août 2013)*

• L'exécution de la peine est régie par le droit de l'État sur le territoire duquel elle est exécutée.

Article 728-29. – Information – *(Loi n° 2013-711 du 5 août 2013)*

• Lorsque la condamnation fait l'objet d'une amnistie, d'une grâce, d'une révision ou de toute autre décision ou mesure ayant pour effet de lui retirer, immédiatement ou non, son caractère exécutoire, le représentant du ministère public en informe sans délai l'autorité compétente de l'État d'exécution.

J **• Aménagement de peine – Minorité de la victime**

M. [O] [I] a formé un pourvoi contre l'arrêt de la chambre de l'application des peines de la cour d'appel d'AIX-EN-PROVENCE (13), en date du 22/06/2021, qui a prononcé sur un aménagement de peine

Les dispositions de l'article 729-3 du C.P.P., qui prévoient que la libération conditionnelle peut être accordée pour tout condamné à une peine privative de liberté inférieure ou égale à 4 ans, ou pour laquelle la durée de la peine restant à subir est inférieure ou égale à 4 ans, lorsque, notamment, ce condamné exerce l'autorité parentale sur un enfant de moins de 10 ans ayant chez ce parent sa résidence habituelle, ne sont pas applicables aux personnes condamnées pour un crime ou pour un délit commis sur un mineur. Il en résulte que la libération conditionnelle parentale ne peut être accordée au condamné qui a commis une infraction dont la victime était, au moment des faits, âgée de moins de 18 ans. N'encourt pas la cassation l'arrêt qui, après avoir relevé que la victime était mineure au moment des faits, a rejeté la demande de libération conditionnelle parentale.

(Cour de cassation – Chambre criminelle du 1er juin 2022 – N° de pourvoi : 21-84.348).

Article 728-30. – Pouvoir d'exécution – *(Loi n° 2013-711 du 5 août 2013)*

• Le ministère public recouvre la faculté de faire exécuter la décision de condamnation sur le territoire français dès que l'autorité compétente de l'État d'exécution l'informe de la non-exécution partielle de cette décision en raison de l'évasion de la personne condamnée ou du fait que celle-ci ne peut être trouvée sur le territoire de cet État.

Section III
Dispositions relatives à l'exécution sur le territoire français des condamnations prononcées par les juridictions des autres États membres de l'Union européenne

§ 1er. – Motifs du refus de reconnaissance et d'exécution

Article 728-31. – Modalités – *(Loi n° 2013-711 du 5 août 2013)*

• La reconnaissance et l'exécution sur le territoire français d'une décision de condamnation prononcée par la juridiction d'un autre État membre ne peuvent être refusées que dans les cas prévus aux articles 728-32 et 728-33.

• La décision de refus est motivée par référence à ces mêmes articles.

Article 728-32. – Refus – *(Loi n° 2013-711 du 5 août 2013)*

• L'exécution de la décision de condamnation est refusée dans les cas suivants :

• 1° Le certificat n'est pas produit, est incomplet ou ne correspond manifestement pas à la décision de condamnation et n'a pas été complété ou corrigé dans le délai fixé ;

• 2° La personne condamnée ne se trouve ni en France ni dans l'État de condamnation ;

• 3° Les conditions prévues à l'article 728-11 ne sont pas remplies ;

• 4° La décision de condamnation porte sur des infractions pour lesquelles la personne condamnée a déjà été jugée définitivement par les juridictions françaises ou par celles d'un État autre que l'État de condamnation, à condition que la peine ait été exécutée, soit en cours d'exécution ou ne puisse plus être mise à exécution selon la loi de l'État de condamnation ;

• 5° La condamnation est fondée sur des faits qui ne constituent pas des infractions selon la loi française ;

• 6° La personne condamnée bénéficie en France d'une immunité faisant obstacle à l'exécution de la condamnation ;

• 7° La personne condamnée n'a pas comparu en personne au procès qui a mené à la décision, sauf dans les cas visés aux 1° à 3° de l'article 695-22-1 ;

• 8° La prescription de la peine est acquise selon la loi française à la date de la réception du certificat ;

• 9° La condamnation a été prononcée à l'encontre d'un mineur de treize ans à la date des faits ;

• 10° La peine prononcée comporte une mesure de soins psychiatriques ou médicaux ou une autre mesure de sûreté privative de liberté qui ne peut être exécutée en application des règles du système juridique ou de santé français ;

• 11° Il est établi que la personne a été condamnée en raison de son sexe, de sa race, de sa religion, de son origine ethnique, de sa nationalité, de sa langue, de ses opinions politiques ou de son orientation ou identité sexuelle, ou qu'il peut être porté atteinte à la situation de cette personne pour l'une de ces raisons.

• Le motif de refus prévu au 5° n'est pas opposable lorsque la décision de condamnation concerne une infraction en matière de taxes et d'impôts, de douane et de change, en raison de ce que le droit français n'impose pas le même type de taxes ou d'impôts ou ne contient pas le même type de réglementation en matière de taxes, d'impôts, de douane et de change que le droit de l'État de condamnation.

Article 728-33. – Possibilités de refus – *(Loi n° 2013-711 du 5 août 2013)*

• L'exécution de la décision de condamnation peut être refusée dans les cas suivants :

• 1° La décision de condamnation est fondée sur des infractions commises en totalité, en majeure partie ou pour l'essentiel sur le territoire français ou en un lieu assimilé ;

• 2° La durée de la peine restant à exécuter est inférieure à six mois à la date de réception du certificat ;

• 3° L'État de condamnation a refusé de donner son consentement à ce que la personne condamnée puisse être poursuivie, condamnée ou privée de liberté en France pour une infraction commise avant son transfèrement, autre que celle ayant motivé celui-ci.

§ 2. – Réception et instruction par le procureur de la République de la demande aux fins de reconnaissance et d'exécution

Article 728-34. – Procureur de la République – *(Loi n° 2013-711 du 5 août 2013)*

• Le procureur de la République reçoit les demandes tendant à la reconnaissance et à l'exécution sur le territoire français des décisions de condamnation prononcées par les juridictions des autres États membres. Il peut également demander à l'autorité compétente d'un autre État membre de lui transmettre une demande tendant à la reconnaissance et à l'exécution sur le territoire français d'une décision de condamnation prononcée par une juridiction de cet État.

• Il peut procéder ou faire procéder à tout complément d'information qu'il estime utile.

Article 728-35. – Compétence – *(Ordonnance n° 2019-964 du 18 septembre 2019)*

• Le procureur de la République compétent est celui dans le ressort duquel se situe la dernière résidence connue de la personne condamnée, le lieu de détention de celle-ci ou le lieu de l'infraction lorsque les faits ont été commis pour partie sur le territoire français. À défaut, le procureur de la République près le tribunal judiciaire de Paris est compétent.

• Si le procureur de la République auquel la demande a été adressée par l'État de condamnation aux fins de reconnaissance et d'exécution n'est pas compétent, il la transmet sans délai au procureur de la République compétent. L'autorité compétente de l'État de condamnation est informée de la transmission.

Article 728-36. – Consultation – *(Loi n° 2013-711 du 5 août 2013)*

• Lorsque, avant de transmettre la décision de condamnation et le certificat, l'autorité compétente de l'État de condamnation consulte le procureur de la République, celui-ci l'informe sans délai, dans le cas où, en application du 3° de l'article 728-11, la reconnaissance de la décision est subordonnée au consentement de l'État d'exécution, de sa décision de consentir ou non à la transmission de la décision de condamnation et du certificat.

• Lorsqu'il est consulté par l'autorité compétente de l'État de condamnation avant la transmission de la décision de condamnation et du certificat, le procureur de la République peut indiquer à l'autorité compétente de l'État de condamnation, dans un avis écrit et motivé, si l'exécution en France de la condamnation lui paraît de nature à favoriser la réinsertion sociale de la personne condamnée.

• S'il n'a pas été consulté et que, ayant reçu la décision de condamnation et le certificat, il estime que l'exécution de la condamnation en France n'est pas de nature à favoriser la réinsertion sociale de la personne condamnée, le procureur de la République transmet d'office à l'autorité compétente un avis écrit et motivé en ce sens.

Article 728-37. – Audition – *(Loi n° 2013-711 du 5 août 2013)*

• Lorsque l'autorité compétente de l'État de condamnation lui en fait la demande, le procureur de la République procède à l'audition de la personne condamnée ou de la personne chargée de l'assister ou de la représenter en raison de sa minorité ou d'une mesure de protection, si elle se trouve sur le territoire français, aux fins de recueillir ses observations écrites ou orales. Ces observations sont jointes au dossier. Le cas échéant, il recueille le consentement de la personne condamnée.

Article 728-38. – Transmission – *(Loi n° 2013-711 du 5 août 2013)*

• Lorsqu'il reçoit la demande d'un État membre aux fins de reconnaissance et d'exécution en France d'une décision de condamnation à une peine ou à une mesure de sûreté privative de liberté prononcée par une juridiction de cet État, le procureur de la République s'assure de la transmission, par l'autorité compétente de l'État de condamnation, de la décision de condamnation ou d'une copie certifiée conforme de celle-ci ainsi que du certificat mentionné à l'article 728-12 et de sa traduction en langue française.

• Le procureur de la République peut, s'il juge le contenu du certificat insuffisant pour prendre une décision sur la demande de reconnaissance et d'exécution, demander que la décision de condamnation ou les parties essentielles de celle-ci, désignées par lui en concertation avec l'autorité compétente de l'État de condamnation, fassent l'objet d'une traduction en langue française. Il peut également, s'il apparaît que le certificat est incomplet ou inexact, demander à cette autorité qu'il soit complété ou rectifié.

Article 728-39. – Demande – *(Loi n° 2013-711 du 5 août 2013)*

• Le procureur de la République peut demander à l'autorité compétente de l'État de condamnation si elle consent à ce que la personne condamnée puisse être poursuivie, condamnée ou privée de liberté en France pour une infraction commise avant son transfèrement. La demande doit comporter les renseignements prévus à l'article 695-13 et être traduite selon les modalités prévues à l'article 695-14.

Article 728-40. – Motifs de refus – Informations – *(Loi n° 2013-711 du 5 août 2013)*

• Lorsqu'il envisage d'opposer l'un des motifs de refus prévus aux 1° à 4°, 7°, 10° et 11° de l'article 728-32 ou au 1° de l'article 728-33, le procureur de la République en informe l'autorité compétente de l'État de condamnation afin de lui permettre de fournir, le cas échéant, toutes informations supplémentaires.

Article 728-41. – Dispositions – Libération conditionnelle ou anticipée – *(Loi n° 2013-711 du 5 août 2013)*

• Sur la demande de l'autorité compétente de l'État de condamnation, le procureur de la République lui donne connaissance des dispositions applicables en matière de libération conditionnelle ou anticipée.

§ 3. – Décision sur la reconnaissance et l'exécution et recours

Article 728-42. – Décision – *(Loi n° 2013-711 du 5 août 2013)*

• Lorsqu'il est en possession des informations nécessaires, le procureur de la République décide, dans un délai maximal de huit jours, s'il y a lieu de reconnaître la décision de condamnation à une peine ou à une mesure de sûreté privative de liberté comme étant exécutoire sur le territoire français.

Article 728-43. – Reconnaissance – Décision de condamnation – *(Loi n° 2013-711 du 5 août 2013)*

• Le procureur de la République reconnaît la décision de condamnation comme étant exécutoire sur le territoire français en l'absence de l'un des motifs de refus prévus aux articles 728-32 et 728-33.

• Dans le cas où, en application du 3° de l'article 728-11, le consentement de l'autorité compétente de l'État d'exécution est requis, le procureur de la République apprécie s'il y a lieu de le donner en considérant, notamment, l'intérêt de sa décision pour la réinsertion sociale de la personne condamnée.

• Dans le cas où le consentement de la personne condamnée est requis en application du même 3°, le procureur de la République constate expressément, dans la décision reconnaissant la décision de condamnation comme exécutoire, qu'il a été donné.

• La décision du procureur de la République refusant de reconnaître la décision de condamnation comme exécutoire sur le territoire français est motivée.

Article 728-44. – Dispositions – Libération conditionnelle ou anticipée – *(Loi n° 2013-711 du 5 août 2013)*

• Si la décision de condamnation peut être reconnue comme étant exécutoire en France, le procureur de la République apprécie s'il y a lieu de procéder à l'adaptation de la peine ou de la mesure de sûreté privative de liberté prononcée.

• Lorsque la durée de la peine ou de la mesure de sûreté privative de liberté prononcée est supérieure à celle qui aurait pu être légalement prononcée par une juridiction française pour les mêmes faits, le procureur de la République propose de la réduire au maximum légal encouru selon la loi française pour l'infraction correspondante. Lorsque la condamnation porte sur plusieurs infractions, il se réfère au maximum légal encouru pour l'infraction correspondante la plus sévèrement sanctionnée.

• Lorsque, par sa nature, la peine ou la mesure de sûreté privative de liberté est incompatible avec la loi française, le procureur de la République propose de lui substituer la peine ou la mesure de sûreté privative de liberté encourue selon cette loi, à moins que cette substitution n'ait pour conséquence d'aggraver la condamnation.

Article 728-45. – Décision de condamnation – Plusieurs infractions – *(Loi n° 2013-711 du 5 août 2013)*

• Lorsque la décision de condamnation est prononcée pour plusieurs infractions et que, pour l'un des motifs prévus aux articles 728-32 ou 728-33, elle ne peut être reconnue et exécutée en tant qu'elle porte sur l'une de ces infractions ou certaines d'entre elles, le procureur de la République consulte l'autorité compétente de l'État de condamnation afin de déterminer si une exécution partielle de la décision, du chef des seules infractions pouvant justifier la reconnaissance et l'exécution, est possible.

• L'exécution partielle ne peut être décidée qu'avec l'accord de l'État de condamnation. Elle ne peut avoir pour effet d'accroître la durée de la peine ou de la mesure de sûreté privative de liberté.

• Dans le cas prévu au premier alinéa du présent article, si une seule peine ou mesure de sûreté privative de liberté a été prononcée pour l'ensemble des infractions, la durée de la peine mise à exécution ne peut excéder, dans la limite de la durée de la peine prononcée, ni le maximum légalement applicable, selon la loi de l'État de condamnation, à l'infraction pouvant autoriser l'exécution de la décision en France, ni le maximum légalement applicable, selon la loi française, à l'infraction correspondante. Lorsque plusieurs des infractions ayant fait l'objet de la condamnation peuvent justifier la reconnaissance et l'exécution, l'infraction la plus sévèrement sanctionnée selon la loi de l'État de condamnation est prise en compte pour la détermination de la durée maximale de la peine susceptible d'être mise à exécution.

Article 728-46. – Adaptation de peine – *(Ordonnance n° 2019-964 du 18 septembre 2019)*

• Lorsque le procureur de la République propose d'adapter la peine en application de l'article 728-44, il saisit sans délai le président du tribunal judiciaire ou le juge délégué par lui aux fins d'homologation de la proposition d'adaptation.

• Il communique au président du tribunal judiciaire ou au juge délégué par lui l'ensemble des pièces de la procédure.

Article 728-47. – Homologation – *(Ordonnance n° 2019-964 du 18 septembre 2019)*

• Dans les 5 jours de sa saisine, le président du tribunal judiciaire ou le juge délégué par lui décide, au vu des pièces qui lui ont été communiquées, s'il y a lieu d'homologuer la proposition d'adaptation formulée par le procureur de la République.

• L'ordonnance par laquelle il refuse l'homologation est motivée.

Article 728-48. – Notification – *(Décision n° 2021-959 QPC du 7 janvier 2022)*

• La décision du procureur de la République mentionnée à l'article 728-43 et, le cas échéant, l'ordonnance homologuant ou refusant d'homologuer la proposition d'adaptation de la peine ou de la mesure de sûreté privative de liberté mentionnée à l'article 728-47 sont notifiées sans délai à la personne condamnée. Celle-ci est informée par une mention portée dans l'acte de notification que, si elle n'accepte pas cette décision, elle dispose d'un délai de 10 jours pour saisir la chambre des appels correctionnels d'une requête précisant, à peine d'irrecevabilité, les motifs de droit ou de fait de sa contestation et qu'elle a la possibilité de se faire représenter devant cette juridiction par un avocat de son choix ou, à défaut, par un avocat commis d'office par le bâtonnier de l'ordre des avocats.

QPC • *Par une décision n° 2021-959 QPC du 07/01/2022, le Conseil constitutionnel a déclaré contraires à la Constitution le 2d alinéa de l'article 728-48 du C.P.P. et le 2e alinéa de l'article 728-52 du même code, dans leur rédaction issue de la loi n° 2013-711 du 05/08/2013 portant diverses dispositions d'adaptation dans le domaine de la justice en application du droit de l'Union européenne et des engagements internationaux de la France. La déclaration d'inconstitutionnalité prend effet à compter de la publication de la décision dans les conditions prévues à son paragraphe 13.*
13. En l'espèce, aucun motif ne justifie de reporter les effets de la déclaration d'inconstitutionnalité. Celle-ci intervient donc à compter de la date de publication de la présente décision. Elle est applicable à toutes les affaires non jugées définitivement à cette date.

Article 728-49. – Nouvelle requête – *(Ordonnance n° 2019-964 du 18 septembre 2019)*

• En cas de refus d'homologation de la proposition d'adaptation qu'il a formulée, le procureur de la République peut soit saisir le président du tribunal judiciaire ou le juge délégué par lui d'une nouvelle requête lui soumettant une autre décision ou la même décision autrement motivée ou fondée sur des éléments nouveaux, soit, dans les 10 jours de l'ordonnance refusant l'homologation, saisir la chambre des appels correctionnels pour qu'elle statue sur la reconnaissance et l'exécution de la décision de condamnation.

• La personne condamnée est aussitôt informée de la saisine de la chambre des appels correctionnels et de son objet. Elle est invitée à faire connaître sans délai si elle entend se faire représenter devant cette juridiction par un avocat de son choix ou, à défaut, par un avocat commis d'office par le bâtonnier de l'ordre des avocats.

• L'audience de la chambre des appels correctionnels ne peut se tenir moins de 10 jours après que cette information a été fournie.

Article 728-50. – Saisine – Chambre des appels correctionnels – *(Ordonnance n° 2019-964 du 18 septembre 2019)*

• En cas de saisine de la chambre des appels correctionnels, la décision du procureur de la

République et l'ordonnance du président du tribunal judiciaire ou du juge délégué par lui sont non avenues.

Article 728-51. – Audience – Chambre des appels correctionnels – *(Loi n° 2013-711 du 5 août 2013)*

• L'audience de la chambre des appels correctionnels est publique, sauf si la personne est mineure ou si la publicité est de nature à nuire au bon déroulement de la procédure en cours, aux intérêts d'un tiers ou à la dignité de la personne. Dans ce cas, la chambre des appels correctionnels, à la demande du ministère public, de l'avocat de la personne condamnée ou d'office, statue par un arrêt rendu en chambre du conseil qui n'est susceptible de pourvoi en cassation qu'en même temps que l'arrêt statuant sur la reconnaissance et l'exécution de la condamnation.

• Le ministère public et, s'il en a été désigné, l'avocat de la personne condamnée sont entendus. La chambre des appels correctionnels peut décider d'entendre la personne condamnée ou de la faire entendre par l'autorité compétente de l'État de condamnation.

• La chambre des appels correctionnels peut, par une décision qui n'est susceptible d'aucun recours, autoriser l'État de condamnation à intervenir à l'audience par l'intermédiaire d'une personne habilitée par ce même État à cet effet. Lorsque l'État de condamnation est autorisé à intervenir, il ne devient pas partie à la procédure.

Article 728-52. – Reconnaissance de la décision de condamnation – *(Décision n° 2021-959 QPC du 7 janvier 2022)*

• Lorsqu'elle est en possession des informations nécessaires, la chambre des appels correctionnels décide, dans un délai maximal de 15 jours, s'il y a lieu de reconnaître la décision de condamnation à une peine ou une mesure de sûreté privative de liberté comme étant exécutoire sur le territoire français. Les articles 728-37 à 728-39 et 728-42 à 728-44 sont applicables. Pour l'application de ces mêmes articles, la chambre des appels correctionnels exerce les attributions du procureur de la République.

• Lorsque la chambre des appels correctionnels envisage d'opposer l'un des motifs de refus prévus aux 1° à 4°, 7°, 10° et 11° de l'article 728-32 ou au 1° de l'article 728-33, il n'y a pas lieu d'informer l'autorité compétente de l'État de condamnation s'il a déjà été procédé à cette information par le procureur de la République en application de l'article 728-40.

QPC • *Par une décision n° 2021-959 QPC du 07/01/2022, le Conseil constitutionnel a déclaré contraires à la Constitution le 2d alinéa de l'article 728-48 du C.P.P. et le 2e alinéa de l'article 728-52 du même code, dans leur rédaction issue de la loi n° 2013-711 du 05/08/2013 portant diverses dispositions d'adaptation dans le domaine de la justice en application du droit de l'Union européenne et des engagements internationaux de la France. La déclaration d'inconstitutionnalité prend effet à compter de la publication de la décision dans les conditions prévues à son paragraphe 13.*
13. En l'espèce, aucun motif ne justifie de reporter les effets de la déclaration d'inconstitutionnalité. Celle-ci intervient donc à compter de la date de publication de la présente décision. Elle est applicable à toutes les affaires non jugées définitivement à cette date.

Article 728-53. – Pourvoi en cassation – *(Loi n° 2013-711 du 5 août 2013)*

• La décision de la chambre des appels correctionnels peut faire l'objet d'un pourvoi en cassation. L'article 568-1 et le premier alinéa de l'article 567-2 sont applicables.

Article 728-54. – Délais – *(Loi n° 2013-711 du 5 août 2013)*

• Lorsque, dans des cas exceptionnels, la décision définitive relative à la reconnaissance et à l'exécution de la condamnation ne peut être prise dans les quatre-vingt-dix jours qui suivent la réception de la décision de condamnation et du certificat, le procureur de la République en informe sans délai l'autorité compétente de l'État de condamnation en lui indiquant les raisons du retard et le délai supplémentaire qu'il estime nécessaire pour que soit prise la décision.

• Dans le cas où le procureur de la République ou la chambre des appels correctionnels a demandé à l'autorité compétente de l'État de condamnation soit de compléter ou de corriger le certificat, soit de lui adresser une traduction complète ou partielle de la décision de condamnation, le cours du délai prévu au premier alinéa est suspendu à compter de la demande jusqu'à la transmission par l'État de condamnation des pièces demandées.

Article 728-55. – Information – *(Loi n° 2013-711 du 5 août 2013)*

• Le procureur de la République informe sans délai l'autorité compétente de l'État de condamnation de la décision définitive prise sur la reconnaissance et l'exécution de la décision de condamnation et, le cas échéant, sur l'adaptation de la peine ou de la mesure de sûreté privative de liberté. Lorsque la décision définitive consiste en un refus de reconnaissance et d'exécution de la décision de condamnation ou comporte une adaptation de la peine ou de la mesure privative de liberté, le procureur de la République informe également l'autorité compétente de l'État de condamnation des motifs de la décision.

• Lorsque, après adaptation de la peine ou de la mesure de sûreté privative de liberté et imputation sur la durée de celle-ci de la privation de liberté déjà subie, la décision de condamnation doit être regardée comme intégralement exécutée, le procureur de la République informe l'autorité compétente de l'État de condamnation que la personne condamnée ne pourra pas être écrouée en France en exécution de cette décision et que, en cas de transfèrement, elle sera mise immédiatement en liberté à son arrivée sur le sol français.

§ **4.** – Exécution de la peine

Article 728-56. – Modalités – *(Loi n° 2013-711 du 5 août 2013)*

• Dès que la décision de reconnaître la décision de condamnation comme exécutoire en France est devenue définitive, la peine ou la mesure de sûreté privative de liberté peut être ramenée à exécution dans les conditions prévues par la décision, pour la partie qui restait à subir dans l'État de condamnation.

• L'exécution de la peine est régie par le présent code.

Article 728-57. – Fin de l'exécution – *(Loi n° 2013-711 du 5 août 2013)*

• Lorsque la décision de condamnation fait l'objet soit d'une amnistie ou d'une grâce en France ou dans l'État de condamnation, soit d'une suspension ou d'une annulation décidée à la suite de l'engagement d'une procédure de révision dans l'État de condamnation, soit de toute autre décision ou mesure ayant pour effet de lui retirer son caractère exécutoire, le ministère public met fin à son exécution.

• La condamnation prononcée à l'étranger ne peut faire l'objet d'une procédure de révision en France.

Article 728-58. – Impossibilité exécution décision – *(Loi n° 2013-711 du 5 août 2013)*

• Si la personne condamnée ne peut être retrouvée sur le territoire français, le procureur de la République informe l'autorité compétente de l'État de condamnation de l'impossibilité d'exécuter la décision de condamnation pour ce motif.

Article 728-59. – Retrait du certificat – *(Loi n° 2013-711 du 5 août 2013)*

• Le retrait du certificat par l'État de condamnation, pour quelque cause que ce soit, fait obstacle à la mise à exécution de la condamnation s'il intervient avant que la personne condamnée ait été placée sous écrou au titre de cette exécution.

Article 728-60. – Information – *(Loi n° 2013-711 du 5 août 2013)*

• Le ministère public informe sans délai l'autorité compétente de l'État de condamnation :

• 1° Des décisions ou mesures mentionnées à l'article 728-57, autres que celles prises par les autorités de l'État de condamnation, ayant retiré à la décision de condamnation son caractère exécutoire ;

• 2° De l'évasion de la personne condamnée ;

• 3° De la libération conditionnelle de la personne condamnée et de la date à laquelle cette mesure a pris fin ;

• 4° De ce que la peine ou la mesure de sûreté privative de liberté a été exécutée.

§ **5.** – Transfèrement

Article 728-61. – Modalités – *(Loi n° 2013-711 du 5 août 2013)*

• Si la personne condamnée se trouve sur le territoire de l'État de condamnation, elle est transférée sur le territoire français à une date fixée par le ministre de la justice en accord avec l'autorité compétente de cet État, au plus tard trente jours à compter de la date à laquelle la décision de reconnaître la condamnation et d'exécuter la peine ou la mesure de sûreté privative de liberté a acquis un caractère définitif.

• Si le transfèrement est impossible dans ce délai en raison de circonstances imprévues, le ministre de la justice et l'autorité compétente de l'État de condamnation conviennent d'une nouvelle date de transfèrement dès que ces circonstances ont cessé. Le transfèrement a lieu, au plus tard, dans les dix jours suivant cette nouvelle date.

Article 728-62. – Autres cas – *(Loi n° 2013-711 du 5 août 2013)*

• La personne transférée sur le territoire français pour la mise à exécution d'une condamnation à une peine ou à une mesure de sûreté privative de liberté prononcée par une juridiction d'un État membre ne peut être recherchée, poursuivie, condamnée ou détenue pour un fait quelconque antérieur à son transfèrement, autre que celui qui a motivé celui-ci, sauf si elle se trouve dans l'un des cas suivants :

• 1° Ayant eu la possibilité de le faire, elle n'a pas quitté le territoire national dans les quarante-cinq jours suivant sa libération définitive, ou y est retournée volontairement après l'avoir quitté ;

• 2° L'infraction n'est pas punie d'une peine ou d'une mesure de sûreté privative de liberté ;

• 3° Aucune mesure privative ou restrictive de liberté n'est appliquée durant la procédure suivie du chef de l'infraction reprochée ;

• 4° La personne condamnée n'est pas passible d'une peine ou d'une mesure privative de liberté en répression de cette infraction ;

• 5° Elle a consenti au transfèrement ;

• 6° Elle a renoncé expressément, après son transfèrement, devant le tribunal correctionnel du lieu d'exécution de la peine et dans les conditions prévues aux deux derniers alinéas de l'article 695-19, au bénéfice de la règle de la spécialité prévue au premier alinéa du présent article, sa renonciation étant irrévocable ;

• 7° L'autorité compétente de l'État de condamnation consent expressément que cette règle soit écartée.

Article 728-63. – Demande de consentement – *(Loi n° 2013-711 du 5 août 2013)*

• La demande de consentement mentionnée au 7° de l'article 728-62 est adressée par le ministère public à l'autorité compétente de l'État de condamnation. Elle doit comporter les renseignements prévus à l'article 695-13 et être traduite selon les modalités prévues à l'article 695-14.

§ 6. – Arrestation provisoire

Article 728-64. – Modalités – *(Loi n° 2013-711 du 5 août 2013)*

• Lorsque la personne condamnée se trouve sur le territoire français et que l'autorité compétente de l'État de condamnation demande que, dans l'attente de la décision sur la reconnaissance et l'exécution de la décision de condamnation, la personne condamnée fasse l'objet d'une arrestation provisoire ou de toute autre mesure destinée à garantir son maintien sur le territoire français, le procureur de la République, s'il estime que la personne ne présente pas des garanties de représentation suffisantes, requiert qu'elle soit appréhendée et conduite devant lui dans les vingt-quatre heures. Pendant ce délai, les articles 63-2 et 63-3 sont applicables.

• Dans le cas où la demande mentionnée au premier alinéa du présent article a été présentée par l'autorité compétente de l'État de condamnation avant la transmission par celle-ci de la décision de condamnation et du certificat, la personne ne peut être appréhendée en application du même premier alinéa que si l'autorité compétente de l'État de condamnation a fourni au procureur de la République les informations prévues aux 1° à 6° de l'article 728-12.

Article 728-65. – Présentation – Procureur de la République – *(Loi n° 2013-711 du 5 août 2013)*

• Lorsque la personne lui est présentée, le procureur de la République vérifie son identité et l'informe, dans une langue qu'elle comprend, de la décision de condamnation dont elle fait l'objet et de la demande de l'État de condamnation. Il l'avise qu'il envisage de demander son incarcération, son assignation à résidence avec surveillance électronique ou son placement sous contrôle judiciaire au juge des libertés et de la détention et qu'elle peut être assistée par un avocat de son choix ou, à défaut, par un avocat commis d'office par le bâtonnier de l'ordre des avocats, informé sans délai et par tout moyen. Il l'avise également qu'elle peut s'entretenir immédiatement avec l'avocat désigné.

Article 728-66. – Détention ou assignation à résidence avec surveillance électronique – *(Loi n° 2013-711 du 5 août 2013)*

• La personne condamnée ne peut être placée en détention ou faire l'objet d'une assignation à résidence avec surveillance électronique en application de l'article 142-5 que si la durée de la peine restant à exécuter est supérieure ou égale à deux ans, sauf dans l'un des cas mentionnés à l'article 723-16.

Article 728-67. – Comparution – Juges des libertés et de la détention – *(Loi n° 2013-711 du 5 août 2013)*

• La personne comparaît devant le juge des libertés et de la détention assistée, le cas échéant, de son avocat. L'audience est publique, sauf si la publicité est de nature à nuire au bon déroulement de la procédure en cours, aux intérêts d'un tiers ou à la dignité de la personne. Dans ce cas, le juge des libertés et de la détention, à la demande du ministère public, de l'avocat de la personne ou d'office, statue par une ordonnance rendue en chambre du conseil.

• Le juge des libertés et de la détention statue après avoir entendu le ministère public, la personne condamnée et son avocat. Si, saisi de réquisitions aux fins d'incarcération ou d'assignation à résidence avec surveillance électronique, il décide de ne pas y faire droit, il peut soumettre la personne à une ou plusieurs des obligations prévues à l'article 138.

Article 728-68. – Demande de mise en liberté... – *(Loi n° 2013-711 du 5 août 2013)*

• À tout moment, la personne peut demander au juge des libertés et de la détention, selon les modalités prévues aux articles 148-6 et 148-7, sa mise en liberté ou la mainlevée du contrôle judiciaire ou de l'assignation à résidence avec surveillance électronique.

• Après avoir communiqué la demande mentionnée au premier alinéa du présent article au procureur de la République aux fins de réquisitions, le juge statue dans un délai de huit jours ouvrables par une décision motivée en considérant les garanties de représentation de la personne. Il peut, s'il l'estime utile, ordonner la comparution de la personne, assistée, le cas échéant, de son avocat. Les deux derniers alinéas de l'article 148 sont applicables. Pour l'application du dernier alinéa de ce même article, la chambre des appels correctionnels est compétente.

• Dans le cas prévu au second alinéa de l'article 728-64, la personne est mise d'office en liberté si, dans les huit jours suivant son incarcération, l'autorité compétente de l'État de condamnation n'a pas transmis la décision de condamnation et le certificat.

Article 728-69. – Ordonnance – Appel – *(Loi n° 2016-731 du 3 juin 2016)*

• Les ordonnances rendues par le juge des libertés et de la détention en application des articles 728-67 et 728-68 peuvent faire l'objet d'un appel devant la chambre des appels correctionnels. Le troisième alinéa de l'article 194 et les sixième et septième alinéas de l'article 199 sont applicables devant la chambre des appels correctionnels.

Article 728-70. – Mise en liberté... – *(Loi n° 2013-711 du 5 août 2013)*

• La personne est immédiatement mise en liberté et il est mis fin à l'assignation à résidence avec surveillance électronique ou au contrôle judiciaire si la mise à exécution de la décision de condamnation est refusée ou si l'État de condamnation retire le certificat.

Section IV

Dispositions relatives au transit sur le territoire français

Article 728-71. – Ministre de la justice – Autorisation – *(Loi n° 2013-711 du 5 août 2013)*

• Le ministre de la justice autorise le transit sur le territoire français des personnes transférées du territoire de l'État de condamnation à celui de l'État d'exécution.

Article 728-72. – Demande de transit – Certificat – *(Loi n° 2013-711 du 5 août 2013)*

• La demande de transit est accompagnée du certificat mentionné à l'article 728-12 établi par l'autorité compétente de l'État de condamnation. Le ministre de la justice peut demander la traduction en français du certificat.

Article 728-73. – Information – *(Loi n° 2013-711 du 5 août 2013)*

• Lorsque le ministre de la justice ne peut garantir que la personne condamnée ne sera ni poursuivie, ni détenue, ni soumise à aucune autre restriction de sa liberté individuelle sur le territoire français, pour des faits ou condamnations antérieurs à son départ du territoire de l'État de condamnation, il en informe l'autorité qui a demandé le transit.

Article 728-74. – Décision – *(Loi n° 2013-711 du 5 août 2013)*

• Le ministre de la justice se prononce dans les plus brefs délais et au plus tard une semaine après réception de la demande de transit. Lorsqu'une traduction du certificat est demandée, ce délai ne court qu'à compter de la transmission de cette traduction.

Article 728-75. – Maintien en détention – *(Loi n° 2013-711 du 5 août 2013)*

• La personne condamnée ne peut être maintenue en détention que durant le temps strictement nécessaire au transit sur le territoire français.

Article 728-76. – Atterrissage fortuit – *(Loi n° 2013-711 du 5 août 2013)*

• La présente section est applicable en cas d'atterrissage fortuit sur le territoire national au cours du transfèrement.

TITRE III

DE LA LIBÉRATION CONDITIONNELLE

Article 729. – Libération conditionnelle – *(Loi n° 2021-1729 du 22 décembre 2021)*

• La libération conditionnelle tend à la réinsertion des condamnés et à la prévention de la récidive.

• Les condamnés ayant à subir une ou plusieurs peines privatives de liberté peuvent bénéficier d'une libération conditionnelle s'ils manifestent des efforts sérieux de réinsertion et lorsqu'ils justifient :

• 1° Soit de l'exercice d'une activité professionnelle, d'un stage ou d'un emploi temporaire ou de leur assiduité à un enseignement ou à une formation professionnelle ;

• 2° Soit de leur participation essentielle à la vie de leur famille ;

• 3° Soit de la nécessité de suivre un traitement médical ;

• 4° Soit de leurs efforts en vue d'indemniser leurs victimes ;

• 5° Soit de leur implication dans tout autre projet sérieux d'insertion ou de réinsertion.

• Sous réserve des dispositions de l'article 132-23 du Code pénal, la libération conditionnelle peut être accordée lorsque la durée de la peine accomplie par le condamné est au moins égale à la durée de la peine lui restant à subir. Dans le cas prévu au présent alinéa, le temps d'épreuve ne peut excéder 15 années ou, si le condamné est en état de récidive légale, 20 années.

• Pour les condamnés à la réclusion à perpétuité, le temps d'épreuve est de 18 années ; il est de 22 années si le condamné est en état de récidive légale.

• Lorsque la personne a été condamnée pour un crime ou un délit pour lequel le suivi socio-judiciaire est encouru, une libération conditionnelle ne peut lui être accordée si elle refuse pendant son incarcération de suivre le traitement qui lui est proposé par le juge de l'application des peines en application des articles 717-1 et 763-7. Il en est de même lorsque le juge de l'application des peines est informé, en application de l'article 717-1, que le condamné ne suit pas de façon régulière le traitement qu'il lui a proposé. Une libération conditionnelle ne peut non plus être accordée au condamné qui ne s'engage pas à suivre, après sa libération, le traitement qui lui est proposé en application de l'article 731-1.

• Lorsque le condamné est âgé de plus de 70 ans, les durées de peines accomplies prévues par le présent article ne sont pas applicables et la libération conditionnelle peut être accordée dès lors que l'insertion ou la réinsertion du condamné est assurée, en particulier s'il fait l'objet d'une prise en charge adaptée à sa situation à sa sortie de l'établissement pénitentiaire ou s'il justifie d'un hébergement, sauf en cas de risque grave de renouvellement de l'infraction ou si cette libération est susceptible de causer un trouble grave à l'ordre public.

• Lorsque le condamné bénéficie d'une mesure de suspension de peine sur le fondement de l'article 720-1-1, la libération conditionnelle peut être accordée sans condition quant à la durée de la peine accomplie si, à l'issue d'un délai d'un an après l'octroi de la mesure de suspension, une nouvelle expertise établit que son état de santé physique ou mentale est toujours durablement incompatible avec le maintien en détention et si le condamné justifie d'une prise en charge adaptée à sa situation.

V • Art. D. 520 et suivants – Mesures et obligations des libérés conditionnelles.

J **• Libération conditionnelle – Mesure – Bénéfice – Condamné à une peine de 15 ans pour laquelle le suivi socio-judiciaire est encouru – Condamné âgé de plus de 70 ans – Application – condition – Détermination**

CASSATION sur le pourvoi formé par le procureur général près la cour d'appel de POITIERS (86) contre l'arrêt de la chambre de l'application des peines de ladite cour d'appel, en date du 14/01/2020, qui a prononcé sur une demande d'aménagement de peine de M. [E] [H].

Selon l'article 729 du C.P.P., la suspension de peine pour raison médicale, la libération conditionnelle des condamnés âgés de plus de 70 ans peut être accordée quelle que soit la durée de la peine accomplie, si l'insertion ou la réinsertion du condamné est assurée, en particulier s'il fait l'objet d'une prise en charge adaptée à sa situation à sa sortie de l'établissement pénitentiaire ou s'il justifie d'un hébergement, sauf en cas de risque grave de renouvellement de l'infraction ou si sa libération conditionnelle est susceptible de causer un trouble grave à l'ordre public. Selon l'article 730-2 du même code, lorsque la personne a été condamnée à une peine ≥ à 15 ans de réclusion criminelle ou d'emprisonnement pour laquelle le suivi socio-judiciaire est encouru, la libération conditionnelle ne peut être accordée, si elle n'est pas assortie d'un placement sous surveillance électronique mobile, qu'après l'exécution, à titre probatoire, d'une mesure de semi-liberté, de placement à l'exterieur ou de détention à domicile sous surveillance électronique pendant une période d'un à 3 ans. Les dispositions de ces textes s'appliquent de manière cumulative, en cas de libération conditionnelle d'une personne âgée de plus de 70 ans, condamnée pour l'une des infractions prévues par l'article 730-2 précité. Encourt la censure l'arrêt de la chambre de l'application des peines qui a accordé au requérant, âgé de 71 ans, qui exécute une peine de 15 ans de réclusion criminelle, prononcée en répression d'une infraction passible du suivi socio-judiciaire, une libération conditionnelle, sans l'assortir d'un placement sous surveillance électronique mobile, et ni qu'elle ait été précédée, à titre probatoire, d'une mesure de semi-liberté, de placement à l'extérieur ou de détention à domicile.

(Cour de cassation – Chambre criminelle du 14 avril 2021 – N° de pourvoi : 20-81.177).

Article 729-1. – Réductions de temps d'épreuve nécessaire à l'octroi de la libération conditionnelle – *(Loi n° 2021-1729 du 22 décembre 2021)*

• Des réductions de temps d'épreuve nécessaire à l'octroi de la libération conditionnelle peuvent être accordées aux condamnés à la réclusion criminelle à perpétuité dans les formes et les conditions prévues par l'article 721 ; la durée totale de ces réductions ne peut toutefois excéder, par année d'incarcération, 20 jours ou 1 mois selon que le condamné se trouve ou non en état de récidive légale. Les réductions ne sont, le cas échéant, imputables que sur la partie de la peine excédant la période de sûreté prévue par l'article 132-23 du Code pénal.

Nota : Conformément au VI de l'article 59 de la loi n° 2021-1729 du 22/12/2021, ces dispositions sont applicables aux personnes placées sous écrou à compter du 1er janvier 2023, quelle que soit la date de commission de l'infraction. Les personnes placées sous écrou avant cette date demeurent soumises au régime défini aux articles 717-1, 721, 721-1, 721-1-1, 721-2 et 729-1 du C.P.P. dans leur rédaction antérieure à ladite loi.

Article 729-2. – Libération conditionnelle – *(Loi n° 2016-274 du 7 mars 2016)*

• Lorsqu'un étranger condamné à une peine privative de liberté est l'objet d'une mesure d'interdiction du territoire français, d'interdiction administrative du territoire français, d'obligation de quitter le territoire français, d'interdiction de retour sur le territoire français, d'interdiction de circulation sur le territoire français, d'expulsion, d'extradition ou de remise sur le fondement d'un mandat d'arrêt européen, sa libération conditionnelle est subordonnée à la condition que cette mesure soit exécutée. Elle peut être décidée sans son consentement.

• Par exception aux dispositions de l'alinéa précédent, le juge de l'application des peines, ou le tribunal de l'application des peines, peut également accorder une libération conditionnelle à un étranger faisant l'objet d'une peine complémentaire d'interdiction du territoire français en ordonnant la suspension de l'exécution de cette peine pendant la durée des mesures d'assistance et de contrôle prévue à l'article 732. À l'issue de cette durée, si la décision de mise en liberté conditionnelle n'a pas été révoquée, l'étranger est relevé de plein droit de la mesure d'interdiction du territoire français. Dans le cas contraire, la mesure redevient exécutoire.

Article 729-3. – Accord – *(Loi n° 2014-896 du 15 août 2014)*

• La libération conditionnelle peut être accordée pour tout condamné à une peine privative de liberté inférieure ou égale à quatre ans, ou pour laquelle la durée de la peine restant à subir est inférieure ou égale à quatre ans, lorsque ce condamné exerce l'autorité parentale sur un enfant de moins de dix ans ayant chez ce parent sa résidence habituelle ou lorsqu'il s'agit d'une femme enceinte de plus de douze semaines.

• Les dispositions du présent article ne sont pas applicables aux personnes condamnées pour un crime ou pour un délit commis sur un mineur.

J **• Aménagement de peine – Minorité de la victime**

M. [O] [I] a formé un pourvoi contre l'arrêt de la chambre de l'application des peines de la cour d'appel d'AIX-EN-PROVENCE (13), en date du 22/06/2021, qui a prononcé sur un aménagement de peine.

Les dispositions de l'article 729-3 du C.P.P., qui prévoient que la libération conditionnelle peut être accordée pour tout condamné à une peine privative de liberté inférieure ou égale à 4 ans, ou pour laquelle la durée de la peine restant à subir est inférieure ou égale à 4 ans, lorsque, notamment, ce condamné exerce l'autorité parentale sur un enfant de moins de 10 ans ayant chez ce parent sa résidence habituelle, ne sont pas applicables aux personnes condamnées pour un crime ou pour un délit commis sur un mineur. Il en résulte que la libération conditionnelle parentale ne peut être accordée au condamné qui a commis une infraction dont la victime était, au moment des faits, âgée de moins de 18 ans. N'encourt pas la cassation l'arrêt qui, après avoir relevé que la victime était mineure au moment des faits, a rejeté la demande de libération conditionnelle parentale.

(Cour de cassation – Chambre criminelle du 1er juin 2022 – N° de pourvoi : 21-84.648).

Article 730. – Autres modalités – *(Loi n° 2014-896 du 15 août 2014)*

• Lorsque la peine privative de liberté prononcée est d'une durée inférieure ou égale à dix ans, ou que, quelle que soit la peine initialement prononcée, la durée de détention restant à subir est inférieure ou égale à trois ans, la libération conditionnelle est accordée par le juge de l'application des peines selon les modalités prévues par l'article 712-6.

• Dans les autres cas, la libération conditionnelle est accordée par le tribunal de l'application des peines selon les modalités prévues par l'article 712-7.

• Pour l'application du présent article et sans préjudice des articles 720 et 730-3, la situation de chaque condamné est examinée au moins une fois par an, lorsque les conditions de délai prévues à l'article 729 sont remplies.

• Pour les demandes de libération conditionnelle concernant des personnes condamnées à une peine d'emprisonnement égale ou supérieure à cinq ans ou à une peine de réclusion, l'avocat de la partie civile peut, s'il en fait la demande, assister au débat contradictoire devant le juge de l'application des peines, le tribunal de l'application des peines ou la chambre de l'application des peines de la cour d'appel statuant en appel pour y faire valoir ses observations, avant les réquisitions du ministère public.

• Un décret fixe les modalités d'application du présent article.

Article 730-1. – *(Abrogé par l'arrêté du 18 mars 2013)*

Article 730-2. – Condamnation réclusion criminelle à perpétuité... – *(Loi n° 2019-222 du 23 mars 2019)*

• Lorsque la personne a été condamnée à la réclusion criminelle à perpétuité ou lorsqu'elle a été condamnée soit à une peine d'emprisonnement ou de réclusion criminelle égale ou supérieure à 15 ans pour une infraction pour laquelle le suivi socio-judiciaire est encouru, soit à une peine d'emprisonnement ou de réclusion criminelle égale ou supérieure à 10 ans pour une infraction mentionnée à l'article 706-53-13, la libération conditionnelle ne peut alors être accordée:

• 1° Que par le tribunal de l'application des peines, quelle que soit la durée de la détention restant à subir;

• 2° Qu'après une évaluation pluridisciplinaire de dangerosité réalisée dans un service spécialisé chargé de l'observation des personnes détenues et assortie d'une expertise médicale; s'il s'agit d'un crime mentionné au même article 706-53-13, cette expertise est réalisée soit par deux experts médecins psychiatres, soit par un expert médecin psychiatre et par un expert psychologue titulaire d'un diplôme, certificat ou titre sanctionnant une formation universitaire fondamentale et appliquée en psychopathologie. L'expertise se prononce sur l'opportunité, dans le cadre d'une injonction de soins, du recours à un traitement utilisant des médicaments inhibiteurs de libido, mentionné à l'article L. 3711-3 du code de la santé publique.

• Lorsque la libération conditionnelle n'est pas assortie d'un placement sous surveillance électronique mobile, elle ne peut également être accordée qu'après l'exécution, à titre probatoire, d'une mesure de semi-liberté, de placement à l'extérieur ou de placement sous surveillance électronique pendant une période d'un an à 3 ans. Cette mesure ne peut être exécutée avant la fin du temps d'épreuve prévu à l'article 729 du présent code.

• Un décret précise les conditions d'application du présent article.

Article 730-2-1. – Libération conditionnelle – *(Loi n° 2016-731 du 3 juin 2016 + Décision n° 2019-799/800 QPC du 6 septembre 2019)*

• Lorsque la personne a été condamnée à une peine privative de liberté pour une ou plusieurs infractions mentionnées aux articles 421-1 à 421-6 du code pénal, à l'exclusion de celles définies aux articles 421-2-5 à 421-2-5-2 du même code, la libération conditionnelle ne peut être accordée:

• 1° Que par le tribunal de l'application des peines, quelle que soit la durée de la peine de détention restant à exécuter;

• 2° Qu'après avis d'une commission chargée de procéder à une évaluation pluridisciplinaire de la dangerosité de la personne condamnée.

• Le tribunal de l'application des peines peut s'opposer à la libération conditionnelle si cette libération est susceptible de causer un trouble grave à l'ordre public.

• *Lorsque la libération conditionnelle n'est pas assortie d'un placement sous surveillance électronique mobile, elle ne peut être accordée qu'après l'exécution, à titre probatoire, d'une mesure de semi-liberté, de placement à l'extérieur ou de placement sous surveillance électronique pendant une période d'un an à trois ans. Cette mesure ne peut être exécutée avant la fin du temps d'épreuve prévu à l'article 729 du présent code.*

• Un décret précise les conditions d'application du présent article.

QPC • *Conformément à l'article 1er de la Décision n° 2019-799/800 QPC du 6 septembre 2019:*

• *Le 5e alinéa de l'article 730-2-1 du C.P.P., dans sa rédaction issue de la loi n° 2016-731 du 03/06/2016 renforçant la lutte contre le crime organisé, le terrorisme et leur financement, et améliorant l'efficacité et les garanties de la procédure pénale, est contraire à la Constitution.*

• *La déclaration d'inconstitutionnalité de l'article 1er prend effet dans les conditions fixées au paragraphe 11 de cette décision.*

• *11. Il n'appartient pas au Conseil constitutionnel d'indiquer les modifications qui doivent être retenues pour qu'il soit remédié à l'inconstitutionnalité constatée. En l'espèce, l'abrogation immédiate des dispositions contestées aurait pour effet de dispenser toutes les personnes condamnées pour certains faits de terrorisme de l'obligation, prévue par le législateur, d'accomplir des mesures probatoires avant de pouvoir bénéficier d'une libération conditionnelle. Elle entraînerait ainsi des conséquences manifestement excessives. Par suite, il y a lieu de reporter au 01/07/2020 la date de l'abrogation des dispositions contestées.*

(Décision n° 2019-799/800 QPC du 6 septembre 2019)

Article 730-3. – Durée de la peine accomplie – *(Loi n° 2014-896 du 15 août 2014)*

• Lorsque la durée de la peine accomplie est au moins égale au double de la durée de la peine restant à subir, la situation de la personne condamnée exécutant une ou plusieurs peines privatives de liberté d'une durée totale de plus de cinq ans est examinée par le juge ou le tribunal de l'application des peines à l'occasion d'un débat contradictoire tenu selon les modalités prévues aux articles 712-6 ou 712-7, afin qu'il soit statué sur l'octroi d'une libération conditionnelle. Si la personne a été condamnée à la réclusion criminelle à perpétuité, ce débat ne peut intervenir avant le terme du temps d'épreuve ni avant celui de la période de sûreté.

• Le juge ou le tribunal de l'application des peines n'est pas tenu d'examiner la situation de la personne qui a fait préalablement savoir qu'elle refusait toute mesure de libération conditionnelle. Un décret fixe les conditions d'application du présent alinéa.

• S'il n'est pas procédé au débat contradictoire dans les conditions prévues au premier alinéa du présent article, la chambre de l'application des peines de la cour d'appel peut, d'office ou sur saisine de la personne condamnée ou du procureur de la République, tenir ce débat.

Article 731. – Conditions particulières – Mesures d'assistance et de contrôle – *(Loi n° 2004-204 du 9 mars 2004)*

• Le bénéfice de la libération conditionnelle peut être assorti de conditions particulières ainsi que de mesures d'assistance et de contrôle destinées à faciliter et à vérifier le reclassement du libéré. Celui-ci peut en particulier être soumis à une ou plusieurs des mesures de contrôle ou obligations mentionnées aux articles 132-44 et 132-45 du Code pénal.

• Ces mesures sont mises en œuvre par le juge de l'application des peines assisté du service pénitentiaire d'insertion et de probation, et, le cas échéant, avec le concours des organismes habilités à cet effet.

• Un décret détermine les modalités d'application des mesures visées au présent article et les conditions d'habilitation des organismes mentionnés à l'alinéa précédent. Il fixe également les conditions du financement indispensable à l'application de ces mesures et au fonctionnement des comités.

Article 731-1. – Obligations – *(Loi n° 2019-222 du 23 mars 2019)*

• La personne faisant l'objet d'une libération conditionnelle peut être soumise aux obligations prévues pour le suivi socio-judiciaire si elle a été condamnée pour un crime ou un délit pour lequel cette mesure est encourue. Sauf décision contraire du juge de l'application des peines ou du tribunal de l'application des peines, cette personne est soumise à une injonction de soins dans les conditions prévues aux articles L. 3711-1 et suivants du code de la santé publique s'il est établi, après l'expertise prévue à l'article 712-21 du présent code, qu'elle est susceptible de faire l'objet d'un traitement.

• La personne condamnée à une peine d'au moins 5 ans d'emprisonnement pour une infraction pour laquelle le suivi socio-judiciaire est encouru peut être placée sous surveillance électronique mobile selon les modalités prévues aux articles 763-12 et 763-13. Le tribunal de l'application des peines ou le juge de l'application des peines, suivant les distinctions des articles 730 et 730-2, détermine la durée pendant laquelle le condamné sera effectivement placé sous surveillance électronique mobile. Cette durée ne peut excéder 2 ans, renouvelable une fois en matière délictuelle et 2 fois en matière criminelle.

Article 732. – Modalités d'exécution et conditions – *(Loi n° 2011-525 du 17 mai 2011)*

• La décision de libération conditionnelle fixe les modalités d'exécution et les conditions auxquelles l'octroi et le maintien de la liberté est subordonné, ainsi que la nature et la durée des mesures d'assistance et de contrôle. Si elle est prise par le tribunal de l'application des peines, celui-ci peut prévoir que l'élargissement s'effectuera au jour fixé par le juge de l'application des peines entre deux dates déterminées.

• Cette durée ne peut être inférieure à la durée de la partie de la peine non subie au moment de la libération s'il s'agit d'une peine temporaire ; elle peut la dépasser pour une période maximum d'un an. La durée totale des mesures d'assistance et de contrôle ne peut toutefois excéder dix ans.

• Lorsque la peine en cours d'exécution est une peine perpétuelle, la durée des mesures d'assistance et de contrôle est fixée pour une période qui ne peut être inférieure à cinq années, ni supérieure à dix années.

• Pendant toute la durée de la libération conditionnelle, les dispositions de la décision peuvent être modifiées en application de l'article 712-8.

Article 732-1. – Prolongation des obligations – Expertise médicale – *(Loi n° 2010-242 du 10 mars 2010)*

• Lorsque la personne a été condamnée à la réclusion criminelle à perpétuité pour l'un des crimes visés à l'article 706-53-13 et qu'elle a fait l'objet d'une libération conditionnelle avec injonction de soins, la juridiction régionale de la rétention de sûreté peut, selon les modalités prévues par l'article 706-53-15, décider de prolonger tout ou partie des obligations auxquelles est astreinte la personne, au-delà de la période de libération conditionnelle, en la plaçant sous surveillance de sûreté avec injonction de soins pour une durée de deux ans.

• Le placement sous surveillance de sûreté ne peut être ordonné qu'après expertise médicale constatant que le maintien d'une injonction de soins est indispensable pour prévenir la récidive.

• Les deuxième à cinquième alinéas de l'article 723-37 sont applicables, ainsi que l'article 723-38.

Article 733. – Révocation – *(Loi n° 2010-242 du 10 mars 2010)*

• En cas de nouvelle condamnation, d'inconduite notoire, d'infraction aux conditions ou d'inobservation des mesures énoncées dans la décision de mise en liberté conditionnelle, cette décision peut être révoquée, suivant les distinctions de l'article 730, soit par le juge de l'application des peines, soit par le tribunal de l'application des peines, selon les modalités prévues par les articles 712-6 ou 712-7. Il en est de même lorsque la décision de libération conditionnelle n'a pas encore reçu exécution et que le condamné ne remplit plus les conditions légales pour en bénéficier.

• Constitue pour le condamné une violation des obligations qui lui ont été imposées le fait de refuser de commencer ou de poursuivre le traitement prescrit par le médecin traitant et qui lui a été proposé dans le cadre d'une injonction de soins, conformément à l'article 731-1.

• Après révocation, le condamné doit subir, selon les dispositions de la décision de révocation, tout ou partie de la durée de la peine qu'il lui restait à subir au moment de sa mise en liberté conditionnelle, cumulativement, s'il y a lieu, avec toute nouvelle peine qu'il aurait encourue ; le temps pendant lequel il a été placé en état d'arrestation provisoire compte toutefois pour l'exécution de sa peine.

• Si la révocation n'est pas intervenue avant l'expiration du délai prévu à l'article précédent, la libération est définitive. Dans ce cas, la peine est réputée terminée depuis le jour de la libération conditionnelle.

TITRE III *bis*

DU TRAVAIL D'INTÉRÊT GÉNÉRAL

Article 733-1. – Substitution au T.I.G. d'une peine de jours-amende – *(Loi n° 2009-1436 du 24 novembre 2009)*

• Le juge de l'application des peines peut, d'office, à la demande de l'intéressé ou sur réquisitions du procureur de la République, ordonner par décision motivée de substituer au travail d'intérêt général une peine de jours-amende. Cette décision est prise à l'issue d'un débat contradictoire, conformément aux dispositions de l'article 712-6.

• Cette décision peut également intervenir à la suite de l'exécution partielle du travail d'intérêt général.

Article 733-2. – Inexécution du T.I.G. – *(Loi n° 2005-1549 du 12 décembre 2005)*

• En cas d'inexécution d'un travail d'intérêt général, le juge de l'application des peines peut, d'office ou sur réquisitions du procureur de la République, ordonner par décision motivée la mise à exécution de l'emprisonnement et de l'amende prononcés par la juridiction de jugement en application des dispositions du deuxième alinéa des articles 131-9 et 131-11 du Code pénal. L'exécution peut porter sur tout ou partie de cette peine.

• Cette décision est prise à l'issue d'un débat contradictoire, conformément aux dispositions de l'article 712-6.
• En cas d'inexécution du travail d'intérêt général, les dispositions de l'article 712-17 sont applicables.

TITRE IV

DU SURSIS ET DE L'AJOURNEMENT

Article 734. – Sursis et ajournement – *(Loi n° 92-1336 du 16 décembre 1992)*
• Le tribunal ou la cour qui prononce une peine peut, dans les cas et selon les conditions prévus par les articles 132-29 à 132-57 du Code pénal, ordonner qu'il sera sursis à son exécution.
• La juridiction peut également ajourner le prononcé de la peine dans les cas et conditions prévus par les articles 132-60 à 132-70 dudit code.
• Les modalités de mise en œuvre du sursis et de l'ajournement sont fixées par le présent titre.

CHAPITRE Ier

Du sursis simple

Article 735. – Demande de dispense de révocation du sursis – *(Loi n° 2014-896 du 15 août 2014)*
• Lorsque la juridiction de jugement n'a pas statué sur la révocation du sursis en application de l'article 132-36 du Code pénal parce qu'elle n'avait pas connaissance de la première condamnation, le procureur de la République peut ultérieurement saisir le tribunal correctionnel d'une requête motivée tendant à sa révocation.
• Le tribunal statue en audience publique, après audition de la personne et, s'il y a lieu, de son avocat.

Article 735-1. – Peine d'emprisonnement – État membre de l'U.E. – *(Loi n° 2014-896 du 15 août 2014)*
• En cas de condamnation à une peine d'emprisonnement prononcée par la juridiction pénale d'un État membre de l'Union européenne, la révocation du sursis simple ne peut être prononcée que par le tribunal correctionnel statuant sur requête du procureur de la République, selon la procédure prévue à l'article 735.

Article 736. – Extension – *(Loi n° 2012-409 du 27 mars 2012)*
• La suspension de la peine ne s'étend pas au paiement des dommages-intérêts.
• Elle ne s'étend pas non plus aux incapacités, interdictions et déchéances résultant de la condamnation.
• Toutefois, ces incapacités, interdictions et déchéances cesseront d'avoir effet du jour où, par application des dispositions de l'article 132-35 du Code pénal, la condamnation aura été réputée non avenue. Cette disposition ne s'applique pas au suivi socio-judiciaire prévu à l'article 131-36-1 du Code pénal ou à la peine d'interdiction d'exercer une activité professionnelle ou bénévole impliquant un contact habituel avec des mineurs. Les incapacités, interdictions et déchéances prononcées, comme peine complémentaire, à titre définitif cessent d'avoir effet à l'issue d'un délai de quarante ans à compter du jour où la condamnation a été réputée non avenue.

Article 737 et 738. – *(Abrogés – Loi n° 92-1336 du 16 décembre 1992)*

CHAPITRE II

Du sursis probatoire

(Intitulé en vigueur à compter du 24/03/2020 – Loi n° 2019-222 du 23 mars 2019)

Nota: Conformément à la Loi n° 2019-222 du 23/03/2019, à compter du 24/03/2020:

– Les mots «sursis avec mise à l'épreuve» sont remplacés par les mots «sursis probatoire» au sein des articles 739, 741-1, 745, 747.

– Les mots «délai d'épreuve» sont remplacés par les mots «délai de probation» au sein des articles 739, 740, 742, 743.

Article 739. – Sursis probatoire – *(Loi n° 2019-222 du 23 mars 2019)*

• Lorsqu'une condamnation est assortie du sursis probatoire, le condamné est placé sous le contrôle du juge de l'application des peines territorialement compétent selon les modalités prévues par l'article 712-10.

• Au cours du délai de probation, le condamné doit satisfaire à l'ensemble des mesures de contrôle prévues par l'article 132-44 du Code pénal et à celles des obligations particulières prévues par l'article 132-45 du même code qui lui sont spécialement imposées, soit par la décision de condamnation, soit par une décision que peut, à tout moment, y compris pendant une période d'incarcération du condamné, prendre le juge de l'application des peines en application des dispositions de l'article 712-8.

Article 740. – Juge de l'application des peines – *(Loi n° 2019-222 du 23 mars 2019)*

• Au cours du délai de probation, le juge de l'application des peines sous le contrôle de qui le condamné est placé s'assure, soit par lui-même, soit par toute personne qualifiée, de l'exécution des mesures de contrôle et d'aide et des obligations imposées à ce condamné.

Article 741. – Présentation – *(Loi n° 2004-204 du 9 mars 2004)*

• Le condamné est tenu de se présenter, chaque fois qu'il en est requis, devant le juge de l'application des peines sous le contrôle duquel il est placé.

• En cas d'inobservation des obligations, les dispositions de l'article 712-17 sont applicables.

Article 741-1. – Service pénitentiaire d'insertion et de probation – *(Loi n° 2019-222 du 23 mars 2019)*

• En cas d'incarcération pour une condamnation à une peine d'emprisonnement assortie pour partie du sursis probatoire, il est remis au condamné avant sa libération un avis de convocation à comparaître devant le service pénitentiaire d'insertion et de probation dans un délai qui ne saurait être supérieur à 8 jours à compter de sa libération s'il s'agit d'une personne condamnée ou ayant été condamnée pour une infraction pour laquelle le suivi socio-judiciaire est encouru et qui ne saurait être supérieur à 1 mois dans les autres cas. Le service pénitentiaire d'insertion et de probation est alors saisi de la mesure de sursis probatoire.

Article 741-2. – Obligations et interdictions du condamné – Mesures d'aide – *(Ordonnance n° 2022-478 du 30 mars 2022)*

• Au vu du rapport établi et remis par le service pénitentiaire d'insertion et de probation en application des dispositions de l'article L. 621-3 du Code pénitentiaire, le juge de l'application des peines, lorsqu'il n'a pas été fait application du 3e alinéa de l'article 132-41-1 du Code pénal, détermine les obligations et interdictions auxquelles est astreint le condamné ainsi que les mesures d'aide dont il bénéficie. S'il a été fait application du même 3e alinéa, le juge de l'application des peines peut modifier, supprimer ou compléter les obligations et interdictions décidées par la juridiction; il détermine les mesures d'aide dont le condamné bénéficie.

• Le juge statue, au plus tard dans les 4 mois qui suivent le jugement de condamnation, par ordonnance motivée, après réquisitions écrites du procureur de la République et après avoir entendu les observations du condamné ainsi que, le cas échéant, celles de son avocat. S'il envisage d'astreindre le condamné à l'obligation d'effectuer un travail d'intérêt général, il statue après que le condamné a été informé de son droit de refuser l'accomplissement d'un travail d'intérêt général et après avoir reçu sa réponse. Il lui notifie cette ordonnance et l'avertit des conséquences qu'entraînerait une condamnation pour une nouvelle infraction commise au cours du délai de probation ou un manquement aux mesures de contrôle et aux obligations particulières qui lui sont imposées.

• La situation matérielle, familiale et sociale de la personne est réévaluée à chaque fois que nécessaire au cours de l'exécution de la peine, et au moins une fois par an, par le service pénitentiaire d'insertion et de probation et le juge de l'application des peines.

• Au vu de chaque nouvelle évaluation réalisée par le service pénitentiaire d'insertion et de probation dans les conditions prévues par les dispositions de l'article L. 621-3 du Code pénitentiaire, le juge de l'application des peines peut, selon les modalités prévues à l'article 712-8 du présent code et après avoir entendu les observations du condamné ainsi que, le cas échéant, celles de son avocat modifier ou compléter les obligations et interdictions auxquelles la personne condamnée est astreinte ou supprimer certaines d'entre elles; il peut également, s'il estime que la personnalité et la situation matérielle, familiale et sociale du condamné ne le justifient plus, ordonner la fin du suivi renforcé.

• Lorsque le tribunal n'a pas fait application de l'article 132-41-1 du Code pénal, le juge de l'application des peines peut, s'il estime que la personnalité du condamné le justifie, décider, à tout moment au cours de l'exécution de la probation, de faire application des 5e et avant-dernier alinéas du présent article en ordonnant un suivi renforcé.

Article 742. – Mesures de contrôle et obligations particulières – *(Loi n° 2019-222 du 23 mars 2019)*

• Lorsque le condamné ne se soumet pas aux mesures de contrôle ou aux obligations particulières imposées en application de l'article 739, lorsqu'il a commis une infraction suivie d'une condamnation à l'occasion de laquelle la révocation du sursis n'a pas été prononcée, le juge de l'application des peines peut, d'office ou sur réquisitions du parquet, ordonner par jugement motivé la prolongation du délai de probation. Il peut aussi, dans les conditions prévues aux articles 132-49 à 132-51 du Code pénal, révoquer en totalité ou en partie le sursis.

• La décision est prise conformément aux dispositions de l'article 712-6.

• Ces dispositions sont applicables même lorsque le délai de probation fixé par la juridiction a expiré, lorsque le motif de la prolongation du délai ou de la révocation s'est produit pendant le délai de probation.

Article 743. – Prolongation du délai d'épreuve – *(Loi n° 2019-222 du 23 mars 2019)*

• Lorsque le juge de l'application des peines prolonge le délai de probation, ce délai ne peut au total être supérieur à 3 années.

Article 744. – Satisfaction aux mesures de contrôle et d'aide aux obligations – *(Loi n° 2004-204 du 9 mars 2004)*

• Si le condamné satisfait aux mesures de contrôle et d'aide et aux obligations particulières imposées en application de l'article 739 et si son reclassement paraît acquis, le juge de l'application des peines peut déclarer non avenue la condamnation prononcée à son encontre. Le juge de l'application des peines ne peut être saisi à cette fin ou se saisir d'office avant l'expiration d'un délai d'un an à compter du jour où la condamnation est devenue définitive.

• La décision est prise conformément aux dispositions de l'article 712-6.

Article 745. – Obligation de s'abstenir à paraître dans un lieu… – *(Loi n° 2019-222 du 23 mars 2019)*

• Lorsque le condamné à une peine d'emprisonnement assortie du sursis probatoire doit satisfaire à l'obligation de s'abstenir de paraître dans un lieu ou une zone spécialement désigné, afin d'éviter un contact avec la victime ou la partie civile, ou à l'obligation de s'abstenir d'entrer en relation avec la victime ou la partie civile, prévues aux 9°, 13° et 18°*bis* de l'article 132-45 du Code pénal, le juge de l'application des peines ou le service pénitentiaire d'insertion et de probation avise la victime ou la partie civile, directement ou par l'intermédiaire de son avocat, de la date de fin de la mise à l'épreuve.

• Cet avis n'est toutefois pas adressé lorsque la victime ou la partie civile a fait connaître qu'elle ne souhaitait pas être avisée des modalités d'exécution de la peine.

• Les modalités d'application du présent article sont précisées par décret.

Article 746. – Extension de la suspension de la peine – *(Loi n° 2012-409 du 27 mars 2012)*

• La suspension de la peine ne s'étend pas au paiement des dommages-intérêts.

• Elle ne s'étend pas non plus aux incapacités, interdictions et déchéances résultant de la condamnation.

• Toutefois, ces incapacités, interdictions et déchéances cesseront d'avoir effet du jour où, par application des dispositions de l'article 743 ou de l'article 132-52 du Code pénal, la condamnation aura été déclarée ou réputée non avenue. Cette disposition ne s'applique pas à la peine d'interdiction d'exercer une activité professionnelle ou bénévole impliquant un contact habituel avec des mineurs. Les incapacités, interdictions et déchéances prononcées, comme peine complémentaire, à titre définitif cessent d'avoir effet à l'issue d'un délai de quarante ans à compter du jour où la condamnation a été réputée non avenue.

Article 747. – Effets du sursis probatoire – *(Loi n° 2019-222 du 23 mars 2019)*

• Les dispositions relatives aux effets du sursis probatoire sont fixées par les articles 132-52 et 132-53 du Code pénal.

CHAPITRE III

Des conversions de peines

(Intitulé en vigueur à compter du 24/03/2020 – Loi n° 2019-222 du 23 mars 2019)

Article 747-1. – Conversion de peine – *(Loi n° 2019-222 du 23 mars 2019)*

• En cas de condamnation définitive pour un délit à une peine d'emprisonnement ferme inférieure ou égale à 6 mois, ou dont la partie ferme est inférieure ou égale à 6 mois, y compris si cette peine résulte de la révocation d'un sursis, le juge de l'application des peines peut, avant la mise à exécution de l'emprisonnement ou en cours d'exécution de celui-ci, ordonner, d'office ou à la demande du condamné et selon les modalités prévues aux articles 712-6 ou 723-15, la conversion de cette peine en peine de détention à domicile sous surveillance électronique, en peine de travail d'intérêt général, en peine de jours-amende ou en un emprisonnement assorti d'un sursis probatoire renforcé, lorsque cette conversion lui paraît de nature à assurer la réinsertion du condamné et à prévenir sa récidive.

• Lorsque la peine est convertie en détention à domicile sous surveillance électronique, la durée de celle-ci est égale à celle de la peine d'emprisonnement prononcée ou du reliquat de cette peine.

• Lorsque la peine est convertie en travail d'intérêt général, la durée de la peine d'emprisonnement prononcée ou son reliquat peut être mis à exécution par le juge en l'absence d'accomplissement du travail par le condamné. La conversion en travail d'intérêt général n'est possible que si, après avoir été informé du droit de refuser l'accomplissement d'un travail d'intérêt général, le condamné a expressément déclaré renoncer à se prévaloir de ce droit.

• Lorsque la peine est convertie en peine de jours-amende, le nombre de jours est égal à celui de la peine d'emprisonnement prononcée ou du reliquat de cette peine.

• Dès sa saisine, le juge de l'application des peines peut ordonner la suspension de l'exécution de la peine jusqu'à sa décision sur le fond.

J **• Aménagement de peine – Application dans le temps**

M. [I] [U] a formé un pourvoi contre l'arrêt de la chambre de l'application des peines de la cour d'appel de POITIERS (86), en date du 16/06/2020, qui a rejeté sa demande d'aménagement de peine.

8. En l'état de ces motifs dénués d'insuffisance, la juridiction de l'application des peines du 2[d] degré a justifié sa décision, au regard des dispositions de l'article 747-1 du C.P.P., dans sa rédaction issue de la loi n°2019-222 du 23/03/2019.

9. En effet, d'une part, les dispositions nouvelles, qui étendent les mesures qui peuvent être prises par la juridiction de l'application des peines pour convertir une peine d'emprisonnement sans sursis ≤ à 6 mois ne sont pas plus sévères que les dispositions anciennes, et s'appliquent immédiatement à la conversion des peines prononcées avant leur entrée en vigueur, en vertu de l'article 112-2, 3° du C.P.

(Cour de cassation – Chambre criminelle du 12 mai 2021 – N° de pourvoi : 20-84.013).

• Aménagement de peine – Obligation spéciale de motivation

M. [I] [U] a formé un pourvoi contre l'arrêt de la chambre de l'application des peines de la cour d'appel de POITIERS (86), en date du 16/06/2020, qui a rejeté sa demande d'aménagement de peine.

10. D'autre part, l'article 747-1 précité ouvre, à la juridiction de l'application des peines, une simple faculté d'ordonner la conversion de la peine si elle constate que cette mesure lui paraît de nature à assurer la réinsertion du condamné et à prévenir sa récidive. Il en résulte que, si l'octroi d'une conversion doit être justifié par référence à l'existence de l'une de ces deux conditions, son refus n'est pas soumis à une obligation spéciale de motivation faisant référence à ces critères particuliers, ce refus devant néanmoins, comme toute décision juridictionnelle, être motivé.

(Cour de cassation – Chambre criminelle du 12 mai 2021 – N° de pourvoi : 20-84.013).

Article 747-1-1. – Autres conversions de peines – *(Loi n° 2019-222 du 23 mars 2019)*

• En cas de modification de la situation du condamné depuis la décision de condamnation qui ne permet pas la mise à exécution de la peine prononcée, le juge de l'application des peines peut d'office, à la demande de l'intéressé ou sur réquisitions du procureur de la République ordonner par décision motivée, prise conformément aux dispositions de l'article 712-6 :

• 1° De convertir la peine de travail d'intérêt général ou la peine de sursis probatoire comportant l'obligation d'accomplir un travail d'intérêt général en une peine de jours-amende ou une peine de détention à domicile sous surveillance électronique ;

• 2° De convertir une peine de détention à domicile sous surveillance électronique en une peine de travail d'intérêt général ou une peine de jours-amende ;

• 3° De convertir une peine de jours-amende en une peine de travail d'intérêt général ou une peine de détention à domicile sous surveillance électronique.

• La conversion en peine de travail d'intérêt général n'est possible que si, après avoir été informé du droit de refuser l'accomplissement d'un travail d'intérêt général, le condamné a expressément déclaré renoncer à se prévaloir de ce droit. Dans le cas prévu au 3°, la durée de la détention à domicile sous surveillance électronique ne peut excéder celle qui serait résultée de l'inexécution de la peine de jours-amende, fixée en application de la 1re phrase du 2^{d} alinéa de l'article 131-25 du code pénal. Par dérogation au même 2^{d} alinéa, la décision de conversion peut également intervenir en cas de défaut total ou partiel du paiement du montant exigible à l'expiration du délai correspondant au nombre de jours-amende prononcé.

Article 747-1-2. – *(Abrogé – Loi n° 2019-222 du 23 mars 2019)*

Article 747-2. – *(Abrogé – Loi n° 2019-222 du 23 mars 2019)*

CHAPITRE IV

De l'ajournement

Article 747-3. – Ajournement – *(Loi n° 2004-204 du 9 mars 2004)*

• Lorsque la juridiction de jugement ajourne le prononcé de la peine en application de l'article 132-63 du Code pénal, le prévenu est placé sous le contrôle du juge de l'application des peines dans le ressort duquel il a sa résidence. Le juge de l'application des peines s'assure, soit par lui-même, soit par toute personne qualifiée, de l'exécution de la mesure. Les dispositions de l'article 741 sont applicables au contrôle exercé sur le prévenu.

• Le juge de l'application des peines peut aménager, modifier ou supprimer les obligations particulières imposées au prévenu ou en prévoir de nouvelles en application des dispositions de l'article 712-8.

• Si le prévenu ne se soumet pas aux mesures de contrôle et d'assistance ou aux obligations particulières, le juge de l'application des peines peut saisir le tribunal avant l'expiration du délai d'épreuve afin qu'il soit statué sur la peine.

• Lorsque le juge de l'application des peines fait application des dispositions de l'article 712-17, il peut décider, par ordonnance motivée, rendue sur réquisitions du procureur de la République, que le condamné sera provisoirement incarcéré dans l'établissement pénitentiaire le plus proche. Le tribunal correctionnel est saisi dans les meilleurs délais afin de statuer sur la peine. L'affaire doit être inscrite à l'audience au plus tard dans les cinq jours de l'écrou du condamné, à défaut de quoi l'intéressé est remis en liberté d'office.

Article 747-4. – Exécution des prescriptions – *(Loi n° 2004-204 du 9 mars 2004)*

• Lorsque la juridiction de jugement ajourne le prononcé de la peine en application de l'article 132-66 du Code pénal, le juge de l'application des peines dans le ressort duquel le prévenu a sa résidence s'assure, soit par lui-même, soit par toute personne qualifiée, de l'exécution des prescriptions énumérées par l'injonction de la juridiction.

TITRE V

DE LA RECONNAISSANCE DE L'IDENTITÉ DES INDIVIDUS CONDAMNÉS

Article 748. – Contestation

• Lorsque, après une évasion suivie de reprise ou dans toute autre circonstance, l'identité d'un condamné fait l'objet d'une contestation, cette contestation est tranchée suivant les règles établies en matière d'incidents d'exécution. Toutefois l'audience est publique.

• Si la contestation s'élève au cours et à l'occasion d'une nouvelle poursuite, elle est tranchée par la cour ou le tribunal saisi de cette poursuite.

TITRE VI

DE LA CONTRAINTE JUDICIAIRE

Article 749. – Contrainte judiciaire – *(Loi n° 2004-204 du 9 mars 2004)*

• En cas d'inexécution volontaire d'une ou plusieurs condamnations à une peine d'amende prononcées en matière criminelle ou en matière correctionnelle pour un délit puni d'une peine d'emprisonnement, y compris en cas d'inexécution volontaire de condamnations à des amendes fiscales ou douanières, le juge de l'application des peines peut ordonner, dans les conditions prévues par le présent titre, une contrainte judiciaire consistant en un emprisonnement dont la durée est fixée par ce magistrat dans la limite d'un maximum fixé par la loi en fonction du montant de l'amende ou de leur montant cumulé.

J • *Aux termes de l'article 749 du Code de procédure pénale, la contrainte judiciaire ne peut être prononcée pour une infraction ayant un caractère politique. Les infractions à la loi sur la liberté de la presse sont assimilées, à cet égard, aux délits politiques* (Cass. CRIM. du 22 juin 1993 – Bull. CRIM. n° 374).

• **Contrainte judiciaire – Domaine d'application – Droit fixe de procédure *(non)*.** – *L'assujettissement au droit fixe de procédure dont le montant est déterminé par l'article 1018 A du Code général des impôts, ne peut donner lieu au prononcé de la contrainte judiciaire prévue par l'article 749* (ci-dessus) (Cass. CRIM. du 15 janvier 1997 – BCC n° 451 du 15/5/1997).

Article 750. – Maximum de la durée de la contrainte judiciaire – *(Loi n° 2004-204 du 9 mars 2004)*

• Le maximum de la durée de la contrainte judiciaire est fixé ainsi qu'il suit :

• 1° À vingt jours lorsque l'amende est au moins égale à 2000 euros sans excéder 4000 euros ;

• 2° À un mois lorsque l'amende est supérieure à 4000 euros sans excéder 8000 euros ;

• 3° À deux mois lorsque l'amende est supérieure à 8000 euros sans excéder 15000 euros ;

• 4° À trois mois lorsque l'amende est supérieure à 15000 euros.

Article 751. – Personnes mineures et âgées d'au moins 65 ans – *(Loi n° 2004-204 du 9 mars 2004)*

• La contrainte judiciaire ne peut être prononcée ni contre les personnes mineures au moment des faits, ni contre les personnes âgées d'au moins soixante-cinq ans au moment de la condamnation.

Article 752. – Condamnés – *(Loi n° 2004-204 du 9 mars 2004)*

• La contrainte judiciaire ne peut être prononcée contre les condamnés qui, par tout moyen, justifient de leur insolvabilité.

Article 753. – Mari et femme – *(Loi n° 2004-204 du 9 mars 2004)*

• Elle ne peut être exercée simultanément contre le mari et la femme, même pour le recouvrement de sommes afférentes à des condamnations différentes.

Article 754. – Commandement – *(Loi n° 2004-204 du 9 mars 2004)*

• Elle ne peut être exercée que cinq jours après un commandement fait au condamné à la requête de la partie poursuivante.

• Dans le cas où le jugement de condamnation n'a pas été précédemment signifié au débiteur, le commandement porte en tête un extrait de ce jugement, lequel contient le nom des parties et le dispositif.

• Au vu de l'exploit de signification du commandement, si ce dernier date de moins d'un an, et sur la demande du Trésor, le procureur de la République peut requérir le juge de l'application des peines de prononcer la contrainte judiciaire dans les conditions prévues par l'article 712-6. Ce magistrat peut à cette fin délivrer les mandats prévus par l'article 712-17. La décision du juge de l'application des peines, qui est exécutoire par provision, peut faire l'objet d'un appel dans les conditions prévues par l'article 712-11. Le juge de l'application des peines peut décider d'accorder des délais de paiement au condamné si la situation personnelle de ce dernier le justifie, en ajournant sa décision pour une durée qui ne saurait excéder six mois.

Articles 755 à 757. – *(Abrogés par Loi n° 2004-204 du 10 mars 2004)*

Article 758. – Établissement pénitentiaire – *(Ordonnance n° 2022-478 du 30 mars 2022)*
• Conformément aux dispositions de l'article L. 216-1 du Code pénitentiaire, la contrainte judiciaire est subie en établissement pénitentiaire, dans le quartier à ce destiné.

Article 759. – Caution – *(Ordonnance n° 2019-964 du 18 septembre 2019)*
• Les individus contre lesquels la contrainte a été prononcée peuvent en prévenir ou en faire cesser les effets soit en payant ou consignant une somme suffisante pour éteindre leur dette, soit en fournissant une caution reconnue bonne et valable.
• La caution est admise par le comptable public compétent. En cas de contestation, elle est déclarée, s'il y a lieu, bonne et valable par le président du tribunal judiciaire agissant par voie de référé.
• La caution doit se libérer dans le mois, faute de quoi elle peut être poursuivie.
• Lorsque le paiement intégral n'a pas été effectué, et sous réserve des dispositions de l'article 760, la contrainte judiciaire peut être requise à nouveau pour le montant des sommes restant dues.

V • Code procédure pénale – art. 760 – Fin de la contrainte judiciaire.

Article 760. – Fin de la contrainte judiciaire – *(Loi n° 2004-204 du 9 mars 2004)*
• Lorsque la contrainte judiciaire a pris fin pour une cause quelconque, elle ne peut plus être exercée ni pour la même dette, ni pour des condamnations antérieures à son exécution, à moins que ces condamnations n'entraînent par leur quotité une contrainte plus longue que celle déjà subie, auquel cas la première incarcération doit toujours être déduite de la nouvelle contrainte.

Article 761. – Débiteur détenu – *(Loi n° 2004-204 du 9 mars 2004)*
• Le débiteur détenu est soumis au même régime que les condamnés, sans toutefois être astreint au travail.

Article 761-1. – Condamné – *(Loi n° 2005-1549 du 12 décembre 2005)*
• Le condamné qui a subi une contrainte judiciaire n'est pas libéré du montant des condamnations pour lesquelles elle a été exercée.

V • Art. D. 569 à D. 570 - De la contrainte judiciaire.

Article 762. – Application – *(Loi n° 2016-731 du 3 juin 2016)*
• Lorsque le juge de l'application des peines statue en application des dispositions de l'article 754 pour mettre à exécution l'emprisonnement encouru pour défaut de paiement d'un jour-amende, les dispositions de l'article 750 ne sont pas applicables.
• Les dispositions des articles 752 et 753 sont applicables. Pour l'application de l'article 754, une mise en demeure de payer, adressée par lettre recommandée avec demande d'avis de réception, a les mêmes effets qu'un commandement de payer.
• La personne condamnée à la peine de jours-amende et contre qui la mise à exécution de l'emprisonnement a été prononcée peut prévenir cette mise à exécution ou en faire cesser les effets en payant l'intégralité de l'amende.

TITRE VII

DE L'INTERDICTION DE SÉJOUR

Article 762-1. – Mesures de surveillance – *(Loi n° 92-1336 du 16 décembre 1992)*
• La personne condamnée à la peine d'interdiction de séjour en application de l'article 131-31 du Code pénal peut être soumise par la décision de condamnation à une ou plusieurs des mesures de surveillance suivantes :
• 1° Se présenter périodiquement aux services ou autorités désignés par la décision de condamnation ;
• 2° Informer le juge de l'application des peines de tout déplacement au-delà de limites déterminées par la décision de condamnation ;
• 3° Répondre aux convocations de toute autorité ou de toute personne qualifiée désignée par la décision de condamnation.

Article 762-2. – Information du J.A.P. – *(Loi n° 2004-204 du 9 mars 2004)*

• La personne condamnée à la peine d'interdiction de séjour est tenue d'informer le juge de l'application des peines sous le contrôle duquel elle est placée de tout changement de résidence.

• L'article 712-17 est applicable au condamné à l'interdiction de séjour.

Article 762-3. – Mesures d'assistance – *(Loi n° 92-1336 du 16 décembre 1992)*

• Les mesures d'assistance prévues à l'article 131-31 du Code pénal ont pour objet de faciliter le reclassement social du condamné.

Article 762-4. – Missions du J.A.P. – *(Loi n° 2005-1549 du 12 décembre 2005)*

• Le juge de l'application des peines dans le ressort duquel le condamné a déclaré fixer sa résidence assure la mise en œuvre des mesures d'assistance et veille au respect des mesures de surveillance prévues par la décision de condamnation.

• À tout moment de la durée de l'interdiction de séjour, le juge de l'application des peines peut, après audition du condamné et avis du procureur de la République, modifier la liste des lieux interdits et les mesures de surveillance et d'assistance dans les conditions prévues à l'article 712-8.

Article 762-5. – Autres mesures – *(Loi n° 2004-204 du 9 mars 2004)*

• Le juge de l'application des peines peut également décider de suspendre provisoirement l'exécution de la mesure d'interdiction de séjour selon les modalités prévues à l'article 712-6.

• En cas d'urgence, l'autorisation provisoire de séjourner dans une localité interdite peut être donnée par le procureur de la République de cette localité pour une durée n'excédant pas huit jours. Le procureur de la République informe sans délai de sa décision le juge de l'application des peines territorialement compétent.

• Sauf disposition contraire de la décision ordonnant la suspension de la mesure, le temps pendant lequel le condamné a bénéficié de la suspension est compté dans la durée de l'interdiction de séjour.

Article 763. – Prescription peine en matière correctionnelle – *(Loi n° 92-1336 du 16 décembre 1992)*

• En cas de prescription d'une peine prononcée en matière criminelle, le condamné est soumis de plein droit et à titre définitif à l'interdiction de séjour dans le département où demeurent la victime du crime ou ses héritiers directs.

TITRE VII *bis*

DU SUIVI SOCIO-JUDICIAIRE

Article 763-1. – Suivi socio-judiciaire – *(Loi n° 2000-516 du 15 juin 2000)*

• La personne condamnée à un suivi socio-judiciaire selon les modalités prévues par les articles 131-36-1 à 131-36-8 du Code pénal est placée sous le contrôle du juge de l'application des peines dans le ressort duquel elle a sa résidence habituelle ou, si elle n'a pas en France de résidence habituelle, du juge de l'application des peines du tribunal dans le ressort duquel a son siège la juridiction qui a statué en première instance. Le juge de l'application des peines peut désigner le service pénitentiaire d'insertion et de probation pour veiller au respect des obligations imposées au condamné. Les dispositions de l'article 740 sont applicables.

Article 763-2. – Justification de l'accomplissement des obligations – *(Loi n° 98-468 du 17 juin 1998)*

• La personne condamnée à un suivi socio-judiciaire est tenue de justifier, auprès du juge de l'application des peines, de l'accomplissement des obligations qui lui sont imposées.

Article 763-3. – Décision du juge de l'application des peines – *(Loi n° 2019-222 du 23 mars 2019)*

• Pendant la durée du suivi socio-judiciaire ou pendant l'incarcération lorsque la personne condamnée à un suivi socio-judiciaire doit exécuter cette mesure à la suite d'une peine privative de liberté, le juge de l'application des peines peut, après audition du condamné et avis du procureur de la République, modifier ou compléter les mesures prévues aux articles 131-36-2 et 131-36-3 du code pénal.

• Sa décision est exécutoire par provision. Elle peut être attaquée par la voie de l'appel par le condamné, le procureur de la République et le procureur général, à compter de sa notification selon les modalités prévues au 1° de l'article 712-11.

• Si la personne condamnée à un suivi socio-judiciaire n'a pas été soumise à une injonction de soins, le juge de l'application des peines ordonne en vue de sa libération une expertise médicale afin de déterminer si elle est susceptible de faire l'objet d'un traitement. Le juge peut également ordonner cette expertise à tout moment au cours de l'exécution du suivi socio-judiciaire. S'il est établi à la suite de cette expertise la possibilité d'un traitement, la personne condamnée est soumise à une injonction de soins, sauf décision contraire du juge de l'application des peines. Le juge de l'application des peines avertit le condamné qu'aucun traitement ne pourra être entrepris sans son consentement, mais que, s'il refuse les soins qui lui seront proposés, l'emprisonnement prononcé en application du 3e alinéa de l'article 131-36-1 du code pénal pourra être mis à exécution. Les dispositions des 2 alinéas précédents sont alors applicables.

• Le juge de l'application des peines peut également, après avoir procédé à l'examen prévu à l'article 763-10 et après avoir fait vérifier la faisabilité technique de la mesure, ordonner le placement sous surveillance électronique mobile du condamné. Le juge de l'application des peines avertit le condamné que le placement sous surveillance électronique mobile ne pourra être mis en œuvre sans son consentement mais que, à défaut ou s'il manque à ses obligations, l'emprisonnement prononcé en application du 3e alinéa de l'article 131-36-1 du code pénal pourra être mis à exécution. Les dispositions des 2 premiers alinéas du présent article sont applicables.

• Si la personne a été condamnée à une peine de réclusion criminelle d'une durée égale ou supérieure à 15 ans pour l'un des crimes mentionnés à l'article 706-53-13, le juge de l'application des peines peut également prononcer une obligation d'assignation à domicile prévue par le 3° de l'article 723-30. Les dispositions des 2 premiers alinéas du présent article sont applicables.

Article 763-4. – Injonction de soins – *(Loi n° 98-468 du 17 juin 1998)*

• Lorsque la personne condamnée à un suivi socio-judiciaire comprenant une injonction de soins doit exécuter cette mesure à la suite d'une peine privative de liberté, le juge de l'application des peines peut ordonner l'expertise médicale de l'intéressé avant sa libération. Cette expertise est obligatoire si la condamnation a été prononcée plus de deux ans auparavant.

• Le juge de l'application des peines peut en outre, à tout moment du suivi socio-judiciaire et sans préjudice des dispositions de l'article 763-6, ordonner, d'office ou sur réquisitions du procureur de la République, les expertises nécessaires pour l'informer sur l'état médical ou psychologique de la personne condamnée.

• Les expertises prévues par le présent article sont réalisées par un seul expert, sauf décision motivée du juge de l'application des peines.

Article 763-5. – Inobservation des obligations – *(Loi n° 2010-242 du 10 mars 2010)*

• En cas d'inobservation des obligations mentionnées aux articles 131-36-2 et 131-36-3 du Code pénal ou de l'injonction de soins, le juge de l'application des peines peut, d'office ou sur réquisitions du procureur de la République, ordonner, par décision motivée, la mise à exécution de l'emprisonnement prononcé par la juridiction de jugement en application du troisième alinéa de l'article 131-36-1 du Code pénal. Cette décision est prise selon les dispositions prévues à l'article 712-6.

• En cas d'inobservation des obligations ou de l'injonction de soins, les dispositions de l'article 712-17 sont applicables.

• Constitue pour le condamné une violation des obligations qui lui ont été imposées le fait de refuser de commencer ou de poursuivre le traitement prescrit par le médecin traitant et qui lui a été proposé dans le cadre d'une injonction de soins.

• L'accomplissement de l'emprisonnement pour inobservation des obligations du suivi socio-judiciaire ne dispense pas le condamné de l'exécution du suivi socio-judiciaire. En cas de nouveau manquement par le condamné à ses obligations, le juge de l'application des peines peut de nouveau ordonner la mise à exécution de l'emprisonnement pour une durée qui cumulée avec la durée de l'emprisonnement exécuté, ne saurait excéder celle fixée par la juridiction de condamnation.

Article 763-6. – Demande de relèvement de la mesure – *(Loi n° 2010-242 du 10 mars 2010)*

• Toute personne condamnée à un suivi socio-judiciaire peut demander à la juridiction qui a prononcé la condamnation ou, en cas de pluralité de condamnations, à la dernière juridiction qui a statué de la relever de cette mesure. Si la condamnation a été prononcée par une cour d'assises, la juridiction compétente pour statuer sur la demande est la chambre de l'instruction dans le ressort de laquelle la cour d'assises a son siège.

• La demande ne peut être portée devant la juridiction compétente qu'à l'issue d'un délai d'un an à compter de la décision de condamnation. En cas de refus opposé à cette première demande, une autre demande ne peut être présentée qu'une année après cette décision de refus. Il en est de même, éventuellement, des demandes ultérieures.

• La demande de relèvement est adressée au juge de l'application des peines, qui ordonne une expertise médicale et la transmet à la juridiction compétente avec les conclusions de l'expert ainsi que son avis motivé.

• L'expertise est réalisée par deux experts en cas de condamnation pour meurtre ou assassinat d'un mineur précédé ou accompagné d'un viol, de tortures ou d'actes de barbarie.

• La juridiction statue dans les conditions prévues par les troisième, quatrième et cinquième alinéas de l'article 703.

• La juridiction peut décider de relever le condamné d'une partie seulement de ses obligations.

• Après avis du procureur de la République, le juge de l'application des peines peut, après audition du condamné et avis du médecin coordonnateur, décider selon les modalités prévues par l'article 712-8 de mettre fin de manière anticipée au suivi socio-judiciaire comportant une injonction de soins, sans qu'il soit nécessaire de saisir la juridiction de jugement, dès lors qu'il apparaît que le reclassement du condamné est acquis et qu'un traitement n'est plus nécessaire. Le juge peut également décider de ne relever le condamné que d'une partie de ses obligations parmi lesquelles, le cas échéant, l'injonction de soins.

Article 763-7. – Injonction de soins – Établissement pénitentiaire – *(Loi n° 2010-242 du 10 mars 2010)*

• Lorsqu'une personne condamnée à un suivi socio-judiciaire comprenant une injonction de soins doit subir une peine privative de liberté, elle exécute cette peine dans un établissement pénitentiaire prévu par le troisième alinéa de l'article 717-1 et permettant de lui assurer un suivi médical et psychologique adapté.

• Elle est immédiatement informée par le juge de l'application des peines de la possibilité d'entreprendre un traitement. Si elle ne consent pas à suivre un traitement, cette information est renouvelée au moins une fois tous les ans.

• En cas de suspension ou de fractionnement de la peine, de placement à l'extérieur sans surveillance ou de mesure de semi-liberté, les obligations résultant du suivi socio-judiciaire sont applicables.

Article 763-7-1. – Avis de convocation – *(Loi n° 2011-939 du 10 août 2011)*

• Lorsque la personne condamnée à un suivi socio-judiciaire doit exécuter cette mesure à la suite d'une peine privative de liberté, il lui est remis, avant sa libération, un avis de convocation à comparaître devant le juge de l'application des peines ou devant le service pénitentiaire d'insertion et de probation dans un délai qui ne saurait être supérieur à huit jours, selon des modalités prévues par le décret mentionné à l'article 763-9. En cas de convocation devant le service pénitentiaire d'insertion et de probation, ce service est alors saisi de la mesure de suivi socio-judiciaire.

Article 763-8. – Réclusion criminelle durée ≥ à 15 ans – *(Loi n° 2010-242 du 10 mars 2010)*

• Lorsqu'un suivi socio-judiciaire a été prononcé à l'encontre d'une personne condamnée à une réclusion criminelle d'une durée égale ou supérieure à quinze ans pour l'une des infractions visées à l'article 706-53-13, la juridiction régionale de la rétention de sûreté peut, selon les modalités prévues par l'article 706-53-15, décider de prolonger tout ou partie des obligations auxquelles est astreinte la personne, au-delà de la durée prononcée par la juridiction de jugement et des limites prévues à l'article 131-36-1 du Code pénal, en la plaçant sous surveillance de sûreté pour une durée de deux ans.

• Les dispositions des deuxième à septième alinéas de l'article 723-37 du présent code sont applicables, ainsi que celles de l'article 723-38.

• Le présent article est applicable y compris si la personne placée sous suivi socio-judiciaire avait fait l'objet d'une libération conditionnelle.

Article 763-9. – Modalités d'application – *(Loi n° 98-468 du 17 juin 1998)*

• Un décret en Conseil d'État détermine les modalités d'application des dispositions du présent titre.

CODE DE LA SANTÉ PUBLIQUE

(Extrait)

Article R. 3711-12. – Choix du médecin traitant – *(Décret n° 2021-684 du 28 mai 2021)*

• Le médecin coordonnateur désigné par le juge de l'application des peines convoque la personne soumise à une injonction de soins pour un entretien au cours duquel il lui fait part des modalités d'exécution de cette mesure et l'invite à choisir un médecin traitant.

• Lorsque la personne est mineure, le choix du médecin traitant est effectué par les titulaires de l'autorité parentale ou, à défaut, par le juge des tutelles. L'accord du mineur sur ce choix est recherché.

• Lorsque la personne est un majeur faisant l'objet d'une mesure de protection juridique avec représentation relative à la personne, et n'est pas apte à exprimer sa volonté, ce choix est effectué, dans les mêmes conditions par la personne chargée de la mesure, en tenant compte de l'avis du majeur. Sauf urgence, en cas de désaccord entre le majeur protégé et la personne chargée de sa protection, le juge autorise l'un ou l'autre à prendre la décision.

• Le médecin coordonnateur peut refuser d'avaliser le choix d'un médecin traitant par la personne s'il estime que celui-ci n'est manifestement pas en mesure d'assurer la prise en charge de cette dernière.

TITRE VII *ter*

DU PLACEMENT SOUS SURVEILLANCE ÉLECTRONIQUE MOBILE À TITRE DE MESURE DE SÛRETÉ

Article 763-10. – Examen – *(Loi n° 2011-1862 du 13 décembre 2011)*

• Un an au moins avant la date prévue de sa libération, la personne condamnée au placement sous surveillance électronique mobile en application des articles 131-36-9 à 131-36-12 du Code pénal fait l'objet d'un examen destiné à évaluer sa dangerosité et à mesurer le risque de commission d'une nouvelle infraction.

• Cet examen est mis en œuvre par le juge de l'application des peines ; celui-ci peut solliciter l'avis de la commission pluridisciplinaire des mesures de sûreté composée selon des modalités déterminées par le décret prévu à l'article 763-14. Les articles 712-16 et 712-16-1 sont applicables.

• Au vu de cet examen et après avoir fait vérifier la faisabilité technique de la mesure, le juge de l'application des peines détermine, selon les modalités prévues par l'article 712-6, la durée pendant laquelle le condamné sera effectivement placé sous surveillance électronique mobile. Cette durée ne peut excéder deux ans, renouvelable une fois en matière délictuelle et deux fois en matière criminelle.

• Le juge de l'application des peines rappelle au condamné que le placement sous surveillance électronique mobile ne pourra être mis en œuvre sans son consentement, mais que, à défaut ou s'il manque à ses obligations, l'emprisonnement prononcé en application du troisième alinéa de l'article 131-36-1 du Code pénal pourra être mis à exécution.

• Six mois avant l'expiration du délai fixé, le juge de l'application des peines statue, selon les mêmes modalités, sur la prolongation du placement sous surveillance électronique mobile dans la limite prévue au troisième alinéa.

• À défaut de prolongation, il est mis fin au placement sous surveillance électronique mobile.

Article 763-11. – Modification, complément ou suppression des obligations – *(Loi n° 2005-1549 du 12 décembre 2005)*

• Pendant la durée du placement sous surveillance électronique mobile, le juge de l'application des peines peut d'office, sur réquisitions du procureur de la République ou à la demande du condamné présentée, le cas échéant, par l'intermédiaire de son avocat, modifier, compléter ou supprimer les obligations résultant dudit placement.

Article 763-12. – Dispositif intégrant un émetteur – *(Loi n° 2005-1549 du 12 décembre 2005)*

• Le condamné placé sous surveillance électronique mobile est astreint au port, pendant toute la durée du placement, d'un dispositif intégrant un émetteur permettant à tout moment de déterminer à distance sa localisation sur l'ensemble du territoire national.

• Ce dispositif est installé sur le condamné au plus tard une semaine avant sa libération.

• Le procédé utilisé est homologué à cet effet par le ministre de la justice. Sa mise en œuvre doit garantir le respect de la dignité, de l'intégrité et de la vie privée de la personne et favoriser sa réinsertion sociale.

Article 763-13. – Recherches relatives à une procédure *(Crime ou délit)* – O.P.J. – *(Ordonnance n° 2022-478 du 30 mars 2022)*

• Dans le cadre des recherches relatives à une procédure concernant un crime ou un délit, les officiers de police judiciaire spécialement habilités à cette fin sont autorisés à consulter les données figurant dans le traitement automatisé de données à caractère personnel prévu à l'article L. 544-2 du Code pénitentiaire.

Article 763-14. – Conditions d'application – *(Ordonnance n° 2022-478 du 30 mars 2022)*

• Un décret en Conseil d'État détermine les conditions d'application du présent titre. Ce décret précise notamment les conditions dans lesquelles l'évaluation prévue par l'article 763-10 est mise en œuvre.

TITRE VII *quater*

DE L'EXÉCUTION DES CONDAMNATIONS ET DES DÉCISIONS DE PROBATION EN APPLICATION DE LA DÉCISION-CADRE DU CONSEIL DE L'UNION EUROPÉENNE DU 27 NOVEMBRE 2008

CHAPITRE Ier

Dispositions générales

Article 764-1. – Règles – *(Loi n° 2015-993 du 17 août 2015)*

• Afin de faciliter l'insertion ou la réinsertion sociale d'une personne condamnée, d'améliorer la protection des victimes et de la société et de faciliter l'application de peines de substitution aux peines privatives de liberté et de mesures de probation lorsque l'auteur d'une infraction ne vit pas dans l'État de condamnation, le présent titre détermine les règles applicables à la reconnaissance et à l'exécution, dans un État membre de l'Union européenne, des condamnations pénales définitives ou des décisions adoptées sur le fondement de telles condamnations, prononcées par les juridictions françaises et ordonnant des peines de substitution ou des mesures de probation, ainsi qu'à la reconnaissance et à l'exécution en France de telles condamnations et décisions prononcées par les autorités compétentes d'un autre État membre de l'Union européenne.

• L'État sur le territoire duquel a été prononcée la condamnation ou la décision de probation est appelé État de condamnation. L'État auquel sont demandés la reconnaissance et le suivi sur son territoire de cette condamnation ou de cette décision de probation est appelé État d'exécution.

Article 764-2. – Condamnations et décisions – Exécution transfrontalière – *(Loi n° 2015-993 du 17 août 2015)*

• Les condamnations et les décisions qui peuvent donner lieu à une exécution transfrontalière en application du présent titre sont les suivantes :

• 1° Les condamnations à des mesures de probation prévoyant en cas de non-respect une peine d'emprisonnement, ou à une peine privative de liberté assortie en tout ou en partie d'un sursis conditionné au respect de mesures de probation ;

• 2° Les condamnations assorties d'un ajournement du prononcé de la peine et imposant des mesures de probation ;

• 3° Les condamnations à une peine de substitution à une peine privative de liberté, imposant une obligation ou une injonction, à l'exclusion des sanctions pécuniaires et des confiscations ;

• 4° Les décisions imposant des mesures de probation, prononcées dans le cadre de l'exécution de condamnations définitives, notamment en cas de libération conditionnelle.

Article 764-3. – Obligations ou injonctions – *(Loi n° 2015-993 du 17 août 2015)*

• Les peines de substitution et les mesures de probation dont le suivi peut être transféré à l'État d'exécution sont celles qui imposent une ou plusieurs des obligations ou injonctions suivantes :

• 1° L'obligation pour la personne condamnée d'informer une autorité spécifique de tout changement de domicile ou de lieu de travail ;

• 2° L'interdiction de se rendre dans certains lieux ou dans certaines zones définies de l'État de condamnation ou de l'État d'exécution ;

• 3° Les restrictions à la possibilité de quitter le territoire de l'État d'exécution ;

• 4° Les injonctions concernant le comportement, la résidence, la formation ou les loisirs, ou comportant des restrictions ou des modalités relatives à l'exercice d'une activité professionnelle ;

• 5° L'obligation de se présenter à des heures précises devant une autorité spécifique ;

• 6° L'obligation d'éviter tout contact avec des personnes spécifiques ;

• 7° L'interdiction de détenir ou de faire usage d'objets spécifiques qui ont été utilisés par la personne condamnée ou pourraient l'être en vue de commettre un crime ou un délit ;

• 8° L'obligation de réparer financièrement le préjudice causé par l'infraction ou l'obligation d'apporter la preuve que cette obligation a été respectée ;

• 9° L'obligation de réaliser des travaux d'intérêt général ;

• 10° L'obligation de coopérer avec un agent de probation ou avec un représentant d'un service social exerçant des fonctions liées aux personnes condamnées ;

• 11° L'obligation de se soumettre à des soins médicaux ou à une cure de désintoxication ;

• 12° Le cas échéant, les autres obligations et injonctions, notifiées au secrétariat général du Conseil de l'Union européenne, dont l'État d'exécution est disposé à assurer le suivi.

Article 764-4. – Autres obligations – *(Loi n° 2015-993 du 17 août 2015)*

• En application du 12° de l'article 764-3, peuvent également être suivies et surveillées en France les obligations suivantes :

• 1° L'interdiction d'exercer une activité professionnelle ou bénévole impliquant un contact habituel avec des mineurs ;

• 2° L'interdiction de conduire un véhicule ;

• 3° L'interdiction de détenir ou porter une arme soumise à autorisation.

Article 764-5. – Transmission à l'autorité compétence d'un autre État membre de l'U.E. – *(Loi n° 2015-993 du 17 août 2015)*

• Une condamnation ou une décision de probation peut être transmise à l'autorité compétente d'un autre État membre de l'Union européenne lorsque :

• 1° La personne concernée réside de manière habituelle, dans des conditions régulières, sur le territoire de cet État et y est retournée ou souhaite y retourner ;

• 2° La personne concernée ne réside pas de manière habituelle, dans des conditions régulières, sur le territoire de cet État, mais demande à y exécuter sa peine ou mesure de probation, à condition que l'autorité compétente de celui-ci consente à la transmission de la décision de condamnation ou de probation la concernant.

Article 764-6. – Certificat – *(Loi n° 2015-993 du 17 août 2015)*

• Toute condamnation ou décision de probation transmise en application du présent titre aux fins de reconnaissance et de suivi sur le territoire de l'État d'exécution est accompagnée d'un certificat précisant notamment :

• 1° La désignation de l'État de condamnation ;

• 2° La désignation de l'autorité compétente ayant prononcé la condamnation ou la décision de probation ;

• 3° La désignation de l'autorité compétente dans l'État de condamnation pour le suivi des peines et mesures ;

• 4° L'identité de la personne condamnée, l'adresse de son ou ses derniers domiciles connus dans l'État de condamnation, dans l'État d'exécution ou dans un autre État ;

• 5° Les motifs de la transmission de la décision de condamnation ou de probation au regard de l'article 764-5 ;

• 6° Les langues que comprend la personne condamnée ;

• 7° La date, le lieu et les circonstances dans lesquels la ou les infractions ont été commises, ainsi que la nature et la qualification juridique des faits ;

• 8° La date de la condamnation ou de la décision de probation et celle à laquelle cette décision est devenue définitive ;

• 9° Les informations relatives à la nature et à la durée de la peine ou des mesures de probation dont la reconnaissance et le suivi sont demandés ;

• 10° Le cas échéant, la durée de la peine privative de liberté prononcée dont l'exécution a été suspendue sous condition et la durée de la peine privative de liberté à exécuter en cas de révocation du sursis ou de la libération conditionnelle, ou en cas de manquement aux obligations imposées.

• Le certificat est signé par l'autorité compétente de l'État de condamnation qui atteste l'exactitude des informations y étant contenues.

Article 764-7. – Retrait du certificat – *(Loi n° 2015-993 du 17 août 2015)*

• Le retrait du certificat mentionné à l'article 764-6 vaut retrait de la demande de reconnaissance et de suivi et fait obstacle à la mise à exécution sur le territoire de l'État d'exécution de la peine de substitution ou de la mesure de probation.

Article 764-8. – Transmission – *(Loi n° 2015-993 du 17 août 2015)*

• La transmission de la condamnation ou de la décision de probation, du certificat et de toutes les pièces relatives à l'exécution des mesures ainsi que tout échange relatif à celles-ci s'effectuent directement, par tout moyen laissant une trace écrite et dans des conditions permettant au destinataire d'en vérifier l'authenticité, entre les autorités compétentes de l'État d'émission et celles de l'État d'exécution.

CHAPITRE II

Dispositions relatives à la reconnaissance et au suivi, sur le territoire des autres États membres de l'Union européenne, des condamnations et des décisions de probation prononcées par les juridictions françaises

Article 764-9. – Transmission – *(Loi n° 2015-993 du 17 août 2015)*

• Le ministère public près la juridiction ayant prononcé une condamnation ou rendu une décision de probation comportant des peines de substitution ou des mesures prévues aux articles 764-3 et 764-4 est compétent pour transmettre à l'autorité compétente d'un autre État membre de l'Union européenne, aux fins qu'elle reconnaisse cette condamnation ou cette décision de probation et en assure le suivi, la condamnation ou la décision de probation et, après l'avoir établi et signé, le certificat prévu à l'article 764-6.

• Il peut procéder à cette transmission d'office ou à la demande de l'autorité compétente de l'État d'exécution ou de la personne concernée.

Article 764-10. – Consultation – *(Loi n° 2015-993 du 17 août 2015)*

• Avant de procéder à la transmission de la décision de condamnation ou de la décision de probation et du certificat, le ministère public peut consulter l'autorité compétente de l'État d'exécution. Une telle consultation est obligatoire dans les cas mentionnés au 2° de l'article 764-5, afin de déterminer si cette autorité consent à la transmission.

Article 764-11. – Transmission – Copies décisions, traduction... – *(Loi n° 2015-993 du 17 août 2015)*

• Le ministère public transmet à l'autorité compétente de l'État d'exécution une copie certifiée conforme de la décision de condamnation ou de la décision de probation ainsi que l'original ou une copie du certificat mentionné à l'article 764-6.

• Il transmet, en outre, à cette autorité une traduction du certificat soit dans la langue officielle ou dans une des langues officielles de l'État d'exécution, soit dans l'une des langues officielles des institutions de l'Union européenne acceptées par cet État.

• À l'occasion de cette transmission, il peut demander à l'autorité compétente de l'État d'exécution la durée maximale de la privation de liberté prévue par le droit interne de l'État d'exécution pour l'infraction qui a donné lieu à la condamnation, et qui pourrait être prononcée à l'encontre de la personne condamnée en cas de non-respect des peines de substitution ou des mesures de probation.

Article 764-12. – Retrait du certificat – *(Loi n° 2015-993 du 17 août 2015)*

• Le ministère public peut décider de retirer le certificat, pour autant que le suivi n'ait pas commencé dans l'État d'exécution, dans les cas suivants :

• 1° Lorsqu'il estime que la durée maximale de la privation de liberté prévue par le droit interne de l'État d'exécution susceptible d'être prononcée en cas de non-respect des peines de substitution ou des mesures de probation est insuffisante ;

• 2° Lorsque la reconnaissance de la condamnation ou de la décision de probation implique une adaptation des peines ou des mesures ou une réduction de la durée de celles-ci qui lui semblent inappropriées.

• Lorsqu'il décide de retirer le certificat, le ministère public en informe l'autorité compétente de l'État d'exécution le plus rapidement possible, au plus tard dans les dix jours suivant la réception des informations justifiant sa décision.

• En ce cas, les autorités judiciaires françaises restent compétentes pour mettre à exécution la condamnation ou la décision de probation et assurer le suivi de leur exécution.

Article 764-13. – Suivi des mesures – *(Loi n° 2015-993 du 17 août 2015)*

• Lorsque l'autorité compétente de l'État d'exécution a informé le ministère public qu'elle reconnaît la condamnation ou la décision de probation, les autorités compétentes de l'État d'exécution deviennent seules compétentes pour assurer le suivi des mesures de probation ou des peines de substitution imposées, ainsi que pour modifier les obligations ou les injonctions, prononcer la révocation du sursis à l'exécution de la condamnation ou de la libération conditionnelle et prendre toute décision en cas de commission d'une nouvelle infraction ou de non-respect d'une peine de substitution ou d'une mesure de probation.

Article 764-14. – Information – *(Loi n° 2015-993 du 17 août 2015)*

• Le ministère public informe sans délai les autorités compétentes de l'État d'exécution, par tout moyen laissant une trace écrite, de toute circonstance ou constatation portée à sa connaissance lui paraissant de nature à donner lieu à une modification de la mesure de probation ou de la peine de substitution, à la révocation du sursis à l'exécution de la condamnation ou de la décision de libération conditionnelle, ou au prononcé d'une peine ou d'une mesure privative de liberté en raison du non-respect d'une peine de substitution ou d'une mesure de probation.

Article 764-15. – Autorités judiciaires françaises – Compétence – *(Loi n° 2015-993 du 17 août 2015)*

• Les autorités judiciaires françaises redeviennent compétentes, à l'initiative de l'État d'exécution, en cas de non-respect des obligations ou des injonctions mentionnées dans la condamnation ou dans la décision de probation, pour prononcer la révocation du sursis à l'exécution de la condamnation ou de la libération conditionnelle ou prononcer et mettre à exécution une peine privative de liberté dans les cas pour lesquels l'État d'exécution a déclaré au secrétariat général du Conseil de l'Union européenne qu'il refuse d'exercer cette compétence.

• Le ministère public informe sans délai l'autorité compétente de l'État d'exécution de toute révocation du sursis à exécution de la condamnation ou de la libération conditionnelle, du prononcé d'une peine ou d'une mesure privative de liberté en raison du non-respect d'une mesure ou d'une peine de substitution, ou de toute décision d'extinction de la mesure ou de la peine de substitution.

Article 764-16. – Autres compétences – *(Loi n° 2015-993 du 17 août 2015)*

• À l'initiative de l'autorité compétente de l'État d'exécution, les autorités judiciaires françaises redeviennent compétentes pour assurer le suivi des peines de substitution ou des mesures de probation lorsque la personne condamnée a pris la fuite ou ne réside plus de manière habituelle, dans des conditions régulières, sur le territoire de l'État d'exécution.

• Lorsque, postérieurement à la reconnaissance d'une condamnation ou d'une décision de probation par les autorités compétentes de l'État d'exécution, une nouvelle procédure pénale est engagée en France à l'encontre de la personne intéressée, le ministère public peut solliciter desdites autorités que le suivi des peines de substitution ou des mesures de probation soit de nouveau assuré par les autorités judiciaires françaises. En cas d'accord, les autorités judiciaires françaises redeviennent compétentes pour assurer le suivi de ces peines et mesures et pour prononcer toute décision ultérieure relative à ces peines et mesures.

• Dans les cas mentionnés aux deux premiers alinéas, le ministère public tient compte dans toutes ses réquisitions de la durée pendant laquelle l'intéressé a respecté les obligations ou les injonctions qui lui étaient imposées et de l'ensemble des décisions prises par les autorités compétentes de l'État d'exécution.

Article 764-17. – Amnistie, grâce ou révision – *(Loi n° 2015-993 du 17 août 2015)*

• Lorsque la condamnation fait l'objet d'une amnistie, d'une grâce ou d'une révision ayant pour effet de lui retirer, immédiatement ou non, son caractère exécutoire, le ministère public en informe sans délai l'autorité compétente de l'État d'exécution.

CHAPITRE III

Dispositions relatives à la reconnaissance et au suivi sur le territoire de la République des condamnations et des décisions de probation prononcées par les autorités compétentes des autres États membres de l'Union européenne

Section I

Réception des demandes de reconnaissance et de suivi des condamnations et des décisions de probation

Article 764-18. – Procureur de la République – *(Loi n° 2015-993 du 17 août 2015)*

• Le procureur de la République reçoit les demandes tendant à la reconnaissance et à l'exécution sur le territoire de la République des condamnations ou des décisions de probation prononcées par les juridictions des autres États membres. Il peut également demander à l'autorité compétente d'un autre État membre de lui transmettre une demande tendant à la reconnaissance et à l'exécution sur le territoire de la République d'une décision de condamnation prononcée par une juridiction de cet État.

• Si l'autorité compétente de l'État de condamnation le lui demande, le procureur de la République informe celle-ci de la durée maximale de la privation de liberté prévue par la législation française pour l'infraction qui a donné lieu à la condamnation, et qui pourrait être prononcée à l'encontre de la personne condamnée en cas de non-respect des peines de substitution ou des mesures de probation.

• Il peut procéder ou faire procéder à tout complément d'information qu'il estime utile. Lorsque le certificat mentionné à l'article 764-6 est incomplet ou ne correspond manifestement pas à la condamnation ou, le cas échéant, à la décision de probation, il impartit un délai maximal de dix jours à l'autorité compétente de l'État de condamnation pour compléter ou rectifier le certificat.

Article 764-19. – Compétence – *(Ordonnance n° 2019-964 du 18 septembre 2019)*

• Le procureur de la République compétent est celui dans le ressort duquel se situe la résidence habituelle régulière de la personne condamnée. À défaut, le procureur de la République près le tribunal judiciaire de Paris est compétent.

• Si le procureur de la République auquel la demande a été adressée par l'État de condamnation aux fins de reconnaissance et d'exécution n'est pas compétent, il la transmet sans délai au procureur de la République compétent. L'autorité compétente de l'État d'émission est informée de la transmission.

Article 764-20. – Consultation – Saisine – Information – *(Loi n° 2015-993 du 17 août 2015)*

• Lorsque, avant de transmettre la condamnation ou la décision de probation et le certificat, l'autorité compétente de l'État de condamnation consulte le procureur de la République dans le cas où, en application du 2° de l'article 764-5, la reconnaissance de la condamnation ou de la décision est subordonnée au consentement de l'État d'exécution, le procureur de la République consent à la transmission de la condamnation ou de la décision de probation si la personne concernée a la nationalité française. Dans les autres cas, il saisit sans délai le ministre de la justice. Le ministre peut consentir à la transmission de la condamnation ou de la décision si la personne concernée a la nationalité d'un État membre de l'Union européenne autre que la France et s'il existe des motifs exceptionnels justifiant l'exécution de la décision en France. Il tient compte notamment de l'intérêt de sa décision pour la bonne administration de la justice, de l'existence de liens personnels et familiaux en France et de l'absence de risque de trouble à l'ordre public.

• Le procureur de la République informe l'autorité compétente de l'État de condamnation de la décision de consentir ou non à la transmission de la demande de reconnaissance de la condamnation ou de la décision de probation.

Article 764-21. – Saisine du juge de l'application des peines – *(Loi n° 2015-993 du 17 août 2015)*

• Dans les sept jours à compter de la réception de la demande, le procureur de la République saisit le juge de l'application des peines territorialement compétent en application de l'article 712-10 de la demande, accompagnée de ses réquisitions.

Section II
Reconnaissance des condamnations et des décisions de probation

Article 764-22. – Juge de l'application des peines – *(Loi n° 2015-993 du 17 août 2015)*

• Le juge de l'application des peines est compétent pour statuer sur les demandes de reconnaissance et de suivi des condamnations et des décisions de probation.

• S'il estime nécessaire d'entendre la personne condamnée, il peut être fait application de l'article 706-71, que l'intéressé demeure sur le territoire de la République ou à l'étranger.

Article 764-23. – Reconnaissance et suivi – *(Loi n° 2015-993 du 17 août 2015)*

• La reconnaissance et le suivi sur le territoire de la République d'une décision de condamnation ou d'une décision de probation prononcée par la juridiction d'un autre État membre ne peuvent être refusés que dans les cas prévus aux articles 764-24 et 764-25.

• Lorsqu'il envisage de se fonder sur l'un des motifs de refus prévus aux 1° à 3°, 8° et 9° de l'article 764-24 et à l'article 764-25, le juge de l'application des peines en informe l'autorité compétente de l'État de condamnation si le procureur de la République ne l'a pas déjà fait et lui impartit un délai maximal de dix jours afin de lui permettre de fournir, le cas échéant, toutes informations supplémentaires.

• En l'absence de l'un des motifs de refus prévus aux mêmes articles 764-24 et 764-25, le juge de l'application des peines reconnaît la décision de condamnation ou de probation comme étant exécutoire sur le territoire de la République.

Article 764-24. – Exécution de la condamnation ou de la décision de probation – Refus – *(Loi n° 2015-993 du 17 août 2015)*

• L'exécution de la condamnation ou de la décision de probation est refusée dans les cas suivants :

• 1° Le certificat n'est pas produit, est incomplet ou ne correspond manifestement pas à la condamnation ou à la décision et n'a pas été complété ou corrigé dans le délai fixé ;

• 2° Les conditions prévues aux articles 764-2 à 764-5 ne sont pas remplies, notamment lorsque, en application du 2° de l'article 764-5, la reconnaissance de la condamnation ou de la décision de probation est subordonnée au consentement de la France et que le consentement n'a pas été sollicité ou a été refusé ;

• 3° La décision de condamnation porte sur des infractions pour lesquelles la personne condamnée a déjà été jugée définitivement par les juridictions françaises ou par celles d'un État de l'Union européenne autre que l'État de condamnation, à condition que la peine ait été exécutée, soit en cours d'exécution ou ne puisse plus être mise à exécution selon la loi de l'État ayant prononcé la condamnation ;

• 4° La condamnation est fondée sur des faits qui ne constituent pas des infractions selon la loi française ;

• 5° Les faits pouvaient être jugés par les juridictions françaises et la prescription de la peine est acquise selon la loi française à la date de la réception du certificat ;

• 6° La personne condamnée bénéficie en France d'une immunité faisant obstacle à l'exécution de la condamnation ou de la décision ;

• 7° La condamnation ou la décision a été prononcée à l'encontre d'un mineur de treize ans à la date des faits ;

• 8° La personne condamnée n'a pas comparu en personne au procès qui a mené à la décision, sauf dans les cas mentionnés aux 1° à 3° de l'article 695-22-1 ;

• 9° La peine prononcée comporte une mesure de soins psychiatriques ou médicaux ou une autre mesure qui ne peut être exécutée en application des règles du système juridique ou de santé français.

• Le motif de refus prévu au 4° n'est pas opposable lorsque la décision de condamnation concerne une infraction en matière de taxes et d'impôts, de douane et de change, en raison de ce que le droit français n'impose pas le même type de taxes ou d'impôts ou ne contient pas le même type de réglementation en matière de taxes, d'impôts, de douane et de change que le droit de l'État de condamnation.

Article 764-25. – Exécution de la décision de condamnation – Refus – *(Loi n° 2015-993 du 17 août 2015)*

• L'exécution de la décision de condamnation peut être refusée dans les cas suivants :

• 1° La durée de la peine de substitution ou de la mesure de probation est inférieure à six mois à la date de réception du certificat ;

• 2° La condamnation ou la décision est fondée sur des infractions commises en totalité, en majeure partie ou pour l'essentiel sur le territoire de la République ou en un lieu assimilé ;

• 3° La décision de condamnation porte sur des infractions pour lesquelles la personne condamnée a déjà été jugée définitivement par la juridiction d'un État non membre de l'Union européenne, à condition que la peine ait été exécutée, soit en cours d'exécution ou ne puisse plus être mise à exécution selon la législation de cet État.

Article 764-26. – Juge de l'application des peines – *(Loi n° 2015-993 du 17 août 2015)*

• Le juge de l'application des peines apprécie s'il y a lieu de procéder à l'adaptation de la peine ou de la mesure de probation prononcée ou de sa durée.

• Lorsque la nature de la mesure de probation ou de la peine de substitution ne correspond pas aux mesures prévues par la législation française, le juge de l'application des peines remplace la mesure de probation ou la peine de substitution par la mesure la plus proche de celle prononcée par l'État de condamnation qui aurait pu être légalement prononcée par une juridiction française pour les mêmes faits.

• Lorsque la durée de la peine de substitution ou de la mesure de probation est supérieure à celle qui aurait pu être légalement prononcée par une juridiction française pour les mêmes faits, le juge de l'application des peines réduit cette durée à la durée maximale légalement encourue selon la loi française pour l'infraction correspondante. Lorsque la condamnation porte sur plusieurs infractions, il se réfère au maximum légal encouru pour l'infraction correspondante la plus sévèrement sanctionnée.

• La mesure de probation ou la peine de substitution ainsi adaptée n'est pas plus sévère ni plus longue que celle initialement prononcée.

Article 764-27. – Ordonnance – *(Loi n° 2015-993 du 17 août 2015)*

• Sous réserve de la suspension du délai résultant de l'avis donné à l'autorité compétente de l'État de condamnation en application de l'article 764-23, le juge de l'application des peines statue par ordonnance, selon la procédure prévue à l'article 712-8, sur la demande de reconnaissance de la condamnation ou de la décision de probation dans le délai maximal de dix jours à compter des réquisitions du procureur de la République.

• La décision d'adaptation de la nature ou de la durée de la mesure de probation ou de la peine de substitution est motivée par référence à la législation française.

• La décision de refus est motivée par référence aux articles 764-24 et 764-25.

Article 764-28. – Notification – *(Loi n° 2015-993 du 17 août 2015)*

• La décision du juge de l'application des peines est notifiée sans délai à la personne condamnée. Celle-ci est informée par une mention portée dans l'acte de notification que, si elle n'accepte pas cette décision, elle dispose d'un délai de vingt-quatre heures pour saisir la chambre de l'application des peines d'une requête précisant, à peine d'irrecevabilité, les motifs de droit ou de fait de sa contestation et qu'elle a la possibilité de se faire représenter devant cette juridiction par un avocat de son choix ou, à défaut, par un avocat commis d'office par le bâtonnier de l'ordre des avocats.

• Lorsque le juge de l'application des peines a procédé à l'adaptation de la peine ou de la mesure de probation prononcée ou qu'il a réduit sa durée, sa décision est portée sans délai à la connaissance des autorités compétentes de l'État membre de condamnation par tout moyen laissant une trace écrite.

Article 764-29. – Recours – *(Loi n° 2015-993 du 17 août 2015)*

• La décision du juge de l'application des peines relative à la reconnaissance de la condamnation ou de la décision de probation est susceptible de recours selon les modalités prévues au 1° de l'article 712-11.

• Le recours ne permet pas de contester la condamnation ou la décision de probation prise par l'État de condamnation.

Article 764-30. – Président de la chambre de l'application des peines – *(Loi n° 2015-993 du 17 août 2015)*

• Sauf si un complément d'information a été ordonné, le président de la chambre de l'application des peines statue dans les vingt jours de sa saisine par une ordonnance motivée rendue en chambre du conseil.

• Si le président de la chambre de l'application des peines estime nécessaire d'entendre la personne condamnée, il peut être fait application de l'article 706-71, qu'elle demeure sur le territoire de la République ou à l'étranger.

• Le président de la chambre de l'application des peines peut, par une mesure d'administration judiciaire, autoriser l'État de condamnation à intervenir à l'audience par l'intermédiaire d'une personne habilitée par ce même État à cet effet. Lorsque l'État de condamnation est autorisé à intervenir, il ne devient pas partie à la procédure.

• Lorsque le président de la chambre de l'application des peines envisage d'opposer l'un des motifs de refus prévus aux 1° à 3°, 8° et 9° de l'article 764-24 et à l'article 764-25, il n'y a pas lieu d'informer l'autorité compétente de l'État de condamnation s'il a déjà été procédé à cette information par le juge de l'application des peines en application de l'article 764-23.

Article 764-31. – Notification de la décision – *(Loi n° 2015-993 du 17 août 2015)*

• La décision du président de la chambre de l'application des peines est notifiée sans délai à la personne condamnée. Celle-ci est informée par une mention portée dans l'acte de notification des voies et délais de recours.

• Cette décision peut faire l'objet, dans un délai de trois jours, d'un pourvoi en cassation par le procureur général ou par la personne condamnée. Le second alinéa de l'article 568-1 et le premier alinéa de l'article 567-2 sont applicables.

Article 764-32. – Délai – *(Loi n° 2015-993 du 17 août 2015)*

• Lorsque la décision définitive relative à la reconnaissance et à l'exécution de la condamnation ou de la décision de probation ne peut être prise dans les soixante jours qui suivent la réception de la décision de condamnation et du certificat, le ministère public en informe sans délai l'autorité compétente de l'État de condamnation en lui indiquant les raisons du retard et le délai supplémentaire qu'il estime nécessaire pour que soit prise la décision.

• Dans le cas où le ministère public, le juge de l'application des peines ou la chambre de l'application des peines a demandé à l'autorité compétente de l'État de condamnation de compléter ou de corriger le certificat, le cours du délai prévu au premier alinéa du présent article est suspendu à compter de la demande jusqu'à la transmission par l'État de condamnation des pièces demandées et au plus tard à l'expiration du délai imparti en application du dernier alinéa de l'article 764-18.

Article 764-33. – Information – *(Loi n° 2015-993 du 17 août 2015)*

• Le ministère public informe sans délai l'autorité compétente de l'État de condamnation de la décision définitive prise sur la reconnaissance de la condamnation ou de la décision de probation.

• Lorsque la décision définitive consiste en un refus de reconnaissance et d'exécution de la condamnation ou de la décision de probation, ou comporte une adaptation de la nature de la mesure de probation ou de la peine de substitution ou de sa durée, le procureur de la République informe également l'autorité compétente de l'État de condamnation des motifs de la décision.

Section III

Suivi des mesures de probation et des peines de substitution et décision ultérieure en cas de non-respect

Article 764-34. – Exécution – *(Loi n° 2015-993 du 17 août 2015)*

• L'exécution de la condamnation ou de la décision de probation est régie par le Code pénal et par le présent code, y compris l'exécution des décisions ultérieures prises lorsqu'une mesure de probation ou une peine de substitution n'est pas respectée ou lorsque la personne condamnée commet une nouvelle infraction pénale.

• Dès que la décision de reconnaître la condamnation ou la décision de probation comme exécutoire en France est devenue définitive, les peines de substitution ou les mesures de probation peuvent être mises à exécution dans les conditions prévues par la décision de reconnaissance.

• Toutefois, lorsque la reconnaissance de la condamnation ou de la décision de probation comprend une adaptation de la nature ou de la durée de la mesure de probation ou de la peine de substitution, les peines alternatives ou les mesures et obligations ne peuvent être ramenées à exécution qu'à l'expiration d'un délai supplémentaire de dix jours à compter du caractère définitif de la décision de reconnaissance.

Article 764-35. – Retrait du certificat – *(Loi n° 2015-993 du 17 août 2015)*

• Le retrait du certificat par l'État de condamnation, pour quelque cause que ce soit, fait obstacle à la mise à exécution de la condamnation ou de la décision de probation s'il intervient avant que la peine de substitution ou les obligations et mesures de probation aient été mises à exécution.

Article 764-36. – Juge de l'application des peines – *(Loi n° 2015-993 du 17 août 2015)*

• Le juge de l'application des peines est compétent pour assurer, par lui-même ou par toute personne qualifiée désignée, le suivi des mesures de probation et des peines de substitution dont la reconnaissance est définitive.

• Le juge de l'application des peines, ou, le cas échéant, lorsque la mesure ne relève pas de lui, le procureur de la République, met à exécution la peine de substitution ou prend sans délai les mesures adaptées au suivi de la mesure de probation.

Article 764-37. – Impossibilité de mise à exécution – *(Loi n° 2015-993 du 17 août 2015)*

• Si la personne condamnée ne peut être retrouvée sur le territoire de la République, le juge de l'application des peines informe l'autorité compétente de l'État de condamnation de l'impossibilité de mettre à exécution la condamnation ou la décision de probation.

Article 764-38. – Mesure ultérieure – *(Loi n° 2015-993 du 17 août 2015)*

• Le juge de l'application des peines est compétent pour prendre toute mesure ultérieure visant à modifier les obligations ou la durée de la période probatoire dans les conditions prévues au présent code.

Article 764-39. – Révocation – Information – *(Loi n° 2015-993 du 17 août 2015)*

• Le juge de l'application des peines est également compétent pour prononcer par jugement motivé, dans les conditions prévues à l'article 712-6, la révocation de la libération conditionnelle ou du sursis à l'exécution de la condamnation et pour prononcer la peine ou la mesure privative de liberté prévue par la condamnation ou la décision de probation rendue par les autorités de l'État membre de condamnation, en cas de peine de substitution.

• Lorsqu'une personne a été condamnée à une peine de substitution et que la condamnation ne comporte pas de peine ou de mesure privative de liberté devant être exécutée en cas de non-respect de cette peine, le juge de l'application des peines avise le procureur de la République en cas de non-respect des obligations ou des injonctions mentionnées dans la peine de substitution pour que celui-ci apprécie la suite à donner au regard des articles 434-38 et suivants du Code pénal.

• Lorsque ce non-respect de la peine de substitution n'est pas constitutif d'une infraction pénale au regard de la législation française, le procureur de la République informe l'autorité compétente de l'État de condamnation de ces faits et de l'impossibilité pour les autorités judiciaires françaises de statuer sur ce cas.

Article 764-40. – Information – Décision – *(Loi n° 2015-993 du 17 août 2015)*

• Le juge de l'application des peines informe sans délai les autorités compétentes de l'État de condamnation, par tout moyen laissant une trace écrite, de toute décision prise en application des articles 764-38 et 764-39.

Article 764-41. – Information – Cas – *(Loi n° 2015-993 du 17 août 2015)*

• Le juge de l'application des peines informe immédiatement et par tout moyen laissant une trace écrite les autorités compétentes de l'État de condamnation dans les cas suivants :

• 1° Lorsqu'une mesure de grâce ou une amnistie concerne la décision objet du suivi en France ;

• 2° Lorsque l'intéressé est en fuite ou n'a plus de résidence habituelle, dans des conditions régulières, sur le territoire de la République. Dans ce cas, le juge de l'application des peines peut se dessaisir du suivi de la mesure de probation ou de la peine de substitution au bénéfice des autorités compétentes de l'État de condamnation, ce qui lui enlève toute compétence pour prendre toute décision ultérieure en relation avec cette mesure de probation ou cette peine de substitution.

Article 764-42. – Amnistie, grâce ou annulation – *(Loi n° 2015-993 du 17 août 2015)*

• Lorsque la condamnation fait l'objet en France ou dans l'État de condamnation soit d'une amnistie, soit d'une grâce ou lorsque cette condamnation fait l'objet d'une annulation décidée à la suite d'une procédure de révision dans l'État de condamnation, ou de toute autre décision ou mesure ayant pour effet de lui retirer son caractère exécutoire, le juge de l'application des peines met fin à l'exécution de cette condamnation ou de cette décision de probation.

Article 764-43. – Suivi des mesures... – *(Loi n° 2015-993 du 17 août 2015)*

• Lorsque, par suite d'une nouvelle procédure pénale engagée contre la personne concernée dans l'État de condamnation, l'autorité compétente de cet État demande que la compétence relative au suivi des mesures de probation ou des peines de substitution et à toute décision ultérieure relative à ces mesures ou ces peines lui soit à nouveau transférée, le juge de l'application des peines met fin au suivi de celles-ci et se dessaisit au profit des autorités compétentes de l'État de condamnation.

TITRE VII *quinquies*

DE LA PEINE DE PROGRAMME DE MISE EN CONFORMITÉ

Article 764-44. – Modalités – *(Loi n° 2016-1691 du 9 décembre 2016)*

• **I.** – La peine prévue à l'article 131-39-2 du Code pénal s'exécute sous le contrôle du procureur de la République.

• L'Agence française anticorruption rend compte au procureur de la République, au moins annuellement, de la mise en œuvre de la peine. Elle l'informe de toute difficulté dans l'élaboration ou la mise en œuvre du programme de mise en conformité. Elle lui communique, en outre, un rapport à l'expiration du délai d'exécution de la mesure.

• La personne morale condamnée peut informer le procureur de la République de toute difficulté dans la mise en œuvre de la peine.

• **II.** – Lorsque la peine prévue à l'article 131-39-2 du Code pénal a été prononcée à l'encontre d'une société mentionnée au I de l'article 17 de la loi n° 2016-1691 du 9 décembre 2016 relative à la transparence, à la lutte contre la corruption et à la modernisation de la vie économique, il est tenu compte, dans l'exécution de la peine, des mesures et procédures déjà mises en œuvre en application du II du même article 17.

• **III.** – Lorsque la peine prononcée en application de l'article 131-39-2 du Code pénal a été exécutée pendant au moins un an, qu'il résulte des rapports transmis au procureur de la République que la personne morale condamnée a pris les mesures et procédures appropriées pour prévenir et détecter la commission de faits de corruption ou de trafic d'influence et qu'aucun suivi ne paraît plus nécessaire, le procureur de la République peut saisir le juge d'application des peines de réquisitions tendant à ce qu'il soit mis fin à la peine de façon anticipée, par jugement motivé conformément à l'article 712-6 du présent code.

TITRE VIII

DU CASIER JUDICIAIRE

Article 768. – Casier judiciaire – *(Loi n° 2021-218 du 26 février 2021)*

• Le casier judiciaire national automatisé, qui peut comporter un ou plusieurs centres de traitement, est tenu sous l'autorité du ministre de la justice. Il reçoit, en ce qui concerne les personnes nées en France et après contrôle de leur identité au moyen du répertoire national d'identification des personnes physiques, le numéro d'identification ne pouvant en aucun cas servir de base à la vérification de l'identité :

• 1° Les condamnations contradictoires ainsi que les condamnations par défaut, non frappées d'opposition, prononcées pour crime, délit ou contravention de la 5e classe, ainsi que les déclarations de culpabilité assorties d'une dispense de peine ou d'un ajournement du prononcé de la peine sauf si la mention de la décision au bulletin n° 1 a été expressément exclue en application de l'article 132-59 du Code pénal ;

• 2° Les condamnations contradictoires ou par défaut, non frappées d'opposition, pour les contraventions des 4 premières classes dès lors qu'est prise, à titre principal ou complémentaire, une mesure d'interdiction, de déchéance ou d'incapacité ;

• 3° Les décisions prononçant à l'égard d'un mineur une mesure éducative, une dispense de mesure éducative ou une déclaration de réussite éducative en application du titre Ier du livre Ier du Code de la justice pénale des mineurs ;

• 4° Les décisions disciplinaires prononcées par l'autorité judiciaire ou par une autorité administrative lorsqu'elles entraînent ou édictent des incapacités ;

• 5° Les jugements prononçant la faillite personnelle ou l'interdiction prévue par l'article L. 653-8 du Code de commerce;
• 6° Tous les jugements prononçant la déchéance de l'autorité parentale ou le retrait de tout ou partie des droits y attachés;
• 7° Les arrêtés d'expulsion pris contre les étrangers;
• 8° Les condamnations prononcées par les juridictions étrangères qui, en application d'une convention ou d'un accord internationaux, ont fait l'objet d'un avis aux autorités françaises ou ont été exécutées en France à la suite du transfèrement des personnes condamnées;
• 9° Les compositions pénales, dont l'exécution a été constatée par le procureur de la République;
• 10° Les jugements ou arrêts de déclaration d'irresponsabilité pénale pour cause de trouble mental, lorsqu'une hospitalisation d'office a été ordonnée en application de l'article 706-135 ou lorsqu'une ou plusieurs des mesures de sûreté prévues par l'article 706-136 ont été prononcées;
• 11° Les amendes forfaitaires pour les délits et pour les contraventions de la 5e classe ayant fait l'objet d'un paiement ou à l'expiration des délais mentionnés au 2d alinéa de l'article 495-19 et au 2e alinéa de l'article 530.

Article 768-1. – Personne morale – *(Loi n° 2019-222 du 23 mars 2019)*
• Le casier judiciaire national automatisé reçoit, en ce qui concerne les personnes morales et après contrôle de leur identité au moyen du répertoire national des entreprises et des établissements:
• 1° Les condamnations contradictoires et les condamnations par défaut non frappées d'opposition, prononcées pour crime, délit ou contravention de la 5e classe par toute juridiction répressive;
• 2° Les condamnations contradictoires ou par défaut non frappées d'opposition pour les contraventions des 4 premières classes, dès lors qu'est prise, à titre principal ou complémentaire, une mesure d'interdiction, de déchéance, d'incapacité, ou une mesure restrictive de droit;
• 3° Les déclarations de culpabilité assorties d'une dispense de peine ou d'un ajournement, avec ou sans injonction, du prononcé de la peine;
• 4° Les condamnations prononcées par les juridictions étrangères qui, en application d'une convention ou d'un accord internationaux, ont fait l'objet d'un avis aux autorités françaises;
• 5° Les amendes forfaitaires pour les délits et pour les contraventions de la 5e classe ayant fait l'objet d'un paiement ou à l'expiration des délais mentionnés au 2d alinéa de l'article 495-19 et au 2e alinéa de l'article 530;
• 6° Les compositions pénales dont l'exécution a été constatée par le procureur de la République.
• Les modalités d'application du présent article sont déterminées par décret en Conseil d'État.

Article 769. – Mention sur les fiches – Peines ou dispenses de peines, décisions... – *(Loi n° 2021-218 du 26 février 2021)*
• Il est fait mention sur les fiches du casier judiciaire des peines ou dispenses de peines prononcées après ajournement du prononcé de la peine, des grâces, commutations ou réductions de peines, des décisions qui suspendent ou qui ordonnent l'exécution d'une 1re condamnation, des décisions prises en application du 2e alinéa de l'article 728-4 ou du 1er alinéa de l'article 728-7, des décisions de libération conditionnelle et de révocation, des décisions de surveillance judiciaire et de réincarcération prises en application de l'article 723-35, des décisions de surveillance de sûreté, des décisions de rétention de sûreté, des décisions de suspension de peine, des réhabilitations, des décisions qui rapportent ou suspendent les arrêtés d'expulsion, ainsi que la date de l'expiration de la peine, la date du paiement de l'amende et la date d'émission du titre exécutoire de l'amende forfaitaire majorée non susceptible de réclamation.
• Il est fait mention, sur les fiches du casier judiciaire relatives à des décisions de rétention de sûreté ou de surveillance de sûreté, des décisions de renouvellement de ces mesures.
• Sont retirées du casier judiciaire les fiches relatives à des condamnations effacées par une amnistie ou réformées en conformité d'une décision de rectification du casier judiciaire. Il en est de même, sauf en ce qui concerne les condamnations prononcées pour des faits imprescriptibles ou par une juridiction étrangère, des fiches relatives à des condamnations prononcées depuis plus de 40 ans et qui n'ont pas été suivies d'une nouvelle condamnation à une peine criminelle ou correctionnelle.

• Sont également retirés du casier judiciaire :

• 1° Les jugements prononçant la faillite personnelle ou l'interdiction prévue par l'article L. 653-8 du Code de commerce lorsque ces mesures sont effacées par un jugement de clôture pour extinction du passif, par la réhabilitation ou à l'expiration du délai de 5 ans à compter du jour où ces condamnations sont devenues définitives.

• Toutefois, si la durée de la faillite personnelle ou de l'interdiction est supérieure à 5 ans, la condamnation relative à ces mesures demeure mentionnée sur les fiches du casier judiciaire pendant la même durée ;

• 2° Les décisions disciplinaires effacées par la réhabilitation ;

• 3° *(Supprimé)*

• 4° Les dispenses de peines, à l'expiration d'un délai de 3 ans à compter du jour où la condamnation est devenue définitive ;

• 5° Les condamnations pour contravention, à l'expiration d'un délai de 3 ans à compter du jour où ces condamnations sont devenues définitives ; ce délai est porté à 4 ans lorsqu'il s'agit d'une contravention dont la récidive constitue un délit ;

• 6° Les mentions relatives à la composition pénale, à l'expiration d'un délai de 3 ans à compter du jour où l'exécution de la mesure a été constatée, si la personne n'a pas, pendant ce délai, soit subi de condamnation à une peine criminelle ou correctionnelle, soit exécuté une nouvelle composition pénale ;

• 7° Les fiches relatives aux mesures éducatives, aux dispenses de mesure éducative et aux déclarations de réussite éducative prononcées à l'encontre d'un mineur à l'expiration d'un délai de 3 ans à compter du jour où la décision est devenue définitive ;

• 8° Les condamnations ayant fait l'objet d'une réhabilitation judiciaire, lorsque la juridiction a expressément ordonné la suppression de la condamnation du casier judiciaire conformément au 2e alinéa de l'article 798 ;

• 9° Les fiches relatives aux jugements ou arrêts de déclaration d'irresponsabilité pénale pour cause de trouble mental, lorsque l'hospitalisation d'office ordonnée en application de l'article 706-135 a pris fin ou lorsque les mesures de sûreté prévues par l'article 706-136 ont cessé leurs effets ;

• 10° Les condamnations prononcées par les juridictions étrangères, dès réception d'un avis d'effacement de l'État de condamnation ou d'une décision de retrait de mention ordonnée par une juridiction française. Toutefois, si la condamnation a été prononcée par une juridiction d'un État membre de l'Union européenne, le retrait ordonné par une juridiction française ne fait pas obstacle à sa retransmission aux autres États membres de l'Union européenne ;

• 11° Les fiches relatives aux amendes forfaitaires mentionnées au 11° de l'article 768, à l'expiration d'un délai de 3 ans à compter de leur paiement ou à l'expiration du délai mentionné au 2d second alinéa de l'article 495-19, si la personne n'a pas, pendant ce délai, soit subi de condamnation à une peine criminelle ou correctionnelle, soit fait de nouveau l'objet d'une amende forfaitaire délictuelle.

Article 769-1. – Mention sur les fiches – Décisions modificatives – *(Loi n° 2010-242 du 10 mars 2010)*

• Il est fait mention, sur les fiches du casier judiciaire des personnes morales, des décisions modificatives prévues au premier alinéa de l'article 769.

• Le troisième alinéa de l'article 769 s'applique aux condamnations prononcées à l'encontre des personnes morales.

Article 770. – Retrait de la fiche – Casier judiciaire – *(Loi n° 2021-218 du 26 février 2021)*

• Le retrait du casier judiciaire d'une décision concernant un mineur peut être décidé dans les conditions prévues à l'article L. 631-4 du Code de la justice pénale des mineurs.

• Le retrait du casier judiciaire d'une condamnation prononcée pour des faits commis par une personne âgée de 18 à 21 ans peut également, si le reclassement du condamné paraît acquis, être prononcé à l'expiration d'un délai de 3 ans à compter de la condamnation. Ce retrait ne peut cependant intervenir qu'après que les peines privatives de liberté ont été subies et que les amendes ont été payées et, si des peines complémentaires ont été prononcées pour une durée déterminée, après l'expiration de cette durée.

• Dans le cas prévu à l'alinéa qui précède, le retrait du casier judiciaire de la fiche constatant la condamnation est demandé par requête, selon les règles de compétence et de procédure fixées par les 2e et 3e alinéas de l'article 778.

• Lorsque le retrait du casier judiciaire de la décision a été prononcé, la mention de cette décision ne doit plus figurer au bulletin n° 1 du casier judiciaire.

Article 770-1. – Demande de retrait de mention – *(Loi n° 2012-409 du 27 mars 2012)*

• Si un ressortissant français a été condamné par une juridiction étrangère et que cette condamnation figure au bulletin n° 1 de son casier judiciaire, il peut demander le retrait de cette mention au tribunal correctionnel de son domicile, ou de Paris s'il réside à l'étranger.

• La requête ne peut être portée devant la juridiction compétente, sous peine d'irrecevabilité, qu'à l'issue des délais prévus à l'article 133-16-1 du Code pénal.

• La requête est instruite et jugée conformément à l'article 703 du présent code.

• Si la condamnation émane d'une juridiction d'un État membre de l'Union européenne, le retrait de sa mention au bulletin n° 1 ne fait pas obstacle à sa retransmission aux autres États membres.

Article 771. – Casier judiciaire national automatisé – *(Loi n° 80-2 du 04 janvier 1980)*

• Le casier judiciaire national automatisé reçoit également les condamnations, décisions, jugements ou arrêtés visés à l'article 768 du présent code, concernant les personnes nées à l'étranger et les personnes dont l'acte de naissance n'est pas retrouvé ou dont l'identité est douteuse.

Article 771-1. – Traitement de données européen « ECRIS-TCN » – *(Ordonnance n° 2022-1524 du 7 décembre 2022)*

• En application du règlement *(UE)* 2019/816 du Parlement européen et du Conseil du 17 avril 2019 et de la décision-cadre 2009/315/ JAI du Conseil du 26 février 2009 modifiée par la directive *(UE)* 2019/884 du Parlement européen et du Conseil du 17 avril 2019, le service du casier judiciaire national est compétent pour interroger, alimenter et actualiser le traitement de données européen centralisé dénommé « ECRIS-TCN » permettant à l'autorité centrale d'un État membre de l'Union européenne d'identifier les États membres qui détiennent des informations sur les condamnations pénales prononcées à l'encontre de ressortissants de pays tiers ou apatrides. Il est l'autorité centrale au sens du 5 de l'article 3 du règlement *(UE)* 2019/816. À ce titre, il est responsable du traitement national de données à caractère personnel nécessaire au fonctionnement de l'ECRIS-TCN.

Article 771-2. – Personnes physiques – Casier judiciaire national automatisé – *(Ordonnance n° 2022-1524 du 7 décembre 2022)*

• Pour les personnes physiques faisant l'objet d'une condamnation prononcée par une juridiction répressive pour un crime ou pour un délit puni d'une peine d'emprisonnement reçue au casier judiciaire en application des 1° et 8° de l'article 768, y compris dans les cas prévus par l'article 771, le casier judiciaire national automatisé enregistre et conserve les données relatives aux impressions simultanées et roulées des empreintes digitales de chaque doigt de ces personnes et recueillies à l'occasion de procédures pénales.

Article 772. – Information des autorités militaires

• Il est donné connaissance aux autorités militaires, par l'envoi d'une copie de la fiche du casier judiciaire, des condamnations ou des décisions de nature à modifier les conditions d'incorporation des individus soumis à l'obligation du service militaire.

• Il est donné avis également aux mêmes autorités de toutes modifications apportées à la fiche ou au casier judiciaire en vertu des articles 769 et 770.

Article 773. – Communication à l'Institut national de la statistique et des études économiques – *(Loi n° 85-669 du 11 juillet 1985)*

• Le casier judiciaire national automatisé communique à l'Institut national de la statistique et des études économiques l'identité des personnes qui ont fait l'objet d'une décision entraînant la privation de leurs droits électoraux.

Article 773-1. – Copie fiche – Consultation – *(Loi n° 80-2 du 04 janvier 1980)*

• Une copie de chaque fiche constatant une condamnation à une peine privative de liberté prononcée pour crime ou délit est adressée au sommier de police technique tenu par le ministre de l'intérieur. La consultation de ce fichier est exclusivement réservée aux autorités judiciaires et aux services de police et de gendarmerie.

• Les condamnations effacées par une amnistie ou par la réhabilitation de plein droit ou judiciaire cessent de figurer au sommier de police technique.

Article 774. – Bulletin n° 1 – *(Loi n° 2016-731 du 3 juin 2016)*

• Le relevé intégral des fiches du casier judiciaire applicables à la même personne est porté sur un bulletin appelé bulletin n° 1.

• Le bulletin n° 1 n'est délivré qu'aux autorités judiciaires.

• Lorsqu'il n'existe pas de fiche au casier judiciaire, le bulletin n° 1 porte la mention « Néant ».

• Le bulletin n° 1 peut également être délivré aux greffes des établissements pénitentiaires afin de compléter les dossiers individuels des personnes incarcérées, ainsi qu'aux directeurs des services pénitentiaires d'insertion et de probation, afin de leur permettre d'individualiser les modalités de prise en charge des personnes condamnées, notamment de proposer, pour les personnes incarcérées, un aménagement de peine ou une libération sous contrainte.

Article 774-1. – Relevé intégral des fiches – *(Loi n° 92-1336 du 16 décembre 1992)*

• Le relevé intégral des fiches du casier judiciaire applicables à la même personne morale est porté sur le bulletin n° 1, qui n'est délivré qu'aux autorités judiciaires nationales, sauf accord de réciprocité.

• Lorsqu'il n'existe pas de fiche au casier judiciaire, le bulletin n° 1 porte la mention « néant ».

Article 775. – Bulletin n° 2 – *(Ordonnance n° 2019-950 du 11 septembre 2019)*

• Le bulletin n° 2 est le relevé des fiches du casier judiciaire applicables à la même personne, à l'exclusion de celles concernant les décisions suivantes :

• 1° Les condamnations, les déclarations de culpabilité assorties d'une dispense de peine ou d'une dispense de mesure éducative ou d'une déclaration de réussite éducative, les compositions pénales et les mesures éducatives prononcées au stade de la sanction à l'égard d'un mineur ;

• 2° Les condamnations dont la mention au bulletin n° 2 a été expressément exclue en application de l'article 775-1 ;

• 3° Les condamnations prononcées pour contraventions de police ;

• 4° Les condamnations assorties du bénéfice du sursis, avec ou sans probation, lorsqu'elles doivent être considérées comme non avenues ; toutefois, si a été prononcé le suivi socio-judiciaire prévu par l'article 131-36-1 du Code pénal ou la peine d'interdiction d'exercer une activité professionnelle ou bénévole impliquant un contact habituel avec des mineurs, la décision continue de figurer au bulletin n° 2 pendant la durée de la mesure. Il en va de même des interdictions, incapacités ou déchéances prononcées, comme peine complémentaire, à titre définitif ainsi que de la peine complémentaire d'inéligibilité prévue au 2° de l'article 131-26 et aux articles 131-26-1 et 131-26-2 du même code, pendant la durée de la mesure ;

• 5° Les condamnations ayant fait l'objet d'une réhabilitation de plein droit ou judiciaire ;

• 6° Les condamnations auxquelles sont applicables les dispositions de l'article L. 263-1 du Code de justice militaire ;

• 7° et 8° *(Abrogés)* ;

• 9° Les dispositions prononçant la déchéance de l'autorité parentale ;

• 10° Les arrêtés d'expulsion abrogés ou rapportés ;

• 11° Les condamnations prononcées sans sursis en application des articles 131-5 à 131-11 du Code pénal, à l'expiration d'un délai de 5 ans à compter du jour où elles sont devenues définitives. Le délai est de 3 ans s'il s'agit d'une condamnation à une peine de jours-amende.

• Toutefois, si la durée de l'interdiction, déchéance ou incapacité, prononcée en application des articles 131-10 et 131-11, est supérieure à 5 ans, la condamnation demeure mentionnée au bulletin n° 2 pendant la même durée ;

• 12° Les déclarations de culpabilité assorties d'une dispense de peine ou d'un ajournement du prononcé de celle-ci ;

• 13° Les condamnations prononcées par des juridictions étrangères concernant un mineur ou dont l'utilisation à des fins autres qu'une procédure pénale a été expressément exclue par la juridiction de condamnation ;

• 14° Les compositions pénales mentionnées à l'article 768 ;

• 15° Sauf décision contraire du juge, spécialement motivée, les condamnations prononcées pour les délits prévus au titre IV du livre IV du Code de commerce ;

• 16° Les amendes forfaitaires mentionnées au 11° de l'article 768 du présent code.

• Les bulletins n° 2 fournis en cas de contestation concernant l'inscription sur les listes électorales, ne comprennent que les décisions entraînant des incapacités en matière d'exercice du droit de vote.

• Lorsqu'il n'existe pas au casier judiciaire de fiches concernant des décisions à relever sur le bulletin n° 2, celui-ci porte la mention « Néant ».

Article 775-1 A. – Bulletin n° 2 – Personne morale – *(Loi n° 2019-222 du 23 mars 2019)*

• Le bulletin n° 2 d'une personne morale est le relevé des fiches qui lui sont applicables, à l'exclusion de celles concernant les décisions suivantes :

• 1° Les condamnations dont la mention sur l'extrait de casier a été expressément exclue, en application de l'article 775-1 ;

• 2° Les condamnations prononcées pour contravention de police et les condamnations à des peines d'amende d'un montant inférieur à 30 000 € ;

• 3° Les condamnations assorties du bénéfice du sursis lorsqu'elles doivent être considérées comme non avenues ;

• 4° Les déclarations de culpabilité assorties d'une dispense de peine ou d'un ajournement, avec ou sans injonction, du prononcé de la peine ;

• 5° Les condamnations prononcées par les juridictions étrangères ;

• 6° Les amendes forfaitaires mentionnées au 5° de l'article 768-1 ;

• 7° Les compositions pénales mentionnées à l'article 768-1.

• Lorsqu'il n'existe pas au casier judiciaire de fiches concernant des décisions à relever sur ce bulletin n° 2, il porte la mention « Néant ».

Article 775-1. – Exclusion de la mention – *(Loi n° 2012-409 du 27 mars 2012)*

• Le tribunal qui prononce une condamnation peut exclure expressément sa mention au bulletin n° 2 soit dans le jugement de condamnation, soit par jugement rendu postérieurement sur la requête du condamné instruite et jugée selon les règles de compétence et procédure fixées par les articles 702-1 et 703. Les juridictions compétentes sont alors composées conformément aux dispositions du dernier alinéa de l'article 702-1.

• L'exclusion de la mention d'une condamnation au bulletin n° 2 emporte relèvement de toutes les interdictions, déchéances ou incapacités de quelque nature qu'elles soient résultant de cette condamnation.

• Les dispositions du présent article ne sont pas applicables aux personnes condamnées pour l'une des infractions mentionnées à l'article 706-47.

• Le présent article est également applicable aux jugements ou arrêts de déclaration d'irresponsabilité pénale pour cause de trouble mental.

• Si un ressortissant français a été condamné par une juridiction étrangère, il peut également, selon la même procédure, demander au tribunal correctionnel de son domicile, ou de Paris s'il réside à l'étranger, que la mention soit exclue du bulletin n° 2.

Article 775-2. – Exclusion de la mention de condamnation – *(Loi n° 88-828 du 20 juillet 1988)*

• Les condamnés à une peine ne pouvant donner lieu à réhabilitation de plein droit bénéficient, sur simple requête, de l'exclusion de la mention de leur condamnation au bulletin n° 2, selon les règles de compétence fixées par l'article précédent, à l'expiration d'un délai de vingt années à compter de leur libération définitive ou de leur libération conditionnelle non suivie de révocation, s'ils n'ont pas, depuis cette libération, été condamnés à une peine criminelle ou correctionnelle.

Article 775-3. – Condamnation prononcée par une juridiction étrangère – *(Loi n° 2012-409 du 27 mars 2012)*

• Les informations contenues au bulletin n° 2 du casier judiciaire d'une personne, lorsqu'elles sont relatives à une condamnation prononcée par une juridiction étrangère, sont retirées à l'expiration des délais prévus à l'article 133-16-1 du Code pénal.

Article 776. – Délivrance du bulletin n° 2 – *(Loi n° 2021-1317 du 11 octobre 2021)*

• Le bulletin n° 2 du casier judiciaire est délivré :

• 1° Aux préfets et aux administrations publiques de l'État saisis de candidatures aux fonctions de juge d'un tribunal de commerce, de demandes d'emplois publics, de propositions relatives à des distinctions honorifiques ou de soumissions pour des adjudications de travaux ou de marchés publics ou en vue de poursuites disciplinaires ou de l'ouverture d'une école privée, ainsi que de demandes d'agrément destinées à permettre la constatation par procès-verbal d'infractions à la loi pénale ;

• 2° Aux autorités militaires pour les appelés des classes et de l'inscription maritime et pour les jeunes qui demandent à contracter un engagement ainsi qu'aux autorités publiques compétentes en cas de contestation sur l'exercice des droits électoraux ou sur l'existence de l'incapacité d'exercer une fonction publique élective prévue par l'article 194 de la loi n° 85-98 du 25 janvier 1985 précitée *(1)* ;

• 3° Aux administrations et personnes morales dont la liste sera déterminée par le décret en Conseil d'État prévu à l'article 779, ainsi qu'aux administrations ou organismes chargés par la loi ou le règlement du contrôle de l'exercice d'une activité professionnelle ou sociale lorsque cet exercice fait l'objet de restrictions expressément fondées sur l'existence de condamnations pénales ou de sanctions disciplinaires.

• 4° Aux présidents des tribunaux de commerce pour être joint aux procédures de faillite et de règlement judiciaire, ainsi qu'aux juges commis à la surveillance du registre du commerce à l'occasion des demandes d'inscription audit registre ;

• 5° Aux présidents de conseils départementaux saisis d'une demande d'agrément en vue d'adoption prévu à l'article L. 225-2 du Code de l'action sociale et des familles ;

• 6° Aux autorités compétentes désignées par arrêté du ministre de la justice, lorsque celles-ci reçoivent, en application d'une convention internationale ou d'un acte pris sur le fondement du traité sur le fonctionnement de l'Union européenne, une demande de communication des sanctions pénales ou disciplinaires prononcées à l'encontre d'un professionnel, de la part d'une autorité compétente d'un autre État partie à ladite convention, d'un État membre de l'Union européenne ou d'un État partie à l'accord sur l'Espace économique européen chargée d'appliquer des mesures restreignant l'exercice d'une activité, fondées, dans cet État, sur l'existence de sanctions pénales ou disciplinaires prononcées à l'encontre de ce professionnel ;

• 7° Aux autorités compétentes pour recevoir les déclarations de candidatures à une élection afin de vérifier si la peine prévue au 2° de l'article 131-26 et aux articles 131-26-1 et 131-26-2 du Code pénal y est mentionnée.

• Les dirigeants de personnes morales de droit public ou privé exerçant auprès des mineurs une activité culturelle, éducative ou sociale au sens de l'article L. 312-1 du Code de l'action sociale et des familles peuvent obtenir la délivrance du bulletin n° 2 du casier judiciaire, pour les seules nécessités liées au recrutement d'une personne, lorsque ce bulletin ne porte la mention d'aucune condamnation. La liste de ces personnes morales est déterminée par décret du ministre de la justice et du ou des ministres intéressés.

• Le bulletin n° 2 du casier judiciaire est transmis, en application d'une convention internationale ou d'un acte pris sur le fondement du traité sur le fonctionnement de l'Union européenne, aux autorités compétentes d'un autre État visées au 6° du présent article.

Article 776-1. – Délivrance du bulletin n° 2 – Personnes morales – *(Loi n° 2010-853 du 23 juillet 2010)*

• Le bulletin n° 2 du casier judiciaire des personnes morales est délivré :

• 1° Aux préfets, aux administrations de l'État et aux collectivités locales saisis de propositions ou de soumissions pour des adjudications de travaux ou de marchés publics ;

• 2° Aux administrations chargées de l'assainissement des professions agricoles, commerciales, industrielles ou artisanales ;

• 3° Aux présidents des tribunaux de commerce en cas de redressement ou de liquidation judiciaires, ainsi qu'aux juges commis à la surveillance du registre du commerce et des sociétés à l'occasion des demandes d'inscription audit registre ;

• 4° À l'Autorité des marchés financiers en ce qui concerne les personnes morales demandant l'admission de leurs titres financiers aux négociations sur un marché réglementé ;

• 5° Aux autorités compétentes désignées par arrêté du ministre de la justice, lorsque celles-ci reçoivent, en application d'une convention internationale ou d'un acte pris sur le fondement du traité sur le fonctionnement de l'Union européenne, une demande de communication des sanctions pénales ou disciplinaires prononcées à l'encontre d'une personne morale, de la part d'une autorité compétente d'un autre État partie à ladite convention, d'un État membre de l'Union européenne ou d'un État partie à l'accord sur l'Espace économique européen chargé d'appliquer des mesures restreignant l'exercice d'une activité, fondées, dans cet État, sur l'existence de sanctions pénales ou disciplinaires prononcées à l'encontre de cette personne morale.

• Le bulletin n° 2 du casier judiciaire des personnes morales est transmis, en application d'une convention internationale ou d'un acte pris sur le fondement du traité sur le fonctionnement de l'Union européenne, aux autorités compétentes d'un autre État visées au 5°.

Article 777. – Bulletin n° 3 – *(Ordonnance n° 2022-1524 du 7 décembre 2022)*

• Le bulletin n° 3 est le relevé des condamnations suivantes prononcées par une juridiction nationale pour crime ou délit, lorsqu'elles ne sont pas exclues du bulletin n° 2 :

• 1° Condamnations à des peines privatives de liberté d'une durée supérieure à 2 ans qui ne sont assorties d'aucun sursis ou qui doivent être exécutées en totalité par l'effet de révocation du sursis ;

• 2° Condamnations à des peines privatives de liberté de la nature de celles visées au 1° ci-dessus et d'une durée inférieure ou égale à 2 ans, si la juridiction en a ordonné la mention au bulletin n° 3 ;

• 3° Condamnations à des interdictions, déchéances ou incapacités prononcées par une juridiction nationale sans sursis, en application des articles 131-6 à 131-11 du Code pénal, pendant la durée des interdictions, déchéances ou incapacités ;

• 4° Décisions prononçant le suivi socio-judiciaire prévu par l'article 131-36-1 du Code pénal ou la peine d'interdiction d'exercer une activité professionnelle ou bénévole impliquant un contact habituel avec des mineurs, pendant la durée de la mesure.

• Le bulletin n° 3 contient également les condamnations prononcées par les juridictions étrangères à des peines privatives de liberté d'une durée supérieure à 2 ans qui ne sont assorties d'aucun sursis.

• Le bulletin n° 3 peut être réclamé par la personne qu'il concerne, il ne doit, en aucun cas, être délivré à un tiers, sauf s'il s'agit de l'autorité centrale d'un État membre de l'Union européenne, saisie par la personne concernée.

• Si le demandeur est un étranger ressortissant d'un État membre de l'Union européenne, toute demande de bulletin n° 3 est adressée à l'autorité centrale de cet État, afin que celle-ci communique les mentions qui apparaissent sur le bulletin qui lui est délivré.

• Si le demandeur du bulletin n° 3 est un ressortissant d'un pays tiers ou apatride, le casier judiciaire national automatisé adresse aux seules autorités centrales des États membres de l'Union européenne identifiées par l'intermédiaire du traitement de données européen centralisé dénommé « ECRIS-TCN » et qui détiennent des informations sur le casier judiciaire de l'intéressé une demande d'informations extraites du casier judiciaire. Il fait figurer ces informations dans le bulletin délivré au demandeur.

Article 777-1. – Exclusion d'une mention de condamnation au bulletin n° 3 – *(Loi n° 2012-409 du 27 mars 2012)*

• La mention d'une condamnation au bulletin n° 3 peut être exclue dans les conditions fixées par l'article 775-1.

Article 777-2. – Communication du relevé intégral des mentions du casier judiciaire – *(Ordonnance n° 2019-964 du 18 septembre 2019)*

• Toute personne justifiant de son identité obtient, sur demande adressée au procureur de la République près le tribunal judiciaire dans le ressort duquel elle réside, communication du relevé intégral des mentions du casier judiciaire la concernant.

• Lorsqu'il s'agit d'une personne morale, la demande est adressée au procureur de la République près le tribunal judiciaire dans le ressort duquel elle a son siège, par son représentant légal justifiant de sa qualité.

• Si la personne réside ou a son siège à l'étranger, la communication est faite par l'intermédiaire de l'agent diplomatique ou du consul compétent.

• La communication ne vaut pas notification des décisions non définitives et ne fait pas courir les délais de recours.

• Aucune copie de ce relevé intégral ne peut être délivrée.

• Les dispositions du présent article sont également applicables au sommier de police technique.

Article 777-3. – Interconnexion – *(Ordonnance n° 2022-1524 du 7 décembre 2022)*

• Aucune interconnexion au sens du 3° du I de l'article 33 de la loi n° 78-17 du 6 janvier 1978 relative à l'informatique, aux fichiers et aux libertés ne peut être effectuée entre le casier judiciaire national automatisé et tout autre fichier ou traitement de données à caractère personnel détenus par une personne quelconque ou par un service de l'État ne dépendant pas du ministère de la justice.

• Par dérogation au 1er alinéa, le casier judiciaire national peut recevoir les données d'un fichier ou traitement de données à caractère personnel détenu par un service de l'État pour l'exercice des diligences prévues au présent titre.

• Dans des conditions que précisent, d'une part, le décret en Conseil d'État prévu à l'article 779 et, d'autre part, le cas échéant, les actes créant ou autorisant les traitements concernés, il peut également faire l'objet d'une interconnexion avec :

• – le traitement de données européen centralisé dénommé « ECRIS-TCN » ;

• – le fichier automatisé des empreintes digitales ;

• – les traitements nécessaires à l'application du règlement *(UE)* 2019/816 du Parlement européen et du Conseil du 17 avril 2019 et de la décision-cadre 2009/315/ JAI du Conseil du 26 février 2009 modifiée par la directive *(UE)* 2019/884 du Parlement européen et du Conseil du 17 avril 2019 et dont la liste est fixée par le décret en Conseil d'État prévu à l'article 779.

• Aucun fichier ou traitement de données à caractère personnel détenu par une personne quelconque ou par un service de l'État ne dépendant pas du ministère de la justice ne pourra mentionner, hors les cas et dans les conditions prévus par la loi, des jugements ou arrêts de condamnation.

• Toutefois, une condamnation pénale pourra toujours être invoquée en justice par la victime de l'infraction.

• Toute infraction aux dispositions qui précèdent sera punie des peines encourues pour le délit prévu à l'article 226-21 du Code pénal.

Article 778. – Rectification – *(Loi n° 2019-222 du 23 mars 2019)*

• Lorsqu'au cours d'une procédure quelconque le procureur de la République ou le juge d'instruction constate qu'un individu a été condamné sous une fausse identité ou a usurpé un état civil, il est immédiatement procédé d'office, à la diligence du procureur de la République, aux rectifications nécessaires avant la clôture de la procédure.

• La rectification est demandée par requête au président du tribunal ou de la cour qui a rendu la décision. Si la décision a été rendue par une cour d'assises, la requête est soumise au président de la chambre de l'instruction ou à la chambre de l'instruction.

• Le président communique la requête au ministère public et commet un magistrat pour faire le rapport. Les débats ont lieu et le jugement est rendu en chambre du conseil. Le tribunal ou la cour peut ordonner d'assigner la personne objet de la condamnation.

• Si la requête est admise, les frais sont supportés par celui qui a été la cause de l'inscription reconnue erronée s'il a été appelé dans l'instance. Dans le cas contraire ou dans celui de son insolvabilité, ils sont supportés par le Trésor.

• Toute personne qui veut faire rectifier une mention portée à son casier judiciaire peut agir dans la même forme. Dans le cas où la requête est rejetée, le requérant est condamné aux frais.

• Mention de la décision est faite en marge du jugement ou de l'arrêt visé par la demande en rectification.

• La même procédure est applicable au cas de contestation sur la réhabilitation de droit, ou de difficultés soulevées par l'interprétation d'une loi d'amnistie, dans les termes du 3e alinéa de l'article 769.

Article 779. – Règlement – *(Loi n° 92-1336 du 16 décembre 1992)*

• Un décret en Conseil d'État détermine les mesures nécessaires à l'exécution des articles 768 à 778, et notamment les conditions dans lesquelles doivent être demandés, établis et délivrés les bulletins n° 1, 2 et 3 du casier judiciaire.

• Ce règlement détermine également les conditions dans lesquelles les informations enregistrées par le casier judiciaire national automatisé peuvent être utilisées pour l'exécution des sentences pénales.

• Ce décret organise en outre les modalités de transmission des informations entre le casier judiciaire national automatisé et les personnes ou services qui y ont accès.

• Le décret en Conseil d'État susvisé est pris après avis de la commission nationale de l'informatique et des libertés.

Article 780. – *(Abrogé – Loi n° 93-2 du 4 janvier 1993)*

Article 781. – Faux nom ou fausse qualité – *(Ordonnance n° 2000-916 du 19 septembre 2000)*

• Quiconque en prenant un faux nom ou une fausse qualité, s'est fait délivrer un extrait du casier judiciaire d'un tiers est puni de 7 500 euros d'amende.

• Est puni des mêmes peines celui qui aura fourni des renseignements d'identité imaginaires qui ont provoqué ou auraient pu provoquer des mentions erronées au casier judiciaire.

• Est puni des mêmes peines celui qui se sera fait délivrer par l'intéressé tout ou partie des mentions du relevé intégral visé à l'article 777-2 du présent code.

TITRE IX
DE LA RÉHABILITATION DES CONDAMNÉS

Article 782. – Réhabilitation – *(Loi n° 70-643 du 17 juillet 1970)*

• Toute personne condamnée par un tribunal français à une peine criminelle, correctionnelle ou contraventionnelle peut être réhabilitée.

Article 783. – Acquisition – *(Loi n° 2012-409 du 27 mars 2012)*

• La réhabilitation est soit acquise de plein droit dans les conditions prévues par les articles 133-13 et suivants du Code pénal, soit accordée par la chambre de l'instruction dans les conditions prévues au présent titre.

• Dans tous les cas, elle produit les effets prévus à l'article 133-16 du Code pénal.

• Toutefois, lorsque la réhabilitation est accordée par la chambre de l'instruction, le deuxième alinéa du même article 133-16 n'est pas applicable et la réhabilitation produit immédiatement ses effets pour les condamnations prévues au même alinéa.

Article 784. – *(Abrogé – Loi n° 92-1336 du 16 décembre 1992)*

CHAPITRE Ier
Dispositions applicables aux personnes physiques

Article 785. – Demande de réhabilitation – *(Loi n° 92-1336 du 16 décembre 1992)*

• La réhabilitation ne peut être demandée en justice, du vivant du condamné, que par celui-ci, ou, s'il est interdit, par son représentant légal; en cas de décès et si les conditions légales sont remplies, la demande peut être suivie par son conjoint ou par ses ascendants ou descendants et même formée par eux, mais dans le délai d'une année seulement à dater du décès.

• La demande doit porter sur l'ensemble des condamnations prononcées qui n'ont pas été effacées par une réhabilitation antérieure.

Article 786. – Délai – *(Loi n° 2011-525 du 17 mai 2011 + Décision n° 2019-827 QPC du 28 février 2020)*

• La demande en réhabilitation ne peut être formée qu'après un délai de 5 ans pour les condamnés à une peine criminelle, de 3 ans pour les condamnés à une peine correctionnelle et d'un an pour les condamnés à une peine contraventionnelle.

• Ce délai part, pour les condamnés à une amende, du jour où la condamnation est devenue irrévocable et, pour les condamnés à une peine privative de liberté, du jour de leur libération définitive ou, conformément au dernier alinéa de l'article 733, du jour de leur libération conditionnelle lorsque celle-ci n'a pas été suivie de révocation.

• À l'égard des condamnés à une sanction pénale autre que l'emprisonnement ou l'amende, prononcée à titre principal, ce délai part de l'expiration de la sanction subie.

Article 787. – Récidive légale – *(Loi n° 92-1336 du 16 décembre 1992)*

• Les condamnés qui sont en état de récidive légale, ceux qui, après avoir obtenu la réhabilitation, ont encouru une nouvelle condamnation, ceux qui, condamnés contradictoirement ou par contumace à une peine criminelle, ont prescrit contre l'exécution de la peine, ne sont admis à demander leur réhabilitation qu'après un délai de dix ans écoulés depuis leur libération ou depuis la prescription.

• Néanmoins, les récidivistes qui n'ont subi aucune peine criminelle et les réhabilités qui n'ont encouru qu'une condamnation à une peine correctionnelle sont admis à demander la réhabilitation après un délai de six années depuis leur libération.

• Sont également admis à demander la réhabilitation, après un délai de six années écoulées depuis la prescription, les condamnés contradictoirement ou par défaut à une peine correctionnelle qui ont prescrit contre l'exécution de la peine.

• Les condamnés contradictoirement, les condamnés par contumace ou par défaut, qui ont prescrit contre l'exécution de la peine, sont tenus, outre les conditions qui vont être énoncées, de justifier qu'ils n'ont encouru, pendant les délais de la prescription, aucune condamnation pour faits qualifiés crimes ou délits et qu'ils ont eu une conduite irréprochable.

J • **Condamné à l'emprisonnement avec sursis – Réhabilitation judiciaire – Délai – Point de départ.** – *Lorsqu'une condamnation à l'emprisonnement est assortie de sursis, le délai prévu par l'article 786 du Code de procédure pénale ne court qu'à compter du jour où elle doit être considérée comme non avenue, la personne condamnée n'étant réputée avoir subi sa peine qu'à l'expiration du délai d'épreuve.* (Cass. CRIM. du 17 février 1998 – BCC n° 273 du 1er juin 1998).

Article 788. – Justification – *(Loi n° 2004-204 du 10 mars 2004)*

• Le condamné doit, sauf le cas de prescription, justifier du paiement de l'amende et des dommages-intérêts ou de la remise qui lui en est faite.

• À défaut de cette justification, il doit établir qu'il a subi le temps de contrainte judiciaire déterminé par la loi ou que le Trésor a renoncé à ce moyen d'exécution.

• S'il est condamné pour banqueroute frauduleuse, il doit justifier du paiement du passif de la faillite en capital, intérêts et frais ou de la remise qui lui en est faite.

• En cas de condamnation solidaire, la cour fixe la part des dommages-intérêts ou du passif qui doit être payée par le demandeur.

• Si la partie lésée ne peut être retrouvée, ou si elle refuse de recevoir la somme due, celle-ci est versée à la Caisse des dépôts et consignations comme en matière d'offres de paiement et de consignation. Si la partie ne se présente pas dans un délai de cinq ans pour se faire attribuer la somme consignée, cette somme est restituée au déposant sur sa simple demande.

Article 789. – Services éminents rendus au pays – *(Loi n° 93-2 du 4 janvier 1993)*

• Si depuis l'infraction le condamné a rendu des services éminents au pays, la demande de réhabilitation n'est soumise à aucune condition de temps ni d'exécution de peine. En ce cas, la cour peut accorder la réhabilitation même si l'amende et les dommages-intérêts n'ont pas été payés.

Article 790. – Demande en réhabilitation – Envoi et contenu – *(Loi n° 92-1336 du 16 décembre 1992)*

• Le condamné adresse la demande en réhabilitation au procureur de la République de sa résidence actuelle ou, s'il demeure à l'étranger, au procureur de la République de sa dernière résidence en France ou, à défaut, à celui du lieu de condamnation.

• Cette demande précise :

• 1° La date de la condamnation ;

• 2° Les lieux où le condamné a résidé depuis sa libération.

Article 791. – Procureur de la République – Renseignements – *(Loi n° 92-1336 du 16 décembre 1992)*

• Le procureur de la République s'entoure de tous renseignements utiles aux différents lieux où le condamné a pu séjourner.

• Il prend en outre l'avis du juge de l'application des peines.

Article 792. – Délivrance – *(Loi n° 92-1336 du 16 décembre 1992)*

• Le procureur de la République se fait délivrer :

• 1° Une expédition des jugements de condamnation ;

• 2° Un extrait du registre des lieux de détention où la peine a été subie constatant qu'elle a été la conduite du condamné ;

• 3° Un bulletin n° 1 du casier judiciaire.

• Il transmet les pièces avec son avis au procureur général.

Article 793. – Saisine de la cour – *(Loi n° 92-1336 du 16 décembre 1992)*

• La cour est saisie par le procureur général.

• Le demandeur peut soumettre directement à la cour toutes pièces utiles.

Article 794. – Décision de la cour – *(Loi n° 93-2 du 4 janvier 1993)*

• La cour statue dans les deux mois sur les conclusions du procureur général, la partie ou son avocat entendu ou dûment convoqués.

Article 795. – Arrêté de la chambre de l'instruction – *(Loi n° 2000-516 du 15 juin 2000)*

• L'arrêt de la chambre de l'instruction peut être déféré à la Cour de cassation dans les formes prévues par le présent code.

Article 796. – Pourvoi en cassation – *(Loi n° 92-1336 du 16 décembre 1992)*

• Dans le cas visé à l'article 789, le pourvoi en cassation formé contre l'arrêt rejetant la demande en réhabilitation est instruit et jugé sans amende ni frais. Tous les actes de la procédure sont visés pour timbre et enregistrés gratis.

Article 797. – Nouvelle demande – *(Loi n° 92-1336 du 16 décembre 1992)*

• En cas de rejet de la demande, une nouvelle demande ne peut être formée avant l'expiration d'un délai de deux années, à moins que le rejet de la première ait été motivé par l'insuffisance des délais d'épreuve. En ce cas, la demande peut être renouvelée dès l'expiration de ces délais.

Article 798. – Mention de l'arrêt de réhabilitation – *(Loi n° 2007-297 du 5 mai 2007)*

• Mention de l'arrêt prononçant la réhabilitation est faite en marge des jugements de condamnation.

• Dans ce cas, les bulletins n° 2 et n° 3 du casier judiciaire ne doivent pas mentionner la condamnation. L'arrêt qui prononce la réhabilitation peut toutefois ordonner que la condamnation soit retirée du casier judiciaire et ne soit pas non plus mentionnée au bulletin n° 1.

• Le réhabilité peut se faire délivrer sans frais une expédition de l'arrêt de réhabilitation et un extrait de casier judiciaire.

Article 798-1. – Retrait du casier judiciaire – *(Loi n° 2007-297 du 5 mars 2007)*

• Toute personne dont la condamnation a fait l'objet d'une réhabilitation légale en application des dispositions du Code pénal peut demander, selon la procédure et les modalités prévues par le présent chapitre, que la chambre de l'instruction ordonne que cette condamnation soit retirée du casier judiciaire et ne soit plus mentionnée au bulletin n° 1.

CHAPITRE II

Dispositions applicables aux personnes morales

Article 799. – Personne morale – *(Loi n° 2007-297 du 5 mars 2007)*

• Lorsque la personne condamnée est une personne morale, la demande en réhabilitation est formée par son représentant légal.

• La demande ne peut être formée qu'après un délai de deux ans à compter de l'expiration de la durée de la sanction subie. Elle doit préciser, d'une part, la date de la condamnation pour laquelle il est demandé la réhabilitation et, d'autre part, tout transfert du siège de la personne morale intervenu depuis la condamnation.

• Le représentant légal adresse la demande en réhabilitation au procureur de la République du lieu du siège de la personne morale ou, si la personne morale a son siège à l'étranger, au procureur de la République du lieu de la juridiction qui a prononcé la condamnation.

• Le procureur de la République se fait délivrer une expédition des jugements de condamnation de la personne morale et un bulletin n° 1 du casier judiciaire de celle-ci. Il transmet ces pièces avec son avis au procureur général.

• Les dispositions de l'article 788, à l'exception de celles des deuxième et quatrième alinéas, et les dispositions des articles 793 à 798-1 sont applicables en cas de demande en réhabilitation d'une personne morale condamnée. Toutefois, le délai prévu par l'article 797 est ramené à un an.

TITRE X

DES FRAIS DE JUSTICE

Article 800. – Frais de justice criminelle, correctionnelle et de police – *(Loi n° 2019-1721 du 29 décembre 2020)*

• Un décret en Conseil d'État détermine les frais qui doivent être compris sous la dénomination de frais de justice criminelle, correctionnelle et de police; il en établit le tarif ou fixe les modalités selon lesquelles ce tarif est établi, en règle le paiement et le recouvrement, détermine les voies de recours, fixe les conditions que doivent remplir les parties prenantes et, d'une façon générale, règle tout ce qui touche aux frais de justice en matière criminelle, correctionnelle et de police.

• La demande en paiement au titre des frais de justice doit être présentée à l'autorité judiciaire dans le délai d'un an à compter de l'achèvement de la mission.

• Sauf dérogation expresse, cette demande en paiement est formée par la transmission par voie dématérialisée de l'état et du mémoire de frais au moyen du téléservice désigné par le ministre de la justice. Dans le cas où la demande est présentée par la partie prenante au delà de ce délai, le magistrat taxateur constate l'acquisition de la forclusion. La décision est notifiée à la partie prenante dans les formes prévues par l'article R. 228.

• La partie prenante peut former un recours contre la décision constatant la forclusion dans les délais et selon les conditions fixées par les articles R. 228-1 et R. 230. La chambre de l'instruction peut relever de forclusion la partie prenante, si celle-ci établit que sa défaillance est due à une cause extérieure qui ne peut lui être imputée.

• La décision de la chambre de l'instruction relative au relevé de forclusion est insusceptible de recours. Dans le cas où la chambre de l'instruction fait droit à la demande, elle évoque le dossier au fond et procède à la taxation du mémoire.

Article 800-1. – Charge de l'État – *(Loi n° 2019-1672 du 24 décembre 2020)*

• Les frais de justice criminelle, correctionnelle et de police sont à la charge de l'État et sans recours contre le condamné ou la partie civile, sous réserve des cas prévus aux 2 derniers alinéas du présent article.

• Toutefois, lorsqu'il est fait application des articles 177-2 ou 212-2 à l'encontre de la partie civile dont la constitution a été jugée abusive ou dilatoire, les frais de justice correspondant aux expertises ordonnées à la demande de cette dernière peuvent, selon les modalités prévues par ces articles, être mis à la charge de celle-ci par le juge d'instruction ou la chambre de l'instruction. Le présent alinéa n'est pas applicable en matière criminelle et en matière de délits contre les personnes prévus par le livre II du Code pénal ou lorsque la partie civile a obtenu l'aide juridictionnelle.

• Lorsque la personne condamnée est une personne morale, les frais de justice exposés au cours de la procédure sont mis à sa charge. C'est également le cas lorsque la personne morale a conclu une convention judiciaire d'intérêt public mentionnée aux articles 41-1-2 et 41-1-3 du présent code. La juridiction peut toutefois déroger à cette règle et décider de la prise en charge de tout ou partie des frais de justice par l'État.

CODE GÉNÉRAL DES IMPÔTS

Droits et taxes

Section V *bis*
Droit fixe de procédure

Article 1018 A. – Droit fiche de procédure – *(Loi n° 2021-1900 du 30 décembre 2021)*

• Les décisions des juridictions répressives, à l'exception de celles qui ne statuent que sur les intérêts civils, sont soumises à un droit fixe de procédure dû par chaque condamné.

• Ce droit est de :

• 1° 31 € pour les ordonnances pénales en matière contraventionnelle ou correctionnelle ;

• 2° 31 € pour les autres décisions des tribunaux de police et celles des juridictions qui ne statuent pas sur le fond ;

• 3° 127 € pour les décisions des tribunaux correctionnels. Toutefois, ce droit est porté à 254 € si le condamné n'a pas comparu personnellement, dès lors que la citation a été délivrée à personne ou qu'il est établi que le prévenu a eu connaissance de la citation, sauf s'il est jugé en son absence dans les conditions prévues par les 1er et 2e alinéas de l'article 411 du Code de procédure pénale. Cette majoration ne s'applique pas si le condamné s'acquitte volontairement du montant du droit fixe de procédure dans un délai d'un mois à compter de la date où il a eu connaissance de la décision ;

• 4° 169 € pour les décisions des cours d'appel statuant en matière correctionnelle et de police ;

• 5° 527 € pour les décisions des cours d'assises.

• Il est de 211 € pour les décisions de la Cour de cassation statuant en matière criminelle, correctionnelle ou de police.

• Lorsque la personne a été condamnée pour conduite sous l'influence de substances ou plantes classées comme stupéfiants en application de l'article L. 235-1 du Code de la route ou du 3° des articles 221-6-1, 222-19-1 ou 222-20-1 du Code pénal, les droits fixes de procédure prévus au présent article sont augmentés d'une somme, fixée par arrêté du ministre de la justice, égale au montant, arrondi à la dizaine inférieure, des indemnités maximales prévues pour les différentes analyses toxicologiques permettant d'établir la présence de stupéfiants.

• Les décisions rendues sur le fond s'entendent des jugements et arrêts des cours et tribunaux qui statuent sur l'action publique et qui ont pour effet, si aucune voie de recours n'est ouverte ou n'est exercée, de mettre fin à la procédure.

• Ce droit n'est pas dû lorsque le condamné est mineur.

• Ce droit est recouvré sur chaque condamné comme en matière d'amendes et de condamnations pécuniaires par les comptables publics compétents. Les personnes condamnées pour un même crime ou pour un même délit sont tenues solidairement au paiement des droits fixes de procédure.

• Ce droit est aussi recouvré, comme en matière criminelle ou correctionnelle, en cas de décision de non-lieu ou de relaxe sur la partie civile qui a mis en mouvement l'action publique.

• Le présent article est applicable sur l'ensemble du territoire national.

Article 800-2. – Indemnité – *(Loi n° 2021-1729 du 22 décembre 2021)*

• À la demande de l'intéressé, toute juridiction prononçant un non-lieu, une relaxe, un acquittement ou toute décision autre qu'une condamnation ou une déclaration d'irresponsabilité pénale peut accorder à la personne poursuivie pénalement ou civilement responsable une indemnité qu'elle détermine au titre des frais non payés par l'État et exposés par celle-ci. Il en est de même, pour la personne civilement responsable, en cas de décision la mettant hors de cause.

• À la demande de l'intéressé, toute juridiction prononçant un non-lieu, une relaxe, un acquittement ou toute décision autre qu'une condamnation ou une déclaration d'irresponsabilité pénale peut accorder à la personne poursuivie pénalement ou civilement responsable une indemnité qu'elle détermine au titre des frais non payés par l'État et exposés par celle-ci.

• Cette indemnité est à la charge de l'État. La juridiction peut toutefois ordonner qu'elle soit mise à la charge de la partie civile lorsque l'action publique a été mise en mouvement par cette dernière.

• Les 2e et 3e alinéas sont applicables devant la Cour de cassation en cas de rejet d'un pourvoi portant sur une décision mentionnée au 2e alinéa.

• Un décret en Conseil d'État détermine les conditions d'application du présent article.

QPC **Nota:** Par sa décision n° 2019-773 QPC du 05/04/2019, le Conseil constitutionnel a déclaré contraire à la Constitution le 1er alinéa de l'article 800-2 du C.P.P., dans sa rédaction résultant de la loi n° 2012-1509 du 29/12/2012 de finances pour 2013. L'abrogation de ces dispositions est reportée au 31/03/2020.
Pour les décisions rendues par les juridictions pénales après le 05/04/2019, les dispositions du 1er alinéa de l'article 800-2 du C.P.P. doivent être interprétées comme permettant aussi à une juridiction pénale prononçant une condamnation ou une décision de renvoi devant une juridiction de jugement, d'accorder à la personne citée comme civilement responsable, mais mise hors de cause, une indemnité au titre des frais non payés par l'État et exposés par celle-ci.

Nota: Aux termes d'une décision n° 2021-910 QPC du 26/05/2021, par laquelle a été déclarée contraire à la Constitution la référence 475-1 figurant au 1er alinéa de l'article 543 du C.P.P., dans sa rédaction résultant de la loi n° 2011-1862 du 13/12/2011 relative à la répartition des contentieux et à l'allègement de certaines procédures juridictionnelles, le Conseil constitutionnel a jugé que jusqu'à l'entrée en vigueur d'une nouvelle loi et, au plus tard, jusqu'au 31/12/2021, toute juridiction prononçant un nonlieu, une relaxe, un acquittement ou toute décision autre qu'une condamnation ou une déclaration d'irresponsabilité pénale peut, à la demande de l'intéressé, accorder à la personne poursuivie pénalement ou civilement responsable une indemnité qu'elle détermine au titre des frais non payés par l'État et exposés par celleci. Il en est de même, pour la personne civilement responsable, en cas de décision la mettant hors de cause.

DISPOSITIONS GÉNÉRALES

Article 801. – Délai – *(Loi n° 89-461 du 6 juillet 1989)*

• Tout délai prévu par une disposition de procédure pénale pour l'accomplissement d'un acte ou d'une formalité expire le dernier jour à vingt-quatre heures. Le délai qui expirerait normalement un samedi ou un dimanche ou un jour férié ou chômé est prorogé jusqu'au premier jour ouvrable suivant.

Article 801-1. – Signature numérique ou électronique – *(Loi n° 2019-222 du 23 mars 2019)*

• **I.** – Tous les actes mentionnés au présent code, qu'il s'agisse d'actes d'enquête ou d'instruction ou de décisions juridictionnelles ou de toute autre pièce de la procédure, peuvent être établis ou convertis sous format numérique.

• Le dossier de la procédure peut être intégralement conservé sous format numérique, dans des conditions sécurisées, sans nécessité d'un support papier.

• Lorsque ces actes sont établis sous format numérique et que les dispositions du présent code exigent qu'ils soient signés, ils font l'objet, quel qu'en soit le nombre de pages et pour chaque signataire, d'une signature unique sous forme numérique, selon des modalités techniques qui garantissent que l'acte ne peut plus ensuite être modifié. Ces actes n'ont pas à être revêtus d'un sceau.

• **II.** – Ne sont pas applicables au dossier de procédure numérique les dispositions du présent code:

• 1° Procédant à une distinction entre les actes originaux et leurs copies;

• 2° Prévoyant la certification conforme des copies;

• 3° Relatives au placement sous scellés, y compris sous scellés fermés, des documents, contenus multimédia ou données dès lors qu'ils sont versés au sein de ce dossier.

• **III.** – Les modalités d'application du présent article sont précisées par voie réglementaire.

Article 802. – Nullité – *(Loi n° 93-1013 du 24 août 1993)*

• En cas de violation des formes prescrites par la loi à peine de nullité ou d'inobservation des formalités substantielles, toute juridiction, y compris la Cour de cassation, qui est saisie d'une demande d'annulation ou qui relève d'office une telle irrégularité ne peut prononcer la nullité que lorsque celle-ci a eu pour effet de porter atteinte aux intérêts de la partie qu'elle concerne.

[J] • **Chambre d'accusation – Procédure – Rapport – Mention de l'arrêt – Nécessité**

Contre l'arrêt de la chambre d'accusation de la cour d'appel de Reims, en date du 24 avril 1997, qui, dans la procédure d'extradition suivie contre lui à la demande du Gouvernement belge, a émis un avis favorable.

Vu lesdits articles;

Attendu qu'aux termes de l'article 199 du Code de procédure pénale, les débats devant la chambre d'accusation comportent l'audition d'un conseiller en son rapport; que l'article 216 prescrit de faire mention dans l'arrêt, de la lecture dudit rapport; que l'omission de cette formalité, destinée à l'information de la juridiction saisie n'entre pas dans les prévisions de l'article 802 du Code de procédure pénale;

Attendu que l'arrêt attaqué ne constate pas qu'un conseiller ait été entendu dans son rapport;

D'où il suit que la cassation est encourue;

Par ces motifs,

CASSE ET ANNULE, en toutes ses dispositions l'arrêt de la chambre d'accusation de la cour d'appel de Reims, en date du 24 avril 1997, et pour qu'il soit à nouveau jugé, conformément à la loi:

RENVOIE la cause et les parties devant la chambre d'accusation de la cour d'appel d'Amiens.

Résumé: L'omission du rapport oral, formalité destinée à l'information de la juridiction saisie, n'entre pas dans les prévisions de l'article 802 du Code de procédure pénale et doit être sanctionnée par l'annulation de l'arrêt qui ne mentionne pas l'accomplissement de cette formalité.

(Cour de cassation – Chambre criminelle du 27 octobre 1997 – N° de pourvoi: 97-82718).

Mise en danger d'autrui – Procès-verbal – Nullité – Officier de police judiciaire – Constatation d'infractions – Effet

Contre l'arrêt de ladite cour d'appel, chambre correctionnelle, en date du 17 septembre 1998, qui a annulé la procédure suivie contre Yazib X... pour mise en danger d'autrui.

Attendu qu'il résulte de l'arrêt attaqué que Yazib X... a été cité devant le tribunal correctionnel du chef de mise en danger pour avoir, au volant d'un véhicule, exposé directement autrui à un risque immédiat de mort par la violation délibérée de la réglementation relative à la circulation routière; que l'infraction a été constatée par un officier de police judiciaire qui s'était lancé à la poursuite de l'intéressé; que devant le tribunal correctionnel, le prévenu a invoqué la nullité de la procédure en faisant valoir notamment que le policier n'avait pas « exhibé ses insignes professionnels « lorsqu'à 2 reprises il était parvenu à se porter à la hauteur du véhicule poursuivi; que le tribunal a fait droit à cette exception;

Attendu que, pour confirmer le jugement entrepris sur l'appel du ministère public, la cour d'appel, après avoir relevé qu'il ne résultait pas du procès-verbal de constat que le policier ait présenté un insigne ou une carte professionnelle, énonce que cette abstention constitue « un défaut de formalité substantielle « qui a porté atteinte aux intérêts du prévenu dès lors qu'elle « a pu entraîner légitimement une confusion dans son esprit «; que les juges précisent, par motifs propres et adoptés, qu'en raison « du volume sonore de la radio dans le véhicule de Yazib X... », celui-ci n'a pu entendre les propos qui lui étaient tenus par le policier si bien qu'il avait pu avoir « l'impression constante « d'être suivi par jeu;

Mais attendu qu'en se déterminant ainsi alors que la validité des constatations faites par un agent ou un officier de police judiciaire ne se trouve pas affectée par la circonstance qu'il n'ait pas fait connaître préalablement sa qualité à l'auteur d'une infraction, la cour d'appel a méconnu le texte susvisé;

D'où il suit que la cassation est encourue;

Par ces motifs:

CASSE ET ANNULE en toutes ses dispositions l'arrêt susvisé de la cour d'appel de Nancy en date du 17 septembre 1998 et pour qu'il soit jugé à nouveau conformément à la loi;

RENVOIE la cause et les parties devant la cour d'appel de Metz.

Résumé: Selon l'article 802 du Code de procédure pénale, il ne peut y avoir annulation d'un acte de la procédure qu'en cas de violation des formes prescrites par la loi à peine de nullité ou d'inobservation des formalités substantielles. Méconnaît ce texte, la cour d'appel qui prononce l'annulation d'actes de la procédure aux motifs qu'un policier n'aurait pas fait connaître sa qualité à l'auteur des faits lors de la constatation d'une infraction flagrante, alors que la validité des constatations faites par un agent ou un officier de police judiciaire ne se trouve pas affectée par une telle circonstance.

(Cour de cassation – Chambre criminelle du 2 mars 1999 – N° de pourvoi: 98-86465).

• **Infractions à la législation sur les stupéfiants – Blanchiment – Non-justification de ressources – Association de malfaiteurs – Infractions à la législation sur les armes – Autre procédure – Irrégularité**

Contre l'arrêt de la chambre de l'instruction de la cour d'appel de BESANÇON, en date du 25 octobre 2017, qui, dans l'information suivie contre lui des chefs d'infractions à la législation sur les stupéfiants, blanchiment, non-justification de ressources, association de malfaiteurs et infractions à la législation sur les armes, a prononcé sur sa demande d'annulation de pièces de la procédure;

Attendu qu'il résulte de ces textes que le demandeur à la nullité est recevable à proposer des moyens tirés de l'irrégularité d'actes accomplis dans une autre procédure à laquelle il n'était pas partie et qui ont été versés à la procédure suivie contre lui lorsqu'il fait valoir que les pièces versées sont susceptibles d'avoir été illégalement recueillies;

D'où il suit que la cassation est encore encourue;

CASSE et ANNULE l'arrêt susvisé de la chambre de l'instruction de la cour d'appel de Besançon, en date du 25 octobre 2017, mais en ses seules dispositions relatives à l'autorité de la chose jugée, aux écoutes téléphoniques, aux commissions rogatoires de géolocalisation des véhicules Fiat 500 immatriculé [...] et Renault Espace immatriculé [...], aux perquisitions dans l'appartement et le garage [...], et aux 5 expertises contestées, toutes autres dispositions étant expressément maintenues;

Et pour qu'il soit à nouveau statué, conformément à la loi, dans les limites de la cassation ainsi prononcée

RENVOIE la cause et les parties devant la chambre de l'instruction de la cour d'appel de LYON à ce désignée par délibération spéciale prise en chambre du conseil;

ORDONNE l'impression du présent arrêt, sa transcription sur les registres du greffe de la cour d'appel de Besançon et sa mention en marge ou à la suite de l'arrêt partiellement annulé;

(Cour de cassation – Chambre criminelle du 20 juin 2018 – N° de pourvoi: 17-86657).

• **Tentative d'enlèvement et séquestration – Infraction à la législation sur les armes – Association de malfaiteurs – Garde à vue – Droits de la personne gardée à vue – Notification – Informations relatives à l'infraction – Défaut – Sanc-**

tion – Nullité – Conditions – Caractérisation – Absence – Propos du demander ne s'incriminant pas – Atteinte aux intérêts de la personne gardée à vue *(non)*

REJET du pourvoi formé par Mme L... B... contre l'arrêt de la chambre de l'instruction de la cour d'appel de Paris, 6e section, en date du 05/03/2019, qui, dans l'information suivie contre elle, des chefs de tentative d'enlèvement et séquestration, infraction à la législation sur les armes, association de malfaiteurs, a prononcé sur sa demande d'annulation de pièces de la procédure.

Le défaut de notification à la personne gardée à vue de la modification de qualification d'une infraction qu'elle est soupçonnée d'avoir commise ou tenté de commettre, telle qu'elle a été ordonnée par le procureur de la République après la notification d'une 1re qualification, ne peut entraîner le prononcé d'une nullité que s'il en est résulté pour l'intéressé une atteinte effective à ses intérêts, au sens de l'article 802 du C.P.P. Une telle atteinte ne se trouve pas caractérisée lorsque, au cours d'une audition de la personne gardée à vue, réalisée sans notification préalable de la modification de qualification, cette dernière, en répondant aux questions des enquêteurs, n'a tenu aucun propos par lequel elle se serait incriminée.

(Cour de cassation – Chambre criminelle du 15 octobre 2019 – N° de pourvoi : 19-82380).

• **Infractions à la législation sur les stupéfiants en récidive – Requête en nullité**

M. [R] [M] a formé un pourvoi contre l'arrêt de la chambre de l'instruction de la cour d'appel de BASTIA (2B), *en date du 16/12/2020, qui, dans l'information suivie contre lui, notamment des chefs d'infractions à la législation sur les stupéfiants en récidive, a prononcé sur sa demande d'annulation d'actes de la procédure.*

17. Il résulte des articles 171 et 802 du C.P.P. que l'inobservation des formalités substantielles ou prescrites à peine de nullité doit entraîner la nullité de la procédure, lorsqu'il en est résulté une atteinte aux intérêts de la partie concernée.

18. Il s'ensuit les principes généraux suivants.

19. Hors les cas de nullité d'ordre public, qui touchent à la bonne administration de la justice, la chambre de l'instruction, saisie d'une requête en nullité, doit successivement d'abord rechercher si le requérant a intérêt à demander l'annulation de l'acte, puis, s'il a qualité pour la demander et, enfin, si l'irrégularité alléguée lui a causé un grief.

20. Le requérant a intérêt à agir s'il a un intérêt à obtenir l'annulation de l'acte.

21. Pour déterminer si le requérant a qualité pour agir en nullité, la chambre de l'instruction doit rechercher si la formalité substantielle ou prescrite à peine de nullité, dont la méconnaissance est alléguée, a pour objet de préserver un droit ou un intérêt qui lui est propre.

22. L'existence d'un grief est établie lorsque l'irrégularité elle-même a occasionné un préjudice au requérant, lequel ne peut résulter de la seule mise en cause de celui-ci par l'acte critiqué.

(Cour de cassation – Chambre criminelle du 7 septembre 2021 – N° de pourvoi : 20-87.191).

• **Infractions à la législation sur les stupéfiants – Perquisition – Intérêt à agir**

M. [F] [T] a formé un pourvoi contre l'arrêt de la chambre de l'instruction de la cour d'appel de TOULOUSE (31), *en date du 14/01/2021, qui, dans l'information suivie contre lui du chef d'infractions à la législation sur les stupéfiants, a prononcé sur la nullité d'actes de la procédure.*

22. Dès lors, la jurisprudence précitée au paragraphe 18, qui réserve au seul titulaire d'un droit sur le local perquisitionné la qualité pour agir en nullité, ne peut être maintenue en cas de violation d'une formalité substantielle dont l'objet est de garantir le caractère contradictoire du déroulement des opérations de perquisition ainsi que la présence effective sur les lieux des objets découverts et saisis.

23. Il s'ensuit que toute partie a qualité pour invoquer la méconnaissance de la formalité prise de l'absence de signature du procès-verbal de perquisition et saisie.

(Cour de cassation – Chambre criminelle du 7 septembre 2021 – N° de pourvoi : 21-80.642).

Article 802-1. – Recours – *(Loi n° 2016-731 du 3 juin 2016)*

• Lorsque, en application du présent code, le ministère public ou une juridiction est saisi d'une demande à laquelle il doit être répondu par une décision motivée susceptible de recours, en l'absence de réponse dans un délai de deux mois à compter de la demande effectuée par lettre recommandée avec demande d'avis de réception ou par déclaration au greffe contre récépissé, ce recours peut être exercé contre la décision implicite de rejet de la demande.

• Le présent article n'est pas applicable lorsque la loi prévoit un recours spécifique en l'absence de réponse.

Article 802-2. – Requête en annulation – *(Loi n° 2019-222 du 23 mars 2019)*

• Toute personne ayant fait l'objet d'une perquisition ou d'une visite domiciliaire en application des dispositions du présent code et qui n'a pas été poursuivie devant une juridiction d'instruction ou de jugement au plus tôt 6 mois après l'accomplissement de cet acte peut, dans un délai d'un an à compter de la date à laquelle elle a eu connaissance de cette mesure, saisir le juge des libertés et de la détention d'une demande tendant à son annulation.

• La requête est formée par déclaration au greffe de la juridiction où la procédure a été menée ou, à défaut, de la juridiction dans le ressort de laquelle la mesure a été réalisée. Dans le second cas, elle est transmise sans délai à la juridiction ayant suivi la procédure. Elle n'a aucun effet suspensif sur l'enquête ou l'instruction en cours.

• Le juge statue, dans le mois suivant la réception de la requête, après avoir recueilli les observations écrites du procureur de la République, du requérant et, le cas échéant, de son avocat. Si les nécessités de l'enquête le justifient, le procureur de la République peut, par réquisitions écrites, demander au juge des libertés et de la détention de se prononcer dans un délai de 8 jours. Le juge statue par une ordonnance motivée susceptible d'appel, dans un délai de 10 jours à compter de sa notification, devant le président de la chambre de l'instruction.

• Si la perquisition est intervenue à l'occasion d'une procédure pour laquelle des poursuites ont été engagées à l'encontre d'autres personnes que celle ayant formé la demande d'annulation, celle-ci est transmise par le juge des libertés et de la détention soit au président de la chambre de l'instruction lorsqu'une instruction est en cours, soit au président de la juridiction de jugement lorsque celle-ci est saisie.

• Dans le cadre des recours examinés conformément aux 3e et avant-dernier alinéas, le requérant ne peut prétendre qu'à la mise à disposition des seules pièces de la procédure se rapportant à la perquisition qu'il conteste.

Nota: Conformément au XII de l'article 109 de la loi n° 2019-222 du 23/03/2019, l'article 802-2 du C.P.P., dans sa rédaction résultant du V de l'article 49 de la présente loi, s'applique aux perquisitions et aux visites domiciliaires intervenues à compter du lendemain de la publication de la présente loi.

Par décision du Conseil constitutionnel n° 2019-778 DC du 21/03/2019, les mots juge des libertés et de la détention figurant au 1er alinéa de l'article 802-2 du C.P.P., dans sa rédaction résultant de l'article 49 de la loi du 22/03/2019 de programmation 2018-2022 et de réforme pour la justice, ont été déclarés conformes à la Constitution sous la réserve énoncée au paragraphe 198 aux termes de laquelle: lorsque la décision contestée en application de l'article 802-2 a été ordonnée par un juge des libertés et de la détention, ce juge ne saurait, sans méconnaître le principe d'impartialité, statuer sur la demande tendant à l'annulation de sa décision.

Article 802-3. – Enregistrement de la captation ou diffusion à des tiers – *(Loi n° 2020-1672 du 24 décembre 2020)*

• Lorsque l'une au moins des infractions poursuivies entre dans une catégorie d'infractions pour le jugement desquelles la juridiction dispose, en application des dispositions du présent code, d'une compétence territoriale concurrente et spécialisée s'étendant sur le ressort de plusieurs tribunaux judiciaires ou sur l'ensemble du territoire, le 1er président de la cour d'appel peut décider, dans l'intérêt de la bonne administration de la justice, en raison de la disproportion entre, d'une part, les capacités d'accueil physique de la juridiction et, d'autre part, le nombre des parties civiles, que le déroulement de l'audience fera l'objet, selon des modalités précisées par arrêté du ministre de la justice, d'une captation sonore permettant sa diffusion en différé, par un moyen de télécommunication garantissant la confidentialité de la transmission, aux parties civiles qui en ont fait la demande. Le président de la juridiction pénale peut toutefois ordonner l'interdiction de la diffusion de tout ou partie des débats afin de garantir leur sérénité ou de prévenir un trouble à l'ordre public.

• Le fait d'enregistrer cette captation ou de la diffuser à des tiers est puni d'un an d'emprisonnement et 15 000 € d'amende.

Article 803. – Port des menottes ou entraves – *(Loi n° 2000-516 du 15 juin 2000)*

• Nul ne peut être soumis au port des menottes ou des entraves que s'il est considéré soit comme dangereux pour autrui ou pour lui-même, soit comme susceptible de tenter de prendre la fuite.

• Dans ces deux hypothèses, toutes mesures utiles doivent être prises, dans les conditions compatibles avec les exigences de sécurité, pour éviter qu'une personne menottée ou entravée soit photographiée ou fasse l'objet d'un enregistrement audiovisuel.

Article 803-1. – Notification avocat – *(Loi n° 2021-1729 du 22 décembre 2021)*

• **I.** – Dans les cas où, en vertu des dispositions du présent code, il est prévu de procéder aux notifications à un avocat par lettre recommandée ou par lettre recommandée avec demande d'avis de réception, la notification peut aussi être faite sous la forme d'une télécopie avec récépissé ou par un envoi adressé par un moyen de télécommunication à l'adresse électronique de l'avocat et dont il est conservé une trace écrite.

• **II.** – Lorsque le présent code prévoit que des avis, convocations ou documents sont adressés à une personne par l'autorité judiciaire par tout moyen, par lettre simple, par lettre recommandée ou par lettre recommandée avec demande d'avis de réception, l'envoi peut être effectué par voie électronique, à la condition que la personne y ait préalablement consenti par une déclaration expresse recueillie au cours de la procédure. Cet accord précise le mode de communication électronique accepté par la personne. Il est conservé au dossier une trace écrite de cet envoi.

• Lorsqu'il est prévu que ces envois sont effectués par lettre recommandée, les procédés techniques utilisés doivent permettre d'établir de manière certaine la date d'envoi. Lorsqu'il est prévu que ces envois sont effectués par lettre recommandée avec demande d'avis de réception, les procédés techniques utilisés doivent également permettre d'établir la date de réception par le destinataire.

• Lorsque sont adressés des documents, ces procédés doivent, selon des modalités prévues par arrêté du ministre de la justice, garantir la fiabilité de l'identification des parties à la communication électronique, l'intégrité des documents adressés, la sécurité et la confidentialité des échanges ainsi que la conservation des transmissions opérées.

• Le présent II est également applicable, selon des modalités précisées par voie réglementaire, lorsque le présent code impose une signification par voie d'huissier de justice à destination du ministère public, des parties civiles, des experts et des témoins ainsi que, lorsque ces personnes ne sont pas détenues, des prévenus ou des condamnés.

J **• Infractions à la législation sur les stupéfiants... – Avocat – Convocation – Convocation par un moyen de télécommunication à son adresse électronique – Justificatif de remise – Défaut – Portée**

REJET du pourvoi formé par M. U... T... contre l'arrêt de la cour d'appel de Fort-de-France, chambre correctionnelle, en date du 02/05/2019, qui, dans la procédure suivie contre lui des chefs d'infractions à la législation sur les stupéfiants, contrebande de marchandise prohibée, association de malfaiteurs, blanchiment, faux administratif, détention et usage, a rejeté sa demande de mise en liberté.

L'article 803-1 du C.P.P. qui permet l'envoi d'une convocation à un avocat soit par lettre recommandée, soit par télécopie avec récépissé, soit enfin par envoi adressé par un moyen de télécommunication à son adresse électronique dont il est conservé une trace écrite, n'exige pas, dans cette dernière hypothèse, que figure au dossier un justificatif de la remise à son destinataire.

(Cour de cassation – Chambre criminelle du 24 juillet 2019 – N° de pourvoi : 19-83412).

• Infractions à la législation sur les stupéfiants... – Trace écrite – Envoi par moyen de télécommunication – Dépôt avis d'audience – Chambre de l'instruction – Dépôt sur PLEX – Avocat informé

M. [Z] [J] a formé des pourvois contre l'arrêt de la chambre de l'instruction de la cour d'appel de FORT-DE-FRANCE (97), en date du 05/10/2021, qui, dans l'information suivie contre lui des chefs, notamment, d'infractions à la législation sur les stupéfiants, importation de stupéfiants en bande organisée, exportation de stupéfiants en bande organisée et association de malfaiteurs, a confirmé l'ordonnance du J.L.D. le plaçant en détention provisoire.

Constitue un envoi par un moyen de télécommunication à l'adresse électronique de l'avocat, au sens de l'article 803-1, I, du C.P.P., le dépôt d'un avis d'audience devant la chambre de l'instruction sur la plate-forme d'échanges externes (PLEX) dont l'avocat est informé par l'envoi d'un courriel et dont il est conservé une trace écrite. Cette plate-forme sécurisée de mise à disposition de fichiers, qui est l'objet d'une convention du 05/02/2021 entre le ministère de la justice et le Conseil national des barreaux, permet en effet la transmission de copies de procédure pénale ainsi que des notifications prévues à l'article 803-1, I, du C.P.P.

(Cour de cassation – Chambre criminelle du 12 janvier 2022 – N° de pourvoi : 21-86.075).

• Infractions à la législation sur les stupéfiants... – Envoi convocations par voie électronique – Accord préalable

M. [O] [I] a formé un pourvoi contre l'arrêt de la chambre de l'instruction de la cour d'appel de CHAMBÉRY (73), en date du 10/11/2021, qui, dans l'information suivie contre lui des chefs d'infractions à la législation sur les stupéfiants et association de malfaiteurs, a confirmé l'ordonnance du J.L.D. prolongeant sa détention provisoire.

Les dispositions de l'article 803-1, I, du C.P.P., qui visent les notifications destinées à un avocat, s'appliquent à la convocation de celui-ci aux débats contradictoires de prolongation de détention provisoire. Ce texte, qui prévoit la conservation d'une trace écrite de l'envoi de la convocation, n'exige pas un justificatif de réception. Il n'exige pas non plus l'accord préalable de l'avocat pour l'envoi de convocations à son adresse électronique, tel que celui prévu par l'article 803-1, II, du C.P.P., qui s'applique aux notifications destinées aux personnes autres que les avocats.

(Cour de cassation – Chambre criminelle du 9 février 2022 – N° de pourvoi : 21-86.769).

Article 803-2. – Déférement à l'issue de la garde à vue – *(Loi n° 2014-896 du 15 août 2014)*

• Toute personne ayant fait l'objet d'un déférement à l'issue de sa garde à vue ou de sa retenue à la demande du procureur de la République ou du juge de l'application des peines comparaît le jour même devant ce magistrat ou, en cas d'ouverture d'une information, devant le juge d'instruction saisi de la procédure. Il en est de même si la personne est déférée devant le juge d'instruction à l'issue d'une garde à vue au cours d'une commission rogatoire, ou si la personne est conduite devant un magistrat en exécution d'un mandat d'amener ou d'arrêt.

Article 803-3. – Comparution – *(Loi n° 2014-896 du 15 août 2014)*

• En cas de nécessité et par dérogation aux dispositions de l'article 803-2, la personne peut comparaître le jour suivant et peut être retenue à cette fin dans des locaux de la juridiction spécialement aménagés, à la condition que cette comparution intervienne au plus tard dans un délai de vingt heures à compter de l'heure à laquelle la garde à vue ou la retenue a été levée, à défaut de quoi l'intéressé est immédiatement remis en liberté.

• Le magistrat devant lequel l'intéressé est appelé à comparaître est informé sans délai de l'arrivée de la personne déférée dans les locaux de la juridiction.

• Lorsque la garde à vue a été prolongée mais que cette prolongation n'a pas été ordonnée par le juge des libertés et de la détention ou par un juge d'instruction, la personne retenue doit être effectivement présentée à la juridiction saisie ou, à défaut, au juge des libertés et de la détention avant l'expiration du délai de vingt heures.

• Lorsqu'il est fait application des dispositions du présent article, la personne doit avoir la possibilité de s'alimenter et, à sa demande, de faire prévenir par téléphone une des personnes visées à l'article 63-2, d'être examinée par un médecin désigné conformément aux dispositions de l'article 63-3 et de s'entretenir, à tout moment, avec un avocat désigné par elle ou commis d'office à sa demande, selon les modalités prévues par l'article 63-3-1. L'avocat peut demander à consulter le dossier de la procédure.

• L'identité des personnes retenues en application des dispositions du premier alinéa, leurs heures d'arrivée et de conduite devant le magistrat ainsi que l'application des dispositions du quatrième alinéa font l'objet d'une mention dans un registre spécial tenu à cet effet dans le local où ces personnes sont retenues et qui est surveillé, sous le contrôle du procureur de la République, par des fonctionnaires de la police nationale ou des militaires de la gendarmerie nationale.

• Les dispositions du présent article ne sont pas applicables lorsque la personne a fait l'objet, en application des dispositions de l'article 706-88 ou de l'article 706-88-1, d'une garde à vue ayant duré plus de soixante-douze heures.

J • **Escroquerie – Présentation magistrat du parquet – Mesure de rétention**

Contre l'arrêt de la cour d'appel de PARIS, chambre 4-10, en date du 18 septembre 2017, qui l'a condamné, pour escroquerie, à 2 mois d'emprisonnement et a ordonné une mesure de confiscation;

Attendu qu'il résulte de ces textes que la personne qui fait l'objet d'un déferrement à l'issue de sa garde à vue ne peut être retenue jusqu'au lendemain dans l'attente de sa comparution devant un magistrat qu'en cas de nécessité; qu'il incombe à la juridiction, saisie d'une requête en nullité de la rétention, de s'assurer de l'existence des circonstances ayant justifié la mise en œuvre de cette mesure;

Attendu que, pour rejeter le moyen de nullité tiré de la violation des dispositions des textes précités, l'arrêt énonce qu'il a été mis fin à la garde à vue de M. X... Y... le 9 mars 2017 à 15 heures 45, au terme du délai de 24 heures, et que, par nécessité en raison de contingences matérielles, celui-ci n'a été présenté que le lendemain, 10 mars, à 11 heures 15, soit avant expiration du délai de vingt heures, au magistrat du parquet qui lui a notifié les faits reprochés ainsi que la date d'audience de jugement avant de le laisser libre; que les juges ajoutent qu'ainsi, M. X... Y... n'était plus sous une mesure de contrainte après la 20ᵉ heure;

Mais attendu qu'en prononçant ainsi, sans déterminer les circonstances ou contraintes matérielles rendant nécessaire la mise en œuvre de la mesure de rétention, la cour d'appel n'a pas justifié sa décision;

D'où il suit que la cassation est encourue;

Par ces motifs:

CASSE et ANNULE, en toutes ses dispositions, l'arrêt susvisé de la cour d'appel de Paris, du 18 septembre 2017, et pour qu'il soit à nouveau jugé, conformément à la loi,

RENVOIE la cause et les parties devant la cour d'appel de Paris autrement composée, à ce désignée par délibération spéciale prise en chambre du conseil;

ORDONNE l'impression du présent arrêt, sa transcription sur les registres de la cour d'appel de Paris et sa mention en marge ou à la suite de l'arrêt annulé;

(Cour de cassation – Chambre criminelle du 13 juin 2018 – N° de pourvoi : 17-85940).

Article 803-4. – Recours – *(Loi nᵒ 2004-204 du 9 mars 2004)*

• Lorsqu'une personne poursuivie ou condamnée par les juridictions françaises est arrêtée hors du territoire national en application des dispositions sur le mandat d'arrêt européen ou sur l'extradition ou en application d'une convention internationale, elle peut déclarer auprès des autorités étrangères compétentes qu'elle exerce les recours prévus par le présent code, notamment en formant opposition, appel ou pourvoi contre la décision dont elle fait l'objet. Dans tous les cas, y compris en cas d'arrestation d'une personne condamnée par défaut en matière criminelle, les délais de présentation, de détention ou de jugement prévus par le présent code ne commencent toutefois à courir qu'à compter de sa remise ou de son retour sur le territoire national.

Article 803-5. – Interprète – Traduction – *(Loi n° 2014-535 du 27 mai 2014)*

• Pour l'application du droit d'une personne suspectée ou poursuivie, prévu par le III de l'article préliminaire, à un interprète ou à une traduction, il est fait application du présent article.

• S'il existe un doute sur la capacité de la personne suspectée ou poursuivie à comprendre la langue française, l'autorité qui procède à son audition ou devant laquelle cette personne comparaît vérifie que la personne parle et comprend cette langue.

• À titre exceptionnel, il peut être effectué une traduction orale ou un résumé oral des pièces essentielles qui doivent lui être remises ou notifiées en application du présent code.

• Les modalités d'application du présent article sont précisées par décret, qui définit notamment les pièces essentielles devant faire l'objet d'une traduction.

J • **Tentative de meurtre et destruction de bien – Prolongation détention provisoire – Voies de recours – Notification en langue étrangère comprise par l'accusé – Traduction**

REJET du pourvoi formé par M. [R] [Q] [J] a formé un pourvoi contre l'arrêt de la chambre de l'instruction de la cour d'appel de PARIS (75), 3ᵉ section, en date du 11/03/2021, qui, dans l'information suivie contre lui des chefs de tentative de meurtre et destruction de bien, a prolongé sa détention provisoire.

15. En effet, la notification en langue étrangère comprise par l'accusé, permettant à celui-ci d'exercer une voie de recours et les droits de la défense, reporte la date à laquelle l'ordonnance devient définitive, sauf lorsque la traduction n'a pas été effectuée dans le délai raisonnable prévu par l'article D.594-8 du C.P.P.

(Cour de cassation – Chambre criminelle du 15 juin 2021 – N° de pourvoi : 21-81.843).

Article 803-6. – Information des droits – *(Loi n° 2014-535 du 27 mai 2014)*

• Toute personne suspectée ou poursuivie soumise à une mesure privative de liberté en application d'une disposition du présent code se voit remettre, lors de la notification de cette mesure, un document énonçant, dans des termes simples et accessibles et dans une langue qu'elle comprend, les droits suivants, dont elle bénéficie au cours de la procédure en application du présent code :

• 1° Le droit d'être informée de la qualification, de la date et du lieu de l'infraction qui lui est reprochée ;

• 2° Le droit, lors des auditions ou interrogatoires, de faire des déclarations, de répondre aux questions qui lui sont posées ou de se taire ;

• 3° Le droit à l'assistance d'un avocat ;

• 4° Le droit à l'interprétation et à la traduction ;

• 5° Le droit d'accès aux pièces du dossier ;

• 6° Le droit qu'au moins un tiers ainsi que, le cas échéant, les autorités consulaires du pays dont elle est ressortissante soient informés de la mesure privative de liberté dont elle fait l'objet ;

• 7° Le droit d'être examinée par un médecin ;

• 8° Le nombre maximal d'heures ou de jours pendant lesquels elle peut être privée de liberté avant de comparaître devant une autorité judiciaire ;

• 9° Le droit de connaître les modalités de contestation de la légalité de l'arrestation, d'obtenir un réexamen de sa privation de liberté ou de demander sa mise en liberté.

• La personne est autorisée à conserver ce document pendant toute la durée de sa privation de liberté.

• Si le document n'est pas disponible dans une langue comprise par la personne, celle-ci est informée oralement des droits prévus au présent article dans une langue qu'elle comprend. L'information donnée est mentionnée sur un procès-verbal. Une version du document dans une langue qu'elle comprend est ensuite remise à la personne sans retard.

Article 803-7. – Mise en liberté immédiate – Détention provisoire irrégulière – *(Loi n° 2016-731 du 3 juin 2016)*

• Lorsqu'une juridiction ordonne la mise en liberté immédiate d'une personne dont la détention provisoire est irrégulière en raison du non-respect des délais ou formalités prévus par le présent code, elle peut, dans cette même décision, placer la personne sous contrôle judiciaire si cette mesure est indispensable pour assurer l'un des objectifs énumérés à l'article 144.

• Lorsque, hors les cas prévus au premier alinéa du présent article, le procureur de la République ordonne la libération d'une personne dont la détention provisoire est irrégulière en raison du non-respect des délais ou des formalités prévus par le présent code, il peut saisir sans délai le juge des libertés et de la détention de réquisitions tendant au placement immédiat de la personne concernée sous contrôle judiciaire si cette mesure est indispensable pour assurer l'un des objectifs énumérés à l'article 144.

Article 803-8. – Conditions de détention – Respect de la dignité de la personne – *(Loi n° 2021-1729 du 22 décembre 2021)*

• **I.** – Sans préjudice de sa possibilité de saisir le juge administratif en application des articles L. 521-1, L. 521-2 ou L. 521-3 du Code de justice administrative, toute personne détenue dans un établissement pénitentiaire en application du présent code qui considère que ses conditions de détention sont contraires à la dignité de la personne humaine peut saisir le juge des libertés et de la détention, si elle est en détention provisoire, ou le juge de l'application des peines, si elle est condamnée et incarcérée en exécution d'une peine privative de liberté, afin qu'il soit mis fin à ces conditions de détention indignes.

• Si les allégations figurant dans la requête sont circonstanciées, personnelles et actuelles, de sorte qu'elles constituent un commencement de preuve que les conditions de détention de la personne ne respectent pas la dignité de la personne, le juge déclare la requête recevable et, le cas échéant, informe par tout moyen le magistrat saisi du dossier de la procédure du dépôt de la requête. Cette décision doit intervenir dans un délai de 10 jours à compter de la réception de la requête.

• Toutefois, à peine d'irrecevabilité, aucune nouvelle requête ne peut être formée tant qu'il n'a pas été statué, dans les délais prévus au présent article, sur une précédente requête ou, si celle-ci a été jugée infondée, tant qu'un élément nouveau ne modifie pas les conditions de détention.

• Si le juge estime la requête recevable, il procède ou fait procéder aux vérifications nécessaires et recueille les observations de l'administration pénitentiaire dans un délai compris entre 3 jours ouvrables et 7 jours à compter de la décision prévue au 2e alinéa du présent I.

• Si le juge estime la requête fondée, il fait connaître à l'administration pénitentiaire, dans un délai de 10 jours à compter de la décision prévue au même 2e alinéa, les conditions de détention qu'il estime contraires à la dignité de la personne humaine et il fixe un délai compris entre 10 jours et 1 mois pour permettre de mettre fin, par tout moyen, à ces conditions de détention. Avant la fin de ce délai, l'administration pénitentiaire informe le juge des mesures qui ont été prises. Le juge ne peut enjoindre à l'administration pénitentiaire de prendre des mesures déterminées et celle-ci est seule compétente pour apprécier les moyens devant être mis en œuvre. Elle peut, à cette fin, transférer la personne dans un autre établissement pénitentiaire, sous réserve, s'il s'agit d'une personne prévenue, de l'accord du magistrat saisi du dossier de la procédure.

• **II.** – Si, à l'issue du délai fixé en application du dernier alinéa du I, le juge constate, au vu des éléments transmis par l'administration pénitentiaire concernant les mesures prises et de toute vérification qu'il estime utile, qu'il n'a pas été mis fin aux conditions indignes de détention, il rend, dans un délai de 10 jours, l'une des décisions suivantes :

• 1° Soit il ordonne le transfèrement de la personne dans un autre établissement pénitentiaire ;

• 2° Soit, si la personne est en détention provisoire, il ordonne sa mise en liberté immédiate, le cas échéant sous contrôle judiciaire ou sous assignation à résidence avec surveillance électronique ;

• 3° Soit, si la personne est définitivement condamnée et si elle est éligible à une telle mesure, il ordonne une des mesures prévues au III de l'article 707.

• Le juge peut toutefois refuser de rendre l'une des décisions prévues aux 1° à 3° du présent II au motif que la personne s'est opposée à un transfèrement qui lui a été proposé par l'administration pénitentiaire en application du dernier alinéa du I, sauf s'il s'agit d'un condamné et si ce transfèrement aurait causé, eu égard au lieu de résidence de sa famille, une atteinte excessive au droit au respect de sa vie privée et de sa vie familiale.

• **III.** – Les décisions prévues au présent article sont motivées. Les décisions du juge prévues au dernier alinéa du I et au II sont prises au vu de la requête et des observations de la personne détenue ou, s'il y a lieu, de son avocat, des observations écrites de l'administration pénitentiaire et de l'avis écrit du procureur de la République ainsi que, le cas échéant, si le juge l'estime nécessaire, de l'avis du juge d'instruction. Le requérant peut demander à être entendu par le juge, assisté s'il y a lieu de son avocat. Dans ce cas, le juge doit également entendre le ministère public et le représentant de l'administration pénitentiaire si ceux-ci en font la demande. Ces auditions peuvent être réalisées selon un moyen de télécommunication audiovisuelle en application de l'article 706-71.

• Les décisions prévues aux deuxième et dernier alinéas du I et au II du présent article peuvent faire l'objet d'un appel devant le président de la chambre de l'instruction ou devant le président de la chambre de l'application des peines de la cour d'appel. Cet appel est interjeté dans un délai de 10 jours à compter de la notification de la décision ; l'affaire doit être examinée dans un délai d'un mois. Lorsqu'il est formé dans le délai de 24 heures, l'appel du ministère public est suspensif ; l'affaire doit alors être examinée dans un délai de 15 jours, faute de quoi l'appel est non avenu.

• À défaut de respect des délais prévus au présent article, la personne détenue peut saisir directement le président de la chambre de l'instruction ou le président de la chambre de l'application des peines.

• **IV.** – Les modalités d'application du présent article sont précisées par décret en Conseil d'État.

• Ce décret précise notamment :

• 1° Les modalités de saisine du juge des libertés et de la détention ou du juge de l'application des peines ;

• 2° La nature des vérifications que le juge peut ordonner en application de l'avant-dernier alinéa du I, sans préjudice de sa possibilité d'ordonner une expertise ou de se transporter sur les lieux de détention ;

• 3° Dans quelle mesure, à compter de la décision prévue au dernier alinéa du même I, le juge administratif, s'il a été saisi par la personne condamnée, n'est plus compétent pour ordonner son transfèrement dans un autre établissement pénitentiaire.

J • **Condition détention – Détention provisoire – Requête – Ordonnance président chambre instruction**

M. [F] [I] a formé un pourvoi contre l'ordonnance du président de la chambre de l'instruction de la cour d'appel de PARIS (75), en date du 03/03/2022, qui a confirmé l'ordonnance du J.L.D. déclarant irrecevable sa requête portant sur les conditions de détention.

Le pourvoi formé contre l'ordonnance du président de la chambre de l'instruction statuant sur une requête portant sur les conditions de détention d'une personne placée en détention provisoire est recevable.
(Cour de cassation – Chambre criminelle du 31 mai 2022 – N° de pourvoi : 22-81.770).

• Importation de stupéfiants – J.L.D. – Recevabilité de la requête – Conditions indignes de détention
M. [I] [T] a formé un pourvoi contre l'ordonnance du président de la chambre de l'instruction de la cour d'appel de PARIS (75), en date du 13/06/2022, qui, dans l'information suivie contre lui des chefs d'importation de stupéfiants, infractions à la législation sur les stupéfiants et association de malfaiteurs, a confirmé l'ordonnance du J.L.D. rejetant sa requête sur ses conditions de détention.

N'encourt pas la censure l'ordonnance par laquelle le président de la chambre de l'instruction, saisi sur le fondement de l'article 803-8 du C.P.P., déclare irrecevable la demande de comparution présentée par la personne détenue, dès lors que l'objet de ce texte n'étant pas l'examen du bien-fondé de cette détention, mais celui des conditions dans lesquelles celle-ci se déroule, cette comparution n'est pas de droit.
11. En 2[d] lieu, la procédure applicable aux requêtes en conditions indignes de détention garantit suffisamment le droit d'accès au juge.
13. Enfin, devant le président de la chambre de l'instruction, la personne détenue peut présenter toutes observations utiles, personnellement ou par l'intermédiaire de son avocat, auxquelles ce magistrat est tenu de répondre.
(Cour de cassation – Chambre criminelle du 13 septembre 2022 – N° de pourvoi : 22-83.885).

LIVRE VI

DISPOSITIONS RELATIVES À L'OUTRE-MER

TITRE Ier

DISPOSITIONS APPLICABLES EN POLYNÉSIE FRANÇAISE, DANS LES ÎLES WALLIS ET FUTUNA ET EN NOUVELLE-CALÉDONIE

CHAPITRE Ier

Dispositions générales

Article 804. – Application – Nouvelle-Calédonie, Polynésie française, Îles Wallis et Futuna – *(Loi n° 2023-23 du 24 janvier 2023)*

• Le présent code est applicable, dans sa rédaction résultant de la loi n° 2023-23 du 24 janvier 2023 visant à permettre aux assemblées d'élus et aux différentes associations d'élus de se constituer partie civile pour soutenir pleinement, au pénal, une personne investie d'un mandat électif public victime d'agression, en Nouvelle-Calédonie, en Polynésie française et dans les îles Wallis et Futuna, sous réserve des adaptations prévues au présent titre et aux seules exceptions :

• 1° Pour la Nouvelle-Calédonie et la Polynésie française, du 5e alinéa de l'article 398 et des articles 529-3 à 529-6 et de l'article 706-157 lequel est applicable dans ces collectivités dans sa rédaction issue de la loi n° 2016-731 du 3 juin 2016 ;

• 2° Pour les îles Wallis et Futuna, des articles 52-1,83-1 et 83-2, du 5e alinéa de l'article 398 et des articles 529-3 à 529-6.

Article 805. – Application – Nouvelle-Calédonie, Polynésie française, Îles Wallis et Futuna – *(Ordonnance n° 2019-964 du 18 septembre 2019)*

• Pour l'application du présent code dans les collectivités d'outre-mer et en Nouvelle-Calédonie :

• 1° Les références au département sont remplacées par la référence à la collectivité.

• 2° Les références au préfet et au sous-préfet sont remplacées par la référence au représentant de l'État dans la collectivité.

• En l'absence d'adaptation, les références faites, par des dispositions du présent code applicables dans les collectivités d'outre-mer et en Nouvelle-Calédonie, à des dispositions qui n'y sont pas applicables sont remplacées par les références aux dispositions ayant le même objet applicables localement.

• Pour l'application du présent code à Saint-Pierre-et-Miquelon, en Nouvelle-Calédonie, en Polynésie française et à Wallis-et-Futuna :

• *a)* Les références au tribunal judiciaire sont remplacées par la référence au tribunal de 1re instance ou, le cas échéant, à la section détachée du tribunal de 1re instance ;

• *b)* Les références au pôle de l'instruction sont remplacées par la référence au juge d'instruction.

Article 806. – Sanctions pécuniaires – *(Loi n° 2016-731 du 3 juin 2016)*

• En Nouvelle-Calédonie, en Polynésie française et dans les îles Wallis et Futuna, les sanctions pécuniaires encourues en vertu du présent code sont prononcées en monnaie locale, compte tenu de la contre-valeur de l'euro dans cette monnaie.

CHAPITRE II

De l'action publique et de l'action civile

Article 807. – Association – Défense discrimination fondées sur le sexe, les mœurs, l'orientation ou l'identité sexuelle – *(Loi n° 2022-91 du 31 janvier 2022)*

• Pour l'application de l'article 2-6, les références aux dispositions du Code du travail sont remplacées par les références aux dispositions applicables localement en matière de droit du travail.

Article 808. – Association – Défense discriminations personnes handicapées – *(Loi n° 2001-616 du 11 juillet 2001)*

• Le deuxième alinéa de l'article 2-8 est rédigé comme suit :

• « Toute association régulièrement déclarée depuis au moins cinq ans à la date des faits ayant, en vertu de ses statuts, vocation à défendre ou à assister les personnes handicapées peut également exercer les droits reconnus à la partie civile en ce qui concerne les infractions aux dispositions législatives ou réglementaires applicables localement relatives à l'accessibilité des locaux d'habitation, des lieux de travail ou des établissements et installations recevant du public. »

CHAPITRE III

De la police judiciaire

Article 809. – Fonctionnaires et agents – *(Loi n° 2001-616 du 11 juillet 2001)*

• **I.** – Les fonctionnaires et agents exerçant dans les territoires d'outre-mer et en Nouvelle-Calédonie des fonctions correspondant à celles des fonctionnaires et agents métropolitains visés aux articles 22 à 29 sont chargés de certaines fonctions de police judiciaire dans les conditions et les limites fixées par ces mêmes articles.

• **II.** – Les agents assermentés des territoires et, en Nouvelle-Calédonie, des provinces peuvent constater par procès-verbal des infractions aux réglementations édictées par les territoires ou, en Nouvelle-Calédonie, les provinces, lorsqu'ils appartiennent à une administration chargée de contrôler la mise en œuvre de ces réglementations. Ces agents sont commissionnés par l'autorité administrative compétente après qu'ils ont été agréés par le procureur de la République. Ils prêtent serment devant le tribunal de première instance.

Article 809-1. – Application article 41-2 – *(Loi n° 2001-616 du 11 juillet 2001)*

• Pour l'application de l'article 41-2, les références aux articles L. 2339-5 et L. 2339-9 du Code de la défense et à l'article L.1er du Code de la route sont remplacées par les références aux dispositions applicables localement qui répriment la détention ou le port d'arme et aux dispositions applicables localement en matière de circulation routière qui répriment la conduite sous l'empire d'un état alcoolique ou en état d'ivresse manifeste.

Article 809-2. – A.P.J.A. – *(Loi n° 2004-193 du 27 février 2004)*

• En Polynésie française, les fonctionnaires et agents mentionnés à l'article 35 de la loi organique n° 2004-192 du 27 février 2004 portant statut d'autonomie de la Polynésie française sont agents de police judiciaire adjoints dans les conditions prévues à l'article 21 du présent code.

Article 809-3. – Application article 44-1 – *(Loi n° 2007-297 du 5 mars 2007)*

• Pour l'application de l'article 44-1, les références aux dispositions du Code général des collectivités territoriales prévues par cet article sont remplacées par les références aux dispositions ayant le même objet du Code des communes de la Nouvelle-Calédonie et du Code des communes de Polynésie française.

Article 810. – Application article 45 – *(Loi n° 2001-616 du 11 juillet 2001)*

• Pour l'application du deuxième alinéa de l'article 45, les fonctions du ministère public sont remplies par les fonctionnaires et agents mentionnés au I de l'article 809, à l'exception de ceux exerçant des fonctions de gardes champêtres des communes et des gardes particuliers assermentés.

Article 811. – Application articles 46 et 48 – *(Loi n° 2001-616 du 11 juillet 2001)*

• Pour l'application du premier alinéa de l'article 46 et de l'article 48, les fonctions du ministère public peuvent également être exercées par un officier de police judiciaire appartenant à la gendarmerie.

• Pour l'application du deuxième alinéa de l'article 46, les fonctions du ministère public peuvent être également exercées par le chef de la circonscription ou de la subdivision administrative où siège le tribunal de police.

CHAPITRE IV

Des enquêtes

Article 812. – Garde à vue – *(Loi n° 2011-392 du 14 avril 2011)*

• Pour l'application des dispositions relatives à la garde à vue, lorsque les conditions de transport ne permettent pas de conduire devant le magistrat compétent la personne retenue, l'officier de police judiciaire peut prescrire à cette personne de se présenter à lui périodiquement, à charge d'en informer immédiatement le magistrat compétent. Ce dernier décide de la mainlevée de la mesure ou de son maintien pour une durée qu'il fixe et qui ne peut se prolonger au-delà du jour de la première liaison aérienne ou maritime.

• Le fait de se soustraire à l'obligation définie au précédent alinéa est puni d'un an de prison et 15000 euros d'amende.

Article 813. – Examen médical – *(Loi n° 2001-616 du 11 juillet 2001)*

• Dans le territoire de la Polynésie française, en l'absence d'un médecin dans l'île où se déroule la garde à vue, l'examen prévu par l'article 63-3 est effectué par un infirmier diplômé ou, à défaut, par un membre du corps des auxiliaires de santé publique.

Article 814. – Avocat – *(Loi n° 2014-535 du 27 mai 2014)*

• En Nouvelle-Calédonie, lorsque la garde à vue se déroule en dehors des communes de Nouméa, Mont-Doré, Dumbea et Paita et que le déplacement d'un avocat paraît matériellement impossible, les attributions dévolues à l'avocat par les articles 63-4 à 63-4-3 peuvent être exercées par une personne choisie par la personne gardée à vue, qui n'est pas mise en cause pour les mêmes faits ou pour des faits connexes et qui n'a fait l'objet d'aucune condamnation, incapacité ou déchéance mentionnée au bulletin n° 2 du casier judiciaire. Les dispositions de l'article 63-4-4 sont applicables à la personne choisie, qui en est informée par l'officier de police judiciaire.

• Sans préjudice de l'application de l'article 434-7-2 du Code pénal, le fait pour une personne, qui a été appelée à intervenir dans les conditions prévues à l'alinéa précédent, de faire état auprès de quiconque de l'entretien, des auditions ou du contenu des procès-verbaux consultés dans le but d'entraver le cours de la justice est puni d'un an d'emprisonnement et de 15000 € d'amende.

• Les dispositions des alinéas précédents s'appliquent dans le territoire de la Polynésie française, lorsque la garde à vue se déroule dans une île où il n'y a pas d'avocat et que le déplacement d'un avocat paraît matériellement impossible.

• Dans les territoires des îles Wallis-et-Futuna, il peut être fait appel pour les attributions dévolues à l'avocat par les articles 63-4 à 63-4-3 à une personne agréée par le président du tribunal de première instance. Lorsque cette personne n'est pas désignée par la personne gardée à vue, elle l'est d'office par le président de cette juridiction. Les dispositions de l'article 63-4-4 et celles du deuxième alinéa du présent article sont applicables à la personne choisie, qui en est informée par l'officier de police judiciaire.

• Le présent article est applicable à l'assistance par un avocat prévue au 5° de l'article 61-1.

Article 814-1. – Code du travail – *(Ordonnance n° 2009-537 du 14 mai 2009)*

• Pour l'application de l'article 78-2-1 dans les îles Wallis et Futuna, en Polynésie française et en Nouvelle-Calédonie, les références aux dispositions du Code du travail sont remplacées par les références aux dispositions ayant le même objet dans ces collectivités.

Article 814-2. – Établissement de l'identité du défunt – *(Loi n° 2011-267 du 14 mars 2011)*

• Dans les îles Wallis et Futuna, si, lors de l'établissement de l'acte de décès mentionné à l'article 87 du Code civil, l'identité du défunt n'a pu être établie, l'autorisation de fermeture du cercueil ne peut être délivrée qu'après exécution, dans un délai compatible avec les délais régissant l'inhumation et la crémation, des réquisitions éventuellement prises par le procureur de la République aux fins de faire procéder aux constatations et opérations nécessaires en vue d'établir l'identité du défunt.

CHAPITRE V

Des juridictions d'instruction

Article 815. – Aide juridictionnelle – *(Loi n° 2001-616 du 11 juillet 2001)*

• Pour l'application de l'article 88, l'aide juridictionnelle doit s'entendre du régime d'aide ou d'assistance judiciaire applicable localement.

Article 816. – Déclaration adresse – *(Loi n° 2001-616 du 11 juillet 2001)*

• L'obligation pour la partie civile de déclarer une adresse au juge d'instruction prévue par l'article 89 s'entend, pour les territoires d'outre-mer et la Nouvelle-Calédonie, d'une adresse située dans le territoire où se déroule l'information.

Article 817. – Greffier – Interprète – *(Loi n° 2001-616 du 11 juillet 2001)*

• Pour l'application du deuxième alinéa de l'article 102, le greffier peut être désigné comme interprète pour l'une des langues en usage dans le territoire. Il est, dans ce cas, dispensé du serment.

Article 818. – Adresse dans le territoire – *(Loi n° 2014-535 du 27 mai 2014)*

• L'obligation pour la personne mise en examen de déclarer une adresse au juge d'instruction prévue au sixième alinéa de l'article 116 s'entend d'une adresse située dans le territoire où se déroule l'information.

Article 819. – Délai – *(Loi n° 2001-616 du 11 juillet 2001)*

• Le délai prévu à l'article 116-1 est porté à un mois lorsque la personne mise en examen ne réside pas sur l'île où siège le juge d'instruction saisi.

Article 820. – Conduite devant le magistrat mandant – *(Loi n° 2004-204 du 9 mars 2004)*

• Pour l'application des articles 127, 133 et 135-2, si la personne faisant l'objet du mandat est trouvée dans une île où ne siège pas de tribunal, la conduite a lieu dès la première liaison aérienne ou maritime. Le délai nécessaire à la conduite de cette personne devant le magistrat compétent et celui pendant lequel elle a été retenue avant son embarquement sont imputés, s'il y a lieu, sur la durée de la peine.

Article 821. – Délai transfèrement – *(Loi n° 2004-204 du 9 mars 2004)*

• Les délais prévus à l'article 130 et au dernier alinéa de l'article 135-2 sont portés à quinze jours lorsque le transfèrement se fait à partir ou à destination d'un territoire d'outre-mer ou de la Nouvelle-Calédonie.

Article 822. – Retenue – *(Loi n° 2004-204 du 9 mars 2004)*

• Pour l'application de l'article 128, la personne peut être retenue dans un local autre qu'une maison d'arrêt.

Article 823. – Incarcération provisoire – *(Loi n° 2001-616 du 11 juillet 2001)*

• Pour l'application des dispositions de l'article 145 dans le territoire des îles Wallis-et-Futuna, le juge d'instruction peut ordonner l'incarcération provisoire de la personne mise en examen. Celle-ci doit comparaître devant le juge des libertés et de la détention dans les meilleurs délais et, au plus tard, le septième jour ouvrable suivant.

• Le délai prévu au deuxième alinéa de l'article 187-1 est également porté à sept jours ouvrables.

Article 823-1. – Détention provisoire – *(Loi n° 2007-1787 du 20 décembre 2007)*

• Les dispositions de l'article 706-71 sont applicables au débat contradictoire préalable au placement en détention provisoire d'une personne libre, tenu par le juge des libertés et de la détention du tribunal de première instance de Nouméa en application des articles 145 et 396.

Article 824. – Composition chambre de l'instruction – *(Loi n° 2001-616 du 11 juillet 2001)*

• Pour l'application de l'article 191, la chambre de l'instruction de la cour d'appel de Nouméa et celle de la cour d'appel de Papeete sont composées d'un président de chambre ou d'un conseiller et de deux magistrats du siège du ressort de la cour d'appel.

• Ces magistrats sont désignés chaque année par le premier président de la cour d'appel.

• En cas d'empêchement d'un membre de la chambre de l'instruction, celui-ci est remplacé par un magistrat du siège désigné par le premier président.

CHAPITRE VI
De la cour d'assises

Article 825. – *(Abrogé)*

Article 826. – Présidence – *(Loi n° 2001-616 du 11 juillet 2001)*

• Pour l'application de l'article 244, et sous réserve de l'application des dispositions de l'article 247, la cour d'assises peut également être présidée par le président du tribunal de première instance ou par le magistrat du siège le plus ancien dans le grade le plus élevé de ce tribunal.

Article 827. – *(Abrogé)*

Article 828. – Application article 256 – *(Loi n° 2001-616 du 11 juillet 2001)*

•Le 8° de l'article 256 est rédigé comme suit :

•*« 8° Les majeurs sous sauvegarde de justice, les majeurs en tutelle, les majeurs en curatelle et ceux qui sont placés dans un établissement accueillant les malades atteints de troubles mentaux en vertu des dispositions applicables localement. »*

Article 829. – Fonctions de juré – *(Loi n° 2001-616 du 11 juillet 2001)*

• Sans préjudice de l'application de l'article 257, les fonctions de juré sont également incompatibles avec les fonctions suivantes : assesseurs du tribunal du travail ; assesseurs du tribunal mixte de commerce ; assesseurs du tribunal de première instance de Wallis-et-Futuna ; membres du gouvernement de la Polynésie française ; membres des assemblées territoriales ; membres du conseil du territoire des îles Wallis-et-Futuna ; membres des assemblées provinciales de la Nouvelle-Calédonie ; représentants de l'État dans les territoires ; secrétaires généraux des territoires ; chefs de circonscription ou de subdivision administratives.

Article 830. – Nombre minimum de jurés – *(Loi n° 2001-616 du 11 juillet 2001)*

• Le nombre minimum de jurés prévus par le premier alinéa de l'article 260 est fixé à 80 pour le territoire des îles Wallis-et-Futuna.

Article 831. – Îles Wallis-et-Futuna – *(Loi n° 2001-616 du 11 juillet 2001)*

• Dans le territoire des îles Wallis-et-Futuna, la liste préparatoire de la liste annuelle, prévue par les articles 261 et 261-1, est dressée par circonscription territoriale et les attributions du maire sont exercées par le chef de circonscription administrative.

Article 832. – Composition commission – *(Loi n° 2001-616 du 11 juillet 2001)*

• **I.** – Pour l'application en Nouvelle-Calédonie et dans le territoire de la Polynésie française du deuxième alinéa de l'article 262 fixant la composition de la commission prévue à cet article, les conseillers généraux sont remplacés par cinq membres désignés chaque année en son sein par le Congrès ou l'assemblée de la Polynésie française.

• **II.** – Dans le territoire des îles Wallis-et-Futuna, la commission prévue à l'article 262 comprend :

• – le président du tribunal de première instance, président ;

• – le procureur de la République ou son délégué ;

• – un citoyen désigné dans les conditions définies à l'article L. 933-2 du Code de l'organisation judiciaire ;

• – deux membres de l'assemblée territoriale désignés chaque année par celle-ci.

Article 833. – Liste spéciale jurés suppléants – *(Loi n° 2001-616 du 11 juillet 2001)*
• La liste spéciale de jurés suppléants, prévue à l'article 264, comprend trente noms dans le territoire des îles Wallis-et-Futuna.

Article 834. – Transfèrement – *(Loi n° 2001-616 du 11 juillet 2001)*
• Pour l'application de l'article 269, l'accusé peut être transféré dans un établissement pénitentiaire autre qu'une maison d'arrêt.

CHAPITRE VII
Du jugement des délits

Article 835. – Aide juridictionnelle – *(Loi n° 2001-616 du 11 juillet 2001)*
• Pour l'application de l'article 392-1, l'aide juridictionnelle doit s'entendre du régime d'aide ou d'assistance judiciaire en vigueur localement.

Article 836. – Formation collégiale – *(Loi n° 2017-256 du 28 février 2017)*
• En Nouvelle-Calédonie et dans les îles Wallis et Futuna, le tribunal correctionnel statuant en formation collégiale est complété par deux assesseurs dans les conditions prévues au Code de l'organisation judiciaire.
• Dans les îles Wallis et Futuna, l'un ou deux des juges assesseurs du tribunal correctionnel peuvent être des magistrats du siège du ressort de la cour d'appel de Nouméa reliés en direct à la salle d'audience par un moyen de communication audiovisuelle, afin de participer aux débats et au délibéré.

Article 837. – Délits jugés – *(Loi n° 2019-222 du 23 mars 2019)*
• Pour l'application de l'article 398-1 en Polynésie française, en Nouvelle-Calédonie et dans les îles Wallis et Futuna :
• 1° Le 2° est ainsi rédigé :
• *« 2° Les délits prévus par les dispositions applicables localement en matière de circulation routière ; »*
• *2° Le 4° est ainsi rédigé :*
• *« 4° Les délits prévus par les dispositions applicables localement en matière de réglementations relatives aux transports terrestres ainsi qu'à la sécurité des navires et de la navigation, à la prévention de la pollution marine et à la sûreté des navires ; »*
• *3° Le 6° est ainsi rédigé :*
• *« 6° Les délits prévus par les dispositions applicables localement en matière de chasse, de pêche en eau douce, de pêche maritime, de protection de la faune et de la flore ; »*
• *4° Le 7° est ainsi rédigé :*
• *« 7° Les délits prévus par les dispositions applicables localement en matière de protection des bois et forêts ; »*
• *5° Le 8° est ainsi rédigé :*
• *« 8° Les délits prévus par la réglementation applicable localement en matière de travaux ou aménagement immobiliers et en matière d'installations classées ; »*
• *6° Le 9° est ainsi rédigé :*
• *« 9° Les délits prévus par la réglementation applicable localement en matière de garde et de circulation des animaux ; »*
• *7° Le 12° est ainsi rédigé :*
• *« 12° Les délits prévus par la réglementation applicable localement en matière d'habitat insalubre. »*

Article 838. – Avis – *(Loi n° 2001-616 du 11 juillet 2001)*
• Dans le territoire des îles Wallis-et-Futuna, l'avis prévu par l'article 399 est donné par le procureur de la République.

Article 839. – Interprète – *(Loi n° 2001-616 du 11 juillet 2001)*
• Pour l'application de l'article 407, le greffier peut être désigné comme interprète pour l'une des langues en usage dans le territoire. Il est, dans ce cas, dispensé du serment.
• S'il existe un interprète officiel permanent, celui-ci ne prête serment qu'à l'occasion de son entrée en fonction.

Articles 840 et 841. – *(Abrogés – Loi n° 2004-204 du 09 mars 2004)*

Article 842. – Conseil – *(Loi n° 2014-535 du 27 mai 2014)*

• Pour l'application de l'article 416 dans le territoire de la Polynésie française et en Nouvelle-Calédonie, lorsque le déplacement d'un avocat paraît matériellement impossible, le prévenu peut prendre pour conseil une personne qui n'a fait l'objet d'aucune condamnation, incapacité ou déchéance mentionnée au bulletin n° 2 du casier judiciaire. Ne peut être choisie comme conseil une personne qui fait l'objet de poursuites pour les mêmes faits ou pour des faits connexes.

• Dans le territoire des îles Wallis-et-Futuna, le prévenu peut prendre pour conseil une personne agréée dans les conditions prévues à l'avant-dernier alinéa de l'article 814.

Article 843. – *(Abrogé – Ordonnance n° 2019-964 du 18 septembre 2019)*

Article 844. – Renvoi de l'affaire – *(Loi n° 2001-616 du 11 juillet 2001)*

• Le deuxième alinéa de l'article 470-1 est ainsi rédigé :

• *« Toutefois, lorsqu'il apparaît que des tiers responsables doivent être mis en cause, le tribunal renvoie l'affaire, par une décision non susceptible de recours, devant la juridiction civile compétente. »*

Article 844-1. – Protection judiciaire de l'enfance – *(Loi n° 2009-1436 du 24 novembre 2009)*

• Pour l'application de l'article 474 en Nouvelle-Calédonie, lorsque le condamné est mineur, le service chargé de la protection judiciaire de l'enfance exerce les fonctions dévolues au service pénitentiaire d'insertion et de probation.

Article 844-2. – *(Abrogé – Loi n° 2021-1729 du 22 décembre 2021)*

Article 845. – Délais d'opposition – *(Loi n° 2001-616 du 11 juillet 2001)*

• Les délais d'opposition prévus à l'article 491 et au premier alinéa de l'article 492 sont de dix jours si le prévenu réside dans l'île où siège le tribunal et d'un mois s'il réside hors de cette île.

Article 846. – Délai supplémentaire – *(Loi n° 2001-616 du 11 juillet 2001)*

• Le délai supplémentaire prévu à l'article 500 est porté à quinze jours pour les parties qui résident hors de l'île où la juridiction qui a rendu la décision attaquée a son siège.

Article 847. – Déclaration d'appel – *(Loi n° 2001-616 du 11 juillet 2001)*

• Si l'appelant réside hors de l'île où la juridiction qui a rendu la décision attaquée a son siège, la déclaration d'appel prévue à l'article 502 peut être adressée au greffier de la juridiction par lettre signée de l'appelant. Dès réception de cette lettre, le greffier dresse l'acte d'appel et y annexe la lettre de l'appelant. Dans le délai prévu par les articles 498, 500 et 846, l'appelant est tenu de confirmer son appel à la mairie ou à la gendarmerie la plus proche de sa résidence.

CHAPITRE VIII

Du jugement des contraventions

Article 848. – Nouméa, Mata-Utu et Papeete – *(Loi n° 2001-616 du 11 juillet 2001)*

• À Nouméa, Mata-Utu et Papeete, le tribunal de police est constitué par un juge du tribunal de première instance, un officier du ministère public ainsi qu'il est dit aux articles 45 à 48, 810 et 811, et un greffier.

• Dans les sections du tribunal de première instance et lors des audiences foraines, le tribunal est constitué par le juge chargé du service de la section ou le juge forain, un officier du ministère public ainsi qu'il est dit aux articles 45 à 48, 810 et 811, et un greffier.

Article 849. – Délai d'opposition – *(Loi n° 2001-616 du 11 juillet 2001)*

• Pour l'application de l'article 527, le délai d'opposition ouvert au prévenu, fixé au troisième alinéa de cet article, est porté à deux mois si le prévenu réside hors de l'île où la juridiction qui a rendu la décision attaquée a son siège.

Article 850. – Application de l'article 529 – *(Loi n° 2011-1862 du 13 décembre 2011)*

• Le premier alinéa de l'article 529 est ainsi rédigé :

• « Pour les contraventions aux réglementations applicables localement en matière de circulation routière, d'assurances, de chasse, de pêche, de protection de l'environnement, de droit de la consommation, de la sécurité en mer, de réglementation sur les débits de boissons ou l'ivresse publique manifeste et d'écobuage, qui sont punies seulement d'une peine d'amende, l'action publique est éteinte par le paiement d'une amende forfaitaire qui est exclusive de l'application des règles de la récidive. »

• En Nouvelle-Calédonie, pour les contraventions à la réglementation applicable localement en matière de transport terrestre qui sont seulement punies d'une peine d'amende, l'action publique est éteinte par le paiement d'une amende forfaitaire qui est exclusive de l'application des règles de la récidive.

Article 850-1. – Nouvelle-Calédonie – *(Loi n° 2004-204 du 9 mars 2004)*

• En Nouvelle-Calédonie, les contraventions des quatre premières classes à la police des services de transports publics routiers de personnes, fixées par la réglementation locale, sont constatées par des procès-verbaux dressés concurremment par les agents assermentés de la Nouvelle-Calédonie, des provinces et des communes et des délégataires du service public.

• Ces agents sont commissionnés par l'autorité administrative compétente ou par le délégataire de service public. Après avoir été agréés par le procureur de la République, ils prêtent serment devant le tribunal de première instance.

• Ces agents sont habilités à relever l'identité et l'adresse du contrevenant uniquement lorsqu'ils procèdent au contrôle de l'existence et de la validité des titres de transport des voyageurs. Si le contrevenant refuse ou se trouve dans l'impossibilité de justifier de son identité, l'agent du délégataire du service public en rend compte immédiatement à tout officier de police judiciaire de la police nationale ou de la gendarmerie nationale territorialement compétent, qui peut alors lui ordonner sans délai de lui présenter sur-le-champ le contrevenant. À défaut de cet ordre, l'agent du délégataire du service public ne peut retenir le contrevenant.

Article 850-2. – Amende forfaitaire minorée – *(Loi n° 2016-1547 du 18 novembre 2016)*

• Pour l'application en Nouvelle-Calédonie, en Polynésie française et dans les îles Wallis et Futuna de l'article 529-7, les mots : « Pour les contraventions au Code de la route des deuxième, troisième, quatrième et cinquième classes dont la liste est fixée par décret en Conseil d'État, » sont remplacés par les mots : « Pour les contraventions des deuxième, troisième, quatrième et cinquième classes à la réglementation applicable localement en matière de circulation routière, ».

Article 851. – Tribunal de police – *(Loi n° 2001-616 du 11 juillet 2001)*

• Outre les dispositions rendues applicables par les articles 544 et 545, les articles 841 et 845 sont applicables devant le tribunal de police.

Article 852. – Application de l'article 546 – *(Loi n° 2001-616 du 11 juillet 2001)*

• Les dispositions du quatrième alinéa de l'article 546 s'appliquent aux affaires poursuivies à la requête des autorités compétentes en matière d'eaux et forêts.

Article 853. – Appels formés contre les jugements de police – *(Loi n° 2001-616 du 11 juillet 2001)*

• Outre les dispositions rendues applicables par les articles 547 et 549, l'article 846 est applicable aux appels formés contre les jugements de police.

CHAPITRE IX

Des citations et significations

Article 854. – Délai – *(Loi n° 2001-616 du 11 juillet 2001)*

• Le délai prévu par l'article 552 entre le jour où la citation est délivrée et le jour fixé pour la comparution devant la juridiction est d'au moins dix jours si la partie citée réside dans l'île où siège le tribunal. Ce délai est augmenté d'un mois si la partie citée réside dans une autre île de ce territoire ou en tout autre lieu du territoire de la République.

CHAPITRE X

Du pourvoi en cassation

Article 855. – Délai – *(Loi n° 2001-616 du 11 juillet 2001)*
• Le délai de pourvoi prévu au premier alinéa de l'article 568 est porté à un mois si le demandeur en cassation réside hors de l'île où la juridiction qui a rendu la décision attaquée a son siège.

Article 856. – Déclaration de pourvoi – *(Loi n° 2001-616 du 11 juillet 2001)*
• Si le demandeur en cassation réside hors de l'île où la juridiction qui a rendu la décision attaquée a son siège, la déclaration de pourvoi prévue à l'article 576 peut également être faite par lettre signée du demandeur en cassation et adressée au greffier de la juridiction qui a rendu la décision attaquée. Dès réception de cette lettre, le greffier dresse l'acte de pourvoi et y annexe la lettre du demandeur en cassation. Dans les délais prévus par les articles 568 et 855, le demandeur en cassation est tenu de confirmer son pourvoi à la mairie ou à la gendarmerie la plus proche de sa résidence.

Article 857. – Délai d'opposition à l'arrêt – Cour de cassation – *(Loi n° 2001-616 du 11 juillet 2001)*
• Le délai d'opposition à l'arrêt rendu par la Cour de cassation prévu à l'article 579 est porté à un mois si la partie qui forme opposition réside hors de l'île où la juridiction qui a rendu la décision attaquée a son siège.
• Dans ce dernier cas, l'opposition peut être également faite dans les formes prévues à l'article 856.

Article 858. – Délai – 2 mois – *(Loi n° 2001-616 du 11 juillet 2001)*
• Le délai prévu à l'article 584 est porté à deux mois si le demandeur en cassation réside hors de l'île où la juridiction qui a rendu la décision attaquée a son siège.

Article 859. – Délai et formes d'opposition – *(Loi n° 2001-616 du 11 juillet 2001)*
• Le délai et les formes d'opposition à l'arrêt rendu par la Cour de cassation prévus à l'article 589 sont ceux définis aux articles 855 et 856.

CHAPITRE XI

De quelques procédures particulières

Article 859-1. – Transfèrement à partir de la Nouvelle-Calédonie, de la Polynésie française ou des îles Wallis-et-Futuna – *(Loi n° 2001-616 du 11 juillet 2001)*
• Le délai prévu au premier alinéa de l'article 627-6 est porté à quinze jours lorsque le transfèrement se fait à partir de la Nouvelle-Calédonie, de la Polynésie française ou des îles Wallis-et-Futuna.

Article 860. – Ordonnance – Extrait de condamnation – *(Loi n° 2001-616 du 11 juillet 2001)*
• L'ordonnance mentionnée à l'article 628 et l'extrait de condamnation mentionné à l'article 634 sont insérés dans l'un des journaux du territoire, affichés à la porte du domicile de l'intéressé et, lorsqu'il n'y a pas de mairie, affichés à la diligence du chef de circonscription administrative.

Article 861. – Délai – *(Loi n° 2001-616 du 11 juillet 2001)*
• Le délai prévu au troisième alinéa de l'article 662 est de deux mois.

Article 862. – Îles Wallis-et-Futuna – Attributions président tribunal de 1re instance *(Loi n° 2001-616 du 11 juillet 2001)*
• Dans le territoire des îles Wallis-et-Futuna, le président du tribunal de première instance exerce les attributions dévolues à la commission mentionnée à l'article 706-4.

Article 862-1. – Application de l'article 706-2 – *(Ordonnance n° 2003-166 du 27 février 2003)*
• Pour l'application de l'article 706-2 en Nouvelle-Calédonie, en Polynésie française et à

Wallis-et-Futuna, il est ajouté après les mots: «par l'article L. 5311-1 du Code de la santé publique», les mots: «ou par la réglementation applicable localement».

Article 863. – Article 706-9 – *(Loi n° 2001-616 du 11 juillet 2001)*

• L'article 706-9 est rédigé ainsi:

• *«Art. 706-9. – La commission ou, à Wallis-et-Futuna, le président du tribunal de première instance tient compte dans le montant des sommes allouées à la victime au titre de la réparation de son préjudice:*

– des prestations énumérées au II de l'article 1er de l'ordonnance n° 59-76 du 7 janvier 1959 relative aux actions en réparation civile de l'État et de certaines autres personnes publiques;

– des prestations versées par les organismes, établissements et services gérant un régime obligatoire de sécurité sociale;

– des sommes versées en remboursement d'un traitement médical ou de rééducation;

– des salaires et des ressources du salarié maintenus par l'employeur pendant la période d'inactivité consécutive à l'événement qui occasionne le dommage.

• *Il est tenu également compte des indemnités de toutes natures reçues ou à recevoir d'autres débiteurs au titre du même préjudice.*

• *Les sommes allouées sont versées par le fonds de garantie des victimes des actes de terrorisme et d'autres infractions.»*

Article 864. – Article 706-14 – *(Loi n° 2015-1268 du 14 octobre 2015)*

• Le premier alinéa de l'article 706-14 est ainsi rédigé:

• «Toute personne qui, victime d'un vol, d'une escroquerie ou d'un abus de confiance, ne peut obtenir à un titre quelconque une réparation ou une indemnisation effective et suffisante de son préjudice, et se trouve de ce fait dans une situation matérielle grave, peut obtenir une indemnité dans les conditions prévues par les articles 706-3 *(3° et dernier alinéa)(1)* à 706-12, lorsque ses ressources sont inférieures au plafond pour bénéficier de l'aide juridictionnelle partielle, affectée le cas échéant de correctif pour charges de famille, prévu par l'article 3 de l'ordonnance n° 92-1147 du 12 octobre 1992 relative à l'aide juridictionnelle en matière pénale dans les territoires d'outre-mer.»

Article 865. – Examens – *(Loi n° 2011-392 du 14 avril 2011)*

• Dans le territoire de la Polynésie française, les examens prévus aux articles 706-88 et 706-88-1 peuvent être effectués dans les conditions définies à l'article 813.

Article 866. – Mesures conservatoires – Article 706-103 – *(Ordonnance n° 2019-964 du 18 septembre 2019)*

• Le 1er alinéa de l'article 706-103 est ainsi rédigé:

• «En cas d'information ouverte pour l'une des infractions entrant dans le champ d'application des articles 706-73, 706-73-1 et 706-74 et afin de garantir le paiement des amendes encourues ainsi que, le cas échéant, l'indemnisation des victimes, le président du tribunal judiciaire ou un juge délégué par lui, sur requête du procureur de la République, peut ordonner, aux frais avancés du Trésor et selon les modalités prévues par les procédures civiles d'exécution, des mesures conservatoires sur les biens, meubles ou immeubles, divis ou indivis, de la personne mise en examen.»

Article 866-1. – Mesures conservatoires – Article 706-166 – *(Ordonnance n° 2019-964 du 18 septembre 2019)*

• Le 1er alinéa de l'article 706-166 est ainsi rédigé:

• «En cas d'information ouverte pour l'une des infractions, punie d'une peine égale ou supérieure à 3 ans d'emprisonnement, figurant au sein du titre Ier du livre III du Code pénal, le président du tribunal judiciaire ou un juge délégué par lui, sur requête du procureur de la République, peut, dans les conditions et selon les modalités prévues à l'article 706-103 du présent code, ordonner des mesures conservatoires sur les biens, meubles ou immeubles, divis ou indivis, de la personne mise en examen afin de garantir le paiement des amendes encourues ainsi que, le cas échéant, l'indemnisation des victimes.»

Article 866-2. – Article 706-167 – *(Loi n° 2011-266 du 14 mars 2011)*

• Au 5° de l'article 706-167, la référence: *«aux deuxième et troisième alinéas de l'article 414 du Code des douanes» est remplacée, en Nouvelle-Calédonie, par la référence: «aux deuxième et troisième alinéas de l'article 414 du Code des douanes applicable en Nouvelle-Calédonie», en Polynésie française, par la référence: «aux troisième et quatrième alinéas de l'article 414 du Code des douanes applicable en Polynésie française», et à Wallis-et-Futuna, par la référence: «aux deuxième et troisième alinéas de l'article 414 du Code des douanes applicable à Wallis-et-Futuna».*

CHAPITRE XII

Des procédures d'exécution

Article 867. – Attributions – Comptable public – *(Ordonnance n° 2010-420 du 27 avril 2010)*
• Les attributions dévolues au comptable public compétent par l'article 707 sont exercées par l'agent chargé du recouvrement des amendes en vertu de la réglementation applicable dans le territoire.

Article 868. – Détention – Local autre qu'une maison d'arrêt – *(Loi n° 2001-616 du 11 juillet 2001)*
• Les personnes visées à l'article 714 peuvent être détenues dans un local autre qu'une maison d'arrêt.

Article 868-1. – Wallis-et-Futuna – Fonctions de juge de l'application des peines – *(Loi n° 2004-204 du 9 mars 2004)*
• Par dérogation aux dispositions des deuxième et troisième alinéas de l'article 712-2, le président du tribunal de première instance de Wallis-et-Futuna exerce les fonctions de juge de l'application des peines. Il exerce les attributions dévolues au tribunal de l'application des peines conformément aux dispositions du deuxième alinéa de l'article 712-3.

Article 868-2. – Nouvelle-Calédonie – Condamné mineur – *(Loi n° 2009-1436 du 24 novembre 2009)*
• En Nouvelle-Calédonie, lorsque le condamné est mineur, le service chargé de la protection judiciaire de l'enfance ou son directeur exerce les fonctions dévolues, selon les cas, au service pénitentiaire d'insertion et de probation ou à son directeur.

Articles 868-3 et 868-4. – *(Abrogés – Ordonnance n° 2022-478 du 30 mars 2022)*

Article 869. – Députés et sénateurs – Visite locaux garde à vue, centres de rétention, zones d'attente, établissements pénitentiaires et centre éducatifs fermés – *(Loi n° 2015-433 du 17 avril 2015)*
• Pour l'application de l'article 719 dans les îles Wallis et Futuna, en Polynésie française et en Nouvelle-Calédonie, les journalistes sont soit titulaires de la carte d'identité professionnelle définie par le Code du travail, soit reconnus comme journalistes en application des dispositions ayant le même objet dans ces collectivités.

Articles 870 et 871. – *(Abrogés – Loi n° 2004-204 du 9 mars 2004)*

Article 872. – Caution – *(Ordonnance n° 2010-420 du 27 avril 2010)*
• La caution mentionnée à l'article 759 est admise par le comptable public compétent ou par l'agent qui exerce les fonctions dévolues à celui-ci par la réglementation applicable au territoire.

Article 873. – Article 763 – *(Loi n° 2001-616 du 11 juillet 2001)*
• L'article 763 est ainsi rédigé :
• *« Art. 763. – En cas de prescription d'une peine prononcée en matière criminelle, le condamné est soumis de plein droit et à titre définitif à l'interdiction de séjour, dans la circonscription ou subdivision administrative où demeurent la victime du crime ou ses héritiers directs. »*

Article 873-1. – Article 763-7 – *(Loi n° 2001-616 du 11 juillet 2001)*
• Le premier alinéa de l'article 763-7 est ainsi rédigé :
• *« Lorsqu'une personne condamnée à un suivi socio-judiciaire comprenant une injonction de soins doit subir une peine privative de liberté, elle exécute cette peine dans un établissement pénitentiaire permettant de lui assurer un suivi médical et psychologique adapté. »*

CHAPITRE XIII

Du casier judiciaire

Article 874. – Application de l'article 768 – Attributions du casier judiciaire national – *(Loi n° 2001-616 du 11 juillet 2001)*
• Pour l'application de l'article 768, les attributions du casier judiciaire national sont exercées par le greffe de chaque tribunal de première instance qui reçoit, en ce qui concerne les

personnes nées dans la circonscription du tribunal et après vérification de leur identité aux registres de l'état civil, des fiches constatant les condamnations, jugements et décisions énumérés aux 1° à 8° dudit article.

Article 875. – Application de l'article 768-1 – Attributions du casier judiciaire national – *(Loi n° 2001-616 du 11 juillet 2001)*

• Pour l'application de l'article 768-1, les attributions du casier judiciaire national sont exercées par le greffe du tribunal de première instance qui reçoit, en ce qui concerne les personnes morales dont le siège se situe dans le ressort du tribunal et après contrôle de leur identité au moyen du répertoire territorial des entreprises et établissements, des fiches constatant les condamnations et déclarations mentionnées aux 1° à 4° dudit article.

Article 876. – Article 773 – *(Loi n° 2001-616 du 11 juillet 2001)*

• L'article 773 est ainsi rédigé :

• *« Art. 773. – Il est adressé une copie de chaque fiche constatant une décision entraînant la privation des droits électoraux à l'autorité administrative compétente du territoire. »*

TITRE II

DISPOSITIONS APPLICABLES AU DÉPARTEMENT DE MAYOTTE

CHAPITRE Ier

Dispositions générales

Article 877. – Département de Mayotte – *(Loi n° 2017-256 du 28 février 2017)*

• Pour l'application du présent code dans le Département de Mayotte, il est tenu compte des adaptations prévues par le présent titre.

• Les articles 258 à 267 et 288 à 292 ne sont pas applicables.

Article 878. – Désignation – *(Ordonnance n° 2011-337 du 29 mars 2011)*

• Pour l'application du présent code au Département de Mayotte, les mots : « cour d'appel » et les mots : « chambre des appels correctionnels » sont remplacés par les mots : « chambre d'appel de Mamoudzou ».

• Les références à des dispositions non applicables dans le Département sont remplacées par les références aux dispositions applicables localement ayant le même objet.

Article 879. – Attributions – *(Ordonnance n° 2011-337 du 29 mars 2011)*

• Les attributions dévolues par le présent code aux avocats et aux conseils des parties peuvent être exercées par des personnes agréées par le président de la chambre d'appel de Mamoudzou. Ces personnes sont dispensées de procuration.

Article 879-1. – Officiers et agents de police de Mayotte – *(Loi n° 2001-616 du 11 juillet 2001)*

• Pour l'application des articles 16 à 19, les officiers de police de Mayotte mis à la disposition de l'État sont assimilés, selon les dispositions et dans les conditions prévues par ces articles, aux fonctionnaires titulaires du corps de commandement et d'encadrement de la police nationale.

• Pour l'application des articles 20 et 21, les agents de police de Mayotte mis à la disposition de l'État sont assimilés, selon les dispositions et dans les conditions prévues par ces articles, aux agents de la police nationale.

CHAPITRE II

Des enquêtes

Article 880. – Avocat – *(Loi n° 2014-535 du 27 mai 2014)*

• Lorsque le déplacement d'un avocat ou d'une personne agréée en application de l'article 879 paraît matériellement impossible, les attributions dévolues à l'avocat par les articles 63-4 à 63-4-3 peuvent être exercées par une personne choisie par la personne gardée à vue, qui n'est pas mise en cause pour les mêmes faits ou pour des faits connexes et qui n'a fait l'objet d'aucune condamnation, incapacité ou déchéance mentionnée au bulletin n° 2 du casier judiciaire. Les dispositions de l'article 63-4-4 sont applicables à la personne choisie, qui en est informée par l'officier de police judiciaire.

• Sans préjudice de l'application de l'article 434-7-2 du Code pénal, le fait pour une personne, qui a été appelée à intervenir dans les conditions prévues à l'alinéa précédent, de faire état auprès de quiconque de l'entretien, des auditions ou du contenu des procès-verbaux consultés dans le but d'entraver le cours de la justice est puni d'un an d'emprisonnement et de 15 000 € d'amende.

• Le présent article est applicable à l'assistance par un avocat prévue au 5° de l'article 61-1.

CHAPITRE III

Des juridictions d'instruction

Article 881. – Partie civile – Déclaration d'adresse – *(Ordonnance n° 2011-337 du 29 mars 2011)*

• L'obligation pour la partie civile de déclarer une adresse au juge d'instruction prévue par l'article 89 s'entend d'une adresse située dans le Département.

Article 882. – Personne mise en examen – Déclaration d'adresse – *(Loi n° 2014-535 du 27 mai 2014)*

• L'obligation pour la personne mise en examen de déclarer une adresse au juge d'instruction prévue par le sixième alinéa de l'article 116 s'entend d'une adresse située dans le Département.

Article 883. – Transfèrement – Délai – *(Ordonnance n° 2011-337 du 29 mars 2011)*

• Les délais prévus à l'article 130 sont portés à quinze jours lorsque le transfèrement se fait à partir ou à destination du Département.

Article 883-1. – Cour d'appel Saint-Denis de la Réunion – Déclaration au greffe – *(Ordonnance n° 2019-964 du 18 septembre 2019)*

• Pour toutes les requêtes en nullité transmises à la chambre d'instruction de la cour d'appel de Saint-Denis de La Réunion, la déclaration au greffe peut être faite au moyen d'une lettre recommandée avec demande d'avis de réception lorsque le demandeur ou son avocat réside dans le ressort du tribunal judiciaire de Mamoudzou.

Article 883-2. – Matière criminelle – Demande de mise en liberté – *(Loi n° 2020-1672 du 24 décembre 2020)*

• En matière criminelle, lorsque le juge des libertés et de la détention est saisi par le juge d'instruction d'une demande de mise en liberté et qu'il n'envisage pas d'accepter cette demande, il statue sur celle-ci à l'issue d'un débat contradictoire organisé conformément aux dispositions du 6e alinéa de l'article 145, l'avocat ayant été convoqué selon les dispositions de l'article 114, si la personne mise en examen est détenue depuis plus de 6 mois, sauf si un tel débat a été auparavant organisé pour statuer sur une précédente demande de mise en liberté.

Article 884. – Cour d'appel Saint-Denis de la Réunion – Moyen de télécommunication audiovisuelle – *(Ordonnance n° 2019-964 du 18 septembre 2019)*

• Pour toutes les audiences de la chambre de l'instruction de la cour d'appel de Saint-Denis de La Réunion statuant sur l'appel d'une ordonnance du juge de l'instruction ou du juge des libertés et de la détention du tribunal judiciaire de Mamoudzou ou sur une demande concernant une procédure suivie devant ce tribunal, il peut être recouru à un moyen de télécommunication audiovisuelle garantissant la confidentialité de la transmission. Un procès-verbal est dressé selon les modalités prévues par le 2e alinéa de l'article 706-71. Les dispositions des 6e et 8e alinéas de ce même article sont alors applicables.

CHAPITRE IV
De la cour d'assises

Article 885. – Mayotte – Composition du jury et de la cour d'assises – *(Ordonnance n° 2019-964 du 18 septembre 2019)*

• Le jury de la cour d'assises de Mayotte est composé de 3 assesseurs-jurés lorsque la cour d'assises statue en 1er ressort et de six assesseurs-jurés lorsqu'elle statue en appel.

• Ces assesseurs-jurés sont tirés au sort, pour chaque session, sur une liste arrêtée conjointement par le préfet et le président du tribunal judiciaire, composée de personnes proposées par le procureur de la République ou par les maires et remplissant les conditions prévues par les articles 255 à 257.

• Avant l'ouverture de la session, sont retirés de la liste les noms des conjoints, parents et alliés jusqu'au degré d'oncle ou de neveu inclusivement d'un membre de la cour ou de l'un des assesseurs-jurés inscrits avant lui sur ladite liste.

• Avant le jugement de chaque affaire, sont également retirés de la liste les noms des conjoints, parents et alliés jusqu'au degré d'oncle ou de neveu inclusivement des accusés ou de leurs avocats, ainsi que les noms de ceux qui sont témoins, interprètes, dénonciateurs, experts, plaignants ou parties civiles ou qui ont accompli un acte de police judiciaire ou d'instruction.

• En cas d'empêchement du président, survenant avant ou pendant la session, celui-ci est remplacé par un magistrat du siège de la chambre d'appel de Mamoudzou. En cas d'empêchement d'un assesseur, il est pourvu à son remplacement selon les mêmes modalités que pour sa désignation initiale.

• Tout assesseur-juré qui, sans motif légitime, n'a pas déféré à la convocation qu'il a reçue, peut être condamné par la cour à une amende de 3 750 €. L'assesseur-juré peut, dans les 10 jours de la signification de cette condamnation faite à sa personne ou à son domicile, former opposition devant le tribunal correctionnel du siège de la cour d'assises. Les peines prévues au présent article sont applicables à tout assesseur-juré qui, même ayant déféré à la convocation, se retire avant l'expiration de ses fonctions, sans une excuse jugée valable par la cour.

Article 886. – Récusation – *(Loi n° 2017-256 du 28 février 2017)*

• Pour l'application des articles 296, 297 et 298, la défense ne peut récuser plus d'un assesseur-juré en premier ressort et plus de deux en appel. Le ministère public ne peut en récuser aucun. Le nombre d'assesseurs-jurés tirés au sort est de trois en premier ressort et de six en appel et le jury de jugement est formé à l'instant où sont sortis de l'urne les noms, respectivement, des trois ou six assesseurs-jurés non récusés.

Article 887. – *(Abrogé – Ordonnance n° 2011-337 du 29 mars 2011)*

Article 888. – Majorité des voix – *(Loi n° 2021-1729 du 22 décembre 2021)*

• Les majorités de 7 ou 8 voix prévues à l'article 359 et au 2e alinéa de l'article 362 sont remplacées par des majorités de 4 ou 6 voix.

Article 888-1. – Mayotte – *(Loi n° 2021-1729 du 22 décembre 2021)*

• Les dispositions relatives à la cour criminelle départementale ne sont pas applicables dans le Département de Mayotte.

Articles 889 et 890. – *(Abrogés – Ordonnance n° 2011-337 du 29 mars 2011)*

Article 891. – *(Abrogé – Loi n° 2004-204 du 9 mars 2004)*

CHAPITRE V

Du jugement des délits

Article 892. – Délais d'opposition – *(Ordonnance n° 2011-337 du 29 mars 2011)*
• Pour l'application des articles 491 et 492, les délais d'opposition sont de dix jours si le prévenu réside dans le département, et d'un mois s'il réside en dehors de celui-ci.

Article 893. – Délai supplémentaire – *(Ordonnance n° 2011-337 du 29 mars 2011)*
• Pour l'application de l'article 500, le délai supplémentaire est porté à quinze jours pour les parties qui résident hors du département.

Article 894. – *(Abrogé – Ordonnance n° 2011-337 du 29 mars 2011)*

CHAPITRE VI

Du jugement des contraventions

Article 895. – Délai d'opposition – *(Ordonnance n° 2011-337 du 29 mars 2011)*
• Pour l'application du troisième alinéa de l'article 527, le délai d'opposition est porté à deux mois si le prévenu ne réside pas dans le département.

Article 896. – Tribunal de police – *(Loi n° 2001-616 du 11 juillet 2001)*
• Les articles 892 et 893 sont applicables devant le tribunal de police.

CHAPITRE VII

Des citations et des significations

Article 897. – Résidence dans le département – *(Ordonnance n° 2011-337 du 29 mars 2011)*
• Le délai prévu au premier alinéa de l'article 552 s'applique lorsque la partie citée réside dans le Département. Ce délai est augmenté d'un mois si la partie citée réside en tout autre lieu du territoire de la République.

CHAPITRE VII *bis*

Du pourvoi en cassation

Article 897-1-A. – Délai de pourvoi – *(Loi n° 2016-1547 du 18 novembre 2016)*
• Le délai de pourvoi prévu au premier alinéa de l'article 568 est porté à un mois si le demandeur en cassation réside hors de l'île où la juridiction qui a rendu la décision attaquée a son siège.

Article 897-1-B. – Déclaration de pourvoi – *(Loi n° 2016-1547 du 18 novembre 2016)*
• Si le demandeur en cassation réside hors de l'île où la juridiction qui a rendu la décision attaquée a son siège, la déclaration de pourvoi prévue à l'article 576 peut également être faite par lettre signée du demandeur en cassation et adressée au greffier de la juridiction qui a rendu la décision attaquée. Dès réception de cette lettre, le greffier dresse l'acte de pourvoi et y annexe la lettre du demandeur en cassation. Dans les délais prévus à l'article 568, le demandeur en cassation est tenu de confirmer son pourvoi à la mairie ou à la gendarmerie la plus proche de sa résidence.

CHAPITRE VIII

De quelques procédures particulières

Article 897-1. – Délai – transfèrement au départ de Mayotte – *(Loi n° 2002-268 du 26 février 2002)*
• Le délai prévu au premier alinéa de l'article 627-6 est porté à quinze jours lorsque le transfèrement se fait à partir de Mayotte.

Article 898. – *(Abrogé – Loi n° 2009-594 du 27 mai 2009)*

Article 899. – Indemnités – *(Loi n° 2001-616 du 11 juillet 2001)*
• L'article 706-9 est rédigé ainsi :
« Art. 706-9. – Le président tient compte dans le montant des sommes allouées à la victime au titre de la réparation de son préjudice :
– des prestations énumérées au II de l'article 1er de l'ordonnance n° 59-76 du 7 janvier 1959 relative aux actions en réparation civile de l'État et de certaines autres personnes publiques ;
– des prestations versées par les organismes, établissements et services gérant un régime obligatoire de sécurité sociale ;
– des sommes versées en remboursement d'un traitement médical ou de rééducation ;
– des salaires et des ressources du salarié maintenus par l'employeur pendant la période d'inactivité consécutive à l'événement qui occasionne le dommage.
Il tient également compte des indemnités de toutes natures reçues ou à recevoir d'autres débiteurs au titre du même préjudice.
Les sommes allouées sont versées par le fonds de garantie des victimes des actes de terrorisme et d'autres infractions. »

Article 900. – Indemnité – *(Loi n° 2001-616 du 11 juillet 2001)*
• Le premier alinéa de l'article 706-14 est ainsi rédigé :
• *« Toute personne qui, victime d'un vol, d'une escroquerie ou d'un abus de confiance ne peut obtenir à un titre quelconque une réparation ou une indemnisation effective et suffisante de son préjudice, et se trouve de ce fait dans une situation matérielle grave, peut obtenir une indemnité dans les conditions prévues par les articles 706-3 (troisième et dernier alinéa) à 706-12, lorsque ses ressources sont inférieures au plafond pour bénéficier de l'aide juridictionnelle partielle, affectées le cas échéant de correctif pour charges de famille, prévu par l'article 3 de l'ordonnance n° 92-1143 du 12 octobre 1992 relative à l'aide juridictionnelle en matière pénale à Mayotte. »*

Article 900-1. – Code des douanes – *(Loi n° 2011-266 du 14 mars 2011)*
• Au 5° de l'article 706-167, la référence : « aux deuxième et troisième alinéas de l'article 414 du Code des douanes « est remplacée par la référence : *« à l'article 282 du Code des douanes de Mayotte ».*

CHAPITRE IX

Des procédures d'exécution

Article 901. – *(Abrogé – Ordonnance n° 2022-478 du 30 mars 2022)*

Article 901-1. – *(Abrogé – Ordonnance n° 2011-337 du 29 mars 2011)*

Article 901-2. – *(Abrogé – Ordonnance n° 2017-1491 du 25 octobre 2017)*

Article 902. – Suivi médical et psychologique – *(Loi n° 2001-616 du 11 juillet 2001)*
• Le premier alinéa de l'article 763-7 est ainsi rédigé :
• « Lorsqu'une personne condamnée à un suivi socio-judiciaire comprenant une injonction de soins doit subir une peine privative de liberté, elle exécute cette peine dans un établissement pénitentiaire permettant de lui assurer un suivi médical et psychologique adapté. »

TITRE III

DISPOSITIONS PARTICULIÈRES À LA COLLECTIVITÉ TERRITORIALE DE SAINT-PIERRE-ET-MIQUELON

Article 902-1. – Saint-Pierre-et-Miquelon – *(Loi n° 99-1121 du 28 décembre 1999)*
• Pour l'application du présent Code dans la collectivité territoriale de Saint-Pierre-et-Miquelon, il est tenu compte des adaptations prévues par le présent titre.

CHAPITRE Ier

Dispositions générales

Article 903. – Tribunal supérieur d'appel – *(Loi n° 2001-616 du 11 juillet 2001)*
• Le tribunal supérieur d'appel exerce les compétences attribuées par le présent code à la cour d'appel et à la chambre de l'instruction.

Article 904. – Compétences – *(Ordonnance n° 2019-964 du 18 septembre 2019)*
• Les compétences attribuées par le présent code au tribunal judiciaire, à la cour d'assises, au 1er président de la cour d'appel et au juge du tribunal judiciaire sont exercées respectivement par le tribunal de 1re instance, le tribunal criminel, le président du tribunal supérieur d'appel et par un juge du tribunal de 1re instance. Les compétences attribuées au procureur de la République et au procureur général près la cour d'appel sont exercées par le procureur de la République près le tribunal supérieur d'appel.

Article 905. – Personnes agréées – *(Loi n° 2001-616 du 11 juillet 2001)*
• Les attributions dévolues par le présent code aux avocats et aux conseils des parties peuvent être exercées par des personnes agréées dans la collectivité territoriale par le président du tribunal supérieur d'appel. Ces personnes sont dispensées de justifier d'un mandat.

CHAPITRE II

De l'exercice de l'action publique

Article 905-1. – Juge d'instruction – *(Loi n° 2016-1547 du 18 novembre 2016)*
• Pour l'application du présent code, les termes : « pôle de l'instruction » sont remplacés par les termes : « juge d'instruction ». Les articles 52-1, 83-1 et 83-2 ne sont pas applicables.

Article 906. – Réunion du tribunal supérieur d'appel – *(Loi n° 2001-616 du 11 juillet 2001)*
• Par dérogation à l'article 193, le tribunal supérieur d'appel, en tant que chambre de l'instruction, ne se réunit que sur convocation de son président ou à la demande du procureur de la République, toutes les fois qu'il est nécessaire.

Article 907. – Remplacement – Modalités particulières d'exercice *(Loi n° 2001-616 du 11 juillet 2001)*
• Les articles L. 952-11 et L. 952-12 du Code de l'organisation judiciaire relatifs au remplacement du président du tribunal supérieur d'appel et des assesseurs et aux modalités particulières d'exercice des fonctions juridictionnelles sont applicables à la chambre de l'instruction et à son président.

Article 907-1. – Délais – *(Loi n° 2004-204 du 9 mars 2004)*
• Les délais prévus à l'article 130, au dernier alinéa de l'article 135-2 et au premier alinéa de l'article 627-6 sont portés à quinze jours lorsque le transfèrement se fait à partir de la collectivité territoriale.

CHAPITRE III

Des juridictions de jugement

Section I

Du jugement des crimes

Article 908. – Non application – *(Loi n° 2001-616 du 11 juillet 2001)*
• Les articles 233, 245, 261 et 261-1 du présent code ne sont pas applicables.

Article 909. – Convocation du tribunal criminel – *(Loi n° 2001-616 du 11 juillet 2001)*
• Pour l'application de l'article 236, le président du tribunal supérieur d'appel convoque, en cas de besoin, le tribunal criminel par ordonnance prise après avis du procureur de la République.

Article 910. – Composition du tribunal criminel – *(Loi n° 2001-616 du 11 juillet 2001)*
• Pour l'application de l'article 240, le tribunal criminel est composé du tribunal proprement dit et du jury.

Article 911. – Président et assesseurs – *(Loi n° 2001-616 du 11 juillet 2001)*
• Pour l'application de l'article 243, le tribunal proprement dit comprend le président et les assesseurs.

Article 912. – Présidence – *(Loi n° 2001-616 du 11 juillet 2001)*
• Pour l'application de l'article 244, le tribunal criminel est présidé par le président du tribunal supérieur d'appel.
• En cas de vacance de poste, d'absence, d'empêchement ou d'incompatibilité légale, les fonctions de président du tribunal supérieur d'appel sont exercées par un magistrat du siège désigné par le premier président de la cour d'appel de Paris sur une liste arrêtée par lui pour chaque année civile.

Article 913. – Conditions – Assesseurs au tribunal criminel – *(Loi n° 2001-616 du 11 juillet 2001)*
• Pour l'application de l'article 249, les conditions que doivent remplir les assesseurs au tribunal criminel sont celles énoncées à l'article L. 951-2 du Code de l'organisation judiciaire.

Article 914. – Désignation des assesseurs – *(Loi n° 2001-616 du 11 juillet 2001)*
• Pour l'application de l'article 250, les assesseurs sont désignés par ordonnance du président du tribunal supérieur d'appel, après avis du procureur de la République.

Article 915. – Remplacement des assesseurs – *(Loi n° 2001-616 du 11 juillet 2001)*
• Pour l'application de l'article 251, en cas d'empêchement survenu avant ou au cours de la session, les assesseurs sont remplacés par ordonnance du président du tribunal supérieur d'appel.

Article 916. – Nombre de jurés – *(Loi n° 2001-616 du 11 juillet 2001)*
• Pour l'application de l'alinéa 1er de l'article 260, le nombre des jurés ne peut être inférieur à trente-quatre.

Article 917. – Composition de la commission – *(Loi n° 2017-256 du 28 février 2017)*
• Pour l'application de l'article 262, la commission comprend :
• – le président du tribunal supérieur d'appel, président ;
• – le président du tribunal de première instance ;
• – le procureur de la République ou son suppléant ;
• – une personne agréée dans les conditions définies à l'article 905 et désignée par le président du tribunal supérieur d'appel ;
• – trois conseillers territoriaux désignés chaque année par le conseil territorial ;
• – trois conseillers municipaux désignés chaque année par les conseils municipaux, à raison de deux pour la commune de Saint-Pierre et un pour la commune de Miquelon-Langlade.

Article 918. – Liste spéciale de dix jurés suppléants – *(Loi n° 2001-616 du 11 juillet 2001)*

• Pour l'application de l'article 264, une liste spéciale de dix jurés suppléants est formée chaque année, en dehors de la liste annuelle du jury et dans les mêmes conditions que celle-ci.

Article 919. – Liste de la session – *(Loi n° 2001-616 du 11 juillet 2001)*

• Pour l'application de l'article 266, seize jurés, dont les noms sont tirés sur la liste annuelle, forment la liste de la session. En outre, les noms de trois jurés suppléants sont tirés sur la liste spéciale.

• Si par suite des décès, des incapacités ou des incompatibilités légales survenues depuis l'établissement des listes, le nombre des citoyens parmi lesquels les jurés de la session doivent être tirés au sort est inférieur à trente, la commission chargée de dresser la liste annuelle des jurés est réunie de nouveau pour compléter la liste principale et former une nouvelle liste spéciale de dix citoyens.

Article 920. – Absences ou radiation – *(Loi n° 2001-616 du 11 juillet 2001)*

• Pour l'application du premier alinéa de l'article 289-1, si, à la suite des absences ou des radiations, il reste moins de quatorze jurés sur la liste, ce nombre est complété par les jurés suppléants, suivant l'ordre de leur inscription; en cas d'insuffisance, par des jurés tirés au sort, en audience publique, parmi les jurés inscrits sur la liste spéciale.

Article 921. – Jury de jugement – *(Loi n° 2017-256 du 28 février 2017)*

• Pour l'application des articles 296 et 297, le jury de jugement est formé de trois jurés lorsque le tribunal criminel statue en premier ressort et de six jurés lorsqu'il statue en appel.

Article 922. – Récusation – *(Loi n° 2017-256 du 28 février 2017)*

• Pour l'application de l'article 298, l'accusé et le ministère public ne peuvent récuser chacun plus de trois jurés en première instance et quatre en appel.

Article 923. – Majorité des voix – *(Loi n° 2021-1729 du 22 décembre 2021)*

• Les majorités de 7 ou 8 voix prévues par les articles 359 et 362, 2e alinéa, sont remplacées par des majorités de 4 ou 6 voix.

Section II

Du jugement des délits

Article 924. – Tribunal correctionnel – *(Loi n° 2001-616 du 11 juillet 2001)*

• Pour l'application de l'article 398, le tribunal correctionnel est toujours composé du président ou d'un juge du tribunal de première instance.

• Les articles L. 952-6 et L. 952-7 du Code de l'organisation judiciaire relatifs au remplacement de ces magistrats et aux modalités particulières d'exercice des fonctions juridictionnelles sont applicables au tribunal correctionnel.

Article 925. – Jugements et renvois – *(Loi n° 2001-616 du 11 juillet 2001)*

• Les articles 398-1 et 398-2 du présent code ne sont pas applicables.

Article 926. – Nombre des audiences correctionnelles – *(Loi n° 2001-616 du 11 juillet 2001)*

• Pour l'application du premier alinéa de l'article 399, le président du tribunal supérieur d'appel, après avis du président du tribunal de première instance et du procureur de la République, fixe par ordonnance, pendant la première quinzaine du mois de décembre, le nombre des audiences correctionnelles pour l'année judiciaire suivante.

Article 926-1. – *(Abrogé – Loi n° 2016-731 du 3 juin 2016)*

Article 927. – Délais d'opposition – *(Loi n° 2001-616 du 11 juillet 2001)*

• Pour l'application des articles 491 et 492, les délais d'opposition sont de dix jours si le prévenu réside dans la collectivité territoriale et d'un mois s'il réside en dehors de celle-ci.

Article 928. – Chambre des appels correctionnels – *(Loi n° 2001-616 du 11 juillet 2001)*

• Pour l'application de l'article 510, la chambre des appels correctionnels est composée du président du tribunal supérieur d'appel ainsi que de deux assesseurs figurant sur la liste prévue à l'article L. 951-3 du Code de l'organisation judiciaire.

• Les articles L. 952-10 et L. 952-11 du Code de l'organisation judiciaire relatifs au remplacement du président du tribunal supérieur d'appel et des assesseurs et aux modalités particulières d'exercice des fonctions juridictionnelles sont applicables à la chambre des appels correctionnels.

Article 928-1. – Président tribunal supérieur d'appel – *(Loi n° 2001-616 du 11 juillet 2001)*
• Pour l'application du premier alinéa de l'article 511, le président du tribunal supérieur d'appel, après avis du procureur de la République, fixe par ordonnance, pendant la première quinzaine du mois de décembre, le nombre des audiences correctionnelles pour l'année judiciaire suivante.

Article 929. – Appel – Rapport oral du président – *(Loi n° 2001-616 du 11 juillet 2001)*
• Pour l'application de l'article 513, l'appel est jugé sur le rapport oral du président.

Section III
Du jugement des contraventions

Article 930. – Ministère public – *(Loi n° 2001-616 du 11 juillet 2001)*
• Pour l'application de l'article 523, le procureur de la République occupe le siège du ministère public devant le tribunal de police.

Article 931. – Remplacement des magistrats – *(Loi n° 2001-616 du 11 juillet 2001)*
• Les articles L. 952-6 et L. 952-7 du Code de l'organisation judiciaire relatifs au remplacement des magistrats du tribunal de première instance et aux modalités particulières d'exercice des fonctions juridictionnelles sont applicables au tribunal de police.

Section IV
Des citations et significations

Article 932. – Délais – *(Loi n° 2001-616 du 11 juillet 2001)*
• Le délai prévu au premier alinéa de l'article 552 s'applique lorsque la partie citée réside dans la collectivité territoriale. Le délai est augmenté d'un mois si la partie citée réside en tout autre lieu du territoire de la République.

Section V
Des recours en indemnité

Article 933. – Commission d'indemnisation – *(Loi n° 2001-616 du 11 juillet 2001)*
• Par dérogation aux dispositions des deuxième et troisième alinéas de l'article 706-4, le président du tribunal de première instance exerce les attributions dévolues à la commission d'indemnisation.

Section VI
De l'exécution des sentences pénales

Article 934. – Fonctions de juge de l'application des peines – *(Loi n° 2004-204 du 9 mars 2004)*
• Par dérogation aux dispositions des deuxième et troisième alinéas de l'article 712-2, le président du tribunal de première instance exerce les fonctions de juge de l'application des peines. Il exerce les attributions dévolues au tribunal de l'application des peines conformément aux dispositions du deuxième alinéa de l'article 712-3.

Article 934-1. – *(Abrogé – Ordonnance n° 2022-478 du 30 mars 2022)*

Article 934-2. – *(Abrogé par la loi n° 2014-896 du 15 août 2014)*

TITRE IV

DISPOSITIONS PARTICULIÈRES APPLICABLES À LA COLLECTIVITÉ TERRITORIALE DE SAINT-PIERRE-ET-MIQUELON

CHAPITRE IV

De quelques procédures particulières

Article 934-3. – Code des douanes – *(Loi n° 2011-266 du 14 mars 2011)*
• Au 5° de l'article 706-167, la référence : *« aux deuxième et troisième alinéas de l'article 414 du Code des douanes » est remplacée par la référence : « aux deuxième et troisième alinéas de l'article 414 du Code des douanes applicable à Saint-Pierre-et-Miquelon ».*

TITRE IV

DISPOSITIONS PARTICULIÈRES APPLICABLES AUX COLLECTIVITÉS DE SAINT-BARTHÉLEMY ET DE SAINT-MARTIN

Article 935. – Désignation – *(Loi n° 2008-644 du 1er juillet 2008)*
• Pour l'application du présent code à Saint-Barthélemy et à Saint-Martin :
• 1° Les mots : « le département » sont remplacés par les mots : « la collectivité » ;
• 2° En l'absence d'adaptations prévues par le présent code, les références opérées par lui à des dispositions qui ne sont pas applicables à Saint-Barthélemy et à Saint-Martin sont remplacées par les références aux dispositions ayant le même objet applicables localement.

Article 936. – Débats contradictoires – *(Ordonnance n° 2019-964 du 18 septembre 2019)*
• Les débats contradictoires tenus en application de l'article 396 par le juge des libertés et de la détention du tribunal judiciaire de Basse-Terre pour les prévenus se trouvant dans la collectivité de Saint-Martin peuvent être réalisés par l'intermédiaire d'un moyen de télécommunication audiovisuelle, conformément à l'article 706-71. Les dispositions des 4e et 5e alinéas de cet article sont alors applicables.
• Copie de l'ordonnance de placement en détention provisoire prise en application du 3e alinéa de l'article 396 est adressée sur-le-champ, par télécopie ou par l'intermédiaire d'un moyen de communication électronique, pour notification et remise au prévenu et pour mise à exécution du titre de détention.

Article 937. – Détention provisoire – *(Loi n° 2021-1729 du 22 décembre 2021)*
• Les personnes placées en détention provisoire jusqu'à leur comparution devant le tribunal peuvent être détenues dans un local autre qu'une maison d'arrêt au plus tard jusqu'au 3e jour ouvrable suivant l'ordonnance prescrivant la détention. À défaut, elles sont mises d'office en liberté conformément aux dispositions de l'article 396.
• Les dispositions des articles 717-3 et 719-4 ainsi que celles des 5 premiers alinéas de l'article 716 et du 2e alinéa de l'article 727 ne leur sont pas applicables.
• Pour l'application de l'article 715, de l'article 719, du 2e alinéa de l'article 724 et du 1er alinéa de l'article 727, le local prévu au 1er alinéa est regardé comme un établissement pénitentiaire.
• Pour l'application de l'article 725, la personne dépositaire de l'autorité publique qui reçoit les personnes placées en détention provisoire au sein d'un local autre qu'une maison d'arrêt est regardée comme un agent de l'administration pénitentiaire.
• Sous réserve qu'ils ne soient placés sous main de justice, les valeurs, bijoux et effets dont sont porteurs les détenus sont pris en charge par l'autorité publique responsable de ce local. Ils sont dès lors inventoriés afin d'être remis à l'intéressé lors de sa libération ou d'être remis à l'établissement pénitentiaire dans lequel il sera, le cas échéant, conduit.
• Un décret détermine en tant que de besoin les conditions d'application du présent article et le régime de détention applicable dans ce local.

RÈGLEMENTS D'ADMINISTRATION PUBLIQUE ET DÉCRETS EN CONSEIL D'ÉTAT

PARTIE RÉGLEMENTAIRE

DÉCRETS EN CONSEIL D'ÉTAT

TITRE PRÉLIMINAIRE

DISPOSITIONS GÉNÉRALES

SOUS-TITRE Ier

DE L'ACTION PUBLIQUE ET DE L'ACTION CIVILE

Article R. 1. – Association – Inscription

• **I.** – Toute association visée au deuxième alinéa de l'article 2-3 peut être inscrite auprès du ministre de la justice, selon les modalités précisées au II du présent article, si elle remplit, à la date de sa demande d'inscription, les deux conditions suivantes :

• *a)* justifier de l'existence d'au moins cinq années d'activité effective en vue de la défense ou l'assistance de l'enfant en danger et victime de toutes formes de maltraitance ;

• *b)* justifier d'un nombre total d'adhérents supérieur ou égal à mille.

• **II.** – La demande d'inscription, adressée au ministre de la justice, comprend les documents suivants :

• *a)* les statuts de l'association ;

• *b)* un extrait du Journal officiel de la République française attestant de la date de sa déclaration ;

• *c)* un rapport d'activité portant sur les cinq dernières années ;

• *d)* un document justifiant du nombre de ses adhérents.

• Lorsque le dossier remis est complet, il en est délivré récépissé.

• La décision d'inscription ou de refus d'inscription est notifiée à l'association intéressée dans un délai de deux mois à compter de la date de délivrance du récépissé. Si aucune décision n'est notifiée dans ce délai, l'inscription est réputée acquise. La décision de refus d'inscription est motivée.

• Le ministre de la justice établit et tient à jour dans un registre la liste des associations habilitées à se constituer partie civile en application du deuxième alinéa de l'article 2-3.

• L'inscription peut être retirée, par décision motivée du ministre de la justice, lorsque l'association ne remplit plus les conditions énoncées au I du présent article. L'association est au préalable mise en demeure de présenter ses observations.

• L'association qui entend contester une décision de refus ou de retrait d'inscription doit, préalablement à tout recours contentieux, présenter un recours gracieux auprès du ministre de la justice.

• **III.** – Toute association inscrite adresse chaque année au ministre de la justice son rapport d'activité, qui précise notamment le nombre de ses adhérents.

Article R. 1-1. – Fédération d'associations – Inscription

• **I.** – Toute fédération d'associations visée au troisième alinéa de l'article 2-15 peut être inscrite auprès du ministre de la justice, selon les modalités précisées au II du présent article, si elle remplit, à la date de sa demande d'inscription, les trois conditions suivantes :

• *a)* Justifier de l'existence d'au moins cinq années d'activité effective en vue de la défense des intérêts des victimes d'accidents collectifs ;

• *b)* Rassembler au moins dix associations de victimes agréées sur le fondement du premier alinéa de l'article 2-15 ;

• *c)* Justifier d'un nombre total d'adhérents à ces associations, ayant la qualité de victimes d'infraction, supérieur ou égal à 1 000.

• **II.** – La demande d'inscription, adressée au ministre de la justice, comprend les documents suivants :

• *a)* Les statuts de la fédération ;

• *b)* Un extrait du Journal officiel de la République française attestant de la date de sa déclaration ;
• *c)* Un rapport d'activité portant sur les cinq dernières années ;
• *d)* Un document justifiant du nombre d'associations agréées affiliées à la fédération et du nombre de leurs adhérents.
• Lorsque le dossier remis est complet, il en est délivré récépissé.
• La décision d'inscription ou de refus d'inscription est notifiée à la fédération intéressée dans un délai de deux mois à compter de la date de délivrance du récépissé. Si aucune décision n'est notifiée dans ce délai, l'inscription est réputée acquise. La décision de refus d'inscription est motivée.
• Le ministre de la justice établit et tient à jour dans un registre la liste des fédérations habilitées à se constituer partie civile en application du troisième alinéa de l'article 2-15.
• L'inscription peut être retirée, par décision motivée du ministre de la justice, lorsque la fédération ne remplit plus les conditions énoncées au I du présent article. La fédération est au préalable mise en demeure de présenter ses observations.
• La fédération qui entend contester une décision de refus ou de retrait d'inscription doit, préalablement à tout recours contentieux, présenter un recours gracieux auprès du ministre de la justice.
• **III.** – Toute fédération inscrite adresse chaque année au ministre de la justice son rapport d'activité, qui précise notamment le nombre des associations qui la composent et celui de leurs adhérents.

Article R. 1-2. – Procédure d'agrément
• Les dispositions relatives à la procédure d'agrément des associations mentionnées au premier alinéa de l'article 2-21 sont fixées par les articles R. 114-6 à R. 114-17 du Code du patrimoine.

SOUS-TITRE II

DE LA PARTICIPATION DES CITOYENS AU JUGEMENT DES AFFAIRES PÉNALES

DÉCRET N° 2011-1271 DU 12 OCTOBRE 2011

relatif à la participation des citoyens au fonctionnement de la justice pénale

Ex articles R. 2 à R. 2-14 – Abrogés :
• *Objet : mise en œuvre, à titre expérimental, des dispositions relatives à la participation de citoyens assesseurs aux audiences de certaines juridictions pénales.*
• *Entrée en vigueur : les dispositions du présent décret devaient s'appliquer à titre expérimental du 1er janvier 2012 au 1er janvier 2014 dans les ressorts des cours d'appel de Toulouse et Dijon.*
• *Il a été mis fin à ces expérimentations à compter du 30 avril 2013. L'extension aux autres ressorts a été annulée à compter du 1er janvier 2013.*

SOUS-TITRE III

DES DROITS DES VICTIMES

CHAPITRE UNIQUE

Traitement de données à caractère personnel dénommé « système d'information interministériel des victimes d'attentats et de catastrophes »

Article R. 2-15. – Traitement de données à caractère personnel – SIVAC – *(Décret n° 2021-1182 du 13 septembre 2021)*
• Est autorisée la création, par le ministre de la justice, d'un traitement de données à carac-

tère personnel dénommé « système d'information interministériel des victimes d'attentats et de catastrophes » *(SIVAC)*. Ce traitement a pour finalités de :
• 1° Centraliser, fiabiliser et partager les données sur les personnes concernées par les accidents, sinistres, catastrophes ou infractions, notamment les actes de terrorisme, susceptibles de provoquer de nombreuses victimes ;
• 2° Améliorer l'information, l'accompagnement et la prise en charge des personnes mentionnées au 1° et accélérer la mise en œuvre de leurs droits ;
• 3° Produire des statistiques.
• Ce traitement concerne les événements survenant sur le territoire de la République. Il concerne également les événements survenant hors du territoire français impliquant des ressortissants français et des personnes étrangères résidant régulièrement en France.

Article R. 2-15-1. – Catégories de données à caractère personnel – *(Décret n° 2021-1182 du 13 septembre 2021)*
• Les catégories de données à caractère personnel et informations susceptibles d'être enregistrées dans le traitement sont :
• 1° Concernant les personnes recherchées et les personnes ayant pris attache avec les cellules d'information :
• – l'identité ;
• – la nationalité ;
• – les coordonnées ;
• – le rôle et le statut pour l'événement ;
• – le lien de proximité ;
• – les identifiants attribués ;
• 2° Concernant les personnes présentes ou déclarées sur les lieux de l'événement et leurs proches :
• – l'identité ;
• – la nationalité ;
• – la langue parlée ;
• – les coordonnées ;
• – le rôle et le statut pour l'événement ;
• – le lien de proximité ;
• – la situation sur le lieu de crise ;
• – les exigences de confidentialité appliquées à cette personne ;
• – les données relatives au type de prise en charge sanitaire, y compris médico-psychologique ;
• – la situation judiciaire ;
• – les données relatives à l'accompagnement ;
• – les identifiants attribués ;
• 3° Concernant les victimes et leurs proches pouvant bénéficier d'un accompagnement, d'une prise en charge ou de droits spécifiques :
• – l'identité ;
• – la situation familiale ;
• – la nationalité ;
• – la langue parlée ;
• – les coordonnées ;
• – le rôle et le statut pour l'événement ;
• – le lien de proximité ;
• – la situation sur le lieu de crise ;
• – les exigences de confidentialité appliquées à cette personne ;
• – les données relatives au type de prise en charge sanitaire, y compris médico-psychologique ;
• – la situation judiciaire ;
• – les données relatives à l'accompagnement ;
• – pour les actes terroristes, les données relatives aux droits dont le numéro d'inscription au répertoire national d'identification des personnes physiques et le numéro d'identification du contribuable ;
• – les identifiants attribués ;
• 4° Concernant les accédants mentionnés aux I à IV de l'article R. 2-15-2 : l'identité, les coordonnées professionnelles, les moyens d'authentification, les profils d'habilitation, les préférences.
• Le traitement des données à caractère personnel concernant la santé mentionnées à l'ar-

ticle 6 de la loi n° 78-17 du 6 janvier 1978 relative à l'informatique, aux fichiers et aux libertés n'est possible que pour les personnes mentionnées aux 2° et 3°, à l'exception des proches, et dans la stricte mesure où ces données sont nécessaires à la poursuite des finalités définies à l'article R. 2-15.

Article R. 2-15-2. – Accès – *(Décret n° 2021-1182 du 13 septembre 2021)*

• **I.** – Peuvent accéder, à raison de leurs attributions et dans la limite du besoin d'en connaître, à tout ou partie des données à caractère personnel et informations mentionnées aux 1°, 2° et 3° de l'article R. 2-15-1 :

• – les magistrats et les greffiers du parquet en charge de l'enquête ;

• – les magistrats et les greffiers de l'instruction ;

• – les personnels du service d'enquête saisi, nommément désignés et dûment habilités par l'autorité compétente ;

• – les personnels intervenant dans le cadre de l'unité d'identification des victimes de catastrophe saisie, nommément désignés et dûment habilités par l'autorité compétente ;

• – les personnels du secrétariat général du ministère de la justice en charge de l'aide aux victimes, nommément désignés et dûment habilités par l'autorité compétente ;

• – les personnels du ministère des affaires étrangères, nommément désignés et dûment habilités par l'autorité compétente ;

• – pour les actes terroristes, les magistrats et les greffiers de la juridiction civile compétente en application de l'article L. 217-6 du Code de l'organisation judiciaire.

• **II.** – Peuvent accéder, à raison de leurs attributions et dans la limite du besoin d'en connaître, à tout ou partie des données à caractère personnel et informations mentionnées aux 2° et 3° de l'article R. 2-15-1 :

• – les préfets de département et les procureurs de la République des tribunaux judiciaires ou leurs représentants, en leur qualité de co-présidents des comités locaux d'aide aux victimes ;

• – les personnels de la délégation interministérielle à l'aide aux victimes, nommément désignés et dûment habilités par l'autorité compétente ;

• – les personnels salariés des associations d'aide aux victimes agréées par le ministre de la justice, nommément désignés et dûment habilités par l'autorité compétente ;

• – pour les actes terroristes, les personnels du fonds de garantie des victimes des actes de terrorisme et d'autres infractions, nommément désignés et dûment habilités par l'autorité compétente.

• **III.** – Peuvent accéder, à raison de leurs attributions et dans la limite du besoin d'en connaître, pour les actes terroristes, à tout ou partie des données à caractère personnel et informations mentionnées au 3° de l'article R. 2-15-1 :

• – les personnels de l'administration centrale de la direction générale des finances publiques chargés du contentieux des impôts des particuliers, nommément désignés et dûment habilités par l'autorité compétente ;

• – les personnels de la caisse nationale d'assurance maladie et des autres organismes chargés d'un régime obligatoire d'assurance maladie, nommément désignés et dûment habilités par l'autorité compétente ;

• – les personnels de la direction des ressources humaines du ministère de la défense en charge de l'instruction des demandes et de l'attribution des pensions, nommément désignés et dûment habilités par l'autorité compétente ;

• – les personnels de l'office national des anciens combattants et des victimes de guerre, nommément désignés et dûment habilités par l'autorité compétente ;

• – les personnels de la caisse nationale des allocations familiales, nommément désignés et dûment habilités par l'autorité compétente.

• **IV.** – Peuvent accéder, à raison de leurs attributions et dans la limite du besoin d'en connaître, à tout ou partie des données à caractère personnel et informations mentionnées aux 2° et 3° de l'article R. 2-15-1 pour les agents, blessés ou décédés, ainsi que leurs proches :

• – les personnels de la direction générale de la police nationale chargés de l'accompagnement des personnels blessés en service ou des familles des personnels décédés en mission, nommément désignés et dûment habilités par l'autorité compétente ;

• – les personnels de la direction générale de la gendarmerie nationale chargés de l'accompagnement des personnels blessés en service ou des familles des personnels décédés en mission, nommément désignés et dûment habilités par l'autorité compétente ;

• – les personnels de la direction générale de la sécurité civile et de la gestion des crises en charge de la doctrine et des ressources humaines, nommément désignés et dûment habilités par l'autorité compétente ;

• – les personnels en charge de la gestion des ressources humaines au sein des services d'incendie et de secours, nommément désignés et dûment habilités par l'autorité compétente ;

• – les personnels de la direction des ressources humaines, de la direction des affaires juridiques et du commissariat des armées du ministère de la défense, nommément désignés et dûment habilités par l'autorité compétente.

• **V.** – Peuvent accéder, à raison de leurs attributions et dans la limite du besoin d'en connaître, à tout ou partie des données à caractère personnel et informations mentionnées au 4° de l'article R. 2-15-1 : les personnes mentionnées aux I à IV du présent article.

• **VI.** – Peuvent être destinataires, à raison de leurs attributions et dans la limite du besoin d'en connaître, de tout ou partie des données à caractère personnel et informations mentionnées :

• – au 3° de l'article R. 2-15-1, pour les actes terroristes : les directions départementales de la direction générale des finances publiques ;

• – aux 1°, 2° et 3° de l'article R. 2-15-1 : les administrations étrangères assurant les mêmes missions pour leurs ressortissants, y compris celles des pays absents de la liste prévue à l'article 45 du règlement *(UE)* 2016/679 du Parlement européen et du Conseil du 27 avril 2016, lorsqu'un motif important d'intérêt public le nécessite, conformément au d du 1 de l'article 49 du même règlement.

Article R. 2-15-3. – Conservation – *(Décret n° 2021-1182 du 13 septembre 2021)*

• Les données et informations mentionnées au 1° de l'article R. 2-15-1 sont conservées 6 mois à compter de la date de l'événement.

• Les données et informations mentionnées au 2° du même article sont conservées 10 ans à compter de la date de l'événement.

• Les données et informations mentionnées au 3° du même article sont conservées 10 ans à compter de la date de l'événement ou 15 ans pour les actes terroristes.

• Les données d'identité, de nationalité, le rôle et le statut pour l'événement ainsi que l'identifiant, attribué par le traitement, des victimes d'actes terroristes, à l'exclusion de leurs proches, sont conservées 30 ans à compter de la date de l'événement. Au-delà du délai de 15 ans, ces données ne sont accessibles qu'aux personnels habilités du ministère de la justice.

• Les données mentionnées aux 1°, 2° et 3° de l'article R. 2-15-1 ayant fait l'objet de mesures adéquates de pseudonymisation sont conservées 15 ans à compter de la date de l'événement pour la seule finalité statistique mentionnée au 3° de l'article R. 2-15.

• Les données et informations mentionnées au 4° de l'article R. 2-15-1 sont conservées 3 ans après la clôture du compte de l'accédant.

Article R. 2-15-4. – Consultations, créations, modifications ou suppressions – *(Décret n° 2021-1182 du 13 septembre 2021)*

• Les consultations, créations, modifications ou suppressions de données font l'objet d'un enregistrement comprenant l'identifiant de leur auteur ainsi que la date, l'heure et l'objet de l'opération. Ces informations sont conservées pendant un délai de 3 ans. Peuvent y accéder, à raison de leurs attributions et dans la limite du besoin d'en connaître, les personnes mentionnées aux I à IV de l'article R. 2-15-2.

Article R. 2-15-5. – Droit d'opposition – *(Décret n° 2021-1182 du 13 septembre 2021)*

• Le droit d'opposition prévu à l'article 21 du règlement mentionné ci-dessus ne s'applique pas au traitement des données à caractère personnel des personnes mentionnées aux 1°, 2° et 3° de l'article R. 2-15-1 par les personnels habilités du ministère de la justice, du service d'enquête et de l'unité d'identification des victimes de catastrophe saisis lorsque cette transmission ou cette consultation a pour objectif de garantir la protection des personnes concernées en application du i du 1 de l'article 23 du même règlement.

• Les personnes mentionnées aux 1°, 2° et 3° de l'article R. 2-15-1 peuvent en revanche s'opposer à la transmission ou la consultation de leurs données à caractère personnel aux autres catégories d'accédants et de destinataires.

• Les droits d'accès, de rectification, à la limitation et d'opposition prévus aux articles 15, 16, 18 et 21 du même règlement s'exercent auprès du service en charge de l'aide aux victimes du secrétariat général du ministère de la justice.

LIVRE Ier

DE L'EXERCICE DE L'ACTION PUBLIQUE ET DE L'INSTRUCTION

TITRE Ier

DES AUTORITÉS CHARGÉES DE L'ACTION PUBLIQUE ET DE L'INSTRUCTION

CHAPITRE Ier

De la police judiciaire

Section I

Dispositions générales

Article R. 2-16. – O.P.J. – Ordres ou instructions – *(Décret n° 2011-1271 du 12 octobre 2011)*

• Les officiers de police judiciaire, à l'occasion d'une enquête ou de l'exécution d'une commission rogatoire, ne peuvent solliciter ou recevoir des ordres ou instructions que de l'autorité judiciaire dont ils dépendent.

Article R. 2-17. – O.P.J. – Compte rendu – *(Décret n° 2011-1271 du 12 octobre 2011)*

• Les officiers de police judiciaire doivent rendre compte de leurs diverses opérations à l'autorité judiciaire dont ils dépendent sans attendre la fin de leur mission.

Section I bis

De la protection de l'identité de certains agents intervenant dans les procédures pénales

Nota : Conformément à l'article 2 du décret n° 2018-218 du 30 mars 2018 : Pour la mise en œuvre de l'article 55 *bis* du Code des douanes, les articles R. 2-18 à R. 2-24 du C.P.P. sont applicables sous réserve des dispositions suivantes :

1° Sans préjudice des dispositions des articles R. 2-22 à R. 2-24 du C.P.P., l'autorisation délivrée dans les conditions prévues au 2° du I de l'article 15-4 du même code est valable jusqu'à ce qu'une décision judiciaire mettant fin à la procédure soit devenue définitive ou qu'une transaction soit intervenue ;

2° Les références au numéro d'immatriculation administrative sont remplacées par la référence au numéro de commission d'emploi.

Article R. 2-18. – Délivrance de l'autorisation – *(Décret n° 2018-218 du 30 mars 2018)*

• L'autorisation mentionnée au 2e alinéa du I de l'article 15-4 est délivrée par écrit et est valable pendant la durée de l'affectation de l'agent ou de sa mise à disposition temporaire dans le service ou l'unité sous réserve qu'un changement de fonctions au sein de ce service ou de cette unité ne vienne modifier les conditions d'exercice de sa mission ou la nature des faits habituellement constatés.

Article R. 2-19. – Délivrance exclusive – *(Décret n° 2018-218 du 30 mars 2018)*

• L'autorisation mentionnée au 2° du I de l'article 15-4 ne peut être délivrée qu'à l'agent bénéficiant de l'autorisation mentionnée au 2e alinéa du I du même article.

• Elle est délivrée par écrit par un responsable hiérarchique d'un niveau suffisant mentionné au 2e alinéa du I de l'article 15-4.

• En cas d'urgence, elle peut être délivrée par tout moyen par un tel responsable ou par son représentant dans le cadre de l'astreinte du service. Elle doit être confirmée par écrit par un tel responsable hiérarchique dès le premier jour ouvrable suivant sa délivrance.

• Sans préjudice des dispositions des articles R. 2-22 à R. 2-24, cette autorisation est valable jusqu'à ce qu'une décision judiciaire mettant fin à la procédure soit devenue définitive.

Article R. 2-20. – Numéro d'immatriculation administrative – *(Décret n° 2018-218 du 30 mars 2018)*

• Le numéro d'immatriculation administrative par lequel le bénéficiaire des autorisations mentionnées au I de l'article 15-4 s'identifie dans les actes de procédure qu'il établit ou dans lesquels il est cité est défini par arrêté du ministre dont il relève.

• Lorsque la révélation de l'identité de l'agent est susceptible de caractériser l'infraction prévue au IV de l'article 15-4 ou lorsque la révélation intervenue dans les conditions du III du même article est susceptible de mettre en danger sa vie ou son intégrité physique ou celles de ses proches, un nouveau numéro d'immatriculation administrative est délivré à l'agent sur décision du responsable hiérarchique mentionné au 2e alinéa du I de l'article 15-4.

Article R. 2-21. – Requête – *(Décret n° 2018-218 du 30 mars 2018)*

• La requête prévue au 2e alinéa du III de l'article 15-4 est adressée par lettre recommandée avec demande d'avis de réception ou par remise au greffe contre récépissé. Lorsque la personne est détenue, la requête est déposée conformément aux dispositions du 10e alinéa de l'article 81.

Article R. 2-22. – Saisine – Juridiction civile ou commission d'indemnisation – *(Décret n° 2018-218 du 30 mars 2018)*

• Lorsque le bénéficiaire d'une autorisation délivrée en application de l'article 15-4 exerce son action en réparation devant une juridiction civile ou qu'il saisit la commission d'indemnisation des victimes d'infraction d'une demande d'indemnité, il peut s'identifier par son numéro d'immatriculation administrative.

• La juridiction ou la commission saisie peut avoir accès aux nom et prénom du bénéficiaire de cette autorisation par l'intermédiaire du procureur de la République compétent.

• Dans les décisions judiciaires et tous les actes de la procédure, y compris en cas d'appel ou de pourvoi en cassation, il ne peut être fait état des nom et prénom du bénéficiaire de l'autorisation ; seuls ses numéro d'immatriculation administrative, qualité et service ou unité d'affectation sont mentionnés.

Article R. 2-23. – Recouvrement – *(Décret n° 2018-218 du 30 mars 2018)*

• Dans le cadre de l'aide au recouvrement et dans toutes les procédures de recouvrement de dommages et intérêts obtenus par le bénéficiaire d'une autorisation délivrée conformément à l'article 15-4 au titre de la réparation de son préjudice en sa qualité de partie civile, il ne peut être fait état de ses nom et prénom, et seuls ses numéro d'immatriculation administrative, qualité et service ou unité d'affectation sont mentionnés.

• Le recouvrement des dommages et intérêts s'effectue par l'intermédiaire d'un avocat ou d'un huissier de justice mandaté à cette fin ou du fonds de garantie des victimes des actes de terrorisme et d'autres infractions, auxquels le bénéficiaire de l'autorisation transmet la copie de l'autorisation qui lui a été nominativement délivrée par le responsable hiérarchique mentionné au 2e alinéa du I de l'article 15-4.

Article R. 2-24. – Dommages et intérêts – *(Décret n° 2018-218 du 30 mars 2018)*

• En cas de répétition de l'indu, la restitution des dommages et intérêts est réalisée par l'intermédiaire de l'agent judiciaire de l'État, qui récupère les sommes indûment versées auprès du bénéficiaire de l'autorisation.

Section II

Des officiers de police judiciaire

§ 1er. – Désignation des officiers de police judiciaire

Article R. 3. – Commission – *(Décret n° 2023-345 du 4 mai 2023)*

• La commission prévue à l'article 16 *(2° et 4°)* du Code de procédure pénale, dont l'avis conforme est requis pour la désignation des militaires de la gendarmerie nationale et des fonctionnaires du corps d'encadrement et d'application de la police nationale auxquels est attribuée la qualité d'officier de police judiciaire, est composée comme suit :

• 1° Le procureur général près la Cour de cassation ou son délégué choisi par lui parmi les premiers avocats généraux et les avocats généraux près la Cour de cassation, président ;

• 2° Cinq magistrats en activité ou honoraires ;

• 3° Le directeur général de la police nationale ou son représentant ;
• 4° Le directeur général de la gendarmerie nationale ou son représentant ;
• 5° Le directeur, chef de l'inspection générale de la police nationale ou son représentant ;
• 6° Le directeur central du recrutement et de la formation de la police nationale ou son représentant ;
• 7° Le chef de l'inspection générale de la gendarmerie nationale ou son représentant ;
• 8° Le commandant des écoles de la gendarmerie nationale ou son représentant.
• En cas de partage des voix, le président de la commission a voix prépondérante.
• Les membres de la commission mentionnés au 2° sont nommés par arrêté conjoint du garde des Sceaux, ministre de la justice, et du ministre de l'intérieur pour une durée de 4 ans renouvelable une fois et ont chacun un suppléant désigné dans les mêmes conditions. Ils ne peuvent exercer leurs fonctions au sein de la commission pour une durée supérieure à 8 ans quelle que soit leur qualité de titulaire ou de suppléant.

Article R. 4. – Secrétariat – *(Décret n° 2023-345 du 4 mai 2023)*
• Le secrétariat de la commission est assuré par le commandement des écoles de la gendarmerie nationale et la direction centrale du recrutement et de la formation de la police nationale.

Article R. 5. – Conditions d'attribution de la qualité d'O.P.J. – *(Décret n° 2023-345 du 4 mai 2023)*
• La qualité d'officier de police judiciaire peut être attribuée :
• – aux sous-officiers de gendarmerie ayant satisfait aux épreuves d'un examen technique et comptant au moins 30 mois de services à compter du début de leur formation initiale, dont au moins 6 mois effectués dans un emploi comportant l'exercice des attributions attachées à la qualité d'agent de police judiciaire ;
• – aux fonctionnaires du corps d'encadrement et d'application de la police nationale ayant satisfait aux épreuves d'un examen technique et comptant au moins 30 mois de services à compter du début de leur formation initiale, dont au moins 6 mois effectués dans un emploi comportant l'exercice des attributions attachées à la qualité d'agent de police judiciaire.
• Les modalités d'organisation et le programme des épreuves de l'examen technique prévu aux 2e et 3e alinéas sont fixés par arrêté conjoint du garde des Sceaux, ministre de la justice, et du ministre de l'intérieur.

Article R. 6. – Date et sujets des épreuves – *(Décret n° 2016-390 du 30 mars 2016)*
• La commission prévue à l'article R. 3 détermine la date et les sujets des épreuves des examens techniques d'officier de police judiciaire de la police et de la gendarmerie nationales.

Article R. 7. – Jury de l'examen – Gendarmerie nationale – *(Décret n° 2023-345 du 4 mai 2023)*
• Le jury de l'examen technique d'officier de police judiciaire de la gendarmerie nationale est composé comme suit :
• 1° Le procureur général près la Cour de cassation ou son délégué choisi par lui parmi les premiers avocats généraux et les avocats généraux près la Cour de cassation, président ;
• 2° Le directeur général de la gendarmerie nationale ou son représentant ;
• 3° Le chef de l'inspection générale de la gendarmerie nationale ou son représentant ;
• 4° Le commandant des écoles de la gendarmerie nationale ou son représentant ;
• 5° Des magistrats en activité ou honoraires ;
• 6° Des officiers supérieurs de la gendarmerie nationale dont la moitié au plus peuvent être en retraite.
• Les membres du jury mentionnés aux 1°, 2°, 3°, 4° et 5° peuvent être différents des membres mentionnés aux 1°, 2°, 4°, 7° et 8° de l'article R. 3.
• Le nombre total des magistrats prévus aux 1° et 5° est égal au nombre total des membres prévus aux 2°, 3°, 4° et 6°.
• Des magistrats et des officiers supérieurs de la gendarmerie nationale sont désignés comme suppléants. Le membre suppléant remplace le membre titulaire avant le début de l'examen et pour toute sa durée.
• Le jury établit la liste des candidats ayant satisfait à l'examen technique d'officier de police judiciaire de la gendarmerie nationale.
• En cas de partage des voix, le président du jury a voix prépondérante.

Article R. 8. – Jury de l'examen – Police nationale – *(Décret n° 2018-322 du 2 mai 2018)*
• Le jury de l'examen technique d'officier de police judiciaire de la police nationale est composé comme suit :

• 1° Le procureur général près la Cour de cassation ou son délégué choisi par lui parmi les premiers avocats généraux et les avocats généraux près la Cour de cassation, président;
• 2° Le directeur général de la police nationale ou son représentant;
• 3° Le directeur, chef de l'inspection générale de la police nationale ou son représentant;
• 4° Le directeur central du recrutement et de la formation de la police nationale ou son représentant;
• 5° Des magistrats en activité ou honoraires;
• 6° Des fonctionnaires de la police nationale ayant au moins rang de commissaire de police dont la moitié au plus peuvent être en retraite.
• Les membres du jury mentionnés aux 1°, 2°, 3°, 4° et 5° peuvent être différents des membres mentionnés aux 1°, 2°, 3°, 5° et 6° de l'article R. 3.
• Le nombre total des magistrats prévus aux 1° et 5° est égal au nombre total des membres prévus aux 2°, 3°, 4° et 6°.
• Des magistrats et des fonctionnaires de la police nationale ayant au moins rang de commissaire de police sont désignés comme suppléants. Le membre suppléant remplace le membre titulaire avant le début de l'examen et pour toute sa durée.
• Le jury établit la liste des candidats ayant satisfait à l'examen technique d'officier de police judiciaire de la police nationale.
• En cas de partage des voix, le président du jury a voix prépondérante.

Article R. 9. – Membres des jurys – *(Décret n° 2016-390 du 30 mars 2016)*
• Les membres des jurys de l'examen technique mentionnés aux articles R. 7 et R. 8 sont nommés par arrêté conjoint du garde des sceaux, ministre de la justice, et du ministre de l'intérieur.
• Les membres des jurys mentionnés aux 5° et 6° des articles R. 7 et R. 8 ne peuvent exercer leurs fonctions au sein du jury pour une durée supérieure à huit ans quelle que soit leur qualité de titulaire ou de suppléant.

Article R. 10. – Attribution de la qualité d'O.P.J. – *(Décret n° 2016-390 du 30 mars 2016)*
• L'attribution de la qualité d'officier de police judiciaire aux candidats reçus à l'examen technique est prononcée, après avis conforme de la commission prévue à l'article R. 3, par arrêté conjoint du garde des sceaux, ministre de la justice, et du ministre de l'intérieur.

§ 2. – Habilitation des militaires de la gendarmerie
et des fonctionnaires de la police nationale, ayant la qualité d'officier de police judiciaire,
à exercer effectivement les attributions attachées à cette qualité

A. – Habilitation des officiers de police judiciaire de la gendarmerie

Article R. 11. – Cursus – Formations – Officiers de gendarmerie – *(Décret n° 2023-345 du 4 mai 2023)*
• Ne sont pas considérées comme donnant lieu à une 1re affectation au sens de l'avant dernier alinéa de l'article 16, les étapes du cursus au cours desquelles les officiers de gendarmerie mentionnés au 2° du même article bénéficient, pour les besoins et dans le cadre de leur formation initiale et complémentaire, de la qualité d'officier de police judiciaire. Dans ce cas une habilitation est délivrée pour toute la durée de la scolarité par le procureur général près la cour d'appel dans le ressort de laquelle est implanté le lieu de formation et prend fin à l'issue de celle-ci.
• Par dérogation au précédent alinéa, les élèves admis à l'École des officiers de la gendarmerie au titre du décret n° 2008-946 du 12 septembre 2008 portant statut particulier du corps des officiers de gendarmerie qui disposent d'une habilitation d'officier de police judiciaire conservent le bénéfice de cette habilitation pendant leur formation initiale et complémentaire et à l'issue de leur scolarité.

Article R. 12. – *(Abrogé – Décret n° 2016-390 du 30 mars 2016)*

Article R. 13. – Habilitation – O.P.J. – Gendarmerie nationale – *(Décret n° 2023-345 du 4 mai 2023)*
• Les militaires de la gendarmerie mentionnés au 2° de l'article 16 ne peuvent être habilités à exercer effectivement les attributions attachées à leur qualité d'officier de police judiciaire que lorsqu'ils sont affectés à un emploi comportant l'exercice de ces attributions.

Article R. 14. – Demande d'habilitation – *(Décret n° 2023-345 du 4 mai 2023)*

• La demande d'habilitation est adressée au procureur général près la cour d'appel dans le ressort de laquelle intervient la 1re affectation de l'officier de police judiciaire. Cette demande est transmise par :

• *a)* Le directeur général de la gendarmerie nationale pour les commandants de région, les commandants des formations de gendarmerie directement rattachées à l'administration centrale et les chefs des services et commandants d'unités à compétence nationale ;

• *b)* Le commandant de région de gendarmerie pour les commandants de groupement de gendarmerie départementale et les officiers de police judiciaire des services ou unités placés directement sous son autorité ;

• *c)* Le commandant de groupement, le commandant de la gendarmerie dans les départements et les collectivités d'outre-mer et en Nouvelle-Calédonie, le commandant d'une formation de gendarmerie directement rattachée à l'administration centrale ou le chef de service ou commandant d'unité à compétence nationale, pour tous les officiers de police judiciaire des unités placées sous leur autorité ;

• *d)* Le chef de service dont dépend l'officier de police judiciaire lorsqu'il est affecté dans un service de la police nationale.

Article R. 14-1. – Contenu de la demande – *(Décret n° 2023-345 du 4 mai 2023)*

• La demande précise la nature des fonctions confiées à l'officier de police judiciaire et le service ou l'unité au sein duquel il sera appelé à les exercer habituellement.

• Elle précise également si, au cours d'une précédente affectation, la personne a été définitivement sanctionnée pour des fautes disciplinaires constituant des manquements à l'honneur, à la probité ou des insuffisances professionnelles graves.

• Le procureur général saisi de la demande est informé, dans les meilleurs délais, des sanctions éventuellement intervenues pour des manquements à l'honneur, à la probité ou des insuffisances professionnelles graves, commis au cours d'une précédente affectation lorsque, au moment de la demande :

• 1° Une procédure disciplinaire était en cours ;

• 2° La sanction prononcée pour ces fautes n'était pas définitive.

Article R. 15. – Fonctions sur tout le territoire de la République – *(Décret n° 2012-1046 du 12 septembre 2012)*

• Lorsque l'officier de police judiciaire est appelé à exercer habituellement ses fonctions d'officier de police judiciaire sur tout le territoire de la République, la demande d'habilitation est adressée au procureur général près la cour d'appel de Paris.

Article R. 15-1. – Accord ou refus – *(Décret n° 2023-345 du 4 mai 2023)*

• Le procureur général accorde ou refuse par arrêté l'habilitation à exercer effectivement les attributions attachées à la qualité d'officier de police judiciaire.

• Lorsqu'il envisage de refuser l'habilitation, le procureur général en informe l'intéressé, en lui précisant qu'il peut, dans un délai de 15 jours, prendre connaissance de son dossier et être entendu, le cas échéant, avec l'assistance d'un conseil de son choix.

Article R. 15-2. – Retrait ou suspension – *(Décret n° 2023-345 du 4 mai 2023)*

• Le procureur général du lieu d'exercice habituel des fonctions de l'officier de police judiciaire prononce le retrait ou, pour une durée n'excédant pas 2 ans, la suspension de l'habilitation à exercer les attributions attachées à la qualité d'officier de police judiciaire, par arrêté pris soit d'office, soit sur la proposition du commandant du groupement ou du commandant régional de la gendarmerie.

• Il entend préalablement l'officier de police judiciaire qui peut prendre connaissance du dossier relatif aux faits qui lui sont reprochés et se faire assister d'un conseil de choix.

• L'officier de police judiciaire dont l'habilitation a été suspendue reprend de plein droit, à l'expiration de la suspension, l'exercice des attributions attachées à sa qualité. Le procureur général peut, à tout moment, abréger la durée de la suspension.

• Après un retrait, l'habilitation ne peut être rendue que dans les formes prévues par son attribution initiale.

J **• Retrait habilitation – O.P.J. – Recours**

Contre la décision de la commission de recours des O.P.J., en date du 04/04/2018, qui a suspendu son habilitation à exercer les attributions d'O.P.J. pendant une durée de 2 ans ;

Attendu qu'il résulte de la décision attaquée et des pièces de procédure qu'à la suite de la découverte par la Direction nationale des enquêtes douanières (DNRED), le 17/10/2015 à Paris, de 7 tonnes de résine de cannabis réparties dans plu-

sieurs véhicules stationnés sur la voie publique, l'enquête diligentée a établi que ces stupéfiants, une fois importés en France, avaient fait l'objet d'une livraison surveillée, en lien avec les agissements d'un informateur de l'Office central de répression du trafic illicite de stupéfiants (OCRTIS), M. Sophiane H... ; que ces opérations, portant sur une quantité totale de 16 tonnes de résine de cannabis, ont été réalisées sous la direction de ce service, placé sous la responsabilité de M. T..., et après qu'en avait été informé le procureur de la République de Perpignan; que les activités illégales de M. Mouchide B..., qui figurait parmi les destinataires des stupéfiants issus de cette opération, faisaient l'objet d'une information instruite par un juge d'instruction de la juridiction inter-régionale spécialisée de Lyon, lequel avait autorisé une opération d'infiltration par le canal de M. H... ; qu'entreposée le 09/10/2015 en région lyonnaise, puis transportée le lendemain en banlieue parisienne à l'initiative du même informateur, la résine de cannabis, échappant alors au contrôle de l'OCRTIS, a ensuite été dispersée en France et à l'étranger, aboutissant à la réalisation de plusieurs saisies ultérieures par d'autres services, dont l'une de 1,9 tonne le 14/10/2005 à Ancenis (44150) et l'autre de 6,2 tonnes, le 25/10/2015 à Mons (Belgique); qu'une précédente importation, d'environ 3 tonnes de résine de cannabis, suivie d'une autre livraison surveillée, avait été réalisée en février 2015, selon des modalités similaires, avec l'intervention de M. H... et sous la surveillance de l'OCRTIS, après information du procureur de la République de Perpignan;

Que, reprochant à M. T... des violations des dispositions du C.P.P., un manque de discernement, des manquements à la loyauté à l'égard de l'autorité judiciaire, des négligences graves et répétées, un manque de professionnalisme et une confiance excessive envers M. H..., le procureur général, après avoir procédé à l'audition de l'intéressé, a, par arrêté du 05/10/2017, ordonné le retrait de son habilitation; que cette décision ayant été confirmée après qu'il eut formé un recours préalable, M. T... a déposé une requête devant la commission prévue à l'article 16-2 du C.P.P.;

Qu'en effet, d'une part, la procédure, prévue aux articles R.15-2 et R.15-6 du C.P.P. et mise en œuvre par le procureur général près la cour d'appel, si elle peut conduire ce magistrat à prononcer une mesure de suspension ou de retrait d'habilitation, constitue une procédure disciplinaire spécifique accordant à l'O.P.J. concerné par ladite procédure, dans le respect du principe du contradictoire, l'assistance d'un avocat lors des auditions et l'accès au dossier, d'autre part, le recours formé contre la décision prise en 1re instance relève de la compétence d'une commission, composée par 3 magistrats de la Cour de cassation, qui, conformément aux articles R.15-7 à R.15-16 du C.P.P., procède à un réexamen en fait comme en droit du dossier et exerce un contrôle de l'arrêté pris par le procureur général et dont la décision est elle-même soumise au contrôle de la Cour de cassation pour violation de la loi, de sorte que l'intéressé bénéficie de garanties suffisantes de nature à préserver ses droits, conformément à l'article 6, § 1, de la CEDH, notamment eu égard à l'exigence d'impartialité;

Et attendu que la décision est régulière en la forme; REJETTE le pourvoi;

(Convention Européenne des Droits de l'Homme CEDH – Chambre criminelle du 8 janvier 2019 – N° de pourvoi: 18-82353).

Article R. 15-2-1. – Réserve opérationnelle Gendarmerie Nationale/Police Nationale – Militaires retraités – Qualité O.P.J. – *(Décret n° 2022-1113 du 3 août 2022)*

• Lorsqu'ils servent dans la réserve opérationnelle de la gendarmerie nationale, les militaires de la gendarmerie nationale à la retraite ayant eu durant leur activité la qualité d'officier de police judiciaire peuvent être habilités, dans les conditions et selon les modalités prévues aux articles R. 15-2-2 à R. 15-2-6, à exercer les attributions attachées à cette qualité pendant une durée de 5 ans à compter de la date de leur départ à la retraite.

• Lorsqu'ils servent dans la réserve opérationnelle de la police nationale, les militaires de la gendarmerie nationale à la retraite ayant eu durant leur activité la qualité d'officier de police judiciaire peuvent être habilités, dans les conditions prévues aux articles R. 15-6-1 à R. 15-6-6, à exercer les attributions attachées à cette qualité pendant une durée de 5 ans à compter de la date de leur départ à la retraite.

Article R. 15-2-2. – Demande d'habilitation – Modalités – *(Décret n° 2022-1113 du 3 août 2022)*

• La demande d'habilitation est adressée au procureur général près la cour d'appel dans le ressort de laquelle intervient la première affectation du réserviste. Suivant l'unité ou le service de cette 1re affectation du réserviste la demande est transmise par le commandant de région de gendarmerie, le commandant de groupement de la gendarmerie départementale, le commandant de la gendarmerie dans les départements et les collectivités d'outre-mer et en Nouvelle-Calédonie, le commandant d'une formation de gendarmerie directement rattachée à l'administration centrale ou le chef de service ou commandant d'unité à compétence nationale.

Article R. 15-2-3. – Demande d'habilitation – Contenu – *(Décret n° 2022-1113 du 3 août 2022)*

• La demande d'habilitation mentionnée à l'article R. 15-2-2 précise la nature des fonctions confiées au réserviste et le service ou l'unité au sein duquel il sera appelé à les exercer lors de sa première affectation.

• La demande d'habilitation atteste que le réserviste réunit les conditions d'expérience et d'aptitude requises et qu'il a bénéficié, le cas échéant, d'une actualisation de ses connaissances. A cette fin, l'autorité compétente en application de l'article R. 15-2-2 s'assure que le réserviste dispose de l'expérience et des aptitudes requises pour conserver sa qualité d'officier de police judiciaire. Elle vérifie également que ce dernier bénéficie d'une actualisation de ses connaissances qui tienne compte de son expérience professionnelle et du temps écoulé depuis la rupture du lien avec l'unité au sein de laquelle il exerçait en tant qu'officier de police judiciaire. Les conditions d'organisation de cette actualisation des connaissances sont fixées par arrêté conjoint du garde des sceaux, ministre de la justice et du ministre de l'intérieur.

• La demande d'habilitation mentionne, le cas échéant, les sanctions prononcées à l'encontre de l'officier de police judiciaire, au cours d'une précédente affectation lorsqu'il était en activité ou en tant que réserviste, à la suite de manquements aux exigences déontologiques, selon les conditions prévues à l'article R. 14-1.

Article R. 15-2-4. – Habilitation – Accord ou refus – *(Décret n° 2022-1113 du 3 août 2022)*
• Le procureur général accorde ou refuse par arrêté l'habilitation à exercer effectivement les attributions attachées à la qualité d'officier de police judiciaire.
• L'habilitation est valable pour toute la durée d'engagement dans la réserve opérationnelle, y compris en cas de changement d'affectation, et dans la limite de 5 ans à compter de la date de départ à la retraite du gendarme réserviste.
• Lorsqu'il envisage de refuser l'habilitation, le procureur général en informe l'intéressé, en lui précisant qu'il peut, dans un délai de 15 jours, prendre connaissance de son dossier et être entendu le cas échéant avec l'assistance d'un conseil de son choix.

Article R. 15-2-5. – Habilitation – Dispositions – *(Décret n° 2022-1113 du 3 août 2022)*
• Le procureur général du lieu d'exercice habituel des fonctions de l'officier de police judiciaire prononce le retrait ou, pour une durée n'excédant pas 2 ans, la suspension de l'habilitation à exercer les attributions attachées à la qualité d'officier de police judiciaire, par arrêté pris soit d'office, soit sur la proposition du commandant du groupement ou de la région de gendarmerie.
• Il entend préalablement l'officier de police judiciaire qui peut prendre connaissance du dossier relatif aux faits qui lui sont reprochés et se faire assister d'un conseil de son choix.
• L'officier de police judiciaire dont l'habilitation a été suspendue reprend de plein droit, à l'expiration de la suspension, l'exercice des attributions attachées à sa qualité. Le procureur général peut, à tout moment, abréger la durée de la suspension.
• Après un retrait, l'habilitation ne peut être rendue que dans les mêmes formes que celles prévues pour son attribution initiale.

Article R. 15-2-6. – Recours – *(Décret n° 2022-1113 du 3 août 2022)*
• Les décisions de refus, de suspension ou de retrait de l'habilitation mentionnées aux articles R. 15-2-4 et R. 15-2-5 peuvent faire l'objet d'un recours dans les conditions fixées aux articles 16-1 à 16-3.

B. – Habilitation des officiers de police judiciaire de la police nationale

Article R. 15-3. – Habilitation – O.P.J. – Police nationale – *(Décret n° 2023-345 du 4 mai 2023)*
• Les fonctionnaires de la police nationale mentionnés au 3° de l'article 16 ne peuvent être habilités à exercer effectivement les attributions attachées à leur qualité d'officier de police judiciaire que lorsqu'ils sont affectés à un emploi comportant l'exercice de ces attributions.
• Pour chaque fonctionnaire affecté à un tel emploi, une demande d'habilitation est adressée par le chef du service auquel appartient ce fonctionnaire, au procureur général près la cour d'appel dans le ressort de laquelle intervient la 1re affectation de l'officier de police judiciaire.
• La demande précise la nature des fonctions confiées à l'officier de police judiciaire et le service ou l'unité au sein duquel il sera appelé à les exercer habituellement.
• Elle précise également si, au cours d'une précédente affectation, la personne a été définitivement sanctionnée pour des fautes disciplinaires constituant des manquements à l'honneur, à la probité ou des insuffisances professionnelles graves.
• Le procureur général saisi de la demande est informé, dans les meilleurs délais, des sanctions éventuellement intervenues pour des manquements à l'honneur, à la probité ou des insuffisances professionnelles graves, commis au cours d'une précédente affectation lorsque, au moment de la demande :
• 1° Une procédure disciplinaire était en cours ;
• 2° La sanction prononcée pour ces fautes n'était pas définitive.
• Si l'officier de police judiciaire est affecté dans une unité de la gendarmerie nationale, la demande d'habilitation est transmise selon les distinctions prévues aux a, b ou c de l'article R. 14.
• Ne sont pas considérées comme donnant lieu à une 1re affectation au sens de l'avant-dernier alinéa de l'article 16, les périodes au cours desquelles les fonctionnaires de police mentionnés au 3° de l'article 16 bénéficient, pour les besoins et dans le cadre de leur formation

initiale, de la qualité d'officier de police judiciaire. Dans ce cas, une habilitation est délivrée pour toute la durée de la scolarité par le procureur général près la cour d'appel dans le ressort de laquelle est implanté le lieu de formation et prend fin à l'issue de celle-ci.

• Par dérogation au précédent alinéa, les fonctionnaires de police issus des concours internes et des voies d'accès professionnelles et disposant d'une habilitation d'officier de police judiciaire conservent le bénéfice de cette habilitation pendant leur formation et à l'issue de leur scolarité.

Article R. 15-4. – Fonctions sur tout le territoire de la République – *(Décret n° 2012-1046 du 12 septembre 2012)*

• Lorsque l'officier de police judiciaire est appelé à exercer habituellement ses fonctions d'officier de police judiciaire sur tout le territoire de la République, la demande d'habilitation est adressée au procureur général près la cour d'appel de Paris.

Article R. 15-5. – Accord ou refus – *(Décret n° 2023-345 du 4 mai 2023)*

• Le procureur général accorde ou refuse par arrêté l'habilitation à exercer effectivement les attributions attachées à la qualité d'officier de police judiciaire.

• Lorsqu'il envisage de refuser l'habilitation, le procureur général en informe l'intéressé, en lui précisant qu'il peut, dans un délai de 15 jours, prendre connaissance de son dossier et être entendu, le cas échéant, avec l'assistance d'un conseil de son choix.

Article R. 15-6. – Retrait ou suspension – *(Décret n° 2023-345 du 4 mai 2023)*

• Le procureur général du lieu d'exercice habituel des fonctions de l'officier de police judiciaire prononce le retrait ou, pour une durée n'excédant pas 2 ans, la suspension de l'habilitation à exercer les attributions attachées à la qualité d'officier de police judiciaire, par arrêté pris soit d'office, soit sur la proposition du chef de service. Il entend préalablement l'officier de police judiciaire qui peut prendre connaissance du dossier relatif aux faits qui lui sont reprochés et se faire assister d'un conseil de son choix.

• L'officier de police judiciaire dont l'habilitation a été suspendue reprend de plein droit, à l'expiration de la suspension, l'exercice des attributions attachées à sa qualité. Le procureur général peut, à tout moment, abréger la durée de la suspension.

• Après un retrait, l'habilitation ne peut être rendue que dans les formes prévues pour une attribution initiale.

Article R. 15-6-1. – Réserve opérationnelle Gendarmerie Nationale/Police Nationale – Fonctionnaires de la Police Nationale retraités – Qualité O.P.J. – *(Décret n° 2022-1113 du 3 août 2022)*

• Lorsqu'ils servent dans la réserve opérationnelle de la police nationale, les fonctionnaires de la police nationale à la retraite ayant eu durant leur activité la qualité d'officier de police judiciaire peuvent être habilités, dans les conditions et selon les modalités prévues aux articles R. 15-6-2 à R. 15-6-6, à exercer les attributions attachées à cette qualité pendant une durée de 5 ans à compter de la date de leur départ à la retraite.

• Lorsqu'ils servent dans la réserve opérationnelle de la gendarmerie nationale, les fonctionnaires de la police nationale à la retraite ayant eu durant leur activité la qualité d'officier de police judiciaire peuvent être habilités, dans les conditions prévues aux articles R. 15-2-1 à R. 15-2-6, à exercer les attributions attachées à cette qualité pendant une durée de 5 ans à compter de la date de leur départ à la retraite.

Article R. 15-6-2. – Demande d'habilitation – Modalités – *(Décret n° 2022-1113 du 3 août 2022)*

• La demande d'habilitation est adressée au procureur général près la cour d'appel dans le ressort de laquelle intervient la 1re affectation du réserviste. Cette demande est transmise par le chef du service auquel appartient le réserviste.

Article R. 15-6-3. – Demande d'habilitation – Contenu – *(Décret n° 2022-1113 du 3 août 2022)*

• La demande d'habilitation précise la nature des fonctions confiées au réserviste et le service ou l'unité au sein duquel il sera appelé à les exercer lors de sa 1re affectation.

• La demande d'habilitation atteste que le réserviste réunit les conditions d'expérience et d'aptitude requises et qu'il a bénéficié, le cas échéant, d'une actualisation de ses connaissances. À cette fin, le chef de service s'assure que le réserviste dispose de l'expérience et des aptitudes requises pour conserver sa qualité d'officier de police judiciaire. Il vérifie également que ce dernier bénéficie d'une actualisation de ses connaissances qui tienne compte de son expérience professionnelle et du temps écoulé depuis la rupture du lien avec le service au sein duquel il exerçait en tant qu'officier de police judiciaire. Les conditions d'organisation de cette actualisation des connaissances sont fixées par arrêté conjoint du garde des sceaux, ministre de la justice et du ministre de l'intérieur.

• La demande d'habilitation mentionne, le cas échéant, les sanctions prononcées à l'encontre de l'officier de police judiciaire, au cours d'une précédente affectation lorsqu'il était en activité ou en tant que réserviste, à la suite de manquements aux exigences déontologiques, selon les conditions prévues à l'article R. 15-3.

Article R. 15-6-4. – Habilitation – Accord ou refus – *(Décret n° 2022-1113 du 3 août 2022)*

• Le procureur général accorde ou refuse par arrêté l'habilitation à exercer effectivement les attributions attachées à la qualité d'officier de police judiciaire.

• L'habilitation est valable pour toute la durée d'engagement dans la réserve opérationnelle, y compris en cas de changement d'affectation, et dans la limite de 5 ans à compter de la date de départ à la retraite du réserviste.

• Lorsqu'il envisage de refuser l'habilitation, le procureur général en informe l'intéressé, en lui précisant qu'il peut, dans un délai de 15 jours, prendre connaissance de son dossier et être entendu le cas échéant, avec l'assistance d'un conseil de son choix.

Article R. 15-6-5. – Habilitation – Dispositions – *(Décret n° 2022-1113 du 3 août 2022)*

• Le procureur général du lieu d'exercice habituel des fonctions de l'officier de police judiciaire prononce le retrait ou, pour une durée n'excédant pas 2 ans, la suspension de l'habilitation à exercer les attributions attachées à la qualité d'officier de police judiciaire, par arrêté pris soit d'office, soit sur la proposition du chef de service. Il entend préalablement l'officier de police judiciaire qui peut prendre connaissance du dossier relatif aux faits qui lui sont reprochés et se faire assister d'un conseil de son choix.

• L'officier de police judiciaire dont l'habilitation a été suspendue reprend de plein droit, à l'expiration de la suspension, l'exercice des attributions attachées à sa qualité. Le procureur général peut, à tout moment, abréger la durée de la suspension.

• Après un retrait, l'habilitation ne peut être rendue que dans les mêmes formes que celles prévues pour une attribution initiale.

Article R. 15-6-6. – Recours – *(Décret n° 2022-1113 du 3 août 2022)*

• Les décisions de refus, de suspension ou de retrait de l'habilitation mentionnées aux articles R. 15-6-4 et R. 15-6-5 peuvent faire l'objet d'un recours dans les conditions fixées aux articles 16-1 à 16-3.

§ **3.** – Fonctionnement de la commission prévue à l'article **16-2**

Article R. 15-7. – Désignation – *(Décret n° 75-1138 du 31 décembre 1975)*

• Le président de la commission prévue à l'article 16-2 et son suppléant sont désignés annuellement par le bureau de la Cour de cassation parmi les membres de la commission.

• Le secrétaire de la commission est désigné par le premier président de la Cour de cassation parmi les secrétaires-greffiers de cette juridiction.

Article R. 15-8. – Requête – *(Décret n° 75-1138 du 31 décembre 1975)*

• Le recours prévu à l'article 16-2 est formé par voie de requête signée par l'officier de police judiciaire et remise ou adressée au secrétaire de la commission qui en délivre récépissé. Cette requête contient toutes indications utiles sur la décision de suspension ou de retrait de l'habilitation.

Article R. 15-9. – Suivi de la requête – *(Décret n° 75-1138 du 31 décembre 1975)*

• Dès réception de la requête, le secrétaire de la commission en transmet copie au procureur général près la Cour de cassation et au procureur général qui a pris la décision de suspension ou de retrait d'habilitation. Le dossier d'officier de police judiciaire du requérant est adressé au secrétariat de la commission avec un rapport motivé du procureur général qui a pris la décision.

Article R. 15-10. – Suivi du rapport – *(Décret n° 75-1138 du 31 décembre 1975)*

• Dans les quinze jours qui suivent la réception de la requête, le président charge du rapport un des membres de la commission.

Article R. 15-11. – Mesures d'instructions utiles – *(Décret n° 75-1138 du 31 décembre 1975)*

• La commission procède ou fait procéder soit par l'un de ses membres, soit par commission rogatoire, à toutes mesures d'instruction utiles, notamment, s'il y a lieu, à l'audition du requérant qui peut se faire assister d'un conseil de son choix. Le procureur général près la Cour de cassation dépose ses conclusions au secrétariat vingt jours au moins avant la date de l'audience.

Article R. 15-12. – Audience – *(Décret n° 75-1138 du 31 décembre 1975)*

• Le président de la commission fixe la date de l'audience après avis du procureur général près la Cour de cassation. Cette date et les conclusions du procureur général près la Cour de cassation sont notifiées par le secrétaire de la commission au requérant par lettre recommandée, avec demande d'avis de réception. Sauf si le président a ordonné sa comparution personnelle, l'officier de police judiciaire est invité à faire connaître s'il comparaîtra personnellement, s'il se fera assister d'un conseil ou se fera représenter.

• La lettre recommandée prévue à l'alinéa précédent doit être adressée au requérant douze jours au moins avant la date de l'audience.

Article R. 15-13. – Auditions de témoins – Conclusions – *(Décret n° 75-1138 du 31 décembre 1975)*

• Après l'exposé du rapport par le magistrat qui en est chargé, l'officier de police judiciaire peut faire entendre des témoins dont les noms et adresses doivent avoir été indiqués au secrétariat de la commission cinq jours au moins avant la date de l'audience.

• Le procureur général près la Cour de cassation développe ses conclusions. S'ils sont présents, le requérant et son conseil sont entendus.

Article R. 15-14. – Décision de la commission – *(Décret n° 75-1138 du 31 décembre 1975)*

• La commission peut soit annuler la décision ou la confirmer, soit transformer le retrait en suspension ou réduire la durée de la suspension.

• Si le requérant n'est pas présent ou représenté lorsque la décision de la commission est rendue, cette décision lui est notifiée dans les quarante-huit heures de son prononcé par lettre recommandée avec demande d'avis de réception.

• Le dossier de l'officier de police judiciaire, complété par une copie de la décision de la commission, est immédiatement renvoyé au procureur général qui a pris la décision frappée de recours.

Article R. 15-15. – Frais – *(Décret n° 75-1138 du 31 décembre 1975)*

• Les frais exposés devant la commission, y compris les frais de déplacement du requérant, sont assimilés aux frais de justice criminelle, correctionnelle et de police. Ils restent à la charge de l'État.

Article R. 15-16. – Décision commission – *(Décret n° 75-1138 du 31 décembre 1975)*

• La décision de la commission peut être déférée à la Cour de cassation pour violation de la loi.

J **• Retrait de l'habilitation – Officier de police judiciaire –**

Contre la décision de la commission de recours des officiers de police judiciaire, en date du 15 juin 2015, qui a confirmé l'arrêté du procureur général près la cour d'appel d'AGEN prononçant le retrait de son habilitation d'officier de police judiciaire;

Attendu qu'il résulte de la décision attaquée et des pièces de procédure que M. X..., adjudant de la gendarmerie nationale, a été habilité à exercer les fonctions d'officier de police judiciaire par arrêté du procureur général près la cour d'appel d'Agen en date du 21 juin 2012; que son supérieur hiérarchique et le procureur de la République ont ultérieurement appris, d'une part, qu'après qu'un homme gardé à vue, dans le cadre d'une enquête qu'il avait ouverte, lui eut fait part de son intention de se suicider, il lui avait remis son arme de service que l'intéressé avait aussitôt placée sous sa gorge avant d'en actionner la queue de détente, geste demeuré sans effet puisqu'il en avait préalablement retiré les cartouches, d'autre part, qu'il avait incité trois militaires de la brigade à dire que cette arme était en plastique; que cet officier de police judiciaire ayant admis la réalité de ces faits lors de l'entretien préalable, après avoir refusé l'assistance d'un avocat, son habilitation lui a été retirée par arrêté du procureur général, en date du 30 janvier 2015, à raison de la gravité du manquement reproché et de l'incitation à un faux témoignage; que cette décision ayant été confirmée après qu'il eut formé un recours préalable, M. X... a déposé une requête devant la commission prévue à l'article 16-2 du Code de procédure pénale;

Attendu que la décision contestée ne s'analysant pas en un arrêt ou jugement, les dispositions de l'article 569 du Code de procédure pénale invoquées ne sauraient trouver application;

D'où il suit que le moyen ne peut qu'être écarté;

Et attendu que la décision est régulière en la forme;

REJETTE le pourvoi;

(Cour de cassation – Chambre criminelle du 21 juin 2016 – N° de pourvoi : 15-84172).

Section III.

Des agents de police judiciaire

Article R. 15-17. – A.P.J. – Attribution de la qualité – *(Décret n° 2019-1497 du 28 décembre 2019)*

• La qualité d'agent de police judiciaire est attribuée par arrêté conjoint du garde des sceaux, ministre de la justice, et du ministre de l'intérieur aux gardiens de la paix qui, en application de l'article 20 *(4° et 5°)*, ont satisfait à un examen technique portant sur le droit pénal, la procédure pénale et les libertés publiques, après avoir reçu une formation spécifique.

• Un arrêté conjoint du garde des sceaux, ministre de la justice, et du ministre de l'intérieur fixe le contenu du programme de la formation et des épreuves de l'examen technique ainsi que les modalités d'organisation de celles-ci et d'établissement de la liste des candidats reçus.

• Une ou plusieurs commissions d'examen, dont les membres sont nommés par arrêté conjoint du garde des sceaux, ministre de la justice, et du ministre de l'intérieur, sont instituées dans chaque ressort de cour d'appel comportant au moins un centre interdépartemental ou départemental de stages et de formation de la police nationale. Chaque commission est composée :

• 1° Du procureur général près la cour d'appel ou de son délégué, président, et du procureur de la République près l'un des tribunaux judiciaires du ressort de la cour d'appel ou de son délégué ;

• 2° Du directeur territorial au recrutement et à la formation de la police nationale, ou du chef du service territorial du recrutement et de la formation de la direction territoriale de la police nationale, ou de son représentant ayant au moins le grade de commissaire de police et d'un fonctionnaire de police ayant également au moins le même grade.

• Le secrétariat de chaque commission d'examen est assuré par la direction des ressources et des compétences de la police nationale.

Article R. 15-17-1. – Réserve opérationnelle de la Gendarmerie Nationale/Police Nationale – *(Décret n° 2022-1113 du 3 août 2022)*

• La qualité d'agent de police judiciaire est attribuée, en application de l'article 20-1, à ceux des fonctionnaires de la police nationale retraités et ceux des militaires retraités de la gendarmerie nationale appelés à servir dans la réserve opérationnelle de la police nationale ou dans la réserve opérationnelle de la gendarmerie nationale qui ont exercé durant leur activité en tant qu'officier ou agent de police judiciaire pendant une durée au moins égale à 5 ans.

• Pour bénéficier de cette qualité, les fonctionnaires de la police nationale et les militaires de la gendarmerie nationale qui ont rompu le lien avec le service dans lequel ils exerçaient en tant qu'officier ou agent de police judiciaire depuis plus d'un an sont soumis à une remise à niveau professionnelle adaptée et périodique dont les modalités sont fixées par arrêté conjoint du garde des sceaux, ministre de la justice et du ministre de l'intérieur.

Section IV

Des services et unités visés à l'article 15-1

§ 1er. – Des services de la police nationale

Article R. 15-18. – Services actifs de la police nationale – *(Décret n° 2020-1777 du 30 décembre 2020)*

• Les services actifs de la police nationale au sein desquels les officiers et agents de police judiciaire exercent leurs fonctions habituelles et dont la compétence s'exerce sur l'ensemble du territoire national sont les suivants :

• 1° La direction centrale de la police judiciaire ;

• 2° La direction centrale de la police aux frontières ;

• 3° L'inspection générale de la police nationale ;

• 4° La direction générale de la sécurité intérieure ;

• 5° Le détachement de la police nationale auprès de la direction nationale des enquêtes douanières ;

• 6° Le service national de police scientifique.

Article R. 15-19. – Catégories de services actifs de la police nationale – *(Décret n° 2021-481 du 21 avril 2021)*

• Les catégories de services actifs de la police nationale au sein desquels les officiers et agents de police judiciaire exercent leurs fonctions habituelles et dont la compétence s'exerce dans le ressort d'une ou plusieurs zones de défense ou parties de celles-ci sont les suivantes :

• 1° Les directions zonales de la police judiciaire, ainsi que leurs directions territoriales et services de police judiciaire et les directions régionales de la police judiciaire ainsi que leurs services départementaux et services de police judiciaire ;

• 2° Au titre de la police aux frontières :

• *a)* Les directions zonales, les directions interdépartementales ainsi que les brigades des chemins de fer, les brigades mobiles de recherches, les brigades de police aéronautique et les unités d'éloignement, dans la zone de défense où leur direction a son siège ;

• *b)* La direction des aérodromes parisiens, sur l'emprise des aérodromes de Paris-Charles de Gaulle, du Bourget et de Paris-Orly ;

• 3° Au titre de la direction centrale des compagnies républicaines de sécurité :

• *a)* Les unités autoroutières des compagnies républicaines de sécurité ;

• *b)* Les unités motocyclistes zonales ;

• *c)* Les formations de montagne ;

• 4° Au titre de la direction centrale de la sécurité publique :

• *a)* Les circonscriptions de sécurité publique dont la compétence couvre un département ainsi qu'une partie d'un ou plusieurs départements limitrophes ;

• *b)* Les services interdépartementaux de sécurisation des réseaux de transport en commun de voyageurs.

• 5° Au titre de la préfecture de police :

• *a)* Le service chargé de la lutte contre l'immigration irrégulière et le travail illégal des étrangers, dans les départements de Paris, des Hauts-de-Seine, du Val-de-Marne et de la Seine-Saint-Denis ;

• *b) (supprimé)*

• *c)* La direction opérationnelle des services techniques et logistiques, dans les départements de Paris, des Hauts-de-Seine, du Val-de-Marne et de la Seine-Saint-Denis ;

• *d)* La direction chargée des missions de sécurité et de paix publiques, ainsi que ses sûretés territoriales et ses circonscriptions de sécurité de proximité, dans les départements de Paris, des Hauts-de-Seine, du Val-de-Marne et de la Seine-Saint-Denis ainsi que sur les emprises des aérodromes de Paris-Charles de Gaulle, du Bourget et de Paris-Orly ;

• *e)* La direction chargée du maintien de l'ordre public et de la régulation de la circulation dans les départements de Paris, des Hauts-de-Seine, du Val-de-Marne, et de la Seine-Saint-Denis, sur les emprises des aérodromes de Paris-Charles de Gaulle, du Bourget et de Paris-Orly, sur les routes de la région Ile-de-France dont la liste est fixée par l'autorité administrative, et dans les communes comprises dans la zone de compétence du préfet de police définie à l'article L. 2213-33 du Code général des collectivités territoriales ;

• *f)* Le service de police chargé de la sécurité des personnes et des biens sur les voies navigables des départements d'Ile-de-France, dans les départements de cette région.

Article R. 15-20. – Département et collectivité d'outre-mer... – *(Décret n° 2022-70 du 26 janvier 2022)*

• Les catégories de services actifs de la police nationale au sein desquels les officiers et agents de police judiciaire exercent leurs fonctions habituelles et dont la compétence s'exerce dans le ressort d'un département ou d'une collectivité d'outre-mer ainsi qu'en Nouvelle-Calédonie sont les suivantes :

• 1° Les directions départementales de la sécurité publique, les sûretés départementales et les circonscriptions de sécurité publique ;

• 2° Au titre de la police aux frontières :

• *a)* Les directions départementales ainsi que, sous réserve des dispositions du a du 2° de l'article R. 15-19, les brigades des chemins de fer, les brigades mobiles de recherche et les unités d'éloignement qui leur sont rattachées, dans le département où elles ont leur siège ;

• *b)* Le service de la police aux frontières de Saint-Pierre-et-Miquelon ;

• 3° Les directions territoriales de la police nationale ainsi que leurs services territoriaux de police judiciaire.

Article R. 15-21. – Création ou suppression de service – *(Décret n° 2004-530 du 10 juin 2004)*

• La création ou la suppression des services visés aux articles précédents est décidée par décret lorsque leur compétence territoriale excède les limites d'un département. Elle est décidée par arrêté du ministre de l'intérieur lorsque leur compétence territoriale n'excède pas ces limites.

• Leur compétence territoriale est modifiée selon les mêmes formes.

§ 2. – Des unités de la gendarmerie nationale

Article R. 15-22. – Services ou unités de la gendarmerie nationale – *(Décret n° 2021-1339 du 14 octobre 2021)*

• Les services ou unités de la gendarmerie nationale au sein desquelles les officiers et agents de police judiciaire exercent leurs fonctions habituelles et dont la compétence s'étend à l'ensemble du territoire national sont les suivants :

• 1° La sous-direction de la police judiciaire de la direction générale de la gendarmerie nationale ;

• 2° L'inspection générale de la gendarmerie nationale ;

• 3° Le service central de renseignement criminel de la gendarmerie nationale ;

• 4° La section de recherches et la section d'appui judiciaire de la gendarmerie de l'air ;

• 5° La section de recherches et la section d'appui judiciaire de la gendarmerie des transports aériens ;

• 6° La section de recherches et la section d'appui judiciaire de la gendarmerie de l'armement ;

• 7° La section de recherches et la section d'appui judiciaire de la gendarmerie maritime ;

• 8° La section de recherches de Paris ;

• 9° La section de recherches et la section d'appui judiciaire de la gendarmerie prévôtale ;

• 10° La section de recherches de la gendarmerie des voies navigables ;

• 11° Le commandement de la gendarmerie dans le cyberespace.

Article R. 15-23. – Catégories d'unités de la gendarmerie nationale – *(Décret n° 2021-1339 du 14 octobre 2021)*

• Les catégories d'unités de la gendarmerie nationale au sein desquelles les officiers et agents de police judiciaire exercent leurs fonctions habituelles et dont la compétence s'étend au ressort d'une ou plusieurs zones de défense et de sécurité, ou parties de celles-ci, sont les suivantes :

• 1° Les sections de recherches de la gendarmerie départementale ;

• 2° Les sections d'appui judiciaire autres que celles mentionnées à l'article R. 15-22 ;

• 3° Les pelotons d'autoroute et les pelotons motorisés de la gendarmerie ;

• 4° Les sections ou détachements des formations aériennes de la gendarmerie ;

• 5° Les brigades organisées ou non en communauté de brigades, les brigades de recherches et les pelotons de surveillance et d'intervention de la gendarmerie des transports aériens ;

• 6° Les brigades et les brigades motorisées de la gendarmerie de l'air ;

• 7° Les brigades de recherches, les brigades de renseignements et d'investigations judiciaires, les brigades de surveillance du littoral, les unités navigantes de la gendarmerie maritime, les brigades ou postes de la gendarmerie maritime placés auprès des services déconcentrés des affaires maritimes, les pelotons de sûreté maritime et portuaire, les pelotons de sûreté maritime et portuaire militaires, le peloton de gendarmerie maritime de Paris ;

• 8° Les brigades de la gendarmerie de l'armement ;

• 9° Les pelotons de gendarmerie de montagne ou de haute montagne ;

• 10° Les brigades fluviales et nautiques de la gendarmerie départementale ;

• 11° Les pelotons spécialisés de protection de la gendarmerie placés auprès des installations d'importance vitale ;

• 12° Les unités de la gendarmerie départementale mentionnées à l'article R. 15-24 dont la compétence couvre un département, ainsi qu'une partie d'un ou plusieurs départements limitrophes.

Article R. 15-24. – Département et collectivité d'outre-mer... – *(Décret n° 2021-1339 du 14 octobre 2021)*

• Les catégories d'unités de la gendarmerie nationale au sein desquelles les officiers et agents de police judiciaire exercent leurs fonctions habituelles et dont la compétence s'étend au ressort d'un département, d'une collectivité d'outre-mer ou de la Nouvelle-Calédonie sont les suivantes :

• 1° Les brigades de recherches, les brigades territoriales de la gendarmerie départementale organisées ou non en communauté de brigades ;

• 2° Les brigades départementales de renseignements et d'investigations judiciaires de la gendarmerie nationale ;

• 3° Les brigades motorisées de la gendarmerie départementale ;

• 4° Les pelotons de surveillance et d'intervention de la gendarmerie départementale ;
• 5° Les pelotons et brigades de la gendarmerie maritime autres que ceux mentionnés au 7° de l'article R. 15-23 ;
• 6° Les maisons de protection des familles.

Article R. 15-25. – Expérimentation – *(Décret n° 2021-1339 du 14 octobre 2021)*
• Afin d'adapter l'organisation de la gendarmerie nationale à l'évolution des enjeux de sécurité, des services, unités ou catégories d'unités au sein desquels les officiers et agents de police judiciaire exercent leurs fonctions habituelles peuvent être créés à titre expérimental selon les modalités prévues à l'article R. 15-26. Le décret ou l'arrêté pris à cet effet fixe la durée de l'expérimentation, qui ne peut excéder 18 mois, ainsi que les modalités de son pilotage et de son évaluation.
• Le décret ou l'arrêté détermine la compétence territoriale du service, de l'unité ou de la catégorie d'unités créé à titre expérimental, qui s'étend soit à l'ensemble du territoire national, soit au ressort d'une ou plusieurs zones de défense et de sécurité, ou parties de celles-ci, soit au ressort d'un département, d'une collectivité d'outre-mer ou de la Nouvelle-Calédonie.
• Les officiers, les agents de police judiciaire et les agents de police judiciaire adjoints mentionnés au 1° *bis* de l'article 21, mis temporairement à disposition d'un service ou d'une unité expérimental, exercent leur compétence dans les limites territoriales fixées par le décret ou l'arrêté.
• À l'issue du délai de l'expérimentation prévu par le décret ou l'arrêté, le service, l'unité ou la catégorie d'unités est soit inscrit à la présente section par décret en Conseil d'État pris en application des dispositions de l'article 15-1 soit supprimé.

Article R. 15-26. – Création ou suppression d'unité – *(Décret n° 2012-841 du 29 juin 2012)*
• La création ou la suppression des unités visées aux articles précédents est décidée par décret lorsque leur compétence territoriale excède les limites d'un département. Elle est décidée par arrêté du ministre de l'intérieur lorsque leur compétence territoriale n'excède pas ces limites.
• Leur compétence territoriale est modifiée selon les mêmes formes.
• Toutefois, la création des unités de la gendarmerie maritime, de la gendarmerie de l'air, de la gendarmerie de l'armement est décidée par arrêté du ministre de l'intérieur et du ministre de la défense. La création des unités de la gendarmerie des transports aériens est décidée par arrêté conjoint du ministre de l'intérieur et du ministre chargé des transports. La création des unités autoroutières, aériennes, fluviales, nautiques ou de montagne de la gendarmerie départementale et des pelotons spécialisés de protection de la gendarmerie placés auprès d'installations d'importance vitale est décidée par arrêté du ministre de l'intérieur.

§ 3. – Des services communs de la police et de la gendarmerie nationale

Article R. 15-26-1. – Centre automatisé de constatation des infractions routières – *(Décret n° 2004-530 du 10 juin 2004)*
• Le centre automatisé de constatation des infractions routières constitue un service commun au sein duquel les officiers et agents de police judiciaire de la police et de la gendarmerie nationales exercent leurs fonctions habituelles et dont la compétence s'étend à l'ensemble du territoire national pour les infractions constatées selon les modalités mentionnées au premier alinéa de l'article L. 130-9 du Code de la route. Sa création est décidée par un décret qui précise son lieu d'implantation.

§ 4. – Dispositions communes

Article R. 15-27. – Compétence territoriale – *(Décret n° 2004-530 du 10 juin 2004)*
• La compétence territoriale des directeurs et chefs de services, des commandants d'unités et de leurs adjoints au sein desquels sont regroupés des services ou unités mentionnés à la présente section couvre l'ensemble du ressort territorial de ces services ou unités.

Section V

Des officiers et agents de police judiciaire exerçant leur mission dans des véhicules affectés au transport collectif de voyageurs

Article R. 15-28. – Compétence – *(Décret n° 95-661 du 9 mai 1995)*

• Les officiers ou agents de police judiciaire appartenant aux services ou unités désignés aux articles R. 15-29 à R. 15-33 sont compétents, dans les limites définies par ces articles, pour exercer leur mission dans les véhicules affectés au transport collectif de voyageurs, dès lors que ces véhicules, ou le réseau sur lequel ils circulent, traversent tout ou partie de leur circonscription d'affectation.

§ 1er. – Des officiers et agents de police judiciaire de la police nationale

Article R. 15-29. – Police aux frontières – *(Décret n° 2019-1497 du 28 décembre 2019)*

• Par dérogation aux dispositions du 2° de l'article R. 15-19 et du 3° de l'article R. 15-20, les officiers et agents de police judiciaire appartenant aux directions zonales ou départementales de la police aux frontières ou aux services territoriaux de police aux frontières des directions territoriales de la police nationale sont compétents pour opérer sur l'ensemble du domaine ferroviaire du ressort de la direction zonale à laquelle ils appartiennent et des directions zonales limitrophes.

Article R. 15-30. – Sûretés départementales – Circonscription de sécurité publique... – *(Décret n° 2019-1497 du 28 décembre 2019)*

• Les officiers et agents de police judiciaire appartenant aux sûretés départementale, aux circonscriptions de sécurité publique, aux services territoriaux de police judiciaire ou aux services territoriaux de sécurité publique des directions territoriales de la police nationale sont compétents sur l'ensemble des réseaux, lignes, stations, gares, arrêts et couloirs affectés aux transports collectifs de voyageurs dans leur département d'affectation et dans les départements limitrophes.

• Toutefois, ceux affectés dans un service interdépartemental de sécurisation des réseaux de transport en commun de voyageurs sont compétents dans l'ensemble des départements couverts par ce service ainsi que dans les départements limitrophes du département de rattachement de ce dernier.

• Les officiers et agents de police judiciaire affectés au service de police intervenant sur les réseaux de transport en commun de voyageurs de la zone de défense et de sécurité d'Ile-de-France sont compétents sur toute l'étendue de cette zone de défense et de sécurité et, au-delà des limites de cette zone, sur les lignes, stations, gares, arrêts et couloirs prolongeant ces réseaux dont la liste est fixée par arrêté conjoint du ministre de la justice et du ministre de l'intérieur.

Article R. 15-31. – Directions régionales de la PJ de Paris et de Versailles – *(Décret n° 2003-795 du 25 août 2003)*

• Les officiers et agents de police judiciaire affectés aux directions régionales de la police judiciaire de Paris et de Versailles sont compétents pour exercer leur mission sur l'ensemble des lignes, stations, gares, arrêts et couloirs des transports en commun de la région Ile-de-France.

§ 2. – Des officiers et agents de police judiciaire de la gendarmerie nationale

Article R. 15-32. – Brigades de recherches – Gendarmerie Nationale – *(Décret n° 95-661 du 9 mai 1995)*

• Les officiers et agents de police judiciaire appartenant aux brigades de recherches de la gendarmerie départementale visées à l'article R. 15-24 *(1°)*, sont compétents pour opérer sur l'ensemble des lignes, stations, gares, arrêts et couloirs affectés aux transports collectifs de voyageurs dans le ressort de leur cour d'appel de rattachement.

Article R. 15-33. – Autres unités – Gendarmerie Nationale – *(Décret n° 2021-1339 du 14 octobre 2021)*

• Les officiers et agents de police judiciaire appartenant aux brigades de recherches, aux brigades territoriales organisées ou non en communautés de brigades, aux brigades motorisées de la gendarmerie départementale et aux pelotons de surveillance et d'intervention de la gendarmerie départementale visés aux 1°, 3° et 4° de l'article R. 15-24 sont compétents pour opérer sur l'ensemble des lignes, stations, gares, arrêts et couloirs affectés aux transports collectifs de voyageurs dans leur département d'affectation et dans les départements limitrophes.

CODE DES TRANSPORTS

(Extraits)

Article D. 2241-4. – Accès aux véhicules de transport ferroviaire ou guidé – Agents police nationale et militaires gendarmerie nationale – *(Décret n° 2019-726 du 9 juillet 2019)*

• Le libre accès aux véhicules de transport ferroviaire ou guidé en circulation sur le territoire français prévu à l'article L. 2241-1-1 est accordé aux agents de la police nationale et aux militaires de la gendarmerie nationale :

• 1° En tenue d'uniforme ;

• 2° En tenue civile, lorsqu'ils sont affectés dans les services ou unités chargés de la sécurisation des transports en commun de voyageurs dont la liste est fixée par arrêté du ministre de l'intérieur.

• Ils sont tenus de justifier de leurs fonctions aux agents assermentés mentionnés aux 4° et 5° du I de l'article L. 2241-1 qui en font la demande, dans les conditions suivantes :

• *a)* Pour ceux mentionnés au 1°, sur présentation de leur carte professionnelle ;

• *b)* Pour ceux mentionnés au 2°, sur présentation de leur carte professionnelle, d'une attestation de fonction établie pour une durée maximale d'un an et, pour les militaires de la gendarmerie nationale, d'une autorisation de port de la tenue civile.

Article D. 2241-5. – Liberté d'accès – Missions – *(Décret n° 2019-726 du 9 juillet 2019)*

• La liberté d'accès mentionnée à l'article D. 2241-4 s'exerce sans préjudice des dispositions du 9° de l'article L. 2242-4 et pour le seul motif et la seule durée nécessaire à l'exercice des missions de sécurisation des personnes et des biens dans les transports en commun de voyageurs par voie ferrée ou guidée.

Article D. 2241-6. – Agents des douanes – *(Décret n° 2019-726 du 9 juillet 2019)*

• Le libre accès aux trains en circulation sur le territoire français prévu à l'article L. 2241-1-1 est accordé aux agents des douanes :

• 1° En tenue d'uniforme ;

• 2° En tenue civile, lorsqu'ils sont affectés dans des services ou unités chargés de la recherche de la fraude prévue par le code des douanes dont la liste est fixée par arrêté du ministre chargé des douanes.

• Ils sont tenus de justifier de leurs fonctions aux agents assermentés mentionnés aux 4° et 5° du I de l'article L. 2241-1 qui en font la demande, dans les conditions suivantes :

• *a)* Pour ceux mentionnés au 1°, sur présentation de leur commission d'emploi ;

• *b)* Pour ceux mentionnés au 2°, sur présentation de leur commission d'emploi et d'une attestation de fonction établie pour une durée maximale d'un an, dans les conditions définies par arrêté du ministre chargé des douanes.

Article D. 2241-7. – Liberté d'accès – Missions – *(Décret n° 2019-726 du 9 juillet 2019)*

• La liberté d'accès mentionnée à l'article D. 2241-6 s'exerce sans préjudice des dispositions du 9° de l'article L. 2242-4 et pour le seul motif et la seule durée nécessaire à l'exercice des missions de recherche de la fraude prévues par le code des douanes.

Section VI

Des agents des douanes chargés de certaines missions de police judiciaire

§ 1er. – Désignation des agents des douanes chargés de certaines missions de police judiciaire

Article R. 15-33-1. – Composition de la commission – *(Décret n° 2019-464 du 17 mai 2019)*

• La commission prévue à l'article 28-1 dont l'avis conforme est requis pour la désignation des agents des douanes des catégories A et B habilités à effectuer des enquêtes judiciaires sur réquisition du procureur de la République ou sur commission rogatoire du juge d'instruction est composée comme suit :

• 1° Le procureur général près la Cour de cassation ou son délégué choisi par lui parmi le 1er avocat général ou les avocats généraux à la Cour de cassation, président ;

• 2° Deux magistrats du ministère public dont un au plus peut être magistrat honoraire ;

• 3° Le directeur général des douanes et droits indirects ou son représentant ;

• 4° Le fonctionnaire chargé de la sous-direction du personnel et du budget de la direction générale des douanes et droits indirects ou son représentant ;

• 5° Le fonctionnaire chargé de la sous-direction des affaires juridiques, contentieuses et de la lutte contre la fraude de la direction générale des douanes et droits indirects ou son représentant ;

• 6° Un fonctionnaire de l'administration des douanes et droits indirects ayant au moins le grade d'inspecteur principal ;

• 7° Le magistrat délégué aux missions judiciaires de la douane et de l'administration fiscale, mentionné au VII de l'article 28-1, ou son représentant.

• Les membres de la commission désignés ci-dessus aux 2° et 6° ont chacun un suppléant.
• Le secrétariat de la commission est assuré par la direction générale des douanes et droits indirects.

Article R. 15-33-2. – Nomination des membres de la commission – *(Décret n° 2000-1072 du 2 novembre 2000)*
• Les membres de la commission et, le cas échéant, leurs suppléants sont nommés par arrêté conjoint du garde des sceaux, ministre de la justice, et du ministre chargé des douanes.

Article R. 15-33-3. – Examen technique – *(Décret n° 2002-1415 du 5 décembre 2002)*
• Pour pouvoir être désignés aux fins d'être chargés de certaines missions de police judiciaire, les agents des douanes doivent justifier d'au moins deux ans de services effectifs en qualité de titulaire dans un corps de catégorie A ou B de la direction générale des douanes et droits indirects et avoir satisfait aux épreuves d'un examen technique.
• Les modalités d'organisation de cet examen et le programme des épreuves sont fixés par arrêté conjoint du garde des sceaux, ministre de la justice, et du ministre chargé des douanes.

Article R. 15-33-4. – Jury de l'examen technique – *(Décret n° 2000-1072 du 2 novembre 2000)*
• Le jury de l'examen technique est constitué par la commission mentionnée à l'article R. 15-33-1. Lorsqu'un membre suppléant du jury remplace un membre titulaire, il siège pendant toute la durée de l'examen.
• Le jury établit la liste des candidats ayant satisfait à l'examen technique.

Article R. 15-33-5. – Désignation – *(Décret n° 2000-1072 du 2 novembre 2000)*
• Les agents des douanes chargés d'effectuer des enquêtes judiciaires en application de l'article 28-1 sont désignés parmi ceux qui ont été reçus à l'examen technique, par arrêté conjoint du garde des sceaux, ministre de la justice, et du ministre chargé des douanes, sur proposition du directeur général des douanes et droits indirects et après avis conforme de la commission mentionnée à l'article R. 15-33-1.

Article R. 15-33-6. – Liste des agents dispensés de l'examen technique – *(Décret n° 2000-1072 du 2 novembre 2000)*
• Un arrêté conjoint du garde des sceaux, ministre de la justice, et du ministre chargé des douanes fixe la liste des agents qui, en raison de leurs responsabilités et de leurs compétences, sont dispensés de l'examen technique mentionné à l'article R. 15-33-3.

§ 2. – Habilitation des agents des douanes chargés de certaines missions de police judiciaire

Article R. 15-33-7. – Demande d'habilitation – *(Décret n° 2019-464 du 17 mai 2019)*
• Les agents des douanes ne peuvent être habilités à effectuer des missions de police judiciaire que lorsqu'ils sont affectés au service d'enquêtes judiciaires des finances du ministère du budget.
• Pour chacun de ces agents, une demande d'habilitation est adressée au procureur général près la cour d'appel de Paris par le magistrat délégué aux missions judiciaires de la douane et de l'administration fiscale.

Article R. 15-33-8. – Accord ou refus d'habilitation – *(Décret n° 2000-1072 du 2 novembre 2000)*
• Le procureur général près la cour d'appel de Paris accorde ou refuse l'habilitation par arrêté. Lorsqu'il envisage de refuser l'habilitation, il en informe l'intéressé en lui précisant qu'il peut, dans un délai de quinze jours, prendre connaissance de son dossier et être entendu, le cas échéant, avec l'assistance d'un conseil de son choix.

Article R. 15-33-9. – Retrait ou suspension – *(Décret n° 2019-464 du 17 mai 2019)*
• Le procureur général près la cour d'appel de Paris prononce le retrait ou la suspension, pour une durée n'excédant pas 2 ans, de l'habilitation à effectuer des missions de police judiciaire, par arrêté pris soit d'office, soit sur proposition du magistrat délégué aux missions judiciaires de la douane et de l'administration fiscale.
• Il entend préalablement l'agent des douanes, qui peut prendre connaissance du dossier relatif aux faits qui lui sont reprochés et se faire assister d'un conseil de son choix
• L'agent des douanes dont l'habilitation a été suspendue recouvre de plein droit, à l'expira-

tion de la suspension, la faculté d'exercer des missions de police judiciaire sur réquisition de l'autorité judiciaire. Le procureur général près la cour d'appel de Paris peut, à tout moment, abréger la durée de la suspension.

• Après un retrait, l'habilitation ne peut être rétablie que dans les formes prévues pour son attribution initiale.

• L'affectation en dehors du service national de douane judiciaire entraîne la perte de l'habilitation.

§ 3. – Direction administrative des agents des douanes chargés de certaines missions de police judiciaire

Article R. 15-33-10. – Magistrat délégué – *(Décret n° 2019-464 du 17 mai 2019)*

• Le magistrat délégué aux missions judiciaires de la douane et de l'administration fiscale, mentionné à l'article 28-1, est placé en position de détachement auprès du ministre chargé du budget.

Article R. 15-33-11. – Missions du magistrat – *(Décret n° 2019-464 du 17 mai 2019)*

• Le magistrat délégué aux missions judiciaires de la douane et de l'administration fiscale veille au respect des principes énoncés aux articles R. 15-33-18 et R. 15-33-19.

• Il donne aux agents des douanes chargés de missions de police judiciaire des éléments d'information sur le sens de leurs missions et les conditions pratiques de l'exécution de celles-ci.

• Il fait des propositions à l'autorité judiciaire sur les types de missions de police judiciaire qui pourraient être confiées aux agents des douanes.

Article R. 15-33-12. – Réquisitions et commissions rogatoires – *(Décret n° 2019-464 du 17 mai 2019)*

• Le magistrat délégué aux missions judiciaires de la douane et de l'administration fiscale ou, en cas d'empêchement, l'adjoint qu'il délègue à cet effet reçoit les réquisitions aux fins d'enquête du procureur de la République et les commissions rogatoires du juge d'instruction dans les matières mentionnées à l'article 28-1.

Article R. 15-33-13. – Exécution des opérations de PJ et transmission des PV – *(Décret n° 2019-464 du 17 mai 2019)*

• Le magistrat délégué aux missions judiciaires de la douane et de l'administration fiscale veille à l'exécution des opérations de police judiciaire et s'assure de la transmission des procès-verbaux aux autorités judiciaires.

§ 4. – Notation des agents des douanes chargés de certaines missions de police judiciaire

Article R. 15-33-14. – Dossier individuel – *(Décret n° 2009-1692 du 29 décembre 2009)*

• Il est tenu en permanence au parquet général près la cour d'appel de Paris un dossier individuel concernant l'activité de chaque agent des douanes habilité à exercer des missions de police judiciaire.

• Ce dossier comprend notamment :

• 1° Les demandes d'habilitation et les documents qui y sont joints ;

• 2° La copie des décisions prononcées par l'autorité judiciaire en application des dispositions des articles 28-1, 224 à 229, R. 15-33-8 et R. 15-33-9, notamment la copie des arrêtés d'habilitation ;

• 3° La copie de tout document émanant d'un magistrat relatif à l'exercice des activités judiciaires de l'intéressé ;

• 4° Les notations établies en application des dispositions ci-après.

• Le dossier est communiqué à la chambre de l'instruction lorsque celle-ci se trouve saisie dans les conditions fixées à l'article 225.

Article R. 15-33-15. – Notation – *(Décret n° 2019-966 du 18 septembre 2019)*

• Le procureur de la République près le tribunal judiciaire de Paris, après avoir recueilli, le cas échéant, les observations des juges d'instruction et des présidents des chambres correctionnelles, établit, tous les 2 ans, une proposition de notation des agents des douanes habilités à exercer des missions de police judiciaire qu'il transmet au procureur général près la cour d'appel de Paris.

• Celui-ci établit la notation après avoir recueilli, le cas échéant, les observations des présidents de la chambre de l'instruction de Paris et des autres procureurs généraux concernés.

Article R. 15-33-16. – Modèle – *(Décret n° 2009-1692 du 29 décembre 2009)*

• Les propositions de notation et les notations prévues à l'article R. 15-33-15 sont établies sur un imprimé conforme au modèle fixé par le ministre de la justice.

• Elles comportent une appréciation générale circonstanciée, ainsi qu'une note chiffrée de 0 à 10 et une appréciation sur chacun des éléments suivants lorsqu'ils ont été observés :

• 1° Relations professionnelles avec l'autorité judiciaire ;

• 2° Qualité de la coordination de l'activité de police judiciaire du service ou de l'unité ;

• 3° Qualité des procédures et de la rédaction des rapports et des procès-verbaux ;

• 4° Qualité des constatations et des investigations techniques ;

• 5° Valeur des informations données au parquet ;

• 6° Engagement professionnel ;

• 7° Capacité à conduire les investigations ;

• 8° Degré de confiance accordé.

• Lorsque l'un de ces éléments n'a pas été observé, la mention : « activité judiciaire non observée » est substituée à la notation chiffrée et à l'appréciation correspondantes.

Article R. 15-33-17. – Connaissance de la notation – *(Décret n° 2019-464 du 17 mai 2019)*

• La notation établie par le procureur général près la cour d'appel de Paris est portée directement à la connaissance de l'agent des douanes habilité qui peut présenter des observations par écrit dans un délai de 15 jours, délai à l'issue duquel la notation définitive est transmise au magistrat délégué aux missions judiciaires de la douane et de l'administration fiscale. Elle est prise en compte pour la notation administrative de l'agent des douanes intéressé.

§ 5. – Modalités d'exercice des missions de police judiciaire par les agents des douanes habilités

Article R. 15-33-18. – Direction des missions de PJ – *(Décret n° 2000-1072 du 2 novembre 2000)*

• Les agents des douanes qui exercent des missions de police judiciaire en application de l'article 28-1 sont dirigés selon les cas soit par le procureur de la République, soit par le juge d'instruction requérant.

• À l'occasion d'une enquête judiciaire ou de l'exécution d'une commission rogatoire, ils ne peuvent solliciter ou recevoir des ordres ou instructions que de l'autorité judiciaire qui les a requis.

Article R. 15-33-19. – Priorité des missions – *(Décret n° 2000-1072 du 2 novembre 2000)*

• Les missions de police judiciaire sont, pour ces agents, prioritaires sur toute autre mission dont ils seraient chargés au même moment.

Article R. 15-33-20. – Nom et qualité – *(Décret n° 2000-1072 du 2 novembre 2000)*

• Les agents des douanes habilités doivent énoncer leur nom et leur qualité dans tous les procès-verbaux qu'ils établissent en matière de police judiciaire.

Article R. 15-33-21. – Enquête préliminaire – *(Décret n° 2000-1072 du 2 novembre 2000)*

• Lorsqu'ils agissent dans le cadre de l'enquête préliminaire, les agents des douanes habilités peuvent relater dans un seul procès-verbal les différentes opérations effectuées au cours de la même enquête.

• Si plusieurs de ces agents concourent à une enquête préliminaire, le nom de celui qui a personnellement accompli chacune des opérations doit être précisé.

Article R. 15-33-22. – Commission rogatoire – *(Décret n° 2000-1072 du 2 novembre 2000)*

• Lorsqu'ils exécutent une commission rogatoire ou agissent selon la procédure de flagrance, les agents des douanes habilités établissent des procès-verbaux séparés pour chacun des actes qu'ils sont appelés à faire.

• Chaque procès-verbal doit mentionner le nom et la qualité de l'agent des douanes habilité qui a opéré personnellement, à l'exclusion de tout autre.

Article R. 15-33-23. – Compte-rendu – *(Décret n° 2000-1072 du 2 novembre 2000)*

• L'agent des douanes désigné pour assurer l'exécution d'une mission de police judiciaire en rend compte immédiatement au procureur de la République ou au juge d'instruction requérant si celui-ci a prescrit cette diligence.

• Il l'informe sans délai des difficultés qui viendraient à se présenter et sollicite ses instructions.

• Il l'informe régulièrement de son activité.

V • Art. R. 15-33-18 et suivants – Modalités d'exercice des missions de police judiciaire par les agents des douanes habilités
• Art. A 36 à A 36-10 – Modalités d'organisation de l'examen technique

Section VII

Des gardes particuliers

§ 1er. – Commissionnement

Article R. 15-33-24. – Délivrance et retrait de la commission – *(Décret n° 2006-1100 du 30 août 2006)*

• La commission délivrée en application de l'article 29-1 par le propriétaire ou le titulaire de droits d'usage, ci-après dénommé le commettant, précise le ou les territoires que le garde particulier est chargé de surveiller, ainsi que la nature des infractions qu'il est chargé de constater en application des dispositions qui l'y autorisent.

• Lorsque le commettant retire la commission d'un garde particulier qu'il emploie, il en informe sans délai le préfet qui met fin à l'agrément.

§ 2. – Agrément et assermentation

Article R. 15-33-25. – Demande d'agrément – *(Décret n° 2006-1100 du 30 août 2006)*

• Le commettant adresse la demande d'agrément au préfet du département où se situe la propriété désignée dans la commission.

• Cette demande comprend :

• 1° L'identité et l'adresse du commettant ;

• 2° L'identité et l'adresse du garde particulier ;

• 3° Une pièce justificative de l'identité du garde particulier ;

• 4° La commission délivrée au garde particulier en application de l'article R. 15-33-24 ;

• 5° L'arrêté prévu à l'article R. 15-33-26 reconnaissant l'aptitude technique du garde particulier ;

• 6° Tout document établissant que le demandeur dispose des droits de propriété ou d'usage sur le territoire que le garde particulier sera chargé de surveiller ;

• 7° Le cas échéant, une copie des agréments délivrés antérieurement au garde particulier.

• Lorsque le garde particulier intervient sur les territoires de plusieurs propriétaires ou titulaires de droits d'usage, chacun d'eux dépose une demande dans les conditions fixées ci-dessus. Le préfet peut statuer globalement sur ces demandes et délivrer un agrément unique pour l'ensemble des territoires concernés.

Article R. 15-33-26. – Demande de reconnaissance – Contenu et durée de la formation... – *(Décret n° 2006-1100 du 30 août 2006)*

• Un arrêté conjoint du ministre de l'intérieur et des ministres chargés de l'environnement et de la forêt définit les éléments que doit comporter la demande de reconnaissance de l'aptitude technique aux fonctions de garde particulier, le contenu et la durée de la formation nécessaire à la reconnaissance de cette aptitude technique, ainsi que les catégories de personnes pour lesquelles une formation n'est pas exigée.

• L'aptitude technique de la personne qui souhaite exercer les fonctions de garde particulier est constatée par arrêté du préfet du département où la formation a été suivie ou, lorsque le demandeur appartient à une des catégories de personnes pour lesquelles aucune formation n'est exigée, par arrêté du préfet du département de son domicile ou du département dans lequel elle envisage d'exercer ses fonctions.

• S'il estime que les éléments produits justifient de l'aptitude à l'accomplissement des missions de garde particulier, le préfet prend, par arrêté, une décision reconnaissant l'aptitude technique du demandeur à exercer, dans les domaines fixés par l'arrêté, les fonctions de garde particulier. Cet arrêté est valable sur l'ensemble du territoire national.

ARRÊTÉ DU 30 AOÛT 2006

relatif à la formation des gardes particuliers et à la carte d'agrément

NOR : DEVG0630022A – Version consolidée au 1er janvier 2020

• Le ministre d'État, ministre de l'intérieur et de l'aménagement du territoire, le ministre de l'agriculture et de la pêche et la ministre de l'écologie et du développement durable,
• Vu le Code de procédure pénale, notamment ses articles R. 15-33-25 et R. 15-33-26 ;
• Vu le Code de l'environnement, notamment ses articles R. 322-15-1, R. 428-25 et R. 437-3-1 ;
• Vu le Code forestier, notamment son article R. 224-1 ;
• Vu le Code de la voirie routière, notamment son article L. 116-2 ;
• Vu l'avis du Conseil national de la chasse et de la faune sauvage en date du 26 octobre 2005 ;
• Vu l'avis du conseil d'administration du Conseil supérieur de la pêche en date du 3 novembre 2005 ;
• Vu l'avis du Conseil national de protection de la nature en date du 25 novembre 2005,

Chapitre Ier.

La formation des gardes particuliers

Article 1. – Demande de reconnaissance de l'aptitude technique
• La demande de reconnaissance de l'aptitude technique aux fonctions de garde particulier prévue à l'article R. 15-33-26
• du Code de procédure pénale comporte :
• 1° L'identité et l'adresse du demandeur ;
• 2° Les certificats de formation obtenus par l'intéressé ;
• 3° Le contenu, les conditions d'organisation et la durée de la formation ;
• 4° Les coordonnées de l'organisme de formation ainsi que l'identité et la qualification des formateurs ;
• 5° Le cas échéant, les éléments établissant que le demandeur appartient à une des catégories de personnes pour lesquelles la formation n'est pas exigée.

Article 2. – Formation
• La formation nécessaire pour remplir les conditions d'aptitude technique exigées pour exercer les fonctions de garde particulier est organisée en modules qui correspondent aux différents domaines d'intervention des gardes particuliers.
• Les modules, le programme et la durée de la formation sont fixés en annexe 1 au présent arrêté.

Article 3. – Certificat de suivi
• Tout garde particulier doit avoir obtenu le certificat de suivi du module 1.
• En outre, en fonction des missions pour lesquelles il est commissionné, le garde particulier doit avoir obtenu l'un des certificats de suivi des modules suivants :
• – police de la chasse : module 2 ;
• – police de la pêche en eau douce : module 3 ;
• – police forestière : module 4 ;
• – police du domaine public routier : module 5.

Article 4. – Certificats de formation
• Les certificats de formation sont délivrés par l'organisme qui a assuré cette formation.

Article 5. – Dispenses
• Sont dispensées de justifier du suivi du module 1 de formation, sous réserve qu'elles aient définitivement cessé ces fonctions, les personnes ayant eu la qualité de :
• 1° Fonctionnaire actif de la police nationale ;
• 2° Militaire de la gendarmerie nationale ;
• 3° Agent de police municipale.

Article 6. – Agrément
• En vue de leur agrément en qualité de garde-chasse particulier, de garde-pêche particulier ou de garde des bois particulier, sont dispensées de justifier du suivi des modules 1, 2, 3 et 4 de formation, sous réserve qu'elles aient définitivement cessé ces fonctions, les personnes ayant eu la qualité de :
• 1° Fonctionnaire ou agent de l'Office national de la chasse et de la faune sauvage, du Conseil supérieur de la pêche, des parcs nationaux et des réserves naturelles ayant été commissionné et assermenté au titre de la police de la chasse, de la police de la pêche en eau douce ou de la police forestière ;
• 2° Fonctionnaire ou agent de l'Office national des forêts ayant été commissionné et assermenté pour constater les infractions en matière forestière ;
• 3° Garde champêtre.

Article 7. – Arrêté de reconnaissance d'aptitude technique
• Les personnes ayant exercé la fonction de garde particulier durant trois années peuvent demander au préfet du département dans lequel elles ont exercé ces fonctions de leur délivrer un arrêté reconnaissant leur aptitude technique dans leur spécialité.

Chapitre II

La carte d'agrément

Article 8. – Carte d'agrément – Mentions, photographie
• La carte d'agrément délivrée aux gardes particuliers en application de l'article R. 15-33-27-1 du Code de procédure pénale comporte les mentions fixées à l'annexe 2 au présent arrêté, à l'exclusion de tout autre.
• Elle comporte, au recto, la photographie du garde, vu de face, tête nue.

.../...

Article 9. – Mention ou signe

• La carte ne doit comporter aucune mention ou signe indiquant une appartenance associative différente du commettant, politique ou religieuse, ou pouvant causer une méprise dans l'esprit du public quant à l'étendue des compétences du garde particulier.

• Sauf lorsque le garde particulier est commissionné par une personne publique dont l'emblème comporte ces couleurs, elle ne peut comprendre la combinaison des trois couleurs: bleu, blanc et rouge.

Article 10. – Signatures – visas et cachets

• Après avoir été signée par son titulaire et par le ou les commettants, la carte est visée par le préfet et par le greffier du tribunal ayant reçu le serment. Les visas de ces autorités sont accompagnés de leur cachet.

Article 11. – Exécution

• Le directeur des libertés publiques et des affaires juridiques, le directeur de l'eau, le directeur de la nature et des paysages, le directeur général de la forêt et des affaires rurales et les préfets de département sont chargés, chacun en ce qui le concerne, de l'exécution du présent arrêté, qui sera publié au Journal officiel de la République française.

ANNEXES

PROGRAMME ET DURÉE DE LA FORMATION DES GARDES PARTICULIERS

ARTICLE ANNEXE 1

Module 1

Notions juridiques de base et droits et devoirs du garde particulier

• **I.** – Notions juridiques de base:
• 1° Les bases générales du droit pénal français et les institutions judiciaires;
• 2° La police judiciaire et ses agents;
• 3° La procédure pénale *(les règles de procédure et la rédaction des procès-verbaux)*;
• 4° L'infraction pénale *(la notion d'infraction, la responsabilité pénale, les différentes catégories d'infractions et les peines)*;
• 5° Le déroulement de l'instruction des procédures judiciaires.
• **II.** – Droits et devoirs du garde particulier:
• 1° Place du garde particulier au sein de la police judiciaire;
• 2° Les devoirs, prérogatives et limites de compétence du garde particulier;
• 3° Le contrôle des contrevenants dans le respect des libertés individuelles et du droit de propriété.
• **III.** – Déontologie et techniques d'intervention:
• 1° Comportement du garde dans l'exercice de ses fonctions;
• 2° Communication et présentation.
• La durée de ce module ne peut être inférieure à dix heures.

Module 2

Police de la chasse

• La formation dispensée aux candidats à l'agrément en qualité de garde-chasse particulier comprend:
• 1° Des notions d'écologie appliquées à la protection et à la gestion du patrimoine faunique et de ses habitats;
• 2° La réglementation de la chasse;
• 3° Les connaissances cynégétiques nécessaires à l'exercice des fonctions de garde-chasse particulier;
• 4° Les conditions de régulation des espèces classées nuisibles.
• La durée de ce module ne peut être inférieure à huit heures.

Module 3

Police de la pêche en eau douce

• La formation dispensée aux candidats à l'agrément en qualité de garde-pêche particulier comprend:
• 1° Des notions d'écologie appliquées à la protection et à la gestion des milieux naturels aquatiques et à ses ressources piscicoles;
• 2° La réglementation de la pêche en eau douce;
• 3° Les connaissances halieutiques nécessaires à l'exercice des fonctions de garde-pêche particulier;
• 4° Les conditions de régulation des espèces classées nuisibles.
• La durée de ce module ne peut être inférieure à huit heures.

Module 4

Police forestière

• La formation dispensée aux candidats à l'agrément en qualité de garde des bois particulier comprend:
• 1° Des notions d'écologie appliquées à la gestion de la forêt;
• 2° La réglementation forestière;
• 3° Les connaissances techniques nécessaires à l'exercice des fonctions de garde des bois particulier;
• 4° Les connaissances halieutiques et cynégétiques nécessaires à l'exercice des fonctions de garde des bois particulier;
• 5° Les conditions de régulation des espèces classées nuisibles.
• La durée de ce module ne peut être inférieure à huit heures.

.../...

Module 5

Police du domaine public routier

• La formation dispensée aux candidats à l'agrément en qualité de garde particulier chargé de la conservation du domaine public routier comprend :

• 1° Le Code de la voirie routière ;

• 2° Les contraventions de voirie ;

• 3° La compétence complémentaire fixée à l'article R. 130-5 du Code de la route.

• La durée de ce module ne peut être inférieure à huit heures.

CARTE D'AGRÉMENT DE GARDE PARTICULIER.

ARTICLE ANNEXE 2

• 1. Format de la carte : 120 x 80 mm.

• 2. Mentions figurant au recto de la carte :

• *a)* Qualité du garde : garde particulier, garde-chasse particulier ou agent de développement d'une fédération départementale ou interdépartementale des chasseurs, garde-pêche particulier ou garde des bois particulier

• *b)* Nom et prénoms du garde particulier ;

• *c)* Nom et prénoms du ou des commettants lorsque leur nombre le permet ;

• *d)* Date et signature du garde particulier et de son ou de ses commettants.

• 3. Mentions figurant au verso de la carte :

• Pour les gardes particuliers : « Par arrêté du préfet de ...., en date du ...., M./Mme/Mlle (prénoms et nom du garde) est agréé(e) en qualité de garde particulier pour constater par procès-verbaux tous délits et contraventions portant atteinte aux propriétés dont il/elle a la garde » ;

• ou

• Pour les gardes-chasse particuliers : « Par arrêté du préfet de ...., en date du ...., M./Mme/Mlle (prénoms et nom du garde) est agréé(e) en qualité de garde-chasse particulier pour constater, sur le(s) territoire(s) dont il/elle a la garde, les infractions aux dispositions du titre II du livre IV du Code de l'environnement et des textes pris pour son application relatives à la chasse, qui portent préjudice au(x) détenteur(s) de droit de chasse qui l'emploie(nt) » ;

• ou

• Pour les gardes-pêche particuliers : « Par arrêté du préfet de ...., en date du ...., M./Mme/Mlle (prénoms et nom du garde) est agréé(e) en qualité de garde-pêche particulier pour constater sur le(s) cours ou(et) le(s) plan(s) d'eau dont il/elle a la garde, les infractions aux dispositions du titre III du livre IV du Code de d'environnement et des textes pris pour son application relatives à la pêche en eau douce et à la gestion des ressources piscicoles, qui portent préjudice au(x) détenteur(s) de droit de pêche qui l'emploie(nt) » ;

• ou

• Pour les gardes des bois particuliers : « Par arrêté du préfet de ...., en date du ...., M./Mme/Mlle (prénoms et nom du garde) est agréé(e) en qualité de garde des bois et forêts particulier pour constater par procès-verbaux tous délits et contraventions portant atteinte à la propriété forestière dont il/elle a la garde » ;

• ou

• Pour les gardes du domaine public routier : « Par arrêté du préfet de ...., en date du ...., M./Mme/Mlle (prénoms et nom du garde) est agréé(e) en qualité de garde particulier pour constater par procès-verbaux les contraventions de voirie portant atteinte au domaine public routier de .... (commune/département) » ;

• « Le préfet (signature et cachet). »

• Formule du serment : « Je jure et promets de bien et loyalement remplir mes fonctions et d'observer en tout les devoirs qu'elles m'imposent. Je jure également de ne rien révéler ou utiliser de ce qui sera porté à ma connaissance à l'occasion de l'exercice de mes fonctions. »

• « Assermenté(e) le auprès du tribunal judiciaire de .... »

• « Le greffier (signature et cachet). »

Article R. 15-33-27. – Préfet – Enquête administrative – *(Décret n° 2006-1100 du 30 août 2006)*

• Le préfet accuse réception du dossier de demande d'agrément. Il fait procéder à une enquête administrative pour s'assurer que le demandeur satisfait aux conditions fixées au 1° de l'article 29-1.

Article R. 15-33-27-1. – Garde particulier – Agrément – *(Décret n° 2006-1100 du 30 août 2006)*

• Le garde particulier est agréé par arrêté du préfet pour une durée de cinq ans, renouvelable. L'arrêté d'agrément indique la nature des infractions que le garde particulier est chargé de constater, dans les limites des droits dont dispose le commettant et en application des dispositions législatives qui l'y autorisent.

• La commission mentionnée à l'article R. 15-33-24 est annexée à l'arrêté.

• Le commettant délivre au garde particulier une carte d'agrément qui comporte les mentions prévues par arrêté conjoint du ministre de l'intérieur et des ministres intéressés.

• La carte d'agrément est visée par le préfet.

Article R. 15-33-28. – Demande de renouvellement d'agrément – *(Décret n° 2006-1100 du 30 août 2006)*

• Le préfet se prononce sur la demande de renouvellement d'agrément selon la procédure prévue aux articles R. 15-33-25 à R. 15-33-27-1. Cette demande est accompagnée de l'arrêté mentionné à l'article R. 15-33-26.

• En cas de rejet de la demande de renouvellement, le commettant et le garde particulier doivent, préalablement à la décision, avoir été mis à même de présenter, devant le préfet ou le fonctionnaire que celui-ci délègue à cet effet, leurs observations écrites ou, sur leur demande, des observations orales. Ils peuvent se faire assister par un conseil ou représenter par un mandataire de leur choix.

Article R. 15-33-29. – Prestation de serment – *(Décret n° 2020-128 du 18 février 2020)*

• Les gardes particuliers ne peuvent entrer en fonctions qu'après avoir prêté serment devant le tribunal judiciaire dans le ressort duquel se trouvent le territoire à surveiller ou l'un d'entre eux, au siège de ce tribunal ou, le cas échéant, de l'une de ses chambres de proximité.

• La formule du serment est la suivante : « Je jure et promets de bien et loyalement remplir mes fonctions et d'observer en tout les devoirs qu'elles m'imposent. Je jure également de ne rien révéler ou utiliser de ce qui sera porté à ma connaissance à l'occasion de l'exercice de mes fonctions.

• La mention de la prestation de serment est enregistrée sur la carte d'agrément par le greffier du tribunal qui reçoit le serment.

Article R. 15-33-29-1. – Exercice des fonctions – *(Décret n° 2006-1100 du 30 août 2006)*

• Dans l'exercice de ses fonctions, le garde particulier est tenu de détenir en permanence sa carte ou sa décision d'agrément et de la présenter à toute personne qui en fait la demande.

• Il doit également faire figurer de manière visible sur ses vêtements la mention, selon la mission confiée, de « garde particulier » ou « garde-chasse particulier » ou « garde-pêche particulier » ou « garde des bois particulier », à l'exclusion de toute autre.

• Les gardes particuliers ne peuvent porter aucune arme, à l'exception de celles nécessaires à la destruction des animaux nuisibles dans les conditions prévues à l'article R. 427-21 du Code de l'environnement.

• Le port d'un insigne définissant un grade, d'un emblème tricolore, d'un képi, ainsi que de tout insigne et écusson faisant référence à une appartenance associative, syndicale, politique ou religieuse est interdit.

D • **Gardes particuliers – encadrement de leur activité.** – L'article R.15-33-29-1 du Code de procédure pénale vise à réglementer la situation des gardes particuliers dans le but d'encadrer leur activité et d'écarter dans l'esprit du public toute confusion avec les représentants des forces de l'ordre et des agents publics responsables de la police de la chasse. D'une part, sans imposer une quelconque tenue aux gardes particuliers, mais en les contraignant à porter sur leurs vêtements une mention spécifiant leur qualité ; d'autre part, en leur interdisant le port de certains insignes et attributs susceptibles de créer des confusions avec les agents publics, ou encore de tout signe distinctif qui serait incompatible avec les prérogatives de puissance publique dont ils sont les détenteurs, et, enfin, en les assujettissant aux règles de droit commun en matière de port d'armes, le décret attaqué, n'est pas, eu égard à l'objet de l'activité des gardes particuliers, illégal. *(CE 10 août 2007, req. n° 298067)*

Article R. 15-33-29-2. – Suspension ou retrait d'agrément – *(Décret n° 2019-966 du 18 septembre 2019)*

• L'agrément peut être retiré à tout moment par le préfet lorsque son titulaire cesse de remplir une ou plusieurs des conditions prévues à l'article 29-1 ou lorsqu'il ne respecte pas les dispositions de l'article R. 15-33-29-1.

• Le commettant et le garde particulier doivent, préalablement à la décision, avoir été mis à même de présenter, devant le préfet ou le fonctionnaire que celui-ci délègue à cet effet, leurs observations écrites ou, sur leur demande, des observations orales. Ils peuvent se faire assister par un conseil ou se faire représenter par un mandataire de leur choix.

• En cas d'urgence et pour des motifs d'ordre public, le préfet peut suspendre à titre conservatoire l'agrément du garde particulier, pour une durée maximale de 3 mois, par décision motivée. Cette mesure de suspension peut être renouvelée une fois.

• Le préfet informe le commettant et le président du tribunal judiciaire auprès duquel le garde a prêté serment de la suspension ou du retrait de l'agrément.

• Le commettant est tenu d'informer sans délai le préfet lorsque le garde particulier qu'il emploie cesse de remplir une ou plusieurs des conditions prévues à l'article 29-1 ou lorsque celui-ci ne respecte pas les dispositions de l'article R. 15-33-29-1.

Article R. 15-33-29-2-1. – Préfet de police – Bouches-du-Rhône – *(Décret n° 2022-1174 du 24 août 2022)*

• Les attributions dévolues au préfet de département par la présente section sont exercées, dans le département des Bouches-du-Rhône, par le préfet de police des Bouches-du-Rhône.

Section VIII

Des agents de police municipale, des gardes champêtres, des agents de surveillance de Paris et des agents de la ville de Paris chargés d'un service de police

Article R. 15-33-29-3. – Habilitations – *(Décret n° 2022-452 du 30 mars 2022)*
• Les contraventions prévues par le Code pénal que les agents de police municipale, les gardes champêtres, les agents de surveillance de Paris mentionnés à l'article 21 du présent code ainsi que les agents de la ville de Paris chargés d'un service de police peuvent, en application des dispositions des articles L. 2212-5, L. 2213-18, L. 2512-16-1 et L. 2512-16 du Code général des collectivités territoriales, constater par procès-verbaux lorsqu'elles sont commises sur le territoire communal, sur le territoire de la commune de Paris ou sur le territoire pour lesquels ils sont assermentés et qu'elles ne nécessitent pas de leur part d'actes d'enquête sont les suivantes :
• 1° Divagation d'animaux dangereux, prévue par l'article R. 622-2 du Code pénal ;
• 2° Bruits ou tapages injurieux ou nocturnes prévus par l'article R. 623-2 du même code ;
• 3° Excitation d'animaux dangereux, prévue par l'article R. 623-3 du même code ;
• 4° Menaces de destruction, prévues par les articles R. 631-1 et R. 634-1 du même code, lorsqu'elles concernent des biens appartenant à la commune ;
• 5° Abandon d'ordures, déchets, matériaux et autres objets, prévu par les articles R. 632-1, R. 634-2, R. 635-8 et R. 644-2 du même code ;
• 6° Destructions, dégradations et détériorations légères, prévues par l'article R. 635-1 du même code, lorsqu'elles concernent des biens appartenant à la commune ;
• 7° Atteintes volontaires ou involontaires à animal et mauvais traitements à animal, prévus par les articles R. 653-1, R. 654-1 et R. 655-1 du même code.
• Ces agents et fonctionnaires peuvent également constater par procès-verbaux les contraventions de non-respect des arrêtés de police prévues par l'article R. 610-5 du Code pénal, conformément aux dispositions du Code général des collectivités territoriales, ainsi que, s'agissant des agents de police municipale, des gardes champêtres et des agents de surveillance de Paris, les contraventions aux dispositions du Code de la route dont la liste est fixée par les articles R. 130-1-1 à R. 130-3 de ce code, les contraventions relatives à l'interdiction de fumer dans les lieux affectés à un usage collectif prévues par les articles R. 3512-1 et R. 3512-2 du Code de la santé publique et les contraventions relatives à l'interdiction de l'utilisation sur le domaine public de systèmes de chauffage ou de climatisation prévues à l'article R. 2122-7-1 du Code général de la propriété des personnes publiques.

Article R. 15-33-29-4. – Procès-verbaux – Transmission – *(Décret n° 2008-150 du 19 février 2008)*
• Les agents et fonctionnaires mentionnés à l'article R. 15-33-29-3 adressent sans délai les procès-verbaux constatant les contraventions prévues par cet article simultanément au maire ou, pour les agents de surveillance de Paris, au préfet de police et, par l'intermédiaire des officiers de police judiciaire territorialement compétents, au procureur de la République.

Section IX

Des agents des services fiscaux chargés de certaines missions de police judiciaire

Article R. 15-33-29-4-1. – Composition de la commission – *(Décret n° 2019-464 du 17 mai 2019)*
• Les agents des services fiscaux de catégories A et B mentionnés à l'article 28-2 qui sont habilités à effectuer des enquêtes judiciaires sont affectés dans l'un des services spécialisés dans la répression de la délinquance fiscale suivants :
• 1° Le service d'enquêtes judiciaires des finances du ministère du budget :
• 2° Le service de police judiciaire de la direction centrale de la police judiciaire du ministère de l'intérieur.

Article R. 15-33-29-4-2. – Composition de la commission – *(Décret n° 2019-464 du 17 mai 2019)*
• Les missions confiées par les articles R. 15-33-11 à R. 15-33-13 au magistrat délégué aux missions judiciaires de la douane et de l'administration fiscale à l'égard des agents des douanes sont applicables aux agents des services fiscaux placés sous son autorité.

§ 1er. – Désignation des agents des services fiscaux chargés de certaines missions de police judiciaire

Article R. 15-33-29-5. – Composition de la commission – *(Décret n° 2019-464 du 17 mai 2019)*

• La commission prévue à l'article 28-2 dont l'avis conforme est requis pour la désignation des agents des services fiscaux des catégories A et B habilités à effectuer des enquêtes judiciaires sur réquisition du procureur de la République ou sur commission rogatoire du juge d'instruction est composée comme suit :

• 1° Le procureur général près la Cour de cassation ou son délégué choisi par lui parmi les 1ers avocats généraux ou les avocats généraux à la Cour de cassation, président ;

• 2° Quatre magistrats du ministère public dont 2 au plus peuvent être des magistrats honoraires ;

• 3° Le directeur général des finances publiques ou son représentant ;

• 4° Le chef du service du contrôle fiscal à la direction générale des finances publiques ou son représentant ;

• 5° Lorsque les agents sont affectés au sein du ministère du budget, le chef de service des ressources humaines de la direction générale des finances publiques et le magistrat délégué aux missions judiciaires de la douane et de l'administration fiscale ou leurs représentants ;

• 6° Lorsque les agents sont affectés au sein du ministère de l'intérieur, le directeur général de la police nationale et le directeur central de la police judiciaire ou leurs représentants.

• Les membres de la commission mentionnés au 2° ont chacun un suppléant.

• Le secrétariat de la commission est assuré, selon le ministère d'affectation des agents, par la direction générale des finances publiques ou par la direction générale de la police nationale.

Article R. 15-33-29-6. – Nomination – *(Décret n° 2010-914 du 3 août 2010)*

• Les membres de la commission mentionnés au 2° de l'article R. 15-33-29-5 et leurs suppléants ainsi que, sur la proposition des membres mentionnés aux 3° à 6° du même article, les représentants de ces derniers sont nommés par arrêté conjoint du garde des sceaux, ministre de la justice, du ministre de l'intérieur et du ministre chargé du budget.

Article R. 15-33-29-7. – Examen technique – *(Décret n° 2019-464 du 17 mai 2019)*

• Pour pouvoir être désignés aux fins d'être chargés de certaines missions de police judiciaire, les agents des services fiscaux doivent justifier d'au moins 2 ans de services effectifs dans leur corps en qualité d'agent titulaire de catégorie A ou B et avoir satisfait aux épreuves d'un examen technique.

• Les modalités d'organisation de cet examen et le programme des épreuves sont fixés par arrêté conjoint du garde des sceaux, ministre de la justice, du ministre de l'intérieur et du ministre chargé du budget.

• Un arrêté conjoint du garde des sceaux, ministre de la justice, et du ministre chargé du budget fixe la liste des agents qui, en raison de leurs responsabilités et de leurs compétences, sont dispensés de cet examen technique.

Article R. 15-33-29-8. – Jury – *(Décret n° 2010-914 du 3 août 2010)*

• Le jury de l'examen technique est constitué par la commission mentionnée à l'article R. 15-33-29-5. Les membres de la commission ou leurs suppléants appelés à composer le jury doivent siéger pendant toute la durée de l'examen.

• Le jury établit la liste des candidats ayant satisfait à l'examen technique.

Article R. 15-33-29-9. – Arrêté – *(Décret n° 2010-914 du 3 août 2010)*

• Les agents des services fiscaux chargés d'effectuer des enquêtes judiciaires en application de l'article 28-2 sont désignés parmi ceux qui ont été reçus à l'examen technique, par arrêté conjoint du garde des sceaux, ministre de la justice, et du ministre chargé du budget, sur proposition du directeur général des finances publiques et après avis conforme de la commission mentionnée à l'article R. 15-33-29-5.

§ 2. – Habilitation des agents des services fiscaux chargés de certaines missions de police judiciaire

Article R. 15-33-29-10. – Habilitation – *(Décret n° 2019-464 du 17 mai 2019)*

• Les agents des services fiscaux ne peuvent être habilités à effectuer des missions de police judiciaire que lorsqu'ils sont affectés dans un des services mentionnés à l'article R. 15-33-29-4-1.

• Pour chacun de ces agents, une demande d'habilitation est adressée, sur proposition du chef du service du contrôle fiscal à la direction générale des finances publiques, au procureur général près la cour d'appel de Paris par le chef du service de police judiciaire mentionné au premier alinéa.

• L'affectation en dehors de l'un des services mentionnés à l'article R. 15-33-29-4-1 entraîne la caducité de l'habilitation à effectuer des missions de police judiciaire.

Article R. 15-33-29-11. – Accord ou refus – *(Décret n° 2010-914 du 3 août 2010)*

• Le procureur général près la cour d'appel de Paris accorde ou refuse l'habilitation par arrêté. Lorsqu'il envisage de refuser l'habilitation, il en informe l'intéressé en lui précisant qu'il peut, dans un délai de quinze jours, prendre connaissance de son dossier et être entendu, le cas échéant, avec l'assistance d'un conseil de son choix.

Article R. 15-33-29-12. – Retrait ou suspension – *(Décret n° 2019-464 du 17 mai 2019)*

• Le procureur général près la cour d'appel de Paris prononce le retrait ou la suspension, pour une durée n'excédant pas 2 ans, de l'habilitation à effectuer des missions de police judiciaire, par arrêté pris soit d'office, soit sur proposition du chef du service au sein duquel l'agent est affecté ou du chef du service du contrôle fiscal à la direction générale des finances publiques.

• Il entend préalablement l'agent des services fiscaux, qui peut prendre connaissance du dossier relatif aux faits qui lui sont reprochés et se faire assister d'un conseil de son choix.

• L'agent des services fiscaux dont l'habilitation a été suspendue recouvre de plein droit, à l'expiration de la suspension, la faculté d'exercer des missions de police judiciaire. Le procureur général près la cour d'appel de Paris peut, à tout moment, abréger la durée de la suspension.

• Après un retrait, l'habilitation ne peut être rétablie que dans les formes prévues pour son attribution initiale.

§ 3. – Notation des agents des services fiscaux chargés de certaines missions de police judiciaire

Article R. 15-33-29-13. – Dossier individuel – *(Décret n° 2010-914 du 3 août 2010)*

• Il est tenu en permanence au parquet général près la cour d'appel de Paris un dossier individuel concernant l'activité de chaque agent des services fiscaux habilité à exercer des missions de police judiciaire.

• Ce dossier comprend notamment :

• 1° Les demandes d'habilitation et les documents qui y sont joints ;

• 2° La copie des décisions prononcées par l'autorité judiciaire en application des dispositions des articles 28-2, 224 à 230, R. 15-33-29-11 et R. 15-33-29-12, notamment la copie des arrêtés d'habilitation ;

• 3° La copie de tout document émanant d'un magistrat relatif à l'exercice des activités judiciaires de l'intéressé ;

• 4° Les notations établies en application des dispositions ci-après.

• Le dossier est communiqué à la chambre de l'instruction lorsque celle-ci se trouve saisie dans les conditions fixées à l'article 225.

Article R. 15-33-29-14. – Notation – *(Décret n° 2019-966 du 18 septembre 2019)*

• Le procureur de la République près le tribunal judiciaire de Paris, après avoir recueilli, le cas échéant, les observations des juges d'instruction et des présidents des chambres correctionnelles, établit, tous les 2 ans, une proposition de notation qu'il transmet au procureur général près la cour d'appel de Paris.

• Celui-ci établit la notation après avoir recueilli, le cas échéant, les observations des présidents de la chambre de l'instruction et des autres procureurs généraux concernés.

Article R. 15-33-29-15. – Modèle de notation – *(Décret n° 2010-914 du 3 août 2010)*

• Les propositions de notation et les notations prévues à l'article R. 15-33-29-14 sont établies sur un imprimé conforme au modèle fixé par le ministre de la justice.

• Elles comportent une appréciation générale circonstanciée, ainsi qu'une note chiffrée de 0 à 10 et une appréciation sur chacun des éléments suivants lorsqu'ils ont été observés :

• 1° Relations professionnelles avec l'autorité judiciaire ;

• 2° Qualité de la coordination de l'activité de police judiciaire du service ou de l'unité ;

• 3° Qualité des procédures et de la rédaction des rapports et des procès-verbaux ;

• 4° Qualité des constatations et des investigations techniques;
• 5° Valeur des informations données au parquet;
• 6° Engagement professionnel;
• 7° Capacité à conduire les investigations;
• 8° Degré de confiance accordé.
• Lorsque l'un de ces éléments n'a pas été observé, la mention: « activité judiciaire non observée » est substituée à la notation chiffrée et à l'appréciation correspondantes.

Article R. 15-33-29-16. – Connaissance de la notation – *(Décret n° 2019-464 du 17 mai 2019)*
• La notation établie par le procureur général près la cour d'appel de Paris est portée directement à la connaissance de l'agent des services fiscaux habilité qui peut présenter des observations par écrit dans un délai de 15 jours, délai à l'issue duquel la notation définitive est transmise immédiatement au chef du service au sein duquel l'agent est affecté et au directeur général des finances publiques. Elle est prise en compte pour la notation administrative de l'agent des services fiscaux intéressé établie par la direction générale des finances publiques.

§ 4. – Modalités d'exercice des missions de police judiciaire par les agents des services fiscaux habilités

Article R. 15-33-29-17. – Application – *(Décret n° 2010-914 du 3 août 2010)*
• Les dispositions des articles R. 15-33-18 et R. 15-33-20 à R. 15-33-23 sont applicables à l'exercice des missions de police judiciaire par les agents des services fiscaux habilités.

Section X
Des officiers judiciaires de l'environnement

§1. – Désignation des officiers judiciaires de l'environnement

Article R. 15-33-29-18. – Inspecteurs de l'environnement – Officiers judiciaires de l'environnement – *(Décret n° 2023-187 du 17 mars 2023)*
• Les inspecteurs de l'environnement de catégories A et B mentionnés à l'article 28-3 sont dénommés officiers judiciaires de l'environnement.

Article R. 15-33-29-19. – Commission – Composition – *(Décret n° 2023-187 du 17 mars 2023)*
• La commission mentionnée au I de l'article 28-3 comprend:
• 1° Le procureur général près la Cour de cassation ou son délégué choisi par lui parmi les premiers avocats généraux ou les avocats généraux à la Cour de cassation, président;
• 2° Trois magistrats du ministère public dont deux au plus peuvent être des magistrats honoraires;
• 3° Le directeur général de l'aménagement, du logement et de la nature ou son représentant;
• 4° Le directeur général de la gendarmerie nationale ou son représentant;
• 5° Le directeur général de l'Office français de la biodiversité ou son représentant.
• Les membres de la commission mentionnés au 2° ont chacun un suppléant désigné dans les mêmes conditions que le titulaire.
• Le secrétariat de la commission est assuré par l'Office français de la biodiversité.

Article R. 15-33-29-20. – Membres de la commission – Nomination – *(Décret n° 2023-187 du 17 mars 2023)*
• Les membres de la commission mentionnés au 2° de l'article R. 15-33-29-18 et leurs suppléants ainsi que, sur la proposition des membres mentionnés aux 3° et 4° du même article, les représentants de ces derniers, sont nommés par arrêté conjoint du garde des Sceaux, ministre de la justice et du ministre chargé de l'environnement.

Article R. 15-33-29-21. – Inspecteurs de l'environnement – Épreuves examen technique – *(Décret n° 2023-187 du 17 mars 2023)*
• Pour pouvoir être désignés officier judiciaire de l'environnement, les inspecteurs de l'environnement doivent avoir satisfait aux épreuves d'un examen technique.
• Les modalités d'organisation de cet examen et le programme des épreuves sont fixés par

arrêté conjoint du garde des Sceaux, ministre de la justice et du ministre chargé de l'environnement.

• Par dérogation aux dispositions du 1er alinéa, un arrêté conjoint du garde des Sceaux, ministre de la justice, et du ministre chargé de l'environnement fixe la liste des agents qui, ayant exercé des fonctions d'officier de police judiciaire pendant au moins 3 ans, sont dispensés de l'examen technique.

Article R. 15-33-29-22. – Jury – Examen technique – *(Décret n° 2023-187 du 17 mars 2023)*

• Le jury de l'examen technique est constitué par la commission mentionnée à l'article R. 15-33-29-19. Les membres de la commission ou leurs suppléants appelés à composer le jury doivent siéger pendant toute la durée de l'examen.

• Le jury établit la liste des candidats ayant satisfait à l'examen technique.

Article R. 15-33-29-23. – Officiers judiciaires de l'environnement – Désignation – *(Décret n° 2023-187 du 17 mars 2023)*

• Les officiers judiciaires de l'environnement sont désignés parmi les personnes mentionnées aux 1er et 3e alinéa de l'article R. 15-33-29-21, par arrêté conjoint du garde des Sceaux, ministre de la justice, et du ministre chargé de l'environnement, sur proposition du directeur général de l'Office français de la biodiversité et après avis conforme de la commission mentionnée à l'article R. 15-33-29-19.

§ 2. – Habilitation des officiers judiciaires de l'environnement

Article R. 15-33-29-24. – Demande d'habilitation – *(Décret n° 2023-187 du 17 mars 2023)*

• Pour chacun des officiers judiciaires de l'environnement, une demande d'habilitation est adressée, sur proposition du directeur général de l'Office français de la biodiversité, au procureur général près la cour d'appel dans le ressort de laquelle se situe le siège du service de rattachement de l'officier judiciaire de l'environnement.

• Les officiers judiciaires de l'environnement ne peuvent exercer effectivement les attributions attachées à cette qualité ni se prévaloir de cette dernière que s'ils sont affectés à un emploi comportant cet exercice et en vertu d'une décision du procureur général près la cour d'appel les y habilitant personnellement. Tout changement d'affectation entraîne la caducité de cette habilitation.

Article R. 15-33-29-25. – Habilitation – Accord ou refus – *(Décret n° 2023-187 du 17 mars 2023)*

• Le procureur général près la cour d'appel dans le ressort de laquelle se situe le siège du service de rattachement de l'officier judiciaire de l'environnement accorde ou refuse l'habilitation par arrêté. Lorsqu'il envisage de refuser l'habilitation, il en informe l'intéressé en lui précisant qu'il peut, dans un délai de 15 jours, prendre connaissance de son dossier et être entendu, le cas échéant, avec l'assistance d'un conseil de son choix.

Article R. 15-33-29-26. – Habilitation – Retrait ou suspension – *(Décret n° 2023-187 du 17 mars 2023)*

• Le procureur général près la cour d'appel dans le ressort de laquelle se situe le siège du service de rattachement de l'officier judiciaire de l'environnement prononce le retrait ou la suspension, pour une durée n'excédant pas 2 ans, de l'habilitation, par arrêté pris soit d'office, soit sur proposition du directeur général de l'Office français de la biodiversité.

• Il entend préalablement l'officier judiciaire de l'environnement, qui peut prendre connaissance du dossier relatif aux faits qui lui sont reprochés et se faire assister d'un conseil de son choix.

• L'officier judiciaire de l'environnement dont l'habilitation a été suspendue recouvre de plein droit, à l'expiration de la suspension, la faculté de disposer des mêmes prérogatives et obligations que celles attribuées aux officiers de police judiciaire. Le procureur général près la cour d'appel dans le ressort de laquelle se situe le siège du service de rattachement de l'officier judiciaire de l'environnement peut, à tout moment, abréger la durée de la suspension.

• Après un retrait, l'habilitation ne peut être rétablie que dans les formes prévues pour son attribution initiale.

§ 3. – Notation des officiers judiciaires de l'environnement

Article R. 15-33-29-27. – Dossier individuel – *(Décret n° 2023-187 du 17 mars 2023)*

• Il est tenu en permanence au parquet général près la cour d'appel dans le ressort de laquelle se situe le siège du service de rattachement de l'officier judiciaire de l'environnement un dossier individuel concernant l'activité de ce dernier.

• Ce dossier comprend notamment :

• 1° Les demandes d'habilitation et les documents qui y sont joints ;

• 2° La copie des décisions prononcées par l'autorité judiciaire en application des dispositions des articles 28-3,224 à 230, R. 15-33-29-25 et R. 15-33-29-26, notamment la copie des arrêtés d'habilitation ;

• 3° La copie de tout document émanant d'un magistrat relatif à l'exercice des activités judiciaires de l'intéressé ;

• 4° Les notations établies en application des dispositions ci-après.

• Le dossier est communiqué à la chambre de l'instruction lorsque celle-ci se trouve saisie dans les conditions fixées à l'article 225.

Article R. 15-33-29-28. – Procureur de la République – Proposition de notation – *(Décret n° 2023-187 du 17 mars 2023)*

• Le procureur de la République près le tribunal judiciaire dans le ressort duquel se situe le siège du service de rattachement de l'officier judiciaire de l'environnement, après avoir recueilli, le cas échéant, les observations des juges d'instruction et des présidents des chambres correctionnelles, établit, tous les 2 ans, une proposition de notation qu'il transmet au procureur général près la cour d'appel dans le ressort de laquelle se situe le siège du service de rattachement de l'officier judiciaire de l'environnement.

• Celui-ci établit la notation après avoir recueilli, le cas échéant, les observations des présidents de la chambre de l'instruction et des autres procureurs généraux concernés.

Article R. 15-33-29-29. – Propositions de notation et notations – *(Décret n° 2023-187 du 17 mars 2023)*

• Les propositions de notation et les notations prévues à l'article R. 15-33-29-28 sont établies sur un imprimé conforme au modèle fixé par le ministre de la justice.

• Elles comportent une appréciation générale circonstanciée, ainsi qu'une note chiffrée de 0 à 10 et une appréciation sur chacun des éléments suivants lorsqu'ils ont été observés :

• 1° Relations professionnelles avec l'autorité judiciaire ;

• 2° Qualité de la coordination de l'activité de police judiciaire du service ;

• 3° Qualité des procédures et de la rédaction des rapports et des procès-verbaux ;

• 4° Qualité des constatations et des investigations techniques ;

• 5° Valeur des informations données au parquet ;

• 6° Engagement professionnel ;

• 7° Capacité à conduire les investigations ;

• 8° Degré de confiance accordé.

• Lorsque l'un de ces éléments n'a pas été observé, la mention : activité judiciaire non observée est substituée à la notation chiffrée et à l'appréciation correspondantes.

Article R. 15-33-29-30. – Procureur général – Notation – *(Décret n° 2023-187 du 17 mars 2023)*

• La notation établie par le procureur général près la cour d'appel dans le ressort de laquelle se situe le siège du service de rattachement de l'officier judiciaire de l'environnement est portée directement à la connaissance de ce dernier qui peut présenter des observations par écrit dans un délai de 15 jours, délai à l'issue duquel la notation définitive est transmise immédiatement au directeur de l'Office français de la biodiversité et au directeur général de l'aménagement, du logement et de la nature. Elle est prise en compte pour la notation administrative de l'officier judiciaire de l'environnement intéressé établie par l'Office français de la biodiversité.

§ 4. – Modalités d'exercice des missions de police judiciaire par les officiers judiciaires de l'environnement habilités

Article R. 15-33-29-31. – Dispositions applicables – *(Décret n° 2023-187 du 17 mars 2023)*

• Les dispositions des articles R. 15-33-18 et R. 15-33-21 à R. 15-33-24 sont applicables à l'exercice des missions de police judiciaire par les officiers judiciaires de l'environnement habilités.

CHAPITRE II

Du ministère public

Section I

Des délégués et des médiateurs du procureur de la République

Article R. 15-33-30. – Délégués du procureur de la République – *(Décret n° 2002-801 du 3 mai 2002)*

• Les personnes physiques ainsi que les associations régulièrement déclarées qui ont été habilitées comme délégués du procureur de la République dans les conditions prévues par la présente section peuvent être désignées par ce dernier pour être chargées d'une des missions prévues par les 1° à 4° de l'article 41-1 ou pour intervenir lors de la procédure de composition pénale prévue par les articles 41-2 et 41-3.

• Les personnes physiques ainsi que les associations régulièrement déclarées qui ont été habilitées comme médiateurs du procureur de la République dans les conditions prévues par la présente section peuvent être désignées par ce dernier pour effectuer une mission de médiation conformément aux dispositions du 5° de l'article 41-1. Elles peuvent également se voir confier les missions mentionnées à l'alinéa précédent.

Article R. 15-33-31. – Demande d'habilitation – *(Décret n° 2019-966 du 18 septembre 2019)*

• La personne physique ou morale selon qu'elle désire être habilitée dans le ressort du tribunal judiciaire ou dans celui de la cour d'appel en fait la demande au procureur de la République ou au procureur général.

Article R. 15-33-32. – Demande – Association – *(Décret n° 2019-966 du 18 septembre 2019)*

• La demande présentée par une association comporte notamment :

• 1° La copie du Journal officiel portant publication de la déclaration de l'association ou, en ce qui concerne les départements du Bas-Rhin, du Haut-Rhin ou de la Moselle, une copie de l'extrait du registre des associations du tribunal judiciaire ;

• 2° Un exemplaire des statuts et, s'il y a lieu, du règlement intérieur ;

• 3° La liste des établissements de l'association avec indication de leur siège ;

• 4° Un exposé indiquant les conditions de fonctionnement de l'association et, le cas échéant, l'organisation et les conditions de fonctionnement des comités locaux ainsi que leurs rapports avec l'association ;

• 5° La mention des nom, prénoms, date et lieu de naissance, nationalité, profession et domicile des membres du conseil d'administration et du bureau de l'association ainsi que, le cas échéant, ceux de ses représentants locaux ;

• 6° Les pièces financières qui doivent comprendre les comptes du dernier exercice, le budget de l'exercice courant et un bilan ou état de l'actif mobilier et immobilier et du passif ;

• 7° La liste des personnes physiques qui, au sein de l'association, doivent accomplir les missions qui lui sont confiées, avec la mention des nom, prénoms, date et lieu de naissance, nationalité, profession et domicile de chacune d'entre elles.

Article R. 15-33-33. – Conditions obligatoires – *(Décret n° 2004-1021 du 27 septembre 2004)*

• Le Médiateur ou le délégué du procureur de la République doit satisfaire aux conditions suivantes :

• 1° Ne pas exercer de fonctions judiciaires ou participer au fonctionnement du service de la justice ou être investi d'un mandat électif dans le ressort de la cour d'appel ;

• 2° Ne pas avoir fait l'objet d'une condamnation, incapacité ou déchéance mentionnée sur le bulletin n° 2 du casier judiciaire ;

• 3° Présenter des garanties de compétence, d'indépendance et d'impartialité ;

• 4° Ne pas être âgé de plus de 75 ans ;

• 5° Sauf dispense accordée par le garde des sceaux, ministre de la justice, ne pas être conjoint, concubin, parent ou allié jusqu'au degré d'oncle ou de neveu inclusivement d'un magistrat ou d'un fonctionnaire de la juridiction ou lié avec l'un d'entre eux par un pacte civil de solidarité.

• Le Médiateur ou le délégué du procureur de la République appelé à se voir confier des missions concernant des mineurs doit en outre s'être signalé par l'intérêt qu'il porte aux questions de l'enfance.

• Lorsqu'une association envisage une modification de la liste mentionnée au 7° de l'article

R. 15-33-32 ou de désigner, pour accomplir les missions confiées à l'association, une personne physique n'ayant pas été personnellement habilitée, elle doit en aviser le procureur de la République. Ce dernier lui indique, le cas échéant, les personnes qui, ne remplissant pas les conditions mentionnées aux alinéas précédents, ne peuvent être autorisées à accomplir les missions confiées à l'association.

Article R. 15-33-34. – Secret – *(Décret n° 2001-71 du 29 janvier 2001)*

• Le Médiateur et le délégué du procureur de la République sont tenus à l'obligation du secret dans les conditions fixées par l'article 226-13 du Code pénal.

Article R. 15-33-35. – Durée de l'habilitation – *(Décret n° 2004-1021 du 27 septembre 2004)*

• Après avoir fait procéder à toutes les diligences qu'il juge utiles, le procureur de la République ou, si l'intéressé doit exercer ses fonctions dans le ressort de la cour d'appel, le procureur général décide de l'habilitation de la personne pour une durée probatoire d'un an.

• À l'issue de cette période, le procureur de la République ou le procureur général décide de l'habilitation de la personne pour une période de cinq ans, après avis de l'assemblée générale des magistrats du siège et du parquet du tribunal ou de la cour d'appel, ou de la commission restreinte de l'assemblée générale des magistrats du siège et du parquet dans les juridictions où sa constitution est obligatoire.

• L'habilitation est renouvelable pour une même durée selon la même procédure.

• Les décisions prévues au présent article précisent si la personne est habilitée comme médiateur ou comme délégué du procureur de la République et si elle est habilitée à se voir confier des missions concernant les mineurs.

Article R. 15-33-35-1. – Liste – *(Décret n° 2004-1021 du 27 septembre 2004)*

• La liste des personnes habilitées par le procureur de la République est adressée au procureur général.

Article R. 15-33-36. – Prestation de serment – *(Décret n° 2019-966 du 18 septembre 2019)*

• Dès qu'il est habilité en application des dispositions du 1er alinéa de l'article R. 15-33-35, le médiateur ou le délégué du procureur de la République prête devant le tribunal judiciaire ou devant la cour d'appel le serment suivant :

• « Je jure d'exercer mes fonctions avec rigueur, loyauté, impartialité et dignité et de respecter le secret professionnel. »

• Ce serment est également prêté par les personnes physiques représentant les personnes morales habilitées, mentionnées au 7° de l'article R. 15-33-32.

Article R. 15-33-36-1. – Rapport d'activité – *(Décret n° 2004-1021 du 27 septembre 2004)*

• Le médiateur et le délégué du procureur de la République adressent une fois par an un rapport d'activité au procureur de la République ou, s'ils exercent leurs fonctions dans le ressort de la cour d'appel, au procureur général.

Article R. 15-33-37. – Retrait de l'habilitation – *(Décret n° 2004-1021 du 27 septembre 2004)*

• L'habilitation peut être retirée si la personne cesse de satisfaire à l'une des conditions prévues par l'article R. 15-33-33 ou si elle n'exécute pas de façon satisfaisante les missions qui lui sont confiées. Ce retrait est prononcé, après que l'intéressé a été mis à même de présenter ses observations orales, selon la procédure prévue par l'article R. 15-33-35 pour la décision d'habilitation.

• En cas d'urgence, le procureur de la République ou le procureur général peut retirer provisoirement l'habilitation en attendant de pouvoir procéder aux consultations prévues par le deuxième alinéa de l'article R. 15-33-35.

Section I bis

De la transaction proposée par un officier de police judiciaire

Articles R. 15-33-37-1 à R. 15-33-37-6. – *(Abrogé – Décision n° 395321 et 395509 du 24 mai 2017)*

Section II

De la composition pénale

§ 1er. – Proposition des mesures

Article R. 15-33-38. – Composition pénale – *(Décret n° 2001-71 du 29 janvier 2001)*

• Le procureur de la République peut proposer soit directement soit par l'intermédiaire d'un délégué ou d'un Médiateur une composition pénale, en application des dispositions des articles 41-2 et 41-3.

Article R. 15-33-39. – Délai – *(Décret n° 2001-71 du 29 janvier 2001)*

• La personne à qui est proposée une composition pénale peut demander à disposer d'un délai de dix jours avant de faire connaître sa décision après s'être, le cas échéant, fait assister par un avocat. Si elle demande à bénéficier de ce délai, il lui est indiqué la date et l'heure auxquelles elle est invitée à recomparaître pour faire connaître sa réponse. Elle est informée que si elle ne se présente pas, elle sera considérée comme ayant refusé la composition pénale.

Article R. 15-33-40. – Procès-verbal – *(Décret n° 2020-128 du 18 février 2020)*

• Le procès-verbal prévu par le 26e alinéa de l'article 41-2 précise :

• – la nature des faits reprochés ainsi que leur qualification juridique ;

• – la nature et le quantum de mesures proposées en application des 1° à 19° de l'article 41-2, ainsi que les délais dans lesquels elles doivent être exécutées lorsque l'une des mesures proposées consiste dans l'accomplissement d'un stage, il est précisé si le stage donne lieu à engagement de frais mis à la charge de l'auteur des faits ainsi que leur montant maximum ;

• – le cas échéant, le montant ou la nature des réparations proposées en application des dispositions du 23e alinéa de l'article 41-2.

• Ce procès-verbal indique que la personne a été informée de son droit de se faire assister d'un avocat avant de donner son accord aux propositions du procureur de la République et de son droit de demander à bénéficier d'un délai de dix jours avant de faire connaître sa réponse.

• Le procès-verbal précise que la personne a été informée que la proposition de composition pénale va être adressée pour validation au président du tribunal judiciaire.

• Le procès-verbal précise également que la personne sera informée de la décision du président du tribunal judiciaire, et qu'en cas de validation les délais d'exécution des mesures commenceront à courir à la date de notification de cette décision.

• Le procès-verbal est signé par la personne ainsi que par le procureur de la République, son délégué ou son médiateur. Une copie du procès-verbal est remise à l'auteur des faits.

Article R. 15-33-40-1. – Non-application – *(Décret n° 2020-128 du 18 février 2020)*

• Lorsqu'il n'y a pas lieu à validation de la proposition de composition pénale parce qu'elle porte sur un délit puni d'une peine d'emprisonnement d'une durée inférieure ou égale à 3 ans et qu'elle consiste en une amende de composition n'excédant pas 3.000 € ou dans le dessaisissement d'une chose dont la valeur n'excède pas ce montant, les dispositions des 2 avant-derniers alinéas de l'article R. 15-33-40 ne sont pas applicables.

Article R. 15-33-41. – Permis de conduire ou de chasser – *(Décret n° 2004-1021 du 27 septembre 2004)*

• La remise du permis de conduire ou de chasser prévue par les 4° et 5° de l'article 41-2 emporte pour la personne l'engagement de ne pas conduire ou chasser pendant la période de remise de son permis.

• Lorsqu'est proposée la remise du permis de conduire, cet engagement peut être limité à la conduite en dehors de l'activité professionnelle, sauf si cette limitation est expressément exclue par la loi ou le règlement qui réprime l'infraction, ou à la conduite de certains véhicules. Dans ce cas, la proposition comporte les précisions prévues à l'article R. 131-1 ou R. 131-3 du Code pénal.

Article R. 15-33-41-1. – Programme de réhabilitation et de sensibilisation – Éthylotest anti-démarreur *– (Décret n° 2011-1048 du 5 septembre 2011)*

• L'obligation prévue par le 4° *bis* de l'article 41-2 de suivre un programme de réhabilitation et de sensibilisation comportant l'installation à ses frais d'un éthylotest antidémarreur sur son véhicule, pour une période minimale de six mois et maximale de trois ans, emporte pour la personne les deux obligations suivantes:

• 1° Suivre un stage de sensibilisation à la sécurité routière;

• 2° Justifier que son véhicule est équipé par un professionnel agréé ou par construction d'un dispositif d'antidémarrage par éthylotest électronique homologué conformément à l'article L. 234-17 du Code de la route. Cette obligation emporte pour la personne l'engagement de ne pas conduire pendant la période fixée d'autres véhicules non équipés de ce dispositif.

• Le procureur de la République peut ne proposer à la personne que la mesure prévue au 2° ci-dessus.

Article R. 15-33-42. – Accomplissement d'un travail non rémunéré *– (Décret n° 2021-1743 du 22 décembre 2021)*

• L'accomplissement d'un travail non rémunéré prévu par le 6° de l'article 41-2 consiste dans la réalisation d'un travail au profit soit d'une personne morale de droit public, soit d'une personne morale de droit privé chargée une mission de service public ou d'une association habilitées en application des dispositions des articles R. 131-12 à R. 131-16 du Code pénal.

Article R. 15-33-43. – Retrait des points du permis de conduire *– (Décret n° 2004-1021 du 27 septembre 2004)*

• Lorsque la composition pénale intervient à la suite d'un délit prévu aux articles 222-19-1 ou 222-20-1 du Code pénal ou aux articles L. 234-1 ou L. 234-8 du Code de la route ou de tout autre délit donnant lieu au retrait des points du permis de conduire, le procès-verbal mentionné à l'article R. 15-33-40 comporte une mention informant la personne de la perte de points qui résultera de l'exécution de la composition pénale, de l'existence d'un traitement automatisé de ces points et de la possibilité pour elle d'exercer son droit d'accès.

Article R. 15-33-44. – O.P.J. *– (Décret n° 2004-1021 du 27 septembre 2004)*

• Lorsque la proposition de composition pénale a été portée à la connaissance de la personne par un officier de police judiciaire en application des dispositions du seizième alinéa de l'article 41-2, la décision écrite du procureur de la République prévue par cet alinéa est annexée au procès-verbal mentionné à l'article R. 15-33-40 qui est signé par l'officier de police judiciaire.

Article R. 15-33-45. – Information de la victime *– (Décret n° 2004-1021 du 27 septembre 2004)*

• Lorsqu'il est fait application des dispositions du quinzième alinéa de l'article 41-2, le procès-verbal mentionné à l'article R. 15-33-40 ou un procès-verbal distinct précise les conditions dans lesquelles l'information de la victime, qui peut se faire par tout moyen, a été effectuée.

• La victime est informée de son droit à demander l'assistance d'un avocat.

§ 2. – Validation des mesures

Article R. 15-33-46. – Requête en validation *– (Décret n° 2001-71 du 29 janvier 2001)*

• La requête en validation de la composition pénale est datée et signée par le procureur de la République. Y sont joints les procès-verbaux prévus par les articles R. 15-33-40 et R. 15-33-45 ainsi que l'intégralité de la procédure d'enquête.

Article R. 15-33-47. – Audition auteur des faits *– (Décret n° 2004-1021 du 27 septembre 2004)*

• Lorsque le président du tribunal décide, de procéder à l'audition de l'auteur des faits et de la victime, ceux-ci sont convoqués par tout moyen. Le président du tribunal peut procéder à une audition commune ou à des auditions séparées. Ces auditions, qui font l'objet d'un procès-verbal signé du président et des intéressés, ne sont pas publiques. Le procureur de la République est informé de ces auditions et y assiste s'il le souhaite.

Article R. 15-33-48. – Information services police ou gendarmerie *– (Décret n° 2004-1021 du 27 septembre 2004)*

• Le procureur de la République peut informer les services de police ou de gendarmerie ayant participé à l'enquête de la validation de la composition pénale, notamment lorsque celle-ci comporte l'une des mesures prévues aux 4°, 5°, 9°, 10° et 11° de l'article 41-2 et que la non-exécution de cette mesure est susceptible d'être constatée par ces services.

Article R. 15-33-48-1. – Non-application – *(Décret n° 2020-128 du 18 février 2020)*

• Dans le cas prévu par l'article R. 15-33-40-1, les dispositions du présent paragraphe ne sont pas applicables.

§ 3. – Exécution des mesures

Article R. 15-33-49. – Désignation délégué ou médiateur – *(Décret n° 2021-1743 du 22 décembre 2021)*

• Lorsque la composition pénale a été validée ou, dans le cas prévu par l'article R. 15-33-40-1, lorsque les mesures proposées ont été acceptées, le procureur de la République peut désigner un délégué ou un médiateur aux fins de mettre en œuvre les mesures décidées et de contrôler les conditions de leur exécution.

• Lorsque la composition pénale comporte l'accomplissement d'un travail non rémunéré, le service pénitentiaire d'insertion et de probation est seul chargé par le procureur de la République de mettre en œuvre les mesures décidées et de contrôler les conditions de leur exécution pour les personnes majeures.

Article R. 15-33-50. – Document d'information – *(Décret n° 2004-1021 du 27 septembre 2004)*

• Le procureur de la République ou la personne par lui désignée adresse ou remet à l'auteur des faits un document l'informant de la validation de la composition pénale, des mesures à accomplir et des conditions dans lesquelles ces mesures doivent être effectuées.

• Ce document comporte une mention indiquant que si la personne n'exécute pas ces mesures, le procureur de la République décidera, sauf élément nouveau, d'engager des poursuites à son encontre.

• Ce document est constitué si nécessaire de plusieurs feuillets destinés à permettre le paiement de l'amende de composition et dont le modèle est arrêté par le ministre de l'économie, des finances et de l'industrie et le ministre de la justice.

Article R. 15-33-51. – Versement amende de composition – *(Décret n° 2015-1272 du 13 octobre 2015)*

• Lorsque la composition pénale consiste dans le versement d'une amende de composition, le paiement s'effectue auprès d'un comptable de la direction générale des finances publiques et exclusivement, par dérogation à l'article 25 du décret n° 2012-1246 du 7 novembre 2012 relatif à la gestion budgétaire et comptable publique, soit par remise d'un chèque certifié dans les conditions prévues à l'article R. 131-2 du Code monétaire et financier, soit par versement d'espèces, soit par carte bancaire lorsque ce comptable est doté de l'équipement de lecture de carte.

• Le comptable de la direction générale des finances publiques mentionné à l'alinéa précédent reçoit le paiement accompagné du document prévu par l'article R. 15-33-50. Après émargement du règlement par ce comptable, deux feuillets sont retournés ou remis à l'intéressé, qui doit en transmettre un au procureur de la République ou à la personne par lui désignée.

• Lorsqu'il est prévu que les versements seront échelonnés, il est remis à l'intéressé autant de documents que d'échéances.

Article R. 15-33-52. – Dessaisissement d'une chose – *(Décret n° 2011-134 du 1er février 2011)*

•Lorsque la composition pénale consiste dans le dessaisissement d'une chose au profit de l'État, la personne doit, dans le délai imparti, remettre cette chose au greffe du tribunal contre récépissé. Si cette chose a fait l'objet d'une saisie et est toujours détenue par le service enquêteur, celui-ci est avisé de la décision de validation et adresse le scellé au greffe du tribunal. Lorsque le greffe est en possession du scellé, il peut sans délai procéder à la destruction de l'objet ou à sa remise au service des domaines ou à l'Agence de gestion et de recouvrement des avoirs saisis et confisqués.

Article R. 15-33-52-1. – Remise du véhicule – *(Décret n° 2004-1021 du 27 septembre 2004)*

•Lorsque la composition pénale comporte la remise du véhicule à des fins d'immobilisation prévue par le 3° de l'article 41-2, cette remise est exécutée conformément aux dispositions des articles R.131-5 à R. 131-11 du Code pénal. Les références à la décision de condamnation faites par ces articles sont remplacées par des références à l'ordonnance de validation de la composition pénale.

Article R. 15-33-53. – Remise du permis de conduire, de chasser – *(Décret n° 2019-966 du 18 septembre 2019)*

• Lorsque la composition pénale consiste dans la remise du permis de conduire ou du permis de chasser, cette remise est effectuée par l'intéressé, dans le délai imparti, soit au greffe du tribunal judiciaire, soit à la personne désignée par le procureur de la République, à charge pour cette dernière de remettre le document au greffe du tribunal. Il lui est remis, en échange de son permis, un récépissé.

• Lorsqu'il a été fait application des dispositions du 2e alinéa de l'article R. 15-33-41, il est remis à l'intéressé, en échange de son permis, un certificat qui comporte les mentions prévues aux articles R. 131-2 ou R. 131-4 du Code pénal, les références à la décision de la juridiction prévues par ces articles étant remplacées par les références à la décision de validation de la composition pénale.

• Lorsque la personne a fait l'objet d'une mesure administrative de rétention ou de suspension de son permis de conduire en application des dispositions des articles L. 224-1 et suivants du Code de la route, et que son permis est détenu par l'autorité administrative, elle en apporte le justificatif au greffe du tribunal judiciaire. Dans ce cas, la suspension cesse de recevoir effet à l'expiration du délai fixé en application du 4° de l'article 41-2. S'il est fait application des dispositions du 2e de l'article R. 15-33-41, le certificat prévu par le 2e alinéa du présent article est remis à l'intéressé.

• Les services de police ou les unités de gendarmerie qui constateraient qu'une personne n'a pas respecté son engagement de ne pas conduire ou de ne pas chasser en dressent rapport qui est transmis au procureur de la République dans les meilleurs délais. Il en est de même en cas de constatation que la personne n'a pas respecté l'une des mesures d'interdiction prévues aux 9°, 10° et 11° de l'article 41-2.

Article R. 15-33-53-1. – Remise du permis de conduire – Dispositif homologué d'anti-démarrage par éthylotest électronique – *(Décret n° 2020-605 du 18 mai 2020)*

• Lorsque la composition pénale consiste dans la mesure prévue par le 4° *bis* de l'article 41-2, l'intéressé remet son permis de conduire, dans le délai imparti, soit au greffe du tribunal judiciaire, soit à la personne désignée par le procureur de la République, à charge pour cette dernière de remettre le document au greffe du tribunal. Il est remis à l'intéressé, en échange de son permis, un certificat établi conformément aux deux premiers alinéas de l'article R. 131-4-1 du Code pénal, les références à la décision de la juridiction prévues par l'article R. 131-4 de ce code étant remplacées par les références à la décision de validation de la composition pénale.

• Lorsque la personne a fait l'objet d'une mesure administrative de restriction du droit de conduire aux seuls véhicules équipés d'un dispositif homologué d'anti-démarrage par éthylotest électronique, en application des dispositions de l'article R. 224-6 du Code de la route, et que son permis est détenu par l'autorité administrative, elle en apporte le justificatif au greffe du tribunal judiciaire. Dans ce cas, la restriction cesse de recevoir effet à l'expiration du délai fixé en application du 4° *bis* de l'article 41-2.

• Les dispositions du dernier alinéa de l'article R. 15-33-53 sont applicables.

Article R. 15-33-54. – Accomplissement travail non rémunéré – *(Décret n° 2021-1743 du 22 décembre 2021)*

• Lorsque la composition pénale comporte l'accomplissement d'un travail non rémunéré, ce travail consiste dans l'un des travaux inscrits sur la liste prévue par l'article 131-36 *(1°)* du Code pénal.

Article R. 15-33-55. – Attributions – *(Décret n° 2022-479 du 30 mars 2022)*

• Les dispositions des articles 131-23 et 131-24,132-55 du Code pénal, R. 623-11 à R. 623-23 du Code pénitentiaire et L. 412-8 *(5°)* du Code de la sécurité sociale sont applicables à l'exécution du travail prévu par le 6° de l'article 41-2 du présent code, les attributions confiées par ces articles au tribunal ou au juge de l'application des peines étant dévolues au procureur de la République.

• Le service pénitentiaire d'insertion et de probation est chargé par le procureur de la mise en œuvre de la peine prévue par le 6° de l'article 41-2 du présent code pour les personnes majeures.

Article R. 15-33-55-1. – Stage ou formation – *(Décret n° 2020-128 du 18 février 2020)*

• Lorsque la composition pénale comporte le suivi d'un stage ou d'une formation prévu par le 7° de l'article 41-2, la proposition du procureur de la République précise si le stage ou la formation donne lieu à engagement de frais mis à la charge de l'auteur des faits. Si tel est le cas le montant de ces frais ne peut excéder celui du montant de l'amende prévue pour les contraventions de la 3e classe.

• Lorsqu'elle consiste en un stage de sensibilisation à la sécurité routière, la mesure prévue à l'alinéa précédent peut être exécutée conformément aux dispositions de l'article R. 131-11-1 du Code pénal.

• Dans tous les cas, l'auteur des faits adresse au procureur de la République ou à son délégué une attestation de stage ou de formation, après que celui-ci ou celle-ci a été accompli.

Article R. 15-33-55-2. – Interdiction émission chèques ou utilisation carte – *(Décret n° 2004-1021 du 27 septembre 2004)*

• Lorsque la composition pénale comporte la mesure d'interdiction d'émettre des chèques ou d'utiliser une carte de paiement prévue par le 8° de l'article 41-2, l'auteur des faits remet au greffe du tribunal ou à la personne désignée par le procureur de la République, contre récépissé, les carnets de chèques et les cartes de paiement en sa possession pour la durée de la mesure.

Article R. 15-33-55-3. – Interdiction de rencontre, relations victime – *(Décret n° 2004-1021 du 27 septembre 2004)*

• Lorsque la composition pénale comporte la mesure d'interdiction de rencontrer, de recevoir la victime ou d'entrer en contact avec elle prévue au 10° de l'article 41-2, cette mesure est portée à la connaissance de la victime.

Article R. 15-33-55-4. – Interdiction sortie territoire national – *(Décret n° 2004-1021 du 27 septembre 2004)*

• Lorsque la composition pénale comporte la mesure d'interdiction de sortie du territoire national prévue par le 12° de l'article 41-2, l'auteur des faits remet au greffe du tribunal ou à la personne désignée par le procureur de la République, contre récépissé, son passeport pour la durée de la mesure.

Article R. 15-33-55-5. – Accomplissement stage – *(Décret n° 2020-128 du 18 février 2020)*

• Lorsque la composition pénale comporte l'accomplissement d'un stage, les dispositions des articles R. 131-11-1 et R. 131-35 à R. 131-45 du Code pénal sont applicables.

• Il en est de même lorsque la mesure est prononcée en application du 2° de l'article 41-1.

Article R. 15-33-55-6. – *(Abrogé – Décret n° 2020-128 du 18 février 2020)*

Article R. 15-33-55-7. – Mesure d'activité de jour – *(Décret n° 2007-1388 du 26 septembre 2007)*

• Lorsque la composition pénale comporte la mesure d'activité de jour prévue au 16° de l'article 41-2, celle-ci est exécutée sous le contrôle du délégué du procureur de la République, qui s'assure de son bon déroulement.

Article R. 15-33-55-8. – Injonction thérapeutique – *(Décret n° 2007-1388 du 26 septembre 2007)*

• Lorsque la composition pénale comporte l'injonction thérapeutique prévue au 17° de l'article 41-2, celle-ci s'exécute conformément aux dispositions du Code de la santé publique, notamment des articles L. 3413-1 à L. 3413-4 de ce code, sous le contrôle du délégué du procureur de la République.

Article R. 15-33-55-9. – *(Abrogé – Décret n° 2020-128 du 18 février 2020)*

Article R. 15-33-56. – Réparation préjudice subi – *(Décret n° 2004-1021 du 27 septembre 2004)*

• Lorsqu'il est fait application des dispositions du quinzième alinéa de l'article 41-2, le procureur de la République s'assure, directement ou par la personne par lui désignée, que l'auteur des faits répare le préjudice subi par la victime dans les délais prescrits.

Article R. 15-33-57. – Délais d'exécution – *(Décret n° 2004-1021 du 27 septembre 2004)*

• Lorsque, pour des motifs graves d'ordre médical, familial, professionnel ou social, la personne n'a pas pu exécuter les mesures décidées dans les délais prescrits, et que ces délais sont inférieurs aux délais maxima prévus par les articles 41-2 et 41-3, le procureur de la République peut prolonger les délais d'exécution de ces mesures, sans pouvoir toutefois dépasser lesdits délais.

Article R. 15-33-58. – Exécution de la composition pénale – *(Décret n° 2001-71 du 29 janvier 2001)*

• Lorsque la ou les mesures décidées ont été intégralement exécutées, le procureur de la République ou la personne par lui désignée constate l'exécution de la composition pénale.

• Le procureur de la République avise l'intéressé et, le cas échéant, la victime de l'extinction de l'action publique.

Article R. 15-33-59. – Avis d'information – *(Décret n° 2004-1021 du 27 septembre 2004)*

• Lorsque la composition pénale est intervenue à la suite de la commission d'un délit prévu par les articles 222-19-1 ou 222-20-1 du Code pénal ou les articles L. 234-1 ou L. 234-8 du Code de la route ou de tout autre délit ou contravention donnant lieu à retrait des points du permis de conduire, le procureur de la République adresse aux services du ministère de l'intérieur un avis les informant de l'exécution de la composition pénale, afin qu'il puisse être procédé au retrait des points du permis de conduire.

• L'avis adressé par le procureur de la République précise la date d'exécution de la composition pénale qui fait courir le délai prévu au premier alinéa de l'article L. 11-6 du Code de la route.

Article R. 15-33-60. – Dossier – *(Décret n° 2004-1021 du 27 septembre 2004)*

• Si des poursuites sont engagées dans les cas prévus par le vingtième alinéa de l'article 41-2, le dossier concernant cette procédure et dans lequel sont, le cas échéant, précisées les mesures exécutées en tout ou partie par la personne est communiqué à la juridiction de jugement, afin qu'elle puisse en tenir compte, en cas de condamnation, dans le prononcé de sa décision.

Section II bis
De la convention judiciaire d'intérêt public

§ 1er. – Proposition de la convention

Article R. 15-33-60-1. – Information de la victime – *(Décret n° 2017-660 du 27 avril 2017)*

• Le procureur de la République informe par tout moyen la victime, lorsqu'elle est identifiée, de sa décision de proposer la conclusion d'une convention d'intérêt judiciaire d'intérêt public à la personne morale mise en cause. Il fixe alors le délai dans lequel elle peut lui transmettre tout élément de nature à établir la réalité et l'étendue de son préjudice.

Article R. 15-33-60-2. – Personne morale – *(Décret n° 2021-1045 du 4 août 2021)*

• Lorsqu'il souhaite proposer la conclusion d'une convention judiciaire d'intérêt public, le procureur de la République indique à la personne morale mise en cause la possibilité de se faire assister par un avocat. Hors le cas où la proposition intervient en application de l'article 180-2, s'il ne l'a pas fait antérieurement, le procureur de la République fait usage de la possibilité prévue au II de l'article 77-2.

• La proposition de convention précise :

• 1° La dénomination sociale de la personne morale concernée ;

• 2° Un exposé précis des faits ainsi que la qualification juridique susceptible de leur être appliquée ;

• 3° La nature et le quantum des obligations proposées en application des 1° et 2° du I de l'article 41-1-2 ou des 1° à 3° de l'article 41-1-3, les délais et les modalités dans lesquels elles doivent être exécutées, ainsi que, le cas échéant, le service chargé du contrôle du programme de mise en conformité ou de la réparation du préjudice résultant des infractions commises ;

• 4° Le cas échéant, le montant maximum des frais exposés pour le contrôle de la mise en œuvre du programme de conformité qui sont supportés par la personne morale mise en cause ;

• 5° Le cas échéant, le montant et les modalités de la réparation des dommages causés par l'infraction.

• La proposition de convention est signée par le procureur de la République et, si elle l'accepte, par les représentants légaux de la personne morale assistée le cas échéant de son avocat.

§ 2. – Validation de la convention

Article R. 15-33-60-3. – Modalités – *(Décret n° 2021-1045 du 4 août 2021)*

• La requête en validation de la convention mentionnée au 8e alinéa de l'article 41-1-2 est datée et signée par le procureur de la République. Y sont joints la proposition de convention acceptée par la personne morale, ainsi que la procédure d'enquête ou d'instruction.

• La requête mentionnée au 1er alinéa est notifiée aux représentants légaux de la personne morale et, le cas échéant, à la victime, par lettre recommandée avec demande d'accusé de réception. Ces personnes sont également informées selon les mêmes modalités de la date, l'heure et l'adresse de l'audience à laquelle elles sont invitées à comparaître en application du 9e alinéa de l'article 41-1-2, ainsi que la possibilité de se faire assister par un avocat.

Article R. 15-33-60-4. – Notification – *(Décret n° 2017-660 du 27 avril 2017)*
• À l'issue de l'audience mentionnée au 9e alinéa de l'article 41-1-2, l'ordonnance du président du tribunal est immédiatement notifiée aux représentants légaux de la personne morale et, le cas échéant, à la victime. Une copie leur est remise après émargement.
• Si la victime est absente à l'audience, l'ordonnance mentionnée au 1er alinéa lui est communiquée par tout moyen.

Article R. 15-33-60-5. – Ordonnance de validation – *(Décret n° 2017-660 du 27 avril 2017)*
• Si le président du tribunal rend une ordonnance de validation, celle-ci précise que la personne morale dispose d'un délai de 10 jours pour exercer son droit de rétractation par lettre recommandée avec demande d'avis de réception adressée au procureur de la République.
• Il est également remis aux représentants de la personne morale un document l'informant des conditions dans lesquelles doivent être accomplies les obligations prévues. Ce document est accompagné si nécessaire de plusieurs feuillets destinés à permettre le paiement de l'amende d'intérêt public et dont le modèle est arrêté par le ministre chargé du budget et le garde des sceaux, ministre de la justice. Il comporte également une mention indiquant que si la personne morale ne justifie pas de l'exécution intégrale des obligations prévues, le procureur de la République décidera, sauf élément nouveau, d'engager des poursuites à son encontre.

§ 3. – Exécution des obligations de la convention

Article R. 15-33-60-6. – Versement d'une amende d'intérêt public – *(Décret n° 2021-1045 du 4 août 2021)*
• Lorsque la convention prévoit le versement d'une amende d'intérêt public, le paiement s'effectue auprès d'un comptable de la direction générale des finances publiques.
• Le comptable de la direction générale des finances publiques mentionné à l'alinéa précédent reçoit le paiement accompagné du document prévu par l'article R. 15-33-60-5. Après émargement du règlement par ce comptable, deux feuillets sont retournés ou remis aux représentants de la personne morale, qui en transmettent un au procureur de la République.
• Lorsqu'il est prévu que les paiements seront échelonnés, il est remis autant de documents que d'échéances.

Article R. 15-33-60-7. – Mise en œuvre d'un programme de conformité – *(Décret n° 2021-1045 du 4 août 2021)*
• Lorsque la convention prévoit la mise en œuvre d'un programme de conformité, le procureur de la République communique l'ordonnance de validation ainsi que la convention au service chargé de son contrôle.
• Ce service rend compte au procureur de la République, à sa demande et au moins annuellement, de la mise en œuvre du programme. Elle l'informe de toute difficulté. Elle lui communique, en outre, un rapport à l'expiration du délai d'exécution de la mesure.
• La personne morale peut informer le procureur de la République de toute difficulté qu'elle rencontre dans la mise en œuvre du programme.

Article R. 15-33-60-8. – Réparation du préjudice causé à la victime – *(Décret n° 2017-660 du 27 avril 2017)*
• Lorsque la convention prévoit la réparation du préjudice causé à la victime, la personne morale communique au procureur de la République les éléments permettant de justifier de son exécution dans les délais prescrits.

Article R. 15-33-60-9. – Extinction de l'action publique – *(Décret n° 2017-660 du 27 avril 2017)*
• Lorsque la ou les obligations de la convention ont été intégralement exécutées, le procureur de la République avise les représentants de la personne morale et, le cas échéant, la victime de l'extinction de l'action publique.
• Si la convention a été conclue dans le cadre d'une information judiciaire, le procureur de la République informe également le juge d'instruction de l'extinction de l'action publique.

Article R. 15-33-60-10. – Interruption de l'exécution de la convention – *(Décret n° 2017-660 du 27 avril 2017)*

• Lorsque la ou les obligations de la convention ne sont pas intégralement exécutées, l'interruption de l'exécution de la convention mentionnée au 17e alinéa de l'article 41-1-2 est constatée par le procureur de la République et notifiée aux représentants de la personne morale par lettre recommandée avec demande d'accusé de réception.

• La victime en est avisée par tout moyen.

• Si des sommes ont été versées au titre de l'amende d'intérêt public, le procureur de la République communique la lettre mentionnée au 1er alinéa au comptable ayant reçu le paiement aux fins de restitution.

• Lorsque des poursuites sont engagées à la suite de l'interruption de l'exécution de la convention mentionnée au 17e alinéa de l'article 41-1-2, le dossier de la procédure de convention judiciaire d'intérêt public est joint au dossier de la procédure dont est saisie la juridiction, afin qu'il puisse être tenu compte, en cas de condamnation, de l'exécution partielle des obligations mises à la charge de la personne morale.

Section III
De la transaction proposée par le maire et de l'homologation par le procureur de la République

Article R. 15-33-61. – Proposition de transaction – *(Décret n° 2017-683 du 28 avril 2017)*

• La proposition de transaction faite par le maire conformément aux dispositions de l'article 44-1 est adressée par lettre recommandée ou remise contre récépissé en double exemplaire au contrevenant dans un délai d'un mois à compter du procès-verbal constatant l'infraction.

• Elle précise :

• – la nature des faits reprochés, leur qualification juridique ainsi que le montant de l'amende et les peines complémentaires encourus ;

• – le montant de la réparation proposée et le délai dans lequel cette réparation devra être versée ;

• – s'il y a lieu, le nombre d'heures de travail non rémunéré proposé et le délai dans lequel ce travail devra être exécuté, la nature du travail proposé et son lieu d'exécution ;

• – le délai dans lequel le contrevenant devra faire connaître son acceptation ou son refus de la proposition de transaction.

• Elle indique que le contrevenant a la possibilité de se faire assister, à ses frais, d'un avocat avant de faire connaître sa décision.

• La proposition indique également qu'en cas d'acceptation de sa part elle devra être adressée pour homologation selon les cas au procureur de la République ou au juge du tribunal de police et que le contrevenant sera alors informé de la décision de l'autorité judiciaire.

• Il est mentionné que si le contrevenant ne fait pas connaître sa réponse à la proposition de transaction dans les délais impartis il sera considéré comme ayant refusé la transaction et que le procès-verbal de contravention sera alors transmis au procureur de la République.

Article R. 15-33-62. – Accord – *(Décret n° 2007-1388 du 26 septembre 2007)*

• Dans les quinze jours à compter de l'envoi ou de la remise de la proposition de transaction, le contrevenant fait connaître au maire son acceptation de payer la somme demandée ou d'exécuter le travail non rémunéré en renvoyant un exemplaire signé de la proposition de transaction.

Article R. 15-33-63. – Transmission – *(Décret n° 2017-683 du 28 avril 2017)*

• En cas d'acceptation de la proposition par le contrevenant, le maire transmet cette dernière au procureur de la République aux fins d'homologation par l'autorité judiciaire compétente, accompagnée des procès-verbaux de constatation de l'infraction.

• Lorsque la proposition de transaction consiste en l'exécution d'un travail non rémunéré, le procureur de la République transmet ces documents au juge du tribunal de police compétent, accompagnés de ses réquisitions sur l'homologation.

• L'autorité judiciaire adresse au maire dans les meilleurs délais sa décision indiquant si elle homologue ou non la transaction.

Article R. 15-33-64. – Homologation – *(Décret n° 2007-1388 du 26 septembre 2007)*

• Si la proposition de transaction est homologuée, le maire adresse ou remet au contrevenant un document l'informant de cette homologation, en précisant le montant de la réparation à payer ou les modalités d'exécution du travail non rémunéré ainsi que le délai d'exécution de la transaction.

• Dans le cas contraire, le maire communique la décision de l'autorité judiciaire au contrevenant.

Article R. 15-33-65. – Application – *(Décret n° 2022-479 du 30 mars 2022)*

• Lorsque la transaction consiste en l'exécution d'un travail non rémunéré, les dispositions des articles 131-23, 131-24 du Code pénal et des articles R. 623-14, R. 623-16 et R. 623-17 du Code pénitentiaire sont applicables à l'exécution de ce travail et les attributions confiées par ces articles au juge de l'application des peines ou au directeur du service pénitentiaire d'insertion et de probation sont exercées par le maire.

Article R. 15-33-66. – Refus – *(Décret n° 2007-1388 du 26 septembre 2007)*

• Si le contrevenant refuse la proposition de transaction ou n'y donne aucune réponse dans les délais impartis, ou s'il n'a pas exécuté ses obligations dans les délais impartis, le maire en informe le procureur de la République.

• En cas d'exécution intégrale de la transaction, le maire en informe également le procureur de la République, qui constate alors l'extinction de l'action publique.

Section IV

De la vente des biens meubles saisis

Article R. 15-33-66-1. – Vente des biens – *(Décret n° 2009-511 du 5 mai 2009)*

• Il est procédé à la vente des biens meubles placés sous main de justice et, le cas échéant, à la restitution du produit de cette vente, telles que prévues au deuxième alinéa de l'article 41-5, selon les modalités déterminées par les articles suivants.

Article R. 15-33-66-2. – Suivi – *(Décret n° 2019-966 du 18 septembre 2019)*

• Les biens meubles placés sous main de justice sont remis, sur autorisation du procureur de la République, à l'Agence de gestion et de recouvrement des avoirs saisis et confisqués qui procède à leur aliénation.

• Le produit de la vente est consigné à la Caisse des dépôts et consignations. Il en est porté mention dans un registre spécial tenu par le greffe du tribunal judiciaire.

Article R. 15-33-66-3. – Information – *(Décret n° 2009-511 du 5 mai 2009)*

• Le procureur de la République qui a dirigé l'enquête ou celui de la juridiction saisie des poursuites informe par tout moyen le propriétaire des biens meubles de son droit à restitution du produit de la vente dès qu'il classe sans suite la procédure ou qu'intervient une décision définitive de non-lieu, de relaxe, d'acquittement ou de condamnation sans que la confiscation ait été prononcée.

• Le propriétaire des biens meubles doit exercer son droit à restitution dans les deux mois qui suivent la notification prévue à l'alinéa précédent. Le procureur de la République lui délivre alors une attestation au vu de laquelle il peut demander à la Caisse des dépôts et consignations que les sommes déposées lui soient versées sans délai, augmentées, le cas échéant, des intérêts échus.

Section V

Du bureau d'ordre national automatisé des procédures judiciaires et du traitement automatisé dénommé « Cassiopée »

Article R. 15-33-66-4. – « Cassiopée » – *(Décret n° 2019-966 du 18 septembre 2019)*

• Le ministère de la justice est autorisé à mettre en œuvre un traitement automatisé de données à caractère personnel dénommé « Cassiopée «, comprenant l'application dite « bureau d'ordre national automatisé des procédures judiciaires « prévue à l'article 48-1.

• Ce traitement a pour objet l'enregistrement d'informations et de données à caractère personnel relatives aux procédures judiciaires au sein des tribunaux judiciaires, afin de faciliter la gestion et le suivi de ces procédures par les magistrats, les greffiers et les personnes habilitées qui en ont la charge, de faciliter la connaissance réciproque des procédures entre ces juridictions et d'améliorer ainsi l'harmonisation, la qualité et le délai du traitement des procédures, ainsi que, dans les affaires pénales, l'information des victimes.

• Les procédures judiciaires concernées sont les procédures pénales, les procédures d'assistance éducative et les procédures civiles et commerciales enregistrées par les parquets.
• Le traitement a également pour objet, avec les mêmes finalités, les procédures autres que pénales relevant du juge des libertés et de la détention.
• Il peut enfin avoir pour objet l'exploitation des informations recueillies à des fins de recherches statistiques.

Article R. 15-33-66-5. – Contrôle – *(Décret n° 2010-671 du 18 juin 2010)*
• Le traitement Cassiopée est placé sous le contrôle d'un magistrat du parquet hors hiérarchie, nommé pour trois ans par arrêté du garde des sceaux, ministre de la justice, et assisté par un comité composé de trois membres nommés dans les mêmes conditions.
• Ce magistrat et, à sa demande, les membres du comité disposent d'un accès permanent au traitement et au lieu où se trouve celui-ci.
• Ce magistrat peut ordonner toutes mesures nécessaires à l'exercice de son contrôle, telles que saisies ou copies d'informations, ainsi que l'effacement d'enregistrements illicites.
• L'autorité gestionnaire du traitement lui adresse un rapport annuel d'activité ainsi que, sur sa demande, toutes informations relatives au traitement.

Article R. 15-33-66-6. – Enregistrement – *(Décret n° 2015-1839 du 29 décembre 2015)*
• Dans la mesure où elles sont nécessaires à la poursuite des finalités mentionnées à l'article R. 15-33-61-4, peuvent être enregistrées les informations et les données à caractère personnel suivantes :
• 1° Concernant les personnes :
• *a)* Dans le cadre des procédures pénales et des procédures autres que la procédure pénale relevant du juge des libertés et de la détention, concernant les témoins, les personnes mises en examen ou témoins assistés, les prévenus, les accusés, les personnes faisant l'objet d'une procédure d'extradition ou d'un mandat d'arrêt européen, les victimes et les parties civiles :
• – identité : civilité, nom de naissance, nom d'usage, prénoms, alias, sexe, dates de naissance et de décès, commune de naissance, code et nom du pays de naissance, nationalité, numéro et date de délivrance de la pièce d'identité, autorité de délivrance, ville et pays de délivrance à l'étranger ;
• – filiation : nom de naissance et prénoms du père et de la mère, et du titulaire de l'autorité parentale concernant les mineurs ;
• – situation familiale : situation de famille, nombre d'enfants, nombre de frères et sœurs, rang dans la fratrie ;
• – niveau d'étude et de formation, diplômes, distinctions ;
• – adresse, adresse déclarée *(selon la norme postale française)*, adresse électronique, téléphone au domicile, téléphone portable ;
• – vie professionnelle : profession, code de la catégorie socioprofessionnelle, code de la nature d'activité, situation par rapport à l'emploi, raison sociale de l'employeur, téléphone au travail, fonction élective, immunité, pour les militaires de carrière situation militaire ;
• – langue, dialecte parlé ;
• – accord de la personne concernée pour la mise en œuvre de la communication électronique pénale, dans les conditions prévues au II de l'article 803-1 ;
• – données bancaires, sauf concernant les témoins : code banque, code guichet, nom de l'agence bancaire, code postal de l'agence du compte, libellé du titulaire du compte, numéro de compte, date d'émission du titre de paiement, libellé du titulaire inscrit sur la carte bancaire ;
• *b)* Dans le cadre des procédures d'assistance éducative :
• – identité : civilité, nom de naissance, nom d'usage, alias, prénoms, X se disant, sexe, dates de naissance et de décès, commune de naissance, code et nom du pays de naissance, nationalité, numéro et date de délivrance de la pièce d'identité, autorité de délivrance du titre, ville et pays de délivrance à l'étranger ;
• – adresse, adresse déclarée *(selon la norme postale française)*, téléphone au domicile ;
• – filiation : nom de naissance et prénoms du père et nom de naissance ou d'usage et prénoms de la mère ;
• – situation familiale : nombre de frères et sœurs, rang dans la fratrie ;
• – âge selon expertise ;
• – exercice de l'autorité parentale ;
• – absence d'un représentant légal sur le territoire ;
• – niveau d'étude et de formation, diplômes, année scolaire, classe, établissement scolaire ;
• – adresse, adresse déclarée *(selon la norme postale française)*, téléphone au domicile ;

• – actuellement en fugue ;
• *c)* Dans le cadre des procédures civiles enregistrées par les parquets :
• – identité : nom de naissance, nom d'usage, prénoms, sexe, dates de naissance et de décès, commune de naissance, code et nom du pays de naissance, nationalité, référence de dossier ;
• – adresse, adresse déclarée *(selon la norme postale française)* ;
• – en outre, concernant les mineurs, toutes les informations énumérées au b ;
• *d)* Dans le cadre des procédures commerciales enregistrées par les parquets :
• – déclarant : civilité, nom de naissance, prénoms, fonction dans la société ;
• – identification : dénomination/raison sociale, situation juridique, enseigne, sigle, numéro SIREN ou SIRET, forme juridique, numéro au registre du commerce et des sociétés, date et lieu de la création de la société ;
• – antécédents judiciaires, date de cessation de paiement ;
• – siège social ou établissement, adresse, code postal, libellé ville associé au code postal, Cedex, pays ;
• *e)* Concernant les avocats :
• – nom de naissance ou d'usage et prénoms ;
• – numéro d'affiliation à la Caisse nationale des barreaux français ;
• – nom du barreau auquel l'avocat est rattaché, adresse postale du cabinet, adresse interne : numéro de toque, référence ou adresse locale dans la juridiction, adresse de messagerie électronique, numéro de téléphone et numéro de télécopie du cabinet ;
• *f)* Concernant le personnel du ministère de la justice :
• – nom de naissance ou d'usage et prénom ;
• – corps et/ou grade, fonction ;
• – code position administrative de l'agent, mnémonique du service de l'agent, libellé du service.
• 2° Concernant les infractions, condamnations ou mesures de sûreté :
• – situation judiciaire des personnes au cours de la procédure, antécédents relatifs aux condamnations de l'auteur des faits ;
• – situation pénale d'une personne à un instant de la procédure, numéro d'écrou, date de libération prévue ;
• – mode de comparution devant la juridiction, nature du jugement ;
• – montant demandé pour les dommages-intérêts ou la provision ;
• – infractions sur lesquelles porte la procédure : modalités de participation à l'infraction, unité du taux d'alcoolémie, récidive, code de nature d'infraction NATINF et son libellé, code INSEE de la commune lieu de commission de l'infraction, date de début de l'infraction, date de fin de l'infraction ;
• – peine prononcée, libellé de la peine et mesure, motifs, obligations.

Article R. 15-33-66-7. – Durée de conservation – *(Décret n° 2010-671 du 18 juin 2010)*
• **I. –** Conformément à l'article 48-1, la durée de conservation des informations et des données à caractère personnel enregistrées dans le cadre d'une procédure pénale est de dix ans à compter de leur dernière mise à jour enregistrée ; cette durée est portée à :
• – vingt ans lorsque la personne a été condamnée à une peine criminelle ou lorsque la procédure porte sur une infraction à laquelle s'applique le délai de prescription de l'action publique prévu au troisième alinéa de l'article 7 et au deuxième alinéa des articles 706-25-1 et 706-31 ;
• – trente ans lorsque la procédure porte sur une infraction à laquelle s'applique le délai de prescription de l'action publique prévu au premier alinéa des articles 706-25-1 et 706-31.
• **II. –** La durée de conservation des informations et des données à caractère personnel enregistrées dans le cadre des autres procédures, mentionnées à l'article R. 15-33-66-4, est, en application de l'article 3-1 de la loi n° 91-650 du 9 juillet 1991 portant réforme des procédures civiles d'exécution, de dix ans à compter de la date à laquelle la décision a acquis force exécutoire.
• Toutefois, cette durée court à compter des vingt et un ans de la personne concernée ou du dernier enfant de sa fratrie lorsque les données sont enregistrées dans le cadre d'une procédure d'assistance éducative ou d'une mesure judiciaire d'aide à la gestion du budget familial. Elle court à compter des vingt et un ans de la personne concernée lorsqu'elles ont été enregistrées dans le cadre d'une mesure de protection judiciaire des jeunes majeurs.

Article R. 15-33-66-8. – Accès – *(Décret n° 2019-966 du 18 septembre 2019)*
• **I. –** Peuvent directement accéder aux informations et données à caractère personnel enregistrées dans le traitement dans le cadre des procédures pénales :

• 1° Les magistrats du ministère public et les magistrats du siège qui exercent des fonctions pénales :

• *a)* Dans l'ensemble des tribunaux judiciaires et des cours d'appel, pour les nécessités liées au seul traitement des infractions ou des procédures dont ils sont saisis ;

• *b)* Dans les juridictions mentionnées aux articles 704, 705, 705-1, 706-2, 706-17, 706-75, 706-107 et 706-108, pour le traitement de l'ensemble des procédures susceptibles de relever de leur compétence territoriale élargie ;

• *c)* S'agissant des procureurs généraux, pour l'application des articles 35 et 37 ;

• 2° Les agents de greffe et les personnes habilitées, en vertu de l'article R. 123-14 du Code de l'organisation judiciaire, ainsi que, pour le seul accomplissement des missions qui leur sont confiées, les juristes assistants mentionnés à l'article L. 123-4 de ce même code, qui assistent les magistrats mentionnés au 1° ;

• 3° Les agents de greffe affectés dans un service d'accueil unique du justiciable, individuellement désignés et spécialement habilités sur décision écrite du directeur de greffe, sous le contrôle des chefs de juridiction, pour les seules nécessités liées à l'exercice de leurs attributions définies aux articles L. 123-3 et R. 123-28 du même code ;

• 4° Le représentant national auprès d'Eurojust, ainsi que les magistrats, agents de greffe et personnels habilités pour l'assister ;

• 5° Les délégués du procureur de la République institués à l'article R. 15-33-30 du présent code, pour l'accomplissement des missions qui leur sont confiées par l'autorité judiciaire au titre des articles 41-1 à 41-2 ;

• 6° Les éducateurs de la protection judiciaire de la jeunesse affectés dans les unités éducatives auprès des tribunaux, services éducatifs auprès des tribunaux ou unités éducatives de milieu ouvert assurant la permanence éducative auprès des tribunaux pour les informations et données concernant des mineurs suivis par leur unité de permanence, pour les besoins exclusifs liés à l'exercice de leurs missions ;

• 7° Les magistrats et les greffiers affectés au sein de l'Agence de gestion et de recouvrement des avoirs saisis et confisqués, en application des dispositions de l'article 706-161, pour le besoin des procédures pour lesquelles sont envisagées ou ont été réalisées des saisies ou des confiscations ;

• 8° Les assistants spécialisés mentionnés aux articles 628-9 et 706 du présent code, pour l'exercice des seules missions qui leur sont confiées.

• Le 2° est applicable aux directeurs des services de greffe et greffiers des réserves judiciaires, pour le seul accomplissement des missions qui leur sont confiées, et pendant la durée de chaque mission, dans les conditions fixées par l'article 164 de la loi de finances n° 2010-1657 du 29 décembre 2010 et le décret n° 2011-946 du 10 août 2011 relatif aux réserves judiciaires.

• **II. –** Peuvent directement accéder aux informations et données à caractère personnel enregistrées dans le traitement dans le cadre des procédures autres que les procédures pénales :

• 1° Les personnes mentionnées aux 1° et 2° du I, pour les seuls dossiers, y compris de nature pénale, dont ils sont saisis ;

• 2° Les personnes mentionnées au 3° du I, pour les seules nécessités liées à l'exercice de leurs attributions.

Article R. 15-33-66-9. – Destinataires – *(Décret n° 2012-680 du 7 mai 2012)*

• Sont destinataires, au sens du II de l'article 3 de la loi du 6 janvier 1978 susvisée, de tout ou partie des informations et données à caractère personnel enregistré dans le traitement :

• – les avocats ;

• – les personnes concourant à la procédure au sens de l'article 11 ;

• – les administrations et les personnes qui, dans le cadre d'une mission confiée par l'autorité judiciaire, participent à l'instruction des dossiers, à la signification, à la notification et à l'exécution des décisions judiciaires.

• – les membres des associations d'aide aux victimes mentionnées à l'article 41, ayant prêté serment et ayant signé un engagement écrit de confidentialité, individuellement désignés et spécialement habilités par les chefs de cour d'appel, sous le contrôle de ceux-ci et pour les besoins exclusifs de l'exercice des missions telles que prévues par la convention mentionnée à l'article 41 à l'exclusion des données concernant des procédures en cours couvertes par le secret de l'enquête et de l'instruction.

Article R. 15-33-66-10. – Droits d'accès et de rectification – *(Décret n° 2010-671 du 18 juin 2010)*

• Les droits d'accès et de rectification prévus aux articles 39 et 40 de la loi n° 78-17 du 6 janvier 1978 relative à l'informatique, aux fichiers et aux libertés s'exercent auprès du procureur de la République.

Article R. 15-33-66-11. – Droit d'opposition – *(Décret n° 2010-671 du 18 juin 2010)*
• Le droit d'opposition prévu au premier alinéa de l'article 38 de la loi du 6 janvier 1978 relative à l'informatique, aux fichiers et aux libertés ne s'applique pas au traitement prévu par la présente section.

Article R. 15-33-66-12. – Mise en relation – *(Décret n° 2012-680 du 7 mai 2012)*
• Le traitement peut faire l'objet d'une mise en relation avec le traitement de données à caractère personnel dénommé APPI créé par l'article R. 57-4-1.
• Il peut également être mis en relation avec le casier judiciaire national.

Article R. 15-33-66-13. – Enregistrement – *(Décret n° 2012-680 du 7 mai 2012)*
• Les créations, modifications ou suppressions de données ainsi que les consultations font l'objet d'un enregistrement comprenant l'identifiant de leur auteur ainsi que la date, l'heure et l'objet de l'opération. Ces informations sont conservées pendant un délai de cinq ans.

CHAPITRE Ier
Des crimes et délits flagrants

Section I
Des demandes de mise à disposition de données par voie électronique

Article R. 15-33-67. – Conditions d'application – *(Décret n° 2008-150 du 19 février 2008)*
• Les conditions d'application des dispositions des premiers alinéas des articles 60-2, 77-1-2 et 99-4 permettant de demander la mise à disposition de données par voie électronique au cours de l'enquête de flagrance, de l'enquête préliminaire ou de l'instruction sont fixées par les dispositions de la présente section.

Article R. 15-33-68. – Catégories – *(Ordonnance n° 2010-462 du 6 mai 2010)*
• Les catégories d'organismes publics ou de personnes morales de droit privé susceptibles de faire l'objet des demandes mentionnées à l'article R. 15-33-67 sont :
• 1° Les opérateurs de communications électroniques tels que définis à l'article L. 34-1 du Code des postes et communications électroniques, ainsi que les personnes morales prestataires mentionnées par la loi n° 2004-575 du 21 juin 2004 pour la confiance dans l'économie numérique ;
• 2° Les établissements financiers, bancaires et de crédit ;
• 3° Le Groupement des Cartes Bancaires « CB » ;
• 4° Les organismes sociaux mentionnés au Code de la sécurité sociale ainsi qu'au Code rural et de la pêche maritime ;
• 5° Les entreprises d'assurance ;
• 6° Les organismes publics ou privés gestionnaires de logements ;
• 7° Les services des administrations publiques gestionnaires de fichiers administratifs, notamment fiscaux et bancaires ;
• 8° Les entreprises de transport collectif de voyageurs ;
• 9° Les opérateurs de distribution de l'énergie.

Article R. 15-33-69. – Demandes – *(Décret n° 2008-150 du 19 février 2008)*
• Les demandes mentionnées à l'article R. 15-33-67 adressées aux organismes ou personnes morales relevant de l'une des catégories mentionnées à l'article R. 15-33-68 sont soumises à une procédure fixée par le protocole prévu à l'article R. 15-33-72.
• Celui-ci prévoit que les informations sollicitées par l'officier de police judiciaire sont mises à sa disposition soit dans un fichier spécifique, soit par un accès temporaire et limité à la base de données de l'organisme ou de la personne morale sollicitée.

Article R. 15-33-70. – Officiers de police judiciaire – *(Décret n° 2008-150 du 19 février 2008)*
• Peuvent seuls procéder à ces demandes les officiers de police judiciaire affectés dans un service ou une unité exerçant des missions de police judiciaire et ayant été expressément habilités à cette fin par le responsable du service ou de l'unité.

Article R. 15-33-71. – Demande de l'O.P.J. – *(Décret n° 2008-150 du 19 février 2008)*

• Toute demande de mise à disposition fait l'objet de la part de l'officier de police judiciaire d'un procès-verbal indiquant le destinataire de la demande et la nature des informations demandées.

• Dans le cas prévu par l'article 77-1-2, le procès-verbal mentionne l'accord préalable du procureur de la République qui peut être donné par tout moyen.

J **• Infractions à la législation sur les stupéfiants – Édition de la réquisition informatique**

M. L… S… a formé des pourvois contre l'arrêt de la chambre de l'instruction de la cour d'appel d'AIX-EN-PROVENCE (13), *en date du 21/09/2020, qui, dans l'information suivie contre lui du chef d'infractions à la législation sur les stupéfiants, a prononcé sur sa requête en nullité de pièces de la procédure.*

11. En 2e lieu, l'édition de la réquisition informatique vaut le procès-verbal exigé par l'article R. 15-33-71 du C.P.P.

12. Enfin, la mention du nom du magistrat figurant dans la réquisition informatique établie pour saisir la PNIJ, qui suit le visa des articles qui imposent son autorisation et serait sans objet si celle-ci n'avait pas été donnée préalablement, a la même valeur qu'une mention expresse en procédure par procès-verbal de l'enquêteur.

(Cour de cassation – Chambre criminelle du 30 mars 2021 – N° de pourvoi : 20-85.556).

Article R. 15-33-72. – Modalités techniques – *(Décret n° 2010-773 du 8 juillet 2010)*

• Les modalités techniques d'interrogation et de transmission des informations sont précisées par un protocole passé par le ministre de la justice et, selon les cas, le ministre de l'intérieur ou le ministre chargé du budget avec chaque organisme ou personne morale relevant des dispositions de l'article R. 15-33-68.

• Ce protocole précise notamment :

• 1° Le ou les systèmes informatiques ou traitements automatisés de données à caractère personnel intéressés ;

• 2° La nature des données à caractère personnel susceptibles d'être mises à disposition ;

• 3° Les modalités selon lesquelles l'organisme ou la personne morale permet à l'officier de police judiciaire de consulter les informations demandées et d'en effectuer vers son service le transfert par voie électronique ;

• 4° Les conditions et modalités de sécurisation de la liaison électronique permettant de garantir, lors de l'acheminement des informations sollicitées vers le service demandeur, l'origine, la destination, l'intégrité et la confidentialité des données ;

• 5° Les modalités de suivi des demandes et des consultations, incluant l'identification de l'officier de police judiciaire ;

• 6° Les garanties permettant de limiter la consultation aux seules informations demandées et d'empêcher tout accès à des informations protégées par un secret prévu par la loi, notamment par le secret médical, hors les cas où la loi prévoit que ce secret n'est pas opposable aux autorités judiciaires.

• Le protocole est porté à la connaissance de l'ensemble des officiers de police judiciaire des services et unités de police judiciaire ainsi que des agents des douanes relevant de l'article 28-1, qui ont été expressément habilités à procéder à ces demandes.

Article R. 15-33-73. – Copie du protocole – *(Décret n° 2008-150 du 19 février 2008)*

• Copie du protocole est adressée par l'organisme ou la personne morale à la Commission nationale de l'informatique et des libertés à l'occasion de l'accomplissement des formalités prévues par la loi n° 78-17 du 6 janvier 1978 relative à l'informatique, aux fichiers et aux libertés.

Article R. 15-33-74. – Constat de l'O.P.J. – *(Décret n° 2008-150 du 19 février 2008)*

• L'officier de police judiciaire constate la réception des informations demandées par procès-verbal et procède soit à leur impression sur un document papier, soit à leur sauvegarde intégrale sur un support numérique conforme aux standards techniques en vigueur au moment de la transmission.

• Ce document ou ce support est annexé au procès-verbal. Si un support numérique est établi, une copie de ce support est placée sous scellés.

• Les opérations prévues à l'article R. 15-33-71 et au présent article peuvent faire l'objet d'un procès-verbal unique.

Article R. 15-33-75. – Données à caractère personnel – *(Décret n° 2008-150 du 19 février 2008)*

• Les données à caractère personnel recueillies en application de la présente section ne peuvent faire l'objet d'aucun traitement automatisé à l'exception de ceux nécessaires à leur exploitation dans le cadre de procédures judiciaires pénales.

Section II

De la convocation des officiers de police judiciaire ayant procédé à une déclaration d'adresse

Article R. 15-33-76. – Convocations – *(Décret n° 2008-150 du 19 février 2008)*

• Les services de police ou les unités de gendarmerie sont tenus, à la demande des seules autorités judiciaires, de délivrer dans les meilleurs délais aux personnes visées aux articles 16 à 29 ayant fait l'objet des dispositions de l'article 62-1 les convocations émanant de ces autorités. Ils doivent de même remettre les citations à comparaître dont peuvent faire l'objet ces personnes.

• Lorsqu'elles sont entendues comme témoins devant une juridiction d'instruction ou de jugement, les personnes ayant bénéficié des dispositions de l'article 62-1 sont autorisées à continuer de déclarer comme domicile l'adresse du service de police ou de l'unité de gendarmerie.

• Les dispositions du présent article ne sont pas prescrites à peine de nullité.

Section III

Du registre des gardes à vue dématérialisé

Article R. 15-33-77. – Informatisation de la gestion des gardes à vue – *(Décret n° 2016-1447 du 26 octobre 2016)*

• Le ministre de l'intérieur *(direction générale de la police nationale, direction générale de la gendarmerie nationale et préfecture de police)* est autorisé à mettre en œuvre un traitement automatisé de données à caractère personnel dénommé « Informatisation de la gestion des gardes à vue ».

• Le traitement a pour objet l'enregistrement des informations et données à caractère personnel relatives aux mesures de garde à vue afin de :

• 1° Faciliter la conduite et la gestion du déroulement des gardes à vue dans les services de police et les unités de gendarmerie ;

• 2° Permettre le suivi des mesures de gardes à vue et le contrôle de leur régularité pendant et après leur mise en œuvre.

Article R. 15-33-78. – Enregistrement – Informations et données à caractère personnel – *(Décret n° 2016-1447 du 26 octobre 2016)*

• Peuvent être enregistrées dans le traitement automatisé les informations et données à caractère personnel suivantes :

• **1° Concernant la personne faisant l'objet de la mesure de garde à vue :**

• *a)* Nom(s), prénom(s), alias éventuels ;

• *b)* Date et lieu de naissance, nationalité ;

• *c)* Domicile ;

• *d)* Photographie ;

• *e)* Antécédents judiciaires justifiant des mesures de sûreté particulières ;

• *f)* Éléments connus relatifs à la santé de la personne ;

• **2° Concernant les personnels de police et de gendarmerie :**

• *a)* Grade, nom, prénom, numéro de matricule des enquêteurs intervenant dans la garde à vue ;

• *b)* Grade, nom, prénom, numéro de matricule des personnels en charge de la surveillance ;

• *c)* Grade, nom, prénom, numéro de matricule, sexe des personnels ayant mis en œuvre des mesures de sûreté ;

• *d)* Grade, nom, prénom, numéro de matricule, sexe des effectifs chargés de la signalisation ;

• **3° Concernant la mesure de garde à vue :**

• *a)* Raisons ayant conduit au placement de la personne en garde à vue, circonstances de l'interpellation ;

• *b)* Date et heure du début de la garde à vue ;

• *c)* Date et heure des prolongations *(avec ou sans présentation préalable au magistrat)* de la garde à vue ;

• *d)* Date et heure de la fin de la garde à vue ;

• *e)* Numéro de procédure ;

• *f)* Cadre d'enquête ;

• *g)* Dates et heures des auditions, confrontations, perquisitions et parades d'identification;
• *h)* Dates et heures des fouilles intégrales réalisées par l'officier de police judiciaire;
• *i)* Date et heures des investigations corporelles réalisées à la demande de l'officier de police judiciaire;
• *j)* Dates et heures des repos et des repas;
• *k)* Contre-indications alimentaires;
• *l)* Surveillance particulière dont fait l'objet la personne;
• *m)* Identité des magistrats intervenant dans la garde à vue;
• *n)* Suites de la garde à vue;
• **4° Concernant les droits de la personne placée en garde à vue:**
• *a)* Droits demandés ou refusés;
• *b)* Dates et heures de l'avis à l'avocat;
• *c)* Identité de l'avocat;
• *d)* Dates, heures et durée du ou des entretiens avec l'avocat;
• *e)* Avis demandés, dates et heures des avis effectués;
• *f)* Identité du médecin;
• *g)* Date et heure de l'examen médical;
• *h)* Avis du médecin sur la compatibilité ou l'incompatibilité de l'état de santé de la personne avec la mesure;
• *i)* Suivi d'un traitement médical;
• *j)* Identité de l'interprète;
• *k)* Date et heure de la présence de l'interprète;
• *l)* Identité des personnes prévenues: proche, curateur, tuteur, employeur;
• *m)* Date et heure d'avis aux autorités consulaires si la personne placée en garde en vue est de nationalité étrangère;
• **5° Effets personnels écartés au début de la garde à vue et restitués à l'issue;**
• **6° Mesures de sûreté pratiquées sur la personne en garde à vue.**
• Le traitement peut enregistrer celles des données prévues au présent article de la nature de celles mentionnées au I de l'article 8 de la loi du 6 janvier 1978 dans la stricte mesure où cet enregistrement est nécessaire aux finalités assignées audit traitement.

Article R. 15-33-79. – Accès – *(Décret n° 2016-1447 du 26 octobre 2016)*
• **I.** – Ont accès à tout ou partie des données à caractère personnel et informations mentionnées à l'article R. 15-33-78, à raison de leurs attributions et dans la limite du besoin d'en connaître:
• 1° Les agents de la police nationale intervenant dans la mesure de garde à vue, individuellement désignés et spécialement habilités par les chefs des services territoriaux de la police nationale, par les chefs de services actifs de la préfecture de police ou, le cas échéant, le préfet de police, par les chefs des services centraux de la police nationale ou, le cas échéant, le directeur général de la police nationale;
• 2° Les militaires de la gendarmerie nationale intervenant dans la mesure de garde à vue, individuellement désignés et spécialement habilités par les commandants de groupement, par les commandants de la gendarmerie dans les départements et collectivités d'outre-mer et en Nouvelle-Calédonie, par les commandants de région, par les commandants des gendarmeries spécialisées, par le sous-directeur de la police judiciaire de la direction des opérations et de l'emploi de la direction générale de la gendarmerie nationale ou, le cas échéant, par le directeur général de la gendarmerie nationale;
• 3° Les supérieurs hiérarchiques des personnes mentionnées aux 1° et 2°, les personnels des états-majors des directions des services gérant les gardes à vue, les groupes de commandements des échelons territoriaux et les brigades départementales de renseignements et d'investigations judiciaires;
• 4° Les agents et militaires des inspections générales de la police et de la gendarmerie nationales.
• **II.** – Peuvent être destinataires, à raison de leurs attributions et dans la limite du besoin d'en connaître, de tout ou partie des mêmes données et informations:
• 1° Les magistrats compétents pour le contrôle des mesures de garde à vue;
• 2° Le Contrôleur général des lieux de privation de liberté;
• 3° Le Défenseur des droits.

Article R. 15-33-80. – Conservation des données et informations – *(Décret n° 2016-1447 du 26 octobre 2016)*
• Les données à caractère personnel et informations mentionnées à l'article R. 15-33-78 sont conservées pendant une durée de un an à compter de leur enregistrement.

• À l'issue de ce délai, les données à caractère personnel et informations mentionnées à l'article R. 15-33-78 sont conservées pendant une durée de neuf ans et uniquement accessibles aux personnes mentionnées aux 3° et 4° du I et au II de l'article R. 15-33-79.

Article R. 15-33-81. – Créations, mises à jour, suppressions et consultations – *(Décret n° 2016-1447 du 26 octobre 2016)*

• Les créations, mises à jour, suppressions et consultations font l'objet d'un enregistrement comprenant l'identifiant de l'auteur, la date, l'heure et l'objet de la consultation. Les informations relatives à ces consultations sont conservées pendant cinq ans.

Article R. 15-33-82. – Droit d'opposition – Droit d'accès – *(Décret n° 2016-1447 du 26 octobre 2016)*

• **I.** – Le droit d'opposition prévu à l'article 38 de la loi du 6 janvier 1978 ne s'applique pas au présent traitement.

• **II.** – Le droit d'accès s'exerce de manière indirecte auprès de la Commission nationale de l'informatique et des libertés, dans les conditions prévues à l'article 41 de la loi du 6 janvier 1978.

TITRE III

DES JURIDICTIONS D'INSTRUCTION

CHAPITRE Ier

Du juge d'instruction : juridiction d'instruction du premier degré

Section I

Dispositions générales

Article R. 15-34. – Enquête de personnalité – *(Décret n° 2002-801 du 3 mai 2002)*

• Lorsqu'il ne procède pas lui-même ou ne fait pas procéder par un officier de police judiciaire à l'enquête de personnalité prévue par l'alinéa 6 de l'article 81, le juge d'instruction saisi de la procédure ou, sur délégation, celui dans le ressort duquel réside la personne mise en examen peut désigner à cette fin toute personne physique ou morale habilitée comme il est dit ci-après ou, à titre exceptionnel, un contrôleur judiciaire.

Article R. 15-35. – Demande d'habilitation – *(Décret n° 2019-966 du 18 septembre 2019)*

• La personne physique ou morale, selon qu'elle désire être habilitée à procéder à des enquêtes de personnalité dans le ressort du tribunal judiciaire ou dans celui de la cour d'appel, en fait la demande au doyen des juges d'instruction ou au président de la chambre de l'instruction.

• La demande présentée par une association comporte notamment :

• 1° La copie du Journal officiel portant publication de la déclaration de l'association ou, en ce qui concerne les départements du Bas-Rhin, du Haut-Rhin ou de la Moselle, une copie de l'extrait du registre des associations du tribunal judiciaire ;

• 2° Un exemplaire des statuts et, s'il y a lieu, du règlement intérieur ;

• 3° La liste des établissements de l'association avec indication de leur siège ;

• 4° Un exposé indiquant les conditions de fonctionnement de l'association et, le cas échéant, l'organisation et les conditions de fonctionnement des comités locaux, ainsi que leurs rapports avec l'association ;

• 5° La mention des nom, prénoms, date et lieu de naissance, nationalité, profession et domicile des membres du conseil d'administration et du bureau de l'association ainsi que, le cas échéant, ceux de ses représentants locaux ;

• 6° Les pièces financières qui doivent comprendre les comptes du dernier exercice, le budget de l'exercice courant et un bilan ou un état de l'actif mobilier et immobilier et du passif ;

• 7° La liste des personnes physiques qui, au sein de l'association, doivent accomplir les missions qui lui sont confiées, avec la mention des nom, prénoms, date et lieu de naissance, nationalité, profession et domicile de chacune d'entre elles.

Article R. 15-36. – Communication de la demande – *(Décret n° 2001-709 du 31 juillet 2001)*

• Après avoir procédé à toutes les diligences qu'il juge utiles, le doyen des juges d'instruction ou le président de la chambre de l'instruction communique la demande au président du tribunal ou au premier président.

Article R. 15-37. – Assemblée générale – *(Décret n° 2004-32 du 9 janvier 2004)*

• L'assemblée générale des magistrats du siège et du parquet du tribunal ou de la cour d'appel, sur le rapport du magistrat saisi de la demande, statue sur l'habilitation à la majorité de ses membres présents.

• La commission restreinte de l'assemblée générale des magistrats du siège et du parquet, dans les juridictions où sa constitution est obligatoire, exerce les attributions mentionnées à l'alinéa précédent.

• La personne morale habilitée passe, avec le premier président et le procureur général de la cour d'appel dans le ressort de laquelle est situé son siège, une convention déterminant ses conditions d'intervention.

Article R. 15-38. – Habilitation provisoire – *(Décret n° 2001-709 du 31 juillet 2001)*

• En cas d'urgence, une habilitation provisoire, valable jusqu'à la décision de la prochaine assemblée générale ou commission restreinte, peut être prise par le doyen des juges d'instruction, sur proposition ou après avis conforme du procureur de la République, ou par le président de la chambre de l'instruction, sur proposition ou après avis conforme du procureur général.

Article R. 15-39. – Exceptions – *(Décret n° 2002-801 du 3 mai 2002)*

• Ne peut être habilitée une personne qui a fait l'objet d'une condamnation, incapacité ou déchéance mentionnée au bulletin n° 2 du casier judiciaire.

• Lorsqu'une association envisage une modification de la liste mentionnée au 7° de l'article R. 15-35 ou de désigner, pour accomplir les missions confiées à l'association, une personne physique n'ayant pas été personnellement habilitée, elle doit en aviser le procureur de la République. Ce dernier lui indique, le cas échéant, les personnes qui, suivant les dispositions de l'alinéa précédent, ne peuvent être autorisées à accomplir les missions confiées à l'association.

Article R. 15-40. – Retrait de l'habilitation – *(Décret n° 2001-709 du 31 juillet 2001)*

• L'habilitation peut être retirée selon la procédure prévue par les articles R. 15-36 et R. 15-37.

• Le procureur de la République ou le procureur général peut, aux fins de retrait d'habilitation, saisir, selon le cas, l'assemblée générale des magistrats du siège et du parquet du tribunal, celle de la cour d'appel ou la commission restreinte compétente.

• En cas d'urgence, le doyen des juges d'instruction, sur proposition ou avis conforme du procureur de la République, ou le président de la chambre de l'instruction, sur proposition ou avis conforme du procureur général, peut retirer provisoirement l'habilitation jusqu'à la décision de la prochaine assemblée générale ou commission restreinte.

Section II
De la consignation de partie civile

Article R. 15-41. – Partie civile – *(Décret n° 95-661 du 9 mai 1995)*

• La partie civile est tenue, en application des articles 88 et 88-1, de consigner au greffe sauf dispense, dans le délai imparti par le juge d'instruction, sous peine d'irrecevabilité, une somme en vue de garantir le paiement de l'amende civile pouvant être prononcée à son encontre sur le fondement de l'article 91 du Code de procédure pénale.

• La somme consignée est remise à la partie civile sur simple récépissé lorsque l'action fondée sur cette disposition est prescrite ou a abouti à une décision devenue définitive constatant que la constitution de partie civile n'était ni abusive ni dilatoire.

• En cas de condamnation à une amende civile, la somme consignée est employée au paiement de celle-ci.

Section III

Des transports, des perquisitions, des saisies et des interceptions de correspondances émises par la voie des télécommunications

Sous-section 1

Des transports, des perquisitions et des saisies

Article R. 15-41-1. – Vente – *(Décret n° 2003-428 du 5 mai 2003)*

• En application des dispositions du deuxième alinéa de l'article 99-2, il est procédé à la vente des biens meubles placés sous main de justice et à la restitution, lorsqu'elle a lieu, du produit de la vente au propriétaire de ces biens selon des modalités déterminées par la présente sous-section.

Article R. 15-41-2. – Versement – *(Décret n° 2019-966 du 18 septembre 2019)*

• Les biens meubles placés sous main de justice sont remis à l'Agence de gestion et de recouvrement des avoirs saisis et confisqués qui procède à leur aliénation. Le produit de la vente est versé à la Caisse des dépôts et consignations.

• Ce versement est mentionné dans un registre spécial tenu par le greffe du tribunal judiciaire.

Article R. 15-41-3. – Information – *(Décret n° 2003-428 du 5 mai 2003)*

• Dès qu'est devenue définitive une décision de non-lieu, de relaxe ou d'acquittement ou une décision de condamnation n'ayant pas prononcé la peine de confiscation, le procureur de la République de la juridiction devant laquelle s'est déroulée l'instruction informe, par lettre recommandée avec demande d'avis de réception, le propriétaire des biens des modalités de restitution du produit de la vente. Dans les six mois suivant cette notification, la demande de restitution doit être formée auprès du même procureur de la République par déclaration contre récépissé ou par lettre recommandée avec demande d'avis de réception.

• Lorsqu'il estime que les conditions prévues par la loi sont remplies, ce magistrat délivre à l'intéressé une attestation au vu de laquelle celui-ci peut demander à la Caisse des dépôts et consignations que les sommes déposées lui soient versées sans délai, augmentées, le cas échéant, des intérêts échus. Dans le cas contraire, la décision du procureur de la République de refuser de délivrer l'attestation mentionnée à l'alinéa précédent peut être contestée dans les conditions prévues par le deuxième alinéa de l'article 41-4.

Section V

De la remise de la reproduction des pièces d'une procédure d'instruction à une personne détenue

Article R. 15-42. – Reproduction – *(Décret n° 2022-479 du 30 mars 2022)*

• Les conditions de remise de la reproduction des pièces d'une procédure d'instruction à une personne détenue et les modalités de consultation de celles-ci sont déterminées par les dispositions des articles R. 311-10, R. 311-11, R. 311-12 et R. 311-13 du Code pénitentiaire.

Articles R. 15-43 à R. 15-45. – *(Abrogés – Décret n° 2022-479 du 30 mars 2022)*

Section VII

Du contrôle judiciaire et de la détention provisoire

Sous-section 1

Du contrôle judiciaire

§ 1er. – Des autorités ou personnes contribuant au contrôle judiciaire

Article R. 16. – Désignation – *(Décret n° 2002-801 du 3 mai 2002)*

• Le juge d'instruction saisi de la procédure ou, sur délégation, celui dans le ressort duquel réside la personne mise en examen, désigne, pour contribuer à l'application du contrôle judiciaire, soit une personne physique ou morale habilitée à cette fin, soit un service de police ou de gendarmerie ou tout service judiciaire ou administratif compétent, soit, à titre exceptionnel, un enquêteur de personnalité.

• Les contrôleurs judiciaires sont habilités sous les conditions et selon les règles de compétence et de procédure définies par les articles R. 15-35 à R. 15-40.

Article R. 16-1. – Obligations – *(Décret n° 2002-801 du 3 mai 2002)*

• Les autorités ou personnes chargées de contribuer à l'application du contrôle judiciaire s'assurent que la personne mise en examen se soumet aux obligations qui lui sont imposées; à cet effet, elles peuvent la convoquer et lui rendre visite; elles effectuent toutes démarches et recherches utiles à l'exécution de leur mission.

• Elles rendent compte au juge d'instruction, dans les conditions qu'il détermine, du comportement de la personne mise en examen; si celle-ci se soustrait aux obligations qui lui sont imposées, elles en avisent le juge sans délai.

Article R. 16-2. – Frais de déplacement – *(Décret n° 70-1223 du 23 décembre 1970)*

• La rétribution et le remboursement des frais de déplacement des enquêteurs de personnalité et des personnes physiques ou représentants des personnes morales désignées en application de l'article 138, alinéa 2 *(6°)*, sont payés comme frais de justice criminelle.

• Les dispositions du présent article ne sont pas applicables aux membres en activité des personnels de l'État appartenant soit à un service relevant du ministère de la Justice ou à un service de police ou de gendarmerie, soit à un service social ou à tout autre service chargé normalement de l'exécution de décisions judiciaires.

§ 2. – Des modalités d'exécution du contrôle judiciaire

Article R. 17. – Respect – *(Décret n° 70-1223 du 23 décembre 1970)*

• L'application du contrôle judiciaire ne doit pas porter atteinte à la liberté d'opinion de ceux qui y sont soumis non plus qu'à leurs convictions religieuses ou politiques, ni faire échec aux droits de la défense.

Article R. 17-1. – Avis – *(Décret n° 2011-2022 du 28 décembre 2011)*

• Avis est donné aux chefs des services de police ou de gendarmerie du lieu de résidence de la personne mise en examen de toutes ordonnances soumettant cette dernière à l'une des obligations prévues aux 1°, 2°, 3°, 4°, 8°, 9°, 12°, 14° et 17° de l'article 138, ainsi que de toutes ordonnances portant suppression, modification ou dispense de ces obligations.

Article R. 17-2. – Présentation – *(Décret n° 2002-801 du 3 mai 2002)*

• Le service ou autorité auquel la personne mise en examen doit se présenter périodiquement par application du 5° de l'article 138 *(alinéa 2)* relève les dates auxquelles l'intéressée s'est présentée dans les conditions fixées par le juge d'instruction.

Article R. 17-3. – Documents ou renseignements – *(Décret n° 2002-801 du 3 mai 2002)*

• L'autorité ou la personne qualifiée désignée par le juge d'instruction pour contrôler les activités professionnelles de la personne mise en examen ou son assiduité à un enseignement, par application du 6° de l'article 138 *(alinéa 2)* peut se faire présenter par la personne mise en examen tous documents ou renseignements concernant son travail ou sa scolarité.

Article R. 17-4. – Récépissé – *(Décret n° 2017-198 du 16 février 2017)*

• Le récépissé remis à la personne mise en examen en échange des documents visés au 7° de l'article 138 doit mentionner la nature et les références du document retiré, les nom, prénoms, date de naissance et domicile de l'intéressée ; il doit comporter en outre, une photographie récente de la personne mise en examen et indiquer qu'il vaut justification de l'identité.

• Le récépissé doit être remis par la personne mise en examen lorsque le document retiré lui est restitué.

Article R. 17-4-1. – Certificat – *(Décret n° 2017-198 du 16 février 2017)*

• Lorsque le contrôle judiciaire comprend l'obligation prévue au 8° de l'article 138, les dispositions des articles R. 131-3 à R. 131-4-1 du Code pénal sont applicables. Le certificat qu'elles mentionnent tient lieu de récépissé.

Article R. 17-5. – Examen, traitement, soins – *(Décret n° 2002-801 du 3 mai 2002)*

• Lorsqu'elle est soumise à l'obligation prévue au 10° de l'article 138 *(alinéa 2)* la personne mise en examen choisit le praticien ou l'établissement qui assurera l'examen, le traitement ou les soins. Elle présente ou fait parvenir au juge toutes les justifications requises.

• Dans le cas où les dispositions des articles L. 355-1 et suivants du Code de la santé publique sont applicables, le juge d'instruction peut ordonner à la personne mise en examen, au titre du contrôle judiciaire, de se soumettre aux mesures de surveillance sanitaire prévues à l'article L. 355-3 dudit code. Avis de l'ordonnance portant placement sous contrôle judiciaire est donné à l'autorité sanitaire.

Article R. 18. – Avis *(Employeur, autorité hiérarchique...)* – *(Décret n° 2002-801 du 3 mai 2002)*

• Lorsque le juge d'instruction fait application des mesures prévues au 12° de l'article 138 *(alinéa 2)*, avis en est donné s'il y a lieu, soit à l'employeur ou à l'autorité hiérarchique dont relève la personne mise en examen, soit à l'ordre professionnel auquel elle appartient, soit à l'autorité à l'agrément de laquelle est soumis l'exercice de sa profession.

Article R. 18-1. – Avis *(Succursale ou agence bancaire...)* – *(Décret n° 2002-801 du 3 mai 2002)*

• Lorsque le juge d'instruction fait application des mesures prévues par le 13° de l'article 138 *(alinéa 2)*, avis en est donné à la succursale ou agence bancaire, à la personne, à l'établissement ou au service qui gèrent le ou les comptes de la personne mise en examen.

§ 3. – Du cautionnement

Article R. 19. – Versement du cautionnement – *(Décret n° 83-455 du 2 juin 1983)*

• Le cautionnement prévu au 11° de l'article 138 *(alinéa 2)* est versé au régisseur de recettes installé auprès du secrétariat-greffe de la juridiction compétente auquel le chef de ce service adresse copie de l'ordonnance rendue par le juge d'instruction.

Article R. 20. – Récépissés – *(Décret n° 83-455 du 2 juin 1983)*

• Les récépissés constatant le versement ou les versements partiels du cautionnement sont détachés d'un carnet à souches tenu par le régisseur de recettes.

Article R. 21. – Montant – Chèque – *(Décret n° 2017-660 du 27 avril 2017)*

• Le montant prévu au dernier alinéa de l'article 142 est fixé à 1.000 .

• Lorsque le cautionnement est fourni par chèque, celui-ci doit être certifié et établi au nom du régisseur de recettes de la juridiction compétente.

Article R. 22. – Avis – *(Décret n° 70-1223 du 23 décembre 1970)*

• Il est donné avis au juge d'instruction par le greffier des défauts ou retards de versement du cautionnement.

• Avis du versement lui-même est donné sans délai au juge d'instruction par le greffier, lorsqu'une mise en liberté assortie du contrôle judiciaire est subordonnée à ce versement dans les conditions prévues par les articles 147 et 148.

Article R. 23. – Espèces ou valeurs de caisse – *(Décret n° 83-455 du 2 juin 1983)*

• Les espèces ou valeurs de caisse remises au régisseur de recettes pour un cautionnement doivent être versées à la Caisse des dépôts et consignations dans le délai de deux jours.

• Le greffier est responsable de la conservation de ces espèces ou valeurs avant leur versement à la Caisse des dépôts et consignations.

Article R. 23-1. – Versement – *(Décret n° 2004-1021 du 27 septembre 2004)*

• Lorsque le juge d'instruction ordonne que la partie du cautionnement affectée à la garantie des droits de la victime ou du créancier d'une dette alimentaire soit versée à ceux-ci par provision, il leur en est donné avis.

• La Caisse des dépôts et consignations, sur les diligences du régisseur de recettes, crédite le compte de ce dernier de la somme correspondante, aux fins de versement aux ayants droit.

Article R. 23-2. – Certificat du greffe – *(Décret n° 2014-551 du 27 mai 2014)*

• Le ministère public, d'office ou à la demande des parties civiles, produit aux services de la direction générale des finances publiques qui assurent au titre des produits divers du budget le recouvrement de la fraction du cautionnement acquise à l'État dans le cas prévu par l'article 142-2 *(alinéa 2)*, un certificat du greffe établi en double exemplaire constatant la responsabilité encourue par la personne mise en examen dans ce cas et, éventuellement, un second certificat mentionnant les condamnations prononcées et le numéro de l'extrait du jugement ou d'arrêt dans les cas prévus par les articles 142-3 *(alinéa 2)* et 372.

• La Caisse des dépôts et consignations distribue sans délai, aux ayants droit, les sommes déposées.

• Toute contestation relative à l'application du présent article est jugée sur requête, en chambre du conseil, comme incident de l'exécution du jugement ou de l'arrêt.

Article R. 23-3. – Condamnation définitive – *(Décret n° 2004-1021 du 27 septembre 2004)*

• En cas de condamnation définitive de la personne poursuivie au paiement de dommages et intérêts, le procureur de la République informe la partie civile de l'existence du cautionnement et lui indique les formalités à accomplir pour obtenir le versement par la Caisse des dépôts et consignations des sommes qui lui sont dues, augmentées, le cas échéant, des intérêts échus.

Article R. 23-4. – Restitution – *(Décret n° 2004-1021 du 27 septembre 2004)*

• Dans les cas prévus au premier alinéa de l'article 142-2 et au premier alinéa de l'article 142-3, les sommes restituées à la personne poursuivie sont augmentées, le cas échéant, des intérêts échus.

§ 4. – De la constitution de sûretés

Article R. 24. – Constitution d'une ou plusieurs sûretés – *(Décret n° 2004-1021 du 27 septembre 2004)*

• En application du 15° de l'article 138, le juge d'instruction peut ordonner à la personne mise en examen de constituer, dans un délai qu'il détermine, une ou plusieurs sûretés personnelles ou réelles destinées à garantir les droits respectifs des victimes identifiées ou identifiables et du Trésor public.

• Le juge fixe la durée pour laquelle la sûreté doit être constituée et le montant de la somme ainsi garantie. En présence de plusieurs victimes identifiées ou identifiables, il peut pour chacune préciser le montant de la somme garantie par la sûreté.

• Lorsqu'il s'agit d'une sûreté réelle, le juge désigne, en outre, les biens constituant l'assiette de la sûreté, la nature de cette dernière et il précise, le cas échéant, son rang.

Article R. 24-1. – Bénéficiaires de la ou les sûretés – *(Décret n° 2004-1021 du 27 septembre 2004)*

• Si le juge d'instruction a décidé que la ou les sûretés garantiront en totalité les droits d'une ou plusieurs parties civiles, elles sont constituées au bénéfice de celles-ci.

• Si le juge d'instruction a décidé que la ou les sûretés garantiront en totalité la représentation de la personne et le paiement des amendes, elles sont constituées au bénéfice du Trésor public.

• Si le juge d'instruction a décidé que la ou les sûretés garantiront les droits et objectifs mentionnés aux deux alinéas précédents, elles sont constituées au bénéfice des parties civiles et du Trésor public.

Article R. 24-2. – Bénéficiaire provisoire – *(Décret n° 2004-1021 du 27 septembre 2004)*

• Lorsque les sûretés garantissent, en partie ou en totalité, les droits d'une ou plusieurs victimes qui ne sont pas encore identifiées ou qui ne se sont pas encore constituées partie civile, elles sont établies au nom d'un bénéficiaire provisoire agissant pour le compte de ces victimes et, le cas échéant, du Trésor public.

• Le bénéficiaire provisoire est choisi parmi les personnes exerçant une activité réglementée par l'autorité publique et soumise à une obligation d'assurance professionnelle. Il est proposé par la personne mise en examen et accepté par le juge d'instruction.

• Le bénéficiaire provisoire s'engage à transférer la ou les sûretés aux victimes et, le cas échéant, au Trésor public, en cas de condamnation à leur profit de la personne mise en examen.

Article R. 24-3. – Publication – *(Décret n° 2004-1021 du 27 septembre 2004)*

• Dans le délai imparti par le juge d'instruction, la personne mise en examen constitue et, le cas échéant, publie la sûreté demandée, conformément aux lois et règlements applicables à cette sûreté.

• Cette personne peut toutefois demander au juge d'instruction à bénéficier d'un délai supplémentaire pour constituer ou publier la sûreté en justifiant des formalités déjà accomplies à cette fin.

Article R. 24-4. – Agissement du bénéficiaire provisoire – *(Décret n° 2004-1021 du 27 septembre 2004)*

• Les actes constitutifs de la sûreté établie au nom d'un bénéficiaire provisoire ainsi que, le cas échéant, les actes assurant sa publicité précisent que le bénéficiaire provisoire agit, soit pour garantir les droits du Trésor public et ceux de la ou des victimes, soit pour garantir les droits de la ou des victimes, selon la décision prise par le juge d'instruction, dont les références sont mentionnées dans ces actes.

Article R. 24-5. – Documents attestant de la constitution – *(Décret n° 2004-1021 du 27 septembre 2004)*

• Les documents attestant de la constitution et, le cas échéant, de la publicité de la sûreté sont adressés en triple exemplaire, en original ou en copie, par la personne mise en examen au greffier du juge d'instruction et sont versés au dossier de la procédure.

Article R. 24-6. – Ordonnance – *(Décret n° 2004-1021 du 27 septembre 2004)*

• Lorsqu'une sûreté réelle est retenue, l'ordonnance de placement sous contrôle judiciaire précise que la personne mise en examen ainsi que, selon les cas, le bénéficiaire provisoire, le Trésor public ou la ou les parties civiles qui sont parties à la constitution de la sûreté sont tenues d'informer le juge d'instruction de l'aliénation du bien grevé ou du versement d'une indemnité résultant de sa destruction. Si l'instruction est terminée, l'information est communiquée au procureur de la République.

• L'ordonnance indique, en outre, que les sommes d'argent perçues à ces occasions feront l'objet d'un cautionnement selon les modalités prévues à l'article R. 24-7.

Article R. 24-7. – Versement des sommes perçues – *(Décret n° 2004-1021 du 27 septembre 2004)*

• Lorsque survient un événement mentionné à l'article R. 24-6, le juge d'instruction ou le procureur de la République ordonne le versement des sommes perçues, à titre de cautionnement, au régisseur de recettes dans les conditions définies aux articles R. 19 et R. 21.

• En fonction de la décision initiale qui a conduit à la constitution de la sûreté, il est indiqué que ces sommes garantissent soit exclusivement les droits des victimes identifiées, soit, en proportion des montants recouvrés, les intérêts pris en compte par les 1° et 2° de l'article 142. Les sommes sont versées par le régisseur à la Caisse des dépôts et consignations dans les conditions prévues aux articles R. 23-2 et R. 23-3.

• À l'issue de la procédure, il est fait application des dispositions des articles R. 23-2 et R. 23-3. Si les conditions prévues par l'article 142-1 sont remplies, le juge d'instruction ou le procureur de la République peut ordonner le versement à la victime de tout ou partie des sommes reçues.

Article R. 24-8. – Recouvrement de la créance – *(Décret n° 2014-551 du 27 mai 2014)*

• Lorsqu'une sûreté garantit la représentation de la personne, il ne peut être fait application des dispositions du deuxième alinéa de l'article 142-2 que s'il est constaté, soit dans le jugement de condamnation, soit dans une décision rendue par la juridiction mentionnée à l'article 710, que les conditions prévues par cet alinéa sont remplies. La juridiction ordonne alors qu'il soit procédé par la direction générale des finances publiques au recouvrement de la créance garantie par la première partie de la sûreté.

• Le procureur de la République adresse une copie des documents attestant de la constitution de la sûreté aux services de la direction générale des finances publiques chargés de l'exécution de cette décision.

• Lorsque la sûreté a été constituée au nom d'un bénéficiaire provisoire, la direction générale des finances publiques, bénéficiaire définitif de la sûreté établie à son profit, en informe celui-ci et, le cas échéant, la caution ou le détenteur du bien objet de la sûreté.

• Les formalités de publicité modificatives sont accomplies à la diligence de la direction générale des finances publiques.

Article R. 24-9. – Paiement de dommages et intérêts – *(Décret n° 2004-1021 du 27 septembre 2004)*

• En cas de condamnation définitive de la personne poursuivie au paiement de dommages et intérêts, le procureur de la République adresse à chacune des parties civiles une copie des documents attestant de la constitution et, le cas échéant, de la publicité des sûretés.

• Lorsque les sûretés ont été constituées au nom d'un bénéficiaire provisoire, la ou les parties civiles, bénéficiaires définitives des sûretés établies à leur profit, en informent celui-ci et, le cas échéant, la caution ou le détenteur du bien objet de la sûreté.

• Les formalités de publicité modificatives sont accomplies à la diligence des parties civiles.

Article R. 24-10. – Trésor public – *(Décret n° 2004-1021 du 27 septembre 2004)*

• En cas de condamnation définitive de la personne poursuivie à une peine d'amende, le procureur de la République adresse au Trésor public une copie des documents attestant de la constitution de la sûreté.

• Lorsque la sûreté a été constituée au nom d'un bénéficiaire provisoire, le Trésor public, bénéficiaire définitif de la sûreté établie à son profit, en informe celui-ci et, le cas échéant, la caution ou le détenteur du bien objet de la sûreté.

• Les formalités de publicité modificatives sont accomplies à la diligence du Trésor public.

• En cas de condamnation définitive de la personne poursuivie au paiement de dommages et intérêts ou, le cas échéant, de la dette alimentaire et à une peine d'amende, le Trésor public informe la ou les parties civiles ou le bénéficiaire provisoire au nom duquel la sûreté a été constituée, ainsi que la caution ou le détenteur du bien objet de la sûreté, du rang prioritaire accordé à la ou aux parties civiles. Les formalités de publicité rectificatives nécessaires accomplies à la diligence du Trésor public font état de ce rang prioritaire.

Article R. 24-11. – Radiation de la sûreté réelle – *(Décret n° 2004-1021 du 27 septembre 2004)*

• Dans les cas et selon les distinctions prévus par le premier alinéa de l'article 142-2 et le troisième alinéa de l'article 142-3, la radiation de la sûreté réelle est obtenue par la personne poursuivie sur présentation de l'une des décisions suivantes ayant acquis un caractère définitif attesté par une copie, délivrée par le greffe de la juridiction qui a rendu la décision, revêtue de la formule exécutoire :

• *a)* Décision de non-lieu, de relaxe ou d'acquittement ;

• *b)* Décision de condamnation dès lors que celle-ci ne prononce pas de peine d'amende ferme ni n'ordonne le versement de dommages et intérêts à la partie civile ;

• *c)* Décision juridictionnelle constatant qu'il n'a pas été fait application des dispositions de l'article R. 24-8.

• Lorsqu'une sûreté personnelle a été constituée, la libération de la caution résulte de l'une des décisions définitives mentionnées ci-dessus.

Article R. 24-12. – Rémunération du bénéficiaire provisoire – *(Décret n° 2004-1021 du 27 septembre 2004)*

• La rémunération du bénéficiaire provisoire incombe à la personne mise en examen, pour un montant fixé par les parties au contrat constitutif de la sûreté.

Article R. 24-13. – Personne morale – *(Décret n° 2004-1021 du 27 septembre 2004)*

• Les dispositions des articles R. 24 à R. 24-12 sont applicables aux sûretés constituées par une personne morale en application des dispositions du 2° de l'article 706-45.

§ 5. – Du placement sous bracelet anti-rapprochement

Article R. 24-14. – Décision – Ordonnance motivée – *(Décret n° 2020-1161 du 23 septembre 2020)*

• La décision de placement sous contrôle judiciaire assorti, sur le fondement de l'article 138-3, à l'encontre d'une personne majeure, d'une interdiction de se rapprocher de la victime et du port d'un bracelet anti-rapprochement est prise par ordonnance motivée rendue, selon les cas :

• 1° Par le juge d'instruction, au vu des réquisitions écrites du procureur de la République dont il est donné lecture à la personne mise en examen, et après avoir entendu les observations de cette personne et celles de son avocat ;

• 2° Par le juge des libertés et de la détention, qui statue soit au vu des réquisitions écrites du procureur de la République dont il est donné lecture à la personne mise en examen et après avoir entendu les observations de cette personne et celles de son avocat, soit après un débat contradictoire conformément à l'article 145.

• Il est donné lecture de la décision à la personne mise en examen.

• Elle peut également être décidée, sans débat contradictoire ou recueil préalable des observations de la personne et de son avocat, par ordonnance statuant sur une demande de mise en liberté ou décidant d'une mise en liberté d'office.

• La décision fixe les conditions d'exécution de la mesure, et notamment les distances de pré-alerte et d'alerte séparant la victime de la personne placée sous contrôle judiciaire dans les conditions prévues à l'article R. 24-18. Elle est notifiée à la personne ainsi placée sous contrôle judiciaire.

Article R. 24-15. – Juge – *(Décret n° 2020-1161 du 23 septembre 2020)*

• Le juge ne peut faire application des dispositions de l'article 138-3 que s'il lui apparaît que les interdictions prévues par les 3° et 9° de l'article 138 sont, à elles seules, insuffisantes pour prévenir le renouvellement de l'infraction.

• Dans ce cas, l'interdiction de se rapprocher de la victime et l'obligation de porter un bracelet anti-rapprochement ne peuvent être ordonnées que si sont également prononcées, en application des 3° et 9° de l'article 138, l'interdiction de se rendre dans certains lieux déterminés, dans lesquels réside, travaille, ou se trouve habituellement la victime, et l'interdiction de recevoir ou de rencontrer la victime ainsi que d'entrer en relation avec elle, de quelque façon que ce soit.

Article R. 24-16. – Géolocalisation – Téléopérateur – *(Décret n° 2020-1161 du 23 septembre 2020)*

• Afin d'assurer l'effectivité de l'interdiction prévue au 1° de l'article 138-3, le dispositif anti-rapprochement prévu au 2° du même article assure la géolocalisation de la personne porteuse du bracelet et de la personne protégée à laquelle a été attribué un dispositif de téléprotection, ainsi que la mise en lien de ces 2 procédés avec un téléopérateur.

• Pour vérifier à distance l'identité de ces personnes, il peut être recouru à d'autres procédés de surveillance électronique permettant une authentification biométrique vocale

• Les procédés mentionnés au présent article sont homologués par arrêté du garde des sceaux, ministre de la justice.

Article R. 24-17. – Désignation d'un médecin – *(Décret n° 2020-1161 du 23 septembre 2020)*

• Le magistrat chargé de la mesure peut à tout moment désigner un médecin afin que celui-ci vérifie que la mise en œuvre du bracelet anti-rapprochement ne présente pas d'inconvénient pour la santé de la personne. Cette désignation est de droit à la demande de la personne ou de son conseil. Le certificat médical est versé au dossier judiciaire.

Article R. 24-18. – Distance d'alerte – *(Décret n° 2020-1161 du 23 septembre 2020)*

• La distance d'alerte séparant la victime de la personne placée sous contrôle judiciaire, exprimée en nombre entier de kilomètres, ne peut être inférieure à 1 kilomètre, ni supérieure à 10 kilomètres. La distance de pré-alerte est égale au double de la distance d'alerte.

• Pour déterminer la distance d'alerte, le juge concilie la nécessité de protection de la victime avec le respect de la dignité, de l'intégrité et de la vie privée, familiale et professionnelle de la personne porteuse du bracelet. Il veille à ce que la mise en œuvre du dispositif n'entrave pas son insertion sociale, en tenant notamment compte de la localisation respective des domiciles et lieux de travail de cette personne et de la victime, de leurs modes de déplacements, et de la typologie de leur lieu de vie, rural ou urbain.

• Afin de garantir le respect des droits et libertés visés à l'alinéa précédent, le juge qui a prononcé la mesure peut préciser dans sa décision que le porteur du bracelet est autorisé à être présent à des heures et dans des lieux qu'il détermine, y compris si ces lieux venaient à être intégrés du fait des déplacements de la personne ou de la victime dans une zone d'alerte ou de pré-alerte.

Article R. 24-19. – Durée de la mesure – *(Décret n° 2020-1161 du 23 septembre 2020)*

• La mesure d'interdiction de rapprochement assortie de l'obligation de porter un bracelet électronique anti-rapprochement est ordonnée pour une durée qui ne peut excéder 6 mois. Elle peut être prolongée pour une même durée selon les modalités prévues aux 4 premiers alinéas de l'article R. 24-14 et si la condition prévue par le 1er alinéa de l'article R. 24-15 est toujours remplie, sans que sa durée totale dépasse 2 ans.

• Lorsque la personne renvoyée devant le tribunal correctionnel ou la cour d'assises est maintenue ou demeure sous contrôle judiciaire conformément aux articles 179 et 181, ou que le placement sous contrôle judiciaire a été ordonné en application des articles 394, 396, 397-1-1 ou 397-3, la durée totale de la mesure, compte tenu s'il y a lieu de celle exécutée au cours de l'instruction, ne peut excéder 2 ans, sans qu'il soit nécessaire d'en ordonner la prolongation tous les 6 mois et sous réserve de la possibilité pour l'intéressé d'en demander la mainlevée.

Article R. 24-20. – Information – *(Décret n° 2020-1161 du 23 septembre 2020)*

• La personne placée sous contrôle judiciaire avec interdiction de se rapprocher de la victime et port d'un bracelet anti-rapprochement est avisée des informations suivantes :

• 1° La pose du bracelet comportant un émetteur prévu à l'article 138-3 ne peut être effectuée sans son consentement, mais le fait de la refuser constitue une violation de ses obligations pouvant donner lieu à la révocation de son contrôle judiciaire et à son placement en détention provisoire ;

• 2° La méconnaissance de la distance de pré-alerte donne lieu à un contact par les personnes habilitées chargées du contrôle à distance l'avertissant de son rapprochement de la victime et du risque de méconnaissance de la distance d'alerte ; cette méconnaissance ne peut en aucun cas donner lieu à révocation du contrôle judiciaire ;

• 3° Le fait de se rapprocher volontairement de la victime, ou de provoquer son rapprochement, en méconnaissance de la distance d'alerte constitue une violation de l'interdiction qui lui est faite pouvant donner lieu à la révocation de son contrôle judiciaire et à son placement en détention provisoire ;

• 4° En cas de nécessité, les personnes habilitées chargées du contrôle à distance du dispositif électronique mobile anti-rapprochement prennent l'attache de la personne protégée pour assurer sa mise en sécurité et, selon le besoin et les procédures établies, alertent les forces de police et de gendarmerie, afin d'assurer sa protection ;

• 5° Le fait, par la personne porteuse d'un bracelet anti-rapprochement, de ne pas s'assurer du rechargement périodique du dispositif, afin de garantir son fonctionnement à tout moment, constitue une violation des obligations auxquelles elle est astreinte pouvant donner lieu à la révocation de son contrôle judiciaire et à son placement en détention provisoire.

Article R. 24-21. – Distances – Information de la personne protégée – *(Décret n° 2020-1161 du 23 septembre 2020)*

• Les distances mentionnées à l'article R. 24-18 sont portées par tout moyen à la connaissance de la personne protégée, à laquelle est attribué un dispositif de téléprotection. Elle est également avisée qu'en cas de nécessité, les téléopérateurs chargés du contrôle à distance du bracelet anti-rapprochement prennent son attache pour assurer sa mise en sécurité. Elle est avisée qu'elle peut à tout moment contacter directement le téléopérateur.

• Les personnes habilitées chargées du contrôle à distance contactent, selon le besoin et les procédures établies, les forces de police et de gendarmerie, ainsi que la personne protégée afin d'assurer sa protection.

Article R. 24-22. – Nombre important d'alertes – *(Décret n° 2020-1161 du 23 septembre 2020)*

• Si l'interdiction de rapprochement imposée à la personne mise en examen conduit, du fait notamment de rapprochements imputables tant à ses déplacements qu'à ceux de la victime, à un nombre important d'alertes portant une atteinte excessive à son droit au respect de sa vie privée et familiale, elle peut, ainsi que la victime, à tout moment de la mesure, demander à ce que les distances d'alerte et de pré-alerte soient révisées, ou qu'il soit mis fin à l'obligation de port du bracelet. Le juge d'instruction statue alors selon les modalités de l'article 140. Cette décision peut être également prise d'office par le juge d'instruction.

• Lorsque la personne a été renvoyée devant la juridiction de jugement, ou que le placement sous contrôle judiciaire a été ordonné en application des articles 394, 396, 397-1-1 ou 397-3, la décision est prise par le juge des libertés et de la détention, qui statue selon les mêmes modalités.

Article R. 24-23. – Administration pénitentiaire – *(Décret n° 2022-479 du 30 mars 2022)*

• Le personnel de l'administration pénitentiaire assure la pose et la dépose du bracelet anti-rapprochement dans les conditions prévues par les dispositions des articles R. 631-1 et R. 631-3 du Code pénitentiaire.

Article R. 24-24. – Assignation à résidence sous surveillance électronique ou assignation à résidence sous surveillance électronique mobile – *(Décret n° 2022-479 du 30 mars 2022)*

• Lorsqu'il est fait application de l'article 138-3 dans le cadre d'une assignation à résidence sous surveillance électronique ou d'une assignation à résidence sous surveillance électronique mobile, les dispositions des articles R. 24-14 à R. 24-23 sont applicables, ainsi que celles des articles R. 631-1 et R. 631-3 du Code pénitentiaire.

Sous-section 2

De la réparation à raison d'une détention provisoire

§ 1er. – De la réparation demandée devant le premier président de la cour d'appel

Article R. 26. – Requête – *(Décret n° 2013-1280 du 29 décembre 2013)*

• Le premier président de la cour d'appel dans le ressort de laquelle a été prononcée la décision de non-lieu, de relaxe ou d'acquittement est saisi par une requête signée du demandeur ou d'un des mandataires mentionnés au premier alinéa de l'article R. 27 et remise contre récépissé ou adressée par lettre recommandée avec demande d'avis de réception au greffe de la cour d'appel.

• La requête contient l'exposé des faits, le montant de la réparation demandée et toutes indications utiles, notamment en ce qui concerne :

• 1° La date et la nature de la décision qui a ordonné la détention provisoire ainsi que l'établissement pénitentiaire où cette détention a été subie ;

• 2° La juridiction qui a prononcé la décision de non-lieu, de relaxe ou d'acquittement ainsi que la date de cette décision ;

• 3° L'adresse où doivent être faites les notifications au demandeur.

• La requête est accompagnée de toutes pièces justificatives, notamment de la copie de la décision de non-lieu, de relaxe ou d'acquittement.

• Le délai de six mois prévu à l'article 149-2 ne court à compter de la décision de non-lieu, de relaxe ou d'acquittement devenue définitive que si, lors de la notification de cette décision, la personne a été avisée de son droit de demander une réparation ainsi que des dispositions de l'article 149-1,149-2 et 149-3 *(premier alinéa)*.

Article R. 27. – Assistance – *(Décret n° 2012-985 du 23 août 2012)*

• Devant le premier président de la cour d'appel, le demandeur et l'agent judiciaire de l'État peuvent être assistés ou représentés par un avocat.

• Lorsqu'une partie est assistée par un avocat, les notifications par lettre recommandée avec demande d'avis de réception prévues par les articles suivants sont faites au seul avocat et copie en est adressée par lettre simple à la partie. Lorsqu'une partie est représentée par un avocat, ces notifications sont faites dans les mêmes formes au seul avocat.

Article R. 28. – Greffe – *(Décret n° 2012-985 du 23 août 2012)*

• Dès la réception de la requête, le greffe de la cour d'appel demande au greffe de la juridiction qui a rendu la décision de non-lieu, de relaxe ou d'acquittement la communication du dossier de la procédure pénale ou, si cette procédure est toujours en cours en ce qui concerne d'autres personnes que le demandeur, de la copie du dossier.

• Dans un délai de quinze jours à compter de la réception de ce dossier, le greffe de la cour d'appel transmet une copie de la requête au procureur général près la cour d'appel et, par lettre recommandée avec demande d'avis de réception, à l'agent judiciaire de l'État.

Article R. 29. – Copie des pièces de la procédure pénale – *(Décret n° 2004-243 du 17 mars 2004)*

• Le demandeur peut se faire délivrer sans frais une copie des pièces de la procédure pénale. Seul son avocat peut prendre communication du dossier au greffe de la cour d'appel.

Article R. 30. – Agent judiciaire de l'État – *(Décret n° 2012-985 du 23 août 2012)*

• L'agent judiciaire de l'État peut prendre connaissance du dossier de la procédure pénale au greffe de la cour d'appel. Il lui est délivré sans frais, sur sa demande, copie des pièces.

Article R. 31. – Agent judiciaire de l'État – Dépôt des conclusions – *(Décret n° 2012-985 du 23 août 2012)*

• L'agent judiciaire de l'État dépose ses conclusions au greffe de la cour d'appel dans le délai de deux mois à compter de la réception de la lettre recommandée prévue à l'article R. 28.

• Le greffe de la cour d'appel notifie au demandeur par lettre recommandée avec demande d'avis de réception, dans le délai de quinze jours à compter de leur dépôt, les conclusions de l'agent judiciaire de l'État.

Article R. 32. – Agent judiciaire de l'État – Transmission du dossier – *(Décret n° 2012-985 du 23 août 2012)*

• Lorsque l'agent judiciaire de l'État a déposé ses conclusions ou à l'expiration du délai prévu à l'article précédent, le greffe de la cour d'appel transmet le dossier au procureur général.

• Le procureur général dépose ses conclusions dans les deux mois.

• Le greffe de la cour d'appel notifie au demandeur par lettre recommandée avec demande d'avis de réception, dans le délai de quinze jours à compter de leur dépôt, les conclusions du procureur général. Il communique, dans le même délai, ces conclusions à l'agent judiciaire de l'État.

Article R. 33. – Demandeur – *(Décret n° 2012-985 du 23 août 2012)*

• Dans le délai d'un mois à compter de la notification prévue au dernier alinéa de l'article précédent, le demandeur remet contre récépissé ou adresse par lettre recommandée avec demande d'avis de réception au greffe de la cour d'appel ses observations en réponse qui sont communiquées à l'agent judiciaire de l'État et au procureur général dans le délai de quinze jours.

• Les conclusions produites ultérieurement par les parties sont communiquées entre elles à la diligence de leur auteur.

Article R. 34. – Mesures d'instruction utiles – *(Décret n° 2012-985 du 23 août 2012)*

• Le premier président de la cour d'appel procède ou fait procéder à toutes mesures d'instruction utiles. Il peut, s'il l'estime nécessaire, entendre le demandeur, en présence de son avocat ou celui-ci dûment convoqué, et en présence de l'agent judiciaire de l'État et du procureur général ou ceux-ci dûment convoqués.

Article R. 35. – Date de l'audience – *(Décret n° 2012-985 du 23 août 2012)*

• Le premier président de la cour d'appel fixe la date de l'audience après avis du procureur général. Cette date est notifiée par le greffe de la cour d'appel, par lettre recommandée avec demande d'avis de réception, au demandeur et à l'agent judiciaire de l'État un mois au moins avant l'audience.

• Le demandeur est avisé, à l'occasion de cette notification, qu'il peut s'opposer jusqu'à l'ouverture des débats à ce que ceux-ci aient lieu en audience publique.

Article R. 36. – Instruction complémentaire et accomplissement d'actes non utiles – *(Décret n° 2012-985 du 23 août 2012)*

• Lorsqu'il apparaît manifestement que le demandeur soit ne remplit pas la condition d'avoir fait l'objet d'une détention provisoire au cours d'une procédure terminée à son égard par une décision de non-lieu, de relaxe ou d'acquittement devenue définitive, soit a formé sa requête après l'expiration du délai de six mois prévu à l'article 149-2, le premier président de la cour d'appel peut, après en avoir avisé le demandeur, l'agent judiciaire de l'État et le procureur général, décider qu'il n'y a pas lieu à plus ample instruction ni à l'accomplissement des actes prévus aux articles R. 31 à R. 34.

• Il est alors fait application des dispositions de l'article R. 35.

Article R. 37. – Audience – *(Décret n° 2012-985 du 23 août 2012)*

• Au jour de l'audience, le demandeur ou son avocat, puis l'agent judiciaire de l'État ou son avocat sont entendus en leurs observations.

• Le procureur général développe ses conclusions.

• Les parties peuvent alors répliquer, le demandeur ou son avocat ayant la parole en dernier.

Article R. 38. – Décision – *(Décret n° 2012-985 du 23 août 2012)*

• La décision du premier président de la cour d'appel est rendue en audience publique.

• Cette décision est notifiée au demandeur et à l'agent judiciaire de l'État soit par remise d'une copie contre récépissé, soit par lettre recommandée avec demande d'avis de réception. La notification indique que la décision peut faire l'objet d'un recours devant la Commission nationale de réparation des détentions dans un délai de dix jours.

• Une copie de la décision est remise au procureur général.

• Une copie de la décision est en outre adressée, au ministère de la justice, à la commission de suivi de la détention provisoire.

Article R. 39. – Accord d'une provision – *(Décret n° 2004-243 du 17 mars 2004)*
• Le premier président de la cour d'appel peut à tout moment de la procédure accorder en référé une provision au demandeur. Cette décision n'est susceptible d'aucun recours.

Article R. 40. – Exécution provisoire – *(Décret n° 2004-243 du 17 mars 2004)*
• Les décisions du premier président de la cour d'appel accordant une réparation sont assorties de plein droit de l'exécution provisoire.

Article R. 40-1. – Paiement – *(Décret n° 2016-479 du 18 avril 2016)*
• Le paiement au demandeur de la réparation ou de la provision est effectué par les services du contrôleur budgétaire et comptable ministériel près du ministère de la justice.

Article R. 40-2. – Paiement des dépens – *(Décret n° 2004-243 du 17 mars 2004)*
• Si la requête est rejetée, le demandeur est condamné aux dépens, à moins que le premier président de la cour d'appel ne l'en décharge en partie ou en totalité.
• La décision du premier président comporte exécution forcée pour le paiement des dépens.

Article R. 40-3. – Renvoi du dossier – *(Décret n° 2004-243 du 17 mars 2004)*
• Lorsque le recours prévu au premier alinéa de l'article 149-3 n'est pas exercé, le dossier de la procédure pénale est renvoyé, avec une copie de la décision, à la juridiction qui a rendu la décision de non-lieu, de relaxe ou d'acquittement.

§ 2. – Du recours devant la Commission nationale de réparation des détentions

A. – De l'exercice du recours

Article R. 40-4. – Recours – *(Décret n° 2013-1280 du 29 décembre 2013)*
• Les décisions du premier président de la cour d'appel peuvent faire l'objet d'un recours devant la Commission nationale de réparation des détentions de la part :
• 1° Du demandeur ;
• 2° De l'agent judiciaire de l'État ;
• 3° Du procureur général près la cour d'appel.
• La déclaration de recours est remise au greffe de la cour d'appel en quatre exemplaires.
• La remise est constatée par le greffe qui en mentionne la date sur chaque exemplaire, dont l'un est immédiatement restitué, et qui adresse un exemplaire aux personnes énumérées aux 1° à 3° autres que l'auteur du recours.

Article R. 40-5. – Assistance – *(Décret n° 2019-966 du 18 septembre 2019)*
• Devant la commission nationale, le demandeur et l'agent judiciaire de l'État peuvent être assistés ou représentés par un avocat au Conseil d'État et à la Cour de cassation ou par un avocat inscrit au barreau d'une cour d'appel ou d'un tribunal judiciaire.
• Les dispositions du 2d alinéa de l'article R. 27 sont applicables.

Article R. 40-6. – Transmission du dossier – *(Décret n° 2004-243 du 17 mars 2004)*
• Le dossier de la procédure de réparation, assorti de la déclaration de recours et du dossier de la procédure pénale, est transmis sans délai par le greffe de la cour d'appel au secrétariat de la commission nationale.
• Les fonctions de secrétaire et de greffier de la commission sont remplies par un greffier de la Cour de cassation.

Article R. 40-7. – Copies des pièces de la procédure pénale – *(Décret n° 2012-985 du 23 août 2012)*
• Si cela n'a pas déjà été demandé lors de la procédure devant le premier président de la cour d'appel, le demandeur et l'agent judiciaire de l'État peuvent se faire délivrer sans frais copie des pièces de la procédure pénale. Seuls leurs avocats peuvent prendre communication du dossier au secrétariat de la commission.

B. – De la procédure suivie devant la Commission nationale de réparation des détentions

a) Des communications et notifications applicables lorsque l'auteur du recours est le demandeur ou l'agent judiciaire du Trésor

Article R. 40-8. – Envoi des conclusions – *(Décret n° 2004-243 du 17 mars 2004)*

• Lorsque l'auteur du recours est l'une des personnes énumérées aux 1° et 2° de l'article R. 40-4, le secrétaire de la commission demande à celle-ci, dans un délai de quinze jours à compter de la réception du dossier et par lettre recommandée avec demande d'avis de réception, de lui adresser ses conclusions dans le délai d'un mois.

Article R. 40-9. – Suivi du dossier – *(Décret n° 2004-243 du 17 mars 2004)*

• Dès réception des conclusions mentionnées à l'article précédent, le secrétaire de la commission en transmet copie au procureur général près la Cour de cassation ainsi que, par lettre recommandée avec demande d'avis de réception, à celle des personnes énumérées aux 1° et 2° de l'article R. 40-4 qui n'est pas l'auteur du recours.

• Cette personne dispose d'un délai de deux mois à compter de la réception de la lettre recommandée prévue à l'alinéa précédent pour déposer ses conclusions au secrétariat de la commission.

• Lorsque ces conclusions ont été déposées ou à l'expiration du délai prévu à l'alinéa précédent, le secrétaire de la commission transmet le dossier au procureur général près la Cour de cassation.

Article R. 40-10. – Dépôt des conclusions – *(Décret n° 2004-243 du 17 mars 2004)*

• Le procureur général dépose ses conclusions dans les deux mois.

Article R. 40-11. – Notification à l'auteur du recours – *(Décret n° 2004-243 du 17 mars 2004)*

• Le secrétaire de la commission notifie à l'auteur du recours, par lettre recommandée avec demande d'avis de réception, dans le délai de quinze jours à compter de leur dépôt, les conclusions du procureur général près la Cour de cassation et les conclusions de la personne mentionnée à l'article R. 40-9.

• Il communique à cette personne les conclusions du procureur général près la Cour de cassation.

Article R. 40-12. – Remise des observations – *(Décret n° 2004-243 du 17 mars 2004)*

• Dans le délai d'un mois à compter de la dernière des notifications prévues au premier alinéa de l'article précédent, l'auteur du recours remet contre récépissé ou adresse par lettre recommandée avec demande d'avis de réception au secrétariat de la commission ses observations en réponse qui sont communiquées au procureur général près la Cour de cassation et à la personne mentionnée à l'article R. 40-9 dans le délai de quinze jours.

• Les dispositions du second alinéa de l'article R. 33 sont applicables.

b) Des communications et notifications applicables lorsque l'auteur du recours est le procureur général près la cour d'appel

Article R. 40-13. – Conclusions – *(Décret n° 2012-985 du 23 août 2012)*

• Lorsque l'auteur du recours est le procureur général près la cour d'appel, le secrétaire de la commission demande à celui-ci, dans un délai de quinze jours à compter de la réception du dossier, de lui adresser ses conclusions dans le délai d'un mois.

• Dès réception de ces conclusions, il en transmet une copie, d'une part au procureur général près la Cour de cassation, d'autre part, par lettre recommandée avec demande d'avis de réception, à l'agent judiciaire de l'État et au demandeur qui disposent d'un délai de deux mois à compter de la réception de cette lettre pour déposer leurs conclusions. Lorsque ces conclusions ont été déposées ou à l'expiration du délai de deux mois, le secrétaire de la commission transmet le dossier au procureur général près la Cour de cassation qui dépose ses conclusions dans les deux mois.

• Les conclusions du procureur général sont communiquées, dans un délai de quinze jours, à l'agent judiciaire de l'État, accompagnées des conclusions du demandeur ; elles sont également, dans le même délai, communiquées au demandeur, accompagnées des conclusions de l'agent judiciaire de l'État.

• Les dispositions du second alinéa de l'article R. 33 sont applicables.

c) Des autres actes de procédure

Article R. 40-14. – Désignation d'un rapporteur – *(Décret n° 2004-243 du 17 mars 2004)*

• Dans le mois qui suit l'expiration du délai de quinze jours prévu à l'article R. 40-12 ou au dernier alinéa de l'article R. 40-13, le président de la commission désigne, parmi les membres de la commission, un rapporteur.

Article R. 40-15. – Mesures d'instruction complémentaires – *(Décret n° 2012-985 du 23 août 2012)*

• Le président de la commission et le rapporteur désigné peuvent procéder ou faire procéder à toutes mesures d'instruction complémentaires. Ils peuvent, s'ils l'estiment nécessaire entendre le demandeur, en présence de son avocat ou celui-ci dûment convoqué, et en présence de l'agent judiciaire de l'État et du procureur général près la Cour de cassation ou ceux-ci dûment convoqués.

Article R. 40-16. – Date de l'audience – *(Décret n° 2012-985 du 23 août 2012)*

• Le président de la commission fixe la date de l'audience après avis du procureur général près la Cour de cassation. Cette date est notifiée par le secrétariat de la commission, par lettre recommandée avec demande d'avis de réception, au demandeur et à l'agent judiciaire de l'État un mois au moins avant l'audience.

• Le demandeur est avisé, à l'occasion de cette notification, qu'il peut s'opposer jusqu'à l'ouverture des débats à ce que ceux-ci aient lieu en audience publique.

Article R. 40-17. – Recours hors délai – *(Décret n° 2004-243 du 17 mars 2004)*

• Lorsqu'il apparaît manifestement que l'auteur du recours a formé celui-ci après l'expiration du délai de dix jours prévu à l'article 149-3, le président de la commission peut, après en avoir avisé les personnes énumérées aux 1° à 3° de l'article R. 40-4, décider qu'il n'y a pas lieu à plus ample instruction ni à l'accomplissement des actes prévus aux articles R. 40-8 à R. 40-15. Il peut procéder de la même façon lorsque le recours a été formé contre une décision du premier président de la cour d'appel rendue en application des dispositions des articles R. 36 ou R. 39.

• Il est alors fait application des dispositions de l'article R. 40-16.

Article R. 40-18. – Auditions *(Observations)* – *(Décret n° 2012-985 du 23 août 2012)*

• Au jour de l'audience, après le rapport, le demandeur et l'agent judiciaire de l'État ou leurs avocats respectifs sont entendus en leurs observations, celle des personnes énumérées aux 1° et 2° de l'article R. 40-4 qui est l'auteur du recours ou son avocat ayant la parole en premier. Lorsque le recours a été formé par le procureur général près la cour d'appel, le demandeur ou son avocat a la parole en premier.

• Le procureur général près la Cour de cassation développe ses conclusions.

• Le demandeur et l'agent judiciaire de l'État ou leurs avocats respectifs peuvent alors répliquer, le demandeur ou son avocat ayant la parole en dernier.

Article R. 40-19. – Décision de la commission – Audience publique – *(Décret n° 2012-985 du 23 août 2012)*

• La décision de la commission est rendue en audience publique.

• Cette décision est notifiée au demandeur et à l'agent judiciaire de l'État soit par remise d'une copie contre récépissé, soit par lettre recommandée avec demande d'avis de réception.

• Une copie de la décision est remise au procureur général près la Cour de cassation

• Une copie de la décision est en outre adressée, au ministère de la justice, à la commission de suivi de la détention provisoire.

Article R. 40-20. – Paiement par le directeur régional des finances publiques – *(Décret n° 2014-551 du 27 mai 2014)*

• Si la commission accorde une provision ou une réparation d'un montant supérieur à celui fixé par la décision du premier président de la cour d'appel, son paiement au demandeur est, par dérogation aux dispositions de l'article R. 233, effectué par le directeur régional des finances publiques d'Ile-de-France et du département de Paris.

Article R. 40-21. – Paiement des dépens – *(Décret n° 2004-243 du 17 mars 2004)*

• Si la requête est rejetée, l'auteur du recours est condamné aux dépens, à moins que la commission ne l'en décharge en partie ou en totalité.

• La décision de la commission comporte exécution forcée pour le paiement des dépens.

• Les dispositions du présent article ne sont pas applicables lorsque le recours a été formé par le procureur général près la cour d'appel.

Article R. 40-22. – Dossier de la procédure pénale – Copie de la décision – *(Décret n° 2004-243 du 17 mars 2004)*
• Le dossier de la procédure pénale est renvoyé, avec une copie de la décision, au premier président de la cour d'appel pour transmission à la juridiction qui a rendu la décision de non-lieu, de relaxe ou d'acquittement.
• Une copie de la décision est également adressée au procureur général près la cour d'appel.

TITRE IV
DISPOSITIONS COMMUNES

CHAPITRE II
Des fichiers de police judiciaire

Section I
Du traitement d'antécédents judiciaires

Article R. 40-23. – Traitement d'antécédents judiciaires – *(Décret n° 2012-652 du 4 mai 2012)*
• Le ministre de l'intérieur *(direction générale de la police nationale et direction générale de la gendarmerie nationale)* est autorisé à mettre en œuvre un traitement automatisé de données à caractère personnel, dénommé «traitement d'antécédents judiciaires», dont les finalités sont celles mentionnées à l'article 230-6.

Article R. 40-24. – Constitution du traitement – *(Décret n° 2017-1217 du 2 août 2017)*
• Le traitement est constitué des données recueillies dans le cadre des procédures établies par les services de la police et les unités de la gendarmerie nationales, ou par des agents des douanes habilités à exercer des missions de police judiciaire.
• Il peut contenir des données à caractère personnel de la nature de celles mentionnées au I de l'article 8 de la loi du 6 janvier 1978, dans les seuls cas où ces données résultent de la nature ou des circonstances de l'infraction ou se rapportent à des signes physiques particuliers, objectifs et permanents, en tant qu'éléments de signalement des personnes, dès lors que ces éléments sont nécessaires à la mise en œuvre des finalités mentionnées à l'article 230-6.
• En tant que de besoin, et dans le cadre des engagements internationaux en vigueur, le traitement est également constitué des données à caractère personnel issues des traitements gérés par des organismes de coopération internationale en matière de police judiciaire ou des services de police étrangers.

Article R. 40-25. – Données recueillies – *(Décret n° 2012-652 du 4 mai 2012)*
• Les données recueillies dans le cadre de l'article R. 40-24 ne peuvent concerner que les catégories suivantes :
• 1° Les personnes à l'encontre desquelles sont réunis, lors de l'enquête préliminaire, de l'enquête de flagrance ou sur commission rogatoire, des indices graves ou concordants rendant vraisemblable qu'elles aient pu participer, comme auteurs ou complices, à la commission d'un crime, d'un délit ou d'une contravention de cinquième classe prévue aux articles R. 625-1 à R. 625-3, R. 625-7, R. 625-9, R. 635-1, R. 635-3 à R. 635-5, R. 645-1, R. 645-2 et R. 645-5 à R. 645-15 du Code pénal ;
• 2° Les victimes de ces infractions ;
• 3° Les personnes faisant l'objet d'une enquête ou d'une instruction pour recherche des causes de la mort, de blessures graves ou d'une disparition au sens des articles 74 et 74-1.

Article R. 40-26. – Catégories de données – *(Décret n° 2017-1217 du 2 août 2017)*
• Peuvent être enregistrées dans le présent traitement les catégories de données à caractère personnel et informations suivantes :
• 1° Concernant les personnes mises en cause :

• *a)* Personnes physiques :
• – identité *(nom, nom marital, nom d'emprunt officiel, prénoms, sexe)* ;
• – surnom, alias ;
• – date et lieu de naissance ;
• – situation familiale ;
• – filiation ;
• – nationalité ;
• – adresses ;
• – adresses de messagerie électronique ;
• – numéros de téléphone ;
• – profession ;
• – état de la personne ;
• – signalement ;
• – photographie comportant des caractéristiques techniques permettant de recourir à un dispositif de reconnaissance faciale *(photographie du visage de face)* ;
• – autres photographies ;
• *b)* Personnes morales :
• – raison sociale, enseigne commerciale, sigle ;
• – forme juridique ;
• – numéro d'inscription au registre du commerce et des sociétés ;
• – lieu du siège social ;
• – numéro SIREN, SIRET ;
• – secteur d'activité ;
• – adresses ;
• – adresses de messagerie électronique ;
• – numéros de téléphone.
• 2° Concernant les victimes :
• *a)* Personnes physiques :
• – identité *(nom, nom marital, nom d'emprunt officiel, prénoms, sexe)* ;
• – date et lieu de naissance ;
• – situation familiale ;
• – nationalité ;
• – adresses ;
• – adresses de messagerie électronique ;
• – numéros de téléphone ;
• – profession ;
• – état de la personne ;
• *b)* Personnes morales :
• – raison sociale, enseigne commerciale, sigle ;
• – forme juridique ;
• – numéro d'inscription au registre du commerce et des sociétés ;
• – secteur d'activité ;
• – lieu du siège social ;
• – adresses ;
• – adresses de messagerie électronique ;
• – numéros de téléphone.
• 3° Concernant les personnes faisant l'objet d'une enquête ou d'une instruction pour recherche des causes de la mort ou d'une disparition :
• – identité *(nom, nom marital, nom d'emprunt officiel, prénoms, sexe)* ;
• – date et lieu de naissance ;
• – situation familiale ;
• – nationalité ;
• – adresses ;
• – adresses de messagerie électronique ;
• – numéros de téléphone ;
• – profession ;
• – état de la personne ;
• – signalement *(personnes disparues et corps non identifiés)* ;
• – photographie comportant les caractéristiques techniques permettant le recours à un dispositif de reconnaissance faciale *(photographie du visage de face des personnes disparues et corps non identifiés)* ;
• – photographies *(personnes disparues et corps non identifiés)*.

• Sont également enregistrées les données à caractère non personnel qui concernent les faits, objets de l'enquête, les lieux, dates de l'infraction et modes opératoires ainsi que les données et images relatives aux objets, y compris celles qui permettent indirectement d'identifier les personnes concernées.

Article R. 40-27. – Conservation des données – *(Décret n° 2021-682 du 27 mai 2021)*

• **I.** – Les données concernant la personne mise en cause majeure sont conservées 20 ans.

• Par dérogation, elles sont conservées :

• – 5 ans lorsque la personne est mise en cause pour l'un des délits prévus par le Code de la route ou aux articles 221-6,221-6-1,222-19,222-19-1,222-20-1,225-10-1,227-3 à 227-11,311-3,314-5,314-6,431-1,431-4 et 434-10 du Code pénal et L. 3421-1 du Code de la santé publique, ainsi que pour les contraventions énumérées à l'article R. 40-25 ;

• – 40 ans lorsque la personne est mise en cause pour l'une des infractions figurant au tableau 1 ci-dessous.

• **II.** – En cas de mise en cause pour une ou plusieurs nouvelles infractions avant l'expiration de l'une des durées de conservation des données initiales, le délai de conservation restant le plus long s'applique aux données concernant l'ensemble des infractions pour lesquelles la personne a été mise en cause.

• **III.** – La durée de conservation des données à caractère personnel concernant les victimes est au maximum de 15 ans.

• **IV.** – Les données à caractère personnel concernant les personnes mentionnées au 3° de l'article R. 40-25 sont effacées lorsque l'enquête a permis de retrouver la personne disparue ou d'écarter toute suspicion de crime ou délit.

TABLEAU 1. – LISTE DES INFRACTIONS PERMETTANT DE CONSERVER 40 ANS LES DONNÉES CONCERNANT LES PERSONNES MISES EN CAUSE MAJEURES

Infraction contre les personnes :

– administration de substances nuisibles ;
– détournement de moyen de transport ;
– empoisonnement ;
– enlèvement, séquestration, prise d'otage ;
– exploitation de la mendicité aggravée ou en bande organisée ;
– crime contre l'humanité, génocide ;
– meurtre, assassinat ;
– menace de mort, menace de destruction, dégradation ou détérioration dangereuse pour les personnes ;
– torture, acte de barbarie ;
– violence volontaire ayant entraîné la mort ;
– violence volontaire entraînant une mutilation ou une infirmité permanente ;
– vol avec violences ;
– agression sexuelle ;
– atteinte sexuelle sur mineur de 15 ans, atteinte sexuelle sur mineur de plus de 15 ans aggravée ;
– corruption de mineur ;
– proxénétisme ;
– viol ;
– trafic de stupéfiants ;
– traite des êtres humains.

Infractions contre les biens :

– abus de confiance aggravé ;
– destruction, dégradation et détérioration d'un bien appartenant à autrui par l'effet d'une substance explosive, d'un incendie ou de tout autre moyen de nature à créer un danger pour les personnes ;
– escroquerie aggravée ;
– extorsion ;
– vol en bande organisée ;
– vol avec arme ;
– blanchiment ;
– contrefaçon, falsification de monnaies et moyens de paiement ;
– faux en écritures publiques ;
– abus de biens sociaux ;
– délit d'initié ;
– atteinte aux systèmes de traitement automatisé des données.

…/…

Atteintes à la paix publique :
– acte de terrorisme ;
– association de malfaiteurs ;
– évasion ;
– infraction au régime des armes et munitions à l'exception du port ou transport d'arme de catégorie D ;
– atteinte aux intérêts fondamentaux de la Nation ;
– recel de malfaiteurs ;
– violation de secret *(professionnel, de fabrique)*.

TABLEAU 2. – LISTE DES INFRACTIONS PERMETTANT DE CONSERVER 10 ANS LES DONNÉES CONCERNANT LES PERSONNES MISES EN CAUSE MINEURES

Infractions contre les personnes :
– exploitation de la mendicité aggravée ou en bande organisée ;
– vol avec violences ;
– violence volontaire aggravée autres que celles prévues au tableau 3 ;
– transport, détention, offre, cession, acquisition ou emploi illicites de stupéfiants
– traite des êtres humains autre que celle prévue au tableau 3 ;
– exhibition sexuelle.

Infractions contre les biens :
– destruction, dégradation et détérioration d'un bien appartenant à autrui par l'effet d'une substance explosive, d'un incendie ou de tout autre moyen de nature à créer un danger pour les personnes ;
– extorsion ;
– atteinte aux systèmes de traitement automatisé de données ;
– blanchiment ;
– contrefaçon, falsification de monnaies ou moyens de paiement.

Atteintes à la paix publique :
Recel de malfaiteurs.

TABLEAU 3. – LISTE DES INFRACTIONS PERMETTANT DE CONSERVER 20 ANS LES DONNÉES CONCERNANT LES PERSONNES MISES EN CAUSE MINEURES

Infractions contre les personnes :
– administration de substances nuisibles ;
– détournement de moyen de transport ;
– empoisonnement ;
– enlèvement, séquestration, prise d'otage ;
– crime contre l'humanité, génocide ;
– meurtre, assassinat ;
– torture, acte de barbarie ;
– violence volontaire ayant entraîné la mort ;
– violence volontaire entraînant une mutilation ou une infirmité permanente ;
– vol avec violences aggravé ;
– agression sexuelle ;
– proxénétisme ;
– viol ;
– trafic de stupéfiants autres que ceux visés au tableau 2 ;
– traite des êtres humains en bande organisée ou avec tortures et actes de barbarie.

Infractions contre les biens :
– vol en bande organisée ;
– vol avec arme.

Atteintes à la paix publique :
– acte de terrorisme ;
– association de malfaiteurs ;
– atteinte aux intérêts fondamentaux de la Nation.

Article R. 40-28. – Accès – Personnes habilitées – *(Décret n° 2017-1217 du 2 août 2017)*

• **I.** – Ont accès à la totalité ou, à raison de leurs attributions, à une partie des données mentionnées à l'article R. 40-26 pour les besoins des enquêtes judiciaires :

• 1° Les agents des services de la police nationale exerçant des missions de police judiciaire individuellement désignés et spécialement habilités soit par les chefs des services territoriaux de la police nationale, soit par les chefs des services actifs à la préfecture de police ou, le cas échéant, le préfet de police, soit par les chefs des services centraux de la police nationale ou, le cas échéant, le directeur général dont ils relèvent ;

• 2° Les militaires des unités de la gendarmerie nationale exerçant des missions de police judiciaire individuellement désignés et spécialement habilités soit par les commandants de groupement, soit par les commandants de la gendarmerie dans les départements et les collectivités outre-mer et en Nouvelle-Calédonie, soit par les commandants de région, soit par les commandants des gendarmeries spécialisées, soit par le sous-directeur de la police judiciaire ou, le cas échéant, par le directeur général de la gendarmerie nationale;

• 3° Les agents du service national de la douane judiciaire, dans le cadre de leurs attributions légales, individuellement désignés et spécialement habilités par le magistrat délégué aux missions judiciaires de la douane ou, le cas échéant, par le directeur général des douanes et droits indirects;

• 4° Les magistrats du parquet;

• 5° Les agents des services judiciaires, individuellement désignés et spécialement habilités par le procureur de la République, chargés d'indiquer au gestionnaire du traitement les décisions judiciaires et requalifications donnant lieu, dans les conditions définies à l'article R. 40-31, à mise à jour ou effacement des données.

• 6° Le magistrat mentionné à l'article 230-9 ainsi que les agents des services judiciaires individuellement désignés et spécialement habilités par ce magistrat, chargés de l'instruction des demandes de rectification et d'effacement;

• 7° Les agents affectés dans les services de la police nationale chargés d'une mission de police judiciaire, individuellement désignés et spécialement habilités soit par les chefs des services territoriaux, soit par les chefs de services actifs à la préfecture de police, ou le cas échéant, le préfet de police, soit par les chefs des services centraux de la police nationale, ou le cas échéant, le directeur général dont ils relèvent, pour les besoins de la collecte, de la vérification, de la mise à jour ou de l'effacement des données enregistrées dans le traitement;

• 8° Les agents des unités de la gendarmerie nationale exerçant des missions de police judiciaire individuellement désignés et spécialement habilités soit par les commandants de groupement, soit par les commandants de la gendarmerie dans les départements et les collectivités outre-mer et en Nouvelle-Calédonie, soit par les commandants de région, soit par les commandants des gendarmeries spécialisées, soit par le sous-directeur de la police judiciaire ou, le cas échéant, par le directeur général de la gendarmerie nationale, pour les besoins de la collecte, de la vérification, de la mise à jour ou de l'effacement des données enregistrées dans le traitement;

• L'accès par tous moyens techniques mobiles aux données du fichier est ouvert aux seules personnes mentionnées aux 1°, 2° et 3°.

• **II.** – Peuvent être destinataires des mêmes données:

• 1° Les autres agents de l'État investis par la loi d'attributions de police judiciaire;

• 2° Les magistrats instructeurs, pour les recherches relatives aux infractions dont ils sont saisis;

• 3° Les organismes de coopération internationale en matière de police judiciaire et les services de police étrangers, dans les conditions énoncées à l'article L. 235-1 du Code de la sécurité intérieure.

• Seules les informations enregistrées dans le traitement relatives à la procédure en cours peuvent être jointes au dossier de la procédure.

Article R. 40-29. – Consultation – *(Décret n° 2017-1217 du 2 août 2017)*

• **I.** – Dans le cadre des enquêtes prévues à l'article 17-1 de la loi n° 95-73 du 21 janvier 1995, aux articles L. 114-1, L. 114-2, L. 211-11-1, L. 234-1 et L. 234-2 du Code de la sécurité intérieure et à l'article L. 4123-9-1 du Code de la défense, les données à caractère personnel figurant dans le traitement qui se rapportent à des procédures judiciaires en cours ou closes, à l'exception des cas où sont intervenues des mesures ou décisions de classement sans suite, de non-lieu, de relaxe ou d'acquittement devenues définitives, ainsi que des données relatives aux victimes, peuvent être consultées, sans autorisation du ministère public, par:

• 1° Les personnels de la police et de la gendarmerie habilités selon les modalités prévues au 1° et au 2° du I de l'article R. 40-28;

• 2° Les agents individuellement désignés et spécialement habilités des services spécialisés de renseignement mentionnés à l'article R. 234-2 du Code de la sécurité intérieure;

• 3° Les agents du service à compétence nationale dénommé « service national des enquêtes administratives de sécurité », individuellement désignés et spécialement habilités par le directeur général de la police nationale;

• 4° Les agents du service à compétence nationale dénommé « Commandement spécialisé pour la sécurité nucléaire », individuellement désignés et spécialement habilités par le directeur général de la gendarmerie nationale;

• 5° Les personnels investis de missions de police administrative individuellement désignés et spécialement habilités par le représentant de l'État. L'habilitation précise limitativement les motifs qui peuvent justifier pour chaque personne les consultations autorisées. Lorsque la consultation révèle que l'identité de la personne concernée a été enregistrée dans le traitement en tant que mise en cause, l'enquête administrative ne peut aboutir à un avis ou une décision défavorables sans la saisine préalable, pour complément d'information, des services de la police nationale ou des unités de la gendarmerie nationale compétents et, aux fins de demandes d'information sur les suites judiciaires, du ou des procureurs de la République compétents. Le procureur de la République adresse aux autorités gestionnaires du traitement un relevé des suites judiciaires devant figurer dans le traitement d'antécédents judiciaires et relatif à la personne concernée. Il indique à l'autorité de police administrative à l'origine de la demande si ces données sont accessibles en application de l'article 230-8 du présent code.

• **II.** – Dans le cadre des missions ou interventions prévues à l'article L. 234-3 du Code de la sécurité intérieure, les données à caractère personnel figurant dans le traitement qui se rapportent à des procédures judiciaires en cours ou closes, à l'exception des cas où sont intervenues des mesures ou décisions de classement sans suite, de non-lieu, de relaxe ou d'acquittement devenues définitives, ainsi que des données relatives aux victimes, peuvent être consultées, sans autorisation du ministère public, par les personnels de la police et de la gendarmerie habilités selon les modalités prévues au 1° et au 2° du I de l'article R. 40-28.

• Cette consultation peut également être effectuée, dans les mêmes conditions qu'à l'alinéa précédent, par les agents des services de renseignement désignés par le ministre de la défense, aux seules fins de protection de la sécurité de leurs personnels. Ces agents sont individuellement désignés et spécialement habilités par leurs directeurs respectifs.

• **III.** – Peuvent être destinataires des données mentionnées au I, pour l'exercice de leurs missions en matière de police administrative et dans la limite du besoin d'en connaître, les organismes de coopération internationale en matière de police judiciaire et les services de police étrangers dans les conditions énoncées à l'article L. 235-1 du Code de la sécurité intérieure.

Article R. 40-29-1. – Autres consultations – Personnes habilitées – *(Décret n° 2017-1217 du 2 août 2017)*

• Peuvent avoir accès, aux seules fins de consultation, aux données à caractère personnel figurant dans le traitement, à l'exclusion de celles relatives aux personnes enregistrées en qualité de victimes :

• 1° Les agents des services mentionnés à l'article R. 234-3 du Code de la sécurité intérieure, individuellement désignés et habilités par le directeur dont ils relèvent, dans les conditions prévues à l'article L. 234-4 du même code ;

• 2° Les agents du service mentionné à l'article L. 561-23 du Code monétaire et financier, individuellement désignés et habilités par le directeur du service, dans les conditions prévues à l'article L. 561-27 du même code.

Article R. 40-30. – Enregistrement – *(Décret n° 2018-687 du 1er août 2018)*

• Les opérations de collecte, de modification, de consultation et d'effacement des données à caractère personnel et informations font l'objet d'un enregistrement comprenant l'identifiant de l'auteur, la date et l'heure de l'opération ainsi que sa nature administrative ou judiciaire. Ces données sont conservées 6 ans.

Article R. 40-31. – Contrôle et suivi – *(Décret n° 2018-687 du 1er août 2018)*

• Le traitement des données à caractère personnel fait l'objet du contrôle et du suivi prévus aux articles 230-8 et 230-9.

• Les demandes de rectification ou d'effacement des données émanant des personnes intéressées peuvent être adressées directement au procureur de la République territorialement compétent ou au magistrat mentionné à l'article 230-9. Toute demande de rectification ou d'effacement adressée au procureur de la République territorialement compétent ou au magistrat mentionné à l'article 230-9 doit, à peine d'irrecevabilité, être adressée par lettre recommandée avec demande d'avis de réception.

• Les personnes morales ne peuvent présenter leur demande que directement auprès du procureur de la République.

• Si le procureur de la République saisi constate que les données dont il est demandé la mise à jour sont issues de procédures diligentées sur plusieurs ressorts, il adresse la demande au magistrat mentionné à l'article 230-9.

Article R. 40-31-1. – Demande de rectification ou d'effacement – *(Décret n° 2017-1217 du 2 août 2017)*

• Lorsqu'il est saisi d'une demande de rectification ou d'effacement, le procureur de la République territorialement compétent ou le magistrat mentionné à l'article 230-9 fait connaître sa décision à l'intéressé, par lettre recommandée.

• Si le procureur de la République territorialement compétent ou le magistrat mentionné à l'article 230-9 n'ordonne pas l'effacement ou la rectification, l'intéressé peut, en application du 3e alinéa de l'article 230-8 et du 4e alinéa de l'article 230-9, saisir respectivement le président de la chambre de l'instruction ou le président de la chambre de l'instruction de la cour d'appel de Paris, dans un délai d'un mois à compter de l'envoi de la décision de refus, par lettre recommandée avec demande d'avis de réception ou par déclaration au greffe de la chambre de l'instruction. À peine d'irrecevabilité, sa contestation doit être motivée.

• Si le procureur de la République territorialement compétent ou le magistrat mentionné à l'article 230-9 ne se prononce pas dans un délai de 2 mois, l'intéressé peut, dans un délai d'un mois, saisir respectivement le président de la chambre de l'instruction ou le président de la chambre de l'instruction de la cour d'appel de Paris de cette décision implicite de rejet en application de l'article 802-1 du présent code. Le procureur de la République territorialement compétent ou le magistrat mentionné à l'article 230-9 est informé sans délai et par tous moyens de l'exercice de ce recours. Ce recours devient caduc si le procureur de la République territorialement compétent ou le magistrat mentionné à l'article 230-9 fait droit à la demande de l'intéressé.

• Le président de la chambre de l'instruction statue, après avoir sollicité les réquisitions écrites du procureur général, par une ordonnance motivée, dans un délai de 6 mois à compter de la date de réception de la lettre recommandée ou de la déclaration au greffe par le requérant. Cette ordonnance est portée à la connaissance du procureur de la République territorialement compétent ou du magistrat mentionné à l'article 230-9 et notifiée par lettre recommandée à l'intéressé. Elle ne peut faire l'objet d'un pourvoi en cassation que si elle ne satisfait pas, en la forme, aux conditions essentielles de son existence légale.

J **• Demandes d'effacement de mentions – Fichier traitement antécédents judiciaires – Ordonnance – Présidente chambre de l'instruction – Non communication au requérant**

CASSATION sur le pourvoi formé par Mme L... T... contre l'ordonnance de la présidente de la chambre de l'instruction de la cour d'appel de PARIS (75), en date du 02/07/2020, qui, pour partie sur renvoi après cassation (Crim., 24/03/2020, pourvoi n° 19-86.220), *a rejeté ses demandes d'effacement de mentions au fichier de traitement des antécédents judiciaires.*

9. En l'espèce, il ne résulte ni des mentions de l'ordonnance ni des pièces de procédure que les réquisitions du procureur général en date des 11/05 et 30/06/2020 aient été communiquées à la requérante ou que cette dernière ait pu y avoir accès.

10. Il s'ensuit que l'ordonnance de la présidente de la chambre de l'instruction prise au visa de ces réquisitions ne satisfait pas en la forme aux conditions essentielles de son existence légale.

11. Dès lors le pourvoi est recevable et la cassation est encourue.

(Cour de cassation – Chambre criminelle du 30 mars 2021 – N° de pourvoi : 20-84.116).

Article R. 40-32. – Mise en œuvre et mise à jour – *(Décret n° 2018-687 du 1er août 2018)*

• La mise en œuvre et la mise à jour du traitement sont contrôlées par un magistrat du parquet hors hiérarchie, désigné pour 3 ans par arrêté du garde des sceaux, ministre de la justice, et assisté par un comité composé de 3 membres nommés dans les mêmes conditions.

• Les autorités gestionnaires du traitement lui adressent, sur sa demande, toutes informations relatives à ce traitement.

• Ce magistrat peut ordonner toutes mesures nécessaires à l'exercice de son contrôle.

• Il établit un rapport annuel qu'il adresse au ministre de la justice ; il en adresse aussi copie aux autorités gestionnaires du traitement.

• Les pouvoirs qui lui sont confiés s'exercent sans préjudice du contrôle exercé par la Commission nationale de l'informatique et des libertés en application des dispositions et selon les modalités prévues par les articles 44 et 70-22 de la loi n° 78-17 du 6 janvier 1978.

Article R. 40-33. – Droits d'opposition, d'information, d'accès... – *(Décret n° 2018-687 du 1er août 2018)*

• **I.** – Le droit d'opposition prévu à l'article 38 de la loi n° 78-17 du 6 janvier 1978 relative à l'informatique, aux fichiers et aux libertés ne s'applique pas au présent traitement.

• Toute personne identifiée dans le fichier en qualité de victime peut cependant s'opposer à ce que des données à caractère personnel la concernant soient conservées dans le fichier dès lors que l'auteur des faits a été condamné définitivement. Ces personnes sont informées du droit d'opposition qui leur est ouvert.

• **II.** – Sans préjudice de l'application de l'article R. 40-31, les droits d'information, d'accès de rectification et d'effacement prévus aux articles 70-18 à 70-20 de la même loi s'exercent directement auprès du responsable du traitement.

• **III.** – Afin d'éviter de gêner des enquêtes, des recherches et des procédures administratives ou judiciaires et de nuire aux enquêtes, aux poursuites ou à l'exécution des sanctions pénales, les droits d'accès, de rectification et d'effacement peuvent faire l'objet de restrictions en application des 2° et 3° du II et du III de l'article 70-21 de la même loi.

• La personne concernée par ces restrictions exerce ses droits auprès de la Commission nationale de l'informatique et des libertés dans les conditions prévues à l'article 70-22 de la même loi.

• La demande adressée à la Commission nationale de l'informatique et des libertés est traitée dans un délai de six mois. Dès réception de la demande, le responsable du traitement dispose d'un délai d'un mois et demi pour saisir le procureur de la République. Ce délai peut être prorogé d'un mois supplémentaire si le traitement de la demande nécessite des investigations complexes. La commission en est informée par le responsable du traitement. Le procureur de la République dispose d'un délai de 3 mois pour se prononcer sur les suites qu'il convient de réserver à la demande. Il communique ses prescriptions au responsable du traitement qui, dans un délai de 15 jours, informe la commission des suites réservées à la demande.

• Lorsque les informations contenues dans le traitement font l'objet d'une procédure judiciaire, celles-ci ne peuvent être communiquées que si ladite procédure est close. Toutefois, la Commission peut constater, en accord avec le responsable du traitement, que des données à caractère personnel enregistrées ne mettent pas en cause la sûreté de l'État, la défense ou la sécurité publique et qu'il y a donc lieu de les communiquer à la personne intéressée, après accord du procureur de la République lorsque la procédure n'est pas judiciairement close.

Article R. 40-34. – Compte-rendu – *(Décret n° 2012-652 du 4 mai 2012)*

• Sans préjudice de l'application de l'article 44 de la loi n° 78-17 du 6 janvier 1978, le directeur général de la police nationale et le directeur général de la gendarmerie nationale rendent compte conjointement chaque année à la Commission nationale de l'informatique et des libertés des opérations de vérification, de mise à jour et d'effacement des informations enregistrées dans le traitement.

Section II

Des fichiers d'analyse sérielle

Article R. 40-35. – Habilitations – *(Décret n° 2014-445 du 30 avril 2014)*

• Les habilitations prévues à l'article 230-16 sont délivrées dans les conditions suivantes :

• 1° Pour les agents des services de la police nationale exerçant des missions de police judiciaire, soit par les chefs des services territoriaux de la police nationale, soit par les chefs des services actifs à la préfecture de police ou, le cas échéant, le préfet de police, soit par les chefs des services centraux de la police nationale ou, le cas échéant, le directeur général dont ils relèvent ;

• 2° Pour les militaires des unités de la gendarmerie nationale exerçant des missions de police judiciaire, soit par les commandants de groupement, soit par les commandants de la gendarmerie dans les départements et les collectivités d'outre-mer et en Nouvelle-Calédonie, soit par les commandants de région, soit par les commandants des gendarmeries spécialisées, soit par le sous-directeur de la police judiciaire ou, le cas échéant, par le directeur général de la gendarmerie nationale ;

• 3° Pour les agents du service national de la douane judiciaire, dans le cadre de leurs attributions légales, par le magistrat délégué aux missions judiciaires de la douane ou, le cas échéant, par le directeur général des douanes et droits indirects.

Article R. 40-36. – Demandes de rectification ou d'effacement des données – *(Décret n° 2012-689 du 7 mai 2012)*

• Les demandes de rectification ou d'effacement des données émanant des personnes concernées peuvent être adressées soit directement au procureur de la République territorialement compétent ou à un magistrat désigné conformément aux articles 230-9 et 230-14, soit, par l'intermédiaire de la Commission nationale de l'informatique et des libertés, au responsable du traitement.

• Les personnes morales ne peuvent présenter leur demande que directement auprès du procureur de la République territorialement compétent.

• Si le procureur de la République ou le responsable du traitement saisi constate que les données dont il est demandé la mise à jour sont issues de procédures diligentées sur plusieurs ressorts, il adresse la demande au magistrat mentionné au premier alinéa.

Article R. 40-37. – Contrôles – *(Décret n° 2012-689 du 7 mai 2012)*

• La mise en œuvre et la mise à jour des traitements sont contrôlées par un magistrat du parquet hors hiérarchie, désigné pour trois ans par arrêté du garde des sceaux, ministre de la justice, et assisté par un comité composé de trois membres nommés dans les mêmes conditions.

• Les autorités gestionnaires des traitements lui adressent, sur sa demande, toutes informations relatives à ces traitements.

• Ce magistrat peut ordonner toutes mesures nécessaires à l'exercice de son contrôle.

• Il établit un rapport annuel qu'il adresse au ministre de la justice ; il en adresse aussi copie aux autorités gestionnaires des traitements.

• Les pouvoirs qui lui sont confiés s'exercent sans préjudice du contrôle exercé par la Commission nationale de l'informatique et des libertés en application des dispositions et selon les modalités prévues par les articles 41 et 44 de la loi n° 78-17 du 6 janvier 1978.

Section III

Du fichier des personnes recherchées

Article R. 40-38. – Fichier – *(Décret n° 2012-689 du 7 mai 2012)*

• Le fichier des personnes recherchées mentionné à l'article 230-19 est régi par le décret n° 2010-569 du 28 mai 2010.

Section IV

Du fichier automatisé des empreintes digitales

Article R. 40-38-1. – Fonctionnement – *(Décret n° 2015-1580 du 2 décembre 2015)*

• Le fichier automatisé des empreintes digitales est régi par le décret n° 87-249 du 8 avril 1987 modifié relatif au fichier automatisé des empreintes digitales géré par le ministère de l'intérieur.

CHAPITRE III

Des logiciels de rapprochement judiciaire

Article R. 40-39. – Habilitations – *(Décret n° 2014-445 du 30 avril 2014)*

• Les habilitations prévues à l'article 230-25 sont délivrées dans les conditions suivantes :

• 1° Pour les agents des services de la police nationale exerçant des missions de police judiciaire, soit par les chefs des services territoriaux de la police nationale, soit par les chefs des services actifs à la préfecture de police ou, le cas échéant, le préfet de police, soit par les chefs des services centraux de la police nationale ou, le cas échéant, le directeur général dont ils relèvent ;

• 2° Pour les militaires des unités de la gendarmerie nationale exerçant des missions de police judiciaire, soit par les commandants de groupement, soit par les commandants de la gendarmerie dans les départements et les collectivités d'outre-mer et en Nouvelle-Calédonie, soit par les commandants de région, soit par les commandants des gendarmeries spécialisées, soit par le sous-directeur de la police judiciaire ou, le cas échéant, par le directeur général de la gendarmerie nationale.

Article R. 40-40. – Mise en œuvre – *(Décret n° 2012-689 du 7 mai 2012)*

• La mise en œuvre des logiciels de rapprochement judiciaire mentionnés aux articles 230-20 et suivants est autorisée, pour chaque procédure qu'il contrôle, par le magistrat saisi de l'enquête ou chargé de l'instruction.

• En matière d'enquête de flagrance, l'autorisation est réputée acquise sauf décision contraire du procureur de la République.

• La mise en œuvre de ces logiciels ainsi que l'autorisation du procureur de la République ou de la juridiction d'instruction compétents font l'objet d'une mention en procédure.

• À la clôture de l'enquête, l'exploitation des enquêtes et investigations mentionnées à l'article 230-20 donne lieu à l'établissement d'un rapport joint à la procédure. Une copie informatique de l'ensemble des données et informations exploitées peut être également jointe au rapport, à la demande du magistrat compétent.

Article R. 40-41. – Contrôles – *(Décret n° 2012-689 du 7 mai 2012)*
• La mise en œuvre et la mise à jour des logiciels mentionnés à l'article 230-20 sont contrôlées par un magistrat du parquet hors hiérarchie, nommé pour trois ans par arrêté du garde des sceaux, ministre de la justice, et assisté par un comité composé de trois membres nommés dans les mêmes conditions.
• Les autorités gestionnaires des traitements lui adressent, sur sa demande, toutes informations relatives à ces traitements.
• Ce magistrat peut ordonner toutes mesures nécessaires à l'exercice de son contrôle.
• Il établit un rapport annuel qu'il adresse au garde des sceaux, ministre de la justice ; il en adresse une copie aux autorités gestionnaires des logiciels.

CHAPITRE III *bis*

De la plate-forme nationale des interceptions judiciaires

Article R. 40-42. – Traitement automatisé de données – Autorisation – *(Décret n° 2021-1469 du 9 novembre 2021)*
• Le ministre de la justice est autorisé à mettre en œuvre un traitement automatisé de données à caractère personnel dénommé : « plate-forme nationale des interceptions judiciaires *(PNIJ)* » prévue par l'article 230-45, placé sous la responsabilité du secrétaire général du ministère de la justice.

Article R. 40-43. – Enregistrement des informations... – *(Décret n° 2021-1469 du 9 novembre 2021)*
• Afin de faciliter la constatation des infractions à la loi pénale et des délits douaniers, le rassemblement des preuves de ces infractions et la recherche de leurs auteurs ou d'apporter la preuve de la violation de certaines interdictions résultant d'une condamnation, ce traitement enregistre les informations, données et contenus de communication prévus aux articles R. 40-43-1 et R. 40-43-2 et les met à la disposition :
• 1° Des magistrats, des officiers et agents de police judiciaire de la gendarmerie et de la police nationales chargés de les seconder ainsi que des agents des douanes et des services fiscaux habilités à effectuer des enquêtes judiciaires ;
• 2° Des agents des douanes habilités par le ministre chargé des douanes conformément à l'article 67 *bis*-2 du Code des douanes.

Article R. 40-43-1. – Mise à disposition des données et informations – *(Décret n° 2021-1469 du 9 novembre 2021)*
• Sauf impossibilité technique, sont mises à la disposition :
• 1° Des personnes mentionnées au 1° de l'article R. 40-43 :
• *a)* Le contenu des communications électroniques interceptées sur le fondement des articles 74-2,80-4,100 à 100-8 et 706-95 et du 1° de l'article 709-1-3 ;
• *b)* Les données et les informations communiquées en application des articles 60-1,60-2,77-1-1,77-1-2,99-3,99-4,230-32 à 230-44, du 2° de l'article 709-1-3 ;
• 2° Des personnes mentionnées au 2° de l'article R. 40-43, les données et informations communiquées en application de l'article 67 *bis*-2 du Code des douanes.

Article R. 40-43-2. – Autres mises à disposition – *(Décret n° 2021-1469 du 9 novembre 2021)*
• Peuvent également être mises à la disposition des personnes mentionnées au 1° de l'article R. 40-43, les données et informations obtenues à l'occasion de la captation, fixation, transmission ou enregistrement de paroles effectué sur le fondement des articles 706-96 à 706-98.

Article R. 40-44. – Enregistrement, conservation et traitement des données – *(Décret n° 2021-1469 du 9 novembre 2021)*
• L'enregistrement, la conservation et le traitement des données à caractère personnel de la nature de celles mentionnées au I de l'article 6 de la loi n° 78-17 du 6 janvier 1978 relative à l'informatique, aux fichiers et aux libertés sont autorisés pour les seules fins et dans le strict

respect des conditions définies au présent décret, dans les limites des nécessités des missions au titre desquelles elles sont collectées, et dans la seule mesure où elles apparaissent dans les informations, données et contenus de communication prévus aux articles R. 40-43-1 et R. 40-43-2.

Article R. 40-45. – Réquisitions – *(Décret n° 2021-1469 du 9 novembre 2021)*

• Conformément aux dispositions des articles R. 15-33-67 à R. 15-33-75, la plate-forme transmet, à la catégorie d'organismes mentionné au 1° de l'article R. 15-33-68, les réquisitions établies par les magistrats, les officiers et agents de police judiciaire de la gendarmerie et de la police nationales, les agents des douanes et des services fiscaux habilités à effectuer des enquêtes judiciaires, ainsi que par les assistants spécialisés mentionnés à l'article 628-9 et à l'article 706, préalablement authentifiés par leur administration d'origine, reçoit leurs réponses et les met à la disposition des magistrats, officiers, agents et assistants spécialisés.

• Pour l'application de l'article 67 *bis*-2 du Code des douanes, la plate-forme transmet les réquisitions établies en application de l'article 67 *bis*-2 du Code des douanes par les agents des douanes habilités à cet effet par le ministre chargé des douanes, à la catégorie d'organismes mentionnée au 1° de l'article R. 15-33-68, reçoit leurs réponses et les met à la disposition des agents précités.

Article R. 40-46. – Conservation – *(Décret n° 2021-1469 du 9 novembre 2021)*

• Dans la mesure où elles sont nécessaires à la poursuite des finalités définies à l'article R. 40-43, peuvent être conservées dans le traitement automatisé les données à caractère personnel et informations suivantes :

• 1° Pour les communications électroniques faisant l'objet d'une interception judiciaire mentionnée aux articles 74-2,80-4,100 à 100-8 et 706-95 et du 1° de l'article 709-1-3 :

• *a)* L'identité *(nom, nom marital, nom d'usage, prénoms)* de la personne physique émettrice et destinataire de la communication électronique, surnom, alias, date et lieu de naissance, sexe, filiation, situation familiale, nationalité ;

• *b)* Les dénominations, enseigne commerciale, représentants légaux et dirigeants de la personne morale émettrice ou destinataire de la communication électronique ainsi que les numéros d'inscription au registre du commerce et des sociétés ;

• *c)* L'adresse ou toute autre information permettant d'identifier le domicile, le lieu ou l'établissement ;

• *d)* Les éléments d'identification de la liaison et données relatives aux outils de communications utilisés ;

• *e)* Le numéro de téléphone *(fixe et mobile, personnel et professionnel)* ;

• *f)* L'adresse de courrier électronique ou données relatives aux services demandés ou utilisés ;

• g) Les données à caractère technique relatives à la localisation de la communication et de l'équipement terminal ;

• *h)* Les données relatives au trafic des communications de la liaison interceptée ;

• *i)* Les données permettant d'établir la facturation et le paiement ;

• *j)* Le contenu des communications électroniques interceptées ainsi que les informations qui leurs sont liées, le cas échéant retranscrites conformément à l'article 100-5 ;

• *k)* Tout élément sonore enregistré susceptible de servir à la manifestation de la vérité ;

• *l)* Empreintes vocales *(gabarit)* créées à partir des interceptions ;

• 2° Pour les communications électroniques faisant l'objet d'une mesure de géolocalisation en temps réel mentionnée aux articles 230-32 à 44, au 2° de l'article 709-1-3 et à l'article 67 *bis*-2 du Code des douanes :

• *a)* Les données de signalisation générées par l'usage du terminal de communication, transmises en temps réel ;

• *b)* La mise à jour des données de signalisation du terminal de communication, sur sollicitation du réseau, à la demande, transmise en temps réel ;

• 3° Pour les données et les informations communiquées en application des articles 60-2,77-1-2 et 99-4 :

• *a)* L'identité *(nom, nom marital, nom d'usage, prénoms)* de la personne physique émettrice ou destinataire de la communication électronique, surnom, alias, date et lieu de naissance, sexe, filiation, situation familiale, nationalité ;

• *b)* Les dénominations, enseigne commerciale, représentants légaux et dirigeants de la personne morale émettrice ou destinataire de la communication électronique, ainsi que les numéros d'inscription au registre du commerce et des sociétés ;

• *c)* L'adresse ou toute autre information permettant d'identifier le domicile, le lieu ou l'établissement ;

• *d)* Les éléments d'identification de la liaison et données relatives aux outils de communications utilisés ;

• *e)* Le numéro de téléphone *(fixe et mobile, personnel et professionnel)* ;

• *f)* L'adresse de courrier électronique ou données relatives aux services demandés ou utilisés ;

• *g)* Les données à caractère technique relatives à la localisation de la communication et de l'équipement terminal ;

• *h)* Les données relatives au trafic de communications ;

• *i)* Les données permettant d'établir la facturation et le paiement ;

• 4° Pour les données obtenues par la captation, la fixation, la transmission ou l'enregistrement de paroles en application des articles 706-96 à 706-98 :

• *a)* L'identité *(nom, nom marital, nom d'usage, prénoms)* de la personne physique émettrice ou destinataire des paroles et éléments sonores enregistrés, surnom, alias, date et lieu de naissance, sexe, filiation, situation familiale, nationalité ;

• *b)* Les dénominations, enseigne commerciale, représentants légaux et dirigeants de la personne morale émettrice ou destinataire des paroles et éléments sonores enregistrés ainsi que les numéros d'inscription au registre du commerce et des sociétés ;

• *c)* L'adresse ou toute autre information permettant d'identifier le domicile, le lieu ou l'établissement ;

• *d)* Les éléments d'identification de la liaison et données relatives aux outils de communications utilisés ;

• *e)* Le numéro de téléphone *(fixe et mobile, personnel et professionnel)* ;

• *f)* Les données à caractère technique relatives à la localisation du dispositif de sonorisation ;

• *g)* Les données relatives au trafic des communications dans les lieux ou véhicules publics ou privés faisant l'objet de la mesure de sonorisation ;

• *h)* Les paroles enregistrées dans les conditions de l'article 706-96 ainsi que les informations qui leurs sont liées, le cas échéant retranscrites conformément à l'article 706-98-15 ;

• *i)* Tout élément sonore enregistré susceptible de servir à la manifestation de la vérité ;

• *j)* empreintes vocales *(gabarit)* créées à partir des sonorisations ;

• 5° Pour les données de géolocalisation en temps réel obtenues à l'occasion d'une sonorisation :

• *a)* Les données de signalisation générées par l'usage du terminal de communication, transmises en temps réel ;

• *b)* La mise à jour des données de signalisation du terminal de communication, sur sollicitation du réseau, à la demande, transmise en temps réel ;

• 6° Pour les données nécessaires à l'utilisation et à la sécurité de la plateforme nationale d'interceptions judicaires :

• *a)* L'identité *(nom, nom marital, nom d'usage, prénoms)* de la personne physique détentrice des accès à la plateforme nationale d'interception judiciaire, ainsi que ses grades, fonctions et le numéro de référentiel des identités et de l'organisation *(RIO)* ou le matricule fonctionnel ;

• *b)* La désignation du service ou de la juridiction de rattachement de l'utilisateur, et les coordonnées postales associées ;

• *c)* Le numéro de téléphone et de télécopie de la personne physique mentionnée au a ;

• *d)* L'adresse de courrier électronique de la personne physique mentionnée au a.

• Sont également enregistrées les informations relatives aux faits, lieux, dates et qualification des infractions objets de l'enquête.

• Outre l'ensemble de ces données, peuvent également être enregistrés dans le traitement les commentaires libres effectués par les personnes mentionnées à l'article R. 40-43 saisies du dossier. Seuls les utilisateurs en charge du dossier mentionnés aux I, II et III de l'article R. 40-47 accèdent aux données ainsi recueillies. Ne peuvent être enregistrées dans les commentaires libres que les données et informations, y compris celles relevant de l'article 6 de la loi n° 78-17 du 6 janvier 1978 relative à l'informatique, aux fichiers et aux libertés, strictement nécessaires, adéquates et non excessives au regard des finalités poursuivies.

Article R. 40-47. – Accès – *(Décret n° 2021-1469 du 9 novembre 2021)*

• **I.** – Les magistrats accèdent à l'ensemble des données, informations et contenus de communications enregistrés dans le traitement, pour les besoins des procédures dont ils sont saisis.

• **II.** – Pour les besoins des procédures dont ils sont saisis, les officiers et agents de police judiciaire de la gendarmerie et de la police nationales respectivement mentionnés aux 2° à 4° de l'article 16 et à l'article 20, les agents des douanes et des services fiscaux habilités à effectuer des enquêtes judiciaires, respectivement mentionnés aux articles 28-1 et 28-2, spécialement habilités et individuellement désignés par leur supérieur hiérarchique, accèdent aux données, informations et contenus de communications enregistrés dans le traitement, à l'exception de celles qui sont placées sous scellés, sauf autorisation du magistrat saisi de la procédure.

• **III.** – Pour l'exercice de leurs attributions, les greffiers individuellement désignés par le directeur de greffe, accèdent à l'ensemble des données, informations et contenus de communications figurant dans les procédures dont sont saisis les magistrats qu'ils assistent, et enregistrés dans le traitement.

• **IV.** – Pour l'exécution des tâches qui leur sont confiées, les assistants spécialisés accèdent, sur autorisation du magistrat, à l'ensemble des données, informations et contenus de communications figurant dans les procédures dont sont saisis les magistrats qu'ils assistent, et enregistrés dans le traitement.

• **V.** – Pour les besoins des missions visées à l'article 67 *bis*-2 du Code des douanes, les agents des douanes habilités par le ministre chargé des douanes conformément à l'article 67 *bis*-2 du Code des douanes, et individuellement désignés par leur supérieur hiérarchique, accèdent aux données enregistrées dans le traitement.

• **VI.** – Pour l'exercice des missions qui leur sont confiées, les interprètes-traducteurs accèdent, pour une durée limitée et sur autorisation du magistrat, de l'officier de police judiciaire, de l'agent des douanes ou des services fiscaux habilités à effectuer des enquêtes judiciaires, aux données, informations et contenus de communications qu'il désigne.

• **VII.** – Pour l'exécution d'une décision d'enquête européenne ou d'une demande formulée au titre de l'article 18 de la convention du 29 mai 2000 relative à l'entraide judiciaire en matière pénale entre les États membres de l'Union européenne, les enquêteurs de l'État requérant peuvent accéder, sur autorisation du magistrat saisi de la procédure et pour une durée limitée, aux données, informations et contenus de communications qu'il désigne.

• **VIII.** – Pour la mise au clair des données chiffrées, sur autorisation du magistrat saisi de la procédure, le service mentionné à l'article 230-2 accède aux données et contenus de communications chiffrés et, le cas échéant, aux données et informations utiles au déchiffrement que lui désigne l'officier de police judiciaire, l'agent des douanes ou des services fiscaux habilité à effectuer des enquêtes judiciaires.

• **IX.** – Pour l'exercice de leurs attributions, dont la résolution des difficultés techniques rencontrées par les personnes mentionnées aux I, II, III, IV et V, les magistrats, fonctionnaires, militaires de la gendarmerie nationale et agents du ministère de la justice chargés du fonctionnement, de la maintenance et de l'entretien de la plate-forme nationale des interceptions judiciaires, individuellement désignés par le secrétaire général du ministère de la justice, accèdent pour une durée limitée aux données, informations et contenus de communications enregistrés dans le traitement, sur autorisation expresse du magistrat saisi de la procédure.

• **X.** – A des fins de contrôle préalable au paiement des réquisitions adressées via la plateforme par les personnes mentionnées aux I, II, III, IV et V, les agents de l'Agence nationale des techniques d'enquêtes numériques judiciaires, chargés du suivi des frais de justice et des mémoires de frais, individuellement désignés par le secrétaire général du ministère de la justice, accèdent aux identités et coordonnées des utilisateurs ayant formulé des demandes de prestations depuis la plateforme.

• **XI.** – Les personnes auxquelles peuvent être confiées par contrat les prestations détachables des finalités judiciaires du traitement ne peuvent avoir accès aux données, informations et contenus de communications enregistrés par le traitement, sauf en cas de difficultés techniques exceptionnelles. Dans cette hypothèse, un accès ponctuel, limité à la durée nécessaire à la résolution de ces difficultés, leur est délivré, sur autorisation expresse du directeur de l'Agence nationale des techniques d'enquêtes numériques judiciaires ou d'une personne désignée par lui, après autorisation du magistrat saisi de la procédure.

• **XII.** – En cas d'impossibilité absolue d'identifier le magistrat saisi de la procédure sans accéder aux données, informations et contenus de communications enregistrés dans le traitement, l'autorisation d'accès à l'une des personnes requérantes mentionnées aux I, II et III du présent article est délivrée par le directeur de l'Agence nationale des techniques d'enquêtes numériques judiciaires ou par un magistrat affecté au sein de celle-ci. Le magistrat saisi de la procédure concernée en est ensuite informé sans délai par l'accédant. La personnalité qualifiée mentionnée à l'article R. 40-53 est également informée sans délai par le directeur de l'agence précitée de l'autorisation qu'il a ainsi délivrée.

Article R. 40-48. – Identité et qualité des interprètes-traducteurs – *(Décret n° 2014-1162 du 9 octobre 2014)*

• Dans le cadre de l'exercice des missions qui leur sont confiées, les données et informations relatives à l'identité et à la qualité des interprètes-traducteurs sont conservées par le traitement.

Article R. 40-49. – Scellés – Conservation – *(Décret n° 2021-1469 du 9 novembre 2021)*

• Les données et informations mentionnées aux 1°, 2°, 4° et 5° de l'article R. 40-46, à l'issue des investigations mises en œuvre en application des articles R. 40-43-1 et R. 40-43-2, sont placées sous scellés et conservées au sein du traitement jusqu'à expiration du délai de prescription de l'action publique. Elles ne sont accessibles qu'au magistrat en charge de la procédure et aux personnels qu'il a autorisés à y accéder.

• Les données mentionnées au 3° du même article ainsi que les informations relatives à la reconnaissance vocale du locuteur sont conservées dans les mêmes conditions lorsqu'elles sont utiles à la manifestation de la vérité. À défaut, elles sont effacées au moment de la clôture des opérations requises.

Article R. 40-50. – Opération relative au traitement – *(Décret n° 2021-1469 du 9 novembre 2021)*

• Toute opération relative au traitement fait l'objet d'un enregistrement comprenant l'identification de l'utilisateur, la date, l'heure et la nature de l'action. Ces informations sont conservées pendant une durée de 3 ans.

Article R. 40-51. – Mise en œuvre – *(Décret n° 2021-1469 du 9 novembre 2021)*

• La plate-forme nationale des interceptions judiciaires est mise en œuvre par un service à compétence nationale relevant du garde des sceaux, ministre de la justice, dénommé : « Agence nationale des techniques d'enquêtes numériques judiciaires ». Ce service dirigé par un magistrat de l'ordre judiciaire est rattaché au secrétaire général du ministère de la justice.

• La constitution et la conservation des données et informations placées sous scellés au sein du traitement relèvent de l'Agence nationale des techniques d'enquêtes numériques judiciaires. Les demandes tendant à l'établissement et à la délivrance des reproductions de ces scellés sont transmises par le magistrat ou le greffier au directeur de l'agence ou à la personne désignée par lui.

Article R. 40-52. – Habilitations – *(Décret n° 2019-1271 du 2 décembre 2019)*

• Les magistrats, fonctionnaires et agents de ce ministère chargés du fonctionnement, de la maintenance et de l'entretien de la plate-forme nationale des interceptions judiciaires ainsi que les personnes auxquelles peuvent être confiées par contrat les prestations détachables des finalités judiciaires du traitement sont habilités au niveau Secret. Ils sont soumis au secret professionnel dans les conditions et sous les peines prévues à l'article 226-13 du Code pénal.

Article R. 40-53. – Contrôle – *(Décret n° 2021-1469 du 9 novembre 2021)*

• La plate-forme nationale des interceptions judiciaires est placée sous le contrôle d'une personnalité qualifiée, désignée pour une durée de 5 ans non renouvelable par arrêté du garde des sceaux, ministre de la justice, et assistée par un comité composé de 5 membres.

• L'Agence nationale des techniques d'enquêtes numériques judiciaires, lui adresse, sur sa demande, toutes informations relatives au traitement.

• Cette personnalité peut ordonner toutes mesures nécessaires à l'exercice de son contrôle. Cette personnalité et les membres du comité de contrôle disposent d'un accès permanent aux lieux où se trouve la plate-forme nationale des interceptions judiciaires.

• Elle établit un rapport annuel qu'elle adresse au garde des sceaux, ministre de la justice.

• Les pouvoirs qui lui sont confiés s'exercent sans préjudice du contrôle exercé par la Commission nationale de l'informatique et des libertés en application des dispositions et selon les modalités prévues par les articles 19 et 108 de la loi n° 78-17 du 6 janvier 1978 relative à l'informatique, aux fichiers et aux libertés.

Article R. 40-54. – Composition du comité – *(Décret n° 2014-1162 du 9 octobre 2014)*

• Le comité mentionné à l'article précédent comprend :

• *a)* Un sénateur et un député respectivement choisis par le président du Sénat, après chaque renouvellement partiel du Sénat, et par le président de l'Assemblée nationale, pour la durée de la législature, sur proposition de la commission compétente de chaque assemblée ;

• *b)* Un magistrat du siège honoraire de la Cour de cassation, désigné pour une durée de 5 ans non renouvelable par arrêté du garde des sceaux, ministre de la justice;

• *c)* Une personnalité qualifiée, désignée pour une durée de 5 ans non renouvelable par arrêté du garde des sceaux, ministre de la justice, sur proposition du ministre chargé des communications électroniques;

• *d)* Une personnalité qualifiée, désignée pour une durée de 5 ans non renouvelable par arrêté du garde des sceaux, ministre de la justice, sur proposition du ministre de l'intérieur.

Article R. 40-55. – Droits d'accès, de rectification ou d'effacement – *(Décret n° 2021-1469 du 9 novembre 2021)*

• Conformément aux dispositions de l'article 111 de la loi n° 78-17 du 6 janvier 1978 modifiée relative à l'informatique, aux fichiers et aux libertés, l'accès aux données mentionnées à l'article R. 40-46 et les conditions de leur rectification ou de leur effacement sont régies par les dispositions relatives à l'accès au dossier de la procédure pénale figurant dans le Code de procédure pénale.

• S'agissant des personnes mentionnées à l'article R. 40-47, les droits précités s'exercent sans restriction directement auprès du chef de service, directeur de l'Agence nationale des techniques d'enquêtes numériques judiciaires.

Article R. 40-56. – Droit d'opposition – *(Décret n° 2021-1469 du 9 novembre 2021)*

• Le droit d'opposition ne s'applique pas au présent traitement.

LIVRE II

DES JURIDICTIONS DE JUGEMENT

TITRE Ier

DE LA COUR D'ASSISES

CHAPITRE Ier

Néant

CHAPITRE II

De la tenue des assises

Article R. 41. – Siège des cours d'assises – *(Décret n° 2022-462 du 31 mars 2022)*
• Le siège des cours d'assises énumérées ci-dessous est exceptionnellement fixé dans une ville autre que le chef-lieu de la cour d'appel s'il en existe une ou dans le cas contraire autre que le chef-lieu du département.

Cour d'assises

DÉPARTEMENTS	SIÈGES
Charente-Maritime	Saintes
Manche	Coutances
Pas-de-Calais	Saint-Omer
Saône-et-Loire	Chalon-sur-Saône
Var	Draguignan

CHAPITRE III

De la composition de la cour d'assises
(Abrogé)

Articles R. 41-1 et R. 41-1-A. – *(Abrogés – Décret n° 2004-1021 du 27 septembre 2004)*

TITRE II

DU JUGEMENT DES DÉLITS

CHAPITRE Ier

Du tribunal correctionnel

Section V

Du jugement

Article R. 41-2. – Décision de renvoi – *(Décret n° 2005-1099 du 2 septembre 2005)*

• Dans le cas prévu par l'alinéa 2 de l'article 470-1, la décision de renvoi de la juridiction pénale désigne la juridiction civile compétente et précise l'identité des tiers responsables qui paraissent devoir être mis en cause.

• Une copie de la décision de renvoi et le dossier de l'affaire sont aussitôt transmis par le secrétariat-greffe à la juridiction désignée.

Section VII

De la procédure simplifiée

Article R. 41-3. – Notification ordonnance pénale – *(Décret n° 2005-1099 du 2 septembre 2005)*

• Dès que le ministère public décide de poursuivre l'exécution de l'ordonnance pénale, le greffier en chef de la juridiction notifie l'ordonnance pénale au prévenu par une lettre recommandée avec demande d'avis de réception qui comporte les mentions prévues à l'article 495-3.

• Cette lettre indique les délais et modalités d'opposition fixés aux troisième et cinquième alinéas de l'article 495-3 et à l'article R. 41-8 ainsi que, en cas de condamnation à une peine d'amende, les délais et modalités de paiement de l'amende.

• Sauf si ces précisions figurent dans l'ordonnance pénale, cette lettre indique qu'en cas de paiement volontaire de l'amende, du droit fixe de procédure et, s'il y a lieu, de la majoration de l'amende, dans le délai d'un mois à compter de la date d'envoi, le montant des sommes dues sera diminué de vingt pour cent.

• Ces informations sont également communiquées au prévenu lorsque l'ordonnance pénale lui est notifiée par le procureur de la République ou son délégué.

Article R. 41-3-1. – Notification pénale à la partie civile – *(Décret n° 2013-1097 du 2 décembre 2013)*

• En application de l'article 495-3-1, le greffier en chef notifie l'ordonnance pénale à la partie civile par lettre recommandée avec demande d'avis de réception qui précise les délais et modalités d'opposition aux dispositions civiles de l'ordonnance fixés à l'article 495-3-1 et à l'article R. 41-8.

• Ces informations sont également communiquées à la partie civile lorsque l'ordonnance pénale est notifiée par le procureur de la République ou son délégué.

Article R. 41-4. – Délai d'opposition – *(Décret n° 2005-1099 du 2 septembre 2005)*

• Le délai d'opposition de quarante-cinq jours court à compter de la date d'envoi de la lettre recommandée, sous réserve des dispositions du cinquième alinéa de l'article 495-3.

• En cas de notification par le procureur de la République ou son délégué, ce délai court à compter de cette notification.

Article R. 41-5. – Vérification extraits des ordonnances pénales – *(Décret n° 2014-551 du 27 mai 2014)*

• Le ministère public vérifie les extraits des ordonnances pénales. Lorsqu'une peine d'amende a été prononcée, l'ordonnance fait l'objet d'un relevé de condamnation pénale adressé par le greffier en chef au comptable de la direction générale des finances publiques conformément aux dispositions de l'article R. 55-5.

Article R. 41-6. – Acquittement de l'amende – *(Décret n° 2014-551 du 27 mai 2014)*
• Dans les quarante-cinq jours de la date d'envoi de la lettre recommandée, le prévenu doit acquitter l'amende, le droit fixe de procédure et, s'il y a lieu, la majoration de l'amende, en versant leur montant entre les mains du comptable de la direction générale des finances publiques, à moins qu'il ne fasse opposition.
• En cas de notification par le procureur de la République ou son délégué, ce délai court à compter de cette notification.
• Dans tous les cas, le prévenu doit, à l'appui du paiement, indiquer au comptable de la direction générale des finances publiques les références portées sur l'ordonnance.

Article R. 41-7. – Droit fixe de procédure – *(Décret n° 2005-1099 du 2 septembre 2005)*
• Si plusieurs délits et contraventions donnent lieu à une seule ordonnance, le prévenu acquitte une seule fois le droit fixe de procédure.

Article R. 41-8. – Opposition – *(Décret n° 2013-1097 du 2 décembre 2013)*
• L'opposition faite par le prévenu, dans le délai prévu soit au troisième soit au cinquième alinéa de l'article 495-3, est formée :
• 1° Soit par lettre adressée au greffier en chef du tribunal qui a rendu la décision. La lettre doit être expédiée dans le délai prescrit, le cachet de la poste faisant foi ;
• 2° Soit par une déclaration faite au greffier en chef, enregistrée et signée par celui-ci et par le prévenu lui-même ou par un avocat ou un fondé de pouvoir spécial. Le pouvoir est annexé à l'acte dressé par le greffier en chef.
• Dans les deux cas, le prévenu doit, à l'appui de l'opposition, remettre ou adresser la lettre de notification au greffier en chef ou lui faire connaître les références portées sur celle-ci. Les déclarations d'opposition sont inscrites sur un registre.
• En cas de notification par le procureur de la République ou son délégué, l'opposition peut être faite devant lui à l'issue de cette notification, par une mention portée sur l'imprimé de notification de l'ordonnance, signée par le procureur ou son délégué et par le prévenu. Le procureur ou son délégué en avise sans délai le greffier en chef.
• Les dispositions du présent article sont également applicables en cas d'opposition formée par la partie civile.

Article R. 41-9. – Expiration du délai d'opposition – *(Décret n° 2014-551 du 27 mai 2014)*
• À l'expiration du délai d'opposition, le greffier en chef donne avis au comptable de la direction générale des finances publiques des oppositions reçues et de l'annulation des extraits correspondants.
• En cas d'opposition, le greffier en chef avise sans délai le procureur de la République.

Article R. 41-10. – Comptable de la direction générale des finances publiques – *(Décret n° 2014-551 du 27 mai 2014)*
• Le comptable de la direction générale des finances publiques procède au recouvrement de l'ordonnance pénale à l'expiration du délai de quarante-cinq jours à compter de la date d'envoi de la lettre recommandée prévue aux articles 495-3 et R. 41-3 ou de la notification par le procureur de la République ou son délégué prévue par ces mêmes articles, à moins qu'il ne soit fait opposition.

Article R. 41-11. – Compétence du tribunal de police – *(Décret n° 2022-889 du 14 juin 2022)*
• En application de l'article 523, le tribunal de police ne peut être constitué par un magistrat exerçant à titre temporaire ou un magistrat honoraire exerçant des fonctions juridictionnelles pour le jugement des contraventions suivantes :
• 1° Diffamation non publique prévue par l'article R. 621-1 du Code pénal ;
• 2° Injure non publique prévue par l'article R. 621-2 du Code pénal ;
• 3° Provocation non publique présentant un caractère raciste ou discriminatoire prévue par l'article R. 625-7 du Code pénal ;
• 4° Diffamation non publique présentant un caractère raciste ou discriminatoire prévue par l'article R. 625-8 du Code pénal ;
• 5° Injure non publique présentant un caractère raciste ou discriminatoire prévue par l'article R. 625-8-1 du Code pénal.

TITRE III
DU JUGEMENT DES CONTRAVENTIONS

CHAPITRE Ier

Néant

CHAPITRE II

Procédure simplifiée

Article R. 42. – Ordonnance pénale – *(Décret n° 2014-551 du 27 mai 2014)*

• À l'expiration du délai d'opposition ouvert au ministère public, le chef du greffe de la juridiction notifie l'ordonnance pénale au prévenu par une lettre recommandée avec demande d'avis de réception qui comporte les mentions prévues à l'article 526 et indique les délais et modalités de paiement et d'opposition fixés aux articles R. 43 à R. 46.

• Sauf si ces précisions figurent dans l'ordonnance pénale, cette lettre indique qu'en cas de paiement volontaire de l'amende, du droit fixe de procédure et, s'il y a lieu, de la majoration de l'amende, dans le délai d'un mois à compter de sa date d'envoi, le montant des sommes dues sera diminué de vingt pour cent.

• Les magistrats ou officiers du ministère public vérifient les extraits d'ordonnances pénales. Lorsqu'une peine d'amende a été prononcée, l'ordonnance fait l'objet d'un relevé de condamnation pénale adressé par le greffier en chef au comptable de la direction générale des finances publiques conformément aux dispositions de l'article R. 55-5.

Article R. 43. – Paiement amende – *(Décret n° 2014-551 du 27 mai 2014)*

• Dans les trente jours de la date d'envoi de la lettre recommandée, le prévenu doit acquitter l'amende et le droit fixe de procédure en versant leur montant entre les mains du comptable de la direction générale des finances publiques, à moins qu'il ne fasse opposition.

• Dans tous les cas, le prévenu doit, à l'appui du paiement, indiquer au comptable de la direction générale des finances publiques les références portées sur la lettre de notification.

Article R. 44. – Droit fixe de procédure – *(Décret n° 95-457 du 26 avril 1995)*

• Deux contraventions ou plus peuvent donner lieu à une seule ordonnance ; dans ce cas, le prévenu acquitte une seule fois le droit fixe de procédure.

Article R. 45. – Opposition – *(Décret n° 95-457 du 26 avril 1995)*

• L'opposition faite par le prévenu, dans les délais prévus soit au troisième soit au cinquième alinéa de l'article 527, doit être formée :

• – soit par lettre adressée au chef du greffe du tribunal qui a rendu la décision attaquée. La lettre doit être expédiée dans le délai prescrit, le cachet de la poste faisant foi ;

• – soit par une déclaration verbale faite au chef du greffe, enregistrée et signée par celui-ci et par le prévenu lui-même ou par un avocat ou un fondé de pouvoir spécial. Le pouvoir est annexé à l'acte dressé par le chef du greffe.

• Dans les deux cas, le prévenu doit, à l'appui de l'opposition, remettre ou adresser au chef du greffe la lettre de notification ou lui faire connaître les références portées sur celle-ci.

• Les déclarations d'opposition sont inscrites sur un registre.

Article R. 46. – Transmission des pièces de procédure – *(Décret n° 95-457 du 26 avril 1995)*

• En cas d'opposition formée par le prévenu, le chef du greffe avise sans délai le procureur de la République ou l'officier du ministère public, et lui transmet les pièces de la procédure.

Article R. 47. – Chef du greffe – *(Décret n° 2014-551 du 27 mai 2014)*

• À l'expiration du délai d'opposition, le chef du greffe donne avis au comptable de la direction générale des finances publiques des oppositions reçues et de l'annulation des extraits correspondants.

Article R. 48. – Recouvrement de l'ordonnance pénale – *(Décret n° 2014-551 du 27 mai 2014)*

• Le comptable de la direction générale des finances publiques procède au recouvrement de l'ordonnance pénale à l'expiration du délai de trente jours à compter de la date d'envoi de la lettre recommandée prévue à l'article R. 42, à moins qu'il ne soit fait opposition.

CHAPITRE II *bis*

Amende forfaitaire et amende forfaitaire majorée

Article R. 48-1. – Amende forfaitaire et amende forfaitaire majorée – *(Décret n° 2023-336 du 3 mai 2023)*

• **I.** – Les contraventions des 4 premières classes pour lesquelles l'action publique est éteinte par le paiement d'une amende forfaitaire sont les suivantes :

• 1° Contraventions réprimées par le Code de la route qu'elles entraînent ou non un retrait des points affectés au permis de conduire sous réserve des dispositions de l'article R. 49-8-5 relatives à l'amende forfaitaire minorée ;

• 2° Contraventions en matière de transport et de circulation réprimées par les 1re, 3e et 4e parties du Code des transports, à l'exception des articles R. 3315-4 et R. 3315-5, et réprimées par :

• *a)* Les articles R. 211-14 et R. 211-21-5 du Code des assurances relatifs à l'assurance obligatoire des véhicules terrestres à moteur et de leurs remorques et semi-remorques ;

• *b)* Le 1er alinéa de l'article R. 2241-19 du Code des transports ;

• *c)* L'article 5 du décret n° 2008-1455 du 30 décembre 2008 relatif à la déclaration et à l'identification de certains engins motorisés non autorisés à circuler sur la voie publique ;

• *d)* L'article 9 du décret n° 2012-280 du 28 février 2012 relatif au label « autopartage » ;

• 3° Contraventions en matière de protection de l'environnement réprimées par :

• *a)* Les articles R. 632-1 et R. 634-2 du Code pénal relatif à l'abandon d'ordures, déchets, matériaux et autres objets ;

• *b)* Les articles R. 331-63 à R. 331-66 du Code de l'environnement relatifs aux cœurs de parcs nationaux et les articles R332-69 à R332-72 du même code relatifs aux réserves naturelles ;

• *c)* L'article R. 163-2 et le 2d alinéa de l'article R. 163-3 du Code forestier relatif à la défense des forêts contre l'incendie ; les articles R. 163-4 et R. 163-5 du même code relatifs aux prélèvements de produits de la forêt sans autorisation du propriétaire, à l'exception du prélèvement d'un volume compris entre 5 et 10 litres lorsqu'il est le fait d'un concessionnaire de pâturage ou de son préposé sur le terrain concédé ; le 1er alinéa de l'article R. 163-6 du même code relatif à la circulation de véhicules ou d'animaux sur des voies non autorisées ; l'article R. 251-1 du même code relatif à l'exercice d'activités réglementées en méconnaissance des dispositions de l'arrêté d'aménagement prévu à l'article L. 212-2 ; l'article R. 261-5 du même code relatif à l'enlèvement de bois par un acheteur en dehors des périodes autorisées ; les articles R. 261-10, R. 261-13, R. 261-14, R. 275-11 et R. 275-12 du même code relatifs à l'introduction d'animaux en infraction aux concessions de pâturage ou aux règles d'exercice du droit d'usage ;

• *d)* L'article 10 *(2e alinéa)* du décret n° 2000-1302 du 26 décembre 2000 relatif aux mesures de protection de l'environnement contre les émissions polluantes des moteurs à allumage par compression destinés à équiper les engins mobiles non routiers ;

• *e)* L'article L. 322-10-2 du Code de l'environnement relatif aux contraventions constatées par la garderie du domaine du Conservatoire de l'espace littoral et des rivages lacustres et les agents visés à l'article L. 332-20 du même code ;

• *f)* Les dispositions du chapitre VIII et de la section 4 du chapitre IX du titre II du livre IV du Code de l'environnement *(partie réglementaire)*, relatives au droit de chasse ;

• *g)* Le titre Ier du livre II et le titre III du livre IV du Code de l'environnement *(partie réglementaire)*, relatifs au droit de l'eau et des milieux aquatiques et de la pêche en eau douce et de la gestion des ressources piscicoles ;

• *h)* Les articles R. 541-78, R. 541-79 et R. 541-83 du Code de l'environnement relatifs à la gestion des déchets.

• 4° Contraventions réprimées par les dispositions suivantes du Code rural et de la pêche maritime :

• *a)* Le 3° du II de l'article R. 201-45 relatif à la prévention, à la surveillance et à la lutte contre les dangers sanitaires concernant les animaux et les végétaux ;

• *b)* Le II de l'article R. 205-6 relatif à la sanction de l'inexécution des injonctions de l'administration ;

• *c)* L'article R. 215-2, les 1° et 5° de l'article R. 215-5, les 1°, 6° 8° et 9° du I et le II de l'article R. 215-5-1, l'article R. 215-6, l'article R. 215-7, les 7° et 9° du II et le III de l'article R. 215-8, les c et d du 1° du I, les a et d du 2° du I et le II de l'article R. 215-10, les f, h et j du 1° du I de l'article R. 215-11, les 1° et 3° du I de l'article R. 215-12, les 4° et 5° du I et le II de l'article R. 215-13, les 1° à 8° et 10° à 12° du I de l'article R. 215-14 et les 1° à 4° et 7° de l'article R. 215-15 relatifs à la garde et la circulation des animaux et des produits animaux ;

• *d)* Le I, les a et c du 2° du II et le a du 4° du II de l'article R. 228-8 et l'article R. 228-12 relatifs aux mesures de prévention, de surveillance et de lutte contre les dangers zoosanitaires ;

• *e)* Les 1° et 3° de l'article R. 237-3, le 2° de l'article R. 237-5, l'article R. 237-6 et le 2° de l'article R. 237-7 relatifs à la qualité nutritionnelle et à la sécurité sanitaire des aliments ;

• *f)* Le III de l'article R. 253-54-1 relatif à la mise sur le marché et l'utilisation des produits phytopharmaceutiques ;

• *g)* Les 1° à 3° du II de l'article R. 254-30, le II de l'article R. 254-30-1 et le 2° de l'article R. 254-30-2 relatifs à la mise en vente, la vente, la distribution à titre gratuit, l'application et le conseil à l'utilisation des produits phytopharmaceutiques ;

• *h)* Le II de l'article R. 256-32 relatif au contrôle périodique obligatoire des matériels destinés à l'application de produits phytopharmaceutiques ;

• *i)* Le 3° de l'article R. 257-3 relatif au contrôle de la production primaire des denrées alimentaires et des produits destinés à l'alimentation animale ou des aliments pour animaux d'origine végétale ;

• 5° Contraventions réprimées par le Code des postes et des communications électroniques prévues par les articles R. 10-2, R. 10-4 et R. 10-9 ;

• 6° Contraventions réprimées par le Code de la santé publique prévues aux articles R. 3515-2 à R. 3515-8 ;

• Contraventions en matière d'offre de boissons alcooliques prévues et réprimées par les articles R. 3351-2, R. 3353-5-1 et R. 3353-7 du Code de la santé publique ;

• Contraventions en matière de collecte et de destruction de médicaments à usage humain non utilisés réprimées par les articles R. 4212-1 et R. 4212-2 du Code de la santé publique ;

• Contraventions en matière de gestion des déchets d'activités de soins à risques infectieux perforants produits par les patients en autotraitement réprimées par les articles R. 1337-16 et R. 1337-17 du Code de la santé publique ;

• Contraventions en matière de lutte contre les espèces végétales et animales nuisibles à la santé humaine, réprimées par l'article R. 1338-10 du Code de la santé publique.

• Contraventions de la 4e classe réprimées par la 1re phrase du 3e alinéa de l'article L. 3136-1 du Code de la santé publique.

• 7° Contraventions réprimées par l'article R. 622-2 du Code pénal relatif à la divagation d'animaux dangereux ;

• 8° Contraventions réprimées par les articles R. 331-17-2 *(3e alinéa)* et R. 331-45 *(3e et 4e alinéas)* et R. 331-45-1 *(2e alinéa)* du Code du sport ;

• 9° Contraventions en matière de bruit :

• *a)* Contraventions réprimées par l'article R. 623-2 du Code pénal relatif aux bruits ou tapages injurieux ou nocturnes troublant la tranquillité d'autrui ;

• *b)* Contraventions réprimées par les articles R. 1337-7 et R. 1337-9 du Code de la santé publique relatifs au fait d'être à l'origine d'un bruit particulier, autre que ceux relevant de l'article R. 1337-6, de nature à porter atteinte à la tranquillité du voisinage ou à la santé de l'homme dans les conditions prévues à l'article R. 1334-31, ou au fait d'en faciliter sciemment, par aide ou assistance, la préparation ou la consommation.

• *c)* L'article R. 215-2, les 1° et 5° de l'article R. 215-5, les 1°, 6° 8° et 9° du I et le II de l'article R. 215-5-1, l'article R. 215-6, l'article R. 215-7, les 7° et 9° du II et le III de l'article R. 215-8, les c et d du 1° du I, les a et d du 2° du I et le II de l'article R. 215-10, les f, h et j du 1° du I de l'article R. 215-11, les 1° et 3° du I de l'article R. 215-12, les 4° et 5° du I et le II de l'article R. 215-13, les 1° à 8° et 10° à 12° du I de l'article R. 215-14 et les 1° à 4° et 7° de l'article R. 215-15 relatifs à la garde et la circulation des animaux et des produits animaux ;

• 10° Contraventions en matière d'armes réprimées par le chapitre VII du titre Ier du livre III de la partie réglementaire du Code de la sécurité intérieure ;

• 11° Contraventions réprimées par les articles R. 271-3 à R. 271-6 du Code de l'environnement de Saint-Barthélemy ;

• 12° Contraventions en matière de précurseurs d'explosifs réprimées par les articles R. 2353-20 et R. 2353-21 du Code de la défense ;

• 13° Contraventions réprimées par l'article R. 644-4 du Code pénal relatif à la participation à une manifestation interdite sur la voie publique;

• 14° Contraventions en matière d'aéronefs circulant sans équipage à bord réprimées par les articles R. 151-2 et R. 151-3-1 du Code de l'aviation civile;

• 15° Contraventions réprimées par l'article R. 644-3 du Code pénal relatif à l'acquisition de produits du tabac manufacturé vendus à la sauvette;

• 16° Contraventions réprimées par l'article R. 20-29-7 du Code des postes et des communications électroniques;

• 17° Contraventions réprimées par les articles R. 644-2 et R. 644-2-1 du Code pénal relatifs aux entraves à la libre circulation sur la voie publique;

• 18° Contraventions réprimées par les articles R. 644-5 et R. 644-5-1 du Code pénal relatifs à la violation de certaines mesures de police;

• 19° Contravention réprimée par l'article R. 644-6 du Code pénal relatif à l'atteinte à certains équipements de secours;

• 20° Contravention réprimée par l'article R. 151-10 du Code de l'aviation civile.

• **II.** – Les contraventions de la 5e classe pour lesquelles l'action publique est éteinte par le paiement d'une amende forfaitaire sont les suivantes:

• 1° Contraventions réprimées par les 1re et dernière phrases du 3e alinéa de l'article L. 3136-1 du Code de la santé publique.

• 2° Contravention d'outrage sexiste et sexuel réprimée par l'article R. 625-8-3 du Code pénal.

J • **Amende pénale – Amende forfaitaire majorée.** – *La mise en recouvrement des amendes forfaitaires majorées est effectuée dans les conditions et selon les modalités prévues par les articles R. 49-5 et R. 49-6 du Code de procédure pénale.*

• *La procédure spécifique au recouvrement des amendes forfaitaires majorées n'impose pas l'envoi au redevable d'un avertissement préalable d'avoir à payer l'amende.* (Cass. CIV. du 7 novembre 2002 – BCC n° 573 du 15 mars 2003).

Article R. 49. – Montant de l'amende forfaitaire – *(Décret n° 2020-357 du 28 mars 2020)*

• Le montant de l'amende forfaitaire prévue par l'article 529 est fixé ainsi qu'il suit:

• 1° 4 € pour les contraventions aux dispositions du Code de la route commises par les piétons;

• 2° 11 € pour les autres contraventions de la 1re classe;

• 3° 35 € pour les contraventions de la 2e classe;

• 4° 68 € pour les contraventions de la 3e classe;

• 5° 135 € pour les contraventions de la 4e classe;

• 6° 200 € pour les contraventions de la 5e classe.

Article R. 49-1. – Avis de contravention et carte de paiement – *(Décret n° 2010-671 du 18 juin 2010)*

• **I.** – Un avis de contravention et une carte de paiement, dont le modèle est fixé par arrêté du garde des sceaux, ministre de la justice, sont remis au contrevenant au moment de la constatation de l'infraction. L'avis mentionne le délai et les modalités de la requête prévue par le premier alinéa de l'article 529-2, le montant de l'amende forfaitaire ainsi que celui de l'amende forfaitaire majorée qui sera due à défaut de paiement ou de présentation d'une requête.

• Lorsque les documents mentionnés à l'alinéa 1er ne peuvent être remis au contrevenant, ils sont adressés à son domicile. Toutefois, s'il s'agit d'une contravention au Code de la route ou de celle qui est prévue à l'article R. 211-21-5 du Code des assurances, ces documents sont laissés sur le véhicule ou, en cas d'impossibilité, envoyés au titulaire du certificat d'immatriculation.

• Lorsque l'infraction est constatée par l'agent verbalisateur dans des conditions ne permettant pas l'édition immédiate de ces documents, l'avis de contravention et la carte de paiement peuvent également être envoyés au contrevenant ou au titulaire du certificat d'immatriculation.

• **II.** – Sans préjudice de l'article R. 249-9, le procès-verbal peut être dressé au moyen d'un appareil sécurisé dont les caractéristiques sont fixées par arrêté du garde des sceaux, ministre de la justice, permettant le recours à une signature manuscrite conservée sous forme numérique.

V • Code de procédure pénale – art. 529 et s – Dispositions applicables à certaines contraventions.

Article R. 49-2. – Paiement de l'amende immédiat – *(Décret n° 2018-795 du 17 septembre 2018)*

• Le montant de l'amende peut être acquitté immédiatement entre les mains de l'agent verbalisateur selon des modalités précisées par arrêté du ministre chargé du budget, du ministre de la justice et du ministre de l'intérieur:

• 1° Soit lorsque cet agent est porteur d'un carnet de quittances à souches; le paiement donne alors lieu à la délivrance immédiate d'une quittance extraite de ce carnet à souches;

• 2° Soit lorsque cet agent est muni d'un dispositif permettant d'adresser au contrevenant une quittance dématérialisée ; sauf en cas de paiement en espèces, cette quittance n'est adressée au contrevenant que s'il en fait la demande.

V • Code de procédure pénale – art. 529 et s. – Dispositions applicables à certaines contraventions.

Article R. 49-3. – Paiement ultérieur – *(Décret n° 2020-357 du 28 mars 2020)*

• Le paiement de l'amende forfaitaire due pour les avis de contraventions dressés au moyen du formulaire décrit à l'article A. 37-1 et non acquittée immédiatement entre les mains de l'agent verbalisateur est effectué par l'envoi soit au service indiqué sur la carte de paiement jointe à l'avis de contravention, soit au comptable de la direction générale des finances publiques, d'une carte de paiement dûment remplie sur laquelle est apposé un timbre amende dont l'émission, le modèle et les modalités de délivrance sont fixés par arrêté du ministre chargé du budget ou d'un chèque joint à cette carte. Le paiement par timbre amende n'est pas applicable pour les contraventions de la 5e classe.

• Lorsque l'avis de contravention a été constaté à l'aide d'un système de contrôle automatisé ou d'un appareil électronique sécurisé permettant la réalisation d'un procès-verbal dématérialisé, le paiement de l'amende forfaitaire qui n'est pas acquittée immédiatement entre les mains de l'agent verbalisateur est effectué soit par timbre dématérialisé, soit par télépaiement automatisé, soit par envoi au comptable de la direction générale des finances publiques d'un chèque joint à la carte de paiement, soit par virement bancaire international. Un arrêté des ministres de la justice, chargé du budget et de l'intérieur fixe les modalités de ces paiements.

• Un arrêté du ministre chargé du budget fixe les conditions dans lesquelles les amendes forfaitaires peuvent être acquittées au moyen d'un chèque libellé à l'ordre du Trésor public.

V • Code de procédure pénale – art. 529 et s. – Dispositions applicables à certaines contraventions.

Article R. 49-3-1. – Télépaiement automatisé ou timbre dématérialisé – *(Décret n° 2008-764 du 30 juillet 2008)*

• Le paiement de l'amende forfaitaire ou de l'amende forfaitaire majorée peut également intervenir dans un délai de quinze jours par télépaiement automatisé ou par timbre dématérialisé, à l'issue des délais prévus par les articles 529-1, 529-8, 529-9 et 530.

V • Code de procédure pénale – art. 529 et s. – Dispositions applicables à certaines contraventions.

Article R. 49-4. – Requête – *(Décret n° 86-1044 du 18 septembre 1986)*

• La requête présentée en application de l'article 529-2 est motivée et accompagnée de l'avis de contravention.

V • Code de procédure pénale – art. 529 et s. – Dispositions applicables à certaines contraventions.

Article R. 49-5. – Majoration – *(Décret n° 95-457 du 26 avril 1995)*

• La majoration de plein droit des amendes forfaitaires prévue par le deuxième alinéa de l'article 529-2 et le deuxième alinéa de l'article 529-5 est constatée par l'officier du ministère public qui la mentionne sur le titre exécutoire prévu par l'alinéa premier de l'article 530.

• Le titre exécutoire mentionne en annexe, pour chaque amende, l'identité et le domicile du contrevenant, le lieu et la date de la contravention et le montant de l'amende forfaitaire majorée.

• Le titre exécutoire, signé par l'officier du ministère public, est transmis au comptable principal du Trésor.

V • Code de procédure pénale – art. 529 et s. – Dispositions applicables à certaines contraventions.

J • **Amende forfaitaire. Amende forfaitaire majorée. État récapitulatif. Transmission. Modalités. Absence. Effet.** – *En l'absence de définition par l'article R. 49-5 du Code de procédure pénale des modalités de transmission au comptable direct du Trésor de l'état récapitulatif des amendes forfaitaires majorées, cet état peut être établi et transmis sur une bande magnétique sans qu'en soit affecté la validité du titre exécutoire constitué par le bordereau d'envoi signé par l'officier du ministère public* (Cass. CRIM. du 5 octobre 1994 – BCC n° 400/95).

Article R. 49-6. – Comptable de la direction générale des finances publiques – *(Décret n° 2014-551 du 27 mai 2014)*

• Le comptable de la direction générale des finances publiques adresse au contrevenant un extrait du titre exécutoire le concernant sous forme d'avis l'invitant à s'acquitter du montant de l'amende forfaitaire majorée. Cet avis contient, pour chaque amende, les mentions prévues par le deuxième alinéa de l'article R. 49-5 et indique le délai et les modalités de la réclamation prévue par les deuxième et troisième alinéas de l'article 530.

• Il indique qu'en cas de paiement volontaire de l'amende forfaitaire majorée dans le délai d'un mois à compter de sa date d'envoi, le montant des sommes dues sera diminué de 20 %.

V • Code de procédure pénale – art. 529 et s. – Dispositions applicables à certaines contraventions.

J • **Amende pénale – Amende forfaitaire majorée – Recouvrement – Opposition administrative – Validité – Conditions.** – *L'avis prévu à l'article R. 49-6 du Code de procédure pénale et à l'article 3, alinéa 2, du décret du 22 décembre 1964 ainsi que la mise en demeure prévue par l'article 3-1 dudit décret sont deux actes préalables nécessaires à la validité de l'opposition administrative délivrée par le comptable du Trésor pour le recouvrement de l'amende forfaitaire majorée* (C.A. Paris du 5 octobre 2000).

DÉCRET N° 64-1333 DU 22 DÉCEMBRE 1964

relatif au recouvrement des amendes et condamnations pécuniaires par les comptables directs du Trésor

Version consolidée au 1er janvier 2023

(Extraits)

Article 2. – Recouvrement – *(Décret n° 2014-551 du 27 mai 2014)*

• .../...

• ... 4° La mise en recouvrement des amendes forfaitaires majorées est effectuée dans les conditions et selon les modalités prévues par les articles R. 49-5, R. 49-6 et R. 49-6-1 du Code de procédure pénale.

Article 3. – Paiement des amendes – *(Décret n° 2014-551 du 27 mai 2014)*

• Sous réserve des dispositions relatives au fractionnement du paiement des amendes, les condamnations pécuniaires sont exigibles dès que la décision les prononçant est devenue exécutoire. Toutefois, le montant global des amendes prononcées sous la forme de jours-amende n'est exigible qu'à l'expiration du délai correspondant au nombre de jours amende prononcé.

• Dès réception du titre de recouvrement de l'amende forfaitaire majorée, de l'extrait d'ordonnance pénale, de jugement ou d'arrêt, le comptable de la direction générale des finances publiques, chargé du recouvrement, doit adresser au condamné et éventuellement aux autres débiteurs énumérés à l'article 109 du décret n° 2012-1246 du 7 novembre 2012 relatif à la gestion budgétaire et comptable publique des avertissements les invitant à se libérer.

Article 3-1. – Mise en demeure – *(Décret n° 2021-1221 du 23 septembre 2021)*

• Un mois au plus tard après la date d'exigibilité du montant des jours-amende ou après l'envoi de l'avertissement lorsque celui-ci est postérieur, le comptable de la direction générale des finances publiques met le débiteur qui ne s'est pas intégralement acquitté de sa dette en demeure de se libérer conformément aux dispositions de l'article 762 du Code de procédure pénale.

• Si le paiement total de la dette n'est pas intervenu dans les 5 jours de la mise en demeure de payer, le comptable de la direction générale des finances publiques informe de ses diligences le ministère public du lieu de condamnation en lui adressant toutes pièces justificatives utiles et en précisant, le cas échéant, le montant des paiements partiels.

Article R. 49-6-1. – Avis d'amende forfaitaire majorée – *(Décret n° 2014-551 du 27 mai 2014)*

• Lorsque l'avis d'amende forfaitaire majorée envoyé par lettre recommandée à l'adresse figurant sur le certificat d'immatriculation du véhicule, conformément aux dispositions du deuxième alinéa de l'article 530, est revenu avec la mention « n'habite plus à l'adresse indiquée » ou « parti sans laisser d'adresse », le comptable de la direction générale des finances publiques envoie au contrevenant une lettre de rappel s'il découvre sa nouvelle adresse avant l'expiration d'un délai d'un an à compter de la date d'envoi du recommandé.

• Si, avant l'expiration du délai de trois mois courant à compter de l'envoi de la lettre de rappel, le contrevenant déclare son changement d'adresse au service d'immatriculation des véhicules, il bénéficie du délai de quarante-cinq jours prévu par le deuxième alinéa de l'article 530, à partir de la date de sa déclaration, pour payer le montant de l'amende forfaitaire non majorée, conformément aux dispositions de cet alinéa. Si le changement d'adresse a été fait avant l'envoi de la lettre de rappel, le délai de quarante-cinq jours court à compter de cet envoi.

• Dans le cas où l'amende forfaitaire n'a pas été payée dans le délai imparti, le comptable engage la phase contentieuse du recouvrement de l'amende forfaitaire majorée.

• L'application des dispositions du présent article se fait sans préjudice de celles de l'article R. 322-7 du Code de la route réprimant le défaut de déclaration de changement de domicile dans le délai d'un mois auprès du service d'immatriculation des véhicules.

Article R. 49-6-2. – Montant de l'amende forfaitaire minorée – Contravention de 5e classe – *(Décret n° 2023-227 du 30 mars 2023)*

• Le montant de l'amende forfaitaire minorée prévue par l'article 529-2-1 est fixé à 150 € pour les contraventions de la 5e classe.

Article R. 49-7. – Montant de l'amende forfaitaire majorée – *(Décret n° 2020-357 du 28 mars 2020)*

• Le montant de l'amende forfaitaire majorée est fixé ainsi qu'il suit :

• 1° 7 € pour les contraventions aux dispositions du Code de la route commises par les piétons ;

• 2° 33 € pour les autres contraventions de la 1re classe ;

• 3° 75 € pour les contraventions de la 2e classe ;

• 4° 180 € pour les contraventions de la 3e classe ;

• 5° 375 € pour les contraventions de la 4e classe ;

• 6° 450 € pour les contraventions de la 5e classe.

V • Code de procédure pénale – art. 529 et s. – Dispositions applicables à certaines contraventions.

Article R. 49-8. – Réclamation recevable – *(Décret n° 2014-551 du 27 mai 2014)*

• L'officier du ministère public saisi d'une réclamation recevable informe sans délai le comptable de la direction générale des finances publiques de l'annulation du titre exécutoire en ce qui concerne l'amende contestée.

V • Code de procédure pénale – art. 529 et s. – Dispositions applicables à certaines contraventions.

CHAPITRE II *ter*

Dispositions applicables à certaines infractions à la police des services publics de transports terrestres

Article R. 49-8-1. – Agrément des agents – *(Décret n° 2007-1388 du 26 septembre 2007)*

• L'exploitant d'un service public de transport terrestre mentionné à l'article 529-3 qui entend faire agréer ses agents pour procéder aux relevés d'identité prévus au II de l'article 529-4, doit :

• **I.** – Assurer une formation de ses agents portant sur :

• – les contrôles, vérifications et relevés d'identité ;

• – les conditions de leur mise en œuvre ;

• – les personnes habilitées à y procéder.

• **II.** – Mettre en place les modalités d'une liaison permanente entre ses agents et les officiers de police judiciaire territorialement compétents, et doter ses agents de moyens de transmission leur permettant une communication immédiate avec ceux-ci.

Article R. 49-8-2. – Dossier formation – *(Décret n° 2000-1136 du 24 novembre 2000)*

• **I.** – L'exploitant d'un service public de transport terrestre soumet au représentant de l'État dans le département dans lequel il a son siège et à Paris, au préfet de police, un dossier décrivant les modalités de la formation et de l'organisation prévues à l'article R. 49-8-1.

• Ce dossier comprend les renseignements suivants :

• 1° La dénomination de l'organisme ou de la personne dispensant la formation ;

• 2° Le contenu et la durée de la formation ;

• 3° La description des modalités de la liaison permanente mentionnée au II de l'article R. 49-8-1 ;

• 4° L'inventaire et la description des moyens de transmission dont sont dotés les agents.

• **II.** – Le représentant de l'État dans le département et à Paris le préfet de police approuve par arrêté le contenu du dossier mentionné au I ci-dessus s'il estime que les dispositions qu'il prévoit garantissent le bon déroulement des relevés d'identité.

Article R. 49-8-3. – Procureur de la République – *(Décret n° 2019-966 du 18 septembre 2019)*

• **I.** – Le procureur de la République compétent pour délivrer l'agrément mentionné au 1er alinéa du II de l'article 529-4 est le procureur près le tribunal judiciaire dans le ressort duquel est situé le siège de l'exploitant.

• **II.** – Le procureur de la République se prononce au vu du dossier présenté par l'exploitant. Ce dossier comprend les renseignements suivants :

• 1° L'arrêté mentionné au II de l'article R. 49-8-2 ;

• 2° L'identité de l'agent concerné ;

• 3° La justification de la formation suivie par cet agent.

Article R. 49-8-4. – Justification de l'agrément – *(Décret n° 2000-1136 du 24 novembre 2000)*

• L'agent justifie en cas de besoin de l'agrément mentionné au premier alinéa du II de l'article 529-4.

Article R. 49-8-4-1. – Avis de paiement – *(Décret n° 2020-1494 du 30 novembre 2020)*

• **I.** – Pour l'application de l'article 529-6, un avis de paiement comportant une carte de paiement ainsi qu'une carte de protestation est adressé par l'exploitant au titulaire du certificat d'immatriculation.

• Pour les contraventions constatées à la suite de l'usage d'un dispositif de péage permettant l'identification des véhicules et la perception du montant du péage sans recours à une barrière physique, un seul avis de paiement est adressé pour un même trajet au sens de l'article R. 419-1 ou de l'article R. 419-2 du Code de la route, selon le cas.

• **II.** – Cet avis mentionne :

• 1° La date, l'heure et le lieu de la contravention, les faits constatés, le numéro d'immatriculation et la catégorie du véhicule ainsi que l'identification de l'agent assermenté de l'exploitant ayant constaté l'infraction ;

• 2° Le montant total des sommes dont le versement vaut réalisation de la transaction, en distinguant :

• *a)* Le montant de l'indemnité forfaitaire, qui est fixé à 90 € ;

• *b)* Le cas échéant, le montant de l'indemnité forfaitaire minorée, qui est fixé à 10 € ;

• *c)* Le montant de la somme due au titre du péage éludé ;

• *d)* Le cas échéant, le montant de la somme due au titre du droit départemental de passage prévu à l'article L. 321-11 du Code de l'environnement.

• *Pour les contraventions constatées à la suite de l'usage d'un dispositif de péage permettant l'identification des véhicules et la perception du montant du péage sans recours à une barrière physique, la date et l'heure de la contravention sont la date et l'heure auxquelles expirent les délais de paiement accordés par l'exploitant pour acquitter le montant du péage dû pour le trajet concerné. Le lieu de la contravention est la désignation du ou des dispositifs de péage franchis sur ce trajet et permettant l'identification des véhicules et la perception du montant du péage sans recours à une barrière physique.

• **III.** – L'avis de paiement reproduit les dispositions de l'article L. 121-2 du Code de la route et informe le contrevenant qu'il doit, dans le délai de 2 mois à compter de l'envoi de l'avis :

• 1° Soit s'acquitter des sommes mentionnées aux a, c et d du 2° du II, au moyen d'un chèque bancaire compensable en France joint à la carte de paiement et envoyé au service de l'exploitant dont l'adresse figure dans l'avis, ou par tout autre moyen de paiement qui y est mentionné ;

• 2° Soit formuler une protestation auprès de l'exploitant en utilisant la carte à cette fin.

• Pour une contravention constatée à la suite de l'usage d'un dispositif de péage permettant l'identification des véhicules et la perception du montant du péage sans recours à une barrière physique, l'avis de paiement informe le contrevenant qu'il peut, dans un délai de 15 jours à compter de l'envoi de l'avis, s'acquitter d'un montant comprenant, outre les sommes mentionnées au c et, le cas échéant, au d du 2° du II, l'indemnité forfaitaire minorée mentionnée au b du même 2° à la place de l'indemnité forfaitaire mentionnée au a.

• L'avis de paiement informe le contrevenant des conséquences du défaut de paiement ou de protestation dans le délai de 2 mois, mentionnées au dernier alinéa de l'article 529-6 du présent code et à l'article L. 419-1 du Code de la route.

• **IV.** – Le respect des délais de 2 mois et de 15 jours s'apprécie au regard de la date de télépaiement automatisé ou de paiement en ligne ou au regard de la date d'envoi du moyen de paiement ou de la protestation attestée par le cachet de l'opérateur postal.

• **V.** – Un arrêté conjoint du garde des sceaux, ministre de la justice, et du ministre chargé de la voirie routière détermine les mentions du procès-verbal de contravention établi par l'agent assermenté de l'exploitant. Il fixe les modèles du procès-verbal de contravention et de l'avis de paiement.

CHAPITRE II *quater*

Dispositions applicables à certaines infractions au Code de la route

Article R. 49-8-5. – Application de l'amende forfaitaire minorée – *(Décret n° 2002-801 du 3 mai 2002)*

• Les dispositions de l'article 529-7 du présent code relatives à l'amende forfaitaire minorée sont applicables aux contraventions des deuxième, troisième et quatrième classes mentionnées à l'article R. 48-1 *(1°)* à l'exception des contraventions réprimées par les articles R. 417-1 à R. 417-13 et R. 421-7 du Code de la route relatives à l'arrêt et au stationnement dangereux, gênant ou abusif.

[V] • Code de procédure pénale – art. 529-7 et s. – Dispositions applicables à certaines contraventions.

Article R. 49-9. – Montant de l'amende forfaitaire minorée – *(Décret n° 2001-373 du 27 avril 2001)*

• Le montant de l'amende forfaitaire minorée prévue par l'article 529-7 est fixé ainsi qu'il suit:

• 1° 22 euros pour les contraventions de la 2e classe;

• 2° 45 euros pour les contraventions de la 3e classe;

• 3° 90 euros pour les contraventions de la 4e classe.

[V] • Code de procédure pénale – art. 529-7 et s. – Dispositions applicables à certaines contraventions.

Article R. 49-10. – Avis de contravention et carte de paiement – *(Décret n° 2009-598 du 26 mai 2009)*

• Un avis de contravention et une carte de paiement, dont le modèle est fixé par arrêté du garde des sceaux, ministre de la justice, sont remis au contrevenant au moment de la constatation de l'une des infractions prévues par l'article R. 49-8-5.

• L'avis mentionne le montant de l'amende forfaitaire minorée, le délai accordé pour la régler, la personne ou le service auprès duquel le paiement doit être effectué.

• Il mentionne également la procédure applicable en cas de non-paiement de l'amende forfaitaire minorée, notamment le délai et les modalités de la requête prévue par le premier alinéa de l'article 529-2, le montant de l'amende forfaitaire dont le contrevenant doit s'acquitter ainsi que le montant de l'amende forfaitaire majorée qui sera due par le contrevenant en cas de non-paiement de l'amende forfaitaire ou à défaut de la présentation d'une requête dans les délais.

• Lorsque les documents mentionnés aux alinéas précédents ne peuvent être remis au contrevenant, ils sont adressés au titulaire du certificat d'immatriculation.

• Les dispositions du troisième alinéa du I et celles du II de l'article R. 49-1 sont applicables.

[V] • Code de procédure pénale – art. 529-7 et s. – Dispositions applicables à certaines contraventions.

Article R. 49-11. – Paiement de l'amende forfaitaire minorée – *(Décret n° 2015-1845 du 29 décembre 2015)*

• Le paiement de l'amende forfaitaire minorée est effectué en espèces, au moyen d'un chèque ou, si l'agent dispose du matériel à cette fin, par carte bancaire entre les mains de l'agent verbalisateur. Celui-ci délivre immédiatement au contrevenant une quittance, dont le modèle est fixé par arrêté du ministre chargé du budget.

• Si le montant de l'amende forfaitaire n'est pas acquitté dans les conditions prévues au premier alinéa, le paiement est effectué, dans les délais prévus à l'article 529-8 et selon des modalités fixées par arrêté des ministres de la justice, chargé du budget et de l'intérieur, soit par timbre dématérialisé, soit par télépaiement automatisé, soit par envoi au comptable de la direction générale des finances publiques d'un chèque joint à la carte de paiement, soit par virement bancaire international. Dans le cas prévu au premier alinéa de l'article R. 49-3, le paiement peut être effectué par l'envoi, dans les mêmes délais, au service indiqué dans l'avis de contravention ou au comptable de la direction générale des finances publiques, de la carte de paiement dûment remplie sur laquelle est apposé le timbre amende ou d'un chèque joint à cette carte de paiement.

• Un arrêté du ministre du budget fixe les conditions dans lesquelles les amendes forfaitaires minorées peuvent être acquittées au moyen d'un chèque libellé à l'ordre du Trésor public.

[V] • Code de procédure pénale – art. 529-7 et s. – Dispositions applicables à certaines contraventions.

Article R. 49-12. – Non-paiement de l'amende forfaitaire minorée – *(Décret n° 2000-1136 du 24 novembre 2000)*

• Lorsque le contrevenant n'a pas réglé l'amende forfaitaire minorée, il est redevable de l'amende forfaitaire et les dispositions des articles R. 49, R. 49-3 à R. 49-8 lui sont applicables.

[V] • Code de procédure pénale – art. 529-7 et s. – Dispositions applicables à certaines contraventions.

Article R. 49-13. – Amende forfaitaire minorée non applicable – *(Décret n° 2002-801 du 3 mai 2002)*

• Les contraventions au Code de la route prévues par l'article R48-1 pour lesquelles l'amende forfaitaire minorée n'est pas applicable sont soumises aux dispositions des articles R. 49 à R. 49-8.

[V] • Code de procédure pénale – art. 529-7 et s. – Dispositions applicables à certaines contraventions.

Article R. 49-14. – Formulaire de requête – *(Décret n° 2003-642 du 11 juillet 2003)*

• L'avis de contravention et la carte de paiement mentionnés à l'article R. 49-1, s'ils sont adressés en application de l'article 529-10, sont accompagnés d'un formulaire de requête en exonération précisant les conditions de recevabilité de la requête prévue par l'article 529-2, les modalités de paiement de la consignation, ainsi que les sanctions prévues par les articles 226-10 et 441-1 du Code pénal et R. 49-19 du présent code.

Article R. 49-15. – Avis d'amende forfaitaire majorée – *(Décret n° 2003-642 du 11 juillet 2003)*

• L'avis d'amende forfaitaire majorée adressé en application de l'article 529-10 précise les conditions de recevabilité de la réclamation prévue par l'article 530, les modalités de paiement de la consignation, ainsi que les sanctions prévues par les articles 226-10 et 441-1 du Code pénal et R. 49-19 du présent code.

Article R. 49-16. – Renseignements accompagnants la requête en exonération ou la réclamation – *(Décret n° 2003-642 du 11 juillet 2003)*

• Lorsque la requête en exonération ou la réclamation est accompagnée des renseignements prévus au b du 1° de l'article 529-10, elle précise les noms, prénoms, sexe, date de naissance et adresse du conducteur présumé, ainsi que le numéro de son permis de conduire.

Article R. 49-16-1. – Requête en exonération ou réclamation – Document attestation – Système délégation de conduite automatisé – *(Loi n° 2020-873 du 29 juin 2021)*

• Lorsque la requête en exonération ou la réclamation est accompagnée du document prévu au d du 1° de l'article 529-10, ce dernier contient les informations pertinentes précisées par arrêté conjoint du garde de sceaux, ministre de la justice, et des ministres chargés des transports et de la sécurité routière, issues des données enregistrées par le dispositif d'enregistrement des données d'état de délégation de conduite.

Article R. 49-17. – Consignation – *(Décret n° 2015-1845 du 29 décembre 2015)*

• La consignation prévue aux articles R. 49-14 et R. 49-15 s'effectue soit en espèces, soit par chèque libellé à l'ordre du Trésor public, soit par carte bancaire, soit par un mode de paiement à distance, soit par virement bancaire international, suivant les modalités fixées par arrêté du garde des sceaux, ministre de la justice, du ministre chargé du budget, du ministre chargé de l'intérieur et du ministre de la défense.

Article R. 49-18. – Consignation acquittée – *(Décret n° 2017-683 du 28 avril 2017)*

• Lorsqu'une consignation a été acquittée en application des dispositions de l'article 529-10, il est fait application des dispositions suivantes :

• Si la consignation n'est pas suivie d'une requête en exonération ou d'une réclamation formulée conformément aux dispositions des articles 529-2, 529-10 et 530, elle est considérée comme valant paiement de l'amende forfaitaire ou de l'amende forfaitaire majorée.

• Si l'officier du ministère public classe sans suite la contravention, il notifie sa décision à l'auteur de la requête en exonération en l'informant que la consignation lui sera remboursée.

• Si l'officier du ministère public considère que la requête en exonération ou que la réclamation est irrecevable, l'avis qu'il est tenu d'adresser à la personne en application du 1er alinéa de l'article 530-1 indique les raisons de sa décision. Lorsque la décision d'irrecevabilité est fondée sur l'absence de motivation de la requête en exonération ou de la réclamation, cet avis doit être adressé par lettre recommandée, qui informe la personne qu'elle peut, dans un délai d'un mois courant à compter de son envoi, contester cette décision par lettre recommandée avec demande d'accusé de réception. Si cette contestation ne donne pas lieu au classement sans suite de la contravention, l'officier du ministère public est alors tenu de saisir le tribunal de police conformément aux articles 524 à 528-2 ou aux articles 531 et suivants.

• Pour l'application des dispositions du 1er alinéa de l'article 530-1 et du 4e alinéa du présent article, ne sont considérées comme motivées que les requêtes ou réclamations dans lesquelles la personne soit conteste avoir commis la contravention, soit reconnaît avoir commis la contravention tout en fournissant des éléments circonstanciés susceptibles de justifier le classement sans suite pour des raisons juridiques ou d'opportunité.

• En cas de condamnation à une peine d'amende ou lorsque le prévenu est déclaré redevable de l'amende en application de l'article L. 121-3 du Code de la route, la juridiction de jugement précise dans sa décision le montant de l'amende restant dû après déduction du montant de la consignation.

• En cas de décision de relaxe et s'il n'est pas fait application de l'article L. 121-3 du Code de la route, la juridiction ordonne le remboursement de la consignation au prévenu.

• Dans les cas prévus par les 3e et 7e alinéas, un formulaire spécifique est alors adressé à la personne pour lui permettre d'être remboursée de sa consignation.

Article R. 49-19. – Renseignements inexacts ou erronés – *(Décret n° 2010-671 du 18 juin 2010)*

• Hors les cas prévus par les articles 226-10 et 441-1 du Code pénal, le fait, pour l'auteur d'une requête en exonération ou d'une réclamation relevant des dispositions de l'article 529-10 du présent code, de donner, en application du b du 1° de cet article, des renseignements inexacts ou erronés est puni de l'amende prévue pour les contraventions de la cinquième classe.

Article R. 49-20. – Renvoi de l'affaire – *(Décret n° 2010-148 du 16 février 2010)*

• Dans le cas prévu par l'alinéa 2 de l'article 470-1, il est procédé comme il est dit à l'article R. 41-2.

LIVRE IV
DE QUELQUES PROCÉDURES PARTICULIÈRES

TITRE Ier
DES RÈGLES DE PROCÉDURE APPLICABLES AUX CRIMES CONTRE L'HUMANITÉ ET AUX CRIMES DE GUERRE

SOUS-TITRE Ier
DE LA COOPÉRATION AVEC LA COUR PÉNALE INTERNATIONALE

SOUS-TITRE II
DES JURIDICTIONS COMPÉTENTES POUR LA POURSUITE, L'INSTRUCTION ET LE JUGEMENT DES CRIMES CONTRE L'HUMANITÉ ET DES CRIMES ET DÉLITS DE GUERRE

Article R. 49-20-1. – Assistants spécialisés – Nomination, fonctions, prestation de serment – *(Décret n° 2013-1097 du 2 décembre 2013)*

• Les modalités de nomination, d'exercice de leurs fonctions et de prestation de serment des assistants spécialisés prévus à l'article 628-9 sont celles fixées par les articles R. 50 *bis* à R. 50 *sexies*.

TITRE Ier *bis*
DE LA QUESTION PRIORITAIRE DE CONSTITUTIONNALITÉ

CHAPITRE Ier
Dispositions applicables devant les juridictions d'instruction, de jugement, d'application des peines et de la rétention de sûreté

Article R.* 49-21. – Modalités – *(Décret n° 2010-148 du 16 février 2010)*

• Conformément aux dispositions de l'article 23-1 de l'ordonnance n° 58-1067 du 7 novembre 1958 portant loi organique sur le Conseil constitutionnel, la partie qui soutient, à l'appui d'une demande déposée en application des règles du présent code devant une juridiction d'instruction, de jugement, d'application des peines ou de la rétention de sûreté, qu'une disposition législative porte atteinte aux droits et libertés garantis par la Constitution doit, à peine d'irrecevabilité, présenter ce moyen dans un écrit distinct et motivé.

• La juridiction doit relever d'office l'irrecevabilité du moyen qui n'est pas présenté dans un écrit distinct et motivé.

Article R.* 49-22. – Dépôt de l'écrit – *(Décret n° 2010-148 du 16 février 2010)*

• Au cours de l'instruction pénale, le moyen tiré de ce qu'une disposition législative porte atteinte aux droits et libertés garantis par la Constitution est présenté, à l'appui d'une demande, dans un écrit distinct et motivé déposé au greffe de la chambre de l'instruction et qui est visé par le greffier avec l'indication du jour du dépôt.

• Cet écrit peut être également déposé au greffe du juge d'instruction, du juge des libertés et de la détention ou du juge des enfants. Le greffier l'adresse alors sans délai à la chambre de l'instruction.

Article R.* 49-23. – Demande présentée par la personne mise en examen – *(Décret n° 2010-148 du 16 février 2010)*

• Lorsque le moyen tiré de ce qu'une disposition législative porte atteinte aux droits et libertés garantis par la Constitution est présenté par la personne mise en examen devant le président de la chambre de l'instruction saisi conformément aux dispositions de l'article 187-1 à l'occasion de l'appel d'une ordonnance de placement en détention provisoire, il est examiné par ce magistrat. Ce dernier peut toutefois renvoyer cet examen à la chambre de l'instruction lorsque la question le justifie.

Article R.* 49-24. – Demande présentée par une personne détenue – *(Décret n° 2010-148 du 16 février 2010)*

• Lorsque le moyen tiré de ce qu'une disposition législative porte atteinte aux droits et libertés garantis par la Constitution est soulevé par une personne détenue, à l'appui d'une demande qui peut être formée par remise au chef de l'établissement pénitentiaire, l'écrit distinct et motivé peut également être remis au chef de l'établissement pénitentiaire. Cet écrit est visé par ce dernier, avec l'indication du jour du dépôt, et il est adressé sans délai, en original ou en copie, au greffe de la juridiction saisie.

Article R.* 49-25. – Décision – *(Décret n° 2010-148 du 16 février 2010)*

• La juridiction statue sans délai, selon les règles de procédure qui lui sont applicables, sur la transmission de la question prioritaire de constitutionnalité, après que le ministère public et les parties, entendues ou appelées, ont présenté leurs observations sur la question prioritaire de constitutionnalité.

• La juridiction peut toutefois statuer sans recueillir les observations du ministère public et des parties s'il apparaît de façon certaine, au vu du mémoire distinct, qu'il n'y a pas lieu de transmettre la question prioritaire de constitutionnalité.

• Dès lors qu'elles sont présentées par écrit, les observations du ministère public et des autres parties doivent figurer dans un écrit distinct et motivé. À défaut, elles ne peuvent être jointes à la décision transmettant la question à la Cour de cassation.

Article R.* 49-26. – Juridiction non tenue à la transmission – *(Décret n° 2010-148 du 16 février 2010)*

• La juridiction n'est pas tenue de transmettre une question prioritaire de constitutionnalité mettant en cause, par les mêmes motifs, une disposition législative dont la Cour de cassation ou le Conseil constitutionnel est déjà saisi. En cas d'absence de transmission pour ce motif, elle sursoit à statuer sur le fond, jusqu'à ce qu'elle soit informée de la décision de la Cour de cassation ou, le cas échéant, du Conseil constitutionnel.

Article R.* 49-27. – Refus de transmission – *(Décret n° 2010-148 du 16 février 2010)*

• Le refus de transmettre la question dessaisit la juridiction du moyen tiré de la question prioritaire de constitutionnalité.

• Toutefois, lorsque ce refus a été exclusivement motivé par la constatation que la disposition législative contestée n'était pas applicable à la procédure en cause ou ne constituait pas le fondement des poursuites, la juridiction peut, si elle entend à l'occasion de l'examen de l'affaire faire application de cette disposition, rétracter ce refus et transmettre la question.

Article R.* 49-28. – Information – *(Décret n° 2010-148 du 16 février 2010)*

• Le greffe avise les parties et le ministère public par tout moyen et sans délai de la décision statuant sur la transmission de la question prioritaire de constitutionnalité à la Cour de cassation.

• En cas de décision de transmission, l'avis aux parties précise que celle-ci n'est susceptible d'aucun recours et que les parties qui entendent présenter des observations devant la Cour de cassation doivent se conformer aux dispositions de l'article R.* 49-30, qui est reproduit dans l'avis, ainsi que le premier alinéa de l'article R.* 49-32. L'avis est adressé par lettre recommandée avec demande d'avis de réception aux parties qui n'ont pas comparu.

• En cas de décision de refus de transmission, l'avis aux parties précise que celle-ci ne peut être contestée qu'à l'occasion d'un recours formé contre une décision ayant statué sur la demande au cours de la procédure.

Article R.* 49-29. – Recours – *(Décret n° 2010-148 du 16 février 2010)*

• Lorsqu'il est soulevé pour la première fois en cause d'appel, le moyen tiré de ce qu'une disposition législative porte atteinte aux droits et libertés garantis par la Constitution est présenté dans un écrit distinct et motivé.

• Lorsque la décision ayant refusé de transmettre la question prioritaire de constitutionnalité est contestée à l'occasion d'un recours contre la décision ayant statué sur la demande au cours de la procédure, le moyen tiré de ce qu'une disposition législative porte atteinte aux droits et libertés garantis par la Constitution est également présenté dans un écrit distinct et motivé.

CHAPITRE II

Dispositions applicables devant la cour de cassation

Article R.* 49-30. – Délai *(observations)* – *(Décret n° 2010-148 du 16 février 2010)*

• Les parties disposent d'un délai d'un mois à compter de la décision de transmission de la question de constitutionnalité à la Cour de cassation pour faire connaître leurs éventuelles observations devant la Cour. Elles sont signées par un avocat au Conseil d'État et à la Cour de cassation, conformément aux règles prévues par l'article 585, sauf lorsqu'elles émanent de la personne condamnée, de la partie civile en matière d'infraction à la loi sur la presse ou du demandeur en cassation lorsque la chambre criminelle est saisie d'un pourvoi en application des articles 567-2, 574-1 et 574-2.

Article R.* 49-31. – Mémoire – *(Décret n° 2010-1216 du 15 octobre 2010)*

• Lorsque la question prioritaire de constitutionnalité est soulevée à l'occasion d'un pourvoi, le mémoire distinct prévu à l'article 23-5 de l'ordonnance n° 58-1067 du 7 novembre 1958 porte la mention : « question prioritaire de constitutionnalité ».

• Les autres parties au pourvoi disposent d'un délai d'un mois pour remettre un mémoire en réponse sur la question prioritaire de constitutionnalité. Celui-ci est établi, remis et communiqué suivant les règles régissant le pourvoi.

Article R.* 49-32. – Réduction délai – *(Décret n° 2010-1216 du 15 octobre 2010)*

• Le président de la formation à laquelle l'affaire est distribuée ou son délégué, à la demande d'une des parties ou d'office, peut, en cas d'urgence, réduire le délai prévu aux articles R.* 49-30 et R.* 49-31.

• Il fixe la date de l'audience au cours de laquelle sera examinée la question prioritaire de constitutionnalité.

• Le procureur général en est avisé pour lui permettre de faire connaître son avis.

Article R.* 49-33. – Absence de transmission – *(Décret n° 2010-1216 du 15 octobre 2010)*

• La Cour de cassation n'est pas tenue de renvoyer au Conseil constitutionnel une question prioritaire de constitutionnalité mettant en cause, par les mêmes motifs, une disposition législative dont le Conseil constitutionnel est déjà saisi. En cas d'absence de transmission pour cette raison, elle diffère sa décision jusqu'à l'intervention de la décision du Conseil constitutionnel.

Article R.* 49-34. – Notification – *(Décret n° 2010-1216 du 15 octobre 2010)*

• Le greffe notifie aux parties la décision prise par le président de la formation ou son délégué en application du premier alinéa de l'article R.* 49-32, ainsi que la date de l'audience.

TITRE X
DE L'ENTRAIDE JUDICIAIRE INTERNATIONALE

CHAPITRE UNIQUE
Dispositions propres à l'entraide entre la France et les autres États membres de l'Union européenne

Section 1
De l'échange simplifié d'informations entre services en application de la décision-cadre du Conseil de l'Union européenne du 18 décembre 2006

Sous-section 1
Dispositions applicables aux demandes d'informations émises par les services français

Article R. 49-35. – Demande de transmission – *(Décret n° 2012-456 du 5 avril 2012)*

• La demande de transmission établie, en application de l'article 695-9-33, par les services ou unités mentionnés à l'article 695-9-31, comporte les informations énumérées dans le modèle figurant à l'annexe B de la décision-cadre 2006/960/JAI du 18 décembre 2006 et précisant, notamment :

• 1° Le délai attendu pour la transmission des informations et, le cas échéant, les motifs du traitement d'urgence demandé ;

• 2° Les circonstances de la commission de l'infraction ;

• 3° La nature de l'infraction ;

• 4° Les fins auxquelles les informations sont demandées ;

• 5° Le lien entre ces fins et la personne à laquelle ces informations se rapportent ;

• 6° L'identité de la personne ou des personnes faisant l'objet des investigations justifiant la demande d'informations ;

• 7° Les raisons laissant supposer que les informations sont détenues par les services de l'État requis ;

• 8° Les restrictions concernant l'utilisation des informations.

Article R. 49-36. – Délais de transmission – *(Décret n° 2012-456 du 5 avril 2012)*

• Lorsque, d'une part, la demande d'informations se rapporte à une infraction entrant dans l'une des catégories énumérées à l'article 695-23 et punie en France d'une peine privative de liberté d'une durée égale ou supérieure à trois ans d'emprisonnement et que, d'autre part, les informations sollicitées sont directement accessibles dans un traitement automatisé de données, les services et unités mentionnés à l'article 685-9-31 peuvent demander au service compétent de l'État requis qu'elles leur soient transmises, en cas d'urgence, dans un délai maximum de huit heures et, en l'absence d'urgence, dans un délai maximum de sept jours.

• Dans les autres cas, les services compétents de l'État requis peuvent être invités à transmettre les informations demandées dans un délai maximum de quatorze jours.

Sous-section 2
Dispositions applicables aux demandes d'informations reçues par les services français

Article R. 49-37. – Réponses – *(Décret n° 2012-456 du 5 avril 2012)*

• Sous réserve des dispositions de l'article R. 49-38, lorsque la demande d'informations émanant d'un service compétent de l'un des États membres de l'Union européenne ou de l'un des États non-membres mentionnés à l'article 695-9-48 entre dans les prévisions du premier alinéa de l'article R. 49-36, les services et unités mentionnés à l'article 695-9-31 y répondent, en cas d'urgence, dans un délai maximum de huit heures et, en l'absence d'urgence, dans un délai de sept jours.

• Dans les autres cas, la réponse est adressée au service compétent de l'État requérant dans un délai maximum de quatorze jours.

Article R. 49-38. – Autres délais – *(Décret n° 2012-456 du 5 avril 2012)*
• Les services et unités mentionnés à l'article 695-9-31 peuvent reporter leur réponse s'ils ne sont pas en mesure de transmettre les informations demandées dans le délai qui leur est imparti en application de l'article R. 49-37. Ils indiquent les raisons de ce report au service compétent de l'État requérant au moyen d'un formulaire établi conformément à l'annexe A de la décision-cadre 2006/960/JAI du 18 décembre 2006.
• Lorsque les services et unités sollicités reportent leur réponse au motif que le respect du délai de huit heures prévu par le premier alinéa de l'article R. 49-37 leur imposerait une charge disproportionnée, ils en informent immédiatement le service compétent de l'État requérant et lui transmettent les informations demandées au plus tard dans un délai de trois jours.

Article R. 49-39. – Impossibilité ou refus de répondre – *(Décret n° 2012-456 du 5 avril 2012)*
• Lorsqu'ils ne sont pas en mesure de répondre à une demande d'informations ou lorsqu'ils refusent de répondre à une telle demande pour l'un des motifs prévus aux articles 695-9-39 à 695-9-42, les services et unités mentionnés à l'article R. 695-9-31 en informent le service compétent de l'État requérant.
• Dans le cas prévu par l'article 695-9-44, ils informent le service compétent de l'État requérant des motifs pour lesquels, le cas échéant, ils s'opposent à la retransmission ou à la nouvelle utilisation de l'information.

Section II

De l'échange d'informations entre les autorités compétentes de différents États membres en application de la directive 2019/1153 du 20 juin 2019

Article R. 49-40. – Informations – *(Décret n° 2021-1112 du 23 août 2021)*
• Lorsque, en application des dispositions des articles 694-14 à 695-9-57, les services et unités mentionnés à l'article 695-9-31 transmettent des informations obtenues du service mentionné à l'article L. 561-23 du Code monétaire et financier aux services compétents des autres États membres de l'Union, ils recourent à des moyens de communication électroniques sécurisés spécifiques garantissant un niveau élevé de sécurité des données.

Article R. 49-41. – Moyens de communication électronique sécurisés – *(Décret n° 2021-1112 du 23 août 2021)*
• Lorsqu'ils répondent aux demandes d'information mentionnées à l'article 695-9-47-1, les personnes mentionnées au même article recourent à des moyens de communication électronique sécurisés précisés par arrêté conjoint du ministre chargé de l'économie et du ministre de l'intérieur.

Article R. 49-42. – Registre – *(Décret n° 2021-1112 du 23 août 2021)*
• Le procureur de la République, le juge d'instruction et les officiers ou agents de police judiciaire mentionnés aux articles 60-1,77-1-1 et 99-3 tiennent des registres permettant d'assurer la traçabilité des demandes reçues des autorités homologues étrangères et d'Europol et portant sur la communication d'informations émanant du service mentionné à l'article L. 561-23 du Code monétaire et financier ou de déclarations mentionnées à l'article 1649 A du Code général des impôts.
• Les registres sont conservés pendant 5 ans après leur création.

TITRE XI
(Néant)

TITRE XII
(NÉANT)

LIVRE IV

DE QUELQUES PROCÉDURES PARTICULIÈRES

TITRE XIII

DE LA POURSUITE, DE L'INSTRUCTION ET DU JUGEMENT DES INFRACTIONS EN MATIÈRE ÉCONOMIQUE ET FINANCIÈRE

Article R. 50 *bis*. – Assistants spécialisés – *(Décret n° 99-75 du 5 février 1999)*

• Les assistants spécialisés prévus à l'article 706 sont nommés pour une durée de trois ans renouvelable.

• Les fonctions d'assistant spécialisé sont exclusives de toute autre activité professionnelle rémunérée, à l'exception de l'enseignement.

Article R. 50 *ter*. – Agent contractuel – *(Décret n° 99-75 du 5 février 1999)*

• Les personnes non fonctionnaires remplissant les conditions prévues au premier alinéa de l'article 706 sont recrutées en qualité d'agent contractuel. Le décret n° 86-83 du 17 janvier 1986 relatif aux dispositions générales applicables aux agents non titulaires de l'État leur est applicable.

• Leur contrat comporte une période d'essai de trois mois.

Article R. 50 *quater*. – Fonctions de l'assistant spécialisé – *(Décret n° 99-75 du 5 février 1999)*

• L'arrêté de mise à disposition ou de détachement des fonctionnaires, ou le contrat des agents contractuels, précise la cour d'appel dans le ressort de laquelle l'assistant spécialisé exerce ses fonctions à titre principal.

• Il peut prévoir que l'assistant spécialisé exercera également ses fonctions à titre accessoire dans le ressort d'autres cours d'appel.

Article 50 *quinquies*. – Conditions d'exercice des fonctions d'assistant spécialisé – *(Décret n° 2021-1045 du 4 août 2021)*

• Sous réserve des règles relatives à la mise à disposition et au détachement des fonctionnaires, l'assistant spécialisé relève de l'autorité des chefs de la cour d'appel visée à l'alinéa 1er de l'article précédent.

• Il est placé par ceux-ci, le cas échéant, pour une période qu'ils déterminent, auprès des chefs d'un ou de plusieurs tribunaux judiciaires visés aux articles 52-1,704,705 ou 705-1, qui fixent les conditions d'exercice de ses fonctions.

• Dans l'exercice desdites fonctions, l'assistant spécialisé ne peut recevoir ni solliciter d'autres instructions que celles du ou des magistrats sous la direction desquels il est placé.

Article R. 50 *sexies*. – Prestation de serment – *(Décret n° 99-75 du 5 février 1999)*

• Préalablement à l'exercice de son activité, l'assistant spécialisé prête serment en ces termes devant la cour d'appel visée à l'alinéa premier de l'article R. 50 *quater*: « Je jure de conserver le secret des informations sur les affaires judiciaires ainsi que sur les actes du parquet et des juridictions d'instruction et de jugement, dont j'aurai eu connaissance à l'occasion de mes travaux au sein des juridictions ».

• Il ne peut en aucun cas être relevé de ce serment.

TITRE XIV

DU RECOURS EN INDEMNITÉ OUVERT À CERTAINES VICTIMES DE DOMMAGES RÉSULTANT D'UNE INFRACTION

Article R. 50-1. – Règles – *(Décret n° 2008-522 du 2 juin 2008)*

• Les règles relatives à la composition, au siège, au ressort et à la compétence territoriale de la commission d'indemnisation des victimes d'infractions prévue par l'article 706-4 sont fixées par le Code de l'organisation judiciaire.

Articles R. 50-2 à R. 50-6. – *(Abrogés)*

Article R. 50-7. – L'aide judiciaire – *(Décret n° 2019-966 du 18 septembre 2019)*

• L'admission au bénéfice de l'aide juridictionnelle devant la commission peut être accordée par le bureau établi près le tribunal judiciaire.

• La demande d'aide juridictionnelle interrompt les délais prévus aux articles 706-5 et 706-8.

Article R. 50-8. – Saisine de la commission – *(Décret n° 77-194 du 03 mars 1977)*

• La commission est saisie par une requête signée de la personne lésée, de son représentant légal ou de son conseil et remise, ou adressée par lettre recommandée, au secrétaire de la commission qui en délivre récépissé.

Article R. 50-9. – Requête – *(Décret n° 90-1211 du 21 décembre 1990)*

• La requête contient tous renseignements utiles à l'instruction de la demande d'indemnité, et notamment l'indication :

• 1° Des nom, prénoms, date et lieu de naissance et demeure du demandeur ;

• 2° De la date, du lieu et des circonstances de l'infraction génératrice du dommage ;

• 3° Des atteintes à la personne du demandeur ou des dommages causés à ses biens ;

• 4° De la juridiction pénale éventuellement saisie de l'infraction ;

• 5° Des liens de parenté ou relations de droit ou de fait existant entre le demandeur et celui qui a personnellement souffert du dommage s'il ne s'agit pas de la même personne ;

• 6° Le cas échéant, des organismes publics ou privés dont relève le demandeur ou auprès desquels il est assuré et qui sont susceptibles de l'indemniser de tout ou partie du préjudice subi ;

• 7° Des demandes de réparation ou d'indemnité déjà présentées et, en particulier, des actions en dommages-intérêts qui ont été engagées ainsi que des sommes qui ont déjà été versées au demandeur en réparation du préjudice ;

• 8° Du montant de l'indemnité réclamée devant la commission ;

• 9° De l'adresse à laquelle les notifications doivent être faites au demandeur.

• La requête est accompagnée de toutes pièces justificatives, notamment d'une copie du certificat médical initial et, le cas échéant, de toutes pièces attestant la consolidation, ainsi que de tout document permettant d'apprécier la perte ou la diminution des revenus, l'accroissement des charges ou l'inaptitude à exercer une activité professionnelle qui sont la conséquence du dommage.

[J] **• Indemnité – Montant – Fixation – Victime ayant perçu antérieurement une pension d'invalidité – Portée.**
La victime d'une infraction n'ayant pas informé une Commission d'indemnisation des victimes d'infraction, malgré l'obligation qui lui en était faite par l'article R. 50-9 du Code de procédure pénale, de ce qu'antérieurement à la décision de cette Commission de l'indemniser, elle avait perçu une pension d'invalidité, fait l'exacte application des articles 706-9 et 706-10 du Code de procédure pénale et du principe selon lequel la réparation du préjudice doit être intégrale, une cour d'appel qui retient que le remboursement des arrérages perçus et du capital représentatif devait venir en déduction de la somme allouée par le fonds de garantie au titre de l'incapacité permanente partielle (IPP). (Cass. CIV du 14 novembre 2002).

Article R. 50-10. – Contenu de la requête – *(Décret n° 90-1211 du 21 décembre 1990)*

• Lorsque la demande d'indemnité est fondée sur l'article 706-14, la requête contient en outre :

• 1° L'indication du montant des ressources du demandeur avec les justifications utiles, notamment une copie de la déclaration de ses revenus de l'année précédant l'infraction et de l'année précédant celle où la commission est saisie ou, s'il n'est pas imposable, un certificat de non-imposition et, le cas échéant, la liste de ses biens immobiliers ;

• 2° Les éléments desquels résulte l'impossibilité d'obtenir auprès des organismes publics ou privés dont relève le demandeur ou de toute autre personne morale ou physique la réparation effective et suffisante de son préjudice ;

• 3° La description de la situation matérielle grave dans laquelle il se trouve de ce fait.

Article R. 50-11. – Requête en complément d'indemnité – *(Décret n° 77-194 du 03 mars 1977)*

• S'il s'agit d'une requête en complément d'indemnité fondée sur l'article 706-8, elle doit être accompagnée d'une expédition de la décision, passée en force de chose jugée, qui a statué sur les intérêts civils.

Article R. 50-12. – Transmission – *(Décret n° 2019-966 du 18 septembre 2019)*

• Le secrétaire de la commission transmet sans délai copie de la requête et des pièces annexes au procureur de la République près le tribunal judiciaire et, par lettre simple, au fonds de garantie des victimes des actes de terrorisme et d'autres infractions.

Article R. 50-12-1. – Offre d'indemnisation – *(Décret n° 2005-564 du 27 mai 2005)*

• L'offre d'indemnisation faite à la victime en application de l'article 706-5-1 indique l'évaluation retenue par le fonds de garantie pour chaque chef de préjudice et le montant des indemnités qui reviennent à la victime compte tenu des prestations énumérées à l'article 29 de la loi n 85-677 du 5 juillet 1985 et des indemnités de toute nature reçues ou à recevoir d'autres débiteurs du chef du même préjudice. Elle est accompagnée, le cas échéant, de la copie des décomptes produits par les personnes ou organismes débiteurs de ces prestations ou indemnités.

Article R. 50-12-2. – Homologation – *(Décret n° 2020-1452 du 27 novembre 2020)*

• Le président de la commission est saisi par le fonds d'une requête aux fins d'homologation du constat d'accord. En cas d'homologation, il est conféré force exécutoire au constat. La décision est notifiée sans délai par lettre recommandée avec demande d'avis de réception au demandeur et par lettre simple au fonds.

• Si la victime ne répond pas à l'offre d'indemnisation, son silence est regardé à l'expiration d'un délai de 2 mois à compter de sa présentation comme valant désaccord. L'offre mentionne les conséquences attachées au silence de la victime.

Article R. 50-13. – Instruction de l'affaire – *(Décret n° 83-1156 du 23 décembre 1983)*

• Le président de la commission ou le magistrat assesseur instruit l'affaire ; il peut procéder ou faire procéder à toutes auditions et investigations utiles.

• Toutefois, lorsqu'il est manifeste au vu des énonciations de la requête ou des pièces annexes que le demandeur ne remplit par une des conditions prévues à l'article 706-3, il est procédé immédiatement comme il est dit aux articles R. 50-17 et suivants.

Article R. 50-14. – Connaissance du dossier – *(Décret n° 90-1211 du 21 décembre 1990)*

• Le demandeur ainsi que le fonds de garantie peuvent prendre connaissance du dossier au secrétariat de la commission et adresser toutes observations qu'ils estiment utiles à l'instruction de la demande d'indemnité.

• Le requérant et le fonds de garantie peuvent se faire délivrer, à leurs frais, par le secrétariat, copie des pièces du dossier. S'il s'agit de procès-verbaux constatant l'infraction ou de pièces de la procédure pénale, la délivrance ou l'envoi des copies est subordonné à l'autorisation du ministère public.

Article R. 50-15. – Attribution d'une provision – *(Décret n° 90-1211 du 21 décembre 1990)*

• Lorsque le demandeur sollicite l'attribution d'une provision, le président de la commission communique sans délai la requête au procureur de la République et au fonds de garantie et recueille leurs observations. Le président statue dans le délai d'un mois à compter de la demande par une ordonnance portée à la connaissance du procureur de la République. Il est procédé comme il est dit à l'article R. 50-22.

Article R. 50-16. – Date d'audience – *(Décret n° 77-194 du 03 mars 1977)*

• Lorsque l'affaire est instruite, le président de la commission fixe la date de l'audience.

Article R. 50-17. – Convocation – *(Décret n° 2020-1452 du 27 novembre 2020)*

• Le secrétaire de la commission convoque au moins 2 mois à l'avance le demandeur et le fonds de garantie à l'audience qui a été fixée. Cette convocation est faite par lettre recommandée avec demande d'avis de réception au demandeur et par lettre simple au fonds de garantie.

• Les parties sont informées dans la convocation que leurs observations doivent être adressées à la commission au plus tard 15 jours avant la date de l'audience mais qu'elles peuvent consulter le dossier au secrétariat jusqu'au jour de celle-ci.

Article R. 50-18. – Procureur de la République – Dépôt des conclusions – *(Décret n° 83-1156 du 23 décembre 1983)*

• Le procureur de la République est informé de la date de l'audience et dépose ses conclusions quinze jours au moins avant cette date.

Article R. 50-19. – Rapport – *(Décret n° 90-1211 du 21 décembre 1990)*

• À l'audience, le magistrat qui a procédé à l'instruction de l'affaire fait son rapport; le demandeur et le fonds de garantie, s'ils sont présents ou représentés, sont ensuite entendus.

• Le procureur de la République développe ses conclusions.

J • **Victimes d'infractions – Commission d'indemnisation – Appel – Procédure**
En matière d'indemnisation des victimes d'infractions, aucun texte ne rend applicables les dispositions des articles R. 50-18 et R. 50-19 du Code de procédure pénale devant la cour d'appel (Cass. CIV. Du 20 mars 1996).

Article R. 50-20. – Renvoi de l'affaire à une autre audience – *(Décret n° 2020-1452 du 27 novembre 2020)*

• À l'audience, la commission, lorsqu'elle estime qu'il y a lieu de renvoyer l'affaire à une autre audience, fixe immédiatement la date de celle-ci. Lorsque les parties ne sont ni présentes ni représentées, celles-ci sont informées de ce renvoi par lettre recommandée avec demande d'avis de réception, à l'exception du fonds de garantie qui est informé par lettre simple.

Article R. 50-21. – Requête rejetée – *(Décret n° 77-194 du 03 mars 1977)*

• Si la requête est rejetée, le demandeur est condamné aux dépens, à moins que la commission ne l'en décharge en partie ou en totalité.

Article R. 50-22. – Notification de la décision – *(Décret n° 90-1211 du 21 décembre 1990)*

• La décision de la commission est notifiée sans délai, par lettre recommandée avec demande d'avis de réception, au demandeur et au fonds de garantie.

Article R. 50-23. – Appel – *(Décret n° 2002-801 du 3 mai 2002)*

• Les décisions de la commission et du président de la commission ne peuvent être frappées d'opposition. Elles peuvent être frappées d'appel quel que soit le montant de la demande.

Article R. 50-24. – Sommes allouées aux victimes – *(Décret n° 2005-564 du 27 mai 2005)*

• Les sommes allouées à la victime en application des articles 706-3 à 706-14 sont versées par le fonds de garantie dans le délai d'un mois à compter de la notification de la décision de la commission ou de l'homologation du constat d'accord; avis du paiement est donné sans délai au président de la commission.

Article R. 50-25. – Remboursement total ou partiel de l'indemnité – *(Décret n° 90-1211 du 21 décembre 1990)*

• Lorsque le fonds de garantie demande, en application de l'article 706-10, le remboursement total ou partiel de l'indemnité qu'il a versée, il saisit par simple requête la commission qui se prononce, les parties entendues ou appelées, dans les conditions prévues aux articles R. 50-17 et suivants.

Article R. 50-26. – Poursuites pénales – *(Décret n° 90-1211 du 21 décembre 1990)*

• Lorsque, postérieurement à l'attribution d'une provision ou d'une indemnité par une commission, des poursuites pénales sont engagées contre l'auteur présumé de l'infraction, le ministère public de la juridiction répressive saisie en informe le fonds de garantie.

Article R. 50-27. – Déclaration victime ou ayants droit – *(Décret n° 90-1211 du 21 décembre 1990)*

• La déclaration de la victime ou de ses ayants droit faite par application des dispositions de l'article 706-12 est communiquée par le greffier en chef ou le secrétaire-greffier de la juridiction saisie dans le délai de quinze jours, par lettre recommandée avec demande d'avis de réception, au fonds de garantie. Cette communication est accompagnée des renseignements nécessaires à l'exercice de l'action prévue à l'article 706-11. La date de l'audience au cours de laquelle il sera statué sur les intérêts civils est notifiée au moins un mois à l'avance par le greffier en chef ou le secrétaire-greffier au fonds de garantie par lettre recommandée avec demande d'avis de réception. En cas de déclaration tardive, l'affaire doit être renvoyée à une audience ultérieure dont le fonds de garantie est informé dans le délai ci-dessus indiqué.

Article R. 50-28. – Computation des délais – *(Décret n° 2008-484 du 22 mai 2008)*

• Les dispositions des articles 643 à 647 du Code de procédure civile s'appliquent aux délais d'un mois et de deux mois prévus aux articles R. 50- 15, R. 50- 12- 2 et R. 50- 17.

TITRE XV
DE LA POURSUITE, DE L'INSTRUCTION ET DU JUGEMENT DES ACTES DE TERRORISME

CHAPITRE Ier

De la protection des enquêteurs

Article R. 50-29. – Numéro d'immatriculation administrative – *(Décret n° 2015-1840 du 29 décembre 2015)*

• Pour l'application de l'article 706-24, il est tenu, au parquet général de la cour d'appel de Paris, un registre coté et paraphé dans lequel sont mentionnées les autorisations de s'identifier par leur numéro d'immatriculation administrative délivrées par le procureur général de Paris à des officiers ou agents de police judiciaire affectés dans des services de police judiciaire spécialement chargés de la lutte contre le terrorisme et auquel sont annexées les copies de ces autorisations.

• Les numéros d'immatriculation administrative sont donnés par le chef du service. Ils peuvent être différents pour chaque procédure à laquelle participent les officiers ou agents de police judiciaire. Ces numéros sont mentionnés, pour chaque procédure, dans un registre coté et paraphé détenu par le service, registre auquel sont annexées les autorisations. Les autorisations sont valables pendant toute la durée de l'affectation des officiers ou agents de police judiciaire dans le service.

• Ces officiers et agents peuvent ne pas signer de leur signature habituelle les procès-verbaux qu'ils établissent, en recourant à une signature reproduisant, le cas échéant, tout ou partie du numéro d'immatriculation et dont ils ont apposé un exemplaire dans le registre prévu au deuxième alinéa du présent article.

CHAPITRE II

Du fichier judiciaire national automatisé des auteurs d'infractions terroristes

Article R. 50-30. – Contrôle – *(Décret n° 2015-1840 du 29 décembre 2015)*

• Le fichier judiciaire national automatisé des auteurs d'infractions terroristes est tenu sous le contrôle du magistrat dirigeant le service du casier judiciaire national, qui veille au respect des dispositions du présent chapitre.

Section I
Inscription dans le fichier

Article R. 50-31. – Modalités d'enregistrement – *(Décret n° 2015-1840 du 29 décembre 2015)*

• L'enregistrement dans le fichier des données à caractère personnel prévues aux 1° à 3° de l'article 706-25-4 est réalisé par le procureur de la République.

• L'enregistrement des données à caractère personnel prévues au 5° de l'article 706-25-4 est réalisé par le juge d'instruction ou son greffier.

• L'enregistrement des données à caractère personnel prévues au 4° de l'article 706-25-4 est réalisé par le procureur de la République de Paris, après transmission par le service gestionnaire du fichier des avis adressés aux autorités françaises, ou par le procureur de la République du lieu de détention où sont exécutées les peines à la suite des transfèrements des personnes condamnées.

Article R. 50-32. – Vérification de l'identité des personnes inscrites – *(Décret n° 2015-1840 du 29 décembre 2015)*

• La vérification de l'identité des personnes inscrites au fichier prévu par le premier alinéa de l'article 706-25-5 est effectuée, lorsqu'elle est possible, au vu des informations communiquées au service du casier judiciaire conformément aux dispositions de l'article R. 64.

Article R. 50-33. – Information – *(Décret n° 2015-1840 du 29 décembre 2015)*

• Le procureur de la République informe sans délai le gestionnaire du fichier des décisions de relaxe ou d'acquittement intervenues dans les procédures ayant donné lieu à enregistrement au fichier une fois acquis leur caractère définitif.

• Le juge d'instruction ou son greffier, enregistre les décisions de non-lieu, ou de retrait dans les procédures ayant donné lieu à enregistrement au fichier.

Article R. 50-34. – Agent du greffe pénitentiaire – *(Décret n° 2015-1840 du 29 décembre 2015)*

• L'agent du greffe pénitentiaire habilité enregistre sans délai dans le fichier la date de mise sous écrou et de libération, l'adresse du domicile déclaré par la personne libérée, si elle est différente du dernier domicile enregistré et la date de la notification à laquelle il a été procédé.

Article R. 50-35. – Agents services de police, unités de gendarmerie, ministère des affaires étrangères... – *(Décret n° 2015-1840 du 29 décembre 2015)*

• Les agents des services de police ou des unités de gendarmerie habilités et les agents habilités des services du ministère des affaires étrangères et du développement international enregistrent dans le fichier les justifications d'adresse ou de changement d'adresse, et les déplacements transfrontaliers dont ils ont eu connaissance en application des dispositions de l'article 706-25-5.

Article R. 50-36. – Données enregistrées – *(Décret n° 2015-1840 du 29 décembre 2015)*

• Pour chaque personne faisant l'objet d'une inscription au fichier, sont enregistrées les données à caractère personnel suivantes :

• 1° Informations relatives à la personne elle-même :

• *a)* Nom, prénom, sexe, date et lieu de naissance de la personne, la ou les nationalités, ainsi que, le cas échéant, alias, changement de nom et nom d'usage ; sont également enregistrées les informations relatives à la filiation de la personne, si cette personne ne figure pas au répertoire national d'identification des personnes physiques, ces informations ne pouvant toutefois constituer un critère de recherche ;

• *b)* Adresses successives du domicile, ainsi que, le cas échéant, les dates correspondantes ;

• *c)* Le ou les déplacements transfrontaliers de la personne, la destination et l'adresse déclarée ainsi que, le cas échéant, les dates correspondantes ;

• 2° Informations relatives à la ou aux décisions ayant donné lieu à l'enregistrement :

• *a)* Nature et date de la décision ;

• *b)* Juridiction ayant prononcé la décision ;

• *c)* Peines principales ou complémentaires ou mesures prononcées ;

• *d)* Nature de l'infraction ou des infractions pour lesquelles la personne est poursuivie ou condamnée ;

• *e)* Lieu des faits ;

• *f)* Date des faits ;

• *g)* Date de notification des obligations prévues par l'article 706-25-8 et l'article 19-II de la loi n° 2015-912 du 24 juillet 2015 ;

• *h)* Le cas échéant, dates de mise sous écrou et de libération ;

• 3° Informations diverses :

• *a)* Dates de justification d'adresse ;

• *b)* Périodicité et modalité de l'obligation de justification si elle existe ;

• *c)* Décisions prises en application de l'article 706-25-12 et de l'article 19-II de la loi n° 2015-912 du 24 juillet 2015 ;

• *d)* Date et motif de l'inscription au fichier des personnes recherchées.

Article R. 50-37. – Contrôle – *(Décret n° 2015-1840 du 29 décembre 2015)*

• Le gestionnaire du fichier contrôle la validité des informations enregistrées et, selon le cas, refuse ou efface les enregistrements qui ne respectent pas les exigences légales.

Section II
Information de la personne inscrite dans le fichier

Article R. 50-38. – Modalités – *(Décret n° 2021-682 du 27 mai 2021)*

• L'information des personnes condamnées est faite conformément aux dispositions du présent article.

• Lorsque la personne est présente à l'audience, l'information relative à son inscription dans le fichier et la notification de ses obligations, sont faites par le président de la juridiction ou le greffier ou l'agent du greffe qu'il désigne. Toutefois, il n'est pas procédé lors de l'audience à la notification de ses obligations à la personne si celle-ci est placée ou maintenue en détention en application de la condamnation justifiant son inscription au fichier.

• À défaut, la notification est faite par le procureur de la République, ou par un agent placé sous son autorité ou un délégué du procureur de la République désignés par lui, par lettre recommandée avec demande d'avis de réception. S'il apparaît que l'adresse de la personne est inconnue, le procureur de la République fait inscrire cette personne au fichier des personnes recherchées.

• Lorsqu'il résulte de la consultation du fichier effectuée par l'agent du greffe habilité par le chef de l'établissement pénitentiaire conformément au 4° de l'article 706-25-9, que la personne incarcérée n'a pas fait l'objet de l'information mentionnée à l'article 706-25-8, cette information lui est donnée par le greffe de l'établissement pénitentiaire, sur instruction du procureur de la République, soit au moment de sa libération définitive ou préalablement à la première mesure d'aménagement de sa peine entraînant la sortie de l'établissement pénitentiaire, autre qu'une permission de sortir, si elle exécute une peine privative de liberté en application de la condamnation ayant entraîné son inscription au fichier, soit immédiatement, si elle est détenue pour une autre cause.

• Dans tous les cas, il lui est remis contre récépissé ou adressé un document récapitulant ses obligations et précisant les conditions selon lesquelles il doit y être satisfait conformément aux dispositions de la section 3. Ce document informe la personne inscrite dans le fichier que les administrations de l'Etat mentionnées à l'article R. 50-52 peuvent directement interroger le fichier en application du 3° de l'article 706-25-9. Le modèle de ce document est établi par le ministre de la justice.

• Si la personne est un majeur protégé, le procureur de la République avise de la notification faite en application du présent article son représentant légal.

Article R. 50-39. – Notification – *(Décret n° 2015-1840 du 29 décembre 2015)*

• Dans les cas prévus par le 3° de l'article 706-25-4, la notification est faite par le procureur de la République selon les modalités décrites au troisième alinéa de l'article R. 50-38.

Article R. 50-40. – Enregistrement 5° article 706-25-4 – Information de la personne et remise document – *(Décret n° 2015-1840 du 29 décembre 2015)*

• Dans le cas d'un enregistrement au fichier prévu par le 5° de l'article 706-25-4, l'information de la personne et la remise du document prévu à l'article R. 50-38 sont faites par le juge d'instruction qui ordonne l'inscription au fichier.

Article R. 50-41. – Enregistrement 4° article 706-25-4 – Information de la personne et remise document – *(Décret n° 2015-1840 du 29 décembre 2015)*

• Dans les cas prévus par le 4° de l'article 706-25-4, l'information de la personne et la remise du document prévu par l'article R. 50-38 sont faites, dans les conditions fixées par les troisième et quatrième alinéas de cet article, soit par le greffe de l'établissement pénitentiaire si la personne est détenue en France, soit par le procureur de la République de Paris.

• S'il apparaît que l'adresse de la personne est inconnue, le procureur de la République fait inscrire cette personne au fichier des personnes recherchées.

Article R. 50-42. – Administration pénitentiaire – Information – *(Décret n° 2015-1840 du 29 décembre 2015)*

• L'administration pénitentiaire informe sans délai le procureur de la République du lieu de condamnation de la notification des obligations à laquelle elle a procédé conformément au quatrième alinéa de l'article R. 50-38.

• Si la personne a été condamnée à l'étranger, l'administration pénitentiaire informe le procureur de la République compétent en application de l'article R. 50-31.

Section III

Obligations incombant à la personne inscrite dans le fichier

Article R. 50-43. – Inscription – *(Décret n° 2015-1840 du 29 décembre 2015)*

• Le procureur de la République qui inscrit la personne au fichier en application des 1° à 4° de l'article 706-25-4, ou le juge d'instruction en application du 5° de l'article 706-25-4, procède dans le même temps à son inscription au fichier des personnes recherchées en application du onzième alinéa de l'article 706-25-7.

Article R. 50-44. – Justification et déclaration de changement d'adresse – Déclaration préalable de déplacement – *(Décret n° 2015-1840 du 29 décembre 2015)*

• La justification et la déclaration de changement d'adresse prévues par l'article 706-25-7 se font au moyen de tout document de moins de trois mois au nom de l'intéressé établissant la réalité de son domicile, notamment d'une quittance ou d'une facture. Si le justificatif produit se rapporte au domicile d'un tiers, il doit être accompagné d'une attestation d'hébergement établie et signée par celui-ci, ainsi que d'une copie de tout document d'identité en cours de validité du signataire de l'attestation.

• La déclaration préalable de déplacement prévue aux 3° et 4° de l'article 706-25-7 précise les dates, la destination du déplacement envisagé et l'adresse où se trouvera la personne pendant ce déplacement.

Article R. 50-45. – Justificatif – *(Décret n° 2015-1840 du 29 décembre 2015)*

• Pour l'application des 1° et 2° de l'article 706-25-7, concernant les personnes résidant en France, le justificatif visé à l'article R. 50-44 est remis en personne au commissariat de police ou à la brigade territoriale de gendarmerie dont dépend le domicile de l'intéressé.

• Pour l'application des 1° et 2° de l'article 706-25-7, si l'intéressé de nationalité française réside à l'étranger, le justificatif visé à l'article R. 50-44 est remis en personne au consulat de France ou à la section consulaire de l'ambassade de France la plus proche de son domicile.

• Si l'intéressé de nationalité étrangère réside à l'étranger, le justificatif visé à l'article R. 50-44 doit être transmis par la voie postale, avec demande d'avis de réception, au gestionnaire du fichier. Dans cette dernière hypothèse, les documents justificatifs doivent être accompagnés ou revêtus d'un visa émanant soit des autorités étrangères soit des postes diplomatiques ou consulaires.

• Dans tous les cas, l'obligation de justification doit s'exécuter une première fois dans les quinze jours suivant la date à laquelle la notification des obligations a été faite puis tous les trois mois à compter de cette même date. La personne doit alors justifier de son adresse au plus tard dans les quinze jours suivant l'expiration de ce délai de trois mois.

• Cette obligation ne dispense pas la personne de déclarer et de justifier de ses éventuels changements d'adresse dans un délai de quinze jours après un changement.

• Pour l'application du 3° de l'article 706-25-7, l'intéressé doit effectuer en personne, au commissariat de police ou à la brigade territoriale de gendarmerie dont dépend son domicile, la déclaration préalable au moins quinze jours avant le déplacement envisagé.

• Pour l'application du 4° de l'article 706-25-7, si l'intéressé de nationalité française réside à l'étranger, il doit effectuer en personne au consulat de France ou à la section consulaire de l'ambassade de France la plus proche de son domicile, la déclaration préalable au moins quinze jours avant le déplacement envisagé.

• Si l'intéressé de nationalité étrangère réside à l'étranger, il doit effectuer la déclaration préalable au moins quinze jours avant le déplacement par lettre recommandée avec demande d'avis de réception auprès du gestionnaire du fichier.

Article R. 50-46. – Avis – *(Décret n° 2015-1840 du 29 décembre 2015)*

• À défaut de présentation des justificatifs et déclarations dans les délais et conditions définis à l'article R. 50-45, le service gestionnaire du fichier adresse au ministère de l'intérieur l'avis prévu par les articles 706-25-10 et R. 50-54.

• À la suite de l'enregistrement de la déclaration de tout déplacement transfrontalier, le service gestionnaire du fichier adresse au ministère de l'intérieur l'avis prévu par les articles 706-25-10 et R. 50-54.

• Le procureur de la République compétent pour la poursuite des violations des obligations de l'article 706-25-7 est celui compétent en application des articles 706-17 et suivants.

Article R. 50-47. – Peine privative de liberté – *(Décret n° 2015-1840 du 29 décembre 2015)*

• Lorsque la personne exécute une peine privative de liberté en application de la condamnation ayant entraîné son inscription au fichier, son obligation de justification d'adresse et de déclaration de changement d'adresse ne s'impose qu'à compter de sa libération définitive ou de la date d'exécution d'une mesure d'aménagement de sa peine entraînant la sortie de l'établissement pénitentiaire, autre qu'une permission de sortir.

Article R. 50-48. – Établissement public ou privé – Placement ou rétention – *(Décret n° 2015-1840 du 29 décembre 2015)*

• Lorsque la personne se trouve dans un établissement public ou privé dans lequel elle est placée ou retenue en application d'une décision judiciaire ou administrative, la justification d'adresse peut consister en une attestation délivrée par le responsable de cet établissement et adressée par lui à l'autorité compétente.

• Cette attestation est adressée au commissariat de police ou à la brigade territoriale dont dépend le domicile de l'intéressé si celui-ci réside en France.

• Si l'intéressé de nationalité française réside à l'étranger, cette attestation est adressée au consulat de France ou à la section consulaire de l'ambassade de France le plus proche de son domicile.

• Si l'intéressé de nationalité étrangère réside à l'étranger ou que son domicile n'est pas connu, cette attestation est adressée au service gestionnaire du fichier.

Article R. 50-49. – Mineur – *(Décret n° 2015-1840 du 29 décembre 2015)*

• Lorsque l'intéressé est mineur, la justification d'adresse ou la déclaration de changement d'adresse est effectuée par ses représentants légaux ou les personnes auxquelles sa garde a été confiée selon les modalités décrites dans les articles de la présente section.

Article R. 50-50. – Représentation française – *(Décret n° 2015-1840 du 29 décembre 2015)*

• L'intéressé, de nationalité française et résidant à l'étranger, ne pouvant satisfaire aux obligations résultant de l'article 706-25-7 du fait de l'absence de représentation française dans le pays étranger où il réside ou de l'absence de section consulaire dans l'ambassade ou le consulat le plus proche de son domicile, peut solliciter auprès du procureur de la République ou du juge d'instruction ayant procédé à son inscription, l'autorisation de transmettre ses justificatifs par voie postale avec demande d'avis de réception au gestionnaire du fichier.

• Le procureur de la République ou le juge d'instruction peuvent aussi en décider d'office.

• S'ils font droit à cette demande, ils en informent l'intéressé et le service gestionnaire.

• En cas de refus, la personne peut former un recours contre cette décision selon les modalités des articles R. 50-56 et suivants.

• Toute demande doit être faite, sous peine d'irrecevabilité, par lettre recommandée avec accusé de réception, ou par déclaration au greffe.

• La liste des pays sans représentation française et des postes sans section consulaire est communiquée, et mise à jour en tant que de besoin, par le ministre des affaires étrangères et du développement international au gestionnaire du fichier visé à l'article R. 50-37.

Section IV

Interrogation du fichier et information directe du ministère de l'intérieur

Article R. 50-51. – Modalités – *(Décret n° 2015-1840 du 29 décembre 2015)*

• Les autorités judiciaires, ainsi que les officiers de police judiciaire habilités, saisis dans le cadre d'une procédure mentionnée au 2° de l'article 706-25-9 ou avisés conformément à l'article R. 50-54, ainsi que les agents mentionnés au 5° de l'article 706-25-9, peuvent interroger le fichier par un système de communication électronique sécurisé à partir des critères suivants, même incomplets :

• *a)* Numéro de dossier ;

• *b)* Données d'identité ;

• *c)* Données d'adresse ou éléments de localisation ;

• *d)* Nature des infractions ;

• *e)* Date des faits ;

• *f)* Lieu de commission des faits ;

• *g)* Nature et date de la décision judiciaire ;

• *h)* Nature de peines principales ou complémentaires et mesures prononcées ;

• *i)* Personnes en défaut de justification.
• Les agents des greffes pénitentiaires habilités par les chefs d'établissement, les agents individuellement désignés et habilités du bureau du renseignement pénitentiaire de la direction de l'administration pénitentiaire, et les agents du ministère des affaires étrangères et du développement international habilités peuvent interroger le fichier par un système de communication électronique sécurisé à partir des critères suivants même incomplets :
• *a)* Numéro de dossier ;
• *b)* Données d'identité.

Article R. 50-52. – Interrogations – *(Décret n° 2015-1840 du 29 décembre 2015)*
• **I.** – En application des dispositions du 3° de l'article 706-25-9, les autorités, agents ou services mentionnés au II peuvent directement interroger le fichier, par un système de communication électronique sécurisé, à partir de la seule identité d'une personne :
• – pour toute demande de recrutement, d'affectation, d'autorisation, d'agrément, d'habilitation, ou de renouvellement de tout emploi dans la fonction publique, de tout emploi auprès d'un opérateur d'importance vitale, dans une installation classée pour la protection de l'environnement dite SEVESO, ou concernant une activité ou une profession dans le domaine de la sécurité, de l'enseignement de l'éducation, ou des transports ;
• – ainsi que pour le contrôle de l'exercice de ces activités et professions.
• **II.** – Les autorités, agents ou services mentionnés au I sont :
• 1° Les préfets ou les agents des préfectures habilités par eux à cette fin ;
• 2° Les chefs de services ou agents individuellement désignés et habilités par eux à cette fin des administrations de l'État suivantes :
• *a)* La direction chargée de la gestion des ressources humaines du ministère chargé de l'éducation nationale et de l'enseignement supérieur ;
• *b)* Les rectorats et les directions des services départementaux de l'éducation nationale ;
• *c)* La direction de la protection judiciaire de la jeunesse et ses directions régionales ;
• *d)* La direction de l'administration pénitentiaire et les directions interrégionales des services pénitentiaires ;
• *e)* La direction générale de la gendarmerie nationale et la direction générale de la police nationale dans le cadre des enquêtes administratives dont elles ont la charge ;
• *f)* La direction générale de la sécurité intérieure.
• **III.** – Les personnes mentionnées au II indiquent le motif pour lequel elles interrogent le fichier.

Article R. 50-53. – Résultat de la vérification effectuée – *(Décret n° 2015-1840 du 29 décembre 2015)*
• Lors des interrogations, les identités consultées comportent également le résultat de la vérification effectuée par le service gestionnaire du fichier conformément à l'article 706-25-5 au moyen des informations communiquées au service du casier judiciaire en application de l'article R. 64.
• Si l'intéressé est né hors de la France métropolitaine, ou si son lieu de naissance est inconnu, est inscrite la mention : « identité non vérifiable par le service ».

Article R. 50-54. – Avis – *(Décret n° 2015-1840 du 29 décembre 2015)*
• En application de l'article 706-25-10, le gestionnaire du fichier adresse quotidiennement au ministère de l'intérieur les avis relatifs aux nouvelles inscriptions initiales prévues à l'article 706-25-7, aux modifications d'adresse relatives à une inscription, aux défauts de justification d'adresse ou aux déplacements transfrontaliers.
• Il avise quotidiennement le service gestionnaire du fichier des personnes recherchées des effacements auxquels il a procédé en application des articles 706-25-6 et 706-25-12.
• Établi après consultation automatisée du traitement de données à caractère personnel relatif à la gestion nationale des personnes détenues en établissement pénitentiaire, l'avis visé au premier alinéa précise, s'il y a lieu, le nom de l'établissement où la personne intéressée est détenue, l'adresse déclarée à la sortie et la date prévisible de sa libération.
• Le service gestionnaire du fichier est habilité à mettre en œuvre la consultation automatisée du traitement de données à caractère personnel relatif à la gestion nationale des personnes détenues en établissement pénitentiaire pour les besoins du fichier tels que définis aux alinéas précédents.

Section V

Demande de rectification ou d'effacement

Article R. 50-55. – Compétence – *(Décret n° 2019-966 du 18 septembre 2019)*

• Le procureur de la République compétent, en application des dispositions de l'article 706-25-12, pour ordonner, à la demande de l'intéressé, la rectification ou l'effacement des informations figurant au fichier est celui de la dernière juridiction qui a prononcé une condamnation ayant entraîné l'inscription de l'intéressé au fichier. Dans l'hypothèse où la dernière juridiction est une cour d'appel, le procureur de la République compétent est celui du siège de la cour d'appel.

• Si l'inscription résulte de l'application du 4° de l'article 706-25-4, le procureur de la République compétent, au sens de l'alinéa précédent, est celui du tribunal judiciaire de Paris.

• Le juge d'instruction compétent, en application des dispositions de l'article 706-25-12, pour ordonner, à la demande de l'intéressé, la rectification ou l'effacement des informations figurant au fichier est celui ayant ordonné son inscription au fichier.

• La demande prévue par l'article 706-25-12 est, à peine d'irrecevabilité, adressée par lettre recommandée avec demande d'avis de réception ou effectuée par déclaration au greffe.

Article R. 50-56. – Décision – Délai – *(Décret n° 2015-1840 du 29 décembre 2015)*

• Le magistrat compétent doit faire connaître sa décision à l'intéressé, par lettre recommandée avec demande d'avis de réception dans un délai de trois mois à compter de la réception de la demande.

• À défaut de réponse dans ce délai, ou si le magistrat ne fait pas droit à la demande, l'intéressé peut saisir aux mêmes fins le juge des libertés et de la détention dans un délai de dix jours par lettre recommandée avec demande d'avis de réception ou par déclaration au greffe.

Article R. 50-57. – Ordonnance – *(Décret n° 2015-1840 du 29 décembre 2015)*

• Après avoir sollicité les réquisitions écrites du procureur de la République, le juge des libertés et de la détention statue par ordonnance motivée dans un délai de trois mois. L'ordonnance est notifiée au procureur de la République ou au juge d'instruction et, par lettre recommandée avec demande d'avis de réception, à l'intéressé.

Article R. 50-58. – Contestation – *(Décret n° 2015-1840 du 29 décembre 2015)*

• Faute pour le juge des libertés et de la détention de statuer dans le délai fixé à l'article R. 50-56 ou s'il n'est pas fait droit à sa demande, l'intéressé peut, dans un délai de dix jours, saisir le président de la chambre de l'instruction par lettre recommandée avec demande d'avis de réception ou par déclaration au greffe de la cour d'appel. À peine d'irrecevabilité, sa contestation doit être motivée.

Article R. 50-59. – Procureur de la République – Contestation – *(Décret n° 2015-1840 du 29 décembre 2015)*

• S'il est fait droit à la demande, le procureur de la République peut, dans un délai de dix jours, contester cette décision devant le président de la chambre de l'instruction. Cette contestation suspend l'exécution de la décision.

Article R. 50-60. – Président chambre de l'instruction – Ordonnance – *(Décret n° 2015-1840 du 29 décembre 2015)*

• Le président de la chambre de l'instruction statue, après avoir sollicité les réquisitions écrites du procureur général, par une ordonnance motivée dans un délai de trois mois. Cette ordonnance est notifiée au procureur de la République ou au juge d'instruction et, par lettre recommandée avec demande d'avis de réception, à l'intéressé. Elle ne peut faire l'objet d'un pourvoi en cassation que si elle ne satisfait pas, en la forme, aux conditions essentielles de son existence légale.

Article R. 50-61. – Information – *(Décret n° 2015-1840 du 29 décembre 2015)*

• S'il est fait droit aux demandes prévues par l'article 706-25-12, le procureur de la République informe le service gestionnaire du fichier de la décision, lequel procède sans délai, selon les cas, à l'effacement des données, ou à leur rectification ou à l'enregistrement dans le fichier de la nouvelle modalité de l'obligation de justification.

Article R. 50-62. – Saisine – Effacement informations – *(Décret n° 2015-1840 du 29 décembre 2015)*

• Les personnes inscrites au fichier en application du premier alinéa du B du II de l'article 19 de la loi n° 2015-912 du 25 juillet 2015 peuvent saisir le juge des libertés et de la détention aux fins d'effacement des informations les concernant dans un délai de dix jours suivant la notification de son inscription.

• Dans cette hypothèse, les délais et règles procédurales de la présente section s'appliquent.

Section VI
Conservation de la trace des interrogations et consultations

Article R. 50-63. – Durée – *(Décret n° 2015-1840 du 29 décembre 2015)*

• Le fichier conserve pendant une durée de trois ans les informations relatives aux enregistrements et interrogations dont il fait l'objet, en précisant la qualité de la personne ou de l'autorité ayant procédé à l'opération.

• Ces informations ne peuvent être consultées que par le magistrat chef du service gestionnaire du fichier ou, avec son autorisation, par les personnes qu'il habilite.

• Elles peuvent donner lieu à des exploitations statistiques.

Section VII
Effacement des données inscrites dans le fichier

Article R. 50-64. – Service gestionnaire du fichier – Modalités – *(Décret n° 2015-1840 du 29 décembre 2015)*

• Le service gestionnaire du fichier procède à l'effacement des données qui y sont inscrites :

• *a)* À l'expiration des délais prévus par l'article 706-25-6 ;

• *b)* Lorsqu'il est informé d'une des décisions mentionnées à l'avant-dernier alinéa de l'article 706-25-6 ;

• *c)* Lorsqu'il est informé du décès de la personne ;

• *d)* Lorsqu'il est informé d'une décision d'effacement prise en application de l'article 706-25-12.

• Le service gestionnaire du fichier porte à la connaissance de la personne inscrite au fichier tout retrait ou effacement la concernant.

Article R. 50-65. – Juge d'instruction ou greffier – *(Décret n° 2015-1840 du 29 décembre 2015)*

• Le juge d'instruction, ou son greffier, procède à l'effacement des données inscrites dans le fichier en cas de décision de non-lieu, de cessation ou de mainlevée de l'enregistrement au fichier.

Section VIII
Dispositions communes

Article R. 50-66. – Compétences – *(Décret n° 2015-1840 du 29 décembre 2015)*

• Les magistrats du parquet et tout fonctionnaire du parquet habilité par le procureur de la République exercent les compétences reconnues à ce magistrat pour l'application du présent chapitre.

• Il en est de même pour celles reconnues au service gestionnaire du fichier, pour les magistrats placés sous son autorité et les fonctionnaires habilités par lui.

Article R. 50-67. – Pouvoirs – *(Décret n° 2015-1840 du 29 décembre 2015)*

• Pour les décisions rendues par les cours d'appel ou, le cas échéant, par les cours d'assises, les pouvoirs reconnus au présent chapitre au juge d'instruction ou à son greffier sont exercés par le président de la chambre de l'instruction ou le greffier de cette chambre.

• Ceux reconnus au procureur de la République le sont par le procureur général, les magistrats du parquet général et tout fonctionnaire du parquet général habilité par le procureur général.

Article R. 50-68. – Enregistrement, consultation, transmission – *(Décret n° 2015-1840 du 29 décembre 2015)*

• L'enregistrement des données à caractère personnel dans le fichier est réalisé directement par les personnes autorisées ou habilitées.

• L'enregistrement et la consultation du fichier se font par l'intermédiaire de moyens de télécommunication sécurisés. La transmission de données entre le service gestionnaire du fichier et le ministère de l'intérieur se fait par un moyen informatique sécurisé.

CHAPITRE III

Des demandes tendant à la réparation du dommage causé par un acte de terrorisme

Article R. 50-69. – Renvoi de l'affaire – *(Décret n° 2022-358 du 14 mars 2022)*

• Lorsque la juridiction d'instruction ou de jugement renvoie l'affaire en application du 3e alinéa de l'article 706-16-1, une copie de la décision de renvoi et, le cas échéant, de la demande tendant à la réparation du dommage causé par un acte de terrorisme ainsi que des pièces de la procédure pénale qui paraissent utiles à l'examen de cette demande, sont aussitôt transmises par le greffe à la juridiction civile compétente en application de l'article L. 217-6 du Code de l'organisation judiciaire.

CHAPITRE IV

De la mesure judiciaire de prévention de la récidive terroriste et de réinsertion

Article R. 50-70. – Personne condamnée – Situation pénale, personnelle, sociale et familiale – *(Décret n° 2022-358 du 14 mars 2022)*

• Afin d'examiner la situation de la personne condamnée à une peine pour laquelle la mesure judiciaire de prévention de la récidive terroriste et de réinsertion est encourue, le procureur de la République antiterroriste demande au chef d'établissement pénitentiaire et au juge de l'application des peines compétent pour prendre les décisions concernant cette personne de lui transmettre les éléments concernant sa situation pénale, personnelle, sociale et familiale. Les décisions et rapports relatifs aux mesures de nature à favoriser la réinsertion dont la personne concernée a pu bénéficier pendant l'exécution de sa peine lui sont aussi adressés.

Article R. 50-71. – Saisine – Commission pluridisciplinaire des mesures de sûreté... – *(Décret n° 2022-358 du 14 mars 2022)*

• Lorsque la situation de la personne mentionnée à l'article R. 50-70 lui paraît susceptible de justifier le prononcé d'une mesure judiciaire de prévention de la récidive terroriste et de réinsertion le procureur de la République antiterroriste saisit concomitamment la commission pluridisciplinaire des mesures de sûreté mentionnée à l'article 763-10 compétente pour le ressort de la cour d'appel de Paris et le tribunal de l'application des peines de Paris. Il en informe le juge de l'application des peines compétent pour prendre les décisions concernant cette personne.

• Le procureur de la République antiterroriste communique au tribunal de l'application des peines de Paris l'ensemble des éléments relatifs aux mesures de nature à favoriser la réinsertion dont a été mis en mesure de bénéficier la personne concernée pendant l'exécution de sa peine.

Article R. 50-72. – Évaluation dangerosité – Capacité à la réinsertion – *(Décret n° 2022-358 du 14 mars 2022)*

• La commission pluridisciplinaire des mesures de sûreté mentionnée à l'article R. 50-71 procède à l'évaluation de la dangerosité de la personne concernée et de sa capacité à se réinsérer.

• Lorsqu'elle procède à cette évaluation en application du 1er alinéa, sa composition est celle prévue par l'article R. 61-8, complétée par :

• 1° Un fonctionnaire de police ou un militaire de la gendarmerie affecté ou ayant été affecté dans un service de police judiciaire spécialement chargé de la lutte contre le terrorisme désigné, pour une période de 5 ans, par le ministre de l'intérieur ;

• 2° Un représentant d'une association mentionnée à l'article 2-9 au titre du représentant d'association d'aide aux victimes prévue au 6° de l'article R. 61-8. Ce représentant ne peut toutefois avoir été victime des faits pour lesquels a été condamnée la personne dont la commission est chargée d'évaluer la dangerosité.

• Lorsque la commission pluridisciplinaire des mesures de sûreté procède à l'évaluation de la dangerosité d'une personne mineure, le 1er président de la cour d'appel désigne un vice-président de la commission choisi parmi les président ou conseillers de la chambre spéciale des mineurs de la cour d'appel dans le ressort de laquelle siège la commission. Dans ce cas, la commission est complétée par le directeur interrégional de la protection judiciaire de la jeunesse compétent dans le ressort de la cour d'appel où siège la commission, ou son représentant.

Article R. 50-73. – Placement – Centre national d'évaluation de l'administration pénitentiaire – *(Décret n° 2022-358 du 14 mars 2022)*

• Le placement de la personne concernée mentionné au 2e alinéa de l'article 706-25-17 a lieu au centre national d'évaluation de l'administration pénitentiaire sur demande du président de la commission pluridisciplinaire des mesures de sûreté.

• La durée du placement, qui ne peut ni être inférieure à 6 semaines, ni excéder 12 semaines, est déterminée par l'administration pénitentiaire.

• À l'issue du placement de la personne concernée, le centre national d'évaluation de l'administration pénitentiaire transmet au président de la commission pluridisciplinaire des mesures de sûreté un rapport d'évaluation pluridisciplinaire de dangerosité. Il communique en même temps ce rapport à la personne concernée.

Article R. 50-74. – Commission – Examens, auditions, enquêtes administratives, expertises... – *(Décret n° 2022-358 du 14 mars 2022)*

• Sur décision de son président, qui en assure la mise en œuvre, la commission pluridisciplinaire des mesures de sûreté peut procéder ou faire procéder sur l'ensemble du territoire national à tous examens, auditions, enquêtes administratives, expertises ou autres mesures utiles.

• La commission peut demander la comparution de la personne condamnée avant de donner son avis. Cette comparution est de droit si la personne condamnée en fait la demande. Elle peut être assistée de son avocat.

• À cette fin, la commission peut également utiliser les moyens de télécommunication audiovisuelle conformément aux dispositions de l'article 706-71.

• Cette commission peut consulter les éléments figurant dans le dossier individuel du condamné mentionné à l'article L. 214-1 du Code pénitentiaire.

Article R. 50-75. – Avis motivé – *(Décret n° 2022-358 du 14 mars 2022)*

• Conformément au 3e alinéa de l'article 706-25-17, la commission pluridisciplinaire des mesures de sûreté rend un avis motivé sur l'opportunité de prononcer une mesure judiciaire de prévention de la récidive terroriste et de réinsertion au regard la dangerosité de la personne concernée et de sa capacité à se réinsérer. Cet avis est adressé sans délai au tribunal de l'application des peines de Paris.

Article R. 50-76. – Saisine – Service pénitentiaire d'insertion et de probation – *(Décret n° 2022-358 du 14 mars 2022)*

• Le tribunal de l'application des peines de Paris saisit le service pénitentiaire d'insertion et de probation territorialement compétent au regard du lieu de détention de la personne concernée qui lui communique toute proposition de mesures propres à favoriser la réinsertion de la personne concernée et l'acquisition des valeurs de la citoyenneté.

Article R. 50-77. – Dossier de la procédure – *(Décret n° 2022-358 du 14 mars 2022)*

• La personne concernée ou son avocat peut se faire délivrer copie de tout ou partie des pièces du dossier de la procédure conformément aux dispositions de l'article R. 165. Le dossier de la procédure peut également être consulté au greffe du tribunal de l'application des peines de Paris.

Article R. 50-78. – Tribunal d'application des peines – Désignation d'un établissement d'accueil – *(Décret n° 2022-358 du 14 mars 2022)*

• Lorsque le tribunal d'application des peines ordonne que la prise en charge de la personne soumise à une mesure judiciaire de prévention de la récidive terroriste et de réinsertion aura lieu au sein d'un établissement d'accueil adapté, sa décision désigne l'établissement concerné et fixe la durée de la prise en charge.

Article R. 50-79. – Respect des obligations – *(Décret n° 2022-358 du 14 mars 2022)*

• Dans l'exercice des compétences prévues au 5e alinéa du I de l'article 706-25-16, le juge de l'application des peines du tribunal judiciaire de Paris mandate le service pénitentiaire d'insertion et de probation territorialement compétent au regard du lieu de résidence habituelle de la personne concernée ou, à défaut, celui de Paris, pour veiller au respect des obligations. Ce service rend compte régulièrement à ce magistrat.

• Il est tenu par le juge de l'application des peines du tribunal judiciaire de Paris pour chaque personne soumise à une mesure judiciaire de prévention de la récidive terroriste et de réinsertion un dossier relatif au déroulement de la mesure. Ce dossier peut être consulté par la personne concernée et son avocat au greffe du juge de l'application des peines.

Article R. 50-80. – Information du J.A.P. – *(Décret n° 2022-358 du 14 mars 2022)*

• La personne concernée par la mesure judiciaire de prévention de la récidive terroriste et de réinsertion peut à tout moment informer le juge de l'application des peines du tribunal judiciaire de Paris de l'évolution de sa situation.

• Le juge de l'application des peines du tribunal judiciaire de Paris peut, chaque fois qu'il l'estime nécessaire, décider d'office par une ordonnance motivée d'adapter les obligations auxquelles la personne est astreinte, afin de faciliter l'exécution de la mesure et de garantir la réalisation des buts poursuivis. Cette ordonnance n'est pas susceptible de recours.

• Les ordonnances prévues par le présent article sont notifiées au procureur de la République antiterroriste et à la personne concernée par lettre recommandée. Une copie de l'ordonnance est également adressée par lettre recommandée ou par télécopie à l'avocat de la personne concernée.

Article R. 50-81. – Demande de mainlevée ou modification de la mesure – *(Décret n° 2022-358 du 14 mars 2022)*

• La demande de la personne concernée par la mesure judiciaire de prévention de la récidive terroriste et de réinsertion tendant à la mainlevée ou la modification de la mesure est adressée au tribunal de l'application des peines de Paris.

• Conformément à la 1re phrase du dernier alinéa de l'article 706-25-18, la personne concernée par la mesure judiciaire de prévention de la récidive terroriste et de réinsertion peut demander au tribunal de l'application des peines de Paris la mainlevée de la mesure après un délai de 3 mois à compter de la décision définitive l'ayant ordonnée. Il est mis fin d'office à la mesure si le tribunal n'a pas statué dans un délai de 3 mois à compter de la réception de la demande. En cas de rejet de la demande, aucune autre demande de mainlevée de la mesure ne peut être déposée avant l'expiration d'un délai de 3 mois.

• Lorsqu'il est saisi par la personne concernée d'une demande de modification de la mesure judiciaire de prévention de la récidive terroriste ou de réinsertion, le tribunal de l'application des peines de Paris doit statuer dans un délai de 3 mois à compter de la réception de la demande. À défaut, la personne concernée peut directement saisir de sa demande, par lettre recommandée, la chambre de l'application des peines de la cour d'appel qui dispose du délai d'un mois pour statuer.

Article R. 50-82. – Saisine – Tribunal de l'application des peines de Paris – *(Décret n° 2022-358 du 14 mars 2022)*

• Lorsque le tribunal de l'application des peines de Paris est saisi aux fins de modification ou de mainlevée de la mesure judiciaire de prévention de la récidive terroriste et de réinsertion en application des dispositions de la 1re phrase du dernier alinéa de l'article 706-25-18, il statue dans les mêmes conditions que celles prévues lorsqu'il ordonne une mesure judiciaire de prévention de la récidive terroriste et de réinsertion.

Article R. 50-83. – Conditions renouvellement mesure judiciaire – *(Décret n° 2022-358 du 14 mars 2022)*

• Lorsqu'il estime que les conditions du renouvellement de la mesure judiciaire de prévention de la récidive terroriste et de réinsertion mentionnées au III de l'article 706-25-16 sont réunies, le procureur de la République antiterroriste saisit la commission pluridisciplinaire des mesures de sûreté mentionnée à l'article R. 50-71 et le tribunal de l'application des peines de Paris.

• L'article R. 50-74 est applicable. L'avis motivé mentionné à l'article R. 50-75 est rendu 3 mois au moins avant la fin de la mesure. Cet avis est porté à la connaissance de la personne concernée par lettre recommandée.

• Le tribunal de l'application des peines de Paris se prononce avant l'expiration de la mesure dans les mêmes conditions que celles prévues lorsqu'il ordonne une mesure judiciaire de prévention de la récidive terroriste et de réinsertion.

Article R. 50-84. – Suspension + 6 mois obligations mesure – Détention personne concernée – *(Décret n° 2022-358 du 14 mars 2022)*

• En cas de suspension de plus de 6 mois des obligations de la mesure en raison de la détention de la personne concernée conformément à l'article 706-25-20, le procureur de la République antiterroriste saisit le tribunal de l'application des peines de Paris avant la cessation de la détention, aux fins de confirmation de la reprise d'une ou de plusieurs des obligations de la mesure judiciaire de prévention de la récidive terroriste et de réinsertion.

• Le tribunal de l'application des peines de Paris statue dans les mêmes conditions que celles prévues lorsqu'il ordonne une mesure judiciaire de prévention de la récidive terroriste et de réinsertion.

Article R. 50-85. – Décisions – Appel – *(Décret n° 2022-358 du 14 mars 2022)*

• Les décisions du tribunal de l'application des peines de Paris mentionnées au présent chapitre peuvent être attaquées par la voie de l'appel, conformément à l'article 706-25-19, dans les conditions prévues au 2° de l'article 712-11.

TITRE XVII

DE LA POURSUITE, DE L'INSTRUCTION ET DU JUGEMENT DES INFRACTIONS EN MATIÈRE DE PROXÉNÉTISME OU DE RECOURS À LA PROSTITUTION DES MINEURS

Article R. 51. – Information – Ministère public – *(Décret n° 2007-1388 du 26 septembre 2007)*

• L'information prévue par l'article 706-37 est effectuée par lettre recommandée avec demande d'avis de réception. Lorsqu'il ressort de l'accusé de réception que le destinataire est inconnu à l'adresse indiquée, la notification est effectuée par les services de police ou de gendarmerie.

• La copie de la lettre recommandée ou le procès-verbal de police ou de gendarmerie est annexé à la procédure.

• Cette information n'est pas effectuée auprès des personnes qui font elles-mêmes l'objet des poursuites.

Article R. 51-1. – Réquisition – *(Décret n° 2007-1388 du 26 septembre 2007)*

• Dès l'engagement des poursuites, lorsque celles-ci concernent un établissement dont le propriétaire ou l'exploitant est immatriculé au registre du commerce et des sociétés, le ministère public adresse au greffier du tribunal du commerce dans le ressort duquel est situé l'établissement une réquisition afin que soient portées à ce registre les informations mentionnées à l'article 706-37.

• Cette réquisition, établie en double exemplaire, précise :

• – l'identité de l'exploitant du fonds de commerce : nom et prénoms pour les personnes physiques ou forme et dénomination sociales pour les personnes morales ;

• – l'identité de la personne poursuivie s'il ne s'agit pas de l'exploitant du fonds de commerce, la nature, le fondement et la date des poursuites engagées ;

• – l'activité et l'adresse de l'établissement concerné et, le cas échéant, le nom commercial et l'enseigne de celui-ci.

• Dès réception de la réquisition, les mentions sont portées par le greffier au registre du commerce et des sociétés et, le cas échéant, aux registres sur lesquels sont inscrits les privilèges et les sûretés. L'un des exemplaires de la réquisition est conservé au greffe en annexe du registre du commerce et des sociétés, l'autre est retourné au ministère public après apposition par le greffier d'une mention certifiant l'accomplissement des formalités requises et la date à laquelle celles-ci ont été effectuées. Le greffier joint à cet envoi un extrait actualisé du registre du commerce et des sociétés et, le cas échéant, un relevé des sûretés inscrites.

• Il est procédé dans les mêmes formes lorsqu'intervient la décision judiciaire définitive.

• En cas de non-lieu ou de relaxe, le ministère public adresse au greffier, selon les modalités définies au deuxième alinéa, une réquisition aux fins de radiation des mentions prévues ci-dessus. Le greffier procède aux radiations requises, annexe au registre du commerce et des sociétés un exemplaire de la réquisition et adresse l'autre exemplaire au ministère public après y avoir apposé une mention certifiant l'accomplissement des formalités requises et la date à laquelle celles-ci ont été effectuées. Il joint à cet envoi un extrait actualisé du registre du commerce et des sociétés et, le cas échéant, un relevé des sûretés inscrites.

TITRE XIX

DE LA PROCÉDURE APPLICABLE AUX INFRACTIONS DE NATURE SEXUELLE ET AUX MINEURS VICTIMES

CHAPITRE Ier

De l'administrateur ad hoc

Section I

De la liste des administrateurs *ad hoc*

Article R. 53. – Liste – *(Décret n° 2019-966 du 18 septembre 2019)*

• Il est dressé tous les 4 ans, dans le ressort de chaque cour d'appel, une liste sur laquelle sont inscrits les administrateurs ad hoc. Elle peut faire l'objet, en tant que de besoin, de mises à jour annuelles.

• La liste des administrateurs ad hoc est tenue à la disposition du public dans les locaux du secrétariat-greffe de la cour d'appel et des tribunaux judiciaires. Elle peut également être affichée dans ces locaux.

Article R. 53-1. – Conditions d'inscription – *(Décret n° 2020-128 du 18 février 2020)*

• Une personne physique ne peut être inscrite sur la liste que si elle réunit les conditions suivantes :

• 1° Etre âgée de 30 ans au moins et de 70 ans au plus ;

• 2° S'être signalée depuis un temps suffisant par l'intérêt qu'elle porte aux questions de l'enfance et par sa compétence ;

• 3° Avoir sa résidence dans le ressort de la cour d'appel ou des cours d'appel limitrophes ;

• 4° N'avoir pas été l'auteur de faits ayant donné lieu à condamnation pénale ou à sanction disciplinaire ou administrative pour agissements contraires à l'honneur, à la probité et aux bonnes mœurs ;

• 5° N'avoir pas été frappée de faillite personnelle ou d'une autre sanction en application du titre VI de la loi n° 85-98 du 25 janvier 1985 relative au redressement et à la liquidation judiciaires des entreprises.

Article R. 53-2. – Personne morale – *(Décret n° 2005-627 du 30 mai 2005)*
• En vue de l'inscription d'une personne morale sur une liste d'administrateurs ad hoc, il doit être justifié :
• 1° Que les dirigeants de la personne morale remplissent les conditions prévues aux 4° et 5° de l'article précédent ;
• 2° Que chacune des personnes susceptibles d'exercer pour le compte de la personne morale une mission d'administrateur ad hoc remplit les conditions prévues audit article.

Article R. 53-3. – Demande d'inscription – *(Décret n° 2019-966 du 18 septembre 2019)*
• Les demandes d'inscription sont adressées au procureur de la République près le tribunal judiciaire dans le ressort duquel le candidat a sa résidence. Le procureur instruit les demandes. Il recueille l'avis du juge d'instruction, du juge des tutelles et, le cas échéant, du juge des enfants.
• Il transmet le dossier, pour avis de l'assemblée générale de la juridiction, au président du tribunal judiciaire.
• Le procureur de la République transmet ensuite le dossier avec l'avis de l'assemblée générale du tribunal au procureur général qui en saisit le 1er président de la cour d'appel aux fins d'examen par l'assemblée générale de la cour.
• L'assemblée générale dresse la liste des administrateurs ad hoc après avoir entendu le magistrat chargé du rapport et le ministère public.

Article R. 53-4. – Nouvelle demande d'instruction – *(Décret n° 2005-627 du 30 mai 2005)*
• Tous les quatre ans, les administrateurs ad hoc figurant sur la liste prévue à l'article R. 53 formulent une nouvelle demande d'inscription qui est instruite conformément aux dispositions de l'article R. 53-3. Ils justifient à cette occasion qu'ils ont respecté les obligations résultant des missions qui leur ont été confiées, et notamment celles qui figurent à l'article R. 53-8.

Article R. 53-5. – Radiation – *(Décret n° 2005-627 du 30 mai 2005)*
• La radiation d'un administrateur ad hoc peut être prononcée chaque année par l'assemblée générale de la cour d'appel, soit à la demande de l'intéressé, soit à l'initiative du premier président ou du procureur général, après que l'intéressé ait été mis à même de présenter ses observations, dès lors que l'une des conditions prévues aux articles R. 53-1 et R. 53-2 cesse d'être remplie ou que l'administrateur ad hoc n'a pas respecté les obligations résultant de sa mission.
• En cas d'urgence, et après avoir mis l'intéressé en mesure de présenter ses observations, le premier président peut prononcer, à titre provisoire, la radiation de l'administrateur ad hoc.
• La décision de radiation ne peut donner lieu qu'à un recours devant la Cour de cassation dans un délai d'un mois.

Section II

De la désignation d'un administrateur *ad hoc*

Article R. 53-6. – Désignation à titre provisoire – *(Décret n° 2005-627 du 30 mai 2005)*
• Lorsque, dans le ressort de la cour d'appel, il n'est pas possible de désigner l'une des personnes figurant sur la liste prévue à l'article R. 53 ou que cette liste n'a pas encore été constituée, et qu'il ne peut être fait appel à l'une des personnes proches de l'enfant, la désignation d'un administrateur ad hoc en application de l'article 706-50 est faite, à titre provisoire et jusqu'à l'établissement ou la mise à jour annuelle de la liste, parmi les personnes physiques ou morales remplissant les conditions définies aux articles R. 53-1 et R. 53-2.

Article R. 53-7. – Notification – *(Décret n° 2005-627 du 30 mai 2005)*
• La désignation d'un administrateur ad hoc en application des dispositions de l'article 706-50 est notifiée aux représentants légaux du mineur et peut être contestée par ces derniers par la voie de l'appel dans un délai de dix jours à compter de la notification. Cet appel n'est pas suspensif. Il est porté devant la chambre de l'instruction ou la chambre des appels correctionnels.

Article R. 53-8. – Rapport – *(Décret n° 2005-627 du 30 mai 2005)*

• Dans les trois mois de l'achèvement de sa mission, l'administrateur ad hoc transmet à l'autorité qui l'a désigné un rapport dans lequel sont détaillées les démarches effectuées pour l'exercice de la mission définie à l'article 706-50, et précisées, le cas échéant, les formalités accomplies en vue du placement des sommes perçues par le mineur à l'occasion de la procédure.

CHAPITRE II

Du fichier judiciaire national automatisé des auteurs d'infractions sexuelles ou violentes

Article R. 53-8-1. – Contrôle du fichier – *(Décret n° 2008-1023 du 6 octobre 2008)*

• Le fichier judiciaire national automatisé des auteurs d'infractions sexuelles ou violentes est tenu sous le contrôle du magistrat dirigeant le service du casier judiciaire, qui veille au respect des dispositions du présent chapitre.

Section I

Inscription dans le fichier

Article R. 53-8-2. – Enregistrement des données – *(Décret n° 2005-627 du 30 mai 2005)*

• L'enregistrement dans le fichier des données à caractère personnel prévues aux 1° à 4° de l'article 706-53-2 est réalisé par le procureur de la République.

• L'enregistrement des données à caractère personnel prévues au 5° de l'article 706-53-2 est réalisé par le juge d'instruction ou son greffier.

• L'enregistrement des données à caractère personnel prévues au 6° de l'article 706-53-2 est réalisé par le service gestionnaire du fichier destinataire des avis adressés aux autorités françaises ou par le procureur de la République du lieu de détention où sont exécutées les peines à la suite des transfèrements des personnes condamnées.

Article R. 53-8-3. – Vérification identité – *(Décret n° 2005-627 du 30 mai 2005)*

• La vérification de l'identité des personnes inscrites au fichier prévu par le premier alinéa de l'article 706-53-2 est effectuée, lorsqu'elle est possible, au vu des informations communiquées au service du casier judiciaire conformément aux dispositions de l'article R. 64.

Article R. 53-8-4. – Décisions – *(Décret n° 2005-627 du 30 mai 2005)*

• Le procureur de la République informe sans délai le gestionnaire du fichier des décisions de relaxe ou d'acquittement intervenues dans les procédures ayant donné lieu à enregistrement au fichier une fois acquis leur caractère définitif.

• Le juge d'instruction ou son greffier, enregistre les décisions de non-lieu, de cessation ou de mainlevée du contrôle judiciaire dans les procédures ayant donné lieu à enregistrement au fichier.

Article R. 53-8-5. – Détention – Obligations – *(Décret n° 2011-1729 du 2 décembre 2011)*

• L'administration pénitentiaire informe sans délai le procureur de la République du lieu de condamnation, ou celui de Nantes si la personne a été condamnée à l'étranger, de la notification des obligations à laquelle elle a procédé conformément à l'article R. 53-8-9.

• L'agent du greffe pénitentiaire spécialement habilité enregistre sans délai dans le fichier la date de mise sous écrou et de libération, l'adresse du domicile déclaré par la personne libérée, si elle est différente du dernier domicile enregistré et, sur instruction du procureur de la République, la date de la notification à laquelle il a été procédé conformément à l'article R. 53-8-9.

Article R. 53-8-6. – Adresse – *(Décret n° 2005-627 du 30 mai 2005)*

• Les agents des services de police ou des unités de gendarmerie spécialement habilités enregistrent dans le fichier les justifications d'adresse ou de changement d'adresse dont ils ont eu connaissance en application des dispositions de l'article 706-53-5 ou du deuxième alinéa de l'article 706-53-8.

Article R. 53-8-7. – Données à caractère personnel – *(Décret n° 2017-1522 du 2 novembre 2017)*

• Pour chaque personne faisant l'objet d'une inscription au fichier, sont enregistrées les données à caractère personnel suivantes :

• 1° Informations relatives à la personne elle-même :

• – nom, prénom, sexe, date et lieu de naissance de la personne, la ou les nationalités, ainsi que le cas échéant alias, changement de nom et nom d'usage ; sont également enregistrées les informations relatives à la filiation de la personne, si cette personne ne figure pas au répertoire national d'identification des personnes physiques, ces informations ne pouvant toutefois constituer un critère de recherche ;

• – adresses successives du domicile et de la ou des résidences de la personne, ou du lieu où elle a fait élection de domicile dans les conditions prévues à l'article L. 264-1 du Code de l'action sociale et des familles, ainsi que le cas échéant les dates correspondantes ;

• 2° Informations relatives à la ou aux décisions ayant donné lieu à l'enregistrement :

• – nature et date de la décision ;

• – juridiction ayant prononcé la décision ;

• – peines principales ou complémentaires ou mesures prononcées ;

• – nature de l'infraction ou des infractions pour lesquelles la personne est poursuivie ou condamnée ;

• – lieu des faits ;

• – date des faits ;

• – caractère exprès de l'enregistrement ;

• – date de notification des obligations prévues par l'article 706-53-6 et de l'alinéa 2 du II de l'article 216 de la loi n° 2004-204 du 9 mars 2004 ;

• – date d'exécution ou de fin d'exécution de la peine ou de la mesure ;

• – le cas échéant, dates de mise sous écrou et de libération ;

• 3° Informations diverses :

• – dates de justification d'adresse ;

• – périodicité de l'obligation de présentation si elle existe ;

• – décisions prises en application de l'article 706-53-10 et de l'alinéa 2 du I de l'article 216 de la loi n° 2004-204 du 9 mars 2004 ;

• – le cas échéant, date et motif de l'inscription au fichier des personnes recherchées.

Article R. 53-8-8. – Contrôle – *(Décret n° 2005-627 du 30 mai 2005)*

• Le gestionnaire du fichier contrôle la validité des informations enregistrées et, selon le cas, refuse ou efface les enregistrements qui ne respectent pas les exigences légales.

Section II

Information de la personne inscrite dans le fichier

Article R. 53-8-9. – Information – *(Décret n° 2021-682 du 27 mai 2021)*

• L'information des personnes condamnées est faite conformément aux dispositions du présent article.

• Lorsque la personne est présente à l'audience, l'information relative à son inscription dans le fichier et la notification de ses obligations sont faites par le président de la juridiction ou le greffier ou l'agent du greffe qu'il désigne. Toutefois, il n'est pas procédé lors de l'audience à la notification de ses obligations à la personne placée ou maintenue en détention en application de la condamnation justifiant son inscription au fichier.

• À défaut, la notification est faite par le procureur de la République, ou par un agent placé sous son autorité ou un délégué du procureur de la République désignés par lui, ou par lettre recommandée avec demande d'avis de réception. S'il apparaît que l'adresse de la personne est inconnue, le procureur de la République fait inscrire cette personne au fichier des personnes recherchées.

• Lorsqu'il résulte de la consultation du fichier effectuée par l'agent du greffe spécialement habilité par le chef de l'établissement pénitentiaire conformément au 4° de l'article 706-53-7, que la personne incarcérée n'a pas fait l'objet de l'information mentionnée à l'article 706-53-6, cette information lui est donnée par le greffe de l'établissement pénitentiaire, sur instruction du procureur de la République, soit au moment de sa libération définitive ou préalablement à la 1re mesure d'aménagement de sa peine entraînant la sortie de l'établissement pénitentiaire, autre qu'une permission de sortir, si elle exécute une peine privative de liberté en application de la condamnation ayant entraîné son inscription au fichier, soit immédiatement, si elle est détenue pour une autre cause.

• Dans tous les cas, il lui est remis contre récépissé ou adressé en annexe du courrier prévu au deuxième alinéa un document récapitulant ses obligations et précisant les conditions selon lesquelles il doit y être satisfait conformément aux dispositions des articles R. 53-8-13 à R. 53-8-15. Ce document informe la personne inscrite dans le fichier que les administrations de l'État mentionnées à l'article R. 53-8-24 peuvent directement interroger le fichier en application du 1er alinéa du 3° de l'article 706-53-7. Le modèle de ce document est fixé par le ministre de la justice.

• Si la personne est un majeur protégé, le procureur de la République avise de la notification faite en application du présent article son représentant légal nommé par décision judiciaire.

Article R. 53-8-10. – Composition pénale – *(Décret n° 2005-627 du 30 mai 2005)*

• En cas de composition pénale prévue par le 3° de l'article 706-53-2, l'information de la personne est faite par le procureur de la République ou le délégué du procureur qui remet le document prévu à l'article R. 53-8-9 à l'intéressé.

Article R. 53-8-11. – Notification des obligations – *(Décret n° 2011-1729 du 2 décembre 2011)*

• Dans les cas prévus par le 4° de l'article 706-53-2, le magistrat ou la juridiction qui rend la décision informe l'intéressé et lui notifie ses obligations soit oralement soit par lettre recommandée avec accusé de réception. À défaut, la notification est faite par le procureur de la République selon les modalités décrites au troisième alinéa de l'article R. 53-8-9. Le document prévu à l'avant-dernier alinéa de l'article R. 53-8-9 est remis ou adressé à l'intéressé.

Article R. 53-8-12. – Placement sous contrôle judiciaire – *(Décret n° 2005-627 du 30 mai 2005)*

• Dans le cas d'un placement sous contrôle judiciaire prévu par le 5° de l'article 706-53-2, l'information de la personne et la remise du document prévu à l'article R. 53-8-9 sont faites par le juge d'instruction qui ordonne l'inscription au fichier, même si la mesure de contrôle a été ordonnée par le juge des libertés et de la détention.

Article R. 53-8-12-1. – Information et remise document – *(Décret n° 2011-1729 du 2 décembre 2011)*

• Dans les cas prévus par le 6° de l'article 706-53-2, l'information de la personne et la remise du document prévu par l'article R. 53-8-9 sont faites, dans les conditions fixées par les troisième et quatrième alinéas de cet article, soit par le greffe de l'établissement pénitentiaire si la personne est détenue en France, soit par le procureur de la République de Nantes. S'il apparaît que l'adresse de la personne est inconnue, le procureur de la République de Nantes fait inscrire cette personne au fichier des personnes recherchées.

Section III
Obligations incombant à la personne inscrite dans le fichier

Article R. 53-8-13. – Changement d'adresse – *(Décret n° 2017-1522 du 2 novembre 2017)*

• La justification et la déclaration de changement d'adresse prévues par l'article 706-53-5 se font au moyen de tout document de moins de 3 mois au nom de l'intéressé établissant la réalité de son domicile, notamment d'une quittance ou d'une facture. Si le justificatif produit se rapporte au domicile d'un tiers, il doit être accompagné d'une attestation d'hébergement établie et signée par celui-ci.

• Lorsque la personne a fait élection de domicile dans les conditions prévues à l'article L. 264-1 du Code de l'action sociale et des familles, la justification et la déclaration de changement de domicile se font au moyen de l'attestation d'élection de domicile prévue à l'article L. 264-2 du même code, en cours de validité.

Article R. 53-8-14. – Justificatif – *(Décret n° 2017-1522 du 2 novembre 2017)*

• Pour l'application des 1° et 2° de l'article 706-53-5, le justificatif visé au 1er alinéa de l'article R. 53-8-13 est remis ou adressé par lettre recommandée avec demande d'avis de réception au commissariat de police ou à la brigade territoriale de gendarmerie dont dépend le domicile de l'intéressé dans le courant du mois de la date anniversaire de sa naissance. Si l'état civil déclaré par l'intéressé ne permet pas de déterminer ou de connaître le mois de sa naissance, le justificatif est remis ou adressé dans le courant du mois de janvier. Lorsque la personne a fait élection de domicile dans les conditions prévues à l'article L. 264-1 du Code de l'action sociale et des familles, le justificatif visé au 2e alinéa de l'article R. 53-8-13 est soit remis ou adressé par lettre recommandée avec demande d'avis de réception au commissariat de police ou à la brigade territoriale de gendarmerie dont dépend le lieu où il a élu domicile soit remis au commissariat de police ou la brigade de gendarmerie le plus proche du lieu où se trouve la personne à la date à laquelle cette justification doit intervenir.

• Le justificatif est également remis ou adressé dans les 15 jours suivant la date à laquelle la notification des obligations a été faite ou adressée à la personne, sauf si cette notification intervient moins de 2 mois avant le 1er jour du mois anniversaire de sa naissance ou sauf si l'intéressé, en raison d'une précédente inscription dans le fichier, est déjà tenu de justifier de son adresse.

Article R. 53-8-15. – Remise de justificatif – *(Décret n° 2017-1522 du 2 novembre 2017)*

• Pour satisfaire à l'obligation de présentation visée au 5e alinéa de l'article 706-53-5, le justificatif visé au 1er alinéa de l'article R. 53-8-13 est remis en personne par l'intéressé soit au commissariat ou à l'unité de gendarmerie de son domicile, soit au groupement de gendarmerie départemental ou à la direction départementale de la sécurité publique dont dépend son domicile ou au service désigné par la préfecture de police de Paris dans les autres cas, dans les 15 premiers jours du mois de la date anniversaire visée à l'article R. 53-8-14 et dans les 15 premiers jours du 6e mois suivant. Lorsque la personne a fait élection de domicile dans les conditions prévues à l'article L. 264-1 du Code de l'action sociale et des familles, le justificatif visé au 2e alinéa de l'article R. 53-8-13 est remis en personne par l'intéressé soit au commissariat ou à l'unité de gendarmerie, soit au groupement de gendarmerie départemental ou à la direction départementale de la sécurité publique dont dépend le lieu où il a élu domicile ou le plus proche du lieu où il se trouve à la date à laquelle doit intervenir cette justification.

• Le justificatif est également remis en personne par l'intéressé dans les 15 jours suivant la date à laquelle la notification des obligations lui a été donnée ou adressée, sauf si cette notification intervient moins de 2 mois avant le 1er jour du mois anniversaire ou sauf si l'intéressé, en raison d'une précédente inscription dans le fichier, est déjà tenu de justifier de son adresse.

• Si le condamné est tenu à une obligation de présentation mensuelle, celle-ci doit intervenir dans les 15 premiers jours de chaque mois, le condamné devant produire le justificatif de son adresse à chaque présentation ; les dispositions du 2e alinéa ne sont alors pas applicables.

Article R. 53-8-16. – Avis – *(Décret n° 2011-1729 du 2 décembre 2011)*

• À défaut de réception du courrier visé au premier alinéa de l'article R. 53-8-14 dans les huit jours des dates définies à l'article R. 53-8-14, le service gestionnaire du fichier adresse au ministère de l'intérieur l'avis prévu par les articles 706-53-8 et R. 53-8-26.

• À défaut de présentation dans les délais définis à l'article R. 53-8-15, le service gestionnaire du fichier adresse au ministère de l'intérieur l'avis prévu par les articles 706-53-8 et R. 53-8-26.

Article R. 53-8-17. – Obligation de présentation – *(Décret n° 2008-1023 du 6 octobre 2008)*

• L'obligation de présentation prévue par le cinquième alinéa de l'article 706-53-5 est exécutée, tous les mois, tous les six mois ou tous les ans selon les cas, dans les périodes déterminées en application des dispositions qui précèdent.

• Cette obligation ne dispense pas la personne de déclarer ses éventuels changements d'adresse.

Article R. 53-8-18. – Personne résidant à l'étranger – *(Décret n° 2011-1729 du 2 décembre 2011)*

• Lorsque la personne réside à l'étranger, la justification de son adresse se fait par lettre recommandée avec demande d'avis de réception adressée au service gestionnaire du fichier.

• Les documents justificatifs doivent alors être accompagnés ou revêtus d'un visa émanant soit des autorités étrangères soit des postes diplomatiques ou consulaires.

• Durant le séjour à l'étranger, l'obligation de présentation, si elle existe, est suspendue sans que cette suspension ait d'incidence sur la durée de l'inscription de la personne dans le fichier.

• Si la personne établit à nouveau sa résidence sur le territoire national, elle est tenue de signaler son changement d'adresse dans un délai de quinze jours au plus tard, conformément au 2° de l'article 706-53-5.

Article R. 53-8-19. – Peine privative de liberté – *(Décret n° 2005-627 du 30 mai 2005)*

• Lorsque la personne exécute une peine privative de liberté en application de la condamnation ayant entraîné son inscription au fichier, son obligation de justification d'adresse, de déclaration de changement d'adresse et, le cas échéant, de présentation, ne naît qu'à compter de sa libération définitive ou de la date d'exécution d'une mesure d'aménagement de sa peine entraînant la sortie de l'établissement pénitentiaire, autre qu'une permission de sortir.

Article R. 53-8-20. – Établissement public ou privé – *(Décret n° 2011-1729 du 2 décembre 2011)*

• Lorsque la personne se trouve dans un établissement public ou privé dans lequel elle est placée, retenue ou détenue en application d'une décision judiciaire ou administrative, la justification d'adresse peut consister en une attestation délivrée par le responsable de cet établissement. Cette attestation est adressée par ce responsable, qui a été informé de la situation juridique de la personne soit par l'intéressé soit par l'autorité ayant pris la décision, au commissariat de police ou à la brigade territoriale dont dépend le domicile de l'intéressé si celui-ci réside en France, ou, s'il réside à l'étranger ou que son domicile n'est pas connu, au service gestionnaire du fichier.

Article R. 53-8-21. – *(Abrogé – Décret n° 2021-682 du 27 mai 2021)*

Article R. 53-8-22. – *(Abrogé – Décret n° 2017-1522 du 2 novembre 2017)*

Section IV

Interrogation du fichier et information directe du ministère de l'intérieur

Article R. 53-8-23. – Interrogation – *(Décret n° 2011-1729 du 2 décembre 2011)*

• Des autorités judiciaires, ainsi que les officiers de police judiciaire spécialement habilités, saisis dans le cadre d'une procédure mentionnée au 2° de l'article 706-53-7 ou avisés conformément à l'article R. 53-8-26, peuvent interroger le fichier à partir des critères suivants, même incomplets :

• « – numéro de dossier ;
• « – données d'identité ;
• « – données d'adresse ou éléments de localisation ;
• « – nature des infractions ;
• « – date des faits ;
• « – lieu de commission des faits ;
• « – nature et date de la décision judiciaire ;
• « – nature de peines principales ou complémentaires et mesures prononcées ;
• « – personnes en défaut de justification.

Article R. 53-8-24. – Système de télécommunication sécurisé – *(Décret n° 2020-1545 du 9 décembre 2020)*

• **I.** – En application des dispositions du 3° de l'article 706-53-7, peuvent directement interroger le fichier, par un système de télécommunication sécurisé, à partir de la seule identité d'une personne ayant formé une demande de recrutement, d'affectation, d'autorisation, d'agrément ou d'habilitation concernant une activité ou une profession impliquant un contact avec des mineurs ou dont l'exercice d'une telle activité ou profession doit être contrôlé :

• 1° Les préfets ou les agents des préfectures spécialement habilités par eux à cette fin ;

• 2° Les chefs de services ou agents individuellement désignés et spécialement habilités par eux à cette fin des administrations de l'État suivantes :

• *a)* La direction chargée de la gestion des ressources humaines du ministère chargé de l'éducation nationale et de l'enseignement supérieur ;

• *b)* Les rectorats et les inspections académiques ;

• *c)* La direction de la protection judiciaire de la jeunesse et ses directions régionales ;

• *d)* La direction de l'administration pénitentiaire et les directions interrégionales des services pénitentiaires ;

• *e)* La direction de la jeunesse et de l'éducation populaire et la direction des sports ;

• *f)* Les directions régionales de l'économie, de l'emploi, du travail et des solidarités, les délégations régionales académiques à la jeunesse, à l'engagement et aux sports, les directions départementales de la cohésion sociale et les directions départementales interministérielles chargées de la cohésion sociale.

• 3° Les directeurs généraux des agences régionales de santé.

• **II.** – Les personnes mentionnées au I indiquent le motif pour lequel elles interrogent le fichier.

Nota: Conformément à l'article 30 du décret n° 2020-1545 du 09/12/2020, ces dispositions entre en vigueur le 1er avril 2021.

Article R. 53-8-25. – Identités consultées – *(Décret n° 2005-627 du 30 mai 2005)*

• Lors des interrogations, les identités consultées comportent également le résultat de la vérification effectuée par le service gestionnaire du fichier conformément à l'article 706-53-3 au moyen des informations communiquées au service du casier judiciaire en application de l'article R. 64.

• Si l'intéressé est né hors de la France métropolitaine, si son lieu de naissance est inconnu ou s'il est âgé de moins de douze ans, est inscrite la mention: « identité non vérifiable par le service ».

Article R. 53-8-26. – Avis – *(Décret n° 2011-1729 du 2 décembre 2011)*

• En application de l'article 706-53-8, le gestionnaire du fichier adresse quotidiennement au ministère de l'intérieur les avis relatifs aux nouvelles inscriptions, aux modifications d'adresse relatives à une inscription ou aux défauts de justification d'adresse.

• Il avise quotidiennement le service gestionnaire du fichier des personnes recherchées des effacements auxquels il a procédé en application des articles 706-53-4 et 706-53-10.

• Établi après consultation automatisée du fichier national des personnes incarcérées, l'avis visé au premier alinéa précédent précise, s'il y a lieu, le nom de l'établissement où la personne intéressée est détenue, l'adresse déclarée à la sortie et la date prévisible de sa libération.

• Le service gestionnaire du fichier est habilité à mettre en œuvre la consultation automatisée du fichier national des personnes incarcérées pour les besoins du fichier tels que définis aux alinéas précédents.

Section V

Demande de rectification, d'effacement ou de limitation de l'obligation de présentation

Article R. 53-8-27. – Rectification – Effacement – *(Décret n° 2019-966 du 18 septembre 2019)*

• Le procureur de la République compétent, en application des dispositions de l'article 706-53-10, pour ordonner, à la demande de l'intéressé, la rectification ou l'effacement des informations figurant au fichier ou la limitation à 6 mois ou à 1 an de l'obligation de présentation est celui de la dernière juridiction qui a prononcé une condamnation ayant entraîné l'inscription de l'intéressé au fichier. Dans l'hypothèse où la dernière juridiction est une cour d'appel, le procureur de la République compétent est celui du siège de la cour d'appel.

• Si l'inscription résulte de l'application du 6° de l'article 706-53-2, le procureur de la République compétent, au sens de l'alinéa précédent, est celui du tribunal judiciaire de Nantes.

• La demande prévue par l'article 706-53-10 doit, à peine d'irrecevabilité, être adressée par lettre recommandée avec demande d'avis de réception ou effectuée par déclaration au greffe.

Article R. 53-8-28. – Décision – *(Décret n° 2011-1729 du 2 décembre 2011)*

• Le magistrat compétent doit faire connaître sa décision à l'intéressé, par lettre recommandée avec demande d'avis de réception dans un délai de deux mois à compter de la réception de la demande. Ce délai est porté à quatre mois si une expertise est ordonnée.

• À défaut de réponse dans ce délai, ou si le magistrat ne fait pas droit à la demande, l'intéressé peut saisir aux mêmes fins le juge des libertés et de la détention dans un délai de dix jours par lettre recommandée avec demande d'avis de réception ou par déclaration au greffe.

Article R. 53-8-29. – Ordonnance – Juge des libertés et de la détention – *(Décret n° 2011-1729 du 2 décembre 2011)*

• Après avoir sollicité les réquisitions écrites du procureur de la République, le juge des libertés et de la détention statue par ordonnance motivée dans un délai de deux mois. Ce délai est porté à quatre mois si une expertise est ordonnée. L'ordonnance est notifiée au procureur de la République et par lettre recommandée avec demande d'avis de réception à l'intéressé.

Article R. 53-8-30. – Saisine du président de la chambre de l'instruction – *(Décret n° 2011-1729 du 2 décembre 2011)*

• Faute pour le juge des libertés et de la détention de statuer dans le délai fixé à l'article R. 53-8-29 ou s'il n'est pas fait droit à sa demande, l'intéressé peut, dans un délai de dix jours, saisir le président de la chambre de l'instruction par lettre recommandée avec demande d'avis de réception ou par déclaration au greffe de la cour d'appel. À peine d'irrecevabilité, sa contestation doit être motivée.

Article R. 53-8-31. – Contestation – *(Décret n° 2005-627 du 30 mai 2005)*

• S'il est fait droit à la demande, le procureur de la République peut, dans un délai de dix jours, contester cette décision devant le président de la chambre de l'instruction. Cette contestation suspend l'exécution de la décision.

Article R. 53-8-32. – Ordonnance – Président chambre de l'instruction – *(Décret n° 2011-1729 du 2 décembre 2011)*

• Le président de la chambre de l'instruction statue, après avoir sollicité les réquisitions écrites du procureur général, par une ordonnance motivée dans un délai de deux mois. Ce délai est porté à quatre mois si une expertise est ordonnée. Cette ordonnance est notifiée au procureur de la République et par lettre recommandée avec demande d'avis de réception à l'intéressé. Elle ne peut faire l'objet d'un pourvoi en cassation que si elle ne satisfait pas, en la forme, aux conditions essentielles de son existence légale.

Article R. 53-8-33. – Service gestionnaire du fichier – *(Décret n° 2005-627 du 30 mai 2005)*

• S'il est fait droit aux demandes prévues par l'article 706-53-10, le procureur de la République informe le service gestionnaire du fichier de la décision, lequel procède sans délai, selon les cas, à l'effacement des données, à leur rectification ou à l'enregistrement dans le fichier de la nouvelle périodicité de l'obligation de comparution.

Section VI
Conservation de la trace des interrogations et consultations

Article R. 53-8-34. – Conservation – *(Décret n° 2005-627 du 30 mai 2005)*

• Le fichier conserve pendant une durée de trois ans les informations relatives aux enregistrements et interrogations dont il fait l'objet, en précisant la qualité de la personne ou autorité ayant procédé à l'opération.

• Ces informations ne peuvent être consultées que par le magistrat chef du service gestionnaire du fichier ou, avec son autorisation, par les personnes qu'il habilite spécialement.

• Elles peuvent donner lieu à des exploitations statistiques.

Section VII
Effacement des données inscrites dans le fichier

Article R. 53-8-35. – Effacement – Service gestionnaire – *(Décret n° 2005-627 du 30 mai 2005)*

• Le service gestionnaire du fichier procède à l'effacement des données qui y sont inscrites :

• *a)* A l'expiration des délais prévus par les 1° et 2° de l'article 706-53-4 ;

• *b)* Lorsqu'il est informé d'une des décisions mentionnées au dernier alinéa de l'article 706-53-4 ;

• *c)* Lorsqu'il est informé du décès de la personne ;

• *d)* Lorsqu'il est informé d'une décision d'effacement prise en application de l'article 706-53-10.

Article R. 53-8-36. – Effacement – Juge d'instruction ou greffier – *(Décret n° 2005-627 du 30 mai 2005)*

• Le juge d'instruction, ou son greffier, procède à l'effacement des données inscrites dans le fichier en cas de décision de non-lieu, de cessation ou de mainlevée du contrôle judiciaire.

Section VIII
Dispositions communes

Article R. 53-8-37. – Compétences – *(Décret n° 2005-627 du 30 mai 2005)*

• Les magistrats du parquet et tout fonctionnaire du parquet spécialement habilité par le procureur de la République exercent les compétences reconnues à ce magistrat pour l'application du présent chapitre.

• Il en est de même pour celles reconnues au service gestionnaire du fichier, pour les magistrats placés sous son autorité et les fonctionnaires spécialement habilités par lui.

Article R. 53-8-38. – Pouvoirs *(transferts)* – *(Décret n° 2005-627 du 30 mai 2005)*

• Pour les décisions rendues par les cours d'appel ou, le cas échéant, par les cours d'assises, les pouvoirs reconnus au présent chapitre au juge d'instruction ou à son greffier sont exercés par le président de la chambre de l'instruction ou le greffier de cette chambre.

• Ceux reconnus au procureur de la République le sont par le procureur général, les magistrats du parquet général et tout fonctionnaire du parquet général spécialement habilité par le procureur général.

Article R. 53-8-39. – Enregistrement des données – *(Décret n° 2005-627 du 30 mai 2005)*

• L'enregistrement des données à caractère personnel dans le fichier est réalisé directement par les personnes autorisées ou habilitées.

• L'enregistrement et la consultation du fichier se font par l'intermédiaire de moyens de télécommunication sécurisés. La transmission de données entre le service gestionnaire du fichier et le ministère de l'intérieur se fait par un moyen informatique sécurisé.

CHAPITRE III

De la surveillance de sûreté et de la rétention de sûreté

Section I

Des juridictions de la rétention de sûreté

Article R. 53-8-40. – Composition – *(Décret n° 2008-1129 du 4 novembre 2008)*

• Le président de chambre et les deux conseillers de la cour d'appel qui composent la juridiction régionale de la rétention de sûreté appartiennent à la cour d'appel dans le ressort de laquelle siège cette juridiction. Ils sont désignés par le premier président de la cour pour une durée de trois ans après avis de l'assemblée générale des magistrats du siège.

• Le premier président désigne pour la même durée et selon les mêmes modalités trois membres suppléants.

• Ne peut être désigné comme président de la juridiction régionale le président de la chambre de l'application des peines ou le président de la commission pluridisciplinaire des mesures de sûreté.

• Le ministère public près la juridiction régionale de la rétention de sûreté est assuré par le parquet général.

• Le greffe de la juridiction régionale de la rétention de sûreté est assuré par le greffe de la cour.

• La juridiction régionale de la rétention de sûreté statue après un débat contradictoire au cours duquel sont entendus le procureur général, la personne concernée et son avocat.

• Les décisions de la juridiction régionale sont notifiées, selon le cas, par le directeur de l'établissement pénitentiaire ou son délégué si la personne est détenue, par le directeur des services pénitentiaires du centre socio-médico-judiciaire de sûreté ou son délégué si la personne est retenue ou par lettre recommandée avec demande d'avis de réception si la personne est libre.

• Le président de la juridiction régionale peut faire procéder, sur l'ensemble du territoire national, à tous examens, auditions, enquêtes, expertises, réquisitions ou vérifications utiles à l'exercice de ses attributions.

Article R. 53-8-41. – Recours – *(Décret n° 2008-1129 du 4 novembre 2008)*

• Les décisions de la juridiction régionale de la rétention de sûreté peuvent faire l'objet d'un recours devant la juridiction nationale de la rétention de sûreté, qui doit être exercé dans le délai de dix jours à compter de leur notification soit par la personne concernée soit par le ministère public.

• Ce recours n'est pas suspensif.

Article R. 53-8-42. – Désignation – *(Décret n° 2008-1129 du 4 novembre 2008)*

Les trois conseillers à la Cour de cassation qui composent la juridiction nationale de la rétention de sûreté sont désignés par le premier président de cette Cour pour une durée de trois ans après avis de l'assemblée générale des magistrats du siège de la Cour.

• Le premier président désigne pour la même durée et selon les mêmes modalités trois membres suppléants.

• Le ministère public près cette juridiction est assuré par le parquet général près la Cour de cassation.

• Le greffe de cette juridiction est assuré par le greffe de la Cour de cassation.

• La juridiction nationale statue au vu des éléments du dossier, après un débat contradictoire au cours duquel sont entendus le ministère public et l'avocat de la personne.

• Les décisions de la juridiction nationale sont notifiées selon les mêmes modalités que celles des chambres de l'application des peines de la cour d'appel.

Article R. 53-8-43. – Pourvois – *(Décret n° 2008-1129 du 4 novembre 2008)*

Les pourvois contre les décisions de la juridiction nationale de la rétention de sûreté sont examinés par la chambre criminelle de la Cour de cassation.

• Ils doivent être formés dans un délai de cinq jours à compter de la notification de la décision.

• Ces pourvois ne sont pas suspensifs.

Section II

De la surveillance de sûreté

Article R. 53-8-44. – Décision – *(Décret n° 2010-1634 du 23 décembre 2010)*

Une surveillance de sûreté d'une durée de deux ans peut être prononcée et, le cas échéant, renouvelée par la juridiction régionale de la rétention de sûreté, à l'égard des personnes mentionnées à l'article 706-53-13, à la suite d'une surveillance judiciaire, d'un suivi socio-judiciaire ou d'une rétention de sûreté, conformément aux articles 723-37, 763-8 et 706-53-19.

• La juridiction régionale de la rétention de sûreté statue sur proposition de la commission pluridisciplinaire des mesures de sûreté.

Article R. 53-8-45. – Avis – *(Décret n° 2008-1129 du 4 novembre 2008)*

L'avis de la commission pluridisciplinaire des mesures de sûreté proposant le placement sous surveillance de sûreté ou le renouvellement de cette mesure est rendu au vu des éléments figurant dans le dossier individuel de la personne tenu, selon le cas, à l'établissement pénitentiaire ou par le juge de l'application des peines et d'une expertise médicale constatant la persistance de sa dangerosité, sans qu'il soit nécessaire de procéder à l'évaluation pluridisciplinaire dans le service spécialisé prévu par le deuxième alinéa de l'article 706-53-14

Article R. 53-8-46. – Information, expertise médicale – *(Décret n° 2008-1129 du 4 novembre 2008)*

Huit mois au moins avant l'expiration de la mesure de surveillance judiciaire ou de suivi socio-judiciaire prononcée à l'encontre d'une personne condamnée à une peine pour laquelle la rétention de sûreté est encourue, le juge de l'application des peines informe le procureur de la République de la situation de l'intéressé et lui fait connaître son avis motivé sur une éventuelle surveillance de sûreté.

• Si la situation de la personne paraît susceptible de justifier une surveillance de sûreté, le juge de l'application des peines, ou à défaut le procureur de la République, fait procéder à l'expertise médicale et saisit la commission pluridisciplinaire des mesures de sûreté.

• Si l'expertise constate la persistance de la dangerosité de la personne et si la commission propose son placement sous surveillance de sûreté, le juge de l'application des peines, ou à défaut le procureur de la République, saisit la juridiction régionale de la rétention de sûreté, six mois avant la fin de la surveillance judiciaire ou du suivi socio-judiciaire.

Article R. 53-8-47. – Obligations – *(Décret n° 2008-1129 du 4 novembre 2008)*

La décision de placement sous surveillance de sûreté précise les obligations auxquelles la personne est soumise. Lorsque la mesure intervient à la suite d'une surveillance judiciaire ou d'un suivi socio-judiciaire et que la juridiction n'entend pas modifier les obligations auxquelles la personne est astreinte, elle peut indiquer que les obligations qui pèsent sur la personne dans le cadre de la surveillance de sûreté sont les mêmes que celles ordonnées antérieurement.

Article R. 53-8-48. – Modifications... – *(Décret n° 2008-1129 du 4 novembre 2008)*

Les obligations de la surveillance de sûreté peuvent être adaptées à tout moment pour tenir compte de l'évolution de la personne qui y est soumise. Elles peuvent être modifiées, complétées ou supprimées par ordonnance motivée du président de la juridiction régionale de la rétention de sûreté soit d'office, soit à la demande de la personne placée sous surveillance, soit sur réquisitions du procureur général près la cour d'appel, soit sur requête du juge de l'application des peines. Le président de la juridiction peut également suspendre ces obligations dans les cas et pour la durée mentionnés à l'article R. 61-31-1.

• Lorsque la personne n'a pas fait ou ne fait plus l'objet d'une injonction de soins ou d'un placement sous surveillance électronique mobile, ces obligations peuvent lui être imposées si son comportement et sa dangerosité le justifient après un débat contradictoire au cours duquel la personne est assistée par un avocat choisi ou commis d'office.

• Les décisions prévues par le présent article peuvent, dans les dix jours de leur notification, faire l'objet d'un recours du procureur général près la cour d'appel ou de la personne placée sous surveillance de sûreté devant la juridiction régionale de la rétention de sûreté.

Article R. 53-8-49. – Contrôle – *(Décret n° 2008-1129 du 4 novembre 2008)*

La personne placée sous surveillance de sûreté est placée sous le contrôle du juge de l'application des peines dans le ressort duquel elle a sa résidence habituelle, assisté du service pénitentiaire d'insertion et de probation et, le cas échéant, avec le concours d'organismes habilités à cet effet, selon les modalités prévues par la présente section.

• Le juge de l'application des peines rappelle à la personne placée sous surveillance de sûreté les obligations auxquelles elle est astreinte et l'informe des conséquences susceptibles de résulter de leur méconnaissance.

• Il est tenu par le juge de l'application des peines pour chaque personne soumise à une surveillance de sûreté un dossier relatif au déroulement de la mesure. Ce dossier peut être consulté par l'avocat de la personne.

Article R. 53-8-50. – Sortie – *(Décret n° 2008-1129 du 4 novembre 2008)*

Si la surveillance de sûreté intervient à l'issue d'une rétention de sûreté, le juge de l'application des peines territorialement compétent pour contrôler la personne en est avisé avant sa sortie du centre socio-médico-judiciaire de sûreté, afin de permettre une prise en charge immédiate de l'intéressé.

• Si la personne fait l'objet d'une injonction de soins, la désignation du médecin coordonnateur et de son médecin traitant intervient avant sa sortie, conformément aux dispositions des articles R. 3711-8 et R. 3711-17 du Code de la santé publique.

• Si la personne est placée sous surveillance électronique mobile, le dispositif prévu par l'article R. 61-22 est posé avant sa sortie. Si la personne refuse la pose de ce dispositif, le président de la juridiction régionale de la rétention de sûreté en est immédiatement informé, pour faire application, le cas échéant, des dispositions du dernier alinéa de l'article 706-53-19.

Article R. 53-8-51. – Expertise médicale – *(Décret n° 2008-1129 du 4 novembre 2008)*

• Trois mois au moins avant la fin prévue de la surveillance de sûreté, le juge de l'application des peines, ou à défaut le procureur de la République, fait procéder à l'expertise médicale et saisit éventuellement la commission pluridisciplinaire des mesures de sûreté pour avis. Le juge de l'application des peines, ou à défaut le procureur de la République, saisit la juridiction régionale de la rétention de sûreté un mois au moins avant l'expiration de la mesure, accompagné de son avis motivé.

Article R. 53-8-52. – Dangerosité caractérisée – Probabilité commission nouvelle infraction – *(Décret n° 2008-1129 du 4 novembre 2008)*

• Si la méconnaissance des obligations auxquelles elle est astreinte fait apparaître que la personne présente à nouveau une particulière dangerosité caractérisée par une probabilité très élevée de commettre à nouveau l'une des infractions mentionnées à l'article 706-53-13, le juge de l'application des peines ou le procureur de la République saisit le président de la juridiction régionale afin que ce dernier ordonne, s'il y a lieu, soit la modification des obligations soit le placement provisoire de la personne dans un centre socio-médico-judiciaire de sûreté, conformément aux dispositions de l'article 706-53-19.

• Lorsque la personne est en fuite, la décision de placement provisoire du président de la juridiction régionale vaut ordre de recherche.

Section III
De la rétention de sûreté

Sous-section 1
De la procédure

Article R. 53-8-53. – Saisine – Modalités – *(Décret n° 2008-1129 du 4 novembre 2008)*

• La commission pluridisciplinaire des mesures de sûreté est saisie par le juge de l'application des peines, ou à défaut par le procureur de la République, au moins dix-huit mois avant la libération des personnes mentionnées à l'article 706-53-13, afin qu'elle procède à leur examen conformément aux dispositions de l'article 706-53-14.

• Si la commission donne un avis favorable à un placement sous rétention de sûreté, la juridiction régionale de la rétention de sûreté est saisie par le procureur général.

• Dans le cas contraire, le dossier est transmis au juge de l'application des peines afin qu'il statue sur une éventuelle surveillance judiciaire. La commission fait connaître son avis sur les obligations éventuelles auxquelles peut être astreinte la personne et notamment son placement sous surveillance électronique mobile.

Article R. 53-8-54. – Renouvellement de la rétention, placements... – *(Décret n° 2008-1129 du 4 novembre 2008)*

• Trois mois avant la fin prévue de la rétention, le juge fait connaître son avis sur le renouvellement de la mesure au procureur général près la cour d'appel. Ce dernier saisit la commission pluridisciplinaire des mesures de sûreté afin qu'elle examine la situation de la personne retenue, au vu des éléments figurant dans son dossier individuel. Les dispositions du deuxième alinéa de l'article 706-53-14 relatives au placement préalable de la personne dans un service spécialisé ne sont pas applicables.

• La commission donne son avis, soit sur le renouvellement de la rétention de sûreté ou sur sa mainlevée, soit sur le placement de la personne sous surveillance de sûreté, avec ou sans placement sous surveillance électronique mobile. La juridiction régionale de la rétention de sûreté est saisie par le procureur général et se prononce sur ces mesures avant la fin de la période d'un an.

Sous-section 2
De l'organisation des centres socio-médico-judiciaires de sûreté

Article R. 53-8-55. – Définition – *(Décret n° 2022-479 du 30 mars 2022)*

• Les missions et l'organisation des centres médico-socio-judiciaires de sûreté, ainsi que les conditions dans lesquelles les avocats des personnes retenues et l'autorité judiciaire accèdent aux informations relatives à la prise en charge des intéressés et au déroulement des mesures de rétention, sont déterminées par les dispositions de l'article R. 112-17 et des articles R. 541-2 et suivants du Code pénitentiaire.

Articles R. 53-8-56 à R. 53-8-61. – *(Abrogés – Décret n° 2022-479 du 30 mars 2022)*

Sous-section 3
De la surveillance des centres socio-médico-judiciaires de sûreté

Article R. 53-8-62. – Visites – *(Décret n° 2010-271 du 15 mars 2010)*

• Le président de la juridiction nationale de la rétention de sûreté, le directeur de l'administration pénitentiaire du ministère de la justice et le directeur général de l'offre de soins du ministère de la santé, ou leurs représentants, visitent les centres au moins une fois par semestre.

• Ils se font communiquer le registre de rétention ainsi que, le cas échéant, les dossiers individuels des personnes retenues.

• Ils adressent un rapport annuel conjoint au ministre de la justice et au ministre chargé de la santé sur le fonctionnement des centres.

Article R. 53-8-63. – Président de la juridiction régionale de la rétention de sûreté – Procureurs général et de la République – *(Décret n° 2008-1129 du 4 novembre 2008)*

• Le président de la juridiction régionale de la rétention de sûreté peut visiter les centres situés dans son ressort et se faire communiquer le registre de rétention ainsi que les dossiers individuels des personnes retenues. Il en est de même du procureur général et du procureur de la République.

Article R. 53-8-64. – Vice-président chargés de l'application des peines – *(Décret n° 2019-966 du 18 septembre 2019)*

• Les personnes retenues dans les centres relèvent de la compétence d'un vice-président chargé de l'application des peines de l'un des tribunaux judiciaires de la cour d'appel, désigné par le 1er président de cette cour.

• Ce magistrat est chargé de contrôler, pour chaque personne retenue, les principales modalités de mise en œuvre de la rétention de sûreté et le bon déroulement de la mesure.

• Il peut faire procéder, sur l'ensemble du territoire national, à tous examens, auditions, enquêtes, expertises, réquisitions ou vérifications utiles à l'exercice de ses attributions.

• Il visite les centres relevant de sa compétence au moins 1 fois par mois et vérifie auprès de chaque personne retenue les conditions dans lesquelles se déroule sa rétention.

• Le 1er président de la cour d'appel peut désigner un ou plusieurs magistrats suppléants parmi les vice-présidents chargés de l'application des peines des tribunaux judiciaires de son ressort.

Article R. 53-8-65. – Contrôles de l'organisation des soins – *(Décret n° 2008-1129 du 4 novembre 2008)*

• L'organisation des soins dispensés dans les centres socio-médico-judiciaires de sûreté fait l'objet des contrôles prévus par les articles L. 6116-1 et L. 6116-2 du Code de la santé publique.

Sous-section 4

Des droits des personnes retenues dans les centres socio-médico-judiciaires de sûreté

Article R. 53-8-66. – Droits et restrictions – *(Décret n° 2022-479 du 30 mars 2022)*

• Les droits des personnes retenues dans un centre socio-médico-judiciaire de sûreté, ainsi que les restrictions dont ils peuvent faire l'objet sont déterminés par les dispositions des articles R. 541-11, R. 541-12 et R. 541-13 du Code pénitentiaire.

Articles R. 53-8-67 à R. 53-8-68. – *(Abrogés – Décret n° 2022-479 du 30 mars 2022)*

Article R. 53-8-69. – Permissions de sortie – *(Décret n° 2008-1129 du 4 novembre 2008)*

• Le juge de l'application des peines peut accorder à une personne retenue des permissions de sortie sous escorte, notamment en cas d'événement familial grave.

Article R. 53-8-70. – Permissions de sortie – Surveillance électronique mobile – *(Décret n° 2008-1129 du 4 novembre 2008)*

• Le juge de l'application des peines peut faire bénéficier la personne retenue de permission de sortie sous surveillance électronique mobile d'un ou plusieurs jours en vue de maintenir ses liens familiaux ou de préparer la fin de la mesure de rétention.

• Cette permission ne peut être accordée que si elle n'est pas incompatible avec la dangerosité de la personne retenue et son risque de commettre à nouveau des infractions. Ces éléments sont appréciés notamment au vu de l'avis de la commission pluridisciplinaire des mesures de sûreté et de l'examen médical intervenus préalablement à la décision de placement en rétention ou de la prolongation de la mesure.

• Cette permission peut être assortie d'une ou plusieurs conditions et notamment des obligations prévues aux 2°, 3°, 9°, 13° et 14° de l'article 132-45 du Code pénal.

• La pose du dispositif prévu par l'article R. 61-22 intervient une semaine avant l'exécution de la permission de sortie. Les dispositions prévues aux articles R. 61-21 à R. 61-31 sont applicables, sous réserve des adaptations nécessaires qui résultent de la spécificité du régime des personnes retenues.

Article R. 53-8-71. – Avis et recours – *(Décret n° 2008-1129 du 4 novembre 2008)*

• Les permissions de sortie sont accordées ou refusées, après avis du directeur des services pénitentiaires, du directeur d'établissement public de santé et du procureur de la République, par ordonnances motivées.

• Ces ordonnances peuvent, dans les cinq jours de leur notification, faire l'objet d'un recours du procureur de la République ou de la personne retenue devant le président de la juridiction régionale de la rétention de sûreté.

• Le recours du procureur de la République formé dans les vingt-quatre heures contre une ordonnance accordant une permission est suspensif et l'affaire doit être examinée dans les deux mois, faute de quoi le recours est non avenu.

Article R. 53-8-72. – Bon ordre du centre – Sûreté des individus et sécurité des biens – *(Décret n° 2022-479 du 30 mars 2022)*

• Le directeur des services pénitentiaires prend toute mesure nécessaire au bon ordre du centre, à la sûreté des individus et à la sécurité des biens dans les conditions prévues par les dispositions des articles R. 541-15 et R. 541-16 du Code pénitentiaire.

Articles R. 53-8-73. – *(Abrogé – Décret n° 2022-479 du 30 mars 2022)*

Article R. 53-8-74. – Ordre de recherche – *(Décret n° 2008-1129 du 4 novembre 2008)*

• Le président de la juridiction régionale de la détention de sûreté, saisi par le juge de l'application des peines, peut délivrer un ordre de recherche, contre une personne retenue :

• 1° Qui se soustrait à la mesure de rétention dont elle fait l'objet ;

• 2° Qui ne réintègre pas le centre à l'issue d'une permission de sortie.

Sous-section 5

Du centre de Fresnes

Article R. 53-8-75. – Centre socio-médico-judiciaire de sûreté – *(Décret n° 2022-479 du 30 mars 2022)*

• Les dispositions de la présente section sont applicables au centre socio-médico-judiciaire de sûreté de l'établissement public de santé national de Fresnes, sous réserve des adaptations prévues à l'article R. 53-8-77 et aux articles R. 541-17 et R. 541-18 du Code pénitentiaire.

Articles R. 53-8-76. – *(Abrogé – Décret n° 2022-479 du 30 mars 2022)*

Article R. 53-8-77. – Compétence – Vice-présidents – *(Décret n° 2019-966 du 18 septembre 2019)*

• Les personnes retenues dans le centre relèvent de la compétence d'un des vice-présidents chargés de l'application des peines du tribunal judiciaire de Paris, désigné par le 1er président de la cour d'appel de Paris.

Articles R. 53-8-78. – *(Abrogé – Décret n° 2022-479 du 30 mars 2022)*

TITRE XX

DU FICHIER NATIONAL AUTOMATISÉ DES EMPREINTES GÉNÉTIQUES ET DU SERVICE CENTRAL DE PRÉSERVATION DES PRÉLÈVEMENTS BIOLOGIQUES

Article R. 53-9. – Mise en œuvre – Fichier national automatisé des empreintes génétiques et contrôle *(FNAEG)* – *(Décret n° 2021-1402 du 29 octobre 2021)*

• Le ministre de l'intérieur *(service national de police scientifique)* est autorisé à mettre en œuvre le traitement automatisé de données à caractère personnel mentionné à l'article 706-54, dénommé « fichier national automatisé des empreintes génétiques » *(FNAEG)*. Ce traitement a pour finalités :

• 1° De faciliter la recherche et l'identification des auteurs de crimes et de délits mentionnés à l'article 706-55, y compris par le biais de recherche en parentalité prévue à l'article 706-56-1-1 ;

• 2° De faciliter la recherche et la découverte des mineurs et majeurs protégés disparus ainsi que celles des majeurs dont la disparition présente un caractère inquiétant ou suspect eu égard aux circonstances, à l'âge de l'intéressé ou à son état de santé ;

• 3° De faciliter l'identification dans un cadre judiciaire des personnes décédées dont l'identité n'a pu être établie ;

• 4° De faciliter l'identification dans un cadre extrajudiciaire des personnes décédées dont l'identité n'est pas établie, des victimes de catastrophes naturelles ou des personnes faisant l'objet de recherche et dont la mort est supposée.

Article R. 53-10. – Enregistrement au fichier – Résultats analyses d'identification par empreintes génétiques – *(Décret n° 2021-1402 du 29 octobre 2021)*

• **I.** – Sur décision de l'officier de police judiciaire, agissant soit d'office, soit à la demande du procureur de la République ou du juge d'instruction, font l'objet d'un enregistrement au fichier les résultats des analyses d'identification par empreintes génétiques :

• 1° Des traces biologiques issues de personnes inconnues, recueillies dans le cadre d'une enquête préliminaire, d'une enquête pour crime ou délit flagrant, ou d'une information, relatives à l'une des infractions mentionnées à l'article 706-55 ;

• 1° *bis* Des traces biologiques issues de personnes inconnues, recueillies dans le cadre d'une enquête ou d'une information pour recherche des causes de la mort ou d'une disparition prévue par les articles 74,74-1 et 80-4 ;

• 2° Des échantillons biologiques prélevés dans le cadre d'une enquête préliminaire, d'une enquête pour crime ou délit flagrant, ou d'une information sur les personnes à l'encontre desquelles il existe des indices graves ou concordants rendant vraisemblable qu'elles aient commis l'une des infractions mentionnées à l'article 706-55 ;

• 3° Des traces biologiques issues des cadavres non identifiés, recueillies dans le cadre d'une enquête préliminaire, d'une enquête pour crime ou délit flagrant, ou d'une information, relatives à l'une des infractions mentionnées à l'article 706-55, ou dans le cadre d'une enquête ou d'une information pour recherche des causes de la mort prévue par les articles 74 et 80-4 ;

• 4° Des traces et échantillons biologiques issus ou susceptibles d'être issus d'une personne disparue, recueillis dans le cadre d'une enquête ou d'une information pour recherche des causes d'une disparition prévue par les articles 74-1 ou 80-4 ;

• 5° Des échantillons biologiques prélevés, avec leur accord, sur les ascendants ou descendants d'une personne disparue, dans le cadre d'une enquête ou d'une information pour recherche des causes d'une disparition prévue par les articles 74-1 et 80-4. En cas d'impossibilité ou de refus de prélèvement d'échantillons biologiques sur la mère ou sur le père biologique, des prélèvements peuvent également être réalisés, avec leur accord, sur les collatéraux aux deuxième et troisième degrés de la personne disparue, au sens de l'article 743 du Code civil.

• Dans les cas prévus au 5°, l'accord des personnes est recueilli par procès-verbal. Les personnes intéressées précisent également, par une mention expresse à ce même procès-verbal, qu'elles autorisent la comparaison entre leur empreinte génétique et celles enregistrées ou susceptibles d'être enregistrées dans le fichier ainsi que celles susceptibles d'être comparées dans le fichier en application du troisième alinéa de l'article 706-54, à l'exception des traces mentionnées aux 1° et 1° *bis* du I. En l'absence d'une telle autorisation, ces empreintes ne peuvent être comparées qu'avec celles enregistrées au titre des 3° et 4° du I et des 1°, 2° et 3° du III.

• **II.** – Sur décision, selon le cas, du procureur de la République ou du procureur général, font l'objet d'un enregistrement au fichier les résultats des analyses d'identification par empreintes génétiques :

• 1° Des échantillons biologiques prélevés sur des personnes définitivement déclarées coupables de l'une des infractions mentionnées à l'article 706-55 ;

• 2° Des échantillons biologiques prélevés sur des personnes poursuivies pour l'une des infractions mentionnées à l'article 706-55 ayant fait l'objet d'une décision définitive d'irresponsabilité pénale en application des articles 706-120,706-125,706-129,706-133 ou 706-134.

• **III.** – Sur décision du procureur de la République, prise en application des dispositions du 6e alinéa de l'article 706-54, font l'objet dans le fichier d'un enregistrement distinct de ceux mentionnés aux I et II, les résultats des analyses d'identification par empreintes génétiques :

• 1° Des traces biologiques issues des cadavres non identifiés ;

• 2° Des échantillons biologiques issus ou susceptibles d'être issus de personnes disparues faisant l'objet de recherches au titre de l'article 26 de la loi n° 95-73 du 21 janvier 1995 d'orientation et de programmation relative à la sécurité et dont la mort est supposée, recueillis dans les lieux qu'elles sont susceptibles d'avoir habituellement fréquentés ;

• 3° Des traces biologiques issues ou susceptibles d'être issues de victimes de catastrophes naturelles ;

• 4° Des échantillons biologiques prélevés, avec leur accord, sur les ascendants ou descendants de victimes de catastrophes naturelles ou de personnes disparues faisant l'objet de recherches au titre de l'article 26 de la loi du 21 janvier 1995 susmentionnée et dont la mort est supposée. En cas d'impossibilité ou de refus de prélèvement d'échantillons biologiques sur la mère ou sur le père biologique, des prélèvements peuvent également être réalisés, avec leur accord, sur les collatéraux aux 2e et 3e degrés de la victime de catastrophe naturelle ou de la personne disparue, au sens de l'article 743 du Code civil.

• Dans les cas prévus au 4°, l'accord des personnes est recueilli par écrit. Les personnes intéressées précisent également, par une mention expresse, qu'elles autorisent la comparaison entre leur empreinte génétique et celles mentionnées aux 3° et 4° du I et aux 1° à 3° du III. Les services et unités de police ou de gendarmerie compétents conservent les documents écrits dans lesquels sont exprimés l'accord et l'autorisation et en adressent copie dans chaque cas au procureur de la République qui les a saisis.

• Les données mentionnées aux 1°, 2° et 3° font l'objet d'une comparaison avec celles mentionnées aux 3° à 5° du I et au III du présent article.

• **IV.** – Le procureur de la République, ou après avis de ce magistrat, le juge d'instruction peut, lorsque les nécessités d'une enquête ou d'une information concernant l'un des crimes prévus à l'article 706-55 l'exigent, requérir le service gestionnaire du fichier afin qu'il procède à une comparaison entre l'empreinte génétique enregistrée au fichier établie à partir d'une trace biologique issue d'une personne inconnue mentionnée aux 1° et 1° *bis* du I ou d'une trace biologique issue d'un cadavre non identifié mentionné au 3° du I et les empreintes génétiques des personnes mentionnées au 2° du I et aux 1° et 2° du II, aux fins de recherche de personnes pouvant être apparentées en ligne directe à cette personne inconnue.

Article R. 53-11. – Données enregistrées – Informations – *(Décret n° 2021-1402 du 29 octobre 2021)*

• **I.** – Les données enregistrées mentionnées à l'article R. 53-10, qui précisent les segments d'ADN identifiés, sont accompagnées des informations suivantes :

• 1° Le numéro de la procédure dans le cadre de laquelle l'enregistrement au fichier est demandé ;

• 2° L'autorité judiciaire ou l'officier de police judiciaire ayant demandé l'enregistrement au fichier ;

• 3° La date de la demande d'enregistrement au fichier ou, dans les cas prévus par le II de l'article R. 53-10, la date à laquelle la décision de déclaration de culpabilité ou d'irresponsabilité pénale est devenue définitive ou, si cette date n'est pas connue du service gestionnaire du fichier, la date de la décision ;

• 4° Le nom de la personne physique ou morale habilitée ayant réalisé l'analyse.

• **II.** – Les données mentionnées aux 1° et 1° *bis* du I de l'article R. 53-10 sont en outre accompagnées :

• 1° Des informations relatives au scellé ou prélèvement contenant les traces ou échantillons biologiques à partir desquels l'analyse a été réalisée ou l'objet sur lequel ont été recueillis ces traces ou échantillons ;

• 2° D'une information relative au cadre procédural de leur enregistrement ;

• 3° Le cas échéant, des références aux infractions mentionnées à l'article 706-55 et objets de la procédure dans le cadre de laquelle l'enregistrement au fichier est demandé.

• **III.** – Les données mentionnées au 2° du I de l'article R. 53-10 sont en outre accompagnées :

• 1° Des références aux infractions mentionnées à l'article 706-55 et objets de la procédure dans le cadre de laquelle l'enregistrement au fichier est demandé ;

• 2° Le cas échéant, de la date de commission des faits ;

• 3° Lorsqu'ils sont connus, des nom, prénoms, date et lieu de naissance et filiation des personnes dont les empreintes génétiques sont supposées avoir été recueillies.

• Les informations relatives aux références des infractions ne peuvent servir de critère de recherche nominative.

• **IV.** – Les données mentionnées au 3° du I de l'article R. 53-10 sont en outre accompagnées :

• 1° Des informations relatives au scellé ou prélèvement contenant les traces biologiques à partir desquels l'analyse a été réalisée ou l'objet sur lequel ont été recueillies ces traces ;

• 2° D'une information relative au cadre procédural de leur enregistrement ;

• 3° Le cas échéant, des références aux infractions mentionnées à l'article 706-55 et objets de la procédure dans le cadre de laquelle l'enregistrement au fichier est demandé.

• **V.** – Les données mentionnées au 4° du I de l'article R. 53-10 sont en outre accompagnées :

• 1° Des informations relatives au scellé ou prélèvement contenant les traces ou échantillons biologiques à partir desquels l'analyse a été réalisée ou l'objet sur lequel ont été recueillis ces traces ou échantillons ;

• 2° D'une information relative au cadre procédural de leur enregistrement;
• 3° Des nom, prénoms, date et lieu de naissance et filiation des personnes dont les empreintes génétiques sont supposées avoir été recueillies.
• **VI.** – Les données mentionnées au 5° du I de l'article R. 53-10 sont en outre accompagnées
• 1° D'une information relative au cadre procédural de leur enregistrement;
• 2° Des nom, prénoms, date et lieu de naissance de la personne disparue, et des nom, prénoms, date et lieu de naissance, et lien de parenté avec la personne disparue, de la personne dont est enregistrée l'empreinte génétique.
• **VII.** – Les données mentionnées au II de l'article R. 53-10 sont en outre accompagnées:
• 1° Des références aux infractions mentionnées à l'article 706-55 et objets de la procédure dans le cadre de laquelle l'enregistrement au fichier est demandé;
• 2° Le cas échéant, de la date de commission des faits;
• 3° Lorsqu'ils sont connus, des nom, prénoms, date et lieu de naissance et filiation des personnes dont les empreintes génétiques sont supposées avoir été recueillies.
• Les informations relatives aux références des infractions ne peuvent servir de critère de recherche nominative.
• **VIII.** – Les données mentionnées au 1° du III de l'article R. 53-10 sont en outre accompagnées:
• 1° Des informations relatives au scellé ou prélèvement contenant les traces biologiques à partir desquelles l'analyse a été réalisée ou l'objet sur lequel ont été recueillies ces traces;
• 2° D'une information relative au cadre procédural de leur enregistrement.
• **IX.** – Les données mentionnées aux 2° et 3° du III de l'article R. 53-10 sont en outre accompagnées:
• 1° Des informations relatives au scellé ou prélèvement contenant les traces ou échantillons biologiques à partir desquels l'analyse a été réalisée ou l'objet sur lequel ont été recueillis ces traces ou échantillons;
• 2° D'une information relative au cadre procédural de leur enregistrement;
• 3° Lorsqu'ils sont connus, des nom, prénoms, date et lieu de naissance et filiation des personnes dont les empreintes génétiques sont supposées avoir été recueillies.
• **X.** – Les données mentionnées au 4° du III de l'article R. 53-10 sont en outre accompagnées:
• 1° D'une information relative au cadre procédural de leur enregistrement;
• 2° Des nom, prénoms, date et lieu de naissance de la personne disparue, et des nom, prénoms, date et lieu de naissance, et lien de parenté avec la personne disparue, de la personne dont est enregistrée l'empreinte génétique.

Article R. 53-12. – Résultats – Organismes de coopération internationale – *(Décret n° 2021-1402 du 29 octobre 2021)*
• Conformément aux dispositions de l'article L. 235-1 du Code de la sécurité intérieure, les résultats des analyses d'identification par empreintes génétiques mentionnées aux I et II de l'article R. 53-10 transmis par des organismes de coopération internationale en matière de police judiciaire ou des services de police étrangers peuvent également faire l'objet d'un enregistrement au fichier ou d'un rapprochement avec les données qui y sont inscrites.
• Les données ainsi enregistrées sont accompagnées des informations mentionnées à l'article R. 53-11, à la condition qu'elles soient disponibles, ainsi que de l'origine et de la date de la demande d'enregistrement au fichier.

Article R. 53-12-1. – Recherche de l'identification d'une personne par ses empreintes génétiques – *(Décret n° 2021-1402 du 29 octobre 2021)*
• Conformément aux dispositions de l'article L. 235-1 du Code de la sécurité intérieure, les résultats des analyses d'identification par empreintes génétiques des personnes mentionnées au III de l'article R. 53-10 transmis par les autorités étrangères peuvent faire l'objet d'un rapprochement avec les données inscrites au fichier.

Article R. 53-13. – Nombre et nature des segments d'ADN non codants – *(Décret n° 2021-1402 du 29 octobre 2021)*
• Le nombre et la nature des segments d'ADN non codants sur lesquels portent les analyses d'identification par empreintes génétiques sont définis par arrêté du ministre de la justice et du ministre de l'intérieur pris après avis de la commission chargée d'agréer les personnes habilitées à effectuer des missions d'identification par empreintes génétiques dans le cadre des procédures judiciaires ou de la procédure extrajudiciaire d'identification des personnes décédées, prévue par l'article 1er du décret n° 97-109 du 6 février 1997 relatif aux conditions

d'agrément des personnes habilitées à procéder à des identifications par empreintes génétiques dans le cadre d'une procédure judiciaire ou de la procédure extrajudiciaire d'identification des personnes décédées.

Articles R. 53-13-1 à R. 53-13-6. – *(Abrogés – Décret n° 2021-1402 du 29 octobre 2021)*

Article R. 53-14. – Conservation des informations enregistrées – *(Décret n° 2021-1402 du 29 octobre 2021)*

• Sous réserve qu'il n'ait pas été procédé à leur effacement dans les conditions prévues aux articles R. 53-14-1 à R. 53-14-4, les données et informations sont conservées suivant les durées maximales détaillées aux alinéas suivants :

• 1° Les données et informations relatives aux traces mentionnées aux 1° et 1° *bis* du I de l'article R. 53-10 sont conservées 25 ans à compter de la date d'enregistrement au fichier. Cette durée de conservation est portée à 40 ans lorsque les traces biologiques issues de personnes inconnues ont été recueillies dans le cadre d'une enquête ou d'une information relative à l'une des infractions figurant dans le tableau mentionné au 4° ;

• 2° Les données et informations relatives aux personnes mentionnées au 2° du I de l'article R. 53-10 sont conservées 15 ans à compter de la date d'enregistrement au fichier ou, si les échantillons biologiques ont été prélevés sur une personne mineure, dix ans à compter de la date d'enregistrement au fichier ;

• 3° Les données et informations relatives aux personnes mentionnées au II de l'article R. 53-10 sont conservées 25 ans à compter de la date d'acquisition du caractère définitif de la décision de culpabilité ou de la décision d'irresponsabilité pénale, ou si cette date n'est pas connue du service gestionnaire du fichier à compter de la date de la décision ou, si les échantillons biologiques ont été prélevés sur une personne mineure, 15 ans à compter de la date d'acquisition du caractère définitif de la décision de culpabilité ou de la décision d'irresponsabilité pénale, ou si cette date n'est pas connue du service gestionnaire du fichier à compter de la date de la décision ;

• 4° La durée de conservation prévue aux 2° et 3° est portée à 15 ans lorsqu'elle est fixée à 10 ans, à 25 ans lorsqu'elle est fixée à 15 ans et à 40 ans lorsqu'elle est fixée à 25 ans lorsque les empreintes génétiques concernent l'un des crimes ou délits figurant dans le tableau ci-dessous :

Infractions contre les personnes :

– crimes contre l'humanité *(articles 211-1, 211-2 et 212-1 à 212-3 du Code pénal)*
– atteintes volontaires à la vie *(articles 221-1 à 221-5 du Code pénal)*
– tortures et actes de barbarie *(articles 222-1 à 222-6 du Code pénal)*
– crimes et délits de violences volontaires *(article 222-7, 222-8, 222-9, 222-10, 222-14, 222-14-1, 222-15 du Code pénal)*
– viols *(articles 222-23 à 222-26 du Code pénal)*
– agressions sexuelles *(articles 222-27 à 222-30 du Code pénal)*
– trafic de stupéfiants *(articles 222-34 à 222-39 du Code pénal)*
– enlèvement et séquestration *(articles 224-1 à 224-5 et 224-5-2 du Code pénal)*
– détournement de tout moyen de transport *(articles 224-6,224-6-1 et 224-7 du Code pénal)*
– traite des êtres humains *(articles 225-4-1 à 225-4-4 du Code pénal)*
– proxénétisme *(articles 225-5 à 225-10 du Code pénal)*
– recours à la prostitution de mineurs ou de personnes vulnérables *(articles 225-12-1 et 225-12-2 du Code pénal)*
– mise en péril de mineurs *(articles 227-22,227-22-1,227-23,227-24 à 227-27-2 et 227-28-3 du Code pénal)*

Infractions contre les biens :

– vol avec violences *(article 311-6 du Code pénal)*
– crimes de vols *(articles 311-7 à 311-9 et 311-10 du Code pénal)*
– crimes d'extorsion *(articles 312-3 à 312-6 et 312-7 du Code pénal)*
– destructions, dégradations, et détériorations dangereuses pour les personnes *(articles 322-6, 322-7 à 322-10 du Code pénal)*

Crimes et délits contre la nation, l'État et la paix publique :

– trahison et espionnage *(articles 411-2 à 411-11 du Code pénal)*
– attentat et complot *(articles 412-1 et 412-2 du Code pénal)*
– mouvement insurrectionnel *(articles 412-4 à 412-6 du Code pénal)*
– usurpation de commandement, levée de forces armées et provocation à s'armer illégalement *(articles 412-7 et 412-8 du Code pénal)*
– actes de terrorisme *(article 421-1 à 421-6 du Code pénal)*
– fausse monnaie *(articles 442-1 et 442-2 du Code pénal)*
– participation à une association de malfaiteurs *(article 450-1 du Code pénal)*

Crimes et délits de guerre *(articles 461-2 à 461-31 du Code pénal)*

Infractions au régime des armes et munitions *(articles L. 2339-2, L. 2339-3, L. 2339-10, L. 2353-4 et L. 2353-13 du Code de la défense ; articles L. 317-1-1 et L. 317-2-1 du Code de la sécurité intérieure et articles 222-52, 222-53, 222-54, 222-55, 222-57 et 222-59 du Code pénal)*

• 5° Les données et informations relatives aux personnes mentionnées aux 3°, 4° et 5° du I et au III de l'article R. 53-10 sont conservées 40 ans à compter de la date d'enregistrement au fichier ;

• 6° Les résultats mentionnés à l'article R. 53-12 ne peuvent être conservés au-delà de 25 ans à compter de la date d'enregistrement au fichier.

Article R. 53-14-1. – Effacement dans l'expiration du délai – *(Décret n° 2021-1402 du 29 octobre 2021)*

• Sont effacés par le service gestionnaire avant l'expiration du délai mentionné à l'article R. 53-14 :

• 1° Les données mentionnées aux 1° et 1° *bis* du I de l'article R. 53-10 sur instruction du procureur de la République ou du juge d'instruction ou, à leur demande, de l'officier de police judiciaire, dès lors qu'il est établi que leur conservation n'apparaît plus nécessaire compte tenu de la finalité du fichier, notamment lorsque la prescription de l'action publique est acquise ;

• 2° Les données relatives aux personnes mentionnées au 2° du I de l'article R. 53-10 en cas de décision de relaxe ou d'acquittement devenue définitive, dès réception de l'avis l'en informant ;

• 3° Les données relatives aux personnes mentionnées au 3° du I et au 1° du III de l'article R. 53-10 dès la réception d'un avis l'informant de l'identification définitive de la personne décédée ;

• 4° Les données relatives aux personnes mentionnées aux 4° et 5° du I et aux 2°, 3° et 4° du III de l'article R. 53-10 dès la réception d'un avis l'informant de la découverte de la personne disparue ;

• 5° Les résultats mentionnés à l'article R. 53-12 sur demande dudit organisme ou service.

• L'avis mentionné au 2° est transmis par le procureur général ou le procureur de la République près la juridiction qui a rendu la décision de relaxe ou d'acquittement dans les délais les plus brefs à compter de la date d'acquisition du caractère définitif de cette décision.

• L'avis mentionné aux 3° et 4° est transmis par le service enquêteur ou l'autorité judiciaire compétente dans les délais les plus brefs à compter de la date de survenance de l'évènement justifiant l'effacement.

Article R. 53-14-2. – Procureur de la République compétent – Effacement des données – *(Décret n° 2021-1402 du 29 octobre 2021)*

• **I.** – Le procureur de la République compétent pour, en application des dispositions du 6e alinéa de l'article 706-54 et du 2e alinéa de l'article 706-54-1, ordonner d'office ou à la demande de l'intéressé l'effacement des données relatives aux personnes mentionnées aux 2° et 5° du I et au 4° du III de l'article R. 53-10 est celui de la juridiction dans le ressort de laquelle a été menée la procédure ayant donné lieu à cet enregistrement.

• La demande d'effacement doit, à peine d'irrecevabilité, être adressée par lettre recommandée avec demande d'avis de réception ou par déclaration au greffe. Cette demande est directement adressée au procureur de la République mentionné au 1er alinéa. Elle peut également être adressée au procureur de la République du domicile de l'intéressé, qui la transmet au procureur de la République compétent.

• Le procureur de la République compétent fait droit à la demande d'effacement lorsqu'elle est présentée par une personne mentionnée au 2° du I en cas de décision de relaxe ou d'acquittement devenue définitive, au 5° du I et au 4° du III de l'article R. 53-10.

• En cas de décision de non-lieu, de classement sans suite pour absence d'infraction ou insuffisance de charges ou pour auteur inconnu, les données relatives aux personnes mentionnées au 2° du I de l'article R. 53-10 relevées au cours de l'enquête sont effacées sur demande de l'intéressé, sauf si le procureur de la République en prescrit le maintien.

• Le procureur de la République ne peut s'opposer à la demande d'effacement formulée dans les conditions prévues à l'alinéa précédent lorsque la prescription de l'action publique est acquise.

• Les décisions du procureur de la République prévues par le deuxième alinéa de l'article 706-54-1 et le présent article ordonnant l'effacement ou le maintien des données sont prises pour des raisons liées à la finalité du fichier, au regard de la nature ou des circonstances de commission de l'infraction ou de la personnalité de la personne concernée.

• **II.** – Le procureur de la République compétent pour, en application des dispositions du 1er alinéa de l'article 706-54-1, ordonner à la demande de l'intéressé, l'effacement des données relatives aux personnes mentionnées au II de l'article R. 53-10, est celui de la juridiction dans le ressort de laquelle a été menée la procédure ayant donné lieu à cet enregistrement.

• À peine d'irrecevabilité, la demande d'effacement ne peut être adressée qu'à l'issue d'un délai de 3 ans quand le délai de conservation est de 15 ans, de 7 ans quand ce délai est de 25 ans et de 10 ans quand ce délai est de 40 ans. Ces délais courent à compter de la date d'acquisition du caractère définitif de la décision de culpabilité ou de la décision d'irresponsabilité pénale.

• La demande d'effacement est adressée, à peine d'irrecevabilité, par lettre recommandée avec demande d'avis de réception ou par déclaration au greffe. Cette demande est directement adressée au procureur de la République mentionné au 1er alinéa du présent II. Elle peut également être adressée au procureur de la République du domicile de l'intéressé, qui la transmet au procureur de la République compétent.

• Les décisions du procureur de la République prévues au 1er alinéa de l'article 706-54-1 et ordonnant l'effacement ou le maintien des données, sont prises pour des raisons liées à la finalité du fichier, au regard de la nature ou des circonstances de commission de l'infraction ou de la personnalité de la personne concernée.

• En cas de refus opposé à une demande d'effacement, aucune nouvelle demande ne peut être formée avant l'expiration d'un délai d'un an à compter du caractère définitif de la décision de refus.

Article R. 53-14-3. – Magistrat compétent – Décision – Information – *(Décret n° 2021-1402 du 29 octobre 2021)*

• Le magistrat compétent doit faire connaître sa décision à l'intéressé, par lettre recommandée, dans un délai de 3 mois à compter de la réception de la demande soit par lui-même, soit par le procureur de la République du domicile de l'intéressé.

• À défaut de réponse dans ce délai, ou si le magistrat n'ordonne pas l'effacement, l'intéressé peut exercer un recours devant le président de la chambre de l'instruction dans un délai de 10 jours par lettre recommandée avec demande d'avis de réception ou par déclaration au greffe. À peine d'irrecevabilité, ce recours doit être motivé.

Article R. 53-14-4. – Président de la chambre de l'instruction – Ordonnance motivée – *(Décret n° 2021-1402 du 29 octobre 2021)*

• Le président de la chambre de l'instruction statue, après avoir sollicité les réquisitions écrites du procureur général, par une ordonnance motivée, dans un délai de 3 mois. Cette ordonnance est notifiée au procureur de la République et, par lettre recommandée, à l'intéressé. Elle ne peut faire l'objet d'un pourvoi en cassation que si elle ne satisfait pas, en la forme, aux conditions essentielles de son existence légale.

Article R. 53-15. – Droits d'opposition, d'information, d'accès, de rectification... – *(Décret n° 2021-1402 du 29 octobre 2021)*

• **I.** – Le droit d'opposition ne s'applique pas au présent traitement en application de l'article 23 du règlement *(UE)* 2016/679 du 27 avril 2016 relatif à la protection des personnes physiques à l'égard du traitement des données à caractère personnel et à la libre circulation de ces données, et abrogeant la directive 95/46/ CE et des articles 56 et 110 de la loi n° 78-17 du 6 janvier 1978 relative à l'informatique, aux fichiers et aux libertés.

• **II.** – Les droits d'information et d'accès mentionnés aux articles 13 à 15 du règlement *(UE)* 2016/679 du 27 avril 2016 précité et aux articles 104 et 105 de la loi du 6 janvier 1978 précitée s'exercent auprès du chef du service national de police scientifique du ministère de l'Intérieur.

• **III.** – Les droits de rectification et à la limitation des données mentionnés aux articles 16 à 18 du règlement *(UE)* 2016/679 du 27 avril 2016 précité et à l'article 106 de la loi du 6 janvier 1978 précitée s'exercent auprès du procureur de la République de la juridiction dans le ressort de laquelle la procédure a été menée et a donné lieu à l'enregistrement.

Article R. 53-16. – Contrôle du FNAEG – *(Décret n° 2021-1402 du 29 octobre 2021)*

• Le fichier national automatisé des empreintes génétiques est placé sous le contrôle d'un magistrat du parquet hors hiérarchie, nommé pour trois ans par arrêté du garde des sceaux, ministre de la justice, et assisté par un comité comprenant 1 magistrat et 2 personnalités qualifiées, désignées en raison de leurs compétences dans le domaine de la génétique ou de l'informatique, nommés dans les mêmes conditions.

Article R. 53-17. – Accès permanent au fichier – Rapport annuel...– *(Décret n° 2021-1402 du 29 octobre 2021)*

• Le magistrat mentionné à l'article R. 53-16 et, à sa demande, les membres du comité prévu au même article disposent d'un accès permanent au fichier et au lieu où se trouve celui-ci.

• L'autorité gestionnaire du fichier lui adresse un rapport annuel d'activité ainsi que, sur sa demande, toutes informations relatives au fichier.

• Ce magistrat peut ordonner toutes mesures nécessaires à l'exercice de son contrôle, telles que saisies ou copies d'informations, ainsi que l'effacement d'enregistrements illicites.

• Il établit un rapport annuel qu'il adresse au ministre de la justice, au ministre de l'intérieur et à la Commission nationale de l'informatique et des libertés.

• Les pouvoirs qui lui sont confiés s'exercent sans préjudice du contrôle exercé par la Commission nationale de l'informatique et des libertés en application des dispositions et selon les modalités prévues par l'article 19 de la loi n° 78-17 du 6 janvier 1978 relative à l'informatique, aux fichiers et aux libertés.

Article R. 53-18. – Personnels, officiers et agents habilités – *(Décret n° 2021-1402 du 29 octobre 2021)*

• Les personnels du service national de police scientifique de la police nationale et ceux de la gendarmerie nationale, spécialement affectés dans le service mettant en œuvre le traitement, et dûment habilités, pourront seuls, à la demande de l'autorité judiciaire ou des officiers de police judiciaire, assurer l'alimentation du fichier, avoir accès aux informations enregistrées et procéder aux opérations de rapprochement.

• Les officiers et les agents de police judiciaire ainsi que les agents spécialisés, techniciens ou ingénieurs de police technique et scientifique agissant en application des dispositions du I de l'article 706-56 ne peuvent accéder directement au fichier que pour vérifier si y figure l'état civil d'une personne susceptible de faire l'objet d'un prélèvement biologique en application de ces dispositions. Ils ne peuvent accéder à aucune autre donnée.

• Les personnels affectés au service central de préservation des prélèvements biologiques et dûment habilités peuvent accéder directement aux données enregistrées dans le fichier, à l'exception de celles relatives aux résultats d'analyse. Ils peuvent y enregistrer des informations relatives aux scellés.

• Les magistrats du parquet et de l'instruction, les officiers de police judiciaire, les personnes physiques ou morales agréées conformément au décret n° 97-109 du 6 février 1997 précité ayant réalisé les analyses, et les personnels agissant sous leur responsabilité peuvent procéder, par tous moyens sécurisés, y compris télématiques, aux opérations de transmission au service gestionnaire du fichier des informations qui doivent y être enregistrées.

• En vue de procéder à l'envoi des profils génétiques, les personnes physiques ou morales agréées conformément aux dispositions du décret n° 97-109 du 6 février 1997 précité ayant réalisé les analyses, et les personnels agissant sous leur responsabilité, peuvent accéder aux données s'y rapportant enregistrées dans le fichier et mentionnées au I et au 1° du II de l'article R. 53-11, ainsi que, le cas échéant, aux nom, prénoms, date et lieu de naissance et filiation des personnes dont les empreintes génétiques sont supposées avoir été recueillies. Elles ne peuvent accéder à aucune autre donnée.

Article R. 53-18-1. – Opérations de collecte, de modification, de consultation, de communication... – *(Décret n° 2021-1402 du 29 octobre 2021)*

• Les opérations de collecte, de modification, de consultation, de communication, y compris les transferts, et d'effacement des données à caractère personnel et informations font l'objet d'un enregistrement. Les opérations de consultation et de communication enregistrées établissent l'identifiant de l'auteur, la date, l'heure, le motif de l'opération et, le cas échéant, les destinataires des données. Ces informations sont conservées pendant 3 ans.

Article R. 53-19. – Aucune interconnexion, ni rapprochement ou mise en relation avec un autre traitement automatisé d'informations nominatives – *(Décret n° 2021-1402 du 29 octobre 2021)*

• Le fichier national automatisé des empreintes génétiques ne peut faire l'objet d'aucune interconnexion ni de rapprochement ou de mise en relation avec un autre traitement automatisé d'informations nominatives, à l'exception :

• 1° Du traitement mis en œuvre par le service central de préservation des prélèvements biologiques mentionné à l'article R. 53-20-1. Ce traitement peut comporter un numéro d'ordre commun avec le fichier national automatisé des empreintes génétiques. Il ne peut, en aucun cas, contenir des résultats d'analyses d'identification par empreintes génétiques ;

• 2° Du traitement mentionné à l'article R. 15-33-66-4 aux fins de mise à jour du fichier prévu par le présent décret;

• 3° Du traitement mentionné à l'article R. 249-9;

• 4° Des traitements automatisés utilisés par les personnes physiques ou morales agréées au titre du décret n° 97-109 du 6 février 1997 précité ayant réalisé les analyses dans les conditions prévues à l'article R. 53-18;

• 5° Des traitements autorisés par les décrets n° 2011-110 du 27 janvier 2011 autorisant la création d'un traitement automatisé de données à caractère personnel dénommé Logiciel de rédaction des procédures de la police nationale *(LRPPN)* et n° 2011-111 du 27 janvier 2011 autorisant la mise en œuvre par le ministère de l'intérieur *(direction générale de la gendarmerie nationale)* d'un traitement automatisé de données à caractère personnel d'aide à la rédaction des procédures *(LRPGN)*;

• 6° De la passerelle internationale en matière d'ADN de l'organisation internationale de police criminelle Interpol.

Article R. 53-19-1. – Consultation – Organisation de coopération internationale – *(Décret n° 2021-1402 du 29 octobre 2021)*

• Par dérogation aux articles R. 53-18 et R. 53-19, les données enregistrées dans le fichier national automatisé des empreintes génétiques, à l'exception de celles mentionnées au III de l'article R. 53-10, peuvent être consultées, en vue notamment de faire l'objet de rapprochements, par les agents d'organismes de coopération internationale en matière de police judiciaire ou par les agents des services de police ou de justice d'États étrangers, aux fins et dans les conditions prévues:

• 1° Par le traité relatif à l'approfondissement de la coopération transfrontalière, notamment en vue de lutter contre le terrorisme, la criminalité transfrontalière et la migration illégale, signé à Prüm le 27 mai 2005;

• 2° Par tout acte pris en application des titres IV ou VI du traité sur l'Union européenne et poursuivant des buts analogues, en tout ou partie, à ceux du traité mentionné au 1°;

• 3° Par tout engagement liant, aux fins définies à l'article L. 235-1 du Code de la sécurité intérieure, la France à des organismes internationaux ou à des États étrangers, dans les conditions fixées par les articles 112 à 114 de la loi n° 78-17 du 6 janvier 1978 relative à l'informatique, aux fichiers et aux libertés.

Article R. 53-19-2. – Opérations – *(Décret n° 2021-1402 du 29 octobre 2021)*

• Sous réserve des règles particulières prévues par les actes et accords mentionnés aux 2° et 3° de l'article R. 53-19-1, les opérations réalisées en vertu desdites dispositions:

• 1° Sont le fait d'agents spécialement habilités à cet effet par les organismes internationaux ou Etats requérants;

• 2° Font l'objet, de la part de ces agents, de demandes préalables motivées;

• 3° Donnent lieu à un enregistrement dans les conditions prévues à l'article R. 53-18-1.

Article R. 53-20. – Prélèvement – *(Décret n° 2021-1402 du 29 octobre 2021)*

• Lorsqu'il n'a pas été réalisé au cours de la procédure d'enquête, d'instruction ou de jugement, le prélèvement est effectué, sur instruction du procureur de la République ou du procureur général et selon les modalités prévues par le I de l'article 706-56, au plus tard dans un délai d'un an:

• 1° Soit, si la personne a été définitivement condamnée à une peine, à compter de la fin de l'exécution de la peine ou, en cas de sursis, du caractère non avenu de la peine;

• 2° Soit, si la personne a fait l'objet d'une décision de déclaration de culpabilité non suivie par le prononcé d'une peine, du jour où cette décision est devenue définitive;

• 3° Soit, si la personne a fait l'objet d'une décision d'irresponsabilité pénale, à compter du jour où cette décision est devenue définitive, ou, si la personne a fait l'objet d'une mesure d'hospitalisation sous contrainte ou d'une mesure de sûreté mentionnée à l'article 706-136, à compter de la fin de l'exécution de cette mesure.

Article R. 53-20-1. – Scellés et prélèvements – Envois – *(Décret n° 2021-1402 du 29 octobre 2021)*

• Sauf décision contraire du procureur de la République, de l'officier de police judiciaire ou, en cours d'information, du juge d'instruction, les scellés et prélèvements relatifs aux traces et échantillons mentionnés aux 1°, 1° *bis*, 3° et 4° du I et aux 1° et 2° du III de l'article R. 53-10 sont adressés, lorsque l'analyse a été effectuée, au service central de préservation des prélèvements biologiques en vue de leur préservation.

Article R. 53-20-2. – Scellés et prélèvements – Envois – Conditionnement – *(Décret n° 2021-1402 du 29 octobre 2021)*

• **I.** – Les scellés et prélèvements sont adressés au service central de préservation des prélèvements biologiques dans un conditionnement normalisé selon des modalités fixées par arrêté conjoint du ministre de la justice et du ministre de l'intérieur, et accompagnés des informations mentionnées à l'article R. 53-11.

• Lorsque le conditionnement des scellés et prélèvements biologiques qui lui sont adressés ne respecte pas les exigences fixées par l'arrêté mentionné au premier alinéa, le service peut en refuser la préservation et informe les laboratoires agréés, l'autorité de contrôle et la commission chargée d'agréer les personnes habilitées à effectuer des missions d'identification par empreintes génétiques dans le cadre des procédures judiciaires ou de la procédure extrajudiciaire d'identification des personnes décédées, prévue par l'article 1er du décret n° 97-109 du 6 février 1997 précité.

• Sur réquisition ou ordonnance du magistrat compétent, ils sont mis à disposition de l'autorité judiciaire par ce service.

• **II.** – Les scellés et prélèvements sont préservés selon les mêmes durées maximales prévues à l'article R. 53-14 applicables aux données auxquelles ils correspondent.

• Sauf demande contraire et expresse du magistrat compétent, ils sont détruits d'office par le service à l'expiration de ces durées.

• **III.** – En cas d'effacement d'une des données mentionnées à l'article R. 53-10 avant ce délai à la demande de l'autorité judiciaire ou de l'officier de police judiciaire agissant sur instruction de cette dernière, le service en est informé dans les plus brefs délais et par tous moyens sécurisés, y compris télématiques, par l'autorité judiciaire, l'officier de police judiciaire ou l'autorité gestionnaire du fichier. Le service procède, selon les termes de la décision de l'autorité judiciaire, à la destruction ou à la restitution du prélèvement ou du scellé.

Article R. 53-21. – Magistrat – Contrôle – *(Décret n° 2021-1402 du 29 octobre 2021)*

• Le magistrat mentionné à l'article R. 53-16, assisté par le comité prévu au même article, contrôle les conditions dans lesquelles fonctionne le service central de préservation des prélèvements biologiques. Il peut procéder à toute vérification sur place.

• L'autorité responsable du service lui adresse un rapport annuel d'activité ainsi que, sur sa demande, toutes informations relatives au fonctionnement du service.

• Le magistrat établit un rapport annuel qu'il adresse au ministre de la justice : il en adresse aussi une copie au ministre de l'intérieur et à la Commission nationale de l'informatique et des libertés.

TITRE XX *bis*

DU RÉPERTOIRE DES DONNÉES À CARACTÈRE PERSONNEL COLLECTÉES DANS LE CADRE DES PROCÉDURES JUDICIAIRES DÉNOMMÉ « REDEX »

Nota : Pour l'ensemble de ce titre XX *Bis* – Application à compter du 1er mars 2018
Conformément à l'article 5 du décret n° 2016-1338 du 7 octobre 2016, les expertises, évaluations et examens psychiatriques, médico-psychologiques, psychologiques et pluridisciplinaires déposés avant la date d'entrée en vigueur du présent décret peuvent être enregistrés dans le répertoire.

Article R. 53-21-1. – Mise en place et contrôle – *(Décret n° 2016-1338 du 7 octobre 2016)*

• Le ministre de la justice est autorisé à mettre en œuvre un traitement automatisé de données à caractère personnel dénommé « Redex » *(Répertoire des Expertises)*, consistant dans le répertoire des données à caractère personnel collectées dans le cadre des procédures judiciaires prévu par l'article 706-56-2.

• Ce traitement est placé sous le contrôle du magistrat dirigeant le service du casier judiciaire national, qui veille au respect des dispositions du présent titre

Section I
Enregistrement des données dans le répertoire

Article R. 53-21-2. – Enregistrements – *(Décret n° 2016-1338 du 7 octobre 2016)*
• **I.** – Les personnes dont les données sont enregistrées dans le répertoire sont celles poursuivies, au sens des alinéas 10 et 1er de l'article 706-56-2, et celles condamnées pour l'une des infractions pour lesquelles le suivi socio-judiciaire est encouru.
• **II.** – Sont enregistrés dans le répertoire les expertises, évaluations et examens psychiatriques, médico-psychologiques, psychologiques et pluridisciplinaires des personnes mentionnées au I lorsqu'ils ont été ordonnés :
• 1° Par le procureur de la République ou par un officier de police judiciaire au cours d'une enquête de police judiciaire ;
• 2° Par la juridiction d'instruction au cours d'une instruction ;
• 3° Par la juridiction de jugement à l'occasion d'un jugement ;
• 4° Par la juridiction d'application des peines, le procureur de la République, la commission pluridisciplinaire des mesures de sûreté ou l'administration pénitentiaire au cours de l'exécution d'une peine ;
• 5° Par la juridiction nationale ou régionale de la rétention de sûreté, la juridiction d'application des peines, le procureur de la République, la commission pluridisciplinaire des mesures de sûreté préalablement au prononcé ou durant le déroulement d'une mesure de surveillance ou de rétention de sûreté ;
• 6° Par le juge des libertés et de la détention à l'occasion d'une demande de modification ou de relèvement d'une interdiction prononcée en application de l'article 706-136 ;
• 7° Par le juge des libertés et de la détention ou par le représentant de l'État dans le département conformément aux dispositions des articles L. 3211-12 et L. 3213-8 du Code de la santé publique à l'occasion d'une demande de sortie d'une personne hospitalisée sans son consentement en application de l'article 706-135 ou de l'article L. 3213-7 du Code de la santé publique.
• **III.** – Les expertises, évaluations et examens versés dans le répertoire peuvent contenir des données de la nature de celles mentionnées au I de l'article 8 de la loi n° 78-17 du 6 janvier 1978 relative à l'informatique, aux fichiers et aux libertés.

Article R. 53-21-3. – Réalisation de l'enregistrement – *(Décret n° 2016-1338 du 7 octobre 2016)*
• L'enregistrement dans le répertoire des données mentionnées à l'article précédent est réalisé par l'autorité judiciaire l'ayant ordonnée, les agents de son greffe ou les personnes habilitées pour les assister en vertu de l'article R. 123-14 du Code de l'organisation judiciaire.
• Lorsque l'examen a été ordonné par un officier de police judiciaire, l'enregistrement est réalisé par le procureur de la République sous le contrôle duquel l'enquête est conduite.
• Lorsqu'une expertise ou un examen a été ordonné par l'administration pénitentiaire, l'enregistrement est réalisé par le procureur de la République de la juridiction dans le ressort de laquelle est situé l'établissement pénitentiaire dans lequel le condamné est écroué.
• Lorsqu'une évaluation pluridisciplinaire ou une expertise a été ordonnée par la commission pluridisciplinaire des mesures de sûreté, l'enregistrement est réalisé par le procureur de la République de la juridiction dans le ressort de laquelle est situé l'établissement pénitentiaire dans lequel la personne est écrouée ou le centre socio-médico-judiciaire dans lequel elle est retenue. Si la personne est placée sous surveillance de sûreté, le procureur compétent est celui de la juridiction dans le ressort de laquelle elle a sa résidence habituelle.
• Lorsque l'examen a été ordonné par le représentant de l'État conformément aux dispositions de l'article L. 3213-8 du Code de la santé publique, l'enregistrement est réalisé par le procureur de la République de la juridiction dans le ressort de laquelle est situé l'établissement hospitalier.

Article R. 53-21-4. – Vérification de l'identité – *(Décret n° 2016-1338 du 7 octobre 2016)*
• La vérification de l'identité des personnes inscrites dans le répertoire est effectuée, lorsqu'elle est possible, au vu des informations communiquées au service du casier judiciaire conformément aux dispositions de l'article R. 64.

Article R. 53-21-5. – Informations enregistrées – *(Décret n° 2016-1338 du 7 octobre 2016)*
• **I.** – Pour chaque personne faisant l'objet d'une inscription au répertoire, sont enregistrées les informations suivantes :
• 1° Informations relatives à la personne elle-même : nom, prénom [s], sexe, date et lieu de naissance de la personne, la ou les nationalités ainsi que, le cas échéant, alias, changement de

nom et nom d'usage; sont également enregistrées les informations relatives à la filiation de la personne, si cette personne ne figure pas au répertoire national d'identification des personnes physiques, ces informations ne pouvant toutefois constituer un critère de recherche;

• 2° Informations relatives à la donnée enregistrée dans le répertoire conformément aux dispositions de l'article R. 53-21-2:

• – nature de la mesure mentionnée à l'article R. 53-21-2 et date à laquelle elle a été réalisée;

• – qualité de l'autorité l'ayant ordonnée;

• – cadre procédural dans lequel la mesure a été ordonnée;

• 3° Informations relatives à la procédure pénale à l'origine de l'enregistrement de la donnée:

• – nature et date de l'infraction ou des infractions pour lesquelles la personne est ou a été poursuivie ou condamnée;

• – référence de la procédure pénale pour laquelle la personne est, ou a été, poursuivie ou condamnée.

• **II.** – Il est interdit de sélectionner une catégorie particulière de personnes à partir des données de la nature de celles mentionnées au I de l'article 8 de la loi du 6 janvier 1978 susmentionnée contenues dans les expertises, évaluations et examens versés dans le répertoire.

Article R. 53-21-6. – Contrôles – *(Décret n° 2016-1338 du 7 octobre 2016)*

• Le gestionnaire du fichier contrôle la validité des informations enregistrées et, selon le cas, refuse ou efface les enregistrements qui ne respectent pas les exigences légales.

• Le magistrat dirigeant le service du casier judiciaire national, en charge du contrôle du traitement projeté, ainsi que le gestionnaire disposent, dans le cadre de leurs missions, d'un accès direct et permanent au traitement.

Section II

Interrogation du répertoire

Article R. 53-21-7. – Critères – *(Décret n° 2016-1338 du 7 octobre 2016)*

• Les autorités judiciaires, pour les seuls besoins des procédures dont elles ont la charge, peuvent interroger le fichier par un système de communication électronique sécurisé à partir des critères suivants, mêmes incomplets:

• – données d'identité;

• – numéro de procédure.

Article R. 53-21-8. – Vérification – *(Décret n° 2016-1338 du 7 octobre 2016)*

• Lors des interrogations, les identités consultées comportent également le résultat de la vérification effectuée par le service gestionnaire du fichier conformément à l'article R. 53-21-4.

• Si l'intéressé est né hors de la France métropolitaine ou si son lieu de naissance est inconnu, est inscrite la mention: « identité non vérifiable par le service ».

Article R. 53-21-9. – Destinataires – *(Décret n° 2016-1338 du 7 octobre 2016)*

• Sont destinataires, par l'intermédiaire de l'autorité judiciaire et pour l'exercice de leurs missions, des informations contenues dans le répertoire:

• 1° Les experts ou les personnes désignées par l'autorité judiciaire pour réaliser une expertise ou une évaluation de dangerosité au cours de l'enquête, de l'instruction, du jugement, de l'exécution de la peine, ou dans le cadre d'une mesure de sûreté ou d'une mesure de soins psychiatriques;

• 2° Les experts ou les personnes désignées par la commission pluridisciplinaire des mesures de sûreté pour réaliser une évaluation pluridisciplinaire de dangerosité;

• 3° Les membres de la commission pluridisciplinaire des mesures de sûreté.

Section III

Droit d'accès et demande de rectification ou d'effacement

Article R. 53-21-10. – Communication du relevé intégral – *(Décret n° 2016-1338 du 7 octobre 2016)*

• Toute personne dont l'identité est inscrite dans le répertoire obtient, sur demande adressée au procureur de la République de son domicile, communication du relevé intégral des références la concernant inscrites dans le répertoire.

Article R. 53-21-11. – Demande de rectification ou d'effacement – *(Décret n° 2016-1338 du 7 octobre 2016)*

• Toute personne dont l'identité est inscrite dans le répertoire peut demander au procureur de la République d'ordonner la rectification ou l'effacement des informations la concernant si les informations ne sont pas exactes ou si les conditions légales de leur conservation ne sont plus remplies.

• Le procureur de la République compétent est celui ayant procédé à l'enregistrement ou celui de la juridiction à laquelle appartient l'autorité judiciaire ayant procédé à l'enregistrement. Dans l'hypothèse où la juridiction est une cour d'appel, le procureur de la République compétent est celui du siège de la cour d'appel.

Article R. 53-21-12. – Transmission de la demande – *(Décret n° 2016-1338 du 7 octobre 2016)*

• La demande de rectification ou d'effacement doit, à peine d'irrecevabilité, être adressée par lettre recommandée avec demande d'avis de réception ou par déclaration au greffe. Cette demande est adressée au procureur de la République mentionné à l'alinéa précédent.

Article R. 53-21-13. – Information – *(Décret n° 2016-1338 du 7 octobre 2016)*

• Le magistrat compétent doit faire connaître sa décision à l'intéressé, par lettre recommandée avec demande d'avis de réception, dans un délai de 3 mois à compter de la réception de la demande.

• À défaut de réponse dans ce délai, ou si le magistrat n'ordonne pas la rectification ou l'effacement, l'intéressé peut saisir aux mêmes fins le juge des libertés et de la détention dans un délai de 10 jours par lettre recommandée avec demande d'avis de réception ou par déclaration au greffe.

Article R. 53-21-14. – Ordonnance – *(Décret n° 2016-1338 du 7 octobre 2016)*

• Après avoir sollicité les réquisitions écrites du procureur de la République, le juge des libertés et de la détention statue par ordonnance motivée dans un délai de 3 mois. L'ordonnance est notifiée au procureur de la République et, par lettre recommandée avec demande d'avis de réception, à l'intéressé.

Article R. 53-21-15. – Saisine président – Chambre de l'instruction – *(Décret n° 2016-1338 du 7 octobre 2016)*

• Faute pour le juge des libertés et de la détention de statuer dans le délai de 3 mois ou s'il n'est pas fait droit à la demande de rectification ou d'effacement, l'intéressé peut, dans un délai de 10 jours, saisir le président de la chambre de l'instruction, par lettre recommandée avec accusé de réception ou par déclaration au greffe. À peine d'irrecevabilité, sa contestation doit être motivée.

Article R. 53-21-16. – Contestation – *(Décret n° 2016-1338 du 7 octobre 2016)*

• S'il est fait droit à la demande de rectification ou d'effacement, le procureur de la République peut également, dans un délai de 10 jours, contester cette décision devant le président de la chambre de l'instruction. Cette contestation suspend l'exécution de la décision.

Article R. 53-21-17. – Ordonnance motivée – *(Décret n° 2016-1338 du 7 octobre 2016)*

• Le président de la chambre de l'instruction statue, après avoir sollicité les réquisitions écrites du procureur général, par une ordonnance motivée, dans un délai de 3 mois. Cette ordonnance est notifiée au procureur de la République et, par lettre recommandée avec demande d'avis de réception, à l'intéressé. Elle ne peut faire l'objet d'un pourvoi en cassation que si elle ne satisfait pas, en la forme, aux conditions essentielles de son existence légale.

Article R. 53-21-18. – Information – *(Décret n° 2016-1338 du 7 octobre 2016)*

• S'il est fait droit aux demandes prévues par l'article R. 53-21-11, le procureur de la République informe le service gestionnaire du répertoire, lequel procède sans délai, selon les cas, à la rectification ou à l'effacement des données.

Section IV

Conservation de la trace des interrogations et consultations

Article R. 53-21-19. – Modalités – *(Décret n° 2016-1338 du 7 octobre 2016)*

• Le répertoire conserve pendant une durée de 3 ans, dans la limite des durées définies à l'article R. 53-21-20, les informations relatives aux enregistrements, suppressions et interrogations dont il fait l'objet, en précisant le nom, le prénom, le service et la qualité de la personne ou autorité ayant procédé à l'opération.

• Ces informations ne peuvent être consultées que par le magistrat chef du service gestionnaire du fichier ou, avec son autorisation, par les personnes placées sous son autorité et qu'il habilite spécialement.

• Elles peuvent donner lieu à exploitations statistiques.

Section V

Durée de conservation des données inscrites dans le répertoire et modalités de leur effacement

Article R. 53-21-20. – Conservation – *(Décret n° 2016-1338 du 7 octobre 2016)*

• Les données inscrites dans le répertoire sont conservées, à compter du jour où a été réalisé l'examen, l'expertise ou l'évaluation, pendant un délai de 30 ans ou, si la personne était mineure au moment de l'infraction, pendant un délai de 15 ans.

Article R. 53-21-21. – Information – Effacement – *(Décret n° 2016-1338 du 7 octobre 2016)*

• Le procureur de la République ou le procureur général informe sans délai le service gestionnaire de la décision de classement sans suite, hormis les cas où cette décision est fondée sur le premier alinéa de l'article 122-1 du Code pénal, ou de la décision définitive de relaxe ou d'acquittement intervenue dans la procédure au cours de laquelle a été ordonné l'expertise, l'examen ou l'évaluation enregistré dans le répertoire.

• La juridiction d'instruction ou son greffe procède sans délai à l'effacement des données inscrites dans le répertoire en cas de décision définitive de non-lieu intervenue dans la procédure au cours de laquelle a été ordonné l'expertise, l'examen ou l'évaluation enregistré dans le répertoire.

Article R. 53-21-22. – Modalités d'effacement – *(Décret n° 2016-1338 du 7 octobre 2016)*

• Le service gestionnaire procède à l'effacement des données inscrites dans le répertoire :

• *a)* A l'expiration du délai prévu à l'article R. 53-21-20 ;

• *b)* Lorsqu'il est informé d'une des décisions mentionnées à l'article R. 53-21-21 ;

• *c)* Lorsqu'il est informé du décès de l'intéressé ;

• *d)* Lorsqu'il est informé d'une décision d'effacement prise en application des articles R. 53-21-11 à R. 53-21-17.

Section VI

Dispositions communes

Article R. 53-21-23. – Interconnexion – Rapprochement – Mise en relation – *(Décret n° 2016-1338 du 7 octobre 2016)*

• Aucune interconnexion, aucun rapprochement ni aucune mise en relation au sens de la loi n° 78-17 du 6 janvier 1978 relative à l'informatique, aux fichiers et aux libertés ne peuvent être effectués entre le fichier prévu par le présent titre et tout autre fichier ou recueil de données nominatives détenu par une personne quelconque ou par un service de l'État ne dépendant pas du ministère de la justice.

Article R. 53-21-24. – Magistrats et fonctionnaires – Parquets – *(Décret n° 2016-1338 du 7 octobre 2016)*

• Les magistrats du parquet et tout fonctionnaire du parquet spécialement habilité par le procureur de la République exercent les compétences reconnues à ce magistrat pour l'application du présent titre.

• Les magistrats du parquet général et tout fonctionnaire du parquet général spécialement habilité par le procureur général exercent les compétences reconnues à ce magistrat pour l'application du présent titre.

• Il en est de même pour celles reconnues au service gestionnaire du fichier, pour les magistrats placés sous son autorité et les fonctionnaires spécialement habilités par lui.

Article R. 53-21-25. – Enregistrement – Droit d'information – Droit d'opposition – *(Décret n° 2016-1338 du 7 octobre 2016)*

• L'enregistrement des données à caractère personnel dans le fichier est réalisé directement par les personnes autorisées ou habilitées.

• L'enregistrement et la consultation du fichier se font par l'intermédiaire de moyens de télécommunication sécurisés.

• Le droit d'information prévu au I de l'article 32 de la loi du 6 janvier 1978 susmentionnée, sauf en ce qui concerne les personnes habilitées à accéder mentionnées aux articles R. 53-21-2 et R. 53-21-3 ne s'applique pas au présent traitement.

• Le droit d'opposition prévu au 1er alinéa de l'article 38 de la même loi ne s'applique pas au présent traitement.

TITRE XXI

DE LA PROTECTION DES TÉMOINS

CHAPITRE Ier

Déclaration d'adresse d'un témoin dans un commissariat ou une brigade de gendarmerie

Article R. 53-22. – Adresse personnelle – Autorisation – *(Décret n° 2003-455 du 16 mai 2003)*

• Lorsqu'il est fait application des dispositions du premier alinéa de l'article 706-57, le procès-verbal des déclarations de la personne entendue mentionne l'autorisation donnée par le procureur de la République ou par le juge d'instruction.

Article R. 53-23. – Registre – *(Décret n° 2003-455 du 16 mai 2003)*

• Le registre prévu par le deuxième alinéa de l'article 706-57 est tenu au siège de chaque service de police nationale ou unité de gendarmerie nationale. Il est paraphé par le chef du service de police ou de l'unité de gendarmerie. Ce registre est présenté, à tout moment, au procureur de la République qui en fait la demande.

• Chaque inscription sur le registre comporte un numéro d'ordre. Ce numéro est mentionné dans le procès-verbal des déclarations de la personne entendue, ainsi que la dénomination et l'adresse du service ou de l'unité détenant le registre.

Article R. 53-24. – Changement d'adresse – *(Décret n° 2003-455 du 16 mai 2003)*

• La personne ayant bénéficié des dispositions du premier alinéa de l'article 706-57 est avisée qu'elle doit faire connaître, pendant l'année qui suit son audition, ses changements d'adresse au service de police ou à l'unité de gendarmerie détenant le registre.

• Les services de police ou les unités de gendarmerie sont tenus, à la demande des seules autorités judiciaires, de délivrer dans les meilleurs délais aux personnes ayant bénéficié des dispositions de l'article 706-57 les convocations émanant de ces autorités. Ils doivent de même remettre les citations à comparaître dont peuvent faire l'objet ces personnes. S'ils constatent à cette occasion qu'une personne a changé d'adresse, ils inscrivent sa nouvelle adresse dans le registre, en marge de la précédente. Il en est de même s'ils sont directement informés par cette personne de son changement d'adresse.

• Lorsque la personne a changé d'adresse et que la convocation ou la citation à comparaître ne peut lui être remise, le magistrat mandant en est immédiatement informé.

Article R. 53-25. – Suite déclaration domicile – *(Décret n° 2003-455 du 16 mai 2003)*

• Lorsqu'elles sont entendues comme témoins devant une juridiction d'instruction ou de jugement, les personnes ayant bénéficié des dispositions de l'article 706-57 sont autorisées à continuer de déclarer comme domicile l'adresse du service de police ou de l'unité de gendarmerie. Cette juridiction peut toutefois demander aux personnes ayant bénéficié des dispositions du premier alinéa de cet article de déclarer leur véritable domicile.

Article R. 53-26. – Dispositions non prescrites – *(Décret n° 2003-455 du 16 mai 2003)*

• Les dispositions du présent chapitre ne sont pas prescrites à peine de nullité.

CHAPITRE II

Possibilité pour un témoin de déposer de manière anonyme

Article R. 53-27. – Déposition anonyme – *(Décret n° 2003-455 du 16 mai 2003)*

• La requête prévue par le premier alinéa de l'article 706-58 précise l'identité de la personne et les raisons pour lesquelles, au regard des éléments figurant dans le dossier de la procédure d'enquête ou l'information, qui est jointe, en copie ou en original, à la requête, les déclarations de la personne doivent être recueillies sans que son identité apparaisse dans la procédure.

• Peut être joint à la requête un procès-verbal d'audition de la personne dans laquelle celle-ci fait part de son accord pour témoigner de manière anonyme, en expliquant le cas échéant les risques qui pèsent sur elle, sa famille ou ses proches si elle témoignait sans bénéficier des dispositions de l'article 706-58. Peut être également joint un rapport des enquêteurs justifiant le recours à la procédure prévue par cet article.

• Lorsque la requête est formée par le juge d'instruction, celui-ci l'adresse au juge des libertés et de la détention après avoir pris l'avis du procureur de la République, cet avis étant également joint à la requête.

Article R. 53-28. – Conservation des dossiers distincts et du registre – *(Décret n° 2003-455 du 16 mai 2003)*

• Les dossiers distincts et le registre prévus par le deuxième alinéa de l'article 706-58 sont conservés par le procureur de la République. Ils ne peuvent être communiqués qu'au juge des libertés et de la détention ou au juge d'instruction ou, dans le cas prévu par le deuxième alinéa de l'article 706-60, au président de la chambre de l'instruction.

Article R. 53-29. – Autorisation d'audition – *(Décret n° 2003-455 du 16 mai 2003)*

• Si le juge des libertés et de la détention autorise que la personne soit entendue sans que son identité apparaisse dans la procédure, il est attribué à cette personne un numéro d'ordre qui sera inscrit sur le dossier distinct et dans le registre prévus par le deuxième alinéa de l'article 706-58.

• Le procès-verbal d'audition de la personne ainsi que le procès-verbal prévu par le deuxième alinéa de l'article 706-58 et qui doit être versé dans le dossier distinct mentionnent le numéro d'ordre qui a été attribué à la personne.

Article R. 53-30. – Issue de l'audition – *(Décret n° 2003-455 du 16 mai 2003)*

• À l'issue de son audition, la personne est invitée à relire sa déposition telle qu'elle vient d'être transcrite, à préciser si elle déclare persister dans ses déclarations et à signer le procès-verbal distinct. Mention en est faite au procès-verbal principal, dont chaque page est signée, selon les cas, par l'officier de police judiciaire ou le procureur de la République ou par le juge des libertés et de la détention ou le juge d'instruction ainsi que son greffier et, le cas échéant, par l'interprète.

Article R. 53-31. – Changement d'adresse – *(Décret n° 2003-455 du 16 mai 2003)*

• La personne ayant bénéficié des dispositions du premier alinéa de l'article 706-58 est avisée qu'elle doit faire connaître, pendant l'année qui suit son audition, ses changements d'adresse au procureur de la République.

• Les convocations et citations à comparaître de cette personne sont effectuées par l'intermédiaire du procureur de la République. Si celui-ci constate à cette occasion que la personne a changé d'adresse, il inscrit sa nouvelle adresse dans le registre prévu au deuxième alinéa de l'article 706-57, en marge de la précédente. Il en est de même s'il est directement informé par cette personne de son changement d'adresse.

• Lorsque la personne a changé d'adresse et que la convocation ou la citation à comparaître ne peut lui être remise, la juridiction mandante en est immédiatement informée par le procureur de la République.

Article R. 53-32. – Refus du juge des libertés et de la détention – *(Décret n° 2003-455 du 16 mai 2003)*

• « Si le juge des libertés et de la détention n'autorise pas que les déclarations de la personne soient recueillies sans que son identité apparaisse dans la procédure, la requête et la décision de ce magistrat, ainsi que, le cas échéant, l'avis du procureur de la République, le procès-verbal d'audition et le rapport prévus par les deuxième et troisième alinéas de l'article R. 53-27 sont versés dans un dossier distinct du dossier de la procédure, qui est conservé par le procureur de la République. Ce dossier ne peut être communiqué dans le cadre de la procédure en cours, sauf si la personne accepte ultérieurement de témoigner sans bénéficier des dispositions de l'article 706-58; hors cette hypothèse, ce dossier est détruit à la diligence du procureur de la République à l'expiration du délai de prescription de l'action publique. Il est dressé par le procureur de la République un procès-verbal de cette destruction. »

TITRE XXII

DE LA SAISINE POUR AVIS DE LA COUR DE CASSATION

Néant.

TITRE XXIII

DE L'UTILISATION DE MOYENS DE TÉLÉCOMMUNICATION AU COURS DE LA PROCÉDURE

Article R. 53-33. – Moyens de télécommunication – *(Décret n° 2003-455 du 16 mai 2003)*

• Pour l'application des dispositions de l'article 706-71, il peut être recouru à un moyen de télécommunication sonore ou à un moyen de télécommunication audiovisuelle.

• Toutefois, pour la présentation aux fins de prolongation de la garde à vue ou de la retenue judiciaire, le recours à un moyen de télécommunication audiovisuelle est seul autorisé.

Article R. 53-34. – Enquête – Décision du procureur de la République – *(Décret n° 2020-128 du 18 février 2020)*

• Au cours de l'enquête, l'utilisation d'un moyen de télécommunication en application des dispositions du 2e alinéa de l'article 706-71 est décidée par le procureur de la République.

Article R. 53-35. – Information – Décision du juge d'instruction – *(Décret n° 2020-128 du 18 février 2020)*

• Au cours de l'information, l'utilisation d'un moyen de télécommunication en application des dispositions du 2e alinéa de l'article 706-71 est décidée par le juge d'instruction, après avis du procureur de la République.

Article R. 53-36. – Interrogatoire ou confrontation hors du ressort de la juridiction – *(Décret n° 2003-455 du 16 mai 2003)*

• Lorsque l'un des points du territoire où sont effectués l'audition, l'interrogatoire ou la confrontation se trouve hors du ressort de la juridiction, le procureur de la République dans le ressort duquel ce point est situé en est préalablement informé.

Article R. 53-37. – Retranscription des déclarations – *(Décret n° 2003-455 du 16 mai 2003)*

• Les déclarations faites par les personnes entendues en plusieurs points du territoire sont retranscrites dans les différents procès-verbaux qui sont élaborés sous la direction de l'officier de police judiciaire, du procureur de la République ou du juge d'instruction qui est chargé de la procédure. S'il apparaît des différences dans les retranscriptions des déclarations d'une même personne, seules font foi celles figurant dans le procès-verbal signé par l'intéressé ou établi dans les conditions fixées par l'article 706-58.

Article R. 53-38. – Caractéristiques techniques – *(Décret n° 2010-773 du 8 juillet 2010)*

• Les caractéristiques techniques des moyens de télécommunication utilisés doivent assurer une retransmission fidèle, loyale et confidentielle à l'égard des tiers.

• Tout incident technique ayant perturbé une transmission doit être mentionné dans les procès-verbaux prévus par l'article R. 53-37.

• Un arrêté conjoint du garde des sceaux, ministre de la justice et du ministre de l'intérieur précise les caractéristiques propres aux moyens de télécommunication audiovisuelle ou concernant des moyens de télécommunication sonore autre que le téléphone.

Article R. 53-39. – Serment de l'interprète – *(Décret n° 2020-128 du 18 février 2020)*

• Lorsqu'il est fait application des dispositions du 3e alinéa de l'article 706-71 au cours d'une information, le serment de l'interprète prévu par le 2e alinéa de l'article 102 est recueilli, par le juge d'instruction ou par l'officier de police judiciaire qui procède à l'audition de la personne, par l'intermédiaire du moyen de télécommunication.

TITRE XXIV

DE LA GÉOLOCALISATION

Article R. 53-40. – Requête – *(Décret n° 2016-867 du 29 juin 2016)*

• La requête du juge d'instruction prévue par le premier alinéa de l'article 230-40 précise les raisons pour lesquelles il estime remplies les conditions prévues par les dispositions de ce même alinéa. Elle comporte la liste des pièces dont le juge d'instruction demande le versement dans le dossier distinct du dossier de la procédure.

• Un rapport des enquêteurs justifiant le recours à la procédure prévue par l'article 230-40 peut également être joint à la requête.

• Le juge d'instruction adresse sa requête au juge des libertés et de la détention après avoir recueilli l'avis du procureur de la République, qui est joint à la requête.

Article R. 53-40-1. – Dossier distinct et registre – *(Décret n° 2019-966 du 18 septembre 2019)*

• Le dossier distinct et le registre prévus à l'article 230-40 sont conservés par le président du tribunal judiciaire ou le juge délégué par lui. Ils ne peuvent être communiqués qu'au juge des libertés et de la détention, au juge d'instruction, à la chambre de l'instruction et, dans le cas prévu par l'article 230-41, au président de la chambre de l'instruction.

Article R. 53-40-2. – Versement au dossier – *(Décret n° 2016-867 du 29 juin 2016)*

• Sont versés dans le dossier distinct dont la création a été autorisée par le juge des libertés et de la détention les pièces dont il dresse la liste, la requête du juge d'instruction, l'avis du procureur de la République et, le cas échéant, le rapport des enquêteurs.

Article R. 53-40-3. – Dossier distinct – *(Décret n° 2019-966 du 18 septembre 2019)*

• Si le juge des libertés et de la détention ne fait pas droit à la requête du juge d'instruction, cette requête, la décision du juge des libertés et de la détention, l'avis du procureur de la République et, le cas échéant, le rapport des enquêteurs sont versés dans un dossier distinct du dossier de la procédure, qui est conservé par le président du tribunal judiciaire ou le juge délégué par lui.

• Ce dossier, qui ne peut être communiqué dans le cadre de la procédure en cours, est détruit à la diligence du président du tribunal judiciaire ou du juge délégué par lui à l'expiration du délai de prescription de l'action publique. Il est dressé par ce magistrat un procès-verbal de cette destruction.

Article R. 53-40-4. – Informations – *(Décret n° 2016-867 du 29 juin 2016)*

• Lorsque des informations relatives à une opération de géolocalisation ont été versées dans un dossier distinct en application de l'article 230-40, et sauf lorsqu'elles ont été versées au dossier de la procédure en application de l'article 230-41, le juge d'instruction, avant de délivrer l'avis prévu à l'article 175, verse dans le dossier distinct les éléments recueillis dans les conditions prévues à l'article 230-40 et qui figurent dans le dossier de la procédure, après avoir recueilli l'avis du procureur de la République et les observations des parties. La décision du juge d'instruction est versée au dossier de la procédure.

TITRE XXIX

DES SAISIES SPÉCIALES

Article R. 53-50. – Consignation et déconsignation – *(Décret n° 2011-134 du 1er février 2011)*

• La consignation visée à l'article 706-155 est effectuée sur production de l'ordonnance autorisant ou ordonnant la saisie des sommes et de tout document de nature à justifier les droits et l'identité du demandeur.

• La déconsignation est effectuée sur production de la décision définitive désignant le bénéficiaire des sommes et de tout document de nature à justifier les droits et l'identité du demandeur.

Article R. 53-51. – Publicité – Saisies fonds de commerce – *(Décret n° 2023-369 du 11 mai 2023)*

• Sous réserve des dispositions particulières du présent titre, la publicité des saisies de fonds de commerce prévue à l'article 706-157 est soumise aux dispositions du chapitre Ier du titre II du livre V de la partie réglementaire du Code de commerce.

Article R. 53-52. – Inscription – Saisies fonds de commerce – Registre – *(Décret n° 2023-369 du 11 mai 2023)*

• L'inscription des saisies de fonds de commerce prises sur le fondement de l'article 706-157 est portée dans le registre tenu par le greffier du tribunal de commerce ou du tribunal judiciaire statuant en matière commerciale dans le ressort duquel le propriétaire du fonds de commerce est immatriculé à titre principal au registre du commerce et des sociétés ou, à défaut d'immatriculation, dans le ressort duquel il a son domicile personnel.

• À défaut d'immatriculation au registre du commerce et des sociétés et de domicile personnel sur le territoire français, le greffier compétent est celui du tribunal de commerce de Paris.

Article R. 53-53. – Demande d'inscription – Informations – *(Décret n° 2023-369 du 11 mai 2023)*

• La demande d'inscription visée à l'article R. 521-6 du Code de commerce comprend les informations suivantes :

• 1° La date de la décision ayant ordonné la saisie ;

• 2° La désignation du propriétaire du fonds de commerce saisi, ainsi que ses éléments d'identification, tels que définis au 2° de l'article R. 521-6 du Code de commerce ;

• 3° L'adresse et le nom commercial du fonds de commerce saisi.

Article R. 53-54. – Copie décision définitive – *(Décret n° 2023-369 du 11 mai 2023)*

• Lors de la demande d'inscription, le requérant joint au bordereau prévu à l'article R. 521-6 du Code de commerce la copie de la décision définitive ayant ordonné la saisie.

Article R. 53-55. – Radiation de l'inscription – *(Décret n° 2023-369 du 11 mai 2023)*

• Par dérogation à l'article R. 521-20, la radiation de l'inscription est sollicitée par l'Agence de gestion et de recouvrement des avoirs saisis et confisqués, qui produit à l'appui de sa demande la copie de la décision définitive de mainlevée, de non-lieu, de relaxe, d'acquittement ou de confiscation.

• À réception de cette demande, le greffier procède à la radiation de l'inscription en mentionnant la formalité et sa date en marge de l'inscription, sans indiquer la nature de la décision ayant conduit à la radiation.

Article R. 53-56. – Éléments d'identification – Propriétaire du fonds de commerce – *(Décret n° 2023-369 du 11 mai 2023)*

• Pour l'application du 1° de l'article R. 521-32 du Code de commerce, le requérant indique les éléments d'identification du propriétaire du fonds de commerce saisi.

TITRE XXX

DE L'AGENCE DE GESTION ET DE RECOUVREMENT DES AVOIRS SAISIS ET CONFISQUÉS

Article R. 54-1. – Composition de l'agence – *(Décret n° 2019-602 du 18 juin 2019)*

• Le conseil d'administration de l'Agence de gestion et de recouvrement des avoirs saisis et confisqués comprend, outre son président :

• 1° Sept représentants de l'État, membres de droit :

• – le directeur des affaires criminelles et des grâces ;

• – le secrétaire général du ministère de la justice ;

• – le directeur général des finances publiques ;

• – le directeur général de la police nationale ;

• – le directeur général de la gendarmerie nationale ;
• – le directeur général des douanes et des droits indirects ;
• – le directeur du budget ou son représentant ;
• 2° Trois personnalités qualifiées en raison de leurs compétences en matière de droit des obligations, de droit des sociétés, de gestion de patrimoine et de marchés publics. Elles sont désignées par le ministre de la justice.
• 3° Deux représentants du personnel de l'agence, élus dans les conditions fixées par le ministre de la justice.
• Le mandat du président et des membres du conseil d'administration autres que ceux mentionnés au 1° est de 3 ans renouvelable.
• Les membres mentionnés au 1° peuvent se faire représenter.
• En cas de vacance pour quelque cause que ce soit du siège d'un membre du conseil, il est pourvu à son remplacement, dans les mêmes conditions de nomination, pour la durée du mandat restant à courir si cette vacance survient plus de 6 mois avant le terme normal de celui-ci.
• Le mandat des membres du conseil d'administration est gratuit, sous réserve du remboursement des frais de déplacement et de séjour, dans les conditions prévues par la réglementation applicable aux fonctionnaires civils de l'État.

Article R. 54-2. – Réunions – *(Décret n° 2012-1247 du 7 novembre 2012)*
• Le conseil d'administration se réunit au moins deux fois par an, sur convocation de son président.
• Le président fixe l'ordre du jour sur proposition du directeur général.
• L'ordre du jour est porté à la connaissance des membres du conseil d'administration au moins dix jours avant la réunion.
• Le conseil d'administration est réuni de plein droit, à la demande des ministres de tutelle ou de la majorité de ses membres, sur les points de l'ordre du jour déterminés par eux, dans le délai de quinze jours suivant la demande.
• Le conseil d'administration ne peut valablement délibérer que si la moitié au moins de ses membres ou de leurs représentants est présente.
• Si le quorum n'est pas atteint, le conseil est à nouveau convoqué sur le même ordre du jour dans un délai maximum d'un mois. Il délibère alors sans condition de quorum.
• Les délibérations sont adoptées à la majorité des voix des membres présents ou représentés.
• La voix du président est prépondérante en cas de partage égal des voix.
• Le directeur général de l'agence, le secrétaire général, le contrôleur budgétaire et l'agent comptable assistent aux réunions du conseil d'administration avec voix consultative.
• Le président peut appeler à participer aux séances du conseil d'administration, avec voix consultative, toute personne dont il juge la présence utile.

Article R. 54-3. – Délibérations – *(Décret n° 2012-1247 du 7 novembre 2012)*
• Le conseil d'administration règle par ses délibérations les affaires de l'établissement.
• Il délibère notamment sur :
• 1° Les programmes généraux d'activité de l'établissement public ;
• 2° Les conditions générales de passation des contrats, conventions et marchés de l'établissement, ainsi que sur les délégations de service public et contrats d'objectifs à conclure avec l'État ;
• 3° Le budget de l'établissement public et ses décisions modificatives, le compte financier et l'affectation des résultats ;
• 4° Les conditions générales de recrutement, d'emploi et de rémunération du personnel ;
• 5° L'autorisation d'engager des actions en justice, de négocier et conclure les transactions, sauf urgence ;
• 6° L'organisation générale de l'établissement ;
• 7° Son règlement intérieur ;
• 8° Le rapport annuel d'activité de l'établissement.
• Le conseil d'administration peut déléguer au directeur général certaines des compétences prévues au présent article, à l'exception des matières mentionnées aux 2°, 3°, 7° et 8°, dans les limites fixées par le règlement intérieur.
• Les délibérations portant sur le budget et le compte financier sont exécutoires dans les conditions prévues par le titre III du décret n° 2012-1246 du 7 novembre 2012 relatif à la gestion budgétaire et comptable publique.

Article R. 54-4. – Directeur général – *(Décret n° 2011-134 du 1er février 2011)*

• Le directeur général de l'Agence de gestion et de recouvrement des avoirs saisis et confisqués est un magistrat de l'ordre judiciaire nommé par arrêté du ministre de la justice pour une durée de trois ans renouvelable.

• Il est secondé par un secrétaire général nommé par arrêté du ministre du budget.

• Le directeur général, assisté par le secrétaire général, assure la gestion et la conduite générale de l'agence. Il la représente en justice et dans tous les actes de la vie civile. Il est ordonnateur des recettes et des dépenses de l'agence. Il recrute le personnel placé sous son autorité. Il passe les actes, contrats ou marchés et conclut les transactions nécessaires au bon fonctionnement de l'agence, sous réserve des attributions confiées au conseil d'administration par l'article R. 54-3.

• Il prépare les séances du conseil d'administration, élabore le budget de l'établissement public et exécute les délibérations du conseil. Il lui rend compte, à chaque réunion, de l'activité de l'agence et des décisions prises sur le fondement des délégations qu'il a reçues.

• Il peut déléguer certaines de ses fonctions au secrétaire général de l'agence.

• Il peut déléguer sa signature à tout agent de l'établissement public exerçant des fonctions d'encadrement.

• Il peut nommer des ordonnateurs secondaires.

Article R. 54-5. – Dépenses de l'établissement – *(Décret n° 2011-134 du 1er février 2011)*

• Les dépenses de l'établissement comprennent les frais de personnel autres que ceux pris en charge par leur organisme ou administration d'origine, les frais de fonctionnement et d'équipement, les frais de gestion, de recouvrement et de cession des avoirs saisis ou confisqués qui lui sont confiés et, d'une manière générale, toute dépense nécessaire à l'activité de l'établissement.

Article R. 54-6. – Détachement, mise à disposition – *(Décret n° 2011-134 du 1er février 2011)*

• L'établissement peut accueillir en détachement ou par voie de mise à disposition des agents relevant de la fonction publique de l'État et de la fonction publique territoriale, ainsi que des agents relevant d'organismes publics ou privés assurant la gestion d'un service public, dans le cadre de la réglementation qui leur est applicable.

Article R. 54-7. – Contrôle – *(Décret n° 2019-798 du 26 juillet 2019)*

• L'agence est soumise aux dispositions des titres Ier et III du décret n° 2012-1246 du 7 novembre 2012 relatif à la gestion budgétaire et comptable publique.

• Des comptables secondaires peuvent être désignés par l'agent comptable, après avis du directeur général et avec l'agrément du ministre chargé du budget.

• Des régies de recettes et d'avances peuvent être instituées dans les conditions prévues par le décret n° 2019-798 du 26 juillet 2019 modifié relatif aux régies de recettes et aux régies d'avances des organismes publics.

Article R. 54-8. – Fonds de l'établissement – *(Décret n° 2011-134 du 1er février 2011)*

• Les fonds de l'établissement sont déposés au Trésor public.

• Toutefois, les sommes saisies et les sommes issues de l'aliénation des biens prévue aux 3° et 4° de l'article 706-160 ou du placement de ces sommes prévu au 4° de l'article 760-163 sont déposées sur un compte de dépôt ouvert à la Caisse des dépôts et consignations rémunéré par un intérêt déterminé selon les modalités prévues par l'article L. 518-23 du code monétaire et financier.

Article R. 54-9. – Aliénation des biens meubles – *(Décret n° 2011-134 du 1er février 2011)*

• L'établissement peut demander à l'administration chargée des domaines de procéder à l'aliénation des biens meubles placés sous main de justice qui ont été remis à l'agence en application des articles 41-5 et 99-2, ainsi que des biens meubles ou immeubles confisqués au cours d'une procédure pénale. L'aliénation a lieu avec publicité et concurrence.

LIVRE V
DES PROCÉDURES D'EXÉCUTION

TITRE Ier
DE L'EXÉCUTION DES SENTENCES PÉNALES

CHAPITRE Ier
Diminution de l'amende du fait du paiement volontaire

Section I
Domaine d'application

Article R. 55. – Modalités – *(Décret n° 2017-683 du 28 avril 2017)*

• Les dispositions des articles 707-2 et 707-3 relatives à la diminution du montant des amendes et des droits fixes de procédure en cas de paiement volontaire dans le délai d'un mois sont applicables :

• 1° Aux amendes prononcées par le tribunal de police, par le tribunal pour enfants, par le tribunal correctionnel ou par la cour d'appel ainsi que par toute autre juridiction répressive à l'encontre d'une personne reconnue coupable d'une contravention ou d'un délit, qu'il s'agisse d'une décision contradictoire, d'une décision contradictoire à signifier, d'une décision par défaut ou d'une ordonnance pénale ;

• 2° Aux amendes prononcées par la cour d'assises à l'encontre d'une personne qui est uniquement condamnée pour une contravention ou un délit ;

• 3° Aux amendes homologuées selon la procédure de comparution sur reconnaissance préalable de culpabilité ;

• 4° Aux jours-amendes, lorsque l'amende est payée dans le délai d'un mois prévu par l'article 707-2, indépendamment de la date d'exigibilité résultant de l'application des dispositions de l'article 131-25 du Code pénal, qu'il s'agisse d'une décision contradictoire, d'une décision contradictoire à signifier ou d'une décision par défaut ;

• 5° Aux amendes forfaitaires majorées ;

• 6° Aux droits fixes de procédure prévus par les dispositions de l'article 1018-A du Code général des impôts.

• Elles ne sont pas applicables :

• 1° Aux amendes de composition prévues par le 1° de l'article 41-2 ;

• 2° Aux amendes forfaitaires minorées ou aux amendes forfaitaires non majorées ;

• 3° Aux amendes douanières ou aux amendes fiscales.

Nota : Conformément à l'article 3 du décret n° 2009-383 du 6 avril 2009, les dispositions de son article 1er s'appliquent sur l'ensemble du territoire de la République.

Article R. 55-1. – Condamnation résultant d'une décision contradictoire – *(Décret n° 2009-383 du 6 avril 2009)*

• Lorsque la condamnation résulte d'une décision contradictoire à signifier ou d'une décision par défaut, le délai d'un mois prévu par l'article 707-2 court à compter de la date de la signification.

• L'avis prévu par l'article 707-3 figure dans le jugement ou est joint à l'acte de signification.

Nota : Les dispositions de son article 1er s'appliquent sur l'ensemble du territoire de la République.

Article R. 55-2. – Condamnation résultant d'une ordonnance pénale – *(Décret n° 2009-383 du 6 avril 2009)*

• Lorsque la condamnation résulte d'une ordonnance pénale, le délai d'un mois prévu par l'article 707-2 court à compter de l'envoi de la lettre recommandée prévue par les articles 495-3 et 527 ou de la notification par le procureur de la République ou son délégué prévue par l'article 495-3. Dans le cas prévu par l'avant-dernier alinéa des articles 495-3 et 527, il court à compter de la date à laquelle la personne a eu connaissance de la condamnation.

• L'avis prévu par l'article 707-3 figure dans l'ordonnance pénale ou est joint à la notification de la décision conformément aux modalités prévues par les articles R. 41-3 et R. 42.

Nota: Les dispositions de son article 1er s'appliquent sur l'ensemble du territoire de la République.

Article R. 55-3. – Condamnation à une peine d'amende – *(Décret n° 2009-383 du 6 avril 2009)*

• En cas de condamnation à une peine d'amende, la diminution prévue par l'article 707-2 ne s'applique qu'en cas de paiement simultané, dans le délai d'un mois, de l'amende, du droit fixe de procédure prévu par les dispositions de l'article 1018 A du Code général des impôts et, s'il y a lieu, de la majoration de l'amende prévue par les articles L. 211-27 et L. 421-8 du Code des assurances en cas de condamnation pour le délit de défaut d'assurance prévu par l'article L. 324-2 du Code de la route ou pour les infractions en matière de chasse.

• La diminution porte sur l'ensemble des sommes dues.

• Lorsqu'une consignation a été versée en application des dispositions de l'article 529-10 du présent code ou de l'article L. 121-4 du Code de la route, la diminution ne porte que sur les sommes restant dues.

Nota: Les dispositions de son article 1er s'appliquent sur l'ensemble du territoire de la République.

Section II
Procédure

Article R. 55-4. – Décision contradictoire – *(Décret n° 2014-551 du 27 mai 2014)*

• En cas de décision contradictoire rendue en présence du condamné ou de son représentant, il est remis à ce dernier à l'issue de l'audience, s'il en fait la demande, un relevé de condamnation pénale lui permettant de s'acquitter volontairement des droits fixes de procédure et, s'il y a lieu, de l'amende dans le délai d'un mois auprès du comptable de la direction générale des finances publiques.

• Le condamné peut également demander la délivrance de ce relevé auprès du greffe de la juridiction qui a rendu la décision dans le délai d'un mois à compter de son prononcé.

• Ce relevé est joint aux décisions contradictoires à signifier et aux décisions rendues par défaut au moment de leur signification.

• Le modèle du relevé de condamnation est arrêté conjointement par le garde des sceaux, ministre de la justice, et par le ministre des finances.

Article R. 55-5. – Relevé de condamnation pénale – *(Décret n° 2014-551 du 27 mai 2014)*

• Dans le cas prévu par le premier alinéa de l'article R. 55-4, le greffier en chef adresse au comptable de la direction générale des finances publiques un exemplaire de chaque relevé de condamnation pénale au plus tard le deuxième jour ouvrable suivant le prononcé de la décision.

• Dans les autres cas, ce relevé est adressé au comptable de la direction générale des finances publiques en même temps qu'il est procédé à la signification ou à la notification de la décision.

• Ces relevés sont adressés sous un bordereau d'envoi simplifié, dont le modèle est arrêté conjointement par le garde des sceaux, ministre de la justice, et par le ministre des finances.

• L'envoi de ces relevés dispense d'adresser ultérieurement un extrait de la décision lorsque celle-ci est devenue exécutoire.

Section III
Voie de recours

Article R. 55-6. – Avis – *(Décret n° 2014-551 du 27 mai 2014)*

• Si une voie de recours est exercée contre la décision ayant donné lieu à l'envoi du relevé de condamnation conformément aux dispositions de l'article R. 55-5, le greffier en chef en donne avis au comptable de la direction générale des finances publiques ainsi que de l'annulation du relevé correspondant.

• Cet avis est donné au plus tard le deuxième jour ouvrable suivant l'enregistrement du recours.

Article R. 55-7. – Demande restitution des sommes versées – *(Décret n° 2014-551 du 27 mai 2014)*

• Si, à la suite de l'exercice d'une voie de recours, la personne qui s'est acquittée volontairement du paiement de l'amende demande la restitution des sommes versées conformément aux dispositions du troisième alinéa de l'article 707-2, cette demande doit être déposée auprès du comptable de la direction générale des finances publiques compétent pour le recouvrement de l'amende.

CHAPITRE II

De l'application des peines

Article R. 57-1. – Désignation conseiller(s) – *(Décret n° 2005-1099 du 2 septembre 2005)*

• Le premier président désigne, après avis de l'Assemblée générale des magistrats du siège, un ou plusieurs conseillers chargés de suivre l'application des peines et de coordonner l'action des juges de l'application des peines dans le ressort de la cour d'appel.

• Il est mis fin à leurs fonctions et pourvu à leur remplacement dans les mêmes formes.

Article R. 57-2. – Rapport – *(Décret n° 2005-1099 du 2 septembre 2005)*

• Chaque année, le juge de l'application des peines adresse au ministre de la justice un rapport sur l'application des peines dans son ressort. Ce rapport est également transmis au conseiller chargé de l'application des peines et au procureur général. En outre, le juge de l'application des peines le présente oralement à l'assemblée générale des magistrats du siège et du parquet.

Article R. 57-3. – Assistance – *(Décret n° 2005-1099 du 2 septembre 2005)*

• Le juge de l'application des peines est assisté par le service pénitentiaire d'insertion et de probation.

Article R. 57-4. – Nouvelle poursuite exercée – *(Décret n° 2005-1099 du 2 septembre 2005)*

• En cas de nouvelle poursuite exercée contre un condamné placé sous son contrôle, le juge de l'application des peines en est avisé par le procureur de la République. Il communique à ce magistrat les renseignements qui lui paraissent utiles sur le comportement du condamné ; il lui donne notamment son avis sur l'opportunité de toute décision de modification ou de révocation de la mesure dont bénéficie le condamné, qui serait de la compétence de la juridiction de jugement.

CHAPITRE III

Traitement de données à caractère personnel relatif à l'application des peines

Article R. 57-4-1. – APPI – *(Décret n° 2022-479 du 30 mars 2022)*

• Les finalités du traitement automatisé de données à caractère personnel dénommé " application des peines, probation et insertion " *(APPI)*, les informations et les données à caractère personnel pouvant y être enregistrées, les règles de fonctionnement et d'accès, les droits des personnes concernées par le traitement, ainsi que les possibilités d'interconnexions ou de mises en relation avec d'autres traitements sont déterminés par les dispositions des articles R. 113-49 et suivants du Code pénitentiaire.

Articles R. 57-4-2 à R. 57-4-10. – *(Abrogés – Décret n° 2022-479 du 30 mars 2022)*

CHAPITRE IV

Des modalités d'accompagnement des parlementaires par des journalistes dans un établissement pénitentiaire ou dans un centre éducatif fermé

Section I

Des modalités d'accompagnement des parlementaires par des journalistes dans un établissement pénitentiaire

Articles R. 57-4-11 et R. 57-4-12. – *(Abrogés – Décret n° 2022-479 du 30 mars 2022)*

Section II

Des modalités d'accompagnement des parlementaires par des journalistes dans un centre éducatif fermé

Articles R. 57-4-13 et R. 57-4-14. – *(Abrogés – Décret n° 2021-682 du 27 mai 2021)*

TITRE II

DE LA DÉTENTION

Article R. 57-5. – Désignation – *(Décret n° 2010-1634 du 23 décembre 2010)*

• Pour l'application du présent titre, le magistrat saisi du dossier de la procédure désigne, selon le cas, le juge d'instruction ou le juge des enfants, le juge des libertés et de la détention, le procureur de la République, le président de la chambre de l'instruction, le président de la cour d'assises, le procureur général près la cour d'appel et le procureur général près la Cour de cassation.

CHAPITRE Ier

De l'exécution de la détention provisoire

Article R. 57-5-1. – Isolement judiciaire – *(Décret n° 2010-1634 du 23 décembre 2010)*

• La mise à l'isolement judiciaire d'une personne majeure peut être décidée à tout moment de la procédure d'information par le juge d'instruction.

• Lorsqu'il saisit le juge des libertés et de la détention aux fins d'un placement en détention provisoire ou du renouvellement de la mesure, le juge d'instruction peut indiquer dans son ordonnance qu'il souhaite que la personne soit soumise ou maintenue à l'isolement judiciaire.

Article R. 57-5-2. – Compétence du juge des libertés et de la détention – *(Décret n° 2010-1634 du 23 décembre 2010)*

• La mise à l'isolement judiciaire peut être décidée par le juge des libertés et de la détention lorsqu'il statue sur le placement en détention provisoire d'une personne ou sur la prolongation de cette détention.

Article R. 57-5-3. – Durée de la mesure – *(Décret n° 2010-1634 du 23 décembre 2010)*

• Le juge d'instruction ou le juge des libertés et de la détention précise dans l'ordonnance par laquelle il soumet une personne à l'isolement judiciaire la durée de la mesure, qui ne peut excéder celle du titre de détention. À défaut de précision, cette durée est celle du titre de détention. Ces instructions sont mentionnées dans la notice individuelle accompagnant le titre de détention ou, si la mesure est décidée ultérieurement, dans tout autre document transmis au chef d'établissement.

Article R. 57-5-4. – Décision motivée – *(Décret n° 2010-1634 du 23 décembre 2010)*

• La décision motivée de placement à l'isolement judiciaire ou de prolongation de la mesure peut figurer dans l'ordonnance de placement en détention ou de prolongation de la détention ou faire l'objet d'une ordonnance distincte.

• Lorsque la détention provisoire d'une personne placée à l'isolement judiciaire est prolongée, la mesure d'isolement prend fin immédiatement si elle n'est pas expressément renouvelée dans l'ordonnance de prolongation ou par une ordonnance distincte prise le même jour.

Article R. 57-5-5. – Fin à l'isolement judiciaire – *(Décret n° 2010-1634 du 23 décembre 2010)*

• À tout moment de la procédure d'information, il peut être mis fin à l'isolement judiciaire par ordonnance du juge d'instruction, agissant d'office, sur réquisitions du procureur de la République, à la requête du chef de l'établissement pénitentiaire ou à la demande de la personne détenue.

• Il peut également y être mis fin par ordonnance du juge des libertés et de la détention, statuant d'office, sur réquisitions du procureur de la République ou à la demande de la personne détenue, lorsque ce juge statue sur la prolongation de la détention provisoire ou sur une demande de mise en liberté.

Article R. 57-5-6. – Levée de la mesure – *(Décret n° 2010-1634 du 23 décembre 2010)*

• La personne placée à l'isolement judiciaire peut à tout moment demander la levée de cette mesure au juge d'instruction, selon les modalités prévues aux articles 148-6 ou 148-7.

Article R. 57-5-7. – Notification – *(Décret n° 2010-1634 du 23 décembre 2010)*

• L'ordonnance de placement à l'isolement judiciaire, de renouvellement de cette mesure ou de refus d'y mettre fin est notifiée à la personne par tout moyen.

• Cette ordonnance peut être déférée par la personne détenue au président de la chambre de l'instruction selon les modalités prévues aux articles 148-6 et 148-7.

J • **Meurtre aggravé et tentative – Ordonnance placement isolement judiciaire**

M. [B] [E] a formé un pourvoi contre l'arrêt de la chambre de l'instruction de la cour d'appel de NÎMES (30), en date du 01/10/2021, qui, dans l'information suivie contre lui des chefs de meurtre aggravé et tentative, a confirmé l'ordonnance du J.L.D. rejetant sa demande de mise en liberté et s'est déclarée incompétente pour statuer sur sa demande de levée d'une mesure d'isolement judiciaire.

Vu les articles 186 et R. 57-5-5, al. 2, du C.P.P. :

8. Il résulte du 1er de ces articles que la personne mise en examen est recevable à interjeter appel de la décision du J.L.D. rejetant sa demande de mise en liberté.

9. Selon le 2d, le J.L.D., lorsqu'il statue sur la prolongation de la détention provisoire ou sur une demande de mise en liberté, peut mettre fin à l'isolement judiciaire de la personne détenue, d'office, sur réquisitions du P.R. ou à la demande de celle-ci.

10. Il s'ensuit que, dans ce cas, l'effet dévolutif de l'appel commande que la chambre de l'instruction puisse être saisie, par ce recours, en lieu et place du J.L.D., tant du contentieux de la détention provisoire que de celui du maintien à l'isolement, qui constitue une mesure d'exécution temporaire de cette détention accessoire à celle-ci.

11. En l'espèce, pour déclarer la chambre de l'instruction incompétente pour statuer sur la mainlevée de l'isolement judiciaire, l'arrêt énonce que le juge d'instruction, dans son ordonnance de saisine du J.L.D., ainsi que ce dernier juge ont statué sur cette demande en la rejetant.

12. Les juges ajoutent qu'en vertu de l'article R. 57-5-7 du C.P.P., l'ordonnance de refus de mettre fin à l'isolement judiciaire peut être déférée par la personne détenue au président de la chambre de l'instruction selon les modalités prévues aux articles 148-6 ou 148-7 dudit code.

(Cour de cassation – Chambre criminelle du 4 janvier 2022 – N° de pourvoi : 21-85.869).

Article R. 57-5-8. – Régime de détention – *(Décret n° 2010-1634 du 23 décembre 2010)*

• La personne détenue placée à l'isolement judiciaire est soumise au régime de détention prévu par les articles R. 57-7-62 et R. 57-7-63.

CHAPITRE II
Des conditions générales de détention

Néant

CHAPITRE III
Des dispositions communes aux différents établissements pénitentiaires

Section I
De la confidentialité des documents personnels

Articles R. 57-6-1 à R. 57-6-4. – *(Abrogés – Décret n° 2022-479 du 30 mars 2022)*

Section II
Des relations des personnes détenues avec leur défenseur

Article R. 57-6-5. – Permis de communiquer – *(Décret n° 2022-479 du 30 mars 2022)*

• Les modalités de délivrance des permis de communiquer aux avocats et les règles applicables aux relations des personnes détenues avec leur défenseur sont déterminées par les dispositions des articles R. 313-14, R. 313-15 et R. 313-16 du Code pénitentiaire.

J **• Vol en bande organisée... – Droits de la défense – Détenu sollicitant la possibilité d'un contact téléphonique avec son avocat**

REJET du pourvoi formé par M. [O] [Q] contre l'arrêt de la chambre de l'instruction de la cour d'appel de LYON (69), en date du 15/01/2021, qui, dans l'information suivie contre lui des chefs notamment de vol en bande organisée avec arme en récidive, destruction en bande organisée en récidive, vol en bande organisée en récidive, recel en bande organisée, a confirmé l'ordonnance du juge des libertés et de la détention le plaçant en détention provisoire.

1°/ que l'exercice effectif des droits de la défense suppose que le détenu qui sollicite la possibilité de contacter téléphoniquement son avocat soit mis en mesure de le faire sans retard; qu'au cas d'espèce, M. [Q] faisait valoir qu'ayant demandé dès le 31/12/2020 à l'administration pénitentiaire à pouvoir contacter téléphoniquement son avocat, il n'avait pu le faire que le 06/01/2021 en début d'après-midi, soit postérieurement au débat relatif à son placement en détention provisoire; qu'en retenant, pour dire n'y avoir lieu à annulation dudit débat et de l'ordonnance prise à l'issue, que le juge d'instruction avait, le 04/01/2021, autorisé M. [Q] à communiquer téléphoniquement avec son avocat, invitant celui-ci à se rapprocher à cette fin de la maison d'arrêt, quand il appartenait à l'administration pénitentiaire de faire toutes diligences pour permettre à M. [Q], qui l'avait demandé, de communiquer téléphoniquement avec son avocat, une telle communication n'étant pas subordonnée à une autorisation du juge d'instruction, de sorte que l'ordonnance rendue sans que M. [Q] ait pu bénéficier d'une telle communication préalablement au débat contradictoire devait être annulée, la chambre de l'instruction a violé les articles 6 de la Convention européenne des droits de l'homme, 25 de la loi n° 2009-1436 du 24/11/2009, préliminaire, R. 57-6-5, 145, 591 et 593 du C.P.P.

19. En effet, l'avocat de la personne mise en examen, destinataire du permis de communiquer, n'a pas justifié ni même allégué qu'il avait été dans l'impossibilité de se rendre à la maison d'arrêt où était détenu son client.

20. Le moyen doit dès lors être écarté.

21. Par ailleurs l'arrêt est régulier tant en la forme qu'au regard des dispositions des articles 137-3 et 143-1 et suivants du C.P.P.

PAR CES MOTIFS, la Cour:

REJETTE le pourvoi.

(Cour de cassation – Chambre criminelle du 13 avril 2021 – N° de pourvoi : 21-80.989).

• Blanchiment... – Débat contradictoire – Information – 14 jours – Prolongation détention provisoire

M. [U] [J] a formé un pourvoi contre l'arrêt de la chambre de l'instruction de la cour d'appel de PARIS (75), 10e section, en date du 04/08/2021, qui, dans l'information suivie contre lui des chefs de blanchiment, infractions à la législation sur les stupéfiants, association de malfaiteurs, importation de stupéfiants, a confirmé l'ordonnance du J.L.D. prolongeant sa détention provisoire.

Ne méconnaît pas les droits de la défense la chambre de l'instruction qui écarte l'exception de nullité du débat contradictoire en vue de la prolongation de la détention provisoire, prise du défaut de délivrance d'un permis de communiquer à l'avocat de la personne mise en examen, dont la désignation par déclaration en maison d'arrêt n'est pas parvenue au greffe du J.I., dès lors qu'il appartenait à ce conseil, informé près de 14 jours avant ledit débat de l'absence au dossier de la procédure d'une désignation le concernant, d'effectuer en temps utile les démarches nécessaires lui permettant de régulariser celle-ci.

(Cour de cassation – Chambre criminelle du 7 décembre 2021 – N° de pourvoi : 21-85.533).

Articles R. 57-6-6 et R. 57-6-7. – *(Abrogés – Décret n° 2022-479 du 30 mars 2022)*

Section III

Des mandataires susceptibles d'être choisis par les personnes détenues

Articles R. 57-6-8 à R. 57-6-16. – *(Abrogés – Décret n° 2022-479 du 30 mars 2022)*

Section IV

Du droit à l'image des personnes détenues

Article R. 57-6-17. – Autorisation – *(Décret n° 2010-1634 du 23 décembre 2010)*
• La diffusion de l'image ou de la voix des personnes détenues prévenues est autorisée par le magistrat saisi du dossier de la procédure.

CHAPITRES IV À VIII
– (Abrogés – Décret n° 2022-479 du 30 mars 2022)

CHAPITRE IX

Des relations des personnes détenues avec l'extérieur

Article R. 57-8-7. – Droit au maintien des liens avec l'extérieur – *(Décret n° 2022-479 du 30 mars 2022)*
• Les personnes détenues prévenues exercent leur droit au maintien des liens avec l'extérieur sous le contrôle de l'autorité judiciaire, dans les conditions déterminées par les dispositions du titre IV du livre III du Code pénitentiaire, notamment :
• 1° celles du chapitre Ier, pour ce qui concerne les visites ;
• 2° celles du chapitre II, pour ce qui concerne les rapprochements familiaux ;
• 3° celles du chapitre V, pour ce qui concerne les correspondances écrites et les communications téléphoniques.

CHAPITRES X ET XI
– (Abrogés – Décret n° 2022-479 du 30 mars 2022)

CHAPITRE XII

Traitement de données à caractère personnel relatif à la gestion nationale des personnes détenues en établissement pénitentiaire

Article R. 57-9-18. – Genesis – *(Décret n° 2022-479 du 30 mars 2022)*
• Les finalités du traitement automatisé de données à caractère personnel dénommé gestion nationale des personnes détenues en établissement pénitentiaire *(GENESIS)*, les informations et les données à caractère personnel pouvant y être enregistrées, les règles de fonctionnement et d'accès, ainsi que les droits des personnes concernées par le traitement sont déterminés par les dispositions des articles R. 240-1 et suivants du Code pénitentiaire.

Articles R. 57-9-19 à R. 57-9-26. – *(Abrogés – Décret n° 2022-479 du 30 mars 2022)*

TITRE III
DU PLACEMENT SOUS SURVEILLANCE ÉLECTRONIQUE

Article R. 57-10. – Placement – *(Décret n° 2020-128 du 18 février 2020)*

• Le placement sous surveillance électronique des personnes sous assignation à résidence avec surveillance électronique ordonné par le juge d'instruction ou le juge des libertés et de la détention et celui des personnes condamnées à une peine privative de liberté ordonné par la juridiction de jugement ou par le juge de l'application des peines en application des dispositions des articles 138 et 723-7 du présent code et des articles 132-25 et 132-26 du Code pénal s'effectue dans les conditions fixées par les dispositions du présent titre.

Nota: À compter du 24 mars 2020: Conformément à l'article 6 du Décret n° 2020-128 du 19/02/2020, les présentes dispositions entrent en vigueur.

CHAPITRE Ier
Dispositions générales

CHAPITRE II
Dispositions relatives aux personnes placées sous contrôle judiciaire

CHAPITRE Ier
Dispositions générales

Section I
Dispositions concernant le procédé prévu par l'article 723-8

Article R. 57-11. – Fonctionnalités et modalités d'homologation du procédé – *(Décret n° 2022-479 du 30 mars 2022)*

• Les fonctionnalités et modalités d'homologation du procédé permettant la détention à domicile sous surveillance électronique prévu par l'article 723-8 sont déterminées par les dispositions des articles R. 622-1 et R. 622-2 du Code pénitentiaire.

Articles R. 57-12. – *(Abrogé – Décret n° 2022-479 du 30 mars 2022)*

Section II
Mesures préalables au placement sous surveillance électronique

Article R. 57-13. – Mesures préalables – *(Décret n° 2022-479 du 30 mars 2022)*

• Lorsqu'il est saisi d'une demande de détention à domicile sous surveillance électronique ou lorsqu'il envisage de prononcer d'office une telle mesure, le juge d'instruction, le juge des libertés et de la détention ou le juge de l'application des peines peut charger le service pénitentiaire d'insertion et de probation de s'assurer de la disponibilité du dispositif technique décrit à l'article R. 622-1 du Code pénitentiaire et de vérifier la situation familiale, matérielle et sociale de la personne condamnée ou prévenue, notamment aux fins de déterminer les horaires et les lieux d'assignation.

Article R. 57-14. – Accord – *(Décret n° 2022-479 du 30 mars 2022)*

• Dans le cas prévu par le 2e alinéa de l'article 723-7, l'accord écrit du propriétaire, ou du ou des titulaires du contrat de location des lieux où pourra être installé le récepteur, est recueilli dans les conditions déterminées par les dispositions de l'article R. 622-4 du Code pénitentiaire.

Article R. 57-15. – Vérification médicale – *(Décret n° 2022-479 du 30 mars 2022)*

• Le magistrat informe l'intéressé qu'il peut demander à tout moment qu'un médecin vérifie que la mise en œuvre du procédé décrit à l'article R. 622-1 du Code pénitentiaire ne présente pas d'inconvénient pour sa santé.

Section III

Décisions de placement sous surveillance électronique, de modification ou de retrait de la mesure

Article R. 57-16. – Notification *(périodes, lieux, obligations...)* – *(Décret n° 2022-479 du 30 mars 2022)*

• Lorsqu'il décide de placer la personne sous surveillance électronique, le magistrat compétent lui notifie les périodes et les lieux d'assignation ainsi que les obligations résultant des dispositions de l'article R. 622-19 du Code pénitentiaire et, le cas échéant, les mesures prévues aux articles 132-43 à 132-46 du Code pénal.

• Il l'informe que dans les cas énumérés à l'article 723-13 il pourra retirer sa décision de détention à domicile sous surveillance électronique.

• Il donne connaissance à la personne condamnée à une peine privative de liberté des dispositions des 2° et 4° de l'article 434-29 du Code pénal.

Article R. 57-17. – Notification *(modifications...)* – *(Décret n° 2020-128 du 18 février 2020)*

• Lorsqu'il est fait application des dispositions de l'article 723-11, le magistrat compétent notifie à la personne assignée les modifications des conditions d'exécution de la détention à domicile sous surveillance électronique ou des mesures de contrôle et les obligations particulières auxquelles elle est soumise.

Article R. 57-18. – Convocation avocat – *(Décret n° 2004-243 du 17 mars 2004)*

• Pour la tenue du débat contradictoire prévu par le deuxième alinéa de l'article 723-13, l'avocat de la personne est convoqué sans délai et par tout moyen.

Section IV

Mise en œuvre du placement sous surveillance électronique

Article R. 57-19. – Missions *(personnel administration pénitentiaire)* – *(Décret n° 2022-479 du 30 mars 2022)*

• Le personnel de l'administration pénitentiaire assure la pose et la dépose du bracelet prévu à l'article R. 622-1 du Code pénitentiaire, ainsi que le contrôle du respect des obligations de la personne assignée, dans les conditions prévues par les dispositions des articles R. 622-6, R. 622-7, R. 622-8 et R. 622-19 du Code pénitentiaire.

Articles R. 57-20 à R. 57-22. – *(Abrogés – Décret n° 2022-479 du 30 mars 2022)*

Section V

Habilitation des personnes auxquelles peut être confiée la mise en œuvre du dispositif technique permettant le contrôle à distance des personnes assujetties

Sous-section 1

Les personnes habilitées

Articles R. 57-23 à R. 57-30. – *(Abrogés – Décret n° 2022-479 du 30 mars 2022)*

Section VI

Du traitement automatisé relatif au contrôle des personnes placées sous surveillance électronique

Article R. 57-30-1. – Mise en œuvre – *(Décret n° 2022-479 du 30 mars 2022)*

• Les finalités du traitement automatisé de données à caractère personnel relatif au contrôle des personnes placées sous surveillance électronique, les informations et les données à caractère personnel pouvant y être enregistrées, les règles de fonctionnement et d'accès, les droits des personnes concernées par le traitement, ainsi que les possibilités d'interconnexions ou de mises en relation avec d'autres traitements sont déterminés par les dispositions des articles R. 622-22 et suivants du Code pénitentiaire.

Articles R. 57-30-2 à R. 57-30-10. – *(Abrogés – Décret n° 2022-479 du 30 mars 2022)*

TITRE IV
DU SURSIS

CHAPITRE II

Du sursis avec mise à l'épreuve

Article R. 58. – Missions du J.A.P. – *(Décret n° 2020-128 du 18 février 2020)*

• Le juge de l'application des peines dans le ressort duquel réside le condamné contrôle l'exécution des mesures et des obligations relatives au sursis probatoire.

Article R. 59. – Convocation – *(Décret n° 2008-1129 du 4 novembre 2008)*

• Le juge de l'application des peines peut convoquer le condamné pour lui rappeler les mesures de contrôle auxquelles il est soumis ainsi que, le cas échéant, les obligations particulières et l'injonction de soins résultant de la décision de condamnation. Il lui notifie les obligations particulières qu'il ordonne. Il porte à sa connaissance les conditions dans lesquelles ces mesures et ces obligations seront appliquées et contrôlées.

• L'accomplissement de ces formalités est constaté par procès-verbal dont copie est remise à l'intéressé, après émargement.

• Les formalités prévues par le présent article peuvent également être accomplies, sur instruction du juge de l'application des peines, par le service pénitentiaire d'insertion ou de probation.

Article R. 60. – *(Abrogé – Décret n° 2021-682 du 27 mai 2021)*

Article R. 60-1. – Interdiction de se rapprocher de la victime – Obligation du port d'un bracelet anti-rapprochement – *(Décret n° 2022-479 du 30 mars 2022)*

• Selon les cas, la juridiction de jugement ou la juridiction d'application des peines ne peut prononcer à l'encontre d'une personne majeure, dans le cadre d'un sursis probatoire, d'une semi-liberté, d'un placement à l'extérieur, d'une détention à domicile sous surveillance électronique, d'un fractionnement ou d'une suspension de peines, d'un suivi socio-judiciaire, d'une libération conditionnelle, d'une surveillance judiciaire ou d'un placement sous surveillance électronique mobile, l'interdiction de se rapprocher de la victime et l'obligation de porter un bracelet anti-rapprochement prévues par le 18 *bis* de l'article 132-45 et l'article 132-45-1 du Code pénal que s'il lui apparaît que les interdictions prévues par les 9° et 13° de l'article 132-45 du même code sont, à elles seules, insuffisantes pour prévenir le renouvellement de l'infraction.

• Dans ce cas, l'interdiction de se rapprocher de la victime et l'obligation de porter un bracelet anti-rapprochement ne peuvent être ordonnées que si sont également prononcées, en application des 9° et 13° de l'article 132-45 du Code pénal, l'interdiction de se rendre dans certains lieux déterminés, dans lesquels réside, travaille, ou se trouve habituellement la victime, et l'interdiction de recevoir ou de rencontrer la victime ainsi que d'entrer en relation avec elle, de quelque façon que ce soit.

• Les dispositions des articles R. 631-1 et R. 631-3 du Code pénitentiaire et celles des articles R. 24-16 à R. 24-23 du présent code, à l'exception des articles R. 24-19 et R. 24-22, sont alors applicables, la référence à la révocation du contrôle judiciaire prévue par l'article R. 24-20 étant remplacée par une référence à la révocation du sursis probatoire, ou à la révocation ou au retrait de la mesure d'aménagement de la peine.

• Si l'interdiction de rapprochement imposée au condamné conduit, du fait notamment de rapprochements imputables tant à ses déplacements qu'à ceux de la victime, à un nombre important d'alertes portant une atteinte excessive à son droit au respect de sa vie privée et familiale, celui-ci peut, à tout moment de l'exécution de la peine, demander au juge de l'application des peines que les distances d'alerte et de pré-alerte soient diminuées, ou qu'il soit mis fin à l'interdiction et au port du bracelet. Le juge statue alors selon les modalités de l'article 712-6. Cette décision peut être également prise d'office par le juge de l'application des peines.

• Sans pouvoir excéder la durée de la peine, de la probation ou de la mesure d'aménagement de la peine, la durée de l'interdiction de se rapprocher de la victime et du port d'un bracelet anti-rapprochement ne peut dépasser 2 ans, cette durée pouvant cependant être renouvelée 1 fois en matière délictuelle et 2 fois en matière criminelle par le juge de l'application des peines qui statue selon les modalités de l'article 712-6.

TITRE VII *bis*

DU SUIVI SOCIO-JUDICIAIRE

CHAPITRE Ier

Dispositions communes

Article R. 61. – Suivi socio-judiciaire – Obligations – *(Décret n° 2021-682 du 27 mai 2021)*

• Le juge de l'application des peines mentionné à l'article 763-1 convoque la personne condamnée à un suivi socio-judiciaire pour lui rappeler les obligations auxquelles elle est soumise en application de la décision de condamnation et, le cas échéant, lui notifier les obligations complémentaires qu'il a ordonnées en application de l'article 763-3. Il porte à sa connaissance les conditions dans lesquelles le respect de ces obligations sera contrôlé. Il lui rappelle la durée du suivi socio-judiciaire ainsi que la durée maximum de l'emprisonnement encouru en application de l'article 131-36-1 du Code pénal en cas d'inobservation de ces obligations.

• Lorsque le condamné fait l'objet d'une injonction de soins en application des dispositions du 1er alinéa de l'article 131-36-4 du Code pénal ou en application des dispositions du 3e alinéa de l'article 763-3 du présent code, le juge lui indique le médecin coordonnateur qu'il a désigné. Il l'avise qu'il devra rencontrer ce médecin dans un délai qu'il fixe et qui ne peut être supérieur à 1 mois.

• Le juge de l'application des peines informe le condamné dans les mêmes formes en cas de modification de ses obligations.

• L'accomplissement de ces formalités est constaté par procès-verbal dont une copie est remise à l'intéressé après émargement.

Article R. 61-1. – Mise à exécution de l'emprisonnement – *(Décret n° 2008-1129 du 4 novembre 2008)*

• Si le juge de l'application des peines ordonne la mise à exécution de l'emprisonnement prévu par le troisième alinéa de l'article 131-36-1 du Code pénal, sa décision précise la durée de l'emprisonnement qui doit être subi. Une copie de la décision est remise au condamné, ainsi que, le cas échéant, à son avocat. Cette décision vaut ordre donné au chef de l'établissement pénitentiaire désigné de recevoir et de détenir le condamné.

• Appel de cette décision peut être fait soit auprès du greffier du juge de l'application des peines selon les modalités prévues aux deux premiers alinéas de l'article 502, soit auprès du chef de l'établissement pénitentiaire selon les modalités prévues à l'article 503.

Article R. 61-2. – Fin de l'emprisonnement – *(Décret n° 2007-1169 du 1er août 2007)*

• Le juge de l'application des peines peut décider par ordonnance motivée qu'il soit mis fin à l'emprisonnement prévu au troisième alinéa de l'article 131-36-1 du Code pénal s'il lui apparaît que le condamné est en mesure de respecter les obligations du suivi socio-judiciaire. Seule la période d'emprisonnement effectivement accomplie est prise en compte pour l'application des dispositions du dernier alinéa de l'article 763-5.

Article R. 61-3. – Dossier individuel – *(Décret n° 2007-1169 du 1er août 2007)*

• Un dossier individuel concernant la personne condamnée à un suivi socio-judiciaire est tenu par le greffier du juge de l'application des peines.

• Ce dossier comprend des copies des documents issus de la procédure ayant abouti à la condamnation et qui sont nécessaires au suivi de la mesure.

• Il comprend également les rapports établis et les décisions prises pendant le déroulement de la mesure et, le cas échéant, au cours de l'exécution de la peine privative de liberté.

CHAPITRE II

Dispositions particulières applicables aux personnes exécutant une peine privative de liberté

Article R. 61-4. – Condamné détenu – *(Décret n° 2019-966 du 18 septembre 2019)*

• Lorsque le condamné est détenu, le rappel des obligations auxquelles il est soumis et qui est prévu au 1er alinéa de l'article R. 61 est fait, dans les jours précédant sa libération ou, conformément aux dispositions de l'article 763-7-1, dans les 8 jours suivant celle-ci, par le juge de l'application des peines sous le contrôle duquel le suivi socio-judiciaire doit être effectué ou, sur délégation de ce magistrat, par le juge de l'application des peines du lieu de détention.

• Lorsqu'ont été rappelées au condamné ses obligations alors que celui-ci était toujours détenu, le juge de l'application des peines sous le contrôle duquel le suivi socio-judiciaire doit être effectué détermine, pour l'application des dispositions de l'article 763-7-1, si la personne sera, dans les 8 jours de sa libération, soit convoquée devant lui, soit convoquée devant le service pénitentiaire d'insertion et de probation. Il avise ce service de sa décision.

• L'avis de convocation est remis au condamné avant sa libération. En cas de convocation devant le service pénitentiaire d'insertion et de probation, ce service lui remet ou fait remettre cet avis.

• Lorsque le condamné décide de fixer, après sa libération, sa résidence habituelle dans le ressort d'un tribunal judiciaire autre que celui dans le ressort duquel est situé l'établissement pénitentiaire, le juge de l'application des peines du lieu de détention communique en temps utile, et, sauf impossibilité, au moins 2 semaines avant la libération de la personne, au juge de l'application des peines compétent pour contrôler le suivi socio-judiciaire le dossier individuel mentionné à l'article R. 61-3.

Article R. 61-4-1. – Expertise – Traitement – *(Décret n° 2008-1129 du 4 novembre 2008)*

• Lorsque l'expertise prévue par le troisième alinéa de l'article 763-3 établit que le condamné peut faire l'objet d'un traitement, le juge de l'application des peines, par un jugement rendu selon les modalités prévues par l'article 712-6, soit constate que le condamné fera l'objet d'une injonction de soins, soit ordonne, par décision expresse, qu'il n'y a pas lieu à injonction de soins.

Article R. 61-5. – Accompagnement de suivi socio-judiciaire – *(Décret n° 2020-128 du 18 février 2020)*

• Lorsque le suivi socio-judiciaire accompagne une peine privative de liberté, la période pendant laquelle le condamné se trouve en permission de sortir, ou est placé sous le régime de la semi-liberté ou fait l'objet d'un placement à l'extérieur ou d'une détention à domicile sous surveillance électronique ne s'impute pas sur la durée du suivi socio-judiciaire. Le juge de l'application des peines peut décider que les obligations résultant de l'injonction de soins ne seront pas applicables si leur mise en œuvre s'avère incompatible avec la mesure d'aménagement dont bénéficie l'intéressé, notamment en raison de la brièveté de la sortie de l'établissement pénitentiaire.

Article R. 61-6. – Suivi socio-judiciaire – Sursis probatoire – Libération conditionnelle – *(Loi n° 2019-222 du 23 mars 2019)*

• Une personne peut être soumise en même temps aux obligations d'un suivi socio-judiciaire et à celles d'un sursis probatoire ou d'une libération conditionnelle.

TITRE VII *ter*

DES MODALITÉS DU PLACEMENT SOUS SURVEILLANCE ÉLECTRONIQUE MOBILE À TITRE DE MESURE DE SÛRETÉ

CHAPITRE Ier

De la commission pluridisciplinaire des mesures de sûreté et de l'examen de dangerosité

Article R. 61-7. – Commission – *(Décret n° 2007-1169 du 1er août 2007)*

• La commission pluridisciplinaire des mesures de sûreté instituée à l'article 763-10 exerce sa compétence dans le ressort d'une ou de plusieurs cours d'appel. Le nombre, la localisation et la compétence territoriale des commissions sont fixés par arrêté du garde des sceaux, ministre de la justice.

Article R. 61-8. – Composition de la commission – *(Décret n° 2019-956 du 18 septembre 2019)*

• La commission pluridisciplinaire des mesures de sûreté est composée :

• 1° D'un président de chambre à la cour d'appel désigné pour une durée de 5 ans par le 1er président de la cour d'appel dans le ressort de laquelle siège la commission, président ;

• 2° Du préfet de région, préfet de la zone de défense dans le ressort de laquelle siège la commission, ou de son représentant ;

• 3° Du directeur interrégional des services pénitentiaires compétent dans le ressort de la cour d'appel où siège la commission, ou de son représentant ;

• 4° D'un expert psychiatre ;

• 5° D'un expert psychologue titulaire d'un diplôme d'études supérieures spécialisées ou d'un mastère de psychologie ;

• 6° D'un représentant d'une association d'aide aux victimes ;

• 7° D'un avocat, membre du conseil de l'ordre.

• Les personnes mentionnées aux 4° à 7° sont désignées conjointement, pour une durée de 5 ans, par le 1er président et le procureur général près la cour d'appel dans le ressort de laquelle siège la commission. L'avocat est désigné sur proposition du conseil de l'ordre du barreau du tribunal judiciaire de la ville où siège cette cour.

• Si l'importance des dossiers que doit traiter la commission le justifie, le 1er président de la cour d'appel peut désigner un ou plusieurs vice-présidents de la commission, choisis parmi les présidents de chambre ou les conseillers de la cour d'appel. Il désigne également, conjointement avec le procureur général, des membres suppléants pour les personnes mentionnées du 4° au 7°.

• La commission peut statuer lorsque, outre son président, au moins 4 de ses membres, titulaires ou suppléants, sont présents.

• Le président de la commission a voix prépondérante.

• Le secrétariat de la commission est assuré par un greffier désigné par le greffier en chef de la cour d'appel.

• Les avis de la commission sont notifiés au procureur général.

• Les dispositions de l'article R. 111-5 du Code de l'organisation judiciaire sont applicables aux désignations prévues par les 2e et 10e alinéas du présent article.

Article R. 61-9. – Saisine de la commission – *(Décret n° 2007-1169 du 1er août 2007)*

• La commission est saisie par le juge de l'application des peines ou par le procureur de la République. Le condamné et son conseil ainsi, le cas échéant, que le procureur de la République sont informés par le juge de l'application des peines de cette saisine.

• La commission rend un avis motivé dans les trois mois de sa saisine. À défaut d'avis dans ce délai, le juge peut faire procéder à l'examen de dangerosité prévu à l'article 763-10. Cet avis est porté à la connaissance du condamné par lettre recommandée ou, s'il est détenu, par le chef de l'établissement pénitentiaire. Son avocat et le procureur de la République sont informés par le juge de l'application des peines.

Article R. 61-10. – Comparution du condamné – *(Décret n° 2007-1169 du 1 août 2007)*

• La commission peut demander la comparution du condamné avant de donner son avis. Cette comparution peut se faire par un moyen de télécommunication conformément aux dispositions de l'article 706-71. Le condamné peut être assisté de son avocat.

• Sur décision de son président, qui en assure la mise en œuvre, la commission peut également procéder ou faire procéder sur l'ensemble du territoire national à tous examens, auditions, enquêtes administratives, expertises ou autres mesures utiles.

Article R. 61-11. – Examen de dangerosité – *(Décret n° 2007-1169 du 1 août 2007)*

• L'examen de dangerosité prévu par l'article 763-10 est réalisé par un psychiatre et un psychologue titulaire d'un diplôme d'études supérieures spécialisées ou d'un mastère de psychologie, autres que ceux désignés en vertu des 4° et 5° de l'article R. 61-8.

• Les conclusions de cet examen sont notifiées par lettre recommandée au condamné et à son avocat ou, lorsque la personne est détenue, par le chef de l'établissement pénitentiaire qui adresse, sans délai, au juge de l'application des peines l'original ou la copie du récépissé signé par l'intéressé. Une copie de l'intégralité du rapport est remise à sa demande à l'avocat.

CHAPITRE II

Du traitement automatisé relatif au contrôle des personnes placées sous surveillance électronique mobile

Article R. 61-12. – Modalités – *(Décret n° 2022-479 du 30 mars 2022)*

• Les finalités du traitement automatisé de données à caractère personnel relatif au contrôle des personnes placées sous surveillance électronique mobile prévu par l'article L. 544-2 du Code pénitentiaire, les informations et les données à caractère personnel pouvant y être enregistrées, les règles de fonctionnement et d'accès, les droits des personnes concernées par le traitement, ainsi que les possibilités d'interconnexions ou de mises en relation avec d'autres traitements sont déterminés par les dispositions des articles R. 544-18 et suivants du même code.

Articles R. 61-12-1 à R. 61-15. – *(Abrogés – Décret n° 2022-479 du 30 mars 2022)*

Article R. 61-16. – *(Abrogé – Décret n° 2016-261 du 3 mars 2016)*

Articles R. 61-17 à R. 61-20. – *(Abrogés – Décret n° 2022-479 du 30 mars 2022)*

CHAPITRE III

De la mise en œuvre du placement sous surveillance électronique mobile

Section I

Dispositions générales

Article R. 61-21. – Application – *(Décret n° 2007-1169 du 1er août 2007)*

• Les dispositions de la présente section sont applicables à tous les placements sous surveillance électronique mobile prononcés en application des dispositions des articles 131-36-9 du Code pénal ou 723-29, 723-30, 731-1 et 763-3 du présent code.

Article R. 61-22. – Fonctionnalités et modalités d'homologation – *(Décret n° 2022-479 du 30 mars 2022)*

• Les fonctionnalités et modalités d'homologation du procédé permettant le placement sous surveillance électronique mobile sont déterminées par les dispositions de l'article R. 544-7 du Code pénitentiaire.

Article R. 61-23. – Placement sous surveillance électronique mobile – *(Décret n° 2022-479 du 30 mars 2022)*

• Lorsqu'elle est saisie d'une demande portant sur une mesure assortie d'un placement sous surveillance électronique mobile ou lorsqu'elle envisage de prononcer d'office une telle mesure, la juridiction de l'application des peines peut charger l'administration pénitentiaire de s'assurer de la disponibilité du dispositif technique décrit à l'article R. 544-7 du Code pénitentiaire ainsi que de la faisabilité technique du projet, de vérifier la situation familiale, matérielle et sociale de la personne condamnée ainsi que celle de la victime, aux fins notamment de déterminer les horaires d'assignation ainsi que les zones d'inclusion, les zones d'exclusion et, le cas échéant, les zones tampon.

• L'accord écrit du propriétaire ou du ou des titulaires du contrat de location des lieux où pourra être accueillie la personne placée sous surveillance électronique mobile est recueilli par le service pénitentiaire d'insertion et de probation, sauf si cet accord figure déjà au dossier de la procédure.

Article R. 61-24. – Désignation d'un médecin – *(Décret n° 2022-479 du 30 mars 2022)*

• La juridiction de l'application des peines peut à tout moment désigner un médecin afin que celui-ci vérifie que la mise en œuvre du procédé mentionné à l'article R. 544-7 du Code pénitentiaire ne présente pas d'inconvénient pour la santé de la personne. Cette désignation est de droit à la demande de la personne ou de son conseil. Le certificat médical est versé au dossier.

Article R. 61-25. – Notification conditions d'exécution de la mesure – *(Décret n° 2007-1169 du 1 août 2007)*

• Lorsqu'elle décide d'admettre une personne à une mesure assortie d'un placement sous surveillance électronique mobile, la juridiction de l'application des peines lui notifie les conditions d'exécution de la mesure et notamment les horaires d'assignation, les zones d'inclusion, les zones d'exclusion et, le cas échéant, les zones tampon.

Article R. 61-26. – Notification modifications des conditions d'exécution – *(Décret n° 2007-1169 du 1 août 2007)*

• Lorsqu'il est fait application des dispositions des articles 723-34, 763-3 et 763-11, la juridiction de l'application des peines notifie à l'intéressé les modifications des conditions d'exécution du placement sous surveillance électronique mobile.

Article R. 61-27. – Pose ou dépose du dispositif – *(Décret n° 2022-479 du 30 mars 2022)*

• Le personnel de l'administration pénitentiaire assure la pose et la dépose du dispositif prévu par l'article R. 544-7 du Code pénitentiaire, ainsi que le contrôle du respect des obligations de la personne condamnée, dans les conditions prévues par les dispositions des articles R. 544-5, R. 544-8 et R. 544-9 du même code.

Article R. 61-27-1. – Refus de pose du dispositif – *(Décret n° 2008-1129 du 4 novembre 2008)*

• Si le condamné refuse la pose du dispositif, le juge de l'application des peines organise sans délai le débat contradictoire prévu par l'article 712-6 pour décider éventuellement de l'une des mesures suivantes :

• 1° En cas de libération conditionnelle, retirer au détenu le bénéfice de sa libération ;

• 2° En cas de suivi socio-judiciaire, mettre à exécution tout ou partie de l'emprisonnement fixé par la juridiction de jugement ;

• 3° En cas de surveillance judiciaire, mettre à exécution tout ou partie de l'emprisonnement correspondant aux réductions de peine.

• Cette décision intervient avant la mise en liberté du condamné.

• Lorsque la décision relève de la compétence du tribunal de l'application des peines et que le débat devant cette juridiction ne peut intervenir avant la date prévue pour la libération du condamné, le juge de l'application des peines ordonne à titre provisoire le maintien en détention du condamné jusqu'à la date du débat, qui doit intervenir au plus tard dans un délai de quinze jours.

Articles R. 61-28 et R. 61-29. – *(Abrogés – Décret n° 2022-479 du 30 mars 2022)*

Article R. 61-30. – Prolongation durée du placement – *(Décret n° 2007-1169 du 1 août 2007)*

• La prolongation de la durée du placement sous surveillance électronique mobile prévue par le cinquième alinéa de l'article 763-10 est décidée selon les modalités prévues par l'article 712-6, après un nouvel examen de dangerosité, sans qu'il soit à nouveau nécessaire de saisir la commission pluridisciplinaire des mesures de sûreté.

Article R. 61-31. – Décisions – *(Décret n° 2007-1169 du 1 août 2007)*

• Les décisions concernant la modification des obligations auxquelles est astreint le condamné, relatives aux horaires d'assignation ou aux zones d'exclusion, aux zones d'inclusion ou aux zones tampon, sont prises conformément aux dispositions de l'article 712-8.

Article R. 61-31-1. – Suspension de l'exécution du placement – *(Décret n° 2008-1129 du 4 novembre 2008)*

• Le juge de l'application des peines peut, par décision prise conformément aux dispositions de l'article 712-8, suspendre l'exécution du placement sous surveillance électronique mobile pour des raisons médicales, notamment en cas d'hospitalisation de la personne.

• Cette suspension est valable pour une durée maximale de trois mois. Elle peut être renouvelée selon les mêmes modalités si l'état de santé de la personne le justifie.

• Les obligations du placement sous surveillance électronique mobile reprennent de plein droit dès que le juge de l'application des peines constate, par ordonnance, que l'état de santé de cette dernière ne justifie plus la suspension.

Section II
Dispositions spécifiques au suivi socio-judiciaire

Article R. 61-32. – Durée totale – *(Décret n° 2007-1169 du 1er août 2007)*

• La durée totale du placement sous surveillance électronique mobile prononcé par la juridiction de jugement dans le cadre d'un suivi socio-judiciaire ne peut excéder, compte tenu, le cas échéant, des renouvellements prévus par le troisième alinéa de l'article 763-10 du présent code, la durée du suivi socio-judiciaire fixée par cette juridiction en application de l'article 131-36-1 du Code pénal.

Article R. 61-33. – Placement sous surveillance électronique mobile – *(Décret n° 2011-2022 du 28 décembre 2011)*

• Lorsque le juge de l'application des peines prend une décision de placement sous surveillance électronique mobile, en application du quatrième alinéa de l'article 763-3, cette mesure ne peut concerner qu'une personne majeure qui est toujours détenue soit à la suite de la condamnation initiale, soit parce qu'il a été fait application des dispositions de l'article 763-5 et qui a été condamnée à l'une des peines suivantes :

• 1° Une peine privative de liberté d'une durée égale ou supérieure à sept ans ;

• 2° Une peine privative de liberté d'une durée égale ou supérieure à cinq ans d'emprisonnement pour une infraction commise une nouvelle fois en état de récidive légale ;

• 3° Une peine privative de liberté d'une durée égale ou supérieure à cinq ans d'emprisonnement pour une des infractions mentionnées à l'article 131-36-12-1 du Code pénal.

• Dans ce cas, l'examen de dangerosité prévu par le dernier alinéa de l'article 763-3 est réalisé après l'avis de la commission pluridisciplinaire des mesures de sûreté, selon les modalités prévues par les articles R. 61-9 à R. 61-11. Le délai d'un an prévu par l'article 763-10 n'est pas applicable.

• La décision du juge de l'application des peines est alors prise selon les modalités prévues par l'article 712-6.

• Cette décision précise la durée du placement sous surveillance électronique mobile dans les limites fixées par l'article 131-36-12 du Code pénal. Les limites relatives à la durée du placement ne sont toutefois pas applicables lorsqu'il s'agit d'une personne condamnée à une réclusion criminelle d'une durée égale ou supérieure à quinze ans pour l'une des infractions visées à l'article 706-53-13.

• En cas d'inobservation par le condamné des obligations auxquelles il est astreint ou pour tenir compte de son évolution, le juge de l'application des peines peut également ordonner le placement sous surveillance électronique mobile en cours d'exécution du suivi socio-judi ciaire, dès lors que son comportement et sa dangerosité le justifient sans qu'il soit besoin que la personne soit préalablement détenue.

Section III

Dispositions spécifiques à la libération conditionnelle

Article R. 61-34. – Libération conditionnelle – *(Décret n° 2008-1129 du 4 novembre 2008)*

• L'examen de dangerosité prévu par les articles 763-10 et R. 61-11 peut se substituer à l'expertise prévue par l'article 712-21.

• La décision de placement sous surveillance électronique mobile prise, conformément à l'article 730, soit par le juge de l'application des peines, soit par le tribunal de l'application des peines, précise la durée du placement sous surveillance électronique mobile, dans les limites fixées par l'article 763-10 et sans pouvoir excéder la durée des mesures de contrôle de la libération conditionnelle prévue par l'article 732.

• En cas d'inobservation par le condamné des obligations auxquelles il est astreint ou pour tenir compte de son évolution, le juge de l'application des peines peut ordonner le placement sous surveillance électronique mobile en cours d'exécution d'une libération conditionnelle, dès lors que son comportement et sa dangerosité le justifient sans qu'il soit besoin que la personne soit préalablement détenue.

Section IV

Dispositions spécifiques à la surveillance judiciaire

Article R. 61-35. – Surveillance judiciaire – *(Décret n° 2008-1129 du 4 novembre 2008)*

• Lorsque le placement sous surveillance électronique mobile est ordonné dans le cadre d'une surveillance judiciaire, l'examen de dangerosité prévu par les articles 763-10 et R. 61-11 peut se substituer à l'expertise prévue par l'article 723-31.

• Le délai d'un an prévu par l'article 763-10 n'est pas applicable, dès lors que l'avis de la commission pluridisciplinaire des mesures de sûreté, saisie selon les modalités prévues par les articles R. 61-9 et R. 61-10, et l'examen de dangerosité prévu à l'article R. 61-11 interviennent avant la libération du condamné.

• La durée du placement sous surveillance électronique mobile est fixée dans les limites définies par l'article 763-10, sans pouvoir excéder celle de la surveillance judiciaire. Les limites tenant à la durée de placement ne sont toutefois pas applicables lorsqu'il s'agit d'une personne condamnée à une réclusion criminelle d'une durée égale ou supérieure à quinze ans pour l'une des infractions visées à l'article 706-53-13.

• En cas d'inobservation par le condamné des obligations auxquelles il est astreint ou pour tenir compte de son évolution, le juge de l'application des peines peut ordonner le placement sous surveillance électronique mobile en cours d'exécution de la surveillance judiciaire, dès lors que son comportement et sa dangerosité le justifient sans qu'il soit besoin que la personne soit préalablement détenue.

CHAPITRE IV

Section I

Articles R. 61-36 à R. 61-39. – *(Abrogés – Décret n° 2022-479 du 30 mars 2022)*

Section II

Articles R. 61-40 à R. 61-42. – *(Abrogés – Décret n° 2022-479 du 30 mars 2022)*

TITRE VII *quater*

DU DISPOSITIF ÉLECTRONIQUE MOBILE ANTI-RAPPROCHEMENT

CHAPITRE IER

Du traitement de données à caractère personnel relatif au dispositif électronique mobile anti-rapprochement

Article R. 61-43. – Traitement automatisé de données à caractère personnel – Bracelet anti-rapprochement – *(Décret n° 2022-479 du 30 mars 2022)*

• Les finalités du traitement automatisé de données à caractère personnel dénommé " bracelet anti-rapprochement ", prévu aux articles 138-3 du présent code, 132-45-1 du Code pénal et 515-11-1 du Code civil, les informations et les données à caractère personnel pouvant y être enregistrées, les règles de fonctionnement et d'accès, ainsi que les droits des personnes concernées par le traitement sont déterminés par les dispositions des R. 631-6 et suivants du Code pénitentiaire.

Articles R. 61-44 à R. 61-51. – *(Abrogés – Décret n° 2022-479 du 30 mars 2022)*

CHAPITRE II

Articles R. 61-52 et R. 61-53. – *(Abrogés – Décret n° 2022-479 du 30 mars 2022)*

TITRE VIII

DU CASIER JUDICIAIRE

CHAPITRE Ier

De l'organisation des services du casier judiciaire

Article R. 62. – Direction et contrôle – *(Décret n° 81-1003 du 6 novembre 1981)*

• Le service du casier judiciaire national automatisé est dirigé par un magistrat de l'administration centrale du ministère de la Justice sous le contrôle et l'autorité du directeur des affaires criminelles et des grâces.

Article R. 63. – Désignation – *(Décret n° 81-1003 du 6 novembre 1981)*

• Le magistrat chargé du service du casier judiciaire national automatisé désigne nommément les personnes habilitées à traiter les informations destinées au casier judiciaire ainsi que celles qui peuvent accéder auxdites informations.

Article R. 64. – Communication – *(Décret n° 2016-1338 du 7 octobre 2016)*

• Le directeur de l'institut national de la statistique et des études économiques communique au service du casier judiciaire national automatisé les noms de famille, les prénoms, les dates et lieu de naissance et le sexe des personnes âgées de plus de 12 ans qui figurent au répertoire national d'identification ainsi que les modifications dont ces données auront éventuellement été l'objet.

• Cette communication, effectuée sur support magnétique ou par voie électronique sécurisée, a lieu périodiquement, au moins une fois par an. Il peut y être procédé par plusieurs envois séparés.

• Le service du casier judiciaire national automatisé ne peut utiliser l'extrait du répertoire national d'identification des personnes physiques qui lui est communiqué à des fins autres que la vérification de l'identité :

• *a)* Des personnes dont le casier judiciaire est demandé ;
• *b)* Des personnes inscrites au fichier judiciaire national automatisé des auteurs d'infractions sexuelles ou violentes, en sa qualité de gestionnaire dudit fichier, conformément aux articles 706-53-3, R. 53-8-3 et R. 53-8-24 ;
• *c)* Des personnes inscrites au fichier judiciaire national automatisé des auteurs d'infractions terroristes, en sa qualité de gestionnaire dudit fichier, conformément aux articles 706-25-5 et R. 50-32 ;
• *d)* Des personnes inscrites au répertoire des données à caractère personnel collectées dans le cadre de procédures judiciaires *(REDEX)*, en sa qualité de gestionnaire dudit fichier, conformément aux articles 706-56-2 et R. 53-21-4 du Code de procédure pénale.
• En aucun cas le numéro attribué par l'Institut national de la statistique et des études économiques pour servir de base aux vérifications d'identité n'est communiqué au service du casier judiciaire national automatisé.

CHAPITRE II

De l'établissement des fiches du casier judiciaire

Article R. 65. – Fiche – *(Décret n° 2014-1422 du 28 novembre 2014)*
• Une fiche du casier judiciaire est établie au nom de toute personne physique ou morale qui a été l'objet d'une des décisions énumérées aux articles 768 et 768-1.
• Cette fiche est établie sur papier ou sur support magnétique.
• Elle contient les informations suivantes :
• 1° Les informations relatives à la personne au nom de laquelle elle est établie :
• *a)* S'agissant des personnes physiques :
• – nom, prénoms, date, ville et pays de naissance, sexe, nationalité ;
• – le cas échéant, alias, changement de nom, nom d'usage et filiation ;
• *b)* S'agissant des personnes morales : nom ou raison sociale, numéro SIREN, adresse du siège social ;
• 2° Les informations relatives à la procédure :
• – mode de comparution devant la juridiction de jugement et modalités de signification ou de notification de la décision ;
• – le cas échéant, toute information relative à la détention *(mandats de dépôt, maintien en détention, mise en liberté)* ;
• 3° Les informations relatives à la décision à enregistrer :
• – date de la décision et juridiction ou autorité administrative ayant pris la décision ;
• – date et qualification juridique des faits, état de récidive légale le cas échéant, références des dispositions législatives ou réglementaires déterminant l'incrimination et la sanction pénale ;
• – peines ou mesures prononcées à titre principal ou complémentaire, mesures de sûreté éventuelles ;
• – le cas échéant, décisions relatives aux modalités d'exécution de la peine ;
• – le cas échéant, les informations *(date de la décision et juridiction de première instance)* relatives à la décision initiale ayant fait l'objet d'un recours juridictionnel.

Article R. 66. – Modalités – *(Décret n° 2020-128 du 18 février 2020)*
• La fiche constatant l'une des décisions visées par les articles 768 *(1° à 6°)* et 768-1 *(1° à 3°)* est dressée par le greffier de la juridiction qui a statué dans les 15 jours qui suivent celui où la décision est devenue définitive si elle a été rendue contradictoirement. Celle établie pour une composition pénale prévue par le 9° de l'article 768 est dressée à la diligence du procureur de la République dans les 15 jours suivant la constatation de l'exécution de la mesure. Elle n'intéresse que les délits ou contraventions de la 5e classe.
• En cas de décision par défaut le délai de quinzaine court du jour de la signification. Il en est de même dans les cas prévus par l'article 498-1 et le dernier alinéa de l'article 568. En cas de défaut criminel, le délai de quinzaine court à compter du jour où la décision est rendue.
• Lorsque les cours et tribunaux ont ordonné qu'il sera sursis à l'exécution de la peine, cette décision est mentionnée sur la fiche constatant la condamnation.

Nota : À compter du 24 mars 2020 : Conformément à l'article 6 du Décret n° 2020-128 du 19/02/2020, les présentes dispositions entrent en vigueur.

Article R. 66-1. – Adressage – *(Décret n° 2014-1422 du 28 novembre 2014)*

• Les fiches sont adressées au service du casier judiciaire national automatisé soit sur un support papier, soit sous la forme d'un enregistrement magnétique, soit par voie électronique sécurisée, y compris lorsque la communication d'avis de condamnation est prévue par les conventions internationales.

Article R. 67. – Décision disciplinaire – Arrêté d'expulsion – *(Décret n° 81-1003 du 6 novembre 1981)*

• Les fiches constatant une décision disciplinaire d'une autorité administrative, qui entraîne ou édicte des incapacités, sont adressées au service du casier judiciaire national automatisé dès la réception de l'avis qui est donné dans le plus bref délai au procureur de la République ou au ministre de la Justice par l'autorité qui a rendu la décision.

• Les fiches relevant un arrêté d'expulsion sont dressées par le ministre de l'Intérieur ou les préfets des départements frontières et transmises au service du casier judiciaire national automatisé.

Article R. 68. – Enregistrement – *(Décret n° 81-1003 du 6 novembre 1981)*

• Les fiches du casier judiciaire national automatisé sont enregistrées sur un support magnétique.

Article R. 69. – Modalités et adressage – *(Décret n° 2014-1422 du 28 novembre 2014)*

• Le service du casier judiciaire national automatisé, dès qu'il est avisé, enregistre sur les fiches les mentions prescrites aux articles 769 et 769-1.

• L'avis destiné au service du casier judiciaire national automatisé est rédigé et, sous réserve des dispositions du dernier alinéa, adressé :

• 1° Pour les grâces, commutations ou réductions de peines résultant d'un décret de grâce individuelle, par le ministre de la justice ; pour celles résultant d'un décret de grâces collectives, par le procureur de la République lorsqu'il s'agit de condamnés non incarcérés ;

• 2° Pour les décisions qui suspendent ou qui ordonnent l'exécution d'une condamnation, par le greffe de la juridiction ou par l'autorité qui les a rendues ;

• 3° Pour les arrêts portant réhabilitation, par le greffier de la juridiction qui a statué ;

• 4° Pour les décisions rapportant les arrêtés d'expulsion, par le ministre de l'Intérieur ;

• 5° Pour les dates de l'expiration des peines privatives de liberté et d'exécution des contraintes judiciaires, par les chefs des établissements pénitentiaires ;

• 6° Pour le paiement de l'amende par les comptables de la direction générale des finances publiques ;

• 7° Pour les décisions prononçant une peine ou une dispense de peine après ajournement du prononcé de la peine, par le greffier de la juridiction qui a statué ;

• 8° Pour les décisions prises en application des articles 132-21 du Code pénal, 702-1, 775-1 et 777-1 du Code de procédure pénale, par le greffier de la juridiction qui a statué ;

• 9° Pour les décisions visées à l'article 768 5°, par le greffier de la juridiction qui a statué après visa du ministère public ;

• 10° Pour les décisions de libération conditionnelle ou de révocation d'une libération conditionnelle, par le greffe de la juridiction de l'application des peines ayant rendu la décision.

• Ces avis sont adressés dans les plus brefs délais au service du casier judiciaire national automatisé. Ils peuvent être adressés sous la forme d'un support magnétique ou par voie électronique sécurisée. Les avis mentionnés aux 2°, 3°, 7°, 8°, 9° et 10° sont adressés par l'intermédiaire du ministère public.

Article R. 70. – Effacement – *(Décret n° 2021-682 du 27 mai 2021)*

• Les fiches du casier judiciaire national automatisé sont effacées dans les cas suivants :

• 1° Au décès du titulaire de la fiche, établi notamment par la mention portée au registre de l'état civil des naissances en application de l'article 79 du Code civil ou, lorsque le décès ne serait pas parvenu à la connaissance du service du casier judiciaire national automatisé, quand le titulaire aurait atteint l'âge de 120 ans ;

• 2° Lorsque la condamnation mentionnée sur la fiche a été entièrement effacée par l'amnistie ou lorsque sont expirés le délai de 40 ans prévu par le troisième alinéa de l'article 769 ou les délais prévus par les 1°, 4° et 5° de cet article ;

• 3° Lorsque l'intéressé a obtenu une décision de rectification du casier judiciaire, le retrait se fait, selon le cas, à la diligence du procureur général ou du procureur de la République près la juridiction qui a statué ;

• 4° Lorsque le condamné fait opposition ou lorsque la Cour de cassation annule la décision par application des articles 620 ou 624-7, le retrait se fait sur ordre du procureur général ou du procureur de la République près la juridiction qui a rendu la décision devenue caduque ; il en est de même dans le cas prévu par l'article 498-1 ;

• 5° Pour les fiches relatives aux compositions pénales visées au 6° de l'article 769, à l'expiration d'un délai de trois ans, si l'intéressé n'a pas pendant ce délai, subi de condamnation à une peine criminelle ou correctionnelle ou exécuté une composition pénale; dans le cas contraire, la fiche n'est retirée qu'à l'effacement de la fiche relative à cette condamnation ou la nouvelle composition pénale ;

• 6° Pour les fiches prévues par le 7° de l'article 769, à l'expiration d'un délai de trois ans, si l'intéressé n'a pas, pendant ce délai, soit subi de condamnation à une peine criminelle ou correctionnelle ou exécuté une composition pénale, soit fait l'objet d'une nouvelle mesure prononcée en application des dispositions précitées de ladite ordonnance ; dans le cas contraire, la fiche n'est retirée qu'à l'effacement de la fiche relative à cette condamnation ou à la nouvelle composition pénale ;

• 7° Lorsque la juridiction a expressément ordonné, en application des dispositions de l'article 798 ou de l'article 798-1, la suppression du casier judiciaire d'une condamnation ayant fait l'objet d'une réhabilitation ;

• 8° S'agissant des condamnations prononcées par une juridiction étrangère, dès la réception de l'avis d'effacement de l'État de condamnation ou à la suite d'une décision de retrait ordonnée par une juridiction française. Toutefois, si la condamnation a été prononcée par une juridiction d'un État membre de l'Union européenne, le retrait de la fiche ordonné par une juridiction française en application de l'article 770-1 ne fait pas obstacle à la transmission de celle-ci, le cas échéant, aux autorités compétentes des autres États membres de l'Union européenne.

Article R. 71. – Avis autorités étrangères – *(Décret n° 2014-1422 du 28 novembre 2014)*

• Le service du casier judiciaire national automatisé enregistre les avis provenant des autorités étrangères concernant les personnes condamnées par une juridiction étrangère. Ces avis peuvent être reçus par lettre, télécopie ou voie électronique sécurisée.

Article R. 72. – Personnes nées dans les territoires d'outre-mer – *(Décret n° 59-318 du 23 février 1959)*

• Pour les personnes nées dans les territoires d'outre-mer les fiches prévues aux articles R. 65 et R. 67, alinéa 2, et les avis prévus aux articles R. 67, alinéa 1er, R. 69 et R. 71, sont transmis au procureur général ou au procureur de la République près la juridiction d'appel du territoire dans lequel est situé le lieu de naissance, qui le fait parvenir au greffe compétent.

CHAPITRE III

Des copies des fiches du casier judiciaire

Article R. 73. – Conventions internationales – *(Décret n° 2019-966 du 18 septembre 2019)*

• Lorsque la communication d'avis de condamnation est prévue par des conventions internationales, les copies des fiches sont établies et transmises, par lettre, télécopie ou voie électronique sécurisée, par le service du casier judiciaire national automatisé aux autorités prévues par ces conventions.

• Dans les ressorts des tribunaux judiciaires pour lesquels ne sont pas intervenus les décrets prévus par l'article 10 de la loi n° 80-2 du 4 janvier 1980, les copies des fiches sont adressées par le greffe au casier judiciaire national automatisé en vue de leur transmission aux autorités compétentes.

• L'avis de condamnation ou de modification ou de suppression d'une condamnation concernant un ressortissant d'un État membre de l'Union européenne est transmis sans délai à l'autorité compétente de cet État.

Article R. 74. – Région militaire – *(Décret n° 59-318 du 23 février 1959)*

• En cas de condamnation ou de décision de nature à modifier les conditions d'incorporation prononcée contre un individu soumis à l'obligation du service militaire, le greffier de la juridiction qui a prononcé la décision adresse une copie de la fiche à la direction du recrutement et de la statistique de la région militaire sur le territoire de laquelle il se trouve.

• Lorsqu'il y a lieu d'apporter des modifications à la fiche, avis en est donné par l'autorité qui l'avait établie à la direction du recrutement et de la statistique de la région militaire sur le territoire de laquelle elle se trouve.

Article R. 75. – Droits électoraux – *(Décret n° 2014-1422 du 28 novembre 2014)*

• Le service du casier judiciaire national automatisé communique à l'Institut national de la statistique et des études économiques l'identité des personnes de nationalité française ayant fait l'objet d'une décision entraînant la privation des droits électoraux en précisant, pour chaque cas, la date à laquelle cette incapacité cessera d'avoir effet.

• Il informe l'Institut national de la statistique et des études économiques de toute modification ultérieure de la capacité électorale de ces personnes.

• Pour l'application du présent article, les informations peuvent être communiquées sur support magnétique ou par voie électronique sécurisée.

Article R. 75-1. – Fichier central Police Nationale – *(Décret n° 81-1003 du 11 juin 1981)*

• Une copie de chaque fiche relative à une condamnation à une peine privative de liberté prononcée pour crime ou délit est adressée par le greffier de la juridiction qui a prononcé la condamnation au fichier central de la police nationale du ministère de l'intérieur en vue de son enregistrement sur le sommier de police technique.

CHAPITRE IV

De la délivrance des bulletins n° 1 du casier judiciaire

Article R. 76. – Bulletin n° 1 – Demande – *(Décret n° 94-167 du 25 février 1994)*

• Le bulletin n° 1 est réclamé au magistrat chargé du casier judiciaire national automatisé par lettre, télégramme, télécopie, télétransmission ou support magnétique, indiquant l'état civil de la personne dont le bulletin est demandé, et précisant l'autorité judiciaire requérante.

• Si la personne dont le bulletin est demandé est une personne morale, la demande doit comporter l'indication de sa dénomination, de son immatriculation au Répertoire national des entreprises et des établissements et de son siège. Lorsque la personne morale n'est pas immatriculée, un justificatif de son identité doit être joint à la demande.

• Sur instructions de l'autorité judiciaire requérante, le bulletin n° 1 est délivré en double exemplaire.

Article R. 77. – Personne physique – *(Décret n° 94-167 du 25 février 1994)*

• Avant d'établir le bulletin n° 1 d'une personne physique, le service chargé du casier judiciaire national automatisé vérifie l'identité de l'intéressé au moyen des informations communiquées par l'Institut national de la statistique et des études économiques en application de l'article R. 64. Si le résultat de cet examen s'avère négatif, il inscrit dans le corps du bulletin, à l'exclusion de toute autre mention, l'indication « Aucune identité applicable ».

• Si l'intéressé est né hors de la France métropolitaine, si son lieu de naissance est inconnu ou s'il est âgé de moins de douze ans, le service inscrit sur le bulletin n° 1 « Identité non vérifiable par le service ».

Article R. 77-1. – Personne morale – *(Décret n° 94-167 du 25 février 1994)*

• Avant d'établir le bulletin n° 1 d'une personne morale, le service chargé du casier judiciaire national automatisé vérifie l'immatriculation de celle-ci au moyen des informations détenues par l'Institut national de la statistique et des études économiques. Si le résultat de cet examen s'avère négatif, il inscrit dans le corps du bulletin, à l'exclusion de toute autre mention, l'indication « Aucune identité applicable ».

• Si la personne morale n'est pas immatriculée, le service inscrit sur le bulletin n° 1 la mention « Identité non vérifiable par le service ».

Article R. 78. – Bulletin n° 1 – Mentions – *(Décret n° 59-318 du 23 février 1959)*

• S'il existe une ou plusieurs fiches du casier judiciaire, la teneur ainsi que celle des mentions prévues à l'article 769, en est reproduite sur le bulletin n° 1.

• Sinon, le bulletin n° 1 est revêtu de la mention : « néant ».

Article R. 78-1. – Adressage – *(Décret n° 2014-1422 du 28 novembre 2014)*

• Le bulletin n° 1 du casier judiciaire est adressé par lettre à l'autorité judiciaire requérante.

La délivrance du bulletin n° 1 peut également s'opérer par voie électronique sécurisée, y compris lorsqu'elle est prévue par des conventions internationales.

• En cas d'urgence, cet envoi peut être effectué par télécopie.

• Si la demande du bulletin n° 1 émane de l'autorité centrale d'un État membre de l'Union européenne, la réponse est transmise sans délai et au plus tard dans les dix jours ouvrables à compter de la réception de la demande ou, en cas de demande d'informations complémentaires adressée à l'État requérant pour l'identification de la personne concernée, de la réponse transmise par cet État.

CHAPITRE V

De la délivrance des bulletins n° 2 du casier judiciaire

Article R. 79. – Bulletin n° 2 – Délivrance – *(Décret n° 2021-776 du 16 juin 2021)*

• Outre le cas prévus aux 1°, 2° et 4° de l'article 776, le bulletin n° 2 du casier judiciaire est délivré :

• 1° Aux administrations publiques de l'État chargées de la police des étrangers ;

• 2° À celles chargées des intérêts des anciens combattants, victimes de la guerre et pupilles de la Nation ;

• 3° À celles qui sont chargées de l'assainissement des professions agricoles, commerciales, industrielles ou artisanales ;

• 4° À celles chargées de l'attribution de dommages de guerre et de prêts à la construction ;

• 5° À celles chargées de l'admission des candidatures à une représentation professionnelle ;

• 6° À celles saisies de demandes d'autorisation d'introduction en France d'un employé étranger du sexe féminin ;

• 7° Aux juges commis à la surveillance du registre du commerce à l'occasion des demandes d'inscription au registre spécial des agents commerciaux ;

• 8° Aux collectivités publiques locales, à la SNCF, à SNCF Réseau, et à SNCF Voyageurs et à la filiale mentionnée au 5° de l'article L. 2111-9 du Code des transports, à Electricité de France et Gaz de France, à la Banque de France, saisis de demandes d'emplois, de soumissions pour les adjudications de travaux ou de marchés publics ou en vue de poursuites disciplinaires ;

• 9° Aux administrations publiques saisies de demandes d'autorisation d'importation, d'exportation, d'élaboration, de détention, de transfert, d'utilisation ou de transport de matières nucléaires définies à l'article 1er de la loi du 25 juillet 1980 ;

• 9° *bis* Aux administrations publiques de l'État chargées de la police des armes et des explosifs ;

• 10° Aux conseils de l'ordre des médecins, des chirurgiens-dentistes, des sages-femmes et des pharmaciens saisis de demandes d'inscription au tableau ou de poursuites disciplinaires ;

• 11° Aux commissions d'inscription sur la liste de commissaires aux comptes ;

• 12° Aux commissaires du Gouvernement près les conseils de l'ordre des experts-comptables et comptables agréés saisis de demandes d'inscription ou de poursuites disciplinaires ;

• 13° À l'administration fiscale à l'occasion de la délivrance des certificats prévus à l'article 6 du décret n° 75-911 du 6 octobre 1975 relatif aux centres de gestion agréés ;

• 14° Aux administrations de l'État, aux collectivités territoriales et à leurs établissements publics ainsi qu'aux établissements de santé, sociaux et médico-sociaux mentionnés à l'article 2 de la loi n° 86-33 du 9 janvier 1986 portant dispositions statutaires relatives à la fonction publique hospitalière, pour le contrôle de l'exercice d'emplois dans leurs services impliquant un contact habituel avec des mineurs ;

• 15° Aux administrations publiques saisies de candidatures à un embarquement sur un navire français et chargées du contrôle des conditions d'exercice de la profession de marin ;

• 16° Aux administrations publiques de l'État chargées de contrôler les déclarations des agences privées de recherche ou de délivrer l'autorisation d'exercer les activités de gardiennage, de surveillance de transport de fonds ou de protection des personnes ;

• 17° À l'Office français de protection des réfugiés et apatrides et à la Cour nationale du droit d'asile ;

• 18° Aux administrations publiques de l'État chargées d'instruire les procédures de changement de nom, d'acquisition, de perte ou de déchéance de la nationalité française ;

• 19° Abrogé ;

• 20° À l'Autorité des marchés financiers, en ce qui concerne les dirigeants d'entreprise lorsqu'ils demandent un visa pour l'admission aux négociations sur un marché réglementé des titres financiers de l'entreprise ;

• 21° À la commission des marchés à terme de marchandises en ce qui concerne les personnes physiques ou les dirigeants des personnes morales qui sollicitent l'agrément ou l'inscription prévues par les articles 31, 32 et 34 de la loi n° 83-610 du 8 juillet 1983, ainsi que les personnes qui font l'objet d'une procédure disciplinaire sur le fondement des articles 22, 29 ou 41 de cette loi ;

• 22° À l'administration pénitentiaire au titre des autorisations, agréments ou habilitations qu'elle est susceptible de délivrer aux personnes appelées à intervenir dans les établissements pénitentiaires ou pour le recrutement de ses personnels ;

• 23° Aux juges des enfants à l'occasion de l'instruction des procédures d'habilitation des personnes physiques, établissements, services ou organismes publics ou privés auxquels l'autorité judiciaire confie habituellement des mineurs ainsi que dans le cadre du contrôle que les juges des enfants exercent sur les mêmes personnes, établissements, services ou organismes lorsqu'ils sont habilités ;

• 24° Au directeur général de l'Institut national de la propriété industrielle pour l'inscription sur la liste des personnes qualifiées en propriété industrielle et sur la liste prévue à l'article L. 422-5 ;

• 25° Au Commissaire du Gouvernement de l'organisme du registre des intermédiaires en assurance mentionné à l'article L. 512-1 du Code des assurances.

Article R. 80. – Bulletin n° 2 – Demande – *(Décret n° 94-167 du 25 février 1994)*

• Le bulletin n° 2 est réclamé au service du casier judiciaire national automatisé par lettre, télégramme, télétransmission ou support magnétique avec l'indication de l'état civil de la personne dont le bulletin est demandé, de la qualité de l'autorité requérante ainsi que du motif de la demande.

• Si la personne dont le bulletin est demandé est une personne morale, la demande doit comporter l'indication de sa dénomination, de son immatriculation au Répertoire national des entreprises et des établissements et de son siège. Lorsque la personne morale n'est pas immatriculée, un justificatif de son identité doit être joint à l'appui de la demande.

Article R. 80-1. – Dispositions – *(Décret n° 85-913 du 29 août 1985)*

• Les dispositions de l'article R. 77 sont applicables pour l'établissement du bulletin n° 2.

Article R. 81. – Mentions – *(Décret n° 2014-1422 du 28 novembre 2014)*

• S'il existe une ou plusieurs fiches du casier judiciaire autres que celles figurant aux articles 775 et 775-1 A, la teneur ainsi que celles des mentions prévues à l'article 769 en est reproduite sur le bulletin n° 2.

• Sinon, le bulletin n° 2 est revêtu de la mention « néant ».

• Si la demande du bulletin n° 2 émane de l'autorité centrale d'un État membre de l'Union européenne, la réponse est transmise sans délai et au plus tard dans les dix jours ouvrables à compter de la réception de la demande ou, en cas de demande d'informations complémentaires adressée à l'État requérant pour l'identification de la personne concernée, de la réponse transmise par cet État.

• Les transmissions prévues au présent article peuvent être effectuées par voie électronique sécurisée.

CHAPITRE VI

De la délivrance des bulletins n° 3 du casier judiciaire

Article R. 82. – Bulletin n° 3 – Demande – *(Décret n° 2021-1593 du 7 décembre 2021)*

• Le bulletin n° 3 ne peut être demandé au service du casier judiciaire national automatisé que par la personne qu'il concerne, ou son représentant légal s'il s'agit d'un mineur ou d'un majeur sous tutelle.

• La demande, qui doit préciser l'état civil de l'intéressé, peut être faite par lettre ou par voie électronique sécurisée. Dans ce dernier cas, le demandeur peut s'identifier de façon sécurisée au moyen du téléservice FranceConnect.

• Si le demandeur est né à l'étranger, si son lieu de naissance est inconnu ou s'il est âgé de moins de douze ans, la demande doit être accompagnée d'un justificatif d'identité, sauf si le demandeur s'est identifié au moyen du téléservice FranceConnect.

• Il peut également être demandé par voie électronique sécurisée par l'autorité centrale d'un Etat membre de l'Union européenne, saisie par la personne concernée, quel que soit son lieu de naissance.

Article R. 83. – Vérification d'identité – *(Décret n° 2015-1841 du 30 décembre 2015)*

• La vérification d'identité prévue par l'article R. 77 doit être effectuée avant l'établissement du bulletin n° 3 des personnes nées en France. Si le résultat de cet examen s'avère négatif, le service du casier judiciaire national automatisé ne délivrera le bulletin n° 3 qu'au vu d'un acte de naissance.

Article R. 84. – Mentions – *(Décret n° 2021-1593 du 7 décembre 2021)*

• Lorsqu'il n'existe pas au casier judiciaire de fiche ou lorsque les mentions que portent les fiches ne doivent pas être inscrites sur le bulletin n° 3, celui-ci est oblitéré par une barre transversale. Dans ce cas, la transmission peut être effectuée par voie électronique sécurisée.

• Lorsque l'examen des fiches révèle l'existence d'une des condamnations prévues à l'article 777, la teneur, avec indication de toutes les peines prononcées en est reproduite sur le bulletin n° 3, ainsi que les mentions prévues à l'article 769 qui s'y rapportent.

• Dans le cas prévu à l'alinéa précédent, la délivrance du bulletin est faite par lettre recommandée avec demande d'avis de réception.

• Si la demande du bulletin n° 3 émane de l'autorité centrale d'un État membre de l'Union européenne, la réponse lui est transmise dans un délai de 20 jours ouvrables à compter de la date de réception de la demande. Cette réponse peut être effectuée par voie électronique sécurisée.

CHAPITRE VII

Dispositions diverses

Article R. 85. – Frais de justice – *(Décret n° 94-167 du 25 février 1994)*

• Les fiches et les copies des fiches relatives à des décisions judiciaires ainsi que les bulletins n° 1 sont payés sur les crédits affectés aux frais de justice.

• Les bulletins n° 1 du casier judiciaire sont délivrés gratuitement.

Article R. 86. – Bulletin n° 2 – Délivrance – *(Décret n° 59-318 du 23 février 1959)*

• Les bulletins n° 2 du casier judiciaire sont délivrés gratuitement.

Article R. 87. – Délivrance gratuite – *(Décret n° 78-62 du 20 janvier 1978)*

• Les bulletins n° 3 du casier judiciaire sont délivrés gratuitement.

Article R. 88. – Information du service du casier judiciaire national automatisé – *(Décret n° 81-1003 du 6 novembre 1981)*

• Le service du casier judiciaire national automatisé est avisé, par les soins du procureur de la République ou du procureur général, dans mandats d'arrêt et des jugements ou arrêts prononçant des condamnations à des peines privatives de liberté, contradictoires ou par défaut, qui n'ont pas été exécutés. Ces avis font l'objet d'un enregistrement au casier judiciaire.

• Ils sont renvoyés avec toutes les indications utiles permettant l'exécution des mandats, jugements ou arrêts, par le service du casier judiciaire national automatisé, au procureur de la République près le tribunal, au procureur général près la cour d'appel ou au commissaire du Gouvernement près le tribunal des forces armées dont ils émanent, lorsque les intéressés demandent un bulletin n° 3 ou qu'il a été demandé à leur sujet un bulletin n° 1 ou n° 2.

• En outre, les autorités militaires donnent avis au service du casier judiciaire national automatisé des cas d'insoumission ou de désertion dont elles ont connaissance. Ces avis font l'objet d'un enregistrement au casier judiciaire. Ils sont renvoyés, avec toutes les indications utiles, aux autorités dont ils émanent, dans les circonstances prévues au deuxième alinéa.

Article R. 89. – *(Abrogé)*

Article R. 90. – Fiches du casier judiciaire et copies – *(Décret n° 94-167 du 25 février 1994)*
• Les fiches du casier judiciaire, les copies de ces fiches destinées à l'échange international ou au recrutement de l'armée ainsi que les bulletins n° 1, n° 2 et n° 3 sont établis conformément aux modèles fixés par le garde des sceaux, ministre de la justice.
• Les copies de fiches destinées à la vérification de la capacité électorale sont établies selon un modèle fixé par l'Institut national de la statistique et des études économiques.

TITRE X

DES FRAIS DE JUSTICE

CHAPITRE Ier

Dispositions préliminaires

Article R. 91. – Frais de justice – *(Décret n° 2014-461 du 7 mai 2014)*
• Constituent des frais de justice les dépenses de procédure, à la charge définitive ou provisoire de l'État, qui résultent d'une décision de l'autorité judiciaire ou de celle d'une personne agissant sous sa direction ou son contrôle. Ils comprennent les frais de justice criminelle, correctionnelle et de police ainsi que les frais qui leur sont assimilés.
• Les frais de justice criminelle, correctionnelle et de police correspondent à des dépenses engagées au cours d'une procédure pénale. Ils sont énumérés à l'article R. 92.
• Leur sont assimilés les frais de la nature définie au premier alinéa, engagés au cours d'une procédure autre que celle mentionnée au deuxième alinéa. Ils sont énumérés à l'article R. 93.
• L'État paye les frais de justice et poursuit le recouvrement de ceux qui ne sont pas à sa charge définitive, le tout dans la forme et selon les règles établies par le présent titre.
• Les tarifs des frais de justice sont fixés hors taxes.

Article R. 92. – Frais de justice criminelle, correctionnelle et de police – *(Décret n° 2021-1361 du 20 octobre 2021)*
• Les frais de justice criminelle, correctionnelle et de police sont :
• 1° Les frais des translations et des extractions exécutées sur la réquisition de l'autorité judiciaire par les services de la police nationale ou les unités de la gendarmerie nationale ;
• 2° Les frais d'extradition des prévenus, accusés ou condamnés ; les frais de commission rogatoire et autres frais de procédure pénale en matière internationale ;
• 3° Les honoraires, émoluments et indemnités qui peuvent être accordés aux personnes ci-après :
• *a)* Experts ;
• *b)* Personnes chargées des enquêtes sociales ou de personnalité ;
• *c)* Personnes contribuant au contrôle judiciaire ou, dans le cas prévu par le 5e alinéa de l'article 471, au sursis probatoire ;
• *d)* Médiateurs du procureur de la République chargés d'une mission de médiation en application des dispositions du 5° de l'article 41-1 ;
• *e)* Délégués du procureur de la République chargés d'une des missions prévues aux 1°, 2°, 3°, 4° et 6° de l'article 41-1 ou intervenant au cours d'une procédure de composition pénale ou pour la notification d'une ordonnance pénale ;
• *f)* Interprètes traducteurs ;
• *g)* Administrateurs ad hoc lorsqu'ils figurent sur la liste prévue à l'article R. 53 ou qu'il a été fait application des dispositions de l'article R. 53-6 ;
• *h)* Huissiers de justice ;
• 4° Les indemnités qui peuvent être accordées aux témoins, aux jurés par application des articles R. 123 à R. 146 et aux parties civiles par application des articles 375-1 et 422 ;

• 5° Les frais de mise sous séquestre, ceux de saisie, de garde et de destruction en matière de scellés judiciaires ainsi que, si le condamné ne les a pas payés, les frais d'enlèvement et de garde en fourrière de son véhicule faisant l'objet d'une immobilisation autorisée ou prononcée à titre de peine par l'autorité judiciaire ;

• 6° Les dépenses diverses de reconstitution, d'exhumation ou de travaux techniques exposés au cours d'une enquête préliminaire ou de flagrant délit, d'une procédure suivie en application des articles 74 à 74-2 ou pour l'instruction d'une affaire, à l'exclusion des dépenses de fonctionnement ;

• 7° Les frais de transport de corps exposés avant ou après la réalisation d'examens thanatologiques ordonnés dans le cadre d'une enquête judiciaire en application des articles 60,74 et 77-1 ou d'une information judiciaire ;

• 8° Les frais d'impression mentionnés aux articles R. 210 à R. 212 ainsi que les frais d'impression, d'insertion, de publication et de diffusion audiovisuelle des arrêts, jugements et ordonnances de justice engagés en application de l'article 131-35 du Code pénal ;

• 9° Les frais résultant des actes accomplis pour l'exécution des réquisitions judiciaires faisant appel à certaines techniques d'enquête et de surveillance et correspondant :

• *a)* À la fourniture par les opérateurs de communications électroniques des données conservées en application des II *bis* et III de l'article L. 34-1 et de l'article R. 10-13 du Code des postes et des communications électroniques ;

• *b)* Au traitement de ces données recueillies par un moyen technique destiné à la localisation en temps réel d'un équipement terminal de communication électronique en application de l'article 230-32, à l'exception des frais résultant du recours à ce moyen technique aux fins de toute autre localisation que celle d'un tel équipement terminal de communication électronique ;

• *c)* Au traitement des demandes d'interceptions des correspondances émises par la voie des communications électroniques en application des articles 100 et 706-95 ;

• 10° Les frais de recherche et de délivrance de reproductions de tous documents imprimés ;

• 11° Les frais de mise en œuvre des conventions secrètes de moyens ou de prestations de cryptologie engagés en application de l'article 230-1, à l'exception de son troisième alinéa. ;

• 12° Les frais exposés au cours d'une procédure de révision ou de réexamen d'une décision pénale définitive par un condamné reconnu innocent ainsi que la réparation prévue aux articles 626 et 626-7 ;

• 13° Les réparations accordées à la suite d'une détention provisoire en application des articles 149 à 150 ;

• 14° Les frais et dépens mis à la charge de l'État en cas de décision juridictionnelle rectifiant ou interprétant une décision en matière pénale ;

• 15° Les indemnités accordées en application de l'article 800-2.

Article R. 92-1. – *(Abrogé par Décret n° 2013-770 du 26 août 2013)*

Article R. 93. – Frais – *(Décret n° 2023-25 du 23 janvier 2023)*

• **I.** – Les frais assimilés à ceux de l'article R. 92 et recouvrables par l'État sont ceux résultant :

• 1° Des expertises réalisées en application des dispositions du titre Ier du livre II de la 3e partie *(partie législative)* du Code de la santé publique ;

• 2° Des mesures de protection juridique des majeurs et des mineurs ordonnées en application des dispositions des titres X et XI du livre Ier du Code civil ;

• 3° De l'indemnisation des administrateurs ad hoc désignés en application des articles 388-2 et 389-3 du Code civil, lorsqu'ils figurent sur la liste prévue à l'article R. 53 ;

• 4° Des enquêtes ordonnées en matière d'exercice de l'autorité parentale et en matière d'adoption ;

• 5° De la rémunération de la personne désignée pour entendre le mineur en application de l'article 388-1 du Code civil ;

• 6° Des procédures suivies en application des lois concernant la protection de l'enfance en danger, à l'exclusion des frais d'enquêtes ;

• 7° Des inscriptions hypothécaires requises par le ministère public ;

• 8° Des actes faits par l'huissier de justice sur décision du président du tribunal judiciaire à la demande du ministère public, du maire, du commissaire de police ou du commandant de brigade de gendarmerie en matière de mesures conservatoires prises après l'ouverture d'une succession ;

• 9° De la notification prévue à l'article 30-3 de l'annexe du Code de procédure civile relative à son application dans les départements du Bas-Rhin, du Haut-Rhin et de la Moselle ;

• 10° De l'indemnisation des interprètes et des experts désignés par le tribunal judiciaire pour l'exécution d'une mesure d'instruction à la demande d'une juridiction étrangère en application du règlement *(UE)* 2020/1783 du Parlement européen et du Conseil du 25 novembre 2020 relatif à la coopération entre les juridictions des États membres dans le domaine de l'obtention des preuves en matière civile et commerciale *(obtention des preuves) (refonte)*;

• 11° De la contribution versée par l'État au titre de l'aide juridictionnelle;

• 12° De la mise en œuvre des dispositions du livre VI *(partie législative)* du Code de commerce relatives à l'avance de frais par l'État;

• 13° De la mise en œuvre des autres dispositions législatives ou réglementaires particulières prévoyant l'avance de frais par l'État.

• **II.** – Les frais assimilés à ceux énumérés à l'article R. 92 et restant à la charge de l'État sont:

• 1° Les frais d'enquêtes ordonnées en application des lois concernant la protection de l'enfance en danger;

• 2° Les frais exposés à la requête du ministère public lorsque celui-ci est partie principale ou partie jointe en matière civile, commerciale et prud'homale et des dépens qui, en application de l'article 696 du Code de procédure civile, peuvent être laissés à la charge de l'État, lorsque le ministère public est partie principale;

• 3° Les frais et dépens mis à la charge de l'État soit en application d'une disposition législative ou réglementaire, soit en cas de décision juridictionnelle rectifiant ou interprétant une précédente décision, soit en cas de décision juridictionnelle annulant une précédente décision;

• 3° *bis* Les frais et dépens de l'acte de signification de l'ordonnance de fixation de la date d'audience prévu à l'article 1136-3 du Code de procédure civile;

• 4° Les frais exposés au cours d'une procédure devant la commission prévue à l'article 16-2;

• 5° Les frais exposés pour l'exécution des mesures d'instruction prévues à l'article L. 332-2 du Code de la consommation;

• 6° L'indemnisation des administrateurs ad hoc désignés pour assurer la représentation des mineurs étrangers isolés en application des dispositions prévues à l'article R. 521-20 du Code de l'entrée et du séjour des étrangers et du droit d'asile;

• 7° L'indemnisation des interprètes désignés dans le cadre du contentieux judiciaire relatif au maintien des étrangers dans des locaux ne relevant pas de l'administration pénitentiaire;

• 8° L'indemnisation des interprètes désignés en application de l'article 23-1 du Code de procédure civile;

• 9° L'indemnisation des interprètes et les honoraires des médecins désignés en application de l'article L. 813-5 du Code de l'entrée et du séjour des étrangers et du droit d'asile;

• 10° Les frais exposés dans le cadre d'une procédure extrajudiciaire d'identification de personnes décédées, en application des 4e et 7e alinéas de l'article 16-11 et du 2d alinéa de l'article 87 du Code civil, ainsi que du dernier alinéa de l'article L. 2223-42 du Code général des collectivités territoriales;

• 11° Les frais exposés au cours d'une procédure devant la commission prévue à l'article 706-4.

Article R. 93-1. – Rémunération et indemnités des interprètes – *(Décret n° 2013-770 du 26 août 2013)*

• La rémunération et les indemnités des interprètes mentionnées au 8° du II de l'article R. 93 sont liquidées selon les conditions prévues à l'article R. 122. Elles demeurent à la charge de l'État.

Article R. 93-2. – Rémunération et indemnités des experts – *(Décret n° 2017-248 du 27 février 2017)*

• La rémunération et les indemnités des experts désignés dans le cadre des procédures prévues aux articles L. 3211-12 à L. 3211-12-6 L. 3213-3, L. 3213-8 et L. 3213-9-1 du Code de la santé publique, qui font partie des dépenses mentionnées au 1° du I de l'article R. 93 du présent code, sont liquidées selon les conditions prévues à l'article R. 117. Le juge peut laisser la rémunération et les indemnités de l'expert à la charge de l'État.

Article R. 93-3. – Honoraires des médecins et indemnités des interprètes – *(Décret n° 2017-248 du 27 février 2017)*

• Les honoraires des médecins et les indemnités des interprètes mentionnés au 9° du II de l'article R. 93 sont liquidés selon les conditions prévues respectivement à l'article R. 117 et à l'article R. 122. Ces frais demeurent à la charge de l'État.

CHAPITRE II

Tarif des frais

Section I

Des frais de translation des personnes, de transport des procédures et des pièces à conviction

Article R. 94. – *(Abrogé par Décret n° 2013-770 du 26 août 2013)*

Article R. 95. – Transport par chemin de fer – *(Décret n° 59-318 du 23 février 1959)*

• Le transport par chemin de fer doit, à moins de circonstances exceptionnelles, être effectué dans un compartiment réservé de 2e classe.

Article R. 96. – Réquisition – *(Décret n° 59-318 du 23 février 1959)*

• La réquisition, soit à la compagnie de chemin de fer, soit au voiturier, doit être établie en deux exemplaires dont l'un est remis au greffier chargé de la liquidation des frais du procès et l'autre à la compagnie de chemin de fer ou au voiturier, pour qu'ils le produisent à l'appui de leur mémoire.

Article R. 97. – Translation ou extraction – Véhicules police ou gendarmerie nationales – *(Décret n° 2013-770 du 26 août 2013)*

• Lorsque la translation ou l'extraction est réalisée au moyen de véhicules de la police nationale ou de la gendarmerie nationale, une indemnité kilométrique, fixée chaque année par arrêté conjoint du ministre de la justice et du ministre chargé du budget, est attribuée au titre de chaque véhicule utilisé et du trajet aller et retour parcouru. Son taux est uniforme quels que soient le type de véhicule utilisé et le nombre de personnes transportées.

Articles R. 98 à R. 100. – *(Abrogés par Décret n° 2013-770 du 26 août 2013)*

Article R. 101. – Procédures et pièces à conviction – *(Décret n° 2013-770 du 26 août 2013)*

• Les procédures et les pièces à conviction sont confiées aux membres de l'escorte.

• Si, en ce cas, des frais exceptionnels ont dû être avancés par les membres de l'escorte, ceux-ci, pour en obtenir le remboursement, en portent le montant sur leur mémoire.

• Si, à raison du poids ou du volume, les objets ne peuvent être transportés par les membres de l'escorte, ils le sont, sur réquisition écrite du magistrat, soit par chemin de fer, soit par un entrepreneur, soit par toutes autres voies plus économiques, sauf les précautions convenables pour la sûreté desdits objets.

Article R. 102. – *(Abrogé par Décret n° 2013-770 du 26 août 2013)*

Article R. 103. – Dépenses des membres de l'escorte – *(Décret n° 2013-770 du 26 août 2013)*

• Les dépenses que les membres de l'escorte se trouvent obligés de faire en route leur sont remboursées comme frais de justice criminelle, correctionnelle et de police sur leurs mémoires détaillés, auxquels ils joignent les ordres qu'ils ont reçus ainsi que les quittances particulières pour les dépenses de nature à être ainsi constatées

• Si les membres de l'escorte n'ont pas de fonds suffisants pour faire ces avances, la somme présumée nécessaire leur est provisoirement allouée par le magistrat qui ordonne le transport.

• Il est fait mention du montant de cette allocation provisoire sur l'ordre de transport.

• Arrivés à destination, les membres de l'escorte font régler définitivement leur mémoire par le magistrat devant lequel le prévenu doit comparaître.

Article R. 104. – Dépôt – *(Décret n° 59-318 du 23 février 1959)*

• Lorsqu'en conformité des dispositions du Code de procédure pénale sur le faux et dans les cas prévus notamment aux articles 642 et 645, des pièces arguées de faux ou des pièces de comparaison doivent être remises au greffe par des dépositaires publics ou particuliers, le procureur de la République ou le juge d'instruction peut ordonner soit que le dépositaire se transportera en personne ou par mandataire au greffe du tribunal ou devant lui pour faire ce dépôt, soit que ce dépositaire les remettra à tel magistrat ou tel officier de police judiciaire qu'il désigne, lequel lui délivrera un double du procès-verbal constatant cette remise.

• Lorsque le dépositaire ou son mandataire s'est transporté pour ce dépôt, il a droit à la taxe de comparution et aux indemnités de voyage et de séjour allouées aux témoins.

Article R. 105. – *(Abrogé par le décret n° 2016-479 du 18 avril 2016)*

Section II

Honoraires et indemnités des experts, des interprètes et des personnes chargées des enquêtes sociales et de personnalité

§ 1er. – Des experts

A. – Règles générales

Article R. 106. – Frais d'expertise, de rédaction et de dépôt du rapport – Prestation de serment – *(Décret n° 60-897 du 24 août 1960)*

• Les tarifs fixés par le présent titre, en ce qui concerne les frais d'expertise, doivent être appliqués en prenant pour base la résidence des experts.

• Les frais de rédaction et de dépôt du rapport, ainsi que, le cas échéant, de la prestation de serment sont compris dans les indemnités fixées par ces tarifs.

• Aucune indemnité n'est allouée pour la prestation de serment de l'expert devant la cour d'appel lors de sa première inscription ni, le cas échéant, lors d'une nouvelle inscription après radiation ou non-réinscription.

Article R. 107. – Montant > à 450 € – *(Décret n° 2001-373 du 27 avril 2001)*

• Lorsque le montant prévu de ses frais et honoraires dépasse 460 euros, l'expert désigné doit, avant de commencer ses travaux, en informer la juridiction qui l'a commis.

• Sauf urgence, cette estimation est communiquée au ministère public qui présente ses observations dans le délai de cinq jours, après avoir fait procéder si nécessaire à des vérifications de toute nature sur les éléments de l'estimation présentée par l'expert.

• S'il n'est pas tenu compte de ses observations, le ministère public peut saisir, par l'intermédiaire du procureur général, le président de la chambre de l'instruction, qui statue dans les huit jours par une décision qui ne peut faire l'objet de recours.

Article R. 108. – *(Abrogé)*

Article R. 109. – Réduction – Refus – *(Décret n° 59-318 du 23 février 1959)*

• Les prix des opérations tarifées ou non tarifées peuvent être réduits en cas de retard dans l'accomplissement de la mission ou d'insuffisance du rapport.

• Si le travail doit être refait, toute rémunération peut être refusée.

Article R. 110. – Indemnité de transport – *(Décret n° 2013-770 du 26 août 2013)*

• Lorsque les experts se déplacent, il leur est alloué, sur justification, une indemnité de transport calculée dans les conditions fixées pour les déplacements des personnels civils de l'État.

Article R. 111. – Indemnité journalière de séjour – *(Décret n° 2013-770 du 26 août 2013)*

• Il est alloué aux experts qui se déplacent une indemnité journalière de séjour calculée suivant la réglementation relative aux frais de déplacement des personnels civils de l'État.

Article R. 112. – Audition des experts – *(Décret n° 2022-73 du 26 janvier 2022)*

• Lorsque les experts sont entendus, soit devant les cours ou tribunaux, soit devant les magistrats instructeurs à l'occasion de la mission qui leur est confiée, il leur est alloué, outre leurs frais de déplacement et de séjour s'il y a lieu, une indemnité déterminée par la formule suivante : $I = 3{,}05\ € + (S \times 4)$,

• dans laquelle S est le salaire minimum interprofessionnel de croissance tel qu'il est fixé au 1er janvier de l'année en cours.

• Lorsque l'audition mentionnée au 1er alinéa a lieu devant une cour d'assises, une cour d'assises des mineurs ou une cour criminelle départementale, l'indemnité allouée est déterminée par la formule suivante : I = 59 € + (*S* × *4*).

• Les experts qui justifient d'une perte d'une partie du revenu tiré de leur activité professionnelle, ont droit, en outre, à une indemnité supplémentaire calculée suivant la formule I = S × D, dans laquelle :

• S est le salaire minimum interprofessionnel de croissance déterminé comme ci-dessus ;

• D la durée horaire de comparution, celle-ci ne pouvant excéder 8 heures par jour ouvrable.

Article R. 113. – Experts dans l'impossibilité de remplir leur mission – *(Décret n° 2001-709 du 31 juillet 2001)*

• Lorsque les experts justifient qu'ils se sont trouvés, par suite de circonstances indépendantes de leur volonté, dans l'impossibilité de remplir leur mission, les magistrats commettants peuvent, par décision motivée soumise à l'agrément du président de la chambre de l'instruction, leur allouer une indemnité, outre leurs frais de transport, de séjour et autres débours s'il y a lieu.

Article R. 114. – Remboursement frais transport pièces à conviction et autres débours – *(Décret n° 59-318 du 23 février 1959)*

• Les experts ont droit, sur la production de pièces justificatives, au remboursement des frais de transport des pièces à conviction et de tous autres débours reconnus indispensables.

Article R. 115. – Acomptes provisionnels – *(Décret n° 2012-1451 du 24 décembre 2012)*

• Les magistrats commettants peuvent autoriser les experts à percevoir au cours de la procédure des acomptes provisionnels soit lorsqu'ils ont fait des travaux d'une importance exceptionnelle, soit lorsqu'ils ont été dans la nécessité de faire des transports coûteux ou des avances personnelles.

• Toutefois, le montant total des acomptes ne pourra pas dépasser la moitié du montant des frais et honoraires prévu.

B. – Dispositions spéciales

a) Expertise en matière de fraudes commerciales

Article R. 116. – Analyse échantillon – *(Décret n° 81-70 du 28 janvier 1981)*

• Il est alloué à chaque expert désigné conformément aux lois et règlements sur la répression des fraudes en matière commerciale, pour l'analyse de chaque échantillon, y compris les frais de laboratoire :

• Pour le premier échantillon	12,96 euros.
• Pour les échantillons suivants dans la même affaire	7,17 euros.

b) Médecine légale

Article R. 116-1. – *(Abrogé – Décret n° 2017-248 du 27 février 2017)*

Article R. 117. – Médecin ou infirmier – Rémunération ou honoraires – *(Décret n° 2020-128 du 18 février 2020)*

• Chaque médecin ou infirmier régulièrement requis ou commis perçoit une rémunération ou des honoraires calculés par référence aux tarifs conventionnels d'honoraires fixés sur le fondement de l'article L. 162-14-1 du Code de la sécurité sociale, en appliquant aux valeurs des lettres clés de la sécurité sociale des coefficients déterminés par arrêté du ministre chargé de la justice et du ministre chargé du budget.

• Cet arrêté distingue les lettres clés et les coefficients applicables selon la nature et l'étendue des actes prescrits. Il peut tenir compte, le cas échéant, de l'obligation prévue à l'article L. 311-2 du Code sécurité sociale qui s'impose pour les personnes mentionnées au 3° de l'article D. 311-1 du Code de la sécurité sociale. Il peut prévoir une ou plusieurs indemnités complémentaires selon le lieu, le jour ou l'heure de réalisation de la mission.

• Cet arrêté détermine les conditions dans lesquelles, à titre exceptionnel et par une décision motivée de l'autorité requérante, certains experts, en raison de la complexité, de l'ampleur ou de la durée de la procédure pour laquelle ils sont commis ou requis, peuvent être rémunérés, dans la limite d'un plafond, sur présentation d'un devis.

c) Biologie et Toxicologie

Article R. 118. – Médecins – Rémunération ou honoraires – *(Décret n° 2017-248 du 27 février 2017)*

• Les tarifs maximaux relatifs aux analyses toxicologiques et biologiques sont fixés par référence aux tarifs conventionnels d'honoraires fixés sur le fondement de l'article L. 162-14-1 du Code de la sécurité sociale, en appliquant aux valeurs des lettres clés de la sécurité sociale des coefficients déterminés par arrêté du ministre chargé de la justice et du ministre chargé du budget. Cet arrêté distingue les lettres clés et les coefficients applicables selon les prestations requises et les techniques mises en œuvre.

d) Radiologie

Article R. 119. – *(Abrogé – Décret n° 2017-248 du 27 février 2017)*

Article R. 120. – Médecin expert ou radiologue qualifié – *(Décret n° 2017-248 du 27 février 2017)*

• Il est alloué à chaque médecin expert ou radiologue qualifié, régulièrement requis ou commis, une rémunération ou des honoraires calculés en référence aux tarifs fixés par la classification commune des actes médicaux.

• Les tarifs des actes spécifiques aux investigations judiciaires sont fixés par un arrêté du ministre de la justice et du ministre chargé du budget selon la nature des prestations.

e) Expertise mécanique

Article R. 120-1. – Indemnités – *(Ordonnance n° 2000-916 du 19 septembre 2000)*

• Il est alloué à chaque expert, pour une expertise mécanique complète portant sur un ou plusieurs véhicules automobiles, ordonnée par une juridiction siégeant à Paris ou dans les départements des Hauts-de-Seine, de la Seine-Saint-Denis ou du Val-de-Marne, à la suite d'accident de la circulation, à l'exclusion des examens simples ne portant que sur des organes déterminés du véhicule, et à l'exclusion de toute indemnité d'établissement de plans, prise de photographies et frais de séjour : 50,31 euros.

• Pour une expertise ordonnée dans les mêmes conditions, par les juridictions des autres départements, à l'exclusion de toute indemnité autre que les indemnités de transport et de séjour : 45,73 euros.

f) – Psychologie légale

Article R. 120-2. – Expert psychologue – *(Décret n° 2017-248 du 27 février 2017)*

• Chaque expert psychologue régulièrement requis ou commis perçoit une rémunération ou des honoraires calculés par référence aux tarifs conventionnels d'honoraires fixés en application de l'article L. 162-14-1 du Code de la sécurité sociale, en appliquant aux valeurs des lettres clés de la sécurité sociale des coefficients déterminés par arrêté du ministre de la justice et du ministre chargé du budget.

• Cet arrêté distingue les lettres clés et les coefficients applicables selon la nature et l'étendue des actes prescrits. Il peut tenir compte, le cas échéant, de l'obligation prévue à l'article L. 311-2 du Code sécurité sociale qui s'impose pour les personnes mentionnées au 3° de l'article D. 311-1 du Code sécurité sociale.

• Cet arrêté détermine les conditions dans lesquelles, à titre exceptionnel et par une décision motivée de l'autorité requérante, certains experts, en raison de la complexité, de l'ampleur ou de la durée de la procédure pour laquelle ils sont commis ou requis, peuvent être rémunérés, dans la limite d'un plafond, sur présentation d'un devis.

§ 2. – Des personnes chargées des enquêtes sociales et de personnalité ou contribuant au contrôle judiciaire ou au sursis probatoire ainsi que des médiateurs et des délégués du procureur de la République

Article R. 121. – Indemnités – *(Décret n° 2022-908 du 20 juin 2022)*

• En sus du remboursement de leurs frais de déplacement, calculés dans les conditions fixées pour les déplacements des personnels civils de l'État pour le ministère de la justice, il est alloué aux personnes physiques et aux associations mentionnées par les articles R. 121-1 et R. 121-3, pour les missions et selon les distinctions prévues par ces articles, des indemnités dont les montants IP. 1 à IP. 6 ou IA. 1 à IA. 6 exprimés en € sont fixés par arrêté conjoint du ministre chargé du budget et du ministre de la justice.

A. – Personnes physiques.

Article R. 121-1. – Enquêteurs de personnalité – Contrôleurs judiciaires – *(Décret n° 2022-908 du 20 juin 2022)*

• Il est alloué aux enquêteurs de personnalité et aux contrôleurs judiciaires, personnes physiques habilitées :

• 1° Pour la vérification de la situation matérielle, familiale ou sociale des personnes faisant l'objet d'une enquête accomplie en application du huitième alinéa de l'article 41 ou du 7e alinéa de l'article 81 : IP. 1. Toutefois, lorsque l'enquêteur n'a pas pu remplir sa mission en raison de la carence de l'intéressé qui n'a pas répondu à la convocation, l'indemnité est de IP. 6 ;

• 2° Pour l'enquête sur la personnalité des personnes mises en examen ainsi que sur leur situation matérielle, familiale ou sociale, accomplie en application du 6e alinéa de l'article 81 ou pour l'enquête sur la personnalité de la victime ainsi que sur la nature et l'importance des préjudices subis par elle, prévue par l'article 81-1 : IP. 2 ;

• 3° Pour la mission de contrôle judiciaire exercée sur chaque personne mise en examen, en application des 6° ou 17° de l'article 138 :

• – IP. 3 lorsque la mission de contrôle judiciaire dure 3 mois ou moins ;

• – IP. 4 lorsque la mission de contrôle judiciaire dure plus de 3 mois sans excéder 1 an ;

• – IP. 5 lorsque la mission de contrôle judiciaire dure plus d'1 an.

• 4° Pour une mission de mise en œuvre d'un sursis probatoire leur ayant été confiée en application des dispositions du dernier alinéa de l'article 471 :

• – IP. 3 lorsque la mission dure 3 mois ou moins ;

• – IP. 4 lorsqu'elle dure plus de 3 mois sans excéder 1 an ;

• – IP. 5 lorsqu'elle dure plus d'1 an.

Article R. 121-2. – *(Abrogé – Décret n° 2021-524 du 29 avril 2021)*

B. – Associations

Article R. 121-3. – Association habilitée – *(Décret n° 2022-908 du 20 juin 2022)*

• Il est alloué à l'association habilitée ayant passé la convention prévue au 3e alinéa de l'article R. 15-37 :

• 1° Pour la vérification de la situation matérielle, familiale ou sociale d'une personne faisant l'objet d'une enquête, accomplie en application du 8e alinéa de l'article 41 ou du 7e alinéa de l'article 81 : IA. 1. Toutefois, lorsque l'enquêteur n'a pas pu remplir sa mission en raison de la carence de l'intéressé qui n'a pas répondu à la convocation, l'indemnité est de IA. 6 ;

• 2° Pour la tenue d'une permanence les samedis, dimanches ou jours fériés, lorsque pendant celle-ci aucune mesure n'a été prescrite en application du 8e alinéa de l'article 41 ou du 7e alinéa de l'article 81 : IA. 2 ;

• 3° Pour une enquête sur la personnalité d'une personne mise en examen ainsi que sur sa situation matérielle, familiale ou sociale, menée en application du 6e alinéa de l'article 81 ou pour l'enquête sur la personnalité de la victime ainsi que sur la nature et l'importance des préjudices subis par elle, menée en application de l'article 81-1 : IA. 3 ;

• 4° Pour une mission de mise en œuvre d'une des obligations du contrôle judiciaire énumérées au 6° ou au 17° de l'article 138 :

• IA. 4 pour les 6 premiers mois de contrôle judiciaire et IA. 5 par période de 6 mois supplémentaires dans la limite de 36 mois ;

• 5° Pour une mission de mise en œuvre d'un sursis probatoire lui ayant été confiée en application des dispositions du dernier alinéa de l'article 471 : IA. 5 par période de 6 mois.

• L'indemnité est majorée de 10 % pour les mesures ordonnées par une juridiction dans le ressort de laquelle la population, selon les données authentifiées du dernier recensement, est au plus égale à 170 000 habitants.

• L'indemnité est réduite de 70 % pour celles des mesures mentionnées aux 3°, 4° et 5° ci-dessus qui sont exécutées, pour le compte de la personne morale habilitée, par une personne qui n'est pas salariée par elle.

Article R. 121-4. – *(Abrogé – Décret n° 2021-524 du 29 avril 2021)*

§ 3. – Des interprètes traducteurs

Article R. 122. – Traductions – *(Décret n° 2008-764 du 30 juillet 2008)*

• Les traductions par écrit sont payées à la page de texte en français. Cette page compte 250 mots.

• Les traductions par oral sont payées à l'heure de présence dès que l'interprète est mis à disposition du procureur de la République, des officiers de police judiciaire ou de leurs auxiliaires, des juges d'instruction ou des juridictions répressives. Toute heure commencée est due dans sa totalité.

• Le tarif de la première heure de traduction est majoré.

• Le tarif de l'heure des traductions par oral fait l'objet de majorations quand ces dernières sont effectuées durant la nuit, le samedi et le dimanche et les jours fériés.

• Un arrêté conjoint du ministre de la justice et du ministre chargé du budget fixe le tarif des traductions par oral et par écrit et de leurs majorations.

• Les interprètes traducteurs ont droit aux indemnités de voyage et de séjour prévues aux articles R. 110 et R. 111.

§ 4. – Des délégués et médiateurs du procureur de la République

Article R. 122-1. – Indemnité forfaitaire – *(Décret n° 2021-524 du 29 avril 2021)*

• En sus du remboursement de leurs frais de déplacement, calculés dans les conditions fixées pour les déplacements des personnels civils de l'État pour le ministère de la justice, il est attribué aux personnes physiques et associations habilitées comme délégués ou comme médiateurs du procureur de la République en application de l'article R. 15-33-30, pour l'accomplissement des missions qui leur sont confiées, une indemnité forfaitaire exprimée par référence à une unité de valeur et un coefficient.

• Le montant unitaire de cette unité de valeur est de 3 € brut.

• Un arrêté du ministre de la justice détermine les coefficients attribués pour chaque mission selon la nature, la complexité, la durée de la mission ainsi que la nature de la personne habilitée, selon qu'il s'agit d'une personne physique ou d'une association.

Article R. 122-2. – Indemnité supplémentaire – Mineur – *(Décret n° 2021-524 du 29 avril 2021)*

• À l'exception de certaines missions prévues par arrêté du ministre de la justice, il est alloué une indemnité supplémentaire au délégué ou au médiateur du procureur de la République lorsque la mission concerne un mineur et qu'elle implique l'audition des responsables légaux du mineur.

• Il est alloué une indemnité au délégué ou au médiateur du procureur de la République qui n'a pu remplir sa mission en raison de la carence de l'intéressé qui n'a pas répondu aux convocations.

• Les indemnités peuvent être assujetties à des règles de cumul précisées par arrêté du ministre de la justice.

• Lorsque la mission s'exerce dans le cadre d'une permanence, l'indemnité due est celle correspondant aux actes accomplis au cours de cette permanence si elle est plus élevée que l'indemnité prévue au titre de la permanence.

• Le procureur de la République ou le procureur général, selon le cas, atteste de la réalité du service fait par le délégué ou le médiateur du procureur de la République.

Section III

Des indemnités qui peuvent être accordées aux témoins et aux jurés

§ 1er. – Des témoins

A. – Règles générales

Article R. 123. – Témoins – Indemnités et frais – *(Décret n° 74-88 du 4 février 1974)*

• Il peut être accordé aux témoins, s'ils le requièrent :

• 1. Une indemnité de comparution ;

• 2. Des frais de voyage ;

• 3. Une indemnité journalière de séjour.

Article R. 124. – Témoins – Indemnités – *(Décret n° 99-203 du 18 mars 1999)*

• Les indemnités accordées aux témoins ne sont payées par le Trésor qu'en tant qu'ils ont été cités ou appelés, soit à la requête du ministère public, soit en vertu d'une ordonnance rendue d'office dans les cas prévus aux articles 283 et 310.

Article R. 125. – Témoins cités ou appelés – *(Décret n° 59-318 du 23 février 1959)*

• Les témoins cités ou appelés à la requête, soit des accusés, soit des parties civiles, reçoivent les indemnités ci-dessus mentionnées.

• Elles leur sont payées par ceux qui les ont appelés en témoignage.

Article R. 126. – *(Abrogé)*

Article R. 127. – Militaires – *(Décret n° 2021-862 du 30 juin 2021)*

• Les militaires des armées de terre, de mer et de l'air et de l'espace, en activité de service, lorsqu'ils sont appelés en témoignage, n'ont droit à aucune taxe ni à aucune indemnité payables sur les fonds de justice criminelle, correctionnelle et de police, pour frais de voyage et de séjour, à moins qu'ils ne soient cités au lieu de leur domicile, pendant qu'ils sont en congé ou en permission, et qu'à la date de leur comparution ce congé ou cette permission, soit encore en cours.

Article R. 128. – Énonciation – Allocation des indemnités – *(Décret n° 88-600 du 6 mai 1988)*

• Les magistrats sont tenus d'énoncer, dans les mandats qu'ils délivrent au profit des témoins, que l'allocation des indemnités prévues à l'article R. 123 a été requise.

B. – Indemnités de comparution

Article R. 129. – Témoins âgés de 16 ans ou plus – Modalités – *(Décret n° 2004-1021 du 27 septembre 2004)*

• Les témoins âgés de seize ans ou plus, appelés à déposer soit à l'instruction, soit devant les cours et tribunaux statuant en matière criminelle, correctionnelle ou de police reçoivent une indemnité de comparution déterminée par la formule suivante :

• I = 1,5 + *(S x 4)* dans laquelle :

• I est le montant de l'indemnité forfaitaire exprimée en euros ;

• S le salaire minimum interprofessionnel de croissance tel qu'il est fixé au 1er janvier de l'année en cours.

• Les témoins qui justifient d'une perte d'une partie du revenu tiré de leur activité professionnelle, ont droit, en outre, à une indemnité supplémentaire calculée suivant la formule I = S x D dans laquelle :

• S est le salaire minimum interprofessionnel de croissance déterminé comme ci-dessus ;

• D la durée horaire de comparution, celle-ci ne pouvant excéder huit heures par jour ouvrable.

Article R. 130. – Enfants de moins de 16 ans – Modalités – *(Décret n° 99-818 du 16 septembre 1999)*

• Lorsque les enfants de moins de seize ans appelés en témoignage dans les conditions prévues à l'article précédent sont accompagnés par une personne sous l'autorité de laquelle ils se trouvent ou, par son délégué, cette personne a droit à l'indemnité prévue à l'article précédent sauf lorsqu'elle a été désignée, en qualité d'administrateur ad hoc et qu'elle figure sur la liste prévue à l'article R. 53 ou qu'il a été fait application des dispositions de l'article R. 53-6.

Article R. 131. – Accompagnement d'un témoin *(infirmité)* – *(Décret n° 59-318 du 23 février 1959)*

• Lorsqu'il est constaté qu'un témoin, en raison de ses infirmités a dû être accompagné par un tiers, celui-ci a droit à l'indemnité prévue aux articles R. 129 et R. 130.

Article R. 132. – Droit à l'indemnité – *(Décret n° 59-318 du 23 février 1959)*

• Tout témoin a droit à l'indemnité prévue aux articles R. 129, R. 130 et R. 131 alors même qu'il lui est alloué une indemnité pour frais de voyage et de séjour.

C. – Frais de voyage et de séjour

Article R. 133. – Témoins – Indemnité de transport – *(Décret n° 2013-770 du 26 août 2013)*

• Lorsque les témoins se déplacent, il leur est alloué, sur justification, une indemnité de transport calculée dans les conditions fixées pour les déplacements des personnels civils de l'État.

Article R. 134. – Acompte sur l'indemnité – *(Décret n° 2019-966 du 18 septembre 2019)*

• Lorsqu'un témoin se trouve hors d'état de subvenir aux frais de son déplacement, il lui est délivré, s'il le requiert et sur présentation d'une ordonnance rendue par le président du tribunal judiciaire de sa résidence, un acompte sur l'indemnité qui lui sera due.

• Cet acompte peut être égal au prix d'un billet aller et retour quand le voyage s'effectue par un service de transport qui délivre des billets d'aller et retour payables intégralement au moment du départ ; dans les autres cas, il ne doit pas excéder la moitié du montant de l'indemnité.

• Le régisseur d'avances qui paie cet acompte en fait mention en marge ou au bas soit de la copie de la citation, soit de l'avertissement remis au témoin.

Article R. 135. – Témoins retenus en dehors de leur résidence – *(Décret n° 2013-770 du 26 août 2013)*

• Les témoins retenus en dehors de leur résidence par l'accomplissement de leurs obligations ont droit à une indemnité journalière calculée dans les conditions fixées à l'article R. 111.

Article R. 136. – *(Abrogé)*

Article R. 137. – *(Abrogé)*

Article R. 138. – Personnes accompagnantes – Mineurs 16 ans, Témoins malades ou infirmes – *(Décret n° 59-318 du 23 février 1959)*

• Les indemnités de voyage et de séjour prévues aux articles R. 133 et suivants sont accordées aux personnes qui accompagnent des mineurs de seize ans ou des témoins malades ou infirmes dans les conditions précisées aux articles R. 130 et R. 131.

§ 2. – Des membres du jury criminel

Article R. 139. – Indemnités et frais – *(Décret n° 74-88 du 4 février 1974)*

• Il est accordé aux membres du jury criminel, s'ils le requièrent et quand il y a lieu :

• 1° Une indemnité de session ;

• 2° Des frais de voyage ;

• 3° Une indemnité journalière de séjour.

Article R. 140. – Jurés – Indemnité journalière – *(Décret n° 2004-1021 du 27 septembre 2004)*

Il est accordé aux jurés, pendant la durée de la session, une indemnité journalière déterminée par la formule suivante : I = 6 + *(S x 8)*, dans laquelle :

• I est le montant de l'indemnité forfaitaire exprimé en euros ;

• S le salaire minimum interprofessionnel de croissance tel qu'il est fixé au 1er janvier de l'année en cours.

• Les jurés qui justifient d'une perte d'une partie du revenu tiré de leur activité professionnelle, ont droit, en outre, à une indemnité supplémentaire calculée suivant la formule suivante : I = S x D, dans laquelle :

• S est le salaire minimum interprofessionnel de croissance déterminé comme ci-dessus ;

• D la durée horaire de l'audience, celle-ci ne pouvant excéder huit heures par jour ouvrable.

Article R. 141. – Jurés – Indemnité de transport – *(Décret n° 2013-770 du 26 août 2013)*

• Lorsque les jurés se déplacent, il leur est alloué, sur justification, une indemnité de transport calculée dans les conditions fixées pour les déplacements des personnels civils de l'État.

Article R. 142. – Jurés – Indemnité journalière de séjour – *(Décret n° 2013-770 du 26 août 2013)*

• Les jurés retenus en dehors de leur résidence par l'accomplissement de leurs obligations ont droit à une indemnité journalière de séjour calculée dans les conditions fixées par l'article R. 111.

Article R. 143. – *(Abrogé)*

Article R. 144. – Indemnités de session et de séjour – *(Décret n° 72-436 du 29 mai 1972)*

• Les indemnités de session et de séjour pendant la durée de la session sont dues pour chaque journée où le juré titulaire ou supplémentaire a été présent à l'appel pour concourir à la formation du jury de jugement.

• Les jurés complémentaires n'ont droit à l'indemnité de session que s'ils ont été inscrits sur la liste de service.

Article R. 145. – Délivrance des certifications – *(Décret n° 88-600 du 6 mai 1988)*

• Le greffier de la cour d'assises délivre, jour par jour, aux membres du jury criminel qui en font la demande, les certifications correspondant aux indemnités journalières auxquelles ils ont droit.

• Mention de ces certifications partielles est faite sur la copie de la notification délivrée en exécution de l'article 267 du présent code pour être ensuite déduite de la certification définitive.

Article R. 146. – Acompte sur l'indemnité – *(Décret n° 2019-966 du 18 septembre 2019)*

• Lorsqu'un juré se trouve hors d'état de subvenir aux frais de son déplacement, il lui est délivré, s'il le requiert et sur présentation d'une ordonnance rendue par le président du tribunal judiciaire de sa résidence un acompte sur l'indemnité qui lui sera due. Le montant de cet acompte est déterminé conformément aux dispositions du 2e alinéa de l'article R. 134.

• Le régisseur d'avances, qui paie cet acompte, en fait mention en marge et au bas de la notification délivrée au juré.

Article R. 146-1 à R. 146-7. – *(Abrogés par Décret n° 2013-770 du 26 août 2013)*

Section IV

Des frais de garde des scellés, de mise en fourrière et de l'immobilisation décidée en application des articles 131-6 *(5°)* et 131-14 *(2°)* du Code pénal

Article R. 147. – Indemnité de garde des scellés – *(Décret n° 2002-801 du 3 mai 2002)*

• Dans les cas prévus aux articles 54, 56, 97 et 151, il n'est accordé d'indemnité pour la garde des scellés que lorsqu'il n'a pas été jugé à propos de confier cette garde à des habitants de l'immeuble où les scellés ont été apposés.

• Dans ces cas, il est alloué pour chaque jour, pendant le premier mois, au gardien nommé d'office :

• À Paris : 0,46 euro ;

• Dans les autres localités : 0,30 euro ;

• Le premier mois écoulé, ces indemnités sont réduites de moitié.

• Lorsque les scellés sont apposés sur des véhicules automobiles, les tarifs des frais de garde journalière sont fixés ainsi qu'il suit :

• Pour les véhicules poids lourds d'un poids total autorisé en charge supérieur à 3,5 tonnes : 6,10 euros ;

• Pour les voitures particulières et les autres véhicules poids lourds : 3,20 euros ;

• Pour les autres véhicules immatriculés : 2,44 euros.

Article R. 147-1. – Frais de garde – Immobilisation d'un véhicule – *(Décret n° 2002-801 du 3 mai 2002)*

• Le tarif des frais de garde entraînés par l'immobilisation d'un véhicule décidée en application des articles 131-6 *(5°)* et 131-14 *(2°)* du Code pénal est celui qui est fixé conformément au dernier alinéa de l'article précédent.

Article R. 148. – Fourrière – Animaux et objets – *(Décret n° 2002-801 du 3 mai 2002)*

• Les animaux et tous les objets périssables, pour quelque cause qu'ils soient saisis, ne peuvent rester en fourrière ou sous le séquestre plus de huit jours.

• Après ce délai, la mainlevée provisoire doit, en principe, être accordée.

• S'ils ne doivent ou ne peuvent être restitués, ils sont mis en vente, et les frais de fourrière sont prélevés sur le produit de la vente par privilège et de préférence à tous autres.

Article R. 149. – Mainlevée provisoire – Vente – *(Décret n° 2019-966 du 18 septembre 2019)*

• La mainlevée provisoire de la mise sous séquestre des animaux et des objets périssables est ordonnée par le président du tribunal judiciaire ou par le juge d'instruction, moyennant caution et paiement des frais de fourrière et de séquestre.

• Si lesdits animaux ou objets doivent être vendus, la vente est ordonnée par les mêmes magistrats.

• Cette vente est faite à l'enchère au marché le plus voisin à la diligence du comptable de la direction générale des finances publiques.

• Le jour de la vente est indiqué par affiche, vingt-quatre heures à l'avance, à moins que la modicité de l'objet ne détermine le magistrat à en ordonner la vente sans formalité, ce qu'il exprime dans son ordonnance.

• Le produit de la vente est versé dans la caisse du comptable de la direction générale des finances publiques, pour en être disposé, ainsi qu'il est ordonné par le jugement définitif.

Articles R. 150 à R. 153. – *(Abrogés)*

Section V

Des frais de copie

B. – Expéditions

a) Délivrance des expéditions

Article R. 154. – Délivrance – *(Décret n° 59-318 du 23 février 1959)*

• Dans le cas de renvoi des accusés, soit devant une autre juridiction d'instruction, soit devant une autre Cour d'assises, s'ils ont déjà reçu la copie des pièces prescrites à l'article 279, il ne peut leur être délivré une nouvelle copie payée sur les frais généraux de justice criminelle, correctionnelle et de police.

• Mais tout accusé, renvoyé devant la Cour d'assises, peut se faire délivrer à ses frais une expédition des pièces de la procédure, même de celles qui ne sont pas comprises dans la copie délivrée gratuitement.

• Le même droit appartient à la partie civile et aux personnes civilement responsables.

Article R. 155. – En matière criminelle, correctionnelle et de police – *(Décret n° 2002-801 du 3 mai 2002)*

• En matière criminelle, correctionnelle et de police, hors les cas prévus par l'article 114, il peut être délivré aux parties :

• 1° Sur leur demande, expédition de la plainte ou de la dénonciation des ordonnances définitives, des arrêts, des jugements, des ordonnances pénales et des titres exécutoires prévus à l'article 529-2, alinéa 2, du Code de procédure pénale ;

• 2° Avec l'autorisation du procureur de la République ou du procureur général selon le cas, expédition de toutes les autres pièces de la procédure, notamment, en ce qui concerne les pièces d'une enquête terminée par une décision de classement sans suite. Toutefois, cette autorisation n'est pas requise lorsque des poursuites ont été engagées ou qu'il est fait application des articles 41-1 à 41-3 et que la copie est demandée pour l'exercice des droits de la défense ou des droits de la partie civile.

Article R. 156. – *(Abrogé – Décret n° 2020-797 du 29 juin 2020)*

Article R. 157. – Envoi de la procédure et des pièces – *(Décret n° 59-318 du 23 février 1959)*

• Toutes les fois qu'une procédure en matière criminelle, correctionnelle ou de police est transmise à quelque cour ou tribunal que ce soit, ou au ministère de la Justice, la procédure et les pièces sont envoyées en minutes, à moins que le ministre de la Justice ne désigne des pièces pour être expédiées par copies ou par extraits.

Article R. 158. – Inventaire – *(Décret n° 59-318 du 23 février 1959)*

• Dans tous les cas où il y a envoi des pièces d'une procédure, le greffier est tenu d'y joindre un inventaire, qu'il dresse sans frais, ainsi qu'il est prescrit à l'article 586.

Article R. 159. – Arrêts – Jugements – Ordonnances pénales et de justice – *(Décret n° 72-630 du 04 juillet 1972)*

• Sont seuls expédiés dans la forme exécutoire les arrêts, jugements, ordonnances pénales et ordonnances de justice que les parties ou le ministère public demandent dans cette forme.

Article R. 160. – Réquisitoires ou plaidoyers – *(Décret n° 59-318 du 23 février 1959)*

• Ne doivent pas être insérés dans la rédaction des arrêts et jugements les réquisitoires ou plaidoyers prononcés soit par le ministère public, soit par les défenseurs des prévenus ou accusés, mais seulement leurs conclusions.

Articles R. 161 à R. 164. – *(Abrogés)*

b) Droits d'expédition et de copie

Article R. 165. – Droits – *(Décret n° 2007-1388 du 26 septembre 2007)*

• En matière pénale, la délivrance, lorsqu'elle est autorisée, de reproductions de pièces de procédures autres que les décisions est rémunérée à raison de 0,46 euro par page. S'il a été procédé à la numérisation de la procédure, la copie peut être délivrée sous forme numérisée ; elle est alors rémunérée à raison de 5 euros par support numérique, quel que soit le nombre de pages figurant sur ce support.

• Toutefois, la délivrance de la première reproduction de chaque acte, sous support papier ou sous support numérique, est gratuite lorsqu'elle est demandée soit par l'avocat de la partie, soit par la partie elle-même si celle-ci n'est pas représentée par un avocat.

• Lorsqu'il s'agit d'une procédure d'information dont le dossier a fait l'objet d'une numérisation, la copie délivrée en application du quatrième alinéa de l'article 114 l'est sous forme numérique, sauf décision contraire du juge d'instruction.

• Les copies réalisées sont tenues à la disposition du demandeur au greffe de la juridiction, ou, à sa demande, lui sont adressées à ses frais par voie postale.

c) Délivrance de copies aux tiers

Nota : À compter du 1er septembre 2020 : Conformément à l'article 9 du décret n° 2020-797 du 29/06/2020, les dispositions suivantes entre en vigueur (Articles R. 166 à R. 172)

Article R. 166. – Délivrance d'une copie – Arrêts et décisions – *(Décret n° 2020-797 du 29 juin 2020)*

• En matière pénale, peut être délivrée à des tiers, sans autorisation préalable, la copie :

• 1° Des arrêts de la Cour de cassation ;

• 2° Des décisions des juridictions de jugement du premier ou du second degré, lorsqu'elles sont définitives et ont été rendues publiquement à la suite d'un débat public.

Article R. 167. – Opposition – *(Décret n° 2020-797 du 29 juin 2020)*

• Le procureur de la République ou le procureur général peut toutefois s'opposer, par décision spécialement motivée, à la délivrance de la copie d'une décision mentionnée au 2° de l'article R. 166 :

• 1° S'il s'agit d'une condamnation effacée par l'amnistie, la réhabilitation ou la révision ;

• 2° S'il s'agit d'une condamnation prescrite ;

• 3° S'il apparaît que la copie est demandée dans l'intention de nuire.

• Le procureur de la République ou le procureur général peut également décider que la copie ne pourra être délivrée qu'après l'occultation des éléments ou des motifs de la décision qui n'ont pas à être divulgués.

Article R. 168. – Occultation d'éléments... – *(Décret n° 2020-797 du 29 juin 2020)*

• Le procureur de la République ou le procureur général peut, par décision motivée et alors même qu'aucune demande n'a encore été formulée, décider l'occultation des éléments permettant d'identifier les personnes physiques mentionnées dans la décision, lorsqu'elles sont parties ou tiers, si leur divulgation est de nature à porter atteinte à la sécurité ou au respect de la vie privée de ces personnes ou de leur entourage. En tout état de cause, il est procédé à cette occultation lorsqu'elle a été décidée, pour ces personnes, en application des articles R. 111-12 ou R. 111-13 du Code de l'organisation judiciaire.

• Le procureur de la République ou le procureur général peut également, dans les mêmes conditions, décider l'occultation de certains motifs ou éléments d'identification si leur divulgation est susceptible de porter atteinte aux intérêts fondamentaux de la Nation ou au secret en matière commerciale ou industrielle.

Article R. 169. – Délivrance à des tiers – Copies – *(Décret n° 2020-797 du 29 juin 2020)*
• Lorsqu'elles sont délivrées à des tiers:
• 1° Les copies des décisions rendues par les cours d'assises ne mentionnent pas l'identité des jurés;
• 2° Les copies des décisions rendues par les tribunaux pour enfants ne mentionnent pas l'identité des assesseurs;
• 3° Les copies des décisions rendues par les chambres de l'application des peines des cours d'appel composées conformément au 2e alinéa de l'article 712-13 ne mentionnent pas l'identité des assesseurs responsables d'associations;
• 4° Les copies des décisions rendues dans des procédures concernant les infractions mentionnées aux articles 702 et 706-73 ne mentionnent pas l'identité des personnes ayant concouru au déroulement de la procédure, autres que les magistrats et les greffiers.

Article R. 170. – Mineurs – *(Décret n° 2020-797 du 29 juin 2020)*
• Les copies des décisions non définitives, des décisions rendues par les juridictions d'instruction ou de l'application des peines et des décisions rendues par les juridictions pour mineurs ou après des débats tenus à huis clos, ainsi que les copies des autres actes ou pièces d'une procédure pénale, ne sont délivrées aux tiers qu'avec l'autorisation préalable du procureur de la République ou du procureur général et sous réserve que le demandeur justifie d'un motif légitime.
• L'autorisation peut n'être accordée que sous réserve de l'occultation des éléments ou des motifs de la décision qui n'ont pas à être divulgués.
• L'autorisation est refusée par décision motivée si la demande n'est pas justifiée par un motif légitime, si la délivrance de la copie est susceptible de porter atteinte à l'efficacité de l'enquête ou à la présomption d'innocence, ou pour l'un des motifs mentionnés à l'article R. 168.

Article R. 171. – Notification – Recours – *(Décret n° 2020-797 du 29 juin 2020)*
• La décision du procureur de la République ou du procureur général prise en application des articles R. 167, R. 168 ou R. 170 est notifiée à la personne intéressée. Celle-ci peut former un recours devant le président de la chambre de l'instruction dans les 2 mois suivant la notification de la décision.
• Lorsqu'une décision d'occultation a été prise en application de l'article R. 168 alors qu'aucune demande de délivrance de copie n'a encore été formulée, le recours peut être formé à tout moment par toute personne intéressée.

Article R. 172. – Non-application – *(Décret n° 2020-797 du 29 juin 2020)*
• Les dispositions des articles R. 167 à R. 170 ne s'appliquent pas à l'accès aux décisions, actes ou pièces exercé en application des articles L. 213-1 à L. 213-5 du Code du patrimoine.
• Conformément à l'article 9 du décret n° 2020-797 du 29 juin 2020, les présentes dispositions entrent en vigueur le 1er septembre 2020.

Section VI

Des émoluments et indemnités alloués aux huissiers de justice et aux agents de la force publique

§ 1er. – Service d'audience des huissiers de justice

Article R. 179. – Indemnité journalière – *(Décret n° 2011-1469 du 8 novembre 2011)*
• Chaque huissier de justice audiencier reçoit une indemnité journalière de:
• 1° 20 euros pour le service d'une audience de la Cour de cassation;
• 2° 130 euros pour le service d'une audience de la cour d'assises;
• 3° 60 euros pour le service d'une audience du tribunal correctionnel, du tribunal pour enfants ou d'une chambre des appels correctionnels;
• 4° 30 euros pour le service d'une audience du tribunal de police.

Article R. 180. – *(Abrogé)*

§ 2. – Citations et significations

Article R. 181. – Citations – Significations – *(Décret n° 2002-1067 du 5 août 2002)*

• Il est alloué aux huissiers de justice pour toutes citations en matière criminelle, correctionnelle et de police, pour les significations des mandats de comparution, pour toutes significations d'ordonnances, jugements et arrêts et tous autres actes ou pièces en matière criminelle, correctionnelle et de police, une somme forfaitaire de 4,50 euros pour l'original, les copies et l'envoi par lettre recommandée avec avis de réception prévue par les articles 557 et 558 et ce, en sus du coût d'affranchissement.

Article R. 182. – Délivrance de l'acte faite à personne – *(Ordonnance n° 2000-916 du 19 septembre 2000)*

• Dans les cas prévus à l'article précédent, il est alloué, en outre, aux huissiers de justice une somme de 6,86 euros si la délivrance de l'acte a été faite à personne.

Article R. 183. – Significations – *(Décret n° 59-318 du 23 février 1959)*

• Lorsqu'il n'a pas été délivré au ministère public d'expédition des actes ou jugements à signifier, les significations sont faites par les huissiers de justice sur les minutes qui leur sont confiées par les greffiers contre récépissé, à la charge par eux de les rétablir au greffe dans les vingt-quatre heures qui suivent la signification.

• Lorsqu'un acte ou jugement a été remis en expédition au ministère public, la signification est faite sur cette expédition sans qu'il en soit délivré une seconde pour cet objet.

Article R. 184. – Copies actes, jugements et pièces à signifier – *(Décret n° 59-318 du 23 février 1959)*

• Les copies de tous actes, jugements et pièces à signifier sont toujours faites par les huissiers de justice ou leurs clercs.

Article R. 185. – Somme forfaitaire – *(Ordonnance n° 2000-916 du 19 septembre 2000)*

• Lorsqu'il doit être donné copie de certaines pièces, il est alloué, quel que soit le nombre de pages copiées, une somme forfaitaire de 0,91 euro en matière de police et de 1,37 euro en matière correctionnelle et criminelle.

Article R. 186. – *(Abrogé)*

Article R. 187. – Agents de la force publique – *(Décret n° 59-318 du 23 février 1959)*

• Sauf disposition spéciale des lois et règlements il n'est alloué aucune taxe aux agents de la force publique à raison des citations, notifications et significations dont ils peuvent être chargés par les officiers de police judiciaire et par le ministère public.

§ 3. – Exécution des mandats d'amener, de dépôt et d'arrêt et des mesures de contrainte exercées contre les témoins défaillants – Capture en exécution d'une ordonnance de prise de corps, d'un jugement ou d'un arrêt

Article R. 188. – Exécution – *(Décret n° 2012-836 du 29 juin 2012)*

• L'exécution des mandats d'amener, de dépôt et d'arrêt, des ordonnances de prise de corps, des arrêts et jugements de condamnation, des mesures de contrainte exercées contre les témoins défaillants en vertu des articles 109, 110 et 153, est confiée aux militaires de la gendarmerie autres que les officiers et aux fonctionnaires de police autres que les commissaires et commissaires adjoints, ainsi qu'aux gardes champêtres.

Article R. 189. – Primes – *(Décret n° 59-318 du 23 février 1959)*

• Des primes sont allouées aux agents de la force publique dans les conditions fixées aux articles R. 190 et R. 191 lorsqu'il y a eu exécution forcée et que l'arrestation a nécessité des recherches spéciales dûment constatées.

• Il n'y a pas lieu de distinguer, au point de vue du droit à l'allocation, suivant que l'agent qui a opéré l'arrestation était porteur du mandat ou de l'extrait de jugement ou d'arrêt ou avait été simplement avisé de l'existence de cette pièce par une circulaire ou par une insertion à un bulletin de police.

• La gratification la plus élevée est seule accordée si le prévenu, accusé ou condamné était sous le coup de plusieurs mandats, ordonnances de prise de corps, arrêts ou jugements de condamnations.

Article R. 190. – Exécution mandats d'amener ou mesures de contrainte – *(Ordonnance n° 2000-916 du 19 septembre 2000)*

• Il est alloué aux personnes mentionnées à l'article R. 188, pour l'exécution des mandats d'amener ou des mesures de contrainte exercées contre les témoins défaillants en vertu des articles 109, 110 et 153, une prime de 0,76 euro.

Article R. 191. – Capture ou saisie de la personne – *(Ordonnance n° 2000-916 du 19 septembre 2000)*

• Il est alloué aux personnes mentionnées à l'article R. 188, pour capture ou saisie de la personne, en exécution :

• 1° D'un jugement de police ou d'un jugement ou arrêt correctionnel prononçant une peine d'emprisonnement n'excédant pas dix jours : 0,76 euro.

• 2° D'un mandat d'arrêt ou d'un jugement ou arrêt en matière correctionnelle emportant peine d'emprisonnement de plus de dix jours : 1,07 euro.

• 3° D'une ordonnance de prise de corps ou d'un arrêt de condamnation à une peine de réclusion criminelle à temps n'excédant pas dix ans : 1,52 euro.

• 4° D'un arrêt de condamnation à une peine de réclusion criminelle à temps excédant dix ans ou à une peine plus forte : 3,05 euros.

§ 4. – Exécution des arrêts de contumace

Article R. 192. – Affiches de l'ordonnance – *(Ordonnance n° 2000-916 du 19 septembre 2000)*

• Pour les affiches de l'ordonnance qui, aux termes des articles 627 et 628, doit être rendue et publiée contre les contumax, y compris le procès-verbal de la publication, il est alloué aux huissiers de justice une indemnité de 1,14 euro.

Article R. 193. – Apposition des extraits de l'arrêt de condamnation par contumace – *(Ordonnance n° 2000-916 du 19 septembre 2000)*

• Il est alloué aux huissiers de justice pour l'apposition de chacun des trois extraits de l'arrêt de condamnation par contumace qui doit être affiché, conformément à l'article 634, et pour la rédaction du procès-verbal constatant l'accomplissement de cette formalité, un droit de 0,57 euro.

§ 5. – Frais de voyage et de séjour

Article R. 194. – Frais – *(Décret n° 74-88 du 04 février 1974)*

• Il est alloué aux huissiers de justice, qui se transportent hors de la commune de leur résidence, l'indemnité prévue à l'article R. 110.

• Les huissiers de justice titulaires de permis de circulation ou jouissant à titre personnel ou en raison de leur emploi, de réductions de tarifs, n'ont pas droit au remboursement des frais de transport pour la partie correspondant à l'exonération dont ils bénéficient. Les demandes de remboursement de frais de transport doivent être obligatoirement accompagnées d'une déclaration des intéressés certifiant qu'ils ne bénéficient pas, à quelque titre que ce soit, d'avantages de tarifs, ou dans le cas contraire, qu'ils ne bénéficient pas d'autres avantages que ceux dont il est fait état dans la demande.

• Il n'est dû aucun transport dans les limites des villes ou chefs-lieux de commune, telles qu'elles sont actuellement fixées.

Article R. 195. – Autre indemnité – *(Ordonnance n° 2000-916 du 19 septembre 2000)*

• Il est alloué, à compter du second jour, une indemnité de 4,57 euros par jour aux huissiers de justice retenus en dehors de leur résidence soit par l'accomplissement de leurs fonctions, soit en raison de la durée du déplacement, soit par un cas de force majeure dûment constatée.

Article R. 196. – *(Abrogé)*

§ 6. – Dispositions générales

Article R. 197. – Procureurs généraux et procureurs de la République – *(Décret n° 59-318 du 23 février 1959)*

• Les procureurs généraux et les procureurs de la République examinent en même temps les écritures, afin de s'assurer qu'elles sont conformes aux prescriptions de l'article R. 185, et ils réduisent au taux convenable le prix des écritures qui ne seraient pas dans la proportion établie par ledit article.

Article R. 198. – Huissier de justice – Destitution – *(Décret n° 59-318 du 23 février 1959)*

• Tout huissier de justice qui refusera d'instrumenter dans une procédure suivie à la requête du ministère public ou de faire le service auquel il est tenu près la cour ou le tribunal et qui, après injonction faite par le procureur général ou le procureur de la République, persistera dans son refus, sera destitué, sans préjudice de tous dommages-intérêts et des autres peines qu'il aura encouru.

Article R. 199. – Dérogation – *(Décret n° 2002-801 du 3 mai 2002)*

• Les huissiers de justice ne peuvent, pour quelque cause et sous quelque prétexte que ce soit, exiger d'autres ou de plus forts droits que ceux qui leur sont alloués par le présent titre.

• Par dérogation à la règle établie à l'alinéa précédent, sont fixés conformément aux tarifs en matière civile, les frais des actes délivrés à la requête des parties civiles après l'extinction de l'action publique et en vue de faire statuer uniquement sur les intérêts civils.

• Ces frais sont à la charge des intéressés et ne sont pas imputables sur les crédits de la justice criminelle.

Article R. 200 à R. 207. – *(Abrogés)*

Section VIII

Des frais de mise en œuvre des conventions secrètes de cryptologie

Article R. 208. – Somme allouée – *(Ordonnance n° 2000-916 du 19 septembre 2000)*

• Pour chaque remise ou mise en œuvre, à la demande des autorités judiciaires dans les conditions fixées par le II de l'article 28 de la loi n° 90-1170 du 29 décembre 1990 sur la réglementation des télécommunications, des conventions secrètes de moyens ou prestations de cryptologie, il est alloué une somme de 60,98 euros à chaque organisme agréé.

Article R. 209. – *(Abrogé)*

Section IX

Des frais d'impression

Article R. 210. – Impressions payées – *(Décret n° 2001-709 du 31 juillet 2001)*

• Les seules impressions qui doivent être payées à titre de frais de justice sont:

• 1° Celle des publications ou insertions de communiqué, relatives à des décisions de non-lieu, qui sont ordonnées par le juge d'instruction ou la chambre de l'instruction en application des articles 177-1 et 212-1;

• 2° Celles des signalements individuels de personnes arrêtées dans les cas exceptionnels où l'envoi de ces signalements aurait été reconnu indispensable;

• 3° Celle de l'arrêt ou du jugement de révision d'où résulte l'innocence d'un condamné et dont l'affichage est prescrit par l'article 626, alinéas 9 et 10.

Article R. 211. – Affichage – *(Décret n° 59-318 du 23 février 1959)*

• Les placards destinés à être affichés sont transmis aux maires qui les font apposer dans les lieux accoutumés aux frais de la commune.

Article R. 212. – Marchés – *(Décret n° 93-867 du 28 juin 1993)*

• Les impressions payées à titre de frais de justice sont faites en vertu de marchés passés pour chaque ressort de cour ou de tribunal par le procureur général ou le procureur de la République, suivant le cas, et qui ne peuvent être exécutés qu'avec l'approbation préalable du ministre de la justice.

• Toutefois, à défaut d'un tel marché, il peut être traité de gré à gré chaque fois qu'une impression doit être faite. Les imprimés joignent à chaque article de leur mémoire un exemplaire de l'objet imprimé comme pièce justificative.

Section X

Des frais de recherche et de délivrance de reproductions des documents imprimés

Article R. 213. – Modalités – *(Ordonnance n° 2000-916 du 19 septembre 2000)*

• Il est alloué à chaque propriétaire ou dépositaire de documents imprimés, conservés sur support de quelque nature que ce soit, une indemnité de 3,81 euros par réquisition pour l'ensemble des recherches d'archives nécessaires auxquelles il procède et une indemnité de 0,08 euro par page pour les reproductions délivrées de ces documents.

Section XI

Des frais des opérateurs de communications électroniques

Article R. 213-1. – Fourniture de données – *(Décret n° 2021-1361 du 20 octobre 2021)*

• Les tarifs relatifs aux frais mentionnés au 9° de l'article R. 92 correspondant à la fourniture des données conservées en application des II *bis* et III de l'article L. 34-1 du Code des postes et des communications électroniques sont fixés par un arrêté du ministre de l'économie, des finances et de l'industrie et du garde des sceaux. Cet arrêté distingue les tarifs applicables selon les catégories de données et les prestations requises, en tenant compte, le cas échéant, des surcoûts identifiables et spécifiques supportés par les opérateurs requis par les autorités judiciaires pour la fourniture de ces données.

Article R. 213-2. – Tarifs – Traitement des demandes – *(Décret n° 2013-770 du 26 août 2013)*

• Les tarifs relatifs aux frais mentionnés au 9° de l'article R. 92 correspondant au traitement des demandes d'interceptions sont fixés par arrêté du ministre de la justice et du ministre chargé du budget.

CHAPITRE III

Des dépenses assimilées à celles de l'instruction des procès criminels

Section I

Règles générales

Article R. 214. – Avances des frais – *(Décret n° 88-600 du 6 mai 1988)*

• Les frais énumérés à l'article R. 93 sont avancés par le Trésor public conformément aux dispositions du présent titre : ils sont taxés et liquidés d'après le tarif et selon les règles de chaque juridiction compétente.

• Les dispositions des articles R. 222, R. 223, R. 224-2, R. 225, R. 228, R. 228-1, R. 229, R. 230, R. 233 et R. 234 sont applicables pour le paiement de ces frais.

Article R. 215. – Frais payés – *(Décret n° 59-318 du 23 février 1959)*

• Par dérogation à la règle établie à l'article précédent, sont payés conformément au tarif fixé par le présent titre, les frais des poursuites exercées devant le tribunal civil ou devant la cour d'appel :

• 1° Pour contravention aux lois sur la tenue des registres de l'état civil, dans les cas prévus aux articles 50 et 53 du Code civil, et sur la célébration des mariages, dans le cas prévu à l'article 192 du Code civil ;

• 2° Pour infractions disciplinaires commises par des officiers publics ou ministériels.

Section II
Règles spéciales

§ 1er. – Des dépenses résultant de la désignation des administrateurs ad hoc

Article R. 216. – Indemnités – *(Décret n° 2021-682 du 27 mai 2021)*

• En sus du remboursement de ses frais de déplacement, calculés dans les conditions fixées pour les déplacements des personnels civils de l'État pour le ministère de la justice, il est alloué à chaque personne désignée en qualité d'administrateur ad hoc, lorsqu'elle figure sur la liste prévue à l'article R. 53 ou qu'il a été fait application des dispositions de l'article R. 53-6, pour l'ensemble des frais exposés pour la défense des intérêts d'une victime mineure des indemnités, dont les montants Iaah1 à Iaah11 sont fixés par arrêté conjoint du ministre chargé du budget et du ministre de la justice, selon les distinctions suivantes:

• 1° Pour une enquête qui n'a pas été suivie d'une instruction préparatoire lorsque la désignation de l'administrateur ad hoc a été faite par le procureur de la République: Iaah1;

• 2° Pour une instruction correctionnelle lorsque les faits ont donné lieu à l'ouverture d'une information devant le juge d'instruction: Iaah2;

• 3° Pour une instruction criminelle lorsque les faits ont donné lieu à l'ouverture d'une information devant le juge d'instruction: Iaah3;

• 4° Pour une fonction d'accompagnement du mineur à une audience du tribunal correctionnel: Iaah4;

• 5° Pour une fonction d'accompagnement du mineur à une audience de la cour d'assises: Iaah5;

• 6° Pour une fonction d'accompagnement du mineur à une audience du tribunal pour enfants statuant en matière correctionnelle: Iaah6;

• 7° Pour une fonction d'accompagnement du mineur à une audience du tribunal pour enfants statuant en matière criminelle: Iaah7;

• 8° Pour la représentation du mineur lorsque l'administrateur ad hoc interjette appel devant la chambre des appels correctionnels ou la chambre spéciale des mineurs: Iaah8;

• 9° Pour la représentation du mineur lorsque l'administrateur ad hoc interjette appel devant la cour d'assises statuant en appel: Iaah9;

• 10° Pour une indemnité de carence en cas de difficultés dans le déroulement de la mission de l'administrateur ad hoc, sur la base d'un rapport indiquant les diligences accomplies, dans les conditions définies à l'article R. 53-8: Iaah10.

Article R. 216-1. – Ouverture d'une information judiciaire – Provision – *(Décret n° 2008-764 du 30 juillet 2008)*

• En cas d'ouverture d'une information judiciaire, une provision d'un montant maximum de Iaah2 peut être accordée par le juge d'instruction à l'administrateur ad hoc, sur sa demande, si ce dernier remet en cours de mission et au moins six mois après sa désignation, un rapport récapitulant les démarches effectuées et les formalités accomplies.

§ 2. – Procédures suivies en application de la législation sur les incapables

Article R. 217. – Modalités – *(Décret n° 93-867 du 28 juin 1993)*

• Si le mineur est solvable, les frais des procédures suivies en matière de tutelle sont à sa charge et le recouvrement en est poursuivi selon les procédures et sous les garanties prévues en matière d'amende pénale.

• Le juge des tutelles, ou le tribunal ultérieurement saisi, peut toutefois décider qu'une autre partie en supportera la charge.

• Si le mineur ne paraît pas avoir de ressources suffisantes, le juge des tutelles constate cette insuffisance par ordonnance; les frais sont alors avancés et recouvrés comme en matière de frais de justice.

• Les mêmes règles sont applicables en matière de régimes de protection des majeurs.

Article R. 217-1. – Médecin – *(Décret n° 2016-185 du 23 février 2016)*

• Le médecin auteur du certificat circonstancié prévu à l'article 431 du Code civil reçoit, à titre d'honoraires, la somme de 160 €.

• Lorsque le médecin, requis par le procureur de la République ou commis par le juge des tutelles, justifie n'avoir pu établir ce certificat du fait de la carence de la personne à protéger ou protégée, il lui est alloué une indemnité forfaitaire de 30 €.

• Le médecin auteur de l'avis mentionné aux articles 426 et 432 ainsi qu'au premier alinéa de l'article 494-4 du Code civil reçoit, à titre d'honoraires, lorsque cet avis ne figure pas dans le certificat mentionné à l'alinéa premier, la somme de 25 €.

• Lorsque le médecin, requis par le procureur de la République ou commis par le juge des tutelles pour établir le certificat ou l'avis mentionnés aux premier et troisième alinéas, justifie de la nécessité qu'il a eu à se déplacer à cette fin sur le lieu où réside la personne à protéger ou protégée, il reçoit, en sus de ses honoraires et sur justificatifs, le remboursement de ses frais de déplacement, calculés dans les conditions fixées pour les déplacements des fonctionnaires du groupe II.

§ 3. – Frais engagés en matière de mesures conservatoires prises après l'ouverture d'une succession

Article R. 218. – Frais – Mesures conservatoires – *(Décret n° 2011-1043 du 1er septembre 2011)*

• Les frais en matière de mesures conservatoires prises après l'ouverture d'une succession sont à la charge de celle-ci et le recouvrement en est poursuivi selon les procédures et sous les garanties prévues en matière d'amende pénale.

• L'huissier désigné en application des dispositions de l'article 1306 du Code de procédure civile indique au greffe le nom et l'adresse de la ou des personnes appelées à l'inventaire au plus tard lors de la présentation de son mémoire de frais pour la levée de scellés.

• Il joint à ce mémoire un état récapitulatif des frais engagés depuis sa désignation, en précisant ceux pour lesquels il a déjà demandé une avance au Trésor.

§ 4. – Inscriptions hypothécaires requises par le ministère public

Article R. 219. – Frais – Inscriptions hypothécaires – *(Décret n° 2016-479 du 18 avril 2016)*

• Les frais des inscriptions hypothécaires prises d'office par le ministère public sont ordonnancés par les chefs de cour ou leurs délégués, sauf recouvrement ultérieur contre les intéressés.

§ 5. – Recouvrement des amendes

Article R. 220. – Frais – Recouvrement des amendes – *(Décret n° 2014-551 du 27 mai 2014)*

• Les frais de recouvrement des amendes prononcées dans les cas prévus par le Code de procédure pénale et par le Code pénal sont taxés conformément aux tarifs en matière civile.

• Ces frais ne sont point imputés sur les fonds généraux des frais de justice criminelle, correctionnelle et de police ; l'avance et la régularisation en sont effectuées par les soins des comptables de la direction générale des finances publiques.

§ 6. – Frais d'enquêtes sociales ordonnées en matière d'exercice de l'autorité parentale

Article R. 221. – Frais – Enquête sociales – *(Décret n° 2014-551 du 27 mai 2014)*

• Les frais d'enquêtes sociales ordonnées en matière d'exercice de l'autorité parentale sont recouvrés par la direction générale des finances publiques selon les procédures et sous les garanties prévues en matière d'amende pénale.

• La partie condamnée aux dépens peut former un recours contre la disposition de la décision relative à la liquidation de ces frais. À défaut d'appel sur le fond, le recours, motivé, est formé au greffe de la juridiction dont émane la décision, dans le mois de la notification de cette décision. Il est porté devant la chambre de l'instruction.

• En l'absence de condamnation aux dépens, les frais d'enquête sociale sont recouvrés contre la partie désignée par le juge qui a ordonné l'enquête.

§ 7. – Frais d'audition d'un mineur par la personne désignée par le juge

Article R. 221-1. – Frais – Déplacement – *(Décret n° 2009-572 du 20 mai 2009)*

• Il est alloué à la personne désignée par le juge pour entendre le mineur, en application de l'article 388-1 du Code civil, en sus du remboursement de ses frais de déplacement calculés dans les conditions fixées pour les déplacements des personnels civils de l'État, une rémunération forfaitaire fixée par arrêté conjoint du garde des sceaux, ministre de la justice, et du ministre chargé du budget.

• Lorsque cette personne n'a pu remplir sa mission en raison de la carence du mineur qui n'a pas déféré aux convocations, elle se voit allouer une indemnité forfaitaire dont le montant est fixé par le même arrêté.

CHAPITRE IV

Du payement et du recouvrement des frais

Section I

Du paiement des frais

§ 1er. – Présentation des états et des mémoires

Article R. 222. – Établissement des états et mémoires – *(Décret n° 2016-479 du 18 avril 2016)*

• Les parties prenantes établissent et transmettent leurs états et mémoires de frais, accompagnés des pièces justificatives sous forme dématérialisée. À cette fin, elles utilisent le téléservice désigné par le ministre de la justice.

• Il est établi un état ou mémoire de frais par mission. Toutefois, les parties prenantes, qui réalisent de manière habituelle plusieurs missions par mois, établissent un état ou mémoire de frais récapitulant l'ensemble des missions effectuées au cours du mois ou de toute autre période déterminée par le ministre de la justice.

• Par dérogation au premier alinéa, sont établis sur papier conformément aux modèles arrêtés par le ministère de la justice les états et mémoires afférents :

• 1° Aux indemnités prévues au 4° de l'article R. 92 ;

• 2° À la contribution mentionnée au 11° du I de l'article R. 93.

Article R. 223. – Juridiction compétente – *(Décret n° 2019-966 du 18 septembre 2019)*

• La juridiction compétente pour traiter l'état ou le mémoire de frais de justice est celle qui a prescrit la mesure.

• Toutefois, le tribunal judiciaire est compétent pour traiter l'état ou le mémoire relatif à des frais de justice engagés au cours d'une procédure devant un tribunal judiciaire ou un conseil de prud'hommes situé dans son ressort.

• Le secrétaire général du ministère de la justice est compétent pour traiter les mémoires relatifs aux frais prévus au 9° de l'article R. 92 lorsque la réquisition a été transmise par la plate-forme nationale des interceptions judiciaires à l'opérateur.

• Les états de frais d'un huissier de justice relèvent de la compétence de la cour d'appel ou du tribunal judiciaire dans le ressort duquel l'huissier a sa résidence selon la nature de la juridiction à l'origine de son intervention.

§ 2. – Procédure de certification

Article R. 224. – *(Abrogé)*

Article R. 224-1. – Application – *(Décret n° 2013-770 du 26 août 2013)*

• Relèvent de la procédure de certification prévue à l'article R. 225 :

• 1° Les frais énumérés à l'article R. 92 faisant l'objet d'une tarification fixée par les dispositions du titre X du livre V *(Décrets en Conseil d'État)* ;

• 2° Les frais prévus au 9° de cet article, même non tarifés ;

• 3° Les frais énumérés à l'article R. 92 autres que ceux mentionnés aux 1° et 2° du présent article, qui sont inférieurs à un montant fixé par arrêté du ministre de la justice.

Article R. 224-2. – Autres frais – *(Décret n° 2013-770 du 26 août 2013)*

• Relèvent en outre de la procédure de certification prévue à l'article R. 225 :

• 1° Les frais énumérés à l'article R. 93 faisant l'objet d'une tarification fixée par une disposition réglementaire ;

• 2° La part contributive de l'État à la rétribution des auxiliaires de justice en matière d'aide juridictionnelle ;

• 3° Les frais assimilés aux frais de justice criminelle, correctionnelle et de police, autres que ceux mentionnés aux 1° et 2° du présent article, qui sont inférieurs à un montant fixé par arrêté du ministre de la justice.

Article R. 225. – Certificat – *(Décret n° 2016-479 du 18 avril 2016)*

• Lorsque l'état ou mémoire porte sur des frais mentionnés au 1° et au 3° de l'article R. 224-1 et à l'article R. 224-2, le greffier ou tout autre fonctionnaire de catégorie B des services judiciaires, après avoir procédé s'il y a lieu aux redressements nécessaires, certifie avoir vérifié la réalité de la dette et son montant. Lorsque l'état porte sur des frais mentionnés au 2° de l'article R. 224-1, ce certificat est établi par le fonctionnaire de catégorie A ou B, délégué à cette fin par le secrétaire général du ministère de la justice si la réquisition a été transmise par la plate-forme nationale des interceptions judiciaires à l'opérateur.

• Les conditions et les modalités de modulation des vérifications mentionnées à l'alinéa précédent sont fixées par arrêté conjoint du ministre de la justice et du ministre chargé du budget.

• Le certificat prévu au premier alinéa est établi sous forme dématérialisée, sauf lorsque le mémoire porte sur :

• 1° Les indemnités prévues au 4° de l'article R. 92 ;

• 2° La contribution mentionnée au 11° du I de l'article R. 93.

• S'il refuse d'établir le certificat, le greffier ou tout autre fonctionnaire de catégorie B des services judiciaires ou le fonctionnaire de catégorie A ou B, délégué à cette fin par le secrétaire général du ministère de la justice demande au ministère public de prendre des réquisitions aux fins de taxe.

§ 3. – Procédure de taxation

Article R. 226. – Transmission – *(Décret n° 93-867 du 28 juin 1993)*

• Les états ou mémoires relatifs aux frais de justice criminelle, correctionnelle et de police autres que ceux énumérés à l'article R. 224-1 sont transmis aux fins de réquisitions au parquet du ressort dans lequel la juridiction a son siège.

• Le magistrat du ministère public transmet l'état ou mémoire, assorti de ses réquisitions, au magistrat taxateur.

Article R. 227. – Frais – *(Décret n° 2019-966 du 18 septembre 2019)*

• Le président de chaque juridiction ou le magistrat qu'il délègue à cet effet taxe les états ou mémoires relatifs à des frais engagés sur la décision des autorités appartenant à cette juridiction ou des personnes agissant sous le contrôle de ces autorités.

• Le président du tribunal judiciaire peut aussi déléguer au juge d'instruction, au juge de l'application des peines ou au juge des enfants la taxation des frais qu'ils ont engagés.

§ 4. – Voies de recours

Article R. 228. – Notification – *(Décret n° 93-867 du 28 juin 1993)*

• Lorsque la taxe diffère de la demande de la partie prenante, l'ordonnance de taxe lui est notifiée par le greffe par lettre recommandée.

• Lorsque la taxe diffère des réquisitions du ministère public, l'ordonnance de taxe lui est notifiée par le greffe.

Article R. 228-1. – Recours devant la chambre de l'instruction – *(Décret n° 2001-709 du 31 juillet 2001)*

• L'ordonnance de taxe peut être frappée par la partie prenante ou le ministère public d'un recours devant la chambre de l'instruction quelle que soit la juridiction à laquelle appartient le magistrat taxateur. Le délai de recours est de dix jours à compter de la notification. Le délai de recours et l'exercice du recours dans le délai sont suspensifs d'exécution.

J • **Frais et dépens – Recours – Délai – Point de départ.** – *Le délai de recours contre une ordonnance de taxe a pour point de départ la date d'envoi de la lettre recommandée valant notification en application des articles R. 228 et R. 228-1 du Code de procédure pénale.*

Dès lors, est irrecevable l'appel interjeté lors du délai légal, en l'absence de preuve d'un obstacle insurmontable. (Cass. CRIM du 10 février 1998 – BCC n° 473 du 1er juin 1998).

Article R. 229. – Recours contre l'ordonnance de taxe – *(Décret n° 2016-479 du 18 avril 2016)*

• Un recours contre l'ordonnance de taxe peut être formé devant la chambre de l'instruction par le ministère public, à la demande du comptable assignataire dans un délai d'un mois à compter de la réception de la demande de paiement.

• En matière d'aide juridictionnelle, le délai d'un mois court à compter de la transmission qui est faite par l'ordonnateur compétent au comptable assignataire de l'ordonnance de taxe.

• Le refus motivé du ministère public d'exercer le recours est porté à la connaissance du comptable assignataire. Dans ce cas, le comptable assignataire exécute l'ordonnance de taxe.

Article R. 230. – Déclaration *(recours)* – *(Décret n° 2001-709 du 31 juillet 2001)*

• Les recours mentionnés aux articles précédents sont formés par déclaration au greffe du magistrat taxateur ou par lettre recommandée avec demande d'accusé de réception adressée à ce greffe.

• La partie prenante est informée du recours du procureur de la République par lettre recommandée, adressée par le greffe.

• La décision de la chambre de l'instruction est adressée pour exécution au greffe de la juridiction à laquelle appartient le magistrat taxateur. En cas de trop-versé le greffier en chef procède à l'émission d'un titre de recouvrement.

• Le pourvoi en cassation est ouvert dans tous les cas.

J • *Si l'article R. 230, alinéa 2, du Code de procédure pénale prévoit que la partie prenante doit être informée du recours du ministère public une ordonnance de taxe « par lettre recommandée adressée par le greffe », l'omission de cette formalité est sans effet sur la validité du recours* (Cass. CRIM. du 27-9-1995 – Gaz. Pal. du 24/25-1-96).

Article R. 231. – Recours devant la juridiction d'appel – *(Décret n° 2001-709 du 31 juillet 2001)*

• La partie condamnée peut former un recours contre la disposition de la décision relative à la liquidation des dépens.

• Ce recours est porté devant la juridiction d'appel au cas où la décision qui contient la liquidation peut être entreprise par cette voie.

• Dans le cas où la décision qui contient la liquidation des dépens n'est pas susceptible d'appel, le recours est porté devant la chambre de l'instruction.

• Le recours est formé au greffe de la juridiction qui a rendu la décision, selon les règles et dans le délai qui sont, suivant le cas, ceux de l'appel ou du pourvoi en cassation.

• Le pourvoi en cassation est ouvert dans tous les cas.

Article R. 232. – *(Abrogé)*

§ 5. – Paiement

Article R. 233. – Paiement des frais – *(Décret n° 2016-479 du 18 avril 2016)*

• L'état ou le mémoire de frais de la partie prenante certifié ou taxé est ordonnancé par les chefs de la cour d'appel ou leurs délégués, sauf dispositions particulières prévoyant le paiement des frais notamment par le régisseur d'avances.

• Lorsqu'il est compétent, le régisseur, en cas de désaccord sur un état ou un mémoire certifié, demande au ministère public de prendre des réquisitions aux fins de taxe; dans ce cas, il sursoit au paiement jusqu'à la taxation définitive.

Article R. 234. – Réclamation – *(Décret n° 2016-479 du 18 avril 2016)*

• S'agissant d'un état ou d'un mémoire certifié, la partie prenante dans le délai d'un mois à compter de la perception de la somme, ou le comptable assignataire, pour les frais visés au 2° et 3° des articles R. 224-1 et R. 224-2, dans le délai d'un mois à compter de la réception de la demande de paiement, peuvent adresser une réclamation au ministère public près la juridiction dont le greffier ou le fonctionnaire désigné a procédé à la certification, qui saisit de ses réquisitions le magistrat taxateur compétent.

• Lorsque les frais relèvent du 2° de l'article R. 224-1 et que la réquisition a été transmise à l'opérateur par la plate-forme nationale des interceptions judiciaires, la réclamation est adressée au secrétaire général du ministère de la justice qui demande au ministère public près de la juridiction ayant prescrit la mesure de prendre des réquisitions aux fins de taxe.

• En matière d'aide juridictionnelle, le délai d'un mois imparti au comptable assignataire court à compter de la transmission qui lui est faite par l'ordonnateur compétent du mémoire ou de l'état certifié.

Article R. 235 à R. 240. – *(Abrogés)*

Section II

De la liquidation et du recouvrement des frais

§ 1er. – Liquidation des frais

Article R. 241. – Frais et dépens à la charge de l'État – *(Décret n° 93-867 du 28 juin 1993)*

• Sont déclarés dans tous les cas à la charge de l'État et sans recours envers les condamnés :

• 1° Les frais et dépens engagés en cas de décision juridictionnelle rectifiant ou interprétant une précédente décision ;

• 2° Les frais exposés devant la commission prévue à l'article 16-2.

Article R. 242. – État de liquidation des frais – *(Décret n° 93-867 du 28 juin 1993)*

• Il est dressé pour chaque affaire criminelle ou de police, un état de liquidation des frais autres que ceux qui sont à la charge de l'État sans recours envers les condamnés.

• Au cours de l'instruction, cet état est dressé par le greffier d'instruction au fur et à mesure des frais comme il est dit à l'article 81, alinéa 2.

• Cette liquidation doit être insérée soit dans l'ordonnance, soit dans l'arrêt, le jugement ou l'ordonnance pénale qui prononce la condamnation aux frais.

• Lorsque cette insertion ne peut être faite, le juge décerne exécutoire contre qui de droit, au bas de l'état même de liquidation.

Article R. 243. – *(Abrogé)*

Article R. 244. – Greffier – *(Décret n° 2014-551 du 27 mai 2014)*

• Le greffier doit remettre au directeur départemental ou, le cas échéant, régional des finances publiques, dès que la condamnation est devenue définitive, un extrait de l'ordonnance, jugement ou arrêt, pour ce qui concerne la liquidation et la condamnation au remboursement des frais ou une copie de l'état de liquidation rendu exécutoire.

Articles R. 245 à R. 247. – *(Abrogés)*

§ 2. – Régularisation des dépenses – Recouvrement

Article R. 248. – *(Abrogé)*

Article R. 249. – Recouvrement des frais de justice – *(Décret n° 2014-551 du 27 mai 2014)*

• Le recouvrement des frais de justice avancés par le Trésor public qui ne restent pas définitivement à la charge de l'État est poursuivi à la diligence des comptables de la direction générale des finances publiques par toutes voies de droit et notamment celle de la contrainte judiciaire s'il y a lieu.

§ 3. – Des extraits délivrés par les greffes

Article R. 249-1. – Extraits – *(Décret n° 93-867 du 28 juin 1993)*

• En matière criminelle, correctionnelle ou de police, les extraits sont établis par le greffe de la juridiction dont la décision est devenue définitive.

CHAPITRE V

De l'indemnité pouvant être accordée en cas non-lieu, relaxe ou acquittement

Article R. 249-2. – Modalités – *(Décret n° 2017-683 du 28 avril 2017)*

• L'indemnité prévue par l'article 800-2 comporte l'indemnisation des frais d'avocat exposés par la personne poursuivie, dont le montant ne peut excéder la contribution de l'État à la rétribution de l'avocat qui aurait prêté son concours à l'intéressé au titre de l'aide juridictionnelle pour l'ensemble de la procédure ayant abouti à la décision de non-lieu, de relaxe ou d'acquittement.

• Cette indemnité comporte également, sauf si la personne poursuivie était en détention provisoire lors de ses comparutions devant les juridictions d'instruction ou de jugement :

• 1° Pour les interrogatoires de la personne devant le juge d'instruction, la chambre de l'instruction ou un magistrat d'une juridiction de jugement chargé d'un supplément d'information, sa comparution devant le tribunal ou le juge pour enfants, le tribunal de police, le tribunal correctionnel ou la chambre des appels correctionnels, des indemnités de comparution ne pouvant excéder celles calculées dans les conditions fixées aux articles R. 129, R. 130 et R. 131 ;

• 2° En cas de comparution devant la cour d'assises, des indemnités journalières ne pouvant excéder celles calculées dans les conditions fixées à l'article R. 140 ;

• 3° Des indemnités de transport ne pouvant excéder celles calculées dans les conditions fixées aux articles R. 133 et R. 138 ;

• 4° Si l'intéressé a été retenu hors de sa résidence du fait de ses comparutions devant les juridictions d'instruction ou de jugement, des indemnités de séjour ne pouvant excéder celles calculées dans les conditions fixées à l'article R. 111.

• Si la personne poursuivie a constitué une sûreté à l'occasion d'un contrôle judiciaire, en application des dispositions du 15° de l'article 138, cette indemnité comporte également les frais de constitution, de publicité et de radiation dont le tarif est fixé par les textes réglementaires régissant cette sûreté.

• Lorsque la sûreté a été constituée au profit d'un bénéficiaire provisoire en application des dispositions des articles 142 et R. 24-2, l'indemnité comporte en outre le remboursement des sommes versées à cette personne, pour un montant qui ne peut excéder 150 euros ou, s'il a été fait application des dispositions de l'article R. 24-6, 300 euros.

Article R. 249-3. – Demande d'indemnité – *(Décret n° 2004-1021 du 27 septembre 2004)*

• L'indemnité doit être demandée à la juridiction d'instruction ou de jugement avant que celle-ci ne statue sur l'action publique.

• La demande fait l'objet d'une requête datée et signée du demandeur ou de son avocat, adressée à la juridiction soit par lettre recommandée avec demande d'accusé de réception, soit par remise au greffe contre récépissé :

• 1° Au plus tard avant l'expiration du délai de vingt jours prévu par l'article 175, si la demande est formée devant le juge d'instruction ou la chambre de l'instruction ;

• 2° Avant la clôture des débats, si la demande est formée devant une juridiction de jugement.

• Cette requête indique le montant de l'indemnité demandée pour chacun des frais exposés, conformément aux distinctions prévues par l'article R. 249-2. Elle est accompagnée des pièces justificatives des frais exposés, comprenant notamment une attestation de l'avocat indiquant soit le montant de ses honoraires, soit le fait que ceux-ci ont dépassé le montant prévu au premier alinéa du même article. Lorsque l'indemnité demandée porte également sur les frais prévus par le dernier alinéa de l'article R. 249-2, figure en outre parmi les pièces justificatives une attestation du bénéficiaire provisoire indiquant soit le montant de sa rémunération, soit que celle-ci était supérieure aux montants prévus au dernier alinéa de cet article.

Article R. 249-4. – Décision – *(Décret n° 2001-1321 du 27 décembre 2001)*

• La décision statuant sur la demande d'indemnisation est rendue par la juridiction en même temps que la décision statuant sur l'action publique, sauf si l'état du dossier ne permet pas de déterminer le montant de l'indemnité.

• En matière criminelle, cette décision est rendue par la cour statuant sans l'assistance des jurés.

Article R. 249-5. – Action publique mise en mouvement par la partie civile – *(Décret n° 2001-1321 du 27 décembre 2001)*

• Lorsque l'action publique a été mise en mouvement par la partie civile, la juridiction d'instruction ou de jugement ne peut mettre l'indemnité à la charge de cette dernière que sur réquisitions du procureur de la République et par décision motivée, si elle estime que la constitution de partie civile a été abusive ou dilatoire.

• Il est alors fait application, selon le cas, des dispositions du deuxième alinéa de l'article 177-2 ou du deuxième alinéa de l'article 392-1.

Article R. 249-6. – Appel – *(Décret n° 2017-683 du 28 avril 2017)*

• Le demandeur ou le ministère public peuvent former appel, dans les 10 jours de sa notification, de la décision rendue sur la demande d'indemnisation lorsqu'elle émane d'une juridiction répressive statuant en premier ressort. Le même droit est ouvert à la partie civile lorsque l'indemnité est mise à sa charge.

• Cet appel est porté :

• *a)* Devant la chambre de l'instruction lorsque la décision a été rendue par le juge d'instruction ;

• *b)* Devant la chambre des appels correctionnels lorsque la décision a été rendue par le tribunal de police, le tribunal des enfants ou le tribunal correctionnel, ou par la cour d'assises statuant en premier ressort.

• L'appel de la décision de non-lieu ou de relaxe par le ministère public vaut également appel de la décision sur la demande d'indemnisation. Il en est de même de l'appel de la décision de non-lieu par la partie civile.

• Pendant le délai d'appel et durant l'instance d'appel, il est sursis à l'exécution de la décision.

Article R. 249-7. – Paiement de l'indemnité – *(Décret n° 2016-479 du 18 avril 2016)*

• Le paiement de l'indemnité est effectué au vu de la décision de la juridiction qui l'a allouée.

• Lorsque la décision met l'indemnité à la charge de la partie civile, l'indemnité est ordonnancée à titre d'avance. Le recouvrement du montant de l'indemnité auprès de la partie civile est poursuivi à la diligence des comptables de la direction générale des finances publiques par toutes voies de droit.

Article R. 249-8. – Recours – *(Décret n° 2016-479 du 18 avril 2016)*

• Après l'ordonnancement de l'indemnité, un recours contre la décision peut être formé devant la juridiction mentionnée au a ou au b de l'article R. 249-6 par le ministère public à la demande du comptable assignataire, dans le délai d'un mois à compter de la réception de la demande de paiement.

• Le refus motivé du ministère public d'exercer le recours est porté à la connaissance du comptable assignataire. Dans ce cas, celui-ci exécute la décision.

LIVRE V BIS

DISPOSITIONS GÉNÉRALES

CHAPITRE IER

Du traitement automatisé de données à caractère personnel dénommé « dossier pénal numérique »

Article R. 249-9. – Traitement de données à caractère personnel « Dossier pénal numérique » – *(Décret n° 2021-682 du 27 mai 2021)*

• Est autorisée la création, par le ministère de la justice, d'un traitement de données à caractère personnel dénommé "dossier pénal numérique " mis en œuvre dans chaque juridiction. Les finalités de ce traitement, qui concerne les personnes majeures et les personnes mineures, sont de :

• 1° Faciliter et améliorer le traitement des dossiers pénaux par les magistrats, les greffiers et les personnes habilitées à les assister en permettant :

• *a)* Le recours, pour la conduite de la procédure pénale, au dossier de procédure numérique ainsi qu'à la copie numérisée du dossier, au dossier unique de personnalité relatif aux mineurs et aux minutes dématérialisées ;

• *b)* Une étude personnalisée des dossiers de façon totalement numérique ;

• 2° Fluidifier les échanges d'information et l'accès au dossier de procédure, dans le respect des dispositions du présent code et des articles L. 322-8 à L. 322-10 du Code de la justice pénale des mineurs :

• *a)* Au sein de la juridiction et entre juridictions ayant à connaître du dossier ou de certaines de ses pièces ;

• *b)* Avec les personnes concourant à la procédure au sens de l'article 11, les avocats et les parties ;

• *c)* Avec toute administration, établissement, autorité ou personne publique ou privée, autorisé en vertu de dispositions législative ou réglementaire spécifiques, à se voir communiquer tout ou partie d'un dossier pénal ou d'une décision.

Article R. 249-10. – Pièces, actes et documents enregistrés – *(Décret n° 2021-682 du 27 mai 2021)*

• Les pièces, actes et documents enregistrés dans le traitement sont :

• 1° Des procès-verbaux et rapports dressés par les officiers ou agents de police judiciaire et les fonctionnaires et agents chargés de certaines fonctions de police judiciaire ainsi que des pièces annexées à ceux-ci ;

• 2° Des actes réalisés par des experts et personnes requises, missionnés par les services de police ou de justice ;

• 3° Des actes réalisés par les magistrats ou agents des services judiciaires, de l'administration pénitentiaire ou de la protection judiciaire de la jeunesse, du secteur associatif habilité ou de l'aide sociale à l'enfance ;

• 4° Tout document versé au dossier pénal numérique conformément aux dispositions du présent code et, plus largement, toute pièce contenue au sein du dossier de procédure numérique ou de la copie numérisée du dossier ;

• 5° Les pièces et actes composant le dossier unique de personnalité prévu par les articles L. 322-8 à L. 322-10 du Code de la justice pénale des mineurs ;

• 6° Les minutes mentionnées aux articles 379-1 et 486 du présent code.

Article R. 249-11. – Enregistrements – *(Décret n° 2020-767 du 23 juin 2020)*

• Peuvent être enregistrées les catégories de données à caractère personnel suivantes :

• 1° Concernant les témoins, victimes, personnes mises en cause, mises en examen ou placées sous le statut de témoin assisté, les personnes poursuivies, les personnes condamnées ainsi que celles faisant l'objet d'une enquête pour recherche des causes de la mort ou des blessures prévue par l'article 74 ou d'une enquête en disparition inquiétante visée à l'article 74-1 :

• *a)* Des données relatives à l'identité et coordonnées, notamment : civilité, nom de naissance, nom d'usage, prénoms, alias, sexe, dates de naissance et de décès, commune de naissance, code et nom du pays de naissance, nationalité, numéro de téléphone, adresse électronique, adresse postale, filiation, situation familiale, situation professionnelle, parcours scolaire et universitaire ;

• *b)* Des données relatives à la situation administrative notamment : autorisation, titres, cartes de séjour ou document de circulation pour le ressortissant étranger, carte d'identité, passeport, permis de conduire, autorisation administrative préalable ;

• *c)* Des données relatives au patrimoine notamment : numéros de comptes, pièces comptables, biens mobiliers et immobiliers ;

• *d)* Des données relatives aux activités notamment : déplacements, fréquentations, contacts ;

• *e)* Des données relatives aux objets, véhicules et moyens de communication notamment numéro d'identification du véhicule, plaque d'immatriculation, des données relatives aux identifiants des équipements, données de géolocalisation ;

• *f)* Des données biométriques permettant d'identifier la personne notamment : empreintes digitales, empreinte génétique ;

• *g)* Le numéro de sécurité sociale ;

• *h)* Des données relatives aux infractions, condamnations ou mesures de sûreté :

• – données relatives à la procédure judiciaire : numéro de parquet, numéro d'enregistrement délivré par les services enquêteurs, identifiant unique justice ;

• – situation judiciaire des personnes au cours de la procédure : antécédents judiciaires et précédentes condamnations de l'auteur des faits ;

• – situation pénale d'une personne à un instant de la procédure : numéro d'écrou, date de libération prévue, incidents en détention ;

• – mode de comparution devant la juridiction, nature du jugement ;

• – montant demandé pour les dommages-intérêts ou la provision ;

• – infractions sur lesquelles porte la procédure : modalités de participation à l'infraction, unité du taux d'alcoolémie, récidive, code de nature d'infraction NATINF et son libellé, code INSEE de la commune, lieu de commission de l'infraction, date de début de l'infraction, date de fin de l'infraction ;

• – peine prononcée, libellé de la peine et mesure, motifs, obligations.

• Le traitement est susceptible de contenir des photographies. Il ne comporte pas de dispositif de reconnaissance faciale à partir de celles-ci.

• Le traitement peut enregistrer des données à caractère personnel de la nature de celles mentionnées à l'article 6 de la loi n° 78-17 du 6 janvier 1978 modifiée relative à l'informatique, aux fichiers et aux libertés, dans la stricte mesure où ces données sont nécessaires à la poursuite des finalités définies à l'article R. 249-9.

• 2° Concernant les avocats :

• *a)* Des données relatives à l'identité : nom de naissance, nom d'usage, prénoms ;

• *b)* Des données relatives à l'exercice professionnel notamment le numéro d'affiliation à la Caisse nationale des barreaux français et la copie de la carte professionnelle ;

• *c)* Des données relatives aux modes de communication notamment : numéro de toque, adresse postale et électronique, numéro de téléphone et de télécopie ;

• 3° Concernant les experts et personnes qualifiées :

• *a)* Données relatives à l'identité notamment : nom de naissance, nom d'usage, prénoms ;

• *b)* Données relatives à l'exercice professionnel notamment titre, grade et emploi ;

• *c)* Données relatives aux moyens de communication notamment adresse postale et électronique, numéro de téléphone et de télécopie ;

• 4° Concernant les personnels du ministère de la justice :

• *a)* Nom de naissance ou d'usage et prénom ;

• *b)* Corps et/ou grade, fonction et adresse électronique nominative ;

• *c)* Code position administrative de l'agent, mnémonique du service de l'agent et libellé du service ;

• 5° Concernant les membres des services d'enquête :

• *a)* Nom de naissance ou d'usage et prénoms ;

• *b)* Corps et/ou grade, fonction et adresse électronique nominative ;

• *c)* Code position administrative de l'agent, mnémonique du service de l'agent et libellé du service.

• Outre l'ensemble de ces données, peuvent également être enregistrés dans le traitement les commentaires libres du magistrat saisi du dossier qui ne sont accessibles et visibles que par ce dernier. Ne peuvent être enregistrées dans les commentaires libres que les données et informations strictement nécessaires, adéquates et non excessives au regard des finalités poursuivies.

Article R. 249-12. – Conservation des informations – *(Décret n° 2021-682 du 27 mai 2021)*

• Les informations enregistrées dans le traitement sont conservées en base active jusqu'à l'extinction de l'action publique ou, lorsqu'une juridiction a été saisie, jusqu'à ce que la dernière juridiction saisie ait statué définitivement par une décision rendue au fond dans la procédure concernée ou, lorsqu'une condamnation a été prononcée, jusqu'à la fin de l'exécution de la peine prononcée à l'encontre de la personne concernée ou, à défaut d'une telle exécution, jusqu'à l'acquisition de la prescription de cette peine.

• Par dérogation aux dispositions du 1er alinéa, la minute d'un jugement ou d'un arrêt est conservée en base active pendant une durée de 8 ans à compter de la date de son prononcé.

• À l'issue de ces durées, les données et documents sont conservées en base inactive pour leur durée d'utilité administrative, selon les règles applicables en matière d'archivage intermédiaire des dossiers des juridictions.

• Les dispositions des alinéas qui précèdent ne sont pas applicables au dossier unique de personnalité qui est conservé conformément aux dispositions du décret n° 2014-472 du 9 mai 2014 pris pour l'application des articles L. 322-8 à L. 322-10 du Code de la justice pénale des mineurs relatif au dossier unique de personnalité.

Article R. 249-13. – Accès – *(Décret n° 2021-682 du 27 mai 2021)*

• **I. –** Peuvent accéder aux informations enregistrées dans le traitement prévu à l'article R. 249-9 :

• 1° Les magistrats du siège et du parquet exerçant dans l'ensemble des juridictions, de première instance, d'appel et de cassation pour les nécessités liées au seul traitement des infractions ou des procédures dont ils sont saisis ainsi que les auditeurs de justice pour le seul accomplissement des missions qui leur sont confiées ;

• 2° Les agents de greffe et les personnes habilitées, en vertu de l'article R. 123-14 du Code de l'organisation judiciaire, ainsi que, pour le seul accomplissement des missions qui leur sont confiées, les juristes assistants mentionnés à l'article L. 123-4 de ce même code et les assistants de justice mentionnés à l'article 20 de la loi n° 95-125 du 8 février 1995 relative à l'organisation des juridictions et à la procédure civile, pénale et administrative, qui assistent les magistrats mentionnés au 1° ;

• 3° Les délégués du procureur de la République institués à l'article R. 15-33-30 du présent code, pour l'accomplissement des missions qui leur sont confiées par l'autorité judiciaire au titre des articles 41-1 à 41-2 ;

• 4° Les assistants spécialisés mentionnés aux articles 628-9 et 706 du présent code, pour l'exercice des seules missions qui leur sont confiées ;

• 5° Les avocats, pour les seuls besoins des procédures dont ils ont la charge et à l'unique fin de consultation desdites procédures.

• **II. –** Sont destinataires de tout ou partie des informations enregistrées dans le traitement prévu à l'article R. 249-9 :

• 1° Dans le cadre de l'accès au dossier de procédure et aux minutes, dans le respect des dispositions du présent code : les personnes concourant à la procédure au sens de l'article 11, les avocats, les parties ;

• 2° Concernant le dossier unique de personnalité, les avocats du mineur, de ses père et mère, tuteur ou représentant légal et de la partie civile, les professionnels de la protection judiciaire de la jeunesse, les personnels du service ou de l'établissement du secteur associatif habilité, dans les conditions prévues par les articles L. 322-8 à L. 322-10 du Code de la justice pénale des mineurs ;

• 3° Toute administration, établissement, autorité, ou personne publique ou privée, autorisé en vertu de dispositions législative ou réglementaire spécifiques, à se voir communiquer tout ou partie d'un dossier pénal ou d'une décision.

Article R. 249-14. – Accès aux données et conditions de leur rectification ou effacement – *(Décret n° 2020-767 du 23 juin 2020)*

• Conformément aux dispositions de l'article 111 la loi n° 78-17 du 6 janvier 1978 modifiée relative à l'informatique, aux fichiers et aux libertés, l'accès aux données et les conditions de leur rectification ou de leur effacement sont régis par les dispositions du présent code.

Article R. 249-15. – Droit d'opposition – *(Décret n° 2020-767 du 23 juin 2020)*

• Le droit d'opposition prévu au 1er alinéa de l'article 110 de la loi n° 78-17 du 6 janvier 1978 modifiée relative à l'informatique, aux fichiers et aux libertés ne s'applique pas au traitement prévu par le présent chapitre.

Article R. 249-16. – Opérations de collecte, modification, consultation, communication et effacement – Enregistrement – *(Décret n° 2020-767 du 23 juin 2020)*

• Les opérations de collecte, de modification, de consultation, de communication et d'effacement des données à caractère personnel et informations font l'objet d'un enregistrement comprenant l'identification de l'utilisateur, la date, l'heure et la nature de l'intervention dans ce traitement. Ces informations sont conservées pendant un délai de 6 ans.

CHAPITRE II

Du recours judiciaire visant à garantir le droit au respect de la dignité en détention

Section I

De la compétence et des modalités de saisine du juge

Article R. 249-17. – Compétences – *(Décret n° 2021-1194 du 15 septembre 2021)*

• Le juge des libertés et de la détention compétent pour connaître du recours formé sur le fondement de l'article 803-8 par une personne placée en détention provisoire ou sous écrou extraditionnel est celui du tribunal judiciaire compétent pour connaître de la procédure concernant cette personne ou du tribunal judiciaire situé au siège de la cour d'appel compétente pour connaître de cette procédure.

• Le juge de l'application des peines compétent pour connaître du recours formé sur le fondement de l'article 803-8 par une personne condamnée est celui du tribunal judiciaire dans le ressort duquel est situé l'établissement pénitentiaire où cette personne est incarcérée ou, dans le cas prévu par l'article 706-22-1, du tribunal judiciaire de Paris.

Article R. 249-18. – Chef d'établissement – Information des détenus – Recours – *(Décret n° 2021-1194 du 15 septembre 2021)*

• Le chef de l'établissement pénitentiaire prend toutes dispositions pour informer les détenus de la possibilité de former un recours sur le fondement de l'article 803-8.

Article R. 249-19. – Requête – *(Décret n° 2021-1194 du 15 septembre 2021)*

• À peine d'irrecevabilité, la requête doit être présentée dans un écrit distinct comportant la mention : « Requête portant sur les conditions de détention *(article 803-8 du Code de procédure pénale)* ».

• La requête contient un exposé circonstancié des conditions de détention personnelles et actuelles que son auteur estime contraires à la dignité de la personne. Elle précise si le requérant demande à être entendu par le juge, en présence le cas échéant de son avocat.

• Elle indique en outre si le requérant a saisi la juridiction administrative d'une demande relative à ses conditions de détention. Si une telle saisine intervient en cours de procédure, le requérant en informe sans délai, selon les cas, le juge des libertés et de la détention ou le juge de l'application des peines.

• La requête est signée par le requérant ou par son avocat. Si le requérant ne peut signer, il en est fait mention par le service auprès duquel la requête est déclarée en application de l'article R. 249-20.

Article R. 249-20. – Requête – Déclaration – *(Décret n° 2021-1194 du 15 septembre 2021)*

• **I. –** La requête fait l'objet d'une déclaration par le requérant ou par son avocat selon les modalités suivantes :

• 1° Lorsque le requérant est placé en détention provisoire, la déclaration est faite auprès du greffe du juge d'instruction si une information est en cours, auprès du secrétariat du procureur de la République si le tribunal correctionnel est saisi, ou auprès du secrétariat du procureur général si la chambre des appels correctionnels ou la cour d'assises est saisie ou si un pourvoi en cassation est en cours ;

• 2° Lorsque le requérant est placé sous écrou extraditionnel, la déclaration est faite auprès du secrétariat du procureur général ;

• 3° Lorsque le requérant est condamné, la déclaration est faite auprès du greffe du juge de l'application des peines.

• La requête est constatée, datée et signée par le service auprès duquel elle est déclarée.

• La déclaration peut également être faite au moyen d'une lettre recommandée avec demande d'avis de réception.

• Lorsque le requérant est placé en détention provisoire ou sous écrou extraditionnel, le juge d'instruction, le procureur de la République ou le procureur général transmet par tout moyen, le cas échéant par voie électronique, la requête le jour même ou le 1er jour ouvrable suivant, avec ses éventuelles observations portant notamment sur la recevabilité de la requête, au juge des libertés et de la détention.

• **II.** – Dans tous les cas, la déclaration peut également être faite par le requérant auprès du chef de l'établissement pénitentiaire. À cet effet, il est remis à la personne détenue un formulaire de requête valant déclaration, auquel elle peut joindre un écrit complémentaire. Ce formulaire peut être obtenu par le requérant auprès du greffe de l'établissement pénitentiaire, du greffe du juge d'instruction ou du greffe de l'application des peines.

• Le requérant peut être assisté, pour rédiger sa requête, de toute personne habilitée à intervenir en détention.

• La requête est constatée, datée et signée par le chef de l'établissement pénitentiaire. Celui-ci transmet la requête le jour même ou le 1er jour ouvrable suivant, en original ou copie et par tout moyen, le cas échéant par voie électronique, au greffe ou au secrétariat mentionné au I, selon les distinctions prévues par ces dispositions.

Section II

De la décision sur la recevabilité de la requête et de l'examen des conditions de détention

Article R. 249-21. – Recevabilité – Ordonnance motivée – *(Décret n° 2021-1194 du 15 septembre 2021)*

• Dans un délai de 10 jours à compter de la réception de la requête qui lui a été transmise conformément à l'article R. 249-20, le juge statue sur sa recevabilité par une ordonnance motivée conformément aux 2e et 3e alinéas du I de l'article 803-8.

Article R. 249-22. – Requête irrecevable – Notification de l'ordonnance – *(Décret n° 2021-1194 du 15 septembre 2021)*

• Si le juge rejette la requête comme irrecevable, l'ordonnance est notifiée sans délai au requérant par l'intermédiaire du chef d'établissement pénitentiaire. Elle est également notifiée sans délai, le cas échéant par voie électronique, à l'avocat du requérant et, si le requérant est placé en détention provisoire, au juge d'instruction, au procureur de la République ou au procureur général selon les cas.

Article R. 249-23. – Requête recevable – Communication de l'ordonnance – *(Décret n° 2021-1194 du 15 septembre 2021)*

• Si le juge estime la requête recevable, il communique sans délai, le cas échéant par voie électronique, l'ordonnance de recevabilité au chef de l'établissement pénitentiaire en lui demandant de lui transmettre, dans un délai d'au moins 3 jours ouvrables et d'au plus dix jours, ses observations écrites et toute pièce permettant d'apprécier les conditions de détention du requérant. L'ordonnance est également communiquée au requérant ou à son avocat.

• Copie des observations du chef d'établissement est adressée par tout moyen à l'avocat du requérant, ou, si celui-ci n'est pas assisté par un avocat, au requérant, qui est invité à produire sans délai ses éventuelles observations.

Article R. 249-24. – Vérifications des conditions de détention – *(Décret n° 2021-1194 du 15 septembre 2021)*

• Pour vérifier si les conditions de détention portent ou non atteinte à la dignité du requérant, le juge peut :

• 1° Se déplacer sur les lieux de détention ;

• 2° Ordonner une expertise confiée à un expert inscrit sur les listes d'experts judiciaires ou ayant prêté serment conformément à l'article 160 ;

• 3° Requérir d'un huissier de justice de procéder à toute constatation utile, à des photographies, des prises de vue et de son au sein de l'établissement pénitentiaire, dans des conditions respectant les impératifs de sécurité de celui-ci ;

• 4° Procéder à l'audition, le cas échéant par un moyen de télécommunication audiovisuelle, de codétenus du requérant, de personnels pénitentiaires ou du chef de l'établissement pénitentiaire ;

• 5° Procéder à l'audition du requérant, même si celui-ci n'a pas demandé à être entendu par le juge en application de l'article R. 249-35, en présence s'il y a lieu de son avocat, le cas échéant par un moyen de télécommunication audiovisuelle.

• Le juge peut également consulter tout rapport décrivant les conditions de détention mises en cause et issu de la visite d'un organisme national ou international indépendant.

Section III

De la décision sur le bien-fondé de la requête et de la mise œuvre de mesures correctives par l'administration pénitentiaire

Article R. 249-25. – Jugement sur le bien-fondé de la requête – *(Décret n° 2021-1194 du 15 septembre 2021)*

• Dans un délai de 10 jours à compter de la date à laquelle a été rendue l'ordonnance déclarant la requête recevable, le juge se prononce par ordonnance motivée sur le bien-fondé de la requête au vu de celle-ci et des observations de la personne détenue ou, le cas échéant, de son avocat, des observations écrites de l'administration pénitentiaire et de l'avis écrit du juge d'instruction, du procureur de la République ou du procureur général.

• L'avocat peut à tout moment prendre connaissance du dossier de la procédure.

Article R. 249-26. – Requête infondée – Notification de l'ordonnance – *(Décret n° 2021-1194 du 15 septembre 2021)*

• Si le juge rejette la requête comme infondée, l'ordonnance est notifiée dans les conditions prévues à l'article R. 249-22.

Article R. 249-27. – Requête fondée – Ordonnance – *(Décret n° 2021-1194 du 15 septembre 2021)*

• Si le juge estime la requête fondée, l'ordonnance mentionne les conditions de détention qu'il considère comme contraires à la dignité de la personne humaine, et fixe un délai compris entre 10 jours et 1 mois pour permettre à l'administration pénitentiaire d'y mettre fin par tout moyen.

• Cette ordonnance est notifiée dans les conditions prévues à l'article R. 249-22.

Article R. 249-28. – Administration pénitentiaire – *(Décret n° 2021-1194 du 15 septembre 2021)*

• Avant l'expiration du délai fixé par le juge en application de l'article R. 249-27, l'administration pénitentiaire prend toute mesure qui lui parait appropriée pour mettre fin aux conditions de détention en cause.

• À cette fin, elle peut proposer à la personne détenue un transfèrement dans un autre établissement pénitentiaire.

• Lorsque la personne détenue est incarcérée en exécution d'une peine privative de liberté, l'administration pénitentiaire veille à ce que le transfèrement proposé ne porte pas une atteinte excessive au droit au respect de sa vie familiale, eu égard au lieu de résidence de sa famille.

• Lorsque la personne détenue est placée en détention provisoire, le transfèrement ne peut être décidé qu'avec l'accord du magistrat saisi du dossier de la procédure en application de l'article 715.

• Si la personne détenue accepte le transfèrement qui lui est proposé, il y est procédé dans les meilleurs délais.

Article R. 249-29. – Rapport d'information – *(Décret n° 2021-1194 du 15 septembre 2021)*

• Avant l'expiration du délai fixé en application de l'article R. 249-27, l'administration pénitentiaire adresse un rapport d'information au juge sur les mesures prises ou proposées au détenu.

• Copie de ce rapport est adressée par tout moyen à l'avocat du requérant, ou, si celui-ci n'est pas assisté par un avocat, au requérant.

• À la réception de ce rapport, le juge peut procéder, le cas échéant selon les modalités prévues à l'article R. 249-24, aux vérifications permettant de s'assurer qu'il a été mis fin aux conditions de détention contraires à la dignité du requérant.

Section IV

De la décision intervenant à l'issue du délai imparti à l'administration pénitentiaire pour prendre des mesures correctives

Article R. 249-30. – Décision du juge – *(Décret n° 2021-1194 du 15 septembre 2021)*

• 10 jours au plus tard après l'expiration du délai fixé en application de l'article R. 249-27, le juge prend l'une des décisions prévues par la présente section, après avoir de nouveau recueilli les observations et avis prévus à l'article R. 249-25. Son ordonnance est notifiée dans les conditions prévues à l'article R. 249-22.

Article R. 249-31. – Conditions de détention contraires à la dignité – *(Décret n° 2021-1194 du 15 septembre 2021)*

• Si le juge considère qu'il a été mis fin aux conditions de détention contraires à la dignité du requérant, il constate qu'il n'y a plus lieu à statuer sur le fond de la requête.

Article R. 249-32. – Conditions indignes de détention – *(Décret n° 2021-1194 du 15 septembre 2021)*

• Si le juge considère qu'il n'a pas été mis fin aux conditions indignes de détention, il prend l'une des décisions prévues par les 1° à 3° du II de l'article 803-8. Dans les cas prévus au dernier alinéa du II du même article, le juge peut refuser, par ordonnance motivée, de prendre l'une de ces décisions.

Article R. 249-33. – Transfèrement – *(Décret n° 2022-479 du 30 mars 2022)*

• S'il envisage d'ordonner le transfèrement du requérant en application du 1° du II de l'article 803-8, le juge demande à l'administration pénitentiaire de lui proposer dans les meilleurs délais un ou plusieurs établissements dans lesquels celui-ci est susceptible d'être incarcéré, conformément aux dispositions des articles L. 112-3, L. 211-1, L. 211-2 et L. 211-3 du Code pénitentiaire, dans des conditions respectueuses de la dignité de la personne humaine.

• Le juge ne peut ordonner le transfèrement de la personne que dans l'un des établissements proposés par l'administration pénitentiaire.

• Si la personne est incarcérée en exécution d'une peine privative de liberté, le juge de l'application des peines veille à ce que ce transfèrement ne porte pas une atteinte excessive au droit au respect de sa vie familiale, au égard au lieu de résidence de sa famille.

Article R. 249-34. – Retour progressif à la liberté – *(Décret n° 2021-1194 du 15 septembre 2021)*

• S'il décide de faire application du 3° du II de l'article 803-8, le juge de l'application des peines peut ordonner, après avis du procureur de la République et du représentant de l'administration pénitentiaire, une des mesures prévues au III de l'article 707, y compris si l'octroi de la mesure relève normalement de la compétence du tribunal de l'application des peines et sans qu'il soit tenu de procéder au débat prévu par l'article 712-6.

• Si l'octroi de la mesure ne peut intervenir qu'à la suite d'une expertise en application de l'article 712-21, le juge ordonne cette expertise dans le délai de 10 jours prévu par l'article R. 249-30. Sa décision sur le fond doit alors intervenir dans un délai qui ne peut excéder 15 jours. Il peut toutefois ne pas ordonner d'expertise dans les conditions prévues par l'article 712-23.

Section V

De l'audition du requérant

Article R. 249-35. – Audition – Requête recevable – *(Décret n° 2021-1194 du 15 septembre 2021)*

• Lorsque le requérant a demandé à être entendu en application de l'article R. 249-19 et que sa requête a été déclarée recevable, le juge informe par tout moyen l'intéressé et son avocat, le procureur de la République ou le procureur général et le chef de l'établissement pénitentiaire de la date et du lieu de l'audition, en précisant notamment s'il sera recouru à un moyen de télécommunication audiovisuelle conformément à l'article 706-71.

• Cette audition doit intervenir soit avant que le juge se prononce sur le bien-fondé de la requête conformément aux dispositions de la section 3 du présent chapitre, soit avant qu'il statue en application du II de l'article 803-8 conformément aux dispositions de la section 4 du présent chapitre. Le juge ne peut cependant rendre une ordonnance déclarant la requête infondée sans avoir procédé à cette audition. Le procureur de la République, le procureur général et le chef de l'établissement pénitentiaire peuvent présenter des observations à l'occasion de l'audition du requérant ou lors d'une audition distincte, le cas échéant par un moyen de télécommunication audiovisuelle conformément à l'article 706-71.

• Le requérant peut renoncer à sa demande d'audition lorsqu'il estime que, à l'issue du délai fixé en application de l'article R. 249-27, l'administration pénitentiaire a mis fin aux conditions indignes de détention le concernant.

Section VI
Des voies de recours

Article R. 249-36. – Appel – *(Décret n° 2021-1194 du 15 septembre 2021)*

• Les décisions prévues aux sections 2 à 5 du présent chapitre peuvent, dans un délai de 10 jours à compter de leur notification, faire l'objet d'un appel devant, selon les cas, le président de la chambre de l'instruction ou le président de la chambre de l'application des peines. L'appel peut être formé par le détenu, par son avocat ou par le procureur de la République.

• L'appel est formé soit par déclaration au greffe de la juridiction qui a rendu la décision attaquée soit par déclaration auprès du chef d'établissement, selon les modalités prévues aux articles 502 et 503.

Article R. 249-37. – Présidents de la chambre de l'instruction ou de la chambre de l'application des peines – *(Décret n° 2021-1194 du 15 septembre 2021)*

• Le président de la chambre de l'instruction ou le président de la chambre de l'application des peines peuvent également être directement saisis par le détenu ou son avocat, selon les mêmes modalités, si le juge n'a pas statué dans les délais prévus par le présent chapitre.

Article R. 249-38. – Appel suspensif – Décision de transfèrement – *(Décret n° 2021-1194 du 15 septembre 2021)*

• Sans préjudice des dispositions du 2e alinéa du III de l'article 803-8 prévoyant l'appel suspensif du ministère public, l'appel formé par une personne condamnée contre une décision de transfèrement prise en application du 1° du II de l'article 803-8, dont elle estime qu'elle porte une atteinte excessive au droit au respect de sa vie familiale, présente un caractère suspensif. Le président de la chambre de l'application des peines doit alors statuer dans un délai de 15 jours à compter de la réception du dossier, à défaut de quoi la décision de transfèrement est caduque.

• Lorsque la décision de transfèrement est devenue caduque en application du précédent alinéa, le juge de l'application des peines statue à nouveau dans un délai de 10 jours sur l'application du II de l'article 803-8, sans pouvoir à nouveau ordonner le même transfèrement.

Article R. 249-39. – Motivation des décisions – *(Décret n° 2021-1194 du 15 septembre 2021)*

• Les décisions du président de la chambre de l'instruction ou du président de la chambre de l'application des peines sont motivées.

Section VII
Des personnes faisant l'objet de plusieurs titres de détention

Article R. 249-40. – Compétences – *(Décret n° 2021-1194 du 15 septembre 2021)*

• Si la personne incarcérée est à la fois placée en détention provisoire et en exécution de peine, seul le juge des libertés et de la détention est compétent pour connaître des requêtes formées en application de l'article 803-8.

• Toutefois, si le juge des libertés et de la détention, après avoir constaté que les conditions de détention sont contraires à la dignité du requérant, décide de mettre fin à la détention provisoire en application du 2° du II de l'article 803-8, il en informe immédiatement le juge de l'application des peines sous le contrôle duquel la personne est placée, en lui transférant sans délai le dossier de la procédure relative à la requête prévue par cet article.

• Dans un délai de 10 jours à compter de la réception du dossier, le juge de l'application des peines rend l'une des décisions prévues par le 1° ou 3° du II de l'article 803-8. Dans les cas prévus au dernier alinéa du II du même article, le juge peut refuser, par ordonnance motivée, de prendre l'une de ces décisions.

Article R. 249-41. – Mandats de dépôt – Compétences – *(Décret n° 2021-1194 du 15 septembre 2021)*

• Si la personne placée en détention provisoire fait l'objet de plusieurs mandats de dépôt délivrés par des juges des libertés et de la détention de tribunaux judiciaires différents, est seul compétent, parmi ces juges, celui du tribunal dont le siège est le plus proche de l'établissement où la personne est incarcérée. Si la personne est placée en détention pour des faits relevant de l'article 706-16, est seul compétent le juge des libertés et de la détention de Paris.

• Le juge des libertés et de la détention statue après avoir pris l'avis, selon le cas, des juges d'instruction saisis des procédures ou des magistrats du ministère public compétents. Il les informe de sa décision.

LIVRE VI

DISPOSITIONS APPLICABLES À L'OUTRE-MER

TITRE Ier

DISPOSITIONS APPLICABLES DANS LES DÉPARTEMENTS D'OUTRE-MER, À SAINT-BARTHÉLEMY, À SAINT-MARTIN ET À SAINT-PIERRE-ET-MIQUELON

Article R. 250. – Départements concernés – *(Décret n° 2010-1634 du 23 décembre 2010)*
• Le présent code, ainsi que les règlements qui le modifient, est applicable aux départements de la Guadeloupe, de la Guyane, de la Martinique, de La Réunion, aux collectivités de Saint-Barthélemy, de Saint-Martin et de Saint-Pierre-et-Miquelon.

Article R. 250-1. – Saint-Pierre-et-Miquelon – *(Décret n° 2022-479 du 30 mars 2022)*
• Pour leur application à Saint-Pierre-et-Miquelon :
• *a) (Abrogé)* ;
• *b) (Abrogé)* ;
• *c) (Abrogé)* ;
• *d) (Abrogé)* ;
• *e) (Abrogé)* ;
• *f) (Abrogé)* ;
• *g) (Abrogé)* ;
• *h)* Les mots : « préfet de département » sont remplacés par les mots : « représentant de l'État dans la collectivité » ;
• *i)* Les mots : « caisse nationale d'assurance maladie » et les mots : « caisse nationale des allocations familiales » sont remplacés par les mots : « caisse de prévoyance sociale » ;
• *j)* Les mots : « l'administration centrale de la direction générale des finances publiques » sont remplacés par les mots : « la direction des services fiscaux localement compétente ».

Article R. 250-2. – Saint-Barthélemy – Saint-Martin – *(Décret n° 2021-1182 du 13 septembre 2021)*
• Pour leur application à Saint-Barthélemy et à Saint-Martin, les mots : « préfet de département » sont remplacés par les mots : « représentant de l'État dans la collectivité ».

DÉCRETS

TITRE PRÉLIMINAIRE

CHAPITRE Ier

De l'action publique et de l'action civile

Article D. 1. – Association – Demande d'agrément – *(Décret n° 2016-1455 du 28 octobre 2016)*

• **I.** – Toute association mentionnée au deuxième alinéa de l'article 2-9 ou au premier alinéa de l'article 2-15 peut demander l'agrément prévu par ces dispositions dès lors qu'elle remplit les conditions suivantes :

• 1° Un nombre représentatif de membres adhérents qui ont été victimes de l'infraction ;

• 2° Des garanties suffisantes d'une activité effective en vue de la défense des victimes de l'infraction, notamment par l'intervention d'un avocat ;

• 3° Le caractère désintéressé des activités.

• L'agrément est accordé par arrêté du ministre de la justice.

• La condition visée au 2° est notamment satisfaite par l'adhésion de l'association au sein d'une fédération lui permettant d'assurer une activité effective en vue de la défense des victimes et agréée par arrêté du ministre de la justice.

• **II.** – La demande d'agrément est adressée au ministère de la justice. Le dossier accompagnant la demande d'agrément doit comprendre un exemplaire des statuts et du récépissé de déclaration, ainsi que la justification des conditions prévues aux 1° à 3° ci-dessus.

• Lorsque le dossier remis est complet, il en est délivré récépissé. La décision d'agrément est notifiée dans un délai de deux mois à compter de la date de délivrance du récépissé.

• L'avis prévu par l'article 2-9 ou par l'article 2-15 est donné par le procureur de la République de la juridiction saisie, ou par le procureur de la République de la juridiction dans le ressort de laquelle l'association a son siège.

• Toute association agréée devra fournir annuellement au procureur de la République compétent mentionné à l'alinéa précédent, les pièces suivantes : la liste actualisée de ses adhérents, un exemplaire du dernier procès-verbal de l'assemblée générale ainsi que du dernier exercice comptable.

• L'agrément peut être suspendu ou retiré par arrêté du ministre de la justice lorsque l'association ne remplit plus l'une des conditions ayant justifié l'agrément. L'association doit être au préalable mise en demeure de présenter ses observations.

• L'association qui entend contester une décision de refus implicite, de suspension ou de retrait d'agrément doit, préalablement à tout recours contentieux, présenter un recours gracieux au ministre de la justice.

• **III.** – Au moment de sa constitution de partie civile, le président de l'association doit faire connaître à la juridiction saisie la liste des personnes victimes de l'infraction qui ont adhéré à l'association. Il doit lui communiquer en cours de procédure l'identité des victimes dont l'adhésion est intervenue postérieurement à cette constitution de partie civile.

Article D. 1-1. – Proposition de transaction – *(Décret n° 2011-904 du 29 juillet 2011)*

• Les modalités d'application des II à IV de l'article 28 de la loi organique n° 2011-333 du 29 mars 2011 relative au Défenseur des droits sont précisées par le présent article.

• **I.** – La proposition de transaction émanant du Défenseur des droits est communiquée à l'auteur des faits ou, s'il s'agit d'une personne morale, à son représentant, par l'intermédiaire de l'un de ses agents assermentés devant lequel l'intéressé a été préalablement convoqué. La proposition de transaction peut également être notifiée par lettre recommandée avec demande d'avis de réception à l'auteur des faits.

• La proposition de transaction précise :

• – la nature des faits reprochés ainsi que leur qualification juridique ;

• – la nature et le quantum des mesures proposées, ainsi que les délais dans lesquels elles devront être exécutées ;

• – le montant des dommages et intérêts dus à la victime.

• L'accord de la victime à la transaction peut être recueilli par tout moyen.

• Lorsque sont proposées les mesures d'affichage, de transmission, de diffusion ou de publication d'un communiqué, la personne est informée du contenu du communiqué et du montant des frais qui seront à sa charge et qu'elle devra acquitter avant que la haute autorité ne procède à cet affichage ou cette diffusion.

• La personne à qui est proposée une transaction est informée qu'elle dispose d'un délai de quinze jours avant de faire connaître sa décision, après s'être, le cas échéant, fait assister par un avocat.

• En cas d'audition par un agent assermenté du Défenseur des droits, il est dressé procès-verbal de ces opérations, et copie en est remis à l'intéressé.

• **II.** – Si l'auteur des faits a accepté la transaction proposée, ce procès-verbal, ou copie de la lettre recommandée, avec les procès-verbaux constatant le cas échéant la commission de l'infraction ainsi que l'accord de la victime, est adressé pour homologation au procureur de la République territorialement compétent.

• Ce magistrat adresse alors au Défenseur des droits, dans les meilleurs délais, sa décision indiquant s'il homologue ou non la transaction.

• **III.** – Si la transaction est homologuée, le Défenseur des droits le signifie à l'auteur des faits par un document indiquant à ce dernier comment exécuter ses obligations, dans les délais qu'il précise.

• Ce document comporte une mention indiquant que si la personne n'exécute pas ces mesures dans le délai imparti, le Défenseur des droits pourra mettre en mouvement l'action publique par voie de citation directe.

• Le paiement de l'amende transactionnelle ainsi que celui des frais d'affichage ou de diffusion d'un communiqué s'exécute conformément aux dispositions de l'article R. 15-33-51 du présent code, sous la réserve que les justificatifs du paiement sont retournés au Défenseur des droits.

• L'auteur des faits doit, s'il y a lieu, justifier de l'indemnisation de la victime, ainsi que de l'exécution des mesures prévues aux 1°, 2° et 4° du III de l'article 28 de la loi organique du 30 mars 2011 susvisée.

• **IV.** – Si l'auteur des faits refuse la transaction proposée, y compris en ne répondant pas aux convocations qui lui ont été adressées, ou s'il n'exécute pas ses obligations dans les délais prescrits, le Défenseur des droits en informe le procureur de la République, sauf à mettre elle-même en mouvement l'action publique par voie de citation directe.

• Lorsque, pour des motifs graves d'ordre médical, familial, professionnel ou social, la personne n'a pas pu exécuter les mesures décidées dans les délais prescrits, le Défenseur des droits peut, à sa demande, prolonger les délais d'exécution de ces mesures, sans pouvoir toutefois dépasser six mois.

• La victime a la possibilité, au vu de la décision d'homologation, lorsque l'auteur des faits s'est engagé à lui verser des dommages et intérêts, d'en demander le recouvrement suivant la procédure de l'injonction de payer, conformément aux règles prévues par le Code de procédure civile.

• Si la transaction homologuée est exécutée dans les délais prescrits, le Défenseur des droits en informe le procureur de la République, qui constate l'extinction de l'action publique conformément aux dispositions du troisième alinéa de l'article 6 du présent code. Ce magistrat en avise l'intéressé et, le cas échéant, la victime.

• Si des poursuites sont engagées dans le cas où la transaction acceptée et homologuée n'a pas été entièrement exécutée, le dossier de la procédure dans lequel sont précisées les mesures exécutées en tout ou partie par la personne est communiqué à la juridiction de jugement afin qu'elle puisse en tenir compte, en cas de condamnation, dans le prononcé de sa décision.

CHAPITRE IER *BIS*

De la justice restaurative

Article D. 1-1-1. – Mesure de justice restaurative – *(Décret n° 2021-1516 du 23 novembre 2021)*

• Outre le cas prévu par le 1° de l'article 10-2, la possibilité pour la victime ou l'auteur d'une infraction de participer à une mesure de justice restaurative relevant de l'article 10-1 lui est proposée, lorsque cette mesure paraît envisageable :

• 1° Par le procureur de la République ou le délégué du procureur de la République, lors de la mise en œuvre d'une alternative aux poursuites ou d'une composition pénale, à tout moment de la procédure ;

• 2° Par le juge d'instruction, à tout moment de l'information, et notamment lorsqu'il reçoit la plainte avec constitution de partie civile de la victime ou qu'il procède à la mise en examen de la personne poursuivie ;

• 3° Par le président de la juridiction de jugement, à tout moment de l'audience et après avoir rendu la décision sur l'action publique et sur l'action civile ;

• 4° Par le juge de l'application des peines en application du 2° du IV de l'article 707.

• Lorsque les conditions prévues par l'article 10-1 sont réunies, et notamment que l'auteur de l'infraction a reconnu avoir commis les faits qui lui sont reprochés, les mesures de justice restaurative peuvent être mises en œuvre y compris si la prescription de l'action publique est acquise.

• En cas de décisions de classement sans suite, de non-lieu, de relaxe ou d'acquittement dans des procédures concernant des infractions sexuelles commises par des majeurs sur des mineurs dont la commission est reconnue par leur auteur mais qui sont motivées par la prescription de l'action publique, le procureur de la République vérifie si une mesure de justice restaurative est susceptible d'être mise en œuvre.

CHAPITRE II

Des droits des victimes

Section I

Dispositions générales

Article D. 1-2. – Assistance par un interprète et à la traduction – *(Décret n° 2016-214 du 26 février 2016)*

• Les modalités d'application du droit de la victime à l'assistance par un interprète et à la traduction, mentionné au 7° de l'article 10-2 et à l'article 10-3, sont fixées par les articles D. 594-12 à D. 594-16.

Section II

De l'évaluation des besoins et des mesures de protection des victimes d'infractions

Sous-section 1

Évaluation personnalisée et mesures de protection

Article D. 1-3. – Évaluation personnalisée – *(Décret n° 2022-656 du 25 avril 2022)*

• L'évaluation personnalisée a pour objet de déterminer si des mesures de protection spécifiques doivent être mises en œuvre au cours de la procédure pénale.

• Cette évaluation est effectuée notamment au vu des éléments suivants :

• – l'importance du préjudice subi par la victime ;

• – les circonstances de la commission de l'infraction résultant notamment d'une motivation discriminatoire, raciste, ethnique, religieuse, ou sexiste, ou des liens existant entre la victime et la personne mise en cause ;

• – la vulnérabilité particulière de la victime, résultant notamment de son âge, d'une situation de grossesse ou de l'existence d'un handicap ;

• – l'existence d'un risque d'intimidation ou de représailles.

• – l'existence d'une situation d'emprise exercée sur la victime par la personne mise en cause, notamment en cas d'infraction commise au sein du couple relevant de l'article 132-80 du Code pénal.

Article D. 1-4. – O.P.J. ou A.P.J. – *(Décret n° 2016-214 du 26 février 2016)*

• L'évaluation personnalisée est effectuée par l'officier de police judiciaire ou par l'agent de police judiciaire qui procède à l'audition de la victime.

• Il mentionne, dans le procès-verbal d'audition de la victime ou dans toute autre pièce jointe à la procédure, les éléments d'appréciation retenus parmi ceux mentionnés à l'article D. 1er-3 ou d'autres éléments lui paraissant justifiés d'être pris en compte.

Article D. 1-5. – Nécessités de l'enquête – *(Décret n° 2016-214 du 26 février 2016)*

• Sous réserve des nécessités de l'enquête, l'autorité qui procède à l'audition de la victime :

• 1° Recueille dès que possible la plainte de la victime ;

• 2° Procède à d'autres auditions de la victime dans la mesure où elles sont strictement nécessaires à l'enquête en cours ;

• 3° Fait procéder aux examens médicaux de la victime dans la mesure où ils sont strictement nécessaires à l'enquête en cours.

Article D. 1-6. – Violences – *(Décret n° 2016-214 du 26 février 2016)*

• En cas de violences sexuelles, de violences fondées sur le genre ou de violences domestiques, la victime est entendue par un enquêteur du même sexe si elle en fait la demande.

• Toutefois, il n'est pas fait droit à cette demande si son octroi est de nature à faire obstacle au bon déroulement de l'enquête, notamment lorsqu'il est nécessaire de procéder en urgence à l'audition de la victime.

Article D. 1-7. – Mesures de protection spécifiques – *(Décret n° 2016-214 du 26 février 2016)*

• Compte tenu de l'évaluation personnalisée, l'autorité qui procède à l'audition de la victime applique les mesures de protection spécifiques suivantes :

• 1° Chaque audition de la victime a lieu dans des locaux conçus ou adaptés à sa situation ;

• 2° Lorsqu'il s'agit de violences sexuelles, la victime est entendue par des enquêteurs spécialement formés à ces infractions ou avec l'aide d'enquêteurs ayant reçu cette formation ;

• 3° La victime est entendue à chaque audition par les mêmes enquêteurs.

Article D. 1-8. – Non application des mesures de protection spécifiques – *(Décret n° 2016-214 du 26 février 2016)*

• L'autorité qui procède à l'audition de la victime peut décider de ne pas appliquer une ou plusieurs mesures de protection spécifiques mentionnées à l'article D. 1er-7 si leur octroi est de nature à faire obstacle au bon déroulement de l'enquête, notamment lorsqu'il est nécessaire de procéder en urgence à l'audition de la victime.

Article D. 1-9. – Communication à l'autorité judiciaire – *(Décret n° 2016-214 du 26 février 2016)*

• L'officier ou l'agent de police judiciaire qui procède à l'audition de la victime communique les éléments de l'évaluation personnalisée à l'autorité judiciaire en charge de la procédure pour lui permettre de décider, le cas échéant, d'une évaluation approfondie.

Sous-section 2

Évaluation approfondie

Article D. 1-10. – Association ou bureau d'aide aux victimes – *(Décret n° 2022-656 du 25 avril 2022)*

• Lorsque le procureur de la République ou le juge d'instruction estime approprié de faire procéder à une évaluation approfondie, celle-ci est réalisée par une association d'aide aux victimes disposant d'un agrément de compétence générale en application de l'article D. 1-12-1.

• En cas de violences au sein du couple ou de violences sexuelles et sexistes, l'évaluation peut être réalisée par les professionnels de l'association agréée qui sont spécialement formés à la prise en charge des victimes de ces infractions, qu'il s'agisse d'une association agréée, en application de ce même article, au titre de sa compétence générale ou au titre de sa compétence spécialisée.

Article D. 1-10-1. – Conclusions – Évaluation approfondie – *(Décret n° 2020-1640 du 21 décembre 2020)*

• Les conclusions de l'évaluation approfondie sont prises en compte par l'association d'aide aux victimes lorsqu'elle porte aide ou assistance à la victime de l'infraction.

Article D. 1-10-2. – Évaluation approfondie – Actualisation – *(Décret n° 2020-1640 du 21 décembre 2020)*

• L'évaluation approfondie est actualisée au cours de la procédure en cas de survenance d'éléments nouveaux parmi ceux mentionnés à l'article D. 1er-3.

Section III

Dispositions spécifiques aux victimes de violences et d'infractions commises au sein du couple ou de la famille

Article D. 1-11. – Demande d'attestation – *(Décret n° 2020-1640 du 21 décembre 2020)*

• Lorsque des poursuites sont exercées ou qu'il est recouru à une mesure alternative aux poursuites ou à une composition pénale pour toute infraction commise au sein du couple et relevant de l'article 132-80 du Code pénal, la victime peut demander au procureur de la République de lui remettre dans les meilleurs délais une attestation faisant état de la procédure.

Article D. 1-11-1. – Violences commises en présence d'un mineur – *(Décret n° 2021-1516 du 23 novembre 2021)*

• En cas de violences commises au sein du couple et relevant de l'article 132-80 du Code pénal, le procureur de la République vérifie, avant de mettre l'action publique en mouvement, si ces violences ont été commises en présence d'un mineur et si la circonstance aggravante prévue par le b des articles 222-8, 222-10 et 222-12 du même code est caractérisée, afin que les poursuites soient engagées sur le fondement de ces dispositions, sans préjudice de la possibilité, pour la juridiction d'instruction ou de jugement uniquement saisie en application des 6° de ces articles de requalifier les faits en ce sens.

• Le procureur de la République veille alors à ce que le mineur puisse se constituer partie civile lors des poursuites, le cas échéant en étant représenté par un administrateur ad hoc en application des articles 706-50 et 706-51 du présent code, y compris avant l'audience de jugement conformément aux articles 419 et 420, afin qu'il puisse y être convoqué comme partie civile et non comme témoin. Lorsqu'une information est ouverte, le juge d'instruction avise, conformément à l'article 80-3, le représentant légal du mineur ou l'administrateur ad hoc désigné par le procureur ou par lui-même en application de l'article 706-50 de son droit de se constituer partie civile au nom du mineur. Les dispositions du présent alinéa sont également applicables en cas de poursuites pour meurtre commis par le conjoint ou le concubin de la victime ou le partenaire lié à la victime par un pacte civil de solidarité, lorsque les faits ont été commis en présence d'un mineur.

• Dans les cas prévus par les 2 alinéas précédents, le procureur de la République veille également à ce que figurent au dossier de la procédure dont est saisie la juridiction de jugement tous les éléments permettant à celle-ci d'apprécier l'importance du préjudice subi par le mineur et de se prononcer, en application des dispositions du Code pénal et du Code civil, sur le retrait total ou partiel de l'autorité parentale ou de son exercice ou ainsi que sur la suspension des droits de visite et d'hébergement, le cas échéant en versant au dossier des pièces émanant de procédures suivies devant le tribunal judiciaire, le juge aux affaires familiales ou le juge des enfants, ou en requérant s'il y a lieu un examen ou une expertise psychologique du mineur.

Article D. 1-11-2. – Autorité judiciaire – Appréciation préalable avant libération... – *(Décret n° 2022-656 du 25 avril 2022)*

• Avant toute libération ou cessation, même temporaire, de l'incarcération d'une personne détenue poursuivie ou condamnée pour des infractions commises au sein du couple relevant de l'article 132-80 du Code pénal, ou pour l'infraction définie à l'article 227-4-2 du même code, l'autorité judiciaire compétente, après en avoir avisé la victime, apprécie, conformément aux articles 144-2 et 712-16-2 du présent code.

• 1° Si doit être prononcée une interdiction de contact avec la victime ou de paraître en certains lieux prévues par l'article 138 du présent code ou par les 9°, 11°, 12°, 13°, 18° et 18° *bis* de l'article 132-45 du Code pénal;

• 2° Si l'effectivité de cette interdiction doit être renforcée par le recours à un dispositif de téléprotection en application de l'article 41-3-1 du présent code ou à un dispositif mobileanti-rapprochement en application des articles 138-3 du présent code ou 132-45-1 du Code pénal.

• Les dispositions du présent article ne sont pas applicables en cas d'autorisation de sortie sous escorte.

• Lorsqu'il s'agit d'une personne condamnée, le juge de l'application des peines peut, pour apprécier s'il convient d'appliquer les mesures prévues aux 1° et 2°, faire procéder à une évaluation approfondie de la victime conformément aux dispositions de l'article D. 1-10.

Article D. 1-12. – Examen médical – Copie du certificat médical – *(Décret n° 2021-1516 du 23 novembre 2021)*

• **I. –** Les modalités selon lesquelles, en application du 10° de l'article 10-2 et de l'article 10-5-1, les personnes victimes de violences ont le droit, lorsque leur examen médical a été requis par un officier ou agent de police judiciaire, un magistrat ou une juridiction, de se voir remettre une copie du certificat d'examen médical constatant leur état de santé physique ou psychologique et décrivant les éventuelles lésions qu'elles ont subies, sont précisées par les II à VI du présent article, sous réserve des dispositions du VII lorsqu'il s'agit d'une victime mineure.

• **II.** – La remise d'une copie du certificat médical à la victime se fait à la demande de celle-ci. Cette remise peut être réalisée par tout moyen, y compris par voie dématérialisée, par l'envoi d'une version numérisée du certificat à l'adresse électronique de la victime. Elle ne peut être effectuée par courrier lorsque la victime réside à la même adresse que la personne à l'encontre de laquelle celle-ci a déposé plainte.

• **III.** – Les victimes sont informées de ce droit par l'officier ou l'agent de police judiciaire lorsqu'elles déposent plainte en application de l'article 15-1 ou lors de leur audition par les services enquêteurs.

• **IV.** – Lorsque le médecin requis rédige son certificat immédiatement à l'issue de son examen, il en remet une copie à la victime si celle-ci le lui demande. Lorsque le certificat est rédigé ultérieurement, il peut en adresser la copie à la victime si celle-ci en a fait la demande.

• La réquisition judiciaire adressée au médecin rappelle les dispositions de l'alinéa précédent.

• **V.** – Si la copie du certificat n'a pas été remise à la victime par le médecin, elle peut lui être remise par un officier ou un agent de police judiciaire, à sa demande ou celle de son avocat. Cette demande peut être formulée lors du dépôt de plainte, d'une audition, d'une confrontation ou à défaut en se présentant au service enquêteur, après avoir pris contact à cette fin avec celui-ci. Cette dernière possibilité s'entend sans préjudice de la possibilité pour la victime de recevoir la copie du certificat par voie dématérialisée conformément au II.

• **VI.** – Si cette copie n'a pas été remise à la victime par le médecin ou par le service enquêteur, celle-ci peut la demander, selon les cas, au procureur de la République, au juge d'instruction ou au greffe de la juridiction de jugement. Cette demande peut également être faite par l'avocat de la victime, notamment si ce dernier envisage le dépôt d'une demande d'ordonnance de protection, y compris selon les modalités prévues par l'article D. 591.

• **VII.** – Lorsque l'examen médical concerne une victime mineure, le médecin n'est pas tenu de remettre une copie du certificat aux représentants légaux du mineur qui en font la demande s'il estime que cette remise pourrait être contraire à l'intérêt supérieur de l'enfant, notamment en cas de suspicion de violences intrafamiliales, ou si le mineur disposant d'un degré de maturité suffisant, le refuse ; dans ce cas, la remise de la copie du certificat médical peut être demandée conformément aux V et VI.

CHAPITRE III

Des missions et de l'agrément des associations d'aide aux victimes d'infraction

Section I

Dispositions générales

Article D. 1-12-1. – Agrément – *(Décret n° 2022-200 du 17 février 2022)*

• Les associations d'aide aux victimes peuvent faire l'objet de l'agrément visé au dernier alinéa de l'article 41, dans les conditions prévues au présent chapitre, lorsqu'elles ont vocation à assurer une aide et un accompagnement des victimes d'infraction pénale.

• L'association peut également être déléguée par le procureur de la République afin de constater l'indemnisation de la victime dans le cadre de la peine de sanction réparation prévue par l'article 131-8-1 du Code pénal.

• Cet agrément est de compétence générale lorsqu'il concerne toutes les infractions et de compétence spécialisée lorsqu'il ne s'applique qu'aux violences au sein du couple et aux violences sexuelles et sexistes.

• L'agrément de compétence générale comprenant les prérogatives de l'agrément de compétence spécialisée, une association ne peut obtenir qu'un seul agrément pendant une même période.

Article D. 1-12-2. – Association agréée – Missions – *(Décret n° 2022-200 du 17 février 2022)*

• L'association agréée propose, si elle dispose d'un agrément de compétence générale, à toute personne victime d'infraction pénale et, si elle dispose d'un agrément de compétence spécialisée, à toute personne victime d'infraction liée aux violences au sein du couple et aux violences sexuelles et sexistes, lorsque cette personne en fait la demande, une prise en charge globale, pluridisciplinaire, gratuite et individualisée, sans interférer, pour son propre compte ou pour celui de la victime, dans le déroulement de la procédure judiciaire.

• L'association peut également être déléguée par le procureur de la République afin de constater l'indemnisation de la victime dans le cadre de la peine de sanction réparation prévue par l'article 131-8-1 du Code pénal.

• Elle s'assure de l'absence de tout conflit d'intérêt entre l'exercice indépendant, impartial et objectif de sa mission d'aide aux victimes et les avantages ou intérêts particuliers, directs ou indirects, dont elle ou l'un de ses membres bénéficierait.

Section II

Conditions, modalités de la délivrance de l'agrément et obligations afférentes

Article D. 1-12-3. – Délivrance de l'agrément – *(Décret n° 2019-1263 du 29 novembre 2019)*

• L'agrément mentionné à l'article D. 1-12-1 ne peut être délivré qu'aux associations d'aide aux victimes qui, à la date de la demande d'agrément, justifient depuis au moins une année :

• 1° De statuts associatifs réguliers et garantissant l'égal accès des femmes et des hommes à ses instances dirigeantes ;

• 2° De l'existence d'une gestion saine, prudente et désintéressée par les administrateurs lesquels ne doivent avoir aucun intérêt financier direct ou indirect dans l'activité ou les résultats de l'association ;

• 3° De la présence parmi leurs salariés d'au moins un juriste ou psychologue ou travailleur social justifiant d'un titre ou d'un diplôme sanctionnant au moins 2 années d'études après le baccalauréat dans leur domaine respectif.

Article D. 1-12-4. – Agrément – Critères et référentiel national – *(Décret n° 2019-1263 du 29 novembre 2019)*

• L'agrément ne peut être délivré qu'aux associations d'aide aux victimes répondant à l'ensemble des critères suivants et prévus par un référentiel national des associations agréées d'aide aux victimes d'infraction :

• 1° Pluridisciplinarité et anticipation de la prise en charge des victimes d'infraction ;

• 2° Accessibilité des lieux d'accueil à tous les publics ;

• 3° Continuité de l'offre de prise en charge ;

• 4° Gratuité et durabilité de la prise en charge ;

• 5° Neutralité et confidentialité de la prise en charge ;

• 6° Professionnalisation des intervenants ;

• 7° Implication dans des actions locales d'aide aux victimes.

• Les modalités d'appréciation des critères sont précisées par un arrêté du garde des sceaux, ministre de la justice fixant le référentiel national des associations agréées d'aide aux victimes d'infraction.

ARRÊTÉ DU 29 NOVEMBRE 2019

fixant le référentiel national des associations agréées d'aide aux victimes d'infraction

NOR: JUST1924936A – Version consolidée au 1er décembre 2019

• La garde des sceaux, ministre de la justice, et la ministre des outre-mer,

• Vu le Code de procédure pénale, notamment ses articles 10-2, 41 et D1-12-4 ;

• Vu le Code des relations entre le public et l'administration, notamment son article L231-1 ;

• Vu la loi n° 71-1130 du 31 décembre 1971 modifiée portant réforme de certaines professions judiciaires et juridiques, notamment son article 66-1 ;

• Vu la loi n° 2000-321 du 12 avril 2000 modifiée relative aux droits des citoyens dans leurs relations avec les administrations, notamment son article 25-1,

• Arrêtent :

Article 1er.

• Le présent arrêté fixe le référentiel national des associations agréées d'aide aux victimes d'infraction et précise les modalités d'appréciation des critères d'agrément des associations d'aides aux victimes d'infraction pénale visés à l'article D. 1-12-4 du Code de procédure de pénale.

• **Référentiel national des associations agréées d'aide aux victimes d'infractions pénales**

• **1. Pluridisciplinarité et proactivité dans la prise en charge :** l'association agréée doit être en mesure de proposer aux victimes une information sur leurs droits, la mise en place d'un soutien psychologique adapté, un accompagnement social, une orientation adaptée vers des services spécialisés. Dans les situations d'une particulière gravité, l'association doit être en mesure d'aller au-devant de la victime, sans attendre une demande d'aide expresse de la part de la victime et de proposer à cette dernière une prise en charge appropriée.

.../...

• **2. Accessibilité des lieux d'accueil à tous les publics:** l'association agréée doit être en mesure d'intervenir dans un cadre favorable à l'aide aux victimes, dans des lieux d'accueil neutres et identifiés par le public, et de s'assurer qu'à chaque étape de la procédure, la victime puisse disposer des coordonnées de l'association d'aide aux victimes ou des coordonnées du numéro national d'aide aux victimes qui saisira l'association compétente; elle doit faciliter le recours aux communications électroniques dans ses échanges avec la victime.

• **3. Continuité de l'offre de prise en charge:** l'association agréée doit être en mesure de garantir une continuité des services d'aide dans les lieux d'accueil, en prévoyant la diffusion d'horaires d'accueil réguliers ainsi que les coordonnées des autres organismes chargés de la prise en charge des victimes;

• **4. Gratuité et durabilité de la prise en charge:** l'ensemble des services offerts par l'association agréée ne peut se faire en contrepartie d'une rémunération mise à la charge de la victime, ou d'un avantage ou d'un profit particulier en faveur de l'association ou de l'un de ses membres, sous quelque forme que ce soit. L'association doit être en mesure de garantir la prise en charge des victimes dans la durée et réitérer l'offre de soutien à étapes régulières.

• **5. Neutralité et confidentialité de la prise en charge:** l'accueil des victimes doit être réalisé dans un lieu respectant l'obligation de confidentialité; la communication d'informations ne peut se faire qu'avec le consentement de la victime. L'association agréée doit faire preuve de distance et d'objectivité dans la réponse apportée à la victime, sans tenter d'orienter ses choix ou se substituer à elle dans le cadre d'une procédure contentieuse; l'association peut intervenir, de sa propre initiative, à la demande de la victime ou à celle des autorités judiciaires, médicales ou administratives; toute démarche judiciaire, médicale ou administrative de l'association nécessite le consentement de la victime; elle ne peut orienter la victime vers un professionnel du secteur libéral nommément désigné;

• **6. Professionnalisation et supervision des intervenants:** l'association agréée doit être en mesure de garantir la présence d'au moins un professionnel qualifié, formé, et faisant l'objet d'une supervision par un professionnel extérieur à la structure, qu'il agisse à titre salarié ou à titre bénévole; dans les trois années suivant l'entrée en vigueur du décret n° 2019-1263 du 29 novembre 2019 l'association agréée devra justifier de la présence d'un professionnel disposant d'une expérience d'au moins deux ans en association d'aide aux victimes ou d'une formation complémentaire portant sur la spécificité du travail d'intervenant en matière d'aide aux victimes;

• **7. Inscription dans un travail partenarial local:** l'association agréée doit être en mesure de s'inscrire dans un réseau de partenariat avec les acteurs de la prise en charge judiciaire, médicale, administrative et sociale, notamment avec les établissements de santé, les cellules d'urgence médico-psychologiques, les commissariats, les gendarmeries, les services sociaux et les juridictions.

Article 2.

• Les dispositions du présent arrêté sont applicables dans îles Wallis et Futuna, en Polynésie française et en Nouvelle-Calédonie.

Article 3.

• Le présent arrêté entre en vigueur le 1er janvier 2020.

Article D. 1-12-5. – Association – Articles 2-1 à 2-24 du C.P.P. – *(Décret n° 2019-1263 du 29 novembre 2019)*

• Les associations visées par les articles 2-1 à 2-24 du Code de procédure pénale ne peuvent prétendre à l'agrément prévu à l'article D. 1-12-1.

Article D. 1-12-6. – Dossier de demande d'agrément – *(Décret n° 2019-1263 du 29 novembre 2019)*

• Le dossier de demande d'agrément est composé comme suit:

• 1° Une demande d'agrément signée par le représentant légal de l'association;

• 2° Le numéro SIRET de l'association, son identifiant au répertoire national des associations *(RNA)*;

• 3° Une copie des statuts associatifs en vigueur;

• 4° Une copie du règlement intérieur éventuellement adopté;

• 5° La liste des personnes chargées de l'administration de l'association issue de la dernière délibération de l'assemblée générale ayant désigné les membres du conseil d'administration de l'association et mentionnant le nom, les prénoms et la ou les professions exercées par chacun des administrateurs ainsi que leur fonction au sein de l'association s'ils sont membres du bureau de l'association;

• 6° L'indication du nom et des coordonnées du représentant légal de l'association ainsi que, le cas échéant, ceux du salarié directeur ou à défaut du salarié coordinateur, et l'adresse électronique de l'association;

• 7° Tout document permettant d'établir la présence parmi les salariés d'au moins un juriste ou psychologue ou travailleur social visés au 3° de l'article D. 1-12-3;

• 8° Le rapport d'activité de l'association pour le dernier exercice clos approuvé par son assemblée générale. Il indique, au besoin à l'aide de tableaux et de graphiques, la typologie des prises en charge effectuées tout au long de l'année par l'association. Le rapport d'activité annuel constitue un bilan qualitatif et quantitatif de l'activité;

• 9° Les comptes annuels de l'association approuvés lors de la dernière assemblée générale ainsi que, le cas échéant, l'ensemble des rapports produits par le commissaire aux comptes pour le dernier exercice clos;

• 10° Tous autres éléments permettant d'apprécier l'aptitude de l'association à assurer la mission d'aide aux victimes pour laquelle elle sollicite l'agrément ainsi que les éventuels agréments, labels et certifications dont elle bénéficie par ailleurs.

Article D. 1-12-7. – Adressage du dossier d'agrément – *(Décret n° 2019-1263 du 29 novembre 2019)*
• Le dossier de demande d'agrément est adressé, si possible par voie dématérialisée, au service de l'accès au droit et à la justice et de l'aide aux victimes du secrétariat général du ministère de la justice.

Article D. 1-12-8. – Délivrance de l'agrément – *(Décret n° 2019-1263 du 29 novembre 2019)*
• Lorsque le dossier est complet, il en est délivré accusé de réception par le service de l'accès au droit et à la justice et de l'aide aux victimes du secrétariat général du ministère de la Justice, qui recueille l'avis au magistrat délégué à la politique associative et à l'accès au droit.
• L'agrément est délivré par le ministre de la justice pour une durée de 5 ans renouvelable.
• Il est transmis pour information au magistrat délégué à la politique associative et à l'accès au droit.

Article D. 1-12-9. – Compte-rendu d'activité – Rapport financier – *(Décret n° 2019-1263 du 29 novembre 2019)*
• L'association rend compte de l'activité pour laquelle elle est agréée en transmettant, si possible par voie dématérialisée, au service de l'accès au droit et à la justice et de l'aide aux victimes du secrétariat général du ministère de la justice, au plus tard à la fin du 1er semestre de chaque année, un compte-rendu d'activité et un rapport financier pour l'année précédente, approuvés par son assemblée générale.
• L'association notifie dans les meilleurs délais toute modification des statuts de l'association ou des conditions d'exercice de l'activité agréée au service de l'accès au droit et à la justice et de l'aide aux victimes du secrétariat général du ministère de la justice.
• Le service de l'accès au droit et à la justice et de l'aide aux victimes du secrétariat général du ministère de la Justice peut, à tout moment, demander à une association agréée la communication de tous documents permettant d'apprécier que les conditions de délivrance de son agrément demeurent remplies.

Section III

Renouvellement et transfert de l'agrément

Article D. 1-12-10. – Demande de renouvellement – *(Décret n° 2019-1263 du 29 novembre 2019)*
• L'agrément peut faire l'objet, à l'initiative de l'association bénéficiaire, d'une demande de renouvellement dans les mêmes conditions que celles prévues pour sa délivrance.

Article D. 1-12-11. – Transfert – *(Décret n° 2019-1263 du 29 novembre 2019)*
• L'agrément accordé à une association peut faire l'objet d'un transfert dans les cas suivants :
• 1° En cas de fusion d'une ou plusieurs associations, dont l'une au moins bénéficie d'un agrément en tant qu'association d'aide aux victimes, que celle-ci s'opère avec ou sans création d'une nouvelle structure associative ;
• 2° En cas de scission en deux ou plusieurs associations.
• Le transfert d'agrément ne peut s'effectuer qu'au profit d'une seule structure associative destinataire et ne vaut que pour la durée restant à courir de l'agrément au titre duquel le transfert est demandé.
• Pour en bénéficier, la structure associative bénéficiaire du transfert d'agrément doit remplir les conditions de délivrance de l'agrément prévues à la section 2 du présent chapitre.

Article D. 1-12-12. – Modalités – *(Décret n° 2019-1263 du 29 novembre 2019)*
• La demande de transfert d'agrément, l'instruction et l'approbation du transfert d'agrément sont effectués dans les mêmes conditions que celles prévues pour la délivrance d'agrément.

Section IV
Suspension et retrait de l'agrément

Article D. 1-12-13. – Suspension et retrait – *(Décret nº 2021-1516 du 23 novembre 2021)*

• L'agrément peut être suspendu puis retiré :

• *a)* En cas de changement non déclaré des statuts de l'association ;

• *b)* En cas de non-respect d'une des conditions de délivrance de l'agrément mentionnées aux articles D. 1-12-3 et D. 1-12-4 ;

• *c)* En l'absence de transmission du compte rendu d'activité et du rapport financier annuels ;

• *d)* En cas de refus de communication de document, demandé en application de l'article D. 1-12-9.

• L'association est informée des raisons pour lesquelles elle est susceptible de faire l'objet d'une suspension d'agrément et du délai dans lequel elle peut présenter des observations écrites ou orales.

• La décision de suspension de l'agrément, qui ne peut excéder une durée de 4 mois, est prise par le garde des sceaux, ministre de la justice, qui la notifie à l'association concernée et en informe le magistrat délégué à la politique associative et à l'accès au droit dans les meilleurs délais.

• Si, à l'issue du délai prévu dans la décision de suspension, l'association s'est conformée aux obligations qui lui ont été faites, la suspension est levée et l'agrément s'applique à nouveau pour la période restant à courir.

• À défaut, la décision de retrait de l'agrément est prise par le garde des sceaux, ministre de la justice qui la notifie à l'association concernée et en informe le magistrat délégué à la politique associative et à l'accès au droit.

LIVRE Ier

DE L'EXERCICE DE L'ACTION PUBLIQUE ET DE L'INSTRUCTION

TITRE Ier

DES AUTORITÉS CHARGÉES DE L'ACTION PUBLIQUE ET DE L'INSTRUCTION

Article D. 1er-13. – Information – *(Décret n° 2016-612 du 18 mai 2016)*

• **I.** – L'information prévue par l'article 11-2 est donnée par le procureur de la République. En cas de mise en examen décidée par la chambre de l'instruction ou de condamnation prononcée par la cour d'appel, elle est donnée par le procureur général ou, sur instruction de ce dernier, par le procureur de la République.

• Le document écrit contenant l'information prévue par cet article peut être transmis par un moyen de communication électronique.

• **II.** – L'information adressée par le ministère public comporte

• 1° L'identité et l'adresse de la personne;

• 2° La nature de la décision judiciaire la concernant;

• 3° La qualification juridique détaillée des faits reprochés, leur date et lieu de commission, et leur description sommaire;

• 4° La nature et le lieu d'exercice de l'activité professionnelle ou sociale ayant justifié la transmission de l'information à l'administration ou à l'autorité compétente;

• 5° Le nom de l'employeur.

• Le document écrit transmettant l'information rappelle les dispositions des troisième et quatrième alinéas du II de l'article 11-2.

• Lorsque l'information porte sur une condamnation, même non définitive, le ministère public adresse soit la copie de la décision, soit un avis de condamnation comportant, outre les mentions énumérées aux 1° à 5° du présent II, le dispositif de la décision. Il est précisé si le délai de recours n'est pas expiré, si un recours a été exercé contre la décision ou si celle-ci est définitive. Si l'administration ou l'autorité compétente le demande, la transmission d'une copie de la décision de condamnation est de droit.

• Le cas échéant, en cas de condamnation, même non définitive, de saisine d'une juridiction par le parquet ou le juge d'instruction ou de mise en examen, peut également être adressée, d'office ou à la demande de l'administration ou de l'autorité compétente, copie de tout ou partie des pièces de la procédure utiles pour permettre à cette autorité de prendre les décisions relevant de sa compétence.

• **III.** – Le ministère public informe sans délai la personne concernée de sa décision de transmettre l'information à l'administration ou l'organisme compétent dont elle relève par l'un des moyens suivants:

• 1° En cas de poursuites, par une mention figurant dans la citation directe ou dans le procès-verbal prévu par les articles 390-1, 393 ou 495-8 et 495-14;

• 2° En cas de mise en examen, par une mention figurant dans le procès-verbal de première comparution à la suite des réquisitions en ce sens du procureur de la République;

• 3° En cas de condamnation, soit par une information donnée oralement à l'issue de l'audience par le procureur de la République et qui est mentionnée dans les notes d'audience, soit par une information donnée par le bureau de l'exécution des peines qui en conserve une trace écrite dans le dossier, soit par une mention figurant dans la signification de la décision;

• 4° Dans tous les cas, par l'envoi, par lettre simple, ou par la remise à la personne d'une copie pour information de l'avis transmis à l'administration, ou de tout autre document l'informant de cette transmission.

• En cas de poursuites ou de mise en examen, le défaut d'information de la personne ne constitue pas une cause de nullité de la procédure.

• **IV.** – Lorsque le ministère public notifie à l'administration une décision définitive de non-lieu, de relaxe ou d'acquittement, il lui rappelle son obligation de supprimer de tout dossier relatif à l'activité de la personne concernée les éléments d'information déjà transmis, sauf si est intervenue une décision prononçant une sanction légalement fondée sur ces éléments.

• Si ces informations figurent dans des documents écrits ou tous autres supports matériels, ceux-ci doivent être détruits.

• Si ces informations figurent dans un traitement automatisé de données, elles doivent en être effacées.

• La personne concernée est avisée par écrit par l'administration de cette destruction ou de cet effacement, ou du fait qu'il n'y a pas été procédé en raison d'une décision ayant prononcé une sanction légalement fondée sur les éléments précédemment transmis.

CHAPITRE Ier
De la police judiciaire

Section I
Dispositions générales

Article D. 2. – Surveillance et contrôle – *(Décret n° 2007-699 du 3 mai 2007)*

• Dans le ressort de chaque cour d'appel, les officiers de police judiciaire sont égaux devant la loi en prérogative et en responsabilité ; ils sont placés sous la surveillance du procureur général et sous le contrôle de la chambre d'instruction.

• Dans le ressort de chaque tribunal, le tribunal, le procureur de la République et ses substituts ont seule qualité pour diriger l'activité des officiers et agents de police judiciaire, par la voie, s'il y a lieu, de leurs supérieurs hiérarchiques, sous réserve des dispositions de l'article D. 15-4.

• Le procureur de la République et le juge d'instruction ont le libre choix des formations auxquelles appartiennent les officiers de police judiciaire territorialement compétents qui seront chargés de l'exécution de leurs réquisitions ou commissions rogatoires.

• Le chef de la formation coordonne l'exécution des opérations de police judiciaire effectuées dans son service et veille à la transmission des procès-verbaux aux autorités judiciaires.

Article D. 2-1. – Relations de coopération et d'aide réciproque – *(Décret n° 96-74 du 25 janvier 1996)*

• Les officiers de police judiciaire des différents corps ou services entretiennent, à tous les échelons, des relations de coopération et d'aide réciproque, dans le respect des règles administratives et des procédures hiérarchiques en vigueur.

Article D. 3. – Information du procureur de la République – *(Décret n° 2005-59 du 24 janvier 2005)*

• Dès qu'il est informé d'un crime ou d'un délit flagrant, l'officier de police judiciaire local prévient le procureur de la République et, dans le cadre des dispositions réglementaires propres à chaque corps ou service, provoque l'enquête ou y procède conformément aux prescriptions du Code de procédure pénale.

• Le magistrat compétent apprécie souverainement, dans chaque cas d'espèce, en fonction de la nature et des circonstances de l'affaire, des hypothèses qu'elle autorise et de l'étendue des recherches à entreprendre, s'il y a lieu de dessaisir l'officier de police judiciaire qui a commencé l'enquête ou de lui laisser poursuivre pour tout ou partie les investigations.

• Qu'ils appartiennent à la police nationale ou à la gendarmerie nationale, les officiers de police judiciaire s'avisent réciproquement dans les meilleurs délais de tout fait paraissant constituer un crime ou délit d'un caractère particulier en raison de son objet, des circonstances de sa commission ou de son auteur présumé, dès lors qu'il est susceptible d'être mis en rapprochement avec des faits de même nature qui auraient déjà été constatés ou qui pourraient être imputés aux personnes mises en cause dans des affaires similaires.

• Lorsqu'un tel fait est de nature à susciter des investigations entrant dans le champ d'application de l'article D. 4, ces officiers de police judiciaire le portent sans délai à la connaissance des services relevant de la direction centrale de la police judiciaire ou de la direction centrale de la police aux frontières ou de la sous-direction de la police judiciaire de la direction générale de la gendarmerie nationale.

Article D. 4. – Concours des O.P.J. – Compétences techniques particulières ou investigations internationales – *(Décret n° 2005-59 du 24 janvier 2005)*

• Le magistrat fait appel aux officiers de police judiciaire relevant de la direction centrale de la police judiciaire ou de la direction centrale de la police aux frontières ou de la sous-direction de la police judiciaire de la direction générale de la gendarmerie nationale dans les cas de nécessité, en tenant compte des possibilités que procurent à l'officier de police judiciaire premier saisi sa rapidité d'intervention, ses sources d'information, sa connaissance de l'affaire et du milieu humain.

• Le concours de ces officiers de police judiciaire peut se révéler indispensable lorsque la poursuite de l'enquête exige :

• – soit une compétence technique particulière notamment dans les domaines relevant des offices centraux de police judiciaire énumérés à l'article D. 8-1 ; ces derniers assurent en outre, chaque fois que nécessaire, la coordination entre les services de police et les unités de gendarmerie ;

• – soit des investigations internationales auprès d'offices ou d'organismes étrangers.

Article D. 5. – Collaboration Police Nationale et Gendarmerie Nationale – *(Décret n° 96-74 du 25 janvier 1996)*

• Lorsqu'ils participent à une même enquête, les officiers ou agents de police judiciaire de la police nationale et de la gendarmerie nationale collaborent constamment dans l'intérêt de la justice. Ils mettent en commun leur compétence, leurs aptitudes et les moyens complémentaires dont ils disposent.

• La répartition des tâches et la centralisation des éléments d'enquête sont assurées par le magistrat saisi.

• Les officiers et agents de police judiciaire de la police nationale et de la gendarmerie nationale se font part des renseignements recueillis et des opérations effectuées dans le cadre des instructions données par le magistrat.

• Ils mentionnent dans leur procédure les concours qu'ils se sont apportés dans la conduite de l'enquête.

Article D. 6. – Information responsable PN ou GN – *(Décret n° 2005-59 du 24 janvier 2005)*

• Lorsqu'ils sont amenés, soit pour l'exécution d'une commission rogatoire, soit dans le cadre d'une enquête préliminaire ou de flagrance, à procéder à un acte d'enquête susceptible d'entraîner un trouble à l'ordre public, les officiers de police judiciaire ainsi que les agents de police judiciaire agissant conformément aux dispositions de l'article 706-80 de la police nationale ou de la gendarmerie nationale sont tenus, après avis donné au magistrat mandant, d'informer de leur intervention et par tout moyen le responsable de la police nationale ou de la gendarmerie nationale en charge de la sécurité publique.

• Le service local facilite dans toute la mesure de ses moyens l'exécution de cette mission ; en tout état de cause, il est impérativement, et dans les meilleurs délais, avisé de la fin de celle-ci.

• Dans la limite des instructions du magistrat mandant et des dispositions législatives ou réglementaires visant notamment les obligations qui lient les officiers de police judiciaire, les militaires de la gendarmerie et les fonctionnaires de la police nationale agissant dans les circonstances objet du premier alinéa informent le responsable de la police nationale ou de la gendarmerie nationale ayant en charge la sécurité publique du résultat de leur intervention dès lors que celui-ci peut avoir des incidences sur l'ordre public.

Article D. 7. – Préservation état des lieux – *(Décret n° 96-74 du 25 janvier 1996)*

• Les officiers et agents de police judiciaire veillent à la préservation de l'état des lieux ainsi qu'à la conservation des traces et des indices jusqu'à ce qu'il soit procédé aux opérations de police technique et scientifique. Sauf désignation par le magistrat d'un service de police technique et scientifique particulier, ces opérations sont effectuées par les spécialistes auxquels font habituellement appel les premiers intervenants.

• Lorsqu'il y a lieu de procéder à des examens techniques ou scientifiques qui ne peuvent être différés, les officiers de police judiciaire peuvent, selon le type d'enquête qu'ils conduisent, faire appel aux personnes qualifiées appartenant aux organismes spécialisés de la police nationale ou de la gendarmerie nationale.

• L'interprétation des résultats des opérations de police technique et scientifique peut être indifféremment confiée aux organismes spécialisés cités ci-dessus. Ceux-ci mettent en commun les moyens dont ils disposent lorsque leurs propres capacités se révèlent insuffisantes.

Article D. 8. – Coordination PN et GN – *(Décret n° 2005-59 du 24 janvier 2005)*

• Dans le cadre des textes législatifs et réglementaires ou des accords interministériels en vigueur :

• 1° La police nationale et la gendarmerie nationale s'attachent à organiser et à mettre en œuvre la convergence de leurs systèmes centraux de documentation criminelle.

• Les services de police et les unités de gendarmerie adressent aux services relevant de la direction centrale de la police judiciaire ou de la direction centrale de la police aux frontières ou de la sous-direction de la police judiciaire de la direction générale de la gendarmerie nationale les renseignements relatifs à la délinquance et à la criminalité susceptibles d'être exploités dans un but de centralisation, de classification ou de diffusion *(avis, fiches, statistiques).*

• La direction centrale de la police judiciaire, la direction centrale de la police aux frontières et la sous-direction de la police judiciaire de la direction générale de la gendarmerie nationale transmettent aux autres services de la police et de la gendarmerie nationales par tout moyen, toutes indications utiles à l'identification ou à la recherche de malfaiteurs. Le service de police ou l'unité de gendarmerie qui est à l'origine d'une demande de diffusion doit figurer parmi les autorités à prévenir dès la découverte des individus recherchés.

• 2° Les services de la police nationale et les unités de la gendarmerie nationale informent les offices centraux de police judiciaire et les organes de coopération internationale policière énumérés aux articles D. 8-1 et D. 8-2.

• Ces services ont la charge d'assurer, dans les matières relevant de leurs compétences respectives, la centralisation, la coordination et la diffusion nationales de l'information auprès des services de police et des unités de gendarmerie.

Article D. 8-1. – Offices centraux de police judiciaire – *(Décret n° 2022-1704 du 27 décembre 2022)*

• Les offices centraux de police judiciaire relevant des articles R. 15-18 et R. 15-22 sont les suivants :

• 1° Office central pour la répression du faux-monnayage ;

• 2° Office anti-stupéfiants ;

• 3° Office central pour la répression de la traite des êtres humains ;

• 4° Office central de lutte contre le trafic des biens culturels ;

• 5° Office central pour la répression de la grande délinquance financière ;

• 6° Office de lutte contre le trafic illicite de migrants ;

• 7° Office central de lutte contre la criminalité liée aux technologies de l'information et de la communication ;

• 8° Office central de lutte contre les atteintes à l'environnement et à la santé publique, de la sous-direction de la police judiciaire de la direction générale de la gendarmerie nationale ;

• 9° Office central de lutte contre la délinquance itinérante, de la sous-direction de la police judiciaire de la direction générale de la gendarmerie nationale ;

• 10° Office central pour la répression des violences aux personnes ;

• 11° Office central de lutte contre le travail illégal, l'exploitation par le travail et la fraude en matière sociale, de la sous-direction de la police judiciaire de la direction générale de la gendarmerie nationale ;

• 12° Office central de lutte contre le crime organisé ;

• 13° Office central de lutte contre la corruption et les infractions financières et fiscales ;

• 14° Office central de lutte contre les crimes contre l'humanité et les crimes de haine.

Nota : Conformément à l'article 14 du décret n° 2022-1704 du 27/12/2022, ces dispositions entrent en vigueur le 01/01/2023 sur l'ensemble du territoire de la République.

V Décret n° 2022-1704 du 27 décembre 2022 portant création d'un office de lutte contre le trafic illicite de migrants
Arrêté du 27 décembre 2022 portant diverses mesures relatives à l'office de lutte contre le trafic illicite de migrants

Article D. 8-2. – Organes de coopération internationale policière – *(Décret n° 2017-1467 du 13 octobre 2017)*

• Les organes de coopération internationale policière placés au sein de la direction centrale de la police judiciaire sont les suivants :

• 1° Le bureau central national-France de l'organisation internationale de police criminelle Interpol ;

• 2° L'office N-SIS II et le bureau Sirene, qui composent la partie nationale du système d'information Schengen ;

• 3° L'unité nationale de l'Office européen de police, dénommé Europol.

• La direction centrale de la police judiciaire est l'autorité nationale désignée par l'article 40, paragraphe 5, de la convention d'application de l'accord de Schengen du 14 juin 1985.

• Elle est également l'autorité nationale chargée de la vérification des demandes d'accès à la base EURODAC à des fins répressives en vertu du règlement *(UE)* n° 603/2013 du Parlement européen et du Conseil du 26 juin 2013 relatif à la création d'Eurodac pour la comparaison des empreintes digitales aux fins de l'application efficace du règlement *(UE)* n° 604/2013.

Section I bis

Des plaintes adressées par voie électronique

(Section en vigueur à des dates fixées par arrêtés pris en application de l'article D. 8-2-1 du C.P.P. dans sa rédaction résultant du Décret n° 2019-507 du 24/05/2019)

Nota : Conformément à l'article 11 du décret n° 2019-507 du 24/04/2019, les dispositions des articles D. 8-2-1 à D. 8-2-9 entreront en vigueur aux dates fixées par les arrêtés pris en application de l'article D. 8-2-1 du C.P.P. dans sa rédaction résultant du présent décret, pour les infractions prévues par ces arrêtés.

Nota : Conformément à l'article 2 de l'arrêté du 26/06/2020 relatif aux plaintes par voie électronique, ces dispositions entrent en vigueur le 1er juillet 2020.

Article D. 8-2-1. – Plaintes en ligne – *(Décret n° 2019-507 du 24 mai 2019)*

• Les services en ligne permettant aux victimes, conformément aux dispositions de l'article 15-3-1, de déposer auprès des services ou unités de police judiciaire de la police et la gendarmerie nationales, pour des infractions dont la liste est fixée par arrêté du ministre de la justice, des plaintes par voie électronique, ci-après dénommées « plaintes en ligne «, sont mises en œuvre selon les modalités prévues par les dispositions de la présente section.

Article D. 8-2-2. – Information de la victime – *(Décret n° 2019-507 du 24 mai 2019)*

• Lorsqu'une victime s'apprête à déposer une plainte en ligne, elle doit être informée, par des mentions apparaissant de façon lisible sur les écrans d'accueil du site :

• 1° Que la plainte en ligne ne constitue qu'une faculté et qu'elle conserve la possibilité de se déplacer au commissariat de police ou à la brigade de gendarmerie de son choix pour déposer plainte, conformément aux dispositions de l'article 15-3 ;

• 2° Que le dépôt d'une plainte en ligne ne lui interdit pas de demander à être entendue, ultérieurement, par les enquêteurs ;

• 3° Qu'en tout état de cause, la plainte en ligne ne dispense pas les enquêteurs de procéder à son audition si ceux-ci estiment que la nature ou la gravité des faits le justifie.

• Outre les cas dans lesquels la nature ou la gravité des faits rend nécessaire l'audition ultérieure de la victime, les officiers ou agents de police judiciaire doivent procéder à cette audition en cas de plainte en ligne portant sur des infractions d'agressions sexuelles ou d'atteintes sexuelles prévues par les articles 222-22 à 222-31-2 et 227-25 à 227-27-3 du code pénal.

Article D. 8-2-3. – Autres informations – Droit – *(Décret n° 2019-507 du 24 mai 2019)*

• La victime doit également être informée, selon les mêmes modalités, des droits prévus par l'article 10-2 du présent code.

• Elle est également informée des modalités de communications sur les suites données à sa plainte et des modalités de recours contre une éventuelle décision de classement telles que prévues par l'article 40-3 du présent code.

• Un document énonçant ces différents droits est mis à disposition de la victime sous un format imprimable.

Article D. 8-2-4. – Préjudice – *(Décret n° 2019-507 du 24 mai 2019)*

• Si la plainte en ligne porte sur une infraction ayant causé un préjudice matériel, la victime est avisée de sa possibilité de fixer le montant de son préjudice et d'adresser par voie électronique les justificatifs de celui-ci.

• Si la plainte en ligne porte sur une infraction ayant causé un préjudice corporel, la victime est informée qu'elle devra se rendre dans une unité médico-judiciaire ou chez un médecin afin d'obtenir un certificat décrivant les lésions qu'elle a subies et l'éventuelle incapacité totale de travail qui en a résulté. Elle doit pouvoir, s'il y a lieu, adresser par voie électronique une copie du certificat médical établissant son préjudice.

• En cas de plainte en ligne concernant des faits d'agressions ou d'atteintes sexuelles visés au dernier alinéa de l'article D. 8-2-2 ou toute autre atteinte grave à la personne qui viennent de se commettre ou qui se sont commises récemment, la victime est informée qu'elle doit contacter immédiatement les services de police ou de gendarmerie et qu'en cas d'impossibilité, elle doit conserver les éventuels éléments de preuve et notamment les vêtements qu'elle portait au moment des faits afin de les remettre aussi rapidement que possible au service enquêteur, et, s'il est nécessaire de procéder à des constatations et prélèvements médicaux, qu'elle devra se rendre à cette fin dans une unité médico-judiciaire ou un établissement hospitalier.

• Dans les cas prévus aux 2 alinéas précédents, il peut être mis à la disposition de la victime, sous un format imprimable, une réquisition saisissant le service devant procéder à son examen médical, et lui indiquant le cas échéant la date de cet examen.

Article D. 8-2-5. – Infractions de nature sexuelle – *(Décret n° 2019-507 du 24 mai 2019)*

• Si la nature des infractions faisant l'objet de la plainte en ligne le justifie, et notamment en cas de plainte concernant des infractions de nature sexuelle, le service de plainte en ligne doit également comporter des informations sur les possibilités pour la victime de faire l'objet d'une prise en charge psychologique et médicale.

Article D. 8-2-6. – Information – Fausse déclaration – *(Décret n° 2019-507 du 24 mai 2019)*

• Si la nature de l'infraction pour laquelle est déposée une plainte en ligne le justifie, la victime est informée que toute fausse déclaration est susceptible de l'exposer à des poursuites pénales, conformément aux dispositions de l'article 434-26 du code pénal.

Article D. 8-2-7. – Récépissé plainte – Copie procès-verbal – *(Décret n° 2019-507 du 24 mai 2019)*

• Le service de plainte en ligne met à disposition de la victime, sous un format imprimable, le récépissé de sa plainte ainsi que la copie du procès-verbal de réception de celle-ci, qui est signé, selon les modalités prévues par l'article 801-1 par le seul officier ou agent de police judiciaire ayant reçu la plainte, sans être signé par le plaignant.

• Ce service peut, s'il y a lieu, permettre de fixer un rendez-vous à la victime auprès du service de police ou de l'unité de gendarmerie territorialement compétent, sans préjudice de la possibilité, pour ce service ou unité, de la recontacter rapidement à cette fin.

Article D. 8-2-8. – Identification sécurisée – *(Décret n° 2019-507 du 24 mai 2019)*

• Les modalités selon lesquelles la victime déposant plainte par voie électronique s'identifie de façon sécurisée sont précisées par arrêté du garde des sceaux, ministre de la justice et du ministre de l'intérieur.

Article D. 8-2-9. – Dispositions plaintes en ligne – *(Décret n° 2020-1444 du 24 novembre 2020)*

• Les dispositions des articles D. 8-2-2 à D. 8-2-6 et D. 8-2-8 sont applicables aux services en ligne mis à disposition des victimes pour déposer plainte par voie électronique devant le procureur de la République en application de l'article 40.

• Ces services mettent à disposition de la victime, sous un format imprimable, le récépissé de sa plainte.

Nota: Conformément à l'article 11 du décret n° 2019-507 du 24/04/2019, ces dispositions entreront en vigueur aux dates fixées par les arrêtés pris en application de l'article D. 8-2-1 du C.P.P. dans sa rédaction résultant du présent décret, pour les infractions prévues par ces arrêtés.

Conformément à l'article 2 de l'arrêté du 26/06/2020 relatifs aux plaintes par voie électronique, ces dispositions entrent en vigueur le 1er juillet 2020.

Article D. 8-2-10. – Tribunal compétent – *(Décret n° 2020-1444 du 24 novembre 2020)*

• Le tribunal compétent pour connaître des infractions mentionnées à l'article 15-3-1 est le tribunal judiciaire de Paris.

Section I ter

De la protection de l'identité de certains agents intervenants dans les procédures pénales

Article D. 8-3. – Responsables hiérarchiques – Délivrance des autorisations – *(Décret n° 2018-219 du 30 mars 2018)*

• Les responsables hiérarchiques susceptibles de délivrer les autorisations mentionnées au I de l'article 15-4 sont:

• 1° Pour la police nationale, les directeurs des services territoriaux de la police nationale, les directeurs des établissements publics de la police nationale, les chefs des services ou d'offices centraux relevant de la police nationale, le chef de service du détachement de la police nationale auprès de la direction nationale du renseignement et des enquêtes douanières, le chef de l'unité de coordination des enquêtes de l'inspection générale de la police nationale, les directeurs ou sous-directeurs des services actifs de la police nationale ou, le cas échéant, le préfet de police, le directeur général de la sécurité intérieure ou le directeur général de la police nationale ;

• 2° Pour la gendarmerie nationale, les commandants de groupement, les commandants de section de recherches, les commandants de section d'appui judiciaire, les commandants de la gendarmerie dans les départements et collectivités d'outre-mer et en Nouvelle-Calédonie, les commandants de région, les commandants des gendarmeries spécialisées, le commandant de la gendarmerie prévôtale, le sous-directeur de la police judiciaire de la direction des opérations et de l'emploi de la direction générale de la gendarmerie nationale, les commandants des offices centraux relevant de la direction générale de la gendarmerie nationale, les commandants des organismes directement subordonnés au directeur général de la gendarmerie nationale, ou, le cas échéant, le directeur général de la gendarmerie nationale.

• 3° Les adjoints des responsables mentionnés aux 1° et 2°.

Article D. 8-4. – Rattachement au service ou l'unité – *(Décret n° 2018-219 du 30 mars 2018)*

• Les autorisations prévues au I de l'article 15-4 sont délivrées par le responsable hiérarchique mentionné à l'article D. 8-3 dont relève le service ou l'unité où l'agent est affecté ou mis temporairement à disposition.

Article D. 8-5. – Agents des douanes habilités – *(Décret n° 2018-219 du 30 mars 2018)*

• Les autorisations prévues au I de l'article 15-4 sont délivrées aux agents des douanes habilités à effectuer des enquêtes judiciaires en application de l'article 28-1 par le magistrat délégué aux missions judiciaires de la douane ou les adjoints qu'il délègue à cet effet.

Article D. 8-6. – Agents des services fiscaux habilités – *(Décret n° 2018-219 du 30 mars 2018)*

• Les autorisations prévues au I de l'article 15-4 sont délivrées aux agents des services fiscaux habilités à effectuer des enquêtes judiciaires en application de l'article 28-2 par le chef du service de police judiciaire institué au sein de la direction centrale de la police judiciaire, spécialisé dans la répression de la délinquance fiscale, ou ses adjoints, ou le cas échéant, par le directeur central de la police judiciaire ou ses adjoints.

Section II

Des officiers de police judiciaire

Article D. 9. – Procès-verbaux – Nom et qualité

• Les officiers de police judiciaire doivent énoncer leur nom et leur qualité dans tous les procès-verbaux qu'ils établissent en matière de police judiciaire.

Article D. 10. – Commission rogatoire – O.P.J. – P.V. – *(Décret n° 2016-1202 du 7 septembre 2016)*

• Lorsqu'ils exécutent une commission rogatoire, les officiers de police judiciaire établissent des procès-verbaux séparés pour chacun des actes qu'ils sont appelés à faire.

• Chaque procès-verbal doit mentionner le nom et la qualité de l'officier de police judiciaire qui a opéré personnellement, à l'exclusion de tout autre.

Article D. 11. – Enquête de flagrance ou préliminaire – O.P.J. et A.P.J. – P.V. – *(Décret n° 2016-1202 du 7 septembre 2016)*

• Lorsqu'ils agissent dans le cadre de l'enquête de flagrance ou l'enquête préliminaire, les officiers de police judiciaire peuvent relater dans un seul procès-verbal les opérations effectuées au cours de la même enquête.

• Si plusieurs officiers de police judiciaire concourent à une enquête, le nom de celui qui a personnellement accompli chacune des opérations doit être précisé.

• Toutefois, le procureur de la République peut, par instructions particulières, demander aux officiers de police judiciaire d'établir des procès-verbaux séparés pour chacun des actes qu'ils sont appelés à faire.

• Ces dispositions sont applicables aux agents de police judiciaire énumérés à l'article 20.

J **• Enquête préliminaire – Officier de police judiciaire – Pouvoirs – Procès-verbal – Procès-verbal unique – Signature – Moment**

Contre l'arrêt de la cour d'appel de RENNES, 3e chambre, en date du 4 juin 2007, qui, pour conduite d'un véhicule sans permis, refus de se soumettre aux vérifications concernant un véhicule automobile ou son conducteur, et mise en danger d'autrui, l'a condamné à 3 mois d'emprisonnement ;

*« alors que le procès-verbal de constatation d'une infraction, qui n'a pas été signé sur le champ mais postérieurement à l'engagement des poursuites, est non seulement dépourvu de toute valeur probante mais aussi nul faute d'***être régulier en la**

forme (*Crim, 4 décembre 2002, pourvoi n° 02 – 85.571); que la nullité du procès-verbal de constatation de l'infraction entraîne nécessairement la nullité du procès-verbal d'audition qui l'a suivi cet acte trouvant son fondement nécessaire dans le précédent; que la cour d'appel ne pouvait, sans se contredire et omettre de tirer les conséquences qui s'évinçaient de ses propres constatations, retenir qu'en l'espèce la signature du procès-verbal de constatation de l'infraction postérieurement à l'engament des poursuites n'affectait que la seule valeur probante de ses énonciations et refuser de prononcer l'annulation de cet acte comme du procès-verbal d'audition qui s'en déduisait, aux motifs erronés que cette irrégularité formelle ne porterait pas atteinte aux droits de la défense;*

Attendu qu'abstraction faite des énonciations relatives à la valeur probante du procès-verbal et à l'atteinte portée aux intérêts du prévenu, le grief allégué à la première branche du moyen n'est pas encouru, dès lors que les enquêteurs, qui ont clos le procès-verbal d'enquête après avoir notifié la convocation à comparaître, ont fait l'exacte application de l'article D 11, alinéa 1er, du code de procédure pénale;

Attendu que, par ailleurs, les juges retiennent, par motifs adoptés, que l'absence de la mention, dans le procès-verbal, des questions posées au cours de l'audition de Ludovic x... n'affecte pas la validité de cet acte, les dispositions du 2d alinéa de l'article 429 du code de procédure pénale n'étant pas prescrites à peine de nullité;

D'où il suit que le moyen, devenu sans objet en ses 2e et 3e branches et qui manque en fait en sa 4e, ne saurait être accueilli;

Et attendu que l'arrêt est régulier en la forme;

REJETTE le pourvoi;

Résumé: En clôturant, postérieurement à la notification de la convocation à comparaître devant le tribunal correctionnel, le procès-verbal unique d'enquête préliminaire établi en application de l'article D. 11 du code de procédure pénale, les enquêteurs ont fait l'exacte application de ce texte

(Cour de cassation – Chambre criminelle du 27 mai 2008 – N° de pourvoi: 07-84300).

Article D. 12. – Extension de compétence territoriale – *(Décret n° 2021-1130 du 30 août 2021)*

• Lorsque, par application de l'article 18 *(3e alinéa)*, un officier de police judiciaire se transporte hors des limites territoriales où il exerce ses fonctions habituelles, il doit aviser préalablement le procureur de la République saisi de l'enquête ou le juge d'instruction, ainsi que le procureur de la République et l'officier de police judiciaire en charge de la sécurité publique territorialement compétents.

• À l'issue de ses opérations, il tient ces derniers informés des résultats obtenus. Il mentionne dans sa procédure les avis donnés et, éventuellement, les concours qui lui ont été prêtés par le service local de police ou de gendarmerie.

• Conformément aux dispositions du 3e alinéa de l'article 18, l'information du magistrat n'est pas nécessaire lorsque le transport s'effectue dans un ressort limitrophe à celui dans lequel l'officier exerce ses fonctions. Pour l'application du présent alinéa, Paris et les départements des Hauts-de-Seine, de Seine-Saint-Denis et du Val-de-Marne sont considérés comme un seul département.

• Lorsque le procureur de la République saisi de l'enquête ou du juge d'instruction a décidé qu'une assistance territoriale est nécessaire, l'officier de police judiciaire doit, dans le plus bref délai et autant que possible avant son transport, aviser un officier de police judiciaire exerçant ses fonctions dans la circonscription où il doit opérer qu'il va recourir à son assistance; il lui fournit en même temps les précisions indispensables, notamment de temps et de lieu. Il mentionne cet avis dans sa procédure ainsi que le concours de l'officier de police judiciaire l'ayant assisté.

• Lorsque les investigations portent sur un fait ayant donné lieu à l'information prévue au dernier alinéa de l'article D. 3, l'officier de police judiciaire qui se transporte hors des limites territoriales où il exerce ses fonctions habituelles avise, selon les cas, les services relevant de la direction centrale de la police judiciaire ou de la direction centrale de la police aux frontières ou de la sous-direction de la police judiciaire de la direction générale de la gendarmerie nationale, sauf dans les cas prévus par le 3e alinéa du présent article.

Section III

Des agents de police judiciaire

Article D. 13. – Missions – *(Décret n° 2004-1364 du 13 décembre 2004)*

• Les agents de police judiciaire secondent les officiers de police judiciaire dans l'exercice de leurs fonctions, en se limitant strictement aux opérations qui leur sont prescrites et sans que puisse leur être délégué aucun des pouvoirs propres de l'officier de police judiciaire chargé de l'enquête.

• En outre, les agents de police judiciaire ont notamment pour mission d'assurer l'exécution:

• 1° Des mesures de contrainte contre les témoins défaillants en application des articles 62, 109, 110 et 153 du Code de procédure pénale;

• 2° Des mandats d'amener, de dépôt, d'arrêt et des ordonnances de prise de corps;

• 3° Des arrêts et des jugements de condamnation;

• 4° Des contraintes judiciaires.

• Les agents de police judiciaire énumérés aux articles 20 et 21 n'ont, en aucun cas, qualité pour décider des mesures de garde à vue.

Article D. 14. – Compétence – *(Décret n° 60-898 du 24 août 1960)*

• Les agents de police judiciaire énumérés à l'article 20 ont compétence pour constater tous crimes, délits ou contraventions et pour en dresser procès-verbal.

• En outre, ils peuvent effectuer des enquêtes préliminaires soit d'office, soit sur instructions du procureur de la République ou de leurs chefs hiérarchiques.

• Dans le cadre d'une procédure de crime ou délit flagrant, ils ont qualité pour entendre les personnes susceptibles de fournir des renseignements sur les faits en cause, mais seulement s'ils ont reçu des ordres à cet effet et dans les limites qui leur ont été ainsi fixées.

• Indépendamment de ces attributions, ils secondent les officiers de police judiciaire comme il est dit à l'article D. 13.

• Ils font parvenir leurs procès-verbaux au procureur de la République par l'intermédiaire de leurs chefs hiérarchiques, qui les transmettent sans délai, conformément à l'article 19.

Article D. 14-1. – Compte-rendu – *(Décret n° 2021-1130 du 30 août 2021)*

• Les agents de police judiciaire énumérés à l'article 21 rendent compte de tous crimes, délits ou contraventions dont ils ont connaissance sous forme de rapports adressés à leurs chefs hiérarchiques. Ces derniers, qui ont la qualité d'officiers de police judiciaire, informent sans délai le procureur de la République en lui transmettant notamment les rapports de ces agents de police judiciaire, en application de l'article 19.

Section IV

Des fonctionnaires et agents chargés de certaines missions de police judiciaire

Article D. 14-2. – Collaboration Police nationale – Gendarmerie nationale – *(Décret n° 2021-1130 du 30 août 2021)*

• Lorsque des fonctionnaires et agents relevant de l'article 28 procèdent à une enquête de police judiciaire selon les modalités prévues par le 3e alinéa de cet article, les dispositions de l'article D. 5 sont applicables.

Article D. 15. – Renouvellement prestation de serment – *(Décret n° 2021-1130 du 30 août 2021)*

• Les dispositions du dernier alinéa de l'article 28 prévoyant l'absence de renouvellement de la prestation de serment en cas de changement d'affectation sont applicables à toutes les personnes exerçant des missions de police judiciaire, quel que soit leur statut public ou privé.

Section V

Des procédures d'infiltration, des sonorisations et fixations d'images de certains lieux ou véhicules

Article D. 15-1-1. – Service interministériel d'assistance technique – *(Décret n° 2019-966 du 18 septembre 2019)*

• Il est créé au sein de la direction centrale de la police judiciaire, à la sous-direction de la lutte contre la criminalité organisée, un service interministériel d'assistance technique composé de fonctionnaires de police, de militaires de la gendarmerie et d'agents des douanes. Ce service est chargé de la formation des agents infiltrés, de l'assistance technique aux opérations d'infiltrations définies par l'article 706-81 du Code de procédure pénale et par l'article 67 *bis*-II du Code des douanes et de la centralisation des informations de ces opérations menées par les douanes, la police et la gendarmerie nationales. Ce service est également chargé de la mise en œuvre des mesures de protection et de réinsertion décidées par la commission nationale de protection et de réinsertion. Il assure le suivi des personnes bénéficiant de ces mesures et porte à la connaissance du président de la commission toute question relative à ce suivi, notamment en cas de non-respect des obligations fixées. Il est chargé de la mise en œuvre des décisions du président du tribunal judiciaire de Paris prises en application du décret du 17 mars 2014 susvisé.

Article D. 15-1-2. – Habilitation aux opérations d'infiltration – *(Décret n° 2004-1026 du 29 septembre 2004)*

• Peuvent être habilités à participer aux opérations d'infiltration telles que définies par l'article 706-81 du Code de procédure pénale les officiers ou agents de police judiciaire des services de la police nationale et des unités de la gendarmerie nationale et les agents de l'administration des douanes spécialement habilités à effectuer des enquêtes.

• Peuvent être également habilités à participer à ces opérations les agents des douanes visés à l'article 67 *bis* du Code des douanes, dans le cadre des infractions visées au II de cet article.

Article D. 15-1-3. – Délivrance de l'habilitation – *(Décret n° 2004-1026 du 29 septembre 2004)*

• L'habilitation visée au premier alinéa de l'article D. 15-1-2 est délivrée par le procureur général près la cour d'appel de Paris après agrément accordé, selon le cas, par le directeur général de la police nationale, le directeur général de la gendarmerie nationale ou le directeur général des douanes et droits indirects.

• Cet agrément ne peut être accordé que sur proposition du directeur central de la police judiciaire aux personnes jugées aptes à remplir les missions d'agents infiltrés à l'issue d'un stage de formation organisé par le service interministériel d'assistance technique de la direction centrale de la police judiciaire.

• Cette habilitation ainsi que l'agrément peuvent être retirés à tout moment par les autorités les ayant délivrés ou accordés. Le retrait de l'agrément rend caduque l'habilitation.

Article D. 15-1-4. – Accord du ministre de la justice – *(Décret n° 2004-1026 du 29 septembre 2004)*

• Pour l'application des articles 694-7 et 695-2 du présent code, le ministre de la justice donne son accord après avis du directeur central de la police judiciaire.

• Pour l'application des dispositions de l'article 67 *bis*-VIII du Code des douanes, le ministre de la justice donne son accord après avis du directeur général des douanes.

Article D. 15-1-5. – Services, unités et organismes habilités – Opérations installation dispositifs techniques – *(Décret n° 2022-623 du 22 avril 2022)*

• Les services, unités et organismes, visés à l'article 706-95-17, pouvant procéder aux opérations d'installation des dispositifs techniques mentionnés à l'article 706-96 sont :

• – la direction centrale de la police judiciaire et ses directions zonales et régionales ;

• – la direction générale de la sécurité intérieure ;

• – les offices centraux de police judiciaire ;

• – la force d'intervention de la police nationale ;

• – les services territoriaux de police judiciaire et les services territoriaux du RAID des directions territoriales de la police nationale ;

• – la sous-direction de la police judiciaire de la gendarmerie nationale ;

• – le commandement de la gendarmerie dans le cyberespace ;

• – les sections de recherches de la gendarmerie nationale ;

• – le groupe d'intervention de la gendarmerie nationale ;

• – les sections d'appui judiciaire de la gendarmerie nationale ;

• – les pelotons d'intervention interrégionaux de la gendarmerie nationale ;

• – les groupes de pelotons d'intervention de la gendarmerie nationale ;

• – le service chargé du soutien opérationnel et technique de la direction du renseignement de la préfecture de police ;

• – les sûretés territoriales des directions territoriales et le département criminalité organisée de la sous-direction de la lutte contre l'immigration irrégulière de la direction de la sécurité de proximité de l'agglomération parisienne.

V • Code procédure pénale – art. 706-96 – Captation, fixation, transmission et enregistrement de paroles, d'images
• Code procédure pénale – art. 706-98 – Autorisation détention

J • **Association de malfaiteurs... – O.P.J. – Sûreté départementale – Dispositifs techniques article 706-96 du C.P.P.**

M. [B] [H] a formé un pourvoi contre l'arrêt de la cour d'appel de RENNES (35), 12e chambre, en date du 11/06/2021, qui, pour association de malfaiteurs, infractions à la législation sur les stupéfiants, en récidive, l'a condamné à 4 ans d'emprisonnement et a ordonné une mesure de confiscation.

18. Au surplus, les pièces de procédure indiquent que cette surveillance a été réalisée par un O.P.J. appartenant à la sûreté départementale de [Localité 1]. Celui-ci est un service territorial de police judiciaire, au sens de l'article D. 15-1-5 du C.P.P., dans sa rédaction en vigueur à l'époque des faits, l'expression de service territorial de police judiciaire n'étant pas limitée aux services déconcentrés de la direction centrale de la police judiciaire, cités par ailleurs dans le même texte.

19. En cet état, et dès lors qu'aucune disposition de la loi n'impose une désignation nominative, par le J.I. ou par le P.R., de l'O. ou de l'A.P.J. chargé de la mise en place des dispositifs techniques prévus à l'article 706-96 du C.P.P., dont l'utilisation a été autorisée par le J.L.D., la juridiction du 2d degré a justifié sa décision.

(Cour de cassation – Chambre criminelle du 6 avril 2022 – N° de pourvoi : 21-84.092).

Section VI

Des interceptions de correspondances émises par la voie des communications électroniques et du recueil des données techniques de connexion

Article D. 15-1-5-1. – Réquisition – *(Décret n° 2022-623 du 22 avril 2022)*

• Les services, unités et organismes mentionnés à l'article 706-95-17, dont les agents peuvent être requis en vue de procéder à l'utilisation de l'appareil ou du dispositif technique mentionné à l'article 706-95-20, sont les suivants :

• – la direction centrale de la police judiciaire et ses directions zonales et régionales ;

• – la direction générale de la sécurité intérieure ;

• – la force d'intervention de la police nationale ;

• – les services territoriaux de police judiciaire et les services territoriaux du RAID des directions territoriales de la police nationale ;

• – le commandement de la gendarmerie dans le cyberespace ;

• – le groupe d'intervention de la gendarmerie nationale ;

• – le groupe d'observation et de surveillance de la région de gendarmerie d'Ile-de-France ;

• – le groupe d'observation et de surveillance de la région de gendarmerie de Provence-Alpes-Côte d'Azur ;

• – le service chargé du soutien opérationnel et technique de la direction du renseignement de la préfecture de police ;

• – les services et unités de la direction opérationnelle des services techniques et logistiques de la préfecture de police.

Section VII

De la captation des données informatiques

Article D. 15-1-6. – Opérations d'installation des dispositifs techniques – *(Décret n° 2022-623 du 22 avril 2022)*

• Les services, unités et organismes, visés à l'article 706-95-17, pouvant procéder aux opérations d'installation des dispositifs techniques mentionnés à l'article 706-102-1 sont :

• – la direction centrale de la police judiciaire et ses directions zonales et régionales ;

• – la direction générale de la sécurité intérieure ;

• – les offices centraux de police judiciaire ;

• – la force d'intervention de la police nationale ;

• – les services territoriaux de police judiciaire et les services territoriaux du RAID des directions territoriales de la police nationale ;

• – la sous-direction de la police judiciaire de la gendarmerie nationale ;

• – le commandement de la gendarmerie dans le cyberespace ;

• – le service central de renseignement criminel de la gendarmerie nationale ;

• – les sections de recherches de la gendarmerie nationale ;

• – les sections d'appui judiciaire de la gendarmerie nationale ;

• – le groupe d'intervention de la gendarmerie nationale.

V • Code procédure pénale – art. 706-102-1 – Captation des données informatiques

Section VIII

De la géolocalisation

Article D. 15-1-7. – Réquisition – *(Décret n° 2014-827 du 21 juillet 2014)*

• Le juge d'instruction ou l'officier de police judiciaire commis par lui ou autorisé par le procureur de la République peut, en vue de procéder à l'installation et au retrait du moyen technique mentionné à l'article 230-32, requérir tout agent qualifié des services, unités ou organismes visés à l'article D. 15-1-5.

CHAPITRE II

Du ministère public

Article D. 15-2. – Rapport annuel – Procureur général – *(Décret n° 2013-1134 du 9 décembre 2013)*

• Le procureur général adresse au ministre de la justice le rapport annuel de politique pénale sur l'application de la loi et des instructions générales ainsi que le rapport annuel sur l'activité et la gestion des parquets de son ressort, prévus par le troisième alinéa de l'article 35, avant le 31 mars de l'année suivant celle à laquelle ils se rapportent.

• Les informations figurant dans ces deux rapports peuvent être regroupées dans un rapport unique.

• Elles comportent une synthèse des rapports qui lui ont été transmis par les procureurs de la République de son ressort en application de l'article 39-1.

• Le procureur général communique son ou ses rapports au premier président de la cour d'appel, pour diffusion aux magistrats du siège avant la prochaine assemblée générale des magistrats du siège et du parquet au cours de laquelle il informe cette assemblée des conditions de mise en œuvre, dans le ressort de la cour, de la politique pénale et des instructions générales qui lui ont été adressées à cette fin par le ministre de la justice.

Article D. 15-2-1. – Rapport annuel – Procureur de la République – *(Décret n° 2019-966 du 18 septembre 2019)*

• Le procureur de la République adresse au procureur général le rapport annuel de politique pénale sur l'application de la loi et des instructions générales ainsi que le rapport annuel sur l'activité et la gestion de son parquet, prévus par le 2e alinéa de l'article 39-1, avant le 31 janvier de l'année suivant celle à laquelle ils se rapportent.

• Les informations figurant dans ces deux rapports peuvent être regroupées dans un rapport unique.

• À ce rapport ou ces rapports sont annexés ou intégrés le rapport prévu par le 3e alinéa de l'article 41 concernant les mesures de garde à vue et les locaux de garde à vue, qui est élaboré par le procureur de la République au vu, notamment, des informations et des statistiques qui lui sont adressées à cette fin par les services et unités de police judiciaire de son ressort ainsi que le rapport sur l'état et les délais de l'exécution des peines prévu par l'article 709-2.

• Le procureur de la République communique son ou ses rapports au président du tribunal judiciaire, pour diffusion aux magistrats du siège avant la prochaine assemblée générale des magistrats du siège et du parquet au cours de laquelle il informe cette assemblée des conditions de mise en œuvre, dans son ressort, de la politique pénale et des instructions générales qui lui ont été adressées à cette fin par le ministre de la justice.

Article D. 15-3. – Procureur de la République – Membre de droit – *(Décret n° 2020-1640 du 21 décembre 2020)*

• Pour l'application des dispositions des articles 39-1 et 39-2 du présent code, le procureur de la République est membre de droit des instances territoriales de coopération pour la prévention de la délinquance mentionnées par le Code général des collectivités territoriales.

• Au sein de ces instances, ainsi que tout autre instance ou commission administrative territoriale, il représente l'autorité judiciaire et les services déconcentrés du ministère de la justice, avec, lorsqu'ils en sont membres, le président du tribunal judiciaire et, le cas échéant, d'autres magistrats du siège. Il peut s'il y a lieu s'y faire représenter par un délégué habilité conformément aux articles R. 15-33-30 et suivants, et spécialement désigné par lui à cette fin.

• Conformément aux dispositions de l'article L. 2211-2 du Code général des collectivités territoriales, il signe les conventions prévues par les articles L. 2215-2 et L. 2512-15 du même code relatives à la lutte contre l'insécurité et à la prévention de la délinquance.

Article D. 15-3-1. – Délégués du Procureur de la République – Permanences – *(Décret n° 2020-1640 du 21 décembre 2020)*

• Les délégués du procureur de la République habilités conformément aux articles R. 15-33-30 à R. 15-33-37 peuvent tenir, au tribunal judiciaire et dans les lieux d'accès au droit ou tout autre lieu désigné par le procureur de la République, des permanences pour l'exercice des missions qui leur sont confiées, et notamment aux fins de mettre en œuvre les mesures prévues par l'article 41-1 ou les compositions pénales prévues par les articles 41-2 et 41-3.

Article D. 15-3-2. – P.R. – Information victime – Classement sans suite – *(Décret n° 2022-656 du 25 avril 2022)*

• Lorsqu'en application de l'article 40-2, le procureur de la République avise une victime de sa décision de classement sans suite, il l'informe qu'elle peut demander une copie du dossier de la procédure, en application du 2° de l'article R. 155.

Nota : Conformément à l'article 5 du décret n° 2022-656 du 25/04/2022, les dispositions de l'article D. 15-3-2 du C.P.P. dans sa rédaction résultant du I de l'article 3 du présent décret entrent en vigueur le 30/09/2022.

Article D. 15-3-3. – Crime prévu articles 221-1 à 221-4 et 222-1 à 222-10 CP – Territoire national – Locaux privés d'habitation – Réquisition entreprise pour travaux... – *(Décret n° 2022-656 du 25 avril 2022)*

• Lorsqu'un crime prévu par les articles 221-1 à 221-4 et 222-1 à 222-10 du Code pénal a été commis, sur le territoire national, dans des locaux privés d'habitation, le procureur de la République peut décider, au titre des frais mentionnés au 6° de l'article R. 92, de requérir une entreprise pour procéder à des travaux techniques de nettoyage des lieux dès lors qu'il n'est plus nécessaire de laisser ceux-ci en l'état pour les besoins de la procédure en cours, notamment après qu'il a été procédé à une reconstitution.

• Si une information est toujours en cours, ces réquisitions ne peuvent intervenir qu'avec l'accord préalable du juge d'instruction ou à sa demande, sans préjudice de la possibilité pour ce magistrat de prendre lui-même ces réquisitions en application de l'article D. 32-2-4.

Article D. 15-4. – Procès-verbaux – *(Décret n° 2020-1640 du 21 décembre 2020)*

• Les procès-verbaux des actes accomplis en exécution des réquisitions prises en application du 3e alinéa de l'article 41 sont directement retournés au procureur de la République mandant.

• Lorsque la chambre de l'instruction ou la chambre des appels correctionnels de la cour d'appel est saisie, le procureur général peut, conformément aux dispositions du 8e alinéa de l'article 41, prendre des réquisitions aux fins de réalisation d'une enquête sur la situation matérielle, familiale et sociale de la personne poursuivie ou de la vérification de la faisabilité matérielle de certaines peines ou aménagements de peine.

Article D. 15-4-1. – Pôle d'instruction – *(Décret n° 2022-546 du 13 avril 2022)*

• Le procureur de la République près le tribunal judiciaire au sein duquel il n'y a pas de pôle d'instruction avise le procureur de la République près le tribunal au sein duquel se trouve ce pôle des infractions et enquêtes portées à sa connaissance dès qu'il lui apparaît que ces faits et procédures sont susceptibles de donner lieu à l'ouverture d'une information de nature criminelle ou avec cosaisine.

• Ces 2 magistrats se concertent alors pour déterminer celui qui dirigera et contrôlera le déroulement de l'enquête et celui qui décidera s'il y a lieu de requérir l'ouverture d'une instruction. Ils se concertent également pour déterminer si une information portant sur un crime puni de 15 ou 20 ans de réclusion criminelle et commis en l'absence de récidive sera ouverte par le procureur de la République près le tribunal judiciaire au sein duquel il n'y a pas de pôle de l'instruction auprès du juge d'instruction de ce même tribunal. Le procureur général coordonne le cas échéant leurs actions.

Article D. 15-4-2. – Ouverture de l'information – *(Décret n° 2019-966 du 18 septembre 2019)*

• Le procureur de la République près le tribunal judiciaire au sein duquel il n'y a pas de pôle d'instruction avise sans délai le procureur de la République près le tribunal au sein duquel se trouve ce pôle lorsqu'il est fait application des dispositions du 1er alinéa du II de l'article 80 du dernier alinéa de l'article 397-2 ou de l'article 397-7.

• Lorsque ce magistrat fait application des dispositions de l'article 397-7, il requiert l'ouverture de l'information devant le pôle de l'instruction avant de présenter la personne devant le juge des libertés et de la détention de son tribunal, en lui notifiant les faits faisant l'objet du réquisitoire introductif.

Article D. 15-4-3. – Réquisitions de règlement – *(Décret n° 2019-966 du 18 septembre 2019)*

• Le procureur de la République près le tribunal judiciaire au sein duquel se trouve un pôle d'instruction avise sans délai le procureur de la République près le tribunal au sein duquel il n'y a pas de pôle lorsqu'il fait application des dispositions du 2e alinéa du II de l'article 80 ou du III de cet article.

• Ce magistrat l'avise également en temps utile de ses réquisitions de règlement. Il lui adresse sans délai la procédure en cas d'ordonnance de renvoi dans le cas prévu par le dernier alinéa du II de l'article 80 ou lorsqu'il est fait application des dispositions du III de cet article.

CHAPITRE III

Du juge d'instruction et des pôles de l'instruction

Article D. 15-4-4. – Tribunaux judiciaires – Pôle d'instruction – *(Décret n° 2019-966 du 18 septembre 2019)*

• Pour l'application des dispositions de l'article 52-1, les tribunaux judiciaires dans lesquels existe un pôle de l'instruction et le ressort de compétence territoriale de ces pôles sont déterminés comme suit :

SIÈGE	COMPÉTENCE TERRITORIALE s'étendant au ressort des tribunaux judiciaires de :
Cour d'appel d'Agen	
Agen.	Agen, Auch, Cahors, Marmande.
Cour d'appel d'Aix-en-Provence	
Aix-en-Provence.	Aix-en-Provence, Digne-les-Bains, Tarascon.
Draguignan.	Draguignan.
Grasse.	Grasse.
Marseille.	Marseille.
Nice.	Nice.
Toulon.	Toulon.
Cour d'appel d'Amiens	
Amiens.	Abbeville, Amiens, Péronne.
Laon.	Laon, Saint-Quentin, Soissons.
Senlis.	Beauvais, Compiègne, Senlis.
Cour d'appel d'Angers	
Angers.	Angers, Saumur.
Le Mans.	Laval, Le Mans.
Cour d'appel de Bastia	
Ajaccio.	Ajaccio.
Bastia.	Bastia.
Cour d'appel de Besançon	
Besançon.	Besançon, Dôle, Lons-le-Saunier, Lure, Vesoul.
Montbéliard.	Belfort, Montbéliard.
Cour d'appel de Bordeaux	
Angoulême.	Angoulême.
Bordeaux.	Bordeaux, Libourne.
Périgueux.	Bergerac, Périgueux.
Cour d'appel de Bourges	
Bourges.	Bourges, Châteauroux, Nevers.
Cour d'appel de Caen	
Caen.	Alençon, Argentan, Caen, Lisieux.
Coutances.	Avranches, Cherbourg-en-Cotentin, Coutances.
Cour d'appel de Chambéry	
Annecy.	Annecy, Bonneville, Thonon-les-Bains.
Chambéry.	Albertville, Chambéry.
Cour d'appel de Colmar	
Colmar.	Colmar.
Mulhouse.	Mulhouse.

SIÈGE	COMPÉTENCE TERRITORIALE s'étendant au ressort des tribunaux judiciaires de :
Strasbourg.	Saverne, Strasbourg.
Cour d'appel de Dijon	
Chalon-sur-Saône.	Chalon-sur-Saône, Mâcon.
Dijon.	Dijon, Chaumont.
Cour d'appel de Douai	
Béthune.	Arras, Béthune.
Boulogne-sur-Mer.	Boulogne-sur-Mer, Saint-Omer.
Douai.	Douai, Cambrai.
Dunkerque.	Dunkerque, Hazebrouck.
Lille.	Lille.
Valenciennes.	Avesnes-sur-Helpe, Valenciennes.
Cour d'appel de Grenoble	
Grenoble.	Gap, Bourgoin-Jallieu, Grenoble, Vienne.
Valence.	Valence.
Cour d'appel de Limoges	
Limoges.	Brive-la-Gaillarde, Guéret, Limoges, Tulle.
Cour d'appel de Lyon	
Bourg-en-Bresse.	Belley, Bourg-en-Bresse.
Lyon.	Lyon, Villefranche-sur-Saône.
Saint-Etienne.	Montbrison, Roanne, Saint-Etienne.
Cour d'appel de Metz	
Metz.	Metz, Sarreguemines, Thionville.
Cour d'appel de Montpellier	
Béziers.	Béziers.
Montpellier.	Montpellier, Millau, Rodez.
Narbonne.	Carcassonne, Narbonne.
Perpignan.	Perpignan.
Cour d'appel de Nancy	
Epinal.	Epinal, Saint-Dié-des-Vosges.
Nancy.	Bar-le-Duc, Val de Briey, Nancy, Verdun.
Cour d'appel de Nîmes	
Avignon.	Avignon, Carpentras, Privas.
Nîmes.	Alès, Mende, Nîmes.
Cour d'appel d'Orléans	
Blois.	Blois.
Orléans.	Montargis, Orléans.
Tours.	Tours.
Cour d'appel de Paris	
Auxerre.	Auxerre, Sens.
Bobigny.	Bobigny.
Créteil.	Créteil.
Evry.	Evry.
Meaux.	Meaux.
Melun.	Fontainebleau, Melun.
Paris.	Paris.
Cour d'appel de Pau	
Bayonne.	Bayonne

SIÈGE	COMPÉTENCE TERRITORIALE s'étendant au ressort des tribunaux judiciaires de :
Mont-de-Marsan.	Dax, Mont-de-Marsan.
Pau.	Pau, Tarbes.
Cour d'appel de Poitiers	
La Rochelle.	La Rochelle, Rochefort, Saintes.
La Roche-sur-Yon.	La Roche-sur-Yon, Les Sables-d'Olonne.
Poitiers.	Bressuire, Niort, Poitiers.
Cour d'appel de Reims	
Reims.	Châlons-en-Champagne, Charleville-Mézières, Reims.
Troyes.	Troyes.
Cour d'appel de Rennes	
Brest.	Brest, Morlaix, Quimper.
Lorient.	Lorient, Vannes.
Nantes.	Nantes, Saint-Nazaire.
Rennes.	Rennes, Saint-Malo.
Saint-Brieuc.	Dinan, Guingamp, Saint-Brieuc.
Cour d'appel de Riom	
Clermont-Ferrand.	Aurillac, Clermont-Ferrand, Le Puy-en-Velay, Riom.
Cusset.	Cusset, Montluçon, Moulins.
Cour d'appel de Rouen	
Evreux.	Bernay, Evreux.
Le Havre.	Le Havre.
Rouen.	Dieppe, Rouen.
Cour d'appel de Toulouse	
Montauban.	Montauban.
Toulouse.	Albi, Castres, Foix, Saint-Gaudens, Toulouse.
Cour d'appel de Versailles	
Chartres.	Chartres.
Nanterre.	Nanterre.
Pontoise.	Pontoise.
Versailles.	Versailles.

• **Départements d'outre-mer**

SIÈGE	RESSORT s'étendant aux limites territoriales des tribunaux judiciaires de :
Cour d'appel de Basse-Terre	
Pointe-à-Pitre.	Basse-Terre, Pointe-à-Pitre.
Cour d'appel de Cayenne	
Cayenne.	Cayenne.
Cour d'appel de Fort-de-France	
Fort-de-France.	Fort-de-France.
Cour d'appel de Saint-Denis	
Mamoudzou.	Mamoudzou.
Saint-Denis.	Saint-Denis.

SIÈGE	RESSORT s'étendant aux limites territoriales des tribunaux judiciaires de :
Saint-Pierre.	Saint-Pierre.

• **Collectivités d'outre-mer**

SIÈGE	RESSORT s'étendant aux limites territoriales des tribunaux judiciaires de :
Cour d'appel de Nouméa	
Nouméa.	Nouméa.
Cour d'appel de Papeete	
Papeete	Papeete

Article D. 15-4-5. – Juge d'instruction coordonnateur du pôle – *(Décret n° 2019-966 du 18 septembre 2019)*

• Le ou les juges d'instruction coordonnateurs du pôle prévus par le 4e alinéa de l'article 52-1 sont désignés par le président du tribunal judiciaire au début de l'année judiciaire, après avis de l'assemblée générale des magistrats du siège.

• Le juge coordonnateur peut réunir à intervalles réguliers les différents juges d'instruction du pôle de l'instruction afin d'examiner l'état d'avancement des procédures dans un souci d'efficacité et de célérité des informations dont ses membres ont la charge. Ces réunions peuvent ne concerner que les juges spécialisés en application des articles 704,706-2,706-17,706-75-1 et 706-107.

• Lors de ces réunions, les juges d'instruction peuvent échanger des informations sur les procédures dont ils sont saisis, aux fins notamment d'envisager d'éventuelles cosaisines. Ces échanges sont couverts par le secret de l'instruction prévu par l'article 11. Avec l'accord du juge coordonnateur, le procureur de la République peut participer à ces réunions.

• Dans le respect des prérogatives de chacun des juges d'instruction saisis en vertu des articles 83 et 83-1 du Code de procédure pénale, le juge coordonnateur peut préconiser toute mesure juridique ou organisationnelle utile au bon fonctionnement du service.

Article D. 15-4-6. – Commission d'office d'un avocat – *(Décret n° 2019-966 du 18 septembre 2019)*

• En cas de demande de commission d'office d'un avocat faite, conformément aux dispositions des articles 113-3 ou 116, devant le juge d'instruction d'une juridiction dans laquelle il y a un pôle de l'instruction, au cours d'une information concernant des faits relevant initialement de la compétence d'un tribunal judiciaire dans laquelle il n'y a pas de pôle, ce magistrat informe par tout moyen le bâtonnier de l'ordre des avocats près ce tribunal, aux fins de désignation d'un avocat de ce barreau.

• Si le bâtonnier ne procède pas à cette désignation, la commission d'office est faite par le bâtonnier de l'ordre des avocats de la juridiction dans laquelle se trouve le pôle, qui est alors informé sans délai par le juge d'instruction.

Article D. 15-4-7. – Absence d'un pôle de l'instruction – *(Décret n° 2019-966 du 18 septembre 2019)*

• Lorsque la personne mise en examen, pour des faits relevant initialement de la compétence d'un tribunal judiciaire dans lequel il n'y a pas de pôle de l'instruction, par le juge d'instruction d'une juridiction dans laquelle se trouve un pôle est défendue par un avocat, choisi ou commis d'office, appartenant au barreau du tribunal sans pôle, les demandes de mainlevée ou de modification du contrôle judiciaire ou de mise en liberté que cet avocat peut déposer conformément aux dispositions de l'article 148-6 peuvent l'être au greffe du juge d'instruction du tribunal sans pôle. À peine d'irrecevabilité, la demande précise le nom du juge d'instruction saisi de la procédure. Cette demande est constatée par le greffier, qui la signe ainsi que l'avocat, et qui l'adresse sans délai au greffe du juge d'instruction saisi de la procédure.

Article D. 15-4-8. – *(Abrogé – Décret n° 2021-683 du 27 mai 2021)*

TITRE II
DES ENQUÊTES ET DES CONTRÔLES D'IDENTITÉ

CHAPITRE Ier

Des enquêtes

Section I
Des réquisitions et saisies

Article D. 15-5. – Réquisitions – *(Décret n° 2019-507 du 24 mai 2019)*

• Lorsqu'il est procédé à une réquisition prévue par l'article 60-1 sans établissement d'un procès-verbal dédié, il est fait mention de cet acte dans le procès-verbal faisant état des diligences accomplies par le magistrat requérant, l'officier de police judiciaire ou sous le contrôle de ce dernier, l'agent de police judiciaire. S'il y a lieu, le contenu de la réquisition faite par un moyen de communication électronique est annexé, sous format papier ou numérique, au procès-verbal précédent. Cette annexe n'a pas à être revêtue de la signature du requérant.

• Lorsque les documents requis sont transmis sous forme numérique, le cas échéant par un moyen de communication électronique, ils sont annexés sous format papier ou numérique au procès-verbal. La mise en annexe des documents requis peut se limiter aux éléments nécessaires à la manifestation de la vérité.

• Les dispositions du présent article sont applicables aux réquisitions prévues par les articles 77-1-1 et 99-3.

Article D. 15-5-1. – Réquisitions – Informations issues d'un système informatique ou d'un traitement de données nominatives– *(Décret n° 2019-507 du 24 mai 2019)*

• Lorsque les réquisitions prévues par l'article 60-1 portant sur des informations issues d'un système informatique ou d'un traitement de données nominatives sont adressées à l'un des organismes ou personnes mentionnés à l'article R. 15-33-68, il peut être demandé à la personne ou l'organisme requis de remettre ces informations sous une forme numérique répondant à des normes fixées par arrêté du garde des sceaux, ministre de la justice et du ministre de l'intérieur.

• Les dispositions du présent article sont applicables aux réquisitions prévues par les articles 77-1-1 et 99-3.

Article D. 15-5-1-1. – Opérations de prélèvements externes, de relevés signalétiques – Prélèvement biologique – *(Décret n° 2019-507 du 24 mai 2019)*

• Les opérations prévues par les articles 55-1 et 706-56 peuvent être effectuées, sur instruction d'un officier de police judiciaire, par un agent de police judiciaire, ou par un agent spécialisé, technicien ou ingénieur de police technique et scientifique.

• Dans le cas prévu à l'alinéa précédent et celui prévu par l'article D. 7, lorsque les agents de police judiciaire, les agents spécialisés, techniciens ou ingénieurs de police technique et scientifique procèdent, conformément aux instructions d'un officier de police judiciaire, aux prélèvements et au placement sous scellés des échantillons biologiques, des objets et des traces et indices utiles à la manifestation de la vérité, aux fins d'examens techniques et scientifiques, ils en dressent inventaire et en font mention dans leur rapport.

Article D. 15-5-1-2. – Saisie– Confiscation – *(Décret n° 2019-507 du 24 mai 2019)*

• Lorsque la saisie d'un bien susceptible de faire l'objet d'une confiscation ultérieure a été effectuée en application des dispositions du présent code, la personne concernée en est informée soit lors de la perquisition, soit lors d'une audition ultérieure, dès lors que cette information ne risque pas de compromettre le déroulement des investigations. Elle est alors avisée, au moins brièvement, des motifs de la saisie. Il en est fait mention dans le procès-verbal.

• À défaut de l'information prévue par le présent article, aucun délai de forclusion ne peut être opposé à la personne concernant une éventuelle demande de restitution du bien saisi.

Section II
De l'audition libre et de la garde à vue

Article D. 15-5-2. – Réquisition *(Cadre G.A.V.)* – *(Décret n° 2016-1202 du 7 septembre 2016)*

• L'officier ou l'agent de police judiciaire responsable des modalités de déroulement de la garde à vue peut requérir par tout moyen d'un officier ou agent de police judiciaire appartenant à un service territorialement compétent autre que celui chargé de l'enquête de faire procéder aux diligences suivantes :

• 1° Prévenir par téléphone de la garde à vue les personnes mentionnées à l'article 63-2 ;

• 2° Contacter l'avocat désigné ou commis d'office pour assister la personne en garde à vue en application des articles 63-3-1 et suivants, et l'informer des lieux et horaires des auditions ;

• 3° Contacter le médecin devant examiner la personne en garde à vue en application de l'article 63-3 ;

• 4° Contacter l'interprète conformément aux dispositions de l'article 63-1.

• L'officier ou l'agent de police judiciaire requis mentionne, dans un rapport transmis à l'officier de police judiciaire requérant, les modalités d'exécution de ces diligences, qui peuvent être effectuées par tout personnel de la police ou de la gendarmerie nationale, y compris n'ayant pas la qualité d'agent de police judiciaire adjoint, placé sous sa responsabilité et son contrôle.

Article D. 15-5-3. – P.V. *(Récapitulatif G.A.V.)* – *(Décret n° 2016-1202 du 7 septembre 2016)*

• Le procès-verbal récapitulatif de garde à vue prévu par l'article 64 mentionne les informations données et les demandes faites en application des articles 63-2 à 63-3-1 et les suites qui leur ont été données, sans qu'il soit nécessaire de dresser un procès-verbal pour chacune des diligences accomplies pour l'exercice de ces droits.

Article D. 15-5-4. – Procès-verbal – Audition – Droit – Assistance d'un avocat – *(Décret n° 2016-1455 du 28 octobre 2016)*

• Le procès-verbal établi en application de l'article 61-1 indique que la personne a été avisée de son droit de demander l'assistance d'un avocat dès le début de l'audition ou à tout moment au cours de son déroulement. Lorsqu'une convocation lui a préalablement été adressée, elle indique, le cas échéant, que la personne peut désigner un avocat immédiatement ou à tout moment au cours de son audition.

Article D. 15-5-5. – Procès-verbal – G.A.V. – Droit – Assistance d'un avocat – *(Décret n° 2016-1455 du 28 octobre 2016)*

• Le procès-verbal établi en application de l'article 63-1 indique que la personne a été avisée de son droit de demander l'assistance d'un avocat dès le début de sa garde à vue ou à tout moment au cours de son déroulement.

Article D. 15-5-6. – G.A.V. – Assistance d'un avocat – Déplacement autre lieu – *(Décret n° 2016-1455 du 28 octobre 2016)*

• Toute personne placée en garde à vue et ayant sollicité l'assistance d'un avocat en application de l'article 63-3-1 qui est déplacée dans un lieu autre que celui du service enquêteur ne peut faire l'objet d'une audition dans ce lieu si son avocat n'a pas été avisé du déplacement conformément à l'article 63-4-3-1.

Article D. 15-5-7. – G.A.V. – Protection juridique – *(Décret n° 2019-507 du 24 mai 2019)*

• En cas de placement en garde à vue d'une personne majeure, l'officier ou l'agent de police judiciaire lui demande si elle fait l'objet d'une mesure de protection juridique, afin de mettre en œuvre s'il y a lieu les dispositions de l'article 706-112-1 et de l'article D. 47-14.

• Il en est de même en cas de placement en rétention d'une personne intervenant en application des articles 133-1, 141-4, 709-1-1 et 716-5.

Article D. 15-6. – Enregistrement audiovisuel – Interrogatoire personne G.AV. *(crime)* – *(Décret n° 2021-683 du 27 mai 2021)*

• Pour l'application des dispositions de l'article 64-1 relatif à l'enregistrement audiovisuel de l'interrogatoire de la personne gardée à vue pour crime, il est tenu compte de la nature de l'infraction dont est informée cette personne conformément aux dispositions du 1er alinéa de l'article 63-1, sans préjudice d'une nouvelle qualification des faits à tout moment de la procédure par l'officier de police judiciaire, le procureur de la République ou le juge d'instruction.

• L'enregistrement original est placé sous scellé fermé et une copie est versée au dossier. Cette copie peut être commune à l'ensemble des enregistrements effectués au cours de la procédure. Sur instruction du procureur de la République ou du procureur général, ils sont détruits par le greffe de la juridiction dans le délai prévu par le 4e alinéa de l'article 64-1.

• Une copie de l'enregistrement peut être conservée par le service ou l'unité de police judiciaire en charge de la procédure, qui peut la consulter pour les nécessités des investigations. Cette copie est détruite au plus tard dans un délai de 5 ans après le dernier acte de procédure dressé par les enquêteurs.

• Les modalités techniques de l'enregistrement audiovisuel sont déterminées par arrêté conjoint du ministre de la justice et du ministre de l'intérieur.

Article D. 15-6-1. – *(Abrogé – Décret n° 2021-683 du 27 mai 2021)*

Article D. 15-6-2. – Procureur de la République – Déférement à l'issue d'une garde à vue – *(Décret n° 2020-1640 du 21 décembre 2020)*

• Le procureur de la République qui, en application de l'article 63-8, ordonne le déférement d'une personne à l'issue de sa garde à vue peut faire présenter la personne devant lui ou devant un délégué habilité conformément aux articles R. 15-33-30 à R. 15-33-37, pour que soient mises en œuvre une des mesures de l'article 41-1 ou une composition pénale prévue par l'article 41-2.

Section III
Du contradictoire au cours de l'enquête préliminaire

Article D. 15-6-3. – Demande de prise de connaissance du dossier – *(Décret n° 2022-546 du 13 avril 2022)*

• **I. –** Les demandes de prise de connaissance du dossier formées, en application du II de l'article 77-2, par une personne suspectée peuvent être adressées au procureur de la République par l'intermédiaire de son avocat. Dans ce cas, la demande peut être adressée par un moyen de télécommunication sécurisé conformément aux dispositions de l'article D. 591.

• Si la demande est formée en application du 3° du II de l'article 77-2, elle comporte tous les documents justifiant qu'il a été porté atteinte à la présomption d'innocence de la personne par un moyen de communication au public et notamment, s'il y a lieu, une copie des enregistrements sonores ou audiovisuels. Le procureur de la République peut solliciter du demandeur des documents complémentaires établissant la réalité de cette atteinte.

• Cette demande est versée au dossier de la procédure par le procureur de la République, au plus tard lorsque l'enquête est achevée et que les procès-verbaux ont été adressés à ce magistrat en application de l'article 19.

• **II. –** Dans un délai d'un mois à compter de la réception de la demande, ou, dans le cas prévu par le 2e alinéa du I du présent article, de la réception des documents complémentaires sollicités, le procureur de la République fait connaître à la personne, par une décision écrite qui est versée au dossier conformément au dernier alinéa du I du présent article et qui lui est notifiée par tout moyen :

• 1° Soit qu'il accepte de communiquer le dossier, afin de permettre le dépôt ultérieur d'observations pouvant consister en des demandes d'actes ;

• 2° Soit que les conditions prévues au 1°, 2° ou 3° du II de l'article 77-2 ne sont pas réunies, et qu'il refuse cette communication ;

• 3° Soit que les conditions prévues au 1°, 2° ou 3° du II de l'article 77-2 ne sont pas réunies, mais qu'il accepte cette communication en application du I de cet article ;

• 4° Soit qu'il estime que la communication demandée risque de porter atteinte à l'efficacité des investigations, et qu'il diffère en conséquence celle-ci pour une durée qu'il précise et qui ne peut être supérieure à six mois à compter de la réception de la demande ou, si l'enquête porte sur des crimes ou délits mentionnés aux articles 706-73 ou 706-73-1 ou relevant de la compétence du procureur de la République antiterroriste, qui ne peut être supérieure à un an à compter de cette date.

• Dans les cas prévus aux 1° et 3°, le procureur de la République peut indiquer à la personne que ne seront pas mises à sa disposition certaines pièces de la procédure en raison des risques de pression sur les victimes, les autres personnes mises en cause, leurs avocats, les témoins, les enquêteurs, les experts ou toute autre personne concourant à la procédure.

• Dans les cas prévus aux 2° à 4° et à l'alinéa précédent, la décision du procureur est motivée, sans que cette motivation ne fasse apparaître des éléments de nature à porter atteinte à l'efficacité des investigations. En particulier, dans le cas mentionné à l'alinéa précédent, la liste et la nature des pièces non communiquées ne sont pas portées à la connaissance de la personne. La décision du procureur mentionne qu'elle peut faire l'objet d'un recours devant le procureur général. La décision de ce dernier, rendue dans le mois de sa saisine, est versée au dossier conformément au dernier alinéa du I du présent article.

• **III.** – La mise à disposition du dossier se fait par tout moyen. Elle peut consister en la consultation des pièces de celui-ci dans les locaux du tribunal judiciaire ou en la remise d'une copie de la procédure. Les dispositions de l'article D. 593-2 sont alors applicables.

• La personne dispose d'un délai d'un mois à compter de la mise à disposition du dossier pour formuler ses observations par lettre recommandée avec demande d'avis de réception ou par déclaration au greffe contre récépissé. Les observations formulées par l'avocat peuvent être adressées par un moyen de télécommunication sécurisé conformément aux dispositions de l'article D. 591. Pendant ce délai d'un mois le procureur de la République ne peut, conformément au 7e alinéa du II de l'article 77-2, prendre aucune décision de poursuites hors l'ouverture d'une information, l'application de l'article 393 ou le recours à la procédure de comparution sur reconnaissance préalable de culpabilité prévue aux articles 495-7 à 495-13.

• **IV.** – Les observations formulées en application de l'article 77-2 ainsi que l'information adressée en retour par le procureur de la République sur les suites qui y ont été réservées sont versées au dossier conformément au dernier alinéa du I du présent article. Lorsque ces observations consistent en une demande d'acte, le procureur de la République informe la personne des suites qu'il entend y apporter dans un délai d'un mois à compter de la réception des observations. S'il refuse de procéder à un acte demandé, il rend une décision motivée indiquant qu'elle peut être contestée devant le procureur général, et qui est versée au dossier dans les mêmes conditions. À défaut de réponse du procureur dans le délai d'un mois, qui vaut refus de procéder aux actes demandés, la personne peut également contester ce refus devant le procureur général. Le procureur général statue dans le délai d'un mois à compter de sa saisine, par une décision motivée versée au dossier conformément au dernier alinéa du I du présent article.

• **V.** – Les saisines du procureur général prévues par l'article 77-2 se font par lettre recommandée avec demande d'avis de réception ou par déclaration au greffe contre récépissé ou, lorsqu'elles émanent d'un avocat, par un moyen de télécommunication sécurisé conformément aux dispositions de l'article D. 591. Lorsque la personne saisit le procureur général en raison du défaut de réponse du procureur de la République dans le délai d'un mois, elle en informe dans le même temps, par les mêmes moyens, le procureur de la République. Cette saisine est caduque si le procureur de la République fait ensuite droit à la demande de communication du dossier ou à la demande d'actes.

• **VI.** – Lorsque l'enquête concerne plusieurs personnes suspectées et que le procureur de la République accède à la demande d'accès à la procédure présentée par l'une d'entre elles, il n'est pas tenu d'accorder les mêmes droits aux autres personnes suspectées, sans préjudice de sa possibilité de le faire s'il l'estime possible et opportun, en application du I de l'article 77-2.

CHAPITRE II

Néant

TITRE III

DES JURIDICTIONS D'INSTRUCTION

CHAPITRE Ier

Du juge d'instruction : juridiction d'instruction du premier degré

Section I

Dispositions générales

§ 1er. – Copie du dossier d'instruction

Article D. 15-7. – Copie numérisée – *(Décret n° 2019-507 du 24 mai 2019)*

• La copie des actes du dossier d'instruction prévue par l'article 81 peut être réalisée sous format numérique. Elle est conservée dans des conditions garantissant qu'elle n'est accessible qu'aux personnes autorisées à la consulter.

• La cotation des pièces du dossier prévue à l'article 81 peut résulter d'un procédé automatisé, sous le contrôle d'un ou plusieurs agents de greffe, n'entrainant aucune altération de la pièce cotée.

Article D. 15-8. – Remise des copies numérisées aux avocats – *(Décret n° 2019-507 du 24 mai 2019)*

• Les copies sous format numérique remises aux avocats en application des dispositions de l'article 114 peuvent être adressées par voie électronique.

• Si la taille du document ne permet pas un tel envoi, celui-ci est remis sur un support numérique conformément aux dispositions de l'article R. 165.

§ 5. – Examens médical et médico-psychologique

Article D. 16. – Enquête personnalité – Personnes mises en examen – *(Décret n° 2007-699 du 3 mai 2007)*

• L'enquête sur la personnalité des personnes mises en examen ainsi que sur leur situation matérielle, familiale ou sociale prévue à l'article 81, alinéa 6, du Code de procédure pénale et les examens, notamment médical et médico-psychologique, mentionnés à l'alinéa 7 dudit article, constituent le dossier de personnalité de la personne mise en examen.

• Ce dossier a pour objet de fournir à l'autorité judiciaire, sous une forme objective et sans en tirer de conclusion touchant à l'affaire en cours, des éléments d'appréciation sur le mode de vie passé et présent de la personne mise en examen.

• Il ne saurait avoir pour but la recherche des preuves de la culpabilité.

Article D. 17. – Appréciation de l'opportunité – enquêtes et examens – *(Décret n° 2020-81 du 3 février 2020)*

• Lorsqu'elles ont à apprécier l'opportunité de requérir ou d'ordonner les enquêtes et examens visés à l'article D. 16, les autorités judiciaires tiennent le plus grand compte, notamment :

• 1° Du fait que la personne mise en examen est âgée de moins de 25 ans ;

• 2° De sa qualité de récidiviste, spécialement s'il encourt la tutelle pénale[1] ;

• 3° De la nature du délit *(coups et blessures volontaires, délits sexuels, incendie volontaire)* ;

(1) (la tutelle pénale a été supprimée par l'article 70 de la loi 81-82 du 02/02/1981).

• 4° De la possibilité de prononcer la déchéance de l'autorité parentale, en application des articles 1er et 2 de la loi du 24 juillet 1889 ;

• 5° De l'éventualité d'une décision de sursis probatoire ou d'admission au régime de semi-liberté conformément aux dispositions de l'article 723-1.

Nota : À compter du 24 mars 2020 : Conformément au 1er alinéa de l'article 7 du Décret n° 2020-81 du 03/02/2020, les présentes dispositions entrent en vigueur le 24/03/2020 pour les condamnations prononcées à compter de cette date, y compris si elles concernent des infractions commises avant cette date.

Article D. 18. – Délais transmission des rapports – *(Décret n° 2001-475 du 30 mai 2001)*

• Le juge d'instruction qui ordonne les enquêtes et examens visés à l'article D. 16, fixe le délai dans lequel les rapports doivent lui être adressés.

• En cas de retards injustifiés, la personne désignée peut être remplacée et il en est donné avis aux fins de droit au procureur général et au président de la chambre d'instruction.

Article D. 19. – Expertise psychiatrique – *(Décret n° 2006-385 du 30 mars 2006)*

• Dans les cas où il apparaît nécessaire de soumettre à une expertise psychiatrique une personne mise en examen qui a fait l'objet d'une enquête ou d'un examen mentionnés à l'article D. 16, le dossier de personnalité peut être communiqué, en tout ou partie, à l'expert.

Articles D. 20 à D. 22. – *(Abrogés)*

Article D. 23. – Examen médical et examen médico-psychologique

• L'examen médical et l'examen médico-psychologique prévus par l'article 81, alinéa 6, du Code de procédure pénale constituent des mesures soumises aux règles de l'expertise organisée par les articles 156 à 169 dudit code.

Article D. 24. – Médecins – Listes d'experts

• Les médecins chargés de ces examens sont, en principe, choisis sur les listes d'experts établies en application de l'article 157 et des articles R. 26 à R. 40 du Code de procédure pénale.

• Le juge d'instruction peut également, par décision motivée, choisir des médecins particulièrement qualifiés, ne figurant pas sur ces listes.

Article D. 25. – Assistance du médecin

• Lorsque le médecin chargé de l'examen médical ou médico-psychologique se fait assister d'autres personnes, leur nom et leur qualité doivent être mentionnés dans le rapport d'examen.

Article D. 26. – Désignation de techniciens de qualifications différentes *(Psychologue, observateur)*

• Le juge d'instruction peut désigner, pour procéder aux examens qu'il estime utiles, des techniciens de qualifications différentes et notamment un psychologue et un observateur.

• Il peut prescrire que ces derniers exécuteront leur mission en liaison avec le médecin chargé de l'examen médical ou médico-psychologique.

§ 6. – Désignation du juge d'instruction

Article D. 27. – Désignation

• Le juge d'instruction chargé d'une information nouvelle ou appelé à remplacer son collègue en cas d'empêchement ou de changement de poste, est désigné dans les conditions ci-après.

Article D. 28. – Transmission du dossier – *(Décret n° 60-898 du 24 août 1960)*

• Le président du tribunal, saisi du réquisitoire introductif et des pièces jointes s'il s'agit d'une information nouvelle, transmet le dossier assorti de sa décision au juge d'instruction désigné.

Article D. 29. – Remplacement du président

• Le président peut désigner, pour le remplacer dans l'exercice des fonctions prévues à l'article D. 28, l'un des vice-présidents ou des juges du tribunal.

• À défaut de désignation, il est remplacé, en cas d'absence, par le vice-président ou le juge du rang le plus élevé, présent au tribunal.

Article D. 30. – Désignation des juges d'instruction – *(Décret n° 60-898 du 24 août 1960)*

• Le président du tribunal peut établir un tableau de roulement désignant les juges d'instruction provisoirement chargés des informations qui viendraient à se présenter la nuit, les dimanches et jours fériés.

• La désignation définitive du juge d'instruction intervient dans les vingt-quatre heures.

Article D. 31. – Non-application – *(Décret n° 2021-683 du 27 mai 2021)*

• Les dispositions du présent paragraphe ne sont pas applicables :

• 1° Lorsqu'il n'existe qu'un juge d'instruction ;

• 2° Lorsqu'il s'agit d'une information comportant une personne mise en examen mineure de dix-huit ans et qu'il n'existe qu'un juge d'instruction chargé spécialement des affaires concernant les mineurs ;

• 3° Lorsque le juge d'instruction présent sur les lieux d'un crime ou délit flagrant est saisi en vertu de l'article 72 du Code de procédure pénale.

Article D. 31-1. – Absence de pôle de l'instruction – *(Décret n° 2019-966 du 18 septembre 2019)*

• Pour l'application des dispositions du 3e alinéa de l'article 83-1, lorsque l'information a été ouverte dans un tribunal où il n'y a pas de pôle de l'instruction, le juge d'instruction qui demande que cette procédure fasse l'objet d'une cosaisine ou, après réquisition du ministère public ou requête des parties, donne son accord à une telle cosaisine, rend une ordonnance de dessaisissement au profit du pôle de l'instruction aux fins de cosaisine. Il adresse alors copie de son dossier, par l'intermédiaire du président de sa juridiction, au président du tribunal judiciaire où se trouve le pôle.

• Dans le délai d'un mois à compter de la réception du dossier, le président du tribunal judiciaire où se trouve le pôle désigne le juge d'instruction chargé de l'information ainsi que le ou les juges d'instruction cosaisis. Copie de cette décision est immédiatement adressée, par tout moyen, au juge d'instruction du tribunal dans lequel il n'y a pas de pôle, qui est alors dessaisi du dossier, et qui adresse l'original de celui-ci aux juges d'instruction cosaisis.

• Si le président du tribunal n'ordonne pas la cosaisine, copie du dossier est retournée au juge d'instruction, et il est fait application, le cas échéant, des dispositions du 4e alinéa de l'article 83-1.

Article D. 31-2. – Auto-dessaisissement du juge d'instruction – *(Décret n° 2019-966 du 18 septembre 2019)*

• Lorsque le juge d'instruction se dessaisit en application du dernier alinéa de l'article 118, il en informe immédiatement le président du tribunal judiciaire dans lequel se trouve le pôle de l'instruction, qui désigne le ou les juges du pôle qui seront chargés de poursuivre l'information. Ce dessaisissement ne prend effet qu'à compter de la désignation de ces juges. Les procureurs de la République des 2 tribunaux judiciaires sont également informés de ce dessaisissement.

Article D. 31-3. – Plainte avec constitution de partie civile déposée par un avocat – *(Décret n° 2022-546 du 13 avril 2022)*

• Lorsque la plainte avec constitution de partie civile est déposée par un avocat, elle peut être adressée au juge d'instruction par un moyen de communication électronique selon les modalités prévues par l'article D. 591, dès lors que les dispositions de cet article sont applicables à la suite du protocole passé par les chefs de la juridiction et le barreau.

• Conformément aux dispositions du 2e alinéa de l'article 85, la personne qui se prétend lésée par un délit, autre que ceux prévus par la loi du 29 juillet 1881 sur la liberté de la presse ou par les articles L. 86, L. 87, L. 91 à L. 100, L. 102 à L. 104, L. 106 à L. 108 et L. 113 du Code électoral, doit, à peine d'irrecevabilité, joindre à sa plainte avec constitution de partie civile :

• – soit la copie de la plainte simple déposée devant le procureur de la République ou un service de police judiciaire, accompagnée de la copie de l'avis de classement sans suite adressé en retour par ce procureur ;

• – soit la copie de cette plainte *(adressée au parquet ou au service de police judiciaire)* avec une copie du récépissé de remise de cette plainte au procureur de la République ou d'un envoi en recommandé avec demande d'avis de réception à ce magistrat, à condition que ce récépissé ou que la date de l'avis de réception de l'envoi en recommandé date d'au moins trois mois.

• Lorsque la plainte avec constitution de partie civile est adressée au juge d'instruction par un moyen de communication électronique, les documents prévus par les 2 alinéas précédents sont joints sous forme de fichiers numérisés.

• Lorsque ces documents ne sont pas joints, le juge d'instruction constate par ordonnance l'irrecevabilité de la plainte avec constitution de partie civile. Cette ordonnance est notifiée à la personne par lettre recommandée ou à son avocat selon les modalités prévues par l'article 803-1.

• Dans le cas contraire, le juge communique la plainte au procureur de la République conformément aux dispositions de l'article 86 après avoir, sauf si la personne a obtenu l'aide juridictionnelle ou a été dispensée de consignation, fixé le montant de la consignation et constaté le versement de celle-ci dans le délai prescrit.

• La personne peut former appel de l'ordonnance d'irrecevabilité prévue par le présent article, conformément aux dispositions du 2e alinéa de l'article 186, sans préjudice de sa possibilité de régulariser sa plainte en remettant les documents exigés ci-dessus ou de déposer ultérieurement une nouvelle plainte avec constitution de partie civile après avoir rempli les conditions prévues par l'article 85.

Article D. 31-4. – Plainte avec constitution de partie civile déposée par un avocat – Crime – *(Décret n° 2022-546 du 13 avril 2022)*

• Lorsqu'elle porte sur un crime, la plainte avec constitution de partie civile ne peut être déposée que devant un juge d'instruction du tribunal judiciaire au sein duquel existe un pôle de l'instruction.

• Toutefois, lorsqu'une plainte avec constitution de partie civile déposée devant le juge d'instruction du tribunal judiciaire au sein duquel il n'existe pas de pôle de l'instruction porte sur un crime puni de 15 ans ou de 20 ans de réclusion et qui n'est pas commis en état de récidive légale, le procureur de la République peut, dans ses réquisitions prises en application de l'article 86 et conformément au 5e alinéa de l'article 52-1, requérir la saisine de ce juge d'instruction lorsqu'il considère qu'il résulte des circonstances de l'espèce et de son absence de complexité que le recours à la cosaisine, même en cours d'instruction, paraît peu probable.

Section II

De la constitution de partie civile et de ses effets

Article D. 32. – Expédition de la plainte et de la décision de non-lieu – *(Décret n° 2006-385 du 30 mars 2006)*

• Quand, après une information ouverte sur constitution de partie civile, une décision de non-lieu a été rendue, la personne mise en examen et toute personne visée dans la plainte peut se faire délivrer par le procureur de la République, une expédition de la plainte et de la décision de non-lieu en vue de l'application éventuelle des dispositions de l'article 91 du Code de procédure pénale.

Section II bis

De la première comparution

Article D. 32-1. – Procès-verbal – Droit – Assistance d'un avocat – *(Décret n° 2016-1455 du 28 octobre 2016)*

• Le procès-verbal établi en application de l'article 116 indique que la personne a été avisée de son droit de demander l'assistance d'un avocat dès son interrogatoire de première comparution ou à tout moment au cours du déroulement de l'information. Il indique qu'elle a été informée que les frais resteront à sa charge, sauf si elle remplit les conditions d'obtention de l'aide juridictionnelle.

Article D. 32-1-1. – Notice individuelle – *(Décret n° 2016-1455 du 28 octobre 2016)*

• Le juge d'instruction qui saisit le juge des libertés et de la détention en application des dispositions du quatrième alinéa de l'article 137-1 aux fins de placement en détention provisoire de la personne mise en examen remplit une notice individuelle comportant des renseignements relatifs aux faits ayant motivé la poursuite de la personne, à ses antécédents judiciaires et à sa personnalité, qui est destinée, en cas de placement en détention, au chef de l'établissement pénitentiaire.

• S'il ordonne le placement de la personne en détention provisoire, le juge des libertés et de la détention transmet au chef d'établissement, outre le titre de détention qu'il délivre, cette notice individuelle revêtue de son visa, après l'avoir complétée s'il l'estime nécessaire.

• Les documents mentionnés à l'alinéa précédent peuvent être, le cas échéant, transmis au chef d'établissement par le juge d'instruction si le dossier de la procédure est retourné à ce magistrat avant la mise à exécution du titre de détention.

• Lorsque le juge des libertés et de la détention ordonne le placement en détention après avoir été directement saisi par le procureur de la République en application des dispositions du deuxième alinéa de l'article 137-4, il remplit lui-même la notice individuelle prévue au premier alinéa du présent article.

Section II ter
Du permis de communiquer

Article D. 32-1-2. – Demande de permis de communiquer – *(Décret n° 2022-95 du 31 janvier 2022)*

• La demande de permis de communiquer adressée au juge d'instruction par l'avocat désigné par la personne mise en examen détenue en application de l'article 115, y compris en application du dernier alinéa de cet article, ou par l'avocat commis d'office à sa demande en application de l'article 116, peut indiquer les noms des associés et collaborateurs pour lesquels la délivrance du permis est également sollicitée. Le permis de communiquer est alors établi au nom de ces différents avocats, y compris ceux qui n'ont pas été désignés par la personne mise en examen ou qui n'ont pas été commis d'office.

• L'avocat désigné ou commis d'office peut, en cours de procédure, demander un permis de communiquer actualisé en modifiant la liste des associés et collaborateurs concernés.

• Le permis de communiquer initial ou actualisé est mis à la disposition de l'avocat désigné ou commis d'office ou lui est adressé par tout moyen dans les meilleurs délais, sous réserve des nécessités du bon fonctionnement du cabinet d'instruction. Lorsque l'avocat est convoqué pour un interrogatoire ou un débat contradictoire, le permis est mis à sa disposition ou lui est envoyé au plus tard le 1er jour ouvrable suivant la réception de la demande par le greffe du juge d'instruction.

Section III
Des interceptions de correspondances émises par la voie de télécommunication

Article D. 32-2. – Notification – *(Décret n° 2017-511 du 07 avril 2017)*

• La notification prévue par l'article 100-8 est faite en utilisant le formulaire figurant à l'annexe C de la directive 2014/41/ UE du 3 avril 2014 concernant la décision d'enquête européenne en matière pénale.

Article D. 32-2-1. – Notifications – État membre de l'Union européenne – *(Décret n° 2017-511 du 07 avril 2017)*

• Les notifications émanant de l'autorité compétente d'un État membre de l'Union européenne indiquant qu'une interception de correspondances émises par la voie des communications électroniques réalisée ou devant être réalisée par cet État concerne une adresse de communication utilisée sur le territoire national et une personne qui se trouve sur ce territoire sont adressées au directeur des affaires criminelles et des grâces du ministère de la justice.

• Dans le cas où une telle interception n'aurait pas pu être autorisée, dans le cadre d'une procédure nationale similaire, en application des dispositions du présent code, le directeur des affaires criminelles et des grâces peut, dans les 96 heures suivant la réception de la notification, demander soit que l'interception ne soit pas effectuée ou qu'elle soit interrompue, soit que les données interceptées alors que la personne se trouvait sur le territoire national ne soient pas utilisées ou ne soient utilisées que dans les conditions qu'il spécifie et pour les motifs qu'il précise.

Section V
Des interrogatoires, confrontations et reconstitutions

Article D. 32-2-2. – Enregistrement – *(Décret n° 2017-511 du 07 avril 2017)*

• Pour l'application des dispositions de l'article 116-1 relatif à l'enregistrement audiovisuel des interrogatoires des personnes mises en examen en matière criminelle, il est établi un enregistrement original placé sous scellé fermé.

• Une copie de cet enregistrement est versée au dossier. Cette copie peut être commune à l'ensemble des enregistrements effectués au cours de l'instruction.

• Sur instruction du procureur de la République ou du procureur général, les enregistrements sont détruits par le greffe de la juridiction dans le délai prévu par le 4e alinéa de l'article 116-1.

• Les modalités techniques de l'enregistrement audiovisuel sont déterminées par arrêté du ministre de la justice.

Article D. 32-2-3. – J.I. – Dessaisissement – *(Décret n° 2022-546 du 13 avril 2022)*

• En application du dernier alinéa de l'article 118 et conformément aux dispositions du 5e alinéa de l'article 52-1, le juge d'instruction de la juridiction dépourvue de pôle de l'instruction qui constate que les faits reprochés à la personne mise en examen sous une qualification correctionnelle constituent en réalité un crime :

• 1° Se dessaisit d'office ou sur réquisition du procureur de la République au profit d'un juge du pôle de l'instruction s'il s'agit d'un crime puni de 30 ans de réclusion ou de la réclusion criminelle à perpétuité, ou d'un crime commis en état de récidive légale ;

• 2° Se dessaisit au profit d'un juge du pôle de l'instruction sur réquisition du procureur de la République lorsque qu'il s'agit d'un crime puni de 15 ans ou de 20 ans de réclusion, commis en l'absence de récidive légale et que le procureur de la République considère qu'il résulte des circonstances de l'espèce et de sa complexité que le recours à la cosaisine en cours d'instruction ne paraît pas improbable.

Article D. 32-2-4. – Crime prévu par les articles 221-1 à 221-4 et 222-1 à 222-10 – Territoire national – Locaux privés d'habitation – Réquisition entreprise travaux… – *(Décret n° 2022-656 du 25 avril 2022)*

• Lorsqu'un crime prévu par les articles 221-1 à 221-4 et 222-1 à 222-10 du Code pénal a été commis, sur le territoire national, dans des locaux privés d'habitation, le juge d'instruction peut décider, au titre des frais mentionnés au 6° de l'article R. 92, de requérir une entreprise pour procéder à des travaux techniques de nettoyage des lieux dès lors qu'il n'est plus nécessaire de laisser ceux-ci en l'état pour les besoins de la procédure en cours, notamment après qu'il a été procédé à une reconstitution.

Section VII

Du contrôle judiciaire, de l'assignation à résidence avec surveillance électronique et de la détention provisoire

Sous-section 2

De l'assignation à résidence avec surveillance électronique

Article D. 32-3. – Modalités d'application – *(Décret n° 2010-355 du 1er avril 2010)*

• Les modalités d'application des dispositions des articles 142-5 à 142-13 relatifs à l'assignation à résidence avec surveillance électronique sont précisées par les dispositions de la présente sous-section.

§ 1er. – Mesures préalables au placement sous assignation à résidence avec surveillance électronique

Article D. 32-4. – Service pénitentiaire d'insertion et de probation – *(Décret n° 2022-546 du 13 avril 2022)*

• Lorsqu'il est saisi d'une demande de placement sous assignation à résidence avec surveillance électronique ou lorsqu'il envisage de prononcer une telle mesure, le juge d'instruction ou le juge des libertés et de la détention ou, en cas d'appel, le président de la chambre de l'instruction peut charger le service pénitentiaire d'insertion et de probation :

• 1° De s'assurer de la disponibilité du dispositif technique décrit à l'article R. 57-11 ou R. 61-22 ainsi que de la faisabilité technique du projet ;

• 2° De vérifier la situation familiale, matérielle et sociale de la personne mise en examen, notamment aux fins de déterminer les horaires et les lieux d'assignation.

• La saisine aux fins des vérifications mentionnées au 1° ci-dessus est obligatoire dans les cas prévus par les 1° à 3° de l'article 142-6 ; toutefois, dans les cas prévus par les 1° et 2° de cet article, le juge d'instruction peut prendre une décision spécialement motivée disant ne pas procéder à cette saisine. Cette décision, qui ne peut faire l'objet d'un recours, peut figurer dans l'ordonnance du juge saisissant le juge des libertés et de la détention aux fins de prolongation de la détention provisoire.

• Dans le cas prévu par le dernier alinéa de l'article 142-6, cette saisine est faite par le président de la chambre de l'instruction.

Article D. 32-5. – Installation du récepteur – *(Décret n° 2010-355 du 1er avril 2010)*

• Lorsque le lieu d'assignation devant être désigné n'est pas le domicile de la personne mise en examen, l'accord écrit émanant soit du propriétaire, soit du ou des titulaires du contrat de location des lieux où pourra être installé le récepteur, est recueilli par le service pénitentiaire d'insertion et de probation.

• Ce recueil n'est toutefois pas nécessaire si cet accord figure déjà au dossier de la procédure.

Article D. 32-6. – Information de la personne mise en examen – Placement sous surveillance électronique mobile – *(Décret n° 2022-855 du 7 juin 2022)*

• Lorsqu'il envisage de prononcer une telle mesure, le juge d'instruction ou le juge des libertés et de la détention informe la personne mise en examen qu'elle peut demander à tout moment qu'un médecin vérifie que la mise en œuvre du procédé décrit à l'article R. 622-1 ou à l'article R. 544-7 du Code pénitentiaire ne présente pas d'inconvénient pour sa santé.

§ 2. – Accord de la personne mise en examen
(Abrogé– Décret n° 2019-508 du 24 mai 2019)

Article D. 32-7 à D. 32-9. – *(Abrogés– Décret n° 2019-508 du 24 mai 2019)*

§ 3. – Placement sous assignation à résidence avec surveillance électronique

Article D. 32-10. – Ordonnance de placement – *(Décret n° 2010-355 du 1er avril 2010)*

• L'ordonnance de placement sous assignation à résidence avec surveillance électronique est motivée conformément aux dispositions de l'article 142-6.

• Elle précise le domicile ou la résidence dans laquelle la personne est assignée ainsi que les jours et horaires d'assignation et les motifs pour lesquels la personne est autorisée à s'absenter de ce domicile ou de cette résidence.

• Elle précise également, le cas échéant, les autres obligations et interdictions prévues par l'article 138 auxquelles la personne est astreinte.

Article D. 32-11. – Information de la personne mise en examen – Respect des obligations – *(Décret n° 2019-508 du 24 mai 2019)*

• Le juge d'instruction ou le juge des libertés et de la détention qui a prononcé l'assignation à résidence informe la personne mise en examen que :

• 1° Dans le cas où elle ne respecterait pas les obligations qui lui sont imposées, l'assignation à résidence pourra être révoquée et elle pourra être placée en détention provisoire.

• 2° La pose du bracelet comportant un émetteur prévu à l'article R. 57-11 ne peut être effectuée sans son consentement, mais que le fait de refuser la pose de ce dispositif constitue une violation de ses obligations pouvant donner lieu à la révocation de son assignation à résidence et à son placement en détention provisoire.

• Ces informations font l'objet d'une mention dans le procès-verbal du débat contradictoire prévu par le 1er alinéa de l'article 142-6 ou de la présentation de la personne devant le magistrat prévu par cet alinéa.

Article D. 32-12. – Information de la personne mise en examen – Demande vérifications médecin – *(Décret n° 2010-355 du 1er avril 2010)*

• Si cela n'a pas déjà été fait, ce magistrat informe également la personne mise en examen qu'elle peut demander à tout moment qu'un médecin vérifie que la mise en œuvre du procédé décrit à l'article R. 57-11 ne présente pas d'inconvénient pour sa santé.

Article D. 32-13. – Assignation à résidence – Information – *(Décret n° 2019-508 du 24 mai 2019)*

• Si l'assignation à résidence avec surveillance électronique est ordonnée à l'occasion d'une mise en liberté, les informations prévues par les articles D. 32-11 et D. 32-12 figurent dans l'ordonnance.

• Le juge d'instruction ou le juge des libertés et de la détention peut décider que son ordonnance est prise sous condition suspensive d'installation du dispositif prévu à l'article 723-8 et que la mise en liberté de la personne est subordonnée à la pose du bracelet comportant un émetteur prévu à l'article R. 57-11. Dans ce cas, l'ordonnance indique que cette pose ne peut être effectuée sans le consentement de la personne, mais que si celle-ci la refuse, l'ordonnance sera caduque.

Article D. 32-14. – Registre tenu par l'administration pénitentiaire – *(Décret n° 2022-855 du 7 juin 2022)*

• L'inscription dans un registre nominatif de la personne placée sous assignation à résidence avec surveillance électronique, ainsi que la pose et la dépose du dispositif que doit porter la personne assignée, sont assurées par le personnel de l'administration pénitentiaire dans les conditions déterminées par les dispositions de l'article D. 632-2 du Code pénitentiaire.

• Conformément aux dispositions de l'article D. 632-4 du même code, le contrôle et le suivi de la mesure sont assurés par le service pénitentiaire d'insertion et de probation dans les conditions déterminées par les dispositions de l'article R. 622-8 du même code.

Article D. 32-15. – Traitement automatisé – *(Décret n° 2022-855 du 7 juin 2022)*

• En cas de placement sous assignation à résidence avec surveillance électronique mobile, la personne fait l'objet du traitement automatisé prévu par les articles 763-12 du présent code et R. 544-18 et suivants du Code pénitentiaire.

• Les articles R. 61-21 à R. 61-31-1 sont applicables, le juge d'instruction exerçant les attributions du juge de l'application des peines.

• Les articles R. 544-5 et R. 544-7 à R. 544-9 du Code pénitentiaire sont également applicables.

§ 4. – Modification ou mainlevée de l'assignation à résidence avec surveillance électronique

Article D. 32-16. – Compétences du juge d'instruction – *(Décret n° 2010-355 du 1er avril 2010)*

• Conformément aux dispositions des articles 139 et 142-8, le juge d'instruction peut, à tout moment de l'information :

• 1° Imposer à la personne placée sous assignation à résidence avec surveillance électronique une ou plusieurs obligations nouvelles ;

• 2° Supprimer tout ou partie des obligations qui ont été imposées ;

• 3° Modifier une ou plusieurs de ces obligations ;

• 4° Accorder une dispense occasionnelle ou temporaire d'observer certaines d'entre elles.

• Cette décision est prise par ordonnance motivée sur réquisitions du procureur de la République ou, après avis de celui-ci, sur demande de la personne mise en examen.

• Les décisions ajoutant de nouvelles obligations ne peuvent intervenir qu'après audition de la personne mise en examen.

• Les ordonnances du juge d'instruction prises en application du présent article peuvent faire l'objet d'un appel conformément aux dispositions des articles 185 et 186.

• Le juge d'instruction peut également, à la demande de la personne, par ordonnance non motivée prise sans avis préalable du procureur de la République, modifier les horaires de présence au domicile ou dans les lieux d'assignation, dès lors qu'il s'agit de modifications ne touchant pas à l'équilibre de la mesure de contrôle.

Article D. 32-17. – Accord préalable – *(Décret n° 2010-355 du 1er avril 2010)*

• L'accord préalable du juge d'instruction prévu par l'article 142-9 pour que les horaires de présence au domicile ou dans les lieux d'assignation soient modifiés par le chef d'établissement pénitentiaire ou par le directeur du service pénitentiaire d'insertion et de probation, dès lors qu'il s'agit de modifications favorables à la personne mise en examen ne touchant pas à l'équilibre de la mesure de contrôle, est mentionné dans l'ordonnance décidant de l'assignation à résidence.

• Si cet accord est donné postérieurement au prononcé de la mesure, il figure dans un document distinct qui est adressé sans délai au chef d'établissement pénitentiaire ou au directeur du service pénitentiaire d'insertion et de probation.

• Le juge peut à tout moment de la procédure décider de retirer cet accord. Il doit alors en informer sans délai le chef d'établissement pénitentiaire ou le directeur du service pénitentiaire d'insertion et de probation.

Article D. 32-18. – Copies des décisions – *(Décret n° 2010-355 du 1er avril 2010)*

• Copies des décisions du chef d'établissement pénitentiaire ou du directeur du service pénitentiaire d'insertion et de probation modifiant les horaires de présence au domicile ou dans les lieux d'assignation sont adressées sans délai au juge d'instruction.

• Ce magistrat peut annuler les modifications accordées par ordonnance non susceptible de recours, sans préjudice de la possibilité pour la personne de former une demande de modification en application de l'article D. 32-16.

Article D. 32-19. – Mainlevée de l'assignation à résidence – *(Décret n° 2010-355 du 1er avril 2010)*

• Conformément aux dispositions des articles 140 et 142-8, la mainlevée de l'assignation à résidence avec surveillance électronique peut être ordonnée à tout moment par le juge d'instruction, soit d'office, soit sur les réquisitions du procureur de la République, soit sur la demande de la personne après avis du procureur de la République.

• Le juge d'instruction statue sur la demande de la personne dans un délai de cinq jours, par ordonnance motivée susceptible d'appel, conformément aux dispositions des articles 185 et 186.

• Faute pour le juge de l'instruction d'avoir statué dans ce délai, la personne peut saisir directement de sa demande la chambre de l'instruction qui, sur les réquisitions écrites et motivées du procureur général, se prononce dans les vingt jours de sa saisine. À défaut, la mainlevée de l'assignation à résidence avec surveillance électronique est acquise de plein droit, sauf si des vérifications concernant la demande de la personne ont été ordonnées.

§ 5. – Dispositions applicables en cas de non-respect de l'assignation à résidence avec surveillance électronique

Article D. 32-20. – Soustraction volontaire aux obligations – *(Décret n° 2010-1277 du 27 octobre 2010)*

• Conformément aux dispositions des articles 141-2 et 142-8, si la personne mise en examen se soustrait volontairement aux obligations de l'assignation à résidence avec surveillance électronique, le juge d'instruction peut décerner à son encontre le mandat d'arrêt ou d'amener.

• Le juge de l'instruction peut également, dans les conditions prévues au quatrième alinéa de l'article 137-1, saisir le juge des libertés et de la détention aux fins de placement en détention provisoire.

• Quelle que soit la peine d'emprisonnement encourue, le juge des libertés et de la détention peut décerner, à l'encontre de cette personne, un mandat de dépôt en vue de sa détention provisoire, sous réserve des dispositions des articles 141-3 et D. 32-21.

• En cas de violation des obligations prévues par les 9° et 17° de l'article 138, les dispositions de l'article 141-4 sont applicables, ainsi que celles du second alinéa de l'article 141-2 et celles du dernier alinéa de l'article 394.

Article D. 32-21. – Durée cumulée – *(Décret n° 2010-355 du 1er avril 2010)*

• Conformément aux dispositions des articles 141-3 et 142-8, lorsque la détention provisoire est ordonnée à la suite d'une révocation de l'assignation à résidence avec surveillance électronique à l'encontre d'une personne antérieurement placée en détention provisoire pour les mêmes faits, la durée cumulée des détentions ne peut excéder de plus de quatre mois la durée maximale de la détention prévue respectivement aux articles 145-1 et 145-2.

• Lorsque la peine encourue est inférieure à celle mentionnée à l'article 143-1, la durée totale des détentions ne peut excéder quatre mois.

§ 6. – Dispositions applicables en cas de non-lieu

Article D. 32-22. – Décision de non-lieu – *(Décret n° 2010-355 du 1er avril 2010)*

• Lorsqu'une décision de non-lieu est notifiée à une personne ayant été placée sous assignation à résidence avec surveillance électronique, celle-ci est avisée de son droit à réparation, conformément aux dispositions de l'article 149.

§ 7. – Dispositions applicables en cas de renvoi devant la juridiction de jugement

Article D. 32-23. – Renvoi devant le tribunal correctionnel – *(Décret n° 2019-508 du 24 mai 2019)*

• Conformément aux dispositions de l'article 179, en cas de renvoi devant le tribunal correctionnel de la personne mise en examen, l'assignation à résidence avec surveillance électronique prend fin, sauf décision motivée du juge d'instruction ordonnant le maintien de la mesure.

• Dans ce cas, la durée totale de l'assignation à résidence, compte tenu de celle exécutée au cours de l'instruction, ne peut excéder une durée de 2 ans conformément aux dispositions du deuxième alinéa de l'article 142-7.

Article D. 32-24. – Mise en accusation devant la cour d'assises – *(Décret n° 2019-508 du 24 mai 2019)*

• Conformément aux dispositions de l'article 181, en cas de mise en accusation devant la cour d'assises de la personne mise en examen, l'assignation à résidence avec surveillance électronique continue de produire ses effets.

• La durée totale de l'assignation à résidence, compte tenu de celle exécutée au cours de l'instruction, ne peut alors excéder une durée de 2 ans conformément aux dispositions du deuxième alinéa de l'article 142-7.

• Le juge d'instruction peut également, dans son ordonnance de mise en accusation, ordonner la mainlevée de la mesure.

Article D. 32-25. – Soustraction aux obligations de l'assignation à résidence avec surveillance électronique – *(Décret n° 2010-355 du 1er avril 2010)*

• Si la personne se soustrait aux obligations de l'assignation à résidence avec surveillance électronique alors qu'elle est renvoyée devant la juridiction de jugement, le procureur de la République peut saisir le juge des libertés et de la détention pour que celui-ci décerne le mandat d'arrêt ou d'amener à son encontre. Ce magistrat est également compétent pour ordonner, conformément aux dispositions de l'article 135-2, le placement en détention provisoire de l'intéressé.

Article D. 32-25-1. – Peine d'emprisonnement ferme assorti d'un mandat de dépôt à effet différé... – *(Décret n° 2021-1820 du 24 décembre 2021)*

• Lorsque la personne renvoyée devant la juridiction de jugement est condamnée à une peine d'emprisonnement ferme assorti d'un mandat de dépôt à effet différé prononcé avec exécution provisoire, les obligations de l'assignation à résidence sous surveillance électronique ou sous surveillance électronique mobile demeurent applicables jusqu'à ce que la personne soit incarcérée, au plus tard avant l'expiration du délai d'appel de 10 jours. La dépose du dispositif de surveillance électronique par le personnel de l'administration pénitentiaire intervient alors au moment de l'incarcération.

• Si la personne est condamnée, avec exécution provisoire, à la peine de détention à domicile sous surveillance électronique ou à une peine d'emprisonnement ferme aménagée sous la forme d'une détention à domicile sous surveillance électronique, ces obligations demeurent applicables jusqu'à ce que la peine soit effective, au plus tard avant l'expiration du délai d'appel de 10 jours.

• Les dispositions du présent article sont applicables lorsque la personne renvoyée devant la juridiction fait l'objet d'un dispositif électronique mobile anti-rapprochement prévu aux articles 138-3 du présent code et qu'elle est condamnée, avec exécution provisoire, soit à une peine d'emprisonnement ferme avec mandat de dépôt à effet différé, soit à la peine de détention à domicile sous surveillance électronique ou à une peine d'emprisonnement aménagée par la juridiction ou à un sursis probatoire comportant ce dispositif en application de l'article 132-45-1 du Code pénal.

• Les dispositions du présent article sont également applicables lorsque ces mesures ont été prononcées en application des articles 394, 396 ou 397-1-1 du présent code.

§ 8. – Dispositions applicables aux mineurs

Articles D. 32-26 à D. 32-28. – *(Abrogés – Décret n° 2021-683 du 27 mai 2021)*

Sous-section 3

Dispositions relatives au contrôle judiciaire et à l'assignation à résidence applicables en cas de violences au sein du couple

Article D. 32-29. – Infractions commises par le conjoint, le concubin ou le partenaire *(PACS)*... – *(Décret n° 2010-355 du 1er avril 2010)*

• En cas d'information concernant des infractions commises soit par le conjoint, le concubin ou le partenaire lié à la victime par un pacte civil de solidarité, soit par l'ancien conjoint, l'ancien concubin ou l'ancien partenaire lié à la victime par un pacte civil de solidarité, une ou plusieurs des obligations et interdictions suivantes peuvent être ordonnées dans le cadre du contrôle judiciaire ou de l'assignation à résidence sous surveillance électronique, conformément aux dispositions des 9° et 17° de l'article 138 :

• 1° S'abstenir de recevoir ou de rencontrer la victime ou d'entrer en relation avec elle, de quelque façon que ce soit ;

• 2° Résider hors du domicile ou de la résidence de la victime, y compris s'il s'agissait du domicile ou de la résidence du couple ;

• 3° S'abstenir de paraître dans le domicile ou la résidence de la victime, y compris s'il s'agissait du domicile ou de la résidence du couple ;

• 4° S'abstenir de paraître aux abords immédiats du domicile ou de la résidence de la victime, y compris s'il s'agissait du domicile ou de la résidence du couple.

Article D. 32-30. – Dispositif de téléprotection – *(Décret n° 2020-81 du 3 février 2020)*

• Lorsque l'une ou plusieurs des obligations et interdictions mentionnées à l'article D. 32-29 ont été prononcées, la victime peut, si elle y consent expressément et pour une durée déterminée, se voir attribuer un dispositif de téléprotection permettant d'alerter les autorités publiques en cas de violation de ces obligations ou interdictions.

• Il peut également être recouru au dispositif prévu par le présent article lorsque l'interdiction faite à l'auteur de l'infraction de rencontrer sa victime résulte d'une alternative aux poursuites, d'une composition pénale, d'un sursis probatoire, d'un aménagement de peine ou d'une libération conditionnelle.

Sous-section 4

De la détention provisoire

Article D. 32-31. – Modalités – *(Décret n° 2010-355 du 1er avril 2010)*

• Lorsque, conformément aux dispositions des septième et neuvième alinéas de l'article 145, le juge des libertés et de la détention ordonne l'incarcération provisoire de la personne mise en examen en vue d'un débat différé, soit d'office, soit à la suite d'une demande de délai de l'intéressé ou de son avocat, ce magistrat peut, afin qu'il soit procédé aux vérifications sur la situation de la personne prévues par l'article 81, directement saisir :

• 1° Le service pénitentiaire d'insertion et de probation ;

• 2° Le service compétent de la protection judiciaire de la jeunesse ;

• 3° Toute association habilitée en application des dispositions du sixième alinéa de l'article 81.

[J] **• Infractions à la législation sur les stupéfiants – Association de malfaiteurs – Non-justification de ressources ou de l'origine d'un bien et blanchiment – Incarcération provisoire – Vérifications prévues à l'article 81 du C.P.P. – Demandes de l'intéressé ou de son conseil – Réponse du juge – Faculté**

REJET du pourvoi formé par M. X... S... contre l'arrêt de la chambre de l'instruction de la cour d'appel d'Amiens, en date du 03/05/2019, qui, dans l'information suivie contre lui des chefs d'infractions à la législation sur les stupéfiants, association de malfaiteurs, non justification de ressources ou de l'origine d'un bien et blanchiment, a confirmé l'ordonnance de placement en détention provisoire rendue par le juge des libertés et de la détention.

Lorsque, conformément aux dispositions des 7 et 9 alinéas de l'article 145 du C.P.P., le juge des libertés et de la détention ordonne l'incarcération provisoire d'une personne mise en examen, l'article D. 32-31 dudit code, qui laisse à ce magistrat la faculté d'apprécier s'il y a lieu de saisir le service pénitentiaire d'insertion et de probation, en vue de vérifications prévues à l'article 81 dudit code, ne lui impose pas de répondre à une demande de la part de l'intéressé ou de son conseil, tendant à ce qu'il soit procédé à ces vérifications.

(Cour de cassation – Chambre criminelle du 24 juillet 2019 – N° de pourvoi : 19-83359).

Section VIII

Des commissions rogatoires

Article D. 33. – O.P.J.

• Lorsqu'un juge d'instruction adresse une commission rogatoire à un officier de police judiciaire chef d'un service de police ou d'une unité de gendarmerie, celui-ci peut en faire assurer l'exécution par un officier de police judiciaire placé sous son autorité, à condition que ce dernier agisse dans les limites de sa compétence territoriale.

• L'officier de police judiciaire chargé de l'exécution d'une commission rogatoire par son chef hiérarchique doit, sans préjudice de l'application des dispositions de l'article D 9, en rendre compte immédiatement au magistrat mandant si celui-ci a prescrit cette diligence.

Article D. 34. – Information du magistrat

• L'officier de police judiciaire chargé de l'exécution d'une commission rogatoire tient le magistrat commettant informé de son activité.

• Il lui réfère sans délai des difficultés qui viendraient à se présenter et solliciter ses instructions.

Article D. 35. – C.R. – Diffusion en reproductions ou copies – *(Décret n° 2019-507 du 24 mai 2019)*

• Lorsqu'une commission rogatoire prescrit des opérations simultanées sur divers points du territoire, le juge d'instruction peut ordonner sa diffusion par tout moyen aux juges d'instruction ou officiers de police judiciaire chargés de son exécution.

Article D. 36. – *(Abrogé – Décret n° 2019-507 du 24 mai 2019)*

Article D. 36-1. – Opérations – Instructions O.P.J. – *(Décret n° 2016-1202 du 7 septembre 2016)*

• Les dispositions de l'article D. 15-5-1 sont également applicables aux opérations réalisées sur commission rogatoire du juge d'instruction.

Section IX

De l'expertise

Article D. 37. – Expertises médicales – *(Décret n° 2007-699 du 3 mai 2007)*

• Les dispositions de l'article 161-1 ne sont pas applicables aux expertises médicales dont l'objet est d'apprécier l'importance du dommage subi par la victime.

Article D. 38. – Expert appartenant à une association – *(Décret n° 2007-699 du 3 mai 2007)*

• Lorsque l'expert désigné par le juge d'instruction appartient à une association visée aux articles 2-1 à 2-21 et que l'information porte sur des faits pour lesquels cette association peut se constituer partie civile, il est tenu de déclarer cette appartenance au juge d'instruction dès réception de l'ordonnance de désignation. Si le juge maintient la désignation de l'expert, la déclaration d'appartenance est mentionnée dans le rapport d'expertise.

Article D. 39. – Envoi des rapports d'expertise ou de leurs conclusions – *(Décret n° 2007-1620 du 15 novembre 2007)*

• L'envoi aux avocats des rapports d'expertise ou de leurs conclusions, qu'il s'agisse des rapports d'étape, provisoires ou définitifs, prévus par les articles 161-2, 166, 167 et 167-2, peut être réalisé selon les modalités prévues par l'article 803-1.

Article D. 40. – Modalités – *(Décret n° 2007-1620 du 15 novembre 2007)*

• Les demandes d'expertises, de modification de la mission d'un expert ou d'adjonction d'un co-expert et les observations concernant les rapports d'expertise prévues par les articles 156, 161-1, 161-2, 167 et 167-2 sont adressées au juge d'instruction selon les modalités prévues par l'avant-dernier alinéa de l'article 81.

• Toutefois, elles peuvent être faites selon les modalités prévues par l'article D. 591 lorsque les dispositions de cet article sont applicables à la suite du protocole passé par les chefs de la juridiction et le barreau.

Section X – (Néant)

Section XI

Des ordonnances de règlement

Article D. 40-1. – C.R. – Diffusion en reproductions ou copies – *(Décret n° 2019-508 du 24 mai 2019)*

• L'avis de fin d'information adressé aux parties en application du I de l'article 175 comporte une mention informant celles-ci de leur droit de demander, si elles ne l'ont pas déjà fait, et selon les modalités prévues à l'avant-dernier alinéa de l'article 81, à exercer l'un ou plusieurs des droits prévus aux IV et VI de l'article 175.

Article D. 40-1-1. – Observations écrites– Requêtes – *(Décret n° 2019-508 du 24 mai 2019)*

• Si une partie a demandé d'exercer l'un ou plusieurs des droits prévus aux IV et VI de l'article 175, les dispositions concernées des IV et VI de cet article sont applicables à l'ensemble des parties.

Article D. 40-1-2. – Envoi du réquisitoire définitif – *(Décret n° 2019-508 du 24 mai 2019)*

• Lorsque le réquisitoire définitif du procureur de la République adressé au juge d'instruction en application du II de l'article 175 n'a pas été adressé en copie aux avocats des parties, le greffier du juge d'instruction ou le secrétariat commun de l'instruction procède à cet envoi.

• Cet envoi peut être effectué par un moyen de communication électronique selon les modalités prévues par l'article 803-1.

Article D. 40-2. – Observations, demandes d'actes et d'observations complémentaires – *(Décret n° 2019-508 du 24 mai 2019)*

• Les observations, les demandes d'actes et les observations complémentaires prévues par les IV et VI de l'article 175 sont adressées au juge d'instruction selon les modalités prévues par l'avant-dernier alinéa de l'article 81.

• Toutefois, elles peuvent être faites par un moyen de communication électronique selon les modalités prévues par l'article D. 591 lorsque les dispositions de cet article sont applicables à la suite du protocole passé par les chefs de la juridiction et le barreau.

Section XII

De l'appel des ordonnances du juge d'instruction ou du juge des libertés et de la détention

Article D. 40-3. – Copie du dossier de l'information – *(Décret n° 2019-507 du 24 mai 2019)*

• Pour l'application des articles 186 et 186-1, ainsi que pour l'ensemble des transmissions de dossiers à la cour d'appel, la copie du dossier de l'information prévue par l'article 81 devant être adressée au procureur général ou au président de la chambre de l'instruction peut être la copie sous format numérique prévue par l'article D. 15-7. Elle peut être transmise par un moyen de communication électronique.

CHAPITRE II

De la chambre d'instruction : juridiction d'instruction du second degré

Section I

Dispositions générales

Article D. 43. – Nombre et jour des audiences – *(Décret n° 2007-699 du 3 mai 2007)*

• Le nombre et le jour des audiences de la chambre de l'instruction sont fixés à la fin de chaque année judiciaire pour l'année judiciaire suivante par une décision conjointe du premier président et du procureur général prise après avis de l'assemblée générale de la cour d'appel.

• En cas de nécessité, cette décision peut être modifiée dans les mêmes conditions en cours d'année.

• En cas d'impossibilité de parvenir à une décision conjointe, le nombre et le jour des audiences de la chambre de l'instruction sont fixés par le seul premier président.

Article D. 43-1. – Procédure d'instruction – Dossier – *(Décret n° 2021-1130 du 30 août 2021)*

• Pour l'application des articles 187-3 et 194, le dossier de la procédure d'instruction peut être transmis au 1er président de la cour d'appel, au procureur général, à la chambre de l'instruction ou à son président, par un moyen de communication électronique à l'adresse électronique du service compétent du greffe de la cour d'appel, notamment lorsque ce dossier a été établi ou converti sous format numérique en application du premier alinéa de l'article 801-1 et des articles D. 589 à D. 589-7.

Section II
Pouvoirs propres du président de la chambre de l'instruction

Article D. 43-1-1. – États semestriels – *(Décret n° 2021-1130 du 30 août 2021)*

• Au moins 1 fois par an, à l'occasion de l'un des envois des états semestriels prévus par l'article 221, le président de la chambre de l'instruction ou un conseiller de la chambre par lui délégué reçoit les juges d'instruction de son ressort pour examiner le contenu de ces états. Cet entretien peut aussi avoir lieu à l'occasion d'une visite du cabinet du juge d'instruction par le président ou le conseiller délégué.

Article D. 43-2. – Demande de copie du dossier – *(Décret n° 2007-699 du 3 mai 2007)*

• Pour l'application des dispositions des articles 220, 221-1, 221-3 et 223, le président de la chambre de l'instruction peut à tout moment demander à un juge d'instruction du ressort de la cour d'appel de lui communiquer copie du dossier d'une information en cours.

Article D. 43-2-1. – Chambre de l'instruction – Audition J.I. – *(Décret n° 2021-1130 du 30 août 2021)*

• À tout moment, y compris lorsque la chambre de l'instruction est saisie soit d'un appel d'une ordonnance rendue au cours de l'information, notamment en matière de détention provisoire, de demande d'actes ou de calendrier prévisionnel de la procédure, soit d'une requête en nullité, soit d'une demande directe faute pour le juge d'instruction d'avoir rendu son ordonnance dans le délai prévu par la loi, son président peut, y compris préalablement à l'examen du dossier par la chambre, entendre le juge d'instruction, hors la présence des parties, le cas échéant par l'intermédiaire d'un moyen de télécommunication, afin de recevoir des observations sur le déroulement d'une procédure d'information. Lorsque cette audition intervient alors que la chambre a été saisie par les parties, le président rédige un compte rendu de celle-ci, qui est versé au dossier de la procédure au moins 48 heures avant que la chambre ne se prononce. À l'occasion de son audition, le juge d'instruction peut remettre des observations écrites qui sont alors immédiatement versées au dossier.

Article D. 43-3. – Désignation – *(Décret n° 2007-699 du 3 mai 2007)*

• Le président de la chambre de l'instruction informe chaque juge d'instruction du ressort de la cour d'appel de la désignation du magistrat référent de cette chambre par lui choisi pour être spécialement chargé d'assurer le suivi administratif du cabinet de ce juge et d'exercer, en ce qui le concerne, tout ou partie des attributions prévues par les articles 220 à 223. À cette fin, le président peut déléguer à un ou plusieurs conseillers de la chambre tout ou partie de ses pouvoirs en application du troisième alinéa de l'article 219, lorsqu'il ne s'est pas lui-même désigné comme magistrat référent.

Article D. 43-4. – Requête – *(Décret n° 2019-966 du 18 septembre 2019)*

• À peine d'irrecevabilité, la demande de la personne mise en examen tendant à l'examen de l'ensemble de la procédure par la chambre de l'instruction en application des dispositions de l'article 221-3 fait l'objet d'une requête motivée destinée au président de cette chambre, qui est transmise à ce dernier par l'intermédiaire du juge d'instruction conformément aux dispositions du présent article. Cette requête précise si l'intéressé demande à comparaître devant la chambre.

• La requête doit faire l'objet d'une déclaration au greffier du juge d'instruction saisi du dossier. Elle est constatée et datée par le greffier qui la signe ainsi que le demandeur ou son avocat. Si le demandeur ne peut signer, il en est fait mention par le greffier. Lorsque le demandeur ou son avocat ne réside pas dans le ressort du tribunal judiciaire compétent, la déclaration au greffier peut être faite au moyen d'une lettre recommandée avec demande d'avis de réception.

• La requête peut également être faite par le mis en examen détenu au moyen d'une déclaration auprès du chef de l'établissement pénitentiaire. Cette déclaration est constatée et datée par le chef de l'établissement pénitentiaire qui la signe, ainsi que le demandeur. Si celui-ci ne peut signer, il en est fait mention par le chef de l'établissement. Ce document est adressé sans délai, en original ou copie et par tout moyen, au greffier du juge d'instruction.

• Le juge d'instruction adresse sans délai l'original de la requête au président de la chambre de l'instruction, avec une copie du dossier de la procédure.

• Le président de la chambre de l'instruction statue dans les 8 jours de la réception de la requête et du dossier, conformément aux dispositions du 1er alinéa de l'article 221-3. Sa décision est notifiée à la personne mise en examen par le chef de l'établissement pénitentiaire, et à son avocat par lettre recommandée ou conformément aux dispositions de l'article 803-1. Copie de cette décision est adressée au juge d'instruction.

Article D. 43-5. – Compétence – Président de la chambre de l'instruction – *(Décret n° 2019-508 du 24 mai 2019)*

• Conformément aux articles 41-4, 41-6, 99, 706-153 et 778, le président de la chambre de l'instruction est compétent pour statuer seul sur les demandes ou les recours ou contentieux relatifs :

• – à la restitution d'objets placés sous-main de justice ;

• – à la saisie de biens ou droits incorporels ;

• – à des demandes de rectification de l'état civil.

• L'auteur de la demande ou du recours peut toutefois préciser dans sa demande ou son recours qu'il saisit la chambre de l'instruction dans sa formation collégiale.

• À défaut, le président peut décider, au regard de complexité du dossier, que celui-ci soit examiné par la chambre dans sa composition collégiale.

Article D. 43-6. – Décision – *(Décret n° 2021-1130 du 30 août 2021)*

• Lorsqu'en application aux articles 41-4, 41-6, 99, 706-153 et 778 ou de toute autre disposition législative, le président de la chambre de l'instruction est compétent pour statuer seul sur une demande, un recours ou un contentieux, il se prononce dans un délai raisonnable et dans le respect du contradictoire, après avoir recueilli les observations écrites du procureur général et des parties.

• Sauf si la loi en dispose autrement, la décision du président de la chambre de l'instruction peut faire l'objet d'un pourvoi en cassation en cas d'excès de pouvoir.

Section III

De la notation et du contrôle de l'activité judiciaire des officiers de police judiciaire

(Dispositions prises pour l'application des articles 13, 16, 19-1, 224 à 230 et R. 14 à R. 15-6 du code de procédure pénale)

Article D. 44. – Dossier individuel – O.P.J. – *(Décret n° 2019-507 du 24 mai 2019)*

• Il est tenu en permanence au parquet général de chaque cour d'appel le cas échéant de façon dématérialisée, un dossier individuel concernant l'activité, en tant qu'officier de police judiciaire et pour l'ensemble du ressort, de chacun des fonctionnaires et militaires habilités à exercer les attributions attachées à la qualité d'officier de police judiciaire.

• Ce dossier comprend notamment :

• 1° La ou les demandes d'habilitation, ainsi que les documents qui y sont joints ;

• 2° La copie des décisions prononcées par l'autorité judiciaire en application des dispositions des articles 16-1, 16-3, 224 à 229, R. 15-2 et R. 15-5, et notamment la copie des arrêtés d'habilitation ;

• 3° L'avis des promotions dont l'intéressé a pu faire l'objet depuis son affectation dans le ressort de la cour d'appel ;

• 4° La copie de tout document émanant d'un magistrat ou d'un service exerçant des attributions d'inspection et relatif à l'exercice des activités judiciaires de l'intéressé ;

• 5° Les notations établies en application des dispositions ci-après.

• Le dossier est communiqué à la chambre d'instruction lorsque celle-ci se trouve saisie dans les conditions fixées à l'article 225.

Article D. 44-1. – Changement d'affectation – O.P.J. – *(Décret n° 2019-507 du 24 mai 2019)*

• En cas de changement d'affectation d'un officier de police judiciaire dans le ressort d'une autre cour d'appel, y compris en cas de mise à disposition temporaire en application du 2e alinéa de l'article 18, les autorités mentionnées aux a à c de l'article R. 14 ou le chef du service dont relève l'officier de police judiciaire en informent le procureur général du précédent lieu d'affectation et le procureur général du nouveau lieu d'affectation.

• Le procureur général du précédent lieu d'affectation transmet alors le dossier individuel au procureur général du nouveau lieu d'affectation.

• Les autorités mentionnées au 1er alinéa informent également le procureur général du lieu d'affectation de l'officier de police judiciaire de toute interruption durable ou définitive des fonctions de police judiciaire.

Article D. 44-2. – Notation des O.P.J. – *(Décret n° 2022-546 du 13 avril 2022)*

• Le procureur de la République, après avoir recueilli les observations du ou des juges d'instruction et, le cas échéant, des juges des enfants ainsi que celles du ou des présidents de chambres correctionnelles, établit, tous les 2 ans, une proposition de notation des officiers de police judiciaire affectés dans un service ou une unité ayant son siège dans le ressort du tribunal, qu'il transmet au procureur général près la cour d'appel.

• La notation est établie par le procureur général, après consultation, le cas échéant, des autres procureurs de la République concernés de son ressort, des présidents de la chambre de l'instruction, de la chambre des mineurs, de la chambre des appels correctionnels et des cours d'assises. Lorsque le service ou l'unité dans lequel l'officier de police judiciaire est affecté excède le ressort de la cour d'appel, ou lorsque l'officier de police judiciaire est affecté depuis moins d'un an dans le ressort de la cour d'appel, le procureur général peut également recueillir l'avis des autres procureurs généraux concernés.

Article D. 44-3. – Propositions de notation et notations – *(Décret n° 2022-546 du 13 avril 2022)*

• Les propositions de notation et les notations prévues à l'article D. 44-2 sont établies sur un imprimé conforme au modèle fixé par le ministre de la justice.

• Elles doivent comporter une appréciation générale circonstanciée, ainsi qu'une note chiffrée de 0 à 10 et une appréciation sur chacun des éléments suivants lorsqu'ils ont été observés :

• 1. Relations professionnelles avec l'autorité judiciaire ;

• 2. Qualité de la coordination de l'activité de police judiciaire du service ou de l'unité ;

• 3. Qualité des procédures et de la rédaction des rapports et des procès-verbaux ;

• 4. Qualité des constatations et des investigations techniques ;

• 5. Valeur des informations données au parquet ;

• 6. Engagement professionnel ;

• 7. Capacité à conduire les investigations ;

• 8. Degré de confiance accordé.

• Lorsque l'un de ces éléments n'a pas été observé, la mention : «activité judiciaire non observée» est substituée à la notation chiffrée et à l'appréciation correspondantes.

Article D. 44-4. – Notation établie par le P.G. – Information de l'O.P.J. – *(Décret n° 2022-546 du 13 avril 2022)*

• La notation établie par le procureur général est portée directement à la connaissance de l'officier de police judiciaire qui peut présenter des observations par écrit dans un délai de 15 jours, délai à l'issue duquel la notation définitive est communiquée à l'autorité administrative ou militaire chargée d'établir les propositions d'avancement de l'intéressé.

Article D. 44-5. – Indisponibilité temporaire du magistrat – *(Décret n° 2022-546 du 13 avril 2022)*

• En cas d'indisponibilité temporaire du magistrat dont les fonctions sont définies aux articles 230-9, 230-14 et 230-24, celles-ci sont exercées par le magistrat du parquet hors hiérarchie faisant partie du comité respectivement prévu par les articles R. 40-32, R. 40-37 et R. 40-41.

LIVRE II

DES JURIDICTIONS DE JUGEMENT

TITRE Ier

DE LA COUR D'ASSISES

Article D. 45. – Date interrogatoire – Réunion préparatoire criminelle – *(Décret n° 2022-546 du 13 avril 2022)*

• Lorsque la date de l'audience d'une affaire devant la cour d'assises a été arrêtée conformément aux dispositions de l'article 238, le président de la cour d'assises décide de la date de l'interrogatoire de l'accusé prévu par l'article 272 et de celle de la réunion préparatoire criminelle prévue par l'article 276-1 au regard notamment de la complexité du dossier et du nombre des accusés ou des parties civiles.

• Il peut prévoir que la réunion préparatoire criminelle, à laquelle n'assiste pas l'accusé, se tient, soit immédiatement à la suite de son interrogatoire, soit à une date ultérieure. Sauf impossibilité, la réunion préparatoire doit intervenir au moins 45 jours avant la date de l'ouverture des débats, afin de permettre la signification de la liste des témoins 1 mois avant cette date conformément à l'article 281.

Article D. 45-1. – Avocat – Information – *(Décret n° 2022-546 du 13 avril 2022)*

• L'avocat de l'accusé est avisé par tout moyen de la date de l'interrogatoire au moins cinq jours ouvrables avant celui-ci.

• Lorsque l'avocat de l'accusé est présent lors de l'interrogatoire et que la cour d'assises est saisie pour statuer à la suite d'un appel formé par l'accusé sans que ce dernier ait fait application de l'article 380-2-1 A, le président peut demander à l'accusé s'il ne conteste pas les réponses données par la cour d'assises en 1er ressort sur la culpabilité et s'il entend limiter son appel à la décision sur la peine. Dans ce cas, sa réponse est mentionnée dans le procès-verbal prévu à l'article 276.

Article D. 45-1-1. – Ministère public et Avocats – Avis – *(Décret n° 2022-546 du 13 avril 2022)*

• Le ministère public et les avocats de l'ensemble des parties sont avisés par tout moyen de la date de la réunion préparatoire criminelle au moins 5 jours ouvrables avant celle-ci.

• Cet avis précise selon quelles modalités, notamment de télécommunication, les avocats pourront participer à cette réunion.

• Le président de la cour d'assises peut joindre à cet avis un document faisant état du projet de déroulement prévisionnel de l'audience mentionnant, au vu notamment des propositions qui lui ont été préalablement communiquées par le ministère public, la liste des témoins et des experts qui seront cités, et mentionnant également leur ordre de déposition ainsi que la durée de l'audience.

Article D. 45-1-2. – Procès-verbal – Réunion criminelle préparatoire – *(Décret n° 2022-546 du 13 avril 2022)*

• À l'issue de la réunion criminelle préparatoire, qui peut se tenir avec l'assistance du greffier de la cour d'assises, le président de la cour d'assises établit ou fait établir un procès-verbal faisant état :

• – soit de l'absence d'accord intervenu entre les participants ;

• – soit de l'accord intervenu portant sur la liste des témoins et des experts qui seront cités, leur ordre de déposition ainsi que la durée de l'audience, ou portant sur certains de ces 3 points.

• Ce procès-verbal est signé par le président et, le cas échéant, par le greffier, et une copie en est remise ou adressée ultérieurement par tout moyen au ministère public et à l'ensemble des avocats des parties.

• L'absence d'un ou plusieurs des avocats convoqués est mentionnée dans le procès-verbal. Elle ne fait pas obstacle à la tenue de la réunion, ni à l'obtention d'un accord, sauf si le président considère, au regard notamment du nombre des avocats absents, qu'un tel accord ne peut être utilement obtenu.

• Il n'est pas fait état dans le procès-verbal du contenu des échanges ayant eu lieu au cours de la réunion.

Article D. 45-1-3. – Non-respect des dispositions – Articles 276-1, D. 45-1 à D. 45-1-2 – *(Décret n° 2022-546 du 13 avril 2022)*

• Le non-respect des dispositions des articles 276-1, D. 45-1 à D. 45-1-2 ne constitue pas une cause de nullité de l'audience tenue devant la cour d'assises.

Article D. 45-1-4. – Confiscation d'un bien – Cour d'assises – *(Décret n° 2022-546 du 13 avril 2022)*

• En application du dernier alinéa de l'article 131-21 du Code pénal, lorsqu'est susceptible d'être prononcée par la cour d'assises statuant en 1er ressort ou en appel la confiscation d'un bien sur lequel une personne autre que l'accusé dispose d'un droit de propriété, y compris s'il s'agit de l'époux de l'accusé et que le bien fait partie de la communauté, que ce titre est connu ou que cette personne a réclamé cette qualité au cours de la procédure, le ministère public avise celle-ci par tout moyen de la date d'audience, au moins 1 mois avant celle-ci.

• Cet avis informe la personne que la confiscation de ce bien peut être ordonnée et qu'elle a le droit de présenter elle-même ou par un avocat ses observations à l'audience, le cas échéant selon les modalités prévues au 3e alinéa, aux fins, notamment, de faire valoir le droit qu'elle revendique et sa bonne foi. Cet avis précise que la personne devra si nécessaire communiquer tout justificatif établissant son titre de propriété.

• Ces observations peuvent être faites par un document écrit remis au greffe de la cour d'assises et consigné par le greffier soit avant l'audience, soit pendant l'audience, ou adressées au greffe de la cour d'assises par lettre recommandée avec demande d'accusé de réception parvenue au moins 24 heures avant la date d'audience; dans ce cas, le président de la cour d'assises informe les jurés de la teneur de ces observations.

• Si le bien avait été placé sous main de justice, la personne peut demander sa restitution en application de l'article 373. Elle peut alors prétendre à la mise à disposition des seules pièces de la procédure se rapportant à la saisie de ce bien.

• Si la confiscation du bien est prononcée par la cour d'assises, la personne peut, lorsque cette décision est définitive, en demander la restitution en application de l'article 710.

• Les dispositions du présent article ne sont pas applicables en ce qui concerne la confiscation obligatoire des objets qualifiés de dangereux ou nuisibles par la loi ou le règlement, ou dont la détention est illicite.

• Il n'y a pas lieu d'aviser la personne mentionnée au 1er alinéa de la date d'audience conformément aux dispositions du présent article si celle-ci est convoquée comme témoin devant la cour d'assises. Dans ce cas, lors de sa déposition, le président lui rappelle qu'elle peut faire ses observations sur la peine de confiscation qui est susceptible d'être prononcée.

Article D. 45-1-4-1. – Audience – Retransmission en direct – *(Décret n° 2022-1021 du 20 juillet 2022)*

• Si l'intérêt de la bonne administration de la justice le justifie, le président du tribunal judiciaire ou le 1er président de la cour d'appel peut décider qu'une audience de la cour d'assises qui se déroule publiquement en application de l'article 306 sera retransmise en direct dans plusieurs salles d'audience de la juridiction.

• S'il s'agit de l'audience d'une cour d'assises disposant d'une compétence spécialisée qui s'étend aux ressorts d'autres juridictions, il peut décider que cette audience sera retransmise en direct dans une ou plusieurs salles d'audience de la juridiction dans le ressort duquel les faits ont été commis, avec l'accord du président de cette juridiction.

• La décision de retransmission de l'audience est portée à la connaissance des parties. Elle constitue une mesure d'administration judiciaire insusceptible de recours.

• Pour l'application des dispositions du présent article, la salle d'audience de la juridiction dans laquelle a lieu la retransmission peut être située hors des locaux habituels de cette juridiction, dans tout lieu de la ville où cette juridiction a son siège.

Article D. 45-1-5. – Président – Information des jurés – *(Décret n° 2022-546 du 13 avril 2022)*

• Conformément aux dispositions du 1er alinéa de l'article 362 du présent code, si les dispositions des 2 premiers alinéas de l'article 132-23 du Code pénal sont applicables, le président informe les jurés des conséquences de la peine prononcée sur la période de sûreté et de la possibilité de la moduler, selon les modalités prévues par le présent article.

• Le président informe les jurés qu'en cas de condamnation à une peine privative de liberté non assortie du sursis et dont la durée serait égale ou supérieure à 10 ans:

• 1° Le condamné ne pourra bénéficier, pendant une période de sûreté, des dispositions concernant la suspension ou le fractionnement de la peine, le placement à l'extérieur, les permissions de sortir, la semi-liberté et la libération conditionnelle ;

• 2° La durée de cette période de sûreté sera de la moitié de la peine prononcée mais la cour d'assises pourra toutefois, par décision spéciale, soit porter cette durée jusqu'aux deux tiers de la peine, soit décider de la réduire ;

• 3° En application de l'article 720-4 du Code de procédure pénale, si le condamné manifeste des gages sérieux de réadaptation sociale, le tribunal de l'application des peines pourra, à titre exceptionnel, à tout moment pendant l'exécution de la peine, décider de mettre fin à la période de sûreté ou d'en réduire la durée.

• Si la peine encourue est la réclusion criminelle à perpétuité, le président informe également les jurés que si cette peine est prononcée, la durée de la période de sûreté sera de 18 ans, mais que la cour d'assises pourra soit porter cette durée jusqu'à 22 ans, soit décider de la réduire.

• Dans les cas où les dispositions des derniers alinéas des articles 221-3 et 221-4 du Code pénal sont applicables, le président informe également les jurés de ces dispositions ainsi que des dispositions des alinéas 2 et 3 de l'article 720-4 du présent code.

Article D. 45-2. – Détention – *(Décret n° 2022-546 du 13 avril 2022)*

• En application de l'article 367, l'arrêt de la cour d'assises vaut titre de détention jusqu'à ce que la durée de détention ait atteint celle de la peine prononcée, sans préjudice pour l'accusé de son droit à demander sa mise en liberté, lorsque :

• – l'accusé est détenu au moment où l'arrêt est rendu et il est condamné, pour crime ou pour délit, à une peine de réclusion criminelle ou à une peine d'emprisonnement ferme ;

• – l'accusé n'est pas détenu au moment où l'arrêt est rendu et il est condamné pour crime à une peine de réclusion criminelle.

• L'arrêt de la cour d'assises ne vaut pas titre de détention mais la cour peut, par décision spéciale et motivée, décider de décerner mandat de dépôt, à effet immédiat ou différé, si les éléments de l'espèce justifient une mesure particulière de sûreté, lorsque :

• – l'accusé n'est pas détenu au moment où l'arrêt est rendu et il est condamné, pour crime, à une peine d'emprisonnement ferme ;

• – l'accusé n'est pas détenu au moment où l'arrêt est rendu et il est condamné, pour délit, à une peine d'emprisonnement ferme d'une durée supérieure ou égale à 1 an. Dans ce cas, le mandat de dépôt à effet différé ne peut être délivré que si la peine d'emprisonnement est d'au moins 6 mois.

• Pour l'application de l'article 367 et du présent article, est considéré comme détenu l'accusé qui est détenu dans le cadre de la procédure dont est saisie la cour d'assises.

• Lorsqu'il est décerné mandat de dépôt ou mandat de dépôt à effet différé, celui-ci est immédiatement signé par le président de la cour d'assises à l'issue de l'audience et revêtu de son sceau.

• Lorsqu'est décerné un mandat de dépôt à effet différé, les dispositions de l'article D. 45-2-3 sont applicables. La cour peut assortir le mandat de l'exécution provisoire dans les cas prévus aux 2° et 3° de l'article D. 45-2-1-1.

TITRE II

DU JUGEMENT DES DÉLITS

CHAPITRE IER

Du tribunal correctionnel

Section I

De la compétence et de la saisine du tribunal correctionnel

Article D. 45-2-1. – Confiscation d'un bien – Tribunal correctionnel ou Chambre des appels correctionnels – *(Décret n° 2022-546 du 13 avril 2022)*

• En application du dernier alinéa de l'article 131-21 du Code pénal, lorsqu'est susceptible d'être prononcée par le tribunal correctionnel ou la chambre des appels correctionnels la confiscation d'un bien sur lequel une personne autre que le prévenu dispose d'un droit de propriété, y compris s'il s'agit de l'époux du prévenu et que le bien fait partie de la communauté, que ce titre est connu ou que cette personne a réclamé cette qualité au cours de la procédure, le ministère public avise celle-ci par tout moyen de la date d'audience, au moins 10 jours avant celle-ci. Ce délai de 10 jours n'est pas applicable si le tribunal est saisi selon la procédure de comparution immédiate.

• Cet avis informe la personne que la confiscation de ce bien peut être ordonnée et qu'elle a le droit de présenter elle-même ou par un avocat ses observations à l'audience, le cas échéant selon les modalités prévues au 3e alinéa, aux fins, notamment, de faire valoir le droit qu'elle revendique et sa bonne foi. Cet avis précise que la personne devra si nécessaire communiquer tout justificatif établissant son titre de propriété.

• Ces observations peuvent être faites par un document écrit remis au greffe du tribunal correctionnel et consigné par le greffier soit avant l'audience, soit pendant l'audience, ou adressé au greffe du tribunal par lettre recommandée avec demande d'accusé de réception parvenue au moins 24 heures avant la date d'audience.

• Si le bien avait été placé sous main de justice, la personne peut demander sa restitution en application de l'article 479. Elle peut alors prétendre à la mise à disposition des seules pièces de la procédure se rapportant à la saisie de ce bien.

• Si la confiscation du bien est prononcée par le tribunal, la personne est informée par tout moyen de cette décision et, lorsque celle-ci est devenue définitive, elle peut demander la restitution de ce bien en application de l'article 710.

• Les dispositions du présent article ne sont pas applicables en ce qui concerne la confiscation obligatoire des objets qualifiés de dangereux ou nuisibles par la loi ou le règlement, ou dont la détention est illicite.

• Il n'y a pas lieu d'aviser la personne mentionnée au 1er alinéa de la date d'audience conformément aux dispositions du présent article si celle-ci est convoquée comme témoin devant le tribunal correctionnel. Dans ce cas, lors de son audition, le président lui rappelle qu'elle peut faire ses observations sur la peine de confiscation qui est susceptible d'être prononcée.

Article D. 45-2-1 *bis*. – Audience Tribunal correctionnel – Retransmission en direct – *(Décret n° 2022-1021 du 20 juillet 2022)*

• Si l'intérêt de la bonne administration de la justice le justifie, le président du tribunal judiciaire peut décider qu'une audience du tribunal correctionnel qui se déroule publiquement en application de l'article 400 sera retransmise en direct dans plusieurs salles d'audience de la juridiction.

• S'il s'agit de l'audience d'un tribunal correctionnel disposant d'une compétence spécialisée qui s'étend aux ressorts d'autres tribunaux judiciaires, il peut décider que cette audience sera retransmise en direct dans une ou plusieurs salles d'audience du tribunal judiciaire dans le ressort duquel les faits ont été commis, avec l'accord du président de cette juridiction.

• La décision de retransmission de l'audience est portée à la connaissance des parties. Elle constitue une mesure d'administration judiciaire insusceptible de recours.

• Pour l'application des dispositions du présent article, la salle d'audience de la juridiction dans laquelle a lieu la retransmission peut être située hors des locaux habituels de cette juridiction, dans tout lieu de la ville où cette juridiction a son siège.

Sections II à IV

Néant

Section V

Du jugement

• **Nota relatif aux articles D. 45-2-1 à D. 45-2-8 :** À compter du 24 mars 2020 : aux termes du 1er alinéa de l'article 7 du Décret n° 2020-81 du 03/02/2020, conformément aux dispositions de l'article 112-2 du Code pénal et de la 1re phrase du XIX de l'article 109 de la loi n° 2019-222 du 23/03/2019, les présentes dispositions entrent en vigueur le 24/03/2020 pour les condamnations prononcées à compter de cette date, y compris si elles concernent des infractions commises avant cette date.

Article D. 45-2-1-1. – Mandat de dépôt à effet différé – *(Décret n° 2020-187 du 3 mars 2020)*

• Le mandat de dépôt à effet différé décerné par le tribunal correctionnel en application du

3° du I ou du III de l'article 464-2 est immédiatement signé par le président du tribunal correctionnel à l'issue de l'audience et revêtu de son sceau.

• Le tribunal ne peut assortir ce mandat de l'exécution provisoire en application du IV de l'article 464-2 que :

• 1° S'il est saisi selon la procédure de comparution immédiate ou de comparution différée ;

• 2° S'il prononce une peine d'emprisonnement ferme d'une durée d'au moins un an ;

• 3° Quelle que soit la durée de la peine d'emprisonnement prononcée, si les faits sont commis en état de récidive légale.

Article D. 45-2-2. – Durée totale de l'emprisonnement ferme > à 1 an – *(Décret n° 2020-187 du 3 mars 2020)*

• Lorsque la durée totale de l'emprisonnement ferme prononcé, y compris en tenant compte le cas échéant de la révocation de sursis, est supérieure à un an, le tribunal correctionnel qui ne décerne pas un mandat d'arrêt ou de dépôt en application de l'article 465 peut, en application du III de l'article 464-2, décerner un mandat de dépôt à effet différé. Il peut également ne décerner aucun mandat.

• Toutefois, lorsque, compte tenu de la détention provisoire intervenue, la durée de la peine restant à exécuter est inférieure ou égale à 1 an, il ordonne, conformément aux 1° et 2° du I de l'article 464-2, soit une mesure d'aménagement de la peine selon les modalités déterminées par le juge de l'application des peines, soit la convocation du condamné devant ce juge en application de l'article 723-15.

Article D. 45-2-3. – Obligations pour le condamné – *(Décret n° 2020-81 du 3 février 2020)*

• Le mandat de dépôt à effet différé emporte obligations pour le condamné qui n'est pas détenu pour une autre cause :

• 1° De répondre à la convocation à comparaître dans un délai ne pouvant excéder 1 mois devant le procureur de la République, si une telle convocation lui a été délivrée, à l'issue de l'audience lorsqu'il y était présent ou ultérieurement dans le cas contraire ;

• 2° De se présenter, pour y être incarcéré, devant l'établissement pénitentiaire désigné par le procureur de la République à la date et aux horaires fixés par ce magistrat, et dont il a été informé soit à l'issue de l'audience, soit lors de sa comparution devant le procureur de la République.

• Le mandat de dépôt à effet différé fait l'objet d'un ordre de mise à exécution délivré par le procureur de la République conformément à l'article D. 48-2-4.

Article D. 45-2-4. – Délai – *(Décret n° 2020-81 du 3 février 2020)*

• Le délai entre la date à laquelle la personne est informée de la date et de l'horaire de son incarcération, à l'issue de l'audience ou ultérieurement, et la date à laquelle elle doit être incarcérée ne peut excéder 4 mois. Dans la mesure du possible, la date d'incarcération est déterminée en tenant compte de la situation personnelle du condamné et, s'il y a lieu, du taux d'occupation de l'établissement pénitentiaire et de son évolution prévisible.

• L'incarcération ne peut débuter avant que la condamnation ne devienne exécutoire, sauf lorsque le mandat de dépôt à effet différé est assorti de l'exécution provisoire en application du IV de l'article 464-2.

Article D. 45-2-5. – Non-respect du délai – *(Décret n° 2020-81 du 3 février 2020)*

• Le non-respect du délai d'un mois prévu au 2° de l'article D. 45-2-3 ou du délai de 4 mois prévu à l'article D. 45-2-4 ne constitue pas une cause de nullité empêchant la mise à exécution du mandat de dépôt à effet différé, tant que la condamnation n'est pas prescrite.

Article D. 45-2-6. – Mandat de dépôt à effet différé – Personne détenue pour une autre cause – *(Décret n° 2020-81 du 3 février 2020)*

• Si le mandat de dépôt à effet différé est décerné contre une personne qui est détenue pour autre cause, les dispositions des articles D. 45-2-3 et D. 48-2-5 prévoyant la convocation du condamné, la fixation d'une date d'incarcération et la délivrance d'un ordre de mise à exécution du mandat ne sont pas applicables. Le procureur de la République met dès que possible la peine à exécution lorsque la condamnation est exécutoire ou lorsque le mandat a été assorti de l'exécution provisoire.

Article D. 45-2-7. – Information – *(Décret n° 2020-81 du 3 février 2020)*

• La personne à l'encontre de laquelle a été décerné un mandat de dépôt à effet différé est informée que si elle ne satisfait pas, sauf motif légitime ou, en l'absence d'exécution provisoire, exercice des voies de recours, aux obligations prévues aux 1° et 2° de l'article D. 45-2-3, la peine d'emprisonnement pourra être mise à exécution à tout moment par la force publique. Cette information figure dans la convocation qui lui est remise à l'issue de l'audience ou ultérieurement.

Article D. 45-2-8. – *(Abrogé – Décret n° 2021-683 du 27 mai 2021)*

Section VI

Du jugement par défaut et de l'opposition

Article D. 45-2-9. – Opposition – *(Décret n° 2020-81 du 3 février 2020)*

• L'opposition formée à l'encontre d'un jugement par défaut rend non avenu le mandat de dépôt à effet différé, y compris si ce mandat est assorti de l'exécution provisoire, ainsi que l'ordre de mise à exécution de ce mandat qui a pu être délivré par le procureur de la République en application de l'article D. 48-2-5.

Nota : À compter du 24 mars 2020 : aux termes du 1er alinéa de l'article 7 du Décret n° 2020-81 du 03/02/2020, conformément aux dispositions de l'article 112-2 du Code pénal et de la 1re phrase du XIX de l'article 109 de la loi n° 2019-222 du 23/03/2019, les présentes dispositions entrent en vigueur le 24/03/2020 pour les condamnations prononcées à compter de cette date, y compris si elles concernent des infractions commises avant cette date.

Section VII

De la procédure simplifiée de l'ordonnance pénale

Article D. 45-2-10. – Délégué du Procureur de la République – Notification d'une ordonnance pénale – *(Décret n° 2020-1640 du 21 décembre 2020)*

• Lorsque le délégué du procureur de la République notifie une ordonnance pénale délictuelle en application du 2e alinéa de l'article 495-3, il peut recevoir le paiement des amendes pénales prononcées en utilisant un terminal électronique de paiement.

• Il en est de même lorsqu'il notifie une ordonnance pénale contraventionnelle en application du 2e alinéa de l'article 527.

Section VIII

De la comparution sur reconnaissance préalable de culpabilité

Article D. 45-2-11. – P.R. – Décision de recourir à la procédure de C.R.P.C. – *(Décret n° 2022-546 du 13 avril 2022)*

• Lorsque le procureur de la République décide, d'office ou à la demande du prévenu, de recourir à la procédure de comparution sur reconnaissance préalable de culpabilité en application de l'article 495-15, il en informe le président du tribunal correctionnel devant lequel l'affaire avait été audiencée.

• Cette décision ne peut intervenir moins d'un mois avant la date prévue pour l'audience, sauf en cas d'accord du président du tribunal correctionnel.

• Dans tous les cas, s'il est recouru à la procédure de comparution sur reconnaissance préalable de culpabilité, la date de l'audience d'homologation doit être fixée plus de 10 jours avant la date de l'audience prévue devant le tribunal correctionnel.

Article D. 45-2-12. – Demande du prévenu – *(Décret n° 2022-546 du 13 avril 2022)*

• Lorsque la demande du prévenu prévue par l'article 495-15 tendant à l'application de la procédure de comparution sur reconnaissance préalable de culpabilité est adressée au procureur de la République plus de 3 mois avant la date de l'audience fixée devant le tribunal correctionnel, par lettre recommandée avec accusé de réception, par un moyen de télécommunication sécurisé conformément au 21° de l'article D. 591 ou par déclaration au secrétariat du procureur de la République contre récépissé, ce magistrat informe par tout moyen le demandeur s'il décide de ne pas mettre en œuvre cette procédure.

• Le défaut d'information ne constitue cependant pas une cause de nullité de la saisine du tribunal correctionnel.

Section IX

De la procédure de l'amende forfaitaire applicable à certains délits

Article D. 45-3. – Application aux délits – *(Décret n° 2019-507 du 24 mai 2019)*

• La procédure de l'amende forfaitaire est applicable aux délits pour lesquels la loi le prévoit, lorsque ces délits sont constatés par un procès-verbal électronique dressé au moyen d'un appareil sécurisé permettant le recours à une signature sous forme numérique conformément à l'article 801-1.

Nota: Conformément au III de l'article 11 du décret n° 2019-507 du 24/04/2019, ces dispositions entreront en vigueur le lendemain de la publication au Journal officiel de l'arrêté mentionné au dernier alinéa de l'article 495-20 du C.P.P. modifiant les articles A. 36-14 à A. 36-16 de ce code et précisant les modalités selon lesquelles les requêtes et les réclamations peuvent être adressées de façon dématérialisée. Cet arrêté du 17/04/2020 a été publié le 22/04/2020.

Article D. 45-4. – Avis d'information – Notice de paiement – Enquête en exonération – *(Décret n° 2021-1093 du 18 août 2021)*

• À la suite de la constatation du délit, un avis d'infraction, une notice de paiement et un formulaire de requête en exonération, sont envoyés au domicile de l'intéressé par lettre simple.

• Lors de la constatation du délit, la personne est avisée qu'elle recevra un avis d'amende forfaitaire au domicile qu'elle a déclaré. Il est fait mention de cet avis dans le procès-verbal électronique dressé conformément à l'article D. 45-3.

• Lorsque la procédure de l'amende forfaitaire est appliquée au délit de conduite sans assurance, prévu à l'article L. 324-2 du Code de la route et que celui-ci a été constaté, sans interception du conducteur, selon les modalités prévues à l'article L. 130-9 du même code, par ou à partir d'un appareil de contrôle automatique, ces documents sont adressés au titulaire du certificat d'immatriculation.

Article D. 45-5. – Avis d'infraction – *(Décret n° 2019-507 du 24 mai 2019)*

• L'avis d'infraction comporte des mentions relatives:

• 1° Au service verbalisateur, à la nature, au lieu et à la date du délit, aux références des textes réprimant ce délit, et à l'identité de l'auteur de l'infraction;

• 1° *bis* Lorsque l'infraction est commise à l'occasion de la conduite d'un véhicule, aux éléments d'identification du véhicule et à l'identité du conducteur ou, lorsque celle-ci n'a pu être relevée, à celle du titulaire du certificat d'immatriculation;

• 2° Au montant de l'amende forfaitaire encourue ainsi qu'au montant de cette amende en cas de minoration ou de majoration en considération du délai ou du mode de paiement;

• 3° A la procédure applicable en cas de non-paiement de l'amende forfaitaire, notamment au délai et aux modalités de la requête prévue par le premier alinéa de l'article 495-18, au montant de l'amende forfaitaire dont l'intéressé doit s'acquitter ainsi qu'à celui de l'amende forfaitaire majorée qui sera due à défaut de paiement de l'amende forfaitaire ou de la présentation d'une requête dans les délais;

• 4° Aux peines encourues pour le délit constaté et que le tribunal correctionnel est susceptible de prononcer s'il est saisi à la suite d'une requête en exonération.

• Lorsqu'il s'agit du délit de conduite sans assurance prévu par L. 324-2 du Code de la route, l'avis précise que l'amende est majorée conformément à l'article L. 211-27 du Code des assurances.

Nota: Conformément au III de l'article 11 du décret n° 2019-507 du 24/04/2019, ces dispositions entreront en vigueur le lendemain de la publication au Journal officiel de l'arrêté mentionné au dernier alinéa de l'article 495-20 du C.P.P. modifiant les articles A. 36-14 à A. 36-16 de ce code et précisant les modalités selon lesquelles les requêtes et les réclamations peuvent être adressées de façon dématérialisée. Cet arrêté du 17/04/2020 a été publié le 22/04/2020.

Article D. 45-6. – Notice de paiement – *(Décret n° 2017-429 du 28 mars 2017)*

• La notice de paiement précise les modalités de paiement de l'amende forfaitaire prévues par l'article D. 45-8.

Article D. 45-7. – Formulaire de requête en exonération – *(Décret n° 2017-429 du 28 mars 2017)*

• Le formulaire de requête en exonération précise les conditions de recevabilité de la requête prévue par l'article 495-18, les modalités de paiement de la consignation hors les cas prévus par l'article D. 45-15, ainsi que les sanctions prévues par les articles 226-10 et 441-1 du Code pénal.

• À peine d'irrecevabilité, la requête présentée en application de l'article 495-18 doit être motivée et, sauf si elle adressée de façon dématérialisée, être faite en utilisant ce formulaire.

Article D. 45-8. – Amende forfaitaire ou consignation – Paiement – *(Décret n° 2017-429 du 28 mars 2017)*

• Le paiement de l'amende forfaitaire ou de la consignation est effectué selon des modalités prévues par le 2e alinéa de l'article R. 49-3.

Article D. 45-9. – Délais – *(Décret n° 2017-429 du 28 mars 2017)*

• Les délais mentionnés aux articles 495-18 et 495-19 s'apprécient, en cas d'envoi du règlement de l'amende par courrier, au regard de la date d'envoi du moyen de paiement attestée par le cachet de l'opérateur postal.

• Lorsque les avis d'infraction ou d'amende forfaitaire majorée sont adressés à une personne résidant à l'étranger, celle-ci peut effectuer son paiement dans un délai d'un mois à l'issue des délais mentionnés aux articles 495-18 et 495-19.

• Lorsque le paiement de l'amende forfaire ou de l'amende forfaitaire majoré s'effectue par télépaiement automatisé ou par timbre dématérialisé, il peut intervenir dans un délai de 15 jours à l'issue des délais résultant des articles 495-18 et 495-19 et, le cas échéant, du précédent alinéa.

Article D. 45-10. – Majoration de plein droit – *(Décret n° 2017-429 du 28 mars 2017)*

• La majoration de plein droit des amendes forfaitaires prévue par le dernier alinéa de l'article 495-18 est constatée par le procureur de la République qui la mentionne sur le titre exécutoire prévu par le 1er alinéa de l'article 495-19.

• Le titre exécutoire mentionne en annexe, pour chaque amende, l'identité et le domicile de l'intéressé, le lieu et la date du délit et le montant de l'amende forfaitaire majorée.

• Le titre exécutoire, signé par le procureur de la République, est transmis au comptable de la direction générale des finances publiques.

Article D. 45-11. – Avis – *(Décret n° 2019-507 du 24 mai 2019)*

• Le comptable de la direction générale des finances publiques adresse à l'intéressé, pour chaque amende, un extrait du titre exécutoire le concernant sous forme d'avis l'invitant à s'acquitter du montant de l'amende forfaitaire majorée.

• Cet avis contient les mentions prévues par le 1° de l'article D. 45-5 et indique le délai et les modalités de la réclamation prévue par les 2e et 3e alinéas de l'article 495-19. Conformément aux dispositions de l'article 707-2 et du 5° de l'article R. 55, il indique qu'en cas de paiement volontaire de l'amende forfaitaire majorée dans le délai d'un mois à compter de sa date d'envoi, le montant des sommes dues sera diminué de 20 %.

• Est joint à cet avis un formulaire de réclamation conformément au 1er alinéa de l'article 495-20.

Article D. 45-12. – Réclamation recevable – *(Décret n° 2017-429 du 28 mars 2017)*

• Le procureur de la République saisi d'une réclamation recevable informe sans délai le comptable de la direction générale des finances publiques de l'annulation du titre exécutoire en ce qui concerne l'amende contestée.

Article D. 45-13. – Avis d'amende forfaitaire majorée – *(Décret n° 2017-429 du 28 mars 2017)*

• L'avis d'amende forfaitaire majorée adressé en application de l'article 495-20 précise les conditions de recevabilité de la réclamation prévue par l'article 495-19, les modalités de paiement de la consignation, ainsi que les sanctions prévues par les articles 226-10 et 441-1 du Code pénal.

Article D. 45-14. – Consignation – *(Décret n° 2017-429 du 28 mars 2017)*

• Si la consignation n'est pas suivie d'une requête en exonération ou d'une réclamation formulée conformément aux dispositions des articles 495-18 et 495-19, elle est considérée comme valant paiement de l'amende forfaitaire ou de l'amende forfaitaire majorée.

Article D. 45-15. – Dispense de la consignation – *(Décret n° 2019-507 du 24 mai 2019)*

• **I.** – L'auteur de la requête en exonération ou de la réclamation est dispensé de consignation s'il adresse une copie du récépissé du dépôt de plainte pour le délit d'usurpation d'identité prévu par l'article 434-23 du Code pénal.

• **II.** – Lorsque la procédure de l'amende forfaitaire concerne le délit de conduite sans permis, il est également dispensé de consignation s'il adresse une photocopie de son permis de conduire en cours de validité au moment de la constatation des faits.

• **III.** – Lorsque la procédure de l'amende forfaitaire concerne le délit de conduite sans assurance, il est également dispensé de consignation s'il adresse :

• 1° une photocopie d'une attestation d'assurance en cours de validité au moment de la constatation des faits ;

• 2° ou, s'il a été fait application des dispositions du dernier alinéa de l'article D. 45-4 du présent code :

• *a)* soit une copie du récépissé du dépôt de plainte pour vol ou destruction du véhicule ou pour le délit d'usurpation de plaque d'immatriculation prévu par l'article L. 317-4-1 du Code de la route, ou une copie du certificat de destruction de véhicule établi conformément aux dispositions de l'article R. 322-9 du Code de la route ;

• *b)* soit des copies de la déclaration de cession du véhicule et de son accusé d'enregistrement dans le système d'immatriculation des véhicules.

Nota : Conformément au III de l'article 11 du décret n° 2019-507 du 24/04/2019, ces dispositions entreront en vigueur le lendemain de la publication au Journal officiel de l'arrêté mentionné au dernier alinéa de l'article 495-20 du C.P.P. modifiant les articles A. 36-14 à A. 36-16 de ce code et précisant les modalités selon lesquelles les requêtes et les réclamations peuvent être adressées de façon dématérialisée. Cet arrêté du 17/04/2020 a été publié le 22/04/2020.

Article D. 45-16. – Procureur de la République – Rennes – *(Décret n° 2021-1093 du 18 août 2021)*

• Conformément aux dispositions des articles 39-3 et 495-22, le procureur de la République du tribunal judiciaire de Rennes est compétent pour :

• 1° Lorsque les mentions du procès-verbal ne sont pas conformes aux dispositions des articles 495-17 à 495-24-1 ou avec les dispositions de la présente section, mettre fin à la procédure de l'amende forfaitaire et transmettre ce procès-verbal, sous forme dématérialisée, au procureur de la République du tribunal judiciaire dans le ressort duquel l'infraction a été constatée, afin que ce dernier apprécie les suites qu'il convient de lui donner ;

• 2° Emettre le titre rendu exécutoire majorant le montant de l'amende forfaitaire à défaut de paiement ou de requête présentée dans les délais requis, conformément au dernier alinéa de l'article 495-18 et à l'article D. 45-10 ;

• 3° Recevoir les requêtes faites en application du 1er alinéa de l'article 495-18 et les réclamations faites en application du 2e alinéa de l'article 495-19, apprécier leur recevabilité formelle et le respect de l'obligation de consignation.

• S'il estime la requête ou la réclamation formellement recevable et s'il ne décide pas lui-même de renoncer à l'exercice des poursuites, ce magistrat l'adresse avec le dossier de la procédure, sous forme dématérialisée, au procureur de la République du tribunal judiciaire dans le ressort duquel réside la personne, afin que ce dernier décide, conformément à l'article 495-21 soit de renoncer à l'exercice des poursuites, auquel cas il notifie sa décision à l'auteur de la requête en exonération ou de la réclamation en l'informant que la consignation lui sera remboursée, soit de procéder conformément aux articles 389 à 390-1,393 à 397-7,495 à 495-6 ou 495-7 à 495-16.

• Si le procureur de la République de Rennes considère que la requête en exonération ou la réclamation est irrecevable, l'avis qu'il est tenu d'adresser à la personne en application du 1er alinéa de l'article 495-21 indique les raisons de sa décision. Cet avis doit être adressé par lettre recommandée, qui informe la personne qu'elle peut, dans un délai d'un mois courant à compter de son envoi, contester cette décision par lettre recommandée avec demande d'accusé de réception. Si le procureur de la République de Rennes estime que la contestation a permis de conclure à la recevabilité de la requête ou de la réclamation, il fait application de l'alinéa précédent. Dans le cas contraire, ce magistrat adresse la contestation avec le dossier de la procédure, sous forme dématérialisée, au procureur de la République du tribunal judiciaire dans le ressort duquel réside la personne, afin que ce dernier la transmette au juge mentionné au 1er alinéa de l'article 495-21, selon les modalités prévues à l'article D. 45-19.

Article D. 45-17. – Juridiction de jugement – *(Décret n° 2017-429 du 28 mars 2017)*

• En cas de condamnation à une peine d'amende, la juridiction de jugement précise dans sa décision le montant de l'amende restant dû après déduction du montant de la consignation.

• En cas de décision de relaxe, ou, dans le cas prévu par le dernier alinéa de l'article 495-21, de condamnation à une peine autre qu'une amende ou à une amende inférieure au montant de la consignation, la juridiction ordonne le remboursement à la personne de la consignation ou d'une partie de celle-ci.

Article D. 45-18. – Classement sans suite – Formulaire de remboursement – Consignation – *(Décret n° 2017-429 du 28 mars 2017)*

• En cas de classement sans suite ou dans les cas prévus au 2e alinéa de l'article D. 45-17, un formulaire spécifique est adressé à la personne pour lui permettre d'être remboursée de sa consignation.

Article D. 45-19. – Requêtes ou réclamations motivées – *(Décret n° 2019-507 du 24 mai 2019)*

• Pour l'application des dispositions du 2e alinéa de l'article 495-19 et 1er alinéa de l'article 495-21, ne sont considérées comme motivées que les requêtes ou réclamations dans lesquelles la personne soit conteste avoir commis l'infraction, soit reconnaît avoir commis l'infraction tout en fournissant des éléments circonstanciés susceptibles de justifier le classement sans suite pour des raisons juridiques ou d'opportunité.

• Le procureur de la République transmet la contestation mentionnée au 3e alinéa du 2° de l'article D. 45-16 avec ses réquisitions, au juge mentionné au 1er alinéa de l'article 495-21. Ce juge statue par ordonnance motivée au seul vu de la contestation et de ces réquisitions, sauf s'il estime nécessaire d'entendre la personne. Cette ordonnance est communiquée au procureur de la République et notifiée à la personne par lettre recommandée. Si l'avis d'irrecevabilité contesté est déclaré irrégulier, le procureur de la République doit soit classer sans suite, soit mettre en mouvement l'action publique.

Article D. 45-20. – Incidents – Contentieux – *(Décret n° 2017-429 du 28 mars 2017)*

• Les incidents contentieux relatifs à l'exécution du titre exécutoire et à la rectification des erreurs matérielles qu'il peut comporter sont déférés au tribunal correctionnel dans le ressort duquel réside la personne, qui statue conformément aux dispositions de l'article 711.

Article D. 45-21. – Arrêté – *(Décret n° 2017-429 du 28 mars 2017)*

• Un arrêté pris par le garde des sceaux, ministre de la justice, et le ministre de l'intérieur précise les modalités selon lesquelles les requêtes et les réclamations peuvent être adressées de façon dématérialisée.

CHAPITRE II

De l'appel

Article D. 45-22. – Limitation d'appel – *(Décret n° 2020-91 du 6 février 2020)*

• Lorsque le prévenu déclare limiter, conformément au 2e alinéa de l'article 502, la portée de son appel sur l'action publique aux peines prononcées, à certaines d'entre elles ou à leurs modalités d'application, le formulaire de la déclaration d'appel faite en application des articles 502 ou 503 doit comporter une mention informant l'appelant de son droit de revenir sur cette limitation, par une déclaration complémentaire, dans le mois suivant l'acte d'appel et selon les modalités prévues au 1er et 3e alinéas de l'article 502 ou au 1er et 2e alinéas de l'article 503.

• Cette mention précise que si la limitation de la portée de l'appel sur l'action publique aux peines prononcées n'a pas été faite par l'avocat du prévenu ou par le prévenu en présence de son avocat, le prévenu pourra également revenir sur cette limitation à l'audience.

• Lorsque la déclaration d'appel est faite par le prévenu en personne, elle précise si elle a été faite en présence ou non de son avocat.

• La limitation de l'appel du prévenu conformément au 1er alinéa est sans effet si le ministère public forme appel sur l'ensemble de la décision rendue sur l'action publique, y compris lors d'un appel incident. Si le prévenu revient sur la limitation de son appel dans le délai d'un mois, les parties disposent d'un nouveau délai de 5 jours pour former appel incident.

Article D. 45-23. – Appel à titre principal ou incident – Jugement TC – *(Décret n° 2019-508 du 24 mai 2019)*

• Lorsque le prévenu, la partie civile ou la personne civilement responsable forme appel, à titre principal ou incident, contre un jugement qui a été rendu par le tribunal correctionnel composé de son seul président et que l'appel doit être examiné par la chambre des appels correctionnels de la cour d'appel composée de son seul président en application du 2e alinéa de l'article 510, le formulaire de la déclaration d'appel faite en application des articles 502 ou 503 doit comporter une mention informant la partie appelante de son droit de demander, conformément au 2e alinéa de l'article 510, par une déclaration complémentaire dans le mois suivant l'acte d'appel et selon les modalités prévues au 1er et 3e alinéas de l'article 502 ou au 1er et 2e alinéas de l'article 503, que l'appel soit examiné par une formation collégiale.

• Si cette mention ne figure pas dans la déclaration d'appel, le président de la chambre des appels correctionnels de la cour d'appel doit, en début d'audience, informer la partie appelante de son droit de demander le renvoi de l'affaire à une formation collégiale.

Article D. 45-24. – Appel – Ministère public – *(Décret n° 2019-508 du 24 mai 2019)*

• Si l'appel est formé par le ministère public, celui-ci peut également indiquer dans sa déclaration d'appel ou dans un délai d'un mois après cette déclaration qu'il demande que l'appel soit examiné par une formation collégiale.

Article D. 45-25. – Copie de la déclaration d'appel – *(Décret n° 2019-508 du 24 mai 2019)*

• Dans les cas prévus par les articles D. 45-22 et D. 45-23, une copie de la déclaration d'appel est remise à l'appelant.

• Dans les cas prévus par les articles D. 45-22, D. 45-23 et D. 45-24, la déclaration d'appel et le dossier de la procédure peuvent, sauf en cas d'urgence, être transmis à la cour d'appel à l'expiration d'un délai d'un mois à compter de l'acte d'appel, avec, s'il y a lieu, la déclaration complémentaire revenant sur la limitation de l'appel ou demandant un examen collégial.

Article D. 45-26. – Déclaration d'appel – *(Décret n° 2020-81 du 3 février 2020)*

• La déclaration d'appel formée par une personne détenue en application de l'article 503 est transmise le jour même ou le 1er jour ouvrable suivant par le chef de l'établissement pénitentiaire au greffe de la juridiction qui a rendu la décision attaquée.

• Il en est de même d'une déclaration complémentaire faite par la personne détenue dans le mois suivant son appel en application des articles D. 45-22 ou D. 45-23.

Nota : À compter du 24 mars 2020 : aux termes du 1er alinéa de l'article 7 du Décret n° 2020-81 du 03/02/2020, conformément aux dispositions de l'article 112-2 du Code pénal et de la 1re phrase du XIX de l'article 109 de la loi n° 2019-222 du 23/03/2019, les présentes dispositions entrent en vigueur le 24/03/2020 pour les condamnations prononcées à compter de cette date, y compris si elles concernent des infractions commises avant cette date.

Article D. 45-27. – Application de l'article D. 45-2 – Chambre des appels correctionnels – *(Décret n° 2022-656 du 25 avril 2022)*

• Les dispositions de l'article D. 45-2 sont applicables devant la chambre des appels correctionnels.

Article D. 45-28. – P.G. – Procédure de comparution sur reconnaissance préalable de culpabilité – *(Décret n° 2022-546 du 13 avril 2022)*

• Lorsque le procureur général décide, d'office ou à la demande du prévenu, de recourir en cause d'appel à la procédure de comparution sur reconnaissance préalable de culpabilité en application du dernier alinéa de l'article 495-15, il en informe le président de la chambre des appels correctionnels de la cour d'appel devant laquelle l'affaire avait été audiencée, si cette audience avait déjà été fixée.

• Cette décision ne peut intervenir moins d'un mois avant la date prévue pour l'audience, sauf en cas d'accord du président de la chambre de la cour d'appel.

• Dans tous les cas, s'il est recouru à la procédure de comparution sur reconnaissance préalable de culpabilité, la date de l'audience d'homologation doit être fixée plus de 10 jours avant la date de l'audience prévue devant la chambre des appels correctionnels.

Article D. 45-29. – Audience – Retransmission en direct – *(Décret n° 2022-656 du 25 avril 2022)*

• Les dispositions de l'article D. 45-2-1-*bis* sont applicables devant la chambre des appels correctionnels. Les décisions prévues par cet article sont alors prises par le 1er président de la cour d'appel.

Article D. 46. – Mandat de dépôt à effet différé – *(Décret n° 2020-81 du 3 février 2020)*

• Lorsque la chambre des appels correctionnels décerne un mandat de dépôt à effet différé, le procureur général dispose des mêmes prérogatives que le procureur de la République.

• Si la date fixée pour l'incarcération est portée à la connaissance du condamné à l'issue de l'audience, il délivre l'ordre de mise à exécution de ce mandat prévu par l'article D. 48-2-5.

• Dans le cas contraire, il peut saisir le procureur de la République du tribunal judiciaire dans le ressort duquel réside le condamné pour mise à exécution du mandat.

Nota : À compter du 24 mars 2020 : aux termes du 1er alinéa de l'article 7 du Décret n° 2020-81 du 03/02/2020, les présentes dispositions entrent en vigueur le 24/03/2020 pour les condamnations prononcées à compter de cette date, y compris si elles concernent des infractions commises avant cette date.

Article D. 46-1. – *(Transféré – Décret n° 2016-1202 du 7 septembre 2016)*

TITRE III
DU JUGEMENT DES CONTRAVENTIONS

Article D. 46-1-1. – Compétence – RATP – *(Décret n° 2012-123 du 30 janvier 2012)*

• L'officier du ministère public près le tribunal de police de Paris est compétent pour établir les titres exécutoires des amendes forfaitaires majorées prévus par l'article 529-5 lorsqu'ils concernent des contraventions mentionnées à l'article 529-3 et commises, dans les départements de la région Ile-de-France, au préjudice de la Régie autonome des transports parisiens.

• Cette compétence est concurrente de celle de l'officier du ministère public près le tribunal de police dans le ressort duquel la contravention a été commise et de celle l'officier du ministère public près le tribunal de police dans le ressort duquel le contrevenant est domicilié.

• En cas de protestation ou de réclamation devant donner lieu à la saisine du tribunal de police, l'officier du ministère public près le tribunal de police de Paris transmet le dossier de la procédure au ministère public compétent à raison du domicile du contrevenant.

Article D. 46-1-2. – Compétence – SNCF – *(Décret n° 2012-123 du 30 janvier 2012)*

• L'officier du ministère public près le tribunal de police de Bordeaux est compétent pour établir les titres exécutoires des amendes forfaitaires majorées prévus par l'article 529-5 lorsqu'ils concernent des contraventions mentionnées à l'article 529-3 et commises, sur le territoire métropolitain, au préjudice de la Société nationale des chemins de fer français.

• Cette compétence est concurrente de celle de l'officier du ministère public près tribunal de police dans le ressort duquel la contravention a été commise et de celle l'officier du ministère public près le tribunal de police dans le ressort duquel le contrevenant est domicilié.

• En cas de protestation ou de réclamation devant donner lieu à la saisine du tribunal de police, l'officier du ministère public près le tribunal de police de Bordeaux transmet le dossier de la procédure au ministère public compétent à raison du domicile du contrevenant.

Article D. 46-1-3. – Modalités techniques – *(Décret n° 2012-123 du 30 janvier 2012)*

• Les modalités techniques d'application des dispositions des articles D. 46-1-1 et D. 46-1-2 et leur date d'entrée en vigueur sont déterminées par arrêté conjoint du ministre de la justice, du ministre de l'intérieur et du ministre chargé du budget.

Nota : Les articles D. 46-1-1 à D. 46-1-3 entreront en vigueur à une date qui sera fixée par arrêté.

Article D. 46-1-4. – Application de l'article D. 45-2-1 ***bis*** – *(Décret n° 2021-1794 du 23 décembre 2021)*

• Les dispositions de l'article D. 45-2-1 *bis* sont applicables devant le tribunal de police.

TITRE IV
DES CITATIONS ET SIGNIFICATIONS

Article D. 46-2. – Notification – *(Décret n° 2008-1490 du 30 décembre 2008)*

• Pour l'application des dispositions de l'article 555-1, la notification effectuée auprès d'une personne détenue par le chef de l'établissement pénitentiaire et qui vaut signification peut être réalisée par tout fonctionnaire placé sous son autorité et ayant été désigné par lui à cette fin.

Article D. 46-3. – Huissier – *(Décret n° 2008-1490 du 30 décembre 2008)*

• Conformément aux dispositions de l'article 557, lorsque l'huissier a remis la copie de l'exploit à une personne résidant au domicile de l'intéressé, il adresse à ce dernier :

• 1° Soit une lettre recommandée avec demande d'avis de réception ;

• 2° Soit une lettre simple accompagnée d'un récépissé à réexpédier ou à déposer à l'étude d'huissier.

Article D. 46-4. – Modalités – *(Décret n° 2008-1490 du 30 décembre 2008)*

• Les modalités de mise en œuvre de la signification à étude d'huissier de justice prévue par l'article 558 sont précisées par le présent article.

• L'huissier de justice peut, à la demande du destinataire, transmettre la copie de l'exploit à une autre étude où celui-ci pourra le retirer dans les mêmes conditions. La mention de cette faculté est portée dans la lettre recommandée avec demande d'avis de réception, la lettre simple ou l'avis de passage prévus par les alinéas 2 et 4 de l'article 558.

• L'avis de passage prévu par le quatrième alinéa de l'article 558 doit être daté et indique que la copie de l'exploit signifié à l'étude de justice doit être retirée dans les plus brefs délais, contre récépissé ou émargement, par l'intéressé ou par toute personne spécialement mandatée. Si l'exploit est une signification de jugement rendu par itératif défaut, l'avis de passage mentionne la nature de l'acte signifié et le délai d'appel.

• Il y a signification à personne si l'intéressé se présente à l'étude pour retirer la copie de l'exploit, même sans avoir signé l'avis de réception de la lettre recommandée ou sans avoir renvoyé le récépissé.

• La copie de l'exploit est conservée à l'étude pendant trois mois. Passé ce délai, l'huissier de justice en est déchargé.

Article D. 46-5. – Délai de signification – *(Décret n° 2008-1490 du 30 décembre 2008)*

• Les dispositions du deuxième alinéa de l'article 559-1 permettant au procureur de la République de porter jusqu'à trois mois le délai de signification d'une décision sont également applicables aux significations délivrées à la requête du procureur général ou de la partie civile.

• Le ministère public et la partie civile peuvent prévoir ce délai de trois mois dans leur requête initiale. Ils peuvent également proroger le délai jusqu'à trois mois lorsque l'huissier les informe qu'il n'a pu accomplir la signification dans le délai de quarante-cinq jours initialement prévu.

• Ces délais courent à compter de la réception par l'huissier de la requête du ministère public ou de la partie civile.

Article D. 46-6. – Dépassement du délai – *(Décret n° 2008-1490 du 30 décembre 2008)*

• Dans le cas prévu par l'article 559-1, l'huissier qui constate qu'il n'a pu accomplir ses diligences à l'expiration du délai de quarante-cinq jours ou dans celui prévu dans la requête du ministère public ou de la partie civile doit en informer ce dernier ou cette dernière dès que possible, et au plus tard dans les cinq jours ouvrables suivant l'expiration de ce délai.

• En l'absence de prorogation du délai conformément aux dispositions de l'article D 46-5, l'huissier lui retourne l'exploit accompagné des procès-verbaux relatant les diligences qu'il a accomplies pour effectuer la signification à la personne de son destinataire et les circonstances caractérisant l'impossibilité d'une telle signification.

Article D. 46-6-1. – Signification – *(Décret n° 2016-1455 du 28 octobre 2016)*

• La signification demeure régulière même si elle a été accomplie après l'expiration du délai de quarante-cinq jours prévu par l'article 559-1 ou du délai de trois mois fixé par le ministère public ou la partie civile.

Article D. 46-6-2. – Acte de citation – Assistance d'un avocat – Aide juridictionnelle – *(Décret n° 2016-1455 du 28 octobre 2016)*

• L'acte de citation établi en application de l'article 390 précise que la personne peut demander l'assistance d'un avocat immédiatement ou à tout moment au cours de la procédure. Il précise également les conditions lui permettant de bénéficier de l'aide juridictionnelle ainsi que l'adresse des structures où elle peut recevoir des conseils juridiques.

Article D. 46-6-3. – Significations – Voie électronique – *(Décret n° 2023-332 du 3 mai 2023)*

• Les significations peuvent être réalisées par voie électronique conformément aux dispositions de l'article 803-1 dans les cas et selon les modalités prévues par l'article D. 593-1-1.

TITRE Ier
DES RÈGLES DE PROCÉDURE APPLICABLES AUX CRIMES CONTRE L'HUMANITÉ ET AUX CRIMES DE GUERRE.

SOUS-TITRE Ier
DE LA COOPÉRATION AVEC LA COUR PÉNALE INTERNATIONALE.

SOUS-TITRE II
DES JURIDICTIONS COMPÉTENTES POUR LA POURSUITE, L'INSTRUCTION ET LE JUGEMENT DES CRIMES CONTRE L'HUMANITÉ ET DES CRIMES ET DÉLITS DE GUERRE.

Article D. 46-7. – Fonctions d'assistant spécialisé – Diplôme – *(Décret n° 2019-966 du 18 septembre 2019)*

• Les personnes titulaires d'un diplôme national sanctionnant une formation d'une durée au moins égale à 4 années, d'études supérieures après le baccalauréat, remplissant les conditions d'accès à la fonction publique et justifiant d'une expérience professionnelle minimale de 4 années, peuvent exercer les fonctions d'assistant spécialisé prévues par l'article 628-9 auprès du tribunal judiciaire de Paris, si le diplôme valide une formation dans l'une au moins des matières suivantes :

• **I.** – Droit pénal et procédure pénale ;
• **II.** – Droit international public ;
• **III.** – Droit de la guerre ;
• **IV.** – Droit international humanitaire ;
• **V.** – Histoire ;
• **VI.** – Ethnologie.

LIVRE IV

DE QUELQUES PROCÉDURES PARTICULIÈRES

TITRE II

DU FAUX

Article D. 47-1. – Amende civile – *(Décret n° 2001-373 du 27 avril 2001)*

• Le demandeur en inscription de faux contre une pièce produite devant la Cour de cassation, dont le premier président rejette la demande, est condamné, sauf s'il en est expressément dispensé, au paiement d'une amende civile de 30 euros au moins et de 150 euros au plus.

TITRE X

DE L'ENTRAIDE JUDICIAIRE INTERNATIONALE

CHAPITRE Ier

DISPOSITIONS GÉNÉRALES

Néant

CHAPITRE II

Dispositions propres à l'entraide entre la France et les autres États membres de l'Union européenne

Section I

Des décisions d'enquête européenne

Sous-section 1

Dispositions communes

Article D. 47-1-1. – Consultation – Autorité judiciaire étrangère – *(Décret n° 2017-511 du 07 avril 2017)*

• Le magistrat ayant émis une décision d'enquête européenne ou chargé de l'exécution d'une telle décision consulte directement et par tout moyen approprié, y compris par le biais du système de télécommunications du Réseau judiciaire européen, l'autorité étrangère d'exécution ou d'émission pour faciliter la reconnaissance et l'exécution de la décision, notamment pour régler toute difficulté relative à la transmission ou à l'authenticité d'un document nécessaire à l'exécution de cette décision.

Sous-section 2

Dispositions relatives à l'émission d'une décision d'enquête européenne par les autorités judiciaires françaises

§ 1er. – Dispositions générales

Article D. 47-1-2. – Modalités – *(Décret n° 2017-511 du 07 avril 2017)*

• Toute décision d'enquête européenne émise par une des autorités judiciaires mentionnées à l'article 694-20 est rédigée en utilisant le formulaire figurant à l'annexe A de la

Directive 2014/41/UE du 3 avril 2014 concernant la décision d'enquête européenne en matière pénale.

• Elle est traduite, si nécessaire, dans la langue ou dans l'une des langues que l'autorité d'exécution a déclaré accepter.

• Elle peut être transmise à l'autorité d'exécution par le biais du système de télécommunications du Réseau judiciaire européen ou par tout moyen permettant de laisser une trace écrite.

• Si le magistrat émettant la décision d'enquête européenne ignore l'identité de l'autorité d'exécution, il peut solliciter cette information via les points de contact du Réseau judiciaire européen.

Article D. 47-1-3. – Retrait ou complément – *(Décret n° 2017-511 du 07 avril 2017)*

• Lorsque le magistrat ayant émis la décision d'enquête européenne est informé par l'autorité d'exécution de l'impossibilité de réaliser l'acte demandé ou de la nécessité d'y substituer une autre mesure, il peut retirer ou compléter la décision d'enquête européenne.

Article D. 47-1-4. – Recours – Information – *(Décret n° 2017-511 du 07 avril 2017)*

• Si un recours est formé contre la décision d'enquête européenne, le magistrat ayant émis cette décision en informe l'autorité d'exécution, ainsi que de l'issue de ce recours.

• Le non-respect de cette obligation d'information ne constitue toutefois pas une cause de nullité.

§ 2. – Dispositions particulières à certaines mesures d'enquête

Article D. 47-1-5. – Magistrat – Décision – *(Décret n° 2017-511 du 07 avril 2017)*

• Lorsqu'il émet une décision d'enquête européenne tendant à la saisie d'éléments de preuve, le magistrat précise dans la décision :

• 1° Soit que ces éléments doivent lui être transférés ;

• 2° Soit qu'ils doivent être conservés dans l'État d'exécution afin d'éviter leur destruction, transformation, déplacement ou aliénation jusqu'à une date qu'il fixe, sans préjudice de la possibilité de demander avant cette date le transfert de ces éléments.

• Si les éléments de preuve transférés n'ont pas été placés sous scellé par l'autorité d'exécution, ils sont placés sous scellé conformément aux dispositions du présent code. Si l'autorité d'exécution l'a exigé lors du transfert, ces éléments lui sont restitués dès qu'ils ne sont plus nécessaires à la procédure en cours.

Article D. 47-1-6. – Transfèrement ou transit – *(Décret n° 2017-511 du 07 avril 2017)*

• Pour l'application des articles 694-25 et 694-26, lorsqu'une décision d'enquête européenne implique qu'une personne détenue sur le territoire national fasse l'objet d'un transfèrement temporaire sur le territoire de l'État d'exécution ou inversement, ou d'un transit sur le territoire d'un État tiers, le directeur de l'administration pénitentiaire du ministère de la justice, agissant sur saisine de l'autorité judiciaire nationale, formalise la demande de transfèrement ou de transit, accompagnée de tous les documents nécessaires, en lien avec les autorités compétentes de l'État étranger.

Article D. 47-1-7. – Modalités – Transfèrement ou transit – *(Décret n° 2017-511 du 07 avril 2017)*

• Pour l'application des articles 694-25 et 694-26, les modalités pratiques du transfèrement temporaire ou du transit d'une personne, y compris s'il y a lieu le détail de ses conditions de détention dans l'État d'émission ou l'État d'exécution, et les dates limites auxquelles elle doit être transférée du territoire de l'État d'exécution et renvoyée sur ce territoire sont fixées d'un commun accord entre l'État d'émission et l'État d'exécution, en veillant à ce que l'état physique et mental de la personne concernée, ainsi que le niveau de sécurité requis dans l'État d'émission, soient pris en compte.

Article D. 47-1-8. – Interception de télécommunications – Assistance technique – *(Décret n° 2017-511 du 07 avril 2017)*

• Pour l'application de l'article 694-28, lorsque plus d'un État membre est en mesure de fournir l'assistance technique nécessaire complète pour la même interception de télécommunications, la décision d'enquête européenne est adressée par priorité à l'État membre sur le territoire duquel se trouve ou se trouvera la cible de l'interception.

• Le magistrat ayant émis une décision d'enquête européenne tendant à l'interception de télécommunications détermine, d'un commun accord avec l'autorité d'exécution, si l'interception est réalisée en transmettant les télécommunications immédiatement ou à l'issue des opérations.

• Il peut également demander une transcription, un décodage ou un déchiffrement de l'enregistrement, sous réserve de l'accord de l'autorité d'exécution.

Article D. 47-1-9. – Audition – Moyens techniques – *(Décret n° 2017-511 du 07 avril 2017)*

• Si la décision d'enquête européenne demande la réalisation d'une audition par l'utilisation de moyens de télécommunication, mais que l'État membre d'exécution ne dispose pas des moyens techniques nécessaires à cette fin, le magistrat ayant émis la décision peut, d'un commun accord avec l'autorité d'exécution, mettre des moyens techniques à la disposition de cette dernière.

Sous-section 3

Dispositions relatives à la reconnaissance et l'exécution par les autorités judiciaires françaises d'une décision d'enquête européenne émanant d'un autre État membre

§ 1er. – Dispositions générales

Article D. 47-1-10. – Décision d'enquête – Accusé réception – *(Décret n° 2019-966 du 18 septembre 2019)*

• Le procureur de la République ou le juge d'instruction du tribunal judiciaire territorialement compétent qui est destinataire de la décision d'enquête européenne en accuse réception sans tarder, et en tout état de cause dans un délai d'une semaine à compter de sa réception, en utilisant le formulaire figurant à l'annexe B de la directive 2014/41/ UE du 3 avril 2014 susmentionnée.

Article D. 47-1-11. – Erreur de transmission – *(Décret n° 2019-966 du 18 septembre 2019)*

• Si la décision d'enquête européenne est adressée par erreur au procureur général ou à un procureur qui n'est pas territorialement compétent, celui-ci la transmet sans délai au procureur de la République ou au juge d'instruction du tribunal judiciaire territorialement compétent et en informe immédiatement l'autorité d'émission en utilisant le formulaire figurant à l'annexe B susmentionnée.

Article D. 47-1-12. – Renvoi de la décision – Régularisation – *(Décret n° 2017-511 du 07 avril 2017)*

• Si la décision d'enquête n'a pas été émise ou validée par une autorité judiciaire, ou si elle n'a pas été rédigée ou traduite en langue française ou si l'annexe A n'est pas complète, la décision est renvoyée à l'autorité d'émission pour régularisation.

Article D. 47-1-13. – Reconnaissance de la décision – *(Décret n° 2017-511 du 07 avril 2017)*

• Les instructions ordonnant l'exécution de la mesure demandée valent reconnaissance de la décision d'enquête et n'ont pas besoin d'être notifiées à l'autorité d'émission.

Article D. 47-1-14. – Non-exécution – *(Décret n° 2017-511 du 07 avril 2017)*

• Lorsque les formalités et procédures expressément indiquées par l'autorité d'émission dans la décision d'enquête européenne ne peuvent pas être respectées, le magistrat saisi l'en informe sans tarder par tout moyen permettant de laisser une trace écrite.

• Lorsque la mesure d'enquête indiquée dans la décision d'enquête européenne n'est pas prévue par le présent code ou ne pourrait pas être exécutée dans le cadre d'une procédure nationale similaire, et lorsqu'il n'existe aucune autre mesure d'enquête qui, conformément à l'article 694-38 permettrait d'obtenir le même résultat que la mesure d'enquête demandée, le magistrat saisi informe l'autorité d'émission qu'il n'a pas été possible, pour ces raisons, d'apporter l'assistance demandée.

Article D. 47-1-15. – Délai – *(Décret n° 2017-511 du 07 avril 2017)*

• Lorsque l'autorité d'émission a indiqué dans la décision d'enquête européenne qu'en raison de délais de procédure, de la gravité de l'infraction ou d'autres circonstances particulièrement urgentes, un délai plus court que ceux prévus par les articles 694-35 et 694-37 est nécessaire, ou si l'autorité d'émission a indiqué dans la décision d'enquête européenne que la mesure d'enquête doit être exécutée à une date spécifique, le magistrat saisi tient compte au mieux de cette exigence.

• S'il n'est pas possible, dans un cas spécifique, de respecter ce délai, le magistrat saisi en informe l'autorité d'émission et le délai est prorogé conformément aux dispositions du 2e alinéa de l'article 694-35 et du 1er alinéa de l'article 694-37.

Article D. 47-1-16. – Recours – *(Décret n° 2017-511 du 07 avril 2017)*
• Si un recours est formé contre la reconnaissance ou l'exécution de la décision d'enquête européenne, le magistrat saisi en informe l'autorité d'émission, ainsi que de l'issue de ce recours.

Article D. 47-1-17. – Non-respect des obligations d'information – *(Décret n° 2017-511 du 07 avril 2017)*
• Le non-respect des obligations d'information prévues aux articles D. 47-1-10, D. 47-1-11, D. 47-1-14 et D. 47-1-16 ne constitue pas une cause de nullité.

§ 2. – Dispositions particulières à certaines mesures d'enquête

Article D. 47-1-18. – Transfèrement – *(Décret n° 2017-511 du 07 avril 2017)*
• Les dispositions de l'article D. 47-1-7 sont applicables dans le cas, prévu par l'article 694-44, de transfèrement sur le territoire national d'une personne détenue dans l'État d'émission pour les nécessités de l'exécution d'une décision d'enquête européenne.

Article D. 47-1-19. – Transit sur le territoire national – *(Décret n° 2017-511 du 07 avril 2017)*
• Lorsque, pour l'exécution d'une demande d'enquête européenne émise par un État membre auprès d'un autre État membre, une personne détenue doit transiter par le territoire national, ce transit est autorisé par le directeur des affaires criminelles et des grâces du ministère de la justice sur présentation d'une demande, accompagnée de tous les documents nécessaires. Pendant ce transit, les dispositions du 1er alinéa de l'article 694-26 sont applicables.

Article D. 47-1-20. – Audition – Visioconférence – *(Décret n° 2017-511 du 07 avril 2017)*
• Pour l'application de l'article 694-48, lorsque l'État d'émission sollicite, au titre d'une décision d'enquête européenne, l'audition d'une personne par visioconférence, les modalités pratiques de l'audition, qui doit être réalisée conformément aux dispositions du droit de l'État d'émission, sont préalablement fixées d'un commun accord avec les autorités de cet État, en précisant notamment l'heure et le lieu de l'audition, les données d'identification de la personne entendue ainsi que, s'il s'agit d'une personne suspectée ou poursuivie, les conditions dans lesquelles est garanti l'exercice des droits de la défense.
• Il est dressé un procès-verbal indiquant la date et le lieu de l'audition, l'identité de la personne entendue, les identités et qualités de toutes les autres personnes ayant participé à l'audition, les prestations de serment et les conditions techniques dans lesquelles l'audition s'est déroulée. Ce procès-verbal est transmis à l'autorité d'émission.

Section VII

De la prévention et du règlement des conflits de compétence entre États membres de l'Union européenne

Article D. 47-1-21. – Communication avec les autorités judiciaires – États membres – *(Décret n° 2017-511 du 07 avril 2017)*
• Afin d'éviter les conséquences négatives de la coexistence de procédures pénales parallèles ayant pour objet les mêmes personnes pour les mêmes faits dans plusieurs États membres de l'Union européenne, les autorités judiciaires françaises communiquent avec les autorités judiciaires compétentes des États membres conformément aux dispositions de l'article 695-9-54, selon les modalités définies par la présente section.

Article D. 47-1-22. – Échanges d'informations – *(Décret n° 2017-511 du 07 avril 2017)*
• Les échanges d'informations entre autorités compétentes s'effectuent par tout moyen laissant une trace écrite et dans des conditions permettant au destinataire d'en vérifier l'origine et l'authenticité.
• Sans préjudice des dispositions de l'article 11 relatives au secret de l'enquête et de l'instruction, les informations ainsi échangées sont confidentielles et les modalités de leur transmission garantissent le respect de ce principe.

Article D. 47-1-23. – Demande de confirmation – Existence d'une procédure parallèle – *(Décret n° 2017-511 du 07 avril 2017)*

• Lorsque le procureur de la République, le juge d'instruction ou le président de la juridiction saisie de la procédure a des motifs raisonnables de croire qu'une procédure ayant pour objet les mêmes personnes pour les mêmes faits est en cours dans un autre État membre de l'Union européenne, il procède, auprès de l'autorité compétente de cet État, à une demande de confirmation de l'existence d'une procédure parallèle, en vue d'engager des consultations directes afin d'éviter les éventuelles conséquences négatives de la coexistence de ces deux procédures telles que des poursuites concurrentes ou plusieurs condamnations d'une même personne pour les mêmes faits.

Article D. 47-1-24. – Demande – Informations – *(Décret n° 2017-511 du 07 avril 2017)*

• La demande susvisée contient les informations suivantes :

• *a)* Les coordonnées de l'autorité judiciaire compétente ;

• *b)* Une description des faits faisant l'objet de la procédure pénale concernée ;

• *c)* Tous les renseignements pertinents sur l'identité des personnes suspectées ou poursuivies et, le cas échéant, des victimes ;

• *d)* L'état d'avancement de la procédure pénale ;

• *e)* Le cas échéant, les informations relatives à la détention provisoire ou la garde à vue des personnes suspectées ou poursuivies ;

• *f)* Tout autre élément pertinent.

• La demande est traduite dans l'une des langues officielles de l'État membre destinataire ou dans l'une des langues officielles des institutions de l'Union européenne acceptées par cet État.

Article D. 47-1-25. – Procédure pénale en cours – *(Décret n° 2017-511 du 07 avril 2017)*

• Lorsque le procureur de la République, le juge d'instruction ou le président de la juridiction saisie de la procédure est contacté par l'autorité judiciaire d'un État membre dans lequel une procédure pénale est en cours concernant les mêmes personnes pour les mêmes faits, il lui adresse une réponse au plus tard dans les 10 jours à compter de la réception de la demande lorsque la personne poursuivie est placée en détention provisoire ou en garde à vue.

• L'autorité judiciaire compétente communique notamment les coordonnées de l'autorité en charge de la procédure pénale ainsi que l'état d'avancement de la procédure pénale et, si une décision a été rendue en dernier ressort, la nature de cette décision. Elle peut fournir toutes autres informations complémentaires pertinentes.

Article D. 47-1-26. – Réponse – Information – *(Décret n° 2017-511 du 07 avril 2017)*

• Si l'autorité judiciaire compétente n'est pas en mesure de fournir une réponse dans le délai fixé par l'autorité requérante, elle l'en informe et précise le délai dans lequel elle transmettra l'information demandée.

• Si l'autorité judiciaire à laquelle la demande d'information a été adressée n'est pas compétente pour y donner suite, elle la transmet sans délai à l'autorité compétente et en informe l'autorité requérante.

Article D. 47-1-27. – Consultations directes – *(Décret n° 2017-511 du 07 avril 2017)*

• Lorsqu'il est établi qu'une procédure parallèle existe, les autorités compétentes des États membres concernés engagent des consultations directes en vue de dégager un consensus sur toute solution efficace permettant d'éviter les conséquences négatives découlant de l'existence de ces procédures et pouvant, le cas échéant, conduire à la poursuite de la procédure pénale dans un seul État.

Article D. 47-1-28. – Consultations directes en cours – Information – *(Décret n° 2017-511 du 07 avril 2017)*

• Tant que les consultations directes sont en cours, les autorités compétentes des États membres s'informent l'une l'autre de tout acte de procédure important et répondent aux demandes d'informations qui leur sont adressées.

Article D. 47-1-29. – Consensus – Information – *(Décret n° 2017-511 du 07 avril 2017)*

• Si, au cours des consultations directes engagées, un consensus a été dégagé sur la poursuite de la procédure pénale dans un seul État membre, l'autorité compétente de cet État membre en informe la ou les autorités compétentes de l'autre ou des autres États membres.

TITRE XI

DU PARQUET EUROPÉEN

(Nota : Entrée en vigueur des articles D. 47-1-30 à D. 47-1-45 : à compter du 1er juin 2021)

CHAPITRE IER

Des signalements au procureur européen délégué et de l'exercice de sa compétence

Section I

Des obligations de signalement au procureur européen délégué

Article D. 47-1-30. – Procureurs européens délégués – *(Décret n° 2021-694 du 31 mai 2021)*

• Pour l'application des articles 696-108 et 696-111, les infractions commises après le 20 novembre 2017 relevant de la compétence du Parquet européen et pour lesquelles il doit être procédé aux signalements prévus par l'article 696-111 sont celles prévues par les articles D. 47-1-31 à D. 47-1-34.

Article D. 47-1-31. – Signalements des délits – *(Décret n° 2021-694 du 31 mai 2021)*

• **I.** – Il doit être procédé au signalement des délits suivants s'ils portent atteinte aux recettes perçues, aux dépenses exposées ou aux avoirs qui relèvent du budget de l'Union européenne, des budgets des institutions, organes et organismes de l'Union européenne ou des budgets gérés et contrôlés directement par eux, et si le montant du préjudice causé à l'Union européenne est susceptible d'être au moins égal à 10 000 € :

• 1° Délits d'escroquerie prévus à la section 1 du chapitre III du titre I du livre III du Code pénal ;

• 2° Délits d'abus de confiance prévus à la section 1 du chapitre IV du titre I du livre III du Code pénal ;

• 3° Délits de soustraction, détournement ou destruction de biens prévus au paragraphe 5 de la section 3 du chapitre II du titre III du livre IV du Code pénal ;

• 4° Délits de corruption prévus aux articles 432-11,433-1,435-1 et 435-3 du Code pénal ;

• 5° Délits de contrebande, d'importation ou d'exportation frauduleuse prévus à l'article 414-2 du Code des douanes ;

• 6° Délits de blanchiment prévus à l'article 415 du Code des douanes, lorsqu'ils portent sur des fonds provenant de délits mentionnés aux 1° à 5° du présent I ;

• 7° Délits de blanchiment prévus à la section 1 du chapitre IV du titre II du livre III du Code pénal, lorsqu'ils portent sur des fonds provenant de délits mentionnés aux 1° à 5° du présent I.

• **II.** – Lorsque les délits mentionnés au I ont causé ou sont susceptibles d'avoir causé un préjudice d'un montant inférieur à 10 000 €, le signalement ne doit intervenir que si l'une au moins des conditions suivantes est remplie :

• 1° Les répercussions du dossier à l'échelle de l'Union sont de nature à rendre nécessaire la conduite d'une enquête par le Parquet européen ;

• 2° Des fonctionnaires ou d'autres agents de l'Union, ou des membres des institutions de l'Union pourraient être soupçonnés d'avoir commis l'infraction.

• Le signalement doit toutefois également intervenir lorsqu'il n'est pas possible de déterminer si les critères prévus aux 1° et 2° ci-dessus sont remplis.

Article D. 47-1-32. – Signalements des délits – T.V.A. – *(Décret n° 2021-694 du 31 mai 2021)*

• Lorsque l'infraction porte sur la taxe sur la valeur ajoutée, il ne doit être procédé au signalement des délits mentionnés au I de l'article D. 47-1-31 que si les conditions suivantes sont remplies :

• 1° Le montant du préjudice total en résultant s'élève à au moins 10 millions d'euros ;

• 2° L'infraction a un lien avec le territoire d'au moins 2 États mentionnés ci-dessous, qui participent à la coopération renforcée concernant la création du Parquet européen :

• – l'Allemagne,

• – l'Autriche,
• – la Belgique,
• – la Bulgarie,
• – Chypre,
• – la Croatie,
• – l'Espagne,
• – l'Estonie,
• – l'Italie,
• – la Finlande,
• – la France,
• – la Grèce,
• – la Lettonie,
• – la Lituanie,
• – le Luxembourg,
• – Malte,
• – les Pays-Bas,
• – le Portugal,
• – la République tchèque,
• – la Roumanie,
• – la Slovaquie,
• – la Slovénie.

Article D. 47-1-33. – Signalement délit – Association de malfaiteurs – *(Décret n° 2021-694 du 31 mai 2021)*

• Il doit être procédé au signalement du délit d'association de malfaiteurs prévu par l'article 450-1 du Code pénal lorsqu'il vise à la préparation et la commission des infractions prévues aux articles D. 47-1-31 et D. 47-1-32.

Article D. 47-1-34. – Signalement délits – Budget U.E.... – *(Décret n° 2021-694 du 31 mai 2021)*

• Il doit être procédé au signalement des infractions connexes aux délits prévus aux articles D. 47-1-31 à D. 47-1-32 lorsqu'elles sont indissociablement liées avec ces délits.

Article D. 47-1-35. – Signalements – Coopération renforcée – *(Décret n° 2022-546 du 13 avril 2022)*

• Lorsque les signalements prévus aux 1 à 3 et au 5 de l'article 24 du règlement *(UE)* 2017/1939 du Conseil du 12 octobre 2017 mettant en œuvre une coopération renforcée concernant la création du Parquet européen sont, conformément à la 1re phrase de l'article 696-111, directement adressés au procureur européen délégué par les autorités nationales compétentes mentionnées à l'article 19, au 2d alinéa de l'article 40 et à l'article 80 du présent code, ces autorités en informent alors simultanément :

• 1° Le procureur de la République financier prévu par l'article 705, si l'une au moins des infractions faisant l'objet du signalement relève de cet article ;

• 2° Le procureur de la République territorialement compétent près la juridiction interrégionale spécialisée en matière économique et financière prévu par l'article 704, si l'une au moins des infractions faisant l'objet du signalement relève de sa compétence ;

• 3° Le procureur de la République territorialement compétent.

• Lorsque le signalement concerne une infraction prévue par le Code des douanes, l'administration des douanes est informée.

Article D. 47-1-36. – Information – P.R. financier ou P.R. spécialisé – *(Décret n° 2022-546 du 13 avril 2022)*

• Le procureur de la République financier mentionné à l'article 705 et les procureurs de la République territorialement compétents près les juridictions interrégionales spécialisée en matière économique et financière prévues par l'article 704 adressent au procureur européen délégué dans les meilleurs délais les signalements relevant de l'article qui précède et qui leur ont été transmis, conformément à la 2de phrase de l'article 696-111, par les autorités nationales compétentes mentionnées à l'article 19, au 2d alinéa de l'article 40 et à l'article 80, ou par le procureur de la République territorialement compétent.

• Lorsque la procédure faisant l'objet du signalement concerne une infraction prévue par le Code des douanes, l'administration des douanes est informée de la transmission effectuée.

Article D. 47-1-37. – Signalements et avis – Éléments – *(Décret n° 2022-546 du 13 avril 2022)*

• Les signalements prévus aux articles D. 47-1-35 et D. 47-1-36 comprennent à tout le moins les éléments suivants :

• 1° Une description des faits, y compris une évaluation du préjudice causé ou susceptible d'être causé à l'Union européenne et, le cas échéant, à d'autres victimes ;

• 2° La ou les qualifications juridiques possibles ;

• 3° Toute information disponible sur les victimes potentielles, les suspects et toute autre personne impliquée, notamment si sont mis en cause ou susceptibles d'être mis en cause un ou plusieurs fonctionnaires ou autres agents de l'Union européenne, ou des membres des institutions de l'Union européenne.

• 4° S'il existe une ou plusieurs infractions connexes dans les conditions prévues à l'article D. 47-1-34, il est précisé si la peine privative de liberté maximale encourue pour cette ou ces infractions est équivalente ou supérieure à la peine encourue pour les délits prévus aux articles D. 47-1-31 à D. 47-1-33, et si l'infraction connexe a ou non contribué à la réalisation de l'infraction financière.

• 5° S'il y a lieu de supposer que le préjudice causé ou susceptible d'être causé aux intérêts financiers de l'Union par une infraction visée aux articles D. 47-1-31 ou D. 47-1-32 n'excède pas le préjudice causé ou susceptible d'être causé à une autre victime.

• 6° Dans les cas prévus aux 4° et 5°, il est précisé si l'autorité judiciaire estime que, conformément au paragraphe 3 de l'article 25 du règlement *(UE)* 2017/1939 du Conseil du 12 octobre 2017, le Parquet européen pourrait ne pas exercer sa compétence.

Section 2

De l'exercice de sa compétence par le procureur européen délégué

Article D. 47-1-38. – Procédure – Information – *(Décret n° 2021-694 du 31 mai 2021)*

• Pour l'application de l'article 696-112, le magistrat national initialement saisi de l'enquête adresse sans délai l'ensemble de la procédure au procureur européen délégué dès que ce dernier l'avise qu'il retient sa saisine, sauf conflits de compétences prévus aux articles 696-135 et 696-136. Lorsque l'enquête concerne une infraction prévue par le Code des douanes, l'administration des douanes est informée de ce dessaisissement.

• La décision de dessaisissement du procureur de la République ou l'ordonnance rendue à cette fin par le juge d'instruction sont des mesures d'administration judiciaire insusceptibles de recours.

Article D. 47-1-39. – Refus de dessaisissement – *(Décret n° 2021-694 du 31 mai 2021)*

• Pour l'application de l'article 696-135, le procureur général compétent pour décider si les investigations seront poursuivies par le procureur de la République ayant refusé de se dessaisir ou par le procureur européen délégué est le procureur général près la cour d'appel dans le ressort de laquelle se trouve la juridiction interrégionale spécialisée en matière économique et financière prévue par l'article 704 dans le ressort de laquelle se trouve ce procureur de la République, ou, si ce procureur ayant refusé de se dessaisir est le procureur de la République financier, le procureur général près la cour d'appel de Paris.

• Le procureur de la République chargé par le procureur général compétent de poursuivre les investigations peut décider que celles-ci seront poursuivies par l'administration des douanes, conformément aux dispositions du Code des douanes, lorsque l'infraction concernée relève dudit code.

• La décision du procureur général, qui constitue une mesure d'administration judiciaire insusceptible de recours, est adressée par tout moyen et dans les meilleurs délais au procureur de la République et au procureur européen délégué.

Article D. 47-1-40. – Renvoi de l'affaire aux autorités nationales – *(Décret n° 2021-694 du 31 mai 2021)*

• Le procureur général compétent pour recevoir, en application du 2° de l'article 696-137, l'information du procureur européen délégué indiquant qu'il renvoie aux autorités nationales une infraction connexe qu'il envisageait de classer sans suite est le procureur général mentionné à l'article D. 47-1-39.

• Lorsque le procureur général reçoit l'information qu'une affaire est classée sans suite par le Parquet européen, il en informe sans délai l'administration des douanes, aux fins de recouvrement des ressources propres, conformément à l'article 39 § 4 du règlement *(UE)* 2017/1039 du Conseil du 12 octobre 2017.

Article D. 47-1-41. – Signalements, informations, avis et procédures – *(Décret n° 2021-694 du 31 mai 2021)*

• Tous les signalements, informations, avis et procédures adressés au procureur européen délégué ou transmis ou par lui peuvent être établis ou convertis sous format numérique et communiqués par voie électronique conformément aux dispositions des articles 801-1, 803-1 et D. 589 à D. 592.

CHAPITRE II

Des procédures suivies par le procureur européen délégué

Article D. 47-1-42. – Modalités – *(Décret n° 2021-694 du 31 mai 2021)*

• Lorsqu'il procède à des investigations selon la procédure prévue par l'article 696-114, le procureur européen délégué est assisté d'un greffier dans les mêmes conditions que le juge d'instruction.

• Les ordonnances prises par le juge des libertés et de la détention dans le cadre de cette procédure peuvent faire l'objet d'un appel de la part du procureur européen délégué dans les conditions prévues à l'article 185.

• Les ordonnances prises par le juge des libertés et de la détention en matière de contrôle judiciaire, d'assignation à résidence avec surveillance électronique ou de détention provisoire peuvent faire l'objet d'un appel, de la part de la personne mise en examen par le procureur européen délégué, dans les conditions prévues à l'article 186, en faisant le cas échéant application des articles 187-1 et 187-2.

• Les ordonnances prises par le procureur européen délégué en application des articles 80-1-1, 87, 139 et 140 ainsi que du 4e alinéa de l'article 167 peuvent faire l'objet d'un appel de la part de la personne mise en examen dans les conditions prévues à l'article 186.

• Les ordonnances prises par le procureur européen délégué en application de l'article 87 peuvent faire l'objet d'un appel de la partie civile dans les conditions prévues à l'article 186.

• Les parties peuvent également former appel des ordonnances mentionnées à l'article 186-1, lorsqu'elles sont rendues par le procureur européen délégué, dans les conditions prévues par cet article.

Article D. 47-1-43. – Décisions en matière de placement, de maintien et de modification du contrôle judiciaire – *(Décret n° 2021-694 du 31 mai 2021)*

• Pour l'application de l'article 696-119, lorsque le procureur européen délégué ordonne le placement de la personne mise en examen sous contrôle judiciaire, il l'avise qu'elle peut immédiatement contester cette décision devant le juge des libertés et de la détention. Si la personne ou son avocat déclare contester cette ordonnance, le dossier de la procédure doit être transmis sans délai au juge des libertés et de la détention, et au plus tard dans le délai de 24 heures.

• L'ordonnance du juge des libertés et de la détention peut faire l'objet d'un appel par le procureur européen délégué dans les conditions prévues à l'article 185, et par la personne mise en examen dans les conditions prévues à l'article 186.

• En l'absence de contestation immédiate devant le juge des libertés et de la détention, la personne mise en examen peut former appel de l'ordonnance du procureur européen délégué dans les conditions prévues à l'article 186.

Article D. 47-1-44. – Demande de mise en liberté – *(Décret n° 2021-694 du 31 mai 2021)*

• Lorsque le procureur européen délégué saisi d'une demande de mise en liberté estime ne pas pouvoir faire droit à celle-ci, ni pouvoir placer la personne sous contrôle judiciaire, mais considère que celle-ci pourrait être placée sous assignation à résidence avec surveillance électronique, il en avise le juge des libertés et de la détention lorsqu'il le saisit en application du dernier alinéa de l'article 696-122.

Article D. 47-1-45. – Voies de recours – *(Décret n° 2021-694 du 31 mai 2021)*

• Lorsque, conformément aux dispositions du 1er alinéa de l'article 696-109, le procureur européen délégué exerce les fonctions de procureur général devant la chambre de l'instruction ou devant la chambre des appels correctionnels, il peut former un pourvoi en cassation contre les décisions rendues par ces juridictions, dans les conditions prévues par articles 567,568 et 585-2.

TITRE XII
NÉANT

TITRE XIII
DE LA PROCÉDURE APPLICABLE AUX INFRACTIONS EN MATIÈRE ÉCONOMIQUE ET FINANCIÈRE

Article D. 47-2. – Tribunal judiciaire compétent – *(Décret n° 2019-966 du 18 septembre 2019)*

• Par application de l'article 704, alinéas 22 et 24, du Code de procédure pénale, le tableau ci-dessous fixe la liste des cours d'appel dans le ressort desquelles un tribunal judiciaire est compétent pour connaître des infractions mentionnées aux alinéas 2 à 17, ainsi que pour chacune d'elles ledit tribunal :

COURS D'APPEL	TRIBUNAUX JUDICIAIRES COMPÉTENTS
Bastia	Bastia
Versailles	Nanterre

Article D. 47-3. – Tribunaux judiciaires compétents – *(Décret n° 2019-966 du 18 septembre 2019)*

• Par application des dispositions de l'article 704, alinéa 1, du Code de procédure pénale, les tribunaux judiciaires désignés dans le tableau figurant ci-dessous sont compétents pour connaître, dans les circonscriptions définies à ce tableau, des infractions mentionnées aux alinéas 2 à 17 de l'article susvisé.

TRIBUNAUX JUDICIAIRES compétents	COMPÉTENCE TERRITORIALE *s'étendant au ressort des cours d'appel ou des tribunaux supérieurs d'appel de :*
Bordeaux	Agen, Bordeaux, Limoges, Pau, Toulouse
Lille	Amiens, Douai, Reims, Rouen
Lyon	Chambéry, Grenoble, Lyon, Riom
Marseille	Aix-en-Provence, Bastia, Montpellier, Nîmes
Nancy	Besançon, Colmar, Dijon, Metz, Nancy
Paris	Bourges, Paris, Orléans, Versailles
	Mamoudzou, Nouméa, Papeete, Saint-Denis-de-la-Réunion, Saint-Pierre-et-Miquelon
Rennes	Angers, Caen, Poitiers, Rennes
Fort-de-France	Basse-Terre, Cayenne, Fort-de-France

Article D. 47-4. – Assistant spécialisé auprès d'un tribunal judiciaire – *(Décret n° 2019-966 du 18 septembre 2019)*

• Les personnes titulaires d'un diplôme national sanctionnant une formation d'une durée au moins égale à 4 années d'études supérieures après le baccalauréat, remplissant les conditions d'accès à la fonction publique et justifiant d'une expérience professionnelle minimale de 4 années peuvent exercer les fonctions d'assistant spécialisé auprès d'un tribunal judiciaire visé aux articles 52-1,704,705 et 705-1, si le diplôme valide une formation dans l'une au moins des matières suivantes :

• **I.** – Comptabilité ;
• **II.** – Finances ;
• **III.** – Gestion des entreprises ;
• **IV.** – Droit des affaires ;

- **V.** – Droit commercial ;
- **VI.** – Droit monétaire et financier ;
- **VII.** – Droit de l'urbanisme ;
- **VIII.** – Droit de la propriété intellectuelle ;
- **IX.** – Droit de la consommation ;
- **X.** – Droit fiscal ;
- **XI.** – Droit douanier ;
- **XII.** – Droit bancaire ;
- **XIII.** – Droit boursier ;
- **XIV.** – Droit des marchés publics ;
- **XV.** – Droit de la concurrence.

TITRE XIII *bis*

DE LA PROCÉDURE APPLICABLE EN MATIÈRE SANITAIRE

Article D. 47-5. – Tribunaux judiciaires compétents – *(Décret n° 2019-966 du 18 septembre 2019)*

• Par application des dispositions de l'article 706-2 du Code de procédure pénale, les tribunaux judiciaires désignés dans le tableau figurant ci-dessous sont compétents pour connaître, dans les circonscriptions définies à ce tableau, des infractions mentionnées à cet article.

TRIBUNAUX JUDICIAIRES compétents	**COMPÉTENCE TERRITORIALE s'étendant au ressort des cours d'appel ou des tribunaux supérieurs d'appel de :**
Marseille	Aix-en-Provence, Bastia, Chambéry, Grenoble, Lyon, Nîmes et Montpellier.
Paris	Agen, Amiens, Angers, Basse-Terre, Besançon, Bordeaux, Bourges, Caen, Cayenne, Colmar, Dijon, Douai, Fort-de-France, Limoges, Metz, Nancy, Nouméa, Orléans, Papeete, Paris, Pau, Poitiers, Reims, Rennes, Riom, Rouen, Saint-Denis-de-la-Réunion, Toulouse, Versailles, et tribunal supérieur d'appel de Saint-Pierre-et-Miquelon.

Article D. 47-5-1. – Tribunaux judiciaires – Infractions en matière d'atteinte à l'environnement – *(Décret n° 2021-1305 du 7 octobre 2021)*

• Les tribunaux judiciaires désignés dans le tableau figurant ci-dessous sont compétents pour connaître, dans les circonscriptions définies à ce tableau, des infractions mentionnées au I de l'article 706-2-3.

TRIBUNAUX JUDICIAIRES compétents	**COMPÉTENCE TERRITORIALE s'étendant au ressort des cours d'appel ou du tribunal supérieur d'appel de :**
Agen	Agen
Marseille	Aix-en-Provence
Amiens	Amiens
Angers	Angers
Basse-Terre	Basse-Terre
Bastia	Bastia
Besançon	Besançon
Bordeaux	Bordeaux
Châteauroux	Bourges
Coutances	Caen
Cayenne	Cayenne
Annecy	Chambéry

Strasbourg	Colmar
Dijon	Dijon
Lille	Douai
Fort-de-France	Fort-de-France
Grenoble	Grenoble
Limoges	Limoges
Lyon	Lyon
Metz	Metz
Montpellier	Montpellier
Nancy	Nancy
Nîmes	Nîmes
Nouméa	Nouméa
Tours	Orléans
Papeete	Papeete
Paris	Paris
Bayonne	Pau
La Rochelle	Poitiers
Troyes	Reims
Brest	Rennes
Clermont-Ferrand	Riom
Rouen	Rouen
Saint-Pierre	Saint-Denis de La Réunion
Saint-Pierre-et-Miquelon	Saint-Pierre-et-Miquelon
Toulouse	Toulouse
Nanterre	Versailles

Article D. 47-6. – Assistant spécialisé en matière sanitaire ou environnementale auprès d'un tribunal judiciaire – *(Décret n° 2021-286 du 16 mars 2021)*

• Les personnes titulaires d'un diplôme national sanctionnant une formation d'une durée au moins égale à 4 années d'études supérieures après le baccalauréat, remplissant les conditions d'accès à la fonction publique et justifiant d'une expérience professionnelle minimale de 4 années, peuvent exercer les fonctions d'assistant spécialisé en matière sanitaire ou environnementale auprès d'un tribunal judiciaire mentionné aux articles 706-2 et 706-2-3, si le diplôme valide une formation dans l'une au moins des matières suivantes :

• **I.** – Santé humaine ou animale ;

• **II.** – Recherches biomédicales ;

• **III.** – Sécurité alimentaire pour l'homme ou l'animal et protection des consommateurs, notamment s'agissant des organismes génétiquement modifiés ;

• **IV.** – Sécurité sanitaire et prophylaxie ;

• **V.** – Sécurité au travail ;

• **VI.** – Produits de santé, notamment en matière de pharmacie, de dispositifs médicaux, de produits d'origine humaine ou animale ou de produits thérapeutiques ;

• **VII.** – Produits dangereux pour la santé humaine, animale ou pour l'environnement, y compris les produits chimiques, biocides, substances à l'état nano particulaire et les équipements à risque ;

• **VIII.** – Gestion des risques des milieux et notamment les eaux, l'air, les sols, les déchets, les bâtiments, les pollutions en mer et sur le littoral, la radioactivité, la pollution lumineuse et sonore et les risques technologiques et naturels ;

• **IX.** – Organisation et réglementation du système de santé et des professions de santé ;

• **X.** – Organisation et réglementation agricole et élevage des animaux ;
• **XI.** – Droit communautaire, droit social, droit de la consommation, droit de l'urbanisme, droit douanier, droit public, droit de l'environnement ;
• **XII.** – Médecine humaine ou vétérinaire, pharmacie, ingénierie, architecture ;
• **XIII.** – Gestion qualitative et quantitative de la ressource en eau, préservation et restauration des milieux aquatiques, ouvrages hydrauliques et prévention des risques d'inondation ;
• **XIV.** – Réglementation relative aux espaces naturels, aux sites inscrits et classés, aux espèces de faune et de flore protégées ou réglementées ;
• **XV.** – Organisation et réglementation des activités cynégétiques ;
• **XVI.** – Organisation et réglementation des activités de pêche et d'aquaculture en eaux douces et dans les eaux salées ;
• **XVII.** – Réglementation relative à la publicité, aux enseignes et pré-enseignes.

Nota : Conformément à l'article 4 du décret n° 2021-286 du 16/03/2021, ces dispositions entrent en vigueur le 1er avril 2021. La juridiction saisie demeure compétente pour statuer sur les procédures introduites antérieurement à la date d'entrée en vigueur des articles 2 et 3 dudit décret.

TITRE XIV

DU JUGE DÉLÉGUÉ AUX VICTIMES, PRÉSIDENT DE LA COMMISSION D'INDEMNISATION DES VICTIMES D'INFRACTIONS

Article D. 47-6-1. – Juge délégué aux victimes – *(Décret n° 2007-1605 du 13 novembre 2007)*

• Le juge délégué aux victimes veille, dans le respect de l'équilibre des droits des parties, à la prise en compte des droits reconnus par la loi aux victimes.

• À cette fin, il exerce les fonctions juridictionnelles et, sans préjudice du rôle de l'avocat constitué ou à venir de la victime, les fonctions d'administration judiciaire et les fonctions administratives prévues par le présent titre.

CHAPITRE Ier

Attributions juridictionnelles du juge délégué aux victimes

Article D. 47-6-2. – Commission d'indemnisation des victimes – *(Décret n° 2007-1605 du 13 novembre 2007)*

• Le président de la commission d'indemnisation des victimes d'infractions est le juge délégué aux victimes.

• Si la commission comporte plusieurs formations, chacune d'entre elles est présidée par un juge délégué aux victimes.

Article D. 47-6-3. – Présidence des audiences du tribunal correctionnel – *(Décret n° 2019-966 du 18 septembre 2019)*

• Le juge délégué aux victimes peut être désigné par le président du tribunal judiciaire, conformément aux dispositions de l'article R. 311-23 du Code de l'organisation judiciaire, pour présider les audiences du tribunal correctionnel statuant après renvoi sur les seuls intérêts civils, prévues par le 4e alinéa de l'article 464 du présent code.

CHAPITRE III

Attributions administratives du juge délégué aux victimes

Article D. 47-6-12. – Information sur les droits – *(Décret n° 2007-1605 du 13 novembre 2007)*

• Le juge délégué aux victimes vérifie les conditions dans lesquelles les parties civiles sont informées de leurs droits à l'issue de l'audience conformément aux dispositions de l'article D. 48-3.

Article D. 47-6-13. – Élaboration et mise en œuvre dispositifs coordonnés d'aide aux victimes – *(Décret n° 2019-966 du 18 septembre 2019)*

• Dans le cadre de l'exercice de ses fonctions, le juge délégué aux victimes participe, sous l'autorité du président du tribunal judiciaire et en lien avec le procureur de la République, à l'élaboration et la mise en œuvre de dispositifs coordonnés d'aide aux victimes sur le ressort du tribunal judiciaire.

Article D. 47-6-14. – Rapport – *(Décret n° 2019-966 du 18 septembre 2019)*

• Le juge délégué aux victimes établit un rapport annuel sur l'exercice de ses attributions et le présente oralement à l'assemblée générale des magistrats du siège et du parquet.

• Le président du tribunal judiciaire et le procureur de la République adressent ce rapport au 1er président et au procureur général, qui transmettent une synthèse des rapports de leur ressort au ministère de la justice.

TITRE XIV *bis*

DU BUREAU D'AIDE AUX VICTIMES

Article D. 47-6-15. – Bureau d'aide aux victimes – *(Décret n° 2021-1516 du 23 novembre 2021)*

• Le bureau d'aide aux victimes institué dans chaque tribunal judiciaire est composé de représentants d'une ou plusieurs associations d'aide aux victimes ayant fait l'objet d'un agrément de compétence générale en application de l'article D. 1-12-1 et, s'il y a lieu, de fonctionnaires ou agents de la juridiction.

• Le bureau d'aide aux victimes a pour mission d'informer les victimes et de répondre aux difficultés qu'elles sont susceptibles de rencontrer tout au long de la procédure pénale, notamment à l'occasion de toute procédure urgente telle que la procédure de comparution immédiate.

• À leur demande, il renseigne les victimes sur le déroulement de la procédure pénale et les aide dans leurs démarches.

• Le bureau d'aide aux victimes peut informer la victime de l'état d'avancement de la procédure la concernant, au vu notamment des informations dont il a eu connaissance en application du dernier alinéa de l'article R. 15-33-66-9, en lui indiquant en particulier, selon les cas :

• – que sa plainte est en cours d'examen par le procureur de la République ;

• – que sa plainte fait l'objet d'une enquête de police judiciaire ;

• – que le procureur de la République examine les suites devant être apportées à l'enquête ;

• – que l'affaire fait l'objet d'une information devant tel juge d'instruction ;

• – que la plainte fait l'objet d'une procédure alternative aux poursuites ;

• – que la plainte a fait l'objet d'une décision de classement ;

• – que la juridiction de jugement a été saisie ;

• – la date de l'audience à laquelle l'affaire sera examinée ;

• – la date à laquelle le jugement mis en délibéré sera rendu ;

• – le contenu du jugement qui a été rendu ;

• – que le jugement rendu a fait l'objet d'un appel du ministère public ou du prévenu.

• Il peut d'une manière générale être chargé de délivrer à la victime toutes les informations dont celle-ci doit être destinataire en application des dispositions législatives du présent code.

• Le bureau d'aide aux victimes travaille conjointement avec les huissiers et les barreaux locaux.

• Le bureau d'aide aux victimes a également pour mission d'orienter les victimes vers les magistrats ou services compétents, notamment les juridictions de l'application des peines, pour l'application des dispositions des articles 712-16-1,712-16-2 et 721-2.

• Les victimes sont par ailleurs orientées, le cas échéant, vers le dispositif d'indemnisation auquel elles peuvent prétendre, comme le service d'aide au recouvrement des victimes d'infractions ou la commission d'indemnisation des victimes d'infractions.

• Lorsque la condamnation est rendue en présence de la partie civile, le bureau d'aide aux victimes reçoit cette dernière à l'issue de l'audience, assistée le cas échéant par son avocat, pour l'informer notamment des modalités pratiques lui permettant d'obtenir le paiement des dommages et intérêts qui lui ont été alloués et, s'il y a lieu, des démarches devant être effectuées pour saisir le service d'aide au recouvrement des victimes d'infractions ou la commission d'indemnisation des victimes d'infractions ainsi que du délai dans lequel elles doivent intervenir.

TITRE XV

DE LA POURSUITE, DE L'INSTRUCTION ET DU JUGEMENT DES ACTES DE TERRORISME

CHAPITRES I À III

Néant

CHAPITRE IV

De la mesure judiciaire de prévention de la récidive terroriste et de réinsertion

Article D. 47-6-16. – Tribunal de l'application des peines de Paris – *(Décret n° 2022-359 du 14 mars 2022)*

• Lorsque le tribunal de l'application des peines de Paris est saisi aux fins de prononcer ou de renouveler une mesure judiciaire de prévention de la récidive terroriste et de réinsertion, d'en ordonner la mainlevée, d'en modifier les obligations, ou de confirmer la reprise d'une ou de plusieurs des obligations de celle-ci, en application des articles 706-25-16,706-25-18 et 706-25-20, les dispositions suivantes sont applicables :

• 1° Les règles relatives à la désignation d'un avocat prévues à l'article D. 49-14 ;

• 2° Les règles relatives aux délais et formes de la convocation au débat contradictoire de la personne concernée et de son avocat prévues à l'article D. 49-15. La personne concernée ne peut toutefois pas renoncer à la convocation de son avocat ou au respect des délais de convocation ;

• 3° Les règles relatives à l'extraction des condamnés détenus prévues à l'article D. 49-30 et à la déclaration d'adresse des condamnés libérés prévues à l'article D. 49-22 ;

• 4° Les règles relatives à la tenue du débat contradictoire prévues à l'article D. 49-17 ;

• 5° Les règles relatives à la notification des décisions rendues par la juridiction prévues aux 1er à 4e alinéas de l'article D. 49-18. Toutefois, lorsque le débat est public, le jugement est rendu en audience publique.

Article D. 47-6-17. – Requête – Demande de mainlevée ou modification de la mesure – *(Décret n° 2022-359 du 14 mars 2022)*

• Les demandes de la personne concernée par la mesure judiciaire de prévention de la récidive terroriste ou de réinsertion tendant à la mainlevée ou à la modification de la mesure font l'objet d'une requête écrite adressée au tribunal de l'application des peines de Paris, signée de la personne concernée ou de son avocat.

• Cette requête est remise au greffe du tribunal de l'application des peines de Paris contre récépissé ou adressée par lettre recommandée avec demande d'avis de réception. Si le condamné est détenu, elle peut faire l'objet d'une déclaration auprès du chef de l'établissement pénitentiaire dans les conditions prévues aux 2 derniers alinéas de l'article 148-7.

• Le tribunal de l'application des peines de Paris n'est pas tenu de répondre aux demandes formées sans respecter les conditions prévues par le présent article.

CHAPITRE V

Des assistants spécialisés en matière de lutte contre le terrorisme

Article D. 47-6-18. – Diplôme – Formation – *(Décret n° 2022-396 du 18 mars 2022)*

• Le diplôme permettant l'exercice des fonctions d'assistant spécialisé prévues aux articles 706-25-2-1 et 706-25-15 valide une formation dans l'une au moins des matières suivantes :

• **I. –** Droit pénal et procédure pénale ;

• **II. –** Criminologie ;

- **III.** – Histoire ;
- **IV.** – Sociologie ;
- **V.** – Psychologie ;
- **VI.** – Anthropologie ;
- **VII.** – Sécurité et défense ;
- **VIII.** – Géopolitique ;
- **IX.** – Sciences politiques ;
- **X.** – Langue étrangère ;
- **XI.** – Informatique et cyber technologies.

TITRE XVI

DE LA POURSUITE, DE L'INSTRUCTION ET DU JUGEMENT DES INFRACTIONS EN MATIÈRE DE TRAFIC DE STUPÉFIANTS

Article D. 47-7. – Compétence Cours d'assises – Crimes – Stupéfiants – *(Décret n° 2011-1878 du 14 décembre 2011)*

• Par application de l'article 706-27, les cours d'assises désignées dans le tableau annexé au présent article sont compétentes pour connaître, dans les circonscriptions définies à ce tableau, des crimes visés à l'article 706-26.

ANNEXE

LISTE ET RESSORT DES COURS D'ASSISES COMPÉTENTES POUR JUGER LES CRIMES VISÉS PAR L'ARTICLE 706-26 DU CODE DE PROCÉDURE PÉNALE

(Infractions en matière de trafic de stupéfiants)

COUR D'APPEL	COUR D'ASSISES	COMPÉTENCE TERRITORIALE
Agen.	Cour d'assises de Lot-et-Garonne.	Ressort de la cour d'appel d'Agen.
Aix-en-Provence.	Cour d'assises des Bouches-du-Rhône.	Ressort de la cour d'appel d'Aix-en-Provence.
Amiens.	Cour d'assises de la Somme.	Ressort de la cour d'appel d'Amiens.
Angers.	Cour d'assises de Maine-et-Loire.	Ressort de la cour d'appel d'Angers.
Bastia.	Cour d'assises de Haute-Corse.	Ressort de la cour d'appel de Bastia.
Besançon.	Cour d'assises du Doubs.	Ressort de la cour d'appel de Besançon.
Bordeaux.	Cour d'assises de la Gironde.	Ressort de la cour d'appel de Bordeaux.
Bourges.	Cour d'assises du Cher.	Ressort de la cour d'appel de Bourges.
Caen.	Cour d'assises du Calvados.	Ressort de la cour d'appel de Caen.
Chambéry.	Cour d'assises de la Savoie.	Ressort de la cour d'appel de Chambéry.
Colmar.	Cour d'assises du Bas-Rhin.	Département du Bas-Rhin.
	Cour d'assises du Haut-Rhin.	Département du Haut-Rhin.
Dijon.	Cour d'assises de la Côte-d'Or.	Ressort de la cour d'appel de Dijon.
Douai.	Cour d'assises du Nord.	Département du Nord.
	Cour d'assises du Pas-de-Calais.	Département du Pas-de-Calais.
Grenoble.	Cour d'assises de l'Isère.	Ressort de la cour d'appel de Grenoble.
Limoges.	Cour d'assises de la Haute-Vienne.	Ressort de la cour d'appel de Limoges.
Lyon.	Cour d'assises du Rhône.	Ressort de la cour d'appel de Lyon.
Metz.	Cour d'assises de la Moselle.	Ressort de la cour d'appel de Metz.
Montpellier.	Cour d'assises des Pyrénées-Orientales.	Département des Pyrénées-Orientales.
	Cour d'assises de l'Hérault.	Départements de l'Hérault, de l'Aude et de l'Aveyron.
Nancy.	Cour d'assises de Meurthe-et-Moselle.	Ressort de la cour d'appel de Nancy.
Nîmes.	Cour d'assises du Gard.	Départements du Gard et de la Lozère.
	Cour d'assises de Vaucluse.	Départements de Vaucluse et de l'Ardèche.
Orléans.	Cour d'assises du Loiret.	Ressort de la cour d'appel d'Orléans.
Paris.	Cour d'assises de Paris.	Ressort de la cour d'appel de Paris.

.../...

COUR D'APPEL	COUR D'ASSISES	COMPÉTENCE TERRITORIALE
Pau.	Cour d'assises des Pyrénées-Atlantiques.	Ressort de la cour d'appel de Pau.
Poitiers.	Cour d'assises de la Vienne.	Ressort de la cour d'appel de Poitiers.
Reims.	Cour d'assises de la Marne.	Ressort de la cour d'appel de Reims.
Rennes.	Cour d'assises d'Ille-et-Vilaine.	Départements d'Ille-et-Vilaine, des Côtes-d'Armor et du Finistère.
	Cour d'assises de la Loire-Atlantique.	Départements de la Loire-Atlantique et du Morbihan.
Riom.	Cour d'assises du Puy-de-Dôme.	Ressort de la cour d'appel de Riom.
Rouen.	Cour d'assises de la Seine-Maritime.	Ressort de la cour d'appel de Rouen.
Toulouse.	Cour d'assises de la Haute-Garonne.	Ressort de la cour d'appel de Toulouse.
Versailles.	Cour d'assises des Hauts-de-Seine.	Département des Hauts-de-Seine.
	Cour d'assises des Yvelines.	Départements des Yvelines et d'Eure-et-Loir.
	Cour d'assises du Val-d'Oise.	Département du Val-d'Oise.
Basse-Terre.	Cour d'assises de la Guadeloupe.	Ressort de la cour d'appel de Basse-Terre.
Cayenne.	Cour d'assises de la Guyane.	Département de la Guyane.
Fort-de-France.	Cour d'assises de la Martinique.	Département de la Martinique.
Saint-Denis-de-la-Réunion.	Cour d'assises de la Réunion.	Ressort de la cour d'appel de Saint-Denis-de-la-Réunion.

TITRE XVII

DE LA POURSUITE, DE L'INSTRUCTION ET DU JUGEMENT DES INFRACTIONS EN MATIÈRE DE TRAITE DES ÊTRES HUMAINS, DE PROXÉNÉTISME OU DE RECOURS À LA PROSTITUTION DES MINEURS

Article D. 47-8. – Conservation des supports placés sous scellés ou annexés aux PV – *(Décret n° 2019-507 du 24 mai 2019)*

• Sans préjudice de leur conservation sur des supports placés sous scellés ou annexés aux procès-verbaux, comme éléments de preuve dans le cadre de la procédure au cours de laquelle ils ont été extraits, acquis ou transmis, les contenus illicites mentionnés au 3° de l'article 230-46 peuvent être conservés par les officiers ou agents de police judiciaire mentionnés au 1er alinéa de cet article, pendant une durée de 3 mois.

• Cette conservation est effectuée dans des conditions garantissant l'intégrité et la confidentialité de ces contenus, les rendant inaccessibles, notamment par des moyens de communication électronique, à des tiers autres que les officiers ou agents de police judiciaire mentionnés au premier alinéa de l'article 230-46 ou qui participent aux investigations au sein du même service ou de la même unité, sous réserve des dispositions de l'article D. 47-2 et de la possibilité de transmission de ces contenus à d'autres officiers ou agents de police judiciaire pour les nécessités des procédures dont ils sont chargés.

• Avant l'expiration de ce délai, ces contenus font l'objet d'une copie qui est transmise au Centre national d'analyse des images de pédopornographie.

• À l'issue de ce délai, ces contenus sont détruits, quel que soit le support de conservation qui était utilisé.

Article D. 47-9. – Transmission des contenus – *(Décret n° 2019-507 du 24 mai 2019)*

• Peuvent seuls être transmis par les officiers ou agents de police judiciaire mentionnés au 1er alinéa de l'article 230-46, en réponse à une demande expresse dont il est conservé une trace écrite dans la procédure, des contenus illicites fournis par le Centre national d'analyse des images de pédopornographie et ne permettant pas l'identification de personnes physiques.

ARRÊTÉ DU 30 MARS 2009

relatif à la répression de certaines formes de criminalité informatique et à la lutte contre la pédopornographie

NOR: IOCC0900775A – Version consolidée au 10 avril 2022

• La ministre de l'intérieur, de l'outre-mer et des collectivités territoriales et la garde des sceaux, ministre de la justice,

• Vu le Code de procédure pénale, notamment ses articles 706-35-1, 706-47-3, D. 47-8, D. 47-9 et D. 47-11;

• Vu le décret du 21 novembre 1933 instituant au ministère de l'intérieur un service central de police chargé de faciliter la lutte contre le trafic illicite de stupéfiant, modifié par le décret n° 53-726 du 3 août 1953;

• Vu le décret n° 58-1039 du 31 octobre 1958 instituant un office central chargé de faciliter la lutte contre le proxénétisme et qui prend le nom d'office central pour la répression de la traite des êtres humains;

• Vu le décret n° 2000-405 du 15 mai 2000 portant création d'un office central de lutte contre la criminalité liée aux technologies de l'information et de la communication;

• Vu le décret n° 2003-390 du 24 avril 2003 portant création des directions interrégionales de la police judiciaire et relatif à l'organisation des services territoriaux de la police judiciaire de la police nationale;

• Vu le décret n° 2005-274 du 24 mars 2005 portant organisation générale de la gendarmerie nationale;

• Vu le décret n° 2006-519 du 6 mai 2006 portant création de l'office central pour la répression des violences aux personnes, notamment ses articles 2, 5 et 8;

• Vu l'arrêté du 19 mai 2006 modifié relatif aux missions et à l'organisation en sous-directions de la direction centrale de la police judiciaire et portant création de services à compétence nationale, notamment son article 12;

• Vu l'arrêté du 28 mai 2008 portant organisation de la direction générale de la gendarmerie nationale en sous-directions et en bureaux;

• Sur la proposition du directeur général de la police nationale et du directeur général de la gendarmerie nationale,

• Arrêtent:

Article 1er. – *(Arrêté du 6 avril 2022)*

• Le centre national d'analyse des images de pédopornographie mentionné aux articles D. 47-8 et D. 47-9 du Code de procédure pénale, composé de militaires de la gendarmerie nationale et de fonctionnaires actifs de la police nationale, est rattaché au commandement de la gendarmerie dans le cyberespace.

• Ce centre est chargé:

• 1° De centraliser et conserver, dans les conditions définies par l'article D. 47-8, les copies des contenus illicites mentionnés au 3° de l'article 706-35-1 et de l'article 706-47-3 du même code;

• 2° De communiquer ces contenus illicites aux officiers et agents de police judiciaire mentionnés au 1er alinéa des articles 706-35-1 et 706-47-3 du même code, pour les besoins de leurs investigations et dans les conditions définies par l'article D. 47-9;

• 3° D'exploiter ces contenus, d'initiative ou à la demande de magistrats ou d'officiers ou d'agents de police judiciaire pour les besoins de leurs investigations, afin d'identifier par analyse et rapprochement les personnes et les lieux qui y sont représentés.

Article 2. – *(Arrêté du 21 octobre 2015)*

• Les identifications et rapprochements effectués par le centre national d'analyse des images de pédopornographie sont transmis simultanément:

• 1° Aux magistrats, officiers et agents de police judiciaire, de sa propre initiative ou à leur demande, pour les besoins de leurs investigations;

• 2° À l'office central de police judiciaire compétent.

Article 3. – *(Arrêté du 21 octobre 2015)*

• Le directeur général de la police nationale, le directeur des affaires criminelles et des grâces et le directeur général de la gendarmerie nationale sont chargés, chacun en ce qui le concerne, de l'exécution du présent arrêté, qui sera publié au Journal officiel de la République française.

TITRE XIX
DE LA PROCÉDURE APPLICABLE AUX INFRACTIONS DE NATURE SEXUELLE ET DE LA PROTECTION DES MINEURS VICTIMES

CHAPITRE Ier

Dispositions générales

Article D. 47-9-1. – Transmission d'informations – *(Décret n° 2019-1558 du 30 décembre 2019)*

• **I.** – Les dispositions des I, II, III et IV de l'article D. 1er-13 sont applicables aux transmissions d'informations réalisées en application de l'article 706-47-4.

• **II.** – La liste des professions et activités exercées par les personnes relevant de l'article 706-47-4 ainsi que celle des administrations devant être informées par le ministère public figurent dans le tableau ci-après.

PROFESSIONS OU ACTIVITÉS CONCERNÉES	ADMINISTRATIONS DEVANT ÊTRE INFORMÉES
Personnes exerçant une activité dans une école publique ou privée, un établissement d'enseignement du second degré public ou privé, un établissement d'enseignement supérieur public ou privé relevant du ministère chargé de l'éducation nationale ou un service de l'éducation nationale.	Recteur d'académie ou vice-recteur Ou, s'il s'agit d'une personne employée par une collectivité territoriale ou un établissement public de coopération intercommunale, l'exécutif de la collectivité territoriale concernée ou de l'établissement public de coopération intercommunale.
Personnes exerçant une activité dans une école ou un établissement français scolaire à l'étranger.	Ministère de l'éducation nationale *(directeur général des ressources humaines)*
Personnes exerçant une activité dans un établissement d'enseignement du second degré public ou privé ou un établissement d'enseignement supérieur public ou privé, relevant du ministère de l'agriculture, ou dans un service du ministère de l'agriculture en charge de la politique publique d'enseignement agricole.	Ministère de l'agriculture, de l'agroalimentaire et de la forêt *(secrétariat général – service des ressources humaines)* Ou, s'il s'agit d'une personne employée par une collectivité territoriale ou un établissement public de coopération intercommunale, l'exécutif de la collectivité territoriale concernée ou de l'établissement public de coopération intercommunale
Personnes exerçant une activité dans un établissement d'enseignement public du second degré ou un établissement d'enseignement supérieur, relevant du ministère chargé de la mer.	Directeur interrégional de la mer Ou, s'il s'agit d'une personne employée par une collectivité territoriale ou un établissement public de coopération intercommunale, l'exécutif de la collectivité territoriale concernée ou de l'établissement public de coopération intercommunale.
Personnes exploitant un établissement d'activités physiques et sportives mentionnée à l'article L. 322-1 du Code du sport; Personnes exerçant, à titre rémunéré ou bénévole, les fonctions d'éducateur sportif mentionnées à l'article L. 212-1 du Code du sport. Personnes exerçant une activité : – dans les accueils mentionnés à l'article L. 227-4 du Code de l'action sociale et des familles; – dans les établissements ou services prévus par les 8°, 10°, 11°, 12°, 13°, 15 du I et le III de l'article L. 312-1 du même code lorsque ces établissements ou services accueillent des mineurs; Personnes exploitant un établissement d'activités physiques et sportives.	Préfet de département *(direction départementale chargée de la cohésion sociale)* Et, s'il s'agit d'une personne employée par une collectivité territoriale ou un établissement public de coopération intercommunale, l'exécutif de la collectivité territoriale concernée ou de l'établissement public de coopération intercommunale.

PROFESSIONS OU ACTIVITÉS CONCERNÉES	ADMINISTRATIONS DEVANT ÊTRE INFORMÉES
Personnes exerçant une activité dans les établissements ou services: – mettant en œuvre les mesures éducatives ordonnées par l'autorité judiciaire en application de l'ordonnance n° 45-174 du 2 février 1945 relative à l'enfance délinquante; – mettant en œuvre les mesures d'assistance éducative ordonnées par l'autorité judiciaire en application de ou des articles 375 à 375-8 du Code civil; – mettant en œuvre les mesures d'investigation préalables aux mesures éducatives mentionnées ci-dessus; – prenant en charge habituellement, y compris au titre de la prévention, des mineurs relevant des articles L. 221-1, L. 222-3 et L. 222-5 du Code de l'action sociale et des familles; – prenant en charge des mineurs conformément au 16° du I de l'article L. 312-1 du Code de l'action sociale et des familles.	Président du conseil départemental Ou, s'il s'agit d'établissements ou de personnes dépendant de la direction de la protection judiciaire de la jeunesse, le directeur interrégional de la protection judiciaire de la jeunesse.
Personnes exerçant l'activité d'assistant maternel, définie à l'article L. 421-1 du Code de l'action sociale et des familles, ou d'assistant familial, définie à l'article L. 421-2 du Code de l'action sociale et des familles, et les personnes majeures vivant à leurs domiciles. Personnes exerçant une activité dans les établissements accueillant des enfants de moins de six ans mentionnés à l'article R. 2324-17 du Code de la santé publique.	Président du conseil départemental
Personnes employées par une personne morale ou une entreprise individuelle mentionnées au 1° de l'article L. 7232-1 du Code du travail.	Préfet de région *(Direction régionale des entreprises, de la concurrence, de la consommation, du travail et de l'emploi)*
Personnes exerçant une activité: – dans les établissements ou services d'enseignement et d'éducation spéciale qui assurent, à titre principal, une éducation adaptée et un accompagnement social ou médico-social aux mineurs ou jeunes adultes handicapés ou présentant des difficultés d'adaptation, prévus par le 2° et 9° du I de l'article L. 312-1 du Code de l'action sociale et des familles; – dans les centres d'action médico-sociale précoce mentionnés à l'article L. 2132-4 du Code de la santé publique; – dans les établissements et services de santé relevant de la sixième partie du Code de la santé publique. Personnes exerçant une profession de santé relevant de la quatrième partie du Code de la santé publique. Personnes faisant usage du titre d'ostéopathe, de chiropracteur, de psychothérapeute.	Directeur général de l'agence régionale de santé
Personnes exerçant une activité dans une structure culturelle *(institutions ou associations culturelles)* ou exerçant une activité d'encadrement d'activité d'éducation artistique et culturelle lorsque cette activité concerne ou est susceptible de concerner des mineurs.	Directeur régional des affaires culturelles Et, s'il s'agit d'une personne employée par une collectivité territoriale ou un établissement public de coopération intercommunale, l'exécutif de la collectivité territoriale concernée ou de l'établissement public de coopération intercommunale.
Personnes exerçant une activité dans une école ou établissement scolaire relevant des ministères chargés de la défense, de la culture, de la justice ou de la santé.	Ministère de rattachement *(Secrétariat général)* Ou, s'il s'agit d'une personne employée par une collectivité territoriale ou un établissement public de coopération intercommunale, l'exécutif de la collectivité territoriale concernée ou de l'établissement public de coopération intercommunale

III. – Lorsqu'une des personnes exerçant une des professions ou activités figurant dans le tableau prévu par le II du présent article est placée sous contrôle judiciaire dans le cadre d'une information portant sur l'une des infractions mentionnées à l'article 706-47-4 et que l'interdiction prévue par le 12° *bis* de l'article 138 est ordonnée, le juge d'instruction en avise immédiatement le procureur de la République.

• **IV.** – Lorsqu'une collectivité territoriale ou un établissement public de coopération intercommunale employant une personne exerçant une activité dans une école, un établissement d'enseignement du 2d degré relevant du ministère chargé de l'éducation nationale ou un service de l'éducation nationale prend à l'encontre de cette personne une décision de suspension de fonctions à titre conservatoire ou une mesure disciplinaire après avoir été informée en application de l'article 706-47-4, elle informe le recteur d'académie ou le vice-recteur de sa décision.

• **V. –** Lorsque l'information transmise au directeur général de l'agence régionale de santé concerne un personnel rémunéré par le ministère chargé de l'éducation nationale, le directeur général en informe le recteur d'académie ou le vice-recteur.

• **VI. –** Le document écrit transmettant l'information aux collectivités territoriales, aux établissements publics de coopération intercommunale ou au directeur général de l'agence régionale de santé en application des II des articles 11-2 et D. 1er-13 rappelle s'il y a lieu les dispositions des IV et V du présent article.

Article D. 47-10. – Procédure d'assistance éducative – *(Décret n° 2007-699 du 3 mai 2007)*

• Pour l'application des dispositions de l'article 706-49 relatives à l'information du juge des enfants en cas d'ouverture d'une procédure d'assistance éducative, doit être saisi le magistrat du parquet spécialisé en matière de mineurs.

• Le procureur de la République ou le juge d'instruction informe le juge des enfants saisi de la procédure d'assistance éducative, tout au long de la procédure pénale, des décisions pouvant avoir des incidences sur les relations entre les parents et leurs enfants. Il peut solliciter l'avis du juge des enfants avant de prendre ces décisions. Cet avis est alors versé au dossier de la procédure.

• Le juge des enfants est avisé des suites données aux investigations pénales, notamment en cas de classement sans suite, de procédure alternative aux poursuites, de mise en mouvement de l'action publique, d'ordonnance de règlement ou de jugement.

Article D. 47-11. – Conservation – Transmission des contenus... – *(Décret n° 2007-699 du 3 mai 2007)*

• Les dispositions des articles D. 47-8 et D. 47-9 sont applicables à l'extraction, l'acquisition, la transmission et la conservation, par les officiers et agents de police judiciaire relevant des dispositions du premier alinéa de l'article 706-47-3, des contenus illicites prévus par le 3° de cet article.

Article D. 47-11-1. – Incertitude sur l'âge de la victime – *(Décret n° 2016-214 du 26 février 2016)*

• Les dispositions des articles 706-49, 706-50, 706-51-1, 706-52 et 706-53 sont applicables, en cas d'incertitude sur l'âge de la victime, lorsqu'il existe des raisons de croire qu'elle est mineure.

Article D. 47-11-2. – Destruction des enregistrements – *(Décret n° 2016-1202 du 7 septembre 2016)*

• La destruction des enregistrements prévue par le dernier alinéa de l'article 706-52 intervient sur instruction du procureur de la République ou du procureur général.

Article D. 47-11-3. – Délit de non représentation d'enfant – Justification par des violences... commises sur le mineur – *(Décret n° 2021-1516 du 23 novembre 2021)*

• Lorsqu'une personne mise en cause pour le délit de non représentation d'enfant prévu par l'article 227-5 du Code pénal soutient que les faits qui lui sont reprochés ont été justifiés par des violences ou toutes autres infractions relevant de l'article 706-47 commises sur le mineur par la personne qui a le droit de le réclamer, le procureur de la République veille à ce qu'il soit procédé à la vérification de ces allégations avant de décider de mettre ou non l'action publique en mouvement. En cas de citation directe exercée par la victime, il veille à ce que le tribunal correctionnel puisse disposer des éléments lui permettant d'apprécier la réalité de ces violences et l'application éventuelle de l'article 122-7 du Code pénal relatif à l'état de nécessité.

Article D. 47-11-4. – Information – Décisions de retrait total ou partiel de l'autorité parentale... – *(Décret n° 2021-1820 du 24 décembre 2021)*

• Afin de permettre au procureur de la République d'aviser le chef d'établissement pénitentiaire conformément aux articles D. 77 et D. 158, le juge aux affaires familiales ou le juge des enfants informe ce magistrat des décisions de retrait total ou partiel de l'autorité parentale ainsi que de retrait ou de suspension de l'exercice de l'autorité parentale et des droits de visite et d'hébergement en application des articles 373-2-1, 375-7, 378, 378-1, 379, 379-1, ou 515-11 du Code civil, lorsque le juge a connaissance de l'incarcération de la personne faisant l'objet de ces décisions.

TITRE XX

DU FICHIER NATIONAL AUTOMATISÉ DES EMPREINTES GÉNÉTIQUES

Article D. 47-12. – Personnes habilitées – *(Décret n° 2007-699 du 3 mai 2007)*

• Pour l'application du deuxième alinéa de l'article 706-56, les personnes habilitées dans des conditions fixées par l'article 16-12 du Code civil sans être inscrites sur une liste d'experts judiciaires peuvent, pour procéder aux analyses d'identification d'empreinte génétique sur réquisition d'un officier de police judiciaire, du procureur de la République ou du juge d'instruction, ne prêter par écrit le serment prévu au deuxième alinéa de l'article 60 du présent code qu'à l'occasion de la première réquisition dont elles ont fait l'objet.

• Copie de cette prestation de serment est adressée au secrétariat de la commission chargée d'agréer les personnes habilitées à effectuer des missions d'identification par empreintes génétiques dans le cadre d'une procédure judiciaire.

TITRE XXIII

DE L'UTILISATION DE MOYENS DE COMMUNICATION AU COURS DE LA PROCÉDURE

Article D. 47-12-1. – Utilisation d'un moyen de télécommunication – *(Décret n° 2007-1620 du 15 novembre 2007)*

• Lorsque les dispositions des articles 706-71 et R. 53-33 à R. 53-39 relatifs à l'utilisation d'un moyen de télécommunication sont mises en œuvre par une juridiction d'instruction ou de jugement, il peut être fait application des dispositions de la présente section.

Article D. 47-12-2. – Retranscription – *(Décret n° 2007-1620 du 15 novembre 2007)*

• Pour l'application par le juge d'instruction ou le juge des libertés et de la détention des dispositions de l'article R. 53-37 prévoyant la retranscription dans différents procès-verbaux des déclarations des personnes entendues en plusieurs points du territoire, il est procédé selon l'une des deux modalités prévues par le présent article.

• Soit deux procès-verbaux sont dressés simultanément, l'un par le magistrat et son greffier dans les locaux de la juridiction, et l'autre par un greffier sur le lieu où se trouve la personne entendue, et ils sont signés sur place par les personnes présentes.

• Soit un procès-verbal est dressé dans les locaux de la juridiction par le magistrat et son greffier, et ce document est immédiatement transmis sur le lieu où est présente la personne entendue, pour être signé par cette dernière, selon la procédure des contreseings simultanés conformément aux dispositions de l'article D. 47-12-3. Dans ce cas il n'est pas nécessaire qu'un greffier soit présent sur le lieu où se trouve la personne entendue.

Article D. 47-12-3. – Procédure des contreseings simultanés – *(Décret n° 2007-1620 du 15 novembre 2007)*

• Lorsqu'il est fait application de la procédure des contreseings simultanés, le procès-verbal est signé par le magistrat et son greffier, puis est transmis par télécopie ou par un moyen de communication électronique sur le lieu où est présente la personne entendue, pour être signé par cette seule personne. Ce document est immédiatement retourné au magistrat selon le même procédé. L'original du document signé par la personne entendue est ensuite transmis par tout moyen pour être joint au dossier de la procédure.

• Les différentes versions du procès-verbal revêtues de l'original des signatures des personnes présentes sur chacun des lieux sont conservées au dossier de la procédure.

• Il en est de même, s'il y a lieu, pour le recueil de la signature de l'interprète.

Article D. 47-12-4. – En matière de détention provisoire – *(Décret n° 2007-1620 du 15 novembre 2007)*

• Lorsqu'un moyen de télécommunication est utilisé en matière de détention provisoire conformément aux dispositions du troisième alinéa de l'article 706-71, lecture de l'ordonnance prise par le juge des libertés et de la détention est donnée à la personne par le moyen de communication audiovisuelle. Mention de cette formalité est portée sur le procès-verbal du débat contradictoire. L'ordonnance est adressée par télécopie ou par un moyen de communication électronique au chef de l'établissement pénitentiaire, qui la notifie à la personne détenue et lui en remet une copie contre émargement.

Article D. 47-12-5. – Juridiction de jugement ou chambre de l'instruction – *(Décret n° 2007-1620 du 15 novembre 2007)*

• Lorsqu'un moyen de télécommunication est utilisé devant une juridiction de jugement ou devant la chambre de l'instruction, il est fait mention de l'usage de celui-ci dans les notes d'audience et dans la décision rendue.

• Si la décision est rendue immédiatement, la lecture du dispositif est donnée à la personne par le moyen de communication audiovisuelle. Si la décision est mise en délibéré et est rendue à une audience ultérieure, cette lecture peut également être faite à la personne qui assiste à cette audience par un moyen de télécommunication; à défaut, si la personne est détenue, la décision lui est notifiée par le chef de l'établissement qui lui en remet une copie contre émargement.

Article D. 47-12-6. – Procès-verbal – *(Décret n° 2007-1620 du 15 novembre 2007)*

• Le procès-verbal dressé en chacun des lieux en application des dispositions du premier alinéa de l'article 706-71 est un relevé de constatations techniques comportant notamment la mention du test du matériel et les heures de début et de fin de connexion. Il peut être établi et signé par un agent ou un fonctionnaire de la juridiction désigné par le greffier en chef ou par un fonctionnaire pénitentiaire désigné par le chef d'établissement.

TITRE XXV

DE LA PROCÉDURE APPLICABLE À LA CRIMINALITÉ ET À LA DÉLINQUANCE ORGANISÉES

Article D. 47-12-7. – Tribunaux judiciaires et cours d'assises – *(Décret n° 2022-67 du 20 janvier 2022)*

• Par application des dispositions de l'article 706-75 du Code de procédure pénale, les tribunaux judiciaires et les cours d'assises désignés dans le tableau figurant ci-dessous sont compétents pour connaître, dans les circonscriptions définies dans ce tableau, des infractions entrant dans les catégories mentionnées aux articles 706-73, à l'exception du 11°, ou 706-74.

TRIBUNAUX JUDICIAIRES compétents	COURS D'ASSISES COMPÉTENTES	COMPÉTENCE TERRITORIALE s'étendant au ressort des cours d'appel ou des tribunaux supérieurs d'appel de:
Bordeaux	Cour d'assises de la Gironde	Agen, Bordeaux, Limoges, Pau, Toulouse
Lille	Cour d'assises du Nord	Amiens, Douai, Reims, Rouen
Lyon	Cour d'assises du Rhône	Chambéry, Grenoble, Lyon, Riom
Marseille	Cour d'assises des Bouches-du-Rhône	Aix-en-Provence, Bastia, Montpellier, Nîmes
Nancy	Cour d'assises de Meurthe-et-Moselle	Besançon, Colmar, Dijon, Metz, Nancy
Paris	Cour d'assises de Paris	Bourges, Paris, Orléans, Versailles, Mamoudzou, Nouméa, Papeete, Saint-Denis de La Réunion, Saint-Pierre-et-Miquelon
Rennes	Cour d'assises d'Ille-et-Vilaine	Angers, Caen, Poitiers, Rennes
Fort-de-France	Cour d'assises de la Martinique	Basse-Terre, Cayenne, Fort-de-France

TITRE XXV BIS

DE LA PROCÉDURE APPLICABLE AUX CRIMES SÉRIELS OU NON ÉLUCIDÉS

Article D. 47-12-8. – Tribunal judiciaire de Nanterre – Cour d'assises des Hauts-de-Seine – *(Décret n° 2022-67 du 20 janvier 2022)*

• En application des dispositions de l'article 706-106-1, le tribunal judiciaire de Nanterre exerce sur l'ensemble du territoire national une compétence concurrente à celle qui résulte de l'application des articles 43,52 et 382 pour l'enquête, la poursuite, l'instruction et le jugement des crimes prévus aux articles 221-1 à 221-5,222-1, 222-3 à 222-6, 222-23 à 222-26 et 224-1 à 224-3 du Code pénal et de tous les délits connexes à ces crimes, lorsque les conditions prévues par l'article 706-106-1 du présent code sont remplies.

• Ces crimes sont alors jugés par la cour d'assises des Hauts-de-Seine.

Article D. 47-12-9. – P.R. – T.J. Nanterre – Enquête parcours criminel... – *(Décret n° 2022-236 du 24 février 2022)*

• Lorsqu'en application de l'article 706-106-4, le procureur de la République près le tribunal judiciaire de Nanterre ordonne une enquête ayant pour objet de retracer l'éventuel parcours criminel d'une personne condamnée pour des faits relevant de l'article 706-106-1 ou pour laquelle il existe une ou plusieurs raisons plausibles de soupçonner qu'elle a commis ou tenté de commettre de tels faits, les investigations se déroulent dans les formes de l'enquête préliminaire.

• Lorsqu'en application du même article, le procureur de la République près le tribunal judiciaire de Nanterre saisit aux mêmes fins le juge d'instruction, la procédure se déroule dans les formes de l'instruction.

Article D. 47-12-10. – O.P.J. – Assistance magistrats et juges T.J. Nanterre – Enquête parcours criminel... – *(Décret n° 2022-236 du 24 février 2022)*

• Les personnes ayant la qualité d'officier de police judiciaire spécialement désignées pour assister, en application de l'article 706-106-5, les magistrats du parquet et les juges d'instruction spécialisés du tribunal judiciaire de Nanterre peuvent participer aux procédures selon les modalités prévues par les alinéas 3 à 11 de l'article 706. Ils conseillent ces magistrats dans leurs décisions relatives au choix des services enquêteurs et à l'orientation des investigations et ils veillent à la qualité des échanges d'information entre ces magistrats et les enquêteurs saisis.

TITRE XXVI

DE LA PROCÉDURE APPLICABLE EN CAS DE POLLUTION DES EAUX MARITIMES PAR REJETS DES NAVIRES ET D'ATTEINTE AUX BIENS CULTURELS MARITIMES

Article D. 47-13-1. – Tribunaux judiciaires et tribunal de 1re instance – *(Décret n° 2019-966 du 18 septembre 2019)*

• En application des dispositions de l'article 706-107 du Code de procédure pénale, les tribunaux judiciaires et le tribunal de première instance désignés dans le tableau figurant ci-dessous sont compétents pour connaître, dans les circonscriptions définies à ce tableau, des infractions mentionnées à cet article.

TRIBUNAUX JUDICIAIRES COMPÉTENTS	COMPÉTENCE TERRITORIALE s'étendant au ressort des cours d'appel ou des tribunaux supérieurs d'appel de:
Brest	Rennes, Poitiers, Bordeaux, Pau.
Le Havre	Douai, Amiens, Rouen, Caen.
Marseille	Aix-en-Provence, Nîmes, Montpellier, Bastia.
Fort-de-France	Fort-de-France, Basse-Terre, Cayenne.
Saint-Denis de La Réunion	Saint-Denis de La Réunion.
Saint-Pierre-et-Miquelon	Saint-Pierre-et-Miquelon.

Article D. 47-13-2. – Atteintes aux biens culturels maritimes – Compétence – *(Décret n° 2019-966 du 18 septembre 2019)*

• En application des dispositions de l'article 706-111-1, sont compétents pour connaître des infractions mentionnées à cet article les tribunaux judiciaires et le tribunal de 1re instance désignés dans le tableau figurant à l'article D. 47-13-1, dans les circonscriptions définies à ce tableau.

TITRE XXVII

DE LA POURSUITE, DE L'INSTRUCTION ET DU JUGEMENT DES INFRACTIONS COMMISES PAR DES MAJEURS PROTÉGÉS

Article D. 47-14. – Information – *(Décret n° 2021-1794 du 23 décembre 2021)*

• Lorsque le tuteur, le curateur ou le mandataire spécial est avisé en application de l'article 706-112-1, il est informé, si ces droits n'ont pas déjà été exercés :

• 1° qu'il peut désigner un avocat ou demander qu'un avocat soit désigné par le bâtonnier ;

• 2° qu'il peut demander que la personne soit examinée par un médecin ;

• Lorsque le tuteur, le curateur ou le mandataire spécial a été avisé, l'officier de police judiciaire peut autoriser le gardé à vue à communiquer avec cette personne conformément au II de l'article 63-2.

• Les dispositions de l'article 706-112-1 et du présent article sont également applicables en cas de rétention d'une personne intervenant en application des articles 133-1,141-4,709-1-1 et 716-5.

• Lorsque le tuteur ou le curateur est avisé en application de l'article 706-112-2, les dispositions des 2 premiers alinéas du présent article sont applicables.

Article D. 47-14-1. – Mesures de protection juridique – *(Décret n° 2019-507 du 24 mai 2019)*

• Les dispositions des articles 706-113 à 706-117 et des articles du présent titre ne sont applicables aux procédures pénales mentionnées par ces articles que lorsque les éléments recueillis au cours de ces procédures font apparaître que la personne fait l'objet d'une mesure de protection juridique dans les conditions prévues au titre XI du livre Ier du code civil.

• Si les éléments de la procédure font apparaître un doute sur l'existence d'une mesure de protection juridique, le procureur de la République, le juge d'instruction ou la juridiction de jugement procède ou fait procéder aux vérifications nécessaires.

• Si l'existence de cette mesure n'est connue du juge d'instruction ou de la juridiction de jugement qu'après la mise en mouvement de l'action publique, ces dispositions ne sont applicables qu'à compter de cette date. Il en est de même si la mesure de protection juridique est ordonnée en cours de procédure pénale.

Article D. 47-15. – Information du tuteur ou du curateur – *(Décret n° 2007-1658 du 23 novembre 2007)*

• Sauf si elle est réalisée à l'occasion de son audition comme témoin par procès-verbal au cours de l'enquête ou de l'instruction, l'information du tuteur ou du curateur prévue par le premier alinéa de l'article 706-113 est faite par lettre recommandée ou selon les modalités prévues par l'article 803-1. En cas d'urgence, elle peut être faite par tout moyen.

Article D. 47-16. – Copie du dossier de la procédure – *(Décret n° 2007-1658 du 23 novembre 2007)*

• Au cours de l'information, le tuteur ou le curateur ne peut obtenir une copie du dossier de la procédure que par l'intermédiaire de l'avocat de la personne mise en examen ou témoin assisté, conformément aux dispositions des articles 114 et 114-1.

• Lorsque la personne est citée ou renvoyée devant la juridiction de jugement, ou qu'il est fait application de la procédure alternative de réparation ou de médiation ou de la procédure de composition pénale, le tuteur ou le curateur a droit, à sa demande, à la copie du dossier de la procédure conformément aux dispositions de l'article R. 155. Cette copie lui est délivrée gratuitement.

Article D. 47-17. – Assistance de son tuteur ou curateur – *(Décret n° 2007-1658 du 23 novembre 2007)*

• Lors de la procédure de réparation, de médiation, de composition pénale, de comparution sur reconnaissance préalable de culpabilité, la personne peut être assistée de son tuteur ou de son curateur, si celui-ci est présent, lorsqu'elle comparaît devant le procureur de la République, son délégué ou son médiateur, ou devant le magistrat du siège chargé de valider ou d'homologuer la procédure.

Article D. 47-18. – Information du curateur ou tuteur – *(Décret n° 2007-1658 du 23 novembre 2007)*

• L'information du curateur ou du tuteur des décisions de non-lieu, de relaxe, d'acquittement ou de condamnation prévue par le quatrième alinéa de l'article 706-113 est faite par lettre recommandée ou selon les modalités prévues par l'article 803-1.

• Le curateur ou le tuteur est informé par lettre simple ou selon les modalités prévues par l'article 803-1, par le procureur de la République ou par son délégué, de l'exécution d'une composition pénale.

Article D. 47-19. – Délivrance ou retrait du Permis de visite – *(Décret n° 2010-1635 du 23 décembre 2010)*

• Le magistrat saisi du dossier de la procédure, peut refuser de délivrer ou retirer le permis de visite au tuteur ou au curateur dans le cas prévu par l'article 706-114, si cette personne est la victime de l'infraction ou s'il existe des raisons plausibles de présumer qu'elle est coauteur ou complice de l'infraction.

Article D. 47-20. – Information audience – *(Décret n° 2007-1658 du 23 novembre 2007)*

• En matière correctionnelle et criminelle, ainsi que pour les contraventions de la cinquième classe, le ministère public avise le curateur ou le tuteur de la date et de l'objet de l'audience par lettre recommandée ou, selon les modalités prévues par l'article 803-1, dix jours au moins avant la date de l'audience.

• Le tuteur ou le curateur entendu comme témoin est tenu de prêter serment conformément aux dispositions des articles 331 et 446, sauf dans les cas prévus par les articles 335 ou 448. Les dispositions des articles 325 et 436 ne lui sont pas applicables.

Article D. 47-21. – Expertise médicale – *(Décret n° 2007-1658 du 23 novembre 2007)*

• L'expertise médicale prévue par l'article 706-115 a pour objet de déterminer si l'intéressé était ou non atteint au moment des faits d'un trouble psychique ou neuropsychique ayant aboli ou altéré son discernement ou ayant aboli ou entravé le contrôle de ses actes, afin de permettre à la juridiction saisie d'appliquer les dispositions de l'article 122-1 du Code pénal.

• Lorsqu'une information est ouverte, et notamment en matière criminelle, il s'agit de l'expertise psychiatrique ordonnée en application du huitième alinéa de l'article 81.

• Cette expertise peut être ordonnée dès le stade de l'enquête par le procureur de la République.

Article D. 47-22. – Caractère facultatif de l'expertise – *(Décret n° 2023-89 du 13 février 2023)*

• Cette expertise est facultative :

• 1° En cas de procédure d'alternative aux poursuites consistant en la réparation du dommage ou en une médiation ;

• 2° En cas de composition pénale ;

• 3° Lorsque la personne est entendue comme témoin assisté.

Article D. 47-23. – Certificats médicaux, expertises – *(Décret n° 2010-692 du 24 juin 2010)*

• En matière correctionnelle, s'il apparaît des éléments issus de la procédure civile ayant conduit à la mise en œuvre de la mesure de protection juridique, et notamment des certificats médicaux ou des expertises y figurant et qui ont été versés au dossier de la procédure pénale à la demande du ministère public, du juge d'instruction ou du tribunal correctionnel, des indications suffisantes pour apprécier si l'intéressé était ou non atteint au moment des faits d'un trouble psychique ou neuropsychique ayant aboli ou altéré son discernement ou ayant aboli ou entravé le contrôle de ses actes, le juge d'instruction ou le président du tribunal correctionnel peut, sauf opposition de la personne mise en examen ou du prévenu et de son avocat, dire qu'il n'y pas lieu de soumettre l'intéressé à une expertise, par ordonnance motivée qui peut être prise en même temps que l'ordonnance de règlement ou par jugement motivé qui peut être joint au jugement sur le fond.

• Les dispositions du présent article sont également applicables en matière contraventionnelle.

Article D. 47-24. – Expert psychiatre ou médecin – *(Décret n° 2008-54 du 16 janvier 2008)*

• L'expertise prévue par l'article 706-115 peut être confiée à un expert psychiatre ou à un médecin figurant sur la liste prévue par l'article 431 du Code civil. Dans les deux cas, les dispositions du 9° de l'article R. 117 sont alors applicables.

Article D. 47-25. – Chambre des appels correctionnels – *(Décret n° 2007-1658 du 23 novembre 2007)*
• Lorsqu'en cas d'appel la chambre des appels correctionnels constate que le prévenu a été jugé sans que l'expertise prévue par l'article 706-115 ait été réalisée, hors les cas où elle est facultative ou a été jugée inutile en application des dispositions des articles D. 47-22 ou D. 47-23, elle ordonne qu'il soit procédé à cette expertise.
• La chambre renvoie alors l'affaire à une audience ultérieure, puis, au vu du résultat de l'expertise et conformément aux dispositions de l'article 520, annule le jugement, évoque et statue sur le fond.

Article D. 47-26. – Assistance avocat – *(Décret n° 2007-1658 du 23 novembre 2007)*
• Lorsqu'en cas d'appel la chambre des appels correctionnels constate que le prévenu a été jugé sans être assisté par un avocat conformément aux dispositions de l'article 706-116, son président fait désigner par le bâtonnier un avocat, l'intéressé étant informé que les frais seront à sa charge sauf s'il remplit les conditions d'accès à l'aide juridictionnelle.
• La chambre renvoie alors l'affaire à une audience ultérieure à laquelle le prévenu sera assisté par un avocat, puis, conformément aux dispositions de l'article 520, annule le jugement, évoque et statue sur le fond.

TITRE XXVIII

DE LA PROCÉDURE ET DES DÉCISIONS D'IRRESPONSABILITÉ PÉNALE POUR CAUSE DE TROUBLE MENTAL

CHAPITRE Ier

Dispositions applicables devant le juge d'instruction et la chambre de l'instruction

Article D. 47-27. – Troubles mentaux – *(Décret n° 2008-361 du 16 avril 2008)*
• Si les troubles mentaux d'une personne mise en examen et placée en détention provisoire nécessitent des soins et compromettent la sûreté des personnes ou portent atteinte, de façon grave, à l'ordre public, le procureur de la République, conformément aux dispositions de l'article L. 3213-7 du Code de la santé publique, informe le représentant de l'État dans le département:
• 1° Lorsqu'il prend un réquisitoire définitif tendant au prononcé d'une ordonnance d'irresponsabilité pénale pour cause de trouble mental; il avise alors le représentant de l'État de la date prévisible à laquelle la décision sera rendue, sauf s'il est fait application des dispositions du premier alinéa de l'article 706-120 du présent code;
• 2° Lorsque le juge d'instruction rend une ordonnance d'irresponsabilité pénale pour cause de trouble mental.
• Pour permettre l'application des dispositions du présent article, le juge d'instruction fait connaître au procureur de la République la date à laquelle l'ordonnance prévue au 2° est susceptible d'être rendue.
• Dans le cas prévu par le premier alinéa, le procureur de la République informe également le représentant de l'État dans le département lorsqu'en cours d'information la personne mise en examen fait l'objet d'une décision de remise en liberté dans l'attente d'une probable ordonnance d'irresponsabilité pénale pour cause de trouble mental.

Article D. 47-28. – Hospitalisation d'office – *(Décret n° 2008-361 du 16 avril 2008)*
• Lorsque la chambre de l'instruction est saisie en application de l'article 706-120 alors que la personne mise en examen a fait l'objet d'une mesure d'hospitalisation d'office, le président de cette juridiction sollicite du directeur de l'établissement d'accueil la transmission d'un certificat médical circonstancié, établi par un ou plusieurs psychiatres de l'établissement, indiquant si l'état de la personne permet ou non sa comparution personnelle pendant l'intégralité ou une partie de l'audience.

Article D. 47-28-1. – Audition – Moyen de télécommunication – *(Décret n° 2010-692 du 24 juin 2010)*

• Au cours de l'audience de la chambre de l'instruction prévue par l'article 706-122, les experts et les témoins peuvent être entendus à l'aide d'un moyen de télécommunication, conformément aux dispositions de l'article 706-71.

Article D. 47-28-2. – Appel – Personne mise en examen ou partie civile – Action civile – *(Décret n° 2019-508 du 24 mai 2019)*

• L'appel de la personne mise en examen ou de la partie civile contre la décision sur l'action civile rendue en application du 3° de l'article 706-125 est porté devant la chambre des appels correctionnels de la cour d'appel.

CHAPITRE III

Mesures de sûreté pouvant être ordonnées en cas de déclaration d'irresponsabilité pénale pour cause de trouble mental

Section I

De l'hospitalisation d'office

Article D. 47-29. – Ordonnance d'hospitalisation d'office – *(Décret n° 2010-692 du 24 juin 2010)*

• Lorsque la chambre de l'instruction ou une juridiction de jugement décide, conformément à l'article 706-135 du présent code, de l'hospitalisation d'office de la personne dans un établissement mentionné à l'article L. 3222-1 du Code de la santé publique, elle prend à cette fin une ordonnance motivée aussitôt après avoir rendu le jugement ou l'arrêt de déclaration d'irresponsabilité pénale pour cause de trouble mental. Cette ordonnance est signée par le président de la juridiction et le greffier. Lorsque l'arrêt de déclaration d'irresponsabilité pénale pour cause de trouble mental est rendu par la cour d'assises, cette ordonnance est prise par la cour sans l'assistance du jury; la cour statue d'office ou sur les réquisitions du ministère public, après que la cour d'assises s'est prononcée sur l'action publique, selon la procédure prévue par le deuxième alinéa de l'article 371 du présent code. Une copie de cette ordonnance est immédiatement adressée par le procureur de la République ou le procureur général au représentant de l'État dans le département ou, à Paris, au préfet de police. Ce dernier procède sans délai à l'hospitalisation, après, le cas échéant, les formalités de levée d'écrou; il détermine l'établissement dans lequel la personne sera hospitalisée.

• Cette ordonnance est inscrite dans le registre prévu par le dernier alinéa de l'article L. 3213-1 du Code de la santé publique.

• Copie de l'expertise psychiatrique figurant au dossier de la procédure et établissant que les troubles mentaux de l'intéressé nécessitent des soins et compromettent la sûreté des personnes ou portent atteinte, de façon grave, à l'ordre public, est également immédiatement adressée par le procureur de la République ou le procureur général au représentant de l'État dans le département ou, à Paris, au préfet de police, pour être jointe au dossier médical de la personne.

• L'expertise prévue à l'alinéa précédent est celle réalisée au cours de l'instruction, sans préjudice de la possibilité pour le président de la chambre de l'instruction ou de la juridiction de jugement d'ordonner un complément d'expertise afin d'actualiser les informations concernant l'état mental de la personne. Si la dernière expertise figurant au dossier ne comporte pas d'indications suffisantes pour apprécier que les conditions de l'hospitalisation d'office sont effectivement réunies au moment où la juridiction doit statuer, le président de celle-ci peut également, avant la date prévue pour l'audience, requérir de l'expert ou de l'un des experts ayant procédé à cette expertise, ou de tout autre médecin psychiatre, la délivrance d'un certificat médical décrivant l'état actuel de la personne. Ce certificat peut également être requis par le ministère public. Copie du certificat est alors adressée au représentant de l'État en application de l'alinéa précédent avec celle de l'expertise psychiatrique.

Article D. 47-29-1. – Exécution – *(Décret n° 2010-692 du 24 juin 2010)*

• L'ordonnance aux fins d'hospitalisation d'office prise en application de l'article 706-135 du présent code est immédiatement exécutoire, sans préjudice de la possibilité de saisine du juge des libertés et de la détention conformément aux dispositions de l'article L. 3211-12 du Code de la santé publique afin qu'il soit mis fin à l'hospitalisation.

• À peine d'irrecevabilité, cette ordonnance ne peut faire l'objet d'un appel ou d'un pourvoi en cassation qu'en même temps qu'un appel ou qu'un pourvoi formé contre la décision portant déclaration d'irresponsabilité pénale pour cause de trouble mental.

• L'appel ou le pourvoi formé contre l'ordonnance aux fins d'hospitalisation d'office n'est pas suspensif.

• Lorsqu'elle n'a pas fait l'objet d'un appel, l'ordonnance aux fins d'hospitalisation d'office est caduque si la juridiction d'appel déclare la personne pénalement responsable et la condamne à une peine privative de liberté. Il en est de même si, à la suite d'un pourvoi en cassation, la juridiction de renvoi déclare la personne pénalement responsable et la condamne à une peine privative de liberté. La caducité de l'ordonnance intervient lorsqu'est mise à exécution la peine privative de liberté. Les dispositions du présent alinéa ne sont toutefois pas exclusives de l'application de celles de l'article D. 398, le cas échéant sans interruption du séjour de la personne en établissement de santé.

Article D. 47-29-2. – Information – *(Décret n° 2010-692 du 24 juin 2010)*

• Pour permettre l'application immédiate de l'ordonnance prévue par les articles D. 47-29 et D. 47-29-1, le ministère public informe préalablement le représentant de l'État ou, à Paris, le préfet de police des audiences au cours desquelles la chambre de l'instruction ou la juridiction de jugement est susceptible d'ordonner une hospitalisation d'office conformément aux dispositions de l'article 706-135.

• Le fait que la chambre de l'instruction ou la juridiction de jugement n'ordonne pas cette hospitalisation n'interdit pas au représentant de l'État ou, à Paris, au préfet de police de faire application des dispositions des articles L. 3213-1 et L. 3213-7 du Code de la santé publique.

Article D. 47-29-3. – Conditions de levée et de prolongation – *(Décret n° 2010-692 du 24 juin 2010)*

• Conformément aux dispositions de l'article 706-135 du présent code, le régime de l'hospitalisation d'office ordonnée par une juridiction en application de cet article est, s'agissant des conditions de levée et de prolongation de cette mesure, identique à celui de l'hospitalisation ordonnée par le représentant de l'État en application des articles L. 3213-1 et L. 3213-7 du Code de la santé publique à l'égard d'une personne déclarée pénalement irresponsable en raison d'un trouble mental. En particulier, il ne peut être mis fin à cette hospitalisation que selon les modalités prévues par l'article L. 3213-8 du Code de la santé publique, et les dispositions de l'article L. 3213-4 de ce code exigeant, sous peine de mainlevée automatique de l'hospitalisation, le maintien de cette mesure par le représentant de l'État à l'issue des délais prévus par cet article ne sont par conséquent pas applicables.

Article D. 47-29-4. – Substitution – *(Décret n° 2010-692 du 24 juin 2010)*

• Lorsque la chambre de l'instruction ou la juridiction de jugement qui prononce une décision d'irresponsabilité pénale ordonne, conformément à l'article 706-135 du présent code, l'hospitalisation d'office de la personne alors que celle-ci a déjà été décidée par le représentant de l'État en application des dispositions de l'article L. 3213-1 du Code de la santé publique, la décision judiciaire se substitue à l'arrêté d'hospitalisation pris par le représentant de l'État. Elle produit aussitôt les effets rappelés à l'article D. 47-29-3 du présent code.

Article D. 47-29-5. – Hospitalisation déjà ordonnée – *(Décret n° 2010-692 du 24 juin 2010)*

• Lorsque la chambre de l'instruction ou la juridiction de jugement qui prononce une décision d'irresponsabilité pénale ne décide pas l'hospitalisation d'office de la personne parce que cette hospitalisation a déjà été ordonnée par le représentant de l'État en application des dispositions de l'article L. 3213-1 du Code de la santé publique, le ministère public avise sans délai ce dernier de cette décision, afin qu'il puisse être informé que le régime de l'hospitalisation devient alors celui prévu par les articles L. 3213-7 et L. 3213-8 de ce code, et rappelé à l'article D. 47-29-3 ci-dessus, et qu'il puisse prendre toute mesure utile.

• Le ministère public avise aux mêmes fins le représentant de l'État des ordonnances d'irresponsabilité pénale prises par le juge d'instruction lorsque la personne mise en examen a fait l'objet d'une hospitalisation d'office ayant été ordonnée par le représentant de l'État à la suite de sa remise en liberté intervenue au cours de la procédure d'information, après que celui-ci a été informé conformément aux dispositions du dernier alinéa de l'article D. 47-27.

Section II
Des autres mesures de sûreté

Article D. 47-29-6. – Modalités – *(Décret n° 2010-692 du 24 juin 2010)*

• Les mesures de sûreté prévues à l'article 706-136 ne peuvent être prononcées par la juridiction que s'il apparaît, au moment où la décision est rendue et au vu des éléments du dossier et notamment de l'expertise de l'intéressé, qu'elles sont nécessaires pour prévenir le renouvellement des actes commis par la personne déclarée pénalement irresponsable, pour protéger cette personne, pour protéger la victime ou la famille de la victime, ou pour mettre fin au trouble à l'ordre public résultant de la commission de ces actes.

• Ces mesures ne peuvent être prononcées à titre de sanction contre l'intéressé.

Article D. 47-29-7. – Décision – *(Décret n° 2010-692 du 24 juin 2010)*

• La décision ordonnant une ou plusieurs des mesures prévues à l'article 706-137 est prise soit dans l'arrêt de la chambre de l'instruction ou le jugement du tribunal correctionnel, soit par une ordonnance distincte. Cette ordonnance est alors signée par le président de la juridiction et le greffier. Lorsque l'arrêt de déclaration d'irresponsabilité pénale pour cause de trouble mental est rendu par la cour d'assises, cette ordonnance est prise par la cour sans l'assistance du jury. La décision est motivée au regard des dispositions de l'article D. 47-29-6.

• Copie de la décision est remise à l'intéressé pour notification.

• La décision est immédiatement exécutoire, sans préjudice de la possibilité de saisine du juge des libertés et de la détention, conformément aux dispositions de l'article 706-137 aux fins de modification ou de mainlevée de ces mesures.

• À peine d'irrecevabilité, cette décision ne peut faire l'objet d'un appel ou d'un pourvoi en cassation qu'en même temps qu'un appel ou qu'un pourvoi formé contre la décision portant déclaration d'irresponsabilité pénale pour cause de trouble mental.

• L'appel ou le pourvoi formé contre cette décision n'est pas suspensif.

• Lorsqu'elle n'a pas fait l'objet d'un appel, la décision est caduque si la juridiction d'appel déclare la personne pénalement responsable. Il en est de même si, à la suite d'un pourvoi en cassation, la juridiction de renvoi déclare la personne pénalement responsable.

Article D. 47-29-8. – Fichier des personnes recherchées – *(Décret n° 2010-692 du 24 juin 2010)*

• Conformément aux dispositions du 11° *bis* du I de l'article 23 de la loi n° 2003-239 du 18 mars 2003 pour la sécurité intérieure, le ministère public informe le gestionnaire du fichier des personnes recherchées des interdictions prononcées en application de l'article 706-136.

Article D. 47-30. – Document d'information

• Lorsque la personne à l'égard de laquelle ont été prononcées une ou plusieurs des mesures prévues par l'article 706-136 fait l'objet d'une hospitalisation d'office, prononcée soit en application des dispositions de l'article L. 3213-1 du Code de la santé publique, soit en application des dispositions de l'article 706-135 du présent code, le procureur de la République adresse au directeur de l'établissement dans lequel la personne est hospitalisée un document faisant état de ces interdictions.

• Lorsque l'état de la personne lui permet d'en comprendre la teneur, le directeur lui notifie ce document contre récépissé qui est alors retourné au procureur de la République.

• Ce document fait notamment état des dispositions du dernier alinéa de l'article 706-137 et des articles 706-138 et 706-139 du présent code.

• Le directeur de l'établissement rappelle ou notifie au plus tard selon les mêmes modalités cette décision à la personne lorsqu'il est mis fin à l'hospitalisation d'office et il en informe le procureur de la République.

Article D. 47-31. – Casier judiciaire national automatisé

• Le procureur de la République ou le procureur général avise le service du casier judiciaire national automatisé des jugements et arrêts de déclaration d'irresponsabilité pénale pour cause de trouble mental rendus par la chambre de l'instruction et les juridictions de jugement dans les cas où il a été fait application des dispositions de l'article 706-136.

• Dans ce cas, lorsqu'il est informé de la levée d'une hospitalisation d'office conformément à l'article D. 47-30, le procureur de la République en avise le service du casier judiciaire national automatisé, afin que celui-ci puisse en tirer les conséquences sur la durée de validité de l'interdiction et sur sa mention aux bulletins n° 1 et n° 2 du casier judiciaire.

Article D. 47-32. – Mention – Bulletin n° 2 Casier judiciaire

• Lorsqu'elle prononce une interdiction en application des dispositions de l'article 706-136, la chambre de l'instruction ou la juridiction de jugement peut ordonner, soit dans sa décision, soit dans une décision ultérieure, que la déclaration d'irresponsabilité pénale pour cause de trouble mental ne sera pas mentionnée au bulletin n° 2 du casier judiciaire conformément aux dispositions de l'article 775-1.

CHAPITRE IV

Des soins pouvant être ordonnés en cas de trouble mental ayant altéré le discernement

Article D. 47-33. – Obligation de soins – *(Décret n° 2014-1582 du 23 décembre 2014)*

• L'obligation de soins prévue, à titre de mesure de sûreté, par l'article 706-136-1 est ordonnée par jugement pris conformément à l'article 712-6 avant la date prévue pour la libération de la personne condamnée.

Article D. 47-34. – Nécessité de l'obligation – *(Décret n° 2020-81 du 3 février 2020)*

• Cette obligation de soins ne peut être ordonnée que s'il apparaît, au moment où la décision est rendue, au vu des éléments du dossier et notamment de l'avis médical concernant la personne condamnée dans les circonstances mentionnées au deuxième alinéa de l'article 122-1 du Code pénal, qu'elle est nécessaire pour prévenir le renouvellement des actes commis par la personne condamnée, pour la protéger, ou pour protéger la victime ou la famille de la victime.

• Elle ne peut être ordonnée si le condamné fait l'objet ou est susceptible de faire l'objet d'une obligation ou d'une injonction de soins dans le cadre d'un aménagement de peine, d'une libération conditionnelle, d'une libération sous contrainte, d'un suivi socio-judiciaire, d'un sursis probatoire, d'une surveillance judiciaire ou d'une surveillance de sûreté.

Nota : À compter du 24 mars 2020 : aux termes du 1er alinéa de l'article 7 du Décret n° 2020-81 du 03/02/2020, les présentes dispositions entrent en vigueur le 24/03/2020 pour les condamnations prononcées à compter de cette date, y compris si elles concernent des infractions commises avant cette date.

Article D. 47-35. – Avis médical – *(Décret n° 2014-1582 du 23 décembre 2014)*

• L'avis médical mentionné par l'article 706-136-1 et par l'article D. 47-34 est constitué d'au moins une expertise psychiatrique ordonnée par le juge de l'application des peines.

• Le juge de l'application des peines peut toutefois, avec l'accord du procureur de la République, dire par ordonnance ou jugement motivé qu'il n'y a pas lieu d'ordonner une nouvelle expertise psychiatrique préalablement à une décision ordonnant une obligation de soins dès lors que figure au dossier du condamné une expertise datant de moins de deux ans, y compris si celle-ci est réalisée avant la condamnation.

Article D. 47-36. – Respect de l'obligation – *(Décret n° 2014-1582 du 23 décembre 2014)*

• Le juge de l'application des peines du ressort dans lequel la personne soumise à une obligation de soins dans le cadre de l'article 706-136-1 a sa résidence habituelle, assisté du service pénitentiaire d'insertion et de probation, et le cas échéant avec le concours des organismes habilités à cet effet, contrôle le respect de cette obligation.

• En cas de non-respect de l'obligation, le juge de l'application des peines en informe le ministère public qui décidera de l'opportunité de poursuivre la personne concernée sur le fondement de l'article 706-139.

Article D. 47-37. – Modification ou levée de l'obligation – *(Décret n° 2014-1582 du 23 décembre 2014)*

• Lorsque la personne condamnée sollicite une modification ou une levée de l'obligation de soins, le juge des libertés et de la détention ne peut statuer qu'après avis du juge de l'application des peines suivant le déroulement de la mesure.

CHAPITRE V

Dispositions applicables lorsque l'abolition temporaire du discernement de la personne résulte de son fait et notamment de la consommation volontaire de substances psychoactives

Section 1

Dispositions relatives au renvoi de la personne aux fins de jugement sur le fond ou aux fins de jugement sur l'application de l'article 122-1 du Code pénal

Article D. 47-37-1. – J.I. – Information – Déclaration irresponsabilité pénale – Consommation volontaire de substances psychoactives – *(Décret n° 2022-657 du 25 avril 2022)*

• Conformément aux dispositions de l'article 706-139-1, lorsque le juge d'instruction estime qu'il existe des charges suffisantes contre la personne mise en examen d'avoir commis une des infractions prévues par les articles 221-5-6, 222-18-4 ou 222-26-2 du Code pénal, que ces qualifications ont été visées lors de l'ouverture de l'information ou qu'elles ont été retenues en cours de procédure, il la renvoie devant la juridiction de jugement compétente selon les modalités prévues par les articles 179 ou 181 du présent code, après l'avoir préalablement déclarée pénalement irresponsable des faits commis à la suite de sa consommation volontaire de substances psychoactives.

• Lorsque le juge d'instruction estime qu'il existe des charges suffisantes contre la personne mise en examen d'avoir commis les infractions qui lui sont reprochées dans les circonstances prévues par l'article 122-1-1 du Code pénal, il la renvoie pour ces infractions devant la juridiction de jugement compétente selon les modalités prévues par les articles 179 ou 181 du présent code.

• Les dispositions des deux alinéas précédents s'appliquent y compris s'il existe dans la procédure une ou plusieurs expertises concluant que le discernement de la personne était seulement altéré.

Article D. 47-37-2. – J.I. –Abolition temporaire discernement personne mise en examen – *(Décret n° 2022-657 du 25 avril 2022)*

• Hors les hypothèses prévues par les articles 706-139-1 et D. 47-37-1, lorsque le juge d'instruction estime que l'abolition temporaire du discernement de la personne mise en examen résulte au moins partiellement de son fait et qu'il existe une ou plusieurs expertises concluant que son discernement était seulement altéré, il ordonne, conformément aux dispositions du 2e alinéa de l'article 706-120, le renvoi de la personne devant la juridiction de jugement compétente pour que celle-ci statue à huis clos sur la seule application de l'article 122-1 du Code pénal, selon les modalités précisées par la section II du présent chapitre.

• Si la personne fait l'objet d'une mesure de sûreté et que les faits reprochés constituent un délit, le juge d'instruction peut ordonner le maintien de cette mesure jusqu'à l'audience conformément aux alinéas 2 à 4 de l'article 179. Si la personne fait l'objet d'une mesure de sûreté et que les faits reprochés constituent un crime, les dispositions des alinéas 5, 7, 8 et 9 de l'article 181 sont applicables.

Section 2

Dispositions applicables en cas de renvoi au fin de jugement sur la seule application de l'article 122-1 du Code pénal

Article D. 47-37-3. – Juridiction de jugement – Demande d'expertise – Personne en état de comparaître… – *(Décret n° 2022-657 du 25 avril 2022)*

• **Lorsque la juridiction de jugement est saisie en application du** 2e alinéa de l'article 706-120 et de l'article D. 47-37-2, son président ordonne au moins 1 mois avant l'audience une expertise afin de déterminer si la personne est en état de comparaître personnellement et de comprendre les débats, ainsi que pour déterminer les modalités de cette comparution, et notamment s'il peut être recouru à un moyen de télécommunication, audiovisuelle conformément aux dispositions de l'article 706-71.

• S'il résulte de cette expertise que l'état mental de la personne rend durablement impossible sa comparution personnelle dans des conditions lui permettant d'exercer sa défense, le président de la juridiction de jugement constate par ordonnance que la procédure et que la prescription de l'action publique se trouvent suspendues, sans préjudice de sa possibilité de faire application des dispositions du 4e alinéa de l'article 10.

§ 1. – Dispositions applicables devant la cour d'assises

Article D. 47-37-4. – Cour d'assises – Experts – *(Décret n° 2022-657 du 25 avril 2022)*

• Lorsque la cour d'assises est saisie en application des dispositions du 2e alinéa de l'article 706-120, elle ne statue, conformément aux dispositions de cet alinéa, que pour se prononcer à huis clos sur l'application de l'article 122-1 du Code pénal.

• Les experts ayant examiné la personne, et notamment ceux ayant rendu des avis divergents, doivent être entendus par la cour d'assises, le cas échéant par un moyen de télécommunication.

• Les dispositions des alinéas 5 à 10 de l'article 706-122 sont alors applicables.

• Les jurés peuvent également poser des questions par l'intermédiaire du président.

Article D. 47-37-5. – Question – Cause d'irresponsabilité... – *(Décret n° 2022-657 du 25 avril 2022)*

• Conformément à l'article 349-1, la cour d'assises répond à une question ainsi formulée :

• " L'accusé bénéficie-t-il pour le fait qui lui est reproché de la cause d'irresponsabilité prévue par le 1er alinéa de l'article 122-1 du Code pénal selon lequel n'est pas pénalement responsable la personne qui était atteinte, au moment des faits, d'un trouble psychique ou neuropsychique ayant aboli son discernement ou le contrôle de ses actes ? "

Article D. 47-37-6. – Question suivante – *(Décret n° 2022-657 du 25 avril 2022)*

• Si la cour d'assises répond positivement à la question prévue par l'article D. 47-37-5, elle doit alors statuer sur la question suivante :

• " L'accusé a-t-il matériellement commis le fait qui lui est reproché et pour lequel il a été considéré comme pénalement non responsable ? "

• Si la cour répond positivement à cette question, il est fait application des articles 706-130 et 706-131 prévoyant que la cour d'assises prononce un arrêt portant déclaration d'irresponsabilité pénale pour cause de trouble mental et que la cour statue sur les dommages et intérêts et, s'il y a lieu, les mesures de sûreté.

• Les dispositions de l'article 706-132 prévoyant l'appel du procureur général, de l'accusé et de la partie civile sont alors applicables.

Article D. 47-37-7. – Renvoi de l'accusé à une audience ultérieure – *(Décret n° 2022-657 du 25 avril 2022)*

• Si la cour d'assises répond négativement à la question prévue par l'article D. 47-37-5, elle ordonne le renvoi de l'accusé à une audience ultérieure de la cour d'assises qui procède comme en cas de renvoi prononcé par la juridiction d'instruction. Cette décision de renvoi ne peut faire l'objet d'un appel.

• Si l'accusé était placé sous mandat de dépôt, il demeure détenu conformément aux dispositions de l'article 181, sans préjudice de sa possibilité de demander à tout moment sa mise en liberté. Les délais prévus par les dispositions des alinéas 8 et 9 de l'article 181 sont applicables.

• La cour d'assises statuant sur renvoi n'est pas tenue par la réponse apportée par la 1re cour d'assises à la question prévue par l'article D. 47-37-5.

§ 2. – Dispositions applicables devant le tribunal correctionnel

Article D. 47-37-8. – Tribunal correctionnel – Experts – Irresponsabilité pénale – *(Décret n° 2022-1021 du 20 juillet 2022)*

• Lorsque le tribunal correctionnel est saisi en application des dispositions du 2e alinéa de l'article 706-120, il ne statue, conformément aux dispositions de cet alinéa, que pour se prononcer à huis clos sur l'application de l'article 122-1 du Code pénal.

• Les experts ayant examiné la personne, et notamment ceux ayant rendu des avis divergents, doivent être entendus par le tribunal, le cas échéant par un moyen de télécommunication.

• Si le tribunal estime que les dispositions du 1er alinéa de cet article sont applicables, il rend un jugement de déclaration d'irresponsabilité pénale pour cause de trouble mental conformément aux dispositions de l'article 706-134 du présent code.

• Si le tribunal estime que les dispositions du 1er alinéa de l'article 122-1 du Code pénal ne sont pas applicables, il ordonne le renvoi du prévenu à une audience ultérieure du tribunal correctionnel pour que celui-ci statue comme en cas de renvoi prononcé par la juridiction d'instruction. Cette décision ne peut faire l'objet d'un appel. Si le prévenu faisait l'objet d'une mesure de sûreté, le tribunal peut, par décision spécialement motivée, ordonner le maintien de cette mesure jusqu'à l'audience de renvoi ; en cas de maintien en détention, les délais prévus par les 4e et 5e alinéas de l'article 179 sont alors applicables.

• Dans le cas prévu par l'alinéa précédent, le tribunal peut également, avec l'accord du prévenu donné en présence de son avocat, continuer d'examiner le dossier au fond et statuer sur l'action publique sans renvoyer le dossier à une audience ultérieure. Dans ce cas, les débats se poursuivent en audience publique, sous réserve des dispositions des alinéas 2 et 3 de l'article 400.

• Les décisions prévues par le 3e alinéa et par la 3e phrase du 4e alinéa, ainsi que celles statuant sur l'action publique prévues par le 5e alinéa peuvent faire l'objet d'un appel devant la chambre des appels correctionnels.

TITRE XXXIII

DE LA PROCÉDURE APPLICABLE EN CAS D'ACCIDENT COLLECTIF

Article D. 47-38. – Tribunaux judiciaires – *(Décret n° 2019-966 du 18 septembre 2019)*

• Par application des dispositions de l'article 706-176, les tribunaux judiciaires désignés dans le tableau figurant ci-dessous sont compétents pour connaître, dans les circonscriptions définies à ce tableau, des infractions mentionnées à cet article.

TRIBUNAUX JUDICIAIRES compétents	COMPÉTENCE TERRITORIALE s'étendant au ressort des cours d'appel ou du tribunal supérieur d'appel de :
Marseille	Aix-en-Provence, Bastia, Chambéry, Grenoble, Lyon, Nîmes et Montpellier
Paris	Agen, Amiens, Angers, Basse-Terre, Besançon, Bordeaux, Bourges, Caen, Cayenne, Colmar, Dijon, Douai, Fort-de-France, Limoges, Metz, Nancy, Nouméa, Orléans, Papeete, Paris, Pau, Poitiers, Reims, Rennes, Riom, Rouen, Saint-Denis, Toulouse, Versailles et Saint-Pierre

J • **Assassinat – Irresponsabilité pénale – Trouble mental – Admission en soins psychiatriques**

Contre l'arrêt de la chambre de l'instruction de la cour d'appel de ROUEN, en date du 12 juillet 2016, qui, dans l'information suivie contre lui du chef d'assassinat, l'a déclaré irresponsable pénalement pour cause de trouble mental, a ordonné son admission en soins psychiatriques sous la forme d'une hospitalisation complète ainsi que des mesures de sûreté, et a prononcé sur les intérêts civils;

I- Sur la recevabilité du pourvoi formé le 15 juillet 2016 par Maître Julia sous le numéro 32/2016 :

Attendu que le demandeur, ayant épuisé, par l'exercice qu'il en avait fait le même jour sous le numéro 31/2016, le droit de se pourvoir contre l'arrêt attaqué, était irrecevable à se pourvoir à nouveau contre la même décision; que seul est recevable le pourvoi formé le 13 juillet 2016 sous le numéro 31/2016;

2- Sur le pourvoi formé le 13 juillet 2016 par Maître Julia, substituant Maître Arnold, sous le numéro 31/2016;

Vu les mémoires en demande, en défense et les observations complémentaires produits;

Attendu qu'il résulte de l'arrêt attaqué et des pièces de la procédure que le 17 octobre 2013, à 8 h 10, le corps ensanglanté du docteur Y..., médecin psychiatre, était découvert sous le porche d'entrée de l'immeuble de Rouen dans lequel il exerçait sa profession, le décès étant dû à sept plaies thoraciques provoquées par un instrument tranchant; qu'une information a été ouverte le 25 octobre 2013; qu'un ancien patient de la victime, M. X..., a été mis en examen du chef d'assassinat; que les experts commis par le magistrat instructeur ont conclu que le discernement de M. X..., souffrant de schizophrénie et de paranoïa dangereuses, était aboli au moment des faits, et préconisé des soins dans le cadre d'une hospitalisation sous contrainte;

Attendu qu'au terme de l'information, le juge d'instruction, faisant application de l'article 706-120 du Code de procédure pénale, a, par ordonnance du 19 janvier 2016, dit qu'il existait charges suffisantes contre M. X... d'avoir commis les faits reprochés et ordonné la transmission de la procédure au procureur général aux fins de saisine de la chambre de l'instruction;

Attendu que si c'est à tort que la chambre de l'instruction n'a pas rendu l'ordonnance motivée prévue par l'article D. 47-29 du Code de procédure pénale, la cassation n'est cependant pas encourue dès lors que l'admission en soins psychiatriques sous la forme d'une hospitalisation complète a été légalement décidée par un arrêt motivé conformément à l'article 706-135 du Code de procédure pénale;

D'où il suit que le grief doit être écarté;

Sur le moyen, pris en sa deuxième branche :

Attendu qu'il se déduit des dispositions combinées des articles 706-135 et D.47-29 du Code de procédure pénale que la chambre de l'instruction, après avoir constaté l'irresponsabilité pénale de la personne concernée pour cause de trouble mental, peut ordonner son admission en soins sous forme d'une hospitalisation complète, mais ne dispose d'aucun autre pouvoir et n'a pas à rechercher si des mesures alternatives auraient pu être appliquées à l'intéressé;

D'où il suit que le grief n'est pas encouru;
Sur le moyen, pris en sa troisième branche:
Attendu qu'en faisant interdiction à M. X... de paraître en Seine-Maritime, à Grenoble et à Paris, la chambre de l'instruction a spécialement désigné les lieux qui lui sont interdits, en application de l'article 706-136 du Code de procédure pénale;
D'où il suit que le grief manque en fait;
Et attendu que l'arrêt est régulier en la forme;
I- Sur le pourvoi formé le 15 juillet 2016 par Maître Julia sous le numéro 32/2016:
Le DÉCLARE IRRECEVABLE;
2- Sur le pourvoi formé le 13 juillet 2016 par Maître Julia, substituant Maître Arnold, sous le numéro 31/2016
Le REJETTE;
FIXE à 2000 euros la somme globale que M. X... devra payer à Mme Marie-Noëlle D..., M. Félix Y..., Mme Hélène Y..., Mme Louise Y..., M. Dominique Y... et Mme Florence Y..., au titre de l'article 618-1 du Code de procédure pénale;
(Cour de cassation – Chambre criminelle du 29 novembre 2017 – N° de pourvoi: 16-85490).

LIVRE V
DES PROCÉDURES D'EXÉCUTION

TITRE Ier
DE L'EXÉCUTION DES SENTENCES PÉNALES

CHAPITRE Ier
Dispositions générales

Article D. 48. – Registre d'exécution des peines – *(Décret n° 2004-1364 du 13 décembre 2004)*
• Le ministère public étant chargé de l'exécution de l'ensemble des sentences pénales prononcées par les juridictions répressives, il est tenu à cet effet, par chaque parquet, un fichier ou un registre dit « Registre d'exécution des peines ».
• Le registre d'exécution des peines est établi de manière à permettre de prendre immédiatement connaissance des peines à exécuter et, le cas échéant, des motifs pour lesquels l'exécution n'a pas encore eu lieu.
• Les mentions utiles sont portées sur le registre après chaque audience, ainsi qu'après toute diligence relative à l'exécution de la peine ou à l'inscription de la condamnation au casier judiciaire.
• Les registres d'exécution des peines sont établis conformément aux modèles fixés par le ministre de la justice et sont tenus selon ses instructions.

Article D. 48-1. – Secrétariat-greffe – *(Décret n° 2004-1364 du 13 décembre 2004)*
Pour la mise à exécution des sentences pénales, les magistrats du ministère public sont assistés par un secrétariat-greffe chargé de l'exécution des peines.

Article D. 48-1-1. – Aménagement de peine – *(Décret n° 2020-187 du 3 mars 2020)*
• Les seuils de 6 mois ou 1 an d'emprisonnement prévus en matière d'aménagement de peine par le 3e alinéa de l'article 132-19 et l'article 132-25 du Code pénal, ainsi que par les 1°, 2° et 3° du I de l'article 464-2, l'article 474 et l'article 723-15 du présent code s'apprécient en prenant en compte, le cas échéant, de :
• 1° La révocation totale ou partielle d'un sursis simple ou d'un sursis probatoire, décidée par la juridiction de jugement et dont la durée s'ajoute, conformément aux articles 132-38 et 132-50 du Code pénal, à celle de la peine d'emprisonnement pouvant être exécutée ;
• 2° L'intervention d'une détention provisoire dont la durée est intégralement déduite, conformément à l'article 716-4 du présent code, de celle de la peine d'emprisonnement prononcée.

[J] **• Infractions à la législation sur les stupéfiants… – Application de l'article D. 48-1-1 – Loi de procédure**
CASSATION PARTIELLE sur le pourvoi formé par M. [S] [X] contre l'arrêt de la cour d'appel de POITIERS (86), chambre correctionnelle, en date du 27/05/2020, qui, pour infractions à la législation sur les stupéfiants, en récidive, l'a condamné à 3 mois d'emprisonnement, a prononcé sur la révocation d'un sursis et a ordonné une mesure de confiscation.

22. L'article D. 48-1-1 du C.P.P., créé par l'article 2 du décret n° 2020-187 du 03/03/2020, applicable immédiatement s'agissant d'une loi de procédure, dispose que les seuils de 6 mois ou 1 an d'emprisonnement prévus en matière d'aménagement de peine par la loi précitée du 23/03/2019 s'apprécient en tenant compte de la révocation totale ou partielle d'un sursis simple décidé par la juridiction de jugement et dont la durée s'ajoute à celle de la peine d'emprisonnement prononcée.
(Cour de cassation – Chambre criminelle du 11 mai 2021 – N° de pourvoi : 20-84.412).

Article D. 48-2. – Bureau d'exécution des peines – *(Décret n° 2020-81 du 3 février 2020)*
• Le bureau d'exécution des peines prévu par l'article 709-1 est animé par un ou plusieurs greffiers ou agents du greffe du tribunal judiciaire ou de la cour d'appel.
• Il a pour mission, lorsque la condamnation est rendue en présence du prévenu et que celui-ci n'est pas incarcéré, de recevoir ce dernier à l'issue de l'audience ou dans les jours suivant celle-ci, le cas échéant en présence de son avocat, pour lui expliquer la décision dont il fait l'objet et lui remettre un relevé de condamnation. Il est notamment chargé de :

• 1° Lui délivrer une convocation devant le juge de l'application des peines et le cas échéant devant le service pénitentiaire d'insertion et de probation, en cas de condamnation à une peine d'emprisonnement ferme pour laquelle la détention restant à subir est inférieure ou égale à un an conformément aux dispositions du premier alinéa de l'article 474, sauf s'il a été décerné un mandat de dépôt à effet différé;

• 2° Lui délivrer une convocation devant le service pénitentiaire d'insertion et de probation en cas de condamnation à une peine d'emprisonnement assorti du sursis probatoire, ou à une peine de travail d'intérêt général, conformément aux dispositions du 3e alinéa de l'article 474; toutefois, en raison de la peine prononcée ou de la personnalité du condamné, celui-ci peut être convoqué devant le juge de l'application des peines;

• 3° Lui préciser les modalités pratiques selon lesquelles il peut s'acquitter du paiement de l'amende, en cas de condamnation à une peine amende ou une peine de jours-amende après l'avoir le cas échéant avisé de la diminution de 20 % de l'amende en cas de paiement volontaire dans le délai d'un mois, sans que ce paiement fasse obstacle à l'exercice des voies de recours, si les avis prévus par l'article 707-3 n'ont pas été délivrés au condamné par le président ou le greffier de la juridiction;

• 4° Lui délivrer une convocation devant le service chargé de mettre en œuvre cette sanction en cas de condamnation à une peine de stage.

• 5° Lui délivrer une convocation devant le procureur de la République lorsque le tribunal a prononcé un mandat de dépôt à effet différé en application du 3° du I ou en application du III de l'article 464-2, sauf lorsque la date d'incarcération a été donnée au condamné à l'issue de l'audience;

• 6° Lui délivrer une convocation devant le service pénitentiaire d'insertion et de probation et, s'il y a lieu, devant le juge de l'application des peines en application des articles D. 49-84 et D. 49-85 pour la mise à exécution de la peine de détention à domicile sous surveillance électronique;

• 7° Lui délivrer une convocation devant le service pénitentiaire d'insertion et de probation et devant le juge de l'application des peines pour la mise en œuvre de la mesure d'aménagement de peine décidée par le tribunal en application des articles 132-25 et 132-26 du Code pénal.

• Pour la mise en œuvre des dispositions du présent article, le juge de l'application des peines ou son greffier ainsi que le directeur du service pénitentiaire d'insertion et de probation communiquent préalablement au bureau de l'exécution des peines les dates auxquelles les condamnés peuvent être convoqués devant ce magistrat ou ce service.

• Si le condamné réside dans un autre ressort que celui de la juridiction ayant prononcé la condamnation, les convocations prévues aux 1°, 2°, 6° et 7° du présent article sont délivrées par le juge de l'application des peines territorialement compétent conformément aux dispositions de l'article D. 147-10.

• Le non-respect des délais d'un mois et de 45 jours prévus par l'article 474 ne constitue pas une cause de nullité des convocations du condamné devant le juge de l'application des peines ou devant le service pénitentiaire d'insertion et de probation.

Nota: À compter du 24 mars 2020: aux termes du 1er alinéa de l'article 7 du Décret n° 2020-81 du 03/02/2020, les présentes dispositions entrent en vigueur le 24/03/2020 pour les condamnations prononcées à compter de cette date, y compris si elles concernent des infractions commises avant cette date.

Article D. 48-2-1. – Juge de l'application des peines – *(Décret n° 2010-1276 du 27 octobre 2010)*

• Pour l'application des dispositions du 1° de l'article D. 48-2, le juge de l'application des peines indique au procureur de la République, en concertation avec le directeur du service pénitentiaire d'insertion et de probation, et en regard de l'organisation de ce service et de celui de l'application des peines, s'il souhaite que, de manière générale, les personnes soient convoquées:

• 1° En premier lieu devant le juge de l'application des peines, puis devant le service pénitentiaire d'insertion et de probation;

• 2° En premier lieu devant le service pénitentiaire d'insertion et de probation, puis devant le juge de l'application des peines;

• 3° Devant le seul juge de l'application des peines, la convocation devant le service pénitentiaire d'insertion et de probation étant le cas échéant faite, par ce juge, après la présentation du condamné devant lui.

• Dans les cas prévus par le 1° et le 2°, le ministère public informe en même temps de la décision de condamnation le juge de l'application des peines et le service pénitentiaire d'insertion et de probation.

• Pour la détermination de l'ordre des convocations, il peut être distingué selon le quantum des peines prononcées, la nature des faits et les antécédents du condamné.

Article D. 48-2-2. – Convocation préalable – *(Décret n° 2010-1276 du 27 octobre 2010)*

• Pour l'application des dispositions du 2° de l'article D. 48-2, le juge de l'application des peines peut indiquer au procureur de la République s'il souhaite que, de manière générale, certaines personnes soient d'abord convoquées devant lui-même en raison de la peine prononcée, de la nature des faits ou des antécédents du condamné.

Article D. 48-2-3. – Convocations – *(Décret n° 2020-81 du 3 février 2020)*

• Lorsque les convocations prévues par les 1°, 2°, 4° et 5° de l'article D. 48-2 n'ont pas été remises à la personne condamnée à l'issue de l'audience ou par le bureau de l'exécution des peines, ces convocations lui sont adressées ultérieurement dans les meilleurs délais et par tout moyen.

Article D. 48-2-4. – Procureur de la République – *(Décret n° 2020-81 du 3 février 2020)*

• Lorsque le procureur de la République reçoit la personne condamnée contre laquelle a été décerné un mandat de dépôt à effet différé, il l'informe de l'établissement pénitentiaire dans lequel elle doit être incarcérée, ainsi que de la date et des horaires auxquels elle doit se présenter à cet établissement.

• Après cette information, le procureur de la République délivre un ordre de mise à exécution de ce mandat conformément à l'article D. 48-2-5, qui donne ordre au chef de l'établissement pénitentiaire désigné de recevoir et de détenir le condamné à partir de la date fixée si celui-ci se présente à cette date, ou de l'en informer dans le cas contraire.

• S'il a été décerné un mandat de dépôt à effet différé alors que la personne n'était pas présente à l'audience, le procureur de la République peut, lorsqu'il est fait application des dispositions de l'article 716-5, procéder aux formalités prévues au 1er alinéa par l'intermédiaire du moyen de télécommunication audiovisuelle prévu par l'article 706-71.

Article D. 48-2-5. – Ordre de mise à exécution – Mandat de dépôt à effet différé – *(Décret n° 2022-546 du 13 avril 2022)*

• L'ordre de mise à exécution du mandat de dépôt à effet différé délivré par le procureur de la République soit à l'issue de l'audience, soit dans les conditions prévues à l'article D. 48-2-4 vise la décision de condamnation rendue et le mandat décerné par le tribunal correctionnel ou la cour d'assises, et comporte les indications mentionnées au 1er alinéa de l'article D. 48-2-4 et à l'article D. 45-2-7. Il est daté, signé et revêtu du sceau de ce magistrat.

• Une copie de cet ordre est remise au condamné. Une copie certifiée conforme de cet ordre est adressée au chef de l'établissement pénitentiaire avant la date fixée pour l'incarcération.

Article D. 48-2-6. – Condamné – Résidence hors du ressort du tribunal correctionnel – *(Décret n° 2022-546 du 13 avril 2022)*

• Si le condamné contre lequel a été décerné un mandat de dépôt à effet différé ne réside pas dans le ressort de la juridiction ayant prononcé la condamnation, le procureur de la République peut transmettre une copie du mandat au procureur de la République du tribunal judiciaire dans le ressort duquel réside la personne afin que celui-ci procède à sa convocation et délivre l'ordre de mise à exécution du mandat de dépôt.

Article D. 48-2-7. – Non-présentation à la convocation – *(Décret n° 2020-81 du 3 février 2020)*

• Si la personne à l'encontre de laquelle a été décerné un mandat de dépôt à effet différé ne se présente pas, sans motif légitime, à la convocation devant le procureur de la République ou à l'établissement pénitentiaire à la date fixée pour son incarcération, le ministère public pourra mettre la peine à exécution en recourant, s'il y a lieu, à la force publique, lorsque la condamnation est exécutoire ou, sauf en cas d'opposition formée contre une condamnation par défaut, lorsque le mandat a été assorti de l'exécution provisoire. Il peut à cette fin diffuser une note de recherche en application du 1° de l'article 230-19.

• Lorsqu'a été décerné un mandat de dépôt à effet différé et que la condamnation est exécutoire ou que le mandat a été assorti de l'exécution provisoire, le ministère public peut également mettre la peine à exécution à tout moment, notamment sans attendre la date ayant été fixée ou devant être fixée pour l'incarcération, si la personne est incarcérée dans le cadre d'une autre procédure, ou en cas d'urgence résultant soit d'un risque de danger pour les personnes ou les biens établi par la survenance d'un fait nouveau, soit d'un risque avéré de fuite du condamné.

Article D. 48-2-8. – Saisine du J.A.P. – *(Décret n° 2020-81 du 3 février 2020)*

• Lorsqu'un mandat de dépôt à effet différé a été décerné, la saisine du juge de l'application des peines par le condamné conformément à l'article D. 49-11 d'une demande de semi-liberté, de placement à l'extérieur, de détention à domicile sous surveillance électronique, de fractionnement ou de suspension de peine, de libération conditionnelle ou de conversion de peine ne suspend pas la possibilité pour le parquet de mettre la peine à exécution, y compris par la force publique dans les cas prévus par l'article D. 48-2-7.

Article D. 48-3. – Bureau de l'exécution des peines – *(Décret n° 2014-1582 du 23 décembre 2014)*
• Lorsqu'il n'existe pas de bureau d'aide aux victimes au sein de la juridiction et que la condamnation est rendue en présence de la partie civile, le bureau de l'exécution des peines peut être chargé de recevoir cette dernière à l'issue de l'audience, assistée le cas échéant par son avocat, pour l'informer notamment des modalités pratiques lui permettant d'obtenir le paiement des dommages et intérêts qui lui ont été alloués et, s'il y a lieu, des démarches devant être effectuées pour saisir le service d'aide au recouvrement des victimes d'infractions ou la commission d'indemnisation des victimes d'infractions ainsi que du délai dans lequel elles doivent intervenir.
• Le bureau de l'exécution des peines informe également la partie civile de sa possibilité de saisir le juge délégué au victimes.

Article D. 48-4. – *(Abrogé par le décret n° 2014-1582 du 23 décembre 2014)*

Article D. 48-5. – Prescription de la peine – *(Décret n° 2014-552 du 27 mai 2014)*
• La prescription de la peine est interrompue par les actes ou décisions du ministère public, du juge de l'application des peines et, pour les peines d'amende, de la direction générale des finances publiques, qui tendent à son exécution.

Article D. 48-5-1. – Conférence régionale – *(Décret n° 2019-966 du 18 septembre 2019)*
• Le 1er président de la cour d'appel et le procureur général, avec les présidents des tribunaux judiciaires et les procureurs de la République du ressort de la cour d'appel, organisent au moins une fois par an une conférence régionale portant sur les aménagements de peines et les alternatives à l'incarcération.
• Cette conférence est présidée par les chefs de la cour d'appel ou leurs représentants.
• Elle réunit les magistrats du siège et du parquet, des juridictions de la cour d'appel et des juridictions de 1re instance, en charge de l'exécution et de l'application des peines.
• Y participent notamment les présidents des chambres correctionnelles et les magistrats du siège et du parquet en charge des mineurs.
• Y participent également les directeurs interrégionaux des services pénitentiaires et les directeurs régionaux de la protection judiciaire de la jeunesse, ou leurs représentants, et les personnels concernés de ces services.
• Peuvent être invités à participer à cette conférence des représentants des personnes morales de droit public ou de droit privé contribuant ou susceptibles de contribuer à la mise en œuvre des peines et des aménagements de peines ainsi que toute autre personne dont la présence serait jugée utile par le 1er président et le procureur général près la cour d'appel ou leurs représentants.
• Cette conférence a pour objet :
• – de dresser le bilan des aménagements de peines et des alternatives à la détention intervenus dans le ressort de la cour ;
• – de recenser ou mettre à jour le recensement des moyens disponibles en cette matière ;
• – d'améliorer les échanges d'informations entre les juridictions, les services pénitentiaires et les services de la protection judiciaire de la jeunesse ;
• – de définir et mettre en œuvre les actions nécessaires à un renforcement des aménagements de peines et des alternatives à la détention ;
• – de prévenir la surpopulation carcérale au sein des établissements pénitentiaires du ressort.
• Lors de cette conférence, les juges de l'application des peines y présentent les éléments de leur rapport prévu par l'article R. 57-2.
• Les conclusions des 2 conférences semestrielles sont intégrées dans la synthèse des rapports annuels prévus par l'article 35, que le procureur général adresse au ministère de la justice en application de l'article D. 15-2.

Article D. 48-5-2. – Membres commission pluridisciplinaire – *(Décret n° 2007-1627 du 16 novembre 2007)*
• Les dispositions de l'article R. 522-10 du Code de l'organisation judiciaire sont applicables

aux membres de la commission pluridisciplinaire des mesures de sûreté mentionnés aux 4°, 5°, 6° et 7° de l'article R. 61-8.

Article D. 48-5-3. – *(Abrogé – Décret n° 2021-683 du 27 mai 2021)*

Article D. 48-5-4. – Commission de l'exécution et de l'application des peines – *(Décret n° 2021-683 du 27 mai 2021)*

• Au sein de chaque tribunal judiciaire est instituée une commission de l'exécution et de l'application des peines visant à :

• 1° l'échange d'information entre l'ensemble des acteurs concernés sur les conditions de mise en œuvre des peines prononcées par les autorités judiciaires et la prise en charge des personnes condamnées par les services pénitentiaires et de la protection judiciaire de la jeunesse ;

• 2° assurer le suivi du processus d'exécution et d'application des peines prononcées au sein de la juridiction, et à déterminer les mesures propres à permettre l'amélioration de celui-ci ;

• 3° coordonner les interventions des acteurs de la juridiction et des partenaires extérieurs en ce domaine ;

• 4° prévenir la surpopulation carcérale au sein des établissements pénitentiaires du ressort et favoriser le développement des mesures alternatives à l'incarcération et les aménagements de peine.

• Cette commission est présidée par le président du tribunal judiciaire et le procureur de la République, chacun pouvant être remplacé par un magistrat du siège et du parquet qu'ils auront désigné.

• Elle réunit au moins 2 fois par an les magistrats du siège et du parquet concernés par le prononcé, l'exécution et l'application des peines dans la juridiction ainsi que les fonctionnaires du greffe.

• Y participent les juges des chambres correctionnelles, les juges de l'application de peines, les juges des enfants, le directeur de greffe, les responsables du service pénal, du greffe correctionnel, du service de l'exécution des peines, du service de l'application des peines et du tribunal pour enfants.

• Cette commission se réunit également au moins une fois par an sous une formation élargie, dont sont membres de droit les chefs des établissements pénitentiaires du ressort et les responsables des greffes judiciaires des établissements pénitentiaires, le directeur des services pénitentiaires d'insertion et de probation, le directeur territorial de la protection judiciaire de la jeunesse ou leurs représentants.

• Peuvent être également invités à participer à cette commission les responsables des services de police et de gendarmerie, les représentants des personnes morales de droit public ou de droit privé contribuant ou susceptibles de contribuer à la mise en œuvre des peines ou des aménagements de peines, ainsi que le président de la chambre départementale des huissiers de justice et le bâtonnier de l'ordre des avocats ainsi que tout autre personne dont la présence serait jugée utile par les membres de droit de la commission.

• L'ordre du jour est arrêté conjointement par le président du tribunal judiciaire et le procureur de la République ou par le magistrat désigné par eux. Les membres de droit de la commission peuvent faire inscrire des questions à l'ordre du jour.

• Lorsqu'il n'y a pas de maison d'arrêt dans le ressort du tribunal judiciaire, la commission de l'exécution et de l'application des peines de cette juridiction peut tenir des réunions communes avec la ou les commissions de la ou des juridictions limitrophes.

• Chaque réunion fait l'objet d'un relevé de conclusions.

• Ce relevé est adressé aux chefs de cour afin d'alimenter les travaux des conférences régionales mentionnées à l'article D. 48-5-1.

Article D. 48-5-5. – Examen des requêtes – *(Décret n° 2019-508 du 24 mai 2019)*

• Conformément au dernier alinéa de l'article 711, en cas d'accord des parties, les requêtes relatives à l'exécution d'une peine, présentées dans les conditions prévues par les articles 702-1,703, 710, 775-1, 775-2 et 778, sont examinées par le président de la juridiction compétente statuant à juge unique :

• 1° Soit, si ce magistrat l'estime nécessaire, à l'issue d'une audience tenue en chambre du conseil dans les conditions prévues par le 1er alinéa de l'article 711 ;

• 2° Soit, en l'absence d'audience, au vu des pièces du dossier dans les conditions prévues par le dernier alinéa de l'article 711.

• La décision, rendue par jugement ou par arrêt dans le cas mentionné au 1° ou par ordonnance dans le cas mentionné au 2°, est susceptible, suivant les cas, d'appel ou de pourvoi conformément aux dispositions du présent code.

• Si le président de la juridiction renvoie le dossier, en raison de sa complexité, à la formation collégiale, les dispositions du 2° ne sont pas applicables.

CHAPITRE II

De l'émission et de l'exécution des sanctions pécuniaires en application de la décision-cadre du conseil de l'union européenne du 24 février 2005

Section I
Dispositions communes

Article D. 48-6. – Sanctions pécuniaires – *(Décret n° 2007-699 du 3 mai 2007)*

• Les sanctions pécuniaires pouvant être exécutées en application du cinquième alinéa de l'article 707-1 sont celles qui résultent d'une décision, prise par l'autorité compétente d'un État membre de l'Union européenne, appelé État d'émission, imposant, à titre définitif, à une personne physique ou morale le paiement d'une :

• 1° Somme d'argent prononcée à titre de condamnation pour une infraction ;

• 2° Indemnité allouée aux victimes lorsqu'elles ne peuvent se constituer partie civile, ordonnée dans le cadre de la même décision et dans l'exercice de la compétence pénale de la juridiction ;

• 3° Somme d'argent afférente aux frais de la procédure judiciaire ou administrative ayant conduit à la décision ;

• 4° Somme d'argent allouée à un fonds public ou à une organisation de soutien aux victimes, ordonnée dans le cadre de la même décision.

Article D. 48-7. – Sur et hors du territoire de la République – *(Décret n° 2007-699 du 3 mai 2007)*

• Peuvent être exécutées sur le territoire de la République ou transmises, aux fins d'exécution, à un autre État membre de l'Union européenne, appelé État d'exécution, les sanctions pécuniaires rendues par :

• 1° Une juridiction de l'État d'émission en raison d'une infraction pénale au regard du droit dudit État ;

• 2° Une autorité de l'État d'émission autre qu'une juridiction en raison d'une infraction pénale au regard du droit dudit État, à la condition que l'intéressé ait eu la possibilité de faire porter l'affaire devant une juridiction compétente, notamment en matière pénale ;

• 3° Une autorité de l'État d'émission autre qu'une juridiction en raison d'actes punissables au regard du droit dudit État, pour autant que l'intéressé ait eu la possibilité de faire porter l'affaire devant une juridiction compétente, notamment en matière pénale ;

• 4° Une juridiction compétente, notamment en matière pénale, lorsque la décision a été rendue en ce qui concerne une décision au sens de l'alinéa précédent.

Article D. 48-8. – Transmission des sanctions pécuniaires – *(Décret n° 2007-699 du 3 mai 2007)*

• Les sanctions pécuniaires peuvent être transmises, aux fins d'exécution, à tout État membre de l'Union européenne dans lequel la personne condamnée a sa résidence habituelle, possède des biens ou des revenus, ou a son siège.

• Le ministère public est compétent, selon les règles et dans les conditions déterminées par le présent chapitre, pour transmettre aux autorités compétentes des autres États membres de l'Union européenne ou pour exécuter, sur leur demande, une sanction pécuniaire.

• Les sanctions pécuniaires sont soumises aux mêmes règles et entraînent les mêmes effets juridiques que des peines d'amende.

Article D. 48-9. – Certificat – *(Décret n° 2007-699 du 3 mai 2007)*

• Toute sanction pécuniaire est accompagnée d'un certificat décerné par l'autorité compétente pour mettre à exécution les sanctions pécuniaires, comprenant les mentions suivantes :

• 1° L'identification de l'autorité qui a prononcé la sanction pécuniaire et de l'autorité compétente pour exécuter cette sanction pécuniaire dans l'État d'émission ;

• 2° L'identification de l'autorité centrale compétente pour la transmission et la réception des sanctions pécuniaires, lorsqu'une telle autorité a été désignée;

• 3° La nature et la date de la sanction pécuniaire, notamment son caractère définitif et les références de cette sanction;

• 4° L'identité de la ou des personnes physiques ou morales condamnées;

• 5° La résidence habituelle ou le siège de la personne condamnée et les données permettant d'identifier ses biens ou ses revenus;

• 6° Les motifs de la sanction pécuniaire, le résumé des faits, la nature et la qualification juridique de l'infraction qui la justifie, y compris, s'il y a lieu, l'indication que cette infraction entre, en vertu de la loi de l'État d'émission, dans l'une des catégories d'infractions mentionnées à l'article D. 48-24;

• 7° La description complète de l'infraction lorsque celle-ci n'entre pas dans l'une des catégories d'infractions visées au 6°;

• 8° Les peines de substitution, y compris les peines privatives de liberté, dont l'État d'émission autorise l'application par l'État d'exécution;

• 9° Le cas échéant, les autres circonstances pertinentes de l'espèce;

• 10° La signature de l'autorité compétente d'émission ou celle de son représentant, attestant l'exactitude des informations contenues dans le certificat.

Article D. 48-10. – Traduction – *(Décret n° 2007-699 du 3 mai 2007)*

• Le certificat doit être traduit dans la langue officielle ou dans une des langues officielles de l'État d'exécution ou dans l'une des langues officielles des institutions des Communautés européennes acceptées par cet État.

Article D. 48-11. – Transmission *(sanction pécuniaire, copie certifiée, certificat)* – *(Décret n° 2007-699 du 3 mai 2007)*

• La sanction pécuniaire ou une copie certifiée conforme de celle-ci et le certificat sont, sous réserve des dispositions du deuxième alinéa, transmis directement par l'autorité compétente de l'État d'émission à l'autorité compétente de l'État d'exécution, par tout moyen laissant une trace écrite et dans des conditions permettant à cette dernière autorité d'en vérifier l'authenticité.

• Lorsqu'un État membre de l'Union européenne a fait une déclaration à cet effet, la sanction pécuniaire et le certificat sont expédiés par l'intermédiaire d'une ou plusieurs autorités centrales désignées par ledit État.

• L'original de la sanction pécuniaire, ou une copie certifiée conforme de celle-ci, et l'original du certificat sont adressés à l'autorité compétente de l'État d'exécution à sa demande.

Section II

Dispositions relatives à l'exécution dans un État membre de l'Union européenne des sanctions pécuniaires prononcées par les autorités françaises

Article D. 48-12. – Exécution de la sanction pécuniaire – *(Décret n° 2007-699 du 3 mai 2007)*

• En application des dispositions du cinquième alinéa de l'article 707-1, lorsque la personne physique ou morale condamnée au paiement d'une somme d'argent ou d'une indemnité a sa résidence habituelle ou son siège dans un État membre de l'Union européenne ou y possède des biens ou des revenus, le ministère public peut demander l'exécution de la sanction pécuniaire à l'autorité compétente de l'État où se trouvent la résidence habituelle, le siège, les biens ou les revenus de la personne condamnée.

Article D. 48-13. – Ministère public – *(Décret n° 2007-699 du 3 mai 2007)*

• Le ministère public transmet la sanction pécuniaire et son certificat à l'autorité compétente d'un seul État d'exécution à la fois, selon les modalités prévues à l'article D. 48-11.

• Il avise le casier judiciaire national lorsqu'il est informé, par l'autorité compétente de l'État d'exécution, du paiement de la sanction pécuniaire.

Article D. 48-14. – Transmission – *(Décret n° 2007-699 du 3 mai 2007)*

• Cette transmission interdit d'exécuter la sanction pécuniaire sur le territoire de la République.

• Toutefois, le ministère public reprend la faculté d'exécuter la sanction pécuniaire dès que l'État d'exécution l'informe de la non-reconnaissance ou de la non-application de la sanction pécuniaire, ou de la non-exécution, totale ou partielle, de cette sanction.

Article D. 48-15. – Jugement définitif – *(Décret n° 2007-699 du 3 mai 2007)*

• Nonobstant les dispositions du deuxième alinéa de l'article D. 48-14, le ministère public ne peut reprendre l'exécution de la sanction pécuniaire si l'absence de reconnaissance de la sanction est fondée sur le motif que la personne condamnée a déjà été jugée définitivement par les autorités judiciaires de l'État d'exécution ou par celles d'un État autre que l'État d'exécution, à condition, en cas de condamnation, que la peine ait été exécutée, soit en cours d'exécution ou ne puisse plus être ramenée à exécution selon les lois de l'État de condamnation.

Article D. 48-16. – Acquittement volontaire – *(Décret n° 2007-699 du 3 mai 2007)*

• Si, après transmission d'une sanction pécuniaire, la personne condamnée s'acquitte volontairement d'une somme d'argent au titre de cette sanction, le ministère public en informe sans tarder par tout moyen laissant une trace écrite l'autorité compétente de l'État d'exécution, afin que le montant recouvré en France soit entièrement déduit du montant de la sanction pécuniaire faisant l'objet d'une exécution dans l'État d'exécution.

Article D. 48-17. – Information – *(Décret n° 2007-699 du 3 mai 2007)*

• Le ministère public informe immédiatement par tout moyen laissant une trace écrite l'autorité compétente de l'État d'exécution de toute décision ou mesure qui a pour effet de retirer à la sanction pécuniaire son caractère exécutoire ou d'en soustraire l'exécution à cet État, en particulier en cas d'amnistie, de grâce ou de révision de la condamnation.

Section III
Dispositions relatives à l'exécution des sanctions pécuniaires prononcées par les autorités étrangères

§ 1er. – Dispositions générales

Article D. 48-18. – Poursuites – *(Décret n° 2007-699 du 3 mai 2007)*

• En application des dispositions du cinquième alinéa de l'article 707-1, le procureur de la République poursuit l'exécution des sanctions pécuniaires prononcées par les autorités compétentes des États membres de l'Union européenne.

• L'exécution en France de ces sanctions pécuniaires est régie par la loi française de la même manière que les amendes pénales prononcées par les juridictions répressives françaises, sous réserve des dispositions du paragraphe 2 de la présente section.

• Le procureur de la République qualifie les faits ayant donné lieu à la sanction pécuniaire en application de la loi française et détermine le délai de prescription applicable en fonction de cette qualification. La prescription court, en France, à compter de la réception du certificat concernant la sanction pécuniaire.

Article D. 48-19. – Sanction pécuniaire et certificat – *(Décret n° 2016-1202 du 7 septembre 2016)*

• La sanction pécuniaire et le certificat émanant de l'autorité compétente de l'État d'émission sont transmis, selon les modalités prévues à l'article D. 48-11, au procureur de la République territorialement compétent, le cas échéant par l'intermédiaire du procureur général.

• Le procureur de la République territorialement compétent est celui du lieu où se situe la résidence habituelle ou le siège de la personne condamnée ou, à défaut, l'un quelconque des biens ou des revenus de cette personne. Toutefois, pour les amendes concernant des infractions en matière de circulation routière, est également compétent l'officier du ministère public ou le procureur de la République du lieu où est réalisé le traitement automatisé de recouvrement de ces amendes.

• Si le procureur de la République à qui la sanction pécuniaire a été transmise n'est pas territorialement compétent pour y donner suite, il la transmet sans délai au procureur de la

République territorialement compétent et en informe par tout moyen laissant une trace écrite l'autorité compétente de l'État d'émission.

Article D. 48-20. – Exécution – *(Décret n° 2007-699 du 3 mai 2007)*

• Lorsque le procureur de la République envisage de faire application des dispositions prévues au 1° de l'article D. 48-22 ou aux 4°, 6° et 7° de l'article D. 48-23, il en informe sans délai par tout moyen laissant une trace écrite l'autorité compétente de l'État d'émission, afin que celle-ci puisse, le cas échéant, produire ses observations.

• Après s'être assuré de la régularité de la demande, le procureur de la République met à exécution la sanction pécuniaire.

• Il fait exécuter la sanction pécuniaire et en informe sans délai l'autorité judiciaire de l'État d'émission par tout moyen laissant une trace écrite.

Article D. 48-21. – Conversion – *(Décret n° 2007-699 du 3 mai 2007)*

• Le procureur de la République convertit, s'il y a lieu, le montant de la sanction pécuniaire au taux de change en vigueur à la date à laquelle la sanction pécuniaire a été prononcée.

Article D. 48-22. – Refus – *(Décret n° 2007-699 du 3 mai 2007)*

• L'exécution d'une sanction pécuniaire peut être refusée dans l'un des cas suivants:

• 1° Si le certificat n'est pas produit, s'il est établi de manière incomplète ou s'il ne correspond manifestement pas à la sanction pécuniaire;

• 2° Si la sanction pécuniaire est inférieure à 70 euros ou à un montant équivalent;

• 3° Si la sanction pécuniaire concerne des actes qui ont été commis, en tout ou en partie, sur le territoire de la République ou en un lieu considéré comme tel.

Article D. 48-23. – Autres motifs de refus – *(Décret n° 2013-967 du 28 octobre 2013)*

• Sans préjudice de l'application de l'article 694-4, l'exécution d'une sanction pécuniaire est refusée dans l'un des cas suivants:

• 1° Si la sanction pécuniaire est fondée sur un fait qui ne constitue pas une infraction au regard de la loi française;

• 2° Si la sanction pécuniaire a été rendue à l'égard d'une personne âgée de moins de treize ans à la date des faits;

• 3° Si la sanction pécuniaire concerne des faits qui ont été commis hors du territoire de l'État d'émission et que la loi française n'autorise pas la poursuite de ces faits lorsqu'ils ont été commis hors du territoire de la République;

• 4° Si la sanction pécuniaire concerne des faits relevant de la compétence des juridictions françaises et que l'exécution de cette sanction est prescrite selon la loi française;

• 5° Si la sanction pécuniaire se fonde sur des infractions pour lesquelles la personne condamnée a déjà été jugée définitivement par les autorités judiciaires françaises ou par celles d'un État autre que l'État d'émission, à condition, en cas de condamnation, que la peine ait été exécutée, soit en cours d'exécution ou ne puisse plus être ramenée à exécution selon les lois de l'État de condamnation;

• 6° Dans le cas d'une procédure écrite, si, selon le certificat, la personne condamnée n'a pas été informée, conformément à la législation de l'État d'émission, personnellement ou par le biais d'un représentant compétent en vertu de la législation nationale, de son droit de former un recours et du délai pour le faire;

• 7° Si, selon le certificat, la personne condamnée n'a pas comparu en personne au procès, sauf dans les cas visés aux 1° à 3° de l'article 695-22-1;

• 8° S'il est établi que la sanction pécuniaire a été prise dans le but de condamner une personne en raison de son sexe, de sa race, de sa religion, de son origine ethnique, de sa nationalité, de sa langue, de ses opinions politiques ou de son orientation sexuelle, ou que l'exécution de ladite sanction peut porter atteinte à la situation de cette personne pour l'une de ces raisons;

• 9° Si la loi française prévoit une immunité qui rend impossible l'exécution de la sanction pécuniaire.

Article D. 48-24. – Motif de refus fondé sur l'absence d'incrimination – *(Décret n° 2017-511 du 07 avril 2017)*

• Nonobstant les dispositions du 1° de l'article D. 48-23, le motif de refus fondé sur l'absence d'incrimination en droit français n'est pas opposable lorsque la sanction pécuniaire concerne une infraction qui, en vertu de la loi de l'État d'émission, entre dans l'une des catégories d'infractions mentionnées à l'article 694-32 ou dans l'une des catégories suivantes:

• – conduite contraire aux règles relatives à la circulation routière, infractions aux règles en matière de temps de conduite et de repos et à celles relatives au transport de marchandises dangereuses;

• – contrebande de marchandises;

• – atteinte aux droits de propriété intellectuelle;

• – menaces et actes de violence contre des personnes;

• – destruction, dégradation ou détérioration;

• – vol;

• – infractions établies par l'État d'émission et couvertes par les obligations d'exécution découlant des instruments adoptés conformément au traité instituant la Communauté européenne ou au titre VI du traité sur l'Union européenne.

Article D. 48-25. – Réduction du montant de la sanction pécuniaire – *(Décret n° 2007-699 du 3 mai 2007)*

• Lorsque les faits n'ont pas été commis sur le territoire de l'État d'émission et relèvent de la compétence des juridictions françaises, le procureur de la République peut décider de réduire le montant de la sanction pécuniaire au montant maximal encouru pour ces faits en vertu de la loi française.

Article D. 48-26. – Preuve de paiement – *(Décret n° 2007-699 du 3 mai 2007)*

• Lorsque la personne condamnée est en mesure de fournir la preuve du paiement de tout ou partie de ladite sanction, le procureur de la République informe l'autorité compétente de l'État d'émission par tout moyen laissant une trace écrite afin que cette autorité puisse produire ses observations.

• Toute partie du montant de la sanction recouvrée, de quelque manière que ce soit, dans tout autre État, est entièrement déduite du montant de la sanction pécuniaire à recouvrer.

Article D. 48-27. – Refus ou impossibilité – Notification – *(Décret n° 2007-699 du 3 mai 2007)*

• Le refus d'exécuter une sanction pécuniaire ou l'impossibilité de l'exécuter est motivé et notifié sans délai à l'autorité compétente de l'État d'émission par tout moyen laissant une trace écrite.

Article D. 48-28. – Fin à l'exécution de la sanction pécuniaire – *(Décret n° 2007-699 du 3 mai 2007)*

• Le procureur de la République met fin à l'exécution de la sanction pécuniaire dès qu'il est informé par l'autorité compétente de l'État d'émission de toute mesure ou décision qui a pour effet soit de retirer son caractère exécutoire à la sanction pécuniaire, soit de soustraire son exécution aux autorités françaises.

Article D. 48-29. – Imputation au budget de l'État français – *(Décret n° 2007-699 du 3 mai 2007)*

• Sauf si un accord entre la France et l'État d'émission en stipule autrement, les sommes recouvrées en application de la présente section sont imputées au budget de l'État français.

• Le procureur de la République informe l'autorité compétente de l'État d'émission par tout moyen laissant une trace écrite de l'exécution de la sanction pécuniaire ou de sa non-exécution, totale ou partielle, en précisant les motifs de l'absence d'exécution de cette sanction.

§ 2. – Modalités de recouvrement des sanctions pécuniaires

A. – Diminution de la sanction en cas de paiement volontaire

Article D. 48-30. – Modalités – *(Décret n° 2007-699 du 3 mai 2007)*

• Les dispositions des articles 707-2 et 707-4 relatives à la diminution du montant des amendes en cas de paiement volontaire dans le délai d'un mois sont applicables aux sanctions pécuniaires étrangères lorsqu'il s'agit:

• 1° De sommes d'argent prononcées à titre de condamnation pour une ou plusieurs infractions qui seraient qualifiées en droit français de délit ou de contravention;

• 2° De sommes d'argent afférentes aux frais de la procédure judiciaire ou administrative ayant conduit à une décision mentionnée au 1°;

• 3° De sommes d'argent allouées à un fonds public ou à une organisation de soutien aux victimes, ordonnée dans une décision mentionnée au 1°.

• Ces dispositions ne sont pas applicables:

• 1° Aux indemnités allouées aux victimes;

• 2° Aux sommes d'argent qui seraient qualifiées en droit français d'amendes douanières ou fiscales ou prononcées pour des infractions qui seraient qualifiées en droit français de crime

Article D. 48-31. – Lettre – *(Décret n° 2014-552 du 27 mai 2014)*

• Le procureur de la République qui met à exécution une sanction pécuniaire relevant de l'article D. 48-30 avise par lettre recommandée la personne condamnée que, si elle s'acquitte du montant de cette sanction pécuniaire dans un délai d'un mois à compter de la date d'envoi de cette lettre, le montant de la somme d'argent prononcée à titre de condamnation, de la somme d'argent afférente aux frais de la procédure judiciaire ou administrative et, s'il y a lieu, de la somme d'argent allouée à un fonds public ou à une organisation de soutien aux victimes est diminué de 20 % sans que cette diminution puisse excéder 1 500 euros.

• Cette lettre comprend un relevé de la sanction pécuniaire, dont le modèle est arrêté conjointement par le garde des sceaux, ministre de la justice, et le ministre des finances, permettant au condamné de s'acquitter volontairement du montant dû dans le délai d'un mois auprès du comptable de la direction générale des finances publiques.

Article D. 48-32. – Diminution sanction pécuniaire – *(Décret n° 2007-699 du 3 mai 2007)*

• La diminution de la sanction pécuniaire prévue par l'article D. 48-30 ne s'applique qu'en cas de paiement simultané, dans le délai d'un mois, de la somme d'argent prononcée à titre de condamnation, de la somme d'argent afférente aux frais de la procédure judiciaire ou administrative et, s'il y a lieu, de la somme d'argent allouée à un fonds public ou à une organisation de soutien aux victimes.

• La diminution porte sur l'ensemble des sommes dues.

Article D. 48-33. – Relevé des sanctions pécuniaires – *(Décret n° 2014-552 du 27 mai 2014)*

• Un relevé des sanctions pécuniaires est adressé au comptable de la direction générale des finances publiques en même temps qu'il est procédé à l'envoi de l'avis prévu par l'article D. 48-31.

• Ces relevés sont adressés sous le bordereau d'envoi simplifié prévu au deuxième alinéa de l'article R. 55-5.

B. – Recouvrement des sanctions pécuniaires par les comptables du Trésor

Article D. 48-34. – Règlement général – *(Décret n° 2012-1247 du 7 novembre 2012)*

• Les articles 108 à 110 du décret n° 2012-1246 du 7 novembre 2012 relatif à la gestion budgétaire et comptable publique sont applicables aux sanctions pécuniaires étrangères.

Article D. 48-35. – Sanctions pécuniaires étrangères – *(Décret n° 2014-552 du 27 mai 2014)*

• Les sanctions pécuniaires étrangères sont recouvrées selon les modalités déterminées par le décret n° 64-1333 du 22 décembre 1964 relatif au recouvrement des amendes et condamnations pécuniaires par les comptables de la direction générale des finances publiques.

• Les dispositions de l'article 2 de ce décret ne sont pas applicables à ces sanctions. Celles pour lesquelles les dispositions des articles D. 48-30 à D. 48-33 ne sont pas applicables font l'objet d'un relevé adressé au comptable de la direction générale des finances publiques, et dont le modèle est arrêté conjointement par le garde des sceaux, ministre de la justice, et le ministre chargé du budget, et qui a les mêmes effets qu'un extrait de jugement.

C. – Contrainte judiciaire

Article D. 48-36. – Ordre de contrainte judiciaire – *(Décret n° 2007-699 du 3 mai 2007)*

• En cas d'inexécution volontaire du paiement de la somme d'argent correspondant à une sanction pécuniaire prononcée à titre de condamnation pour des faits qui constitueraient selon la loi française un crime ou un délit puni d'une peine privative de liberté, le juge de l'application des peines peut, si les faits sont passibles d'une peine privative de liberté dans l'État d'émission, ordonner, dans les conditions prévues aux articles 750 à 762, une contrainte judiciaire.

CHAPITRE II
Des juridictions de l'application des peines

Section I
Établissement et composition

§ 1er. – Du juge de l'application des peines

Article D. 49. – Secrétariat – Greffe – *(Décret n° 2019-966 du 18 septembre 2019)*

• Pour le fonctionnement de son cabinet, le juge de l'application des peines est doté d'un secrétariat-greffe conformément aux dispositions de l'article 712-2.

• Les fonctions de secrétaire et de greffier du juge de l'application des peines sont remplies par un greffier du tribunal judiciaire.

Article D. 49-1. – Secrétariat commun – *(Décret n° 2007-699 du 3 mai 2007)*

• Lorsque le nombre des juges de l'application des peines et l'importance des dossiers traités le justifient, il peut être créé un secrétariat commun de l'application des peines, dont l'effectif comprend, outre des agents administratifs, un greffier distinct de celui des cabinets des juges de l'application des peines.

• Ce secrétariat peut également être composé d'agents et de greffiers de l'exécution des peines mentionnés à l'article D. 48-1 et exercer des attributions communes avec celles relevant de la compétence de ces derniers.

Article D. 49-1-1. – Désignation – Juge de l'application des peines – *(Décret n° 2022-855 du 7 juin 2022)*

• Lorsqu'il existe plusieurs juges de l'application des peines dans un tribunal judiciaire, le président désigne, après avis de l'assemblée générale des magistrats du siège, le juge de l'application des peines qui exerce les attributions mentionnées aux articles D. 576 à D. 578 du présent code et D. 113-64 du Code pénitentiaire.

§ 2. – Du tribunal de l'application des peines

Article D. 49-2. – Cours d'appel – *(Décret n° 2019-966 du 18 septembre 2019)*

• Sauf dans les cours d'appel figurant dans le tableau ci-après, il est établi dans chaque cour d'appel un tribunal de l'application des peines dont la compétence territoriale s'étend au ressort de cette cour.

COURS D'APPEL	TRIBUNAUX JUDICIAIRES sièges des tribunaux d'application des peines de ces cours	RESSORT DE CES TRIBUNAUX d'application des peines
Aix-en-Provence	Aix-en Provence	Ressorts des tribunaux judiciaires d'Aix-en-Provence, Marseille, Digne et Tarascon
	Draguignan	Ressorts des tribunaux judiciaires de Draguignan et Toulon
	Nice	Ressorts des tribunaux judiciaires de Grasse et Nice
Bastia	Bastia	Ressort du tribunal judiciaire de Bastia
	Ajaccio	Ressort du tribunal judiciaire d'Ajaccio
Douai	Arras	Ressorts des tribunaux judiciaires d'Arras, Béthune, Saint-Omer et Boulogne-sur-Mer
	Lille	Ressorts des tribunaux judiciaires de Lille, Dunkerque, Douai, Valenciennes, Cambrai et Avesnes-sur-Helpe

COURS D'APPEL	TRIBUNAUX JUDICIAIRES sièges des tribunaux d'application des peines de ces cours	RESSORT DE CES TRIBUNAUX d'application des peines
Paris	Paris	Ressort du tribunal judiciaire de Paris
	Bobigny	Ressort du tribunal judiciaire de Bobigny
	Créteil	Ressort du tribunal judiciaire de Créteil
	Evry	Ressort du tribunal judiciaire d'Evry
	Melun	Ressorts des tribunaux judiciaires de Melun, Fontainebleau et Meaux
	Auxerre	Ressorts des tribunaux judiciaires d'Auxerre et Sens
Reims	Reims	Ressorts des tribunaux judiciaires de Reims, Châlons-en-Champagne et Charleville-Mézières
	Troyes	Ressort du tribunal judiciaire de Troyes
Rennes	Rennes	Ressorts des tribunaux judiciaires de Rennes, Saint-Malo, Saint-Brieuc, Quimper et Brest
	Nantes	Ressorts des tribunaux judiciaires de Nantes, Saint-Nazaire, Lorient et Vannes
Riom	Clermont-Ferrand	Ressorts des tribunaux judiciaires de Clermont-Ferrand, Aurillac et Le Puy-en-Velay
	Moulins	Ressorts des tribunaux judiciaires de Moulins, Cusset et Montluçon
Saint-Denis	Saint-Denis	Ressort des tribunaux judiciaires de Saint-Denis et de Saint-Pierre
	Mamoudzou	Ressort du tribunal judiciaire de Mamoudzou

Article D. 49-3. – Siège tribunal de l'application des peines – *(Décret n° 2019-966 du 18 septembre 2019)*

• Sauf dérogation prévue par le tableau ci-après, le siège habituel du tribunal de l'application des peines est celui du tribunal judiciaire du siège de la cour d'appel.

COURS D'APPEL	TRIBUNAUX JUDICAIRES sièges des tribunaux d'application des peines de ces cours
Bordeaux	Bergerac
Bourges	Châteauroux
Chambéry	Albertville
Dijon	Chalon-sur-Saône
Pau	Tarbes
Poitiers	La Rochelle
Rouen	Evreux

Article D. 49-4. – Désignation – *(Décret n° 2019-966 du 18 septembre 2019)*

• Le 1er président de la cour d'appel désigne chaque année, par ordonnance, après avis de l'assemblée générale des magistrats du siège de la cour et avis des présidents des tribunaux judiciaires concernés, les juges de l'application des peines chargés des fonctions de président ou d'assesseur du tribunal de l'application des peines.

• Ceux-ci, sous réserve des dispositions de l'article D. 49-5, sont appelés dans l'ordre de leur désignation.

• Cette ordonnance peut être modifiée en cours d'année, en cas d'absence ou d'empêchement du juge.

• En cas d'urgence, cette ordonnance peut être prise sans les avis prévus au 1er alinéa.

• Le 1er président peut désigner comme présidents ou comme assesseurs des magistrats différents selon le lieu dans lequel le tribunal doit siéger conformément aux dispositions du 3e alinéa de l'article 712-3.

Article D. 49-5. – Compétence – *(Décret n° 2007-699 du 3 mai 2007)*
• Lorsque le tribunal de l'application des peines examine une affaire relevant de sa compétence, l'un au moins des juges de l'application des peines est celui de la juridiction dans le ressort de laquelle le condamné est écroué ou domicilié.

Article D. 49-5-1. – Remplacement – *(Décret n° 2010-1276 du 27 octobre 2010)*
• Lorsque le tribunal de l'application des peines examine une affaire à la suite d'un renvoi d'un juge de l'application des peines conformément aux dispositions du troisième alinéa de l'article 712-6 et que ce juge est absent, empêché, ou a été nommé à un autre poste, il est remplacé par un juge de l'application des peines chargé des fonctions de président ou d'assesseur du tribunal de l'application des peines.

Article D. 49-6. – Greffe – *(Décret n° 2019-966 du 18 septembre 2019)*
• Le tribunal de l'application des peines est doté d'un greffe.
• Les fonctions de secrétaire et de greffier de la juridiction sont remplies par un ou plusieurs greffiers des tribunaux judiciaires du ressort de la cour d'appel où siège le tribunal de l'application des peines, qui peuvent également exercer leurs fonctions auprès des juges de l'application des peines.

Article D. 49-7. – Fonctions – *(Décret n° 2019-966 du 18 septembre 2019)*
• Les fonctions du ministère public auprès du tribunal de l'application des peines sont exercées par le procureur de la République près le tribunal judiciaire dans le ressort duquel siège le tribunal.

§ 3. – De la chambre de l'application des peines de la cour d'appel

Article D. 49-8. – Désignation – *(Décret n° 2007-699 du 3 mai 2007)*
• Le premier président de la cour d'appel désigne par ordonnance, après avis de l'assemblée générale des magistrats du siège, le président ou le conseiller de la cour d'appel chargé de présider la chambre de l'application des peines de la cour d'appel, ainsi que les deux conseillers de cette chambre.
• Le président de la chambre ou l'un ou plusieurs de ses membres sont choisis parmi le ou les conseillers chargés de l'application des peines désignés conformément aux dispositions de l'article R. 57-1.

Article D. 49-9. – Associations – *(Décret n° 2007-699 du 3 mai 2007)*
• Le responsable d'une association de réinsertion des condamnés et le responsable d'une association d'aide aux victimes, membres de la chambre de l'application des peines de la cour d'appel en application des dispositions du deuxième alinéa de l'article 712-13, sont désignés par le premier président, après avis de l'assemblée générale des magistrats du siège, pour une durée de trois ans. Deux suppléants sont désignés dans les mêmes formes pour une même durée.
• Avant d'entrer en fonction, les personnes mentionnées à l'alinéa précédent prêtent devant la cour d'appel le serment de bien et fidèlement remplir leurs fonctions et de conserver le secret des délibérations. Les dispositions de l'article R. 522-10 du Code de l'organisation judiciaire leur sont applicables.

Article D. 49-10. – Chambres de l'application des peines – *(Décret n° 2007-699 du 3 mai 2007)*
• Les chambres de l'application des peines dont la compétence territoriale excède, conformément aux dispositions du deuxième alinéa de l'article 712-13, celle de la cour d'appel où elles sont instituées sont mentionnées dans le tableau ci-après :

COUR D'APPEL	Ressort sur lequel s'exerce la compétence de la chambre de l'application des peines de ces cours lorsqu'elle est composée conformément aux dispositions du deuxième alinéa de l'article 712-13
Bourges	Ressorts des cours d'appel de Bourges et Orléans.
Dijon	Ressorts des cours d'appel de Dijon et Besançon.
Nancy	Ressorts des cours d'appel de Nancy et Metz.
Versailles	Ressorts des cours d'appel de Versailles et Rouen.

Section II

Règles de compétence et de procédure

§ 1er. – Dispositions communes aux différentes juridictions de l'application des peines

Article D. 49-11. – Requête écrite – *(Décret n° 2007-699 du 3 mai 2007)*

• Les demandes du condamné tendant au prononcé ou à la modification d'une des mesures relevant des dispositions de l'article 712-4 font l'objet d'une requête écrite adressée au juge de l'application des peines, signée du condamné ou de son avocat.

• Cette requête est remise au greffe du juge de l'application des peines contre récépissé ou adressée par lettre recommandée avec demande d'avis de réception. Si le condamné est détenu, elle peut faire l'objet d'une déclaration auprès du chef de l'établissement pénitentiaire dans les conditions prévues aux deux derniers alinéas de l'article 148-7.

• Lorsque la demande relève de la compétence du tribunal de l'application des peines, le greffier du juge de l'application des peines la transmet sans délai en copie au greffe de cette juridiction, lorsqu'il est distinct du greffe du juge de l'application des peines, sauf si cette demande est irrecevable en application des dispositions de l'article D. 49-12.

• Le juge de l'application des peines et le tribunal de l'application des peines ne sont pas tenus de répondre aux demandes formées sans respecter les conditions prévues par le présent article.

Article D. 49-12. – Irrecevabilité de demande – *(Décret n° 2007-699 du 3 mai 2007)*

• Le condamné n'est pas recevable à déposer de demande concernant une des mesures relevant des dispositions de l'article 712-4 tant qu'il n'a pas été statué par la juridiction de l'application des peines du premier degré compétente sur une précédente demande relative à une même mesure.

• Sont également irrecevables les demandes formées pendant le délai d'irrecevabilité fixé par la juridiction de l'application des peines en application des derniers alinéas des articles 712-13, D. 49-32, D. 49-33 et D. 49-36.

• Si elle l'estime justifié ou opportun, la juridiction de l'application des peines peut toutefois ne pas constater l'irrecevabilité de la demande.

Article D. 49-13. – Débats contradictoires – *(Décret n° 2019-966 du 18 septembre 2019)*

• Si le condamné n'est pas incarcéré, les débats contradictoires prévus par les articles 712-6 et 712-7 se tiennent au tribunal judiciaire.

• Si le condamné est incarcéré, ces débats se tiennent dans l'établissement pénitentiaire, sauf s'il est fait application des dispositions de l'article 706-71, et sous réserve des dispositions de l'alinéa suivant.

• Le juge de l'application des peines ou le président du tribunal de l'application des peines peut toutefois décider que le débat contradictoire se tiendra au tribunal judiciaire lorsqu'est envisagé le retrait ou la révocation d'une mesure à l'encontre d'une personne incarcérée à la suite de la mise à exécution d'un mandat d'amener ou d'arrêt délivré en application de l'article 712-17 si le débat doit avoir lieu dans les délais prévus par cet article ou dans les délais prévus par les articles 712-8 ou 712-19 et que, pendant ces délais, il n'est pas déjà prévu que le juge ou le tribunal de l'application des peines procède au sein de l'établissement pénitentiaire à des débats contradictoires concernant d'autres condamnés.

• Si le condamné est hospitalisé et ne peut être déplacé en raison de son état de santé, le débat contradictoire, dans les cas où ce débat doit intervenir, se tient sur les lieux de son hospitalisation, sur lesquels se transportent le juge ou le tribunal de l'application des peines, assisté du greffier, ainsi que le procureur de la République.

Article D. 49-14. – Choix de l'avocat – *(Décret n° 2010-1635 du 23 décembre 2010)*

• Pour l'application des dispositions des articles 712-6,712-7 et 712-8, le condamné peut faire connaître au juge de l'application des peines le nom de l'avocat choisi par lui : le choix de l'avocat par le condamné détenu peut aussi résulter du courrier adressé à celui-ci par cette personne et le désignant pour assurer sa défense et dont une copie est remise par l'avocat au juge de l'application des peines. Le condamné peut également demander au juge de l'application des peines qu'il lui en soit désigné un d'office par le bâtonnier de l'ordre des avocats ; le bâtonnier est avisé de cette demande par tous moyens et sans délai.

Article D. 49-15. – Information du condamné – *(Décret n° 2007-699 du 3 mai 2007)*

• Le condamné est informé dix jours avant la date du débat contradictoire prévu par les articles 712-6, 712-7 et 712-8 par lettre recommandée s'il n'est pas écroué et par le greffe de l'établissement pénitentiaire dans le cas contraire.

• S'il est assisté d'un avocat, celui-ci est convoqué par lettre recommandée ou par télécopie au plus tard dix jours avant le débat. Le condamné peut toutefois déclarer expressément renoncer à la convocation de son avocat ou au respect de ces délais.

Article D. 49-16. – Urgence – *(Décret n° 2007-699 du 3 mai 2007)*

• En cas d'urgence, notamment lorsque le retrait ou la révocation d'une mesure est envisagé, le délai de convocation prévu à l'article D. 49-15 alinéa n'est pas applicable, et l'avocat est avisé de la date du débat contradictoire par tout moyen ; le condamné ou son avocat peut toutefois demander à bénéficier d'un délai pour préparer sa défense.

• Il peut alors être fait application des dispositions des articles 712-18 ou 712-19 permettant la suspension de la mesure ou l'incarcération provisoire du condamné jusqu'à la tenue du débat contradictoire.

Article D. 49-17. – Avis, interprète – *(Décret n° 2007-699 du 3 mai 2007)*

• Le juge de l'application des peines ou le président du tribunal de l'application des peines peut demander au représentant de l'administration pénitentiaire de développer oralement son avis lors du débat contradictoire.

• Le juge de l'application des peines ou le président du tribunal de l'application des peines peut faire appel à un interprète majeur, à l'exclusion du greffier. S'il n'est pas assermenté, l'interprète prête serment d'apporter son concours à la justice en son honneur et en sa conscience. Si le condamné est atteint de surdité, il peut être fait application des dispositions du dernier alinéa de l'article 109.

• Le débat contradictoire fait l'objet de notes d'audience de la part du greffier, qui les signe avec le juge de l'application des peines ou le président du tribunal de l'application des peines.

Article D. 49-17-1. – Réquisitions écrites – *(Décret n° 2007-1627 du 16 novembre 2007)*

• Lorsque le procureur de la République est favorable à l'octroi d'une mesure d'aménagement de peine demandée par le condamné, il peut adresser au juge de l'application des peines des réquisitions écrites lui demandant d'accorder cette mesure sans procéder à un débat contradictoire, conformément aux dispositions du deuxième alinéa de l'article 712-6. Si le condamné et son avocat ne sollicitent pas qu'il soit procédé à un débat contradictoire, le juge de l'application des peines statue sur la mesure en l'absence du procureur de la République, après, le cas échéant audition du condamné et de son avocat en chambre du conseil.

Article D. 49-17-2. – Audiences – *(Décret n° 2019-966 du 18 septembre 2019)*

• Le nombre et le jour des audiences du juge de l'application des peines et du tribunal de l'application des peines sont fixés par décision conjointe du président du tribunal judiciaire et du procureur de la République.

• Les décisions prévues au présent article sont prises, après avis de l'assemblée générale du tribunal, à la fin de l'année judiciaire pour l'année judiciaire suivante, et peuvent, en cas de nécessité, être modifiées en cours d'année dans les mêmes conditions.

• En cas d'impossibilité de parvenir à des décisions conjointes, le nombre et le jour des audiences du tribunal de l'application des peines sont fixés par le seul président du tribunal judiciaire, après avis du 1er président de la cour d'appel et du procureur général.

• Sans préjudice des dispositions du présent article, le juge de l'application des peines peut, à tout moment au cours de l'année, fixer une audience toutes les fois qu'il est nécessaire.

Article D. 49-18. – Décision – *(Décret n° 2007-1620 du 15 novembre 2007)*

• Le jugement est rendu en chambre du conseil.

• Si la décision est rendue immédiatement, une copie du jugement est remise au condamné, ainsi que, le cas échéant, à son avocat, contre émargement au dossier de la procédure sauf dans le cas où la copie du jugement n'est pas immédiatement disponible.

• Si la décision a été mise en délibéré, le jugement est notifié au condamné détenu par le chef de l'établissement pénitentiaire qui lui en remet une copie contre émargement; si le condamné n'est pas détenu, copie du jugement lui est adressée par lettre recommandée; une copie du jugement est également adressée par lettre recommandée ou par télécopie à l'avocat du condamné; lorsqu'il s'agit d'un jugement révoquant ou retirant une mesure, la copie du jugement adressée au condamné non détenu l'est par lettre recommandée avec demande d'avis de réception. Les dispositions du présent alinéa sont également applicables lorsque la copie du jugement rendu dans les circonstances prévues par le deuxième alinéa n'est pas immédiatement disponible.

• Dès qu'il est rendu, le jugement est notifié au procureur de la République. Une copie en est adressée au directeur du service pénitentiaire d'insertion et de probation et, lorsque le condamné est incarcéré, au chef de l'établissement pénitentiaire.

• En cas d'utilisation d'un moyen de communication audiovisuelle, lecture du dispositif du jugement est donnée au condamné par ce même procédé, et mention de cette formalité est portée sur les notes d'audience. Après l'audience, le jugement est notifié au condamné selon les modalités prévues au deuxième alinéa.

Article D. 49-19. – Non-présentation – *(Décret n° 2007-699 du 3 mai 2007)*

• Lorsque le condamné non détenu ne se présente pas au débat contradictoire, le juge ou le tribunal de l'application des peines soit ordonne le renvoi du débat à une date ultérieure, après avoir si nécessaire délivré un mandat d'amener ou d'arrêt conformément aux dispositions de l'article 712-17 ou une note de recherche conformément aux dispositions de l'article D. 49-20, soit statue conformément aux dispositions de l'article 712-9.

Article D. 49-20. – Note de recherche – *(Décret n° 2007-699 du 3 mai 2007)*

• Sans préjudice de la possibilité de décerner mandat d'amener ou d'arrêt conformément aux dispositions de l'article 712-17, le juge et le tribunal de l'application des peines peuvent délivrer une note de recherche destinée à permettre la localisation du condamné, qui est diffusée dans le fichier des personnes recherchées conformément aux dispositions du 1° du I de l'article 23 de la loi n° 2003-239 du 18 mars 2003 pour la sécurité intérieure.

Article D. 49-21. – Ordonnances – *(Décret n° 2007-699 du 3 mai 2007)*

• Les ordonnances prévues par les articles 712-5 et 712-8 sont notifiées au condamné détenu par le chef de l'établissement pénitentiaire qui lui en remet une copie contre émargement; si le condamné n'est pas détenu, copie de l'ordonnance lui est adressée par lettre recommandée; une copie de l'ordonnance est également adressée par lettre recommandée ou par télécopie à l'avocat du condamné; lorsqu'il s'agit d'une ordonnance refusant de faire droit à une demande du condamné non détenu, la copie de la décision adressée à celui-ci l'est par lettre recommandée avec demande d'avis de réception.

Article D. 49-21-1. – Modifications horaires – *(Décret n° 2010-1276 du 27 octobre 2010)*

• Lorsque le chef d'établissement ou le directeur du service pénitentiaire d'insertion et de probation modifie les horaires d'un aménagement de peine sur autorisation du juge de l'application des peines conformément aux dispositions du deuxième alinéa de l'article 712-8, il en informe immédiatement et par tout moyen le juge de l'application des peines et le condamné.

Article D. 49-22. – Adresse – *(Décret n° 2007-699 du 3 mai 2007)*

• Pour l'application des dispositions de l'article 712-9, si le condamné n'a pas fait de déclaration d'adresse au juge de l'application des peines, l'adresse figurant dans le dossier de la procédure est considérée comme son adresse déclarée.

• La déclaration d'adresse ou la déclaration de changement d'adresse doit se faire soit par déclaration auprès du greffier du juge de l'application des peines, soit par lettre recommandée avec demande d'accusé de réception.

• Lorsque le condamné est libéré, son adresse déclarée est celle donnée au greffe de l'établissement pénitentiaire au moment de sa levée d'écrou.

Article D. 49-23. – Expertise psychiatrique préalable – *(Décret n° 2014-1582 du 23 décembre 2014)*

• Pour l'application de l'article 712-21, le juge ou le tribunal de l'application des peines peut, avec l'accord du procureur de la République, dire, par ordonnance ou jugement motivé, qu'il n'y a pas lieu d'ordonner une nouvelle expertise psychiatrique préalablement à une décision d'aménagement de la peine, dès lors que figure au dossier du condamné une expertise datant de moins de deux ans, y compris si celle-ci a été réalisée avant la condamnation.

• Sauf lorsqu'il s'agit d'une condamnation prononcée pour une infraction mentionnée à l'article 706-47 ou constitue un meurtre ou un assassinat commis sur un mineur ou en récidive légale, le juge de l'application des peines peut également, avec l'accord du procureur de la République, ordonner par ordonnance motivée une permission de sortir sans expertise préalable ; il en est de même pour les autres décisions d'aménagement de la peine, par ordonnance ou jugement spécialement motivé faisant état de la non-nécessité d'une expertise au regard des circonstances de l'infraction et de la personnalité de son auteur.

• En outre, quel que soit le délit ou le crime pour lequel la personne a été condamnée, le juge de l'application des peines peut, en cas d'urgence et avec l'accord du procureur de la République, ordonner sans expertise psychiatrique préalable une mesure de suspension de peine conformément aux dispositions de l'article 720-1-1 lorsqu'il résulte d'un certificat médical, établi par le médecin responsable de la structure sanitaire dans laquelle la personne est prise en charge ou par son remplaçant, que le pronostic vital de la personne est engagé ou que son état de santé physique ou mentale est durablement incompatible avec le maintien en détention.

• En cas de condamnations multiples, si la peine prononcée pour l'infraction ayant donné lieu à la condamnation à un suivi socio-judiciaire a déjà été exécutée en totalité, les dispositions de l'article 712-21 ne sont plus applicables. Le juge ou le tribunal de l'application des peines a toutefois la faculté d'ordonner une expertise préalablement à la mesure d'aménagement de peine en application de l'article D. 49-24.

Article D. 49-24. – Synthèse socio-éducative – *(Décret n° 2007-1627 du 16 novembre 2007)*

• Sans préjudice de l'obligation de procéder à une expertise des condamnés relevant des dispositions de l'article 712-21, le juge ou le tribunal de l'application des peines peut, conformément aux dispositions de l'article D. 574, demander au service pénitentiaire d'insertion et de probation de procéder à une synthèse socio-éducative du condamné détenu avant sa libération, afin d'apprécier sa dangerosité et le risque de récidive.

• À cette fin, le juge peut également demander une expertise psychiatrique ou psychologique de l'intéressé, notamment si celui-ci a été condamné pour crime.

• L'expert ou les experts saisis en application des dispositions des articles 712-21, 723-31, 731-1, 763-3, D. 49-23, D. 147-36 et D. 147-37 ou des dispositions du présent article doivent dans leur rapport :

• 1° Se prononcer sur la dangerosité de la personne et les risques de récidive ou de commission d'une nouvelle infraction ;

• 2° Indiquer si la personne est susceptible de faire l'objet d'un traitement, lorsque cette dernière a été condamnée pour une infraction pour laquelle le suivi socio-judiciaire est encouru.

Article D. 49-25. – Rejet, ajournement d'une mesure – *(Décret n° 2007-699 du 3 mai 2007)*

• Si le condamné ne satisfait pas aux obligations qui lui sont imposées ou s'il fait preuve de mauvaise conduite, le juge ou le tribunal de l'application des peines peut décider de rejeter ou d'ajourner une mesure relevant de sa compétence, soit de retirer ou de révoquer une telle mesure précédemment accordée, selon la procédure applicable pour octroyer la mesure.

Article D. 49-25-1. – Relèvement d'une interdiction – *(Décret n° 2010-1276 du 27 octobre 2010)*

• Conformément aux dispositions de l'article 712-22, les juridictions d'application des peines peuvent relever une interdiction visée à cet article, y compris si cette interdiction ne résulte pas de la condamnation dont la juridiction d'application des peines est chargée de fixer les modalités d'exécution.

Article D. 49-26. – Extrait ordonnance, jugement – *(Décret n° 2022-1261 du 28 septembre 2022)*

• Pour l'application des dispositions de l'article R. 69, un extrait de l'ordonnance ou du jugement du juge ou du tribunal de l'application des peines ou du président du tribunal judiciaire ou le juge par lui délégué, certifié par le greffier de la juridiction est adressé au casier judiciaire, par l'intermédiaire du parquet du lieu de condamnation, lorsqu'a été décidé :

• 1° La révocation d'un sursis probatoire ;

• 2° La prolongation du délai de mise à l'épreuve ou la déclaration anticipée de non-avenu d'un sursis probatoire;

• 3° La suspension de l'exécution d'une peine privative de liberté;

• 4° La mise à exécution de l'emprisonnement sanctionnant la violation des obligations du suivi socio-judiciaire;

• 5° La mise à exécution de l'emprisonnement ou de l'amende sanctionnant la non-exécution d'une peine alternative ou d'une peine complémentaire prononcée à titre principal;

• 6° La mise à exécution de l'emprisonnement dans le cadre de la contrainte judiciaire;

• 7° Une dispense de peine après ajournement de la condamnation;

• 8° La conversion d'une peine d'emprisonnement ferme en sursis assorti de l'obligation d'accomplir un travail d'intérêt général;

• 9° La conversion d'une peine d'emprisonnement ferme en peine de jours-amende;

• 10° La conversion d'un emprisonnement avec sursis assorti de l'obligation d'accomplir un travail d'intérêt général en peine de jours-amende;

• 11° La conversion d'une peine de travail d'intérêt général en peine de jours-amende;

• 12° Le relèvement d'une interdiction en application de l'article 712-22;

• 13° La conversion d'une peine de jours-amende en peine de sursis assorti de l'obligation d'effectuer un travail d'intérêt général.

• Dans les cas 9°, 10°, 11° et 13°, un relevé ou un extrait de la décision est également adressé, selon les mêmes modalités, au comptable principal du Trésor.

• Les transmissions prévues par le présent article peuvent se faire par voie téléinformatique.

• Le casier judiciaire national est directement avisé des décisions de libération conditionnelle, de révocation d'une libération conditionnelle, de retrait d'une réduction de peine ordonné en application des articles 721,721-2 ou 723-35, par les avis qui lui sont adressés par les directeurs et surveillants-chefs des établissements pénitentiaires en application du 5° de l'article R. 69. Toutefois, il est avisé des décisions de libération conditionnelle conformément aux dispositions du présent article lorsqu'elles concernent un condamné non détenu.

Article D. 49-26-1. – Remise en liberté – *(Décret n° 2007-699 du 3 mai 2007)*

• La remise en liberté prévue par le deuxième alinéa de l'article 712-18 entraîne de plein droit la remise à exécution de la mesure d'aménagement de peine dont le condamné faisait l'objet.

§ 2. – Dispositions relatives au juge de l'application des peines

Article D. 49-27. – Fonctions – *(Décret n° 2007-931 du 15 mai 2007)*

• Le juge de l'application des peines fixe les principales modalités d'exécution des peines privatives de liberté ou de certaines peines restrictives de libertés en orientant et en contrôlant les conditions de leur exécution, conformément aux principes fixés par l'article 707.

• Il est à cette fin assisté par la commission de l'application des peines, ainsi que par le service pénitentiaire d'insertion et de probation, que le magistrat mandate pour suivre les condamnés faisant l'objet d'une peine restrictive de liberté.

• Le juge de l'application des peines exerce les missions qui lui sont confiées, en déterminant notamment, pour chaque condamné, les principales modalités du traitement pénitentiaire, dans le respect des attributions propres au directeur interrégional des services pénitentiaires et aux chefs des établissements pénitentiaires relatives à l'organisation et au fonctionnement de ces établissements.

Article D. 49-28. – Composition – *(Décret n° 2020-91 du 6 février 2020)*

• La commission de l'application des peines qui siège dans chaque établissement pénitentiaire comprend les membres mentionnés à l'article 712-4-1.

• Le juge de l'application des peines peut, en accord avec le chef de l'établissement, faire appel soit à titre permanent, soit pour une séance déterminée, afin que ces personnes puissent si nécessaire être entendues au sein de la commission:

• 1° Aux membres du personnel de direction, à un membre du corps de commandement, à un membre du corps d'encadrement et d'application du personnel de surveillance et aux personnels d'insertion et de probation;

• 2° À toute personne remplissant une mission dans l'établissement pénitentiaire, lorsque sa connaissance des cas individuels ou des problèmes à examiner rend sa présence utile.

• Le juge de l'application des peines peut ordonner la comparution de la personne détenue devant la commission de l'application des peines afin qu'elle soit entendue par cette dernière dans les domaines qui relèvent de sa compétence.

• Les membres de la commission ainsi que les personnes appelées, à un titre quelconque, à assister à ses réunions sont tenus à l'égard des tiers au secret pour tout ce qui concerne ses travaux.

• En l'absence de l'un des membres mentionnés à l'article 712-4-1, la commission de l'application des peines n'est pas valablement réunie.

• Le chef d'établissement peut être représenté au sein de la commission de l'application des peines par un membre du personnel de direction.

• Lorsque la comparution du détenu n'a pas été ordonnée, la commission peut délibérer par voie électronique, après vérification que ses membres et, le cas échéant, les personnes mentionnées aux 1° et 2° ci-dessus ont accès à des moyens techniques permettant, à distance, de façon simultanée ou successive et dans des conditions garantissant la confidentialité des échanges, d'apporter leur contribution et, s'agissant des membres, d'exprimer leur vote, avant l'expiration de délais fixés par le président de la commission. Sauf urgence, la commission ne peut rendre son avis qu'après avoir recueilli les contributions du procureur de la République, du représentant du service pénitentiaire d'insertion et, sauf s'il est fait application du deuxième alinéa de l'article 712-4-2, du chef de l'établissement pénitentiaire. Les moyens techniques de délibération sont précisés par arrêté du garde des sceaux, ministre de la justice.

Article D. 49-29. – Dossier individuel – *(Décret n° 2007-699 du 3 mai 2007)*

• Il est tenu au greffe du juge de l'application des peines un dossier individuel concernant chaque condamné suivi par ce magistrat.

• Ce dossier comprend des copies des documents issus de la procédure ayant abouti à sa condamnation et qui sont nécessaires à l'exécution de celle-ci.

• Il comprend également les rapports établis et les décisions prises au cours de l'exécution de la condamnation.

• L'avis du représentant de l'administration pénitentiaire prévu aux articles 712-6 et 712-7 est versé au dossier sous forme d'un rapport de synthèse des avis des différents services pénitentiaires compétents.

• Ce dossier peut être consulté par l'avocat du condamné, sous réserve des exigences du bon fonctionnement du cabinet du juge de l'application des peines. L'avocat du condamné peut se faire délivrer copie de tout ou partie des pièces du dossier conformément aux dispositions de l'article R. 165 prévoyant la gratuité de la première copie délivrée. Les copies ultérieures lui sont délivrées à ses frais, sauf si le condamné a obtenu le bénéfice de l'aide juridictionnelle.

• Le procureur de la République peut consulter ce dossier ou en demander la communication.

• Lorsque la modification de la situation du condamné rend compétent, en application des dispositions de l'article 712-10, un juge de l'application des peines autre que celui qui était initialement saisi, ce dernier transmet ce dossier au magistrat nouvellement compétent pour suivre le condamné et avise le parquet du lieu de condamnation.

Article D. 49-30. – Extraction des condamnés – *(Décret n° 2011-1045 du 2 septembre 2011)*

• Le juge de l'application des peines ordonne l'extraction des condamnés, soit en vue de la comparution de ceux-ci dans son cabinet lorsqu'il l'a estimé utile, soit pour procéder aux débats contradictoires prévus par la loi lorsque ceux-ci n'ont pas lieu au sein de l'établissement pénitentiaire, soit plus généralement pour la mise en application d'une décision relevant de sa compétence. Il requiert l'extraction par les services de police, de gendarmerie ou de l'administration pénitentiaire conformément à l'article D. 315.

Article D. 49-31. – Indemnités – *(Décret n° 2007-699 du 3 mai 2007)*

• Lorsque le juge de l'application des peines est appelé à se rendre dans un établissement pénitentiaire pour assumer les fonctions qui lui sont dévolues par le présent code ou par les dispositions du Code pénal, les indemnités de frais de voyage et de séjour lui sont allouées dans les conditions visées aux articles R. 90 *(10°)* et R. 200 du présent code. Il en est de même pour le greffier qui l'assiste, ainsi que pour le magistrat du ministère public présent lors du débat contradictoire.

Article D. 49-32. – Ordonnance motivée – *(Décret n° 2007-699 du 3 mai 2007)*

• Lorsqu'il est saisi d'une demande relevant des dispositions de l'article 712-5, le juge de l'application des peines doit statuer par ordonnance motivée au plus tard dans un délai de deux mois suivant le dépôt de la demande dans les conditions prévues par l'article D. 49-11.

• À défaut, le condamné peut directement saisir le président de la chambre de l'application des peines de la cour d'appel de sa demande, par lettre recommandée avec demande d'accusé de réception ou selon les modalités prévues à l'article 503.

• En cas de rejet, d'acceptation ou d'ajournement d'une demande formée par le condamné, le juge de l'application des peines peut dans son ordonnance fixer par décision motivée un délai durant lequel le condamné n'est pas recevable à déposer une demande similaire, sans que ce délai puisse excéder six mois.

Article D. 49-33. – Débat contradictoire – *(Décret n° 2019-508 du 24 mai 2019)*

• Le débat contradictoire devant le juge de l'application des peines prévu à l'article 712-6 doit avoir lieu au plus tard le 4e mois suivant le dépôt de la demande dans les conditions prévues par l'article D. 49-11.

• À défaut, le condamné peut directement saisir la chambre de l'application des peines de la cour d'appel de sa demande, par lettre recommandée avec demande d'accusé de réception ou selon les modalités prévues à l'article 503. Lorsque le condamné exécute une ou plusieurs peines privatives de liberté d'une durée totale inférieure ou égale à 5 ans, il peut aussi saisir la chambre de l'application des peines, dans le cas prévu au 2° de l'article 720, s'il a accompli une durée de peine au moins égale au double de la durée de la peine restant à subir sans qu'il ait été procédé à l'examen de sa situation.

• En cas de rejet ou d'ajournement d'une demande formée par le condamné, le juge de l'application des peines peut dans son jugement fixer par décision motivée un délai durant lequel le condamné n'est pas recevable à déposer une demande similaire, sans que ce délai puisse excéder un an.

Article D. 49-34. – Aménagement peine irrecevable – *(Décret n° 2007-699 du 3 mai 2007)*

• Le juge de l'application des peines peut, sans procéder au débat contradictoire prévu à l'article 712-6, constater par ordonnance motivée qu'une demande d'aménagement de peine est irrecevable en application des dispositions des articles D. 49-11 et D. 49-12 ou parce qu'elle a été présentée par un condamné qui ne justifie pas des délais d'exécution de sa peine prévus par la loi pour être admissible au bénéfice de la mesure demandée, le cas échéant en raison de l'existence d'une période de sûreté. Il en est de même pour les demandes relevant de la compétence du tribunal de l'application des peines, dont l'irrecevabilité peut être également directement constatée par le juge de l'application des peines à qui la demande a été adressée en application des dispositions de l'article D. 49-11, sans préjudice pour le président du tribunal de l'application des peines de constater lui-même cette irrecevabilité si le dossier a été transmis par le juge au tribunal.

• Cette ordonnance est notifiée au condamné conformément aux dispositions du troisième alinéa de l'article D. 49-18 et peut faire l'objet d'un appel dans les conditions prévues à l'article D. 49-39, dans un délai de 24 heures à compter de sa notification. L'appel est examiné par le président de la chambre de l'application des peines de la cour d'appel.

Article D. 49-34-1. – Acquittement amende ou jours-amendes – *(Décret n° 2010-1276 du 27 octobre 2010)*

• Lorsque le juge de l'application des peines, saisi par requête du procureur de la République aux fins de prononcer une contrainte judiciaire ou de mettre à exécution une peine de jours-amendes, constate que le condamné s'est acquitté du montant de l'amende ou des jours-amendes prononcés, il rend une ordonnance motivée constatant que cette requête est devenue sans objet, sans qu'il soit nécessaire de procéder à un débat contradictoire.

Article D. 49-35. – Dossier – *(Décret n° 2007-699 du 3 mai 2007)*

• Le juge de l'application des peines qui, dans le cas prévu par l'article 712-8, envisage d'office de modifier une mesure ou est saisi d'une demande de modification formée par le condamné, communique le dossier pour avis au procureur de la République, avant de statuer par ordonnance motivée ou, si le procureur en a fait la demande, après débat contradictoire, conformément aux dispositions de cet article.

• Lorsque le juge de l'application des peines se saisit d'office ou est saisi par le procureur de la République et qu'il n'est pas procédé à un débat contradictoire, il recueille ou fait recueillir préalablement l'avis du condamné.

Article D. 49-35-1. – Mandat d'amener – *(Décret n° 2012-682 du 7 mai 2012)*

• Lorsque le juge de l'application des peines délivre un mandat d'amener en application du premier alinéa de l'article 712-17, les dispositions du deuxième alinéa de l'article 125 et celles de l'article 127 sont applicables, les attributions confiées par ces articles au juge d'instruction et au juge des libertés et de la détention étant respectivement exercées par le juge de l'application des peines et le procureur de la République.

Article D. 49-35-2. – Urgence – *(Décret n° 2012-682 du 7 mai 2012)*

• Le mandat d'amener délivré en cas d'urgence par le procureur de la République en application du troisième alinéa de l'article 712-17 peut être adressé par tout moyen au service de police ou à l'unité de gendarmerie chargé de son exécution.

• En cas de nécessité, ce mandat fait l'objet d'instructions téléphoniques adressées par le procureur de la République à l'officier de police judiciaire. Il est joint ultérieurement à la procédure.

• Le procureur de la République indique sur le mandat ou précise dans ses instructions téléphoniques que si l'arrestation du condamné ne peut intervenir avant la fin du premier jour ouvrable suivant, le mandat est caduc sauf à avoir été repris auparavant par le juge de l'application des peines, et sans préjudice de la possibilité pour ce magistrat d'ordonner la mainlevée de ce mandat, ou d'y substituer un mandat d'arrêt.

• Le procureur de la République indique de même sur le mandat ou précise dans ses instructions que la personne ne peut être retenue pendant plus de vingt-quatre heures à compter de son arrestation sans être présentée devant le juge de l'application des peines ou le juge qui le remplace conformément aux dispositions du deuxième alinéa de l'article 125, à défaut de quoi elle doit être remise en liberté.

• Le procureur de la République adresse dès que possible la copie du mandat au juge de l'application des peines.

• Si la personne est arrêtée à plus de deux cents kilomètres du siège du juge de l'application des peines sous le contrôle duquel le condamné est placé, et qu'il n'est pas possible de le conduire dans le délai de vingt-quatre heures devant ce magistrat ou le juge qui le remplace, elle est conduite devant le procureur de la République du lieu d'arrestation.

• Lorsque le juge de l'application des peines décide de reprendre le mandat d'amener délivré par le procureur de la République, il en adresse une copie au service de police ou à l'unité de gendarmerie chargés de son exécution, revêtue de sa signature et de son sceau et d'une mention datée indiquant la reprise du mandat.

§ 3. – Dispositions relatives au tribunal de l'application des peines

Article D. 49-36. – Débat contradictoire – *(Décret n° 2007-699 du 3 mai 2007)*

• Le débat contradictoire prévu à l'article 712-7 doit avoir lieu au plus tard le sixième mois suivant le dépôt de la demande dans les conditions prévues par l'article D. 49-11.

• À défaut, le condamné peut directement saisir la chambre de l'application des peines de la cour d'appel de sa demande, par lettre recommandée ou selon les modalités prévues à l'article 503.

• En cas de rejet ou d'ajournement d'une demande formée par le condamné, le tribunal de l'application des peines peut dans son jugement fixer par décision motivée un délai durant lequel le condamné n'est pas recevable à déposer une demande similaire, sans que ce délai puisse excéder deux ans.

Article D. 49-37. – Rapport oral – *(Décret n° 2007-699 du 3 mai 2007)*

• Devant le tribunal de l'application des peines, le débat contradictoire prévu par l'article 712-7 commence par le rapport oral exposé par le juge de l'application des peines dont relève le condamné.

Article D. 49-38. – Police des débats – *(Décret n° 2007-699 du 3 mai 2007)*

• Les règles relatives à la police des débats devant le tribunal correctionnel prévues par les articles 401 et 405 sont applicables devant le tribunal de l'application des peines.

§ 4. – Dispositions applicables en cas d'appel

Article D. 49-39. – L'appel – *(Décret n° 2014-1582 du 23 décembre 2014)*

• L'appel des ordonnances et jugements du juge ou du tribunal de l'application des peines est formé soit au greffe du juge de l'application des peines selon les modalités prévues aux deux premiers alinéas de l'article 502, soit selon les modalités prévues à l'article 503.

• Le délai d'appel de 24 heures prévu par le 1° de l'article 712-11 expire à minuit, le lendemain du jour où l'ordonnance a été notifiée. Lorsque l'ordonnance est notifiée par lettre recommandée, ce délai expire à minuit le lendemain du jour de la signature de l'avis de réception ; à défaut de signature, ce délai commence à courir quinze jours après l'envoi de la lettre.

Article D. 49-39-1. – Délai supplémentaire – *(Décret n° 2014-1582 du 23 décembre 2014)*

• En cas d'appel du ministère public ou du condamné, l'autre partie dispose d'un délai supplémentaire de 24 heures ou de cinq jours pour former appel incident, selon que l'appel porte sur une ordonnance ou un jugement du juge de l'application des peines ou du tribunal de l'application des peines.

Article D. 49-40. – Mise à exécution de la mesure – *(Décret n° 2014-1582 du 23 décembre 2014)*

• Lorsque le juge ou le tribunal de l'application des peines accorde l'une des mesures mentionnées aux articles 712-5, 712-6 et 712-7, la mise à exécution de la mesure ne peut intervenir, avant l'expiration du délai de vingt-quatre heures à compter de la notification de la décision au magistrat du ministère public, en l'absence de visa de ce dernier indiquant qu'il ne fait pas appel ; si le procureur de la République forme appel dans les vingt-quatre heures de la notification, il en informe immédiatement le juge de l'application des peines et le chef de l'établissement pénitentiaire. Le délai de 24 heures expire à minuit, le lendemain du jour où la décision a été notifiée.

• Les dispositions du présent article sont également applicables aux décisions ordonnant une libération sous contrainte.

Article D. 49-41. – Dossier individuel – *(Décret n° 2021-1820 du 24 décembre 2021)*

• En cas d'appel, une copie du dossier individuel du condamné et de la décision du juge ou du tribunal de l'application des peines est transmise à la chambre de l'application des peines de la cour d'appel ou à son président.

• À l'appui de son appel, le condamné ou son avocat peut adresser des observations écrites au président ou à la chambre. Hors le cas de l'urgence, ces observations doivent être adressées 1 mois au plus tard après la date de l'appel, sauf dérogation accordée par le président de la juridiction.

• Pendant l'instance d'appel, les dispositions de l'article D. 49-29 relatives à la communication du dossier individuel du condamné sont applicables.

• Pendant cette instance, le juge de l'application des peines peut, d'office ou à la demande du président de la chambre, communiquer tous renseignements sur la situation du condamné au jour de l'audience d'appel, et notamment sur la validité du projet d'aménagement de la peine.

• Pendant cette instance, le président de la chambre de l'application des peines saisit, au plus tôt en amont de l'audience, le service pénitentiaire d'insertion et de probation, s'il apparait nécessaire d'actualiser les éléments du dossier individuel de la personne condamnée afin de pouvoir prendre la décision d'individualisation de la peine la mieux adaptée à sa situation.

• En cas de condamnation pour des infractions commises au sein du couple et relevant de l'article 132-80 du Code pénal, cette actualisation doit notamment lui permettre de déterminer s'il y a lieu, de prononcer une mesure de bracelet anti-rapprochement en application de l'article 132-45-1 du Code pénal.

Article D. 49-41-1. – Appel d'une ordonnance – *(Décret n° 2022-1261 du 28 septembre 2022)*

• En cas d'appel d'une ordonnance rendue par le juge de l'application des peines en application des dispositions de l'article 712-5, la copie du dossier individuel du condamné adressé au président de la chambre de l'application des peines de la cour d'appel ne comporte que les éléments nécessaires à l'examen de l'appel. En cas d'appel contre une ordonnance de retrait d'une réduction de peine, peut ne figurer au dossier que le rapport d'incident à l'origine du retrait. Le président de la chambre de l'application des peines peut demander des pièces supplémentaires s'il l'estime utile.

Article D. 49-41-2. – Décision motivée – *(Décret n° 2022-1261 du 28 septembre 2022)*

• S'il confirme une ordonnance refusant l'octroi d'une permission de sortir, d'une autorisation de sortir sous escorte ou d'une réduction de peine, le président de la chambre de l'application des peines de la cour d'appel peut, par une décision motivée, décider que le condamné n'est pas recevable à déposer une demande similaire pendant un délai d'un an.

• En cas d'appel d'une ordonnance de retrait d'une réduction de peine, le président peut, sur appel incident du parquet ou sur réquisition du procureur général, ordonner un retrait d'une durée plus importante que celle fixée par le juge de l'application des peines, dans la limite résultant des dispositions de l'article 721.

Article D. 49-42. – Observations – *(Décret n° 2007-699 du 3 mai 2007)*

• La chambre de l'application des peines de la cour d'appel statue, au vu du dossier, à la suite d'un débat contradictoire tenu en chambre du conseil hors la présence du condamné, au cours duquel, après le rapport oral d'un conseiller, le procureur général puis l'avocat du condamné présentent leurs observations. Le procureur général peut répliquer, l'avocat du condamné ayant toujours la parole en dernier.

• L'avocat du condamné est convoqué par lettre recommandée ou par télécopie au plus tard quinze jours avant le débat contradictoire.

• L'arrêt est rendu en chambre du conseil. Il est exécutoire par provision.

• Si le président constate que l'appel n'a manifestement pas été formé dans le délai de dix jours, il déclare celui-ci irrecevable. Cette décision n'est pas susceptible de recours.

Article D. 49-42-1. – Ordonnance motivée – *(Décret n° 2010-1276 du 27 octobre 2010)*

• Lorsque le président de la chambre d'application des peines constate que cette juridiction a été saisie d'un appel manifestement irrecevable, il peut décider par une ordonnance motivée non susceptible de recours qu'il n'y a pas lieu de statuer sur cet appel.

Article D. 49-43. – Modalités mesure aménagement peine – *(Décret n° 2007-699 du 3 mai 2007)*

• La chambre de l'application des peines de la cour d'appel qui accorde une mesure d'aménagement de la peine en précise les modalités d'application et fixe la date avant laquelle elle doit être mise à exécution. Si la nature de la mesure le justifie, cette juridiction peut également désigner l'un de ses membres ou le juge d'application des peines compétent pour en préciser les modalités, fixer la date effective de mise à exécution de la décision et, le cas échéant, notifier au condamné les conditions de la mesure ; dans ce cas, elle peut fixer la date avant laquelle la mesure doit être mise à exécution.

Article D. 49-44. – Notification arrêt – *(Décret n° 2007-699 du 3 mai 2007)*

• L'arrêt de la chambre de l'application des peines de la cour d'appel est notifié au condamné détenu par le chef de l'établissement pénitentiaire qui lui en remet une copie contre émargement ; si le condamné n'est pas détenu, copie de l'arrêt lui est adressée par lettre recommandée ; une copie du jugement est également adressée par lettre recommandée ou par télécopie à l'avocat du condamné.

• Dès qu'il est rendu, l'arrêt est notifié au ministère public. Une copie en est adressée au directeur du service pénitentiaire d'insertion et de probation et, lorsque le condamné est incarcéré, au chef de l'établissement pénitentiaire.

Article D. 49-44-1. – Application – *(Décret n° 2007-699 du 3 mai 2007)*

• Les dispositions du présent code applicables devant la chambre des appels correctionnels et son président, et notamment celles relatives aux désistements d'appel ou aux appels tardifs ou devenus sans objet, sont applicables devant la chambre de l'application des peines de la cour d'appel et son président, sous réserve des dispositions particulières prévues par le présent chapitre ou par les articles 712-11 à 712-22.

Section III

Dispositions applicables aux mineurs

Articles D. 49-45 à D. 49-63. – *(Abrogés – Décret n° 2021-683 du 27 mai 2021)*

Section IV

Dispositions relatives aux victimes et aux parties civiles

Article D. 49-64. – Protection – *(Décret n° 2011-1986 du 28 décembre 2011)*

• Dans l'exercice de leurs attributions, le ministère public et les juridictions de l'application des peines, ainsi que, s'il est saisi, le service pénitentiaire d'insertion et de probation, prennent en compte, tout au long de l'exécution de la peine, la protection des intérêts et des droits de la victime ou de la partie civile, conformément aux dispositions du présent code et notamment des articles 707,712-16,712-16-1 et 712-16-2,721-2 et 745.

• Les dispositions de la présente section s'appliquent sans préjudice de celles des articles D. 47-6-4 à D. 47-6-11 relatifs au juge délégué aux victimes.

Article D. 49-65. – Dossier individuel – *(Décret n° 2007-699 du 3 mai 2007)*

• Le dossier individuel du condamné prévu par l'article D. 49-29 comporte une cote spécifique dans laquelle sont regroupés l'ensemble des pièces et informations relatives à la victime ou à la partie civile de l'infraction.

Article D. 49-65-1. – Information sur la libération d'une personne condamnée – *(Décret n° 2011-1986 du 28 décembre 2011)*

• La victime ou la partie civile qui, conformément aux dispositions du dernier alinéa de l'article 712-16-2, souhaite être informée de la libération d'une personne condamnée pour une infraction visée à l'article 706-47, à la date d'échéance de sa peine, adresse cette demande par lettre recommandée avec accusé de réception au procureur de la République ou au procureur général de la juridiction de condamnation. Cette demande est transmise par le ministère public au juge de l'application des peines dont relève le condamné pour être classée dans la cote « victime » du dossier individuel prévu par l'article D. 49-29.

• La personne peut préciser dans sa demande qu'elle souhaite être informée par l'intermédiaire de son avocat.

Article D. 49-66. – Déroulement de l'information de la victime – *(Décret n° 2021-1820 du 24 décembre 2021)*

• Lorsque la juridiction de l'application des peines informe la victime en application des dispositions du 3ᵉ alinéa de l'article 712-16-1, elle l'avise de sa possibilité d'être assistée par une association d'aide aux victimes.

• Lorsqu'en application des dispositions du dernier alinéa de l'article 712-16-2 ou de l'article 745 la victime ou la partie civile doit être informée de la libération du condamné intervenant à la date d'échéance de la peine ou de la date de fin du sursis probatoire, le juge de l'application des peines peut demander au service pénitentiaire d'insertion et de probation saisi de la mesure de procéder à cette information.

• Dans les cas prévus par l'article D. 1-11-2, il est fait application des dispositions de cet article.

Article D. 49-67. – Changements d'adresse – *(Décret n° 2020-81 du 3 février 2020)*

• Qu'elle se soit ou non constituée partie civile lors de la procédure, la victime qui souhaite être informée de la libération du condamné conformément aux dispositions des articles 712-16-1 et 712-16-2 ou qui souhaite être informée de la fin du sursis probatoire conformément aux dispositions de l'article 745 peut, par lettre recommandée avec accusé de réception, faire connaître ses changements d'adresse auprès du procureur de la République ou du procureur général près la juridiction qui a prononcé la condamnation.

• Ces informations sont transmises par le ministère public au juge de l'application des peines dont relève le condamné pour être classées dans la cote « victime « du dossier individuel prévu par l'article D. 49-29.

• La victime ou la partie civile peut demander que ces informations demeurent confidentielles et qu'elles ne soient pas communiquées au condamné ou à son avocat.

Article D. 49-68. – Avis – *(Décret n° 2010-1277 du 27 octobre 2010)*

• L'avis adressé à la victime en application du troisième alinéa de l'article 712-16-2 lui indique qu'en cas de violation par le condamné de l'interdiction de la recevoir, de la rencontrer ou d'entrer en relation avec elle peut en informer sans délai le juge de l'application des peines ou, à défaut, le procureur de la République.

• Cet avis n'est pas adressé si la victime a demandé à ne pas être informée conformément aux dispositions de l'article D. 49-72.

Article D. 49-69. – Information indemnisation – *(Décret n° 2020-81 du 3 février 2020)*

• Même hors le cas prévu par les articles 712-16-1 et 712-16-2 et D. 49-68, la victime peut être avisée par le juge de l'application des peines de toute décision prévoyant son indemnisation dans le cadre d'un sursis probatoire, d'un sursis avec obligation d'accomplir un travail d'intérêt général, d'un suivi socio-judiciaire ou d'une mesure d'aménagement de peine, et du fait qu'elle peut informer ce magistrat en cas de violation par le condamné de ses obligations.

Article D. 49-70. – Exécution peine emprisonnement *(mesure d'aménagement)* – *(Décret n° 2007-699 du 3 mai 2007)*

• Le juge de l'application des peines peut informer la victime de la mise à exécution d'une peine d'emprisonnement faisant l'objet d'une mesure d'aménagement conformément aux dispositions de l'article 723-15, sauf s'il a été fait application des dispositions des articles D. 49-72 ou D. 49-73.

Article D. 49-71. – Procureur de la République – Procureur général – *(Décret n° 2022-855 du 7 juin 2022)*

• Le procureur de la République ou le procureur général, lorsqu'il ramène à exécution une peine d'emprisonnement dans le cas prévu par les 2e et 3e alinéas de l'article 723-15-2 et par l'article 723-16, peut en informer la victime, sauf s'il a été fait application des dispositions des articles D. 49-72 ou D. 49-73.

• Si la victime a obtenu une condamnation à des dommages et intérêts et que le ministère public a fait application des dispositions de l'article D. 332-11 du Code pénitentiaire, elle peut être avisée de sa possibilité de demander le versement des sommes susceptibles de figurer dans le compte nominatif du détenu et affectées à l'indemnisation des parties civiles.

Article D. 49-72. – Demande de la victime – *(Décret n° 2020-81 du 3 février 2020)*

• Conformément aux dispositions du 4e alinéa de l'article 712-16-2 ou du 2e alinéa de l'article 745, qu'elle soit ou non constituée partie civile, la victime peut à tout moment faire connaître au procureur de la République ou au procureur général de la juridiction ayant prononcé une peine privative de liberté qu'elle demande à ne pas être informée des modalités d'exécution de la peine et notamment de la libération du condamné ou de la fin du sursis probatoire.

• La demande de la victime est alors transmise par le ministère public au juge de l'application des peines compétent pour suivre le condamné, et elle est classée dans la cote « victime « du dossier individuel prévu par l'article D. 49-29.

Article D. 49-73. – Condamnation peine privative de liberté – *(Décret n° 2007-699 du 3 mai 2007)*

• Lorsque la personne condamnée à une peine privative de liberté n'est pas immédiatement incarcérée à la suite du jugement, la victime peut également demander, selon les modalités prévues par l'article D. 49-72, à ne pas être informée de la mise à exécution de cette peine.

Article D. 49-74. – Avocat partie civile – *(Décret n° 2010-1276 du 27 octobre 2010)*

• Lorsque l'avocat de la partie civile a fait connaître au juge de l'application des peines, par déclaration au greffe ou par lettre recommandée avec demande d'avis de réception, qu'il souhaitait assister au débat contradictoire devant la juridiction de l'application des peines pour y faire valoir ses observations conformément aux dispositions du quatrième alinéa de l'article 730, il est avisé de la date à laquelle se tiendra le débat contradictoire par lettre recommandée, par télécopie, ou par un envoi adressé par un moyen de télécommunication électronique au plus tard dix jours avant ce débat.

• L'avocat peut également formuler des observations par écrit devant la juridiction de l'application des peines.

• Les dispositions du présent article sont également applicables aux débats contradictoires devant le tribunal de l'application des peines et la chambre de l'application des peines concernant une demande de relèvement de la période de sûreté ou de suspension de peine pour raison médicale qui ne relève pas de la compétence du juge de l'application des peines.

Section V

Dispositions applicables aux personnes condamnées pour actes de terrorisme

Article D. 49-75. – Modalités d'application – *(Décret n° 2019-966 du 18 septembre 2019)*

• Les modalités d'application des dispositions de l'article 706-22-1 donnant compétence concurrente ou exclusive au juge de l'application des peines du tribunal judiciaire de Paris, au tribunal de l'application des peines de Paris et à la chambre de l'application des peines de Paris pour prendre les décisions concernant les personnes condamnées pour une infraction entrant dans le champ d'application de l'article 706-16 sont précisées par les dispositions de la présente section.

Article D. 49-76. – Transmission des demandes – *(Décret n° 2019-966 du 18 septembre 2019)*

• Les demandes du condamné prévues par l'article D. 49-11 sont adressées, conformément aux dispositions de cet article, au juge de l'application des peines territorialement compétent en application de l'article 712-10, qui les transmet avec son avis, celui du procureur de la République et celui du représentant de l'administration pénitentiaire, au juge de l'application des peines du tribunal judiciaire de Paris.

• En cas d'urgence, la demande peut être directement adressée au juge de l'application des peines de Paris.

Article D. 49-77. – Dossier individuel – *(Décret n° 2007-699 du 3 mai 2007)*

• Le dossier individuel du condamné prévu par l'article D. 49-29 est tenu par le greffe du juge de l'application des peines de Paris. Une copie de tout ou partie de ce dossier est tenue par le greffe du juge de l'application des peines compétent en application de l'article 712-10.

Article D. 49-78. – Présidence – *(Décret n° 2019-966 du 18 septembre 2019)*

• Le juge de l'application des peines du tribunal judiciaire de Paris peut présider les séances de la commission de l'application des peines lorsque est examinée la situation d'une personne condamnée dont il assure le suivi en application de l'article 706-22-1, soit en personne, soit en utilisant un moyen de télécommunication audiovisuelle prévu par l'article 706-71.

• À défaut, le juge de l'application des peines présidant les séances de la commission pour l'examen de la situation d'une telle personne est celui de la juridiction dans le ressort de laquelle est situé l'établissement pénitentiaire. Le juge de l'application des peines de Paris peut adresser à ce magistrat tout document susceptible d'éclairer la commission avant que celle-ci ne rende son avis. Cet avis est alors adressé par le juge de l'application des peines de l'établissement pénitentiaire, avec l'avis de ce dernier, au juge de l'application des peines de Paris.

Article D. 49-79. – Urgence – *(Décret n° 2007-699 du 3 mai 2007)*

• En cas d'urgence, le juge de l'application des peines de Paris peut statuer sans l'avis du juge de l'application des peines compétent en application de l'article 712-10.

Article D. 49-80. – Débats contradictoires – *(Décret n° 2019-966 du 18 septembre 2019)*

• Pour la tenue des débats contradictoires devant le juge ou le tribunal de l'application des peines de Paris, le ministère public est représenté par le procureur de la République du tribunal judiciaire de Paris. Ces débats ont lieu au tribunal judiciaire de Paris, en utilisant, en liaison avec l'établissement pénitentiaire dans lequel le condamné est détenu, un moyen de télécommunication audiovisuelle prévu par l'article 706-71. Les dispositions du 4e alinéa de l'article 706-71 sont alors applicables.

• Lorsque les circonstances l'imposent, le juge ou le tribunal de l'application des peines de Paris ainsi que le procureur de la République près le tribunal judiciaire de Paris peuvent se déplacer, avec le greffier de la juridiction, dans l'établissement pénitentiaire dans lequel le condamné est détenu. À titre exceptionnel, le juge de l'application des peines peut ordonner l'extraction du détenu.

Article D. 49-81. – Mesures de contrôle – *(Décret n° 2016-1455 du 28 octobre 2016)*

• Dans l'exercice des compétences prévues à l'article 706-22-1 le juge de l'application des peines de Paris peut mandater le service pénitentiaire d'insertion et de probation territorialement compétent au regard du lieu de résidence habituelle ou du lieu d'assignation de l'intéressé pour mettre en œuvre les mesures de contrôle et veiller au respect des obligations. Ce service rend compte régulièrement à ce magistrat.

• Lorsque les circonstances le justifient, le juge de l'application des peines de Paris peut déléguer le suivi de la mesure au juge de l'application des peines du tribunal dans le ressort duquel est située la résidence habituelle ou le lieu d'assignation du condamné, lequel le tient informé de son déroulement.

Article D. 49-81-1. – Membres de la commission – *(Décret n° 2016-1455 du 28 octobre 2016)*

• Les membres de la commission mentionnée à l'article 720-5 sont désignés pour une durée de cinq ans.

• Si l'importance des dossiers que doit traiter la commission le justifie, le premier président de la Cour de cassation peut désigner un ou plusieurs vice-présidents de la commission, choisis parmi les présidents de chambre ou les conseillers de la Cour de cassation.

• La commission peut statuer lorsque, outre son président, au moins trois de ses membres sont présents.

• En cas de partage égal des voix, le président de la commission a voix prépondérante.

• Le secrétariat de la commission est assuré par un greffier désigné par le greffier en chef de la Cour de cassation.

• Les avis de la commission sont notifiés au procureur général près la Cour de cassation.

• Les dispositions de l'article R. 111-5 du code de l'organisation judiciaire sont applicables aux désignations prévues par le premier alinéa du présent article.

Article D. 49-81-2. – Saisine de la commission – *(Décret n° 2016-1455 du 28 octobre 2016)*

• La commission est saisie par le juge de l'application des peines ou par le tribunal de l'application des peines. Le condamné et son conseil ainsi que le procureur de la République sont informés par le juge de l'application des peines ou le tribunal de l'application des peines de cette saisine.

• La commission rend un avis motivé dans les trois mois de sa saisine. À défaut d'avis dans ce délai, le juge ou le tribunal de l'application des peines peut faire procéder à l'examen de dangerosité prévu à l'article 720-5. Cet avis est porté à la connaissance du condamné par lettre recommandée ou, s'il est détenu, par le chef de l'établissement pénitentiaire. Son avocat et le procureur de la République sont informés par le juge de l'application des peines ou le tribunal de l'application des peines.

Article D. 49-81-3. – Comparution – Examens, auditions, enquêtes administrative... – *(Décret n° 2016-1455 du 28 octobre 2016)*

• La commission peut demander la comparution du condamné avant de donner son avis. Cette comparution peut se faire par un moyen de télécommunication conformément aux dispositions de l'article 706-71. Le condamné peut être assisté de son avocat.

• Sur décision de son président, qui en assure la mise en œuvre, la commission peut également procéder ou faire procéder sur l'ensemble du territoire national à tous examens, auditions, enquêtes administratives, expertises ou autres mesures utiles.

Article D. 49-81-4. Évaluation de dangerosité – *(Décret n° 2016-1455 du 28 octobre 2016)*

• Deux des trois experts du collège prévu par l'article 720-5 pour procéder à l'évaluation de dangerosité prévue par le même article sont ceux mentionnés à l'article R. 61-11.

• Les conclusions de cette évaluation sont notifiées au condamné par le chef de l'établissement pénitentiaire qui adresse, sans délai, au juge de l'application des peines l'original ou la copie du récépissé signé par l'intéressé. Elles sont notifiées par lettre recommandée à son avocat. Une copie de l'intégralité du rapport est remise à sa demande à l'avocat.

Article D. 49-81-5. – Information des victimes – *(Décret n° 2016-1455 du 28 octobre 2016)*

• La juridiction de l'application des peines informe, par lettre simple, les victimes ayant qualité de parties civiles lors de la décision de condamnation, de ce que leur avis doit être recueilli conformément au 4° de l'article 720-5. L'impossibilité de recueillir ces avis ou l'absence de réponse sont constatées par procès-verbal du greffier de la juridiction dont il est fait mention dans le jugement.

• Les victimes mentionnées au premier alinéa transmettent leurs observations à la juridiction de l'application des peines dans un délai maximum d'un mois à compter de la réception de l'avis, par lettre simple, le cachet de la poste faisant foi.

TITRE Ier *bis*

DE LA PEINE DE DÉTENTION À DOMICILE SOUS SURVEILLANCE ÉLECTRONIQUE

Article D. 49-82. – Peine de détention à domicile sous surveillance électronique – *(Décret n° 2022-855 du 7 juin 2022)*

• Les modalités d'application des dispositions de l'article 131-4-1 du Code pénal et des articles 713-42 à 713-44 du présent code, relatives à la peine de détention à domicile sous surveillance électronique sont celles prévues par les articles R. 57-10 à R. 57-14 et R. 57-16 à R. 57-18 du présent code, et R. 622-1, R. 622-2, R. 622-4, R. 622-6, R. 622-7, R. 622-8, R. 622-11 à R. 622-19 et R. 622-22 et suivants du Code pénitentiaire relatifs à la détention à domicile sous surveillance électronique prononcée à titre d'aménagement d'une peine d'emprisonnement en application des articles 132-25 et 132-26 du Code pénal ou des articles 723-7 et 723-15 du présent code, sous réserve des dispositions du présent titre.

Article D. 49-83. – Pose du dispositif de surveillance électronique – *(Décret n° 2022-1287 du 4 octobre 2022)*

• Les dispositions de l'article R. 622-4 du Code pénitentiaire déterminent les conditions dans lesquelles est mise en œuvre la détention à domicile sous surveillance électronique dans un lieu qui n'est pas le domicile du condamné ;

• Les dispositions de l'article D. 622-9 du même code déterminent les formalités relatives à la pose du dispositif de surveillance électronique.

• Conformément aux dispositions de l'article D. 622-21 du même code, le contrôle et le suivi des mesures prévues à l'article 131-4-1 du Code pénal sont assurés par le service pénitentiaire d'insertion et de probation.

Article D. 49-84. – Lieux et périodes de pose – *(Décret n° 2020-187 du 3 mars 2020)*

• Lorsque la juridiction de jugement a fixé le lieu où le condamné est tenu de demeurer et les périodes pendant lesquelles celui-ci peut s'absenter de ce lieu, la pose du dispositif de surveillance électronique est effectuée :

• 1° Si la condamnation a été déclarée exécutoire par provision, en application de l'article 471, dans un délai de 5 jours au plus tard à compter de la décision ;

• 2° Dans les autres cas, dans un délai maximum de 30 jours à compter de la date à laquelle la condamnation est exécutoire.

• Il est remis au condamné, qui est présent à l'issue de l'audience, une convocation devant le service pénitentiaire d'insertion et de probation aux fins de pose du dispositif de surveillance électronique dans le délai prévu, selon les cas, au 1° ou au 2°. Cette convocation vaut saisine de ce service et informe le condamné que s'il ne se présente pas dans le délai imparti, sauf motif légitime ou, en l'absence d'exécution provisoire, exercice des voies de recours, le juge de l'application des peines pourra ordonner son emprisonnement pour la durée de la peine prononcée.

• Si la convocation devant le service pénitentiaire d'insertion et de probation n'a pas été remise à la personne condamnée par la juridiction de jugement à l'issue de l'audience ou par le bureau de l'exécution des peines, elle est adressée au condamné dans les meilleurs délais à compter du caractère exécutoire de la décision.

• Au moment de la pose, le personnel de l'administration pénitentiaire informe l'intéressé qu'il peut demander à tout moment qu'un médecin vérifie que la mise en œuvre du procédé décrit à l'article R. 57-11 ne présente pas d'inconvénient pour sa santé.

Article D. 49-85. – Décisions prises par le J.A.P. – *(Décret n° 2020-81 du 3 février 2020)*

• Lorsque la juridiction de jugement n'a pas fixé le lieu où le condamné est tenu de demeurer ou qu'elle n'a pas fixé les périodes pendant lesquelles celui-ci peut s'absenter de ce lieu, ces décisions sont prises par le juge de l'application des peines, qui statue dans un délai de 4 mois à compter du caractère exécutoire de la décision, par ordonnance rendue selon les modalités prévues au 1er alinéa de l'article 712-8, après audition du condamné assisté, le cas échéant, de son avocat.

• Dans ce cas, il est remis au condamné, qui est présent à l'issue de l'audience, un avis de convocation à comparaître devant ce magistrat dans un délai qui ne saurait excéder 30 jours. Si le condamné n'est pas présent à l'audience, cette convocation lui est adressée dans les meilleurs délais.

• L'avis de convocation devant le juge de l'application des peines précise que, sauf motif légitime ou, en l'absence d'exécution provisoire, exercice des voies de recours, si le condamné ne se présente pas devant ce magistrat, ce dernier pourra ordonner son emprisonnement pour la durée de la peine prononcée.

• Le magistrat informe alors l'intéressé qu'il peut demander à tout moment qu'un médecin vérifie que la mise en œuvre du procédé décrit à l'article R. 57-11 ne présente pas d'inconvénient pour sa santé.

• La pose du dispositif de surveillance électronique est effectuée dans un délai maximal de 5 jours à compter de la décision du juge de l'application de peine prévue au 1er alinéa.

Article D. 49-86. – Suspension de la peine – *(Décret n° 2021-1820 du 24 décembre 2021)*

• La peine de détention à domicile sous surveillance électronique est suspendue par toute détention provisoire ou toute incarcération résultant d'une peine privative de liberté intervenue au cours de son exécution. Conformément aux dispositions du 2d alinéa de l'article 132-43 du Code pénal, cette suspension ne s'applique pas aux interdictions de contact ou de paraître prévues par les 9°, 11°, 12°, 13°, 18°, 18° *bis* de l'article 132-45 de ce même code.

• Le juge de l'application des peines peut ordonner la suspension de la peine de détention à domicile sous surveillance électronique pour motifs d'ordre familial, social, médical ou professionnel selon les modalités prévues pour les décisions relevant de l'article 712-8.

• Le juge de l'application des peines peut, conformément à l'article 712-1 du présent code, autoriser le directeur du service pénitentiaire d'insertion et de probation ou, s'agissant d'une personne mineure condamnée, le directeur régional de la protection judiciaire de la jeunesse à modifier les horaires d'entrée et de sortie du domicile ou du lieu mentionné au 2e alinéa de l'article 131-4-1 du Code pénal, lorsqu'il s'agit de modifications favorables au condamné ne touchant pas à l'équilibre de la peine et dans le respect des suspensions ordonnées en application du présent article. Le juge de l'application des peines est informé sans délai des modifications opérées et peut les annuler par ordonnance non susceptible de recours.

Article D. 49-87. – Information de la victime – *(Décret n° 2020-81 du 3 février 2020)*

• Lorsque le condamné à la peine de détention à domicile sous surveillance électronique doit satisfaire à l'obligation de s'abstenir de paraître dans un lieu ou une zone spécialement désignés, afin d'éviter un contact avec la victime ou la partie civile, ou à l'obligation de s'abstenir d'entrer en relation avec la victime ou la partie civile, conformément aux 9°, 13° et 18° de l'article 132-45 du Code pénal, le juge de l'application des peines peut décider d'aviser ou de faire aviser la victime ou la partie civile, directement ou par l'intermédiaire de son avocat, de la date de fin de la peine. Qu'elle se soit ou non constituée partie civile lors de la procédure, la victime peut demander à être informée de la fin de la peine.

• La victime peut, par lettre recommandée avec accusé de réception, faire connaître ses changements d'adresse auprès du procureur de la République ou du procureur général près la juridiction qui a prononcé la condamnation. Ces informations sont transmises par le ministère public au juge de l'application des peines dont relève le condamné pour être classées dans la cote " victime " du dossier individuel prévu par l'article D. 49-29. La victime ou la partie civile peut demander que ces informations demeurent confidentielles et qu'elles ne soient communiquées ni au condamné ni à son avocat.

Article D. 49-88. – *(Abrogé – Décret n° 2021-683 du 27 mai 2021)*

Article D. 49-89. – Non-respect des délais – *(Décret n° 2021-683 du 27 mai 2021)*

• Le non-respect des délais prévus par les articles D. 49-84 et D. 49-85 ne constitue pas une cause de nullité des convocations ou des formalités de pose du dispositif de surveillance électronique. En cas d'impossibilité de pose du dispositif dans ces délais, le service pénitentiaire d'insertion et de probation rend compte sans délai au juge de l'application des peines.

CHAPITRE V

Des incidents d'exécution de la contrainte pénale

Article D. 49-90. – Assistance du greffier – *(Décret n° 2019-966 du 18 septembre 2019)*

• Lors du débat contradictoire public prévu par le 2e alinéa de l'article 713-47, le président du tribunal judiciaire ou le juge par lui délégué est assisté par un greffier.

• Les articles D. 49-13 à D. 49-17 et D. 49-18 sont applicables.

Article D. 49-91. – *(Abrogé – Décret n° 2016-1455 du 28 octobre 2016)*

Article D. 49-92. – Décision – *(Décret n° 2019-966 du 18 septembre 2019)*

• La décision prise par le président du tribunal judiciaire ou le juge par lui délégué en application du 2e alinéa de l'article 713-47 doit, en l'absence d'incarcération provisoire du condamné, intervenir au plus tard dans le mois qui suit la requête du juge d'application des peines.

CHAPITRE VI

Dispositions relatives aux victimes et aux parties civiles

Article D. 49-93. – Information de la victime – *(Décret n° 2014-1582 du 23 décembre 2014)*

• Lorsque le condamné à une mesure de contrainte pénale doit satisfaire à l'obligation de s'abstenir de paraître dans un lieu ou une zone spécialement désigné, afin d'éviter un contact avec la victime ou la partie civile, ou à l'obligation de s'abstenir d'entrer en relation avec la victime ou la partie civile, prévues aux 9°, 13° et 19° de l'article 132-45 du Code pénal, le juge de l'application des peines peut décider, dans le cadre des pouvoirs qu'il tient de l'article 712-16, d'aviser ou de faire aviser la victime ou la partie civile, directement ou par l'intermédiaire de son avocat, de la date de fin de la contrainte pénale.

• Qu'elle se soit ou non constituée partie civile lors de la procédure, la victime peut demander à être informée de la fin de la contrainte pénale. Elle peut, par lettre recommandée avec accusé de réception, faire connaître ses changements d'adresse auprès du procureur de la République ou du procureur général près la juridiction qui a prononcé la condamnation.

• Ces informations sont transmises par le ministère public au juge de l'application des peines dont relève le condamné pour être classées dans la cote «victime» du dossier individuel prévu par l'article D. 49-29.

• La victime ou la partie civile peut demander que ces informations demeurent confidentielles et qu'elles ne soient pas communiquées au condamné ou à son avocat.

TITRE II

DE LA DÉTENTION

Article D. 50. – Détenus, Condamnés – *(Décret n° 98-1099 du 8 décembre 1998)*

• Sont désignées dans le présent titre par le mot détenus, les personnes faisant l'objet d'une mesure privative de liberté à l'intérieur d'un établissement pénitentiaire.

• Sont désignés par le mot condamnés, uniquement les condamnés ayant fait l'objet d'une décision ayant acquis le caractère définitif. Toutefois, par application des dispositions du deuxième alinéa de l'article 708, le délai d'appel accordé au procureur général par l'article 505 n'est pas pris en considération à cet égard.

• Sont indistinctement désignés par le mot prévenus, tous les détenus qui sont sous le coup de poursuites pénales et n'ont pas fait l'objet d'une condamnation définitive au sens précisé ci-dessus, c'est-à-dire aussi bien les personnes mises en examen, les prévenus, et les accusés, que les condamnés ayant formé opposition, appel ou pourvoi.

Article D. 51. – Interdictions de contact ou de paraître... – *(Décret n° 2022-855 du 7 juin 2022)*

• Conformément aux dispositions du 2d alinéa de l'article 132-43 du Code pénal, les interdictions de contact ou de paraître prévues par les 9°, 11°, 12°, 13°, 18° et 18° *bis* de l'article 132-45 du même code, prononcées par une juridiction pénale à titre de peine, de mesure de personnalisation ou d'aménagement de peine ou de mesure de sûreté, demeurent applicables pendant le temps où la personne est incarcérée, tant qu'elles n'ont pas été levées par l'autorité judiciaire compétente pour prendre cette décision, même si le délai d'exécution de ces mesures est suspendu pendant la durée de l'incarcération.

• Il en est notamment ainsi pour les interdictions prononcées dans le cadre d'une assignation à résidence sous surveillance électronique ou sous surveillance électronique mobile, d'une détention à domicile sous surveillance électronique ou d'un dispositif électronique mobile anti-rapprochement, même si l'obligation de port du dispositif électronique est suspendue pendant le temps d'incarcération de la personne. Dans cette hypothèse, le personnel de l'administration pénitentiaire procède à la dépose du dispositif au moment de l'incarcération. La pose du bracelet anti-rapprochement prévu aux articles 138-3 du présent code et 132-45-1 du Code pénal doit de nouveau intervenir, conformément aux dispositions des articles R. 631-1 et R. 631-3 du Code pénitentiaire, au moment de la libération de la personne détenue ou d'une cessation, même temporaire, de son incarcération. Lorsqu'un dispositif électronique mobile anti-rapprochement a été ordonné dans le cadre d'une ordonnance de protection en application des articles 515-11 et 515-11-1 du Code civil, la dépose du bracelet intervient dans les mêmes conditions, de même que sa pose au moment de la cessation de l'incarcération, sauf si cette ordonnance a pris fin à cette date.

• Demeurent également applicables pendant la durée de l'incarcération les interdictions de contact ou de paraître prononcées dans le cadre d'un contrôle judiciaire ainsi que, pour les enfants mineurs, celles qui résultent d'une décision de retrait total ou partiel de l'autorité parentale ou de son exercice, ou de suspension des droits de visite et d'hébergement prononcée par une juridiction pénale ou civile.

Article D. 52. – Régime – *(Décret n° 2010-1635 du 23 décembre 2010)*
• Les détenus qui sont prévenus pour une cause et condamnés pour une autre doivent être soumis au même régime que les condamnés, sauf à bénéficier des avantages et facilités accordés aux prévenus pour les besoins de leur défense.
• Sauf décision contraire du magistrat visé à l'article R. 57-5, ils peuvent être détenus dans des établissements pour peines.
• Ce magistrat dispose à leur égard des prérogatives prévues par le présent code pour les prévenus.

Article D. 52-1. – Déclarations – *(Décret n° 2008-1490 du 30 décembre 2008)*
• Dans les cas où, en vertu des dispositions du présent code, il est prévu que les demandes d'actes ou de mesures utiles à l'instruction, les demandes de mise en liberté, les requêtes en annulation, les appels, les pourvois ou les oppositions peuvent être formés par les détenus au moyen de déclarations auprès du chef d'établissement pénitentiaire, ces déclarations peuvent également être formées auprès de tout fonctionnaire placé sous son autorité et qu'il aura désigné aux fins de les recevoir et de les transmettre.
• Ces déclarations sont constatées, datées et signées par le fonctionnaire désigné. Elles sont également signées par la personne détenue; si celle-ci ne peut signer, il en est fait mention par le fonctionnaire.
• Ces documents sont adressés sans délai, en original ou en copie et par tout moyen, à l'autorité judiciaire à laquelle ils sont destinés.
• Les dispositions du présent article sont également applicables aux notifications auxquelles le chef d'établissement est tenu, en vertu des dispositions du présent code, de procéder auprès des détenus.

CHAPITRE Ier

De l'exécution de la détention provisoire

Section I

Des établissements dans lesquels la détention provisoire est subie

Article D. 53. – Lieux – *(Décret n° 2022-855 du 7 juin 2022)*
• Sous réserve des dispositions du 2e alinéa de l'article D. 52, les personnes placées en détention provisoire sont détenues, pendant la durée de l'instruction, selon les prescriptions du mandat ou de la décision de justice dont ils font l'objet, à la maison d'arrêt désignée en application des dispositions de l'article D. 211-4 du Code pénitentiaire.

Article D. 53-1. – *(Abrogé – Décret n° 2013-368 du 30 avril 2013)*

Article D. 54. – Lieux – *(Décret n° 2022-855 du 7 juin 2022)*
• L'implantation des maisons d'arrêt et quartiers maison d'arrêt est déterminée par les dispositions des articles D. 112-27 et D. 112-28 du Code pénitentiaire.

Section II

Des ordres donnés par l'autorité judiciaire

Article D. 55. – Ordres – *(Décret n° 2021-683 du 27 mai 2021)*
• Conformément aux dispositions de l'article 715, le juge d'instruction, le président de la chambre d'instruction et le président de la cour d'assises, ainsi que le procureur de la République et le procureur général, peuvent donner tous les ordres nécessaires soit pour l'instruction, soit pour le jugement, qui devront être exécutés dans les maisons d'arrêt ou, le cas échéant, les établissements pénitentiaires spécialisés pour mineurs.
• Compte rendu doit leur être adressé d'urgence des difficultés auxquelles pourrait donner lieu l'exécution desdits ordres.

Article D. 55-1. – Notice – *(Décret n° 2022-855 du 7 juin 2022)*
• Hors le cas de l'instruction préparatoire, l'autorité judiciaire qui ordonne un placement en

détention provisoire ou, à défaut, le ministère public chargé de l'exécution de la décision, adresse au chef de l'établissement, en même temps que le titre de détention, la notice prévue par l'article D. 32-1-1 *(alinéa 1er)*.

• Cette notice précise, le cas échéant, les mesures prescrites par l'autorité judiciaire et l'avis prévu par l'article D. 211-13 du Code pénitentiaire.

Article D. 56. – Interdiction de communiquer – *(Décret n° 2006-338 du 21 mars 2006)*

• Indépendamment des mesures d'isolement ou de séparation d'autres détenus qu'il peut ordonner conformément aux dispositions des articles D. 56-1 et D. 56-2, le magistrat saisi du dossier de l'information a le droit de prescrire une interdiction temporaire de communiquer en vertu de l'article 145-4.

• En aucun cas, l'interdiction de communiquer ne s'applique au conseil de la personne mise en examen, mais elle s'oppose à ce que le détenu qu'elle concerne soit visité par toute autre personne étrangère à l'administration pénitentiaire ou corresponde avec elle.

Article D. 56-1. – *(Abrogé – Décret n° 2010-1635 du 23 décembre 2010)*

Article D. 56-2. – Séparation des détenus – *(Décret n° 2016-1455 du 28 octobre 2016)*

• Lorsque le magistrat saisi du dossier de l'information ordonne la séparation des détenus en raison des nécessités de l'information, ses instructions sont précisées dans la notice individuelle prévue à l'article D. 32-1-1 ou, si la mesure est décidée ultérieurement, dans tout autre document transmis au chef d'établissement.

Article D. 57. – Translation, extraction des prévenus – *(Décret n° 2022-855 du 7 juin 2022)*

• Les autorités judiciaires requièrent la translation ou l'extraction des prévenus aux fins et dans les conditions déterminées par les dispositions du chapitre V du titre I du livre II du Code pénitentiaire.

• L'exécution des réquisitions de translation ou d'extraction est assurée par les services de gendarmerie ou de police. Dans les zones géographiques déterminées par arrêté conjoint des ministres de la justice et de l'intérieur, elle est assurée normalement par l'administration pénitentiaire.

• Dans cette dernière hypothèse, en cas de transport d'une personne détenue inscrite au répertoire des détenus particulièrement signalés prévu à l'article D. 223-11 du Code pénitentiaire, il est fait appel aux forces de police ou de la gendarmerie afin de renforcer l'escorte pénitentiaire. À titre exceptionnel, en cas de transport d'une personne détenue présentant un risque d'atteinte très grave à l'ordre public, identifié par les représentants des forces de l'ordre ou signalé par l'autorité judiciaire requérante, un renfort de l'escorte pénitentiaire peut être décidé conjointement par la direction de l'administration pénitentiaire et les directions nationales de la police et de la gendarmerie.

• Les frais de l'opération sont imputables sur le chapitre des frais de justice criminelle et correctionnelle, sauf dans le cas prévu à l'article R. 99.

[V] • **Décisions de changement d'affectation entre établissements – Recours**

En second lieu, eu égard à leur nature et à leurs effets, afin de respecter les exigences fixées par l'article 13 de la convention européenne de sauvegarde des droits de l'homme et des libertés fondamentales, les décisions de changement d'affectation entre établissements de même nature doivent pouvoir faire l'objet d'un recours, au moins lorsque la nouvelle affectation s'accompagne d'une modification du régime de détention entraînant une aggravation des conditions de détention ou, si tel n'est pas le cas, lorsque sont en cause des libertés et des droits fondamentaux des détenus. Il s'ensuit que le pouvoir réglementaire ne pouvait légalement intervenir tant que le législateur n'avait pas préalablement organisé, dans son champ de compétence relatif à la procédure pénale, une voie de recours effectif permettant de contester des mesures de translation judiciaire, à tout le moins dans les cas mentionnés précédemment. Par suite, en l'absence de la possibilité d'exercer un tel recours, le pouvoir réglementaire ne pouvait légalement édicter ni le 1er alinéa de l'article D. 57 du code de procédure pénale en tant qu'il renvoie au 1er alinéa de l'article D. 297 du même code, ni le 1er alinéa de ce même article D. 297.

(Conseil d'État – 10e – 9e chambres réunies du 12 décembre 2018 – N° d'arrêt : 417244).

Section III

Du régime de la détention provisoire

Article D. 58. – Cellule individuelle – *(Décret n° 2022-855 du 7 juin 2022)*

• Conformément aux dispositions de l'article D. 213-4 du Code pénitentiaire, dans les maisons d'arrêt où, par suite de la distribution des locaux ou de leur encombrement temporaire, le régime de l'encellulement individuel ne peut être appliqué à toutes les personnes prévenues, celles à l'égard desquelles l'autorité judiciaire aura prescrit l'interdiction de communiquer ou la mise à l'isolement sont placées par priorité en cellule individuelle.

Article D. 59. – *(Abrogé – Décret n° 2010-1635 du 23 décembre 2010)*

Article D. 60. – *(Abrogé – Décret n° 2010-1635 du 23 décembre 2010)*

Articles D. 61 à D. 63. – *(Abrogés – Décret n° 2013-368 du 30 avril 2013)*

Article D. 66. – Droit des personnes détenues – *(Décret n° 2022-855 du 7 juin 2022)*
• L'administration pénitentiaire veille au respect du droit des personnes détenues de choisir librement leurs moyens de défense et leur défenseur dans les conditions déterminées par les articles R. 122-14 et D. 313-9 du Code pénitentiaire.

Article D. 67. – *(Abrogé – Décret n° 2010-1635 du 23 décembre 2010)*

Article D. 68. – *(Abrogé – Décret n° 2010-1635 du 23 décembre 2010)*

Article D. 69. – *(Abrogé – Décret n° 2010-1635 du 23 décembre 2010)*

CHAPITRE II

Des conditions générales de détention

Section I

Des divers établissements affectés à l'exécution des peines

Article D. 70. – Établissement pour peines – *(Décret n° 2022-855 du 7 juin 2022)*
• Les personnes définitivement condamnées sont reçues dans les établissements pour peines mentionnés à l'article R. 112-15 du Code pénitentiaire ou dans les quartiers des centres pénitentiaires mentionnés à l'article R. 112-16 du même code et correspondant à ces établissements.
• À titre exceptionnel, les maisons d'arrêt peuvent recevoir des personnes condamnées dans les conditions déterminées par les dispositions de l'article L. 211-3 du même code.

Articles D. 71 à D. 72-1. – *(Abrogés – Décret n° 2022-855 du 7 juin 2022)*

Article D. 73. – *(Abrogé – Décret n° 2010-1635 du 23 décembre 2010)*

Section II

De la procédure d'orientation et des décisions d'affectations des condamnés

Article D. 74. – Procédure d'orientation – *(Décret n° 2022-855 du 7 juin 2022)*
• Les dispositions réglementaires de la sous-section 1 de la section 3 du chapitre Ier du titre Ier du livre II du Code pénitentiaire déterminent les conditions dans lesquelles une personne condamnée fait l'objet d'une procédure d'orientation puis d'une affectation dans un établissement pénitentiaire pour y exécuter sa peine, notamment au regard des renseignements et pièces fournis ou avis émis par l'autorité judiciaire.

Articles D. 75 à D. 76. – *(Abrogés – Décret n° 2022-855 du 7 juin 2022)*

Article D. 77. – Mission du ministère public – *(Décret n° 2022-855 du 7 juin 2022)*
• Conformément aux dispositions de l'article D. 211-12 du Code pénitentiaire, le ministère public près la juridiction qui a prononcé une condamnation à une peine privative de liberté adresse une copie des documents prévus par ces mêmes dispositions au secrétariat-greffe du

juge de l'application des peines compétent pour être versée dans le dossier individuel du condamné prévu par l'article D. 49-29 du présent code.

Articles D. 78 à D. 82-4. – *(Abrogés – Décret n° 2022-855 du 7 juin 2022)*

Section III

Des modalités de prise en charges des personnes détenues condamnées

Article D. 83. – État des effectifs – *(Décret n° 2022-855 du 7 juin 2022)*

• Conformément aux dispositions de l'article D. 212-4 du Code pénitentiaire, pour chaque maison d'arrêt, le chef d'établissement informe chaque mois les autorités judiciaires mentionnées au même article de l'état des effectifs au regard des capacités d'accueil de l'établissement.

Articles D. 84 à D. 87. – *(Abrogés – Décret n° 2022-855 du 7 juin 2022)*

Article D. 88. – Définition du parcours – *(Décret n° 2022-855 du 7 juin 2022)*

• Le contenu du parcours d'exécution de la peine ainsi que les modalités de sa définition et de son actualisation sont déterminés par les dispositions de la sous-section 2 de la section 3 du chapitre Ier du titre Ier du livre II du Code pénitentiaire.

Articles D. 89 à D. 92. – *(Abrogés – Décret n° 2022-855 du 7 juin 2022)*

Section IV

De l'encellulement individuel

Article D. 93. – *(Abrogé – Décret n° 2022-855 du 7 juin 2022)*

Article D. 94. – Suspension de l'encellulement individuel – *(Décret n° 2022-855 du 7 juin 2022)*

• Conformément aux dispositions de l'article D. 213-2 du Code pénitentiaire, lorsqu'il suspend l'encellulement individuel d'une personne détenue en raison de sa personnalité, le chef de l'établissement pénitentiaire en informe sans délai le juge de l'application des peines s'agissant des personnes condamnées et le magistrat saisi du dossier de la procédure s'agissant des personnes prévenues.

Article D. 95. – *(Abrogé – Décret n° 2022-855 du 7 juin 2022)*

Section VI

Des réductions de peine

Sous-section 1

Dispositions communes

Article D. 115. – Imputation – *(Décret n° 2022-1261 du 28 septembre 2022)*

• Les réductions de peine s'imputent sur la durée d'incarcération restant à subir, le décompte s'effectuant à compter de la date de libération.

Article D. 115-1. – Application – *(Décret n° 2022-1261 du 28 septembre 2022)*

• Les réductions de peine s'appliquent à toutes les peines privatives de liberté, lorsque la condamnation est devenue définitive, y compris celles qui sont aménagées sous le régime de la semi-liberté, du placement à l'extérieur ou de la détention à domicile sous surveillance électronique.

• Elles ne s'appliquent cependant pas à l'emprisonnement résultant :

• 1° Du retrait d'une réduction de peine ordonné en application des articles 721,721-2 et 723-35 ;

• 2° De la contrainte judiciaire.

Sous-section 2

Des réductions de peine prévues par l'article 721

§ 1er. – De l'octroi des réductions de peines prévues par l'article 721

Article D. 116. – Examen situation – *(Décret n° 2022-1261 du 28 septembre 2022)*

• Pour l'application des dispositions de l'article 721 relatives aux réductions de peine, la commission de l'application des peines examine la situation du condamné au moins une fois par an, même d'office en l'absence de demande formée par celui-ci conformément aux dispositions de l'article D. 49-11.

• En cas d'incarcération subie sous le régime de la détention provisoire et si la durée en est d'au moins une année, la situation du condamné est examinée par la commission de l'application des peines dans un délai de deux mois à compter de la date à laquelle la condamnation est devenue définitive.

Article D. 116-1. – Durée incarcération restant à subir < 1 an – *(Décret n° 2022-1261 du 28 septembre 2022)*

• Lorsque la durée d'incarcération restant à subir est inférieure à une année, le juge de l'application des peines prend en considération la totalité de cette durée pour apprécier le montant des réductions de peine susceptibles d'être octroyées.

Article D. 116-2. – Réexamen de la situation – *(Décret n° 2022-1261 du 28 septembre 2022)*

• En cas de décision sur les réductions de peine au titre d'une fraction inférieure à 1 an suivie de l'inscription à la fiche pénale d'une ou de plusieurs condamnations permettant l'examen de ces réductions de peine sur une fraction annuelle, le juge de l'application des peines peut rapporter sa décision précédente et réexaminer la situation du condamné sur la fraction annuelle.

Article D. 116-3. – Exécution de plusieurs peines privatives de liberté – *(Décret n° 2022-1261 du 28 septembre 2022)*

• Lorsqu'une personne condamnée doit exécuter plusieurs peines privatives de liberté relevant de régimes de réduction de peine distincts, le régime le plus strict s'applique tant qu'une ou plusieurs des peines en cours d'exécution ou devant être exécutée correspond à l'une des condamnations visées aux articles 721-1-1 et 721-1-2 ou à l'une des situations décrites au 8e alinéa de l'article 721. Ces règles ne sont plus applicables lorsque l'ensemble de ces peines a été exécuté.

§ 2. – Du retrait des réductions de peines prévues par l'article 721

Article D. 116-4. – Mauvaise conduite du condamné – Retrait réduction de peine – *(Décret n° 2022-1261 du 28 septembre 2022)*

• La mauvaise conduite du condamné pendant l'exécution d'une peine privative de liberté accomplie sous le régime de la semi-liberté, du placement à l'extérieur ou de la détention à domicile sous surveillance électronique peut justifier le retrait de la réduction de peine, sans préjudice de la possibilité du retrait de la mesure d'aménagement.

Article D. 116-5. – Mauvaise conduite du condamné – Refus soumettre prélèvement biologique… – *(Décret n° 2022-1261 du 28 septembre 2022)*

• La mauvaise conduite du condamné pendant l'exécution de sa peine privative de liberté susceptible de donner lieu à une décision de retrait de la réduction de peine par le juge de l'application des peines en application de l'article 721 peut notamment résulter du fait par le condamné de refuser de se soumettre au prélèvement biologique prévu au 1er alinéa du I de l'article 706-56 ou de commettre ou de tenter de commettre des manœuvres destinées à substituer à son propre matériel biologique le matériel biologique d'une tierce personne, lorsqu'il a été condamné pour le délit prévu par le II de cet article 706-56.

Article D. 116-6. – Information du condamné – *(Décret n° 2022-1261 du 28 septembre 2022)*

• Lorsque le juge de l'application des peines est susceptible de rapporter en tout ou partie une réduction de peine précédemment accordée, d'office ou sur saisine du chef d'établissement ou sur réquisitions du procureur de la République, le condamné en est avisé au moins 10 jours avant la date à laquelle l'éventuel retrait de cette réduction de peine doit être examiné en commission de l'application des peines.

• Cet avis informe le condamné qu'il peut adresser par lui-même ou par l'intermédiaire de son avocat des observations écrites à la commission. Un formulaire lui est remis à cette fin par le chef d'établissement.

• Est jointe à cet avis une copie de la saisine du chef d'établissement, des réquisitions du procureur de la République le saisissant ou d'un document du juge de l'application des peines faisant état de son intention de se saisir d'office. Cette saisine, ces réquisitions ou ce document font état de la mauvaise conduite reprochée au condamné et pouvant justifier le retrait, ainsi que du quantum maximal de réductions de peines pouvant lui être retiré.

• Si le condamné est déjà assisté par un avocat, celui-ci est également avisé conformément aux dispositions des alinéas précédents. Si le condamné n'est pas déjà assisté par un avocat, il est informé qu'il peut en choisir un ou demander qu'il lui en soit désigné un d'office, à qui seront alors adressés les avis et documents prévus par ces mêmes alinéas.

• Ces avis et documents sont remis ou adressés au condamné par le chef d'établissement pénitentiaire. Ils sont adressés à son avocat par le greffe du juge de l'application des peines selon les modalités prévues par les articles D. 49-15 ou D. 590-1.

• Le juge de l'application des peines peut décider, conformément au 5e alinéa de l'article D. 49-28, que le condamné soit entendu par la commission de l'application des peines lors de l'examen du retrait de sa réduction de peine.

• Le délai de 10 jours prévu au 1er alinéa n'est pas applicable en cas d'urgence, notamment si la mauvaise conduite est constatée alors que la date de libération ou l'expiration du délai d'un an à compter de la décision d'octroi de la réduction de peine doit intervenir à bref délai. Dans ce cas, le condamné doit être mis en mesure de faire valoir ses observations.

• Le juge de l'application des peines ne peut prononcer un retrait d'un quantum supérieur à celui dont le condamné a été informé en application des dispositions du 3e alinéa.

Article D. 116-7. – Mise à exécution – *(Décret n° 2022-1261 du 28 septembre 2022)*

• La décision de retrait d'une réduction de peine est mise à exécution à la suite de la dernière peine portée à l'écrou.

Article D. 116-8. – Avis date expiration peine – Casier judiciaire national automatisé – *(Décret n° 2022-1261 du 28 septembre 2022)*

• Lorsque le condamné a fait l'objet d'une ou plusieurs décisions de retrait d'une réduction de peine, l'avis de date d'expiration de sa peine privative de liberté adressé par le chef de l'établissement pénitentiaire au casier judiciaire national automatisé en application du 5° de l'article R. 69 précise la durée totale du ou des retraits ordonnés.

Sous-section 3

Des réductions de peine des articles 721-3 et 721-4

Article D. 117. – Réduction de peine exceptionnelle… – *(Décret n° 2022-1261 du 28 septembre 2022)*

• La réduction de peine exceptionnelle prévue par l'article 721-3 ainsi que celle prévue par l'article 721-4 peut être accordée en une ou plusieurs fois sans dépasser le tiers de la peine prononcée. Pour la détermination du quantum maximum, il est tenu compte de l'ensemble des condamnations à exécuter ou figurant à l'écrou au jour de la requête. Dans tous les cas, le juge ou le tribunal de l'application des peines précise dans sa décision la ou les peines prises en compte pour le calcul du quantum maximum de la réduction de peine exceptionnelle.

Section VII

Du placement à l'extérieur, du régime de semi-liberté, du placement sous surveillance électronique et des permissions de sortir

Article D. 118. – Définition – *(Décret n° 2020-128 du 18 février 2020)*

• Indépendamment des cas où il est procédé à leur extraction ou à leur transfèrement et des cas où ils sont chargés d'exécuter des corvées sous la surveillance directe ou constante du personnel, des condamnés peuvent se trouver en dehors des établissements pénitentiaires dans les hypothèses des articles 723, 723-3 et 723-7 qui prévoient soit le placement à l'extérieur et l'admission au régime de semi-liberté, soit les permissions de sortir et la détention à domicile sous surveillance électronique.

§ 1er. – Dispositions communes

Article D. 119. – Mesures d'aménagement de peine – *(Décret n° 2020-187 du 3 mars 2020)*

• Dans les cas prévus par les articles 723-1 et 723-7, les mesures d'aménagement de la peine sous le régime de la semi-liberté, du placement extérieur ou de la détention à domicile sous surveillance électronique peuvent être ordonnées par le juge de l'application des peines, conformément aux dispositions du 2e alinéa du II et du III de l'article 707, au regard de l'évolution de la personnalité et de la situation matérielle, familiale et sociale de la personne condamnée, et notamment lorsque cet aménagement est justifié pour permettre à celle-ci :

• 1° D'exercer une activité professionnelle, même temporaire, de suivre un stage, un enseignement ou une formation professionnelle, ou de rechercher un emploi ;

• 2° De participer à la vie de sa famille ;

• 3° De suivre un traitement médical ;

• 4° D'assurer sa réadaptation sociale du fait de son implication dans tout autre projet d'insertion ou de réinsertion de nature à prévenir les risques de récidive.

• Toutefois, conformément à l'article 720, lorsque la personne condamnée exécute une ou plusieurs peines privatives de liberté d'une durée totale inférieure ou égale à 5 ans et que la durée de la peine accomplie est au moins égale au double de la durée de la peine restant à subir, l'aménagement doit être ordonné, sauf s'il est impossible à mettre en œuvre au regard des exigences de l'article 707.

Article D. 120. – *(Abrogé – Décret n° 2000-1213 du 13 décembre 2000)*

Article D. 121. – Rémunérations – *(Décret n° 2022-855 du 7 juin 2022)*

• Sauf prescriptions contraires du juge de l'application des peines, les rémunérations perçues par les personnes condamnées dans le cadre des dispositions de l'article R. 412-1 du Code pénitentiaire sont versées sur les comptes mentionnés et dans les conditions prévues par les dispositions des articles D. 412-66 et D. 424-2 du même code.

Articles D. 121-1 à D. 123. – *(Abrogés – Décret n° 2022-855 du 7 juin 2022)*

Article D. 124. – Règles disciplinaires – *(Décret n° 2022-855 du 7 juin 2022)*

• Toute inobservation, par une personne condamnée placée sous surveillance électronique ou se trouvant en dehors d'un établissement en vertu d'une des autorisations prévues aux articles 723 et 723-3, des règles disciplinaires qui lui sont applicables, ainsi que tout manquement à l'obligation de bonne conduite ou tout incident, fait l'objet d'un signalement au juge de l'application des peines et, le cas échéant, d'une décision de ce magistrat, conformément aux dispositions de l'article D. 424-6 du Code pénitentiaire.

Article D. 125. – Évasion – *(Décret n° 2022-855 du 7 juin 2022)*

• Lorsque des personnes détenues, bénéficiant d'une des autorisations prévues aux articles 723,723-3 et 723-7, se trouvent en état d'évasion au sens des dispositions de l'article D. 424-7 du Code pénitentiaire, les autorités judiciaires sont avisées conformément aux dispositions de l'article D. 214-26 du même code.

Article D. 125-1. – *(Abrogé – Décret n° 2022-855 du 7 juin 2022)*

§ 2. – Placement à l'extérieur sous surveillance du personnel pénitentiaire

Article D. 126. – Travaux contrôlés – *(Décret n° 2022-855 du 7 juin 2022)*

• Les personnes condamnées admises au bénéfice du placement à l'extérieur peuvent être employées en dehors du domaine affecté à l'établissement pénitentiaire à des travaux contrôlés par l'administration dans les conditions prévues par les dispositions des articles D. 424-10 et D. 424-13 du Code pénitentiaire.

Articles D. 127 et D. 128. – *(Abrogés – Décret n° 2022-855 du 7 juin 2022)*

Article D. 129. – Obligations ou interdictions – *(Décret n° 2010-1276 du 27 octobre 2010)*
• Les détenus placés à l'extérieur peuvent être soumis à l'une ou plusieurs des obligations ou interdictions mentionnées aux articles 131-36-2, 132-44 et 132-45 du Code pénal.

Articles D. 130 et D. 131. – *(Abrogés – Décret n° 2022-855 du 7 juin 2022)*

Article D. 132. – *(Abrogé – Décret n° 98-1099 du 8 décembre 1998)*

Articles D. 133 à D. 135. – *(Abrogés – Décret n° 2022-855 du 7 juin 2022)*

§ 3. – Placement à l'extérieur sans surveillance du personnel pénitentiaire

Article D. 136. – Autorisation travail à l'extérieur – *(Décret n° 2010-1276 du 27 octobre 2010)*
• Peuvent être autorisés soit à travailler à l'extérieur, soit à y suivre un enseignement, un stage, un emploi temporaire en vue de leur insertion sociale, une formation professionnelle ou faire l'objet d'une prise en charge sanitaire, sans être soumis à la surveillance continue du personnel pénitentiaire :
• 1° Les condamnés dont la peine restant à subir n'excède pas deux ans ou un an s'ils sont en état de récidive légale ;
• 2° Les condamnés admis au bénéfice de la libération conditionnelle, sous la condition d'avoir été soumis à titre probatoire au régime du placement à l'extérieur ;
• 3° Les condamnés qui remplissent les conditions de délai requises pour être proposés au bénéfice de la libération conditionnelle et dont la peine restant à subir n'excède pas trois ans.
• Le juge de l'application des peines détermine les conditions particulières de l'exécution de la mesure suivant la nature de l'activité ou de la prise en charge sanitaire, et la personnalité du condamné.
• Il peut en outre subordonner l'octroi ou le maintien de la mesure à l'une ou plusieurs des obligations et interdictions mentionnées aux articles 131-36-2, 132-44 et 132-45 du Code pénal.
• L'employeur ou le directeur de l'établissement de formation ou de soins doit informer sans délai le représentant qualifié de l'administration pénitentiaire de tout incident concernant le détenu, notamment de toute absence quelle qu'en soit la durée.

§ 4. – Régime de semi-liberté

Article D. 137. – Semi-liberté – *(Décret n° 98-1099 du 8 décembre 1998)*
• Les condamnés admis au régime de la semi-liberté en application des dispositions des articles 132-25 du Code pénal et 723-1 du Code de procédure pénale s'engagent à respecter les conditions de bonne tenue et d'assiduité au travail, la participation effective à l'activité et le suivi du traitement médical.
• Le juge de l'application des peines détermine les jours et heures de sortie et de retour, les conditions particulières propres à la nature de l'activité ou du traitement et à la personnalité du condamné.

Article D. 138. – Maintien – *(Décret n° 2010-1276 du 27 octobre 2010)*
• Le maintien de la semi-liberté peut être subordonné à l'une ou plusieurs des obligations ou interdictions mentionnées aux articles 131-36-2, 132-44 et 132-45 du Code pénal, que le juge de l'application des peines peut modifier ou compléter au cours de l'exécution de la mesure conformément aux dispositions de l'article 712-8.

Article D. 139. – *(Abrogé – Décret n° 98-1099 du 8 décembre 1998)*

Article D. 140. – *(Abrogé – Décret n° 80-227 du 27 mars 1980)*

Article D. 141. – *(Abrogé – Décret n° 93-193 du 8 février 1993)*

§ 5. – Permissions de sortir

A. – Dispositions communes

Article D. 142. – Accord *(Permis de sortie)* – *(Décret n° 2020-1640 du 21 décembre 2020)*
• La permission de sortir est accordée pour une ou plusieurs sorties. Elle autorise le condamné à se rendre en un lieu situé sur le territoire national. Elle peut être assortie d'une

ou plusieurs conditions, et notamment des obligations prévues aux articles 131-36-2, 132-44 et 132-45 du Code pénal. La permission de sortir peut être assortie de l'interdiction faite au condamné d'entrer en relation avec la victime de l'infraction, ou de paraître dans les lieux où celle-ci se trouve habituellement, notamment en cas de crime ou de délit relevant de l'article 132-80 du Code pénal. Si le condamné fait l'objet d'une interdiction d'entrer en relation avec une personne, de fréquenter certains condamnés ou de paraître en certains lieux, prononcée en application de l'article 138 du présent code ou des articles 131-6,131-10 ou 132-45 du Code pénal, y compris à l'occasion d'un suivi-socio-judiciaire, d'un sursis probatoire ou d'une peine principale ou complémentaire, la permission de sortir est de plein droit assortie de ces interdictions. Ces dernières peuvent être rappelées dans la décision accordant la permission de sortir. Il en est de même si la personne fait l'objet de ces interdictions en application d'une ordonnance de protection prévue par l'article 515-11 du Code civil.

• Un délai de route peut être accordé au bénéficiaire de la permission de sortir; il est calculé en fonction de la durée du trajet et des horaires des moyens de transport utilisés.

• Le juge de l'application des peines peut ordonner le retrait d'une permission de sortir et la réincarcération immédiate du condamné si les conditions qui ont permis l'octroi de celle-ci ne sont plus réunies, si le condamné ne satisfait pas aux obligations qui lui sont imposées ou s'il fait preuve de mauvaise conduite. Ce retrait peut, pour les mêmes motifs, être ordonné avant la mise à exécution de la permission.

• Le juge peut à cette fin décerner un mandat d'amener ou d'arrêt en application des dispositions de l'article 712-17.

• Les décisions prévues au 3e alinéa peuvent être prises tant par le juge de l'application des peines que par le chef d'établissement lorsque c'est ce dernier qui a octroyé la permission de sortir en application du 3e alinéa de l'article 723-3 et de l'article D. 142-3-1.

Article D. 142-1. – Période de sûreté – *(Décret n° 2016-1222 du 14 septembre 2016)*

• Les personnes condamnées ne peuvent bénéficier de permission de sortir en cours d'exécution d'une période de sûreté.

Article D. 142-2. – Appel – *(Décret n° 2016-1222 du 14 septembre 2016)*

• En cas d'appel d'une ordonnance statuant sur une demande de permission de sortir, le président de la chambre de l'application des peines qui confirme l'octroi ou infirme le rejet de celle-ci peut, si la date prévue pour la permission est dépassée lorsqu'il statue sur l'appel, décider d'une autre date ou décider qu'une nouvelle date sera fixée par le juge de l'application des peines ou, conformément aux dispositions de l'article D. 144, par le directeur du service pénitentiaire d'insertion et de probation.

Article D. 142-3. – Frais – *(Décret n° 2016-1222 du 14 septembre 2016)*

• Le détenu bénéficiaire d'une permission de sortir doit supporter les frais occasionnés par son séjour hors de l'établissement et notamment le coût des moyens de transport qu'il serait éventuellement obligé d'utiliser.

• En conséquence, aucune permission de sortir ne peut être accordée si une somme suffisante ne figure pas à la part disponible du condamné ou si l'intéressé ne justifie pas de possibilités licites d'hébergement et de transport.

Article D. 142-3-1. – Accord *(Permissions de sortir ultérieures)* – *(Décret n° 2020-91 du 6 février 2020)*

• Lorsque le juge de l'application des peines a accordé à la personne condamnée une permission de sortir, en application des articles D. 143 à D. 145, les permissions de sortir ultérieures prévues par ces mêmes articles peuvent être accordées par le chef d'établissement pénitentiaire, conformément au 3e alinéa de l'article 723-3.

• Le cas échéant, le juge de l'application des peines fixe les obligations et interdictions des articles 132-44 et 132-45 du Code pénal qui s'appliqueront pour les permissions de sortir ainsi prononcées. Il est également compétent pour les modifier ou ordonner leur mainlevée selon les mêmes formes.

• Le juge de l'application des peines peut décider dans la décision octroyant une permission de sortir que les dispositions du 3e alinéa de l'article 723-3 ne sont pas applicables. Suivant les mêmes formes, le juge de l'application des peines peut ordonner ultérieurement soit d'office, soit à la demande du procureur de la République ou du chef d'établissement que ces dispositions ne sont plus applicables. Ces décisions constituent des mesures d'administration judiciaire insusceptibles de recours.

• Le chef d'établissement qui accorde une permission de sortir en application des dispositions du présent article statue après avis écrit du service pénitentiaire d'insertion de probation. Il informe immédiatement le juge de l'application des peines et le parquet compétents de sa décision.

• Si le chef d'établissement refuse l'octroi de la permission de sortir, il informe le condamné que cette décision ne peut faire l'objet d'aucun recours, mais que celui-ci peut saisir le juge de l'application des peines d'une même demande de permission.

• Lorsqu'il est saisi d'une demande relevant des dispositions du dernier alinéa de l'article 723-3, le chef d'établissement doit statuer au plus tard dans un délai de 2 mois suivant le dépôt de la demande dans les conditions prévues par l'article D. 49-11. À défaut, le condamné peut directement saisir le juge de l'application des peines dans les mêmes formes.

B. – Permissions de sortir en vue de préparer la réinsertion professionnelle ou sociale et permissions de sortir en vue du maintien des liens familiaux

Article D. 143. – Liens familiaux – Réinsertion professionnelle ou sociale – *(Décret n° 2016-1222 du 14 septembre 2016)*

• Les personnes condamnées incarcérées dans une maison d'arrêt, une maison centrale, un centre de semi-liberté et, lorsqu'elles sont majeures, dans un établissement pénitentiaire spécialisé pour mineurs peuvent bénéficier de permissions de sortir d'une durée maximale de trois jours en vue du maintien des liens familiaux ou de la préparation de la réinsertion professionnelle ou sociale dans les cas suivants :

• 1° Lorsqu'elles exécutent une ou plusieurs peines privatives de liberté d'une durée totale n'excédant pas un an ;

• 2° Lorsqu'elles ont exécuté la moitié de la peine et qu'elles n'ont plus à subir qu'un temps de détention inférieur à trois ans ;

• 3° Lorsque le juge ou le tribunal de l'application des peines ont, en application du 1° de l'article D. 535 et selon la procédure prévue aux articles 712-6 ou 712-7, décidé de subordonner l'octroi de la libération conditionnelle à la condition d'avoir bénéficié d'une ou plusieurs permissions de sortir.

Article D. 143-1. – Personnes condamnées – Centres de détention – *(Décret n° 2016-1222 du 14 septembre 2016)*

• Les personnes condamnées incarcérées dans les centres de détention peuvent bénéficier des permissions de sortir prévues à l'article D. 143, lorsqu'elles ont exécuté le tiers de leur peine.

• À leur égard, la durée de ces permissions peut être portée à cinq jours et, une fois par an à dix jours.

Article D. 143-2. – Personnes condamnées – Structures d'accompagnement vers la sortie – *(Décret n° 2022-339 du 10 mars 2022)*

• Les personnes condamnées incarcérées dans les structures d'accompagnement vers la sortie peuvent bénéficier des permissions de sortir prévues à l'article D. 143 sans condition de délai.

• À leur égard, la durée de ces permissions peut être portée à 5 jours.

Nota : Conformément à l'article 3 du décret n° 2022-339 du 10/03/2022, ces dispositions entrent en vigueur le lendemain de leur publication au JO de la République française. Toutefois, les centres pénitentiaires comportant un quartier pour peines aménagées demeurent soumis aux dispositions des articles D. 70, D. 72-1, D. 80, D. 81, D. 82-2 D. 86 et D. 143-2 du C.P.P. dans leur rédaction antérieure au présent décret jusqu'à la suppression de ces quartiers par arrêté du garde des sceaux, ministre de la justice, au plus tard le 31/12/2023.

Article D. 143-3. – Permissions ponctuelles ou habituelles – *(Décret n° 2016-1222 du 14 septembre 2016)*

• Des permissions de sortir peuvent être accordées, ponctuellement ou à titre habituel, les samedis, dimanches et jours fériés ou chômés aux personnes condamnées admises au régime de la semi-liberté ou bénéficiant d'un placement à l'extérieur en application de l'article D. 136 ainsi qu'aux personnes condamnées placées sous surveillance électronique.

Article D. 143-4. – Durée n'excédant pas la journée – *(Décret n° 2020-128 du 18 février 2020)*

• Des permissions de sortir d'une durée n'excédant pas la journée peuvent être accordées dans les cas suivants aux personnes condamnées à une ou plusieurs peines privatives de liberté d'une durée totale n'excédant pas 5 ans ainsi qu'aux personnes condamnées à une ou plusieurs peines privatives de liberté d'une durée totale supérieure à 5 ans lorsque ces dernières ont exécuté la moitié de leur peine:

• 1° Présentation des personnes détenues prochainement libérables ou susceptibles d'être admises au bénéfice de la libération conditionnelle ou de la libération sous contrainte ou au régime de semi-liberté ou de détention à domicile sous surveillance électronique ou à l'extérieur en application de l'article D. 136, à leurs éventuels employeur ou auprès d'une structure de formation professionnelle, de stage ou d'enseignement;

• 2° Présentation aux épreuves d'un examen dans les conditions prévues aux articles D. 436-3 et D. 438-2;

• 3° Présentation à une structure de soins;

• 4° Sorties pour la pratique d'activités culturelles ou sportives organisées;

• 5° Exercice par le condamné de son droit de vote.

Article D. 143-5. – Durée maximale de 3 jours – *(Décret n° 2016-1222 du 14 septembre 2016)*

• Des permissions de sortir d'une durée maximale de trois jours peuvent être accordées à l'occasion de la maladie grave ou du décès d'un membre de leur famille proche, ou de la naissance de leur enfant, d'une part, aux personnes condamnées à une ou plusieurs peines privatives de liberté d'une durée totale n'excédant pas cinq ans et, d'autre part, aux personnes condamnées à une ou plusieurs peines privatives de liberté d'une durée totale supérieure à cinq ans lorsqu'elles ont exécuté la moitié de leur peine.

Article D. 144. – Période de sûreté – *(Décret n° 2016-1222 du 14 septembre 2016)*

• Lorsque le juge de l'application des peines accorde une permission de sortir en vue de la préparation de la réinsertion professionnelle ou sociale de la personne condamnée, il peut dans son ordonnance décider que la date et les modalités d'exécution de la permission seront fixées par le directeur du service pénitentiaire d'insertion et de probation, après avis du chef de l'établissement pénitentiaire.

• Le juge de l'application des peines peut, dans la même ordonnance, accorder plusieurs permissions de sortir en faisant application des dispositions du présent article.

• Les dispositions du présent article sont également applicables aux permissions de sortir accordées en vue du maintien des liens familiaux lorsque la durée de la peine restant à exécuter est inférieure ou égale à un an.

• Pour l'application des dispositions du présent article, le directeur du service pénitentiaire d'insertion et de probation peut déléguer sa signature et ses pouvoirs à un directeur d'insertion et de probation.

C. – Permissions de sortir en vue de l'accomplissement d'une obligation exigeant la présence du condamné

Article D. 145. – Accomplissement d'une obligation – *(Décret n° 2016-1222 du 14 septembre 2016)*

• Une permission de sortir d'une durée n'excédant pas la journée peut être accordée en vue de l'accomplissement d'une obligation exigeant la présence de la personne condamnée à une ou plusieurs peines privatives de liberté d'une durée totale n'excédant pas cinq ans ou à une ou plusieurs peines privatives de liberté d'une durée totale supérieure à cinq ans lorsqu'elle a exécuté la moitié de sa peine, dans les cas suivants:

• 1° La personne condamnée ne peut être représentée auprès de l'organisme et ce dernier est dans l'impossibilité d'intervenir au sein de l'établissement pénitentiaire;

• 2° La personne condamnée est convoquée devant une juridiction judiciaire ou administrative et les conditions de la visioconférence ne sont pas réunies.

D. – Dispositions spécifiques applicables aux mineurs

Article D. 146. – *(Abrogé – Décret n° 2021-683 du 27 mai 2021)*

Section VII bis

Autorisation de sortie sous escorte

Article D. 147. – Modalités – *(Décret n° 2021-683 du 27 mai 2021)*

• Toute personne détenue, au sens de l'article D. 50, peut faire l'objet, à titre exceptionnel e pour un temps déterminé, d'une autorisation de sortie sous escorte, conformément aux dispositions de l'article 148-5 ou de l'article 723-6.

• Lorsque la personne est en détention provisoire, cette autorisation est délivrée, en toute matière et en tout état de la procédure d'instruction, par le juge d'instruction.

• Lorsque la juridiction de jugement est saisie, cette autorisation est délivrée par le procureur de la République ou le procureur général.

• L'éligibilité de la personne condamnée détenue à une permission de sortir, au regard des conditions prévues aux articles D. 143 à D. 145, n'est pas un obstacle au prononcé d'une autorisation de sortie sous escorte.

• La juridiction de l'application des peines, le juge d'instruction ou le magistrat du parquet compétent peut ordonner le retrait de l'autorisation de sortie sous escorte si les motifs ayant justifié son octroi ne sont plus réunis ou si la personne détenue fait preuve de mauvaise conduite.

• Les services de police ou de gendarmerie ou les membres de l'administration pénitentiaire qui sont en charge, selon la répartition définie à l'article D. 315, de l'escorte de la personne détenue à laquelle a été accordée une autorisation de sortie en application du présent article ou des articles 148-5 et 723-6 peuvent être dispensés du port de l'uniforme.

Section VIII
De la suspension de peine prévue par l'article 720-1-1

Article D. 147-1. – Suspension – *(Décret n° 2004-1364 du 13 décembre 2004)*

• Le condamné dont la peine est suspendue en application de l'article 720-1-1 est placé sous la surveillance du juge de l'application des peines territorialement compétent en application des dispositions de l'article 712-10, assisté du service pénitentiaire d'insertion et de probation.

Article D. 147-2. – Obligations – *(Décret n° 2010-1277 du 27 octobre 2010)*

• La juridiction, qui, en application, selon les cas, des articles 712-6, 712-7 ou 712-13, accorde cette suspension de peine, peut prévoir que le condamné sera soumis à l'une ou plusieurs des obligations suivantes, destinées notamment à permettre de vérifier que les conditions prévues par le premier alinéa de l'article 720-1-1 demeurent remplies :

• 1° Établir sa résidence ou être hospitalisé dans un lieu ou un établissement déterminé par la juridiction ;

• 2° Tenir le juge de l'application des peines informé de son lieu de résidence ou d'hospitalisation et l'informer de toute modification ;

• 3° Fixer sa résidence ou son lieu d'hospitalisation dans les limites territoriales déterminées par la juridiction ;

• 4° Ne pas sortir des limites territoriales déterminées par la juridiction et, le cas échéant, remettre son passeport ;

• 5° Se soumettre à toute expertise médicale ordonnée par le juge de l'application des peines ;

• 6° Recevoir les visites du travailleur social du service pénitentiaire d'insertion et de probation et lui communiquer les renseignements ou documents de nature à permettre le contrôle de l'exécution de ses obligations ;

• 7° Répondre aux convocations du juge de l'application des peines ou du travailleur du service pénitentiaire d'insertion et de probation si son état de santé lui permet de se déplacer ;

• 8° S'abstenir d'entrer en relation de quelque manière que cela soit avec les victimes de l'infraction pour laquelle il est condamné ;

• 9° Lorsque la condamnation concerne l'une des infractions mentionnées à l'article 706-47, s'abstenir de fréquenter ou d'entrer en relation avec certaines personnes ou certaines catégories de personnes et notamment des mineurs, à l'exception, le cas échéant, de ceux désignés par la décision.

• La juridiction peut également ordonner que le condamné sera soumis à l'une ou plusieurs des obligations ou interdictions mentionnées aux articles 131-36-2, 132-44 et 132-45 du Code pénal. Elle peut également ordonner une injonction de soins conformément aux dispositions de l'article 131-36-4 du Code pénal.

Article D. 147-3. – Relèvement ou modification des obligations – *(Décret n° 2002-619 du 26 avril 2002)*

• Le relèvement ou la modification des obligations peut être ordonné, après avis du service pénitentiaire d'insertion et de probation, par le juge de l'application des peines.

Article D. 147-4. – Fin de la suspension de peine – *(Décret n° 2014-1582 du 23 décembre 2014)*

• En application du septième alinéa de l'article 720-1-1, le juge de l'application des peines peut mettre fin à la suspension de peine si les obligations fixées par la décision ne sont pas respectées, après le débat contradictoire prévu à l'article 712-6.

• Il peut délivrer à cette fin les mandats prévus par l'article 712-17.

Article D. 147-5. – Expertise médicale – *(Décret n° 2006-385 du 30 mars 2006)*

• À tout moment, le procureur de la République peut saisir le juge de l'application des peines afin qu'il ordonne une expertise médicale pour vérifier si le condamné remplit toujours les critères prévus à l'article 720-1-1.

• Il peut en outre le saisir pour qu'il ordonne l'expertise exigée par l'avant-dernier alinéa de l'article 720-1-1.

Section IX

Procédure d'aménagement de peine applicable aux condamnés libres

Article D. 147-6. – Modalités d'application – *(Décret n° 2014-1582 du 23 décembre 2014)*

• Les modalités d'application des dispositions des articles 723-15 à 723-18 sont fixées par les dispositions de la présente section.

Article D. 147-7. – Cumul de condamnations – *(Décret n° 2014-1582 du 23 décembre 2014)*

• En cas de cumul de condamnations dont l'une au moins a été prononcée pour des faits commis en état de récidive légale, il est fait application de ces dispositions uniquement si le total des peines d'emprisonnement prononcées ou restant à subir est inférieur ou égal à un an.

Article D. 147-8. – Libération conditionnelle – *(Décret n° 2014-1582 du 23 décembre 2014)*

• La libération conditionnelle ne peut être accordée en application des dispositions des articles 723-15 à 723-18 que lorsque sont réunies les conditions prévues par les articles 723-1 et 723-7 si une mesure probatoire est prononcée, ou à défaut, lorsque sont réunies les conditions prévues par les articles 729 et suivants, et notamment les temps d'épreuve prévus par ces articles.

Article D. 147-9. – *(Abrogé – Décret n° 2014-1582 du 23 décembre 2014)*

Article D. 147-10. – Condamné résidant – Ressort juridiction – *(Décret n° 2010-1276 du 27 octobre 2010)*

• Si le condamné réside dans un autre ressort que celui de la juridiction ayant prononcé la condamnation, le ministère public près cette juridiction communique directement une copie de la ou des décisions au juge de l'application des peines territorialement compétent. Celui-ci délivre alors la ou les convocations prévues par l'article 723-15.

Article D. 147-11. – Non-respect des délais – *(Décret n° 2010-1276 du 27 octobre 2010)*

• Le non-respect des délais d'un mois et de quarante-cinq jours prévus par l'article 723-15 ne constitue pas une cause de nullité des convocations du condamné devant le juge de l'application des peines ou devant le service pénitentiaire d'insertion et de probation.

Article D. 147-12. – Condamné déjà écroué en détention provisoire – *(Décret n° 2022-1261 du 28 septembre 2022)*

• Si le condamné a déjà été écroué en détention provisoire, le juge de l'application des peines qui reçoit la copie de la décision en application de l'article 723-15 examine la situation de l'intéressé au regard des éventuelles réductions de peine susceptibles de lui être octroyées au titre de l'incarcération subie en détention provisoire.

• Il statue alors sans l'avis préalable de la commission de l'application des peines, mais, sauf urgence ou impossibilité, après avis du chef d'établissement dans lequel le condamné était écroué et au vu d'une synthèse socio-éducative établie par le service pénitentiaire d'insertion et de probation compétent de cet établissement.

• Si, du fait des réductions de peine éventuellement octroyées par le juge de l'application des peines, il ne reste plus aucun reliquat d'emprisonnement à accomplir, le juge de l'application des peines en informe le procureur de la République après avoir procédé aux formalités prévues par l'article D. 147-13.

Article D. 147-13. – Information – *(Décret n° 2022-1261 du 28 septembre 2022)*

• Lorsque, du fait des réductions de peine octroyées par le juge de l'application des peines, il ne reste plus pour le condamné de reliquat de peine à exécuter, l'information prévue par l'avant dernier alinéa de l'article 721 est faite par le juge de l'application des peines ou, sur instruction de ce dernier, par le service pénitentiaire d'insertion et de probation.

• Cette information peut également être adressée au condamné par lettre recommandée.

• Cette information peut également être faite par le procureur de la République ou, sur instruction de ce dernier, par son délégué, lorsque la copie du jugement n'a pas été adressée par ce magistrat au juge de l'application des peines.

Article D. 147-14. – Reliquat de peine – *(Décret n° 2022-1261 du 28 septembre 2022)*

• Le procureur de la République peut faire application des dispositions de l'article 723-15 et de la présente sous-section pour des peines d'emprisonnement dont le reliquat restant à subir est supérieur à un an si, du fait de la détention provisoire exécutée par le condamné, et du total des réductions de peine susceptibles d'être octroyées conformément aux dispositions de l'article 723-18, il ne reste plus de reliquat de peine à exécuter.

• Le procureur de la République peut également faire application des dispositions de l'article 723-15 et de la présente sous-section pour des peines d'emprisonnement dont le reliquat restant à subir est supérieur à un an si, du fait de la détention provisoire exécutée par le condamné, ce dernier est admissible à la libération conditionnelle.

Article D. 147-15. – Aménagements de peines – *(Décret n° 2010-1276 du 27 octobre 2010)*

• Les dispositions de l'article 712-21 ne sont pas applicables aux aménagements de peines décidés en application des articles 723-15 et suivants, sauf si le procureur de la République le requiert lorsqu'il saisit le juge de l'application des peines.

Article D. 147-16. – Incarcération – *(Décret n° 2010-1276 du 27 octobre 2010)*

• Lorsque le condamné n'a pas formé de demande dans les formes prescrites par l'article D. 49-11, le juge de l'application des peines peut, conformément aux dispositions du premier aliéna de l'article 723-15-2, fixer la date d'incarcération après avoir convoqué le condamné et recueilli ses observations. Lorsque le juge refuse une mesure d'aménagement demandée par le condamné dans les formes prescrites par l'article D. 49-11, il peut fixer cette date à l'issue du débat contradictoire.

Article D. 147-16-1. – Non-application – *(Loi n° 2020-81 du 3 février 2020)*

• Sauf si le procureur de la République décide, si la situation particulière du condamné le justifie, de faire application des dispositions de l'article 723-15 et de la présente sous-section, celles-ci ne s'appliquent pas aux emprisonnements résultant d'une décision d'une juridiction de l'application des peines, notamment en cas de décision révoquant un sursis probatoire ou une libération conditionnelle.

Section X

De la libération sous contrainte

Sous-section 1

Dispositions applicables à la libération sous contrainte prévue au I de l'article 720

Article D. 147-17. – Avis préalable – *(Décret n° 2022-1261 du 28 septembre 2022)*

• Lorsqu'une personne condamnée exécute une ou plusieurs peines privatives de liberté d'une durée totale inférieure ou égale à 5 ans, l'administration pénitentiaire doit, au moins 1 mois avant que la durée de la peine accomplie soit égale au double de la durée de la peine restant à subir, ou, si la peine est inférieure ou égale à 6 mois, lors de sa mise sous écrou ou lorsque sa peine devient définitive, informer la personne qu'elle est susceptible de bénéficier d'une libération sous contrainte, sauf si elle s'y oppose, en lui faisant part, s'il y a lieu, de l'intérêt et de la faisabilité d'une telle mesure.

Article D. 147-17-1. – Refus du condamné – *(Décret n° 2022-1261 du 28 septembre 2022)*

• Le refus du condamné exprimé après l'information prévue à l'article D. 147-17 est constaté par le service pénitentiaire d'insertion et de probation qui en informe le juge de l'application des peines.

Article D. 147-17-2. – Avis – Mise en œuvre des mesures – *(Décret n° 2022-1261 du 28 septembre 2022)*

• Si la personne n'a pas indiqué qu'elle refusait cette mesure, le service pénitentiaire d'insertion et de probation transmet en temps utile au juge de l'application des peines, avant la réunion de la commission de l'application des peines au cours de laquelle la situation de cette personne doit être examinée, son avis sur les éventuelles impossibilités à mettre en œuvre une des mesures au regard des exigences de l'article 707.

Article D. 147-17-3. – Requête en aménagement de peine – *(Décret n° 2022-1261 du 28 septembre 2022)*

• Il n'y pas lieu de faire application des dispositions des articles D. 147-17 à D. 147-17-2 lorsque la personne condamnée a déposé une requête en aménagement de peine pendante devant la juridiction de l'application des peines.

Article D. 147-17-4. – Décision de libération – *(Décret n° 2022-1261 du 28 septembre 2022)*

• La décision de libération sous contrainte peut intervenir avant la date à laquelle la durée de la peine accomplie est au moins égale au double de la durée de la peine restant à subir, dès lors qu'elle précise que la mesure qui a été ordonnée n'est mise en œuvre qu'à compter de cette date.

Article D. 147-17-5. – Avis de convocation à comparaître – *(Décret n° 2022-1261 du 28 septembre 2022)*

• Le service pénitentiaire d'insertion et de probation situé dans le ressort de l'établissement pénitentiaire où est incarcérée la personne faisant l'objet d'une libération sous contrainte remet ou fait remettre à celle-ci, au plus tard le jour de sa libération, un avis de convocation à comparaître devant le service pénitentiaire d'insertion et de probation territorialement compétent pour la suivre après sa sortie.

• Le délai maximal de comparution est de 5 jours ouvrables à compter de la sortie de la personne.

• L'avis de convocation à comparaître comporte une mention informant la personne condamnée des conséquences pouvant résulter du non-respect de cette convocation ou de non-respect de la mesure décidée et, le cas échant, des obligations et interdictions fixées par le juge.

Article D. 147-18. – Saisine – *(Décret n° 2022-1261 du 28 septembre 2022)*

• En application du 5e alinéa de l'article 720, le président de la chambre de l'application des peines de la cour d'appel peut être saisi par le condamné ou le procureur de la République ou se saisir d'office si le juge de l'application des peines n'a pas rendu de décision statuant sur la libération sous contrainte à compter du jour où la durée de la peine accomplie est égale au double de la durée de la peine restant à subir. La saisine par le condamné se fait par lettre recommandée avec accusé de réception ou selon les modalités prévues par l'article 503. Le président de la chambre de l'application des peines de la cour d'appel rend sa décision dans le mois de sa saisine.

Article D. 147-19. – Non-application – *(Décret n° 2022-1261 du 28 septembre 2022)*

• La libération sous contrainte ne s'applique pas aux personnes en aménagement de peine sous écrou, sauf lorsqu'elles bénéficient d'un placement extérieur sous surveillance du personnel pénitentiaire dans les conditions définies aux articles D. 129 du présent code et D. 424-10, D. 424-11, D. 424-12 et D. 424-13 du Code pénitentiaire.

Sous-section 2

Dispositions applicables à la libération sous contrainte de plein droit prévue au II de l'article 720

Article D. 147-20. – Information préalable – *(Décret n° 2022-1261 du 28 septembre 2022)*

• Lorsqu'une personne condamnée exécute une ou plusieurs peines privatives de liberté d'une durée totale inférieure ou égale à 2 ans, l'administration pénitentiaire l'informe, au moins 1 mois avant que le reliquat de la peine soit égal à 3 mois, ou si la peine est inférieure ou égale à 6 mois, lors de sa mise sous écrou ou lorsque la peine devient définitive, qu'elle est susceptible de bénéficier d'une libération sous contrainte de plein droit, même si elle s'y oppose.

• Les dispositions du présent article et celle de la présente sous-section ne sont pas applicables dans les cas visés au III de l'article 720.

Article D. 147-21. – S.P.I.P. – Avis sur la mesure, obligations... – *(Décret n° 2022-1261 du 28 septembre 2022)*

• Le service pénitentiaire d'insertion et de probation transmet en temps utile au juge de l'application des peines, avant la réunion de la commission de l'application des peines au cours de laquelle la situation de cette personne est examinée, son avis sur la mesure la plus adaptée et sur les obligations et interdictions susceptibles d'être prononcées et communique, le cas échéant, tout élément permettant d'apprécier l'éventuelle impossibilité matérielle faisant obstacle à l'application de la libération sous contrainte de plein droit.

• Cette impossibilité matérielle est caractérisée lorsque la personne détenue ne dispose d'aucun hébergement ou d'aucun hébergement compatible avec les interdictions de paraître ou de contact susceptibles de lui être imposées à sa libération, y compris auprès d'un tiers ou d'un organisme public ou privé. Il en est de même lorsque sont atteintes les capacités d'accueil des structures recevant des personnes placées en semi-liberté ou en placement à l'extérieur situées dans des lieux compatibles avec les modalités de mise en œuvre de la mesure.

Article D. 147-22. – S.P.I.P. – Avis convocation à comparaître – *(Décret n° 2022-1261 du 28 septembre 2022)*

• Le service pénitentiaire d'insertion et de probation situé dans le ressort de l'établissement pénitentiaire où est incarcérée la personne faisant l'objet d'une libération sous contrainte remet ou fait remettre à celle-ci, au plus tard le jour de sa libération, un avis de convocation à comparaître devant le service pénitentiaire d'insertion et de probation territorialement compétent pour la suivre après sa sortie. Le délai maximal de comparution est de 5 jours ouvrables à compter de la sortie de la personne.

• L'avis de convocation à comparaître comporte une mention informant la personne condamnée des conséquences pouvant résulter du non-respect de cette convocation, ou du non-respect de la mesure décidée et, le cas échant, des obligations et interdictions fixées par le juge.

Article D. 147-23. – Décision de libération – *(Décret n° 2022-1261 du 28 septembre 2022)*

• La décision de libération sous contrainte de plein droit peut intervenir avant la date à laquelle le reliquat de la peine est au moins égal à 3 mois, dès lors qu'elle précise que la mesure qui a été ordonnée n'est mise en œuvre qu'à compter de cette date.

Article D. 147-24. – Application libération sous contrainte de plein droit – *(Décret n° 2022-1261 du 28 septembre 2022)*

• La libération sous contrainte de plein droit est applicable y compris lorsqu'une instance est pendante devant les juridictions de l'application des peines. En revanche, elle ne s'applique pas aux personnes en aménagement de peine sous écrou, sauf lorsqu'elles bénéficient d'un placement extérieur sous surveillance du personnel pénitentiaire dans les conditions définies aux articles D. 129 du présent code et D. 424-10, D. 424-11, D. 424-12 et D. 424-13 du Code pénitentiaire.

• Il n'y a pas lieu de faire application des dispositions du I de l'article 720 et des articles D. 147-17 à D. 147-19 lorsque la personne condamnée est éligible à la libération sous contrainte de plein droit.

Articles D. 147-25 à D. 147-30-61. – *(Abrogés – Décret n° 2014-1582 du 23 décembre 2014)*

Section XI

Dispositions applicables à la surveillance judiciaire des personnes dangereuses condamnées pour crime ou délit

Article D. 147-31. – Suivi socio-judiciaire – *(Décret n° 2016-1455 du 28 octobre 2016)*

• Les crimes et délits pour lesquels le suivi socio-judiciaire est encouru et qui sont susceptibles, conformément aux dispositions des articles 723-29 à 723-37, de donner lieu à la surveillance judiciaire d'un condamné dès lors que la peine privative de liberté prononcée est égale ou supérieure à sept ans sont :

• 1° Les crimes d'atteintes volontaires à la vie prévus par les articles 221-1 à 221-5-1 du code pénal ;

• 2° Les crimes d'actes de tortures et de barbarie prévus par les articles 222-1 à 222-6 du code pénal ;

• 3° Les crimes et délits de violences commis soit par le conjoint ou le concubin de la victime ou le partenaire lié à celle-ci par un pacte civil de solidarité, ou par son ancien conjoint, son ancien concubin ou l'ancien partenaire lié à celle-ci par un pacte civil de solidarité, soit sur un mineur de quinze ans par un ascendant légitime, naturel ou adoptif ou par toute autre personne ayant autorité sur la victime, prévus par les articles 222-8, 222-10, 222-12, 222-13 et 222-14 du code pénal ;

• 4° Les menaces commises par le conjoint ou le concubin de la victime ou le partenaire lié à la victime par un pacte civil de solidarité ou par son ancien conjoint, son ancien concubin ou l'ancien partenaire lié à celle-ci par un pacte civil de solidarité, prévues par l'article 222-18-3 du code pénal ;

• 5° Les crimes de viols prévus par les articles 222-23 à 222-26 du code pénal ;

• 6° Les délits d'agressions sexuelles prévus par les articles 222-27 à 222-31 du code pénal ;

• 7° Les crimes d'enlèvement et de séquestration prévus par les articles 224-1 à 224-5-2 du code pénal ;

• 8° Les délits de corruption de mineurs et d'atteintes sexuelles sur mineur de quinze ans prévus par les articles 227-22, 227-22-1, deuxième alinéa, 227-23, 227-25 et 227-26 du code pénal ;

• 9° Les destructions, dégradations et détériorations dangereuses pour les personnes prévues par les articles 322-6 à 322-10 du code pénal, à l'exception de l'article 322-6-1.

• 10° Les délits de trafic d'armes prévus aux articles 222-52 à 222-59 du code pénal ;

• 11° Les crimes et délits terroristes prévus aux articles 421-1 à 421-6 du code pénal.

Article D. 147-31-1. – Impossibilités – *(Décret n° 2010-1277 du 27 octobre 2010)*

• Les personnes relevant des dispositions de l'article D. 147-31 ne peuvent pas être placées sous surveillance judiciaire :

• 1° Si elles ont été condamnées à un suivi socio-judiciaire, sauf si cette condamnation a été prononcée pour des faits commis avant le 13 décembre 2005, conformément aux dispositions du dernier alinéa de l'article 41 de la loi n° 2005-1549 du 12 décembre 2005 relative au traitement de la récidive des infractions pénales.

• 2° Si elles bénéficient d'une libération conditionnelle, la surveillance judiciaire peut toutefois être prononcée lorsque la libération conditionnelle s'est achevée à la suite d'une révocation totale ou partielle.

§ 1er. – Condamnés susceptibles de faire l'objet d'une surveillance judiciaire

Article D. 147-32. – Fiche pénale – *(Décret n° 2011-1986 du 28 décembre 2011)*

• Au début de chaque mois, le greffe de l'établissement pénitentiaire transmet au procureur de la République, aux fins d'un éventuel placement sous surveillance judiciaire, copie de la fiche pénale des personnes condamnées à une peine privative de liberté supérieure ou égale à sept ans, ou, si la personne a été condamnée pour des faits commis en récidive, à cinq ans, et dont la libération doit intervenir entre le sixième et le douzième mois qui suit.

• Une copie de cette transmission est adressée pour information au juge de l'application des peines.

• Lorsqu'il s'agit d'un condamné dont la libération conditionnelle a été révoquée, notamment en cas de révocation partielle, les transmissions prévues par le présent article sont réalisées sans délai dans les cas où il reste moins de six mois jusqu'à la libération de la personne.

Article D. 147-33. – Vérifications – *(Décret n° 2006-385 du 30 mars 2006)*

• Le procureur de la République vérifie s'il s'agit d'une personne condamnée pour un crime ou un délit mentionné à l'article D. 147-31 et à l'encontre de laquelle un suivi socio-judiciaire n'a pas été prononcé.

• Lorsque tel est le cas, il vérifie auprès du juge de l'application des peines si un projet de libération conditionnelle est en cours d'examen.

• Si aucune requête tendant à la libération conditionnelle n'est enregistrée au greffe du juge de l'application des peines, ou si, une telle requête étant déposée, le ministère public entend s'y opposer, le procureur de la République examine le dossier du condamné pour apprécier s'il convient de requérir le prononcé d'une surveillance judiciaire avant la libération de l'intéressé.

Article D. 147-34. – Expertise médicale – *(Décret n° 2010-1277 du 27 octobre 2010)*

• Afin d'apprécier la nécessité d'une surveillance judiciaire, le juge de l'application des peines et le procureur de la République peuvent, conformément aux dispositions de l'article 723-31, ordonner une expertise médicale, les dispositions de l'article 712-21 exigeant pour certains crimes une dualité d'expert n'étant pas applicable à cette expertise.

• S'ils l'estiment opportun, ils peuvent également ordonner, conformément aux dispositions de l'article 723-31-1 de manière alternative ou cumulative :

• – la réalisation par deux experts de l'expertise médicale prévue par l'article 723-31 ;

• – le placement du condamné aux fins d'une évaluation pluridisciplinaire de dangerosité dans le Centre national d'évaluation ; la durée du placement, comprise entre deux et six semaines, est déterminée par l'administration pénitentiaire, au regard des informations relatives à la situation du condamné transmises par les autorités judiciaires préalablement au placement ;

• – la saisine pour avis de la commission pluridisciplinaire des mesures de sûreté.

• Lorsque le juge de l'application des peines ordonne une ou plusieurs de ces mesures, il en informe le procureur de la République et lui transmet les conclusions de celles-ci.

• Si une ou plusieurs de ces mesures sont ordonnées par le procureur de la République, il en informe de même le juge de l'application des peines et il lui en transmet les conclusions.

Article D. 147-35. – Conclusion de l'expertise – *(Décret n° 2010-1276 du 27 octobre 2010)*

• Si l'expertise ordonnée en application des dispositions de l'article 723-31 conclut à la dangerosité du condamné et constate un risque de récidive qui paraît avéré, le procureur requiert que le condamné soit placé sous surveillance judiciaire dès sa libération conformément aux dispositions de l'article 723-29 et transmet ses réquisitions au juge de l'application des peines aux fins de saisine du tribunal de l'application des peines.

Article D. 147-36. – Conditions de l'expertise – *(Décret n° 2007-1627 du 16 novembre 2007)*

• L'expertise prévue par l'article 723-31 peut ne pas être ordonnée si figure dans le dossier individuel du condamné une expertise datant de moins de moins de deux ans, ordonnée le cas échéant à l'occasion d'une demande de libération conditionnelle, et qui conclut à la dangerosité du condamné et d'où il ressort qu'il existe un risque de récidive paraissant avéré.

• Toutefois, s'il s'agit d'une personne condamnée pour des faits commis avant le 14 décembre 2005, elle peut demander une contre-expertise avant qu'il ne soit statué sur les réquisitions du ministère public par le tribunal de l'application des peines. Cette contre-expertise, qui est alors de droit, est ordonnée par le tribunal de l'application des peines, sauf si elle a été préalablement ordonnée par le procureur de la République.

§ 2. – Contenu et durée de la surveillance judiciaire

Article D. 147-37. – Injonction de soins – *(Décret n° 2022-1261 du 28 septembre 2022)*

• Conformément aux dispositions du dernier alinéa de l'article 723-30, la surveillance judiciaire comporte l'obligation de respecter l'injonction de soins prévue par l'article 131-36-4 du Code pénal lorsque l'expertise médicale prévue par l'article 723-31 ou par l'article D. 147-36 conclut que le condamné est susceptible de faire l'objet d'un traitement. Le tribunal de l'application des peines constate cette obligation dans sa décision de placement sous surveillance judiciaire. Le tribunal de l'application des peines peut toutefois écarter cette obligation lorsque, conformément aux dispositions du dernier alinéa de l'article 723-30, le juge de l'application des peines a indiqué, en saisissant le tribunal en application de l'article D. 147-35, qu'une injonction de soins n'était pas nécessaire.

• Si la surveillance judiciaire comporte une injonction de soins, les dispositions du suivi socio-judiciaire relatives à cette injonction sont applicables, sous réserve des dispositions spécifiques à la surveillance judiciaire.

• Le condamné est alors avisé par le juge de l'application des peines, avant sa libération, qu'aucun traitement ne pourra être entrepris sans son consentement, mais que, s'il refuse les soins qui lui seront proposés, tout ou partie de la durée des réductions de peine dont il a bénéficié pourra lui être retiré.

Article D. 147-37-1. – Surveillance électronique mobile – *(Décret n° 2010-1276 du 27 octobre 2010)*

• Si la surveillance judiciaire comporte un placement sous surveillance électronique mobile, le tribunal de l'application des peines ou le juge de l'application des peines avise le condamné, avant sa libération et l'installation du dispositif prévu par l'article 763-12, que ce placement ne peut être mis en œuvre sans son consentement, mais que, s'il le refuse ou manque à ses obligations, tout ou partie de la durée des réductions de peine dont il a bénéficié pourra lui être retiré.

Article D. 147-37-2. – Lieu de résidence – *(Décret n° 2007-1627 du 16 novembre 2007)*

• Le jugement prononçant une surveillance judiciaire doit fixer le lieu de résidence du condamné à compter de sa libération.

• En cas de nécessité, cette résidence peut être fixée par le juge de l'application des peines après qu'a été rendu le jugement de surveillance judiciaire, dès lors que cette fixation intervient avant la date de libération.

• Pour déterminer la résidence du condamné, le juge de l'application des peines peut, s'il y a lieu, procéder par voie de réquisitions, conformément aux dispositions de l'article 712-16.

Article D. 147-38. – Demande d'aménagement de peine – *(Décret n° 2010-1276 du 27 octobre 2010)*

• Lorsque le tribunal de l'application des peines est saisi par le procureur de la République aux fins de prononcer une surveillance judiciaire, il peut se prononcer par le même jugement, à la demande du juge de l'application des peines initialement saisi, sur une demande d'aménagement de peine relevant de la compétence de ce magistrat.

Article D. 147-39. – Date de fin – *(Décret n° 2022-1261 du 28 septembre 2022)*

• Lorsque le tribunal de l'application des peines décide que la surveillance judiciaire portera sur la totalité des réductions de peine dont la personne a bénéficié et qui n'ont pas fait l'objet d'un retrait, il peut fixer dans sa décision la date à laquelle la surveillance judiciaire prendra fin et non la durée de cette mesure.

Article D. 147-40. – Dossier individuel – *(Décret n° 2019-966 du 18 septembre 2019)*

• Au moins 2 semaines avant la date de libération du condamné, une copie de tout ou partie du dossier individuel le concernant, comportant notamment la décision de placement sous surveillance judiciaire, est adressée au juge de l'application des peines du tribunal judiciaire dans le ressort duquel le condamné devra résider, afin de lui permettre de préparer la mise en œuvre de la surveillance judiciaire.

Article D. 147-40-1. – Médecin coordonnateur – *(Décret n° 2007-1627 du 16 novembre 2007)*

• Si la surveillance judiciaire comporte une injonction de soins, ce juge désigne, avant la libération du condamné, le médecin coordonnateur afin que le choix du médecin traitant puisse, sauf impossibilité, intervenir avant cette libération, en application des dispositions des articles R. 3711-8 et R. 3711-12 à R. 3711-17 du Code de la santé publique.

• Pour ce faire, le condamné peut bénéficier de permissions de sortir ou d'autorisations de sortie sous escorte, afin de rencontrer le médecin coordonnateur et son médecin traitant.

Article D. 147-40-2. – Convocation – *(Décret n° 2019-966 du 18 septembre 2019)*

• La personne placée sous surveillance judiciaire doit être convoquée par le juge de l'application des peines du tribunal judiciaire dans le ressort duquel elle doit résider, dans un délai maximal de 8 jours à compter de sa libération. Cette convocation lui est notifiée contre émargement, avant sa libération, par le chef d'établissement pénitentiaire.

Article D. 147-40-3. – Raisons médicales – *(Décret n° 2010-1277 du 27 octobre 2010)*

• Le juge de l'application des peines peut suspendre l'exécution de tout ou partie des obligations de la surveillance judiciaire, y compris celles résultant d'un placement sous surveillance électronique mobile, pour des raisons médicales, notamment en cas d'hospitalisation de la personne. Cette décision est prise par ordonnance conformément aux dispositions de l'article 712-8.

• La suspension est valable pour une durée maximale de trois mois. Elle peut être renouvelée selon les mêmes modalités si l'état de santé du condamné le justifie.

• Les obligations auxquelles était astreint le condamné, y compris celles résultant d'un placement sous surveillance électronique mobile, reprennent de plein droit dès que le juge de l'application des peines constate, par ordonnance, que l'état de santé de ce dernier ne justifie plus la suspension.

• Si le juge ne suspend qu'une partie des obligations, il peut modifier ou compléter, pendant la durée de cette suspension, certaines des autres obligations et interdictions auxquelles est astreint le condamné, notamment en lui imposant comme lieu de résidence le lieu de son hospitalisation.

§ 3. – Retrait des réductions de peines en cas d'inobservation des obligations

Article D. 147-41. – Retrait des réductions de peines – *(Décret n° 2006-385 du 30 mars 2006)*

• Le retrait des réductions de peines prévu par l'article 723-35 est ordonné par le juge de l'application des peines, y compris s'il s'agit d'une personne condamnée pour des faits commis avant le 14 décembre 2005 et pour laquelle la surveillance judiciaire a été ordonnée par le tribunal de l'application des peines.

Article D. 147-42. – Refus du dispositif de contrôle – *(Décret n° 2022-855 du 7 juin 2022)*

• Si la surveillance judiciaire comporte un placement sous surveillance électronique mobile et que le condamné refuse la pose du dispositif de contrôle avant sa libération, conformément aux dispositions du 2e alinéa de l'article 763-12 et de l'article R. 544-5 du Code pénitentiaire, le juge de l'application des peines ordonne, conformément aux dispositions de l'article 723-35, le retrait de tout ou partie des réductions de peines avant la libération du condamné.

Article D. 147-43. – Surveillance judiciaire – *(Décret n° 2010-1277 du 27 octobre 2010)*

• Lorsque le juge de l'application des peines n'a ordonné le retrait que d'une partie des réductions de peine, la surveillance judiciaire s'applique à nouveau de plein droit et dans toutes ses obligations, à la libération du condamné jusqu'à la date fixée par la décision qui l'avait prononcée. Si cette mesure n'avait pas déjà été ordonnée, le juge de l'application des peines peut, avant cette libération, ordonner que le condamné sera placé sous surveillance électronique mobile.

• Lorsque le juge de l'application des peines a ordonné le retrait de la totalité des réductions de peines, il peut avant l'exécution de l'intégralité de cette nouvelle période de détention, décider d'une nouvelle surveillance judiciaire, le cas échéant avec placement sous surveillance électronique mobile, pour la durée du retrait des réductions de peine qui n'a pas été exécuté. Dans ce cas, il n'est pas nécessaire de procéder à une nouvelle expertise de dangerosité.

• Les décisions prévues aux deux alinéas précédents sont prises par le juge de l'application des peines, par jugement rendu selon les modalités prévues par l'article 712-6, y compris s'il s'agit d'une personne condamnée pour des faits commis avant le 14 décembre 2005 et pour laquelle la première surveillance judiciaire a été ordonnée par le tribunal de l'application des peines.

• Dans les cas prévus par le présent article, le délai d'un an prévu par le premier alinéa de l'article 763-10 n'est pas applicable. Dans le cas prévu par le deuxième alinéa, l'avis de la commission pluridisciplinaire des mesures de sûreté n'est pas nécessaire si la personne avait déjà fait l'objet d'un avis de cette commission et avait été placée sous surveillance électronique mobile lors de la première surveillance judiciaire.

Article D. 147-44. – Inobservation des obligations – *(Décret n° 2007-1627 du 16 novembre 2007)*

• En cas d'inobservation, par un condamné sous surveillance judiciaire sans placement sous surveillance électronique mobile, des obligations auxquelles il est astreint, le juge de l'application des peines peut, avec l'accord du condamné assisté de son avocat et par jugement rendu selon les modalités prévues par l'article 712-6, ordonner son placement sous surveillance électronique mobile, sans qu'il soit préalablement nécessaire de lui retirer les réductions de peines et de le réincarcérer.

• Dans ce cas, l'avis de la commission pluridisciplinaire des mesures de sûreté n'est pas nécessaire.

Section XII

Dispositions relatives au suivi des condamnés après leur libération pendant le temps des réductions de peine

Article D. 147-45. – Non-application – *(Décret n° 2022-1261 du 28 septembre 2022)*

• Les dispositions du I de l'article 721-2 ne sont pas applicables aux condamnés faisant l'objet d'un sursis probatoire, d'un suivi socio-judiciaire, d'une surveillance judiciaire, d'une détention à domicile sous surveillance électronique, d'un placement extérieur ou d'une semi-liberté et susceptibles d'être soumis dans ce cadre aux obligations et interdictions prévues par cet article.

Article D. 147-46. – Information du condamné – *(Décret n° 2022-1261 du 28 septembre 2022)*

• Lorsque le juge de l'application des peines a, en application des dispositions de l'article 721-2, ordonné que le condamné soit soumis à certaines mesures de contrôle ou à certaines interdictions pendant une durée égale à tout ou partie des réductions de peine dont il a bénéficié, le condamné est informé, au moment de sa libération, de la possibilité de retrait prévue par le 6e alinéa du I et le 3e alinéa du II de cet article.

• Cette information est faite par le chef d'établissement pénitentiaire au moyen d'un formulaire qui lui est remis à cette fin.

Article D. 147-47. – Contrôle du respect des obligations et interdictions – *(Décret n° 2014-1582 du 23 décembre 2014)*

• Le juge de l'application des peines du ressort dans lequel la personne soumise à un suivi en application du I de l'article 721-2 a sa résidence habituelle, assisté du service pénitentiaire d'insertion et de probation, et le cas échéant avec le concours des organismes habilités à cet effet, contrôle le respect des obligations et interdictions auxquelles la personne est soumise.

Article D. 147-48. – Convocation – *(Décret n° 2019-966 du 18 septembre 2019)*

• Lorsqu'il est fait application des dispositions du I de l'article 721-2, la personne doit être convoquée par le juge de l'application des peines du tribunal judiciaire dans le ressort duquel elle doit résider, dans un délai maximal d'un mois à compter de sa libération. Cette convocation lui est notifiée contre émargement, avant sa libération, par le chef d'établissement pénitentiaire.

Article D. 147-49. – Modification des obligations et interdictions – *(Décret n° 2014-1582 du 23 décembre 2014)*

• En dehors du cas de l'inobservation par la personne condamnée des mesures de contrôle et interdictions qui lui ont été imposées en application de l'article 721-2, lorsque le juge de l'application des peines modifie ces obligations et interdictions, il statue par ordonnance selon les modalités prévues par l'article 712-8.

Article D. 147-50. – Suspension du délai – *(Décret n° 2014-1582 du 23 décembre 2014)*

• Le délai pendant lequel le condamné doit respecter les obligations et interdictions qui lui ont été imposées sur le fondement de l'article 721-2 n'est pas suspendu en cas de nouvelle incarcération de ce dernier.

Article D. 147-51. – Décision de retrait – *(Décret n° 2022-1261 du 28 septembre 2022)*

• La décision de retrait prise en application du 6e alinéa du I et 3e alinéa du II de l'article 721-2 n'a pas pour effet de remettre à exécution la ou les peines auxquelles correspondait la réduction de peine ayant été retirée.

CHAPITRE III

Des dispositions communes aux différents établissements pénitentiaires

Section 1

Règles et suivi de l'exécution des peines

Articles D. 148 à D. 150-1. – *(Abrogés – Décret n° 2022-855 du 7 juin 2022)*

Article D. 150-2. – Règles spécifiques – *(Décret n° 2022-855 du 7 juin 2022)*

• Lorsqu'un condamné doit exécuter plusieurs peines privatives de liberté, les règles spécifiques aux condamnés en état de récidive légale relatives aux conditions d'octroi des mesures relevant de la compétence des juridictions de l'application des peines sont applicables tant qu'une ou plusieurs des peines en cours d'exécution ou devant être exécutée correspond à une condamnation prononcée pour des faits commis en récidive. Ces règles ne sont plus applicables lorsque l'ensemble de ces peines ont été exécutées.

Article D. 150-3. – Exécution de plusieurs peines privatives de liberté – *(Décret n° 2022-855 du 7 juin 2022)*

• Lorsqu'une personne doit exécuter plusieurs peines privatives de liberté, les règles spécifiques aux condamnés pour une ou plusieurs infractions définies au chapitre Ier du titre II du livre IV du Code pénal relatives aux conditions d'octroi des mesures relevant de la compétence des juridictions de l'application des peines sont applicables tant qu'une ou plusieurs des peines en cours d'exécution ou devant être exécutée correspond à une condamnation prononcée pour ces infractions.

Articles D. 151 à D. 156. – *(Abrogés – Décret n° 2022-855 du 7 juin 2022)*

Article D. 157. – Dossier spécial – *(Décret n° 2022-855 du 7 juin 2022)*

• Le dossier spécial ouvert par l'administration pénitentiaire pour toute personne condamnée et détenue comporte une partie judiciaire constituée par les autorités judiciaires dans les conditions prévues par les dispositions de l'article D. 214-11 du Code pénitentiaire.

Article D. 158. – Notice individuelle – *(Décret n° 2022-855 du 7 juin 2022)*

• La notice individuelle figurant dans la partie judiciaire du dossier spécial prévue par les dispositions de l'article D. 214-11 du Code pénitentiaire contient les renseignements concernant l'état civil du condamné, sa profession, sa situation de famille, ses moyens d'existence, son degré d'instruction, sa conduite habituelle, sa moralité et ses antécédents.

• Ces renseignements sont complétés par l'exposé des faits qui ont motivé la condamnation et des éléments de nature à aggraver ou à atténuer la culpabilité de l'intéressé et la liste de ses coauteurs ou complices éventuels.

• Le procureur de la République mentionne dans la notice individuelle les interdictions de contact ou de paraître dont il a connaissance prononcées contre le condamné, notamment à l'égard de son conjoint, de son concubin ou de son partenaire lié par un pacte civil de solidarité, ou de son ancien conjoint, concubin ou partenaire, ou à l'égard de ses enfants mineurs, lorsque ces interdictions ont été prononcées en application de l'article 138 du présent code, ou des articles 131-6,131-10 ou 132-45 du Code pénal, ou dans le cadre d'une ordonnance de protection en application de l'article 515-11 du Code civil, ou qu'elles résultent d'une décision de suspension ou de retrait de l'exercice de l'autorité parentale et des droits de visite et d'hébergement en application des articles 378, 378-1, 378-2, 379, 379-1, 373-2 ou 515-11 du Code civil. La notice doit mentionner les noms et prénoms des personnes concernées par les interdictions de contact ou de paraître, et, si ces informations sont connues, leurs adresse, date et lieu de naissance ainsi que la date d'expiration de la décision.

• La rédaction de la notice, qui incombe au ministère public près la juridiction qui a prononcé la condamnation, est obligatoire à l'égard de tout condamné qui doit subir ou auquel il reste à subir plus de trois mois d'une peine privative de liberté à compter de la date où la décision est devenue définitive.

• La notice doit être adressée dans les plus brefs délais possibles, en privilégiant la transmission par voie électronique.

Articles D. 159 à D. 167. – *(Abrogés – Décret n° 2022-855 du 7 juin 2022)*

Articles D. 168 à D. 175. – *(Abrogés – Décret n° 96-287 du 2 avril 1996)*

Section 2

Des visites effectuées par les autorités judiciaires

Article D. 176. – J.A.P. – Président chambre instruction – P.R. – *(Décret n° 2022-855 du 7 juin 2022)*

• Le juge de l'application des peines, le président de la chambre de l'instruction et le procureur de la République visitent les établissements pénitentiaires dans les conditions et selon les modalités prévues par les dispositions des articles D. 131-2, D. 131-3 et D. 131-4 du Code pénitentiaire.

• Dans les conditions prévues par les dispositions de l'article D. 131-5 du même code, il est rendu compte au garde des sceaux, ministre de la justice, du fonctionnement des établissements pénitentiaires et du service assuré par le personnel de ces établissements.

Articles D. 177 à D. 179. – *(Abrogés – Décret n° 2022-855 du 7 juin 2022)*

Articles D. 180 à D. 185. – *(Abrogés – Décret n° 2010-1635 du 23 décembre 2010)*

Articles D. 186 à D. 187-1. – *(Abrogés – Décret n° 2022-855 du 7 juin 2022)*

CHAPITRE IV

De l'administration des établissements pénitentiaires

Articles D. 188 et D. 189. – *(Abrogés – Décret n° 2010-1635 du 23 décembre 2010)*

Articles D. 190 à D. 231. – *(Abrogés – Décret n° 2022-855 du 7 juin 2022)*

§ 1. – Dispositions générales

Article D. 232. – Visites – Accès magistrats – *(Décret n° 2022-855 du 7 juin 2022)*

• Lors de leurs visites d'établissements pénitentiaires, les magistrats mentionnés aux articles D. 131-2, D. 131-3 et D. 131-4 du Code pénitentiaire ont accès à la détention et, le cas échéant, s'entretiennent avec les personnes détenues, dans les conditions déterminées par les dispositions de l'article D. 134-3 du même code.

Article D. 233. – Visites – Consignes – Registre – *(Décret n° 2022-855 du 7 juin 2022)*

• Les visites d'établissements pénitentiaires effectuées par les magistrats et les observations de ces derniers sont consignées dans le registre qui leur est présenté, conformément aux dispositions de l'article D. 130-1 du Code pénitentiaire.

§ 1. – Conseil d'évaluation

Article D. 234. – Composition – *(Décret n° 2022-855 du 7 juin 2022)*

• Conformément aux dispositions de l'article D. 136-2 du Code pénitentiaire, le président du tribunal judiciaire dans le ressort duquel est situé un établissement pénitentiaire et le procureur de la République près ledit tribunal sont désignés en qualité de vice-présidents du conseil d'évaluation de cet établissement.

• La composition du conseil d'évaluation, qui comprend d'autres magistrats, est fixée par les dispositions du même article.

Article D. 235. – Règles de fonctionnement et conditions d'exercice – *(Décret n° 2022-855 du 7 juin 2022)*

• Les règles de fonctionnement du conseil d'évaluation et les conditions d'exercice de sa mission sont déterminées par les dispositions réglementaires du chapitre VI du titre III du livre I du Code pénitentiaire.

Articles D. 236 à D. 238. – *(Abrogés – Décret n° 2022-855 du 7 juin 2022)*

Articles D. 239 et D. 240. – *(Abrogés – Décret n° 2006-672 du 8 juin 2006)*

CHAPITRE V

De la discipline et de la sécurité des établissements pénitentiaires

Section I
De la police intérieure

Articles D. 241 à D. 242. – *(Abrogés – Décret n° 2010-1635 du 23 décembre 2010)*

Articles D. 243 à D. 248. – *(Abrogés – Décret n° 2013-368 du 30 avril 2013)*

Section II

De la discipline

Article D. 249. – Habilitation – *(Décret n° 2022-855 du 7 juin 2022)*

• Les personnes qui souhaitent être habilitées à participer à la commission de discipline en qualité d'assesseur adressent au président du tribunal judiciaire territorialement compétent une lettre de candidature précisant l'adresse des établissements pénitentiaires au sein desquels ils souhaitent intervenir.

• Elles peuvent également adresser leur candidature au chef de l'établissement pénitentiaire qui la communique sans délai au président du tribunal judiciaire.

• Le silence gardé pendant deux mois par le président du tribunal judiciaire sur une demande d'habilitation vaut décision de rejet.

• La décision d'habilitation entraîne l'inscription sur la liste prévue au 3e alinéa de l'article R. 234-6 du Code pénitentiaire.

• Cette liste est communiquée au chef de l'établissement pénitentiaire à l'occasion de chaque nouvelle inscription et au moins une fois par an.

Article D. 250. – Retrait de l'habilitation – *(Décret n° 2022-855 du 7 juin 2022)*

• L'habilitation délivrée par le président du tribunal judiciaire est retirée à la demande de la personne habilitée ou lorsque celle-ci ne remplit plus les conditions posées à l'article R. 234-7 du Code pénitentiaire.

• Le président du tribunal judiciaire peut également, d'office ou à la demande du chef d'établissement ou du procureur de la République, et après que la personne concernée a été mise en mesure de présenter ses observations écrites et, sur sa demande, des observations orales, procéder au retrait de l'habilitation :

• 1° Lorsque le titulaire de l'habilitation s'abstient de déférer à plusieurs convocations successives sans motif légitime ;

• 2° Lorsque le titulaire de l'habilitation adopte un comportement ou des propos incompatibles avec les obligations prévues à l'article R. 234-4 du Code pénitentiaire.

• Le retrait de l'habilitation entraîne la radiation de la personne habilitée, par le président du tribunal judiciaire, de la liste prévue au 3e alinéa de l'article R. 234-6 du Code pénitentiaire.

Articles D. 251 à D. 252. – *(Abrogés – Décret n° 2010-1635 du 23 décembre 2010)*

Article D. 253. – *(Abrogé – Décret n° 2004-1364 du 13 décembre 2004)*

Article D. 254. – *(Abrogé – Décret n° 2010-1635 du 23 décembre 2010)*

Section III

Des règles particulières de compétence

Articles D. 255 à D. 257. – *(Abrogés – Décret n° 2013-368 du 30 avril 2013)*

Article D. 258. – *(Abrogé – Décret n° 2022-855 du 7 juin 2022)*

Section IV

Des requêtes et plaintes formulées par les personnes détenues

Article D. 258-1. – *(Abrogé – Décret n° 2022-855 du 7 juin 2022)*

Articles D. 259 et D. 260. – *(Abrogés – Décret n° 2013-368 du 30 avril 2013)*

Article D. 261. – *(Abrogé – Décret n° 2010-1635 du 23 décembre 2010)*

Article D. 262. – Correspondance avec les autorités – *(Décret n° 2022-855 du 7 juin 2022)*

• Conformément aux dispositions de l'article D. 345-10 du Code pénitentiaire, les personnes détenues peuvent correspondre sous pli fermé avec les magistrats de l'ordre judiciaire en exercice dans leurs juridictions.

Articles D. 263 et D. 264. – *(Abrogés – Décret n° 2022-855 du 7 juin 2022)*

Section V

De la sécurité

Articles D. 265 à D. 272. – *(Abrogés – Décret n° 2022-855 du 7 juin 2022)*

Article D. 273. – *(Abrogé – Décret n° 2013-368 du 30 avril 2013)*

Article D. 274. – Information autorité judiciaire – Découverte sommes, correspondances ou objets... – *(Décret n° 2022-855 du 7 juin 2022)*
• Conformément aux dispositions de l'article D. 221-5 du Code pénitentiaire, l'autorité judiciaire est informée, en vue de l'application éventuelle des pénalités prévues à l'article 434-35 du Code pénal, de la découverte des sommes, correspondances ou objets qui seraient trouvés en possession des personnes détenues ou de leurs visiteurs et qui auraient été envoyés ou remis contrairement aux prescriptions du même article.

Article D. 275. – *(Abrogé – Décret n° 2010-1635 du 23 décembre 2010)*

Articles D. 276 à D. 280. – *(Abrogés – Décret n° 2022-855 du 7 juin 2022)*

Article D. 281. – Information – P.R. – Commission d'un crime ou d'un délit – *(Décret n° 2022-855 du 7 juin 2022)*
• Conformément aux dispositions de l'article 40 du présent code et de l'article D. 214-27 du Code pénitentiaire, le procureur de la République est informé directement et sans délai par le chef d'établissement de la commission d'un crime ou d'un délit dans un établissement pénitentiaire.

Article D. 282. – Décès personne détenue – Avis – *(Décret n° 2022-855 du 7 juin 2022)*
• Conformément aux dispositions de l'article D. 214-28 du Code pénitentiaire, en cas de décès d'une personne détenue, le chef de l'établissement donne les avis prévus à l'article D. 214-26 du même code.
• S'il y a eu suicide ou mort violente, ou encore si la cause du décès est inconnue ou suspecte, les dispositions de l'article 74 sont applicables.

Article D. 283. – Evasion – Information – *(Décret n° 2022-855 du 7 juin 2022)*
• Conformément aux dispositions de l'article D. 214-29 du Code pénitentiaire, toute évasion fait l'objet d'une information immédiate par le chef de l'établissement aux autorités mentionnées à l'article D. 214-26 du même code.
• Toute tentative d'évasion doit également être portée sans délai à la connaissance de ces autorités.

Articles D. 283-1 à D. 283-2-4. – *(Abrogés – Décret n° 2010-1635 du 23 décembre 2010)*

Article D. 283-3. – *(Abrogé – Décret n° 2022-855 du 7 juin 2022)*

Article D. 283-4. – *(Abrogé – Décret n° 2013-368 du 30 avril 2013)*

Article D. 283-5. – *(Abrogé – Décret n° 2010-1635 du 23 décembre 2010)*

Article D. 283-6. – *(Abrogé – Décret n° 2022-855 du 7 juin 2022)*

CHAPITRE VI

Des mouvements de personnes détenues

Section I

Des entrées et sorties des personnes détenues

Articles D. 284 à D. 286. – *(Abrogés – Décret n° 2013-368 du 30 avril 2013)*

Article D. 287. – *(Abrogé – Décret n° 2022-855 du 7 juin 2022)*

Article D. 288. – *(Abrogé – Décret n° 2013-368 du 30 avril 2013)*

Article D. 289. – *(Abrogé – Décret n° 2022-855 du 7 juin 2022)*

Section II

Des transfèrements et des extractions

Articles D. 290 et D. 291. – *(Abrogés – Décret n° 2022-855 du 7 juin 2022)*

Article D. 292. – Conditions et modalités de mise en œuvre – *(Décret n° 2022-855 du 7 juin 2022)*
• Les dispositions du chapitre V du titre Ier du livre II du Code pénitentiaire déterminent les conditions et modalités de mise en œuvre des transfèrements et extractions des personnes détenues, notamment pour ce qui concerne :
• – la prise en compte de la situation judiciaire des intéressés ;
• – les cas où les services compétents sont requis par le procureur de la République ;
• – les prérogatives des autorités judiciaires à l'égard des personnes placées en détention provisoire ou des personnes condamnées devant être tenues à la disposition de la juridiction dans le ressort de laquelle elles se trouvent ;
• – les diligences à accomplir par l'autorité judiciaire pour assurer la réintégration d'une personne détenue dont elle a ordonné l'extraction.

Articles D. 293 à D. 317. – *(Abrogés – Décret n° 2022-855 du 7 juin 2022)*

CHAPITRE VII

De la gestion des biens et de l'entretien des personnes détenues

Section I

De la gestion des biens des détenus

Article D. 318. – *(Abrogé – Décret n° 2013-368 du 30 avril 2013)*

Articles D. 319 à D. 324. – *(Abrogés – Décret n° 2022-855 du 7 juin 2022)*

Article D. 325. – Obligation indemnisation – Parties civiles – *(Décret n° 2022-855 du 7 juin 2022)*
• Conformément aux dispositions de l'article D. 332-11 du Code pénitentiaire, lorsqu'une personne détenue condamnée fait l'objet d'une obligation d'indemnisation de parties civiles, le ministère public près la juridiction ayant prononcé la condamnation, dès que cette dernière a acquis un caractère définitif, informe sans délai l'établissement où se trouve détenue la personne condamnée de l'existence de parties civiles et du montant de leurs créances.

Article D. 326. – *(Abrogé – Décret n° 2010-1635 du 23 décembre 2010)*

Article D. 327. – *(Abrogé – Décret n° 2022-855 du 7 juin 2022)*

Articles D. 328 et D. 329. – *(Abrogés – Décret n° 2004-1072 du 5 octobre 2004)*

Article D. 330. – Versement – Compte nominatif – Personne en détention provisoire – *(Décret n° 2022-855 du 7 juin 2022)*

• Conformément aux dispositions de l'article D. 332-17 du Code pénitentiaire, tout versement effectué à l'extérieur sur la part disponible du compte nominatif d'une personne placée en détention provisoire doit avoir été autorisé expressément par le magistrat saisi du dossier de l'information.

Article D. 331. – *(Abrogé – Décret n° 2013-368 du 30 avril 2013)*

Articles D. 332 à D. 334-1. – *(Abrogés – Décret n° 2022-855 du 7 juin 2022)*

Articles D. 335 à D. 338. – *(Abrogés – Décret n° 2013-368 du 30 avril 2013)*

Article D. 339. – Information autorité judiciaire – Sommes d'argent ou objets... – *(Décret n° 2022-855 du 7 juin 2022)*

• Conformément aux dispositions de l'article D. 332-7 du Code pénitentiaire, le chef de l'établissement pénitentiaire donne connaissance à l'autorité judiciaire des sommes d'argent ou objets trouvés sur les personnes détenues, apportés par elles ou qui leur sont envoyés lorsque, en raison de leur nature, de leur importance ou de leur origine, ces sommes ou objets sont susceptibles d'être retenus ou saisis.

Article D. 340. – *(Abrogé – Décret n° 2013-368 du 30 avril 2013)*

Article D. 341. – *(Abrogé – Décret n° 2022-855 du 7 juin 2022)*

Articles D. 342 et D. 343. – *(Abrogés – Décret n° 2013-368 du 30 avril 2013)*

Article D. 344. – *(Abrogé – Décret n° 2022-855 du 7 juin 2022)*

Articles D. 345 à D. 347. – *(Abrogés – Décret n° 2013-368 du 30 avril 2013)*

Article D. 347-1. – *(Abrogé – Décret n° 2022-855 du 7 juin 2022)*

Article D. 348. – *(Abrogé – Décret n° 2013-368 du 30 avril 2013)*

CHAPITRE VIII

De la santé des personnes détenues

Section I

Dispositions générales

Articles D. 348-1 à D. 353. – *(Abrogés – Décret n° 2022-855 du 7 juin 2022)*

Articles D. 354 à D. 359. – *(Abrogés – Décret n° 2013-368 du 30 avril 2013)*

Section III

De l'organisation sanitaire

Article D. 360. – Transfèrement dans un autre établissement pénitentiaire – *(Décret n° 2022-855 du 7 juin 2022)*

• Conformément aux dispositions des articles R. 322-5 et D. 215-13 du Code pénitentiaire, le transfèrement dans un établissement pénitentiaire mieux approprié de personnes détenues prévenues qui ne bénéficient pas, dans l'établissement où elles sont écrouées, de conditions matérielles de détention adaptées à leur état de santé et pour celles qui nécessitent une prise en charge particulière, ne peut être mis en œuvre que si le magistrat saisi du dossier de l'information :

• 1° A préalablement été informé de la durée probable du traitement envisagé ;

• 2° Ne s'est pas opposé à ce transfèrement dans le délai prévu à l'article D. 215-13 du même code.

Article D. 361. – *(Abrogé – Décret n° 2013-368 du 30 avril 2013)*

Articles D. 362 et D. 363. – *(Abrogés – Décret n° 2022-855 du 7 juin 2022)*

Article D. 364. – Grève de la faim prolongée – *(Décret n° 2022-855 du 7 juin 2022)*

• Conformément aux dispositions de l'article R. 322-4 du Code pénitentiaire, si une personne détenue se livre à une grève de la faim prolongée, il en est rendu compte aux autorités à prévenir en cas d'incident dans les conditions déterminées par les dispositions de l'article D. 214-26 du même code.

Articles D. 365 et D. 380. – *(Abrogés – Décret n° 2022-855 du 7 juin 2022)*

Article D. 381. – *(Abrogé – Décret n° 2010-1635 du 23 décembre 2010)*

Article D. 382. – Médecins – État de santé d'une personne détenue – *(Décret n° 2022-855 du 7 juin 2022)*

• Lorsque les médecins intervenant dans les structures mentionnées par les dispositions des articles D. 115-3 et D. 115-6 du Code pénitentiaire estiment que l'état de santé d'une personne détenue prévenue n'est pas compatible avec un maintien en détention ou avec le régime pénitentiaire qui lui est appliqué, l'autorité judiciaire compétente est informée par le chef d'établissement pénitentiaire, dans les conditions prévues par les dispositions de l'article D. 115-25 du même code.

Articles D. 383 à D. 391. – *(Abrogés – Décret n° 2022-855 du 7 juin 2022)*

Article D. 392. – *(Abrogé – Décret n° 2010-1635 du 23 décembre 2010)*

Article D. 393. – Admission d'une personne détenue – Établissement de santé... – *(Décret n° 2022-855 du 7 juin 2022)*

• Conformément aux dispositions de l'article R. 6111-41 du Code de la santé publique, l'admission d'une personne détenue prévenue dans un établissement de santé à vocation nationale ou dans un établissement de santé situé dans le ressort territorial d'une direction interrégionale des services pénitentiaires autre que celui où cette personne est écrouée suppose l'accord préalable du magistrat saisi du dossier de l'information.

• En cas d'urgence, il peut toutefois être procédé à l'hospitalisation avant réception de l'accord des autorités judiciaires compétentes, auxquelles il en est rendu compte immédiatement.

Articles D. 394 à D. 399. – *(Abrogés – Décret n° 2022-855 du 7 juin 2022)*

Section IV

Protection de la mère et de l'enfant

Articles D. 400 et D. 400-1. – *(Abrogés – Décret n° 2022-855 du 7 juin 2022)*

Article D. 401. – Mère en détention avec enfant – Transfert autre établissement – *(Décret n° 2022-855 du 7 juin 2022)*

• Conformément aux dispositions de l'article D. 216-22 du Code pénitentiaire, les mères en détention ayant gardé leur enfant auprès d'elles et qui sont des personnes prévenues ne peuvent être transférées dans un établissement doté de locaux spécialement aménagés à cet effet qu'après accord du magistrat saisi du dossier de la procédure.

Articles D. 401-1 et D. 401-2. – *(Abrogés – Décret n° 2022-855 du 7 juin 2022)*

CHAPITRE IX

Des relations des personnes détenues avec l'extérieur

Article D. 402. – *(Abrogé – Décret n° 2013-368 du 30 avril 2013)*

Section I

Des visites

Article D. 403. – Modalités délivrance permis de visite – *(Décret n° 2022-855 du 7 juin 2022)*

• Les modalités de délivrance des permis de visite mentionnés par les dispositions de l'article L. 341-5 du Code pénitentiaire, ainsi que les conditions dans lesquelles ces permis peuvent être refusés, notamment dans l'intérêt d'une personne victime, d'un enfant mineur, ou pour la bonne exécution d'une interdiction judiciaire de contact, sont déterminées par les dispositions de la section 1 du chapitre IV du titre IV du livre III du même code.

Articles D. 404 à D. 406. – *(Abrogés – Décret n° 2022-855 du 7 juin 2022)*

Article D. 407. – *(Abrogé – Décret n° 2010-1635 du 23 décembre 2010)*

Articles D. 408 à D. 411. – *(Abrogés – Décret n° 2013-368 du 30 avril 2013)*

Articles D. 412 à D. 419-3. – *(Abrogés – Décret n° 2010-1635 du 23 décembre 2010)*

Articles D. 420 à D. 422. – *(Abrogés – Décret n° 2013-368 du 30 avril 2013)*

Article D. 423. – *(Abrogé – Décret n° 2010-1635 du 23 décembre 2010)*

Section IV

Des événements familiaux et des sorties exceptionnelles qu'ils peuvent motiver

Article D. 424. – Mariage des détenus – *(Décret n° 2022-855 du 7 juin 2022)*

• Conformément aux dispositions de l'article D. 343-1 du Code pénitentiaire, le mariage des personnes détenues, sauf application éventuelle des dispositions des articles D. 143 et D. 143-1 du présent code, est célébré au sein de l'établissement pénitentiaire sur réquisitions du procureur de la République, telles que prévues par les dispositions de l'article 75 du Code civil.

Article D. 424-1. – *(Abrogé – Décret n° 2013-368 du 30 avril 2013)*

Articles D. 425 et D. 426. – *(Abrogés – Décret n° 2016-1222 du 14 septembre 2016)*

Section V

Des renseignements concernant les détenus et de leurs relations avec le monde extérieur

Article D. 427. – *(Abrogé – Décret n° 2013-368 du 30 avril 2013)*

Article D. 428. – Renseignements – *(Décret n° 2022-855 du 7 juin 2022)*

• Les renseignements relatifs au lieu d'incarcération, à la situation pénale ou à la date de libération d'un détenu, doivent être fournis par les services pénitentiaires aux autorités judiciaires qui sont qualifiées pour en connaître.

• Conformément aux dispositions de l'article D. 214-31 du Code pénitentiaire, la communication de ces renseignements à des tiers par l'administration pénitentiaire est subordonnée, d'une part et s'il y a lieu, à l'appréciation du magistrat saisi du dossier de l'information et, d'autre part, au consentement exprès du détenu.

• Ces mêmes dispositions déterminent les conditions dans lesquelles le procureur de la République peut délivrer de tels renseignements à des tiers en l'absence du consentement de la personne détenue.

Article D. 429. – *(Abrogé – Décret n° 2013-368 du 30 avril 2013)*

Section VI

De l'envoi et de la réception d'objets par les personnes détenues

Articles D. 430 et D. 431. – *(Abrogés – Décret n° 2013-368 du 30 avril 2013)*

CHAPITRE X

Des actions de préparation à la réinsertion des personnes détenues

Article D. 432. – *(Abrogé – Décret n° 2013-368 du 30 avril 2013)*

Articles D. 432-1 à D. 446. – *(Abrogés – Décret n° 2022-855 du 7 juin 2022)*

Articles D. 447 à D. 449-1. – *(Abrogés – Décret n° 2013-368 du 30 avril 2013)*

Articles D. 459-1 à D. 459-2. – *(Abrogés – Décret n° 2022-855 du 7 juin 2022)*

Article D. 460. – *(Abrogé – Décret n° 2022-855 du 7 juin 2022)*

Article D. 461. – S.P.I.P. – Individualisation exécution mesure privative de liberté – *(Décret n° 2022-855 du 7 juin 2022)*

• Conformément aux dispositions de l'article D. 113-40 du Code pénitentiaire, chaque fois que la demande lui en est faite ou à son initiative, le service pénitentiaire d'insertion et de probation fournit à l'autorité judiciaire les éléments permettant de mieux individualiser l'exécution de la mesure privative de liberté de chaque détenu.

Articles D. 462 à D. 463. – *(Abrogés – Décret n° 2022-855 du 7 juin 2022)*

Articles D. 464 et D. 465. – *(Abrogés – Décret n° 2013-368 du 30 avril 2013)*

Article D. 472. – *(Abrogé – Décret n° 2022-855 du 7 juin 2022)*

Article D. 473. – Agrément visiteurs de prison – *(Décret n° 2022-855 du 7 juin 2022)*
• Conformément aux dispositions de l'article D. 341-20 du Code pénitentiaire, l'agrément des visiteurs de prison est retiré par le directeur régional des services pénitentiaires soit d'office, soit à la demande du juge de l'application des peines ou du procureur de la République.

Articles D. 474 et D. 475. – *(Abrogés – Décret n° 2022-855 du 7 juin 2022)*

Articles D. 476 et D. 477. – *(Abrogés – Décret n° 2013-368 du 30 avril 2013)*

Articles D. 478 et D. 479. – *(Abrogés – Décret n° 2022-855 du 7 juin 2022)*

Articles D. 480 à D. 484. – *(Abrogés – Décret n° 2013-368 du 30 avril 2013)*

Articles D. 485 à D. 486. – *(Abrogés – Décret n° 98-1099 du 8 décembre 1998)*

CHAPITRE XI

De différentes catégories de personnes détenues

Articles D. 487 à D. 495. – *(Abrogés – Décret n° 2022-855 du 7 juin 2022)*

Section II

Des détenus de nationalité étrangère

Articles D. 505 et D. 506. – *(Abrogés – Décret n° 2022-855 du 7 juin 2022)*

Article D. 507. – Délivrance permis de visite – Contrôle de la correspondance – *(Décret n° 2022-855 du 7 juin 2022)*
• Conformément aux dispositions de l'article D. 216-12 du Code pénitentiaire, la délivrance des permis de visite et le contrôle de la correspondance concernant les détenus écroués à la suite d'une demande d'extradition émanant d'un gouvernement étranger relèvent du procureur général.

Section III

Des détenus appartenant aux forces armées

Article D. 508. – Personnes condamnées militaires – *(Décret n° 2022-855 du 7 juin 2022)*
• Conformément aux dispositions de l'article D. 216-13 du Code pénitentiaire, les mesures prévues par les dispositions des articles 723 et 723-3 ne peuvent être accordées aux personnes condamnées militaires qu'avec l'accord préalable de l'autorité militaire dont relèvent les personnes intéressées.

Articles D. 509 à D. 513. – *(Abrogés – Décret n° 2022-855 du 7 juin 2022)*

Articles D. 514 et D. 514-1. – *(Abrogés – Décret n° 2021-683 du 27 mai 2021)*

Articles D. 515 et D. 515-1. – *(Abrogés – Décret n° 2015-1486 du 16 novembre 2015)*

Article D. 516. – *(Abrogé – Décret n° 2021-683 du 27 mai 2021)*

Articles D. 517 à D. 518-2. – *(Abrogés – Décret n° 2015-1486 du 16 novembre 2015)*

Article D. 519. – *(Abrogé – Décret n° 2021-683 du 27 mai 2021)*

Article D. 519-1. – *(Abrogé – Décret n° 2015-1486 du 16 novembre 2015)*

Article D. 520. – *(Abrogé – Décret n° 2015-1486 du 16 novembre 2015)*

Section V
Des détenus majeurs âgés de moins de 21 ans

Article D. 521. – Activités d'enseignement, de formation, de travail et... – *(Décret n° 2022-855 du 7 juin 2022)*

• Conformément aux dispositions de l'article D. 216-19 du Code pénitentiaire, les personnes détenues prévenues majeures âgées de moins de 21 ans participent à des activités d'enseignement, de formation, de travail et socioculturelles et sportives ou de détente, sauf si le magistrat chargé du dossier de la procédure en dispose autrement.

Article D. 521-1. – *(Abrogé – Décret n° 2022-855 du 7 juin 2022)*

Section VI
Dispositions relatives à l'exécution, sur le territoire des autres États membres de l'Union européenne, des condamnations prononcées par les juridictions françaises

Article D. 521-1-1. – Notification du condamné – Décision – Recours – *(Décret n° 2022-546 du 13 avril 2022)*

• Lors de la notification au condamné d'une des décisions du représentant du ministère public mentionnées aux 1°, 2° et 3° de l'article 728-22-1, celui-ci est informé que le recours devant le président de la chambre de l'application des peines de la cour d'appel prévu par cet article peut être exercé dans un délai de 10 jours à compter de cette notification.

TITRE III
DE LA LIBÉRATION CONDITIONNELLE

CHAPITRE Ier
De la procédure relative aux demandes de libération conditionnelle

Article D. 522. – Fichier – *(Décret n° 2014-1582 du 23 décembre 2014)*

• Pour faciliter le contrôle de la situation des condamnés au regard de la libération conditionnelle, un fichier est tenu dans tous les établissements pénitentiaires qui fait apparaître la date prévisible de leur libération et la date de l'expiration du temps d'épreuve ou de la période de sûreté.

• Le greffe de l'établissement pénitentiaire avise en temps utile les condamnés qu'ils sont admissibles à la libération conditionnelle.

• Ce fichier est présenté au juge de l'application des peines ainsi qu'aux autorités judiciaires et administratives inspectant ces établissements. Il peut être également présenté, sur leur demande, aux parlementaires visitant des établissements en application de l'article 719.

Article D. 523. – Examen situation des condamnés – *(Décret n° 2004-1364 du 13 décembre 2004)*

• Au moins une fois par an, et même en l'absence de demande de la part des intéressés, le juge de l'application des peines examine en temps utile la situation des condamnés ayant vocation à la libération conditionnelle pour que ces derniers puissent être éventuellement admis au bénéfice de la mesure dès qu'ils remplissent les conditions prévues par la loi. Dans le cas prévu au deuxième alinéa de l'article 730, le juge de l'application des peines peut saisir le tribunal de l'application des peines s'il estime que la mesure peut être accordée.

• Sauf s'il est envisagé d'assortir le bénéfice de la mesure de l'une des conditions prévues aux 3° et 4° de l'article D. 535, l'examen prévu à l'alinéa précédent porte essentiellement sur les efforts de réadaptation sociale du condamné en fonction de sa situation personnelle, familiale ou sociale.

• Des éléments d'information complémentaires sont, en tant que de besoin, recueillis par l'intermédiaire du service pénitentiaire d'insertion et de probation du lieu où le condamné souhaite établir sa résidence.

Article D. 523-1. – Convocation – *(Décret n° 2014-1582 du 23 décembre 2014)*

• Deux mois au moins avant la date prévue pour l'examen prévu par l'article 730-3, la personne condamnée est convoquée par le service pénitentiaire d'insertion et de probation afin de faire connaître si elle s'oppose à toute mesure de libération conditionnelle. Son choix est mentionné dans un procès-verbal signé de l'intéressé. Il est porté sans délai à la connaissance du juge de l'application des peines.

• Le service pénitentiaire d'insertion et de probation transmet en temps utile au juge de l'application des peines les rapports concernant les personnes condamnées dont la situation doit être examinée lors du débat contradictoire prévu par cet article.

• Si un débat contradictoire n'a pas été tenu dans un délai de quatre mois à compter du jour où la durée de la peine accomplie est égale au double de la peine restant à subir, la chambre de l'application des peines de la cour d'appel peut être saisie directement par le condamné ou par le procureur de la République, ou se saisir d'office. La saisine par le condamné se fait par lettre recommandée avec accusé de réception ou selon les modalités prévues par l'article 503.

• Les dispositions de l'article 730-3 ne s'appliquent pas aux personnes en aménagement de peine sous écrou.

• Si la condamnation de la personne fait l'objet d'une période de sûreté, elles ne s'appliquent qu'à l'issue de cette période.

Article D. 524. – Demande de libération conditionnelle – *(Décret n° 2004-1364 du 13 décembre 2004)*

• La demande de libération conditionnelle relevant de la compétence du juge de l'application des peines doit être examinée dans les quatre mois de son dépôt, conformément aux dispositions de l'article D. 49-33.

• Celle relevant de la compétence du tribunal de l'application des peines libération conditionnelle doit être examinée dans les six mois de son dépôt, conformément aux dispositions de l'article D. 49-36.

• À défaut, le condamné peut directement saisir de sa demande la chambre de l'application des peines de la cour d'appel, par lettre recommandée avec demande d'accusé de réception ou selon les modalités prévues à l'article 503.

Article D. 525. – Libération conditionnelle – *(Décret n° 2004-1364 du 13 décembre 2004)*

• Dès lors qu'il remplit les conditions prévues par l'article 729 ou par l'article 729-3, tout condamné peut, même s'il n'est pas sous écrou, être admis au bénéfice de la libération conditionnelle.

Article D. 526. – Examen demande libération conditionnelle – *(Décret n° 2019-966 du 18 septembre 2019)*

• Sans préjudice des dispositions de l'article D. 523, le juge de l'application des peines recueille les éléments d'information nécessaires à l'examen de la demande de libération conditionnelle. À cette fin, il peut faire application des dispositions de l'article 712-16.

• Dans tous les cas, le juge de l'application des peines peut également recueillir l'avis du procureur de la République du tribunal judiciaire dans le ressort duquel le condamné souhaite établir sa résidence. Le procureur de la République peut alors procéder aux investigations prévues au 1er alinéa du présent article afin de donner son avis.

• Pour les affaires concernant les militaires condamnés par une des juridictions mentionnées à l'article 697 ou une juridiction des forces armées, le juge de l'application des peines recueille également l'avis du ministre de la défense.

• Ces différents documents ou avis sont versés au dossier individuel du condamné, qui est transmis au tribunal de l'application des peines lorsque ce dernier est compétent.

• Dans ce dernier cas, le juge de l'application des peines présente oralement la synthèse de ces documents et avis lors du débat contradictoire devant le tribunal de l'application des peines.

Article D. 527. – Mesures d'instruction complémentaires – *(Décret n° 2019-966 du 18 septembre 2019)*

• Lorsqu'ils sont saisis, le tribunal de l'application des peines et la chambre de l'application des peines de la cour d'appel, ou les présidents de ces juridictions, peuvent également procéder ou faire procéder à des mesures d'instruction complémentaires. La juridiction qui envisage d'accorder une libération conditionnelle est tenue de demander l'avis du procureur de la République du tribunal judiciaire dans le ressort duquel le condamné souhaite établir sa résidence si cet avis ne figure pas déjà dans le dossier.

Article D. 527-1. – Avis commission pluridisciplinaire – *(Décret n° 2022-855 du 7 juin 2022)*

• Conformément aux dispositions de l'article 730-2, la libération conditionnelle ne peut être accordée qu'après une évaluation pluridisciplinaire de dangerosité assortie d'une expertise médicale, lorsqu'elle concerne une personne qui a été condamnée à la réclusion criminelle à perpétuité ou qui, quelle que soit la durée de la détention restant à subir, a été condamnée soit à une peine d'emprisonnement ou de réclusion criminelle égale ou supérieure à 15 ans pour une infraction pour laquelle le suivi socio-judiciaire est encouru, soit à une peine d'emprisonnement ou de réclusion criminelle égale ou supérieure à 10 ans pour une infraction mentionnée à l'article 706-53-13.

• Aux fins de réaliser cette évaluation, le tribunal de l'application des peines ordonne le placement de la personne dans le Centre national d'évaluation prévu aux articles D. 211-15 et D. 211-23 du Code pénitentiaire, si ce placement n'a pas déjà été ordonné par le juge de l'application des peines lors de l'instruction de la demande dans les conditions prévues par l'article D. 526.

• La durée du placement au Centre national d'évaluation est déterminée par l'administration pénitentiaire, au regard des informations relatives à la situation du condamné transmises par le juge ou le tribunal de l'application des peines qui a ordonné le placement.

• L'expertise médicale mentionnée au 1er alinéa est ordonnée par le juge de l'application des peines conformément à l'article 712-21. À défaut, elle est ordonnée par le tribunal de l'application des peines. Si la personne a été condamnée pour un des crimes mentionnés à l'article 706-53-13, l'expertise est réalisée par 2 experts et elle porte sur l'opportunité du recours à un traitement utilisant des médicaments inhibiteurs de libido conformément aux dispositions du 2° de l'article 730-2.

• L'évaluation pluridisciplinaire de dangerosité est transmise au tribunal de l'application des peines au plus tard dans un délai de 6 mois à compter de la saisine du Centre national d'évaluation dans les conditions prévues au 2e alinéa. Cette évaluation et l'expertise qui l'assortit sont valables pour une durée de 2 ans.

Article D. 527-2. – Condamnation réclusion criminelle à perpétuité – *(Décret n° 2020-128 du 18 février 2020)*

• En cas de condamnation mentionnée au 1er alinéa de l'article D. 527-1, l'évaluation pluridisciplinaire de dangerosité et l'expertise médicale qui l'assortit doivent également être réalisées, conformément aux dispositions des articles 730-2 et D. 527-1, avant un éventuel placement sous semi-liberté ou sous surveillance électronique probatoire à une libération conditionnelle ordonné en application des dispositions des articles 723-1 et 723-7. Dans ce cas, à l'issue de l'exécution de la semi-liberté ou de la détention à domicile sous surveillance électronique, la libération conditionnelle peut être accordée sans qu'il soit besoin de réaliser à nouveau une évaluation pluridisciplinaire de dangerosité ainsi qu'une expertise médicale.

Article D. 527-3. – Évaluation pluridisciplinaire de dangerosité – *(Décret n° 2016-1455 du 28 octobre 2016)*

• L'évaluation pluridisciplinaire de dangerosité prévue par l'article 730-2-1 est réalisée par la commission pluridisciplinaire des mesures de sûreté mentionnée à l'article 763-10 compétente pour le ressort de la cour d'appel de Paris.

• Lorsqu'elle statue en application du premier alinéa, sa composition prévue par l'article R. 61-8 est ainsi modifiée :

• 1° Elle est complétée par un fonctionnaire de police ou un militaire de la gendarmerie affecté ou ayant été affecté dans un service de police judiciaire spécialement chargé de la lutte contre le terrorisme désigné, pour une période de cinq ans, par le ministre de l'intérieur ;

• 2° Le représentant d'une association d'aide aux victimes prévu au 6° de l'article R. 61-8 est un représentant d'une association mentionnée à l'article 2-9. Ce représentant ne peut toutefois avoir été victime des faits pour lesquels a été condamnée la personne dont la commission est chargée d'évaluer la dangerosité.

Article D. 527-4. – Saisine de la commission pluridisciplinaire – *(Décret n° 2022-855 du 7 juin 2022)*

• La commission mentionnée à l'article D. 527-3 est saisie par le tribunal de l'application des peines lorsque celui-ci doit statuer sur l'octroi de la libération conditionnelle si elle ne l'a pas déjà été par le juge de l'application des peines conformément aux dispositions de l'article D. 526.

• Elle peut utiliser les moyens de télécommunication conformément aux dispositions de l'article 706-71. Le condamné peut être assisté de son avocat.

• Cette commission peut consulter les éléments figurant dans le dossier individuel du condamné mentionné à l'article L. 214-1 du Code pénitentiaire.

• Sur décision de son président, qui en assure la mise en œuvre, la commission peut également procéder ou faire procéder sur l'ensemble du territoire national à tous examens, auditions, enquêtes administratives, expertises ou autres mesures utiles.

• Le président de la commission peut, lorsque la personne est détenue, saisir le centre national d'évaluation qui lui transmet un rapport d'évaluation. Les 3e et 5e alinéas de l'article D. 527-1 sont alors applicables sauf en ce qui concerne la nécessité d'une expertise médicale.

• L'avis de la commission est valable pour une durée de 2 ans. Il doit être rendu au plus tard dans un délai de 6 mois à compter de sa saisine.

Article D. 528. – Motivation *(jugement, arrêt)* – *(Décret n° 2006-385 du 30 mars 2006)*

• Tout jugement ou arrêt ordonnant une libération conditionnelle est motivé conformément aux dispositions des articles 712-4, 712-13 et 729, ainsi que de celles du présent article.

• Il vise le procès-verbal de débat contradictoire dans lequel est mentionné le sens des réquisitions du ministère public.

• Il précise les garanties de représentation et de resocialisation de la personne concernant notamment sa résidence ou son domicile et l'origine, la nature et l'importance des revenus dont elle pourra bénéficier.

• Il mentionne l'ensemble des mesures et conditions imposées au condamné, qu'il s'agisse des mesures et conditions obligatoires ou des conditions particulières.

• Les modalités pratiques d'exécution de ces mesures et conditions peuvent être précisées ultérieurement par une instruction adressée par le juge de l'application des peines au service chargé de suivre le condamné.

Article D. 529. – *(Abrogé – Décret n° 2004-1364 du 13 décembre 2004)*

CHAPITRE II

Des mesures et conditions auxquelles sont soumis ou peuvent être soumis les libérés conditionnels

Article D. 530. – Mesures et conditions – *(Décret n° 2006-385 du 30 mars 2006)*

• Les mesures et conditions assortissant la libération conditionnelle sont, selon les distinctions prévues par le présent chapitre, obligatoires ou particulières. Elles sont destinées à faciliter et à vérifier la réinsertion du condamné et à prévenir la récidive.

Article D. 531. – Refus admission – *(Décret n° 2006-385 du 30 mars 2006)*

• Tout condamné, sous réserve de l'application des dispositions de l'article 729-2, a la faculté de refuser son admission à la libération conditionnelle, en sorte que les mesures et les conditions particulières qu'elle comporte à son égard ne peuvent s'appliquer sans son consentement.

• Ces mesures et conditions doivent en conséquence être portées à la connaissance de l'intéressé avant l'exécution de la décision qui les prescrit.

Section I

Des mesures et conditions obligatoires

Article D. 532. – *(Abrogé – Décret n° 2022-855 du 7 juin 2022)*

Article D. 533. – Obligations du condamné – *(Décret n° 2006-385 du 30 mars 2006)*

• Le condamné faisant l'objet d'une libération conditionnelle doit obligatoirement se soumettre aux mesures de contrôle prévues par l'article 132-44 du Code pénal.

Article D. 533-1. – Décision – *(Décret n° 2011-1876 du 14 décembre 2011)*

• Si la nature des faits commis par le condamné et sa personnalité le justifient, la décision accordant la libération conditionnelle peut préciser que le condamné fera l'objet d'un suivi renforcé de la part du service pénitentiaire d'insertion et de probation.

• Cette indication peut également être précisée, postérieurement à la décision de libération conditionnelle, par une instruction adressée par le juge de l'application des peines au service chargé de suivre le condamné.

Article D. 533-2. – Visites – *(Décret n° 2022-855 du 7 juin 2022)*

• Conformément aux dispositions de l'article D. 530-5 du Code pénitentiaire régissant les visites que le condamné est tenu de recevoir du personnel du service pénitentiaire d'insertion et de probation, ce dernier informe le juge de l'application des peines en cas de difficulté dans l'application de ces mêmes dispositions.

Article D. 534. – Changement de résidence – *(Décret n° 2006-385 du 30 mars 2006)*

• Le juge de l'application des peines peut autoriser le libéré conditionnel à changer de résidence, après avoir consulté le juge de l'application des peines du ressort dans lequel le condamné envisage de s'établir et, lorsque la libération a été accordée par le tribunal de l'application des peines, le procureur de la République de ce ressort.

• Le libéré doit obtenir l'autorisation du juge de l'application des peines préalablement à tout déplacement dont la durée excéderait quinze jours, ainsi que pour tout déplacement à l'étranger.

• L'établissement à l'étranger, s'il n'est pas prévu dans la décision de libération conditionnelle, ne peut être autorisé que par une modification de ladite décision dans les conditions fixées au 4e alinéa de l'article 732.

Article D. 534-1. – Copie du dossier – *(Décret n° 2019-966 du 18 septembre 2019)*

• Au moins 2 semaines avant la date de libération du condamné, une copie de tout ou partie du dossier individuel le concernant, comportant notamment la décision de libération conditionnelle, est adressée au juge de l'application des peines du tribunal judiciaire dans le ressort duquel le condamné devra résider, afin de lui permettre de préparer la mise en œuvre de la libération conditionnelle.

• Dans un délai d'un mois à compter de sa libération, le condamné doit être convoqué devant ce juge de l'application des peines ou devant le service pénitentiaire d'insertion ou de probation compétent.

• Lorsque la personne a été condamnée pour viol, pour meurtre ou assassinat avec viol ou acte de torture ou de barbarie, ou pour agression ou atteinte sexuelle commise sur un mineur de 15 ans, cette convocation doit intervenir au plus tard dans un délai de 8 jours, et doit être remise au condamné avant sa libération.

• Lorsqu'en raison des possibilités d'insertion dont peut bénéficier le condamné, et notamment de la date à laquelle ce dernier doit débuter un emploi, la libération conditionnelle doit être accordée en urgence, dans des conditions ne permettant pas de respecter les délais prévus par les 2 premiers alinéas, ceux-ci ne sont pas applicables.

Article D. 534-2. – Suspension – *(Décret n° 2010-1277 du 27 octobre 2010)*

• Le juge de l'application des peines peut, par ordonnance prise conformément aux dispositions de l'article 712-8, suspendre l'exécution de tout ou partie des obligations de la libération conditionnelle, y compris celles résultant d'un placement sous surveillance électronique mobile, pour des raisons médicales, notamment en cas d'hospitalisation de la personne.

• Cette suspension est valable pour une durée maximale de trois mois. Elle peut être renouvelée selon les mêmes modalités si l'état de santé du condamné le justifie.

• Les obligations auxquelles était astreint le condamné, y compris celles résultant d'un placement sous surveillance électronique mobile, reprennent de plein droit dès que le juge de l'application des peines constate, par ordonnance, que l'état de santé de ce dernier ne justifie plus la suspension.

• Si le juge ne suspend qu'une partie des obligations, il peut modifier ou compléter, pendant la durée de cette suspension, certaines des autres obligations et interdictions auxquelles est astreint le condamné, notamment en lui imposant comme lieu de résidence le lieu de son hospitalisation.

Section II
Des conditions particulières

Article D. 535. – Décision bénéfice libération conditionnelle – *(Décret n° 2021-862 du 30 juin 2021)*

• La décision accordant à un condamné le bénéfice de la libération conditionnelle peut subordonner l'octroi de cette mesure à l'une des conditions suivantes :

• 1° Avoir satisfait à une épreuve de semi-liberté, de détention à domicile sous surveillance électronique ou de placement à l'extérieur sans surveillance dont les modalités sont déterminées par ladite décision ou avoir bénéficié d'une ou plusieurs permissions de sortir ;

• 2° Remettre tout ou partie de son compte nominatif au service pénitentiaire d'insertion et de probation, à charge pour ledit service de restitution par fractions ;

• 3° S'engager dans les armées de terre, de mer ou de l'air et de l'espace dans les cas où la loi l'autorise, ou rejoindre une formation des forces armées s'il s'agit d'un détenu appartenant à un contingent d'âge présent ou appelé sous les drapeaux, ou s'il s'agit d'un militaire en activité de service ;

• 4° S'il s'agit d'un étranger, être expulsé du territoire national, reconduit à la frontière ou être extradé, ou quitter le territoire national et n'y plus paraître.

Article D. 536. – Obligations et interdictions – *(Décret n° 2007-1627 du 16 novembre 2007)*

• La décision accordant à un condamné le bénéfice de la libération conditionnelle peut également subordonner l'octroi et le maintien de cette mesure à l'une des obligations et interdictions prévues aux articles 131-36-2, 132-44 et 132-45 du Code pénal.

Article D. 537. – Obligations de réparer préjudice – *(Décret n° 2006-385 du 30 mars 2006)*

• Lorsqu'il n'est pas établi que la victime a déjà été entièrement indemnisée, le juge de l'application des peines ou le tribunal de l'application des peines peut soumettre le condamné à l'obligation de réparer le préjudice causé par l'infraction en application des dispositions du 5° de l'article 132-45 du Code pénal, à charge pour le service désigné pour suivre le condamné de vérifier cette indemnisation, et, s'il y a lieu, le respect de l'obligation de réparation.

• Si la situation du condamné le permet, la décision de libération conditionnelle, ou une ordonnance prise ultérieurement par le juge de l'application des peines, peut fixer la périodicité et le montant des remboursements.

Article D. 538. – Injonction de soins – *(Décret n° 2007-1627 du 16 novembre 2007)*

• Conformément aux dispositions du premier alinéa de l'article 731-1, la personne est également soumise, sauf décision contraire du juge ou du tribunal de l'application des peines à une injonction de soins selon les modalités applicables en matière du suivi socio-judiciaire, si elle a été condamnée pour une infraction pour laquelle cette mesure est encourue et qu'une expertise médicale estime qu'elle est susceptible de faire l'objet d'un traitement.

• Le condamné est alors avisé par le juge de l'application des peines, avant sa libération, qu'aucun traitement ne pourra être entrepris sans son consentement, mais que s'il refuse les soins qui lui seront proposés, sa libération conditionnelle pourra être révoquée.

Article D. 539. – Surveillance électronique mobile – *(Décret n° 2022-855 du 7 juin 2022)*

• Conformément aux dispositions du 2e alinéa de l'article 731-1 et de l'article R. 61-34, la personne majeure peut également être placée sous surveillance électronique mobile, en cas de condamnation à une peine d'au moins 7 ans d'emprisonnement concernant une infraction pour laquelle le suivi socio-judiciaire est encouru. Le placement sous surveillance électronique mobile est également possible en cas de condamnation à une peine d'au moins 5 ans d'emprisonnement pour des violences ou des menaces commises soit contre son conjoint, son concubin ou son partenaire lié par un pacte civil de solidarité, soit contre ses enfants ou ceux de son conjoint, concubin ou partenaire ; ces dispositions sont également applicables lorsque les faits ont été commis par l'ancien conjoint ou concubin de la victime, ou par la personne ayant été liée à elle par un pacte civil de solidarité.

• Conformément aux dispositions du 2e alinéa de l'article 763-10, le juge de l'application des peines peut solliciter préalablement l'avis de la commission pluridisciplinaire des mesures de sûreté sur l'opportunité de prononcer une libération conditionnelle avec placement sous surveillance électronique mobile.

• Le délai d'un an prévu par le 1er alinéa de l'article 763-10 n'est pas applicable au placement sous surveillance électronique décidé dans le cadre d'une libération conditionnelle.

• Le juge de l'application des peines avise alors le condamné, avant sa libération et l'installation du dispositif prévu par l'article 763-12, que ce placement ne peut être mis en oeuvre sans son consentement, mais que s'il le refuse ou manque à ses obligations, sa libération conditionnelle pourra être révoquée.

• La libération conditionnelle peut être retirée avant la libération effective du condamné si celui-ci refuse la pose du dispositif de contrôle avant sa libération, conformément aux dispositions du 2e alinéa de l'article 763-12 et de l'article R. 544-5 du Code pénitentiaire.

Article D. 540. – Inobservation – *(Décret n° 2010-1277 du 27 octobre 2010)*

• Conformément aux dispositions de l'article R. 61-34, en cas d'inobservation, par un condamné faisant l'objet d'une libération conditionnelle sans placement sous surveillance électronique mobile, des obligations auxquelles il est astreint, le juge de l'application des peines peut ordonner son placement sous surveillance électronique mobile, sans qu'il soit préalablement nécessaire de le réincarcérer.

Article D. 541. – Étrangers – *(Décret n° 2012-682 du 7 mai 2012)*

• Les dispositions du quatrième alinéa de l'article 730-2 ne sont pas applicables aux étrangers condamnés à une peine prévue par cet article lorsqu'une mesure de libération conditionnelle leur est accordée, conformément aux dispositions du premier alinéa de l'article 729-2, en étant subordonnée à la condition d'une mesure d'interdiction du territoire français, de reconduite à la frontière ou d'expulsion.

Article D. 542. – Demande de libération conditionnelle – *(Décret n° 2020-128 du 18 février 2020)*

• Lorsque le tribunal d'application des peines statue sur une demande de libération conditionnelle en application des dispositions de l'article 730, il peut subordonner celle-ci à une mesure de semi-liberté, de placement à l'extérieur ou de détention à domicile sous surveillance électronique à titre probatoire conformément aux dispositions des articles 723-1 et 723-7.

Article D. 543. – *(Abrogé – Décret n° 85-836 du 6 août 1985)*

CHAPITRE III

Dispositions diverses

Article D. 544. – *(Abrogé – Décret n° 2022-855 du 7 juin 2022)*

TITRE IV

DU SURSIS ET DE L'AJOURNEMENT

CHAPITRE Ier

Article D. 544-1. – Extrait des décisions – *(Décret n° 2014-1582 du 23 décembre 2014)*

• Pour l'application des dispositions de l'article R. 69, un extrait des décisions révoquant un sursis prises en application de l'article 735 est adressé au casier judiciaire par le ministère public.

CHAPITRE II

Du sursis probatoire

Section I

Dispositions générales

Article D. 545. – *(Abrogé – Décret n° 2022-855 du 7 juin 2022)*

Article D. 546. – Modalités – *(Décret n° 2020-81 du 3 février 2020)*

• Les modalités selon lesquelles la victime est informée de la date de fin d'un sursis probatoire en application de l'article 745 sont précisées par les articles D. 49-67 et suivants.

Nota: À compter du 24 mars 2020: aux termes du 1er alinéa de l'article 7 du Décret n° 2020-81 du 03/02/2020, conformément aux dispositions de l'article 112-2 du Code pénal et de la 1re phrase du XIX de l'article 109 de la loi n° 2019-222 du 23/03/2019, les présentes dispositions entrent en vigueur le 24/03/2020 pour les condamnations prononcées à compter de cette date, y compris si elles concernent des infractions commises avant cette date.

Section II

Dispositions applicables au sursis probatoire avec suivi renforcé

Nota relatif aux articles D. 546-1 à D. 546-8: À compter du 24 mars 2020: aux termes du 1er alinéa de l'article 7 du Décret n° 2020-81 du 03/02/2020, conformément aux dispositions de l'article 112-2 du Code pénal et de la 1re phrase du XIX de l'article 109 de la loi n° 2019-222 du 23/03/2019, les présentes dispositions entrent en vigueur le 24/03/2020 pour les condamnations prononcées à compter de cette date, y compris si elles concernent des infractions commises avant cette date.

Article D. 546-1. – Sursis probatoire – *(Décret n° 2020-81 du 3 février 2020)*

• Lorsque la juridiction de jugement en application de l'article 132-41-1 du Code pénal, ou le juge de l'application des peines en application de l'article 741-2 du Code de procédure pénale ordonne un sursis probatoire avec suivi renforcé, il est fait application des dispositions de la présente section.

Article D. 546-2. – Convocation à comparaître – *(Décret n° 2020-81 du 3 février 2020)*

• Lorsque le condamné est présent à l'audience, il lui est remis une convocation à comparaître devant le service pénitentiaire d'insertion et de probation dans un délai qui ne serait être supérieur à 8 jours, si le tribunal a ordonné l'exécution provisoire de sa décision, ou compris entre 10 et 15 jours dans le cas contraire.

• Si le condamné n'est pas présent à l'audience, cette convocation lui est remise lors de la notification de la condamnation, ou lui est adressée dans les meilleurs délais après cette notification.

Article D. 546-3. – Rapport – *(Décret n° 2022-855 du 7 juin 2022)*

• Les dispositions de l'article 621-10 du Code pénitentiaire déterminent le contenu du rapport établi par le service pénitentiaire d'insertion et de probation en application du 2e alinéa de l'article 741-2, ainsi que les conditions dans lesquelles ce rapport est adressé au juge d'application des peines, puis communiqué au procureur de la République par le service de l'application des peines.

Article D. 546-4. – Prévenu non présent à l'audience – *(Décret n° 2022-855 du 7 juin 2022)*

• Lorsque le prévenu n'était pas présent à l'audience, la décision du juge de l'application des peines prévue par le 1er alinéa de l'article 741-2 doit intervenir dans un délai de 4 mois à compter de la date à laquelle la condamnation lui a été notifiée.

Article D. 546-5. – *(Abrogé – Décret n° 2022-855 du 7 juin 2022)*

Article D. 546-6. – Réévaluation de la situation – *(Décret n° 2022-855 du 7 juin 2022)*

• Les dispositions de l'article D. 621-11 du Code pénitentiaire déterminent les conditions dans lesquelles la situation de la personne condamnée est réévaluée et selon quelles modalités le juge de l'application des peines et le procureur de la République sont renseignés sur la situation.

Article D. 546-7. – *(Abrogé – Décret n° 2021-683 du 27 mai 2021)*

Article D. 546-8. – Non-respect des délais – *(Décret n° 2022-855 du 7 juin 2022)*
• Le non-respect des délais prévus par les articles D. 546-2 et D. 546-4 du présent code et par les articles D. 621-10 et D. 621-11 du Code pénitentiaire ne constitue pas une cause de nullité des convocations ou des actes accomplis en application de ces articles.

CHAPITRE III

Des conversions de peines

Article D. 547. – Modalités – *(Décret n° 2020-81 du 3 février 2020)*
• Lorsqu'en application de l'article 747-1, la partie ferme d'une peine d'emprisonnement ayant fait l'objet d'un sursis probatoire partiel est convertie en peine de détention à domicile sous surveillance électronique, en peine de travail d'intérêt général, en peine de jours-amende ou en un emprisonnement assorti d'un sursis probatoire renforcé, cette décision ne constitue pas une 2de condamnation au sens de l'article 132-53 du Code pénal.

CHAPITRE IV

De l'ajournement

Section I

De l'ajournement aux fins d'investigations sur la personnalité ou la situation matérielle, familiale et sociale

Article D. 548. – Ajournement aux fins d'investigations – *(Décret n° 2014-1582 du 23 décembre 2014)*
• En cas d'ajournement aux fins d'investigations sur la personnalité ou la situation matérielle, familiale et sociale prévu par l'article 132-70-1 du Code pénal, lorsqu'un cautionnement est ordonné dans le cadre d'un contrôle judiciaire décidé en application de l'article 397-3-1 du présent code, les dispositions des articles R. 19 et suivants du présent code sont applicables.
• La copie de la décision transmise en application de l'article R. 19 est celle de la juridiction ayant prononcé l'ajournement et le contrôle judiciaire.
• Les avis prévus par l'article R. 22 sont adressés au procureur de la République.

Section II

De l'ajournement aux fins de consignation d'une somme d'argent

Article D. 549. – Ajournement aux fins de consignation – *(Décret n° 2014-1582 du 23 décembre 2014)*
• La consignation ordonnée dans le cadre de l'ajournement prévu par l'article 132-70-3 du Code pénal obéit au même régime que le cautionnement ordonné dans le cadre d'un contrôle judiciaire décidé en cas d'ajournement prévu par l'article 132-70-1 de ce même code.

TITRE V. – *(Néant)*

TITRE VI
DE LA CONTRAINTE JUDICIAIRE

Article D. 569. – Acquittement intégral – Montant jours-amendes – *(Décret n° 2020-91 du 6 février 2020)*

• Lorsque le procureur de la République constate que la personne s'est intégralement acquittée du montant des jours-amendes prononcés, il ordonne qu'il soit mis fin à l'emprisonnement mis à exécution en application de l'article 762 et qu'il soit procédé au remboursement de la portion des jours-amendes correspondant au nombre de l'ensemble des jours de détention subis.

• Si le paiement intervient avant la mise à exécution de l'emprisonnement, alors que le procureur de la République a déjà saisi à cette fin le juge de l'application des peines conformément à l'article 754, il est fait application des dispositions de l'article D. 49-34-1.

Article D. 570. – Personnes détenues – *(Décret n° 2022-1261 du 28 septembre 2022)*

• Les personnes détenues en vertu d'une décision de contrainte judiciaire sont soumises au même régime que les condamnés sous réserve des dispositions de l'article D. 115-1.

TITRE VII
DE L'INTERDICTION DE SÉJOUR

Article D. 571. – Résidence – *(Décret n° 96-651 du 22 juillet 1996)*

• Lorsqu'elle est libre, la personne condamnée à l'interdiction de séjour est tenue d'aviser le ministère public près la juridiction qui a prononcé la condamnation, du lieu où elle fixe sa résidence. Lorsqu'elle est détenue, elle doit en aviser, lors de sa libération, le greffe de l'établissement pénitentiaire. Le chef de l'établissement pénitentiaire en informe alors immédiatement le ministère public près la juridiction qui a prononcé la condamnation.

Article D. 571-1. – Copie de la décision – *(Décret n° 96-651 du 22 juillet 1996)*

• Lorsque la condamnation à l'interdiction de séjour est exécutoire, le ministère public près la juridiction qui a prononcé la condamnation en avise le juge de l'application des peines compétent auquel il transmet une copie de la décision ainsi que toutes informations utiles concernant la résidence de la personne condamnée.

Article D. 571-2. – Document de situation – *(Décret n° 2010-1276 du 27 octobre 2010)*

• Le ministère public près la juridiction qui a prononcé la condamnation à l'interdiction de séjour devenue exécutoire remet ou fait remettre au condamné un document lui permettant de justifier de sa situation au regard de l'interdiction de séjour. Lorsque l'interdiction de séjour a été prononcée avec exécution provisoire, ce document peut être remis à l'issue de l'audience. Lorsque le condamné a été incarcéré, ce document lui est remis lors de sa libération. Si le condamné est convoqué par le juge d'application des peines alors que ce document n'a pu lui être remis auparavant, ce magistrat en assure la remise.

• Le document remis au condamné mentionne l'état civil de celui-ci, la date de la décision de condamnation et la juridiction dont elle émane, la durée de l'interdiction de séjour ainsi que la liste des lieux interdits et, s'il y a lieu, la ou les mesures de surveillance fixées par le tribunal en application de l'article 762-1.

• Toute décision modifiant les modalités d'exécution de l'interdiction de séjour en application des articles 762-4 et 762-5 est mentionnée sur le document. Cette mention est portée par le magistrat qui prend la décision ou, si celle-ci est prise par le tribunal correctionnel, par le procureur de la République près ce tribunal.

• Si l'interdiction de séjour accompagne une peine privative de liberté sans sursis, le document porte également mention de cette peine et du jour où la privation de liberté a pris fin.

• Le document reproduit les termes des articles 131-31 et 131-32 du Code pénal et des articles 762-2, 762-4 et 762-5 du Code de procédure pénale. Il précise en outre que le fait pour le condamné de se soustraire aux obligations et interdictions découlant de l'interdiction de séjour est puni des peines prévues par l'article 434-38 du Code pénal.

• Le modèle du document prévu au présent article est établi par les soins du ministre de la justice.

Article D. 571-3. – Information – *(Décret n° 96-651 du 22 juillet 1996)*

• Le ministère public près la juridiction qui a prononcé la condamnation est avisé, soit par le magistrat qui prend la décision, soit, lorsque celle-ci est prise par le tribunal correctionnel, par le procureur de la République près ce tribunal :

• 1° De toute transmission de dossier au juge de l'application des peines compétent à la suite d'un changement de résidence du condamné à l'interdiction de séjour ;

• 2° De toute modification de la liste des lieux interdits et des mesures de surveillance décidée en application de l'article 762-4 ;

• 3° De toute suspension provisoire de l'exécution de la mesure d'interdiction de séjour décidée en application de l'article 762-5, alinéa 1er ;

• 4° De toute autorisation provisoire de séjourner dans une localité interdite décidée en application de l'article 762-5, alinéa 2 ;

• 5° De tout ordre de recherche délivré à l'encontre du condamné en application des dispositions combinées des articles 762-2, alinéa 2, et 741, alinéa 2.

• 6° De toute condamnation pour infraction à l'interdiction de séjour.

• En cas de condamnation pour infraction à l'interdiction de séjour, le ministère public près la juridiction qui a prononcé la condamnation en avise en outre le juge de l'application des peines sous le contrôle duquel le condamné à l'interdiction de séjour est placé.

• Le ministère public près la juridiction qui a prononcé la condamnation assure la transmission des informations visées aux 2°, 3° et 4° au fichier des personnes recherchées en vue de leur diffusion.

TITRE VIII

DU CASIER JUDICIAIRE

Article D. 571-4. – Obtention du bulletin n° 2 – *(Décret n° 2021-374 du 31 mars 2021)*

• En application des dispositions de l'avant-dernier alinéa de l'article 776, peuvent obtenir la délivrance du bulletin n° 2 du casier judiciaire d'une personne, lorsque celui-ci ne porte la mention d'aucune condamnation, et pour les seules nécessités liées au recrutement de la personne, les dirigeants des personnes morales de droit public ou privé gestionnaires des établissements, services ou lieux de vie et d' accueil ainsi que les organisateurs d'accueil suivants :

• 1° Les accueils mentionnés à l'article L. 227- 4 du Code de l'action sociale et des familles.

• 2° Les établissements ou services mettant en œuvre les mesures éducatives ordonnées par l'autorité judiciaire en application de l'ordonnance n° 45-174 du 2 février 1945 relative à l'enfance délinquante ou des articles 375 à 375- 8 du Code civil ou concernant des majeurs de moins de 21 ans ou les mesures d'investigation préalables aux mesures d'assistances éducatives prévues par le Code de procédure civile et par l'ordonnance précitée du 2 février 1945.

• 3° Les lieux de vie et d'accueil mentionnés aux articles D. 316-1 et suivants du Code de l'action sociale et des familles qui accueillent des mineurs mentionnés au 2° du I de l'article D. 316-2 de ce même code.

• 4° Les lieux de vie et d'accueil mentionnés aux articles D. 316-1 et suivants du Code de l'action sociale et des familles ayant été autorisés par le représentant de l'État, seul ou conjointement avec le président du conseil général, qui accueillent des mineurs mentionnés aux 1°, 3° et 4° du I de l'article D. 316-2 de ce même code.

• 5° Les établissements ou services d'enseignement et d'éducation spéciale qui assurent, à titre principal, une éducation adaptée et un accompagnement social ou médico-social aux mineurs ou jeunes adultes handicapés ou présentant des difficultés d'adaptation, prévus par le 2° du I de l'article L. 312-1 du Code de l'action sociale et des familles.

• 6° Les centres d'action médico-sociale précoce mentionnés à l'article L. 2132-4 du Code de la santé publique.

• 7° Les établissements d'enseignement scolaire privés mentionnés à l'article L. 441-1 du Code de l'éducation, les organismes privés d'enseignement à distance mentionnés à l'article L. 444-1 de ce même code et les organismes de soutien scolaire mentionnés à l'article L. 445-1 de ce même code.

Article D. 571-5. – Demande de délivrance – *(Décret n° 2021-374 du 31 mars 2021)*

• La demande de délivrance du bulletin et la réponse du casier judiciaire se font par l'intermédiaire des autorités administratives suivantes :

• 1° Le directeur de la direction départementale interministérielle chargée de la cohésion sociale du département dans lequel est situé le siège social de l'organisateur de l'accueil en ce qui concerne les accueils mentionnés au 1° de l'article D. 571-4, ou l'établissement, le service ou le lieu de vie et d'accueil en ce qui concerne les lieux de vie et d'accueil mentionnés au 4° du même article ;

• 2° Le directeur régional de la protection judiciaire de la jeunesse ou, dans les départements d'outre-mer, le directeur départemental de la protection judiciaire de la jeunesse, territorialement compétent dans le département où est situé l'établissement, le service ou lieu de vie et d'accueil, en ce qui concerne :

• *a)* Les établissements et services mentionnés au 2° de l'article D. 571-4 ;

• *b)* Les lieux de vie et d'accueil mentionnés au 3° de l'article D. 571-4 ;

• 3° Le directeur général de l'agence régionale de santé en ce qui concerne les établissements et les services mentionnés au 6° de l'article D. 571-4 ;

• 4° Le recteur de l'académie dans laquelle sont situés les établissements, les organismes ou, le cas échéant, le siège social des organismes mentionnés au 7° de l'article D. 571-4.

Article D. 571-6. – Casier judiciaire national informatisé – *(Décret n° 2007-417 du 23 mars 2007)*

• L'autorité administrative compétente interroge à cette fin le casier judiciaire national informatisé par un moyen de télécommunication sécurisé.

• À peine d'irrecevabilité, la demande de délivrance adressée à l'autorité administrative compétente doit mentionner l'identité du dirigeant de la personne morale en indiquant ses fonctions, être signée de ce dernier et préciser l'identité de la personne dont le recrutement est envisagé, ainsi que la nature de l'emploi concerné, en utilisant un formulaire dont le modèle est élaboré par le ministère de la justice.

Article D. 571-7. – Remise du bulletin – *(Décret n° 2021-374 du 31 mars 2021)*

• Lorsque le bulletin transmis par le casier judiciaire à l'autorité administrative compétente est revêtu de la mention néant, il est remis ou adressé par celle-ci au dirigeant de la personne morale.

• Dans le cas contraire, l'autorité administrative compétente informe le dirigeant de la personne morale que le bulletin ne peut lui être délivré car il comporte une ou plusieurs condamnations, en précisant, selon le cas :

• 1° Pour les situations visées aux 1° à 6° de l'article D. 571-4 :

• *a)* Soit que le bulletin ne comporte aucune des condamnations prévues par les articles L. 133-6 du Code de l'action sociale et des familles ;

• *b)* Soit que le bulletin comporte une ou plusieurs condamnations prévues à l'article L. 133-6 du Code de l'action sociale et des familles, et que la personne dont le bulletin n° 2 a été sollicité ne peut en conséquence être recrutée.

• 2° Pour les situations visées au 7° de l'article D. 571-4 :

• *a)* Soit que le bulletin ne comporte aucune des condamnations prévues par les articles L. 911-5, L. 444-6 ou L. 445-1 du Code de l'éducation ;

• *b)* Soit que le bulletin comporte une ou plusieurs condamnations prévues aux articles L. 911-5, L. 444-6 ou L. 445-1 du Code de l'éducation.

CHAPITRE IER

Les missions du service pénitentiaire d'insertion et de probation

Article D. 572. – Missions et organisation – *(Décret n° 2022-855 du 7 juin 2022)*

• Les missions et l'organisation des services pénitentiaires d'insertion et de probation sont déterminées par les dispositions du Code pénitentiaire.

Articles D. 573 à D. 575. – *(Abrogés – Décret n° 2022-855 du 7 juin 2022)*

CHAPITRE II

Les attributions respectives du juge de l'application des peines, des autres magistrats mandants et du directeur du service pénitentiaire d'insertion et de probation

Article D. 576. – Orientations générales – *(Décret n° 2011-1876 du 14 décembre 2011)*
• Au sein de chaque juridiction, le juge de l'application des peines, le procureur de la République et les autres magistrats mandants déterminent les orientations générales relatives à l'exécution des mesures confiées au service pénitentiaire d'insertion et de probation ainsi que celles relatives à l'exécution des peines privatives de liberté, et évaluent ensuite leur mise en œuvre.
• Les chefs de juridiction organisent la concertation entre les magistrats concernés.

Article D. 577. – Instructions... – *(Décret n° 2011-1876 du 14 décembre 2011)*
• Le juge de l'application des peines, le procureur de la République et les autres magistrats mandants communiquent, le cas échéant, pour chaque dossier dont le service est saisi, des instructions particulières relatives à la finalité de la mesure et au contenu des obligations à respecter.
• Le service pénitentiaire d'insertion et de probation définit les modalités de la prise en charge des personnes placées sous main de justice et les met en œuvre, après en avoir avisé le magistrat mandant qui peut, le cas échéant, faire toutes observations utiles.
• Le juge de l'application des peines ou le magistrat mandant signale au directeur du service pénitentiaire d'insertion et de probation toute difficulté qu'il constate dans la prise en charge des mesures et, s'il y a lieu, demande au directeur du service précité qu'il lui adresse un rapport en réponse.

Article D. 578. – Visite des foyers, organismes d'hébergement – *(Décret n° 2022-855 du 7 juin 2022)*
• Le juge de l'application des peines et le directeur du service pénitentiaire d'insertion et de probation visitent chaque année les divers foyers ou organismes d'hébergement accueillant les personnes mentionnées par les dispositions des articles D. 113-36, D. 113-41, D. 522-4 et D. 542-1 du Code pénitentiaire.

CHAPITRE III

L'organisation et le fonctionnement du service pénitentiaire d'insertion et de probation

Article D. 579. – *(Abrogé – Décret n° 2022-855 du 7 juin 2022)*

Article D. 580. – Communication avec l'autorité judiciaire – *(Décret n° 2022-855 du 7 juin 2022)*
• Les conditions dans lesquelles le service pénitentiaire d'insertion et de probation communique à l'autorité judiciaire des éléments d'information concernant des personnes placées sous main de justice ou lui rend compte de son activité sont déterminées par les dispositions des articles D. 112-36, D. 112-38, D. 113-34, D. 113-42, et D. 113-45 du Code pénitentiaire.

Articles D. 581 et D. 582. – *(Abrogés – Décret n° 2022-855 du 7 juin 2022)*

Article D. 583. – Agrément – Personnes bénévoles – *(Décret n° 2022-855 du 7 juin 2022)*
• Conformément aux dispositions de l'article D. 113-64 du Code pénitentiaire, l'agrément de personnes bénévoles par le directeur du service pénitentiaire d'insertion est délivré après avis du juge de l'application des peines et peut être retiré ou suspendu à la demande de ce juge ou du procureur de la République.

Articles D. 584 à D. 588. – *(Abrogés – Décret n° 2022-855 du 7 juin 2022)*

TITRE XII

DISPOSITIONS GÉNÉRALES

CHAPITRE Ier

Dispositions relatives à la procédure numérique

Article D. 589. – Pièce de procédure – *(Décret n° 2019-507 du 24 mai 2019)*

• Toute pièce de procédure, établie ou convertie sous format numérique en application du 1er alinéa de l'article 801-1, peut être transmise ou consultée par les personnes autorisées selon les dispositions du présent code.

• Les services de la police nationale, les unités de la gendarmerie nationale, les fonctionnaires et agents exerçant des pouvoirs de police judiciaire, les services pénitentiaires et de la protection judiciaire de la jeunesse ainsi que, sur autorisation expresse, toute personne publique ou privée, peuvent établir, convertir et transmettre à l'autorité judiciaire des pièces de procédure sous format numérique, sans nécessité d'un support papier.

• Les autorisations mentionnées à l'alinéa précédent peuvent être délivrées soit, dans le cadre d'un protocole, par le ministère de la justice ou à défaut par les chefs de la juridiction destinataire, soit dans le cadre d'une procédure, par le magistrat sous la direction duquel l'enquête est menée, l'officier de police judiciaire procédant à l'enquête ou, sous le contrôle de ce dernier, l'agent de police judiciaire. S'agissant des personnes privées, le protocole précité peut être conclu avec la personne morale ou l'organisme professionnel dont elles relèvent ou sous le contrôle duquel elles sont placées.

• Tout support papier dont le contenu a été converti sous format numérique peut être restitué à son possesseur ou détruit dès lors que la pièce sous format numérique a vocation à être transmise à l'autorité judiciaire.

Article D. 589-1. – Dossier de procédure numérique – *(Décret n° 2019-507 du 24 mai 2019)*

• Le dossier de procédure numérique prévu au 2e alinéa du I de l'article 801-1 est constitué des pièces mentionnées au 1er alinéa de cet article reçues, établies ou converties par les magistrats et agents de greffe qui les assistent.

• La conservation et l'archivage de ce dossier et des pièces de procédure qui le constituent sont placés sous la responsabilité du ministère de la justice, sans préjudice des dispositions prévues par la loi ou le règlement applicables aux pièces dont restent détenteurs les services, unités ou personnes mentionnés au 2e alinéa de l'article D. 589.

Article D. 589-2. – Procédés de signature – *(Décret n° 2019-507 du 24 mai 2019)*

• Constituent des procédés de signature sous forme numérique au sens du 3e alinéa du I de l'article 801-1 la signature électronique et la signature manuscrite recueillie sous forme numérique.

• Lorsqu'il n'est pas exigé que le signataire soit identifié personnellement au sein de l'acte, est assimilé à un procédé de signature sous forme numérique le cachet électronique.

• Toute personne, y compris celles concourant à la procédure au sens de l'article 11, peut recourir aux procédés mentionnés aux alinéas précédents.

Article D. 589-3. – Signature électronique – *(Décret n° 2019-507 du 24 mai 2019)*

• La signature électronique n'est valablement apposée que par l'usage d'un procédé qui permette l'identification du signataire, garantisse le lien de la signature avec l'acte auquel elle s'attache et assure l'intégrité de cet acte.

• Cette signature doit être au moins d'un niveau avancé reposant sur un certificat qualifié au sens du règlement *(UE)* n° 910/2014 du Parlement européen et du Conseil du 23 juillet 2014 sur l'identification électronique et les services de confiance pour les transactions électroniques au sein du marché intérieur et abrogeant la directive 1999/93/CE. Toutefois, le seul fait que cette signature ne satisfait pas aux exigences de la signature électronique d'un niveau avancé reposant sur un certificat qualifié ne peut constituer une cause de nullité de la procédure.

Article D. 589-4. – Signature manuscrite – *(Décret n° 2019-507 du 24 mai 2019)*

• La signature manuscrite recueillie sous forme numérique est apposée au moyen d'un dispositif technique, après prise de connaissance par son signataire de l'acte sous un format numérique.

• Elle n'est valablement apposée que si, postérieurement à son recueil, il est apposé sur l'acte une signature électronique par une personne concourant à la procédure au sens de l'article 11, ou s'il est recouru à l'appareil sécurisé mentionné à l'article R. 49-1.

• Si la personne refuse de signer ou qu'il lui est impossible de signer, il en est fait mention dans l'acte.

Article D. 589-5. – Cachet électronique – *(Décret n° 2019-507 du 24 mai 2019)*

• Le cachet électronique peut être utilisé, à la condition posée par l'article D. 589-2, en lieu et place de la signature électronique prévue à l'article D. 589-3, y compris lorsque celle-ci est apposée postérieurement à une signature manuscrite recueillie sous format numérique en application de l'article D. 589-4.

• Ce cachet électronique doit être d'un niveau avancé avec certificat qualifié au sens du règlement *(UE)* n° 910/2014 du Parlement européen et du Conseil du 23 juillet 2014. Toutefois, le seul fait que ce cachet ne satisfait pas aux exigences du cachet électronique d'un niveau avancé avec certificat qualifié ne peut constituer une cause de nullité de la procédure.

Article D. 589-6. – Dispenses – *(Décret n° 2019-507 du 24 mai 2019)*

• Les dispenses prévues au II de l'article 801-1 sont applicables à toute pièce de procédure sous format numérique dont dispose l'autorité judiciaire ainsi qu'à celles ayant vocation à lui être transmises.

• Le magistrat sous la direction duquel l'enquête est menée peut décider de ne pas verser au dossier de procédure numérique les documents, contenus multimédias ou données qui lui ont été transmis par le service, l'unité ou la personne mentionnés au 2e alinéa de l'article D. 589, le cas échéant en ordonnant leur placement sous scellés.

Article D. 589-7. – Modalités d'application – *(Décret n° 2019-507 du 24 mai 2019)*

• Les modalités d'application des dispositions de la présente section sont précisées par arrêté du garde des sceaux, ministre de la justice et du ministre de l'intérieur.

CHAPITRE II

Des transmissions de demandes, notifications ou significations par un moyen de télécommunication électronique

Article D. 590. – Adresse – *(Décret n° 2007-1620 du 15 novembre 2007)*

• Pour l'application des dispositions de l'article 803-1, l'avocat peut faire connaître son adresse électronique à l'issue de la première comparution de la personne mise en examen, ou de la première audition de la partie civile ou du témoin assisté, lorsque cette adresse ne figure pas, de façon générale, dans le répertoire des avocats communiqué à la juridiction.

Article D. 590-1. – Notification aux avocats – *(Décret n° 2021-1130 du 30 août 2021)*

• Lorsqu'il s'agit d'actes établis ou convertis sous format numérique en application du 1er alinéa de l'article 801-1 et des articles D. 589 à D. 589-7, peuvent être notifiés aux avocats par un envoi adressé par un moyen de télécommunication à l'adresse électronique de l'avocat et dont il est conservé une trace écrite, conformément aux dispositions du I de l'article 803-1 :

• 1° Les convocations devant les juridictions d'instruction, de jugement ou d'application des peines ;

• 2° Les avis délivrés au cours des procédures par les magistrats du siège ou du ministère public ou par leurs greffiers ;

• 3° Les décisions rendues par les juridictions ou le ministère public ;

• 4° Les copies de pièces de procédure.

Article D. 591. – Transmission – Convention – *(Décret n° 2023-332 du 3 mai 2023)*

• Selon les modalités figurant dans une convention passée entre le ministère de la justice et les organisations nationales représentatives des barreaux, les avocats des parties peuvent transmettre par un moyen de télécommunication sécurisé à l'adresse électronique de la juridiction ou du service compétent de celle-ci, et dont il est conservé une trace écrite, les demandes, déclarations et observations suivantes:

• 1° Les demandes de délivrance de copie des pièces d'un dossier prévues par l'article R. 155;

• 1° *bis*. Les demandes et observations adressées au procureur de la République en application de l'article 77-2, ainsi que les saisines du procureur général prévues par cet article;

• 2° Les demandes tendant à l'octroi du statut de témoin assisté prévues par l'article 80-1-1;

• 3° Les demandes d'investigations sur la personnalité prévues par le 9e alinéa de l'article 81;

• 4° Les demandes de la partie civile prévues par l'article 81-1;

• 5° Les demandes d'actes prévues par l'article 82-1;

• 6° Les demandes tendant à la constatation de la prescription prévues par l'article 82-3;

• 7° Les constitutions de partie civile et les plaintes adressées au procureur de la République respectivement prévues par les 1er et 2e alinéas de l'article 85;

• 8° La requête en restitution d'objet placé sous main de justice prévue par le 2e alinéa de l'article 99;

• 9° Les demandes d'un témoin assisté tendant à sa mise en examen, prévues par l'article 113-6;

• 10° Les demandes de délivrance d'une copie du dossier de l'instruction prévues par le 4e alinéa de l'article 114;

• 11° Les déclarations de la liste des pièces dont l'avocat souhaite remettre une reproduction à son client, prévues par le 7e alinéa de l'article 114;

• 12° Les déclarations de changement de l'adresse déclarée prévues par le dernier alinéa de l'article 116;

• 13° Les demandes de confrontations individuelles prévues par l'article 120-1;

• 14° Les demandes d'expertises prévues par l'article 156;

• 15° Les demandes de modification de la mission d'un expert ou d'adjonction d'un coexpert prévues par l'article 161-1;

• 16° Les observations concernant les rapports d'expertise d'étape, prévues par l'article 161-2;

• 17° Les observations et les demandes de complément d'expertise ou de contre-expertise, prévues par l'article 167;

• 18° Les observations concernant les rapports d'expertise provisoires, prévues par l'article 167-2;

• 19° Les observations, les demandes d'actes et les observations complémentaires faites en application de l'article 175;

• 20° Les demandes formées en application de l'article 77-2;

• 21° Les demandes formées en application de l'article 495-15.

• Toute autre demande prévue par des dispositions du présent code et pour laquelle ces dispositions permettent qu'elle soit faite par simple lettre peut également être transmise conformément aux dispositions du présent article.

• La réception de la demande sur la boîte aux lettres électronique du destinataire donne lieu à l'émission d'un accusé de réception électronique, qui fait, s'il y a lieu, courir les délais prévus par le présent code. Toutefois, lorsque la demande a été reçue en dehors des jours ouvrables ou après 17 heures, les délais ne commencent à courir que le 1er jour ouvrable suivant. Toute demande transmise à une adresse électronique ne figurant pas sur la liste des adresses transmise par le ministère de la justice en application de la convention prévue au 1er alinéa est irrecevable.

J **• Instruction – Détention provisoire – Permis de communiquer – Demande – Transmission par voie électronique – Conditions – Adresse de messagerie déclarée éligible à la communication électronique pénale**

M. [L] [T] a formé un pourvoi contre l'arrêt de la chambre de l'instruction de la cour d'appel de BORDEAUX (33), en date du 31/08/2022, qui, dans l'information suivie contre lui des chefs d'importation de stupéfiants, infractions à la législation sur les stupéfiants, associations de malfaiteurs, contrebande de marchandises prohibées, en récidive, et blanchiment, a confirmé l'ordonnance du J.L.D. le plaçant en détention provisoire.

Une demande de permis de communiquer envoyée à une adresse électronique ne répondant pas au format « cep.xxx@justice.fr », seul éligible à la communication électronique pénale en application de la convention signée le 05/02/2021 avec le Conseil national des barreaux, est irrecevable en application de l'article D. 591 du C.P.P., dans sa version issue du décret n° 2022-546 du 13/04/2022.

(Cour de cassation – Chambre criminelle du 29 novembre 2022 – N° de pourvoi: 22-85.388).

Article D. 592. – Dépôts des mémoires – *(Décret n° 2021-1130 du 30 août 2021)*

• Les dispositions de l'article D. 591 sont également applicables aux dépôts des mémoires devant la chambre de l'instruction, prévus par l'article 198.

J **Extorsion avec arme – Mémoire – Chambre de l'instruction – Transmission – Moyen de télécommunication – Adresse électronique**

M. [U] [M] a formé un pourvoi contre l'arrêt de la chambre de l'instruction de la cour d'appel de FORT-DE-FRANCE (97), en date du 03/05/2022, qui, dans l'information suivie contre lui du chef d'extorsion avec arme, a confirmé l'ordonnance du J.L.D. rejetant sa demande de mise en liberté.

8. Il résulte des articles 198, D. 591 et D. 592 du C.P.P. que les mémoires produits devant la chambre de l'instruction peuvent être transmis par un moyen de télécommunication sécurisé à l'adresse électronique de ladite chambre, dans les conditions prévues par une convention passée entre le ministère de la justice et les organisations nationales représentatives des barreaux.

9. Une telle convention a été signée le 05/02/2021 avec le Conseil national des barreaux (CNB) et a pour objet de garantir notamment la sécurité des échanges entre les avocats et les juridictions, l'intégrité des actes transmis et l'identification des acteurs de la communication électronique.

10. À cette fin, elle prévoit, à son article 6.3, ainsi que dans ses annexes 5 et 9, que les avocats ne peuvent transmettre, en matière pénale, de messages électroniques aux juridictions qu'aux adresses de messagerie déclarées par le ministère de la justice au CNB comme éligibles à la communication électronique pénale, ces adresses devant répondre au format spécifique prévu par ladite convention et ses annexes.

11. Ainsi, est irrecevable le mémoire déposé devant la chambre de l'instruction qui a été envoyé à une autre adresse électronique que celle transmise par cette juridiction comme éligible à la communication électronique pénale.

12. En l'espèce, l'arrêt attaqué énonce que le mémoire transmis sur la messagerie professionnelle nominative d'un greffier, et non sur la messagerie qui devait être utilisée en application de la convention précitée, est irrecevable.

(Cour de cassation – Chambre criminelle du 27 juillet 2022 – N° de pourvoi : 22-83.237).

Article D. 593. – Exceptions – *(Décret n° 2007-1620 du 15 novembre 2007)*

• Les dispositions de l'article D. 591 ne sont pas applicables aux demandes de mise en liberté ou de mainlevée du contrôle judiciaire.

Article D. 593-1. – Actes avocats – Transmission – Chambre criminelle de la Cour de cassation – *(Décret n° 2021-1794 du 23 décembre 2021)*

• En application du 1er alinéa du I de l'article 801-1, les actes des avocats au Conseil d'État et à la Cour de cassation prévus par les dispositions du présent code dans le cadre de leur mandat de représentation et notamment les constitutions, les mémoires ainsi que les pièces qui leur sont associées, les observations, les demandes de prorogation et de dérogation et les requêtes peuvent être établis et transmis à la chambre criminelle de la Cour de cassation sous format numérique, selon les modalités techniques concernant la procédure de communication par voie électronique devant la Cour de cassation qui ont été arrêtées en application de l'article 748-6 du Code de procédure civile.

Article D. 593-1-1. – Significations – Voie électronique – *(Décret n° 2023-332 du 3 mai 2023)*

• **I. –** Les significations par voie électronique prévues par les dispositions du dernier alinéa du II de l'article 803-1 peuvent intervenir soit lorsqu'elles sont faites au ministère public, soit lorsqu'elles sont faites à la demande du ministère public, dans les conditions prévues par le présent article, sans préjudice du respect des conditions prévues par les articles 550 à 555 et 564 à 566.

• Ces significations sont réalisées par l'intermédiaire de plateformes d'échanges dématérialisés qui permettent l'envoi d'un avis de mise à disposition au destinataire invitant ce dernier à télécharger l'acte faisant l'objet de la signification et d'un avis de réception par le destinataire au moment où ce dernier télécharge cet acte. Il est conservé une trace de ces avis.

• **II. –** Il est procédé aux significations au ministère public selon les modalités figurant dans une convention passée entre le ministère de la justice et la chambre nationale des commissaires de justice.

• La réception, sur la boîte aux lettres électronique du ministère public, de l'avis de mise à disposition de l'acte donne lieu à l'émission d'un accusé de réception électronique, qui fait, s'il y a lieu, courir les délais prévus par le présent code. Toutefois, lorsque la signification a été reçue en dehors des jours ouvrables ou après 17 heures, les délais ne commencent à courir que le 1er jour ouvrable suivant. Tout avis de mise à disposition transmis à une adresse électronique ne figurant pas sur la liste des adresses communiquées par le ministère de la justice en application de la convention prévue au 1er alinéa du présent II est irrecevable.

• **III. –** Lorsque le mandement de signification adressé par le ministère public au commissaire de justice concerne un dossier de procédure pénale pour lequel le destinataire de la signification a expressément consenti à la communication électronique, le commissaire de justice peut procéder à une signification selon les modalités prévues par le présent III.

• Le commissaire de justice adresse au destinataire, à l'adresse choisie par celui-ci, un avis électronique de mise à disposition sur une plateforme dédiée d'échanges dématérialisés de l'acte faisant l'objet de la signification, en l'invitant à télécharger ce document, cet avis indiquant la date et, le cas échéant, l'heure de la mise à disposition. La date et l'heure de la signification par voie électronique sont celles de l'envoi de cet avis de mise à disposition. Toutefois, à l'égard du destinataire, la signification ne produit ses effets qu'à compter du jour du téléchargement de l'acte ou, au plus tard, à l'issue du délai visé au 4e alinéa du présent III.

• Ce téléchargement doit se faire selon des modalités qui garantissent la fiabilité de l'identification de la personne, l'intégrité de l'acte, la sécurité, la confidentialité et la conservation de la transmission et permettent d'établir de manière certaine la date du téléchargement.

• Lorsque le téléchargement intervient dans les 5 jours de la transmission de l'acte, il vaut signification à personne.

• Dans les autres cas, la signification est considérée comme faite à domicile le 6e jour après l'envoi de l'avis de mise à disposition prévu au 2e alinéa du présent III et le commissaire de justice adresse à la personne, conformément aux alinéas 2 ou 4 de l'article 558, une lettre recommandée avec demande d'avis de réception ou une lettre simple comportant un récépissé. Les dispositions des alinéas 3, 5 et 6 de cet article 558 sont alors applicables. En application de l'alinéa 6 de l'article 558, si l'exploit est une citation à comparaître, il ne pourra produire les effets visés aux 3e et 5e alinéas de l'article 558 du Code de procédure pénale que si le délai entre, d'une part, le jour où l'acte a été téléchargé et d'autre part le jour indiqué pour la comparution devant le tribunal correctionnel ou de police est au moins égal à celui fixé, compte tenu de l'éloignement du domicile de l'intéressé, par l'article 552.

• **IV.** – Les modalités d'application du présent article sont précisées par arrêté du ministre de la justice.

CHAPITRE III

De l'accès des avocats au dossier de la procédure

Article D. 593-2. – Modalités – *(Décret n° 2022-546 du 13 avril 2022)*

• Dans tous les cas où, en application des dispositions du présent code, un avocat peut demander la délivrance d'une copie du dossier de la procédure pénale, ainsi que dans les cas où, en application des articles 77-2, 80-2, 114, 388-4, 393, 394, 495-8, 627-6, 696-10, 706-105 et 803-3, il peut consulter ce dossier, l'avocat, son associé ou son collaborateur ou un avocat disposant d'un mandat écrit à cette fin peut, à l'occasion de cette consultation, réaliser lui-même une reproduction de tout ou partie des éléments du dossier par tout moyen, et notamment par l'utilisation d'un scanner portatif ou la prise de photographies. Il en est de même lorsque l'avocat consulte le dossier dans le cadre des procédures prévues par les articles 41-1 à 41-3-1 A. Cette reproduction est réalisée pour l'usage exclusif de l'avocat, qui ne peut la remettre à son client, si elle concerne un dossier d'instruction.

• Cette reproduction ne fait pas obstacle au droit de l'avocat d'obtenir, dans les cas et dans les délais prévus par le présent code, une copie du dossier auprès de la juridiction.

• Si le dossier est numérisé, l'avocat ne peut refuser d'en recevoir une copie sous forme numérisée, le cas échéant selon les modalités prévues par l'article 803-1, sauf, dans le cas prévu par les articles 114 et R. 165, décision contraire du juge d'instruction ; en cas de numérisation partielle du dossier, la copie de la partie du dossier non numérisée est remise sur support papier.

CHAPITRE IV

Des modalités d'exercice du droit à l'assistance d'un interprète et à la traduction de certaines pièces de la procédure

Article D. 594. – Droit des personnes suspectées ou poursuivies – Assistance interprètes et traduction des pièces – *(Décret n° 2016-214 du 26 février 2016)*

• Les modalités d'exercice du droit des personnes suspectées ou poursuivies à l'assistance d'un interprète et à la traduction des pièces essentielles à l'exercice de la défense prévu par l'article préliminaire et par l'article 803-5 sont, sans préjudice de l'application des dispositions législatives du présent code, et notamment de ses articles 62, 63-1, 102, 114, 121, 272, 279, 344, 393, 407, 535, 695-27, 695-30 et 706-71, précisées par les dispositions du présent chapitre.

• Le présent chapitre fixe également les modalités d'exercice du droit des victimes d'infractions à l'assistance d'un interprète et à la traduction en application du 7° de l'article 10-2 et de l'article 10-3.

Section I

Modalités d'application des dispositions concernant le droit à un interprète

§ 1er. – Droit à l'interprète lors des auditions

Article D. 594-1. – Personne soupçonnée ou poursuivie n'ayant pas demandé l'assistance d'un interprète – *(Décret n° 2013-958 du 25 octobre 2013)*

• Pour l'application de l'article 803-5, si la personne soupçonnée ou poursuivie n'a pas demandé à bénéficier de l'assistance d'un interprète mais qu'il existe un doute sur sa capacité à parler ou comprendre la langue française, l'autorité qui procède à son audition ou devant laquelle cette personne comparaît s'assure par tous moyens appropriés qu'elle parle et comprend cette langue. S'il apparaît que la personne ne parle pas ou ne comprend pas la langue française, l'assistance de l'interprète doit intervenir sans délai.

Article D. 594-2. – Observations – *(Décret n° 2013-958 du 25 octobre 2013)*

• Si la personne suspectée ou poursuivie qui fait l'objet d'une audition conteste l'absence d'interprète ou la qualité de l'interprétation, elle peut faire des observations qui sont soit mentionnées dans le procès-verbal d'audition, d'interrogatoire ou dans les notes d'audience si elles sont faites immédiatement, soit versées au dossier de la procédure si elles sont faites ultérieurement.

§ 2. – Droit à l'interprète lors des entretiens de la personne avec son avocat

Article D. 594-3. – Entretiens avec l'avocat – *(Décret n° 2013-958 du 25 octobre 2013)*

• Pour l'application de l'article préliminaire, les entretiens avec l'avocat ayant un lien direct avec tout interrogatoire ou toute audience, et pour lesquels la personne peut demander à être assistée par un interprète, sont les entretiens intervenant, dans les locaux des services d'enquête, des juridictions et des établissements pénitentiaires, dans des conditions garantissant la confidentialité de l'entretien :

• 1° Au cours de la garde à vue ou de toute mesure privative de liberté dont le régime est, en tout ou partie, défini par renvoi aux dispositions du présent code sur la garde à vue ;

• 2° Préalablement à l'audition par un magistrat ou à la comparution devant une juridiction ;

• 3° Préalablement au dépôt éventuel d'un recours contre une décision juridictionnelle ;

• 4° Préalablement au dépôt éventuel d'une demande de mise en liberté.

§ 3. – Dispositions communes

Article D. 594-4. – Moyen de télécommunication – *(Décret n° 2022-656 du 25 avril 2022)*

• L'assistance par un interprète en langue étrangère ou en langue des signes peut, le cas échéant, se faire par un moyen de télécommunication, conformément aux dispositions de l'avant-dernier alinéa de l'article 706-71.

Article D. 594-5. – Personnes présentant des troubles de la parole ou de l'audition – *(Décret n° 2013-958 du 25 octobre 2013)*

• Le droit des personnes suspectées ou poursuivies à bénéficier de l'assistance d'un interprète en application des dispositions du présent code s'applique également aux personnes présentant des troubles de la parole ou de l'audition.

• Si leur état le justifie, ces personnes sont assistées au cours de l'audition, ainsi que dans le cas prévu par l'article D. 594-3, pour leurs entretiens avec leur avocat, par un interprète en langue des signes ou par toute personne qualifiée maîtrisant un langage, une méthode ou un dispositif technique permettant de communiquer avec elles.

Section II
Modalités d'application des dispositions concernant la traduction des pièces essentielles à l'exercice de la défense

Article D. 594-6. – Traduction d'un document – *(Décret n° 2013-958 du 25 octobre 2013)*

• Sans préjudice de la possibilité pour le procureur de la République ou pour la juridiction d'instruction ou de jugement saisie d'ordonner, d'office ou à la demande de la personne, la traduction d'un document considéré comme essentiel à l'exercice de la défense et à la garantie du caractère équitable du procès, doivent être traduits en application de l'article préliminaire et de l'article 803-5 :

• 1° Les décisions de placement en détention provisoire, de prolongation ou de maintien de la détention, ou de rejet d'une demande de mise en liberté et les ordres d'incarcération prononcés dans le cadre de l'exécution d'un mandat d'arrêt européen ;

• 2° Les décisions de saisine de la juridiction de jugement ;

• 3° Les décisions statuant sur l'action publique et portant condamnation, prononcées ou homologuées par une juridiction ;

• 4° Le procès-verbal de première comparution ou de mise en examen supplétive, lorsque la copie en a été demandée en application de l'article 114.

Article D. 594-7. – Passages des documents essentiels – *(Décret n° 2013-958 du 25 octobre 2013)*

• La traduction des documents essentiels peut ne porter que sur les passages de ces documents qui sont pertinents pour permettre à la personne d'avoir connaissance des faits qui lui sont reprochés.

• Les passages pertinents de ces documents sont déterminés, selon le stade de la procédure, par le procureur de la République, par le juge d'instruction ou par la juridiction de jugement saisie.

Article D. 594-8. – Délai – *(Décret n° 2013-958 du 25 octobre 2013)*

• La traduction doit intervenir dans un délai raisonnable qui permette l'exercice des droits de la défense et tienne compte du nombre et de la complexité des documents à traduire, et de la langue dans laquelle ils doivent être traduits.

Article D. 594-9. – Mention *(Procès-verbaux ou notes d'audiences)* – *(Décret n° 2013-958 du 25 octobre 2013)*

• Si, à titre d'exception, la pièce de procédure a fait l'objet d'une traduction orale ou d'un résumé oral, conformément aux dispositions du deuxième alinéa de l'article 803-5, il en est fait mention par procès-verbal ou dans les notes d'audiences. Cette mention peut, le cas échéant, figurer dans le document lui-même, notamment dans le procès-verbal de convocation prévu par le dernier alinéa de l'article 390-1, ou dans le procès-verbal de débat contradictoire préalable à un placement en détention provisoire ou à une prolongation de détention provisoire prévu par l'article 145.

Article D. 594-10. – Avis d'amendes forfaitaires et avais d'amendes forfaitaires majorées – *(Décret n° 2013-958 du 25 octobre 2013)*

• Les dispositions de la présente section et celles de l'article préliminaire et de l'article 803-5 relatives à la traduction ne sont pas applicables aux avis d'amendes forfaitaires et aux avis d'amendes forfaitaires majorées remis ou adressés au contrevenant en application des articles 529 et suivants.

Section III
Dispositions applicables aux victimes et aux parties civiles

Sous-section 1
Dispositions communes à toutes les victimes

Article D. 594-11. – Assistance d'un interprète – *(Décret n° 2016-214 du 26 février 2016)*

• Les victimes d'infractions ont droit à l'assistance d'un interprète lors de leur audition selon les modalités fixées par les dispositions des articles D. 594-2, D. 594-4 et D. 594-5.

• Si, à titre exceptionnel, la pièce de procédure a fait l'objet d'une traduction orale ou d'un résumé oral, conformément aux dispositions du troisième alinéa de l'article 10-3, il en est fait mention par procès-verbal ou dans les notes d'audiences.

Article D. 594-12. – Traduction – *(Décret n° 2016-214 du 26 février 2016)*
• Lorsque la victime ne comprend pas la langue française, elle a droit, à sa demande, à une traduction des mentions des informations indispensables à l'exercice de ses droits notamment du récépissé de dépôt de plainte qui lui est remis en application de l'article 15-3.

Sous-section 2

Dispositions propres aux parties civiles

Article D. 594-13. – Demande de la partie civile – *(Décret n° 2016-214 du 26 février 2016)*
• Sans préjudice de la possibilité pour le procureur de la République ou pour la juridiction d'instruction ou de jugement saisie d'ordonner d'office ou à la demande de la partie civile, la traduction de pièces de procédure contenant des informations considérées comme essentielles à l'exercice de ses droits et qui lui sont, à ce titre, remises ou notifiées en application du présent code, doivent être traduites en application de l'article 10-3, si la partie civile en fait la demande :
• 1° Les décisions de classement sans suite ;
• 2° Les ordonnances de non-lieu ;
• 3° Les décisions de condamnation, de relaxe ou d'acquittement.

Article D. 594-14. – Traduction des documents essentiels – *(Décret n° 2016-214 du 26 février 2016)*
• La traduction des documents essentiels peut ne porter que sur les passages de ces documents qui sont pertinents pour permettre à la partie civile d'exercer ses droits.
• Les passages pertinents de ces documents sont déterminés, selon le stade de la procédure, par le procureur de la République, par le juge d'instruction ou par la juridiction de jugement saisie.

Article D. 594-15. – Délai – *(Décret n° 2016-214 du 26 février 2016)*
• La traduction doit intervenir dans un délai raisonnable qui permette l'exercice des droits de la partie civile et tienne compte du nombre et de la complexité des documents à traduire, et de la langue dans laquelle ils doivent être traduits.

Section IV

Désignation de l'interprète ou du traducteur

Article D. 594-16. – Choix – *(Décret n° 2020-1734 du 16 décembre 2020)*
• Lorsqu'en application des dispositions du présent code un interprète ou un traducteur est requis ou désigné par l'autorité judiciaire compétente, celui-ci est choisi :
• 1° Sur la liste nationale des experts judiciaires dressée par le bureau de la Cour de cassation, ou sur la liste des experts judiciaires dressée par chaque cour d'appel ;
• 2° À défaut, sur la liste des interprètes traducteurs prévue par l'article R. 141-1 du Code de l'entrée et du séjour des étrangers et du droit d'asile ;
• 3° En cas de nécessité, il peut être désigné une personne majeure ne figurant sur aucune de ces listes, dès lors que l'interprète ou le traducteur n'est pas choisi parmi les enquêteurs, les magistrats ou les greffiers chargés du dossier, les parties ou les témoins.
• Les interprètes ou les traducteurs ne figurant sur aucune des listes mentionnées au 1° ou au 2° prêtent, chaque fois qu'ils sont commis, le serment d'apporter leur concours à la justice en leur honneur et leur conscience. Leur serment est alors consigné par procès-verbal.
• Les interprètes et les traducteurs sont tenus de respecter la confidentialité de l'interprétation et des traductions fournies.

CHAPITRE IV

Dispositions générales applicables aux mineurs

Articles D. 594-17 à D. 594-20. – *(Abrogés – Décret n° 2021-683 du 27 mai 2021)*

LIVRE VI

DISPOSITIONS RELATIVES À L'OUTRE-MER

TITRE IER

DISPOSITIONS RELATIVES À LA GUADELOUPE, LA GUYANE, LA MARTINIQUE, LA RÉUNION ET SAINT-PIERRE-ET-MIQUELON

Article D. 599. – Application
Le présent code, ainsi que les décrets qui le modifient est applicable aux départements de la Guadeloupe, de la Guyane, de la Martinique, de La Réunion et de Saint-Pierre-et-Miquelon.

Article D. 600. – *(Abrogé – Décret n° 2022-855 du 7 juin 2022)*

Article D. 600-1. – Conseiller pénitentiaire d'insertion – Directeur des services pénitentiaires d'outre-mer – *(Décret n° 2023-200 du 24 mars 2023)*

• Pour l'application des dispositions des titres Ier à IV, VI et XI du livre V du Code de procédure pénale *(3e partie : Décrets)*, à Saint-Pierre-et-Miquelon, sous réserve des dispositions de l'article D. 600-2, les termes énumérés ci-après sont remplacés comme suit :

• 1° « service pénitentiaire d'insertion et de probation » par : « conseiller pénitentiaire d'insertion et de probation » ;

• 2° « directeur du service pénitentiaire d'insertion et de probation » par : « directeur des services pénitentiaires d'outre-mer ».

Article D. 600-2. – Autorité – Dossier – Secret professionnel... – *(Décret n° 2023-200 du 24 mars 2023)*

• Pour son application à Saint-Pierre-et-Miquelon, l'article D. 577 est ainsi rédigé :

• « Art. D. 577. – Le juge de l'application des peines, le procureur de la République et les autres magistrats mandants communiquent, pour chaque dossier dont le conseiller pénitentiaire d'insertion et de probation est saisi, des instructions particulières relatives à la finalité de la mesure et au contenu des obligations à respecter.

• « Le directeur des services pénitentiaires d'outre-mer définit les modalités de la prise en charge des personnes placées sous-main de justice. Après en avoir avisé le magistrat mandant qui peut, le cas échéant, faire toutes observations utiles, ces modalités de prise en charge sont mises en œuvre par le conseiller pénitentiaire d'insertion et de probation.

• « Le juge de l'application des peines ou le magistrat mandant signale au directeur interrégional, chef de la mission des services pénitentiaires de l'outre-mer toute difficulté qu'il constate dans la prise en charge des mesures et, s'il y a lieu, demande à cette autorité qu'elle lui adresse un rapport en réponse. »

TITRE II

DISPOSITIONS APPLICABLES À MAYOTTE

Article D. 601. – *(Abrogé – Décret n° 2021-683 du 27 mai 2021)*

Article D. 602. – Crime – Débat contradictoire – Moyen de communication audiovisuelle – *(Décret n° 2022-855 du 7 juin 2022)*

• Pour l'application de l'article 883-2, il ne peut être recouru, pour le déroulement du débat contradictoire prévu par cet article, au moyen de communication audiovisuelle prévu par l'article 706-71, sauf en cas d'accord de la personne, ou sauf si son transport paraît devoir être évité en raison des risques graves de trouble à l'ordre public ou d'évasion.

TITRE III

DISPOSITIONS APPLICABLES EN NOUVELLE-CALÉDONIE, EN POLYNÉSIE FRANCAISE ET DANS LES ILES DE WALLIS ET FUTUNA

CHAPITRE IER

Dispositions générales

Article D. 603. – Application – *(Décret n° 2023-332 du 3 mai 2023)*

• **I.** – Le présent code *(décrets simples)* est applicable en Nouvelle-Calédonie, dans sa rédaction résultant du décret n° 2023-332 du 3 mai 2023, sous réserve des adaptations prévues au présent titre.

• **II.** – Le présent code *(décrets simples)* est applicable en Polynésie française, dans sa rédaction résultant du décret n° 2023-332 du 3 mai 2023, sous réserve des adaptations prévues au présent titre.

• **III.** – À l'exception des articles D. 15-4-1 à D. 15-4-8, D. 31-1, D. 31-2, D. 31-4 et D. 32-2-3, le présent code *(décrets simples)* est applicable dans les îles de Wallis et Futuna, dans sa rédaction résultant du décret n° 2023-332 du 3 mai 2023, sous réserve des adaptations prévues au présent titre.

Article D. 604. – Autres applications – *(Décret n° 2022-855 du 7 juin 2022)*

• Pour l'application des dispositions du présent code *(décrets simples)* en Nouvelle-Calédonie, en Polynésie française et dans les îles de Wallis et Futuna, les termes énumérés par les articles 805 et R. 252 du présent code ainsi qu'aux articles L. 771-2, L. 761-2, L. 751-2, R. 771-2, R. 761-2 et R. 751-2 du Code pénitentiaire sont remplacés conformément aux dispositions de ces articles.

• De même, les références à des dispositions non applicables en Nouvelle-Calédonie, en Polynésie française et dans les îles Wallis et Futuna sont remplacées par les références aux dispositions ayant le même objet applicable localement.

• Les dispositions des articles R. 253 et R. 254 sont applicables.

CHAPITRE II

Des procédures d'exécution

Article D. 605. – Détention provisoire – Incarcération autre local – *(Décret n° 2022-855 du 7 juin 2022)*

• Lorsque les circonstances l'exigent, notamment pour des raisons de sécurité, les personnes placées en détention provisoire peuvent être incarcérées dans un autre local sur décision du magistrat saisi, conformément à l'article 868.

ARRÊTÉS

PARTIE ARRÊTÉS

LIVRE Ier

DE L'EXERCICE DE L'ACTION PUBLIQUE ET DE L'INSTRUCTION

TITRE Ier

DES AUTORITÉS CHARGÉES DE L'ACTION PUBLIQUE ET DE L'INSTRUCTION

Article A. 1. – Autorités ou organismes – *(Arrêté du 6 septembre 2022)*

• **I.** – Les autorités ou organismes que le procureur de la République ou le juge d'instruction selon le cas peut, conformément aux dispositions de l'article 11-1, autoriser à se faire délivrer une copie des pièces d'une procédure judiciaire en cours sont :

• 1° Le directeur de l'organisme ou de l'établissement ou du service gérant un régime obligatoire de sécurité sociale, aux fins de mettre en œuvre l'action récursoire des organismes de sécurité sociale contre les tiers responsables d'accidents corporels de la circulation routière ;

• 2° Le directeur de l'association pour la gestion des informations sur le risque automobile *(AGIRA)*, aux fins d'indemniser, par l'intermédiaire du service Trans PV, les victimes d'accidents corporels et le cas échéant, matériels de la circulation routière ;

• 2° *bis* Le Fonds de garantie des victimes des actes de terrorisme et d'autres infractions, aux fins d'indemniser les victimes d'actes de terrorisme ;

• 3° Le chef de la mission des transports des matières dangereuses, pour l'élaboration des rapports annuels relevant de sa compétence et le contrôle des obligations de déclaration d'accident ;

• 4° Le directeur de l'Université Gustave Eiffel, pour la réalisation d'enquêtes concernant des accidents ou des types d'accidents déterminés ;

• 5° Le directeur du service technique des remontées mécaniques et des transports guidés, pour l'élaboration des rapports concernant les accidents et incidents relevant de sa compétence permettant notamment d'établir des recommandations de sécurité ;

• 6° Le délégué général du Centre européen d'études de sécurité et d'analyse des risques, pour la réalisation d'enquêtes concernant des accidents ou des types d'accidents déterminés ;

• 7° Les préfets de département pour la réalisation d'enquêtes techniques concernant des accidents et pour l'exercice des missions des observatoires départementaux de la sécurité routière ;

• 8° Les directeurs des directions interdépartementales des routes et les sociétés concessionnaires d'autoroutes ou d'ouvrages d'art routiers par concession de l'État pour la réalisation de diagnostics de sécurité sur leurs réseaux, en application de l'article L. 118-6 du Code de la voirie routière ;

• 9° Le délégué général de l'Association des sociétés françaises d'autoroutes et d'ouvrages à péage, pour la réalisation d'un rapport annuel sur les accidents mortels ;

• 10° Le chef de l'inspection de la défense et de la sécurité civiles du ministère de l'intérieur, pour la réalisation d'enquêtes techniques destinées à prévenir des accidents mettant en cause des sapeurs-pompiers civils ou militaires ;

• 11° Le directeur général de l'Agence nationale de sécurité du médicament et des produits de santé, ainsi que les directeurs généraux des agences régionales de santé pour la réalisation de recherches ou enquêtes scientifiques ou techniques, permettant d'adopter, à des fins de protection de la santé publique, toute mesure utile, notamment les mesures de police sanitaires nécessaires, destinée à prévenir des accidents ou incidents mettant en cause un produit ou une activité relevant de leur compétence ;

• 12° Le délégué à la sécurité et à la circulation routières pour la préparation, la mise en œuvre et l'évaluation de la politique de sécurité routière, en application de l'article 3 du décret n° 75-360 du 15 mai 1975 relatif au comité interministériel de la sécurité routière ;

• 13° Le secrétaire général de l'observatoire interministériel de la sécurité routière pour la réalisation de ses missions prévues par l'article 2 *bis* du décret n° 75-360 du 15 mai 1975 relatif au comité interministériel de la sécurité routière;

• 14° Le directeur du service d'études sur les transports, les routes et leurs aménagements, le directeur du centre d'études sur les réseaux, les transports, l'urbanisme et les constructions publiques et les directeurs des centres d'études techniques de l'équipement pour la réalisation de diagnostics de sécurité et d'études de sécurité;

• 15° Les préfets de région pour l'exercice des missions des observatoires régionaux de la sécurité routière;

• 16° Les présidents des conseils départementaux pour la réalisation des diagnostics de sécurité de leurs réseaux, en application de l'article L. 131-3 du Code de la voirie routière et de l'article L. 3221-4 du Code général des collectivités territoriales;

• 17° Les maires des communes soumises à l'obligation d'élaborer des plans de déplacements urbains et les présidents des autorités organisatrices des transports urbains compétents pour l'exercice des missions des observatoires de l'accidentalité prévus au titre de ces plans, en application de l'article L. 1214-3 du Code des transports et de l'article 28 de la loi n° 82-1153 du 30 décembre 1982 d'orientation des transports intérieurs.

• **II.** – L'autorisation accordée par le procureur de la République peut être délivrée sans limitation de temps sous réserve de la possibilité d'y mettre fin à tout moment, ou pendant une période de temps déterminée, pour des catégories de procédures concernant des infractions dont elle précise la nature.

• **III.** – Le procureur de la République ou le juge d'instruction peut autoriser la transmission d'une copie des pièces de procédure sous réserve que les données nominatives qui y figurent aient été occultées.

• **IV.** – La copie des pièces de procédure est délivrée selon les cas par les services ou unités de police judiciaire, par les services de la juridiction ou, sauf opposition figurant dans l'autorisation, par un des organismes ou autorités visés au I ayant déjà obtenu copie de ces pièces.

• **V.** – Les dispositions ci-dessus sont applicables sans préjudice de la possibilité pour le procureur de la République ou le juge d'instruction d'autoriser des organismes ou autorités à se faire délivrer les pièces d'une procédure judiciaire en cours sur le fondement de dispositions particulières; ces autorités et organismes sont:

• 1° En application des articles L. 1621-13 à L. 1621-15 du Code des transports:

• Le directeur du bureau d'enquêtes techniques et administratives après accidents *(BEA mer)*.

• Le directeur du bureau d'enquêtes sur les accidents de transport terrestre *(BEA-TT)*.

• Le directeur du bureau d'enquêtes et d'analyses pour la sécurité de l'aviation civile *(BEA de l'aviation civile)*.

• 2° En application de l'article L. 501-14 du Code de l'environnement:

• Le directeur du bureau d'enquêtes et d'analyses sur les risques industriels *(BEA-RI)*.

• 3° En application des articles L. 3125-1, L. 3125-2 et R. 3125-1 du Code de la défense:

• Le directeur du bureau enquêtes accidents défense mer *(BEAD-mer)*;

• Le directeur du bureau enquêtes accidents défense transport terrestre *(BEAD-TT)*;

• Le directeur du bureau enquêtes accidents pour la sécurité de l'aéronautique d'État *(BEA-É)*.

CHAPITRE Ier

De la police judiciaire

Section I

Des plaintes adressées par voie électronique

Article A. 1er. – Dépôt de plainte – Voie électronique – Escroquerie, chantage, Extorsion – *(Arrêté du 26 juin 2020)*

• **I.** – Les victimes peuvent déposer des plaintes par voie électronique en application des articles 15-3-1 et D. 8-2-1 par le biais du «traitement harmonisé des enquêtes et des signalements pour les e-escroqueries «*(THESEE)* mis en œuvre par la direction générale de la police nationale, sur le site «www. service-public. fr «, pour les infractions suivantes:

• *a)* Escroquerie y compris si elle est connexe à l'infraction d'accès frauduleux à un système de traitement automatisé de données;

• *b)* Chantage ;
• *c)* Extorsion connexe à l'infraction d'entrave au fonctionnement d'un système de traitement automatisé de données ou à l'infraction d'accès frauduleux à un système de traitement automatisé de données.

Article A. 1-2. – Dépôt de plainte – Plateforme THESEE – identification – *(Arrêté du 26 juin 2020)*
• La victime qui dépose une plainte ou effectue un signalement en ligne par le biais de la plateforme THESEE peut s'identifier de façon sécurisée au moyen du téléservice FranceConnect.

Section II
Des officiers de police judiciaire

§ 1er. – Désignation des gendarmes officiers de police judiciaire

Article A. 1-1. – *(Transféré – Arrêté du 13 décembre 2016)*

Article A. 2. – Gendarmes admissibles – *(Arrêté du 13 décembre 2016)*
• Peuvent être admis à subir l'examen technique d'officier de police judiciaire de la gendarmerie nationale prévu à l'article R. 5 les gendarmes comptant au moins trois ans de service dans la gendarmerie au 1er janvier de l'année de l'examen.

Article A. 3. – Liste des candidats admis – *(Arrêté du 13 décembre 2016)*
• La liste des candidats admis à se présenter à l'examen technique est arrêtée par le directeur des personnels militaires de la gendarmerie nationale.

Article A. 4. – Examen technique – *(Arrêté du 13 décembre 2016)*
• L'examen technique d'officier de police judiciaire de la gendarmerie nationale, organisé chaque année au cours du dernier trimestre, comporte :
• 1° Une épreuve écrite pratique de droit pénal général et de droit pénal spécial *(durée : trois heures-coefficient 2)* ;
• 2° Une épreuve écrite pratique de procédure pénale sur un cas de crime ou de délit *(durée : quatre heures-coefficient 3)* ;
• 3° Une épreuve écrite de simulation de compte rendu téléphonique au parquet organisée à partir d'un cas pratique d'enquête *(durée : une heure-coefficient 1)*.
• La valeur de chaque épreuve est constatée par une note de 0 à 20.
• Toute note égale ou inférieure à 5 dans l'une des épreuves est éliminatoire.
• Nul ne pourra être considéré comme ayant satisfait à l'examen s'il ne totalise pas 60 points au moins pour l'ensemble des trois épreuves.

Article A. 5. – Programme des épreuves – *(Arrêté du 13 décembre 2016)*
• Le programme des épreuves de l'examen prévu à l'article qui précède est le suivant :
• **Procédure pénale**
• L'action publique et l'action civile : notions générales.
• Les autorités investies par la loi de missions de police judiciaire :
• – la police judiciaire ;
• – le ministère public ;
• – le magistrat instructeur.
• Les enquêtes, les contrôles d'identité :
• – les cadres juridiques ;
• – les contrôles, les vérifications et les relevés d'identité.
• L'instruction :
• – du premier et du second degré ;
• – le contrôle judiciaire et la détention provisoire ;
• – la commission rogatoire.
• Les procédures particulières :
• – l'entraide judiciaire internationale ;
• – la procédure applicable à la criminalité et à la délinquance organisées.
• La procédure pénale applicable aux mineurs.

• Le contrôle de la mission de police judiciaire.
• Les mandats de justice.
• Les juridictions de jugement.
• L'exécution des décisions de justice :
• – la contrainte judiciaire ;
• – les juridictions de l'application des peines.
• **Droit pénal général**
• La loi pénale :
• – les principes généraux ;
• – l'application de la loi pénale dans le temps et dans l'espace.
• L'infraction pénale :
• – la classification des infractions ;
• – les éléments constitutifs de l'infraction ;
• – les circonstances aggravantes.
• La responsabilité pénale :
• – les dispositions générales : la tentative, la coaction et la complicité ;
• – la responsabilité pénale des personnes morales ;
• – les causes d'irresponsabilité ou d'atténuation de la responsabilité.
• Les peines :
• – la classification légale ;
• – le concours d'infractions ;
• – la récidive ;
• – la réitération d'infractions.
• **Droit pénal spécial**
• Les crimes et délits contre les personnes :
• – les atteintes à la vie de la personne ;
• – les atteintes à l'intégrité physique ou psychique de la personne ;
• – la mise en danger de la personne ;
• – les atteintes aux libertés de la personne ;
• – les atteintes à la dignité de la personne ;
• – les atteintes à la personnalité ;
• – les atteintes aux mineurs et à la famille.
• Les crimes et délits contre les biens :
• – le vol ;
• – l'extorsion ;
• – l'escroquerie et les infractions voisines ;
• – les détournements ;
• – le recel et les infractions assimilées ou voisines ;
• – les destructions, dégradations et détériorations ;
• – les atteintes aux systèmes de traitement automatisé de données.
• Les crimes et délits contre la Nation, l'État et la paix publique :
• – les atteintes à l'administration publique commises par des personnes exerçant une fonction publique ;
• – les atteintes à l'administration publique commises par des particuliers ;
• – les atteintes à l'action de la justice ;
• – les atteintes à la confiance publique ;
• – la participation à une association de malfaiteurs.
• La falsification de moyens de paiement.
• Les infractions au régime des matériels de guerre, des armes et des munitions.
• Les infractions délictuelles à la circulation routière.
• **Libertés publiques**
• Introduction générale aux libertés publiques.
• Les libertés individuelles et la vie privée :
• – la sûreté ;
• – la liberté d'aller et venir ;
• – le respect de la vie privée, du domicile et des correspondances ;
• – le respect de la personne et les lois antidiscriminatoires ;
• – la CNIL.
• Les libertés d'expression collectives :
• – le régime des manifestations ;
• – le régime des attroupements ;
• – la liberté de la presse.

Article A. 6. – Règles – Préparation à l'examen – *(Arrêté du 13 décembre 2016)*

• Les règles d'accès à la préparation et de préparation des candidats à l'examen technique sont fixées par instruction ministérielle.

Article A. 7. – Date de l'examen – *(Arrêté du 13 décembre 2016)*

• La date de l'examen technique et les sujets des épreuves sont fixés par la commission prévue à l'article 16 *(2° et 4°)* du présent code sur proposition du directeur des personnels militaires de la gendarmerie nationale.

Article A. 8. – Organisation matérielle – *(Arrêté du 13 décembre 2016)*

• L'organisation matérielle des épreuves de l'examen technique qui se déroulent dans un ou plusieurs centres est assurée par la direction des personnels militaires de la gendarmerie nationale.

• Lors des épreuves, les candidats ne peuvent disposer que :

• – des codes *(qui peuvent être annotés par l'éditeur, mais non commentés)* ;

• – des impressions du Journal officiel *(non commenté)* ;

• – Il est interdit aux candidats sous peine d'exclusion :

• – de détenir des documents imprimés ou manuscrits autres que ceux cités aux alinéas précédents ;

• – d'utiliser des codes ou impressions du Journal officiel surligné, soulignés, annotés ou comportant des onglets, mêmes vierges.

• Toute fraude ou tentative de fraude dans l'une des épreuves entraîne la rédaction d'un rapport par le surveillant et peut conduire à l'exclusion du candidat prononcée par le président du jury et le cas échéant, à lui interdire de se présenter à l'examen les années suivantes.

• L'enveloppe renfermant chaque sujet de composition est décachetée, en présence des candidats, à l'ouverture de la séance affectée à l'épreuve.

• Les compositions sont faites uniquement sur des feuilles fournies par la direction des personnels militaires de la gendarmerie nationale.

Article A. 9. – Jury d'examen – *(Arrêté du 13 décembre 2016)*

• Dans le mois qui suit l'examen, le président réunit le jury pour l'établissement des normes de correction et pour la répartition des copies entre les correcteurs. L'anonymat des copies est assuré par le recours à un procédé technique adapté.

• Le président du jury fixe la date à laquelle les copies doivent parvenir corrigées au secrétariat de la commission.

Article A. 10. – Secrétariat de la commission – *(Arrêté du 13 décembre 2016)*

• Le secrétariat de la commission soumet au président du jury :

• 1° les copies pour lesquelles est proposée une note éliminatoire dans les conditions prevues à l'article A4 du présent code. Ces copies font l'objet d'une seconde correction par un membre désigné par le président du jury et appartenant à une autre formation *(magistrature, gendarmerie)* que celle dont fait partie le premier correcteur.

• La note définitive attribuée à la copie correspond à la moyenne des notes des deux correcteurs.

• 2° le relevé des notes attribuées pour chaque épreuve par les correcteurs ;

• 3° la liste de tous les candidats, avec les notes et le total des points obtenus par chacun d'eux ;

• 4° la liste par ordre de mérite des gendarmes admis pour avoir totalisé 60 points au moins pour l'ensemble des épreuves sans note éliminatoire et celle des gendarmes éliminés ou n'ayant pas obtenu le nombre de points exigés.

• Ces listes mentionnent les notes attribuées aux candidats dans chacune des épreuves et le total des points obtenus.

Article A. 11. – Commission – Avis – *(Arrêté du 13 décembre 2016)*

• La commission prévue à l'article 16 *(2° et 4°)* du Code de procédure pénale émet un avis sur les listes mentionnées au 4° de l'article A10 dans un délai maximum de quatre mois après la date de l'examen.

• Elles sont adressées à la direction générale de la gendarmerie nationale, accompagnées des copies des candidats et du procès-verbal de séance.

Article A. 12. – Échecs à l'examen – *(Arrêté du 24 août 1960)*

• Les candidats ayant échoué à quatre sessions ne peuvent plus être autorisés à se présenter à l'examen technique d'officier de police judiciaire.

§ 2. – Désignation des officiers de police judiciaire de la police nationale

Article A. 13. – Admission – Examen O.P.J. – *(Arrêté du 18 avril 2023)*

• Peuvent être admis à subir l'examen technique d'officier de police judiciaire de la police nationale prévu à l'article R. 5 du présent code les fonctionnaires du corps d'encadrement et d'application comptant au moins 3 ans de services dans le corps au 1er janvier de l'année de l'examen.

Article A. 14. – Liste – Examen – Candidats admis – *(Arrêté du 6 septembre 2021)*

• La liste des candidats admis à se présenter à l'examen technique est établie par le directeur central du recrutement et de la formation de la police nationale et arrêtée par le directeur général de la police nationale.

Article A. 15. – Épreuves – *(Arrêté du 6 septembre 2021)*

• L'examen technique d'officier de police judiciaire de la police nationale comporte :

• 1° Une épreuve écrite pratique de droit pénal général et de droit pénal spécial *(durée : 3 heures – coefficient 2)* ;

• 2° Une épreuve écrite pratique de procédure pénale sur un cas de crime, de délit ou de contravention *(durée : 4 heures – coefficient 3)* ;

• 3° Une épreuve orale de simulation de compte rendu téléphonique à un magistrat organisée à partir d'un cas pratique d'enquête *(préparation : 40 minutes ; durée : 20 – coefficient 1)*.

• La valeur de chaque épreuve est constatée par une note de 0 à 20.

• Toute note égale ou inférieure à 5 dans l'une des épreuves est éliminatoire.

• Nul ne pourra être considéré comme ayant satisfait à l'examen s'il ne totalise pas 60 points au moins, pour l'ensemble des 3 épreuves.

Article A. 16. – Programme des épreuves – *(Arrêté du 9 août 2016)*

• Le programme des épreuves de l'examen prévu par l'article qui précède est le suivant :

• **Procédure pénale**

• L'action publique et l'action civile : notions générales.

• Les autorités investies par la loi de missions de police judiciaire :

• – la police judiciaire ;

• – le ministère public ;

• – le magistrat instructeur.

• Les enquêtes, les contrôles d'identité :

• – les cadres juridiques ;

• – les contrôles, les vérifications et les relevés d'identité.

• L'instruction :

• – du premier et du second degré ;

• – le contrôle judiciaire et la détention provisoire ;

• – la commission rogatoire.

• Les procédures particulières :

• – l'entraide judiciaire internationale ;

• – la procédure applicable à la criminalité et à la délinquance organisées.

• La procédure pénale applicable aux mineurs.

• Le contrôle de la mission de police judiciaire.

• Les mandats de justice.

• Les juridictions de jugement.

• L'exécution des décisions de justice :

• – la contrainte judiciaire ;

• – les juridictions de l'application des peines.

• **Droit pénal général**

• La loi pénale :

• – les principes généraux ;

• – l'application de la loi pénale dans le temps et dans l'espace.

• L'infraction pénale :

• – la classification des infractions ;

• – les éléments constitutifs de l'infraction ;

• – les circonstances aggravantes.
• La responsabilité pénale :
• – les dispositions générales : la tentative, la coaction et la complicité ;
• – la responsabilité pénale des personnes morales ;
• – les causes d'irresponsabilité ou d'atténuation de la responsabilité.
• Les peines :
• – la classification légale ;
• – le concours d'infractions ;
• – la récidive ;
• – la réitération d'infractions.
• **Droit pénal spécial**
• Les crimes et délits contre les personnes :
• – les atteintes à la vie de la personne ;
• – les atteintes à l'intégrité physique ou psychique de la personne ;
• – la mise en danger de la personne ;
• – les atteintes aux libertés de la personne ;
• – les atteintes à la dignité de la personne ;
• – les atteintes à la personnalité ;
• – les atteintes aux mineurs et à la famille.
• Les crimes et délits contre les biens :
• – le vol ;
• – l'extorsion ;
• – l'escroquerie et les infractions voisines ;
• – les détournements ;
• – le recel et les infractions assimilées ou voisines ;
• – les destructions, dégradations et détériorations ;
• – les atteintes aux systèmes de traitement automatisé de données.
• Les crimes et délits contre la Nation, l'État et la paix publique :
• – les atteintes à l'administration publique commises par des personnes exerçant une fonction publique ;
• – les atteintes à l'administration publique commises par des particuliers ;
• – les atteintes à l'action de la justice ;
• – les atteintes à la confiance publique ;
• – la participation à une association de malfaiteurs.
• La falsification de moyens de paiement.
• Les infractions au régime des matériels de guerre, des armes et des munitions.
• Les infractions délictuelles à la circulation routière.
• **Libertés publiques**
• Introduction générale aux libertés publiques.
• Les libertés individuelles et la vie privée :
• – la sûreté ;
• – la liberté d'aller et venir ;
• – le respect de la vie privée, du domicile et des correspondances ;
• – le respect de la personne et les lois anti-discriminatoires ;
• – la CNIL.
• Les libertés d'expression collectives :
• – le régime des manifestations ;
• – le régime des attroupements ;
• – la liberté de la presse.

Article A. 17. – Règles de sélection et de préparation – *(Arrêté du 9 août 2016)*
• Les règles de sélection et de préparation des candidats à l'examen technique sont fixées par circulaire du ministre de l'intérieur.

Article A. 18. – Date de l'examen et sujets des épreuves – *(Arrêté du 6 septembre 2021)*
• La date de l'examen technique et les sujets des épreuves sont fixés par la commission prévue à l'article 16 *(2° et 4°)* du présent code sur proposition du directeur central du recrutement et de la formation de la police nationale.

Article A. 19. – Organisation matérielle des épreuves – *(Arrêté du 6 septembre 2021)*
• L'organisation matérielle des épreuves de l'examen technique, qui se déroulent dans un ou plusieurs centres, est assurée par la direction centrale du recrutement et de la formation de

la police nationale conformément aux directives données par instructions du ministre de l'intérieur.

• Lors des épreuves, les candidats ne peuvent disposer que :

• – des codes *(qui peuvent être annotés par l'éditeur, mais non commentés)* ;

• – des impressions du Journal officiel *(non commenté)*.

• Il est interdit aux candidats sous peine d'exclusion :

• – de détenir des documents imprimés ou manuscrits autres que ceux cités aux alinéas précédents ;

• – d'utiliser des codes ou impressions du Journal officiel surlignés, soulignés, annotés ou comportant des onglets, même vierges.

• Toute fraude ou tentative de fraude dans l'une des épreuves entraîne la rédaction d'un rapport par le surveillant et peut conduire à l'exclusion du candidat prononcée par le président du jury et, le cas échéant, à lui interdire de se présenter à l'examen les années suivantes.

• L'enveloppe renfermant chaque sujet de composition est décachetée, en présence des candidats, à l'ouverture de la séance affectée à l'épreuve.

• Les compositions sont faites uniquement sur des feuilles fournies par la direction centrale du recrutement et de la formation de la police nationale.

Article A. 20. – Jury – *(Arrêté du 6 septembre 2021)*

• Dans le mois qui suit l'examen, le président réunit le jury pour l'établissement des normes de correction et pour la répartition des copies entre les correcteurs. L'anonymat des copies est assuré par le recours à un procédé technique adapté.

• Le président du jury fixe la date à laquelle les copies doivent parvenir corrigées au secrétariat de la commission.

Article A. 21. – Secrétariat de la commission – *(Arrêté du 6 septembre 2021)*

• Le secrétariat de la commission soumet au président du jury :

• 1° Les copies pour lesquelles est proposée une note éliminatoire, dans les conditions prévues à l'article A. 15 du présent code. Ces copies font l'objet d'une 2de correction par un membre désigné par le président du jury et appartenant à une autre formation *(magistrature, police)* que celle dont fait partie le 1er correcteur ;

• La note définitive attribuée à la copie correspond à la moyenne des notes des 2 correcteurs.

• 2° Le relevé des notes attribuées pour chaque épreuve par les correcteurs ;

• 3° La liste de tous les candidats, avec les notes et le total des points obtenus pour chacun d'eux ;

• 4° La liste par ordre de mérite des fonctionnaires du corps d'encadrement et d'application de la police nationale admis pour avoir totalisé 60 points au moins pour l'ensemble des épreuves sans note éliminatoire et celle des fonctionnaires du corps d'encadrement et d'application de la police nationale éliminés ou n'ayant pas obtenu le nombre de points exigés. Ces listes mentionnent les notes attribuées aux candidats dans chacune des épreuves et le total des points obtenus.

Article A. 22. – Avis de la commission – *(Arrêté du 9 août 2016)*

• La commission prévue à l'article 16 *(2° et 4°)* du présent code émet un avis sur les listes mentionnées au 4° de l'article A. 21 du même code dans un délai maximum de quatre mois après la date de l'examen.

• Elles sont adressées à la direction générale de la police nationale, accompagnées des copies des candidats et du procès-verbal de séance.

Article A. 23. – *(Abrogé – Arrêté du 18 avril 2023)*

Article A. 24 à A. 33. – *(Transférés – Arrêté du 9 août 2016)*

§ **3.** – Affectation de fonctionnaires du corps d'encadrement et d'application de la police nationale ayant la qualité d'officier de police judiciaire dans les services visées à l'article 16 (4°)

Article A. 34. – Services ou catégories de services – Habilitations – *(Arrêté du 30 décembre 2020)*

• Les fonctionnaires du corps d'encadrement et d'application de la police nationale visés à l'article 16 *(4°)* et ayant la qualité d'officier de police judiciaire peuvent recevoir l'habilitation à exercer les attributions attachées à cette qualité s'ils sont affectés à un des services ou à l'une des catégories de services définies aux articles R. 15-18 à R. 15-26-1 et énumérés ci-après :

• 1° Services dont la compétence territoriale s'étend sur l'ensemble du territoire national :
• – la direction centrale de la police judiciaire ;
• – la sous-direction de la police judiciaire de la gendarmerie nationale ;
• – la direction générale de la sécurité intérieure ;
• – l'inspection générale de la police nationale ;
• – le détachement de la police nationale auprès de la direction nationale des enquêtes douanières ;
• – le centre automatisé de constatation des infractions routières.
• 2° Services dont la compétence territoriale s'étend sur le ressort d'une ou plusieurs zones de défense ou parties de celles-ci :
• – les directions zonales de police judiciaire ainsi que leurs directions territoriales et services de police judiciaire et les directions régionales de police judiciaire ainsi que leurs services départementaux et services de police judiciaire ;
• – la direction de la préfecture de police chargée du maintien de l'ordre public et de la régulation de la circulation ;
• – la direction de la préfecture de police chargée des missions de sécurité et de paix publiques, ainsi que ses sûretés territoriales et ses circonscriptions de sécurité de proximité ;
• – la direction opérationnelle des services techniques et logistiques de la préfecture de police ;
• – les circonscriptions de sécurité publique visées à l'article R. 15-19 *(7°)* ;
• – les sections de recherches de la gendarmerie départementale.
• 3° Services dont la compétence territoriale s'étend sur l'ensemble d'un département :
• – les sûretés départementales ;
• – les circonscriptions de sécurité publique.
• 4° Services des directions territoriales de la police nationale :
• – les services territoriaux de sécurité publique ;
• – les services territoriaux de police judiciaire ;
• – les services territoriaux de police aux frontières.

Nota : Conformément à l'article 6 de l'arrêté du 30/12/2020, ces dispositions entrent en vigueur le 1er janvier 2021.

Article A. 35. – Formations de services – Habilitations – *(Arrêté du 27 décembre 2022)*

• Les fonctionnaires du corps d'encadrement et d'application de la police nationale visés à l'article 16 *(4°)* du Code de procédure pénale et ayant la qualité d'officier de police judiciaire peuvent recevoir l'habilitation à exercer les attributions attachées à cette qualité prévue à l'article 16 précité s'ils sont affectés à titre exclusif dans l'une des formations de services suivantes :

• 1° Pour la direction centrale de la police aux frontières :
• – l'office de lutte contre le trafic illicite de migrants ;
• – la brigade des chemins de fer ;
• – l'unité nationale d'escorte, de soutien et d'intervention ;
• – le bureau de la police aéronautique.
• 2° Pour les directions zonales de la police aux frontières :
• – les brigades des chemins de fer ;
• – les brigades mobiles de recherches ;
• – les brigades de police aéronautique ;
• – les unités d'éloignement.
• 2° *bis* Pour la direction interdépartementale de la police aux frontières d'Ile-de-France :
• – les brigades mobiles de recherche ;
• – les unités d'éloignement ;
• 2° *ter* Pour les directions interdépartementales :
• – les brigades mobiles de recherches ;
• – les unités d'éloignement ;
• – les unités d'investigations ;
• – les services de quart et de contrôle de l'immigration ;
• – les brigades des chemins de fer.
• 3° Pour les directions de la police aux frontières des aérodromes Charles-de-Gaulle, Le Bourget et de l'aérodrome d'Orly, les directions départementales, et les services locaux de la police aux frontières :

• – les unités d'investigations ;
• – les services de quart et du contrôle de l'immigration ;
• – les brigades de chemin de fer ;
• – les brigades mobiles de recherches ;
• – les unités d'éloignement.
• 4° Pour les unités autoroutières des compagnies républicaines de sécurité pour les voies de circulation auxquelles elles sont affectées : les bureaux de circulation routière.
• 5° Pour la préfecture de police :
• – le service chargé de la lutte contre l'immigration irrégulière et le travail illégal des étrangers cité au a du 5 de l'article R. 15-19 du Code de procédure pénale ;
• – le service de police chargé de la sécurité des personnes et des biens sur les voies navigables des départements d'Ile-de-France cité au f du 5 de l'article R. 15-19 du Code de procédure pénale ;
• – le service de police déconcentré chargé de la sécurité des personnes et des biens sur les réseaux de transport en commun de voyageurs par voie ferrée cité au deuxième alinéa de l'article R. 15-30 du Code de procédure pénale.

Nota : Conformément à l'article 7 de l'arrêté du 27/12/2022, ces dispositions entrent en vigueur le 1er janvier 2023.

V Décret n° 2022-1704 du 27 décembre 2022 portant création d'un office de lutte contre le trafic illicite de migrants
Arrêté du 27 décembre 2022 portant diverses mesures relatives à l'office de lutte contre le trafic illicite de migrants

§ 4. – Organisation des services territoriaux de police judiciaires des directions territoriales de la police nationale

Article A. 35-1. – Siège et ressort – Services territoriaux et Directions Territoriales P.N. – *(Arrêté du 29 décembre 2021)*

• Le siège et le ressort des services territoriaux de police judiciaire des directions territoriales de la police nationale sont fixés conformément au tableau ci-après :

DIRECTION TERRITORIALE DE LA POLICE NATIONALE	SIÈGE	SERVICE TERRITORIAL DE POLICE JUDICIAIRE
Direction territoriale de la police nationale de la Guyane	Cayenne	Cayenne
Direction territoriale de la police nationale de Mayotte	Mamoudzou	Mamoudzou
Direction territoriale de la police nationale de la Nouvelle-Calédonie	Nouméa	Nouméa
Direction territoriale de la police nationale de Guadeloupe	Pointe-à-Pitre	Pointe à Pitre
Direction territoriale de la police nationale de la Martinique	Fort-de-France	Fort de France
Direction territoriale de la police nationale de la Réunion	Saint-Denis-de-la-Réunion	Saint-Denis-de-la-Réunion
Direction territoriale de la police nationale de Polynésie française	Papeete	Papeete

Section III

Désignation des agents des douanes chargés de l'exercice de certaines missions de police judiciaire

Article A. 36. – Liste des candidats admis – *(Arrêté du 2 novembre 2000)*

• Pour l'application de l'article R. 15-33-3, la liste des candidats admis à se présenter à l'examen technique d'aptitude aux fonctions d'agent des douanes chargé de l'exercice de certaines missions de police judiciaire est arrêtée par le directeur général des douanes et droits indirects.

• Les candidats retenus doivent avoir reçu une formation adaptée, organisée par leur administration d'appartenance.

Article A. 36-1. – Examen technique d'aptitude – Épreuves – *(Arrêté du 2 novembre 2000)*

• L'examen technique d'aptitude à l'exercice de certaines missions de police judiciaire comporte les trois épreuves suivantes :

• 1° Épreuve écrite n° 1 : composition portant sur des connaissances générales en matière de droit pénal ou de procédure pénale *(durée : trois heures)* ;

• 2° Épreuve écrite n° 2 : traitement d'un cas pratique de procédure pénale *(durée : quatre heures)* ;

• 3° Épreuve orale n° 3 : exposé sur un sujet de procédure pénale suivi d'un entretien avec le jury *(temps de préparation : vingt minutes, durée de l'épreuve : vingt à trente minutes)*.

• La valeur de chaque épreuve est constatée par une note de 0 à 20.

• Toute note égale ou inférieure à 5 dans l'une ou l'autre des épreuves est éliminatoire.

Article A. 36-2. – Programme des épreuves – *(Arrêté du 2 novembre 2000)*

• Le programme des épreuves de l'examen technique est ainsi fixé :

Procédure pénale

Introduction :

La liberté de la preuve ; la séparation des autorités de poursuite, d'instruction et de jugement ;

L'action publique ; l'action civile.

A. – Les autorités investies par la loi de fonctions de police judiciaire :

Le ministère public ;

Le juge d'instruction ;

Les officiers et agents de police judiciaire ;

Les agents des douanes chargés de l'exercice de certaines missions de police judiciaire.

B. – Les activités de police judiciaire :

La distinction entre police administrative et police judiciaire ;

La procédure de flagrance ;

L'enquête préliminaire ;

Les perquisitions et saisies, la garde à vue ;

Le contrôle de la mission de police judiciaire ;

L'instruction préparatoire, les commissions rogatoires, la mise en examen, les mandats de justice, le règlement de l'instruction, le contrôle de la chambre de l'instruction sur l'activité des officiers de police judiciaire et des agents des douanes ;

Les juridictions répressives ;

La procédure pénale applicable aux mineurs ;

La nullité des actes de procédure.

Droit pénal général

A. – Généralités sur la législation pénale.

B. – L'infraction pénale :

Les éléments constitutifs de l'infraction : l'élément légal, l'élément matériel, l'élément moral ;

La classification des infractions et l'organisation judiciaire en matière pénale ;

Les principes généraux de la responsabilité pénale, la complicité, la responsabilité pénale des personnes morales.

C. – La peine :

Définition et classification des peines ;

L'exécution des peines.

Droit pénal spécial

A. – Les infractions au Code des douanes.

B. – Les infractions en matière de contributions indirectes.

C. – Les infractions à la législation sur les contrefaçons de marque.

D. – Les infractions au Code pénal :

– les atteintes à la personne humaine : trafic de stupéfiants ;

– les atteintes aux biens : vol, escroquerie, abus de confiance, recel, blanchiment ;

– les atteintes à l'autorité de l'État : concussion, corruption active et passive, prise illégale d'intérêts, soustraction et détournement de biens, trafic d'influence, actes d'intimidation commis contre des personnes exerçant une fonction publique, soustraction et détournement de biens contenus dans un dépôt public, outrage, rébellion ;

– les atteintes à la confiance publique : faux, falsification des marques de l'autorité.

Article A. 36-3. – Règles de préparation – *(Arrêté du 2 novembre 2000)*

• Les règles de préparation des candidats à l'examen technique sont fixées par instruction de la direction générale des douanes et droits indirects.

Article A. 36-4. – Date de l'examen et sujets des épreuves – *(Arrêté du 2 novembre 2000)*

• La date de l'examen technique et les sujets des épreuves sont choisis, d'un commun accord, par le directeur des affaires criminelles et des grâces et par le directeur général des douanes et droits indirects.

Article A. 36-5. – Organisation matérielle de l'examen – *(Arrêté du 2 novembre 2000)*

• L'organisation matérielle de l'examen technique relatif à l'exercice de certaines missions de police judiciaire par les agents des douanes, et notamment la fourniture des copies et formulaires de composition ainsi que la mise sous anonymat des copies, est assurée par la direction générale des douanes et droits indirects.

Article A. 36-6. – Fraude – *(Arrêté du 2 novembre 2000)*

• Il est interdit aux candidats, sous peine d'exclusion, d'avoir par-devers eux des documents imprimés ou manuscrits. Toutefois, ils peuvent consulter des codes ou recueils de lois, décrets et circulaires ; ces derniers peuvent comporter des références à des textes législatifs ou réglementaires ainsi qu'à des articles de doctrine ou des décisions de jurisprudence.

• Toute fraude ou tentative de fraude dans l'une quelconque des épreuves écrites entraîne l'exclusion immédiate de l'examen, prononcée sans délai et sans appel. Sans préjudice de sanctions disciplinaires, le candidat peut ne pas être autorisé à se présenter à l'examen les années suivantes.

Article A. 36-7. – Jury – *(Arrêté du 2 novembre 2000)*

• Dans le mois qui suit l'examen, le président réunit le jury pour la répartition des copies entre les correcteurs. Il fixe la date à laquelle les copies corrigées doivent être remises au secrétariat de la commission.

Article A. 36-8. – Secrétaire de la commission – *(Arrêté du 2 novembre 2000)*

• Le secrétaire de la commission :

• 1° S'assure que les copies ont fait l'objet d'une double correction par une équipe composée d'un magistrat et d'un fonctionnaire des douanes.

• Le résultat de ces doubles corrections est soumis à la commission, qui en délibère spécialement lors de la réunion prévue à l'article A. 36-9 et fixe la note définitive ;

• 2° Opère un relevé des notes attribuées pour chaque épreuve par les correcteurs ;

• 3° Dresse la liste de tous les candidats, avec les notes et le total des points obtenus par chacun d'eux.

Article A. 36-9. – Commission – Liste des agents – *(Arrêté du 2 novembre 2000)*

• Dans un délai maximum de quatre mois après la date de l'examen, le président réunit la commission aux fins d'arrêter la liste des agents pour lesquels la commission émet un avis favorable à l'octroi de la qualité d'agent des douanes chargé de l'exercice de certaines missions de police judiciaire.

• Seuls peuvent être retenus les candidats qui totalisent trente points au moins pour l'ensemble des trois épreuves.

Article A. 36-10. – Échec à quatre sessions – *(Arrêté du 2 novembre 2000)*

• Les candidats ayant échoué à quatre sessions ne peuvent plus être autorisés à se présenter à l'examen technique d'aptitude à l'exercice de certaines missions de police judiciaire.

V • Code de procédure pénale– art. 28-1 – Missions judiciaires des agents des douanes de catégories A et B.
• Code de procédure pénale– art. R. 15-33-1 et s. – Désignation et missions des agents des douanes.

Section IV

Désignation des agents des services fiscaux chargés de l'exercice de certaines missions de police judiciaire

Article A. 36-10-1. – Admission– Formation – *(Arrêté du 21 mai 2019)*

• Pour l'application de l'article R. 15-33-29-7 du code de procédure pénale, la liste des candidats admis à se présenter à l'examen technique d'aptitude aux fonctions d'agent des services fiscaux chargé de l'exercice de certaines missions de police judiciaire est arrêtée:

• 1° Conjointement par le directeur général des finances publiques et le directeur général de la police nationale lorsque les agents doivent être affectés au sein du ministère de l'intérieur;

• 2° Par le directeur général des finances publiques lorsque les agents doivent être affectés au sein du ministère du budget.

• Les candidats retenus doivent avoir reçu une formation adaptée, organisée par le ministère de l'intérieur et par le ministère chargé du budget ou par ce dernier uniquement selon le ministère dans lequel doivent être affectés les candidats.

Article A. 36-10-2. – Épreuves – *(Arrêté du 21 mai 2019)*

• L'examen technique d'aptitude à l'exercice de certaines missions de police judiciaire comporte les 3 épreuves suivantes:

• 1° Épreuve écrite n° 1: composition portant sur des connaissances générales en matière de droit pénal ou de procédure pénale *(durée: 3 heures)*;

• 2° Épreuve écrite n° 2: traitement d'un cas pratique de procédure pénale *(durée: 4 heures)*;

• 3° Épreuve orale n° 3: exposé sur un sujet de procédure pénale suivi d'un entretien avec le jury *(temps de préparation: 20 minutes, durée de l'épreuve: 20 à 30 minutes).*

• La valeur de chaque épreuve est constatée par une note de 0 à 20.

• Toute note égale ou inférieure à 5 dans l'une ou l'autre des épreuves est éliminatoire.

Article A. 36-10-3. – Programme des épreuves – *(Arrêté du 7 septembre 2010)*

• Le programme des épreuves de l'examen technique est ainsi fixé:

Procédure pénale

L'action publique et l'action civile: notions générales.

Les autorités investies par la loi de missions de police judiciaire:
– la police judiciaire;
– le ministère public;
– le magistrat instructeur.

Les enquêtes, les contrôles d'identité:
– les cadres juridiques;
– les contrôles, les vérifications et les relevés d'identité.

L'instruction:
– du premier et du second degré;
– le contrôle judiciaire et la détention provisoire;
– la commission rogatoire.

Les procédures particulières:
– l'entraide judiciaire internationale;
– notions générales sur la saisie et le recouvrement des avoirs criminels;
– la procédure applicable à la criminalité et à la délinquance organisées.

La procédure pénale applicable aux mineurs.

Le contrôle de la mission de police judiciaire.

Les mandats de justice.

Les juridictions de jugement.

Droit pénal général

La loi pénale:
– les principes généraux;
– l'application de la loi pénale dans le temps et dans l'espace.

L'infraction pénale:
– la classification des infractions;
– les éléments constitutifs de l'infraction;
– les circonstances aggravantes.

La responsabilité pénale:
– les dispositions générales: la tentative, la coaction et la complicité;
– la responsabilité pénale des personnes morales;

– les causes d'irresponsabilité ou d'atténuation de la responsabilité.

Les peines :

– la classification légale ;
– le concours d'infractions ;
– la récidive ;
– la réitération d'infractions.

Droit pénal spécial

Les crimes et délits contre les biens :

– l'escroquerie et les infractions voisines ;
– les détournements : abus de confiance, détournement de gage ou d'objets saisis, organisation frauduleuse d'insolvabilité ;
– le recel et les infractions assimilées ou voisines ;
– le blanchiment ;
– les atteintes aux systèmes de traitement automatisé de données.

La participation à une association de malfaiteurs.

Les atteintes à la confiance publique : faux et usage de faux, usurpation d'identité, falsification des marques de l'autorité.

Notions générales relatives à la probité.

Le droit pénal des sociétés : abus de biens sociaux, banqueroute, distribution de dividendes fictifs, présentation de faux bilans, surévaluations d'apports, exercice illégal de la profession de banquier.

Le droit pénal fiscal : fraude fiscale et délits comptables.

L'outrage et la rébellion.

Libertés publiques

Introduction générale aux libertés publiques.

Les libertés individuelles et la vie privée : la sûreté, la liberté d'aller et venir ; le respect de la vie privée, du domicile et des correspondances ; le respect de la personne et les lois antidiscriminatoires.

Article A. 36-10-4. – Règles de préparation – *(Arrêté du 21 mai 2019)*

• Les règles de préparation des candidats à l'examen technique sont fixées, selon le ministère dans lequel doivent être affectés les candidats, par instruction conjointe de la direction générale de la police nationale et de la direction générales des finances publiques ou par instruction de cette dernière uniquement.

Article A. 36-10-5. – Date de l'examen et sujet des épreuves – *(Arrêté du 21 mai 2019)*

• La date de l'examen technique et les sujets des épreuves sont choisis, d'un commun accord, selon le ministère dans lequel doivent être affectés les candidats, par le directeur des affaires criminelles et des grâces, par le directeur de la direction générale de la police nationale et par le directeur général des finances publiques sur proposition du directeur de la formation de la police nationale ou par le directeur des affaires criminelles et des grâces et par le directeur général des finances publiques sur proposition conjointe du chef de service des ressources humaines de la direction générale des finances publiques et du chef de service des ressources humaines de la direction générale des douanes et droits indirects.

Article A. 36-10-6. – Organisation matérielle de l'examen – *(Arrêté du 21 mai 2019)*

• L'organisation matérielle de l'examen technique relatif à l'exercice de certaines missions de police judiciaire par les agents des services fiscaux, et notamment la fourniture des copies et formulaires de composition ainsi que la mise sous anonymat des copies, est assurée, selon le ministère dans lequel doivent être affectés les candidats, par le directeur de la formation de la police nationale ou conjointement par le chef de service des ressources humaines de la direction générale des finances publiques et le chef de service des ressources humaines de la direction générale des douanes et droits indirects.

Article A. 36-10-7. – Fraude – *(Arrêté du 7 septembre 2010)*

• Il est interdit aux candidats, sous peine d'exclusion, d'avoir par-devers eux des documents imprimés ou manuscrits. Toutefois, ils peuvent consulter des codes ou recueils de lois, décrets et circulaires ; ces derniers peuvent comporter des références à des textes législatifs ou réglementaires ainsi qu'à des articles de doctrine ou des décisions de jurisprudence.

• Toute fraude ou tentative de fraude dans l'une quelconque des épreuves écrites entraîne l'exclusion immédiate de l'examen, prononcée sans délai et sans appel. Sans préjudice de sanctions disciplinaires, le candidat peut ne pas être autorisé à se présenter à l'examen les années suivantes.

Article A. 36-10-8. – Jury – *(Arrêté du 7 septembre 2010)*

• Au plus tard à la fin du mois qui suit l'examen, le président réunit le jury pour la répartition des copies entre les correcteurs. Il fixe la date à laquelle les copies corrigées doivent être remises au secrétariat de la commission.

Article A. 36-10-9. – Secrétaire de la commission – *(Arrêté du 21 mai 2019)*

• Le secrétaire de la commission :

• 1° S'assure que les copies ont fait l'objet d'une double correction par une équipe composée d'un magistrat et, selon le ministère dans lequel doivent être affectés les candidats, d'un fonctionnaire du ministère de l'intérieur ou d'un fonctionnaire du ministère du budget.

• Le résultat de ces doubles corrections est soumis à la commission, qui en délibère spécialement lors de la réunion prévue à l'article A. 36-10-10 et fixe la note définitive ;

• 2° Opère un relevé des notes attribuées pour chaque épreuve par les correcteurs ;

• 3° Dresse la liste de tous les candidats, avec les notes et le total des points obtenus par chacun d'eux.

Article A. 36-10-10. – Liste des agents admis – *(Arrêté du 7 septembre 2010)*

• Dans un délai maximum de deux mois après la date de l'examen, le président réunit la commission aux fins d'arrêter la liste des agents pour lesquels la commission émet un avis favorable à l'octroi de la qualité d'agent des services fiscaux chargé de l'exercice de certaines missions de police judiciaire.

• Seuls peuvent être retenus les candidats qui totalisent trente points au moins pour l'ensemble des trois épreuves.

Article A. 36-10-11. – Échec à 4 sessions – *(Arrêté du 7 septembre 2010)*

• Les candidats ayant échoué à quatre sessions ne peuvent plus être autorisés à se présenter à l'examen technique d'aptitude à l'exercice de certaines missions de police judiciaire.

Article A. 36-10-12. – Habilitations – *(Arrêté du 7 septembre 2010)*

• Les candidats retenus, dûment habilités en vertu des dispositions de l'article R. 15-33-29-11 comme agents des services fiscaux chargés d'effectuer des enquêtes en application de l'article 28-2, sont dénommés officiers fiscaux judiciaires.

TITRE II

DES ENQUÊTES ET DES CONTRÔLES D'IDENTITÉ

Article A. 36-11. – Supports et formats des enregistrements audiovisuels – Interrogatoires personnes gardées à vue – *(Arrêté du 14 avril 2008)*

• Les supports et formats des enregistrements audiovisuels des interrogatoires des personnes gardées à vue réalisés en application des articles 64-1 et D. 15-6 et transmis aux juridictions doivent respecter les normes et recommandations fixées par le référentiel général d'interopérabilité *(RGI)*.

• Les supports, notamment CD et DVD, doivent être non réinscriptibles.

• Si le format des enregistrements n'est pas conforme au RGI, un lecteur logiciel, fonctionnant sous le système d'exploitation utilisé sur les postes de travail du ministère de la justice au jour de la publication de l'arrêté, doit figurer sur le support.

• Les systèmes d'exploitation utilisés peuvent évoluer dès lors qu'ils conservent leur compatibilité entre eux, conformément aux instructions données par la direction des affaires criminelles et des grâces, la direction générale de la police nationale et la direction générale de la gendarmerie nationale, et qu'ils comportent un horodatage.

TITRE III
DES JURIDICTIONS D'INSTRUCTION

Article A. 36-11-1. – Supports et formats des enregistrements audiovisuels – Interrogatoires des personnes mises en examen – *(Arrêté du 14 avril 2008)*

• Les supports et formats des enregistrements audiovisuels des interrogatoires des personnes mises en examen réalisés en application des articles 116-1 et D. 32-2 et transmis aux juridictions doivent respecter les normes et recommandations fixées par le référentiel général d'interopérabilité *(RGI)*.

• Les supports, notamment CD et DVD, doivent être non réinscriptibles.

LIVRE II

DES JURIDICTIONS DE JUGEMENT

TITRE Ier

DE LA COUR D'ASSISES

CHAPITRE III

De la composition de la cour d'assises

Article A. 36-12. – Listes annuelles – Nombre de jurés – *(Arrêté du 18 mai 2020)*

• En application des dispositions du 2e alinéa de l'article 260, le nombre des jurés figurant sur les listes annuelles établies dans le ressort des cours d'assises énumérées ci-dessous est fixé comme suit :

DÉPARTEMENTS	NOMBRE DE JURÉS figurant sur la liste annuelle
Alpes-Maritimes	1 000
Ardèche	420
Aude	360
Bouches-du-Rhône	2 000
Charente	300
Côte-d'Or	600
Dordogne	400
Eure	500
Guadeloupe	450
Guyane	550
Haute-Marne	300
Haute-Savoie	600
Ille-et-Vilaine	900
Indre	230
Martinique	550
Mayenne	300
Meurthe-et-Moselle	600
Nièvre	230
Paris	2 300
Savoie	390
Seine-et-Marne	1 400
Seine-Saint-Denis	2 000
Val-de-Marne	1 700
Var	1 000
Yonne	350

• Les dispositions du présent article cessent d'être applicables si, en raison de l'évolution officiellement constatée du nombre des habitants du ressort de la cour d'assises, le nombre des jurés résultant des dispositions du 1er alinéa de l'article 260 dépasse celui fixé ci-dessus.

Article A. 36-13. – Liste des jurés suppléants – *(Arrêté du 18 mai 2020)*

• La liste des jurés suppléants prévue par l'article 264 comprend :

• 1° Sept cents jurés pour les cours d'assises de Paris et de la Seine-Saint-Denis ;

• 2° Six cents jurés pour la cour d'assises du Val-de-Marne ;

• 3° Quatre cent cinquante jurés pour les cours d'assises des Bouches-du-Rhône, de la Gironde, du Nord, de Seine-et-Marne et des Yvelines ;

• 4° Deux cent cinquante jurés pour les cours d'assises des Alpes-Maritimes, de la Corse-du-Sud, de la Haute-Corse, de l'Essonne, des Hauts-de-Seine, d'Ille-et-Vilaine, de la Loire-Atlantique, de la Moselle, du Pas-de-Calais, du Rhône, de la Seine-Maritime, du Val-d'Oise et du Var ;

• 5° Deux cents jurés pour les cours d'assises du Cher, de la Guyane, de la Marne, de la Martinique, de Meurthe-et-Moselle et de La Réunion ;

• 6° Cent cinquante jurés pour les cours d'assises de l'Aisne, de l'Ardèche, de l'Aude, du Calvados, de la Côte-d'Or, de l'Eure, du Finistère, du Gard, de la Guadeloupe, de la Haute-Garonne, de la Haute-Savoie, de l'Hérault, de l'Isère, de Maine-et-Loire, de la Meuse, de l'Oise, des Pyrénées-Atlantiques, des Pyrénées-Orientales, du Bas-Rhin, du Haut-Rhin, de la Sarthe, de la Savoie, de la Somme, de Vaucluse, des Vosges et de l'Yonne ;

• 7° Soixante-dix jurés pour la cour d'assises de la Polynésie française ;

• 8° Cinquante jurés pour la cour d'assises de la Nouvelle-Calédonie ;

• 9° Cent jurés pour les autres cours d'assises.

V • Code procédure pénale - art. 264 – Formation du jury

Section 7

De la procédure simplifiée de l'amende forfaitaire délictuelle

Article A. 36-14. – Requête en exonération– Réclamation – *(Arrêté du 17 avril 2020)*

• Lorsque la loi prévoit que l'action publique peut être éteinte par le versement d'une amende forfaitaire, la personne ayant reçu un avis d'amende forfaitaire consécutif à une infraction constatée selon les modalités prévues à l'article D. 45-3 peut adresser la requête en exonération ou la réclamation prévues aux articles 495-18 et 495-19 de façon dématérialisée conformément aux modalités précisées par la présente section.

• La contestation est faite sur le site « www. antai. fr », en utilisant les informations figurant sur l'avis d'amende forfaitaire ou l'avis d'amende forfaitaire majorée, à l'aide du formulaire de contestation en ligne figurant sur ce site.

• Cette contestation produit les mêmes effets que l'envoi de la lettre recommandée avec demande d'avis de réception prévu au 1er alinéa de l'article 495-20.

Article A. 36-15. – Contestation en ligne – Motifs – *(Arrêté du 17 avril 2020)*

• La contestation en ligne peut être faite pour l'un des motifs prévus par le présent article :

• 1° Dans tous les cas, si la personne a été victime d'une usurpation d'identité au moment de la constatation des faits ;

• 2° Lorsque la procédure de l'amende forfaitaire concerne le délit de conduite sans permis si la personne était titulaire d'un permis de conduire en cours de validité au moment de la constatation des faits ;

• 3° Lorsque la procédure de l'amende forfaitaire concerne le délit de conduite sans assurance, si la personne bénéficiait d'une assurance en cours de validité au moment de la constatation des faits ;

• 4° Lorsque le délit de conduite sans assurance a été constaté, sans interception du conducteur, selon les modalités prévues à l'article L. 130-9 du même code, par ou à partir d'un appareil de contrôle automatique, si le véhicule mis en cause a été vendu, cédé, volé, détruit ou a fait l'objet d'une usurpation de plaques d'immatriculation ;

• 5° Autre motif.

Article A. 36-16. – Transmission numérique – *(Arrêté du 17 avril 2020)*

• La personne transmet de façon numérisée, selon les formats indiqués sur le site « www. antai. fr » :

• 1° Dans le cas prévu au 1° de l'article A. 36-15, la copie du récépissé du dépôt de plainte pour le délit d'usurpation d'identité prévu par l'article 434-23 du Code pénal;
• 2° Dans le cas prévu au 2° de l'article A. 36-15, la copie de son permis de conduire en cours de validité au moment de la constatation des faits;
• 3° Dans le cas prévu au 3° de l'article A. 36-15, la copie d'une attestation d'assurance en cours de validité au moment de la constatation des faits;
• 4° Dans le cas prévu au 4° de l'article A. 36-15, la copie du récépissé du dépôt de plainte pour vol ou destruction du véhicule ou pour le délit d'usurpation de plaque d'immatriculation prévu par l'article L. 317-4-1 du Code de la route, la copie de la déclaration de destruction de véhicule établie conformément aux dispositions de l'article R. 322-9 du Code de la route, ou les copies de la déclaration de cession du véhicule et de son accusé d'enregistrement dans le système d'immatriculation des véhicules.

Article A. 36-17. – Accusé d'enregistrement de la contestation – *(Arrêté du 14 octobre 2018)*
• Dans tous les cas, un accusé d'enregistrement de la contestation est présenté automatiquement à la personne lorsque celle-ci a validé et envoyé sa contestation. Ce document peut être téléchargé ou imprimé par la personne.

Article A. 36-18. – Paiement de la consignation ou de l'amende forfaitaire – *(Arrêté du 14 octobre 2018)*
• Le paiement de la consignation ou de l'amende forfaitaire peut être effectué:
• – soit par télépaiement automatisé;
• – soit par envoi au comptable de la direction générale des finances publiques d'un chèque joint à la carte de paiement;
• – soit par virement bancaire international.

LIVRE II

DES JURIDICTIONS DE JUGEMENT

TITRE III

DU JUGEMENT DES CONTRAVENTIONS

CHAPITRE II *bis*

De la procédure de l'amende forfaitaire

Section I

Dispositions relatives au procès-verbal, à l'avis de contravention et à la carte de paiement concernant les contraventions forfaitisées

Sous-section 1

Dispositions communes

Article A. 37. – Contraventions – Amende forfaitaire – *(Arrêté du 13 mai 2011)*

• Pour relever les contraventions soumises à la procédure de l'amende forfaitaire dans le cas où celles-ci ne sont pas payées immédiatement entre les mains de l'agent verbalisateur, ce dernier utilise des formulaires dont les caractéristiques sont fixées par les dispositions de la présente section.

Article A. 37-1. – Formulaires – *(Arrêté du 13 mai 2011)*

• Sauf s'il en est disposé autrement, le formulaire utilisé par l'agent verbalisateur est constitué :

• – d'un premier volet, de format 100 mm x 186 mm, qui constitue la carte de paiement ;

•– d'un deuxième volet, de format 100 mm x 186 mm, qui constitue l'avis de contravention

•– d'un troisième volet, de format 100 mm x 186 mm, qui constitue le procès-verbal de contravention.

• La carte de paiement et l'avis de contravention sont destinés au contrevenant.

• Le procès-verbal de contravention est conservé par le service auquel appartient l'agent verbalisateur ou adressé à l'unité de gendarmerie ou de police compétente, quand les agents verbalisateurs sont ceux visés au 2° et au 8° de l'article L. 130-4 du Code de la route.

Sous-section 2

Dispositions applicables aux contraventions ne donnant pas lieu à retrait de points du permis de conduire

§1er. – Dispositions générales

Article A. 37-2. – Contraventions – Couleur blanche – Pas de réduction de points – *(Arrêté du 13 mai 2011)*

• Lorsque les contraventions soumises à la procédure de l'amende forfaitaire ne sont pas susceptibles d'entraîner une réduction de points du permis de conduire, les trois volets du formulaire constituant la carte de paiement, l'avis de contravention et le procès-verbal de contravention sont de couleur blanche.

Article A. 37-3. – Caractéristiques – Carte de paiement – *(Arrêté du 13 mai 2011)*

• Les caractéristiques de la carte de paiement mentionnée à l'article A. 37-1 sont les suivantes :

• **I.** – Au recto, sur la partie gauche, figurent les informations relatives au service verbalisateur, à la date de l'infraction, au montant de l'amende à payer et, le cas échéant, le numéro d'immatriculation du véhicule.

• **II.** – La partie droite comporte l'emplacement où peut être apposée la partie à envoyer du timbre-amende en cas de non-paiement par chèque, et l'indication du destinataire de la carte de paiement.

• **III.** – Au verso sont mentionnées les modalités de paiement ainsi que les possibilités de requête avec l'indication de l'autorité compétente pour recevoir la réclamation. Il est en outre prévu un emplacement où sont portées des informations relatives à l'auteur de la requête en exonération.

• **IV.** – Sur ce volet sont également indiquées les conséquences du défaut de paiement et de l'absence de requête en exonération dans les délais impartis.

• **V.** – Conformément aux dispositions de l'article R. 49-3-1, ce volet peut également comporter une mention précisant que le paiement de l'amende forfaitaire peut être réalisé par télépaiement automatisé ou par timbre dématérialisé, et indiquant que le contrevenant dispose d'un délai supplémentaire de quinze jours pour s'acquitter de cette amende s'il utilise ce mode de paiement.

Article A. 37-4. – Caractéristiques – Avis de contravention – *(Arrêté du 13 mai 2011)*

• Les caractéristiques de l'avis de contravention mentionné à l'article A. 37-1 sont les suivantes :

• **I.** – Sur la partie gauche sont portées les mentions relatives au service verbalisateur, à la nature, au lieu et à la date de la contravention ainsi que les références des textes réprimant ladite contravention et, le cas échéant, sont précisés les éléments d'identification du véhicule et l'obligation de procéder à l'échange du permis de conduire.

• **II.** – Sur la partie droite figure un emplacement destiné à informer le contrevenant de ses droits et comportant les mentions suivantes :

• Vous êtes informé*(e)* que :

• 1. Vous pouvez exercer un droit d'accès et de rectification lorsque les renseignements vous concernant font l'objet d'un traitement automatisé *(art. 39 et 40 de la loi n° 78-17 du 6 janvier 1978)* auprès :

– de l'officier du ministère public près la juridiction de proximité ou le tribunal de police ;

– du comptable public compétent lorsque celui-ci est chargé du recouvrement de l'amende forfaitaire majorée.

• 2. Le paiement de l'amende forfaitaire entraîne reconnaissance de la réalité de l'infraction ;

• 3. Si la rubrique « Obligation d'échange du permis de conduire » a été cochée, vous êtes dans l'obligation d'effectuer auprès du service préfectoral de votre domicile l'échange de votre permis de conduire délivré par un État de l'Union européenne ou de l'Espace économique européen.

• 4. Vous pouvez exercer, auprès du service préfectoral de votre domicile, un droit d'accès aux informations concernant votre permis de conduire.

• **III.** – Un emplacement est destiné, en cas de non-paiement par chèque, à l'apposition de la partie à conserver du timbre-amende.

Article A. 37-5. – Caractéristiques – Procès-verbal de contravention – *(Arrêté du 13 mai 2011)*

Les caractéristiques du procès-verbal de contravention mentionné à l'article A. 37-1 sont les suivantes :

• **I.** – Au recto, sur la partie gauche, sont portées les mentions prévues par le I de l'article A. 37-4, qui sont établies par duplication de la partie gauche du deuxième volet.

• **II.** – Sur la partie droite figurent les emplacements destinés à la signature de l'agent verbalisateur et, le cas échéant, aux éléments chiffrés permettant le traitement de la contravention relevée, à l'établissement d'une fiche d'immobilisation, à la signature et aux déclarations du contrevenant indiquant s'il reconnaît ou ne reconnaît pas l'infraction et précisant qu'il reconnaît avoir reçu la carte de paiement et l'avis de contravention sur lequel figurent les informations prévues au II de l'article A. 37-4 et reproduites au verso du formulaire.

• **III.** – Au verso, sur la partie gauche, est reproduite l'intégralité des informations prévues au II de l'article A. 37-4 et il est indiqué que le contrevenant a reçu l'avis de contravention comportant ces informations.

• **IV.** – Sur la partie droite figurent les informations relatives au contrevenant ainsi que, le cas échéant, au titulaire du certificat d'immatriculation.

§ 2. – Dispositions applicables aux contraventions à l'arrêt ou au stationnement des véhicules

Article A. 37-6. – Contraventions à l'arrêt ou au stationnement – *(Arrêté du 13 mai 2011)*

• Par dérogation aux articles A. 37-2 à A. 37-5, les caractéristiques des formulaires utilisés pour les contraventions à l'arrêt ou au stationnement des véhicules qui sont réprimées par les articles R. 417-1 à R. 417-6 et R. 417-10 à R. 417-13 du Code de la route, lorsqu'elles sont soumises à la procédure de l'amende forfaitaire, sont les mêmes que celles décrites aux articles précités sous réserve des différences suivantes:

– avis de contravention: n'y figurent pas les mentions prévues par l'article A. 37-4 relatives à l'échange du permis de conduire; y figurent deux emplacements pour mentionner, d'une part, si une demande d'enlèvement a été formulée et, d'autre part, si l'infraction a été commise par un véhicule de plus de 20 mètres carrés dans une zone touristique;

– procès-verbal de contravention: ce volet est de couleur verte; outre les mentions prévues à l'article A. 37-5, à l'exception de celles relatives à l'information du contrevenant, ce volet comporte au recto, sur la partie gauche, les informations obtenues par duplication du second volet décrit au paragraphe précédent.

Sous-section 3

Dispositions applicables aux contraventions donnant lieu à retrait de points du permis de conduire

§1er. – Dispositions générales

Article A. 37-7. – Contraventions – Réduction de points – *(Arrêté du 13 mai 2011)*

• Lorsque les contraventions soumises à la procédure de l'amende forfaitaire sont susceptibles d'entraîner une réduction de points du permis de conduire, les caractéristiques des formulaires utilisés par l'agent verbalisateur, dont les dimensions sont celles fixées par l'article A. 37-1, sont prévues par la présente sous-section.

ARRÊTÉ DU 13 JANVIER 2004

portant création du télépaiement des amendes

NOR: BUDR0307064A – modifié par arrêté du 24 janvier 2007

• Le ministre délégué au budget et à la réforme budgétaire,

• Vu la convention du Conseil de l'Europe pour la protection des personnes à l'égard du traitement automatisé des données à caractère personnel, ratifiée par la loi n° 82-890 du 19 octobre 1982;

• Vu la loi n° 78-17 du 6 janvier 1978 modifiée relative à l'informatique, aux fichiers et aux libertés;

• Vu la loi n° 2003-495 du 12 juin 2003 renforçant la lutte contre la violence routière;

• Vu le décret n° 62-1587 du 29 décembre 1962 modifié portant règlement général sur la comptabilité publique;

• Vu le décret n° 78-774 du 17 juillet 1978 modifié pris pour l'application des chapitres Ier à IV et VII de la loi n° 78-17 du 6 janvier 1978 relative à l'informatique, aux fichiers et aux libertés;

• Vu l'arrêté du 27 octobre 2003 portant création du système de contrôle sanction automatisé;

• Vu la lettre de la Commission nationale de l'informatique et des libertés en date du 7 novembre 2003 portant le numéro 877.015,

• Arrête:

Article 1. – *(Arrêté du 24 janvier 2007)*

• La direction générale de la comptabilité publique met en œuvre un traitement informatisé dénommé «télépaiement des amendes» dont la finalité est de permettre le règlement par internet, ou par serveur vocal interactif, dans le respect de la réglementation bancaire, des amendes forfaitaires transmises par le système de contrôle automatisé *(CA)* mis en œuvre par le ministère de l'intérieur ainsi que de l'ensemble des amendes et condamnations pécuniaires prises en charge dans l'application AMD du Trésor public.

Article 2. – *(Arrêté du 24 janvier 2007)*

• Après avoir saisi le numéro porté sur la carte de paiement ou de consignation, le destinataire de l'avis de contravention ou de l'avis d'amende accède, via le serveur «télépaiement des amendes», au montant de l'amende, à la date de l'infraction et à la date d'expédition par la poste de l'avis. En matière d'amende forfaitaire CA, ces informations sont transmises par le Centre national de traitement *(CNT)* afin de procéder au règlement. Concernant les autres amendes et condamnations pécuniaires, les informations sont transmises par l'application AMD afin de procéder au règlement.

Article 3.

• Les informations traitées par le serveur de télépaiement sont celles relatives aux paiements et aux consignations: nature *(règlement définitif ou préalable à une contestation)*; date de la transaction; flux financiers *(numéro carte bancaire, cryptogramme visuel, date de validité, numéro autorisation)*; adresse électronique ou postale si le redevable demande que lui soit envoyé un justificatif de paiement. Les informations relatives aux flux financiers sont conservées pendant dix ans. Le cryptogramme visuel des cartes bancaires ne fait l'objet d'aucune conservation après sa transmission au centre de traitement des cartes bancaires.

…/…

Article 4.

• Les destinataires des informations relatives aux paiements et aux consignations sont dans la limite de leurs attributions :

• – le comptable assignataire et ses agents habilités, placés sous son autorité ;

• – le centre national de traitement CSA ;

• – les organismes bancaires, via le centre de traitement des cartes bancaires ;

• – les personnes déclarées redevables.

• La direction générale de la comptabilité publique fait appel à un prestataire externe pour l'hébergement du serveur interactif de paiement sécurisé et l'archivage des informations relatives aux paiements. Les chaînes de traitements mises en œuvre par le prestataire sont entièrement automatisées et installées dans des environnements sécurisés. Les agents du prestataire n'ont pas accès aux informations gérées par le serveur.

Article 5.

• Les droits d'accès et de rectification, prévus aux articles 34 à 36 de la loi du 6 janvier 1978 susvisée, s'exercent auprès du centre automatisé de constatation des infractions.

• Le droit d'opposition, prévu à l'article 26 de la loi du 6 janvier 1978 susvisée, ne s'applique pas au présent traitement.

Article A. 37-8. – Caractéristiques – Carte de paiement – *(Arrêté du 13 mai 2011)*

• Les caractéristiques de la carte de paiement mentionnée à l'article A. 37-1 sont les suivantes :

• **I.** – Au recto, sur la partie gauche, figurent les informations relatives au service verbalisateur, à la date de l'infraction, au montant de l'amende à payer et, le cas échéant, le numéro d'immatriculation du véhicule.

• Il est également mentionné que le paiement de l'amende forfaitaire entraîne reconnaissance de la réalité de l'infraction et réduction du nombre de points du permis de conduire.

• **II.** – La partie droite comporte l'emplacement où peut être apposée la partie à envoyer du timbre-amende en cas de non-paiement par chèque, et l'indication du destinataire de la carte de paiement.

• **III.** – Au verso sont mentionnées les modalités de paiement ainsi que les possibilités de requête avec l'indication de l'autorité compétente pour recevoir la réclamation. Il est en outre prévu un emplacement où sont portées des informations relatives à l'auteur de la requête en exonération.

• **IV.** – Sur ce volet sont également indiquées les conséquences du défaut de paiement et de l'absence de requête en exonération dans les délais impartis.

• **V.** – Conformément aux dispositions de l'article R. 49-3-1, ce volet peut également comporter une mention précisant que le paiement de l'amende forfaitaire peut être réalisé par télépaiement automatisé ou par timbre dématérialisé, et indiquant que le contrevenant dispose d'un délai supplémentaire de quinze jours pour s'acquitter de cette amende s'il utilise ce mode de paiement.

Article A. 37-9. – Caractéristiques – Avis de contravention – *(Arrêté du 13 mai 2011)*

• Les caractéristiques de l'avis de contravention mentionné à l'article A. 37-1 sont les suivantes :

• **I.** – Sur la partie gauche, sont portées les mentions relatives au service verbalisateur, à la nature, au lieu et à la date de la contravention ainsi que les références des textes réprimant ladite contravention et, le cas échéant, sont précisés les éléments d'identification du véhicule et l'obligation de procéder à l'échange du permis de conduire.

• **II.** – L'avis de contravention comporte la mention : « Cette contravention entraîne un retrait de point*(s)* du permis de conduire ».

• **III.** – Sur la partie droite figure un emplacement destiné à informer le contrevenant de ses droits et comportant les mentions suivantes :

• Vous êtes informé*(e)* que :

• 1. Vous pouvez exercer un droit d'accès et de rectification lorsque les renseignements vous concernant font l'objet d'un traitement automatisé *(art. 39 et 40 de la loi n° 78-17 du 6 janvier 1978)* auprès :

– de l'officier du ministère public près la juridiction de proximité ou le tribunal de police ;

– du comptable public compétent lorsque celui-ci est chargé du recouvrement de l'amende forfaitaire majorée.

• 2. Le paiement de l'amende forfaitaire entraîne reconnaissance de la réalité de l'infraction et, par là même, réduction du nombre de points de votre permis de conduire.

• 3. Vous encourez un retrait de point*(s)* correspondant à l'infraction constatée ; le retrait de point*(s)* sera effectif dès que la réalité de l'infraction aura été établie par le paiement de l'amende forfaitaire ou l'émission du titre exécutoire de l'amende forfaitaire majorée, par l'exécution d'une composition pénale ou par une condamnation définitive.

• Selon l'article L. 223-2 du Code de la route:
– pour les délits, le retrait de points est égal à la moitié du nombre maximal de points;
– pour les contraventions, le retrait de points est, au plus, égal à la moitié du nombre maximal de points;
– dans le cas où plusieurs infractions entraînant retrait de points sont commises simultanément, les retraits de points se cumulent dans la limite des deux tiers du nombre maximal de points.
• 4. Les retraits et reconstitutions de point*(s)* du permis de conduire font l'objet d'un traitement automatisé dénommé « Système national des permis de conduire » *(SNPC)*.
• 5. Si la rubrique « Obligation d'échange du permis de conduire » a été cochée, vous êtes dans l'obligation d'effectuer, auprès du service préfectoral de votre domicile, l'échange de votre permis de conduire délivré par un État de l'Union européenne ou de l'Espace économique européen.
• 6. Vous pouvez exercer, auprès du service préfectoral de votre domicile, un droit d'accès aux informations concernant votre permis de conduire.
• 7. En cas de contestation, vous devez conserver une copie du présent avis de contravention, dont la production pourra vous être demandée.
• **IV.** – Un emplacement est destiné, en cas de non-paiement par chèque, à l'apposition de la partie à conserver du timbre-amende.

Article A. 37-10. – Contraventions – Couleur orange – Réduction de points – *(Arrêté du 13 mai 2011)*
• Le procès-verbal de contravention mentionné à l'article A. 37-1 est de couleur orange et ses caractéristiques sont les suivantes:
• **I.** – Au recto, sur la partie gauche, sont portées les mentions prévues par le I de l'article A. 37-9, qui sont établies par duplication de la partie gauche du deuxième volet.
• **II.** – Le procès-verbal de contravention comporte la mention: « Cette contravention entraîne un retrait de point*(s)* du permis de conduire ».
• **III.** – Sur la partie droite figurent les emplacements destinés à la signature de l'agent verbalisateur et, le cas échéant, aux éléments chiffrés permettant le traitement de la contravention relevée, à l'établissement d'une fiche d'immobilisation, à la signature et aux déclarations du contrevenant indiquant s'il reconnaît ou ne reconnaît pas l'infraction et précisant qu'il reconnaît avoir reçu la carte de paiement et l'avis de contravention sur lequel figurent les informations prévues au III de l'article A. 37-9 et reproduites au verso du formulaire.
• **IV.** – Au verso, sur la partie gauche, est reproduite l'intégralité des informations prévues au III de l'article A. 37-9 et il est indiqué que le contrevenant a reçu l'avis de contravention comportant ces informations.
• **V.** – Sur la partie droite figurent les informations relatives au contrevenant ainsi que, le cas échéant, au titulaire du certificat d'immatriculation.

§ **2.** – Dispositions applicables aux contraventions en matière de vitesse

Article A. 37-11. – Contraventions – Vitesse – *(Arrêté du 13 mai 2011)*
• Par dérogation aux articles A. 37-7 à A. 37-10, les caractéristiques des formulaires utilisés pour les contraventions réprimées par les articles R. 413-14 et R. 413-17 du Code de la route en ce qu'ils concernent les dépassements de la vitesse maximale autorisée de moins de 50 km/h *(dépassement de la vitesse maximale autorisée pour les véhicules à moteur)*, lorsqu'elles sont soumises à la procédure de l'amende forfaitaire, sont les mêmes que celles décrites aux articles précités sous réserve des différences suivantes:
• – avis de contravention: outre les mentions prévues à l'article A. 37-9, figurent les indications relatives à la vitesse maximale autorisée, à celle enregistrée à l'aide d'un appareil de contrôle et à celle retenue par le service verbalisateur, les informations sur le moyen de contrôle utilisé et sur le type de voie empruntée;
• – procès-verbal de contravention: ce volet est de couleur jaune; outre les mentions prévues à l'article A. 37-10, ce volet comporte au recto, sur la partie gauche, les informations obtenues par duplication du second volet décrit au paragraphe précédent.

Sous-section 4
Dispositions applicables en cas de consignation et de contrôle automatisé

Article A. 37-12. – Consignation – Acquittement – *(Arrêté du 14 octobre 2018)*
• Dans le cas prévu par l'article R. 49-14, la consignation peut être acquittée soit par chèque libellé à l'ordre du Trésor public, soit par télépaiement automatisé ou par timbre dématérialisé.
• Dans le cas prévu par l'article R. 49-15, la consignation est acquittée soit par espèces, soit par chèque libellé à l'ordre du Trésor public, soit par télépaiement automatisé, soit par carte bancaire auprès du comptable public compétent mentionné sur l'avis d'amende forfaitaire majorée. Ce dernier délivre alors au redevable une attestation du paiement de la consignation qui doit être jointe à la réclamation adressée au ministère public.

Article A. 37-13. – Contrôle automatisé – *(Arrêté du 13 mai 2011)*
• Par dérogation aux articles A. 37-7, A. 37-8, A. 37-9 et A. 37-11, lorsque les contraventions mentionnées à l'article L. 121-3 du Code de la route sont constatées sans interception du véhicule et à l'aide d'un système de contrôle automatisé enregistrant les données en numérique, les mentions exigées par les articles A. 37-9 et A. 37-11 relatives à l'avis de contravention figurent sur le recto et le verso d'un formulaire unique d'avis de contravention, de format 210 mm 297 mm, de couleur verte, qui comprend en bas de page une partie détachable, de couleur blanche, intitulée « Carte de paiement », sur laquelle sont reproduites au recto et au verso les mentions exigées par l'article A. 37-8.
• La carte de paiement prévue à l'alinéa précédent peut être remplacée par une notice de paiement figurant sur un feuillet séparé qui est joint à l'envoi, conformément aux dispositions de l'article A. 37-18.
• Le formulaire d'avis de contravention comporte également des mentions rappelant au titulaire de la carte grise les conditions de recevabilité de la requête en exonération prévue par les 1° et 2° de l'article 529-10.

Article A. 37-14. – Procès-verbal – Formulaire d'avis de contravention – *(Arrêté du 13 mai 2011)*
• Par dérogation à l'article A. 37-10, le procès-verbal du formulaire d'avis de contravention prévu par l'article précédent, lorsqu'il est dressé conformément aux dispositions de l'article 529-11, reproduit les mentions exigées par l'article A. 37-10 et le troisième alinéa de l'article A. 37-11, dans un format 210 mm 297 mm et sur un support de couleur blanche.

Sous-section 5
Dispositions spécifiques applicables en cas de constatation ne permettant pas l'édition immédiate de l'avis de contravention et en cas d'utilisation d'un appareil électronique sécurisé

§ 1er. – Dispositions applicables en cas de constatation ne permettant pas l'édition immédiate de l'avis de contravention

Article A. 37-15. – Edition de l'avis de contravention non immédiate – *(Arrêté du 13 mai 2011)*
• Lorsque, conformément aux dispositions du troisième alinéa du I de l'article R. 49-1 ou du dernier alinéa de l'article R. 49-10, la contravention est constatée par l'agent verbalisateur dans des conditions ne permettant pas l'édition immédiate de l'avis de contravention et de la carte de paiement, notamment parce que le procès-verbal de constatation est dressé avec l'appareil prévu par l'article A. 37-19, il est adressé par voie postale au domicile du contrevenant ou, lorsque son identité n'a pu être établie, au domicile du titulaire du certificat d'immatriculation les documents suivants :
– un avis de contravention ;
– une notice de paiement ;
– un formulaire de requête en exonération sur un feuillet distinct, lorsque les informations relatives aux modalités de contestation et de recours ne figurent pas sur l'avis de contravention.
• Les caractéristiques de ces documents sont fixées par les articles A. 37-16 à A. 37-18.
• Lorsque le procès-verbal constatant l'infraction est dressé en l'absence du contrevenant, un document l'informant qu'il recevra à son domicile un avis de contravention peut être laissé sur le véhicule. La non-dépose de ce document ne constitue toutefois pas une cause de nullité de la procédure.

Article A. 37-16. – Avis de contravention – Adressage par voie postale – *(Arrêté du 13 mai 2011)*

• L'avis de contravention adressé par voie postale au contrevenant ou, lorsque son identité n'a pu être établie, au titulaire du certificat d'immatriculation comprend :

• **I.** – Les mentions relatives au service verbalisateur, à la nature, au lieu et à la date de la contravention, les références des textes réprimant ladite contravention, les éléments d'identification du véhicule et l'identité du contrevenant ou, lorsque celle-ci n'a pu être relevée, celle du titulaire du certificat d'immatriculation.

• **II.** – Le montant de l'amende forfaitaire encourue ainsi que le montant de cette amende en cas de minoration ou de majoration en considération du délai ou du mode de paiement.

• **III.** – Une rubrique intitulée « Retrait de point(s) du permis de conduire » où est indiqué si la contravention poursuivie est susceptible d'entraîner un retrait de point(s) du permis de conduire et comportant les mentions prévues au III de l'article A. 37-9, le cas échéant dans un ordre différent. Les dispositions du présent alinéa ne sont toutefois pas applicables s'il s'agit d'une contravention n'entraînant pas retrait de points du permis de conduire.

• **IV.** – Le cas échéant, une rubrique relative à l'obligation de procéder à l'échange du permis de conduire.

• **V.** – Une information sur les droits du destinataire de cet avis et sur les modes d'exercice des recours concernant :

– le traitement automatisé des données à caractère personnel ;

– le droit d'accès au cliché éventuellement pris par des appareils de contrôle automatiques ;

– l'infraction elle-même lorsque les modalités de contestation ne sont pas portées sur un formulaire distinct de la requête en exonération.

Article A. 37-17. – Formulaire spécifique de requête en exonération – *(Arrêté du 13 mai 2011)*

• Lorsqu'un formulaire spécifique de requête en exonération est adressé au contrevenant, il comprend les mentions suivantes :

– les voies de recours ouvertes au contrevenant et les modalités de leur exercice ;

– une information sur l'examen de la requête et les suites susceptibles de lui être données.

• Lorsque la contravention poursuivie est l'une de celles mentionnées à l'article L. 121-3 du Code de la route, le formulaire détaille chacun des cas de requête en exonération et précise si une consignation préalable est exigible ou non. Une carte de consignation est insérée au bas du recto du formulaire lorsque ce document est adressé au titulaire du certificat d'immatriculation.

Article A. 37-18. – Notice de paiement – *(Arrêté du 13 mai 2011)*

• La notice de paiement mentionne l'ensemble des possibilités offertes au contrevenant pour s'acquitter du montant de l'amende ainsi que les modalités pratiques de règlement.

• Une carte de paiement détachable est intégrée au bas du recto de cette notice.

• Conformément aux dispositions de l'article R. 49-3-1, cette notice peut également comporter une mention précisant que le paiement de l'amende forfaitaire peut être réalisé par télépaiement automatisé ou par timbre dématérialisé.

§ 2. – Dispositions relatives aux appareils électroniques sécurisés permettant la réalisation d'un procès-verbal dématérialisé

Article A. 37-19. – Appareil électronique sécurisé – *(Arrêté du 6 septembre 2019)*

• L'appareil électronique sécurisé permettant de dresser le procès-verbal de constatation de la contravention en ayant recours à une signature électronique ou à une signature manuscrite recueillie sous forme numérique, prévu par le II de l'article R. 49-1 ou par l'article D. 589-2, doit répondre aux caractéristiques techniques suivantes :

• – l'appareil ne peut être utilisé qu'avec une carte électronique d'identification personnelle à chaque agent verbalisateur, et après authentification de ce dernier par un code personnel ;

• – les informations conservées dans la mémoire de l'appareil sont chiffrées dès que l'agent valide leur enregistrement, et elles ne peuvent faire l'objet de modification après cette validation ;

• – le procès-verbal de constatation de contravention fait l'objet soit d'une signature électronique qui peut être apposée au moyen d'un parapheur électronique, soit d'une signature manuscrite de l'agent apposée à l'aide d'un stylet sur l'écran tactile de l'appareil et qui est ensuite conservée sous forme numérique ;

• – il peut être offert au contrevenant la possibilité de signer le procès-verbal grâce à une signature manuscrite apposée avec un stylet sur l'écran tactile de l'appareil et conservée sous forme numérique, sur une page écran qui lui présente un résumé non modifiable des informations concernant la contravention relevée à son encontre, informations dont il reconnaît ainsi avoir eu connaissance.

• L'absence de signature du contrevenant sur ce procès-verbal ne constitue toutefois pas une cause de nullité de la procédure.

• Lorsqu'il est fait application du présent article, conformément aux dispositions du troisième alinéa du I de l'article R. 49-1, aucun document n'est remis au contrevenant.

Article A. 37-19-1. – Réclamation – Appareil électronique sécurisé – *(Arrêté du 20 mars 2017)*

• En cas de réclamation portée devant la juridiction compétente, le procès-verbal dressé avec l'appareil prévu à l'article A. 37-19 est, sur demande de l'autorité saisie de la réclamation, édité sur un feuillet de couleur blanche au format 210 mm × 297 mm.

• Il reproduit les éléments mentionnés au I de l'article A. 37-16 ou à l'article A. 37-27-2, ainsi que tous les éléments complémentaires sur les circonstances de la commission de l'infraction relevés par l'agent verbalisateur.

• Il reproduit la signature manuscrite de l'agent verbalisateur et, le cas échéant, celle du contrevenant, telles qu'elles ont été saisies et numérisées lors de la verbalisation.

§ 3. – Dispositions relatives à la contestation dématérialisée de l'amende forfaitaire

Article A. 37-20. – Dématérialisation – *(Arrêté du 6 septembre 2019)*

• Lorsqu'une contravention a été constatée par un procès-verbal réalisé en utilisant un appareil électronique sécurisé conformément aux articles R. 49-1, D. 589-2 et A. 37-19, l'avis d'amende forfaitaire peut indiquer que la requête en exonération ou la réclamation pourra être faite de façon dématérialisée conformément aux dispositions du présent article.

• Hors les cas prévus par les articles A. 37-20-1 à A. 37-20-5, la contestation est faite sur le site www.antai.fr en utilisant les informations figurant sur l'avis d'amende forfaitaire, à l'aide d'un formulaire de contestation en ligne figurant sur le site. Un accusé d'enregistrement de la contestation est présenté automatiquement à la personne lorsque celle-ci a validé et envoyé sa contestation. Ce document peut être téléchargé ou imprimé par la personne.

Sous-section 6

Dispositions applicables en cas de contestation dématérialisée des amendes forfaitaires prévues à l'article 529-10

Article A. 37-20-1. – Adressage de la requête ou de la réclamation – *(Arrêté du 22 octobre 2015)*

• Le titulaire du certificat d'immatriculation ou les personnes visées aux trois derniers alinéas de l'article L. 121-2 du Code de la route ayant reçu un avis d'amende forfaitaire peuvent adresser la requête ou la réclamation prévue par l'article 529-10 de façon dématérialisée conformément aux modalités précisées par la présente sous-section.

• La contestation est faite sur le site « www.antai.fr », en utilisant les informations figurant sur l'avis d'amende forfaitaire, à l'aide du formulaire de contestation en ligne figurant sur ce site.

• Cette contestation produit les mêmes effets que l'envoi de la lettre recommandée avec demande d'avis de réception prévu au premier alinéa de l'article 529-10.

Article A. 37-20-2. – Contestation – Motifs – *(Arrêté du 20 mars 2017)*

• La contestation en ligne peut être faite pour les motifs suivants :

• 1° Le véhicule mis en cause a été, vendu, cédé, volé, détruit ou a fait l'objet d'une usurpation de plaques d'immatriculations ;

• 2° Un autre conducteur était présumé utiliser le véhicule au moment de l'infraction ;

• 3° Autre motif.

Article A. 37-20-3. – Transmission numérisée – *(Arrêté du 17 avril 2020)*

• Dans le cas prévu au 1° de l'article A. 37-20-2, la personne transmet de façon numérisée, selon les formats indiqués sur le site " www. antai. fr ", la copie du récépissé du dépôt de plainte pour vol ou destruction du véhicule ou pour le délit d'usurpation de plaque d'immatriculation prévu par l'article L. 317-4-1 du Code de la route, la copie de la déclaration de destruction de véhicule établie conformément aux dispositions du Code de la route, ou les copies de la déclaration de cession du véhicule et de son accusé d'enregistrement dans le système d'immatriculation des véhicules.

Article A. 37-20-4. – Précisions – *(Arrêté du 20 mars 2017)*

• Dans le cas prévu au 2° de l'article A. 37-20-2, la personne précise l'identité, l'adresse, ainsi que la référence du permis de conduire de la personne qui était présumée conduire le véhicule lorsque la contravention a été constatée ; elle n'est pas tenue d'adresser une lettre transmise de façon numérisée ; elle est informée que toute fausse déclaration l'expose à des poursuites pénales.

Article A. 37-20-5. – Accusé d'enregistrement de la contestation – *(Arrêté du 20 mars 2017)*

• Dans tous les cas, un accusé d'enregistrement de la contestation est présenté automatiquement à la personne lorsque celle-ci a validé et envoyé sa contestation. Ce document peut être téléchargé ou imprimé par la personne.

Sous-section 1

Dispositions applicables en cas d'utilisation de carnet de quittance à souche

§ 1er. – Dispositions communes

Article A. 37-21. – Encaissement immédiat – Carnets – *(Arrêté du 13 mai 2011)*

• Pour constater les contraventions soumises à la procédure de l'amende forfaitaire et en recevoir le paiement, dans le cas où il est effectué immédiatement, les agents verbalisateurs utilisent des carnets de quittances à souches type, de format 100 mm 217 mm, dont les caractéristiques sont fixées par les dispositions de la présente section.

• Ces carnets sont également utilisés pour percevoir la consignation prévue par l'article L. 121-4 du Code de la route.

Article A. 37-22. – Suivi des paiements – *(Arrêté du 13 mai 2011)*

• Deux volets, placés après la page de garde, permettent de suivre l'utilisation par le service verbalisateur des dix liasses *(de cinq feuillets chacune)* contenues dans le carnet.

• Ils sont signés par le comptable public qui y appose, en outre, le cachet du poste lorsque l'ensemble du carnet a été utilisé.

• Un troisième volet vise à rappeler les principales conditions générales du règlement de l'amende forfaitaire ou de la consignation.

Article A. 37-23. – Textes – Informations – Quittance – *(Arrêté du 13 mai 2011)*

• Le recto et le verso du feuillet n° 1 de la liasse comportent le rappel des textes législatifs et réglementaires applicables aux contraventions mentionnées à l'article A. 37-21.

• Les rectos des feuillets n° s 2, 3, 4 et 5 contiennent des informations identiques par effet de duplication.

• Le feuillet n° 2 constitue la quittance proprement dite ; il est remis avec le feuillet n° 1 au contrevenant ou à l'auteur de l'infraction.

• Au recto des feuillets n° s 2,3,4 et 5, sur la partie gauche, figure une partie intitulée : « A. Constatation d'une infraction » visant à recueillir l'identification du service verbalisateur et du contrevenant, la date et la nature de l'infraction, les références des textes réprimant ladite infraction.

• Figure au bas de ces feuillets une partie intitulée « B. Encaissement » destinée à recueillir le montant de l'amende forfaitaire payée par le contrevenant ou le montant de la consignation versé par l'auteur de l'infraction.

• Le feuillet n° 3 est remis au comptable public au moment du versement des fonds par l'agent verbalisateur.

• Le feuillet n° 4 est conservé par le service verbalisateur lors de l'encaissement d'une amende forfaitaire ; dans ce cas, il vaut procès-verbal. Lors de l'encaissement d'une consignation, ce quatrième volet est joint au procès-verbal.

• Le feuillet n° 5 demeure dans le carnet à souches d'encaissement immédiat.

• Les feuillets n° s 2, 3, 4 et 5 sont signés par les agents verbalisateurs et par le contrevenant ou l'auteur de l'infraction.

§ 2. – Dispositions applicables au paiement immédiat des amendes forfaitaires relatives aux infractions n'entraînant pas retrait de points du permis de conduire

Article A. 37-24. – Paiement immédiat – Amende forfaitaire – Pas de retrait de points – *(Arrêté du 13 mai 2011)*

• Les contraventions soumises à la procédure de l'amende forfaitaire qui ne sont pas susceptibles d'entraîner un retrait de points du permis de conduire sont relevées sur un carnet dont la page de garde et les feuillets sont de couleur blanche.

Article A. 37-25. – Signatures – Mentions – *(Arrêté du 13 mai 2011)*

• **I.** – Au recto des feuillets n° s 2, 3, 4 et 5, sur la partie gauche du « B. Encaissement », le contrevenant et les agents verbalisateurs apposent leur signature sous la mention : « Il reconnaît avoir été informé des dispositions portées au verso de ce document ». Sur la partie droite du « B. Encaissement », l'auteur de l'infraction et les agents verbalisateurs apposent leur signature sous la mention : « Il reconnaît avoir été informé des dispositions portées au verso de ce document ».

• Sur la partie droite « C. Mode de règlement » figurent les informations relatives au mode de règlement de l'amende forfaitaire ou de la consignation. Elle comporte une case « Obligation d'échange du permis de conduire » qui doit être cochée par l'agent verbalisateur si le contrevenant ou l'auteur de l'infraction est soumis à une telle obligation.

• **II.** – Au verso du feuillet n° 2 figurent les mentions d'information relatives aux droits du contrevenant ou de l'auteur de l'infraction prévues au II de l'article A. 37-4.

• Au verso des feuillets n° s 3 et 4 figurent les mentions d'information relatives aux droits du contrevenant ou de l'auteur de l'infraction prévues au II de l'article A. 37-4 et il est indiqué que le contrevenant ou l'auteur de l'infraction en a été informé.

§ 3. – Dispositions applicables au paiement immédiat des amendes forfaitaires entraînant un retrait de points du permis de conduire

Article A. 37-26. – Paiement immédiat – Amende forfaitaire – Retrait de points – *(Arrêté du 13 mai 2011)*

• Les contraventions soumises à la procédure de l'amende forfaitaire susceptibles d'entraîner une réduction de points du permis de conduire sont relevées sur un carnet composé de feuillets de couleur blanche, dont la page de garde comporte une case orange permettant de le distinguer du modèle de carnet mentionné à l'article A. 37-24.

Article A. 37-27. – Signatures – Mentions – *(Arrêté du 13 mai 2011)*

• **I.** – Au recto des feuillets n° s 2,3,4 et 5, sur la partie gauche du « B. Encaissement », le contrevenant et les agents verbalisateurs apposent leur signature sous la mention : « Il reconnaît avoir été informé, avant paiement, des dispositions portées au verso de ce document *(notamment celles de l'article L. 223-3 du Code de la route et de ce que ce paiement entraîne reconnaissance définitive de l'infraction et retrait de points)* ». Sur la partie droite du « B. Encaissement », l'auteur de l'infraction et les agents verbalisateurs apposent leur signature sous la mention : « Il reconnaît avoir été informé des dispositions portées au verso de ce document ».

• Sur la partie droite « C. Mode de règlement » figurent les informations relatives au mode de règlement de l'amende forfaitaire ou de la consignation. La mention suivante y est apposée : « Cette contravention entraîne un retrait de points du permis de conduire », ainsi qu'une case « Obligation d'échange du permis de conduire » qui doit être cochée par l'agent verbalisateur si le contrevenant ou l'auteur de l'infraction est soumis à une telle obligation.

• **II.** – Au verso du feuillet n° 2 figurent les mentions d'information relatives aux droits du contrevenant ou de l'auteur de l'infraction prévues au III de l'article A. 37-9.

• Au verso des feuillets n° s 3 et 4 figurent les mentions d'information relatives aux droits du contrevenant ou de l'auteur de l'infraction prévues au III de l'article A. 37-9 et il est indiqué que le contrevenant ou l'auteur de l'infraction en a été informé.

Sous-section 2

Dispositions applicables en cas de constatation avec utilisation d'un appareil électronique sécurisé

Article A. 37-27-1. – Modalités – *(Arrêté du 4 décembre 2014)*

• Les agents verbalisateurs peuvent également recevoir le paiement immédiat de l'amende forfaitaire ou la consignation prévue par l'article L. 121-4 du Code de la route, lorsque le procès-verbal de constatation est réalisé à l'aide de l'appareil électronique sécurisé dont les caractéristiques sont définies par l'article A. 37-19 ; les modalités selon lesquelles est établi ce procès-verbal sont précisées par l'article A. 37-27-2.

• Il est utilisé pour percevoir l'amende ou la consignation un carnet de quittances à souches d'encaissement type, conforme aux dispositions de l'article A. 37-22, comportant dix liasses de cinq feuillets, chaque liasse étant assortie d'un numéro unique ; les caractéristiques spécifiques de ce carnet, qui diffèrent pour partie de celles des carnets prévus par les dispositions de la sous-section 1 de la présente section, sont fixées par l'article A. 37-27-3.

• Ce carnet à souche peut être également utilisé pour recevoir la consignation prévue par l'article L. 121-4 du Code de la route pour des délits ou pour des contraventions non forfaitisées, lorsque le procès-verbal n'est pas dressé au moyen de l'appareil électronique sécurisé.

Article A. 37-27-2. – Établissement du procès-verbal – *(Arrêté du 4 décembre 2014)*

• Le procès-verbal de constatation dressé au moyen d'un appareil électronique sécurisé est établi conformément aux dispositions du présent article.

• **I.** – En cas d'infraction n'entraînant pas retrait de point, le contrevenant appose sa signature sur une page écran du terminal qui lui présente un résumé non modifiable des informations concernant la contravention relevée à son encontre précédé des mentions d'information relatives aux droits du contrevenant prévues au II de l'article A. 37-4.

• **II.** – En cas d'infraction entraînant retrait de point, le résumé non modifiable des informations concernant la contravention relevée, à la suite duquel le contrevenant appose sa signature, est précédé des mentions d'information relatives aux droits du contrevenant prévues aux 1, 2, 3 *(premier alinéa)*, 4, 5 et 6 du III de l'article A. 37-9. Il est également précisé que l'infraction commise entraîne retrait de point(s).

• La page écran du terminal peut comporter la mention « Obligation d'échange du permis de conduire » si le contrevenant est soumis à une telle obligation.

• Il y est enfin précisé que le contrevenant s'acquitte immédiatement du montant de l'amende ou de la consignation.

• En cas de paiement de l'amende forfaitaire, la page écran sur laquelle le contrevenant appose sa signature comporte, de façon non modifiable, la précision que le contrevenant reconnaît la contravention relevée, qu'il s'acquitte du paiement de l'amende forfaitaire, et qu'il est informé du retrait de points qui résultera de ce paiement ainsi que, le cas échéant, de son obligation d'échanger son permis de conduire.

• **III.** – Le procès-verbal de constatation fait l'objet d'une signature électronique ou manuscrite de l'agent conformément aux dispositions de l'article A. 37-19.

• **IV.** – Après encaissement, l'agent verbalisateur reporte le numéro de la liasse du carnet de quittances à souche qui a été utilisée, ainsi que les modalités de paiement, sur le procès-verbal dressé à l'aide de l'appareil électronique sécurisé.

Article A. 37-27-3. – Carnet de quittances à souches d'encaissement – *(Arrêté du 4 décembre 2014)*

• Les cinq feuillets de chacune des liasses du carnet de quittances à souches d'encaissement répondent aux caractéristiques suivantes.

• Le recto et le verso du feuillet n° 1 de la liasse comportent le rappel des textes législatifs et réglementaires applicables aux contraventions faisant l'objet de la procédure de l'amende forfaitaire.

• Les rectos des feuillets nos 2, 3, 4 et 5, qui contiennent des informations identiques par effet de duplication, sont destinés à recueillir les éléments nécessaires à l'identification du service verbalisateur et du contrevenant ou de l'auteur de l'infraction, la ou les infractions relevées ainsi que la date et le lieu de l'encaissement.

• Une partie intitulée « Encaissement » est destinée à recueillir le montant de l'amende forfaitaire qui a été payé ou le montant de la consignation qui a été versé ainsi que le mode de paiement.

• Le verso du feuillet n° 2 comporte les mentions d'information relatives aux droits de l'auteur de l'infraction prévues aux 1, 2, 3 *(premier alinéa)*, 4, 5 et 6 du III de l'article A. 37-9.

• Les feuillets nos 2, 3 et 5 sont signés par l'agent verbalisateur.

• Les feuillets nos 1 et 2 sont remis au contrevenant.

• Le feuillet n° 3 est remis au comptable public au moment du versement des fonds par l'agent verbalisateur.

• Le feuillet n° 5 demeure dans le carnet à souches d'encaissement.

Article A. 37-27-4. – Contravention forfaitisée – *(Arrêté du 4 décembre 2014)*

• Lorsque le procès-verbal concerne une contravention forfaitisée et a été dressé au moyen de l'appareil électronique sécurisé, le feuillet n° 4 n'est pas utilisé et peut être détruit.

• Dans les autres cas, les feuillets nos 2, 3, 4 et 5, utilisés pour constater la consignation et signés par l'agent verbalisateur, sont également signés par l'auteur de l'infraction qui reconnaît avoir été informé, avant paiement, des informations portées au verso du document; le feuillet n° 4 est joint au procès-verbal de constatation de l'infraction.

Article A. 37-27-5. – Quittance à souches d'encaissement – *(Arrêté du 4 décembre 2014)*

• Lorsque la quittance à souches d'encaissement type prévue par l'article A. 37-27-1 est issue d'un système automatisé comportant l'impression des feuillets devant être remis au contrevenant ou à l'auteur de l'infraction, elle mentionne en guise de numéro de liasse un identifiant unique attribué par le système informatisé et sa délivrance doit s'accompagner de l'enregistrement et de la conservation dans le système informatisé des informations qu'elle mentionne.

• Dans ce cas, les informations devant figurer en application des articles A. 37-22 et A. 37-27-3, dans le carnet de quittances à souches d'encaissement et les différents feuillets des liasses de ce carnet, peuvent être conservées sur un support dématérialisé, garantissant leur sécurité et leur fiabilité, en utilisant un appareil sécurisé, qui peut être celui prévu à l'article A. 37-19. Les informations insérées sur ce support ne doivent pas pouvoir être modifiées après la signature de l'agent ou de l'auteur de l'infraction.

Article A. 37-27-6. – Paiement immédiat amendes forfaitaires – Constatation par PVe – *(Arrêté du 8 octobre 2018)*

• Les dispositions des alinéas 2 et 3 de l'article A. 37-27-1, du IV de l'article A. 37-27-2, et des articles A. 37-27-3 à A. 37-27-5 ne sont pas applicables, si l'agent verbalisateur est équipé d'un dispositif permettant d'adresser au contrevenant ou à l'auteur de l'infraction une quittance dématérialisée et que le paiement immédiat est réalisé conformément aux dispositions du présent article.

• Ce paiement peut être effectué par chèque, ou de façon dématérialisée, avec soit une carte bancaire, soit une autre forme de carte de paiement dont l'utilisation est autorisée pour le paiement des amendes, le cas échéant directement sur le site du télépaiement automatisé des amendes de la direction générale des finances publiques. Si le contrevenant en fait la demande, ce paiement donne alors lieu à l'envoi par voie numérique à l'adresse électronique qu'il communique, d'une quittance dématérialisée comportant les indications mentionnées à l'article A. 37-27-3.

• Ce paiement peut être également effectué en espèces si le contrevenant accepte l'envoi par voie numérique, à l'adresse électronique qu'il communique, d'une quittance dématérialisée comportant les indications mentionnées à l'article A. 37-27-3.

• La quittance dématérialisée correspondant à chaque encaissement réalisé est remise au comptable public au moment du versement des fonds à sa caisse.

• Cette quittance mentionne en guise de numéro de liasse un identifiant unique attribué par le système informatisé et sa délivrance doit s'accompagner de l'enregistrement et de la conservation dans le système informatisé des informations qu'elle mentionne.

• Les informations devant figurer, en application des articles A. 37-22 et A. 37-27-3, dans le carnet de quittances à souches d'encaissement et les différents feuillets des liasses de ce carnet, sont conservées sur un support dématérialisé, garantissant leur sécurité et leur fiabilité, en utilisant un appareil sécurisé, qui peut être celui prévu à l'article A. 37-19. Les informations insérées sur ce support ne doivent pas pouvoir être modifiées après la signature de l'agent ou de l'auteur de l'infraction.

Section III

Dispositions applicables en cas d'émission d'un titre exécutoire d'amende forfaitaire majorée

Article A. 37-28. – Amende forfaitaire majorée – *(Arrêté du 13 mai 2011)*

• Lorsque, conformément aux dispositions du premier alinéa de l'article R. 49-6, le comptable public compétent adresse au contrevenant un extrait du titre exécutoire le concernant sous forme d'avis l'invitant à s'acquitter du montant de l'amende forfaitaire majorée, cet avis doit comporter une rubrique intitulée « Retrait de points du permis de conduire » dès lors que la contravention constatée entraîne un retrait de point(s) du permis de conduire.

• Cette rubrique comporte les mentions suivantes :

• Vous êtes informé(e) que :

• 1. Vous pouvez exercer un droit d'accès et de rectification lorsque les renseignements vous concernant font l'objet d'un traitement automatisé *(art. 39 et 40 de la loi n° 78-17 du 6 janvier 1978)* auprès :

• – de l'officier du ministère public près la juridiction de proximité ou le tribunal de police ;

• – du comptable public chargé du recouvrement de l'amende forfaitaire majorée.

• 2. L'émission du présent titre exécutoire d'amende forfaitaire majorée a pour conséquence un retrait de point(s) de votre permis de conduire correspondant à l'infraction constatée.

• 3. Ce retrait de point(s) ne pourra être remis en cause qu'en cas de contestation, selon les modalités prévues par la loi, du présent titre exécutoire. Le paiement de l'amende forfaitaire majorée en l'absence de contestation entraînera un retrait de points.

• Selon l'article L. 223-2 du Code de la route :

• – pour les délits, le retrait de points est égal à la moitié du nombre maximal de points ;

• – pour les contraventions, le retrait de points est, au plus, égal à la moitié du nombre maximal de points ;

• – dans le cas où plusieurs infractions entraînant retrait de points sont commises simultanément, les retraits de points se cumulent dans la limite des deux tiers du nombre maximal de points.

• 4. Les retraits et reconstitutions de point(s) du permis de conduire font l'objet d'un traitement automatisé dénommé « Système national des permis de conduire » *(SNPC)*.

• 5. Vous pouvez exercer, auprès du service préfectoral de votre domicile, un droit d'accès aux informations concernant votre permis de conduire.

Section IV

Dispositions applicables aux contraventions non forfaitisées

Article A. 37-29. – Contraventions – Non soumises à la procédure de l'amende forfaitaire – *(Arrêté du 13 mai 2011)*

• Les contraventions non soumises à la procédure de l'amende forfaitaire qui ont donné lieu à l'interpellation du contrevenant ou qui ont été relevées en sa présence peuvent être constatées au moyen des formulaires décrits aux articles A. 37 à A. 37-11 ci-dessus.

• Dans ce cas, au recto de la carte de paiement remise au contrevenant figure l'indication que la procédure de l'amende forfaitaire n'est pas applicable à la contravention relevée et que le contrevenant fera l'objet de poursuites ultérieures à l'initiative du ministère public.

• Au recto du procès-verbal de contravention sont recueillies les déclarations du contrevenant indiquant s'il reconnaît ou ne reconnaît pas l'infraction, sa signature et celle de l'enquêteur.

Section V

Dispositions relatives au procès-verbal de contravention et à l'avis de paiement établis par l'agent assermenté d'un exploitant d'autoroute en matière de péage

Article A. 37-30. – Procès-verbal – *(Arrêté du 11 mars 2021)*

• Le procès-verbal prévu par le III de l'article 529-6 est constitué par un feuillet, comportant sur son recto, dans l'ordre fixé par le présent article, les mentions ci-après :

• 1° Le numéro du procès-verbal ;

• 2° L'intitulé suivant : « Procès-verbal de constatation de non-paiement du péage. En application des articles L. 130-4, R. 130-4, R. 130-8 et R. 419-1 et R. 419-2 du Code de la route » ;

• 3° Les coordonnées de la société exploitante ;

• 4° L'identification de l'agent assermenté ayant constaté la contravention ;

• 5° Le numéro d'immatriculation et la catégorie du véhicule ;

• 6° La date, l'heure, le lieu de la contravention et les faits constatés *(autoroute ou ouvrage routier, sens, gare de péage ou dispositifs permettant l'identification des véhicules et la perception du montant du péage sans recours à une barrière physique, commune [s], département [s])* et la précision du texte d'incrimination *(art. R. 419-1 ou R. 419-2 du Code de la route selon l'infraction constatée)*;

• 7° La date d'établissement du procès-verbal;

• 8° La signature de l'agent assermenté, le cas échéant sous une forme numérisée;

• 9° Le montant du péage dû, ou de la somme due, au titre du droit départemental de passage prévu à l'article L. 321-11 du Code de l'environnement, en précisant qu'en cas de défaut de titre d'entrée le montant du péage dû est le montant du trajet le plus cher.

Article A. 37-31. – Avis de paiement – *(Arrêté du 5 février 2013)*

• L'avis de paiement prévu par le II de l'article 529-6 est constitué par un feuillet recto verso et répondant aux caractéristiques précisées par les articles A. 37-32 et A. 37-33.

Article A. 37-32. – Avis de paiement *(recto)* – *(Arrêté du 11 mars 2021)*

• **I.** – Sur le recto, intitulé: «Avis de paiement, infraction pour non-paiement du péage «figurent, dans la partie haute du document, dans sa partie gauche, les mentions ci-après:

• 1° Date d'envoi de l'avis;

• 2° Numéro de référence de l'avis;

• 3° La date, l'heure, le lieu de la contravention *(autoroute ou ouvrage routier, sens, gare de péage ou dispositifs permettant l'identification des véhicules et la perception du montant du péage sans recours à une barrière physique, commune[s], département[s])*, le numéro d'immatriculation, la catégorie ou le modèle, le pays et la marque du véhicule, l'identification de l'agent assermenté de l'exploitant ayant constaté l'infraction, les faits constatés et la précision du texte d'incrimination *(R. 419-1 ou R. 419-2 du Code de la route selon l'infraction constatée)*;

• Dans la partie haute et droite du document figurent, à la suite des noms, prénoms et de l'adresse de la personne destinataire de l'avis, les mentions suivantes:

• «Madame, Monsieur,

• Le véhicule immatriculé [...] a fait l'objet d'un procès-verbal de constatation d'infraction, par un agent assermenté, pour non-paiement du péage.

• [Vous êtes le titulaire de la carte d'immatriculation de ce véhicule] ou [vous avez été désigné *(e)* par M. ou Mme [...] comme étant le *(la)* conducteur *(trice)* au moment de l'infraction].

• *(Rédaction à adapter en fonction de la situation du contrevenant).*

• Vous devez, dans un délai de deux mois à compter de l'envoi du présent avis:

• – soit régulariser votre situation par chèque bancaire compensable en France en utilisant la carte de paiement ci-dessous, ou par l'un des autres moyens de paiement figurant dans l'avis;

• En cas de contravention constatée à la suite de l'usage d'un dispositif de péage permettant l'identification des véhicules et la perception du montant du péage sans recours à une barrière physique, la mention suivante est ajoutée:

• «La contravention ayant été constatée dans le cadre d'un dispositif de péage permettant l'identification des véhicules et la perception du montant du péage sans recours à une barrière physique, vous pouvez bénéficier de l'application d'une indemnité forfaitaire minorée en régularisant votre situation dans un délai de quinze jours à compter de l'envoi du présent avis.»

• – soit formuler une protestation en utilisant la carte de protestation ci-dessous ou son modèle dématérialisé proposé par l'exploitant et en joignant les pièces justificatives.

• «À défaut de règlement ou de protestation dans un délai de 2 mois à compter de la date d'envoi du présent avis de paiement, et conformément à l'article 529-6 du Code de procédure pénale, ce dossier sera transmis à M. / Mme l'officier du ministère public. Vous devenez alors redevable de plein droit d'une amende forfaitaire majorée d'un montant de 375 €. Le montant du péage non acquitté restera dû. À défaut de règlement de cette amende forfaitaire majorée dans un délai de 4 mois à compter de son envoi, le Trésor public fera opposition auprès de l'autorité administrative compétente au transfert du certificat d'immatriculation de votre véhicule en cas de vente d'occasion. La transmission à M./Mme l'officier du ministère public de plus de 5 dossiers vous concernant sur une période inférieure ou égale à douze mois vous expose, en application de l'article L. 419-1 du Code de la route, à une amende de 7500 €.»

• À la suite de cette mention, est indiqué le montant total à régler en distinguant:

• – le montant TTC du péage non acquitté en fonction de la catégorie du véhicule et du trajet;

• – le montant de l'indemnité forfaitaire, qui est fixé à 90 € par l'article R. 49-8-4-1 du Code de procédure pénale;

• En cas de contravention constatée à la suite de l'usage d'un dispositif de péage permettant l'identification des véhicules et la perception du montant du péage sans recours à une barrière physique, la mention suivante est ajoutée :

• « Cependant vous bénéficiez de l'application d'une indemnité forfaitaire minorée dont le montant est fixé à 10 €, en application de l'article R. 49-8-4-1 du Code de procédure pénale, si vous réglez dans un délai de 15 jours à compter de l'envoi du présent avis. »

• – le cas échéant, le montant de la somme due au titre du droit départemental de passage prévu à l'article L. 321-11 du Code de l'environnement.

• **II.** – Dans la partie basse du feuillet, figurent à gauche et à droite 2 coupons détachables.

• Le coupon de gauche, précédé de la mention : « Si vous souhaitez régler, envoyez votre règlement accompagné du talon ci-dessous », est intitulé « carte de paiement ». Il précise l'ordre auquel le chèque est destiné, mentionne le nom du contrevenant, le montant à payer et, en cas de contravention constatée à la suite de l'usage d'un dispositif de péage permettant l'identification des véhicules et la perception du montant du péage sans recours à une barrière physique, le montant à payer en cas de régularisation sous 15 jours, et la référence de l'avis de paiement.

• Le coupon de droite, précédé de la mention : « Si vous souhaitez protester, envoyez le talon ci-dessous accompagné des pièces justificatives », est intitulé : « carte de protestation ». Il comporte la mention : « Voir au dos les cas de protestation possible », indique l'adresse où il doit être envoyé ainsi que la référence de l'avis de paiement.

• **III.** – L'exploitant peut également proposer au contrevenant des modes de paiement supplémentaires par rapport à ceux indiqués dans les mentions ci-dessus.

Article A. 37-33. – Avis de paiement *(verso)* – *(Arrêté du 11 mars 2021)*

• **I.** – Sur le verso, intitulé : « Information », figurent, au haut du document :

• 1° La reproduction, précédée de la mention : « Les textes ci-dessous sont des extraits, pour leur intégralité, se référer aux différents codes concernés » de l'article L. 121-2 du Code de la route, des articles L. 130-4 *(paragraphe 8)*, L. 330-2 *(paragraphe 14)* et L. 419-1 de ce code et des alinéas 1, 3, 4, 5, 6 et 7 de l'article 529-6 du Code de procédure pénale ;

• 2° Les mentions suivantes :

• « Conformément aux articles L. 251-1 à L. 252-7 du Code de la sécurité intérieure, [identification de l'exploitant] dispose de moyens de vidéoprotection et informatiques destinés à assurer : la gestion du péage et des abonnements sur le domaine concédé, le traitement des anomalies liées aux trajets et au matériel, et la lutte contre la fraude au péage.

• Les informations enregistrées sont réservées à l'usage des services internes de [identification de l'exploitant].

• Conformément aux articles 39 et suivants de la loi n° 78-17 du 6 janvier 1978 relative à l'informatique, aux fichiers et aux libertés, toute personne peut obtenir communication et, le cas échéant, rectification ou suppression des informations la concernant, en s'adressant au responsable du traitement : [nom et adresse du responsable].

• Sur simple demande écrite, vous pouvez recevoir ces informations sur un support écrit. » ;

• 3° L'adresse où doit être envoyé le règlement ou la protestation.

• **II.** – En bas du document, à l'envers de la carte de protestation, figurent les mentions suivantes :

• « Carte de protestation.

• Cas 1 : prêt ou location du véhicule *(joindre impérativement à ce talon le nom, le prénom, le sexe, la date de naissance, l'adresse et le numéro de permis de conduire de la personne qui conduisait ou était susceptible de conduire le véhicule, ainsi que, le cas échéant, la copie du contrat de location)*.

• Cas 2 : vol, destruction, vente ou cession de véhicule, usurpation de plaque d'immatriculation *(joindre impérativement à ce talon le récépissé de dépôt de plainte pour vol, la copie du récépissé de prise en charge pour destruction du véhicule ou les copies de la déclaration de cession du véhicule et de son accusé d'enregistrement dans le système d'immatriculation des véhicules)*.

• Cas 3 : autre motif *(joindre impérativement à ce talon votre protestation écrite accompagnée des pièces justificatives relatives par exemple au paiement du péage et à son montant)*. »

LIVRE III

DES MESURES DE SÛRETÉ

CHAPITRE Ier

Des commissions pluridisciplinaires des mesures de sûreté

Article A. 37-34. – Commissions pluridisciplinaires des mesures de sûreté – *(Arrêté du 5 février 2013)*

• Le nombre, le siège et la compétence territoriale des commissions pluridisciplinaires des mesures de sûreté prévues par les articles 706-53-14, 763-10 et R. 61-7 sont fixés comme suit :

SIÈGE DES COMMISSIONS pluridisciplinaires des mesures de sûreté	COMPÉTENCE TERRITORIALE s'étendant au ressort des cours d'appel ou des tribunaux supérieurs d'appel
Bordeaux	Agen, Bordeaux, Limoges, Pau, Toulouse.
Lille	Amiens, Douai, Reims, Rouen.
Lyon	Chambéry, Grenoble, Lyon, Riom.
Marseille	Aix-en-Provence, Bastia, Montpellier, Nîmes.
Nancy	Besançon, Colmar, Dijon, Metz, Nancy.
Paris	Bourges, Paris, Orléans, Versailles, Nouméa, Papeete, Saint-Denis-de-la-Réunion, Saint-Pierre-et-Miquelon.
Rennes	Angers, Caen, Poitiers, Rennes.
Fort-de-France	Basse-Terre, Cayenne, Fort-de-France.

CHAPITRE II

Des juridictions régionales de la rétention de sûreté

Article A. 37-35. – Juridictions régionales de la rétention de sûreté – *(Arrêté du 5 février 2013)*

• Le nombre, le siège et la compétence territoriale des juridictions régionales de la rétention de sûreté prévues par les articles 706-53-15 et 706-53-21 sont fixés comme suit :

SIÈGE DES JURIDICTIONS régionales de la rétention de sûreté	COMPÉTENCE TERRITORIALE s'étendant au ressort des cours d'appel ou des tribunaux supérieurs d'appel
Bordeaux	Agen, Bordeaux, Limoges, Pau, Toulouse.
Douai	Amiens, Douai, Reims, Rouen.
Lyon	Chambéry, Grenoble, Lyon, Riom.
Aix-en-Provence	Aix-en-Provence, Bastia, Montpellier, Nîmes.
Nancy	Besançon, Colmar, Dijon, Metz, Nancy.
Paris	Bourges, Paris, Orléans, Versailles, Nouméa, Papeete, Saint-Denis-de-la-Réunion, Saint-Pierre-et-Miquelon.
Rennes	Angers, Caen, Poitiers, Rennes.
Fort-de-France	Basse-Terre, Cayenne, Fort-de-France.

LIVRE IV

TITRE XX

DU FICHIER NATIONAL AUTOMATISÉ DES EMPREINTES GÉNÉTIQUES

Article A. 38. – Segments d'ADN – *(Arrêté du 10 août 2015)*

• Les analyses destinées à l'identification génétique peuvent ne porter que sur les seuls segments d'ADN figurant dans le tableau ci-après :

SEGMENT D'ADN OU « LOCUS » selon la nomenclature internationale	LOCALISATION
D3S1358	Chromosome 3
VWA	Chromosome 12
D8S1179	Chromosome 8
D21S11	Chromosome 21
D18S51	Chromosome 18
TH01	Chromosome 11
FGA	Chromosome 4
D16S539	Chromosome 16
D5S818	Chromosome 5
D13S317	Chromosome 13
D7S820	Chromosome 7
CSF1PO	Chromosome 5
TPOX	Chromosome 2
Amélogénine	Chromosomes X et Y

• Elles portent alors également sur deux au moins des quatre segments d'ADN suivants :

SEGMENT D'ADN OU « LOCUS » selon la nomenclature internationale	LOCALISATION
D2S1338	Chromosome 2
D19S433	Chromosome 19
Penta E	Chromosome 15
Penta D	Chromosome 21

• Elles peuvent également porter sur le segment suivant :

SEGMENT D'ADN OU « LOCUS » selon la nomenclature internationale	LOCALISATION
SE33 (ACTBP2)	Chromosome 6

TITRE XXI

DE L'UTILISATION DE MOYENS DE TÉLÉCOMMUNICATION AU COURS DE LA PROCÉDURE

Article A. 38-1. – Moyens de télécommunication – *(Décret n° 2009-834 du 7 juillet 2009)*

• Les caractéristiques propres aux moyens de télécommunication audiovisuelle ou concernant des moyens de télécommunication sonore autre que le téléphone utilisés pour l'application des dispositions de l'article 706-71 sont précisées par le présent article.

• La retransmission doit s'effectuer au moyen d'un système bidirectionnel intégral.

• La retransmission doit s'effectuer conformément aux normes H320 ou H323 et aux normes UIT *(Union internationale des télécommunications)* associées.

• Lorsqu'il est procédé au chiffrement de la liaison, celui-ci doit être effectué avec des moyens matériels autorisés par l'Agence nationale de la sécurité des systèmes d'information.

LIVRE V

DES PROCÉDURES D'EXÉCUTION

TITRE Ier

NÉANT

TITRE II

DE LA DÉTENTION

CHAPITRE Ier

Dispositions générales

Article A. 38-2. – Rapport annuel du procureur de la République – *(Arrêté du 28 décembre 2019)*

• Le rapport annuel du procureur de la République sur l'état et les délais de l'exécution des peines prévu par l'article 709-2 peut être librement consulté par toute personne qui en fait la demande. Avant le dernier jour ouvrable du mois de juin, une affiche est apposée dans une salle ouverte au public du tribunal judiciaire afin d'indiquer les modalités pratiques de cette consultation.

• Le procureur de la République peut communiquer à la presse et à d'autres médias, selon les moyens qui lui paraissent les plus appropriés, le contenu de ce rapport.

• Ce rapport est annexé ou intégré au rapport annuel qui est adressé au procureur général en application des dispositions du troisième alinéa de l'article 35.

• Ce rapport est diffusé auprès de l'ensemble des magistrats, greffiers et fonctionnaires du tribunal judiciaire, des tribunaux de police et des juridictions de proximité.

• Une copie de ce rapport est adressée pour information :

• – au préfet ;

• – au directeur départemental de la sécurité publique ;

• – au directeur territorial de la police nationale ;

• – au commandant du groupement de gendarmerie ;

• – aux chefs des établissements pénitentiaires ;

• – au directeur du service pénitentiaire d'insertion et de probation ;

• – au directeur territorial de la protection judiciaire de la jeunesse ;

• – au trésorier-payeur général ;

• – au bâtonnier de l'ordre des avocats ;

• – au président de la chambre départementale des huissiers.

• Ce rapport est diffusé au sein des conseils locaux de sécurité et de prévention de la délinquance et des conseils départementaux de prévention.

• Le procureur de la République peut également adresser une copie de ce rapport à tout organisme ou institution de droit privé ou de droit public coopérant avec l'institution judiciaire, et notamment aux responsables des associations d'aide aux victimes mentionnées au dernier alinéa de l'article 41.

• Il est fait état du contenu de ce rapport par le procureur de la République lors de l'audience solennelle de rentrée prévue par l'article R. 711-2 du Code de l'organisation judiciaire.

Article A. 38-3. – Comptables – Direction générale des finances publiques – *(Arrêté du 31 août 2021)*

• Les comptables de la direction générale des finances publiques compétents pour assurer le recouvrement des amendes et condamnations pécuniaires, et auxquels sont adressés par le greffier les documents prévus par le 4e alinéa du 2° de l'article 2 du décret n° 64-1333 du 22 décembre 1964 modifié relatif au recouvrement des amendes et condamnations pécuniaires par les comptables de la direction générale des finances publiques, sont ceux du siège de la juridiction ayant rendu la décision de condamnation. Ces comptables sont également destinataires des relevés de condamnation pénale prévus par l'article R. 55-5.

Article A. 38-4. – Direction régionale des finances publiques – Bretagne et Ille-et-Vilaine – *(Arrêté du 31 août 2021)*

• La direction régionale des finances publiques de Bretagne et du département d'Ille-et-Vilaine est chargée d'assurer les opérations de gestion suivantes :

• 1° Elle assure le recouvrement de toutes les amendes forfaitaires majorées prononcées pour des infractions relevées par le système de contrôle automatisé conformément aux dispositions de l'article L. 130-9 du Code de la route et résultant d'un titre exécutoire signé par le procureur de la République près le tribunal judiciaire de Rennes ou par l'officier du ministère public agissant sous son autorité ;

• 2° En application du 11° de l'article 4 du décret n° 2009-707 du 16 juin 2009 modifié relatif aux services déconcentrés de la direction générale des finances publiques, elle encaisse et comptabilise, pour le compte de l'ensemble des directions départementales et régionales des finances publiques, les paiements d'amendes forfaitaires prononcées pour des infractions relevées par le système de contrôle automatisé ou constatées par un procès-verbal réalisé au moyen d'un appareil électronique sécurisé conformément à l'article A. 37-19, lorsqu'ils sont réalisés par carte bancaire via un dispositif de télépaiement automatisé.

• Le comptable de la trésorerie du contrôle automatisé, sise à Rennes, est chargé des attributions mentionnées aux 1° et 2° au sein de cette direction régionale des finances publiques.

Article A. 38-5. – Direction régionale des finances publiques – Occitanie et Haute-Garonne... – *(Arrêté du 31 août 2021)*

• En application du 11° de l'article 4 du décret n° 2009-707 du 16 juin 2009 modifié relatif aux services déconcentrés de la direction générale des finances publiques et par dérogation aux dispositions de l'article A. 38-3, la direction régionale des finances publiques d'Occitanie et du département de la Haute-Garonne assure le recouvrement des amendes et condamnations pécuniaires pour lesquelles la direction générale des finances publiques est compétente et qui sont prononcées par les juridictions des départements de l'Ariège, de l'Aveyron, de la Haute-Garonne, du Gers, du Lot, des Hautes-Pyrénées, du Tarn et de Tarn-et-Garonne.

• Le comptable de la trésorerie « Toulouse amendes », sise à Toulouse, est chargé de ces attributions au sein de cette direction régionale des finances publiques.

Article A. 38-5-1. – Recouvrement amendes forfaitaires majorées délictuelles – *(Arrêté du 31 août 2021)*

• Par dérogation aux dispositions de l'article A. 38-3, le recouvrement des amendes forfaitaires majorées délictuelles prévues à l'article 495-18 est assuré par les comptables de la direction générale des finances publiques compétents pour le recouvrement des amendes prononcées par le tribunal judiciaire du chef-lieu du département du domicile du redevable.

• Toutefois, lorsque le domicile du redevable n'est pas connu ou n'est pas situé dans un département métropolitain ou d'outre-mer, le recouvrement de ces amendes forfaitaires majorées délictuelles est assuré par les comptables publics compétents pour le recouvrement des amendes prononcées par le tribunal judiciaire du chef-lieu du département du lieu d'infraction.

• Par dérogation aux 2 alinéas précédents, lorsque le tribunal judiciaire visé à ces alinéas est le tribunal judiciaire de Paris, le recouvrement est assuré au sein de la direction régionale des finances publiques d'Ile-de-France et de Paris, par le comptable de la trésorerie « Paris amendes 2e division ».

CHAPITRE II

Augmentation du droit fixe de procédure en cas de condamnation pour conduite après usage de substances ou plantes classées comme stupéfiants

Article A. 38-6. – Droit de fixe de procédure – *(Arrêté du 29 février 2012)*

• Les droits fixes de procédure prévus à l'article 1018 A du Code général des impôts sont, conformément aux dispositions du neuvième alinéa de cet article, augmentés d'une somme de

210 euros, correspondant au montant, arrondi à la dizaine inférieure, de l'indemnité maximale prévue par le 10° de l'article R. 118 du présent code pour les analyses toxicologiques permettant d'établir la présence de stupéfiants dans le sang, en cas de condamnation pour conduite après usage de substances ou plantes classées comme stupéfiants ou pour atteinte involontaire à la vie ou à l'intégrité physique de la personne par un conducteur ayant fait usage de substances ou plantes classées comme stupéfiants, prononcée en application de l'article L. 235-1 du Code de la route ou du 3° des articles 221-6-1, 222-19-1 ou 222-20-1 du Code pénal.

CHAPITRE II À CHAPITRE XI

Articles A. 39 à A. 39-3. – *(Abrogés – Arrêté du 23 janvier 2023)*

Articles A. 40-1 à A. 43-1. – *(Abrogés – Arrêté du 23 janvier 2023)*

Articles A. 43-2 à A. 43-3. – *(Abrogés – Arrêté du 27 mai 2021)*

TITRE X

DES FRAIS DE JUSTICE

Article A. 43-4. – Indemnités – Personnes physiques enquêteurs de personnalité, contrôleurs judiciaires, délégués du procureur de la République ou médiateurs du procureur de la République – *(Arrêté du 20 juin 2022)*

• Conformément aux dispositions de l'article R. 121, les indemnités dues, en application de l'article R. 121-1, aux personnes physiques enquêteurs de personnalité, contrôleurs judiciaires, délégués du procureur de la République ou médiateurs du procureur de la République, sont fixées par le tableau ci-après :

IP.1	39
IP.2	74
IP.3	52
IP.4	111
IP.5	153
IP.6	12

Article A. 43-5. – Indemnités – Associations habilitées – *(Arrêté du 20 juin 2022)*

• Conformément aux dispositions de l'article R. 121, les indemnités dues, en application de l'article R. 121-3, aux associations habilitées ayant passé une convention avec le premier président et le procureur général de la cour d'appel, sont fixées par le tableau ci-après :

IA. 1	150
IA. 2	70
IA. 3	1110
IA. 4	925
IA. 5	370
IA. 6	25

Article A. 43-5-1. – Indemnités – Délégués et Médiateurs du procureur de la République – *(Arrêté du 29 avril 2021)*

• **I. –** Conformément aux dispositions des articles R. 122-1 et R. 122-2, les indemnités dues aux délégués et aux médiateurs du procureur de la République sont fixées par le tableau ci-après :

Nature de la mission effectuée Montant personnes physiques		Montant de l'indemnité forfaitaire par mission *(exprimé en unités de valeur)*	
		Montant personnes physiques	**Montant associations**
Pour procéder au rappel des obligations résultant de la loi en application du 1° de l'article 41-1 (1)		4 unités de valeur	5 unités de valeur
Pour l'exécution des mesures prévues aux alinéas 2° à 4°, 6° à 9° et 11° de l'article 41-1, y compris la vérification du respect par la personne des engagements pris		7 unités de valeur	12 unités de valeur
Pour l'exécution de la mesure prévue au 10° de l'article 41-1		6 unités de valeur	10 unités de valeur
Pour une mission de médiation en application du 5° de l'article 41-1	– Lorsque la durée de la mission est inférieure ou égale à 1 mois	14 unités de valeur	27 unités de valeur
	– Lorsque la durée de la mission est supérieure à 1 mois et inférieure ou égale à 3 mois		51 unités de valeur
	– Lorsque la durée de la mission est supérieure à 3mois		102 unités de valeur
Pour la notification des mesures suivantes :	– une peine de stage dont le contrôle de la mise en œuvre est confié au service d'insertion ou de probation ou à une autre personne habilitée	3 unités de valeur	4 unités de valeur
	– une convocation en justice en application de l'article 390-1		
	– une ordonnance pénale délictuelle en application de l'article 495-3		
	– une ordonnance contraventionnelle en application de l'article 527		
	– l'inscription dans le fichier judiciaire national automatisé des auteurs d'infractions terroristes en application de l'article R. 50-38		
	– l'inscription dans le fichier judiciaire national automatisé des auteurs d'infractions sexuelles ou violentes en application de l'article R. 53-8-9		
	– l'information de l'absence de reliquat de peine à exécuter du fait des réductions de peines en application de l'article D. 147-13		
	– une peine de sanction-réparation en application de l'article 12-1 de l'ordonnance n° 45-174 du 2 février 1945, y compris le recueil de l'accord du mineur et des titulaires de l'exercice de l'autorité parentale		
	– les mesures prononcées dans le cadre d'une composition pénale en application de l'article 41-2, y compris le recueil de l'accord de la personne	7 unités de valeur	12 unités de valeur
Pour le contrôle de l'exécution des mesures suivantes :	– une peine de stage	6 unités de valeur	12 unités de valeurs
	– une peine de sanction-réparation en application du 4e alinéa de l'article 131-8-1 du Code pénal		
	– les mesures prévues aux 1° à 5° et 8° à 12° de l'article 41-2 proposées dans le cadre d'une composition pénale prévue à l'article 41-2 (2)	6 unités de valeur	10 unités de valeur
	– les mesures prévues aux 6°, 7° et 13° à 19° de l'article 41-2 ou la mesure de réparation du préjudice proposées dans le cadre d'une composition pénale prévue à l'article 41-2 (2)	10 unités de valeur	18 unités de valeur

Pour une mission de représentation du procureur de la République en application de l'article D. 15-3	14 unités de valeur
Pour une mission de permanence d'une demi-journée en application des dispositions de l'article D. 15-3-1	14 unités de valeur

(1) L'indemnité due au titre du rappel des obligations résultant de la loi n'est pas cumulable avec celles prévues pour les autres missions, à l'exception de la notification d'une peine de stage dont le contrôle de la mise en œuvre est confié au service d'insertion ou de probation ou à une autre personne habilitée, des mesures prévues aux articles 390-1,495-3 et 527 ainsi que des mesures prévues à l'article 12-1 de l'ordonnance n° 45-174 du 2 février 1945.

(2) Le montant cumulé dû au titre de l'ensemble des actes de contrôle de l'exécution effectués dans le cadre d'une composition pénale ne peut excéder celui équivalent à 40 unités de valeur.

• Le montant de l'indemnité supplémentaire allouée lorsque la mission concerne un mineur est égal à 3 unités de valeur. Cette indemnité n'est pas cumulable avec les missions prévues aux articles 390-1, D. 15-3 et D. 15-3-1.

• **II.** – Le délégué ou le médiateur du procureur de la République n'ayant pu remplir sa mission en raison de la carence de l'intéressé qui n'a pas répondu à au moins 2 convocations est indemnisé dans les conditions prévues par le tableau suivant :

Pour les personnes physiques	– lorsque l'indemnité correspondant à l'accomplissement de la mission est inférieure ou égale à 4 unités de valeur	2 unités de valeur
	– lorsque l'indemnité correspondant à l'accomplissement de la mission est supérieure à 4 unités de valeur	4 unités de valeur
Pour les associations	– lorsque l'indemnité correspondant à l'accomplissement de la mission est inférieure ou égale à 9 unités de valeur	4 unités de valeur
	– lorsque l'indemnité correspondant à l'accomplissement de la mission est supérieure à 9 unités de valeur	9 unités de valeur

Article A. 43-6. – Tarifs expertises – Médecine légale – *(Arrêté du 27 février 2017)*

• Conformément aux dispositions des articles R. 117, R. 120 et R. 120-2, la rémunération ou les honoraires versés aux médecins, experts psychologues ou radiologues régulièrement requis ou commis est déterminée, pour les prestations mentionnées, par application aux lettres clés de la sécurité sociale des coefficients figurant aux tableaux annexés au présent article.

• S'agissant d'un examen radiologique d'une personne vivante, les cotations fixées dans la deuxième partie de la classification commune des actes médicaux sont appliquées.

Annexe Article A. 43-6. – Tarifs – *(Arrêté du 7 septembre 2021)*

I. – TARIFS APPLICABLES AUX ACTES DE MÉDECINE LÉGALE

NATURE DE L'ACTE	RÉFÉRENCE de la lettre clé	COEFFICIENT	INDEMNITÉ COMPLÉMENTAIRE
1° Médecine du vivant			
a) Pour une visite judiciaire comportant un ou plusieurs examens et le dépôt d'un rapport	C	2,5	
b) Pour une visite judiciaire comportant un ou plusieurs examens d'une victime, la fixation des taux d'incapacité et le dépôt d'un rapport	C	3,5	

c) Pour l'examen clinique et la prise de sang prévus aux articles R. 3354-7 à R. 3354-13 du Code de la santé publique et pour l'avis donné par l'expert visé à l'article R. 3354-15 **du même code, pour l'examen clinique et le prélèvement biologique prévus par l'**article R. 235-6 du Code de la route, ainsi que le recueil de liquide biologique et le dépistage de stupéfiants prévus par l'article R. 235-4 du même code :			
– auxquels il est procédé entre 7 heures et 22 heures ;	C	1,5	
– auxquels il est procédé entre 22 heures et 7 heures ;	C	1,5	10,67 € Cette indemnité est de 18,45 €, 2 200 FCFP lorsque la mission est réalisée en Nouvelle-Calédonie, en Polynésie française ou dans les îles Wallis et Futuna
– auxquels il est procédé les dimanches et jours fériés ;	C	1,5	7,62 € Cette indemnité est de 13,42 €, 1 600 FCFP lorsque la mission est réalisée en Nouvelle-Calédonie, en Polynésie française ou dans les îles Wallis et Futuna
Lorsque, par dérogation aux dispositions de l'article R. 235-3 du Code de la route, le matériel nécessaire au dépistage est fourni par le praticien requis, les honoraires prévus au c ci-dessus sont augmentés d'une indemnité égale au prix unitaire d'acquisition de ce matériel sans pouvoir excéder 25 €			
d) Pour chaque examen prévu par l'article 706-88 du Code de procédure pénale	C	2	
2° Autopsies			
a) Pour une description de cadavre	C	2,5	
b) Pour une autopsie avant inhumation	CS	6	
c) Pour une autopsie après exhumation ou une autopsie de cadavre en état de décomposition avancée	CS	10	
d) Pour une autopsie de cadavre de nouveau-né avant inhumation	CS	3	
e) Pour une autopsie de cadavre de nouveau-né après exhumation ou une autopsie de cadavre de nouveau-né en état de décomposition avancée	CS	5	

II. – TARIFS APPLICABLES AUX ACTES DE PSYCHIATRIE LÉGALE

NATURE DE L'ACTE	RÉFÉRENCE de la lettre clé	COEFFICIENT
1° Pour une expertise psychiatrique comportant un ou plusieurs examens		
a) Acte réalisé par un médecin visé au 3° de l'article D. 311-1 du Code de la sécurité sociale.	CNPSY	8
b) Acte réalisé par un médecin ne relevant pas du a	CNPSY	13
2° Pour une expertise psychiatrique comportant un ou plusieurs examens et concernant une personne poursuivie ou condamnée pour infraction sexuelle ou une victime d'une telle infraction		
a) Acte réalisé par un médecin visé au 3° de l'article D. 311-1 du Code de la sécurité sociale	CNPSY	8,5
b) Acte réalisé par un médecin ne relevant pas du a	CNPSY	13,5

III. – TARIFS APPLICABLES AUX ACTES DE PSYCHOLOGIE LÉGALE

NATURE DE L'ACTE	RÉFÉRENCE de la lettre clé	COEFFICIENT
1° Pour une expertise psychologique comportant un ou plusieurs examens		
a) Acte réalisé par une personne visée au 3° de l'article D. 311-1 du Code de la sécurité sociale	CNPSY	6,5
b) Acte réalisé par une personne ne relevant pas du a	CNPSY	10
2° Pour une expertise médico-psychologique comportant un ou plusieurs examens, pratiquée par un médecin ayant également la qualité de psychologue, intervenant en qualité d'expert unique		
a) Acte réalisé par un médecin visé au 3° de l'article D. 311-1 du Code de la sécurité sociale.	CNPSY	6,5
b) Acte réalisé par un médecin ne relevant pas du a	CNPSY	10
3° Pour la partie médicale de l'expertise médico-psychologique pratiquée par un médecin et un psychologue intervenant en qualité d'expert distinct	C	3,5
4° Pour la partie psychologique de l'expertise médico-psychologique pratiquée par un médecin et un psychologue intervenant en qualité d'expert distinct		
a) Acte réalisé par une personne visé au 3° de l'article D. 311-1 du Code de la sécurité sociale	CNPSY	6,5
b) Acte réalisé par une personne ne relevant pas du a	CNPSY	10

IV. – TARIFS APPLICABLES AUX ACTES DE RADIOLOGIE

NATURE DE L'ACTE	RÉFÉRENCE de la lettre clé	COEFFICIENT
1° Pour la localisation d'un corps étranger dans un cadavre	Z	20
2° Pour la localisation d'un corps étranger dans un cadavre putréfié	Z	35

Article A. 43-6-1. – Médecins experts psychiatres et experts psychologues – *(Arrêté du 7 septembre 2021)*

• Les médecins experts psychiatres et les experts psychologues affiliés à un régime de travailleurs non salariés peuvent, par décision spécialement motivée de l'autorité requérante, être rémunérés sur présentation d'un devis, dans la limite d'un plafond de 750 € hors taxe, lorsqu'ils sont commis ou requis pour réaliser une expertise répondant à l'un des critères suivants :

• – mission d'expertise comportant des questions inhabituelles nécessitant des recherches spécifiques ;

• – mission d'expertise ordonnée dans une procédure complexe ou s'inscrivant dans un contexte particulier.

Article A. 43-6-2. – Experts en toxicologie – *(Arrêté du 29 septembre 2017)*

• Conformément aux dispositions de l'article R. 118, le tarif versé aux experts en toxicologie régulièrement requis ou commis est déterminé, pour les prestations mentionnées, par application à la lettre clé B de la sécurité sociale des coefficients figurant au tableau annexé au présent article.

Annexe article A. 43-6-2. – *(Arrêté du 29 septembre 2017)*

TARIFS APPLICABLES AUX ANALYSES TOXICOLOGIQUES

Nature de l'acte et technique utilisée	Référence à la lettre clé sécurité sociale *(valeur à la date du 1er juillet 2017)* (1)	Coefficient	Tarif métropole arrondi HT
1° Recherche et dosage de l'éthanol dans le sang par chromatographie en phase gazeuse	B	150	40,50 €
2° Recherche et dosage si nécessaire des stupéfiants *(cannabinoïdes, amphétaminiques, cocaïne, opiacés et métabolites)* à partir de prélèvements biologiques, par chromatographie avec détection par spectrométrie de masse	B	800	216 €
3° Recherche et dosage des médicaments psychoactifs *(hypnotiques, anxiolytiques, neuroleptiques et antidépresseurs)* à partir de prélèvements biologiques, par chromatographie avec détection par spectrométrie de masse	B	900	243 €
4° Expertise toxicologique de référence réalisée à partir de prélèvements biologiques dans un cadre thanatologique ou dans un autre contexte *(médecine légale du vivant)* en ayant recours à titre principal à des techniques chromatographiques couplées à la spectrométrie de masse	B	4074	1100 €
5° Recherche et dosage du strontium *(marqueur de noyade vitale)* dans toutes les matrices nécessaires par technique d'émission atomique	B	1037	280 €
6° Recherche et dosage de substances pouvant être utilisées dans les cas de soumission chimique, éthanol, stupéfiants *(cannabinoïdes, amphétaminiques, cocaïne, opiacés et métabolites)*, médicaments psychoactifs sédatifs *(GHB, hypnotiques, anxiolytiques, neuroleptiques sédatifs et antihistaminiques)* dans le sang et les urines en ayant recours à titre principal à des techniques chromatographiques couplées à la spectrométrie de masse	B	4074	1100 €
7° Recherche et dosage de substances pouvant être utilisées dans les cas de soumission chimique, stupéfiants *(cannabinoïdes, amphétaminiques, cocaïne, opiacés et métabolites)*, médicaments psychoactifs sédatifs *(hypnotiques, anxiolytiques, neuroleptiques sédatifs et antihistaminiques)* dans les phanères avec segmentation si possible et selon le contexte, par chromatographie couplée à la spectrométrie de masse	B	4444	1200 €
8° Recherche et dosage de médicaments psychoactifs et sédatifs dans les phanères avec segmentation si possible et selon le contexte et les données épidémiologiques publiées, par chromatographie couplée à la spectrométrie de masse	B	2963	800 €
9° Recherche et dosage de stupéfiants *(cannabinoïdes, amphétaminiques, cocaïne, opiacés et métabolites)* dans les phanères avec segmentation si possible et selon le contexte, par chromatographie couplée à la spectrométrie de masse	B	2963	800 €
(1) Valeurs lettre B au 1er juillet 2017 : Métropole : 0,27 €. Martinique, Guadeloupe : 0,31 €. Guyane, Réunion : 0,33 €.			

Article A. 43-7. – Traduction – *(Arrêté du 24 décembre 2020)*

• Conformément aux dispositions de l'article R. 122, les tarifs des traductions par écrit et par oral sont fixés dans le tableau ci-après :

NATURE DE LA MISSION	**TARIFS *(en euros)***			
	Interprètes traducteurs n'ayant pas exercé leur droit d'option		**Interprètes traducteurs ayant exercé leur droit d'option**	
Traduction par écrit	25		38,50	
Traduction par oral	1re heure	heures suivantes	1re heure	heures suivantes
Lundi au vendredi de 7h à 22h	42	30	65	46,50
Lundi au vendredi de 22h à 7h	49,50	37,50	76,80	58
Samedi, dimanche et jours fériés de 7 h à 22 h	49,50	37,50	76,80	58
Samedi, dimanche et jours fériés de 22 h à 7 h	57	45	88,50	69,80

Nota : Conformément à l'article 6 de l'arrêté du 24/12/2020, ces dispositions entrent en vigueur le 1er janvier 2021.

Article A. 43-8. – Administrateur ad hoc – Indemnités – *(Arrêté du 27 mai 2021)*

• Conformément aux dispositions des articles R. 216 et R. 216-1, il est alloué aux personnes désignées en qualité d'administrateur ad hoc dans le cadre d'une procédure pénale des indemnités correspondant aux montants Iaah 1 à Iaah 10 qui sont fixés dans le tableau ci-après :

INDICE	**MONTANT**
Iaah 1	175 €
Iaah 2	250 €
Iaah 3	450 €
Iaah 4	100 €
Iaah 5	300 €
Iaah 6	75 €
Iaah 7	100 €
Iaah 8	100 €
Iaah 9	300 €
Iaah 10	50 €

Article A. 43-9. – Réquisitions – Remboursements – *(Arrêté du 4 février 2020)*

• **I. –** Conformément aux dispositions de l'article R. 213-2, les réquisitions adressées dans les conditions prévues au présent code ayant pour objet les interceptions de communications de téléphonie donnent lieu à remboursement aux opérateurs de communications électroniques, sur facture et justificatifs, en appliquant à ces demandes, pour chacune des prestations demandées, le montant hors taxes des tarifs fixés dans le tableau annexé au présent arrêté.

• **II. –** Conformément aux dispositions de l'article R. 213-1, les réquisitions adressées dans les conditions prévues au présent code ayant pour objet la production et la fourniture des données mentionnées à l'article R. 10-13 du Code des postes et des communications électroniques donnent lieu à remboursement aux opérateurs de communications électroniques, sur facture et justificatifs, en appliquant à ces réquisitions, pour chacune des prestations demandées, le montant hors taxe des tarifs fixés dans les tableaux annexés au présent article.

• **III. –** Pour les prestations ne figurant pas dans les tableaux annexés, le montant du remboursement est déterminé en accord avec l'opérateur ou sur devis.

ANNEXE

I. – TARIFS HORS TAXES APPLICABLES AUX PRESTATIONS REQUISES AUX OPÉRATEURS DE TÉLÉPHONIE MOBILE

CATÉGORIES de données	CODE	PRESTATIONS REQUISES	TARIFS DES RÉQUISITIONS transmises par l'intermédiaire de la plate-forme nationale des interceptions judiciaires	TARIFS DES RÉQUISITIONS transmises en dehors de la plate-forme nationale des interceptions judiciaires
Information permettant d'identifier l'utilisateur.	MA 01 MA 03 MA 05 MA 07	Identification en nombre d'abonnés, avec les caractéristiques techniques de la ligne, à partir de leur numéro d'appel ou du numéro de leur carte SIM *(avec ou sans coordonnées bancaires)*, demande copiable sous format électronique. Prix par numéro demandé avec un minimum de perception de 20 numéros.	De 2 à 20 numéros : 10,60 € Au-dessus de 20 : 0,53 € par numéro	De 2 à 20 numéros : 16 € Au-dessus de 20 : 0,80 € par numéro
	MA 02 MA 04 MA 06 MA 08 MA 10	Identification d'un abonné à partir de son numéro d'appel, avec les caractéristiques techniques de la ligne ou du numéro de sa carte SIM *(avec ou sans coordonnées bancaires)*, demande reçue sous forme papier, par fax ou sous toute forme électronique.	3,06 €	4,59 €
	MA 21 MA 22 MA 23	Historique d'attribution d'un numéro d'appel, d'un numéro de carte SIM ou d'un identifiant d'abonné *(numéro IMSI)*.	3,06 €	4,59 €
	MA 30 MA 31	Identification d'abonné à partir du nom ou de la raison sociale et filtre sur d'autres critères, prix forfaitaire pour toutes les réponses correspondant à une demande.	6,46 €	9,69 €
	MA 40	Identification des numéros d'appel et des abonnés associés à partir des moyens de paiement utilisés. Le coût de l'identification de l'abonné est inclus dans le tarif.	8,50 €	12,75 €
	MA 41 MA 42	Identification d'un abonné et de ses moyens de paiement à partir d'un numéro d'appel ou de carte SIM. Le coût de l'identification de l'abonné est inclus dans le tarif.	8,50 €	12,75 €
	MA 50	Recherche de numéros d'appel et identification d'un abonné à partir d'un numéro IMEI. Le coût de l'identification de l'abonné est inclus dans le tarif.	5,10 €	7,65 €
	MA 51 MA 52	Recherche d'identifiants de téléphone mobile et identification d'abonné à partir d'un numéro d'appel ou d'un numéro de carte SIM. Le coût de l'identification de l'abonné est inclus dans le tarif.	5,10 €	7,65 €
	MD 10	Copie du contrat d'abonnement *(fournie sous un mois)*, forfait indépendant du nombre de pages.	4,05 €	4,05 €
	MD 11	Copie des documents annexés au contrat d'abonnement *(fournie sous un mois)*, forfait indépendant du nombre de pages.	4,05 €	4,05 €
	MD 12	Copie de factures *(fournie sous un mois)*, forfait indépendant du nombre de pages.	4,05 €	4,05 €

Données relatives aux équipements terminaux de communications utilisés.	MA 70 MA 71	Fourniture du Code de déblocage *(code PUK)* d'une carte SIM bloquée suite à trois tentatives infructueuses de mise en service.	3, 06 €	4,59 €
Caractéristiques techniques ainsi que date, horaire et durée de chaque communication.	MT 10 MT 11 MT 12 MT 14	Détail des trafics d'un abonné ou d'un terminal sur une période indivisible de 31 jours. L'identification de l'abonné est en sus.	6,46 € + 1,00 € par mois	9,69 € + 1,50 € par mois
	MT 13	Détail des trafics à partir d'un numéro d'appel étranger ou vers un numéro d'appel étranger en itinérance sur le réseau de l'opérateur, sur une période indivisible de 31 jours. L'identification des abonnés est en sus.	6,46 € + 1,00 € par mois	9,69 € + 1,50 € par mois
	MT 20 MT 21 MT 22 MT 24	Détail des trafics avec localisation des équipements terminaux d'un abonné ou d'un terminal, accompagné de l'adresse du relais téléphonique *(cellule)* par lequel les communications ont débuté, sur une période indivisible de 31 jours. Le coût inclut l'identification de la totalité des cellules, l'identification des abonnés est en sus.	10,20 € + 1,00 € par mois	15,30 € + 1,50 € par mois
	MT 23	Détail des trafics avec localisation des équipements terminaux d'un abonné d'un opérateur étranger accompagné de l'adresse du relais téléphonique *(cellule)* par lequel les communications ont débuté, sur une période indivisible de 31 jours. Le coût inclut l'identification de la totalité des cellules, l'identification des abonnés est en sus.	10,20 € + 1,00 € par mois	15,30 € + 1,50 € par mois
	MT 30	Détail des trafics vers un abonné étranger sur une période indivisible de 31 jours. L'identification de l'abonné est en sus.	6,46 € + 1,00 € par mois	9,69 € + 1,50 € par mois
	MT 40	Détail des trafics écoulés dans un relais téléphonique *(cellule)* sur une période de 4 heures au cours des douze derniers mois. L'identification des abonnés est en sus.	8,50 €	12,75 €
	MT 41	Détail des trafics écoulés dans un relais téléphonique *(cellule)* avec identification des abonnés sur une période de 4 heures au cours des douze derniers mois.	Non applicable	12,75 € + 0,80 € par abonné identifié
Données relatives aux services complémentaires demandés ou utilisés par les fournisseurs.	MA 72	Identification d'un prestataire de services à partir d'un numéro court.	3,06 €	4,59 €
	ME 50	Recherche de l'adresse d'un relais téléphonique *(cellule)* à partir de son numéro d'identification.	3,06 €	4,59 €
	ME 51	Carte de couverture optimale d'une cellule.	6,46 €	9,69 €
	ME 52	Carte de couverture secondaire d'une cellule.	6,46 €	9,69 €
	ME 53	Recherche de cellule à partir d'un lieu géographique *(couverture optimale théorique)*.	6,46 €	9,69 €
Données permettant d'identifier le ou les destinataires de la communication.	MA 60 MA 61 MA 62 MA 63	Recherche d'un point de vente à partir d'un numéro d'appel, d'un numéro de carte SIM, d'un identifiant d'abonné *(IMSI)* ou d'un identifiant de téléphone *(IMEI)*.	4,08 €	6,12 €

II. – TARIFS HORS TAXES APPLICABLES AUX PRESTATIONS REQUISES AUX OPÉRATEURS DE TÉLÉPHONIE FIXE

CATÉGORIES de données	CODE	PRESTATIONS REQUISES	TARIFS DES RÉQUISITIONS transmises par l'intermédiaire de la plate-forme nationale des interceptions judiciaires	TARIFS DES RÉQUISITIONS transmises en dehors de la plate-forme nationale des interceptions judiciaires
Information permettant d'identifier l'utilisateur.	FA 01 FA 03	Identification en nombre d'abonnés, à partir de leur numéro d'appel *(avec ou sans coordonnées bancaires)*, demande copiable sous forme électronique. Prix par numéro demandé. Pour les quantités de 2 à 20 numéros, le prix est celui de 20 numéros.	De 2 à 20 numéros : 10,60 € Au-dessus de 20 : 0,53 € par numéro	De 2 à 20 numéros : 16€ Au-dessus de 20 : 0,80 € par numéro
	FA 02 FA 04	Identification d'un abonné à partir de son numéro d'appel *(avec ou sans coordonnées bancaires)* avec les caractéristiques techniques de la ligne. Demande reçue sous forme papier, par fax ou sous forme électronique.	4,08 €	6,12 €
	FE 10	Détail des caractéristiques techniques de la ligne en vue d'une interception, demande copiable sous forme électronique.	4,08€	6,12 €
	FA 05	Recherche et identification d'un abonné appelant derrière une tête de ligne ou un serveur.	10,20 €	15,30 €
	FA 06 FA 07	Historique d'attribution d'un numéro.	4,08 €	6,12 €
	FA 10 FA 11	Identification d'un abonné à partir du nom ou de la raison sociale et filtre sur d'autres critères, prix forfaitaire pour toutes les réponses correspondant à une demande.	10,20 €	15,30 €
	FA 20	Recherche des abonnements téléphoniques déclarés à une adresse postale et identification des abonnés, prix forfaitaire pour toutes les réponses correspondant à une demande.	10,20 €	15,30 €
	FA 30	Identification d'un point de vente à partir d'une carte prépayée.	10,20 €	15,30 €
	FA 31	Identification d'une carte prépayée et d'un numéro appelé.	8,96 € par numéro	13,44 € par numéro
	FA 40	Recherche de numéros d'appel et identification d'un abonné à partir d'un moyen de paiement. Le coût de l'identification de l'abonné est inclus dans le tarif.	10,20 €	15,30 €
	FA 41	Identification d'un abonné et de ses moyens de paiement à partir d'un numéro d'appel. Le coût de l'identification de l'abonné est inclus dans le tarif.	10,20 €	15,30 €
	FA 51	Identification d'un abonné ADSL et de son fournisseur d'accès internet.	4,08 €	6,12 €
	FD 10	Copie du contrat d'abonnement *(fournie sous un mois)*, forfait indépendant du nombre de pages.	4,05 €	4,05 €
	FD 11	Copie des documents annexés au contrat d'abonnement *(fournie sous un mois)*, forfait indépendant du nombre de pages.	4,05 €	4,05 €
	FD 12	Copie de factures *(fournie sous un mois)*, forfait indépendant du nombre de pages.	4,05 €	4,05 €
Données relatives aux équipements terminaux utilisés.	FA 21	Identification des publiphones implantés dans une zone géographique donnée.	10,20 €	15,30 €
	FA 50	Recherche d'un opérateur tiers à partir de son numéro de faisceau.	6,46 €	9,69 €

Caractéristiques techniques ainsi que date, horaire et durée de chaque communication.	FT 10	Détail des trafics entrants et sortants d'un abonné sur une période indivisible de 31 jours. L'identification de l'abonné est en sus.	10,20 € + 1,00 € par mois	15,30 € + 1,50 € par mois
	FT 20	Détail des trafics en relation avec un abonné d'un opérateur étranger sur une période indivisible de 31 jours.	10,20 € + 1,00 € par mois	15,30 € + 1,50 € par mois
	FT 21	Détail des données relatives au trafic d'un abonné avec un serveur.	10,66 €	16,00 €
	FT 40	Détail des données relatives au trafic d'une carte prépayée.	10,20 € + 1,00 € par mois	15,30 € + 1,50 € par mois

III. – TARIFS HORS TAXES APPLICABLES AUX INTERCEPTIONS DE TÉLÉPHONIE

CATÉGORIES de données	CODE	PRESTATIONS REQUISES	TARIFS DES RÉQUISITIONS transmises par l'intermédiaire de la plate-forme nationale des interceptions judiciaires	TARIFS DES RÉQUISITIONS transmises en dehors de la plate-forme nationale des interceptions judiciaires
Interception de communication de lignes fixes.	FI 20 FI 21 FI 22	Le tarif inclut la fourniture d'un détail de communications en fin d'interception.	16,00 €	24,00 €
Ligne temporaire de renvoi.	FI 10	Mise en place et installation d'une ligne analogique temporaire de renvoi ainsi que les abonnements mensuels.	84,00 € + 31,85 €	120,00 € + 45,50 € par mois
	FI 11	Mise en place et installation d'une ligne numérique *(accès de base RNIS)* temporaire de renvoi ainsi que les abonnements mensuels.	152,25 € + 31,85 €	217,50 € + 45,50 € par mois
Sonde de renvoi.	FI 17	Installation et enlèvement de la sonde hors ligne de renvoi.	350,00 €	350,00 €
Liaisons louées de renvoi.	FI 12 FI 13	En sus des frais fixes d'accès au service, pour les liaisons inférieures ou égales à 10 km, abonnement par période indivisible de 31 jours : 1,1 × *(37,77 € + 0,79 € par km).*	1,1 × (37,77 € + 0,79 € par km).	497,00 pour les frais fixes d'accès au service *(sauf sites prééquipés)* En sus des frais fixes d'accès au service, pour les liaisons inférieures ou égales à 10 km, abonnement par période indivisible de 31 jours : 1,1 × *(37,77 € + 0,79 € par km).*
		En sus des frais fixes d'accès au service, pour les liaisons supérieures à 10 km, abonnement par période indivisible de 31 jours : 1,1 × *(60,10 € + 0,08 € par km).*	1,1 × (60,10 € + 0,08 € par km).	En sus des frais fixes d'accès au service, pour les liaisons supérieures à 10 km, abonnement par période indivisible de 31 jours : 1,1 × *(60,10 € + 0,08 € par km).*
Interception des communications de téléphonie de voix sur IP.	FI 23	Le tarif inclut la fourniture du détail de trafic pour toute la période d'interception.	16,00 €	24,00 €
Interception de communication à l'international.	FI 27	Le tarif inclut la fourniture du détail de trafic pour toute la période d'interception.	16,00€	24,00 €
Interception des communications de téléphonie mobile.	MI 20 MI 27	Le tarif inclut la fourniture du détail de trafic pour toute la période d'interception.	16,00€	24,00 €

Mise en suivi du trafic.	MS 14	Délivrance en temps réel des appels émis et reçus avec le code en temps réel de la cellule déclenchée par un téléphone mobile sous interception. La prestation comprend la localisation des bornes, la mise en service et le récapitulatif historique des données fournies.	Non applicable	17,50 € par numéro + 17,50 € par mois
	MS 16	Délivrance en temps réel des appels émis et reçus avec le code en temps réel de la cellule déclenchée par un téléphone mobile sous interception. La prestation comprend la localisation des bornes, la mise en service et le récapitulatif historique des données fournies.	16,00 €	Non applicable
	MS 20	Données permettant d'obtenir la position géographique d'un appareil. Localisation en temps réel des cellules déclenchées par un téléphone mobile.	16,00 €	24,00 €

IV. – TARIFS HORS TAXES APPLICABLES À LA FOURNITURE DE DONNÉES PAR LES OPÉRATEURS DE COMMUNICATIONS ÉLECTRONIQUES

CATÉGORIES de données	CODE	PRESTATIONS REQUISES	TARIFS DES RÉQUISITIONS transmises par l'intermédiaire de la plate-forme nationale des interceptions judiciaires	TARIFS DES RÉQUISITIONS transmises en dehors de la plate-forme nationale des interceptions judiciaires
	WA 0X	À partir d'une demande dématérialisée conforme sur des adresses IP horodatées, rechercher sommairement dans le SI le plus pertinent les éléments d'identification relatifs à la personne physique, à l'installation, à la connexion, au contrat et aux identifications numériques.	De 1 à 20 : 3,60 € Au-dessus de 20 : 0,18 € par IP	
	WA 0H	À partir d'une demande accompagnée d'un fichier électronique copiable, rechercher sommairement dans le SI le plus pertinent les éléments d'identification relatifs à la personne physique, à l'installation, à la connexion, au contrat et aux identifications numériques.		1 et 20 IP : 5,60 € Au-dessus de 20 : 0,28 € par IP
	WA 01	À partir d'une adresse IP horodatée et d'informations complémentaires, obtenir les éléments d'identification relatifs à la personne physique, à l'installation, à la connexion, au contrat et aux identifications numériques.	18 €	18 €
	WA 07	À partir de caractéristiques de compte, obtenir les éléments d'identification relatifs à la personne physique, à l'installation, à la connexion, au contrat et aux identifications numériques.	15,70 €	15,70 €
	WA 08	À partir d'une adresse courriel, obtenir les éléments d'identification relatifs à la personne physique, à l'installation, à la connexion, au contrat et aux identifications numériques.	15,70 €	15,70 €
	WA 09	À partir d'une adresse URL de site visité horodatée, obtenir les éléments d'identification relatifs à la personne physique, à l'installation, à la connexion, au contrat et aux identifications numériques.	15,70 €	15,70 €
	WI 01	Interception du trafic DATA/IP émis et à destination de l'accès internet, à partir d'éléments caractéristique du compte (*identité, adresse IP horodatée*...) mettre en place l'interception du trafic DATA/IP sur la période demandée spécifiant les caractéristiques de renvoi.	16,00 €	24 €

Article A. 43-10. – Procédure civile – *(Arrêté du 2 septembre 2008)*

• Conformément aux dispositions de l'article 1210-3 du Code de procédure civile, le montant de l'indemnité allouée à la personne désignée en qualité d'administrateur ad hoc dans le cadre d'une procédure civile est fixé à 200 euros.

• Le montant de l'indemnité de carence est fixé à 50 euros.

Article A. 43-11. – Procédure maintien en zone d'attente, demande d'asile – *(Arrêté du 2 septembre 2008)*

• Conformément aux dispositions de l'article R. 111-20 du Code de l'entrée et du séjour des étrangers et du droit d'asile, le montant des indemnités allouées à la personne désignée en qualité d'administrateur ad hoc dans le cadre d'une procédure de maintien en zone d'attente ou d'une procédure de demande d'asile est fixé ainsi qu'il suit :

• 150 euros pour l'indemnité prévue au 1° ;

• 150 euros pour l'indemnité prévue au 2° ;

• 150 euros pour l'indemnité prévue au 3°.

• Le montant de l'indemnité de carence est fixé à 50 euros.

Article A. 43-12. – Enquête sociale – *(Décision n° 347460 du 23 octobre 2013)*

• Le tarif de l'enquête sociale mentionnée aux articles 1072, 1171 et 1221 du Code de procédure civile est fixé à 600 euros pour une personne physique et à 700 euros pour une personne morale.

• Le montant de l'indemnité de carence est fixé à 30 euros.

Article A. 43-13. – Audition d'un mineur – *(Arrêté du 20 mai 2009)*

• L'indemnité allouée à la personne désignée par le juge pour entendre un mineur en application de l'article 388-1 du Code civil est fixée à 40 euros pour une personne physique et à 70 euros pour une personne morale.

Article A. 43-14. – Carence du mineur – *(Arrêté du 20 mai 2009)*

• Lorsque cette personne n'a pu remplir sa mission en raison de la carence du mineur, il lui est alloué une indemnité d'un montant de 10 euros s'il s'agit d'une personne physique et de 20 euros s'il s'agit d'une personne morale.

Article A. 43-15. – Remboursement des frais d'enlèvement et de garde en fourrière – *(Arrêté du 2 mai 2012)*

• Le propriétaire dont le véhicule a été mis en fourrière sur autorisation du procureur de la République en application des articles L. 325-1-1 ou L. 325-1-2 du Code de la route et qui a ensuite fait l'objet d'une décision de relaxe ayant acquis un caractère définitif peut, conformément aux dispositions du dernier alinéa de l'article L. 325-1-1, demander au procureur de la République le remboursement, au titre des frais de justice, des frais d'enlèvement et de garde en fourrière qu'il a dû acquitter pour récupérer son véhicule.

• Si la décision de relaxe a été rendue par la chambre des appels correctionnels, la demande est formée devant le procureur général.

• Cette demande doit être faite, dans un délai de six mois au plus tard à compter de la date à laquelle la décision de relaxe est devenue définitive, par déclaration au greffe contre récépissé ou par lettre recommandée avec demande d'accusé de réception.

• La demande doit être accompagnée de la copie de la décision de relaxe ainsi que la justification du paiement des frais d'enlèvement et de garde en fourrière.

• Le montant du remboursement est calculé en fonction des tarifs des frais d'enlèvement et des frais de garde fixés conformément aux dispositions du IV de l'article R. 325-29 du Code de la route.

• Le remboursement ne peut porter sur les frais de garde correspondant à une période postérieure à la décision de mainlevée de la mise en fourrière.

• Le paiement du remboursement est effectué par le régisseur d'avances de la juridiction au vu de la décision du procureur de la République ou du procureur général.

• La décision du procureur de la République ou du procureur général peut faire l'objet d'un recours par le demandeur, dans les dix jours de sa notification, devant la juridiction qui a prononcé la relaxe. Ce recours est formé par déclaration au greffe contre récépissé ou par lettre recommandée avec demande d'accusé de réception.

Article A. 43-16. – Montant des frais – *(Arrêté du 16 décembre 2013)*

• Le montant des frais mentionnés au 3° des articles R. 224-1 et R. 224-2 est fixé à 1 500 €.

Article A. 43-17. – Conditions et modalités de modulation des vérifications de certification – *(Arrêté du 25 novembre 2016)*

• Conformément aux dispositions de l'article R. 225 du Code de procédure pénale, les conditions et les modalités de modulation des vérifications effectuées dans le cadre de la certification sont les suivantes :

• **I.** – Les chefs de la cour d'appel ou leurs délégués procèdent à une analyse des dépenses de frais de justice en appréciant les risques et enjeux afférents à ces dépenses ainsi que les facteurs aggravants. Ils établissent un plan de contrôle d'intensité variable des états et mémoires de frais qui distingue :

• – les états et mémoires de frais soumis à un contrôle approfondi ;

• – les états et mémoires de frais soumis à un contrôle formel.

• **II.** – Le contrôle formel n'est applicable qu'aux mémoires de frais énumérés aux 1° et 3° des articles R. 224-1 et R. 224-2, lorsqu'ils sont inférieurs à un montant fixé conjointement par le ministre de la justice et le ministre chargé du budget.

• **III.** – L'analyse des dépenses de frais de justice, l'établissement et l'exécution du plan de contrôle ainsi que les vérifications effectuées dans le cadre du contrôle approfondi et du contrôle formel sont réalisés conformément aux orientations définies par le ministre de la justice et le ministre de l'économie et des finances.

• **IV.** – L'analyse des dépenses de frais de justice et le bilan de l'exécution du plan de contrôle sont communiqués au comptable assignataire.

• À la demande du comptable assignataire, il peut être mis fin temporairement au contrôle d'intensité variable, si les résultats du suivi du plan de contrôle apparaissent insatisfaisants.

Article A. 43-18. – Indemnité kilométrique – Translations ou extractions – *(Arrêté du 6 décembre 2018)*

• Le montant de l'indemnité kilométrique mentionnée à l'article R. 97 du code de procédure pénale est fixé à 0,24 €.

TITRE XI

Articles A. 44 à A. 53. – *(Abrogés – Arrêté du 23 janvier 2023)*

TITRE XII

DU CASIER JUDICIAIRE

Article A. 53-1. – Autorités compétentes – Bulletin n° 2 – *(Décret n° 2020-1831 du 31 décembre 2020)*

• Les autorités compétentes pour obtenir un bulletin n° 2 du casier judiciaire en application du 6° de l'article 776 sont les suivantes :

• Le directeur général de la cohésion sociale du ministère chargé des affaires sociales ;

• 2° Le directeur en charge du tourisme du ministère de l'économie ;

• 3° Les chambres de métiers et de l'artisanat de région et les chambres régionales du commerce et de l'industrie ;

• 4° Le directeur en charge de la sécurité et de la circulation routières, le secrétaire général et le directeur en charge des affaires économiques et internationales, le directeur général de la mer et des transports, le directeur général en charge de l'aviation civile, le directeur général en charge de l'urbanisme, de l'habitat et de la construction du ministère de l'écologie et du développement durable ;

• 5° Le directeur en charge de la nature et des paysages, le directeur de l'eau, le directeur général de l'énergie et des matières premières du ministère de l'écologie ;

• 6° Le directeur général de l'offre de soins du ministère chargé de la santé ;

• 7° Les directeurs régionaux de la jeunesse, des sports et de la cohésion sociale ;

• 8° Les directeurs des services déconcentrés de l'Etat chargés des sports ;

• 9° Les directeurs généraux des agences régionales de santé ;

• 10° Les directeurs départementaux de la cohésion sociale ;

• 11° Le directeur général de la création artistique et le directeur général des patrimoines et de l'architecture du ministère de la culture et de la communication ;

• 12° Le directeur général en charge de l'alimentation et le directeur général en charge des politiques agricole, agroalimentaire et des territoires du ministère de l'alimentation, de l'agriculture et de la pêche ;

• 13° Le directeur en charge du centre d'évaluation *(CEZ)* de Rambouillet.

LIVRE V bis

DISPOSITIONS GÉNÉRALES

CHAPITRE IER

Dispositions relatives à la procédure numérique

Section I

Dispositions relatives à la signature électronique

Article A. 53-2. – Signature électronique – *(Arrêté du 6 septembre 2019)*

• Est une signature électronique avancée reposant sur un certificat qualifié au sens de l'article D. 589-3 une signature électronique avancée, conforme à l'article 26 du règlement *(UE)* n° 910/2014 du Parlement européen et du Conseil du 23 juillet 2014 sur l'identification électronique et les services de confiance pour les transactions électroniques au sein du marché intérieur et abrogeant la directive 1999/93/CE, qui repose sur un certificat qualifié de signature électronique répondant aux exigences de l'article 28 de ce règlement.

• Le dispositif technique permettant d'apposer cette signature électronique fait l'objet d'une homologation de sécurité conformément à l'article 5 du décret n° 2010-112 du 2 février 2010 pris pour l'application des articles 9,10 et 12 de l'ordonnance n° 2005-1516 du 8 décembre 2005 relative aux échanges électroniques entre les usagers et les autorités administratives et entre les autorités administratives.

Article A. 53-3. – Procédure d'inscription, d'enregistrement – Habilitation – *(Arrêté du 6 septembre 2019)*

• La procédure d'inscription et d'enregistrement des données d'identification et d'habilitation des procédés de signature électronique mis à disposition des personnes concourant à la procédure au sens de l'article 11, est, s'agissant des magistrats, militaires et agents publics, à l'initiative et sous la responsabilité du ministère dont ils relèvent ou sous le contrôle duquel ils sont placés. Dans les autres cas, cette procédure est placée sous le contrôle du ministère de la justice, et peut, le cas échéant, faire l'objet d'un protocole avec la personne morale ou l'organisme professionnel dont relève ou sous le contrôle duquel est placée la personne concernée.

Article A. 53-4. – Recueil de la signature manuscrite – *(Arrêté du 6 septembre 2019)*

• Le dispositif technique mentionné à l'article D. 589-4 permet de recueillir la signature manuscrite de toute personne, y compris de celle concourant à la procédure au sens de l'article 11, afin d'en faire une image numérique intégrée au corps de l'un des actes mentionnés au 1er alinéa du I de l'article 801-1.

• Le recueil sous forme numérique d'une ou plusieurs signatures manuscrites se fait sous le contrôle de la personne chargée d'apposer sa signature électronique sur l'acte, conformément au 2e alinéa de l'article D. 589-4.

• L'identité de celui qui procède à une signature manuscrite recueillie sous forme numérique est obligatoirement mentionnée dans l'acte. Le cas échéant, il est mentionné si cette identité est présumée ou inconnue.

• Après l'apposition de la signature électronique, l'ensemble des éléments que l'acte contient, dont les signatures manuscrites recueillies sous forme numérique, ne peut être altéré.

• Lorsque, pour la tenue de l'acte, il est recouru à des moyens de télécommunication audiovisuelle en application de l'article 706-71, le recueil sous forme numérique de la signature manuscrite peut se faire avec l'assistance d'une personne, non partie à la procédure, présente aux côtés du signataire.

• Les dispositions du présent article ne sont pas applicables aux signatures manuscrites recueillies sous forme numérique par l'appareil mentionné à l'article R. 49-1.

Section II
Dispositions relatives à la signature numérique

Article A. 53-5. – Cachet électronique – *(Arrêté du 6 septembre 2019)*
• Est un cachet électronique avancé avec certificat qualifié au sens de l'article D. 589-5 un cachet électronique conforme à l'article 36 du règlement *(UE)* n° 910/2014 du Parlement européen et du Conseil du 23 juillet 2014, créé à l'aide d'un dispositif de création de cachet électronique qualifié conforme à l'article 39 de ce règlement, et qui repose sur un certificat qualifié de cachet électronique répondant aux exigences de l'article 38 du même règlement.
• Le dispositif technique permettant d'apposer ce cachet électronique fait l'objet d'une homologation de sécurité conformément à l'article 5 du décret n° 2010-112 du 2 février 2010 précité.

Section III
Dispositions applicables à l'archivage

Article A. 53-6. – Archivage – *(Arrêté du 6 septembre 2019)*
• Le dossier de procédure numérique, défini à l'article D. 589-1, est archivé dans un système d'archivage électronique sécurisé. Celui-ci garantit la conservation, l'intégrité, l'intelligibilité et l'accessibilité des pièces qu'il contient, ainsi que la traçabilité des opérations de consultation, de versement, de migration, d'effacement et d'extraction.
• L'intégrité des pièces conservées dans le système d'archivage électronique est attestée par une empreinte électronique, qui garantit que toute modification ultérieure de la pièce à laquelle elle est attachée est détectable.
• Les opérations de migration requises pour assurer la lisibilité des pièces sous format numérique dans le temps ne constituent pas une altération de son contenu ou de sa forme dès lors qu'elles sont tracées et donnent lieu à la génération d'une nouvelle empreinte électronique de chaque pièce.
• Les empreintes et les traces générées en application des alinéas précédents sont conservées aussi longtemps que la pièce sous format numérique à laquelle elles se rattachent et dans des conditions ne permettant pas leur modification.

Nota : Jusqu'au 31 décembre 2022, Conformément à l'article 5 de l'arrêté du 06/09/2019, il peut être dérogé aux dispositions de l'article A. 53-6 dès lors que l'intégrité des pièces établies ou converties sous format numérique est garantie par un dispositif de signature sous forme numérique prévu à l'article D. 589-2 du même code.

Section IV
Dispositions relatives à la numérisation des pièces de procédure

Article A. 53-7. – Conversion sous format numérique – *(Arrêté du 6 septembre 2019)*
• La conversion sous format numérique de toute pièce ayant vocation à être transmise à l'autorité judiciaire ou versée au sein du dossier de procédure numérique, est réalisée sous la responsabilité de cette dernière et impose le recours à un dispositif de numérisation assurant une reproduction fidèle de sa forme, de son contenu et de sa couleur.
• Toute pièce convertie sous format numérique par une personne non autorisée au sens de l'article D. 589 ne peut être versée au sein du dossier de procédure numérique qu'après vérification de sa fidélité, de sa complétude, de l'identité de son émetteur et de sa date de conversion.
• La conversion, la restitution et la destruction de pièces de procédure sont effectuées dans le respect des dispositions prévues par la loi ou le règlement applicables aux archives.

Article A. 53-8. – Impression – *(Arrêté du 6 septembre 2019)*
• Toute pièce de procédure sous format numérique peut, s'il y a lieu, être imprimée par les magistrats et agents de greffe qui les assistent, les services de la police nationale, les unités de la gendarmerie nationale, les fonctionnaires et agents exerçant des pouvoirs de police judiciaire, les services pénitentiaires ou de la protection judiciaire de la jeunesse afin d'être remise ou transmise sous format papier.
• Les pièces ayant fait l'objet d'un procédé de signature sous forme numérique au sens de

l'article D. 589-2 conservent leur valeur probante, après leur impression, s'il est joint une attestation unique indiquant qu'elles sont fidèles à leur version sous format numérique dont est détenteur le service mentionné au 1er alinéa ou si chaque impression fait l'objet d'une mention certifiant sa fidélité par le service précité.

Section V

Dispositions relatives à la transmission des pièces sous format numérique

Article A. 53-9. – Autorisation – *(Arrêté du 6 septembre 2019)*

• Toute personne publique ou privée, autorisée à transmettre des pièces sous format numérique conformément au 2e alinéa de l'article D. 589, doit respecter strictement les conditions et modalités prévues par cette autorisation.

• Lorsque cette autorisation est délivrée à un avocat ou au barreau dont il relève, elle mentionne obligatoirement :

• – le moyen de télécommunication retenu, en précisant l'adresse électronique du destinataire et, le cas échéant, la plateforme sécurisée d'échange de documents et de fichiers utilisée ;

• – les jours et horaires de réception des pièces à l'issue desquels celles-ci ne sont plus recevables lorsque le présent code fixe un délai d'expiration ;

• – l'évènement technique à compter duquel la transmission est considérée comme reçue par la juridiction destinataire, cet évènement faisant courir, s'il y a lieu, les délais prévus par les dispositions du présent code.

• Cette autorisation peut lister exhaustivement les actes, demandes, déclarations et observations pouvant être transmis selon cette voie, ou ceux pouvant être exclus d'une telle transmission. À défaut de précision, tous les actes, demandes, déclarations ou observations prévus par le présent code sont transmissibles selon cette voie.

• Les protocoles fondés sur le 3e alinéa de l'article D. 589 et passés entre les chefs des juridictions et les avocats ou les barreaux dont ces derniers relèvent peuvent préciser que tout ou partie des conditions, restrictions et modalités prévues par les articles D. 591 à D. 593 ne sont pas applicables.

CHAPITRE II

Dispositions relatives à la captation sonore des audiences des juridictions pénales spécialisées

Article A. 53-10. – Modalités – *(Arrêté du 23 juillet 2021)*

• Lorsque le 1er président de la cour d'appel décide de faire application des dispositions de l'article 802-3, il en informe par tout moyen l'ensemble des parties civiles et leurs avocats respectifs.

• Ceux-ci doivent faire connaître au greffe de la juridiction qu'ils souhaitent recevoir la captation sonore des audiences au moins 8 jours avant le début de celles-ci si elles veulent bénéficier de cette captation dès le début des débats.

• Pour la création des comptes d'utilisateurs, une liste de combinaisons d'identifiants et de mots de passe est générée de manière aléatoire, chiffrée et sécurisée.

• Le greffe de la juridiction est seul habilité à détenir la liste enrichie contenant l'affiliation entre l'identité de l'utilisateur et la combinaison de l'identifiant et du mot de passe. Il est également le seul habilité à attribuer et à communiquer à chaque participant éligible les éléments de connexion. Il transmet ces informations pseudonymisées aux équipes en charge du traitement.

• Lorsque sont portées à la connaissance des parties civiles et de leurs avocats les modalités pratiques d'accès à la captation des débats, qui doivent notamment comporter un code confidentiel propre à chaque partie civile, elles doivent être informées du délit prévu par les dispositions du 2e alinéa de l'article 802-3.

• La diffusion des débats aux parties civiles se fait en différé. Elle peut être interrompue à tout moment par le président d'audience.

• La chaîne de retransmission est sécurisée de l'encodeur jusqu'à la plateforme de diffusion. Un encodage et un flux redondé sont mis en œuvre de la réception du flux en régie jusqu'à la plateforme de diffusion. Le flux de diffusion est chiffré de bout en bout.

LIVRE VI

MODALITÉS D'APPLICATION EN CE QUI CONCERNE LES DÉPARTEMENTS DE LA GUADELOUPE, DE LA GUYANE, DE LA MARTINIQUE ET DE LA RÉUNION

Articles A. 54 à A. 57. – *(Abrogés – Arrêté du 23 janvier 2023)*

LIVRE VII

DISPOSITIONS APPLICABLES EN NOUVELLE-CALÉDONIE

Article A. 57-1. – *(Abrogé – Arrêté du 27 mai 2021)*

Article A. 58. – *(Abrogé – Arrêté du 23 janvier 2023)*

LIVRE VIII

DISPOSITIONS APPLICABLES EN POLYNÉSIE FRANÇAISE

Article A. 58-1. – *(Abrogé – Arrêté du 27 mai 2021)*

Article A. 59. – *(Abrogé – Arrêté du 23 janvier 2023)*

ANNEXES

Annexe I. – Crimes de guerre et contre l'humanité

Annexe II. – Déontologie des agents de police municipale

Annexe III. – Déontologie de la police nationale et de la gendarmerie nationale

Annexe IV. – Charte du gendarme

Annexe V. – Charte Accueil du public – Assistance aux victimes

Annexe VI. – Arrêté du 7 juillet 2017 portant autorisation d'un traitement automatisé de données à caractère personnel dénommé « Fichier des objets et des véhicules signalés » *(FOVeS)*

Annexe VII. – Décret n° 2015-496 du 29 avril 2015 autorisant les agents de police municipale à utiliser à titre expérimental des revolvers chambrés pour le calibre 357 magnum

Annexe VIII. – Loi n° 55-385 du 3 avril 1955 relative à l'état d'urgence

Annexe IX. – Arrêté du 28 septembre 2018 relatif aux conditions particulières d'acquisition, de détention et de conservation des armes susceptibles d'être utilisées pour l'exercice de certaines activités privées de sécurité

Annexe X. – Office anti-stupéfiants

Annexe XI. – Charte du réserviste opérationnel et du réserviste citoyen de la gendarmerie nationale

Annexe XII. – Application prise de note *(GendNotes)*

Annexe XIII. – Code pénitentiaire *(Extraits)*

ANNEXE I

CRIMES DE GUERRE ET CONTRE L'HUMANITÉ

ORDONNANCE DU 28 AOÛT 1944

relative à la répression des crimes de guerre

Article 1.

• Sont poursuivis devant les tribunaux militaires français et jugés conformément aux lois françaises en vigueur et aux dispositions de la présente ordonnance, les nationaux ennemis ou agents non français au service de l'administration ou des intérêts ennemis, coupables de crimes ou de délits commis depuis l'ouverture des hostilités soit en France ou dans un territoire relevant de l'autorité de la France, soit à l'encontre d'un national ou d'un protégé français, d'un militaire servant ou ayant servi sous le drapeau français, d'un apatride résidant sur le territoire français avant le 17 juin 1940 ou d'un réfugié sur un territoire français, soit au préjudice des biens de toutes les personnes physiques visées ci-dessus et de toutes les personnes morales françaises, lorsque ces infractions, même accomplies à l'occasion ou sous le prétexte de l'état de guerre, ne sont pas justifiées par les lois et coutumes de la guerre.

• Sont notamment poursuivies conformément aux dispositions ci-dessus, lorsqu'elles ont été commises dans les circonstances prévues par l'alinéa 1er du présent article, les infractions prévues et punies par les articles 92, 132, 265 et suivants, 295, 296, 301, 302, 303, 304, 309 à 317, 332, 334, 341, 342, 343, 344, 379, 400, 434, 459 du Code pénal et les articles 214, 216, 221 et suivants du Code de justice militaire.

Article 2.

• Par interprétation des dispositions du Code pénal et du Code de justice militaire, sont considérés comme :

• 1° Le recrutement illégal de la force armée prévue par l'article 92 du Code pénal : tout enrôlement par l'ennemi ou ses agents ;

• 2° L'association de malfaiteurs prévue par les articles 265 et suivants du Code pénal : les organisations ou entreprises de terrorisme systématique ;

• 3° L'empoisonnement prévu par l'article 301 du Code pénal : toute exposition dans les chambres à gaz, tout empoisonnement des eaux ou denrées consommables, ainsi que tout dépôt, aspersion ou utilisation de substances nocives destinées à donner la mort ;

• 4° L'assassinat prévu par l'article 296 du Code pénal : la mise à mort par représailles ;

• 5° La séquestration prévue par les articles 341, 342 et 343 du Code pénal : le travail obligatoire des civils et la déportation sous quelque motif que ce soit, d'un individu détenu ou interné sans qu'une condamnation régulière au regard des lois et coutumes de la guerre ait été définitivement prononcée à son encontre ;

• 6° La séquestration prévue par les alinéas 1er et 2 de l'article 344 du Code pénal : l'emploi à des oeuvres de guerre de prisonniers de guerre ou de civils requis ;

• 7° La séquestration prévue par le dernier alinéa de l'article 344 du Code pénal : l'emploi de prisonniers de guerre ou de civils à des fins de protection de l'ennemi ;

• 8° Le pillage prévu par les articles 221 et suivants du Code de justice militaire : l'imposition d'amendes collectives, les réquisitions abusives ou illégales, les confiscations ou spoliations, l'emport ou l'exportation, hors du territoire français par tous moyens des biens de toute nature, y compris les valeurs mobilières et la monnaie.

Article 3.

• Les lois, décrets ou règlements émanant de l'autorité ennemie, les ordres ou autorisations donnés par cette autorité ou par les autorités qui en dépendent ou qui en ont dépendu, ne peuvent être invoqués comme faits justificatifs au sens de l'article 327 du Code pénal, mais seulement, s'il y a lieu, comme circonstances atténuantes ou comme excuses absolutoires.

Article 4.

• Lorsqu'un subordonné est poursuivi comme auteur principal d'un crime de guerre et que ses supérieurs hiérarchiques ne peuvent être recherchés comme coauteurs, ils sont considérés comme complices dans la mesure où ils ont organisé ou toléré les agissements criminels de leurs subordonnés.

Article 5. – *(Loi n° 48-1416 du 15 août 1948)*

• Pour le jugement des crimes de guerre le tribunal militaire est composé comme il est dit au Code de justice militaire. Sauf impossibilité dûment constatée par l'autorité militaire compétente, les juges militaires doivent être en majorité choisis parmi les militaires appartenant ou ayant appartenu aux forces françaises de l'intérieur ou à une organisation de résistance.

LOI N° 48-1416 DU 15 SEPTEMBRE 1948

modifiant et complétant l'ordonnance du 28 août 1944 relative à la répression des crimes de guerre

Articles 1 et 2. – *(Abrogés par Loi n° 53-32 du 30 janvier 1953)*

Article 3. – *(Loi n° 53-32 du 30 janvier 1953)*

• Les personnes non visées à l'article 1er de l'ordonnance du 28 août 1944 qui sont personnellement coauteurs ou complices de crimes commis par les individus visés audit article ou de crimes connexes, seront renvoyées devant le tribunal militaire.

• Il leur sera fait application des dispositions du Code pénal et notamment des articles visés au second alinéa de l'article 1er de la susdite ordonnance.

• Elles ne pourront être comprises dans les poursuites engagées contre lesdits individus.

• Toutefois, en ce qui concerne les procès dont les débats seraient commencés, la division de la procédure résultant des dispositions ci-dessus aura lieu aussitôt après la clôture de l'instruction publique à l'audience.

Article 4.

• Nonobstant toutes dispositions contraires, le magistrat chargé de l'information sur un crime de guerre peut autoriser les représentants qualifiés des nations alliées qui pratiquent un régime de réciprocité, à prendre communication ou à recevoir copie de toutes les pièces, documents et procès-verbaux compris dans le dossier de l'instruction ou à recueillir en sa présence, suivant les formes prévues par leur loi nationale, les déclarations des témoins et des accusés.

LOI N° 64-1326 DU 26 DÉCEMBRE 1964

tendant à constater l'imprescriptibilité des crimes contre l'humanité

Article unique.

• Les crimes contre l'humanité, tels qu'ils sont définis par la résolution des Nations Unies du 13 février 1946, prenant acte de la définition des crimes contre l'humanité, telle qu'elle figure dans la charte du tribunal international du 8 août 1945, sont imprescriptibles par leur nature.

ANNEXE II

DÉONTOLOGIE DES AGENTS DE POLICE MUNICIPALE

CODE DE LA SÉCURITÉ INTÉRIEURE

(Extraits)

déontologie des agents de police municipale

Section 1 : Dispositions générales

Article R. 515-1. – *(Décret n° 2015-181 du 16 février 2015)*

• Les dispositions du présent chapitre, qui constitue le Code de déontologie des agents de police municipale, s'appliquent à l'ensemble des agents de police municipale, des chefs de service de police municipale et des directeurs de police municipale.

Article R. 515-2. – *(Décret n° 2013-1113 du 4 décembre 2013)*

• Tout manquement aux devoirs définis par le présent chapitre expose son auteur à une sanction disciplinaire, sans préjudice, le cas échéant, des peines prévues par la loi pénale.

Article R. 515-3. – *(Décret n° 2013-1113 du 4 décembre 2013)*

• Les agents de police municipale s'acquittent de leurs missions dans le respect de la Déclaration des droits de l'homme et du citoyen, de la Constitution, des conventions internationales et des lois.

Article R. 515-4. – *(Décret n° 2013-1113 du 4 décembre 2013)*

• Les polices municipales sont ouvertes à tout citoyen français satisfaisant aux conditions fixées par les lois et règlements.

Article R. 515-5. – *(Décret n° 2013-1113 du 4 décembre 2013)*

• Sous réserve des règles posées par le Code de procédure pénale en ce qui concerne leurs missions de police judiciaire, les agents de police municipale sont placés, dans leurs missions de police administrative, sous l'autorité hiérarchique du maire de la commune qui les emploie ou auprès duquel ils sont mis à disposition.

Article R. 515-6. – *(Décret n° 2013-1113 du 4 décembre 2013)*

• Le maire prend les dispositions nécessaires afin que le présent chapitre soit porté à la connaissance de chaque agent de police municipale.

Section 2 : Devoirs généraux des agents de police municipale

Article R. 515-7. – *(Décret n° 2020-511 du 2 mai 2020)*

• L'agent de police municipale est intègre, impartial et loyal envers les institutions républicaines. Il ne se départit de sa dignité en aucune circonstance.

• Il est placé au service du public et se comporte de manière exemplaire envers celui-ci.

• Il accorde la même attention et le même respect à toute personne et n'établit aucune distinction dans ses actes et ses propos de nature à constituer l'une des discriminations énoncées à l'article 225-1 du Code pénal.

Article R. 515-8. – *(Décret n° 2013-1113 du 4 décembre 2013)*

• L'agent de police municipale est tenu, dans la limite de ses attributions, d'exécuter les tâches relevant de la compétence du maire que celui-ci lui confie en matière de prévention et de surveillance du bon ordre, de la tranquillité, de la sécurité et de la salubrité publiques.

Article R. 515-9. – *(Décret n° 2013-1113 du 4 décembre 2013)*

• Lorsqu'il est autorisé, dans les conditions prévues par la loi, à utiliser la force et, le cas échéant, à se servir de ses armes réglementaires, l'agent de police municipale ne peut en faire usage qu'en état de légitime défense et sous réserve que les moyens de défense employés soient proportionnés à la gravité de l'atteinte aux personnes ou aux biens.

Article R. 515-10. – *(Décret n° 2013-1113 du 4 décembre 2013)*

• Lorsque l'agent de police municipale relève l'identité des contrevenants pour dresser les procès-verbaux concernant les contraventions que la loi et les règlements l'autorisent à verbaliser et que le contrevenant refuse ou se trouve dans l'impossibilité de justifier de son identité, il doit en rendre compte immédiatement à tout officier de police judiciaire de la police nationale ou de la gendarmerie nationale territorialement compétent.

• Si l'officier de police judiciaire de la police nationale ou de la gendarmerie nationale territorialement compétent lui ordonne de lui présenter sur-le-champ le contrevenant, il doit le faire sans délai, en usant, le cas échéant, de la contrainte strictement nécessaire et proportionnée à cet effet. À défaut de cet ordre, l'agent de police municipale ne peut retenir le contrevenant.

Article R. 515-11. – *(Décret n° 2013-1113 du 4 décembre 2013)*

• Lorsque l'agent de police municipale procède à des épreuves de dépistage de l'imprégnation alcoolique par l'air expiré et que le contrevenant refuse de les subir ou que le résultat de ces épreuves permet de présumer l'existence d'un état alcoolique, il doit en rendre compte immédiatement à tout officier de police judiciaire de la police nationale ou de la gendarmerie nationale territorialement compétent.

…/…

• Si l'officier de police judiciaire de la police nationale ou de la gendarmerie nationale territorialement compétent lui ordonne de lui présenter sur-le-champ le contrevenant, il doit le faire sans délai, en usant, le cas échéant, de la contrainte strictement nécessaire et proportionnée à cet effet. À défaut de cet ordre, l'agent de police municipale ne peut retenir le contrevenant.

Article R. 515-12. – *(Décret n° 2013-1113 du 4 décembre 2013)*
• En cas de crime ou de délit flagrants, l'agent de police municipale doit en conduire l'auteur sans délai devant l'officier de police judiciaire de la police nationale ou de la gendarmerie nationale territorialement compétent.

Article R. 515-13. – *(Décret n° 2013-1113 du 4 décembre 2013)*
• L'agent de police municipale est tenu, même lorsqu'il n'est pas en service, d'intervenir de sa propre initiative pour porter assistance à toute personne en danger.

Article R. 515-14. – *(Décret n° 2013-1113 du 4 décembre 2013)*
• Toute personne placée à la disposition d'un agent de police municipale se trouve sous la responsabilité et la protection de celui-ci. En aucun cas, elle ne doit subir de sa part ou de la part de tiers des violences ou des traitements inhumains ou dégradants.
• L'agent de police municipale qui serait témoin d'agissements prohibés par le présent article engage sa responsabilité disciplinaire et pénale s'il n'entreprend rien pour les faire cesser ou néglige de les porter à la connaissance de l'autorité compétente.
• Si la personne placée à la disposition d'un agent de police municipale nécessite des soins, cet agent fait appel au personnel médical et, le cas échéant, prend des mesures pour protéger la vie et la santé de cette personne.

Article R. 515-15. – *(Décret n° 2013-1113 du 4 décembre 2013)*
• Les agents de police municipale peuvent s'exprimer librement dans les limites résultant de l'obligation de réserve à laquelle ils sont tenus et des règles relatives au respect de la discrétion et du secret professionnels.

Article R. 515-16. – *(Décret n° 2013-1113 du 4 décembre 2013)*
• Il est interdit aux agents de police municipale de se prévaloir de cette qualité pour effectuer auprès de particuliers, d'associations, d'entreprises ou de sociétés, des collectes ou des démarches en vue, notamment, de recueillir des fonds ou des dons.
• Il leur est également interdit de mandater tout intermédiaire à ces fins.
• Il leur est enfin interdit de cumuler leur activité d'agent de police municipale avec une autre activité professionnelle, sauf dans les cas de dérogations définis par la réglementation relative aux cumuls de retraites, de rémunérations et de fonctions applicable aux agents publics.

Section 3 : Droits et devoirs respectifs des agents de police municipale et des autorités de commandement

Article R. 515-17. – *(Décret n° 2013-1113 du 4 décembre 2013)*
• Les agents de police municipale bénéficient d'une protection assurée par le maire dans les conditions prévues par l'article L. 113-1 et par l'article 11 de la loi n° 83-634 du 13 juillet 1983 portant droits et obligations des fonctionnaires.

Article R. 515-18. – *(Décret n° 2013-1113 du 4 décembre 2013)*
• Les agents de police municipale assurant des fonctions d'encadrement prennent les décisions nécessaires et les font appliquer ; ils les traduisent par des ordres qui doivent être précis et assortis des explications permettant leur bonne exécution.
• Ils sont responsables des ordres qu'ils donnent, de leur exécution et de leurs conséquences.

Article R. 515-19. – *(Décret n° 2013-1113 du 4 décembre 2013)*
• Les agents de police municipale doivent exécuter loyalement les ordres qui leur sont donnés par le maire de la commune ou, le cas échéant, par les agents de police municipale qui les encadrent.
• Les agents de police municipale ont le devoir de rendre compte au maire ou, le cas échéant, aux agents de police municipale chargés de leur encadrement de l'exécution des missions qu'ils ont reçues ou, éventuellement, des raisons qui ont rendu leur exécution impossible.

Article R. 515-20. – *(Décret n° 2013-1113 du 4 décembre 2013)*
• L'agent de police municipale est tenu de se conformer aux instructions du maire et, le cas échéant, des agents de police municipale chargés de son encadrement, sauf dans le cas où l'ordre donné est manifestement illégal et de nature à compromettre gravement un intérêt public.
• Tout refus d'exécuter un ordre qui ne correspondrait pas aux conditions fixées à l'alinéa précédent engage la responsabilité de l'agent de police municipale.
• Si un agent de police municipale croit se trouver en présence d'un ordre manifestement illégal et de nature à compromettre gravement un intérêt public, il a le devoir de faire part de ses objections au maire et, le cas échéant, à l'agent de police municipale qui l'encadre en indiquant expressément la signification illégale qu'il attache à l'ordre litigieux. Il doit être pris acte de son opposition. Si l'ordre est maintenu, il doit être écrit.
• Le fait d'exécuter un ordre manifestement illégal du maire et, le cas échéant, d'un agent de police municipale chargé de son encadrement ne peut soustraire l'agent de police municipale à sa responsabilité personnelle.

Section 4 : Du contrôle des polices municipales

Article R. 515-21. – *(Décret n° 2013-1113 du 4 décembre 2013)*
• Les agents de police municipale ont l'obligation de prêter le concours qui leur est demandé à la vérification de l'organisation et du fonctionnement d'un service de police municipale prévue par l'article L. 513-1.
• Ils sont tenus à la même obligation en cas de vérifications effectuées à la demande du Défenseur des droits.

ANNEXE III

DÉONTOLOGIE DE LA POLICE NATIONALE ET DE LA GENDARMERIE NATIONALE

CODE DE LA SÉCURITÉ INTÉRIEURE

(Extraits)

CHAPITRE IV

Déontologie de la police et de la gendarmerie nationales

Article L. 434-1. – Code de déontologie commun – *(Loi n° 2014-1353 du 13 novembre 2014)*
• Un code de déontologie commun à la police et à la gendarmerie nationales est établi par décret en Conseil d'État.

Article L. 434-1 A. – Déclaration solennelle – *(Loi n° 2021-1109 du 24 août 2021)*
• Préalablement à sa prise de fonctions, tout agent de la police nationale ou de la gendarmerie nationale déclare solennellement servir avec dignité et loyauté la République, ses principes de liberté, d'égalité et de fraternité et sa Constitution par une prestation de serment.

Section 1 : Dispositions générales

Article R. 434-1. – *(Décret n° 2013-1113 du 4 décembre 2013)*
• Les dispositions du présent chapitre constituent le Code de déontologie de la police nationale et de la gendarmerie nationale pour l'exécution de leurs missions de sécurité intérieure.

Article R. 434-2. – *(Décret n° 2013-1113 du 4 décembre 2013)*
• Placées sous l'autorité du ministre de l'intérieur pour l'accomplissement des missions de sécurité intérieure et agissant dans le respect des règles du Code de procédure pénale en matière judiciaire, la police nationale et la gendarmerie nationale ont pour mission d'assurer la défense des institutions et des intérêts nationaux, le respect des lois, le maintien de la paix et de l'ordre publics, la protection des personnes et des biens.
• Au service des institutions républicaines et de la population, policiers et gendarmes exercent leurs fonctions avec loyauté, sens de l'honneur et dévouement.
• Dans l'accomplissement de leurs missions de sécurité intérieure, la police nationale, force à statut civil, et la gendarmerie nationale, force armée, sont soumises à des règles déontologiques communes et à des règles propres à chacune d'elles. Ces dernières sont précisées à la section 4 du présent chapitre.

Article R. 434-3. – *(Décret n° 2013-1113 du 4 décembre 2013)*
• **I. –** Les règles déontologiques énoncées par le présent code de déontologie procèdent de la Constitution, des traités internationaux, notamment de la convention européenne de sauvegarde des droits de l'homme et des libertés fondamentales, des principes généraux du droit, et des lois et règlements de la République.
• Elles définissent les devoirs qui incombent aux policiers et aux gendarmes dans l'exercice de leurs missions de sécurité intérieure pendant ou en dehors du service et s'appliquent sans préjudice des règles statutaires et autres obligations auxquelles ils sont respectivement soumis. Elles font l'objet d'une formation, initiale et continue, dispensée aux policiers et aux gendarmes pour leur permettre d'exercer leurs fonctions de manière irréprochable.
• **II. –** Pour l'application du présent Code de déontologie, le terme : « policier » désigne tous les personnels actifs de la police nationale, ainsi que les personnels exerçant dans un service de la police nationale ou dans un établissement public concourant à ses missions et le terme « gendarme » désigne les officiers et sous-officiers de la gendarmerie, ainsi que les gendarmes adjoints volontaires.

Section 2 : Principes généraux

Sous-section 1 : Autorité et protection

Article R. 434-4. – *(Décret n° 2013-1113 du 4 décembre 2013)*
• **I. –** L'autorité investie du pouvoir hiérarchique prend des décisions, donne des ordres et les fait appliquer. Elle veille à ce que ses instructions soient précises et apporte à ceux qui sont chargés de les exécuter toutes informations pertinentes nécessaires à leur compréhension.
• Ordres et instructions parviennent à leurs destinataires par la voie hiérarchique. Si l'urgence impose une transmission directe, la hiérarchie intermédiaire en est informée sans délai.
• **II. –** Le policier ou le gendarme porte sans délai à la connaissance de l'autorité hiérarchique tout fait survenu à l'occasion ou en dehors du service, ayant entraîné ou susceptible d'entraîner sa convocation par une autorité de police, juridictionnelle, ou de contrôle.

Article R. 434-5. – *(Décret n° 2013-1113 du 4 décembre 2013)*
• **I. –** Le policier ou le gendarme exécute loyalement et fidèlement les instructions et obéit de même aux ordres qu'il reçoit de l'autorité investie du pouvoir hiérarchique, sauf dans le cas où l'ordre donné est manifestement illégal et de nature à compromettre gravement un intérêt public.
• L'autorité hiérarchique assume la responsabilité des ordres • S'il pense être confronté à un tel ordre, il fait part de ses objections à l'autorité qui le lui a donné, ou, à défaut, à la première autorité qu'il a la possibilité de joindre, en mentionnant expressément le caractère d'illégalité manifeste qu'il lui attribue. Si, malgré ses objections, l'ordre est maintenu, il peut en demander la confirmation écrite lorsque les circonstances le permettent. Il a droit à ce qu'il soit pris acte de son opposition. Même si le policier ou le gendarme reçoit la confirmation écrite demandée et s'il exécute l'ordre, l'ordre écrit ne l'exonère pas de sa responsabilité.

../...

• L'invocation à tort d'un motif d'illégalité manifeste pour ne pas exécuter un ordre régulièrement donné expose le subordonné à ce que sa responsabilité soit engagée.

• Dans l'exécution d'un ordre, la responsabilité du subordonné n'exonère pas l'auteur de l'ordre de sa propre responsabilité.

• **II.** – Le policier ou le gendarme rend compte à l'autorité investie du pouvoir hiérarchique de l'exécution des ordres reçus ou, le cas échéant, des raisons de leur inexécution. Dans les actes qu'il rédige, les faits ou événements sont relatés avec fidélité et précision.

Article R. 434-6. – *(Décret n° 2013-1113 du 4 décembre 2013)*

• **I.** – Le supérieur hiérarchique veille en permanence à la préservation de l'intégrité physique de ses subordonnés. Il veille aussi à leur santé physique et mentale. Il s'assure de la bonne condition de ses subordonnés.

• **II.** – L'autorité investie du pouvoir hiérarchique conçoit et met en œuvre au profit des personnels une formation adaptée, en particulier dans les domaines touchant au respect de l'intégrité physique et de la dignité des personnes ainsi qu'aux libertés publiques. Cette formation est régulièrement mise à jour pour tenir compte des évolutions affectant l'exercice des missions de police administrative et judiciaire.

Article R. 434-7. – *(Décret n° 2013-1113 du 4 décembre 2013)*

• L'État défend le policier ou le gendarme, ainsi que, dans les conditions et limites fixées par la loi, ses proches, contre les attaques, menaces, violences, voies de fait, injures, diffamations et outrages dont il peut être victime dans l'exercice ou du fait de ses fonctions.

• L'État accorde au policier ou au gendarme sa protection juridique en cas de poursuites judiciaires liées à des faits qui n'ont pas le caractère d'une faute personnelle. Il l'assiste et l'accompagne dans les démarches relatives à sa défense.

Sous-section 2 : Devoirs du policier et du gendarme

Article R. 434-8. – *(Décret n° 2013-1113 du 4 décembre 2013)*

• Soumis aux obligations du secret professionnel et au devoir de discrétion, le policier ou le gendarme s'abstient de divulguer à quiconque n'a ni le droit, ni le besoin d'en connaître, sous quelque forme que ce soit, les informations dont il a connaissance dans l'exercice ou au titre de ses fonctions.

Article R. 434-9. – *(Décret n° 2013-1113 du 4 décembre 2013)*

• Le policier ou le gendarme exerce ses fonctions avec probité.

• Il ne se prévaut pas de sa qualité pour en tirer un avantage personnel et n'utilise pas à des fins étrangères à sa mission les informations dont il a connaissance dans le cadre de ses fonctions.

• Il n'accepte aucun avantage ni aucun présent directement ou indirectement lié à ses fonctions ou qu'il se verrait proposer au motif, réel ou supposé, d'une décision prise ou dans l'espoir d'une décision à prendre.

• Il n'accorde aucun avantage pour des raisons d'ordre privé.

Article R. 434-10. – *(Décret n° 2013-1113 du 4 décembre 2013)*

• Le policier ou le gendarme fait, dans l'exercice de ses fonctions, preuve de discernement.

• Il tient compte en toutes circonstances de la nature des risques et menaces de chaque situation à laquelle il est confronté et des délais qu'il a pour agir, pour choisir la meilleure réponse légale à lui apporter.

Article R. 434-11. – *(Décret n° 2013-1113 du 4 décembre 2013)*

• Le policier et le gendarme accomplissent leurs missions en toute impartialité.

• Ils accordent la même attention et le même respect à toute personne et n'établissent aucune distinction dans leurs actes et leurs propos de nature à constituer l'une des discriminations énoncées à l'article 225-1 du Code pénal.

Article R. 434-12. – *(Décret n° 2013-1113 du 4 décembre 2013)*

• Le policier ou le gendarme ne se départ de sa dignité en aucune circonstance.

• En tout temps, dans ou en dehors du service, y compris lorsqu'il s'exprime à travers les réseaux de communication électronique sociaux, il s'abstient de tout acte, propos ou comportement de nature à nuire à la considération portée à la police nationale et à la gendarmerie nationale. Il veille à ne porter, par la nature de ses relations, aucune atteinte à leur crédit ou à leur réputation.

Article R. 434-13. – *(Décret n° 2013-1113 du 4 décembre 2013)*

• Le policier ou le gendarme se consacre à sa mission.

• Il ne peut exercer une activité privée lucrative que dans les cas et les conditions définis pour chacun d'eux par les lois et règlements.

Section 3 : Dispositions communes à la police nationale et à la gendarmerie nationale

Sous-section 1 : Relation avec la population et respect des libertés

Article R. 434-14. – *(Décret n° 2013-1113 du 4 décembre 2013)*

• Le policier ou le gendarme est au service de la population.

• Sa relation avec celle-ci est empreinte de courtoisie et requiert l'usage du vouvoiement.

• Respectueux de la dignité des personnes, il veille à se comporter en toute circonstance d'une manière exemplaire, propre à inspirer en retour respect et considération.

Article R. 434-15. – *(Décret n° 2013-1113 du 4 décembre 2013)*

• Le policier ou le gendarme exerce ses fonctions en uniforme. Il peut être dérogé à ce principe selon les règles propres à chaque force.

• Sauf exception justifiée par le service auquel il appartient ou la nature des missions qui lui sont confiées, il se conforme aux prescriptions relatives à son identification individuelle.

…/…

Article R. 434-16. – *(Décret n° 2013-1113 du 4 décembre 2013)*

• Lorsque la loi l'autorise à procéder à un contrôle d'identité, le policier ou le gendarme ne se fonde sur aucune caractéristique physique ou aucun signe distinctif pour déterminer les personnes à contrôler, sauf s'il dispose d'un signalement précis motivant le contrôle.

• Le contrôle d'identité se déroule sans qu'il soit porté atteinte à la dignité de la personne qui en fait l'objet.

• La palpation de sécurité est exclusivement une mesure de sûreté. Elle ne revêt pas un caractère systématique. Elle est réservée aux cas dans lesquels elle apparaît nécessaire à la garantie de la sécurité du policier ou du gendarme qui l'accomplit ou de celle d'autrui. Elle a pour finalité de vérifier que la personne contrôlée n'est pas porteuse d'un objet dangereux pour elle-même ou pour autrui.

• Chaque fois que les circonstances le permettent, la palpation de sécurité est pratiquée à l'abri du regard du public.

Article R. 434-17. – *(Décret n° 2013-1113 du 4 décembre 2013)*

• Toute personne appréhendée est placée sous la protection des policiers ou des gendarmes et préservée de toute forme de violence et de tout traitement inhumain ou dégradant.

• Nul ne peut être intégralement dévêtu, hors le cas et dans les conditions prévus par l'article 63-7 du Code de procédure pénale visant la recherche des preuves d'un crime ou d'un délit.

• Le policier ou le gendarme ayant la garde d'une personne appréhendée est attentif à son état physique et psychologique et prend toutes les mesures possibles pour préserver la vie, la santé et la dignité de cette personne.

• L'utilisation du port des menottes ou des entraves n'est justifiée que lorsque la personne appréhendée est considérée soit comme dangereuse pour autrui ou pour elle-même, soit comme susceptible de tenter de s'enfuir.

Article R. 434-18. – *(Décret n° 2013-1113 du 4 décembre 2013)*

• Le policier ou le gendarme emploie la force dans le cadre fixé par la loi, seulement lorsque c'est nécessaire, et de façon proportionnée au but à atteindre ou à la gravité de la menace, selon le cas.

• Il ne fait usage des armes qu'en cas d'absolue nécessité et dans le cadre des dispositions législatives applicables à son propre statut.

Article R. 434-19. – *(Décret n° 2013-1113 du 4 décembre 2013)*

• Lorsque les circonstances le requièrent, le policier ou le gendarme, même lorsqu'il n'est pas en service, intervient de sa propre initiative, avec les moyens dont il dispose, notamment pour porter assistance aux personnes en danger.

Article R. 434-20. – *(Décret n° 2013-1113 du 4 décembre 2013)*

• Sans se départir de son impartialité, le policier ou le gendarme accorde une attention particulière aux victimes et veille à la qualité de leur prise en charge tout au long de la procédure les concernant. Il garantit la confidentialité de leurs propos et déclarations.

Article R. 434-21. – *(Décret n° 2013-1113 du 4 décembre 2013)*

• Sans préjudice des exigences liées à l'accomplissement de sa mission, le policier ou le gendarme respecte et préserve la vie privée des personnes, notamment lors d'enquêtes administratives ou judiciaires.

• À ce titre, il se conforme aux dispositions législatives et réglementaires qui régissent la création et l'utilisation des traitements de données à caractère personnel.

• Il alimente et consulte les fichiers auxquels il a accès dans le strict respect des finalités et des règles propres à chacun d'entre eux, telles qu'elles sont définies par les textes les régissant, et qu'il est tenu de connaître.

Article R. 434-22. – *(Décret n° 2013-1113 du 4 décembre 2013)*

• À l'occasion de la recherche des renseignements nécessaires à ses missions, le policier ou le gendarme peut avoir recours à des informateurs. Dans ce cas, il est tenu d'appliquer les règles d'exécution du service définies en la matière pour chacune des deux forces.

Sous-section 2 : Contrôle de l'action de la police et de la gendarmerie

Article R. 434-23. – *(Décret n° 2013-1113 du 4 décembre 2013)*

• La police nationale et la gendarmerie nationale sont soumises au contrôle des autorités désignées par la loi et par les conventions internationales.

• Dans l'exercice de leurs missions judiciaires, la police nationale et la gendarmerie nationale sont soumises au contrôle de l'autorité judiciaire conformément aux dispositions du Code de procédure pénale.

Article R. 434-24. – *(Décret n° 2013-1113 du 4 décembre 2013)*

• La police nationale et la gendarmerie nationale sont soumises au contrôle du Défenseur des droits conformément au rôle que lui confère l'article 71-1 de la Constitution.

• L'exercice par le Défenseur des droits de ce contrôle peut le conduire à saisir l'autorité chargée d'engager les poursuites disciplinaires des faits portés à sa connaissance qui lui paraissent de nature à justifier une sanction.

• Lorsqu'il y est invité par le Défenseur des droits, le policier ou le gendarme lui communique les informations et pièces que celui-ci juge utiles à l'exercice de sa mission. Il défère à ses convocations et peut à cette occasion être assisté de la personne de son choix.

Article R. 434-25. – *(Décret n° 2013-1113 du 4 décembre 2013)*

• L'autorité investie du pouvoir hiérarchique contrôle l'action de ses subordonnés.

• Le policier ou le gendarme est également soumis au contrôle d'une ou de plusieurs inspections générales compétentes à l'égard du service auquel il appartient.

• Sans préjudice des règles propres à la procédure disciplinaire et des droits dont le policier ou le gendarme bénéficie en cas de mise en cause personnelle, il facilite en toute circonstance le déroulement des opérations de contrôle et d'inspection auxquelles il est soumis.

Article R. 434-26. – *(Décret n° 2013-1113 du 4 décembre 2013)*

• Les policiers et gendarmes de tous grades auxquels s'applique le présent code de déontologie en sont dépositaires. Ils veillent à titre individuel et collectif à son respect.

.../...

Article R. 434-27. – *(Décret n° 2013-1113 du 4 décembre 2013)*

• Tout manquement du policier ou du gendarme aux règles et principes définis par le présent Code de déontologie l'expose à une sanction disciplinaire en application des règles propres à son statut, indépendamment des sanctions pénales encourues le cas échéant.

Section 4 : Dispositions propres à la police nationale ou à la gendarmerie nationale

Sous-section 1 : Dispositions propres à la police nationale

Article R. 434-28. – *(Décret n° 2013-1113 du 4 décembre 2013)*

• La fonction de policier comporte des devoirs et implique des risques et des sujétions qui méritent le respect et la considération de tous.

• Gardien de la paix, éventuellement au péril de sa vie, le policier honore la mémoire de ceux qui ont péri dans l'exercice de missions de sécurité intérieure, victimes de leur devoir.

Article R. 434-29. – *(Décret n° 2013-1113 du 4 décembre 2013)*

• Le policier est tenu à l'obligation de neutralité.

• Il s'abstient, dans l'exercice de ses fonctions, de toute expression ou manifestation de ses convictions religieuses, politiques ou philosophiques.

• Lorsqu'il n'est pas en service, il s'exprime librement dans les limites imposées par le devoir de réserve et par la loyauté à l'égard des institutions de la République.

• Dans les mêmes limites, les représentants du personnel bénéficient, dans le cadre de leur mandat, d'une plus grande liberté d'expression.

Article R. 434-30. – *(Décret n° 2013-1113 du 4 décembre 2013)*

• Le policier est disponible à tout moment pour les nécessités du service.

Sous-section 2 : Dispositions propres à la gendarmerie nationale

Article R. 434-31. – *(Décret n° 2013-1113 du 4 décembre 2013)*

• Le militaire de la gendarmerie obéit aux règles militaires et adhère aux valeurs inhérentes à son statut. L'état militaire exige en toute circonstance esprit de sacrifice, pouvant aller jusqu'au sacrifice suprême, discipline, disponibilité, loyalisme et neutralité.

• Les devoirs qu'il comporte et les sujétions qu'il implique méritent le respect des citoyens et la considération de la Nation.

• Les honneurs militaires sont rendus aux militaires de la gendarmerie nationale victimes du devoir ou du seul fait de porter l'uniforme. Leur mémoire est honorée.

Article R. 434-32. – *(Décret n° 2013-1113 du 4 décembre 2013)*

• Les militaires de la gendarmerie ne peuvent exprimer des opinions ou croyances, notamment philosophiques, religieuses ou politiques qu'en dehors du service et avec la réserve exigée par l'état militaire, conformément aux dispositions du Code de la défense.

• Dans le cadre du dialogue interne mis en place au sein de l'institution militaire, ils disposent de différentes instances de représentation et de concertation dans lesquelles les membres s'expriment librement.

Article R. 434-33. – *(Décret n° 2013-1113 du 4 décembre 2013)*

• Le gendarme, soldat de la loi, est soumis aux devoirs et sujétions prévus par le statut général des militaires défini par le Code de la défense, ainsi qu'aux sujétions spécifiques liées aux conditions de l'exercice du métier de militaire de la gendarmerie.

ANNEXE IV

CHARTE DU GENDARME

Préambule

• En complément de la loi relative à la Gendarmerie nationale du 3 août 2009, qui réaffirme le statut de force armée de la gendarmerie tout en la plaçant dans les attributions du ministre de l'Intérieur, cette charte traduit le socle commun de valeurs qui s'impose à chaque gendarme.

• Au moment où il revêt l'uniforme pour la première fois, le gendarme ne souscrit pas seulement un engagement juridique : il adhère librement à une somme de valeurs et de représentations qu'ont fait vivre avant lui les hommes et les femmes qui l'ont précédé dans la gendarmerie au service de la France.

• Ce sont ces valeurs qui doivent guider son action en tous lieux et en tout temps, des missions de sécurité aux missions de souveraineté, du temps de paix au temps de guerre.

• Dessinant une culture et une éthique professionnelles modernes, cette charte doit permettre à chaque gendarme de bien appréhender le sens de son action au profit de la population.

Chapitre 1

une force armée juste et contenue

Article 1.

• La gendarmerie est une force armée. Le gendarme est membre à part entière de la communauté militaire.

Article 2.

• Le gendarme adhère sans réserve au statut général des militaires.

Article 3.

• Le statut militaire ne se résume pas à un état juridique. Être militaire, c'est surtout adopter un comportement marqué de la manière la plus intense par le sens de l'honneur, la discipline, la disponibilité, le courage et l'abnégation.

Article 4.

• Au titre de la défense et de la sécurité nationale, le gendarme contribue à la liberté et à la continuité de l'action du gouvernement et des institutions. Il peut être engagé individuellement ou avec son unité, en tout temps, en tout lieu et en toutes circonstances, notamment en période de crise ou de conflit armé, pour maintenir ou rétablir la paix ou l'ordre publics. Cette adaptation à un environnement précaire, voire hostile, exige des qualités d'endurance physique et de résistance morale, qui peuvent aller jusqu'au sacrifice ultime.

Article 5.

• Le gendarme défend l'état de droit qui fonde la République et il agit dans le respect des conventions internationales, des lois et des règlements. Il refuse d'exécuter un ordre manifestement illégal et de nature à compromettre gravement un intérêt public. Il n'use jamais de sa qualité pour en tirer un avantage personnel. Le serment qu'il prête solennellement devant l'autorité judiciaire, gardienne des libertés individuelles, est le symbole fort de son engagement.

Article 6.

• Le gendarme préserve la dignité humaine en luttant contre les traitements inhumains et dégradants et toutes les formes de discrimination. Les exigences d'éthique et de déontologie guident son action, notamment lorsqu'il prend des mesures coercitives ou intrusives. Par respect d'autrui, le gendarme s'interdit toute attitude, parole ou geste déplacés, quelles que soient les situations et les personnes auxquelles il se trouve confronté.

Article 7.

• Sous la direction, la surveillance et le contrôle de l'autorité judiciaire, le gendarme accomplit les actes d'enquête, selon les conditions et modalités prévues par la loi dans le respect de la dignité des personnes. Il applique en particulier les prescriptions légales relatives aux fichiers de données à caractère personnel.

Article 8.

• Le gendarme fait preuve de discernement dans l'exercice de ses fonctions par un usage mesuré et juste des pouvoirs que lui confère la loi. Il privilégie la dissuasion et la négociation à la force. Il se montre impartial lorsqu'il s'interpose entre groupes ou individus qui s'opposent ou s'affrontent. Il ne recourt à la force nécessaire que de manière graduée, proportionnée et adaptée, et à l'usage des armes qu'en cas d'absolue nécessité.

Article 9.

• Le gendarme contribue à la recherche d'informations et de renseignements à destination des autorités ayant à en connaître. Hormis les cas où la loi le prévoit, il s'abstient de toute enquête sur les personnes relative à leur origine, leurs orientations sexuelles, leur état de santé, leur appartenance à une organisation syndicale, leurs opinions politiques, religieuses ou philosophiques.

Article 10.

• Le gendarme, en raison de ses attributions et de ses missions, est détenteur d'informations confidentielles. Il fait preuve de discrétion professionnelle à l'égard de toutes les informations dont il prend connaissance à l'occasion de l'exercice de ses fonctions. Il respecte le secret de la défense nationale et le secret professionnel, notamment le secret des enquêtes et de l'instruction.

.../...

Chapitre 2

une force humaine

Article 11.

• Dans la zone dont elle a la responsabilité, la gendarmerie a une vocation de service public dont la finalité est d'offrir aux citoyens des conditions de protection et de sécurité égales pour tous, quel que soit leur lieu de résidence ou de travail. Son maillage territorial, la disponibilité, la mobilité et la réactivité du gendarme, notamment en cas d'urgence, se conjuguent pour garantir la continuité de l'action de l'État et la permanence du service public de sécurité.

Article 12.

• Dans l'exercice quotidien de ses missions, le gendarme s'inscrit dans une démarche de qualité qui le conduit à tout mettre en œuvre, quelles que soient les difficultés rencontrées, pour répondre aux demandes légitimes des autorités et de la population.

Article 13.

• Le militaire de la gendarmerie en charge d'une mission de soutien est solidaire des unités de terrain, en temps normal comme en temps de crise. Par sa disponibilité et sa compétence technique, il contribue directement à leur efficacité opérationnelle.

Article 14.

• Le gendarme, en service et en dehors du service, porte assistance et secours aux personnes en difficulté, tout spécialement lorsqu'elles sont en péril.

Article 15.

• Le gendarme applique avec conviction les principes énoncés par la Charte d'accueil du public et d'assistance aux victimes. Il répond sans réserve aux sollicitations fondées.

Article 16.

• Le gendarme est respectueux des autres. Conscient du sens accordé par la population à son uniforme et à ses fonctions, il a une tenue, une attitude et un maintien exemplaires, manifestant ainsi de la considération à l'égard du citoyen et contribuant par là même à la crédibilité de l'Institution.

Article 17.

• Le gendarme s'approprie son territoire. Par son esprit d'initiative, il développe une action de proximité au sein de sa circonscription en déclinant les instructions des échelons supérieurs, selon les spécificités locales. Il met en œuvre les directives du préfet et soutient l'action des maires dans les domaines relevant de leurs attributions en matière de sécurité publique et de prévention de la délinquance.

Article 18.

• Le gendarme assume son rôle d'acteur de la vie locale et de la cohésion sociale. En préservant son indépendance, il saisit toute occasion pour rechercher le contact avec la population. S'adaptant à son environnement, il s'intègre dans les réseaux humains qui irriguent son territoire. Il développe des partenariats avec les acteurs publics ou privés et coopère avec ses partenaires de la Police nationale, des douanes, de l'administration pénitentiaire, de la sécurité civile et des polices municipales ou rurales. En cela, il amplifie son action au service de la sécurité des personnes et des biens.

Article 19.

• Intervenant au cœur d'une société qui revendique un droit à l'information, le gendarme communique, dans les limites fixées par les autorités d'emploi et en cohérence avec les orientations de la direction générale et de ses échelons hiérarchiques. Il explique son action et sensibilise le citoyen aux politiques de sécurité. Il rassure ainsi les personnes les plus vulnérables en luttant contre le sentiment d'insécurité. Comme tous les agents publics, il respecte un devoir de réserve dans son comportement et son expression.

Article 20.

• La richesse de la gendarmerie repose sur les femmes et les hommes d'active et de réserve qui la composent. S'ils contribuent à l'efficacité du service, le matériel et les équipements ne remplaceront jamais le professionnalisme et le sens de l'humain du gendarme. Celui-ci a l'obligation de porter sa compétence professionnelle au plus haut niveau en approfondissant et en élargissant sa formation tout au long de sa carrière.

Article 21.

• Le militaire de la gendarmerie qui exerce un commandement a des responsabilités et des devoirs proportionnels à son rang, à son grade et à ses fonctions. Les rapports qu'il entretient avec ses subordonnés sont fondés sur une loyauté et un respect mutuels.

Article 22.

• Le militaire de la gendarmerie participe au dialogue interne indispensable à la cohésion de l'institution, à son progrès et à l'adhésion de chacun au projet collectif. Ce dialogue se manifeste quotidiennement dans une écoute confiante et réciproque, et dans une circulation transparente de l'information. Il s'exprime de manière plus institutionnelle au travers des instances de concertation, au sein desquelles chacun s'investit.

Article 23.

• L'esprit de corps de la gendarmerie est fondé sur le partage d'une histoire, de valeurs et de traditions communes. Membre d'une communauté humaine qui transcende la diversité des statuts, le gendarme est solidaire de ses camarades d'active ou de réserve, des personnels civils et de leurs familles, notamment lorsqu'ils sont dans l'épreuve.

.../...

Article 24.

• L'efficacité de la gendarmerie est subordonnée à la coïncidence géographique des lieux de vie et de travail. L'harmonie de la vie au sein de la caserne exige l'acceptation par le militaire et sa famille de règles de vie en collectivité empreintes de respect, de convivialité et de simplicité. Elle s'enrichit des actions d'entraide et de soutien mutuel qui marquent un rejet de l'indifférence.

Article 25.

• Les manifestations de cohésion interne participent de la vie de la communauté en même temps qu'elles conditionnent l'efficacité opérationnelle. La hiérarchie les soutient et promeut l'action de celles et de ceux qui se dévouent pour la communauté militaire dans un cadre mutualiste, associatif, ou au sein des instances dédiées à l'amélioration du cadre de vie.

Article 26.

• Le gendarme contribue à la solidarité entre les générations en maintenant le lien avec les retraités, les veuves et les orphelins de l'Arme. Il accomplit son devoir de mémoire en participant aux cérémonies en souvenir des anciens ou des camarades ayant fait le sacrifice de leur vie.

ANNEXE V

CHARTE ACCUEIL DU PUBLIC – ASSISTANCE AUX VICTIMES

CHARTE

Accueil du public – Assistance aux victimes

Article 1.
• L'accueil du public constitue une priorité majeure pour la Police nationale et la Gendarmerie nationale.

Article 2.
• L'assurance d'être écouté à tout moment par une unité de la Gendarmerie nationale ou un service de la Police nationale, d'être assisté et secouru constitue un droit ouvert à chaque citoyen.

Article 3.
• La qualité de l'accueil s'appuie sur un comportement empreint de politesse, de retenue et de correction. Elle se traduit par une prise en compte immédiate des demandes du public.

Article 4.
• Les victimes d'infractions pénales bénéficient d'un accueil privilégié.

Article 5.
• Les services de la Police nationale et de la Gendarmerie nationale sont tenus de recevoir les plaintes déposées par les victimes d'infractions pénales, quel que soit le lieu de commission.

Article 6.
• Tout signalement d'une disparition de personne fait l'objet d'une attention particulière et d'un traitement immédiat.

Article 7.
• Les services de la Police nationale et les unités de la Gendarmerie nationale veillent à informer le plaignant des actes entrepris à la suite de sa déposition et de leurs résultats.

Article 8.
• Dans le seul but d'identifier les auteurs d'infractions, des informations relatives aux victimes peuvent être enregistrées dans certains fichiers de police judiciaire.
• Toute victime peut:
• – obtenir communication de ces données,
• – demander, en cas d'erreur, leur rectification ou leur suppression.
• Ces droits s'exercent indirectement auprès de la Commission Nationale de l'Informatique et des Libertés *(CNIL)* 8, rue Vivienne 75083 PARIS CEDEX 02.
• Le procureur de la République territorialement compétent peut aussi être saisi.
• Sur simple demande orale ou écrite, une notice détaillant les modalités pratiques de ces droits est remise aux victimes.
• En cas de condamnation définitive de l'auteur, la victime peut aussi s'opposer à la conservation dans le fichier des informations la concernant en s'adressant au service de Police ou de Gendarmerie compétent mentionné dans la notice susvisée.

ANNEXE VI

FICHIER DES OBJETS ET DES VÉHICULES SIGNALÉS *(FOVeS)*

ARRÊTÉ DU 7 JUILLET 2017

portant autorisation d'un traitement automatisé de données à caractère personnel dénommé « Fichier des objets et des véhicules signalés » *(FOVeS)*

NOR: INTD1706803A – Version consolidée au 13 juillet 2017

• Le ministre d'État, ministre de l'intérieur, et le ministre de l'action et des comptes publics,
• Vu le règlement du Parlement européen et du Conseil *(CE)* n° 1987/2006 du 20 décembre 2006 sur l'établissement, le fonctionnement et l'utilisation du système d'information Schengen de deuxième génération *(SIS II)*;
• Vu la décision du Conseil n° 2007/533/JAI du 12 juin 2007 sur l'établissement, le fonctionnement et l'utilisation du système d'information Schengen de deuxième génération *(SIS II)*;
• Vu la position commune 2005/69 JAI du Conseil du 24 janvier 2005 relative à l'échange de certaines données avec Interpol;
• Vu le Code des douanes;
• Vu le Code pénal;
• Vu le Code de procédure pénale;
• Vu le Code de la sécurité intérieure;
• Vu la loi n° 78-17 du 6 janvier 1978 modifiée relative à l'informatique, aux fichiers et aux libertés, notamment son article 26;
• Vu l'arrêté du 10 décembre 2008 portant création par le ministère de l'intérieur d'un traitement automatisé de données à caractère personnel dénommé « base satellite VV »;
• Vu le rapport d'évaluation relatif à l'expérimentation du traitement de données à caractère personnel dénommé « fichier des objets et des véhicules signalés »;
• Vu l'avis de la Commission nationale de l'informatique et des libertés du 18 mai 2017,
Arrêtent:

Article 1er.
• Le ministre de l'intérieur *(direction générale de la police nationale et direction générale de la gendarmerie nationale)* est autorisé à mettre en œuvre un traitement automatisé de données à caractère personnel dénommé « Fichier des objets et véhicules signalés » *(FOVeS)* ayant pour finalités de faciliter les recherches et les contrôles de la police, de la gendarmerie et des douanes dans le cadre de leurs attributions respectives pour:
• – la découverte et la restitution des véhicules volés;
• – la découverte et la restitution des objets perdus ou volés;
• – la surveillance des véhicules et objets signalés.
• Ce traitement peut faire l'objet d'une consultation, lors de la réalisation des enquêtes administratives prévues aux articles L. 114-1, L. 114-2 et L. 211-11-1 du Code de la sécurité intérieure.

Article 2.
• Le traitement est constitué des données à caractère personnel et informations issues:
• 1° Des procédures judiciaires diligentées pour des faits de vol établies par les services de la police nationale ou par les unités de la gendarmerie nationale;
• 2° Des mesures de surveillance exécutées par les services de la police nationale, les unités de la gendarmerie nationale ou les services des douanes dans le cadre de leurs attributions légales;
• 3° Des déclarations de perte effectuées auprès des services habilités à les recevoir;
• 4° Des décisions d'invalidation de documents prononcées par les autorités administratives;
• 5° Des traitements gérés par des organismes de coopération internationale en matière de police judiciaire ou des services de police étrangers, dans les conditions énoncées à l'article L. 235-1 du Code de la sécurité intérieure.
• Les catégories de données à caractère personnel et informations enregistrées dans le traitement sont définies en annexe du présent arrêté.

Article 3.
• L'inscription dans le traitement mentionné à l'article 1er est effectuée par les services de police ou les unités de la gendarmerie nationales.
• L'inscription d'une mesure de surveillance peut également être effectuée par les services des douanes.
• L'inscription d'un document invalidé par décision d'une autorité administrative peut être effectuée par la direction des libertés publiques et des affaires juridiques du ministère de l'intérieur.
• Pour les véhicules ou objets déclarés volés, cette inscription est effectuée dans les meilleurs délais après le dépôt de plainte.
• **I.** – Ont accès à tout ou partie des données à caractère personnel et informations mentionnées à l'article 2, à raison de leurs attributions légales et dans la limite du besoin d'en connaître:

Article 4.
• 1° Les agents des services de la police nationale, individuellement désignés et habilités soit par les chefs des services territoriaux de la police nationale, soit par les chefs de services actifs à la préfecture de police ou, le cas échéant, par le préfet de police, soit par les chefs des services centraux de la police nationale ou, le cas échéant, par le directeur général de la police nationale;

.../...

• 2° Les militaires des unités de la gendarmerie nationale, individuellement désignés et habilités soit par les commandants de groupement, soit par les commandants de la gendarmerie dans les départements, collectivités et territoires d'outre-mer et en Nouvelle-Calédonie, soit par les commandants de région, soit par les commandants de gendarmeries spécialisées, soit par le sous-directeur de la police judiciaire ou, le cas échéant, par le directeur général de la gendarmerie nationale;
• 3° Les agents des douanes, individuellement désignés et habilités soit par les directeurs régionaux des douanes, soit par le chef du service national de douane judiciaire ou, le cas échéant, par le directeur général des douanes et droits indirects;
• 4° Les agents de la direction des libertés publiques et des affaires juridiques du ministère de l'intérieur, individuellement désignés et habilités par leur directeur;
• 5° Les agents du service à compétence nationale dénommé « Unité Information Passagers » rattaché au ministère chargé du budget, individuellement désignés et habilités par le directeur de l'unité;
• 6° Les agents du service à compétence nationale dénommé « Service national des enquêtes administratives de sécurité » rattaché à la direction générale de la police nationale, individuellement désignés et habilités par le directeur général de la police nationale;
• 7° Les agents du service à compétence nationale dénommé « Commandement spécialisé pour la sécurité nucléaire » relevant du ministre chargé de l'énergie et du ministre de l'intérieur et rattaché à la direction générale de la gendarmerie nationale, individuellement désignés et habilités par le directeur général de la gendarmerie nationale.
• **II.** – Peuvent être destinataires, dans le cadre de leurs attributions légales et dans la limite du besoin d'en connaître, de tout ou partie des mêmes données et informations:
• 1° Les autorités administratives en charge de l'immatriculation des véhicules, de la gestion des titres sécurisés et de la délivrance d'autorisations de détention et d'acquisition d'armes;
• 2° Les organismes de coopération internationale en matière de police judiciaire ou des services de police étrangers dans les conditions énoncées à l'article L. 235-1 du Code de la sécurité intérieure;
• 3° Les agents de police municipale;
• 4° Les contrôleurs de la préfecture de police exerçant leurs fonctions dans la spécialité voie publique et les agents de surveillance de Paris;
• 5° Les organismes d'assurance liés par un protocole d'accord avec le ministère de l'intérieur pour les seules informations relatives aux véhicules volés et découverts;
• 6° Les autorités judiciaires;
• 7° Le service statistique ministériel de la sécurité intérieure.

Article 5.
• **I.** – Les données à caractère personnel et informations relatives aux véhicules et objets volés sont conservées pendant:
• 1° 5 ans pour les moyens de paiement et les appareils audiovisuels ou objets divers;
• 2° 10 ans pour les véhicules *(véhicules terrestres, bateaux et aéronefs)*, documents, containers et équipements industriels, plaques d'immatriculation, certificats d'immatriculation et moteurs de bateau;
• 3° 20 ans pour les billets de banque;
• 4° 50 ans pour les armes, munitions, explosifs, bijoux, montres, horlogeries et objets d'art.
• **II.** – Les données à caractère personnel et informations relatives aux objets perdus sont conservées pendant:
• 1° 10 ans pour les documents;
• 2° 50 ans pour les armes.
• **III.** – Les données à caractère personnel et informations relatives aux véhicules et objets surveillés sont conservées pendant une durée maximale de 6 mois renouvelables.
• **IV.** – En cas de découverte ou de fin de surveillance avant les délais fixés aux I, II et III, les données à caractère personnel et informations relatives aux véhicules et aux objets sont conservées pendant 4 mois.
• Cette durée est portée à 5 ans pour les seules découvertes de véhicules terrestres, de bateaux et de moteurs de bateau.
• Elles sont uniquement accessibles aux administrateurs du traitement.
• **V.** – À l'issue de ces délais, les données à caractère personnel et informations relatives aux objets et véhicules sont supprimées du traitement et archivées pendant une durée de 10 ans. Elles sont uniquement accessibles au seul exploitant technique du traitement, sur demande expresse et écrite des administrateurs du traitement.

Article 6.
• La mise à jour des informations est réalisée par les services dûment habilités par la direction générale de la police nationale, la direction générale de la gendarmerie nationale, la direction des libertés publiques et des affaires juridiques du ministère de l'intérieur ou la direction générale des douanes et droits indirects.

Article 7.
• Les opérations de création, consultation, modification et suppression font l'objet d'un enregistrement comprenant l'identification de l'auteur, la date, l'heure et la nature de l'opération. Ces informations sont conservées pendant 5 ans.

Article 8.
• Les droits d'information et d'opposition prévus aux articles 32 et 38 de la loi du 6 janvier 1978 susvisée ne s'appliquent pas au présent traitement. Par exception, les victimes de vol et les propriétaires d'objets perdus sont informés qu'ils peuvent faire l'objet d'une inscription dans le traitement prévu par le présent arrêté.
• Le droit d'accès s'exerce de manière indirecte auprès de la Commission nationale de l'informatique et des libertés dans les conditions prévues à l'article 41 de la loi du 6 janvier 1978 susvisée, pour les données à caractère personnel et informations relatives aux véhicules et aux objets surveillés.
• Le droit d'accès s'exerce directement auprès de la direction générale de la police nationale ou de la direction générale de la gendarmerie nationale, conformément aux dispositions du dernier alinéa de l'article 41 de la loi du 6 janvier 1978 susvisée, pour les données à caractère personnel et informations relatives aux véhicules volés, aux objets volés ou perdus et aux documents invalidés.

Article 9.
• L'arrêté du 15 mai 1996 relatif au fichier des véhicules volés est abrogé.

.../...

Article 10.

• Le directeur des libertés publiques et des affaires juridiques, le directeur général de la police nationale, le directeur général de la gendarmerie nationale et le directeur général des douanes et droits indirects sont chargés, chacun en ce qui le concerne, de l'exécution du présent arrêté, qui sera publié au Journal officiel de la République française.

ANNEXE

DONNÉES À CARACTÈRE PERSONNEL ET INFORMATIONS ENREGISTRÉES DANS LE TRAITEMENT

I. – Données concernant les vols et découvertes

1° Vols :

– nature de l'objet *(ou de l'animal)* ou du véhicule ; – numéro de série et autre numéro d'identification ; – photographies de l'objet ou du véhicule ; date de la photographie ; – numéro de procédure ; – date et heure de plainte ; – date heure et lieu du vol ; – coordonnées du service de plainte ; – état civil et coordonnées du propriétaire, du plaignant ou du titulaire pour les documents ; – le cas échéant, identité de la personne susceptible d'utiliser le véhicule ou l'objet – code de la compagnie d'assurance et numéro de police du véhicule ; – descriptifs et caractéristiques complémentaires de l'objet ; – conduite à tenir en cas de découverte ;

2° Découvertes :

Outre les données précitées relatives aux vols, sont également enregistrées les informations suivantes : – numéro de procédure de découverte ; – date, heure et lieu de découverte ; – coordonnées du service de découverte ; – descriptif complémentaire de l'objet.

II. – Données concernant les surveillances et cessations de surveillances

1° Surveillances :

– nature de l'objet ou du véhicule ; – numéro de série et autre numéro d'identification ; – numéro de procédure ou numéro d'ordre administratif ; – cadre juridique ; – date de mise sous surveillance ; – coordonnées du service demandeur et, lorsqu'il diffère, du service inscripteur ; – photographies de l'objet ou du véhicule [date de la photographie] ; – le cas échéant, identité de la personne susceptible d'utiliser le véhicule ou l'objet ; – conduite à tenir ; – descriptif et caractéristiques complémentaires de l'objet ; – date et heure de cessation de la surveillance ;

2° Cessations de surveillances :

Outre les données précitées relatives aux surveillances, sont également enregistrées les informations suivantes : – numéro de procédure ou numéro d'ordre administratif de cessation ; – motif, date et heure de cessation de surveillance.

III. – Données concernant les pertes et découvertes

1° Pertes :

– nature de l'objet ; – numéro de série et autre numéro d'identification ; – numéro d'ordre administratif ; – date et heure de déclaration de perte ; – date, heure et lieu de la perte ; – coordonnées du service saisi ; – propriétaire : état civil et coordonnées ; – descriptif et caractéristiques complémentaires de l'objet ; – conduite à tenir ;

2° Découvertes :

Outre les données précitées relatives aux pertes, sont également enregistrées les informations suivantes : – numéro d'ordre administratif de découverte ; – date, heure et lieu de découverte ; – coordonnées du service de découverte.

Fait le 7 juillet 2017.

ANNEXE VII

AUTORISANT LES AGENTS DE POLICE MUNICIPALE À UTILISER À TITRE EXPÉRIMENTAL DES REVOLVERS CHAMBRÉS POUR LE CALIBRE 357 MAGNUM

DÉCRET N° 2015-496 DU 29 AVRIL 2015

autorisant les agents de police municipale à utiliser à titre expérimental des revolvers chambrés pour le calibre 357 magnum

NOR: INTD1505618D – Version consolidée au 13 mai 2015

• **Publics concernés:** policiers municipaux, préfectures, police nationale et gendarmerie nationale.

• **Objet:** armement des policiers municipaux.

• **Entrée en vigueur:** le texte entre en vigueur le lendemain de sa publication.

• **Notice:** les articles R. 511-11 à R. 511-34 du Code de la sécurité intérieure définissent les conditions d'autorisation de port d'armes de catégories B, C et D accessibles aux agents de police municipale sur proposition du maire et décision du préfet. L'article R. 511-12 définit la gamme d'armements qui leur est ouverte en autorisant notamment les revolvers chambrés pour le calibre 38 spécial et les armes de poing chambrées pour le calibre 7,65 mm. Le ministre de l'intérieur va, à titre exceptionnel, mettre à disposition des communes qui en feront la demande, sous certaines conditions, un stock de 4000 revolvers chambrés pour le calibre 357 magnum. L'objet du présent décret est de permettre aux policiers municipaux de porter ces armes, dans le cadre d'une expérimentation de cinq ans, avec obligation d'utiliser des munitions de calibre 38 SP.

• Le Premier ministre,

• Sur le rapport du ministre de l'intérieur,

• Vu la Constitution, notamment son article 37-1;

• Vu le Code de la sécurité intérieure, notamment ses articles L. 511-5, L. 512-6, R. 511-12 à R. 511-27, R. 511-29 à R. 511-34 et R. 515-9;

• Le Conseil d'État *(section de l'intérieur)* entendu,

Décrète:

Article 1er.

• Par dérogation au 1° de l'article R. 511-12 du Code de la sécurité intérieure, les agents de police municipale des communes qui en font la demande peuvent être autorisés, à titre expérimental, à porter un revolver chambré pour le calibre 357 magnum. Par dérogation au dernier alinéa du même article, cette arme ne peut être utilisée qu'avec des munitions de calibre 38 spécial.

• Seules peuvent être portées à ce titre les armes remises temporairement par l'État aux communes dans le cadre d'une convention conclue en application de l'article L. 512-6 du même code.

Article 2.

• L'expérimentation mentionnée à l'article 1er est soumise aux dispositions des articles R. 511-13 à R. 511-27 et R. 511-29 à R. 511-34 du Code de la sécurité intérieure.

Article 3.

• L'expérimentation est conduite pendant une durée de cinq ans à compter de la publication du présent décret. Un bilan portant notamment sur l'utilisation des armes mentionnées à l'article 1er est transmis chaque année au préfet par le maire de chacune des communes concernées.

• Six mois avant le terme de l'expérimentation, les préfets adressent au ministre de l'intérieur une synthèse des bilans dressés par les maires des communes concernées. Au vu de ces rapports, le Gouvernement décide des suites à donner à l'expérimentation.

Article 4.

• Le ministre de l'intérieur est chargé de l'exécution du présent décret, qui sera publié au Journal officiel de la République française.

Fait le 29 avril 2015.

ANNEXE VIII

RELATIVE À L'ÉTAT D'URGENCE

LOI N° 55-385 DU 3 AVRIL 1955

relative à l'état d'urgence

Version consolidée au 30 juin 2018

L'Assemblée nationale et le Conseil de la République ont délibéré,
L'Assemblée nationale a adopté,
Le Président de la République promulgue la loi dont la teneur suit:

TITRE Ier.

Article 1er. – *(Loi n° 2011-525 du 17 mai 2011)*

• L'état d'urgence peut être déclaré sur tout ou partie du territoire métropolitain, des départements d'outre-mer, des collectivités d'outre-mer régies par l'article 74 de la Constitution et en Nouvelle-Calédonie, soit en cas de péril imminent résultant d'atteintes graves à l'ordre public, soit en cas d'événements présentant, par leur nature et leur gravité, le caractère de calamité publique.

Article 2. – *(Ordonnance n° 60-372 du 15 avril 1960)*

• L'état d'urgence est déclaré par décret en Conseil des ministres. Ce décret détermine la ou les circonscriptions territoriales à l'intérieur desquelles il entre en vigueur.

• Dans la limite de ces circonscriptions, les zones où l'état d'urgence recevra application seront fixées par décret.

• La prorogation de l'état d'urgence au-delà de douze jours ne peut être autorisée que par la loi.

Article 3. – *(Ordonnance n° 60-372 du 15 avril 1960)*

• La loi autorisant la prorogation au-delà de douze jours de l'état d'urgence fixe sa durée définitive.

Article 4. – *(Ordonnance n° 60-372 du 15 avril 1960)*

• La loi portant prorogation de l'état d'urgence est caduque à l'issue d'un délai de quinze jours francs suivant la date de démission du Gouvernement ou de dissolution de l'Assemblée nationale.

Article 4-1. – *(Loi n° 2016-987 du 21 juillet 2016)*

• L'Assemblée nationale et le Sénat sont informés sans délai des mesures prises par le Gouvernement pendant l'état d'urgence. Les autorités administratives leur transmettent sans délai copie de tous les actes qu'elles prennent en application de la présente loi. L'Assemblée nationale et le Sénat peuvent requérir toute information complémentaire dans le cadre du contrôle et de l'évaluation de ces mesures.

Article 5. – *(Décision n° 2017-684 QPC du 11 janvier 2018)*

• La déclaration de l'état d'urgence donne pouvoir au préfet dont le département se trouve en tout ou partie compris dans une circonscription prévue à l'article 2, dans le but de prévenir des troubles à la sécurité et à l'ordre publics:

• 1° D'interdire la circulation des personnes ou des véhicules dans les lieux et aux heures fixés par arrêté;

• 2° *(Abrogé)*;

• 3° D'interdire le séjour dans tout ou partie du département à toute personne à l'égard de laquelle il existe des raisons sérieuses de penser que son comportement constitue une menace pour la sécurité et l'ordre publics. L'arrêté énonce la durée, limitée dans le temps, de la mesure, les circonstances précises de fait et de lieu qui la motivent, ainsi que le territoire sur lequel elle s'applique, qui ne peut inclure le domicile de la personne intéressée.

• Ces mesures tiennent compte de la vie familiale et professionnelle des personnes susceptibles d'être concernées.

Nota: Dans sa décision n° 2017-684 QPC du 11 janvier 2018 *(NOR: CSCX1801161S)*, le Conseil constitutionnel a déclaré le 2° de l'article 5 de la loi n° 55-385 du 3 avril 1955 relative à l'état d'urgence, dans sa rédaction antérieure à la loi n° 2017-1154 du 21 juillet 2017 prorogeant l'application de la loi n° 55-385 du 3 avril 1955 relative à l'état d'urgence, est contraire à la Constitution. La déclaration d'inconstitutionnalité prend effet à compter de la date de publication de la présente décision *(12 janvier 2018)* dans les conditions fixées au paragraphe 8 de cette décision.

Article 6. – *(Décision Q.P.C. du 16 mars 2017)*

• Le ministre de l'intérieur peut prononcer l'assignation à résidence, dans le lieu qu'il fixe, de toute personne résidant dans la zone fixée par le décret mentionné à l'article 2 et à l'égard de laquelle il existe des raisons sérieuses de penser que son comportement constitue une menace pour la sécurité et l'ordre publics dans les circonscriptions territoriales mentionnées au même article 2. Le ministre de l'intérieur peut la faire conduire sur le lieu de l'assignation à résidence par les services de police ou les unités de gendarmerie.

• La personne mentionnée au premier alinéa du présent article peut également être astreinte à demeurer dans le lieu d'habitation déterminé par le ministre de l'intérieur, pendant la plage horaire qu'il fixe, dans la limite de 12 heures par 24 heures.

• L'assignation à résidence doit permettre à ceux qui en sont l'objet de résider dans une agglomération ou à proximité immédiate d'une agglomération. Elle tient compte de leur vie familiale et professionnelle.

• En aucun cas, l'assignation à résidence ne pourra avoir pour effet la création de camps où seraient détenues les personnes mentionnées au 1er alinéa.

• L'autorité administrative devra prendre toutes dispositions pour assurer la subsistance des personnes astreintes à résidence ainsi que celle de leur famille.

• Le ministre de l'intérieur peut prescrire à la personne assignée à résidence:

.../...

• 1° L'obligation de se présenter périodiquement aux services de police ou aux unités de gendarmerie, selon une fréquence qu'il détermine dans la limite de trois présentations par jour, en précisant si cette obligation s'applique y compris les dimanches et jours fériés ou chômés ;

• 2° La remise à ces services de son passeport ou de tout document justificatif de son identité. Il lui est délivré en échange un récépissé, valant justification de son identité en application de l'article 1er de la loi n° 2012-410 du 27 mars 2012 relative à la protection de l'identité, sur lequel sont mentionnées la date de retenue et les modalités de restitution du document retenu.

• La personne astreinte à résider dans le lieu qui lui est fixé en application du 1er alinéa du présent article peut se voir interdire par le ministre de l'intérieur de se trouver en relation, directement ou indirectement, avec certaines personnes, nommément désignées, dont il existe des raisons sérieuses de penser que leur comportement constitue une menace pour la sécurité et l'ordre publics. Cette interdiction est levée dès qu'elle n'est plus nécessaire.

• Lorsque la personne assignée à résidence a été condamnée à une peine privative de liberté pour un crime qualifié d'acte de terrorisme ou pour un délit recevant la même qualification puni de 10 ans d'emprisonnement et a fini l'exécution de sa peine depuis moins de 8 ans, le ministre de l'intérieur peut également ordonner qu'elle soit placée sous surveillance électronique mobile. Ce placement est prononcé après accord de la personne concernée, recueilli par écrit. La personne concernée est astreinte, pendant toute la durée du placement, au port d'un dispositif technique permettant à tout moment de déterminer à distance sa localisation sur l'ensemble du territoire national. Elle ne peut être astreinte ni à l'obligation de se présenter périodiquement aux services de police et de gendarmerie, ni à l'obligation de demeurer dans le lieu d'habitation mentionné au 2e alinéa. Toutefois, lorsque le fonctionnement du dispositif de localisation à distance est temporairement suspendu ou gravement altéré pendant plus de 12 heures consécutives, ces obligations peuvent lui être imposées jusqu'à la reprise du fonctionnement normal du dispositif. La mise en œuvre du dispositif technique permettant le contrôle à distance peut être confiée à une personne de droit privé habilitée dans des conditions fixées par décret en Conseil d'État. Le ministre de l'intérieur peut à tout moment mettre fin au placement sous surveillance électronique mobile, notamment en cas de manquement de la personne placée aux prescriptions liées à son assignation à résidence ou à son placement ou en cas de dysfonctionnement technique du dispositif de localisation à distance.

• Le procureur de la République compétent est informé sans délai de toute mesure d'assignation à résidence, des modifications qui y sont apportées et de son abrogation.

• Le ministre de l'intérieur peut déléguer au préfet territorialement compétent le soin de modifier le lieu et la plage horaire de l'astreinte à demeurer dans un lieu d'habitation déterminé, dans les limites fixées au 2e alinéa, ainsi que les horaires, la fréquence et le lieu de l'obligation de présentation périodique aux services de police ou aux unités de gendarmerie, dans les limites fixées au 1°.

• La décision d'assignation à résidence d'une personne doit être renouvelée à l'issue d'une période de prorogation de l'état d'urgence pour continuer de produire ses effets.

• À compter de la déclaration de l'état d'urgence et pour toute sa durée, une même personne ne peut être assignée à résidence pour une durée totale équivalant à plus de 12 mois.

• Le ministre de l'intérieur peut toutefois prolonger une assignation à résidence au-delà de la durée mentionnée au 14e alinéa. La prolongation ne peut excéder une durée de 3 mois. L'autorité administrative peut, à tout moment, mettre fin à l'assignation à résidence ou diminuer les obligations qui en découlent en application des dispositions du présent article.

• La demande mentionnée à l'avant-dernier alinéa peut être renouvelée dans les mêmes conditions.

Article 6-1. – *(Loi n° 2015-1501 du 20 novembre 2015)*

• Sans préjudice de l'application de l'article L. 212-1 du Code de la sécurité intérieure, sont dissous par décret en conseil des ministres les associations ou groupements de fait qui participent à la commission d'actes portant une atteinte grave à l'ordre public ou dont les activités facilitent cette commission ou y incitent.

• Le maintien ou la reconstitution d'une association ou d'un groupement dissous en application du présent article ou l'organisation de ce maintien ou de cette reconstitution sont réprimés dans les conditions prévues aux articles 431-15 et 431-17 à 431-21 du Code pénal.

• Par dérogation à l'article 14 de la présente loi, les mesures prises sur le fondement du présent article ne cessent pas de produire leurs effets à la fin de l'état d'urgence.

• Pour la prévention des actions tendant au maintien ou à la reconstitution des associations ou groupements dissous en application du présent article, les services spécialisés de renseignement mentionnés à l'article L. 811-2 du Code de la sécurité intérieure et les services désignés par le décret en Conseil d'État prévu à l'article L. 811-4 du même code peuvent recourir aux techniques de renseignement dans les conditions prévues au livre VIII dudit code.

Article 7. – *(Abrogé – Loi n° 2015-1501 du 20 novembre 2015)*

Article 8. – *(Loi n° 2016-987 du 21 juillet 2016)*

• Le ministre de l'intérieur, pour l'ensemble du territoire où est institué l'état d'urgence, et le préfet, dans le département, peuvent ordonner la fermeture provisoire des salles de spectacles, débits de boissons et lieux de réunion de toute nature, en particulier des lieux de culte au sein desquels sont tenus des propos constituant une provocation à la haine ou à la violence ou une provocation à la commission d'actes de terrorisme ou faisant l'apologie de tels actes, dans les zones déterminées par le décret prévu à l'article 2.

• Peuvent être également interdites, à titre général ou particulier, les réunions de nature à provoquer ou à entretenir le désordre.

• Les cortèges, défilés et rassemblements de personnes sur la voie publique peuvent être interdits dès lors que l'autorité administrative justifie ne pas être en mesure d'en assurer la sécurité compte tenu des moyens dont elle dispose.

Article 8-1. – *(Loi n° 2016-987 du 21 juillet 2016)*

• Dans les zones mentionnées à l'article 2 de la présente loi, le préfet peut autoriser, par décision motivée, les agents mentionnés aux 2° à 4° de l'article 16 du Code de procédure pénale et, sous leur responsabilité, ceux mentionnés à l'article 20 et aux 1°, 1° *bis* et 1° *ter* de l'article 21 du même code à procéder aux contrôles d'identité prévus au huitième alinéa de l'article 78-2 dudit code, à l'inspection visuelle et à la fouille des bagages ainsi qu'à la visite des véhicules circulant, arrêtés ou stationnant sur la voie publique ou dans des lieux accessibles au public.

• La décision du préfet désigne les lieux concernés, qui doivent être précisément définis, ainsi que la durée de l'autorisation, qui ne peut excéder vingt-quatre heures.

.../...

• Les trois derniers alinéas du II et les deux derniers alinéas du III de l'article 78-2-2 du même code sont applicables aux opérations conduites en application du présent article.
• La décision du préfet mentionnée au premier alinéa du présent article est transmise sans délai au procureur de la République.

Nota : Dans sa décision n° 2017-677 QPC du 1er décembre 2017 *(NOR : CSCX1733947S)*, le Conseil constitutionnel a déclaré l'article 8-1 de la loi n° 55-385 du 3 avril 1955 relative à l'état d'urgence, dans sa rédaction issue de la loi n° 2016-987 du 21 juillet 2016 prorogeant l'application de la loi n° 55-385 du 3 avril 1955 relative à l'état d'urgence et portant mesures de renforcement de la lutte antiterroriste, contraires à la Constitution. La déclaration d'inconstitutionnalité prend effet le 30 juin 2018 dans les conditions fixées au paragraphe 9.

Article 9. – *(Loi n° 2018-133 du 26 février 2018)*
• Les autorités administratives désignées à l'article 8 peuvent ordonner la remise des armes et des munitions, détenues ou acquises légalement, relevant des catégories A à C, définies à l'article L. 311-2 du Code de la sécurité intérieure. Le représentant de l'État dans le département peut aussi, pour des motifs d'ordre public, prendre une décision individuelle de remise d'armes.
• Les armes remises en application du premier alinéa du présent article donnent lieu à la délivrance d'un récépissé. Elles sont rendues à leur propriétaire en l'état où elles étaient lors de leur dépôt.

Article 10. – *(Loi n° 2015-1501 du 20 novembre 2015)*
• La déclaration de l'état d'urgence s'ajoute aux cas prévus à l'article L. 1111-2 du Code de la défense pour la mise à exécution des réquisitions dans les conditions prévues au livre II de la deuxième partie du même code.

Article 11. – *(Loi n° 2017-258 du 28 février 2017)*
• **I.** – Le décret déclarant ou la loi prorogeant l'état d'urgence peut, par une disposition expresse, conférer aux autorités administratives mentionnées à l'article 8 le pouvoir d'ordonner des perquisitions en tout lieu, y compris un domicile, sauf dans un lieu affecté à l'exercice d'un mandat parlementaire ou à l'activité professionnelle des avocats, des magistrats ou des journalistes, lorsqu'il existe des raisons sérieuses de penser que ce lieu est fréquenté par une personne dont le comportement constitue une menace pour la sécurité et l'ordre publics.
• La décision ordonnant une perquisition précise le lieu et le moment de la perquisition. La perquisition ne peut avoir lieu entre 21 heures et 6 heures, sauf motivation spéciale de la décision de perquisition fondée sur l'urgence ou les nécessités de l'opération. Le procureur de la République territorialement compétent est informé sans délai de cette décision. La perquisition est conduite en présence d'un officier de police judiciaire territorialement compétent. Elle ne peut se dérouler qu'en présence de l'occupant ou, à défaut, de son représentant ou de deux témoins.
• Lorsqu'une perquisition révèle qu'un autre lieu répond aux conditions fixées au premier alinéa du présent I, l'autorité administrative peut en autoriser par tout moyen la perquisition. Cette autorisation est régularisée en la forme dans les meilleurs délais. Le procureur de la République en est informé sans délai.
• Il peut être accédé, par un système informatique ou un équipement terminal présent sur les lieux où se déroule la perquisition, à des données stockées dans ledit système ou équipement ou dans un autre système informatique ou équipement terminal, dès lors que ces données sont accessibles à partir du système initial ou disponibles pour le système initial.
• Si la perquisition révèle l'existence d'éléments, notamment informatiques, relatifs à la menace que constitue pour la sécurité et l'ordre publics le comportement de la personne concernée, les données contenues dans tout système informatique ou équipement terminal présent sur les lieux de la perquisition peuvent être saisies soit par leur copie soit par la saisie de leur support lorsque la copie ne peut être réalisée ou achevée pendant le temps de la perquisition.
• La copie des données ou la saisie des systèmes informatiques ou des équipements terminaux est réalisée en présence de l'officier de police judiciaire. L'agent sous la responsabilité duquel est conduite la perquisition rédige un procès-verbal de saisie qui en indique les motifs et dresse l'inventaire des matériels saisis. Une copie de ce procès-verbal est remise aux personnes mentionnées au 2e alinéa du présent I. Les données et les supports saisis sont conservés sous la responsabilité du chef du service ayant procédé à la perquisition. À compter de la saisie, nul n'y a accès avant l'autorisation du juge.
• L'autorité administrative demande, dès la fin de la perquisition, au juge des référés du tribunal administratif d'autoriser leur exploitation. Au vu des éléments révélés par la perquisition, le juge statue dans un délai de 48 heures à compter de sa saisine sur la régularité de la saisie et sur la demande de l'autorité administrative. Sont exclus de l'autorisation les éléments dépourvus de tout lien avec la menace que constitue pour la sécurité et l'ordre publics le comportement de la personne concernée. En cas de refus du juge des référés, et sous réserve de l'appel mentionné au 10e alinéa du présent I, les données copiées sont détruites et les supports saisis sont restitués à leur propriétaire.
• Pendant le temps strictement nécessaire à leur exploitation autorisée par le juge des référés, les données et les supports saisis sont conservés sous la responsabilité du chef du service ayant procédé à la perquisition et à la saisie. Les systèmes informatiques ou équipements terminaux sont restitués à leur propriétaire, le cas échéant après qu'il a été procédé à la copie des données qu'ils contiennent, à l'issue d'un délai maximal de 15 jours à compter de la date de leur saisie ou de la date à laquelle le juge des référés, saisi dans ce délai, a autorisé l'exploitation des données qu'ils contiennent. Les données copiées sont détruites à l'expiration d'un délai maximal de 3 mois à compter de la date de la perquisition ou de la date à laquelle le juge des référés, saisi dans ce délai, en a autorisé l'exploitation.
• En cas de difficulté dans l'accès aux données contenues dans les supports saisis ou dans l'exploitation des données copiées, lorsque cela est nécessaire, les délais prévus au 8e alinéa du présent I peuvent être prorogés, pour la même durée, par le juge des référés saisi par l'autorité administrative au moins 48 heures avant l'expiration de ces délais. Le juge des référés statue dans un délai de 48 heures sur la demande de prorogation présentée par l'autorité administrative. Si l'exploitation ou l'examen des données et des supports saisis conduisent à la constatation d'une infraction, ces données et supports sont conservés selon les règles applicables en matière de procédure pénale.
• Pour l'application du présent article, le juge des référés est celui du tribunal administratif dans le ressort duquel se trouve le lieu de la perquisition. Il statue dans les formes prévues au livre V du Code de justice administrative, sous réserve du présent article. Ses décisions sont susceptibles d'appel devant le juge des référés du Conseil d'État dans un délai de 48 heures à compter de leur notification. Le juge des référés du Conseil d'État statue dans le délai de 48 heures. En cas d'appel, les données et les supports saisis demeurent conservés dans les conditions mentionnées au 8e alinéa du présent I.

.../...

• La perquisition donne lieu à l'établissement d'un compte rendu communiqué sans délai au procureur de la République, auquel est jointe, le cas échéant, copie du procès-verbal de saisie. Une copie de l'ordre de perquisition est remise à la personne faisant l'objet d'une perquisition.
• Lorsqu'une infraction est constatée, l'officier de police judiciaire en dresse procès-verbal, procède à toute saisie utile et en informe sans délai le procureur de la République.
• Lorsqu'il existe des raisons sérieuses de penser que leur comportement constitue une menace pour la sécurité et l'ordre publics, les personnes présentes sur le lieu d'une perquisition administrative peuvent être retenues sur place par l'officier de police judiciaire pendant le temps strictement nécessaire au déroulement de la perquisition. Le procureur de la République en est informé dès le début de la retenue.
• Les personnes faisant l'objet de cette retenue sont informées de leur droit de faire prévenir par l'officier de police judiciaire toute personne de leur choix ainsi que leur employeur. Si l'officier de police judiciaire estime, en raison des nécessités liées à la retenue, ne pas devoir faire droit à cette demande, il en réfère sans délai au procureur de la République qui décide, s'il y a lieu, d'y faire droit.
• La retenue ne peut excéder 4 heures à compter du début de la perquisition et le procureur de la République peut y mettre fin à tout moment.
• Lorsqu'il s'agit d'un mineur, la retenue fait l'objet d'un accord exprès du procureur de la République. Le mineur doit être assisté de son représentant légal, sauf impossibilité dûment justifiée.
• L'officier de police judiciaire mentionne, dans un procès-verbal, les motifs qui justifient la retenue. Il précise le jour et l'heure à partir desquels la retenue a débuté, le jour et l'heure de la fin de la retenue et la durée de celle-ci.
• Ce procès-verbal est présenté à la signature de l'intéressé. Si ce dernier refuse de le signer, mention est faite du refus et des motifs de celui-ci.
• Le procès-verbal est transmis au procureur de la République, copie en ayant été remise à l'intéressé.
• La durée de la retenue s'impute, s'il y a lieu, sur celle de la garde à vue.
• Le présent I n'est applicable que dans les zones fixées par le décret prévu à l'article 2.
• **II.** – Le ministre de l'intérieur peut prendre toute mesure pour assurer l'interruption de tout service de communication au public en ligne provoquant à la commission d'actes de terrorisme ou en faisant l'apologie.

Article 12. – *(Abrogé – Loi n° 2015-1501 du 20 novembre 2015)*

Article 13. – *(Loi n° 2017-258 du 28 février 2017)*
• Les infractions aux articles 5, 8 et 9 sont punies de 6 mois d'emprisonnement et de 7.500 d'amende.
• Les infractions au 1er alinéa de l'article 6 sont punies de 3 ans d'emprisonnement et de 45.000 d'amende.
• Les infractions au 2e et aux 6e à 10e alinéas du même article 6 sont punies d'un an d'emprisonnement et de 15.000 d'amende.
• L'exécution d'office, par l'autorité administrative, des mesures prescrites peut être assurée nonobstant l'existence de ces dispositions pénales.

Article 14. – *(Loi n° 2015-1501 du 20 novembre 2015)*
• Les mesures prises en application de la présente loi cessent d'avoir effet en même temps que prend fin l'état d'urgence.

Article 14-1. – *(Loi n° 2016-987 du 21 juillet 2016)*
• À l'exception des peines prévues à l'article 13, les mesures prises sur le fondement de la présente loi sont soumises au contrôle du juge administratif dans les conditions fixées par le Code de justice administrative, notamment son livre V.
• La condition d'urgence est présumée satisfaite pour le recours juridictionnel en référé formé contre une mesure d'assignation à résidence.

TITRE II

Article 15. – *(Loi n° 2018-133 du 26 février 2018)*
• La présente loi, dans sa rédaction résultant de la loi n° 2018-133 du 26 février 2018 portant diverses dispositions d'adaptation au droit de l'Union européenne dans le domaine de la sécurité, est applicable sur l'ensemble du territoire de la République.

Article 16. – *(Abrogé – Loi n° 2011-525 du 17 mai 2011)*

Article 17. – *(Loi n° 2015-1501 du 20 novembre 2015)*
• Pour l'application de la présente loi :
• *a)* A Mayotte :
• 1° La référence au département est remplacée par la référence à Mayotte ;
• 2° La référence au préfet est remplacée par la référence au représentant de l'État à Mayotte ;
• 3° À l'article 5, les mots : « dont le département se trouve en tout ou partie compris dans une circonscription prévue à l'article 2 » sont remplacés par les mots : « lorsque Mayotte est compris en tout ou partie dans une circonscription prévue à l'article 2 » ;
• *b)* A Saint-Barthélemy :
• 1° La référence au département est remplacée par la référence à Saint-Barthélemy ;
• 2° La référence au préfet est remplacée par la référence au représentant de l'État à Saint-Barthélemy ;
• 3° *(abrogé)*
• 4° À l'article 5, les mots : « dont le département se trouve en tout ou partie compris dans une circonscription prévue à l'article 2 » sont remplacés par les mots : « lorsque Saint-Barthélemy est compris en tout ou partie dans une circonscription prévue à l'article 2 » ;
• *c)* A Saint-Martin :
• 1° La référence au département est remplacée par la référence à Saint-Martin ;
• 2° La référence au préfet est remplacée par la référence au représentant de l'État à Saint-Martin ;
• 3° *(abrogé)*

.../...

• 4° À l'article 5, les mots: «dont le département se trouve en tout ou partie compris dans une circonscription prévue à l'article 2» sont remplacés par les mots: «lorsque Saint-Martin est compris en tout ou partie dans une circonscription prévue à l'article 2»;

• *d)* A Saint-Pierre-et-Miquelon:

• 1° La référence au département est remplacée par la référence à Saint-Pierre-et-Miquelon;

• 2° *(abrogé)*

• 3° À l'article 5, les mots: «au préfet dont le département se trouve en tout ou partie compris dans une circonscription prévue à l'article 2» sont remplacés par les mots: «au préfet de Saint-Pierre-et-Miquelon, lorsque Saint-Pierre-et-Miquelon est compris en tout ou partie dans une circonscription prévue à l'article 2»;

• *e)* Dans les îles Wallis et Futuna:

• 1° La référence au département est remplacée par la référence aux îles Wallis et Futuna;

• 2° La référence au préfet est remplacée par la référence à l'administrateur supérieur des îles Wallis et Futuna;

• 3° *(abrogé)*

• 4° À l'article 5, les mots: «dont le département se trouve en tout ou partie compris dans une circonscription prévue à l'article 2» sont remplacés par les mots: «lorsque les îles Wallis et Futuna sont comprises en tout ou partie dans une circonscription prévue à l'article 2»;• *f)* En Polynésie française:

• 1° La référence au département est remplacée par la référence à la Polynésie française;

• 2° La référence au préfet est remplacée par la référence au haut-commissaire de la République en Polynésie française;

• 3° *(abrogé)*

• 4° À l'article 5, les mots: «dont le département se trouve en tout ou partie compris dans une circonscription prévue à l'article 2» sont remplacés par les mots: «lorsque la Polynésie française est comprise en tout ou partie dans une circonscription prévue à l'article 2»;

• *g)* En Nouvelle-Calédonie:

• 1° La référence au département est remplacée par la référence à la Nouvelle-Calédonie;

• 2° La référence au préfet est remplacée par la référence au haut-commissaire de la République en Nouvelle-Calédonie;

• 3° *(abrogé)*

• 4° À l'article 5, les mots: «dont le département se trouve en tout ou partie compris dans une circonscription prévue à l'article 2» sont remplacés par les mots: «lorsque la Nouvelle-Calédonie est comprise en tout ou partie dans une circonscription prévue à l'article 2».

ANNEXE IX
RELATIVE AUX ARMES – ACTIVITÉS PRIVÉES DE SÉCURITÉ

ARRÊTÉ DU 28 SEPTEMBRE 2018

relatif aux conditions particulières d'acquisition, de détention et de conservation des armes susceptibles d'être utilisées pour l'exercice de certaines activités privées de sécurité

NOR: INTD1801909A – Version consolidée au 31 janvier 2020

• Le ministre d'État, ministre de l'intérieur, le ministre d'État, ministre de la transition écologique et solidaire, et la ministre des outre-mer,

• Vu le règlement *(UE)* 2016-679 du Parlement européen et du Conseil du 27 avril relatif à la protection des personnes physiques à l'égard du traitement des données à caractère personnel et à la libre circulation de ces données, et abrogeant la directive 95/46/CE *(règlement général sur la protection des données)*;

• Vu le code de la sécurité intérieure, notamment ses articles R. 613-3-1, R. 613-3-5, R. 613-3-6, R. 613-23-8, R. 613-43, R. 625-2, R. 625-17 et R. 625-20;

• Vu la loi n° 78-17 du 6 janvier 1978 modifiée relative à l'informatique, aux fichiers et aux libertés;

• Vu l'arrêté du 27 juin 2017 portant cahier des charges applicable à la formation initiale aux activités privées de sécurité,

• Arrêtent:

Article 1er.

• Les dispositions du présent arrêté s'appliquent aux activités privées de sécurité exercées avec le port d'une arme suivantes:

• 1° Activité de surveillance et de gardiennage mentionnée au 1° de l'article L. 611-1;

• 2° Activité de surveillance et de gardiennage mentionnée au 1° *bis* de l'article L. 611-1;

• 3° Activité de transport de fonds mentionnée au 2° de l'article L. 611-1;

• 4° Activité de protection de l'intégrité physique des personnes mentionnée au 3° de l'article L. 611-1.

CHAPITRE Ier: DISPOSITIONS RELATIVES AUX ARMES ET MUNITIONS

Article 2. – *(Arrêté du 24 janvier 2020)*

• En application de l'article R. 613-3-1 du Code de la sécurité intérieure, le bénéficiaire de l'autorisation d'acquisition et de détention d'armes de la catégorie A1 et de la catégorie B mentionnée à ce même article est autorisé à acquérir et détenir des munitions à des fins d'entraînement dans les limites suivantes:

• 1° Le stock de munitions d'entraînement du bénéficiaire ne peut être supérieur de plus de vingt pour cent au nombre de munitions d'entraînement annuellement nécessaire pour les entraînements réguliers prévus par l'arrêté du 27 juin 2017 susvisé des agents mentionnés aux II et V de l'article R. 613-3 du Code de la sécurité intérieure qu›il emploie;

• 2° Le stock de munitions d'entraînement du bénéficiaire ne peut être supérieur à 1000 munitions par arme s'il emploie des agents mentionnés au III de l'article R. 613-3 du Code de la sécurité intérieure;

• 3° Le stock de munitions d'entraînement du bénéficiaire ne peut être supérieur à 300 munitions par arme s'il emploie des agents mentionnés au IV de l'article R. 613-3 du Code de la sécurité intérieure.

• Sur demande du bénéficiaire, l'autorité ayant délivré l'autorisation d'acquisition et de détention d'armes mentionnée à l'article R. 613-3-1 du Code de la sécurité intérieure autorise la reconstitution du stock des munitions d'entraînement mentionné aux 1°, 2° et 3° du présent article. La demande d'autorisation de recomplètement de stocks de munitions précise le nombre et le type de munitions que le bénéficiaire souhaite acquérir. Elle est accompagnée d'un état des stocks à la date de la demande ainsi que d'une copie de l'autorisation d'acquisition et de détention d'armes.

Article 3. – *(Arrêté du 24 janvier 2020)*

• En application des articles R. 625-2 et R. 625-17 du Code de la sécurité intérieure, le nombre d'armes de la catégorie A1 et de la catégorie B pouvant être acquises et détenues par le prestataire de formation, pour chaque type d'arme mentionnée au II, au III et au IV de l'article R. 613-3 du même code, ne peut être supérieur de plus de vingt pour cent au nombre de places de formation proposées simultanément par chaque centre.

• Le stock des munitions correspondantes ne peut être supérieur à plus de 1000 munitions par arme.

• Sur demande du prestataire de formation, l'autorité ayant délivré l'autorisation d'acquisition et de détention d'armes mentionnée à l'article R. 625-2 du Code de la sécurité intérieure autorise la reconstitution du stock des munitions d'entraînement mentionné au deuxième alinéa du présent article. La demande d'autorisation de recomplètement de stocks de munitions précise le nombre et le type de munitions que le bénéficiaire souhaite acquérir. Elle est accompagnée d'un état des stocks à la date de la demande ainsi que d'une copie de l'autorisation d'acquisition et de détention d'armes.

• Le nombre d'armes de la catégorie A1 et didactiques et d'entraînement pouvant être acquises et détenues par le prestataire de formation ne peut être supérieur à trente pour cent du nombre d'armes de la catégorie B acquises et détenues dans les conditions prévues au premier alinéa.

Article 4.

• La personne désignée responsable des armes au sein des entreprises employant les agents mentionnés à l'article R. 613-3 du code de la sécurité intérieure ou des entreprises bénéficiaires d'une autorisation mentionnée à l'article R. 625-2 du même code dispensant une formation qui implique le maniement d'armes, tient un registre spécial d'inventaire des armes et des munitions.

• La personne mentionnée au 1er alinéa est responsable du traitement de données à caractère personnel effectué pour la tenue de ce registre, dont la finalité est de prévenir les atteintes à la sécurité publique en limitant et en contrôlant la mise à disposition des armes mentionnées à l'article R. 613-3 du même code.

.../...

Article 5. – *(Arrêté du 24 janvier 2020)*

• Ce registre peut être tenu sous forme papier ou d'un traitement automatisé où sont enregistrées les données et informations suivantes :

• 1° Types d'armes de catégorie B ou D et, le cas échéant, armes de catégorie A1 ou systèmes d'alimentation de catégorie A1 mentionnés à l'article R. 613-3 du même code ;

• 2° Caractéristiques de l'arme, des munitions et, le cas échéant, des systèmes d'alimentation de catégorie A1 acquis par l'entreprise mentionnée au premier alinéa de l'article 4 : catégorie, type, marque, modèle, calibre, numéro de série, date d'acquisition et dates de révision des armes ;

• 3° Nom et adresse du fournisseur de l'arme, des munitions et, le cas échéant, des systèmes d'alimentation de catégorie A1 acquis par l'entreprise mentionnée au premier alinéa de l'article 4.

Article 6.

• L'entreprise ou le donneur d'ordre mentionné à l'article R. 613-23-11 du code de la sécurité intérieure tient également un état journalier retraçant les sorties et les réintégrations des armes et munitions figurant au registre prévu à l'article 4. Cet état journalier mentionne le numéro de la carte professionnelle des agents auxquels les armes sont remises, les raisons de leur sortie *(mission concernée ou entraînement)* ainsi que le lieu où les agents sont autorisés à les porter.

Article 7.

• La personne désignée responsable du registre est tenue de prendre toutes précautions utiles afin de préserver la sécurité du registre papier ou du traitement automatisé, d'empêcher toute utilisation détournée ou frauduleuse des informations, notamment par des tiers non autorisés, et d'assurer la confidentialité et l'intégrité des données collectées.

• Le registre papier est côté et paraphé par la personne mentionnée au 1er alinéa. Il doit être rempli chronologiquement sans blanc ni altération d'aucune sorte.

• Les créations, consultations, mises à jour, rectification et suppressions des données du traitement automatisé font l'objet d'un enregistrement comprenant l'identification de l'auteur, la date, l'heure et l'objet de l'opération. Les informations relatives à ces opérations sont conservées dans le traitement pendant un délai de 3 ans.

• Le registre papier ou le traitement automatisé est tenu à la disposition du Conseil national des activités privées de sécurité aux fins de contrôle, dans la stricte mesure nécessaire à l'accomplissement de leurs missions au regard des finalités du traitement.

Article 8.

• Les données et informations recueillies conformément à l'article 5 sont conservées pendant une durée de 3 ans à compter de leur enregistrement Au terme de ce délai, ces données et informations sont effacées par le responsable du traitement.

• En cas de changement de la personne mentionnée à l'article 4, le registre papier ou les données enregistrées dans le traitement automatisé sont transmis à son successeur.

• En cas de cessation d'activité, l'entreprise mentionnée à l'article 4 remet, dans un délai de 3 mois, son registre papier ou les données enregistrées dans le traitement automatisé au Conseil national des activités privées de sécurité. Ce dernier devient responsable du registre papier ou des données enregistrées dans le traitement le cas échéant.

Article 9. – *(Arrêté du 24 janvier 2020)*

• Les droits d'information, d'accès, de rectification et à la limitation s'exercent auprès du responsable du traitement, dans les conditions prévues respectivement aux articles 13,15,16 et 18 du règlement *(UE)* 2016/679 du 27 avril 2016 relatif à la protection des personnes physiques à l'égard du traitement des données à caractère personnel et à la libre circulation de ces données, et abrogeant la directive 95/46/ CE.

Article 10.

• Les traitements automatisés de données à caractère personnel mentionnés au 1er alinéa de l'article 5 sont soumis aux dispositions de la loi du 6 janvier 1978 précitée.

CHAPITRE II : DISPOSTIONS RELATIVES AU CARNET DE TIR

Article 11. – *(Arrêté du 24 janvier 2020)*

• En application de l'article R. 625-20 du Code de la sécurité intérieure, chaque personne recevant une formation doit être détentrice d'un carnet de tir indiquant la date de chaque séance contrôlée de pratique du tir, l'identité, la signature et le timbre de la personne en charge de contrôler la séance, l'adresse du stand de tir, le type d'armes utilisées, le type de tirs effectués, le nombre de cartouches tirées, le nombre de tirs validés par le formateur, l'identité et la qualité de ce dernier ainsi que ses éventuelles observations.

CHAPITRE III : DISPOSTIONS RELATIVES AUX PRÉCAUTIONS D'EMPLOI DES ARMES

Article 12.

• Au début et à la fin du service, ainsi qu'à l'issue d'un tir, consécutif ou non à un incident de manipulation, les opérations de mise en sécurité des armes sont effectuées sans délai dans un dispositif balistique de mise en sécurité des armes.

CHAPITRE IV : DISPOSITIONS RELATIVES AUX GILETS PARE-BALLES

Article 13.

• Le gilet pare-balles prévu aux articles R. 613-23-8 et R. 613-43 du code de la sécurité intérieure doit répondre aux normes de protection de la classe III-A des gilets pare-balles dont les caractéristiques sont précisées dans la table des niveaux de protection NIJ STD 0101.04.

• Le gilet pare-balles peut soit avoir une ouverture sur le devant, soit être de type chasuble avec ouverture sur le côté. Il doit comporter une protection anti-traumatisme.

…/…

CHAPITRE V: DISPOSITIONS RELATIVES À L'OUTRE-MER ET DIVERSES

Article 14. – *(Arrêté du 24 janvier 2020)*

• Le présent arrêté, à l'exception de l'article 15, est applicable en Nouvelle-Calédonie, en Polynésie française et à Wallis-et-Futuna.

• Pour l'application de l'article 13 en Nouvelle-Calédonie et à Wallis-et-Futuna, la référence à l'article R. 613-43 est supprimée.

• Pour l'application de l'article 9 à Saint-Barthélemy, à Saint-Pierre-et-Miquelon, en Nouvelle-Calédonie, en Polynésie française et dans les îles Wallis et Futuna, la référence au règlement *(UE)* 2016/679 du 27 avril 2016 relatif à la protection des personnes physiques à l'égard du traitement des données à caractère personnel et à la libre circulation de ces données, et abrogeant la directive 95/46/ CE est remplacée par la référence aux règles en vigueur en métropole en vertu de ce même règlement.

Article 15.

• L'arrêté du 7 juin 2000 fixant le modèle du gilet pare-balles prévu par l'article R. 613-43 du code de la sécurité intérieure est abrogé.

Article 16.

• Le directeur des libertés publiques et des affaires juridiques, le directeur des services de transports et le directeur général des outre-mer sont, chacun en ce qui le concerne, chargés de l'exécution du présent arrêté, qui sera publié au Journal officiel de la République française.

ANNEXE X

OFFICE ANTI-STUPÉFIANTS

DÉCRET N° 2019-1457 DU 26 DÉCEMBRE 2019

portant création du service à compétence nationale dénommé Office anti-stupéfiants

NOR: INTC1933742D – Version consolidée au 17 octobre 2021

• **Publics concernés:** autorités judiciaires et administrations de l'État *(services du 1er ministre [MILDECA – secrétariat général de la mer], ministère de la justice, ministère de l'Europe et des affaires étrangères, ministère des armées, ministère des solidarités et de la santé, ministère de l'action et des comptes publics, ministère de l'intérieur, ministère des outre-mer).*

• **Objet:** création d'un service à compétence nationale dénommé Office anti-stupéfiants.

• **Entrée en vigueur:** 1er janvier 2020.

• **Notice:** le décret crée un service à compétence nationale rattaché au directeur central de la police judiciaire qui se substitue à l'office central pour la répression du trafic illicite des stupéfiants et à la mission de lutte anti-drogue. Interministériel dans sa composition et son fonctionnement, ce nouveau service, qui sera en liaison constante avec l'autorité judiciaire, doit notamment permettre l'élaboration d'une stratégie interministérielle adaptée à la lutte contre les trafics de stupéfiants et le renforcement de la coordination de l'action des services en charge de la lutte contre ces activités illicites sur le territoire national.

Article 1er.

• Il est créé un service à compétence nationale dénommé Office anti-stupéfiants rattaché au directeur central de la police judiciaire *(direction générale de la police nationale).*

• Cet office exerce ses missions en liaison étroite et constante avec les services du 1er ministre, du ministère de l'intérieur, du ministère de la justice, du ministère de l'action et des comptes publics, du ministère de l'Europe et des affaires étrangères, du ministère des armées, du ministère des solidarités et de la santé et du ministère des outre-mer.

Article 2.

• Cet office est compétent en matière de lutte contre la production, la fabrication, l'importation, l'exportation, le transport, la détention, l'offre, la cession, l'acquisition ou l'emploi illicites de stupéfiants, contre les opérations de blanchiment liées au trafic de stupéfiants et contre l'usage illicite de l'une des substances ou plantes classées comme stupéfiants.

Article 3.

• En liaison avec l'ensemble des administrations concernées, l'Office anti-stupéfiants est chargé de l'évaluation de la menace liée aux trafics de stupéfiants.

• Pour accomplir cette mission, l'office, dans le cadre de la législation applicable, centralise, analyse, exploite et communique aux services de la police nationale, de la gendarmerie nationale, des douanes et droits indirects, ainsi qu'aux autres administrations et services publics de l'État toutes documentations et données statistiques, en lien avec le service statistique ministériel de la sécurité intérieure, relatives à son domaine de compétence.

• Dans le cadre de la législation applicable, les services de la police nationale, de la gendarmerie nationale, des douanes et droits indirects, ainsi que les autres administrations et services publics de l'État susceptibles d'apporter leur concours à l'office lui adressent, dans les meilleurs délais, les informations relatives à son domaine de compétence dont ils ont connaissance.

• Pour les infractions qui relèvent de sa compétence, l'office, dans le cadre de la législation applicable, adresse, aux services de la police nationale, de la gendarmerie nationale, des douanes et droits indirects, et aux autorités judiciaires, toutes indications utiles à l'identification ou à la recherche des délinquants ainsi que, sur leur demande, tous renseignements nécessaires aux enquêtes dont ils sont saisis.

Article 4. – *(Décret n° 2020-1780 du 30 décembre 2020)*

• L'Office anti-stupéfiants, sur la base de l'état de la menace, élabore des propositions en matière de lutte contre les trafics de stupéfiants et les transactions financières qui s'y rapportent qu'il soumet au comité interministériel de lutte contre les drogues et les conduites addictives, prévu à l'article D. 3411-11 du Code de la santé publique et présidé tel que défini à l'avant-dernier alinéa de l'article D. 3411-12 du même code.

• Sans préjudice des dispositions de l'article D. 3411-13 du Code de la santé publique, l'office:

• – assure le suivi de la mise en œuvre de la stratégie interministérielle de lutte contre les trafics de stupéfiants définie par ce comité;

• – est chargé d'animer et de coordonner les politiques mises en œuvre par les administrations et services publics de l'État en la matière.

Article 5. – *(Décret n° 2020-1780 du 30 décembre 2020)*

• L'Office anti-stupéfiants est chargé de:

• 1° Procéder sur l'ensemble du territoire national à des enquêtes judiciaires relatives à des trafics de produits stupéfiants d'importance nationale et internationale ou présentant une sensibilité particulière;

• 2° Sous le contrôle de l'autorité judiciaire, coordonner les enquêtes de grande envergure diligentées par des services de la police nationale, de la gendarmerie nationale, des douanes et droits indirects, en particulier les enquêtes qui présentent une dimension internationale marquée et visent des filières d'importation complexes;

• 3° Coordonner l'action des services territoriaux de la police nationale, de la gendarmerie nationale, des douanes et droits indirects, le cas échéant dans le cadre de saisines conjointes décidées par l'autorité judiciaire;

• 4° Centraliser les informations concernant les demandes adressées aux fonctionnaires ou agents publics visant à permettre la mise en œuvre des opérations de surveillance prévues par l'article 706-80-1 du Code de procédure pénale et par l'article 67 *bis*-3 du Code des douanes;

.../...

• 5° Coordonner avec l'ensemble des partenaires concernés la mise en œuvre des mesures de prévention, de recherche et de constatation des infractions constitutives de trafic de stupéfiants dont les modalités sont fixées par la loi n° 94-589 du 15 juillet 1994 relative à l'exercice par l'État de ses pouvoirs de police en mer pour la lutte contre certaines infractions relevant de conventions internationales.

Article 6.

• Sans préjudice de l'application des conventions internationales et des textes communautaires et dans le domaine de compétence défini à l'article 2, l'Office anti-stupéfiants :

• – constitue, pour la France, le point de contact central dans les échanges internationaux ;

• – entretient des liaisons opérationnelles avec les services spécialisés des autres États et avec les organismes internationaux ;

• – contribue à l'élaboration de la position française en matière de lutte contre les trafics de stupéfiants dans les instances européennes et internationales, dans lesquelles il représente le ministère de l'intérieur.

Article 7.

• L'Office anti-stupéfiants représente le ministère de l'intérieur auprès de la mission interministérielle de lutte contre les drogues et les conduites addictives *(MILDECA)*.

• Il assure le suivi de la mise en œuvre des plans nationaux élaborés par la MILDECA, pour les actions relevant du ministère de l'intérieur.

Article 8.

• L'Office anti-stupéfiants apporte son expertise et contribue, en lien avec les structures de formation de la police et de la gendarmerie nationales, à l'élaboration des programmes de formation en matière de lutte contre les trafics de stupéfiants au bénéfice des policiers et des gendarmes.

• Il apporte son expertise et contribue également, en lien avec le ministère de la justice et le ministère chargé des douanes, à l'élaboration des programmes de formation et à la réalisation de formations conjointes en matière de lutte contre les trafics de stupéfiants au bénéfice des personnels de ces ministères.

Article 9.

• Le chef de l'Office anti-stupéfiants, membre du corps de conception et de direction de la police nationale, est nommé par arrêté du ministre de l'intérieur. Il exerce son autorité sur l'ensemble des personnels affectés dans l'office.

• Il est assisté d'un adjoint, magistrat de l'ordre judiciaire, nommé selon les mêmes formes, qui le supplée en cas d'absence.

Article 10. – *(Décret n° 2021-1347 du 14 octobre 2021)*

• L'Office anti-stupéfiants dispose d'antennes placées pour emploi auprès du directeur zonal ou régional de la police judiciaire ou du directeur territorial de la police nationale ou du commandant de région de la gendarmerie nationale ou du commandant de la gendarmerie de département ou région d'outre-mer ou d'une collectivité d'outre-mer, territorialement compétents.

• L'implantation des antennes est déterminée par arrêté du ministre de l'intérieur.

Article 11.

• Au 2° de l'article D. 8-1 du Code de procédure pénale, les mots : « Office central pour la répression du trafic illicite des stupéfiants » sont remplacés par les mots : « Office anti-stupéfiants ».

Article 12.

• Le décret du 21 novembre 1933 modifié instituant au ministère de l'intérieur un service central de police chargé de faciliter la lutte contre le trafic illicite de stupéfiants est abrogé.

Article 13.

• Le présent décret entre en vigueur le 1er janvier 2020.

Article 14.

• Les dispositions du présent décret sont applicables sur l'ensemble du territoire de la République.

Article 15.

• La garde des sceaux, ministre de la justice, le ministre de l'action et des comptes publics et le ministre de l'intérieur sont chargés, chacun en ce qui le concerne, de l'exécution du présent décret, qui sera publié au Journal officiel de la République française.

ANNEXE XI

CHARTE DU RÉSERVISTE OPÉRATIONNEL ET DU RÉSERVISTE CITOYEN DE LA GENDARMERIE NATIONALE

ARRÊTÉ DU 13 FÉVRIER 2020

portant approbation de la charte du réserviste opérationnel et du réserviste citoyen de la gendarmerie nationale

NOR: INTJ2004639A– Version consolidée au 22 février 2020

Article 1er.

• Sans préjudice des dispositions de l'arrêté du 9 décembre 2019 portant approbation de la charte de déontologie du réserviste militaire, la charte du réserviste opérationnel et du réserviste citoyen de la gendarmerie nationale, annexée au présent arrêté, est approuvée.

Article 2.

• Cette charte est signée par les réservistes opérationnels lors de leur engagement à servir dans la réserve. Elle est signée par les réservistes citoyens au moment de leur agrément.

Article 3.

• Cette charte sera également signée avant le 31 décembre 2020 par tous les réservistes actuellement admis dans la réserve militaire de la gendarmerie nationale.

Article 4.

• Le présent arrêté sera publié au Journal officiel de la République française.

ANNEXE

CHARTE DU RÉSERVISTE OPÉRATIONNEL ET DU RÉSERVISTE CITOYEN DE LA GENDARMERIE NATIONALE

• La réserve opérationnelle et la réserve citoyenne de la gendarmerie sont composées de volontaires, hommes et femmes, issus de la société civile qui ont décidé de s'engager au sein de la gendarmerie nationale pour mieux protéger leurs concitoyens, l'État-Nation et les espaces face à la délinquance, à la criminalité et au terrorisme.

• **1.** Comme les gendarmes d'active, aux lois et règlements, je me conformerai et le commandement militaire, je respecterai.

• **2.** À la déontologie du gendarme, je m'attacherai et de mon statut de réserviste, un usage approprié, respectueux et digne, je ferai.

• **3.** Au devoir de réserve et de discrétion je veillerai et les informations liées au service de la gendarmerie, je protégerai.

• **4.** Pour la protection de mon Pays, de la Nation et de la Patrie, sans compter, je m'engagerai.

• **5.** Ma tenue et mes insignes, je respecterai et en service comme hors service, à l'image que je donne, je m'attacherai.

• **6.** À la préparation de ma mission et à la stricte neutralité dans son accomplissement, je veillerai.

• **7.** Le public et chaque individu, je respecterai.

• **8.** Au rayonnement de la gendarmerie, je contribuerai et aux côtés des responsables économiques, politiques et sociaux, le lien Armées-Nation, je renforcerai.

• **9.** Avec nos partenaires militaires, administratifs et judiciaires, pour l'intérêt général et le bien du service, je servirai.

• De mon engagement et du sentiment du devoir accompli, une grande satisfaction, je retirerai.

• J'ai pris connaissance des règles de conduite énoncées ci-dessus et m'engage à les appliquer.

(Date, Grade, Prénom, Nom, Signature)

ANNEXE XII

APPLICATION MOBILE DE PRISE DE NOTES *(GendNotes)*

DÉCRET N° 2020-151 DU 20 FÉVRIER 2020

portant autorisation d'un traitement automatisé de données à caractère personnel dénommé « application mobile de prise de notes » *(GendNotes)*

NOR: INTD1928788D – Version consolidée au 13 avril 2021

• **Publics concernés:** militaires de la gendarmerie nationale.
• **Objet:** autorisation de la mise en œuvre d'un traitement permettant la dématérialisation de la prise de notes par les militaires de la gendarmerie nationale.
• **Entrée en vigueur:** le texte entre en vigueur le lendemain de sa publication.
• **Notice:** le décret autorise la création d'un traitement automatisé de données à caractère personnel permettant de faciliter le recueil et la conservation, en vue de leur exploitation dans d'autres traitements de données, notamment par le biais d'un système de pré-renseignement, des informations collectées par les militaires de la gendarmerie nationale à l'occasion d'actions de prévention, d'investigations ou d'interventions nécessaires à l'exercice des missions de polices judiciaire et administrative. Le décret autorise également la transmission de comptes rendus aux autorité judiciaires. Le décret liste les données et informations enregistrées dans le traitement, y compris les données sensibles au sens de la loi du 6 janvier 1978. Il définit la durée de conservation des données, les accédants et les destinataires de ces mêmes données et précise également les modalités d'exercice des droits des personnes concernées.

Article 1er. – *(Décision n° 439360 du 13 avril 2021)*
• Le ministre de l'intérieur *(direction générale de la gendarmerie nationale)* est autorisé à mettre en œuvre un traitement automatisé de données à caractère personnel dénommé application mobile de prise de notes *(GendNotes)*, ayant pour finalités de:
• 1° Faciliter le recueil et la conservation des informations collectées par les militaires de la gendarmerie nationale à l'occasion d'actions de prévention, d'investigations ou d'interventions nécessaires à l'exercice des missions de polices judiciaire et administrative;
• 2° Faciliter la transmission de comptes rendus aux autorités judiciaires.

Article 2.
• Peuvent être enregistrées, dans la stricte mesure où elles sont nécessaires, adéquates et proportionnées aux finalités mentionnées à l'article 1er, les données à caractère personnel et informations définies en annexe du présent décret. Ces données et informations sont relatives:
• 1° À l'ensemble des éléments relatifs aux personnes, aux lieux ou aux objets qui sont recueillis dans le cadre des interventions des militaires de la gendarmerie nationale ou de l'exécution de leur service;
• 2° À l'ensemble des éléments de procédure qui sont transmis aux magistrats lors de gardes à vue ou lors du traitement de certaines infractions relatives à la police de la route.
• Ne peuvent être enregistrées dans les zones de commentaires libres que les données à caractère personnel collectées dans les conditions prévues au V de l'annexe au présent décret.
• La collecte et le traitement des données à caractère personnel de la nature de celles mentionnées au I de l'article 6 de la loi du 6 janvier 1978 susvisée relatives à la prétendue origine raciale ou ethnique, aux opinions politiques, philosophiques ou religieuses, à l'appartenance syndicale, à la santé ou à la vie sexuelle ou l'orientation sexuelle ne sont possibles qu'en cas de nécessité absolue pour les seules fins et dans le strict respect des conditions définies au présent décret, dans les limites des nécessités de la mission au titre de laquelle elles sont collectées. Elles ne peuvent être saisies que dans la zone mentionnée au V de l'annexe au présent décret. Il est interdit de sélectionner une catégorie particulière de personnes à partir de ces seules informations.

Article 3.
• Les données à caractère personnel et informations mentionnées à l'article 2 sont conservées pendant une durée de 3 mois à compter de la date de leur enregistrement. En cas de modification dans ce délai, la durée de conservation est prorogée de 3 mois à compter de la date de la dernière modification.
• La durée maximale de conservation ne peut excéder 1 an.

Article 4.
• **I.** – Ont accès à tout ou partie des données et informations enregistrées dans le traitement mentionné à l'article 1er, à raison de leurs attributions et dans la limite du besoin d'en connaître:
• 1° Le militaire de la gendarmerie nationale, rédacteur de la note, et les autres militaires de la gendarmerie nationale affectés dans son unité, sauf s'il s'y oppose. Dans ce cas, seuls les militaires de la gendarmerie nationale individuellement désignés par le rédacteur de la note affectés dans son unité peuvent y accéder;
• 2° Les militaires de la gendarmerie nationale individuellement désignés par le rédacteur de la note affectés dans une autre unité.
• **II.** – Les autorités judiciaires sont destinataires des données et informations enregistrées dans le traitement mentionné à l'article 1er dans le cadre et dans les limites des besoins de l'exercice de leurs compétences.
• Peuvent également être destinataires de tout ou partie des données et des informations enregistrées dans le traitement mentionné à l'article 1er, à raison de leurs attributions et dans la stricte limite où l'exercice de leurs compétences le rend nécessaire, sous réserve que le cadre dans lequel ces informations ont été collectées rende possible cette communication, et dans la stricte limite du besoin d'en connaître:

.../...

• 1° Le préfet et le sous-préfet territorialement compétents;
• 2° Le Haut-commissaire de la République en Nouvelle-Calédonie et en Polynésie française;
• 3° Le maire de la commune concernée.

Article 5.

• **I.** – Le droit d'opposition prévu à l'article 110 de la loi du 6 janvier 1978 susvisée ne s'applique pas au présent traitement.

• **II.** – Conformément aux articles 104 à 106 de la même loi, les droits d'information d'accès, de rectification, d'effacement et à la limitation des données s'exercent directement auprès de la direction générale de la gendarmerie nationale.

• Afin d'éviter de gêner des enquêtes, des recherches ou des procédures administratives ou judiciaires ou d'éviter de nuire à la prévention ou à la détection d'infractions pénales, aux enquêtes ou aux poursuites en la matière ou à l'exécution de sanctions pénales, de porter atteinte à la sécurité publique ou la sécurité nationale, les droits d'accès, de rectification, d'effacement et à la limitation peuvent faire l'objet de restrictions en application des 2° et 3° du II et du III de l'article 107 de la même loi.

• La personne concernée par ces restrictions exerce ses droits auprès de la Commission nationale de l'informatique et des libertés dans les conditions prévues à l'article 108 de la même loi.

Article 6.

• Les opérations de collecte, de modification, de consultation, de communication et d'effacement des données à caractère personnel et informations font l'objet d'un enregistrement.

• Les opérations de consultation et de communication enregistrées établissent l'identifiant de l'auteur, la date, l'heure, le motif de l'opération et, le cas échéant, les destinataires des données.

• Ces informations sont conservées pendant un délai de 6 ans.

Article 7.

• Le présent décret est applicable sur l'ensemble du territoire de la République.

Article 8.

• Le ministre de l'intérieur est chargé de l'exécution du présent décret, qui sera publié au Journal officiel de la République française.

ANNEXE

DONNÉES À CARACTÈRE PERSONNEL ET INFORMATIONS ENREGISTRÉES DANS LE TRAITEMENT

• **I. – Données et informations relatives aux personnes physiques:**
• 1° Le sexe;
• 2° Le nom de naissance et/ou d'usage;
• 3° Le prénom;
• 4° La date et le lieu de naissance;
• 5° Le pays de naissance;
• 6° La nationalité;
• 7° La profession;
• 8° La filiation: noms et prénoms du père et de la mère;
• 9° L'adresse et commune de résidence;
• 10° Les numéros de téléphone *(fixe et portable)*;
• 11° L'adresse électronique;
• 12° La photographie de la personne *(le traitement ne comporte pas de dispositif de reconnaissance faciale à partir de l'image numérisée de la photographie)*;
• 13° La géolocalisation de l'auteur de la note dans l'hypothèse où les paramètres de géolocalisation sont activés par ce dernier.

• **II. – Données et informations générales relatives aux objets:**
• 1° La nature, la catégorie, le type, la marque;
• 2° Le numéro de série, l'immatriculation ou un autre numéro d'identification;
• 3° La nationalité ou le pays d'immatriculation;
• 4° La ou les photographies;
• 5° L'état civil du propriétaire ou du titulaire;
• 6° Les descriptifs et caractéristiques complémentaires, notamment la devise, la valeur faciale et l'organisme de délivrance.

• **III. – Données complémentaires relatives au message de placement en garde à vue à destination d'un magistrat:**
• 1° L'unité d'enquête;
• 2° L'identité de l'officier de police judiciaire responsable de la garde à vue;
• 3° La date et le lieu du placement en garde à vue;
• 4° Le cadre d'enquête *(préliminaire, flagrance, commission rogatoire)*;
• 5° Le numéro de procédure;
• 6° L'identité du magistrat informé;
• 7° La liste des infractions ayant motivé la garde à vue;
• 8° Les motifs du placement en garde à vue;
• 9° La notification du droit relatif à la demande d'un avocat;
• 10° Le barreau, l'identité, le numéro de téléphone et la date d'appel de l'avocat;
• 11° La notification du droit relatif à la demande de médecin;

…/…

• 12° La notification du droit relatif à l'information à la famille ainsi que l'identité, le lien de filiation, le numéro de téléphone et la date d'appel de la personne informée ;
• 13° La notification du droit relatif à l'information de l'employeur.

• IV. – Données complémentaires relatives aux infractions de police de la route à destination des magistrats du parquet :
• 1° La date de convocation ;
• 2° Les revenus de la personne mise en cause ;
• 3° Pour les infractions relatives :
• *a)* Au permis de conduire : informations concernant le permis de conduire et informations concernant les éventuels arrêtés de suspension et/ou annulation du permis ;
• *b)* À la conduite sans assurance : identité du propriétaire du véhicule si ce dernier n'est pas la personne concernée ;
• *c)* À la conduite sous l'emprise d'un état alcoolique : taux d'alcoolémie et date de vérification de l'éthylomètre.

• V. – Données et informations enregistrées dans les zones de commentaires libres :
• Ne peuvent être enregistrées dans les zones de commentaires libres que les données et informations strictement nécessaires, adéquates et non excessives au regard des finalités poursuivies. Les données autres que celles mentionnées aux paragraphes I à IV de la présente annexe ne peuvent faire l'objet d'un pré-renseignement dans d'autres traitements.

ANNEXE XIII

CODE PÉNITENTIAIRE

CODE PÉNITENTIAIRE

(Extraits)
PARTIE LÉGISLATIVE
Titre unique : Titre PRÉLIMINAIRE

Article L. 1. – Service public pénitentiaire – *(Ordonnance n° 2022-478 du 30 mars 2022)*
• Le service public pénitentiaire participe à la préparation et à l'exécution des décisions judiciaires.
• Il contribue à l'insertion ou à la réinsertion des personnes qui lui sont confiées et à la prévention de la commission de nouvelles infractions.
• Il concourt à la mise en œuvre de mesures de justice restaurative.
• Il contribue à la sécurité publique et concourt aux actions de prévention de la délinquance.
• Il participe à la préparation et à l'exécution de décisions administratives individuelles concourant à la sauvegarde de l'ordre public.
• Il est organisé de manière à assurer l'individualisation de la prise en charge des personnes qui lui sont confiées par l'autorité judiciaire, l'exécution des décisions des magistrats compétents pour les nécessités de l'instruction ou du jugement à l'égard des personnes prévenues et l'aménagement des peines des personnes condamnées.
• Il assure l'ensemble de ses missions dans le respect des intérêts de la société, des droits des victimes et des droits des personnes à l'égard desquelles il intervient.

Article L. 2. – Missions – Respect et règles – *(Ordonnance n° 2022-478 du 30 mars 2022)*
• Le service public pénitentiaire s'acquitte de ses missions dans le respect des droits et libertés garantis par la Constitution et les conventions internationales ratifiées par la France, notamment la convention européenne de sauvegarde des droits de l'Homme et des libertés fondamentales.
• Il se conforme aux règles fixées par le Code de déontologie prévu à l'article L. 120-1.

Article L. 3. – Exercices des missions – *(Ordonnance n° 2022-478 du 30 mars 2022)*
• Le service public pénitentiaire exerce ses missions à l'égard des personnes suivantes :
• 1° Les personnes détenues ;
• 2° Les personnes ayant exécuté une peine privative de liberté et faisant l'objet de mesures de surveillance décidées par les autorités judiciaires ;
• 3° Les personnes condamnées à des peines autres que l'emprisonnement ;
• 4° Les personnes non détenues et non condamnées faisant l'objet d'enquêtes ou de mesures de surveillance décidées par les autorités judiciaires ;
• 5° Les personnes non détenues et non condamnées faisant l'objet de certaines mesures de surveillance décidées par les autorités administratives.
• Les personnes détenues sont les personnes faisant l'objet d'une mesure privative de liberté à l'intérieur d'un établissement pénitentiaire, qu'elles soient prévenues, au titre de poursuites pénales et sans condamnation définitive, ou qu'elles soient condamnées ou soumises à une contrainte judiciaire.

Article L. 4. – Personnes mineurs détenues – Respect des droits – *(Ordonnance n° 2022-478 du 30 mars 2022)*
• L'administration pénitentiaire garantit aux personnes mineures détenues le respect des droits fondamentaux reconnus à l'enfant.
• Les modalités spécifiques de la prise en charge des personnes mineures sont énoncées au code de la justice pénale des mineurs.

Article L. 5. – Détention arbitraire – *(Ordonnance n° 2022-478 du 30 mars 2022)*
• Nul agent de l'administration pénitentiaire ne peut, à peine d'être poursuivi et puni comme coupable de détention arbitraire, recevoir ni retenir aucune personne qu'en vertu d'un arrêt ou jugement de condamnation, d'un mandat de dépôt ou d'arrêt, d'un mandat d'amener lorsque ce mandat doit être suivi de détention provisoire, ou d'un ordre d'arrestation établi conformément à la loi, et sans qu'ait été donné l'acte d'écrou prévu par les dispositions de l'article L. 212-6.

Article L. 6. – Respect dignité et droits de la personne détenue – Restrictions – *(Ordonnance n° 2022-478 du 30 mars 2022)*
• L'administration pénitentiaire garantit à toute personne détenue le respect de sa dignité et de ses droits. L'exercice de ceux-ci ne peut faire l'objet d'autres restrictions que celles résultant des contraintes inhérentes à la détention, du maintien de la sécurité et du bon ordre des établissements, de la prévention de la commission de nouvelles infractions et de la protection de l'intérêt des victimes. Ces restrictions tiennent compte de l'âge, de l'état de santé, du handicap, de l'identité de genre et de la personnalité de chaque personne détenue.

Article L. 7. – Protection effective intégrité physique – Lieux collectifs et individuels – *(Ordonnance n° 2022-478 du 30 mars 2022)*
• L'administration pénitentiaire doit assurer à chaque personne détenue une protection effective de son intégrité physique en tous lieux collectifs et individuels.

Article L. 8. – Réparation dommage – Décès personne détenue – *(Ordonnance n° 2022-478 du 30 mars 2022)*
• Même en l'absence de faute, l'État est tenu de réparer le dommage résultant du décès d'une personne détenue causé par des violences commises au sein d'un établissement pénitentiaire par une autre personne détenue

.../...

LIVRE II : DÉTENTION EN ÉTABLISSEMENT PÉNITENTIAIRE

TITRE Ier : PRISE EN CHARGE DES PERSONNES DÉTENUES

CHAPITRE Ier
Affectation en détention

Article L. 211-1. – Personnes prévenues – Détention – Maison d'arrêt – *(Ordonnance n° 2022-478 du 30 mars 2022)*
• Les personnes prévenues sont détenues dans une maison d'arrêt.

Article L. 211-2. – Titre exceptionnel – Détention – Établissement pour peines – *(Ordonnance n° 2022-478 du 30 mars 2022)*
• À titre exceptionnel, au regard de leur personnalité ou de leur comportement, les personnes prévenues peuvent être détenues dans un établissement pour peines lorsque cette décision apparaît nécessaire à la prévention des évasions ou au maintien de la sécurité et du bon ordre des établissements pénitentiaires.
• À titre exceptionnel, les personnes mentionnées au 1er alinéa ayant interjeté appel ou formé un pourvoi en cassation contre leur condamnation peuvent être détenues dans un établissement pour peines lorsque cet établissement offre des conditions de détention plus satisfaisantes eu égard à la capacité d'accueil de la maison d'arrêt où ces personnes doivent être détenues en application des dispositions de l'article L. 211-1.
• Les personnes prévenues peuvent également être affectées au sein d'un établissement pour peines dans un quartier spécifique, dans les conditions prévues par les dispositions des articles L. 224-1 à L. 224-4.

Article L. 211-3. – Personnes condamnées – Établissement pour peines... – *(Ordonnance n° 2022-478 du 30 mars 2022)*
• Les personnes condamnées exécutent leur peine dans un établissement pour peines.
• Cependant, les personnes condamnées à l'emprisonnement d'une durée inférieure ou égale à 2 ans peuvent, à titre exceptionnel, être maintenues en maison d'arrêt et détenues, dans ce cas, dans un quartier distinct, lorsque des conditions tenant à la préparation de leur libération, leur situation familiale ou leur personnalité le justifient.
• Peuvent également, dans les mêmes conditions, être affectées, à titre exceptionnel, en maison d'arrêt, les personnes condamnées auxquelles il reste à exécuter une peine d'une durée inférieure à 1 an.
• Toute personne condamnée détenue en maison d'arrêt à laquelle il reste à exécuter une peine d'une durée supérieure à 2 ans peut, à sa demande, obtenir son transfèrement dans un établissement pour peines dans un délai de 9 mois à compter du jour où sa condamnation est devenue définitive.
• Cependant, elle peut être maintenue en maison d'arrêt lorsqu'elle bénéficie d'un aménagement de peine ou est susceptible d'en bénéficier rapidement.
• Les personnes condamnées peuvent également être affectées en maison d'arrêt au sein d'un quartier spécifique dans les conditions prévues par les dispositions des articles L. 224-1 à L. 224-4.

Article L. 211-4. – Répartition des personnes condamnées – Établissements pour peines – *(Ordonnance n° 2022-478 du 30 mars 2022)*
• La répartition des personnes condamnées dans les établissements pour peines s'effectue compte tenu de leur catégorie pénale, de leur âge, de leur état de santé et de leur personnalité.
• Leur régime de détention est déterminé en prenant en compte leur personnalité, leur santé, leur dangerosité et leurs efforts en matière de réinsertion sociale.
• Le placement d'une personne détenue sous un régime de détention plus sévère ne saurait porter atteinte aux droits mentionnés par les dispositions de l'article L. 6.

Article L. 211-5. – Parcours d'exécution – Peine – *(Ordonnance n° 2022-478 du 30 mars 2022)*
• Un parcours d'exécution de la peine est élaboré par le chef de l'établissement pénitentiaire et le directeur du service pénitentiaire d'insertion et de probation pour les personnes condamnées, en concertation avec ces dernières, dès que leur condamnation est devenue définitive. Le projet initial et ses modifications ultérieures sont portés à la connaissance du juge de l'application des peines.

Article L. 211-6. – Suivi socio-judiciaire – Injonction de soins – *(Ordonnance n° 2022-478 du 30 mars 2022)*
• Conformément aux dispositions de l'article 763-7 du Code de procédure pénale, les personnes condamnées à un suivi socio-judiciaire comprenant une injonction de soins et devant exécuter une peine privative de liberté sont prises en charge par des établissements pénitentiaires permettant de leur assurer un suivi médical et psychologique adapté.

Article L. 211-7. – Expertise médicale – *(Ordonnance n° 2022-478 du 30 mars 2022)*
• L'expertise médicale à laquelle a été soumise une personne condamnée à une peine privative de liberté et réalisée en application de l'article 706-47-1 du Code de procédure pénale est communiquée à l'administration pénitentiaire afin de faciliter le suivi médical et psychologique en détention.

CHAPITRE II
Entrée en détention

Section 1 : Conditions préalables à la mise sous écrou

Article L. 212-1. – Mandat d'arrêt – *(Ordonnance n° 2022-478 du 30 mars 2022)*
• Conformément aux dispositions de l'article 122 du Code de procédure pénale, l'établissement pénitentiaire où est reçue et détenue la personne à l'encontre de laquelle est décerné un mandat d'arrêt défini par les dispositions du même article, est celui indiqué sur ce mandat.

.../...

Article L. 212-2. – Mandat de dépôt – *(Ordonnance n° 2022-478 du 30 mars 2022)*

• Conformément aux dispositions de l'article 122 du Code de procédure pénale, l'établissement pénitentiaire où est reçue et détenue la personne à l'encontre de laquelle est décerné un mandat de dépôt défini par les dispositions du même article, est celui indiqué sur ce mandat.

• Conformément aux dispositions de l'article 135-2 du même code, le chef de l'établissement pénitentiaire délivre à l'agent lui remettant la personne à l'encontre de laquelle est décerné un mandat de dépôt une reconnaissance de cette remise.

Article L. 212-3. – Code de justice militaire – *(Ordonnance n° 2022-478 du 30 mars 2022)*

• Peuvent être détenues dans un établissement pénitentiaire des personnes relevant de la justice militaire dans les conditions prévues par les dispositions des articles L. 211-21, L. 212-105, L. 212-106, L. 212-119, L. 212-159 et L. 222-20 du Code de justice militaire.

Article L. 212-4. – Cour pénale internationale – *(Ordonnance n° 2022-478 du 30 mars 2022)*

• Lorsqu'une personne condamnée par la Cour pénale internationale est transférée sur le territoire français afin d'y exécuter sa peine d'emprisonnement, elle est conduite et détenue au sein d'un établissement pénitentiaire dans les conditions prévues par les dispositions de l'article 627-19 du Code de procédure pénale.

Article L. 212-5. – Juridiction étrangère – *(Ordonnance n° 2022-478 du 30 mars 2022)*

• Lorsqu'une personne détenue en exécution d'une condamnation par une juridiction étrangère est transférée sur le territoire français afin d'y exécuter le reliquat de sa peine d'emprisonnement, elle est conduite et détenue au sein d'un établissement pénitentiaire dans les conditions prévues par les dispositions de l'article 728-3 du Code de procédure pénale.

Section 2 : Formalités et registres d'écrou

Article L. 212-6. – Acte d'écrou – *(Ordonnance n° 2022-478 du 30 mars 2022)*

• Un acte d'écrou est dressé pour toute personne qui est conduite dans un établissement pénitentiaire ou qui s'y présente librement.

• Les conditions d'application du présent article sont fixées par décret.

Article L. 212-7. – Fichier judiciaire national automatisé – Auteurs d'infractions terroristes – *(Ordonnance n° 2022-478 du 30 mars 2022)*

• Conformément aux dispositions de l'article 706-25-9 du Code de procédure pénale, les agents du greffe de l'établissement pénitentiaire habilités par le chef de l'établissement enregistrent dans le fichier judiciaire national automatisé des auteurs d'infractions terroristes la date de mise sous écrou et vérifient que la personne intéressée a fait l'objet de l'information mentionnée par les dispositions de l'article 706-25-8 du même code.

Article L. 212-8. – Fichier judiciaire national automatisé – Auteurs d'infractions sexuelles ou violentes – *(Ordonnance n° 2022-478 du 30 mars 2022)*

• Conformément aux dispositions de l'article 706-53-7 du Code de procédure pénale, les agents du greffe de l'établissement pénitentiaire habilités par le chef de l'établissement enregistrent dans le fichier judiciaire national automatisé des auteurs d'infractions sexuelles ou violentes la date de mise sous écrou et vérifient que la personne intéressée a fait l'objet de l'information mentionnée par les dispositions de l'article 706-53-6 du même code.

Section 3 : Accueil en détention

Article L. 212-9. – Bilan de personnalité – *(Ordonnance n° 2022-478 du 30 mars 2022)*

• Dès leur accueil dans l'établissement pénitentiaire et à l'issue d'une période d'observation pluridisciplinaire, les personnes détenues font l'objet d'un bilan de personnalité.

CHAPITRE III

Encellulement

Section 1 : Encellulement individuel

Article L. 213-1. – Personne détenue – Victime acte de violence… – *(Ordonnance n° 2022-478 du 30 mars 2022)*

• Toute personne détenue victime d'un acte de violence caractérisé commis par une ou plusieurs personnes codétenues bénéficie prioritairement d'un encellulement individuel.

• Les modalités d'application du présent article sont fixées par décret en Conseil d'État.

Article L. 213-2. – Personnes prévenues – Cellule individuelle – *(Ordonnance n° 2022-478 du 30 mars 2022)*

• Les personnes prévenues sont placées en cellule individuelle.

Article L. 213-3. – Période d'observation en cellule – *(Ordonnance n° 2022-478 du 30 mars 2022)*

• Après avoir subi éventuellement une période d'observation en cellule, les personnes condamnées sont soumises :

• 1° Dans les maisons d'arrêt, à un encellulement individuel de jour et de nuit ;

• 2° Dans les établissements pour peines, à un encellulement individuel de nuit seulement.

Article L. 213-4. – Dérogations à l'encellulement individuel – Personnes prévenues – *(Ordonnance n° 2022-478 du 30 mars 2022)*

• Il ne peut être dérogé au principe de l'encellulement individuel des personnes prévenues prévu par les dispositions de l'article L. 213-2 que dans les cas suivants :

• 1° Si les personnes intéressées en font la demande ;

• 2° Si leur personnalité justifie, dans leur intérêt, qu'elles ne soient pas laissées seules ;

…/…

• 3° Si elles ont été autorisées à travailler ou à suivre une formation professionnelle ou scolaire et que les nécessités d'organisation l'imposent.

• Lorsque les personnes prévenues sont placées en cellule collective, les cellules doivent être adaptées au nombre de personnes qui y sont hébergées. Les personnes détenues doivent être en mesure de cohabiter. Leur sécurité et leur dignité doivent être assurées.

Article L. 213-6. – Dérogations à l'encellulement individuel – Personnes condamnées – *(Ordonnance n° 2022-478 du 30 mars 2022)*

• Il ne peut être dérogé au principe de l'encellulement individuel des personnes condamnées prévu par les dispositions de l'article L. 213-3 que dans les cas suivants :

• 1° Si les personnes intéressées en font la demande ;

• 2° Si leur personnalité justifie, dans leur intérêt, qu'elles ne soient pas laissées seules ;

• 3° En raison des nécessités d'organisation du travail.

Section 2 : Modalités d'encellulement

Article L. 213-7. – Placement à l'isolement judiciaire – *(Ordonnance n° 2022-478 du 30 mars 2022)*

• Le placement à l'isolement judiciaire aux fins de séparation des autres personnes prévenues décidé par le magistrat compétent conformément aux dispositions de l'article 145-4-1 du Code de procédure pénale n'affecte pas l'exercice des droits prévus par les dispositions de l'article L. 6, sous réserve des aménagements qu'impose la sécurité.

Article L. 213-8. – Personne détenue majeure – Placement par l'autorité administrative – *(Ordonnance n° 2022-478 du 30 mars 2022)*

• Toute personne détenue majeure peut être placée par l'autorité administrative, pour une durée maximale de 3 mois, à l'isolement par mesure de protection ou de sécurité soit à sa demande, soit d'office. Cette mesure ne peut être renouvelée pour la même durée qu'après un débat contradictoire, au cours duquel la personne intéressée, qui peut être assistée de son avocat, présente ses observations orales ou écrites.

• L'isolement ne peut être prolongé au-delà d'un an qu'après avis de l'autorité judiciaire.

• Le placement à l'isolement n'affecte pas l'exercice des droits prévus par les dispositions de l'article L. 6, sous réserve des aménagements qu'impose la sécurité.

• Lorsqu'une personne détenue est placée à l'isolement, elle peut saisir le juge des référés en application de l'article L. 521-2 du Code de justice administrative.

Article L. 213-9. – Conditions d'application – *(Ordonnance n° 2022-478 du 30 mars 2022)*

• Les conditions d'application de la présente section sont fixées par décret en Conseil d'État.

CHAPITRE IV

Suivi de la situation pénale et administrative

Article L. 214-1. – Services pénitentiaires – Dossier individuel – *(Ordonnance n° 2022-478 du 30 mars 2022)*

• Les services pénitentiaires constituent et tiennent à jour pour chaque personne détenue un dossier individuel comprenant des informations de nature pénale et pénitentiaire.

Article L. 214-2. – Communication des informations – *(Ordonnance n° 2022-478 du 30 mars 2022)*

• Les services pénitentiaires communiquent aux autorités administratives compétentes pour en connaître des informations relatives à l'identité de chaque personne détenue, à son lieu de détention, à sa situation pénale et à sa date de libération, dès lors que ces informations sont nécessaires à l'exercice des attributions desdites autorités.

• Ils communiquent notamment aux services centraux ou déconcentrés du ministère de l'intérieur les informations de cette nature relative aux personnes détenues de nationalité étrangère faisant ou devant faire l'objet d'une mesure d'éloignement du territoire.

Article L. 214-3. – Délivrance – Bulletin n° 1 casier judiciaire – *(Ordonnance n° 2022-478 du 30 mars 2022)*

• Conformément aux dispositions de l'article 774 du Code de procédure pénale, le bulletin n° 1 du casier judiciaire peut être délivré :

• 1° Aux greffes des établissements pénitentiaires afin de compléter le dossier individuel de la personne détenue ;

• 2° Aux directeurs des services pénitentiaires d'insertion et de probation, afin de leur permettre d'individualiser les modalités de prise en charge des personnes condamnées et proposer notamment un aménagement de peine ou une libération sous contrainte.

Article L. 214-4. – Greffe établissement pénitentiaire – Information – *(Ordonnance n° 2022-478 du 30 mars 2022)*

• Le greffe de l'établissement pénitentiaire informe chaque personne condamnée, lors de son placement sous écrou, des règles afférentes à la réduction de peine prévue, des critères d'appréciation et d'attribution de cette réduction ainsi que des possibilités de retrait de tout ou partie de cette réduction, conformément aux dispositions de l'article 721 du Code de procédure pénale.

Article L. 214-5. – Réduction de peine – Bonne conduite – *(Ordonnance n° 2022-478 du 30 mars 2022)*

• Une réduction de peine peut être accordée aux personnes condamnées qui ont donné des preuves suffisantes de bonne conduite et qui ont manifesté des efforts sérieux de réinsertion au cours de leur période de détention, dans les conditions prévues par les dispositions de l'article 721 du Code de procédure pénale.

Article L. 214-6. – Mauvaise conduire – Personne condamnée – *(Ordonnance n° 2022-478 du 30 mars 2022)*

• En cas de mauvaise conduite d'une personne condamnée en détention, le chef de l'établissement pénitentiaire peut saisir le juge de l'application des peines aux fins de retrait de la réduction de peine, dans les conditions prévues par les dispositions de l'article 721 du Code de procédure pénale.

.../...

Article L. 214-7. – Réduction de peine exceptionnelle – *(Ordonnance n° 2022-478 du 30 mars 2022)*

• Une réduction de peine exceptionnelle peut être accordée aux personnes condamnées ayant permis d'éviter ou de mettre fin à toute action individuelle ou collective de nature à perturber gravement le maintien du bon ordre et la sécurité de l'établissement pénitentiaire ou à porter atteinte à la vie ou à l'intégrité physique ou psychique des membres du personnel pénitentiaire ou des personnes détenues au sein de l'établissement, dans les conditions prévues par l'article 721-4 du Code de procédure pénale.

Article L. 214-8. – Décès – *(Ordonnance n° 2022-478 du 30 mars 2022)*

• En cas de survenance d'un décès au sein d'un établissement pénitentiaire, il est dressé un acte de décès dans les conditions et selon les formalités prévues par les dispositions des articles 79, 84 et 85 du Code civil.

CHAPITRE V

Transfèrements et extractions

Le présent chapitre ne comprend pas de dispositions législatives.

CHAPITRE VI

Prise en charge spécifique de certaines catégories de personnes détenues

Article L. 216-1. – Contrainte judiciaire – *(Ordonnance n° 2022-478 du 30 mars 2022)*

• La contrainte judiciaire, ordonnée en application des dispositions de l'article 749 du Code de procédure pénale, est exécutée en établissement pénitentiaire, dans le quartier à ce destiné.

Article L. 216-2. – Convention entre l'établissement pénitentiaire et le département – *(Ordonnance n° 2022-478 du 30 mars 2022)*

• Une convention entre l'établissement pénitentiaire et le département définit l'accompagnement social proposé aux mères détenues avec leurs enfants et prévoit un dispositif permettant la sortie régulière des enfants à l'extérieur de l'établissement pour permettre leur socialisation.

• Les modalités d'application du présent article sont fixées par décret en Conseil d'État.

TITRE II : MAINTIEN DE LA SÉCURITÉ

CHAPITRE Ier

Dispositions générales

Article L. 221-1. – Personne détenue – Acte de violence caractérisé... – *(Ordonnance n° 2022-478 du 30 mars 2022)*

• Toute personne détenue victime d'un acte de violence caractérisé commis par une ou plusieurs personnes codétenues fait l'objet d'une surveillance et d'un régime de détention particuliers.

• Les modalités d'application du présent article sont fixées par décret en Conseil d'État.

CHAPITRE II

Autorisations d'accès

Le présent chapitre ne comprend pas de dispositions législatives.

CHAPITRE III

Moyens de contrôle et de surveillance

Section 3: Moyens de contrôle et de surveillance à l'intérieur de l'établissement pénitentiaire

Sous-section 1 : Dispositifs techniques

Article L. 223-1. – Contrôle et surveillance – Missions des agents de l'administration pénitentiaire – *(Ordonnance n° 2022-478 du 30 mars 2022)*

• Aux fins de prévenir les évasions et d'assurer la sécurité et le bon ordre au sein des établissements pénitentiaires ou des établissements de santé destinés à recevoir des personnes détenues, le garde des sceaux, ministre de la justice, peut autoriser les agents individuellement désignés et habilités de l'administration pénitentiaire à :

• 1° Intercepter, enregistrer, transcrire ou interrompre les correspondances de personnes détenues émises par la voie des communications électroniques et autorisées en détention, à l'exception de celles avec leur avocat, et conserver les données de connexion y afférentes ;

• 2 ° Accéder aux données stockées dans un équipement terminal ou un système informatique qu'utilise une personne détenue et dont l'utilisation est autorisée en détention, les enregistrer, les conserver et les transmettre.

• Les personnes détenues et leurs correspondants sont informés au préalable des dispositions du présent article.

• L'autorisation est délivrée pour une durée maximale d'1 an, renouvelable.

Article L. 223-2. – Détention illicite – Équipement terminal, système informatique... – *(Ordonnance n° 2022-478 du 30 mars 2022)*

• Le procureur de la République est immédiatement avisé de la découverte, dans un établissement mentionné par les dispositions de l'article L. 223-1, de tout équipement terminal, système informatique ou support de données informatiques dont la détention est illicite.

• Sous réserve d'une éventuelle saisie de ces matériels par l'autorité judiciaire ouvrant à la personne détenue les voies de recours prévues par les dispositions de l'article 41-5 du Code de procédure pénale, le procureur de la République peut autoriser, par tout moyen, l'administration pénitentiaire à les conserver, s'il estime que ceux-ci ne sont pas utiles à la manifestation de la vérité.

.../...

• Dans ce cas et pour les finalités mentionnées par les dispositions de l'article L. 223-1, le garde des sceaux, ministre de la justice, peut autoriser les agents individuellement désignés et habilités de l'administration pénitentiaire à mettre en œuvre les techniques mentionnées par les dispositions du 2° de l'article L. 223-1. L'autorisation est délivrée pour une durée maximale d'un an, renouvelable.

• La personne concernée, lorsqu'elle est identifiée, est alors informée de la décision de l'administration pénitentiaire de mettre en œuvre ces techniques. Elle est également informée que les matériels seront détruits à l'issue du délai prévu à l'avant-dernier alinéa du présent article, sauf si l'exploitation de ces données conduit à l'ouverture d'une procédure judiciaire au dossier de laquelle ils sont alors versés.

Article L. 223-3. – Mise en œuvre technique – Établissement d'un relevé – *(Ordonnance n° 2022-478 du 30 mars 2022)*

• Chaque mise en œuvre d'une technique prévue par les dispositions des articles L. 223-1 ou L. 223-2, donne lieu à l'établissement d'un relevé qui mentionne les dates de début et de fin de cette mise en œuvre ainsi que la nature des renseignements collectés. Ce relevé est tenu à la disposition du procureur de la République, qui peut y accéder de manière permanente, complète et directe, quel que soit son degré d'achèvement.

• La décision de mettre en œuvre les techniques prévues par les dispositions des mêmes articles L. 223-1 ou L. 223-2 est consignée dans un registre tenu par la direction de l'administration pénitentiaire. Cette décision peut faire l'objet d'un recours devant le juge administratif dans les conditions prévues par le Code de justice administrative.

Article L. 223-4. – Données, enregistrements, transcriptions... – *(Ordonnance n° 2022-478 du 30 mars 2022)*

• Les données ou les enregistrements qui ne font l'objet d'aucune transmission à l'autorité judiciaire en application du Code de procédure pénale sont détruits à l'issue d'une durée de 90 jours à compter de leur recueil.

• Les transcriptions ou les extractions sont détruites dès que leur conservation n'est plus indispensable à la poursuite des finalités mentionnées par les dispositions de l'article L. 223-1.

• Lorsque les données ou enregistrements servent de support à une procédure disciplinaire, le délai mentionné au 1er du présent article est suspendu jusqu'à l'extinction des voies de recours.

• Il est dressé un procès-verbal rendant compte des opérations de destruction.

• Les données, enregistrements, transcriptions, extractions et procès-verbaux mentionnés au présent article sont mis à la disposition du procureur de la République, qui peut y accéder à tout instant.

Article L. 223-5. – Modalités d'application – *(Ordonnance n° 2022-478 du 30 mars 2022)*

• Les modalités d'application de la présente sous-section sont fixées par décret en Conseil d'État.

Sous-section 2 : Vidéosurveillance

Article L. 223-6. – Caméras de surveillance – Installation espaces collectifs – *(Ordonnance n° 2022-478 du 30 mars 2022)*

• Des caméras de surveillance peuvent être installées dans les espaces collectifs présentant un risque d'atteinte à l'intégrité physique des personnes au sein des établissements pénitentiaires. Cette faculté constitue une obligation pour l'ensemble des établissements pénitentiaires dont l'ouverture est postérieure au 26 novembre 2009.

Article L. 223-7. – Mesures de vidéosurveillance – *(Ordonnance n° 2022-478 du 30 mars 2022)*

• Les personnes prévenues faisant l'objet d'un mandat de dépôt criminel et d'une mesure d'isolement, dont l'évasion ou le suicide pourraient avoir un impact important sur l'ordre public eu égard aux circonstances particulières à l'origine de leur détention et à l'impact de celles-ci sur l'opinion publique, peuvent faire l'objet des mesures de vidéosurveillance prévues par les dispositions des articles L. 223-8 à L. 223-15.

Article L. 223-8. – Traitements de données à caractère personnel – *(Ordonnance n° 2022-478 du 30 mars 2022)*

• La direction de l'administration pénitentiaire peut mettre en œuvre des traitements de données à caractère personnel relatifs aux systèmes de vidéosurveillance de cellules de détention au sein des établissements pénitentiaires.

• Ces traitements ont pour finalité le contrôle sous vidéosurveillance des cellules de détention dans lesquelles sont affectées les personnes placées sous main de justice, faisant l'objet d'une mesure d'isolement, dont l'évasion ou le suicide pourraient avoir un impact important sur l'ordre public eu égard aux circonstances particulières à l'origine de leur détention et à l'impact de celles-ci sur l'opinion publique.

• Ces traitements garantissent la sécurité au sein de l'établissement en cas de risque d'évasion et celle de la personne placée dans l'éventualité d'un risque de passage à l'acte suicidaire.

• Ces traitements ne peuvent concerner que les cellules de détention hébergeant des personnes placées en détention provisoire, faisant l'objet d'un mandat de dépôt criminel. Ils ne peuvent être mis en œuvre qu'à titre exceptionnel.

Article L. 223-9. – Décision placement sous vidéosurveillance – *(Ordonnance n° 2022-478 du 30 mars 2022)*

• Chaque personne détenue est informée du projet de la décision de son placement sous vidéosurveillance et dispose de la faculté de produire des observations écrites et orales, dans le cadre d'une procédure contradictoire. À cette occasion, elle peut être assistée d'un avocat.

• En cas d'urgence, le garde des sceaux, ministre de la justice, peut décider du placement provisoire sous vidéosurveillance d'une personne détenue si la mesure est l'unique moyen d'éviter l'évasion ou le suicide de la personne intéressée. Le placement provisoire ne peut excéder 5 jours.

• Au-delà de cette durée, si aucune décision de placement sous vidéosurveillance, prise dans les conditions ci-dessus décrites, n'est intervenue, il est mis fin à la mesure de vidéosurveillance. La durée du placement provisoire s'impute sur la durée totale de la mesure de vidéosurveillance.

• Le placement de la personne détenue sous vidéosurveillance fait l'objet d'une décision spécialement motivée prise par le garde des sceaux, ministre de la justice, pour une durée de 3 mois, renouvelable. Cette décision est notifiée à la personne détenue.

Article L. 223-10. – Avis écrit médecin – *(Ordonnance n° 2022-478 du 30 mars 2022)*

• L'avis écrit du médecin intervenant dans l'établissement peut être recueilli à tout moment, notamment avant toute décision de renouvellement de la mesure de vidéosurveillance.

.../...

Article L. 223-11. – Modalités d'enregistrement – *(Ordonnance n° 2022-478 du 30 mars 2022)*

• Le système de vidéosurveillance permet un contrôle en temps réel de la personne détenue.

• Un pare-vue fixé dans la cellule garantit son intimité tout en permettant la restitution d'images opacifiées. L'emplacement des caméras est visible.

• Est enregistré dans ces traitements l'ensemble des séquences vidéo provenant de la vidéosurveillance des cellules concernées.

• Il n'y a ni transmission ni enregistrement sonore.

• Aucun dispositif biométrique n'est couplé avec ces traitements de vidéosurveillance.

• Les images enregistrées faisant l'objet de ces traitements sont conservées sur support numérique pendant un délai d'1 mois.

Article L. 223-12. – Modalités d'enregistrement – Personne détenue – Risques de passage à l'acte suicidaire ou évasion – *(Ordonnance n° 2022-478 du 30 mars 2022)*

• S'il existe des raisons sérieuses de penser que la personne détenue présente des risques de passage à l'acte suicidaire ou d'évasion, le chef de l'établissement pénitentiaire ou son représentant peut consulter les données de la vidéosurveillance pendant un délai de 7 jours à compter de l'enregistrement. Au-delà de ce délai de 7 jours, les données ne peuvent être visionnées que dans le cadre d'une enquête judiciaire ou administrative.

• Au terme du délai d'1 mois, les données qui n'ont pas fait l'objet d'une transmission à l'autorité judiciaire ou d'une enquête administrative sont effacées.

Article L. 223-13. – Accès aux données à caractère personnel – Liste des personnes autorisées – *(Ordonnance n° 2022-478 du 30 mars 2022)*

• Les personnes ou catégories de personnes qui, à raison de leurs fonctions ou pour les besoins du service, ont accès aux données à caractère personnel susmentionnées sont:

• 1° Les agents de l'administration pénitentiaire individuellement désignés et dûment habilités par le chef de l'établissement pénitentiaire pour les données visionnées en temps réel;

• 2° Le chef d'établissement ou son représentant pour la consultation, dans le délai de sept jours, des données enregistrées;

• 3° Le correspondant local informatique individuellement désigné et dûment habilité par le chef de l'établissement.

Article L. 223-14. – Droit d'opposition – Droits d'accès et de rectification – Affichage – *(Ordonnance n° 2022-478 du 30 mars 2022)*

• Le droit d'opposition prévu par les dispositions de l'article 56 de la loi n° 78-17 du 6 janvier 1978 relative à l'informatique, aux fichiers et aux libertés ne s'applique pas aux traitements prévus par les dispositions des articles L. 223-8 à L. 223-15.

• Les droits d'accès et de rectification prévus par les dispositions des articles 49 et 50 de la loi n° 78-17 du 6 janvier 1978 relative à l'informatique, aux fichiers et aux libertés s'exercent auprès du chef de l'établissement pénitentiaire où sont mis en œuvre les traitements de vidéosurveillance.

• Une affiche apposée à l'entrée de la cellule équipée d'un système de vidéosurveillance informe de l'existence dudit système ainsi que des modalités d'accès et de rectification des données recueillies.

Article L. 223-15. – Traitement – Journalisation – *(Ordonnance n° 2022-478 du 30 mars 2022)*

• Le traitement fait l'objet d'une journalisation concernant les consultations, les créations et les mises à jour. Ces journalisations sont conservées pour une durée de trois mois. Le traitement fait l'objet d'une journalisation des extractions des séquences vidéo enregistrées. Cette journalisation est conservée pour une durée d'un an.

Article L. 223-16. – Modalités d'application – *(Ordonnance n° 2022-478 du 30 mars 2022)*

• Les modalités d'application de la présente sous-section sont fixées par décret en Conseil d'État.

Section 2: Contrôle du domaine affecté à l'établissement pénitentiaire ou de ses abords immédiats

Article L. 223-17. – Contrôle – *(Ordonnance n° 2022-478 du 30 mars 2022)*

• Les personnels de surveillance de l'administration pénitentiaire affectés aux équipes de sécurité pénitentiaire et individuellement désignés par le chef de l'établissement pénitentiaire ou par le directeur interrégional des services pénitentiaires peuvent procéder, sur l'ensemble du domaine affecté à l'établissement pénitentiaire ou à ses abords immédiats, au contrôle des personnes, autres que les personnes détenues, à l'égard desquelles existe une ou plusieurs raisons sérieuses de penser qu'elles se préparent à commettre une infraction portant atteinte à la sécurité de l'établissement pénitentiaire.

Article L. 223-18. – Moyens de contrôle – *(Ordonnance n° 2022-478 du 30 mars 2022)*

• Dans le cadre du contrôle prévu par les dispositions de l'article L. 223-17, les personnels de surveillance peuvent inviter la personne intéressée à justifier, par tout moyen, de son identité, procéder à des palpations de sécurité, à l'inspection visuelle de ses bagages et, avec le consentement de la personne intéressée, à leur fouille. La palpation de sécurité doit être faite par une personne de même sexe que la personne qui en fait l'objet.

Article L. 223-19. – Refus de contrôle – *(Ordonnance n° 2022-478 du 30 mars 2022)*

• En cas de refus de la personne intéressée de se soumettre au contrôle ou d'impossibilité de justifier de son identité, le personnel mentionné par les dispositions de l'article L. 223-17 peut la retenir en utilisant le cas échéant la force strictement nécessaire.

• Il en rend compte immédiatement à tout officier de police judiciaire de la police nationale ou de la gendarmerie nationale territorialement compétent, qui peut alors lui ordonner sans délai de lui présenter sur-le-champ la personne ou de la retenir jusqu'à son arrivée ou celle d'un agent de police judiciaire placé sous son contrôle.

• La personne intéressée ne peut être retenue si aucun ordre n'est donné.

• Lorsque l'officier de police judiciaire décide de procéder à une vérification d'identité en application de l'article 78-3 du Code de procédure pénale, le délai prévu au 3e alinéa du même article 78-3 court à compter du début du contrôle. Les opérations de contrôle ayant donné lieu à l'application du présent alinéa font l'objet d'un rapport adressé au procureur de la République territorialement compétent par le personnel mentionné par les dispositions de l'article L. 223-17.

.../...

CHAPITRE IV

Prise en charge dans des quartiers spécifiques

Article L. 224-1. – Affectation au sein de quartiers spécifiques – *(Ordonnance n° 2022-478 du 30 mars 2022)*
• Lorsqu'il apparaît que leur comportement porte ou est susceptible de porter atteinte au maintien du bon ordre de l'établissement ou à la sécurité publique, les personnes détenues majeures peuvent, sur décision de l'autorité administrative, être affectées au sein de quartiers spécifiques pour bénéficier d'un programme adapté de prise en charge et soumises à un régime de détention impliquant notamment des mesures de sécurité renforcée.

Article L. 224-2. – Décision d'affectation – Motivation... – *(Ordonnance n° 2022-478 du 30 mars 2022)*
• La décision d'affectation dans ces quartiers spécifiques doit être motivée et n'intervient qu'après une procédure contradictoire au cours de laquelle la personne intéressée, qui peut être assistée de son avocat, présente ses observations orales ou écrites. Cette décision fait l'objet d'un nouvel examen régulier.

Article L. 224-3. – Exercice des droits de la personne détenue... – *(Ordonnance n° 2022-478 du 30 mars 2022)*
• La décision d'affectation au sein d'un quartier spécifique ne porte pas atteinte à l'exercice des droits de toute personne détenue prévus par les dispositions du livre III du présent code, sous réserve des aménagements qu'imposent les impératifs de sécurité.
• L'exercice des activités mentionnées par les dispositions de l'article L. 411-1 par les personnes détenues affectées au sein de ces quartiers peut s'effectuer à l'écart des autres personnes détenues et sous réserve des aménagements qu'imposent les impératifs de sécurité.

Article L. 224-4. – Conditions d'application – *(Ordonnance n° 2022-478 du 30 mars 2022)*
• Les conditions d'application du présent chapitre sont fixées par décret en Conseil d'État.

CHAPITRE V

Fouilles

Article L. 225-1. – Fouilles intégrales – *(Ordonnance n° 2022-478 du 30 mars 2022)*
• Hors les cas où les personnes détenues accèdent à l'établissement pénitentiaire sans être restées sous la surveillance constante de l'administration pénitentiaire ou des forces de police ou de gendarmerie, les fouilles intégrales des personnes détenues doivent être justifiées par la présomption d'une infraction ou par les risques que leur comportement fait courir à la sécurité des personnes et au maintien du bon ordre dans l'établissement.
• Leur nature et leur fréquence sont strictement adaptées à ces nécessités et à la personnalité des personnes détenues.
• Elles peuvent être réalisées de façon systématique lorsque les nécessités de l'ordre public et les contraintes du service public pénitentiaire l'imposent. Dans ce cas, le chef de l'établissement pénitentiaire doit prendre une décision pour une durée maximale de 3 mois renouvelable après un nouvel examen de la situation de la personne détenue.

Article L. 225-2. – Fouilles de personnes détenues – *(Ordonnance n° 2022-478 du 30 mars 2022)*
• Lorsqu'il existe des raisons sérieuses de soupçonner l'introduction au sein de l'établissement pénitentiaire d'objets ou de substances interdits ou constituant une menace pour la sécurité des personnes ou des biens, le chef de l'établissement pénitentiaire peut également ordonner des fouilles de personnes détenues dans des lieux et pour une période de temps déterminés, indépendamment de leur personnalité.
• Ces fouilles doivent être strictement nécessaires et proportionnées. Elles sont spécialement motivées et font l'objet d'un rapport circonstancié transmis au procureur de la République territorialement compétent et à la direction de l'administration pénitentiaire.

Article L. 225-3. – Fouilles intégrales – *(Ordonnance n° 2022-478 du 30 mars 2022)*
• Les fouilles intégrales ne sont possibles que si les fouilles par palpation ou l'utilisation des moyens de détection électronique sont insuffisantes.
• Les investigations corporelles internes sont proscrites, sauf impératif spécialement motivé. Elles ne peuvent alors être réalisées que par un médecin n'exerçant pas au sein de l'établissement pénitentiaire et requis à cet effet par l'autorité judiciaire.

Article L. 225-4. – Fouilles des cellules et locaux divers – *(Ordonnance n° 2022-478 du 30 mars 2022)*
• Pour des motifs liés au maintien du bon ordre et de la sécurité ou à la prévention des infractions, les personnels de surveillance procèdent, en l'absence des personnes détenues, à des fouilles fréquentes et minutieuses des cellules et locaux divers où les personnes détenues séjournent, travaillent ou ont accès.

Article L. 225-5. – Modalités d'application – *(Ordonnance n° 2022-478 du 30 mars 2022)*
• Les modalités d'application du présent chapitre sont fixées par décret en Conseil d'État.

CHAPITRE VI

Usage des menottes et entraves

Article L. 226-1. – Conditions – *(Ordonnance n° 2022-478 du 30 mars 2022)*
• Les conditions dans lesquelles l'administration pénitentiaire peut faire usage des menottes ou entraves sont fixées par les dispositions de l'article 803 du Code de procédure pénale.

Article L. 226-2. – Accouchements – Examens gynécologiques – *(Ordonnance n° 2022-478 du 30 mars 2022)*
• Conformément aux dispositions de l'article L. 322-10, les femmes détenues accouchent ou subissent des examens gynécologiques sans entraves.

.../...

CHAPITRE VII

Usage de la force et des armes

Article L. 227-1. – Utilisation de la force – Personnels de surveillance de l'administration pénitentiaire – *(Ordonnance n° 2022-478 du 30 mars 2022)*

• Les personnels de surveillance de l'administration pénitentiaire ne doivent utiliser la force qu'aux conditions suivantes :

• 1° En se limitant à ce qui est strictement nécessaire ;

• 2° En cas de légitime défense, de tentative d'évasion ou de résistance par la violence ou par inertie physique aux ordres donnés.

• Dans ces cas ainsi que dans ceux prévus par les dispositions des 1° et 2° de l'article L. 435-1 du Code de la sécurité intérieure, ils peuvent faire usage d'une arme à feu en cas d'absolue nécessité et de manière strictement proportionnée.

Article L. 227-2. – Utilisation de la force – Membres des forces de l'ordre – *(Ordonnance n° 2022-478 du 30 mars 2022)*

• Les dispositions de l'article L. 227-1 sont applicables aux membres des forces de l'ordre lorsqu'ils interviennent, à la demande du chef de l'établissement, pour assurer le maintien de l'ordre à l'intérieur de l'établissement pénitentiaire ou pour assurer une mission de protection et de garde dans l'établissement ou aux abords de celui-ci.

Article L. 227-3. – Conditions d'application – *(Ordonnance n° 2022-478 du 30 mars 2022)*

• Les modalités d'application du présent chapitre sont fixées par décret en Conseil d'État.

TITRE III : RÉGIME DISCIPLINAIRE DES PERSONNES DÉTENUES

CHAPITRE Ier

Dispositions générales

Article L. 231-1. – Régime disciplinaire – *(Ordonnance n° 2022-478 du 30 mars 2022)*

• Le régime disciplinaire des personnes détenues placées en détention provisoire ou exécutant une peine privative de liberté est déterminé par un décret en Conseil d'État.

• Ce décret précise notamment :

• 1° Le contenu des fautes disciplinaires, qui sont classées selon leur nature et leur gravité ;

• 2° Les différentes sanctions disciplinaires encourues selon le degré de gravité des fautes commises. Le placement en cellule disciplinaire ou le confinement en cellule individuelle ordinaire ne peuvent excéder 20 jours, cette durée pouvant toutefois être portée à trente jours pour tout acte de violence physique contre les personnes ;

• 3° La composition de la commission disciplinaire, qui doit comprendre au moins un membre extérieur à l'administration pénitentiaire ;

• 4° La procédure disciplinaire applicable, au cours de laquelle la personne peut être assistée par un avocat choisi ou commis d'office, en bénéficiant le cas échéant de l'aide de l'État pour l'intervention de cet avocat. Ce décret détermine les conditions dans lesquelles le dossier de la procédure disciplinaire est mis à sa disposition et celles dans lesquelles l'avocat, ou la personne intéressée si elle n'est pas assistée d'un avocat, peut prendre connaissance de tout élément utile à l'exercice des droits de la défense, sous réserve d'un risque d'atteinte à la sécurité publique ou à celle des personnes ;

• 5° Les conditions dans lesquelles la personne placée en cellule disciplinaire ou en confinement dans une cellule individuelle exerce son droit à un parloir hebdomadaire ;

• 6° Les conditions dans lesquelles le maintien d'une mesure de placement en cellule disciplinaire ou en confinement dans une cellule individuelle est incompatible avec l'état de santé de la personne détenue.

Article L. 231-2. – Placement en cellule disciplinaire – Confinement en cellule individuelle – *(Ordonnance n° 2022-478 du 30 mars 2022)*

• En cas d'urgence, les personnes détenues peuvent faire l'objet, à titre préventif, d'un placement en cellule disciplinaire ou d'un confinement en cellule individuelle. Cette mesure ne peut excéder 2 jours ouvrables.

Article L. 231-3. – Placement en quartier disciplinaire ou en confinement – Saisine du juge des référés – *(Ordonnance n° 2022-478 du 30 mars 2022)*

• Lorsqu'une personne détenue est placée en quartier disciplinaire, ou en confinement, elle peut saisir le juge des référés en application de l'article L. 521-2 du Code de justice administrative.

* * *

PARTIE RÉGLEMENTAIRE

Sous-section 2 : Établissements pénitentiaires

§ 1er. – Typologie

Article R. 112-15. – Établissements pour peines – *(Décret n° 2022-479 du 30 mars 2022)*

• Les établissements pour peines sont :

• 1° Les maisons centrales ;

• 2° Les centres de détention ;

• 3° Les établissements pénitentiaires spécialisés pour mineurs ;

• 4° Les centres de semi-liberté

…/..

ARRÊTÉ DU 23 JANVIER 2023

fixant les listes des établissements pénitentiaires et des quartiers des centres pénitentiaires

NOR : JUSK2220141A – Version consolidée au 27 janvier 2023

• Le garde des Sceaux, ministre de la justice,

• Vu le Code pénitentiaire, notamment ses articles R. 112-15 et suivants ;

• Vu l'avis du comité technique de l'administration pénitentiaire du 15 novembre 2022 ;

• Vu l'avis du comité technique des services pénitentiaires d'insertion et de probation du 22 novembre 2022,

• Arrête :

Article 1er.

• Sont fixées dans le tableau figurant à l'article 2 du présent arrêté :

• 1° La liste des centres pénitentiaires, en colonne A ;

• 2° La liste des maisons d'arrêt et des quartiers maison d'arrêt prévue à l'article D. 112-27 du Code pénitentiaire, en colonne B ;

• 3° La liste des centres et des quartiers centre de détention prévue à l'article D. 112-19 du même code, en colonne C ;

• 4° La liste des maisons centrales et des quartiers maison centrale prévue à l'article D. 112-18 du même code, en colonne D ;

• 5° La liste des centres de semi-liberté et des quartiers de semi-liberté prévue à l'article D. 112-20 du même code, en colonne E ;

• 6° La liste des structures d'accompagnement vers la sortie prévue à l'article D. 112-21 du même code, en colonne F.

Article 2.

Départements ou collectivités d'outre-mer	(A) Centres pénitentiaires	(B) Maisons d'arrêt et Quartiers maison d'arrêt	(C) Centres de détention et Quartiers centre de détention	(D) Maisons centrales et Quartiers maison centrale	(E) Centres de semi-liberté et Quartiers de semi-liberté	(F) Structures d'accompagnement vers la sortie
Ain	Centre pénitentiaire de Bourg-en-Bresse	Quartier maison d'arrêt du centre pénitentiaire de Bourg-en-Bresse	Quartier centre de détention du centre pénitentiaire de Bourg-en-Bresse			
Aisne	Centre pénitentiaire de Château-Thierry		Quartier centre de détention du centre pénitentiaire de Château-Thierry	Quartier maison centrale du centre pénitentiaire de Château-Thierry		
	Centre pénitentiaire de Laon	Quartier maison d'arrêt du centre pénitentiaire de Laon	Quartier centre de détention du centre pénitentiaire de Laon			
Allier		Maison d'arrêt de Montluçon				
	Centre pénitentiaire de Moulins-Yzeure	Quartier maison d'arrêt du centre pénitentiaire de Moulins-Yzeure		Quartier maison centrale du centre pénitentiaire de Moulins-Yzeure		
Alpes-de-Haute-Provence		Maison d'arrêt de Digne				
Hautes-Alpes		Maison d'arrêt de Gap				

…/…

Alpes-Maritimes		Maison d'arrêt de Grasse				
		Maison d'arrêt de Nice				
Ardèche		Maison d'arrêt de Privas				
Ardennes		Maison d'arrêt de Charleville-Mézières				
Ariège		Maison d'arrêt de Foix				
Aube				Maison centrale de Clairvaux		
		Maison d'arrêt de Troyes				
			Centre de détention de Villenauxe-la-Grande			
Aude		Maison d'arrêt de Carcassonne				
Aveyron		Maison d'arrêt de Rodez				
Bouches-du-Rhône	Centre pénitentiaire d'Aix-Luynes	Quartier maison d'arrêt du centre pénitentiaire d'Aix-Luynes				
				Maison centrale d'Arles		
	Centre pénitentiaire de Marseille	Quartier maison d'arrêt du centre pénitentiaire de Marseille	Quartier centre de détention du centre pénitentiaire de Marseille			
			Centre de détention de Salon-de-Provence			
			Centre de détention de Tarascon			
Calvados	Centre pénitentiaire de Caen	Quartier maison d'arrêt du centre pénitentiaire de Caen	Quartier centre de détention du centre pénitentiaire de Caen			
		Maison d'arrêt de Caen				
Cantal		Maison d'arrêt d'Aurillac				
Charente		Maison d'arrêt d'Angoulême				

…/…

Charente-Maritime			Centre de détention de Bédenac			
		Maison d'arrêt de Rochefort				
				Maison centrale de Saint-Martin-de-Ré		
		Maison d'arrêt de Saintes				
Cher		Maison d'arrêt de Bourges				
Corrèze		Maison d'arrêt de Tulle				
			Centre de détention d'Uzerche			
Corse-du-Sud		Maison d'arrêt d'Ajaccio				
Haute-Corse	Centre pénitentiaire de Borgo	Quartier maison d'arrêt du centre pénitentiaire de Borgo	Quartier centre de détention du centre pénitentiaire de Borgo			
			Centre de détention de Casabianda			
Côte-d'Or		Maison d'arrêt de Dijon				
Côtes-d'Armor		Maison d'arrêt de Saint-Brieuc				
Creuse		Maison d'arrêt de Guéret				
Dordogne			Centre de détention de Mauzac			
			Centre de détention de Neuvic			
		Maison d'arrêt de Périgueux				
Doubs		Maison d'arrêt de Besançon				
					Centre de semi-liberté de Besançon	
		Maison d'arrêt de Montbéliard				
Drôme	Centre pénitentiaire de Valence	Quartier maison d'arrêt du centre pénitentiaire de Valence		Quartier maison centrale du centre pénitentiaire de Valence		

…/…

Eure		Maison d'arrêt d'Évreux				
			Centre de détention de Val-de-Reuil			
Eure-et-Loir			Centre de détention de Châteaudun			
Finistère		Maison d'arrêt de Brest				
Gard		Maison d'arrêt de Nîmes				
Haute-Garonne			Centre de détention de Muret			
	Centre pénitentiaire de Toulouse-Seysses	Quartier maison d'arrêt du centre pénitentiaire de Toulouse-Seysses			Quartier de semi-liberté du centre pénitentiaire de Toulouse-Seysses	
Gers						
Gironde	Centre pénitentiaire de Bordeaux-Gradignan	Quartier maison d'arrêt du centre pénitentiaire de Bordeaux-Gradignan				
Hérault	Centre pénitentiaire de Béziers	Quartier maison d'arrêt du centre pénitentiaire de Béziers	Quartier centre de détention du centre pénitentiaire de Béziers			
	Centre pénitentiaire de Villeneuve-lès-Maguelone	Quartier maison d'arrêt du centre pénitentiaire de Villeneuve-lès-Maguelone				
Ille-et-Vilaine	Centre pénitentiaire de Rennes	Quartier maison d'arrêt du centre pénitentiaire de Rennes	Quartier centre de détention du centre pénitentiaire de Rennes			
	Centre pénitentiaire de Rennes-Vezin-le-Coquet	Quartier maison d'arrêt du centre pénitentiaire de Rennes-Vezin-le-Coquet	Quartier centre de détention du centre pénitentiaire de Rennes-Vezin-le-Coquet		Quartier de semi-liberté du centre pénitentiaire de Rennes-Vezin-le-Coquet	
		Maison d'arrêt de Saint-Malo				

.../...

Indre	Centre pénitentiaire de Châteauroux	Quartier maison d'arrêt du centre pénitentiaire de Châteauroux	Quartier centre de détention du centre pénitentiaire de Châteauroux			
Indre				Maison centrale de Saint-Maur		
Indre-et-Loire		Maison d'arrêt de Tours				
Isère	Centre pénitentiaire de Grenoble-Varces	Quartier maison d'arrêt du centre pénitentiaire de Grenoble-Varces				
Isère	Centre pénitentiaire de Saint-Quentin-Fallavier	Quartier maison d'arrêt du centre pénitentiaire de Saint-Quentin-Fallavier	Quartier centre de détention du centre pénitentiaire de Saint-Quentin-Fallavier			
Jura		Maison d'arrêt de Lons-le-Saunier				
Landes	Centre pénitentiaire de Mont-de-Marsan	Quartier maison d'arrêt du centre pénitentiaire de Mont-de-Marsan	Quartier centre de détention du centre pénitentiaire de Mont-de-Marsan		Quartier de semi-liberté du centre pénitentiaire de Mont-de-Marsan	
Loir-et-Cher		Maison d'arrêt de Blois				
Loire			Centre de détention de Roanne			
Loire	Centre pénitentiaire de Saint-Etienne-La Talaudière	Quartier maison d'arrêt du centre pénitentiaire de Saint-Etienne-La Talaudière				
Haute-Loire		Maison d'arrêt du Puy-en-Velay				
Loire-Atlantique	Centre pénitentiaire de Nantes	Quartier maison d'arrêt du centre pénitentiaire de Nantes	Quartier centre de détention du centre pénitentiaire de Nantes		Quartier de semi-liberté du centre pénitentiaire de Nantes	

.../...

Loiret					Centre de semi-liberté de Montargis	
	Centre pénitentiaire d'Orléans-Saran	Quartier maison d'arrêt du centre pénitentiaire d'Orléans-Saran	Quartier centre de détention du centre pénitentiaire d'Orléans-Saran			
Lot						
Lot-et-Garonne		Maison d'arrêt d'Agen				
			Centre de détention d'Eysses			
Lozère		Maison d'arrêt de Mende				
Maine-et-Loire		Maison d'arrêt d'Angers				
Manche		Maison d'arrêt de Cherbourg				
		Maison d'arrêt de Coutances				
Marne		Maison d'arrêt de Châlons-en-Champagne				
		Maison d'arrêt de Reims				
Haute-Marne		Maison d'arrêt de Chaumont				
Mayenne		Maison d'arrêt de Laval				
Meurthe-et-Moselle			Centre de détention d'Ecrouves			
					Centre de semi-liberté de Maxéville	
		Maison d'arrêt de Nancy-Maxéville				
					Centre de semi-liberté de Val de Briey	
			Centre de détention de Toul			
Meuse		Maison d'arrêt de Bar-le-Duc				
			Centre de détention de Montmédy			
			Centre de détention de Saint-Mihiel			

.../...

Morbihan	Centre pénitentiaire de Lorient-Ploemeur	Quartier maison d'arrêt du centre pénitentiaire de Lorient-Ploemeur	Quartier centre de détention du centre pénitentiaire de Lorient-Ploemeur			
		Maison d'arrêt de Vannes				
Moselle	Centre pénitentiaire de Metz	Quartier maison d'arrêt du centre pénitentiaire de Metz				
		Maison d'arrêt de Sarreguemines				
Nièvre		Maison d'arrêt de Nevers				
Nord		Maison d'arrêt de Douai				
		Maison d'arrêt de Dunkerque				
	Centre pénitentiaire de Lille-Annœullin	Quartier maison d'arrêt du centre pénitentiaire de Lille-Annœullin	Quartier centre de détention du centre pénitentiaire de Lille-Annœullin			
	Centre pénitentiaire de Lille-Loos-Sequedin	Quartier maison d'arrêt du centre pénitentiaire de Lille-Loos-Sequedin			Quartier de semi-liberté d'Haubourdin du centre pénitentiaire de Lille-Loos-Sequedin	
	Centre pénitentiaire de Maubeuge	Quartier maison d'arrêt du centre pénitentiaire de Maubeuge	Quartier centre de détention du centre pénitentiaire de Maubeuge			
		Maison d'arrêt de Valenciennes				
Oise	Centre pénitentiaire de Beauvais	Quartier maison d'arrêt du centre pénitentiaire de Beauvais				
	Centre pénitentiaire de Liancourt	Quartier maison d'arrêt du centre pénitentiaire de Liancourt	Quartier centre de détention du centre pénitentiaire de Liancourt			

.../...

Orne	Centre pénitentiaire d'Alençon-Condé-sur-Sarthe	Quartier Maison d'Arrêt du Centre pénitentiaire d'Alençon-Condé sur Sarthe		Quartier maison centrale du centre pénitentiaire d'Alençon-Condé-sur-Sarthe		
			Centre de détention d'Argentan			
Pas-de-Calais		Maison d'arrêt d'Arras				
			Centre de détention de Bapaume			
		Maison d'arrêt de Béthune				
	Centre pénitentiaire de Longuenesse	Quartier maison d'arrêt du centre pénitentiaire de Longuenesse	Quartier centre de détention du centre pénitentiaire de Longuenesse			
	Centre pénitentiaire de Vendin-le-Vieil	Quartier maison d'arrêt du centre pénitentiaire de Vendin-le-Vieil	Quartier centre de détention du centre pénitentiaire de Vendin-le-Vieil	Quartier maison centrale du centre pénitentiaire de Vendin-le-Vieil		
Puy-de-Dôme	Centre pénitentiaire de Riom	Quartier maison d'arrêt du centre pénitentiaire de Riom	Quartier centre de détention du centre pénitentiaire de Riom		Quartier de semi-liberté du centre pénitentiaire de Riom	
Pyrénées-Atlantiques		Maison d'arrêt de Bayonne				
		Maison d'arrêt de Pau				
Hautes-Pyrénées	Centre pénitentiaire de Lannemezan		Quartier centre de détention du centre pénitentiaire de Lannemezan	Quartier maison centrale du centre pénitentiaire de Lannemezan		
		Maison d'arrêt de Tarbes				
Pyrénées-Orientales	Centre pénitentiaire de Perpignan	Quartier maison d'arrêt du centre pénitentiaire de Perpignan	Quartier centre de détention du centre pénitentiaire de Perpignan			

.../...

Bas-Rhin			Centre de détention d'Oermingen			
					Centre de semi-liberté de Souffelweyersheim	
		Maison d'arrêt de Strasbourg				
Haut-Rhin				Maison centrale d'Ensisheim		
	Centre pénitentiaire de MulhouseLutterbach	Quartier maison d'arrêt du centre pénitentiaire de Mulhouse-Lutterbach	Quartier centre de détention du centre pénitentiaire de Mulhouse-Lutterbach			
Rhône		Maison d'arrêt de Lyon-Corbas				
					Centre de semi-liberté de Lyon	
	Centre pénitentiaire de Villefranche-sur-Saône	Quartier maison d'arrêt du centre pénitentiaire de Villefranche-sur-Saône				
Haute-Saône		Maison d'arrêt de Vesoul				
Saône-et-Loire	Centre pénitentiaire de Varennes-le-Grand	Quartier maison d'arrêt du centre pénitentiaire de Varennes-le-Grand	Quartier centre de détention du centre pénitentiaire de Varennes-le-Grand			
Sarthe		Maison d'arrêt du Mans-les-Croisettes				
Savoie	Centre pénitentiaire d'Aiton	Quartier maison d'arrêt du centre pénitentiaire d'Aiton	Quartier centre de détention du centre pénitentiaire d'Aiton			
		Maison d'arrêt de Chambéry				
Haute-Savoie		Maison d'arrêt de Bonneville				
Paris	Centre pénitentiaire de Paris-La Santé	Quartier maison d'arrêt du centre pénitentiaire de Paris-La Santé				

…/…

Seine-Maritime	Centre pénitentiaire du Havre	Quartier maison d'arrêt du centre pénitentiaire du Havre	Quartier centre de détention du centre pénitentiaire du Havre			
		Maison d'arrêt de Rouen				
Seine-et-Marne	Centre pénitentiaire du Sud francilien	Quartier maison d'arrêt du centre pénitentiaire du Sud francilien	Quartier centre de détention du centre pénitentiaire du Sud francilien	Quartier maison centrale du centre pénitentiaire du Sud francilien		
	Centre pénitentiaire de Meaux-Chauconin-Neufmontiers	Quartier maison d'arrêt du centre pénitentiaire de Meaux-Chauconin-Neufmontiers	Quartier centre de détention du centre pénitentiaire de Meaux-Chauconin-Neufmontiers			
			Centre de détention de Melun			
					Centre de semi-liberté de Melun	
Yvelines	Centre pénitentiaire de Bois-d'Arcy	Quartier maison d'arrêt du centre pénitentiaire de Bois-d'Arcy			Quartier de semi-liberté du centre pénitentiaire de Bois-d'Arcy	
				Maison centrale de Poissy		
		Maison d'arrêt de Versailles				
Deux-Sèvres		Maison d'arrêt de Niort				
Somme		Maison d'arrêt d'Amiens				
Tarn		Maison d'arrêt d'Albi				
			Centre de détention de Saint-Sulpice-la-Pointe			
Tarn-et-Garonne		Maison d'arrêt de Montauban				
Var		Maison d'arrêt de Draguignan				
	Centre pénitentiaire de Toulon-La Farlède	Quartier maison d'arrêt du centre pénitentiaire de Toulon-La Farlède	Quartier centre de détention du centre pénitentiaire de Toulon-La Farlède			

…/…

Vaucluse	Centre pénitentiaire d'Avignon-Le Pontet	Quartier maison d'arrêt du centre pénitentiaire d'Avignon-Le Pontet	Quartier centre de détention du centre pénitentiaire d'Avignon-Le Pontet		Quartier de semi-liberté du centre pénitentiaire d'Avignon-Le Pontet	
Vendée		Maison d'arrêt de Fontenay-le-Comte				
		Maison d'arrêt de La Roche-sur-Yon				
Vienne	Centre pénitentiaire de Poitiers-Vivonne	Quartier maison d'arrêt du centre pénitentiaire de Poitiers-Vivonne	Quartier centre de détention du centre pénitentiaire de Poitiers-Vivonne		Quartier de semi-liberté du centre pénitentiaire de Poitiers-Vivonne	
Haute-Vienne		Maison d'arrêt de Limoges				
Vosges		Maison d'arrêt d'Epinal				
Yonne		Maison d'arrêt d'Auxerre				
			Centre de détention de Joux-la-Ville			
Territoire de Belfort		Maison d'arrêt de Belfort				
Essonne					Centre de semi-liberté de Corbeil	
		Maison d'arrêt de Fleury-Mérogis				
Hauts-de-Seine	Centre pénitentiaire de Nanterre-Hauts-de-Seine	Quartier maison d'arrêt du centre pénitentiaire de Nanterre-Hauts-de-Seine				
Seine-Saint-Denis					Centre de semi-liberté de Gagny	
		Maison d'arrêt de Villepinte-Seine-Saint-Denis				
Val-de-Marne	Centre pénitentiaire de Fresnes	Quartier maison d'arrêt du centre pénitentiaire de Fresnes				
Val-d'Oise		Maison d'arrêt d'Osny-Pontoise				

…/…

Guadeloupe	Centre pénitentiaire de Baie-Mahault	Quartier maison d'arrêt du centre pénitentiaire de Baie-Mahault	Quartier centre de détention du centre pénitentiaire de Baie-Mahault			
		Maison d'arrêt de Basse-Terre				
Martinique	Centre pénitentiaire de Ducos	Quartier maison d'arrêt du centre pénitentiaire de Ducos	Quartier centre de détention du centre pénitentiaire de Ducos			
Guyane	Centre pénitentiaire de Rémire-Montjoly	Quartier maison d'arrêt du centre pénitentiaire de Rémire-Montjoly	Quartier centre de détention du centre pénitentiaire de Rémire-Montjoly			
La Réunion			Centre de détention du Port			
	Centre pénitentiaire de Saint-Denis	Quartier maison d'arrêt du centre pénitentiaire de Saint-Denis	Quartier centre de détention du centre pénitentiaire de Saint-Denis			
		Maison d'arrêt de Saint-Pierre				
Saint-Pierre-et-Miquelon	Centre pénitentiaire de Saint-Pierre	Quartier maison d'arrêt du centre pénitentiaire de Saint-Pierre	Quartier centre de détention du centre pénitentiaire de Saint-Pierre			
Mayotte	Centre pénitentiaire de Majicavo	Quartier maison d'arrêt du centre pénitentiaire de Majicavo	Quartier centre de détention du centre pénitentiaire de Majicavo			
Iles Wallis et Futuna		Maison d'arrêt de Mata-Utu				
Polynésie française	Centre pénitentiaire de Faa'a-Nuutania	Quartier maison d'arrêt du centre pénitentiaire de Faa'a-Nuutania	Quartier centre de détention du centre pénitentiaire de Faa'a-Nuutania			
			Centre de détention Tatutu de Papeari			
	Centre pénitentiaire de Taiohae	Quartier maison d'arrêt du centre pénitentiaire de Taiohae	Quartier centre de détention du centre pénitentiaire de Taiohae			
	Centre pénitentiaire d'Uturoa	Quartier maison d'arrêt du centre pénitentiaire d'Uturoa	Quartier centre de détention du centre pénitentiaire d'Uturoa			

.../...

Nouvelle-Calédonie			Centre de détention de Koné			
	Centre pénitentiaire de Nouméa	Quartier maison d'arrêt du centre pénitentiaire de Nouméa	Quartier centre de détention du centre pénitentiaire de Nouméa			

Article R. 112-16. – Centres pénitentiaires – Quartiers – *(Décret n° 2022-479 du 30 mars 2022)*

• Les centres pénitentiaires peuvent comporter les quartiers suivants :
• 1° « Quartier maison centrale » ;
• 2° « Quartier centre de détention » ;
• 3° « Quartier de semi-liberté » ;
• 4° « Quartier maison d'arrêt ».
• Ils peuvent aussi comporter des quartiers dénommés « Structures d'accompagnement vers la sortie «.

Article R. 112-17. – Centres socio-médico-judiciaires de sûreté – *(Décret n° 2022-479 du 30 mars 2022)*

• Les centres socio-médico-judiciaires de sûreté sont des structures placées sous l'autorité conjointe du ministre chargé de la santé et du garde des sceaux, ministre de la justice, qui accueillent des personnes placées en rétention de sûreté.

Article D. 112-18. – Maisons centrales et quartiers maison centrale – *(Décret n° 2022-479 du 30 mars 2022)*

• Les maisons centrales et les quartiers maison centrale comportent une organisation et un régime de sécurité renforcé dont les modalités internes permettent également de préserver et de développer les possibilités de réinsertion sociale des personnes condamnées.

• Un arrêté du garde des sceaux, ministre de la justice, fixe la liste des maisons centrales et des quartiers maison centrale. Cet arrêté est annexé au présent code.

Article D. 112-19. – Centres de détention et quartiers centre de détention – *(Décret n° 2022-479 du 30 mars 2022)*

• Les centres de détention et les quartiers centre de détention comportent un régime principalement orienté vers la réinsertion sociale et, le cas échéant, la préparation à la sortie des personnes condamnées.

• Un arrêté du garde des sceaux, ministre de la justice, fixe la liste des centres et des quartiers centre de détention. Cet arrêté est annexé au présent code.

Article D. 112-20. – Centres de semi-liberté, quartiers de semi-liberté et structures d'accompagnement vers la sortie – *(Décret n° 2022-1710 du 29 décembre 2022)*

• Les centres de semi-liberté et quartiers de semi-liberté ainsi que les structures d'accompagnement vers la sortie comportent un régime essentiellement orienté vers la réinsertion sociale et la préparation à la sortie des personnes condamnées.

• Les personnes condamnées faisant l'objet d'une mesure de semi-liberté sont détenues soit dans des centres de semi-liberté ou des quartiers de semi-liberté, soit dans des structures d'accompagnement vers la sortie. Les personnes condamnées faisant l'objet d'une mesure de placement à l'extérieur dans les conditions fixées par les dispositions de l'article D. 136 du Code de procédure pénale peuvent également être détenues dans ces établissements ou ces quartiers.

• Les structures d'accompagnement vers la sortie peuvent recevoir les personnes condamnées dont le reliquat de peine leur restant à exécuter est inférieur à 2 ans.

• Un arrêté du garde des Sceaux, ministre de la justice, fixe la liste des centres et des quartiers de semi-liberté. Cet arrêté est annexé au présent code.

Article D. 112-21. – Structures d'accompagnement vers la sortie – *(Décret n° 2022-479 du 30 mars 2022)*

• Les structures d'accompagnement vers la sortie favorisent la préparation à la sortie de la personne détenue par la mise en œuvre de programmes de prise en charge permettant un accompagnement global, renforcé et individualisé.

• Un arrêté du garde des sceaux, ministre de la justice, fixe la liste des structures d'accompagnement vers la sortie. Cet arrêté est annexé au présent code.

Article D. 112-21-1. – Liste des établissements pénitentiaires spécialisées pour mineurs... – *(Décret n° 2022-1710 du 29 décembre 2022)*

• Conformément aux dispositions de l'article R. 124-9 du Code de la justice pénale des mineurs, la liste des établissements pénitentiaires spécialisés pour mineurs, ainsi que celle des quartiers pour mineurs et celle des unités spéciales pour mineures mentionnés à l'article L. 124-1 du Code de la justice pénale des mineurs, sont fixées par arrêté du garde sceaux, ministre de la justice. Ces listes sont annexées au code de la justice pénale des mineurs.

§ 2. – Règlement intérieur

Article R. 112-22. – Règlement intérieur type – Catégories d'établissements – *(Décret n° 2022-1287 du 4 octobre 2022)*

• Le règlement intérieur type pour le fonctionnement de chacune des catégories d'établissements pénitentiaires, comprenant des dispositions communes et des dispositions spécifiques à chaque catégorie, est constitué des dispositions mentionnées aux articles R. 131-1, R. 211-1, R. 212-14, R. 212-15, R. 212-16, R. 212-17, R. 212-18, R. 212-19, R. 213-3, R. 213-5, R. 213-6, R. 213-7, R. 213-8, R. 213-10, R. 213-11, R. 213-12, R. 213-13, R. 213-14, R. 213-15, R. 213-16, R. 213-17, R. 213-20, R. 221-4, R. 223-1, R. 225-5, R. 226-1, R. 231-1, R. 231-2, R. 232-1, R. 235-1, R. 235-7, R. 235-9, R. 311-2, R. 313-10, R. 313-12, R. 314-1, R. 315-2, R. 321-4, R. 321-5, R. 321-6, R. 322-11, R. 322-12,

.../...

R. 323-1, R. 332-1, R. 332-2, R. 332-3, R. 332-4, R. 332-5, R. 332-33, R. 332-35, R. 332-36, R. 332-37, R. 332-38, R. 332-39, R. 332-40, R. 332-41, R. 332-42, R. 332-43, R. 332-44, R. 332-45, R. 341-12, R. 341-17, R. 344-1, R. 345-6, R. 345-7, R. 345-8, R. 345-11, R. 351-1, R. 351-4, R. 370-1, R. 370-2, R. 370-3, R. 370-4, R. 381-1, R. 411-7, R. 411-8, R. 412-1, R. 412-10, R. 412-51, R. 413-2, R. 413-6, R. 414-1, R. 414-7, R. 511-2 et R. 522-1.

Article R. 112-23. – Règlement intérieur type – Établissement pénitentiaire – *(Décret n° 2022-479 du 30 mars 2022)*
• Chaque chef d'établissement pénitentiaire adapte le règlement intérieur type applicable à la catégorie dont relève l'établissement qu'il dirige en prenant en compte les modalités spécifiques de fonctionnement de ce dernier. Il recueille l'avis des personnels.
• Le règlement intérieur de chaque établissement, ainsi que ses modifications le cas échéant, sont transmis pour approbation au directeur interrégional des services pénitentiaires. Il est adressé pour information au juge de l'application des peines, au président du tribunal judiciaire et au procureur de la République.

§ 3. – Construction et aménagement

Article R. 112-24. – Constructions – *(Décret n° 2022-479 du 30 mars 2022)*
• En application des dispositions de l'article R*. 421-8 du Code de l'urbanisme, les constructions situées à l'intérieur de l'enceinte des établissements pénitentiaires sont dispensées de toute formalité au titre du même code.

Article R. 112-25. – Travaux – *(Décret n° 2022-479 du 30 mars 2022)*
• En application des dispositions de l'article R*. 421-13 du Code de l'urbanisme, les travaux relatifs à la reconstruction des établissements pénitentiaires après mutinerie sont dispensés de toute formalité au titre du même code.

Article R. 112-26. – Constructions d'établissements pénitentiaires – *(Décret n° 2022-479 du 30 mars 2022)*
• Conformément aux dispositions de l'article R. 331-4 du Code de l'urbanisme, les constructions d'établissements pénitentiaires édifiées en vertu d'une mission globale confiée par l'État à un opérateur économique, en application des dispositions de l'article L. 2171-4 du Code de la commande publique, sont exonérées de la part communale ou intercommunale de la taxe d'aménagement.

§ 4. – Implantation

Article D. 112-27. – Maison d'arrêt – Quartier maison d'arrêt – *(Décret n° 2022-479 du 30 mars 2022)*
• Une maison d'arrêt ou un quartier maison d'arrêt est implanté auprès de chaque cour d'assises et de chaque tribunal judiciaire.
• Un arrêté du garde des sceaux, ministre de la justice, fixe la liste des maisons d'arrêt et des quartiers maison d'arrêt. Cet arrêté est annexé au présent code.

Article D. 112-28. – Maison d'arrêt ou quartier maison d'arrêt – Autres ressorts – *(Décret n° 2022-1710 du 29 décembre 2022)*
• Toutefois, en l'absence de maison d'arrêt ou de quartier maison d'arrêt dans le ressort d'une cour d'assises ou d'un tribunal judiciaire, les personnes prévenues, accusées ou appelantes ressortissant à ces juridictions sont détenues dans une maison d'arrêt ou un quartier maison d'arrêt d'un autre ressort.
• Les listes des cours d'assises et des tribunaux judiciaires concernés auprès desquels il n'y a pas de maison d'arrêt ou de quartiers maison d'arrêt ainsi que les maisons d'arrêt ou quartiers maison d'arrêt où sont détenues les personnes prévenues, accusées ou appelantes ressortissant à ces juridictions, sans préjudice des dispositions de l'article D. 211-4, figurent dans les tableaux ci-dessous.

LISTE DES COURS D'ASSISES AUPRÈS DESQUELLES IL N'Y A PAS DE MAISON D'ARRÊT OU DE QUARTIERS MAISON D'ARRÊT ET MENTIONNANT LES ÉTABLISSEMENTS PÉNITENTIAIRES OU SONT DÉTENUES LES PERSONNES ACCUSÉES RESSORTISSANT À CES JURIDICTIONS

COURS D'ASSISES	ÉTABLISSEMENTS PÉNITENTIAIRES DE RATTACHEMENT
Finistère *(Quimper)*	Maison d'arrêt de Brest
	Quartier maison d'arrêt du centre pénitentiaire de Lorient-Ploemeur
Gers *(Auch)*	Maison d'arrêt d'Agen
Lot *(Cahors)*	Maison d'arrêt de Montauban
Orne *(Alençon)*	Quartier maison d'arrêt du centre pénitentiaire de Caen
	Maison d'arrêt du Mans-les-Croisettes
Haut-Rhin *(Colmar)*	Quartier maison d'arrêt du centre pénitentiaire de Mulhouse-Lutterbach
Haute-Savoie *(Annecy)*	Maison d'arrêt de Bonneville
Seine-et-Marne *(Melun)*	Quartier maison d'arrêt du centre pénitentiaire de Meaux-Chauconin-Neufmontiers
	Maison d'arrêt de Fleury-Mérogis

.../...

LISTE DES TRIBUNAUX JUDICIAIRES AUPRÈS DESQUELS IL N'Y A PAS DE MAISON D'ARRÊT OU DE QUARTIERS MAISON D'ARRÊT ET MENTIONNANT LES ÉTABLISSEMENTS PÉNITENTIAIRES OU SONT DÉTENUES LES PERSONNES PRÉVENUES OU APPELANTES RESSORTISSANT À CES JURIDICTIONS

COURS D'APPEL	JURIDICTIONS	ÉTABLISSEMENTS PÉNITENTIAIRES DE RATTACHEMENT
Agen	Auch	Maison d'arrêt d'Agen
	Cahors	Maison d'arrêt de Montauban
Aix-en-Provence	Tarascon	Centre pénitentiaire d'Avignon-Le Pontet
Amiens	Saint-Quentin	Centre pénitentiaire de Laon
	Senlis	Centre pénitentiaire de Liancourt
	Soissons	Centre pénitentiaire de Laon
Angers	Saumur	Maison d'arrêt d'Angers
Bordeaux	Bergerac	Maison d'arrêt de Périgueux
	Libourne	Centre pénitentiaire de Bordeaux-Gradignan
Caen	Alençon	Maison d'arrêt du Mans-Les Croisettes
	Argentan	Quartier maison d'arrêt du centre pénitentiaire de Caen Maison d'arrêt de Le Mans-Les Croisettes
	Lisieux	Quartier maison d'arrêt du centre pénitentiaire de Caen
Chambéry	Annecy	Maison d'arrêt de Bonneville
	Thonon-les-Bains	Maison d'arrêt de Bonneville
Colmar	Saverne	Maison d'arrêt de Strasbourg
	Colmar	Centre pénitentiaire de Mulhouse-Lutterbach
Dijon	Mâcon	Centre pénitentiaire de Varennes-le-Grand
Douai	Boulogne-sur-Mer	Centre pénitentiaire de Longuenesse
	Cambrai	Maison d'arrêt de Douai
Grenoble	Bourgoin-Jallieu	Centre pénitentiaire de Saint-Quentin-Fallavier
Limoges	Brive-la-Gaillarde	Maison d'arrêt de Tulle
Lyon	Roanne	Centre pénitentiaire de Villefranche-sur-Saône Centre pénitentiaire de Saint-Etienne-La Talaudière
Metz	Thionville	Centre pénitentiaire de Metz-Queuleu
Montpellier	Narbonne	Maison d'arrêt de Carcassonne
Nancy	Val de Briey	Centre pénitentiaire de Metz-Queuleu
	Verdun	Maison d'arrêt de Bar-le-Duc
Nîmes	Alès	Maison d'arrêt de Nîmes
	Carpentras	Centre pénitentiaire d'Avignon-Le Pontet
Orléans	Montargis	Centre pénitentiaire d'Orléans-Saran Centre pénitentiaire de Fleury-Mérogis
Paris	Fontainebleau	Centre pénitentiaire de Meaux-Chauconin-Neufmontiers Centre pénitentiaire de Fleury-Mérogis
	Melun	Centre pénitentiaire de Meaux-Chauconin-Neufmontiers Centre pénitentiaire de Fleury-Mérogis
	Sens	Maison d'arrêt d'Auxerre
Pau	Dax	Maison d'arrêt de Bayonne Centre pénitentiaire de Mont-de-Marsan
Poitiers	Les Sables-d'Olonne	Maison d'arrêt de La Roche-sur-Yon Maison d'arrêt de Fontenay-le-Comte
Rennes	Quimper	Maison d'arrêt de Brest Centre pénitentiaire de Lorient-Ploemeur
	Saint-Nazaire	Centre pénitentiaire de Nantes-Carquefou
Riom	Cusset	Centre pénitentiaire de Moulins-Yzeure Centre pénitentiaire de Riom

Rouen	Dieppe	Maison d'arrêt de Rouen Centre pénitentiaire du Havre
Toulouse	Castres	Maison d'arrêt d'Albi Centre pénitentiaire de Toulouse-Seysses
	Saint-Gaudens	Centre pénitentiaire de Toulouse-Seysses
Versailles	Chartres	Centre pénitentiaire d'Orléans-Saran

§ 5. – Équipes de sécurité pénitentiaire intervenant au sein des établissements

Sous-Paragraphe 1 : Équipes locales de sécurité pénitentiaire

Article D. 112-29. – Constitution – *(Décret n° 2022-479 du 30 mars 2022)*

• Les équipes locales de sécurité pénitentiaire constituent des équipes de sécurité pénitentiaire au sens de l'article L. 223-17.

• Elles sont placées sous l'autorité du chef de l'établissement pénitentiaire.

Article D. 112-30. – Missions – *(Décret n° 2022-479 du 30 mars 2022)*

• Les équipes locales de sécurité pénitentiaire sont chargées d'exécuter des missions de prise en charge extérieures des personnes détenues, en particulier :

• 1° Les extractions médicales des personnes détenues ;

• 2° Les extractions judiciaires des personnes détenues ;

• 3° Les autorisations de sortie sous escorte des personnes détenues ;

• 4° Les transferts administratifs des personnes détenues ;

• 5° Les translations judiciaires des personnes détenues.

• Les équipes locales de sécurité pénitentiaire sont également chargées des missions de sécurisation intérieure et périmétrique des établissements pénitentiaires.

• Selon l'organisation de l'établissement, les équipes locales de sécurité pénitentiaire peuvent également être amenées à réaliser toute mission normalement dévolue aux personnels de surveillance de leur corps et grade d'appartenance.

Sous-Paragraphe 2 : Equipes de sécurité des unités hospitalières

Article D. 112-31. – Constitution – *(Décret n° 2022-479 du 30 mars 2022)*

• Les équipes de sécurité des unités hospitalières constituent des équipes de sécurité pénitentiaire au sens de l'article L. 223-17.

• Elles sont placées sous l'autorité du chef de l'établissement pénitentiaire.

Article D. 112-32. – Missions – *(Décret n° 2022-479 du 30 mars 2022)*

• Les équipes de sécurité des unités hospitalières sont chargées d'exécuter des missions de sécurisation des unités hospitalières sécurisées interrégionales et des unités hospitalières spécialement aménagées, en particulier :

• 1° Les extractions médicales des personnes détenues affectées dans les unités hospitalières ;

• 2° Les extractions judiciaires les concernant ;

• 3° Les transferts administratifs des personnes détenues rejoignant ou quittant ces unités ;

• 4° La sécurisation des unités hospitalières spécialement aménagées et des unités hospitalières sécurisées interrégionales ;

• 5° La surveillance des personnes détenues affectées en unités hospitalières sécurisées interrégionales.

§ 6. – Accessibilité des établissements aux personnes en situation de handicap

Article D. 112-33. – Accès – Établissements pénitentiaires – *(Décret n° 2022-479 du 30 mars 2022)*

• L'administration pénitentiaire favorise l'accessibilité des établissements pénitentiaires aux personnes en situation de handicap, que celles-ci soient détenues, visiteuses, intervenantes ou membres du personnel.

Article D. 112-34. – Aménagement des zones... – *(Décret n° 2022-479 du 30 mars 2022)*

• Afin d'améliorer les conditions de vie des personnes détenues en situation de handicap, l'administration pénitentiaire aménage les zones nécessaires et prévoit un nombre adapté de cellules aménagées pour les personnes en situation de handicap.

• Les arrêtés interministériels fixant les règles d'accessibilité applicables aux établissements pénitentiaires et pris en application des dispositions des articles R. 162-13 et R. 164-5 du Code de la construction et de l'habitation sont annexés au présent code.

Sous-section 3 : Services pénitentiaires d'insertion et de probation

Article D. 112-35. – S.P.I.P. – Missions – *(Décret n° 2022-479 du 30 mars 2022)*

• Dans chaque département, un service pénitentiaire d'insertion et de probation, service déconcentré de l'administration pénitentiaire, est chargé d'exécuter les missions prévues par les dispositions des articles D. 113-36, D. 113-41, D. 113-59, D. 113-62, D. 522-3 et D. 542-1.

• Le siège du service pénitentiaire d'insertion et de probation et la liste des antennes locales d'insertion et de probation sont fixés par arrêté du garde des sceaux, ministre de la justice. Cet arrêté est annexé au présent code.

.../...

ARRÊTÉ DU 23 JANVIER 2023

fixant le siège des services pénitentiaires d'insertion et de probation et la liste des antennes locales d'insertion et de probation

NOR : JUSK2220142A – Version consolidée au 27 janvier 2023

Le garde des Sceaux, ministre de la justice,

Vu le Code pénitentiaire, notamment son article D. 112-35 ;

Vu l'avis du comité technique de l'administration pénitentiaire du 15 novembre 2022 ;

Vu l'avis du comité technique des services pénitentiaires d'insertion et de probation du 22 novembre 2022,

Arrête :

Article 1er.

• Le siège des services pénitentiaires d'insertion et de probation et la liste des antennes locales d'insertion et de probation prévus à l'article D. 112-35 du Code pénitentiaire sont fixés conformément au tableau ci-dessous :

SERVICE PÉNITENTIAIRE D'INSERTION ET DE PROBATION	SIÈGE	ANTENNES LOCALES D'INSERTION ET DE PROBATION	RESSORT DE COMPÉTENCES
Service pénitentiaire d'insertion et de probation de l'Ain	Bourg-en-Bresse	Néant	Circonscription judiciaire de Bourg-en-Bresse Centre pénitentiaire de Bourg-en-Bresse
Service pénitentiaire d'insertion et de probation de l'Aisne	Laon	Antenne de Château-Thierry	Centre pénitentiaire de Château-Thierry
		Antenne de Laon	Circonscription judiciaire de Laon Centre pénitentiaire de Laon
		Antenne de Saint-Quentin	Circonscription judiciaire de Saint-Quentin
		Antenne de Soissons	Circonscription judiciaire de Soissons
Service pénitentiaire d'insertion et de probation de l'Allier	Moulins	Antenne de Cusset	Circonscription judiciaire de Cusset
		Antenne de Montluçon	Circonscription judiciaire de Montluçon Maison d'arrêt de Montluçon
		Antenne de Moulins-Yzeure	Circonscription judiciaire de Moulins Centre pénitentiaire de Moulins-Yzeure
Service pénitentiaire d'insertion et de probation des Alpes-de-Haute-Provence	Digne	Néant	Circonscription judiciaire de Digne Maison d'arrêt de Digne
Service pénitentiaire d'insertion et de probation des Hautes-Alpes	Gap	Néant	Circonscription judiciaire de Gap Maison d'arrêt de Gap
Service pénitentiaire d'insertion et de probation de l'Allier	Moulins	Antenne de Cusset	Circonscription judiciaire de Cusset
		Antenne de Montluçon	Circonscription judiciaire de Montluçon Maison d'arrêt de Montluçon
		Antenne de Moulins-Yzeure	Circonscription judiciaire de Moulins Centre pénitentiaire de Moulins-Yzeure
Service pénitentiaire d'insertion et de probation des Alpes-de-Haute-Provence	Digne	Néant	Circonscription judiciaire de Digne Maison d'arrêt de Digne

…/…

Service pénitentiaire d'insertion et de probation des Hautes-Alpes	Gap	Néant	Circonscription judiciaire de Gap Maison d'arrêt de Gap
Service pénitentiaire d'insertion et de probation des Alpes-Maritimes	Nice	Antenne de Grasse	Maison d'arrêt de Grasse
		Antenne de Mougins	Circonscription judiciaire de Grasse
		Antenne de Nice	Circonscription judiciaire de Nice Maison d'arrêt de Nice
Service pénitentiaire d'insertion et de probation de l'Ardèche	Privas	Néant	Circonscription judiciaire de Privas Maison d'arrêt de Privas
Service pénitentiaire d'insertion et de probation des Ardennes	Charleville-Mézières	Néant	Circonscription judiciaire de Charleville-Mézières Maison d'arrêt de Charleville-Mézières
Service pénitentiaire d'insertion et de probation de l'Ariège	Foix	Néant	Circonscription judiciaire de Foix Maison d'arrêt de Foix
Service pénitentiaire d'insertion et de probation de l'Aube	Troyes	Antenne de Clairvaux	Maison centrale de Clairvaux
		Antenne de Troyes	Circonscription judiciaire de Troyes Maison d'arrêt de Troyes
		Antenne de Villenauxe-la-Grande	Centre de détention de Villenauxe-la-Grande
Service pénitentiaire d'insertion et de probation de l'Aude	Carcassonne	Antenne de Carcassonne	Circonscription judiciaire de Carcassonne Maison d'arrêt de Carcassonne
		Antenne de Narbonne	Circonscription judiciaire de Narbonne
Service pénitentiaire d'insertion et de probation de l'Aveyron	Rodez	Néant	Circonscription judiciaire de Rodez Maison d'arrêt de Rodez
Service pénitentiaire d'insertion et de probation des Bouches-du-Rhône	Marseille	Antenne d'Aix-Salon-de-Provence	Circonscription judiciaire d'Aix-en-Provence Centre pénitentiaire d'Aix-Luynes Centre de détention de Salon-de-Provence
		Antenne d'Arles-Tarascon	Maison centrale d'Arles Circonscription judiciaire de Tarascon Centre de détention de Tarascon
		Antenne de Marseille	Circonscription judiciaire de Marseille Centre pénitentiaire de Marseille
Service pénitentiaire d'insertion et de probation du Calvados	Caen	Antenne de Caen	Circonscription judiciaire de Caen Maison d'arrêt de Caen Centre pénitentiaire de Caen
		Antenne de Lisieux	Circonscription judiciaire de Lisieux
Service pénitentiaire d'insertion et de probation du Cantal	Aurillac	Néant	Circonscription judiciaire d'Aurillac Maison d'arrêt d'Aurillac
Service pénitentiaire d'insertion et de probation de la Charente	Angoulême	Néant	Circonscription judiciaire d'Angoulême Maison d'arrêt d'Angoulême

…/…

Service pénitentiaire d'insertion et de probation de la Charente-Maritime	La Rochelle	Antenne de La Rochelle-Saint-Martin-de-Ré	Circonscription judiciaire de La Rochelle, à l'exception des cantons situés dans le ressort de l'antenne de Rochefort Maison centrale de Saint-Martin-de-Ré
		Antenne de Rochefort	Cantons d'Aigrefeuille-d'Aunis, La Tremblade, Le Château-d'Oléron, Marennes, Rochefort-Centre, Rochefort-Nord, Rochefort-Sud, Saint-Agnant, Saint-Pierre-d'Oléron, Surgères et Tonnay-Charente Maison d'arrêt de Rochefort
		Antenne de Saintes-Bédenac	Circonscription judiciaire de Saintes Maison d'arrêt de Saintes Centre de détention de Bédenac
Service pénitentiaire d'insertion et de probation du Cher	Bourges	Néant	Circonscription judiciaire de Bourges Maison d'arrêt de Bourges
Service pénitentiaire d'insertion et de probation de la Corrèze	Tulle	Antenne de Brive-la-Gaillarde	Circonscription judiciaire de Brive-la-Gaillarde
		Antenne de Tulle	Circonscription judiciaire de Tulle Maison d'arrêt de Tulle
		Antenne d'Uzerche	Centre de détention d'Uzerche
Service pénitentiaire d'insertion et de probation de la Corse-du-Sud	Ajaccio	Néant	Circonscription judiciaire d'Ajaccio Maison d'arrêt d'Ajaccio
Service pénitentiaire d'insertion et de probation de la Haute-Corse	Bastia	Antenne de Bastia-Borgo	Circonscription judiciaire de Bastia Centre pénitentiaire de Borgo
		Antenne de Casabianda	Centre de détention de Casabianda
Service pénitentiaire d'insertion et de probation de la Côte-d'Or	Dijon	Néant	Circonscription judiciaire de Dijon Maison d'arrêt de Dijon
Service pénitentiaire d'insertion et de probation des Côtes-d'Armor	Saint-Brieuc	Antenne de Guingamp	Cantons de Bégard, Belle-Isle-en-Terre, Bourbriac, Callac, Guingamp, Lannion, La Roche-Derrien, Lézardrieux, Maël-Carhaix, Perros-Guirec, Plestin-les-Grèves, Plouagat, Plouaret, Pontrieux, Rostrenen, Saint-Nicolas-du-Pélem et Tréguier
		Antenne de Saint-Brieuc	Circonscription judiciaire de Saint-Brieuc, à l'exception des cantons situés dans le ressort de l'antenne de Guingamp Cantons de Broons, Caulnes, Dinan-Est, Dinan-Ouest, Évran, Jugon-les-Lacs, Matignon, Plancoët, Plélan-le-Petit et Ploubalay Maison d'arrêt de Saint-Brieuc
Service pénitentiaire d'insertion et de probation de la Creuse	Guéret	Néant	Circonscription judiciaire de Guéret Maison d'arrêt de Guéret
Service pénitentiaire d'insertion et de probation de la Dordogne	Périgueux	Antenne de Bergerac-Mauzac	Circonscription judiciaire de Bergerac Centre de détention de Mauzac
		Antenne de Périgueux-Neuvic	Circonscription judiciaire de Périgueux Maison d'arrêt de Périgueux Centre de détention de Neuvic

.../...

Service pénitentiaire d'insertion et de probation du Doubs	Besançon	Antenne de Besançon	Circonscription judiciaire de Besançon Maison d'arrêt de Besançon Centre de semi-liberté de Besançon
		Antenne de Montbéliard	Circonscription judiciaire de Montbéliard Maison d'arrêt de Montbéliard
Service pénitentiaire d'insertion et de probation de la Drôme	Valence	Néant	Circonscription judiciaire de Valence Centre pénitentiaire de Valence
Service pénitentiaire d'insertion et de probation de l'Eure	Évreux	Antenne de Bernay	Cantons de Beaumesnil, Beaumont-le-Roger, Bernay-Est, Bernay-Ouest, Beuzeville, Bourgtheroulde-Infreville, Brionne, Broglie, Cormeilles, Montfort-sur-Risle, Pont-Audemer, Quillebeuf-sur-Seine, Routot, Saint-Georges-du-Vièvre et Thiberville
		Antenne d'Évreux	Circonscription judiciaire d'Evreux, à l'exception des cantons du ressort de l'antenne de Bernay Maison d'arrêt d'Evreux
		Antenne de Val-de-Reuil	Centre de détention de Val-de-Reuil
Service pénitentiaire d'insertion et de probation d'Eure-et-Loir	Chartres	Chartres	Circonscription judiciaire de Chartres
		Châteaudun	Centre de détention de Châteaudun
Service pénitentiaire d'insertion et de probation du Finistère	Brest	Antenne de Brest	Circonscription judiciaire de Brest, à l'exception des cantons situés dans le ressort de l'antenne de Morlaix Maison d'arrêt de Brest
		Antenne de Morlaix	Cantons de Carhaix-Plouguer, Huelgoat, Landivisiau, Lanmeur, Morlaix, Plouescat, Plouigneau, Plouzévédé, Saint-Pol-de-Léon, Saint-Thégonnec Sizun et Taulé
		Antenne de Quimper	Circonscription judiciaire de Quimper
Service pénitentiaire d'insertion et de probation du Gard	Nîmes	Antenne d'Alès	Circonscription judiciaire d'Alès
		Antenne de Nîmes	Circonscription judiciaire de Nîmes Maison d'arrêt de Nîmes
Service pénitentiaire d'insertion et de probation de la Haute-Garonne	Toulouse	Antenne de Muret	Centre de détention de Muret
		Antenne de Saint-Gaudens	Circonscription judiciaire de Saint-Gaudens
		Antenne de Toulouse	Circonscription judiciaire de Toulouse Centre pénitentiaire de Toulouse-Seysses
Service pénitentiaire d'insertion et de probation du Gers	Auch	Néant	Circonscription judiciaire d'Auch
Service pénitentiaire d'insertion et de probation de la Gironde	Bordeaux	Antenne de Bordeaux-Gradignan	Circonscription judiciaire de Bordeaux Centre pénitentiaire de Bordeaux-Gradignan
		Antenne de Libourne	Circonscription judiciaire de Libourne
Service pénitentiaire d'insertion et de probation de l'Hérault	Montpellier	Antenne de Béziers	Circonscription judiciaire de Béziers Centre pénitentiaire de Béziers
		Antenne de Montpellier-Villeneuve-lès-Maguelone	Circonscription judiciaire de Montpellier Centre pénitentiaire de Villeneuve-lès-Maguelone

…/…

Service pénitentiaire d'insertion et de probation d'Ille-et-Vilaine	Rennes	Antenne de Rennes	Circonscription judiciaire de Rennes Centre pénitentiaire de Rennes Centre pénitentiaire de Rennes – Vezin-le-Coquet
		Antenne de Saint-Malo	Circonscription judiciaire de Saint-Malo, à l'exception des cantons de Broons, Caulnes, Dinan-Est, Dinan-Ouest, Evran, Jugon-les-Lacs, Matignon, Plancoët, Plélan-le-Petit et Ploubalay Maison d'arrêt de Saint-Malo
Service pénitentiaire d'insertion et de probation de l'Indre	Châteauroux	Antenne de Châteauroux	Circonscription judiciaire de Châteauroux Centre pénitentiaire de Châteauroux
		Antenne de Saint-Maur	Maison centrale de Saint-Maur
Service pénitentiaire d'insertion et de probation d'Indre-et-Loire	Tours	Néant	Circonscription judiciaire de Tours Maison d'arrêt de Tours
Service pénitentiaire d'insertion et de probation de l'Isère	Grenoble	Antenne de Bourgoin-Jallieu	Cantons de Bourgoin-Jallieu-Nord, Bourgoin-Jallieu-Sud, Crémieu, La Tour-du-Pin, Le Grand-Lemps, Le Pont-de-Beauvoisin, Morestel, Saint-Geoire-en-Valdaine et Virieu
		Antenne de Grenoble	Circonscription judiciaire de Grenoble Centre pénitentiaire de Grenoble-Varces
		Antenne de Vienne-Saint-Quentin-Fallavier	Circonscription judiciaire de Vienne, à l'exception des cantons situés dans le ressort de l'antenne de Bourgoin-Jallieu Centre pénitentiaire de Saint-Quentin-Fallavier
Service pénitentiaire d'insertion et de probation du Jura	Lons-le-Saunier	Antenne de Dole	Cantons d'Arbois, Champagnole, Chaumergy, Chaussin, Chemin, Dampierre, Dole-Nord-Est, Dole-Sud-Ouest, Gendrey, Les Planches-en-Montagne, Montbarrey, Montmirey-le-Château, Nozeroy, Poligny, Rochefort-sur-Nenon, Salins-les-Bains et Villers-Farlay
		Antenne de Lons-le-Saunier	Circonscription judiciaire de Lons-le-Saunier, à l'exception des cantons situés dans le ressort de l'antenne de Dole Maison d'arrêt de Lons-le-Saunier
Service pénitentiaire d'insertion et de probation des Landes	Mont-de-Marsan	Antenne de Dax	Circonscription judiciaire de Dax
		Antenne de Mont-de-Marsan	Circonscription judiciaire de Mont-de-Marsan Centre pénitentiaire de Mont-de-Marsan
Service pénitentiaire d'insertion et de probation de Loir-et-Cher	Blois	Néant	Circonscription judiciaire de Blois
			Maison d'arrêt de Blois
Service pénitentiaire d'insertion et de probation de la Loire	Saint-Etienne	Antenne de Roanne	Circonscription judiciaire de Roanne Centre de détention de Roanne
		Antenne de Saint-Etienne	Circonscription judiciaire de Saint-Etienne Centre pénitentiaire de Saint-Etienne-La Talaudière

…/…

Service pénitentiaire d'insertion et de probation de la Haute-Loire	Le Puy-en-Velay	Néant	Circonscription judiciaire du Puy-en-Velay Maison d'arrêt du Puy-en-Velay
Service pénitentiaire d'insertion et de probation de la Loire-Atlantique	Nantes	Antenne de Nantes	Circonscription judiciaire de Nantes Centre pénitentiaire de Nantes
		Antenne de Saint-Nazaire	Circonscription judiciaire de Saint-Nazaire
Service pénitentiaire d'insertion et de probation du Loiret	Orléans	Antenne de Montargis	Circonscription judiciaire de Montargis Centre de semi-liberté de Montargis
		Antenne d'Orléans	Circonscription judiciaire d'Orléans Centre pénitentiaire d'Orléans-Saran
Service pénitentiaire d'insertion et de probation du Lot	Cahors	Néant	Circonscription judiciaire de Cahors
Service pénitentiaire d'insertion et de probation de Lot-et-Garonne	Agen	Antenne d'Agen	Circonscription judiciaire d'Agen
		Antenne d'Eysses	Centre de détention d'Eysses
Service pénitentiaire d'insertion et de probation de la Lozère	Mende	Néant	Circonscription judiciaire de Mende Maison d'arrêt de Mende
Service pénitentiaire d'insertion et de probation de Maine-et-Loire	Angers	Néant	Circonscriptions judiciaires d'Angers et de Saumur Maison d'arrêt d'Angers
Service pénitentiaire d'insertion et de probation de la Manche	Coutances	Antenne d'Avranches	Cantons d'Avranches, Barenton, Brécey, Ducey, Granville, Isigny-le-Buat, Juvigny-le-Tertre, La Haye-Pesnel, Le Teilleul, Mortain, Pontorson, Saint-Hilaire-du-Harcouët, Saint-James, Saint-Pois, Sartilly, Sourdeval et Villedieu-les-Poêles
		Antenne de Cherbourg	Circonscription judiciaire de Cherbourg Maison d'arrêt de Cherbourg
		Antenne de Coutances	Circonscription judiciaire de Coutances, à l'exception des cantons situés dans le ressort de l'antenne d'Avranches
Service pénitentiaire d'insertion et de probation de la Marne	Châlons-en-Champagne	Antenne de Châlons-en-Champagne	Circonscription judiciaire de Châlons-en-Champagne Maison d'arrêt de Châlons-en-Champagne
		Antenne de Reims	Circonscription judiciaire de Reims Maison d'arrêt de Reims
Service pénitentiaire d'insertion et de probation de la Haute-Marne	Chaumont	Néant	Circonscription judiciaire de Chaumont Maison d'arrêt de Chaumont
Service pénitentiaire d'insertion et de probation de la Mayenne	Laval	Néant	Circonscription judiciaire de Laval Maison d'arrêt de Laval

.../...

Service pénitentiaire d'insertion et de probation de Meurthe-et-Moselle	Nancy	Antenne de Nancy	Circonscription judiciaire de Nancy Maison d'arrêt de Nancy-Maxéville Centre de semi-liberté de Maxéville
		Antenne de Toul-Écrouves	Centre de détention de Toul Centre de détention d'Écrouves
		Antenne de Val de Briey	Circonscription judiciaire de Val de Briey Centre de semi-liberté de Val de Briey
Service pénitentiaire d'insertion et de probation de la Meuse	Bar-le-Duc	Antenne de Bar-le-Duc	Circonscription judiciaire de Bar-le-Duc Maison d'arrêt de Bar-le-Duc
		Antenne de Montmédy	Centre de détention de Montmédy
		Antenne de Saint-Mihiel	Centre de détention de Saint-Mihiel
		Antenne de Verdun	Circonscription judiciaire de Verdun
Service pénitentiaire d'insertion et de probation du Morbihan	Lorient	Antenne de Lorient	Circonscription judiciaire de Lorient Centre pénitentiaire de Lorient-Ploemeur
		Antenne de Vannes	Circonscription judiciaire de Vannes Maison d'arrêt de Vannes
Service pénitentiaire d'insertion et de probation de la Moselle	Metz	Antenne de Metz	Circonscription judiciaire de Metz Centre pénitentiaire de Metz-Queuleu
		Antenne de Sarreguemines	Circonscription judiciaire de Sarreguemines Maison d'arrêt de Sarreguemines
		Antenne de Thionville	Circonscription judiciaire de Thionville
Service pénitentiaire d'insertion et de probation de la Nièvre	Nevers	Néant	Circonscription judiciaire de Nevers
			Maison d'arrêt de Nevers
Service pénitentiaire d'insertion et de probation du Nord	Lille	Antenne d'Avesnes-sur-Helpe-Maubeuge	Circonscription judiciaire d'Avesnes-sur-Helpe Centre pénitentiaire de Maubeuge
		Antenne de Cambrai	Circonscription judiciaire de Cambrai
		Antenne de Douai	Circonscription judiciaire de Douai Maison d'arrêt de Douai
		Antenne de Dunkerque	Circonscription judiciaire de Dunkerque Circonscription judiciaire d'Hazebrouck
		Antenne de Lille Annœullin	Centre pénitentiaire de Lille Annœullin
		Antenne de Lille-Loos-Sequedin	Circonscription judiciaire de Lille Centre pénitentiaire de Lille-Loos-Sequedin
		Antenne de Valenciennes	Circonscription judiciaire de Valenciennes Maison d'arrêt de Valenciennes
Service pénitentiaire d'insertion et de probation de l'Oise	Beauvais	Antenne de Beauvais	Circonscription judiciaire de Beauvais Centre pénitentiaire de Beauvais
		Antenne de Compiègne	Circonscription judiciaire de Compiègne
		Antenne de Creil	Circonscription judiciaire de Senlis
		Antenne de Liancourt	Centre pénitentiaire de Liancourt

.../...

Service pénitentiaire d'insertion et de probation de l'Orne	Argentan	Antenne d'Alençon	Circonscription judiciaire d'Alençon Centre pénitentiaire d'Alençon – Condé-sur-Sarthe
		Antenne d'Argentan	Circonscription judiciaire d'Argentan Centre de détention d'Argentan
Service pénitentiaire d'insertion et de probation du Pas-de-Calais	Arras	Antenne d'Arras	Circonscription judiciaire d'Arras Maison d'arrêt d'Arras
		Antenne de Bapaume	Centre de détention de Bapaume
		Antenne de Béthune	Circonscription judiciaire de Béthune Maison d'arrêt de Béthune Centre pénitentiaire de Vendin-le-Vieil
		Antenne de Boulogne-sur-Mer	Circonscription judiciaire de Boulogne-sur-Mer
		Antenne de Saint-Omer-Longuenesse	Circonscription judiciaire de Saint-Omer Centre pénitentiaire de Longuenesse
Service pénitentiaire d'insertion et de probation du Puy-de-Dôme	Clermont-Ferrand	Néant	Circonscription judiciaire de Clermont-Ferrand Centre pénitentiaire de Riom
Service pénitentiaire d'insertion et de probation des Pyrénées-Atlantiques	Pau	Antenne de Bayonne	Circonscription judiciaire de Bayonne Maison d'arrêt de Bayonne
		Antenne de Pau	Circonscription judiciaire de Pau Maison d'arrêt de Pau
Service pénitentiaire d'insertion et de probation des Hautes-Pyrénées	Tarbes	Antenne de Lannemezan	Centre pénitentiaire de Lannemezan
		Antenne de Tarbes	Circonscription judiciaire de Tarbes Maison d'arrêt de Tarbes
Service pénitentiaire d'insertion et de probation des Pyrénées-Orientales	Perpignan	Néant	Circonscription judiciaire de Perpignan Centre pénitentiaire de Perpignan
Service pénitentiaire d'insertion et de probation du Bas-Rhin	Schiltigheim	Antenne de Saverne-Oermingen	Circonscription judiciaire de Saverne Centre de détention d'Oermingen
		Antenne de Strasbourg	Circonscription judiciaire de Strasbourg Maison d'arrêt de Strasbourg Centre de semi-liberté de Souffelweyersheim
Service pénitentiaire d'insertion et de probation du Haut-Rhin	Colmar	Antenne de Colmar	Circonscription judiciaire de Colmar
		Antenne d'Ensisheim	Maison centrale d'Ensisheim
		Antenne de Mulhouse	Circonscription judiciaire de Mulhouse Centre pénitentiaire de Mulhouse-Lutterbach
Service pénitentiaire d'insertion et de probation du Rhône	Lyon	Antenne de Lyon	Circonscription judiciaire de Lyon Maison d'arrêt de Lyon-Corbas Centre de semi-liberté de Lyon
		Antenne de Villefranche-sur-Saône	Circonscription judiciaire de Villefranche-sur-Saône Centre pénitentiaire de Villefranche-sur-Saône

.../...

Service pénitentiaire d'insertion et de probation de la Haute-Saône	Vesoul	Antenne de Lure	Cantons de Champagney, Faucogney-et-la-Mer, Héricourt-Est, Héricourt-Ouest, Lure-Nord, Lure-Sud, Luxeuil-les-Bains, Mélisey, Saint-Loup-sur-Semouse, Saint-Sauveur, Saulx, Vauvillers et Villersexel
		Antenne de Vesoul	Circonscription judiciaire de Vesoul, à l'exception des cantons situés dans le ressort de l'antenne de Lure Maison d'arrêt de Vesoul
Service pénitentiaire d'insertion et de probation de Saône-et-Loire	Chalon-sur-Saône	Antenne de Chalon-sur-Saône-Varennes-le-Grand	Circonscription judiciaire de Chalon-sur-Saône Centre pénitentiaire de Varennes-le-Grand
		Antenne de Mâcon	Circonscription judiciaire de Mâcon
Service pénitentiaire d'insertion et de probation de la Sarthe	Le Mans	Néant	Circonscription judiciaire du Mans Maison d'arrêt du Mans-Les Croisettes
Service pénitentiaire d'insertion et de probation de la Savoie	Chambéry	Antenne d'Albertville-Aiton	Circonscription judiciaire d'Albertville Centre pénitentiaire d'Aiton
		Antenne de Chambéry	Circonscription judiciaire de Chambéry Maison d'arrêt de Chambéry
Service pénitentiaire d'insertion et de probation de la Haute-Savoie	Annemasse	Antenne d'Annecy	Circonscription judiciaire d'Annecy
		Antenne d'Annemasse	Circonscription judiciaire de Thonon-les-Bains
		Antenne de Bonneville	Circonscription judiciaire de Bonneville Maison d'arrêt de Bonneville
Service pénitentiaire d'insertion et de probation de Paris	Paris	Néant	Circonscription judiciaire de Paris Centre pénitentiaire de Paris-La Santé
Service pénitentiaire d'insertion et de probation de la Seine-Maritime	Rouen	Antenne de Dieppe	Circonscription judiciaire de Dieppe
		Antenne du Havre	Circonscription judiciaire du Havre Centre pénitentiaire du Havre
		Antenne de Rouen	Circonscription judiciaire de Rouen Maison d'arrêt de Rouen
Service pénitentiaire d'insertion et de probation de Seine-et-Marne	Melun	Antenne de Fontainebleau	Circonscription judiciaire de Fontainebleau
		Antenne de Meaux	Circonscription judiciaire de Meaux Centre pénitentiaire de Meaux-Chauconin-Neufmontiers
		Antenne de Melun	Circonscription judiciaire de Melun Centre de semi-liberté de Melun Centre de détention de Melun
		Antenne de Réau	Centre pénitentiaire Sud francilien
Service pénitentiaire d'insertion et de probation des Yvelines	Versailles	Antenne de Poissy	Maison centrale de Poissy
		Antenne de Versailles-Bois-d'Arcy	Circonscription judiciaire de Versailles Maison d'arrêt de Versailles Centre pénitentiaire de Bois-d'Arcy
Service pénitentiaire d'insertion et de probation des Deux-Sèvres	Niort	Antenne de Bressuire	Cantons d'Airvault, Argenton-les-Vallées, Bressuire, Cerizay, Mauléon, Mazières-en-Gâtine, Ménigoute, Moncoutant, Parthenay, Saint-Loup-Lamairé, Saint-Varent, Secondigny, Thénezay, Thouars 1er canton et Thouars 2e canton
		Antenne de Niort	Circonscription judiciaire de Niort, à l'exception des cantons du ressort de l'antenne de Bressuire

.../...

Service pénitentiaire d'insertion et de probation de la Somme	Amiens	Antenne d'Abbeville	Cantons d'Abbeville-Nord, Abbeville-Sud, Ailly-le-Haut-Clocher, Ault, Crécy-en-Ponthieu, Friville-Escarbotin, Gamaches, Hallencourt, Moyenneville, Nouvion, Rue et Saint-Valery-sur-Somme
		Antenne d'Amiens	Circonscription judiciaire d'Amiens, à l'exception des cantons situés dans le ressort des antennes d'Abbeville et de Péronne Maison d'arrêt d'Amiens
		Antenne de Péronne	Cantons d'Albert, de Bray-sur-Somme, Chaulnes, Combles, Ham, Nesle, Péronne et Roisel
Service pénitentiaire d'insertion et de probation du Tarn	Albi	Antenne d'Albi	Circonscription judiciaire d'Albi Maison d'arrêt d'Albi
		Antenne de Castres	Circonscription judiciaire de Castres
		Antenne de Saint-Sulpice-la-Pointe	Centre de détention de Saint-Sulpice-la-Pointe
Service pénitentiaire d'insertion et de probation du Tarn-et-Garonne	Montauban	Néant	Circonscription judiciaire de Montauban Maison d'arrêt de Montauban
Service pénitentiaire d'insertion et de probation du Var	Toulon	Antenne de Draguignan	Circonscription judiciaire de Draguignan Maison d'arrêt de Draguignan
		Antenne de Toulon	Circonscription judiciaire de Toulon Centre pénitentiaire de Toulon-La-Farlède
Service pénitentiaire d'insertion et de probation de Vaucluse	Avignon	Antenne d'Avignon	Circonscription judiciaire d'Avignon Centre pénitentiaire d'Avignon-Le Pontet
		Antenne de Carpentras	Circonscription judiciaire de Carpentras
Service pénitentiaire d'insertion et de probation de la Vendée	La Roche-sur-Yon	Antenne de La Roche-sur-Yon-Fontenay-le-Comte	Circonscription judiciaire de La Roche-sur-Yon Maison d'arrêt de La Roche-sur-Yon Maison d'arrêt de Fontenay-le-Comte
		Antenne des Sables-d'Olonne	Circonscription judiciaire des Sables-d'Olonne
Service pénitentiaire d'insertion et de probation de la Vienne	Poitiers	Néant	Circonscription judiciaire de Poitiers Centre pénitentiaire de Poitiers-Vivonne
Service pénitentiaire d'insertion et de probation de la Haute-Vienne	Limoges	Néant	Circonscription judiciaire de Limoges Maison d'arrêt de Limoges
Service pénitentiaire d'insertion et de probation des Vosges	Épinal	Antenne d'Épinal	Circonscription judiciaire d'Epinal, à l'exception des cantons situés dans le ressort de l'antenne de Saint-Dié-des Vosges Maison d'arrêt d'Epinal
		Antenne de Saint-Dié-des-Vosges	Cantons de Brouvelieures, Corcieux, Fraize, Gérardmer, Provenchères-sur-Fave, Raon-l'Etape, Saint-Dié-des-Vosges-Est, Saint-Dié-des-Vosges-Ouest et Senones
Service pénitentiaire d'insertion et de probation de l'Yonne	Auxerre	Antenne d'Auxerre	Circonscription judiciaire d'Auxerre Maison d'arrêt d'Auxerre
		Antenne de Joux-la-Ville	Centre de détention de Joux-la-Ville
		Antenne de Sens	Circonscription judiciaire de Sens

.../...

Service pénitentiaire d'insertion et de probation du territoire de Belfort	Belfort	Néant	Circonscription judiciaire de Belfort Maison d'arrêt de Belfort
Service pénitentiaire d'insertion et de probation de l'Essonne	Courcouronnes	Antenne de Corbeil-Essonnes -Courcouronnes	Circonscription judiciaire d'Evry Centre de semi-liberté de Corbeil-Essonnes
		Antenne de Fleury-Mérogis	Maison d'arrêt de Fleury-Mérogis
Service pénitentiaire d'insertion et de probation des Hauts-de-Seine	Nanterre	Néant	Circonscription judiciaire de Nanterre Centre pénitentiaire de Nanterre-Hauts-de-Seine
Service pénitentiaire d'insertion et de probation de la Seine-Saint-Denis	Saint-Denis	Néant	Circonscription judiciaire de Bobigny Centre de semi-liberté de Gagny Maison d'arrêt de Villepinte-Seine-Saint-Denis
Service pénitentiaire d'insertion et de probation du Val-de-Marne	Créteil	Néant	Circonscription judiciaire de Créteil Centre pénitentiaire de Fresnes Etablissement public de santé national de Fresnes
Service pénitentiaire d'insertion et de probation du Val-d'Oise	Pontoise	Néant	Circonscription judiciaire de Pontoise Maison d'arrêt d'Osny-Pontoise
Service pénitentiaire d'insertion et de probation de la Guadeloupe	Les Abymes	Antenne de Basse-Terre	Circonscription judiciaire de Basse-Terre Maison d'arrêt de Basse-Terre
		Antenne des Abymes-Baie-Mahault	Circonscription judiciaire de Pointe-à-Pitre, à l'exception des cantons situés dans le ressort de l'antenne de Saint-Martin Centre pénitentiaire de Baie-Mahault
		Antenne de Saint-Martin	Cantons de Saint-Barthélemy, Saint-Martin 1er canton et Saint-Martin 2e canton
Service pénitentiaire d'insertion et de probation de la Martinique	Fort-de-France	Néant	Circonscription judiciaire de Fort-de-France Centre pénitentiaire de Ducos
Service pénitentiaire d'insertion et de probation de la Guyane	Cayenne	Antenne de Cayenne	Circonscription judiciaire de Cayenne, à l'exception des cantons situés dans le ressort de l'antenne de Saint-Laurent du Maroni Centre pénitentiaire de Rémire-Montjoly
		Antenne de Saint-Laurent-du-Maroni	Cantons de Mana, Maripasoula, Saint-Laurent-du-Maroni
Service pénitentiaire d'insertion et de probation de La Réunion	Saint-Denis	Antenne du Port	Centre détention du Port
		Antenne de Saint-Denis	Circonscription judiciaire de Saint-Denis Centre pénitentiaire de Saint-Denis
		Antenne de Saint-Pierre	Circonscription judiciaire de Saint-Pierre Maison d'arrêt de Saint-Pierre
Service pénitentiaire d'insertion et de probation de Mayotte	Mamoudzou	Néant	Circonscription judiciaire de Mamoudzou Centre pénitentiaire de Majicavo

…/…

Service pénitentiaire d'insertion et de probation de Polynésie française	Papeete	Antenne de Papeari	Centre de détention Tatutu de Papeari
		Antenne de Papeete	Territoire de la Polynésie française à l'exception des îles Sous-le-Vent. Centre pénitentiaire de Faa'a-Nuutania Centre pénitentiaire de Taiohae.
		Antenne d'Uturoa	Iles Sous-le-Vent Centre pénitentiaire d'Uturoa
Service pénitentiaire d'insertion et de probation de Nouvelle-Calédonie	Nouméa	Nouméa	Province sud Province des îles Loyauté Centre pénitentiaire de Nouméa Iles Wallis-et-Futuna
		Koné	Province Nord Centre de détention de Koné

Article D. 112-36. – Rapport d'activité – *(Décret n° 2022-479 du 30 mars 2022)*

• Chaque année, le directeur du service pénitentiaire d'insertion et de probation transmet un rapport d'activité au directeur interrégional des services pénitentiaires, au président du tribunal judiciaire et au procureur de la République près du tribunal ainsi qu'au juge de l'application des peines.

Article D. 112-37. – Fonctionnement financier et comptable – *(Décret n° 2022-479 du 30 mars 2022)*

• Les modalités du fonctionnement financier et comptable du service pénitentiaire d'insertion et de probation sont fixées par arrêté conjoint du garde des sceaux, ministre de la justice et du ministre chargé du budget, annexé au présent code.

• Il est institué auprès des services pénitentiaires d'insertion et de probation une régie de recettes par arrêté du garde des sceaux, ministre de la justice. Cet arrêté est annexé au présent code.

Article D. 112-38. – Permanence – *(Décret n° 2022-479 du 30 mars 2022)*

• Le service pénitentiaire d'insertion et de probation assure une permanence pour répondre aux demandes de la juridiction et à toutes mesures d'urgence nécessitées par la situation des personnes mentionnées par les dispositions des articles D. 113-36, D. 113-41, D. 522-4 et D. 542-1.

Section 3 : Agence nationale du travail d'intérêt général et de l'insertion professionnelle des personnes placées sous main de justice

Article D. 112-39. – Service à compétence nationale – *(Décret n° 2022-479 du 30 mars 2022)*

• L'agence du travail d'intérêt général et de l'insertion professionnelle des personnes placées sous main de justice est un service à compétence nationale rattaché au garde des sceaux, ministre de la justice. Sa gestion administrative et financière est rattachée à la direction de l'administration pénitentiaire.

Article D. 112-40. – Mission – *(Décret n° 2022-479 du 30 mars 2022)*

• L'agence a pour mission de développer le travail d'intérêt général ainsi que la formation professionnelle, le travail et l'insertion professionnelle par l'activité économique pour les personnes placées sous main de justice, en particulier dans les établissements pénitentiaires.

• À cet effet, elle est chargée :

• 1° De proposer au garde des sceaux, ministre de la justice, en lien avec les autres ministères concernés, et notamment le ministère du travail, une stratégie nationale du travail d'intérêt général, de l'emploi pénitentiaire et de l'insertion professionnelle et par l'activité économique ;

• 2° De rechercher des structures susceptibles d'accueillir des postes de travail d'intérêt général ainsi que des types d'activités ou de fonctions pour ces postes ; de rechercher des partenaires pour développer la formation professionnelle, le travail et l'insertion professionnelle et par l'activité économique des personnes placées sous main de justice ;

• 3° De coordonner avec les ministères concernés, la mise en œuvre opérationnelle des offres d'activite par les structures partenaires et d'y associer les collectivités territoriales ;

• 4° D'administrer une plate-forme numérique au soutien de ses missions, permettant notamment de recenser et de localiser les offres d'activité ;

• 5° En complément du travail en concession et au service général, d'assurer la gestion en régie de l'emploi dans les établissements pénitentiaires et d'organiser la commercialisation des biens et services produits par les personnes détenues ; à ce titre, elle est chargée de gérer le compte de commerce intitulé « Régie industrielle des établissements pénitentiaires » ;

• 6° D'animer un réseau de partenaires publics et privés sur le territoire ;

• 7° D'assurer la promotion du travail d'intérêt général et de l'emploi pénitentiaire, d'établir des statistiques et d'évaluer la mise œuvre de ces dispositifs ;

• 8° De proposer au garde des sceaux, ministre de la justice, les évolutions législatives et réglementaires pour faciliter la mise en œuvre opérationnelle des offres d'activité par les structures partenaires.

• L'agence participe à l'objectif de réinsertion des personnes placées sous main de justice notamment celles rencontrant des difficultés sociales ou professionnelles.

Article D. 112-41. – Directeur et adjoint – *(Décret n° 2022-479 du 30 mars 2022)*

• L'agence est placée sous l'autorité d'un directeur, qui peut être assisté d'un adjoint. Ils sont nommés par arrêté du garde des sceaux, ministre de la justice.

• Le directeur établit un rapport annuel sur l'activité de l'agence.

.../...

Article D. 112-42. – Comité d'orientation stratégique – *(Décret n° 2022-479 du 30 mars 2022)*

• Un comité d'orientation stratégique propose des orientations et délibère de toutes les missions et activités de l'agence. Le plan d'action stratégique de l'agence, élaboré par le directeur, lui est soumis pour avis.

• Le comité comprend 20 membres. Il est composé de :

• 1° Représentants de l'État, dont le directeur de l'administration pénitentiaire et le délégué général à l'emploi et à la formation professionnelle ;

• 2° Représentants de collectivités publiques ;

• 3° Représentants d'entreprises, d'associations, de structures de l'économie sociale et solidaire et des secteurs d'activité concernés.

• Les représentants mentionnés aux 2° et 3° sont désignés pour une durée de 3 ans.

• Un arrêté du garde des sceaux, ministre de la justice, désigne les membres et les modalités d'organisation de ce comité.

Section 4 : École nationale d'administration pénitentiaire
Sous-section 1 : Dispositions générales

Article R. 112-43. – Définition – *(Décret n° 2022-479 du 30 mars 2022)*

• L'Ecole nationale d'administration pénitentiaire est un établissement public de l'État à caractère administratif doté de la personnalité morale et de l'autonomie financière.

• Elle est placée sous la tutelle du garde des sceaux, ministre de la justice. Son siège est à Agen.

• Elle est substituée à l'État dans l'ensemble des droits et obligations qui résultaient pour celui-ci des contrats et conventions conclus pour la gestion de l'Ecole nationale d'administration pénitentiaire avant le 1er janvier 2001.

Article R. 112-44. – Missions – *(Décret n° 2022-479 du 30 mars 2022)*

• L'École nationale d'administration pénitentiaire a pour missions :

• 1° La formation professionnelle initiale et tout au long de la vie des fonctionnaires et agents publics occupant un emploi dans l'administration pénitentiaire ainsi que la formation professionnelle continue des partenaires du service public pénitentiaire ;

• 2° La préparation à des concours de la fonction publique et, à ce titre, organise des préparations destinées à permettre la diversification des recrutements, dont les modalités sont définies par arrêté du garde des sceaux, ministre de la justice ;

• 3° La réalisation de travaux de recherches et d'études et leur diffusion ;

• 4° Le développement et la mise en œuvre d'actions de partenariat avec des institutions d'enseignement et de recherche ;

• 5° Le développement et la mise en œuvre d'actions de coopération internationale, notamment en matière de formation et de recherche.

• Elle peut assurer des prestations de service à titre onéreux.

Sous-section 2 : Organisation administrative

Article R. 112-45. – Administration – *(Décret n° 2022-479 du 30 mars 2022)*

• L'Ecole nationale d'administration pénitentiaire est administrée par un conseil d'administration et dirigée par un directeur.

Article R. 112-46. – Composition – *(Décret n° 2022-479 du 30 mars 2022)*

• Le conseil d'administration comprend, outre le président nommé par décret, sur proposition du garde des sceaux, ministre de la justice, pour une durée de 3 ans renouvelable :

• 1° Six représentants de l'État, membres de droit :

• *a)* Le directeur de l'administration pénitentiaire ou son représentant ;

• *b)* Un représentant du ministre chargé de l'emploi et de la formation professionnelle ;

• *c)* Un représentant du ministre chargé de la santé ;

• *d)* Un représentant du ministre chargé de l'éducation nationale ;

• *e)* Un représentant du ministre de l'intérieur ;

• *f)* Le préfet du département de Lot-et-Garonne ou son représentant ;

• 2° Quatre fonctionnaires des services déconcentrés de l'administration pénitentiaire et quatre suppléants proposés par le directeur de l'administration pénitentiaire :

• *a)* Un directeur interrégional des services pénitentiaires ;

• *b)* Un directeur fonctionnel des services pénitentiaires d'insertion et de probation ;

• *c)* Deux fonctionnaires exerçant en établissement pénitentiaire, dont un chef d'établissement pénitentiaire ;

• 3° Trois personnalités extérieures choisies en raison de leurs compétences, dont l'une exerce les fonctions de vice-président ; en cas d'empêchement du président, le vice-président exerce les attributions de ce dernier ;

• 4° Trois délégués titulaires et trois délégués suppléants élus par les élèves en cours de scolarité à l'Ecole nationale d'administration pénitentiaire répartis en trois collèges :

• *a)* Personnel de surveillance ;

• *b)* Personnel pénitentiaire d'insertion et de probation ;

• *c)* Personnel de direction ;

• 5° Un représentant du personnel titulaire et un représentant suppléant désignés par chacune des organisations syndicales siégeant au comité technique de l'administration pénitentiaire ; en cas de nouvelles consultations du personnel des services pénitentiaires, la liste des représentants peut faire l'objet, le cas échéant, de modifications ;

• 6° Deux représentants titulaires et deux représentants suppléants élus par le personnel de l'école.

• Les membres du conseil d'administration, à l'exception de ceux mentionnés aux 4°, 5° et 6° du présent article, sont nommés par arrêté du garde des sceaux, ministre de la justice, pour une durée de 3 ans renouvelable.

Article R. 112-47. – Conseil d'administration – *(Décret n° 2022-479 du 30 mars 2022)*

• La durée du mandat des membres du conseil d'administration est de 3 ans. Le mandat des membres désignés en raison de leurs fonctions cesse avec celles-ci.

• Les modalités d'élection des représentants des élèves et de ceux du personnel de l'école sont définies par le règlement intérieur de l'école.

• Lorsqu'un siège devient vacant au sein du conseil d'administration, un nouveau titulaire est désigné dans les mêmes formes que son prédécesseur et achève le mandat de celui-ci, sauf si cette vacance intervient moins de 6 mois avant l'expiration du mandat.

.../...

• Le directeur de l'Ecole nationale d'administration pénitentiaire, le directeur adjoint, les directeurs chargés de la formation initiale, de la formation continue, de la recherche, le secrétaire général, le contrôleur budgétaire et l'agent comptable assistent aux séances du conseil d'administration avec voix consultative.

• Le représentant du bureau de l'administration centrale de l'administration pénitentiaire chargé de la formation participe au conseil d'administration sans pouvoir prendre part au vote.

• Le président peut inviter à assister aux séances du conseil d'administration avec voix consultative toute personne dont il juge la présence utile.

Article R. 112-48. – Exercice et frais – *(Décret n° 2022-479 du 30 mars 2022)*

• Le mandat de membre du conseil d'administration de l'Ecole nationale d'administration pénitentiaire est exercé à titre gratuit, sous réserve du remboursement des frais de déplacement et de séjour dans les conditions prévues par la réglementation applicable aux fonctionnaires civils de l'État.

Article R. 112-49. – Réunion – *(Décret n° 2022-479 du 30 mars 2022)*

• Le conseil d'administration se réunit sur convocation de son président et au moins 2 fois par an.

• Le président est tenu de convoquer le conseil d'administration, dans le mois qui suit la réception de la demande qui lui en est faite, lorsque celle-ci émane du garde des sceaux, ministre de la justice, du directeur de l'école ou de la majorité des membres du conseil.

• Le président fixe l'ordre du jour du conseil, après avis du directeur de l'école. Lorsque la convocation est de droit, l'ordre du jour doit obligatoirement comporter l'examen des questions qui ont justifié cette convocation.

• Les délibérations du conseil d'administration ne sont valables que si la moitié au moins de ses membres sont présents. À défaut, il est procédé à la convocation d'une nouvelle réunion qui doit se tenir dans un délai de 15 jours. Le conseil délibère alors valablement quel que soit le nombre des membres présents.

• Les délibérations du conseil sont prises à la majorité des membres présents. En cas de partage égal des voix, la voix du président est prépondérante.

• Un membre du conseil peut donner pouvoir à un autre membre dans l'hypothèse où son suppléant serait lui-même empêché de siéger. Aucun membre ne peut recevoir plus d'un pouvoir.

• Les avis et délibérations du conseil sont mentionnés dans des procès-verbaux signés par le président et adressés au garde des sceaux, ministre de la justice, ainsi qu'à tous les membres du conseil, dans la quinzaine qui suit la date de la séance. Le compte rendu synthétique des débats du conseil élaboré par le directeur est soumis à l'approbation du conseil lors de la séance suivante.

• Après adoption, le compte rendu mentionné au précédent alinéa est porté à la connaissance des personnels et élèves de l'école par tout moyen.

Article R. 112-50. – Délibération – *(Décret n° 2022-479 du 30 mars 2022)*

• Le conseil d'administration délibère sur :

• 1° Les orientations générales de l'école, dont le programme annuel des formations après avis du conseil pédagogique et scientifique ;

• 2° Le catalogue annuel des actions de formation continue ainsi que le programme annuel des recherches, études et colloques après avis du conseil pédagogique et scientifique ;

• 3° Le rapport annuel du directeur sur l'activité de l'établissement avant sa transmission au garde des sceaux, ministre de la justice ;

• 4° Le budget et ses modifications ;

• 5° Le compte financier et l'affectation des résultats ;

• 6° Les acquisitions, aliénations ou échanges d'immeubles ;

• 7° L'exercice des actions en justice et les transactions ; il peut, dans les conditions qu'il détermine, déléguer ses attributions au directeur de l'école ;

• 8° Les emprunts et participations à toute forme de groupement public ou privé ;

• 9° Les catégories de contrats, conventions ou marchés qui devront, en raison de leur nature ou de leur montant, lui être soumis pour approbation ;

• 10° L'acceptation des dons et legs ;

• 11° Le règlement intérieur de l'école.

• Il fixe son règlement intérieur.

Article R. 112-51. – Désignation d'un comité restreint – *(Décret n° 2022-479 du 30 mars 2022)*

• Le conseil d'administration peut désigner en son sein un comité restreint de 6 membres, composé notamment de son président, d'un représentant du personnel et d'un représentant des élèves. En cas de partage égal des voix, celle du président est prépondérante.

• Le directeur de l'École nationale d'administration pénitentiaire, le directeur adjoint, les directeurs chargés de la formation initiale, de la formation continue, de la recherche, le secrétaire général, le contrôleur budgétaire et l'agent comptable ou leurs représentants assistent aux séances du comité restreint avec voix consultative.

• Le conseil d'administration peut déléguer au comité restreint tout ou partie des attributions mentionnées aux 5°, 6°, 7°, 8° et 9° de l'article R. 112-50.

• Le comité restreint rend compte à la 1re séance du conseil d'administration des décisions qu'il a prises en vertu de cette délégation.

Article R. 112-52. – Délibérations du conseil – *(Décret n° 2022-479 du 30 mars 2022)*

• Sous réserve des cas prévus aux alinéas suivants, les délibérations du conseil sont exécutoires 15 jours après leur réception par le garde des sceaux, ministre de la justice, à moins que celui-ci, dans ce délai, n'y fasse opposition ou, au contraire, autorise, compte tenu de l'urgence, leur exécution immédiate. Toutefois, ce délai est porté à 30 jours s'agissant du règlement intérieur de l'école et de ses modifications.

• Les délibérations portant sur le budget et le compte financier sont exécutoires dans les conditions prévues par les dispositions du décret n° 2012-1246 du 7 novembre 2012 relatif à la gestion budgétaire et comptable publique.

• Les délibérations portant sur les acquisitions, aliénations et échanges d'immeubles ainsi que sur les emprunts et prises de participation ne sont exécutoires qu'après approbation expresse du garde des sceaux, ministre de la justice, et du ministre chargé du budget.

• Les décisions prises par le comité restreint en vertu de la délégation prévue par les dispositions de l'article R. 112-51 sont exécutoires dans les mêmes conditions.

.../...

Article R. 112-53. – Directeur – Nomination... – *(Décret n° 2022-479 du 30 mars 2022)*
• Le directeur de l'École nationale d'administration pénitentiaire est nommé par décret, sur proposition du garde des sceaux, ministre de la justice, pour une durée de trois ans renouvelable une fois. L'emploi de directeur est régi par les dispositions du décret n° 2017-99 du 27 janvier 2017 relatif au statut d'emploi de directeur fonctionnel des services pénitentiaires et du décret n° 2019-1594 du 31 décembre 2019 relatif aux emplois de direction de l'État.
• Il est assisté d'un directeur adjoint, nommé par arrêté du garde des sceaux, ministre de la justice, qui le supplée en cas d'absence ou d'empêchement.
• Il est également assisté d'un secrétaire général et des directeurs chargés de la formation initiale, de la formation continue et de la recherche, nommés par arrêté du garde des sceaux, ministre de la justice.

Article R. 112-54. – Directeur – Missions – *(Décret n° 2022-479 du 30 mars 2022)*
• Le directeur de l'École nationale d'administration pénitentiaire prépare et exécute les délibérations et décisions du conseil d'administration.
• Il assure le fonctionnement et la gestion des services de l'établissement. Il recrute, nomme et gère les personnels contractuels de l'école.
• Il met en œuvre la mission pédagogique et scientifique de l'école. À ce titre, il préside le conseil pédagogique et scientifique de l'école.
• Il désigne les professeurs, conférenciers et intervenants et nomme à toutes les fonctions pour lesquelles aucune autre autorité n'a reçu pouvoir de nomination.
• Il a autorité sur l'ensemble du personnel de l'école ou en formation dans celle-ci et est responsable de la discipline intérieure et de la sécurité au sein de l'établissement dans les conditions prévues par le règlement intérieur.
• Il représente l'établissement en justice et dans tous les actes de la vie civile.
• Il prend, en cas d'urgence, l'initiative d'agir en justice pour la défense des intérêts de l'établissement et en rend compte à la plus prochaine réunion du conseil d'administration.
• Il est ordonnateur des recettes et des dépenses de l'établissement.
• Il peut déléguer sa signature au directeur adjoint pour l'ensemble de ses attributions, au secrétaire général, aux directeurs chargés de la formation initiale, de la formation continue et de la recherche, dans la limite de leurs attributions respectives, ainsi qu'à leurs subordonnés.

Article R. 112-55. – Délégation des pouvoirs disciplinaires – *(Décret n° 2022-479 du 30 mars 2022)*
• Sous réserve des dispositions du décret n° 97-3 du 7 janvier 1997 portant déconcentration de la gestion de certains personnels relevant du ministère de la justice, le garde des sceaux, ministre de la justice, peut déléguer, par arrêté, au directeur de l'école ses pouvoirs disciplinaires en ce qui concerne l'avertissement et le blâme des élèves appartenant aux corps de fonctionnaires effectuant leur scolarité à l'École nationale d'administration pénitentiaire.

Article R. 112-56. – Personnel – *(Décret n° 2022-479 du 30 mars 2022)*
• Le personnel de l'École nationale d'administration pénitentiaire comprend, outre le personnel de direction, les agents soumis aux dispositions de la loi n° 83-634 du 13 juillet 1983 portant droits et obligations des fonctionnaires affectés à l'établissement en position d'activité ou de détachement pour y exercer des fonctions administratives, techniques, d'enseignement ou de recherche et les agents contractuels recrutés selon les modalités prévues par la loi n° 84-16 du 11 janvier 1984 portant dispositions statutaires relatives à la fonction publique de l'État. Ceux de ces agents qui étaient également soumis, avant leur affectation à l'école, au statut fixé par le décret n° 66-874 du 21 novembre 1966 conservent le bénéfice du régime de rémunération et d'indemnités qui leur était applicable dans leur précédente affectation.
• L'école peut, en outre, faire appel à du personnel rémunéré à la vacation pour assurer à titre accessoire un enseignement ou toute autre action relevant de ses missions. Ce personnel est recruté par le directeur de l'école.

Article R. 112-57. – Formateurs et responsables de formation – *(Décret n° 2022-479 du 30 mars 2022)*
• Les formateurs et les responsables de formation affectés à l'École nationale d'administration pénitentiaire sont nommés par arrêté du garde des sceaux, ministre de la justice, pour une durée de 4 ans, renouvelable dans la limite d'une durée totale de 7 ans.

Sous-section 3 : Organisation pédagogique

Article R. 112-58. – Programmes d'enseignements et de recherche... – *(Décret n° 2022-479 du 30 mars 2022)*
• Les programmes d'enseignement et de recherche, l'organisation de la formation initiale et continue ainsi que les modalités d'évaluation de la scolarité sont fixés par arrêté du garde des sceaux, ministre de la justice, pris après avis du conseil d'administration.

Article R. 112-59. – Formations – Stages – *(Décret n° 2022-479 du 30 mars 2022)*
• Les agents suivant une formation sont, pendant la durée de celle-ci, soumis au règlement intérieur de l'établissement, défini aux articles L. 112-4 et R. 112-22.
• Des auditeurs libres, français et étrangers, peuvent être admis à suivre des stages sous la responsabilité du directeur de l'école.

Article R. 112-60. – Conseil pédagogique et scientifique – *(Décret n° 2022-479 du 30 mars 2022)*
• Un conseil pédagogique et scientifique est placé auprès du directeur de l'École nationale d'administration pénitentiaire.
• Il contribue à la définition :
• 1° Des programmes d'enseignement et de recherche ;
• 2° Du contenu du catalogue annuel de formation ;
• 3° Du contenu du programme annuel des recherches, études et colloques.
• Ses travaux et avis sont transmis au conseil d'administration.
• La composition de ce conseil, qui doit comporter des représentants du directeur de l'administration pénitentiaire, du personnel et des personnalités qualifiées, et ses modalités de fonctionnement sont prévues par le règlement intérieur de l'école.

.../...

• Le conseil pédagogique et scientifique se réunit en séance plénière, sur convocation du directeur de l'école, au moins une fois par an.
• Les dispositions de l'article R. 112-48 sont applicables aux fonctions de membre du conseil pédagogique et scientifique de l'école.

Sous-section 4 : Organisation financière

Article R. 112-61. – Principes et règles – *(Décret n° 2022-479 du 30 mars 2022)*
• L'École nationale d'administration pénitentiaire est soumise aux principes et règles de gestion budgétaire et comptable prévus par les dispositions des titres Ier et III du décret n° 2012-1246 du 7 novembre 2012 relatif à la gestion budgétaire et comptable publique.

Article R. 112-62. – Recettes – *(Décret n° 2022-479 du 30 mars 2022)*
• Les recettes de l'École nationale d'administration pénitentiaire comprennent :
• 1° Les subventions, avances, fonds de concours ou participations de l'État, de l'Union européenne, des collectivités territoriales, des établissements publics ou de toutes autres personnes physiques ou morales ;
• 2° Les revenus des biens meubles et immeubles, fonds et valeurs ;
• 3° Les dons et legs faits au profit de l'établissement ;
• 4° Les produits de la vente des publications et documents de formation élaborés ou diffusés par l'école ;
• 5° Les produits de conventions et contrats portant notamment sur les travaux, études ou recherches effectués par l'école ;
• 6° Les produits de conventions et contrats portant sur la formation des partenaires du service public pénitentiaire ou sur la formation d'auditeurs étrangers exerçant ou ayant vocation à exercer une mission pénitentiaire ;
• 7° Les contributions de personnes publiques ou privées versées en contrepartie de prestations de services fournies par l'école ;
• 8° Les produits financiers ;
• 9° Les contributions aux frais de restauration et d'hébergement ou à tous autres frais des personnes séjournant à l'école ;
• 10° Toutes autres recettes autorisées par les lois et règlements.

Article R. 112-63. – Dépenses – *(Décret n° 2022-479 du 30 mars 2022)*
• Les dépenses de l'École nationale d'administration pénitentiaire comprennent :
• 1° Les frais de rémunération des personnels titulaires et contractuels ;
• 2° Les frais de vacations ;
• 3° Les acquisitions des biens immobiliers ;
• 4° Les baux et locations d'immeubles ;
• 5° Les frais de fonctionnement et les frais d'équipement et, d'une manière générale, tous ceux qui sont nécessaires à son activité.

Article R. 112-64. – Régies d'avances et régies de recettes – *(Décret n° 2022-479 du 30 mars 2022)*
• Des régies d'avances et des régies de recettes peuvent être créées dans les conditions prévues par le décret n° 2019-798 du 26 juillet 2019 relatif aux régies de recettes et d'avances des organismes publics.

Article R. 112-65. – Conditions affectation à l'établissement – Biens meubles et immeubles – *(Décret n° 2022-479 du 30 mars 2022)*
• Un arrêté du garde des sceaux, ministre de la justice, et du ministre chargé du budget détermine les conditions d'affectation à l'établissement des biens meubles et immeubles nécessaires à son fonctionnement. Une convention conclue entre l'État et l'établissement définit les modalités d'utilisation des biens ainsi affectés.

Article R. 112-66. – Administration – *(Décret n° 2022-479 du 30 mars 2022)*
• Les objectifs que l'Ecole nationale d'administration pénitentiaire s'engage à atteindre et les moyens que l'État met, à cette fin, à sa disposition peuvent faire l'objet d'une convention pluriannuelle.

CHAPITRE III

Personnels

Section 1 : Dispositions communes

Sous-section 1 : Composition

Article D. 113-1. – Catégories de personnels – *(Décret n° 2022-479 du 30 mars 2022)*
• Pour assurer leur fonctionnement, les services déconcentrés de l'administration pénitentiaire disposent des catégories de personnels suivantes :
• 1° Fonctionnaires des services déconcentrés de l'administration pénitentiaire placés par décret en Conseil d'État sous statut spécial :
• *a)* Personnel de direction : corps des directeurs des services pénitentiaires, emploi de directeur fonctionnel des services pénitentiaires et emploi de directeur fonctionnel des services pénitentiaires d'insertion et de probation ;
• *b)* Personnel de surveillance : corps des chefs des services pénitentiaires, corps de commandement et corps d'encadrement et d'application ;
• *c)* Personnel d'insertion et de probation : corps des directeurs pénitentiaires d'insertion et de probation, corps des chefs des services d'insertion et de probation, corps des conseillers pénitentiaires d'insertion et de probation ;
• *d)* Personnel administratif : corps des attachés d'administration de l'État, corps des secrétaires administratifs, corps des adjoints administratifs ;
• *e)* Personnel technique de l'administration pénitentiaire : corps des directeurs techniques, corps des techniciens, corps des adjoints techniques ;

• 2° Fonctionnaires des corps communs du ministère de la justice affectés dans les services déconcentrés de l'administration pénitentiaire :

• Personnel de service social : corps des assistants de service social du ministère de la justice, corps des conseillers techniques de service social du ministère de la justice ;

• 3° Fonctionnaires des corps interministériels affectés dans les services déconcentrés de l'administration pénitentiaire :

• Personnel infirmier : corps interministériel des infirmières et infirmiers de l'État ;

• 4° Agents non titulaires de l'État affectés dans les services déconcentrés de l'administration pénitentiaire.

Article D. 113-2. – Travailleurs sociaux – *(Décret n° 2022-479 du 30 mars 2022)*

• Dans le présent code, les termes « travailleurs sociaux » s'appliquent indifféremment aux assistants sociaux et aux conseillers techniques de service social.

Article D. 113-3. – Composition du personnel – *(Décret n° 2022-479 du 30 mars 2022)*

• Dans chaque direction interrégionale et dans chaque établissement ou service pénitentiaire, la composition du personnel est déterminée par le garde des sceaux, ministre de la justice, conformément aux textes fixant le recrutement et les attributions de fonctionnaires, employés et agents de l'administration pénitentiaire.

Sous-section 2 : Actions de formation

Article D. 113-4. – Modalités – *(Décret n° 2022-479 du 30 mars 2022)*

• Les personnels des services déconcentrés de l'administration pénitentiaire sont tenus de parfaire leurs connaissances professionnelles dans les conditions qui sont fixées par l'administration centrale.

• Ils ont l'obligation de participer aux enseignements et stages de formation ou de perfectionnement assurés par l'École nationale de l'administration pénitentiaire, dans le cadre du dispositif déconcentré de formation continue, ou par tout autre organisme.

Sous-section 3 : Actions sanitaires et sociales

Article D. 113-5. – Médecin – *(Décret n° 2022-479 du 30 mars 2022)*

• Auprès de chaque établissement ou service, un médecin lié par convention avec l'administration pénitentiaire dispense les soins au personnel. Ce médecin assure :

• 1° L'examen et les soins hors vacation des agents qui en font la demande ;

• 2° Sur demande, la visite à domicile et hors vacation, des agents malades résidant à moins de 2 kilomètres de l'établissement ou du service et se trouvant dans l'impossibilité de se déplacer.

• Dans les cas prévus par les dispositions des 1° et 2°, le personnel titulaire et stagiaire des services déconcentrés de l'administration pénitentiaire a droit au remboursement intégral de ses frais médicaux, pharmaceutiques et d'hospitalisation, sauf s'il se trouve en disponibilité, en détachement, en congé annuel ou exceptionnel. Il possède le même droit lorsqu'il a recours à un médecin spécialiste, après en avoir obtenu l'autorisation de l'administration sur avis conforme du médecin lié par convention avec l'administration pénitentiaire auprès de l'établissement ou du service.

• Selon l'importance de l'établissement pénitentiaire, un ou plusieurs médecins sont désignés par le directeur interrégional des services pénitentiaires pour remplir ces missions.

• Les soins au personnel de l'établissement pénitentiaire ne relèvent pas des missions de l'unité sanitaire, en dehors des situations d'urgence.

Article D. 113-6. – Service social – *(Décret n° 2022-479 du 30 mars 2022)*

• Le personnel bénéficie par ailleurs d'un service social assuré par l'assistant social ou l'assistante sociale attaché à l'établissement, compte tenu des règles relatives à la liaison et à la coordination des services sociaux.

Sous-section 4 : Occupation des logements

Article D. 113-7. – Concession de logement – Nécessité absolue de service – *(Décret n° 2022-479 du 30 mars 2022)*

• Les personnels de l'administration pénitentiaire sont tenus d'occuper personnellement les logements qui leur sont attribués dans le cadre d'une concession de logement par nécessité absolue de service.

Article D. 113-8. – Logements prévus – *(Décret n° 2022-479 du 30 mars 2022)*

• Les logements prévus par les dispositions de l'article D. 113-7 doivent être situés hors de la zone où sont hébergées les personnes détenues.

• Toutefois, à titre exceptionnel, les agents vivant seuls peuvent être logés au sein de cette zone. Les dispositions de l'article D. 113-9 leur sont applicables.

Article D. 113-9. – Accueil – *(Décret n° 2022-479 du 30 mars 2022)*

• Dans aucun cas, et sous aucun prétexte, les membres du personnel logés à l'établissement ne doivent recevoir des personnes détenues dans leur logement.

• Aucun membre de leur famille ne doit pénétrer à l'intérieur de la zone mentionnée par les dispositions de l'article D. 113-8.

Sous-section 5 : Autres dispositions applicables aux personnels

Article D. 113-10. – Gratifications exceptionnelles – *(Décret n° 2022-479 du 30 mars 2022)*

• Indépendamment des récompenses prévues par son statut particulier, le personnel pénitentiaire peut, dans la limite des crédits budgétaires ouverts à cet effet, bénéficier de gratifications exceptionnelles attribuées en raison d'actes de courage ou de dévouement.

Article D. 113-11. – Fonctions – *(Décret n° 2022-479 du 30 mars 2022)*

• Les agents mentionnés par les dispositions du 1° de l'article D. 113-1 exercent les fonctions définies par le statut spécial des fonctionnaires des services déconcentrés de l'administration pénitentiaire et par les textes relatifs à l'organisation et à la gestion des services de l'administration pénitentiaire.

.../...

• Les agents mentionnés par les dispositions des 2°, 3° et 4° de l'article D. 113-1 exercent leurs fonctions dans les conditions et sous les obligations particulières résultant des dispositions législatives et réglementaires régissant le service public pénitentiaire.

Section 2 : Missions et attributions

Sous-section 1 : Dispositions générales

Article R. 113-12. – Conférence annuelle – Justice des mineurs – *(Décret n° 2022-479 du 30 mars 2022)*
• Conformément aux dispositions de l'article R. 312-13 du Code de l'organisation judiciaire, les directeurs interrégionaux des services pénitentiaires peuvent être invités à participer à la conférence annuelle portant sur la justice des mineurs.

Article R. 113-13. – Membres des conseils de juridiction – Tribunaux judiciaires et cours d'appel – *(Décret n° 2022-479 du 30 mars 2022)*
• Conformément aux dispositions des articles R. 212-64 et R. 312-85 du Code de l'organisation judiciaire, des représentants de l'administration pénitentiaire peuvent être membres des conseils de juridiction des tribunaux judiciaires et des cours d'appel.

Article R. 113-14. – Avis – Projets de conventions constitutives – Maisons de justice et du droit – *(Décret n° 2022-479 du 30 mars 2022)*
• Conformément aux dispositions de l'article R. 131-2 du Code de l'organisation judiciaire, les directeurs interrégionaux des services pénitentiaires émettent un avis sur les projets de conventions constitutives des maisons de justice et du droit.

Article R. 113-15. – Cellule de coordination opérationnelle – Forces de sécurité intérieure – *(Décret n° 2022-479 du 30 mars 2022)*
• Conformément aux dispositions de l'article R. 132-6-1 du Code de la sécurité intérieure, dans les zones de sécurité prioritaire, des représentants des services pénitentiaires d'insertion et de probation peuvent être associés à la cellule de coordination opérationnelle des forces de sécurité intérieure.

Article R. 113-16. – Fichier judiciaire national automatisé – Auteurs d'infractions terroristes – *(Décret n° 2022-479 du 30 mars 2022)*
• Dans les limites et conditions fixées par les dispositions de l'article R. 50-52 du Code de procédure pénale, des agents de la direction de l'administration pénitentiaire et des directions interrégionales des services pénitentiaires peuvent directement interroger le fichier judiciaire national automatisé des auteurs d'infractions terroristes à partir de la seule identité d'une personne.

Article R. 113-17. – Fichier judiciaire national automatisé – Auteurs d'infractions sexuelles ou violentes – *(Décret n° 2022-479 du 30 mars 2022)*
• Dans les limites et conditions fixées par les dispositions de l'article R. 53-8-24 du Code de procédure pénale, des agents de la direction de l'administration pénitentiaire et des directions interrégionales des services pénitentiaires peuvent directement interroger le fichier judiciaire national automatisé des auteurs d'infractions sexuelles ou violentes à partir de la seule identité d'une personne.

Article D. 113-18. – Conseil départemental de prévention de la délinquance... – Drogue, dérives sectaires et violences faites aux femmes – *(Décret n° 2022-479 du 30 mars 2022)*
• Conformément aux dispositions de l'article D. 132-6 du Code de la sécurité intérieure, des représentants de l'administration pénitentiaire sont membres du conseil départemental de prévention de la délinquance et de la radicalisation et de lutte contre la drogue, les dérives sectaires et les violences faites aux femmes.

Article D. 113-19. – Conférence régionale – Aménagements de peines et alternatives à l'incarcération – *(Décret n° 2022-479 du 30 mars 2022)*
• Conformément aux dispositions de l'article D. 48-5-1 du Code de procédure pénale, les directeurs interrégionaux des services pénitentiaires ou leurs représentants, ainsi que les agents qu'ils désignent, participent à la conférence régionale portant sur les aménagements de peines et les alternatives à l'incarcération.

Article D. 113-20. – Commission de l'exécution et de l'application des peines – *(Décret n° 2022-479 du 30 mars 2022)*
• Conformément aux dispositions de l'article D. 48-5-4 du Code de procédure pénale, les chefs d'établissement pénitentiaire, les responsables de greffe d'établissement pénitentiaire et le directeur des services pénitentiaires d'insertion et de probation sont membres de droit, dans sa formation élargie, de la commission de l'exécution et de l'application des peines instituée auprès de chaque tribunal judiciaire.

Sous-section 2 : Missions et attributions des personnels de surveillance

Article D. 113-21. – Réunions de synthèse – *(Décret n° 2022-479 du 30 mars 2022)*
• Les chefs d'établissement pénitentiaire organisent régulièrement des réunions de synthèse afin de coordonner l'action des différents personnels et de faciliter l'échange d'informations sur les modalités d'application des régimes de détention.

Article D. 113-22. – Port de l'uniforme – *(Décret n° 2022-479 du 30 mars 2022)*
• À l'exception des agents exerçant les fonctions de chef d'établissement pénitentiaire ou de ceux qui exercent une fonction définie par instruction de service, les personnels de surveillance sont tenus au port de l'uniforme pendant le service, et, en dehors du service, lorsqu'ils se trouvent dans les locaux de la détention.
• Les surveillants sont tenus de consigner leurs observations concernant les différentes missions qui leur sont confiées.

.../...

Sous-section 3 : Missions et attributions des personnels d'insertion et de probation

§ 1. – Dispositions générales

Article D. 113-23. – Directeur – S.P.I.P. – *(Décret n° 2022-479 du 30 mars 2022)*
• Le directeur du service pénitentiaire d'insertion et de probation est placé sous l'autorité du directeur interrégional des services pénitentiaires.

Article D. 113-24. – Accès – Locaux de détention – *(Décret n° 2022-479 du 30 mars 2022)*
• Les personnels du service pénitentiaire d'insertion et de probation ont libre accès, aux heures de service de jour, aux locaux de détention pour les besoins de leur service.
• Les entretiens avec les personnes détenues ont lieu, dans des conditions garantissant la confidentialité, soit dans un parloir ou bureau, soit dans la cellule de la personne détenue intéressée et, si elle se trouve au quartier disciplinaire, dans un local spécial.

§ 2. – Prévention de la commission de nouvelles infractions

Article D. 113-25. – Mesures de contrôle et respect des obligations – *(Décret n° 2022-479 du 30 mars 2022)*
• Sous l'autorité du directeur du service pénitentiaire d'insertion et de probation, le service pénitentiaire d'insertion et de probation s'assure que la personne qui lui est confiée se soumet aux mesures de contrôle et respecte les obligations qui lui sont imposées.

Article D. 113-26. – Prévention de la récidive – *(Décret n° 2022-479 du 30 mars 2022)*
• Le service pénitentiaire d'insertion et de probation met en œuvre les mesures propres à favoriser la prévention de la récidive.

§ 3. – Suivi et contrôle des personnes confiées à l'administration pénitentiaire

Sous-Paragraphe 1 : Définition des modalités de suivi

Article R. 113-27. – Assistance – J.A.P. – *(Décret n° 2022-479 du 30 mars 2022)*
• Conformément aux dispositions de l'article R. 57-3 du Code de procédure pénale, le service pénitentiaire d'insertion et de probation assiste le juge d'application des peines.

Article D. 113-28. – Orientations générales – *(Décret n° 2022-479 du 30 mars 2022)*
• Les orientations générales relatives à l'exécution des mesures confiées au service pénitentiaire d'insertion et de probation sont déterminées, et leur mise en œuvre est évaluée, par les magistrats mandants mentionnés à l'article D. 576 du Code de procédure pénale dans les conditions prévues par les dispositions du même article.

Article D. 113-29. – Instructions particulières – J.A.P., P.R. et autres magistrats mandants – *(Décret n° 2022-479 du 30 mars 2022)*
• Conformément aux dispositions de l'article D. 577 du Code de procédure pénale, le service pénitentiaire d'insertion et de probation est destinataire, le cas échéant, d'instructions particulières sur chaque dossier de la part du juge de l'application des peines, du procureur de la République et des autres magistrats mandants.

Article D. 113-30. – Prise en charge des personnes confiées – *(Décret n° 2022-479 du 30 mars 2022)*
• Dans les conditions prévues par les dispositions de l'article D. 577 du Code de procédure pénale, le service pénitentiaire d'insertion et de probation définit et met en œuvre les modalités de la prise en charge des personnes qui lui sont confiées en liaison avec les magistrats mandants.

Article D. 113-31. – Modalités d'exécution des peines restrictives de liberté – *(Décret n° 2022-479 du 30 mars 2022)*
• Conformément aux dispositions de l'article D. 49-27 du Code de procédure pénale, le service pénitentiaire d'insertion et de probation assiste le juge de l'application des peines dans la détermination des principales modalités d'exécution des peines restrictives de liberté.

Article D. 113-32. – Mesures de contrôles – Respect d'obligations – Personnes condamnées – Actes de terrorisme – *(Décret n° 2022-479 du 30 mars 2022)*
• Dans les conditions prévues par les dispositions de l'article D. 49-81 du Code de procédure pénale, le service pénitentiaire d'insertion et de probation territorialement compétent peut être mandaté par le juge d'application des peines de Paris pour mettre en œuvre des mesures de contrôle ou veiller au respect d'obligations imposées à des personnes condamnées pour actes de terrorisme.

Article D. 113-33. – Suivi – Rapports – *(Décret n° 2022-479 du 30 mars 2022)*
• Le directeur du service pénitentiaire d'insertion et de probation s'assure du suivi de chaque mesure dont le service est saisi et de l'exécution des instructions données par les magistrats mandants.
• Il vérifie que les rapports sont régulièrement adressés aux magistrats.

Sous-Paragraphe 2 : Constitution du dossier individuel

Article D. 113-34. – Modalités – *(Décret n° 2022-479 du 30 mars 2022)*
• Au sein du service pénitentiaire d'insertion et de probation, il est tenu un dossier pour chaque personne faisant l'objet d'une mesure prévue par les dispositions des articles D. 113-36, D. 113-41 et D. 542-1. Ce dossier comprend les pièces d'ordre judiciaire nécessaires au suivi de la mesure, les éléments relatifs au contrôle des obligations ou conditions imposées ainsi que la copie des rapports adressés au magistrat mandant.

.../...

• Les documents couverts par le secret professionnel ne peuvent être consultés que par un membre du service pénitentiaire d'insertion et de probation.

• En cas de changement de résidence de la personne suivie, le service transmet sous pli fermé ces documents au service compétent du lieu de la nouvelle résidence.

• Le dossier est communiqué à sa demande au magistrat qui a saisi le service, sauf pour les renseignements recueillis par voie de confidences auprès des personnes prises en charge.

Article D. 113-35. – Troisième partie du dossier individuel – *(Décret n° 2022-479 du 30 mars 2022)*

• La 3e partie du dossier individuel de la personne détenue ayant fait l'objet d'une procédure d'orientation en application des dispositions de l'article D. 214-10 correspond au dossier destiné aux membres du service pénitentiaire d'insertion et de probation compétent auprès de l'établissement pénitentiaire, dont le contenu est défini par l'article D. 214-13.

Sous-Paragraphe 3 : Mise en œuvre des mesures de contrôle des personnes confiées

Article D. 113-36. – Modalités – *(Décret n° 2022-479 du 30 mars 2022)*

• Le service pénitentiaire d'insertion et de probation met en œuvre les mesures de contrôle et veille au respect des obligations imposées aux personnes condamnées, à l'emprisonnement avec sursis probatoire, à un suivi socio-judiciaire ou à un travail d'intérêt général, aux personnes faisant l'objet d'une mesure d'ajournement de peine avec mise à l'épreuve, aux libérés conditionnels, aux condamnés placés sous surveillance judiciaire ou faisant l'objet d'un suivi en application de l'article 721-2 ou des articles 706-25-16 à 706-25-21 du Code de procédure pénale, d'une suspension de peine, d'une semi-liberté, d'un placement extérieur, d'un placement sous surveillance électronique ou d'un placement sous surveillance électronique mobile, aux interdits de séjour et aux personnes visées à l'article L. 51 du Code du service national.

• Il met également en œuvre les peines de substitution et les mesures de contrôle et de surveillance relatives aux obligations imposées aux personnes condamnées dans d'autres États membres de l'Union européenne, lorsque la condamnation ou la décision prononçant les peines ou les mesures a été reconnue par les autorités judiciaires françaises dans les conditions prévues par les articles 764-1 à 764-42 du Code de procédure pénale.

§ 4.– Évaluation des personnes confiées

Sous-Paragraphe 1 : Avis au sein des instances pluridisciplinaires

Article R. 113-37. – Évaluations pluridisciplinaires – Unité personnes détenues violentes – Quartier radicalisation – *(Décret n° 2022-479 du 30 mars 2022)*

• Conformément aux dispositions des articles R. 224-1 à R. 224-25, les personnels des services pénitentiaires d'insertion et de probation participent aux évaluations pluridisciplinaires des personnes détenues placées en unité pour personnes détenues violentes ou en quartier de prise en charge de la radicalisation.

Article D. 113-38. – Avis – S.P.I.P. – Orientation – *(Décret n° 2022-479 du 30 mars 2022)*

• L'avis du service pénitentiaire d'insertion et de probation sur l'orientation d'une personne détenue condamnée est versé au dossier d'orientation, dans le cadre de la procédure d'orientation prévue par les dispositions des articles D. 211-9 à D. 211-31.

Article D. 113-39. – Synthèse socio-éducative – *(Décret n° 2022-479 du 30 mars 2022)*

• À la demande du juge ou du tribunal de l'application des peines, dans les conditions prévues par les dispositions de l'article D. 49-24 du Code de procédure pénale, le service pénitentiaire d'insertion et de probation procède, avant la libération d'une personne détenue condamnée, à une synthèse socio-éducative de la situation de la personne intéressée.

Sous-Paragraphe 2 : Aide à l'individualisation de la situation des personnes confiées

Article D. 113-40. – Modalités – *(Décret n° 2022-479 du 30 mars 2022)*

• Le service pénitentiaire d'insertion et de probation est chargé de rechercher les moyens propres à favoriser l'individualisation de la situation pénale des personnes détenues, notamment dans le cadre des orientations données par le juge de l'application des peines.

• Chaque fois que la demande leur en est faite ou à leur initiative, personnels du service pénitentiaire d'insertion et de probation fournissent à l'autorité judiciaire et aux services de l'administration pénitentiaire les éléments permettant de mieux individualiser l'exécution de la mesure privative de liberté de chaque personne détenue ; ils élaborent notamment des avis ou rapports sur les personnes prévenues ou les personnes détenues dont la situation pénale est examinée en commission d'application des peines.

Article D. 113-41. – Préparation des décisions de justice à caractère pénal… – *(Décret n° 2022-479 du 30 mars 2022)*

• Le service pénitentiaire d'insertion et de probation concourt, sur saisine des autorités judiciaires, à la préparation des décisions de justice à caractère pénal ; il peut être chargé de l'exécution des enquêtes et des mesures préalables au jugement. À cet effet, il effectue les vérifications sur la situation matérielle, familiale et sociale des personnes faisant l'objet d'enquêtes ou de poursuites judiciaires afin de permettre une meilleure individualisation des mesures ou peines et de favoriser l'insertion des personnes intéressées.

• Il assure le suivi et le contrôle des personnes placées sous contrôle judiciaire. Il effectue les investigations qui lui sont demandées préalablement à l'exécution des peines privatives de liberté.

Article D. 113-42. – Individualisation de la situation – *(Décret n° 2022-479 du 30 mars 2022)*

• Chaque fois que la demande leur en est faite ou à leur initiative, les personnels du service pénitentiaire d'insertion et de probation fournissent à l'autorité judiciaire ou aux services de l'administration pénitentiaire les éléments permettant de mieux individualiser la situation des personnes placées sous main de justice.

…/…

§ 5. – Communication avec l'autorité judiciaire

Sous-Paragraphe 1 : Transmission de rapports

Article D. 113-43. – Aménagements de peine... – *(Décret n° 2022-479 du 30 mars 2022)*
• Le service pénitentiaire d'insertion et de probation propose au magistrat mandant les aménagements de peine ou les modifications des mesures de contrôle et obligations et rend compte de leur respect ou de leur violation.

Article D. 113-44. – Rapport d'évaluation... – *(Décret n° 2022-479 du 30 mars 2022)*
• Le service pénitentiaire d'insertion et de probation adresse au magistrat mandant un rapport d'évaluation dans les 3 mois suivant la date à laquelle l'exécution d'une mesure de contrôle lui est confiée. Il lui transmet un rapport de fin de mesure 1 mois avant l'échéance de la mesure ainsi qu'un rapport annuel lorsque la durée de la mesure excède 2 ans.
• Il lui adresse des rapports ponctuels en cours d'exécution de la mesure :
• 1° En cas de difficulté dans l'application des orientations générales ou des instructions particulières données par l'autorité judiciaire ;
• 2° En cas de modification de la situation de la personne condamnée susceptible d'avoir des implications sur le respect de ses obligations et interdictions ;
• 3° En cas de changement significatif des modalités de la prise en charge de la personne condamnée ;
• 4° En cas d'incident dans le suivi de la mesure, et ce dans les plus brefs délais ;
• 5° En cas de demande du magistrat mandant.

Sous-Paragraphe 2 : Échange d'informations

Article D. 113-45. – Secret professionnel – *(Décret n° 2022-479 du 30 mars 2022)*
• Les personnels du service pénitentiaire d'insertion et de probation sont tenus au secret professionnel.
• Dans le cadre de l'exécution des mesures prévues par les dispositions des articles D. 113-36, D. 113-41 et D. 542-1, les personnels du service pénitentiaire d'insertion et de probation ne peuvent opposer le secret professionnel aux autorités judiciaires, sauf pour les renseignements recueillis par voie de confidences auprès des personnes prises en charge.

Article D. 113-46. – Copie – Jugements des juridictions de l'application des peines – *(Décret n° 2022-479 du 30 mars 2022)*
• Conformément aux dispositions de l'article D. 49-18 du Code de procédure pénale, le directeur du service pénitentiaire d'insertion et de probation est destinataire d'une copie des jugements des juridictions de l'application des peines.

Article D. 113-47. – Copies – Arrêts de la chambre de l'application des peines – *(Décret n° 2022-479 du 30 mars 2022)*
• Conformément aux dispositions de l'article D. 49-44 du Code de procédure pénale, le directeur du service pénitentiaire d'insertion et de probation est destinataire des copies des arrêts de la chambre de l'application des peines.

Article D. 113-48. – Visites – Foyers ou organismes d'hébergement – *(Décret n° 2022-479 du 30 mars 2022)*
• Conformément aux dispositions de l'article D. 578 du Code de procédure pénale, le directeur du service pénitentiaire d'insertion et de probation visite chaque année, avec le juge de l'application des peines, les foyers ou organismes d'hébergement accueillant les personnes confiées.

Sous-Paragraphe 3 : Traitement de données à caractère personnel relatif à l'application des peines

Article R. 113-49. – Traitement – Finalités – *(Décret n° 2022-479 du 30 mars 2022)*
• Le traitement automatisé de données à caractère personnel dénommé « Application des Peines, Probation et Insertion » *(APPI)* a pour finalités de :
• 1° Faciliter l'évaluation de la situation des personnes placées sous main de justice, prévenues ou condamnées, pour la détermination ou l'exécution des décisions de l'autorité judiciaire relatives à leur insertion ou leur probation ;
• 2° Faciliter la gestion des procédures suivies devant les juridictions en charge de l'application des peines ainsi que des mesures mises en œuvre par les services pénitentiaires d'insertion et de probation en cette matière ;
• 3° Faciliter le suivi de l'aide apportée par les services pénitentiaires d'insertion et de probation aux personnes libérées ;
• 4° Faciliter la gestion et le suivi des mesures d'enquête ou de contrôle confiées aux services pénitentiaires d'insertion et de probation pour la mise en œuvre des mesures de sûreté ordonnées par les juridictions d'instruction, la juridiction des libertés et de la détention ou les juridictions de jugement ;
• 5° Faciliter le suivi des enquêtes confiées aux services pénitentiaires d'insertion et de probation par les autorités judiciaires préalablement aux décisions sur l'action publique et à l'exécution des peines privatives de liberté ;
• 6° Permettre l'exploitation des informations recueillies à des fins de recherches statistiques.

Article R. 113-50. – Enregistrements – *(Décret n° 2022-479 du 30 mars 2022)*
• Peuvent être enregistrées dans le traitement automatisé les informations et les données à caractère personnel suivantes :
• 1° Concernant les personnes faisant l'objet de la procédure ou de la mesure :
• *a)* Personnes physiques :
• – civilité, nom de naissance, nom d'usage, prénoms, alias, sexe, date de naissance, lieu de naissance et nationalité ;
• – nom de naissance et prénoms du père et de la mère ;
• – nom et prénoms du curateur ou du tuteur ;
• – situation de famille, nombre d'enfants, nombre de frères et sœurs, rang dans la fratrie ;

.../...

• – informations relatives aux documents suivants: carte nationale d'identité, carte de résident, carte de séjour temporaire sans ou avec autorisation de travail, passeport, permis de conduire, livret de famille, livret militaire, carte de ressortissant, certificat de participation à l'appel de préparation à la défense;
• – adresse du domicile déclaré, adresse postale pour les sans domicile fixe, coordonnées de géolocalisation, des zones d'exclusion, des zones tampon et des zones d'inclusion, ainsi que les horaires d'assignation;
• – nom, prénoms, adresse et téléphone de la personne assurant l'hébergement de la personne concernée;
• – profession, horaires de travail, situation par rapport à l'emploi, expérience professionnelle, fonction élective, code de la catégorie socioprofessionnelle, code de la nature de l'activité;
• – niveau d'étude et de formation, diplômes, distinctions;
• – ressources et charges de toute nature, existence d'une procédure de surendettement;
• – prestations sociales de toute nature dont la personne intéressée est susceptible de bénéficier;
• *b)* Personnes morales:
• – sociale, activité, numéro SIREN et adresse du siège social ou de l'établissement;
• – actif et passif, informations relatives à l'existence d'un plan de sauvegarde, d'un redressement judiciaire ou d'une liquidation judiciaire;
• – nom, prénoms, qualité, date et lieu de naissance, adresse personnelle du représentant légal;
• 2° Concernant les autres personnes:
• *a)* Experts et personnes qualifiées: nom, prénoms, titre, grade, emploi, adresse professionnelle, numéro de téléphone, numéro de télécopie et adresse de messagerie électronique professionnels;
• *b)* Avocats: nom et prénoms, barreau auquel l'avocat est rattaché, adresse du cabinet, référence, adresse de messagerie électronique, numéro de téléphone et numéro de télécopie du cabinet;
• *c)* Victimes et parties civiles: nom, prénoms, adresse personnelle, représentant légal pour les mineurs;
• *d)* Personnes appelées à fournir des informations ou des prestations nécessaires à l'exécution de la mesure: nom, prénoms, profession, adresse personnelle ou professionnelle, lien de parenté avec la personne intéressée, numéro de téléphone, numéro de télécopie et adresse de messagerie électronique professionnels ou, s'il s'agit d'une personne morale, dénomination et adresse du siège social ou de l'établissement, numéro de téléphone, numéro de télécopie et adresse de messagerie électronique;
• 3° Concernant la procédure et les mesures:
• *a)* Mention de la mesure d'enquête, de contrôle ou d'aménagement de la peine prise par la juridiction en charge de l'application des peines ou mise en œuvre par le service pénitentiaire d'insertion et de probation en application des dispositions du Code pénal ou du Code de procédure pénale;
• *b)* Libellé du service chargé de la mise en œuvre de la mesure;
• *c)* Nom de naissance ou d'usage et prénom, corps et/ou grade et fonction de l'agent chargé de l'exécution de la mesure;
• *d)* Mentions des actes, juridictionnels ou non, se rapportant à la conduite des procédures suivies devant les juridictions de l'application des peines et aux mesures mises en œuvre par les services pénitentiaires d'insertion et de probation;
• *e)* Informations relatives à l'évaluation de la situation de la personne placée sous main de justice:
• – suivi médical assuré dans le cadre de la mesure privative ou restrictive de liberté: existence du suivi, nature, psychiatrique ou autre, du suivi, existence d'une obligation de soins et contenu de celle-ci, caractère volontaire du suivi, existence d'un traitement médicamenteux, existence d'une évaluation du risque suicidaire, compatibilité du suivi médical avec une prise en charge par le service pénitentiaire d'insertion et de probation;
• – déroulement de la détention: lieux de détention successifs, maintien des liens familiaux, activités, postes de travail occupés, incidents ayant donné lieu à signalement au préfet ou à l'autorité judiciaire ou à poursuites disciplinaires et décision prise sur les poursuites;
• – respect par la personne faisant l'objet de la mesure privative ou restrictive de liberté des obligations mises à sa charge par l'autorité judiciaire, acceptation de la condamnation par la personne concernée;
• – conclusions de l'évaluation de la situation de la personne concernée par le service pénitentiaire d'insertion et de probation: parcours d'exécution de peine prévu, éléments favorables ou défavorables à la réinsertion, objectifs, moyens et modalités de la prise en charge par le service;
• *f)* Rapports établis par le service pénitentiaire d'insertion et de probation en exécution d'une mesure d'enquête, de suivi ou de contrôle décidée par les autorités judiciaires.

Article R. 113-51. – Enregistrement des données... – *(Décret n° 2022-479 du 30 mars 2022)*
• L'enregistrement des données mentionnées par les dispositions du I de l'article 6 de la loi n° 78-17 du 6 janvier 1978 est autorisé lorsque ces données ont été recueillies par les services pénitentiaires d'insertion et de probation à la demande des autorités judiciaires pour l'évaluation de la situation de la personne suivie et qu'elles sont nécessaires à la mise en œuvre des dispositions relatives à l'application des peines.
• Il est interdit de sélectionner une catégorie particulière de personnes à partir des données mentionnées au 1er alinéa.

Article R. 113-52. – Conservation des données – *(Décret n° 2022-479 du 30 mars 2022)*
• Les données à caractère personnel enregistrées sont conservées 5 ans à compter de la fin de la peine, de la fin de la mesure d'aménagement de la peine ou de la mesure de sûreté dont la personne suivie fait l'objet.

Article R. 113-53. – Accès aux données – *(Décret n° 2022-479 du 30 mars 2022)*
• Peuvent seuls accéder aux données à caractère personnel enregistrées dans le traitement, lorsque cet accès est nécessaire à la conduite des procédures relatives à l'application des peines ou à la mise en œuvre de l'une des mesures mentionnées par les dispositions de l'article R. 113-49 dont ils ont la charge:
• 1° Les procureurs de la République, les magistrats du siège en charge de l'application des peines, les juges d'instruction et les juges des libertés et de la détention;
• 2° Les directeurs des services pénitentiaires d'insertion et de probation, les directeurs pénitentiaires d'insertion et de probation et les personnels d'insertion et de probation de l'administration pénitentiaire;
• 3° Les chefs d'établissement pénitentiaire;
• 4° Les directeurs des services, chefs de services et éducateurs du secteur public de la protection judiciaire de la jeunesse pour la préparation, la mise en œuvre et le suivi de l'exécution, des condamnations prononcées par une juridiction spécialisée pour mineurs lorsque la personne condamnée a atteint l'âge de 18 ans;

.../...

• 5° Les agents du greffe chargés d'assister les magistrats mentionnés par les dispositions du 1°, individuellement désignés et spécialement habilités à cet effet par les chefs de juridiction ;

• 6° Les personnels administratifs, les personnels de service social et les personnels de surveillance affectés dans les services pénitentiaires d'insertion et de probation, individuellement désignés et spécialement habilités à cet effet par le directeur interrégional des services pénitentiaires.

Article R. 113-54. – Destinataires des données – *(Décret n° 2022-479 du 30 mars 2022)*

• Sont destinataires des données à caractère personnel enregistrées dans le traitement, outre les autorités et les personnels mentionnés par les dispositions de l'article R. 113-53 :

• 1° Les magistrats du siège et du ministère public pour les nécessités liées au traitement des seules procédures dont ils sont saisis ;

• 2° Les personnels habilités des services centraux et des services déconcentrés de la direction de l'administration pénitentiaire en charge du suivi des personnes placées sous main de justice pour les nécessités de l'accomplissement de leur mission.

Article R. 113-55. – Droits d'information, d'accès, de rectification, d'effacement et de limitation des données – *(Décret n° 2022-479 du 30 mars 2022)*

• Les droits d'information, d'accès, de rectification, d'effacement et de limitation des données prévus par les dispositions des articles 104 à 106 de la loi n° 78-17 du 6 janvier 1978 s'exercent auprès du procureur de la République près le tribunal judiciaire du siège de la juridiction saisie de la procédure ou dans le ressort duquel est situé le service pénitentiaire d'insertion et de probation auquel a été confiée la mesure.

Article R. 113-56. – Droit d'opposition – *(Décret n° 2022-479 du 30 mars 2022)*

• Le droit d'opposition prévu par les dispositions de l'article 110 de la loi n° 78-17 du 6 janvier 1978 ne s'applique pas au présent traitement.

Article R. 113-57. – Consultation – Enregistrement – Conservation – *(Décret n° 2022-479 du 30 mars 2022)*

• Les consultations du présent traitement font l'objet d'un enregistrement comprenant l'identifiant de leur auteur ainsi que la date, l'heure et l'objet de l'opération. Ces informations sont conservées pendant un délai de 3 ans.

Article R. 113-58. – Interconnexion – Mise en relation – *(Décret n° 2022-479 du 30 mars 2022)*

• Le présent traitement peut faire l'objet d'une interconnexion avec le traitement automatisé relatif au contrôle des personnes placées sous surveillance électronique mobile et le système de gestion informatisée des personnes placées sous surveillance électronique.

• Il peut faire l'objet d'une mise en relation avec le traitement automatisé dénommé « Cassiopée », le traitement automatisé du casier judiciaire national et le système de gestion nationale des personnes détenues en établissement pénitentiaire *(GENESIS)*.

• Toutefois, aucune des données mentionnées par les dispositions de l'article R. 113-51 ne peut faire l'objet d'une interconnexion ou d'une mise en relation.

§ 6. – Aide à l'insertion et à la réinsertion des personnes confiées à l'administration pénitentiaire

Article D. 113-59. – Aide matérielle – *(Décret n° 2022-479 du 30 mars 2022)*

• Le service pénitentiaire d'insertion et de probation peut apporter une aide matérielle aux personnes qui lui sont confiées par les autorités judiciaires.

Article D. 113-60. – Missions – S.P.I.P. – *(Décret n° 2022-479 du 30 mars 2022)*

• Auprès de chaque établissement pénitentiaire, le service pénitentiaire d'insertion et de probation a pour mission de participer à la prévention des effets désocialisants de l'emprisonnement sur les personnes détenues, de favoriser le maintien des liens sociaux et familiaux et de les aider à préparer leur réinsertion sociale.

• Il assure les liaisons avec les divers services sociaux, éducatifs, médico-sociaux et prend tous contacts qu'il juge nécessaires pour la réinsertion des personnes détenues.

Article D. 113-61. – Programmation – Activités sportives – *(Décret n° 2022-479 du 30 mars 2022)*

• Le service pénitentiaire d'insertion et de probation contribue, en liaison avec le chef de l'établissement pénitentiaire et les services compétents, à l'élaboration de la programmation des activités sportives de l'établissement.

Article D. 113-62. – Accès aux droits... – *(Décret n° 2022-479 du 30 mars 2022)*

• Le service pénitentiaire d'insertion et de probation, avec la participation, le cas échéant, des autres services de l'État, des collectivités territoriales et de tous organismes publics ou privés, favorise l'accès aux droits et aux dispositifs d'insertion de droit commun des personnes détenues et des personnes qui lui sont confiées par les autorités judiciaires.

• Il s'assure de la continuité des actions d'insertion.

Article D. 113-63. – Actions de formation professionnelle – *(Décret n° 2022-479 du 30 mars 2022)*

• Le service pénitentiaire d'insertion et de probation détermine, en liaison avec les chefs d'établissement pénitentiaire auprès desquels il intervient, les actions de formation professionnelle au bénéfice des personnes placées sous main de justice, dans les conditions prévues par les dispositions de l'article D. 113-62.

Article D. 113-64. – Personnes bénévoles agréées – *(Décret n° 2022-1710 du 29 décembre 2022)*

• À titre exceptionnel, il peut être fait appel à des personnes bénévoles, agréées par le directeur du service pénitentiaire d'insertion et de probation après avis du juge de l'application des peines, dans des conditions fixées par arrêté du garde des Sceaux, ministre de la justice. Cet arrêté est annexé au présent code.

• Le directeur du service peut retirer ou suspendre son agrément soit d'office, soit à la demande du juge de l'application des peines ou du procureur de la République.

.../...

Section 3 : Compétences des personnels de direction et délégations de signature

Article R. 113-65. – Directeur interrégional des services pénitentiaires – *(Décret n° 2022-479 du 30 mars 2022)*

• Le directeur interrégional des services pénitentiaires est compétent pour prendre les décisions administratives individuelles suivantes :

• 1° Agrément des associations pour le compte desquelles les personnes détenues peuvent être autorisées à travailler ;

• 2° Autorisation de visiter ou de communiquer avec des personnes non nominativement désignées détenues dans les établissements pénitentiaires situés dans le ressort de la direction interrégionale ;

• 3° Restitution de tout ou partie de la part disponible du compte nominatif d'une personne détenue réincarcérée après une évasion ;

• 4° Autorisation, pour une personne détenue, de se faire soigner par un médecin de son choix ;

• 5° Autorisation de portée interrégionale d'effectuer des photographies, croquis, prises de vue ou enregistrements sonores se rapportant à la détention ;

• 6° Autorisation, pour une mère détenue avec son enfant, de le garder auprès d'elle au-delà de l'âge de 18 mois ;

• 7° Nomination des membres non fonctionnaires de la commission consultative devant émettre un avis sur la demande mentionnée au 6° ;

• 8° Habilitation des aumôniers assurant le service religieux dans les établissements pénitentiaires ;

• 9° Autorisation de sortie des écrits d'une personne détenue en vue de leur publication ou divulgation sous quelque forme que ce soit ;

• 10° Autorisation, pour une personne détenue, d'être hospitalisée dans un établissement de santé privé ;

• 11° Autorisation d'hospitalisation d'une personne détenue dans un établissement de santé situé dans le ressort de la direction interrégionale des services pénitentiaires.

• Pour l'exercice des compétences définies par le présent code, le directeur interrégional des services pénitentiaires peut déléguer sa signature à un ou plusieurs fonctionnaires appartenant à un corps de catégorie A occupant un emploi au siège de la direction interrégionale.

Article R. 113-66. – Chef de l'établissement pénitentiaire – *(Décret n° 2022-479 du 30 mars 2022)*

• Le chef de l'établissement pénitentiaire est compétent pour délivrer les autorisations de visiter l'établissement qu'il dirige.

• Pour l'exercice des compétences définies par le présent code, le chef d'établissement peut déléguer sa signature à son adjoint, à un fonctionnaire appartenant à un corps de catégorie A ou à un membre du corps de commandement placé sous son autorité.

• Il peut également la déléguer à un major pénitentiaire ou à un premier surveillant, placé sous son autorité :

• 1° Pour les mesures d'affectation des personnes détenues en cellule ;

• 2° Pour les mesures de retrait, pour des motifs de sécurité, des objets et vêtements habituellement laissés en leur possession ainsi que des médicaments, matériels et appareillages médicaux ;

• 3° Pour les mesures de fouille des personnes détenues ;

• 4° Pour l'utilisation de moyens de contrainte ;

• 5° Pour la mise en œuvre des mesures de contrôle, pour des motifs de sécurité, des personnes accédant à l'établissement pénitentiaire.

Article D. 113-67. – Décision d'exécution de la détention – *(Décret n° 2022-479 du 30 mars 2022)*

• Tout chef d'établissement pénitentiaire peut soumettre au directeur interrégional sous l'autorité duquel il est placé, une décision d'exécution de la détention relevant de sa compétence. Il en est pareillement pour le directeur interrégional à l'égard du garde des sceaux, ministre de la justice.

• L'urgence peut conférer à un chef d'établissement une compétence qui relèverait normalement du directeur interrégional, à charge de compte-rendu immédiat et si besoin téléphonique.

Article D. 113-68. – Directeur du service pénitentiaire d'insertion et de probation – Délégation signature – Dépenses courantes – *(Décret n° 2022-479 du 30 mars 2022)*

• En l'absence du chef de service, le directeur du service pénitentiaire d'insertion et de probation délègue sa signature à un personnel du service pénitentiaire d'insertion et de probation pour ordonner les dépenses courantes nécessaires au fonctionnement du service.

Article D. 113-69. – Directeur du service pénitentiaire d'insertion et de probation – Délégation signature – Compétences définies – *(Décret n° 2022-479 du 30 mars 2022)*

• Pour l'exercice des compétences définies par les dispositions du présent code, le directeur du service pénitentiaire d'insertion et de probation peut déléguer sa signature à un directeur d'insertion et de probation, à un chef de service d'insertion et de probation, et à un conseiller technique de service social.

§ 2. – Attributions des médecins

Article R. 115-21. – Médecins – Unités sanitaires et services médico-psychologiques régionaux – Missions – *(Décret n° 2022-479 du 30 mars 2022)*

• Les médecins chargés des prestations de médecine générale intervenant dans les unités sanitaires et dans les services médico-psychologiques régionaux mentionnés par les dispositions de l'article R. 3221-5 du Code de la santé publique assurent des consultations médicales, à la suite de demandes formulées par la personne détenue ou, le cas échéant, par le personnel pénitentiaire ou par toute autre personne agissant dans l'intérêt de la personne détenue.

• Ces médecins sont en outre chargés de :

• 1° Réaliser un examen médical systématique pour les personnes détenues venant de l'état de liberté ;

• 2° Réaliser les visites aux personnes détenues placées au quartier disciplinaire ou confinées dans une cellule ordinaire dans les conditions prévues par les dispositions de l'article R. 234-31, chaque fois que ces médecins l'estiment nécessaire et au minimum, en tout état de cause, 2 fois par semaine ;

• 3° Réaliser les visites aux personnes détenues placées à l'isolement, dans les conditions prévues par les dispositions de l'article R. 213-19, chaque fois que ces médecins l'estiment nécessaire et au moins 2 fois par semaine ;

…/…

• 4° Réaliser l'examen des personnes détenues sollicitant des attestations relatives à une inaptitude au travail pour raison médicale;

• 5° Réaliser l'examen médical des personnes détenues sollicitant une attestation relative à la pratique d'une activité sportive;

• 6° Réaliser l'examen des personnes détenues sollicitant pour raison médicale un changement d'affectation ou une modification ou un aménagement quelconque de leur régime de détention.

Article R. 115-22. – Médecins – Transmission éléments suivi médical – Nouvel établissement – *(Décret n° 2022-479 du 30 mars 2022)*

• Les médecins mentionnés par les dispositions de l'article R. 115-21 veillent à ce que la transmission, au personnel médical du nouvel établissement, des éléments utiles à la continuité des soins des personnes détenues soit assurée à l'occasion de leur transfert en application des dispositions des articles R. 1112-1 et R. 1112-2 du Code de la santé publique.

Article D. 115-23. – Suivi médical – *(Décret n° 2022-479 du 30 mars 2022)*

• Conformément aux dispositions de l'article R. 6111-33 du Code de la santé publique, le praticien responsable de l'unité sanitaire organise le suivi médical des personnes détenues et coordonne les actions de prévention et d'éducation pour la santé mises en œuvre à leur égard.

Article D. 115-24. – Observation des règles d'hygiène – *(Décret n° 2022-479 du 30 mars 2022)*

• Le médecin responsable des unités sanitaires ou des secteurs de psychiatrie mentionnés par les dispositions de l'article D. 115-3 veille à l'observation des règles d'hygiène collective et individuelle dans l'établissement pénitentiaire.

• À ce titre, il est habilité à visiter l'ensemble des locaux de l'établissement et à signaler aux services compétents les insuffisances en matière d'hygiène et, de manière générale, toute situation susceptible d'affecter la santé des personnes détenues; il donne son avis sur les moyens d'y remédier.

Article D. 115-25. – Délivrance des certificats, attestations – *(Décret n° 2022-479 du 30 mars 2022)*

• Les médecins intervenant dans les unités sanitaires ou les secteurs de psychiatrie mentionnés aux articles D. 115-3 et D. 115-6 délivrent à la personne détenue, à sa demande, des certificats ou attestations relatifs à son état de santé et, sous réserve de son accord exprès, à sa famille ou à son conseil.

• Ils lui fournissent les attestations ou documents indispensables pour bénéficier des avantages qui lui sont reconnus par la sécurité sociale, et notamment de ceux prévus par la législation sur les accidents du travail et les maladies professionnelles.

• Ils délivrent aux autorités pénitentiaires des attestations écrites contenant les renseignements strictement nécessaires à l'orientation de la personne détenue ainsi qu'aux modifications ou aux aménagements du régime pénitentiaire que pourrait justifier son état de santé.

• En tout état de cause, si ces médecins estiment que l'état de santé d'une personne détenue n'est pas compatible avec un maintien en détention ou avec le régime pénitentiaire qui lui est appliqué, ils en avisent par écrit le chef de l'établissement pénitentiaire. Ce dernier en informe aussitôt, s'il y a lieu, l'autorité judiciaire compétente.

• Un double des attestations et avis délivrés en application des alinéas 3 et 4 du présent article est remis à la personne détenue intéressée, à sa demande.

§ 3. – Attributions des personnels infirmiers

Article D. 115-26. – Personne infirmier – *(Décret n° 2022-479 du 30 mars 2022)*

• Le personnel infirmier répond aux demandes de soins dans le cadre de son rôle propre, dispense les soins et administre les médicaments sur prescription médicale, en application des dispositions relatives aux règles de la profession d'infirmier ou d'infirmière prévues par le Code de la santé publique.

TITRE II: DÉONTOLOGIE

Article R. 120-1. – Code de déontologie – Service public pénitentiaire – *(Décret n° 2022-479 du 30 mars 2022)*

• Les dispositions des chapitres I à III du présent titre constituent le Code de déontologie du service public pénitentiaire prévu par les dispositions de l'article L. 120-1.

Article R. 120-2. – Application – *(Décret n° 2022-479 du 30 mars 2022)*

• Le code de déontologie du service public pénitentiaire s'applique:

• 1° Dans les conditions déterminées par les dispositions des articles R. 122-1 à R. 122-24 du chapitre II du présent titre, aux personnels, fonctionnaires et agents non titulaires, de l'administration pénitentiaire tels que définis par les dispositions de l'article L. 113-1, dans le respect des règles les régissant;

• 2° Dans les mêmes conditions, à l'exclusion des articles R. 122-2, R. 122-8, R. 122-21, R. 122-24, R. 822-1, R. 832-1, R. 842-1, R. 852-4, R. 862-5 et R. 872-5, aux membres de la réserve civile pénitentiaire prévue par les dispositions de l'article L. 114-1, qui sont assimilés aux personnels pénitentiaires pour ce qui est des règles pénitentiaires auxquelles ils sont soumis;

• 3° Dans les conditions déterminées par les dispositions des articles R. 123-1 à R. 123-5 du chapitre III du présent titre, aux personnes physiques et aux agents des personnes morales de droit public ou privé, concourant au service public pénitentiaire en vertu d'une habilitation ou d'un agrément.

Article R. 120-3. – Remise individuellement – Affichage – *(Décret n° 2022-479 du 30 mars 2022)*

• Le code de déontologie du service public pénitentiaire est remis individuellement par l'administration pénitentiaire à chacune des personnes auxquelles il s'applique. Il est affiché dans les établissements et services pénitentiaires. Cet affichage est réalisé de telle façon que le Code de déontologie soit également porté à la connaissance des personnes placées sous main de justice.

CHAPITRE Ier

Dispositions générales

Article R. 121-1. – Valeurs – *(Décret n° 2022-479 du 30 mars 2022)*

• Les valeurs de l'administration pénitentiaire et de ses membres résident dans la juste et loyale exécution des décisions de justice et du mandat judiciaire confié et dans le respect des personnes et de la règle de droit.

.../...

Article R. 121-2. – Garantie des libertés… – *(Décret n° 2022-479 du 30 mars 2022)*
• L'administration pénitentiaire concourt, par sa participation à la garde et à la réinsertion des personnes qui lui sont confiées par l'autorité judiciaire, à la garantie des libertés et à la défense des institutions de la République, au maintien de l'ordre public et de la sécurité intérieure et à la protection des personnes et des biens.

Article R. 121-3. – Manquement aux devoirs – *(Décret n° 2022-479 du 30 mars 2022)*
• Tout manquement aux devoirs définis par le Code de déontologie du service public pénitentiaire expose son auteur à une sanction disciplinaire ou au retrait, dans les conditions fixées par le présent code, du titre en vertu duquel il intervient au sein des services de l'administration pénitentiaire, sans préjudice, le cas échéant, des peines prévues par la loi pénale.

Article R. 121-4. – Interdictions – *(Décret n° 2022-479 du 30 mars 2022)*
• Indépendamment des défenses résultant de la loi pénale, il est interdit aux agents des services déconcentrés de l'administration pénitentiaire et aux personnes ayant accès aux établissements pénitentiaires :
• 1° De fumer dans les lieux fermés et couverts affectés à un usage collectif, ou qui constituent des lieux de travail ;
• 2° D'introduire ou de consommer des boissons alcoolisées dans ces établissements, à l'exception des logements des agents et des locaux affectés aux services de restauration et d'y paraître en état d'ébriété.

CHAPITRE II

Dispositions applicables aux personnels de l'administration pénitentiaire

Section 1 : Devoirs généraux

Article R. 122-1. – Loyal, intègre, impartial et probe – *(Décret n° 2022-479 du 30 mars 2022)*
• Le personnel de l'administration pénitentiaire est loyal envers les institutions républicaines. Il est intègre, impartial et probe. Il ne se départit de sa dignité en aucune circonstance.

Article R. 122-2. – Activité professionnelle – Tâches confiées – *(Décret n° 2022-479 du 30 mars 2022)*
• Le personnel de l'administration pénitentiaire consacre l'intégralité de son activité professionnelle aux tâches qui lui sont confiées, dans les conditions fixées aux articles L. 121-1 à L. 121-11 du Code général de la fonction publique.

Article R. 122-3. – Atteinte à la sécurité, bon ordre des établissements et services – *(Décret n° 2022-479 du 30 mars 2022)*
• Le personnel de l'administration pénitentiaire doit s'abstenir de tout acte, de tout propos ou de tout écrit qui serait de nature à porter atteinte à la sécurité et au bon ordre des établissements et services et doit remplir ses fonctions dans des conditions telles que celles-ci ne puissent préjudicier à la bonne exécution des missions dévolues au service public pénitentiaire.

Article R. 122-4. – Devoir de réserve – Respect de la discrétion et du secret professionnels – *(Décret n° 2022-479 du 30 mars 2022)*
• Le personnel de l'administration pénitentiaire est astreint au devoir de réserve et au respect de la discrétion et du secret professionnels, dans les conditions prévues par les lois et règlements.

Article R. 122-5. – Respect, aide et assistance – Exercice des missions – *(Décret n° 2022-479 du 30 mars 2022)*
• Les personnels de l'administration pénitentiaire se doivent mutuellement respect, aide et assistance dans l'exercice de leurs missions.

Article R. 122-6. – Usage de la force – *(Décret n° 2022-479 du 30 mars 2022)*
• Le personnel de l'administration pénitentiaire ne peut faire un usage de la force que dans les conditions et limites posées par les lois et règlements.

Article R. 122-7. – Personnel témoin agissements prohibés – *(Décret n° 2022-479 du 30 mars 2022)*
• Le personnel qui serait témoin d'agissements prohibés par le présent code doit s'efforcer de les faire cesser et les porter à la connaissance de sa hiérarchie. Si ces agissements sont constitutifs d'infractions pénales, il les porte également à la connaissance du procureur de la République.

Article R. 122-8. – Prestation de serment – *(Décret n° 2022-479 du 30 mars 2022)*
• Le personnel de l'administration pénitentiaire prête serment, lors de sa 1re affectation au sein de l'administration pénitentiaire, en audience publique devant le président du tribunal judiciaire ou de la cour d'appel dans le ressort desquels se trouve son lieu d'affectation.
• Les fonctionnaires déjà affectés au sein de l'administration pénitentiaire au 1er janvier 2011 peuvent, à leur demande, prêter serment dans les conditions prévues au 1er ou au 2e alinéa.

Article R. 122-9. – Formule du serment – *(Décret n° 2022-479 du 30 mars 2022)*
• La formule du serment est la suivante :
• « Je jure de bien et loyalement remplir mes fonctions et d'observer les devoirs qu'elles m'imposent dans le strict respect des personnes confiées au service public pénitentiaire et de leurs droits. Je m'engage à me conformer à la loi et aux ordres reçus et à ne faire qu'un usage légitime des pouvoirs qui me sont confiés ».

Section 2 : Devoirs à l'égard des personnes confiées

Article R. 122-10. – Respect absolu des personnes – Violence – Intimidation – Discrimination… – *(Décret n° 2022-479 du 30 mars 2022)*
• Le personnel de l'administration pénitentiaire exerce ses missions dans le respect absolu des personnes qui lui sont confiées par l'autorité judiciaire et de leurs droits. Il s'interdit à leur égard toute forme de violence ou d'intimidation. Il ne manifeste aucune discrimination. Il ne doit user ni de dénomination injurieuse, ni de tutoiement, ni de langage grossier ou familier. Il manifeste le même comportement à l'égard de leurs proches.

…/…

Article R. 122-11. – Sauvegarde de la vie et de la santé des personnes – *(Décret n° 2022-479 du 30 mars 2022)*
• Le personnel de l'administration pénitentiaire prend, dans le cadre de sa mission, toute mesure tendant à la sauvegarde de la vie et de la santé des personnes qui lui sont confiées, notamment en faisant appel, en tant que de besoin, au personnel de santé.

Article R. 122-12. – Exemple et respect – *(Décret n° 2022-479 du 30 mars 2022)*
• Le personnel de l'administration pénitentiaire doit en toute circonstance se conduire et accomplir ses missions de telle manière que son exemple ait une influence positive sur les personnes dont il a la charge et suscite leur respect.

Article R. 122-13. – Droits, devoirs, sanctions... – Informations – *(Décret n° 2022-479 du 30 mars 2022)*
• Outre les informations auxquelles est tenue l'administration pénitentiaire à l'égard des personnes dont elle a la charge, le personnel est tenu de rappeler à ces personnes, en tant que de besoin, leurs droits et de leurs devoirs ainsi que les sanctions ou mesures dont elles peuvent faire l'objet dans les conditions prévues par les textes.
• Pendant toute la durée de leur placement, il veille à permettre à ces personnes, dans le respect des lois et règlements, l'exercice de leurs droits.

Article R. 122-14. – Occupation des personnes confiées à des fins personnelles... – Message, mission, achat, vente, sommes d'argent, objets ou substances quelconques... – Communication non autorisée... – *(Décret n° 2022-479 du 30 mars 2022)*
• Le personnel de l'administration pénitentiaire ne peut occuper les personnes qui lui sont confiées à des fins personnelles, ni accepter d'elles, directement ou indirectement, des dons et avantages de quelque nature que ce soit.
• Il ne peut se charger d'aucun message et d'aucune mission, acheter ou vendre aucun produit ou service pour le compte des personnes qui lui sont confiées.
• Il ne peut leur remettre ni recevoir d'elles des sommes d'argent, objets ou substances quelconques en dehors des cas prévus par la loi.
• Il ne doit permettre ni faciliter aucune communication non autorisée par les textes entre personnes détenues ou entre les personnes détenues et l'extérieur.
• Il ne doit pas agir, que ce soit de façon directe ou indirecte, auprès des personnes qui lui sont confiées pour influer sur leurs moyens de défense ou le choix de leurs défenseurs.

Article R. 122-15. – Relations non justifiées par des nécessités de service – *(Décret n° 2022-479 du 30 mars 2022)*
• Le personnel de l'administration pénitentiaire ne peut entretenir sciemment avec des personnes placées par décision de justice sous l'autorité ou le contrôle de l'établissement ou du service dont il relève, ainsi qu'avec les membres de leur famille ou leurs amis, de relations qui ne seraient pas justifiées par les nécessités du service.
• Cette interdiction demeure pendant une période de 5 années à compter de la fin de l'exercice de ladite autorité ou dudit contrôle matérialisée par:
• 1° La cessation des fonctions au sein de l'établissement ou du service du personnel;
• 2° Le transfèrement dans un autre établissement ou service de la personne détenue;
• 3° La levée d'écrou de la personne détenue.
• Lorsqu'il a eu de telles relations avec ces personnes antérieurement à leur prise en charge par le service ou l'établissement dont il relève, ainsi qu'avec les membres de leur famille ou leurs amis, le personnel de l'administration pénitentiaire en informe le chef d'établissement ou le chef de service dès cette prise en charge.
• Le personnel de l'administration pénitentiaire ayant des liens familiaux avec des personnes placées par décision de justice sous l'autorité ou le contrôle de l'établissement ou du service dont il relève doit également en informer son chef d'établissement ou son chef de service.

Section 3: Droits et devoirs de la hiérarchie et des agents placés sous son autorité

Article R. 122-16. – Fonctions de commandement et d'encadrement – *(Décret n° 2022-479 du 30 mars 2022)*
• L'autorité investie du pouvoir hiérarchique exerce les fonctions de commandement et d'encadrement. À ce titre, elle prend les décisions et les fait appliquer; elle les traduit par des ordres qui doivent être précis et assortis des explications nécessaires à leur bonne exécution.

Article R. 122-17. – Exécution et conséquences des ordres – *(Décret n° 2022-479 du 30 mars 2022)*
• L'autorité investie du pouvoir hiérarchique est responsable des ordres qu'elle donne, de leur exécution et de leurs conséquences. Lorsqu'elle charge un subordonné d'agir en ses lieu et place, sa responsabilité demeure entière et s'étend aux actes que le subordonné accomplit régulièrement dans le cadre de ses fonctions et des ordres reçus.
• L'agent doit exécuter loyalement les ordres qui lui sont donnés par l'autorité investie du pouvoir hiérarchique. Il est responsable de l'exécution des tâches qui lui sont confiées ou des conséquences de leur inexécution.

Article R. 122-18. – Ordres – Voie hiérarchique... – *(Décret n° 2022-479 du 30 mars 2022)*
• L'autorité transmet ses ordres par la voie hiérarchique. Si l'urgence ne permet pas de suivre cette voie, les échelons intermédiaires en sont informés sans délai.
• Hors le cas de réquisition, aucun ordre ne peut être donné à un personnel de l'administration pénitentiaire qui ne relève pas de l'autorité fonctionnelle de son auteur, si ce n'est pour faire appliquer les règles générales de la discipline.

Article R. 122-19. – Instructions – Ordres – *(Décret n° 2022-479 du 30 mars 2022)*
• Tout agent de l'administration pénitentiaire doit se conformer aux instructions de son supérieur hiérarchique, sauf dans le cas où l'ordre est manifestement illégal et de nature à compromettre gravement un intérêt public. Si l'agent croit se trouver en présence d'un tel ordre, il a le devoir de faire part de ses objections à l'autorité qui l'a donné, en indiquant expressément la signification illégale qu'il attache à l'ordre litigieux.
• Si l'ordre est maintenu et que, malgré les explications ou l'interprétation qui en ont été données par le supérieur hiérarchique, l'agent persiste dans sa contestation, il doit être pris acte de son opposition.
• Il en est rendu compte à l'autorité supérieure.

.../...

• Tout refus d'exécuter un ordre qui ne répondrait pas aux conditions prévues par les dispositions du présent article engage la responsabilité de l'intéressé.

Article R. 122-20. – Compte-rendu – *(Décret n° 2022-479 du 30 mars 2022)*
• Tout personnel de l'administration pénitentiaire a le devoir de rendre compte à l'autorité investie du pouvoir hiérarchique, sans omission ou dissimulation, de son action et de l'exécution des missions qu'il en a reçues, ou, le cas échéant, des raisons qui ont rendu leur exécution impossible.
• Il est veillé à ce que, lors des relèves de service, toutes les informations utiles soient consignées au bénéfice des agents qui reçoivent la charge des personnes qui sont confiées à l'administration pénitentiaire.

Article R. 122-21. – Obligations de formation – *(Décret n° 2022-479 du 30 mars 2022)*
• L'administration pénitentiaire fournit à son fonctionnaire les moyens de remplir ses obligations de formation, telles que prévues par les dispositions de l'article L. 113-2 du présent code et L. 422-20 du Code général de la fonction publique, lors de son recrutement par la formation initiale et durant sa carrière en organisant une formation continue.
• Elle veille notamment à lui assurer, avant sa prise de fonctions, une formation sur les principales règles nationales et internationales relatives à la protection des droits de l'homme et sur la déontologie.
• Elle est tenue de dispenser une formation spécifique aux agents susceptibles d'avoir recours à l'usage de la force et des armes.
• Le personnel de l'administration pénitentiaire est tenu d'actualiser régulièrement ses connaissances professionnelles, compte tenu notamment de l'évolution des missions, des métiers et des pratiques pénitentiaires.

Article R. 122-22. – Protection – Personnels pénitentiaires et leurs proches – *(Décret n° 2022-479 du 30 mars 2022)*
• L'administration garantit sa protection aux personnels pénitentiaires et à leurs proches dans les conditions fixées par les dispositions des articles L. 134-1 à L. 134-12 du Code général de la fonction publique.

Article R. 122-23. – Droit syndical – *(Décret n° 2022-479 du 30 mars 2022)*
• Le personnel de l'administration pénitentiaire jouit du libre exercice du droit syndical.

Article R. 122-24. – Droits d'expression et de manifestation – *(Décret n° 2022-479 du 30 mars 2022)*
• Le personnel de l'administration pénitentiaire exerce ses droits d'expression et de manifestation dans les conditions prévues par son statut.

CHAPITRE III

Dispositions applicables aux personnes physiques et aux agents des personnes morales concourant au service public pénitentiaire

Section 1 : Devoirs à l'égard des personnes confiées

Article R. 123-1. – Principes de respect absolu, de non-discrimination et d'exemplarité... – *(Décret n° 2022-479 du 30 mars 2022)*
• Les personnes physiques et les agents des personnes morales concourant au service public pénitentiaire ont, à l'égard des personnes placées sous main de justice auprès desquelles ils interviennent, un comportement appliquant les principes de respect absolu, de non-discrimination et d'exemplarité énoncés par les dispositions des articles R. 122-10 et R. 122-12. Ils interviennent dans une stricte impartialité vis-à-vis de ces personnes et dans le respect des règles déontologiques applicables à leur profession.

Article R. 123-2. – Relations non justifiées par des nécessités de mission – *(Décret n° 2022-479 du 30 mars 2022)*
• Les personnes physiques et les agents des personnes morales concourant au service public pénitentiaire ne peuvent entretenir sciemment avec des personnes placées par décision de justice sous l'autorité ou le contrôle de l'établissement ou du service dans lequel ils interviennent, ainsi qu'avec les membres de leur famille ou leurs amis, de relations qui ne seraient pas justifiées par les nécessités de leur mission.
• Cette interdiction cesse avec :
• 1° La fin de leur mission au sein de l'établissement ou du service ;
• 2° Le transfèrement dans un autre établissement ou service de la personne détenue ;
• 3° La levée d'écrou de la personne détenue.
• Lorsqu'ils ont eu de telles relations avec ces personnes antérieurement à leur prise en charge par l'établissement ou le service dans lequel ils interviennent, ainsi qu'avec les membres de leur famille ou leurs amis, les personnes physiques et les agents des personnes morales concourant au service public pénitentiaire en informent le chef d'établissement ou le chef de service, dès cette prise en charge.
• Les personnes physiques et les agents des personnes morales concourant au service public pénitentiaire ayant des liens familiaux avec des personnes placées par décision de justice sous l'autorité ou le contrôle de l'établissement ou du service dans lequel ils interviennent doivent également en informer le chef d'établissement ou le chef de service.

Article R. 123-3. – Dons, avantages – Argent, objets ou substances quelconques – Mission ou message irréguliers – *(Décret n° 2022-479 du 30 mars 2022)*
• Les personnes physiques et les agents des personnes morales concourant au service public pénitentiaire ne peuvent occuper les personnes auprès desquelles ils interviennent à des fins personnelles ni accepter d'elles, directement ou indirectement, des dons et avantages de quelque nature que ce soit.
• Ils ne peuvent leur remettre ni recevoir d'elles des sommes d'argent, objets ou substances quelconques en dehors des cas prévus par la loi ou entrant dans le cadre de leur intervention auprès des personnes placées sous main de justice.
• Ils ne doivent permettre ni faciliter aucune mission ou aucun message irréguliers entre les personnes détenues ou entre les personnes détenues et l'extérieur.

.../...

Section 2 : Conditions d'interventions

Article R. 123-4. – Entrave au fonctionnement réguliers – Établissements et services – *(Décret n° 2022-479 du 30 mars 2022)*

• Les personnes physiques et les agents des personnes morales concourant au service public pénitentiaire s'abstiennent de toute entrave au fonctionnement régulier des établissements et services déconcentrés de l'administration pénitentiaire.

• Ils se conforment aux consignes imposées par l'administration pour la sécurité des établissements et services et leur propre sécurité.

Article R. 123-5. – Information relative à la sécurité des établissements, services... – *(Décret n° 2022-479 du 30 mars 2022)*

• Les personnes physiques et les agents des personnes morales concourant au service public pénitentiaire ne divulguent, hors les cas prévus par la loi, aucune information relative à la sécurité des établissements ou services ou à l'état de santé, à la vie privée ou à la situation pénale des personnes auprès desquelles ils interviennent.

TITRE III : CONTRÔLE ET ÉVALUATION DES ÉTABLISSEMENTS ET SERVICES PÉNITENTIAIRES

Article D. 130-1. – Registre des visites ou inspections – *(Décret n° 2022-479 du 30 mars 2022)*

• Il est tenu dans chaque établissement un registre où mention doit être faite de toutes les visites ou inspections effectuées en application des dispositions du présent titre.

• Ce registre est présenté obligatoirement aux autorités qui ont procédé à ces visites ou inspections, afin qu'elles puissent y consigner leurs observations.

CHAPITRE Ier

Visite des établissements pénitentiaires par les autorités judiciaires

Article R. 131-1. – Demande d'audition auprès des magistrats et fonctionnaires – *(Décret n° 2022-479 du 30 mars 2022)*

• Chaque personne détenue peut demander à être entendue par les magistrats et fonctionnaires chargés de l'inspection ou de la visite de l'établissement, hors la présence de tout membre du personnel de l'établissement pénitentiaire.

Article D. 131-2. – J.A.P. – Missions – *(Décret n° 2022-479 du 30 mars 2022)*

• Lors de ses visites d'établissements pénitentiaires, le juge de l'application des peines vérifie les conditions dans lesquelles les personnes condamnées y exécutent leur peine.

• Il lui appartient de faire part de ses observations éventuelles aux autorités compétentes pour y donner suite.

• Il adresse chaque année au garde des sceaux, ministre de la justice, sous le couvert des chefs de cour et de tribunaux judiciaires, un rapport sur l'application des peines.

Article D. 131-3. – Président de la chambre de l'instruction – Missions – *(Décret n° 2022-479 du 30 mars 2022)*

• À l'occasion de ses visites dans les établissements pénitentiaires, le président de la chambre de l'instruction vérifie la situation des personnes mises en examen en état de détention provisoire.

• Il transmet ses observations éventuelles au président de la chambre d'instruction compétent à l'égard des personnes prévenues qui ne relèvent pas d'une juridiction du ressort de sa cour d'appel.

• À l'occasion de ses visites dans les établissements pénitentiaires, le juge d'instruction peut également voir les personnes prévenues.

Article D. 131-4. – P.R. – Auditions – Réclamations – Compte-rendu – *(Décret n° 2022-479 du 30 mars 2022)*

• Lors des visites qu'il effectue dans chaque établissement pénitentiaire, le procureur de la République entend les personnes détenues qui auraient des réclamations à présenter.

• Il rend compte de ses observations éventuelles au procureur général.

Article D. 131-5. – Rapport – Garde des sceaux, ministre de la justice – *(Décret n° 2022-479 du 30 mars 2022)*

• Un rapport conjoint du 1er président et du procureur général rend compte chaque année au garde des sceaux, ministre de la justice, du fonctionnement des établissements pénitentiaires de leur ressort et du service assuré par le personnel de ces établissements.

CHAPITRE II

Visite des établissements pénitentiaires par les parlementaires et les bâtonniers

Article R. 132-1. – Visite parlementaires accompagnés de journalistes – *(Décret n° 2022-479 du 30 mars 2022)*

• Le chef d'un établissement pénitentiaire ne peut s'opposer à l'entrée des journalistes accompagnant les parlementaires que pour des motifs impératifs liés à la sécurité, au bon ordre, à l'intérêt public ou à la protection des victimes, des personnes détenues et du personnel au sein de l'établissement. Il peut mettre fin, à tout moment, à leur présence pour ces motifs.

• Les parlementaires ne peuvent être accompagnés de plus de 5 journalistes, titulaires de la carte d'identité professionnelle prévue par les dispositions de l'article L. 7111-6 du Code du travail, dont 2 utilisant du matériel de prise de vue ou de son. Le nombre maximal de journalistes s'entend par visite, quel que soit le nombre de parlementaires y participant. Leur entrée est concomitante à celle des parlementaires qu'ils accompagnent dans leur parcours. Leur sortie ne peut être postérieure à celle des parlementaires.

.../...

Article R. 132-2. – Écrits, photographies, croquis, prises de vue et de son... – *(Décret n° 2022-479 du 30 mars 2022)*

• Les écrits, photographies, croquis, prises de vue et de son que les journalistes effectuent sont circonscrits au cadre de la visite du parlementaire. Lorsqu'ils sont de nature à permettre l'identification des personnes détenues, celles-ci doivent consentir par écrit à la diffusion ou à l'utilisation de leur image ou de leur voix. Les enregistrements et images ne peuvent couvrir une zone interdite par le chef de l'établissement pénitentiaire pour des motifs tenant au bon ordre et à la sécurité. Leur diffusion ou leur utilisation ne peut permettre d'identifier les personnels présents au sein de l'établissement que si ces derniers y ont consenti par écrit.

• Les obligations relatives à la diffusion des productions des journalistes s'imposent aux directeurs de publication, éditeurs et distributeurs de ces productions.

CHAPITRE III

Contrôle par les autorités administratives indépendantes

Section 1 : Contrôle par le Contrôleur général des lieux de privation de liberté

Article R. 133-1. – Exercice des missions – *(Décret n° 2022-479 du 30 mars 2022)*

• Dans le respect des dispositions des articles 13 et 14 du décret n° 2008-246 du 12 mars 2008 relatif au Contrôleur général des lieux de privation de liberté, l'administration pénitentiaire concourt au bon exercice des missions de cette autorité et des contrôleurs qui l'assistent.

Section 2 : Action du Défenseur des droits

Article D. 133-2. – Délégués du Défenseur des droits – *(Décret n° 2022-479 du 30 mars 2022)*

• Les délégués du Défenseur des droits peuvent exercer leur action auprès de toutes les personnes détenues quelle que soit leur situation pénale. Toutefois, le droit de visite est suspendu à l'égard des personnes détenues placées au quartier disciplinaire et à l'égard des personnes prévenues dans les cas où ces dernières font l'objet de l'interdiction de communiquer prévue par les dispositions du 1er alinéa de l'article 145-4 du Code de procédure pénale.

• Les délégués du Défenseur des droits reçoivent les personnes détenues dans un local situé à l'intérieur de la détention et en dehors de la présence d'un surveillant.

CHAPITRE IV

Contrôle par les autres autorités administratives

Section 1 : Dispositions générales

Article D. 134-1. – Autres contrôles – *(Décret n° 2022-479 du 30 mars 2022)*

• Sans préjudice du contrôle des autorités judiciaires, prévu par les dispositions des articles D. 131-2 à D. 131-5, et celui du conseil d'évaluation prévu par les dispositions des articles D. 136-2 à D. 136-6, les établissements pénitentiaires font l'objet du contrôle général de l'inspection générale de la justice et des inspections périodiques des magistrats ou des fonctionnaires de la direction de l'administration pénitentiaire et des directeurs régionaux ou de leurs adjoints ; en outre, ils sont soumis aux inspections du préfet ou du sous-préfet, ainsi que, dans le domaine de leur compétence, de toutes autres autorités administratives investies d'un pouvoir de contrôle à l'égard des différents services de l'administration.

• Les modalités selon lesquelles les directeurs régionaux et leurs adjoints effectuent leurs inspections et en dressent rapport sont définies par une instruction de service.

Article D. 134-2. – Administrations ou corps – Attributions – *(Décret n° 2022-479 du 30 mars 2022)*

• Les administrations ou corps intéressés par certaines parties du service des établissements pénitentiaires sont habilités à en vérifier l'organisation et le fonctionnement, dans la limite des attributions que leur confèrent les lois et règlements.

Article D. 134-3. – Magistrats, fonctionnaires... – Accès à la détention – *(Décret n° 2022-479 du 30 mars 2022)*

• Les magistrats et les fonctionnaires ou autres personnes ayant autorité ou mission dans l'établissement pénitentiaire ont accès à la détention après justification de leur qualité ou présentation de leur ordre de mission et après s'être soumis aux mesures de contrôle réglementaires.

• S'ils ont à s'entretenir avec les personnes détenues, ils peuvent le faire en dehors des jours et délais normaux de visite et en l'absence de tout membre du personnel ; l'entretien a lieu éventuellement dans les cellules lorsque cette façon de procéder ne présente pas d'inconvénient.

Section 2 : Contrôle par l'inspection générale de la Justice

Article D. 134-4. – Mission permanente d'inspection, de contrôle... – *(Décret n° 2022-479 du 30 mars 2022)*

• L'inspection générale de la justice exerce une mission permanente d'inspection, de contrôle, d'étude, de conseil et d'évaluation sur l'ensemble de l'administration pénitentiaire, en application des dispositions du décret n° 2016-1675 du 5 décembre 2016.

Section 3 : Contrôle de la santé des personnes détenues et de l'hygiène

Article D. 134-5. – Inspection générale – Affaires sociales et services des agents régionales de santé – *(Décret n° 2022-479 du 30 mars 2022)*

• L'inspection générale des affaires sociales et les services des agences régionales de santé veillent à l'observation des mesures nécessaires au maintien de la santé des personnes détenues et de l'hygiène dans les établissements pénitentiaires.

.../...

• Ces services contrôlent à l'intérieur des établissements pénitentiaires l'exécution des lois et règlements se rapportant à la santé publique et effectuent toutes vérifications utiles à leurs missions.

CHAPITRE V

Visite des établissements pénitentiaires par le comité européen de prévention de la torture et des peines ou traitements inhumains ou dégradants

Le présent chapitre ne comprend pas de dispositions réglementaires.

CHAPITRE VI

Évaluation des services pénitentiaires

Article R. 136-1. – Conseil d'évaluation – *(Décret n° 2022-479 du 30 mars 2022)*

• Un conseil d'évaluation est institué auprès de chaque établissement pénitentiaire afin d'évaluer les conditions de fonctionnement de l'établissement et de proposer, le cas échéant, toutes mesures de nature à les améliorer.

• La composition et les modalités de fonctionnement de ce conseil sont déterminées par les dispositions des articles D. 136-2 à D. 136-6.

Article D. 136-2. – Conseil d'évaluation – Président, vice-présidents et membres – *(Décret n° 2022-479 du 30 mars 2022)*

• Le conseil d'évaluation est présidé par le préfet du département dans lequel est situé l'établissement pénitentiaire ou, à Paris, par le préfet de police, et dans le département des Bouches-du-Rhône, par le préfet de police des Bouches-du-Rhône.

• Le président du tribunal judiciaire dans le ressort duquel est situé l'établissement pénitentiaire et le procureur de la République près ledit tribunal sont désignés en qualité de vice-présidents.

• Le conseil d'évaluation comprend :

• 1° Le président du conseil départemental ou son représentant ;

• 2° Le président du conseil régional ou son représentant ;

• 3° Les maires des communes sur le territoire desquelles est situé l'établissement pénitentiaire ou leurs représentants ;

• 4° Le président et le procureur de la République des juridictions, autres que celle dans le ressort de laquelle est situé l'établissement concerné, compétentes pour traiter des situations des justiciables pris en charge par l'établissement pénitentiaire ;

• 5° Les juges de l'application des peines intervenant dans l'établissement pénitentiaire ou leur représentant désigné par le président de chaque tribunal judiciaire concerné ;

• 6° Le juge des enfants exerçant les fonctions définies par l'article R. 251-3 du Code de l'organisation judiciaire et intervenant dans l'établissement, si le conseil est institué auprès d'un établissement pénitentiaire pour mineurs ou d'un établissement pénitentiaire comportant un quartier des mineurs ;

• 7° Le doyen des juges d'instruction du ressort du tribunal judiciaire dans lequel est situé l'établissement ;

• 8° Le directeur académique des services de l'Éducation nationale ou son représentant ;

• 9° Le directeur général de l'agence régionale de santé ou son représentant ;

• 10° Le commandant du groupement de gendarmerie du département ou son représentant ;

• 11° Le directeur départemental de la sécurité publique, ou le chef du service territorial de sécurité publique de la direction territoriale de la police nationale, ou son représentant ;

• 12° Le bâtonnier de l'ordre des avocats du ressort du tribunal judiciaire dans lequel est situé l'établissement ou son représentant ;

• 13° Un représentant de chaque association intervenant dans l'établissement ;

• 14° Un représentant des visiteurs de prisons intervenant dans l'établissement ;

• 15° Un aumônier agréé de chaque culte intervenant dans l'établissement.

• Les membres de la commission visés aux 13° et 14° sont nommés pour une période de 2 ans renouvelable par un arrêté préfectoral dont une ampliation est adressée au garde des sceaux, ministre de la justice.

• La composition du conseil d'évaluation est arrêtée par le préfet.

• Le 1er président et le procureur général de la cour d'appel dans le ressort de laquelle est situé l'établissement pénitentiaire peuvent participer à la réunion du conseil d'évaluation ou désigner un représentant à cette fin.

• Le directeur de l'établissement pénitentiaire, le directeur départemental du service pénitentiaire d'insertion et de probation, le directeur interrégional des services pénitentiaires et, le cas échéant, le directeur interrégional de la protection judiciaire de la jeunesse ou leurs représentants assistent aux travaux du conseil d'évaluation.

Article D. 136-3. – Réunions – Secrétariat – *(Décret n° 2022-479 du 30 mars 2022)*

• Le conseil d'évaluation se réunit au moins une fois par an, sur convocation du président et des vice-présidents, qui fixent conjointement l'ordre du jour. Le conseil d'évaluation peut également être réuni sur un point précis à la demande du chef de l'établissement pénitentiaire ou du tiers de ses membres au moins.

• Le secrétariat du conseil est assuré par les services déconcentrés de l'administration pénitentiaire.

Article D. 136-4. – Missions – Délégations – Auditions – *(Décret n° 2022-479 du 30 mars 2022)*

• Les membres du conseil d'évaluation peuvent être délégués pour visiter l'établissement pénitentiaire aussi fréquemment que le conseil l'estime utile.

• Le conseil peut procéder à l'audition de toute personne susceptible de lui apporter des informations utiles à l'exercice de sa mission.

• Il auditionne à leur demande les représentants des organisations professionnelles des personnels pénitentiaires sur toute matière relevant de sa compétence.

Article D. 136-5. – Rapport d'activité – Règlement intérieur – Rapports – *(Décret n° 2022-479 du 30 mars 2022)*

• Le chef de l'établissement pénitentiaire et le directeur du service pénitentiaire d'insertion et de probation présentent chaque année au conseil d'évaluation un rapport d'activité de l'établissement.

• Le conseil est également destinataire :

.../...

• 1° Du règlement intérieur de l'établissement défini aux articles L. 112-4 et R. 112-22 et de chacune de ses modifications ;
• 2° Des rapports établis à l'issue des contrôles spécialisés effectués par les administrations compétentes en matière, notamment, de santé, d'hygiène, de sécurité du travail, d'enseignement et de consommation.
• Il peut solliciter toute autre information ou document utiles à l'exercice de sa mission.

Article D. 136-6. – Procès-verbal – *(Décret n° 2022-479 du 30 mars 2022)*
• Le conseil d'évaluation établit un procès-verbal de ses réunions qu'il transmet au directeur interrégional des services pénitentiaires de la circonscription dans laquelle est situé l'établissement. Le directeur interrégional des services pénitentiaires transmet ce procès-verbal assorti de ses observations au garde des sceaux, ministre de la justice.

LIVRE II
DÉTENTION EN ÉTABLISSEMENT PÉNITENTIAIRE

TITRE Ier : PRISE EN CHARGE DES PERSONNES DÉTENUES

CHAPITRE Ier
Affectation en détention

Section 1 : Séparation des femmes et des hommes

Article R. 211-1. – Séparation hommes/femmes – *(Décret n° 2022-479 du 30 mars 2022)*
• Les femmes et les hommes sont détenus dans des établissements pénitentiaires distincts ou dans des quartiers distincts d'un même établissement.
• Dans ce dernier cas, toutes dispositions doivent être prises pour qu'aucune communication entre les uns et les autres ne soit possible, à l'exception des activités organisées sur le fondement des dispositions de l'article L. 411-3.
• Les femmes détenues ne sont surveillées que par des personnes de leur sexe. Toutefois, l'encadrement peut comporter des personnels masculins.

Article D. 211-2. – Autorisation – Accès quartier des femmes – *(Décret n° 2022-479 du 30 mars 2022)*
• Le personnel masculin n'a accès au quartier des femmes que sur autorisation du chef de l'établissement pénitentiaire.

Section 2 : Dispositions applicables aux personnes prévenues

Sous-section 1 : Affectation en établissement pénitentiaire

Article D. 211-3. – Régime de détention – *(Décret n° 2022-479 du 30 mars 2022)*
• Dans les conditions prévues par les dispositions de l'article D. 52 du Code de procédure pénale, les personnes détenues prévenues pour une cause et condamnées pour une autre sont soumises au même régime que les personnes condamnées.

Article D. 211-4. – Détention provisoire – *(Décret n° 2022-479 du 30 mars 2022)*
• Sous réserve des dispositions du 2e alinéa de l'article D. 52 du Code de procédure pénale, les personnes prévenues placées en détention provisoire sont détenues, pendant la durée de l'instruction, selon les prescriptions du mandat ou de la décision de justice dont ils font l'objet, à la maison d'arrêt ou au quartier maison d'arrêt du centre pénitentiaire de la ville où siège la juridiction d'instruction ou du jugement devant laquelle ils ont à comparaître. Lorsque la personne est mise en examen, pour des faits relevant initialement de la compétence d'un tribunal judiciaire dans lequel il n'y a pas de pôle de l'instruction, par le juge d'instruction d'une juridiction dans laquelle se trouve un pôle, elle peut également être détenue dans la maison d'arrêt ou le centre pénitentiaire de la ville où siège le tribunal dans lequel il n'y a pas de pôle.
• Toutefois, au cas où il n'y a pas de maison d'arrêt ou de quartier maison d'arrêt d'un centre pénitentiaire dans cette ville ou lorsque la maison d'arrêt ne comporte pas de locaux appropriés à l'âge ou à l'état de santé des personnes détenues, ou en ce qui concerne les femmes détenues, de quartiers aménagés pour elles, les personnes prévenues sont détenues à la maison d'arrêt ou au centre pénitentiaire le plus proche disposant d'installations adaptées, d'où elles sont extraites chaque fois que l'autorité judiciaire le requiert.
ion, ou des garanties de sécurité suffisantes, les personnes prévenues sont détenues dans une autre maison d'arrêt.
• Pour l'application du présent article, l'administration pénitentiaire informe l'autorité judiciaire de la capacité d'accueil et du taux d'occupation de l'ensemble des maisons d'arrêt.

Sous-section 2 : Décisions de l'autorité judiciaire relatives aux modalités de la détention

Article D. 211-5. – Compte-rendu – *(Décret n° 2022-479 du 30 mars 2022)*
• Conformément aux dispositions de l'article D. 55 du Code de procédure pénale, le chef de l'établissement pénitentiaire rend compte en urgence aux magistrats chargés du dossier de la procédure des difficultés auxquelles pourrait donner lieu l'exécution des ordres qu'ils ont prononcés en application des dispositions de l'article 715 du même code.

Article D. 211-6. – Détention provisoire – *(Décret n° 2022-479 du 30 mars 2022)*
• Lorsqu'un placement en détention provisoire est ordonné, le titre de détention et la notice individuelle mentionnés aux articles D. 32-1-1 et D. 55-1 du Code de procédure pénale sont transmis par l'autorité chargée de la procédure au chef de l'établissement pénitentiaire dans les conditions prévues par ces mêmes articles.

.../...

Article D. 211-7. – Mesures d'isolement ou de séparation – *(Décret n° 2022-479 du 30 mars 2022)*

• Conformément aux dispositions de l'article D. 56 du Code de procédure pénale, une personne prévenue peut faire l'objet de mesures d'isolement ou de séparation d'autres personnes détenues décidées par l'autorité judiciaire, ainsi que d'interdictions judiciaires temporaires de communiquer.

Article D. 211-8. – Instructions du magistrat – Séparation de personnes prévenues – *(Décret n° 2022-479 du 30 mars 2022)*

• Le chef de l'établissement pénitentiaire est destinataire des instructions du magistrat ayant ordonné la séparation de personnes prévenues en raison des nécessités de l'information dans les formes prévues par les dispositions de l'article D. 56-2 du Code de procédure pénale.

Section 3 : Dispositions applicables aux personnes condamnées

Sous-section 1 : Orientation

§ 1. – Constitution du dossier d'orientation

Article D. 211-9. – Modalités – *(Décret n° 2022-479 du 30 mars 2022)*

• La procédure d'orientation consiste à réunir tous les éléments relatifs à la personnalité de la personne condamnée, son sexe, son âge, ses antécédents, sa catégorie pénale, son état de santé physique et mentale, ses aptitudes, ses possibilités de réinsertion sociale et, d'une manière générale, tous renseignements susceptibles d'éclairer l'autorité compétente pour décider de l'affectation la plus adéquate.

• L'affectation consiste à déterminer, sur la base de ces éléments, dans quel établissement la personne condamnée doit exécuter sa peine.

Article D. 211-10. – Obligation… – *(Décret n° 2022-479 du 30 mars 2022)*

• La procédure d'orientation est obligatoirement mise en œuvre pour les personnes condamnées dont le temps de détention restant à exécuter est supérieur à 2 ans.

• Elle s'opère dans les conditions définies par les dispositions des articles D. 211-11 à D. 211-14, à l'aide des renseignements qui sont fournis par l'autorité judiciaire et par l'administration pénitentiaire sur les personnes intéressées, et, éventuellement, grâce aux examens auxquels ces dernières sont soumises au centre national d'évaluation de l'administration pénitentiaire.

Article D. 211-11. – Constitution du dossier – *(Décret n° 2022-479 du 30 mars 2022)*

• Le chef de l'établissement pénitentiaire constitue un dossier d'orientation pour chaque personne condamnée à laquelle il reste à exécuter un temps de détention d'une durée supérieure à 2 ans. Ce dossier comprend les renseignements relatifs à la situation pénale et pénitentiaire de la personne condamnée, les éléments afférents aux conditions de prise en charge sanitaire et l'avis du service pénitentiaire d'insertion et de probation compétent auprès de l'établissement, l'avis du juge de l'application des peines et celui du juge des enfants s'il y a lieu, ainsi que la proposition du chef d'établissement.

• Les personnes condamnées ayant à exécuter un temps de détention d'une durée inférieure ou égale à 2 ans peuvent faire l'objet d'un dossier d'orientation selon les mêmes modalités lorsque le chef d'établissement estime que leur situation nécessite une orientation particulière.

• Le dossier d'orientation des personnes condamnées visées par le 1er alinéa contient également les pièces mentionnées par les dispositions de l'article D. 211-12.

• Le dossier d'orientation est adressé au directeur interrégional des services pénitentiaires, qui arrête une décision d'affectation lorsque celle-ci relève de sa compétence ou communique le dossier assorti de son avis au garde des sceaux, ministre de la justice.

Article D. 211-12. – Ministère public – *(Décret n° 2022-479 du 30 mars 2022)*

• Le ministère public près la juridiction qui a prononcé une condamnation à une peine privative de liberté adresse à l'établissement pénitentiaire où la personne condamnée est détenue ou doit être détenue l'extrait de jugement ou d'arrêt, la notice individuelle prévue par les dispositions de l'article D. 158 du Code de procédure pénale et, s'il y a lieu, la copie de la décision sur les intérêts civils conformément aux dispositions de l'article D. 332-11 du présent code.

• Le ministère public adresse en outre à l'établissement pénitentiaire, les pièces suivantes :

• 1° La copie du rapport de l'enquête ou des enquêtes sur la personnalité, la situation matérielle, familiale ou sociale de la personne intéressée, qui auraient été prescrites conformément aux dispositions de l'article 41, alinéa 8, et de l'article 81, alinéas 6 et 7 du Code de procédure pénale ;

• 2° La copie du rapport de l'examen ou des examens médicaux, psychiatriques ou médico-psychologiques auxquels il aurait été éventuellement procédé en exécution d'une décision judiciaire ;

• 3° La copie du réquisitoire définitif et de la décision de condamnation ;

• 4° Et, s'il y a lieu, les avis mentionnés par les dispositions de l'article D. 211-13 ;

• 5° Le bulletin n° 1 du casier judiciaire de la personne condamnée.

• Ces pièces doivent être envoyées dans les plus brefs délais possibles, en privilégiant la transmission par voie électronique.

• L'absence de réception de l'intégralité des pièces précitées à l'expiration d'un délai d'un mois à compter du caractère définitif de la décision pénale, ne fait pas obstacle à la constitution du dossier d'orientation et à la décision d'affectation des personnes condamnées dont le temps de détention restant à exécuter est inférieur à 5 ans.

• Une copie des documents prévus par le présent article est également adressée, en privilégiant la transmission par voie électronique, par le ministère public au secrétariat-greffe du juge de l'application des peines compétent pour être versé dans le dossier individuel des personnes condamnées prévu par les dispositions de l'article D. 49-29 du Code de procédure pénale.

• Le ministère public près la juridiction de condamnation ou la juridiction d'application des peines qui a prononcé une interdiction de contact ou de paraître devenue exécutoire, pendant la durée de détention d'une personne, adresse au chef de l'établissement pénitentiaire où celle-ci est détenue, en privilégiant la transmission par voie électronique, copie de la décision. Il adresse également un extrait de l'ordonnance de protection prise le cas échéant pendant cette même durée, mentionnant notamment la date d'expiration de la décision ainsi que les nom et prénom des personnes intéressées et, si ces informations sont connues, leurs date et lieu de naissance. …/…

Article D. 211-13. – Avis – *(Décret n° 2022-479 du 30 mars 2022)*

• Chaque fois qu'ils l'estiment utile, le président de la juridiction qui a prononcé la condamnation ainsi que le représentant du ministère public peuvent exprimer leur avis sur l'affectation qui leur semble la mieux appropriée à la personne condamnée ou sur celle qui, au contraire, leur paraît inadaptée.

• Ces avis sont joints aux documents mentionnés par les dispositions de l'article D. 211-12, en vue de leur transmission à l'établissement où la personne condamnée est détenue.

• Une copie de ces avis est également adressée au secrétariat-greffe du juge de l'application des peines compétent.

Article D. 211-14. – Enquête – Situation familiale et sociale – *(Décret n° 2022-479 du 30 mars 2022)*

• Afin de compléter le dossier mentionné par les dispositions de l'article D. 211-11, le garde des sceaux, ministre de la justice, ou le directeur interrégional des services pénitentiaires, peut procéder ou faire procéder, notamment par l'un des services pénitentiaires d'insertion et de probation, à toute enquête sur la situation familiale et sociale d'une personne condamnée. Le chef de l'établissement pénitentiaire peut également faire procéder à une telle enquête par le service pénitentiaire d'insertion et de probation compétent auprès de son établissement.

§ 2. – Évaluation préalable

Article D. 211-15. – Modalités – *(Décret n° 2022-479 du 30 mars 2022)*

• En cas d'admission au centre national d'évaluation, la personne condamnée est transférée dans cet établissement suivant les instructions et à la date arrêtées par le garde des sceaux, ministre de la justice. La personne intéressée est soumise aux différents examens qui semblent nécessaires.

• Au vu de ces examens, du dossier qui a été constitué en application des dispositions de l'article D. 211-11 et des propositions du centre national d'évaluation, une décision d'affectation dans l'établissement qui paraît le mieux approprié à la personnalité de la personne condamnée est prise par le garde des sceaux, ministre de la justice.

Article D. 211-16. – Bilan d'évolution de la personnalité – Personne condamnée – *(Décret n° 2022-479 du 30 mars 2022)*

• Indépendamment de toute demande de changement d'affectation émanant d'une personne condamnée ou du chef de l'établissement pénitentiaire, le garde des sceaux, ministre de la justice, peut charger le centre national d'évaluation d'effectuer un bilan d'évolution de la personnalité d'une personne condamnée dans la perspective, notamment, d'une libération conditionnelle ou d'une meilleure individualisation du régime de détention ou d'exécution de la peine.

Article D. 211-17. – Évaluation pluridisciplinaire de dangerosité – *(Décret n° 2022-479 du 30 mars 2022)*

• Lorsque le placement d'une personne condamnée aux fins d'une évaluation pluridisciplinaire de dangerosité dans le centre national d'évaluation est ordonné par l'autorité judiciaire afin d'apprécier la nécessité d'une surveillance judiciaire, la durée de ce placement est déterminée par l'administration pénitentiaire, dans les conditions prévues par les dispositions de l'article D. 147-34 du Code de procédure pénale.

§ 3. – Décision d'affectation

Article D. 211-18. – Garde des sceaux, ministre de la justice – *(Décret n° 2022-479 du 30 mars 2022)*

• Le garde des sceaux, ministre de la justice, dispose d'une compétence d'affectation des personnes condamnées dans tous les établissements pénitentiaires ou quartiers de centres pénitentiaires. Sa compétence est exclusive pour les affectations dans les maisons centrales et les quartiers maison centrale ainsi que pour décider de l'affectation :

• 1° Des personnes condamnées à une ou plusieurs peines dont la durée totale est supérieure ou égale à 10 ans et dont la durée de détention restant à exécuter au moment où leur condamnation ou la dernière de leurs condamnations est devenue définitive est supérieure à 5 ans ;

• 2° Des personnes condamnées à raison d'actes de terrorisme tels que prévus et réprimés par les dispositions des articles 421-1 à 421-6 du Code pénal ;

• 3° Des personnes condamnées ayant fait l'objet d'une inscription au répertoire des personnes détenues particulièrement signalées, prévu par les dispositions de l'article D. 223-11.

Article D. 211-19. – Directeur interrégional des services pénitentiaires – Compétence – *(Décret n° 2022-479 du 30 mars 2022)*

• Le directeur interrégional des services pénitentiaires est compétent pour décider de l'affectation, dans les centres de détention ou quartiers centre de détention, les centres de semi-liberté ou quartiers de semi-liberté, les structures d'accompagnement vers la sortie, les maisons d'arrêt ou quartiers maison d'arrêt, les établissements spécialisés pour mineurs et les quartiers des mineurs des établissements pénitentiaires des personnes condamnées autres que celles mentionnées à l'article D. 211-18.

Article D. 211-20. – Directeur interrégional des services pénitentiaires – Délégation de compétence – *(Décret n° 2022-479 du 30 mars 2022)*

• Le directeur interrégional des services pénitentiaires peut déléguer sa compétence aux directeurs des établissements pénitentiaires comprenant un quartier maison d'arrêt et un quartier centre de détention, pour l'affectation des personnes condamnées qui y sont détenues et auxquelles il reste à exécuter, au moment où leur condamnation ou la dernière de leurs condamnations est devenue définitive, une détention d'une durée inférieure à 2 ans.

• Le directeur interrégional des services pénitentiaires peut également déléguer sa compétence aux directeurs des établissements pénitentiaires comprenant un quartier maison d'arrêt et une structure d'accompagnement vers la sortie, pour l'affectation des personnes condamnées qui y sont détenues et auxquelles il reste à exécuter, au moment où leur condamnation ou la dernière de leurs condamnations est devenue définitive, une détention dont la durée totale n'excède pas 2 ans.

• Le directeur interrégional des services pénitentiaires peut déléguer sa compétence au directeur de l'établissement comportant un quartier des mineurs ou au directeur de l'établissement pénitentiaire spécialisé pour mineurs pour décider du maintien dans leur affectation des personnes condamnées atteignant l'âge de la majorité en détention dans les conditions prévues par les dispositions de l'article R. 124-10 du Code de la justice pénale des mineurs/...

Article D. 211-21. – Maintien ou transfert – *(Décret n° 2022-479 du 30 mars 2022)*

• Les personnes condamnées affectées dans des maisons d'arrêt sont maintenues dans l'établissement où elles sont écrouées ou sont transférées dans une autre maison d'arrêt du ressort de la direction interrégionale. Dans ce 2d cas, l'affectation est décidée par le directeur interrégional des services pénitentiaires en tenant compte notamment de la capacité offerte par chaque établissement pénitentiaire.

Article D. 211-22. – Décision d'affectation – Consultation du J.A.P. – *(Décret n° 2022-479 du 30 mars 2022)*

• Dans tous les cas prévus par les dispositions des articles D. 211-18 à D. 211-21, la décision d'affectation est prise, sauf urgence, après consultation du juge de l'application des peines.

Article D. 211-23. – Affectation – Garde des sceaux, ministre de la justice – *(Décret n° 2022-479 du 30 mars 2022)*

• Lorsque l'affectation incombe au garde des sceaux, ministre de la justice, la décision donne lieu :

• 1° Soit à l'envoi de la personne condamnée au centre national d'évaluation ;

• 2° Soit à la délivrance d'un ordre de transfèrement de la personne condamnée à destination d'un établissement pour peines ou d'une maison d'arrêt qui paraît le mieux adapté à sa situation ;

• 3° Soit au maintien de la personne intéressée à l'établissement où elle se trouve ;

• 4° Soit à sa mise à la disposition d'un directeur interrégional des services pénitentiaires.

Article D. 211-24. – Affectation – Directeur interrégional des services pénitentiaires – *(Décret n° 2022-479 du 30 mars 2022)*

• Lorsque l'affectation incombe au directeur interrégional des services pénitentiaires, la décision donne lieu :

• 1° Soit à la délivrance d'un ordre de transfèrement de la personne condamnée à destination d'un centre de détention ou d'un centre de semi-liberté ou d'une maison d'arrêt ou d'un quartier d'un centre pénitentiaire appartenant à l'une de ces catégories d'établissements pénitentiaires ou d'une structure d'accompagnement vers la sortie, relevant de sa circonscription ;

• 2° Soit au maintien de la personne intéressée à l'établissement où elle se trouve ;

• 3° Soit à sa mise à la disposition d'un autre directeur interrégional des services pénitentiaires après l'accord préalable de ce dernier. Le garde des sceaux, ministre de la justice, est compétent en cas de désaccord entre les directeurs interrégionaux des services pénitentiaires ;

• 4° Soit à un dessaisissement au profit du garde des sceaux, ministre de la justice, en vue d'une affectation dans une maison centrale ou un quartier maison centrale, dès lors que le directeur interrégional des services pénitentiaires estime que la personne condamnée doit être affectée dans cette catégorie d'établissement. Dans ce cas, la décision incombe au garde des sceaux, ministre de la justice, qui décide de l'affectation de la personne condamnée dans l'établissement pénitentiaire le plus approprié.

§ 4. – Changements d'affectation

Article D. 211-25. – Comportement incompatible – Application régime établissement – *(Décret n° 2022-479 du 30 mars 2022)*

• La personne détenue dont le comportement se révèle incompatible avec l'application du régime propre à l'établissement pour peines au sein duquel elle est placée peut faire l'objet d'une procédure de changement d'affectation.

Article D. 211-26. – Modification de l'affectation – *(Décret n° 2022-479 du 30 mars 2022)*

• L'affectation peut être modifiée soit à la demande de la personne condamnée, soit à la demande du chef de l'établissement pénitentiaire dans lequel elle exécute sa peine.

• L'affectation ne peut être modifiée que s'il survient un fait ou un élément d'appréciation nouveaux.

Article D. 211-27. – Décision – Changement affectation – *(Décret n° 2022-479 du 30 mars 2022)*

• La décision de changement d'affectation appartient au garde des sceaux, ministre de la justice, dès lors qu'elle concerne :

• 1° Une personne condamnée dont il a décidé l'affectation en application des dispositions du 2e alinéa de l'article D. 211-18 et dont la durée de détention restant à exécuter est supérieure à 3 ans, au jour où est formée la demande mentionnée par le 1er alinéa de l'article D. 211-26 ;

ter est supérieure à 3 ans, au jour où est formée la demande mentionnée par le 1er alinéa de l'article D. 211-26 ;

• 2° Une personne condamnée à raison d'actes de terrorisme tels que prévus et réprimés par les dispositions des articles 421-1 à 421-6 du Code pénal ;

• 3° Une personne condamnée ayant fait l'objet d'une inscription au répertoire des personnes détenues particulièrement signalées, prévu par les dispositions de l'article D. 223-11.

• Le directeur interrégional des services pénitentiaires est compétent pour décider du changement d'affectation des autres personnes condamnées.

Article D. 211-28. – Chef de l'établissement pénitentiaire – Demande – *(Décret n° 2022-479 du 30 mars 2022)*

• Que la demande de changement d'affectation émane de la personne condamnée ou du chef de l'établissement pénitentiaire, ce dernier constitue un dossier qui comprend les éléments permettant d'établir la motivation de la demande.

• Le garde des sceaux, ministre de la justice, le directeur interrégional des services pénitentiaires ou le chef de l'établissement pénitentiaire peuvent procéder ou faire procéder dans les conditions définies par les dispositions de l'article D. 211-14 à toute enquête sur la situation familiale ou sociale de la personne condamnée.

• La décision de changement d'affectation est prise, sauf urgence, après avis du juge de l'application des peines et du procureur de la République du lieu de détention.

Article D. 211-29. – Directeur interrégional des services pénitentiaires – Décision – *(Décret n° 2022-479 du 30 mars 2022)*

• Lorsque la décision incombe au directeur interrégional des services pénitentiaires, elle donne lieu :

• 1° Soit à la délivrance d'un ordre de transfèrement de la personne condamnée à destination d'un centre de détention ou d'un centre de semi-liberté ou d'une maison d'arrêt ou d'un quartier d'un centre pénitentiaire appartenant à l'une de ces catégories d'établissements pénitentiaires ou d'une structure d'accompagnement vers la sortie, relevant de sa circonscription ;

.../...

• 2° Soit au maintien de la personne intéressée à l'établissement où elle se trouve ;
• 3° Soit à un dessaisissement au profit du garde des sceaux, ministre de la justice en vue d'une affectation dans une maison centrale ou un quartier maison centrale, dès lors que le directeur interrégional des services pénitentiaires estime que la personne condamnée doit être affectée dans cette catégorie d'établissement. Dans ce cas, le garde des sceaux, ministre de la justice, décide de l'affectation de la personne condamnée dans l'établissement pénitentiaire le plus approprié.

Article D. 211-30. – Garde des sceaux, ministre de la justice – Décision – *(Décret n° 2022-479 du 30 mars 2022)*
• Lorsque la décision incombe au garde des sceaux, ministre de la justice, elle donne lieu :
• 1° Soit à l'envoi de la personne condamnée au centre national d'évaluation ;
• 2° Soit à la délivrance d'un ordre de transfèrement de la personne condamnée à destination d'un autre établissement ;
• 3° Soit au maintien de la personne condamnée à l'établissement où elle se trouve ;
• 4° Soit à sa mise à la disposition d'un directeur interrégional des services pénitentiaires.

Article D. 211-31. – Transfèrements – *(Décret n° 2022-479 du 30 mars 2022)*
• Le directeur interrégional des services pénitentiaires ordonne tous les transfèrements utiles à l'intérieur de la circonscription territoriale dont il assure la direction concernant les personnes condamnées relevant de sa compétence d'affectation, les personnes détenues soumises à la contrainte judiciaire et les personnes condamnées mises à sa disposition.
• Si les mesures qui lui paraissent nécessaires concernent d'autres personnes détenues, excèdent sa compétence ou soulèvent des difficultés particulières, il adresse dans les plus brefs délais un rapport au garde des sceaux, ministre de la justice.

Sous-section 2 : Parcours d'exécution de la détention

Article D. 211-32. – Modalités – *(Décret n° 2022-479 du 30 mars 2022)*
• Le parcours d'exécution de la peine décrit notamment, pour chaque personne détenue condamnée, l'ensemble des actions qu'il est envisagé de mettre en œuvre au cours de sa détention afin de favoriser sa réinsertion. Il couvre l'ensemble de la période de détention, y compris la préparation à la sortie.
• Il est défini et, le cas échéant, actualisé, à partir des éléments recueillis lors de la période d'observation pluridisciplinaire puis, tout au long de la détention, auprès de l'ensemble des services appelés à connaître de la situation de la personne détenue intéressée, ainsi que des souhaits exprimés par elle. Ces éléments sont consignés par écrit.
• Il fait l'objet d'un réexamen à la demande de la personne détenue ou au moins une fois par an.

Article D. 211-33. – Avis – Commission pluridisciplinaire unique – *(Décret n° 2022-479 du 30 mars 2022)*
• Le parcours d'exécution de la peine est élaboré après avis de la commission pluridisciplinaire unique mentionnée par les dispositions de l'article D. 211-34.

Article D. 211-34. – Commission pluridisciplinaire unique – *(Décret n° 2022-479 du 30 mars 2022)*
• Il est institué auprès du chef de chaque établissement pénitentiaire, pour une durée de 5 ans, une commission pluridisciplinaire unique.
• La commission pluridisciplinaire unique est présidée par le chef de l'établissement pénitentiaire ou son représentant.
• Elle comprend en outre :
• 1° Le directeur du service pénitentiaire d'insertion et de probation ;
• 2° Un responsable du secteur de détention de la personne détenue dont la situation est examinée ;
• 3° Un représentant du service du travail et, le cas échéant, un représentant de l'agence du travail d'intérêt général et de l'insertion professionnelle des personnes placées sous main de justice ;
• 4° Un représentant du service de la formation professionnelle ;
• 5° Un représentant du service de l'enseignement.
• Assistent également, avec voix consultative, aux réunions de la commission, sur convocation du chef de l'établissement pénitentiaire établie en fonction de l'ordre du jour :
• 1° Le psychologue en charge du parcours d'exécution de la peine ;
• 2° Un membre du service de la protection judiciaire de la jeunesse ;
• 3° Un représentant des équipes soignantes de l'unité sanitaire en milieu pénitentiaire ou du service médico-psychologique régional désigné par l'établissement de santé de rattachement ;
• 4° Un représentant des personnes morales intervenant au titre de l'insertion par l'activité économique ou de l'emploi.
• 5° Un représentant de l'entreprise adaptée implantée, le cas échéant, dans l'établissement.
• La liste des membres de la commission pluridisciplinaire unique et des personnes susceptibles d'assister à ces réunions en application des 4 alinéas précédents est arrêtée par le chef de l'établissement pénitentiaire.
• Les membres de la commission et les personnes entendues par elle sont tenus à une obligation de discrétion à l'égard des informations présentant un caractère confidentiel dont ils ont connaissance dans le cadre de l'exercice de leurs missions.

Article D. 211-35. – Réunion – *(Décret n° 2022-479 du 30 mars 2022)*
• La commission pluridisciplinaire unique se réunit au moins une fois par mois pour examiner les parcours d'exécution de la peine.

Article D. 211-36. – Modalités de prise en charge individualisées – *(Décret n° 2022-479 du 30 mars 2022)*
• Des modalités de prise en charge individualisées peuvent, pour l'application des dispositions de l'article L. 211-4, être appliquées, au sein de chaque établissement pénitentiaire, aux personnes détenues, en tenant compte de leur parcours d'exécution de la peine et de leur capacité à respecter les règles de vie en collectivité. Les modalités de prise en charge de chaque personne détenue sont consignées dans le parcours d'exécution de la peine.

.../...

Chapitre II
Entrée en détention

Section 1 : Conditions préalables à la mise sous écrou

Article R. 212-1. – Modalités – *(Décret n° 2022-479 du 30 mars 2022)*

• Conformément aux dispositions de l'article R. 61-1 du Code de procédure pénale, la décision de mise à exécution de l'emprisonnement en raison de l'inobservation par la personne condamnée des obligations imposées dans le cadre du suivi socio-judiciaire en application des dispositions de l'article 131-36-1 du Code pénal vaut ordre donné au chef de l'établissement pénitentiaire désigné de recevoir et de détenir la personne condamnée.

Article D. 212-2. – Taux d'occupation de l'établissement pénitentiaire... – *(Décret n° 2022-479 du 30 mars 2022)*

• Conformément aux dispositions de l'article D. 45-2-4 du Code de procédure pénale, il peut être tenu compte du taux d'occupation de l'établissement pénitentiaire et de son évolution prévisible pour déterminer la date d'incarcération de la personne condamnée.

Article D. 212-3. – Exécution – Mandat de dépôt à effet différé – *(Décret n° 2022-479 du 30 mars 2022)*

• Si le placement en détention résulte de l'exécution d'un mandat de dépôt à effet différé, la personne condamnée est reçue et détenue par l'établissement pénitentiaire désigné sur ordre de mise à exécution délivré par le procureur de la République au chef de l'établissement, dans les conditions prévues par les dispositions de l'article D. 48-2-4 du Code de procédure pénale.

Article D. 212-4. – Information – Effectifs – *(Décret n° 2022-479 du 30 mars 2022)*

• Pour chaque maison d'arrêt, le chef de l'établissement pénitentiaire informe chaque mois le président du tribunal judiciaire dans le ressort duquel elle se trouve, le juge de l'application des peines, le procureur de la République près ledit tribunal ainsi que le directeur interrégional des services pénitentiaires de l'état des effectifs au regard des capacités d'accueil de l'établissement.

Article D. 212-5. – Exécution des peines – *(Décret n° 2022-1261 du 28 septembre 2022)*

• Les peines s'exécutent au fur et à mesure de la réception des extraits de décision de condamnation.

• En cas de réception simultanée de plusieurs extraits, il convient de faire exécuter :

• 1° Les peines sanctionnant la commission d'une infraction définie au chapitre Ier du titre II du livre IV du Code pénal avant les autres peines ;

• 2° Les peines sanctionnant des faits commis en état de récidive légale avant les autres peines ;

• 3° Les peines dans l'ordre décroissant de leur quantum, la plus forte étant exécutée la première ; toutefois, si l'une des peines fait suite à une période de détention provisoire non interrompue, son exécution doit être poursuivie ;

• 4° La peine assortie du sursis avant celle qui a entraîné sa révocation.

• Lorsqu'une évasion se produit au cours de l'exécution d'une peine, l'exécution de cette peine doit être reprise et menée jusqu'à son terme avant celle de la peine sanctionnant l'évasion.

• Les décisions de retrait du bénéfice d'une réduction de peine s'exécutent à la suite de la dernière peine portée à l'écrou à la date de la décision.

Section 2 : Formalités et registres d'écrou

Article D. 212-6. – Registre d'écrou – *(Décret n° 2022-479 du 30 mars 2022)*

• Tout établissement pénitentiaire est pourvu d'un registre d'écrou.

• Le chef de l'établissement pénitentiaire, ou sous son autorité le fonctionnaire chargé du greffe, tient ce registre et veille à la légalité de la détention des personnes incarcérées ainsi qu'à la libération des personnes libérables.

• Le registre d'écrou est constitué de feuilles mobiles classées dans un fichier et sur lesquelles figurent le numéro d'écrou initial ainsi que le numéro d'écrou actuel.

• Il doit être présenté aux fins de contrôle et de visa, aux différentes autorités judiciaires à chacune de leurs visites, ainsi qu'aux autorités administratives qui procèdent à l'inspection générale de l'établissement.

Article D. 212-7. – Acte d'écrou – *(Décret n° 2022-479 du 30 mars 2022)*

• Lors de la conduite de toute personne dans un établissement pénitentiaire en exécution d'un arrêt ou jugement de condamnation, d'un mandat de dépôt ou d'arrêt, d'un mandat d'amener lorsque ce mandat doit être suivi de détention provisoire, ou un ordre d'arrestation établi conformément à la loi, un acte d'écrou est dressé sur le registre prévu par les dispositions de l'article D. 212-6.

• Le chef de l'établissement constate par cet acte la remise de la personne et inscrit la nature et la date du titre de détention, ainsi que l'autorité dont il émane. L'acte d'écrou est signé par le chef de l'établissement et par le chef d'escorte.

Article D. 212-8. – Mandat de dépôt à effet différé – *(Décret n° 2022-479 du 30 mars 2022)*

• En cas de mandat de dépôt à effet différé, le chef de l'établissement pénitentiaire qui reçoit la personne condamnée à la date fixée mentionne ce mandat sur le registre d'écrou ainsi que l'ordre de mise à exécution de ce mandat prévu par les dispositions de l'article D. 48-2-5 du Code de procédure pénale et dont une copie certifiée conforme lui a été transmise par le procureur général ou le procureur de la République.

• Si la personne ne se présente pas à l'établissement pénitentiaire à la date fixée, le chef de l'établissement en avise le jour même ou le 1er jour ouvrable suivant le procureur général ou le procureur de la République.

• Si la personne condamnée se présente à l'établissement pénitentiaire après la date fixée, mais pendant un jour ouvrable et aux horaires permettant son placement en détention, le chef de l'établissement est tenu de le recevoir.

Article D. 212-9. – Exécution volontaire de la peine – *(Décret n° 2022-479 du 30 mars 2022)*

• En cas d'exécution volontaire de la peine, le chef de l'établissement pénitentiaire mentionne sur le registre d'écrou l'arrêt ou le jugement de condamnation dont l'extrait lui a été transmis par le procureur général ou par le procureur de la République.

.../...

Article D. 212-10. – Avis de l'écrou – *(Décret n° 2022-479 du 30 mars 2022)*

• Dans les cas prévus par les dispositions des articles D. 212-7 à D. 212-9, avis de l'écrou est donné par le chef de l'établissement pénitentiaire, selon le cas, au procureur général ou au procureur de la République.

Article D. 212-11. – Date de la sortie... – Mention acte d'écrou – *(Décret n° 2022-479 du 30 mars 2022)*

• La date de la sortie de chaque personne détenue, et le cas échéant, la décision ou le texte de la loi motivant la libération, font l'objet d'une mention sur l'acte d'écrou.

Article D. 212-12. – Levée d'écrou – Placement à l'extérieur... – *(Décret n° 2022-479 du 30 mars 2022)*

• Il n'y a pas lieu de lever l'écrou des personnes détenues faisant l'objet des mesures prévues par les dispositions de l'article D. 118 du Code de procédure pénale, mais mention de ces mesures doit être portée au registre d'écrou.

Article D. 212-13. – Registre d'écrou – Fiche d'écrou – *(Décret n° 2022-479 du 30 mars 2022)*

• Le registre d'écrou ne doit pas quitter l'établissement pénitentiaire.

• Toutefois, à titre exceptionnel, la fiche d'écrou d'une personne détenue peut être déplacée en dehors de cet établissement afin de permettre soit l'écrou d'un individu hospitalisé immédiatement après son arrestation et momentanément intransportable, soit la levée d'écrou d'une personne détenue hospitalisée au moment de sa libération.

Section 3 : Accueil en détention

Article R. 212-14. – Personne détenue – Accueil – *(Décret n° 2022-479 du 30 mars 2022)*

• À son arrivée et jusqu'au moment où elle peut être conduite soit dans la cellule, soit dans le quartier où elle est affectée, chaque personne détenue est placée isolément dans une cellule d'attente ou dans des locaux en tenant lieu.

• Elle est soumise aux formalités de l'écrou et aux mensurations anthropométriques.

• Elle est invitée à préciser les coordonnées des personnes à prévenir au cas où elle viendrait à décéder, à être frappée d'une maladie grave mettant ses jours en danger, à être victime d'un accident grave ou à être placée dans un établissement psychiatrique.

• À l'issue de l'accomplissement de ces formalités, il lui est proposé une douche. Il lui est remis une trousse de toilette comprenant des produits d'hygiène corporelle. Elle peut également demander à recevoir des effets vestimentaires de 1re nécessité.

• Elle est mise en mesure d'informer sa famille de son placement en détention dans les meilleurs délais.

Article R. 212-15. – Personne détenue – Vérification matériel cellule – *(Décret n° 2022-479 du 30 mars 2022)*

• Toute personne détenue arrivant en cellule doit vérifier l'état du matériel et faire constater au personnel toute dégradation.

• Chaque personne détenue est responsable du matériel mis à sa disposition par l'administration pénitentiaire. Elle doit en faire un usage normal et veiller à son bon entretien.

Article R. 212-16. – Personne détenue – Examen médical d'arrivée – *(Décret n° 2022-479 du 30 mars 2022)*

• Lors de son arrivée en détention, chaque personne détenue bénéficie d'un examen médical dans les plus brefs délais.

Article R. 212-17. – Phase d'accueil et d'observation pluridisciplinaire – Compte-rendu – Bilan de personnalité – *(Décret n° 2022-479 du 30 mars 2022)*

• À l'issue d'une phase d'accueil et d'observation pluridisciplinaire, qui ne peut excéder 3 semaines, les informations relatives à la personnalité, l'état de santé et la dangerosité de chaque personne détenue sont consignées par écrit, dans un bilan de personnalité.

Section 4 : Accès aux entretiens

Sous-section 1 : Entretiens obligatoires

Article R. 212-18. – Entretiens obligatoires – *(Décret n° 2022-479 du 30 mars 2022)*

• Chaque personne détenue est reçue par le chef de l'établissement pénitentiaire ou par un directeur des services pénitentiaires, un officier, un major ou un premier surveillant le jour de son arrivée ou, au plus tard, le lendemain.

• Chaque personne détenue est également reçue, dès que possible, par un personnel d'insertion et de probation.

Sous-section 2 : Entretiens facultatifs

Article R. 212-19. – Entretiens facultatifs – *(Décret n° 2022-1287 du 4 octobre 2022)*

• Pendant toute la durée de sa détention, chaque personne détenue peut être reçue par un membre du service pénitentiaire d'insertion et de probation soit à sa demande, soit sur convocation.

• Le personnel d'insertion et de probation apprécie l'opportunité de recevoir une personne détenue ou d'effectuer les démarches qu'elle sollicite.

CHAPITRE III

Encellulement

Section 1 : Encellulement individuel

Article D. 213-1. – Conditions de séparation des détenus – *(Décret n° 2022-479 du 30 mars 2022)*

• Lorsque le régime de l'encellulement individuel n'est pas appliqué, il appartient au chef de l'établissement pénitentiaire de séparer:

../...

• 1° Les personnes prévenues des personnes condamnées ;
• 2° Les personnes détenues devenues majeures en détention et âgées de moins de vingt et un ans des autres personnes détenues majeures ;
• 3° Les personnes détenues n'ayant pas exécuté antérieurement de peine privative de liberté de celles ayant déjà exécuté des détentions multiples ;
• 4° Les personnes condamnées à la contrainte judiciaire des autres personnes détenues.
• Il peut être dérogé aux principes posés aux 2° à 4°, à titre exceptionnel, si la personnalité des personnes détenues le justifie.

Article D. 213-2. – Suspension encellulement individuel – *(Décret n° 2022-479 du 30 mars 2022)*
• Lorsqu'il suspend l'encellulement individuel d'une personne détenue en raison de sa personnalité, le chef de l'établissement pénitentiaire en informe sans délai le directeur interrégional des services pénitentiaires, ainsi que le juge de l'application des peines s'agissant des personnes condamnées et le magistrat chargé du dossier de la procédure s'agissant des personnes prévenues.

Article R. 213-3. – Encellulement individuel impossible – Requête pour transfèrement – *(Décret n° 2022-479 du 30 mars 2022)*
• Si une personne détenue souhaite bénéficier du régime de l'encellulement individuel alors que la distribution intérieure de l'établissement et le nombre de personnes détenues ne le permettent pas, elle peut déposer auprès du chef de l'établissement pénitentiaire une requête pour être transférée dans la maison d'arrêt la plus proche permettant un tel placement.
• Dans un délai de 2 mois à compter du dépôt de la requête, le chef de l'établissement précise à la personne détenue la ou les maisons d'arrêt dans laquelle elle sera susceptible d'être transférée.
• Si la personne détenue accepte l'une ou plusieurs des propositions, il est procédé dans les meilleurs délais à son transfèrement.
• S'agissant des personnes prévenues, ces dispositions s'appliquent sous réserve de l'accord du magistrat chargé du dossier de la procédure en application de l'article 715 du Code de procédure pénale.

Article D. 213-4. – Régime de l'emprisonnement individuel – *(Décret n° 2022-479 du 30 mars 2022)*
• Dans les maisons d'arrêt où, par suite de la distribution des locaux ou de leur encombrement temporaire, le régime de l'emprisonnement individuel ne peut être appliqué à toutes les personnes prévenues, celles à l'égard desquelles l'autorité judiciaire aura prescrit l'interdiction de communiquer ou la mise à l'isolement doivent être placées par priorité en cellule individuelle.

Section 2 : Modalités d'encellulement

Sous-section 1 : Temps passés en cellule et en dehors de la cellule

§ 1er. – Dispositions communes à tous les établissements pénitentiaires

Article R. 213-5. – Activités des personnes détenues – *(Décret n° 2022-479 du 30 mars 2022)*
• Pendant la journée, les personnes détenues peuvent être réunies pour le travail, les activités physiques et sportives, l'enseignement, la formation professionnelle ou les activités religieuses, culturelles ou de loisirs.
• La durée pendant laquelle la personne détenue est enfermée en cellule la nuit ne peut excéder 12 heures.

Article R. 213-6. – Tenue portée – Enceinte établissement – *(Décret n° 2022-479 du 30 mars 2022)*
• La tenue portée par les personnes détenues à l'occasion des mouvements doit faciliter, pour des raisons de sécurité, le contrôle de ces personnes ainsi que leur identification.
• Les vêtements ou chaussures qui déclenchent le signal des détecteurs de masses métalliques sont déposés au vestiaire. Les personnes détenues peuvent demander à s'en défaire dans les conditions prévues par les dispositions de l'article R. 332-38.

Article R. 213-7. – Emploi du temps – *(Décret n° 2022-479 du 30 mars 2022)*
• L'emploi du temps est porté à la connaissance des personnes détenues.
• Les déplacements s'effectuent en ordre, dans le calme et dans le respect des horaires prévus.
• Chaque personne détenue doit pouvoir justifier de son identité et de l'objet de son déplacement.

Article R. 213-8. – Tenue portée – Hors cellule – *(Décret n° 2022-479 du 30 mars 2022)*
• Hors de sa cellule, chaque personne détenue doit conserver une tenue décente et appropriée.

Article R. 213-9. – Activités des personnes détenues – Règle de l'encellulement individuel – *(Décret n° 2022-479 du 30 mars 2022)*
• La règle de l'encellulement individuel ne fait pas obstacle à ce que, pendant la journée, les personnes détenues soient réunies pour le travail, les activités physiques et sportives, l'enseignement, la formation professionnelle ou les activités religieuses, culturelles ou de loisirs.

Article R. 213-10. – Autorisation de fumer – *(Décret n° 2022-479 du 30 mars 2022)*
• Les personnes détenues sont autorisées à fumer en cellule et dans les cours de promenade.
• Il est interdit de fumer en dehors de ces lieux.

§ 2. – Dispositions applicables aux maisons d'arrêt

Article R. 213-11. – Conditions règles de circulation – Maisons d'arrêt – *(Décret n° 2022-479 du 30 mars 2022)*
• Les personnes détenues sont enfermées dans leur cellule durant la nuit. Elles ne peuvent librement sortir de leur cellule durant la journée. Les déplacements hors de celle-ci doivent être justifiés par l'accès à la promenade, par un rendez-vous qui leur est fixé, par une convocation qui leur est adressée ou par une inscription à une activité.
• En fonction de son parcours de détention, de sa dangerosité et de sa personnalité, la personne détenue peut bénéficier, si le règlement intérieur de l'établissement, mentionné à l'article R. 112-23 en prévoit les conditions, de dérogations aux règles de circulation en journée mentionnées au 1er alinéa afin de développer son autonomie et sa participation aux activités en détention.

.../...

• Lors de chaque mouvement, chaque personne détenue doit pouvoir justifier de son identité et de l'objet de son déplacement, faute de quoi elle est reconduite en cellule.

§ 3. – Dispositions applicables aux établissements pour peines

Sous-Paragraphe 1 – Dispositions communes

Article R. 213-12. – Aménagement cellule – *(Décret n° 2022-479 du 30 mars 2022)*
• Les personnes détenues sont autorisées à aménager leur cellule d'une façon personnelle, mais ne doivent pas dégrader les installations immobilières ou mobilières existantes. Le chef de l'établissement pénitentiaire détermine la destination à donner à ces aménagements en cas de changement de cellule, de transfèrement ou de mise en liberté.

Sous-Paragraphe 2 – Dispositions applicables aux maisons centrales

Article R. 213-13. – Conditions règles de circulation – Maisons centrales et quartiers maison centrale – *(Décret n° 2022-479 du 30 mars 2022)*
• Dans les maisons centrales et dans les quartiers maison centrale, les personnes détenues sont enfermées dans leur cellule durant la nuit. Elles ne peuvent librement sortir de leur cellule durant la journée.
• Les déplacements, hors de la cellule, doivent être autorisés par un personnel pénitentiaire et justifiés par l'accès à la promenade, par un rendez-vous qui leur est fixé, par une convocation qui leur est adressée ou par une inscription à une activité. Ils sont accompagnés par un personnel pénitentiaire.
• Chaque personne détenue prend ses repas seule en cellule.

Sous-Paragraphe 3 – Dispositions applicables aux centres de détention

Article R. 213-14. – Conditions règles de circulation – Centres de détention et quartiers centres de détention – *(Décret n° 2022-479 du 30 mars 2022)*
• Dans les centres de détention et dans les quartiers centre de détention, les personnes détenues sont enfermées dans leur cellule pendant la nuit.
• Elles accèdent aux zones de parloirs et aux services de santé sur prise de rendez-vous préalable.
• Elles accèdent aux zones de travail, de formation professionnelle, d'enseignement et d'activités socioculturelles encadrées après inscription et selon les horaires fixés dans leur emploi du temps.
• Elles accèdent sur demande aux douches et aux postes téléphoniques situés sur la coursive de la détention.
• Elles accèdent à la cour de promenade sans inscription préalable et a ont librement accès aux postes téléphoniques qui s'y trouvent placés, pendant les horaires d'ouverture de ces équipements.
• Leurs déplacements sont accompagnés par le personnel pénitentiaire.
• Chaque personne détenue prend ses repas seule en cellule.

Article R. 213-15. – Aménagements – *(Décret n° 2022-479 du 30 mars 2022)*
• Des aménagements, qui tiennent compte de la personnalité, de la santé et de la dangerosité des personnes détenues, peuvent être apportés aux dispositions de l'article R. 213-14 pour accompagner par une plus grande autonomie les efforts de celles-ci en matière de réinsertion sociale. Ils concernent notamment :
• 1° Les horaires de l'ouverture des portes des cellules pendant une partie de la journée ;
• 2° La circulation des personnes à l'intérieur de leur unité d'hébergement pendant les horaires d'ouverture des portes de cellule ;
• 3° L'accompagnement des mouvements en dehors de l'unité d'hébergement ;
• 4° L'accès aux postes téléphoniques situés sur la coursive pendant les horaires d'ouverture des portes de cellule ;
• 5° L'accès aux douches durant les horaires d'ouverture des portes de cellule ;
• 6° L'accès aux salles d'activités non encadrées situées au sein de son unité d'hébergement ;
• 7° La prise de repas en commun.
• Lors de chaque mouvement, chaque personne détenue doit pouvoir justifier de son identité et du motif de son déplacement.

Sous-Paragraphe 4 – Dispositions applicables aux structures d'accompagnement vers la sortie

Article R. 213-16. – Modalités – *(Décret n° 2022-479 du 30 mars 2022)*
• Chaque personne détenue circule de façon autonome au sein d'une structure d'accompagnement vers la sortie pendant les horaires d'ouverture des portes de cellule.
• Elle prend ses repas soit en cellule, soit en commun.
• Les horaires d'accès à la structure sont aménagés pour prendre en compte la diversité des situations pénales des personnes qui y sont détenues.
• Les règles relatives à l'organisation de la détention et au régime de détention sont adaptées en fonction de la personnalité, de l'état de santé et de l'adhésion de la personne détenue au programme de prise en charge prévu à l'article D. 112-21.

Sous-section 2 : Isolement

Article R. 213-17. – Placement à l'isolement – *(Décret n° 2022-479 du 30 mars 2022)*
• Les personnes prévenues peuvent être placées à l'isolement par l'autorité administrative ou par l'autorité judiciaire dans les conditions prévues par les dispositions des articles R. 57-5-1 à R. 57-5-8 du Code de procédure pénale. Elles sont soumises au régime de détention prévu par les articles R. 213-18, R. 213-19 et R. 213-20.
• Les personnes condamnées peuvent être placées à l'isolement par l'autorité administrative.

.../...

§ 1er. – Régime de la détention à l'isolement

Article R. 213-18. – Modalités – *(Décret n° 2022-479 du 30 mars 2022)*

• La mise à l'isolement d'une personne détenue, par mesure de protection ou de sécurité, qu'elle soit prise d'office ou sur demande de la personne détenue, ne constitue pas une mesure disciplinaire.

• La personne détenue placée à l'isolement est seule en cellule.

• Elle conserve ses droits à l'information, aux visites, à la correspondance écrite et téléphonique, à l'exercice du culte et à l'utilisation de son compte nominatif.

• Elle ne peut participer aux promenades et activités collectives auxquelles peuvent prétendre les personnes détenues soumises au régime de détention ordinaire, sauf autorisation, pour une activité spécifique, donnée par le chef de l'établissement pénitentiaire.

• Toutefois, le chef de l'établissement pénitentiaire organise, dans toute la mesure du possible et en fonction de la personnalité de la personne détenue, des activités communes aux personnes détenues placées à l'isolement.

• La personne détenue placée à l'isolement bénéficie d'au moins une heure quotidienne de promenade à l'air libre.

Article R. 213-19. – Liste des personnes détenues placées à l'isolement – *(Décret n° 2022-479 du 30 mars 2022)*

• La liste des personnes détenues placées à l'isolement est communiquée quotidiennement à l'équipe de l'unité sanitaire de l'établissement.

• Le médecin examine sur place chaque personne détenue au moins 2 fois par semaine et aussi souvent qu'il l'estime nécessaire.

• Ce médecin, chaque fois qu'il l'estime utile au regard de l'état de santé de la personne détenue, émet un avis sur l'opportunité de mettre fin à l'isolement et le transmet au chef de l'établissement pénitentiaire.

Article R. 213-20. – Aménagement et conditions de vie en quartier d'isolement – *(Décret n° 2022-479 du 30 mars 2022)*

• Les cellules du quartier d'isolement ont un ameublement identique à celui des cellules de détention ordinaire.

• Les personnes détenues accèdent aux installations sportives et aux cours de promenade propres au quartier d'isolement.

• Les personnes détenues ne participent pas aux offices célébrés en détention, sauf autorisation individuelle accordée par le chef de l'établissement pénitentiaire. En accord avec les représentants des différents cultes, des offices particuliers peuvent être mis en place.

• Les dispositions du règlement intérieur, défini aux articles L. 112-4 et R. 112-22, relatives à l'isolement, sont affichées dans le quartier d'isolement. Chaque personne détenue placée au quartier d'isolement en reçoit une copie.

§ 2. – Procédure de placement à l'isolement sur décision de l'administration

Article R. 213-21. – Modalités – Placement à l'isolement – *(Décret n° 2022-479 du 30 mars 2022)*

• Lorsqu'une décision d'isolement d'office initiale ou de prolongation est envisagée, la personne détenue est informée, par écrit, des motifs invoqués par l'administration, du déroulement de la procédure et du délai dont elle dispose pour préparer ses observations. Le délai dont elle dispose ne peut être inférieur à trois heures à partir du moment où elle est mise en mesure de consulter les éléments de la procédure, en présence de son avocat, si elle en fait la demande. Le chef de l'établissement pénitentiaire peut décider de ne pas communiquer à la personne détenue, ni à son avocat, les informations ou documents en sa possession qui contiennent des éléments pouvant porter atteinte à la sécurité des personnes ou de l'établissement.

• Si la personne détenue ne comprend pas la langue française, les informations sont présentées par l'intermédiaire d'un interprète désigné par le chef de l'établissement. Il en est de même de ses observations, si elle n'est pas en mesure de s'exprimer en langue française.

• Les observations de la personne détenue et, le cas échéant, celles de son avocat sont jointes au dossier de la procédure. Si la personne détenue présente des observations orales, elles font l'objet d'un compte rendu écrit signé par elle.

• Le chef de l'établissement, après avoir recueilli préalablement à sa proposition de prolongation l'avis écrit du médecin intervenant à l'établissement, transmet le dossier de la procédure accompagné de ses observations au directeur interrégional des services pénitentiaires lorsque la décision relève de la compétence de celui-ci ou du garde des sceaux, ministre de la justice.

• La décision est motivée. Elle est notifiée sans délai à la personne détenue par le chef de l'établissement.

Article R. 213-22. – Placement provisoire à l'isolement – *(Décret n° 2022-479 du 30 mars 2022)*

• En cas d'urgence, le chef de l'établissement pénitentiaire peut décider le placement provisoire à l'isolement d'une personne détenue, si la mesure est l'unique moyen de préserver la sécurité des personnes ou de l'établissement. Le placement provisoire à l'isolement ne peut excéder 5 jours.

• À l'issue d'un délai de 5 jours, si aucune décision de placement à l'isolement prise dans les conditions prévues par le présent code n'est intervenue, il est mis fin à l'isolement.

• La durée du placement provisoire à l'isolement s'impute sur la durée totale de l'isolement.

Article R. 213-23. – Durée placement à l'isolement – *(Décret n° 2022-479 du 30 mars 2022)*

• Le chef de l'établissement pénitentiaire décide de la mise à l'isolement pour une durée maximale de 3 mois. Il peut renouveler la mesure une fois pour la même durée.

• Il rend compte sans délai de sa décision au directeur interrégional des services pénitentiaires.

Article R. 213-24. – Prolongation isolement – *(Décret n° 2022-479 du 30 mars 2022)*

• Au terme d'une durée de 6 mois, le directeur interrégional des services pénitentiaires peut prolonger l'isolement pour une durée maximale de 3 mois.

• La décision est prise sur rapport motivé du chef de l'établissement pénitentiaire.

• Cette décision peut être renouvelée une fois pour la même durée.

Article R. 213-25. – Isolement 1 an – Prolongation – *(Décret n° 2022-479 du 30 mars 2022)*

• Lorsqu'une personne détenue est à l'isolement depuis 1 an à compter de la décision initiale, le garde des sceaux, ministre de la justice, peut prolonger l'isolement pour une durée maximale de 3 mois renouvelable.

.../...

• La décision est prise sur rapport motivé du directeur interrégional des services pénitentiaires saisi par le chef de l'établissement pénitentiaire selon les modalités prévues par les dispositions de l'article R. 213-21.
• L'isolement ne peut être prolongé au-delà de 2 ans sauf, à titre exceptionnel, si le placement à l'isolement constitue l'unique moyen d'assurer la sécurité des personnes ou de l'établissement.
• Dans ce cas, la décision de prolongation doit être spécialement motivée.

Article R. 213-26. – Mesure d'isolement – Conditions en cas de transfèrement – *(Décret n° 2022-479 du 30 mars 2022)*
• Lorsque la personne détenue faisant l'objet d'une mesure d'isolement d'office est transférée, le placement à l'isolement est maintenu provisoirement à son arrivée dans le nouvel établissement.
• À l'issue d'un délai de 15 jours, si aucune décision d'isolement n'a été prise, il est mis fin à l'isolement.
• Si la période restant à courir est inférieure à 15 jours, la mesure d'isolement prend fin à la date prévue dans la décision initiale ou de prolongation.

§ 3. – Procédure de placement à l'isolement sur demande de la personne détenue

Article R. 213-27. – Personne détenue – Demande de placement à l'isolement – *(Décret n° 2022-479 du 30 mars 2022)*
• La personne détenue qui demande son placement à l'isolement ou la prolongation de son isolement adresse au chef de l'établissement pénitentiaire une demande écrite et motivée. Si la personne détenue est dans l'impossibilité de présenter une requête écrite, sa demande fait l'objet d'un compte rendu écrit signé de la personne intéressée.
• Le chef de l'établissement, après avoir recueilli préalablement l'avis écrit du médecin intervenant à l'établissement, transmet la demande de la personne détenue accompagnée de ses observations au directeur interrégional des services pénitentiaires lorsque la décision relève de la compétence de celui-ci ou du garde des sceaux, ministre de la justice.
• Le chef de l'établissement peut décider d'un placement à l'isolement pour une durée maximale de 3 mois. Il peut renouveler la mesure une fois pour la même durée.
• Au terme d'une durée de 6 mois, le directeur interrégional des services pénitentiaires peut prolonger l'isolement pour une durée maximale de 3 mois. La décision est prise sur rapport motivé du chef de l'établissement. Cette décision peut être renouvelée une fois pour la même durée.
• Lorsqu'une personne détenue est placée à l'isolement depuis 1 an à compter de la décision initiale, le garde des sceaux, ministre de la justice peut prolonger l'isolement pour une durée maximale de 3 mois renouvelable. La décision est prise sur rapport motivé du directeur interrégional des services pénitentiaires saisi par le chef de l'établissement selon les modalités du présent article. L'isolement ne peut être prolongé au-delà de 2 ans sauf, à titre exceptionnel, si le placement à l'isolement constitue l'unique moyen d'assurer la sécurité de la personne détenue.

Article R. 213-28. – Personne détenue transférée – Renouvellement demande de placement à l'isolement – *(Décret n° 2022-479 du 30 mars 2022)*
• Lorsque la personne détenue est transférée, si elle renouvelle sa demande de placement à l'isolement à son arrivée dans le nouvel établissement, la mesure est maintenue provisoirement.
• L'autorité compétente dispose d'un délai de 15 jours pour statuer sur la demande.
• À l'issue de ce délai, si aucune décision d'isolement n'a été prise, il est mis fin à l'isolement.

Article R. 213-29. – Conditions – Isolement levé – *(Décret n° 2022-479 du 30 mars 2022)*
• L'isolement est levé par le chef de l'établissement pénitentiaire dès que la personne détenue en fait la demande.
• Lorsque l'autorité qui a pris la décision envisage de lever l'isolement sans l'accord de la personne détenue, la décision est prise selon les modalités mentionnées par les dispositions de l'article R. 213-21.

§ 4. – Dispositions communes

Article R. 213-30. – Personnalité de la personne détenue – *(Décret n° 2022-479 du 30 mars 2022)*
• Tant pour la décision initiale que pour les décisions ultérieures de prolongation, il est tenu compte de la personnalité de la personne détenue, de sa dangerosité ou de sa vulnérabilité particulière, et de son état de santé.
• L'avis écrit du médecin intervenant dans l'établissement pénitentiaire est recueilli préalablement à toute proposition de renouvellement de la mesure au-delà de 6 mois et versé au dossier de la procédure.

Article R. 213-31. – Placement à l'isolement – Interruption – *(Décret n° 2022-479 du 30 mars 2022)*
• Lorsqu'une personne détenue a déjà été placée à l'isolement et si cette mesure a fait l'objet d'une interruption inférieure à 1 an, la durée de l'isolement antérieur s'impute sur la durée de la nouvelle mesure.
• Si l'interruption est supérieure à 1 an, la nouvelle mesure constitue une décision initiale de placement à l'isolement qui relève de la compétence du chef de l'établissement pénitentiaire.

Article R. 213-32. – Conditions d'isolement en cas d'hospitalisation ou de placement en cellule disciplinaire – *(Décret n° 2022-479 du 30 mars 2022)*
• L'hospitalisation de la personne détenue ou son placement en cellule disciplinaire sont sans effet sur le terme de l'isolement antérieurement décidé.

Article R. 213-33. – Fin de la mesure d'isolement – *(Décret n° 2022-479 du 30 mars 2022)*
• Il peut être mis fin à la mesure d'isolement à tout moment par l'autorité qui a pris la mesure ou qui l'a prolongée, d'office ou à la demande de la personne détenue.

Article R. 213-34. – Consignation informations – Dossier individuel et registre des mesures d'isolement – *(Décret n° 2022-479 du 30 mars 2022)*
• Toute décision de placement, prolongation ou levée de l'isolement est consignée dans une fiche versée au dossier individuel de la personne détenue.
• Il est tenu un registre des mesures d'isolement sous la responsabilité du chef de l'établissement pénitentiaire. Ce registre est visé par les autorités administratives et judiciaires lors de leurs visites de contrôle et d'inspection.

.../...

Article R. 213-35. – Décision de placement ou de prolongation d'isolement – *(Décret n° 2022-479 du 30 mars 2022)*

• Toute décision de placement ou de prolongation d'isolement est communiquée sans délai par le chef de l'établissement pénitentiaire au juge de l'application des peines s'il s'agit d'une personne condamnée ou au magistrat chargé du dossier de la procédure s'il s'agit d'une personne prévenue.

• Lorsque l'isolement est prolongé au-delà d'1 an, le chef de l'établissement, préalablement à la décision, sollicite l'avis du juge de l'application des peines s'il s'agit d'une personne condamnée ou du magistrat chargé du dossier de la procédure s'il s'agit d'une personne prévenue.

• La personne détenue peut faire parvenir au juge de l'application des peines ou au magistrat chargé du dossier de la procédure toutes observations concernant la décision prise à son égard.

• Au moins 1 fois par trimestre, le chef de l'établissement rend compte à la commission d'application des peines du nombre et de l'identité des personnes détenues placées à l'isolement et de la durée de celui-ci pour chacune d'elles.

CHAPITRE V
Transfèrements et extractions

Section 1 : Dispositions générales

Article D. 215-1. – Transfèrement – *(Décret n° 2022-479 du 30 mars 2022)*

• Le transfèrement consiste dans la conduite d'une personne détenue sous surveillance d'un établissement pénitentiaire à un autre.

• Cette opération comporte la radiation de l'écrou à l'établissement pénitentiaire de départ et un nouvel écrou à l'établissement pénitentiaire de destination sans que la détention exécutée soit pour autant considérée comme interrompue.

Article D. 215-2. – Extraction – *(Décret n° 2022-479 du 30 mars 2022)*

• L'extraction est l'opération par laquelle une personne détenue est conduite sous surveillance en dehors de l'établissement pénitentiaire où elle est détenue, lorsqu'elle doit comparaître en justice, ou lorsqu'elle doit recevoir des soins qu'il n'est pas possible de lui donner dans l'établissement pénitentiaire, ou plus généralement lorsque l'accomplissement d'un acte ne pouvant être effectué dans un établissement pénitentiaire a été reconnu absolument nécessaire et compatible avec la situation de la personne intéressée.

Article D. 215-3. – Réquisition – Ordre de transfèrement ou d'extraction – *(Décret n° 2022-479 du 30 mars 2022)*

• Toute réquisition ou ordre de transfèrement ou d'extraction régulièrement délivré a un caractère impératif et le chef de l'établissement pénitentiaire doit y déférer sans le moindre retard, à moins d'impossibilité matérielle ou de circonstances particulières dont il aurait alors à rendre compte immédiatement à l'autorité requérante.

• Il en est notamment ainsi lorsqu'il est établi par un médecin, habilité ou autorisé à intervenir dans l'établissement pénitentiaire, que l'état de santé de la personne détenue ne permet pas son transfert ou son extraction. Le certificat délivré par ce praticien permet l'application éventuelle des dispositions de l'article 416 du Code de procédure pénale.

• Au surplus, la situation de la personne détenue du point de vue judiciaire peut faire obstacle à son transfèrement ou en faire différer l'exécution ainsi qu'il est précisé par les dispositions de l'article D. 215-14.

Article D. 215-4. – Ordre écrit – *(Décret n° 2022-479 du 30 mars 2022)*

• Aucun transfèrement, aucune extraction ne peut être opéré sans un ordre écrit que délivre l'autorité compétente.

• Cet ordre, lorsqu'il n'émane pas de l'administration pénitentiaire elle-même, est adressé par le procureur de la République du lieu de l'autorité requérante aux services de police ou unités de gendarmerie ou, dans les zones géographiques déterminées par arrêté conjoint des ministres de la justice et de l'intérieur, à l'administration pénitentiaire, selon les distinctions prévues par les dispositions des articles D. 215-8 et D. 215-26.

• Ce magistrat transmet, pour information, une copie de l'ordre d'extraction au procureur de la République du ressort du lieu de détention de la personne détenue ainsi qu'au chef de l'établissement pénitentiaire et prend toutes dispositions nécessaires pour que le transfèrement ou l'extraction ait lieu dans les conditions de sécurité prévues par les dispositions des articles D. 215-5 à D. 215-7.

• L'ordre ainsi donné est conservé au greffe de l'établissement pénitentiaire.

• Le chef de l'établissement pénitentiaire doit vérifier avec soin, et au besoin auprès du signataire indiqué, l'authenticité de ce document.

• Si les personnes chargées de procéder au transfèrement ou à l'extraction sont inconnues des services de l'établissement pénitentiaire, elles doivent justifier de leur identité et de leur qualité.

Article D. 215-5. – Précautions – Évasions et incidents – *(Décret n° 2022-479 du 30 mars 2022)*

• Des précautions doivent être prises en vue d'éviter les évasions et tous autres incidents lors des transfèrements et extractions de personnes détenues.

• Ces personnes détenues peuvent être soumises, sous la responsabilité du chef d'escorte, au port des menottes ou, s'il y a lieu, des entraves, dans les conditions définies par les dispositions de l'article 803 du Code de procédure pénale.

• Si une personne détenue est considérée comme dangereuse ou doit être surveillée particulièrement, le chef de l'établissement pénitentiaire donne tous les renseignements et avis nécessaires au chef de l'escorte.

Article D. 215-6. – Communication avec des tiers – *(Décret n° 2022-479 du 30 mars 2022)*

• Les personnes détenues ne doivent avoir aucune communication avec des tiers à l'occasion de transfèrements ou d'extractions.

• Les précautions utiles doivent être prises pour les soustraire à la curiosité ou à l'hostilité publique, ainsi que pour éviter toute espèce de publicité.

Article D. 215-7. – Préparation et exécution – *(Décret n° 2022-479 du 30 mars 2022)*

• Pour l'observation des principes énoncés par les dispositions de l'article D. 215-6, comme pour la sécurité des opérations, l'exécution des transfèrements et extractions est préparée et poursuivie avec la plus grande discrétion quant à la date et à l'identité des personnes détenues intéressées, au mode de transport, à l'itinéraire et au lieu de destination.

• Toutefois, dès que la personne détenue transférée est arrivée à destination, sa famille ou les personnes autorisées de façon permanente à communiquer avec elle en sont informées.

.../...

Section 2 : Transfèrements

Sous-section 1 : Translations judiciaires

Article D. 215-8. – Modalités – *(Décret n° 2022-479 du 30 mars 2022)*

• Conformément aux dispositions de l'article D. 57 du Code de procédure pénale, les personnes placées en détention provisoire sont transférées sur la réquisition de l'autorité judiciaire compétente selon les règles édictées par le présent code.

• Les services de gendarmerie ou de police opèrent la translation dans les conditions qui leur sont propres.

• Dans les zones géographiques déterminées par arrêté conjoint des ministres de la justice et de l'intérieur, l'exécution de la translation incombe normalement à l'administration pénitentiaire avec le renfort, le cas échéant, des forces de police ou de la gendarmerie dans les conditions prévues par les dispositions du 3e alinéa de l'article D. 57 du Code de procédure pénale.

• Les frais de l'opération sont imputables sur le chapitre budgétaire des frais de justice criminelle ou correctionnelle.

Article D. 215-9. – Comparution – Juridiction éloignée lieu de détention… – *(Décret n° 2022-479 du 30 mars 2022)*

• Lorsqu'une personne détenue doit comparaître devant une juridiction éloignée de son lieu de détention dans une affaire pour laquelle elle n'est pas placée en détention provisoire, sa translation est exécutée dans les conditions prévues par les dispositions de l'article D. 215-8.

• Cette translation est requise, selon le cas, par le magistrat chargé du dossier de la procédure, ou par le procureur de la République du lieu où la personne intéressée doit comparaître ; si cette dernière est prévenue, il ne peut être procédé à sa translation qu'avec l'accord de l'autorité judiciaire dont elle relève.

• Il convient, en toute hypothèse, de ne prescrire une telle opération que si elle apparaît absolument justifiée, et sous réserve de l'application éventuelle de l'article 664 ou de l'article 712 du Code de procédure pénale.

Article D. 215-10. – Réintégration – Personne détenue… – *(Décret n° 2022-479 du 30 mars 2022)*

• La charge de procéder éventuellement à la réintégration d'une personne détenue transférée dans les conditions prévues par les dispositions de l'article D. 215-9, qu'elle soit prévenue ou condamnée, incombe à l'administration pénitentiaire avec le renfort, le cas échéant, des forces de police ou de la gendarmerie ainsi qu'il est précisé par les dispositions du 3e alinéa de l'article D. 57 du Code de procédure pénale.

• Si la personne est condamnée, dès que sa présence a cessé d'être utile, le chef de l'établissement pénitentiaire dans lequel elle a été transférée en rend compte au directeur interrégional des services pénitentiaires ou, si le transfèrement a été effectué d'une direction interrégionale à une autre, à l'administration centrale.

• Si la personne est prévenue, le soin de requérir sa réintégration appartient au parquet à la diligence duquel la translation a eu lieu. Les frais du voyage de retour sont imputables comme frais de justice, de même que ceux du voyage de l'aller.

Article D. 215-11. – Formalisation – Demande de transfèrement – *(Décret n° 2022-479 du 30 mars 2022)*

• Le directeur de l'administration pénitentiaire, sur saisine de l'autorité judiciaire, formalise la demande de transfèrement ou de transit dans les cas prévus par les dispositions de l'article D. 47-1-6 du Code de procédure pénale.

Sous-section 2 : Transfèrements administratifs

Article D. 215-12. – Modalités – *(Décret n° 2022-479 du 30 mars 2022)*

• Le garde des sceaux, ministre de la justice, ordonne les transfèrements à caractère administratif, c'est-à-dire les transfèrements autres que ceux visés par les dispositions des articles D. 215-8 à D. 215-10.

• La compétence du garde des sceaux, ministre de la justice, est exclusive en ce qui concerne :

• 1° Le transfèrement à titre administratif de toute personne détenue du ressort d'une direction interrégionale à un autre ;

• 2° Les transfèrements vers ou à partir d'une maison centrale ou d'un quartier maison centrale.

• S'il s'agit de personnes prévenues, il ne peut être procédé à leur transfert qu'après information du magistrat chargé du dossier de l'instruction et qu'à défaut d'opposition de celui-ci dans un délai de huit jours à compter de la réception de cette information.

Article D. 215-13. – Directeur interrégional des services pénitentiaires – *(Décret n° 2022-479 du 30 mars 2022)*

• Sous réserve des dispositions de l'article D. 215-12 et sauf s'il s'agit de personnes détenues ayant fait l'objet d'une décision d'affectation de la part du garde des sceaux, ministre de la justice, autre qu'une mise à disposition du directeur interrégional des services pénitentiaires, ce dernier peut ordonner, dans le ressort de sa direction interrégionale, les transfèrements individuels ou collectifs qu'il estime nécessaires.

• S'il s'agit de personnes prévenues, il ne peut être procédé à leur transfert qu'après information du magistrat chargé du dossier de l'instruction et qu'à défaut d'opposition de celui-ci dans un délai de 8 jours à compter de la réception de cette information.

Article D. 215-14 – Personne condamnée – Ministère public – *(Décret n° 2022-479 du 30 mars 2022)*

• Une personne condamnée ne peut être transférée si elle doit être tenue à la disposition de la juridiction dans le ressort de laquelle elle se trouve, soit parce qu'elle fait l'objet de poursuites – que celles-ci aient ou non donné lieu à la délivrance d'un mandat de justice – soit parce qu'elle est susceptible d'être entendue comme témoin.

• Il appartient au ministère public de faire connaître à l'administration pénitentiaire la date à partir de laquelle la personne détenue intéressée pourra être transférée, et il en est rendu compte à l'autorité ayant délivré l'ordre de transfèrement.

Article D. 215-15. – Dépenses – *(Décret n° 2022-479 du 30 mars 2022)*

• Les dépenses auxquelles donne lieu l'exécution des transfèrements administratifs sont prises en charge par l'administration pénitentiaire.

• Aucune personne détenue n'est recevable à solliciter d'être transférée à ses propres frais.

…/…

Sous-section 3 : Exécution des transfèrements

Article D. 215-16. – Modalités – *(Décret n° 2022-479 du 30 mars 2022)*
• Les transfèrements s'effectuent par route ou par voie ferrée, maritime ou aérienne.
• L'autorité à laquelle incombe l'organisation du transfèrement décide du moyen de transport à utiliser dans chaque cas, compte tenu de l'importance du convoi, du caractère dangereux de la personne détenue intéressée, de la distance à parcourir, de l'urgence de l'opération et de l'état de santé de la personne détenue transportée, sous réserve du cas où un transport sanitaire aura été prescrit par un médecin.
• Dans ce dernier cas, l'autorité à laquelle incombe l'organisation du transfèrement décide des moyens de surveillance à mettre en œuvre.
• Toutes précautions doivent être prises pour assurer aux personnes détenues transportées des conditions suffisantes de confort et d'hygiène.

Article D. 215-17. – Escorte – *(Décret n° 2022-479 du 30 mars 2022)*
• L'escorte des personnes détenues transférées par les soins de l'administration pénitentiaire est assurée par des membres du personnel de surveillance inscrits sur une liste dressée par le service national des transfèrements sur proposition des chefs d'établissement pénitentiaire.
• L'importance de l'escorte est déterminée par l'autorité chargée de l'organisation du transfèrement, en fonction du nombre de personnes détenues transférées, des moyens de transport utilisés et de la distance à parcourir.
• Le chef de l'établissement pénitentiaire à qui incombe la constitution de l'escorte désigne nommément ceux des agents figurant sur la liste précitée qui sont chargés d'exécuter la mission prescrite.

Article D. 215-18. – Extraits de jugement, d'arrêt et autres pièces – *(Décret n° 2022-479 du 30 mars 2022)*
• Le chef de l'établissement pénitentiaire remet au chef de l'escorte les extraits de jugement ou d'arrêt et les autres pièces figurant au dossier individuel des personnes intéressées, ainsi que les effets ou objets leur appartenant, à l'exclusion de l'argent qui est transmis par virement.
• Indépendamment de l'application éventuelle des dispositions de l'article R. 101 du Code de procédure pénale, le poids et le volume des objets ainsi transportés sont toutefois limités dans les conditions précisées par l'instruction de service.

Sous-section 4 : Cas particuliers

Article D. 215-19. – Translation – Personnes extradées – *(Décret n° 2022-479 du 30 mars 2022)*
• La translation des personnes extradées est assimilée au transfèrement.
• Les personnes remises à la France par un État étranger, dès qu'elles sont écrouées dans l'établissement pénitentiaire d'une ville frontière ou d'un port maritime ou aérien doivent être signalées d'urgence par le chef de cet établissement au service national des transfèrements.
• Ce service fait alors procéder, dans les moindres délais, au transfèrement des personnes intéressées au lieu de l'exécution de leur peine ou, par dérogation aux dispositions de l'article D. 215-8, à celui de leur jugement.
• Il appartient de même au service national des transfèrements de donner les instructions utiles pour assurer la conduite à la frontière ou au port d'embarquement maritime ou aérien et la remise aux autorités étrangères requérantes de toute personne dont l'extradition a été accordée par le gouvernement français.
• Le service national des transfèrements assure également d'un point à l'autre de la frontière le transfèrement des personnes extradées dont le transit par la France a été autorisé.
• Il lui appartient de même de faire conduire, soit à l'aller d'un établissement pénitentiaire français jusqu'à la frontière ou jusqu'au port français d'embarquement maritime ou aérien, soit au retour de la frontière ou du port français de débarquement maritime ou aérien jusqu'à un établissement pénitentiaire français, les personnes détenues dont l'envoi est demandé conformément aux dispositions de l'article 696-47 du Code de procédure pénale, ou aux dispositions analogues contenues dans des conventions internationales.

Article D. 215-20. – Reconduite à la frontière – *(Décret n° 2022-479 du 30 mars 2022)*
• Les mesures qui ont pour objet de reconduire à la frontière certaines personnes étrangères condamnées par décision de justice ou d'assurer l'exécution des arrêtés d'expulsion n'incombent pas à l'administration pénitentiaire, même lorsque les personnes intéressées y sont soumises à leur libération.

Article D. 215-21. –Absence inférieure à 72 heures – *(Décret n° 2022-479 du 30 mars 2022)*
• Lorsque l'autorité compétente pour ordonner un transfèrement judiciaire ou administratif précise que l'absence de la personne détenue de son lieu habituel de détention n'excédera pas 72 heures, la levée d'écrou de la personne intéressée est opérée sous la forme simplifiée.
• Lors de son arrivée dans l'établissement de destination, la personne détenue est écrouée selon les mêmes modalités.
• Si à la date de retour initialement prévue, la réintégration de la personne détenue ne peut être assurée, son transfert définitif est effectué en régularisation.

Section 3 : Extractions et sorties sous escorte

Article D. 215-22. – J.A.P. – Réquisition d'extraction – *(Décret n° 2022-479 du 30 mars 2022)*
• Le juge de l'application des peines requiert l'extraction des personnes condamnées par l'administration pénitentiaire dans les cas prévus par les dispositions de l'article D. 49-30 du Code de procédure pénale.

Article D. 215-23. – Modalités de l'extraction – *(Décret n° 2022-479 du 30 mars 2022)*
• L'extraction d'une personne détenue s'effectue sans radiation de l'écrou car elle comporte obligatoirement sa reconduite à l'établissement pénitentiaire.
• L'autorité compétente pour ordonner ou pour autoriser l'extraction est tenue en conséquence de donner toutes instructions utiles pour que soit assurée la réintégration.

.../...

• Celle-ci doit avoir lieu dans le délai le plus bref et, en toute hypothèse autre que celle d'une hospitalisation et celle de la mise à disposition de la personne détenue intéressée aux officiers de police judiciaire pour les besoins d'une enquête, le jour même de l'extraction. Lorsqu'il est nécessaire que la mesure motivant l'extraction se prolonge pendant plusieurs jours, la personne détenue intéressée est réintégrée chaque soir à l'établissement pénitentiaire.

Article D. 215-24. – Réintégration – *(Décret n° 2022-479 du 30 mars 2022)*
• Dans l'hypothèse où la réintégration d'une personne détenue ne peut s'effectuer dans les délais prévus par les dispositions de l'article D. 215-23 sans toutefois que son absence de son établissement d'origine n'excède 72 heures, la sortie de la personne intéressée s'accompagne d'une levée d'écrou réalisée sous la forme simplifiée selon les modalités prévues par les dispositions de l'article D. 214-4.
• À cette fin, l'autorité compétente précise la date exacte du retour prévu à l'établissement d'origine et donne toutes instructions utiles pour que la réintégration de la personne détenue intéressée soit assurée à la date initialement arrêtée.
• Durant son absence de son lieu habituel de détention, la personne détenue, écrouée dès son arrivée sous la forme simplifiée dans l'établissement pénitentiaire de destination, est réintégrée chaque soir dans cet établissement.

Article D. 215-25. – Hospitalisation – *(Décret n° 2022-479 du 30 mars 2022)*
• Dans l'hypothèse où, en application des dispositions des articles R. 6111-39 et suivants du Code de la santé publique, une personne détenue doit être hospitalisée dans un établissement de santé éloigné de l'établissement pénitentiaire dans lequel elle est écrouée, elle peut faire l'objet d'une levée d'écrou sous la forme simplifiée, nonobstant le fait que l'absence de son établissement d'origine excède 72 heures.
• La personne détenue intéressée est écrouée dans l'établissement pénitentiaire situé à proximité de l'établissement de santé selon les mêmes modalités.
• À l'issue de l'hospitalisation, la personne détenue doit être réintégrée dans son établissement d'origine dans les délais les plus brefs. Si cette réintégration n'est pas possible, le transfert définitif de la personne détenue est effectué en régularisation.

Article D. 215-26. – Comparution – *(Décret n° 2022-479 du 30 mars 2022)*
• Lorsqu'une personne détenue doit comparaître devant une juridiction de l'ordre judiciaire, les réquisitions nécessaires sont délivrées par le procureur de la République dans toutes les hypothèses où elles ne relèvent pas de la compétence d'un autre magistrat en application des règles édictées par le Code de procédure pénale.
• La charge de procéder aux extractions de personnes détenues qui sont requises par l'autorité judiciaire incombe normalement aux services de police lorsque celles-ci n'entraînent aucun déplacement en dehors de leur circonscription, et aux services de gendarmerie dans les autres cas. Dans les zones géographiques déterminées par arrêté conjoint des ministres de la justice et de l'intérieur, elle incombe normalement à l'administration pénitentiaire avec le renfort, le cas échéant, des forces de police ou de la gendarmerie dans les conditions prévues par les dispositions du 3e alinéa de l'article D. 57 du Code de procédure pénale.
• Dans les zones géographiques mentionnées par les dispositions de l'alinéa précédent, les personnels de l'administration pénitentiaire sont habilités à exécuter les mandats d'amener délivrés par l'autorité judiciaire à l'encontre des personnes détenues, au sens de l'article D. 50 du Code procédure pénale.

Article D. 215-27. – Préfet – Réquisition – *(Décret n° 2022-479 du 30 mars 2022)*
• Le préfet apprécie si l'extraction des personnes détenues appelées à comparaître devant des juridictions ou des organismes d'ordre administratif est indispensable. Dans l'affirmative, il requiert l'extraction par les services de police ou de gendarmerie selon la distinction de l'article D. 215-26.

Article D. 215-28. – O.P.J. ou A.P.J. – Extractions – Auditions – *(Décret n° 2022-479 du 30 mars 2022)*
• Dans les hypothèses où, en raison des nécessités de l'enquête à laquelle ils procèdent, il n'est pas suffisant pour les officiers ou agents de police judiciaire d'user de la faculté qu'ils ont d'entendre les personnes détenues à l'intérieur des établissements pénitentiaires, les services auxquels ces fonctionnaires appartiennent peuvent être autorisés à procéder à l'extraction des personnes intéressées, sous la réserve que ces dernières demeurent sous leur responsabilité et soient réintégrées à l'issue de cette mesure ou après avoir été déférées devant un magistrat.
• Lorsque des officiers de police judiciaire n'agissent pas en exécution d'une commission rogatoire ordonnant l'extraction, une autorisation spéciale doit être accordée à cet effet par le magistrat chargé du dossier de la procédure, et s'il n'y pas d'information judiciaire, par le procureur de la République du lieu de détention.

Article D. 215-29. – Membres de l'administration pénitentiaire – Port de l'uniforme – *(Décret n° 2022-479 du 30 mars 2022)*
• Conformément aux dispositions de l'article D. 147 du Code de procédure pénale, les membres de l'administration pénitentiaire chargés de l'escorte d'une personne détenue à laquelle a été accordée une autorisation de sortie sous escorte peuvent être dispensés du port de l'uniforme.

Section 4 : Transport et escorte des personnes détenues hospitalisées dans les unités hospitalières spécialement aménagées

Article R. 215-30. – Modalités – *(Décret n° 2022-479 du 30 mars 2022)*
• Le transport de l'établissement pénitentiaire à l'unité spécialement aménagée d'une personne détenue devant être hospitalisée avec son consentement incombe à l'administration pénitentiaire. Si l'état de santé de la personne intéressée l'exige, et sur prescription médicale, celle-ci est accompagnée par le personnel hospitalier de l'établissement de santé siège de l'unité.
• Le transport de l'établissement pénitentiaire à l'unité spécialement aménagée d'une personne détenue devant être hospitalisée sans son consentement incombe à l'établissement de santé siège de l'unité. La personne détenue est accompagnée par le personnel soignant de l'établissement de santé et escortée par le personnel pénitentiaire.
• Le transport de l'unité spécialement aménagée à l'établissement pénitentiaire d'une personne détenue, hospitalisée avec ou sans son consentement, incombe à l'administration pénitentiaire. La personne détenue est accompagnée, sur prescription médicale, par le personnel soignant.

…/…

• En cas de transport d'une personne détenue particulièrement signalée, il est fait appel aux forces de police ou de la gendarmerie afin de renforcer l'escorte pénitentiaire, qu'il s'agisse d'un transport vers l'unité spécialement aménagée ou d'un retour vers un établissement pénitentiaire.

• À titre exceptionnel, en cas de transport d'une personne détenue présentant un risque d'atteinte très grave à l'ordre public identifié par les représentants des forces de l'ordre, un appui de l'escorte pénitentiaire peut être décidé conjointement par la direction de l'administration pénitentiaire et les directions nationales de la police et de la gendarmerie.

Article R. 215-31. – État de santé – *(Décret n° 2022-479 du 30 mars 2022)*

• Si l'état de santé de la personne détenue hospitalisée dans une unité spécialement aménagée nécessite une consultation ou une hospitalisation hors de l'unité pour raisons somatiques, le transport est assuré sur prescription médicale au moyen d'un véhicule sanitaire. La personne détenue est accompagnée par le personnel hospitalier et escortée par le personnel pénitentiaire.

• Le retour à l'unité spécialement aménagée s'effectue dans les mêmes conditions.

• En cas de transport d'une personne détenue particulièrement signalée, il est fait appel aux forces de police ou de la gendarmerie pour les consultations ou les hospitalisations pour raisons somatiques des personnes détenues afin de renforcer l'escorte pénitentiaire.

• À titre exceptionnel, en cas de transport d'une personne détenue présentant un risque d'atteinte très grave à l'ordre public identifié par les représentants des forces de l'ordre, un appui de l'escorte pénitentiaire peut être décidé conjointement par la direction de l'administration pénitentiaire et les directions nationales de la police et de la gendarmerie.

• Les dispositions du Code de procédure pénale relatives à la surveillance des personnes détenues en cas d'hospitalisation somatique s'appliquent.

Article R. 215-32. – Transport – Véhicule – *(Décret n° 2022-479 du 30 mars 2022)*

• Lorsque le transport incombe à l'administration pénitentiaire, le véhicule utilisé pour le transport de la personne hospitalisée dans une unité spécialement aménagée est un véhicule pénitentiaire, sauf prescription médicale prévoyant le recours à un véhicule sanitaire léger ou à une ambulance.

CHAPITRE VI

Prise en charge spécifique de certaines catégories de personnes détenues

Article D. 216-1. – Règles particulières – *(Décret n° 2022-479 du 30 mars 2022)*

• Indépendamment des mesures qui ont pour objet l'individualisation du traitement pénitentiaire des personnes condamnées, et de celles mentionnées par les dispositions de l'article D. 213-4, applicables aux personnes détenues soumises à une contrainte judiciaire, certaines règles particulières doivent être appliquées à des personnes détenues appartenant à une catégorie déterminée en raison de leur situation pénale ou administrative.

Section 1 : Personnes détenues bénéficiant d'un régime spécial

Sous-section 1 : Personnes détenues admises au bénéfice du régime spécial

Articles D. 216-2 à D. 216-9. – *(Abrogés – Décret n° 2022-1710 du 29 décembre 2022)*

Section 2 : Personnes détenues de nationalité étrangère

Article D. 216-10. – Modalités – *(Décret n° 2022-479 du 30 mars 2022)*

• Sous réserve des particularités relatives à la libération conditionnelle, les personnes détenues de nationalité étrangère sont soumises au même régime que les personnes détenues de nationalité française appartenant à leur catégorie pénale.

• Des précautions particulières s'imposent néanmoins à leur égard en ce qui concerne l'application éventuelle des mesures définies par les dispositions des articles D. 118 et D. 119 du Code de procédure pénale.

Article D. 216-11. – Interprète – Visites et correspondance – *(Décret n° 2022-479 du 30 mars 2022)*

• Sous réserve de l'application des dispositions du 2ᵉ alinéa de l'article R. 234-26, le recours à un interprète n'a d'objet qu'en cas de nécessité absolue, si une personne détenue ne parle ou ne comprend la langue française et s'il ne se trouve sur place aucune personne capable d'assurer la traduction.

• Les visites et la correspondance des personnes de nationalité étrangère s'effectuent dans les conditions prévues par les dispositions des articles R. 341-14 et R. 345-4.

Article D. 216-12. – Personnes détenues écrouées – *(Décret n° 2022-479 du 30 mars 2022)*

• Les personnes détenues écrouées à la suite d'une demande d'extradition émanant d'un gouvernement étranger sont soumises au régime des personnes prévenues.

• La délivrance des permis de visite et le contrôle de la correspondance les concernant relèvent du procureur général.

Section 3 : Personnes détenues appartenant aux forces armées

Article D. 216-13. – Personnes détenues militaires – *(Décret n° 2022-479 du 30 mars 2022)*

• Les personnes détenues militaires en état de prévention devant un tribunal des forces armées ne doivent pas être placées en commun avec des personnes détenues non militaires.

• Après condamnation, elles sont soumises au même régime que les autres personnes condamnées de leur catégorie, compte tenu des dispositions de l'article L. 211-4. Toutefois, les mesures prévues par les dispositions des articles 723 et 723-3 du Code de procédure pénale ne peuvent être accordées aux personnes condamnées militaires qu'avec l'accord préalable de l'autorité militaire dont relèvent les personnes intéressées.

.../...

Article D. 216-14. – Officiers en détention provisoire – *(Décret n° 2022-479 du 30 mars 2022)*
• Les officiers en détention provisoire et ceux qui ont conservé leur grade malgré leur condamnation, sont placés en cellule individuelle, dans toute la mesure du possible, et effectuent leur promenade séparément.

Article D. 216-15. – Vêtements – *(Décret n° 2022-479 du 30 mars 2022)*
• Les dispositions des articles R. 321-6 et R. 332-35 sont applicables aux personnes détenues militaires.

Article D. 216-16. – Avis de détention, de prévision de levée d'écrou et de libération – *(Décret n° 2022-479 du 30 mars 2022)*
• Pour tous les militaires, des avis de détention, de prévision de levée d'écrou et de libération sont adressés à l'autorité militaire dont ils dépendent.
• Il en est de même en ce qui concerne les personnes détenues civiles soumises à obligations militaires.

Article D. 216-17. – Remise – Libération – *(Décret n° 2022-479 du 30 mars 2022)*
• Les personnes détenues militaires sont remises, dès leur libération et pour quelque cause que celle-ci intervienne, au représentant du bureau de la place ou, à défaut, à la gendarmerie, qui sont respectivement charges de les faire mettre en route sur leur corps d'affectation.
• Il en est de même pour les jeunes personnes détenues libérées titulaires d'un ordre d'appel ou d'un ordre de route et pour celles qui appartiennent à un contingent d'âge présent sous les drapeaux.

Article D. 216-18. – Médecin militaire, assistant de service social de l'armée et aumôniers militaires – Accès – *(Décret n° 2022-479 du 30 mars 2022)*
• Le médecin militaire désigné par le commandant du centre médical des armées ou, à défaut, le médecin militaire de la place, l'assistant de service social de l'armée et les aumôniers militaires ont accès, dans l'exercice de leurs fonctions et pour les besoins de leur service, auprès des personnes détenues militaires.

Section 4 : Personnes détenues majeures âgées de moins de 21 ans

Article D. 216-19. – Régime particulier et individualisé – *(Décret n° 2022-479 du 30 mars 2022)*
• Les personnes détenues majeures âgées de moins de 21 ans sont soumises à un régime particulier et individualisé qui fait une large place à l'enseignement et à la formation.
• Sauf si le magistrat chargé du dossier de la procédure en dispose autrement pour les personnes prévenues, elles participent à des activités d'enseignement, de formation, de travail et socioculturelles et sportives ou de détente.

Article D. 216-20. – Isolement de nuit – *(Décret n° 2022-479 du 30 mars 2022)*
• Les personnes détenues majeures âgées de moins de 21 ans sont soumises, en principe, à l'isolement de nuit.
• Toutefois, elles peuvent être placées en cellule avec d'autres personnes détenues de leur âge, soit pour motif médical, soit en raison de leur personnalité.

Section 5 : Mères détenues vivant avec leurs jeunes enfants en détention

Article D. 216-21. – Conditions de détention appropriées – *(Décret n° 2022-479 du 30 mars 2022)*
• Les personnes détenues enceintes et celles qui ont gardé leur enfant auprès d'elles bénéficient de conditions de détention appropriées.

Article D. 216-22. – Enfants – *(Décret n° 2022-479 du 30 mars 2022)*
• Les enfants peuvent être laissés auprès de leur mère en détention jusqu'à l'âge de 18 mois.
• Des locaux spécialement aménagés sont réservés à l'accueil des mères ayant gardé leur enfant auprès d'elles. S'il s'agit de personnes prévenues, elles ne peuvent être transférées dans un établissement doté de tels locaux qu'après accord du magistrat chargé du dossier de la procédure.
• Il appartient au service pénitentiaire d'insertion et de probation compétent auprès de l'établissement pénitentiaire, en liaison avec les services compétents en matière d'enfance et de famille et avec les titulaires de l'autorité parentale, d'organiser le séjour de l'enfant auprès de sa mère détenue et les sorties de celui-ci à l'extérieur de l'établissement pénitentiaire, et de préparer, le cas échéant, la séparation de l'enfant d'avec sa mère, au mieux de son intérêt. Durant les 12 mois suivant son départ, l'enfant peut être admis à séjourner pour de courtes périodes auprès de sa mère.

Article D. 216-23. – Limite d'âge de 18 mois – *(Décret n° 2022-479 du 30 mars 2022)*
• À la demande de la mère, la limite d'âge de 18 mois peut être reculée, sur décision du directeur interrégional des services pénitentiaires territorialement compétent, après avis d'une commission consultative.
• Avant d'émettre son avis, la commission consultative entend le défenseur de la mère détenue et, si possible, le père de l'enfant.

Article D. 216-24. – Commission consultative – *(Décret n° 2022-479 du 30 mars 2022)*
• La commission consultative prévue par les dispositions de l'article D. 216-23 comprend :
• 1° Le directeur interrégional des services pénitentiaires ou son représentant, président ;
• 2° Un médecin psychiatre ;
• 3° Un médecin pédiatre appartenant à un service de protection maternelle et infantile ;
• 4° Un psychologue ;
• 5° Un chef d'établissement pénitentiaire spécialement affecté à la détention des femmes ;
• 6° Un personnel d'insertion et de probation.
• Les membres de la commission sont nommés par le directeur interrégional des services pénitentiaires pour une période de 2 ans renouvelable.

.../...

TITRE II : MAINTIEN DE LA SÉCURITÉ

CHAPITRE Ier

Dispositions générales

Article D. 221-1. – Responsabilité chef d'établissement – Maintien de l'ordre et de la sécurité – Incidents, évasions... – *(Décret n° 2022-479 du 30 mars 2022)*

• Tout chef d'établissement pénitentiaire veille à une stricte application des instructions relatives au maintien de l'ordre et de la sécurité dans l'établissement qu'il dirige.

• À ce titre, il est disciplinairement responsable des incidents ou des évasions imputables à sa négligence ou à l'inobservation des règlements, indépendamment des procédures disciplinaires susceptibles d'être engagées contre d'autres membres du personnel.

Article D. 221-2. – Sécurité intérieure – *(Décret n° 2022-479 du 30 mars 2022)*

• La sécurité intérieure des établissements pénitentiaires incombe au personnel de l'administration pénitentiaire.

• Toutefois, lorsque la gravité ou l'ampleur d'un incident survenu ou redouté à l'intérieur d'un établissement ne permet pas d'assurer le rétablissement ou d'envisager le maintien de l'ordre et de la sécurité par les seuls moyens du personnel de surveillance, le chef de l'établissement pénitentiaire doit faire appel au chef du service local de police ou de gendarmerie et en rendre compte sur-le-champ au préfet. Il en est de même dans l'hypothèse d'une attaque ou d'une menace provenant de l'extérieur.

• Les modalités de l'appel aux forces préposées au maintien de l'ordre et de l'intervention de celles-ci sont déterminées par une instruction de service et précisées, en ce qui concerne chaque établissement pénitentiaire, par un plan de protection et d'intervention dressé et tenu à jour sous l'autorité du préfet.

Article D. 221-3. – Dispositions – Prévention des évasions – *(Décret n° 2022-479 du 30 mars 2022)*

• Toutes dispositions sont prises en vue de prévenir les évasions, notamment en ce qui concerne la disposition des locaux, la fermeture ou l'obturation des portes ou passages, le dégagement des couloirs et des chemins de ronde et leur éclairage. Tout aménagement ou construction de nature à amoindrir la sécurité des murs d'enceinte est interdit.

Article R. 221-4. – Interdiction – Mise à disposition d'objet, de substance ou d'outil dangereux – *(Décret n° 2022-479 du 30 mars 2022)*

• Aucun objet ou substance pouvant permettre ou faciliter un suicide, une agression ou une évasion, aucun outil dangereux en dehors du temps de travail ne peuvent être laissés à la disposition d'une personne détenue.

Article D. 221-5. – Entrée/sortie – Sommes d'argent, correspondances ou objets... – *(Décret n° 2022-479 du 30 mars 2022)*

• L'entrée ou la sortie des sommes d'argent, correspondances ou objets quelconques n'est régulière que si elle est conforme aux dispositions du présent code et du règlement intérieur de l'établissement, défini aux articles L. 112-4 et R. 112-22, ou si elle a été expressément autorisée par le chef de l'établissement pénitentiaire dans le cas où celui-ci est habilité à le faire.

• En toute hypothèse, les sommes, correspondances ou objets doivent être soumis au contrôle de l'administration.

• Indépendamment des avis prévus par les dispositions de l'article D. 214-26, il est donné connaissance à l'autorité judiciaire, en vue de l'application éventuelle des pénalités prévues par les dispositions de l'article 434-35 du Code pénal, de la découverte des sommes, correspondances ou objets qui seraient trouvés en possession des personnes détenues ou de leurs visiteurs et qui auraient été envoyés ou remis contrairement aux prescriptions des 2 alinéas qui précèdent.

Article D. 221-6. – Modalités d'organisation du service des agents – *(Décret n° 2022-479 du 30 mars 2022)*

• Le chef de l'établissement pénitentiaire détermine les modalités d'organisation du service des agents.

• Sous l'autorité du chef de l'établissement pénitentiaire, le chef de détention ou celui de ses collaborateurs spécialement désigné à cet effet, détermine les activités à assurer. Il arrête chaque jour les divers locaux à contrôler et la programmation des rondes à effectuer. Il consigne sur un registre prévu à cet effet les recommandations spéciales faites aux surveillants, notamment pour signaler une personne détenue dangereuse ou à observer particulièrement.

CHAPITRE II

Autorisations d'accès

Article R. 222-1. – Bulletin n° 2 du casier judiciaire – *(Décret n° 2022-479 du 30 mars 2022)*

• Conformément aux dispositions de l'article R. 79 du Code de procédure pénale, l'administration pénitentiaire est destinataire du bulletin n° 2 du casier judiciaire des personnes appelées à intervenir au sein des établissements pénitentiaires dans les conditions prévues par les dispositions de l'article R. 80 du même code.

Article D. 222-2. – Autorisation spéciale – *(Décret n° 2022-479 du 30 mars 2022)*

• Sous réserve des dispositions des articles D. 134-1 et D. 134-2, aucune personne étrangère au service ne peut être admise à visiter un établissement pénitentiaire sans une autorisation spéciale délivrée par le chef de l'établissement.

• À moins d'une disposition expresse, cette autorisation ne confère pas à son bénéficiaire le droit de communiquer avec les personnes détenues de quelque manière que ce soit, même en présence de membres du personnel.

• Sans préjudice des dispositions de l'article R. 57-6-17 du Code de procédure pénale relatives au droit à l'image des personnes prévenues, une autorisation spéciale délivrée par le chef d'établissement est nécessaire pour effectuer à l'intérieur d'un établissement pénitentiaire des photographies, croquis, prises de vues et enregistrements sonores se rapportant à la détention.

.../...

Article D. 222-3. – Justification – Identité et qualité – *(Décret n° 2022-479 du 30 mars 2022)*
• Les personnes étrangères au service d'un établissement pénitentiaire ne peuvent pénétrer à l'intérieur de celui-ci qu'après avoir justifié de leur identité et de leur qualité et après s'être soumises aux mesures de contrôle réglementaires.
• La pièce d'identité produite par les personnes qui n'ont pas autorité dans l'établissement pénitentiaire ou qui n'y sont pas en mission, peut être retenue pour leur être restituée seulement au moment de leur sortie.

Article D. 222-4. – Registre – *(Décret n° 2022-479 du 30 mars 2022)*
• Un registre est tenu, dans chaque établissement pénitentiaire, sur lequel doivent être obligatoirement inscrits les nom et qualité de toute personne entrant ou sortant ainsi que l'heure et le motif de son entrée ou de sa sortie.
• Seuls n'ont pas à figurer sur ce registre les noms des fonctionnaires logés à l'établissement ou des membres de leur famille vivant avec eux.

CHAPITRE III

Moyens de contrôle et de surveillance

Section 1 : Dispositifs techniques

Article R. 223-1. – Modalités de contrôle – *(Décret n° 2022-479 du 30 mars 2022)*
• Conformément aux dispositions de l'article L. 223-1, aux fins de prévenir les évasions et d'assurer la sécurité et le bon ordre des établissements pénitentiaires ou des établissements de santé destinés à recevoir des personnes détenues, les agents individuellement désignés et habilités appartenant à l'administration pénitentiaire peuvent être autorisés à procéder à la mise en œuvre des techniques de recueil de renseignement lors de l'utilisation de matériels de communication électroniques ou de moyens informatiques par les personnes détenues, en vue d'assurer le bon ordre et notamment d'en prévenir les usages illicites prévus par les dispositions des articles R. 223-2 et suivants.
• Dans les conditions prévues par les dispositions des articles R. 223-7, les personnes détenues sont informées de la possibilité de la mise en œuvre de ces techniques sur les terminaux et systèmes dont l'utilisation est autorisée.
• Par une notification remise contre signature les informant également des voies de recours, les personnes détenues sont informées de la possibilité de la mise en œuvre des mêmes techniques sur des matériels et moyens dont la détention est illicite ainsi que de leur destruction, à l'issue d'une durée de 90 jours, sauf si l'exploitation de ces données conduit à l'ouverture d'une procédure judiciaire au dossier de laquelle ils sont alors versés.

Article R. 223-2. – Autorisation contrôle – *(Décret n° 2022-479 du 30 mars 2022)*
• L'autorisation prévue par les dispositions des articles L. 223-1 et L. 223-2 est délivrée par le garde des sceaux, ministre de la justice ou, par délégation, par le chef du service auquel les agents appartiennent. Elle mentionne la ou les techniques que ces agents sont autorisés à mettre en œuvre.

Article R. 223-3. – Réseaux de communications électroniques – *(Décret n° 2022-479 du 30 mars 2022)*
• Les réseaux de communications électroniques sur lesquels est autorisée la mise en œuvre de la technique mentionnée par les dispositions du 1° de l'article L. 223-1 sont désignés par décision du garde des sceaux, ministre de la justice.
• La mise en œuvre de la technique mentionnée par les dispositions du 2° du même article fait l'objet d'une décision de l'administration pénitentiaire pour chaque équipement ou système concerné.

Article R. 223-4. – Décision – Modalités – *(Décret n° 2022-479 du 30 mars 2022)*
• La décision de l'administration pénitentiaire de mettre en œuvre la technique mentionnée par les dispositions du 2° de l'article L. 223-1 ainsi que la destruction du matériel découvert à l'issue du délai prévu au 3ᵉ alinéa de l'article L. 223-2 sont notifiées à la personne détenue intéressée par la détention illicite d'un matériel par un document écrit remis contre signature.
• Cette décision précise :
• 1° La nature du support des données concernées ;
• 2° Le motif des mesures ;
• 3° Les voies et délais de recours ouvertes devant les juridictions administratives au titre de la mise en œuvre des techniques par l'administration pénitentiaire.

Article R. 223-5. – Relevé – Mentions – *(Décret n° 2022-479 du 30 mars 2022)*
• La mise en œuvre des techniques mentionnées par les dispositions de l'article L. 223-1 et régies par la présente sous-section donne lieu à l'établissement d'un relevé mentionnant, outre les informations prévues par les dispositions de l'alinéa 1ᵉʳ de l'article L. 223-3, les informations suivantes :
• 1° La ou les techniques mises en œuvre ;
• 2° Le nom des agents intervenant dans la mise en œuvre et le service auquel ils appartiennent ;
• 3° Le ou les motifs des mesures ;
• 4° La ou les personnes détenues intéressées ;
• 5° L'information donnée à la personne intéressée ;
• 6° Le nom du rédacteur du relevé.
• Ce relevé est conservé au sein du service mettant en œuvre la technique. Ce relevé est tenu à la disposition du procureur de la République.

Article R. 223-6. – Données collectées – Destruction, transcription et extraction – Relevé – *(Décret n° 2022-479 du 30 mars 2022)*
• Les opérations de destruction des données collectées, de transcription et d'extraction sont effectuées par des agents mentionnés par les dispositions de l'article R. 223-2. Elles font l'objet d'un relevé tenu à la disposition du procureur de la République précisant :
• 1° La date de ces opérations ;
• 2° L'identité de la ou des personnes détenues intéressées ;
• 3° La nature du ou des supports des données concernées ;
• 4° Le nom des agents prenant part à la destruction et celui du rédacteur du relevé.

.../...

Article R. 223-7. – Dispositions – *(Décret n° 2022-479 du 30 mars 2022)*
• Les dispositions des articles L. 223-1 à L. 223-5 sont affichées dans l'établissement pénitentiaire dans des conditions permettant à l'ensemble des personnes détenues d'en avoir connaissance.

Section 2 : Contrôle des cellules et de la présence des personnes détenues

Article D. 223-8. – Modalités – *(Décret n° 2022-479 du 30 mars 2022)*
• Hormis les cas prévus par les dispositions des articles D. 136 et D. 145 du Code de procédure pénale, les personnels pénitentiaires doivent être constamment en mesure de s'assurer de la présence effective des personnes détenues.
• Pendant la nuit, les cellules doivent pouvoir être éclairées en cas de besoin. Personne ne doit y pénétrer en l'absence de raisons graves ou de péril imminent. En toute hypothèse, l'intervention de deux membres du personnel au moins est nécessaire, ainsi que celle d'un gradé, s'il y en a un en service de nuit.

Article D. 223-9. – Contrôles – *(Décret n° 2022-479 du 30 mars 2022)*
• La présence de chaque personne détenue est contrôlée au moment du lever et du coucher, ainsi que 2 fois par jour au moins, à des heures variables.

Article D. 223-10. – Rondes nocturnes – *(Décret n° 2022-479 du 30 mars 2022)*
• Des rondes sont faites après le coucher des personnes détenues et au cours de la nuit, suivant un horaire fixé et quotidiennement modifié par le chef de détention, sous l'autorité du chef de l'établissement pénitentiaire.

Section 3 : Répertoire des personnes détenues particulièrement signalées

Article D. 223-11. – Inscription et radiation – *(Décret n° 2022-479 du 30 mars 2022)*
• En vue de la mise en œuvre des mesures de sécurité adaptées, le garde des sceaux, ministre de la justice, décide de l'inscription et de la radiation des personnes détenues au répertoire des personnes détenues particulièrement signalées dans des conditions déterminées par instruction ministérielle.

CHAPITRE IV

Prise en charge dans des quartiers spécifiques

Section 1 : Prise en charge en unités pour personnes détenues violentes

Article R. 224-1. – Unité personnes détenues violentes – Quartier distinct – *(Décret n° 2022-479 du 30 mars 2022)*
• Une unité pour personnes détenues violentes constitue un quartier distinct au sein de l'établissement pénitentiaire.
• Les personnes détenues majeures qui présentent des antécédents de violences ou un risque de passage à l'acte violent, ou ont commis des violences en détention peuvent être placées au sein d'une unité pour personnes détenues violentes si leur comportement porte ou est susceptible de porter atteinte au maintien du bon ordre de l'établissement ou à la sécurité publique.

Sous-section 1 : Régime de détention

Article R. 224-2. – Décision administrative – *(Décret n° 2022-479 du 30 mars 2022)*
• Le placement en unité pour personnes détenues violentes est une décision administrative qui n'est pas une mesure disciplinaire.
• Les dispositions de l'article R. 213-13 relatives aux maisons centrales, sont applicables aux unités pour personnes détenues violentes quel que soit l'établissement où elles sont localisées.
• Les personnes détenues placées dans ces unités sont affectées en cellule individuelle.
• Les cellules et les locaux des unités pour personnes détenues violentes sont spécifiquement aménagés pour garantir des conditions de sécurité renforcées.

Article R. 224-3. – Mesures de sécurité individualisées – *(Décret n° 2022-479 du 30 mars 2022)*
• Les personnes détenues placées en unité pour personnes détenues violentes font l'objet de mesures de sécurité individualisées, qui sont régulièrement réévaluées.
• Elles font l'objet d'évaluations régulières par une équipe pluridisciplinaire, pendant toute la durée du placement, et bénéficient d'un programme de prise en charge adapté à leur personnalité et à leur comportement, susceptible d'évoluer au cours du placement.

Article R. 224-4. – Activités individuelles ou collectives – *(Décret n° 2022-479 du 30 mars 2022)*
• Les personnes détenues placées en unité pour personnes détenues violentes participent aux activités individuelles et, si leur personnalité et leur comportement le permettent, aux activités collectives proposées dans le cadre de leur prise en charge.
• Elles conservent leurs droits à l'information, aux visites, à la correspondance écrite et téléphonique et à l'utilisation de leur compte nominatif, sous réserve des aménagements qu'imposent les impératifs de sécurité.
• L'exercice du culte, ainsi que les promenades, s'effectuent séparément des autres personnes détenues de l'unité chaque fois que des impératifs de sécurité ou de maintien du bon ordre de l'établissement l'exigent.
• Les personnes détenues placées en unité pour personnes détenues violentes bénéficient d'au moins 1 heure quotidienne de promenade à l'air libre.

.../...

Sous-section 2 : Procédure de placement

Article R. 224-5. – Modalités de placement – *(Décret n° 2022-479 du 30 mars 2022)*

• Après avis de la commission pluridisciplinaire unique dont la composition est prévue par les dispositions de l'article D. 211-34, lorsqu'une décision de placement initial ou de renouvellement de placement en unité pour personnes détenues violentes est envisagée, le chef de l'établissement pénitentiaire informe la personne détenue par écrit des motifs invoqués, résultant notamment de l'avis de la commission pluridisciplinaire unique.

• Il l'informe également de la procédure et du délai dont elle dispose pour préparer ses observations écrites ou orales ; ce délai ne saurait être inférieur à 72 heures à partir du moment où la personne détenue est mise en mesure de consulter les éléments de la procédure. Cette consultation peut avoir lieu en présence d'un avocat si elle en fait la demande. Les documents ou informations dont la communication pourraient porter atteinte à la sécurité des personnes ou des établissements pénitentiaires sont occultés ou retirés du dossier de procédure avant cette consultation.

• Si la personne détenue ne comprend pas la langue française, les informations sont présentées par l'intermédiaire d'un interprète désigné par le chef d'établissement. Il en est de même de ses observations, lorsqu'elle n'est pas en mesure de s'exprimer en langue française.

• Les observations de la personne détenue et, le cas échéant, celles de l'avocat, sont jointes au dossier de la procédure. Si la personne détenue présente des observations orales, elles font l'objet d'un compte rendu écrit, signé par elle.

• Le chef d'établissement transmet l'ensemble des éléments au directeur interrégional des services pénitentiaires qui prend la décision de placement en unité pour personnes détenues violentes.

• Le directeur interrégional des services pénitentiaires peut déléguer sa signature au chef de l'établissement pénitentiaire comportant une telle unité pour décider du placement initial pour une durée maximale de 6 mois, en unité pour personnes détenues violentes des personnes déjà détenues dans l'établissement. Le chef d'établissement rend compte au directeur interrégional, qui reste garant de la cohérence au niveau interrégional de la politique de lutte contre les violences.

• La décision de placement en unité pour personnes détenues violentes est motivée. Elle est notifiée sans délai à la personne détenue par le chef de l'établissement.

• Le cas échéant, l'affectation et le transfèrement de la personne détenue sont effectués conformément aux dispositions des articles L. 112-3, L. 211-1, L. 211-2, L. 211-3, D. 112-5, D. 112-10, D. 211-18 à D. 211-31 et D. 215-12 à D. 215-18.

Article R. 224-6. – Placement provisoire – *(Décret n° 2022-479 du 30 mars 2022)*

• En cas d'urgence, le directeur interrégional des services pénitentiaires, ou le chef de l'établissement pénitentiaire pour les personnes qui y sont déjà détenues, peuvent décider du placement provisoire des personnes détenues en unité pour personnes détenues violentes, si la mesure constitue le moyen le plus adapté de préserver la sécurité des personnes et de l'établissement. La procédure prévue par les dispositions de l'article R. 224-5 est alors immédiatement mise en œuvre. Si aucune décision n'a été prise dans un délai de 15 jours, la mesure de placement en unité pour personnes détenues violentes prend fin. Si une décision de placement en unité pour personnes détenues violentes est prise, la durée du placement provisoire en unité pour personnes détenues violentes s'impute sur la durée totale de la mesure.

Article R. 224-7. – Durée du placement – *(Décret n° 2022-479 du 30 mars 2022)*

• La décision initiale de placement en unité pour personnes détenues violentes est prise pour une durée maximale de 6 mois. Le directeur interrégional peut décider de mettre fin à tout moment au placement en unité pour personnes détenues violentes, notamment au vu des évaluations mentionnées par les dispositions du 2e alinéa de l'article R. 224-3 et dans les conditions prévues par les dispositions de l'article R. 224-10.

• Le directeur interrégional des services pénitentiaires peut seul renouveler la mesure, pour une durée d'au plus 3 mois non renouvelable.

Article R. 224-8. – Modalités durée maximale du placement – *(Décret n° 2022-479 du 30 mars 2022)*

• La durée maximale d'une décision de placement en unité pour personnes détenues violentes qui intervient moins de 3 mois après le terme d'une précédente décision de placement, y compris à titre provisoire, est computée en tenant compte de la durée de ce dernier placement.

• L'hospitalisation de la personne détenue ou son placement en cellule disciplinaire au cours de la prise en charge sont sans effet sur le terme du placement en unité pour personnes détenues violentes antérieurement décidé.

Article R. 224-9. – Transfèrement – *(Décret n° 2022-479 du 30 mars 2022)*

• Le transfèrement d'une personne détenue en unité pour personnes détenues violentes vers un autre établissement pénitentiaire s'opère dans l'unité pour personnes détenues violentes de cet établissement ; s'il n'en comporte pas, le transfèrement emporte fin du placement en unité pour personnes détenues violentes.

• Si l'établissement de destination est situé dans le ressort d'une autre direction interrégionale des services pénitentiaires, ce placement est provisoire. Le directeur interrégional des services pénitentiaires compétent statue sur le placement dans les conditions prévues par les dispositions de l'article R. 224-5. Si aucune décision n'a été prise à l'issue d'un délai de 15 jours, la mesure prend fin.

• Le cas échéant, le programme de prise en charge prévu par les dispositions du 2d alinéa de l'article R. 224-3 est transmis par l'unité d'origine et fait l'objet des adaptations nécessaires par la nouvelle unité.

Article R. 224-10. – Commission pluridisciplinaire – Avis – *(Décret n° 2022-479 du 30 mars 2022)*

• Après chaque évaluation, la commission pluridisciplinaire unique émet un avis sur l'opportunité du maintien de chaque personne détenue au sein de l'unité. Elle peut proposer une nouvelle affectation.

• Le directeur interrégional des services pénitentiaires peut décider de mettre fin à tout moment au placement en unité pour personnes détenues violentes, d'office ou à la demande de la personne détenue, après avoir recueilli l'avis de la commission pluridisciplinaire unique et du chef de l'établissement pénitentiaire. Lorsque la décision de placement a été prise par un chef d'établissement, ce dernier peut également y mettre fin dans les mêmes conditions. Il informe immédiatement le directeur interrégional des services pénitentiaires de sa décision.

.../...

Article R. 224-11. – Décisions placement ou renouvellement de placement en unité – *(Décret n° 2022-479 du 30 mars 2022)*

• Toute décision de placement ou de renouvellement de placement en unité pour personnes détenues violentes est communiquée sans délai par le chef de l'établissement pénitentiaire au juge de l'application des peines si la personne détenue est condamnée, ou au magistrat chargé du dossier de la procédure si la personne détenue est prévenue.

• Au moins 1 fois par trimestre, le chef d'établissement dont l'établissement comporte une unité pour personnes détenues violentes informe la commission de l'application des peines du nombre et de l'identité des personnes détenues placées en unité pour personnes détenues violentes et de la durée du placement pour chacune d'elles.

Article R. 224-12. – Liste des personnes en unité – *(Décret n° 2022-479 du 30 mars 2022)*

• La liste des personnes détenues placées en unité pour personnes détenues violentes est communiquée à l'unité sanitaire en milieu pénitentiaire de l'établissement à chaque modification de l'effectif.

Section 2 : Prise en charge de la radicalisation

Sous-section 1 : Quartiers de prise en charge de la radicalisation

Article R. 224-13. – Quartier de prise en charge de la radicalisation – Évaluation – *(Décret n° 2022-479 du 30 mars 2022)*

• Le quartier de prise en charge de la radicalisation constitue un quartier distinct au sein de l'établissement pénitentiaire.

• **I. –** Lorsque la commission pluridisciplinaire unique, dont la composition est prévue par les dispositions de l'article D. 211-34, le juge nécessaire, une personne détenue majeure peut être placée dans un quartier de prise en charge de la radicalisation spécialisé dans l'évaluation. L'évaluation réalisée au sein de ce quartier doit déterminer si la personne détenue présente une radicalisation nécessitant une prise en charge adaptée.

• **II. –** Lorsqu'une personne détenue majeure est dangereuse en raison de sa radicalisation et qu'elle est susceptible, du fait de son comportement et de ses actes de prosélytisme ou des risques qu'elle présente de passage à l'acte violent, de porter atteinte au maintien du bon ordre de l'établissement ou à la sécurité publique, elle peut être placée au sein d'un quartier de prise en charge de la radicalisation, dès lors qu'elle est apte à bénéficier d'un programme et d'un suivi adaptés.

• Le placement en quartier de prise en charge de la radicalisation intervient à l'issue d'une évaluation de la dangerosité réalisée par une équipe pluridisciplinaire dans le cadre de la commission pluridisciplinaire unique prévue par les dispositions de l'article D. 211-34 ou, si cette instance le juge nécessaire, au sein d'un quartier de prise en charge de la radicalisation spécialisé dans l'évaluation mentionné par les dispositions du I du présent article.

Article R. 224-14. – Durée du placement – *(Décret n° 2022-479 du 30 mars 2022)*

• Le placement en quartier de prise en charge de la radicalisation spécialisé dans l'évaluation prévu par les dispositions du I de l'article R. 224-13 ne peut excéder 15 semaines.

Sous-section 2 : Régime de détention

Article R. 224-15. – Décisions administrative – *(Décret n° 2022-479 du 30 mars 2022)*

• Le placement d'une personne détenue en quartier de prise en charge de la radicalisation est une décision administrative qui n'est pas une mesure disciplinaire.

• Les dispositions de l'article R. 213-13 relatives aux maisons centrales sont applicables aux quartiers de prise en charge de la radicalisation quel que soit l'établissement où ils sont localisés.

• Les personnes détenues placées en quartier de prise en charge de la radicalisation sont affectées en cellule individuelle.

• Les cellules et les locaux des quartiers de prise en charge de la radicalisation sont spécifiquement aménagés pour garantir des conditions de sécurité renforcées.

Article R. 224-16. – Mesures de sécurité individualisées – *(Décret n° 2022-479 du 30 mars 2022)*

• Les personnes détenues prises en charge en application des dispositions de l'article R. 224-13 font l'objet de mesures de sécurité, individualisées, qui sont régulièrement réévaluées. Ces personnes font l'objet d'évaluations régulières par une équipe pluridisciplinaire pendant toute la durée de leur placement.

• Lorsqu'elles sont placées dans les quartiers visés au II de l'article R. 224-13, elles bénéficient d'un programme de prise en charge adapté à leur personnalité et à leur comportement, susceptible d'évoluer au cours du placement.

Article R. 224-17. – Activités individuelles ou collectives – *(Décret n° 2022-479 du 30 mars 2022)*

• Les personnes détenues placées en quartier de prise en charge de la radicalisation participent aux activités individuelles ou collectives qui leur sont proposées au sein du quartier de prise en charge de la radicalisation.

• Elles conservent leurs droits à l'information, aux visites, à la correspondance écrite et téléphonique, à l'utilisation de leur compte nominatif, sous réserve des aménagements qu'imposent les impératifs de sécurité.

• L'exercice du culte ainsi que les promenades s'effectuent séparément des autres personnes détenues chaque fois que des impératifs de sécurité ou de maintien du bon ordre de l'établissement l'exigent.

• Les personnes détenues, placées en quartier de prise en charge de la radicalisation, bénéficient d'au moins 1 heure quotidienne de promenade à l'air libre.

Sous-section 3 : Procédure de placement

Article R. 224-18. – Décision – *(Décret n° 2022-479 du 30 mars 2022)*

• La décision de placement dans un quartier de prise en charge de la radicalisation spécialisée dans l'évaluation visée au I de l'article R. 224-13 est de la compétence exclusive du garde des sceaux, ministre de la justice.

• La décision de placement dans un quartier de prise en charge de la radicalisation prévu par les dispositions du II de l'article R. 224-13 est de la compétence exclusive du garde des sceaux, ministre de la justice :

• 1° Lorsqu'elle concerne :

.../...

• *a)* Des personnes condamnées à une ou plusieurs peines dont la durée totale est supérieure ou égale à 10 ans et dont la durée de détention restant à exécuter au moment où la dernière condamnation est devenue définitive est supérieure à 5 ans au jour où est formée la proposition de placement ;
• *b)* Des personnes condamnées ou prévenues à raison d'actes de terrorisme tels que prévus et réprimés par les dispositions des articles 421-1 et suivants du Code pénal ;
• *c)* Des personnes condamnées ou prévenues ayant fait l'objet d'une inscription au répertoire des personnes détenues particulièrement signalées, prévu par les dispositions de l'article D. 223-11 ;
• 2° Lorsque le quartier de prise en charge de la radicalisation se situe au sein d'une maison centrale ou d'un quartier maison centrale ;
• 3° Lorsque le quartier de prise en charge de la radicalisation est situé dans le ressort d'une autre direction interrégionale des services pénitentiaires que celle dont relève l'établissement au sein duquel se trouve la personne détenue.
• Le directeur interrégional des services pénitentiaires est compétent pour décider du placement en quartier de prise en charge de la radicalisation dans tous les autres cas. Il informe le garde des sceaux, ministre de la justice, de ses décisions.

Article R. 224-19. – Information décision de placement – *(Décret n° 2022-479 du 30 mars 2022)*
• Lorsqu'au terme de l'évaluation prévue à l'article R. 224-13, une décision de placement initial en quartier de prise en charge de la radicalisation est envisagée, le chef de l'établissement pénitentiaire informe la personne détenue par écrit des motifs invoqués, résultant notamment de l'avis de la commission pluridisciplinaire unique. La même procédure est applicable lorsqu'est envisagée une décision de renouvellement de placement en quartier de prise en charge de la radicalisation prévu par les dispositions du II de l'article R. 224-13.
• Il l'informe également du déroulement de la procédure et du délai dont elle dispose pour préparer ses observations écrites ou orales ; ce délai ne saurait être inférieur à 72 heures à partir du moment où la personne détenue est mise en mesure de consulter les éléments de la procédure. Cette consultation peut avoir lieu en présence d'un avocat si elle en fait la demande. Les documents ou informations dont la communication pourrait porter atteinte à la sécurité des personnes ou des établissements pénitentiaires sont occultés ou retirés du dossier de la procédure avant cette consultation.
• Si la personne détenue ne comprend pas la langue française, les informations sont présentées par l'intermédiaire d'un interprète désigné par le chef d'établissement. Il en est de même de ses observations, si elle n'est pas en mesure de s'exprimer en langue française.
• Les observations de la personne détenue et, le cas échéant, celles de l'avocat sont jointes au dossier de la procédure. Si la personne détenue présente des observations orales, elles font l'objet d'un compte rendu écrit signé par elle.
• Le chef d'établissement transmet l'ensemble des éléments à l'autorité qui prend la décision de placement en quartier de prise en charge de la radicalisation. Lorsque le garde des sceaux, ministre de la justice, est compétent, le directeur interrégional des services pénitentiaires joint son avis à l'ensemble des pièces.
• La décision de placement en quartier de prise en charge de la radicalisation est motivée. Elle est notifiée sans délai à la personne détenue par le chef d'établissement.
• Le cas échéant, l'affectation et le transfèrement de la personne détenue sont effectués conformément aux dispositions des articles L. 112-3, L. 211-1, L. 211-2, L. 211-3, D. 112-5, D. 112-10, D. 211-18 à D. 211-31 et D. 215-12 à D. 215-18.

Article R. 224-20. – Durée – *(Décret n° 2022-479 du 30 mars 2022)*
• Le placement initial au sein d'un quartier de prise en charge de la radicalisation prévu par les dispositions du II de l'article R. 224-13 est d'une durée maximale de 6 mois.
• Au terme de ce délai, et dans les conditions décrites à la présente sous-section, ce placement peut être renouvelé par l'autorité compétente désignée par les dispositions de l'article R. 224-18 pour une nouvelle durée qui ne saurait excéder 6 mois.
• Au terme d'une durée d'1 an, le garde des sceaux, ministre de la justice, est seul compétent pour prolonger le placement par durée maximale de 6 mois renouvelable. Il prend sa décision après mise en œuvre de la procédure contradictoire prévue par les dispositions de l'article L. 224-2 et après avis spécialement motivé de la commission pluridisciplinaire unique, du chef de l'établissement pénitentiaire et du directeur interrégional des services pénitentiaires.

Article R. 224-21. – Interruption – *(Décret n° 2022-479 du 30 mars 2022)*
• L'hospitalisation des personnes détenues ou leur placement en cellule disciplinaire au cours de la prise en charge sont sans effet sur le terme du placement en quartier de prise en charge de la radicalisation antérieurement décidé.
• En cas d'interruption pour un autre motif, la mesure de placement reprend pour la durée qui restait à courir au moment de l'interruption.
• Toutefois, si l'interruption est supérieure à 1 an, le placement doit résulter d'une nouvelle décision prise conformément aux dispositions des articles R. 224-14, R. 224-18 à R. 224-20.

Article R. 224-22. – Transfèrement – *(Décret n° 2022-479 du 30 mars 2022)*
• Le transfèrement d'une personne détenue en quartier de prise en charge de la radicalisation vers un autre établissement s'opère dans le quartier de prise en charge de la radicalisation de cet établissement ; s'il n'en comporte pas, le transfèrement emporte fin du placement en quartier de prise en charge de la radicalisation.
• Si l'établissement de destination est situé sur le ressort d'une autre direction interrégionale des services pénitentiaires, ce placement est provisoire. Le garde des sceaux, ministre de la justice, prend alors une nouvelle décision de placement dans les conditions prévues à la présente sous-section. Si aucune décision n'a été prise à l'issue d'un délai de 15 jours, la mesure prend fin.

Article R. 224-23. – Commission disciplinaire – Avis – *(Décret n° 2022-479 du 30 mars 2022)*
• D'office ou à la demande de la personne détenue, l'autorité qui a prononcé le placement en quartier de prise en charge de la radicalisation peut décider ou refuser d'y mettre fin. Cette décision intervient en tenant compte notamment de l'avis de la commission pluridisciplinaire unique, du chef de l'établissement pénitentiaire et le cas échéant du directeur interrégional des services pénitentiaires.

.../...

• Avant le terme de la mesure de placement, la commission pluridisciplinaire unique procède à une évaluation de la situation de la personne détenue. Après chaque évaluation, elle émet un avis sur l'opportunité du maintien au sein du quartier. Elle peut proposer une nouvelle affectation.

Article R. 224-24. – Communication décision – *(Décret n° 2022-479 du 30 mars 2022)*

• Toute décision de placement en quartier de prise en charge de la radicalisation est communiquée sans délai par le chef de l'établissement pénitentiaire au juge de l'application des peines s'il s'agit d'une personne condamnée ou au magistrat chargé du dossier de la procédure s'il s'agit d'une personne prévenue. Il en est de même pour une décision de renouvellement de placement dans un quartier de prise en charge de la radicalisation prévu par les dispositions du II de l'article R. 224-13.

• Les évaluations effectuées au titre des dispositions des articles R. 224-13 et R. 224-16 sont communiquées au magistrat chargé du dossier de la procédure.

• Au moins 1 fois par trimestre, le chef d'établissement dont l'établissement comporte un quartier de prise en charge de la radicalisation rend compte à la commission de l'application des peines du nombre et de l'identité des personnes détenues placées et de la durée du placement pour chacune d'elles.

Article R. 224-25. – Liste des personnes en unité – *(Décret n° 2022-479 du 30 mars 2022)*

• La liste des personnes détenues placées en quartier de prise en charge de la radicalisation est communiquée à l'équipe de l'unité sanitaire de l'établissement pénitentiaire à chaque modification de l'effectif.

CHAPITRE V

Fouilles

Article R. 225-1. – Mesures de fouilles – *(Décret n° 2022-655 du 25 avril 2022)*

• Les mesures de fouilles des personnes détenues, intégrales ou par palpation, sont mises en œuvre sur décision du chef de l'établissement pénitentiaire pour prévenir les risques mentionnés par les dispositions de l'article L. 225-1. Leur nature et leur fréquence sont décidées au vu de la personnalité des personnes intéressées, des circonstances de la vie en détention et de la spécificité de l'établissement.

• Lorsque les mesures de fouilles des personnes détenues, intégrales ou par palpation, sont réalisées à l'occasion de leur extraction ou de leur transfèrement par l'administration pénitentiaire, elles sont mises en œuvre sur décision du chef d'escorte. Leur nature et leur fréquence sont décidées au vu de la personnalité des personnes détenues intéressées et des circonstances dans lesquelles se déroule l'extraction ou le transfèrement.

Article R. 225-2. – Motifs de fouilles – *(Décret n° 2022-479 du 30 mars 2022)*

• Les personnes détenues sont fouillées chaque fois qu'il existe des éléments permettant de suspecter un risque d'évasion, l'entrée, la sortie ou la circulation en détention d'objets ou substances prohibés ou dangereux pour la sécurité des personnes ou le bon ordre de l'établissement pénitentiaire.

Article R. 225-3. – Conditions de fouilles – *(Décret n° 2022-479 du 30 mars 2022)*

• Les personnes détenues ne peuvent être fouillées que par des agents de leur sexe et dans des conditions qui, tout en garantissant l'efficacité du contrôle, préservent le respect de la dignité inhérente à la personne humaine.

Article R. 225-4. – Ingestion substances ou objets – *(Décret n° 2022-479 du 30 mars 2022)*

• Lorsqu'une personne détenue est soupçonnée d'avoir ingéré des substances ou des objets ou de les avoir dissimulés dans son corps, le chef de l'établissement pénitentiaire saisit le procureur de la République d'une demande aux fins de faire pratiquer une investigation corporelle interne par un médecin. Il joint à sa demande tout élément de nature à la justifier.

Article R. 225-5. – État général de chaque cellule – *(Décret n° 2022-479 du 30 mars 2022)*

• L'état général de chaque cellule doit permettre aux personnels pénitentiaires d'effectuer convenablement les contrôles et fouilles réglementaires.

• Les objets encombrant les cellules et, de ce fait, gênant ou retardant les contrôles de sécurité ainsi que les objets dont l'utilisation présente un risque ou qui ne sont pas conformes à la réglementation sont déposés au vestiaire. Les personnes détenues peuvent demander à s'en défaire dans les conditions prévues par les dispositions de l'article R. 332-38.

• Les objets dont il est établi que les personnes détenues ne sont pas propriétaires peuvent leur être retirés afin, le cas échéant, d'être restitués à leur légitime propriétaire.

• Pour des raisons de sécurité, il est interdit aux personnes détenues d'obturer les portes et les passages, d'obstruer les œilletons et d'étendre leur linge sur les barreaux des fenêtres.

Article R. 225-6. – Vérification des systèmes de fermetures et barreaux – *(Décret n° 2022-479 du 30 mars 2022)*

• Les systèmes de fermetures sont périodiquement vérifiés et les barreaux contrôlés quotidiennement.

CHAPITRE VI

Usage des menottes et entraves

Article R. 226-1. – Conditions de port des menottes et entraves – *(Décret n° 2022-479 du 30 mars 2022)*

• Les personnes détenues ne peuvent être soumises au port de moyens de contrainte que sur ordre du chef de l'établissement pénitentiaire et s'il n'est d'autre possibilité de les maîtriser, de les empêcher de causer des dommages ou de porter atteinte à elles-mêmes ou à autrui.

• Par mesure de précaution contre les évasions, les personnes détenues peuvent être soumises au port des menottes ou, s'il y a lieu, des entraves pendant leur transfèrement ou leur extraction, ou lorsque les circonstances ne permettent pas d'assurer efficacement leur surveillance d'une autre manière.

.../...

CHAPITRE VII

Usage de la force et des armes

Section 1 : Usage de la force

Article R. 227-1. – Conditions usage de la force – *(Décret n° 2022-479 du 30 mars 2022)*

• Les personnels de surveillance et de direction de l'administration pénitentiaire, dans le cadre de l'exercice de leurs missions, peuvent faire usage de la force envers les personnes détenues en cas de stricte nécessité et de manière proportionnée :

• 1° Lorsque l'usage de la force est commandé par la légitime défense dans les conditions prévues par les dispositions de l'article 122-5 du Code pénal ;

• 2° Lorsqu'ils ne peuvent, autrement que par l'usage de la force, empêcher une tentative d'évasion ou parvenir au rétablissement de l'ordre ;

• 3° Lorsqu'ils ne peuvent, autrement que par l'usage de la force, remédier à la résistance d'une ou plusieurs personnes détenues, par la violence ou par inertie physique, aux ordres qui leur ont été donnés.

Section 2 : Usage des armes

Article R. 227-2. – Conditions usage des armes – *(Décret n° 2022-479 du 30 mars 2022)*

• Les personnels de surveillance et de direction de l'administration pénitentiaire, dans le cadre de l'exercice de leurs missions, peuvent faire usage d'armes à feu en cas d'absolue nécessité et de manière strictement proportionnée :

• 1° Lorsque l'usage d'armes à feu est commandé par la légitime défense dans les conditions prévues par les dispositions de l'article 122-5 du Code pénal ;

• 2° Lorsque, immédiatement après deux sommations adressées à haute voix, ils ne peuvent, autrement que par l'usage d'armes à feu, empêcher une tentative d'évasion depuis l'établissement pénitentiaire ;

• 3° Lorsque, immédiatement après deux sommations adressées à haute voix, ils ne peuvent, alors que la sécurité de l'établissement est gravement menacée, autrement que par l'usage d'armes à feu, remédier à la résistance de plusieurs personnes détenues aux ordres qui leur ont été donnés ;

• 4° Dans les conditions prévues aux 1° et 2° de l'article L. 435-1 du Code de la sécurité intérieure.

Sous-section 1 : Armement des personnels pénitentiaires pour l'exercice de leurs missions

Article R. 227-3. – Acquisition, détention et conservation des armes – *(Décret n° 2022-479 du 30 mars 2022)*

• L'administration pénitentiaire peut acquérir, détenir et conserver des armes, des éléments d'armes et des munitions en vue de leur remise aux personnels de direction et aux personnels de surveillance pour l'exercice de leurs fonctions.

• Les conditions dans lesquelles les personnels de direction et les personnels de surveillance peuvent faire usage de leurs armes sont définies par les dispositions des articles R. 227-1 et R. 227-2.

Article R. 227-4. – Conditions du port d'armes – *(Décret n° 2022-479 du 30 mars 2022)*

• Les personnels de direction et les personnels de surveillance de l'administration pénitentiaire peuvent être autorisés à porter les matériels, les armes, éléments d'armes et munitions mentionnés par les dispositions de l'article R. 311-2 du Code de la sécurité intérieure suivants :

• *a)* 2°, 3°, 4° et 7° de la catégorie A1 ;

• *b)* 1°, 2°, 5°, 6° et 16° de la catégorie A2 ;

• *c)* 1°, 3°, 4°, 6°, 8°, 9° et 10° de la catégorie B et a, b, c, e et f du 2° de la catégorie B ;

• *d)* 1° b, 6° et 8° de la catégorie C ;

• *e)* a, b et c de la catégorie D.

• Le garde des sceaux, ministre de la justice, détermine les types d'armes autorisés selon la nature des missions visées par les dispositions de l'article R. 227-5. Pour les armes relevant du 6° de la catégorie B et du c de la catégorie D, un arrêté du garde des sceaux, ministre de la justice fixe les conditions de formation des personnels qui en sont dotés, ainsi que les règles, modalités et précautions particulières d'emploi. Cet arrêté organise une procédure de recueil d'informations permettant le contrôle des données recueillies lors de l'usage de ces armes et l'évaluation des conditions de leur emploi.

Article R. 227-5. – Missions autorisant le port d'armes – *(Décret n° 2022-479 du 30 mars 2022)*

• Les missions pour lesquelles les personnels de direction et les personnels de surveillance de l'administration pénitentiaire peuvent être autorisés à porter des armes sont :

• 1° La surveillance et la sécurité des personnes détenues dans des établissements pénitentiaires, l'établissement public de santé national de Fresnes et les établissements de santé habilités à recevoir des personnes détenues comportant soit des unités hospitalières sécurisées interrégionales, soit des unités hospitalières spécialement aménagées ;

• 2° La surveillance et la sécurité des personnes détenues faisant l'objet d'un transfèrement ou d'une extraction, lorsqu'ils sont réalisés par les personnels pénitentiaires dans les cas prévus par les dispositions réglementaires en vigueur ;

• 3° La surveillance et la sécurité des personnes détenues faisant l'objet d'un transfèrement international ;

• 4° La surveillance et la sécurité des établissements pénitentiaires, sur le domaine affecté à ces établissements ou dans ses abords immédiats et des locaux de stockage des armes ainsi que celles des unités hospitalières sécurisées interrégionales, des unités hospitalières spécialement aménagées des établissements de santé habilités à recevoir des personnes détenues et de l'établissement public de santé national de Fresnes ;

• 5° La protection des bâtiments abritant les administrations centrales du ministère de la justice ;

• 6° La garde et la sécurité des armes, des munitions, des substances explosives, des produits stupéfiants et de la monnaie fiduciaire lors de leur transport par l'administration pénitentiaire et durant les séances de formation des personnels pénitentiaires ;

.../...

• 7° Les missions de recherche de produits stupéfiants, de substances explosives, de monnaie fiduciaire, d'armes et de munitions réalisées par les personnels pénitentiaires des unités cynotechniques.

Article R. 227-6. – Lieux usages port d'armes – *(Décret n° 2022-479 du 30 mars 2022)*

• À l'intérieur des enceintes pénitentiaires, hors des locaux de détention, les personnels de direction et les personnels de surveillance sont autorisés à porter les armes et munitions qui leur sont régulièrement remises.

• Dans les locaux de détention, les agents ne sont pas armés, à moins d'un ordre exprès donné par le chef de l'établissement pénitentiaire pour une intervention précisément définie. Toutefois, sur décision expresse du chef de l'établissement et lorsque les circonstances l'exigent, les membres du personnel de direction, du corps des chefs de services pénitentiaires et du corps de commandement, les majors ou premiers surveillants peuvent être armés de générateurs d'aérosols incapacitants de catégorie D, b.

• En dehors des établissements pénitentiaires, les personnels de direction et les personnels de surveillance peuvent être autorisés individuellement, pour l'exercice des missions mentionnées par les dispositions de l'article R. 227-5, à porter les armes et munitions qui leur ont été remises. Cette autorisation est délivrée selon les cas par le directeur de l'administration pénitentiaire, le directeur de l'Ecole nationale de l'administration pénitentiaire ou par le directeur interrégional des services pénitentiaires compétent. À tout moment, elle peut être retirée par l'autorité qui l'a délivrée.

• Au sein de l'établissement public de santé national de Fresnes, des unités hospitalières sécurisées interrégionales et des unités hospitalières spécialement aménagées dans les établissements de santé les agents ne sont pas armés, sauf si le chef de l'établissement pénitentiaire de rattachement leur en donne l'ordre exprès et en l'absence d'opposition du directeur de l'établissement de santé préalablement informé.

• En cas d'urgence, en vue de mettre fin à un incident isolé mettant en cause un nombre limité de personnes détenues, le chef de l'établissement pénitentiaire et le directeur de l'établissement de santé peuvent, conjointement, autoriser les personnels présents à pénétrer dans les bâtiments ou les services avec des armes adaptées à la situation. Le préfet en est informé.

Article R. 227-7. – Formation initiale au maniement des armes – *(Décret n° 2022-479 du 30 mars 2022)*

• Les personnels de direction et les personnels de surveillance de l'administration pénitentiaire reçoivent une formation initiale au maniement des armes mentionnées par les dispositions de l'article R. 227-4.

• À la suite de cette formation initiale, pour le maniement des armes des catégories A ou B, des séances d'entraînement se déroulent périodiquement. La formation reçue est attestée par un carnet de tir classé au dossier de l'agent.

• Une formation spécifique au maniement de certaines des armes des catégories A ou B, qui tient compte des risques particuliers liés à leur emploi, est dispensée aux personnels qui en ont l'usage. Cette formation préalable est sanctionnée par un certificat individuel classé au dossier de l'agent, qui habilite ce dernier à porter l'arme.

• Pour la tenue des séances de formation au maniement des armes et au tir, les personnels sont autorisés à transporter et à utiliser les armes et munitions mentionnées par les dispositions de l'article R. 227-4.

Sous-section 2 : Acquisition, détention, transport et conservation des armes

Article R. 227-8. – Acquisition, détention ... – *(Décret n° 2022-479 du 30 mars 2022)*

• Les armes dont la détention, le port et le transport sont autorisés en application des dispositions des articles R. 227-4 à R. 227-7 et les munitions correspondantes sont acquises et détenues par l'administration pénitentiaire.

Article R. 227-9. – Conditions de transport des armes – *(Décret n° 2022-479 du 30 mars 2022)*

• Lors de leur transport, les armes mentionnées par les dispositions de l'article R. 227-4 ne doivent pas être immédiatement utilisables soit en recourant à un dispositif technique répondant à cet objectif, soit par démontage d'une de leurs pièces de sécurité.

• Le transport par la voie routière d'armes ou d'éléments d'armes classés dans ces catégories doit être effectué en utilisant des véhicules fermés à clé. Les armes et éléments d'armes de catégorie A et B doivent être placés dans des caisses cerclées ou des conteneurs cadenassés. Ils doivent rester pendant toute la durée du transport sous la garde permanente d'un personnel pénitentiaire.

Article R. 227-10. – Conditions de stockage des armes – *(Décret n° 2022-479 du 30 mars 2022)*

• Lorsqu'elles ne sont pas utilisées par les personnels pour l'exercice de leurs missions, les armes et munitions des catégories A et B doivent être stockées, munitions à part, dans l'un des sites définis par instruction de service du garde des sceaux, ministre de la justice, à l'intérieur d'un coffre-fort ou d'une armoire forte au sein d'une pièce sécurisée ou à l'intérieur d'un coffre ou d'une armoire plombés au sein d'un poste protégé.

Article R. 227-11. – Registre d'inventaire et état journalier – *(Décret n° 2022-479 du 30 mars 2022)*

• Sur les sites détenant des armes, éléments d'armes et munitions, il est tenu un registre d'inventaire de ces matériels permettant leur identification.

• Ce registre mentionne la catégorie, le modèle, la marque et, le cas échéant, le calibre de l'arme et son numéro, le type, le calibre et le nombre de munitions détenues.

• Il est également tenu un état journalier retraçant les sorties et les réintégrations des armes et munitions figurant au registre d'inventaire. Cet état mentionne, jour par jour, l'identité de l'agent auquel l'arme et les munitions ont été remises lors de la prise de service pour l'accomplissement des missions prévues par les dispositions de l'article R. 227-5.

.../...

TITRE III : RÉGIME DISCIPLINAIRE DES PERSONNES DÉTENUES

CHAPITRE Ier

Dispositions générales

Article R. 231-1. – Obéissance – *(Décret n° 2022-479 du 30 mars 2022)*

• Les personnes détenues doivent obéir aux fonctionnaires ou agents ayant autorité dans l'établissement pénitentiaire en tout ce qu'ils leur prescrivent pour l'exécution des dispositions législatives ou réglementaires, du règlement intérieur défini aux articles L. 112-4 et R. 112-22, ou de toute autre instruction de service.

Article R. 231-2. – Affichage règlement intérieur – *(Décret n° 2022-479 du 30 mars 2022)*

• Les dispositions du règlement intérieur, défini aux articles L. 112-4 et R. 112-22, relatives à la discipline, ainsi que le tableau des avocats inscrits dans les barreaux du département sont affichées dans le quartier disciplinaire.

Article D. 231-3. – Moyen de contrainte – *(Décret n° 2022-479 du 30 mars 2022)*

• Aucun moyen de contrainte ne doit être employé à titre de sanction disciplinaire.

CHAPITRE II

Fautes disciplinaires

Article R. 232-1. – Manquement règlement intérieur – *(Décret n° 2022-479 du 30 mars 2022)*

• Tout manquement aux dispositions du règlement intérieur, défini aux articles L. 112-4 et R. 112-22, ainsi qu'au reste du présent code et au code de procédure pénale ou aux instructions de service peut entraîner des poursuites disciplinaires et pénales.

Section 1 : Dispositions générales

Article R. 232-2. – Classement fautes disciplinaires – *(Décret n° 2022-479 du 30 mars 2022)*

• Les fautes disciplinaires sont classées selon leur gravité, selon les distinctions prévues par les dispositions des articles R. 232-4, R. 232-5 et R. 232-6, en 3 degrés.

Article R. 232-3. – Énumération des faits – *(Décret n° 2022-479 du 30 mars 2022)*

• Les faits énumérés par les dispositions des articles R. 232-4, R. 232-5 et R. 232-6 constituent des fautes disciplinaires même lorsqu'ils sont commis à l'extérieur de l'établissement pénitentiaire. En ce cas, les violences, dégradations, menaces mentionnées par les dispositions des 1°, 9° et 12° de l'article articles R. 232-4 et 9° de l'article R. 232-5 peuvent être retenues comme fautes disciplinaires, quelle que soit la qualité de la personne concernée ou du propriétaire des biens en cause.

Section 2 : Fautes disciplinaires du 1er degré

Article R. 232-4. – Fautes disciplinaires du 1er degré – *(Décret n° 2022-479 du 30 mars 2022)*

• Constitue une faute disciplinaire du 1er degré le fait, pour une personne détenue :

• 1° D'exercer ou de tenter d'exercer des violences physiques à l'encontre d'un membre du personnel ou d'une personne en mission ou en visite dans l'établissement ;

• 2° D'exercer ou de tenter d'exercer des violences physiques à l'encontre d'une personne détenue ;

• 3° D'opposer une résistance violente aux injonctions des personnels ;

• 4° D'obtenir ou de tenter d'obtenir par violence, intimidation ou contrainte la remise d'un bien, la réalisation d'un acte, un engagement, une renonciation ou un avantage quelconque ;

• 5° De commettre intentionnellement des actes de nature à mettre en danger la sécurité d'autrui ;

• 6° De provoquer par des propos ou des actes à la commission d'actes de terrorisme ou d'en faire l'apologie ;

• 7° De participer ou de tenter de participer à toute action collective de nature à compromettre la sécurité des établissements ou à en perturber l'ordre ;

• 8° De participer à une évasion ou à une tentative d'évasion ;

• 9° De causer ou de tenter de causer délibérément aux locaux ou au matériel affecté à l'établissement un dommage de nature à compromettre la sécurité, l'ordre ou le fonctionnement normal de celui-ci ;

• 10° D'introduire ou tenter d'introduire au sein de l'établissement tous objets, données stockées sur un support quelconque ou substances de nature à compromettre la sécurité des personnes ou de l'établissement, de les détenir ou d'en faire l'échange contre tout bien, produit ou service ;

• 11° D'introduire ou tenter d'introduire au sein de l'établissement des produits stupéfiants, ou sans autorisation médicale, des produits de substitution aux stupéfiants ou des substances psychotropes, de les fabriquer, de les détenir ou d'en faire l'échange contre tout bien, produit ou service ;

• 12° De proférer des insultes, des menaces ou des propos outrageants à l'encontre d'un membre du personnel de l'établissement, d'une personne en mission ou en visite au sein de l'établissement pénitentiaire ou des autorités administratives ou judiciaires ;

• 13° De proférer des insultes ou des menaces à l'encontre d'une personne détenue ;

• 14° De franchir ou tenter de franchir les grillages, barrières, murs d'enceinte et tous autres dispositifs antifranchissement de l'établissement, d'accéder ou tenter d'accéder aux façades et aux toits de l'établissement ainsi qu'aux chemins de ronde, aux zones neutres et aux zones interdites mentionnées par le règlement intérieur, défini aux articles L. 112-4 et R. 112-22, ou instruction particulière arrêtée par le chef d'établissement ;

• 15° De capter, fixer ou enregistrer ou tenter de capter, fixer ou enregistrer, par quelque moyen que ce soit, des images ou des sons dans un établissement ou de diffuser ou tenter de diffuser, par quelque moyen que ce soit, des images fixées ou des sons captés dans un établissement, ou de participer à ces captation, fixation, enregistrement ou diffusion ;

• 16° D'inciter une personne détenue à commettre l'un des manquements énumérés par le présent article ou de lui prêter assistance à cette fin.

.../...

Section 3 : Fautes disciplinaires du 2e degré

Article R. 232-5. – Fautes disciplinaires du 2e degré – *(Décret n° 2022-479 du 30 mars 2022)*

• Constitue une faute disciplinaire du 2e degré le fait, pour une personne détenue :

• 1° De refuser de se soumettre à une mesure de sécurité définie par une disposition législative ou réglementaire, par le règlement intérieur de l'établissement pénitentiaire, défini aux articles L. 112-4 et R. 112-22, ou par toute autre instruction de service ou refuser d'obtempérer immédiatement aux injonctions du personnel de l'établissement ;

• 2° D'obtenir ou de tenter d'obtenir d'un membre du personnel de l'établissement ou d'une personne en mission au sein de l'établissement un avantage quelconque par des offres, des promesses, des dons ou des présents ;

• 3° De mettre en danger la sécurité d'autrui par une imprudence ou une négligence ;

• 4° D'imposer à la vue d'autrui des actes obscènes ou susceptibles d'offenser la pudeur ;

• 5° De formuler des propos outrageants ou des menaces dans les lettres adressées aux autorités administratives et judiciaires ;

• 6° De formuler dans les lettres adressées à des tiers des menaces, des injures ou des propos outrageants à l'encontre de toute personne ayant mission dans l'établissement ou à l'encontre des autorités administratives et judiciaires, ou de formuler dans ces lettres des menaces contre la sécurité des personnes ou de l'établissement ;

• 7° De se soustraire à une sanction disciplinaire prononcée à son encontre ;

• 8° D'enfreindre ou tenter d'enfreindre les dispositions législatives ou règlementaires, le règlement intérieur de l'établissement, défini aux articles L. 112-4 et R. 112-22, ou toute autre instruction de service applicables en matière d'introduction, de détention, de circulation, ou de sortie de sommes d'argent, correspondance, objets ou substances quelconques, hors les cas prévus par les dispositions des 10° et 11° de l'article R. 232-4 ;

• 9° De causer délibérément un dommage aux locaux ou au matériel affecté à l'établissement, hors le cas prévu par les dispositions du 9° de l'article R. 232-4 ;

• 10° De causer délibérément un dommage à la propriété d'autrui ;

• 11° De commettre ou tenter de commettre un vol ou toute autre atteinte frauduleuse à la propriété d'autrui ;

• 12° De consommer des produits stupéfiants ;

• 13° De consommer, sans autorisation médicale, des produits de substitution aux stupéfiants, des psychotropes ou des substances de nature à troubler le comportement ;

• 14° De se trouver en état d'ébriété ;

• 15° De provoquer un tapage de nature à troubler l'ordre de l'établissement ;

• 16° D'inciter une personne détenue à commettre l'un des manquements énumérés au présent article ou de lui prêter assistance à cette fin.

Section 4 : Fautes disciplinaires du 3e degré

Article R. 232-6. – Fautes disciplinaires du 3e degré – *(Décret n° 2022-479 du 30 mars 2022)*

• Constitue une faute disciplinaire du 3e degré le fait, pour une personne détenue :

• 1° De ne pas respecter les dispositions du règlement intérieur de l'établissement pénitentiaire, défini aux articles L. 112-4 et R. 112-22, ou les instructions particulières arrêtées par le chef de l'établissement ;

• 2° D'entraver ou tenter d'entraver les activités de travail, de formation, culturelles, cultuelles ou de loisirs ;

• 3° De communiquer irrégulièrement avec une personne détenue ou avec toute autre personne extérieure à l'établissement ;

• 4° De négliger de préserver ou d'entretenir la propreté de sa cellule ou des locaux communs ou de prendre soin des objets mis à disposition par l'administration ;

• 5° De jeter tout objet ou substance par les fenêtres de l'établissement ;

• 6° De faire un usage abusif ou nuisible d'objets autorisés par le règlement intérieur ;

• 7° De pratiquer des jeux interdits par le règlement intérieur ;

• 8° D'inciter une personne détenue à commettre l'un des manquements énumérés au présent article ou lui prêter assistance à cette fin.

CHAPITRE III

Sanctions disciplinaires

Article R. 233-1. – Liste des sanctions disciplinaires – *(Décret n° 2022-479 du 30 mars 2022)*

• Peuvent être prononcées à l'encontre des personnes détenues majeures les sanctions disciplinaires suivantes :

• 1° L'avertissement ;

• 2° L'interdiction de recevoir des subsides de l'extérieur pendant une période maximum de 2 mois ;

• 3° La privation pendant une période maximum de 2 mois de la faculté d'effectuer en cantine tout achat autre que celui de produits d'hygiène, du nécessaire de correspondance et de tabac ;

• 4° La privation pendant une durée maximum d'1mois de tout appareil acheté ou loué par l'intermédiaire de l'administration ;

• 5° La privation d'une activité culturelle, sportive ou de loisirs pour une période maximum d'1 mois ;

• 6° L'exécution d'un travail d'intérêt collectif de nettoyage, remise en état ou entretien des cellules ou des locaux communs ; cette sanction, dont la durée globale n'excède pas 40 heures, ne peut être prononcée qu'avec le consentement préalable de la personne détenue ;

• 7° Le confinement en cellule individuelle ordinaire assorti, le cas échéant, de la privation de tout appareil acheté ou loué par l'intermédiaire de l'administration pendant la durée de l'exécution de la sanction ;

• 8° La mise en cellule disciplinaire.

Article R. 233-2. – Autres sanctions disciplinaires – *(Décret n° 2022-655 du 25 avril 2022)*

• Les sanctions disciplinaires suivantes peuvent également être prononcées à l'encontre des personnes détenues majeures :

• 1° La suspension de la décision de classement au travail ou de la participation à une formation pour une durée maximum de 8 jours ;

• 2° Le déclassement du travail, la fin de l'affectation sur un poste de travail ou l'exclusion d'une formation ;

.../...

• 3° La suppression de l'accès au parloir sans dispositif de séparation pour une période maximum de 4 mois lorsque la faute a été commise au cours ou à l'occasion d'une visite.

CHAPITRE IV

Procédure disciplinaire

Article R. 234-1. – Délégation signature – *(Décret n° 2022-479 du 30 mars 2022)*

• Pour l'exercice de ses compétences en matière disciplinaire, le chef de l'établissement pénitentiaire peut déléguer sa signature à son adjoint, à un fonctionnaire appartenant à un corps de catégorie A ou à un membre du corps de commandement du personnel de surveillance placé sous son autorité.

• Pour les décisions de confinement en cellule individuelle ordinaire, de placement en cellule disciplinaire et de suspension de l'exercice de l'activité professionnelle de la personne détenue, lorsqu'elles sont prises à titre préventif, le chef d'établissement peut en outre déléguer sa signature à un major pénitentiaire ou à un 1er surveillant.

Section 1 : Commission de discipline

Sous-section 1 : Dispositions générales

Article R. 234-2. – Composition – *(Décret n° 2022-479 du 30 mars 2022)*

• La commission de discipline comprend, outre le chef de l'établissement pénitentiaire ou son délégataire, président, 2 membres assesseurs.

Article R. 234-3. – Sanctions disciplinaires – *(Décret n° 2022-479 du 30 mars 2022)*

• Les sanctions disciplinaires sont prononcées, en commission, par le président de la commission de discipline. Les membres assesseurs ont voix consultative.

Article R. 234-4. – Conditions d'exercice – *(Décret n° 2022-479 du 30 mars 2022)*

• Chaque membre de la commission de discipline doit exercer ses fonctions avec intégrité, dignité et impartialité et respecter le secret des délibérations.

Article R. 234-5. – Commission de discipline – Personnes non acceptées – *(Décret n° 2022-479 du 30 mars 2022)*

• Ne peuvent être désignés pour siéger à la commission de discipline :

• 1° Les personnes détenues ;

• 2° Les conjoints, concubins, parents d'une personne détenue dans l'établissement ou toute personne liée par un pacte civil de solidarité avec une personne détenue ;

• 3° Les personnes titulaires d'un permis de visite afin de rencontrer une personne détenue dans l'établissement.

Sous-section 2 : Assesseurs

Article R. 234-6. – Désignation membres assesseurs – *(Décret n° 2022-479 du 30 mars 2022)*

• Le président de la commission de discipline désigne les membres assesseurs.

• Le 1er assesseur est choisi parmi les membres du 1er ou du 2[e] grade du corps d'encadrement et d'application du personnel de surveillance de l'établissement.

• Le 2[d] assesseur est choisi parmi des personnes extérieures à l'administration pénitentiaire qui manifestent un intérêt pour les questions relatives au fonctionnement des établissements pénitentiaires, habilitées à cette fin par le président du tribunal judiciaire territorialement compétent. La liste de ces personnes est tenue au greffe du tribunal judiciaire.

Article R. 234-7. – Membres assesseurs – Personnes non acceptées – *(Décret n° 2022-479 du 30 mars 2022)*

• Ne peuvent être inscrits sur la liste prévue par les dispositions du au 3e alinéa de l'article R. 234-6 :

• 1° Les personnes mineures ;

• 2° Les personnes en situation irrégulière au regard des dispositions relatives à l'entrée et au séjour sur le territoire national ;

• 3° Les personnes ayant fait l'objet depuis moins de 5 ans d'une condamnation mentionnée au bulletin n° 2 du casier judiciaire ;

• 4° Les personnels de l'administration pénitentiaire, de la protection judiciaire de la jeunesse et les collaborateurs occasionnels du service public pénitentiaire ;

• 5° Les conjoints, concubins, parents ou alliés jusqu'au degré d'oncle ou de neveu inclusivement d'un personnel de l'administration pénitentiaire ou toute personne liée par un pacte civil de solidarité avec un personnel pénitentiaire ;

• 6° Les magistrats de l'ordre administratif ou judiciaire en exercice ;

• 7° Les fonctionnaires des services judiciaires en exercice ;

• 8° Les avocats et les avocats au Conseil d'État et à la Cour de cassation en exercice ;

• 9° Les fonctionnaires des services de police et de gendarmerie en exercice.

Article R. 234-8. – Tableau de roulement – *(Décret n° 2022-479 du 30 mars 2022)*

• Il est dressé par le chef de l'établissement pénitentiaire un tableau de roulement désignant pour une période déterminée les assesseurs extérieurs appelés à siéger à la commission de discipline.

Article D. 234-9. – Indemnité forfaitaire – Assesseurs extérieurs – *(Décret n° 2022-479 du 30 mars 2022)*

• Les assesseurs extérieurs à l'administration pénitentiaire qui siègent, conformément aux dispositions de l'article R. 234-6, dans les commissions de discipline des personnes détenues perçoivent par séance une indemnité forfaitaire, exclusive de toute autre rémunération, dont le montant est fixé par arrêté conjoint du garde des sceaux, du ministre chargé du budget et du ministre chargé de la fonction publique, annexé au présent code.

.../...

Article D. 234-10. – Nombre de séances maximales – Commission de discipline – Assesseurs extérieurs – *(Décret n° 2022-479 du 30 mars 2022)*
• Chaque assesseur extérieur ne peut participer à plus de 200 séances de commission de discipline par an.

Article D. 234-11. – Habilitation – Assesseurs extérieurs – *(Décret n° 2022-479 du 30 mars 2022)*
• L'habilitation des assesseurs extérieurs est délivrée ou retirée par le président du tribunal judiciaire dans les conditions prévues par les dispositions des articles D. 249 et D. 250 du Code de procédure pénale.

Section 2 : Poursuite disciplinaire

Article R. 234-12. – Compte-rendu – *(Décret n° 2022-479 du 30 mars 2022)*
• En cas de manquement à la discipline de nature à justifier une sanction disciplinaire, un compte rendu est établi dans les plus brefs délais par l'agent présent lors de l'incident ou informé de ce dernier. L'auteur de ce compte rendu ne peut siéger en commission de discipline.

Article R. 234-13. – Rapport – *(Décret n° 2022-479 du 30 mars 2022)*
• À la suite de ce compte rendu d'incident, un rapport est établi par un membre du personnel de commandement du personnel de surveillance, un major pénitentiaire ou un premier surveillant et adressé au chef de l'établissement pénitentiaire. Ce rapport comporte tout élément d'information utile sur les circonstances des faits reprochés à la personne détenue et sur la personnalité de celle-ci. L'auteur de ce rapport ne peut siéger en commission de discipline.

Article R. 234-14. – Poursuite de la procédure – *(Décret n° 2022-479 du 30 mars 2022)*
• Le chef de l'établissement pénitentiaire ou son délégataire apprécie, au vu des rapports et après s'être fait communiquer, le cas échéant, tout élément d'information complémentaire, l'opportunité de poursuivre la procédure. Les poursuites disciplinaires ne peuvent être exercées plus de 6 mois après la découverte des faits reprochés à la personne détenue.

Article R. 234-15. – Information – Faits reprochés et qualification juridique – *(Décret n° 2022-479 du 30 mars 2022)*
• En cas d'engagement des poursuites disciplinaires, les faits reprochés ainsi que leur qualification juridique sont portés à la connaissance de la personne détenue.
• La personne détenue est informée de la date et de l'heure de sa comparution devant la commission de discipline ainsi que du délai dont elle dispose pour préparer sa défense. Ce délai ne peut être inférieur à 24 heures.

Article R. 234-16. – Assistance d'un avocat – Aide juridique – *(Décret n° 2022-479 du 30 mars 2022)*
• Chaque personne détenue dispose de la faculté de se faire assister par un avocat de son choix ou par un avocat désigné par le bâtonnier de l'ordre des avocats et peut bénéficier à cet effet de l'aide juridique.

Article R. 234-17. – Consultation pièces de procédure disciplinaire – *(Décret n° 2022-479 du 30 mars 2022)*
• La personne détenue, ou son avocat, peut consulter l'ensemble des pièces de la procédure disciplinaire, sous réserve que cette consultation ne porte pas atteinte à la sécurité publique ou à celle des personnes.
• L'avocat, ou la personne détenue si elle n'est pas assistée d'un avocat, peut également demander à prendre connaissance de tout élément utile à l'exercice des droits de la défense existant, précisément désigné, dont l'administration pénitentiaire dispose dans l'exercice de sa mission et relatif aux faits visés par la procédure disciplinaire, sous réserve que sa consultation ne porte pas atteinte à la sécurité publique ou à celle des personnes. L'autorité compétente répond à la demande d'accès dans un délai maximal de 7 jours ou, en tout état de cause, en temps utile pour permettre à la personne de préparer sa défense. Si l'administration pénitentiaire fait droit à la demande, l'élément est versé au dossier de la procédure.
• La demande mentionnée à l'alinéa précédent peut porter sur les données de vidéoprotection, à condition que celles-ci n'aient pas été effacées, dans les conditions fixées par un arrêté du garde des sceaux, ministre de la justice, au moment de son enregistrement. L'administration pénitentiaire accomplit toute diligence raisonnable pour assurer la conservation des données avant leur effacement.
• Par dérogation aux dispositions de l'alinéa précédent, l'administration répond à la demande d'accès dans un délai maximal de 48 heures.
• Les données de la vidéoprotection visionnées font l'objet d'une transcription dans un rapport versé au dossier de la procédure disciplinaire.

Article R. 234-18. – Convocation – Commission de discipline – *(Décret n° 2022-479 du 30 mars 2022)*
• La personne détenue intéressée est convoquée par écrit devant la commission de discipline.
• La convocation lui rappelle les droits qui sont les siens en application des articles R. 234-15 à R. 234-17.

Article R. 234-19. – Décision – Placement en cellule individuelle ou cellule disciplinaire – *(Décret n° 2022-479 du 30 mars 2022)*
• En application de l'article L. 231-2, le chef de l'établissement pénitentiaire ou son délégataire peut, à titre préventif et sans attendre la réunion de la commission de discipline, décider le confinement en cellule individuelle ordinaire ou le placement en cellule disciplinaire d'une personne détenue, si les faits constituent une faute du 1er ou du 2e degré et si la mesure est l'unique moyen de mettre fin à la faute ou de préserver l'ordre à l'intérieur de l'établissement.

Article R. 234-20. – Durée – Confinement, placement en cellule individuelle ou cellule disciplinaire – *(Décret n° 2022-479 du 30 mars 2022)*
• La durée du confinement en cellule individuelle ordinaire ou du placement en cellule disciplinaire, prononcés à titre préventif, est limitée au strict nécessaire et ne peut excéder 2 jours ouvrables.
• Le délai de computation du placement préventif commence à courir le lendemain du jour du placement en prévention. Il expire le 2e jour suivant le placement en prévention, à 24 heures. Le délai qui expirerait un samedi, un dimanche ou un jour férié ou chômé est prorogé jusqu'au 1er jour ouvrable suivant.

.../...

Article R. 234-21. – Cumul durée en confinement et autre sanction – *(Décret n° 2022-479 du 30 mars 2022)*
• La durée effectuée en confinement ou en cellule disciplinaire à titre préventif s'impute sur celle d'une sanction à exécuter lorsqu'est prononcée à l'encontre de la personne détenue la sanction de confinement en cellule individuelle ordinaire ou la sanction de placement en cellule disciplinaire.

Article R. 234-22. – Conditions – Placement préventif – *(Décret n° 2022-479 du 30 mars 2022)*
• Le placement préventif d'une personne détenue en confinement ou en cellule disciplinaire s'exécute dans les conditions prévues par les dispositions des articles R. 235-2 à R. 235-4, R. 235-6, R. 235-8, R. 235-10 et R. 235-11.

Article R. 234-23. – Suspension activité professionnelle – Faute commise dans le cadre d'un emploi – *(Décret n° 2022-479 du 30 mars 2022)*
• Lorsque la faute reprochée à la personne détenue a été commise au cours ou à l'occasion de l'emploi qu'elle occupe, le chef de l'établissement pénitentiaire ou son délégataire peut, à titre préventif et sans attendre la réunion de la commission de discipline, décider de suspendre l'exercice de l'activité professionnelle de cette personne jusqu'à sa comparution devant la commission de discipline, si cette mesure est l'unique moyen de mettre fin à la faute, de faire cesser le trouble occasionné au bon déroulement des activités de travail ou d'assurer la sécurité des personnes ou de l'établissement.

Article R. 234-24. – Durée de la suspension – *(Décret n° 2022-479 du 30 mars 2022)*
• La durée de la suspension à titre décidée en application de l'article R. 234-23 préventif est limitée au strict nécessaire et ne peut excéder 8 jours ouvrables pour les personnes majeures. Le délai de computation de la suspension à titre préventif commence à courir le lendemain du prononcé de la suspension. Il expire le 8e jour suivant le prononcé de la suspension à 24 heures. Le délai qui expirerait un samedi, un dimanche ou un jour férié ou chômé est prorogé jusqu'au 1er jour ouvrable suivant.

Article R. 234-25. – Cumul durée de la suspension et autre sanction – *(Décret n° 2022-479 du 30 mars 2022)*
• La durée de la suspension effectuée à titre préventif s'impute sur celle de la sanction à exécuter lorsqu'est prononcée à l'encontre d'une personne détenue la sanction de suspension d'emploi.

Article R. 234-26. – Comparution commission de discipline – Observations de la personne détenue – *(Décret n° 2022-479 du 30 mars 2022)*
• Lors de sa comparution devant la commission de discipline, la personne détenue présente ses observations. Elle est, le cas échéant, assistée par un avocat.
• Si la personne détenue ne comprend pas la langue française, n'est pas en mesure de s'exprimer dans cette langue ou si elle est dans l'incapacité physique de communiquer, ses explications sont présentées, dans la mesure du possible, par l'intermédiaire d'un interprète désigné par le chef de l'établissement pénitentiaire.

Article R. 234-27. – Décision sanction disciplinaire – Notification à la personne détenue – *(Décret n° 2022-479 du 30 mars 2022)*
• La décision sur la sanction disciplinaire est prononcée en présence de la personne détenue. Elle lui est notifiée par écrit sans délai et doit comporter, outre l'indication de ses motifs, le rappel des dispositions de l'article R. 234-43.

Article R. 234-28. – Conditions mise à exécution sanction – *(Décret n° 2022-479 du 30 mars 2022)*
• La sanction ne peut être mise à exécution plus de 6 mois après son prononcé sous réserve des règles applicables en matière de sursis et de suspension définies par les dispositions des articles R. 234-35 à R. 234-42.

Article R. 234-29. – Sanction disciplinaire – Copie de la décision – *(Décret n° 2022-479 du 30 mars 2022)*
• Dans le délai de 5 jours à compter de la décision prononçant une sanction disciplinaire à l'encontre d'une personne détenue, le chef de l'établissement pénitentiaire transmet une copie de la décision, d'une part, au directeur interrégional des services pénitentiaires et, d'autre part, au juge de l'application des peines ou, le cas échéant, au magistrat chargé du dossier de la procédure sous le contrôle duquel la personne détenue est placée.

Article R. 234-30. – Sanction disciplinaires – Inscription sur registre – *(Décret n° 2022-479 du 30 mars 2022)*
• Les sanctions disciplinaires prononcées sont inscrites sur un registre tenu sous l'autorité du chef de l'établissement pénitentiaire. Ce registre est présenté aux autorités administratives et judiciaires lors de leurs visites de contrôle ou d'inspection.
• Les sanctions de mise en cellule disciplinaire sont, en outre, inscrites sur le registre du quartier disciplinaire tenu sous l'autorité du chef d'établissement. Ce registre est présenté aux autorités administratives et judiciaires lors de leurs visites de contrôle ou d'inspection.

Article R. 234-31. – Liste des personnes détenues placées en confinement – *(Décret n° 2022-479 du 30 mars 2022)*
• La liste des personnes détenues placées en confinement en cellule individuelle ordinaire et de celles présentes au quartier disciplinaire est communiquée quotidiennement à l'équipe médicale. Le médecin examine sur place chaque personne détenue au moins 2 fois par semaine et aussi souvent qu'il l'estime nécessaire. La sanction est suspendue si le médecin constate que son exécution est de nature à compromettre la santé de la personne intéressée.

../...

Section 3 : Prononcé des sanctions

Article R. 234-32. – Président – Commission de discipline – *(Décret n° 2022-479 du 30 mars 2022)*

• Le président de la commission de discipline prononce celles des sanctions qui lui paraissent proportionnées à la gravité des faits et adaptées à la personnalité de leur auteur.

• Les sanctions collectives sont prohibées.

Article R. 234-33. – Président – Autres sanctions – *(Décret n° 2022-479 du 30 mars 2022)*

• Le président de la commission de discipline peut, pour une même faute, prononcer l'une des sanctions prévues par les dispositions des articles R. 233-1 et R. 233-2. Il peut également compléter une sanction prévue par les dispositions de l'article R. 233-1 par une sanction prévue par les dispositions de l'article R. 233-2.

Article R. 234-34. – Cumul des sanctions – *(Décret n° 2022-479 du 30 mars 2022)*

• Lorsque la commission de discipline est amenée à se prononcer le même jour sur plusieurs fautes commises par une personne détenue majeure, et sauf décision contraire de son président, les durées des sanctions prononcées se cumulent. Toutefois, lorsque les sanctions sont de même nature, leur durée cumulée ne peut excéder la limite du maximum prévu pour la faute la plus grave. Pour l'application de cette disposition, sont réputés de même nature :

• 1° Le confinement en cellule individuelle ordinaire et le placement en cellule disciplinaire ;

• 2° La privation de la faculté d'effectuer des achats en cantine et l'interdiction de recevoir des subsides ;

• 3° La privation de tout appareil acheté ou loué par l'intermédiaire de l'administration et la privation d'activités culturelles, sportives ou de loisirs.

Article R. 234-35. – Bénéfice du sursis – *(Décret n° 2022-479 du 30 mars 2022)*

• Le président de la commission de discipline peut accorder le bénéfice du sursis pour tout ou partie de l'exécution de la sanction disciplinaire soit lors du prononcé de celle-ci, soit au cours de son exécution.

Article R. 234-36. – Bénéfice du sursis – Délai – *(Décret n° 2022-479 du 30 mars 2022)*

• Lorsqu'il octroie le bénéfice du sursis, le président de la commission de discipline fixe un délai de suspension de la sanction sans que celui-ci puisse excéder 6 mois. Il appelle l'attention de la personne détenue sur les conséquences du sursis telles qu'elles sont réglées par les dispositions des articles R. 234-37 et R. 234-38.

Article R. 234-37. – Commission d'une nouvelle faute – *(Décret n° 2022-479 du 30 mars 2022)*

• Si, au cours du délai de suspension de la sanction, une personne détenue commet une nouvelle faute donnant lieu à une sanction, quels que soient la nature ou le degré de cette faute, le sursis est, sauf décision contraire du président de la commission, révoqué de plein droit. La 1re sanction est alors exécutée cumulativement avec celle afférente à la 2de faute.

• Toutefois, lorsque les 2 sanctions sont de même nature, leur durée cumulée ne peut excéder la limite du maximum prévu, pour la faute la plus grave, par les dispositions des articles R. 233-1, R. 233-2, R. 235-5 et R. 235-12. Pour l'application de cette disposition, sont réputés de même nature :

• 1° Le confinement en cellule individuelle ordinaire et le placement en cellule disciplinaire ;

• 2° La privation de la faculté d'effectuer des achats en cantine et l'interdiction de recevoir des subsides ;

• 3° La privation de tout appareil acheté ou loué par l'intermédiaire de l'administration et la privation ou la restriction d'une activité culturelle, sportive ou de loisirs ;

• En tout état de cause, la sanction de mise en cellule disciplinaire s'exécute préalablement à toute autre sanction.

Article R. 234-38. – Aucune faute disciplinaire – *(Décret n° 2022-479 du 30 mars 2022)*

• Si, au cours du délai de suspension de la sanction, la personne détenue n'a commis aucune faute disciplinaire donnant lieu à une sanction, la sanction assortie du sursis est réputée non avenue. Il en est fait mention sur le registre prévu par les dispositions du 1er alinéa de l'article R. 234-30.

Article R. 234-39. – Travaux d'intérêt collectif – *(Décret n° 2022-479 du 30 mars 2022)*

• Lorsqu'il ordonne le sursis à exécution de l'une des sanctions prévues par les dispositions des 7° et 8° de l'article R. 233-1, le président de la commission de discipline peut décider que la personne détenue intéressée doit accomplir, pendant tout ou partie du délai de suspension de la sanction, des travaux d'intérêt collectif pour une durée globale n'excédant pas 40 heures.

• Le consentement de la personne détenue doit être préalablement recueilli.

• Les dispositions des articles R. 234-35 à R. 234-38 et R. 234-40 sont, pour le surplus, applicables au sursis ordonné dans les conditions prévues au présent article.

Article R. 234-40. – Révocation du sursis – *(Décret n° 2022-479 du 30 mars 2022)*

• Le sursis peut être révoqué en tout ou en partie, en cas d'inexécution totale ou partielle du travail ordonné. L'inexécution doit être constatée par l'autorité disciplinaire sur rapport d'un membre du personnel, la personne détenue ayant été préalablement entendue.

Article R. 234-41. – Dispense – Sanction – *(Décret n° 2022-479 du 30 mars 2022)*

• Le chef de l'établissement pénitentiaire ou son délégataire peut, lors du prononcé ou au cours de l'exécution de la sanction, dispenser la personne détenue de tout ou partie de son exécution soit en raison de la bonne conduite de la personne intéressée, soit à l'occasion d'une fête légale ou d'un événement national, soit pour suivre une formation ou pour passer un examen, soit pour lui permettre de suivre un traitement médical.

• Il peut, pour les mêmes motifs, lors du prononcé ou au cours de l'exécution de la sanction, décider d'en suspendre ou d'en fractionner l'exécution.

Article R. 234-42. – Durée de suspension excédant 6 mois – *(Décret n° 2022-479 du 30 mars 2022)*

• Lorsque la période de suspension excède 6 mois, la sanction ne peut plus être ramenée à exécution.

.../...

Section 4 : Voies de recours

Article R. 234-43. – Contestation sanction prononcée – *(Décret n° 2022-479 du 30 mars 2022)*

• Une personne détenue qui entend contester la sanction prononcée à son encontre par le président de la commission de discipline doit, dans le délai de 15 jours à compter du jour de la notification de la décision, la déférer au directeur interrégional des services pénitentiaires préalablement à tout recours contentieux. Le directeur interrégional dispose d'un délai d'1 mois à compter de la réception du recours pour répondre par décision motivée. L'absence de réponse dans ce délai vaut décision de rejet.

CHAPITRE V

Exécution des sanctions disciplinaires

Section 1 : Dispositions générales

Article R. 235-1. – Conditions de vie – Confinement, placement cellule individuelle ou disciplinaire – *(Décret n° 2022-479 du 30 mars 2022)*

• Chaque personne détenue en confinement en cellule individuelle ordinaire ou placée en cellule disciplinaire conserve la faculté de demander une audience ou un entretien auprès des personnels de l'établissement ou du service pénitentiaire d'insertion et de probation.

• Elle peut conserver les livres, articles d'enseignement, nécessaire de correspondance et objets de pratique religieuse qu'elle avait en sa possession avant la sanction disciplinaire, sauf si ces objets présentent un risque pour les personnes.

• Elle se voit proposer un choix de livres, journaux et périodiques du fonds documentaire de la médiathèque de l'établissement et peut continuer à recevoir les journaux, revues et publications auxquels elle était abonnée avant le prononcé de la sanction.

• Elle conserve les produits et objets de toilette nécessaires à son hygiène quotidienne, les vêtements qu'elle porte habituellement, le tabac et les objets liés à son usage tels qu'allumettes et papier à cigarette. Cependant, les objets et vêtements laissés habituellement aux personnes détenues peuvent lui être retirés pour des motifs de sécurité.

Section 2 : Confinement en cellule ordinaire

Article R. 235-2. – Modalités – *(Décret n° 2022-479 du 30 mars 2022)*

• Le confinement en cellule prévu par les dispositions du 7° de l'article R. 233-1 emporte le placement de la personne détenue dans une cellule ordinaire qu'elle occupe seule.

Article R. 235-3. – Achat en cantine – *(Décret n° 2022-479 du 30 mars 2022)*

• Le confinement en cellule emporte, pendant toute sa durée, la suspension de la faculté d'effectuer en cantine tout achat autre que celui de produits d'hygiène, du nécessaire de correspondance et de tabac ainsi que la suspension de l'accès aux activités, sous réserve des dispositions de l'article R. 235-4.

Article R. 235-4. – Promenade – Droit de correspondance – Visites... – *(Décret n° 2022-479 du 30 mars 2022)*

• La personne confinée en cellule bénéficie d'au moins une heure quotidienne de promenade à l'air libre. La sanction de confinement en cellule n'entraîne aucune restriction à son droit de correspondance écrite et de communication téléphonique ni à son droit de recevoir des visites. Elle conserve la possibilité d'assister aux offices religieux.

Article R. 235-5. – Durée du confinement en cellule – *(Décret n° 2022-479 du 30 mars 2022)*

• La durée du confinement en cellule ne peut excéder 20 jours pour une faute du 1er degré, 14 jours pour une faute du 2e degré et 7 jours pour une faute du 3e degré.

• Cette durée peut être portée à 30 jours lorsque :

• 1° Les faits commis constituent une des fautes prévues par les dispositions des 1°, 2° et 3° de l'article R. 232-4 ;

• 2° Les fautes prévues par les dispositions des 4° et 7° de l'article R. 232-4 ont été commises avec violence physique contre les personnes.

Section 3 : Mise en cellule disciplinaire

Article R. 235-6. – Modalités – *(Décret n° 2022-479 du 30 mars 2022)*

• La mise en cellule disciplinaire prévue par les dispositions du 8° de l'article R. 233-1 consiste dans le placement de la personne détenue dans une cellule aménagée à cet effet et qu'elle doit occuper seule.

Section 3 : Mise en cellule disciplinaire

Article R. 235-7. – Accueil – *(Décret n° 2022-479 du 30 mars 2022)*

• Dès son arrivée au quartier disciplinaire, la personne détenue est reçue dans le cadre d'un entretien d'accueil par un personnel d'encadrement. À cette occasion, une copie des dispositions du règlement intérieur, défini aux articles L. 112-4 et R. 112-22, relatives à la discipline ainsi qu'une brochure lui rappelant ses droits et obligations lui sont remises.

Article R. 235-8. – Achat en cantine – *(Décret n° 2022-479 du 30 mars 2022)*

• La sanction de cellule disciplinaire emporte pendant toute sa durée la suspension de la faculté d'effectuer en cantine tout achat autre que l'achat de produits d'hygiène, du nécessaire de correspondance et de tabac ainsi que la suspension de l'accès aux activités, sous réserve des dispositions de l'article R. 235-10.

…/…

Article R. 235-9. – Accès à un poste radiophonique – Briquets – Effets personnels – *(Décret n° 2022-479 du 30 mars 2022)*

• L'accès à un poste radiophonique est proposé à la personne détenue placée en cellule disciplinaire.

• Les briquets personnels sont interdits en cellule disciplinaire.

• Les effets personnels sont limités aux besoins quotidiens du séjour au quartier disciplinaire. Le change des vêtements personnels est assuré régulièrement pour permettre à la personne détenue de se maintenir dans un état d'hygiène satisfaisant.

Article R. 235-10. – Promenade individuelle – Correspondance écrite – Appels téléphoniques... – *(Décret n° 2022-479 du 30 mars 2022)*

• Les personnes placées en cellule disciplinaire bénéficient d'au moins une heure quotidienne de promenade individuelle dans une cour dédiée à cet effet.

• La sanction de cellule disciplinaire n'emporte aucune restriction pour les personnes détenues à leur droit de correspondance écrite.

• Elles conservent la faculté d'effectuer des appels téléphoniques au cours de l'exécution de leur sanction. Toutefois, cette faculté est limitée à un appel téléphonique par période de 7 jours ou à un appel si la sanction prononcée est inférieure à 7 jours.

• Elles peuvent rencontrer leur avocat, leur représentant consulaire, le Défenseur des droits et ses délégués, le Contrôleur général des lieux de privation de liberté et ses contrôleurs, les membres de l'équipe médicale, les personnels pénitentiaires et l'aumônier du culte de leur choix.

• Elles conservent la faculté de rencontrer les titulaires de permis de visite ou le visiteur de prison en charge de leur suivi, une fois par semaine.

Article R. 235-11. – Permis de visite – Parloir – *(Décret n° 2022-479 du 30 mars 2022)*

• Sous réserve des dispositions prévues par les dispositions du 3° de l'article R. 233-2, les titulaires de permis de visite rencontrent la personne placée en cellule disciplinaire dans un parloir sans dispositif de séparation.

• Toutefois, dans les cas prévus par les dispositions de l'article R. 341-13, le chef de l'établissement pénitentiaire peut décider que les visites auront lieu dans un parloir avec dispositif de séparation.

Article R. 235-12. – Durée de mise en cellule disciplinaire – *(Décret n° 2022-479 du 30 mars 2022)*

• La durée de la mise en cellule disciplinaire ne peut excéder 20 jours pour une faute disciplinaire du 1er degré, 14 jours pour une faute disciplinaire du 2e degré et 7 jours pour une faute disciplinaire du 3e degré.

• Cette durée peut être portée à 30 jours lorsque :

• 1° Les faits commis constituent une des fautes prévues par les dispositions des 1°, 2° et 3° de l'article R. 232-4 ;

• 2° Les fautes prévues par les dispositions des 4° et 7° de l'article R. 232-4 ont été commises avec violence physique contre les personnes.

TITRE IV : TRAITEMENT DE DONNÉES À CARACTÈRE PERSONNEL RELATIF À LA GESTION NATIONALE DES PERSONNES DÉTENUES EN ÉTABLISSEMENT PÉNITENTIAIRE *(GENESIS)*

Article R. 240-1. – Création traitement de données à caractère personnel – *(Décret n° 2022-479 du 30 mars 2022)*

• Est autorisée la création par le ministère de la justice d'un traitement automatisé de données à caractère personnel dénommé gestion nationale des personnes détenues en établissement pénitentiaire *(GENESIS)*.

• Ce traitement a pour finalité l'exécution des sentences pénales et des décisions de justice s'y rattachant, la gestion de la détention des personnes placées sous main de justice et écrouées ainsi que la sécurité des personnes détenues et des personnels et la mise en œuvre dans les meilleures conditions d'efficacité et de coordination de l'ensemble des actions relatives au parcours de la personne détenue.

• Á cet effet, le traitement permet :

• 1° La mise à exécution par le greffe pénitentiaire des décisions judiciaires ordonnant une détention et la gestion des formalités d'écrou ;

• 2° La prise en charge des personnes détenues afin de faciliter la mise en œuvre du parcours de détention, la prévention des comportements à risques, la tenue de la commission pluridisciplinaire unique de l'établissement pénitentiaire ainsi que la gestion des requêtes, des audiences, des rendez-vous, des visites et du courrier des personnes détenues ;

• 3° La gestion du compte nominatif des personnes détenues ;

• 4° La gestion de l'effectif, des procédures disciplinaires, des fouilles, de l'isolement, des consignes et des régimes de détention ;

• 5° La gestion de l'individualisation de la peine et de la réinsertion des personnes placées sous main de justice dans le cadre des missions de prévention et de lutte contre la récidive par les agents du service pénitentiaire d'insertion et de probation et du service de la protection judiciaire de la jeunesse ;

• 6° La mise en œuvre des activités de réinsertion dans les domaines socioculturel et sportif, du travail, de l'enseignement et de la formation professionnelle ;

• 7° La détermination du lieu d'affectation des personnes détenues.

• Le traitement permet également la gestion des contentieux entre l'administration pénitentiaire et les personnes placées sous main de justice ou leurs ayants droit ainsi que le recueil et l'analyse de l'ensemble des informations utiles à la sécurité des établissements et services pénitentiaires.

Article R. 240-2. – Enregistrement des données à caractère personnel – *(Décret n° 2022-479 du 30 mars 2022)*

• Le traitement peut enregistrer des données à caractère personnel de la nature de celles mentionnées par les dispositions du I de l'article 6 de la loi n° 78-17 du 6 janvier 1978 relative à l'informatique, aux fichiers et aux libertés, dans la stricte mesure où cet enregistrement est nécessaire aux finalités assignées audit traitement.

Article R. 240-3. – Liste des informations et données à caractère personnel – *(Décret n° 2022-1287 du 4 octobre 2022)*

• Peuvent être enregistrées dans le traitement automatisé les informations et les données à caractère personnel suivantes :

• 1° Concernant l'identité des personnes détenues :

.../...

• *a)* Identité : photographie d'identité numérisée, le traitement ne pouvant comporter de dispositif de reconnaissance faciale à partir de la photographie numérisée, état civil, nom de naissance, nom d'usage, prénoms, alias, sexe, numéro d'écrou courant, numéro d'écrou initial, date de naissance, lieu de naissance, nationalité, numéro et date de délivrance de la pièce d'identité, autorité de délivrance, ville et pays de délivrance à l'étranger, signalement ;

• *b)* Filiation : nom et prénoms du père et de la mère, identité des enfants en détention ;

• *c)* Situation familiale : célibataire, marié, veuf, concubin, personne liée par un pacte civil de solidarité, divorcé, séparé, nombre d'enfants y compris en détention, date de naissance des enfants en détention ; détenteur de l'autorité parentale pour les mineurs, enfant laissé à la garde de l'autorité parentale, déchéance de l'autorité parentale, nombre de frères et sœurs, place dans la fratrie ;

• *d)* Logement : adresse avant le placement en détention ; lieux d'assignation à résidence ; noms, prénoms, qualité, lieu de résidence de la personne qui reçoit le permissionnaire ; coordonnées téléphoniques ;

• *e)* Formation : niveau d'étude et de formation, diplômes, avec les distinctions suivantes : langues parlées, niveau d'instruction, communication orale en français, lieu de scolarité, niveau d'arrêt de la scolarité, diplôme le plus élevé, lit et écrit dans une autre langue, comportement face à un écrit en français, aptitude à l'écriture du français, test lecture population pénale, observations ; par indication oui ou non : scolarisé au moment du placement en détention ;

• *f)* Vie professionnelle : profession avant le placement en détention, militaire, formation professionnelle, qualification professionnelle, type de contrat de travail avant l'écrou, durée du dernier emploi, expérience, contrat d'apprentissage, validation des acquis de l'expérience en cours, cours par correspondance ;

• 2° Concernant la situation pénale de la personne détenue :

• *a)* Situation pénale : criminelle, correctionnelle, désignation de la juridiction et nom du magistrat référent, nature de la décision et contenu de la décision, date de signification et de notification, mode et moyen de signification, date de libération, infractions commises, mode de participation, état de récidive, numéro de parquet, numéro d'instruction, numéro d'affaire pénale, amnistie, grâce, réduction au maximum légal, voies de recours ;

• *b)* Fiche pénale synthétique : nature des décisions et résumés, date de début et fin de peine, réduction de peine, crédit de réduction de peine, date de fin de la période de sûreté ;

• *c)* Procédures ou condamnations pénales sans détention ;

• *d)* Mesures complémentaires prononcées par les autorités judiciaires : par indication oui ou non : inscription au fichier national des empreintes génétiques *(FNAEG)* lors de la détention, y compris la date de prélèvement ou de refus de prélèvement, par indication oui ou non : inscription au fichier judiciaire national automatisé des auteurs d'infractions sexuelles ou violentes *(FIJAIS)*, y compris la date d'inscription, mesures de suivi socio-judiciaire, d'interdiction de séjour, d'annulation ou suspension du permis de conduire, de déchéance de l'autorité parentale, d'interdiction des droits civiques, civils et de famille, d'interdiction temporaire ou définitive du territoire français, procédure d'extradition, contrainte judiciaire ;

• *e)* Personnes détenues particulièrement signalées *(DPS)* : dates de transmission de la demande d'inscription au répertoire des DPS, de la demande de maintien au répertoire des DPS, de transmission de la demande de retrait au répertoire des DPS, de transmission de la décision interministérielle d'inscription au répertoire des DPS, de la décision interministérielle de maintien au répertoire des DPS, de transmission de la décision interministérielle de retrait au répertoire des DPS ;

• 3° Concernant la prise en charge pluridisciplinaire de la personne détenue :

• *a)* Suivi de la commission pluridisciplinaire unique : objet de la commission, commentaire préalable, synthèse, nom du rédacteur, date et objet de la réunion de la commission, actions et suivis, historique ;

• *b)* Thème de la commission pluridisciplinaire unique : nouvel arrivant, prévention du suicide, personne sans ressource suffisante, activités, parcours d'exécution de peine, régimes différenciés, dangerosité/vulnérabilité ;

• *c)* Entretien avec les services médicaux, sous la forme d'indication oui/non/ne se prononce pas : antécédents placement SMPR *(services médicaux psychologiques régionaux)*, antécédents placement UMD *(unités pour malades difficiles)*, antécédents hospitalisation d'office, nécessite un suivi somatique, suivi psychologique ou psychiatrique antérieur ou en cours, régime alimentaire particulier, grève de la faim ou de la soif, prescription d'une douche médicale, automutilations graves, fumeur, addictions, aptitude au sport, aptitude au travail ;

• *d)* Entretien avec le service pénitentiaire d'insertion et de probation ou avec le service de la protection judiciaire de la jeunesse : nom du conseiller référent, avis général, relations avec la famille, relations avec l'extérieur, situation administrative, vécu face au délit et à la peine ;

• *e)* Entretien avec le service de l'éducation nationale : scolarisé au moment du placement en détention, lieu de scolarité, niveau d'arrêt de la scolarité, diplôme le plus élevé, formation professionnelle adulte, lit et écrit dans une autre langue, aptitude à l'écriture du français, test lecture population pénale, observations ;

• *f)* Pré-repérage de l'illettrisme : communication orale en français, comportement face à un écrit en français ;

• 4° Concernant les risques de suicide de la personne détenue :

• *a)* Facteurs familiaux, sociaux et économiques : absence de soutien ; éloignement familial ; deuil récent d'un proche ; perte/séparation dans l'enfance ; perte de logement ; situation irrégulière ; rupture conjugale ; placement récent des enfants ; perte d'emploi ; maltraitance parentale, négligence, victime d'abus physique ou sexuel ;

• *b)* Facteurs relatifs à la situation judiciaire et pénitentiaire : atteinte aux personnes, première détention, incidents disciplinaires en détention, rupture d'aménagement de peine ou de contrôle judiciaire, événement judiciaire, notice individuelle ;

• *c)* Facteurs sanitaires : antécédents de tentatives de suicide, antécédents familiaux de suicide ou de tentatives de suicide, addictions, signale des antécédents psychiatriques, antécédents d'automutilations, signale un problème de santé nécessitant des soins, handicap ;

• *d)* Comportement : semble manifestement délirant, en état de choc, dépressif, anxieux, triste, agressif ; se déclare spontanément suicidaire ;

• *e)* Evaluation de l'urgence : souffre au point de penser à se tuer ; flash, idées précises, brèves ou diffuses ; suicide envisagé comme possibilité ; idées fréquentes et quotidiennes ; solution principale ; acte dans un délai supérieur ou inférieur à 48 heures ; acte dans un délai immédiat ;

• *f)* Moyens envisagés : connaissance du moyen ; accessibilité immédiate du moyen ;

• *g)* Mesures à prendre et durée : mise sous surveillance spéciale pour risque suicidaire, recommandation pour le placement en cellule, rendez-vous en unité de soins, favoriser l'activité travail, contact à prendre avec indication du service à contacter ; entretien conseillé avec indication du service ;

• 5° Concernant les risques de suicide de la personne mineure détenue :

.../...

• *a)* Facteurs familiaux, sociaux et économiques: absence de soutien familial; éloignement familial; deuil récent d'un proche; perte/séparation dans l'enfance; rupture de scolarité ou de formation; rupture sentimentale; interdiction de séjour; situation irrégulière; perte d'emploi; maltraitance parentale, négligence, victime d'abus physique ou sexuel; existence d'enfants;

• *b)* Facteurs liés à la situation judiciaire et pénitentiaire: atteinte aux personnes; première détention;

• *c)* Mandat de dépôt criminel; mandat de dépôt correctionnel; incidents disciplinaires en détention en tant qu'auteur ou victime, rupture d'aménagement de peine ou de contrôle judiciaire, mention particulière dans la notice individuelle;

• *d)* Facteurs sanitaires: antécédents de tentative de suicide, antécédents familiaux de suicide ou de tentative de suicide, addictions, signale des antécédents psychiatriques, antécédents d'automutilation, signale un problème de santé nécessitant des soins, handicap;

• *e)* Comportement: présente un état de prostration ou d'agitation; ressent un sentiment de honte, de culpabilité;

• *f)* Evaluation de l'urgence: se déclare spontanément suicidaire; souffre au point de penser à se suicider; à orienter vers l'unité sanitaire en milieu pénitentiaire ou vers les services médicaux psychologiques régionaux;

• *g)* Moyens envisagés: connaissance du moyen; accessibilité immédiate du moyen;

• *h)* Mesures à prendre et durée: mise sous surveillance spéciale pour risque suicidaire, rendez-vous en unité de soins, diversifier les activités, contact à prendre avec indication de la personne à contacter; entretien conseillé avec indication du service;

• 6° Concernant la dangerosité et la vulnérabilité de la personne détenue: sous la forme d'indication oui/ non/ ne se prononce pas:

• *a)* Facteurs relatifs à la situation judiciaire: procédure correctionnelle; procédure criminelle, viol, agression sexuelle; violences graves aux personnes; actes de tortures ou de barbarie; assassinat, meurtre et tentative; criminalité organisée; terrorisme;

• *b)* Facteurs en rapport avec les antécédents pénitentiaires: a fait l'objet de détentions antérieures; a eu une peine de détention avant 18 ans; agressions physiques graves sur des personnes codétenues; agressions physiques graves sur des personnels; évasion ou tentative avec une complicité extérieure; criminalité; signalement de l'état-major de sécurité; classé DPS;

• *c)* Facteurs sanitaires: addictions *(alcool, médicaments psychotropes, drogues)*; suivi psychologique ou psychiatrique antérieur ou en cours; placement antérieur en SMPR *(services médicaux psychologiques régionaux)*; placement d'office antérieur; placement antérieur en UMD *(unités pour malades difficiles)*; tentatives de suicides; automutilations graves;

• *d)* Facteurs sociaux: instabilité dans l'emploi avant placement en détention; instabilité dans le logement; absence de visites; nie les faits objets de la condamnation ou de la détention provisoire; accepte la détention;

• *e)* Facteurs relatifs à la vulnérabilité: handicap physique; régime de protection *(tutelle, curatelle)*; profession ciblée en détention *(police, justice, politique)*; victime de violence en détention; affaire médiatisée; crime sur enfant;

• *f)* Facteurs complémentaires: procédure d'éloignement du territoire; demande d'extradition; soutien financier extérieur;

• 7° Décisions du chef de l'établissement pénitentiaire concernant une personne détenue: ensemble des décisions, par thème et par période;

• 8° Concernant la détention de la personne détenue:

• *a)* Consignes judiciaires, médicales ou pénitentiaires: prescription des autorités judiciaires, des services médicaux ou pénitentiaires, ou demande particulière de la personne détenue; mentions particulières relatives à certaines personnes détenues, régimes alimentaires spécifiques;

• *b)* Affectation en cellule: décision d'affectation de la personne détenue, historique des décisions d'affectation en cellule, avis de placement en cellule, par indication oui ou non: mention dans le recueil de sécurité de l'établissement de la personne détenue; localisation dans l'établissement, cellule d'affectation de la personne détenue, identité des personnes codétenues, description des mutations de cellule, désignation des personnes qui décident de l'affectation des personnes détenues; demande de la personne détenue d'être seule ou de ne pas être seule en cellule; nom et prénom de l'auteur de la décision, nom et prénom du rédacteur;

• *c)* Isolement: type de saisine, durée, motif du placement initial ou de la prolongation, autorité ayant pris la décision, nom de l'auteur et date de la décision;

• *d)* Observations: consignation des observations des personnels pénitentiaires, des agents de la protection judiciaire de la jeunesse, des membres de la commission pluridisciplinaire unique, des personnels de santé, de l'éducation nationale, ainsi que des agents des groupements privés chargés de missions de service public dans le cadre de la gestion déléguée ou de la mise en œuvre d'activités, spécialement habilités par le chef de l'établissement pénitentiaire;

• *e)* Fouilles des locaux et des personnes détenues: planification et rapports;

• *f)* Vestiaires: liste des effets personnels non autorisés en détention;

• *g)* Activités sportives, socioculturelles, d'enseignement, de formation professionnelle, d'insertion professionnelle et de travail des personnes détenues en établissement: désignation des activités, planification, suivi et évaluation des activités, désignation des contractants et des intervenants;

• *h)* Audience/rendez-vous/convocation/entretien: date, thème, personnes présentes, compte rendu;

• *i)* Gestion des requêtes: demande d'accès à une activité ou à une formation, demande de rendez-vous avec les services médicaux, sans précision du motif, demande de l'état du compte, par indication oui ou non: souhait de rencontrer un représentant pour l'exercice d'un culte;

• *j)* Gestion des correspondances postales: informations sur certains expéditeurs et destinataires des courriers postaux pour la mise en œuvre du Code de procédure pénale;

• *k)* Procédure contradictoire: date de convocation, de débat, de mise en œuvre et de décision, débat, motivation, décision;

• *l)* Procédure disciplinaire: mention d'antécédents disciplinaires, type d'antécédents; numéro d'affaire pénitentiaire, type de faute, date de l'événement, description des faits, rapports d'enquête et d'incident, représentation par avocat référent commis d'office ou rémunéré, argumentation en défense, décisions de la commission de discipline;

• *m)* Commission d'application des peines: date de la commission d'application des peines, mesures d'individualisation de la peine et modalités d'aménagement ainsi que nom de l'auteur de la décision, réduction de peine, crédit de réduction de peine, réduction de peine supplémentaire, conditionnelle ou exceptionnelle; permissions de sortir; obligations mises à la charge de la personne condamnée; recours;

.../...

• *n)* Gestion des visites : désignation des personnes ayant obtenu un permis de visite, désignation de l'autorité qui accorde le droit de visite, jours et heures des visites, désignation des locaux de visite et des personnes chargées de la surveillance de ces locaux ;

• *o)* Modalités d'entrée et de sortie : désignation du mouvement d'entrée/sortie, destination, date prévue et réelle d'entrée/sortie, levée d'écrou, extradition, transfert, translation judiciaire, escorte, évasion, décès, personnes prenant en charge la personne détenue lors des transfèrements ou extractions ou des hospitalisations ou des permissions de sortir : noms, prénoms, qualité, lieu de résidence de la personne qui reçoit le permissionnaire, et autorités administratives informées de ces sorties ou mesures, date de comparution devant la commission d'expulsion, mesure d'éloignement, durée d'interdiction du territoire français, date de l'arrêté d'expulsion, d'abrogation ou de relève, assigné à résidence, lieux d'assignation à résidence ;

• 9° Concernant la gestion du compte nominatif de la personne détenue :

• *a)* Montant du dépôt, liste des bijoux et valeurs ; gestion des cantines et des achats extérieurs ; liste et répartition des recettes, liste et montant des dépenses, liste des achats ;

• *b)* Saisies des éléments de paie et éléments de rémunération ;

• *c)* Gestion des droits sociaux de la personne détenue : numéro d'inscription au répertoire national des personnes physiques, complémentaire mutuelle ;

• *d)* Gestion des livrets d'épargne ouverts durant la détention, numéro du livret d'épargne, liste des mouvements sur le livret d'épargne ;

• *e)* Gestion des condamnations pécuniaires et éléments des titres exécutoires : informations relatives aux montants des prélèvements obligatoires et versements volontaires effectués ; nom, prénoms, informations bancaires relatives aux bénéficiaires ;

• *f)* Opération comptable, montant part disponible, montant pécule libération, montant parties civiles ;

• *g)* Compte bijoux : avoir bijoux, description, quantité ;

• *h)* Cantine : bons de cantines, montant total, dates de commande et de livraison ;

• *i)* Achat extérieur : désignation des produits, montant total, dates de commande et de livraison, nom des fournisseurs ;

• *j)* Blocage : désignation de la demande, date, montant ;

• *k)* Eléments de rémunération : date de début, de fin et de travail, nombre de jours et d'heures travaillés, montant de rémunération ;

• 10° Concernant les magistrats : noms, prénoms, auteur de la décision ;

• 11° Concernant les avocats :

• *a)* Nom, prénoms ;

• *b)* Nom du barreau auquel l'avocat est rattaché, adresse postale du cabinet, adresse de messagerie électronique, numéro de téléphone et numéro de télécopie du cabinet ;

• 12° Concernant les intervenants en détention :

• *a)* Nom, prénom, fonction ;

• *b)* Numéro de téléphone, adresse de messagerie électronique ;

• 13° Concernant les personnes à prévenir en cas d'incident :

• *a)* Nom, prénom, lien avec la personne détenue ;

• *b)* Adresse, coordonnées téléphoniques ;

• 14° Concernant les personnes ayant obtenu un permis de visite :

• *a)* Nom, prénom, sexe, date et lieu de naissance, nationalité, lien avec la personne détenue ;

• *b)* Type et numéro du document d'identité, autorité ayant délivré le document d'identité, date de validité ;

• *c)* Profession ;

• *d)* Désignation de l'autorité qui accorde le droit de visite, jours et heures des visites ;

• 15° Concernant les personnels mentionnés par les dispositions de l'article R. 240-5 : identifiant, informations relatives aux consultations, créations, modifications ou suppressions de données.

Article R. 240-4. – Durée de conservation des informations et données à caractère personnel – *(Décret n° 2022-479 du 30 mars 2022)*

• Les informations et données à caractère personnel sont conservées 2 ans à compter de la date de levée d'écrou, uniquement accessibles, selon les distinctions mentionnées par les dispositions de l'article R. 240-5, aux personnels habilités de la direction de l'administration pénitentiaire et des directions interrégionales des services pénitentiaires, aux personnels en charge du greffe, aux personnels en charge de la régie des comptes nominatifs et aux personnels en charge de l'encadrement.

• Tous dossiers contentieux mettant en cause la responsabilité de l'administration pénitentiaire ou engagés à l'encontre de ses agents ont pour effet la suspension des délais de conservation des informations et données à caractère personnel relatives à la personne détenue intéressée ainsi qu'aux personnes détenues ayant partagé sa cellule dans le mois du fait à l'origine du contentieux, jusqu'à l'extinction des voies de recours.

Article R. 240-5. – Accès aux informations et données à caractère personnel – *(Décret n° 2022-479 du 30 mars 2022)*

• Les personnes ou catégorie de personnes qui, à raison de leurs fonctions ou pour les besoins du service, peuvent directement accéder aux informations et données à caractère personnel enregistrées dans le traitement et strictement nécessaires à l'exercice de leurs attributions sont :

• 1° Les autorités judiciaires ainsi que les agents du greffe chargés de les assister, individuellement désignés et spécialement habilités à cet effet par les chefs de juridiction, dans le cadre de la mise à exécution des décisions judiciaires ordonnant un placement en détention ;

• 2° Les personnels habilités de la direction de l'administration pénitentiaire et des directions interrégionales des services pénitentiaires ;

• 3° Les membres de la commission pluridisciplinaire unique ;

• 4° Les membres de la commission de l'application des peines ;

• 5° Les personnels pénitentiaires en charge du greffe, individuellement désignés et spécialement habilités par le chef de l'établissement pénitentiaire, dans le cadre de la mise à exécution des décisions judiciaires ordonnant un placement en détention et de la gestion des formalités d'écrou ;

• 6° Les personnels en charge de la régie des comptes nominatifs, individuellement désignés et spécialement habilités par le chef de l'établissement, dans le cadre de la gestion du compte nominatif, des requêtes et observations ;

.../...

• 7° Les personnels pénitentiaires en charge de l'encadrement, individuellement désignés et dûment habilités par le chef d'établissement dans le cadre :

• *a)* De la mise à exécution des décisions judiciaires ordonnant un placement en détention et la gestion des formalités d'écrou ;

• *b)* De la mise en œuvre du parcours de détention, la prévention des comportements à risques, de la tenue de la commission pluridisciplinaire unique de l'établissement pénitentiaire ainsi que de la gestion des requêtes, des observations, des audiences, des rendez-vous, des visites et du courrier des personnes détenues ;

• *c)* De la gestion de l'effectif, des procédures disciplinaires, des fouilles, de l'isolement, des consignes, des régimes de détention ;

• *d)* De l'information des personnes détenues concernant les opérations comptables ;

• *e)* De la mise en œuvre des activités de réinsertion dans les domaines socioculturel et sportif, du travail, de l'enseignement et de la formation professionnelle ;

• 8° Les personnels pénitentiaires en charge de fonctions de surveillance, individuellement désignés et spécialement habilités par le chef de l'établissement, dans le cadre :

• *a)* De la gestion de la détention, des visites, des vestiaires, de l'effectif, des procédures disciplinaires, des fouilles, de l'isolement, des consignes, des régimes de détention ;

• *b)* De la mise en œuvre du parcours de détention, la prévention des comportements à risques, de la gestion des requêtes, des observations, des audiences, des rendez-vous et du courrier des personnes détenues ;

• *c)* De l'information des personnes détenues concernant les opérations comptables ;

• *d)* De la mise en œuvre des activités de réinsertion dans les domaines socioculturel et sportif, du travail, de l'enseignement et de la formation professionnelle ;

• 9° Les agents du service pénitentiaire d'insertion et de probation, individuellement désignés et spécialement habilités par le chef de l'établissement dans le cadre :

• *a)* De la mise en œuvre du parcours de détention, la prévention des comportements à risques, de la tenue de la commission pluridisciplinaire unique de l'établissement pénitentiaire ainsi que la gestion des requêtes, des observations, des audiences, des rendez-vous ;

• *b)* De la tenue de la commission de l'application des peines ;

• *c)* De la gestion de l'individualisation de la peine et de la réinsertion de la personne détenue ;

• *d)* De la mise en œuvre des activités de réinsertion dans les domaines socioculturel et sportif, du travail, de l'enseignement et de la formation professionnelle ;

• 10° Les agents des services déconcentrés du secteur public de la protection judiciaire de la jeunesse, individuellement désignés et spécialement habilités par le chef de l'établissement dans le cadre :

• *a)* De la mise en œuvre du parcours de détention, la prévention des comportements à risques, de la tenue de la commission pluridisciplinaire unique de l'établissement pénitentiaire ainsi que la gestion des requêtes, des observations, des audiences, des rendez-vous ;

• *b)* De la tenue de la commission de l'application des peines ;

• *c)* De la gestion de l'individualisation de la peine et de la réinsertion de la personne détenue ;

• *d)* De la mise en œuvre des activités de réinsertion dans les domaines socioculturel et sportif, du travail, de l'enseignement et de la formation professionnelle ;

• 11° Les agents de l'éducation nationale, individuellement désignés et spécialement habilités par le chef de l'établissement dans le cadre :

• *a)* De la mise en œuvre des activités de réinsertion dans les domaines de l'enseignement et de la formation professionnelle ;

• *b)* De la gestion des requêtes et observations ;

• 12° Les personnels des groupements privés agissant dans le cadre de la gestion déléguée, individuellement désignés et spécialement habilités par le chef de l'établissement dans le cadre :

• *a)* De la mise en œuvre des activités de réinsertion dans les domaines socioculturel et sportif, du travail et de la formation professionnelle ;

• *b)* De la gestion de l'entretien et de la maintenance des établissements ;

• *c)* De la gestion des requêtes et observations ;

• *d)* De la gestion des cantines et achats extérieurs de la personne détenue ;

• *e)* Des activités d'hôtellerie et de restauration ;

• *f)* De la gestion des visites ;

• 13° Les personnels des entreprises privées agissant dans le cadre de la gestion d'activités, individuellement désignés et spécialement habilités par le chef de l'établissement dans le cadre :

• *a)* De la mise en œuvre des activités de réinsertion dans les domaines socioculturel et sportif, du travail et de la formation professionnelle ;

• *b)* De la gestion des requêtes et observations ;

• 14° Les personnels sanitaires des unités sanitaires en milieu pénitentiaire *(USMP)*, des services médicaux psychologiques régionaux *(SMPR)*, des unités hospitalières sécurisées interrégionales *(UHSI)*, des unités hospitalières spécialement aménagées *(UHSA)* et de l'établissement public de santé national de Fresnes, individuellement désignés et spécialement habilités par le chef de l'établissement dans le cadre de la mise en œuvre du parcours de détention, de la prévention des comportements à risques, de la tenue de la commission pluridisciplinaire unique de l'établissement pénitentiaire ainsi que de la gestion des requêtes, des observations, des audiences et des rendez-vous ;

• 15° Les magistrats et personnels de la direction des affaires criminelles et des grâces individuellement désignés et dûment habilités, dans le cadre de la mise à exécution des décisions judiciaires ordonnant un placement en détention.

Article R. 240-6. – Autres destinataires des informations et données à caractère personnel – *(Décret n° 2022-479 du 30 mars 2022)*

• Peuvent être destinataires dans le cadre de leurs attributions, dans la limite du besoin d'en connaître et dans les conditions définies ci-après, des informations et données à caractère personnel contenues dans le traitement :

• 1° Les autorités judiciaires ainsi que les agents individuellement désignés et spécialement habilités par le chef de juridiction, pour les données suivantes : identité ; compte rendu de la commission pluridisciplinaire unique ; gestion des condamnations pécuniaires et éléments des titres exécutoires ; procédure disciplinaire, isolement et visites ;

• 2° Le préfet de département dans lequel se situe l'établissement pénitentiaire :

…/…

• *a)* Pour l'ensemble des personnes détenues, en ce qui concerne les informations nécessaires à la mise en œuvre des mesures de garde et d'escorte ;

• *b)* Pour toute personne de nationalité étrangère faisant ou pouvant faire l'objet d'une mesure d'éloignement, en ce qui concerne les informations relatives à l'identité, la filiation, la catégorie pénale, le nombre de titres d'identité, le type de procédure, la situation de famille, l'adresse en France et à l'étranger et la date de libération de cette personne ;

• *c)* Pour les éléments de signalisation relatifs à la personne détenue et les renseignements concernant le déroulement des permissions de sortir, y compris l'identité de la personne accueillant le permissionnaire ;

• 3° L'avocat de la personne détenue, pour les informations relatives aux procédures disciplinaires, contradictoires, et à l'isolement ;

• 4° Les assesseurs, pour les informations relatives aux procédures disciplinaires ;

• 5° Les maires, dans le cadre des modifications de l'état civil et des démarches administratives des personnes détenues, en ce qui concerne les informations relatives à l'identité et au lieu de détention ;

• 6° Les autorités de la police nationale et de la gendarmerie nationale :

• *a)* Du lieu de détention et du lieu où doit se dérouler une permission de sortir, pour les éléments de signalisation relatifs à la personne détenue et les renseignements concernant le déroulement de la mesure, y compris l'identité de la personne accueillant le permissionnaire ;

• *b)* Chargées des prélèvements biologiques destinés à permettre l'identification par les empreintes génétiques en application de l'article 706-56 du Code de procédure pénale ;

• 7° Les personnels individuellement désignés et spécialement habilités relevant de l'autorité militaire, en ce qui concerne les informations relatives à l'identité, la filiation, la catégorie pénale, le lieu de détention et la date de libération de tout militaire ;

• 8° Le service du casier judiciaire national pour les dates de l'expiration des peines privatives de liberté et d'exécution des contraintes judiciaires ;

• 9° Les personnels individuellement désignés et spécialement habilités relevant de l'organisme chargé du service national territorialement compétent, en ce qui concerne les informations relatives à l'identité, la filiation, le lieu de détention et la date de libération, pour tout Français âgé de 16 à 25 ans ;

• 10° Les consulats et ambassades dans le cadre des démarches administratives des personnes détenues étrangères et dans les conditions prévues par les conventions internationales, en ce qui concerne les informations relatives à l'identité et au lieu de détention ;

• 11° Les juridictions étrangères et les gouvernements étrangers dans le cadre de la procédure d'extradition, d'un mandat d'arrêt européen ou d'une remise temporaire ainsi que pour les consignes judiciaires, médicales ou pénitentiaires ;

• 12° Les agents de Pôle emploi ainsi que, pour les jeunes majeurs de moins de 26 ans, les missions locales, dans le cadre du retour à l'emploi des personnes détenues, pour les informations suivantes : nom, prénom, numéro d'écrou, catégorie administrative du quartier d'affectation, document d'identité et date de validité, date prévisible de permission de sortir, de libération ou d'aménagement de peine ;

• 13° La Banque de France, pour la tenue du livret et des comptes bancaires de la personne détenue ainsi que le paiement des créances ;

• 14° Le titulaire de l'autorité parentale, pour les informations relatives à la mise sous écrou du mineur dont ils ont la charge, en ce qui concerne les données enregistrées au titre de la gestion du compte nominatif et de la mise en œuvre des activités de réinsertion, ainsi que les informations relatives aux procédures disciplinaires ;

• 15° Les directeurs régionaux des finances publiques, dans le cadre de leur mission de recette et de contrôle de la régie des comptes nominatifs, en ce qui concerne les données enregistrées au titre de la gestion du compte nominatif ;

• 16° Les services des douanes, dans le cadre de leurs actions de recouvrement, en ce qui concerne les informations relatives à l'identité et au lieu de détention ;

• 17° Les hôpitaux de rattachement des unités sanitaires en milieu pénitentiaire *(USMP)*, des services médicaux psychologiques régionaux *(SMPR)*, des unités hospitalières sécurisées interrégionales *(UHSI)*, des unités hospitalières spécialement aménagées *(UHSA)* et de l'établissement public de santé national de Fresnes, en ce qui concerne les informations relatives à l'identité, sexe, numéro d'écrou, numéro de sécurité sociale, lieu de détention, dans le cadre de la distribution de médicaments ;

• 18° Les services de sécurité sociale, dans le cadre de l'affiliation obligatoire aux assurances maladie et maternité du régime général de la sécurité sociale et des versements d'indemnités journalières, pour les informations suivantes : nom, prénom, nationalité, date et lieu de naissance, situation familiale, numéro d'inscription au répertoire national des personnes physiques, situation irrégulière, adresse avant placement en détention, lieu de détention ;

• 19° Les caisses d'allocations familiales, pour les informations suivantes : nom, prénom, nationalité, date et lieu de naissance, situation familiale, adresse avant placement en détention, lieu de détention :

• *a)* Pour le versement des allocations à la personne qui assume la charge effective et permanente de l'enfant ;

• *b)* Pour le versement d'allocations aux personnes bénéficiaires ;

• 20° Les organismes de formation, pour les informations suivantes : nom, prénom, profession avant le placement en détention, formation professionnelle, qualification professionnelle, type de contrat de travail avant l'écrou, durée du dernier emploi, expérience, contrat d'apprentissage, validation des acquis de l'expérience en cours ;

• 21° Les institutions de retraite et organismes de prévoyance, pour les informations suivantes : nom, prénom, nationalité, date et lieu de naissance, situation familiale, adresse avant placement en détention, lieu de détention :

• *a)* Dans le cadre de la déclaration annuelle des données sociales ;

• *b)* Dans le cadre du versement des retraites.

Article R. 240-7. – Droits d'information, d'accès, de rectification ... – *(Décret n° 2022-479 du 30 mars 2022)*

• Conformément aux dispositions des articles 104 à 106 de la loi n° 78-17 du 6 janvier 1978 relative à l'informatique, aux fichiers et aux libertés, les droits d'information, d'accès, de rectification, d'effacement et de limitation des données s'exercent directement auprès du chef de l'établissement pénitentiaire.

• Les droits d'accès, de rectification et d'effacement peuvent faire l'objet de restrictions en application des dispositions des 2° et 3° du II et du III de l'article 107 de la même loi, lorsqu'ils portent sur les données suivantes :

• 1° Dates prévues des transferts et extractions ;

• 2° Prescriptions d'origine judiciaire ou pénitentiaire relatives à la prise en charge et au régime de détention de la personne détenue ;

.../...

• 3° Désignation des locaux de l'établissement ;
• 4° Description des mouvements des personnes détenues.
• La personne soumise à ces restrictions exerce ses droits auprès de la Commission nationale de l'informatique et des libertés dans les conditions prévues par les dispositions de l'article 108 de la même loi.

Article R. 240-8. – Droit d'opposition – *(Décret n° 2022-479 du 30 mars 2022)*
• Le droit d'opposition prévu par les dispositions de l'article 110 de la loi n° 78-17 du 6 janvier 1978 ne s'applique pas au présent traitement.

Article R. 240-9. – Consultations, créations, modifications ou suppressions de données ... – *(Décret n° 2022-479 du 30 mars 2022)*
• Les consultations, créations, modifications ou suppressions de données font l'objet d'un enregistrement comprenant l'identifiant de leur auteur ainsi que la date, l'heure et l'objet de l'opération. Ces informations sont conservées pendant un délai de 3 ans.

LIVRE III
DROITS ET OBLIGATIONS DES PERSONNES DÉTENUES

TITRE Ier : ACCÈS AU DROIT

CHAPITRE Ier

Accès à l'information

Section 1 : Dispositions générales

Article R. 311-1. – Règlement intérieur – *(Décret n° 2022-479 du 30 mars 2022)*
• Le règlement intérieur de l'établissement pénitentiaire, défini aux articles L. 112-4 et R. 112-22, est tenu à la disposition des personnes détenues qui en font la demande.

Article R. 311-2. – Certificat de présence en établissement pénitentiaire – *(Décret n° 2022-479 du 30 mars 2022)*
• Il est délivré à chaque personne détenue qui en fait la demande, au cours de sa détention, au moment de sa libération, ou après sa libération, un certificat attestant sa présence ou la durée de sa présence en établissement pénitentiaire sans en préciser le motif. Le certificat mentionne, s'il y a lieu, l'affiliation de la personne intéressée à la sécurité sociale et ne comporte aucune appréciation sur elle.

Article R. 311-3. – Consultation documents – *(Décret n° 2022-479 du 30 mars 2022)*
• Toute personne détenue a le droit de consulter, dans un local permettant d'en garantir la confidentialité, les documents mentionnant le motif de son écrou, déposés, dès son arrivée ou en cours de détention, au greffe de l'établissement pénitentiaire.

Article R. 311-4. – Notice – *(Décret n° 2022-479 du 30 mars 2022)*
• Le greffe de l'établissement pénitentiaire tient une notice sur laquelle sont inscrites la nature de chaque document mentionné par les dispositions des articles R. 311-3 et R. 331-1 ainsi que les dates de sa remise, de sa consultation et de sa restitution par la personne détenue.

Article R. 311-5. – Recueil d'observations, suggestions et informations – *(Décret n° 2022-479 du 30 mars 2022)*
• Le chef de l'établissement pénitentiaire et le personnel assurent par les moyens les plus appropriés l'information des personnes détenues et recueillent les observations et suggestions que celles-ci présentent.

Section 2 : Notifications aux personnes détenues

Sous-section 1 : Par le chef de l'établissement pénitentiaire

Article D. 311-6. – Notification – *(Décret n° 2022-479 du 30 mars 2022)*
• Conformément aux dispositions de l'article D. 46-2 du Code de procédure pénale, la notification valant signification mentionnée à l'article L. 311-2 peut être réalisée par tout fonctionnaire placé sous l'autorité du chef de l'établissement pénitentiaire et désigné par lui à cette fin.

Article D. 311-7. – Saisine de la commission – Évaluation de la dangerosité – *(Décret n° 2022-479 du 30 mars 2022)*
• Conformément aux dispositions des articles D. 49-81-2 et D. 49-81-4 du Code de procédure pénale, lorsqu'est mise en œuvre la procédure prévue par les dispositions de l'article 720-5 du même code relative à l'exécution d'une période de sûreté assortissant une condamnation pour actes de terrorisme, le chef de l'établissement pénitentiaire notifie à la personne condamnée intéressée l'avis rendu par la commission, ainsi que les conclusions du collège d'experts médicaux, mentionnés à ce même article.

Article D. 311-8. – Audition – Dispositif de télécommunication audiovisuelle – J.L.D. – Ordonnance – *(Décret n° 2022-479 du 30 mars 2022)*
• Lorsqu'une personne prévenue est entendue par le juge des libertés et de la détention au moyen d'un dispositif de télécommunication audiovisuelle, le chef de l'établissement pénitentiaire reçoit, par télécopie ou par un moyen de communication électronique, l'ordonnance prise par ce magistrat et la notifie à la personne intéressée selon les formes prévues par les dispositions de l'article D. 47-12-4 du Code de procédure pénale.

.../...

Sous-section 2 : Par le greffe

Article R. 311-9. – Personne détenue de nationalité étrangère – Bulletin de notification – *(Décret n° 2022-479 du 30 mars 2022)*

• Dans les conditions et selon les formes prévues par les dispositions de l'article R. 632-5 du Code de l'entrée et du séjour des étrangers et du droit d'asile, le greffe de l'établissement pénitentiaire remet à chaque personne détenue de nationalité étrangère convoquée devant la commission d'expulsion le bulletin de notification prévu par les dispositions de l'article R. 632-3 du même code.

Article R. 311-10. – Reproductions des copies de pièces ou actes – Procédure d'instruction – *(Décret n° 2022-479 du 30 mars 2022)*

• Les reproductions des copies de pièces ou actes d'une procédure d'instruction que l'avocat d'une personne détenue transmet à cette dernière en application des dispositions de l'article 114 du Code de procédure pénale doivent être adressées au greffe de l'établissement pénitentiaire par envoi recommandé avec demande d'avis de réception ou par remise directe contre récépissé.

Article R. 311-11. – Greffe établissement pénitentiaire – Remise des documents à la personne détenue – *(Décret n° 2022-479 du 30 mars 2022)*

• Dans les 3 jours ouvrables suivant la réception des documents, le greffe de l'établissement pénitentiaire les remet à la personne détenue intéressée après lui avoir donné connaissance des dispositions du 6e alinéa de l'article 114 et de l'article 114-1 du Code de procédure pénale. La personne détenue atteste par écrit avoir pris connaissance de ces dispositions.

• Cette attestation ainsi que la notification écrite de remise des pièces à la personne détenue sont transmises dans les meilleurs délais au juge d'instruction et à l'avocat de la personne intéressée.

Article R. 311-12. – Remise de reproductions à une partie – *(Décret n° 2022-479 du 30 mars 2022)*

• Par dérogation aux dispositions de l'article R. 311-11, le juge d'instruction saisi d'une demande de remise de reproductions à une partie, en application des dispositions de l'article 114 du Code de procédure pénale, peut subordonner l'autorisation de remise à la condition que ces documents soient conservés au greffe de l'établissement pénitentiaire sous réserve du droit de la personne détenue de les consulter selon les modalités définies par les dispositions de l'article R. 311-13.

• Cette décision est notifiée à l'avocat conformément aux dispositions de l'article 114 du Code de procédure pénale.

• Le juge d'instruction en informe sans délai l'établissement pénitentiaire. En outre, même lorsque le juge d'instruction n'a pas prescrit de conditions particulières de remise des pièces, les documents sont conservés au greffe de l'établissement pénitentiaire lorsque la personne détenue le demande et après qu'elle les a consultés.

Article R. 311-13. – Sollicitation pour consultation – Reproductions des pièces ou actes de la procédure d'instruction – *(Décret n° 2022-479 du 30 mars 2022)*

• Lorsqu'il a été fait application des dispositions de l'article R. 311-12, la personne détenue peut à tout moment solliciter la consultation des reproductions des pièces ou actes de la procédure d'instruction auprès du chef de l'établissement pénitentiaire. Ce dernier organise cette consultation dans les 3 jours ouvrables suivant la demande, sous réserve des exigences du bon fonctionnement de l'établissement pénitentiaire.

• La consultation est organisée dans un local permettant d'en garantir la confidentialité. À l'issue de la consultation, les documents sont restitués au greffe de l'établissement.

• Ces documents sont remis à la personne détenue à sa libération. Ils lui sont également restitués lorsque l'information est définitivement terminée.

CHAPITRE II

Points d'accès au droit et domiciliation

Article R. 312-1. – Points d'accès au droit – *(Décret n° 2022-479 du 30 mars 2022)*

• Des dispositifs d'accès au droit sous forme de permanences et de consultations juridiques gratuites, dénommés « points d'accès au droit «, sont mis en place au sein des établissements pénitentiaires par les conseils départementaux de l'accès au droit en concertation avec les chefs d'établissement pénitentiaire et les directeurs des services pénitentiaires d'insertion et de probation.

Article R. 312-2. – Permanences et consultations – Information juridique – *(Décret n° 2022-479 du 30 mars 2022)*

• Ces permanences et consultations visent à répondre à toute demande d'information juridique de la part des personnes détenues, à l'exception de celles relatives à l'affaire pénale pour laquelle la personne est détenue, à l'exécution de sa peine ou pour laquelle un avocat est déjà saisi.

CHAPITRE III

Garantie des droits de la défense

Section 1 : Représentation

Article R. 313-1. – Représentation ou assistance – Conseil ou mandataire – *(Décret n° 2022-479 du 30 mars 2022)*

• Lorsqu'il est envisagé de prendre une décision individuelle défavorable à la personne détenue qui doit être motivée conformément aux dispositions des articles L. 211-2 et L. 211-3 du Code des relations entre le public et l'administration, la personne détenue peut se faire représenter ou assister par un conseil ou, dans les conditions prévues par les dispositions des articles R. 313-2 à R. 313-8 et R. 313-11 et à l'exception des décisions intervenant en matière disciplinaire ou en matière d'isolement, par un mandataire de son choix.

../...

Article R. 313-2. – Délai préparation observations – *(Décret n° 2022-479 du 30 mars 2022)*

• Pour l'application des dispositions de l'article L. 122-1 du Code des relations entre le public et l'administration aux décisions mentionnées par les dispositions de l'article R. 313-1, la personne détenue dispose d'un délai pour préparer ses observations qui ne peut être inférieur à 3 heures à partir du moment où elle est mise en mesure de consulter les éléments de la procédure, en présence de son avocat ou du mandataire agréé, si elle en fait la demande.

• L'autorité compétente peut décider de ne pas communiquer à la personne détenue, à son avocat ou au mandataire agréé les informations ou documents en sa possession qui contiennent des éléments pouvant porter atteinte à la sécurité des personnes ou des établissements pénitentiaires.

Article R. 313-3. – Mandataire – *(Décret n° 2022-479 du 30 mars 2022)*

• Le mandataire prévu par les dispositions de l'article L. 122-1 du Code des relations entre le public et l'administration peut être:

• 1° Soit le titulaire d'un permis de visite;

• 2° Soit le titulaire d'un agrément préalable.

Article R. 313-4. – Délivrance copie des pièces – *(Décret n° 2022-479 du 30 mars 2022)*

• Pour l'exécution du mandat qui lui a été donné par la personne détenue, le mandataire peut demander la délivrance de la copie des pièces qui ont été communiquées à cette dernière.

Article R. 313-5. – Conditions – Délivrance agrément – *(Décret n° 2022-479 du 30 mars 2022)*

• Toute personne peut solliciter la délivrance de l'agrément mentionné par les dispositions de l'article R. 313-3 si elle remplit les conditions suivantes:

• 1° Ne pas être détenue;

• 2° Jouir de ses droits civils et politiques;

• 3° Ne pas avoir fait l'objet d'une condamnation, incapacité ou déchéance mentionnée sur le bulletin n° 2 du casier judiciaire;

• 4° Ne pas exercer une activité professionnelle, à quelque titre que ce soit, au sein d'un service relevant du ministère de la justice;

• 5° S'il s'agit d'une personne de nationalité étrangère, être en situation régulière sur le territoire français.

Article R. 313-6. – Autorité compétente – Délivrance agrément – *(Décret n° 2022-479 du 30 mars 2022)*

• Le directeur interrégional des services pénitentiaires est l'autorité compétente pour se prononcer sur la demande d'agrément, sur proposition du chef d'établissement pénitentiaire qui procède à son instruction et veille notamment à ce que celle-ci n'ait pas pour but de contourner les règles régissant l'exercice des droits de visite. Le directeur interrégional des services pénitentiaires peut, préalablement à la délivrance de l'agrément, faire diligenter une enquête administrative dans les conditions prévues par les dispositions du décret n° 2005-1124 du 6 septembre 2005.

• Lorsqu'il a été choisi par une personne placée en détention provisoire, le mandataire agréé doit solliciter également la délivrance de l'autorisation prévue par les dispositions de l'article 145-4 du Code de procédure pénale.

Article R. 313-7. – Validité de l'agrément – *(Décret n° 2022-479 du 30 mars 2022)*

• L'agrément est valable pour une période de 2 ans, renouvelable, et permet à son titulaire d'exécuter dans les conditions prévues par les dispositions de l'article R. 313-11 des missions d'assistance ou de représentation qui lui sont confiées par des personnes détenues dans un ou plusieurs établissements pénitentiaires relevant d'une même direction interrégionale.

• Un mandataire, préalablement bénéficiaire d'un agrément en cours de validité, peut, à sa demande, être autorisé par le directeur interrégional des services pénitentiaires d'une autre région pénitentiaire à accomplir des missions d'assistance ou de représentation, dans les conditions prévues par les dispositions de l'article R. 313-11, dans un ou plusieurs établissements pénitentiaires situés dans son ressort. Cette autorisation est valable dans le ou les établissements désignés, jusqu'à la date d'expiration de l'agrément en cours.

Article R. 313-8. – Retrait de l'agrément – *(Décret n° 2022-479 du 30 mars 2022)*

• Le directeur interrégional des services pénitentiaires est tenu de retirer l'agrément lorsque le procureur de la République en fait la demande écrite.

• Il peut en outre retirer l'agrément par décision motivée prise au vu d'un rapport du chef de l'établissement pénitentiaire, notamment en cas de manquement par un mandataire aux règles relatives à la sécurité et au bon ordre de l'établissement.

• En cas d'urgence et pour des motifs graves, le chef d'établissement peut suspendre provisoirement l'agrément du mandataire, dans l'attente de la décision du directeur interrégional. La durée de suspension provisoire ne peut excéder deux mois.

Article D. 313-9. – Affichage tableau des avocats – *(Décret n° 2022-479 du 30 mars 2022)*

• Pour l'exercice du choix de leur défenseur par les personnes détenues, le tableau des avocats inscrits dans les barreaux du département est affiché au greffe de l'établissement pénitentiaire et tenu à la disposition des personnes détenues.

Section 2: Confidentialité des échanges

Article R. 313-10. – Confidentialité des entretiens – *(Décret n° 2022-479 du 30 mars 2022)*

• La confidentialité des entretiens des personnes détenues avec les officiers publics ou ministériels et les auxiliaires de justice est assurée lorsque le procureur de la République atteste que la nature des intérêts en cause justifie le secret de la communication. Cette attestation est jointe à la demande de permis de communiquer.

Article R. 313-11. – Agrément du mandataire – *(Décret n° 2022-479 du 30 mars 2022)*

• L'agrément du mandataire emporte le bénéfice de la confidentialité des entretiens et de la correspondance entre le mandataire agréé et la personne détenue qui l'a désigné ainsi que l'attribution au mandataire d'un titre d'accès à la détention pour l'exercice de sa mission.

.../...

Article R. 313-12. – Entretien avec avocat – *(Décret n° 2022-479 du 30 mars 2022)*
• Les personnes prévenues s'entretiennent avec leur avocat dans un parloir spécial garantissant la confidentialité de l'échange. Elles correspondent avec lui, de manière confidentielle, par téléphone et par courrier.

Article D. 313-13. – Conditions des entretiens – *(Décret n° 2022-479 du 30 mars 2022)*
• Conformément aux dispositions de l'article D. 594-3 du Code de procédure pénale, les entretiens en lien direct avec un interrogatoire ou une audience et qui interviennent dans les locaux des établissements pénitentiaires entre une personne détenue et son avocat se tiennent dans des conditions qui en garantissent la confidentialité.

Section 3 : Relations des personnes détenues avec leur avocat

Article R. 313-14. – Permis de communiquer – *(Décret n° 2022-479 du 30 mars 2022)*
• Pour les personnes condamnées, le permis de communiquer est délivré aux avocats :
• 1° Par le juge de l'application des peines ou son greffier pour l'application des dispositions des articles 712-6, 712-7 et 712-8 du Code de procédure pénale ;
• 2° Par le chef de l'établissement pénitentiaire dans les autres cas.
• Pour les personnes prévenues, le permis est délivré aux avocats par le magistrat chargé du dossier de la procédure.

Article R. 313-15. – Libre communication – *(Décret n° 2022-479 du 30 mars 2022)*
• La communication se fait verbalement ou par écrit. Aucune sanction ni mesure ne peut supprimer ou restreindre la libre communication de la personne détenue avec son conseil.

Article R. 313-16. – Contrôle ou retenue des correspondances – *(Décret n° 2022-479 du 30 mars 2022)*
• Le contrôle ou la retenue des correspondances entre les personnes détenues et leur conseil ne peut intervenir s'il peut être constaté sans équivoque que celles-ci sont réellement destinées au conseil ou proviennent de lui.

Article D. 313-17. – Interdiction temporaire de communiquer – *(Décret n° 2022-479 du 30 mars 2022)*
• Conformément aux dispositions de l'article D. 56 du Code de procédure pénale, l'interdiction temporaire de communiquer à laquelle les personnes détenues peuvent être soumises en application des dispositions de l'article 145-4 du même code ne s'applique pas à l'avocat des personnes prévenues.

CHAPITRE IV

Requêtes et plaintes auprès du chef de l'établissement pénitentiaire

Article R. 314-1. – Requêtes ou plaintes – *(Décret n° 2022-479 du 30 mars 2022)*
• Toute personne détenue peut présenter des requêtes ou des plaintes au chef de l'établissement pénitentiaire qui lui accorde audience si elle invoque un motif suffisant.

CHAPITRE V

Accès au juge

Section 1 : Dispositions générales

Article D. 315-1. – Relevé de constatations techniques – *(Décret n° 2022-479 du 30 mars 2022)*
• Après utilisation d'un moyen de télécommunication audiovisuelle pour la comparution des personnes détenues depuis l'établissement pénitentiaire en application des dispositions de l'article 706-71 du Code de procédure pénale, un relevé de constatations techniques est dressé et signé par un fonctionnaire pénitentiaire désigné par le chef de l'établissement, sous la forme d'un procès-verbal, dans les conditions prévues par les dispositions de l'article D. 47-12-6 du même code.

Sous-section 1 : Recours administratifs

Article R. 315-2. – Recours hiérarchique – *(Décret n° 2022-479 du 30 mars 2022)*
• Toute personne détenue à laquelle une décision administrative a fait grief peut former, conformément aux dispositions des articles L. 411-1 à L. 411-7 du Code des relations entre le public et l'administration, un recours hiérarchique :
• 1° Auprès du directeur interrégional des services pénitentiaires si la décision émane du chef de l'établissement pénitentiaire ;
• 2° Auprès du garde des sceaux, ministre de la justice, si la décision émane du directeur interrégional des services pénitentiaires.
• Ce recours n'est pas suspensif.

Sous-section 2 : Modalités des recours par l'intermédiaire du chef de l'établissement pénitentiaire

Article R. 315-3. – Personnes détenues de nationalité étrangère – Demande d'annulation d'une décision – *(Décret n° 2022-479 du 30 mars 2022)*
• Conformément aux dispositions combinées des articles R. 776-19 et R. 776-31 du Code de justice administrative, les personnes détenues de nationalité étrangère demandant au tribunal administratif l'annulation d'une décision portant obligation de quitter le territoire français, d'une décision relative au délai de départ volontaire, d'une interdiction de retour sur le territoire français, d'une décision fixant le pays de renvoi ou d'une décision d'assignation à résidence peuvent déposer leur requête auprès du chef de l'établissement pénitentiaire, qui transmet la requête sans délai et par tous moyens au président du tribunal administratif.

.../...

Article R. 315-4. – Question prioritaire de constitutionnalité – *(Décret n° 2022-479 du 30 mars 2022)*
• Les conditions dans lesquelles les personnes détenues peuvent présenter, à l'appui d'une demande qui peut être formée par remise au chef de l'établissement pénitentiaire, une question prioritaire de constitutionnalité sont déterminées par les dispositions de l'article R. * 49-24 du Code de procédure pénale.

Article D. 315-5. – Déclaration d'appel – Personne détenue – *(Décret n° 2022-479 du 30 mars 2022)*
• La déclaration d'appel formée par une personne détenue en application des dispositions de l'article 503 du Code de procédure pénale est transmise par le chef de l'établissement pénitentiaire au greffe de la juridiction ayant rendu la décision attaquée dans le délai prévu par les dispositions de l'article D. 45-26 du même code.

Article D. 315-6. – Requête – Personne détenue – *(Décret n° 2022-479 du 30 mars 2022)*
• Conformément aux dispositions de l'article D. 49-11 du Code de procédure pénale, les personnes détenues peuvent déposer une requête tendant au prononcé ou à la modification d'une mesure relevant de la compétence du juge ou du tribunal de l'application des peines, au moyen d'une déclaration auprès du chef de l'établissement pénitentiaire, dans les conditions prévues par les dispositions de l'article 148-7 du même code.

Section 2 : Dispositions applicables aux personnes prévenues

Article D. 315-7. – Requête – Personnes prévenues – Examen ensemble de la procédure – *(Décret n° 2022-479 du 30 mars 2022)*
• Les personnes prévenues peuvent déposer une requête tendant à l'examen de l'ensemble de la procédure par la chambre de l'instruction au moyen d'une déclaration auprès du chef de l'établissement pénitentiaire, dans les conditions prévues par les dispositions de l'article D. 43-4 du Code de procédure pénale, et sont informées de la décision de la chambre de l'instruction par le chef de l'établissement, selon les formes prévues par les dispositions du même article.

Section 3 : Recours judiciaire visant à garantir le droit au respect de la dignité en détention

Article R. 315-8. – Recours – Information – *(Décret n° 2022-479 du 30 mars 2022)*
• Conformément aux dispositions de l'article R. 249-18 du Code de procédure pénale, le chef de l'établissement pénitentiaire prend toutes dispositions pour informer les personnes détenues de la possibilité de former un recours sur le fondement de l'article 803-8 du même code, tendant à ce qu'il soit mis fin à des conditions de détention contraires à la dignité de la personne humaine.

Article R. 315-9. – Personnes détenues – Déclaration – *(Décret n° 2022-479 du 30 mars 2022)*
• Les personnes détenues peuvent, au moyen d'une déclaration auprès du chef de l'établissement pénitentiaire :
• 1° Former le recours judiciaire prévu par les dispositions de l'article 803-8 du Code de procédure pénale, dans les conditions et selon les formes prévues par les dispositions des articles R. 249-19 et R. 249-20 du même code ;
• 2° Interjeter appel d'une décision prise en application des dispositions de l'article 803-8 du même code, dans les conditions et selon les formes prévues par les dispositions de l'article 503 du même code.

Article R. 315-10. – Conditions de détention – Respect de la dignité de la personne – *(Décret n° 2022-479 du 30 mars 2022)*
• Pour l'application des dispositions de l'article 803-8 du Code de procédure pénale, les règles relatives à la compétence et aux modalités de saisine du juge, à la recevabilité de la requête et à l'examen des conditions de détention, à la décision sur le bien-fondé de la requête et à la mise œuvre de mesures correctives par l'administration pénitentiaire, à la décision du juge, à l'audition du requérant et aux voies de recours sont fixées par les dispositions des articles R. 249-17 à R. 249-41 du même code.
• Si le juge compétent estime recevable la requête, il demande au chef de l'établissement pénitentiaire de lui transmettre des observations écrites et toute pièce permettant d'apprécier les conditions de détention, conformément aux dispositions de l'article R. 249-23 du même code :
• Si le juge compétent estime que la requête est fondée :
• 1° L'administration pénitentiaire prend toute mesure qui lui parait appropriée pour mettre fin aux conditions de détention en cause, conformément aux dispositions de l'article R. 249-28 du Code de procédure pénale ;
• 2° Si le juge considère qu'il n'a pas été mis fin aux conditions indignes de détention par l'administration pénitentiaire, il prend l'une des décisions prévues par les 1° à 3° du II de l'article 803-8 du même code, dans les conditions prévues par les dispositions des articles R. 249-32 et R. 249-33 du même code.

TITRE II : HYGIÈNE, SANTÉ ET PROTECTION SOCIALE

CHAPITRE Ier

Mesures d'hygiène

Section 1 : Salubrité et propreté des locaux de détention

Article R. 321-1. – Conditions sanitaires de détention – *(Décret n° 2022-479 du 30 mars 2022)*
• Chaque personne est détenue dans des conditions satisfaisantes d'hygiène et de salubrité, tant en ce qui concerne l'aménagement et l'entretien des bâtiments, le fonctionnement des services économiques et l'organisation du travail, que l'application des règles de propreté individuelle et la pratique des exercices physiques.

Article R. 321-2. – Exigences sanitaires dans les locaux de détention – *(Décret n° 2022-479 du 30 mars 2022)*
• Les locaux de détention et, en particulier, ceux qui sont destinés au logement des personnes détenues, doivent répondre aux exigences de l'hygiène, compte tenu du climat, quant au cubage d'air, à l'éclairage, au chauffage et à l'aération.

.../...

Article R. 321-3. – Éclairage et propreté des locaux de détention – *(Décret n° 2022-479 du 30 mars 2022)*

• Dans tout local où les personnes détenues séjournent, les fenêtres doivent être suffisamment grandes pour que celles-ci puissent lire et travailler à la lumière naturelle. L'agencement de ces fenêtres doit permettre l'entrée d'air frais. La lumière artificielle doit être suffisante pour permettre aux personnes détenues de lire ou de travailler sans altérer leur vue.

• Les installations sanitaires doivent être propres et décentes. Elles doivent être réparties d'une façon convenable et leur nombre proportionné à l'effectif des personnes détenues.

• Lorsqu'une cellule est occupée par plus d'une personne, un aménagement approprié de l'espace sanitaire est réalisé en vue d'assurer la protection de l'intimité des personnes détenues.

Article R. 321-4. – Entretien des locaux et interdictions – *(Décret n° 2022-479 du 30 mars 2022)*

• Chaque personne détenue en capacité physique de le faire entretient sa cellule ou la place qui lui est réservée dans un état constant de propreté, et fait son lit. À cet effet, l'administration pénitentiaire lui fournit les produits et objets de nettoyage nécessaires.

• Les locaux communs et les lieux à usage collectif sont nettoyés chaque jour, en tant que de besoin, par les personnes détenues du service général.

• Il est interdit:

• 1° De jeter des détritus ou tout autre objet par les fenêtres, dans les toilettes et lavabos des cellules, dans les coursives, couloirs de circulation et autres locaux;

• 2° D'obstruer les bouches de ventilation, aération, chauffage;

• 3° De dégrader ou salir les cellules et les espaces communs.

Section 2: Hygiène personnelle des personnes détenues

Article R. 321-5. – Propreté de la personne détenue – *(Décret n° 2022-479 du 30 mars 2022)*

• La propreté est exigée de toute personne détenue.

• Les produits de la trousse de toilette remise à l'arrivée de toute personne détenue entrante sont renouvelés, selon des modalités déterminées par le chef de l'établissement pénitentiaire et au moins tous les mois, pour les personnes détenues dont les ressources sont insuffisantes, lorsqu'elles en font la demande.

• Chaque personne détenue doit pouvoir se doucher au moins trois fois par semaine. Dans toute la mesure du possible, elle doit pouvoir se doucher après les séances de sport, le travail et la formation professionnelle.

• Chaque personne détenue doit pouvoir effectuer une promenade d'au moins une heure à l'air libre par jour.

• Chaque personne détenue doit disposer d'un lit individuel et d'une literie appropriée, entretenue convenablement et renouvelée de façon à en assurer la propreté. La literie ayant servi à une personne détenue ne peut être réutilisée sans avoir été préalablement nettoyée ou désinfectée, selon le cas.

Article R. 321-6. – Vêtements et rechanges – *(Décret n° 2022-479 du 30 mars 2022)*

• Les vêtements et sous-vêtements laissés ou fournis aux personnes détenues sont appropriés au climat et à la saison. Ils sont maintenus propres et en bon état. Les sous-vêtements sont lavés avec une fréquence suffisante pour assurer leur propreté.

• Les vêtements retirés à la personne détenue qui a manifesté le désir de porter ceux fournis par l'administration sont inventoriés, nettoyés, désinfectés et remis au vestiaire de l'établissement.

• Au moment de sa libération, les vêtements remisés lui sont restitués contre décharge.

• Aucun vêtement ayant servi à une personne détenue ne peut être réutilisé sans avoir été préalablement nettoyé ou désinfecté suivant le cas.

CHAPITRE II

Accès aux soins

Section 1: Dispositions générales

Article R. 322-1. – Examens ou soins médicaux – *(Décret n° 2022-479 du 30 mars 2022)*

• Hormis les cas où elles se trouvent en dehors d'un établissement pénitentiaire en application des dispositions des articles 723 et 723-3 du Code de procédure pénale, les personnes détenues ne peuvent être examinées ou soignées par un médecin de leur choix, à moins d'une décision du directeur interrégional des services pénitentiaires territorialement compétent. Ils doivent alors assumer les frais qui leur incombent du fait de cette prise en charge.

Article R. 322-2. – Consentement préalable – *(Décret n° 2022-479 du 30 mars 2022)*

• Hors le cas où l'état de santé de la personne détenue rend nécessaire un acte de diagnostic ou de soins auquel elle n'est pas à même de consentir, celle-ci doit, conformément aux dispositions de l'article R. 4127-36 du Code de la santé publique, exprimer son consentement préalablement à tout acte médical et, en cas de refus, être informée par le médecin des conséquences de ce refus.

Article R. 322-3. – Recherches biomédicales – *(Décret n° 2022-479 du 30 mars 2022)*

• Conformément aux dispositions de l'article L. 1121-6 du Code de la santé publique, les personnes détenues ne peuvent être sollicitées pour se prêter à des recherches biomédicales que s'il en est attendu un bénéfice direct et majeur pour leur santé. Leur consentement est recueilli selon les modalités prévues par les dispositions des articles L. 1122-1 et L. 1122-1-1 du même code.

Article R. 322-4. – Grève de la faim prolongée – *(Décret n° 2022-479 du 30 mars 2022)*

• Si une personne détenue se livre à une grève de la faim prolongée, elle ne peut être traitée sans son consentement, sauf lorsque son état de santé s'altère gravement et seulement sur décision et sous surveillance médicales.

• Il en est rendu compte aux autorités à prévenir en cas d'incident dans les conditions prévues par les dispositions de l'article D. 214-26.

Article R. 322-5. – Transfèrement – *(Décret n° 2022-479 du 30 mars 2022)*

• Le transfèrement dans un établissement pénitentiaire mieux approprié peut être sollicité dans les conditions prévues par les dispositions de l'article D. 115-25, pour les personnes détenues qui ne bénéficient pas, dans l'établissement où elles sont écrouées, de conditions matérielles de détention adaptées à leur état de santé et pour celles qui nécessitent une prise en charge particulière.

.../...

• Le directeur interrégional des services pénitentiaires fait procéder, à l'intérieur de sa région pénitentiaire et dans les conditions prévues par les dispositions de l'article D. 215-13, à tout transfèrement ayant pour objet de permettre à une personne détenue malade d'être prise en charge dans de meilleures conditions.

• S'il s'agit de personnes prévenues, le magistrat chargé du dossier de la procédure doit avoir donné préalablement son accord au transfèrement, après avoir été informé de la durée probable du traitement envisagé.

Article R. 322-6. – Prévention et information – Maladies transmissibles – *(Décret n° 2022-479 du 30 mars 2022)*

• Des moyens de prévention et d'information sur les maladies transmissibles sont mis à la disposition des personnes détenues.

• Le médecin responsable des structures mentionnées par les dispositions de l'article D. 115-3 prescrit, en liaison avec le médecin de prévention du personnel pénitentiaire, toutes les mesures nécessaires à la prophylaxie individuelle et collective des maladies transmissibles. Ces mesures sont mises en œuvre en collaboration avec l'administration pénitentiaire.

Article R. 322-7. – Prophylaxie de la tuberculose – *(Décret n° 2022-479 du 30 mars 2022)*

• La prophylaxie de la tuberculose prévue par le Code de la santé publique est assurée dans les établissements pénitentiaires par les services compétents prévus à cet effet.

• Le dépistage de la tuberculose est réalisé chez toutes les personnes entrantes non détenues auparavant par un examen clinique réalisé et interprété dans les délais les plus brefs à compter de la date d'entrée en détention. Cette mesure s'applique également aux personnes détenues présentes qui n'auraient jamais bénéficié, ni lors de leur entrée en détention, ni au cours de leur détention, d'un dépistage clinique de la tuberculose. Cet examen systématique est pratiqué sur place, sauf impossibilité matérielle. Au vu des résultats de cet examen, le médecin de l'unité sanitaire en milieu pénitentiaire prescrit, si nécessaire, un examen radiologique.

• Les personnes détenues dont l'état de santé le nécessite sont isolées sur avis médical. Le médecin prescrit les mesures appropriées pour éviter toute contamination des personnels et des personnes détenues.

• En liaison avec le médecin responsable des structures mentionnées par les dispositions de l'article D. 115-3 et le médecin de prévention du personnel pénitentiaire, le médecin du service de lutte antituberculeuse effectue le dépistage de la tuberculose auprès des personnes ayant été en contact avec une personne détenue présentant une maladie tuberculeuse.

• En application de l'article L. 3113-1 du Code de la santé publique, la déclaration obligatoire des cas de tuberculose est faite par le médecin ayant effectué le diagnostic et est transmise par le médecin responsable des structures mentionnées par les dispositions de l'article D. 115-3 au médecin de l'agence régionale de santé désigné par le directeur général.

Article R. 322-8. – Prophylaxie des maladies vénériennes – *(Décret n° 2022-479 du 30 mars 2022)*

• La prophylaxie des maladies vénériennes prévue par le Code de la santé publique est assurée dans les établissements pénitentiaires par les services compétents prévus à cet effet.

Article R. 322-9. – Information – Infection virus *(VIH)* – *(Décret n° 2022-479 du 30 mars 2022)*

• Toute personne détenue doit pouvoir bénéficier, avec son accord, d'une information et d'un conseil personnalisé sur l'infection par le virus de l'immunodéficience humaine *(VIH)* et, le cas échéant, au cours de consultations médicales, de la prescription d'un test de dépistage et de la remise du résultat.

Article R. 322-10. – Dépendance à un produit licite ou illicite – *(Décret n° 2022-479 du 30 mars 2022)*

• Dans le cadre de la prise en charge globale des personnes présentant une dépendance à un produit licite ou illicite, les secteurs de psychiatrie générale et les secteurs de psychiatrie en milieu pénitentiaire favorisent et coordonnent, en collaboration avec les unités de consultations et de soins ambulatoires, les interventions, au sein de l'établissement pénitentiaire, des équipes des structures spécialisées de soins, notamment des centres de soins d'accompagnement et de prévention en addictologie.

Article R. 322-11. – Médicaments – *(Décret n° 2022-479 du 30 mars 2022)*

• Au sein de l'établissement pénitentiaire, aucun stockage, cession, don ou échange de médicaments n'est autorisé. Les personnes détenues doivent pouvoir justifier la possession de médicaments par la production d'une prescription médicale.

• Aucune entrée de médicaments ne peut se faire par le biais des parloirs ni par l'achat en cantine. Si une personne détenue entrante est porteuse de médicaments, le médecin en est immédiatement avisé afin de décider de l'usage qui doit en être fait.

• Des matériels et appareillages médicaux peuvent être laissés à la disposition des personnes détenues selon les modalités prescrites par les médecins intervenant dans les établissements pénitentiaires, sauf décision du chef d'établissement motivée par des raisons d'ordre et de sécurité.

Section 2 : Hospitalisations

Sous-section 1 : Dispositions générales

Article R. 322-12. – Modalités – *(Décret n° 2022-479 du 30 mars 2022)*

• Lorsqu'une personne détenue est admise dans un établissement de santé, le règlement intérieur de son établissement pénitentiaire d'origine, défini aux articles L. 112-4 et R. 112-22, demeure applicable à son égard dans toute la mesure du possible. Il en est ainsi notamment en ce qui concerne ses relations avec l'extérieur.

• Les personnes détenues peuvent être autorisées par le chef de l'établissement pénitentiaire à détenir une somme d'argent provenant de la part disponible de leur compte nominatif pour effectuer, à l'intérieur de l'établissement de santé, des dépenses courantes.

Article R. 322-13. – Transfert impossible – Établissement pénitentiaire approprié ou spécialisé – *(Décret n° 2022-479 du 30 mars 2022)*

• Les personnes détenues qui, en raison de leur état de santé, ne peuvent être transférées dans un établissement pénitentiaire approprié ou spécialisé, sont hospitalisées dans le service spécialement aménagé d'un établissement de santé ou dans un local où un isolement est possible, dans les conditions et selon les modalités de surveillance prévues par les dispositions des articles R. 1112-30 à R. 1112-33 du Code de la santé publique.

.../...

• Les personnes prévenues qui, pour les mêmes raisons, ne peuvent être éloignées des juridictions devant lesquelles elles ont à comparaître sont hospitalisées dans les mêmes conditions, conformément aux dispositions des mêmes articles.

Article D. 322-14. – Autres hospitalisations – *(Décret n° 2022-479 du 30 mars 2022)*
• Lorsqu'une personne détenue est hospitalisée pour une pathologie autre qu'un trouble mental dans un établissement de santé éloigné de l'établissement pénitentiaire dans lequel elle est écrouée, elle peut faire l'objet d'une levée d'écrou sous la forme simplifiée, même si son absence de l'établissement pénitentiaire excède 72 heures.
• Une personne détenue hospitalisée dans un établissement de santé à proximité de l'établissement pénitentiaire est écrouée selon les mêmes modalités.
• À l'issue de son hospitalisation, la personne détenue est réintégrée dans son établissement pénitentiaire d'origine dans les délais les plus brefs. Si cette réintégration n'est pas possible, le transfert définitif de la personne détenue est effectué en régularisation.

Sous-section 2 : Soins psychiatriques

§ 1. – Surveillance au sein des unités hospitalières spécialement aménagées

Article D. 322-15. – Personnes détenues hospitalisées atteintes de troubles mentaux – *(Décret n° 2022-479 du 30 mars 2022)*
• La surveillance des personnes détenues hospitalisées atteintes de troubles mentaux incombe à l'administration pénitentiaire. Elle est assurée dans le respect de la confidentialité des soins, conformément aux dispositions de l'article L. 322-3.
• L'administration pénitentiaire porte à la connaissance de l'établissement de santé les éléments nécessaires à l'appréciation de la dangerosité ou de la vulnérabilité des personnes détenues.
• L'établissement de santé assure, par une organisation interne appropriée de l'unité hospitalière spécialement aménagée, des conditions d'hospitalisation garantissant la protection des personnes détenues hospitalisées.

Article R. 322-16. – Décisions – Isolement, séparation... – *(Décret n° 2022-479 du 30 mars 2022)*
• Les décisions de l'autorité judiciaire, notamment en matière d'isolement, de séparation de personnes détenues ou d'interdiction temporaire de communiquer, sont applicables au sein de l'unité hospitalière spécialement aménagée et sont communiquées par le chef de l'établissement pénitentiaire au directeur de l'établissement de santé qui veille à leur exécution.

Article R. 322-17. – Agent unités – Interdictions... – *(Décret n° 2022-479 du 30 mars 2022)*
• Aucun agent exerçant dans les unités hospitalières spécialement aménagées ne peut se charger, pour le compte des personnes détenues hospitalisées, d'un service étranger à sa mission.
• Les personnels intervenant dans l'unité spécialement aménagée ne sont pas autorisés à communiquer aux membres de la famille, aux proches et aux visiteurs les dates d'entrée et de sortie des personnes détenues ainsi que les dates et les heures des examens réalisés hors de l'unité hospitalière spécialement aménagée. Sous réserve du respect de ces exigences de sécurité et dans le respect des règles déontologiques, le médecin peut communiquer des informations relatives à la santé du patient détenu hospitalisé à sa famille, à ses proches ou à la personne de confiance qu'il a désignée.

Article R. 322-18. – Surveillance de l'enceinte et locaux... – *(Décret n° 2022-479 du 30 mars 2022)*
• La surveillance de l'enceinte et des locaux de l'unité hospitalière spécialement aménagée ainsi que le contrôle des accès à cette unité sont assurés par le personnel pénitentiaire.
• Toutefois, le personnel pénitentiaire n'a accès aux locaux de soins et aux chambres des patients que pour en assurer la fouille et le contrôle des équipements et aménagements spéciaux ou, à la demande du personnel hospitalier, lorsque la sécurité des personnes ou des biens est compromise.

Article R. 322-19. – Dispositif de vidéoprotection – *(Décret n° 2022-479 du 30 mars 2022)*
• Un dispositif de vidéoprotection est mis en œuvre pour la protection des abords et des locaux de l'unité hospitalière spécialement aménagée, à l'exception des chambres et des locaux de soins.
• La demande d'autorisation est présentée par le directeur de l'établissement de santé au vu d'un dossier constitué conjointement avec le chef de l'établissement pénitentiaire.
• Une convention, mentionnée par les dispositions de l'article R. 3214-3 du Code de la santé publique, précise les modalités de désignation et d'habilitation des agents destinataires des images et enregistrements du système de vidéoprotection.

Article R. 322-20. – Justification identité – Contrôle des accès – *(Décret n° 2022-479 du 30 mars 2022)*
• Toute personne entrant dans une unité spécialement aménagée justifie de son identité et se soumet aux mesures de contrôle définies par la convention mentionnée par les dispositions de l'article R. 3214-3 du Code de la santé publique.
• Le personnel de l'administration pénitentiaire, chargé du contrôle des accès de l'unité, tient un registre sur lequel sont inscrits les noms et qualité de toutes les personnes entrant ou sortant ainsi que les horaires de leur entrée et de leur sortie.

Article R. 322-21. – Fouilles – Personnes détenues hospitalisées – *(Décret n° 2022-479 du 30 mars 2022)*
• Sans faire obstacle au bon déroulement des soins, le personnel de l'administration pénitentiaire peut procéder aux fouilles des personnes détenues hospitalisées dans les conditions prévues par les articles L. 225-1 à L. 225-3.

Article R. 322-22. – Fouille des locaux – Contrôle des équipements et aménagements spéciaux – *(Décret n° 2022-479 du 30 mars 2022)*
• La fouille des locaux et le contrôle des équipements et aménagements spéciaux de l'unité hospitalière spécialement aménagée sont effectués par le personnel de l'administration pénitentiaire.

.../...

• Toute fouille générale ou sectorielle de l'unité hospitalière spécialement aménagée est décidée avec l'accord du directeur de l'établissement de santé. Elle est réalisée en présence du directeur de l'établissement de santé et du médecin responsable de l'unité ou de leurs représentants.

Article R. 322-23. – Absence irrégulière – *(Décret n° 2022-479 du 30 mars 2022)*

• Le personnel hospitalier signale, sans délai, toute absence irrégulière d'une personne détenue au directeur de l'établissement de santé et au personnel pénitentiaire.

• Le directeur de l'établissement de santé et le chef de l'établissement pénitentiaire en informent le préfet et le procureur de la République ainsi que:

• 1° S'il s'agit d'une personne prévenue, le magistrat chargé du dossier de la procédure;

• 2° S'il s'agit d'une personne condamnée, le magistrat chargé de l'application des peines.

Article R. 322-24. – Incident grave – Ordre ou sécurité – *(Décret n° 2022-479 du 30 mars 2022)*

• Le directeur de l'établissement de santé et le chef de l'établissement pénitentiaire portent immédiatement à la connaissance du préfet, du procureur de la République, du directeur interrégional des services pénitentiaires et du directeur général de l'agence régionale de santé tout incident grave touchant à l'ordre ou à la sécurité de l'unité hospitalière spécialement aménagée.

• Lorsque la gravité ou l'ampleur de l'incident ne permet pas que l'ordre soit rétabli par le seul personnel de l'administration pénitentiaire présent dans l'unité hospitalière spécialement aménagée, le préfet, saisi par le directeur de l'établissement de santé, peut décider de faire appel aux forces de l'ordre.

Article R. 322-25. – Incident – Information – *(Décret n° 2022-479 du 30 mars 2022)*

• Si l'incident concerne une personne prévenue, le chef de l'établissement pénitentiaire informe également le magistrat chargé du dossier de la procédure et si l'incident concerne une personne condamnée, le magistrat chargé de l'application des peines.

• Si l'incident concerne une personne détenue appartenant aux forces armées, l'autorité militaire est avisée par le chef de l'établissement pénitentiaire.

§ 2. – Conditions de séjour au sein des unités hospitalières spécialement aménagée

Article R. 322-26. – Peine – Détention provisoire – *(Décret n° 2022-479 du 30 mars 2022)*

• Les personnes détenues hospitalisées dans l'unité hospitalière spécialement aménagée continuent à exécuter leur peine ou leur détention provisoire.

Article R. 322-27. – Régime disciplinaire – *(Décret n° 2022-479 du 30 mars 2022)*

• Les personnes détenues dans l'unité hospitalière spécialement aménagée restent soumises au régime disciplinaire des établissements pénitentiaires lorsqu'elles se trouvent sous la surveillance exclusive du personnel de l'administration pénitentiaire.

• Le chef de l'établissement pénitentiaire informe le directeur de l'établissement de santé de tout incident disciplinaire imputable à une personne détenue alors qu'elle se trouvait sous la surveillance exclusive du personnel pénitentiaire.

• Aucune sanction disciplinaire ne peut être prononcée par la commission de discipline plus d'un mois après les faits ni pendant l'hospitalisation.

• Lorsque le chef d'établissement pénitentiaire envisage d'engager des poursuites disciplinaires à l'encontre de la personne détenue, il en informe le responsable du personnel médical de l'unité et, le cas échéant, du service médico-psychologique régional.

Article R. 322-28. – Permis de visite – *(Décret n° 2022-479 du 30 mars 2022)*

• Les personnes détenues hospitalisées dans une unité hospitalière spécialement aménagée peuvent recevoir des visites des personnes disposant d'un permis de visite délivré dans les conditions prévues par le présent code.

• Les jours et les heures de visite, ainsi que leur durée, sont fixés par la convention mentionnée par les dispositions de l'article R. 3214-3 du Code de la santé publique.

• Les visites se déroulent dans un parloir sous la surveillance du personnel pénitentiaire, qui a la possibilité d'écouter les conversations. Les entretiens des avocats et des visiteurs de prison avec les personnes détenues ont lieu en dehors de la présence du personnel pénitentiaire.

Article R. 322-29. – Accès au téléphone – *(Décret n° 2022-479 du 30 mars 2022)*

• L'accès au téléphone des personnes détenues est autorisé dans les conditions fixées par le présent code. Les modalités de cet accès sont fixées par la convention mentionnée par les dispositions de l'article R. 3214-3 du Code de la santé publique.

Article R. 322-30. – Correspondance – *(Décret n° 2022-479 du 30 mars 2022)*

• Les règles applicables à la correspondance des personnes détenues sont celles définies par le présent code.

• La convention mentionnée par les dispositions de l'article R. 3214-3 du Code de la santé publique prévoit l'organisation de la collecte et de la distribution du courrier au sein de la zone de soins de l'unité spécialement aménagée.

Sous-section 2: Soins psychiatriques

§ 3. – Suivi médico-psychologique au sein de services adaptés

Article R. 322-31. – Liste des établissements adaptés au suivi médico-psychologique des personnes détenues concernées – *(Décret n° 2022-479 du 30 mars 2022)*

• Les personnes condamnées à un suivi socio-judiciaire, quel qu'en soit le motif, ainsi que les personnes condamnées pour le meurtre ou l'assassinat d'un mineur de 15 ans précédé ou accompagné d'un viol, de tortures ou d'actes de barbarie ou pour toute infraction prévue par les dispositions des articles 222-23 à 222-32 et 227-25 à 227-27 du Code pénal exécutent leur peine dans les établissements pénitentiaires permettant d'assurer un suivi médical et psychologique adapté. Ces établissements sont les suivants:

…/…

• 1° Les établissements pénitentiaires sièges d'un service médico-psychologique régional;
• 2° Les établissements pour peines dotés d'une unité fonctionnelle rattachée à un service médico-psychologique régional;
• 3° Les établissements pénitentiaires dans lesquels intervient le secteur de psychiatrie générale en application des protocoles prévus par les articles R. 6111-29 et R. 6111-37 du Code de la santé publique.

Article R. 322-32. – Signalement des personnes détenues concernées – *(Décret n° 2022-479 du 30 mars 2022)*
• Le chef de l'établissement pénitentiaire signale les personnes mentionnées par les dispositions de l'article R. 322-31 au psychiatre intervenant dans l'établissement. Il met en outre à sa disposition un résumé de la situation pénale ainsi que les expertises psychologiques ou psychiatriques conservées dans le dossier individuel de la personne détenue intéressée.

Article R. 322-33. – Examen psychiatrique – Prise en charge – *(Décret n° 2022-479 du 30 mars 2022)*
• Avant leur libération, les personnes mentionnées par les dispositions de l'article R. 322-31 font l'objet d'un examen psychiatrique en vue de préparer, le cas échéant, une prise en charge adaptée après la fin de leur détention.

Section 3 : Soins spécifiques aux femmes détenues

Article R. 322-34. – Femmes détenues enceintes – *(Décret n° 2022-479 du 30 mars 2022)*
• Toutes dispositions sont prises par les médecins des structures mentionnées par les dispositions de l'article D. 115-3 pour que les femmes détenues enceintes bénéficient d'un suivi médical adapté et que leur accouchement soit réalisé dans le service hospitalier approprié à leur état de santé.
• Si la naissance a lieu dans un établissement pénitentiaire, l'acte de l'état civil mentionne seulement la rue et le numéro de l'immeuble.

Section 4 : Accompagnement des personnes détenues en situation de handicap physique

Article R. 322-35. – Aidant – *(Décret n° 2022-479 du 30 mars 2022)*
• L'aidant est choisi par une personne détenue en application des dispositions de l'article L. 322-11 pour permettre la réalisation des gestes liés à des soins prescrits par un médecin durant les périodes d'absence des professionnels soignants.
• L'aidant choisi peut être une autre personne détenue.
• La personne désignée consent expressément à devenir aidant.
• Les dispositions du 2e alinéa de l'article L. 1111-6-1 du Code de la santé publique sont applicables à la personne détenue et à l'aidant qu'elle a désigné.
• Le chef de l'établissement pénitentiaire peut s'opposer à la désignation d'un aidant notamment pour des motifs liés à la sécurité des personnes ou au maintien de l'ordre au sein de l'établissement.

Section 5 : Suspension médicale de peine

Article R. 322-36. – Modalités – *(Décret n° 2022-479 du 30 mars 2022)*
• Les personnes détenues condamnées atteintes d'une pathologie engageant leur pronostic vital ou dont l'état de santé physique ou mentale est durablement incompatible avec la détention, peuvent bénéficier d'une suspension médicale de leur peine en application des dispositions de l'article 720-1-1 du Code de procédure pénale, selon les modalités de surveillance prévues par les dispositions des articles D. 147-1 à D. 147-3 du même code.

CHAPITRE III

Alimentation

Article R. 323-1. – Alimentation – *(Décret n° 2022-479 du 30 mars 2022)*
• Chaque personne détenue reçoit une alimentation variée, bien préparée et présentée, répondant tant en ce qui concerne la qualité que la quantité aux règles de la diététique et de l'hygiène, compte tenu de son âge, de son état de santé, de la nature de son travail et, dans toute la mesure du possible, de ses convictions philosophiques ou religieuses.
• Le régime alimentaire comporte trois distributions par jour. Les deux principaux repas sont espacés d'au moins six heures.
• Les personnes détenues malades bénéficient du régime alimentaire qui leur est médicalement prescrit.

CHAPITRE IV

Protection sociale

Section 1 : Prestations de sécurité sociale

Article R. 324-1. – Modalités – *(Décret n° 2022-479 du 30 mars 2022)*
• Les personnes détenues sont affiliées, dès leur entrée en détention, au régime général de la sécurité sociale. À ce titre, elles bénéficient, ainsi que leurs ayants droit, des prestations en nature de l'assurance maladie et maternité servies par le régime général, dans les conditions fixées par les dispositions des articles L. 381-30 à L. 381-31 et R. 381-98 à R. 381-120 du Code de la sécurité sociale.
• Les personnes détenues bénéficiant d'une mesure de semi-liberté ou de placement à l'extérieur en application des dispositions de l'article 723 du Code de procédure pénale et qui exercent une activité professionnelle dans les conditions de droit commun sont affiliées au régime de sécurité sociale dont elles relèvent au titre de cette activité, dès lors que la durée de celle-ci permet l'ouverture des droits.

.../...

• Dans le cas contraire, elles continuent à bénéficier des prestations en nature de l'assurance maladie et maternité servies par le régime général dans les conditions fixées par les dispositions des articles L. 381-30, L. 381-30-1, L. 381-30-4 du Code de la sécurité sociale, jusqu'à ce qu'elles remplissent les conditions d'ouverture du droit aux prestations du régime d'assurance maladie dont elles relèvent au titre de leur activité.

Article D. 324-2. – Financement des appareillages, prothèses, actes... – *(Décret n° 2022-479 du 30 mars 2022)*
• La part qui reste éventuellement à la charge des personnes détenues, après remboursement d'un appareillage ou d'une prothèse par l'assurance maladie est prise sur leur compte nominatif. Cependant, l'administration pénitentiaire peut se substituer aux personnes détenues dont les ressources sont insuffisantes.
• Le financement des appareillages, prothèses, actes, traitements ou interventions chirurgicales qui ne sont pas pris en charge par l'assurance maladie est à l'entière charge des personnes intéressées, après autorisation du chef de l'établissement pénitentiaire, sous réserve des dispositions relatives aux prestations servies aux personnes détenues en application de la législation sur les accidents du travail et les maladies professionnelles.

Section 2 : Autres prestations sociales

Article R. 324-3. – Allocation aux adultes handicapés – *(Décret n° 2022-479 du 30 mars 2022)*
• Le montant de l'allocation aux adultes handicapés dont bénéficient les personnes détenues en situation de handicap en application des dispositions des articles L. 821-1 et L. 821-6 du Code de la sécurité sociale est réduit dans les conditions et selon les modalités prévues par les dispositions de l'article R. 821-8 du même code.

Article R. 324-4. – Revenu de solidarité active – *(Décret n° 2022-479 du 30 mars 2022)*
• Le revenu de solidarité active versé aux personnes détenues est réduit ou suspendu dans les conditions prévues par les dispositions de l'article R. 262-45 du Code de l'action sociale et des familles.

TITRE III : PROTECTION DES BIENS ET AIDE MATÉRIELLE

CHAPITRE Ier
Documents personnels

Article R. 331-1. – Documents personnels – *(Décret n° 2022-479 du 30 mars 2022)*
• Une personne détenue peut, à tout moment, remettre au greffe de l'établissement pénitentiaire, sous pli fermé, en vue de leur conservation et de la préservation de leur caractère confidentiel tous documents personnels, dont elle est détentrice lors de sa mise sous écrou ou qui lui sont adressés ou remis pendant sa détention. Elle peut en demander la restitution à tout moment.
• Il en est de même des copies de pièces mentionnées par les dispositions de l'article R. 155 du Code de procédure pénale, dont une personne détenue a demandé la délivrance et qui sont transmises selon les modalités énoncées par les dispositions du dernier alinéa de l'article R. 165 du même code.

Article R. 331-2. – Décès – Documents confiés au greffe de l'établissement pénitentiaire – *(Décret n° 2022-479 du 30 mars 2022)*
• En cas de décès d'une personne détenue, les documents confiés au greffe de l'établissement pénitentiaire sont remis à ses ayants droit ou, à défaut, joints à son dossier individuel et versés, s'il y a lieu, avec ce dossier, aux archives départementales.

CHAPITRE II
Valeurs pécuniaires et non pécuniaires

Section 1 : Dispositions communes aux valeurs pécuniaires et non pécuniaires

Sous-section 1 : Dispositions générales

Article R. 332-1. – Argent – *(Décret n° 2022-479 du 30 mars 2022)*
• Chaque personne détenue ne peut conserver en détention ni argent ni moyen de paiement.
• Les sommes dont elle est porteuse lors de sa mise sous écrou sont, à sa demande, envoyées à un tiers ou consignées, et à défaut inscrites à son compte nominatif.
• Chaque personne détenue peut faire verser ses allocations ou revenus extérieurs, à son choix, sur un compte bancaire personnel extérieur ou sur le compte nominatif.

Article R. 332-2. – Gestion des biens patrimoniaux extérieurs – *(Décret n° 2022-479 du 30 mars 2022)*
• Chaque personne détenue conserve la gestion de ses biens patrimoniaux extérieurs. Cette gestion peut s'effectuer par l'intermédiaire d'un mandataire, étranger à l'administration pénitentiaire.
• Les procurations sont envoyées dans les conditions prévues par les dispositions des articles R. 345-1 à R. 345-5.

Article R. 332-3. – Sommes envoyées ou reçues – *(Décret n° 2022-479 du 30 mars 2022)*
• Sur autorisation du chef de l'établissement pénitentiaire, les personnes détenues peuvent faire envoyer aux membres de leur famille des sommes figurant à la part disponible de leur compte nominatif.
• Les personnes détenues peuvent recevoir des subsides en argent des personnes titulaires d'un permis permanent de visite ou autorisées par le chef d'établissement. Cette faculté s'exerce dans les conditions déterminées par arrêté du garde des sceaux, ministre de la justice. La destination à donner à ces subsides est réglée conformément aux dispositions applicables à la tenue du compte nominatif.
• En outre, les personnes condamnées peuvent, sur autorisation du chef d'établissement et de manière exceptionnelle, recevoir des subsides en vue d'une dépense justifiée par un intérêt particulier. A la demande des personnes détenues, le reliquat de la dépense est soit renvoyé à l'expéditeur, soit soumis à répartition.

.../...

Article R. 332-4. – Procurations ou acte notarié – *(Décret n° 2022-479 du 30 mars 2022)*
• Chaque personne prévenue peut :
• 1° Etablir des procurations ;
• 2° Solliciter l'établissement d'un acte par un notaire intervenant dans l'établissement pénitentiaire.

Article R. 332-5. – Rôle du magistrat – *(Décret n° 2022-479 du 30 mars 2022)*
• Pour l'application des dispositions des articles R. 332-3 et R. 332-4 et conformément aux dispositions de l'article 715 du Code de procédure pénale, le magistrat chargé du dossier de la procédure :
• 1° Contrôle, dans les conditions qu'il détermine, les procurations ;
• 2° Est compétent pour autoriser les notaires à intervenir dans l'établissement pénitentiaire ;
• 3° Est préalablement informé, dans les conditions qu'il détermine et par le chef de l'établissement, du souhait de la personne prévenue d'envoyer aux membres de sa famille des sommes d'argent ;
• 4° Autorise la personne prévenue à recevoir des subsides.

Article R. 332-6. – Régie des comptes nominatifs – *(Décret n° 2022-479 du 30 mars 2022)*
• Au sein des établissements pénitentiaires, la gestion des biens et valeurs des personnes détenues est assurée par une régie des comptes nominatifs.
• Les sommes déposées sur les comptes nominatifs des personnes détenues sont intégrées dans la comptabilité de l'État en compte de tiers.
• Les fonds appartenant aux personnes détenues constituent des deniers privés réglementés.
• Sauf dispositions contraires du présent code, les régies des comptes nominatifs des personnes détenues sont soumises aux règles fixées par le décret n° 2019-798 du 26 juillet 2019 relatif aux régies de recettes et d'avances des organismes publics.
• Le comptable assignataire de l'établissement pénitentiaire est le comptable assignataire de la régie créée en son sein.

Sous-Section 2 : Information de l'autorité judiciaire

Article D. 332-7. – Sommes d'argent ou objets trouvés – *(Décret n° 2022-479 du 30 mars 2022)*
• Le chef de l'établissement pénitentiaire donne connaissance à l'autorité judiciaire des sommes d'argent ou objets trouvés sur les personnes détenues, apportés par elles ou qui leur sont envoyés lorsque, en raison de leur nature, de leur importance ou de leur origine, ces sommes ou objets sont susceptibles d'être retenus ou saisis.

Sous-section 3 : Gestion des biens en cas de décès ou d'évasion

Article D. 332-8. – Modalités – *(Décret n° 2022-479 du 30 mars 2022)*
• Après un délai de 3 ans depuis le décès d'une personne détenue, si les bijoux, valeurs, vêtements et effets personnels n'ont pas été réclamés par ses ayants droit, il en est fait remise à l'administration des domaines et cette remise vaut décharge pour l'administration pénitentiaire ; l'argent est de même versé au Trésor.

Article D. 332-8-1. – Régisseur des comptes nominatifs – *(Décret n° 2022-1710 du 29 décembre 2022)*
• En cas d'évasion d'une personne détenue, le régisseur des comptes nominatifs procède, en application de l'article L. 332-4, à l'affectation d'office de la part disponible de son compte nominatif à l'indemnisation des parties civiles. S'il subsiste un reliquat, le régisseur le verse au Trésor public.
• Si la personne détenue est reprise, le reliquat peut être rétabli en tout ou partie sur la part disponible de son compte nominatif, par décision du directeur interrégional des services pénitentiaires du lieu où s'est produite l'évasion, saisi d'une demande en ce sens. Cette décision est notifiée à la personne détenue et au régisseur afin qu'il procède au rétablissement de la somme en cause.

Article D. 332-8-2. – Absence reprise personne détenue évadée – Délai 1 an – *(Décret n° 2022-1710 du 29 décembre 2022)*
• En l'absence de reprise de la personne détenue évadée à l'issue d'un délai d'un an, le régisseur des comptes nominatifs procède, en application de l'article L. 332-4, au versement des valeurs pécuniaires inscrites sur son compte nominatif au Trésor public et à la remise de ses objets personnels à l'administration chargée des domaines.

Section 2 : Compte nominatif

Sous-section 1 : Dispositions générales

Article D. 332-9. – Modalités – *(Décret n° 2022-479 du 30 mars 2022)*
• Chaque établissement pénitentiaire tient un compte nominatif où sont inscrites les valeurs pécuniaires appartenant à chaque personne détenue et dont le fonctionnement est régi par les dispositions des articles R. 332-6 et R. 332-1 à R. 332-32.
• Sous réserve que les personnes détenues n'en aient pas demandé l'envoi à un tiers ou la consignation, les sommes dont elles sont porteuses à leur entrée dans l'établissement pénitentiaire sont immédiatement inscrites à leur compte nominatif au moment de leur mise sous écrou. L'importance de ces sommes ne peut justifier le refus de la prise en charge.
• Le compte nominatif est par la suite crédité ou débité de toutes les sommes dues à la personne détenue intéressée, ou par elle, au cours de sa détention, dans les conditions réglementaires.

Article D. 332-10. – Sommes reçues – *(Décret n° 2022-479 du 30 mars 2022)*
• Toutes les sommes reçues par les personnes détenues sont considérées comme ayant un caractère alimentaire, si elles n'excèdent pas 200 € chaque mois. Cette somme est doublée à l'occasion des fêtes de fin d'année.
• Elles sont entièrement versées à la part disponible jusqu'à concurrence de cette provision alimentaire et, pour le surplus, elles sont soumises à répartition dans les proportions déterminées par les dispositions des articles D. 332-12 et D. 332-13, sous réserve des dispositions particulières concernant les rentes, les pensions et les indemnités.

…/…

Sous-section 2 : Part affectée à l'indemnisation des parties civiles et créanciers d'aliments

Article D. 332-11. – Modalités – *(Décret n° 2022-479 du 30 mars 2022)*

• L'indemnisation des parties civiles est assurée sur la 1re part du compte nominatif prévue par les dispositions de l'article D. 332-12.

• À cette fin, le ministère public près la juridiction ayant prononcé la condamnation, dès que cette dernière a acquis un caractère définitif, informe sans délai l'établissement pénitentiaire où se trouvent les personnes détenues intéressées des créances des parties civiles et de leur montant.

• Cette part ne peut être l'objet d'aucun acte de disposition émanant des personnes détenues.

Article D. 332-12. – Indemnisation des parties civiles et créanciers d'aliments – *(Décret n° 2022-479 du 30 mars 2022)*

• La 1re part, affectée à l'indemnisation des parties civiles et créanciers d'aliments, est déterminée en appliquant à la fraction des sommes que reçoivent les personnes détenues les taux de :

• – 20 %, pour la fraction supérieure à 200 € et inférieure ou égale à 400 € ;

• – 25 %, pour la fraction supérieure à 400 € et inférieure ou égale à 600 € ;

• – 30 %, pour la fraction supérieure à 600 €.

• Lorsque, d'une part, les sommes inscrites sur cette part atteignent le montant de 1 000 €, que, d'autre part, les parties civiles ont été entièrement indemnisées ou qu'il ressort de la décision définitive sur l'action publique et les intérêts civils qu'il n'y a pas de parties civiles ou qu'aucun dommage et intérêt n'a été accordé et que, enfin, aucun créancier d'aliments ne s'est prévalu de sa créance sur le fondement d'un titre exécutoire, la répartition opérée au titre de cette part a lieu au profit de la part disponible.

• Toutefois, le prélèvement au titre de la part réservée à l'indemnisation des parties civiles et des créanciers d'aliments est opéré à nouveau, y compris au-delà du plafond précité, dès qu'un créancier d'aliments se prévaut de sa créance sur le fondement d'un titre exécutoire ou qu'une victime d'une infraction visée par une condamnation inscrite à l'écrou se prévaut d'une décision exécutoire de condamnation à des dommages et intérêts.

• À la demande des personnes détenues, la 1re part, affectée à l'indemnisation des parties civiles et créanciers d'aliments, peut également être alimentée, y compris en l'absence de décision sur intérêts civils connue, par le versement de sommes figurant sur la 3e part du compte nominatif laissée à la libre disposition des personnes détenues.

Sous-section 3 : Part affectée à la constitution du pécule de libération

Article D. 332-13. – Modalités – *(Décret n° 2022-479 du 30 mars 2022)*

• La 2e part, affectée à la constitution du pécule de libération, est déterminée en appliquant à la fraction des sommes que reçoivent les personnes détenues le taux de 10 %, sous réserve de la dispense prévue par les dispositions de l'article D. 424-1.

Article D. 332-14. – Inscription – Compte spécial – *(Décret n° 2022-479 du 30 mars 2022)*

• Les sommes constituant le pécule de libération des personnes détenues sont inscrites à un compte spécial ; elles sont versées sur un livret A, lorsqu'elles dépassent une somme fixée par arrêté du garde des sceaux, ministre de la justice, annexé au présent code.

• Une instruction de service détermine les modalités d'application de ces dispositions.

• Le capital représentatif des rentes d'accidents du travail dont la conversion a été rendue obligatoire par le décret n° 59-734 du 15 juin 1959 est intégralement versé au pécule de libération.

• Pendant la détention, le pécule de libération est indisponible et ne peut faire l'objet d'aucune voie d'exécution.

Sous-section 4 : Part disponible

Article D. 332-15. – 3e part – Libre disposition des personnes détenues – *(Décret n° 2022-479 du 30 mars 2022)*

• La 3e part du compte nominatif, laissée à la libre disposition des personnes détenues, correspond aux sommes restantes après que les prélèvements prévus par les dispositions des articles D. 332-10, D. 332-12 et D. 332-13 ont été opérés.

Article D. 332-16. – Régisseurs – *(Décret n° 2022-479 du 30 mars 2022)*

• Les régisseurs chargés de la gestion des comptes nominatifs bénéficient d'une remise de 2,5 % sur les sommes qui sont acquittées pour le compte des personnes détenues au titre des condamnations pécuniaires prononcées au profit de l'État ou des collectivités publiques.

Article D. 332-17. – Versement à l'extérieur – *(Décret n° 2022-479 du 30 mars 2022)*

• Tout versement effectué à l'extérieur sur la part disponible d'une personne détenue doit non seulement avoir été demandé ou consenti par cette dernière, mais aussi avoir été autorisé expressément par le magistrat chargé du dossier de la procédure s'il s'agit d'une personne prévenue, ou par le chef de l'établissement pénitentiaire.

Sous-section 5 : Retenues, transmissions et saisies sur le compte

Article D. 332-18. – Retenues – *(Décret n° 2022-479 du 30 mars 2022)*

• Les retenues de valeurs pécuniaires en réparation de dommages matériels causés en détention, mentionnées par les dispositions de l'article L. 332-3, sont prononcées par décision du chef de l'établissement pénitentiaire.

• Cette décision mentionne le montant de la retenue et en précise les bases de liquidation. Le montant de la retenue est strictement nécessaire à la réparation du dommage constaté.

• La décision est notifiée à la personne détenue intéressée et au régisseur des comptes nominatifs. Ce dernier procède à la retenue sur la part disponible du compte nominatif de la somme mentionnée dans la décision du chef d'établissement. Il verse au Trésor public les sommes retenues.

.../...

Article D. 332-19. – Sommes d'argent – *(Décret n° 2022-479 du 30 mars 2022)*
• Les sommes d'argent trouvées en possession irrégulière des personnes détenues, mentionnées par les dispositions de l'article L. 332-3, acquises ou introduites irrégulièrement, sont transmises, sur décision du chef de l'établissement pénitentiaire, au régisseur des comptes nominatifs qui procède au versement des sommes au Trésor public. La décision est notifiée à la personne détenue intéressée.

Article D. 332-20. – Saisie-attribution – *(Décret n° 2022-479 du 30 mars 2022)*
• Une saisie-attribution peut, dans les conditions du droit commun, être valablement formée concernant le compte nominatif d'une personne détenue, entre les mains du régisseur chargé de la gestion des comptes nominatifs.
• La saisie-attribution porte exclusivement sur les sommes composant la part disponible, sous réserve du cantonnement éventuellement ordonné par l'autorité judiciaire et des insaisissabilités reconnues par la loi.
• La saisie des rémunérations des personnes détenues peut être opérée dans les conditions du droit commun.

Sous-section 6 : Liquidation du compte à la libération

Article D. 332-21. – Modalités – *(Décret n° 2022-479 du 30 mars 2022)*
• Au moment de sa libération, chaque personne détenue reçoit les sommes qui résultent de la liquidation de son compte nominatif, sous réserve des versements au fonds de garantie conformément aux dispositions de l'article D. 332-22 ; le cas échéant, lui sont également remis :
• 1° Les pièces justificatives du paiement des sommes versées pour l'exécution de ses condamnations pécuniaires ;
• 2° Les pièces justificatives du paiement des sommes versées pour l'indemnisation des parties civiles ;
• 3° Un état des sommes épargnées au titre du pécule de libération ;
• 4° Un état des sommes prélevées au titre des cotisations à caractère social.
• Si la personne libérée est escortée après sa libération, les fonds et les pièces justificatives sont remis contre décharge au chef de l'escorte, par dérogation aux dispositions du 1er alinéa de l'article D. 215-18.
• Il en est de même en cas de transfert, s'agissant des pièces justificatives.

Article D. 332-22. – Paiement de dommages et intérêts – *(Décret n° 2022-479 du 30 mars 2022)*
• Au moment de la libération d'une personne détenue condamnée au paiement de dommages et intérêts, les valeurs pécuniaires affectées à l'indemnisation des parties civiles et non réclamées, d'un montant supérieur à 500 €, sont, sous réserve des droits des créanciers d'aliments, versées au fonds de garantie des victimes des actes de terrorisme et d'autres infractions.
• Lors de ce versement, l'administration pénitentiaire transmet au fonds les informations utiles relatives aux victimes pour faciliter leur indemnisation, conformément aux dispositions de l'alinéa 7 de l'article L. 422-1 du Code des assurances.

Sous-section 7 : Dispositions applicables à certaines personnes détenues

Article D. 332-23. – Répartition… – *(Décret n° 2022-479 du 30 mars 2022)*
• La répartition prévue par les dispositions des articles D. 332-10, D. 332-12, D. 332-13 et D. 332-15 est applicable aux personnes détenues exécutant une contrainte judiciaire.
• Toutefois, les personnes détenues souhaitant en faire cesser les effets en application des dispositions de l'article 759 du Code de procédure pénale peuvent demander à ce que les sommes inscrites sur la part réservée à la constitution du pécule de libération et celles figurant sur la part réservée à l'indemnisation des parties civiles et aux créanciers d'aliments permettent d'éteindre leur dette, à la double condition :
• 1° Que les parties civiles aient été entièrement indemnisées ou qu'il ressorte de la décision définitive sur l'action publique et les intérêts civils qu'il n'y a pas de parties civiles ou qu'aucun dommage et intérêt n'a été accordé ;
• 2° Qu'aucun créancier d'aliments ne se soit prévalu de sa créance sur le fondement d'un titre exécutoire.

Article D. 332-24. – Décision de suspension ou fractionnement de peine – *(Décret n° 2022-479 du 30 mars 2022)*
• Par dérogation aux dispositions de l'article D. 332-21, une personne détenue bénéficiaire d'une décision de suspension ou fractionnement de peine en application de l'article 720-1 du Code de procédure pénale se voit uniquement remettre les sommes inscrites sur la part disponible du compte nominatif. Les parts réservées à l'indemnisation des parties civiles et des créanciers d'aliments ainsi qu'à la constitution du pécule de libération ne sont liquidées qu'à la fin de l'exécution de la peine.

Sous-section 8 : Tenue du compte par la régie des comptes nominatifs

Article D. 332-25. – Modalités – *(Décret n° 2022-1605 du 22 décembre 2022)*
• Les régies des comptes nominatifs des personnes détenues sont créées par arrêté du garde des Sceaux, ministre de la justice.
• Le régisseur des comptes nominatifs est nommé par arrêté du garde des Sceaux, ministre de la justice, après agrément du comptable public assignataire.
• Les fonctions de régisseur des comptes nominatifs et de régisseur de recettes et d'avances dans les établissements pénitentiaires peuvent être confiées à un même agent lorsque le fonctionnement du service l'impose.

Article R. 332-26. – Mandataires suppléants… – *(Décret n° 2022-479 du 30 mars 2022)*
• Le régisseur des comptes nominatifs nomme un ou plusieurs mandataires suppléants, après accord du chef de l'établissement pénitentiaire et après avis du directeur interrégional des services pénitentiaires.
• Le régisseur des comptes nominatifs peut être assisté d'autres mandataires qu'il désigne, après accord du chef d'établissement, parmi le personnel de l'établissement.
• Le régisseur intérimaire est nommé dans les mêmes conditions que le régisseur des comptes nominatifs.
• Lorsque le fonctionnement du service l'exige, les dispositions du 3e alinéa de l'article 3 du décret n° 2019-798 du 26 juillet 2019 relatif aux régies de recettes et d'avances des organismes publics ne sont applicables ni aux mandataires suppléants, ni aux autres mandataires.

…/…

Article R. 332-27. – Gestion des comptes nominatifs – *(Décret n° 2022-479 du 30 mars 2022)*
• Le régisseur assure la gestion des comptes nominatifs à l'aide d'une comptabilité auxiliaire dont la forme est arrêtée par le garde des sceaux, ministre de la justice.
• Pour chaque compte nominatif, les recettes sont affectées aux dépenses de chaque personne détenue.
• Les fonds appartenant aux personnes détenues sont déposés sur un compte de dépôt de fonds au Trésor.

Article R. 332-28. – Régisseur des comptes nominatifs – *(Décret n° 2022-479 du 30 mars 2022)*
• Le régisseur des comptes nominatifs est chargé des opérations d'encaissement des fonds appartenant ou dus aux personnes détenues, ainsi que de l'encaissement des fonds versés au titre de la lutte contre la pauvreté en détention.
• Le régisseur des comptes nominatifs est chargé des opérations de paiement correspondant :
• 1° Au prélèvement de toute somme venant à être due par les personnes détenues ;
• 2° Au prélèvement de toute somme à la demande des personnes détenues après autorisation du chef de l'établissement pénitentiaire ;
• 3° Au reversement des sommes appartenant aux personnes détenues lors de leur libération, de leur transfèrement, de leur permission de sortir ou lorsqu'elles bénéficient d'un aménagement de peine.
• Les valeurs des personnes détenues sont déposées entre les mains du régisseur des comptes nominatifs qui en assure la conservation, le maniement, ainsi que la comptabilisation.

Article R. 332-29. – Avances – *(Décret n° 2022-479 du 30 mars 2022)*
• Pour permettre aux personnes détenues de disposer rapidement sur leur compte nominatif des sommes qui leur sont dues par l'administration pénitentiaire, le régisseur des comptes nominatifs consent des avances selon les modalités suivantes :
• 1° Dès réception et contrôle des éléments relatifs à la paye des personnes détenues fournis par l'établissement pénitentiaire, le régisseur des comptes nominatifs crédite par avance leurs rémunérations nettes sur les comptes nominatifs. Cette avance est restituée par le biais du compte de commerce 912 « cantine et travail des détenus dans le cadre pénitentiaire » ;
• 2° Lorsqu'elle est attribuée, l'aide financière directe prévue par les dispositions des articles D. 333-1, D. 333-2 et D. 333-3 est créditée par avance sur le compte nominatif de la personne détenue ;
• 3° En cas de transfèrement d'une personne détenue d'un établissement à un autre, conformément aux dispositions de l'article D. 215-18, le solde de son compte nominatif est transmis par un virement effectué dans les plus brefs délais par le régisseur des comptes nominatifs de l'établissement pénitentiaire de départ ; le régisseur des comptes nominatifs de l'établissement pénitentiaire d'arrivée procède au crédit du compte nominatif au vu du certificat de transfert émis par le régisseur des comptes nominatifs de l'établissement pénitentiaire de départ ;
• 4° Les avances mentionnées par les dispositions des 1°, 2° et 3° sont effectuées sous réserve et dans la limite du montant des fonds dont le régisseur des comptes nominatifs dispose sur son compte de dépôt de fonds au Trésor ;
• 5° Les mandatements effectués par l'ordonnateur en régularisation des avances mentionnées par les dispositions des 1° et 2° interviennent au plus tard à la fin du mois suivant celui au cours duquel l'avance a été effectuée.

Article R. 332-30. – Libération ou transfèrement – Versement solde compte nominatif – *(Décret n° 2022-479 du 30 mars 2022)*
• Lors de la libération ou du transfèrement d'une personne détenue, le versement du solde de son compte nominatif est effectué par virement bancaire.
• Lorsqu'une personne détenue n'est pas titulaire d'un compte bancaire ou lorsque le virement international n'est pas possible, la remise du solde de son compte nominatif est effectuée en espèces.
• Par dérogation aux dispositions de l'article 37 du décret n° 2012-1246 du 7 novembre 2012 relatif à la gestion budgétaire et comptable publique, toute opposition concernant des sommes appartenant aux personnes détenues doit être notifiée entre les mains du régisseur des comptes nominatifs.

Article D. 332-32. – Clôture mensuelle des comptes – *(Décret n° 2022-1605 du 22 décembre 2022)*
• Chaque fin de mois, le régisseur des comptes nominatifs effectue une clôture des comptes.
• Après communication au chef de l'établissement pénitentiaire, il transmet au comptable public assignataire les états comptables et pièces justificatives des opérations permettant la mise en œuvre du contrôle de la régularité de ces opérations.
• Ces pièces comptables sont transmises mensuellement au directeur interrégional des services pénitentiaires.
• La régie des comptes nominatifs est également soumise au contrôle interne du chef d'établissement et du référent comptable de la direction interrégionale des services pénitentiaires.

Section 3 : Valeurs non pécuniaires

Sous-section 1 : Cantine

Article R. 332-33. – Cantine – *(Décret n° 2022-479 du 30 mars 2022)*
• Par l'intermédiaire de la cantine, les personnes détenues peuvent acquérir divers objets, denrées ou prestations de service en supplément de ceux qui leur sont fournis gratuitement. Cette faculté s'exerce sous le contrôle du chef de l'établissement pénitentiaire. Elle peut être limitée en cas d'abus.
• Les prix pratiqués à la cantine sont portés à la connaissance des personnes détenues.
• Les vivres vendus en cantine comprennent seulement les denrées d'usage courant qui peuvent être consommées sans faire l'objet d'aucune préparation, sauf si les personnes détenues disposent en cellule des matériels nécessaires à leur préparation et conservation.
• La vente en cantine de toute boisson alcoolisée est interdite.
• À titre exceptionnel, sur autorisation du chef de l'établissement et selon les modalités qu'il définit, les personnes détenues peuvent acquérir des d'objets ne figurant pas sur la liste des objets fournis en cantine.

Article D. 332-34. – Prix – *(Décret n° 2022-479 du 30 mars 2022)*
• Les prix pratiqués à la cantine sont fixés périodiquement par le chef de l'établissement pénitentiaire. Sauf en ce qui concerne le tabac, ils doivent tenir compte des frais exposés par l'administration pour la manutention et la préparation.

.../...

Sous-section 2 : Vêtements

Article R. 332-35. – Vêtements – *(Décret n° 2022-479 du 30 mars 2022)*

• Chaque personne détenue porte les vêtements qu'elle possède, qui lui sont apportés par ses proches ou qu'elle acquiert par l'intermédiaire de l'administration, à moins qu'il n'en soit décidé autrement par le chef de l'établissement pénitentiaire pour des raisons d'ordre, de sécurité ou de propreté.

• Elle peut demander à l'administration de lui fournir les effets vestimentaires nécessaires si elle craint la détérioration de ses vêtements personnels soit par un usage trop fréquent, soit à l'occasion du travail.

• Lorsque ses ressources sont insuffisantes, elle peut demander à ce que des vêtements lui soient fournis.

Article R. 332-36. – Tenue vestimentaire – *(Décret n° 2022-479 du 30 mars 2022)*

• À défaut d'effets personnels appropriés, une tenue en bon état est mise à la disposition de la personne prévenue en vue de sa comparution devant les autorités judiciaires.

Sous-section 3 : Bijoux et effets personnels

§ 1. – Dispositions communes

Article R. 332-37. – Bijoux – *(Décret n° 2022-479 du 30 mars 2022)*

• Les personnes détenues ne peuvent pas conserver de bijoux en détention, à l'exception de leur bague d'alliance, leur montre et leurs pendentifs religieux.

• Les bijoux, après estimation, et les valeurs sont inventoriés, inscrits sur un registre spécial et déposés au service de la régie chargé de la gestion des comptes nominatifs de l'établissement pénitentiaire. Les personnes détenues peuvent toutefois demander à s'en défaire dans les conditions prévues par les dispositions de l'article R. 332-38.

• En cas de perte par l'établissement pénitentiaire, il est remis à la personne détenue intéressée ou à ses ayants droit la valeur d'estimation de l'objet perdu.

Article R. 332-38. – Prise en charge des objets et bijoux précieux – *(Décret n° 2022-479 du 30 mars 2022)*

• La prise en charge des objets et bijoux dont est porteuse une personne détenue à son entrée en détention peut être refusée en raison de leur prix, de leur importance ou de leur volume.

• Dans ce cas, ils sont inscrits provisoirement au registre spécial précité, mais la personne détenue intéressée est invitée à s'en défaire. À sa demande, ils peuvent être remis à un membre de sa famille ou à une personne titulaire d'un permis de visite. Ils peuvent également être expédiés à un mandataire qu'elle désigne. Les frais d'expédition ou de garde sont à la charge de la personne détenue intéressée.

Article R. 332-39. – Transfèrement ou sortie – Récupération des objets et bijoux – *(Décret n° 2022-479 du 30 mars 2022)*

• Lorsqu'une personne détenue est transférée, les objets lui appartenant sont déposés, contre reçu, entre les mains de l'agent de transfèrement, s'ils ne sont pas trop lourds ou volumineux ; à défaut, ils sont expédiés à la nouvelle destination de la personne détenue intéressée à ses frais ou sont remis à un tiers désigné par elle, après accord du chef de l'établissement pénitentiaire.

• Au moment de sa libération, les bijoux et objets lui appartenant sont remis à la personne détenue, contre décharge. Si elle refuse de les recevoir, ils sont remis à l'administration des domaines.

• En cas de sortie consécutive à une décision d'aménagement ou de suspension de peine, la personne condamnée intéressée reprend les bijoux et objets lui appartenant, contre décharge.

§ 2. – Dispositions applicables aux bijoux et effets personnels des personnes prévenues

Article R. 332-40. – Accord magistrat – *(Décret n° 2022-479 du 30 mars 2022)*

• Les objets et bijoux dont une personne prévenue souhaite se défaire, dans les conditions prévues par les dispositions de l'article R. 332-38, ne peuvent être remis ou envoyés à un tiers qu'elle désigne qu'avec l'accord du magistrat chargé du dossier de la procédure en application de l'article 715 du Code de procédure pénale.

Sous-Section 4 : Équipements informatiques

Article R. 332-41. – Modalités – *(Décret n° 2022-479 du 30 mars 2022)*

• Chaque personne détenue peut acquérir, par l'intermédiaire de l'administration et selon les modalités qu'elle détermine, des équipements informatiques.

• Elle ne conserve aucun document sur un support informatique, sauf ceux liés à des activités socioculturelles, d'enseignement, de formation ou professionnelles.

• Les équipements informatiques, ainsi que les données qu'ils contiennent, sont soumis au contrôle de l'administration. Sans préjudice d'une éventuelle saisie par l'autorité judiciaire, tout équipement informatique appartenant à une personne détenue peut être retenu et ne lui être restitué qu'au moment de sa libération, dans les cas suivants :

• 1° Pour des raisons d'ordre et de sécurité ;

• 2° En cas d'impossibilité d'accéder aux données informatiques, du fait volontaire de la personne détenue.

Sous-section 5 : Réception et envoi d'objets

Article R. 332-42. – Modalités – *(Décret n° 2022-479 du 30 mars 2022)*

• Sans préjudice des dispositions applicables aux publications écrites et audiovisuelles conformément aux dispositions des articles R. 370-1 et R. 370-2, la réception d'objets de l'extérieur et l'envoi d'objets vers l'extérieur sont interdits.

…/…

• Toutefois, une liste des objets ou catégories d'objets dont la réception ou l'envoi est autorisé est fixée par arrêté du garde des sceaux, ministre de la justice, annexé au présent code.

• Lorsque des objets dont la réception n'est pas autorisée sont reçus de l'extérieur, le chef de l'établissement pénitentiaire le notifie à l'expéditeur. Les objets sont réexpédiés aux frais de l'expéditeur ou, à défaut, déposés au vestiaire de la personne détenue intéressée.

• Lorsque des objets dont l'envoi n'est pas autorisé sont envoyés à un destinataire extérieur, le chef de l'établissement le notifie à la personne détenue intéressée. Lui sont restitués les objets autorisés en cellule. Les autres sont déposés au vestiaire.

• La personne détenue intéressée peut demander à se défaire des objets déposés au vestiaire dans les conditions prévues par les dispositions de l'article R. 332-38.

• Si les frais générés par la réception ou l'envoi des objets ne sont pas acquittés par l'expéditeur ou le destinataire extérieur, ces frais sont à la charge de la personne détenue intéressée.

Article R. 332-43. – Contrôle de sécurité – *(Décret n° 2022-479 du 30 mars 2022)*

• La réception et l'envoi d'objets par une personne détenue sont soumis aux contrôles de sécurité nécessaires à la prévention des évasions et au maintien de la sécurité et du bon ordre des établissements pénitentiaires.

• La réception ou l'envoi d'objets autorisés par une personne détenue sont réalisés:

• 1° Par apport lors des visites dans le cadre d'un permis de visite ou de la venue d'un visiteur de prison agréé;

• 2° Par remise directe lors des visites dans le cadre d'un permis de visite, pour tout document relatif à la vie familiale de la personne détenue intéressée et à l'exercice de son l'autorité parentale;

• 3° Par colis postal si la personne détenue intéressée ne bénéficie pas des visites dans le cadre d'un permis de visite, après accord du chef de l'établissement pénitentiaire;

• 4° Par dépôt à l'établissement pénitentiaire en dehors des visites, par des visiteurs de prison agréés ou des personnes titulaires d'un permis de visite, après accord du chef de l'établissement pénitentiaire.

• Dans les hypothèses mentionnées par les dispositions des 1° et 4°, l'objet est remis au personnel pénitentiaire qui le transmet à la personne détenue destinataire après contrôle.

Sous-section 6: Retrait et dépôt au vestiaire

Article R. 332-44. – Modalités – *(Décret n° 2022-479 du 30 mars 2022)*

• Les objets et vêtements laissés habituellement en la possession des personnes détenues peuvent leur être retirés, pour des motifs de sécurité, contre la remise d'autres objets propres à assurer la sécurité ou contre une dotation de protection d'urgence.

• Les objets personnels retirés sont déposés au vestiaire. Ils sont restitués aux personnes détenues à leur sortie.

• Les personnes détenues peuvent demander à se défaire de leurs objets personnels dans les conditions prévues par les dispositions de l'article R. 332-38.

Article R. 332-45. – Raisons d'ordre et de sécurité – *(Décret n° 2022-479 du 30 mars 2022)*

• Les objets qui ne peuvent être laissés en possession des personnes détenues pour des raisons d'ordre et de sécurité sont déposés au vestiaire de l'établissement.

• Ils sont, après inventaire, inscrits sur le registre du vestiaire, au nom de la personne détenue intéressée pour lui être restitués à sa sortie. Elle peut cependant demander à s'en défaire dans les conditions prévues par les dispositions des articles R. 332-37 à R. 332-39.

• Les documents d'identité sont également interdits en détention et sont déposés au vestiaire, inventoriés et inscrits au même registre. Les personnes détenues peuvent les récupérer à l'occasion de leurs sorties de l'établissement pénitentiaire afin de réaliser les démarches nécessaires. Ils leur sont restitués lors de leur levée d'écrou.

• En revanche, les personnes détenues sont autorisées à conserver en cellule des photographies de famille.

CHAPITRE III

Aide matérielle aux personnes détenues dépourvues de ressources suffisantes

Article D. 333-1. – Aides en nature – *(Décret n° 2022-479 du 30 mars 2022)*

• Une personne détenue est considérée comme dépourvue de ressources suffisantes et peut, à ce titre, bénéficier des aides en nature de l'État lorsque, cumulativement:

• 1° La part disponible de son compte nominatif pendant le mois précédant le mois courant est inférieure à 100 €;

• 2° La part disponible de son compte nominatif pendant le mois courant est inférieure à 100 €;

• 3° Le montant de ses dépenses cumulées dans le mois courant est inférieur à 100 €.

• Pour l'appréciation du niveau de ressources d'une personne entrant en détention, la part disponible de son compte nominatif du mois précédent n'est pas prise en compte pendant le 1er mois de détention.

Article D. 333-2. – Aide en numéraire – *(Décret n° 2022-479 du 30 mars 2022)*

• Une personne détenue dépourvue de ressources suffisantes peut bénéficier d'une aide en numéraire de l'État lorsque, cumulativement:

• 1° La part disponible de son compte nominatif pendant le mois précédant le mois courant est inférieure à 60 €;

• 2° La part disponible de son compte nominatif pendant le mois courant est inférieure à 60 €;

• 3° Le montant de ses dépenses cumulées dans le mois courant est inférieur à 60 €.

Article D. 333-3. – Aides attribuées – Administration pénitentiaire – *(Décret n° 2022-479 du 30 mars 2022)*

• Les aides que reçoivent les personnes détenues dépourvues de ressources suffisantes sont attribuées par l'administration pénitentiaire. Il est tenu compte des aides attribuées à la personne détenue intéressée par toute personne physique ou morale de droit public ou privé autorisée à le faire par l'administration pénitentiaire.

…/…

TITRE IV : MAINTIEN DES LIENS AVEC L'EXTÉRIEUR

CHAPITRE Ier

Visites

Section 1 : Permis de visite

Sous-section 1 : Dispositions communes

Article R. 341-1. – Permis délivré – *(Décret n° 2022-479 du 30 mars 2022)*

• Le permis délivré en application des dispositions des articles L. 341-5, R. 341-4 à R. 341-6 et R. 341-13 est soit permanent, soit valable pour un nombre limité de visites.

• Il précise, le cas échéant, les modalités particulières prévues pour son application, notamment en ce qui concerne le lieu et l'heure de la visite.

Article R. 341-2. – Refus – *(Décret n° 2022-479 du 30 mars 2022)*

• Pour des motifs de bon ordre, de sécurité et de prévention des infractions, et spécialement en cas de crime ou de délit relevant des dispositions de l'article 132-80 du Code pénal, le permis de visite délivré en application des dispositions des articles L. 341-5, R. 341-4 à R. 341-6 et R. 341-13 peut être refusé à la personne victime de l'infraction pour laquelle la personne prévenue ou condamnée est détenue, y compris si la victime est membre de la famille de la personne détenue.

• Lorsque la personne détenue est prévenue ou condamnée du chef de l'une des infractions prévues par les dispositions des articles 222-8,222-10,222-12,222-13 et 222-33-2-1 du Code pénal, aggravée par la circonstance qu'un mineur assiste aux faits et que ceux-ci sont commis par le conjoint ou le concubin de la victime ou le partenaire lié à la victime par un pacte civil de solidarité, le permis de visite peut, pour les mêmes motifs, être refusé à ce mineur, ainsi qu'aux autres enfants mineurs du couple.

• Lorsque l'autorité compétente pour accorder le permis de visite est informée que la personne détenue, prévenue ou condamnée, fait l'objet d'une interdiction d'entrer en relation avec une personne, qui a été prononcée par l'autorité judiciaire et qui est toujours en cours d'exécution, elle ne peut délivrer le permis de visite à cette personne. Les dispositions du présent alinéa sont applicables en cas d'interdiction de contact prononcée en application des dispositions de l'article 138 du Code de procédure pénale, prononcée en application des dispositions des articles 131-6,131-10 ou 132-45 du Code pénal, y compris dans le cadre d'un sursis probatoire, d'un suivi-socio-judiciaire ou de tout autre peine principale ou complémentaire, le cas échéant à l'occasion d'une procédure autre que celle pour laquelle la personne prévenue ou condamnée est détenue, ou prononcée en application des dispositions de l'article 515-11 du Code civil dans le cadre d'une ordonnance de protection.

• Le permis de visite peut cependant être délivré si l'interdiction de contact est expressément levée, le cas échéant à cette seule fin, par, selon les cas, le juge d'instruction en application des dispositions de l'article 139 du Code de procédure pénale, la juridiction compétente en application des dispositions de l'article 702-1 du même code, le juge de l'application des peines en application des dispositions des articles 712-8 et 739 du même code, ou le juge aux affaires familiales en application des dispositions de l'article 515-12 du Code civil.

• L'autorité compétente pour accorder le permis de visite ne peut de même délivrer un permis de visite à l'enfant mineur d'une personne détenue prévenue ou condamnée lorsqu'elle est informée que l'exercice de l'autorité parentale et les droits de visite et d'hébergement de la personne détenue sont suspendus en application des dispositions de l'article 378-2 du Code civil ou dans le cadre d'une ordonnance de protection en application des dispositions de l'article 515-11 de ce même code, ou que l'autorité parentale ou son exercice, ou le droit de visite de la personne détenue sur l'enfant mineur, a été retiré en application des dispositions des articles 378,378-1,379 ou 379-1 de ce même code, sauf en cas de décision judiciaire ultérieure autorisant expressément un droit de visite.

• Lorsqu'il s'agit d'une personne condamnée, l'information des autorités mentionnées par les dispositions des articles R. 341-5 et R. 341-6 de l'existence d'une interdiction judiciaire de contact résulte des mentions figurant dans la notice individuelle en application des dispositions de l'article D. 158 du Code de procédure pénale et de la transmission de la décision conformément aux dispositions de l'article D. 211-12.

Article R. 341-3. – Chef établissement pénitentiaire – Droit à tout permis de visite – *(Décret n° 2022-479 du 30 mars 2022)*

• Le chef de l'établissement pénitentiaire fait droit à tout permis de visite qui lui est présenté, sauf à surseoir dans l'un des cas suivants :

• 1° Si des circonstances exceptionnelles l'obligent à en référer à l'autorité qui a délivré le permis ;

• 2° Si les personnes détenues sont matériellement empêchées ;

• 3° Si, placées en cellule disciplinaire, les personnes détenues ont épuisé leur droit à un parloir hebdomadaire.

Sous-section 2 : Permis de visite des personnes prévenues

Article R. 341-4. – Validité – *(Décret n° 2022-479 du 30 mars 2022)*

• Sauf disposition contraire, les permis de visite délivrés aux personnes rendant visite aux personnes prévenues sont valables jusqu'au moment où la condamnation éventuelle acquiert un caractère définitif, sans qu'ait d'incidence sur cette validité un changement de l'autorité judiciaire chargée du dossier de la procédure.

Sous-section 3 : Permis de visite des personnes condamnées

Article R. 341-5. – Permis de visite – *(Décret n° 2022-479 du 30 mars 2022)*

• Pour les personnes condamnées, détenues en établissement pénitentiaire ou hospitalisées dans un établissement de santé habilité en application des dispositions de l'article L. 3214-1 du Code de la santé publique, les permis de visite sont délivrés, refusés, suspendus ou retirés par le chef de l'établissement pénitentiaire.

.../...

Article R. 341-6. – Permis de visite – Personnes condamnées hospitalisées – *(Décret n° 2022-1174 du 24 août 2022)*

• Les permis de visite sont délivrés, refusés, suspendus ou retirés par le préfet ou, à Paris, par le préfet de police ou, dans le département des Bouches-du-Rhône, par le préfet de police des Bouches-du-Rhône, lorsque les personnes condamnées sont hospitalisées dans l'une des structures suivantes:

• 1° Dans les établissements de santé mentionnés par les dispositions de l'article R. 6111-27 du Code de la santé publique et si l'hospitalisation présente un caractère d'urgence ou est de très courte durée;

• 2° Dans les unités pour malades difficiles;

• 3° Dans les hôpitaux militaires.

Article R. 341-7. – Permis de visite – Demande d'extradition – *(Décret n° 2022-479 du 30 mars 2022)*

• Le procureur général près la cour d'appel saisie de la procédure est compétent pour délivrer, refuser, suspendre ou retirer les permis de visite pour les personnes détenues écrouées à la suite d'une demande d'extradition émanant d'un gouvernement étranger.

Article R. 341-8. – Permis de visite – Personne majeure – Mesure de protection juridique – *(Décret n° 2022-479 du 30 mars 2022)*

• Lorsque la personne condamnée est une personne majeure faisant l'objet, conformément à l'article 706-112 du Code de procédure pénale, d'une mesure de protection juridique, son curateur, son tuteur ou la personne désignée en application des articles 706-114 ou 706-117 du même code dispose de plein droit d'un permis de visite.

Section 2: Contrôle et autorisations

Article R. 341-9. – Chef établissement pénitentiaire ou délégataire – Autorisations de visite – *(Décret n° 2022-479 du 30 mars 2022)*

• Le chef de l'établissement pénitentiaire ou un délégataire délivre des autorisations de visite dans les conditions prévues par les dispositions de l'article R. 113-66.

Article R. 341-10. – Directeur interrégional des services pénitentiaires – Autorisations – *(Décret n° 2022-479 du 30 mars 2022)*

• Dans le ressort de sa compétence territoriale, le directeur interrégional des services pénitentiaires délivre des autorisations à portée générale qui permettent, à titre permanent ou pour un nombre limité de visites, la communication avec des personnes détenues non nominativement désignées, sous réserve des droits conférés à l'autorité judiciaire.

• En dehors des cas prévus par les dispositions de l'article D. 341-20 relatives aux visiteurs de prisons, ces autorisations sont exceptionnelles.

Section 3: Déroulement des visites et parloirs

Article R. 341-11. – Mesures de contrôle – Accès parloir – *(Décret n° 2022-479 du 30 mars 2022)*

• Pour des motifs liés au maintien du bon ordre et de la sécurité ou à la prévention des infractions, l'accès au parloir est subordonné aux mesures de contrôle jugées nécessaires à l'égard des visiteurs.

Article R. 341-12. – Conditions d'accès au parloir – *(Décret n° 2022-479 du 30 mars 2022)*

• Durant les visites, il est interdit de fumer, d'adopter des attitudes ou comportements indécents ou violents et d'apporter de la nourriture et des boissons. En cas de non-respect de ces interdictions, le parloir peut être interrompu.

• Au cours des parloirs, le personnel pénitentiaire empêche toute remise d'argent, de lettres ou d'objets quelconques.

Article R. 341-13. – Dispositif de séparation – Accès parloir – *(Décret n° 2022-479 du 30 mars 2022)*

• Les visites se déroulent par principe dans un parloir ne comportant pas de dispositif de séparation.

• Toutefois, pour les personnes prévenues, le magistrat chargé du dossier de la procédure peut prescrire que les visites ont lieu dans un parloir avec dispositif de séparation.

• En outre, le chef de l'établissement pénitentiaire peut décider que les visites ont lieu dans un parloir avec un tel dispositif de séparation dans l'un des cas suivants:

• 1° S'il existe des raisons sérieuses de redouter un incident;

• 2° En cas d'incident survenu au cours d'une visite antérieure;

• 3° À la demande du visiteur ou de la personne visitée.

• Le chef de l'établissement pénitentiaire informe de sa décision le magistrat chargé du dossier de la procédure pour les personnes prévenues et la commission de l'application des peines pour les personnes condamnées.

Article R. 341-14. – Déroulé des visites – *(Décret n° 2022-479 du 30 mars 2022)*

• À l'exception des visites se déroulant dans les parloirs familiaux ou les unités de vie familiale, un personnel de surveillance pénitentiaire est présent dans les locaux. Il a la possibilité d'entendre les conversations.

• Pendant les visites, les personnes détenues et leurs visiteurs s'expriment en français ou dans une langue que le personnel de surveillance est en mesure de comprendre, sauf si le permis délivré prévoit expressément que la conversation peut avoir lieu dans une langue autre que le français.

• Le personnel de surveillance pénitentiaire peut mettre un terme à la visite pour des raisons tenant au maintien du bon ordre et de la sécurité ou à la prévention des infractions.

• Les incidents mettant en cause les visiteurs sont signalés à l'autorité ayant délivré le permis, qui apprécie si le permis doit être suspendu ou retiré.

Article R. 341-15. – Parloirs familiaux – *(Décret n° 2022-479 du 30 mars 2022)*

• Les parloirs familiaux sont des locaux spécialement conçus afin de permettre aux personnes détenues de recevoir, sans surveillance continue et directe, des visites des membres majeurs de leur famille ou de proches majeurs accompagnés, le cas échéant, d'un ou de plusieurs enfants mineurs, pendant une durée de 6 heures au plus au cours de la partie diurne de la journée.

.../...

Article R. 341-16. – Unités de vie familiale – *(Décret n° 2022-479 du 30 mars 2022)*

• Les unités de vie familiale sont des locaux spécialement conçus afin de permettre aux personnes détenues de recevoir, sans surveillance continue et directe, des visites des membres majeurs de leur famille ou de proches majeurs accompagnés, le cas échéant, d'un ou de plusieurs enfants mineurs, pendant une durée comprise entre 6 et 72 heures. La durée de la visite en unité de vie familiale est fixée dans le permis.

Section 4: Action des visiteurs de prison

Article R. 341-17. – Action d'un visiteur de prison agréé – *(Décret n° 2022-479 du 30 mars 2022)*

• Chaque personne détenue peut bénéficier de l'action d'un visiteur de prison agréé.

• L'entretien entre le visiteur de prison et la personne détenue dont il s'occupe a lieu en dehors de la présence d'un personnel pénitentiaire, dans un local aménagé à cette fin à l'intérieur de l'établissement pénitentiaire.

• Les visites ont lieu aux jours et heures fixés par le chef de l'établissement en accord avec les visiteurs

• Ces derniers peuvent correspondre librement avec les personnes détenues dont ils s'occupent, sous pli ouvert et sans autorisation préalable.

Article D. 341-18. – Rôle – *(Décret n° 2022-479 du 30 mars 2022)*

• Les visiteurs de prison contribuent, bénévolement et en fonction de leurs aptitudes particulières, à la prise en charge des personnes détenues signalées par le service pénitentiaire d'insertion et de probation, en vue de préparer leur réinsertion en leur apportant notamment aide et soutien pendant leur détention. Ils peuvent participer à des actions d'animation collective.

Article D. 341-19. – Action – *(Décret n° 2022-479 du 30 mars 2022)*

• Les visiteurs de prison peuvent exercer leur action auprès de toutes les personnes détenues écrouées dans l'établissement pénitentiaire pour lequel ils sont habilités, quelle que soit la situation pénale de ces personnes détenues.

• Toutefois, le droit de visite est suspendu à l'égard des personnes prévenues dans le cas où ces dernières font l'objet de l'interdiction de communiquer prévue par les dispositions du 1er alinéa de l'article 145-4 du Code de procédure pénale.

Article D. 341-20. – Agrément – *(Décret n° 2022-479 du 30 mars 2022)*

• Les visiteurs de prison sont agréés, pour une période de 2 ans renouvelable, aux fins d'accès auprès des personnes détenues d'un ou plusieurs établissements pénitentiaires déterminés.

• L'agrément est accordé par le directeur interrégional des services pénitentiaires, après avis du préfet ou, dans le département des Bouches-du-Rhône, du préfet de police des Bouches-du-Rhône.

• L'agrément est retiré par le directeur interrégional des services pénitentiaires soit d'office, soit à la demande du juge de l'application des peines ou du procureur de la République.

• En cas d'urgence et pour des motifs graves, l'agrément peut être suspendu par le chef de l'établissement pénitentiaire, qui en avise sans délai le directeur interrégional des services pénitentiaires, pour décision.

Article D. 341-21. – Champ d'intervention – *(Décret n° 2022-479 du 30 mars 2022)*

• Les visiteurs de prison interviennent en collaboration avec le service pénitentiaire d'insertion et de probation qui a pour tâche de coordonner leurs actions. Ils sont réunis chaque trimestre en présence du chef de l'établissement pénitentiaire.

• Les visiteurs de prison s'engagent au respect des dispositions légales et réglementaires du présent code et du règlement intérieur de l'établissement penitentiaire, défini aux articles L. 112-4 et R. 112-22, relatives à la discipline et à la sécurité, ainsi qu'aux obligations particulières résultant de leur qualité et de leur rôle, portées à leur connaissance lors de leur prise de fonction.

CHAPITRE II

Rapprochements familiaux

Article R. 342-1. – Modalités – *(Décret n° 2022-479 du 30 mars 2022)*

• Le directeur interrégional des services pénitentiaires, après avis conforme du magistrat chargé du dossier de la procédure, peut faire droit à la demande de rapprochement familial de la personne prévenue répondant aux conditions prévues par les dispositions de l'article L. 342-1.

• Le garde des sceaux, ministre de la justice, peut, dans les mêmes conditions, faire droit à une telle demande lorsqu'elle a pour effet le transfert d'une des personnes suivantes:

• 1° D'une personne détenue du ressort d'une direction interrégionale à une autre;

• 2° D'une personne inscrite au répertoire des personnes détenues particulièrement signalées;

• 3° D'une personne prévenue pour acte de terrorisme.

CHAPITRE III

Unions célébrées au sein de l'établissement pénitentiaire

Article D. 343-1. – Mariage - PACS – *(Décret n° 2022-479 du 30 mars 2022)*

• Sauf si elles obtiennent une permission de sortir en application des dispositions des articles D. 143 et D. 143-1 du Code de procédure pénale:

• 1° Le mariage des personnes détenues est célébré au sein de l'établissement pénitentiaire sur réquisitions du procureur de la République, telles que prévues par les dispositions de l'article 75 du Code civil;

• 2° Le pacte civil de solidarité conclu par des personnes détenues est enregistré au sein de l'établissement pénitentiaire par l'officier de l'état civil, en application des dispositions 2e alinéa de l'article 515-3 du même code.

.../...

CHAPITRE IV
Information sur les événements familiaux

Article R. 344-1. – Décès ou maladie grave – Information – *(Décret n° 2022-479 du 30 mars 2022)*
• Lorsque parvient à l'établissement pénitentiaire la nouvelle du décès ou de la maladie grave d'un membre de la proche famille d'une personne détenue, celle-ci en est immédiatement informée.

CHAPITRE V
Correspondances

Section 1 : Correspondances écrites

Sous-section 1 : Correspondances écrites des personnes prévenues

Article R. 345-1. – Correspondances écrites – Personnes prévenues – (Décret n° 2022-479 du 30 mars *2022)*
• Pour les personnes prévenues, le magistrat chargé du dossier de la procédure peut s'opposer à leur droit de correspondre par écrit soit de façon générale, soit à l'égard d'un ou plusieurs destinataires expressément mentionnés dans sa décision.
• Les correspondances écrites par les personnes prévenues ou adressées à celles-ci sont, sauf décision contraire du magistrat, communiquées à ce dernier.

Article R. 345-2. – Droit de correspondance – *(Décret n° 2022-479 du 30 mars 2022)*
• La décision refusant à une personne prévenue l'exercice du droit de correspondance lui est notifiée par tout moyen.

Sous-section 2 : Correspondances écrites des personnes condamnées

Article R. 345-3. – Correspondances écrites – Personnes détenues – *(Décret n° 2022-479 du 30 mars 2022)*
• Les personnes détenues peuvent correspondre par écrit en application de l'article L. 345-2 avec toute personne de leur choix tous les jours et sans limitation.

Sous-section 3 : Contrôle et retenue des correspondances

§ 1. – Dispositions générales

Article R. 345-4. – Contrôle des correspondances – *(Décret n° 2022-479 du 30 mars 2022)*
• La correspondance des personnes détenues, reçue ou expédiée, doit être écrite en clair et ne comporter aucun signe ou caractère conventionnel compréhensible des seuls correspondants.
• Celle écrite dans une autre langue que le français peut être traduite avant remise ou expédition.

Article R. 345-5. – Retenue des correspondances – *(Décret n° 2022-479 du 30 mars 2022)*
• La décision de retenir une correspondance écrite, reçue ou expédiée, est notifiée à la personne détenue par le chef de l'établissement pénitentiaire au plus tard dans les 3 jours.
• Lorsque la décision concerne une personne condamnée, le chef de l'établissement en informe la commission de l'application des peines. Lorsqu'elle concerne une personne prévenue, il en informe le magistrat chargé du dossier de la procédure.
• La correspondance retenue est déposée dans le dossier individuel de la personne détenue.
• Elle lui est remise lors de sa libération.

§ 2. – Correspondances spécialement protégées

Article R. 345-6. – Échange de correspondance – Personnes détenues et personnel d'insertion et de probation – *(Décret n° 2022-479 du 30 mars 2022)*
• La correspondance échangée entre les personnes détenues et le personnel d'insertion et de probation se fait librement et sous pli fermé.

Article R. 345-7. – Échange de correspondance – Personnes détenues et organismes sociaux – *(Décret n° 2022-479 du 30 mars 2022)*
• Les lettres adressées par les personnes détenues aux organismes sociaux sont transmises sous pli fermé, sous le contrôle du service pénitentiaire d'insertion et de probation.

Article R. 345-8. – Échange de correspondance – Personnes détenues et défenseur et aumôniers – *(Décret n° 2022-479 du 30 mars 2022)*
• Les personnes détenues correspondent avec leur défenseur et avec les aumôniers agréés de l'établissement sous pli fermé.

Article R. 345-9. – Échange de correspondance – Autorités administratives et judiciaires et défenseur et aumôniers – *(Décret n° 2022-479 du 30 mars 2022)*
• Les correspondances destinées aux autorités administratives et judiciaires françaises et internationales mentionnées par les dispositions de l'article L. 345-4, au défenseur de la personne détenue et aux aumôniers agréés auprès de l'établissement pénitentiaire ou expédiées par ces personnes, sont adressées sous pli fermé comportant sur les enveloppes toutes les mentions utiles pour indiquer la qualité et l'adresse professionnelle de son destinataire ou de son expéditeur.

.../...

Article D. 345-10. – Liste des autorités administratives et judiciaires françaises – *(Décret n° 2022-479 du 30 mars 2022)*

• Les autorités administratives et judiciaires françaises autres que le contrôleur général des lieux de privation de liberté avec lesquelles les personnes détenues correspondent sous pli fermé sont les suivantes :

• 1° Le Président de la République ;
• 2° Le Premier ministre et les membres du Gouvernement ;
• 3° Les présidents de l'Assemblée nationale et du Sénat ;
• 4° Le vice-président du Conseil d'État ;
• 5° Les députés et les sénateurs ;
• 6° Le président de la Cour de justice de la République ;
• 7° Le Défenseur des droits et ses délégués ;
• 8° Le président de la Commission nationale de l'informatique et des libertés ;
• 9° Le président de la Commission d'accès aux documents administratifs ;
• 10° Les présidents des cours administratives d'appel et des tribunaux administratifs ;
• 11° Les magistrats de l'ordre judiciaire en exercice dans leurs juridictions ;
• 12° Le directeur du cabinet du garde des sceaux, ministre de la justice ;
• 13° Les directeurs du ministère de la justice ;
• 14° Le chef de l'inspection générale des affaires sociales ;
• 15° Le chef de l'inspection générale de la justice ;
• 16° Les préfets et les sous-préfets ;
• 17° Le maire de la commune où la personne détenue est domiciliée ou incarcérée ;
• 18° Les directeurs interrégionaux des services pénitentiaires et les directeurs interrégionaux de la protection judiciaire et de la jeunesse ;
• 19° Les directeurs des services d'insertion et probation ;
• 20° Le président du conseil d'évaluation de l'établissement où est détenue la personne intéressée ;
• 21° Les médecins inspecteurs de santé publique ;
• 22° Les directeurs d'établissement de santé.

• Les autorités administratives et judiciaires internationales avec lesquelles les personnes détenues peuvent correspondre correspondent sous pli fermé sont les suivantes :

• 1° Le président et les membres de la Cour pénale internationale ;
• 2° Le président et les membres des tribunaux pénaux internationaux créés par le Conseil de sécurité de l'Organisation des Nations unies ;
• 3° Le président et les membres des tribunaux spéciaux créés conjointement par l'Organisation des Nations unies et un ou plusieurs États membres de cette organisation ;
• 4° Les députés au Parlement européen ;
• 5° Le président et les membres de la Cour européenne des droits de l'homme ;
• 6° Le président et les membres du Comité européen pour la prévention de la torture et des peines ou traitements inhumains ou dégradants du Conseil de l'Europe ;
• 7° Le président et les membres du Tribunal de première instance de l'Union européenne ;
• 8° Le président et les membres de la Cour de justice de l'Union européenne ;
• 9° Le président et les membres du Comité contre la torture des Nations unies ;
• 10° Le président et les membres du Conseil des droits de l'homme des Nations unies ;
• 11° Le président et les membres du comité consultatif du Conseil des droits de l'homme des Nations unies ;
• 12° Le président et les membres de la Commission des droits de l'homme des Nations unies ;
• 13° Le secrétaire général du Conseil de l'Europe.

Section 2 : Communications téléphoniques

Sous-section 1 : Dispositions communes

Article R. 345-11. – Échange de correspondance – Personnes détenues et personnel d'insertion et de probation – *(Décret n° 2022-479 du 30 mars 2022)*

• Les communications téléphoniques sont réalisées au moyen des différents postes téléphoniques mis à disposition par l'établissement pénitentiaire. L'utilisation ou la détention de téléphones portables ou de tout autre appareil communiquant est interdite.

• Une personne détenue n'est pas autorisée à donner à une autre personne détenue le Code d'accès qui lui permet de téléphoner.

Sous-section 2 : Communications téléphoniques des personnes prévenues

Article R. 345-12. – Communications téléphoniques – *(Décret n° 2022-479 du 30 mars 2022)*

• Le magistrat chargé du dossier de la procédure peut autoriser les personnes prévenues, détenues en établissement pénitentiaire ou hospitalisées, à téléphoner aux membres de leur famille ou à d'autres personnes pour préparer leur réinsertion.

• La décision comporte l'identité et les numéros d'appel des destinataires.

• Sauf disposition contraire, cette autorisation est valable tant que la personne prévenue n'a pas fait l'objet d'une condamnation définitive, sans qu'ait d'incidence sur cette validité le changement de l'autorité judiciaire chargée du dossier de la procédure.

• Si le magistrat le demande, les numéros d'appel et l'identité des destinataires des appels passés par la personne prévenue lui sont communiqués par le chef de l'établissement pénitentiaire.

• Le magistrat peut refuser, suspendre ou retirer à une personne prévenue l'autorisation de téléphoner à un membre de sa famille par décision motivée conformément aux dispositions de l'article 145-4 du Code de procédure pénale.

Article R. 345-13. – Accès téléphone – Autorisation, refus, suspension ou retrait – *(Décret n° 2022-479 du 30 mars 2022)*

• La décision d'autorisation, de refus, de suspension ou de retrait de l'accès au téléphone est notifiée à la personne prévenue par tout moyen.

…/…

Sous-section 3 : Correspondances téléphoniques des personnes condamnées

Article R. 345-14. – Conditions d'accès au téléphone – Personnes condamnées – *(Décret n° 2022-479 du 30 mars 2022)*
• Pour les personnes condamnées, la décision d'autoriser, de refuser, de suspendre ou de retirer l'accès au téléphone est prise par le chef de l'établissement pénitentiaire.
• Lorsque les personnes condamnées sont hospitalisées, la décision d'autoriser, de refuser, de suspendre ou de retirer l'accès au téléphone est prise par le chef d'établissement sous réserve des prescriptions médicales.
• Les décisions de refus, de suspension ou de retrait ne peuvent être motivées que par le maintien du bon ordre et de la sécurité ou par la prévention des infractions, conformément aux dispositions de l'article L. 345-5.

CHAPITRE VI

Relations de certaines catégories de personnes détenues avec l'extérieur

Article D. 346-1. – Personnes détenues militaires... – Correspondances, visites – *(Décret n° 2022-479 du 30 mars 2022)*
• Les personnes détenues militaires ou relevant d'une autorité militaire peuvent correspondre, librement et sous pli fermé, avec les autorités militaires françaises.
• Au surplus, elles peuvent être visitées par les représentants de l'autorité militaire désignés par une instruction de service.

Article D. 346-2. – Personnes détenues étrangères – *(Décret n° 2022-479 du 30 mars 2022)*
• À condition que l'État dont ils ressortissent accorde la réciprocité, les personnes détenues étrangères peuvent entrer en rapport avec les représentants diplomatiques et agents consulaires de cet État.
• À cette fin, les autorisations nécessaires sont accordées à ces représentants ou agents pour communiquer ou correspondre avec les personnes détenues de leur nationalité, sans qu'il soit toutefois dérogé aux dispositions des articles R. 341-14, R. 345-1, R. 345-3 et R. 345-5.

TITRE V : EXERCICE DU CULTE

CHAPITRE Ier

Dispositions générales

Article R. 351-1. – Exercice du culte – *(Décret n° 2022-479 du 30 mars 2022)*
• Chaque personne détenue peut exercer le culte de son choix, à titre individuel dans sa cellule ou collectivement dans les salles prévues à cet effet, en présence des intervenants d'aumônerie.

Article R. 351-2. – Libre-accès – Vie religieuse, morale ou spirituelle – *(Décret n° 2022-479 du 30 mars 2022)*
• Chaque personne détenue doit pouvoir satisfaire aux exigences de sa vie religieuse, morale ou spirituelle.
• À son arrivée dans l'établissement pénitentiaire, elle est avisée de son droit de recevoir la visite d'un ministre du culte et d'assister aux offices religieux et aux réunions cultuelles organisées par les personnes agréées à cet effet.

Article R. 351-3. – Offices religieux, réunions cultuelles et assistance spirituelle – *(Décret n° 2022-479 du 30 mars 2022)*
• Les offices religieux, les réunions cultuelles et l'assistance spirituelle aux personnes détenues sont assurés, pour les différents cultes, par des aumôniers agréés.

Article R. 351-4. – Vêtements religieux et objets de culte – *(Décret n° 2022-479 du 30 mars 2022)*
• Le port des vêtements religieux par les personnes détenues est interdit dans les lieux à usage collectif, à l'exception de la salle de culte.
• Les vêtements et objets de culte doivent être transportés par les personnes détenues dans un sac de la cellule à la salle de culte.

Article R. 351-5. – Alimentation – Convictions philosophiques ou religieuses – *(Décret n° 2022-479 du 30 mars 2022)*
• Conformément à l'article R. 323-1, chaque personne détenue reçoit une alimentation variée, compte tenu, dans toute la mesure du possible, de ses convictions philosophiques ou religieuses.

CHAPITRE II

Assistance spirituelle

Section 1 : Intervention des aumôniers agréés

Article D. 352-1. – Agrément – *(Décret n° 2022-1175 du 24 août 2022)*
• L'agrément des aumôniers est délivré par le directeur interrégional des services pénitentiaires après avis du préfet du département dans lequel se situe l'établissement visité ou, si celui-ci se situe dans le département des Bouches-du-Rhône, du préfet de police des Bouches-du-Rhône, sur proposition de l'aumônier national du culte concerné.
• Lorsque la demande d'agrément porte sur des établissements pénitentiaires situés dans plusieurs départements, le préfet de région exerce la compétence dévolue au préfet de département en application des dispositions de l'alinéa précédent.
• En vue de leur permettre d'assurer les missions qui leur sont confiées, une indemnité forfaitaire peut être allouée aux aumôniers agréés.

.../...

• Un aumônier agréé depuis le 1er octobre 2017 ne peut bénéficier du versement d'une indemnité sur la base de vacations horaires que s'il est titulaire de l'un des diplômes de formation civile et civique figurant sur une liste déterminée selon des modalités fixées par arrêté conjoint du ministre de l'intérieur, du ministre chargé de l'enseignement supérieur et du ministre chargé de l'outre-mer.
• Toutefois, un aumônier agréé depuis la même date peut bénéficier du versement de telles indemnités s'il n'est pas titulaire de l'un des diplômes précités dès lors qu'il s'engage à le devenir au cours des 2 années qui suivent la décision l'agréant. Au terme de ces 2 années, l'indemnité cesse d'être versée si l'aumônier n'a pas obtenu l'un de ces diplômes
• L'indemnité prévue par les dispositions du présent article n'est cumulable avec aucune autre rémunération publique versée au même titre. Un arrêté conjoint du garde des sceaux, ministre de la justice, et du ministre chargé du budget fixe son montant annuel.
• Lorsque son titulaire atteint l'âge de 75 ans, l'agrément est retiré par le directeur interrégional des services pénitentiaires.

Article D. 352-2. – Fonctions des aumôniers – *(Décret n° 2022-479 du 30 mars 2022)*
• Les aumôniers consacrent tout ou partie de leur temps aux fonctions définies par les dispositions de l'article R. 351-3 selon le nombre des personnes détenues qui souhaitent les rencontrer dans l'établissement pénitentiaire auprès duquel ils sont agréés.

Article D. 352-3. – Assistance – *(Décret n° 2022-1175 du 24 août 2022)*
• Les aumôniers peuvent être assistés dans leur mission par des auxiliaires bénévoles d'aumônerie, agréés par le directeur interrégional des services pénitentiaires après avis du préfet du département dans lequel se situe l'établissement pénitentiaire ou, si celui-ci se situe dans le département des Bouches-du-Rhône, du préfet de police des Bouches-du-Rhône ou, lorsque la demande d'agrément porte sur des établissements situés dans plusieurs départements, du préfet de région et de l'aumônier national du culte concerné, pour une période de 2 ans renouvelable. Ces derniers peuvent animer des groupes de personnes détenues en vue de la réflexion, de la prière et de l'étude. Ils ne peuvent pas avoir d'entretiens individuels avec les personnes détenues.

Article D. 352-4. – Rôle spirituel et moral – *(Décret n° 2022-479 du 30 mars 2022)*
• Les aumôniers et les auxiliaires bénévoles d'aumônerie exercent auprès des personnes détenues un rôle exclusivement spirituel et moral, en se conformant aux dispositions du présent code et au règlement intérieur de l'établissement pénitentiaire, défini aux articles L. 112-4 et R. 112-22.

Article D. 352-5. – Offices – *(Décret n° 2022-479 du 30 mars 2022)*
• À la demande de l'aumônier, les offices peuvent être célébrés par d'autres ministres du culte sur autorisation délivrée par le chef de l'établissement pénitentiaire.

Article D. 352-6. – Pratique de la religion – *(Décret n° 2022-479 du 30 mars 2022)*
• Le nom des personnes détenues qui ont déclaré leur intention de pratiquer leur religion est communiqué à l'aumônier dans les meilleurs délais.

Section 2 : Offices religieux

Article R. 352-7. – Modalités – *(Décret n° 2022-479 du 30 mars 2022)*
• Les jours et heures des offices sont fixés par les aumôniers en accord avec le chef de l'établissement pénitentiaire. Ils sont organisés dans un local déterminé par ce dernier.

Section 3 : Entretiens individuels

Article R. 352-8. – Confession – *(Décret n° 2022-479 du 30 mars 2022)*
• Les personnes détenues peuvent s'entretenir, à leur demande, aussi souvent que nécessaire, avec les aumôniers de leur confession. Aucune mesure ni sanction ne peut entraver cette faculté.
• L'entretien a lieu, en dehors de la présence d'un personnel de surveillance, soit dans un parloir, soit dans un local prévu à cet effet, soit dans la cellule de la personne détenue et, si elle se trouve au quartier disciplinaire, dans un local déterminé par le chef de l'établissement pénitentiaire.
• Les personnes détenues occupées à une activité collective de travail qui demandent à s'entretenir avec un aumônier bénéficient de cet entretien en dehors des heures de travail, ou, à titre exceptionnel, en interrompant leur activité, si cette interruption n'affecte pas l'activité des autres personnes détenues.

Section 4 : Objets de culte

Article R. 352-9. – Modalités – *(Décret n° 2022-479 du 30 mars 2022)*
• Les personnes détenues reçoivent ou conservent en leur possession les objets de pratique religieuse et les livres nécessaires à leur vie spirituelle.

TITRE VI : EXERCICE DU DROIT DE VOTE

CHAPITRE Ier

Information des personnes détenues

Article R. 361-1. – Droit de vote – *(Décret n° 2022-479 du 30 mars 2022)*
• Le chef de l'établissement pénitentiaire informe, par tous moyens, les personnes détenues mentionnées par les dispositions de l'article L. 12-1 du Code électoral, des modalités de leur inscription sur les listes électorales et d'exercice de leur droit de vote, prévues par les dispositions des articles L. 12-1, L. 18-1, L. 71, L. 79 à L. 82 et L. 388-1 du même code. Cette information est délivrée dans les 15 jours suivant l'incarcération des personnes détenues.
• Le chef de l'établissement pénitentiaire délivre cette information, dans les mêmes conditions que celles prévues au 1er alinéa, aux personnes en âge de voter le jour du scrutin et détenues dans un quartier pour personnes mineures ou un établissement pénitentiaire spécialisé pour personnes mineures.

.../.

Article R. 361-2. – Inscription liste électorale – *(Décret n° 2022-479 du 30 mars 2022)*
• Le chef de l'établissement pénitentiaire fournit aux personnes détenues qui souhaitent s'inscrire sur les listes électorales au titre des dispositions de l'article L. 12-1 du Code électoral les moyens nécessaires pour former leur demande d'inscription et réunir les justificatifs mentionnés à l'article R. 5 du même code. À cette occasion, il vérifie par tous moyens leur identité.
• Il fournit ces moyens aux personnes en âge de voter le jour du scrutin et détenues dans un quartier pour personnes mineures ou un établissement pénitentiaire spécialisé pour personnes mineures, lorsque celles-ci souhaitent s'inscrire sur les listes électorales au titre des dispositions de l'article L. 12-1 du Code électoral.

Article R. 361-3. – Désignation personne pour assistanat et délégation signature – *(Décret n° 2022-479 du 30 mars 2022)*
• Le chef de l'établissement pénitentiaire peut désigner un adjoint, un fonctionnaire appartenant à un corps de catégorie A ou un membre du corps de commandement, un major pénitentiaire ou un 1er surveillant placé sous son autorité pour l'assister dans l'exercice de ses attributions définies par les dispositions du présent chapitre et des articles R. 1 à R. 25 et R. 81 à R. 85 du Code électoral. Il peut également déléguer sa signature aux mêmes personnes pour l'exercice de ces missions.

TITRE VII : ACCÈS AUX PUBLICATIONS ÉCRITES ET AUDIOVISUELLES

Article R. 370-1. – Modalités – *(Décret n° 2022-479 du 30 mars 2022)*
• L'accès des personnes détenues aux publications écrites et audiovisuelles peut s'effectuer :
• 1° Dans le cadre de l'action culturelle mise en œuvre dans chaque établissement pénitentiaire ;
• 2° Par l'intermédiaire de la médiathèque de l'établissement pénitentiaire et des bibliothèques territoriales partenaires de l'administration pénitentiaire ;
• 3° Par l'intermédiaire du centre de ressources audiovisuelles et multimédia de l'établissement pénitentiaire ;
• 4° Par la réception de l'extérieur de telles publications ;
• 5° Par l'utilisation collective ou individuelle d'équipements permettant exclusivement la réception de services de radio et de télévision ;
• 6° Par l'utilisation collective ou individuelle d'équipements informatiques non connectés à des réseaux extérieurs ;
• 7° Par l'utilisation collective ou individuelle d'équipements terminaux au sens du 10° de l'article L. 32 du Code des postes et des communications électroniques.

Article R. 370-2. – Réception ou envoi vers l'extérieur – *(Décret n° 2022-479 du 30 mars 2022)*
• La réception ou l'envoi vers l'extérieur des publications écrites et audiovisuelles par les personnes détenues s'effectue :
• 1° Par apport à l'occasion des visites effectuées dans le cadre d'un permis de visite ou de la venue d'un visiteur de prison agréé ;
• 2° Par envoi postal de l'éditeur ou des personnes détenues ;
• 3° Par dépôt à l'établissement pénitentiaire, effectué par les visiteurs de prison agréés ou les personnes titulaires d'un permis de visite, en dehors des visites, après accord du chef de l'établissement ;
• 4° Par l'intermédiaire de l'administration pénitentiaire.
• Dans les hypothèses visées aux 1° et 3°, la publication est remise au personnel pénitentiaire qui la transmet à la personne détenue destinataire.
• Lorsque la réception ou l'envoi de publications écrites et audiovisuelles entraîne des frais et que ceux-ci ne sont pas acquittés par l'expéditeur extérieur ou le destinataire extérieur, ces frais sont à la charge de la personne détenue intéressée.

Article R. 370-3. – Médiathèque – *(Décret n° 2022-479 du 30 mars 2022)*
• La médiathèque met gratuitement les publications écrites et audiovisuelles de son fonds à la disposition de chaque personne détenue.

Article R. 370-4. – Mise à disposition radio, téléviseur, livres... – *(Décret n° 2022-479 du 30 mars 2022)*
• Chaque personne détenue peut se procurer, par l'intermédiaire de l'administration et selon les modalités que celle-ci détermine, une radio et un téléviseur individuels. Leur utilisation ne doit pas être gênante pour les autres personnes détenues.
• Les échanges et les prêts de livres personnels entre personnes détenues sont autorisés.

Article R. 370-5. – Refus accès publication écrite ou audiovisuelle – *(Décret n° 2022-479 du 30 mars 2022)*
• L'interdiction pour les personnes détenues d'accéder à une publication écrite ou audiovisuelle contenant des menaces graves contre la sécurité des personnes et des établissements pénitentiaires ou des propos ou signes injurieux ou diffamatoires à l'encontre des agents et collaborateurs du service public pénitentiaire ou des personnes détenues est prise par le garde des sceaux, ministre de la justice, lorsqu'elle concerne l'ensemble des établissements pénitentiaires ou, dans les autres cas, par le directeur interrégional des services pénitentiaires territorialement compétent. Lorsque la décision d'interdiction ne s'applique qu'à un établissement pénitentiaire ou une personne détenue, le directeur interrégional peut en déléguer la signature au chef de l'établissement concerné, placé sous son autorité.

TITRE VIII : PROTECTION DE L'IMAGE, DE LA VOIX ET DES PUBLICATIONS

CHAPITRE Ier

Dispositions communes

Article R. 381-1. – Sortie des écrits rédigée par personne détenue – Publication ou divulgation – *(Décret n° 2022-479 du 30 mars 2022)*
• La sortie des écrits rédigés par une personne détenue en vue de leur publication ou de leur divulgation est autorisée par le directeur interrégional des services pénitentiaires.

.../...

• Sans préjudice d'une éventuelle saisie par l'autorité judiciaire et sous réserve de l'exercice des droits de la défense, tout manuscrit rédigé en détention peut être retenu pour des raisons d'ordre public et n'être restitué à son auteur qu'au moment de sa libération.

Article D. 381-2. – Diffusion hors établissement pénitentiaire – Productions audiovisuelles – *(Décret n° 2022-479 du 30 mars 2022)*
• La diffusion, hors des locaux d'un établissement pénitentiaire, de productions audiovisuelles réalisées dans le cadre d'activités d'insertion est soumise à l'autorisation du directeur interrégional des services pénitentiaires territorialement compétent, sans préjudice de l'application des règles relatives au droit à l'image des personnes détenues, prévues par les dispositions des articles L. 381-1 du présent code et R. 57-6-17 du Code de procédure pénale.

CHAPITRE II

Protection de l'image et de la voix des personnes prévenues

Article R. 382-1. – Diffusion image et voix – *(Décret n° 2022-479 du 30 mars 2022)*
• La diffusion de l'image et de la voix des personnes prévenues est autorisée dans les conditions prévues par les dispositions de l'article R. 57-6-17 du Code de procédure pénale.

CHAPITRE Ier

Dispositions communes

Section 1 : Obligation d'exercer au moins une activité

Article R. 411-1. – Obligation d'exercer au moins une activité – *(Décret n° 2022-479 du 30 mars 2022)*
• Une personne détenue condamnée remplit l'obligation prévue par les dispositions de l'article L. 411-1 lorsqu'elle exerce au moins l'une des activités relevant de l'un des domaines suivants : travail, formation professionnelle, insertion par l'activité économique, enseignement, activités éducatives, culturelles, socioculturelles, sportives et physiques.

Section 2 : Consultation des personnes détenues

Article R. 411-2. – Rythme des consultations – *(Décret n° 2022-479 du 30 mars 2022)*
• Les personnes détenues sont consultées au moins 2 fois par an sur les activités proposées en application de l'article R. 411-1.

Article R. 411-3. – Personnels associés aux consultations – *(Décret n° 2022-479 du 30 mars 2022)*
• Sont associés à ces consultations les membres du personnel pénitentiaire dont le directeur du service pénitentiaire d'insertion et de probation, et, le cas échéant, toute personne extérieure sur invitation du chef de l'établissement pénitentiaire.

Article R. 411-4. – Information résultats des consultations et décisions – *(Décret n° 2022-479 du 30 mars 2022)*
• Le chef de l'établissement pénitentiaire informe les personnes détenues et les membres du personnel pénitentiaire des résultats des consultations et des décisions prises pour l'organisation des activités.

Article R. 411-5. – Rapport sur l'organisation et résultats des consultations – *(Décret n° 2022-479 du 30 mars 2022)*
• Le chef de l'établissement pénitentiaire communique chaque année au conseil d'évaluation mentionné par les dispositions de l'article D. 136-2 un rapport sur l'organisation et les résultats de ces consultations

Article R. 411-6. – Modalités – *(Décret n° 2022-479 du 30 mars 2022)*
• Les modalités des consultations sont définies par le chef de l'établissement pénitentiaire dans le règlement intérieur de l'établissement, défini aux articles L. 112-4 et R. 112-22.

Section 3 : Déroulement des activités

Article R. 411-7. – Déroulement des activités – *(Décret n° 2022-479 du 30 mars 2022)*
• Aucune personne détenue ne peut occuper un emploi comportant autorité sur d'autres personnes détenues. Cette interdiction ne fait pas obstacle à ce que certaines responsabilités soient confiées à une personne détenue dans le cadre d'activités dirigées, sous le contrôle effectif du personnel de l'administration pénitentiaire.

Article R. 411-8. – Activités collectives ou jeux sans gain – *(Décret n° 2022-479 du 30 mars 2022)*
• Sous le contrôle d'un personnel pénitentiaire, les personnes détenues peuvent participer à des activités collectives ou à des jeux excluant toute idée de gain.

CHAPITRE III

Enseignement et formation professionnelle

Section 1 : Dispositions générales

Article R. 413-1. – Acquisition ou développement des connaissances… – *(Décret n° 2022-479 du 30 mars 2022)*
• Les personnes détenues doivent acquérir ou développer les connaissances qui leur seront nécessaires après leur libération en vue d'une meilleure adaptation sociale.
• Toutes facilités compatibles avec les exigences de la discipline et de la sécurité doivent être données à cet effet aux personnes détenues aptes à profiter d'un enseignement scolaire et professionnel et, en particulier, aux plus jeunes aux moins instruits et aux personnes rencontrant des difficultés sociales et professionnelles particulières.

…/…

Section 2 : Enseignement

Article R. 413-2. – Études, formations – *(Décret n° 2022-479 du 30 mars 2022)*
• Les personnes détenues peuvent faire les études de leur choix et suivre toute formation, dans des conditions compatibles avec les nécessités du maintien de l'ordre et de la sécurité.
• Elles peuvent être autorisées à disposer dans leur cellule du matériel, des fournitures scolaires et des documents pédagogiques nécessaires.
• Les personnes détenues peuvent recevoir et suivre les cours par correspondance organisés par les services du ministère de l'éducation nationale.
• Elles peuvent également recevoir d'autres cours par correspondance avec l'autorisation du chef de l'établissement pénitentiaire.
• Les personnes détenues supportent les frais qui en découlent, sauf convention particulière entre l'administration pénitentiaire et l'organisme d'enseignement à distance.

Article D. 413-3. – Enseignement – *(Décret n° 2022-479 du 30 mars 2022)*
• L'enseignement primaire est assuré dans tous les établissements pénitentiaires.
• Les personnes détenues condamnées qui ne savent pas lire, écrire ou calculer couramment bénéficient de cet enseignement. Les autres personnes détenues peuvent y être admises sur leur demande.
• Des cours spéciaux sont organisés pour les personnes détenues illettrées ainsi que pour celles qui ne parlent ni n'écrivent la langue française.
• Le règlement intérieur, défini aux articles L. 112-4 et R. 112-22, détermine les horaires et les modalités de cet enseignement.

Article D. 413-4. – Épreuves des examens – *(Décret n° 2022-479 du 30 mars 2022)*
• Les personnes détenues qui suivent un enseignement sont admises à subir les épreuves des examens qui le sanctionnent lorsque le service de l'enseignement estime leur préparation suffisante.
• Les personnes détenues peuvent, après avis des services compétents du ministère de l'éducation nationale, se présenter aux épreuves écrites ou orales de tous autres examens organisés dans l'établissement pénitentiaire sauf opposition du chef de l'établissement.
• Si les épreuves ne peuvent se dérouler dans l'établissement pénitentiaire, les personnes détenues candidates sont extraites de l'établissement ou, si leur situation le permet, bénéficient d'une permission de sortir dans les conditions prévues par les dispositions de l'article D. 143-4 du Code de procédure pénale.
• Les examens donnent lieu à la délivrance de certificats, brevets ou diplômes qui ne font pas apparaître l'état de détention des personnes intéressées.

Article D. 413-5. – Service de l'enseignement – *(Décret n° 2022-479 du 30 mars 2022)*
• Le service de l'enseignement, comme la charge d'aider ou de conseiller les personnes détenues qui ont été admises à poursuivre des études personnelles, sont assurés par des personnes qualifiées et plus particulièrement par des membres du corps enseignant affectés par le ministère en charge de l'éducation nationale et ayant reçu un agrément du directeur interrégional des services pénitentiaires.
• Par ailleurs, le directeur interrégional des services pénitentiaires peut accepter le concours bénévole apporté, notamment, par des visiteurs de prison et des associations.

Section 3 : Formation professionnelle

Article R. 413-6. – Formation professionnelle – *(Décret n° 2022-479 du 30 mars 2022)*
• Les personnes détenues peuvent entreprendre ou poursuivre individuellement toutes actions de formation professionnelle dans des conditions compatibles avec les nécessités du maintien de l'ordre et de la sécurité.
• Elles peuvent recevoir et suivre les cours par correspondance organisés par les services du ministère de l'éducation nationale.
• Elles peuvent également recevoir d'autres cours par correspondance avec l'autorisation du chef de l'établissement pénitentiaire.
• Les personnes détenues supportent les frais qui en découlent, sauf convention particulière entre l'administration pénitentiaire et l'organisme d'enseignement à distance.

Section 2 : Accès aux activités physiques et sportives

Article R. 414-7. – Activités physiques et sportives – *(Décret n° 2022-479 du 30 mars 2022)*
• Toute personne détenue est admise, sauf contre-indication médicale, à pratiquer des activités physiques et sportives.
• Toutefois, le chef de l'établissement pénitentiaire peut interdire ces activités à une personne détenue pour des raisons d'ordre et de sécurité.
• Une tenue de sport correcte est exigée. Elle peut être fournie à la personne dépourvue de ressources suffisantes qui en fait la demande.

Article D. 414-8. – Programmation d'activités sportives – *(Décret n° 2022-479 du 30 mars 2022)*
• Une programmation d'activités sportives est mise en œuvre dans chaque établissement pénitentiaire afin de favoriser l'accès de chaque personne détenue à une pratique physique. Ce programme tend au développement des capacités physiques, motrices et relationnelles des personnes détenues.
• La pratique des activités physiques et sportives s'effectue en liaison avec les services compétents des ministères chargés de l'éducation nationale et de la jeunesse et des sports.

Article D. 414-9. – Équipements sportifs – *(Décret n° 2022-479 du 30 mars 2022)*
• Sous réserve des contraintes architecturales, les établissements pénitentiaires sont dotés d'équipements sportifs de plein air et couverts, réglementaires et polyvalents, permettant l'organisation de séances et de rencontres sportives. Dans toute la mesure du possible, la localisation des terrains de sport est différente de celle des cours de promenade.

.../...

Section 2 : Documents remis au moment de la libération

Article R. 511-2. – Billet de sortie – *(Décret n° 2022-479 du 30 mars 2022)*

• Un billet de sortie est délivré à toute personne sortant de détention, qu'il s'agisse d'une sortie définitive ou d'une sortie dans le cadre d'une mesure d'aménagement de peine ou de surveillance électronique de fin de peine, hors le cas de la permission de sortir.

• Le billet de sortie justifie de la régularité de la situation de la personne détenue intéressée.

• Celle-ci est invitée à le conserver avec soin.

• Un certificat de présence destiné à Pôle emploi peut être remis à la personne détenue intéressée.

Article D. 511-3. – Mentions – Billet de sortie – *(Décret n° 2022-479 du 30 mars 2022)*

• Le billet de sortie remis à chaque personne sortant de détention dans les conditions prévues par les dispositions de l'article R. 511-2 mentionne les indications relatives à son état civil, son numéro d'immatriculation à la sécurité sociale, la date d'entrée et de sortie de détention, les ressources financières dont elle dispose à sa sortie et les secours, sous leurs diverses formes, dont elle a pu éventuellement bénéficier à sa sortie de détention.

• Il comporte l'adresse du service pénitentiaire d'insertion et de probation ou de l'antenne locale du lieu de résidence de la personne sortant de détention.

• Une copie de ce document peut être remise à Pôle emploi.

Section 2 : Information des forces de sécurité

Article R. 512-2. – Informations aux forces de l'ordre – *(Décret n° 2022-479 du 30 mars 2022)*

• Pour l'application de l'article L. 512-2, le chef de l'établissement pénitentiaire communique aux services de police et unités de gendarmerie le nom, les prénoms, la date de naissance, l'adresse déclarée, et la date de la libération des personnes condamnées à une peine d'emprisonnement égale ou supérieure à 3 ans.

• Les informations mentionnées par les dispositions de l'alinéa précédent sont transmises par écrit au directeur départemental de la sécurité publique, au directeur territorial de la police nationale ou au commandant du groupement de gendarmerie dont relève territorialement l'adresse déclarée par la personne. Lorsque l'adresse déclarée est située à Paris ou dans l'un des départements des Hauts-de-Seine, de la Seine-Saint-Denis et du Val-de-Marne, ces informations sont adressées au directeur de la sécurité de proximité de l'agglomération parisienne et au directeur régional de la police judiciaire de Paris.

Section 3 : Inscription au fichier judiciaire national automatisé des auteurs d'infractions terroristes

Article R. 512-3. – Modalités – *(Décret n° 2022-479 du 30 mars 2022)*

• À la libération d'une personne détenue condamnée pour des faits mentionnés à l'article 706-25-4 du Code de procédure pénale, un agent habilité du greffe de l'établissement pénitentiaire enregistre sans délai dans le fichier judiciaire national automatisé des auteurs d'infractions terroristes, le cas échéant et sans délai, les informations mentionnées par les dispositions de l'article R. 50-34 du même code.

Article R. 512-4. – Information des personnes détenues… – *(Décret n° 2022-479 du 30 mars 2022)*

• Dans les conditions prévues par les dispositions des articles R. 50-38 et R. 50-41 du Code de procédure pénale, les personnes détenues intéressées sont informées par le greffe de l'établissement pénitentiaire de leur inscription au fichier judiciaire national automatisé des auteurs d'infractions terroristes.

• L'administration pénitentiaire informe sans délai le procureur de la République des notifications réalisées, dans les conditions prévues par les dispositions de l'article R. 50-42 du même code.

Section 4 : Inscription au fichier judiciaire national automatisé des auteurs d'infractions sexuelles ou violentes

Article R. 512-5. – Modalités – *(Décret n° 2022-479 du 30 mars 2022)*

• À la libération d'une personne détenue condamnée pour des faits mentionnés à l'article 706-53-1 du même code, un agent spécialement habilité du greffe de l'établissement pénitentiaire enregistre sans délai dans le fichier judiciaire national automatisé des auteurs d'infractions sexuelles ou violentes les informations à son sujet dans les conditions prévues par les dispositions de l'article R. 53-8-5 du même code.

Article R. 512-6. – Information des personnes détenues – *(Décret n° 2022-479 du 30 mars 2022)*

• Les personnes détenues intéressées sont informées par un agent habilité du greffe de l'établissement pénitentiaire de leur inscription au fichier judiciaire national automatisé des auteurs d'infractions sexuelles ou violentes, dans les conditions prévues par les dispositions des articles R. 53-8-9 et R. 53-8-12-1 du Code de procédure pénale.

• Dans les conditions prévues par les dispositions de l'article R. 53-8-5 du même code, l'administration pénitentiaire informe sans délai le procureur de la République des notifications réalisées

CHAPITRE III

Protection sociale

Article R. 513-1. – Modalités – *(Décret n° 2022-479 du 30 mars 2022)*

• Conformément aux dispositions de l'article R. 161-4-1 du Code de la sécurité sociale, la durée, prévue à l'article L. 161-8 du même code, de maintien des droits des personnes libérées mentionnées par les dispositions de l'article L. 513-1 n'est pas suspendue par la période de mise sous écrou.

TITRE II : AIDE MATÉRIELLE À LA SORTIE DE DÉTENTION

CHAPITRE Ier

Aide à l'hébergement

Article D. 521-1. – S.P.I.P. – *(Décret n° 2022-479 du 30 mars 2022)*

• Le service pénitentiaire d'insertion et de probation s'assure que les personnes sortant de détention bénéficient d'un hébergement dans les premiers temps de leur sortie de détention.

Article D. 521-2. – Directeur S.P.I.P. – Consultation – *(Décret n° 2022-479 du 30 mars 2022)*

• Le directeur du service pénitentiaire d'insertion et de probation est consulté sur les demandes d'agrément formulées, conformément à la législation relative à l'aide sociale, par les organismes hébergeant les personnes libérées.

• Ses avis sont transmis par le garde des Sceaux, ministre de la justice, au ministre chargé de la santé.

CHAPITRE II

Autres aides matérielles

Article R. 522-1. – Modalités – *(Décret n° 2022-479 du 30 mars 2022)*

• Une aide matérielle peut être attribuée à toute personne détenue dépourvue de ressources au moment de sa sortie de détention afin de lui permettre de subvenir à ses besoins pendant le temps nécessaire pour rejoindre le lieu où elle a déclaré se rendre.

• L'établissement pénitentiaire fournit, dans toute la mesure possible, des vêtements à toute personne détenue libérable qui n'en posséderait pas et serait dépourvue de ressources suffisantes pour s'en procurer.

• L'établissement pénitentiaire peut procéder ou participer à l'acquisition d'un titre de transport pour toute personne détenue qui, à sa sortie de détention, n'aurait pas un solde suffisant sur son compte nominatif pour rejoindre le lieu où elle a déclaré se rendre.

• Toute personne détenue dont la levée d'écrou a été régulièrement opérée peut, à sa demande expresse et formulée par écrit, obtenir que sa libération effective soit reportée du soir au lendemain matin, si elle n'est pas assurée d'un gîte ou d'un moyen de transport immédiat.

Article D. 522-2. – S.P.I.P. – Accès – *(Décret n° 2022-479 du 30 mars 2022)*

• Le service pénitentiaire d'insertion et de probation, en liaison avec les services de l'État, des collectivités territoriales et de tous organismes publics ou privés, favorise l'accès de chaque personne sortant de détention aux droits sociaux et aux dispositifs d'insertion et de santé.

Article D. 522-3. – S.P.I.P. – Continuité des actions d'insertion – *(Décret n° 2022-655 du 25 avril 2022)*

• Le service pénitentiaire d'insertion et de probation s'assure, pour les personnes libérées, de la continuité des actions d'insertion engagées en application des dispositions des articles D. 113-63, D. 413-9 et D. 414-6.

Article D. 522-4. – Aide – *(Décret n° 2022-479 du 30 mars 2022)*

• Pendant les 6 mois suivant sa date de libération, toute personne peut bénéficier, à sa demande, de l'aide du service pénitentiaire d'insertion et de probation du lieu de sa résidence.

• Cette aide s'exerce en liaison et avec la participation, le cas échéant, des autres services de l'État, des collectivités territoriales et de tous organismes publics ou privés.

TITRE III : LIBÉRATION CONDITIONNELLE

Article D. 530-1. – S.P.I.P. – Instruction J.A.P. – *(Décret n° 2022-479 du 30 mars 2022)*

• Dans les conditions prévues par les dispositions de l'article D. 528 du Code de procédure pénale, le service pénitentiaire d'insertion et de probation chargé de suivre le bon déroulement d'une mesure de libération conditionnelle dont bénéficie une personne condamnée peut être destinataire d'instructions du juge de l'application des peines précisant les modalités pratiques d'exécution des mesures et conditions imposées à la personne intéressée.

Article D. 530-2. – Mesures d'aide – *(Décret n° 2022-479 du 30 mars 2022)*

• Les mesures d'aide ont pour objet de susciter et de seconder les efforts de toute personne condamnée en vue de sa réinsertion sociale, familiale et professionnelle.

• Elles sont mises en œuvre par le service pénitentiaire d'insertion et de probation en liaison et avec la participation, le cas échéant, des autres services de l'État, des collectivités territoriales et de tous organismes publics ou privés.

Article D. 530-3. – Mesures de contrôle – *(Décret n° 2022-479 du 30 mars 2022)*

• Conformément aux dispositions de l'article D. 533 du Code de procédure pénale, les personnes condamnées bénéficiant d'une libération conditionnelle se soumettent aux mesures de contrôle prévues par les dispositions de l'article 132-44 du Code pénal mises en œuvre par le service pénitentiaire d'insertion et de probation.

Article D. 530-4. – Suivi renforcé – S.P.I.P. – *(Décret n° 2022-479 du 30 mars 2022)*

• Conformément aux dispositions de l'article D. 533-1 du Code de procédure pénale, les personnes condamnées bénéficiant d'une libération conditionnelle peuvent faire l'objet d'un suivi renforcé par le service pénitentiaire d'insertion et de probation, sur décision de la juridiction d'application des peines.

Article D. 530-5. – Visites – *(Décret n° 2022-479 du 30 mars 2022)*

• Les visites que les personnes condamnées sont tenues de recevoir du personnel du service pénitentiaire d'insertion et de probation en application des dispositions du 2° de l'article 132-44 du Code pénal peuvent être faites au domicile ou à la résidence du de la personne condamnée, ainsi que, le cas échéant, sur son lieu de travail.

.../...

• Les visites à domicile ne peuvent intervenir qu'entre 6 heures et 21 heures. Celles réalisées sur le lieu de travail peuvent intervenir pendant les heures de travail, et ne doivent pas gêner ou perturber l'accomplissement de ce travail, ni les relations professionnelles des personnes condamnées.

• Le personnel du service pénitentiaire d'insertion et de probation n'est pas tenu de prévenir à l'avance les personnes condamnées de sa visite.

• En cas de difficulté dans l'application des dispositions du présent article, le personnel du service pénitentiaire d'insertion et de probation en informe le juge de l'application des peines.

TITRE IV: MESURES DE SURVEILLANCE DES PERSONNES LIBÉRÉES

CHAPITRE Ier.

Accueil des personnes soumises à une rétention de sûreté dans un centre socio-médico-judiciaire de sûreté

Section 1: Notification de la décision de rétention de sûreté

Article D. 541-1. – Notification – *(Décret n° 2022-479 du 30 mars 2022)*

• Dans les conditions prévues par les dispositions de l'article R. 53-8-40 du Code de procédure pénale, le chef de l'établissement pénitentiaire ou le directeur des services pénitentiaires du centre socio-médico-judiciaire de sûreté notifie aux personnes détenues intéressées les décisions de rétention de sûreté prises par la juridiction régionale de la rétention de sûreté.

Section 2: Fonctionnement des centres socio-médico-judiciaires de sûreté

Article D. 541-2. – Missions – *(Décret n° 2022-479 du 30 mars 2022)*

• Les centres socio-médico-judiciaires de sûreté ont pour mission:

• 1° De proposer aux personnes placées dans ces structures, de façon permanente, une prise en charge médicale, psychologique et sociale destinée à réduire leur dangerosité et à permettre la fin de la mesure de rétention;

• 2° De retenir dans leurs locaux ces personnes, dans des conditions permettant d'assurer la sécurité et le bon ordre du centre socio-médico-judiciaire et d'éviter que ces personnes ne se soustraient à la mesure prononcée, avec la rigueur strictement nécessaire et dans le respect de leur dignité.

• La prise en charge peut notamment comporter, après accord écrit de la personne, un traitement utilisant des médicaments qui entraînent une diminution de la libido.

Article D. 541-3. – Centres – Responsabilité – *(Décret n° 2022-479 du 30 mars 2022)*

• Les centres sont placés sous la responsabilité conjointe, chacun dans son domaine de compétence, d'un directeur des services pénitentiaires et d'un directeur d'établissement public de santé.

• Le directeur des services pénitentiaires assure les missions de sécurité, de surveillance, de maintien de l'ordre, de greffe, d'hébergement et d'organisation de la vie quotidienne des personnes retenues. Il tient compte des prescriptions ou contre-indications médicales liées à l'état d'une personne retenue ainsi que de tout autre élément de nature à le renseigner sur sa situation. Les personnels placés sous son autorité relèvent de l'administration pénitentiaire et demeurent soumis à leur statut particulier.

• Le directeur d'établissement public de santé organise la prise en charge médicale et psychologique des personnes retenues. Il peut passer des conventions avec un ou plusieurs établissements publics de santé afin qu'une prise en charge sanitaire et psychologique permanente soit assurée aux personnes retenues.

• Le directeur des services pénitentiaires et le directeur d'établissement public de santé organisent conjointement la prise en charge pluridisciplinaire, dont la prise en charge socio-éducative, des personnes retenues destinée à permettre leur sortie du centre.

• Le directeur des services pénitentiaires peut autoriser, sur proposition ou après avis favorable du directeur d'établissement public de santé, des intervenants extérieurs spécialisés à prendre part aux activités proposées ou à assister les personnes retenues dont la situation personnelle justifie une prise en charge spécifique, en particulier dans le domaine médico-social. À ce titre, des travailleurs sociaux peuvent être chargés d'aider les personnes retenues, notamment dans l'exercice de leurs droits sociaux, le maintien de leurs liens familiaux et leurs démarches de réinsertion.

CHAPITRE IV

Placement sous surveillance électronique mobile à titre de mesure de sûreté

Section 1: Commission pluridisciplinaire des mesures de sûreté et examen de dangerosité

Article R. 544-1. – Modalités – *(Décret n° 2022-479 du 30 mars 2022)*

• Conformément aux dispositions de l'article R. 61-8 du Code de procédure pénale, le directeur interrégional des services pénitentiaires, ou son représentant, est membre de la commission pluridisciplinaire des mesures de sûreté, qui peut être sollicitée avant que le juge de l'application des peines ne statue sur la durée du placement sous surveillance électronique mobile, ou sur la prolongation de la mesure en application des dispositions de l'article 763-10 du même code.

Article R. 544-2. – Accès aux informations contenues dans le répertoire des données à caractère personnel – *(Décret n° 2022-479 du 30 mars 2022)*

• Conformément aux dispositions de l'article R. 53-21-9 du Code de procédure pénale, le directeur interrégional des services pénitentiaires ou son représentant sont destinataires, en qualité de membres de la commission pluridisciplinaire des mesures de sûreté, des informations contenues dans le répertoire des données à caractère personnel collectées dans le cadre des procédures judiciaires dénommé REDEX.

Article R. 544-3. – Communication avis et conclusions de l'examen de dangerosité – *(Décret n° 2022-479 du 30 mars 2022)*

• Le chef de l'établissement pénitentiaire porte à la connaissance de chaque personne détenue intéressée:

.../...

• 1° L'avis de la commission pluridisciplinaire des mesures de sûreté, dans les conditions prévues par les dispositions de l'article R. 61-9 du Code de procédure pénale ;
• 2° Les conclusions de l'examen de dangerosité, dans les conditions prévues par les dispositions de l'article R. 61-11 du même code.

Section 2 : Vérification de la faisabilité de la mesure

Article R. 544-4. – S.P.I.P. – *(Décret n° 2022-479 du 30 mars 2022)*
• Conformément aux dispositions de l'article R. 61-23 du Code de procédure pénale , le service pénitentiaire d'insertion et de probation peut être chargé par la juridiction de l'application des peines de vérifier la disponibilité du dispositif technique de placement sous surveillance électronique mobile, la faisabilité technique du projet et la situation familiale, matérielle et sociale de la personne condamnée ainsi que celle de la victime, préalablement au prononcé d'un tel placement.

Section 3 : Pose et dépose du dispositif

Article R. 544-5. – Modalités – *(Décret n° 2022-479 du 30 mars 2022)*
• Lors de la pose ou de la dépose du dispositif prévu par les dispositions de l'article R. 544-7, les agents de l'administration pénitentiaire peuvent être assistés par les personnes habilitées mentionnées par les dispositions des articles R. 544-11 à R. 544-17.
• Durant le délai prévu à l'article 763-12 du Code de procédure pénale, il est procédé aux tests de mise en service, à l'information et à la formation de la personne condamnée intéressée sur les modalités pratiques de fonctionnement du dispositif, notamment par la remise d'un formulaire d'utilisation et de consignes. Il lui est également précisé qu'elle est tenue de respecter ces consignes et notamment de procéder à la mise en charge régulière de la batterie selon les modalités indispensables au bon fonctionnement du dispositif, et que le non-respect de cette exigence constitue une violation des obligations auxquelles elle est astreinte.
• Lors de la pose, il est remis à la personne condamnée intéressée un document lui rappelant les dispositions de l'article 723-35 du Code de procédure pénale, du 4e alinéa de l'article 763-10 ou de l'article 733 du même code, ainsi que les dispositions de l'article R. 544-26 du présent code relatif au droit d'accès et de rectification.

Article D. 544-6. – Personnel administration pénitentiaire – *(Décret n° 2022-479 du 30 mars 2022)*
• Le personnel de l'administration pénitentiaire procède également à la pose et à la dépose du dispositif de surveillance électronique mobile dans le cadre et les conditions prévus par l' article D. 51 du Code de procédure pénale.

Section 4 : Contrôle et suivi de la mesure

Article R. 544-7. – Modalités – *(Décret n° 2022-479 du 30 mars 2022)*
• Pour la mise en œuvre du procédé permettant le placement sous surveillance électronique mobile, la personne intéressée porte un dispositif comportant un émetteur.
• Cet émetteur transmet des signaux permettant la géolocalisation de la personne intéressée sur l'ensemble du territoire national.
• Le dispositif porté par la personne intéressée est conçu de façon à ne pouvoir être enlevé par cette dernière sans que soit émis un signal d'alarme.
• Il permet une communication entre le centre de surveillance et la personne intéressée, qui peut faire l'objet d'un enregistrement aux fins de contrôles complémentaires.
• Ces dispositifs peuvent être complétés par d'autres procédés de surveillance électronique permettant une authentification biométrique vocale à des fins de vérification à distance de la présence de la personne intéressée.
• Le procédé décrit au présent article est homologué par arrêté du garde des sceaux, ministre de la justice.

Article R. 544-8. – Contrôle – Vérifications téléphoniques... – *(Décret n° 2022-479 du 30 mars 2022)*
• Le contrôle du respect de ses obligations par la personne placée sous surveillance électronique mobile se fait notamment par vérifications téléphoniques, visites aux lieux d'assignation, convocations au service pénitentiaire d'insertion et de probation ainsi que par l'exploitation des informations enregistrées par le traitement automatisé prévu par les dispositions de l'article R. 544-18.

Article R. 544-9. – Information – *(Décret n° 2022-479 du 30 mars 2022)*
• Les agents affectés au centre de surveillance chargés de la mise en œuvre du placement avisent sans délai le juge de l'application des peines compétent ou le magistrat du siège qui le remplace, ou en cas d'urgence et d'empêchement de ceux-ci, le procureur de la République, lorsqu'ils sont alertés notamment de ce qu'une personne placée sous surveillance électronique mobile se trouve dans une zone d'exclusion ou dans une zone tampon ou ne se trouve plus dans une zone qui lui a été assignée ou de ce que le dispositif est détérioré.

Article R. 544-10. – Décisions – Horaires d'assignation... – *(Décret n° 2022-479 du 30 mars 2022)*
• Conformément aux dispositions de l'article R. 61-31 du Code de procédure pénale, les décisions relatives aux obligations des personnes condamnées en matière d'horaires d'assignation, de zones d'exclusion, de zones d'inclusion ou de zones tampon sont prises selon la procédure prévue par les dispositions de l'article 712-8 du même code.

Section 5 : Habilitation des personnes auxquelles peuvent être confiées des prestations techniques concernant la mise en œuvre du placement sous surveillance électronique mobile

Article R. 544-11. – Modalités – *(Décret n° 2022-479 du 30 mars 2022)*
• L'habilitation des personnes auxquelles peuvent être confiées par contrat les prestations techniques détachables des fonctions de souveraineté concernant la mise en œuvre du placement sous surveillance électronique mobile est accordée par arrêté du garde des sceaux, ministre de la justice.

.../...

• L'habilitation est accordée pour une durée de 5 ans renouvelable en fonction des compétences techniques, des garanties financières et des références qu'offrent ces personnes, appréciées au regard de la nature, de l'étendue et du coût des prestations faisant l'objet de ce contrat.

Article R. 544-12. – Conditions d'habilitation – *(Décret n° 2022-479 du 30 mars 2022)*

• Pour être habilitées les personnes physiques doivent :

• 1° Posséder la nationalité française ou celle de l'un des États membres de la Communauté européenne ;

• 2° Ne pas avoir fait l'objet d'une mesure de révocation de la fonction publique, civile ou militaire, ni d'une condamnation, incapacité ou déchéance justifiant l'inscription au bulletin n° 2 du casier judiciaire.

Article R. 544-13. – Accord – Personne morale – *(Décret n° 2022-479 du 30 mars 2022)*

• L'habilitation ne peut être accordée à une personne morale :

• 1° Dont le bulletin n° 2 du casier judiciaire comporte une condamnation, une incapacité ou une déchéance ;

• 2° Dont la situation d'un ou plusieurs de ses dirigeants de droit ou de fait n'est pas conforme aux dispositions du 2° de l'article R. 544-12.

Article R. 544-14. – Retrait – *(Décret n° 2022-479 du 30 mars 2022)*

• L'habilitation peut être retirée par le garde des sceaux, ministre de la justice, selon les modalités prévues par les dispositions de l'article R. 544-17, en cas de modification substantielle de la situation des personnes au regard des dispositions des articles R. 544-11, R. 544-12 ou R. 544-13.

Article R. 544-15. – Habilitation individuelle – *(Décret n° 2022-479 du 30 mars 2022)*

• Chaque employé d'une personne mentionnée par les dispositions des articles R. 544-11 à R. 544-14 appelé à accomplir des tâches pour l'exécution du contrat visé par les dispositions de l'article R. 544-11 fait l'objet d'une habilitation individuelle préalable du garde des sceaux, ministre de la justice.

• Cette habilitation est accordée pour une durée de 5 ans renouvelable.

Article R. 544-16. – Habilitation – Conditions – *(Décret n° 2022-479 du 30 mars 2022)*

• Pour être habilitées, les personnes mentionnées par les dispositions de l'article R. 544-15 doivent :

• 1° Posséder la nationalité française ou celle de l'un des États membres de la Communauté européenne

• 2° Ne pas avoir fait l'objet d'une mesure de révocation de la fonction publique, civile ou militaire, ni d'une condamnation, incapacité ou déchéance justifiant l'inscription au bulletin n° 2 du casier judiciaire ;

• 3° Être titulaire des diplômes ou qualifications correspondant à la nature des fonctions qu'elles sont appelées à exercer ;

• 4° Avoir donné leur accord écrit au projet de contrat de travail proposé par leur employeur ou à un avenant au contrat existant. Ce document rappelle l'obligation de respecter strictement le secret professionnel prévu par les dispositions des articles 226-13 et 226-14 du Code pénal. Il mentionne l'obligation d'adopter, dans l'exercice de leurs fonctions, un comportement conforme à l'honneur, à la probité et aux bonnes mœurs.

Article R. 544-17. – Habilitation – Retrait ou suspension – *(Décret n° 2022-479 du 30 mars 2022)*

• L'habilitation mentionnée par les dispositions de l'article R. 544-15 peut être retirée par le garde des sceaux, ministre de la justice, après qu'ont été recueillies les observations de la personne habilitée, lorsque l'une des conditions prévues par les dispositions des 1° et 2° de l'article R. 544-16 cesse d'être remplie ou en cas d'agissements contraires à l'honneur, à la probité ou aux bonnes mœurs.

• En cas d'urgence et pour motif grave, l'habilitation peut être suspendue par le garde des sceaux, ministre de la justice, qui décide, dans le mois suivant la suspension, du maintien ou du retrait de l'habilitation, dans les conditions définies par les dispositions de l'alinéa précédent.

Section 6 : Traitement automatisé relatif au contrôle des personnes placées sous surveillance électronique mobile

Article R. 544-18. – Modalités – *(Décret n° 2022-479 du 30 mars 2022)*

• Le traitement automatisé de données à caractère personnel prévu par les dispositions de l'article L. 544-2 est mis en œuvre par le directeur de l'administration pénitentiaire du ministère de la justice.

• Ce traitement est placé sous le contrôle d'un magistrat du parquet hors hiérarchie, nommé pour trois ans par arrêté du garde des sceaux, ministre de la justice.

• Il a pour finalité d'assurer le contrôle à distance, par un centre de surveillance, de la localisation, ainsi que le suivi, des personnes majeures placées sous surveillance électronique mobile dans le cadre :

• 1° D'une mesure d'assignation à résidence sous surveillance électronique mobile ;

• 2° D'une mesure de suivi socio-judiciaire, de surveillance judiciaire, de surveillance de sûreté ou de libération conditionnelle ;

• 3° D'une permission de sortie accordée au cours d'une rétention de sûreté ;

• 4° D'une décision de la chambre criminelle de la Cour de cassation ordonnant la suspension de l'exécution de la condamnation dans le cadre d'une procédure de révision ou de réexamen.

• À cet effet, ce traitement permet :

• 1° D'alerter l'administration pénitentiaire de ce qu'une personne placée sous surveillance électronique mobile se trouve dans un lieu dont la fréquentation lui est interdite dénommé « zone d'exclusion », ou dans une zone intermédiaire dénommée « zone tampon », ou ne se trouve plus dans un lieu qui lui a été assigné, dénommé « zone d'inclusion », ou que le fonctionnement du dispositif de surveillance électronique mobile est altéré ;

• 2° De connaître la localisation d'une personne lorsque l'alerte prévue au 1° est intervenue, aux fins de permettre le cas échéant sa recherche et son interpellation en cas de non-respect de ses obligations ;

• 3° De connaître la localisation d'une personne, même en l'absence de l'alerte prévue au 1°, à la demande du procureur de la République, du juge d'instruction ou des officiers de police judiciaire spécialement habilités à l'occasion de recherches intervenant dans le cadre :

• *a)* Soit d'une enquête de flagrance, d'une enquête préliminaire ou d'une information concernant un crime ou un délit ;

• *b)* Soit d'une enquête ou d'une information pour recherche des causes de la mort ou d'une disparition ;

• *c)* Soit d'une enquête en recherche des causes des blessures inconnues ou suspectes ;

.../...

• *d)* Soit d'une procédure pour recherche des personnes en fuite ;
• 4° De connaître de façon différée les lieux dans lesquels s'est trouvée une personne placée sous surveillance électronique mobile ;
• 5° D'exploiter les données à des fins statistiques.

Article R. 544-19. – Finalité du traitement automatisé... – *(Décret n° 2022-1287 du 4 octobre 2022)*
• Le traitement automatisé relatif au contrôle des personnes placées sous surveillance électronique mobile a pour finalité d'assurer, dans les conditions prévues par les dispositions de la présente section, le contrôle à distance des personnes faisant l'objet d'une décision administrative de placement sous surveillance électronique mobile prise en application :
• 1° Des dispositions de l'article L. 733-14 du Code de l'entrée et du séjour des étrangers et du droit d'asile ;
• 2° De l'article L. 228-3 du Code de la sécurité intérieure ;
• 3° De l'article 6 de la loi n° 55-385 du 3 avril 1955 modifiée relative à l'état d'urgence.

Article R. 544-20. – Contrôle du magistrat – *(Décret n° 2022-1287 du 4 octobre 2022)*
• Le magistrat mentionné par les dispositions du 2e alinéa de l'article R. 544-18 s'assure que les conditions dans lesquelles fonctionne le traitement lui permettent de respecter les dispositions de la présente section.
• Il peut procéder à toute vérification sur place et obtenir de l'autorité qui en est responsable tout renseignement relatif au fonctionnement du traitement, sans préjudice de ses possibilités d'accès aux informations enregistrées, conformément aux dispositions des articles R. 544-23 et R. 544-28.
• Il adresse un rapport annuel au garde des sceaux, ministre de la justice, sur le fonctionnement du traitement.

Article R. 544-21. – Catégories d'informations enregistrées – *(Décret n° 2022-479 du 30 mars 2022)*
• Les catégories d'informations enregistrées dans le traitement sont :
• 1° L'identité de la personne placée sous surveillance électronique mobile : nom de famille, nom d'usage, prénoms, alias, date et lieu de naissance, sexe, nationalité ;
• 2° La photographie du visage de face, la taille, le poids, la couleur des cheveux, la couleur des yeux, la description des tatouages ou cicatrices de la personne ;
• 3° L'adresse de résidence de la personne ;
• 4° La situation professionnelle de la personne : profession, adresse professionnelle ;
• 5° La décision de condamnation : désignation de la juridiction, nature et contenu de la décision, infraction commise ;
• 6° La décision de placement : désignation de la juridiction ou de l'autorité administrative, nature et contenu de la décision ;
• 7° Les décisions modificatives de placement : désignation de la juridiction ou de l'autorité administrative, nature et contenu de la décision ;
• 8° Le numéro d'identifiant de placement sous surveillance électronique mobile ainsi que le numéro de dossier généré par le traitement dénommé APPI créé par l'article R. 113-49 ;
• 9° Les dates de début et de fin de la mesure de placement sous surveillance électronique mobile ;
• 10° Les coordonnées de géolocalisation des zones d'exclusion, des zones tampon et des zones d'inclusion, ainsi que les horaires d'assignation ;
• 11° Le relevé à intervalles réguliers des positions du dispositif porté par la personne prévu par les dispositions de l'article 763-12 du Code de procédure pénale, à l'article L. 733-14 du Code de l'entrée et du séjour des étrangers et du droit d'asile, à l'article 6 de la loi n° 55-385 du 3 avril 1955 et à l'article L. 228-3 du Code de la sécurité intérieure ;
• 12° La liste des alarmes déclenchées, enregistrées par date, heure et position, ainsi que la gestion de ces alarmes par le centre de surveillance ;
• 13° L'enregistrement des communications prévues au 4e alinéa de l'article R. 544-7 ;
• 14° Les données relatives à l'authentification biométrique vocale prévue au 5e alinéa de l'article R. 544-7 ;
• 15° Les personnes référentes du suivi de la personne assignée : noms, prénoms, qualités et coordonnées professionnelles.

Article R. 544-22. – Conservation des informations – *(Décret n° 2022-479 du 30 mars 2022)*
• Les informations enregistrées dans le traitement sont conservées pendant toute la durée de la mesure et pendant un délai de 10 ans après que la surveillance électronique mobile a cessé à l'exception des données visées par les dispositions du 13° de l'article R. 544-21 qui sont conservées 3 mois après leur enregistrement, de celles visées par les dispositions du 14° du même article qui ne sont conservées que jusqu'à la fin du placement sous surveillance électronique mobile et des informations enregistrées au titre de l'article R. 544-19 qui sont conservées pendant toute la durée de la mesure et pendant un délai de 3 mois après que la surveillance électronique mobile a cessé. À l'issue de ce délai, l'autorité responsable du traitement procède à l'effacement des informations.

Article R. 544-23. – Accès – *(Décret n° 2022-479 du 30 mars 2022)*
• Les personnes ou catégories de personnes qui, à raison de leurs fonctions ou pour les besoins du service, peuvent directement accéder aux informations enregistrées dans le traitement et strictement nécessaires à l'exercice de leurs attributions sont :
• 1° Les personnels habilités des services centraux et déconcentrés de la direction de l'administration pénitentiaire ;
• 2° Les autorités judiciaires ainsi que les agents du greffe chargés de les assister, individuellement désignés et spécialement habilités à cet effet par les chefs de juridiction ou de cour ;
• 3° Les officiers de police judiciaire spécialement habilités à l'occasion de recherches intervenant dans le cadre :
• *a)* Soit d'une enquête de flagrance, d'une enquête préliminaire ou d'une information concernant un crime ou un délit ;
• *b)* Soit d'une enquête ou d'une information pour recherche des causes de la mort ou d'une disparition ;
• *c)* Soit d'une enquête en recherche des causes des blessures inconnues ou suspectes ;
• *d)* Soit d'une procédure pour recherche des personnes en fuite ;
• 4° Le magistrat chargé de contrôler le traitement mentionné par les dispositions du 2e alinéa de l'article R. 544-18.

.../...

Article R. 544-24. – Destinataires – Données... – *(Décret n° 2022-479 du 30 mars 2022)*
• Peuvent être destinataires des données à caractère personnel enregistrées dans le traitement, dans le cadre de l'organisation et de la mise en œuvre d'une chaîne de permanence au sein du ministère de la justice :
• 1° Les magistrats de la direction des affaires criminelles et des grâces ;
• 2° Les agents de la direction de l'administration pénitentiaire.

Article R. 544-25. – Destinataires – Autres données... – *(Décret n° 2022-479 du 30 mars 2022)*
• Peuvent être destinataires des données à caractère personnel des personnes mentionnées par les dispositions de l'article R. 544-19 dans le cas où la personne concernée ne se trouve plus dans la zone d'inclusion ou lorsque le fonctionnement du dispositif de surveillance électronique mobile est altéré, l'autorité administrative compétente et les agents des services de police et de gendarmerie compétents. L'autorité administrative peut également être destinataire d'un historique de ces événements afin d'apprécier l'opportunité du renouvellement de la mesure d'assignation à résidence relevant de l'article 6 de la loi n° 55-385 du 3 avril 1955 ou de l'obligation mentionnée par les dispositions du 1° de l'article L. 228-2 du Code de la sécurité intérieure dans les conditions prévues à l'article L. 228-3 du même code.

Article R. 544-26. – Droits d'information, d'accès... – *(Décret n° 2022-479 du 30 mars 2022)*
• Les droits d'information, d'accès, de rectification, d'effacement et de limitation des données prévus par les dispositions des articles 104 à 106 de la loi n° 78-17 du 6 janvier 1978 relative à l'informatique, aux fichiers et aux libertés s'exerce auprès du directeur de l'administration pénitentiaire.

Article R. 544-27. – Droit d'opposition – *(Décret n° 2022-479 du 30 mars 2022)*
• Le droit d'opposition prévu par les dispositions de l'article 110 de la loi n° 78-17 du 6 janvier 1978 ne s'applique pas au présent traitement.

Article R. 544-28. – Conservation – *(Décret n° 2022-479 du 30 mars 2022)*
• Le traitement conserve pendant une durée de 3 ans les informations relatives aux créations, modifications, suppressions et consultations dont il fait l'objet, en précisant la qualité de la personne ou autorité ayant procédé à l'opération.
• Ces informations ne peuvent être consultées que par le directeur de l'administration pénitentiaire ou, avec son autorisation, par les personnes qu'il habilite spécialement ainsi que par le magistrat mentionné par les dispositions du 2e alinéa de l'article R. 544-18.
• Elles peuvent donner lieu à des exploitations statistiques.

Article R. 544-29. – Interconnexion – *(Décret n° 2022-479 du 30 mars 2022)*
• Le traitement peut faire l'objet d'une interconnexion avec le traitement de données à caractère personnel dénommé « Application des Peines, Probation et Insertion » *(APPI)* créé par l'article R. 113-49.

CHAPITRE V

Mesure judiciaire de prévention de la récidive terroriste et de la réinsertion

Article R. 545-1. – Transmission – Éléments situation pénale, personnelle, sociale et familiale de la personne condamnée... – *(Décret n° 2022-479 du 30 mars 2022)*
• Conformément aux dispositions de l'article R. 50-70 du Code de procédure pénale, le chef de l'établissement pénitentiaire peut transmettre au procureur de la République, à la demande de ce dernier, les éléments concernant la situation pénale, personnelle, sociale et familiale de la personne condamnée à une peine pour laquelle la mesure judiciaire de prévention de la récidive terroriste et de réinsertion est encourue, ainsi que, le cas échéant, ces décisions et rapports relatifs aux mesures de nature à favoriser la réinsertion dont la personne intéressée a pu bénéficier durant l'exécution de sa peine.

Article R. 545-2. – Directeur interrégional des services pénitentiaires... – *(Décret n° 2022-479 du 30 mars 2022)*
• Conformément aux dispositions des articles R. 50-72 et R. 61-8 du Code de procédure pénale, le directeur interrégional des services pénitentiaires, ou son représentant, est membre de la commission pluridisciplinaire des mesures de sûreté saisie avant le prononcé d'une mesure judiciaire de prévention de la récidive terroriste et de réinsertion en application de l'article R. 50-71 du même code.

Article R. 545-3. – Placement – Centre national d'évaluation – *(Décret n° 2022-479 du 30 mars 2022)*
• Conformément aux dispositions de l'article R. 50-73 du Code de procédure pénale, le placement prévu par le 2e alinéa de l'article 706-25-17 du même code a lieu au centre national d'évaluation de l'administration pénitentiaire et sa durée est déterminée par l'administration pénitentiaire.
• Conformément aux mêmes dispositions, à l'issue du placement de la personne intéressée, le centre national d'évaluation transmet au président de la commission un rapport d'évaluation pluridisciplinaire de dangerosité, qu'il communique également à la personne intéressée.

Article R. 545-4. – S.P.I.P. – Proposition de mesures... – *(Décret n° 2022-479 du 30 mars 2022)*
• Conformément aux dispositions de l'article R. 50-76 du Code de procédure pénale, le service pénitentiaire d'insertion et de probation compétent saisi par le tribunal de l'application des peines de Paris lui communique toute proposition de mesures propres à favoriser la réinsertion de la personne intéressée et l'acquisition des valeurs de la citoyenneté.

Article R. 545-5. – S.P.I.P. – Respect des obligations... – *(Décret n° 2022-479 du 30 mars 2022)*
• Conformément aux dispositions de l'article R. 50-79 du Code de procédure pénale, le service pénitentiaire d'insertion et de probation compétent mandaté par le juge de l'application des peines du tribunal judiciaire de Paris veille au respect des obligations imposées à la personne soumise à une mesure judiciaire de prévention de la récidive terroriste et de réinsertion en application des dispositions de l'article 706-25-16 du même code et rend compte régulièrement à ce magistrat.

.../...

LIVRE VI
INTERVENTION DE L'ADMINISTRATION PÉNITENTIAIRE AUPRÈS DE PERSONNES NON DÉTENUES

TITRE Ier : PRÉPARATION DE DÉCISIONS JUDICIAIRES

CHAPITRE Ier
Enquêtes sociales

Article D. 611-1. – Enquête sociale – Dossier de personnalité – *(Décret n° 2022-479 du 30 mars 2022)*
• Dans les conditions prévues par les dispositions des articles D. 16 et D. 18 du Code de procédure pénale, l'enquête sociale réalisée par le service pénitentiaire d'insertion et de probation en application des dispositions de l'article L. 611-2 est versée au dossier de personnalité de la personne mise en examen.

Article D. 611-2. – S.P.I.P. – Situation matérielle, familiale et sociale... – *(Décret n° 2022-479 du 30 mars 2022)*
• Dans les conditions prévues par les dispositions de l'article D. 32-31 du Code de procédure pénale, le service pénitentiaire d'insertion et de probation vérifie la situation matérielle, familiale et sociale de la personne prévenue en attente de débat différé devant le juge des libertés et de la détention.

CHAPITRE II
Enquêtes techniques préalables

Article D. 612-1. – Dispositif technique d'assignation à résidence sous surveillance électronique... – *(Décret n° 2022-479 du 30 mars 2022)*
• Dans les conditions prévues par les dispositions de l'article D. 32-4 du Code de procédure pénale, le service pénitentiaire d'insertion et de probation peut être chargé de vérifier la disponibilité du dispositif technique d'assignation à résidence sous surveillance électronique, la faisabilité technique du projet ainsi que la situation familiale, matérielle et sociale de la personne mise en examen, notamment aux fins de déterminer les horaires et lieux d'assignation préalablement au prononcé d'une telle assignation.

TITRE II : INTERVENTION AUPRÈS DE PERSONNES CONDAMNÉES

CHAPITRE Ier
Sursis probatoire

Section 1 : Dispositions communes

Sous-section 1 : Convocation à comparaître

Article R. 621-1. – S.P.I.P. – Avis de convocation à comparaître – *(Décret n° 2022-479 du 30 mars 2022)*
• Pour l'application des dispositions de l'article 741-1 du Code de procédure pénale, le service pénitentiaire d'insertion et de probation situé dans le ressort de l'établissement pénitentiaire où la personne est détenue remet ou fait remettre à la personne condamnée à une peine d'emprisonnement assortie pour partie du sursis probatoire, au plus tard le jour de sa libération, un avis de convocation à comparaître devant le service pénitentiaire d'insertion et de probation territorialement compétent pour la suivre après sa libération.

Article R. 621-2. – Délai maximal de comparution – *(Décret n° 2022-479 du 30 mars 2022)*
• Le délai maximal de comparution est de 8 jours à compter de la libération de la personne intéressée dans les 3 cas suivants :
• 1° Lorsque la personne exécutait une condamnation prononcée pour l'une des infractions pour lesquelles le suivi socio-judiciaire est encouru ;
• 2° Lorsque figurent au bulletin n° 1 du casier judiciaire de la personne auquel le service pénitentiaire d'insertion et de probation a accès en application des dispositions du dernier alinéa de l'article 774 du Code de procédure pénale une ou plusieurs condamnations prononcées pour l'une de ces infractions ;
• 3° Lorsqu'a été prononcé un sursis probatoire avec suivi renforcé.
• Dans les autres cas, le délai maximal de comparution est d'un mois.

Article R. 621-3. – Copie de la convocation – *(Décret n° 2022-479 du 30 mars 2022)*
• Copie de la convocation mentionnée à l'article R. 621-1 est adressée au juge de l'application des peines et au service pénitentiaire d'insertion et de probation territorialement compétents pour suivre la personne condamnée après sa libération.

Article R. 621-4. – Avis de convocation – Mention information – *(Décret n° 2022-479 du 30 mars 2022)*
• L'avis de convocation comporte une mention informant la personne condamnée que si elle ne se présente pas au service pénitentiaire d'insertion et de probation à la date prévue, le juge de l'application des peines compétent en sera informé et son sursis probatoire pourra être révoqué.

Article R. 621-5. – Traitement automatisé de données... – *(Décret n° 2022-479 du 30 mars 2022)*
• Les dispositions des articles R. 621-1 à R. 621-4 sont également applicables en cas de libération d'une personne à la suite de l'exécution d'une peine d'emprisonnement non assortie pour partie du sursis probatoire, lorsque celle-ci se trouve dès sa libération placée sous le régime du sursis probatoire, en exécution d'une autre condamnation qui est mentionnée au registre d'écrou de l'établissement pénitentiaire dans lequel la personne est écrouée ou qui est enregistrée et toujours active dans le traitement automatisé de données à caractère personnel dénommé « application des peines, probation et insertion » *(APPI)* prévu par les dispositions des articles R. 113-49 à R. 113-58.

.../...

Sous-section 2 : Contrôle de la mesure

Article R. 621-6. – S.P.I.P. – Convocation – *(Décret n° 2022-479 du 30 mars 2022)*
• Dans les conditions prévues par les dispositions de l'article R. 59 du Code de procédure pénale, le service pénitentiaire d'insertion et de probation peut être chargé, sur instruction du juge de l'application des peines, de convoquer la personne condamnée à une peine d'emprisonnement assortie du sursis probatoire pour lui rappeler les mesures de contrôle et les obligations auxquelles elle est soumise.

Article R. 621-7. – Sursis probatoire – Stage – *(Décret n° 2022-479 du 30 mars 2022)*
• Lorsque le sursis probatoire comprend l'obligation de suivre un stage, mais que ce dernier n'est pas organisé par le service pénitentiaire d'insertion et de probation, la personne condamnée remet à ce dernier l'attestation qui lui est délivrée par l'organisateur du stage, dans les conditions prévues par les dispositions de l'article R. 132-45 du Code pénal.

Sous-section 3 : Information de la victime

Article D. 621-8. – Information victime ou partie civile – *(Décret n° 2022-479 du 30 mars 2022)*
• Conformément aux dispositions de l'article D. 49-66 du Code de procédure pénale, lorsque la victime ou la partie civile doit être informée de la date de fin du sursis probatoire en application de l'article 712-16-2 du même code, le juge de l'application des peines peut demander au service pénitentiaire d'insertion et de probation saisi de la mesure de procéder à cette information.

Section 2 : Dispositions applicables au sursis probatoire renforcé

Sous-section 1 : Évaluation de la personne condamnée

Article D. 621-9. – Convocation – S.P.I.P. – *(Décret n° 2022-479 du 30 mars 2022)*
• La personne condamnée à une peine d'emprisonnement assortie du sursis probatoire avec suivi renforcé est convoquée à comparaître devant le service pénitentiaire d'insertion et de probation dans les délais et conditions prévus par les dispositions de l'article D. 546-2 du Code de procédure pénale.

Article D. 621-10. – Rapport – *(Décret n° 2022-479 du 30 mars 2022)*
• Le rapport établi par le service pénitentiaire d'insertion et de probation en application de l'article L. 621-3 doit être adressé au juge de l'application des peines au plus tard trois mois après le prononcé de la condamnation ou, lorsque la personne prévenue n'était pas présente à l'audience, après sa notification. Il est communiqué sans délai au procureur de la République par le service de l'application des peines.
• Ce rapport, effectué à la suite de plusieurs entretiens individuels avec la personne condamnée, propose au juge de l'application des peines un projet d'exécution et de suivi de la mesure ainsi que, s'il y a lieu, des obligations afférentes spécifiquement adaptées à la situation et la personnalité de la personne condamnée.

Article D. 621-11. – Réévaluation de la situation – *(Décret n° 2022-479 du 30 mars 2022)*
• La réévaluation de la situation de la personne condamnée prévue par le 3e alinéa de l'article L. 621-3 doit intervenir au plus tard 1 an après le prononcé de la condamnation ou, si la personne prévenue n'était pas présente à l'audience, après sa notification. À cette fin, le service pénitentiaire d'insertion et de probation adresse au juge de l'application des peines un rapport de synthèse sur les conditions d'exécution de la sanction. Ce rapport est communiqué sans délai au procureur de la République par le service de l'application des peines.

Sous-section 2 : Suivi renforcé

Article D. 621-12. – Modalités – *(Décret n° 2022-479 du 30 mars 2022)*
• La personne condamnée fait l'objet par le service pénitentiaire d'insertion et de probation d'un suivi soutenu dont l'intensité est individualisée et proportionnée à ses besoins, à la sanction et à la mesure prononcée, et évolue au fur et à mesure de l'exécution du sursis probatoire.

CHAPITRE II

Détention à domicile sous surveillance électronique prononcée à titre de peine

Section 1 : Dispositions générales

Article R. 622-1. – Détention à domicile sous surveillance électronique – *(Décret n° 2022-479 du 30 mars 2022)*
• Pour la mise en œuvre du procédé permettant la détention à domicile sous surveillance électronique prévu par l'article 723-8 du Code de procédure pénale, la personne assignée porte un bracelet comportant un émetteur.
• Cet émetteur transmet des signaux à un récepteur placé au lieu d'assignation dont le boîtier envoie par l'intermédiaire d'une ligne téléphonique, à un centre de surveillance relatifs au fonctionnement du dispositif et à la présence de la personne intéressée dans le lieu où il est assigné.
• Le bracelet porté par la personne assignée est conçu de façon à ne pouvoir être enlevé par cette dernière sans que soit émis un signal d'alarme.
• Le dispositif permet une communication entre le centre de surveillance et la personne assignée qui peut faire l'objet d'un enregistrement aux fins de contrôles complémentaires.
• Ces dispositifs peuvent être complétés par d'autres procédés de surveillance électronique permettant une authentification biométrique vocale à des fins de vérification à distance de la présence de la personne intéressée.

Article R. 622-2. – Homologation – *(Décret n° 2022-479 du 30 mars 2022)*
• Le procédé décrit par les dispositions de l'article R. 622-1 est homologué par arrêté du garde des Sceaux, ministre de la justice. Il est annexé au présent code.

.../...

Section 2 : Formalités préalables

Article R. 622-3. – Modalités – *(Décret n° 2022-479 du 30 mars 2022)*

• Conformément aux dispositions de l'article R. 57-13 du Code de procédure pénale, le service pénitentiaire d'insertion et de probation peut être chargé, par le magistrat compétent qui envisage de prononcer une mesure de détention à domicile sous surveillance électronique, de s'assurer de la disponibilité du dispositif technique et de vérifier la situation familiale, matérielle et sociale de la personne condamnée ou prévenue, notamment aux fins de déterminer les horaires et lieux d'assignation.

Article R. 622-4. – Accord écrit – Contrat location lieux – *(Décret n° 2022-1287 du 4 octobre 2022)*

• La détention à domicile sous surveillance électronique dans un lieu qui n'est pas le domicile de la personne condamnée ne peut intervenir qu'avec l'accord écrit du propriétaire ou du ou des titulaires du contrat de location des lieux où pourra être installé le récepteur, sauf s'il s'agit d'un lieu public. Cet accord est recueilli par le service pénitentiaire d'insertion et de probation, sauf s'il figure déjà au dossier de la procédure.

Article D. 622-5. – Pose du dispositif – *(Décret n° 2022-479 du 30 mars 2022)*

• Le service pénitentiaire d'insertion et de probation est saisi aux fins de pose du dispositif de surveillance électronique par la convocation remise ou adressée à la personne condamnée intéressée, dans les conditions prévues par les dispositions de l'article D. 49-84 du Code de procédure pénale.

• Le service informe la personne intéressée qu'elle peut demander qu'un médecin vérifie que la mise en œuvre du dispositif ne présente pas d'inconvénient pour sa santé, dans les conditions prévues par les dispositions du même article.

Section 3 : Pose et dépose du dispositif

Article R. 622-6. – Modalités – *(Décret n° 2022-479 du 30 mars 2022)*

• Le personnel de l'administration pénitentiaire assure la pose et la dépose du bracelet prévu à l'article R. 622-1. Il peut être assisté des personnes habilitées dans les conditions fixées par les dispositions des articles R. 622-11 à R. 622-18.

• Lorsque la décision de détention à domicile sous surveillance électronique est exécutoire, la mise en place du dispositif technique doit intervenir au plus tard, sous réserve de la disponibilité de ce dispositif, dans les 5 jours qui suivent la décision.

Article R. 622-7. – Inscription – Registre d'écrou – *(Décret n° 2022-479 du 30 mars 2022)*

• Chaque personne condamnée à une peine privative de liberté et placée sous surveillance électronique est inscrite au registre d'écrou de l'un des établissements pénitentiaires dépendant du centre de surveillance.

Article R. 622-8. – Contrôle du respect des obligations... – *(Décret n° 2022-479 du 30 mars 2022)*

• Le contrôle du respect des obligations de chaque personne assignée s'effectue par vérifications téléphoniques, visites au lieu d'assignation, convocations à l'établissement d'écrou ou, dans les cas prévus par les dispositions de l'article R. 622-19, au service pénitentiaire d'insertion et de probation.

Article D. 622-9. – Procès-verbal – *(Décret n° 2022-1287 du 4 octobre 2022)*

• La pose du dispositif de surveillance électronique que doit porter la personne condamnée fait l'objet d'un procès-verbal qui est adressé au juge de l'application des peines.

Article D. 622-10. – Personnel de l'administration pénitentiaire – *(Décret n° 2022-479 du 30 mars 2022)*

• Le personnel de l'administration pénitentiaire procède également à la pose et à la dépose du dispositif de surveillance électronique mobile dans le cadre de la détention à domicile sous surveillance électronique dans les conditions prévues par l'article D. 51 du Code de procédure pénale.

Section 4 : Habilitation des personnes auxquelles peut être confiée la mise en œuvre du dispositif technique de contrôle des personnes placées en détention à domicile

Article R. 622-11. – Modalités – *(Décret n° 2022-479 du 30 mars 2022)*

• L'habilitation des personnes auxquelles peut être confiée par contrat la mise en œuvre du dispositif technique permettant le contrôle à distance de la détention à domicile sous surveillance électronique en application des dispositions de l'article 723-9 du Code de procédure pénale est accordée par arrêté du garde des Sceaux, ministre de la justice.

Article R. 622-12. – Habilitation – *(Décret n° 2022-479 du 30 mars 2022)*

• L'habilitation est accordée pour une durée de 5 ans renouvelable en fonction des compétences techniques, des garanties financières et des références qu'offrent ces personnes appréciées au regard de la nature, de l'étendue et du coût des prestations faisant l'objet du contrat prévu par les dispositions de l'article R. 622-11.

Article R. 622-13. – Habilitation – Personnes physiques – *(Décret n° 2022-479 du 30 mars 2022)*

• Pour être habilitées les personnes physiques doivent :

• 1° Posséder la nationalité française ou celle de l'un des États membres de la Communauté européenne ;

• 2° Ne pas avoir fait l'objet d'une mesure de révocation de la fonction publique, civile ou militaire ni d'une condamnation, incapacité ou déchéance justifiant l'inscription au bulletin n° 2 du casier judiciaire.

Article R. 622-14. – Habilitation – Personne morale – *(Décret n° 2022-479 du 30 mars 2022)*

• L'habilitation ne peut être accordée à une personne morale :

• 1° Dont le bulletin n° 2 du casier judiciaire comporte une condamnation, une incapacité ou une déchéance ;

• 2° Dont la situation d'un ou plusieurs de ses dirigeants de droit ou de fait n'est pas conforme aux dispositions du 2° de l'article R. 622-13.

.../...

Article R. 622-15. – Habilitation – Retrait – *(Décret n° 2022-479 du 30 mars 2022)*

• L'habilitation peut être retirée par le garde des Sceaux, ministre de la justice, selon les modalités prévues par les dispositions de l'article R. 622-18, en cas de modification substantielle de la situation des personnes au regard des dispositions des articles R. 622-12, R. 622-13 ou R. 622-14.

Article R. 622-16. – Habilitation individuelle préalable – *(Décret n° 2022-479 du 30 mars 2022)*

• Chaque employé d'une personne mentionnée par les dispositions des articles R. 622-11 à R. 622-15 appelé à accomplir des tâches pour l'exécution du contrat prévu par les dispositions de à l'article R. 622-11, fait l'objet d'une habilitation individuelle préalable accordée par le garde des Sceaux, ministre de la justice.

• Cette habilitation est accordée pour une durée de 5 ans renouvelable.

Article R. 622-17. – Habilitation – Conditions – *(Décret n° 2022-479 du 30 mars 2022)*

• Pour être habilitées les personnes mentionnées par les dispositions de l'article R. 622-16 doivent:

• 1° Posséder la nationalité française ou celle de l'un des États membres de la Communauté européenne;

• 2° Ne pas avoir fait l'objet d'une mesure de révocation de la fonction publique, civile ou militaire ni d'une condamnation, incapacité ou déchéance justifiant l'inscription au bulletin n° 2 du casier judiciaire;

• 3° Être titulaires des diplômes ou qualifications correspondant à la nature des fonctions qu'elles sont appelées à exercer;

• 4° Avoir donné leur accord écrit au projet de contrat de travail proposé par leur employeur ou à un avenant au contrat existant. Ce document rappelle l'obligation de respecter strictement le secret professionnel prévu par les articles 226-13 et 226-14 du Code pénal. Il mentionne l'obligation d'adopter, dans l'exercice de leurs fonctions, un comportement conforme à l'honneur, à la probité et aux bonnes mœurs.

Article R. 622-18. – Habilitation – Retrait – *(Décret n° 2022-479 du 30 mars 2022)*

• L'habilitation mentionnée par les dispositions de l'article R. 622-16 peut être retirée par le garde des Sceaux, ministre de la justice, après avoir recueilli les observations de la personne habilitée, lorsque l'une des conditions prévues par les dispositions des 1° et 2° de l'article R. 622-17 cesse d'être remplie ou en cas d'agissements contraires à l'honneur, à la probité ou aux bonnes mœurs.

• En cas d'urgence et pour motif grave, l'habilitation peut être suspendue par le garde des Sceaux, ministre de la justice, qui décide, dans le mois suivant la suspension, du maintien ou du retrait de l'habilitation, dans les conditions définies par les dispositions de l'alinéa précédent.

Section 5: Suivi, contrôle et adaptation de la mesure

Article R. 622-19. – S.P.I.P. – *(Décret n° 2022-479 du 30 mars 2022)*

• Le service pénitentiaire d'insertion et de probation de l'établissement pénitentiaire mentionné par les dispositions de l'article R. 622-7 assure, le cas échéant, le contrôle et le suivi des mesures prévues par les dispositions des articles 132-43 à 132-46 du Code pénal et ordonnées par le juge de l'application des peines.

Article R. 622-20. – Horaires d'entrée et sortie – *(Décret n° 2022-479 du 30 mars 2022)*

• Lorsque le juge de l'application des peines l'y autorise, le directeur du service pénitentiaire d'insertion et de probation modifie, les horaires d'entrée et de sortie du domicile ou du lieu d'assignation dans les conditions prévues par les dispositions de l'article D. 49-86 du Code de procédure pénale.

Article D. 622-21. – Contrôle et suivi des mesures – *(Décret n° 2022-479 du 30 mars 2022)*

• Le service pénitentiaire d'insertion et de probation assure le contrôle et le suivi des mesures prévues par les dispositions de l'article 131-4-1 du Code pénal, décidées par la juridiction de jugement ou ordonnées par le juge de l'application des peines.

Section 6: Traitement automatisé relatif au contrôle des personnes placées en détention à domicile sous surveillance électronique

Article R. 622-22. – Mise en œuvre – *(Décret n° 2022-479 du 30 mars 2022)*

• Le traitement automatisé de données à caractère personnel relatif au contrôle des personnes placées en détention à domicile sous surveillance électronique est mis en œuvre par le directeur de l'administration pénitentiaire du ministère de la justice, sous le contrôle du magistrat mentionné par les dispositions de l'article R. 544-18 et dans les conditions prévues par les dispositions de l'article R. 544-20.

Article R. 622-23. – Contrôle à distance – *(Décret n° 2022-479 du 30 mars 2022)*

• Le traitement automatisé de données à caractère personnel relatif au contrôle des personnes placées sous surveillance électronique a pour finalité d'assurer le contrôle à distance, par un centre de surveillance, ainsi que le suivi des personnes placées sous surveillance électronique, dans le cadre d'une mesure d'assignation à résidence sous surveillance électronique, d'aménagement de la peine d'emprisonnement, ou de libération sous contrainte.

• À cet effet, ce traitement permet:

• 1° D'enregistrer et de suivre les décisions ordonnant ou modifiant des mesures de détention à domicile sous surveillance électronique;

• 2° De contrôler, dans le cadre du suivi de la mesure, la présence de la personne placée au lieu d'assignation selon les modalités fixées par la décision de justice;

• 3° D'alerter l'administration pénitentiaire qu'une personne placée sous surveillance électronique ne se trouve plus sur son lieu d'assignation ou que le fonctionnement du dispositif de surveillance électronique est altéré;

• 4° De vérifier la présence de la personne placée au lieu d'assignation, même en l'absence de l'alerte prévue au 3°, à la demande du procureur de la République, du juge d'instruction ou des officiers de police judiciaire spécialement habilités à l'occasion de recherches intervenant dans le cadre soit d'une enquête de flagrance, d'une enquête préliminaire ou d'une information concernant un crime ou un délit, soit d'une enquête ou d'une information pour recherche des causes de la mort ou d'une disparition, soit d'une enquête en recherche des causes de blessures inconnues ou suspectes, soit d'une procédure pour recherche de personnes en fuite;

• 5° D'exploiter les données à des fins statistiques.

.../...

Article R. 622-24. – Catégories d'informations et de données à caractère personnel – *(Décret n° 2022-479 du 30 mars 2022)*

• Les catégories d'informations et de données à caractère personnel enregistrées dans le traitement sont:

• 1° L'identité de la personne assignée: nom de famille, nom d'usage, prénoms, alias, date et lieu de naissance, sexe, nationalité;

• 2° Le lieu d'assignation de la personne: adresse *(numéro, rue, code postal, commune)* et numéros de téléphone, ainsi que les horaires d'assignation;

• 3° La situation professionnelle de la personne assignée: profession, adresse professionnelle;

• 4° La décision de condamnation: désignation de la juridiction, nature et contenu de la décision, infraction *(s)* commise *(s)*;

• 5° La décision de placement et les décisions modificatives de placement: désignation de l'autorité ayant pris la décision, nature et contenu de la décision;

• 6° Le numéro d'identifiant de détention à domicile sous surveillance électronique, le numéro d'écrou à l'établissement pénitentiaire, ainsi que le numéro de dossier généré par le traitement dénommé «Application des Peines, Probation et Insertion «*(APPI)* prévu par les dispositions de l'article R. 113-49;

• 7° Les dates de début et de fin de la mesure de détention à domicile sous surveillance électronique;

• 8° Les entrées et sorties de la personne au lieu d'assignation, ainsi que les dates et heures de celles-ci;

• 9° La liste des alarmes déclenchées, enregistrées par date et heure ainsi que la gestion de ces alarmes par le centre de surveillance;

• 10° L'enregistrement des communications prévues par les dispositions du quatrième alinéa de l'article R. 622-1;

• 11° Les données relatives à l'authentification biométrique vocale, prévue par les dispositions du dernier alinéa de l'article R. 622-1;

• 12° Les personnes référentes du suivi de la personne assignée: noms, prénoms, qualités et coordonnées professionnelles.

Article R. 622-25. – Conservation de données à caractère personnel – *(Décret n° 2022-479 du 30 mars 2022)*

• Les données à caractère personnel enregistrées dans le traitement sont conservées pendant la période de 12 mois suivant la date de fin de la détention à domicile sous surveillance électronique, à l'exception des données mentionnées par les dispositions du 10° de l'article R. 622-24 qui sont conservées 3 mois après leur enregistrement et de celles mentionnées par les dispositions du 11° du même article qui ne sont conservées que jusqu'à la fin de la détention à domicile sous surveillance électronique. À l'issue de ces délais, l'autorité responsable du traitement procède à l'effacement de ces données.

Article R. 622-26. – Demande d'accès aux données enregistrées – *(Décret n° 2022-479 du 30 mars 2022)*

• Les personnes ou catégories de personnes qui, à raison de leurs fonctions ou pour les besoins du service, peuvent directement accéder aux données enregistrées dans le traitement et strictement nécessaires à l'exercice de leurs attributions sont:

• 1° Les autorités judiciaires ainsi que les agents du greffe chargés de les assister, individuellement désignés et spécialement habilités à cet effet par les chefs de juridiction ou de cour;

• 2° Les personnels habilités des services centraux et déconcentrés de la direction de l'administration pénitentiaire;

• 3° Les personnels habilités des services déconcentrés de la direction de la protection judiciaire de la jeunesse;

• 4° Les officiers de police judiciaire spécialement habilités à l'occasion de recherches intervenant dans le cadre soit d'une enquête de flagrance, d'une enquête préliminaire ou d'une information concernant un crime ou un délit, soit d'une enquête ou d'une information pour recherche des causes de la mort ou d'une disparition, soit d'une enquête en recherche des causes de blessures inconnues ou suspectes, soit d'une procédure pour recherche de personnes en fuite.

Article R. 622-27. – Destinataires des données à caractère personnel – *(Décret n° 2022-479 du 30 mars 2022)*

• Peuvent être destinataires des données à caractère personnel enregistrées dans le traitement, dans le cadre de l'organisation et de la mise en œuvre d'une chaîne de permanence au sein du ministère de la justice:

• 1° Les magistrats de la direction des affaires criminelles et des grâces;

• 2° Les agents de la direction de l'administration pénitentiaire;

• 3° Les agents de la direction de la protection judiciaire de la jeunesse.

Article R. 622-28. – Droits d'information, d'accès, de rectification, d'effacement et de limitation des données – *(Décret n° 2022-479 du 30 mars 2022)*

• Conformément aux dispositions des articles 104 à 106 de la loi n° 78-17 du 6 janvier 1978 relative à l'informatique, aux fichiers et aux libertés, les droits d'information, d'accès, de rectification, d'effacement et de limitation des données s'exercent auprès du directeur de l'administration pénitentiaire.

Article R. 622-29. – Droit d'opposition – *(Décret n° 2022-479 du 30 mars 2022)*

• Le droit d'opposition prévu par les dispositions de l'article 110 de la loi n° 78-17 du 6 janvier 1978 ne s'applique pas au présent traitement.

Article R. 622-30. – Conservation des informations – *(Décret n° 2022-479 du 30 mars 2022)*

• Le traitement conserve pendant une durée de 3 ans, dans la limite des durées définies par les dispositions de l'article R. 622-25, les informations relatives aux créations, modifications, suppressions et consultations dont il fait l'objet, en précisant la qualité de la personne ou autorité ayant procédé à l'opération.

• Ces informations ne peuvent être consultées que par le directeur de l'administration pénitentiaire ou, avec son autorisation, par les personnes qu'il habilite spécialement.

• Elles peuvent donner lieu à des exploitations statistiques.

Article R. 622-31. – Interconnexion – Traitement *(APPI)* – *(Décret n° 2022-479 du 30 mars 2022)*

• Le traitement peut faire l'objet d'une interconnexion avec le traitement de données à caractère personnel dénommé «Application des Peines, Probation, Insertion» *(APPI)* prévu par les dispositions de l'article R. 113-49.

.../...

CHAPITRE III

Peine de travail d'intérêt général

Section 1 : Modalités d'exécution

Article R.* 623-1. – Habilitation – *(Décret n° 2022-479 du 30 mars 2022)*

• Nonobstant les dispositions du décret n° 2004-374 du 29 avril 2004 relatif aux pouvoirs des préfets, à l'organisation et à l'action des services de l'État dans les régions et départements, l'habilitation prévue au 1er alinéa de l'article 131-8 du Code pénal est délivrée par le directeur du service pénitentiaire d'insertion et de probation du département dans lequel le demandeur envisage de mettre en œuvre des travaux d'intérêt général.

Article R. 623-2. – Personnes morales de droit privé – Habilitation – *(Décret n° 2022-479 du 30 mars 2022)*

• Les personnes morales de droit privé chargées d'une mission de service public ou les associations qui désirent obtenir l'habilitation prévue au 1er alinéa de l'article 131-8 du Code pénal en font la demande au directeur du service pénitentiaire d'insertion et de probation du département dans lequel elles envisagent de mettre en œuvre des travaux d'intérêt général.

• Pour les personnes morales de droit privé chargées d'une mission de service public, la demande comporte :

• 1° La copie des statuts de la personne morale ;

• 2° Le numéro unique d'identification ;

• 3° Une copie des comptes annuels et des bilans du dernier exercice.

• Pour les associations, la demande comporte :

• 1° La copie du Journal officiel portant publication de la déclaration de l'association ou, pour les associations déclarées dans les départements du Bas-Rhin, du Haut-Rhin et de la Moselle, une copie du registre des associations du tribunal judiciaire ;

• 2° La copie des statuts de l'association ;

• 3° La liste des établissements de l'association avec indication de leur siège ;

• 4° La mention des nom, prénoms, date et lieu de naissance, nationalité des membres du bureau de l'association ainsi que, le cas échéant, ceux de leurs représentants locaux ;

• 5° Le dernier procès-verbal de l'assemblée générale annuelle de l'association.

Article R. 623-3. – S.P.I.P. – Consultation Préfet... – *(Décret n° 2022-479 du 30 mars 2022)*

• Le directeur du service pénitentiaire d'insertion et de probation procède à toutes diligences qu'il juge utiles. Il peut, notamment, consulter le préfet. Il sollicite par voie dématérialisée l'avis du procureur de la République et du juge de l'application des peines sur la demande d'habilitation et les éléments d'information recueillis par lui.

• Au vu des avis recueillis ou 1 mois au plus tôt après les avoir sollicités, le directeur du service pénitentiaire d'insertion et de probation se prononce sur la demande d'habilitation.

• Le directeur du service pénitentiaire d'insertion et de probation communique par voie dématérialisée sa décision d'habilitation à la structure d'accueil, au président du tribunal judiciaire, au juge de l'application des peines, au procureur de la République et au préfet.

• L'habilitation accordée est valable pour une durée de 5 ans. Elle est renouvelée par le directeur du service pénitentiaire d'insertion et de probation après avoir, si nécessaire, sollicité la mise à jour des pièces mentionnées à l'article R. 623-2 et des avis mentionnés au 1er alinéa.

Article R. 623-4. – Personne morale habilitée – Modification – *(Décret n° 2022-479 du 30 mars 2022)*

• La personne morale habilitée porte à la connaissance du directeur du service pénitentiaire d'insertion et de probation de son département toute modification de l'un des éléments mentionnés à l'article R. 623-2.

Article R. 623-5. – S.P.I.P. – Retrait habilitation – *(Décret n° 2022-479 du 30 mars 2022)*

• Le directeur du service pénitentiaire d'insertion et de probation du département sur lequel est situé un organisme habilité peut procéder au retrait de son habilitation. À cette fin, il sollicite par voie dématérialisée les avis du juge de l'application des peines, du procureur de la République du ressort concerné et du préfet du département concerné. Il joint à la demande d'avis toutes pièces utiles ainsi que les observations du représentant de la personne morale concernée.

• Il prend sa décision au vu des avis recueillis ou 1 mois au plus tôt après avoir sollicité ceux-ci. Il notifie sa décision par voie dématérialisée à la structure d'accueil, au président du tribunal judiciaire, au juge de l'application des peines, au procureur de la République et au préfet.

Article R. 623-6. – Habilitation – Association... – *(Décret n° 2022-479 du 30 mars 2022)*

• Par dérogation aux articles R. 623-2 à R. 623-5, l'habilitation peut être délivrée par le garde des Sceaux, ministre de la justice, lorsqu'il s'agit d'une association ou d'une personne morale de droit privé chargée d'une mission de service public exerçant ou ayant vocation à exercer son activité sur l'ensemble du territoire national.

• Pour les associations, la demande d'habilitation comporte la copie du Journal officiel portant publication de la déclaration de l'association, un exemplaire des statuts, ainsi que l'identité de ses dirigeants.

• Pour les personnes morales de droit privé chargées d'une mission de service public, la demande comporte la copie des statuts de la personne morale ainsi que le numéro unique d'identification.

• La personne morale habilitée porte à la connaissance du garde des Sceaux, ministre de la justice, toute modification de l'un des éléments mentionnés aux deux alinéas précédents.

• Les habilitations sont accordées pour une durée de cinq ans et pour l'ensemble du territoire national.

• La liste des personnes morales habilitées est fixée par arrêté du garde des Sceaux, ministre de la justice.

Article R. 623-7. – Inscription de travaux d'intérêt général... – *(Décret n° 2022-479 du 30 mars 2022)*

• Les collectivités publiques, les établissements publics, les personnes morales de droit privé chargées d'une mission de service public et les associations qui désirent faire inscrire des travaux d'intérêt général sur la liste prévue par l'article 131-36 du Code pénal en font la demande au directeur du service pénitentiaire d'insertion et de probation du département dans lequel ils envisagent de faire exécuter ces travaux.

• Pour les collectivités publiques et les établissements publics, la demande mentionne les nom, prénoms, date et lieu de naissance ainsi que les fonctions des représentants qualifiés.

.../...

• Pour les personnes morales de droit privé qui ne sont pas encore habilitées, la demande prévue par le 1er alinéa du présent article est jointe à la demande d'habilitation. Pour les personnes morales de droit privé déjà habilitées, elle comporte mention de la date de cette habilitation sans qu'il soit nécessaire de demander une nouvelle habilitation.

• À la demande est annexée une note indiquant la nature et les modalités d'exécution des travaux proposés, les nom, prénoms, date et lieu de naissance et qualité des responsables du poste de travail ainsi que le nombre de postes de travail susceptibles d'être offerts.

Article R. 623-8. – Directeur S.P.I.P. – Consultations – *(Décret n° 2022-479 du 30 mars 2022)*

• Le directeur du service pénitentiaire d'insertion et de probation procède à toutes diligences et consultations utiles. À cette fin, il peut notamment adresser par voie dématérialisée copie de la demande au préfet.

Article R. 623-9. – Avis – *(Décret n° 2022-479 du 30 mars 2022)*

• Après que le procureur de la République et le juge de l'application des peines ont donné leur avis par voie dématérialisée ou 10 jours au plus tôt après les avoir saisis, le directeur du service pénitentiaire d'insertion et de probation prend sa décision en tenant compte de l'utilité sociale des travaux proposés et des perspectives d'insertion sociale ou professionnelle qu'ils offrent aux personnes condamnées. Il communique sa décision au procureur de la République, au juge de l'application des peines et au préfet.

Article R. 623-10. – Radiation, suspension – Poste de travail – *(Décret n° 2022-479 du 30 mars 2022)*

• La radiation d'un poste de travail inscrit sur la liste peut être décidée selon la procédure prévue par l'article R. 623-9.

• La suspension d'un poste de travail peut être décidée à titre provisoire par voie dématérialisée soit par le directeur du service pénitentiaire d'insertion et de probation soit par la structure d'accueil.

Article R. 623-11. – Directeur S.P.I.P. – Compétence… – *(Décret n° 2022-479 du 30 mars 2022)*

• Le directeur du service pénitentiaire d'insertion et de probation ou son représentant fixe, sauf décision par laquelle le juge de l'application des peines conserve sa compétence, les modalités d'exécution du travail d'intérêt général qui peut prendre une forme individuelle, pédagogique ou collective.

• Sa décision précise :

• 1° L'organisme au profit duquel le travail sera accompli ;

• 2° Le travail ou les travaux que la personne condamnée accomplira ;

• 3° Les horaires de travail.

• La décision prise en application du présent article peut être modifiée à tout moment.

Article R. 623-12. – Directeur S.P.I.P. – Choix d'un T.I.G. – *(Décret n° 2022-479 du 30 mars 2022)*

• Le directeur du service pénitentiaire d'insertion et de probation choisit un travail d'intérêt général parmi ceux inscrits sur la liste de son département ou, avec l'accord du directeur du service pénitentiaire d'insertion et de probation ou son représentant territorialement compétent, sur la liste d'un autre département.

Article R. 623-13. – Directeur S.P.I.P. – Notification décision – *(Décret n° 2022-479 du 30 mars 2022)*

• Le directeur du service pénitentiaire d'insertion et de probation notifie sa décision à la personne condamnée et à l'organisme au profit duquel le travail d'intérêt général sera accompli. Il en informe par voie dématérialisée le procureur de la République et le juge de l'application des peines.

Section 2 : Contrôle de la mesure

Article R. 623-14. – Examen médical – *(Décret n° 2022-479 du 30 mars 2022)*

• Avant d'exécuter sa peine de travail d'intérêt général, la personne condamnée est soumise à un examen médical lorsque :

• 1° La personne est mineure ;

• 2° La personne est en situation de handicap ;

• 3° La personne est enceinte ;

• 4° Le travail d'intérêt général s'effectue de nuit au sens du Code du travail ;

• 5° Le travail d'intérêt général s'effectue sur un poste présentant des risques particuliers au sens de l'article R. 4624-23 du Code du travail ;

• 6° Le travail d'intérêt général s'effectue dans un établissement ou organisme public ou privé de prévention ou de soins visé à l'article L. 3111-4 du Code de la santé publique et l'expose à un risque de contamination.

• Cet examen médical a pour but de s'assurer que la personne condamnée est médicalement apte au travail auquel le directeur du service pénitentiaire d'insertion et de probation envisage de l'affecter.

• Si le travail doit s'exercer dans un établissement ou organisme public ou privé de prévention ou de soins visé à l'article L. 3111-4 du Code de la santé publique et l'expose à des risques de contamination, l'examen médical doit permettre de s'assurer que la personne condamnée est immunisée contre les maladies mentionnées à cet article.

• Si le directeur du service pénitentiaire d'insertion et de probation l'estime nécessaire, il peut également solliciter un examen médical pour toute autre personne condamnée à une peine de travail d'intérêt général.

• Lorsque la personne condamnée fait valoir son inaptitude au travail, il lui appartient de produire un certificat médical constatant cette inaptitude.

Article R. 623-15. – J.A.P. – *(Décret n° 2022-479 du 30 mars 2022)*

• Lorsque le juge de l'application des peines décide d'exercer, à l'égard d'une personne condamnée à la peine de travail d'intérêt général, la compétence du directeur du service pénitentiaire d'insertion et de probation pour déterminer les modalités d'exécution de cette peine, il rend une ordonnance motivée notifiée à la personne condamnée ainsi qu'au directeur du service pénitentiaire d'insertion et de probation.

• Les attributions confiées au directeur du service pénitentiaire d'insertion et de probation par les dispositions des articles R. 623-11 à R. 623-14, R. 623-16 et R. 623-17 sont alors exercées par le juge de l'application des peines.

…/…

Article R. 623-16. – Activité salariée – *(Décret n° 2022-479 du 30 mars 2022)*
• Lorsqu'une personne condamnée exerce une activité salariée, la durée hebdomadaire cumulée de cette activité et du travail d'intérêt général ne peut excéder de plus de 12 heures la durée légale du travail.

Article R. 623-17. – Durée du travail d'intérêt général – *(Décret n° 2022-479 du 30 mars 2022)*
• La durée du travail d'intérêt général n'inclut pas les délais de route et le temps des repas.

Article R. 623-18. – Exécution du travail d'intérêt général – *(Décret n° 2022-479 du 30 mars 2022)*
• Le juge de l'application des peines s'assure de l'exécution du travail d'intérêt général par l'intermédiaire d'un conseiller pénitentiaire d'insertion et de probation.
• Le conseiller pénitentiaire d'insertion et de probation informe par voie dématérialisée le juge de l'application des peines des modalités d'exécution de la peine.

Article R. 623-19. – Organisme – *(Décret n° 2022-479 du 30 mars 2022)*
• Pour chaque personne condamnée, l'organisme au profit duquel le travail d'intérêt général est effectué fait connaître au conseiller pénitentiaire d'insertion et de probation l'encadrant technique désigné pour assurer la direction et le contrôle technique du travail.

Article R. 623-20. – Conseiller pénitentiaire d'insertion et de probation – *(Décret n° 2022-479 du 30 mars 2022)*
• Le conseiller pénitentiaire d'insertion et de probation s'assure de l'exécution du travail auprès du responsable du poste de travail. Il visite, le cas échéant, la personne condamnée sur son lieu de travail.

Article R. 623-21. – Violation de l'obligation de travail... – *(Décret n° 2022-479 du 30 mars 2022)*
• Le responsable du poste informe sans délai le conseiller pénitentiaire d'insertion et de probation de toute violation de l'obligation de travail et de tout incident causé ou subi par la personne condamnée à l'occasion de l'exécution de son travail.

Article R. 623-22. – Suspension de l'exécution du travail – *(Décret n° 2022-479 du 30 mars 2022)*
• En cas de danger immédiat pour la personne condamnée ou pour autrui ou en cas de faute grave de la personne condamnée, le responsable du poste peut suspendre l'exécution du travail. Il en informe sans délai le conseiller pénitentiaire d'insertion et de probation.

Article R. 623-23. – Document – Attestation travail – *(Décret n° 2022-479 du 30 mars 2022)*
• L'organisme au profit duquel le travail d'intérêt général a été accompli délivre au conseiller pénitentiaire d'insertion et de probation ainsi qu'à la personne condamnée un document attestant que ce travail a été exécuté.

LISTE DE NOS OUVRAGES ET SUPPORTS

COLLECTION DROIT ROUTIER – TRANSPORT

- Code de la Route commenté en ligne
- Réglementation de la Circulation Routière – Lamer – (Codes Rousseau – Éditions La Baule) – Tome A et Tome B.
- Mémento des Infractions au Code de la Route – Lamer

COLLECTION DROIT PÉNAL – PROCÉDURE PÉNALE

- Version numérique du Code Pénal et Code de Procédure Pénale
- Code Pénal – Version reliée (2 éditions : 1er trimestre et 3e trimestre)
- Code de Procédure Pénale – Version reliée (2 éditions : 1er trimestre et 3e trimestre)
- Recueil de Modèles de Procès-Verbaux – Gendarmerie Nationale

COLLECTION EXAMENS et CARRIÈRES – GENDARMERIE/POLICES NATIONALE/MUNICIPALE

- Tests de sélection de Gendarme Adjoint Volontaire (G.A.V.) + Réservistes
- Réussir le concours de Gendarme – nouveaux concours
- Préparer et réussir le concours de Gardien de Police Municipale – nouveaux concours
- Annales du Concours O.P.J. actualisées
- Fiches de Synthèse Droit Pénal Général
- Fiches de Synthèse Procédure Pénale
- Fiches de Synthèse Droit Pénal Spécial
- Fiches de Synthèse Libertés Publiques

COLLECTION POLICE MUNICIPALE

Collectivités Territoriales

- Version numérique des Mémentos Police Municipale
- Mémento pratique du Policier Municipal – Police de la route (2 éditions : Mars et Septembre)
- Mémento pratique du Policier Municipal – Police administrative et générale (2 éditions : Mars et Septembre)
- Affiches professionnelles Police Municipale

CODES ROUSSEAU
Editions
La Baule
www.editionslabaule.fr
Tél. 02.51.21.90.20

- Affiche Code de déontologie – Carte de déontologie
- Les Pouvoirs de Police du Maire
- Le Recueil des Écrits Professionnels des Agents PM
- Police des Débits de Boissons
- Mémento pratique de l'ASVP
- Porte documents – Étui en cuir
- Mémento pratique relatif à la police des animaux errants et dangereux
- Registre des Chiens dangereux – Permis de détention
- Registre de Signalement des incidents animaliers
- Registre d'identification des chiens de patrouille
- Fiche d'intervention cynophile (Utilisation du chien / Brigade cynophile)
- Registre des armes et munitions (Inventaire – Sorties et réintégrations)
- Registre d'inventaire des cartes professionnelles des fonctionnaires de Police municipale
- Registre de vidéoprotection (Inventaire – Enregistrements/Destructions/Saisies)
- Registre de vidéoprotection (Entrées – Sorties des visiteurs)
- Registre de gestion des enregistrements audiovisuels – Caméras individuelles
- Registre d'utilisation des caméras individuelles
- Procès-verbal de Réquisition des autorités de Police – Élections
- Carnet de procédure de demande d'enlèvement de véhicule (Lieux non ouverts à la circulation publique – Domaine privé)
- Carnet de Procès-Verbal de Prescription/Réquisition à Gardien de Fourrière
- Fiches descriptives de mise en fourrière
- Registre de Gestion des Mises en Fourrière (Enregistrement des procédures de mise en fourrière et immobilisation)
- Carnet de Procédure de Stationnement Abusif
- Carnet de Fiche d'Immobilisation – Format TA
- Carnet de Procès-Verbal Annexe de Recueil d'Observation(s)
- Carnet de Non Présentation de pièces Administratives – Format TA
- Carnet de fiches de Mise à Disposition
- Forfait de post-stationnement (F.P.S.)
- Avis d'information contraventions (PVe)
- Avis de rétention du permis de conduire
- Fiche d'information – Usage du Pistolet à Impulsion Électrique (P.I.E.)
- Carnet de bord de véhicule
- Carnet d'avis de passage – convocation

CODES ROUSSEAU
Editions
La Baule
www.editionslabaule.fr
Tél. 02.51.21.90.20

COLLECTION NATURE – ENVIRONNEMENT

- Mémento pratique des infractions Nature-Environnement (contraventions : 1re à 4e classe)
- Mémento pratique des infractions Nature-Environnement (contraventions 5e classe et délits ne relevant pas de l'amende forfaitaire)
- Carnet de constatation des infractions Nature Environnement

COLLECTION PRÉVENTION – SÉCURITÉ ROUTIÈRE

- Gamme scolaire
- Gamme Permis

ACCESSOIRES

→ Porte documents – Étui en cuir

ou à commander directement
sur www.editionslabaule.fr

CODES ROUSSEAU
Editions
La Baule
www.editionslabaule.fr
Tél. 02.51.21.90.20

CODES ROUSSEAU
Editions
La Baule

FEUILLET DE CHANGEMENT D'ADRESSE

À nous retourner en cas de changement d'adresse

Ancienne adresse

Nom :

Prénom :

Adresse :

Code postal :

Ville :

N° d'abonné : C E

Tél :

E-mail :

Nouvelle adresse

À compter du :
J M A

Nom :

Prénom :

Adresse :

Code postal :

Ville :

N° d'abonné : C E

Tél :

E-mail :

CODES ROUSSEAU

Editions La Baule

FICHE DE CORRESPONDANCE

à adresser aux Éditions La Baule – Éditeur : Codes Rousseau
CS 80093
85109 LES SABLES D'OLONNE CEDEX

Nom :

Prénom :

Adresse :

Code postal :

Ville :

N° d'abonné : C E

Tél :

E-mail : ____________________

OBJET :

Nota : Cette fiche est destinée à signaler vos suggestions, vos remarques, vos critiques,...

CODES ROUSSEAU
Editions
La Baule

www.editionslabaule.fr

Suivez-nous sur :

CODES ROUSSEAU

Editions La Baule

www.editionslabaule.fr

Cet ouvrage est conforme aux alinéas des articles A8 et A19 du Code de procédure pénale et labellisé par les praticiens du droit suivants :

- **HARTMANN Cécile – Magistrate honoraire** – Ex-Présidente de la Chambre des Libertés individuelles à la Cour d'Appel de Douai *(59)*.
- **TRIPETTE Hélène – Conférencière et formatrice** – Docteur en droit pénal de l'environnement et titulaire d'une maîtrise mention « Carrières judiciaires » ;
- **BIRON Clotilde – Avocate au Barreau de PARIS (75)** – Droit de la propriété intellectuelle, des médias, du numérique et de la protection des données ;
- **MIHMAN Alexis – Président du tribunal judiciaire de BLOIS** *(41)* **– Docteur en droit** – Chargé d'enseignement *(Universités Paris 1 et Paris sud)*

CODE DE PROCÉDURE PÉNALE ANNOTÉ

En hommage à Monsieur Jean PRADEL : Magistrat – Chargé d'enseignement puis professeur émérite à la Faculté de droit de Poitiers (86) ; membre du Comité de labélisation des Codes Pénal et Procédure Pénale Éditions La Baule (de 2015 à juillet 2021).

Avec le souvenir d'une personnalité humaine et attachante dotée d'un professionnalisme certain et reconnu.

Cet ouvrage est conforme aux alinéas des articles A8 et A19 du Code de procédure pénale et labellisé par les praticiens du droit suivants :

– **HARTMANN Cécile – Magistrate honoraire** – Ex-Présidente de la Chambre des Libertés individuelles à la Cour d'Appel de Douai *(59)*.

– **TRIPETTE Hélène – Conférencière et formatrice** – Docteur en droit pénal de l'environnement et titulaire d'une maîtrise mention « Carrières judiciaires » ;

– **BIRON Clotilde – Avocate au Barreau de PARIS (75)** – Droit de la propriété intellectuelle, des médias, du numérique et de la protection des données ;

– **MIHMAN Alexis – Président du tribunal judiciaire de BLOIS** *(41)* – **Docteur en droit** – Chargé d'enseignement *(Universités Paris 1 et Paris sud)*

CODE DE PROCÉDURE PÉNALE ANNOTÉ

En hommage à Monsieur Jean PRADEL : Magistrat – Chargé d'enseignement puis professeur émérite à la Faculté de droit de Poitiers (86) ; membre du Comité de labélisation des Codes Pénal et Procédure Pénale Éditions La Baule (de 2015 à juillet 2021).
Avec le souvenir d'une personnalité humaine et attachante dotée d'un professionnalisme certain et reconnu.

CODES ROUSSEAU
Editions
La Baule

Éditeur : CODES ROUSSEAU – part of SPRINGER NATURE
ISBN : 978-2-7095-1611-2
CS 80093
85109 les sables d'olonne cedex
Dépôt légal : Juillet 2023
Imprimé en France

www.editionslabaule.fr
02.51.21.90.20

Composé par : Fanny MÉTIVIER (Studio créatif Citron Sorbet) – PCA (44400 Rezé)